공동번역

성서

개정판

대한성서공회

THE 𝓗OLY 𝓑IBLE

Common Translation

RCH73T-1C 2nd ed. 19th Printing, 2,000; December 2025
Printed in Korea

공동번역 성서 개정판

2001년 12월 30일 2판 1쇄 발행
2025년 12월 10일 2판 19쇄 발행

발행처 | 재단법인 대한성서공회
서울시 서초구 남부순환로 2569
등 록 | 1962년 7월 20일, 제1-78호
인쇄소 | (주)한일문화사
제본소 | (주)바이블코리아

ISBN 978-89-412-5013-5 03230 RCH72T-1C
ISBN 978-89-412-5014-2 03230 RCH77T-1C

머 리 말

신구교가 공동으로 성서를 번역하게 되었다는 것은, 20세기 후반기에 있어서 기독교인뿐 아니라 인류 전체에게 깊은 의미를 가진 큰 일이라 아니할 수 없다.

이것은 신구교 학자들이 공동으로 인정할 수 있는 성서 원전의 성립과 바티칸 제2공의회 이래로 일어난 가톨릭교회 내의 변화가 직접적인 요인이 되었다고 볼 수도 있으나, 크게 보면 신구교 지도자들이 하느님은 한 아버지시요 인류는 그의 한 자녀라고 하는 진리를 깊이 깨달은 결과라고 생각한다.

특히 우리나라 역사상 처음으로 신구교가 연합하여 우리 말로 성서를 내놓게 된 것은 신구교 자체뿐 아니라 우리 민족 전체를 위하여 말로 다 표현할 수 없는 뜻깊은 일이다.

1968년 1월 신구교 대표로 구성된 공동위원회가 공동번역을 결의할 때에 다음의 두 원칙을 따르기로 하였다.

1. 세계성서공회연합회와 바티칸이 합의한 Guiding Principles
2. 본 공동위원회가 제정한 번역 원칙

이 번역에 사용된 원본(Text)은 다음과 같다.

구약: Masoretic Text in Biblia Hebraica
(3rd edition 1937) edited by Rudolph Kittel

신약: The Greek New Testament
Published by the United Bible Societies
(1st edition 1966)

본서에 포함되어 있는 신약은 1971년에 출판된 공동번역 신약성서를 개정한 것이다.

번역의 원칙은 축자적 번역이나 형식적인 일치(Formal Correspondence)를 피하고 내용의 동등성(Dynamic Equivalence)을 취하여 독자들이 원문을 읽는 사람과 같은 내용을 파악할 수 있도록 하기 위하여 노력하였다. 고유명사는 1) 신구교가 현재까지 사용하는 명사가 같은 것은 그대로 두었고 2) 그렇지 않은 것은 사전이나 교과서에서 쓰는 명칭을 따랐고 3) 이 두 가지가 다 아닌 경우에는 원어의 발음을 따랐는데 실제 표기에 있어서 어려움이 적지 않았다.

하느님의 말씀을 인간의 언어로 옮긴다는 것은 말할 수 없이 어려운 일이다. 이 번역은 그동안의 노력의 결과를 우선 발표하는 것이라고 보아야 할 정도로 불완전하고 미비한 점이 많음을 자인하지 않을 수 없다. 앞으로 교계와 학계의 비판을 충분히 받아들여 가며 더 깎고 다듬어서 마침내는 많은 사람들이 읽고 하느님의 말씀을 들을 수 있는 훌륭한 번역으로 만들어 가고 싶다.

끝으로 이 번역이 나오기까지 수고한 많은 분들의 노고에 감사하며 이 성서를 읽는 모든 사람의 마음 속에 하느님의 축복과 감화가 내리시어 그 뜻을 깨닫게 하여 주시기를 빈다.

1977년 4월 10일

개정판 머리말

공동번역 성서를 읽는 분들로부터 달라진 한글 맞춤법을 반영하여 개정해 달라고 하는 요청이 있었습니다. '한국천주교주교회의 · 한국천주교중앙협의회' 에서는 노바 불가타를 기준으로 하여 공동번역 제2경전의 편집을 조정해 달라고 요청하였습니다. 또 그동안 사용하면서 발견된 오류들을 개정해야 할 필요도 있었습니다. 그리하여 1995년 1월 21일 '공동번역성서개정위원회' 를 조직하고 개정을 시작하였습니다.

개정위원회에서는 "명백히 틀린 것만 고친다. 현재의 공동번역 성서와 통용할 수 있게 한다. 가톨릭용은 편집 순서를 조정한다"는 원칙을 정하고 개정을 하였습니다. 맞춤법은 현행 '한글 맞춤법' 을 따랐습니다. '제2경전' 을 구약과 신약 사이에 따로 배치하지 않고 구약의 해당 자리에 편집을 하였고, 경전의 낱권 배열은 공동번역 성서 초판 목차의 편집 순서를 그대로 따랐습니다. 고쳐서 좀더 부드러워지더라도 현재의 본문이 틀리지 않았다면 그대로 두었습니다. 명백한 개선이 아니라 논란의 여지가 있는 것은 공동번역을 존중하여 그대로 두었습니다.

공동번역 성서 개정판이 독자들에게 더욱 더 사랑을 받는 성서가 되기를 빕니다.

1999년 12월 20일

목 차

구 약 성 서

오경

역사서

시서와 지혜서

예언서

목 차

신약성서

공동번역

구 약

개 정 판

창세기

천지창조

1 ◎㉠한처음에 하느님께서 하늘과 땅을 지
어내셨다.
2 땅은 아직 모양을 갖추지 않고 아무것도 생
기지 않았는데, 어둠이 깊은 물 위에 뒤덮
여 있었고 그 물 위에 하느님의 ㉡기운이 휘
돌고 있었다.
3 ◎하느님께서 “빛이 생겨라!” 하시자 빛이
생겨났다.
4 그 빛이 하느님 보시기에 좋았다. 하느님께
서는 빛과 어둠을 나누시고
5 빛을 낮이라, 어둠을 밤이라 부르셨다. 이
렇게 첫날이 밤, 낮 하루가 지났다.
6 ◎하느님께서 “물 한가운데 창공이 생겨 물
과 물 사이가 갈라져라!” 하시자 그대로 되
었다.
7 하느님께서는 이렇게 창공을 만들어 창공
아래 있는 물과 창공 위에 있는 물을 갈라놓
으셨다.
8 하느님께서 그 창공을 하늘이라 부르셨다.
이렇게 이튿날도 밤, 낮 하루가 지났다.
9 ◎하느님께서 “하늘 아래 있는 물이 한 곳
으로 모여, 마른 땅이 드러나라!” 하시자
그대로 되었다.
10 하느님께서는 마른 땅을 뭍이라, 물이 모인
곳을 바다라 부르셨다. 하느님께서 보시니
참 좋았다.
11 ◎하느님께서 “땅에서 푸른 움이 돋아나
라! 땅 위에 낟알을 내는 풀과 씨 있는 온갖
과일 나무가 돋아나라!” 하시자 그대로 되
었다.
12 이리하여 땅에는 푸른 움이 돋아났다. 낟알
을 내는 온갖 풀과 씨 있는 온갖 과일 나무
가 돋아났다. 하느님께서 보시니 참 좋았다.
13 이렇게 사흗날도 밤, 낮 하루가 지났다.
14 ◎하느님께서 “하늘 창공에 빛나는 것들이
생겨 밤과 낮을 갈라놓고 절기와 나날과 해
를 나타내는 표가 되어라!
15 또 하늘 창공에서 땅을 환히 비추어라!” 하
시자 그대로 되었다.
16 하느님께서는 이렇게 만드신 두 큰 빛 가운
데서 더 큰 빛은 낮을 다스리게 하시고 작은
빛은 밤을 다스리게 하셨다. 또 별들도 만
드셨다.
17 하느님께서는 이 빛나는 것들을 하늘 창공
에 걸어놓고 땅을 비추게 하셨다.
18 이리하여 밝음과 어둠을 갈라놓으시고 낮
과 밤을 다스리게 하셨다. 하느님께서 보시
니 참 좋았다.
19 이렇게 나흗날도 밤, 낮 하루가 지났다.
20 ◎하느님께서 “바다에는 고기가 생겨 우글
거리고 땅 위 하늘 창공 아래에는 새들이 생
겨 날아다녀라!” 하시자 그대로 되었다.
21 이리하여 하느님께서는 큰 물고기와 물 속
에서 우글거리는 온갖 고기와 날아다니는
온갖 새들을 지어내셨다. 하느님께서 보시
니 참 좋았다.
22 하느님께서 이것들에게 복을 내려주시며
말씀하셨다. “새끼를 많이 낳아 바닷물 속
에 가득히 번성하여라. 새도 땅 위에 번성
하여라!”
23 이렇게 닷샛날도 밤, 낮 하루가 지났다.
24 ◎하느님께서 “땅은 온갖 동물을 내어라!
온갖 집짐승과 길짐승과 들짐승을 내어
라!” 하시자 그대로 되었다.
25 하느님께서는 이렇게 온갖 들짐승과 집짐
승과 땅 위를 기어 다니는 길짐승을 만드셨
다. 하느님께서 보시니 참 좋았다.
26 ◎하느님께서는 “우리 모습을 닮은 사람을
만들자! 그래서 바다의 고기와 공중의 새,
또 집짐승과 모든 들짐승과 땅 위를 기어 다
니는 모든 길짐승을 다스리게 하자!” 하시
고,
27 당신의 모습대로 사람을 지어내셨다. 하느
님의 모습대로 사람을 지어내시되 남자와
여자로 지어내시고
28 하느님께서는 그들에게 복을 내려주시며
말씀하셨다. “자식을 낳고 번성하여 온 땅
에 퍼져서 땅을 정복하여라. 바다의 고기와
공중의 새와 땅 위를 돌아다니는 모든 짐승
을 부려라!”
29 ◎하느님께서 다시, “이제 내가 너희에게
온 땅 위에서 낟알을 내는 풀과 씨가 든 과
일 나무를 준다. 너희는 이것을 양식으로

㉠ “하느님께서 하늘과 땅을 지어내시던 한처음이었다.”라고 옮길 수도 있다. ㉡ “바람”, “영”, “혼”, “얼”이라고 옮길 수도 있다.

삼아라.
30 모든 들짐승과 공중의 모든 새와 땅 위를 기
어 다니는 모든 생물에게도 온갖 푸른 풀을
먹이로 준다." 하시자 그대로 되었다.
31 이렇게 만드신 모든 것을 하느님께서 보시
니 참 좋았다. 엿샛날도 밤, 낮 하루가 지났
다.

2 ◎이리하여 하늘과 땅과 그 가운데 있는
모든 것이 다 이루어졌다.
2 하느님께서는 ㉠엿샛날까지 하시던 일을 다
마치시고, 이렛날에는 모든 일에서 손을 떼
고 쉬셨다.
3 이렇게 하느님께서는 모든 것을 새로 지으
시고 이렛날에는 쉬시고 이 날을 거룩한 날
로 정하시어 복을 주셨다.
4 하늘과 땅을 지어내신 순서는 위와 같았다.

아담과 하와를 지으시다

◎야훼 하느님께서 땅과 하늘을 만드시던
때였다.
5 땅에는 아직 아무 나무도 없었고, 풀도 돋
아나지 않았다. 야훼 하느님께서 아직 땅에
비를 내리지 않으셨고 땅을 갈 사람도 아직
없었던 것이다.
6 마침 땅에서 물이 솟아 온 땅을 적시자
7 야훼 하느님께서 진흙으로 사람을 빚어 만
드시고 코에 입김을 불어넣으시니, 사람이
되어 숨을 쉬었다.
8 ◎야훼 하느님께서는 동쪽에 있는 에덴이라
는 곳에 동산을 마련하시고 당신께서 빚어
만드신 사람을 그리로 데려다가 살게 하셨
다.
9 야훼 하느님께서는 보기 좋고 맛있는 열매
를 맺는 온갖 나무를 그 땅에서 돋아나게
하셨다. 또 그 동산 한가운데는 생명나무
와 선과 악을 알게 하는 나무도 돋아나게
하셨다.
10 ◎에덴에서 강 하나가 흘러 나와 그 동산을
적신 다음 네 줄기로 갈라졌다.
11 첫째 강줄기의 이름은 비손이라 하는데, 은
과 금이 나는 하윌라 땅을 돌아 흐르고 있었
다.
12 그 땅은 좋은 금뿐 아니라 브돌라라는 향료
와 홍옥수 같은 보석이 나는 곳이었다.
13 둘째 강줄기의 이름은 기혼이라 하는데, 구
스 온 땅을 돌아 흐르고 있었다.
14 셋째 강줄기의 이름은 티그리스라 하는데,
아시리아 동쪽으로 흐르고 있었고, 넷째 강
줄기의 이름은 유프라테스라고 하였다.
15 ◎야훼 하느님께서 아담을 데려다가 에덴에
있는 이 동산을 돌보게 하시며
16 이렇게 이르셨다. "이 동산에 있는 나무 열
매는 무엇이든지 마음대로 따먹어라.
17 그러나 선과 악을 알게 하는 나무 열매만은
따먹지 마라. 그것을 따먹는 날, 너는 반드
시 죽는다."
18 ◎야훼 하느님께서는 "아담이 혼자 있는 것
이 좋지 않으니, 그의 일을 거들 짝을 만들
어주리라." 하시고,
19 들짐승과 공중의 새를 하나하나 진흙으로
빚어 만드시고, 아담에게 데려다 주시고는
그가 무슨 이름을 붙이는가 보고 계셨다. 아
담이 동물 하나하나에게 붙여준 것이 그대
로 그 동물의 이름이 되었다.
20 이렇게 아담은 집짐승과 공중의 새와 들짐
승의 이름을 붙여주었지만 그 가운데는 그
의 일을 거들 짝이 보이지 않았다.
21 그래서 야훼 하느님께서 아담을 깊이 잠들
게 하신 다음, 아담의 갈빗대를 하나 뽑고
그 자리를 살로 메우시고는
22 그 갈빗대로 여자를 만드신 다음, 아담에게
데려오시자
23 아담은 이렇게 외쳤다.

"드디어 나타났구나!
내 뼈에서 나온 뼈요,
내 살에서 나온 살이로구나.
지아비에게서 나왔으니
지어미라고 부르리라!"

24 ◎이리하여 남자는 어버이를 떠나 아내와
어울려 한 몸이 되게 되었다.
25 아담 내외는 알몸이면서도 서로 부끄러운
줄을 몰랐다.

인류가 타락하다

3 ◎야훼 하느님께서 만드신 들짐승 가운데
제일 간교한 것이 뱀이었다. 그 뱀이 여
자에게 물었다. "하느님이 너희더러 이 동
산에 있는 나무 열매는 하나도 따먹지 말라
고 하셨다는데 그것이 정말이냐?"
2 여자가 뱀에게 대답하였다. "아니다. 하느
님께서는 이 동산에 있는 나무 열매는 무엇
이든지 마음대로 따먹되,
3 죽지 않으려거든 이 동산 한가운데 있는 나
무 열매만은 따먹지도 말고 만지지도 말라
고 하셨다."
4 그러자 뱀이 여자를 꾀었다. "절대로 죽지

㉠ 히브리어 본문은 "이렛날"로 되어 있지만, 여기서는 칠십인역과 사마리아 오경의 전통을 따랐다.

않는다.
5 그 나무 열매를 따먹기만 하면 너희의 눈이
밝아져서 하느님처럼 선과 악을 알게 될 줄
을 하느님이 아시고 그렇게 말하신 것이
다."
6 여자가 그 나무를 쳐다보니 과연 먹음직하
고 보기에 탐스러울 뿐더러 사람을 영리하
게 해줄 것 같아서, 그 열매를 따먹고 같이
사는 남편에게도 따주었다. 남편도 받아먹
었다.
7 그러자 두 사람은 눈이 밝아져 자기들이 알
몸인 것을 알고 무화과나무 잎을 엮어 앞을
가렸다.
8 ◎날이 저물어 선들바람이 불 때 야훼 하느
님께서 동산을 거니시는 소리를 듣고 아담
과 그의 아내는 야훼 하느님 눈에 뜨이지 않
게 동산 나무 사이에 숨었다.
9 야훼 하느님께서 아담을 부르셨다. "너 어디
있느냐?"
10 아담이 대답하였다. "당신께서 동산을 거니
시는 소리를 듣고 알몸을 드러내기가 두려
워 숨었습니다."
11 "네가 알몸이라고 누가 일러주더냐? 내가
따먹지 말라고 일러둔 나무 열매를 네가 따
먹었구나!" 하느님께서 이렇게 말씀하시자
12 아담은 핑계를 대었다. "당신께서 저에게
짝지어 주신 여자가 그 나무에서 열매를 따
주기에 먹었을 따름입니다."
13 야훼 하느님께서 여자에게 물으셨다. "어쩌
다가 이런 일을 했느냐?" 여자도 핑계를
대었다. "뱀에게 속아서 따먹었습니다."
14 야훼 하느님께서 뱀에게 말씀하셨다.
"네가 이런 일을 저질렀으니
온갖 집짐승과 들짐승 가운데서 너는 저
주를 받아,
죽기까지 배로 기어 다니며
흙을 먹어야 하리라.
15 나는 너를 여자와 원수가 되게 하리라.
네 후손을 여자의 후손과 원수가 되게 하
리라.
너는 그 발꿈치를 물려고 하다가
도리어 여자의 후손에게 머리를 밟히리
라."
16 그리고 여자에게는 이렇게 말씀하셨다.
"너는 아기를 낳을 때 몹시 고생하리라.
고생하지 않고는 아기를 낳지 못하리라.
남편을 마음대로 주무르고 싶겠지만,
도리어 남편의 손아귀에 들리라."
17 ◎그리고 아담에게는 이렇게 말씀하셨다.
"너는 아내의 말에 넘어가 따먹지 말라고
내가 일찍이 일러둔 나무 열매를 따먹었으
니, 땅 또한 너 때문에 저주를 받으리라. 너
는 죽도록 고생해야 먹고 살리라.
18 들에서 나는 곡식을 먹어야 할 터인데, 땅
은 가시덤불과 엉겅퀴를 내리라.
19 너는,
흙에서 난 몸이니
흙으로 돌아가기까지
이마에 땀을 흘려야 낟알을 얻어먹으리
라.
너는 먼지이니 먼지로 돌아가리라."
20 ◎아담은 아내를 인류의 어머니라 해서 하와
라고 이름지어 불렀다.
21 야훼 하느님께서는 가죽옷을 만들어 아담과
그의 아내에게 입혀주셨다.
22 야훼 하느님께서는 '이제 이 사람이 우리들
처럼 선과 악을 알게 되었으니, 손을 내밀
어 생명나무 열매까지 따먹고 끝없이 살게
되어서는 안 되겠다.' 고 생각하시고
23 에덴 동산에서 내쫓으셨다. 그리고 땅에서
나왔으므로 땅을 갈아 농사를 짓게 하셨다.
24 이렇게 아담을 쫓아내신 다음 하느님은 동
쪽에 거룹들을 세우시고 돌아가는 불칼을
장치하여 생명나무에 이르는 길목을 지키
게 하셨다.

카인이 아벨을 죽이다

4 ◎아담이 아내 하와와 한자리에 들었더니
아내가 임신하여 카인을 낳고 이렇게 외
쳤다. "야훼께서 나에게 아들을 주셨구나!"
2 하와는 또 카인의 아우 아벨을 낳았는데, 아
벨은 양을 치는 목자가 되었고 카인은 밭을
가는 농부가 되었다.
3 때가 되어 카인은 땅에서 난 곡식을 야훼께
예물로 드렸고
4 아벨은 양떼 가운데서 맏배의 기름기를 드
렸다. 그런데 야훼께서는 아벨과 그가 바친
예물은 반기시고
5 카인과 그가 바친 예물은 반기지 않으셨다.
카인은 고개를 떨어뜨렸다. 몹시 화가 나 있
었다. 야훼께서 이것을 보시고
6 카인에게 말씀하셨다. "너는 왜 그렇게 화
가 났느냐? 왜 고개를 떨어뜨리고 있느냐?
7 네가 잘했다면 왜 얼굴을 쳐들지 못하느냐?
그러나 네가 만일 마음을 잘못 먹었다면,
죄가 네 문 앞에 도사리고 앉아 너를 노릴
것이다. 그러므로 너는 그 죄에 굴레를 씌
워야 한다."

8 그러나 카인은 아우 아벨을 ㉠들로 가자고
꾀어 들로 데리고 나가서 달려들어 아우 아
벨을 쳐죽였다.
9 ◎야훼께서 카인에게 물으셨다. "네 아우 아
벨이 어디 있느냐?" 카인은 "제가 아우를
지키는 사람입니까?" 하고 잡아떼며 모른
다고 대답하였다.
10 그러나 야훼께서는 "네가 어찌 이런 일을
저질렀느냐?" 하시면서 꾸짖으셨다. "네
아우의 피가 땅에서 나에게 울부짖고 있다.
11 땅이 입을 벌려 네 아우의 피를 네 손에서
받았다. 너는 저주를 받은 몸이니 이 땅에
서 물러나야 한다.
12 네가 아무리 애써 땅을 갈아도 이 땅은 더
이상 소출을 내지 않을 것이다. 너는 세상
을 떠돌아다니는 신세가 될 것이다."
13 그러자 카인이 야훼께 하소연하였다. "벌이
너무 무거워서, 저로서는 견디지 못하겠습
니다.
14 오늘 이 땅에서 저를 아주 쫓아내시니, 저
는 이제 하느님을 뵙지 못하고 세상을 떠돌
아다니게 되었습니다. 저를 만나는 사람마
다 저를 죽이려고 할 것입니다."
15 "그렇게 못하도록 하여주마. 카인을 죽이는
사람에게는 내가 일곱 갑절로 벌을 내리리
라." 이렇게 말씀하시고 야훼께서는 누가
카인을 만나더라도 그를 죽이지 못하도록
그에게 표를 찍어주셨다.
16 카인은 하느님 앞에서 물러나와 에덴 동쪽
놋이라는 곳에 자리를 잡았다.

카인의 후손

17 ◎카인이 아내와 한자리에 들었더니, 아내
가 임신하여 에녹을 낳았다. 카인은 제가 세
운 고을을 아들의 이름을 따서 에녹이라고
불렀다.
18 에녹에게서 이랏이 태어났고, 이랏은 므후야
엘을, 므후야엘은 므두사엘을, 므두사엘은 라
멕을 낳았다.
19 라멕은 두 아내를 데리고 살았는데, 한 아내
의 이름은 아다요, 또 한 아내의 이름은 실
라였다.
20 아다가 낳은 야발은 장막에서 살며 양을 치
는 목자들의 조상이 되었고
21 그의 아우 유발은 거문고를 뜯고 퉁소를 부
는 악사의 조상이 되었으며
22 실라가 낳은 두발카인은 구리와 쇠를 다루는
대장장이가 되었다. 두발카인에게는 나아마
라는 누이가 있었다.
23 라멕이 아내들에게 말하였다.
"아다야, 실라야, 내 말을 들어라.
라멕의 아내들아, 내 말에 귀를 기울여라.
나를 해치지 마라. 죽여버리리라.
젊었다고 하여 나에게 손찌검을 하지 마
라. 죽여버리리라.
24 카인을 해친 사람이 일곱 갑절로 보복을
받는다면,
라멕을 해치는 사람은 일흔일곱 갑절로
보복을 받으리라."

셋의 후손

25 ◎아담이 다시 아내와 한자리에 들었더니
아내가 아들을 낳고는 "하느님께서 카인
에게 죽은 아벨 대신 이제 또 다른 아들을
주셨구나." 하며 이름을 셋이라고 지어주
었다.
26 셋도 아들을 얻고 이름을 에노스라고 지어
불렀다. 그 때 에노스가 비로소 야훼의 이름
을 불러 예배하였다.

홍수 이전 족장들

5 ◎아담의 계보는 이러하다. 하느님께서
사람을 지어내시던 날, 하느님께서는 당
신 모습대로 사람을 만드시되
2 남자와 여자로 지어내셨다. 그 날 하느님께
서는 그들에게 복을 주시며 그 이름을 아담
이라 지어주셨다.
3 ◎아담은 백삼십 세에 자기 모습을 닮은 아
들을 낳고 이름을 셋이라 하였다.
4 셋을 낳은 다음 아담은 팔백 년 동안 살면서
아들딸을 더 낳았다.
5 아담은 모두 구백삼십 년을 살고 죽었다.
6 ◎셋은 백오 세에 에노스를 낳았다.
7 셋은 에노스를 낳은 다음 팔백칠 년 동안 살
면서 아들딸을 더 낳았다.
8 셋은 모두 구백십이 년을 살고 죽었다.
9 ◎에노스는 구십 세에 케난을 낳았다.
10 에노스는 케난을 낳은 다음 팔백십오 년 동
안 살면서 아들딸을 더 낳았다.
11 에노스는 모두 구백오 년을 살고 죽었다.
12 ◎케난은 칠십 세에 마할랄렐을 낳았다.
13 케난은 마할랄렐을 낳은 다음 팔백사십 년
동안 살면서 아들딸을 더 낳았다.
14 케난은 모두 구백십 년을 살고 죽었다.
15 ◎마할랄렐은 육십오 세에 야렛을 낳았다.
16 마할랄렐은 야렛을 낳은 다음 팔백삼십 년

㉠ 칠십인역과 사마리아 오경을 따라 "들로 가자."를 삽입하였다.

동안 살면서 아들딸을 더 낳았다.
17 마할랄렐은 모두 팔백구십오 년을 살고 죽
었다.
18 ◎야렛은 백육십이 세에 에녹을 낳았다.
19 야렛은 에녹을 낳은 다음 팔백 년 동안 살면
서 아들딸을 더 낳았다.
20 야렛은 모두 구백육십이 년을 살고 죽었다.
21 ◎에녹은 육십오 세에 므두셀라를 낳았다.
22 에녹은 므두셀라를 낳은 다음 삼백 년 동안
하느님과 함께 살면서 아들딸을 더 낳았다.
23 에녹은 모두 삼백육십오 년을 살았다.
24 에녹은 하느님과 함께 살다가 사라졌다. 하
느님께서 데려가신 것이다.
25 ◎므두셀라는 백팔십칠 세에 라멕을 낳았다.
26 므두셀라는 라멕을 낳은 다음 칠백팔십이 년
동안 살면서 아들딸을 더 낳았다.
27 므두셀라는 모두 구백육십구 년을 살고 죽
었다.
28 ◎라멕은 백팔십이 세에 아들을 낳고
29 이름을 노아라고 지어주며 "이 아들은 야훼
께서 땅을 저주하시어 고생하며 일하던 우
리를 한숨 돌리게 해주리라." 하고 외쳤다.
30 라멕은 노아를 낳은 다음 오백구십오 년 동
안 살면서 아들딸을 더 낳았다.
31 라멕은 모두 칠백칠십칠 년을 살고 죽었다.
32 노아가 셈과 함과 야벳을 낳았을 때의 나이
는 오백 세였다.

하느님의 아들과 사람의 딸이 결혼하다

6 ◎땅 위에 사람이 불어나면서부터 그들의
딸들이 태어났다.
2 하느님의 아들들이 그 사람의 딸들을 보고
마음에 드는 대로 아리따운 여자를 골라 아
내로 삼았다.
3 그래서 야훼께서는 "사람은 동물에 지나지
않으니 나의 입김이 사람들에게 언제까지
나 머물러 있을 수는 없다. 사람은 백이십
년밖에 살지 못하리라." 하셨다.
4 그 때 그리고 그 뒤에도 세상에는 느빌림이
라는 거인족이 있었는데 그들은 하느님의
아들들과 사람의 딸들 사이에서 태어난 자
들로서 옛날부터 이름난 장사들이었다.

노아만은 하느님의 마음에 들다

5 ◎야훼께서는 세상이 사람의 죄악으로 가득
차고 사람마다 못된 생각만 하는 것을 보시
고
6 왜 사람을 만들었던가 싶으시어 마음이 아
프셨다.
7 야훼께서는 "내가 지어낸 사람이지만, 땅
위에서 쓸어버리리라. 공연히 사람을 만들
었구나. 사람뿐 아니라 짐승과 땅 위를 기
는 것과 공중의 새까지 모조리 없애버리리
라. 공연히 만들었구나!" 하고 탄식하셨다.
8 그러나 노아만은 하느님의 마음에 들었다.
9 ◎노아의 이야기는 이러하다. 그 당시에 노
아만큼 올바르고 흠없는 사람이 없었다. 그
는 하느님을 모시고 사는 사람이었다.
10 노아는 셈과 함과 야벳, 이렇게 세 아들을 두
었다.
11 하느님 보시기에 세상은 너무나 썩어 있었
다. 그야말로 무법천지가 되어 있었다.
12 하느님 보시기에 세상은 속속들이 썩어, 사
람들이 하는 일이 땅 위에 냄새를 피우고 있
었다.

새 세상을 위한 준비를 갖추시다

13 ◎그래서 하느님께서는 노아에게 이렇게 말
씀하셨다.
"세상은 이제 막판에 이르렀다. 땅 위는
그야말로 무법천지가 되었다. 그래서 나는
저것들을 땅에서 다 쓸어버리기로 하였다.
14 너는 전나무로 배 한 척을 만들어라. 배 안
에 방을 여러 칸 만들고 안과 밖을 역청으로
칠하여라.
15 그 배는 이렇게 만들도록 하여라. 길이는
삼백 자, 나비는 오십 자, 높이는 삼십 자로
하고,
16 또 배에 지붕을 만들어 한 자 치켜올려 덮고
옆에는 출입문을 내고, 상 중 하 삼층으로
만들어라.
17 내가 이제 땅 위에 폭우를 쏟으리라. 홍
수를 내어 하늘 아래 숨 쉬는 동물은 다 쓸
어버리리라. 땅 위에 사는 것은 하나도 살
아 남지 못할 것이다.
18 그러나 나는 너와 계약을 세운다. 너는 네
아들들과 네 아내와 며느리들을 데리고 배
에 들어가거라.
19 그리고 목숨이 있는 온갖 동물도 암컷과 수
컷으로 한 쌍씩 배에 데리고 들어가 너와 함
께 살아 남도록 하여라.
20 온갖 새와 온갖 집짐승과 땅 위를 기어 다니
는 온갖 길짐승이 두 마리씩 너한테로 올 터
이니 그것들을 살려주어라.
21 그리고 너는 먹을 수 있는 온갖 양식을 가져
다가 너와 함께 있는 사람과 동물들이 먹도
록 저장해 두어라."
22 ◎노아는 모든 일을 하느님께서 분부하신

대로 하였다.

7 ◎야훼께서 노아에게 말씀하셨다. "너는
네 식구들을 다 데리고 배에 들어가거라.
내가 보기에 지금 이 세상에서 올바른 사람
은 너밖에 없다.
2 깨끗한 짐승은 종류를 따라 암컷과 수컷으
로 일곱 쌍씩, 부정한 짐승은 암컷과 수컷
으로 ㉠두 쌍씩,
3 공중의 새도 암컷과 수컷으로 일곱 쌍씩 배
에 데리고 들어가, 온 땅 위에서 각종 동물
의 씨가 마르지 않도록 하여라.
4 이제 이레가 지나면, 사십 일 동안 밤낮으
로 땅에 비를 쏟아, 내가 만든 모든 생물들
을 땅 위에서 다 없애버리리라."
5 노아는 야훼께서 분부하신 대로 다 하였다.
6 ◎땅 위에 홍수가 난 것은 노아가 육백 세 되
던 해였다.
7 노아는 아들들과 아내와 며느리들을 데리고
홍수를 피하여 배에 들어갔다.
8 또 깨끗한 짐승과 부정한 짐승, 그리고 새
와 땅 위를 기어 다니는 길짐승도
9 암컷과 수컷 두 쌍씩 노아한테로 와서 배에
들어갔다. 노아는 모든 일을 야훼께서 분부
하신 대로 하였다.
10 이레가 지나자 폭우가 땅에 쏟아져 홍수가
났다.
11 노아가 육백 세 되던 해 이월 십칠일, 바로
그 날 땅 밑에 있는 큰 물줄기가 모두 터지
고 하늘은 구멍이 뚫렸다.
12 그래서 사십 일 동안 밤낮으로 땅 위에 폭우
가 쏟아졌다.
13 ◎바로 그 날 노아는 자기 아내와 세 아들
셈, 함, 야벳과 세 며느리를 배에 들여보냈
다.
14 그리고 그들과 함께 각종 들짐승과 집짐승,
땅 위를 기는 각종 파충류와 날개를 가지고
나는 각종 새들을 들여보냈다.
15 몸을 가지고 호흡하는 모든 것이 한 쌍씩 노
아와 함께 배에 올랐다.
16 그리하여 하느님께서 노아에게 분부하신 대
로 모든 짐승의 암컷과 수컷이 짝을 지어 들
어갔다. 그리고 노아가 들어가자 야훼께서
문을 닫으셨다.

홍수가 나다

17 ◎땅 위에 사십 일 동안이나 폭우가 쏟아져
배를 띄울 만큼 물이 불어났다. 그리하여
배는 땅에서 높이 떠올랐다.
18 물이 불어나 땅은 온통 물에 잠기고 배는 물
위를 떠다녔다.
19 물은 점점 불어나 하늘 높이 치솟은 산이 다
잠겼다.
20 물은 산들을 잠그고도 열다섯 자나 더 불어
났다.
21 새나 집짐승이나 들짐승이나 땅 위를 기던
벌레나 사람 등 땅 위에서 움직이던 모든 생
물이 숨지고 말았다.
22 마른 땅 위에서 코로 숨쉬며 살던 것들이 다
죽고 말았다.
23 이렇게 야훼께서는 사람을 비롯하여 모든
짐승들, 길짐승과 새에 이르기까지 땅 위에
서 살던 모든 생물을 쓸어버리셨다. 이렇게
땅에 있던 것이 다 쓸려갔지만, 노아와 함께
배에 있던 사람과 짐승만은 살아 남았다.
24 물은 백오십 일 동안이나 땅 위에 괴어 있었
다.

홍수가 빠지다

8 ◎하느님께서 노아와 배에 있던 모든 들
짐승과 집짐승들의 생각이 나셔서 바람
을 일으키시니, 물이 빠지기 시작하였다.
2 땅 밑 큰 물줄기와 하늘 구멍이 막혀 하늘에
서 내리던 비가 멎었다.
3 그리하여 땅에서 물이 줄어들기 시작한 지
백오십 일이 되던 날인
4 칠월 십칠일에 배는 마침내 아라랏 산 등마
루에 머물렀다.
5 물은 시월이 오기까지 계속 줄어서 마침내
시월 초하루에 산봉우리가 드러났다.
6 ◎사십 일 뒤에 노아는 자기가 만든 배의 창
을 열고
7 까마귀 한 마리를 내보냈다. 그 까마귀는
땅에서 물이 다 마를 때까지 이리저리 날아
다녔다.
8 노아가 다시 지면에서 물이 얼마나 빠졌는
지 알아보려고 비둘기 한 마리를 내보냈다.
9 그 비둘기는 발을 붙이고 앉을 곳을 찾지 못
하고 그냥 돌아왔다. 물이 아직 온 땅에 뒤
덮여 있었던 것이다. 노아는 손을 내밀어 비
둘기를 배 안으로 받아들였다.
10 노아는 이레를 더 기다리다가 그 비둘기를
다시 배에서 내보냈다.
11 비둘기는 저녁때가 되어 되돌아왔는데 부
리에 금방 딴 올리브 이파리를 물고 있었다.
그제야 노아는 물이 줄었다는 것을 알았다.
12 노아는 다시 이레를 더 기다려 비둘기를 내

㉠ 히브리어 본문은 "한 쌍"으로 되어 있지만, 여기서는 칠십인역과 사마리아 오경의 전통을 따랐다.

어보냈다. 비둘기가 이번에는 끝내 돌아오
지 않았다.
13◎노아가 육백한 살이 되던 해 정월 초하루,
물이 다 빠져 땅은 말라 있었다. 노아가 배
뚜껑을 열고 내다보니, 과연 지면은 말라
있었다.

배에서 나오다

14 이월 이십칠일, 땅이 다 마르자,
15 하느님께서 노아에게 말씀하셨다.
16 "너는 아내와 아들들과 며느리들을 데리고
배에서 나오너라.
17 새나 집짐승이나 땅에서 기어 다니는 길짐
승까지, 너와 함께 있던 모든 동물을 데리
고 나와 땅 위에서 떼 지어 살며 새끼를 많
이 낳아 땅 위에 두루 번져나게 하여라."
18 노아는 아내와 아들들과 며느리들을 데리고
배에서 나왔다.
19 들짐승과 집짐승과 새와 땅 위를 기어다니
는 길짐승들도 그 종류별로 모두 배에서 따
라 나왔다.
20◎노아는 야훼 앞에 제단을 쌓고 모든 정한
들짐승과 정한 새 가운데서 번제물을 골라
그 제단 위에 바쳤다.
21 야훼께서 그 향긋한 냄새를 맡으시고 속으
로 다짐하셨다.
"사람은 어려서부터 악한 마음을 품게 마
련,
다시는 사람 때문에 땅을 저주하지 않으
리라.
다시는 전처럼
모든 짐승을 없애버리지 않으리라.
22 땅이 있는 한,
뿌리는 때와 거두는 때,
추위와 더위, 여름과 겨울,
밤과 낮이 쉬지 않고 오리라."

새 세계

9 ◎하느님께서 노아와 그의 아들들에게 복
을 내리시며 말씀하셨다. "많이 낳아, 온
땅에 가득히 불어나거라.
2 들짐승과 공중의 새와 땅 위를 기어 다니는
길짐승과 바닷고기가 다 두려워 떨며 너희
의 지배를 받으리라.
3 살아 움직이는 모든 짐승이 너희의 양식이
되리라. 내가 전에 풀과 곡식을 양식으로
주었듯이 이제 이 모든 것을 너희에게 준다.
4 그러나 피가 있는 고기를 그대로 먹어서는
안 된다. 피는 곧 그 생명이다.
5 너희 생명인 피를 흘리게 하는 자에게 나는
앙갚음을 하리라. 어떤 짐승에게도 앙갚음
을 하리라. 사람이 같은 사람의 피를 흘리
면, 그에게도 앙갚음을 하리라.
6 사람은 하느님의 모습으로 만들어졌으니
남의 피를 흘리는 사람은 제 피도 흘리게 되
리라.
7 너희는 많이 낳고 불어나거라. 땅 가득히
퍼져 땅을 정복하여라."
8◎하느님께서 노아와 그의 아들들에게 또
말씀하셨다.
9 "이제 나는 너희와 너희 후손과 계약을
세운다.
10 배 밖으로 나와, 너와 함께 있는 새와 집짐
승과 들짐승과 그 밖에 땅에 있는 모든 짐승
과도 나는 계약을 세운다.
11 나는 너희와 계약을 세워 다시는 홍수로 모
든 동물을 없애버리지 않을 것이요, 다시는
홍수로 땅을 멸하지 않으리라."
12◎하느님께서 또 말씀하셨다.
"너뿐 아니라 너와 함께 지내며 숨쉬는
모든 짐승과 나 사이에 대대로 세우는 계약
의 표는 이것이다.
13 내가 구름 사이에 무지개를 둘 터이니, 이
것이 나와 땅 사이에 세워진 계약의 표가 될
것이다.
14 내가 구름으로 땅을 덮을 때, 구름 사이에
무지개가 나타나면,
15 나는 너뿐 아니라 숨쉬는 모든 짐승과 나 사
이에 세워진 내 계약을 기억하고 다시는 물
이 홍수가 되어 모든 동물을 쓸어버리지 못
하게 하리라.
16 무지개가 구름 사이에 나타나면, 나는 그것
을 보고 하느님과 땅에 살고 있는 모든 동물
사이에 세워진 영원한 계약을 기억할 것이
다."
17◎하느님께서는 노아에게 "이것이 땅 위에
있는 모든 짐승과 나 사이에 세워진 계약의
표이다." 하고 다시 다짐하셨다.

노아와 그의 후손

18◎배에서 나온 노아의 아들은 셈과 함과 야
벳이었다. 함은 가나안의 조상이다.
19 이 세 사람이 노아의 아들인데, 온 세상 사
람이 그들에게서 퍼져 나갔다.
20 한편, 노아는 포도원을 가꾸는 첫 농군이 되
었는데,
21 하루는 포도주를 마시고 취하여 벌거벗은
채로 천막 안에 누워 있었다.

22 마침 가나안의 조상 함이 아버지가 벗은 것
을 보고 밖에 나가 형과 아우에게 그 이야기
를 하였다.
23 셈과 야벳은 겉옷을 집어 어깨에 걸치고 뒷
걸음으로 들어가, 아버지의 벗은 몸을 덮어
드렸다. 그들은 얼굴을 돌린 채 아버지의
벗은 몸을 보지 않았다.
24 노아는 술이 깨어 작은아들이 한 일을 알고
25 이렇게 말하였다.

"가나안은 저주를 받아
형제들에게 천대받는 종이 되어라."

26 그는 또 말했다.

"셈의 하느님, 야훼는 찬양받으실 분,
가나안은 셈의 종이 되어라.

27 하느님께서 야벳을 흥하게 하시어
셈의 천막에서 살게 하시고,
가나안은 그의 종이 되어라."

28 ◎노아는 홍수가 있은 뒤에도 삼백오십 년
이나 더 살아,
29 모두 구백오십 년을 살고 죽었다.

지상에 퍼진 세 인종

10 ◎노아의 아들 셈과 함과 야벳의 계보는
아래와 같다. 홍수가 있은 뒤에 그들은
자식을 낳았다.
2 ◎야벳의 아들은 고멜, 마곡, 메대, 야완, 두
발, 메섹, 디라스,
3 고멜의 아들은 아스그낫, 리밧, 도가르마,
4 야완의 아들은 엘리사아, 다르싯, 기띰, 로다
님이었다.
5 이들에게서 바다를 끼고 사는 백성들이 갈
라져 나왔다. 이들이 지방과 언어와 씨족과
부족을 따라 갈려 나간 야벳의 후손들이다.
6 ◎함의 아들은 구스, 이집트, 리비아, 가나안,
7 구스의 아들은 스바, 하윌라, 삽다아, 라아마,
삽드가, 라아마의 아들은 세바와 드단이었다.
8 구스에게서 니므롯이 났는데 그는 세상에 처
음 나타난 장사였다.
9 그는 야훼께서도 알아주시는 힘센 사냥꾼이
었다. 그래서 '야훼께서도 알아주시는 니므
롯 같은 힘센 사냥꾼'이라는 속담까지 생겼
다.
10 그의 나라는 시날 지방인 바벨과 에렉과 아깟
과 갈네에서 시작되었다.
11 그는 그 지방을 떠나 아시리아로 나와서㉠
니느웨와 르호봇 성과 갈라를 세우고,
12 니느웨와 갈라 사이에 레센이라는 아주 큰
성을 세웠다.
13 ◎이집트에게서 리디아족, 아남족, 르합족,
납두족,
14 바드루스족, 가슬루족, 갑돌족이 나왔다. 이
갑돌족에서 불레셋족이 나왔다.
15 ◎가나안에게서 태어난 첫아들은 시돈이었
다. 또 그에게서 헷족과
16 여부스족, 아모리족, 기르갓족,
17 히위족, 아르키족, 신족,
18 아르왓족, 스말족, 하맛족이 나왔다. 가나안
족은 뒤에 사방으로 흩어져 나갔다.
19 가나안 지방의 경계선은 시돈에서 시작하여
그랄 쪽으로 내려가다가 가자에 이르고, 거
기서 소돔과 고모라와 아드마와 스보임 쪽으
로 라사에 이르렀다.
20 이것이 씨족과 언어와 지방과 부족을 따라
서 갈려 나간 함의 후손들이다.
21 ◎셈에게서도 아들이 태어났다. 에벨의 모
든 후손이 그에게서 나왔는데, 그는 또한 야
벳의 맏형이기도 하다.
22 셈에게서는 엘람과 아시리아, 아르박삿, 룻,
아람이 났다.
23 아람의 아들들은 우스, 훌, 게델, 마스였다.
24 아르박삿은 셀라를 낳았고 셀라는 에벨을 낳
았다.
25 에벨은 아들 둘을 낳았는데, 그 중의 한 아
들은 벨렉이라 불리었다. 그의 시대에 인종
이 갈라졌다고 해서 그렇게 부른 것이다.
그의 아우는 욕단이라고 불리었다.
26 욕단에게서 알모닷, 셀렙, 하살마윗, 예라,
27 하도람, 우잘, 디클라,
28 오발, 아비마엘, 세바,
29 오빌, 하윌라, 요밥이 났다. 이들은 모두 욕
단의 후손들이다.
30 그들이 살던 지방은 메사에서 스바르에 이르
는 동쪽 산악 지대였다.
31 이상이 씨족과 언어와 지방과 부족을 따라
갈려 나간 셈의 후손들이다.
32 ◎각 부족의 계보를 따라 나누어진 노아 후
손들의 씨족은 위와 같다. 그들에게서 부족
들이 세상에 갈라져 나간 것은 홍수가 있은
뒤의 일이었다.

바벨탑 이야기

11 ◎온 세상이 한 가지 말을 쓰고 있었다.
물론 낱말도 같았다.
2 사람들은 동쪽에서 옮아 오다가 시날 지방
한 들판에 이르러 거기 자리를 잡고는
3 의논하였다. "어서 벽돌을 빚어 불에 단단

㉠ "그는 그 땅에서 아시리아로 밀고 나가서"라고 옮길 수도 있다.

히 구워내자." 이리하여 사람들은 돌 대신
에 벽돌을 쓰고, 흙 대신에 역청을 쓰게 되
었다.
4 또 사람들은 의논하였다. "어서 도시를 세
우고 그 가운데 꼭대기가 하늘에 닿게 탑을
쌓아 우리 이름을 날려 사방으로 흩어지지
않도록 하자."
5 ◎야훼께서 땅에 내려오시어 사람들이 이렇
게 세운 도시와 탑을 보시고
6 생각하셨다. "사람들이 한 종족이라 말이
같아서 안 되겠구나. 이것은 사람들이 하려
는 일의 시작에 지나지 않겠지. 앞으로 하
려고만 하면 못할 일이 없겠구나.
7 당장 땅에 내려가서 사람들이 쓰는 말을 뒤
섞어놓아 서로 알아듣지 못하게 해야겠다."
8 야훼께서는 사람들을 거기에서 온 땅으로
흩으셨다. 그리하여 사람들은 도시를 세우
던 일을 그만두었다.
9 야훼께서 온 세상의 말을 거기에서 뒤섞어
놓아 사람들을 온 땅에 흩으셨다고 해서 그
도시의 이름을 ㉠바벨이라고 불렀다.

셈의 계보

10 ◎셈의 후손은 다음과 같다. 셈은 홍수가 끝
난 지 이 년 뒤 그의 나이 백 세가 되어 아르
박삿을 낳았다.
11 셈은 아르박삿을 낳은 뒤 오백 년 동안을 더
살면서 아들딸을 낳았다.
12 아르박삿은 삼십오 세 되던 해에 셀라를 낳
았다.
13 아르박삿은 셀라를 낳은 뒤 사백삼 년 동안
을 더 살면서 아들딸을 낳았다.
14 셀라는 삼십 세 되던 해에 에벨을 낳았다.
15 셀라는 에벨을 낳은 뒤 사백삼 년 동안을 더
살면서 아들딸을 낳았다.
16 에벨은 삼십사 세 되던 해에 벨렉을 낳았다.
17 에벨은 벨렉을 낳은 뒤 사백삼십 년 동안을
더 살면서 아들딸을 낳았다.
18 벨렉은 삼십 세 되던 해에 르우를 낳았다.
19 벨렉은 르우를 낳은 뒤 이백구 년 동안을 더
살면서 아들딸을 낳았다.
20 르우는 삼십이 세 되던 해에 스룩을 낳았다.
21 르우는 스룩을 낳은 뒤 이백칠 년 동안을 더
살면서 아들딸을 낳았다.
22 스룩은 삼십 세 되던 해에 나홀을 낳았다.
23 스룩은 나홀을 낳은 뒤 이백 년 동안을 더 살
면서 아들딸을 낳았다.
24 나홀은 이십구 세 되던 해에 데라를 낳았다.
25 나홀은 데라를 낳은 뒤 백십구 년 동안을 더
살면서 아들딸을 낳았다.
26 데라는 칠십 세가 되기까지 아브람과 나홀과
하란을 낳았다.

데라의 후손

27 ◎데라의 후손은 다음과 같다. 데라는 아브
람과 나홀과 하란을 낳았고 하란은 롯을 낳
았다.
28 하란은 고향인 갈대아 우르에서 자기의 아버
지보다 먼저 죽었다.
29 아브람과 나홀이 아내를 맞았는데, 아브람의
아내 이름은 사래요, 나홀의 아내는 밀가였
다. 밀가는 하란의 딸로서 이스가와는 동기
간이었다.
30 사래는 잉태를 하지 못하는 몸이었으므로
자식이 없었다.
31 데라는 아들 아브람과 아들 하란에게서 난
손자 롯과, 아들 아브람의 아내인 며느리 사
래를 데리고 갈대아 우르에서 가나안을 향하
여 길을 떠나다가 하란에 이르러 거기에다
자리잡고 살았다.
32 데라는 이백오 년을 살고 하란에서 죽었다.

아브람이 부르심을 받다

12 ◎야훼께서 아브람에게 말씀하셨다.
"네 고향과 친척과 아비의 집을 떠나
내가 장차 보여줄 땅으로 가거라.
2 나는 너를 큰 민족이 되게 하리라. 너에게
복을 주어 네 이름을 떨치게 하리라. 네 이
름은 남에게 복을 끼쳐주는 이름이 될 것이
다.
3 너에게 복을 비는 사람에게는 내가 복을 내
릴 것이며 너를 저주하는 사람에게는 저주
를 내리리라. 세상 사람들이 네 덕을 입을
것이다."
4 ◎아브람은 야훼께서 분부하신 대로 길을 떠
났다. 롯도 함께 떠났다. 하란을 떠날 때, 아
브람의 나이는 칠십오 세였다.
5 아브람은 아내 사래와 조카 롯과 하란에서
모은 재산과 거기에서 얻은 사람들을 거느
리고 가나안 땅을 향하여 길을 떠나 마침내
가나안에 이르렀다.
6 아브람은 가나안 땅을 거쳐 모레의 상수리나
무가 있는 세겜 성소에 이르게 되었다. 그
때 그 땅에는 가나안 사람들이 살고 있었다.

㉠ 갈대아어로 "신의 문"이라는 뜻이지만, "뒤섞어놓는다."는 히브리어와 소리가 비슷해서 여기서는 "혼란"이라는 뜻으로 해석되었다.

7 야훼께서 아브람에게 나타나시어 "내가 이
땅을 네 자손에게 주리라." 하셨다. 아브람
은 야훼께서 자기에게 나타나셨던 그 자리
에 제단을 쌓아 야훼께 바쳤다.
8 아브람은 그 곳을 떠나 베델 동쪽에 있는
산악 지대로 옮겨가서 서쪽으로는 베델이
보이고 동쪽으로는 아이가 보이는 곳에 천
막을 쳤다. 아브람은 거기에 제단을 쌓아
야훼께 바치고 야훼의 이름을 불러 예배를
드렸다.
9 아브람은 다시 길을 떠나 네겝 쪽으로 옮겨
갔다.

아브람이 이집트에 갔다 오다

10◎마침 그 지방에 흉년이 들었는데, 그 흉년
이 너무나 심하여 아브람은 이집트에 몸붙여
살려고 옮겨간 일이 있었다.
11 이집트 땅에 발을 들여놓기 전에 아브람이
아내 사래에게 당부하였다. "나는 당신이
정말 아름다운 여자라고 생각하오.
12 이집트인들이 당신을 보면 당신의 남편이라
고 해서 나를 죽이고 당신만 살려둘 것이오.
13 그러니 나를 오라버니라고 부르시오. 그러
면 내가 당신 덕으로 죽음을 면하고 대접도
받을 것이오."
14◎아브람은 이집트에 들어갔다. 이집트인들
이 보기에 그의 아내는 정말 아름다웠다.
15 이집트 왕의 신하들은 그를 보고 왕 앞에 나
아가 아름다운 여인이 나타났다고 아뢰었다.
그리하여 사래는 왕궁으로 불려 들어갔다.
16 아브람은 그 덕분에 대접을 받고 남종들과
여종들, 양떼와 소떼, 암나귀와 수나귀, 그
리고 낙타를 여러 마리 받았다.
17 그러나 왕은 아브람의 아내 사래를 불러들인
벌로 온 가족과 함께 야훼께 무서운 재앙을
받았다.
18 왕은 아브람을 불러 꾸짖었다. "네가 어찌
하여 나에게 이런 일을 했느냐? 왜 그를 네
아내라고 하지 않았느냐?
19 왜 이 여자를 네 누이라고 속여 내 아내로
삼게 하였느냐? 네 아내가 여기 있으니 데
리고 당장 물러가거라."
20◎이집트 왕은 부하들에게 명하여 아브람을
그의 아내와 그의 모든 소유와 함께 내어보
냈다.

롯이 분가하다

13 ◎아브람은 모든 재물을 거두어가지고
아내와 함께 이집트에서 나와 네겝으로
올라갔다. 롯도 함께 올라갔다.
2 아브람은 가축과 은과 금을 많이 가진 큰 부
자가 되었다.
3 아브람은 네겝에서 베델 쪽으로 옮겨가다가
전에 천막을 쳤던 베델과 아이 사이에 이르
렀다.
4 그 곳은 지난날 아브람이 제단을 쌓고 야훼
의 이름을 불러 예배하던 곳이었다.
5 아브람을 따라다니는 롯도 양떼와 소떼를
비롯하여 천막도 여러 개 가지고 있었다.
6 그 지방은 그들이 함께 살 만한 곳이 못 되
었다. 그들이 지닌 재산이 너무 많아서 도
저히 함께 살 수가 없었던 것이다.
7 그래서 아브람의 목자들과 롯의 목자들 사
이에 싸움이 잦았다. 그 때는 가나안 사람
들과 브리즈 사람들이 그 땅에 살고 있던
때였다.
8 아브람이 롯에게 말하였다. "너와 나는 한
골육이 아니냐? 네 목자들과 내 목자들이
서로 다투어서야 되겠느냐?
9 네 앞에 얼마든지 땅이 있으니, 따로 나가
서 살림을 차려라. 네가 왼쪽을 차지하면
나는 오른쪽을 가지겠고, 네가 오른쪽을 원
하면 나는 왼쪽을 택하겠다."
10◎롯이 멀리 요르단 분지를 다 둘러보니, 소
알에 이르기까지 마치 야훼의 동산같이, 이
집트의 땅같이 물이 넉넉하였다. 그것은 야
훼께서 소돔과 고모라를 멸하시기 전의 모습
이었다.
11 롯은 요르단 분지를 다 차지하기로 하고 그
리로 옮겨갔다. 이렇게 하여 그들은 서로
헤어졌다.
12 아브람은 가나안 땅에 살았고, 롯은 요르단
분지에 있는 여러 도시에서 살다가 마침내
소돔으로 천막을 옮겼다.
13 그런데 소돔 사람들은 야훼께 못할 짓만 하
는 아주 못된 사람들이었다.
14◎롯이 떠나간 다음 야훼께서 아브람에게 말
씀하셨다. "고개를 들어 네가 있는 곳에서
동서남북을 둘러보아라.
15 네 눈에 비치는 온 땅을 너와 네 자손에게
아주 주겠다.
16 나는 네 자손을 땅의 티끌만큼 불어나게 하
리라. 땅의 티끌을 셀 수 없듯이 네 자손도
셀 수 없게 될 것이다.
17 어서 이 땅을 두루 돌아보아라. 내가 이 땅
을 너에게 주리라."
18◎아브람은 천막을 거두어 헤브론에 있는
마므레의 상수리나무 있는 곳으로 가서 자

리를 잡고 거기에서 제단을 쌓아 야훼께 바
쳤다.

아브람이 롯을 건지다

14 ◎시날 왕 아므라벨, 엘라살 왕 아록, 엘
람 왕 그돌라오멜, 고임 왕 티드알의 시
대였다.
2 이 왕들은 소돔 왕 베라, 고모라 왕 비르사,
아드마 왕 시납, 스보임 왕 세메벨, 벨라 왕
곧 소알 왕과 싸움을 벌였다.
3 이들 다섯 왕은 동맹을 맺고 시띰 골짜기에
집결하였다. 시띰 골짜기는 지금 짠물호수
가 있는 곳이다.
4 이들은 십이 년 동안 그돌라오멜을 섬기다가
십삼 년 되던 해에 반란을 일으켰던 것이다.
5 십사 년째 되던 해에 그돌라오멜은 동맹을
맺은 왕들과 함께 출동하여 아스드롯카르나
임에서 르바족을 치고, 함에서 수스족을 치
고 사웨키랴다임에서 엠족을 치고
6 세일 산에서 호리족을 치고, 광야 근처 엘바
란까지 쳐 내려왔다.
7 그들은 거기에서 발을 돌려 재판 샘터가 있
는 카데스로 쳐들어가 아말렉족의 온 땅과
하사손다말에 살고 있는 아모리족도 쳐 무찔
렀다.
8 그러자 소돔 왕, 고모라 왕, 아드마 왕, 스보
임 왕, 벨라 왕 곧 소알 왕이 출동하여 시띰
골짜기에 진을 치고 그들과 싸움을 벌였다.
9 그들이 엘람 왕 그돌라오멜, 고임 왕 티드알,
시날 왕 아므라벨, 엘라살 왕 아룍과 어울리
니, 네 왕이 다섯 왕과 맞붙은 것이다.
10 그런데 시띰 골짜기에는 역청 수렁이 많았
는데, 소돔 왕과 고모라 왕은 도망치다가 거
기에 빠졌고 나머지는 산으로 도망쳤다.
11 그들은 소돔과 고모라 왕들이 가지고 있던
재물과 양식을 모두 빼앗고,
12 소돔에 살고 있는 아브람의 조카 롯도 끌고
가면서 그의 재물도 빼앗았다.
13 한 사람이 도망쳐 나와서 히브리인 아브람에
게 이 일을 알렸다. 아브람은 그 때 아모리인
마므레의 상수리나무가 무성한 곳에 살고 있
었다. 마므레는 에스골과 아넬과 동기간으로
서, 이들은 아브람과 계약을 맺은 사이였다.
14 아브람은 자기 골육이 끌려갔다는 소식을
듣고 집에서 길러낸 사병 삼백십팔 명을 소
집하여 단까지 쫓아갔다.
15 아브람과 그의 부하들은 여러 패로 나뉘어
밤을 틈타 그들을 기습, 다마스쿠스 북쪽에
있는 호바까지 추격하면서
16 모든 것을 되찾았다. 조카 롯과 그의 재물과
부녀자들과 그 밖의 모든 사람들을 되찾아
냈다.

아브람과 멜기세덱

17 ◎아브람이 그돌라오멜과 그와 동맹을 맺은
왕들을 쳐부수고 돌아오는데 소돔 왕이 왕
의 골짜기라고도 불리는 사웨 골짜기까지
나와 그를 맞았다.
18 살렘 왕 멜기세덱은 떡과 포도주를 가지고
나왔다. 그는 지극히 높으신 하느님을 섬기
는 사제였다.
19 그는 아브람에게 복을 빌어주었다.
"하늘과 땅을 만드신 지극히 높으신 하느
님이여,
아브람에게 복을 내리소서.
20 그대의 원수를 그대의 손에 부치신
지극히 높으신 하느님께 찬양을 드리어
라."
◎아브람은 자기가 가진 것 전부에서 십분의
일을 그에게 주었다.
21 이 때, 소돔 왕이 아브람에게 물건은 가지되
사람만은 돌려달라고 청하였다.
22 아브람은 "내가 하늘과 땅을 만드셨고 지극
히 높으신 하느님 야훼께 손을 들어 맹세하
오." 하면서 대답하였다.
23 "아브람이 내 덕에 부자가 되었다고 할 속셈
이오? 나는 실오라기 하나, 신끈 한 가닥도
당신의 것은 차지하지 않겠소.
24 나는 아무것도 바라지 않지만, 젊은이들이
먹은 것만은 찾지 마시오. 그리고 함께 갔
던 아넬과 에스골과 마므레만은 저희의 몫을
차지하게 해야 하겠소."

하느님께서 아브람과 계약을 맺으시다

15 ◎이런 일들이 있은 뒤에 야훼께서 아
브람에게 환상으로 나타나시어 말씀하
셨다.
"무서워하지 말아라, 아브람아,
나는 방패가 되어 너를 지켜주며,
매우 큰 상을 너에게 내리리라."
2 그러자 아브람이 말씀 드렸다. "야훼 나의
주여, 나는 자식이 없는 몸입니다. 가문의
대를 이을 사람이라고는 다마스쿠스 사람 엘
리에젤밖에 없는데, 나에게 무엇을 주신다
는 말씀입니까?
3 나를 보십시오. 하느님께서는 나에게 자식
하나도 점지해 주지 않으셨습니다. 내 대를
이을 사람이라고는 내 집의 이 종밖에는 없

창세

지 않습니까?" 아브람이 이렇게 여쭙자,
4 야훼께서 그에게 말씀하셨다. "네 대를 이
을 사람은 그가 아니다. 장차 네 몸에서 날
네 친아들이 네 대를 이을 것이다."
5 그리고는 그를 밖으로 데리고 나가시어 말
씀하셨다. "하늘을 쳐다보아라. 셀 수 있거
든 저 별들을 세어보아라. 네 자손이 저렇
게 많이 불어날 것이다."
6 그가 야훼를 믿으니, 야훼께서 이를 갸륵하
게 여기시어,
7 이렇게 말씀하셨다. "나는 이 땅을 너에게
주어 차지하게 하려고 너를 갈대아 우르에서
이끌어낸 야훼다."
8 아브람이 "내가 이 땅을 차지하게 되리라는
것을 무엇으로 알 수가 있겠습니까?" 하고
묻자
9 야훼께서 말씀하셨다. "삼 년 된 암소와 삼
년 된 암염소와 삼 년 된 숫양과 산비둘기,
집비둘기를 한 마리씩 나에게 바쳐라."
10 그는 이 모든 것을 잡아다가 반으로 쪼개고
그 쪼갠 것을 짝을 맞추어 마주 놓았다. 그
러나 날짐승만은 쪼개지 않았다.
11 솔개들이 그 잡아놓은 짐승들 위에 날아오
면, 아브람은 이를 쫓고 있었다.
12 해 질 무렵, 아브람이 신비경에 빠져들어 심
한 두려움에 사로잡혀 있는데,
13 야훼께서 그에게 이렇게 말씀하셨다. "똑똑
히 알아두어라. 네 자손이 남의 나라에 가
서 그들의 종이 되어 얹혀살며 사백 년 동안
압제를 받을 것이다.
14 그러나 네 자손을 부리던 민족을 나는 심판
하리라. 그런 다음, 네 자손에게 많은 재물
을 들려 거기에서 나오게 하리라.
15 그러나 너는 네 명대로 살다가 고이 세상을
떠나 안장될 것이다.
16 네 자손은 아모리족의 죄가 찰 만큼 찬 다음,
사 대만에야 돌아오게 될 것이다."
17 ◎해가 져서 캄캄해지자, 연기 뿜는 가마가
나타나고 활활 타는 횃불이 쪼개놓은 짐승
들 사이로 지나가는 것이었다.
18 그 날 야훼께서 아브람과 계약을 맺으시며
말씀하셨다. "나는 이집트 개울에서 큰 강
유프라테스에 이르는 이 땅을 네 후손에게
준다.
19 이 곳은 켄족, 크니즈족, 카드몬족,
20 헷족, 브리즈족, 르바족,
21 아모리족, 가나안족, 기르갓족, 여부스족이
살고 있는 땅이다."

이스마엘이 태어나다

16 ◎아브람의 아내 사래는 아직 아이를
낳지 못했는데, 마침 사래에게는 하갈
이라는 이집트인 몸종이 있었다.
2 사래가 아브람에게 말하였다. "야훼께서 나
에게 자식을 주지 않으시니, 내 몸종을 받
아주십시오. 그 몸에서라도 아들을 얻어 대
를 이었으면 합니다." 아브람은 사래의 뜻을
받아들이기로 하였다.
3 아브람의 아내 사래는 이집트인 몸종 하갈을
남편 아브람에게 소실로 들여보냈다. 이것
은 아브람이 가나안 땅에 정착한 지 십 년이
지난 뒤의 일이었다.
4 아브람이 하갈과 한자리에 들었더니, 하갈의
몸에 태기가 있게 되었다. 하갈은 그것을 알
고 안주인을 업신여기게 되었다.
5 그러자 사래가 아브람에게 호소하였다. "내
가 이렇게 멸시를 받는 것은 당신 탓입니다.
나는 내 몸종을 당신 품에 안겨드렸습니다.
그런데 그가 자기 몸에 태기가 있는 것을 알
고는 저를 업신여깁니다. 야훼께서 나와 당
신 사이의 시비를 가려주시기 바랍니다."
6 아브람이 사래에게 말하였다. "당신의 몸종
인데 당신 마음대로 할 수 있지 않소? 당신
좋을 대로 하시오." ◎사래가 하갈을 박대하
자 하갈은 주인 곁을 피하여 도망치는데,
7 야훼의 천사가 빈들에 있는 샘터에서 하갈
을 만났다. 그 샘터는 수르로 가는 길가에
있었다.
8 그 천사가 "사래의 종 하갈아! 어디에서 와
서 어디로 가는 길이냐?" 하고 물었다. "나
의 주인 사래를 피하여 도망치는 길입니
다." 하갈이 이렇게 대답하자,
9 야훼의 천사는 주인 곁으로 돌아가, 고생을
참고 견디라면서
10 이렇게 일러주는 것이었다. "내가 네 자손
을 아무도 셀 수 없을 만큼 많이 불어나게
하리라."
11 야훼의 천사는 다시 "너는 아들을 배었으니
낳거든 이름을 이스마엘이라 하여라. 네 울
부짖음을 야훼께서 들어주셨다.
12 네 아들은 들나귀 같은 사람이라, 닥치는
대로 치고 받아 모든 골육의 형제와 등지고
살리라."
13 ◎하갈은 자기에게 말씀해 주시는 야훼를
'나를 돌보아 주시는 하느님'이라고 불렀
다. 하갈이 "이런 데서 나를 돌보시는 하느
님을 뵙다니!" 하고 말한 데서 그런 이름이
생긴 것이다.

14그래서 그 샘터를 '라하이 로이'라고 불렀
다. 그 샘터는 카데스와 베렛 사이에 있었다.
15◎하갈은 아브람에게 아들을 낳아주었다. 아
브람은 하갈이 낳아준 아들의 이름을 이스마
엘이라 하였다.
16하갈이 아브람에게 아들을 낳아준 것은 아브
람의 나이 팔십육 세 되던 해의 일이었다.

계약과 할례

17 ◎아브람이 구십구 세 되던 해에 야훼
께서 아브람에게 나타나시어 말씀하셨
다. "나는 전능한 신이다. 너는 내 앞을 떠
나지 말고 흠없이 살아라.
2 나는 너와 나 사이에 계약을 세워 네 후손을
많이 불어나게 하리라."
3◎아브람이 얼굴을 땅에 대고 엎드리자 하느
님께서 그에게 다시 말씀하셨다.
4"내가 너와 계약을 맺는다. 너는 많은 민족
의 조상이 되리라.
5 내가 너를 많은 민족의 조상으로 삼으리니,
네 이름은 이제 아브람이 아니라 아브라함이
라 불리리라.
6 나는 너에게서 많은 자손이 태어나 큰 민족
을 이루게 하고 왕손도 너에게서 나오게 하
리라.
7 나는 너와 네 후손의 하느님이 되어주기로,
너와 대대로 네 뒤를 이을 후손들과 나 사이
에 나의 계약을 세워 이를 영원한 계약으로
삼으리라.
8 네가 몸붙여 살고 있는 가나안 온 땅을 너와
네 후손에게 준다. 나는 그들의 하느님이
되어주리라."
9◎하느님께서 또 아브라함에게 말씀하셨다.
"너는 내 계약을 지켜야 한다. 너뿐 아니라,
네 후손 대대로 지켜야 한다.
10너희 남자들은 모두 할례를 받아라. 이것이
너와 네 후손과 나 사이에 세운 내 계약으로
서 너희가 지켜야 할 일이다.
11너희는 포경을 베어 할례를 베풀어야 한다.
이것이 나와 너희 사이에 세운 계약의 표다.
12대대로 너희 모든 남자는 난 지 팔 일 만에
할례를 받아야 한다. 네 후손이 아닌, 네 집
에서 난 씨종이나 외국인에게서 돈 주고 산
종이라도 할례를 받아야 한다.
13네 집에서 난 씨종이나 돈 주고 산 종도 반
드시 할례를 받아야 한다. 그러면 내 계약
이 영원한 계약으로서 너희 몸에 새겨질 것
이다.
14포경을 베어 할례를 받지 않은 남자는 내 계
약을 깨뜨린 사람이니 겨레에게서 따돌림
을 받게 되리라."
15◎하느님께서 아브라함에게 분부하셨다.
"네 아내 사래를 사래라는 이름으로 부르지
마라. 그의 이름은 사라이다.
16내가 그에게 복을 내려 너에게 아들을 낳아
주게 하리라. 그에게 복을 내려 많은 민족
의 어미가 되게 하고 그에게서 민족들을 다
스릴 왕손이 일어나게 하리라."
17아브라함은 땅에 얼굴을 대고 엎드려 있으
면서도 속으로는 우스워서 "나이 백 살에
아들을 보다니! 사라도 아흔 살이나 되었는
데 어떻게 아기를 낳겠는가?" 하고 중얼거
렸다.
18그러면서 하느님께 이스마엘이나 당신의 귀
여움을 받으며 살게 해달라고 청하자
19하느님께서는 이렇게 말씀하셨다. "아니다.
네 아내 사라가 너에게 아들을 낳아줄 터이
니, 그의 이름을 이사악이라고 하여라. 나는
그와 나의 계약을 세우리라. 그와 그의 후
손의 하느님이 되어주기로 영원한 계약을
세워주리라.
20이스마엘을 생각하고 하는 네 말도 들어주
리라. 그에게도 복을 내려 자손이 많이 태
어나 수없이 불어나게 하겠다. 그에게서 열
두 영도자가 나서 큰 민족이 일어나게 하겠
다.
21나의 이 계약은 사라가 내년 이맘 때 너에게
낳아줄 이사악에게 세워주는 것이다."
22하느님께서는 아브라함에게 하실 말씀을 다
하시고 그를 떠나 올라가셨다.
23◎아브라함은 그 날로 아들 이스마엘을 비롯
하여 집에서 난 씨종과 돈 주고 산 종에 이
르기까지 집 안에 있는 모든 남자를 다 불러
들여 포경을 베어 할례를 베풀었다.
24아브라함도 포경을 베어 할례를 받았는데,
그 때 나이가 구십구 세였고
25아들 이스마엘이 포경을 베어 할례를 받은
것은 십삼 세 되던 해였다.
26이렇게 아브라함과 그의 아들 이스마엘은 같
은 날 할례를 받았다.
27아브라함의 집에 있는 모든 남자들, 집에서
난 씨종이나 외국인에게서 돈 주고 산 종도
모두 아브라함과 함께 할례를 받았다.

야훼 마므레에 나타나시다

18 ◎야훼께서는 마므레의 상수리나무 곁
에서 아브라함에게 나타나셨다. 아브라
함은 한창 더운 대낮에 천막 문 어귀에 앉아

있다가
2 고개를 들어 웬 사람 셋이 자기를 향해 서
있는 것을 보았다. 그는 그들을 보자마자
천막 문에서 뛰어나가 맞으며 땅에 엎드려
3 청을 드렸다. "손님네들, 괜찮으시다면 소
인 곁을 그냥 지나쳐 가지 마십시오.
4 물을 길어올 터이니 발을 씻으시고 나무 밑
에서 좀 쉬십시오.
5 떡도 가져올 터이니 잡수시고 피곤을 푸신
뒤에 길을 떠나십시오. 모처럼 소인한테 오
셨는데, 어찌 그냥 가시겠습니까?" 그들이
대답하였다. "아! 그렇게 하여주시겠소?"
6 ◎아브라함은 급히 천막으로 들어가 사라에
게 고운 밀가루 서 말을 내다가 반죽하여 떡
을 만들라고 이르고
7 소떼가 있는 곳으로 달려가 살이 연하고 맛
있어 보이는 송아지 한 마리를 끌어다가 종
에게 맡겨 빨리 잡아서 요리하게 하고는
8 그 송아지 요리에다가 엉긴 젖과 우유를 곁
들여서 손님들 앞에 차려놓고, 손님들이 나
무 밑에서 먹는 동안 그 곁에 서서 시중을
들었다.
9 ◎그들이 아브라함에게 "부인 사라는 어디
계시오?" 하고 묻자, 아브라함은 사라가 천
막에 있다고 대답하였다.
10 그러자 하느님께서 말씀하셨다. "내년 봄
새싹이 돋아날 무렵, 내가 틀림없이 너를
찾아오리라. 그 때 네 아내 사라는 이미 아
들을 낳았을 것이다." 사라는 아브라함이 등
지고 서 있는 천막 문 어귀에서 이 말을 엿
듣고 있었다.
11 아브라함과 사라는 이미 나이 많은 늙은이였
고 사라는 달거리가 끊긴 지도 오래였다.
12 그래서 사라는 속으로 웃으며 "내가 이렇게
늙었고 내 남편도 다 늙었는데, 이제 무슨
낙을 다시 보랴!" 하고 중얼거렸다.
13 그러자 야훼께서 아브라함에게 말씀하셨다.
"사라가, 다 늙은 몸으로 어떻게 아기를 낳
으랴 하며 웃으니, 될 말이냐?
14 이 야훼가 무슨 일인들 못 하겠느냐? 내년
봄 새싹이 돋아날 무렵에 내가 다시 찾아오
리라. 그 때 사라는 이미 아들을 낳았을 것
이다."
15 ◎그러자 사라는 겁이 나서 웃지 않았다고
잡아뗐으나, 야훼께서는 "아니다. 너는 분
명히 웃었다." 하시며 꾸짖으셨다.

아브라함이 소돔과 고모라 때문에 빌다

16 ◎사람들은 길을 떠나 소돔이 내려다보이는
곳에 이르렀다. 아브라함도 그들을 배웅하
느라고 같이 왔다.
17 야훼께서는 속으로 이런 생각을 하셨다.
'내가 장차 하려는 일을 어찌 아브라함에게
숨기랴?
18 아브라함은 강대한 민족이 되고 세상 민족
들은 아브라함의 이름을 부르며 서로 복을
빌 것이 아닌가?
19 나는 그로 하여금 그의 자손과 그의 뒤를 이
을 가문에게 옳고 바른 일을 지시하여 이 야
훼의 가르침을 지키게 하려고 그를 뽑아 세
우지 않았던가? 그러니, 나는 아브라함에게
약속한 것을 그대로 이루어주어야 하리라.'
20 이렇게 생각하시고 야훼께서 그에게 말씀하
셨다. "소돔과 고모라에서 들려오는 저 아우
성을 나는 차마 들을 수가 없다. 너무나 엄
청난 죄를 짓고들 있다.
21 내려가서 그 하는 짓들이 모두 나에게 들려
오는 저 아우성과 정말 같은 것인지 알아보
아야 하겠다."
22 ◎그 사람들은 걸음을 옮겨 소돔 쪽으로 갔
다. 그러나 아브라함은 그냥 야훼 앞에 서 있
었다.
23 아브라함이 다가서서 물었다. "당신께서는
죄없는 사람을 죄인과 함께 기어이 쓸어버
리시렵니까?
24 저 도시 안에 죄없는 사람이 오십 명이 있다
면 그래도 그 곳을 쓸어버리시렵니까? 죄
없는 사람 오십 명을 보시고 용서해 주시지
않으시렵니까?
25 죄없는 사람을 어찌 죄인과 똑같이 보시고
함께 죽이시려고 하십니까? 온 세상을 다
스리시는 이라면 공정하셔야 할 줄 압니
다."
26 야훼께서 대답하셨다. "소돔 성에 죄없는 사
람이 오십 명만 있으면, 그 죄없는 사람을
보아서라도 다 용서해 줄 수 있다."
27 그러자 아브라함이 다시 말했다. "티끌이
나 재만도 못한 주제에 감히 아룁니다.
28 죄없는 사람 오십 명에서 다섯이 모자란
다면 그 다섯 때문에 온 성을 멸하시겠습
니까?" 야훼께서 대답하셨다. "저 곳에 죄
없는 사람이 사십오 명만 있어도 멸하지 않
겠다."
29 아브라함이 "사십 명밖에 없다면 어떻게
하시겠습니까?" 하고 여쭙자 야훼께서 대
답하셨다. "사십 명을 보아서라도 멸하지
않겠다."
30 아브라함이 또 여쭈었다. "주여, 노여워하

지 마십시오. 다시 말씀 드리겠습니다. 삼십
명밖에 안 된다면 어떻게 하시겠습니까?"
야훼께서 "삼십 명만 되어도 멸하지 않겠
다." 하고 대답하시자
31 그가 또다시 여쭈었다. "죄송하오나, 다시
말씀 드리겠습니다. 만일 이십 명밖에 안
된다면 어떻게 하시겠습니까?" 야훼께서
"이십 명만 되어도 그들을 보아서 멸하지
않겠다." 하고 대답하셨다.
32 아브라함이 다시 "주여, 노여워 마십시
오. 한 번만 더 말씀드리겠습니다. 만일 열
사람밖에 안 되어도 되겠습니까?" 야훼께
서 대답하셨다. "그 열 사람을 보아서라도
멸하지 않겠다."
33 ◎야훼께서는 아브라함과 말씀을 마치시고
자리를 뜨셨다. 아브라함도 자기 고장으로
되돌아갔다.

소돔이 망하다

19 ◎하느님의 천사 둘이 소돔에 다다른
것은 저녁때였다. 롯이 때마침 성문께
에 앉아 있다가 그들을 보고 일어나 맞으며
땅에 얼굴을 대고 엎드려 청하였다.
2 "손님네들, 누추하지만 제 집에 들러 발을
씻으시고 하룻밤 편히 쉬신 다음 아침 일찍
이 길을 떠나시는 것이 어떻겠습니까?" 그
들은 밖에서 밤을 새우겠다고 하면서 사양
하였으나,
3 롯이 하도 간청하는 바람에 롯을 따라 그의
집에 들어갔다. 롯은 그들에게 누룩 안 든
빵을 구워주며 대접하였다.
4 그들이 아직 잠자리에 들기 전이었다. 소돔
시민이 늙은이 젊은이 할 것 없이 온통 몰려
와 롯의 집을 둘러싸고
5 롯에게 소리치는 것이었다. "오늘 밤 네 집
에 든 자들이 어디 있느냐? 그자들하고 재
미를 좀 보게 끌어내어라."
6 ◎롯이 밖으로 나가 등 뒤로 문을 닫고
7 사정하였다. "여보시오, 제발 이런 못된 짓
은 하지들 마시오.
8 아시다시피 나에게는 아직 남자를 모르는
딸이 둘 있소. 그 아이들을 당신들에게 내
어줄 터이니 마음대로 하시오. 그러나, 내
가 모신 분들에게만은 아무 짓도 말아주
시오."
9 그러나 그들은 "비켜라. 네가 떠돌이 주제
에 재판관 행세를 할 참이냐? 그자들보다
너부터 혼내주어야겠다." 하면서 롯에게 달
려들었다. 그리고 문을 부수려 하였다.
10 일이 이쯤 되자 그 두 사람이 손을 내밀어
롯을 집 안으로 끌어들이고 문을 닫았다.
11 그리고 문 앞에 몰려든 사람들을 어른 아이
할 것 없이 모두 눈이 부셔 문을 찾지 못하
게 만들었다.
12 그리고 나서 롯에게 말하였다. "네 식구가
이 곳에 또 있느냐? 아들딸말고도 이 성에
다른 식구가 있거든 다 데리고 떠나거라.
13 이 백성이 아우성치는 소리가 야훼께 사무
쳐 올랐다. 그래서 우리는 야훼의 보내심을
받아 이 곳을 멸하러 왔다."
14 ◎롯은 곧 딸들과 약혼한 사람들을 찾아가
서, "야훼께서 이 성을 멸하기로 작정하셨
으니 어서 이 곳을 빠져 나가라." 하고 일렀
다. 그러나 사위 될 사람들은 실없는 소리
를 한다면서 웃어넘겼다.
15 동 틀 무렵에 하느님의 천사들이 롯을 재촉
하였다. "이 성에 벌이 내릴 때 함께 죽지
않으려거든, 네 아내와 시집가지 않은 두
딸을 데리고 어서 떠나거라."
16 그래도 롯이 망설이므로 그들은 보다못해
롯과 그의 아내와 두 딸의 손을 잡고 성 밖
으로 끌어내었다. 야훼께서 롯을 그토록 불
쌍히 여기셨던 것이다.
17 롯의 가족을 데리고 나온 그들은 "살려거든
어서 달아나거라. 뒤를 돌아다보아서는 안
된다. 이 분지 안에는 아무데도 머물지 마
라. 있는 힘을 다 내어 산으로 피해야 한
다." 하고 재촉하였다.
18 그러나 롯은 그들에게 간청하였다. "제발
그러지 마십시오.
19 저같이 하잘것없는 사람에게 이렇듯 큰 호
의를 베풀어 목숨을 건져주시니 고마운 말
씀 이루 다 드릴 수가 없습니다. 그러나 재
앙이 당장 눈앞에 있는데 저 산으로 도망치
다가는 죽고 말 것입니다.
20 보십시오. 저기 보이는 도시라면 가까워서
도망칠 수 있겠습니다. 아주 작은 도시입니
다. 작은 도시지만 거기에라도 가서 목숨을
건지게 해주십시오."
21 그러자 그는 청을 들어주겠다고 하며 롯에
게 말하였다. "저 도시는 멸하지 않을 터
이니
22 빨리 그 곳으로 달아나거라. 네가 그 곳에
이르기까지 나는 손을 쓸 수가 없다." 그
도시를 ㉠소알이라고 한 데는 이런 연유가
있다.

㉠ 작다는 뜻이다.

23◎롯이 소알 땅을 밟자 해가 솟았다.
24야훼께서 손수 하늘에서 유황불을 소돔과 고
모라에 퍼부으시어
25거기에 있는 도시들과 사람과 땅에 돋아난
푸성귀까지 모조리 태워버리셨다.
26그런데 롯의 아내는 뒤를 돌아다보다가 그
만 소금기둥이 되어버렸다.
27◎아브라함이 아침 일찍이 일어나 전에 야훼
와 함께 섰던 자리에 가서
28소돔과 고모라와 그 분지 일대를 굽어보니
그 땅에서는 연기만 치솟고 있었다. 마치
아궁이에서 뿜어 나오는 연기처럼 피어 오
르고 있었다.
29그 분지에 있는 도시들을 멸망시키지 않을
수 없게 되었을 때, 하느님께서는 아브라함
을 기억하셨다. 그래서 롯이 살고 있던 그
도시를 뒤엎으시면서도 롯을 파멸에서 건져
주셨던 것이다.

모압과 암몬족이 생겨나다

30◎롯은 소알에서 그 고장 사람들과 함께 사
는 것이 두려워 두 딸을 데리고 소알에서 나
와 산에 들어가 살게 되었다. 그는 두 딸과
함께 굴 속에서 살았다.
31하루는 언니가 아우에게 말하였다. "아버지
는 늙어가고, 이 땅에는 우리가 세상의 풍
속대로 시집갈 남자가 없구나.
32그러니 아버지께 술을 취하도록 대접한 뒤
에 우리가 아버지 자리에 들어 아버지의 씨
라도 받도록 하자."
33그 날 밤, 그들은 아버지께 술을 대접하고
는 언니가 아버지 자리에 들었다. 그러나
아버지는 딸이 언제 들어왔다가 언제 일어
나 나갔는지 통 몰랐다.
34그 이튿날 언니가 아우에게 말하였다. "간
밤에는 내가 아버지 자리에 들었으니 오늘
은 네 차례다. 아버지께 술을 대접하고 자
리에 들어라. 같이 아버지 씨를 받자."
35그들은 그 날 밤에도 아버지에게 술을 대접
하고 이번에는 아우가 아버지 자리에 들었
다. 그러나 아버지는 딸이 언제 들어왔다가
언제 일어나 나갔는지 통 몰랐다.
36이리하여 롯의 두 딸은 아버지의 아이를 가
지게 되었다.
37큰딸은 아들을 낳고 이름을 모압이라 하였
는데, 그의 후손이 오늘날의 모압인이다.
38둘째 딸도 아기를 낳고는 이름을 벤암미라
고 하였는데, 그의 후손이 오늘날의 암몬인
이다.

아브라함이 그랄에 가다

20 ◎아브라함은 그 곳을 떠나 네겝 쪽으
로 자리를 옮겨가다가 카데스와 수르
사이에 있는 그랄에 이르러 거기에 정착하
여 살게 되었다.
2그 때 아브라함은 아내 사라를 누이라고 했
다가 사라가 그랄 왕 아비멜렉에게 불려 들
어가는 변을 당하였다.
3그 날 밤 하느님께서 아비멜렉의 꿈에 나타
나시어 "네가 맞아들인 여인으로 하여 너는
죽으리라. 그 여인은 남편이 있는 몸이다."
하고 이르셨다.
4아비멜렉은 아직 사라를 가까이하지 않았으
므로 이렇게 말하였다. "주여, 당신은 죄없
는 사람도 죽이십니까?
5그들은 분명히 서로 오누이라고 했습니다.
저는 조금도 마음에 걸리는 일은 하지 않았
습니다. 제 손은 깨끗합니다."
6 하느님께서 또 꿈에 그에게 말씀하셨다.
"네가 마음에 걸릴 일을 하지 않은 줄은 나
도 안다. 그러나 나에게 죄를 짓지 못하게
너를 지켜준 이가 누군지 아느냐? 너로 하
여금 그 여인을 건드리지 못하게 한 것은 바
로 나다.
7그러니 그 여인을 곧 남편에게 돌려보내라.
그 남편은 예언자다. 그가 너를 위하여 기
도해 주어야 네가 죽지 않으리라. 만일 그
여인을 돌려보내지 않으면 너는 물론 네 식
구들도 다 죽으리라."
8◎아비멜렉은 아침 일찍이 일어나 종을 다
불러모으고 이 일을 그들에게 낱낱이 들려
주었다. 이 말을 들은 사람들은 모두 두려
움에 사로잡혔다.
9아비멜렉이 아브라함을 불러들여 꾸짖었다.
"내가 너에게 무슨 못할 일을 했기에 너는
나와 내 나라에 이렇듯이 엄청난 죄를 뒤집
어씌웠느냐? 너는 나에게 차마 못할 짓을
하였다."
10그리고 아비멜렉은 아브라함에게 다시 물었
다. "어쩌자고 그런 짓을 했느냐?"
11아브라함이 대답하였다. "이 곳에는 하느님
두려운 줄 아는 사람이 없는 줄 알았습니다.
그래서 나는 아내 때문에 맞아죽을 것 같아
서 그랬습니다.
12더구나 사라는 정말 내 누이이기도 합니다.
같은 아버지의 피를 받은 누이입니다. 어머
니가 달라서 내 아내가 된 것입니다.
13집을 떠나라는 하느님의 분부를 받았을 때
나는 사라에게 나를 오라버니라고 부를 것

을 당부해 두었던 것입니다."
14◎아비멜렉은 아브라함에게 양떼와 소떼, 남
종과 여종을 주면서 그의 아내 사라도 돌려
주었다.
15그리고 나서 아비멜렉은 말하였다. "보아라.
내 땅 어디든지 네 마음에 드는 곳에 가서
살아라."
16그리고 사라를 돌아보며 말하였다. "네 오
라비에게 은전 천 닢을 주었다. 그 은전 천
닢은 너와 함께 있는 사람들에게 네가 아무
일도 없었다는 것을 보증해 주리라. 이로써
너는 모든 사람 앞에 결백하다는 것이 증명
되는 것이다."
17◎아브라함이 하느님께 기도하니 하느님께
서 아비멜렉과 그의 아내와 여종들의 병을
고쳐주셨다. 그래서 그들은 다시 아기를 낳
을 수 있게 되었다.
18아브라함의 아내 사라 때문에 야훼께서는 아
비멜렉의 집에 있는 모든 여자의 태를 닫으
셨던 것이다.

이사악이 태어나고 이스마엘이 쫓겨나다

21 ◎야훼께서는 약속대로 사라를 돌보
셨다. 사라에게 하신 약속을 이루어주
시니,
2사라가 임신하여 하느님께서 약속하신 바로
그 때에 늙은 아브라함에게 아들을 낳아주
었다.
3아브라함은 사라가 낳아준 아들을 이사악이
라 이름지어 불렀다.
4하느님의 분부를 따라 아브라함은 아들 이
사악이 태어난 지 팔 일 만에 할례를 베풀
었다.
5아브라함이 아들 이사악을 얻은 것은 백 살
이 되던 해였다.
6사라가 말하였다. "하느님께서 나에게 웃음
을 주셨구나. 내가 아들을 낳았다고 모두들
나와 함께 기뻐하게 되었구나.
7누가 아브라함에게 사라가 아기에게 젖을 물
리리라고 말할 꿈이나 꾸었더냐? 그런데
그 노령에 아들을 얻으셨구나."
8◎아기가 자라나 젖을 뗄 때가 되었다. 이사
악이 젖을 떼던 날, 아브라함은 큰 잔치를 베
풀었다.
9그런데 사라는 이집트 여자 하갈이 아브라함
에게 낳아준 아들이 자기 아들 이사악과 함
께 노는 것을 보고
10아브라함에게 말하였다. "그 계집종과 아들
을 내쫓아 주십시오. 그 계집종의 아들이
내 아들 이사악과 함께 상속자가 될 수는 없
습니다."
11이 말을 듣고 아브라함은 마음이 몹시 괴
로웠다. 이스마엘도 자기 혈육이었기 때문
이다.
12그러자 하느님께서 아브라함에게 말씀하셨
다. "그 애와 네 계집종을 걱정하여 마음 아
파하지 마라. 사라가 하는 말을 다 들어주어
라. 이사악에게서 난 자식이라야 네 혈통을
이을 것이다.
13그러나 이 계집종의 아들도 네 자식이니 내
가 그도 큰 민족을 이루게 하리라."
14◎아브라함은 아침 일찍 일어나 양식 얼마와
물 한 부대를 하갈에게 메어주며 아이를 데
리고 나가게 하였다. 하갈은 길을 떠나 얼마
쯤 가다가 브엘세바 빈들을 헤매게 되었다.
15부대의 물이 떨어지자 하갈은 덤불 한 구석
에 아들을 내려놓고
16"자식이 죽는 것을 어찌 눈 뜨고 보랴." 하
고 탄식하며 화살이 날아가는 거리만큼 떨
어져서 주저앉아 이스마엘을 바라보았다.
하갈은 이스마엘이 소리내어 우는데도 주저
앉아 그저 바라만 보았다.
17하느님께서 그 아이의 울음 소리를 들으시
고 당신의 천사를 시켜 하늘에서 하갈을 불
러 이르셨다. "하갈아, 어찌 된 일이냐? 걱
정하지 마라. 하느님께서 저기서 네 아들의
울부짖는 소리를 들으셨다.
18어서 가서 아이를 안아 일으켜주어라. 내가
그를 큰 민족이 되게 하리라."
19하느님께서 하갈의 눈을 열어주시니, 그의
눈에 샘이 보였다. 하갈은 큰 부대에 물을
채워다가 아이에게 먹였다.
20하느님께서 그와 함께 해주셨다. 그는 자
라서 사막에서 살며 활을 쏘는 사냥꾼이 되
었다.
21그는 바란 사막에서 살았는데 그의 어머니
는 며느릿감을 이집트 땅에서 골라 맞아들
였다.

아브라함이 아비멜렉과 계약을 맺다

22◎그 때 아비멜렉이 군사령관 비골을 데리고
아브라함을 찾아와 제안하였다. "당신이 무
슨 일을 하든지 하느님께서는 함께 해주십
니다.
23그러니 이 자리에서 하느님을 증인으로 삼
고 맹세해 주십시오. 나와 내 혈육 일족을
배신하지 않겠다고 말이오. 내가 당신에게
신의를 지켰듯이 당신도 당신이 정착해 사

는 이 곳 사람들과 나에게 신의를 지키겠다
고 하여주십시오."
24 "예, 맹세하지요." 하고 승낙하고 나서
아브라함은
25 아비멜렉의 종들이 자기의 우물을 빼앗은
일을 따졌다.
26 그러자 아비멜렉은 "누가 그런 짓을 했는지
나는 모르오. 당신도 말씀해 주신 적이 없
었고 오늘날까지 그런 말을 들어본 일도 없
습니다." 하고 대답하였다.
27 아브라함은 양과 소를 끌어다가 아비멜렉에
게 주었고, 두 사람은 계약을 맺었다.
28 그리고 아브라함이 어린 암양 일곱 마리를
가려내자
29 아비멜렉이 아브라함에게 물었다. "어린 암
양 일곱 마리를 무엇하러 따로 골라내시
오?"
30 그는 "이 어린 암양 일곱을 받으시고 이 우
물은 내가 팠다는 것을 인정해 달라는 것이
오." 하고 대답하였다.
31 이렇게 두 사람이 거기에서 서로 맹세했다
고 해서 그 곳을 브엘세바라고 하였다.
32 브엘세바에서 계약을 맺은 다음 아비멜렉은
군사령관 비골을 데리고 블레셋 땅으로 돌아
갔다.
33 아브라함은 브엘세바에 에셀 나무를 심고 그
곳에서 영원하신 하느님 야훼의 이름을 불
러 예배하였다.
34 아브라함은 블레셋 땅에 오랫동안 머물렀다.

아브라함이 이사악을 제물로 바치다

22 ◎이런 일들이 있은 뒤에 하느님께서
아브라함을 시험해 보시려고 "아브라함
아!" 하고 부르셨다. "어서 말씀하십시
오." 하고 아브라함이 대답하자
2 하느님께서는 이렇게 분부하셨다. "사랑하
는 네 외아들 이사악을 데리고 모리야 땅으
로 가거라. 거기에서 내가 일러주는 산에
올라가, 그를 번제물로 나에게 바쳐라."
3 ◎아브라함은 아침 일찍 일어나 나귀에 안장
을 얹고 두 종과 아들 이사악을 데리고 제물
을 사를 장작을 쪼개가지고 하느님께서 일
러주신 곳으로 서둘러 떠났다.
4 길을 떠난 지 사흘 만에 아브라함은 그 산이
멀리 바라보이는 곳에 다다랐다.
5 아브라함은 종들에게 "너희는 나귀와 함께
여기에 머물러 있거라. 나는 이 아이를 데
리고 저리로 가서 예배 드리고 오겠다." 하
고 나서
6 번제물을 사를 장작을 아들 이사악에게 지
우고 자기는 불씨와 칼을 챙겨 들었다. 그
리고 둘이서 길을 떠나려고 하는데,
7 이사악이 아버지 아브라함을 불렀다.
"아버지!"
"얘야! 내가 듣고 있다."
"아버지! 불씨도 있고 장작도 있는데,
번제물로 드릴 어린 양은 어디 있습니까?"
8 "얘야! 번제물로 드릴 어린 양은 하느님
께서 손수 마련하신단다."
말을 마치고 두 사람은 함께 길을 떠나,
9 하느님께서 일러주신 곳에 이르렀다. 아브
라함은 거기에 제단을 쌓고 장작을 얹어놓
은 다음, 아들 이사악을 묶어 제단 장작더미
위에 올려놓았다.
10 아브라함이 손에 칼을 잡고 아들을 막 찌르
려고 할 때,
11 야훼의 천사가 하늘에서 큰소리로 불렀다.
"아브라함아, 아브라함아!"
"어서 말씀하십시오."
아브라함이 대답하자 야훼의 천사가 이렇
게 말하였다.
12 "그 아이에게 손을 대지 말아라. 머리털 하
나라도 상하게 하지 말아라. 나는 네가 얼
마나 나를 공경하는지 알았다. 너는 하나밖
에 없는 아들마저도 서슴지 않고 나에게 바
쳤다."
13 아브라함이 이 말을 듣고 고개를 들어보니
뿔이 덤불에 걸려 허우적거리는 숫양 한 마
리가 눈에 띄었다. 아브라함은 곧 가서 그
숫양을 잡아 아들 대신 번제물로 드렸다.
14 아브라함은 그 곳을 야훼 이레라고 이름 붙
였다. 그래서 오늘도 사람들은 "㉠야훼께서
이 산에서 마련해 주신다." 하고 말한다.
15 야훼의 천사가 또다시 큰소리로 아브라함
에게 말하였다.
16 "네가 네 아들, 네 외아들마저 서슴지 않고
바쳐 충성을 다하였으니, 나는 나의 이름
을 걸고 맹세한다. 이는 내 말이라, 어김이
없다.
17 나는 너에게 더욱 복을 주어 네 자손이 하늘
의 별과 바닷가의 모래같이 불어나게 하리
라. 네 후손은 원수의 성문을 부수고 그 성
을 점령할 것이다.
18 네가 이렇게 내 말을 들었기 때문에 세상 만

㉠ 칠십인역을 따랐다. 히브리어 본문은 "야훼의 산에 장만되어 있다." 혹은 "야훼의 산에서 그가 나타나신다."라고 번역할 수 있다.

민이 네 후손의 덕을 입을 것이다."
19◎아브라함은 종들이 있는 곳으로 돌아와서
그들을 데리고 걸음을 재촉하여 브엘세바
로 돌아갔다. 아브라함은 브엘세바에 눌러
살았다.

아브라함의 아우 나홀의 후손

20◎이런 일이 있은 지 얼마 뒤에 아브라함은
아우 나홀의 아내 밀가에게서 자식이 태어
났다는 소식을 전해 듣게 되었다.
21그들의 이름은 아래와 같다. 맏아들 우스,
그 밑에 부즈와 크무엘이 있었는데, 크무엘
은 아람의 아버지다.
22또 케셋, 하조, 빌다스, 이들랍, 브두엘이 있
었는데
23브두엘에게서 리브가가 태어났다. 이렇게 밀
가가 아브라함의 아우 나홀에게 낳아준 아들
은 모두 여덟이었다.
24 나홀에게는 르우마라는 소실이 있었는데,
그에게서 테바, 가함, 다하스, 마아가가 태어
났다.

아브라함이 막벨라의 무덤을 사다

23 ◎사라는 백이십칠 년을 살고
2 키럇아르바라고도 하는 헤브론 땅에
서 죽었다. 아브라함은 빈소에 들어가 가슴
을 치며 슬피 울었다.
3아브라함은 시신 앞에서 물러나 헷 사람들에
게 가서 청하였다.
4"나는 당신들한테 몸붙여 사는 나그네에 지
나지 않으나, 내 아내를 안장하게 무덤으로
쓸 땅을 좀 나누어주십시오."
5헷 사람들은 아브라함의 청을 받아들이며 이
렇게 대답하였다.
6"영감님, 들으십시오. 영감님은 우리 가운
데서 세력 있는 귀인입니다. 그러니 우리
묘지 가운데서 가장 좋은 곳을 골라 부인
을 모시십시오. 영감님이 부인의 묘지로 쓰
시겠다는데 거절할 사람이 어디 있겠습니
까?"
7◎아브라함은 일어나 그 땅에 사는 헷 사람
들에게 절하며
8말하였다. "내 아내를 안장하도록 허락해
주시니 하나 더 청을 올리겠습니다. 소할의
아들 에브론에게 말해
9그의 밭머리에 있는 막벨라 동굴을 나에게
양도하도록 해주십시오. 값은 드릴 만큼 다
드릴 터이니 당신들 앞에서 그것을 내 묘지
로 삼게 해주십시오."
10마침 에브론은 헷 사람들과 함께 앉아 있었
다. 헷 사람 에브론은 성문께에 나와 있는
헷 사람들이 듣는 데서 아브라함에게 대답
하였다.
11"영감님, 내 말을 들으십시오. 그 밭을 영
감님에게 그냥 드립니다. 그 밭에 딸린 동
굴도 함께 드립니다. 내 겨레가 보는 데서
드리는 것이니 어서 부인을 안장하십시오."
12◎아브라함은 그 곳 백성들에게 절하고
13그 곳 백성들이 듣는 데서 에브론에게 말하
였다. "그러시다면, 내 말도 들어주십시오.
땅값을 드릴 터이니 받아주십시오. 그래야
내 아내를 거기에 안장할 수 있겠습니다."
14에브론이 아브라함에게 대답하였다.
15"영감님, 들으십시오. 땅값으로 말하면 은
사백 세겔이 되지만, 그것이 당신과 나 사이
에 무슨 문제가 됩니까? 어서 부인을 안장
하십시오."
16아브라함은 에브론의 말을 받아들여 그가 다
른 헷 사람들이 듣는 데서 말한 은 사백 세
겔을, 당시 상인들 사이에 통용되던 무게로
달아 치렀다.
17이리하여 마므레 동쪽 막벨라에 있는 에브론
의 밭은 거기에 딸린 동굴과 사방 언저리에
있는 모든 나무와 함께
18성문에 모인 헷 사람들이 지켜보는 앞에서
아브라함의 땅이 되었다.
19그제야 아브라함은 아내 사라를 막벨라에 있
는 밭에 딸린 동굴에 안장하였다. 그 밭은
가나안 땅으로 마므레라고도 하는 헤브론 동
쪽에 있었다.
20그 밭과 거기에 딸린 동굴은 헷 사람에게서
아브라함에게로 넘어와 그의 묘지가 되었다.

이사악이 아내를 맞다

24 ◎아브라함은 이제 몹시 늙었다. 야훼
께서는 매사에 아브라함에게 복을 내
려주셨다.
2아브라함은 집안 일을 도맡아 보는 늙은 심
복에게 분부하였다. "너는 내 사타구니에
손을 넣고
3하늘을 내신 하느님, 땅을 내신 하느님 야훼
를 두고 맹세하여라. 내 며느릿감은 내가
살고 있는 이 곳 가나안 사람의 딸 가운데서
고르지 않을 것이며,
4내 고향 내 친척들한테 가서 내 아들 이사악
의 신붓감을 골라 오겠다고 하여라."
5종이 물었다. "신부 될 사람이 저를 따라 이
리로 오려고 하지 않으면, 아드님을 주인님

의 옛 고향으로 데려가도 됩니까?"
6 아브라함이 대답하였다. "내 아들을 그 곳으
로 데려가다니, 그건 안 될 말이다.
7 고향에서 친척들과 함께 사는 나를 그들 가
운데서 이끌어내시고 이 땅을 내 후손에게
주겠다고 약속하신 하느님, 하늘을 내시고
땅을 내신 하느님 야훼께서 당신의 천사를
보내시어 거기에서 내 며느릿감을 데려오
도록 네 앞길을 인도해 주실 것이다.
8 신붓감이 너를 따라오려고 하지 않으면, 너
는 나에게 한 맹세에서 풀리게 된다. 다만
내 아들을 그리로 데려가지만은 말아라."
9 그 종은 주인 아브라함의 사타구니에 손을
넣고 시키는 대로 하겠다고 맹세하였다.
10 ◎그 종은 주인이 보내는 온갖 귀한 선물을
낙타 열 마리에 싣고 길을 떠나 아람 나하라
임에 이르러 나홀의 성을 찾아갔다.
11 그는 성 밖에 있는 샘터에서 낙타를 쉬게 하
고 있었다. 마침 저녁때여서 여자들이 물을
길으러 나올 무렵이었다.
12 그 종은 이렇게 기도하였다. "제 주인 아브
라함의 하느님 야훼여! 오늘 일이 모두 뜻
대로 잘되게 해주십시오. 하느님의 심복 아
브라함에게 신의를 지켜주십시오.
13 저는 지금 이 샘터에 서 있습니다. 저 성에
사는 여자들이 물을 길으러 나오면
14 저는 그들에게 항아리를 내려 물을 마시게
해달라고 하겠습니다. 그들 가운데서 저에
게 물을 마시게 해줄 뿐 아니라, 제 낙타에
게도 물을 마시게 해주겠다고 나서는 아가
씨가 있으면 그가 바로 하느님의 심복 이사
악의 아내감으로 정해 주신 여자라고 알겠
습니다. 이로써 하느님께서 제 주인에게 신
의를 지키시는 줄 제가 알겠습니다."
15 ◎이 말이 채 끝나기도 전에 리브가가 어깨
에 항아리를 메고 나왔다. 리브가는 밀가의
아들 브두엘의 딸이었다. 그런데 밀가로 말
하면 나홀의 아내이므로 아브라함에게는 제
수뻘이었다.
16 그 아가씨는 아직 남자를 모르는 아주 예쁜
처녀였다. 그가 샘터에 내려와서 항아리에
물을 채워가지고 올라오는데
17 아브라함의 종이 뛰어나가 그를 반기며 항
아리의 물을 좀 마시게 해달라고 청했다.
18 리브가는 "할아버지, 어서 물을 마시십시
오." 하며 항아리를 내려 손에 받쳐들고 마
시게 해주었다.
19 이렇게 물을 마시게 해주고 나서 낙타들
에게도 실컷 마시게 물을 길어주겠다고 하
였다.
20 그리고 병에 남아 있는 물을 얼른 구유에 붓
고는 물을 길으러 샘터로 달려가서 낙타들
도 모두 마시게 물을 길어다 주었다.
21 그러는 동안, 그는 자기가 띠고 온 사명을
야훼께서 뜻대로 이루어주시려는지 알아보
려고 리브가를 지켜보고 있었다.
22 이윽고 낙타들이 물을 다 마시고 나자, 그
는 반 세겔 나가는 금코고리를 아가씨에게
걸어주고 다시 십 세겔 나가는 금팔찌 두 개
를 팔목에 끼워주고는,
23 리브가에게 물었다. "아가씨는 뉘 댁 따님
이시오? 아가씨의 아버지 집에는 하룻밤
쉬어갈 만한 방이 없겠소?"
24 리브가는, "저는 브두엘이라는 분의 딸입니
다. 할아버지는 나홀이고 할머니는 밀가라
고 합니다." 하고 대답하고 나서
25 이렇게 말하였다. "저의 집에는 겨와 여물
도 넉넉하고 쉬어가실 만한 방도 있습니
다."
26 그는 야훼께 엎드려 경배하고는
27 "내 주인의 하느님 야훼, 찬양을 받으실 분
이어라. 야훼께서는 내 주인을 버리지 않으
시고, 참으로 신의를 지키셨구나. 야훼께서
이렇게 나를 주인의 친척 집에까지 인도해
주셨구나." 하며 찬양하였다.
28 ◎아가씨는 뛰어가서 어머니 집 식구들에게
이 일을 알렸다.
29 그런데 리브가에게는 라반이라는 오라버니
가 있었다. 라반이 그를 맞으러 우물로 뛰어
나왔다.
30 라반은 코고리와 누이 동생 팔에 끼어져 있
는 팔찌를 보고, 또 리브가가 하는 말을 듣
고 달려 나온 것이다. 나와보니 그는 아직
도 낙타와 함께 샘터에 서 있었다.
31 라반이 권하였다. "야훼께 복받은 노인장,
어서 들어가십시다. 왜 이렇게 밖에 서 계
십니까? 방도 치워놓았고 낙타 우리도 마
련해 놓았습니다."
32 라반은 그를 집으로 모신 다음 낙타 등에
실은 짐과 안장을 풀어 내리고 낙타에게 겨
와 여물을 주고 일행의 발을 씻을 물을 떠
왔다.
33 그리고 밥상을 차려 내놓았다. 그러나 아브
라함의 종은 자기는 심부름 온 사람이라는
것을 밝히고 그 일을 아뢰기 전에는 수저를
들 수 없다고 하였다. 라반이 어서 말하라고
하자
34 그는 입을 열어 말하였다.

"제 주인은 아브라함이라고 합니다.
35 제 주인은 야훼께 복을 많이 받아 굉장한 부
자가 되었습니다. 그는 양떼와 소떼, 금과
은, 남종과 여종, 낙타와 나귀를 야훼께 많
이 받았습니다.
36 안주인 사라는 늘그막에 주인에게 아들을
낳아드렸는데 주인은 그의 전 재산을 그 아
들에게 주었습니다.
37 그런데 제 주인은 저에게 맹세하라고 하시
면서 이렇게 당부하셨습니다. '나는 내가
살고 있는 이 곳 가나안 사람의 딸들 가운데
서는 며느릿감을 고르지 않겠다.
38 그러니 너는 내 아버지의 가문, 내 일가를
찾아가서 며느릿감을 골라 오너라.'
39 제가 주인에게 '만일 신붓감이 저를 따라오
려고 하지 않으면 어떻게 할까요?' 하고 여
쭈었더니
40 주인은 저에게 이렇게 일러주셨습니다. '내
가 섬겨온 야훼께서 당신의 천사를 딸려 보
내시어 네가 가서 하려는 일을 뜻대로 이루
어주실 것이다. 너는 내 아버지의 가문, 내
일가 가운데서 며느릿감을 골라 올 수 있을
것이다.
41 그러니 너는 내 일가들한테로 가기만 하면
네 책임을 다하는 것이다. 내 일가들이 며느
릿감을 내주지 않아도 너는 책임이 없다.'
42 저는 오늘 그 샘터에 이르러 기도했습니다.
'제 주인 아브라함의 하느님! 제가 띠고 온
사명을 뜻대로 이루어주시려거든 이렇게
해주십시오.
43 지금 제가 샘터에 서 있는데, 혼기가 찬 여
자가 물을 길으러 나오면, 항아리에서 물을
한 모금 마시게 해달라고 말을 걸어보겠습
니다.
44 만일 저에게 물을 마시게 해줄 뿐만 아니라,
제 낙타에게도 물을 길어주겠다고 나서는
여자가 있으면, 그 여자가 바로 제 주인의
며느릿감으로 야훼께서 정해 주신 여자인
줄 알겠습니다.'
45 제가 이렇게 기도를 마치기도 전에 리브가
가 항아리를 어깨에 메고 나와 물을 길으러
샘터로 내려오는 것이 아니겠습니까? 그래
서 저는 리브가에게 물 한 모금만 달라고 했
습니다.
46 그랬더니 리브가는 어깨에서 얼른 항아리를
내려놓으며 마시라고 하면서 나의 낙타들
에게도 물을 길어주겠다고 하였습니다. 그
래서 저는 물을 마셨습니다. 리브가는 낙타
들에게도 물을 길어주었습니다.
47 저는 리브가에게 뉘 댁 따님이냐고 물었습
니다. 그랬더니 브두엘의 딸이요 나홀과 밀
가의 손녀라는 것이었습니다. 저는 그의 코
에 코걸이를 걸어주고 두 팔목에 팔찌를 끼
워주고 나서
48 야훼께 엎드려 경배하고 제 주인 아브라함의
하느님을 찬양하였습니다. 그분은 저를 이
렇게 바로 인도해 주시어 주인님의 조카딸
을 주인댁 아드님의 아내감으로 찾아내게
하셨습니다.
49 그러니 이제 제 주인에게 참 호의를 베풀어
주시려거든 그렇다고 말씀해 주십시오. 아
니면 그렇지 않다고 말씀해 주십시오. 그래
야 저도 제 갈 길을 찾겠습니다."
50 ◎그러자 라반과 브두엘이 "이 일은 야훼께
서 하시는 일인데 우리가 어찌 좋다 싫다 하
겠습니까?" 하며 승낙하였다.
51 "리브가가 여기 있으니 데리고 가십시오.
야훼께서 말씀하신 대로 당신 주인의 며느
리로 삼으십시오."
52 아브라함의 종은 그 말을 듣고 땅에 엎드려
야훼께 경배하고
53 금은 패물과 옷가지들을 리브가에게 건네고
그의 오라버니와 어머니에게도 선물을 주
었다.
54 그와 그의 일행은 융숭한 대접을 받고 하룻
밤 편히 쉬었다. 이튿날 아침, 모두 일어났
을 때 아브라함의 종이 주인에게 돌아가야
하겠다고 하자,
55 리브가의 오라버니와 어머니가 만류하고 나
섰다. "좀 더 집에 두었다가 데려가십시오.
열흘 만이라도 두었다가 데려가십시오."
56 그러나 아브라함의 종은 "붙잡지 마십시오.
제가 여기에 찾아온 목적을 야훼께서 이렇
게 뜻대로 이루어주셨으니, 주인에게 돌아
가야 하겠습니다. 떠나게 해주십시오." 하
고 듣지 않았다.
57 그들이 말하였다. "그러시다면 그 애를 불
러서 물어봅시다."
58 그들은 리브가를 불러서 "이 어른과 같이 갈
마음이 있느냐?" 하고 물어보았다. 리브가
가 대답하였다. "예, 가겠습니다."
59 그러자 그들은 누이 동생 리브가와 그의 유
모를 아브라함의 종과 그의 일행에 딸려 보
내며
60 리브가에게 복을 빌어주었다.
"누이야, 너는 억조 창생의 어머니가 되
어라.
네 후손은 원수들의 성문을 부수고

그 성을 빼앗아라."
61◎리브가는 몸종들과 함께 낙타를 타고 그
사람을 따라 나섰다. 이리하여 그 종은 리브
가를 데리고 길을 떠나게 되었다.
62그 때 이사악은 라하이 로이라는 샘이 있는
사막 지방에 와서 살고 있었다. 그 곳은 네
겝 땅이었다.
63저녁때가 되어 이사악은 들에 바람쐬러 나
왔다가 고개를 들어 낙타떼가 가까이 오고
있는 것을 보았다.
64리브가도 고개를 들어 이사악을 보고 낙타에
서 내려
65아브라함의 종에게 물었다. "들을 가로질러
우리 쪽으로 오시는 저분은 누구입니까?"
종이 대답하였다. "제 주인입니다." 리브가
는 종의 말을 듣고 너울을 꺼내어 얼굴을 가
렸다.
66아브라함의 종은 그 동안의 경위를 낱낱이
이사악에게 보고하였다.
67이사악은 리브가를 천막으로 맞아들여 아내
로 삼았다. 이사악은 아내를 사랑하며 어머
니 잃은 슬픔을 달랬다.

크투라에게서 얻은 아브라함의 후손

25 ◎아브라함이 다시 아내를 맞았는데 이
름은 크투라라고 하였다.
2그는 아브라함에게 지므란, 욕산, 므단, 미디
안, 이스박, 수아를 낳아주었다.
3욕산은 세바와 드단을 낳았다. 드단의 자식
들에게서 아수르족, 르투스족, 르움족이 퍼
졌다.
4미디안의 아들들은 에바, 에벨, 하녹, 아비
다, 엘다아였다. 이들이 모두 크투라의 후손
들이다.
5아브라함은 자기 재산을 모두 이사악에게 물
려주었다.
6아브라함은 소실들에게서 난 자식들에게도
살림 밑천을 골고루 나누어주었다. 그리고
그는 죽기 전에 그 자식들을 아들 이사악에
게서 떼어 해 뜨는 동쪽으로 보내버렸다.

아브라함이 죽다

7◎아브라함은 백칠십오 년을 살았다.
8아브라함은 백발이 되도록 천수를 누리다가
세상을 떠났다.
9아들 이사악과 이스마엘이 그를 막벨라 동굴
에 안장하였다. 그 동굴은 헷 사람 소할의
아들 에브론의 밭에 있었는데, 이 밭은 마므
레 동쪽에 있었다.
10아브라함은 헷 사람들에게서 사들인 이 밭에
아내 사라를 안장했었는데 이제 자신이 그
옆에 눕게 된 것이다.
11아브라함이 죽은 뒤에 하느님께서는 그의
아들 이사악에게 복을 내리셨다. 이사악은
라하이 로이 우물이 있는 곳에 머물러 살았
다.

이스마엘의 후손

12◎사라의 몸종 이집트 여자 하갈이 아브라함
에게 낳아준 아들 이스마엘의 후손은 아래
와 같다.
13이스마엘의 아들들의 이름을 태어난 차례를
따라 적으면 아래와 같다. 맏아들 느바욧,
그 아래로 케달, 아드브엘, 밉삼,
14미스마, 두마, 마싸,
15하닷, 데마, 여투르, 나비스, 케드마.
16이것이 이스마엘의 아들들의 이름이다. 이
것은 그들이 모여 사는 천막촌의 이름이요,
열두 부족의 대표 이름이기도 하다.
17◎이스마엘은 백삼십칠 년을 살고 세상을 떠
났다.
18이스마엘 사람들은 하윌라에서 수르에 이르는
지방에 퍼져 살았다. 수르는 이집트 동쪽 아
시리아로 가는 도중에 있다. 이렇게 그들은
모든 골육의 형제들과 맞서 자리를 잡았다.

에사오와 야곱이 태어나다

19◎아브라함의 아들 이사악의 역사는 아래와
같다. 아브라함의 혈통을 이어 이사악이 태
어났는데,
20이사악이 리브가를 아내로 맞을 때 그의 나
이는 사십 세였다. 리브가는 바딴아람에 사
는 아람 사람 브두엘의 딸로서 아람 사람 라
반의 누이였다.
21리브가가 아기를 낳지 못하였으므로 이사악
은 야훼께 아기를 갖게 해달라고 빌었다. 야
훼께서 그의 기도를 들어주시어 아내 리브
가가 임신하였는데,
22뱃속에 든 두 아이가 서로 싸우므로 리브가
는 "이렇게 괴로워서야 어디 살겠는가!"
하면서 야훼께 까닭을 물으러 나갔다.
23야훼께서 리브가에게 말씀하셨다. "너의 태
에는 두 민족이 들어 있다. 태에서 나오기
도 전에 두 부족으로 갈라졌는데, 한 부족
이 다른 부족을 억누를 것이다. 형이 동생
을 섬기게 될 것이다."
24◎달이 차서 몸을 풀고 보니 쌍둥이였다.
25선둥이는 살결이 붉은데다가 온 몸이 털투

성이였다. 그래서 이름을 에사오라 하였다.
26후둥이는 에사오의 발꿈치를 잡고 나왔다.
그래서 그의 이름을 야곱이라 했다. 리브가
가 그들을 낳은 것은 이사악이 육십 세 되던
해였다.
27두 아들이 자라나, 에사오는 날쌘 사냥꾼이
되어 들에서 살고, 야곱은 성질이 차분하여
천막에 머물러 살았다.
28이사악은 에사오가 사냥해 오는 고기에 맛을
들여 에사오를 더 사랑하였고 리브가는 야곱
을 더 사랑하였다.

에사오가 장자의 상속권을 팔다

29◎하루는 에사오가 허기져 들에서 돌아와 보
니 야곱이 죽을 끓이고 있었다.
30에사오가 야곱에게 "배고파 죽겠다. 그 붉은
죽 좀 먹자." 하였다. 그의 이름을 ㉠에돔이
라고도 부르는 데는 이런 사연이 있다.
31야곱이 형에게 당장 상속권을 팔라고 제안
하자
32에사오는 배고파 죽을 지경인데 상속권 따
위가 무슨 소용이 있느냐고 하였다.
33그러나 야곱은, 먼저 맹세부터 하라고 다그
쳐 요구하였다. 에사오는 맹세하고 장자의
상속권을 야곱에게 팔아 넘겼다.
34그리고 에사오는 야곱에게서 떡과 불콩죽을
받아먹은 후에 일어나 나갔다. 이렇게 에사
오는 자기의 상속권을 대수롭지 않게 여겼
다.

이사악이 그랄에 가다

26 ◎그 지방에는 아브라함 당시에도 흉년
이 든 일이 있었는데 그런 흉년이 또
들었다. 그래서 이사악은 불레셋 왕 아비멜렉
이 사는 그랄로 가려는데
2야훼께서 나타나 말씀하셨다. "이집트로 내
려가지 말고 내가 너에게 일러주는 땅에 자
리잡고
3그 땅에 몸붙여 살아라. 나는 너를 보살펴
주며 너에게 복을 내려주리라. 네 아비 아브
라함과 맺은 내 맹세를 지켜 이 모든 지방을
너와 네 후손에게 주리라.
4그리고 네 자손을 하늘에 있는 별만큼 불어
나게 하여 그들에게 이 모든 지방을 주리라.
땅 위의 모든 민족이 네 후손의 덕을 입을
것이다.
5이는 아브라함이 내 말을 따라 내가 지키라
고 일러준 나의 계명과 규정과 훈계를 성심
껏 지킨 덕이다."
6◎이리하여 이사악은 그랄에서 살게 되었는
데,
7그 곳 사람들이 이사악의 아내를 보고 이 여
자가 누구냐고 물었다. 이사악은 그가 자기
의 누이라고 대답하였다. 리브가가 너무 아
름다워서 그 곳 사람들이 리브가 때문에 자
기를 죽이지나 않을까 걱정이 되어 자기 아
내라고 하기를 꺼렸던 것이다.
8◎이사악이 그 곳에 자리잡은 지 얼마 뒤의
일이다. 불레셋 왕 아비멜렉은 창문으로 밖
을 내다보다가 이사악이 그의 아내 리브가를
애무하고 있는 것을 보고
9이사악을 불러들여 나무랐다. "그 여자는
분명히 네 아내다. 그런데 왜 네 누이라고
하였느냐?" 이사악이 아내 때문에 죽게 될
것 같아서 그랬노라고 대답하자
10아비멜렉은 "어쩌다가 우리에게 이런 일을
했느냐? 하마터면 내 백성 가운데 누가 네
아내를 범할 뻔했다. 너 때문에 우리가 죄
를 뒤집어쓸 뻔하지 않았느냐?" 하고 나무
라고 나서
11온 국민에게 경고를 내렸다. "이 사람이나
그의 아내를 건드리는 자는 누구든지 사형
을 받을 것이다."
12◎이사악은 그 땅에 씨를 뿌려 그 해에 수확
을 백 배나 올렸다. 야훼께서 이렇듯 복을
내리셔서
13그는 부자가 되었다. 점점 재산이 불어 마
침내 거부가 되었다.
14그는 양떼와 소떼와 많은 종들을 거느리게
되어 불레셋 사람들의 시기를 사게 되었다.

이사악이 우물을 파다

15◎불레셋 사람들은 전에 이사악의 아버지 아
브라함의 종들이 아브라함 생전에 팠던 우물
을 모조리 흙으로 메워버렸다.
16한편 아비멜렉은 이사악에게 "너는 우리보
다도 훨씬 강해졌으니 여기에서 물러가라."
하였다.
17이사악은 그 곳을 떠나 그랄 골짜기에 천막
을 쳐 자리잡고
18아버지 아브라함이 팠던 우물들을 다시 팠
다. 이 우물들은 아브라함이 죽은 뒤에 불레
셋 사람들이 메워버렸던 우물들이다. 이사
악은 그 우물들을 아버지가 부르던 이름 그
대로 불렀다.
19이사악의 종들은 그 골짜기에 우물을 파다

㉠ "에돔"은 '붉다'는 히브리어 "아돔"과 비슷하다.

가 물이 콸콸 솟는 샘 줄기를 찾았다.
20그런데 그랄에 사는 목자들이 그 물을 저희
것이라고 하면서 이사악의 목자들에게 싸움
을 걸어왔다. 우물을 두고 싸움이 벌어졌다
고 해서 이사악은 그 우물을 에섹이라고 불
렀다.
21또 다른 우물을 팠더니, 그들은 그 우물도
탐이 나서 또 싸움을 걸어왔다. 그래서 그
이름을 시트나라 하였다.
22그는 자리를 옮겨 우물을 또 하나 팠다. 그
러나 이번만은 그 우물을 두고 싸움을 걸어
오지 않았다. 그래서 이사악은 그 우물을 르
호봇이라 부르며 "마침내 야훼께서 우리 앞
을 활짝 열어주셔서 우리도 이 땅에서 번성
하게 되었다." 하고 소리쳤다.
23◎그는 거기에서 브엘세바로 올라갔는데,
24그 날 밤 야훼께서 그에게 나타나시어 말씀
하셨다.
"나는 네 아비 아브라함의 하느님이다.
그러니 두려워하지 마라.
내가 너와 함께 있다.
나의 심복 아브라함을 보아
너에게 복을 내려 네 자손이 불어나게 하
리라."
25 그는 거기에 제단을 쌓아 야훼의 이름을
불러 예배하고 그 곳에 천막을 쳤다. 그의
종들은 거기에서도 우물을 팠다.

이사악이 아비멜렉과 우호조약을 맺다

26◎어느 날, 아비멜렉이 친구 아후삿과 군사
령관 비골을 데리고 그랄에서 이사악을 찾아
왔다.
27이사악이 그들에게 "내가 미워서 쫓아낼 때
는 언제고, 왜 나를 찾아오셨습니까?" 하
고 물으니
28그들이 대답하였다. "야훼께서 그대와 함께
계시는 것을 우리가 똑똑히 보고 그대와 우
리 사이에 조약을 체결해야겠다고 생각하
였다. 우리는 그대와 계약을 맺고 싶다.
29우리는 그대에게 손 하나 대지 않고 잘 대접
해 주었으며 떠날 때에도 편안히 보내주었
다. 그러니 그대도 우리를 해치지 않겠다고
맹세하여라. 그대야말로 정녕 야훼께 복을
받은 사람이다."
30 이사악은 잔치를 베풀고 함께 먹고 마셨다.
31이튿날 아침 그들은 일찍 일어나 서로 서약
하여 조약을 맺고 이사악의 환송을 받으며
흐뭇한 마음으로 떠나갔다.
32바로 그 날, 이사악의 종들이 저희가 파던
우물에서 샘 줄기가 터졌다고 와서 알렸다.
33이사악은 그 우물을 세바라 불렀다. 그래서
그 도시를 오늘날까지 브엘세바라고 부르고
있다.

에사오가 헷 여인을 아내로 맞다

34◎에사오는 사십 세 되던 해에 헷 사람 브에
리의 딸 유딧과 헷 사람 엘론의 딸 바스맛을
아내로 맞았다.
35그들 때문에 이사악과 리브가는 마음이 몹시
상했다.

야곱이 에사오가 받을 복을 가로채다

27 ◎이사악은 늙어 눈이 어두워졌다. 어
느 날 그는 큰아들 에사오를 불렀다.
"얘야!"
"예, 어서 말씀하십시오."
2 "너도 보다시피 내가 늙어 언제 죽을지
모른다.
3그러니 너는 사냥할 때 쓰는 화살 통과 활을
메고 들에 나가 사냥을 해다가
4내가 좋아하는 별미를 만들어 오너라. 내가
그것을 먹고 죽기 전에 정성을 쏟아 너에게
복을 빌어주리라."
5◎리브가는 이사악이 아들 에사오에게 하는
이 말을 엿듣고는 에사오가 사냥하러 들에
나간 틈을 타서
6아들 야곱에게 귀띔해 주었다. "아버지가
네 형 에사오에게
7사냥해다가 별미를 만들어 오라 하시면서,
세상을 떠나기 전에 그것을 잡수시고 에사
오에게 복을 빌어주겠다고 하시더구나.
8그러니 야곱아! 내 말을 잘 듣고 내가 하라
는 대로 하여라.
9양떼들한테 가서 살진 염소 새끼 두 마리만
끌어 오너라. 내가 그것으로 아버지 구미에
맞게 잘 요리해 줄 터이니
10그것을 아버지께 갖다드려라. 그러면 아버
지가 잡수시고 세상을 뜨시기 전에 너에게
복을 빌어주실 것이다."
11◎야곱이 어머니 리브가에게 말하였다. "보
시다시피 형 에사오는 털이 많고 저는 이렇
게 털이 없습니다.
12아버님이 저를 만져보시면 어떻게 합니까?
제가 아버님을 놀리기나 한 것처럼 되어 복
은커녕 도리어 저주를 받을 것 아닙니까?"
13그러나 그의 어머니는 이렇게 대답하였다.
"야곱아, 네가 받을 저주는 내가 받으마. 너
는 내가 하라는 대로 어서 가서 염소 새끼나

끌어 오너라." 어머니의 말대로
14 야곱은 염소 새끼 둘을 어머니에게 끌고 왔
다. 어머니는 남편 구미에 맞게 별미를 만
들었다.
15 리브가는 집에 보관해 두었던 큰아들 에사오
의 옷 가운데서 가장 좋은 것을 꺼내어 작은
아들 야곱에게 입히고
16 염소 새끼 가죽을 매끈한 손과 목에 감아준
다음,
17 장만해 놓은 별미와 구운 빵을 아들 야곱의
손에 들려주었다.
18 ◎야곱은 아버지한테 들어가 "아버지!" 하
고 불렀다. 아버지 이사악이 "오냐, 네가 누
구냐?" 하고 묻자
19 야곱이 대답하였다. "저는 아버님의 맏아들
에사오입니다. 아버님 분부대로 요리를 만
들어 왔습니다. 어서 일어나 앉으셔서 제가
사냥해다가 만든 요리를 잡수시고 복을 빌
어주십시오."
20 이사악이 아들에게 물었다.
"에사오야! 무슨 수로 이렇게 빨리 잡아
왔느냐?"
"아버님의 하느님 야훼께서 짐승을 금방
만나게 해주셨습니다."
21 이 말을 듣고 이사악은 "네가 정말 내 아
들 에사오인지 만져보아야겠다." 하면서 가
까이 오라고 하였다.
22 가까이 온 야곱을 만져보고 이사악은 중얼거
렸다. "말소리는 야곱의 소린데 손은 에사오
의 손이라!"
23 그는 야곱의 손에 형 에사오의 손처럼 털이
많았으므로 야곱인 줄 모르고 그에게 복을
빌어주기로 하였다.
24 이사악은 "네가 틀림없는 내 아들 에사오
냐?" 하고 다짐하였다. 야곱이 "예, 그렇습
니다." 하고 대답하자
25 이사악은 "에사오야! 사냥한 것을 이리 가
져오너라. 내가 먹고 정성을 쏟아 너에게
복을 빌어주리라." 하였다. 야곱이 가져다
바치는 요리와 술을 먹고 마신 뒤
26 아버지 이사악은 야곱에게 "에사오야, 이리
가까이 와서 나에게 입을 맞추어 다오." 하
였다.
27 그가 가까이 가서 입을 맞추자 이사악은 야
곱이 입은 옷에서 풍기는 냄새를 맡고 복을
빌어주었다.
"아! 내 아들에게서 풍기는 냄새,
야훼께 복을 받은 들 향기로구나.
28 하느님께서 하늘에서 내리신 이슬로 땅
이 기름져
오곡이 풍성하고 술이 넘쳐나라.
29 뭇 백성은 너를 섬기고
뭇 족속들은 네 앞에 엎드리리라.
너는 네 겨레의 영도자가 되어
네 동기들이 네 앞에 엎드리리라.
너를 저주하는 자는 저주를 받고
너에게 복을 빌어주는 사람은 복을 받으
리라."
30 ◎야곱이 아버지 이사악이 빌어주는 복을 받
고 아버지 앞에서 막 물러나 나오는데 형 에
사오가 사냥에서 돌아왔다.
31 그도 별미를 만들어 아버지에게 들고 들어
가 권하였다. "아버지, 일어나셔서 이 아들
이 사냥해다가 만든 요리를 잡수시고 저에
게 복을 빌어주십시오."
32 아버지 이사악이 "대체 너는 누구냐?"고
물었다. "저는 아버님 맏아들 에사오입니
다." 이 대답을 듣고
33 이사악은 그만 기가 막혀 부들부들 떨며 말
하였다. "누군가가 벌써 사냥해다가 만든
요리를 나에게 가져왔었다. 네가 오기 전에
나는 그 요리를 받아 배부르게 먹고 그에게
이미 복을 빌어주었다. 그 복은 어쩔 수 없
이 그의 것이다."
34 에사오는 아버지의 말을 듣고 소리 내어 통
곡하면서 아버지에게 애원하였다. "아버
지! 저에게도 복을 빌어주십시오."
35 "네 동생이 와서 속임수로 너에게 돌아갈
복을 가로챘구나."
36 이 말을 듣고 에사오는, "나에게 두 번씩이
나 뒷발질하라고 그 녀석의 이름이 야곱이
었던가? 저번에는 내 상속권을 빼앗더니,
이번에는 내가 받을 복마저 가로채는구
나!" 하며 물었다. "저에게 주실 복은 하나
도 남겨두지 않으셨단 말입니까?"
37 이사악이 에사오에게 대답하였다. "도리에
는 어긋나지마는 나는 야곱을 너의 상전으
로 삼고, 모든 동기를 그에게 종으로 주었
다. 그에게는 곡식과 술도 떨어질 날이 없
을 것이다. 에사오야, 이제 와서 내가 무엇
을 해줄 수 있겠느냐?"
38 그러나 에사오는 거듭 애원하였다. "아버지!
아버지께서 빌어주실 복이 하나도 남지 않
았다는 말씀입니까? 아버지! 저에게도 복
을 빌어주십시오." 입을 다문 채 말이 없는
이사악 앞에서 ㉠에사오는 목놓아 울었다.

㉠ 칠십인역을 따라 "입을 다문 채 말이 없는 이사악 앞에서"를 삽입하였다.

39아버지 이사악이 아들에게 대답하였다.
"네가 살 땅은 기름지지 않은 땅,
하늘에서 이슬 한 방울 내리지 않는 땅이
다.
40 칼만이 너의 밥줄이 되리라.
너는 아우를 섬겨야 할 몸,
너 스스로 힘을 길러
그가 씌워준 멍에를 목에서 떨쳐버려야
하리라."
41◎에사오는 아버지가 야곱에게 복을 빌어준
일로 야곱을 미워하였다. 에사오는 속으로
'아버지 상을 입을 날도 멀지 않았으니, 그
때 동생 야곱을 없애버리리라.' 하고 마음먹
었다.
42리브가는 큰아들 에사오가 한 말을 전해 듣
고는 작은아들 야곱을 불러놓고 일렀다.
"큰일났다. 형 에사오가 너를 죽이지 않고
는 속이 풀리지 않을 모양이다.
43그러니 야곱아! 내가 시키는 대로 하여라.
곧 하란으로 몸을 피해 라반 아저씨를 찾아
가거라.
44네 형의 분이 풀릴 때까지 잠시 외삼촌 댁에
가 있거라.
45네 형의 노여움이 풀려 네가 한 일을 잊을
만하면 내가 사람을 보내어 데려오마. 한꺼
번에 너희 두 형제를 잃고서야 내가 어떻게
살겠느냐!"

이사악이 야곱을 라반에게 보내다

46◎리브가가 이사악에게 호소하였다. "헷 여
자들이 보기 싫어 죽겠습니다. 만일 야곱이
이 땅에 사는 저 따위 헷 여자를 아내로 맞
는다면 무슨 살 맛이 있겠습니까?"

28 이사악은 야곱을 불러들여 복을 빌어주
며 단단히 일렀다. "너는 아예 가나안
여자에게 장가들지 마라.
2너는 바딴아람의 브두엘 외할아버지 댁으로
가거라. 거기에서 라반 아저씨의 딸 하나를
아내로 삼아라.
3전능하신 하느님께서 너에게 복을 주시어
네 후손이 불어나 아주 번성하게 해주실 것
이다. 그래서 너는 여러 민족의 집단으로
발전할 것이다.
4하느님께서 아브라함에게 주셨던 복을 너와
네 후손에게도 주시어 네가 지금 자리잡고
사는 이 땅을, 아브라함의 뒤를 이어 차지하
게 되기를 빈다."
5그리고 이사악은 야곱을 떠나 보냈다. 야곱
은 바딴아람으로 아람 사람 브두엘의 아들 라
반을 찾아 길을 떠났다. 라반은 야곱과 에사
오의 어머니 리브가의 오라버니였다.

에사오가 다시 장가들다

6◎에사오는 아버지 이사악이 야곱에게 복을
빌어주고 바딴아람으로 보내어 거기에서 장
가들게 하였다는 것과 그에게 복을 빌어주
면서 가나안 여자에게는 장가들지 말라고
엄명했다는 것을 알았다.
7또 야곱이 아버지와 어머니가 시키는 대로
바딴아람으로 떠났다는 것도 알았다.
8에사오는 아버지 이사악이 가나안 여자를 달
갑게 여기지 않는 것을 보고
9이미 장가를 들었으면서도 아브라함의 아들
이스마엘한테 가서 이스마엘의 딸이요 느바
욧의 누이인 마할랏에게 또 장가를 들었다.

야곱이 베델에서 꿈에 하느님을 뵙다

10◎야곱은 브엘세바를 떠나 하란을 향하여 가
다가
11한 곳에 이르러 밤을 지내게 되었다. 해는
이미 서산으로 넘어간 뒤였다. 그는 그 곳
에서 돌을 하나 주워 베개 삼고 그 자리에
누워 잠을 자다가
12꿈을 꾸었다. 그는 꿈에 땅에서 하늘에 닿
는 층계가 있고 그 층계를 하느님의 천사들
이 오르락내리락 하는 것을 보고 있었는데,
13야훼께서 그의 옆에 나타나시더니 이렇게
말씀하시는 것이었다. "나는 야훼, 네 할아
버지 아브라함의 하느님이요, 네 아버지 이
사악의 하느님이다. 나는 네가 지금 누워 있
는 이 땅을 너와 네 후손에게 주리라.
14네 후손은 땅의 티끌만큼 불어나서 동서남
북으로 널리 퍼질 것이다. 땅에 사는 모든
종족이 너와 네 후손의 덕을 입을 것이다.
15내가 너와 함께 있어 네가 어디로 가든지 너
를 지켜주다가 기어이 이리로 다시 데려오
리라. 너에게 약속한 것을 다 이루어줄 때
까지 나는 네 곁을 떠나지 않으리라."
16야곱은 잠에서 깨어나 "참말 야훼께서 여기
계셨는데도 내가 모르고 있었구나." 하며
17두려움에 사로잡혀 외쳤다. "이 얼마나 두
려운 곳인가. 여기가 바로 하느님의 집이
요, 하늘 문이로구나."
18야곱은 아침 일찍 일어나 베고 자던 돌을 세
워 석상을 삼고 그 꼭대기에 기름을 붓고는
19그 곳을 ㉠베델이라 불렀다. 그 마을의 본

㉠ "하느님의 집"이라는 뜻이다.

이름은 루즈였다.
20 그리고 야곱은 이렇게 서원하였다.
“만일 제가 이 길을 가는 동안 하느님께
서 저와 함께 하여주시고 저를 지켜주셔서
먹을 양식과 입을 옷을 마련해 주시고,
21 무사히 아버지 집으로 돌아가게만 하여주
신다면, 저는 야훼님을 제 하느님으로 모시
고,
22 제가 세운 이 석상을 하느님의 집으로 삼겠
습니다. 하느님께서 저에게 무엇을 주시든
지 그 십분의 일을 반드시 드리겠습니다.”

야곱이 장가들다

29 ◎야곱이 길을 떠나 동방 사람들이 사
는 땅으로 가서
2 보니, 들에 우물이 있고 그 곁에는 양들이
세 무리로 엎드려 있었다. 사람들이 우물에
서 물을 길어 양떼에게 먹이고 있었는데 그
우물에는 큰 돌뚜껑이 덮여 있었다.
3 그 돌뚜껑은 양떼가 다 모이면 우물에서 굴
려냈다가 양떼에게 물을 먹이고 나서는 다
시 제자리에 덮어두는 것이었다.
4 야곱이 거기에 있는 사람들에게 물었다.
“여보십시오. 당신들은 어디에서 오신 분
들입니까?” 그들이 대답하였다. “우리는
하란에서 왔습니다.”
5 그가 물었다. “그러면 나홀의 아들 라반을
아시겠군요?” 그들이 대답하였다. “알고
말고요.”
6 야곱은 그가 어떻게 지내느냐고 물었다. 그
들이 대답하였다. “예, 잘들 지내십니다.
아, 저기 라반의 딸 라헬이 양떼를 몰고 오
는군요.” 이 말을 듣고
7 야곱이 말하였다. “아직 대낮이 아닙니까?
가축을 모아들일 시간도 아닌데, 왜 양떼에
게 물을 먹여가지고 가서 풀을 뜯기지 않습
니까?”
8 그들이 대답하였다. “양떼가 다 모여들기
전에는 안 됩니다. 다 모인 다음에야 이 우
물에서 돌뚜껑을 굴려내고 양들에게 물을
먹이게 되어 있습니다.”
9 ◎야곱이 그들과 말을 주고받고 있을 때 목
동 라헬이 아버지의 양떼를 몰고 왔다.
10 야곱은 외삼촌 라반의 딸 라헬과 외삼촌 라반
의 양떼를 보자 선뜻 나서서 우물에서 돌뚜
껑을 굴려내고 외삼촌 라반의 양들에게 물
을 먹였다.
11 그는 라헬에게 입맞추고 소리 내어 울었다.
12 그리고 라헬의 아버지가 자기의 외삼촌이며
자기 어머니가 리브가라고 말하자 라헬은 아
버지에게 달려가서 이 말을 전하였다.
13 라반은 친누이의 몸에서 난 조카 야곱이 왔
다는 소식을 듣고 뛰어가서 만나 그를 껴안
고 입을 맞추고는 집으로 데리고 갔다. 야곱
이 그 동안에 겪은 이야기를 들려주자,
14 라반은 “너야말로 내 골육임에 틀림없다.”
하고 말하였다. 이리하여 야곱은 그 집에서
한 달 동안 머물러 있었다.
15 ◎하루는 라반이 야곱에게 물었다. “네가 내
골육이라고 해서 내 일을 거저 해서야 되겠
느냐? 품삯을 얼마나 주면 좋겠는지 말해
보아라.”
16 그런데 라반에게는 딸이 둘 있었다. 큰딸은
레아요, 작은딸은 라헬이었다.
17 레아는 눈매가 부드러웠지만, 라헬은 몸매
도 아름답고 용모도 예뻐서
18 야곱은 라헬을 더 좋아하였다. 그래서 그는
칠 년 동안 외삼촌 일을 해드릴 터이니 작은
따님 라헬을 달라고 청하였다.
19 라반은 “다른 사람에게 주느니보다 너에게
주는 편이 낫겠다.” 하면서 같이 살자고 하
였다.
20 그로부터 야곱은 라헬에게 장가들 생각으로
일을 했다. 칠 년이라는 세월도 며칠밖에
안 되듯 지나갔다. 그만큼 그는 라헬을 좋아
했던 것이다.
21 마침내 야곱은 라반에게 기한이 다 찼으니
라헬을 아내로 맞아 같이 살게 해달라고 요
구했다.
22 그래서 라반은 그 고장에 사는 사람들을 모
두 청해 놓고 잔치를 베풀었다.
23 밤이 되어 라반은 딸 레아를 야곱에게 데려
다 주었다. 그것도 모르고 야곱은 그와 한자
리에 들었다.
24 ◎이 때 라반은 딸 레아에게 자기의 계집종
질바를 몸종으로 주어 거느리게 하였다.
25 아침이 되어 야곱이 눈을 떠보니 어이없게
도 그것은 레아였다. 야곱은 라반에게 항의
하였다. “삼촌이 저에게 이러실 수가 있습
니까? 저는 라헬에게 장가들려고 삼촌 일
을 해드린 것이 아닙니까? 왜 저를 속이시
는 것입니까?”
26 라반은 “우리 고장에서는 작은딸을 큰딸보
다 먼저 시집 보내는 법이 없네.” 하며 부탁
하였다.
27 “초례 기간 한 주일만 채우면 작은딸도 주
지. 그 대신 또 칠 년 동안 내 일을 해주어야
하네.”

28 야곱은 그 말대로 한 주일을 채웠다. 그제야
라반은 야곱에게 딸 라헬을 아내로 주었다.
29 라반은 딸 라헬에게 자기 계집종 빌하를 몸
종으로 주어 거느리게 하였다.
30 야곱은 라헬과도 한자리에 들었다. 그는 라
헬을 레아보다 더 사랑하였다. 그는 또 칠
년 동안을 라반의 집에서 일해야 했다.

야곱에게 자녀가 생기다

31 ◎야훼께서는 레아가 남편에게 차별 대우를
받는 것을 보시고 그의 태를 열어주셨다.
그러나 라헬은 아기를 잉태하지 못하였다.
32 레아는 마침내 임신하여 아기를 낳았다. 그
리고는 "야훼께서 나의 억울한 심정을 살펴
주셨구나. 이제는 남편이 나를 사랑해 주겠
지." 하면서 아기 이름을 르우벤이라 불렀
다.
33 레아는 또 임신하여 아기를 낳았다. 그리고
는 "내가 차별 대우를 받아 하소연하는 소
리를 들으시고 야훼께서 나에게 또 아들을
주셨구나." 하면서 아기 이름을 시므온이라
불렀다.
34 그는 또 임신하여 아들을 낳았다. 그리고는
"이렇게 아들을 셋이나 낳아드렸으니 이제
는 남편이 별수없이 나한테 매이겠지." 하
면서 아기 이름을 레위라 불렀다.
35 그는 또 임신하여 아들을 낳았다. 그리고는
"이제야말로 내가 야훼를 찬양하리라." 하
면서 아기 이름을 유다라 불렀다. 그 뒤 얼
마 동안 레아는 아기를 낳지 못했다.

30 ◎한편 라헬은 야곱에게 아기를 낳아주
지 못하게 되자 언니를 시새우며 야곱
에게 투덜거렸다. "저도 자식을 갖게 해주
셔요. 그러지 않으면 죽어버리겠어요."
2 야곱은 라헬에게 화를 내며 야단을 쳤다.
"㉠하느님께서 당신의 태를 닫아 아기를
못 낳게 하시는데 나더러 어떻게 하란 말
이오?"
3 그러자 라헬이 말하였다. "저에게 몸종 빌하
가 있지 않습니까? 그의 방에 드셔요. 빌하
가 혹시 아기를 낳아 제 무릎에 안겨줄지 압
니까? 빌하의 몸에서라도 아들을 얻어 당
신의 혈통을 이어드리고 싶어요."
4 라헬은 몸종 빌하를 야곱의 소실로 들여보냈
다. 야곱이 그와 한자리에 들었더니
5 빌하가 마침 임신하여 야곱의 아들을 낳았
다.
6 라헬은 "하느님께서 내 사정을 바로 보살펴
내 호소를 들으시고 나에게 아들을 주셨구
나." 하면서 아기의 이름을 단이라 불렀다.
7 라헬의 몸종 빌하가 또 임신하여 야곱에게
두 번째로 아들을 낳아주었다.
8 라헬은 "내가 언니와 겨루는데 하느님께서
편들어주셔서 드디어 이겼구나." 하면서 아
기 이름을 납달리라 불렀다.
9 ◎레아는 다시 아기를 낳지 못할 줄 알고 몸
종 질바를 야곱에게 소실로 들여보냈다.
10 레아의 몸종 질바도 야곱에게 아들을 낳아주
었다.㉡
11 레아는 "행운이 돌아왔구나." 하면서 아기
이름을 가드라 불렀다.
12 레아의 몸종 질바가 야곱에게 두 번째로 아
들을 낳아주었다.
13 레아는 "참 잘 됐다. 모든 여자가 나를 행복
한 여자라 부르겠지." 하면서 아기 이름을
아셀이라 불렀다.
14 ◎보리를 거둘 때가 되어 르우벤이 밭에 나
갔다가 ㉢자귀나무를 발견하여 어머니 레아
에게 갖다드렸다. 라헬이 이것을 알고 레아
에게 졸라댔다. "언니 아들이 캐어 온 자귀
나무를 좀 나누어주구려."
15 그러나 레아는 "네가 나에게서 남편을 빼앗
고도 무엇이 부족해서 이제 내 아들이 캐 온
자귀나무마저 달라는냐?" 하며 역정을 내
었다. 그러자 라헬은 "언니 아들이 캐온 자
귀나무를 주면 오늘 밤 그분을 언니 방에 드
시도록 하리다." 하였다.
16 저녁때가 되어 야곱이 밭에서 돌아오자 레
아가 나가서 맞으며 "당신은 오늘 제 집에
드셔야 합니다." 하며 자기 아들이 캐 온 자
귀나무로 치른 값을 해달라고 하였다. 야곱
은 그 날 밤 레아와 한자리에 들었다.
17 하느님은 레아의 호소를 들으시고 레아에게
아기를 점지해 주셨다. 그리하여 레아는 야
곱에게 다섯 번째 아들을 낳아주었다.
18 레아는 "내가 남편에게 내 몸종을 드린 값
을 이제 하느님께서 갚아주셨구나." 하면서
아기 이름을 이싸갈이라 불렀다.
19 레아가 다시 임신해서 여섯 번째로 야곱에
게 아들을 낳아주었다.
20 레아는 "하느님께서 이렇듯이 나에게 좋은
선물을 주시다니. 내가 남편에게 아들을 여
섯이나 낳아드렸으니 이제는 그분이 나를
위해주시겠지." 하면서 아기 이름을 즈불룬

㉠ 히브리어 본문: "내가 하느님 대신이라도 된단 말이오?" ㉡ 칠십인역에는 "야곱이 그와 한자리에 들었더니, 그도 마침내 임신하였다."라는 말이 들어 있다. ㉢ "두다임"이라는 임신 촉진제이다.

이라 불렀다.
21그 후 레아는 또 딸을 낳고 이름을 디나라 불
렀다.
22◎하느님께서는 라헬도 돌보시어 그의 기도
를 들으시고 그의 태를 열어주셨다.
23마침내 라헬은 임신하여 아들을 낳고는 "하
느님께서 나의 부끄러움을 씻어주셨다." 하
면서
24아기 이름을 요셉이라 부르고 "야훼께서 나
에게 아들을 하나 더 점지해 주시면 오죽이
나 좋으랴!" 하였다.

야곱의 재산이 불어나다

25◎라헬이 요셉을 낳은 다음 야곱이 라반에게
청하였다. "저를 제 고장, 제 땅으로 보내주
십시오.
26제가 장인 어른을 도와드린 값으로 얻은 두
아내와 자식들을 내주어 돌아가게 해주십
시오. 제가 장인을 어떻게 섬겼는지 장인은
잘 아시지 않습니까?"
27그러자 "내 생각도 좀 해다오." 하며 라반
이 말하였다. "내가 점을 쳐보니, 내가 받은
이 복은 야훼께서 너를 보고 주신 복이더구
나."
28라반은 다시 말을 이었다. "품값은 네가 말
하는 대로 줄 터이다. 말해 보아라."
29그가 대답하였다. "제가 장인을 어떻게 섬
겼는지 장인은 아십니다. 제가 돌보는 동안
에 장인의 가축이 얼마나 불었는지도 아실
것입니다.
30제가 여기 왔을 때만해도 장인의 재산은 보
잘것없었습니다. 그런데 지금은 얼마나 불
었습니까? 제 손이 가는 일 하나하나가 모
두 장인께 내리는 야훼의 복이 되었습니다.
그런데 저는 언제쯤이나 제 일이라고 해보
겠습니까?"
31라반이 물었다. "그러면 어떻게 해주랴?"
그가 대답하였다. "아무것도 안 주셔도 됩
니다. 다만 이렇게만 해주신다면 장인의 양
떼를 다시 먹이며 돌보겠습니다.
32오늘 제가 장인의 양떼를 모두 돌아보고 그
가운데서 검은 양 새끼와 얼룩지고 점 있는
염소를 골라내겠습니다. 그것을 삯으로 주
십시오.
33훗날 오셔서, 제가 삯으로 받은 양떼를 보
시면 제가 얼마나 정직한가를 아시게 될 것
입니다. 만일 제가 차지한 몫 가운데 얼룩
지지도 않고 점도 없는 염소가 있거나 검지
않은 양 새끼가 있으면 제가 훔친 것이라고
하셔도 아무 말 않겠습니다."
34라반은 "그게 좋겠다. 네 말대로 하자." 하
고 쾌히 승낙하고
35그 날로 희끗희끗한 줄무늬가 있거나 얼룩
점이 있는 숫염소와 희끗희끗한 줄무늬가
있거나 얼룩점이 있는 암염소와 검은 양 새
끼를 모두 빼돌려 자기 아들들에게 맡겨 돌
보게 하였다.
36그리고 라반은 사흘길 갈 만큼 야곱을 멀리
떼어놓고 나머지 양들을 치게 하였다.
37야곱은 미류나무와 감복숭아나무와 플라타
너스 푸른 가지들을 꺾어 흰 줄무늬가 나게
껍질을 벗겼다.
38야곱은 껍질을 벗긴 그 가지들을 물 먹이는
구유 안에 세워놓아 양떼가 와서 그것을 보
면서 물을 먹게 하였다. 양들은 물을 먹으
러 와서 거기에서 교미하였다.
39양들은 그 나뭇가지들 앞에서 교미하고는
줄무늬가 있거나 얼룩진 새끼를 낳았다.
40야곱은 그런 양 새끼들을 가려놓았다. 라반
의 양떼 가운데서 줄무늬가 있는 것이나 검
은 것은 그 양떼에서 가려내었다. 이렇게
자기 양떼를 라반의 양 무리와 섞이지 않게
가려내었다.
41그런데 야곱은 양떼 가운데서도 튼튼한 것
들이 교미할 때만 그 나뭇가지들을 구유 안
에 세워놓아 양들이 그것을 보면서 교미하
게 하였다.
42그러나 약한 양들이 교미할 때는 그 나뭇가
지들을 세워놓지 않았다. 그래서 약한 새끼
들은 라반의 것이 되고 튼튼한 것들은 야곱
의 것이 되었다.
43이렇게 해서 야곱은 아주 큰 부자가 되었다.
양떼뿐 아니라 남종과 여종, 낙타와 나귀도
많았다.

야곱이 메소포타미아에서 도망치다

31 ◎야곱은 라반의 아들들이 "야곱이 우
리 아버지 것을 다 빼냈다. 그 녀석이
우리 아버지 것을 가로채어 저렇게 부자가
되었다." 하고 수군거리는 소리를 들었다.
2야곱이 보기에도 라반이 자기를 보는 눈이
전 같지 않았다.
3야훼께서 야곱에게 말씀하셨다. "할아버지
때부터 살던 네 고향 친척에게로 돌아가거
라. 내가 너와 함께 있으리라."
4야곱은 사람을 라헬과 레아에게 보내어 그의
양떼가 있는 들로 불러내어
5의논하였다. "당신들의 아버지가 나를 보는

눈이 전과 같지 않소. 그러나 내 아버지의
하느님께서는 내 곁을 떠나신 적이 없었소.
6 내가 얼마나 힘을 다해서 당신들의 아버지
를 섬겼는지를 당신들만은 알 것이오.
7 그런데 당신들의 아버지는 나를 속여 나에
게 주기로 한 삯을 열 번이나 바꿔쳤소. 그
렇지만 하느님께서는 당신들의 아버지가
나에게 손해를 입히도록 내버려두시지 않
으셨소.
8 그래서 장인이 점박이를 삯으로 정해 주시
면 양들이 모두 점 있는 새끼를 낳았고, 줄
무늬 있는 것을 삯으로 정해 주시면 양들이
모두 줄무늬 있는 새끼를 낳았소.
9 하느님께서는 이처럼 당신들 아버지 가축
을 거두어 나에게 주셨소.
10 양들이 암내를 낼 즈음에 나는 마침 꿈에,
줄무늬나 점이 있거나 얼룩얼룩한 숫염소
들이 와서 교미하는 것을 보고 있었는데
11 하느님의 천사가 '야곱아.' 하고 나를 불렀
소. 내가 '어서 말씀하십시오.' 했더니,
12 '고개를 들어보아라. 교미하는 숫염소는
모두 줄무늬 있는 것, 점박이, 얼룩진 것들
뿐이다. 나는 네가 라반에게 당한 일을 다
안다.
13 나는 네가 석상에 기름을 붓고 나에게 서원
을 했던 베델의 하느님이다. 어서 이 땅을
떠나 네 고향으로 돌아가거라.' 하셨소."
14 ◎라헬과 레아가 대답하였다. "아버지 집에
서는 우리에게 돌아올 몫을 더 바랄 수 없습
니다.
15 아버지는 우리를 마치 남처럼 여겼습니다.
아버지는 우리를 팔아먹었을 뿐 아니라, 우
리에게 돌려주셔야 할 돈도 혼자 가로채신
거예요.
16 하느님께서 우리 아버지에게서 빼앗아주신
재산은 어디까지나 우리 것이요, 우리 자식
들의 것입니다. 그러니 하느님께서 분부하
신 대로 하십시오."
17 ◎그래서 야곱은 서둘러 처자들을 낙타에
태우고
18 모든 가축떼를 몰고 아버지 이사악을 찾아
가나안 땅으로 길을 떠났다. 이 모든 가축떼
는 그가 밧단아람에서 번 것이었다.
19 ◎라헬은 마침 라반이 양털을 깎으러 나간
틈을 타 친정집 수호신들을 훔쳐냈다.
20 야곱은 아람 사람 라반을 감쪽같이 속여 도
망칠 내색을 조금도 보이지 않고 있다가
21 식구들을 거느리고 재산을 모아가지고 도
망쳤다. 그는 길을 떠나 강을 건너 길르앗
산악 지대를 향하여 가고 있었다.

라반이 야곱을 추격해 오다

22 ◎라반은 야곱이 도망친 지 사흘 만에야 그
소식을 전해 들었다.
23 라반은 일가 친척을 이끌고 이렛길을 달려
길르앗 산악 지대에서 야곱을 따라잡았다.
24 그 날 밤 아람 사람 라반의 꿈에 하느님께서
나타나시어 야곱과 시비를 따지지 말라고
이르셨다.
25 라반이 야곱을 따라잡았을 때, 야곱이 산에
천막을 쳐놓았으므로 라반도 길르앗 산에 천
막을 쳤다.
26 ◎라반이 "어찌 이럴 수가 있느냐?" 하면
서 야곱을 나무랐다. "어쩌자고 나를 감쪽
같이 속이고 내 딸들을 전쟁 포로 잡아가듯
이 하느냐?
27 왜 이렇게 나를 속이고 쥐도 새도 모르게 도
망치는 거냐? 나에게 알렸더라면 소구를
치고 수금을 타고 노래를 부르며 즐겁게 떠
나보냈을 것이 아니냐?
28 내 손자들이며 내 딸들에게 입을 맞추고 떠
나보내지도 못하게 하다니, 이런 바보짓이
어디 있느냐?
29 나는 얼마든지 너를 해칠 수 있다. 그러나
어젯밤에 네 아비의 하느님께서 너와 시비
를 따지지 말라고 하셨다.
30 네가 아버지 집이 너무 그리워 떠나간다는
것은 알고도 남을 일이다. 하지만 내 집 수
호신들은 왜 훔쳐가는 거냐?"
31 ◎야곱이 라반에게 대답하였다. "장인께서
제 처들을 빼앗지나 않을까 걱정스러워서
그랬습니다.
32 그러나 우리들 가운데 장인 댁 수호신들을
감추고 있는 사람이 있다면 죽이셔도 좋습
니다. 그리고 우리 짐 속에 장인의 물건이
있거든 이 일가 친척이 지켜보는 데서 찾아
가십시오." 야곱은 라헬이 그 수호신들을
훔쳐냈으리라고는 꿈에도 생각지 못했던
것이다.
33 라반은 야곱의 천막과 레아의 천막, 그리고
두 여종의 천막을 차례로 들어가 뒤져보았
으나 찾아내지 못했다. 라반은 레아의 천막
에서 나와 라헬의 천막으로 들어갔다.
34 라헬은 그 수호신들을 낙타 안장 속에 집어
넣고 그 위에 올라앉아 있었다. 라반은 천막
안을 모조리 뒤져보았으나 역시 찾아내지
못했다.
35 이 때 라헬이 아버지에게 말하였다. "아버

님, 노여워 마십시오. 저는 지금 월경 중이
어서 아버님께서 오셨는데도 낙타에서 내
리지 못합니다." 라반은 샅샅이 뒤져보았으
나 수호신들을 끝내 찾지 못했다.
36◎야곱은 화가 나서 라반에게 따지고 들었
다. "저에게 무슨 잘못이 있다고, 무슨 못
할 짓을 했다고 이토록 숨가쁘게 쫓아오셨
습니까?
37 제 짐을 다 뒤져보셨는데, 그 속에 장인의
것이 하나라도 있었습니까? 있거든 우리
집안과 장인 집안의 사람이 지켜보는 이 앞
에다 내놓으십시오. 이 사람들더러 우리 둘
사이에 누구에게 잘못이 있는지 가리게 합
시다.
38 지금까지 이십 년이나 저는 장인과 함께 살
아왔습니다. 그 동안 장인의 암양과 암염소
가운데 한 마리라도 유산한 일이 있었습니
까? 저는 장인의 양떼 가운데 숫양 한 마리
도 잡아먹은 적이 없습니다.
39 양이 맹수에게 물려 죽어도 그것을 장인께
가져가지 않고 제가 물어냈습니다. 또한 밤
에 도둑을 맞았든지 낮에 도둑을 맞았든지
장인께서는 그것을 저한테 물리셨습니다.
40 저로 말하면 낮에는 더위에 허덕였고 밤에
는 추위에 떨면서 제대로 눈도 붙이지 못했
습니다.
41 저는 장인 댁에서 이십 년을 같이 살았습니
다. 십사 년은 장인의 딸들에게 장가를 들
려고 장인의 일을 도와드렸고 육 년은 장인
의 양떼를 돌보았습니다. 그러나 장인은 저
에게 주기로 한 삯을 열 번이나 바꿔치기 하
셨습니다.
42 만일 제 할아버지 아브라함의 하느님, 아버
지 이사악을 돌보시던 두려운 분이 제 편이
아니셨더라면, 장인은 저를 빈털터리로 내
쫓았을 것입니다. 그러나 하느님께서는 내
가 얼마나 보람 없는 고생을 했는지를 살피
시고 어젯밤에 판결을 내리신 것입니다."

야곱과 라반이 계약을 맺다

43◎라반이 야곱에게 말하였다. "이 여자들은
내 딸이요, 이 아이들은 내 손자요, 이 양떼
도 다 내 것이다. 네 눈앞에 있는 것 어느 하
나 내 것 아닌 것이 있느냐? 그러나 내 딸
들과 그 애들이 낳은 아이들을 이제 내가 어
떻게 하겠느냐?
44 그러니 이리 와서 너와 나 사이에 계약을 맺
자. 돌무더기를 쌓아 너와 나 사이에 증거
로 삼자."
45◎야곱은 돌 하나를 세워 그것을 석상으로
삼았다.
46 그리고 자기 집안 사람들에게 돌을 많이 모
아오라고 하였다. 그들은 돌을 가져다가 돌
무더기를 만들고 그 돌무더기 옆에서 잔치
를 차려 먹었다.
47 그 돌무더기를 라반은 여가르사하두다라 불
렀으나 야곱은 갈르엣이라고 불렀다.㉠
48 라반은 "오늘 이 돌무더기가 너와 나 사이
의 증거가 될 것이다." 하고 말하였다. 그래
서 그 이름을 갈르엣이라 부르게 되었다.
49 그것을 또 미스바라고도 불렀는데, 그것은
그가 이런 말을 했기 때문이다. "우리가 서
로 헤어져 있는 동안 야훼께서 우리를 감시
하실 것이다.
50 네가 내 딸들을 구박하거나 내 딸들을 두고
다른 여자에게 장가를 들면 누가 우리를 보
지 않는다 하더라도 하느님께서 너와 나 사
이의 증인이 되신다."
51 그리고 라반은 야곱에게 다짐하였다. "이 돌
무더기를 보아라. 너와 나 사이에 세워진
이 석상을 보아라.
52 내가 이 돌무더기를 지나 너를 치러 가지 못
하고, 네가 이 돌무더기와 석상을 지나 나
를 치러 오지 못한다는 것을 이 돌무더기가
증거하고 석상이 증거한다.
53 아브라함의 하느님과 나홀의 하느님께서 우
리 사이를 판가름해 주시기를 바란다." 야
곱은 아버지 이사악을 돌보시던 두려운 신
을 두고 서약하였다.
54 그리고 그 산에서 제물을 드리고 일가 친척
을 잔치에 초청하였다. 그들은 산에서 그
잔치 음식을 먹고 밤을 거기에서 묵었다.

32

1◎이튿날 아침 라반은 일찍이 일어나
55 손자들과 딸들에게 입을 맞추고 복을
빌어준 다음 길을 떠나 제 고장으로 돌아갔
다.
2㉡야곱도 길을 떠났다. 그는 도중에 하느님
1 의 사역꾼들과 마주쳤다.
3 야곱은 그들을 보고 "이 곳이 하느님의 진
2 지구나." 하면서 그 곳을 마하나임이라 하였
다.

야곱이 에사오를 만날 준비를 하다

4◎야곱은 에돔 벌 세일 지방에 있는 형 에사
3

㉠ '증거의 돌무더기' 를 아람어로는 "여가르사하두다"라 하고 히브리어로는 "갈르엣"이라 한다. ㉡ 라틴어 성서는 여기에서 32장이 시작된다.

오에게 머슴들을 앞서 보내면서
5 형 에사오에게 다음과 같이 전하라고 시켰
4 다. "이 못난 아우 야곱이 문안드립니다. 그
간 라반에게 몸붙여 살다가 보니 이렇게 늦
었습니다.
6 지금 저는 황소와 나귀와 양떼가 생겼고 남
5 종과 여종까지 거느리게 되었습니다. 이렇
게 형님께 소식을 전해 드립니다. 아무쪼록
너그럽게 보아주십시오."
7 머슴들이 다녀와서 야곱에게 고하였다. "주
6 인님의 형님 에사오께 다녀왔습니다. 에사오
께서는 지금 사백 명 부하를 거느리고 주인
님을 만나러 오십니다."
8 ◎야곱은 덜컥 겁이 나고 걱정이 되어 일행
7 과 양떼와 소떼와 낙타떼를 두 패로 나누었
다.
9 에사오가 한 패에 달려들어 쳐죽이면 나머
8 지 한 패라도 피하게 해야겠다는 속셈이었
다.
10 그리고 나서 야곱은 기도를 드렸다. "할아
9 버지 아브라함의 하느님, 아버지 이사악의
하느님! 저에게 고향 친척에게로 돌아가면
앞길을 열어주겠다고 약속하신 야훼여!
11 당신께서 이 종에게 베푸신 한결같으신 사
10 랑을 저는 받을 자격이 없습니다. 이 강을
건널 때 제가 가진 것이라곤 지팡이 하나밖
에 없었습니다. 그런데 이제 저는 이렇게
두 무리를 이루었습니다.
12 저를 형 에사오의 손에서 건져주십시오. 에
11 사오가 와서 어미들과 자식들까지 우리 모
두를 죽여버리지나 않을까 두렵습니다.
13 당신께서는 '네 앞길을 정녕 열어주고 네
12 자손이 바닷가 모래처럼 셀 수 없이 불어나
게 해주마.' 하시지 않으셨습니까?"
14 그 날 밤 그는 거기에서 묵으며 자기 소유
13 가운데서 형 에사오에게 선물로 보낼 것을
골라내었다.
15 암염소 이백 마리, 숫염소 스무 마리, 암양
14 이백 마리, 숫양 스무 마리,
16 젖을 빨리는 낙타 서른 마리와 딸린 새끼들,
15 암소 마흔 마리, 황소 열 마리, 암나귀 스무
마리, 수나귀 열 마리.
17 야곱은 이것들을 따로 한 떼씩 떼어 종들의
16 손에 맡기며, 앞서가되 떼와 떼 사이에 거
리를 두라고 일렀다.
18 야곱은 앞장 선 종에게 이렇게 지시하였다.
17 "내 형 에사오가 너를 만나 '너는 누구의 종
이냐? 어디로 가는 중이냐? 네가 몰고 가
는 이것들은 누구의 것이냐?' 하고 묻거든
19 이렇게 대답하여라. '이것들은 당신의 종
18 야곱의 것입니다. 형님 에사오께 드리는 선
물입니다. 야곱은 뒤에 오십니다.'"
20 야곱은 둘째, 셋째, 그리고 나머지 떼를 몰
19 고 가는 자들에게도 에사오를 만나면 꼭 같
은 말을 하도록 일렀다.
21 특히 "당신의 종 야곱은 뒤에 오십니다." 하
20 고 말하는 것을 잊지 말라고 일렀다. 선물
을 먼저 보내어 에사오의 마음이 풀어진 다
음에 만나면 행여 자기를 반겨주지 않을까
하는 생각에서였다.
22 그래서 야곱은 선물을 먼저 보냈던 것이다.
21 그리고 그는 그 날 밤을 천막에서 묵었다.

야곱이 이스라엘이 되다

23 ◎바로 그 날 밤, 그는 일어나 두 아내와 두
22 여종과 열한 아들을 데리고 야뽁 나루를 건
넜다.
24 그들을 데리고 개울을 건넌 다음 자기에게
23 딸린 모든 것도 건네 보냈다.
25 그리고 야곱은 혼자 뒤떨어져 있었다. 그런
24 데 어떤 분이 나타나 동이 트기까지 그와 씨
름을 했다.
26 그분은 야곱을 이겨낼 수 없으리라는 것을
25 알고 야곱의 엉덩이뼈를 쳤다. 야곱은 그와
씨름을 하다가 환도뼈를 다치게 되었다.
27 그분은 동이 밝아오니 이제 그만 놓으라고
26 했지만 야곱은 자기에게 복을 빌어주지 않
으면 놓아드릴 수 없다고 떼를 썼다.
28 일이 이쯤 되자 그분이 야곱에게 물었다.
27 "네 이름이 무엇이냐?"
"제 이름은 야곱입니다."
29 "너는 하느님과 겨루어냈고 사람과도 겨
28 루어 이긴 사람이다. 그러니 다시는 너를
야곱이라 하지 말고 이스라엘이라 하여라."
◎이 말을 듣고
30 야곱이 말했다. "당신의 이름이 무엇인지
29 가르쳐주십시오." 그분은 "내 이름은 무엇
때문에 물어보느냐?" 하고는, 야곱에게 복
을 빌어주었다.
31 야곱은 "내가 여기서 하느님을 대면하고도
30 목숨을 건졌구나." 하면서 그 곳 이름을 브
니엘이라 불렀다.
32 그가 다친 다리를 절뚝거리며 브니엘을 떠
31 날 때 해가 떠올랐다.
33 이스라엘 사람이 오늘날까지 환도뼈 힘줄을
32 먹지 않는 것은 야곱이 환도뼈를 얻어맞아
그 힘줄이 상했기 때문이다.

야곱이 에사오를 다시 만나다

33 ◎야곱이 고개를 들어 보니 마침 에사
오가 사백 명 부하를 거느리고 오고 있
었다. 그는 레아와 라헬과 두 여종에게 자녀
들을 나누어 맡긴 다음,
2 두 여종과 그들에게서 난 자녀를 앞에 세우
고 레아와 그에게서 난 자녀를 다음에, 그
리고 라헬과 요셉을 맨 뒤에서 따라오게 하
였다.
3 그리고 야곱은 앞장서서 걸어가다가 일곱
번 땅에 엎드려 절하면서 형에게로 나갔다.
4 에사오는 마주 뛰어와서 야곱의 목을 끌어안
고 입을 맞추며 울음을 터뜨렸다.
5 그리고 여자들과 아이들을 쳐다보며 물었
다. "이들은 너와 어찌 되는 사람들이냐?"
야곱이 "이것들은 하느님께서 과분하게도
이 못난 당신의 종에게 주신 자식들입니
다." 하고 대답하는데
6 두 여종과 그들에게서 난 자식들이 앞으로
나와서 엎드려 절했다.
7 또 레아와 그의 자식들도 앞으로 나와서
절하고 요셉과 라헬까지 나와서 엎드려 절
했다.
8 ◎에사오가 물었다. "내가 오다가 만난 가축
떼들은 웬 것들이냐?" 그가 대답하였다.
"형님께서 저를 너그럽게 보아주시기를 바
라는 마음으로 드리는 것입니다."
9 에사오는 "야곱아! 내 살림도 넉넉하다. 네
것은 네가 가져라." 하고 굳이 사양했지만,
10 야곱은 야곱대로 받아달라고 사정하였다.
"그런 말씀은 마십시오. 저를 아우로 여기
시거든 제 선물을 받아주십시오. 형님이 저
를 이렇듯이 사랑으로 맞아주시니 형님 얼
굴을 쳐다보는 것이 마치 하느님을 뵙는 것
같습니다.
11 하느님께서 저를 잘 돌보아 주셔서 제 살림
은 이렇게 넉넉하답니다. 그러니 제가 드리
는 선물을 받아주셔야 하겠습니다." 이윽고
에사오는 마지못해 받으며
12 말하였다. "이러고 있을 것이 아니다. 어서
가자. 내가 앞장 서마."
13 그러나 야곱은 "형님도 보시다시피 저에게
는 약한 어린것들이 있습니다." 하며 말하
였다. "그뿐입니까? 새끼 딸린 양, 새끼 딸
린 소들도 있습니다. 이것들은 모두 제 손
만 쳐다보고 있습니다. 하루만 몰아쳐도 다
죽습니다.
14 그러니 형님께서는 먼저 떠나가십시오. 저
는 이 가축떼와 아장거리는 어린것들을 앞
세우고 천천히 형님이 계시는 세일로 뒤따
라 가겠습니다."
15 에사오가 "그러면 내 부하 몇을 남겨두고 갈
까?" 하고 말했으나 야곱은 기어이 사양했
다. "고맙기 그지없지만 그렇게까지 하실
것은 없습니다."
16 그 날 에사오는 길을 떠나 세일로 돌아갔고
17 야곱은 수꼿으로 가 그 곳에 집을 짓고 가축
떼가 쉴 우리도 여러 개 세웠다. 그래서 그
곳 이름을 수꼿이라 부르게 된 것이다.

야곱이 세겜에 땅을 사다

18 ◎야곱은 바딴아람을 떠나 마침내 가나안 땅
세겜 마을에 무사히 이르러 그 앞에 천막을
쳤다.
19 야곱은 자기가 천막 친 땅을 세겜의 아버지
하몰의 아들들에게서 ㉠은 백 냥을 주고 샀
다.
20 그리고 거기에 제단을 쌓고 그 제단을 '이
스라엘의 하느님 엘'이라 불렀다.

디나가 욕을 보다

34 ◎레아가 야곱에게 낳아준 딸 디나가
그 고장 여자들을 보러 나갔다.
2 마침 그 지방 군주인 히위 사람 하몰의 아들
세겜이 디나를 보고 붙들어다가 겁탈하였다.
3 세겜은 야곱의 딸 디나에게 애타게 애정을
호소하였다.
4 그리고 세겜은 아버지 하몰에게 디나와 결혼
하게 해달라고 졸랐다.
5 딸 디나가 욕을 보았다는 소문이 야곱에게
전해졌을 때, 그의 아들들은 들에 나가서
가축을 돌보고 있었다. 야곱은 그들이 돌아
올 때까지 이 일을 입 밖에 내지 않았다.
6 ◎세겜의 아버지 하몰이 야곱에게 청혼하러
왔다.
7 마침 야곱의 아들들은 들에서 돌아와 그 이
야기를 듣고 머리 끝까지 화가 치밀어 있었
다. 세겜이 야곱의 딸을 겁탈하다니, 뻔뻔스
럽게 이스라엘을 욕보이다니! 화가 안 날
수 없었다.
8 그런 형편인데, 하몰이 그들에게 청혼을 하
는 것이었다. "제 아들 녀석이 댁의 따님에
게 아주 반해 버렸습니다. 그러니 댁의 따
님을 저의 집에 며느리로 보내주십시오.
9 우리와 서로 통혼합시다. 당신네 딸을 우리
에게 주시고 우리 딸을 당신들이 데려가십

㉠ 얼마인지 모른다.

시오.
10우리와 어울려 지내면서, 이 지방 어디에
서나 마음대로 사십시오. 자리를 잡으시고
자유로 돌아다니며 땅을 차지하셔도 좋습
니다."
11세겜도 디나의 아버지와 오빠들에게 청을
드렸다. "너그러이 보아주십시오. 무엇이
든지 말씀만 하십시오. 다 드리겠습니다.
12신부 몸값과 선물은 얼마든지 있습니다.
댁의 따님을 아내로 맞게 해주시기만 한다
면 무엇이든지 말씀하시는 대로 드리겠습
니다."
13◎야곱의 아들들은 자기들의 누이 디나가 욕
본 것을 생각하면 화가 치밀었지만, 시치미
를 떼고 세겜과 그의 아버지 하몰에게 대답
하였다.
14"안 됩니다. 할례를 받지 않은 사람에게 우
리 누이를 줄 수는 없습니다. 그것은 우리
에게 부끄러운 일입니다." 그러면서 야곱의
아들들은 그들에게 이렇게 제안하였다.
15"한 가지 길은 있습니다. 당신네 남자가 모
두 우리처럼 할례를 받겠습니까? 그래야
만 우리는 당신들의 청혼을 들어줄 수 있습
니다.
16그리고 나서야 우리 딸을 당신들이 맞아가
고 당신들의 딸을 우리가 맞아오며 어울려
살 수 있단 말입니다. 그러면 우리는 한 겨
레가 될 것입니다.
17당신들이 이 조건을 받아들일 수가 없어 할
례를 받지 않는다면 우리는 누이를 데리고
여기를 떠나겠습니다."
18하몰과 하몰의 아들 세겜은 야곱의 아들들이
내놓은 조건이 좋을 것 같았다.
19그래서 그 젊은이는 서둘러 할례를 받았다.
그만큼 그는 야곱의 딸을 좋아했던 것이다.
그런데 그는 온 가문 가운데서도 가장 세도
있는 사람이었다.
20◎하몰과 그의 아들 세겜은 성문에 나가 자
기들이 다스리는 주민들에게 이렇게 공포
하였다.
21"이분들은 아무하고나 잘 어울리는 분들이
다. 이 고장에서 우리와 함께 살며 마음대
로 왕래할 것이다. 이 땅은 어느 쪽을 보아
도 넓어서 그들도 함께 살 수 있다. 그들의
딸을 우리의 아내로 맞아오고 그들도 우리
의 딸을 아내로 맞아가게 하자.
22그러나 이분들이 우리와 함께 살며 우리와
한 겨레가 되는 데는 한 가지 조건이 있다.
그것은 그들이 할례를 받은 것처럼 우리 모
든 남자도 할례를 받아야 한다는 것이다.
23결국은 그들의 양떼와 재산과 모든 가축이
우리 것이 되지 않겠느냐? 그러니 그들이
내놓은 조건을 수락하고 그들을 우리와 함
께 살게 하자."
24성문께로 나온 모든 주민이 하몰과 그의 아
들 세겜의 말을 받아들였다. 그래서 성문께
로 나왔던 남자는 모두 할례를 받았다.
25그 다음 다음날 그들이 아직 아파서 신음하
고 있을 때, 야곱의 아들 중 디나의 친오빠
인 시므온과 레위가 칼을 빼 들고 당당하게
성 안으로 들어가 남자라는 남자는 모조리
죽여버렸다.
26하몰과 그의 아들 세겜도 칼로 쳐죽이고 세
겜의 집에서 디나를 데려내왔다.
27야곱의 ㉠다른 아들들은 죽은 사람들에게
달려들어 시체를 털고 그 온 성을 털었다.
이렇게 하여 자기들의 누이가 욕본 것을 보
복하였다.
28그들은 양떼, 소떼, 나귀떼뿐 아니라 그 성
안에나 들에 있는 것을 모조리 빼앗아 가
졌다.
29모든 재산을 빼앗고 자식과 아낙네들을 사
로잡고 집이라는 집은 다 털었다.
30◎그러자 야곱은 시므온과 레위를 불러 나무
랐다. "너희 때문에 나는 이 지방에 사는 가
나안 사람과 브리즈인들에게 상종할 수 없는
추한 인간이 되고 말았다. 우리는 수가 얼
마 되지 않는데 그들이 합세하여 나를 치면
나와 내 가족은 몰살당할 수밖에 없다."
31그러나 그들은 "그자가 우리 누이를 창녀
다루듯이 했는데도 가만히 있어야 한단 말
입니까?" 하고 대답하였다.

야곱이 베델로 돌아가다

35 ◎하느님께서 야곱에게 말씀하셨다.
"이러고 있지 말고 베델에 올라가 거
기에 자리를 잡아라. 네가 형 에사오를 피해
갈 때 너에게 나타났던 이 하느님에게 제단
을 쌓아 바쳐라."
2◎야곱은 곧 그의 온 가족과 그가 거느리고
있는 모든 사람에게 말하였다. "너희에게
있는 남의 나라 신들을 내버려라. 깨끗이
몸을 씻고 옷을 갈아입어라.
3이제 우리는 여기를 떠나 베델로 올라간다.
거기에서 나는 내가 어려움을 당할 때 나의
호소를 들어주시고 내가 가는 곳 어디에서

㉠ 불가타 성서를 따랐다.

나 보살펴 주신 하느님께 제단을 쌓아 바치
고자 한다."
4 그들은 자기들에게 있는 남의 나라 신들과
귀에 걸고 있던 귀고리를 모두 야곱에게 내
놓았다. 야곱은 세겜 근처 느티나무 밑에 그
것들을 모두 묻었다.
5 그리고 그들은 그 길로 떠났다. 그러나 신
비한 두려움이 주위에 있는 도시들을 휘어
잡아서 아무도 야곱의 자손들을 추격하지
못했다.
6 야곱은 자기에게 딸린 사람들을 데리고 가
나안 땅 루즈에 이르렀다. 이 루즈가 곧 베델
이다.
7 야곱은 거기에 제단을 쌓고 그 곳 이름을 엘
베델이라 하였다. 야곱이 형을 피해 갈 때
하느님께서 그 곳에서 그에게 나타나셨던
것이다.
8 베델 아래쪽 상수리나무 밑에는 리브가의
유모 드보라가 묻혀 있었다. 그래서 사람들
은 그 곳을 ㉠알론바굿이라는 이름으로 불
렀다.
9 ◎야곱이 바딴아람에서 돌아오는데 하느님
께서 다시 그에게 나타나셔서 복을 주시고
10 말씀하셨다. "네 이름은 야곱이었다. 그러
나 이제부터는 야곱이 아니라 이스라엘이라
부를 것이다." 이리하여 그의 이름을 이스
라엘이라 부르게 되었다.
11 하느님께서 이어 말씀하셨다. "나는 전능한
하느님이다. 너는 많이 낳아 번성하거라.
너에게서 한 민족이, 아니 여러 민족이 모
인 집단이 나리라. 네 후손 가운데서 왕들
이 태어나리라.
12 아브라함과 이사악에게 주었던 이 땅을 내가
너에게 준다. 또한 너의 뒤를 이을 후손에
게 준다."
13 하느님께서는 이렇게 야곱에게 말씀하시고
그를 떠나 올라가셨다.
14 ◎야곱은 하느님께서 자기와 말씀을 나누시
던 그 곳에다 석상을 세웠다. 그는 그 돌기
둥 위에 술을 붓고 또 기름을 부었다.
15 야곱은 하느님께서 자기와 말씀을 나누시던
그 곳을 베델이라 이름하였다.

라헬이 베냐민을 낳고 세상을 떠나다

16 ◎그들이 베델을 떠나가는 도중, 에브랏까지
는 아직 얼마 더 가야 하는 데서 라헬이 몸
을 풀게 되었다. 난산이었다.
17 아기를 낳지 못해 고생하는데 산파가 "걱정
하지 마세요. 이번에도 아들입니다." 하고
위로하는 것이었다.
18 마침내 라헬은 죽게 되어 숨을 거두면서 아
기 이름을 벤오니라고 불렀다. 그러나 아기
아버지는 베냐민이라 불렀다.㉡
19 라헬은 에브랏으로 가는 길가에 묻혔다. 에
브랏은 곧 베들레헴이다.
20 야곱은 라헬의 무덤 위에 비석을 세웠다. 그
것이 이 날까지 라헬의 묘비로 알려져 있다.

르우벤의 추행

21 ◎이스라엘은 다시 길을 떠나 믹달에델 건너
편에 이르러 천막을 쳤다.
22 이스라엘이 그 땅에 살고 있을 때였다. 르우
벤이 아버지의 소실 빌하를 범하였는데 그
이야기가 이스라엘의 귀에도 들어갔다.

야곱의 열두 아들

◎야곱에게는 아들 열둘이 있었다.
23 야곱이 레아에게서 얻은 아들은 맏아들 르우
벤, 그 아래로 시므온, 레위, 유다, 이싸갈, 즈
불룬이었다.
24 요셉과 베냐민은 라헬에게서 얻은 아들이다.
25 단과 납달리는 라헬의 몸종 빌하에게서 얻은
아들이요,
26 가드와 아셀은 레아의 몸종 질바에게서 얻은
아들이다. 이들은 야곱이 바딴아람에 있을
때에 얻은 아들들이다.

이사악이 세상을 떠나다

27 ◎야곱은 마침내 아버지를 찾아 키럇아르바
라고도 불리는 마므레에 이르렀다. 그 곳은
아브라함과 이사악이 몸붙여 살던 헤브론이
다.
28 이사악은 백팔십 세나 살았다.
29 이사악이 이렇게 명이 다하여 숨을 거두고
죽어 세상을 떠나 선조들 곁으로 가자, 아
들 에사오와 야곱이 그를 안장하였다.

에돔의 조상 에사오의 계보

36 ◎에돔이라고도 불리는 에사오의 계보
는 아래와 같다.
2 에사오는 아내감을 가나안의 딸들 가운데서
골라 헷족 엘론의 딸 아다와, 호리족 시브온
의 손녀이며 아나의 딸인 오홀리바마와,
3 이스마엘의 딸이며 느바욧의 누이인 바스맛

㉠ '울음의 상수리나무'라는 뜻이다. ㉡ 벤오니는 '가엾은 내 자식(?), 괴롭게 낳은 아들(?)'이라는 뜻이요, 베냐민은 '내 오른손 같은 아들(?), 남방인(?)'이라는 뜻이다.

을 맞아들였다.
4 아다는 에사오에게 엘리바즈를, 바스맛은 르
우엘을,
5 오홀리바마는 여우스와 야을람과 코라를 낳아
주었다. 이들은 에사오가 가나안 땅에 있을
때 얻은 아들들이다.
6 ◎그 후 에사오는 아내와 아들딸과 자기 집
에 딸린 모든 식구들을 거느리고, 가나안 땅
에서 얻은 모든 가축과 모든 재물을 포함한
그의 재산을 싣고 아우 야곱을 떠나 세일 땅
으로 갔다.
7 그들이 모은 재산이 너무 불어나 함께 살기
어렵게 되었던 것이다. 즉, 그들의 가축이
너무 많아져서 그들이 머물러 사는 땅에서
나는 것으로는 둘이 다 살아갈 수가 없었던
것이다.
8 이렇게 해서 에사오는 세일 산악 지대에 자
리를 잡았는데 이 에사오를 에돔이라고도
한다.
9 ◎세일 산악 지대에 사는 에돔의 조상 에사오
의 계보는 이러하다.
10 이것이 그 아들들의 이름이다. 에사오가 아
내 아다에게서 얻은 아들은 엘리바즈이고 아
내 바스맛에게서 얻은 아들은 르우엘이다.
11 엘리바즈는 아들 데만, 오말, 스보, 가아담,
크나즈를 두었다.
12 에사오의 아들 엘리바즈에겐 딤나라는 소실
이 있었는데 그는 엘리바즈에게 아말렉을 낳
아주었다. 이들이 에사오가 아내 아다에게
서 얻은 후손들이다.
13 르우엘은 아들 나핫, 제라, 삼마, 미짜를 두었
다. 이들이 에사오가 아내 바스맛에게서 얻
은 후손들이다.
14 시브온의 손녀이며 아나의 딸인 오홀리바마
가 에사오에게 낳아준 아들은 여우스, 야을
람, 코라이다.
15 ◎에사오 후손의 추장들은 아래와 같다. 에
사오의 맏아들 엘리바즈 후손의 추장으로서
는 추장 데만, 추장 오말, 추장 스보, 추장 크
나즈,
16 추장 코라, 추장 가아담, 추장 아말렉이 있었
다. 이들이 에돔 땅에 퍼진 엘리바즈파의 추
장들인데 그들은 아다의 피를 받은 후손들
이다.
17 에사오의 아들 르우엘 후손의 추장으로서는
추장 나핫, 추장 제라, 추장 삼마, 추장 미짜
가 있었다. 이들이 에돔 땅에 퍼진 르우엘파
추장들인데, 그들은 에사오의 아내 바스맛의
피를 받은 후손들이다.
18 에사오의 아내 오홀리바마 후손의 추장으로
서는 추장 여우스, 추장 야을람, 추장 코라
가 있었다. 이들이 아나의 딸로서 에사오의
아내가 된 오홀리바마의 피를 받은 추장들
이다.
19 에사오의 자손과 그들의 추장들은 위와 같
다. 이것이 에돔이다.
20 ◎세일은 호리족에 속한 사람인데 그 지방에
자리잡고 있던 그의 아들들은 로탄, 소발,
시브온, 아나,
21 디숀, 에제르, 디산이다. 이들이 에돔 땅에
사는 세일의 아들로서 호리족의 추장을 지
낸 사람들이다.
22 로탄은 아들 호리와 헤맘을 두었다. 그런데
바로 이 로탄의 누이가 딤나이다.
23 소발은 아들 알완, 마나핫, 에발, 스보, 오남
을 두었다.
24 시브온에겐 아들 아야와 아나가 있었는데 아
나는 아버지의 나귀를 치다가 들판에서 온
천을 발견한 바로 그 사람이다.
25 아나는 아들 디숀과 딸 오홀리바마를 두었다.
26 디숀은 아들 헴단, 에스반, 이드란, 그란을 두
었다.
27 에제르에게는 아들 빌한, 자완, 아칸이 있었
다.
28 디산에게는 아들 우스와 아란이 있었다.
29 호리족의 추장을 지낸 사람으로서는 추장
로탄, 추장 소발, 추장 시브온, 추장 아나,
30 추장 디숀, 추장 에제르, 추장 디산이 있었
다. 이들이 세일 땅에 살던 호리족의 부족별
추장들이다.
31 ◎이스라엘 백성을 다스릴 왕이 아직 일어나
기 전에 에돔에는 이미 그 땅을 다스리는 왕
들이 있었는데 그 이름은 아래와 같다.
32 브올의 아들 벨라가 에돔에서 왕노릇 하였는
데 그의 수도 이름은 딘하바였다.
33 벨라가 죽자 보스라 출신 제라의 아들 요밥이
뒤를 이어 왕이 되었다.
34 요밥이 죽자 데만 출신 후삼이 뒤를 이어 왕
이 되었다.
35 후삼이 죽자 브닷의 아들 하닷이 뒤를 이어
왕이 되었다. 하닷은 미디안을 모압 벌에서
무찌른 왕인데 그의 수도는 아윗이었다.
36 하닷이 죽자 마스레카 출신 사믈라가 뒤를 이
어 왕이 되었다.
37 사믈라가 죽자 유프라테스 강 가 르호봇 출신
사울이 뒤를 이어 왕이 되었다.
38 사울이 죽자 악볼의 아들 바알하난이 뒤를
이어 왕이 되었다.

39 악볼의 아들 바알하난이 죽자 하닷이 뒤를
이어 왕이 되었다. 그의 수도 이름은 바우였
고 아내 이름은 므헤타브엘이었는데 메자합
의 손녀이자 마드렛의 딸이었다.
40 ◎에사오에게서 퍼져 나간 추장들의 씨족별,
지역별 명단은 아래와 같다. 추장 딤나, 추
장 알와, 추장 여뎃,
41 추장 오홀리바마, 추장 엘라, 추장 비논,
42 추장 크나즈, 추장 데만, 추장 밉살,
43 추장 막디엘, 추장 이람. 이들이 에사오를 조
상으로 하는 에돔 사람들의 추장들인데, 그
들은 각기 상속받은 땅에서 따로따로 자리
를 잡고 살았다.

요셉이 이집트로 팔려가다

37 ◎한편 야곱은 자기 선친이 유랑민으
로서 머문 적이 있던 땅 가나안에 자리
를 잡았다.
2 야곱의 아들들의 이야기는 여기에서 시작된
다. 요셉은 열일곱 살이 되어 형들과 함께
양을 치게 되었다. 그는 아버지의 두 소실
빌하와 질바의 아들들을 거들어주고 있다가
아버지에게 그들을 좋지 않게 일러바쳤다.
3 이스라엘은 요셉을 늘그막에 얻은 아들이라
고 해서 어느 아들보다도 더 사랑하였다.
그래서 장신구를 단 옷을 지어 입히곤 하
였다.
4 이렇게 아버지가 유별나게 그만을 더 사랑
하는 것을 보고 형들은 미워서 정다운 말 한
마디 건넬 생각이 없었다.
5 ◎한번은 요셉이 꿈을 꾸고 그 꿈 이야기를
형들에게 했는데 그 때문에 형들은 그를 더
미워하게 되었다.
6 "내가 꾼 꿈 이야기를 들어봐요." 하며 그
는 이야기를 꺼냈다.
7 "글쎄, 밭에서 우리가 곡식 단을 묶고 있는
데, 내가 묶은 단이 우뚝 일어서고 형들이
묶은 단이 둘러서서 내가 묶은 단에게 절을
하지 않겠어요?"
8 "네가 정말 우리에게 왕노릇 할 셈이냐?
네가 정말 우리에게 주인노릇 할 셈이냐?"
형들은 그 꿈 이야기를 듣자 그를 더욱 미워
하게 되었다.
9 그 후 그는 또 다른 꿈을 꾸고는 형들에게
그 이야기를 또 했다. "글쎄, 내가 꿈을 또
꾸었는데 해와 달과 별 열 하나가 내게 절을
하더군요."
10 그는 아버지와 형들에게 이 이야기를 했다
가 아버지에게 꾸지람을 들었다. "네가 꾼
꿈이 대체 무엇이냐? 그래, 나와 네 어머니
와 네 형제들이 너에게 나아가 땅에 엎드려
절을 할 것이란 말이냐?"
11 형들은 그를 질투했지만, 아버지는 그 일을
마음에 두었다.
12 ◎그의 형들이 아버지의 양떼에게 풀을 뜯
기러 세겜으로 갔을 때,
13 이스라엘이 요셉에게 일렀다. "얘야, 네 형
들이 세겜에서 양을 치고 있지 않느냐? 네
가 갔다 와야 하겠다." 그가 대답하였다.
"네, 가지요."
14 "네 형들도 잘 있고 양들도 잘 있는지 알고
싶으니 가서 보고 오너라." 그는 이렇게 이
르고 헤브론 골짜기에서 그를 떠나보냈다.
요셉은 세겜에 이르러
15 들판을 헤매다가 한 사람을 만났다. 그가
"누굴 찾느냐?" 하고 요셉에게 물었다.
16 "저의 형들을 찾고 있습니다." 요셉은 그에
게 형들이 어디서 풀을 뜯기고 있는지 알거
든 알려달라고 했다.
17 그가 대답하였다. "벌써 여기를 떠났다. 도
다인으로 가자고 하는 소리를 들었다." 이
말을 듣고 요셉은 도다인으로 찾아가 거기에
서 형들을 만나게 되었다.
18 형들은 멀리서 알아보고 그가 다다르기 전
에 죽이려고 음모를 꾸몄다.
19 "야, 꿈쟁이가 오는구나.
20 저 녀석을 죽여 아무 구덩이에나 처넣고는
들짐승이 잡아먹었다고 하자. 그리고 그 꿈
이 어떻게 되어가는가 보자."
21 ◎그러나 르우벤은 그 말을 듣고 있다가 그
들의 손에서 그를 건져낼 속셈으로 목숨만
은 해치지 말자고 하였다.
22 "피만은 흘리지 마라. 그 녀석을 이 빈 들에
있는 구덩이에 처넣고 손만은 대지 마라."
르우벤은 그들의 손에서 요셉을 살려내어 아
버지께로 되돌려보낼 생각이었다.
23 이윽고 요셉이 다다르자 그들은 요셉에게
서 옷을 벗겼다. 그것은 장신구를 단 옷이
었다.
24 그리고는 그를 잡아 구덩이에 처넣었는데
그 구덩이는 물 없는 빈 구덩이였다.
25 ◎그들이 앉아 음식을 먹는데, 마침 길르앗
으로부터 낙타를 몰고 오는 이스마엘 상인
들이 눈에 띄었다. 그들은 향고무와 유향
과 몰약을 낙타에 싣고 이집트로 가는 길이
었다.
26 유다가 형제들에게 말하였다. "그래도 우리
동기인데 그를 죽이고 그 피를 덮어버린다

고 해서 무슨 이득이 있겠니?
27그러니 그 애를 이스마엘 사람들에게 팔아
버리고 우리는 손을 대지 말자. 아무래도
우리 동기요, 우리 혈육이 아니냐?" 형제
들은 그의 말을 듣기로 했다.
28그러는 동안 미디안 상인들이 지나가다가
요셉을 구덩이에서 끌어내었다. 그들은 그
를 이스마엘 사람들에게 은 이십 냥에 팔아
넘겼다. 이스마엘 사람들은 요셉을 이집트로
데리고 갔다.
29◎르우벤은 구덩이로 돌아와 요셉이 그 안에
없는 것을 보고 옷을 찢으며
30형제들에게로 돌아가 "그 애가 없어졌다.
난 이제 어디로 가야 하느냐!" 하고 부르짖
었다.
31그러자 그들은 염소 한 마리를 죽이고 요셉
의 옷을 가져다 그 피를 묻혔다.
32그리고 그 장신구로 꾸민 옷을 아버지께 보
내며 말을 전하였다. "이것을 우리가 주웠
습니다. 이것이 아버님 아들의 옷인지 아닌
지 잘 보십시오."
33그는 그것을 곧 알아보고 외쳤다. "내 아들
의 옷이다. 들짐승이 잡아먹었구나. 요셉이
짐승들의 밥이 되다니!"
34야곱은 옷을 찢고, 베옷을 몸에 걸친 채 아
들을 생각하며 날이 가도 달이 가도 울기만
했다.
35그의 아들딸들이 모두 일어나 위로했지만
그는 위로를 받지 않고 다만 이렇게 말하는
것이었다. "아니다, 나는 지하로 내 아들한
테 울면서 내려가겠다." 이렇게 아버지는
요셉을 생각하여 울었다.
36◎한편 미디안 사람들은 이집트로 가서 파라
오의 신하인 경호대장 이집트 사람 보디발에
게 그를 팔아 넘겼다.

유다와 다말의 이야기

38 ◎그 무렵에 유다는 형제들로부터 떨
어져 나와 히라라 불리는 아둘람 사람
에게 붙어 살았다.
2거기서 유다는 가나안 사람 수아의 딸을 만
나 아내로 삼아 한자리에 들었다.
3그 여자는 임신하여 아들을 낳고 이름을 에
르라 지어주었다.
4그는 다시 임신하여 아들을 낳고 이름을 오
난이라 지어주었고
5다시 아들을 낳고 이름을 셀라라 지어주었
다. 그가 셀라를 낳은 것은 그집이라는 곳에
서였다.
6유다는 맏아들 에르에게 아내를 얻어주었는
데 그의 이름은 다말이었다.
7유다의 맏아들 에르는 야훼의 눈 밖에 나서
죽었다.
8유다는 오난에게 이르기를 형수에게 장가들
어 시동생으로서 할 일을 하여 형의 후손을
남기라고 하였다.
9그러나 그 씨가 자기 것이 되지 않을 줄 알
고 오난은 형수와 한자리에 들었을 때 정액
을 바닥에 흘려 형에게 후손을 남겨주지 않
으려 하였다.
10그가 한 이런 짓은 야훼의 눈에 거슬리는 일
이었으므로 야훼께서는 그도 죽이셨다.
11그러자 유다는 며느리 다말에게 이렇게 말
하였다. "내 아들 셀라가 어른이 될 때까지
친정에 돌아가 홀몸으로 기다려다오." 그
마저 형들처럼 죽을까봐 걱정스러웠던 것
이다. 그리하여 다말은 친정에 돌아가 살게
되었다.
12◎그 후 많은 세월이 흘러 유다의 아내, 수아
의 딸이 죽었다. 유다는 상을 벗은 다음, 친
구 아둘람 사람 히라와 함께 양털을 깎으러
딤나로 올라갔다.
13한편 다말은 시아버지가 양털을 깎으러 딤
나로 올라온다는 말을 전해 듣고는
14과부의 옷차림을 벗어버리고 너울을 써서
몸을 가리우고 딤나로 가는 길가 에나임 성
문에 나가 앉았다. 셀라가 이미 어른이 되었
는데도 자기를 아내로 데려가 주지 않았기
때문이었다.
15유다는 그 여자가 얼굴을 가린 것을 보고 창
녀려니 생각하였다.
16그래서 그는 길가에 있는 여인에게로 발길
을 돌리며 수작을 건넸다. "너한테 들러가
고 싶구나. 어서 가자." 그 여인이 바로 자
기의 며느리라는 것을 알았을 리가 만무하
다. 다말은 화대로 무엇을 주겠느냐고 물
었다.
17"내 양떼 가운데서 새끼 염소 한 마리를 보
내마." 하고 그가 대답하였다. "그걸 보내
주실 때까지 담보물을 맡겨주세요." 하고
그 여자가 말했다.
18그가 물었다. "무슨 담보물을 주어야 하
나?" 그 여자가 대답했다. "당신의 그 줄
달린 인장과 잡고 있는 지팡이면 됩니다."
그래서 그것을 주고 한자리에 들었는데 마
침 그의 아이를 갖게 되었다.
19그는 돌아가 너울을 벗고 과부 옷차림으로
바꾸었다.

20◎유다는 자기 친구 아둘람 사람을 시켜 새끼 염소 한 마리를 주고 그 여인에게서 담보물을 찾아오게 하였으나 그 여인은 이미 거기에 없었다.
21 그는 그 곳 사람들에게 에나임 길 가에 있는 신전 창녀가 어디로 갔느냐고 물어보았으나, 거기에는 신전 창녀라고는 하나도 없다는 것이었다.
22 그래서 그는 돌아와 "그 여자를 찾지 못했네. 뿐만 아니라 그 곳에는 신전 창녀라고는 하나도 없다고 그 곳 사람들이 말하더군." 하고 보고했다.
23 유다가 그에게 말했다. "그것을 가질 테면 가지라지. 우리가 공연히 웃음거리가 될 것은 없지 않나? 글쎄 보게. 새끼 염소를 보냈는데도 자넨 그 여자를 찾을 수가 없었으니…."
24◎석 달쯤 지나 유다는 며느리 다말이 창녀짓을 하여 아이까지 가졌다는 말을 전해 듣게 되었다. 유다는 그를 끌어내어 화형에 처하라고 명령하였다.
25 그리하여 다말은 끌려 나오게 되자 시아버지에게 전갈을 보냈다. "이 물건들은 누구의 것입니까? 나는 그의 아이를 배었습니다. 이 줄 달린 인장과 지팡이가 누구의 것인지 보아주십시오."
26 유다는 그 물건들을 알아보고 "그 애가 나보다 낫구나! 내가 내 아들 셀라에게 그 애를 아내로 맞게 하지 않았으니…." 하고 다시는 그를 가까이하지 않았다.
27◎몸을 풀 때가 다 되어 그의 태에 쌍둥이가 들어 있는 것이 나타났다.
28 그런데 몸을 막 풀려고 하는데 한 아이가 손 하나를 내밀었다. "이 아이가 먼저 나온 놈이다." 산파는 그 손을 잡아 진홍 실을 매두었다.
29 그러나 그 아이는 손을 안으로 다시 끌어들였다. 그러는 사이에 그의 아우가 나오자 "이 밀치고 나온 놈!" 하고 산파가 말하였다. 그래서 그의 이름을 베레스라고 지었다.
30 뒤따라 손에 진홍 실을 맨 형이 나오자 그의 이름을 제라라고 지었다.

요셉이 유혹을 물리치다

39 ◎요셉은 이집트로 끌려 내려갔다. 그를 끌고 내려온 이스마엘 사람에게서 파라오의 한 신하인 경호대장 이집트 사람 보디발이 그를 샀다.
2 그러나 요셉은 야훼께서 돌보아 주셨으므로 앞길이 열려 이집트 사람 주인집의 한 식구처럼 되었다.
3 주인은 야훼께서 그를 돌보아 주시는 것을 알았다. 그의 손이 닿는 것은 무엇이든지 야훼께서 잘되게 해주셨던 것이다.
4 그는 요셉이 눈에 들어 심복으로 삼고 집안일의 관리인으로 세워 그에게 모든 것을 맡겼다.
5 온갖 일과 모든 소유를 그에게 맡기자 야훼께서는 요셉을 보아 그 이집트 사람의 집에 복을 내리셨다. 야훼의 복은 집과 밭뿐 아니라 그에게 있는 모든 것 위에 내렸다.
6 이렇듯이 그는 자기에게 있는 모든 것을 요셉의 손에 내맡겼다. 그리고 그가 있는 한, 자신이 먹는 음식을 빼놓고는 아무것에도 마음을 쓰지 않았다. 그런데 요셉은 아주 깨끗하고 잘생긴 사나이여서
7 얼마쯤 시간이 흐르자 주인의 아내가 눈짓을 하며 자기 침실로 가자고 꾀는 것이었다.
8 그는 주인의 아내에게 그럴 수 없다고 사정했다. "보시다시피 주인께서는 제가 있는 한, 집안 일에 통 마음을 쓰시지 않습니다. 당신께 있는 것을 모두 제 손에 맡겨주셨습니다.
9 이 집안에선 제가 그분보다 실권이 더 있습니다. 마님만은 당신의 아내이기 때문에 범접할 수 없지만 그 밖의 일은 못할 것이 없습니다. 그런데 이렇게 엄청난 짓을 제가 어떻게 저지를 수 있겠습니까? 이것은 하느님께 죄가 됩니다."
10 그러나 그는 날이면 날마다 요셉에게 수작을 걸어왔다. 요셉은 말을 듣지 않고 그와 함께 침실에 들지도 않았다.
11◎하루는 그가 일을 보러 집 안으로 들어갔는데 마침 집 안에 사람이라곤 아무도 없었다.
12 그는 요셉의 옷을 붙잡고 침실로 같이 가자고 꾀었다. 그러나 요셉은 옷을 그의 손에 잡힌 채 뿌리치고 밖으로 뛰쳐나갔다.
13 요셉이 옷을 자기 손에 내버려둔 채 밖으로 뛰쳐나가는 것을 보고
14 그는 집안 사람들을 부르며 고함을 쳤다. "이것 좀 봐라. 주인께서 우리를 웃음거리로 만들려고 저 히브리 녀석을 데려왔구나. 그 놈이 나에게 달려들어 강간하려고 했다. 그래서 내가 고함을 질렀지!
15 그랬더니 그 놈은 내가 고함지르는 소리를 듣고 옷을 버려둔 채 뛰쳐나갔다."
16 그리고는 그 옷을 곁에 챙겨놓고 주인을 기

다리다가, 그가 집에 돌아오자
17이야기를 꺼내는 것이었다. "당신이 데려온
그 히브리 종 녀석 말이어요. 글쎄 그 놈이
내 방에 들어와 나를 농락하려 하지 않겠어
요?
18그래서 내가 고함을 질렀더니 이렇게 옷을
버려둔 채 밖으로 뛰쳐나갔답니다."
19그리고는 "당신의 종 녀석이 나에게 이 따
위 짓을 했단 말이어요." 하고 말하는 것이
었다. 이 말을 듣고 주인은 화가 치밀어 올
랐다.
20그래서 요셉의 주인은 그를 잡아 감옥에 넣
었다. 그 곳은 왕의 죄수들을 가두어두는
곳이었다. 그러나 그가 감옥에 있을 때에도
21야훼께서는 요셉을 돌보셨다. 그에게 한결
같은 사랑을 쏟으시고 은총을 베푸시어 간
수장의 눈에 들게 해주셨다.
22그리하여 간수장은 감옥에 있는 모든 죄수
들을 요셉의 손에 맡겨 무슨 일이고 마음대
로 하게 하였다.
23간수장은 요셉에게 모든 일을 맡겨놓고는
일절 간섭을 하지 않았다. 야훼께서 그를 돌
보시어 그가 하기만 하면 무엇이든지 잘되
게 해주셨던 것이다.

요셉이 감옥에서 해몽하다

40 ◎이런 일이 있은 지 얼마 되지 않아
이집트 왕에게 술잔을 드리는 시종장
과 빵을 구워 올리는 시종장이 상전인 이집
트 왕에게 무슨 잘못을 저지른 일이 생겼다.
2파라오는 술잔을 드리는 시종장과 빵을 구
워 올리는 시종장, 두 사람에게 화가 나서
3경호대장 집에 있는 감옥에 집어넣었다. 그
곳은 바로 요셉이 갇혀 있는 곳이었다.
4경호대장은 요셉을 지명하여 그 시종들의
시중을 들게 하였다. 그들이 감옥에 들어온
지 여러 날이 지났다.
5이집트 왕에게 술잔을 드리는 시종장과 빵
을 구워 올리는 시종장은 어느 날 밤, 감옥
에 갇힌 몸으로 같이 꿈을 꾸었는데 두 꿈은
뜻이 너무나 달랐다.
6아침에 요셉이 그들에게 가보니 그들은 크
게 근심하고 있었다.
7요셉은 자기 주인 집 감옥에 함께 갇혀 있
는 그들 파라오의 관리들에게 물었다. "오
늘은 안색이 좋지들 못하시군요. 왜 그러십
니까?"
8그들이 대답하였다. "우리가 꿈을 꾸었는데
아무도 풀어줄 사람이 없소." 요셉은 "꿈을
푸는 것은 하느님만이 하실 수 있는 일이 아
니겠습니까?" 하고 말하면서 자기에게 이
야기해 달라고 청하였다.
9◎술잔을 드리는 시종장이 요셉에게 자기의
꿈 이야기를 들려주었다. "내가 꿈에 보니
까, 내 앞에 포도나무 한 그루가 있었소.
10그 포도나무에는 가지가 셋이 뻗어 있었는
데 싹이 나자마자 꽃들이 피고 포도송이가
익더군.
11내 손에는 파라오의 잔이 들려 있었소. 나는
포도를 따서 그 잔에다 짜 넣고는 그 잔을
파라오의 손에 받쳐드렸소."
12"그 풀이는 이렇습니다." 하며 요셉은 그에
게 말해 주었다. "가지 셋은 사흘을 말하는
것입니다.
13앞으로 사흘이 되면 파라오께서는 당신을
불러내어 복직시킬 것입니다. 당신은 전날
술잔을 받들어 올리던 관습대로 파라오의
손에 그의 잔을 올리게 될 것입니다.
14그러니 제발 당신이 잘되시는 날 나를 생각
해 주십시오. 나에게 친절을 좀 베풀어주셔
야 하겠습니다. 파라오에게 내 이야기를 하
여 이 집에서 벗어나게 해주십시오.
15나는 억울하게 히브리 사람들의 땅에서 유
괴되어 온 사람입니다. 나는 여기서도 이런
구덩이에 들어올 만한 일을 한 일이 없습
니다."
16◎그 풀이가 좋은 것을 보고 빵을 구워 올리
는 시종장도 요셉에게 이야기를 했다. "나
도 꿈을 꾸었는데 흰 과자를 담은 바구니 셋
을 내가 머리에 얹고 있었소.
17제일 위 바구니엔 파라오에게 드릴 온갖 구
운 음식들이 담겨져 있었소. 그런데 새들이
내 머리에 이고 있는 그 바구니 속에서 그것
들을 먹고 있더군."
18"그 풀이는 이렇습니다." 하며 요셉이 말해
주었다. "바구니 셋은 사흘을 말하는 것입
니다.
19앞으로 사흘이 되면 파라오는 당신을 불러
내어 나무에 매달 것입니다. 그렇게 되면
당신의 고기를 새들이 쪼아먹게 될 것입니
다."
20◎그리고 사흘째 되는 날, 그 날은 파라오의
생일이어서 왕은 신하들을 다 모아놓고 잔
치를 베풀었다. 술잔을 드리는 시종장과 빵
을 구워 올리는 시종장은 신하들이 모인 자
리에 불려 나왔다.
21그런데 술잔을 드리는 시종장은 술잔을 드
리는 자리에 복직되어 파라오의 손에 잔을

올리게 되었으나,
22빵을 구워 올리는 시종장은 매달려 죽었다.
이렇게 그들은 요셉이 해몽해 준 대로 되었
다.
23그러나 술잔을 드리는 시종장은 요셉을 까
마득하게 잊어버렸다.

요셉이 파라오의 꿈을 풀다

41 ◎그로부터 세월이 이 년이나 흐른 뒤
파라오가 꿈을 꾸었다. 그는 나일 강 가
에 서 있었다.
2난데없이 살이 찌고 잘생긴 암소 일곱 마리
가 강에서 나와 갈대 풀을 뜯고 있었다.
3그런데 곧 이어 여위고 볼품없는 암소 일곱
마리가 뒤따라 나오는 것이었다. 그 여위고
볼품없는 소들은 강가에 먼저 나와 있는 소
들 곁으로 가는가 했더니,
4이내 그 살이 찌고 잘생긴 소들을 잡아먹었
다. 그러는데 파라오는 꿈에서 깨어났다.
5그러나 그는 다시 잠이 들어 다시 꿈을 꾸었
다. 이번에는 줄기 하나에서 일곱 이삭이
나와 토실토실 여물어가는 것이 보였다.
6그런데 뒤이어 돋아난 일곱 이삭은 샛바람
에 말라 여물지 못하는 것이었다.
7더욱이 그 마른 이삭이 토실토실하게 잘 여
문 일곱 이삭을 삼켜버리는 것이었다. 그러
는데 파라오는 잠에서 깨어나 그것이 꿈인
줄 알게 되었다.
8파라오는 아침부터 마음이 뒤숭숭하여 사람
을 보내어 이집트의 마술사와 현자들을 다
불러들이고는 꿈 이야기를 들려주었다. 그
러나 아무도 파라오의 꿈을 풀지 못했다.
9그 때 술잔을 드리는 시종장이 파라오에게
아뢰었다. "오늘에야 제 잘못이 생각납니
다.
10언젠가 폐하께서 소신과 빵 구워 올리는 시
종장에게 노하셔서 경호대장 댁 감옥에 집
어넣으신 일이 있으셨습니다.
11소신과 그는 같은 날 밤에 꿈을 꾸었는데 두
꿈의 내용이 너무나 달랐습니다.
12그 때 거기에는 우리와 함께 젊은 히브리 사
람 하나가 있었는데 그는 경호대장의 종이
었습니다. 저희들이 꿈 이야기를 들려주었
더니, 그는 그 꿈을 하나 하나 풀이해 주었
습니다.
13그리고 그가 우리에게 해몽해 준 대로 소신
은 복직이 되었고 나머지 한 사람은 매달려
죽었습니다."
14◎파라오는 곧 사람을 보내어 요셉을 불러오
라고 영을 내렸다. 그들은 서둘러서 그를
구덩이에서 끌어내었다. 그가 면도하고 옷
을 갈아입고 파라오 앞에 나서자
15파라오는 요셉에게 이렇게 말하는 것이었다.
"내가 꿈을 하나 꾸었는데 아무도 풀 사람
이 없다. 그러던 중에, 너는 꿈 이야기를 듣
기만 하면 푼다는 말을 내가 들었다."
16요셉이 파라오에게 대답하였다. "저에게 무
슨 그런 힘이 있겠습니까? 폐하께 복된 말
씀을 일러주실 이는 하느님뿐이십니다."
17파라오는 요셉에게 이야기를 들려주기 시작
하였다. "나는 꿈에 나일 강 가에 서 있었
다.
18난데없이 살이 찌고 잘생긴 암소 일곱 마리
가 강에서 나와 갈대풀을 뜯는 것이었다.
19이어 암소 일곱 마리가 뒤따라 나왔는데 나
는 이집트 온 땅에서 그렇게도 볼품없고 여
윈 소는 처음 보았다.
20그런데 여위고 볼품없는 그 소들이 먼저 나
온 살진 일곱 마리 소를 잡아먹는 것이었다.
21그러나 이렇게 잡아먹고도 여전히 볼품없
어서 그것들이 다른 소를 잡아먹었으려니
짐작할 수도 없었다. 그 때 마침 나는 깨어
났다가,
22다시 꿈을 꾸었는데 이번에는 줄기 하나에
서 이삭 일곱이 돋아나 토실토실 여물어갔
다.
23그러나 곧 뒤이어 돋아난 일곱 이삭은 샛바
람에 말라 여물지 못하는 것이었다.
24그런데 그 마른 이삭이 잘 여문 일곱 이삭을
삼켜버렸다. 내가 이 이야기를 마술사들에
게 했으나 그 뜻을 일러주는 자는 아무도 없
었다."
25◎"폐하의 꿈은 결국 같은 내용입니다." 하
고 요셉이 파라오에게 말하였다. "앞으로 될
일을 하느님께서 폐하께 미리 알려주신 것
입니다.
26잘생긴 암소 일곱 마리는 일곱 해를 말합
니다. 잘 여문 이삭 일곱도 일곱 해를 말합
니다. 그러므로 그 꿈은 결국 같은 내용입
니다.
27뒤따라 나타난 마르고 볼품없는 일곱 암소
나 샛바람에 말라 비틀어진 일곱 이삭도 일
곱 해를 말합니다. 이것은 흉년이 일곱 해
계속될 것을 보여주는 것입니다.
28폐하께 이미 말씀드린 것같이 폐하께서 하
실 일을 하느님께서 미리 보여주신 것입니
다.
29앞으로 올 일곱 해 동안 이집트 온 땅에는

대풍이 들겠습니다.
30그러나 곧 뒤이어 흉년이 일곱 해 계속될 것
입니다. 이집트 땅에서 언제 배불리 먹은 일
이 있었더냐는 듯이 옛일을 까마득히 잊어
버리게 될 것입니다. 이런 흉년으로 나라는
끝장이 납니다.
31이렇듯이 뒤따라오는 흉년은 하도 심해서
배부르다는 것이 어떤 것인지조차 아는 사
람이 없게 될 것입니다.
32폐하께서 같은 꿈을 두 번씩이나 꾸신 것은
하느님께서 이런 일을 어김없이 하시기로
정하셨고 또 지체없이 그대로 하시리라는
것을 말해 주는 것입니다.
33그러니 폐하께서는 슬기롭고 지혜로운 사
람을 뽑아 세워 이집트 온 땅을 다스리게 하
시는 것이 좋겠습니다.
34이 나라 일을 감독할 자들을 세우시어 풍작
이 계속되는 일곱 해 동안 이집트 땅에서 나
는 것을 그 오분의 일씩 받아들이도록 조처
하십시오.
35앞으로 올 좋은 세월 동안 온갖 식량을 거두
어들이셔야 합니다. 폐하의 권한으로 밀을
거두어들여 도시들에 식량을 저장하도록
하십시오.
36그 식량은 이집트 땅에 일곱 해 계속될 흉
작에 대비하는 것입니다. 이렇게 하면 온
나라가 기근으로 망하는 일을 면할 것입니
다."

요셉이 세계의 기근을 해결하다

37◎파라오와 그의 모든 신하는 이 제안이 좋
아보였다.
38그리하여 파라오는 자기 신하들에게, "우리
가 이처럼 신통력을 지닌 사람을 어디서 찾
겠느냐?" 하고는
39요셉에게 부탁하였다. "하느님께서 너에게
이 모든 것을 알려주셨으니 너만큼 슬기롭
고 지혜로운 사람이 어디 있겠는가?
40그러니 나의 온 왕궁을 네 수하에 두겠다.
내 백성은 다 네가 시키는 대로 따를 것이
다. 내가 너보다 높다는 것은 이 자리에 앉
았다는 것뿐이다."
41그리고 파라오는 요셉에게 "내가 너를 이집
트 온 땅의 통치자로 세운다." 하며,
42손에서 옥새 반지를 빼어 요셉의 손에 끼워
주고는 고운 모시 옷을 입혀준 다음 목에다
금목걸이를 걸어주었다.
43그리고는 요셉을 자기의 병거에 버금가는
병거에 태우고 행차할 때마다 앞서가며
"㉠물렀거라." 하고 외치게 하였다. 이렇게
그를 이집트 온 땅의 통치자로 세운 다음,
44파라오는 요셉에게 일렀다. "내가 왕이지만
너의 승낙 없이는 이집트 전국에서 사람들
은 손 하나 발 하나 움직이지 못할 것이다."
45파라오는 요셉에게 사브낫바네아라는 새 이
름을 지어주고 온이라는 곳의 사제 보디베라
의 딸 아세낫을 아내로 주었다. 이렇게 하여
요셉은 이집트 온 땅의 통치자로 나타났다.
46◎요셉이 이집트 왕 파라오를 섬기기 시작했
을 때 그의 나이는 삼십 세였다. 요셉은 파
라오의 앞에서 물러나와 이집트 전국을 순찰
하였다.
47칠 년 동안 풍년이 들어 땅에서는 많은 소출
이 났다.
48이렇게 이집트 땅에서 칠 년 동안 생산된 각
종 많은 식량을 그는 거두어들였다. 그리고
그 식량을 여러 도시에 갈무리해 두었다.
도시마다 근처 밭에서 나는 식량을 저장시
켰다.
49이렇게 요셉이 갈무리한 밀은 바다의 모래
더미 같았다. 마침내 너무 많아서 계산할
수 없어 기록을 중단할 수밖에 없이 되었다.
50◎흉년이 오기 전에 요셉은 온이라는 곳의
사제 보디베라의 딸 아세낫에게서 두 아들을
얻었다.
51"하느님께서 나의 온갖 쓰라림과 아버지의
집 생각을 잊게 하셨다." 하면서 요셉은 맏
아들의 이름을 므나쎄라 지었다.
52둘째는 "내가 고생하던 이 땅에서 하느님께
서는 나를 번성하게 하셨다." 하면서 이름
을 에브라임이라 지었다.
53이집트 땅에서 칠 년이나 풍년이 들어 흥청
댔지만, 그런 세월이 다 지나자,
54요셉이 말한 대로 칠 년 동안 흉년이 계속되
어 온 세상에 기근이 들지 않은 나라가 없
었다. 그러나 이집트 온 땅에는 양식이 있었
다.
55이집트 온 땅에 흉년이 들자 백성들은 파라
오에게 양식을 달라고 호소하였다. 파라오
는 온 이집트 백성들에게 "요셉에게로 가서
그가 시키는 대로 하여라." 하고 명하였다.
56기근이 온 땅을 휩쓸고 있는 동안 요셉은 모
든 창고를 열고 이집트 사람들에게 곡식을
팔았다. 이집트 땅에 기근은 날로 심해 갔다.
57그 기근은 온 세계를 휩쓸고 있었으므로 세
상 사람들이 모두 곡식을 사려고 이집트로

㉠ 이집트 말로 "조심하라."는 뜻일 수도 있다.

가서 요셉에게 몰려들었다.

요셉이 형들을 처음으로 만나다

42 ◎야곱은 이집트에 곡식이 있다는 것을
알고 아들들에게 말하였다. "왜 서로
얼굴들만 쳐다보고 있느냐?
2 내가 들으니 이집트엔 곡식이 있다더라. 그
러니 내려가 곡식을 사오너라. 어떻게든지
살아야지 이러고 있다가 그냥 죽을 수야 없
지 않느냐?"
3 그래서 요셉의 열 형은 이집트로 밀을 사러
떠났다.
4 그러나 야곱은 요셉의 아우 베냐민만은 형들
과 함께 보내지 않았다. 베냐민이 무슨 변이
라도 당하면 어떻게 하나 걱정스러웠던 것
이다.
5 가나안 땅에도 기근이 들었기 때문에 이스라
엘의 아들들도 다른 사람들 틈에 끼여 곡식
을 사러 내려가지 않을 수 없었다.
6 ◎그 때에 요셉은 이미 그 땅의 통치자가 되
어 있었다. 그가 바로 그 땅 온 백성에게 곡
식을 파는 책임자였다. 요셉의 형들은 도착
하는 길로 얼굴을 땅에 대고 그에게 절을
했다.
7 요셉은 형들을 보자 곧 알아보면서도 남을
대하듯이 거칠게 말하였다. "너희는 어디서
온 자들이냐?" 그들이 대답하였다. "가나
안 땅에서 양식을 사러 왔습니다."
8 ◎형들은 요셉을 알아보지 못했으나, 요셉은
형들을 알아보고
9 형들이 이렇게 되리라 꾸었던 꿈을 생각하
면서 을러메었다. "너희들은 간첩이지? 이
땅의 허점을 살피러 왔지?"
10 그러자 형들은 변명을 늘어놓았다. "아닙니
다. 나리, 소인들은 그저 양식을 사러 왔을
뿐입니다.
11 우리는 모두 한 아버지의 자식입니다. 우리
는 거짓말할 줄 모르는 사람입니다. 절대로
간첩이 아닙니다."
12 그가 말하였다. "그럴 리가 없다. 너희는 틀
림없이 이 땅의 허점을 살피러 왔어."
13 그들이 대답하였다. "소인들은 본래 열두
형제였습니다. 우리는 한 아버지의 아들들
인데, 아버지는 지금 가나안 땅에 계십니다.
막내 동생은 지금도 아버지와 함께 있습니
다. 동생 하나는 없어졌습니다."
14 "내 말이 틀림없다. 너희는 간첩이야." 하
고 요셉은 을러메었다.
15 "너희를 시험해 봐야겠다. 너희 막내 동생
을 이리로 데려오지 않고서는, 파라오가 살
아 계시는 한, 여기에서 절대로 나갈 수 없
다.
16 너희 가운데서 한 사람을 보내어 동생을 데
려오너라. 그 동안 너희는 옥에서 기다리고
있어야 한다. 너희 말이 참말인지 시험해
봐야겠다. 만일 데려오지 못하면 그 때엔 파
라오가 살아 계시는 것처럼 너희가 간첩이
라는 것이 틀림없는 것이다."
17 그리고서 사흘 동안 그들을 감옥에 가두어
두었다.
18 ◎사흘째 되던 날, 요셉은 그들에게 이렇게
말하였다. "나도 하느님 두려운 줄 아는 사
람이다. 그러니 너희는 이렇게 하여라. 그
래야 살 수 있다.
19 만일 너희가 정직한 사람이라면, 너희 형제
중 한 사람만 감옥에 남겨두고 나머지는 너
희 집안 식구들이 굶어 죽지 않도록 곡식을
가지고 가거라.
20 그리고서 너희 막내 동생을 나에게로 데려
오너라. 그렇게 하면 너희 말이 참말이라는
것이 밝혀지고 너희는 죽음을 면할 것이
다." 그들은 그대로 하기로 하고
21 서로들 수군거리기 시작하였다. "사실이지,
우리가 동생에게 그 짓을 하고 어떻게 벌을
면하겠니? 그렇게 가슴 아프게 애원하는
것을 보면서도 못 들은 체했는데! 그 때문
에 우리가 이런 곤경에 빠진 거야."
22 그러는데 르우벤이 그들에게 한마디 했다.
"그 애에게 못할 짓을 하지 말자고 내가 너
희에게 말하지 않았더냐? 그런데 너희는
내 말을 들으려 하지 않았다. 이제 그의 피
가 앙갚음을 하는 것이다."
23 그들은 자기들과 요셉 사이에 통역이 서 있
었기 때문에 요셉이 자기들의 말을 듣고 있
는 줄은 몰랐다.
24 요셉은 듣다 말고 물러가서 울었다. 다시
돌아와서 말을 주고받다가 요셉은 그들 중
시므온을 불러내어 그들이 보는 앞에서 묶
었다.
25 그리고는 그들의 그릇에 밀을 채우고 그들
의 돈을 자루 하나하나에 다시 넣고 그리고
돌아가는 도중에 먹을 양식까지 주라고 지
시하였다. 그대로 되었다.

요셉의 형들이 가나안으로 돌아가다

26 ◎그들은 곡식을 나귀에 싣고 길을 떠났다.
27 밤에 묵을 곳에 이르러 그들 중 하나가 나귀
에게 먹이를 먹이려고 자루를 풀다가 그 아

귀에 자기의 돈이 그대로 있는 것을 보았다.
28 "내 돈이 도로 돌아왔다. 아, 여기 내 자루
속에 있어!" 이렇게 외치는 소리를 듣고 형
제들은 얼빠진 사람처럼 떨면서 서로 아우
성을 쳤다. "하느님 맙소사. 이게 어찌 된
일이냐?"
29 ◎그러면서 그들은 가나안 땅으로 아버지 야
곱에게 돌아왔다. 돌아오는 길로 그 동안 겪
은 모든 일을 보고하였다.
30 "그 나라의 어른이 우리를 보고 자기네 땅
을 살피러 온 간첩이라면서 심한 말로 몰아
세웠습니다.
31 그래서 우리는 거짓말이라고는 통 모르는
사람으로서 간첩질하러 온 것이 아니라고
변명했지요.
32 우리는 본래 열두 형제인데 한 아버지의 자
식이고 동생 하나는 이미 없어졌고 막내는
지금도 가나안 땅에 아버지와 함께 있다고
했습니다.
33 그랬더니 그 나라 어른이 이러이러하게 하
면 우리가 정직한 사람인 줄 알겠다면서,
우리들 중 한 사람만 남기고 나머지는 집안
식구들이 굶어 죽지 않도록 곡식을 가지고
길을 떠나라고 하더군요.
34 그리고 막내를 데려와야 우리가 간첩이 아
니고 거짓말하는 사람이 아닌 줄 알겠다는
것이었습니다. 그러면 형제를 도로 내주고
마음대로 그 땅에 드나들게 해주겠다고 하
였습니다."
35 ◎그들은 자루를 비우다가 자루마다 돈 주
머니가 그대로 들어 있는 것을 보았다. 그
들은 아버지와 함께 그 돈 주머니를 보고는
겁이 덜컥 났다.
36 아버지 야곱이 그들에게 말하였다. "너희는
나에게서 자식을 하나하나 빼앗아가는구
나. 요셉도 없어졌고 시므온도 없어졌는데
이제 와서 베냐민마저 데려가겠다는 거냐?
엎친 데 덮친 격으로."
37 ◎르우벤이 다짐하며 말하였다. "만일 제가
베냐민을 아버지께로 다시 데려오지 못한다
면 제 두 아들을 죽이셔도 좋습니다. 저에
게 그 애를 맡기십시오. 어떤 일이 있어도
그를 아버지께 다시 데려오겠습니다."
38 그러나 그는 막무가내였다. "이 애만은 데
리고 가지 못한다. 그 형은 죽었고 이 애 하
나 남았는데 가는 길에서 무슨 변이라도 당
하면 어떻게 할 셈이냐? 너희들은 이 늙은
것이 백발이 성성해 가지고 슬퍼하며 지하
로 내려가는 꼴을 보고 싶으냐?"

요셉의 형들이 베냐민을 데리고 길을 떠나다

43 ◎그러나 땅에 기근은 심해만 갔다.
2 그들이 이집트에서 가져온 곡식은 떨
어져 가고 있었다. 하는 수 없이 그들의 아
버지는 다시 가서 양식을 좀 더 사오라고 하
였다.
3 그러나 유다가 아버지에게 이렇게 말하였
다. "그 어른이 우리들에게 분명히 경고했
습니다. 동생을 데리고 오지 않으면 당신의
얼굴을 볼 수 없으리라고 말입니다.
4 만일 아버지께서 동생을 우리와 함께 보내
신다면, 내려가 양식을 아버지께 사다 드리
겠지만,
5 그 애를 보내시지 않는다면 우리는 내려가
지도 못합니다. 그 어른 말씀이 동생을 데
리고 오지 않으면 당신의 얼굴을 볼 수 없으
리라고 했습니다."
6 이스라엘이 "동생이 또 하나 있다는 소리는
왜 해서 나를 이리도 괴롭히느냐?" 하고
걱정하자
7 그들은 이렇게 변명하였다. "그 어른이 우
리와 우리의 일가에 어떤 사람이 있는지,
아버지가 아직도 살아 계시는지, 또 다른
동생은 없는지 낱낱이 캐물었습니다. 그가
묻는 대로 대답하다 보니 그런 것까지 털어
놓게 되었습니다. 그가 우리더러 동생을 데
려오라고 할 줄이야 어찌 알았겠습니까?"
8 유다가 나서서 아버지 이스라엘에게 다짐하
였다. "그 애를 저에게 맡겨 보내주십시오.
그러면 우리가 곧 떠나가겠습니다. 아버지
나 우리 자식들이나 우리나 다 살아야지 이
대로 죽을 수는 없지 않습니까?
9 제가 그 애를 책임지겠습니다. 그 애를 저
에게서 찾으십시오. 만일 그 애를 다시 데
려다가 아버지 앞에 세우지 못하는 일이라
도 생긴다면 제 평생에 아버지께 죄인이 될
것입니다.
10 이렇게 꾸물거리지만 않았더라면, 지금쯤
두 번은 갔다 왔겠습니다."
11 "정 그렇다면 이렇게들 하여라." 하고 아버
지 이스라엘이 아들들에게 일렀다. "이 땅에
서 난 가장 좋은 소출을 그릇에 담고, 또 그
어른에게 드릴 선물로 유향과 꿀을 얼마쯤,
그리고 향고무, 몰약, 유향나무 열매, 감복
숭아를 가지고 내려가거라.
12 돈은 갑절 해서 가지고 가거라. 너희 자루
아귀에 들어 돌아왔던 그 돈도 도로 가져가
거라. 아마 그것은 잘못된 것이었을 게다.
13 너희 동생도 데리고 어서 그 어른에게로 돌

아가거라.
14 전능하신 하느님께서 그 어른으로 하여금
너희에게 자비를 베풀게 해주시기 바란다.
그래서 남기고 온 그 아이와 베냐민을 돌려
보내 준다면 오죽이나 좋겠니! 하지만 자
식을 잃어야 한다면 잃었지 별수 있겠느
냐?"

요셉이 형제를 다시 만나다

15 ◎그리하여 그들은 선물을 마련하고 돈을
갑절로 준비하여 베냐민을 데리고 길을 떠
나 이집트로 내려가 요셉 앞에 섰다.
16 요셉은 베냐민이 그들과 함께 온 것을 보고
자기 집 관리인에게 일렀다. "이 사람들을
집으로 데려가거라. 짐승을 잡고 상을 차려
라. 이 사람들은 나와 함께 점심을 먹을 것
이다."
17 관리인은 요셉이 명하는 대로 해놓고, 그들
을 요셉의 집으로 데리고 갔다.
18 그들은 요셉의 집으로 끌려가는 줄 알고 떨
면서 서로 수군거렸다. "우리가 이렇게 끌
려가는 것은 틀림없이 저번에 우리 자루 속
에 담겨져 돌아왔던 돈 때문일 것이다. 달
려들어 나귀를 빼앗고는 우리를 자기 종으
로 삼으려는 거야."
19 요셉의 집 문간에 이르렀을 때 그들은 요셉
의 집 관리인에게 다가서서 변명을 늘어놓
았다.
20 "나리, 우리는 지난번에 양식을 사러 내려
왔었습니다.
21 그런데 우리가 밤에 묵을 곳에 이르러 자루
를 풀어보니 우리의 돈이 자루마다 그 아귀
에 고스란히 그대로 들어 있었습니다. 우리
는 그 돈을 이렇게 다시 가지고 왔습니다.
22 우리 수중에는 양식을 살 돈이 또 있습니다.
누가 우리 자루 속에 그 돈을 넣었는지 우리
는 모릅니다."
23 관리인은 "안심하시오. 걱정할 것 없습니
다. 당신들의 하느님, 당신들의 아버지의
하느님께서 그 보따리에 보화를 넣어주셨
을 겁니다. 나는 당신들의 돈을 이미 받았
습니다." 하고 말하면서 시므온을 데려왔다.
24 그리고는 그들을 모두 요셉의 집 안으로 데
리고 들어가 씻을 물을 내어주었다. 또 나
귀에게도 먹이를 주었다.
25 그리고 그는 그들이 거기에서 식사하게 될
것이란 말도 해주었다. 그래서 그들은 정오
에 요셉이 나타나기를 기다리면서 선물을
준비하였다.
26 ◎요셉이 집 안에 들어서자, 그들은 가져온
선물을 가지고 집 안으로 들어가 그의 앞에
내놓고는 땅에 엎드려 절을 했다.
27 그러자 그가 그들에게 인사하며 물었다.
"저번에 늙은 아버지가 계시다고 하더니,
그분이 잘 계시냐? 아직도 살아 계시냐?"
28 그들은 "어른의 종인 저희 아버지께선 잘
계십니다. 지금도 살아 계십니다." 하면서
몸을 굽혀 절을 했다.
29 요셉은 눈을 돌려 한 배 동생인 베냐민을 보
며, "이 애가 바로 너희가 저번에 말하던 막
내 동생이냐?" 하고 묻고는, "너 참 귀엽구
나. 하느님의 사랑을 받아라." 하고 말하였
다.
30 요셉은 동생이 애처로운 생각이 끓어올라
한바탕 울고 싶어 허둥지둥 자기 방으로 가
서 한참을 울었다.
31 그리고는 얼굴을 씻고 도로 나와서 가슴을
진정시키고 음식을 차리라고 명했다.
32 그들은 요셉에게 상을 따로 차려 올리고 그
의 형제들에게도 따로 차려주고 요셉과 함
께 먹는 이집트 사람들에게도 따로 차려주
었다. 이집트 사람들은 히브리 사람들과 자
리를 같이 해서 음식을 먹으면 부정을 타게
된다고 생각했던 것이다.
33 그들은 요셉 앞에 맏아들로부터 막내 아들
에 이르기까지 나이 순서를 따라 앉게 되자
서로 얼굴을 쳐다보며 어리둥절해 하였다.
34 한 사람 한 사람 먹는 음식을 요셉의 상에서
날라다 주는데, 베냐민에게는 다른 사람보
다 다섯 몫이나 더 주었다. 그들은 요셉과
더불어 취하도록 마셨다.

베냐민의 자루에서 은잔이 나오다

44 ◎그런 뒤에 요셉은 자기 집안 관리인
에게 시켰다. "저 사람들 자루에다 양
식을 가져갈 수 있을 만큼 채워주어라. 그
리고 자루마다 그 아귀에 자기들이 가져온
돈을 도로 집어넣어 주는데
2 막내의 자루에는 그가 가져왔던 양식 값과
함께 내 술잔도 함께 넣어라. 이 은잔 말이
다." 그는 요셉의 분부대로 하였다.
3 다음날 아침이 되자 그들은 나귀를 이끌고
길을 떠났다.
4 그러나 그들이 그 도시에서 나와 멀리 가기
전에 요셉은 자기 집안 관리인에게 명령을
내렸다. "빨리 그들의 뒤를 쫓아가라. 그리
고 그들을 따라잡거든 이렇게 호통을 쳐라.
'너희는 왜 배은망덕하느냐?

5 ㉠어쩌자고 은잔을 훔쳐왔느냐? 그것은 바
로 내 주인께서 따라 마시는 잔이요 점을 치
시는 잔이다. 어찌하여 이렇게 사람으로선
못할 짓을 했단 말이냐!'"
6 ◎그가 그들을 따라잡고 그대로 호통을 치
자
7 그들은 "나리, 어찌 그런 말씀을 다 하십니
까? 소인들이 그런 짓을 하다니요? 있을
수 없는 일입니다." 하며 이렇게 장담하는
것이었다.
8 "저번에 자루 아귀에서 나온 돈을 가나안 땅
에서 나리께 갖다 드리기까지 하지 않았습
니까? 그런데 어떻게 우리가 나리의 상전
댁에서 은이나 금을 훔치겠습니까?
9 소인들 중 누구한테서라도 그것이 나오면
그를 죽여도 좋습니다. 그리고 우리까지 나
리의 종으로 삼으셔도 좋습니다."
10 "그래, 너희 말대로 하자. 은잔이 나오는 자
루 임자는 나의 종이 될 것이다. 그러나 나
머지야 무슨 죄가 있겠느냐?"
11 그들은 급히 자루를 땅에 내려놓고는 저마
다 풀었다.
12 관리인이 맏아들에서 시작하여 막내 아들
에 이르기까지 뒤지자, 그 잔이 베냐민의 자
루에서 나왔다.
13 그러자 모두 옷을 찢으면서 저마다 나귀에
짐을 다시 싣고 그 도시로 되돌아갔다.
14 ◎유다와 그 형제들이 요셉의 집에 이르러보
니 요셉은 아직도 제자리에 앉아 있었다. 그
들이 그 앞에 엎드리자
15 요셉은 "이 따위 짓을 하다니! 나 같은 사
람이 점도 못 칠 줄 알았느냐?" 하고 호통
을 쳤다.
16 "우리가 무슨 할 말이 있겠습니까? 어찌
입을 놀릴 수 있겠습니까? 변명할 여지도
없습니다." 하면서 유다가 아뢰었다. "하느
님께서 소인들의 죄를 들추어내셨습니다.
그러니 이제 잔이 나온 이 아이나 우리나 할
것 없이 모두 어른의 종이 되는 길밖에는 다
른 도리가 없습니다."
17 "그렇게 할 수 없다." 하고 그가 대답하였
다. "잔이 나온 사람만 내 종이 되고 너희
나머지는 아버지에게 평안히들 올라가거
라."

유다가 대신 종이 되겠다고 나서다

18 ◎그러자 유다가 그에게 나아가 다시 아뢰
었다. "어른, 소인이 어른께 긴히 한 말씀
드리겠습니다. 너무 노여워 마시고 들어주
십시오. 어른께서는 파라오에 못지않으십
니다.
19 어른께서 소인들에게 아비나 동생이 있느
냐고 물으셨을 때,
20 저희는 늙은 아버지가 있고 그가 늘그막에
얻은 아이가 있다고 아뢰었습니다. 그 아이
와 한 배에서 난 형은 죽고 그 아이만 남았
는데, 아버지는 그 아이를 애지중지한다고
아뢰었습니다.
21 어른께서는 그 아이를 직접 눈으로 보게 데
려오라고 하셨습니다.
22 그러나 저희는 그 아이가 만일 아버지를 떠
나면 아버지는 숨이 넘어갈 형편이어서 아
버지를 떠날 수 없다고 어른께 아뢰지 않았
습니까?
23 그 때 어른께서는 소인들에게 말씀하셨습
니다. '너희가 막내 동생을 데리고 내려오
지 않고서는 내 얼굴을 다시 보지 못할 것
이다.'
24 그래서 저희는 어른의 종 우리 아버지에게
올라가서 그 말씀을 전했습니다.
25 그 후에 저희 아버지께서는 다시 가서 식량
을 좀 사오라 하셨지만,
26 저희는 내려갈 수 없다고 하였습니다. 막내
동생이 함께 간다면 내려갈 수 있지만, 함
께 가지 않는다면 우리는 어른의 얼굴을 볼
수 없다고 말씀입니다.
27 그랬더니 어른의 종 저희 아버지께서 이렇
게 말씀하셨습니다. '너희들은 나에게 아
들 둘을 낳아준 아내가 있었던 것을 다 알
것이다.
28 그런데 한 아이가 없어졌을 때 나는 그 녀석
이 틀림없이 짐승에게 당했다고 생각했었
다. 그 후로 아직 내 눈앞에 나타나지 않고
있다.
29 그런데 너희가 만일 이 아이마저 나에게서
데려갔다가 무슨 변이라도 만난다면 그 때
엔 이 늙은 백발이 슬퍼하며 지하로 내려가
는 꼴을 보겠느냐?'
30 이제 그 아이 없이 어른의 종 저희 아버지에
게로 돌아간다고 하십시다. 아버지의 목숨
은 그 아이의 것과 하나로 얽혀 있으므로
31 아이가 없는 것을 보면 곧 숨이 넘어가실 것
입니다. 그렇게 되면 소인들은 어른의 종
저희 아버지로 하여금 백발로 슬퍼하며 지
하로 내려가시게 하는 격이 됩니다.
32 만일 그 아이를 아버지에게 도로 데려가지

㉠ 칠십인역을 따라 "어쩌자고 은잔을 훔쳐 왔느냐?"를 삽입한다.

못한다면 소인이 평생 아버지에게 죄인이
되리라 다짐하고는 그 아이를 제가 책임지
고 나섰습니다.
33그러니 이제 그 아이 대신 소인을 남겨두
시어 어른의 종으로 삼으십시오. 그러나
그 아이만은 형들과 함께 돌아가게 해주십
시오.
34그 아이 없이 제가 어떻게 아버지에게 올라
갈 수 있겠습니까? 아버지에게 닥칠 불행
을 저는 차마 볼 수가 없습니다."

요셉이 자기 정체를 드러내다

45 ◎요셉은 시종들 앞에서 복받치는 감
정을 억제할 길 없어 "모두들 물러나
라." 하고 외쳤다. 이렇게 요셉은 모든 사람
을 물리고 나서 자기가 누구인지를 형제들
에게 알렸다.
2그가 우는데 울음 소리가 어찌나 컸던지 이
집트의 모든 사람에게 들렸고, 파라오의 집
에도 들렸다.
3요셉은 형제들에게 털어놓았다. "내가 바로
요셉입니다! 아버지께서 아직 살아 계시다
고요?" 형제들은 그의 앞에서 너무나 어리
둥절하여 입이 얼어붙고 말았다.
4요셉이 그들에게 가까이 오라고 하자, 그제
야 가까이 옆으로 갔다. 요셉은 그들에게 이
렇게 말하였다. "내가 형님들의 아우 요셉
입니다. 형님들이 나를 이집트로 팔아 넘겼
지요.
5그러나 이제는 나를 이 곳으로 팔아 넘겼다
고 해서 마음으로 괴로워할 것도 얼굴을 붉
힐 것도 없습니다. 하느님께서 우리의 목숨
을 살리시려고 나를 형님들보다 앞서 보내
신 것입니다.
6이 땅에 기근이 든 지 이태가 되었습니다.
아직도 밭을 갈아 곡식을 거두려면 다섯 해
가 더 지나야 됩니다.
7하느님께서 나를 형님들보다 앞서 보내신
것은 형님들의 종족을 땅 위에 살아 남게 하
시려는 것이었습니다.
8그러니 나를 이 곳으로 보낸 것은 형님들이
아니라 바로 하느님이십니다. 하느님께서
는 나를 파라오의 어른으로, 그 온 집안의
주인으로 삼으시고 이집트 전국을 다스리는
자로 세워주셨습니다.
9지체말고 어서 아버지께로 올라가 아버지
의 아들 요셉의 말이라 하고 이렇게 전해 주
십시오. '하느님께서는 저를 온 이집트의
주인으로 삼으셨습니다. 주저하지 마시고
저에게로 내려오십시오.
10아버지께서는 여러 아들과 손자들을 거느
리시고 양과 소와 모든 재산을 가지고 고센
땅에 사시면서 저와 가까이 계실 수 있습
니다.
11다섯 해 기근이 지나가도록 아버지께서 사
실 수 있게 모든 것을 거기에 장만해 놓겠
습니다. 아버지께서 거느리시는 식구들과
딸린 목숨이 아쉬운 것 없도록 해드리겠습
니다.'
12이제 형님들께서는 아우 베냐민과 함께 이
말을 하는 것이 바로 요셉이라는 것을 눈으
로 똑똑히 보셨습니다.
13내가 이집트에서 어떤 영화를 누리고 있는
지, 그 밖에 무엇이든지 본 대로 다 아버지
께 말씀드려 주십시오. 지체말고 어서 가서
아버지를 이리로 모시고 내려오십시오."
14◎그리고 나서 요셉은 친동생 베냐민의 목을
부둥켜 안고 울었다. 베냐민도 그의 목에 매
달려 울었다.
15다시 요셉은 형들과 일일이 입을 맞추어 인
사하고는 붙잡고 울었다. 그제야 형들은 그
와 이야기를 할 수 있게 되었다.

야곱을 모시러 형제들을 보내다

16◎요셉의 형제들이 왔다는 소식이 파라오의
집안에 전해지자 파라오와 그의 신하들은
기뻐하였다.
17파라오가 요셉에게 말하였다. "형제들에게
이르시오. 짐승들에 짐을 싣고 가나안 땅으
로 돌아가서
18아버지와 온 식구를 이리로 데려오라고 이
르시오. 또한 내가 이집트에서도 가장 좋은
땅을 주어 그 땅의 기름진 것을 먹고 살게
하겠다 하더라고 이르시오.
19또 이렇게 내 말을 전하시오. '너희들의 어
린것들과 아내들이 타고 오게 마차들을 가
지고 가거라. 그리고 아버지를 모셔오도록
하여라.
20가지고 있던 세간 같은 것은 아까워하지 말
아라. 이집트 전국에서도 가장 좋은 땅이 그
대들의 것이 될 것이다."
21◎이스라엘의 아들들은 하라는 대로 하였다.
요셉은 파라오의 명령대로 그들에게 마차를
내어주고 여행 길에 먹을 양식도 마련해 주
었다.
22그리고 각 개인에게 나들이옷 한 벌씩을 주
었고 베냐민에게는 은돈 삼백 세겔과 나들이
옷 다섯 벌을 주었다.

23그리고 아버지에게는 이집트에서 난 귀한
물건을 수나귀 열 마리에 가득 실어보내었
고, 야곱이 여행 길에 먹을 밀이나 빵 같은
음식을 암나귀 열 마리에 가득 실어보내었
다.
24형들과 아우를 떠나보내면서 요셉은 도중에
서로 탓하지들 말라고 당부하였다.
25이렇게 하여 그들은 이집트에서 가나안 땅으
로 아버지 야곱에게 돌아왔다.
26◎돌아온 그들은 "요셉이 지금도 살아 있습
니다. 전 이집트를 다스리는 자가 되었어
요." 하고 아버지에게 아뢰었다. 그는 다만
어리둥절하여 그 말을 곧이들을 수가 없었
다.
27그러나 요셉이 한 말을 다 전해 듣고 자기를
데려오라고 보낸 마차들을 보고 나자 아버
지 야곱은 제 정신이 돌아왔다.
28"이제는 죽어도 한이 없다. 내 아들 요셉이
살아 있다니…, 죽기 전에 가서 그 애를 봐
야지." 하고 이스라엘은 중얼거렸다.

야곱이 이집트로 떠나다

46 ◎마침내 이스라엘은 모든 식구를 거느
리고 재물을 챙겨 길을 떠났다. 브엘세
바에 이르러 아버지 이사악의 하느님께 제
사를 올리는데
2그 날 밤 하느님께서 환상 중에 이스라엘에
게 말씀하셨다. "야곱아, 야곱아." "저를 부
르셨습니까?" 하고 야곱이 대답하자
3하느님께서는 이렇게 말씀하셨다. "나는 하
느님, 네 아비를 보살피던 하느님이다. 이집
트로 내려가는 것을 꺼리지 마라. 내가 거기
에서 너를 강대국으로 만들리라.
4내가 너와 함께 이집트까지 내려가리라. 그
리고 내가 너를 거기에서 반드시 다시 올라
오게 하리라. 요셉의 손이 네 눈을 감겨줄
것이다."
5야곱은 브엘세바를 떠났다. 이스라엘의 아들
들은 파라오가 아버지 야곱을 모셔오라고 보
낸 마차에 아버지와 어린것들과 아내들을
태우고 떠났다.
6야곱과 그가 거느리는 모든 자손은 가나안
땅에서 모은 가축과 재물을 모두 가지고 이
집트로 들어갔다.
7그는 아들과 손자, 딸과 손녀 이렇게 그의
모든 자손들을 데리고 이집트로 들어갔다.

이집트로 내려간 야곱의 식구들

8◎이집트로 들어간 이스라엘 자손의 이름은
아래와 같다. 야곱과 그 자손들의 이름이다.
◎야곱의 맏아들은 르우벤인데
9르우벤의 아들은 하녹, 발루, 헤스론, 가르미
요,
10시므온의 아들은 여무엘, 야민, 오핫, 야긴,
소할과 가나안 여인에게서 난 사울이요,
11레위의 아들은 게르손, 크핫, 므라리요,
12유다의 아들은 에르, 오난, 셀라, 베레스, 제
라였는데 에르와 오난은 가나안 땅에서 죽었
다. 베레스의 아들은 헤스론, 하물이요,
13이싸갈의 아들은 돌라, 부아, 야숩, 시므론이
요,
14즈불룬의 아들은 세렛, 엘론, 야흘르엘이다.
15이상은 레아가 바딴아람에서 야곱에게 낳아
준 아들들이다. 그 밖에 딸 디나가 있었다.
그의 편에서 난 자손은 아들딸 합하여 삼십
삼 명이었다.
16◎가드의 아들은 시브욘, 하끼, 수니, 에스본,
에리, 아로디, 아르엘리요,
17아셀의 아들은 임나, 이스와, 이스위, 브리아
인데, 그들에게는 누이 세라가 있었다. 브리
아에게는 아들 헤벨과 말기엘이 있었다.
18이상은 라반이 딸 레아에게 딸려준 질바가
낳은 자손들이다. 이렇게 야곱이 질바에게
서 낳은 자손은 십육 명이다.
19◎야곱의 아내 라헬에게서 난 아들은 요셉과
베냐민이었는데,
20요셉은 이집트 땅에서 므나쎄와 에브라임을
얻었다. 이들은 온의 사제 보디베라의 딸 아
세낫이 그에게 낳아준 아들들이다.
21베냐민의 아들은 벨라, 베겔, 아스벨, 게라,
나아만, 에히, 로스, 무빔, 후빔, 아르드이다.
22이상은 야곱이 라헬에게서 낳은 자손들로서
모두 십사 명이다.
23◎단의 아들은 후심이요,
24납달리의 아들은 야하스엘, 구니, 예셀, 실렘
이다.
25이상은 라반이 딸 라헬에게 딸려준 빌하가
낳은 자손들이다. 이렇게 야곱이 빌하에게
서 낳은 자손은 칠 명이다.
26◎야곱에게 딸린 직계 자손으로 이집트에 들
어간 사람들은 며느리들을 빼고 전부 육십
육 명이었는데
27이집트에서 요셉에게 생긴 두 아들까지 합쳐
이집트에 간 야곱 가문의 식구는 모두 칠십
명이 되었다.

요셉이 가족을 마중하다

28◎이스라엘은 유다를 미리 요셉에게 보내고

는 일행과 함께 고센 땅에 이르렀다.
29요셉은 병거에 말을 메워 타고 고센으로 올
라가 아버지 이스라엘을 만나 아버지 앞에
나아가 목을 얼싸안았다. 목을 얼싸안고 우
는데,
30이스라엘이 요셉에게 말하였다. "이제는 죽
어도 한이 없다. 마침내 네 얼굴을 이렇게
보다니. 네가 살아 있었구나!"
31◎요셉이 형제와 아버지의 집안 식구들에게
말하였다. "제가 올라가 파라오께 이렇게
말씀 드리겠습니다. '가나안 땅에서 살던
형제와 아버지 집안 식구들이 왔습니다.
32본디 가축을 치던 목자들이어서 소와 양과
모든 재산을 가지고 왔습니다.'
33이렇게 말씀 드려둘 터이니 파라오께서 부
르시어 생업이 무엇이냐고 물으시거든
34'선조 대대로 저희는 어려서부터 가축을 치
는 목자들입니다.' 하고 대답하십시오. 이
렇게 말해야 고센 땅에서 사실 수 있습니다.
이집트 사람들은 도대체 목자라면 꺼려서
가까이하지도 않습니다."

야곱 일행이 파라오를 알현하다

47 ◎요셉이 파라오에게 들어가 말하였다.
"제 아버지와 형제들이 소와 양을 몰
고 모든 재산을 챙겨가지고 가나안 땅에서
와 지금 고센에 있습니다."
2그러면서 자기 형들 가운데서 뽑은 다섯 사
람을 파라오에게 소개하자
3파라오가 그들에게 물었다. "너희들의 생업
은 무엇이냐?" 그들이 대답하였다. "소인
들은 양을 치는 목자입니다. 저희 선조들도
마찬가지입니다."
4그들은 계속하여 파라오에게 청을 드렸다.
"저희들은 이 땅에 좀 머물 수 있을까 해서
왔습니다. 가나안 땅에 기근이 심하게 들어
소떼가 풀을 뜯을 초장이 없어졌습니다. 청
컨대 소인들을 고센 땅에 머물 수 있게 해주
십시오."
5이 말을 듣고 파라오는 요셉에게 말하였다.
"경의 아버지와 형제들이 경을 찾아온 것이
아니오?
6이집트 땅은 경이 마음대로 할 수 있으니 경
의 아버지와 형제들을 가장 좋은 땅에 머물
게 하시오. 고센 땅에 살게 하면 어떻겠소?
그리고 그들 가운데 유능한 사람이 있거든
경이 잘 알아서 내 가축을 돌보는 책임자로
세우시오."
7◎요셉은 아버지 야곱을 파라오 앞에 인도하
여 만나게 하였다. 야곱이 파라오에게 만수
무강을 빌자
8파라오가 야곱에게 물었다. "얼마나 수를 누
리셨소?"
9"이 세상을 떠돌기 벌써 백삼십 년이 됩니
다. 얼마 되지는 않으나, 살아온 나날이 궂
은 일뿐이었습니다. 소인의 조상들이 떠돌
아다니시며 누리신 수에 미치려면 아직 멀
었습니다."
10이렇게 야곱은 파라오에게 대답하고는 다시
만수무강을 빌고 그 앞에서 물러났다.
11요셉은 아버지와 형제들에게 살 자리를 잡
아주고, 파라오의 분부대로 이집트 땅에서
가장 좋은 곳인 라므세스 지방을 그들의 소
유지로 떼어주었다.
12그리고 아버지와 형제와 온 가문에 속한 식
구의 수대로 양식을 대어주었다.

요셉의 양곡 관리

13◎기근은 점점 심해져서 온 세상에 양식이
떨어지지 않은 곳이 없게 되었다. 이집트 땅
뿐 아니라 가나안 땅에 사는 모든 사람들도
이 기근으로 더 버틸 수 없게 되었다.
14그리하여 모두들 요셉에게서 양식을 사 가
다 보니 이집트 땅과 가나안 땅에 있는 돈이
란 돈은 모두 요셉의 손에 들어오게 되었다.
요셉은 그 돈을 파라오의 황실에 넘겼다.
15이렇게 이집트 땅과 가나안 땅에서 돈이 떨
어지게 되자 온 이집트 사람들이 요셉에게
로 와서 청하는 것이었다. "양식을 대어주
셔야 하겠습니다. 돈이 떨어졌다고 해서
어른께서 계시는데 우리가 죽을 수야 있겠
습니까?"
16"돈이 떨어졌거든 가축이라도 가져오너라.
그러면 그 가축을 받고 양식을 내어주겠
다." 하고 요셉은 대답하였다.
17그리하여 그들은 가축을 요셉에게로 가져왔
다. 요셉은 말과 소와 양과 나귀를 받고 양
식을 내어주었다. 이렇게 그 해에는 그들이
가져오는 온갖 가축을 받고 양식을 대어주
었다.
18그 해가 다 지나 이듬해가 되자 그들은 요셉
에게 와서 다시 청하였다. "돈은 다 떨어졌
고 가축도 모두 어른께 갖다 바쳤는데 이제
와서 무엇을 숨기겠습니까? 어른께서 보시
는 대로 남은 것이라고는 우리 몸뚱이와 땅
밖에 없습니다.
19그런데 우리나 우리들의 땅이 어른께서 보
시는 앞에서 망할 수야 있겠습니까? 그러

니 우리들의 몸과 땅을 받으시고 양식을 주
십시오. 우리들은 땅째 파라오의 종이 되겠
습니다. 씨앗을 주십시오. 그래야 땅은 황
폐하게 되지 않고 우리도 죽지 않고 살 것입
니다."
20◎기근이 심해져서 이집트 사람들은 더 버틸
수가 없었다. 그리하여 모두들 토지를 요셉
에게 팔았다. 요셉이 그것을 사서 파라오에
게 바치고 보니, 이집트 온 땅은 파라오의 것
이 되었다.
21그리고 온 이집트 땅에 사는 백성들은 다 그
의 종이 되었다.
22그러나 사제들의 땅만은 사들이지 않았다.
그 땅은 사제들이 파라오에게 하사받은 땅
이었다. 그들은 파라오에게서 녹을 타먹고
살고 있었기 때문에 땅을 팔 필요가 없었다.
23요셉이 백성에게 선포하였다. "나는 오늘
너희와 너희 밭을 사서 파라오께 바쳤다. 여
기 씨앗이 있으니 가져다 땅에 뿌려라.
24그리고 추수 때마다 오분의 일을 파라오에
게 바쳐야 한다. 나머지 오분의 사는 너희
것이다. 그 중에 밭에 뿌릴 씨앗을 남기고
는 너희와 너희 집안 식구의 양식으로 삼아
라. 또 어린것들도 먹여 살려라."
25그들이 대답하였다. "어른께서 우리의 목숨
을 살려주셨습니다. 그러니 어른 좋으실 대
로 하십시오. 우리는 파라오의 종이 되겠습
니다."
26이렇게 하여 이집트 토지에 관하여 요셉이
만든 법령은 오늘날까지도 살아 있는데 그
것은 즉 파라오에게 오분의 일을 바쳐야 한
다는 것이다. 그러나 사제들의 땅만은 파라
오의 것이 되지 않았다.

야곱이 요셉에게 유언을 남기다

27◎이스라엘은 이집트 땅 고센 지방에 자리를
잡았다. 거기에서 땅을 차지하고 자손을 많
이 낳아 크게 불어났다.
28야곱은 이집트 땅에서 십칠 년을 더 살았다.
그래서 야곱이 산 햇수는 모두 백사십칠 년
이 되었다.
29이스라엘은 죽을 날이 가까운 줄 알고 아들
요셉을 불러 당부하였다. "네가 정말 나를
기쁘게 해줄 마음이 있거든, 네 신의를 성
실하게 지켜 나를 이집트에 묻지 않겠다고
네 손을 내 사타구니에 넣고 맹세해 다오.
30내가 내 조상과 같이 잠들면 나를 이집트에
서 내다 그분들이 묻힌 자리에 함께 묻어다
오." 그가 대답하였다. "아버지께서 말씀하
신 대로 하겠습니다."
31"그러면 이제 나에게 맹세하여라." 요셉이
시키는 대로 맹세하자, 이스라엘은 침상 머
리맡에 엎드려 하느님께 경배 드렸다.

야곱이 에브라임과 므나쎄를 아들로 삼다

48 ◎이런 일이 있은 뒤, 요셉은 아버지가
아프다는 말을 전해 들었다. 그는 두
아들 므나쎄와 에브라임을 데리고 갔다.
2아들 요셉이 문병 왔다는 말이 야곱에게 전
해지자, 이스라엘은 기력을 가다듬고 침상
에 일어나 앉았다.
3야곱이 요셉에게 일렀다. "전능하신 하느님
께서 가나안 땅 루즈에서 나에게 나타나 이
렇게 복을 내리셨다.
4'내가 너에게 많은 자손이 생겨 불어나게
하여 많은 민족이 모인 집단을 이루게 하리
라. 또 이 땅을 너의 후손들에게 주어 길이
차지하게 하리라.'
5그런데 내가 너를 만나러 이집트로 오기 전
에 네가 얻은 두 아들 에브라임과 므나쎄는
이제 르우벤이나 시므온과 같이 내 아들 항
렬에 들어야 한다.
6그 아이들 다음으로 난 아들들이 네 자식이
되는 것이다. 그 아이들은 형들이 차지할
유산을 상속받을 것이다.
7내가 바딴을 떠나 가나안 땅에 와서 길을 가
는 도중에 네 어미 라헬이 죽었다. 에브랏 채
못 미친 길 가에 나는 네 어미를 묻었다. 그
에브랏이 곧 베들레헴이다."
8◎이스라엘이 요셉의 아들들을 보고 물었다.
"얘들이 누구냐?"
9"이것들은 하느님께서 이 곳에서 저에게 주
신 제 아들들입니다." 하고 요셉은 아버지
에게 대답하였다. "이리로 가까이 오게 하
여라. 내가 그 아이들에게 복을 빌어주겠
다." 이렇게 말을 했지만,
10이스라엘은 나이가 많아 눈이 어두워 앞을
못 보는 처지였다. 요셉이 그들을 가까이 데
려오자 야곱은 그들에게 입을 맞추며 끌어
안고
11요셉에게 말하였다. "나는 네 얼굴을 보리
라고도 생각하지 못했는데 이제 하느님께
서 네 아이들까지 보게 해주시는구나."
12◎요셉은 자기의 아이들을 아버지의 무릎에
서 받고는 얼굴을 땅에 대고 엎드려 절을
했다.
13그리고 요셉은 두 아이 가운데 에브라임은
오른손으로 이끌어 이스라엘의 왼쪽에, 므나

쎄는 왼손으로 이끌어 이스라엘의 오른쪽에
가까이 가게 하였다.
14그러자 이스라엘은 손을 엇갈리게 내밀어
아우인 에브라임의 머리에는 오른손을, 맏
아들인 므나쎄의 머리에는 왼손을 얹고
15이렇게 복을 빌어주었다. "나의 조상 아브
라함과 이사악이 살아가는 것을 지켜보아 주
신 하느님, 태어날 때부터 이 날까지 나의
목자가 되어주신 하느님,
16온갖 어려움에서 나를 건져내 준 하느님의
천사가 이 아이들에게 복을 내려주시기를
빕니다.
나의 이름과 조상들의 이름 아브라함과 이
사악이
이 아이들에게 살아 있기를.
이 세상 한복판에서 왕성하게 불어나기
를 빕니다."
17◎요셉은 아버지가 오른손을 에브라임의 머
리 위에 얹은 것을 보고는 못마땅하게 여겨
에브라임의 머리 위에 얹은 아버지의 손을
므나쎄의 머리에 옮겨놓으려 했다.
18그러면서 아버지에게 아뢰었다. "아닙니다.
아버지, 이 아이가 맏아들입니다. 오른손을
이 아이 머리에 얹으셔야 합니다."
19그러나 아버지는 거절하며 대답하였다. "아
들아, 나도 안다. 왜 모르겠느냐? 이 아이
도 한 족속을 이룰 것이다. 크게 될 것이다.
그렇지만 아우가 형보다 더 커져 그의 후손
은 숱한 민족을 이룰 것이다."
20◎그 날 야곱은 이렇게 그들에게 복을 빌어
주었다.
"이스라엘 백성은 너희의 덕을 입고 살며
'하느님께서 너를 에브라임처럼,
므나쎄처럼 세워주시기 바란다.' 하리라."
이렇게 그는 에브라임을 므나쎄보다 앞세
웠다.
21그리고 나서 그는 요셉에게 다시 말하였다.
"나는 이제 죽겠지만 하느님께서 너희를 보
살펴 주시어 조상의 땅으로 다시 돌아가게
해주실 것이다.
22내 칼과 활로 아모리 사람 손에서 빼앗은 세
겜 하나만은 네 형제들에게 주지 않고 너에
게 준다."

야곱의 마지막 축복

49 ◎그 후 야곱은 유언을 남기려고 아들
들을 불렀다. "모두들 모여라. 훗날
너희에게 일어날 일을 내가 일러주리라.
2 야곱의 아들들아 모여와 들어라.
너희의 아비 이스라엘의 말을 들어라.
3 르우벤아 너는 내 맏아들,
내 힘, 내 정력의 첫 열매라, 너무 우쭐하
고 세차구나.
4 터져 나오는 물줄기 같아,
걷잡을 수 없는 홍수 같아,
끝내 맏아들 구실을 하지 못하리라.
제 아비의 침상에 기어들어
그 소실마저 범한 녀석!

5 시므온과 레위는 단짝이라,
칼만 잡으면 사나워져
6 나는 그들의 모의에 끼여들 생각도 없고
그들이 모이는 자리에 섞일 마음도 없다.
홧김에 사람을 쳐죽이고
닥치는 대로 소를 박살내는 녀석들!
7 저주받으리라. 화가 나면 모질게 굴고,
골이 나면 잔인해지는 것들!
내가 그들을 야곱의 자손 가운데서 분산
시키고
이스라엘 백성 가운데서 흩뜨리리라.
8 유다, 너는 네 형제들의 찬양을 받으리라.
네 손은 원수들의 멱살을 잡겠고
네 아비의 자식들이 네 앞에 엎드리리라.
9 유다는 사자 새끼,
아들아, 너야말로 짐승을 덮쳐 뜯어먹고
는㉠
배를 깔고 엎드린 숫사자라 할까?
10 왕의 지팡이가 유다를 떠나지 아니하리
라.
지휘봉이 다리 사이에서 떠나지 아니하
리라.
참으로 그 자리를 차지할 분이 와서
만백성이 그에게 순종하게 되리라.
11 포도나무에 나귀를 예사로 매어놓고
고급 포도나무에 새끼 나귀를 예사로 매
어두리라.
포도주로 옷을 빨고
포도의 붉은 즙으로 겉옷까지 빨리라.
12 눈은 포도주로 상기되고
이는 우유로 희어지리라.

13 즈불룬은 바닷가에 살며,
배가 쉬는 항구가 되고
그의 경계는 시돈에 이르리라.

14 이싸갈은 힘센 나귀,

㉠ "너 내 아들은 짐승을 잡아먹고 올라가"라고 옮길 수도 있다.

양 우리 사이에 엎드려 있으며
15 쉬기 좋아하고
제 고장 아름다운 줄만 알다가
어깨를 디밀고 억지로 짐이나 지는
일꾼이 되었구나.

16 단은 이스라엘 어느 지파 못지않게
제 백성을 다스리리라.
17 단은 길가에 숨어 있는 뱀,
오솔길에서 기다리고 있는 독사라.
말 발굽을 물어
말 탄 사람을 뒤로 떨어뜨린다.

18 야훼여, 나 당신의 구원을 기다립니다.
19 가드는 적군의 침입을 당하겠으나,
그 침입자의 뒤통수를 치리라.
20 아셀은 먹을 것이 넉넉하여,
왕에게 진상하리라.

21 납달리는 풀어놓은 암사슴,
아양떠는 소리 요란하구나.

22 요셉은 열매가 주렁주렁한 가지,
샘가에 늘어진, 열매가 주렁주렁한 가지,
담장 너머 뻗어가는 가지라.
23 사람들이 활을 쏘며 무섭게 다그쳐 몰려
왔다가
24 활은 꺾이고 팔마다 힘줄도 끊어졌다.
이것은 야곱의 강하신 이의 팔이 하신 일,
이스라엘 목자의 이름으로 이룩된 일이다.
25 너를 돕는 네 아비의 하느님께서 하신 일,
너에게 복을 내리시는 전능하신 하느님
께서 하신 일이다.
그 하느님께서 위로 하늘에서 내리시는
복,
땅 속에 숨겨두신 지하수의 복,
젖가슴과 태에서 솟아나게 하시는 복,
26 이삭과 꽃을 피우시는 복,
태곳적 산맥에서 흘러내리시는 복,
영원한 언덕에서 쏟아 내리시는 풍성한
복,
이런 복을 요셉의 머리에,
뭇 형제들 가운데서 뽑힌 요셉의 정수리
에 내리시기를 비노라.

27 베냐민은 약탈하는 늑대라,
아침에는 그 움킨 것을 삼키고
저녁에는 잡은 것을 나누어 먹는다.

야곱이 유언을 남기고 숨을 거두다

28◎이들이 모두 이스라엘의 열두 지파인데 그
들의 아버지는 이렇게 그들 하나하나에게
알맞는 복을 빌어주고는
29분부하였다.
“나는 이제 세상을 떠나게 되었다. 나를
헷 사람 에브론의 밭에 있는 굴, 내 선조들
옆에 묻어다오.
30그 굴은 가나안 땅 마므레 앞 막벨라 밭에 있
다. 그것은 아브라함께서 묏자리로 쓰려고
헷 사람 에브론에게서 밭째 사둔 것이다.
31거기에는 아브라함과 사라 두 분이 묻혀 있
고, 이사악과 리브가 두 분도 묻혀 있고, 나
도 레아를 거기에다 묻었다.
32그 밭과 거기에 있는 굴은 헷 사람들에게서
산 것이다.”
33◎야곱은 이렇게 아들들에게 분부하고 나서
침상에 바로 누워 마지막 숨을 거두고 세상
을 떠났다.

야곱의 장례

50 ◎요셉은 아버지의 얼굴에 엎드려 울
며 입을 맞추었다.
2 요셉은 자기의 시의들을 시켜 아버지의 몸
을 썩지 않게 만들었다.
3 이렇게 썩지 않게 만드는 데 채워야 하는 날
수 사십 일이 지났다. 이집트인들은 그를 생
각하고 칠십 일 동안 곡을 했다.
4◎곡하는 날이 지나자 요셉은 파라오의 궁에
전갈을 보냈다. “여러분, 좋으시다면 파라
오에게 이렇게 한 말씀 전해 주시오.
5 ‘제 아버지가 운명하시면서 당신께서 가나
안 땅에 파둔 무덤에 묻어달라고 저에게 맹
세를 시키셨습니다. 그러니 제가 올라가 제
아버지를 장사지내고 오게 허락해 주십시
오.’”
6 파라오가 “그분이 맹세시킨 대로 올라가 선
친을 장사지내도록 하오.” 하고 윤허를 내
리자,
7 요셉은 아버지를 묻으러 올라갔다. 파라오
의 모든 신하와 그 궁에 있는 장로들과 이집
트 전국에 널려 있는 모든 장로와
8 요셉의 온 집안과 그 형제들과 아버지의 집
안도, 그들에게 딸린 아이들과 양과 소들만
은 고센 땅에 남겨둔 채, 모두 그를 따라 나
섰다.
9 또 병거와 기병까지 그를 모셨다. 그것은

굉장한 행렬이었다.
10그들은 요르단 강 건너편에 있는 아닷의 타
작 마당에 이르러 성대하고 장중하게 장례
식을 올렸는데 요셉은 아버지를 생각하고
칠 일 동안 곡했다.
11그 지방에 사는 가나안 사람들은 아닷의 타
작 마당에서 그들이 곡하는 것을 보고 "이
집트인들이 중대한 상사를 당했나보다." 하
며 그 곳을 아벨미스라임이라 부르기 시작하
였다. 그 곳은 요르단 강 건너편이다.
12이렇게 야곱의 아들들은 아버지의 명령대로
하였다.
13아들들은 그의 시신을 가나안 땅으로 모셔
다가 아브라함이 헷 사람 에브론에게서 밭째
사서 묏자리로 삼은 마므레 앞 막벨라 밭에
있는 굴에 안장하였다.
14요셉은 아버지의 장례를 치르고 같이 갔던
형제와 모든 사람과 함께 이집트로 돌아왔
다.

요셉의 너그러운 처사와 그의 최후

15◎요셉의 형들은 아버지가 돌아가시자 "어
쩌면 요셉은 우리가 미워 우리에게서 당한
온갖 억울함을 앙갚음할지도 모르겠다." 하
면서
16요셉 앞에 나가 빌었다. "아버지께서는 세
상 떠나시기 전에 당신의 말씀을 요셉에게
전하라 하시면서 이렇게 분부하셨습니다.
17'형들이 악의로 한 일이건 어떻게 마음을
잘못 먹고 한 일이건 못할 짓 한 것을 용서
해 주어라. 네 아비를 돌보시던 하느님의
종들이 비록 악의에 찬 일을 했지만 용서해
주어라.'" 요셉은 이 말을 들으며 울었다.
18형들도 울며 그 앞에 조아렸다. "이제 우리
를 종으로 삼아다오."
19"두려워하지들 마십시오. 내가 하느님 대
신 벌이라도 내릴 듯 싶습니까?"
20하면서 요셉은 이렇게 말하였다. "나에게
못할 짓을 꾸민 것은 틀림없이 형들이오.
하지만 하느님께서는 도리어 그것을 좋게
꾸미시어 오늘날 이렇게 뭇 백성을 살리시
지 않았습니까?
21그러니 이제 두려워하지들 마십시오. 내가
형들과 형들의 어린것들을 돌봐 드리리다."
이렇게 위로하는 요셉의 말을 들으며 그들
은 가슴이 터지는 듯하였다.
22◎그 후 아버지의 집안과 함께 이집트에서
살다보니 요셉의 나이 백십 세가 되었다.
23그는 에브라임의 후손 삼 대를 보았다. 그리
고 므나쎄의 아들 마길이 낳은 아이들도 자
기 무릎에 받아 아들 항렬에 들였다.
24요셉이 일가 사람들에게 말하였다. "나는
이제 죽을 터이지만 하느님께서는 반드시
너희를 찾아오시어 이 땅에서 이끌어내시
고 아브라함과 이사악, 야곱에게 주시겠다고
맹세하신 땅으로 올라가게 하실 것이다."
25다시 요셉은 이스라엘 자손에게 서약을 시켰
다. "하느님께서 너희를 반드시 찾아오실
것이다. 너희는 그 때 여기에서 내 뼈를 가
지고 그리로 올라가거라."
26◎요셉이 백십 세에 죽자 사람들이 그를 썩
지 않게 만들어 관에 넣어 이집트에 모셨다.

출 애 굽 기

이집트에 간 히브리 사람들이 억압을 받다

1 ◎야곱을 따라 가족을 데리고 이집트로
내려간 이스라엘의 아들들의 이름은 다음
과 같다.
2르우벤, 시므온, 레위, 유다,
3이싸갈, 즈불룬, 베냐민,
4단, 납달리, 가드, 아셀.
5야곱의 혈통에서 태어난 사람은 칠십 명이
되었는데, 그 중에서 요셉은 이미 이집트에
내려가 있었다.
6얼마 뒤에 요셉이 죽고 그의 동기들과 그
시대 사람들도 다 죽었으나
7이스라엘 백성은 자식을 많이 낳고 번성하
여 온 땅에 가득 찰 만큼 무섭게 불어났다.
8◎그런데 요셉의 사적을 모르는 왕이 새로
이집트의 왕이 되어
9자기 백성에게 이렇게 일렀다. "보아라, 이
스라엘 백성이 이렇듯 무섭게 불어나니 큰
일이다.
10그들이 더 불어나지 못하게 기회를 보아
손을 써야겠다. 전쟁이라도 일어나면 원수
의 편에 붙어 우리를 치고 나라를 빼앗을
지도 모른다."
11그리하여 그들은 공사 감독들을 두어 이스

라엘 백성에게 강제 노동을 시켜 파라오의
곡식을 저장해 둘 도성 비돔과 라므세스를
세웠다.
12그러나 이렇게 억압을 받으면 받을수록 이
스라엘 백성은 더욱 불어났다. 이집트인들
은 그들을 두려워한 나머지
13이스라엘 백성을 더욱 혹독하게 부렸다.
14그들은 흙을 이겨 벽돌을 만드는 일과 밭
일 등 온갖 고된 일을 시키면서 이스라엘 백
성을 괴롭혔다.
15◎한편 이집트 왕은 히브리 산파-한 사람은
시브라였고 또 한 사람은 부아였다-들에게
명령을 내렸다.
16"히브리 여인이 해산하는 것을 도와줄 때
에, 사타구니를 보고 아들이거든 죽여버리
고 딸이거든 살려두어라."
17그러나 산파들은 하느님을 두려워하여 이
집트 왕이 하라는 대로 하지 않고 사내아이
들을 살려주었다.
18이집트 왕이 산파들을 불러들여 "사내아이
들을 살려두다니, 어찌하여 이런 짓을 하
였느냐?" 하고 꾸짖었다.
19산파들이 파라오에게 대답하였다. "히브리
여인들은 이집트 여인과는 달리 기운이 좋
아 산파가 가기 전에 아기를 낳아버립니
다."
20하느님께서 산파들을 잘 돌보아 주셨다. 이
스라엘 백성은 날로 무섭게 불어났다.
21산파들이 하느님을 두려워하는 것을 보시
고 하느님께서는 그들의 후손을 일으켜주
셨다.
22마침내 파라오는 온 백성에게 명을 내렸다.
"히브리인들이 계집아이를 낳으면 살려두
되 사내아이를 낳으면 모두 강물에 집어넣
어라."

모세가 태어나다

2 ◎레위 가문에 한 남자가 있었는데 그는
같은 레위 가문의 여자를 아내로 맞았다.
2아내가 아기를 배어 사내아이를 낳았는데
너무나도 잘생겨서 석 달 동안을 숨겨서
길렀다.
3그러다가 더 숨겨둘 수 없게 되자 왕골상
자를 얻어다가 역청과 송진을 바르고 그
속에 아기를 뉘어 강가 갈대 숲 속에 놓아
두었다.
4그리고 아기의 누이가 멀찍이 서서 형편을
살피고 있었다.
5마침 파라오의 딸이 목욕하러 강으로 나왔
다. 시녀들은 강가를 거닐고 있었다. 공주
가 갈대 숲 속에 있는 상자를 보고 시녀 하
나를 보내어 건져다가
6열어보니, 사내아이가 울고 있었다. 공주
는 불쌍한 생각이 들어 "이 아기는 틀림없
이 히브리인의 아기다." 하고 중얼거렸다.
7그 때 아기의 누이가 나서서 파라오의 딸에
게 말하였다. "아기에게 젖을 빨리게 히브
리 여인 가운데서 유모를 하나 데려다 드릴
까요?"
8파라오의 딸이 "그래, 어서 다녀오너라."
하고 대답하자 소녀는 아기의 어머니를 불
러왔다.
9파라오의 딸이 그에게 부탁하였다. "내가
삯을 줄 터이니 이 아기를 데려다 젖을 먹
여 길러다오." 그리하여 여인은 아기를 데
려다 젖을 먹여 키웠다.
10아기가 꽤 자란 뒤에 어머니는 아이를 파라
오의 딸에게 데려갔다. 공주는 그 아이를
자기의 아들로 삼고, 물에서 건져냈다고
하여 모세라는 이름을 지어주었다.

모세가 미디안으로 도망가다

11◎세월이 지나 모세는 성년이 되었다. 그는
어느 날 밖에 나갔다가 동족이 고생하는
모습을 보게 되었다. 그 때 마침 이집트인
하나가 동족인 히브리인을 때리는 것을 보
고,
12그는 이리저리 살펴 사람이 없는 것을 알
고 그 이집트인을 쳐죽여 모래 속에 묻어버
렸다.
13이튿날 다시 나갔다가 이번에는 히브리인
둘이 서로 맞붙어 싸우는 것을 보고 잘못
한 자에게, "당신은 왜 동족을 때리오?"
하고 나무랐다.
14그 사내는 "누가 당신을 우리의 우두머리
로 삼고 우리의 재판관으로 세웠단 말이
오? 당신은 이집트인을 죽이듯이 나를 죽
일 작정이오?" 하고 대들었다. 모세는 일
이 탄로났음을 알고 두려워하였다.
15파라오는 이 소식을 전해 듣고 모세를 죽이
려고 하였다. 그래서 모세는 파라오의 손을
피하여 미디안 땅으로 달아나 그 곳 우물가
에 앉아 있었다.
16◎미디안에는 딸 일곱을 둔 사제가 있었다.
그 딸들이 그리로 와서 물을 길어 구유에
붓고 아버지의 양떼에게 물을 먹이려고 하
는데
17목동들이 나타나서 그들을 쫓았다. 그러자

모세가 일어나 그 딸들을 도와 목동들을 물
리치고 양떼에게 물을 먹여주었다.
18아버지 르우엘은 딸들이 돌아오는 것을 보
고 물었다. "오늘은 웬일로 이렇게 일찍 돌
아오느냐?"
19딸들이 대답하였다. "어떤 이집트 사람이
목동들의 행패를 물리쳐 우리를 건져주고
양들에게 물을 길어 먹여주었습니다."
20아버지가 딸들에게 일렀다. "그 사람이 어
디 있느냐? 그런 사람을 내버려두고 오다
니 될 말이냐? 어서 모셔다가 음식을 대접
해 드려라."
21그는 모세가 자기의 청을 받아들여 같이 살
기로 하자 딸 시뽀라를 주어 모세를 사위로
삼았다.
22시뽀라가 아기를 낳자 모세는, "내가 낯선
고장에 몸붙여 사는 식객이 되었구나." 하
면서 아기의 이름을 게르솜이라고 지었다.

하느님께서 백성의 울부짖음을 들으시다

23◎그 뒤 오랜 세월이 흘러 이집트의 왕이 죽
었다. 이스라엘 백성은 고역을 견디다 못하
여 신음하며 아우성을 쳤다. 이렇게 고역
에 짓눌려 하느님께 울부짖으니
24하느님께서 그들의 신음 소리를 들으시고
아브라함, 이사악, 야곱과 맺으신 계약을 생
각하시어
25이스라엘 백성을 굽어살펴 주셨다.

모세가 불붙은 떨기에서 하느님의 부르심을 받다

3 ◎모세는 미디안 사제인 장인 이드로의 양
떼를 치는 목자가 되었다. 그가 양떼를
이끌고 광야를 지나 하느님의 산 호렙으로
갔더니
2야훼의 천사가 떨기 가운데서 이는 불꽃으
로 그에게 나타났다. 떨기에서 불꽃이 이
는데도 떨기가 타지 않는 것을 본
3모세가 "저 떨기가 어째서 타지 않을까?
이 놀라운 광경을 가서 보아야겠다." 하며
4그것을 보러 오는 것을 야훼께서 보셨다.
하느님께서 떨기 가운데서 "모세야, 모세
야." 하고 부르셨다. 그가 대답하였다.
"예, 말씀하십시오."
5하느님께서는 "이리로 가까이 오지 마라.
네가 서 있는 곳은 거룩한 땅이니 네 발에
서 신을 벗어라." 하시고는
6다시 말씀하셨다. "나는 네 선조들의 하느
님이다. 아브라함의 하느님, 이사악의 하느
님, 야곱의 하느님이다." 모세는 하느님 뵙
기가 무서워 얼굴을 가렸다.
7야훼께서 계속 말씀하셨다. "나는 내 백성
이 이집트에서 고생하는 것을 똑똑히 보았
고 억압을 받으며 괴로워 울부짖는 소리를
들었다. 그들이 얼마나 고생하는지 나는
잘 알고 있다.
8나 이제 내려가서 그들을 이집트인들의 손
아귀에서 빼내어 그 땅에서 이끌어서, 젖
과 꿀이 흐르는 아름답고 넓은 땅, 가나안
족과 헷족과 아모리족과 브리즈족과 히위
족과 여부스족이 사는 땅으로 데려가고자
한다.
9지금도 이스라엘 백성의 아우성 소리가 들
려온다. 또한 이집트인들이 그들을 못살게
구는 모습도 보인다.
10내가 이제 너를 파라오에게 보낼 터이니 너
는 가서 내 백성 이스라엘 자손을 이집트에
서 건져내어라."
11모세가 하느님께 아뢰었다. "제가 무엇인
데 감히 파라오에게 가서 이스라엘 백성을
이집트에서 건져내겠습니까?"
12하느님께서 대답하셨다. "내가 네 힘이 되
어주겠다. 이것이 바로 내가 너를 보냈다
는 증거가 되리라. 너는 나의 백성을 이집
트에서 이끌어낸 다음 이 산에서 하느님을
예배하리라."

하느님께서 당신의 이름, 야훼를 알려주시다

13◎모세가 하느님께 아뢰었다. "제가 이스라
엘 백성에게 가서 '너희 조상들의 하느님
께서 나를 너희에게 보내셨다.' 하고 말하
면 그들이 '그 하느님의 이름이 무엇이
냐?' 하고 물을 터인데, 제가 어떻게 대답
해야 하겠습니까?"
14하느님께서는 모세에게 "나는 곧 나다." 하
고 대답하시고, 이어서 말씀하셨다. "너
는, 나를 너희에게 보내신 분은 '나다.' 하
고 말씀하시는 그분이라고 이스라엘 백성
에게 일러라."
15그리고 하느님께서는 다시 모세에게 말씀
하셨다. "너는 이스라엘 백성에게 이렇게
일러라. '나를 너희에게 보내신 이는 너희
선조들의 하느님 야훼시다. 아브라함의 하
느님, 이사악의 하느님, 야곱의 하느님이시
다.' 이것이 영원히 나의 이름이 되리라.
대대로 이 이름을 불러 나를 기리게 되리
라.

하느님께서 모세에게 사명을 주시다

16 어서 가서 이스라엘의 장로들을 모으고
'너희 조상들의 하느님 곧 아브라함의 하느
님, 이사악의 하느님, 야곱의 하느님 야훼께
서 나에게 나타나 이르셨다.' 하며 이렇게
전하여라. '나는 너희들을 찾아와서 너희
가 이집트에서 겪고 있는 일을 똑똑히 보았
다.
17 그리고 너희를 이집트의 억압에서 끌어내
어 가나안족, 헷족, 아모리족, 브리즈족, 히
위족, 여부스족이 사는 땅, 젖과 꿀이 흐르
는 땅으로 데려가기로 작정하였다.'
18 이렇게 말하면 그들은 네 말을 들을 것이
다. 너는 이스라엘의 장로들을 데리고 이집
트 왕에게 가서 '히브리인의 하느님 야훼께
서 우리에게 나타나셨으니 우리는 광야로
사흘 길을 걸어가 우리 하느님 야훼께 제사
를 드려야 하겠소.' 하고 말하여라.
19 그러나 이집트 왕은 단단히 몰아세우지 않
는 한 너희를 내보내지 않을 줄 나는 안다.
20 그러므로 내가 손수 온갖 놀라운 일로 이집
트를 칠 것이다. 그런 일이 있은 뒤에야 그
는 너희를 떠나 보낼 것이다.
21 내가 이 백성을 얼마나 아끼는지 이집트인
들에게 보여주리라. 따라서 너희가 그 곳
을 떠날 때 빈손으로 나오지는 아니할 것
이다.
22 부인들은 저마다 이웃 여인과 자기 집에
사는 여인에게서 은붙이와 금붙이와 옷을
얻어낼 것이고 너희는 그것으로 아들과 딸
들을 치장하리라. 이렇게 너희는 이집트를
털리라."

모세가 기적을 행할 힘을 받고 아론이 그의 대변인이 되다

4 ◎모세가 하느님께 아뢰었다. "그들이
저를 믿지 않으면 어떻게 합니까? 제 말
을 듣지 않고, 야훼께서 저에게 나타나셨다
는 말을 헛소리라고 하면 어떻게 합니까?"
2 야훼께서 그에게 물으셨다. "네 손에 있는
것이 무엇이냐?" 모세가 "지팡이입니다."
하고 대답하자
3 야훼께서 말씀하셨다. "그 지팡이를 땅에
던져라." 모세가 지팡이를 땅에 던지니 그
것이 뱀이 되었다. 그가 무서워 뒤로 물러
서자
4 야훼께서 모세에게 이르셨다. "손을 내밀어
꼬리를 잡아라." 그가 손을 내밀어 꼬리를
잡으니 손에 든 그 뱀이 도로 지팡이가 되
었다.
5 "이렇게 하여 그들 선조들의 하느님 곧 아
브라함의 하느님, 이사악의 하느님, 야곱의
하느님 야훼가 너에게 나타났다는 것을 믿
게 하여라."
6 ◎야훼께서 다시 그에게 손을 품에 넣어보
라고 말씀하셨다. 모세가 손을 품에 넣었다
가 꺼내보니 손에 문둥병이 들어 마치 흰
눈이 덮인 것 같았다.
7 야훼께서 다시 손을 품에 넣어보라고 하셨
다. 그가 손을 품에 넣었다가 꺼내보니 손
은 본래 살갗대로 말끔해져 있었다.
8 "그들이 너를 믿지 않고 네가 보이는 첫 증
거를 알아주지 않더라도 둘째 증거를 보고
는 믿게 될 것이다.
9 만일 그들이 이 두 증거를 보고도 믿지 않
고 네 말을 듣지 않거든 나일 강의 물을 퍼
다가 마른 땅에 부어라. 네가 강에서 퍼다
가 마른 땅에 부은 물이 피가 되리라."
10 모세가 야훼께 "주여, 죄송합니다. 저는 도
무지 말재간이 없는 사람입니다. 어제도
그제도 그러했고 당신께서 종에게 말씀하
신 오늘도 마찬가지입니다. 저는 워낙 입
이 둔하고 혀가 굳은 사람입니다." 하고 아
뢰자,
11 야훼께서 그를 꾸짖으셨다. "누가 사람에
게 입을 주었느냐? 누가 벙어리나 귀머거
리를 만들고 눈을 열어주거나 앞 못 보는
장님이 되게 하느냐? 나 야훼가 아니더냐?
12 어서 가거라. 네가 입을 열 때 내가 도와
네가 무슨 말을 해야 할지 가르쳐주리라."
13 모세가 다시 "주여, 죄송합니다. 보내실 만
한 사람이 따로 있을 줄 압니다. 그런 사람
을 보내십시오." 하고 사양하자,
14 야훼께서 모세에게 크게 화를 내시며 말씀
하셨다. "레위 사람인 네 형 아론이 있지 않
느냐? 내가 알기에 그는 말을 썩 잘하는
사람이다. 그가 지금 너를 만나러 오고 있
다. 그가 너를 만나 기뻐할 것이다.
15 네가 할 말을 그에게 들려주고 그의 입에
넣어주어라. 나는 네가 말할 때나 그가 말
할 때나 너희를 도와주리라. 너희가 할 일
을 내가 가르쳐주리라.
16 그가 너를 대신하여 백성에게 말해 줄 것
이다. 그는 너의 입이 되고, 너는 그에게
하느님처럼 되리라.
17 너는 이 지팡이를 손에 잡고 가거라. 이것
으로 증거를 보여주어라."

모세가 미디안을 떠나 이집트로 돌아가다

18◎모세는 돌아와서 장인 이드로에게 말하였
다. "저는 이제 떠나야겠습니다. 이집트에
있는 형제들이 아직 살아 있는지 돌아가서
보아야 하겠습니다." 이드로는 "편히 가
게." 하며 모세와 작별 인사를 나누었다.
19야훼께서 미디안에서 모세에게 이르셨다.
"어서 이집트로 돌아가거라. 너를 죽이려
고 찾던 자들이 다 죽었다."
20모세는 아내와 ㉠아들을 나귀에 태우고 이
집트로 돌아갔다. 모세의 손에는 하느님의
지팡이가 들려 있었다.
21야훼께서 모세에게 이르셨다. "이집트로 돌
아가거든, 내가 너에게 시킨 온갖 이적을
파라오 앞에서 보여라. 그러나 나는 그로
하여금 억지를 부려 내 백성을 떠나 보내
지 않게 하리라.
22그러면 너는 파라오에게 말하여라. '야훼께
서 이렇게 말씀하신다. 이스라엘은 나의 맏
아들이다.
23내가 너에게 내 아들을 내보내어 나를 예
배하게 하라고 일렀건만 너는 그를 내보내
지 않았다. 들어라, 내가 이제 너의 맏아들
을 죽이리라.'"

모세의 아들이 할례를 받다

24◎모세가 길을 떠나가다가 한 곳에 이르러
밤을 묵는데 야훼께서 찾아오시어 그를 죽
이려고 하셨다.
25시뽀라가 돌칼로 제 아들의 포경을 자르고
그것을 모세의 발에 대며 말하였다. "당신
은 피로 얻은 나의 신랑입니다."
26그러자 야훼께서 그를 놓아주셨다. 그래서
시뽀라는 "할례를 베풀어 피 흘려 얻은 신
랑"이라고 말하였다.

모세가 마중 온 아론과 함께 돌아와 장로들을 만나다

27◎아론은 모세를 만나러 광야로 나가라 하
시는 야훼의 말씀을 듣고 하느님의 산에 가
서 그를 만나 입을 맞추었다.
28모세는 야훼께서 자기에게 사명을 주시며
하신 모든 말씀과 일러주신 모든 증거들을
아론에게 들려주었다.
29모세와 아론은 돌아가서 이스라엘 백성의
장로들을 모두 불러모았다.
30아론은 야훼께서 모세에게 하신 모든 말씀
을 그들에게 들려주고 백성 앞에서 증거들
을 보여주었다.
31백성들은 믿었다. 야훼께서 이스라엘 백성
을 찾아오시어 자기들이 당하는 괴로움을
살펴주셨다는 말을 듣고 땅에 엎드려 예배
하였다.

모세가 처음으로 야훼의 말씀을 파라오에게 전하다

5 ◎그 뒤 모세와 아론이 파라오에게 가서
말하였다. "이스라엘의 하느님 야훼께서
'나의 백성이 내 앞에서 축제를 올리도록
광야로 내보내라.' 하고 말씀하셨습니다."
2그러나 파라오는 "야훼가 누군데 내가 그의
말을 듣고 이스라엘을 내보내겠느냐? 나는
야훼를 알지도 못하거니와, 이스라엘을 내
보낸다는 것은 당치도 않은 말이다." 하며
거절하였다.
3그들이 말하였다. "히브리인의 하느님께서
우리를 찾아오시었습니다. 그러니, 우리가
광야로 사흘 길을 나가 우리 하느님 야훼께
제사를 드리도록 허락해 주십시오. 그러지
않으면 야훼께서 우리에게 질병을 내리시
든지 전쟁의 피해를 입게 하든지 하실 것
입니다."
4그러나 이집트 왕은 호통을 쳤다. "너 모세
와 아론은 어찌하여 이 백성이 일도 못하게
부추기느냐? 썩 물러가서 일이나 하여라."
5파라오는 이어서 "저들이 이 땅의 백성보다
도 더 불어났다. 그런데도 너희는 저들에
게 노동을 시키지 말라는 거냐?" 하고 말
하였다.

파라오가 이스라엘 백성에게 더 심한 고역을 시키다

6◎파라오는 그 날로 이스라엘 백성을 혹사
하는 모든 공사 감독과 현장 감독들에게
명령을 내렸다.
7"너희는 이제부터 이 백성들이 흙벽돌을
만드는 데 쓸 짚을 대주지 마라. 저희들이
돌아다니며 짚을 모아오게 하여라.
8그렇다고 생산량을 줄여서도 안 된다. 지
금까지 생산하던 것만큼 만들어내게 하여
야 한다. 저들이 일하기가 싫어서 '우리 하
느님께 제사를 드리러 가게 해달라.' 고 떠
들고 있으니
9전보다 더 심한 일거리를 주어라. 눈코 뜰
새 없이 일을 시켜 허튼소리에 귀를 기울
일 겨를을 주지 마라."
10◎이스라엘 백성을 혹사하는 공사 감독과

㉠ 히브리어 본문: "아들들"

현장 감독들은 곧 물러나와 선포하였다.
"어명이시다. 다시는 짚을 주지 않을 터이
니,
11 너희가 돌아다니며 눈에 띄는 대로 짚을
모아오너라. 그렇다고 너희 생산량이 줄어
드는 것은 아니다."
12 이스라엘 백성은 이집트 땅에 두루 흩어져
짚여물로 쓸 짚을 모아들였다.
13 공사 감독들은 "너희는 짚을 공급받을 때
와 다름없는 수량을 만들어내야 한다. 매
일 그만큼씩 만들어라." 하며 그들을 몰아
쳤다.
14 파라오의 공사 감독들은 백성을 감독하라
고 내세운 이스라엘인 공사 감독들에게 "너
희는 어찌하여 어제도 오늘도 흙벽돌을 그
전처럼 제 수량을 만들어내지 못하느냐?"
하고 매를 들며 다그쳤다.

이스라엘 현장 감독들이 파라오에게 항의하다

15 ◎이스라엘인 현장 감독들이 파라오에게로
가서 항의하였다. "어찌하여 당신의 종들
을 저렇게 하도록 내버려두십니까?
16 당신의 종들은 짚도 주지 않으면서 벽돌을
만들라고 다그치고 있습니다. 우리는 이렇
게 얻어맞았습니다. 잘못은 당신의 백성에
게 있습니다."
17 그러자 파라오가 대답하였다. "이 게을러
빠진 것들아, 너희는 일하기가 싫어서 야훼
께 제사를 드리러 가겠다는게 아니냐?
18 당장 물러가서 일이나 하여라. 짚을 공급
받을 생각은 아예 하지 말되 흙벽돌은 지
정한 수량을 만들어내야만 한다."
19 이스라엘 현장 감독들은 "날마다 만들어낼
벽돌의 책임 수량을 줄여줄 수 없다." 하는
말을 듣고 일이 난감하게 된 것을 알았다.

모세가 하느님께 호소하다

20 ◎그들은 파라오 앞에서 물러나오다가 자
기들을 기다리고 서 있는 모세와 아론을 보
자
21 소리쳤다. "야훼께서 너희들을 내려다보시
고 벌을 내려주셨으면 좋겠다. 파라오와 그
의 신하들이 우리를 역겨워하게 된 것은
너희들 탓이다. 너희 때문에 그가 칼을 빼
어 들고 우리를 치는 것이 아니냐?"
22 이 말을 듣고 모세는 야훼께 돌아와 호소하
였다. "주여, 어찌하여 이 백성을 이렇듯이
괴롭히십니까? 왜 저를 이리로 보내셨습
니까?
23 제가 파라오를 찾아가 당신의 이름으로 말
한 뒤로 이 백성은 더욱 들볶이고 있습니
다. 그런데도 당신께서는 당신의 백성을
건져줄 기미도 보이지 않으십니다."

6

◎야훼께서 모세에게 이르셨다. "내가 파
라오에게 어떻게 하는지 이제 네가 보게
되리라. 내가 손을 쓰기만 하면 그 강한 힘
에 눌려 파라오가 이 백성을 내보내리라.
그들을 이 나라에서 내보내지 않고는 견디
지 못하리라."

모세가 부르심을 받다

2 ◎하느님께서 모세에게 말씀하셨다. "나는
야훼다.
3 나는 아브라함과 이사악과 야곱에게 전능의
신으로 나를 드러낸 일은 있지만 야훼라는
이름으로 나를 알린 일은 없었다.
4 또 나는 그들이 유랑민으로 몸붙여 살던 가
나안 땅을 주기로 그들과 계약을 세웠다.
5 나는 이집트인들에게 혹사당하는 이스라엘
백성들의 신음 소리를 듣고 내가 세운 계
약을 생각하였다.
6 그러니 너는 이스라엘 백성에게 나의 말을
전하여라. '나는 야훼다. 내가 너희를 이집
트인들의 종살이에서 빼내고 그 고역에서
건져내리라. 나의 팔을 펴서 무서운 심판
을 내려 너희를 구해 내리라.
7 너희를 나의 백성으로 삼고 나는 너희의
하느님이 되어주리라. 그제야 너희는 나 야
훼가 너희 하느님임을, 너희를 종으로 부리
는 이집트인들의 손아귀에서 빼낸 하느님
임을 알리라.
8 내가 아브라함과 이사악과 야곱에게 주겠다
고 맹세한 가나안 땅으로 너희를 이끌어 그
곳을 차지하게 하리라. 나는 야훼다.'"
9 모세가 이스라엘 백성에게 그대로 전하였으
나, 무서운 고역에 시달려 지칠 대로 지친
그들은 모세의 말을 들으려고도 하지 않았
다.
10 야훼께서 모세에게 이르셨다.
11 "너는 이집트 왕 파라오에게 가서 이스라엘
백성을 이 나라에서 내보내라고 요구하여
라."
12 그러자 모세가 야훼께 아뢰었다. "보십시
오. 이스라엘 백성들조차 제 말을 들어주지
않았는데, 말주변도 없는 제 말을 파라오가
어찌 들어주겠습니까?"
13 야훼께서는 모세와 아론에게 말씀하시고 이
집트 왕 파라오에게 가서 이스라엘 백성을

이끌어내라는 분부를 내리신 것이다.
14◎그들 가문의 선조는 다음과 같다. 이스라
엘의 맏아들 르우벤의 아들들은 에녹, 발루,
헤스론, 가르미인데 이들이 르우벤의 가문
이다.
15시므온의 아들들은 여무엘, 야민, 오핫, 야
긴, 소할, 가나안 여인에게서 난 사울인데
이들이 시므온의 가문이다.
16레위의 아들들의 이름은 난 순서대로 게르
손, 크핫, 므라리인데 레위는 백삼십칠 년을
살았다.
17가문별로 말하면 게르손의 아들들은 리브니
와 시므이이다.
18크핫의 아들들은 아므람, 이스할, 헤브론, 우
찌엘이다. 크핫은 백삼십삼 년을 살았다.
19므라리의 아들들은 마흘리와 무시이다. 이
것이 난 순서대로 본 레위의 가문이다.
20아므람은 자기의 고모 요게벳에게 장가들어
아론과 모세를 낳았다. 아므람은 백삼십칠
년을 살았다.
21이스할의 아들들은 코라, 네벡, 지그리이다.
22우찌엘의 아들들은 미사엘, 엘사반, 시드리
이다.
23아론은 암미나답의 딸이요, 나흐손의 누이
인 엘리세바에게 장가들어 나답, 아비후, 엘
르아잘, 이다말을 낳았다.
24코라의 아들들은 아씨르, 엘카나, 아비아삽
이다. 이것이 코라의 가문이다.
25아론의 아들 엘르아잘은 부디엘의 한 딸을
아내로 맞아 비느하스를 낳았다. 이것이 가
문별로 본 레위 일가의 조상이다.
26야훼께서는 이 아론과 모세에게 이스라엘 백
성을 부대로 편성해서 이집트 땅에서 이끌
어내라고 분부하셨다.
27이집트 왕 파라오에게 가서 이스라엘 백성을
이집트에서 내보내 달라고 말한 것은 바로
이들, 모세와 아론이었다.
28야훼께서 이집트 땅에서 모세에게 말씀하시
던 날,
29야훼께서는 모세에게 이렇게 이르셨다. “나
는 야훼다. 내가 너에게 하는 말을 이집트
왕 파라오에게 전하여라.”
30그러나 모세는 야훼께, “저는 이토록 말이
서투른 사람인데 파라오가 어찌 제 말을 듣
겠습니까?” 하고 말하였다.

7 ◎야훼께서 모세에게 이르셨다. “보아라,
내가 너를 파라오 앞에 하느님처럼 세우
리니, 너의 형 아론이 너의 대변자가 되리
라.
2너는 내가 너에게 명령한 모든 말을 너의
형 아론에게 일러주어라. 그로 하여금 이스
라엘 백성을 이 땅에서 내보내라고 파라오
에게 요구하게 하여라.
3그러나 나는 파라오로 하여금 억지를 부리
게 하여, 여러 가지 놀라운 일을 베풀어 내
가 얼마나 강한지 그 증거를 이집트 땅에서
드러내리라.
4파라오는 너희의 말을 듣지 않을 것이다.
그러면 나는 손을 들어 이집트를 호되게 쳐
서 나의 군대, 나의 백성 이스라엘 자손을
이집트 땅에서 나오게 하리라.
5내가 손을 들어 이집트를 치고 이스라엘 백
성을 그들 가운데서 이끌어내는 것을 보고
서야 이집트인들은 내가 야훼임을 알리라.”
6모세와 아론은 야훼께서 분부하신 대로 하
였다.
7그들이 파라오에게 말할 때, 모세는 팔십
세, 아론은 팔십삼 세였다.

모세의 지팡이가 뱀이 되다

8◎야훼께서 모세와 아론에게 이르셨다.
9“파라오가 너희에게 이적을 보이라고 요구
하거든, 너는 아론에게 지팡이를 집어 파라
오 앞에 던지라고 하여라. 그러면 그것이
뱀이 되리라.”
10모세와 아론은 파라오에게 갔다. 야훼께서
분부하신 대로 아론이 자기 지팡이를 파라
오와 그의 신하들 앞에 던지자 지팡이는 뱀
이 되었다.
11파라오도 이집트의 현자들과 요술가들을 불
러들였다. 그 이집트의 마술사들도 마술을
써서 같은 재주를 부렸다.
12그들이 저마다 지팡이를 던지자 그 지팡
이들도 모두 뱀이 되었던 것이다. 그런데
아론의 지팡이가 그들의 지팡이를 삼켜버
렸다.
13그래도 파라오는 야훼께서 말씀하신 대로,
고집을 버리지 않고 그들의 말을 듣지 않
았다.

첫째 재앙 ; 물이 피가 되다

14◎야훼께서 모세에게 이르셨다. “파라오가
고집을 버리지 않고 이 백성을 내보내려고
하지 않으니,
15그가 아침에 물로 나갈 때에 강가로 가서
기다리다가 그를 만나거라. 뱀이 되었던
지팡이를 들고 가서
16그에게 이렇게 말하여라. ‘히브리인들의

하느님 야훼께서 나를 당신에게 보내시며,
내 백성이 광야에서 나를 예배하게 내보내
라고 이르셨는데도, 당신은 여지껏 그 말
씀을 듣지 않으셨습니다.
17 그래서 야훼께서는, 내가 야훼인 줄을 너에
게 기어이 알리고야 말리라고 말씀하셨습
니다. 이제 내가 내 손의 지팡이로 강물을
칠 터인데 그러면 이 강물이 피가 될 것입
니다.
18 강의 고기는 죽고, 물에서는 썩는 냄새가
나서, 이집트인들은 강물을 마시지 못하게
될 것입니다.'"
19 ◎야훼께서 다시 모세에게 이르셨다. "너는
아론에게 지팡이를 들고 이집트에 있는 모
든 물, 강이나 운하나 늪이나 그 밖에 물이
괸 모든 곳을 향하여 손을 뻗치라고 하여
라. 그러면 그 모든 물이 피가 되리라. 이집
트에서는 나무그릇이나 돌항아리에 있는
물까지 피가 되리라."
20 ◎모세와 아론은 야훼의 분부대로 하였다.
그가 파라오와 그의 신하들 앞에서 지팡이
를 들어 나일 강 물을 내려치자 강물이 모
두 피가 되었다.
21 강에 있는 고기가 죽어 물에서는 썩는 냄
새가 나서 이집트인들은 나일 강 물을 마실
수가 없게 되었다. 이집트 땅은 온통 피바
다가 되었다.
22 그러나 이집트의 마술사들도 마술을 써서
같은 재주를 부렸다. 파라오는 고집을 부려
그들의 말을 들으려고 하지 않았다. 야훼께
서 말씀하신 대로였다.
23 이번 일에도 파라오는 아무렇지도 않은 듯
이 발길을 돌려 궁으로 돌아갔다.
24 나일 강 물을 마실 수 없게 되자 모든 이집
트인들은 물을 찾아 강 주변에 우물을 팠
다.

둘째 재앙 ; 개구리 소동

25 ◎야훼께서 나일 강을 치신 지 칠 일이 지났
다.
26 ㉠야훼께서 모세에게 이렇게 이르셨다. "너
8:1 는 파라오에게 가서 야훼의 말씀이라 하고
이렇게 전하여라. '나의 백성을 내보내어
나를 예배하게 하여라.
27 만일 네가 그들을 기어이 내보내지 않는다
2 면 나는 너의 온 땅에 개구리가 들끓게 하
리라.
28 개구리는 나일 강에서 떼지어 올라와 너의
3 궁궐과 너의 침실에 들어가 너의 침대에까
지 뛰어오르리라. 너의 신하들과 너의 백
성들의 집에도 기어들며, 너의 솥과 떡 반
죽 그릇에도 뛰어들리라.
29 개구리들은 너와 너의 백성과 너의 신하들
4 몸에까지 마구 뛰어오르리라.'"

8

1 ◎야훼께서 모세에게 이르셨다. "너는
5 아론에게, 지팡이를 들고 모든 강과 운
하와 늪 쪽으로 손을 뻗쳐 개구리가 온 땅
에 기어오르게 하라고 일러라."
2 아론이 이집트의 모든 물 위로 손을 뻗치자
6 개구리가 기어 올라와 이집트 땅을 온통 뒤
덮었다.
3 그러나 이집트의 마술사들도 마술을 부려
7 개구리들이 이집트 땅에 올라오게 하였다.
4 ◎파라오가 모세와 아론을 불러들여 부탁하
8 였다. "개구리가 나와 나의 백성에게서 물
러가도록 야훼께 기도하여라. 그러면 너희
백성이 야훼께 제사를 드릴 수 있도록 내보
내 주겠다."
5 모세가 파라오에게 대답하였다. "그대로 하
9 겠습니다. 개구리들이 당신과 당신의 궁궐
에서 물러가 나일 강에만 남아 있도록 당신
과 당신의 신하와 백성을 위하여 기도해
드리겠습니다. 언제쯤 물러가게 기도를 드
릴까요?"
6 파라오가 내일까지 해달라고 부탁하자 모세
10 가 대답하였다. "말씀대로 하겠습니다. 그
래서 우리 하느님 야훼 같으신 분이 없으시
다는 것을 알려드리겠습니다.
7 이제 개구리들은 당신과 당신의 궁궐과 신
11 하와 백성들에게서 물러나 나일 강에만 남
아 있을 것입니다."
8 모세와 아론은 파라오 앞에서 물러나왔다.
12 모세는 개구리가 파라오를 더 괴롭히지 않
게 해달라고 야훼께 기도하였다.
9 야훼께서 모세의 청을 들어주셨다. 집과 뜰
13 과 들에 있던 개구리가 모두 죽어갔다.
10 더미로 쌓인 개구리들이 썩는 냄새가 온
14 땅에 가득 찼다.
11 이리하여 한숨 돌리게 된 파라오는 고집을
15 부려 그들의 요구를 들어주려고 하지 않았
다. 야훼께서 말씀하신 대로였다.

셋째 재앙 ; 모기의 습격

12 ◎야훼께서 모세에게 이르셨다. "너는 아론
16 에게, 지팡이를 들어 땅의 먼지를 치라고
일러라. 그러면 이집트 땅 어디에서나 먼지

㉠ 라틴어 성서는 여기에서 8장이 시작된다.

가 모기로 변할 것이다."
13그들은 그대로 하였다. 아론이 손에 지팡이
17 를 들고 이집트 땅의 먼지를 치자 먼지가
모기로 변하여 사람과 짐승들에게 달려들
었다. 이집트 땅의 먼지는 모두 모기로 변
하였다.
14이집트의 마술사들도 마술을 부려 그같이
18 해보려 했으나 되지 않았다. 모기가 사람
과 짐승들에게 달려들었다.
15마술사들이 파라오에게 "이것은 직접 신이
19 하는 일입니다." 하고 말했으나, 파라오의
마음은 굳어져서 그들의 말이 귀에 들어오
지 않았다. 야훼께서 말씀하신 대로였다.

넷째 재앙 ; 등에 소동

16◎야훼께서 모세에게 이르셨다. "너는 아침
20 일찍이 물가로 나가보아라. 파라오가 그리
로 나올 터이니 그에게 야훼의 말씀이라 하
고 이렇게 일러주어라. '나의 백성을 내보
내어 나를 예배하게 하여라.
17만일 나의 백성을 내보내지 않으면 내가
21 등에를 보내어 너와 너의 신하들과 너의
백성을 쏘고 너의 집 안에도 들끓게 하리
라. 너희 이집트인이 사는 집이나, 너희가
서 있는 땅은 남은 구석 없이 등에 천지가
되리라.
18그 날 나의 백성이 사는 고센 땅에만은 등
22 에가 날아들지 못하게 하여 너로 하여금
나 야훼가 이 땅에 있음을 알게 하리라.
19이와 같이 나는 나의 백성을 너의 백성과
23 구별할 터인데, 이러한 증거가 내일 일어
나리라.'"
20야훼께서는 말씀하신 대로 행하셨다. 숱한
24 등에가 파라오의 궁궐과 신하들의 집에 날
아들었다. 그리하여 이집트의 온 땅은 등에
등쌀에 쑥밭이 되었다.
21마침내 파라오는 모세와 아론을 불러 일렀
25 다. "가서 너희 신에게 제사를 드려라. 그
러나 이 땅에서 한 발짝도 나가서는 안 된
다."
22모세가 대답하였다. "그렇게 할 수는 없습
26 니다. 우리는 우리의 하느님 야훼께 제사를
드릴 때, 이집트인들이 부정하게 여기는 것
을 바치게 될 것입니다. 이집트인들이 보는
데서 부정한 것을 바치다가는 그들 손에
죽지 않겠습니까?
23우리는 그분께서 명령하신 대로 광야로 사
27 흘 길을 나가 우리 하느님 야훼께 제사를
드려야겠습니다."
24그러자 파라오가 "너희가 나가는 것을 허락
28 한다. 광야로 나가서 너희의 신 야훼께 제
사를 드려도 좋으나 멀리 가면 안 된다. 어
서 가서 나를 위하여 기도하여라." 하고 허
락을 내렸다.
25모세가 말하였다. "나는 당신 앞에서 물러
29 나가는 길로 야훼께 기도하겠습니다. 등에
로 하여금 당신과 당신의 신하와 백성에게
서 내일까지 모두 떠나게 해달라고 빌 터
이니 다시는 변덕을 부리지 마십시오. 이
백성을 내보내어 야훼께 제사를 드리게 할
수 없다는 말을 해서는 안 됩니다."
26모세는 파라오의 앞에서 물러나오는 길로
30 야훼께 기도를 드렸다.
27야훼께서 모세의 기도를 들어주셨다. 등에
31 가 파라오와 그의 신하들과 백성에게서 흔
적도 없이 사라졌다.
28그러나 파라오는 이번에도 고집을 부려 이
32 스라엘 백성을 내보내지 않았다.

다섯째 재앙 ; 가축들이 병에 걸려 죽다

9 ◎야훼께서 모세에게 이르셨다. "너는 파
라오에게 가서 히브리인의 하느님 야훼의
말씀이라 하고 이렇게 전하여라. '나의 백
성을 내보내어 나를 예배하게 하여라.
2만일 네가 그들을 내보내지 않고 그대로
붙잡아 두려고 한다면
3야훼의 손이 들에 있는 너의 가축들, 말과
나귀와 낙타와 소와 양떼를 쳐서 무서운
병이 들게 할 것이다.
4그러나 야훼는 이스라엘 백성의 가축을 이
집트인들의 가축과 구별하여 이스라엘 백성
의 것은 하나도 죽지 않게 할 것이다.'"
5야훼께서는 때를 정하시고 말씀하셨다. "내
일 이 땅에서 이 일을 이루리라."
6이튿날, 야훼께서는 말씀하신 대로 행하셨
다. 이집트인들의 가축은 다 죽었는데 이스
라엘 백성의 가축은 한 마리도 죽지 않았
다.
7파라오는 사람을 보내어 이스라엘인들의 가
축은 하나도 죽지 않았음을 알았다. 그런
데도 파라오는 고집을 세워 이스라엘 백성
을 내보내지 않았다.

여섯째 재앙 ; 피부병이 전국에 번지다

8◎야훼께서 모세와 아론에게 이르셨다. "가
마솥 밑에 붙은 그을음을 두 손에 가득히
움켜쥐어라. 그리고 파라오 앞에 가서 모세
가 그것을 공중에 뿌려라.

9그 그을음이 먼지가 되어 이집트 온 땅에
퍼져 나가 이집트 사람과 가축은 종기가 나
서 곪아터지게 되리라."
10그들은 가마솥 밑에서 그을음을 긁어 모아
가지고 파라오 앞에 나섰다. 모세가 그것을
공중에 뿌리자 사람과 가축은 종기가 나서
곪아터지게 되었다.
11이집트의 마술사들은 종기 때문에 모세 앞
에 나서지도 못하게 되었다. 마술사들까
지도 온 이집트에 번진 종기에 걸렸던 것
이다.
12그러나 야훼께서 파라오로 하여금 억지를
부리게 하셨으므로 그는 그들의 말을 듣지
않았다. 야훼께서 말씀하신 대로였다.

일곱째 재앙 ; 우박

13◎야훼께서 모세에게 이르셨다. "너는 아침
일찍 일어나 파라오 앞에 나가서 히브리인
들의 하느님 야훼의 말씀이라 하고 이렇게
전하여라. '나의 백성을 내보내어 나를 예
배하게 하여라.
14내가 이번에는 온갖 재앙을 너와 너의 신
하들과 너의 백성에게 내려 온 누리에 나
같은 신이 없음을 너에게 기어이 알리리라.
15이제 나는 손을 들어 너와 너의 백성을 질
병으로 쳐서 땅 위에서 쓸어버릴 수도 있
지만,
16까닭이 있어 너를 남겨두리라. 그것은 너
에게 나의 힘을 나타내어 이 땅 위에서 나
의 이름을 두루 떨치려는 것이다.
17그런데 너는 아직도 나의 백성을 업신여겨
내보내려 하지 않으니,
18내일 이맘때 나는 우박을 억수로 퍼부으리
라. 이집트에 나라가 선 뒤 오늘까지 일찍
이 보지 못했던 우박을 내리리라.
19이제 너는 사람을 보내어 너의 가축뿐 아
니라 들에 있는 것을 안전한 데로 모아들
여라. 들에 남아서 미처 집으로 돌아오지
못한 사람이나 짐승은 쏟아지는 우박에 맞
아 모조리 죽으리라.'"
20파라오의 신하들 가운데서 야훼의 말씀을
두려워한 자들은 제 종과 가축들을 집으로
모아들였으나
21야훼의 말씀을 허술히 여긴 자들은 들에 있
는 종과 가축들을 그대로 내버려두었다.
22◎야훼께서 모세에게 이르셨다. "너는 하늘
을 향하여 팔을 쳐들어라. 그리하면 우박
이 이집트 땅에 쏟아지리라. 이집트 땅의 사
람과 가축과 모든 풀 위에 쏟아지리라."
23모세가 하늘을 향하여 지팡이를 쳐들자, 야
훼께서 천둥 소리와 함께 우박을 쏟으셨다.
번갯불이 땅으로 비꼈다. 야훼께서 이집트
땅에 우박을 쏟으신 것이다.
24번개가 번쩍거리며 우박이 맹렬하게 쏟아
졌다. 이집트 나라가 생긴 뒤로 일찍이 볼
수 없었던 심한 우박이었다.
25이집트 전국에 걸쳐 사람을 비롯하여 가축
이며 들에 있는 풀들이 모두 우박을 맞았
고 나무들도 우박을 맞아 모조리 부러졌다.
26이스라엘 백성이 사는 고센 땅에만은 우박
이 내리지 않았다.
27◎파라오는 모세와 아론을 불러다가 말하였
다. "내가 이제야 잘못을 깨달았다. 야훼께
서 옳으시고 나와 나의 백성이 나빴다.
28그러니 야훼께 기도해 다오. 하느님께서 발
하시는 저 천둥 소리와 이 우박은 견디어
낼 수가 없구나. 어서 가거라. 더 이상 너
희를 이 곳에 붙들어두지 않겠다."
29모세가 말하였다. "내가 이 성을 나서면 곧
야훼께 손을 들어 빌겠습니다. 그러면 저
천둥 소리가 멎고 우박이 그칠 것입니다.
그래서 이 땅도 야훼의 것임을 알려드리겠
습니다.
30그래도 당신과 당신의 신하들은 하느님 야
훼를 두려워하지 않을 줄을 나는 잘 알고
있습니다."
31마침 보리는 이삭이 패고 아마는 꽃이 피
어 있었으므로 그것들은 결딴났으나,
32밀과 쌀보리만은 아직 이삭이 팰 때가 아
니었으므로 그대로 남았다.
33모세가 파라오 앞에서 물러나와 성 밖으로
나오면서 야훼께 손을 들어 기도하니 천둥
소리와 우박이 멎고 땅에 내리던 비도 멎
었다.
34파라오는 비가 그치고 우박과 천둥 소리가
그친 것을 보고는 다시 마음이 뒤틀려 신
하들과 함께 고집을 부렸다.
35파라오는 고집을 부려 이스라엘 백성을 내
보내지 않았다. 야훼께서 모세를 시켜 하신
말씀대로였다.

여덟째 재앙 ; 메뚜기 소동

10 ◎야훼께서 모세에게 이르셨다. "너는
가서 파라오를 만나거라. 나는 그들에
게 온갖 증거를 보이려고 그와 그의 신하
들로 하여금 고집을 부리게 하였다.
2이는 내가 이집트인들을 어떻게 혼내 주었
고, 그들에게 어떤 증거를 보였는지를 네

가 네 후손에게 대대로 자랑스레 이야기해
주도록 하려는 것이며, 너희로 하여금 내
가 야훼임을 알게 하려는 것이다."
3 모세와 아론이 파라오에게 나아가 말하였
다. "히브리인들의 하느님 야훼께서 이렇게
말씀하십니다. '너는 언제까지 내 앞에서
굽히지 않고 버틸 셈이냐? 내 백성을 내보
내어 나를 예배하게 하여라.
4 네가 내 백성을 내보내지 않으면 나는 내
일 메뚜기를 너의 영토 안에 몰아넣겠다.
5 땅바닥이 보이지 않을 만큼 온통 메뚜기로
뒤덮으리라. 메뚜기들이 우박의 피해를 입
지 않고 남은 것을 모조리 먹어치우고 너
희가 가꾸는 들판의 나무들도 갉아먹으리
라.
6 그뿐이랴! 너의 궁궐과 네 신하들의 집과
이집트인의 모든 집을 덮치리라. 이는 너의
할아버지의 할아버지들이 이 땅에 발붙인
뒤로 오늘까지 일찍이 보지 못한 것이리
라.'" 이렇게 말하고 그들은 파라오의 앞에
서 발길을 돌려 물러나왔다.
7 파라오의 신하들이 그에게 말하였다. "이
자가 우리를 못살게 굴도록 언제까지 내버
려두시렵니까? 이자들을 내보내어 저희의
신을 예배하게 하심이 좋을까 합니다. 이집
트가 이미 망하게 되었음을 아직 모르십니
까?"
8 ◎그리하여 모세와 아론이 다시 파라오에게
불려갔다. "너희의 신 야훼께 예배를 드리
러 가거라. 그런데 갈 사람은 누구누구
냐?"
9 모세가 대답하였다. "우리는 어린이고 노
인이고 모두 데리고 가야겠습니다. 아들
딸도 데려가고, 소떼와 양떼도 다 몰고 가
야겠습니다. 야훼께 축제를 올리려는 것이
니까요."
10 그러자 파라오가 호통을 쳤다. "내가 너희
를 가족과 함께 내보내게 해달라고 야훼께
실컷 빌어보아라. 내가 너희에게 식구들을
딸려 보낼 성싶으냐? 허튼 수작은 부리지
마라.
11 어림도 없다. 장정들이나 가서 야훼를 예배
하여라. 너희가 바라던 것이 그것이 아니
냐?" 그들은 파라오 앞에서 쫓겨났다.
12 ◎야훼께서 모세에게 이르셨다. "네 손을
이집트 땅 위로 뻗쳐라. 그러면 메뚜기가
이집트 온 땅에 몰려와서 이 나라 안에 있
는 모든 푸성귀를 먹어치우리라. 우박의
피해에서 남은 모든 것을 먹어버리리라."
13 모세가 곧 이집트 땅 위로 지팡이를 뻗치자
야훼께서 그 땅에 주야로 샛바람이 불게 하
셨다. 아침이 되어보니 샛바람이 메뚜기떼
를 몰고 오는 것이었다.
14 메뚜기가 이집트 온 땅에 몰려와 전역에 내
려앉았다. 이렇게 많은 메뚜기에게 뒤덮인
일은 전무후무한 일이었다.
15 온 땅을 새카맣게 덮은 메뚜기들은 우박의
피해에서 남은 땅의 모든 푸성귀와 나무
열매를 먹어버렸다. 온 이집트 땅에 풀이고
나무고 푸른 것이라고는 하나도 남지 않았
다.
16 ◎파라오는 급히 모세와 아론을 불러들여
말하였다. "너희의 신 야훼와 너희들에게
잘못했다.
17 한 번만 더 나의 잘못을 용서하여라. 너희
의 신 야훼께 기도하여 이런 모양으로 죽지
는 않게 해다오."
18 모세가 파라오의 앞에서 물러나와 야훼께
기도를 올리자
19 야훼께서는 바람의 방향을 바꾸어 세찬 해
풍이 불게 하셨다. 그 바람은 이집트 땅에
있는 메뚜기를 한 마리도 남기지 않고 모
조리 휩쓸어다가 ㉠홍해에 쓸어넣었다.
20 ◎야훼께서는 파라오로 하여금 또 고집을
부리게 하시었다. 그리하여 그는 이스라엘
백성을 내보내지 않았다.

아홉째 재앙 ; 어둠이 온 땅을 덮다

21 ◎야훼께서 모세에게 이르셨다. "너는 하늘
을 향하여 팔을 뻗어라. 그러면 이집트 땅
이 온통 손으로 만져질 만큼 짙은 어둠에
휩싸이게 되리라."
22 모세가 하늘을 향하여 팔을 뻗치니 이집트
땅이 온통 짙은 어둠에 싸여 사흘 동안 암
흑 세계가 되었다.
23 사흘 동안 사람들은 서로 알아보지도 못했
고 제자리에서 움직이지도 못했으나, 이스
라엘 백성이 사는 고장만은 환하였다.
24 ◎파라오가 모세를 불러들여 말하였다. "나
가서 야훼를 예배하여라. 딸린 식구들은 데
리고 가도 좋지만 너희의 양떼와 소떼만은
남겨두어야 한다."
25 모세가 말을 받았다. "그렇다면 우리 하느
님 야훼께 드릴 제물과 번제물을 당신이 손
수 마련해 주시겠다는 말씀입니까?
26 우리는 가축을 한 마리도 남기지 않고 다

㉠ 히브리어 본문 : "갈대바다."

몰고 가야겠습니다. 그 가운데서 얼마를
골라서 우리 하느님 야훼께 바칠 터인데,
목적지에 닿을 때까지는 무엇을 야훼께 드
려 예배할지 모릅니다."
27 ◎야훼께서는 파라오로 하여금 또 고집을
부리게 하시었다. 그는 그들을 내보내려
하지 않았다.
28 파라오는 모세에게 호통을 쳤다. "썩 물러
가거라. 다시는 내 얼굴을 볼 생각을 마라.
다시 내 앞에 얼씬거렸다가는 죽을 줄 알
아라."
29 모세가 대답하였다. "그 말씀 잘하셨습니
다. 나도 다시는 당신 앞에 나타나지 않겠
습니다."

모세가 마지막 재앙을 선포하다

11 ◎야훼께서 모세에게 이르셨다. "파라
오와 이집트에 내릴 재앙이 하나 더 남
았다. 그 뒤에야 파라오가 너희를 여기에서
내보낼 것이다. 그가 너희를 내보낼 때에
는 너희를 마구 내쫓을 터이니
2 너는 이 백성에게 일러라. 남자는 이웃 남
자에게서, 여자는 이웃 여자에게서 은붙이
나 금붙이를 요구하라고 하여라."
3 야훼께서는 백성들이 이집트인들에게 환심
을 사게 하시는 한편, 이집트 국내에서 파라
오의 신하들과 백성들이 모세를 위대한 인
물로 여기게끔 세워주셨다.
4 ◎모세가 말하였다. "야훼께서 이렇게 말씀
하십니다. '내가 한밤중에 이집트인들 가
운데로 나가리라.
5 이집트 전국에 있는 맏이는 다 죽으리라.
장차 왕위에 오를 파라오의 맏아들을 비롯
하여 맷돌을 가는 계집종의 맏아들에 이르
기까지 다 죽을 것이요, 짐승이 낳은 맏배
도 살아남지 못하리라.
6 그리하여 이집트에서는 전무후무한 곡성이
터지리라.
7 그러나 이스라엘 백성에게는 사람에게나
짐승에게나 개조차 혀를 날름거리지 못할
것이니, 이로써 야훼가 이스라엘 백성을 이
집트인들과 구별하신다는 것을 너희들이
알게 되리라.
8 그리하면 너의 신하들이 모두 내려와 내
앞에 엎드려 나를 따르는 백성을 데리고
나가달라고 빌 것이다. 그제야 나는 나가
리라.'" 말을 마치고 모세는 노기에 차서
파라오 앞을 물러나왔다.
9 ◎야훼께서 모세에게 이르셨다. "파라오가
너의 말을 듣지 않으니, 내가 이집트 땅에
서 놀라운 일을 더 해보이겠다."
10 모세와 아론은 파라오 앞에서 온갖 놀라운
일을 해보였다. 그러나 야훼께서 파라오에
게 고집을 부리게 하셨으므로 그는 백성을
그의 땅에서 내보내지 않았다.

과월절

12 ◎야훼께서 이집트 땅에서 모세와 아론
에게 이르셨다.
2 "너희는 이 달을 한 해의 첫 달로 삼고, 달
수를 이 달에서 시작하여 계산하여라.
3 너희는 이스라엘의 모든 회중에게 알려라.
이 달 십일에 사람마다 한 가문에 한 마리
씩, 한 집에 한 마리씩 새끼 양을 마련해
놓아라.
4 만일 식구가 적어 새끼 양 한 마리가 너무
많거든 한 사람이 먹을 분량을 생각하여
옆집에서 그만큼 사람을 불러다가 먹도록
하여라.
5 흠이 없는 일 년 된 수컷이면 양이든 염소
든 상관없다.
6 너희는 그것을 이 달 십사일까지 두었다가
이스라엘 온 회중이 모여서 해 질 무렵에 잡
도록 하여라.
7 그리고 그 피를 받아, 그것을 먹을 집의 좌
우 문설주와 문 상인방에 바르라고 하여라.
8 그 날 밤에 고기를 불에 구워 누룩 없는 빵
과 쓴 나물을 곁들여 먹도록 하는데,
9 날로 먹거나 삶아 먹어서는 안 된다. 머리
와 다리와 내장도 반드시 불에 구워 먹어
야 한다.
10 그것을 아침까지 남겨두어서도 안 된다.
아침까지 남은 것은 불에 살라버려야 한다.
11 그것을 먹을 때는 허리에 띠를 띠고 발에
는 신을 신고 손에는 지팡이를 잡고 서둘
러 먹어야 한다. 이것이 나 야훼에게 드리
는 과월절이다.
12 그 날 밤 나는 이집트 땅을 지나가면서 전
국에 있는 맏이들을 사람이건 짐승이건 모
조리 치리라. 또 이집트의 신들도 모조리
심판하리라. 나는 야훼다.
13 집에 피가 묻어 있으면, 그것이 너희가 있
는 집이라는 표가 되리라. 나는 이집트 땅
을 칠 때에 그 피를 보고 너희를 쳐죽이지
않고 넘어가겠다. 너희가 재앙을 피하여
살리라.
14 이 날이야말로 너희가 기념해야 할 날이니,
너희는 이 날을 야훼께 올리는 축제일로 삼

아 대대로 길이 지키도록 하여라.

무교절

15 너희는 칠 일간 누룩 없는 빵을 먹어야
한다. 아예 첫날에 집 안에서 누룩을 말끔
히 치워버려야 한다. 첫날부터 이렛날까지
누룩 든 빵을 먹는 자는 누구든지 이스라엘
에서 제명된다.
16첫날 거룩한 모임을 열고 칠 일째 되는 날
에도 거룩한 모임을 열어라. 그 날에는 그
동안 먹을 것을 장만하는 일말고는 어떤
일도 해서는 안 된다.
17너희는 무교절 축제를 지켜야 한다. 이 날
은 바로 내가 너희 군대를 이집트 땅에서
이끌어낸 날이니, 너희는 대대로 이 날을
영원한 축제일로 정하고 지키도록 하여라.
18정월 십사일 저녁부터 이십일 저녁까지 너
희는 누룩 없는 빵을 먹어야 한다.
19칠 일간 너희 집 안에서 누룩이 눈에 띄어
서는 안 된다. 누룩이 든 음식을 먹은 자는
외국에서 와 사는 사람이든지 본고장 태생
이든지 이스라엘 회중에서 제명되리라.
20누룩이 든 것은 아무것도 입에 대지 마라.
너희가 어디에 머물러 살든지 누룩 없는
빵만을 먹어야 한다."

과월절에 관한 지시

21◎모세는 이스라엘의 장로들을 모두 불러다
가 말하였다. "당신들은 집집마다 양을 한
마리씩 끌어다가 과월절 제물로 잡으시오.
22우슬초 묶음을 가져다가 대야에 받은 피를
묻혀 문 상인방과 좌우 문설주에 바르시
오. 아침까지 아무도 문 밖으로 나가서는
안 되오.
23야훼께서 이집트인들을 치며 지나가시다가
문 상인방과 좌우 문설주에 바른 피를 보
시고는 그 문을 그냥 지나가시고 파괴자를
당신들의 집에 들여보내어 치게 하는 일이
없게 하실 것이오.
24당신들은 이것을 당신과 당신의 후손들을
위하여 길이 정해 놓고 반드시 지켜야 하
오.
25당신들은 야훼께서 주시겠다고 약속하신
땅에 가게 되거든 이 예식을 지키시오.
26당신들의 자녀들이 이것이 무슨 예식이냐
고 묻거든
27이것은 야훼께 드리는 과월절 제사라고 일
러주시오. 이집트인을 치실 때 이집트에 있
는 이스라엘 백성들의 집을 그냥 지나가시
어 우리의 집을 건져주신 야훼께 드리는 것
이라고 일러주시오." 이 말씀을 듣고 백성
은 엎드려 예배를 드렸다.
28◎이스라엘 백성은 돌아가서 야훼께서 모세
와 아론에게 분부하신 대로 하였다.

열째 재앙 ; 처음 난 아들과 짐승의 죽음

29◎한밤중에 야훼께서 이집트 땅에 있는 모
든 맏이들을 모조리 쳐죽이셨다. 왕위에
오를 파라오의 맏아들을 비롯하여 땅굴에
갇힌 포로의 맏아들과 짐승의 맏배에 이르
기까지 다 쳐죽이셨다.
30그러자 파라오와 그의 신하와 백성이 한밤
중에 모두 일어났다. 이집트에서는 곡성이
터졌다. 초상 나지 않은 집은 한 집도 없었
던 것이다.
31파라오는 밤중에 모세와 아론을 불러들여
말하였다. "너도 이스라엘 백성도 어서 내
백성에게서 떠나가거라. 너희가 말하던 대
로 가서 야훼를 예배하여라.
32너희가 요구한 대로 양도 소도 모두 끌고
가거라. 그리고 나를 위하여 복을 빌어다
오."
33이집트인들도 자기네가 모두 떼죽음을 당
하는 줄 알고 이스라엘 백성에게 어서 떠나
달라고 재촉하였다.
34그들은 빵 반죽이 부풀기도 전에 그릇째
옷에 싸서 어깨에 둘러메고 나섰다.

이스라엘이 마침내 이집트를 떠나다

35◎이스라엘 백성은 모세가 일러준 대로 이집
트인들에게 은붙이와 금붙이와 옷을 내라
고 하였다.
36야훼께서는 이스라엘 백성으로 하여금 이
집트인들에게 환심을 사도록 하셨으므로
이집트인들은 무엇이든지 달라는 대로 내
어주었다. 이렇게 그들은 이집트인들을 털
었다.
37◎마침내 이스라엘 백성은 라므세스를 떠나
수꼿으로 향했는데, 딸린 식구를 빼고 장정
만도 육십만 가량이 되었다.
38그 밖에도 많은 잡식구들이 따라 나섰고
소와 양 등 가축들도 떼지어 따랐다.
39그들은 이집트에서 가지고 나온 누룩 없는
빵 반죽으로 과자를 구워야 했다. 이집트에
서 경황없이 나오느라고 먹을 것을 미처
장만하지 못했던 것이다.
40이스라엘 백성이 이집트에 머무른 것은 사
백삼십 년 동안이었다.

41 마침내 사백삼십 년이 끝나던 바로 그 날
에 야훼의 군대는 모두 이집트 땅에서 빠져
나왔다.
42 그 날 밤, 야훼께서 그들을 이집트 땅에서
이끌어내시려고 밤새워 가며 지켜주셨으
므로 이스라엘의 모든 백성은 대대로 야훼
를 생각하며 이 밤을 새워야 하는 것이다.

과월절 축제에 관한 세칙

43 ◎야훼께서 모세와 아론에게 이르셨다. "과
월절을 지키는 규칙은 이러하다. 외국인은
아무도 제물을 같이 먹지 못한다.
44 다만 돈을 주고 사들인 종으로서 할례를
받은 자이면 같이 먹을 수 있다.
45 머슴이나 몸붙여 사는 사람도 같이 먹지
못한다.
46 어느 집이든지 한 집에서 먹어야지 고기를
가지고 집 밖으로 나가면 안 된다. 뼈를 꺾
어도 안 된다.
47 이스라엘 회중은 누구나 과월절 축제를 지
켜야 한다.
48 너에게 몸붙여 사는 사람으로서 야훼께 과
월절 제물을 드리려면 남자는 할례를 받아
야 한다. 그러면 함께 먹을 수 있고 같은
본토민처럼 되는 것이다. 할례받지 않은
사람은 절대로 같이 먹을 수 없다.
49 본토민이든 너희에게 몸붙여 사는 사람이
든 이 법 앞에서는 동등하다."
50 이스라엘의 온 백성이 야훼께서 모세와 아론
에게 분부하신 대로 하였다.
51 바로 이 날에 야훼께서는 부대를 편성하여
이스라엘 백성을 이집트 땅에서 이끌어내셨
던 것이다.

맏아들과 맏배를 바쳐라

13 ◎야훼께서 모세에게 이르셨다.
2 "이스라엘 백성 가운데서 모태를 열
고 나온 맏아들은 모두 나에게 바쳐라. 사
람뿐 아니라 짐승의 맏배도 나의 것이다."

누룩 없는 빵에 관한 세칙

3 ◎모세가 백성에게 선포하였다. "너희가
종살이하던 나라, 이집트에서 나온 이 날은
마땅히 기념해야 한다. 야훼께서 강하신 손
으로 너희를 거기에서 이끌어내신 이 날,
누룩 든 빵을 먹어서는 안 된다.
4 너희는 아빕월 바로 오늘 풀려 나왔다.
5 너희는 야훼의 인도를 받아 야훼께서 너희
선조들에게 주시겠다고 약속하신 젖과 꿀
이 흐르는 땅, 곧 가나안족과 헷족과 아모리
족과 히위족과 여부스족이 사는 땅으로 들
어가거든 이 달에 다음과 같은 예식을 따
라 예배를 드려라.
6 너희는 누룩 없는 빵을 칠 일간 먹다가, 칠
일째 되는 날 야훼께 축제를 올려라.
7 칠 일간 누룩 없는 빵만 먹어야 한다. 그
동안에는 너희가 사는 영토 안에서 부풀린
빵이나 누룩이 눈에 띄지 않게 하여라.
8 그 날이 오면 너희는 너희 아들에게, 너희
가 이집트에서 풀려 나올 때 야훼께서 너희
에게 해주신 일을 생각하고 드리는 축제라
고 설명해 주어라.
9 이것을 너희 손에 새긴 표나 이마에 붙이
고 다니는 기념물처럼 여겨 야훼의 가르치
심을 되뇌어라. 야훼의 강하신 손이 너희를
이집트에서 이끌어내시지 않았느냐?
10 너희는 이 행사를 규정대로 해마다 정한
때에 지켜야 한다.

맏아들과 맏배를 물러내는 세칙

11 야훼께서 너희와 너희 선조들에게 맹세
하신 대로 가나안 땅으로 너희를 들여보내
어 그 땅을 차지하게 하시거든,
12 너희는 태를 처음 열고 나온 것을 모두 야
훼께 바쳐라. 너희 가축이 처음 낳은 수컷
도 야훼의 것이다.
13 처음 난 나귀는 양을 대신 바치고 물러내
어라. 물러내지 않으려거든 목을 꺾어라.
너희 자식들 가운데서 맏이는 다 물러내어
라.
14 훗날, 너희 아들이 왜 이런 일을 하느냐고
묻거든 너희는 이렇게 말해 주어라. '야훼
께서 강하신 손을 펴시어 종살이하던 나라,
이집트에서 우리를 건져내셨다.
15 그 때 파라오가 우리를 내보내지 않으려고
고집을 부렸으므로 야훼께서는 이집트 땅에
있는 처음 난 것을 모조리 죽이실 수밖에
없었다. 사람뿐 아니라 짐승까지도 처음
난 것은 모조리 죽이셨다. 그래서 나는 처
음 태를 연 수컷을 모두 야훼께 제물로 바
쳐야 하고 아들들 가운데서도 맏아들은 물
러내어야 하는 것이다.'
16 이것을 너희 손에 새긴 표나 이마에 붙이
고 다니는 표지처럼 여겨라. 야훼께서 그
강하신 손으로 우리를 이집트에서 이끌어
내시지 않았느냐?"

이스라엘이 이집트를 떠나다

17 ◎파라오는 마침내 이스라엘 백성을 내보내
게 되었다. 그러나 하느님께서는 그들을
곧장 블레셋 땅으로 가는 길로 인도하지 않
으셨다. 하느님께서는 이 백성이 닥쳐올
전쟁을 내다보고는 후회가 되어 이집트로
되돌아가지나 않을까 염려하셨던 것이다.
18 그래서 하느님은 그들을 홍해에 이르는 광
야 길로 돌아가게 하셨다. 이스라엘 백성은
단단히 무장하고 이집트 땅에서 나왔다.
19 이 때, 모세는 요셉의 유해를 모시고 떠났
다. 요셉이 “하느님께서 너희를 돌보아 찾
아오실 터이니, 그 때 너희는 내 뼈를 여기
에서 옮겨다오.” 하고 이스라엘 백성에게
단단히 다짐해 두었던 것이다.
20 ◎그들은 수꼿을 떠나 광야 접경에 있는 에
담에 진을 쳤다.
21 야훼께서는 그들이 주야로 행군할 수 있도
록 낮에는 구름기둥으로 앞서가시며 길을
인도하시고 밤에는 불기둥으로 앞길을 비
추어주셨다. 이렇게
22 낮에는 구름기둥, 밤에는 불기둥이 백성
앞에서 떠나지 않았다.

에담에서 홍해까지

14 ◎야훼께서 모세에게 말씀하셨다.
2 “너는 이스라엘 백성에게, 가던 길을
돌이켜 믹돌과 바다 사이에 있는 비하히롯
으로 돌아와 그 근처 바알스본 앞 해변에 진
을 치라고 하여라.
3 그러면 파라오는 이스라엘 백성이 광야에서
길이 막혀 아직도 이 땅에서 헤매고 있다
고 생각할 것이다.
4 내가 파라오의 마음을 굳어지게 하면 그가
그들의 뒤를 추격할 것이다. 그러면 나는
파라오와 그의 군대를 쳐서 내 영광을 드러
내어 이집트인들로 하여금 내가 야훼임을
알게 하리라.” 그들은 그대로 하였다.

이집트인들이 이스라엘을 추격하다

5 ◎이스라엘 백성이 도망쳤다는 정보가 이집
트 왕의 귀에 들어갔다. 파라오와 그의 신
하들은 마음이 변하여 “이스라엘 백성을 부
려먹지 않고 풀어 보내다니, 안 될 일이
다.” 하고 말하였다.
6 파라오는 병거에 말을 메워 백성을 거느리
고 나섰다.
7 특수 병거 육백 대로 편성된 정예부대를
앞세워 이집트의 모든 병거를 총동원해 가
지고 나섰다.
8 야훼께서 이집트 왕 파라오의 마음을 굳어
지게 하셨으므로 그는, 의기양양하게 나가
는 이스라엘 백성을 추격하게 되었다.
9 이리하여 파라오의 병거와 기마, 기병, 보
병 등 이집트인들은 그들을 뒤쫓아 비하히
롯 근처 바알스본 앞 해변에 진을 친 그들을
따라잡았다.
10 ◎파라오가 다가왔다. 이스라엘 백성이 보
니 이집트인들이 덮칠 듯이 뒤따라오고 있
는 것이 아닌가. 이스라엘 백성은 질겁을
하고 야훼께 부르짖으며
11 모세를 원망하였다. “이집트에는 묻힐 데가
없어서 우리를 광야로 끌어내어 여기에서
죽이려는 것이냐? 왜 우리를 이집트에서
끌어내어 이렇게 만드느냐?
12 우리가 이럴 줄 알고 이집트에서 이집트인
들을 섬기게 그대로 내버려두라고 하지 않
더냐? 이집트인들을 섬기는 편이 광야에서
죽는 것보다 낫다고 하지 않았느냐?”
13 모세가 백성들에게 소리쳤다. “두려워하지
마라. 움직이지 말고 오늘 야훼께서 너희를
어떻게 구원하시는가 보아라. 너희가 오늘
눈앞에 보는 이집트인들을 다시는 보지 않
게 되리라.
14 야훼께서 너희를 위하여 싸워주실 터이니
모두들 진정하여라.”

이스라엘이 홍해를 건너다

15 ◎야훼께서 모세에게 말씀하셨다. “너는 어
찌하여 나에게 부르짖기만 하느냐? 이스라
엘 백성에게 전진하라고 명령하여라.
16 너는 너의 지팡이를 들고 바다 위로 팔을
뻗쳐 물을 가르고 이스라엘 백성으로 하여
금 바다 가운데로 마른 땅을 걸어 건너가
게 하여라.
17 나는 이집트인들의 마음이 굳어지게 하리
라. 그리하여 그들이 너희를 뒤따라 들어
서게 되면 내가 파라오와 그의 모든 군대와
병거와 기병을 쳐서 영광을 드러내리라.
18 내가 파라오와 그의 병거와 기병들을 쳐 나
의 영광을 드러내면, 이집트인들이 비로소
내가 야훼임을 알게 되리라.”
19 이스라엘을 앞서 인도하던 하느님의 천사
가 뒤로 돌아가 호위하자 그들 앞에 서 있
던 구름기둥도 뒤로 돌아가
20 이집트의 진과 이스라엘의 진 사이에 섰다.
그러자 구름 때문에 캄캄해져서 서로 가까
이 가지도 못하고 밤을 새웠다.
21 ◎모세가 팔을 바다로 뻗치자, 야훼께서는

밤새도록 거센 바람을 일으켜 바닷물을 뒤
로 밀어붙여 바다를 말리셨다. 바다가 갈
라지자
22 이스라엘 백성은 바다 가운데로 마른 땅을
밟고 걸어갔다. 물은 그들 좌우에서 벽이
되어주었다.
23 이집트인들이 뒤쫓아왔다. 파라오의 말과
병거와 기병이 모두 그들을 따라 바다로
들어섰다.
24 새벽녘에 야훼께서 불과 구름기둥에서 이
집트 군대를 내려다보시자 이집트 군대는
갈팡질팡하였다.
25 또한 야훼께서는 그들의 병거 바퀴들을 얽
어놓아 꼼짝도 못하게 하셨다. 그러자 이집
트인들은 "이스라엘 사람들을 버려두고 도
망가자. 야훼께서 이스라엘 사람들 편이 되
어 우리 이집트 군대를 치신다." 하고 소리
쳤다.
26 ◎야훼께서 모세에게 이르셨다. "이집트인
들과 그들의 병거와 기병들 위에 물이 도
로 덮이게 네 팔을 바다 위로 뻗쳐라."
27 모세는 팔을 바다 위로 뻗쳤다. 날이 새자
바닷물이 제자리로 돌아왔다. 이집트인들
은 물결을 무릅쓰고 도망치려고 했으나, 야
훼께서 이집트인들을 바다 속에 처넣으셨
다.
28 물결이 도로 밀려오며 병거와 기병을 모두
삼켜버렸다. 이리하여 이스라엘 백성을 따
라 바다에 들어섰던 파라오의 군대는 하나
도 살아 남지 못하였다.
29 그러나 이스라엘 백성은 바다 가운데로 마
른 땅을 밟고 건너갔다. 물은 그들 좌우에
서 벽이 되어주었다.
30 ◎그 날, 야훼께서는 이렇게 이스라엘을 이
집트 군대로부터 건지셨다. 이스라엘 사람
들은 이집트인들이 해변에서 죽어 있는 것
을 보았다.
31 이스라엘 사람들은 야훼께서 그 큰 팔을 펴
시어 이집트인들을 치시는 것을 보고 야훼
를 두려워하며 야훼와 그의 종 모세를 믿게
되었다.

승리의 노래

15 ◎그제야 모세와 이스라엘 백성은 다음
과 같은 노래를 불러 야훼를 찬양하였
다.
"나는 야훼를 찬양하련다.
그지없이 높으신 분.
기마와 기병을 바다에 처넣으셨다.
2 야훼는 힘있게 나를 붙드시어
나를 살려주셨다.
내 하느님이시니
어찌 찬양하지 않으랴.
나의 선조의 하느님이시니
어찌 우러르지 않으랴.
3 야훼는 용사,
그 이름 야훼이시다.
4 파라오의 병거와 군대를
바다에 처넣으시니
빼어난 장교들이 홍해에 빠지더라.
5 깊은 바다가 덮치니,
깊은 물 속에 돌처럼 잠기더라.

6 야훼여, 당신의 오른손이 힘차 영광스럽
습니다.
야훼여, 당신의 오른손이 원수를 짓부쉈
습니다.
7 무서운 힘으로 당신은 적수를 꺾으셨습
니다.
불타는 분노로 당신은 원수를 검불처럼
살라버리셨습니다.
8 당신의 세찬 콧김에 바닷물이 쌓였고
물결은 둑처럼 일어섰으며
바다 속 깊은 데서 물이 엉겼습니다.
9 원수는 장담하였습니다.
'내가 그들을 따라잡아
약탈하고 내 욕망을 채우리라.
칼을 뽑아 들고
이 손으로 쳐부수리라.'
10 그러나 당신께서 바람을 일으키시자
바다가 그들을 덮어버렸습니다.
모두들 거센 물결 속에 납덩이처럼 잠겼
습니다.
11 야훼여, 신들 중에 당신 같은 분이 어디
있겠습니까?
누가 당신처럼 거룩하며 영광스럽겠습
니까?
당신께서 해내신 놀라운 일에
모두들 두려워 떨며 찬양을 드립니다.
12 당신께서 오른팔을 뻗으시니
땅이 그들을 삼켰습니다.
13 당신께서 손수 건지신 이 백성
아, 당신은 사랑으로 이끌어주시고,
힘있는 손으로 그들을 당신의 성소로 인
도해 주십니다.
14 이 소식을 듣고 만방이 술렁거립니다.
불레셋 주민은 겁에 질리고,
15 에돔의 두목들은 놀라고,

모압의 권력가들은 떨며,
가나안 주민들은 모두들 기가 죽었습니
다.
16 덮쳐오는 두려움에 사로잡혔습니다.
야훼여, 당신의 백성이 지나가기까지
당신께서 불러내신 백성이 지나가기까
지
모두들 당신의 억센 팔을 보고
돌처럼 말문이 막혔습니다.
17 당신께서는 그들을 데려다가 당신의 산
위에 심으십니다.
야훼여, 이 곳이 바로 당신께서 계시려고
마련하신 곳,
주여, 당신께서 손수 지으신 성소가 아
닙니까?

18 야훼만이 영원히 다스리실 왕이시어라.
19◎파라오의 말들은 결국 기병을 태운 병거
를 끌고 바다 속에 잠겨버렸다. 야훼께서
는 그들 위에 바닷물을 덮으셨고, 이스라엘
백성은 바다 가운데로 마른 땅을 밟고 건
넜다.
20◎아론의 누이요 여예언자인 미리암이 소구
를 들고 나서자, 여자들이 모두 소구를 들
고 나와 그를 따르며 춤을 추었다.
21미리암이 노래를 메겼다.
"야훼를 찬양하여라.
그지없이 높으신 분,
기마와 기병을 바다에 처넣으셨다."

모세가 마라에서 쓴 물을 단 물로 만들다

22◎모세는 이스라엘 사람들을 거느리고 홍해
에서 수르 광야로 진을 옮겼다. 그들은 사
흘 동안 가면서도 물을 만나지 못하다가
23마라에 다다랐으나 그 곳 물은 써서 마실
수가 없었다. 그래서 그 고장을 마라라고
불렀다.
24백성들은 모세에게, 무엇을 마시라는 말이
냐고 하면서 투덜거렸다.
25모세가 야훼께 부르짖자, 야훼께서 나무 한
그루를 보여주셨다. 그 나무를 물에 던지
니 단 물이 되었다. 야훼께서 바로 여기에
서 그들이 지켜야 할 규칙을 주시고 그들
을 시험해 보셨다.
26그리고 말씀하셨다. "너 이스라엘이 너희
하느님 야훼의 말을 들어 순종하고, 그가
보기에 바르게 살며 그 명령을 귀에 담아
모든 규칙을 지키면, 이집트인들에게 내렸
던 어떤 병도 너희에게는 내리지 아니하
리라. 나는 야훼, 너희를 치료하는 의사이
다."
27◎그들은 샘이 열두 개 있고 종려나무가 일
흔 그루 서 있는 엘림에 이르러 거기 물가
에 진을 쳤다.

만나와 메추라기

16 ◎이스라엘 백성 온 회중은 엘림을 떠
나 엘림과 시나이 산 사이에 있는 씬
광야에 이르렀다. 이집트를 떠난 지 한 달
째 되는 보름날이었다.
2이스라엘 백성의 온 회중은 이 광야에서 또
모세와 아론에게 투덜거렸다.
3"차라리 이집트 땅에서 야훼의 손에 맞아
죽느니만 못하다. 너희는 거기에서 고기
가마 곁에 앉아 빵을 배불리 먹던 우리를
이 광야로 데리고 나와 모조리 굶겨 죽일
작정이냐?"
4◎그러자 야훼께서 모세에게 말씀하셨다.
"이제 내가 하늘에서 너희에게 먹을 것을
내려줄 터이니, 백성들은 날마다 나가서
하루 먹을 것만 거두어들이게 하여라. 이
렇게 하여 이 백성이 나의 지시를 따르는
지 따르지 않는지 시험해 보리라.
5여섯째 날 거두어들인 것으로 음식을 차려
보면 다른 날 거두어들인 것의 곱절이 되
리라."
6모세와 아론이 온 이스라엘 백성에게 말하
였다. "저녁에는 너희가 이집트 땅에서 너
희를 이끌어내신 분이 야훼임을 알게 되
리라.
7그리고 아침이 되면 야훼의 영광을 보게 되
리라. 야훼께서는 너희가 당신께 불평하는
소리를 들으셨다. 우리가 무엇이라고 너희
는 우리에게 불평하느냐?"
8모세는 말을 계속하였다. "야훼께서 저녁에
는 먹을 고기를 주시고 아침에는 배불리
먹을 빵을 주신다. 야훼께서 당신께 불평하
는 너희의 소리를 들으셨다. 도대체 우리
가 무엇이냐? 너희가 하는 불평은 우리에
게가 아니라, 야훼께 하는 것이다."
9◎모세가 아론에게 말하였다. "이스라엘 백
성 온 회중에게 일러주시오. 야훼께서 그들
의 불평을 들어주셨으니, 모두들 그의 앞
으로 나오라고 해주시오."
10아론이 이스라엘 백성 온 회중에게 말하고
있을 때 그들이 광야 쪽을 바라보니, 야훼
의 영광이 구름 가운데서 나타나는 것이
었다.

11 야훼께서 모세에게 이르셨다.
12 "나는 이스라엘 백성이 불평하는 소리를 들
었다. 너는 그들에게, '해거름에 고기를 먹
고 아침에 떡을 실컷 먹고 나서야 너희는
나 야훼가 너희 하느님임을 알게 되리라.'
하고 일러주어라."
13 ◎저녁때가 되자 난데없이 메추라기가 날
아와 그들이 진을 친 곳을 뒤덮었다. 아침
에는 진 둘레에 안개가 자욱하였다.
14 안개가 걷힌 뒤에 보니 광야 지면에 마치
흰 서리가 땅을 덮듯이, 가는 싸라기 같은
것이 덮여 있었다.
15 이것을 보고 이스라엘 백성은 그것이 무엇
인지 몰라서 서로 "이게 무엇이냐?" 하고
물었다. 모세가 그들에게 말하였다. "이것
은 야훼께서 너희에게 먹으라고 주시는 양
식이다.
16 야훼의 명령이니 저마다 먹을 만큼씩 거두
어들여라. 한 사람에 한 오멜씩 식구 수대
로 거두어들이면 된다."
17 이스라엘 백성은 시키는 대로 하였다. 많이
거두어들이는 사람도 있었고 덜 거두어들
이는 사람도 있었으나,
18 오멜로 되어 보면 많이 거둔 사람도 남지
않고 적게 거둔 사람도 모자라지 않았다.
결국 저마다 먹을 만큼씩 거두어들였던 것
이다.
19 모세는 그들에게 먹고 남은 것을 그 다음날
을 위하여 남겨두지 말라고 당부하였다.
20 그런데 모세의 말을 듣지 않은 사람들이 더
러 있었다. 이튿날 아침, 그들이 남겨둔 것
에서는 구더기가 끓고 썩는 냄새가 났다.
모세는 그들에게 몹시 화를 냈다.
21 그래서 사람들은 아침마다 먹을 만큼씩만
거두어들였고, 그 나머지는 햇볕에 녹아버
렸다.
22 여섯째 날에는 일인당 두 오멜씩, 이틀 분
을 거두어들였다. 회중의 모든 대표들이 모
세 앞에 나와 이 일을 알리자,
23 모세가 이렇게 말하였다. "야훼께서 하신
말씀이다. 내일은 모두 쉬어야 하는 야훼의
거룩한 안식일이니, 굽고 싶은 대로 굽고
끓일 만큼 끓이도록 하여라. 그리고 남은
것은 아침까지 남겨두어라."
24 그들은 모세의 명령대로 그것을 아침까지
남겨두었으나 쉬지도 않고 구더기도 생기
지 않았다.
25 모세가 말하였다. "오늘은 이것을 먹어라.
오늘은 야훼의 안식일이니, 오늘만은 들에
그것이 없을 것이다.
26 엿새 동안은 거두어들일 것이 있겠지마는
이레째는 안식일이니, 이 날에는 거두어들
일 것이 없다."
27 그런데 어떤 사람들은 이레째 되는 날에도
거두어들이려고 나가 찾아보았다. 그러나
있을 리가 없었다.
28 야훼께서 모세에게 이르셨다. "너희는 언제
까지 나의 명령과 지시를 따르지 않으려느
냐?
29 야훼가 너희에게 안식일을 주었다는 것을
명심하여라. 그래서 여섯째 날에는 이틀
먹을 양식을 주지 않았느냐? 이레째 되는
날에는 누구든지 밖으로 나가지 말고 제자
리에 머물러 있어라."
30 그래서 백성들은 이레째 되는 날은 쉬었다.
31 ◎이스라엘 사람들은 이것을 만나라고 이름
지어 불렀다. 그것은 고수씨같이 희고 맛
은 벌꿀과자 같았다.
32 ◎모세가 말하였다. "야훼의 명령이시다.
이것을 한 오멜씩 가득 담아 대대로 보관하
여 내가 이집트에서 너희를 이끌어낼 때에
광야에서 먹여 살린 양식이 이런 것이었다
는 것을 그들에게 보여주도록 하여라."
33 그리고 나서 모세는 아론에게 말하였다.
"단지 하나를 가져다가 만나 한 오멜을 담
아서 대대로 야훼 앞에 보관해 두도록 하시
오."
34 아론은 야훼께서 모세에게 명령하신 대로
만나를 증거판 앞에 놓아 보관하게 하였다.
35 이스라엘 백성은 정착지에 이르기까지 사
십 년 동안 만나를 먹었다. 곧 가나안 땅 접
경에 이르기까지 만나를 먹었다.
36 한 오멜은 십분의 일 에바이다.

바위에서 물이 솟아나다

17 ◎이스라엘 백성 온 회중은 씬 광야를
떠나 야훼의 지시대로 진지를 옮겨가
면서 전진하였다. 르비딤에 이르러 먹을 물
이 없는 것을 보고,
2 백성들은 모세에게 먹을 물을 내라고 들이
대었다. 모세가 "어찌하여 나에게 대드느
냐? 어찌하여 야훼를 시험하느냐?" 하고
말했지만,
3 백성들은 당장 목이 말라 견딜 수 없었으
므로 모세에게 불평을 터뜨렸다. "어쩌자
고 우리를 이집트에서 데려내왔느냐? 자식
들과 가축들과 함께 목말라 죽게 할 작정
이냐?"

4 모세가 야훼께 부르짖었다. "이 백성을 어
떻게 하면 좋겠습니까? 당장 저를 돌로 쳐
죽일 것만 같습니다."
5 야훼께서 모세에게 말씀하셨다. "너는 이스
라엘 장로들을 데리고 이 백성보다 앞서 오
너라. 나일 강을 치던 너의 지팡이를 손에
들고 오너라.
6 내가 호렙의 바위 옆에서 네 앞에 나타나
리라. 네가 그 바위를 치면, 물이 터져 나
와 이 백성이 마시게 되리라." 모세는 이스
라엘 장로들이 지켜보는 앞에서 그대로 하
였다.
7 여기에서 이스라엘 백성이 대들었다고 해
서 이 고장 이름을 므리바라고도 하고 "야
훼께서 우리 가운데 계신가 안 계신가?" 하
며 야훼를 시험했다고 해서 마싸아라고도 부
르게 되었다.

아말렉을 쳐부수다

8 ◎아말렉 사람들이 몰려와 르비딤에서 이스
라엘 사람들과 싸움을 벌였다.
9 모세가 여호수아에게 명령하였다. "장정을
뽑아서 내일 아말렉과 싸우러 나가시오. 나
는 하느님의 지팡이를 손에 들고 산꼭대기
에 서 있겠소."
10 여호수아는 모세가 지시하는 대로 아말렉과
싸우러 나갔다. 모세와 아론과 후르는 언덕
위에 올라가 있었다.
11 모세가 팔을 들면 이스라엘이 이기고 모세
가 팔을 내리면 아말렉이 이겼다.
12 모세의 팔에 힘이 빠지기 시작하였다. 그러
자 사람들이 돌을 갖다 놓고 모세를 그 위
에 앉히고 아론과 후르는 모세의 팔을 좌우
에서 각각 붙들어 떠받치니 해가 질 때까
지 그의 팔은 처지지 않게 되었다.
13 그래서 여호수아는 아말렉과 그 백성을 칼
로 쳐 이겼다.
14 야훼께서 모세에게 말씀하셨다. "이 일을
책에 기록하여 후세에 남겨두어라. 그리고
내가, 아무도 아말렉을 기억하는 사람이 없
도록 하늘 아래에서 전멸시키겠다고 여호
수아에게 똑똑히 일러주어라."
15 ◎모세는 그 곳에 제단을 쌓고 ㉠야훼 니씨
라고 이름을 붙이고
16 "야훼의 사령기를 향해 손을 들자. 야훼께
서 대대로 아말렉과 싸워주시리라." 하고
외쳤다.

㉠ '야훼께서 사령기를 드셨다'는 뜻이다.

이드로가 사위를 찾아오다

18 ◎모세의 장인이요, 미디안 사제인 이
드로는 하느님께서 온갖 일로 모세와
그의 백성 이스라엘을 이집트에서 건져내셨
다는 소식을 들었다.
2 모세의 장인 이드로는 친정에 돌아와 있던
모세의 아내 시뽀라와
3 시뽀라의 두 아들을 데리고 나섰다. 한 아
들은 게르솜인데, "내가 낯선 고장에 몸붙
여 사는 식객이 되었구나." 하며 붙여준 이
름이었다.
4 또 한 아들은 엘리에젤인데 이는 "나의 선
조의 하느님께서 나를 도우시어 파라오의
칼에서 건져주셨다." 하며 붙여준 이름이
었다.
5 모세의 장인 이드로는 모세의 두 아들과 아
내를 데리고 모세가 진을 친 광야에 있는
하느님의 산 기슭에 이르러
6 모세에게 전갈을 보냈다. "자네의 장인 나
이드로가 자네의 처와 두 아들을 데리고 왔
다."
7 모세는 장인을 맞으러 나가 엎드려 인사를
올리고 입을 맞추었다. 그들은 서로 안부
를 물으며 천막으로 들어갔다.
8 ◎모세는 장인에게 그 동안 야훼께서 이스
라엘을 위하여 파라오와 이집트인들에게 어
떤 일을 하셨는지, 저희가 도중에 얼마나
고달픈 일을 겪었으며, 그 때마다 야훼께서
어떻게 건져주셨는지를 낱낱이 이야기해
주었다.
9 이드로는 야훼께서 이스라엘을 이집트인들
의 손아귀에서 건지시기 위하여 베푸신 온
갖 고마운 일을 듣고 기뻐하며
10 말하였다. "이집트인들의 손아귀와 파라오
의 손에서 너희를 건지신 야훼야말로 마땅
히 찬양받으실 분이다. 그분이 이 백성을
이집트인들의 억압에서 건져내셨구나.
11 이제야 나는 야훼께서 어떤 신보다도 위대
하시다는 것을 알았다. 이집트인들은 이 백
성에게 너무나도 방자했구나."
12 모세의 장인 이드로가 번제물과 여러 가지
제물을 하느님께 바쳤다. 아론과 이스라엘
의 장로들이 모두 와서 모세의 장인과 함께
하느님 앞에서 제사 음식을 먹었다.

이드로의 충고를 따라 재판관들을 세우다

13 ◎이튿날 아침, 모세가 백성들의 소송을 재
판하기 위하여 재판석에 앉았다. 백성들은

아침부터 저녁까지 모세 둘레에 서 있었다.
14모세의 장인은 모세가 백성을 다스리느라
고 애쓰는 모습을 보고 말하였다. "백성을
이렇게 다스리다니, 이게 무슨 일인가? 아
침부터 저녁까지 둘러서 있는 이 백성을
왜 혼자 앉아서 다 처리하는가?"
15그러자 모세는, "백성은 하느님께서 판가
름해 주셔야 할 일이 생기면 저에게로 옵
니다.
16무슨 일이든지 생기면 저에게로 옵니다.
이웃끼리의 문제를 제가 재판해 주고 하느
님께서 지키라고 주신 규칙도 알려주어야
합니다." 하고 설명하였다.
17모세의 장인이 그에게 충고하였다. "이렇
게 해서야 되겠는가?
18자네뿐 아니라 자네가 거느린 이 백성도
아주 지쳐버리고 말겠네. 이렇게 힘겨운
일을 어떻게 혼자서 해내겠는가?
19이제 내가 한마디 충고할 터이니 들어보게.
아무쪼록 하느님께서 자네를 도와주시기
바라네. 자네는 백성의 대변인이 되어 그
들이 제시하는 소송들을 하느님 앞에 내어
놓게.
20그리고 그들이 지켜야 할 규칙을 알려주어
어떻게 살아야 하며 무엇을 해야 할지를
가르쳐주게.
21하느님을 두려워하여 참되게 살며 욕심이
없고 유능한 사람을 찾아내어 백성을 다
스리게 세워주는 것이 좋겠네. 천 명을 거
느릴 사람, 백 명을 거느릴 사람, 오십 명
을 거느릴 사람, 십 명을 거느릴 사람을 세
우게.
22언제나 그들을 시켜 백성을 다스리게 하고
큰 사건만 자네에게 가져오도록 하게. 작
은 사건은 모두 그들에게 맡겨두게. 그들
과 짐을 나누어 자네 짐을 덜도록 하게.
23자네가 이와 같이 일을 처리한다면, 이것
이 곧 하느님의 뜻에도 부합되고 자네 일
도 다 감당할 수 있어 이 백성이 모두 만족
해서 집으로 돌아갈 것일세."
24◎모세는 장인의 말을 듣고 그대로 하였다.
25모세는 이스라엘 백성 가운데서 유능한 사
람들을 골라내어 백성의 지도자로 삼았다.
천 명을 거느릴 사람, 백 명을 거느릴 사람,
오십 명을 거느릴 사람, 십 명을 거느릴 사
람을 세워
26늘 백성을 다스리게 하였다. 그들은 어려
운 일은 모세에게 가져왔지만 사소한 일들
은 모두 자기네가 다스렸다.
27얼마 있다가 이드로는 모세의 배웅을 받으
며 제 고장으로 돌아갔다.

시나이 산에 이르러 계약을 받을 준비를 하다

19 ◎이스라엘 백성이 이집트 땅에서 나온
지 석 달째 되는 초하룻날, 바로 그 날
그들은 시나이 광야에 이르렀다.
2그들은 르비딤을 떠나 시나이 광야에 이르
러 그 광야에 진을 쳤다. 이스라엘이 그 곳
산 앞에 진을 친 다음,
3모세는 하느님 계신 곳으로 올라갔다. 야훼
께서 산에서 그를 부르셨다. "너는 야곱 일
족에게 이렇게 말하여라. 이스라엘 자손에
게 이렇게 가르쳐주어라.
4'너희는 내가 이집트인들을 어떻게 다루었
는지, 너희를 어떻게 독수리 날개에 태워
나에게로 데려왔는지 보지 않았느냐?
5이제 너희가 나의 말을 듣고 내가 세워준
계약을 지킨다면, 너희야말로 뭇 민족 가
운데서 내 것이 되리라. 온 세계가 나의 것
이 아니냐?
6너희야말로 사제의 직책을 맡은 내 나라,
거룩한 내 백성이 되리라.' 이것이 네가 이
스라엘 자손에게 일러줄 말이다."
7모세가 돌아와 백성 가운데서 장로들을 불
러모으고 야훼께서 분부하신 이 말씀을 모
두 그들에게 선포하였다.
8그러자 백성들은 일제히 "야훼께서 말씀하
신 것은 모두 그대로 실천하겠습니다." 하
고 대답하였다. 모세는 백성들의 말을 야훼
께 그대로 아뢰었다.
9야훼께서 모세에게 말씀하셨다. "내가 너와
말하는 소리를 이 백성이 듣고 또 너를 길
이 믿게 하기 위하여 이제 짙은 구름 속에
서 너에게 나타나리라." 모세가 백성들의
말을 또다시 야훼께 아뢰자
10야훼께서 모세에게 말씀하셨다. "너는 이
백성에게로 가서 오늘과 내일 몸과 마음을
깨끗이 하라고 하여라. 옷을 빨고
11셋째 날을 맞을 준비를 갖추게 하여라. 셋
째 날 야훼는 온 백성이 보는 가운데 이 시
나이 산에 내리리라.
12너는 이 산기슭을 돌아가며 표를 해놓고,
아무도 이 산에 오르거나 이 산기슭에 발
을 들여놓지 말아야 하며 이 산에 발을 들
여놓는 날에는 반드시 죽으리라고 일러주
어라.
13짐승이든 사람이든 한 발짝이라도 들여놓
으면 살아 남지 못하리라. 그런 자는 손을

댈 것도 없이 돌로 쳐죽이든지 활로 쏴 죽
여라. 산양 뿔 나팔 소리가 길게 울리거든
그 사람들로 하여금 올라오게 하여라."

하느님께서 시나이 산에 나타나시다

14◎모세가 산에서 내려와 백성에게 이르러
그들을 성결하게 하였다. 그들은 옷을 빨
았다.
15그는 백성에게 셋째 날을 맞을 준비를 하
고 여자를 가까이하지 말라고 당부하였다.
16◎셋째 날 아침, 천둥 소리와 함께 번개가
치고 시나이 산 위에 짙은 구름이 덮이며
나팔 소리가 크게 울려 퍼지자 진지에 있
던 백성이 모두 떨었다.
17모세는 백성들로 하여금 하느님을 만나보
게 하려고 진지에서 데리고 나와 산기슭에
세웠다.
18시나이 산은 연기가 자욱하였다. 야훼께서
불 속에서 내려오셨던 것이다. 가마에서
뿜어 나오듯 연기가 치솟으며 산이 송두리
째 뒤흔들렸다.
19나팔 소리가 점점 크게 울려 퍼지는 가운
데 모세가 하느님께 말씀을 올리자 하느님
께서 천둥 소리로 대답하셨다.
20야훼께서 시나이 산 봉우리에 내려오셔서
모세에게 산봉우리로 오르라고 하시자 모
세가 올라갔다.
21야훼께서 모세에게 말씀하셨다. "내려가서
이 백성에게, 야훼를 보려고 마구 넘어 들
어오다가 많은 사람이 죽는 일이 생기지
않도록 단단히 일러두어라.
22야훼에게 가까이 올 사제들도 몸을 깨끗이
해야 한다. 그렇게 하지 않으면 야훼가 내
려가 그들을 마구 칠 것이다."
23모세가 대답하였다. "이 백성은 시나이 산
으로 올라오지 못합니다. 이 산 둘레에 표
시를 해서 아무도 침범하지 못하게 하라고
경고해 주시지 않으셨습니까?"
24야훼께서 그에게 "그러면 어서 내려가서 아
론을 데리고 올라오너라. 그러나 사제들이
나 백성은 야훼를 보러 마구 올라와서는 안
된다. 올라오면 야훼가 내려가 그들을 마구
칠 것이다." 하고 말씀하시자
25모세가 백성에게로 내려가 그 말씀을 전하
였다.

십계명을 받다

20 ◎이 모든 말씀은 하느님께서 하신 말
씀이다
2"너희 하느님은 나 야훼다. 바로 내가 너희
를 이집트 땅 종살이하던 집에서 이끌어낸
하느님이다.
3너희는 내 앞에서 다른 신을 모시지 못한
다.
4너희는 위로 하늘에 있는 것이나 아래로
땅 위에 있는 것이나, 땅 아래 물 속에 있
는 어떤 것이든지 그 모양을 본떠 새긴 우
상을 섬기지 못한다.
5그 앞에 절하며 섬기지 못한다. 나 야훼 너
희의 하느님은 질투하는 신이다. 나를 싫
어하는 자에게는 아비의 죄를 그 후손 삼
대에까지 갚는다.
6그러나 나를 사랑하여 나의 명령을 지키는
사람에게는 그 후손 수천 대에 이르기까지
한결같은 사랑을 베푼다.
7◎너희는 너희 하느님의 이름 야훼를 함부
로 부르지 못한다. 야훼는 자기의 이름을
함부로 부르는 자를 죄없다고 하지 않는다.
8◎안식일을 기억하여 거룩하게 지켜라.
9엿새 동안 힘써 네 모든 생업에 종사하고
10이렛날은 너희 하느님 야훼 앞에서 쉬어라.
그 날 너희는 어떤 생업에도 종사하지 못
한다. 너희와 너희 아들 딸, 남종 여종뿐
아니라 가축이나 집 안에 머무는 식객이라
도 일을 하지 못한다.
11야훼께서 엿새 동안 하늘과 땅과 바다와 그
안에 있는 모든 것을 만드시고, 이레째 되
는 날 쉬셨기 때문이다. 그래서 야훼께서
안식일에 복을 내리시고 거룩한 날로 삼으
신 것이다.
12◎너희는 부모를 공경하여라. 그래야 너희
는 너희 하느님 야훼께서 주신 땅에서 오래
살 것이다.
13◎살인하지 못한다.
14◎간음하지 못한다.
15◎도둑질하지 못한다.
16◎이웃에게 불리한 거짓 증언을 못한다.
17◎네 이웃의 집을 탐내지 못한다. 네 이웃
의 아내나 남종이나 여종이나 소나 나귀
할 것 없이 네 이웃의 소유는 무엇이든지
탐내지 못한다."
18◎온 백성은 천둥과 번개와 나팔 소리와 산
에 자욱한 연기를 멀리서 바라보고 두려워
떨며
19모세에게 말하였다. "당신이 우리에게 말
해 주시오. 잘 듣겠습니다. 하느님께서 직
접 우리에게 말씀하신다면 우리는 죽을 것
입니다."

20 모세가 백성에게 일러주었다. "두려워하지
마라. 하느님께서는 너희를 시험하시기 위
하여 나타나신 것이다. 너희로 하여금 하
느님 두려운 줄 알고 실수하는 일이 없도
록 하시려는 것이다."
21 모세가 하느님께서 계시는 먹구름 쪽으로
나아가는 동안 백성은 멀리 서 있었다.
22 ◎야훼께서 모세에게 말씀하셨다.
"너는 이스라엘 백성에게 이렇게 일러라.
'너희는 내가 하늘에서 너희에게 말하는
것을 보았다.
23 너희는 신상들을 만들어 내 곁에 두지 못
한다. 은으로든 금으로든 신상들은 만들지
도 못한다.
24 너희는 흙으로 나의 제단을 만들고 그 위
에다 번제물과 화목제물로 너희의 양과 소
를 바쳐라. 내가 내 이름을 부르게 하는 곳
이면 어디에서든지 내가 너희를 찾아가서
너희에게 복을 주리라.
25 만일 돌로 나의 제단을 쌓을 경우에는 다
듬지 않은 돌로 쌓아라. 거기에 정을 대면
부정을 타게 된다.
26 또 층계를 밟고 나의 제단에 올라오지 못
한다. 그 위에서 너희 알몸이 드러나서는
안 된다.'

종에 관한 법령

21 너는 이 백성에게 다음과 같은 법을
공포하여라.
2 '너희가 히브리 사람을 종으로 삼았을 경
우에는 육 년 동안만 종으로 부리고 칠 년
이 되면 보상 없이 자유를 주어 내보내라.
3 그가 홀몸으로 들어왔으면 홀몸으로 내보
내고, 아내를 데리고 왔으면 아내를 데리
고 나가게 하여라.
4 주인이 장가를 들여 그 아내가 아들이나
딸을 낳았을 경우에는 그 아내와 자식들은
주인의 것이므로 저 혼자 나가야 한다.
5 그러나 만일 그 종이, 자기는 주인과 자기
처자식을 사랑하므로 자유로운 몸이 되어
혼자 나가고 싶지 않다고 분명히 말하면,
6 주인은 그를 하느님 앞으로 데리고 가서
그의 귓바퀴를 문짝이나 문설주에 대고 송
곳으로 뚫어라. 그러면 그는 죽을 때까지
그의 종이 된다.
7 남의 딸을 종으로 샀을 경우에는 남종을
내보내듯이 보내지는 못한다.
8 주인이 데리고 살려고 했는데 눈에 들지
않거든 몸값을 치르고 내보내라. 그는 약
속을 어겼으므로 그 여종을 외국인에게 팔
권리가 없다.
9 만일 그를 며느리로 삼으려면, 딸에게 해
주는 관습대로 해주어야 한다.
10 또 다른 여인을 맞아들이더라도 그 여종이
먹고 입을 것을 대주지 않거나 동거 생활
을 중단하지는 못한다.
11 주인이 이 세 가지 의무를 다하지 않으면,
여종은 몸값을 치르지 않고도 나갈 수 있
다.

살인에 관한 법령

12 남을 때려죽인 자는 반드시 사형에 처하
여야 한다.
13 만일 일부러 죽인 것이 아니고, 하느님이
그를 그의 손에 넘겨주어 그리 된 것이면
그런 사람이 피신할 곳은 내가 정하여 주
리라.
14 그러나 누구든지 악의로 흉계를 꾸며 이웃
을 죽였을 경우에는 그가 나의 제단을 붙
잡았더라도 끌어내어 죽여야 한다.
15 부모를 때린 자는 반드시 사형에 처하여
야 한다.
16 유괴범은 유괴한 사람을 팔아버렸든 잡
아두었든 간에 반드시 사형에 처하여야 한
다.
17 부모를 업신여기는 자는 반드시 사형에
처하여야 한다.

과실 치사 및 과실 치상에 관한 법령

18 서로 싸우다가 어느 한쪽이 상대편을 돌
이나 주먹으로 때려, 맞은 사람이 죽지 않
고 병석에 눕게 되었을 경우
19 그 맞은 사람이 다시 지팡이라도 짚고 나
다니게 되면 때린 사람은 체형은 면하나,
그 동안의 치료비와 생활비를 물어주어야
한다.
20 자기 남종이나 여종을 때려 당장에 숨지
게 한 자는 반드시 벌을 받아야 한다.
21 다만 그 종이 하루나 이틀만 더 살아 있어
도 벌을 면한다. 종은 주인의 재산이기 때
문이다.
22 사람들이 싸우다가 임신한 여인을 밀쳐
서 낙태시켰을 경우, 다른 사고만 없으면
그 여인의 남편이 요구하는 배상액을 재판
관의 조정 하에 지불해야 한다.
23 그러나 다른 사고가 생겨 목숨을 앗았으면
제 목숨으로 갚아야 한다.
24 눈은 눈으로, 이는 이로, 손은 손으로, 발

은 발로,
25 화상은 화상으로, 상처는 상처로, 멍은 멍
으로 갚아야 한다.
26 자기 남종이나 여종의 눈을 때려 멀게 했
으면 그 눈 대신에 종에게 자유를 주어 내
보내야 한다.
27 또 자기 남종이나 여종의 이를 때려 부러
뜨렸으면 그 이 대신에 종에게 자유를 주
어 내보내야 한다.
28 황소가 남자든 여자든 사람을 뿔로 받아
죽였을 경우에는 그 황소를 돌로 쳐죽여야
한다. 그 고기는 먹지 못한다. 그러나 황소
의 임자에게는 죄가 없다.
29 만일 그 황소가 본래 받는 버릇이 있어 그
임자에게 주의를 주었는데도 잘 지키지 않
았기 때문에 남자든 여자든 사람을 받아
죽였을 경우에는 황소만 돌로 쳐죽일 것이
아니라 그 임자도 죽여야 한다.
30 만일 보상금을 요구해 오면 목숨 값으로
요구하는 보상금을 다 물어야 한다.
31 황소가 남의 아들이나 딸을 받았을 경우에
도 이와 꼭 같은 법이 적용된다.
32 황소가 남의 남종이나 여종을 받았으면 그
종의 주인에게 은 삼십 세겔을 물어주고 황
소는 돌로 쳐죽여야 한다.
33 누구든지 물웅덩이를 열어두거나 물웅
덩이를 파고 덮지 않아서 황소나 나귀가
거기에 빠졌을 경우에는,
34 그 물웅덩이의 임자가 짐승의 임자에게 돈
으로 보상해야 한다. 그 대신 죽은 짐승은
그의 것이 된다.
35 어떤 사람의 황소가 이웃집 황소를 받아서
죽였을 경우에는 산 황소를 팔아서 그 돈
을 나누어가지고, 죽은 황소도 나누어가져
야 한다.
36 만일 임자가 잘 지키지 않았을 경우에는
산 황소를 대신 주고 죽은 황소를 가져야
한다.

절도죄에 관한 법령

37 ㉠누구든지 남의 황소나 양을 훔쳐다가 잡
22:1 아먹었거나 팔았을 경우에는 황소 한 마리
에 다섯 마리를, 양 한 마리에 네 마리를
배상하여야 한다.

22

1 도둑이 집을 뚫고 들어오는 것을 보
2 고 때려죽였을 경우에는 그 사람에
게 죄가 없다.
2 그러나 해가 이미 떠오른 후에 그런 일이
3 생겼으면 죽인 사람에게 책임이 있다. 훔
친 것은 반드시 다 갚아야 한다. 갚을 것이
없는 자는 제 몸을 팔아서라도 훔친 물건
의 값을 물어주어야 한다.
3 훔친 물건이 황소든 나귀든 양이든 아직
4 산 채로 그의 수중에 있으면 그것을 갑절
로 배상해야 한다.

손해 배상에 관한 법령

4 자기 밭이나 포도원에서 풀을 뜯기던 가
5 축을 풀어놓아 남의 밭 곡식을 뜯어먹게
하였을 경우에는 그 밭의 소출을 보상해야
한다. 밭곡식을 모두 뜯어먹었을 경우에는
자기 밭에서 제일 좋은 소출과 자기 포도
원에서 제일 좋은 소출을 거두어 배상해야
한다.
5 불이 나서 가시덤불에 당겨 남의 낟가리
6 나 베지 않은 곡식이나 남의 밭을 태웠을
경우에는, 불을 낸 자가 그것을 모두 배상
해야 한다.
6 어떤 사람이 자기 이웃에게 돈이나 물건
7 을 맡겼다가 그 집에서 도둑을 맞았을 경
우, 그 도둑이 잡히면 그에게서 갑절로 배
상을 받는다.
7 그러나 도둑이 잡히지 않았을 경우에는 그
8 집 주인이 하느님 앞에 가서, 이웃 사람의
물건에 손을 대지 않았음을 맹세해야 한다.
8 소나 나귀나 양이나 겉옷이나 그 밖에 무
9 엇을 잃어버렸든지 간에 잃은 사람이 누구
의 것을 보고 그것이 바로 자기의 것이라
고 나서면, 이 두 사람의 소송은 하느님께
판결을 받아야 한다. 하느님께 패소 판결
을 받은 쪽이 상대방에게 갑절로 배상해야
한다.
9 어떤 사람이 자기 이웃에게 나귀나 소나
10 양이나 그 밖에 어떤 가축이든 간에 지켜
달라고 맡겼다가, 그것이 죽거나 다리가
부러졌거나 아무도 모르게 끌려갔을 경우
에는
10 맡았던 사람이 이웃의 물건에 손을 대지
11 않았음을 야훼 앞에서 맹세하는 것으로 두
사람 사이의 시비를 가려야 한다. 임자는
남은 것만 받고 배상은 받지 못한다.
11 그러나 맡았던 것이 자기 집에서 도둑 맞
12 았음이 확실하면 임자에게 배상해 주어야
한다.
12 만일 그것이 짐승에게 찢겨 죽은 경우에는
13 그 증거물을 가져다 보이고 그 찢겨 죽은

㉠ 라틴어 성서는 여기에서 22장이 시작된다.

것은 보상하지 않아도 된다.
13 어떤 사람이 이웃에게서 짐승을 빌려왔
14 다가 다리가 부러졌거나 죽었을 경우에는,
그 임자가 같이 있지 않았다면 반드시 보
상하여야 한다.
14 임자가 부리다가 그렇게 되었으면 보상하
15 지 않아도 된다. 임자가 품을 팔다가 그렇
게 되었으면 품값은 계산해 주어야 한다.

처녀를 범한 자에 관한 법령

15 어떤 사람이 아직 약혼하지 않은 처녀를
16 꾀어 범했을 경우에는 납폐금을 모두 지불
하고, 그 처녀를 아내로 맞아들여야 한다.
16 그 처녀의 아버지가 자기 딸을 그에게 절
17 대로 못 주겠다고 하면 그는 처녀를 맞을
때 내는 납폐금과 맞먹는 금액을 물어야
한다.

기타 사형에 처할 죄인

17 *18* 요술쟁이 여인은 살려두지 못한다.
18 짐승과 교접하는 자는 반드시 사형에 처하
19 여야 한다.
19 다른 신들에게 제사를 드리는 자는 죽여야
20 한다. 제사는 야훼께만 드려야 한다.

약자 보호법

20 너희는 너희에게 몸붙여 사는 사람을 구
21 박하거나 학대하지 마라. 너희도 이집트 땅
에서 몸붙여 살지 않았느냐?
21 *22* 과부와 고아를 괴롭히지 마라.
22 너희가 그들을 괴롭혀 그들이 나에게 울부
23 짖어 호소하면, 나는 반드시 그 호소를 들
어주리라.
23 나는 분노를 터뜨려 너희를 칼에 맞아 죽
24 게 하리라. 그리하면 너희 아내는 과부가
되고, 너희 아들은 고아가 될 것이다.
24 너희 가운데 누가 어렵게 사는 나의 백성
25 에게 돈을 꾸어주게 되거든 그에게 채권자
행세를 하거나 이자를 받지 마라.
25 만일 너희가 이웃에게서 겉옷을 담보로 잡
26 거든 해가 지기 전에 반드시 돌려주어야
한다.
26 덮을 것이라고는 그것밖에 없고, 몸을 가
27 릴 것이라고는 그 겉옷뿐인데 무엇을 덮고
자겠느냐? 그가 나에게 호소하면 자애로
운 나는 그 호소를 들어주지 않을 수 없다.

종교 의무

27 *28* 너희는 하느님께 욕되는 말을 하거나 너
희 백성의 지도자에게 악담을 하지 못한다.
28 너희는 타작한 첫 곡식과 술틀에서 나온
29 포도즙은 미루지 말고 바쳐야 하며 너희
맏아들을 나에게 바쳐야 한다.
29 너희 소나 양도 그렇게 하여야 한다. 이레
30 동안은 어미 품에 두었다가 여드렛날에는
나에게 바쳐야 한다.
30 너희는 나를 섬기는 거룩한 백성이다.
31 그러니 들에서 맹수에게 찢긴 짐승의 고기
를 먹지 마라. 그런 것은 개에게나 던져주
어라.

사회 정의와 사회 복지에 관한 법령

23 너희는 근거 없는 말을 해서는 안 된
다. 죄있는 편에 합세하여 권세 부리
는 자들에게 유리한 증언을 하지 마라.
2 다수를 따라 불의에 가담하지 마라. 재판
정에서 다수를 따라 그릇된 판결이 내려지
도록 증언을 해서는 안 된다.
3 송사에 있어 영세민이라고 해서 사정을 보
아주어서도 안 된다.
4 너희는 길을 잃은 원수의 소나 나귀를 만
나면 그것을 임자에게 반드시 데려다 주어
야 한다.
5 너희를 미워하는 자의 나귀가 짐에 깔려
있는 것을 보면 내버려두지 말고 그 일으
켜 세우는 것을 반드시 도와주어야 한다.
6 너희는 가난한 자가 낸 소송 사건에서 그
의 권리를 꺾지 마라.
7 허위 고발을 물리쳐라. 죄없고 올바른 사
람을 죽이지 말고 악한 사람에게 무죄를
선고하지 마라.
8 너희는 뇌물을 받지 마라. 뇌물은 멀쩡한
눈을 가려 올바른 사람들의 소송을 뒤엎는
다.
9 몸붙여 사는 사람들을 학대하지 말라. 너
희도 이집트 땅에서 몸붙여 살아보았으니,
몸붙여 사는 자의 심정을 잘 알지 않느냐?
10 너희는 육 년 동안은 밭에 씨를 뿌려 그
소출을 거두어들이고,
11 칠 년째 되는 해에는 땅을 놀리고 소출을
그대로 두어 너희 백성 중에서 가난한 자
들이 먹게 하고 남은 것은 들짐승이나 먹
게 하여라. 너희 포도원도, 올리브 밭도 그
렇게 하여라.
12 너희는 엿새 동안 일을 하고, 이레째 되
는 날에는 쉬어라. 그래야 너희 소와 나귀
도 쉴 수가 있고, 계집종의 자식과 몸붙여
사는 사람도 숨을 돌릴 것이 아니냐?

13 너희는 내가 너희에게 말한 모든 것을 명
심하여라.

세 큰 축제에 관한 법령

다른 신들의 이름을 찬양하지 마라. 그
런 소리는 입 밖에도 내지 마라.
14 일 년에 세 차례 내 앞에서 축제를 올려라.
15 누룩 없는 빵을 먹는 무교절을 지켜 내가
명령한 대로 아빕월 지정한 시기에 칠 일간
누룩 없는 빵을 먹어야 한다. 그 달에 너희
가 이집트에서 나왔기 때문이다. 내 앞에
빈손으로 나오지 마라.
16 그리고 너희가 밭에 씨를 뿌려서 지은 곡
식의 맏물을 바치는 맥추절을 지켜라. 또
농사 지은 것을 밭에서 모두 거두어들이는
연말에는 추수절을 지켜라.
17 너희 남자들은 일 년에 세 번, 모두 주 야훼
앞에 나와야 한다.
18 나에게 희생제물의 피를 바칠 때 누룩 든
빵과 함께 바쳐서는 안 된다. 또한 축제 때
나에게 바친 기름기를 다음날 아침까지 묵
혀두어서도 안 된다.
19 너희 밭에서 난 맏물 중에서 제일 좋은
것을 너희 하느님 야훼의 집으로 가져와야
한다. 또 새끼 염소를 그 어미의 젖으로 삶
아도 안 된다.

약속해 주신 땅에 들어가 해야 할 일들

20 이제 나는 너희 앞에 천사를 보내어 너희
를 도중에 지켜주며 내가 정해 둔 곳으로
너희를 데려가리라.
21 너희는 그를 존경하여 그의 소리를 잘 따
르고, 거역하지 마라. 그는 너희 잘못을 용
서하지 않을 것이다. 그는 나의 대리자이다.
22 너희가 그의 말을 잘 들어, 내가 하라는 대
로 실행하기만 하면 나는 너희 원수를 나
의 원수로 삼고, 너희 적을 나의 적으로 삼
으리라.
23 나의 천사가 앞장을 서서 너희를 아모리족,
헷족, 브리즈족, 가나안족, 히위족, 여부스족
이 있는 곳으로 데리고 들어가리라. 내가
그들을 멸종시키겠다.
24 너희는 그들의 신들 앞에 엎드려 그들을
섬기지 말며 그들의 예식을 따라 예배하지
도 마라. 오히려 그들의 신상들을 부수고
석상들을 깨뜨려라.
25 너희는 너희 하느님 야훼만 섬겨야 한다.
그러면 나는 너희에게 복을 내려 먹을 빵
과 마실 물을 주리라. 너희 가운데서 질병
을 쓸어버리리라.
26 너희 지경 안에서는 유산하거나 임신하지
못하는 여인이 없으리라. 나는 너희를 명
대로 오래 살게 해주리라.
27 나는 너희가 거기에 이르기 전에 내가 얼
마나 무서운 존재인가를 거기에 사는 모든
백성에게 미리 알려 모두들 당황하게 만들
겠다. 그리하면 너희 모든 원수들이 너희
앞에서 도망치리라.
28 나는 너희 가는 곳에 말벌을 앞질러 보내
어 히위족과 가나안족과 헷족을 너희 앞에
서 쫓아내겠다.
29 그러나 나는 일 년 안에 그들을 네 앞에서
쫓아내지는 않을 것이다. 땅이 황폐해져서
맹수가 들끓어 너희를 해치는 일이 없게
하려는 것이다.
30 너희가 번성하여 그 땅을 다 차지할 때까
지 두고두고 나는 그들을 너희 앞에서 쫓
아내리라.
31 나는 너희 땅의 경계를 홍해에서 불레셋 앞
바다까지, 이 사막에서 유프라테스 강까지
로 정하고, 그 안에 사는 주민들을 너희 손
에 넘겨주리라. 너희가 그들을 너희 앞에
서 쫓아내리라.
32 너희는 그들이나 그들의 신들과 계약을 맺
지 마라.
33 그들로 하여금 너희 땅에는 발도 붙이지
못하게 하여라. 그렇게 하지 않으면 너희
가 그들의 유혹에 빠져 그들의 신들을 섬
기며 나에게 죄를 지을 것이다.'"

시나이 산에서 계약을 맺다

24 ◎야훼께서 모세에게 말씀하셨다. "너
는 아론과 나답과 아비후와 이스라엘의
장로 칠십 명을 데리고 야훼가 있는 곳으로
올라와 멀찍이 엎드려 있어라.
2 모세, 너만 야훼 앞으로 나오고 다른 사람
은 나오면 안 된다. 백성들은 아예 너 모세
를 따라 올라올 수도 없다."
3 ◎모세가 백성에게 와서 야훼의 모든 말씀
과 모든 법규를 자세히 일러주자, 온 백성
은 입을 모아 "야훼께서 말씀하신 대로 다
따르겠습니다." 하고 대답하였다.
4 모세는 야훼의 말씀을 다 기록한 다음, 아
침에 일찍 일어나 산 밑에 제단을 쌓고 이
스라엘의 열두 지파를 표시하는 돌기둥 열
두 개를 세워놓았다.
5 그리고 이스라엘 백성 중 몇몇 젊은이들을
그리로 보내어 야훼께 번제를 올리게 하고

수송아지들을 잡아 화목제를 드리게 하였
다.
6 모세는 그 피의 절반을 받아 항아리에 담아
놓고, 그 절반은 제단에 뿌렸다.
7 그리고 나서 계약서를 집어 들고 백성에게
읽어 들려주었다. 그러자 그들은 "야훼께
서 말씀하신 대로 다 따르겠습니다." 하고
다짐하였다.
8 모세는 피를 가져다가 백성에게 뿌려주며
"이것은 야훼께서 너희와 계약을 맺으시는
피다. 그리고 이 모든 말씀은 계약의 조문
이다." 하고 선언하였다.
9 ◎모세는 아론과 나답과 아비후와 이스라엘
의 장로 칠십 명을 데리고 올라갔다.
10 그들은 거기에서 이스라엘의 하느님을 뵈
었다. 그가 딛고 계시는 곳은 마치 사파이
어를 깔아놓은 것 같았는데 맑기가 하늘빛
같았다.
11 이스라엘 백성 가운데서 선발된 이 사람들
에게는 야훼께서 손을 대시지 않으셨으므
로 그들은 하느님을 뵈오며 먹고 마셨다.

모세가 시나이 산에서 사십 일을 지내다

12 ◎야훼께서 모세에게 말씀하셨다. "내가 있
는 이 산으로 올라와 머물러 있어라. 내가
이 백성을 가르치려고 훈계와 계명을 기록
한 돌판을 너에게 주리라."
13 모세는 자기의 시종 여호수아를 데리고 하
느님의 산으로 올라가며
14 장로들에게 일러두었다. "우리가 그대들에
게 돌아올 때까지 여기 앉아 기다리시오.
아론과 후르가 그대들과 함께 여기에 남아
있을 터이니, 사건이 생기거든 그들에게
가서 판단해 달라고 하시오."
15 ◎모세가 산에 오르자 구름이 산을 덮었다.
16 야훼의 영광이 시나이 산 위에 머물러 있어
구름이 엿새 동안 산을 뒤덮고 있었다. 야
훼께서 이레째 되는 날 그 구름 속에서 모
세를 부르셨다.
17 이스라엘 백성들의 눈에는 야훼의 영광이
마치 그 산봉우리를 태우는 불처럼 보였다.
18 모세는 구름을 뚫고 산으로 올라가 사십 주
야를 그 산에서 지냈다.

성소를 지으라고 명령하시다

25 ◎야훼께서 모세에게 말씀하셨다.
2 "이스라엘 백성에게 일러 나에게 선
물을 가져오라고 하여라. 누구든지 마음에
우러나서 가져오는 선물이면 받아놓아라.
3 너희가 받아둘 선물은 이런 것들이다. 금,
은, 구리,
4 자줏빛 양털, 붉은 보랏빛 양털, 진홍색 양
털, 고운 모시실, 염소털,
5 분홍색 숫양 가죽, 돌고래 가죽, 아카시아
나무,
6 등잔 기름, 향유, 가루향에 넣는 향료,
7 에봇과 가슴받이에 박을 홍옥수를 포함한
여러 가지 보석들이다.
8 내가 이 백성들 가운데서 살고자 하니 그
들에게 내가 있을 성소를 지으라고 하여라.
9 내가 너에게 보여주는 설계대로 성소를 짓
고 거기에서 쓸 기구들도 내가 보여주는
도본에 따라 만들어라.

증거궤 모형

10 그들은 아카시아 나무로 궤를 만들어야
한다. 길이는 이 척 반, 나비는 일 척 반,
높이도 일 척 반으로 하여라.
11 순금판을 궤 안팎에 대고 둘레에는 금테를
둘러라.
12 금고리 네 개를 만들어 네 귀퉁이 밑에 붙
이는데, 한쪽에 고리 두 개, 다른 한쪽에도
고리 두 개를 붙여라.
13 또 아카시아 나무로 채를 만들어 금을 입혀
라.
14 이 채를 궤 양쪽에 붙은 고리에 끼워 궤를
들게 하고
15 채는 고리에 꿰어놓은 채 그대로 두어라.
16 내가 너에게 줄 증거판을 궤 속에 넣어라.
17 너는 순금으로 속죄판을 만들어라. 길이
는 이 척 반, 나비는 일 척 반으로 하여라.
18 속죄판은 마치로 두드려 늘여서 거룹 둘이
양쪽에 자리잡게 만드는데
19 거룹 하나는 이쪽에, 또 한 거룹은 맞은쪽
에 자리잡게 만들어라. 그 두 거룹은 속죄
판 양쪽을 늘여서 만든다.
20 거룹들은 날개를 위로 펴서 속죄판을 덮고
속죄판 쪽으로 얼굴을 맞대게 하여라.
21 그 속죄판은 궤 위에 얹고, 궤 속에는 내가
너에게 줄 증거판을 넣어라.
22 내가 거기에서 너를 만나, 속죄판 위 곧 증
거궤 위에 있는 두 거룹 사이에서 이스라엘
자손들을 위하여 너에게 명할 모든 일들을
일러주리라.

제사 상의 모형

23 제사 상은 아카시아 나무로 만드는데 길
이는 이 척, 나비는 일 척, 높이는 일 척 반

으로 하여라.
24그 상에 순금판을 대고, 둘레에는 금테를
둘러라.
25손바닥 넓이만한 가름장을 만들어 제사 상
을 돌아가며 붙이고 가름장에도 금테를 만
들어 둘러라.
26금고리 네 개를 만들어 네 귀퉁이의 상다
리마다에 붙이고
27제사 상을 쳐들 채를 끼우게 고리를 만들
어 가름장 곁에 붙여라.
28그 제사 상을 쳐드는 데 쓸 채는 아카시아
나무로 만들고 금을 입혀라.
29또 제사 상에 딸린 대접들과 종지들과 제
사에 쓰는 술병과 술잔들을 순금으로 만들
어라.
30그리고 제사 상 위에는 나에게 바치는 제
사 떡이 떨어지는 일이 없도록 하여라.

등잔대 모형

31 또 너는 순금으로 등잔대를 만들어라.
한 덩이를 두드려서 밑동아리와 원대를 만
들고, 또 두드려서 꽃받침과 꽃잎 모양을
갖춘 잔들이 벋어나게 하여라.
32원대 양쪽에서 곁가지 여섯 개가 나오게
하되 등잔대 한쪽에 곁가지가 세 개, 또
다른 한쪽에도 곁가지가 세 개 나오게 하
여라.
33한쪽 가지에 감복숭아 꽃받침과 꽃잎 모양
을 갖춘 잔 세 개, 또 다른 쪽 가지에도 감
복숭아 꽃받침과 꽃잎 모양을 갖춘 잔 세
개가 벋어나게 하여라. 등잔대에서 나온
여섯 가지를 모두 같은 모양으로 만들고,
34등잔대 원대에는 감복숭아 꽃받침과 꽃잎
모양을 갖춘 잔 네 개를 만들어라.
35등잔대 양쪽으로 벋은 곁가지 바로 밑에
꽃받침 하나, 그 다음에 벋은 양쪽 가지 바
로 밑에도 꽃받침 하나, 또 그 다음에 벋은
양쪽 가지 바로 밑에도 꽃받침 하나를 만
들어라. 등잔대에서 벋은 곁가지 여섯 개
를 이렇게 만들어라.
36이 꽃받침이 있는 곁가지들은 등잔대를 늘
여서 만들되, 모두 한 덩어리의 순금을 두
드려서 만들어라.
37그리고 등잔 일곱 개를 만들어 앞을 환히
비추도록 등잔대에 올려놓아라.
38등잔 불집게와 불똥 받는 접시도 순금으로
만들어라.
39이렇게 등잔대와 이 모든 기구를 만드는
데 순금 한 달란트를 들여
40산 위에서 너에게 보여준 모양대로 만들어
라.

성막

26 내가 살 성막은 피륙 열 폭을 들여 만
들어라. 그 천은 가늘게 꼰 모시실과
자줏빛 양털과 붉은빛 양털과 진홍빛 양털
로 무늬를 놓아 짠 것이라야 한다.
2그 길이는 이십팔 척, 나비는 사 척으로 폭
마다 치수를 같게 하여라.
3다섯 폭을 옆으로 나란히 잇고, 또 다른 다
섯 폭도 옆으로 나란히 이어라.
4나란히 이은 한쪽 끝에 붙은 폭 가장자리
에 자줏빛 털실로 고를 만들고 나란히 이
은 다른 한쪽 끝에 붙은 폭 가장자리에도
같은 고를 만들어라.
5한쪽 끝에 붙은 가장자리에 고 오십 개를
만들고 이와 서로 맞닿게 다른 한쪽 끝에
붙은 폭 가장자리에도 고 오십 개를 만들
어라.
6그리고 금으로 갈고리 오십 개를 만들어,
이 두 쪽을 서로 맞걸어서 한 성막을 만들
어라.
7 성막 위에 씌울 천막은 염소털로 짠 피륙
으로 열한 폭이 되게 만들어라.
8그 열한 폭은 길이가 삼십 척, 나비가 사
척으로 모두 치수를 같게 하고
9다섯 폭을 따로 잇고 남은 여섯 폭도 따로
이어라. 그리고 천막 앞쪽에 늘어지는 여
섯째 폭은 접어 올려라.
10한쪽 끝에 붙은 폭 가장자리에 고 오십 개
를 만들고, 다른 한쪽 끝에 붙은 폭 가장자
리에도 고 오십 개를 만들어라.
11그리고 놋쇠로 갈고리 오십 개를 만들어
두 쪽을 맞걸어 한 천막이 되게 하여라.
12여분으로 남는 천막 반 폭은 장막 뒤쪽에
늘어지게 하고
13천막 폭 길이에서 양쪽으로 일 척씩 남는
부분은 장막 양 옆으로 늘어뜨려 덮게 하
여라.
14또 주홍 물을 들인 숫양 가죽으로 천막 덮
개를 만들어 씌우고 그 위에 돌고래 가죽
으로 또 덮개를 만들어 씌워라.
15◎성막을 세울 널빤지는 아카시아 나무로
만들어라.
16널빤지 길이는 십 척, 나비는 일 척 반으로
하고
17널빤지마다 촉꽂이 두 개를 만들어 서로
잇대어 세워라. 성막의 널빤지는 모두 이

와 같이 만들어라.
18 성막 오른편인 남쪽 가장자리에는 널빤지
스무 장을 만들어 세우고
19 그 널빤지 스무 장을 세울 밑받침 마흔 개
는 은으로 만들어라. 널빤지마다 그 밑에
촉꽂이를 꽂을 밑받침 두 개를 만들어놓아
라.
20 그 반대편인 성막 북쪽 가장자리에도 널빤
지 스무 장을 만들어 세워라.
21 그리고 은으로 밑받침 마흔 개를 만들어,
한 널빤지 밑에 밑받침 두 개, 또 다른 한
널빤지 밑에도 밑받침 두 개, 이렇게 두 개
씩 만들어놓아라.
22 성막 서쪽인 뒷면에는 널빤지 여섯 장을
만들어 세우고
23 널빤지 두 장을 더 만들어 성막 뒷편 두 귀
퉁이에 겹세워라.
24 이 널빤지들은 밑에서부터 겹으로 세워서
첫 고리 높이까지 같은 모양으로 세워라.
이렇게 널빤지 두 장을 세워 두 귀퉁이를
벌려라.
25 한 널빤지 밑에 밑받침 두 개, 또 한 널빤
지 밑에도 밑받침 두 개, 이렇게 하여 널빤
지 여덟 장에 밑받침은 모두 열여섯 개가
된다.
26 아카시아 나무로 널빤지들을 꿸 가로다
지를 만들어라. 성막 한쪽 옆구리의 널빤
지에 다섯 개,
27 성막 다른 쪽 옆구리의 널빤지에도 다섯
개, 성막 서쪽인 뒷면 널빤지에도 다섯 개
를 만들어라.
28 중간 가로다지는 널빤지들 가운데를 이쪽
끝에서 저쪽 끝까지 미치게 해야 한다.
29 널빤지에는 금을 입히고, 가로다지를 꿸
널빤지 고리는 금으로 만들고 가로다지에
도 금을 입혀라.
30 산에서 너에게 보여준 규격대로 성막을 세
워라.

성소에 칠 휘장들

31 자줏빛 털실과 붉은 털실과 진홍빛 털실
과 가늘게 꼰 모시실로 거룹 모양의 무늬를
놓아가며 휘장을 짜라.
32 이 휘장을 칠 기둥 네 개는 아카시아 나무로
만들고 금을 입혀라. 거기에 휘장을 칠 금
갈고리를 만들어 달고 은으로 밑받침 네
개를 만들어 기둥들을 그 위에 세워라.
33 휘장을 갈고리에 걸어 늘어뜨리고 그 휘장
뒤에 증거궤를 모셔라. 휘장으로 성소와
지성소 사이를 막는 것이다.
34 지성소에 있는 증거궤는 속죄판으로 덮어
라.
35 휘장 앞에 제사 상을 놓고 제사 상 맞은편
성막 남쪽 가에 등잔대를 놓고 제사 상을
북쪽 가에 놓아라.
36 ◎성막 문간을 가릴 막을 자줏빛 털실과 붉
은빛 털실과 진홍빛 털실과 가늘게 꼰 모
시실로 무늬를 놓아가며 짜라.
37 이 막을 칠 기둥 다섯 개를 아카시아 나무로
만들고 금을 입혀라. 그 기둥에는 금갈고
리를 만들어 붙이고 밑받침 다섯 개는 놋
쇠를 부어 만들어라.

제단

27 ◎아카시아 나무로 제단을 만들어라.
길이 오 척, 나비 오 척으로 네모나게
만들고 높이는 삼 척으로 하여라.
2 제단 네 귀퉁이에는 뿔 네 개가 돋아나게
만들고 제단에 놋쇠를 입혀라.
3 그을음받이와 부삽과 피 뿌리는 쟁반과 집
게와 향로 등 제단에 딸린 모든 기구를 놋
쇠로 만들어라.
4 제단에 두를 놋철망을 그물 모양으로 엮어
서 만들고, 이 철망 네 귀퉁이에 놋고리 네
개를 만들어 붙여라.
5 이 철망을 제단 가두리 밑쪽에 달아, 철망
이 제단 중간에까지 닿게 하여라.
6 제단을 드는 채를 아카시아 나무로 만들어
놋쇠를 입혀라.
7 그 채는 제단 양 옆구리에 있는 고리에 꿰
어 제단을 들 수 있게 하여라.
8 제단은 널빤지로 속이 비게 만들어라. 산
에서 너에게 보여준 그대로 만들어라.

성막 울

9 성막을 둘러쌀 울은 남쪽 오른편에 길이
백 척 되는 휘장을, 가는 실로 꼬아 짠 모
시로 만들어라.
10 휘장을 칠 기둥 스무 개와 밑받침 스무 개
는 놋쇠로 만들고, 그 기둥에 달 갈고리와
고리는 은으로 만들어라.
11 북쪽에 칠 휘장도 길이가 백 척 되게 만들
어라. 휘장을 칠 기둥 스무 개와 밑받침 스
무 개는 놋쇠로 만들고 기둥에 달 갈고리
와 고리는 은으로 만들어라.
12 서쪽 울에 칠 휘장은 길이가 오십 척 되게
만들고 휘장을 칠 기둥 열 개와 밑받침 열
개를 만들어라.

13 해가 뜨는 쪽인 정면의 길이도 오십 척이
다.
14 그 정문 한쪽 가에 밑받침 세 개를 놓고 그
위에 기둥 세 개를 세운 다음 십육 척 되는
휘장을 쳐라.
15 다른 쪽 가에도 세 밑받침 위에 기둥 세 개
를 세운 다음 십육 척 되는 휘장을 쳐라.
16 울의 정문에 드리울 막은 자줏빛 털실과
붉은빛 털실과 진홍빛 털실과 가늘게 꼰
모시실로 수를 놓아 짠 천으로 이십 척 되
게 만들고 그 기둥 네 개와 밑받침 네 개를
만들어라.
17 울을 돌아가며 세울 기둥마다 은고리와 은
갈고리를 달고 그 밑에 놋쇠로 된 밑받침
을 받쳐야 한다.
18 울의 길이는 백 척, 나비는 오십 척, 높이
는 오 척이 되게 놓아라. 가는 실로 짠 모
시를 둘러치는데, 놋쇠로 만든 밑받침을
받쳐야 한다.
19 성막에서 드리는 각종 예식에 쓰이는 기구
와 울에 박을 말뚝은 모두 놋쇠로 만들어
야 한다.

성막 안을 비출 등불

20 그리고 너는 이스라엘 백성에게 명령하
여, 올리브를 찧어서 짜낸 깨끗한 기름을
가져다가 그 기름으로 등잔불을 켜서 꺼지
는 일이 없도록 하여라.
21 아론과 그 후손들은 그 등불을 만남의 장막
안 증거궤 앞의 휘장 밖에 켜두고, 저녁부
터 아침까지 야훼 앞에서 꺼지지 않도록 보
살펴야 한다. 이것은 이스라엘 백성이 대대
로 지켜야 할 영원한 규정이다.

제복에 관한 규정

28 너는 이스라엘 백성 가운데서 너의 형
아론과 그의 아들들, 곧 나답, 아비후,
엘르아잘, 이다말을 불러내어 나를 섬길 사
제로 삼아라.
2 아론이 입을 거룩한 옷을 영광스럽고도 아
름답게 지어라.
3 내가 슬기로운 생각으로 가득 채운 재간
있는 사람들을 모두 불러다가 사제로서 나
를 섬길 성직자 아론의 옷을 지으라고 하
여라.
4 그들을 시켜 지을 옷은 가슴받이, 에봇, 도
포, 자수 속옷, 사모, 제복 띠 등이다. 그들
로 하여금 이렇게 너의 형 아론과 그의 아
들들이 입을 거룩한 옷을 지어, 나를 섬길
사제 일을 맡게 하여라.
5 금실과 자줏빛 털실과 붉은빛 털실과 진홍
빛 털실과 고운 모시실로 짠 천으로 만들
어야 한다.

에봇

6 에봇은 금실과 자줏빛 털실, 붉은빛 털
실, 진홍빛 털실, 가늘게 꼰 모시실로 무늬
를 놓아가며 짠 감으로 지어야 한다.
7 에봇에 멜빵을 두 개 만들어 붙이는데 그
양쪽 끝에 달아라.
8 에봇을 잡아맬 관대는 한 솜씨로 에봇과 같
은 감인 금실과 자줏빛 털실과 붉은빛 털
실, 진홍빛 털실, 가늘게 꼰 모시실로 짠
천으로 만들어 에봇에다 한데 붙여라.
9 너는 홍옥수 두 개를 구해서 이스라엘 아들
들의 이름을 새겨라.
10 나이 순에 따라 여섯 이름을 한 보석에 새
기고 나머지 여섯 이름은 다른 보석에 새
겨라.
11 보석공이 인장반지 새기듯이 이스라엘 아
들들의 이름을 그 보석에 새겨라. 그리고
금테에 그 보석들을 박아라.
12 이 보석 두 개를 에봇의 양 멜빵에 달아, 이
스라엘 백성을 상징하는 보석으로 삼아라.
아론이 이렇게 어깨에 그들의 이름을 달고
나서면 야훼께서 이것을 보시고 이스라엘을
기억하실 것이다.
13 또 금으로 고리들을 만들고
14 순금사슬을 줄 꼬듯이 꼬아 두 줄을 만들
어 그 고리에 달아놓아라.

가슴받이

15 에봇을 만드는 솜씨로, 시비를 가리는 가
슴받이를 짜서 만들어라. 금실과 자줏빛
털실, 붉은 털실, 진홍 털실, 가는 모시실
로 무늬를 놓아가며 짜서 만든다.
16 이것은 두 겹으로 네모나게 만드는데, 길
이도 한 뼘, 나비도 한 뼘이 되게 하고
17 거기에 보석을 네 줄로 박아라. 첫째 줄에
는 홍옥수와 황옥과 취옥을 박고
18 둘째 줄에는 홍옥과 청옥과 백수정을 박아
라.
19 셋째 줄에는 풍신자석과 마노와 자수정을
박고
20 넷째 줄에는 감람석과 얼룩 마노와 벽옥을
박되 각각 금테에 박아라.
21 이스라엘의 아들이 열둘이니 이 보석들도
그 이름 수대로 하고, 보석 하나 하나에 열

두 지파의 이름을 인장반지를 새기듯이 새
겨넣어라.
22가슴받이를 매어달 사슬들은 순금줄로 꼬
아 만들고
23금고리 두 개를 만들어 가슴받이 양쪽 끝
에 달아라.
24가슴받이 양쪽에 단 두 고리에 금줄 두 개
를 걸어 매어라.
25이 두 금줄의 다른 쪽 두 끝은 두 고리에 걸
어 매달아 에봇 멜빵 앞쪽으로 늘어지게 하
여라.
26그리고 금고리 두 개를 에봇과 겹쳐지게 만
들어 가슴받이 양쪽 안깃에 달아라.
27금고리 두 개를 또 만들어 에봇 양쪽 멜빵
앞자락 가장자리에 가까운 에봇 관대 조금
위에 달아라.
28그리고 자줏빛 털실로 꼰 줄을 가슴받이의
고리와 에봇의 고리에 꿰고는 가슴받이를
에봇 관대 조금 위에 잡아매어 가슴받이가
에봇에서 떨어지지 않게 하여라.
29아론이 성소에 들어갈 때, 시비를 가리는
가슴받이에 붙인 이스라엘 아들들의 이름
을 가슴에 달고 들어가게 하여라. 그리하
면 야훼께서 이것을 보시고 이스라엘을 기
억하실 것이다.
30시비를 가리는 이 가슴받이 속에는 우림과
둠밈을 넣어두어라. 아론이 야훼 앞에 들어
갈 때 이것을 가슴에 붙이고 들어가게 하
여라. 아론은 야훼 앞에서 이스라엘 백성의
시비를 가릴 때 언제나 이것을 가슴에 붙
이고 있어야 한다.
31 에봇에 딸린 도포는 자줏빛 옷감으로 하
여라.
32그 한가운데 머리를 넣을 구멍을 뚫고, 그
구멍 가장자리를 돌아가며 갑옷의 깃을 박
듯이 박아서 찢어지지 않게 하여라.
33또 너는 자줏빛 털실과 붉은 털실, 진홍 털
실, 가는 모시실을 엮어 석류 모양으로 술
을 만들어 도포자락에 돌아가며 달고 금방
울을 만들어 석류 술 사이사이에 달아라.
34금방울 하나, 석류 하나, 또 금방울 하나,
석류 하나, 이렇게 도포자락에 돌아가며
달아라.
35아론이 예배 드릴 때 이 옷을 입게 하여라.
아론이 야훼 앞으로 성소에 들어갈 때나,
거기에서 물러나올 때 방울 소리가 나면
그는 죽지 아니하리라.

금 성직패

36 또 너는 순금으로 패를 만들고, 그 위에
인장을 새기듯이 '야훼께 몸바친 성직자'
라고 새겨라.
37이것을 자줏빛 털실로 꼰 줄에 매어 사모
에 붙이되, 사모 앞쪽에 가도록 하여라.
38그 패를 아론의 이마에 붙여라. 그래서 이
스라엘 백성이 거룩한 예물을 봉헌할 때 그
거룩한 봉헌물을 잘못 드려 죄를 지으면
그 책임을 아론이 지게 하여라. 아론은 그
것을 이마에 늘 붙이고 있어야 한다. 그러
면 그들이 바치는 것을 야훼께서 기꺼이 받
아주실 것이다.
39 또 너는 고운 모시실로 속옷을 지어라.
모시로 사모를 만들고 수를 놓아가며 제복
띠를 만들어라.

사제복

40 너는 아론의 아들들이 입을 속옷을 만들
어라. 그들이 띨 띠도 만들고, 그들이 쓸
두건도 만들어 영광스럽고도 아름답게 차
려 입도록 하여라.
41너의 형 아론과 그의 아들들에게 나의 사제
가 되도록 그 옷을 입히고 기름을 발라 일
을 맡겨서 나의 성직자로 가려 세워라.
42또 그들의 맨살이 가려지도록 허리에서 두
넓적다리까지 닿는 모시 잠방이를 만들어
라.
43아론과 그의 아들들은 만남의 장막으로 들
어갈 때나 성소에서 예배를 드리며 제단으
로 나아갈 때 이 옷을 입어야 한다. 그래야
죄를 지어 죽는 일을 면할 것이다. 이것이
아론과 그 후손이 영원히 지킬 규정이다.

사제 임직식 준비

29 나를 섬기는 성직자로 그들을 세우는
절차는 이러하다. 수송아지 한 마리
와 숫양 두 마리를 흠없는 것으로 구해 놓
아라.
2또 고운 밀가루로 누룩 안 든 빵과 누룩 없
이 기름으로 반죽하여 만든 과자와 누룩
없이 기름만 발라 만든 속 빈 과자를 만들
어라.
3이것을 모두 한 바구니에 넣어 바구니째
수송아지와 숫양 두 마리와 함께 바쳐라.
4 너는 아론과 그의 아들들을 만남의 장막
문간으로 나오게 하여 목욕을 시켜라.
5그리고 속옷과 에봇에 딸린 도포와 에봇과
가슴받이 등 의복들을 가져다가 아론에게
입히고 에봇 관대로 묶어라.

6 그의 머리에는 사모를 씌우고, 사모에는
성직패를 붙이고,
7 성별하는 기름을 가져다가 아론의 머리 위
에 부어라. 이렇게 너는 그에게 기름을 발
라 일을 맡겨라.
8 또 너는 아론의 아들들을 불러내어 속옷을
입히고
9 띠를 띠우고, 두건을 씌워주어라. 법으로
정해 준 그들의 사제직은 영원한 것이다.
너는 이런 절차로 아론과 그의 아들들에게
일을 맡겨라.

속죄제와 번제

10 너는 수송아지를 만남의 장막 가까이 끌
어다 놓고, 아론과 그의 아들들에게 그 수
송아지 머리에 두 손을 얹게 하여라.
11 그 다음, 너는 만남의 장막 문간, 곧 야훼
앞에서 수송아지를 잡아라.
12 그 수송아지의 피를 손가락에 찍어 제단
뿔에 바르고 나머지 피는 모두 제단 바닥
에 부어라.
13 그 내장의 모든 기름기와 간에 붙어 있는
기름 덩어리와 두 콩팥과 그 기름기를 모
두 꺼내어, 제단 위에서 살라 바쳐라.
14 그러나 수송아지의 살코기와 가죽과 똥은
진지 밖에서 불에 태워 없애라. 이것이 속
죄의 제사이다.
15 너는 숫양 한 마리를 끌어다 놓고 아론과
그의 아들들에게 그 숫양의 머리에 두 손
을 얹게 하여라.
16 그 숫양을 잡고 피를 가져다가 제단을 돌
아가며 주위에 뿌려라.
17 그 숫양의 각을 뜬 다음 내장과 다리를 씻
어, 각을 뜬 고기와 머리 위에 얹어놓아라.
18 이렇게 그 숫양을 제단에서 통째로 살라라.
이것이 주께 드리는 번제이다. 이것이 불
에 타며 향기를 풍겨 야훼를 기쁘게 해드리
는 제사이다.

임직식 제사와 친교제

19 너는 다시 숫양을 또 한 마리 끌어다 놓
고, 아론과 그의 아들들에게 두 손을 그 숫
양의 머리에 얹게 한 다음
20 그 숫양을 잡고 그 피를 찍어 아론과 그의
아들들의 오른쪽 귓바퀴 끝에 발라라. 또
그들의 오른손 엄지가락과 오른발 엄지가
락에 발라라. 또 제단을 돌아가며 피를 주
위에 뿌려라.
21 또 제단에 있는 피와 성별하는 기름을 가
져다가 제복을 입고 나선 아론과 그의 아들
들에게 뿌려라. 그러면 아론과 그의 옷, 그
의 아들들과 그들의 옷이 거룩하게 되리라.
22 임직식에 바친 숫양이니 기름진 꼬리와 내
장을 싼 기름기와 간에 붙은 기름 덩어리
와 두 콩팥과 그 기름기 등을 떼어내고, 오
른쪽 넓적다리를 잘라내어라.
23 그리고 너는 야훼 앞에 바친 누룩 안 든 빵
이 담긴 광주리에서 둥근 빵과 기름에 반
죽하여 만든 과자와 속 빈 과자를 한 개씩
집어,
24 그것을 모두 아론과 그의 아들들의 손에 얹
어주며 그것을 흔들어 야훼께 바치는 예식
을 행하게 하여라.
25 그 빵을 그 손에서 집어다가 제단의 번제
물 위에 놓고 살라라. 이것이 불에 타며
향기를 풍겨 야훼를 기쁘게 해드리는 제사
이다.
26 아론의 임직식 제물인 숫양의 갈비는 야
훼께 흔들어 바쳤다가 너의 몫으로 받아라.
27 아론과 그의 아들들의 임직식에 바친 숫양
고기 중에서 흔들어 바친 것과 쳐들어 바
친 것, 곧 흔들어 바친 갈비와 쳐들어 바친
넓적다리를 거룩하게 갈라놓아라.
28 이것은 쳐들어 바친 제물이기 때문에 아론
과 그의 아들들이 이스라엘 백성에게서 언
제까지나 받을 몫이다. 친교제물 중에는
이스라엘 후손이 쳐들어 바칠 것이 있어야
하는데, 이것은 야훼께 쳐들어 바치는 예물
이다.
29 아론의 자손 가운데 대를 이을 사람이 거
룩한 아론의 옷을 이어받아야 한다. 그는
이 옷을 입고 기름 붓는 의식을 거쳐 사제
직을 맡아야 한다.
30 그의 자손 가운데 그의 뒤를 이어 사제가
될 사람이 만남의 장막에 들어가 성소에서
예배를 드릴 때에는 첫 이레 동안 이 옷을
입어야 한다.
31 또 너는 임직식 제물로 드린 숫양 고기
가운데서 살코기를 가져다가 거룩한 곳에
서 삶아라.
32 아론과 그의 아들들은 만남의 장막 문간에
서 이 고기와 광주리에 담긴 빵을 같이 먹
어야 한다.
33 이것은 그들을 세워 일을 맡기면서 그들의
죄를 속하려고 드린 제물이기 때문에 그들
만이 먹을 수 있다. 이것은 거룩한 것이기
때문에 다른 사람은 먹지 못한다.
34 임직식 제물인 살코기와 빵이 이튿날까지

남게 되면, 그 남은 것은 거룩한 것이기 때
문에 아무도 먹지 못하게 불에 태워버려야
한다.
35이와 같이 너는 내가 너에게 명령한 것을
아론과 그의 아들들에게 다 그대로 해주어
라. 그들의 임직식은 이레 동안 올려라.
36날마다 죄를 속하는 속죄제물로 수송아지
를 한 마리씩 바쳐야 한다.

제단을 성별하는 제사

네가 속죄제물을 제단에 바침으로써 그
제단은 정하게 된다. 그리고 제단에 기름
을 발라 거룩하게 해야 한다.
37이레 동안 제단 위에 속죄제물을 올려 제
단을 거룩하게 하여라. 그러면 그 제단은
가장 거룩한 것이 되어 제단에 닿는 모든
것이 거룩해지리라.

날마다 드리는 번제

38 네가 제단 위에 바칠 제물은 이러하다.
일 년 된 어린 숫양을 두 마리씩 거르지 말
고 날마다 바쳐야 한다.
39어린 숫양 한 마리는 아침에 바치고, 다른
한 마리는 해거름에 바쳐라.
40첫 번째 어린 숫양을 바칠 때에는 고운 밀
가루 십분의 일 에바에다가 찧어 짠 기름
사분의 일 힌을 넣어 반죽한 것을 함께 바
치며 어린 숫양 한 마리에 포도주 사분의
일 힌을 제주로 따라 바쳐야 한다.
41두 번째 어린 숫양을 해거름에 바칠 때에
도 아침에 바치는 것과 같은 곡식과 포도
주를 제물과 제주로 함께 바쳐야 한다. 이
것이 불에 타며 향기를 풍겨 야훼를 기쁘게
해드리는 제사이다.
42이것이 너희가 대대로 언제나 야훼 앞에 바
쳐야 할 번제인데, 내가 너를 만나 너와 대
화를 나누기로 한 그 만남의 장막 문간에
서 바쳐야 한다.
43그 곳은 내가 이스라엘 백성을 만나주는 곳
이다. 거기에서 나의 영광을 나타내어 거
룩한 곳이 되게 하리라.
44내가 만남의 장막과 함께 제단을 거룩하게
하겠고, 아론과 그의 아들들을 거룩하게 하
여 나를 섬기는 사제가 되게 하리라.
45내가 이스라엘 백성 가운데 내려와 머물며
그들의 하느님이 되리라.
46그리하면 그들은 야훼가 저희의 하느님임
을 알리라. 내가 저희 가운데 내려와 머물
려고 저희를 이집트 땅에서 데리고 나온 저
희 하느님임을 알리라. 나 야훼가 그들의
하느님이다.

분향단

30 너는 또 분향단을 아카시아 나무로 만
들어라.
2길이 일 척, 나비 일 척으로 네모 반듯하게
만들고, 높이는 이 척으로 하여라. 그 뿔들
은 통나무로 된 분향단에서 벋어나게 만들
어라.
3분향단 윗면과 네 옆면과 뿔들에 순금판을
대고 금테를 만들어 둘러라.
4금고리 두 개를 만들어 그 테 밑 반대쪽 두
옆구리에 붙여 거기에 채를 끼워 분향단을
들게 하여라.
5그 채는 아카시아 나무로 만들어 금판을 씌
워라.
6그 분향단을 증거궤를 가리는 휘장 앞, 내
가 너를 만나 대화를 나눌 곳, 증거판을 덮
는 속죄판 앞에 두어라.
7아론은 그 분향단 위에다가 향기로운 향을
피워야 하는데 아침에 등잔을 손질할 때마
다 피워야 하고,
8해거름에 등잔불을 켤 때에도 피워야 한다.
이렇게 너희는 향기로운 향을 야훼 앞에서
대대로 항상 피워야 한다.
9그 위에다가는 어떤 향도 번제물도 봉헌제
물도 올려서는 안 된다. 그 위에 포도주를
제주로 부어도 안 된다.
10아론은 분향단 뿔에다가 해마다 한 번씩 속
죄예식을 행해야 한다. 해마다 한 번씩 속
죄제물로 바치는 희생제물의 피를 발라 분
향단을 정하게 하여라. 너희는 대대로 이
렇게 해야 한다. 이것이 야훼께 바치는 것
중에서 가장 거룩한 것이다."

인구 조사

11◎야훼께서 모세에게 말씀하셨다.
12"네가 이스라엘 백성의 수를 세어 인구 조
사를 실시할 때, 사람마다 자기 목숨 값을
야훼께 바쳐야 한다. 그래야 그들이 인구
조사 때 재앙을 당하지 않을 것이다.
13인구 조사를 받을 사람은 누구나 성전 세겔
로 셈하여 반 세겔을 내야 한다. 한 세겔은
이십 게라이다. 이렇게 바치는 반 세겔은 야
훼께 드리는 예물이다.
14이십 세 이상의 남자는 누구나 다 인구 조
사의 대상이 되어야 하고 야훼께 예물을 바
쳐야 한다.

15너희 목숨 값으로 야훼께 바치는 예물은
반 세겔이면 된다. 부자라고 해서 더 낼 것
도 없고 영세민이라고 해서 덜 내어도 안
된다.
16너는 이스라엘 백성에게서 받은 이 보상금
을 만남의 장막 예식 비용으로 쓰게 내주
어라. 야훼는 이것으로 이스라엘 백성을 생
각하고 너희 목숨 값으로 계산해 주리라."

물두멍

17◎야훼께서 모세에게 말씀하셨다.
18"너는 세숫물을 담을 물두멍과 그 받침대
를 놋쇠로 만들어 만남의 장막과 제단 사
이에 놓아라.
19그러면 아론과 그의 아들들이 거기에서 물
을 퍼내어 두 손과 두 발을 씻을 것이다.
20만남의 장막 안으로 들어갈 때에는 물로
씻어야 죽지 않는다. 그들이 야훼께 제물을
살라 바치기 위하여 제단으로 나아갈 때에
도 그렇게 해야 한다.
21죽지 않으려면 손과 발을 씻어야 한다. 아
론과 그의 후손들은 대대로 길이 이 규정을
지켜야 한다."

성별하는 향유

22◎야훼께서 모세에게 말씀하셨다.
23"너는 제일 좋은 향료를 이렇게 구해 들여
라. 나무에서 나와 엉긴 몰약을 오백 세겔,
향기 좋은 육계향을 그 절반인 이백오십
세겔, 향기 좋은 향초 줄거리를 이백오십
세겔,
24들계피를 성소 세겔로 오백 세겔, 그리고 올
리브 기름 한 힌을 마련하여라.
25이런 것들을 향 제조공이 하듯이 잘 섞어
서 성별하는 기름을 만들어라. 이것이 성
별하는 기름이다.
26만남의 장막과 증거궤에 이 기름을 발라
거룩하게 하여라.
27제사 상과 그 모든 기구들, 등잔대와 그 모
든 기구들, 분향단과
28번제단과 그 모든 기구들, 물두멍과 그 밑
받침에 기름을 발라라.
29너는 이렇게 이런 것들을 거룩하게 하여라.
그리하면 이것들이 가장 거룩한 것이 되어
거기 닿는 모든 것이 거룩해지리라.
30너는 아론과 그의 아들들에게 이 기름을 발
라주어 나를 섬기는 사제로 성별하여라.
31너는 이스라엘 백성에게, '이 기름은 너희
가 대대로 성별하는 데에만 써야 한다.'고
일러주어라.
32몸치장에 써서는 안 된다. 또 그런 배합법
으로 똑같은 것을 만들어도 안 된다. 그것
은 거룩한 것이니 너희가 거룩하게 다루어
야 한다.
33그런 식으로 섞어 향을 만들거나 그것을
아무에게나 발라주는 자는 족보에서 제명
당할 줄 알라고 일러주어라."

가루향

34◎야훼께서 모세에게 이르셨다. "향료 자료
를 구하여라. 때죽나무와 향조껍질과 풍지
향 등 향료 자료를 구하여 순수한 향과 같
은 분량으로 하여
35향 제조공이 하듯이 잘 섞은 다음 소금을
쳐서 순수하고 거룩한 가루향을 만들어라.
36너는 그것을 조금씩 빻아서, 내가 너를 만
나 대화하기로 정한 만남의 장막 안 증거
궤 앞에 놓아두어라. 이 향은 가장 거룩한
것으로 다루어야 한다.
37너는 향을 사사로이 쓰려고 같은 배합법으
로 만들어서는 안 된다. 이것은 네가 야훼
를 섬기는 데 쓰는 거룩한 것인 줄 알아야
한다.
38냄새를 즐기려고 이것을 만드는 자는 족보
에서 제명당할 줄 알아라."

성소와 성소의 부속 기물을 만들 기술자

31 ◎야훼께서 모세에게 말씀하셨다.
2"들어라. 나는 유다 지파에서 후르의
손자이며 우리의 아들인 브살렐을 지명하여
불러
3그에게 신통한 생각을 채워주어, 온갖 일
을 멋지게 해내는 지혜와 재간과 지식을
갖추게 하겠다.
4그러면 그는 여러 가지를 고안하여 금, 은,
동으로 그것을 만들고
5테에 박을 보석에 글자를 새기고 나무를
다듬는 온갖 일을 다 잘 해낼 것이다.
6이제 내가 그에게 단 지파에 속한 아히사막
의 아들 오홀리압을 조수로 붙여주겠다. 그
리고 재간 있는 모든 사람에게 재능을 더
해 주겠다. 그리하면 그들은 너에게 만들
라고 명령한 다음과 같은 것을 다 잘 만들
것이다.
7만남의 장막과 증거궤와 그 위에 덮을 속
죄판과 장막에 딸린 모든 기구,
8제사 상과 거기에 딸린 모든 기구, 순금 등
잔대와 거기에 딸린 모든 기구, 분향단과

9 번제단과 거기에 딸린 모든 기구, 물두멍
과 밑받침,
10 제사 드릴 때 아론이 사제로서 입을 잘 짠
거룩한 옷과 아론의 아들들이 입을 옷,
11 성별하는 기름과 성소에서 쓸 향기로운 향
을 너에게 지시한 그대로 다 만들 것이다."

안식일

12◎야훼께서 모세에게 이르셨다.
13 "너는 이스라엘 백성에게 일러라. '안식일
은 나와 너희 대대에 걸쳐 세워진 표이니
너희는 나의 안식일을 잘 지켜라. 그러면
너희를 성별한 것이 나 야훼임을 알리라.
14 너희는 안식일을 지켜야 한다. 안식일은
너희에게 거룩한 날이다. 이 날을 범하는
자는 반드시 사형에 처하여야 한다. 그 날
일하는 자는 누구든지 겨레에서 추방당해
목숨을 잃을 것이다.
15 엿새 동안 일하고, 이렛날은 야훼를 섬기는
거룩한 날이니 철저하게 쉬어야 한다. 안
식일에 일하는 자는 반드시 사형에 처하여
야 한다.
16 이스라엘 백성은 안식일을 대대로 지킬 영
원한 계약으로 삼아야 한다.
17 야훼가 엿새 동안에 하늘과 땅을 만들고 이
렛날은 쉬며 숨을 돌렸으니, 안식일은 나
와 이스라엘 백성 사이에 세워진 영원한 표
가 된다.'"

야훼께서 모세에게 증거판을 주시다

18◎야훼께서는 시나이 산에서 모세와 이야기
를 다 마치시고 하느님께서 손수 돌판에
쓰신 증거판 두 개를 모세에게 주셨다.

금송아지

32 ◎백성은 모세가 오래도록 산에서 내
려오지 않자, 아론에게 몰려와 청하였
다. "어서 우리를 앞장설 신을 만들어주시
오. 우리를 이집트에서 데려온 그 어른 모
세는 어떻게 되었는지 모르겠습니다."
2 아론이 그들에게 "너희 아내와 아들 딸의
귀에 걸린 금고리를 나에게 가져오라." 하
고 대답하자
3 백성이 모두 저희 귀에 걸린 금고리를 떼
어 아론에게 가져왔다.
4 아론이 그들의 손에서 그것을 받아 수송아
지 신상을 부어 만들자 모두들 외쳤다. "이
스라엘아, 이 신이 우리를 이집트에서 데려
내온 우리의 신이다."
5 아론은 이것을 보고 그 신상 앞에 제단을
만들고 "내일 야훼 앞에서 축제를 올리자."
하고 선포하였다.
6◎이튿날 그들은 일찍 일어나 번제를 드리
고 친교제물을 바쳤다. 그리고 나서 백성
은 앉아서 먹고 마시다가 일어나서 정신없
이 뛰놀았다.

모세가 백성을 대신해서 빌다

7◎야훼께서 모세에게 말씀하셨다. "당장 내
려가 보아라. 네가 이집트에서 데려내온 너
의 백성들이 고약하게 놀아나고 있다.
8 저들이 내가 명령한 길에서 저다지도 빨리
벗어나 저희 손으로 부어 만든 수송아지에
게 예배하고 제물을 드리며 '이스라엘아,
이 신이 우리를 이집트 땅에서 데려내온 우
리의 신이다.' 하고 떠드는구나!"
9 야훼께서 계속하여 모세에게 이르셨다. "나
는 이 백성을 잘 안다. 보아라, 얼마나 고
집이 센 백성이냐?
10 나를 말리지 마라. 내가 진노를 내려 저들
을 모조리 쓸어버리리라. 그리고 너에게서
큰 백성을 일으키리라."
11◎모세는 그의 하느님 야훼의 노기를 풀어
드리려고 애원하였다. "야훼여, 당신께서
는 그 강하신 팔을 휘두르시어 놀라운 힘
으로 당신의 백성을 이집트 땅에서 데려내
오시지 않으셨습니까? 그런데 어찌하여
이 백성에게 이토록 화를 내시옵니까?
12 어찌하여 '아하, 그가 화를 내어 그 백성을
데려내다가 산골짜기에서 죽여 없애버리
고 땅에 씨도 남기지 않았구나.' 하는 말을
이집트인들에게서 들으시려 하십니까? 제
발 화를 내지 마시고 당신 백성에게 내리
시려던 재앙을 거두어주십시오.
13 당신의 명예를 걸고 '너의 후손을 하늘의
별처럼 많게 하고, 내가 약속한 이 땅을 다
너의 후손에게 주어 길이 유산으로 차지하
게 하겠다.' 하고 맹세해 주셨던 당신의 종
아브라함과 이사악과 이스라엘을 기억해 주
십시오."
14 이 말을 들으시고 야훼께서는 당신의 백성
에게 내리겠다 하시던 재앙을 거두셨다.

모세가 증거판을 깨뜨리다

15◎모세는 두 증거판을 손에 들고 돌아서서
산에서 내려왔다. 그 두 판 양면에는 글이
새겨져 있었다. 이쪽에도 저쪽에도 새겨져
있었는데,

16그 판은 하느님께서 손수 만드신 것이었다.
그 판에 새겨진 글자도 하느님께서 손수
새기신 것이었다.
17백성들이 떠드는 소리를 듣고 여호수아가
모세에게 말하였다. "진지에서 들려오는
저 소리를 들으니 전쟁이 터졌나 봅니다."
18모세가 말을 받았다.
"그것은 승리의 노래도 아니요,
패전의 곡성도 아니다.
나 듣기에 저것은 화답하는 노랫소리
다."
19◎모세가 진지에 가까이 이르러보니, 무리
가 수송아지를 둘러싸고 춤을 추고 있었다.
모세는 격분한 나머지 손에 들었던 두 판을
산 밑에 내던져 깨뜨렸다.
20그는 그들이 만든 수송아지를 끌어다가 불
에 태우고 빻아서 가루를 만들어 물에 타
이스라엘 백성에게 마시게 하였다.
21◎모세가 아론을 나무랐다. "이 백성이 당
신을 어떻게 했기에, 당신은 그들이 이토
록 큰 잘못을 저지르게 하였소?"
22아론이 변명하였다. "우리의 영도자여, 노
여워 마시게. 이 백성이 얼마나 악에 젖어
있는지 당신도 잘 알지 않는가?
23그들이 나에게 와서 우리를 이집트 땅에서
데려내온 그 어른 모세가 어떻게 되었는지
모르겠다고 하면서 우리를 앞장서 인도할
신을 만들어달라고 조르더군.
24그래서 내가 금을 가진 사람이 없느냐고
했더니, 금을 가진 자들이 몸에서 금을 떼
어다가 주기에 그것을 불에 넣었지. 그랬
더니 이 수송아지란 놈이 나오더군."

모세와 레위인들이 우상 숭배자를 숙청하다

25◎모세는 백성이 굴레 벗은 말처럼 날뛰는
것을 보았다. 아론이 백성을 멋대로 날뛰게
해서 원수들의 조롱거리가 되게 하였던 것
이다.
26모세는 진지 어귀에 서서, 야훼의 편에 설
사람은 다 나서라고 외치자 레위 후손들이
다 모여들었다.
27모세가 그들에게 일렀다. "이스라엘의 하느
님 야훼께서 명하신다. '모두들 허리에 칼
을 차고 진지 이 문에서 저 문까지 왔다 갔
다 하면서 형제든 친구든 이웃이든 닥치는
대로 찔러 죽여라.'"
28레위 후손들은 모세의 명령대로 하였다. 그
날 백성 중에 맞아 죽은 자가 삼천 명 가량
이나 되었다.
29모세가 일렀다. "오늘 너희가 자기 아들과
동기마저 희생시켜 가며 야훼께 충성을 다
하였으니, 오늘 너희 위에 복이 내릴 것이
다."

모세가 하느님께 다시 빌다

30◎이튿날 모세가 백성에게 일렀다. "너희
가 이토록 잘못을 저질렀는데, 그 잘못을
용서받을 수 있을지 나 이제 야훼께 올라가
보아야겠다."
31모세가 야훼께 되돌아가서 아뢰었다. "비옵
니다. 이 백성이 금으로 신상을 만들어 큰
잘못을 저질렀습니다.
32하지만 이제 그들의 죄를 용서해 주셔야
하겠습니다. 만일 용서해 주지 않으시려거
든 당신께서 손수 쓰신 기록에서 제 이름
을 지워주십시오."
33야훼께서 모세에게 대답하셨다. "나에게 잘
못을 저지른 자는 누구든지 그의 이름을
나의 기록에서 지워버린다.
34너는 이제 곧 내가 말한 곳으로 백성을 데
리고 가거라. 내 천사가 앞장서 갈 것이다.
내가 그들을 찾아가 그들의 잘못을 따질
날이 반드시 오리라."
35그 뒤에 야훼께서는 백성이 아론을 시켜 수
송아지를 만든 데 대한 벌을 내리셨다.

이스라엘 백성에게 출발을 명하시다

33 ◎야훼께서 모세에게 말씀하셨다. "내
가 이집트 땅에서 데려내온 이 백성을
이끌고 여기를 떠나, 내가 약속한 땅으로
올라가거라. 그 땅은 내가 아브라함과 이사
악과 야곱에게 '너의 후손에게 주겠다.'고
맹세한 땅이다.
2내가 천사를 보내어 너의 앞에 서게 하고
가나안족, 아모리족, 헷족, 브리즈족, 히위
족, 여부스족을 쫓아내리라.
3너희는 젖과 꿀이 흐르는 그 땅으로 들어
가거라. 너희는 고집이 센 백성이기 때문
에 동행하다가는 내가 도중에 너희를 없애
버릴지도 모르니, 너희와 함께 올라가지는
않겠다."
4이렇듯 가슴 아픈 말씀을 듣고 온 백성은
통곡하였다. 패물로 몸을 단장하는 사람은
하나도 없었다.
5야훼께서 모세에게 말씀하셨다. "이스라엘
후손들에게 전하여라. '너희 고집이 센 백
성아, 내가 한 순간이라도 너희와 같이 올
라가다가는 너희를 멸종시킬 것이다. 그러

니 이제 너희는 모든 패물을 몸에서 떼어
버려라. 그러면 내가 무엇이든지 알아서
해주리라.'"
6 호렙 산을 떠난 다음, 이스라엘 백성은 몸에
패물을 두 번 다시 붙이지 않았다.
7 ◎모세는 장막을 거두어가지고 진지 밖으
로 나가 진지에서 멀리 떨어진 곳에 그것
을 치곤 하였다. 모세는 그것을 만남의 장
막이라 불렀다. 야훼께 여쭈어볼 일이 생기
면 누구든지 진지 밖에 있는 만남의 장막
으로 나가야 했다.
8 모세가 장막으로 행차할 때마다 모든 백성
은 자기 천막 앞에 서서 모세가 장막으로
들어갈 때까지 그 뒤를 지켜보곤 하였다.
9 모세가 장막에 들어서면 구름기둥이 내려
와 장막 문간에 섰고 야훼께서 모세와 말씀
을 나누셨다.
10 구름기둥이 장막 문간에 서 있는 것을 바
라보면, 모든 백성은 각기 자기 천막 문간
에 일어섰다가 엎드려야 했다.
11 야훼께서는 마치 친구끼리 말을 주고 받듯
이 얼굴을 마주 대시고 모세와 말씀을 나누
셨다. 모세가 진지로 돌아온 뒤에도 모세의
젊은 시종인 눈의 아들 여호수아만은 장막
을 떠나지 않았다.

모세의 기도

12 ◎모세가 야훼께 아뢰었다. "이제 당신께서
는 저에게 이 백성을 이끌고 올라가라고
하셨습니다. 하지만 당신의 파송을 받아
저와 같이 갈 분이 누구신지 아직 가르쳐
주시지 않으셨습니다. 당신께서는 저에게
'너는 잊을 수 없는 이름, 너는 내 눈에 든
사람'이라고 하셨는데,
13 제가 정녕 당신의 눈에 드셨다면, 저의 갈
길을 부디 가르쳐주십시오. 제가 당신을
잘 앎으로써 항상 당신 눈에 들게 해주십
시오. 이 민족이 당신의 백성인 것을 기억
해 주십시오."
14 야훼께서 대답하셨다. "내가 친히 너를 데
리고 가서 너를 편하게 하리라."
15 모세가 야훼께 다짐하였다. "만일 당신께서
함께 가지 않으시려거든, 우리도 여기를
떠나 올라가지 않게 하십시오.
16 당신께서 우리와 함께 가지 않으신다면,
저와 당신의 백성이 당신의 마음에 들었는
지 어떻게 알 수 있겠습니까? 함께 가셔야
만, 세상의 모든 백성보다 저와 당신의 백
성을 우대하신다는 것이 증명됩니다."
17 야훼께서 모세의 말을 받아주셨다. "너야말
로 과연 내 마음에 드는 자요, 잊을 수 없
는 이름이다. 지금 네가 청한 것을 다 들어
주리라."
18 ◎모세가 "당신의 존엄하신 모습을 보여주
십시오." 하고 간청하자
19 야훼께서 대답하셨다. "내 모든 선한 모습
을 네 앞으로 지나가게 하며, 야훼라는 이
름을 너에게 선포하리라. 나는 돌보고 싶
은 자는 돌보아 주고, 가엾이 여기고 싶은
자는 가엾이 여긴다."
20 그리고 다시 말씀하셨다. "그러나 나의 얼
굴만은 보지 못한다. 나를 보고 나서 사는
사람이 없다."
21 야훼께서 이르셨다. "여기 내 옆에 있는 바
위 위에 서 있어라.
22 내 존엄한 모습이 지나갈 때, 너를 이 바위
굴에 집어넣고 내가 다 지나가기까지 너를
내 손바닥으로 가리리라.
23 내가 손바닥을 떼면, 내 얼굴은 보지 못하
겠지만 내 뒷모습만은 볼 수 있으리라."

모세가 새 증거판을 받으러 시나이 산으로 올라가다

34 ◎야훼께서 모세에게 이르셨다. "돌판
두 개를 처음 것처럼 다듬어놓아라.
그러면 그 돌판에다 지난번에 네가 깨뜨린
첫 돌판에 써주었던 글을 내가 다시 새겨
주리라.
2 내일 아침까지 준비해 놓았다가 아침 일찍
시나이 산으로 올라와 산꼭대기에서 나를
기다리고 서 있어라.
3 아무도 너를 따라 올라와서는 안 된다. 이
산 어디에서고 사람의 그림자가 얼씬거려
서는 안 된다. 이 산 기슭에서는 양과 소에
게 풀을 뜯기지도 마라."
4 모세는 야훼께서 분부하신 대로 돌판 두 개
를 처음 것처럼 다듬어가지고 이튿날 아침
일찍 일어나 그 돌판 두 개를 손에 들고 시
나이 산으로 올라갔다.

야훼께서 이스라엘과 다시 계약을 맺으시다

5 ◎그 때 야훼께서 구름을 타고 내려와 모세
옆에 서시어 야훼라는 이름을 선포하셨다.
6 야훼께서 그의 앞을 지나가시며 외치셨다.
"나는 야훼다. 야훼다. 자비와 은총의 신이
다. 좀처럼 화를 내지 아니하고 사랑과 진
실이 넘치는 신이다.
7 수천 대에 이르기까지 사랑을 베푸는 신,

거슬러 반항하고 실수하는 죄를 용서해 주
는 신이다. 그렇다고 벌하지 않는 것은 아
니다. 조상이 거스르는 죄를 아들 손자들
을 거쳐 삼사 대까지 벌한다."
8 모세는 얼른 땅에 엎드려 예배하고
9 아뢰었다. "주여, 제가 정녕 당신 눈에 드
셨으면, 부디 주께서 우리와 동행해 주십
시오. 이 백성이 고집이 센 것은 사실입니
다. 그러나 우리가 저지른 죄와 실수를 용
서하시고 우리를 길이 당신의 것으로 삼아
주십시오."
10 ◎야훼께서 대답하셨다. "내가 이제 너희
와 계약을 맺겠다. 온 세상 어느 민족 사이
에서도 이루어진 적이 없는 놀라운 일을
내가 너희 온 백성 앞에서 이루리라. 너희
주변에 사는 모든 백성이 야훼가 하는 일을
보리라. 이제 나는 세상이 깜짝 놀랄 일을
너희와 더불어 해보이겠다.
11 내가 오늘 너에게 내리는 명령을 삼가 지
키도록 하여라. 내가 이제 아모리족, 가나안
족, 헷족, 브리즈족, 히위족, 여부스족을 네
앞에서 몰아내겠다.
12 너희가 들어가 그 땅을 점령하거든 거기에
사는 사람들과 계약을 맺지 않도록 조심하
여라. 그들이 너희와 섞여 살면 너희에게
올가미가 될 것이다.
13 그러니 너희는 그들의 제단을 헐고 석상을
깨뜨리고 목상을 찍어버려라.
14 너희는 다른 신을 예배해서는 안 된다. 나
의 이름은 질투하는 야훼, 곧 질투하는 신
이다.
15 그 땅에 사는 사람들과 너희는 계약을 맺
지 않도록 하여라. 그들이 저희 신들의 본
을 따서 음행하며 저희 신들에게 제물을
바치는 자리에 너희를 초청하면, 너희는
그들과 제물을 함께 먹게 될 것이다.
16 너희가 그들의 딸을 며느리로 삼게 되면
그들의 딸이 저희 신을 본떠서 음행하며
너희 아들도 꾀어, 저희 신을 본떠서 음행
하게 할 것이다.
17 너희는 신상을 부어 만들지 마라.
18 너희는 누룩 안 든 빵을 먹는 무교절을 지
켜라. 아빕월에 너희가 이집트에서 나왔으
니 그 달 정한 때에 칠 일간 누룩 안 든 빵
을 먹어야 한다.
19 모태에서 처음으로 태어나는 것은 다 나의
것이다. 큰 가축이건 작은 가축이건 첫 새
끼 수컷은 다 나의 것이다.
20 처음 난 나귀 새끼는 양을 대신 바치고 물
러내어라. 물러내기 싫으면 목을 부러뜨려
죽여라. 너희 맏아들은 제물을 대신 바치
고 물러내야 한다. 아무도 빈손으로는 내
앞에 나타나지 못한다.
21 너희는 엿새 동안 일하고 이렛날에는 쉬어
야 한다. 밭갈이하는 시절에도 거둠질하는
시절에도 쉬어야 한다.
22 밀곡식을 처음 거두어들일 때 추수절을 지
켜라. ㉠해가 바뀔 때, 초막절을 지켜라.
23 모든 남자가 한 해에 세 번씩 이스라엘의 하
느님 주 야훼 앞에 나타나야 한다.
24 내가 뭇 백성을 너희 앞에서 쫓아내고 너
희 지경을 넓혀주리라. 너희가 한 해에 세
번씩 너희 하느님 야훼 앞에 나타나러 올라
와도 그 동안에 너희 땅을 탐내어 엿보는
자가 없으리라.
25 제물의 피를 나에게 바칠 때 누룩 든 빵을
함께 바쳐서는 안 된다. 과월절의 제물을
이튿날 아침까지 묵혀두어서는 안 된다.
26 너희 농토에서 난 햇곡식 가운데 가장 좋
은 것을 너희 하느님 야훼의 집에 바쳐야
한다. 숫염소 새끼를 제 어미의 젖으로 삶
으면 안 된다."
27 ◎야훼께서 모세에게 이르셨다. "너는 이
모든 말을 기록하여 두어라. 내가 이 모든
말을 조건으로 삼고 너와 이스라엘 백성과
계약을 맺는다."
28 모세는 거기에서 야훼와 함께 사십 주야를
지내는 동안 빵도 먹지 않고 물도 마시지
않았다. ㉡그는 계약의 조문들인 십계명을
판에 기록하였다.

모세가 빛나는 얼굴로 산에서 내려오다

29 ◎모세는 시나이 산에서 내려왔다. 산에서
내려올 때 모세의 손에는 증거판 두 개가
들려 있었다. 그런데 모세는 야훼와 대화하
는 동안에 자기 얼굴의 살결이 빛나게 된
것을 모르고 있었다.
30 아론과 이스라엘 백성이 모세를 쳐다보니
그의 얼굴 살결이 환하게 빛나고 있었으므
로 모두들 두려워하여 가까이 가지 못하였
다.
31 모세는 아론과 회중의 모든 지도자들을 불
렀다. 그들이 자기 앞에 나아오자 모세는
그들에게 모든 것을 이야기해 주었다.
32 그 뒤에야 이스라엘 백성이 모두 나아왔다.
모세는 그들에게 야훼께서 시나이 산에서

㉠ 가을을 뜻한다. ㉡ 모세를 가리킨다(27절 참조).

주신 계명을 모두 전하여 주었다.
33모세는 할 말을 다 하고 얼굴을 수건으로
가렸다.
34모세는 야훼와 대화하기 위하여 그의 앞으
로 나아갈 때 수건을 벗고는 나올 때까지
쓰지 않았다. 모세는 하느님께 받은 명령을
나오는 길로 이스라엘 백성에게 전하였다.
35이스라엘 백성이 모세를 쳐다보면 그 얼굴
살결이 환하게 빛나고 있었다. 그래서 다
시 야훼와 대화하기 위하여 들어갈 때까지
얼굴을 수건으로 가리고 있어야 했다.

안식일을 지켜라

35 ◎모세가 이스라엘 백성의 온 회중을
모아놓고 말하였다. "야훼께서 너희
에게 실천하라고 명하시는 말씀은 다음과
같다.
2'너희는 엿새 동안 일하고 이렛날은 너희
가 거룩히 지내야 할 날, 곧 야훼를 위하여
푹 쉬는 안식일이니, 그 날 일하는 자는 누
구든지 사형에 처하여야 한다.
3안식일에는 너희가 사는 곳 어디에서나 불
도 피우지 못한다.'"

필요한 자재를 헌납하다

4◎모세가 이스라엘 백성의 온 회중에게 일
렀다. "이것은 야훼께서 내리신 명령이다.
5너희 소유 가운데서 야훼께 드릴 선물을 거
두어 바치도록 하여라. 야훼께 선물을 바치
고 싶은 자는 누구나 자원해서 바쳐라. 너
희가 바칠 것은 금, 은, 구리,
6자줏빛 양털, 붉은 양털, 진홍색 양털, 고
운 모시실, 염소털,
7분홍색 숫양 가죽, 돌고래 가죽, 아카시아
나무,
8등잔 기름, 향유, 가루향에 넣는 향료,
9에봇과 가슴받이에 박을 홍옥수를 포함한
여러 가지 보석들이다.
10◎너희 가운데 재주 있는 자는 모두 와서
야훼께서 명령하신 물건을 만들어라.
11성막을 만드는 데 드는 천막과 덮개, 갈고
리, 널빤지, 가로다지, 기둥, 밑받침을 만
들어라.
12또 증거궤와 거기에 딸리는 채와 속죄판과
그것을 가리울 휘장,
13제사 상과 거기에 딸리는 채와 모든 기구
들, 거기에 차려놓을 제사 떡,
14어둠을 밝힐 등잔대와 거기에 딸리는 기구
들, 등잔과 등유,
15분향단과 거기에 딸리는 채, 향유, 가루향
에 넣는 향료, 성막 문간의 휘장,
16번제단과 거기에 둘러칠 놋그물과 딸리는
채와 모든 기구, 물두멍과 그 받침대,
17울의 휘장과 휘장을 칠 기둥과 밑받침, 울
의 정면에 칠 휘장,
18성막을 칠 말뚝과 줄, 울을 칠 말뚝과 줄,
19성소에서 예식을 올릴 때 입을 제복, 곧 사
제 아론이 입을 거룩한 옷과 그 아들들이
제사 드릴 때 입을 옷들을 만들어라."
20◎이스라엘 백성의 온 회중이 모세 앞에서
물러나왔다.
21재간이 뛰어난 사람은 다 나섰다. 또 만남
의 장막을 짓고 거기에서 제사 드릴 때 쓸
온갖 기구와 거룩한 옷을 만드는 데 쓸 것
을 모두들 자원해서 야훼께 선물로 바쳤다.
22남녀 구별 없이 야훼께 자원해서 금을 흔들
어 바치려는 사람은 모두 와서 브로치와 귀
고리와 인장반지와 목걸이 등 여러 가지
금붙이를 바쳤다.
23또 자줏빛 털실과 붉은 털실, 진홍색 털실,
고운 모시실, 염소털, 분홍색 숫양 가죽,
돌고래 가죽을 가진 사람들도 모두 있는
대로 헌납하였다.
24은과 구리를 선물로 바칠 수 있는 사람도
그것을 모두 야훼께 선물로 바쳤다. 또 제
사 기구를 만드는 데 쓰는 아카시아 나무를
가진 사람도 그것을 바쳤다.
25재주 있는 여자는 모두 손수 길쌈하여, 자
줏빛 털실과 붉은 털실, 진홍색 털실, 고운
모시실을 바쳤다.
26재간이 뛰어난 모든 여자가 숫염소 털실을
자았다.
27각 지파의 대표들은 에봇과 가슴받이에 박
을 홍옥수를 포함한 보석들,
28등유와 향유에 넣는 향료와 가루향에 넣는
향료를 바쳤다.
29남녀 구별 없이 모두에게, 야훼께서 모세를
시켜 명령하신 것들을 만드는 데 소용되는
것을 바칠 마음이 우러났다. 그래서 이스라
엘 백성은 이 모든 것을 자원하여 야훼께
헌납하였다.

모세가 기술자들을 임명하다

30◎모세가 이스라엘 백성에게 일렀다. "들어
라, 야훼께서 유다 지파 사람 후르의 손자
요 우리의 아들인 브살렐을 지명하여 부르
셨다.
31그에게 신통한 생각을 가득 채워, 온갖 일

을 멋지게 해내는 지혜와 재간과 지식을
갖추게 해주셨다.
32그래서 그는 여러 가지를 고안하여 금, 은,
동으로 그것을 만들고,
33테에 박을 보석에 글자를 새기고 나무를
다듬어 만드는 온갖 일을 잘하게 되었다.
34또 야훼께서는 그와 단 지파 사람 아히사막
의 아들 오홀리압에게 남을 가르치는 재주
도 주셨다.
35그들은 재주를 넘치게 받아 온갖 세공 일
과 무늬 놓는 일, 자줏빛 털실, 붉은 털실,
진홍색 털실, 고운 모시실로 수를 놓으며
천을 짜는 등의 모든 일을 멋지게 해낼 뿐
만 아니라 고안 솜씨도 좋았다.

36 야훼께서는 브살렐과 오홀리압과 그 밖
에 재주 있는 모든 사람들에게 지혜와
재간을 주시어, 성소에서 제사 드리는 데
쓸 모든 것을 잘 알아서 야훼께서 명하신
대로 만들게 하셨다."

자재 헌납을 중단시키다

2◎모세가 야훼께서 재주를 주신 브살렐과 오
홀리압과 그 밖의 모든 재주 있는 자들을
부르자 재간이 뛰어난 사람들이 모두 일을
하러 나섰다.
3그들은 이스라엘 백성이 성소를 지으라고
바친 모든 예물을 모세에게서 받았다. 그래
도 백성이 마음에서 우러나 아침마다 예물
을 모세에게 가져오자
4성소에서 여러 가지 일에 종사하던 기술자
들이 각기 하던 일을 중단하고 와서
5모세에게 말하였다. "백성들이 야훼께서 명
하신 일을 하는 데 소용되는 것이 남아도
는데도 자꾸만 가져옵니다."
6모세는 다음과 같이 영을 내려 진지에 두루
전하게 하였다. "이제는 남녀간에 성소를
짓는 데 헌납하는 일을 그만두어라." 그래
서 백성은 바치던 일을 그만두게 되었다.
7물자는 온갖 공사에 쓰고도 남을 만큼 넉
넉하였다.

성막을 짓다

8◎세공인 가운데서도 재주 있는 사람들이
성막을 만들었다. 우선 가늘게 꼰 모시실
과 자줏빛 털실, 붉은 털실, 진홍색 털실로
거룹 무늬를 놓아가며 천 열 폭을 짰다.
9한 폭 길이는 이십팔 척, 나비는 사 척으로
폭마다 치수를 같게 하여
10다섯 폭을 옆으로 나란히 잇고, 또 다른 다
섯 폭도 옆으로 나란히 이었다.
11나란히 이은 한쪽 끝에 붙은 폭 가장자리
에 자줏빛 털실로 고를 만들고 나란히 이
은 다른 한쪽 끝에 붙은 폭 가장자리에도
같은 고를 만들었다.
12한쪽 끝에 붙은 폭 가장자리에 고 오십 개
를 만들고 이와 서로 맞닿게 다른 한쪽 끝
폭 가장자리에도 고 오십 개를 만들었다.
13또 금으로 갈고리 오십 개를 만들어 이 두
쪽을 서로 맞걸어서 한 성막을 만들었다.
14◎성막 위에 씌울 천막은 염소털 피륙으로
열한 폭이 되게 만들었다.
15그 열한 폭은 각각 길이가 삼십 척, 나비가
사 척으로 모두 치수를 같게 하였다.
16다섯 폭을 따로 잇고 나머지 여섯 폭도 따
로 이었다.
17한쪽 끝에 붙은 폭 가장자리에 고 오십 개
를 만들어 달고, 다른 한쪽 끝에 붙은 폭
가장자리에도 고 오십 개를 만들어 달았다.
18그리고 놋쇠로 갈고리 오십 개를 만들어
두 쪽을 맞걸어서 한 천막이 되게 하였다.
19또 주홍 물을 들인 숫양 가죽으로 천막 덮
개를 만들어 씌우고 그 위에 돌고래 가죽
으로 또 덮개를 만들어 씌웠다.
20◎그는 또 성막을 세울 널빤지를 아카시아
나무로 만들었다.
21각 널빤지의 길이는 십 척, 나비는 일 척
반으로 하고
22널빤지마다 촉꽂이 두 개를 만들어 서로
잇대어 세웠다. 성막의 널빤지는 다 이와
같이 만들었다.
23성막 오른편인 남쪽 가장자리에는 널빤지
스무 장을 만들어 세우고
24널빤지 스무 장을 세울 밑받침 마흔 개는
은으로 만들었다. 널빤지마다 그 밑에 두
촉꽂이를 꽂을 밑받침 두 개를 만들었다.
다른 널빤지 밑에도 이렇게 두 촉꽂이를
꽂을 밑받침 두 개를 만들었다.
25그 반대편인 성막 북쪽 가장자리에도 널빤
지 스무 장을 만들어 세우고
26은받침 마흔 개를 만들어 한 널빤지 밑에
밑받침 두 개, 또 한 널빤지 밑에도 밑받침
두 개, 이렇게 두 개씩 만들어놓았다.
27성막 서쪽인 뒷면에는 널빤지 여섯 장을
만들어 세웠고
28널빤지 두 장을 더 만들어 뒷면 두 귀퉁이
에 겹으로 세웠다.
29이 널빤지들은 밑에서부터 겹으로 세워서
첫 고리 높이까지 같은 모양으로 세웠다.

30 한 널빤지 밑에 밑받침 두 개, 또 한 널빤
지 밑에도 밑받침 두 개, 이렇게 하여 널빤
지 여덟 장에 받칠 밑받침은 열여섯 개가
되었다.
31 그는 또 성막 한쪽 옆구리 널빤지들을 꿸
가로다지를 아카시아 나무로 다섯 개 만들
었다.
32 성막 다른 쪽 옆구리 널빤지들을 꿸 가로
다지도 다섯 개, 성막 서쪽 뒷면 널빤지들
을 꿸 가로다지도 다섯 개 만들었다.
33 중간 가로다지는 널빤지들 한가운데를 이
쪽 끝에서 저쪽 끝까지 미치게 하였다.
34 널빤지에는 금을 입히고 가로다지를 꿸 널
빤지의 고리는 금으로 만들고 가로다지에
도 금을 입혔다.

휘장과 막을 만들다

35 ◎그는 또 자줏빛 털실과 붉은 털실, 진홍
빛 털실, 가늘게 꼰 모시실로 거룹 모양의
무늬를 놓아가며 휘장을 짜서 만들었다.
36 이 휘장을 칠 기둥 네 개는 아카시아 나무로
만들고 금을 입혔다. 거기에 휘장을 칠 금
갈고리를 만들어 달고 은으로 밑받침 네
개를 만들어 기둥들을 그 위에 세웠다.
37 성막 문간을 가릴 막을 자주빛 털실, 붉은
털실, 진홍빛 털실, 가늘게 꼰 모시실로 무
늬를 놓아가며 짰다.
38 이 막을 칠 기둥 다섯 개와 갈고리를 만들
었는데 그 기둥 머리와 거기에 달 고리에
는 금을 입히고 밑받침 다섯 개는 놋쇠로
만들었다.

궤를 만들다

37 ◎브살렐이 아카시아 나무로 궤를 만들
었다. 길이는 이 척 반, 나비는 일 척
반, 높이도 일 척 반이었다.
2 순금판을 궤 안팎에 대고 둘레에는 금테를
둘렀다.
3 금고리 네 개를 만들어 네 귀퉁이 밑에 붙
였는데 한쪽에 고리 두 개, 다른 한쪽에도
고리 두 개를 붙였다.
4 또 아카시아 나무로 채를 만들어 금을 입혔
다.
5 이 채는 궤 양쪽에 붙은 고리에 끼워 궤를
들게 하였다.
6 ◎그는 순금으로 속죄판을 만들었다. 길이
는 이 척 반, 나비는 일 척 반이었다.
7 속죄판을 마치로 두드려 늘여서 거룹 둘이
양쪽에 자리잡게 하였는데
8 거룹 하나는 이쪽에, 또 한 거룹은 맞은쪽
에 자리잡게 하였다. 그 두 거룹은 속죄판
양쪽을 늘여서 만들었다.
9 거룹들은 날개를 위로 펴서 속죄판을 덮고
속죄판 쪽으로 얼굴을 맞대게 하였다.

제사 상을 만들다

10 ◎그는 아카시아 나무로 제사 상을 만들었
다. 길이는 이 척, 나비는 일 척, 높이는 일
척 반이었다.
11 그 상에 순금판을 대고 둘레에는 금테를
둘렀다.
12 손바닥 넓이만한 가름장을 만들어 제사 상
을 돌아가며 붙이고, 가름장에도 금테를
만들어 둘렀다.
13 금고리 네 개를 만들어 네 귀퉁이 상다리
마다에 붙이고
14 제사 상을 쳐들 채를 끼우게 고리를 만들
어 가름장 곁에 붙였다.
15 그 제사 상을 쳐드는 데 쓸 채는 아카시아
나무로 만들고 금을 입혔다.
16 제사 상에 딸린 대접들과 종지들과 제사에
쓰는 술병과 술잔들은 순금으로 만들었다.

등잔대를 만들다

17 ◎그는 순금으로 등잔대를 만들었다. 한 덩
이를 두드려서 밑동아리와 원대를 만들고,
또 두드려서 꽃받침과 꽃잎 모양을 갖춘
잔들이 벋어 나오게 만들었다.
18 원대 양쪽에서 곁가지가 모두 여섯 개 나
왔는데, 등잔대 한쪽에 곁가지가 세 개, 또
다른 쪽에도 곁가지가 세 개 나왔다.
19 한쪽 가지에 감복숭아 꽃받침과 꽃잎 모양
을 갖춘 잔 세 개, 또 다른 쪽 가지에도 감
복숭아 꽃받침과 꽃잎 모양을 갖춘 잔 세
개가 벋어 나왔다. 등잔대에서 나온 여섯
가지를 모두 같은 모양으로 만들었고
20 등잔대 원대에는 감복숭아 꽃받침과 꽃잎
모양을 갖춘 잔 네 개를 만들었다.
21 등잔대 양쪽으로 벋은 곁가지 바로 밑에
꽃받침 하나, 그 다음에 벋은 양쪽 다른 두
가지 바로 밑에도 꽃받침 하나, 그 다음에
벋은 양쪽 가지 바로 밑에도 꽃받침 하나
를 만들었다. 등잔대에서 벋은 곁가지 여
섯 개를 이렇게 만들었다.
22 이 꽃받침이 있는 곁가지들은 등잔대를 늘
여서 만들었는데, 모두 한 덩어리의 순금
을 두드려 만들었다.
23 등잔 일곱 개와 불집게와 불똥 받는 접시

도 순금으로 만들었다.
24이렇게 등잔대와 그 모든 기구를 만드는
데 순금 한 달란트가 들었다.

분향단을 만들다

25◎그는 아카시아 나무로 분향단을 만들었
다. 길이 일 척, 나비 일 척으로 네모 반듯
하고, 높이는 이 척이었다. 그 뿔들은 통나
무로 된 분향단에서 벋어나게 하였다.
26분향단 윗면과 네 옆면과 뿔들에 순금판을
대고 금테를 만들어 둘렀다.
27금고리 두 개를 만들어 그 테 및 반대쪽 두
옆구리에 붙여 거기에 채를 세워 분향단을
들게 하였다.
28그 채는 아카시아 나무로 만들어 금판을 씌
웠다.
29◎그리고 향을 만드는 법에 따라 성별하는
기름과 향기롭고 순수한 향을 만들었다.

제단을 만들다

38 ◎그는 아카시아 나무로 제단을 만들
었다. 제단은 길이도 오 척, 나비도
오 척으로 네모 반듯하고 높이는 삼 척이
었다.
2제단 네 귀퉁이에 뿔 네 개가 벋어나게 만
들고 제단에 놋쇠를 입혔다.
3그을음받이와 부삽과 피 뿌리는 쟁반과 집
게와 향로 등 제단에 딸린 모든 기구를 놋
쇠로 만들었다.
4제단에 두를 놋철망은 그물 모양으로 만들
어 제단 가두리 밑쪽에 달아, 철망이 제단
중간에까지 닿게 하였다.
5채를 꿸 고리 네 개를 부어 만들어, 놋쇠
그물 네 귀퉁이에 달았다.
6이 채는 아카시아 나무로 만들어 놋쇠를 입
혔다.
7그 채를 제단 양 옆구리에 있는 고리에 꿰
어 제단을 들 수 있게 하였다. 제단은 널빤
지로 속이 비게 만들었다.

물두멍을 만들다

8◎그는 놋쇠로 물두멍과 그 받침대를 만들
었다. 이 물두멍은 만남의 장막 문간에서
봉사하는 여인들의 놋거울을 녹여서 만들
었다.

성막 울을 만들다

9◎그는 울을 만들었다. 남쪽 오른편에 칠
울 휘장을 가늘게 꼬아 짠 모시로 길이가
백 척 되게 만들었다.
10그 휘장을 칠 기둥 스무 개와 밑받침 스무
개를 놋쇠로 만들고 기둥에 달 갈고리와
고리는 은으로 만들었다.
11북쪽에 칠 휘장도 길이가 백 척 되게 만들
었다. 휘장을 칠 기둥 스무 개와 밑받침 스
무 개를 놋쇠로 만들고 기둥에 달 갈고리
와 고리는 은으로 만들었다.
12서쪽 울에 칠 휘장도 길이가 오십 척 되게
만들고, 그 휘장을 칠 기둥 열 개와 밑받침
열 개를 만들었다. 기둥에 달 갈고리와 고
리는 은으로 만들었다.
13해가 뜨는 쪽인 정면의 길이도 오십 척이
었다.
14그 정문 한쪽 가에 밑받침 세 개를 놓고 그
위에 기둥 세 개를 세운 다음 십육 척 되는
휘장을 쳤다.
15다른 쪽 가에도 밑받침 세 개를 놓고 그 위
에 기둥 세 개를 세운 다음 십육 척 되는 휘
장을 쳤다. 이렇게 울 정문의 양쪽을 똑같
이 만들었다.
16울을 둘러치는 휘장은 모두 가늘게 꼰 모
시실로 짰다.
17그 기둥 밑받침은 놋쇠로 만들었고 갈고리
는 은으로 만들었으며 기둥 머리에 씌울
덮개도 은으로 만들었다. 울의 기둥마다에
은고리를 달았다.
18울 정문에 드리운 막은 자줏빛 털실과 붉
은 털실, 진홍색 털실, 가늘게 꼰 모시실로
수를 놓아가며 짠 피륙으로 길이는 이십
척, 나비는 오 척이었다. 이 막의 높이는
울의 휘장과 똑같이 오 척이었다.
19그 막을 칠 기둥 네 개와 밑받침 네 개를 놋
쇠로 만들었다. 기둥에 달 갈고리와 기둥
머리에 씌울 덮개와 거기에 달 고리는 은
으로 만들었다.
20성막의 말뚝과 울에 박을 말뚝은 모두 놋
쇠로 만들었다.

공사에 든 물자 명세서

21◎다음은 성막 곧 증거판을 모신 성막 공
사에 든 물자의 명세서이다. 이것은 사제
아론의 아들 이다말이 모세의 명령을 받아
레위 지파 사람들에게 수고시켜 계산한 것
이다.
22야훼께서 모세에게 만들라고 명령하신 모
든 것이 유다 지파의 사람, 후르의 손자이
자 우리의 아들인 브살렐의 손으로 이루어
졌다.

23그의 조수로서 단 지파 사람 아히사막의 아
들 오홀리압이라는 사람이 있었는데, 그는
세공 일도 하고 무늬를 고안하여 자줏빛
털실과 붉은 털실, 진홍빛 털실, 가늘게 꼰
모시실로 천을 짜는 일도 하였다.
24◎성소 건축비로 든 금, 곧 흔들어 바친 금
은 모두 성소 세겔로 이십구 달란트 칠백삼
십 세겔이었다.
25회중의 머릿수대로 거둔 은은 성소 세겔로
백 달란트 천칠백칠십오 세겔이었다.
26이것은 이십 세 이상으로 호적에 오른 육
십만 삼천오백오십 명이 낸 돈이다. 그들
은 한 사람당 성소 세겔로 반 세겔, 곧 한 베
카씩을 낸 셈이다.
27성소 밑받침과 휘장 밑받침을 부어 만드는
데 은 백 달란트가 들었다. 밑받침 하나에
은 한 달란트씩 모두 백 달란트로 밑받침 백
개를 만들었다.
28또 천칠백칠십오 세겔을 들여, 기둥의 갈고
리 머리에 씌울 덮개와 기둥에 달 고리들
을 만들었다.
29흔들어 바친 놋쇠는 칠십 달란트 이천사백
세겔이 되었다.
30그는 이 놋쇠로 만남의 장막 문간 밑받침
과 놋제단과 놋그물과 제단에 딸린 모든
기구를 만들었고,
31또 울 사면을 돌아가며 놓을 밑받침과 울
정문의 밑받침, 성막의 말뚝, 울에 박을 말
뚝을 모두 만들었다.

사제들이 입을 제복

39 ◎그들은 자줏빛 털실과 붉은 털실,
진홍빛 털실, 고운 모시실로 짠 천으
로 성소에서 예배 드릴 때 입을 제복을 만
들었다. 이렇게 야훼께서 모세에게 지시하
신 대로 아론이 입을 거룩한 제복을 만들
었다.
2◎그들은 금실과 자줏빛 털실, 붉은 털실,
진홍빛 털실, 가늘게 꼰 모시실로 짠 감으
로 에봇을 만들었다.
3금판을 늘인 다음 그것을 베어서 가는 줄
을 만들었다. 그리고 그것을 자줏빛 털실
과 붉은 털실, 진홍빛 털실, 가늘게 꼰 모
시실과 함께 무늬를 놓아가며 짰다.
4에봇에 멜빵을 두 개 만들어 에봇 양쪽 끝에
달았다.
5에봇을 잡아맬 관대는 한 솜씨로 에봇과 같
은 감인 자줏빛 털실과 붉은빛 털실, 진홍
빛 털실, 가늘게 꼰 모시실로 짠 천으로 만
들어 에봇에다 한데 붙였다. 이렇게 그들은
야훼께서 모세에게 지시하신 대로 하였다.
6금테에 끼울 홍옥수 두 개를 다듬어서, 보
석공이 인장반지 새기듯이 이스라엘의 아
들들의 이름을 거기에 새겼다.
7이 두 보석을 에봇의 양쪽 멜빵에 달아 이스
라엘 백성을 상징하는 보석으로 삼았다. 이
렇게 그들은 야훼께서 모세에게 지시하신
대로 하였다.
8◎다음으로 그들은 에봇을 만들던 같은 솜
씨로 가슴받이를 짜서 만들었다. 금실과
자줏빛 털실, 붉은빛 털실, 진홍빛 털실,
가늘게 꼰 모시실로 무늬를 놓아가며 짜서
만들었다.
9이 가슴받이는 길이 한 뼘, 나비 한 뼘 되
게 두 겹으로 네모 나게 만들고
10거기에 보석을 네 줄로 박았다. 첫째 줄에
는 홍옥수와 황옥과 취옥을 박고
11둘째 줄에는 홍옥과 청옥과 백수정을 박았
다.
12셋째 줄에는 풍신자석과 마노와 자수정을
박고
13넷째 줄에는 감람석과 얼룩 마노와 벽옥을
박았는데 각각 금테에 박았다.
14이스라엘의 아들이 열둘이니만큼 보석도
그 이름 수대로 열둘이 되었다. 열두 지파
의 이름을 인장반지 새기듯이 보석 하나하
나에 새겼다.
15가슴받이를 매어달 사슬들은 순금줄로 꼬
아 만들었다.
16금테 두 개와 금고리 두 개를 만들었다. 그
두 고리를 가슴받이 양쪽 끝에 달았다.
17가슴받이 양쪽에 단 두 고리에 두 금줄을
걸어 매고,
18이 두 금줄의 다른 쪽 두 끝은 두 고리에 걸
어 매달아 에봇 멜빵 앞쪽으로 늘어지게 하
였다.
19금고리 두 개를 만들어 에봇과 겹치는 가슴
받이 양쪽 안깃에 달고
20또 다른 금고리 두 개를 만들어 에봇 양쪽
멜빵 앞자락 가장자리 가까이 에봇 띠 조금
위에 달았다.
21그리고 자줏빛 털실로 꼰 줄을 이 고리와
에봇의 고리에 꿰고 가슴받이를 에봇 관대
조금 위에 잡아매어 가슴받이가 에봇에서
떨어지지 않게 하였다. 이렇게 그들은 야훼
께서 모세에게 지시하신 대로 하였다.
22◎또 그들은 에봇에 딸린 도포를 자줏빛 옷
감으로만 지었다.

23그 한가운데 머리를 넣을 구멍을 뚫고, 그
구멍 가장자리를 돌아가며 갑옷의 깃을 박
듯이 박아서 찢어지지 않게 하였다.
24자줏빛 털실과 붉은빛 털실, 진홍빛 털실,
가늘게 꼰 모시실을 엮어 석류 모양으로
술을 만들어 도포자락에 돌아가며 달았다.
25또 순금으로 방울을 만들어 도포자락을 돌
아가며 석류 술 사이에 섞어서 달았다.
26방울 하나, 석류 하나, 또 방울 하나, 석류
하나, 이렇게 도포자락에 돌아가며 달았
다. 이렇게 그들은 야훼께서 모세에게 지시
하신 대로 하였다.
27◎또 그들은 고운 모시로 아론과 그의 아들
들이 입을 속옷을 만들었다.
28고운 모시로 두건을, 화려하게 꾸민 사모
를 만들고, 고운 모시로 잠방이를 만들었
다.
29또 가늘게 꼰 모시실과 자줏빛 털실, 붉은
털실, 진홍빛 털실로 수를 놓아가며 띠를
만들었다. 이렇게 그들은 야훼께서 모세에
게 지시하신 대로 하였다.
30◎그들은 또 순금으로 성직자의 사모에 붙
일 패를 만들었다. 그 위에 인장을 새기듯
이 '야훼께 몸 바친 성직자'라고 새겼다.
31이것을 자줏빛 털실로 꼰 줄에 매어 사모
에 붙였다. 이렇게 그들은 야훼께서 모세에
게 명령하신 대로 하였다.
32◎성막 곧 만남의 장막의 공사가 모두 끝났
다. 이렇게 이스라엘 백성은 야훼께서 모세
에게 지시하신 대로 다 하였다.

모세가 모든 제품을 검사하다

33◎그리고 나서 그들은 성막을 모세에게 가
져왔다. 장막과 거기에 딸린 온갖 기구들,
곧 갈고리, 널빤지, 가로다지, 기둥, 밑받
침,
34주홍 물 들인 숫양 가죽으로 만든 덮개, 돌
고래 가죽으로 만든 덮개, 칸막이 휘장,
35증거궤, 채, 속죄판,
36제사 상과 거기에 딸린 모든 기구들, 제사
떡,
37순금등잔대와 거기에 얹어놓을 등잔들과
거기에 딸린 모든 기구와 등유,
38금제단, 성별하는 향유, 좋은 향기를 풍기
는 향, 장막 문간에 칠 막,
39놋제단과 거기에 칠 놋그물, 채, 기타 부속
기구, 물두멍과 받침대,
40울에 칠 휘장과 기둥과 밑받침, 울 정문에
칠 막과 줄과 말뚝, 그 밖에 성막 곧 만남
의 장막에서 예배 드리는 데 소용되는 모
든 기구들을 가져왔다.
41또 성소에서 예배 드릴 때에 입을 제복, 곧
사제 아론이 입을 거룩한 옷과 그의 아들들
이 제사 드릴 때 입을 옷을 가져왔다.
42이렇게 이스라엘 백성은 모든 일을 이루어
야훼께서 모세에게 지시하신 대로 하였다.
43모세가 이 모든 제품을 검사해 보았다. 모
든 것이 야훼께서 자기에게 지시하신 대로
된 것을 확인하고 모세는 그들에게 복을 빌
어주었다.

야훼께 성막을 세워 바치다

40 ◎야훼께서 모세에게 말씀하셨다.
2"너는 정월 초하루에 성막 곧 만남
의 장막을 세워라.
3거기에 증거궤를 두고, 그 궤 앞을 막으로
가려라.
4그리고 제사 상을 가져다 격식대로 상을
차려놓아라. 등잔대를 가져다 놓고 불들을
켜놓아라.
5또 너는 금분향단을 증거궤 앞에 가져다
놓고, 성막 문간을 가리는 막을 쳐라.
6성막, 곧 만남의 장막 문간 앞에 번제단을
가져다 놓아라.
7만남의 장막과 제단 사이에 물두멍을 놓고
물을 담아두어라.
8울 휘장을 돌아가며 치고, 울 정문에 막을
드리워라.
9그리고 성별하는 향유를 가져다가 성막과
그 안에 있는 모든 것에 발라 성막과 거기
에 있는 모든 기구를 성별하여라. 그리하
면 모든 것이 거룩하게 되리라.
10번제단과 거기에 딸린 모든 기구에 기름을
발라라. 이렇게 제단을 성별하여라. 그리
하면 이 제단은 거룩한 것 가운데서도 가
장 거룩한 것이 되리라.
11또 물두멍과 받침대에도 기름을 발라 성별
하여라.
12너는 아론과 그의 아들들을 만남의 장막 문
간으로 불러내어 물로 그들을 씻겨라.
13아론에게 거룩한 옷을 입히고 기름을 부어
성별하여라. 그러면 그가 나를 섬기는 사
제가 되리라.
14또 아론의 아들들을 불러내어 속옷을 입혀
라.
15그리고 그들의 아비에게 기름을 부었듯이
그들에게도 기름을 부어라. 그러면 그들이
나를 섬기는 사제가 되리라. 이렇게 그들

에게 기름을 부음으로써 그들은 대대로 영
원히 사제직을 맡게 되리라."
16◎모세는 야훼께서 지시하신 대로 다 하였
다.
17마침내 제이년 정월 초하루, 성막을 세울
때가 되어
18모세는 성막을 세웠다. 밑받침을 놓고 널빤
지를 맞추고 가로다지를 꿰었다. 기둥들을
세우고
19천막을 쳐 성막을 세우고 그 위에 천막 덮
개를 씌우니 야훼께서 모세에게 지시하신
대로 되었다.
20그는 증거판을 궤 안에 모셨다. 그 궤에 채
를 꿰고 궤 위에 속죄판을 덮었다.
21궤를 성막 안에 모시고 앞을 가리는 막을
쳤다. 이렇게 야훼께서 모세에게 지시하신
대로 증거궤를 가렸다.
22그는 만남의 장막 안, 성막 북쪽 가, 막 바
깥에 제사 상을 들여다 놓았다.
23야훼께서 모세에게 지시하신 대로 그는 제
사 상 위에 빵을 차려 야훼 앞에 바쳤다.
24등잔대를 만남의 장막 안으로 들여다가 성
막 남쪽 가 제사 상 맞은쪽에 놓고,
25거기 야훼 앞에 등잔불들을 올려놓았다. 이
렇게 모세는 야훼께 지시받은 대로 하였다.
26금제단을 만남의 장막 안에 들여다 막 앞
에 놓고,
27그 제단 위에서 모세는 야훼께 지시받은 대
로 좋은 향기를 내는 향을 피웠다.
28그리고 성막 문간에 막을 드리웠다.
29성막, 곧 만남의 장막 문 앞에 번제단을 놓
고 그 위에 번제물과 곡식예물을 바쳤다.
이렇게 모세는 야훼께 지시받은 대로 하였
다.
30만남의 장막과 제단 사이에 물두멍을 놓고
물을 거기에 담아두어
31모세와 아론과 아론의 아들들이 그 물을 떠
서 손발을 씻게 하였다.
32그리하여 만남의 장막 안으로 들어갈 때와
제단에 가까이 나갈 때마다 그들은 야훼께
서 모세에게 지시하신 대로 늘 손발을 씻
었다.
33그리고 울을 세워 성막과 제단을 둘러싸게
하고, 울 정문을 가리는 막을 드리웠다. 이
렇게 모세는 모든 일을 다 마쳤다.

야훼의 영광이 성막을 떠나지 않다

34◎그 때 구름이 만남의 장막을 덮고, 야훼
의 영광이 성막에 가득 찼다.
35이렇게 만남의 장막에 구름이 덮이고 야훼
의 영광이 성막에 가득 차 있었으므로 모세
는 감히 만남의 장막 안으로 들어갈 수가
없었다.
36◎이스라엘 백성은 구름이 성막에서 걷히기
만 하면 진을 거두고 떠났다.
37구름이 걷히지 않으면 걷히는 날까지 길을
떠나지 않았다.
38◎그들이 헤매고 떠도는 동안, 낮에는 야훼
의 구름이 성막을 덮어주었고 밤에는 그
구름에서 불이 비치어 이스라엘 온 족속의
눈앞을 환히 밝혀주었다.

레위기

번제에 관한 규정

1 ◎야훼께서 만남의 장막에서 모세를 부르
시고 말씀하셨다.
2"너는 이스라엘 백성에게 이렇게 일러라.
그들에게 이렇게 말하여라. '너희 가운데
누구든지 야훼께 예물을 바쳐야 할 경우에
는, 가축 가운데서는 소나 양을 예물로 바
쳐야 한다.
3누구든지 소를 번제물로 바치려면 흠이 없
는 수컷을 바치되 야훼께서 기뻐 받으시도
록 만남의 장막 문간으로 끌어다가 그 앞에
바쳐야 한다.
4그리고 번제물의 머리에 손을 얹도록 하여
라. 그러면 그것이 그의 죄를 벗겨주는 제
물로 받아들여질 것이다.
5그는 야훼 앞에서 그 소를 죽여야 하며, 아
론의 혈통을 이어받은 사제들이 그 피를 바
치는데 만남의 장막 문간에 있는 제단의 주
변에 그 피를 두루 뿌려야 한다.
6다음으로, 번제물을 바치는 사람이 그 가죽
을 벗기고 고기를 저며야 한다.
7아론의 혈통을 이어받은 사제들은 제단 위
에 불을 피우고 그 불에 장작을 펴놓아야 한
다.

8 아론의 혈통을 이어받은 사제들은 이 제단
위에 피운 장작불에 제물의 저민 고기와 머
리와 기름기를 차려놓아야 한다.
9 제물을 바치는 사람이 내장과 다리들을 물
에 씻으면, 사제들은 그것도 제단 위에 차
려놓고 모조리 살라야 한다. 이 번제는 불
에 타면서 향기를 풍겨 야훼를 기쁘게 해드
리는 제사이다.
10 누구든지 면양이나 염소를 번제물로 바
치려면, 흠이 없는 수컷으로 바쳐야 한다.
11 그가 그것을 제단 북쪽 야훼 앞에서 죽이면
아론의 혈통을 이어받은 사제들이 그 피를
제단의 주변에 두루 뿌려야 한다.
12 제물을 바치는 사람이 그 고기를 저며놓으
면, 사제들은 머리와 기름기와 함께 그 고
기를 제단 위에 피운 장작불에 차려놓아야
한다.
13 제물을 바치는 사람이 내장과 다리들을 물
에 씻으면, 사제들은 그것도 제단 위에 차
려놓고 모조리 살라야 한다. 이 번제는 불
에 타면서 향기를 풍겨 야훼를 기쁘게 해드
리는 제사이다.
14 누구든지 날짐승을 야훼께 번제물로 바치
려면, 산비둘기나 집비둘기를 바쳐야 한다.
15 사제는 그것을 제단에 가져다가 목을 부러
뜨려서 제단 위에서 사르고 피는 제단 턱에
대고 빼어야 한다.
16 제물을 바치는 사람은 멱통과 오물을 함께
떼어내어 제단 동쪽 잿더미에 버려야 한다.
17 그리고 두 날개를 잡고 아주 떨어지지 않게
몸통을 찢어놓으면 사제는 그것을 제단에
피운 장작불에 살라야 한다. 이 번제는 불
에 타면서 향기를 풍겨 야훼를 기쁘게 해드
리는 제사이다.

곡식예물에 관한 규정

2 ◎누구든지 야훼께 곡식을 예물로 바칠
경우에는 밀가루를 바치는데 그 위에 기
름을 붓고 향을 얹어
2 아론의 혈통을 이어받은 사제들에게 가져와
야 한다. 그 향 전부와 기름 밴 밀가루를 한
줌 가득 움켜 내어주면 사제는 그것을 정성
의 표시로 받아 제단에서 살라야 한다. 이
것이 불에 타면서 향기를 풍겨 야훼를 기쁘
게 해드리는 제사이다.
3 이 곡식예물의 남은 부분은 아론과 그의 아
들들의 몫이다. 이것은 야훼께 살라 바치는
거룩한 예물 가운데서도 가장 거룩한 예물
이다.
4 가마에 구운 곡식예물을 바칠 경우에는,
고운 밀가루를 가지고 누룩 없이 기름으로
만든 과자나 누룩 없이 기름만 발라 만든 속
빈 과자를 바쳐야 한다.
5 빵 굽는 판에 구운 곡식예물을 바치려면
고운 밀가루를 누룩 없이 기름으로 반죽한
것이라야 한다.
6 그것을 잘게 썰고 그 위에 기름을 부어라.
그것이 곡식예물이다.
7 냄비에 구운 곡식예물을 바치려면 고운
밀가루에 기름만 넣어 만든 것이어야 한다.
8 너희가 이렇게 만든 곡식예물을 야훼께 가
져다가 사제에게 드리면, 사제는 제단으로
가져다가
9 그 곡식예물에서 조금 갈라내어 정성의 표
시로 제단에서 살라야 한다. 이것이 불에
타면서 향기를 풍겨 야훼를 기쁘게 해드리
는 예물이다.
10 그 곡식예물에서 남은 것은 아론과 그의 아
들들의 몫이다. 이것은 야훼께 살라 바치는
예물로서 더없이 거룩한 것이다.
11 너희가 야훼께 바치는 곡식예물은 어떤
것이든지 누룩을 넣어서 만들면 안 된다. 야
훼께 살라 바치는 제물에 누룩이나 꿀은 넣
지 못한다.
12 햇곡식을 곡식예물로 야훼께 바칠 경우에는
그런 것을 넣어도 되지만 향기를 풍겨 야훼
를 기쁘게 해드리기 위하여 그런 것을 제단
에 바쳐서는 안 된다.
13 너희가 드리는 곡식예물에는 반드시 소금
을 쳐야 한다. 너희 곡식예물에 너희 하느
님과 계약을 맺을 때 치는 소금이 들어가지
않으면 안 된다. 너희가 바치는 모든 예물
에 소금을 쳐야 한다.
14 너희가 햇곡식을 곡식예물로 야훼께 바칠
때가 되거든 이삭을 불에 볶거나 햇곡식을
찧어 바치되
15 그 위에 기름을 붓고 향을 얹어서 바쳐라.
이것이 곡식예물이다.
16 사제는 찧은 곡식에 기름을 부은 것을 조금
갈라내어 정성의 표시로 향 전부와 함께 살
라 바쳐야 한다. 이것이 야훼께 살라 바치는
예물이다.

친교제에 관한 규정

3 누구든지 친교제물을 드리는데 소를 바
치려면, 수컷이거나 암컷이거나 흠이 없
는 것으로 야훼께 바쳐야 한다.
2 바치는 사람이 손을 그 소 머리에 얹고 나서

만남의 장막 문간에서 죽여야 한다. 그러면
아론의 혈통을 이어받은 사제들이 그 피를
제단의 주변에 두루 뿌려야 한다.
3 이 친교제물에서 야훼께 살라 바칠 것은 내
장을 덮은 기름기와 내장에 붙은 모든 기
름기,
4 두 콩팥과 거기에 붙어 있는 기름기, 곧 허
리께의 기름기와 간과 콩팥에서 떼어낸 기
름 덩어리이다.
5 아론의 아들들은 이것을 제단에 피운 장작
불 위에 놓인 번제물에 얹어 살라야 한다.
이것이 불에 타면서 향기를 풍겨 야훼를 기
쁘게 해드리는 제물이다.
6 누구든지 양을 친교제물로 야훼께 바치려
면 수컷이거나 암컷이거나 흠이 없는 것으
로 바쳐야 한다.
7 어린 양을 제물로 바칠 사람은 그 양을 야훼
께 끌고 와서
8 그 제물의 머리에 손을 얹고 나서 만남의
장막 앞에서 죽여야 한다. 그러면 아론의 아
들들은 그 피를 제단의 주변에 두루 뿌려야
한다.
9 제물 바치는 사람은 친교제물에서 기름기
를 떼어 야훼께 살라 바치는 제물로 바쳐야
한다. 그것은 곧 궁둥이뼈에서 떼어낸 꼬리
전부와 그 내장을 덮은 기름기와 내장에 붙
은 모든 기름기,
10 또 콩팥과 거기에 붙어 있는 기름기 곧 허리
께에 붙은 기름기, 간과 콩팥에서 떼어낸
기름 덩어리이다.
11 사제는 이것을 야훼께 올리는 제물로 제단
위에서 살라 바쳐야 한다.
12 누구든지 염소를 제물로 바치려면 그 염
소를 야훼께 끌고 와,
13 그 머리에 손을 얹고 나서 만남의 장막 앞에
서 죽여야 한다. 그러면 아론의 아들들은 그
피를 제단의 주변에 두루 뿌려야 한다.
14 그 제물에서 야훼께 살라 바칠 부분은 내장
을 덮은 기름기와 내장에 붙은 모든 기름
기와
15 콩팥과 거기에 붙어 있는 기름기 곧 허리께
에 붙어 있는 기름기, 그리고 간과 콩팥에
서 떼어낸 기름 덩어리이다.
16 사제는 그것들을 제단에서 살라 바쳐야 한
다. 이것이 불에 타면서 향기를 풍겨 야훼를
기쁘게 해드리는 제물이다.
기름기는 모두 야훼께 바쳐야 한다.
17 너희는 어디에 살든지 대대로 영원히 이 규
정을 지켜야 한다. 기름기나 피는 결코 먹
지 마라.'"

속죄제에 관한 규정

4 야훼께서 모세에게 말씀하셨다.
2 "너는 이스라엘 백성에게 이렇게 일러
라. '사람이 실수로 야훼의 명령을 어겨 하
지 말라고 하신 일을 하나라도 하였을 경우
에는 다음과 같이 해야 한다.
3 만일 기름 부어 세운 사제가 잘못해서 백
성에게 벌이 돌아오게 되면, 큰 짐승들 가
운데서 흠이 없는 수소 한 마리를 제물로 바
쳐 그가 잘못한 죄를 벗어야 한다.
4 그는 그 수소를 만남의 장막 문간, 야훼 앞
으로 끌고 와 그 머리에 손을 얹고 나서 야
훼 앞에서 죽여야 한다.
5 그러면 기름 부어 세운 사제가 그 수소 피를
조금 따라서 만남의 장막으로 가지고 들어
가서
6 그 피를 손가락에 찍어 야훼 앞에 드리운 성
막에다 일곱 번 뿌려야 한다.
7 사제는 그 피를 만남의 장막 안, 야훼의 앞
에 있는 향기 좋은 향을 피우는 분향단 뿔들
위에 붓고 수소의 나머지 피는 모두 만남의
장막 문간에 있는 번제단 밑바닥에 쏟아야
한다.
8 속죄제물이 된 수소의 모든 기름기를 떼어
내는데 내장을 덮은 기름기, 내장에 붙어
있는 기름기,
9 두 콩팥과 거기에 붙어 있는 기름기 곧 허리
께에 붙은 기름기, 간과 콩팥에 붙은 기름
덩어리를
10 친교제물이 된 소에서 떼어낼 때처럼 떼어
야 하고 그것을 사제가 번제단 위에서 살라
야 한다.
11 수소 가죽과 그 모든 살코기, 머리, 다리,
내장의 똥과 함께
12 그 수소의 나머지 전부는 진지 밖 깨끗한 곳
에 있는 잿더미로 내어다가 잿더미 위에 피
운 장작불에 태워야 한다.
13 만일 이스라엘 온 회중이 실수로 범죄하
였는데 모두들 그 사실을 모르고 있다거나,
야훼께서 하지 말라고 명령하신 것 가운데
어떤 하나라도 어겼을 경우에는,
14 자기들이 저지른 죄를 깨닫는 대로 곧 모여
큰 짐승 가운데서 수소를 잡아 속죄제물로
바쳐야 한다. 그 소를 만남의 장막 앞으로
끌어오면
15 회중의 장로들이 그 수소의 머리 위에 손을
얹고 나서 야훼 앞에서 죽여야 한다.

16 그러면 기름을 부어 세운 사제가 수소의 피
를 조금 따라서 만남의 장막으로 가지고 들
어가서
17 그 피를 손가락에 찍어 야훼 앞에 드리운 성
막에다 일곱 번 뿌려야 한다.
18 그리고 나서 그는 그 피를 얼마쯤 만남의 장
막 안, 야훼의 앞에 있는 제단 뿔들 위에 붓
고 나머지 피는 모두 만남의 장막 문간에 있
는 번제단 밑바닥에 쏟아야 한다.
19 그리고 기름기는 모두 떼어 제단에서 살라
야 한다.
20 그는 속죄제물을 처리한 방식대로 이 수소
도 처리해야 한다. 이렇게 사제가 그들의
죄를 벗겨주면 그들은 죄를 용서받을 것이
다.
21 그리고 그는 그 수소를 진지 밖으로 내어다
가 먼젓번 수소를 사른 것처럼 살라야 한다.
이것이 무리의 죄를 벗겨주는 제사이다.
22 만일 높은 자리에 있는 사람이 자기 하느
님 야훼께서 하지 말라고 명령하신 것을 한
가지라도 어겨 벌이 돌아오게 된 경우에는,
23 자기가 저지른 잘못을 깨닫는 대로 흠이 없
는 숫염소 한 마리를 제물로 끌어다가
24 그 염소 머리에 손을 얹고 나서 야훼 앞, 번
제물을 죽이는 자리에서 그것을 죽여야 한
다. 이것이 속죄제물이다.
25 사제는 이 속죄제물의 피를 손가락에 찍어,
번제단 뿔들에 바르고 나머지 피는 번제단
밑바닥에 쏟아야 한다.
26 그리고 그 기름기를 제단에서 친교제물의
기름기를 사르듯이 모두 살라야 한다. 이렇
게 사제가 죄를 벗겨주면 그는 죄를 용서받
을 것이다.
27 만일 일반 백성 가운데 누군가가 야훼께
서 하지 말라고 명령하신 것을 하나라도 실
수로 어겨 벌을 받게 된 경우에는,
28 자기가 저지른 잘못을 깨닫는 대로, 곧 흠
이 없는 암염소 한 마리를 끌어다가 자기가
저지른 죄를 벗겨주는 제물로 바쳐야 한다.
29 그가 그 속죄제물의 머리 위에 손을 얹고 나
서 번제물을 죽이는 자리에서 죽이면
30 사제는 그 피를 손가락에 찍어 번제단 뿔들
에 바르고 나머지 피는 모두 제단 밑바닥에
쏟아야 한다.
31 제물 바치는 사람이 그 모든 기름기를 친교
제물에서 기름기를 떼어내듯이 떼어내면,
사제는 그것을 제단에서 살라, 야훼를 기쁘
게 해드리는 향기가 풍기게 하여야 한다.
이렇게 사제가 그의 죄를 벗겨주면 그는 죄
를 용서받을 것이다.
32 만일 여느 사람이 면양을 속죄제물로 바
치려고 하면, 흠이 없는 암컷을 끌어다가
33 그 머리에 손을 얹고 나서 번제물을 죽이는
자리에서 죽여 속죄제물로 삼아야 한다.
34 사제는 그 속죄제물의 피를 손가락에 찍어
번제단 뿔들에 바르고 나머지 피는 모두 제
단 밑바닥에 쏟아야 한다.
35 제물 바치는 사람이 면양을 친교제물로 드
릴 때 떼어내듯이 그 양에서 모든 기름기를
떼어내면 사제는 그것을 제단에서 야훼께
살라 바치는 제물 위에 얹어놓고 살라야 한
다. 이렇게 사제가 그의 죄를 벗겨주면 그
는 죄를 용서받는다.

속죄제를 드려야 할 죄목과 제물 바치는 규정

5 누구든지 어떤 사건을 보아서 알거나 들
어서 알아 증인으로 출두하였을 때 바로
증언하지 않으면 저주를 받으리라는 선고
를 듣고서도 바르게 증언하지 않는 죄를
지었을 경우에는 그 죄의 책임을 면하지
못한다.
2 또 누구든지 부정한 들짐승의 주검이나 부
정한 가축의 주검이나 부정한 길짐승의 주
검과 같은 어떤 부정한 물건에 모르고라도
닿았을 경우에 그는 부정을 탄 사람이므로
그 부정을 벗어야 한다.
3 또 사람 몸에 있는 어떤 부정한 것에 닿았든
지 그런 줄을 모르고 닿았다고 하더라도 그
는 부정을 탄 사람이므로 깨닫는 대로 곧 그
부정을 벗어야 한다.
4 또 무슨 일이든지 함부로 입술을 놀려 맹세
한 사람은 비록 모르고 한 일이라 하더라도
자기가 맹세한 일이면 그 무엇이든지 깨닫
는 대로 책임을 져야 한다.
5 위에 말한 것 중의 어느 하나에라도 걸렸을
경우에는 자기가 어긴 그 잘못을 고백하고
6 그 벌로 야훼께 속죄제물을 드리는데 양떼
가운데서 면양이든지 염소든지 암컷 한 마
리를 바쳐야 한다. 이렇게 사제가 그의 죄
를 벗겨주면 그는 죄를 용서받을 것이다.
7 만일 그에게 작은 짐승 하나라도 마련할
힘이 없다면 자기의 잘못에 대한 벌로 산비
둘기 두 마리나 집비둘기 두 마리를 가져다
가 한 마리는 속죄제물로 바치고 한 마리는
번제물로 바쳐야 한다.
8 그 비둘기들을 사제에게 바치면, 사제는 속
죄제물부터 바치는데 목을 부러뜨리되 떨
어지지 않게 하여야 한다.

9그리고 그 속죄제물의 피를 제단 턱에 뿌리
고 나머지 피는 빼어서 제단 밑바닥에 흘려
야 한다. 이것이 속죄제물이다.
10다음 비둘기는 법을 따라 번제물로 바쳐야
한다. 이렇게 사제가 그의 잘못을 벗겨주면
그는 죄를 용서받을 것이다.
11 만일 그에게 산비둘기 두 마리나 집비둘
기 두 마리를 마련할 힘도 없다면, 자기의
잘못에 대한 벌로 밀가루 십분의 일 에바를
속죄제물로 바쳐야 한다. 그러나 이것은 속
죄제물이기 때문에 기름이나 향을 그 위에
얹지 못한다.
12그가 사제에게 그것을 바치면, 사제는 가루
한 움큼을 쥐어서 야훼께 살라 바치는 제물
위에 얹어 정성의 표시로 제단에서 살라야
한다. 이것이 속죄제물이다.
13위에 말한 것 중의 어느 하나에라도 걸린 사
람은 사제가 이렇게 그의 잘못을 벗겨주면
죄를 용서받을 것이다. 그 제물은 곡식예물
처럼 사제의 몫이 된다.'"

면죄제에 관한 규정

14◎야훼께서 모세에게 말씀하셨다.
15"누구든지 야훼에게 거룩한 것을 바칠 때
성실치 못하여 실수해서 제대로 바치지 못
했을 경우에는 그 잘못에 대한 벌로 자기의
양떼 가운데서 흠없는 면양 수컷 한 마리를
야훼에게 바쳐야 한다. 이것이 면죄제물이
다. 그 양이 성소 세겔로 달아 몇 세겔짜리
가 되어야 하는가는 네가 결정해 주어라.
16거룩한 것을 제대로 바치지 못한 잘못을 보
상해야 하는데 그 보상하는 값의 오분의 일
을 더 보태서 사제에게 내야 한다. 사제가
그 잘못한 벌로 내는 숫양을 바쳐서 그의 죄
를 벗겨주면, 그는 죄를 용서받을 것이다.
17 누구든지 야훼가 하지 말라고 명령한 것
가운데 그 어느 한 가지라도 어겼을 경우에
는 비록 모르고 했더라도 벌을 받아야 한다.
그는 그 죄의 책임을 면하지 못한다.
18그는 그 잘못한 데 대한 벌로 양떼 가운데서
흠없는 면양 수컷 한 마리를 사제에게 가져
와야 한다. 그 양의 값은 네가 결정해 주어
라. 실수해서 모르고 잘못한 것을 벗겨주는
제물로 그것을 사제가 바치면, 그는 죄를
용서받을 것이다.
19이것이 면죄제물이다. 그는 자기 잘못에 대
한 벌로 이 제물을 야훼에게 바치지 않을 수
없는 것이다."

㉠ 개신교에서 쓰는 종래 성서는 여기에서 6장이 시작된다.

20◎㉠야훼께서 모세에게 말씀하셨다.
6:1 21"누구든지 동족의 위탁물이나 담보물을 횡
2 령하든지 동족의 물건을 훔치거나 빼앗아
서 야훼에게 불성실한 죄를 지었을 경우,
22남이 잃은 물건을 집어넣고서도 모른다고
3 잡아떼거나, 그런 사람이 저지를 수 있는
온갖 잘못에 대하여 위증을 하는 경우,
23그것이 잘못인 줄 알고 책임을 느끼면, 그
4 는 자기가 훔친 물건이나 협박하여 뺏은 물
건이나 맡았던 물건이나 집어넣었던 분실
물을 돌려주어야 한다.
24또는 그가 위증하면서 잡아떼던 물건은 그
5 모든 물건의 오분의 일을 더 보태어 임자에
게 갚되, 면죄제물을 바치는 날로 갚아야
한다.
25그가 야훼에게 바칠 면죄제물은 양떼 가운
6 데서 고른 흠없는 면양 수컷 한 마리인데 그
양의 값은 네가 결정해 주어라. 그는 이 면
죄제물을 사제에게 가져와야 한다.
26이렇게 사제가 야훼 앞에서 그의 죄를 벗겨
7 주면 그는 벌을 받을 무슨 일을 했든지 그
죄를 용서받을 것이다."

번제를 드리면서 사제가 지킬 조항

6

1 ◎야훼께서 모세에게 말씀하셨다.
8 2"너는 아론과 그의 아들들에게 이렇게
9 지시하여라. '번제를 드리는 규정은 다
음과 같다. 제단에는 늘 불이 타고 있어야 한
다. 제단에서 타는 그 불 위의 번제물은 아
침이 될 때까지 밤새도록 남아 있어야 한다.
3 사제는 모시 속두루마기를 입고 맨살에 모
10 시 잠방이를 입어야 하며 제단에서 불에 타
고 남은 번제물의 재를 쳐서 제단 옆에 두어
야 한다.
4 그리고는 그 옷을 벗고 다른 옷으로 갈아입
11 은 다음, 진지 밖 깨끗한 곳에 그 재를 내다
버려야 한다.
5 제단 위에서 타는 불은 꺼지면 안 된다. 사
12 제는 아침마다 장작을 지피고 번제물을 그
위에 차려놓으며 친교제물의 기름기를 그
위에서 살라야 한다.
6 제단에서는 불이 꺼지지 않고 늘 타고 있어
13 야 한다.

곡식예물을 드리면서 사제가 지킬 조항

7 곡식예물을 바치는 규정은 다음과 같다.
14 아론의 아들들이 그 예물을 제단 앞에서 야
훼께 바치는데,

8 곡식예물로 드린 기름 먹은 밀가루를 한줌
15 집어내어 곡식예물 위에 얹힌 향 전부와 함
께 제단에서 살라야 한다. 이것을 정성의
표시로 사르면, 야훼를 기쁘게 해드리는 예
물이 되는 것이다.
9 거기에서 남은 것은 아론과 그의 아들들만
16 이 먹을 수 있다. 그러나 누룩 없는 빵을 만
들어 거룩한 곳, 즉 만남의 장막 울 안에서
먹어야 한다.
10 나에게 살라 바친 예물에서 내가 그들에게
17 주는 몫에 누룩을 넣어 구워서는 안 된다.
이것은 속죄제물과 면죄제물과 같이 더없
이 거룩한 것이다.
11 아론의 후손 가운데 남자는 그것을 먹을 수
18 있다. 너희가 야훼께 예물을 살라 바칠 때
대대로 영원히 지킬 규정은 위와 같다. 이
예물에 닿는 것은 무엇이든지 거룩하게 된
다.'"
12 ◎야훼께서 모세에게 말씀하셨다.
19
13 "아론과 그의 아들들을 기름 부어 세우는
20 날, 다음과 같은 예물을 야훼에게 바쳐야 한
다. 정기적으로 곡식예물을 바치듯이 밀가
루 십분의 일 에바를 바치는데 아침에 절반,
저녁에 절반을 바쳐야 한다.
14 기름에 반죽하여 빵 굽는 판에 구운 것을 가
21 져다가, 여러 조각을 내어 곡식예물로 야훼
에게 바쳐야 한다. 이것이 향기를 풍기어 야
훼를 기쁘게 하는 예물이다.
15 아론의 후손들 가운데 그 뒤를 이어 사제가
22 될 사람을 기름 부어 세울 때에, 그도 영원
히 지킬 규정을 따라 이렇게 해야 한다. 이
예물은 온전히 살라 야훼에게 바치는 것이
다.
16 사제가 바치는 곡식예물은 온전히 바쳐야
23 한다. 아무도 그것을 먹어서는 안 된다."

속죄제물을 드리면서 사제가 지킬 조항

17 ◎야훼께서 모세에게 말씀하셨다.
24
18 "아론과 그의 아들들에게 일러주어라. '속
25 죄제를 드리는 규정은 다음과 같다. 속죄제
물은 번제물을 죽이는 자리, 야훼의 앞에서
죽여야 한다. 이 제물은 더없이 거룩한 것
이다.
19 그 제물은 바친 사제가 먹어야 하는데 만남
26 의 장막 울 안 거룩한 곳에서 먹어야 한다.
20 그 살코기에 닿은 것은 다 거룩하게 된다.
27 그 피가 옷에 튀었을 경우에는, 그 피가 튄
데를 거룩한 곳에서 빨아야 한다.
21 그 고기를 끓인 오지그릇은 깨뜨려야 한다.
28 놋그릇에 넣고 끓였으면, 물을 넣어 말끔히
닦아내어야 한다.
22 남자로서 사제가 된 사람은 누구든지 그것
29 을 먹을 수 있다. 그것은 더없이 거룩한 제
물이다.
23 그러나 성소에서 사람의 죄를 벗겨주는 예
30 식을 치를 때 제물의 피를 만남의 장막 안으
로 가져다 바쳤으면, 그 속죄제물은 먹지
못하는 것이므로 불에 태워야 한다.

면죄제를 드리면서 사제가 지킬 조항

7 면죄제물을 드리는 규정은 다음과 같다.
그것은 더없이 거룩한 제물이므로
2 번제물을 죽이는 자리에서 면죄제물을 죽
이고 그 피를 제단의 주변에 두루 뿌려야
한다.
3 그리고는 그 제물에서 기름기를 모두 거두
어 바쳐야 한다. 꼬리를 비롯해서 내장을
덮은 기름기,
4 두 콩팥과 거기에 붙어 있는 기름기 곧 허리
께의 기름기, 간과 콩팥에 붙은 기름 덩어
리를 떼어내어야 한다.
5 사제는 그것들을 받아 제단에서 야훼께 사
르는 제물로 바쳐야 한다. 이것이 면죄제물
이다.
6 남자로서 사제가 된 사람은 누구든지 그것
을 먹을 수 있지만 거룩한 곳에서 먹어야 한
다. 그것은 더없이 거룩한 것이다.

사제에게 돌아갈 몫

7 속죄제물이나 면죄제물은 같은 규정을
따라야 한다. 죄를 벗겨주는 예식을 치르는
사제가 그 제물을 자기 몫으로 차지한다.
8 사람에게서 번제물을 받아 바쳤으면, 그것
을 바친 사제가 그 번제물의 가죽을 차지
한다.
9 가마에서 구운 곡식예물이나 냄비나 빵 굽
는 판에다 구워낸 예물은 모두 그것을 바친
사제의 몫이다.
10 모든 곡식예물은 기름에 반죽한 것이든지
하지 않은 것이든지 아론의 모든 아들들에
게 균등하게 돌아가야 한다.

친교제를 드리면서 사제가 지킬 조항

11 야훼께 친교제물을 바치는 규정은 다음과
같다.
12 친교제물을 감사의 뜻을 겸하여 바치려면,
감사의 희생제물에다가 누룩 없이 기름으
로 반죽하여 만든 과자와 누룩 없이 기름만

발라 만든 속 빈 과자와 고운 밀가루를 기름
에 개어 과자 모양으로 만든 것을 덧붙여 바
쳐야 한다.
13그리고 이런 예물은 누룩 넣은 빵과자를 곁
들이고 받은 복이 고마워서 드리는 희생제
물을 얹어서 바쳐야 한다.
14이 예물 가운데서 한 개만 집어 야훼께 들어
바치고, 나머지는 친교제물의 피를 따른 사
제에게 돌려야 한다.
15받은 복이 고마워서 드리는 희생제물의 고
기는 바치는 그날로 먹어야 한다. 다음날
아침까지 남겨두면 안 된다.
16 서약한 대로 드린 제물이나 마음에 우러
나서 드린 제물은 바친 날 다 먹지 못하고
남았을 때 다음날 먹어도 된다.
17그러나 사흘째 되는 날에는 그 남은 제물 고
기를 불에 태워야 한다.
18 만일 사흘째 되는 날에 자기가 바친 친교
제물의 고기를 먹는 사람이 있으면, 그 제
물을 바친 사람은 야훼께 못마땅하게 보여
바친 보람도 없이 될 것이다. 그것은 부정
하게 되었으므로 그 제물을 먹은 사람은 벌
을 면하지 못할 것이다.
19모든 부정한 것에 닿은 고기는 먹지 못한다.
그러므로 불에 태워버려야 한다. 깨끗하게
된 사람은 누구든지 제물 고기를 먹을 수
있다.
20부정한 몸으로 야훼께 바친 친교제물의 고
기를 먹는 사람은 그 겨레로부터 추방해야
한다.
21만일 사람이든지 짐승이든지 혹은 어떤 더
러운 것이든지 부정한 것에 손을 댄 사람이
야훼께 바친 친교제물 고기를 먹었다면 그
를 겨레로부터 추방해야 한다.'"

피와 기름기는 먹지 못한다

22◎야훼께서 모세에게 말씀하셨다.
23"너는 이스라엘 백성에게 일러라. '너희는
결코 소나 양이나 염소의 기름기를 먹지 못
한다.
24죽은 짐승의 기름기와 야수에게 찢긴 짐승
의 기름기를 다른 일에는 사용할 수 있으나
먹지는 못한다.
25야훼께 살라 바치는 가축의 기름기를 먹는
사람은 마땅히 겨레로부터 추방해야 한다.
26너희는 어디에서 살든지, 모든 새와 짐승의
피를 결코 먹지 마라.
27어떤 피든지 그것을 먹는 사람은 겨레로부
터 추방해야 한다.'"

친교제에서 사제에게 돌아올 몫

28◎야훼께서 모세에게 말씀하셨다.
29"너는 이스라엘 백성에게 일러라. '야훼께
친교제를 드리는 사람은 그 친교제물의 한
부분을 예물로 바쳐야 한다.
30그가 이렇게 손수 가져다가 야훼께 살라 바
칠 것은 가슴에 붙은 기름기이다. 그러나
그는 이 기름기와 함께 갈비도 가져다가 흔
들어 야훼께 예물로 바쳐야 한다.
31그 기름기는 사제가 제단에서 살라 바치고
갈비는 아론과 그의 후손의 몫으로 돌아가
야 한다.
32너희가 바치는 친교제물의 오른쪽 뒷다리
는 사제에게 선물로 주어야 한다.
33이 오른쪽 뒷다리는 아론의 후손 가운데서
도 그 친교제물의 피와 기름기를 바친 바로
그 사람의 몫이 되어야 한다.
34나는 이스라엘 백성에게서 친교제물을 받아
그 중에서 흔들어 바친 갈비와 쳐들어 바친
뒷다리를 사제 아론과 그의 후손에게 준다.
이것은 이스라엘 백성이 길이길이 지켜야
할 규정이다.'"
35◎이것이 아론과 그의 후손들이 야훼의 사제
로 임명되는 날부터 야훼께 살라 바친 제물
에서 그들이 받을 몫으로 정해진 것이다.
36그들을 기름 부어 사제로 세우신 날부터 이
것을 그들에게 주라고 야훼께서 이스라엘 백
성에게 명령하셨던 것이다. 이것은 그들이
대대로 지켜야 할 규정이다.

제사에 관한 결론

37◎이것이 번제물과 곡식예물과 속죄제물과
면죄제물과 임관제물과 친교제물을 드릴
때 지켜야 할 법규이다.
38야훼께 예물 바칠 것을 시나이 광야에서 이
스라엘 백성에게 지시하던 날, 야훼께서 시
나이 산에서 모세에게 이렇게 명령하셨던
것이다.

첫 사제 임명식

8 ◎야훼께서 모세에게 말씀하셨다.
2"너는 아론과 그의 아들들을 함께 불러
오너라. 또 옷들과 성별하는 기름과 속죄제
물이 될 수소와 숫양 두 마리와 누룩 넣지
않은 떡 바구니를 가져오너라.
3그리고 여기 만남의 장막 문간으로 온 회중
을 모아라."
4모세는 야훼께서 지시하신 대로 하였다. 회
중이 만남의 장막 문간으로 모여들자

5 모세는 회중에게 "야훼께서 이렇게 하라고 분부하셨다." 하고 말하였다.

6 ◎모세는 아론과 그의 아들들을 데려다가 물로 씻겼다.

7 그는 아론에게 속옷을 입히고 띠를 매어주었다. 그리고 겉옷을 입히고 에봇을 걸쳐준 다음, 그 에봇이 몸에 꼭 붙어 있도록 관대를 매었다.

8 가슴받이를 달아주고, 그 가슴받이 속에 우림과 둠밈을 넣었다.

9 그리고 그의 머리에 사모를 씌우고, 사모 앞쪽에 금으로 만든 성직패를 달아주었다. 이렇게 모세는 야훼께서 자기에게 지시하신 대로 하였다.

10 그리고 모세는 성별하는 기름을 가져다가, 성막과 그 안에 있는 모든 것을 성별하고

11 그 기름을 제단에 일곱 번 뿌렸다. 이렇게 그 제단과 거기에 딸린 모든 기구, 물두멍과 그 밑받침을 기름으로 성별하였다.

12 ◎다음으로 성별하는 기름을 아론의 머리에 부어 그를 성별하였다.

13 모세는 또 아론의 아들들을 불러 속옷을 입히고, 띠를 띠워주고, 두건을 감아주었다. 이렇게 모세는 야훼께서 자기에게 지시하신 대로 하였다.

14 그리고 나서 속죄제물로 드릴 황소를 끌어오게 하였다. 아론과 그의 아들들이 속죄제물인 황소의 머리에 손을 얹었다.

15 모세는 그 황소를 죽이고 피를 손가락에 찍어 제단 뿔들에 두루 발랐다. 이렇게 제단을 깨끗이 하고 나머지 피는 제단 밑바닥에 쏟아 제단을 성별하여 속된 것을 벗겨주었다.

16 그리고 모세는 내장에 붙어 있는 모든 기름기와 간에 붙어 있는 기름 덩어리와 두 콩팥과 거기에 붙어 있는 기름기를 떼어 제단에서 사르고,

17 남은 황소를 가죽과 살과 똥과 함께 진지 밖에서 불에 태웠다. 이렇게 모세는 야훼께서 자기에게 지시하신 대로 하였다.

18 ◎또 번제로 드릴 숫양을 끌어오게 하셨다. 아론과 그의 아들들이 그 숫양의 머리에 손을 얹었다.

19 모세는 그 숫양을 죽이고 그 피를 제단의 주변에 두루 뿌렸다.

20 그리고 모세는 그 숫양을 저며 머리와 저민 고기와 기름기를 살랐다.

21 모세는 물로 씻은 내장과 발과 함께 그 숫양을 온통 제단에서 살랐다. 이것이 향기를 풍기며 야훼를 기쁘게 해드리는 번제로서, 야훼께 살라 바치는 제사였다. 이렇게 모세는 야훼께서 자기에게 지시하신 대로 하였다.

22 그리고 나서 모세는 임관식 제사에 쓸 다음 숫양을 끌어오게 하였다. 아론과 그의 아들들이 그 숫양의 머리에 손을 얹었다.

23 모세는 그 숫양을 죽이고, 그 피를 얼마쯤 가져다가 아론의 오른쪽 귓바퀴 끝과 오른 엄지손가락과 오른 엄지발가락에 발랐다.

24 또 모세는 아론의 아들들을 데려다가 그들의 오른쪽 귓바퀴 끝과 오른 엄지손가락과 오른 엄지발가락에 그 피를 발라주었다. 그리고 남은 피는 제단의 주변에 두루 뿌렸다.

25 그리고 그는 기름기를 떼어내고 꼬리를 비롯해서 내장에 붙어 있는 기름기와 간에 붙어 있는 기름 덩어리와 두 콩팥과 거기에 붙어 있는 기름기를 떼어내었다. 그리고 오른쪽 뒷다리도 떼어내었다.

26 야훼께 바친 누룩 없는 떡 바구니에서 누룩 없는 과자 한 개와 기름 넣어 만든 빵과자 한 개와 속 빈 과자 한 개를 집어, 기름기와 오른쪽 뒷다리 위에 얹었다.

27 이것을 모두 아론과 아론의 아들들의 손에 얹어놓고, 야훼께 흔들어 바치게 하였다.

28 모세는 그들의 손에서 그것을 집어다가, 제단에서 번제물 위에 얹고 살랐다. 이것이 임관식 제사로서 불에 타며 향기를 풍겨 야훼를 기쁘게 해드리는 제사였다.

29 모세는 갈비를 통째로 들어 야훼 앞에 흔들어 바쳤다. 그것이 임관제물로 바친 숫양 고기 중에서 모세의 몫이 되었다. 이렇게 모세는 야훼께서 자기에게 지시하신 대로 하였다.

30 그리고 모세는 성별하는 기름과 제단에 있는 피를 가져다가 제복을 입고 있는 아론에게 뿌렸다. 그리고 제복을 입고 함께 서 있는 아론의 아들들에게도 뿌렸다. 이렇게 아론과 그의 옷, 아론의 아들들과 그들의 옷들을 함께 거룩하게 하였다.

31 ◎그리고 모세는 아론과 그의 아들들에게 일렀다. "그대들은 고기를 만남의 장막 문간에서 끓여, 임관제물 바구니에 담긴 빵과 함께 거기에서 먹도록 하시오. '아론과 그의 아들들이 그것을 먹어야 한다' 하고 나에게 지시하셨으니 그대로 하시오.

32 남은 고기와 빵은 불에 태워버리시오.

33 임관 예식이 진행되는 칠 일 동안 만남의 장막 문을 나서지 마시오. 임관 예식은 칠 일

간 계속되게 되어 있소.
34 야훼께서는 그대들의 죄를 벗기는 예식을
오늘 한 것을 본떠 그대로 거행하라고 지시
하셨소.
35 그러니 죽지 않으려거든 칠 일 동안을 꼬박
만남의 장막 문 안에 머물러 있으면서 절차
를 따라 야훼께 예배를 드려야 하오. 이것이
내가 받은 명령이오."
36 그래서 아론과 그의 아들들은 야훼께서 모세
를 시켜 지시하신 대로 하였다.

아론이 첫 제사를 드리다

9 ◎팔 일째 되는 날 모세는 아론과 그의 아
들들, 그리고 이스라엘의 장로들을 불러
다 놓고,
2 아론에게 말하였다. "소떼 가운데서 속죄제
물로 바칠 송아지 한 마리와, 또 번제물로
바칠 숫양 한 마리를 흠이 없는 것으로 골라
야훼 앞에 끌고 오시오.
3 그리고 이스라엘 백성에게 이렇게 이르시오.
'너희가 속죄제물로 바칠 숫염소 한 마리와
번제물로 바칠 송아지와 일 년 된 어린 양을
흠이 없는 것으로 한 마리씩 끌고 오너라.
4 또 친교제물로 바칠 황소와 숫양을 끌어오
고, 기름에 반죽하여 만든 곡식예물을 가져
오너라. 야훼께서 오늘 너희에게 나타나실
것이다.'"
5 ◎그들이 모세가 지시한 것들을 만남의 장
막 앞으로 끌어오고, 온 회중이 모여 야훼
앞에 서자
6 모세는 이렇게 말하였다. "이것은 야훼께서
지시하신 일이다. 야훼의 영광이 너희에게
나타나실 것이다."
7 그리고 모세는 아론에게 일렀다. "제단으로
나가서 형과 형 집안의 죄를 벗도록 속죄제
와 번제를 드리시오. 또 백성이 드리는 예
물을 바쳐 그들의 죄를 벗겨주시오. 이것은
야훼께서 지시하신 것이오."
8 아론은 제단으로 나아가 자기의 죄를 벗겨
줄 속죄제물인 송아지를 잡았다.
9 아론의 아들들이 그 피를 아론에게 바치자
아론은 손가락에 그 피를 찍어 제단 뿔들에
바르고 나머지 피는 제단 밑바닥에 쏟았다.
10 그리고 그는 속죄제물에서 떼어낸 기름기
와 콩팥과 간에 붙어 있는 기름 덩어리를 제
단에서 살랐다. 이렇게 그는 야훼께서 모세
에게 지시하신 대로 하였다.
11 그리고 살코기와 가죽을 진지 밖에서 불에
태워버렸다.
12 ◎다음에 아론은 번제물을 죽였다. 그의 아
들들이 그 피를 받아 아론에게 바치자 아론
은 그것을 제단의 주변에 두루 뿌렸다.
13 또 그들이 번제물을 저며 머리와 함께 아론
에게 드리자 아론은 그것을 제단에서 사르
고
14 내장과 다리들을 씻어 번제물에 얹어놓고
제단에서 살랐다.
15 ◎다음에 아론은 백성의 예물을 드렸다. 백
성의 죄를 벗겨줄 속죄제물인 숫염소를 죽
여, 먼저처럼 속죄제물로 바쳤다.
16 그 다음 번제물도 끌어다가 규정대로 바쳤
다.
17 또 곡식예물을 가져다가 한 움큼 가득히
제단에 올려놓고 아침 번제물에 보태어 살
랐다.
18 그리고 나서 아론은 백성이 친교제물로 드
리는 황소와 숫양을 죽였다. 그의 아들들이
그 피를 받아 아론에게 바치자 아론은 그것
을 제단의 주변에 두루 뿌렸다.
19 그 황소와 숫양의 기름기, 곧 꼬리와 내장
에 덮인 기름기와 콩팥과 간에 붙어 있는 기
름 덩어리를 떼어내어
20 그것을 갈비 위에 얹어, 제단에서 살랐다.
21 그리고 아론은 갈비와 오른쪽 뒷다리를, 야
훼께 흔들어 바쳤다. 이렇게 그는 모세가 지
시한 대로 하였다.
22 ◎그리고 아론은 백성을 향하여 손을 들고
복을 빌어주었다. 이렇게 그는 속죄제와 번
제와 친교제를 모두 드리고 내려왔다.
23 또 모세와 아론이 만남의 장막에 들어갔다
가 나오며 백성에게 복을 빌어주었다. 그러
자 야훼의 영광이 온 백성에게 나타났다.
24 야훼 앞으로부터 불이 나와 제단 위의 번제
물과 기름기를 살라버렸다. 온 백성이 그것
을 보고 환성을 올리며 땅에 엎드렸다.

나답과 아비후의 변사

10 ◎아론의 두 아들 나답과 아비후는 저마
다 들고 있는 향로에 불을 담고 그 불
에 향을 피우며 야훼께 바쳤다. 그러나 그
불은 야훼께서 지시하신 것과는 다른 불이
었다.
2 야훼 앞으로부터 불이 나와 그들을 삼키자
그들은 야훼 앞에서 죽었다.
3 이것을 보고 모세가 아론에게 일렀다. "야훼
께서 이렇게 말씀하셨소. '내 가까이에서
나를 섬기는 자들에게 나의 거룩함을 드러
내리라. 온 백성 앞에 나의 위엄을 나타내

리라.'" 아론은 다만 입을 다물고 있었다.
4 ◎모세는 아론의 삼촌 우찌엘의 두 아들 미사
엘과 엘사반을 불러놓고 "어서 가서 너의 조
카들을 성소에서 진지 밖으로 끌어내어라."
하고 일렀다.
5 그들은 모세가 시키는 대로 들어가서 조카
들의 속옷을 잡고 진지 밖으로 끌어내었다.
6 ◎모세는 아론과 그의 두 아들 엘르아잘과 이
다말에게 일렀다. "머리를 풀지 말고 옷을
찢지 마시오. 그러다가는 죽을 것이오. 야
훼께서 분노하신 것은 온 회중에게 하신 것
이니, 야훼께서 태워 죽이신 자들을 위하여
한 겨레인 이스라엘 온 가문이 곡해야 할 것
이오.
7 그대들은 만남의 장막 문간 밖으로 나가지
마시오. 나가면 죽을 것이오. 그대들은 야
훼께서 기름 부어 성별해 주신 사람들이 아
니오?" 그들은 모세가 하라는 대로 하였다.

사제는 집무 중에 술을 마시지 못한다

8 ◎야훼께서 아론에게 말씀하셨다.
9 "네가 아들들을 거느리고 만남의 장막으로
들어갈 때에는 포도주와 술을 마시지 마라.
마시면 죽으리라. 이것은 너희가 대대로 영
원히 지킬 규정이다.
10 너희가 거룩한 것과 속된 것을 분간할 때에
도, 정한 것과 부정한 것을 분간할 때에도
마시면 안 된다.
11 또 야훼가 모세를 시켜 말한 모든 규정을 이
스라엘 백성에게 가르칠 때에도 마시면 안
된다."

사제가 성소에서 먹어야 할 제물

12 ◎모세는 아론과 살아 남은 그의 두 아들 엘
르아잘과 이다말에게 일렀다. "야훼께 살라
바치고 남은 곡식예물을 가져다가 누룩을
넣지 않고 만든 것을 제단 옆에서 먹으시
오. 그것은 더없이 거룩한 것이오.
13 거룩한 자리에서 그것을 먹어야 합니다. 야
훼께 살라 바친 제물 중에서 이것이 형의 몫
이요, 형의 아들들의 몫입니다. 이렇게 해
야 한다는 지시를 나는 받았소.
14 또 흔들어 바친 갈비와 받들어 바친 뒷다리
는 형의 아들과 딸들이 형과 함께 깨끗한 자
리에서라면 먹을 수 있습니다. 이것은 이스
라엘 백성이 바친 친교제물에서 형과 형의
아들들에게 돌아가는 몫이오.
15 기름기를 살라 바칠 때 함께 받들어 바칠 뒷
다리와 흔들어 바칠 갈비는 야훼 앞에 가져
다가 흔들어 바치고 나면 형과 형의 아들들
에게 돌아갈 몫이오. 이것이 야훼께서 지시
하신 영원히 지킬 규정이오."
16 ◎모세는 그들이 속죄제물로 바친 숫염소를
어찌 하였는가를 조사해 본 결과 이미 불에
태워버린 것을 알게 되었다. 모세는 아론의
아들 가운데서 살아 남은 엘르아잘과 이다말
에게 화를 내며 추궁하였다.
17 "어찌하여 속죄제물을 거룩한 자리에서 먹
지 않았느냐? 그것은 더없이 거룩한 것으
로서 그것을 너희에게 준 것은 회중의 죄악
을 치워버리고 야훼 앞에서 그들의 죄를 벗
겨주려는 것이었다.
18 그것은 성소 안으로 피를 가지고 들어가는
제물이 아닌 까닭에 너희는 내가 하라는 대
로 그것을 성소에서 반드시 먹었어야 했
다."
19 아론이 모세에게 변명하였다. "그 아이들이
바로 오늘 야훼 앞에 자기 자신을 위한 속죄
제물과 번제물을 바쳤다. 그런데도 나에게
이런 일이 닥쳤는데 오늘 내가 속죄제물을
먹는다고 해서 야훼께서 좋게 보아주시겠느
냐?"
20 모세는 이 말을 듣고 그도 그렇겠다고 생각
하였다.

정한 동물과 부정한 동물에 관한 규정

11 ◎야훼께서 모세와 아론에게 말씀하셨
다.
2 "너희는 이스라엘 백성에게 일러주어라.
'땅 위에 있는 모든 네 발 짐승 가운데서 너
희가 먹을 수 있는 동물은 이런 것들이다.
3 굽이 두 쪽으로 갈라지고 새김질하는 짐승
은 먹을 수 있다.
4 새김질하는 짐승이나 굽이 갈라진 짐승이
라도 다음과 같은 것은 먹지 못한다. 낙타
는 새김질은 하지만 굽이 갈라지지 않았으
므로 너희에게 부정한 것이다.
5 ㉠사반도 새김질은 하지만 굽이 갈라지지 않
았으므로 너희에게 부정한 것이다.
6 토끼도 새김질은 하지만 굽이 갈라지지 않
았으므로 너희에게 부정한 것이다.
7 돼지는 굽은 두 쪽으로 갈라졌지만 새김질
을 하지 않으므로 너희에게 부정한 것이다.
8 이런 동물의 고기는 먹지 못할 뿐 아니라 그
주검에 닿아도 안 된다. 이것들은 너희에게
부정한 것들이다.

㉠ 오소리(?).

레위

9 물에 사는 것 가운데 너희가 먹을 수 있는
것은 이런 것들이다. 물에서 사는 것 가운
데 지느러미와 비늘이 있는 것은 바다에서
사는 것이든지 개울에서 사는 것이든지 먹
을 수 있다.
10 그러나 물에서 우글거리며 사는 것 가운데
지느러미와 비늘이 없는 것은 바다에서 사
는 것이든지 개울에서 사는 것이든지 너희
에게 더러운 것이다.
11 이런 것들은 너희에게 더러운 것들이다. 그
고기를 먹지 마라. 그리고 그 주검을 더러
운 것으로 여겨야 한다.
12 물에 사는 것 가운데 지느러미와 비늘이 없
는 것은 모두 너희에게 더러운 것이다.
13 새 가운데 너희가 더러운 것으로 여길 것
은 이런 것들이다. 이것들은 더러운 것이니
먹지 말아야 한다. 독수리, 수염수리, 흰꼬
리수리,
14 검은소리개, 각종 붉은소리개,
15 각종 까마귀,
16 타조, 올빼미, 갈매기, 각종 매,
17 부엉이, 사다새, 따오기,
18 백조, 펠리컨, 흰물오리,
19 고니, 각종 푸른해오라기, 오디새, 박쥐 등.
20 네 발로 걸으며 날개가 돋은 곤충은 다 너
희에게 더러운 것이다.
21 그러나 네 발로 걸으며 날개가 돋은 곤충 가
운데서도 발뿐 아니라 다리도 있어서 땅에
서 뛰어 오를 수 있는 것들은 먹을 수 있다.
22 그러니 곤충 가운데서 너희가 먹을 수 있는
것은 각종 메뚜기, 각종 방아깨비, 각종 누
리, 각종 귀뚜라미이다.
23 네 발로 걸으며 날개가 돋은 곤충은 다 너희
에게 더러운 것이다.
24 이런 것들이 너희를 부정타게 한다. 이런
것들의 주검에 닿은 사람은 저녁때까지 부
정하다.
25 이런 것들의 주검을 가지고 다니는 사람은
옷을 빨아 입어야 한다. 그는 저녁때까지
부정하다.
26 짐승 가운데 굽이 있어도 갈라지지 아니하
고, 새김질하지 않는 것은 너희에게 부정한
것이다. 누구든지 그것에 닿으면 부정하게
된다.
27 네 발로 걷는 동물들 중 발바닥으로 걸어 다
니는 것은 모두 너희에게 부정한 것이다.
누구든지 그 주검에 닿으면 저녁때까지 부
정하다.
28 그 주검을 가지고 다닌 사람은 옷을 빨아 입
어야 한다. 그는 저녁때까지 부정하다. 이
런 것들이 너희를 부정타게 한다.
29 땅을 기어 다니는 길짐승 가운데서 너희
에게 부정한 것은 두더지, 쥐, 각종 큰도마
뱀,
30 수궁, 육지악어, 도마뱀, 모래도마뱀, 카멜
레온 등이다.
31 모든 길짐승 가운데서 이런 것들은 너희
에게 부정한 것이다. 누구든지 그 주검에
닿으면 그 사람은 저녁때까지 부정하다.
32 무엇이든지 그 주검 위에 떨어지면, 나무
그릇이든, 옷이든, 가죽이든, 자루든, 사람
이 쓰는 모든 물건은 부정을 탄다. 이렇게
부정을 탄 것은 물에 담가야 한다. 이런 것
은 저녁때까지는 부정하지만 그 뒤에는 정
하다.
33 이런 것들이 오지그릇에 빠지면, 그 속에
있던 것은 다 부정해진다. 너희는 그 그릇
들을 깨뜨려버려야 한다.
34 그 안에 있는 물에 젖은 모든 양식은 부정하
다. 어떤 그릇에 담겼든지 마실 것은 다 부
정하다.
35 이런 것들의 주검이 그 위에 떨어지면 모든
것이 부정을 탄다. 가마든지 화로든지 부정
을 탄 것은 부숴야 한다. 그런 것은 너희에
게 부정하다.
36 샘과 물웅덩이와 물이 괸 곳만은 부정을 타
지 않지만 누구나 이런 주검에 닿으면 부정
을 탄다.
37 파종할 씨에 이런 것들의 주검이 떨어져도,
그 씨는 부정을 타지 않는다.
38 낟알이 물에 젖었을 때에 그 위에 이런 것들
의 주검이 떨어지면, 그 낟알은 너희에게
부정한 것이 된다.
39 너희가 먹을 수 있는 짐승이 죽었을 경우
에도 그 주검에 닿은 사람은 저녁때까지 부
정하다.
40 그 죽은 고기를 먹은 사람은 옷을 빨아 입어
야 한다. 그는 저녁때까지 부정하다. 그 주
검을 가져다 치운 사람도 옷을 빨아 입어야
한다. 그도 저녁때까지 부정하다.
41 땅 위를 기어 다니는 길짐승은 모두 더러운
것이니 먹지 마라.
42 배로 기어 다니든, 발이 넷이든, 그보다 더
많은 간에 땅 위를 기어 다니는 모든 길짐승
은 먹지 못한다. 이런 것은 모두 더러운 것
이다.
43 기어 다니는 길짐승에 닿아 너희 몸을 더럽
혀서는 안 된다. 이런 것에 닿아 부정을 타

서 너희 몸이 부정하게 되어서는 안 된다.
44나 야훼가 너희 하느님이다. 내가 거룩하니
너희도 스스로 거룩하게 행동하여 거룩한
사람이 되어야 한다. 너희는 땅 위를 기어
다니는 길짐승에 닿아 부정하게 되어서는
안 된다.
45나 야훼가 너희 하느님이 되려고 너희를 이
집트 땅에서 올라오게 한 이다. 내가 거룩하
니, 너희도 거룩하여야 한다.
46 이것이 짐승과 새와 물에서 우글거리며
사는 모든 동물과 땅 위를 기어 다니는 모든
동물에 관한 규정이다.
47이 규정으로 정한 것과 부정한 것이 구별되
고, 먹을 수 있는 동물과 먹을 수 없는 동물
이 구별된다.'"

산모의 부정을 벗기는 예식

12 ◎야훼께서 모세에게 말씀하셨다.
2"너는 이스라엘 백성에게 일러라.
'여자가 아기를 배어 사내아이를 낳았을 경
우에는 한 주간, 월경하는 동안 부정하듯이
부정하다.
3팔 일째 되는 날에는 아기의 포경을 잘라 할
례를 베풀어야 한다.
4그리고 여인은 삼십 일하고 삼 일간, 피로
더러워진 몸이 깨끗이 되기까지 집에 있어
야 한다. 거룩한 물건에 결코 닿으면 안 된
다. 기간이 차서 몸이 깨끗하게 되기까지
성소에 들어가지도 못한다.
5 계집아이를 낳았을 경우에는 두 주간, 월
경하는 동안 부정하듯이 부정하다. 그리고
피로 더러워진 몸이 깨끗하게 되기까지 육
십육 일간 집에 있어야 한다.
6기간이 차서 몸이 깨끗하게 되면 아들을 낳
았든지 딸을 낳았든지 번제로 드릴 일 년 된
양 한 마리와 속죄제물로 드릴 집비둘기나
산비둘기 한 마리를 만남의 장막 문간으로
가져다가 사제에게 드려야 한다.
7사제는 야훼께 그 제물을 바쳐 그 여인을 깨
끗이 해주어야 한다. 그리하면 그 여인은
피를 흘려 탄 부정을 벗게 된다. 이것이 산
모가 사내아이를 낳았거나 계집아이를 낳
았거나, 몸을 푼 다음에 지킬 규정이다.
8 그러나 만일 새끼 양 한 마리도 바칠 힘이
없다면, 집비둘기 두 마리나 산비둘기 두
마리를 구해서, 한 마리는 번제로 드리고
한 마리는 속죄제물로 드려야 한다. 그것으
로 사제가 그 여인의 부정을 벗겨주면 그 여
인은 깨끗하게 된다.'"

사람에게 생긴 문둥병

13 ◎야훼께서 모세와 아론에게 말씀하셨
다.
2"누구든지 살갗에 부스럼이나 뾰루지나 어
루러기가 생기면, 살갗에 문둥병이 생긴 것
인지도 모르니 아론 사제에게나, 그의 아들
사제 중 누구에게든지 데려와야 한다.
3사제가 그 피부에 생긴 병을 진단해 보아 그
병든 자리에 난 털이 희어지고, 그 병든 자
리가 우묵하게 들어갔으면, 그것은 문둥병
이다. 이런 것이 보이면 사제는 그를 부정
한 자라고 선언해야 한다.
4그 살갗에 생긴 어루러기가 희기는 하나,
우묵하게 들어가지도 않고 털도 희어지지
않았으면, 사제는 그 병자를 한 주간 격리
시켜 두었다가
5칠 일째 되는 날에 진단해 보고 그 병이 더
하지 않아 살갗으로 더욱 번지지 않았으면,
다시 그 병자를 한 주간 격리시켜 두어야
한다.
6두 주간이 지난 후 진단해 보고 그 병이 좀
나아서 살갗에 더 번지지 않았으면, 사제는
그를 정한 사람이라고 선언해야 한다. 그것
은 단순한 피부병에 지나지 않으니, 옷을
빨아 입으면 그는 정하게 되리라.
7그러나 만일 사제가 진단해 보고 정하다고
선언한 다음에, 그 살갗에 어루러기가 다시
번지면 그는 또다시 사제에게 진단을 받아
야 한다.
8진단해 보고 어루러기가 살갗에 번졌으면,
사제는 그를 부정한 자라고 선언해야 한다.
그것은 악성 피부병인 것이다.
9사람에게 문둥병이 생겼을 경우에는 그를
사제에게 데려와야 한다.
10사제가 진단해 보아, 살갗에 흰 부스럼이
생기고 털이 희어지고 그 부스럼이 성이 났
으면,
11그 살갗에 생긴 병은 이미 만성이 된 피부병
이다. 그러므로 사제는 그를 부정한 자라고
선언해야 한다. 그는 부정한 사람이니, 격
리해 둘 필요도 없다.
12그 피부병이 살갗에 번지고 번져 머리에서
발끝까지 병자의 살갗에 온통 번졌을 경우
에는
13사제가 그를 다시 진단해 보아야 한다. 과
연 피부병이 온몸에 덮였으면, 사제는 그를
정한 자라고 선언해야 한다. 그는 몸이 온
통 희게 되었을 뿐, 실상은 부정한 것은 아
니다.

14그러나 그의 몸에 성난 살이 나타나면 그는
부정하다.
15사제가 진단해 보고 성난 살이 생겼으면
그를 부정한 자라고 선언해야 한다. 그 살
이 성난 것은 악성 피부병이므로 그는 부정
하다.
16그러나 그 성난 살이 다시 희어지면 그는 사
제에게 나가야 한다.
17진단해 보고 그 병든 자리가 희어졌으면,
사제는 그 병자를 정한 사람이라고 선언해
야 한다. 그는 정한 사람이 된 것이다.
18 누구든지 살갗이 곪았다가 나았는데,
19그 곪았던 자리가 다시 희게 부어오르거나
불그스름한 어루러기가 생기면 사제에게
보여야 한다.
20사제는 진단해 보아 그 자리가 우묵하게 들
어갔거나 털이 희어졌으면, 그를 부정한 자
라고 선언해야 한다. 곪아 터진 데 나타난
것은 실상 문둥병이다.
21그러나 사제가 진단해 보아 거기에 난 털이
희어지지도 않았고 우묵하게 들어가지도
않았으면, 그를 칠 일간 격리시켜 놓아야
한다.
22병이 살갗에 더 번졌으면, 사제는 그를 부
정한 자라고 선언해야 한다. 그것은 문둥병
증세이다.
23어루러기가 제자리에서 더 번지지 않았으
면, 그것은 곪았던 흔적에 지나지 않으므로
사제는 그를 정한 자라고 선언해야 한다.
24또 누구든지 살갗이 불에 데었는데, 덴 자
리가 부어올라 불그스름하고 희끗희끗한
어루러기가 돋거나 흰 어루러기가 돋았을
경우에는
25사제에게 진단을 받아야 한다. 만일 어루러
기가 돋은 자리에 난 털이 희어지고 그 자리
가 우묵하게 들어갔으면, 그것은 덴 자리에
악성 피부병이 생긴 것이니 사제는 그를 부
정한 사람이라고 선언해야 한다. 그것은 문
둥병 증세이다.
26진단해 본 결과 어루러기가 돋은 자리에 난
털이 희어지지도 않았고, 우묵하게 들어가
지도 않았으면 사제는 그를 칠 일간 격리시
켜 놓아야 한다.
27칠 일째 되는 날 진단해 보고 어루러기가 더
번졌으면, 사제는 그를 부정한 사람이라고
선언해야 한다. 그것은 문둥병 증세이다.
28그러나 어루러기가 제자리에서 살갗으로
더 번지지 않았으면, 그것은 덴 자리가 부
은 것에 지나지 않으니 사제는 그를 정한 사
람이라고 선언해야 한다. 그것은 데었던 흔
적일 뿐이다.
29남자든지 여자든지 머리나 턱에 피부병이
생겼을 경우에,
30사제가 그 병을 진단해 보아 그 자리가 우묵
하게 들어가고 거기에 난 털이 누렇고 가늘
어졌으면, 그를 부정한 사람이라고 선언해
야 한다. 그것은 머리나 턱에 생기는 악성
피부병인 백선이다.
31사제가 그 백선이 난 자리를 진단해 보아 우
묵하게 들어가지 않았고 검은 털도 나지 않
았으면, 사제는 환자를 칠 일간 격리시켜
놓아야 한다.
32사제가 칠 일째 되는 날에 그 환자를 진단해
보아 백선이 번지지도 않았고 누런 털이 나
지도 않았으며, 백선이 난 자리가 우묵하게
들어가지도 않았으면,
33백선이 난 자리를 제외하고 털을 깎은 다음
다시 칠 일간 환자를 격리시켜 놓아야 한다.
34다시 칠 일째 되는 날에 사제는 백선이 번진
자리를 진단해 보아서 그 백선이 살갗에 번
지지도 않았고 그 자리가 우묵하게 들어가
지도 않았으면, 그를 정한 사람이라고 선언
해야 한다. 그는 옷만 빨아 입으면 정한 사
람이 되리라.
35그를 정하다고 선언한 다음에라도, 그 백선
이 살갗에 다시 번졌으면,
36사제는 다시 그를 보아야 한다. 과연 백선
이 살갗에 더 번졌으면, 털이 누렇게 되었
는지 조사할 것도 없이 그는 부정한 사람
이다.
37사제의 눈에 백선이 더하지 않고 거기에 검
은 털이 나온 것이 보이면, 백선병이 나았
으므로 그는 정한 사람이다. 사제는 그를
정한 사람이라고 선언해야 한다.
38 남자든지 여자든지, 그 살갗에 어루러기
가 생겼을 경우에 그 어루러기가 희면,
39사제에게 진단을 받아야 한다. 그 살갗에
생긴 어루러기가 희끄무레하면, 살갗에 발
진이 돋은 데 지나지 않으므로 그는 정한 사
람이다.
40 누구든지 머리털이 다 빠졌을 경우에도
그는 대머리가 되었을 뿐, 정한 사람이다.
41앞머리에 털이 빠졌을 경우에도 앞이마가
벗겨진 것일 뿐, 그는 정한 사람이다.
42그러나 정수리에나 앞이마에 희끗희끗하고
불그스레한 종기가 났을 경우에는, 정수리
나 앞이마에 악성 피부병이 생긴 것이다.
43사제가 진단해 보아 그 정수리나 앞이마에

희끗희끗하고 불그스레한 종기가 생겨나
다른 살갗에 생기는 악성 피부병 같은 것이
보이면,
44그는 악성 피부병이 머리에 난 환자이므로
사제는 반드시 그를 부정한 사람이라고 선
언해야 한다.
45 악성 피부병 환자는 옷을 찢어 입고 머리
를 풀고 윗수염을 가리고 "부정한 사람이
오, 부정한 사람이오!" 하고 외쳐야 한다.
46병이 있는 동안은 그는 부정을 벗지 못한다.
부정하니만큼, 그는 진지 밖에 자리잡고 따
로 살아야 한다.

옷에 생긴 문둥병

47◎문둥병이 옷에 생겼을 경우에는, 양털 옷
이든, 모시 옷이든,
48양털이나 모시로 짠 천이나 이불이든, 가죽
이든, 가죽으로 만든 무슨 물건이든,
49푸르스름하거나 불그스름한 자국이 그 옷
이나 가죽이나 천이나 이불이나 가죽으로
만든 어떤 물건에 생긴 것이 보이면, 그것
은 문둥병이니 사제에게 검사를 받아야 한
다.
50사제가 그 자국을 살펴보고, 그 물건을 칠
일간 따로 두었다가,
51칠 일째 되는 날 그 물건을 살펴보아서 옷이
나 천이나 이불이나 가죽이나, 가죽으로 만
든 어떤 물건에나 병이 더 번졌으면, 그 병
은 전염성 고질이다. 그러니 그 물건은 부
정한 것이다.
52그 병이 생긴 물건이 옷이거나 천이거나 이
불이거나 할 것 없이, 양털로 짠 것이나 모
시로 짠 모든 것, 또 가죽으로 만든 어떤 물
건이든지 불에 태워야 한다. 그것은 전염성
고질이므로 이렇게 불에 태워야 한다.
53그러나 사제가 살펴보아서, 그 옷이나 천이
나 이불이나 어떤 가죽으로 만든 물건에 병
이 더 번지지 않았으면,
54병이 생긴 물건을 빨도록 지시하고 또다시
칠 일간 따로 두게 해야 한다.
55병이 생긴 물건을 빨아놓은 다음에 사제가
살펴보아서 그 병이 더 번지지는 않았더라
도 그대로 남아 있으면 그것은 부정하니,
불에 태워야 한다. 안팎으로 병이 스며 있
기 때문이다.
56빤 다음에 사제가 살펴보아서 병 자국이 줄
었으면, 그 옷이나 가죽이나 천이나 이불에
서 병이 생긴 자국을 떼어내어야 한다.
57그 후에 그 옷이든 천이든 이불이든 가죽으
로 만든 어떤 물건이든 병이 다시 나타나면,
재발한 것이므로 병이 생긴 물건을 불에 태
워야 한다.
58그 옷이나 천이나 이불이나 가죽으로 만든
어떤 물건이든지 빨아보아 병 자국이 없어
졌으면, 다시 빨면 된다. 그것은 정한 것이
다.
59이것이 양털이나 모시로 만든 옷이나 천이
나 이불이나 가죽으로 만든 어떤 물건을 정
하다거나 부정하다고 선언할 때에 지켜야
할 규정이다."

악성 피부병 환자를 정하게 하는 예식

14

◎야훼께서 모세에게 말씀하셨다.
2"악성 피부병 환자를 정하게 하는 날
올려야 할 예식은 다음과 같다. 악성 피부
병 환자였던 사람을 사제에게 데려와야 하
는데,
3사제는 진지 밖으로 나가서 보아야 한다.
그리고 사제가 진단해 보아서 그 문둥병 환
자가 병이 나았으면,
4그를 정하게 하는 예식에 필요한 것으로 살
아 있는 정한 새 두 마리와 송백나무 진홍
털실과 우슬초 한 포기를 가져오도록 지시
를 내린다.
5또 사제는 생수를 오지그릇에 담아놓고 그
위에서 새 한 마리를 죽이게 한다.
6이렇게 죽은 새의 피가 떨어져 섞인 생수에
다가 송백나무와 진홍 털실과 우슬초 한 포
기를 잠근 다음
7그 핏물을 악성 피부병이 나아 정화받을 사
람에게 일곱 번 뿌려주며 정하게 되었다고
선언한다. 그리고 살아 있는 새를 들로 날
려 보낸다.
8이렇게 정하다고 선언받은 사람은 옷을 빨
아 입고 몸의 털을 모두 깎고 목욕을 하여야
한다. 그는 정한 사람이 된 것이다. 그리되
면 진지에 들어갈 수 있기는 하지만 자기 천
막 밖에서 칠 일간 더 머물러 있어야 한다.
9칠 일째 되는 날에 그는 머리털과 수염과 눈
썹까지 몸의 털을 모두 깎는다. 이렇게 온
몸의 털을 다 깎고 나서 옷을 빨고 몸을 물
에 씻어야 한다. 그는 정하게 된 것이다.
10팔 일째 되는 날, 흠이 없는 어린 숫양 두 마
리와 흠이 없는 일 년 된 암양 한 마리와 곡
식예물로 바칠 고운 밀가루 십분의 삼 에바
를 기름에 반죽한 것과 기름 한 ㉠록을 가져

㉠ 1록은 0.54리터, 약 두 홉 반이다.

와야 한다.
11 정화예식을 맡은 사제는 정하게 될 사람을
이런 물건들과 함께 만남의 장막 문간, 야훼
앞에 내세운다.
12 그리고 사제는 어린 숫양 한 마리를 가져다
가 기름 한 록과 함께 면죄제물로 바치는데
야훼 앞에 흔들어 바쳐야 한다.
13 그리고 그 어린 숫양을 속죄제물과 번제물
을 죽이는 자리, 곧 거룩한 자리에서 죽여
야 한다. 그 면죄제물은 속죄제물과 마찬가
지로 사제의 몫이다. 그것은 더없이 거룩한
것이다.
14 사제는 그 면죄제물의 피를 덜어놓았다가
정하게 될 사람의 오른편 귓바퀴 끝과 오른
엄지손가락과 오른 엄지발가락에 발라야
한다.
15 그리고 사제는 기름 한 록에서 얼마간 덜어
자기의 왼손바닥에 따른다.
16 사제는 자기의 왼손바닥에 있는 기름을 오
른손가락으로 찍어, 손가락에 묻은 기름을
일곱 번 야훼 앞에 뿌린다.
17 그리고 사제는 자기 손바닥에 남아 있는 기
름을 정하게 될 사람의 오른편 귓바퀴 끝과
오른 엄지손가락과 오른 엄지발가락에 바
른 면죄제물의 피 위에 덧바른다.
18 그리고 사제는 자기 손바닥에 남아 있는 기
름을 정하게 될 사람의 머리에 바른다. 이
렇게 사제는 야훼 앞에서 그의 부정을 벗겨
주어야 한다.
19 그리고 사제는 속죄제물을 바쳐 정하게
될 사람에게서 부정을 벗겨주는 예식을 올
린다. 그리고 나서 번제물을 죽여
20 그 번제물과 곡식예물을 제단에 올려 바친
다. 이렇게 사제가 그의 부정을 벗겨주는
예식을 올리고 나면, 그는 정한 사람이 되
는 것이다.
21 너무 가난해서 이런 것을 바칠 힘이 없다
면, 자기 부정을 벗기 위하여 흔들어 바칠
면죄제물로 어린 숫양 한 마리를 가져와도
된다. 그는 또 곡식예물로 고운 밀가루 십
분의 일 에바를 기름에 반죽한 것과 기름 한
록을 가져와야 한다.
22 또 힘이 자라는 대로 산비둘기 두 마리나 집
비둘기 두 마리를 가져다가 한 마리는 속죄
제물로 바치고, 한 마리는 번제물로 바쳐도
된다.
23 정하게 되려고 바치는 이런 것들을 그는 팔
일째 되는 날 사제에게 가져가 만남의 장막
문간, 야훼 앞에서 드려야 한다.
24 그러면 사제는 면죄제물로 바치는 어린 숫
양과 기름 한 록을 가져다가 야훼 앞에서 흔
들어 바쳐야 한다.
25 그리고 나서 면죄제물로 바친 그 어린 숫양
을 죽인다. 사제는 이 면죄제물의 피를 얼
마쯤 덜어, 정하게 될 사람의 오른편 귓바
퀴 끝과 오른 엄지손가락과 오른 엄지발가
락에 바른다.
26 그리고 사제는 자기 왼손바닥에 기름을 얼
마쯤 따라놓고는
27 자기 왼손바닥에 있는 기름을 오른손가락
으로 조금씩 찍어 야훼 앞에 일곱 번 뿌린
다.
28 그리고 자기 손바닥에 남아 있는 기름을 정
하게 될 사람의 오른편 귓바퀴 끝과 오른 엄
지손가락과 오른 엄지발가락에 바른 면죄
제물의 피 위에 덧바른다.
29 그리고 사제는 자기 손바닥에 남아 있는 기
름을 정하게 될 사람의 머리에 바른다. 이
렇게 야훼 앞에서 예식을 올려 그에게서 부
정을 벗겨준다.
30 다음으로 힘이 미치지 못하여 겨우 바친 산
비둘기나 집비둘기 가운데서 한 마리를
31 사제는 속죄제물로 바치고 한 마리는 곡식
예물과 함께 번제물로 바친다. 이렇게 사제
는 야훼 앞에서 예식을 올려 정하게 될 사람
의 부정을 벗겨준다.
32 이것이 문둥병 환자가 정하게 되는 예식에
제물을 넉넉히 바칠 수 없을 때 지킬 규정이
다."

집에 생긴 문둥병

33 ◎야훼께서 모세와 아론에게 말씀하셨다.
34 "너희는 내가 너희에게 준 가나안 땅에 들어
가 그 땅을 차지하게 되었을 때, 내가 내린
문둥병이 너희가 차지한 땅에 있는 어떤 집
에 생기거든
35 그 집 임자는 사제에게 가서 '문둥병 같은
것이 집에 보입니다.' 하고 알려야 한다.
36 사제는 문둥병을 검사하러 가기 전에 미리
지시하여 그 집을 비우게 해야 한다. 그래
야 그 집 안에 있는 물건이 하나도 부정을
타지 않게 된다. 이렇게 해놓고 사제는 그
집을 검사하러 들어가야 한다.
37 그 병을 검사해 보아서, 그 집 벽에 푸르스
름하거나 불그스름한 점이 있어, 우묵하게
들어간 것처럼 보이면,
38 사제는 그 집 문 밖으로 나와, 칠 일간 그 집
을 잠가두게 해야 한다.

39 칠 일째 되는 날 다시 와서 본 결과, 그 집
벽에 병이 더 번졌으면,
40 사제는 병이 생긴 돌들을 빼내다가 마을 밖
더러운 곳에 내다 버리도록 지시해야 한다.
41 그리고 그 집 안벽을 돌아가며 다 긁어내게
하고, 긁어낸 그 흙도 마을 밖 더러운 곳에
쏟아버리도록 지시해야 한다.
42 그리고 다른 돌들을 주워다가 그 돌들 대신
끼우고, 다른 흙을 가져다가 그 집을 발라
야 한다.
43 그 돌들을 빼내고 집 벽을 긁어내고 다시 바
른 다음에 병이 집에 또 번지면
44 다시 사제가 들어가 검사해 보아야 한다.
과연 그 집에 병이 번졌으면, 그것은 전염
성 고질이다. 그 집은 부정하니,
45 그 집을 무너뜨려야 한다. 돌들과 재목과
흙을 모두 허물어 마을 밖 더러운 곳에 내다
버려야 한다.
46 누구든지 집을 잠가둔 동안 그 집에 들어
간 사람은 그 날 저녁때까지 부정하다.
47 그 집에 들어가 누워 쉬기만 했다면 옷을 빨
아 입어야 한다. 그 집 안에 들어가 음식을
먹었어도 옷을 빨아 입어야 한다.
48 그 집을 흙으로 바른 다음에 사제가 들어가
검사해 보아서, 그 집에 병이 더 번지지 않
았으면, 그 병이 물러간 것이므로 사제는
그 집을 정하다고 선언해야 한다.
49 그 집을 정하게 하려면 새 두 마리와 송백
나무와 진홍 털실과 우슬초 한 포기를 가져
온다.
50 생수를 오지그릇에 담아놓고 새 한 마리를
그 위에서 죽인다.
51 이렇게 죽은 새의 피가 떨어진 생수에다가
송백나무와 우슬초 한 포기와 진홍 털실과
나머지 살아 있는 새를 잠근 다음 그 핏물을
집 안에 일곱 번 뿌린다.
52 이렇게 새의 피와 생수와 살아 있는 새와 송
백나무와 우슬초 한 포기와 진홍 털실로 그
집을 정하게 한 다음,
53 살아 있는 새를 마을 밖 들로 날려 보낸다.
이렇게 그 집을 정화하는 예식을 올리면,
그 집은 정하게 된다.
54 이것이 각종 악성 피부병과 백선과
55 옷에나 집에 생기는 고질에 관한 법이요,
56 부스럼과 뾰루지와 어루러기에 관한 법으
로서
57 부정한 경우와 정한 경우를 구별해 주는 것
이다. 이것이 문둥병에 관한 규정이다."

남자의 몸에 생긴 부정을 벗는 예식

15 ◎야훼께서 모세와 아론에게 말씀하셨
다.
2 "너희는 이스라엘 백성에게 이렇게 일러
주어라. '어떤 남자의 성기에서 고름이 흘
러 나오면, 그 나온 것은 부정한 것이다.
3 이렇게 고름이 흘러 나옴으로써 부정하게
되는 경우에는, 고름이 계속 나오고 있든지
나오고 있지 않든지, 그는 부정하다.
4 그렇게 고름을 흘리는 사람이 누웠던 자리
와 앉았던 곳도 부정하다.
5 그 사람의 잠자리에 닿은 사람은 옷을 빨아
입고 목욕을 하여야 한다. 그는 저녁때가
되어야 부정을 벗는다.
6 그렇게 고름을 흘리는 사람이 앉았던 자리
에 앉은 사람도 옷을 빨아 입고 목욕을 하여
야 한다. 그도 저녁때가 되어야 부정을 벗
는다.
7 그렇게 고름을 흘리는 사람의 몸에 닿은 사
람도 옷을 빨아 입고 목욕을 하여야 한다.
그도 저녁때가 되어야 부정을 벗는다.
8 고름을 흘리는 사람이 뱉은 침이 정한 사람
에게 튀면 그는 옷을 빨아 입고 목욕을 하여
야 한다. 그도 저녁때가 되어야 부정을 벗
는다.
9 고름을 흘리는 사람이 타고 다니던 것은 다
부정하다.
10 그가 깔고 앉았던 것에 닿은 사람도 누구든
지 저녁때가 되어야 부정을 벗는다. 그런
물건을 가지고 다닌 사람은 옷을 빨아 입고
목욕을 하여야 한다. 그도 저녁때가 되어야
부정을 벗는다.
11 누구든지 고름을 흘리는 사람이 씻지 않은
손으로 건드렸으면 그는 옷을 빨아 입고 목
욕을 하여야 한다. 그도 저녁때가 되어야
부정을 벗는다.
12 고름을 흘리는 사람의 몸이 닿은 오지그릇
은 깨뜨려야 하고, 나무그릇은 물로 씻어야
한다.
13 고름을 흘리던 사람은 그 병이 나아 정하
게 되는 경우에, 자기 몸이 정하게 되기까
지 칠 일간을 꼬박 기다렸다가 옷을 빨아 입
고 흐르는 물에 목욕을 하여야 한다. 그러
면 그는 정하게 된다.
14 팔 일째 되는 날, 그는 산비둘기 두 마리나
집비둘기 두 마리를 가지고 만남의 장막 문
간, 야훼 앞으로 나가 사제에게 그 제물을
드려야 한다.
15 사제는 그것을 받아 한 마리는 속죄제물로,

한 마리는 번제물로 삼아 드려야 한다. 이
렇게 하여 사제는 야훼 앞에서 고름을 흘리
던 사람의 부정을 벗겨준다.
16 누구든지 고름이 나왔을 경우에는 온몸
을 물에 씻어야 한다. 그는 저녁때가 되어
야 부정을 벗는다.
17 고름이 묻은 옷과 가죽은 모두 물에 빨아
야 한다. 그것은 저녁때가 되어야 부정을
벗는다.
18 여인이 남자와 한자리에 들었으면, 두 사
람은 목욕을 해야 한다. 그들은 저녁때가
되어야 부정을 벗는다.

여자의 몸에 생긴 부정을 벗는 예식

19 여인이 피를 흘리는데, 그것이 월경일 경
우에는 칠 일간 부정하다. 그 여인에게 닿
은 사람은 저녁때가 되어야 부정을 벗는다.
20 그 여인이 불결한 기간 중에 누웠던 잠자리
는 부정하다. 그 여인이 걸터앉았던 자리도
부정하다.
21 그 여인의 잠자리에 닿은 사람은 옷을 빨아
입고 목욕을 해야 한다. 그래도 저녁때가
되어야 부정을 벗는다.
22 그 여인이 앉았던 자리에 닿은 사람도 옷을
빨아 입고 목욕을 하여야 한다. 그래도 저
녁때가 되어야 부정을 벗는다.
23 그 여인이 누웠던 자리나 앉았던 것 위에 있
는 물건에 닿은 사람도 저녁때가 되어야 부
정을 벗는다.
24 그 여자와 한자리에 든 남자는 그 여인의 불
결이 묻었으므로 칠 일간 부정하다. 그 남
자가 누웠던 잠자리도 부정하다.
25 여인이 월경 때가 아닌데도 오랫동안 하
혈하거나 월경이 더 오래 계속되거나 하면,
하혈하는 동안은 월경하는 때처럼 계속 부
정하다.
26 그 여인이 하혈하는 동안 누웠던 잠자리는
월경 때 누웠던 잠자리와 마찬가지로 불결
하다. 또 그 여인이 걸터앉았던 곳도 월경
때 부정하듯이 부정하다.
27 그런 것에 닿은 사람은 부정하다. 그는 옷
을 빨아 입고 목욕을 해야 한다. 그래도 저
녁때가 되어야 부정을 벗는다.
28 그 여인이 하혈이 멎어 깨끗하게 되면 칠 일
을 꼬박 기다려야 한다. 그 다음에야 정하
게 된다.
29 팔 일째 되는 날 그 여인은 산비둘기 두 마
리나 집비둘기 두 마리를 잡아 만남의 장막
문간, 사제에게 갖다 드려야 한다.
30 사제는 한 마리를 속죄제물로, 또 한 마리
는 번제물로 삼아 드려야 한다. 이렇게 하
여 사제는 야훼 앞에서 그 여인이 하혈로 부
정탄 것을 벗겨준다.'

마무리

31 너희는 이렇게 이스라엘 백성에게 부정을
타지 않도록 일러주어서, 그들 가운데 있는
나의 성막을 더럽히다가 그 더럽힌 죄로 죽
는 일이 없도록 하여라.
32 이것은 고름이 저절로 흐르거나 사정을 했
거나 하여 그것으로 부정하게 된 사람이 지
킬 규정이요
33 월경하고 있는 여인, 불결한 것을 흘리는
남녀, 부정한 여인과 한자리에 든 남자가
지킬 규정이다."

전국민이 죄를 벗는 날

16 ◎아론의 두 아들이 야훼 앞에 나갔다
가 죽은 일이 있었는데 그들이 죽은 다
음, 야훼께서 모세에게 말씀하셨다.
2 그 때 야훼께서 모세에게 하신 말씀은 이러
하였다. "너는 너의 형 아론에게, 죽지 않으
려거든 보통 때는 성소 휘장 안쪽 법궤 위에
있는 속죄판 앞으로 나가지 말라고 일러주
어라. 속죄판은 내가 구름 속에서 나타나는
자리이기 때문이다.
3 아론은 성소에 들어가려면 소떼 가운데서
황소 한 마리를 속죄제물로 바쳐야 하고,
숫양 한 마리를 번제물로 바쳐야 한다.
4 그는 맨살에 모시잠방이를 걸치고 모시로
만든 거룩한 속옷을 입어야 한다. 그리고
모시로 만든 관대를 띠고 모시로 만든 사
모를 머리에 써야 한다. 이것이 거룩한 옷
이다. 그는 목욕하고 나서 이 옷을 입어야
한다.
5 그리고 이스라엘 백성의 회중이 속죄제물로
바치는 숫염소 두 마리와 번제물로 바치는
숫양 한 마리를 받아야 한다.
6 아론은 자신을 위한 속죄제물로 황소를 드
려 자기의 죄와 자기 집안의 죄를 벗기는 예
식을 올려야 한다.
7 그리고 숫염소 두 마리를 끌어다가 만남의
장막 문간, 야훼 앞에 세워놓고
8 숫염소 두 마리 가운데서 제비를 뽑아, 한
마리는 야훼께 바치고 다른 한 마리는 ㉠아
자젤에게 보내야 한다.

㉠ 들귀신의 이름이다.

9 아론은 야훼의 몫으로 뽑힌 숫염소를 끌어
다가 속죄제를 드리고
10 아자젤의 몫으로 뽑힌 숫염소는 산 채로 야
훼 앞에 세워두었다가 속죄제물로 삼아 빈
들에 있는 아자젤에게 보내야 한다.
11 아론은 자신을 위한 속죄제물로 황소를
끌어다가 자기와 자기 집안의 죄를 벗기는
예식을 다음과 같이 올려야 한다. 그는 먼
저 속죄제물이 될 황소를 죽인 다음,
12 야훼 앞 제단에서 숯불을 향로에 담고 향기
좋은 향가루를 두 손으로 가득 떠가지고 휘
장 안으로 들어가서
13 그 향을 야훼 앞에서 숯불에 피우고 향기로
증거궤 위에 있는 속죄판을 가려야 한다.
그래야 죽지 아니할 것이다.
14 그리고 나서 황소의 피를 얼마쯤 가져다가
손가락에 찍어 속죄판 동쪽 위에 뿌리고,
또 그 피를 손가락에 찍어 일곱 번 속죄판
앞에 뿌려야 한다.
15 다음에 속죄제물로 바치는 백성의 숫염소
를 죽여 그 피를 휘장 안으로 가지고 들어
가, 황소 피를 뿌렸던 때와 같은 식으로, 속
죄판 위와 속죄판 앞에 뿌려야 한다.
16 이렇게 그는 이스라엘 백성이 잘못을 저질
러 탄 부정이나 지은 죄를 벗기는 예식을 올
려 성소를 정하게 해야 한다. 이와 같이 그
는 부정한 그들 가운데 있는 만남의 장막도
정하게 해야 한다.
17 그가 성소에 들어가 예식을 올리고 나올 때
까지 아무도 만남의 장막 안에 있어서는 안
된다. 이렇게 그는 자기와 자기 집안과 이스
라엘 온 회중의 죄를 벗기는 예식을 올려야
한다.
18 그리고 나서 야훼 앞에 있는 제단으로 나와
그 제단을 정하게 하는 예식을 올려야 한다.
먼저 그는 황소 피와 숫염소 피를 가져다가
제단 뿔들 위에 두루 바른다.
19 그리고 그 피를 손가락에 찍어 일곱 번 제단
에 뿌려야 한다. 이렇게 그는 이스라엘 백성
의 부정을 벗겨, 제단을 정하게 하고 거룩
하게 해야 한다.
20 그는 성소와 만남의 장막과 제단을 정하
게 하는 예식을 다 마치고는 살려둔 숫염소
를 끌고 와야 한다.
21 아론은 그 살려둔 염소 머리 위에 두 손을
얹고 이스라엘 백성이 저지른 온갖 잘못과
일부러 거역한 온갖 죄악을 고백하고는 그
모든 죄를 그 염소 머리에 씌우고 대기하고
있던 사람을 시켜 그 염소를 빈들로 내보내
야 한다.
22 그 염소는 그들의 죄를 모두 지고 황무지로
나간다. 이렇게 염소를 빈들로 보낸 다음
23 아론은 만남의 장막으로 들어오는데, 성소
에 들어갈 때 입었던 옷을 벗어 거기에 놓아
두고
24 거룩한 곳에서 목욕한 다음, 그 옷을 다시
입고 나와 자기의 번제물과 백성의 번제물
을 바쳐 자신과 백성의 죄를 벗겨야 한다.
25 그는 그 속죄제물의 기름기를 제단에서 살
라야 한다.
26 염소를 아자젤에게 보낸 사람도 옷을 빨
아 입고 목욕을 해야 한다. 그런 다음에야
그는 진지로 들어올 수 있다.
27 이렇게 속죄제물로 드린 황소와 염소의 피
를 뽑아 성소에 가져다가 죄를 벗기는 예식
을 올리고 나서 그 가죽과 살코기와 똥은 진
지 밖으로 모두 내다가 함께 태워야 한다.
28 이것들을 태운 사람도 옷을 빨아 입고 목욕
을 해야 한다. 그런 다음에야 그는 진지로
들어올 수 있다.
29 이것은 너희가 길이 지킬 규정이다. 일곱
째 달에 들어 그 달 십일이 되면 본토 주민
이든지 너희 가운데 몸붙여 사는 사람이든
지 할 것 없이 모두 단식해야 하며 아무 일
도 해서는 안 된다.
30 그 날은 너희의 죄를 벗겨 너희를 정하게 하
는 날이므로 너희가 야훼 앞에서 모든 잘못
을 벗고 정하게 되리라.
31 그 날은 너희가 철저하게 쉬어야 하는 안식
일이다. 너희는 단식을 해야 한다. 이것이
너희가 길이 지킬 규정이다.
32 이렇게 죄를 벗기는 예식을 올릴 사람은,
대를 이어가며 사제직을 맡도록 예식을 갖
추어 기름 부어 세운 대사제이다. 그는 모
시로 만든 제복, 곧 거룩한 옷을 입고
33 지성소와 만남의 장막과 제단을 정하게 해
야 한다. 또 사제들과 온 백성의 회중에게
서 그들의 죄를 벗겨주어야 한다.
34 그는 일 년에 한 번씩 이스라엘 백성에게서
모든 잘못을 벗겨주는 이 예식을 거행해야
한다. 이것이 너희가 길이 지킬 규정이다."
㉠모세는 야훼께서 지시하신 대로 하였다.

피는 속죄하는 힘이 있다

17 ◎야훼께서 모세에게 말씀하셨다.
2 "너는 아론과 그의 아들들과 온 이스

㉠아론

라엘 백성에게 이렇게 일러주어라. '이것은
야훼의 말씀이시다.
3 이스라엘 가문에 속한 사람은 누구든지 소
나 어린 양이나 염소를 진지 안에서 잡으려
고 하든지 진지 밖에서 잡으려고 하든지
4 먼저 만남의 장막 문간으로 끌고 와 야훼의
성막 앞에서 야훼께 예물로 그것을 바쳐야
한다. 그냥 피를 흘리면 그 피 흘린 것에 대
한 벌을 면할 수 없다. 그 사람은 겨레에서
추방해야 한다.
5 그러므로 이스라엘 백성은 들에서 죽이려던
짐승들을 만남의 장막 문간의 사제에게 끌
고 와서 야훼께 바쳐야 한다. 그것은 야훼께
잡아 바치는 친교제물이 된다.
6 사제는 그 피를 만남의 장막 문간에서 야훼
의 제단에 흘리고, 그 기름기를 살라 향기
를 풍기며 야훼를 기쁘게 해드려야 한다.
7 그들은 더 이상 그들의 제물을 염소귀신들
에게 잡아 바치면서 그 귀신들을 따라 음행
을 저지르지 못한다. 이것은 그들이 대대로
길이 지킬 규정이다.'
8 너는 또 그들에게 일러주어라. '이스라엘
가문에 속한 사람은 물론 그들 가운데 몸붙
여 사는 사람들까지도 번제물이나 다른 무
슨 제물을 드리려고 하면
9 먼저 만남의 장막 문간으로 그것을 끌어다
가 야훼께 바쳐야 한다. 그렇게 하지 않으면
그 사람은 자기 겨레에서 추방해야 한다.

피는 먹지 못한다

10 이스라엘 가문에 속한 사람은 물론 그들
가운데 몸붙여 사는 사람들까지도 무슨 피
든 피를 먹으면, 나는 그 피를 먹은 사람을
괘씸하게 여겨 겨레 가운데서 추방하리라.
11 생물의 목숨은 그 피에 있는 것이다. 그 피
는 너희 자신의 죄를 벗는 제물로서, 제단
에 바치라고 내가 너희에게 준 것이다. 이
피야말로 생명을 쏟아 죄를 벗겨주는 것이
기 때문이다.
12 내가 이스라엘 백성에게 일러둔다. 너희는
아무도 피를 먹지 마라. 너희 가운데 몸붙
여 사는 사람도 피를 먹으면 안 된다.
13 이스라엘 가문에 속한 사람은 물론 그들 가
운데 몸붙여 사는 사람들까지도 사냥해서
먹어도 좋은 들짐승이나 새를 잡았거든, 그
피를 흘리고 흙으로 덮어야 한다.
14 피는 곧 모든 생물의 생명이다. 내가 이스라
엘 백성에게 일러둔다. 어떤 생물의 피도 너
희는 먹지 마라. 피는 곧 모든 생물의 생명
이다. 그것을 먹는 사람은 내가 겨레 가운
데서 추방하리라.
15 자연사한 짐승이나 야수에게 찢겨 죽은 짐
승을 먹는 사람은 본토인이든지 몸붙여 사
는 사람이든지, 옷을 빨아 입고 목욕을 하
여야 한다. 그래도 저녁때가 되어야 부정을
벗고 정하게 된다.
16 그러나 옷을 빨지도 않고 목욕도 하지 않으
면 그는 죄벌을 면치 못하리라.'"

그릇된 성관계를 금하는 규정

18 ◎야훼께서 모세에게 말씀하셨다.
2 "너는 이스라엘 백성에게 이렇게 일
러주어라. '나 야훼가 너희 하느님이다.
3 너희는 너희가 살던 이집트 땅의 풍속을 따
라 살지도 말고, 내가 너희를 이끌고 들어
갈 가나안 땅의 풍속을 따라 살지도 마라.
그들의 규정을 따르지 마라.
4 너희는 내가 세워주는 법을 실천하여라. 내
가 정해 주는 규정을 지키며 그대로 살아라.
나 야훼가 너희 하느님이다.
5 너희는 내가 정해 주는 규정과 내가 세워주
는 법을 지켜야 한다. 누구든지 그것을 실
천하면 살리라. 나는 야훼이다.
6 아무도 같은 핏줄을 타고 난 사람을 가까
이하여 부끄러운 곳을 벗기면 안 된다. 나
는 야훼이다.
7 네 아비의 부끄러운 곳도 어미의 부끄러운
곳도 벗기면 안 된다. 네 어미인데, 어찌 그
부끄러운 곳을 벗기겠느냐?
8 네 아비와 사는 여인의 부끄러운 곳을 벗겨
도 안 된다. 그것은 곧 네 아비의 부끄러운
곳이다.
9 네 누이의 부끄러운 곳을 벗겨도 안 된다.
이복 누이든 동복 누이든, 와서 낳았든 낳
아가지고 왔든, 그의 부끄러운 곳을 벗기면
안 된다.
10 친손녀나 외손녀의 부끄러운 곳을 벗겨도
안 된다. 그것은 곧 너 자신의 부끄러운 곳
이다.
11 네 아비를 모시는 여인에게서 난 딸의 부끄
러운 곳을 벗겨도 안 된다.
12 네 고모의 부끄러운 곳을 벗겨도 안 된다.
그는 네 아비와 같은 핏줄이다.
13 네 이모의 부끄러운 곳을 벗겨도 안 된다.
그는 네 어미와 같은 핏줄이다.
14 네 삼촌의 아내를 가까이하여 삼촌의 부끄
러운 곳을 벗겨도 안 된다. 그는 네 아주머
니이다.

15 네 며느리의 부끄러운 곳을 벗겨도 안 된다.
그가 네 아들의 아내인데 어찌 그의 부끄러
운 곳을 벗기겠느냐?
16 네 형제의 아내의 부끄러운 곳을 벗겨도
안 된다. 그것은 곧 네 형제의 부끄러운 곳
이다.
17 아내가 데리고 들어온 딸의 부끄러운 곳을
벗겨도 안 된다. 그 여인의 친손녀도 외손
녀도 데려다가 부끄러운 곳을 벗기면 안 된
다. 그들은 그 여인과 한 핏줄이므로 그것
은 더러운 짓이다.
18 네 아내가 살아 있는 동안에 그 형제를 첩으
로 맞아 그 부끄러운 곳을 벗겨도 안 된다.
19 여인이 월경으로 부정할 때, 가까이하여
그 부끄러운 곳을 벗기면 안 된다.
20 네 이웃의 아내를 끌어들여 잠자리를 같이
하면 안 된다. 그 여인에게서 너는 부정을
탄다.
21 네 자식을 몰록에게 넘겨주어 너희 하느님
의 이름을 욕되게 해서는 안 된다. 나는 야
훼이다.
22 여자와 자듯이 남자와 한자리에 들어도 안
된다. 그것은 망측한 짓이다.
23 어떤 짐승하고도 교접을 하면 안 된다. 그
짐승에게서 너는 부정을 탄다. 여인도 짐승
과 교접을 하면 안 된다. 그것은 추잡한 짓
이다.
24 너희는 이런 행위 가운데서 어느 하나라도
저질러 부정을 타는 일이 없도록 하여라.
내가 너희 앞에서 쫓아낼 민족들은 이런 온
갖 행위로 부정을 탄 것들이다.
25 그 땅도 부정을 탔기 때문에, 나는 그 죄악
을 벌할 것이다. 그 땅은 거기에 사는 사람
들을 토해 내리라.
26 그러나 너희는 내가 정해 주는 규정과 내가
세워주는 법을 지켜라. 본토인은 물론이요
너희 가운데 몸붙여 사는 사람도 그런 망측
한 짓을 일절 저지르지 않도록 하여라.
27 너희보다 앞서 그 곳에 살던 사람들이 이런
온갖 망측한 짓을 다 하여 그 땅을 더럽혔던
것이다.
28 너희도 그 땅을 더럽히면, 너희보다 앞서
거기에 살던 민족을 토해 냈듯이 그 땅이 너
희를 토해 내리라.
29 이런 망측한 짓들 가운데 어느 한 가지라도
저지른 사람은 그가 누구든지 간에 겨레로
부터 추방당해야 한다.
30 그러므로 너희는 내가 지키라고 한 것을 잘
지키고 너희가 오기 전에 지켜졌던 망측한
규정들을 따라 스스로 자신을 더럽히는 일
이 없도록 하여라. 나 야훼가 너희의 하느님
이다.'"

거룩한 백성이 되는 길

19 ◎야훼께서 모세에게 말씀하셨다.
2 "너는 이스라엘 백성 온 회중에게 이
렇게 일러주어라. '나 야훼 너희 하느님이
거룩하니, 너희도 거룩한 사람이 되어라.
3 너희는 각자 자기의 부모를 경외해야 한다.
또 나의 안식일을 지켜야 한다. 나 야훼가
너희 하느님이다.
4 우상에게 발길을 돌리지 마라. 신상을 부어
만들어 모시지 마라. 나 야훼가 너희 하느님
이다.
5 야훼에게 친교제물을 바칠 경우에 너희는
그의 마음에 들도록 바쳐야 한다.
6 제물은 그것을 바치는 날과 그 다음날까지
먹어야 한다. 사흘째 되는 날에는 남은 것
을 불에 살라버려라.
7 사흘째 되는 날에 상한 제물을 먹으면 야
훼가 기꺼이 여기지 않을 것이다.
8 그런 것을 먹는 사람은 죄벌을 면하지 못한
다. 그는 야훼의 거룩한 제물을 속되게 한
사람이니, 그런 사람은 겨레로부터 추방당
해야 한다.
9 너희 땅의 수확을 거두어들일 때, 밭에서
모조리 거두어들이지 마라. 거두고 남은 이
삭을 줍지 마라.
10 너희 포도를 속속들이 뒤져 따지 말고 따고
남은 과일을 거두지 말며 가난한 자와 몸붙
여 사는 외국인이 따먹도록 남겨놓아라. 나
야훼가 너희 하느님이다.
11 너희는 남의 물건을 훔치지 마라. 동족끼
리 속여 사기하지 마라.
12 너희는 남을 속일 생각으로 내 이름을 두고
맹세하지 마라. 그것은 나의 이름을 욕되게
하는 것이다. 나는 야훼이다.
13 너희는 이웃을 억눌러 빼앗아 먹지 마라.
품값을 다음날 아침까지 미루지 마라.
14 귀머거리가 듣지 못한다고 하여 그에게 악
담하거나 소경이 보지 못한다고 하여 그 앞
에 걸릴 것을 두지 마라. 하느님 두려운 줄
알아라. 나는 야훼이다.
15 공정하지 못한 재판을 하지 마라. 영세민
이라고 하여 두둔하지 말고, 세력 있는 사
람이라고 하여 봐주지 마라. 이웃을 공정하
게 재판해야 한다.
16 너희는 겨레 가운데서 남 잡을 소리를 퍼뜨

리지 마라. 이웃을 죽을 죄인으로 고발하지
마라. 나는 야훼이다.
17 형제를 미워하는 마음을 품지 마라. 이웃의
잘못을 서슴지 말고 타일러주어야 한다. 그
래야 그 죄에 대한 책임을 벗는다.
18 동족에게 앙심을 품어 원수를 갚지 마라.
네 이웃을 네 몸처럼 아껴라. 나는 야훼이다.
19 너희는 내가 정해 주는 이 규정을 지켜야 한
다. 네 가축 가운데서 종류가 다른 것끼리
교미시키지 마라. 네 밭에 다른 종자를 섞
어 뿌리지 마라. 종류가 다른 실을 섞어 짠
옷을 네 몸에 걸치지도 마라.
20 한 남자가 여인과 한자리에 들었는데, 그
여인이 이미 남에게 몸을 바친 여종으로서
아직 자기 몸값을 치르고 풀려나지 못했거
나 자유를 얻어 풀려나지 못한 사람일 경우
에는 그에게 벌을 줄 수 있으나 죽이지는 마
라. 그 여인이 자유인이 아니기 때문이다.
21 그 남자는 자기의 죄를 벗기 위하여 면죄제
물을 만남의 장막 문간으로 가져다 야훼에
게 바쳐야 하는데, 그 면죄제물은 숫양이어
야 한다.
22 사제는 그 숫양을 면죄제물로 바쳐 그가 저
지른 죄를 야훼 앞에서 벗겨주어야 한다. 그
러면 그는 죄를 용서받으리라.
23 너희가 그 땅에 들어가 각종 과일 나무를 심
을 경우에 그 열매를 사람으로 치면 갓난아
기의 포경처럼 여겨야 한다. 삼 년 동안을
할례받지 아니한 갓난아기의 포경처럼 여
겨 따먹지 마라.
24 넷째 해에 열린 과일은 모두 거룩한 것이므
로 야훼에게 축제물로 바쳐야 하며
25 다섯째 해부터 열리는 과일은 따먹을 수 있
다. 이렇게 하면, 너희가 과일을 더 많이 거
두게 되리라. 나 야훼가 너희 하느님이다.
26 너희는 아무것도 피가 들어 있는 채로 먹지
마라. 술수를 써서 점을 치지 마라.
27 관자놀이의 머리를 둥글게 깎지 말고 구레
나룻을 밀지 마라.
28 사람이 죽었다고 해서 너희 몸에 상처를 내
어서는 안 된다. 너희 몸에 먹물로 글자를
새기지도 마라. 나는 야훼이다.
29 너희 딸을 창녀로 내놓아 몸을 더럽히게 하
지 마라. 그래야 땅은 난잡하게 되지 않고
세상은 추잡하게 되지 않을 것이다.
30 너희는 나의 안식일을 지키고, 나의 성소를
소중하게 여겨라. 나는 야훼이다.
31 너희는 죽은 사람의 혼백을 불러내는 여인
이나 점쟁이들에게 가서 무엇이든지 알아
봄으로써 부정을 타는 일이 없도록 하여라.
나 야훼가 너희 하느님이다.
32 백발이 성성한 어른 앞에서 일어서고 나이
많은 노인을 공경하여라. 너희 하느님을 경
외하여라. 나는 야훼이다.
33 너의 땅에 함께 사는 외국인을 괴롭히지
마라.
34 너에게 몸붙여 사는 외국인을 네 나라 사람
처럼 대접하고 네 몸처럼 아껴라. 너희도 이
집트 나라에 몸붙이고 살지 않았느냐? 나
야훼가 너희 하느님이다.
35 너희는 재판할 때나 물건을 재고 달고 되고
할 때에 부정하게 하지 마라.
36 바른 저울과 바른 추와 바른 에바와 바른 힌
을 써야 한다. 나 야훼가 너희를 이집트 땅에
서 이끌어낸 너희 하느님이다.
37 너희는 내가 정해 주는 모든 규정과 내가 세
워주는 모든 법을 지켜 그대로 살아야 한다.
나는 야훼이다.'"

성별된 백성으로서 따라서는 안 될 이교도의 풍속

20 ◎야훼께서 모세에게 말씀하셨다.
2 "너는 이스라엘 백성에게 일러라.
'이스라엘 가문에 속한 사람은 물론이요 이
스라엘에 몸붙여 사는 사람들까지도 자기
자식을 몰록에게 바친 자는 반드시 사형시
켜야 한다. 그 지방 백성이 그를 돌로 쳐죽
여야 한다.
3 나도 그를 언짢게 여겨 겨레로부터 추방하
리라. 그가 제 자식을 몰록에게 바쳐, 나의
성소를 더럽히고 나의 거룩한 이름을 욕되
게 하였기 때문이다.
4 그 지방 백성이 몰록에게 제 자식을 바치는
사람을 눈감아주고 죽이지 않는다면,
5 나는 그 사람과 그 집안도 언짢게 여겨 그
사람뿐 아니라 그 뒤를 따라 몰록을 섬기며
음행하는 음탕한 자들을 모두 겨레로부터
추방하리라.
6 죽은 사람의 혼백을 불러내는 여인들과 점
쟁이에게 가서 그들을 따라 음행하는 자가
있으면, 나는 그도 언짢게 여겨 겨레로부터
추방하리라.
7 너희는 삼가 스스로 몸가짐을 깨끗이 하여
거룩한 사람이 되어야 한다. 나 야훼가 너희
하느님이다.
8 너희는 내가 정해 주는 규정을 지켜 그대로
해야 한다. 너희를 거룩하게 해주는 이는
나 야훼이다.
9 누구든지 자기 부모에게 악담하는 자는

반드시 사형을 당해야 한다. 그 부모에게 악
담하였으니 피를 흘리고 죽어야 마땅하다.
10이웃집 아내와 간통한 사람이 있으면, 그
간통한 남자와 여자는 반드시 함께 사형을
당해야 한다.
11누가 자기 아비의 부인과 한자리에 들고 그
부끄러운 곳을 벗겼으면, 그 두 사람은 반
드시 사형을 당해야 한다. 그들은 피를 흘
리고 죽어야 마땅하다.
12자기 며느리와 한자리에 드는 사람이 있으
면, 그 두 사람은 반드시 사형을 당해야 한
다. 그들은 추잡한 짓을 했으니 제 피를 흘
리고 죽어야 마땅하다.
13여자와 한자리에 들듯이 남자와 한자리에
든 남자가 있으면, 그 두 사람은 망측한 짓
을 하였으므로 반드시 사형을 당해야 한다.
그들은 피를 흘리고 죽어야 마땅하다.
14누가 모녀를 함께 데리고 살면 그는 더러운
자이니, 그와 두 여인을 불에 태워 죽여야
한다. 그래서 너희 가운데서 그런 더러운
짓이 다시 생기지 않도록 하여라.
15가축과 교접한 사람은 반드시 사형을 당해
야 한다. 그 가축도 죽여야 한다.
16어떤 여자가 짐승을 가까이하여 교접하였
으면, 그 여자와 짐승을 반드시 함께 죽여
야 한다. 그들은 이렇게 제 피를 흘리고 죽
어야 마땅하다.
17 제 아비의 딸이든지, 어미의 딸이든지,
제 누이를 데리고 살면서 누이의 부끄러운
곳을 벗기고 여자는 오라비의 부끄러운 곳
을 벗겼으면 그들을 겨레가 보는 앞에서 없
애야 한다. 이것은 파렴치한 짓이다. 제 누
이의 부끄러운 곳을 벗겼으므로 죄벌을 면
할 길이 없다.
18월경 중에 있는 여인과 한자리에 들어 그 부
끄러운 곳을 벗겨 피 나는 곳을 열어 젖힌다
든지, 그 여자도 옷을 벗어 피 나는 곳을 드
러내든지 하면 그 두 사람은 겨레로부터 추
방해야 한다.
19네 이모의 부끄러운 곳이나, 네 고모의 부
끄러운 곳을 벗기면 안 된다. 제 핏줄의 몸
을 벗긴 것이므로 죄벌을 면할 길이 없다.
20숙모와 한자리에 든 사람은 삼촌의 부끄러
운 곳을 벗긴 것이므로 그들은 죄벌을 받아
후손을 보지 못하고 죽어야 한다.
21제 형제의 아내를 데리고 사는 것은 추한 짓
이다. 그것은 제 형제의 부끄러운 곳을 벗
긴 것이므로 그가 후손을 보지 못하리라.
22 너희는 이렇게 내가 정해 주는 모든 규정
과 내가 세워주는 모든 법을 지켜 그대로 해
야 한다. 그래야 내가 너희를 이끌어들여
살게 할 그 땅이 너희를 토해 버리지 아니할
것이다.
23너희는 내가 너희 앞에서 쫓아낼 민족들이
지키는 규정을 따르지 마라. 내가 그들을
싫어하는 것은 그들이 이런 모든 짓을 했기
때문이다.
24너희가 이 민족들의 농토를 차지할 것이며
젖과 꿀이 흐르는 이 땅이 너희의 소유가 되
리라고 내가 이미 약속하지 않았느냐? 나
야훼는 너희를 뭇 백성 가운데서 갈라 세운
너희 하느님이다.
25너희는 정한 짐승과 부정한 짐승을 가려야
한다. 정한 새와 부정한 새를 가려야 한다.
그래서 짐승이든지 새든지 그 밖에 땅에 기
는 어떤 것이든지 너희에게 부정하다고 내
가 구별해 준 것으로 부정을 타는 일이 있어
서는 안 된다.
26나 야훼는 거룩하다. 너희는 내 것이니, 너
희도 거룩한 사람이 되어야 한다. 나는 너
희를 뭇 백성 가운데서 갈라내어 내 것으로
삼았다.
27너희 가운데 죽은 사람의 혼백을 불러내는
사람이나 점쟁이가 있으면, 그가 남자이든
지 여자이든지 반드시 사형에 처해야 한다.
그들을 돌로 쳐라. 그들은 제 피를 흘리고
죽어야 마땅하다.'"

성별된 사제로서 지켜야 할 규정

21 ◎야훼께서 모세에게 말씀하셨다. "너
는 아론의 아들 사제들에게 이렇게 일
러주어라. '사제는 아무도 일가친척의 시체
에 닿아 부정을 타는 일이 없도록 하여라.
2다만 한 식구인 부모와 아들과 딸과 형제의
시체에는 닿아도 된다.
3또 친누이로서 아직 시집가지 않고 처녀로
있던 여자의 시체에 닿아 부정을 타는 것도
괜찮다.
4그러나 자기 겨레 가운데서 남편을 얻어간
누이의 시체에 닿아 부정을 타서 자기를 속
되게 하면 안 된다.
5 그들은 머리를 깎거나 구레나룻을 밀거
나 몸에 칼자국을 내면 안 된다.
6그들은 하느님에게 몸바친 사람으로서 자
기 하느님의 이름을 욕되게 해서는 안 된다.
자기 하느님 야훼에게 양식을 살라 바치는
사람으로서 그들은 거룩해야 한다.
7그들은 창녀뿐 아니라 몸을 더럽힌 어떤 여

자도 아내로 맞지 못한다. 남편에게 소박맞
은 여자도 아내로 맞지 못한다. 사제는 하
느님께 몸바친 사람이다.
8 그는 너희 하느님께 양식을 바치는 사람이
니, 너희는 그를 거룩한 사람으로 대접해야
한다. 너희를 거룩하게 하는 나 야훼가 거룩
하니, 사제도 너희에게는 거룩한 사람이다.
9 사제 된 사람의 딸이 창녀가 되어 몸을 더럽
히면 그것은 제 아비를 욕되게 하는 것이다.
그 여자를 불에 태워 죽여라.
10 형제 가운데서도 으뜸가는 사제는 머리
에 성별하는 기름을 붓고 제복을 입고 직권
을 받았으므로 머리를 풀거나 옷을 찢지 못
한다.
11 그리고 어떤 상가에도 가지 못한다. 자기
부모가 죽어도 가까이 가서 부정을 타면 안
된다.
12 그는 성소를 떠나지 못한다. 자기 하느님의
성소를 더럽혀서는 안 된다. 그는 그의 하
느님이 성별하는 기름을 부어 특별히 세워
준 사람인 것이다. 나는 야훼이다.
13 그는 숫처녀만을 아내로 맞이할 수 있다.
14 과부나 소박맞은 여자나 창녀로서 몸을 더
럽힌 여자를 아내로 맞이하지는 못한다. 같
은 일가의 처녀 가운데서 골라 아내로 맞아
야 한다.
15 그래야 일가 가운데 몸을 더럽힌 후손을 남
기지 않을 것이다. 그를 거룩하게 하는 이
는 나 야훼이다.'"
16 ◎야훼께서 모세에게 말씀하셨다.
17 "너는 아론에게 이렇게 일러라. '너의 후손
대대로 몸이 성하지 않은 사람은 그의 하느
님께 양식을 바치러 가까이 나오지 못한다.
18 소경이든지 절름발이든지 얼굴이 일그러졌
든지 사지가 제대로 생기지 않았든지 하여
몸이 성하지 않은 사람은 아무도 가까이 나
오지 못한다.
19 다리가 부러졌거나 팔이 부러진 사람,
20 곱추, 난쟁이, 눈에 백태 낀 자, 옴쟁이, 종
기가 많이 난 사람, 고자는 성소에 가까이
나오지 못한다.
21 사제 아론의 후손으로서 몸이 성하지 못한
사람은 아무도 야훼께 가까이 나와 번제를
드리지 못한다. 몸이 성하지 못한 사람은
그의 하느님께 양식을 바치러 가까이 나오
지 못한다.
22 그러나 하느님께 바친 양식, 곧 더없이 거
룩한 것과 보통으로 거룩한 것을 받아 먹을
수는 있다.
23 하지만 그는 몸이 성하지 못한 사람이기 때
문에 휘장 안으로 들어가거나 제단 앞으로
나가서 나의 성소를 더럽혀서는 안 된다.
사제들을 거룩하게 하는 이는 나 야훼이
다.'"
24 ◎모세는 이 말씀을 아론과 그의 아들들과
이스라엘 모든 백성에게 일러주었다.

거룩한 음식을 먹는 규정

22 ◎야훼께서 모세에게 말씀하셨다.
2 "너는 아론과 그의 아들들에게, 이스
라엘 백성이 바치는 거룩한 예물을 함부로
다루면 안 된다고 일러주어라. 그렇게 하는
것은 나의 거룩한 이름을 더럽히는 것이 된
다. 그들이야말로 나를 거룩히 받들 자들이
다. 나는 야훼이다.
3 너는 그들에게 일러라. '너희 후손 대대로
이스라엘 백성이 야훼께 바치는 거룩한 예물
을 부정한 몸으로 가까이하는 자는 그가 누
구이든지 내 앞에서 추방당할 것이다. 나는
야훼이다.
4 아론의 후손은 누구를 막론하고 악성 피부
병 환자이든 고름이 흐르는 환자이든, 정하
게 되지 않고서는 거룩한 음식을 먹지 못한
다. 어떤 주검에 닿은 사람과 고름이 나오
는 사람,
5 어떤 길짐승에 닿아 부정을 탄 사람과 어떤
종류의 부정이든지 부정을 탄 사람에게 닿
은 사람,
6 그런 부정한 것에 닿은 사람은 저녁때가 되
어야 부정을 벗는다. 그래도 목욕을 하지
않고서는 거룩한 음식을 먹지 못한다.
7 해가 져서 정하게 된 다음에야 자기의 양식
인 거룩한 음식을 먹을 수 있다.
8 자연사한 짐승이나 맹수에게 찢겨 죽은 짐
승은 부정을 타게 하는 것이니 먹지 못한다.
나는 야훼이다.
9 그들은 내가 지키라고 한 것을 그대로 지켜
야 죄벌을 받지 않을 것이다. 그것을 어기
면 죽으리라. 그들을 거룩하게 하는 이는
나 야훼이다.
10 여느 사람은 아무도 거룩한 음식을 먹지
못한다. 사제를 찾아온 손님이나 그가 부리
는 품꾼도 거룩한 음식을 먹지 못한다.
11 그러나 사제가 사들인 종은 그것을 먹을 수
있다. 사제의 씨종도 그것이 제 집의 음식
이므로 먹을 수 있다.
12 사제의 딸이라도 여느 사람에게 시집간 여
자는 거룩한 예물로 바친 것을 먹지 못한다.

13그러나 사제의 딸이 과부가 되었거나 소박
을 맞아서 자식이 없이 친정에 돌아온 경우
에는 어렸을 때와 같이 제 아비의 양식을 먹
을 수 있다. 여느 사람은 아무도 함께 그것
을 먹지 못한다.
14누가 모르고 거룩한 음식을 먹은 경우에는
그 거룩한 음식의 오분의 일을 더 보태어 사
제에게 갚아야 한다.
15이렇게 이스라엘 백성이 야훼께 바친 거룩한
음식은 속되게 해서는 안 된다.
16그들이 사제들의 거룩한 음식을 먹으면, 그
때문에 사제들은 면죄를 받아야 할 죄를 또
지게 된다. 그 음식을 거룩하게 하는 이는
나 야훼이다.'"

하느님의 마음에 드는 제물

17◎야훼께서 모세에게 말씀하셨다.
18"너는 아론과 그의 아들들과 이스라엘 모든
백성에게 이렇게 일러주어라. '이스라엘 가
문에 속한 사람은 물론이요 이스라엘에 몸
붙여 사는 사람들까지도 서약을 이행하기
위해서나, 또는 마음에 우러나서 야훼께 번
제를 드리려는 사람이 있으면
19소나 양이나 염소 가운데서 흠이 없는 수컷
을 바쳐야 한다. 그래야 너희가 그의 마음
에 들 것이다.
20너희는 성하지 못한 동물을 바치면 안 된다.
너희가 그의 마음에 들지 아니하리라.
21또 야훼께 서약한 것을 이행하기 위해서든
지 또는 마음에 우러나서든지 소나 양을 친
교제물로 드리려는 사람이 있으면 흠이 없
는 것으로 바쳐야 한다. 그래야 너희가 그
의 마음에 들 것이다. 성하지 못한 것은 어
떤 것도 안 된다.
22눈먼 것이나 뼈가 부러진 것, 다리가 잘린
것이나 병들어 물이 나오는 것, 옴이나 종
기가 많이 난 것을 야훼께 바치지 못한다.
그런 것을 제단에 드려 야훼께 살라 바치면
안 된다.
23소나 양 가운데 한 다리는 길고 한 다리는
오그라진 것을 마음에 우러나 바치는 예물
로 삼을 수는 있으나, 그것을 서약을 이루
기 위해 바치는 예물로 삼을 수는 없다. 그
런 예물은 그의 마음에 들지 못하리라.
24너희는 불알이 터졌거나 으스러졌거나 빠
졌거나 잘라진 짐승을 야훼께 바치면 안 된
다. 너희 땅에서 그런 것을 바치는 일이 있
어서는 안 된다.
25그런 불구나 병신을 외국인의 손에서 받아
너희 하느님의 양식으로 바쳐서는 안 된다.
그렇게 하면 너희가 그의 마음에 들 수 없
다.'"
26◎야훼께서 모세에게 말씀하셨다.
27"소나 양이나 염소는 태어난 후 칠 일 동안
제 어미 품에 두어야 한다. 팔 일째 되는 날
부터 그것을 제물로 살라 야훼에게 바칠 수
있다. 그러면 야훼가 기뻐할 것이다.
28소나 양을 그 새끼와 함께 같은 날 죽이지
마라.
29너희가 감사제물을 야훼에게 잡아 바칠 경
우에도 그의 마음에 들도록 바쳐야 한다.
30그것은 그 날로 다 먹고 다음날 아침까지 남
겨두지 못한다. 나는 야훼이다.
31 너희는 나의 지시를 지켜 그대로 해야 한
다. 나는 야훼이다.
32너희는 나의 거룩한 이름을 욕되게 하지 마
라. 내가 이스라엘 백성 가운데서 마땅히 하
느님으로서 존대를 받아야 하지 않겠느냐.
나 야훼가 너희를 거룩하게 하고
33너희의 하느님이 되려고 이집트 땅에서 너
희를 이끌어낸 자이다. 나는 야훼이다."

축절들

23 ◎야훼께서 모세에게 말씀하셨다.
2"너는 이스라엘 백성에게 이렇게 일
러주어라. '너희가 거룩한 모임으로 백성을
소집하여 기념할 야훼의 축절들이 있는데
그 축절들은 다음과 같다.

1. 안식일

3 너희는 엿새 동안 일을 하다가 칠 일째 되
는 날은 철저하게 쉬는 안식일이므로 그 날
에는 아무 일도 하지 말고 거룩한 모임을 열
어야 한다. 어디에서 살든지 너희는 이 날
을 야훼에게 바치는 안식일로 삼아라.

2. 과월절과 무교절

4 너희는 계절을 따라 거룩한 모임을 열고
다음과 같은 야훼의 축절들을 지켜라.
5정월 십사일 해거름에 야훼의 과월절을 지
키고,
6그 달 보름에는 야훼께 무교절 축제를 올리
며 칠 일 동안 누룩 없는 떡을 먹어야 한다.
7첫날에는 모든 생업에서 손을 떼고 거룩한
모임을 열어야 한다.
8그리고 칠 일 동안 야훼에게 살라 바치는 제
물을 드려야 한다. 칠 일째 되는 날에도 모
든 생업에서 손을 떼고 거룩한 모임을 열어
야 한다.'"

3. 햇곡식을 바치는 축절

9◎야훼께서 모세에게 말씀하셨다.
10"너는 이스라엘 백성에게 이렇게 일러주어
라. '너희는 내가 너희에게 줄 땅으로 들어
가서 추수를 하거든 추수한 첫 곡식 단을 사
제에게 바쳐라.
11그러면 사제는 그 곡식 단을 야훼 앞에 흔들
어 바쳐야 한다. 야훼가 기뻐 받을 것이다.
사제는 안식일 다음날에 그것을 흔들어 바
쳐야 한다.
12곡식 단을 흔들어 바치는 날, 너희는 그 해
에 태어난 흠없는 어린 양 한 마리를 야훼에
게 번제물로 바쳐야 한다.
13또 거기에 따르는 곡식예물로 고운 밀가루
십분의 이 에바를 기름에 반죽하여 바쳐야
한다. 그것이 불에 타며 향기를 풍겨 야훼를
기쁘게 해드리는 제물이다. 또 제주로 포도
주 사분의 일 힌을 바쳐야 한다.
14너희가 이렇게 너희의 하느님에게 예물을
바치는 바로 그 날이 되기 전에는 빵도, 볶
은 밀알도, 풋이삭도 먹지 못한다. 이것은
너희가 어디에서 살든지 대대로 길이 지킬
규정이다.

4. 추수절

15 너희가 곡식 단을 흔들어 바친 그 안식일
다음날로부터 만 일곱 주간을 보내고
16맞이하는 그 일곱째 안식일 다음날까지 세
면 오십 일이 될 것이다. 그 때 너희는 새로
운 곡식예물을 야훼께 바쳐야 한다.
17흔들어 바칠 예물로 고운 밀가루 십분의 이
에바로 만든 빵 두 개를 누룩을 넣고 구워
라. 너희가 사는 곳에서 그것을 가지고 야훼
께 와서 맏물로 바쳐야 한다.
18이 빵과 함께 그 해에 태어난 흠없는 어린
양 일곱 마리와 소떼 가운데서 황소 한 마리
와 숫양 일곱 마리를 끌어다가 야훼께 번제
물로 바쳐야 한다. 거기에 따르는 곡식예물
과 제주도 바쳐야 한다. 이것이 불에 타며
향기를 풍겨 야훼를 기쁘게 해드리는 제물
이다.
19또 너희는 숫염소 한 마리를 속죄제물로 바
치고, 그 해에 태어난 어린 양 두 마리를 친
교제물로 바쳐야 한다.
20사제는 이것들을 맏물로 드리는 빵과 함께
야훼 앞에 흔들어 바쳐야 한다. 이것들은
야훼께 바친 거룩한 제물로서 사제의 몫이
된다.
21바로 그 날에 너희는 모임을 열어야 한다.
너희가 열 모임은 거룩한 모임이므로 모든
생업에서 손을 떼어야 한다. 이것은 너희
가 어디에서 살든지 대대로 길이 지킬 규정
이다.
22 너희가 사는 곳에서 추수할 때 곡식을 모
조리 거두지 말고 거두고 남은 이삭도 줍지
말며 가난한 자와 외국인이 줍도록 남겨놓
아야 한다. 나 야훼가 너희 하느님이다.'"

5. 새해맞이

23◎야훼께서 모세에게 말씀하셨다.
24"너는 이스라엘 백성에게 일러라. '칠월 초
하룻날 너희는 쉬어야 한다. 나팔을 불어
거룩한 모임을 알려야 한다.
25너희는 모든 생업에서 손을 떼고 야훼께 제
물을 살라 바쳐야 한다.'"

6. 죄 벗는 날

26◎야훼께서 모세에게 말씀하셨다.
27"칠월 십일은 죄 벗는 날이다. 그 날에 너희
는 거룩한 모임을 열고, 단식하며 야훼께 제
물을 살라 바쳐야 한다.
28이 날 하루 동안은 어떤 일도 하지 못한다.
이 날은 죄를 벗는 날로서, 너희의 하느님
야훼 앞에서 너희의 죄를 벗기는 예식을 올
리는 날이다.
29이 날 하루 동안 단식하지 않는 사람은 누구
를 막론하고 겨레로부터 추방해야 한다.
30이 날 하루 동안 무슨 일이든지 일을 하는
사람이 있으면, 나는 그를 겨레로부터 추방
하리라
31너희는 어떤 일도 하지 못한다. 이것은 너
희가 어디에서 살든지 대대로 길이 지킬 규
정이다.
32그 날은 너희가 철저하게 쉬어야 할 안식일
이요, 단식을 해야 하는 날이다. 그 달 구일
저녁부터 다음날 저녁까지 너희는 일을 중
단하고 안식하여야 한다."

7. 초막절

33◎야훼께서 모세에게 말씀하셨다.
34"너는 이스라엘 백성에게 일러라. '너희는
칠월 보름부터 칠 일간 초막절을 지내며 야
훼께 예배 드려야 한다.
35그 첫날은 거룩한 모임을 여는 날이니, 모
든 생업에서 손을 떼어야 한다.
36칠 일간 야훼께 제물을 살라 바쳐야 한다.
팔 일째 되는 날에도 또 거룩한 모임을 열고
야훼께 제물을 살라 바쳐야 한다. 이 날은
축제일이므로 너희는 모든 생업에서 손을
떼어야 한다.
37 이 날은 야훼께 올리는 축절, 너희는 이
날에 거룩한 모임을 열고, 번제물과 곡식예
물과 친교제물과 제주를 그 날 그 날 절차를

따라 야훼께 드려야 한다.
38그리고도 너희는 야훼의 안식일을 지키고
너희의 선물을 바치고 서약을 이루려고 바
치거나 마음에 우러나서 바치는 제물을 모
두 야훼께 드려야 한다.
39 칠월 십오일, 땅의 소출을 거두어들일
때, 너희는 칠 일간 야훼께 축제를 올려야
한다. 그 첫날은 철저하게 쉬어야 하고, 팔
일째 되는 날에도 쉬어야 한다.
40그 첫날 너희는 훌륭한 과일과 종려나무 가
지와 무성한 나뭇가지와 개울 버드나무를
꺾어 들고, 칠 일간 너희 하느님 야훼 앞에
서 즐거워하여라.
41해마다 이 날을 야훼께 바치는 축제일로 지
키도록 하여라. 이것은 너희가 대대로 길이
지킬 규정이다. 이것은 칠월에 지킬 축절
로서
42너희는 칠 일간 초막에서 살아야 한다. 이스
라엘 국민은 누구나 초막에서 살아야 한다.
43이렇게 하는 것은 내가 이스라엘 백성을 이
집트 땅에서 이끌고 나올 때 초막에서 살게
했던 일을 후손 대대로 상기시켜 주려는 것
이다. 나 야훼가 너희 하느님이다.'"
44◎말씀대로 모세는 야훼의 축절들을 이스라
엘 백성에게 일러주었다.

성소의 등불

24 ◎야훼께서 모세에게 말씀하셨다.
2 "너는 이스라엘 백성에게 지시하여,
찧어서 짠 맑은 올리브 기름을 등유로 가져
오도록 하여 늘 등불을 켜두게 하여라.
3아론으로 하여금 등불을 켜서 만남의 장막
안 증거궤 앞 휘장 밖에 두어 저녁부터 아침
까지 계속하여 야훼 앞을 비추게 하여라. 이
것은 너희가 대대로 길이 지킬 규정이다.
4아론은 늘 그 등불을 야훼 앞에 있는 순금등
잔대 위에 밝혀놓아야 한다.

제사 상 차리기

5 너는 고운 밀가루를 가져다가, 한 개에
십분의 이 에바를 들여 빵 열두 개를 구워서
6여섯 개씩 두 줄로 야훼 앞 순금 제사 상 위
에 차려놓아라.
7그 한 줄 한 줄 위에 순전한 향을 올려놓아
야 한다. 그것이 불에 타면서 정성의 표시
로 야훼께 올리는 제물이 된다.
8안식일이 돌아올 때 야훼 앞에 항상 그것을
차려놓아야 한다. 이는 이스라엘 백성이 영
원한 계약으로 삼아야 한다.
9그것은 아론과 그의 아들들에게 돌아가는
몫인데 야훼께 살라 바치는 음식 가운데서
도 더없이 거룩한 것이므로 거룩한 곳에서
먹어야 한다. 이것은 길이 지킬 규정이다."

야훼의 이름을 모독한 사건

10◎이스라엘 여인이 이집트 남자와의 사이에
낳은 사람이 있었는데, 그는 이스라엘 백성
과 함께 나왔었다. 하루는 그 이스라엘 여인
의 아들이 다른 이스라엘 사람과 진지에서
시비를 벌였다.
11그런데 그 이스라엘 여인의 아들이 야훼의
이름을 모욕하며 악담하였다. 그래서 사람
들이 그를 모세에게 끌고 갔다. 그 어미의
이름은 슬로밋이었는데 단 지파에 속한 디브
리의 딸이었다.
12사람들이 그를 가두어놓고 야훼의 입에서
판결이 내리기를 기다리는데
13야훼께서 모세에게 말씀하셨다.
14"이 악담한 자를 진지 밖으로 끌어내다 놓
고 그가 악담하는 것을 들은 사람이 모두 그
머리 위에 손을 얹은 다음 온 회중이 돌로
쳐죽여라.
15너는 이스라엘 백성에게 일러라. '누구든지
자기 하느님에게 악담한 자는 그 죄를 면치
못한다.
16야훼의 이름을 모욕한 자는 반드시 사형시
켜야 한다. 온 회중이 그를 돌로 쳐죽여야
한다. 내 이름을 모욕한 자는 외국인이든지
본국인이든지 사형에 처해야 한다.

보상법

17 남의 목숨을 끊은 자는 반드시 사형에 처
해야 한다.
18짐승의 목숨을 끊은 자는 산 짐승으로 보상
하여야 한다.
19누구든지 같은 동족에게 상처를 입힌 자에
게는 같은 상처를 입혀주어라.
20사지를 꺾은 것은 사지를 꺾는 것으로, 눈
은 눈으로, 이는 이로, 이렇게 남에게 상처
를 입힌 만큼 자신도 상처를 입어야 한다.
21남의 짐승을 죽인 자는 물어주어야 하고,
살인한 자는 사형에 처해야 한다.
22외국인이든 본국인이든 한 법이 있을 따름
이다. 나 야훼가 너희 하느님이기 때문이
다.'"
23◎모세가 이스라엘 백성에게 이렇게 전하자
그들은 그 악담한 사람을 진지 밖으로 끌
어내어 돌로 쳐죽였다. 이렇게 이스라엘 백

성은 야훼께서 모세에게 지시하신 대로 하
였다.

안식년에 관한 법

25 ◎야훼께서 시나이 산에서 모세에게 말
씀하셨다.
2 "너는 이스라엘 백성에게 이렇게 일러주어
라. '너희는 내가 주는 땅으로 들어가서 야
훼의 안식년이 되거든 그 땅을 묵혀라.
3 너희는 육 년 동안 밭에 씨를 뿌리고 육 년
동안 포도 순을 쳐, 그 소출을 거두어라.
4 칠 년째 되는 해는 야훼의 안식년이므로 그
땅을 아주 묵혀 밭에 씨를 뿌리지 말고, 포
도 순을 치지도 마라.
5 너희가 거둘 때 떨어진 데서 절로 자란 것을
거두지 말고, 순을 치지 않고 내버려둔 덩
굴에 절로 열린 포도송이를 따지 말며 땅을
완전히 묵혀야 한다.
6 너희 땅을 묵히는 것은 너희 뿐 아니라 너희
집에 머무는 너희 남종과 여종과 품꾼과 식
객까지 모두 먹여 살리기 위한 것이다.
7 그러면 너희 가축과 너희 땅에 사는 짐승도
땅에서 나는 온갖 소출을 먹고 살 수 있을
것이다.

희년에 관한 법

8 너희는 또 일곱 해를 일곱 번 해서, 안식
년을 일곱 번 세어라. 이렇게 안식년을 일
곱 번 맞아 사십구 년이 지나서
9 일곱째 달이 되거든 그 달 십일에 나팔 소리
를 크게 울려라. 죄 벗는 이 날 너희는 나팔
을 불어 온 땅에 울려 퍼지게 하여라.
10 오십 년이 되는 이 해를 너희는 거룩한 해로
정하고 너희 땅에 사는 모든 사람에게 해방
을 선포하여라. 이 해는 너희가 희년으로
지킬 해이다. 저마다 제 소유지를 찾아 자
기 지파에게로 돌아가야 한다.
11 오십 년이 되는 해는 너희가 희년으로 지낼
해이니, 씨를 심지도 말고 절로 자란 것을
거두지도 말며 순을 치지 않고 내버려두었
는데 절로 열린 포도송이를 따지도 마라.
12 이 해가 희년이니, 이 해를 거룩하게 지내
야 한다. 너희는 밭에서 난 소출을 먹고 지
낼 수 있을 것이다.
13 이 희년에 너희는 저마다 자기 소유지로 돌
아가야 한다.
14 네가 동족에게 무엇을 팔거나 동족에게서
무엇을 사는 경우에, 이웃끼리 서로 억울하
게 하지 마라.
15 너는 동족에게서 사들일 때에 희년이 몇 해
가 지났는지 따져보아라. 파는 사람은 소출
을 거둘 햇수를 따져서 값을 매겨라.
16 소출을 거둘 햇수를 따라 사고 팔아야 하기
때문에 그 햇수가 많으면 값을 많이 치르
고, 햇수가 적으면 값을 적게 치러야 한다.
17 너희는 동족끼리 서로 억울하게 하지 마라.
너희는 하느님 두려운 줄을 알아야 한다.
나 야훼가 너희의 하느님이다.
18 너희는 내가 정해 주는 규정을 실천하고 내
가 세워주는 법을 지켜 그대로 해야 한다.
그러면 그 땅에서 안심하고 살 수 있으리라.
19 그 땅에서 나는 열매를 양껏 먹으며 그 땅에
서 안심하고 살 수 있으리라.
20 너희는 혹, 칠 년째 되는 해에는 씨를 심
지도 말고 소출을 거두지도 말라면 무엇을
먹을 것인가 걱정이 될 것이다.
21 그러나 육 년째 되는 해에 나의 말 한마디로
너희에게 충분한 복을 내려 삼 년 먹을 소출
이 나게 하리라.
22 그래서 씨를 다시 뿌리는 팔 년째 되는 해
에는 묵은 곡식을 먹게 되리라. 구 년째 되
는 해의 소출이 날 때까지 묵은 것을 먹게
되리라.
23 땅은 아주 팔아 넘기는 것이 아니다. 땅은
내 것이요, 너희는 나에게 몸붙여 사는 식
객에 불과하다.
24 너희가 소유하는 땅 어디에서나 제 땅은 다
시 되돌려 살 수 있어야 한다.
25 네 동족 가운데서 누가 옹색하여 제 소유를
팔았을 경우에는 그와 가장 가까운 친척이
와서 그가 판 것을 되돌려 살 수 있다.
26 그것을 되돌려 살 친척이 없을 경우에, 그
가 나중에 스스로 힘이 생겨 되돌려 살 길이
트이면,
27 판 다음에 지나간 햇수에 해당하는 값을 빼
고, 나머지를 그 땅을 산 사람에게 물어주
어야 한다. 그리고 나서 그는 자기 소유지
로 돌아갈 수 있다.
28 그러나 되돌려 살 만한 돈이 손에 들어오지
않으면 그가 판 것은 희년이 오기까지 그것
을 산 사람의 손에 남아 있게 된다. 그랬다
가 희년이 되어 해약이 되면 그는 제 소유지
로 돌아갈 수가 있다.
29 누가 성곽 도시에 있는 주택을 판 경우에,
판 지 한 해가 지나면 무를 권리가 없다. 무
를 수 있는 유효 기한은 일 년이다.
30 한 해가 다 지나가기까지 무르지 않으면 성
곽 도시에 있는 그 집은 아주 산 사람의 것

이 되어 버린다. 희년이 되어도 해약은 되
지 않는다.
31 성 밖에 있는 시골집은 들에 있는 것으로 쳐
서 무를 권리가 있다. 희년이 되면 해약이
된다.
32 레위인들의 마을에서는 자기들이 차지한 마
을 집들을 언제든지 팔았다가 무를 권리가
레위인들에게 있다.
33 레위인이 자기가 살던 마을 집을 팔고 무르
지 않더라도 희년이 되면 그 매매가 무효가
된다. 레위인들의 마을 집들은 이스라엘 백
성 가운데서 그들이 차지한 영원한 소유이
기 때문이다.
34 그들의 마을에 딸린 목장도 그들의 영구 소
유지로서, 사고 팔 수 있는 것이 아니다.
35 너희 동족 가운데 누가 옹색하게 되어,
너희에게 의탁해야 할 신세가 되거든, 너희
는 그를 몸붙여 사는 식객처럼 붙들어 주고
함께 데리고 살아라.
36 너희는 그에게서 세나 이자를 받지 못한다.
너희는 하느님 두려운 줄 알아 그런 동족을
함께 데리고 살아야 한다.
37 너희는 그에게 이잣돈도 놓지 못하고, 그에
게 양식을 장리로 꾸어주지도 못한다.
38 나 야훼가 너희를 이집트 땅에서 이끌어낸
너희 하느님이다. 나는 너희에게 가나안 땅
을 주어 너희의 하느님이 되리라.
39 너희와 함께 사는 너희 동족 가운데 누가
옹색하게 되어 너희에게 몸을 팔았을 경우
에 너희는 그를 종 부리듯 부리지 못한다.
40 너희는 그를 품꾼이나 식객처럼 데리고 살
며 일을 시키다가 희년이 되면
41 자식들과 함께 집에서 내보내어 자기 지파
로 조상의 소유지를 찾아 돌아가게 해야
한다.
42 그들은 내가 이집트 땅에서 이끌어낸 나의
종들이니, 종이 팔리듯이 팔려서는 안 된다.
43 너희는 하느님 두려운 줄 알아 그를 심하게
부리지 마라.
44 너희는 남종이나 여종을 두려면 너희 주
변에 있는 다른 민족들에게서 구해야 한다.
그들에게서 남종과 여종을 사들일 수 있고
45 또 너희에게 몸붙여 사는 외국인들의 자손
중에서도 사들일 수 있으며 너희 땅에 와서
낳은 자식들로서 너희와 섞여 사는 그들의
친척들 가운데서도 사들여 너희의 소유로
삼을 수 있다.
46 너희는 이 종들을 자손에게 대대로 물려주
어 언제까지나 소유하게 할 수 있다. 너희
는 그들을 종으로 부릴 수 있으나 너희 동족
이스라엘 백성끼리는 아무도 심하게 부릴
수 없다.
47 너희와 어울려 사는 외국인 가운데 넉넉
히 사는 사람이 있는데 너희 동족 가운데 누
가 옹색해져서 그에게 붙어 살게 되었다고
하자. 또 누가 너희와 어울려 사는 외국인
이나 그 외국인 친척의 자손에게 팔려갔다
고 하자.
48 이렇게 팔린 다음에도 그는 값을 치르고 풀
려날 수 있다. 그의 동기 가운데서 누군가
가 그를 물러낼 수 있는 것이다.
49 그렇지 못하면 그의 삼촌이나 사촌이 그를
물러낼 수 있다. 그렇게도 안 되면 집안에
서 가까운 친척이 그를 물러낼 수 있다. 혹
시 본인에게 힘이 생기면 스스로 제 몸을 물
러낼 수도 있다.
50 그가 자기를 사는 사람과 몸값을 정하는데
는 팔려가는 해에서 희년까지 몇 해인지 따
져 그 햇수 동안 그 집에서 머슴살이하는 것
으로 치고 계산하는 것이다.
51 그러므로 몸을 무를 때에는 자기를 판 돈을
그 햇수로 따져서 햇수가 많이 남았으면 그
만큼 많이 내야 한다.
52 희년까지 남은 햇수가 적으면, 그 햇수를
따라 그만큼 적게 내고 무를 수 있다.
53 주인은 그를 한 해 한 해 머슴살이하는 사람
으로서 대접을 해야 하고 심하게 부리지는
못한다.
54 그가 이런 조건으로 값을 치르고 풀려나지
못했으면, 희년에 가서야 자식들과 함께 자
유의 몸이 되리라.
55 이스라엘 백성은 나의 종, 내가 이집트 땅에
서 이끌어낸 나의 종이다. 나 야훼가 너희의
하느님이다.

야훼를 바로 섬기는 사람에게 내리는 복

26 너희는 우상들을 만들어 모시지 마라.
신상이나 석상을 너희 가운데 세우지
마라. 또 그림 그린 석상을 너희 땅에 세우
고 그 앞에 엎드리지 마라. 너희 하느님은
나 야훼이다.
2 너희는 나의 안식일을 지키고, 나의 성소를
어려워하여라. 나는 야훼이다.
3 너희가 만일 내가 정해 준 규정들을 따르
고, 내가 지시한 계명들을 지켜 그대로 하면
4 내가 너희에게 제때에 비를 내려주리니, 땅
은 소출을 내고 들의 나무들은 열매를 맺을
것이다.

5 너희는 타작이 끝나면 포도를 따고 포도를
따고 나면 씨앗을 심게 될 것이다. 그래서
너희는 마음껏 먹으며 너희 땅에서 안심하
고 살게 되리라.
6 내가 그 땅에 평화를 주리니, 너희는 다리
를 뻗고 잘 수 있으리라. 나는 맹수를 너희
땅에서 몰아낼 것이며 칼싸움이 너희의 땅
을 휩쓸지 못하게 하리라.
7 너희 원수들은 너희에게 쫓기다가 너희의
칼에 맞아 쓰러지리라.
8 너희는 다섯 명이 원수 백 명을 추격하고,
백 명이 원수 만 명을 추격할 수 있을 것이
다. 너희 원수들은 너희의 칼에 맞아 쓰러
지리라.
9 나는 너희를 부드러운 얼굴로 굽어보며 너
희 자손을 일으키고 너희를 불어나게 하여
내가 너희와 맺은 계약을 이루리라.
10 묵은 곡식을 먹다가 햇곡식이 나면, 먹다가
남은 묵은 곡식을 퍼내게 될 것이다.
11 내가 너희 가운데 나의 있을 자리를 정하고
너희를 저버리지 아니하리라.
12 나는 너희 가운데 살며 너희 하느님이 되고
너희는 나의 백성이 되리라.
13 나 야훼는 너희를 이집트 땅에서 이끌어내어
너희를 종으로 부리지 못하게 한 너희의 하
느님이다. 나는 너희가 멘 멍에의 가름대를
부수어 너희로 하여금 고개를 들고 다니게
하였다.

야훼를 바로 섬기지 못하는 사람에게 내리는 화

14 그러나 너희가 만일 나의 말을 듣지 않아
이 모든 계명을 실천하지 않으면,
15 또 내가 정해 준 규정을 배척하고 내가 세워
준 법을 저버리며 나의 이 모든 계명을 실천
하지 않고 내가 세워준 계약을 깨뜨리면
16 나도 너희에게 그렇게 하리라. 나는 너희에
게 몹쓸 재앙을 내려 폐병과 열병으로 마침
내 두 눈은 꺼지고 맥은 빠지게 하리라. 너
희가 씨앗을 심은 보람도 없이 너희 원수가
그것을 거두어 먹으리라.
17 내가 너희를 엄한 눈초리로 쏘아보면 너희
는 원수와의 싸움에 져서 적의 지배를 받으
리라. 너희는 쫓는 사람이 없는데도 도망치
게 되리라.
18 이렇게까지 하여도 너희가 내 말을 듣지 않
으면, 나는 너희 죄를 거듭거듭 일곱 배로
벌하여
19 너희의 뽐내는 힘을 부수리라. 너희 하늘을
쇠처럼, 너희 땅을 놋쇠처럼 단단하게 만
들어
20 너희가 힘을 다한 보람도 없이 너희 땅은 소
출을 내주지 않을 것이요 너희 땅에 선 나무
는 열매를 맺어주지 아니하리라.
21 그래도 너희가 나의 말을 들을 생각을 않고
기어이 반항한다면 나는 너희 죄에 마땅한
재앙을 거듭거듭 일곱 배로 내리리라.
22 나는 너희에게 야수를 보내어 너희 자식을
잡아먹고 너희 가축의 씨를 말리게 하리라.
그래서 인구가 줄어 길에 인기척도 없게 되
리라.
23 이렇게 해도 너희가 내 꾸지람을 듣지 아니
하고 반항한다면,
24 나도 너희와 맞서 너희 죄를 일곱 배로 하여
너희를 치리라.
25 너희에게 복수의 칼을 보내어 계약을 어긴
것을 보복하리라. 너희가 성 안으로 피해
들어가면 나는 너희 가운데 염병을 보내리
라. 그리하여 너희는 결국 원수들의 손에
넘어가고 말리라.
26 너희가 지팡이처럼 의지하는 양식 줄을 내
가 끊어버리리라. 그리되면 한 가마에서 여
인 열 명이 구워내어 달아서 나누어주는 빵
을 받아 먹어보아야 너희 간에 기별도 가지
아니할 것이다.
27 이렇게 해도 너희가 내 말을 듣지 않고 반항
한다면
28 나는 크게 노하여 너희와 맞설 것이며 너희
죄를 일곱 배로 징계하리라.
29 그리하여 너희는 너희 아들들의 살을 먹고
딸들의 살을 먹어야 하게 되리라.
30 나는 언덕에 있는 너희의 산당을 헐어버리
고, 분향단을 찍어버리리라. 시체처럼 쓰러
진 너희 우상들 위에 너희의 주검이 쌓이게
하고 다시는 눈길도 돌리지 아니하리라.
31 너희 성읍들을 폐허로 만들고 너희 성소들
을 쑥밭으로 만들 것이며 너희가 나를 기쁘
게 하려고 피우는 향기를 역겨워하여 코도
돌리지 아니하리라.
32 내가 너희의 땅을 쑥밭으로 만들리니 너희
원수들이 그리로 살러 왔다가는 너희가 망
하는 꼴을 보고 놀랄 것이다.
33 나는 칼을 빼들고 너희를 쫓아 이민족들 사
이에 흩어버리리라. 마침내 너희 땅은 쑥밭
이 되고 너희 성읍들은 폐허가 되리라.
34 너희가 원수의 땅에 끌려가면 너희의 땅은
쑥밭이 되리라. 그 동안에 땅은 안식을 누
릴 것이다. 그제야 숨을 돌리며 제 안식을
누릴 것이다.

35 너희가 여기에 사는 동안 안식년에도 쉬지
못하던 땅이 쑥밭이 되어 있는 동안에 쉬게
되리라.
36 나는 너희 가운데 살아 남은 자들로 하여금
원수들의 땅에 끌려가서 마음을 죄며 살게
하리라. 그들은 나뭇잎 떨어지는 소리에도
쫓기리라. 휘두르는 칼을 피하듯이 도망치
리라. 뒤쫓아오는 사람이 없는데도 쓰러질
것이다.
37 뒤쫓는 사람이 없는데도 칼날 앞에서 허둥
대듯이 저희끼리 엎치락뒤치락할 것이다.
너희는 너희 원수와 도저히 맞설 수 없으
리라.
38 너희는 이민족들 틈에서 망하리라. 원수들
의 땅이 너희를 삼키리라.
39 너희 가운데 살아 남은 자들은 원수들의
땅에서 제 죄벌을 받아 스러져가리라. 거기
에다가 조상들의 죄벌까지 받아 스러져가
리라.
40 그 때에 그들은 나를 배신하고 나에게 반항
하여 저지른 그들의 죄와 조상의 죄를 고백
하지 않을 수 없으리라.
41 나는 그들과 맞서 그들로 하여금 원수들의
땅에 끌려가게 하리라. 그 때에 그들은 교
만하던 마음을 숙여야 하리라. 자기의 죄벌
을 달게 받아야 하리라.
42 그리하면 나는 야곱과 맺은 계약, 이사악과
맺은 계약, 아브라함과 맺은 계약을 생각하
며 너희의 땅을 기억할 것이다.
43 그들이 버리고 떠난 땅이 폐허로 있으면서
안식을 누리고 있는 동안, 그들은 자기들의
죄벌을 달게 받아야 하리라. 내가 정해 준
규정을 역겨워하고 내가 세워준 법을 가볍
게 여겨 거부하다가, 마침내 닥쳐오는 죄벌
을 면할 길이 없으리라.
44 그렇지만 나는 그들이 원수들의 땅에 있는
동안에 그들을 역겨워하여 저버리지는 아
니하리라. 나는 그들과 맺은 계약을 깨뜨리
지 아니하리라. 나 야훼가 그들의 하느님이
기 때문이다.
45 나 야훼는 그들의 하느님이 되기 위하여 뭇
백성이 보는 가운데서 그들의 선조들을 이
집트 땅에서 이끌어내면서 그 첫 세대와 맺
은 계약을 기억하고 그들을 저버리지 아니
하리라.'"
46 ◎야훼께서 시나이 산에서 모세를 시켜, 당
신과 이스라엘 백성 사이에 세워주신 여러
가지 규정과 관례와 법령은 위와 같다.

서약예물의 값

27 ◎야훼께서 모세에게 말씀하셨다.
2 "너는 이스라엘 백성에게 이렇게 일
러주어라. '누구든지 서약한 대로 야훼께
사람을 바치려는 경우에는 그 값을 매기는
데
3 이십 세에서 육십 세에 이르는 남자의 값은
성소의 세겔로 은 오십 세겔이다.
4 여자이면 삼십 세겔이다.
5 오 세에서 이십 세에 이르는 남자의 값은 이
십 세겔이요, 여자는 십 세겔이다.
6 한 달 된 아기로부터 다섯 살 된 아이까지,
사내아이는 그 값이 은 오 세겔이요 계집아
이는 은 삼 세겔이다.
7 육십 세 이상인 남자는 그 값이 십오 세겔이
요, 여자는 십 세겔이다.
8 너무 가난해서 이런 값을 낼 수 없는 사람이
있으면, 그를 사제 앞에 나서게 하고 사제
가 그 값을 매기는데 그 서약한 사람의 힘에
겹지 않게 값을 매겨야 한다.
9 ◎그가 드리기로 한 것이 야훼께 예물로 바
칠 수 있는 짐승이면 야훼께 드리려고 한 그
것은 곧 거룩한 것이 된다.
10 그러므로 그것을 바꾸지 못한다. 좋은 것을
나쁜 것과 바꾸지 못하고, 나쁜 것을 좋은
것과 바꾸지도 못한다. 짐승끼리 맞바꾸려
고 하면 그 바꾸려는 것 둘이 다 거룩한 것
이 된다.
11 드리기로 한 것이 야훼께 예물로 바칠 수 없
는 부정한 짐승이면, 그것이 어떤 짐승이든
지 사제 앞에 세워두고,
12 사제가 그 짐승이 좋은지 나쁜지 가려서 값
을 매겨야 한다. 사제가 값을 매기면 그것
으로 값이 결정된다.
13 그것을 물러내고 싶으면 그 값에다가 그 오
분의 일을 얹어 물어야 한다.
14 누구든지 야훼께 자기의 집을 바쳐 거룩하
게 하려는 경우에는, 사제가 그 집이 좋은
지 나쁜지 가려서 값을 매겨야 한다. 사제
가 값을 매기면 그것으로 그 값이 결정된다.
15 누구든지 자기 집을 거룩한 물건으로 바쳤
다가 물러내려면 매겨진 값에다가 그 오분
의 일을 얹어 물어야 한다. 그러면 그 집이
다시 제 것이 된다.
16 누구든지 상속받은 자기의 밭을 야훼께 바
쳐 거룩하게 하려면, 거기에 뿌리는 씨앗의
분량을 따라 그 값을 매겨야 한다. 보리 한
호멜 뿌릴 만한 밭은 그 값이 은 오십 세겔이
다.

17 희년부터 자기 밭을 바쳐 거룩하게 하려면,
그 값이 다 제 값이 되지만,
18 희년이 지난 다음에 자기 밭을 바쳐 거룩하
게 하려면, 사제가 희년까지 남은 햇수를
세어 그 값을 계산해 가지고 본값에서 깎아
주어야 한다.
19 누구든지 거룩하게 바쳤던 밭을 물러내려
면 매겨진 값에다 그 오분의 일을 얹어 물면
다시 제 것이 된다.
20 그 밭을 무르지 않고 남에게 팔았으면, 그
밭은 다시 물러낼 수 없다.
21 그 밭도 희년이 되면 해약이 되기는 하나,
여느 사람은 범접하지 못할 것으로 바쳐진
거룩한 것이 된다. 그 상속권은 사제에게
있다.
22 상속받은 밭은 아니나 매입한 밭을 야훼께
바쳐 거룩하게 하였을 경우에는,
23 사제가 희년까지 따져 그 값을 매겨주어야
한다. 그러면 그는 당일로 그 매겨진 값을
거룩한 것으로 야훼께 바쳐야 한다.
24 희년이 되면, 그 밭을 팔기는 했으나 땅의
상속권을 가지고 있는 본 임자에게 그 밭은
돌아간다.
25 그런데 이십 게라를 한 세겔로 하는 성소의
세겔로 값을 매겨야 한다.

짐승 맏배의 값

26 짐승의 맏배는 으레 야훼의 것이다. 그러
므로 그것을 새삼스레 거룩한 것으로 바칠
것이 없다. 소든 양이든 맏배는 야훼의 것이
다.
27 그러나 부정한 짐승이면, 매겨진 값에 오분
의 일을 얹어서 물러낼 수 있다. 물러내고
싶지 않으면 매겨진 값에 팔아야 한다.

범접하지 못할 예물

28 그러나 누구든지 여느 사람은 범접하지
못할 것으로 자기가 가진 것을 야훼께 예물
로 바쳤으면 그것이 사람이든지 짐승이든
지 상속받은 밭이든지 팔거나 물러낼 수 없
다. 여느 사람은 범접하지 못할 것으로 야훼
께 바친 것은 무엇이든지 더없이 거룩한 것
이다.
29 여느 사람은 범접하지 못할 것으로 사람을
바쳤으면 그 사람이 누구이든지 물러낼 수
없으며 반드시 죽여야 한다.

십분의 일세

30 땅에서 나는 곡식이든 나무에 열리는 열
매이든 땅에서 난 것의 십분의 일은 야훼의
것이니, 야훼께 바칠 거룩한 것이다.
31 누구든지 자기가 바친 십분의 일세의 일부
를 물러내려면, 그 값에 오분의 일을 얹어
물어야 한다.
32 소든 양이든 목자가 지팡이로 거느리는 모
든 짐승의 십분의 일은 야훼께 거룩한 것으
로 바쳐야 한다.
33 좋고 나쁜 것을 고르지 못하고 바꾸지도 못
한다. 그것을 기어이 바꾸려고 하면 그 바
꾸려는 것 둘이 다 거룩한 것이 되어 물러낼
수 없게 되리라.'"
34 ◎이것이 야훼께서 시나이 산에서 모세를 시
키시어 이스라엘 백성에게 내리신 계명이다.

민 수 기

병적 조사

1 ◎이스라엘이 이집트에서 나온 그 이듬해
이월 일일, 야훼께서 시나이 광야의 만남
의 장막에서 모세에게 말씀하셨다.
2 "㉠너희는 이스라엘 백성의 온 회중을 그
갈래와 가문별로 나누어 모든 장정을 일일
이 호명하여 그 수를 세어가며 병적을 조사
하여라.
3 너는 아론과 함께 이스라엘 사람들 가운데서
전장에 나갈 수 있는 스무 살 이상 되는 모
든 장정을 부대별로 병적부에 올려라.
4 그리고 각 지파에서 가문의 어른을 한 사람
씩 내어 너희를 돕게 하여라.
5 너희를 도와줄 사람들의 명단은 다음과
같다. 르우벤 지파에서 스데울의 아들 엘리
술,
6 시므온 지파에서 수리사때의 아들 슬루미엘,
7 유다 지파에서 암미나답의 아들 나흐손,
8 이싸갈 지파에서 수알의 아들 느다넬,
9 즈불룬 지파에서 헬론의 아들 엘리압,

㉠ 모세와 아론을 가리킨다.

10요셉의 아들 중 에브라임 지파에서는 암미훗
의 아들 엘리사마, 므나쎄 지파에서는 브다술
의 아들 가믈리엘,
11베냐민 지파에서 기드오니의 아들 아비단,
12단 지파에서 암미사때의 아들 아히에젤,
13아셀 지파에서 오그란의 아들 바기엘,
14가드 지파에서 드우엘의 아들 엘랴삽,
15납달리 지파에서 에난의 아들 아히라.
16이들이 회중의 추대를 받아, 가문별 지파의
대표가 되어 이스라엘 각 군단을 지휘하는
사령관들이다."
17◎모세와 아론은 위에 지명된 사람들을 거느
리고
18이월 일일 온 회중을 소집하여 스무 살 이상
되는 사람의 이름을 불러 그 수를 세어가며
갈래와 가문별로 등록시켰다.
19야훼께서 지시하신 대로 모세는 시나이 광야
에서 그들을 병적부에 올렸다.
20◎이스라엘의 맏아들 르우벤의 후손을 각 갈
래와 가문별로 족보를 따져가며 전장에 나
갈 수 있는 스무 살 이상 되는 장정을 일일
이 호명하여 그 수를 세었다.
21르우벤 지파에서 등록된 장정의 수는 사만
육천오백이었다.
22◎시므온 후손을 각 갈래와 가문별로 족보를
따져가며 전장에 나갈 수 있는 스무 살 이상
되는 장정을 일일이 호명하여 그 수를 조사
하였다.
23시므온 지파에서 등록된 장정의 수는 오만
구천삼백이었다.
24◎가드 후손을 각 갈래와 가문별로 족보를
따져가며 전장에 나갈 수 있는 스무 살 이상
되는 장정을 일일이 호명하여 그 수를 조사
하였다.
25가드 지파에서 등록된 장정의 수는 사만 오
천육백오십이었다.
26◎유다 후손을 각 갈래와 가문별로 족보를
따져가며 전장에 나갈 수 있는 스무 살 이상
되는 장정을 일일이 호명하여 그 수를 조사
하였다.
27유다 지파에서 등록된 장정의 수는 칠만 사
천육백이었다.
28◎이싸갈의 후손을 각 갈래와 가문별로 족
보를 따져가며 전장에 나갈 수 있는 스무 살
이상 되는 장정을 일일이 호명하여 그 수를
조사하였다.
29이싸갈 지파에서 등록된 장정의 수는 오만
사천사백이었다.
30◎즈불룬 후손을 각 갈래와 가문별로 족보를
따져가며 전장에 나갈 수 있는 스무 살 이상
되는 장정을 일일이 호명하여 그 수를 조사
하였다.
31즈불룬 지파에서 등록된 장정의 수는 오만
칠천사백이었다.
32◎요셉의 후손 가운데 에브라임 후손을 각
갈래와 가문별로 족보를 따져가며 전장에
나갈 수 있는 스무 살 이상 되는 장정을 일
일이 호명하여 그 수를 조사하였다.
33에브라임 지파에서 등록된 장정의 수는 사
만 오백이었다.
34◎므나쎄 후손을 각 갈래와 가문별로 족보를
따져가며 전장에 나갈 수 있는 스무 살 이상
되는 장정을 일일이 호명하여 그 수를 조사
하였다.
35므나쎄 지파에서 등록된 장정의 수는 삼만
이천이백이었다.
36◎베냐민 후손을 각 갈래와 가문별로 족보를
따져가며 전장에 나갈 수 있는 스무 살 이상
되는 장정을 일일이 호명하여 그 수를 조사
하였다.
37베냐민 지파에서 등록된 장정의 수는 삼만
오천사백이었다.
38◎단 후손을 각 갈래와 가문별로 족보를 따
져가며 전장에 나갈 수 있는 스무 살 이상
되는 장정을 일일이 호명하여 그 수를 조사
하였다.
39단 지파에서 등록된 장정의 수는 육만 이천
칠백이었다.
40◎아셀의 후손을 각 갈래와 가문별로 족보
를 따져가며 전장에 나갈 수 있는 스무 살
이상 되는 장정을 일일이 호명하여 그 수를
조사하였다.
41아셀 지파에서 등록된 장정의 수는 사만 천
오백이었다.
42◎납달리 후손을 각 갈래와 가문별로 족보를
따져가며 전장에 나갈 수 있는 스무 살 이상
되는 장정을 일일이 호명하여 그 수를 조사
하였다.
43납달리 지파에서 등록된 장정의 수는 오만
삼천사백이었다.
44◎이들은 모세와 아론이 이스라엘 각 가문을
대표하는 열두 대표와 함께 조사하여 등록
시킨 사람들이다.
45이렇게 이스라엘에서 전장에 나갈 수 있는
스무 살 이상 되는 장정을 이스라엘 백성의
각 가문별로 모두 등록시키고 보니
46등록된 장정의 수는 모두 육십만 삼천오백
오십이었다.

47 레위인들만은 자기 가문별로 지파를 따라
병적부에 올리지 않았다.

병역 면제를 받은 레위 지파의 특전

48◎야훼께서 모세에게 말씀하셨다.
49 "레위 지파만은 이스라엘 백성과 함께 병
적부에 올리기 위하여 그 수를 세지 마라.
50 네가 레위인들에게 맡길 일은 증거판을 모
신 성막과 거기에 있는 모든 기구와 부속품
들을 보살피는 일이다. 그들은 성막과 그
모든 기구를 운반하여야 하고, 성막에 봉직
하며 그 둘레에 진을 치고 살아야 한다.
51 성막을 이동할 때 그것을 거두어 내릴 사람
도 레위인들이요, 성막을 칠 때 그것을 세울
사람도 레위인들이다. 여느 사람이 나섰다
가는 죽으리라.
52 이스라엘 백성은 각기 자기 진지, 자기 부대
의 깃발 아래 머물러 있고,
53 증거판을 모신 성막 둘레에는 레위인들만이
진을 치고 있어야 한다. 그래야 이스라엘 백
성 회중에 주의 진노가 내리지 않는다. 레위
인들은 증거판을 모신 성막을 보살피는 일
을 맡은 사람들이다."
54◎이리하여 이스라엘 백성은 모든 것을 야훼
께서 모세에게 내리신 지시대로 시행하였
다.

부대 편성과 행군 순서

2 ◎야훼께서 모세와 아론에게 말씀하셨다.
2 "이스라엘 백성은 각기 자기가 속한 군
대의 깃발 아래 각 가문의 기를 세우고 만남
의 장막 둘레에서 조금 떨어져 진을 치도록
하여라.
3 해 뜨는 동쪽에는 유다 지파가 부대를 편
성하여 기를 앞세우고 진을 친다. 유다족의
지휘관은 암미나답의 아들 나흐손이다.
4 그 부대에 소속된 장정은 칠만 사천육백 명
이다.
5 그 한쪽 옆에는 이싸갈 지파가 진을 친다.
이싸갈족의 지휘관은 수알의 아들 느다넬이
다.
6 그 부대에 소속된 장정은 오만 사천사백 명
이다.
7 또 한쪽 옆에는 즈불룬 지파가 진을 친다.
즈불룬족의 지휘관은 헬론의 아들 엘리압이
다.
8 그 부대에 소속된 장정은 오만 칠천사백 명
이다.
9 이렇게 유다 진에 소속된 각 부대의 인원수
는 모두 합하여 십팔만 육천사백 명이다.
이들이 앞장을 선다.
10◎남쪽에는 르우벤 지파가 부대를 편성하여
기를 앞세우고 나선다. 르우벤족의 지휘관
은 스데울의 아들 엘리술이다.
11 그 부대에 소속된 장정은 사만 육천오백 명
이다.
12 그 한쪽 옆에는 시므온 지파가 진을 친다.
시므온족의 지휘관은 수리사때의 아들 슬루
미엘이다.
13 그 부대에 소속된 장정은 오만 구천삼백 명
이다.
14 또 다른 한쪽 옆에는 가드 지파가 진을 친
다. 가드족의 지휘관은 드우엘의 아들 엘랴
삽이다.
15 그 부대에 소속된 장정은 사만 오천육백오
십 명이다.
16 이렇게 르우벤 진에 소속된 각 부대의 인원
수는 모두 합하여 십오만 천사백오십 명이
다. 이들이 두 번째로 진군한다.
17◎다음은 전군의 행렬 중간에 레위인들의
진이 만남의 장막을 모시고 자리를 뜬다.
이렇게 진을 쳤던 순서대로 각기 자기네 기
를 앞세우고 출발하는 것이다.
18◎서쪽에는 에브라임 지파가 부대를 편성하
여 기를 앞세우고 나선다. 에브라임족의 지
휘관은 암미훗의 아들 엘리사마이다.
19 그 부대에 소속된 장정은 사만 오백 명이다.
20 그 한쪽 옆에는 므나쎄 지파가 진을 친다.
므나쎄족의 지휘관은 브다술의 아들 가믈리
엘이다.
21 그 부대에 소속된 장정은 삼만 이천이백 명
이다.
22 또 다른 한쪽 옆에는 베냐민 지파가 진을 친
다. 베냐민족의 지휘관은 기드오니의 아들
아비단이다.
23 그 부대에 소속된 장정은 삼만 오천사백 명
이다.
24 이렇게 에브라임 진에 소속된 각 부대의 인
원수는 모두 합하여 십만 팔천백 명이다.
이들이 세 번째로 진군한다.
25◎북쪽에는 단 지파가 부대를 편성하여 기
를 앞세우고 나선다. 단족의 지휘관은 암미
사때의 아들 아히에젤이다.
26 그 부대에 소속된 장정은 육만 이천칠백 명
이다.
27 그 한쪽 옆에는 아셀 지파가 진을 친다. 아
셀족의 지휘관은 오그란의 아들 바기엘이다.
28 그 부대에 소속된 장정은 사만 천오백 명

이다.
29또 한쪽 옆에는 납달리 지파가 진을 친다.
납달리족의 지휘관은 에난의 아들 아히라이
다.
30그 부대에 소속된 장정은 오만 삼천사백 명
이다.
31이렇게 단 진에 소속된 각 부대의 인원수는
모두 합하여 십오만 칠천육백 명이다. 이들
이 각기 기를 앞세우고 진군하는 부대 가운
데 마지막 부대가 된다."
32◎이것이 이스라엘 백성 가운데서 가문별로
병적부에 오른 사람의 수다. 이렇게 부대별
로 각 진에 소속된 자는 모두 합하여 육십만
삼천오백오십 명이다.
33이스라엘 백성 가운데 레위인은 야훼께서 모
세에게 지시하신 대로 병적부에 함께 올리
지 않았다.
34이스라엘 백성은 야훼께서 모세에게 내리신
지시를 따라 각기 그 깃발 아래 진을 치고,
갈래와 가문을 따라 차례로 진군하였다.

레위인의 임무와 지위

3 ◎야훼께서 시나이 산에서 모세에게 말씀
하시던 때, 아론과 모세에게는 다음과 같
은 자식들이 있었다.
2아론의 아들들의 이름은 맏아들이 나답이
요, 그 다음은 아비후, 엘르아잘, 이다말이다.
3이 이름들은 기름 부음을 받고 사제로 성별
되어 사제직을 맡은 아론의 아들들의 이름
이다.
4㉠나답과 아비후는 시나이 광야에서 야훼께
속된 불을 드리다가 야훼 앞에서 죽었는데,
그들에게는 자식이 없어서 엘르아잘과 이다
말이 아버지 아론 앞에서 사제 일을 맡게 되
었다.
5◎야훼께서 모세에게 말씀하셨다.
6"너는 레위 지파를 불러내어 아론 사제 밑에
두고 그의 시중을 들게 하여라.
7그들은 성막에서 봉사할 사람들로서, 만남
의 장막 앞에서 아론이 할 일과 회중이 할
일을 돕는 직무를 맡는다.
8만남의 장막의 모든 기구를 보살피고 이스
라엘 백성이 할 일을 돕는다. 이것이 그들이
성막에서 해야 할 일이다.
9너는 레위인들을 아론과 그의 후손에게 붙
여주어라. 그들은 이스라엘 백성 가운데서
뽑혀 그의 성직을 보좌할 것이다.
10너는 아론과 그의 아들들을 세워 사제 일을
맡아보게 하여라. 다른 사람이 나섰다가는
죽으리라."
11◎야훼께서 모세에게 말씀하셨다.
12"나는 이제 이스라엘 백성 가운데서 레위인
들을 뽑아, 이스라엘 백성 중에서 처음 태어
나는 모든 맏아들 대신으로 삼았다. 그러므
로 레위인들은 나의 것이다.
13처음 난 것은 모두 나의 것이기 때문이다.
이집트 땅에서 처음 난 모든 것을 치던 날,
나는 이스라엘에서 처음 태어난 것은 사람
이건 짐승이건 모두 나의 것으로 구분하여
나의 것으로 삼았다. 나는 야훼이다."
14◎야훼께서 시나이 광야에서 모세에게 말씀
하셨다.
15"너는 레위 후손들을 각 갈래와 가문별로
등록하여라. 난 지 한 달 이상 되는 사내아
이는 모두 등록시켜야 한다."
16◎모세는 야훼의 말씀을 따라, 지시받은 대
로 그들을 등록시켰다.
17레위에게는 게르손과 크핫과 므라리라는 이
름을 가진 아들들이 있었다.
18게르손에게서는 리브니와 시므이라는 이름
을 가진 아들들의 갈래가 생겼다.
19크핫에게서는 아들 아므람, 이스할, 헤브론,
우찌엘의 갈래가 생겼다.
20므라리에게서는 아들 마흘리와 무시의 갈래
가 생겼다. 레위인들의 가문에서는 위와 같
은 갈래들이 생겼다.
21게르손에게서는 리브니 갈래와 시므이 갈래
가 생겨 게르손의 갈래를 이루었다.
22그들 가운데서 난 지 한 달 이상 되는 남자
를 등록시키니 모두 칠천오백 명이었다.
23게르손의 갈래들은 성막 뒤인 서쪽에 진을
치게 되어 있다.
24게르손 가문의 책임자는 라엘의 아들 엘랴삽
이었다.
25게르손 후손들이 만남의 장막에서 맡은 일
은 성막과 그 덮개와 만남의 장막 문간 휘
장과
26성막과 제단을 두르는 울의 휘장과 울 정문
휘장과 이 모든 것을 매는 줄을 건사하는 것
이었다.
27◎크핫에게서 아므람 갈래, 이스할 갈래, 헤
브론 갈래와 우찌엘 갈래가 나와 크핫 가문
의 갈래를 이루었다.
28한 달 이상 되는 남자의 수는 모두 팔천육백
명이었는데 이들은 성소를 지키는 일을 맡
았다.

㉠ 레위 10:1-2 참조.

29 크핫 후손들의 갈래는 성막의 남쪽 가에 진
을 치게 되어 있었다.
30 크핫 갈래의 가문 책임자는 우찌엘의 아들
엘리사반이었다.
31 그들이 맡은 일은 계약궤와 제사 상과 등잔
대와 제단들, 예식에 쓰이는 거룩한 도구
들, 휘장과 거기에 딸린 모든 부속품을 건
사하는 것이었다.
32 레위인들의 최고 책임자는 아론 사제의 아
들 엘르아잘인데, 그는 성소를 맡아 보살피
는 사람들을 감독하는 책임을 졌다.
33 ◎므라리에게서 마흘리 갈래와 무시 갈래가
나와 므라리 갈래를 이루었다.
34 한 달 이상 되는 남자로서 등록된 자의 총수
는 육천이백 명이었다.
35 므라리 갈래들의 가문 책임자는 아비하일의
아들 수리엘이었다. 이들은 성막 북쪽 가에
진을 치게 되어 있었다.
36 므라리 후손들이 맡은 일은 성막의 널빤지,
가로다지, 기둥, 밑받침과 거기에 딸린 기
구들과 부속품,
37 또 울에 돌아가며 세운 기둥과 밑받침, 말
뚝, 줄을 모두 건사하는 일이었다.
38 ◎만남의 장막 동쪽인 성막 앞 정면에 진을
칠 사람들은 모세와 아론과 그 아들들이었
다. 이들이 이스라엘 백성이 할 일을 맡아서
성소에서 대신 해주는 자들이었다. 여느 사
람이 가까이하다가는 죽었다.
39 ◎모세와 아론이 야훼의 말씀을 따라 레위인
들을 각 갈래별로 등록시키니, 난 지 한 달
이상 되는 남자가 모두 이만 이천 명이었다.
40 ◎야훼께서 모세에게 말씀하셨다. "너는 이
스라엘 백성 중에서 난 지 한 달 이상 되는
맏아들을 모두 등록시키고 일일이 호명하
여 그 수를 세어라.
41 이스라엘 백성의 모든 맏아들 대신 레위인들
을 구별하여 세우고 이스라엘 백성의 가축
의 모든 맏배 대신 레위인들의 가축을 구별
하여 세워 나 야훼의 것으로 삼아라."
42 ◎모세는 야훼께 지시받은 대로 이스라엘 백
성의 맏아들을 모두 등록시켰다.
43 그들 가운데서 맏아들로 태어나 한 달 이상
되는 남자를 등록시키고 일일이 호명하여
그 수를 세어보니, 모두 이만 이천이백칠십
삼 명이었다.
44 ◎야훼께서 모세에게 말씀하셨다.
45 "너는 레위인들을 이스라엘 백성의 모든 맏
아들 대신으로 받아들여라. 또 레위인들의
가축을 이스라엘 백성들의 가축 대신으로
받아들여라. 레위인들은 나의 것이다. 나는
야훼이다.
46 이스라엘 백성의 맏아들 수에서 레위인들의
수를 빼면 이백칠십삼 명이 남는데, 그들은
물어내는 값으로
47 한 사람에 오 세겔씩 물게 하되, 성소 세겔
로 물게 하여라. 한 세겔은 이십 게라이다.
48 이렇게 남은 사람을 물어내기 위하여 치른
돈은 아론과 그의 아들들에게 주도록 하여
라."
49 ◎그래서 모세는 레위인들의 수를 빼고 남은
사람들만큼 물어내는 돈을 받았다.
50 이 이스라엘 백성의 맏아들들에게서 받은
돈이 성소의 세겔로 천삼백육십오 세겔이
되었다.
51 야훼의 말씀대로 모세는 돈을 아론과 그의
아들들에게 내어주었다. 그는 이렇게 야훼
께 지시받은 대로 하였다.

레위 지파 각 갈래의 직책

4 ◎야훼께서 모세와 아론에게 말씀하셨다.
2 "너는 레위 후손들 가운데 크핫 후손들
의 인구를 각 갈래와 가문별로 조사하여라.
3 서른 살에서 쉰 살까지, 만남의 장막에서
일할 사람으로서 전장에 나갈 만한 사람을
모두 조사하여라.
4 크핫 후손들이 만남의 장막에서 맡아볼 일
은 더없이 거룩한 것을 보살피는 일이다.
5 진지를 옮길 때마다 아론과 그의 아들들은
안으로 들어가서 칸막이 휘장을 내려 증거
궤를 싼 다음,
6 그 위를 돌고래 가죽 덮개를 덮고 또 그 위
에다가 자줏빛 천을 펴고 채를 꿰어라.
7 제사 상 위에는 자줏빛 천을 펴고 그 위에
대접, 종지, 술잔, 제주 병들을 얹어놓고 떡
도 거르지 말고 차려놓아라.
8 그 위에 진홍빛 천을 펴고, 돌고래 가죽 덮
개로 덮은 다음 채를 꿰어라.
9 또 자줏빛 천으로 불 켜는 등잔대, 등잔,
불집게, 불똥 접시와 거기에 쓰이는 모든
기름 그릇들을 싼 다음,
10 그 등잔대와 모든 기구를 돌고래 가죽 덮개
로 덮어서 들것에 얹어라.
11 그리고 금제단 위에 자줏빛 천을 펴고,
돌고래 가죽 덮개로 덮은 다음에 채를 꿰어
라.
12 성소에서 예식에 쓰이는 그 밖의 모든 기구
를 가져다가 자줏빛 천으로 싸고 돌고래 가
죽 덮개를 씌워 들것에 얹어라.

13 제단의 그을음을 닦아내고 그 위에 붉은 천
을 펴고
14 예식에 쓰이는 향로, 집게, 부삽, 쟁반 등
모든 기구와 제단의 모든 기구를 얹고, 돌
고래 가죽 덮개로 덮은 다음 채를 꿰어라.
15 진을 옮길 때에는 아론과 그의 아들들이
거룩한 것과 그 거룩한 것에 딸린 모든 기구
를 다 싼 다음에 크핫의 후손들이 나아가 그
것을 든다. 그러나 그 거룩한 것에 몸이 닿
았다가는 죽을 것이다. 이것이 크핫의 후손
들이 만남의 장막에서 맡은 일이다.
16 불 켜는 기름, 향기 좋은 향, 거르지 않고
드리는 곡식예물, 성별하는 기름은 물론 온
성막과 그 안에 있는 모든 것, 거룩한 것과
거기에 딸린 기구들은 아론 사제의 아들 엘
르아잘이 맡는다."
17 ◎야훼께서 모세와 아론에게 말씀하셨다.
18 "너희는 크핫 갈래를 레위인들 가운데서 끊
어지지 않게 하여라.
19 그들이 가장 거룩한 것에 가까이 갈 때 죽지
않고 살게 하려면 너희가 이렇게 해주어야
한다. 아론과 그의 아들들이 함께 들어가서
그들이 할 일, 그들이 질 짐을 하나하나 정
해 주어야 한다.
20 들어가서 거룩한 것이 눈에 스치기만 해도
그들은 죽을 터이니, 그런 일이 없도록 하
여라."
21 ◎야훼께서 모세에게 말씀하셨다.
22 "너는 게르손 후손도 각 가문과 갈래별로
인구를 조사하여라.
23 서른 살에서 쉰 살까지 군대에 나갈 수 있는
사람을 모두 등록시켜 만남의 장막에서 일
하게 하여라.
24 게르손의 각 갈래가 맡아서 할 일과 질 짐은
이렇다.
25 그들이 질 짐은 성막에 치는 천, 만남의 장
막과 그 덮개, 그 위에 씌울 돌고래 가죽 덮
개, 만남의 장막 문 휘장,
26 울 휘장, 성막과 제단을 둘러싼 울의 문에
칠 천막 줄, 그들이 일하는 데 필요한 모든
기구, 그리고 이런 것을 다루는 데 필요한
모든 것이다. 이들을 운반하는 것이 그들의
할 일이다.
27 게르손의 후손은 이런 일을 할 때, 어떤 짐
을 지거나 어떤 일을 하거나 아론과 그 아들
들의 말을 따라야 한다. 너는 그들이 운반
하는 일을 제대로 하는지 감독해야 한다.
28 이것이 게르손 후손의 각 갈래가 만남의 장
막에서 맡은 일이다. 그들은 이런 일을 아론
사제의 아들 이다말의 지휘 아래 해야 한다.
29 너는 므라리 후손을 각 갈래와 가문별로
그 인구를 조사하여라.
30 서른 살에서 쉰 살까지 군대에 나갈 수 있는
사람을 모두 등록시켜 만남의 장막에서 일
하게 하여라.
31 그들이 만남의 장막에서 할 모든 일은 다음
과 같은 것을 맡아서 운반하는 일이다. 그
것은 성막 널빤지, 가로다지, 기둥, 밑받침,
32 울 주위에 세울 기둥, 밑받침, 말뚝, 줄, 거
기에 딸린 모든 기구, 그리고 그들이 일하
는 데 필요한 모든 것들이다. 너희는 그들
이 운반해야 할 물건을 지명해서 맡겨야
한다.
33 이것이 므라리 후손 각 갈래가 만남의 장막
에서 맡아 할 모든 일이다. 그들은 이 일을
아론 사제의 아들 이다말의 지휘 아래 해야
한다."
34 ◎모세와 아론은 회중의 대표들을 거느리고
크핫 후손을 그 갈래와 가문별로 등록시켰
다.
35 서른 살에서 쉰 살까지 군대에 나갈 수 있는
사람을 모두 등록시켜 만남의 장막에서 일
하게 하였다.
36 그들을 갈래별로 등록시키고 보니 모두 이
천칠백오십 명이었다.
37 이들이 모두 만남의 장막에서 봉사할 사람
으로 크핫 각 갈래에서 등록된 사람들이다.
모세와 아론은 야훼께서 모세를 시켜 말씀하
신 대로 이렇게 그들을 등록시켰다.
38 ◎게르손의 후손들로서
39 서른 살에서 쉰 살까지 군대에 나갈 수 있는
사람은 그 갈래와 가문별로 모두 등록시켜
만남의 장막에서 일하게 하였다.
40 이렇게 각 갈래와 가문별로 등록된 사람은
이천육백삼십 명이었다.
41 이들은 모두 게르손 후손의 갈래들로서 만
남의 장막에서 일을 맡아 보게 되었다. 모세
와 아론은 야훼의 말씀에 따라 그들을 등록
시켰다.
42 ◎므라리 후손의 갈래로서
43 서른 살에서 쉰 살까지 군대에 나갈 수 있는
사람은 각 갈래와 가문별로 모두 등록시켜
만남의 장막에서 일하게 하였다.
44 이렇게 각 갈래별로 등록된 수가 삼천이백
명이었다.
45 므라리 후손의 갈래에서 등록된 자는 위와
같다. 모세와 아론은 야훼께서 모세를 시켜
말씀하신 대로 그들을 등록시켰다.

46◎모세와 아론은 이스라엘의 대표들을 거느
리고 레위인들을 그 각 갈래와 가문별로 모
두 등록시켰는데, 그 등록된 사람은
47서른 살에서 쉰 살까지 봉사와 직책을 감당
하러 나갈 수 있는 사람으로서 만남의 장막
에서 짐을 운반할 사람들이었다.
48이렇게 등록된 사람이 팔천오백팔십 명이
었다.
49그들은 야훼께서 모세를 시켜 말씀하신 대
로 그들 각자에게 할 일과 운반할 짐을 맡겼
다. 이렇게 모세는 야훼께서 지시하신 대로
그들을 등록시켰다.

부정한 사람을 추방하는 법

5 ◎야훼께서 모세에게 말씀하셨다.
2"너는 이스라엘 백성에게, 모든 문둥병
환자와 고름이 흘러 나오는 사람과 시체에
닿아 부정탄 사람은 진지에서 내보내야 한
다고 지시하여라.
3너희는 남녀 불문하고 그런 사람은 모두 진
지 밖으로 내보내야 한다. 내가 함께 머무
는 진지이니, 부정타지 않게 해야 한다."
4◎이스라엘 백성들은 그 말씀대로 그런 사람
들을 진지 밖으로 내보냈다. 이스라엘 백성
들은 야훼께서 모세에게 말씀하신 대로 하
였다.

보상법

5◎야훼께서 모세에게 말씀하셨다.
6"너는 이스라엘 백성에게 일러라. 남녀 불문
하고 남에게 손해를 입혀 야훼를 배신하는
죄를 지으면 그 죄벌을 면할 수 없다.
7그런 사람은 자기가 저지른 잘못을 고백하
고, 손해를 입은 사람에게 본전에다 오분의
일을 더 얹어 갚아주어야 한다.
8그러나 그 피해자에게 대신 손해 배상을 받
을 근친이 없으면, 그 손해 배상은 야훼께
돌아가 사제의 몫이 된다. 죄 벗는 숫양을
바쳐 죄 벗는 예식을 올리는 것만으로는 안
된다.
9이스라엘 백성이 바치는 거룩한 예물 가운
데 흔들어 바치는 것은 모두 사제의 몫이다.
10누구든지 거룩한 예물로 바친 것은 그의 것
이 되지만, 그 가운데서 사제에게 드린 것
은 사제의 것이 된다."

아내가 간통한 것을 밝히는 절차

11◎야훼께서 모세에게 말씀하셨다.
12 "너는 이스라엘 백성에게 일러라. 네가 그
들에게 전할 말은 이렇다. 누구든지 아내가
자기를 배신하고
13자기 몰래 외간남자와 잠자리를 같이하여
몸을 더럽히고 숨기고 있는데도 아무 증인
이 없고, 또 현장에서 붙들리지도 않았을
경우
14남편이 자기 아내가 몸을 더럽혔으므로 질
투심에 사로잡혀 아내를 질투하게 되거나,
아내가 몸을 더럽히지 않았는데도 질투심
에 사로잡혀 아내를 질투하게 되면,
15그 남편은 자기 아내를 사제에게 데리고 가
서 아내를 위하여 보릿가루 십분의 일 에바
를 예물로 드려야 한다. 그것은 질투 때문
에 바치는 곡식예물이요, 죄를 생각하여 고
백하게 하는 곡식예물이므로 그 위에 기름
을 따르거나 향을 얹어서는 안 된다.
16사제는 그 여인을 가까이 오게 하여 야훼 앞
에 세워라.
17그리고 거룩한 물을 오지그릇에 떠놓고 성
막 바닥에 있는 먼지를 긁어서 그 물에 탄
다음,
18그 여인을 야훼 앞에 세운 채 머리를 풀게
하여라. 그리고 나서 질투 때문에 바치는
곡식예물, 곧 죄를 고백하게 하는 곡식예물
을 여인의 두 손바닥에 들려주어라. 그리고
사제는 저주를 내려 고통을 주는 물을 손에
들고
19여인에게 다음과 같이 말하며 맹세를 시켜
라. '외간남자와 한자리에 든 일이 있느냐?
네가 유부녀로서 남편을 배신하고 몸을 더
럽힌 일이 있느냐? 만일 그런 일이 없다면
저주를 내려 고통을 주는 이 물이 너를 해롭
게 하지 못할 것이다.
20너는 유부녀로서 남편을 배신하고 몸을 더
럽힌 일이 있느냐? 외간남자와 한자리에
든 적이 있느냐?'
21그리고 사제는 그 여인에게, 저주를 받아도
좋다는 맹세를 하게 하고 나서 이렇게 일러
라. '그렇다면 주께서 너의 겨레 가운데서
맹세하신 대로 너를 저주받는 본보기로 삼
아 네 ㉠허벅지가 말라 비틀어지고 배가 부
어오르게 하실 것이다.
22저주를 내리는 이 물이 네 뱃속에 들어가면
배가 부어오르고 허벅지가 말라 비틀어질
것이다.' 여인이 '좋습니다, 좋습니다.' 하
고 대답하면,
23사제는 그 저주를 글로 써서 그 저주를 내리

㉠ 성기를 말한다.

는 물에 씻어라. 그리고
24그 저주를 내려 고통을 주는 물을 여인에게
주어 마시게 하면 저주를 내리는 물이 그의
뱃속에 들어가서 고통을 겪게 할 것이다.
25 사제는 그 여인의 손에서 질투 때문에 바
치는 곡식예물을 받아, 주 앞에 흔들어 바
치고 제단으로 가져가거라.
26사제는 그 곡식예물을 바친다는 표시로 한
움큼 집어내어 제단에서 사르고 나서 그 물
을 여인에게 주어 마시게 하여라.
27 그 물을 여인에게 마시게 하였을 때, 그
여인이 정말 몸을 더럽혀서 남편을 배신한
일이 있었다면, 그 저주를 내리는 물이 들
어가면서 여인은 배가 부어오르고 허벅지
가 말라 비틀어질 것이다. 그리하여 제 겨
레 가운데서 저주를 받은 여인의 본보기가
되리라.
28그러나 만일 그 여인이 몸을 더럽힌 일이 없
어 깨끗하다면, 아무런 해를 입지 않고 자
식을 낳을 수 있을 것이다.
29이 법은 유부녀가 남편을 배신하여 몸을 더
럽혀서 남편이 질투심을 일으켰을 경우와,
30남편이 공연히 질투심이 생겨 아내를 질투
할 경우에 적용하는 법이다. 남편이 아내를
야훼 앞에 내세우면 사제는 이 모든 법에 따
라 그 여인을 다스려야 한다.
31어쨌든 남편에게는 죄가 없고 아내에게 죄
가 있으면 아내가 그 책임을 져야 한다."

주께 몸바친 나지르인

6

◎야훼께서 모세에게 말씀하셨다.
2"너는 이스라엘 백성에게 일러라. 네가
그들에게 전할 말은 이렇다. '남자나 여자
나 야훼께 헌신하기로 하고 나지르인 서약을
했을 경우에,
3그는 포도주와 독주를 끊어야 한다. 시큼한
포도주와 독주뿐 아니라 포도즙도 마시지
말고 날포도나 건포도도 먹지 말아야 한다.
4헌신하기로 작정한 기간 동안에는 포도나
무에서 난 것은 어떤 것이든, 선포도에서
술지게미에 이르기까지도 먹으면 안 된다.
5나지르인 서약을 지키는 동안, 머리에 배코
칼을 대어도 안 된다. 야훼께 헌신한 기간이
다 찰 때까지 그는 거룩하게 지내며 머리가
자라게 내버려두어야 한다.
6야훼께 헌신하기로 작정한 기간 동안엔 죽
은 사람이 있는 곳에 가도 안 된다.
7부모나 형제나 누이가 죽어도 그리로 가서
부정을 타면 안 된다. 머리에 자기 하느님
께 헌신한 표를 지니고 있기 때문이다.
8헌신하기로 작정한 기간 동안은 언제나 야
훼께 거룩하게 헌신된 사람이어야 한다.
9 누군가가 그 사람 앞에서 갑자기 죽어 헌
신한 표로 기른 머리를 부정타게 한 경우에
는, 정화예식을 올리고, 그 날 머리를 깎고
이레째 되는 날 다시 깎아야 한다.
10그리고 여드렛날, 산비둘기나 집비둘기 새
끼 두 마리를 만남의 장막 문간으로 가져다
사제에게 주어야 한다.
11사제는 그 한 마리는 속죄제물로 삼고, 다
른 한 마리는 번제물로 삼아, 시체에 닿아
부정탄 것을 벗기는 예식을 올려야 한다.
그 날로 그는 자기 머리를 다시 거룩하게 바
치고,
12헌신하기로 작정한 기간 동안 야훼께 새로
몸을 바친다는 표시로 일 년 된 어린 숫양
을 면죄제물로 바쳐야 한다. 이미 지난 기
간은 헌신한 몸이 부정을 탔기 때문에 무효
가 된다.
13 헌신하기로 작정한 기간이 다 찼을 때 나
지르인이 지킬 법은 이러하다. 그는 만남의
장막 문간으로 나와서
14야훼께 예물을 바친다. 번제물로는 일 년 된
흠없는 어린 숫양 한 마리를 바치고, 속죄
제물로는 일 년 된 흠없는 어린 암양 한 마
리를 바치고, 친교제물로는 흠없는 숫양 한
마리를 바친다.
15또 고운 밀가루를 기름에 반죽하여 누룩 없
이 과자 모양으로 만든 것과 기름을 발라 누
룩 없이 만든 속 빈 과자 한 바구니를 곡식
예물과 제주와 함께 가져다 바친다.
16사제는 이것을 받아 그의 속죄제물과 번제
물로 야훼께 바친다.
17또 그 숫양에 곁들여 누룩 안 든 빵 한 바구
니를 야훼께 친교제물로 바친다. 사제는 그
의 곡식예물과 제주도 함께 바친다.
18나지르인은 봉헌한 자기 머리를 만남의 장
막 문간에서 깎는다. 그리고 그 봉헌한 머
리털을 친교제물 밑에서 타고 있는 불 위에
얹는다.
19이렇게 나지르인이 봉헌한 머리를 깎은 다
음에 사제는 숫양의 앞다리를 삶아서 그의
두 손바닥에 얹고 누룩 없이 만든 과자 한
개와 누룩 없이 만든 속 빈 과자 한 개를 바
구니에서 집어내어 함께 얹었다가
20그것을 야훼께 예물로 흔들어 바친다. 그러
면 이것은 거룩하게 되어 흔들어 바친 갈비
와 쳐들어 바친 뒷다리와 함께 사제에게 돌

아간다. 그런 다음에야 나지르인은 포도주
를 마실 수 있다.
21 이것이 나지르인이 지킬 법이다. 위에 말
한 것 이외에도 제 분수에 맞게 더 바칠 수
있다. 나지르인으로서 마땅히 바쳐야 할 예
물 외에 무슨 예물이든지 야훼께 바치기로
서약했으면 나지르인으로서 바치도록 법으
로 정해진 것말고도 그가 서약한 것을 말한
대로 바쳐야 한다.'"

사제의 축복

22◎야훼께서 모세에게 말씀하셨다.
23"너는 아론과 그의 아들들에게 이르기를,
이스라엘 백성에게 이런 말로 복을 빌어주
라고 하여라.
24'야훼께서 너희에게 복을 내리시며 너희를
지켜주시고,
25야훼께서 웃으시며 너희를 귀엽게 보아주
시고,
26야훼께서 너희를 고이 보시어 평화를 주시
기를 빈다.'
27그들이 이렇게 이스라엘 백성에게 내 이름
으로 복을 빌어주면 내가 이 백성에게 복을
내리리라."

각 지파 대표들이 수레를 바치다

7 ◎마침내 모세는 성막을 세웠다. 그 일이
끝나던 날에 성막과 거기 딸린 모든 도구,
제단과 거기 딸린 모든 도구에 기름을 발라
성별하였다. 그가 이것들에 기름을 발라 성
별한 다음,
2이스라엘의 대표자, 각 가문의 어른들이 예
물을 바쳤다. 이들은 각 지파의 대표로서
등록하는 일을 맡아보던 사람들이다.
3이들이 야훼 앞에 예물로 가져온 것은 포장
우차 여섯 채와 황소 열두 마리였다. 수레
는 대표 둘에 한 채씩, 소는 각기 한 마리씩
성막 앞에 가져다 바쳤다.
4그 때 야훼께서 모세에게 말씀하셨다.
5"이것은 만남의 장막 일에 쓸 것이니, 너는
이것을 받아두었다가 레위인들이 각기 맡은
일을 할 때에 필요한 대로 내주어라."
6모세는 그 수레와 황소를 받아 레위인들에
게 넘겨주었다.
7게르손 후손에게는 그들이 맡은 일을 하는
데 쓸 수레 두 채와 황소 네 필을 주었다.
8므라리 후손에게는 아론 사제의 아들 이다말
의 지휘를 받아가며 맡은 일을 하는 데 필요
한 수레 네 채와 황소 여덟 마리를 주었다.
9크핫 후손에게는 그들이 맡은 거룩한 임무
가 어깨에 메고 다니는 일이었기 때문에 하
나도 주지 않았다.

제단 봉헌식 예물

10◎제단을 성별하던 날, 대표들은 제단 봉헌
식 예물을 바쳤다. 대표들이 예물을 제단
앞에 바치는데,
11야훼께서 모세에게 말씀하셨다. "날마다 대
표 한 사람씩 제단 봉헌식 예물로 이러이러
한 예물을 바치게 하여라."
12◎그래서 예물을 바쳤는데, 첫째 날 바친
사람은 유다 지파 암미나답의 아들 나흐손이
었다.
13그가 바친 예물은 성소의 세겔로 백삼십 세
겔 나가는 은잔 하나와 칠십 세겔 나가는 은
종지 하나였다. 이 두 그릇에는 곡식예물로
서 기름으로 반죽한 밀가루가 가득 담겨 있
었고,
14십 세겔 나가는 금잔 하나가 있었는데 거기
에는 향이 가득 담겨 있었다.
15또 번제물로는 수소 한 마리와 숫양 한 마
리, 일 년 된 어린 숫양 한 마리,
16속죄제물로는 숫염소 한 마리,
17친교제물로는 수소 두 마리와 숫양 다섯 마
리, 숫염소 새끼 다섯 마리, 일 년 된 어린
숫양 다섯 마리였다. 이것이 암미나답의 아
들 나흐손이 바친 예물이었다.
18◎둘째 날에는 이싸갈의 대표, 수알의 아들
느다넬이 바쳤다.
19그가 예물로 바친 것은 성소의 세겔로 백삼
십 세겔 나가는 은잔 한 개와 칠십 세겔 나가
는 은종지 한 개였는데, 이 두 그릇에는 곡
식예물로서 기름으로 반죽한 밀가루가 가
득 담겨 있었다.
20십 세겔 나가는 금잔 하나가 있었는데 거기
에는 향이 가득 담겨 있었다.
21또 번제물로는 수소 한 마리와 숫양 한 마
리, 일 년 된 어린 숫양 한 마리,
22속죄제물로는 숫염소 한 마리,
23친교제물로는 수소 두 마리와 숫양 다섯 마
리, 숫염소 새끼 다섯 마리, 일 년 된 어린
숫양 다섯 마리였다. 이것이 수알의 아들 느
다넬이 바친 예물이었다.
24◎셋째 날에는 즈불룬 후손들의 대표, 헬론
의 아들 엘리압이 바쳤다.
25그가 바친 예물은 성소의 세겔로 백삼십 세
겔 나가는 은잔 하나와 칠십 세겔 나가는 은
종지 하나였다. 이 두 그릇에는 곡식예물로

서 기름으로 반죽한 밀가루가 가득 담겨 있
었고
26 십 세겔 나가는 금잔 하나가 있었는데 거기
에는 향이 가득 담겨 있었다.
27 또 번제물로는 수소 한 마리와 숫양 한 마
리, 일 년 된 어린 숫양 한 마리,
28 속죄제물로는 숫염소 한 마리,
29 친교제물로는 수소 두 마리와 숫양 다섯 마
리, 숫염소 새끼 다섯 마리, 일 년 된 어린
숫양 다섯 마리였다. 이것이 헬론의 아들 엘
리압이 바친 예물이었다.
30 ◎넷째 날에는 르우벤 후손들의 대표, 스데
울의 아들 엘리술이 바쳤다.
31 그가 바친 예물은 성소의 세겔로 백삼십 세
겔 나가는 은잔 하나와 칠십 세겔 나가는 은
종지 하나였다. 이 두 그릇에는 곡식예물로
서 기름으로 반죽한 밀가루가 가득 담겨 있
었고
32 십 세겔 나가는 금잔이 하나 있었는데 거기
에는 향이 가득 담겨 있었다.
33 또 번제물로는 수소 한 마리와 숫양 한 마
리, 일 년 된 어린 숫양 한 마리,
34 속죄제물로는 숫염소 한 마리,
35 친교제물로는 수소 두 마리와 숫양 다섯 마
리, 숫염소 새끼 다섯 마리, 일 년 된 어린
숫양 다섯 마리였다. 이것이 스데울의 아들
엘리술이 바친 예물이었다.
36 ◎다섯째 날에는 시므온 후손들의 수령, 수
리사때의 아들 슬루미엘이 바쳤다.
37 그가 바친 예물은 성소의 세겔로 백삼십 세
겔 나가는 은잔 하나와 칠십 세겔 나가는 은
종지 하나였다. 이 두 그릇에는 곡식예물로
서 기름으로 반죽한 밀가루가 가득 담겨 있
었고
38 십 세겔 나가는 금잔이 하나 있었는데 거기
에는 향이 가득 담겨 있었다.
39 또 번제물로는 수소 한 마리와 숫양 한 마
리, 일 년 된 어린 숫양 한 마리,
40 속죄제물로는 숫염소 한 마리,
41 친교제물로는 수소 두 마리와 숫양 다섯 마
리, 숫염소 새끼 다섯 마리, 일 년 된 어린
숫양 다섯 마리였다. 이것이 수리사때의 아
들 슬루미엘이 바친 예물이었다.
42 ◎여섯째 날에는 가드 후손들의 대표, 드우
엘의 아들 엘랴삽이 바쳤다.
43 그가 바친 예물은 성소의 세겔로 백삼십 세
겔 나가는 은잔 하나와 칠십 세겔 나가는 은
종지 하나였다. 이 두 그릇에는 곡식예물로
서 기름으로 반죽한 밀가루가 가득 담겨 있
었고
44 십 세겔 나가는 금잔 하나가 있었는데 거기
에는 향이 가득 담겨 있었다.
45 또 번제물로는 수소 한 마리와 숫양 한 마
리, 일 년 된 어린 숫양 한 마리,
46 속죄제물로는 숫염소 한 마리,
47 친교제물로는 수소 두 마리와 숫양 다섯 마
리, 숫염소 새끼 다섯 마리, 일 년 된 어린
숫양 다섯 마리였다. 이것이 드우엘의 아들
엘랴삽이 바친 예물이었다.
48 ◎일곱째 날에는 에브라임 후손들의 대표,
암미훗의 아들 엘리사마가 바쳤다.
49 그가 바친 예물은 성소의 세겔로 백삼십 세
겔 나가는 은잔 하나와 칠십 세겔 나가는 은
종지 하나였다. 이 두 그릇에는 곡식예물로
서 기름으로 반죽한 밀가루가 가득 담겨 있
었고
50 십 세겔 나가는 금잔이 하나 있었는데 거기
에는 향이 가득 담겨 있었다.
51 또 번제물로는 수소 한 마리와 숫양 한 마
리, 일 년 된 어린 숫양 한 마리,
52 속죄제물로는 숫염소 한 마리,
53 친교제물로는 수소 두 마리와 숫양 다섯 마
리, 숫염소 새끼 다섯 마리, 일 년 된 어린
숫양 다섯 마리였다. 이것이 암미훗의 아들
엘리사마가 바친 예물이었다.
54 ◎여덟째 날에는 므나쎄 후손들의 대표, 브
다술의 아들 가믈리엘이 바쳤다.
55 그가 바친 예물은 성소의 세겔로 백삼십 세
겔 나가는 은잔 하나와 칠십 세겔 나가는 은
종지 하나였다. 이 두 그릇에는 곡식예물로
서 기름으로 반죽한 밀가루가 가득 담겨 있
었고
56 십 세겔 나가는 금잔 하나가 있었는데 거기
에는 향이 가득 담겨 있었다.
57 또 번제물로는 수소 한 마리와 숫양 한 마
리, 일 년 된 어린 숫양 한 마리,
58 속죄제물로는 숫염소 한 마리,
59 친교제물로는 수소 두 마리와 숫양 다섯 마
리, 숫염소 새끼 다섯 마리, 일 년 된 어린
숫양 다섯 마리였다. 이것이 브다술의 아들
가믈리엘이 바친 예물이었다.
60 ◎아홉째 날에는 베냐민 후손들의 대표, 기
드오니의 아들 아비단이 바쳤다.
61 그가 바친 예물은 성소의 세겔로 백삼십 세
겔 나가는 은잔 하나와 칠십 세겔 나가는 은
종지 하나였다. 이 두 그릇에는 곡식예물로
서 기름으로 반죽한 밀가루가 가득 담겨 있
었고

62 십 세겔 나가는 금잔 하나가 있었는데 거기
에는 향이 가득 담겨 있었다.
63 또 번제물로는 수소 한 마리와 숫양 한 마
리, 일 년 된 어린 숫양 한 마리,
64 속죄제물로는 숫염소 한 마리,
65 친교제물로는 수소 두 마리와 숫양 다섯 마
리, 숫염소 새끼 다섯 마리, 일 년 된 어린
숫양 다섯 마리였다. 이것이 기드오니의 아
들 아비단이 바친 예물이었다.
66 ◎열째 날에는 단 후손들의 대표, 암미사때
의 아들 아히에젤이 바쳤다.
67 그가 바친 예물은 성소의 세겔로 백삼십 세
겔 나가는 은잔 하나와 칠십 세겔 나가는 은
종지 하나였다. 이 두 그릇에는 곡식예물로
서 기름으로 반죽한 밀가루가 가득 담겨 있
었고
68 십 세겔 나가는 금잔 하나가 있었는데 거기
에는 향이 가득 담겨 있었다.
69 또 번제물로는 수소 한 마리와 숫양 한 마
리, 일 년 된 어린 숫양 한 마리,
70 속죄제물로는 숫염소 한 마리,
71 친교제물로는 수소 두 마리와 숫양 다섯 마
리, 숫염소 새끼 다섯 마리, 일 년 된 어린
숫양 다섯 마리였다. 이것이 암미사때의 아
들 아히에젤이 바친 예물이었다.
72 ◎열한째 날에는 아셀 후손들의 대표, 오그
란의 아들 바기엘이 바쳤다.
73 그가 바친 예물은 성소의 세겔로 백삼십 세
겔 나가는 은잔 하나와 칠십 세겔 나가는 은
종지 하나였다. 이 두 그릇에는 곡식예물로
서 기름으로 반죽한 밀가루가 가득 담겨 있
었고
74 십 세겔 나가는 금잔 하나가 있었는데 거기
에는 향이 가득 담겨 있었다.
75 또 번제물로는 수소 한 마리와 숫양 한 마
리, 일 년 된 어린 숫양 한 마리,
76 속죄제물로는 숫염소 한 마리,
77 친교제물로는 수소 두 마리와 숫양 다섯 마
리, 숫염소 새끼 다섯 마리, 일 년 된 어린
숫양 다섯 마리였다. 이것이 오그란의 아들
바기엘이 바친 예물이었다.
78 ◎열두째 날에는 납달리 후손들의 대표, 에
난의 아들 아히라가 바쳤다.
79 그가 바친 예물은 성소의 세겔로 백삼십 세
겔 나가는 은잔 하나와 칠십 세겔 나가는 은
종지 하나였다. 이 두 그릇에는 곡식예물로
서 기름으로 반죽한 밀가루가 가득 담겨 있
었고
80 십 세겔 나가는 금잔이 하나 있었는데 거기
에는 향이 가득 담겨 있었다.
81 또 번제물로는 수소 한 마리와 숫양 한 마
리, 일 년 된 어린 숫양 한 마리,
82 속죄제물로는 숫염소 한 마리,
83 친교제물로는 수소 두 마리와 숫양 다섯 마
리, 숫염소 새끼 다섯 마리, 일 년 된 어린
숫양 다섯 마리였다. 이것이 에난의 아들 아
히라가 바친 예물이었다.
84 ◎이렇게 제단을 성별하던 날 이스라엘 대표
들이 제단 봉헌식 예물로 바친 것은 은잔이
열둘, 은종지가 열둘, 금잔이 열둘인데,
85 은잔 하나의 무게 백삼십 세겔, 종지 하나
의 무게 칠십 세겔씩 해서 은그릇에 쓰인 은
은 성소의 세겔로 모두 이천사백 세겔이 되
었다.
86 금잔 열둘은 향을 담는 것인데 하나가 성
소의 세겔로 십 세겔씩 나가는 것이었으므
로 이 잔들에는 금이 모두 백이십 세겔이 들
었다.
87 번제물로 바친 짐승으로는 수소가 열두 마
리, 숫양이 열두 마리, 일 년 된 어린 숫양
이 열두 마리였고 거기에 곡식예물을 곁들
여 바쳤다. 속죄제물로 바친 짐승으로는 숫
염소 열두 마리,
88 친교제물로 바친 짐승으로는 수소가 스물
네 마리, 숫양이 육십 마리, 숫염소 새끼가
육십 마리, 일 년 된 어린 숫양이 육십 마리
였다. 이것이 제단을 성별한 다음, 제단 봉
헌식 예물로 바친 것이었다.
89 ◎모세는 야훼께 올릴 말씀이 있을 때면, 만
남의 장막에 들어가서 두 거룹 사이에 있는
증거궤 위 속죄판 위에서 말씀하시는 목소
리를 들었다. 그리고 자기가 하고 싶은 말
씀도 올리곤 하였다.

등잔을 차려놓는 방식

8 ◎야훼께서 모세에게 말씀하셨다.
2 "너는 아론에게 등불을 차려놓을 때 등
잔 일곱 개가 등잔대 앞 맞은쪽을 비추도록
놓으라고 일러라."
3 아론은 그대로 하여 야훼께서 모세에게 지시
하신 대로 그 등잔들이 등잔대 앞 맞은쪽에
비추도록 차려놓았다.
4 이 등잔대는 금을 두드려서 만들었는데 원
대뿐 아니라 꽃잎 모양까지도 두드려서 만
들었다. 야훼께서 모세에게 보여주신 보기
와 똑같이 이 등잔대는 만들어졌다.

레위인의 봉헌식

5 ◎야훼께서 모세에게 말씀하셨다.
6 "너는 이스라엘 백성 가운데서 레위인들
을 뽑아 정화시켜야 한다.
7 그들을 정화시키는 일은 이렇게 하여야 한
다. 죄를 벗기는 물을 뿌린 다음 온몸을 배
코칼로 밀고 옷을 빨아 입게 하여라. 그리
하면 정하게 된다.
8 그런 다음 번제로 바칠 중송아지 한 마리를
끌어오고 곁들여 바칠 곡식예물로 기름에
반죽한 밀가루를 가져오너라. 너는 또 속죄
제물로 바칠 중송아지 한 마리를 끌어와야
한다.
9 그리고 너는 레위인들을 만남의 장막 앞에
나서게 하고, 이스라엘 백성 온 회중을 모아
야 한다.
10 네가 레위인들을 야훼 앞에 나서게 하면, 이
스라엘 백성이 레위인들에게 손을 얹을 것
이다.
11 그리고 아론이 레위인들을 이스라엘 백성이
바치는 예물로 야훼 앞에 흔들어 바치는 식
을 올리고 나서야 그들은 야훼께 봉사하는
일을 맡아 하게 된다.
12 레위인들이 중송아지의 머리에 손을 얹은
다음, 너는 그 한 마리를 속죄제물로, 또 한
마리는 번제물로 야훼께 바쳐 레위인들의
죄를 벗기는 예식을 올려라.
13 이렇게 네가 레위인들을 아론과 그의 아들
들 앞에 나서게 하고, 야훼께 그들을 흔들어
바쳐서
14 이스라엘 백성 가운데서 따로 갈라 세우면,
레위인들은 나의 것이 된다.
15 이렇게 한 다음에야 레위인들은 만남의 장
막으로 봉사하러 들어갈 수 있다. 너는 그
들을 이렇게 정화시킨 다음 흔들어 바치는
예식을 올려야 한다.
16 그들은 이스라엘 백성 가운데서 뽑혀 나를
섬길 성직자가 된 것이다. 나는 그들을 이스
라엘 백성 가운데서 처음으로 모태를 여는
모든 맏이 대신 나의 것으로 삼았다.
17 이스라엘 백성 가운데서 처음 난 것은 사람
이건 짐승이건 다 나의 것이다. 내가 이집트
땅에서 모든 맏이를 죽이던 날, 나는 그들
을 거룩하게 나의 것으로 삼았다.
18 이스라엘 백성 가운데서 모든 맏이 대신 나
는 레위인들을 뽑았다.
19 나는 이 레위인들을 이스라엘 백성 가운데서
뽑아 아론과 그의 후손의 성직을 보좌하는
자들로 임명한다. 그들은 만남의 장막에서
이스라엘 백성이 드릴 예배를 대신 맡아 봉
사하며 이스라엘 백성을 가려주어, 이스라엘
백성 중에 누구든지 성소로 나오다가 화를
입는 사람이 없도록 할 것이다."
20 ◎모세와 아론과 이스라엘 백성 온 회중은 레
위인들에게 그대로 하였다. 야훼께서 레위
인들에게 해주라고 모세에게 지시하신 대로
이스라엘 백성은 어김없이 그대로 다 해주
었다.
21 레위인들의 죄를 씻어버리고 옷을 빨아 입
힌 다음 아론은 그들을 야훼 앞에 바쳤다. 아
론은 그들의 죄를 벗기는 예식을 올려 그들
을 정화시켰다.
22 이리하여 레위인들은 만남의 장막으로 들어
가 아론과 그의 아들들 밑에서 맡은 일을 할
수 있게 되었다. 야훼께서 레위인에게 해주
라고 모세에게 지시하신 대로 다 해주었던
것이다.

레위인들의 복무 기간

23 ◎야훼께서 모세에게 말씀하셨다.
24 "레위인들은 이렇게 해야 한다. 레위인들은
스물다섯 살이 되면 만남의 장막에서 맡은
임무를 수행하기 시작하고,
25 쉰 살이 되면 은퇴하여 더 일을 하지 않아도
된다.
26 그는 만남의 장막에서 형제들의 일을 거들
수는 있으나 그 일을 맡아 하지는 못한다.
이렇게 레위인들이 직책을 수행하게 하여
라."

시나이 광야에서 지킨 첫 과월절

9 ◎이스라엘 백성이 이집트 땅에서 나온 이
듬해 정월, 야훼께서 시나이 광야에서 모
세에게 말씀하셨다.
2 "이스라엘 백성은 정해진 때에 과월절을 지
켜야 한다.
3 그 정해진 때, 즉 이 달 십사일 해거름에 과
월절을 지키는데 규정과 관습을 하나도 빠
뜨리지 말고 모두 따라야 한다."
4 모세는 이스라엘 백성에게 규정대로 과월절
을 지키라고 일렀다.
5 정월 십사일 해거름에 그들은 시나이 광야
에서 과월절을 지켰다. 야훼께서 모세에게
지시하신 대로 이스라엘 백성은 과월절을
지켰던 것이다.
6 ◎그런데 시체에 몸이 닿아 부정을 타서, 바
로 그 날 과월절을 지키지 못할 사람들이 생
겼다. 그들이 모세와 아론 앞에 나와서
7 아뢰었다. "우리는 시체에 닿아 부정을 탔

습니다. 그렇다고 해서 우리가 이스라엘 백
성으로서 이 정해진 날 야훼께 예물을 바치
지 못한대서야 되겠습니까?"
8 모세가 그들에게 대답하였다. "거기에서 기
다려라. 야훼께서 너희에게 무슨 지시를 내
리실지, 그 말씀을 들어봐야겠다."
9 야훼께서 모세에게 대답하셨다.
10 "너는 이스라엘 백성에게 일러라. '너희뿐
아니라 대대손손 어느 누구라도 시체에 닿
아 부정을 탔거나, 먼 길을 떠난 사람으로
서 과월절을 지키고 싶으면,
11 이월 십사일 해거름에 누룩 안 든 떡과 쓴
나물을 함께 먹으며 과월절을 지키도록 하
여라.
12 다음날 아침까지 아무것도 남겨서는 안 되
며 뼈다귀 하나라도 부러뜨려서는 안 된다.
이 과월절의 규정을 모두 어김없이 그대로
지켜야 한다.
13 그러나 정한 사람이나 길을 떠나지 않은 사
람으로서 과월절을 지키다가 그만두면, 그
는 겨레에서 추방당해야 한다. 정해진 때 야
훼께 예물을 바치지 않았기 때문이다. 그런
사람은 죄를 벗을 길이 없다.
14 너희에게 몸붙여 사는 외국인도 야훼께 과
월절을 지키고자 하면, 과월절 규정과 그
관습을 따라야 한다. 외국인도 본토인도 같
은 규정을 따라야 한다.'"

사막 길을 인도하는 구름

15 ◎성막을 세우던 날, 구름이 증거의 장막 곧
성막을 덮었다. 그러나 저녁이 되면 그 구
름은 성막 위에서 아침까지 불처럼 빛났다.
16 그 구름은 그렇게 성막을 늘 덮고 있었으며,
밤만 되면 불처럼 빛났다.
17 ◎이스라엘 백성은 그 구름이 만남의 장막에
서 걷혀 올라간 후에라야만 길을 떠날 수 있
었다. 그리고 그 구름이 내려와 머무는 곳
에 진을 쳤다.
18 이렇게 이스라엘 백성은 야훼의 말씀을 따라
길을 떠나고 야훼의 말씀을 따라 진을 쳤다.
그 구름이 성막 위에 머물러 있는 동안, 그
들은 진을 옮기지 않았다.
19 그 구름이 성막 위에 여러 날 머물러 있으면
이스라엘 백성들은 자리를 뜨지 않고 야훼께
예식을 올렸다.
20 그 구름이 성막 위에 며칠밖에 머물러 있지
않을 때도 있었는데 그럴 때에도 그들은 야
훼의 말씀을 따라 진을 쳤다가 야훼의 말씀
을 따라 자리를 뜨곤 하였다.
21 그 구름이 저녁부터 아침까지만 머물러 있
는 때도 있었다. 그럴 때에는 아침이 되어
구름이 걷혀 올라가는 대로 그들은 길을 떠
났다. 낮이건 밤이건 구름만 걷혀 올라가면
길을 떠났다.
22 혹은 그 구름이 이틀이고 한 달이고 한 해
고, 오래 성막 위에 머물러 있으면 이스라
엘 백성은 진을 친 채 길 떠날 생각을 하지
않았다. 그 구름이 걷혀 올라가야 길을 떠
났다.
23 이렇게 그들은 야훼의 말씀을 따라 진을 치
기도 하고 길을 떠나기도 하였다. 야훼께 예
식을 올려야 할 경우가 생기면, 야훼께서 모
세를 시켜 말씀하신 대로 올렸다.

나팔 신호 규정

10 ◎야훼께서 모세에게 말씀하셨다.
2 "너는 은을 두드려 늘여서 나팔 두
개를 만들어, 그것을 회중을 모으거나 행군
할 때 써라.
3 두 개를 한꺼번에 불면, 온 회중이 만남의
장막 문간으로 너에게 모여오고,
4 하나만 불면, 이스라엘 군의 천인부대 지휘
관들이 모여오게 하여라.
5 진을 움직이고자 할 때에는 비상 나팔을 불
어라. 첫 번째 비상 나팔을 불면, 동쪽에 진
친 부대들이 진을 뜰 것이요,
6 두 번째 비상 나팔을 불면, 남쪽에 진을 친
부대들이 진을 뜰 것이다.
7 대회를 열 때에 부는 나팔 소리는 비상 나팔
소리와는 다르게 불어야 한다.
8 아론의 후손 사제들만이 그 나팔을 불 수 있
다. 이것은 너희가 대대로 길이 지킬 규정
이다.
9 너희 땅에 들어가 살다가 너희를 괴롭히는
적과 싸우러 나갈 때에, 그 비상 나팔을 불
어라. 그러면 너희 하느님 야훼가 너희를 생
각하여 원수들로부터 구해 주리라.
10 또 축제 때와 매달 초하루 행사로 모여 즐기
는 날, 너희는 번제와 친교제를 드리며 나
팔을 불어라. 그러면 너희 하느님 야훼가 너
희를 기억할 것이다. 나는 너희 하느님 야훼
이다."

시나이 광야를 떠나다

11 ◎㉠제이년 이월 이십일에, 증거의 성막에
서 구름이 걷히자

㉠ 이집트를 떠나 나온 지 이 년 되던 해이다.

12 이스라엘 백성은 시나이 광야를 떠나 진지를
옮겨가며 행진하였다. 다음에 구름이 머문
곳은 바란 광야였다.
13 ◎모세의 입에서 주의 명령이 떨어지자, 비
로소 그들은 움직이기 시작하였다.
14 유다 자손이 부대를 편성하여 기를 앞세우
고 선두에 나섰는데, 그 부대 사령관은 암미
나답의 아들 나흐손이었다.
15 이싸갈 지파의 부대 사령관은 수알의 아들
느다넬이었고
16 즈불룬 지파의 부대 사령관은 헬론의 아들
엘리압이었다.
17 ◎다음에 성막을 걷었다. 게르손의 후손과
므라리의 후손이 그 성막을 메고 나섰다.
18 ◎다음으로 르우벤 자손이 부대를 편성하여
기를 앞세우고 나섰는데, 그 부대 사령관은
스데울의 아들 엘리술이었다.
19 시므온 지파의 부대 사령관은 수리사때의 아
들 슬루미엘이었고,
20 가드 지파의 부대 사령관은 드우엘의 아들
엘라삽이었다.
21 ◎다음으로 크핫 후손이 거룩한 것들을 메
고 나섰다. 이들이 목적지에 다다르기까지
는 성막이 세워져 있어야 했다.
22 ◎다음으로 에브라임 자손이 부대를 편성하
여 기를 앞세우고 나섰는데, 그 부대 사령
관은 암미훗의 아들 엘리사마였다.
23 므나쎄 지파의 부대 사령관은 브다술의 아들
가믈리엘이었고
24 베냐민 지파의 부대 사령관은 기드오니의 아
들 아비단이었다.
25 ◎다음으로 단 자손들이 부대를 편성하여
기를 앞세우고 나섰는데, 그 부대 사령관은
암미사때의 아들 아히에젤이었다.
26 아셀 지파의 부대 사령관은 오그란의 아들
바기엘이었고,
27 납달리 지파의 부대 사령관은 에난의 아들
아히라였다.
28 이스라엘 백성이 부대를 편성하여 행진한
경위는 위와 같았다.
29 ◎모세가 자기 장인인 미디안 사람 르우엘의
아들 ㉠호밥에게 청하였다. "우리는 이제 야
훼께서 주시겠다고 약속하신 곳으로 떠납니
다. 잘 대접해 드릴 터이니, 우리와 같이 갑
시다. 야훼께서 이스라엘에게 잘 해주시겠다
고 약속해 주셨소."
30 호밥이 그에게 "못 가겠소. 나는 내 고장,
나의 친척들에게로 가야 하오." 하고 거절
하자,
31 모세는 다시 간청하였다. "우리가 이 광야
어디에 천막을 쳐야 할지 당신밖에 아는 사
람이 없는데 우리를 버리지 말아주십시오.
우리의 길잡이가 되어주셔야 하겠습니다.
32 우리와 함께 가주시면 야훼께서 우리에게
베푸시는 복을 꼭같이 나누어드리리다."
33 ◎그들은 야훼의 산을 떠나 사흘 길을 갔다.
야훼의 계약궤를 앞세우고 사흘 길을 가면
서 진을 칠 곳을 찾았다.
34 낮이 되어 진지를 떠나면 야훼의 구름이 언
제나 그들 위를 덮어주었다.
35 법궤가 떠날 때마다 모세가 외쳤다. "야훼
여, 일어나십시오. 당신의 원수들을 쫓으
십시오. 당신의 적수들을 면전에서 쫓으십
시오."
36 법궤가 머무를 때마다 모세가 외쳤다. "야훼
여, 돌아오십시오. 이스라엘 군대에 복을 내
리십시오."

백성이 불평하다

11 ◎백성들이 괴로워하며 불평하는 소리
가 야훼의 귀에 다다랐다. 그 소리를
들으시고 야훼께서는 몹시 화가 나시어 불
을 떨어뜨려 진지의 변두리를 살라버리셨
다.
2 백성들이 살려달라고 울부짖는 소리를 듣
고 모세가 야훼께 기도하자 불이 꺼졌다.
3 야훼의 불이 그들을 살랐다고 하여 그 곳 이
름을 다브에라라고 부르게 되었다.
4 ◎그들 가운데 섞여 살던 외국인들이 먹을
것이 없다고 불평을 하자, 이스라엘 백성도
다시 우는 소리를 했다. "아, 고기 좀 먹어
봤으면.
5 이집트에서는 공짜로 먹던 생선, 오이, 참
외, 부추, 파, 마늘이 눈앞에 선한데,
6 지금 우리는 먹을 것이 없어 죽는구나. 보
기만 해도 지긋지긋한 이 만나밖에 없다
니."
7 ◎만나는 고수풀 씨처럼 생겼고 빛깔은 ㉡브
델리움 같았다.
8 백성들은 돌아다니며 그것을 모아다가 맷
돌에 갈거나 절구에 빻아 냄비에다 구워서
빵을 만들었다. 그 맛은 기름에 튀겨낸 과
자 맛이었다.
9 밤에 이슬이 내리면서 그들이 진을 친 곳에
만나도 함께 내리곤 하였다.
10 ◎백성들이 저희들 천막 문 어귀에 끼리끼

㉠ 모세의 처남이다. ㉡ 노르스름한 색이다.

민수

리 모여서 우는 소리가 모세의 귀에 들렸다.
야훼께서 크게 화가 나셨다. 모세는 몹시 걱
정되어
11 야훼께 울부짖었다. "어찌하여 이 종에게
이런 꼴을 보이십니까? 제가 얼마나 당신
의 눈 밖에 났으면, 이 백성을 모두 저에게
지워주시는 겁니까?
12 이 백성이 모두 제 뱃속에서 생겼습니까?
제가 낳기라도 했습니까? 어찌하여 저더러
이 백성을 품고 선조들에게 주시겠다고 맹
세하신 땅으로 가라고 하십니까? 유모가
젖먹이를 품듯이 품고 가라고 하십니까?
13 어디에서 이 백성이 다 먹을 만큼 고기를 얻
어주란 말씀입니까? 저에게 먹을 고기를
내라고 아우성입니다.
14 이 많은 백성을 저 혼자서는 도저히 책임질
수 없습니다. 너무나 무거운 짐입니다.
15 진정 이렇게 하셔야 하겠다면, 차라리 저를
죽여주십시오. 그러나 제가 과히 밉지 않으
시거든 이런 꼴을 더 이상 보지 않게 해주십
시오."
16 ◎야훼께서 모세에게 이르셨다. "너는 이 백
성을 지도해 온 장로 칠십 명과 함께 나에게
로 오너라. 그들을 데리고 만남의 장막으로
와서 서 있어라.
17 내가 내려가 거기에서 너와 말하리라. 그리
고 너에게 내려주었던 영을 그들에게도 나
누어주리라. 그리하면 그들이 백성에 대한
무거운 책임을 나누어 져서 너 혼자 애쓰지
않아도 될 것이다.
18 또 백성에게는 이제 곧 고기를 먹게 될 터이
니, 내일까지 몸을 깨끗이 하고 마음을 단
정히 가지라고 일러주어라. '아, 고기 좀 먹
었으면, 이집트에 있을 때는 좋았는데.' 하
며 울부짖는 너희 소리를 야훼가 듣고 이제
먹을 고기를 주리라.
19 하루, 이틀이 아니라, 닷새, 열흘, 스무 날
이 아니라
20 한 달 동안 먹게 될 것이다. 코에서 냄새가
나서 구역질이 날 때까지 먹게 될 것이다.
'어쩌자고 이집트를 떠났을까?' 하며 너희
가운데 있는 야훼를 외면하고 그의 앞에서
우는 소리를 했는데, 어찌 그렇게 되지 않
겠느냐?"
21 ◎모세가 반문하였다. "저를 둘러싼 백성은
육십만 대군입니다. 그런데 당신께서는 그
들이 한 달간이나 먹을 고기를 주시겠다는
말씀입니까?
22 양을 얼마나 잡고 소를 얼마나 잡으면 되겠
습니까? 바다의 고기를 다 모아오면 되겠
습니까?"
23 야훼께서는 모세에게 "야훼의 손이 짧아서
못할 일이 있겠느냐? 나의 말이 그대로 이
루어지는지 이루어지지 않는지 곧 네가 보
게 되리라." 하고 꾸짖으셨다.

칠십 장로가 주의 영을 받다

24 ◎모세는 백성에게로 나아가 야훼의 말씀을
전하고 백성 가운데서 나이 많은 장로 칠십
명을 불러모아 장막 주위에 둘러 세웠다.
25 야훼께서는 구름 속으로 내려오시어 모세와
말씀하시고, 그에게 내리셨던 영을 칠십 장
로들에게도 나누어주셨다. 영이 그들에게
내려 머물자 그들은 입신하였다. 그러나 다
시는 그런 일이 일어나지 않았다.
26 ◎그런데 장로 명단에는 올라 있는데 성막
으로 가지 않고 진중에 남아 있던 사람이 둘
있었다. 그 한 사람의 이름은 엘닷이요, 또
한 사람의 이름은 메닷이었다. 그들에게도
같은 영이 내려 진중에서 입신하였다.
27 한 젊은이가 모세에게 달려와 엘닷과 메닷이
진중에서 입신하고 있다고 보고하였다.
28 젊었을 때부터 모세를 섬겨온 눈의 아들 여
호수아가 아뢰었다. "우리의 영도자여, 그
대로 두어서는 안 되십니다."
29 모세가 그를 타일렀다. "너는 지금 나를 생
각하여 질투하고 있느냐? 차라리 야훼께서
당신의 영을 이 백성에게 주시어 모두 예언
자가 되었으면 좋겠다."
30 모세는 이스라엘 장로들과 함께 진중으로 돌
아왔다.

백성이 메추라기 고기를 먹고 벌을 받다

31 ◎야훼께서 바람을 일으키시어 바다 쪽에서
메추라기를 몰아다가 진지 이쪽과 저쪽으
로 하루 길 될 만한 사이에 떨어뜨리시어,
땅 위에 두 자 가량 쌓이게 되었다.
32 백성들은 몰려나와 그 날 밤과 낮 동안, 또
다음날 종일 메추라기를 모아서 진지 주위
에 널어놓았다. 아무리 적게 모은 사람도
열 섬은 모았다.
33 백성들이 고기를 한창 뜯고 있는데 야훼의
진노가 그들에게 내렸다. 야훼께서 극심한
재앙으로 백성을 치신 것이다.
34 욕심 사나운 백성을 거기에 묻었으므로 그
곳 이름을 키브롯하따아와라고 부르게 되었
다.
35 ◎백성들은 하세롯을 향하여 키브롯하따아와

를 떠나 하세롯에 이르러 머물렀다.

모세에게 시비를 건 미리암과 아론

12
◎미리암과 아론은 모세가 에티오피아
여인을 아내로 맞았다고 해서 그를 비
판하였다.
2 "야훼께서 모세에게만 말씀하시고 우리에게
는 말씀하시지 않으시는 줄 아느냐?" 이렇
게 투덜거리는 소리를 야훼께서 들으셨다.
3 모세는 실상 매우 겸손한 사람이었다. 땅 위
에 사는 사람 가운데 그만큼 겸손한 사람은
없었다.
4 ◎야훼께서 모세와 아론과 미리암을 당장 부
르셨다. "너희 셋은 당장 만남의 장막으로
나오너라." 셋이 함께 나가자,
5 야훼께서 내려오시어 구름기둥으로 장막 입
구에 서시고 아론과 미리암을 부르셨다. 그
들이 나가 서자
6 말씀하셨다. "너희는 내 말을 들어라. 너희
가운데 예언자가 있다면 나는 그에게 환상
으로 내 뜻을 알리고 꿈으로 말해 줄 것이
다.
7 나의 종 모세는 다르다. 나는 나의 온 집을
그에게 맡겼다.
8 내가 모세와는 얼굴을 맞대고 이야기한다.
하나도 숨기지 않고 모두 말해 준다. 모세는
나 야훼의 모습까지 볼 수 있는 사람이다.
그런 나의 종 모세에게 감히 시비를 걸다니,
두렵지도 아니하냐?"
9 ◎야훼께서는 이렇게 그들에게 화를 내시고
떠나가셨다.
10 구름이 장막에서 걷히자 미리암은 문둥병에
걸려 눈처럼 하얗게 되어 있는 것이었다. 아
론은 미리암이 문둥병에 걸린 것을 돌아보
고
11 모세에게 빌었다. "우리의 영도자여, 우리
가 어리석어서 저지른 이 잘못을 벌하지 마
시오.
12 미리암을 저렇게 살이 뭉그러진 채 죽어 태
어난 아이처럼 두지는 마시오."
13 ◎모세가 야훼께 부르짖었다. "하느님, 미리
암을 고쳐주십시오."
14 야훼께서 모세에게 이르셨다. "미리암의 얼
굴에 아비가 침을 뱉었다면, 부끄러워 이레
동안 들어앉아 있어야 하는 법 아니냐? 그
러니 미리암을 진 바깥으로 내쫓았다가 이
레가 지난 다음에 돌아오게 하여라."
15 미리암은 이레 동안 진 밖에 쫓겨나가 있었
다. 그 동안 백성은 거기에 머물러 있다가
미리암이 돌아온 다음에야
16 하세롯을 떠나 바란 광야에 이르러 진을 쳤
다.

㉠ 정탐대를 가나안에 파송하다

13
◎야훼께서 모세에게 이르셨다.
2 "내가 이스라엘 백성에게 줄 가나안
땅을 정탐하게 사람들을 보내어라. 각 지파
에서 한 사람씩 수령들을 보내어라."
3 ◎모세는 야훼의 분부대로 바란 광야에 사람
을 보내었다. 그들은 모두 이스라엘 백성의
수령들이었다.
4 이름은 아래와 같다.
르우벤 지파 대표는 자쿠르의 아들 삼무아,
5 시므온 지파 대표는 호리의 아들 사밧,
6 유다 지파 대표는 여분네의 아들 갈렙,
7 이싸갈 지파 대표는 요셉의 아들 이갈,
8 에브라임 지파 대표는 눈의 아들 호세아,
9 베냐민 지파 대표는 라부의 아들 발티,
10 즈불룬 지파 대표는 소디의 아들 가띠엘,
11 요셉 지파와 므나쎄 지파 대표는 수시의
아들 가띠,
12 단 지파 대표는 그말리의 아들 암미엘,
13 아셀 지파 대표는 미가엘의 아들 스둘,
14 납달리 지파 대표는 옵시의 아들 나흐비,
15 가드 지파 대표는 마기의 아들 그우엘.
16 ◎모세가 가나안 땅을 정탐하라고 보낸 사람
들의 이름은 위와 같다. 눈의 아들 호세아의
이름을 여호수아라고 고쳐준 것은 모세였다.
17 모세는 가나안 땅을 정탐하라고 그들을 보내
면서 이렇게 일렀다. "저 네겝 지방에 들어
가 보고 산악 지대에도 올라가 보아라.
18 그 곳이 어떤 곳인지 살펴보아라. 거기에
사는 백성이 강한지 약한지, 많은지 적은
지,
19 그들이 사는 땅이 좋은지 나쁜지, 그들이
사는 도시들은 어떤지, 천막에서 사는지,
견고한 성 안에서 사는지,
20 땅은 기름진지 메마른지, 숲이 우거졌는지
아닌지 살펴보고 오너라. 대담하게 행동하
여라. 그리고 그 곳에서 나는 과일을 따오
너라." ◎그 때는 마침 이른 포도철이었다.
21 그들은 씬 광야에서 하맛 어귀에 있는 르홉
에 이르기까지 샅샅이 살피려고 그 땅으로
들어갔다.
22 그들은 네겝으로 올라가 헤브론에 이르렀다.
거기에는 ㉡아나킴의 후손인 아히만, 세새,

㉠ 신명 1:19-33과 비교. ㉡ 거인족이다.

민수

탈매족들이 살고 있었다. 헤브론은 이집트의
소안보다 칠 년 먼저 세워진 도시다.
23 그들은 에스골 골짜기에 이르러 포도 한 송
이를 꺾어서 막대기에 꿰어 둘러메고 왔다.
석류와 무화과도 따왔다.
24 이스라엘 백성이 거기에서 포도 송이를 따
왔다고 해서 그 곳 이름을 에스골 골짜기라
고 부르게 된 것이다.
25 ◎가나안 땅을 정탐하고 돌아오는 데 사십
일이 걸렸다.
26 그들은 바란 광야 카데스에 있는 모세와 아론
과 이스라엘 백성의 온 회중에게로 돌아왔
다. 그들은 모세와 아론과 온 회중 앞에 그
땅의 과일을 보여주며 보고하였다.
27 그들은 모세에게 다음과 같이 보고하였다.
"당신께서 우리를 보내신 땅에 가보았더니,
과연 젖과 꿀이 흐르는 곳이었습니다. 이것
이 그 지방의 과일입니다.
28 거기에 사는 사람들은 키가 장대 같습니다.
그리고 성곽 도시들은 정말 굉장합니다. 더
구나 우리는 거기에서 아나킴의 후손도 보
았습니다.
29 네겝 지방에는 아말렉 사람들이 살고 있고,
헷족과 여부스족과 아모리족은 산악 지대에
살고 있습니다. 가나안 사람들은 바닷가와
요르단 강을 끼고 살고 있습니다."
30 ◎갈렙이 모세 앞으로 술렁대며 모여드는 백
성을 진정시키면서 외쳤다. "올라갑시다.
올라가서 점령합시다. 점령할 수 있습니
다."
31 그러나 그와 함께 갔다 온 사람들은, 그들
이 자기들보다 훨씬 더 강하기 때문에 도저
히 올라가지 못한다고 하면서
32 자기들이 가서 정탐한 고장은 사람이 살지
못할 곳이라는 소문을 이스라엘 백성들에게
퍼뜨렸다. "우리가 정탐하고 온 땅에 들어
가 살려다가는 도리어 잡혀 먹힐 것이다.
거기에는 키가 장대 같은 사람들이 있더라.
33 우리가 만난 거인들 가운데는 아나킴말고도
다른 거인족이 또 있더라. 우리는 스스로
보기에도 메뚜기 같았지만 그 사람들 보기
에도 그랬을 것이다."

백성이 모세에게 반란을 일으키다

14

◎이 말을 듣고 온 회중은 떠들썩하게
아우성을 쳤다. 그 날 밤새도록 통곡하
며
2 온 이스라엘 백성이 모세와 아론을 원망하였
다. "차라리 우리가 이집트 땅에서 죽었더
라면 좋았을 것이다. 아니 이 광야에서 죽
었더라도 더 좋았겠다.
3 야훼는 어쩌자고 우리를 이리로 데려 내다
가 칼에 맞아 죽게 하는가? 아내와 어린것
들이 적에게 붙잡혀가게 하는가? 이집트로
돌아가는 수밖에 없겠다!"
4 이렇게 수선을 피우며 그들은 지도자를 하
나 뽑아 세우고 이집트로 돌아가자고 서로
의논하였다.
5 ◎모세와 아론은 온 이스라엘 백성의 회중 앞
에 얼굴을 땅에 대고 엎드렸다.
6 그러자 가나안 땅을 정탐하고 온 사람들 중
에서 눈의 아들 여호수아와 여분네의 아들 갈
렙이 옷을 찢으며,
7 온 이스라엘 백성의 회중을 향하여 외쳤다.
"우리가 돌아다니며 정탐하고 온 땅은 기막
히게 좋은 땅이오.
8 우리가 야훼의 마음에 들기만 하면, 우리는
그 땅으로 들어가 차지할 수 있을 것이오.
그 땅은 정녕 젖과 꿀이 흐르는 땅이오.
9 야훼를 거역하는 짓은 하지 맙시다. 그 땅
백성을 두려워하지 마시오. 그들은 이미 우
리의 밥이오. 그들을 덮어주던 그늘은 이미
지나가 버렸소. 야훼께서 우리의 편이시니,
두려워하지 맙시다."

모세가 백성을 위하여 기도하다

10 ◎온 회중이 그들을 막 돌로 치려고 하는데,
야훼의 영광이 만남의 장막에서 온 이스라엘
백성에게 나타났다.
11 야훼께서 모세에게 말씀하셨다. "이 백성은
언제까지 나를 멸시할 것이냐? 그렇게도
내 힘을 나타내 보였는데 아직도 나를 믿지
못하는구나.
12 나 이제 염병을 내려 이 백성을 없애버리고
이들보다 훨씬 큰 민족을 너에게서 일으키
리라."
13 ◎모세가 야훼께 호소하였다. "하느님께서
몸소 힘을 내시어 이 백성을 이집트에서 이
끌어내셨다는 말을 모든 이집트인이 다 들
었습니다.
14 야훼께서 이 백성 가운데 계시다는 소식이
여기에 사는 사람들에게도 널리 퍼졌습니
다. 야훼께서는 눈에 보이게 나타나시어 이
백성을 구름으로 덮어주시고 낮에는 구름
기둥으로 밤에는 불기둥으로 앞길을 인도
해 주시었습니다.
15 그런데 이 백성을 모조리 없애버리시면, 하
느님의 이야기를 들어 아는 민족들이 어떻

게 말하겠습니까?
16 '야훼는 맹세만 하였을 뿐, 백성을 그리로
데려갈 힘이 없어서 광야에서 멸종시켰다.'
하지 않겠습니까?
17 아닙니다. 주여, 이제 주님의 크신 힘을 약
속하셨던 대로 나타내 주십시오.
18 '야훼께서는 좀처럼 화를 내지 않으시고 끝
없이 사랑하시며 미쁘시어, 짐짓 거역하고
반항한 죄도 용서하신다. 어떤 죄든지 그냥
넘기시지는 않지만 선조의 죄를 그 후손 삼,
사대에게만 물으신다.' 하시지 않으셨습니
까?
19 하느님의 사랑은 그지없으시어 이 백성을
이집트에서 여기까지 이끌어오시는 동안 참
아주셨습니다. 이번에도 이 백성의 죄를 용
서해 주십시오."
20◎야훼께서 대답하셨다. "내가 네 말대로
용서해 준다.
21 그러나 내가 살아 있는 한, 이 야훼의 영광
이 온 땅을 채우고 있는 한, 이루어질 수 없
는 일이 있다.
22 나의 영광을 보고도, 내가 이집트와 광야에
서 나타낸 힘을 보고도 이렇게 거듭거듭 나
를 시험하고 나의 말을 듣지 않는 자들은 그
누구도
23 내가 저희 선조에게 주겠다고 맹세한 땅을
보지 못하리라. 이토록 나를 업신여기는 자
는 결코 그 땅을 보지 못하리라.
24 그러나 나의 종 갈렙은 그 마음이 남과 달라
나의 뜻을 따라 할 일을 다 하였다. 그러므
로 나는 그로 하여금 가서 보고 온 땅으로
다시 들어가도록 하겠고, 그의 후손이 그
땅을 차지하도록 해주리라.
25 아말렉 사람들과 가나안 사람들이 저 골짜기
에 살고 있다. 그러니 너희는 내일 발길을
돌려 홍해 쪽 광야로 떠나거라."

백성이 불평하다가 벌을 받다

26◎야훼께서 모세와 아론에게 이르셨다.
27 "이 못된 회중은 언제까지 나에게 투덜거릴
것이냐? 이스라엘 백성이 투덜거리는 불평
소리를 나는 들었다.
28 너희는 이 백성에게 나 야훼의 말이라 하고
이렇게 일러라. '너희가 나에게 무엇을 원
하는지 내가 다 들었다. 내가 살아 있는 한,
반드시 그대로 이루어주겠다.
29 바로 이 광야에 너희의 시체가 즐비하게 뒹
굴 것이다. 너희 가운데 스무 살이 넘어 병
적부에 오른 자로서 나에게 불평한 자는 그
누구도
30 내가 정착시켜 주겠다고 손들어 맹세한 그
땅으로 들어가지 못하리라. 여분네의 아들
갈렙과 눈의 아들 여호수아만이 들어가리라.
31 또한 너희가, 포로가 되어 끌려가면 어쩌나
하고 걱정하던 너희 어린 아이들은 너희가
거부한 땅으로 내가 데리고 들어가리라. 그
땅은 그들의 차지가 되리라.
32 그러나 너희들은 죽어 시체가 되어 이 광야
에 쓰러지고 말리라.
33 그리고 너희의 자식들은 너희의 배신죄를
짊어지고 너희의 시체가 썩어 없어질 때까
지 사십 년 동안 광야에서 헤매야 한다.
34 너희가 사십 일 동안 그 땅을 정탐하였으니,
그 하루를 한 해로 쳐서 사십 년 동안 너희
는 너희의 죄의 짐을 져야 한다. 그제야 나
를 배반하는 일이 어떤 일인지 너희는 알게
되리라.'
35 나 야훼가 말한다. 한 무리가 되어 나를 거
역한 이 고약한 자들을, 내가 반드시 이렇
게 다루고야 말리라. 이 광야에서 하나도
남지 않고 모두 죽으리라."
36◎모세가 가나안 땅을 정탐하라고 보냈던 사
람들은 돌아와서 온 이스라엘 회중에게 그
고장은 사람 살 곳이 못 된다고 선동하여 모
세를 원망하게 하였다.
37 이렇게 그 고장을 악평한 자들은 야훼께 벌
을 받아 염병으로 죽었다.
38 그 땅을 정탐하러 갔던 자들 가운데 살아 남
은 사람은 눈의 아들 여호수아와 여분네의
아들 갈렙뿐이었다.

백성이 만용을 부리다

39◎모세가 야훼께 들은 대로 온 이스라엘 백성
에게 일러주자, 그들은 대성통곡하였다.
40 이튿날 아침 그들은 일찍 일어나 산꼭대기
를 향해 치달으며 외쳤다. "어서 쳐 올라가
자. 우리가 올라가지 않았다고 야훼께서 꾸
중하시는데, 이러고만 있을 터이냐?"
41 그러나 모세는 한사코 말렸다. "왜들 이러
느냐? 야훼의 명령을 무시하고 무슨 일이
되겠느냐?
42 올라갈 생각을 마라. 야훼께서는 이미 너희
를 떠나셨다. 너희끼리 쳐 올라갔다가는
43 거기에서 적에게 패하리라. 아말렉 사람들
과 가나안 사람들이 너희에게 달려들어 칼
로 무찌를 것이다. 너희는 야훼를 배반하여
야훼의 눈 밖에 나고 말았다."
44 그들은 말을 듣지 않고 산꼭대기를 향하여

치달았다. 그러나 야훼의 계약궤도 모세도
진을 떠나지 않았다.
45그 산에서 살던 아말렉 사람들과 가나안 사
람들이 달려 내려와 호르마까지 쫓아오며
그들을 무찔렀다.

제사에 곁들일 곡식예물과 제주

15 ◎야훼께서 모세에게 말씀하셨다.
2 "너는 이스라엘 백성에게 이렇게 일
러주어라. '너희는 내가 주는 땅에 들어가
살게 되거든,
3 서원제나 자원제나 축제 때 바치는 제물은
모두 불에 살라 야훼께 바쳐야 한다. 소떼와
양떼 가운데서 골라 바치되 향기를 풍겨 주
를 기쁘게 해드려야 한다.
4 야훼께 예물을 드릴 사람은 고운 밀가루 십
분의 일 에바를 기름 사분의 일 힌으로 반죽
한 것을 곡식예물로 바쳐야 한다.
5 또 너희는 번제물뿐만 아니라 다른 제물을
바칠 때에도 어린 양 한 마리에 포도주 사분
의 일 힌을 제주로 바쳐야 한다.
6 숫양 한 마리를 바칠 때에는 고운 밀가루 십
분의 이 에바를 기름 삼분의 일 힌으로 반죽
한 곡식예물과
7 포도주 삼분의 일 힌을 제주로 바쳐야 한다.
이렇게 향내 나는 것을 바쳐 야훼를 기쁘게
해드려야 한다.
8 서원제든 화목제든 송아지를 번제물로나
희생제물로 주께 바칠 때에는
9 송아지 한 마리와 고운 밀가루 십분의 삼 에
바를 기름 반 힌으로 반죽한 곡식예물과
10포도주 반 힌을 제주로 드려야 한다. 이런
것이 불에 타며 향기를 풍겨 야훼를 기쁘게
해드리는 제물이다.
11수소 한 마리나 숫양 한 마리나 양이나 염소
같은 작은 짐승 한 마리를 바칠 때에는 반드
시 이렇게 해야 한다.
12얼마를 바치든지 그 수효대로 하나하나 이
렇게 해야 한다.
13본토인으로서 제물을 살라 바쳐 향기를 풍
기게 하여 주를 기쁘게 해드리려면 반드시
이렇게 해야 한다.
14또 너희에게 몸붙여 사는 외국인뿐 아니라
대대로 너희와 섞여 사는 사람들도 모두 너
희가 하듯이 제물을 불에 살라 향기를 풍기
게 하여 주를 기쁘게 해드려야 한다.
15대회로 모이면 모름지기 이렇게 해야 한다.
너희에게 몸붙여 사는 외국인이나 너희나
다 같은 규정을 따라야 한다. 이것이 너희
가 대대로 길이 지킬 규정이다. 주 앞에서
는 너희와 외국인이 다를 것이 없다.
16너희에게 몸붙여 사는 외국인도 너희도 모
두 같은 법과 같은 규칙을 지켜야 한다.'"

처음으로 반죽한 떡반죽 예물

17◎야훼께서 모세에게 말씀하셨다.
18"너는 이스라엘 백성에게 이렇게 일러주어
라. '너희는 내가 인도하는 땅에 들어가서
19그 고장 양식을 먹게 되거든, 그 가운데서
얼마를 떼어 야훼께 예물로 바쳐야 한다.
20처음 반죽한 떡반죽에서 한 덩이를 떼어 야
훼께 예물로 바쳐야 한다. 타작 마당 예물을
바치듯이 바쳐야 한다.
21너희는 대대로 처음 반죽한 떡반죽 예물을
야훼께 바쳐야 한다.

실수로 지은 죄를 벗는 제물

22 야훼가 모세에게 일러준 이 계명 가운데
어느 것이든지 실수로 지키지 못할 경우,
23야훼가 모세를 시켜 너희에게 명령한 날부
터 대대로 그 명령을 지키지 못할 경우에,
24그것이 회중의 실수라면, 온 회중이 소떼
가운데서 중송아지 한 마리를 번제물로 바
쳐 향기를 풍기게 하여 야훼를 기쁘게 해드
리고 거기에 딸리는 곡식예물과 제주도 관
습대로 바쳐야 한다. 또 속죄제물로 숫염소
를 한 마리 바쳐야 한다.
25사제가 이것으로 이스라엘 백성 온 회중의
죄를 벗겨주는 예식을 올리면 그들은 죄를
용서받는다. 실수로 잘못을 저지른 것이므
로 이렇게 예물을 야훼께 살라 바쳐야 한다.
실수로 저지른 죄 때문에 이렇게 야훼 앞에
속죄제물을 바치는 것이다.
26온 백성이 저지른 실수이므로 이스라엘의
온 회중은 물론 그들 가운데 몸붙여 사는 외
국인들도 함께 용서를 받으리라.
27어떤 사람이 실수로 죄를 지었을 경우에는
일 년 된 암염소 한 마리를 속죄제물로 바쳐
야 한다.
28이것으로 사제는 실수로 저지른 그 사람의
죄를 벗겨주는 예식을 야훼 앞에 올린다. 이
렇게 그의 죄를 벗겨주는 예식을 올리면 그
는 용서받는다.
29본토 출신 이스라엘 백성이든지 너희 가운
데 몸붙여 사는 외국인이든지 실수로 잘못
을 저지른 사람은 같은 법의 다스림을 받아
야 한다.
30 그러나 본국인이든 외국인이든 일부러

죄를 짓는 자는 야훼를 모욕하는 자이므로
제 겨레로부터 추방당해야 한다.
31 그는 야훼의 말씀을 무시하여 그 계명을 어
겼으므로 추방당해야 한다. 그는 그 죄를
벗을 수 없다.'"

안식일을 범한 죄에 대한 첫 판례

32 ◎이스라엘 백성이 광야에 있을 때, 안식일
에 나무를 하는 사람이 있었다.
33 그 나무를 하는 사람을 본 사람들이 그를 모
세와 아론과 온 회중 앞에 끌고 왔다.
34 그러나 이런 사람을 어떻게 다스려야 할지,
그 전례가 없었으므로 그를 그냥 가두어두
는 수밖에 없었다.
35 그 때 야훼께서 모세에게 말씀을 내리셨다.
"그를 사형에 처하여라. 온 회중이 그를 진
지 밖으로 끌어내다가 돌로 쳐죽여라."
36 온 회중은 야훼께서 모세에게 명령하신 대
로 그를 진지 밖으로 끌어내다가 돌로 쳐죽
였다.

옷자락에 다는 술

37 ◎야훼께서 모세에게 말씀하셨다.
38 "너는 이스라엘 백성에게 일러 대대손손 옷
자락에 술을 달고 그 옷자락 술에 자줏빛 끈
을 달게 하여라.
39 이렇게 술을 만들어 달고 그것을 볼 때마다
야훼의 모든 명령을 기억하고 그대로 지키
도록 하여라. 그리하면 전처럼 마음내키는
대로, 눈에 드는 대로 색욕에 빠지는 일이
없을 것이다.
40 너희가 나의 모든 명령을 기억하고 지켜 너
희 하느님에게 성별된 백성이 되려면 그렇
게 해야 한다.
41 너희 하느님이 되려고 너희를 이집트에서
이끌어낸 것은 바로 너희 하느님 나 야훼이
다. 나는 너희의 하느님 야훼이다."

코라와 다단과 아비람이 반역하다

16 ◎레위의 증손 코라가 반기를 들었다.
그의 아비는 이스할이요, 할아버지는
크핫이었다. 엘리압의 아들 다단과 아비람,
또 르우벤의 손자요 벨렛의 아들인 온도 따
라 일어났다.
2 그들이 모세에게 반기를 들고 일어나자 이
스라엘 백성 가운데서 이백오십 명이 따라
일어났다. 그들은 대회에서 뽑힌 회중의 대
표들로서 이름 있는 사람들이었다.
3 그들이 모세와 아론에게 모여와서 항의하였
다. "당신들은 지나치오. 야훼께서 온 회중
가운데 계시어 온 회중이 다 거룩한데, 어
찌하여 당신들만이 야훼의 회중 위에 군림
하오?"
4 ◎이 말을 듣고 모세는 땅에 엎드려
5 코라와 그의 무리에게 말하였다. "내일 아
침 야훼께서 알려주실 것이다. 누가 당신의
사람이며 누가 거룩하며 누가 당신 앞에
나아갈 수 있는지 알려주실 것이다. 당신
께서 택한 사람을 당신께로 나오게 하실
것이다.
6 너희는 이렇게 하여라. 그대 코라와 그대와
한 무리가 된 사람들은 모두 향로를 가지고
오너라.
7 그 향로에 불을 담아가지고 와서 내일 야훼
앞에 향을 피워라. 그 때 야훼께서 택하시는
사람이 거룩한 사람이 될 것이다. 레위의 후
손이라는 그대들이야말로 너무 지나치지
않는가?"
8 ◎모세가 코라에게 말하였다. "그대, 레위의
후손이라는 분들은 내 말을 들어라.
9 이스라엘의 하느님께서 그대들을 이스라엘
회중 가운데서 구별하시어, 당신 앞에 나와
야훼의 성막에서 섬기고 회중 앞에 나서서
그들을 돌보게 하셨는데도 불만이냐?
10 하느님은 그대에게 그대의 일족인 레위인들
을 모두 거느리고 하느님 앞에 나와 섬기는
특권을 주시었다. 그런데 이제 그대들은 사
제직마저 요구하는가?
11 그대와 한 무리가 된 사람들은 모두 야훼께
항거하고 있는 것이다. 아론이 어떤 사람인
데, 그대들이 그에게 불만인가?"
12 ◎모세가 엘리압의 아들 다단과 아비람을 불
러오라고 사람을 보내었으나, 그들은 가지
않겠다고 하며 이렇게 전갈을 보냈다.
13 "우리를 젖과 꿀이 흐르는 땅에서 데려내다
가 이 광야에서 죽이는 것만으로도 부족해
서 이젠 우리 위에 군림하여 호령까지 하려
드시오?
14 당신은 우리를 젖과 꿀이 흐르는 땅으로 데
려가지도 못했고 우리가 차지할 밭이나 포
도원을 나누어주지도 못하였소. 이 백성들
을 장님으로 만들 셈이오? 우리는 못 가
오."
15 모세는 참을 수 없이 화가 나서 야훼께 아뢰
었다. "저들이 가져오는 봉헌물엔 눈도 돌
리지 마십시오. 나는 저들에게서 나귀 한
마리도 빼앗은 일이 없습니다. 저들 어느
한 사람에게도 손해를 입힌 일이 없습니

다."
16 모세가 코라에게 일렀다. "내일 그대는 그대
의 무리를 거느리고 야훼 앞에 나와라. 그대
일당과 함께 아론도 나타날 것이다.
17 사람마다 제 향로에 향을 피워가지고 야훼
앞으로 나와야 한다. 사람마다 각기 제 향
로를 들고 나오면, 향로는 모두 이백오십
개가 될 것이다. 그대와 아론도 각기 자기
향로를 가지고 나와야 한다."
18 그리하여 그들은 저마다 향로에 불을 피워
향을 태우면서 만남의 장막 문 앞에 섰다.
모세와 아론도 함께 섰다.
19 코라는 온 회중을 만남의 장막 문 앞으로 모
아 두 사람과 대결하게 하였다. 모인 회중
에게 야훼의 영광이 나타났다.
20 ◎야훼께서 모세와 아론에게 말씀하셨다.
21 "너희는 이 회중에게서 떨어져 서라. 내가
순식간에 그들을 없애버리리라."
22 모세와 아론은 땅에 엎드려 부르짖었다. "하
느님이여, 모든 사람에게 숨결을 불어넣어
주시는 하느님이여, 죄는 한 사람이 지었는
데 온 회중에게 화를 내십니까?"
23 야훼께서 모세에게 이르셨다.
24 "이 회중에게 코라와 다단과 아비람의 거처
주변에서 물러서라고 일러라."
25 ◎모세가 일어나 다단과 아비람에게로 가자
이스라엘 장로들도 그의 뒤를 따랐다.
26 모세가 온 회중에게 일렀다. "너희는 이 악
인들의 천막을 떠나라. 그들이 가지고 있는
것은 아무 것도 건드리지 마라. 건드리면
그들이 저지른 온갖 잘못에 휘말려 너희도
함께 망할 것이다."
27 백성은 코라와 다단과 아비람의 거처 주변에
서 물러섰다. 다단과 아비람이 그들의 처자
와 딸린 식구들과 함께 자기네 천막 문 앞에
나와 선 것을 보고
28 모세가 입을 열었다. "너희는 이제 일어나
는 일을 보고 내가 여태껏 한 모든 일이 내
가 멋대로 한 일이 아니라 야훼께 보내심을
받아 한 일임을 알게 되리라.
29 이 사람들이 보통 사람들이 죽는 것처럼 죽
는다면, 야훼께서 나를 보내신 것이 아니다.
30 이제 야훼께서는 여태껏 너희가 들어본 적
도 없는 일을 하실 것이다. 땅이 입을 벌려
이들과 그 딸린 식구들을 함께 삼켜 모두 산
채로 지옥에 떨어뜨릴 것이다. 그러면 너희
는 과연 이들이 야훼를 업신여겼다는 것을
알게 되리라."
31 ◎이 말을 마치자마자 그들이 딛고 서 있던
땅이 갈라졌다.
32 땅은 입을 벌려 그들과 집안 식구들을 삼켜
버렸다. 코라에게 딸린 사람과 재산을 모조
리 삼켜버렸다.
33 그들이 식구들과 함께 산 채로 지옥에 떨어
진 다음에야 땅은 입을 다물었다. 이렇게
그들은 이스라엘 회중 가운데서 사라져버렸
다.
34 그들의 아우성 소리를 듣고 주변에 서 있던
이스라엘 사람들은 "땅이 우리도 삼키겠구
나." 하며 달아났다.
35 향을 피워가지고 나왔던 이백오십 명도 야
훼에게서 나온 불이 살라버렸다.

벌받아 죽은 사람들의 향로로 제단을 씌우다

17

1 *36* ◎야훼께서 모세에게 이르셨다.
2 *37* "너는 아론 사제의 아들 엘르아잘을
시켜 불탄 자리에서 향로를 모으게 하고 불
은 멀리 가져다 쏟아버리게 하여라. 이 향
로와 불은 아무나 건드릴 수 없다.
3 큰 잘못을 저지르고 목숨을 잃은 이 사람들
38 의 향로를 모아다가 두드려 펴서 제단에 씌
워, 이스라엘 백성이 그것을 보고 이 사실을
생각하게 하여라. 이것은 야훼 앞에 가져왔
던 것인 만큼 이미 거룩하게 되었다."
4 ◎사제 엘르아잘은 타죽은 사람들이 들고 나
39 왔던 그 구리 향로들을 모아다가 두드려 펴
서 제단에 씌웠다.
5 이것은 야훼께서 모세를 시켜 말씀하신 대
40 로 아론의 혈통을 이어받지 않은 사람은 아
무도 야훼 앞에 나가 향을 피울 수 없다는
것과 만약 무엄하게 나갔다가는 코라와 그
의 무리처럼 된다는 것을 이스라엘 자손에
게 일깨워주려는 것이다.

아론이 백성을 위하여 기도하다

6 ◎이튿날 이스라엘 백성의 온 회중은 모세와
41 아론에게 와서, 야훼의 백성을 죽을 지경에
몰아넣었다고 불평하였다.
7 이렇게 회중이 그들에게 모여들어 덤비자
42 모세와 아론은 만남의 장막으로 발길을 옮
겼다. 그 때 거기에 구름이 덮이고 야훼의
영광이 나타났다.
8 *43* 모세와 아론이 만남의 장막에 다다르자,
9 *44* 야훼께서 모세에게 이르셨다.
10 "너희는 이 회중 가운데서 빠져 나오너라.
45 내가 순식간에 그들을 없애버리리라." 모세
와 아론은 얼굴을 땅에 대고 엎드렸다.
11 *46* 그리고 모세가 아론에게 일렀다. "제단에서

불을 가져다가 향로에 담아 향을 피워가지
고 어서 회중 있는 데로 가서 그들이 죗값으
로 받을 재앙을 막아주시오. 야훼의 진노가
터져 염병이 번지기 시작하였소."
12 아론은 모세가 하라는 대로 향로를 들고 회
47 중 가운데로 뛰어 들어갔으나, 염병은 이미
백성 가운데 번지고 있었다. 그는 향로를
흔들어 향내를 풍기게 하여 백성이 죗값으
로 받을 재앙을 막아주며
13 염병이 물러갈 때까지 죽은 사람들과 산 사
48 람들 사이에 서 있었다.
14 코라의 일로 죽은 사람은 제외하고 이번 병
49 으로 죽은 사람만 만 사천칠백 명이나 되었
다.
15 염병이 물러가자 아론은 만남의 장막 문 앞
50 에 있는 모세에게로 돌아왔다.

아론의 가지에 싹이 돋다

16 ◎㉠야훼께서 모세에게 이르셨다.
17:1
17 "이스라엘 백성에게 명령하여 각 가문에서
2 나뭇가지를 하나씩 가져오게 하되, 각 가문
별로 어른들이 하나씩 가져오게 하여라. 이
렇게 가져온 열두 가지에 각기 자기 가문의
이름을 새기게 하되
18 레위 가문의 가지에는 아론의 이름을 새겨
3 라. 각 가문마다 그 가문의 어른에게 나뭇
가지가 하나씩 있어야 한다.
19 그것들을 내가 너를 만나는 만남의 장막 안
4 증거궤 앞에 놓아두어라.
20 내가 택한 사람의 가지에서 싹이 돋으리라.
5 이렇게 하면 이스라엘 백성이 다시는 너희
를 향하여 불평하지 아니하리라."
21 ◎모세가 이스라엘 백성에게 말을 전하자 각
6 가문별로 대표들이 나뭇가지를 하나씩 가
져왔다. 이렇게 가져온 열두 가지 중에는 아
론의 가지도 있었다.
22 모세는 그 가지들을 증거의 장막 안 야훼 앞
7 에 놓아두었다.
23 이튿날 모세가 증거의 장막 안에 들어가 보
8 니 레위 가문을 대표한 아론의 가지에 싹이
돋고 꽃이 피었으며 감복숭아 열매가 이미
익어 있었다.
24 모세가 그 가지들을 야훼 앞에서 온 이스라엘
9 백성이 있는 데로 내오자 그들은 저마다 자
기 가지를 찾아가지고 돌아갔다.
25 야훼께서 모세에게 이르셨다. "아론의 가지
10 는 증거궤 앞에 다시 가져다 보관하여 두고
반역자들에게 경계가 되게 하여라. 그리하
면 나에게 불평을 하다가 죽는 일이 생기지
아니하리라."
26 11 모세는 야훼께서 분부하신 대로 하였다.
27 이스라엘 백성이 모세에게 호소하였다. "이
12 젠 끝장이오. 영락없이 망했소. 모조리 망
하게 되었소.
28 감히 야훼의 성막에 나갔다가는 모두 죽을
13 터이니, 우리가 이렇게 아주 망해야 한단
말이오?"

레위인의 직무

18 ◎야훼께서 아론에게 이르셨다. "성소
를 범하는 일이 생기면 너와 너의 자손
과 네가 거느리는 너의 가문이 책임을 져야
한다. 너희가 맡은 사제직을 잘못 수행하면
네가 거느리는 너의 자식들과 네가 책임을
져야 한다.
2 레위 지파에 속한 너의 일족도 너와 함께 내
앞에 나오게 하여라. 그리하여 너와 네 아
들들이 증거의 장막 앞에서 예배 드릴 때 너
의 지도 아래 너의 일을 거들게 하여라.
3 그들은 네 일을 거들고 장막에서 시중드는
일은 모두 맡을 수 있지만 거룩한 기구나 제
단에는 가까이 못한다. 가까이하다가는 그
들뿐 아니라 너희도 죽으리라.
4 그들은 너의 지도를 받으며 만남의 장막 안
에서 시중을 들고 그 장막에서 하는 온갖 예
식을 돕는다. 그 밖에 다른 사람은 아무도
너희 옆에서 시중들지 못한다.
5 너희는 성소에서 할 일과 제단에서 할 일을
정성껏 하여 다시는 이스라엘 백성에게 나
의 진노가 폭발하는 일이 없게 하여라.
6 내가 이제 너희 일족 레위인들을 이스라엘
백성 가운데서 뽑아 너희에게 맡긴다. 그들
은 만남의 장막 일을 보좌할 임무를 띠고 나
에게 헌신한 사람들이다.
7 너와 네 아들들은 사제로서 제단에서 할 모
든 일과 휘장 안에서 할 일을 성심껏 해야
한다. 내가 너희에게 사제직을 맡기면서 시
킨 일들을 충실히 지켜라. 다른 사람이 네
옆에서 시중들었다가는 죽고 말리라."

사제의 몫

8 ◎야훼께서 아론에게 말씀하셨다. "나 이제
나에게 들어올 제물을 너에게 맡겨 관리하
게 하겠다. 이스라엘 백성이 바칠 거룩한 것
은 모두 너와 네 후손의 몫으로 준다. 이것
이 언제까지나 너희가 받을 보수다.

㉠ 라틴어 성서는 여기에서 17장이 시작된다.

9 더없이 거룩한 것으로 살라 바치는 제물 가
운데서 너에게 돌아갈 것은 이런 것이다.
더없이 거룩한 것으로 백성이 나에게 바칠
모든 제물, 곧 곡식예물과 속죄제물과 면죄
제물이 너와 네 후손에게 돌아갈 것이다.
10 너희는 이것을 더없이 거룩한 곳에서 먹되
남자만 먹어야 한다. 너는 이것을 거룩하게
다루어야 한다.
11 이스라엘 백성이 흔들어 바치는 모든 선물
가운데서 떼어낸 것도 너에게 돌아갈 것이
다. 너뿐 아니라 너와 함께 있는 아들딸들
이 언제까지나 받을 보수로 내가 너희에게
주는 것이다. 네 집안에 있는 사람으로서
부정을 타지 않은 사람은 누구나 그것을 먹
을 수 있다.
12 나는 백성이 나에게 바칠 모든 극상품 올리
브 기름과 포도주와 곡식을 너에게 준다.
13 그 땅에서 나는 모든 것 가운데서 만물을
나에게 가져오면 그것도 너에게 돌아갈 것
이다. 너의 집 안에 있는 사람으로서 부정
을 타지 않은 사람은 누구나 그것을 먹을
수 있다.
14 이스라엘에서 여느 사람은 손대지 못하는
것이 모두 너에게로 돌아간다.
15 처음으로 모태를 열고 나온 것으로서 나에
게 바친 것이면 사람이건 짐승이건 다 너에
게로 돌아간다. 그러나 처음 난 사람은 속
전을 받고 돌려주어야 한다. 처음 난 짐승
이라도 정하지 못하면 속전을 받고 돌려주
어야 한다.
16 아이의 속전은 한 세겔이 이십 게라 나가는
성전 세겔로 오 세겔이다. 난 지 한 달 되면
값을 쳐서 받고 돌려주어야 한다.
17 그러나 처음 난 소나 처음 난 양이나 처음
난 염소는 거룩하기 때문에 돌려주지 못한
다. 그 피는 제단에 뿌리고 그 기름은 불에
태워야 한다. 이것은 향기를 풍겨 야훼를 기
쁘게 해드리는 것이다.
18 그러나 그 고기는 흔들어 바친 갈비와 오른
쪽 뒷다리와 함께 너에게 돌아갈 것이다.
19 이스라엘 백성이 야훼에게 흔들어 바치는 모
든 거룩한 제물을 나는 너뿐 아니라 너와 함
께 있는 너의 아들 딸들에게 준다. 이것이
언제까지나 너희가 받을 보수다. 이것은 소
금을 치며 너와 네 후손과 맺은 야훼의 영원
한 계약이다."

레위인의 몫

20 ◎야훼께서 아론에게 말씀하셨다. "너는 이
백성이 차지할 땅에서 그들과 함께 나누어
받을 유산이 없다. 그들 가운데서 너에게
돌아갈 몫은 없다. 다만 내가 이스라엘 백성
가운데서 네가 차지할 몫이요 유산이다.
21 내가 이제 레위 후손에게 줄 것은 이스라엘
가운데서 거둔 십일조 전부이다. 이것은 만
남의 장막에서 예배를 보좌한 보수로 주는
것이다.
22 앞으로 이스라엘 백성은 아무도 만남의 장
막으로 가까이 가지 못한다. 가까이 가면
죄를 받아 죽으리라.
23 만남의 장막에서는 레위인만이 봉사할 수
있다. 만일 다른 사람들이 범접한다면 그것
도 레위인이 책임을 져야 한다. 이것이 너희
가 길이길이 대대로 지킬 규정이다. 레위 후
손들은 이스라엘 백성 가운데서 아무 유산
도 상속받지 못한다.
24 나는 이스라엘 백성이 야훼께 떼어 바치는
십일조를 레위인들에게 유산으로 준다. 그
러므로 나는 이스라엘 백성 가운데서 그들
이 상속받을 유산은 없다고 일러주는 것이
다."

레위인의 십일조

25 ◎야훼께서 모세에게 말씀하셨다.
26 "너는 레위인들에게 이렇게 일러주어라.
'내가 너희에게 유산으로 주는 십일조를 이
스라엘 백성에게서 받거든 너희는 그 십일
조에서 십일조를 떼어 야훼께 바쳐야 한다.
27 나는 그것을 너희가 바칠 예물로, 타작 마
당에서 모은 곡식과 술틀에서 짜낸 포도즙
에서 떼어 바치는 것과 같이 쳐주리라.
28 너희도 이렇게 이스라엘 백성에게서 받은
십일조 전체에서 야훼의 몫을 나에게 떼어
바치되, 그것을 아론 사제에게 드려야 한다.
29 너희가 받은 모든 선물에서도 야훼의 몫을
떼어 바쳐야 한다. 그 가운데서도 극상품을
거룩한 선물로 떼어 바쳐야 한다.'
30 너는 그들에게 이렇게 일러주어라. '그
가운데서 극상품을 떼어 바치고 남은 것이
레위인들의 것이다. 그것은 타작 마당에서
난 것이나 술틀에서 짜낸 것과 같아
31 아무데서나 너와 너의 식구가 먹을 수 있다.
그것은 너희가 만남의 장막에서 봉사한 보
수로 받은 몫이다.
32 그 가운데서 극상품을 바치기만 하면, 죄가
되지 않는다. 이스라엘 백성이 바친 거룩한
예물을 더럽힌 것이 아니니, 죽을 리가 없
다.'"

부정을 벗기는 잿물

19 ◎야훼께서 모세와 아론에게 말씀하셨
다.
2 야훼께서 모세에게 명령하신 법규이다.
"너는 이스라엘 백성에게 일러 흠없이 온전
하고 멍에를 메어본 일이 없는 붉은 암소를
너에게 끌어오라고 하여라.
3 너는 그 암소를 엘르아잘 사제에게 주어라.
그것은 진지 밖으로 끌어내어 그가 지켜보
는 앞에서 죽여야 한다.
4 엘르아잘 사제는 그 피를 손가락에 찍어서
만남의 장막 앞쪽으로 일곱 번 뿌리고
5 그 암소는 그가 지켜보는 앞에서 불에 살라
야 한다. 가죽과 고기와 피와 똥까지도 살
라야 한다.
6 그러면 사제는 진홍색 털실로 묶은 송백나
무와 우슬초를 그 암소를 사르는 불에 던
져라.
7 그 다음 옷을 빨고 목욕을 한 후에야만 진
안으로 들어갈 수 있다. 저녁때가 되어야
그 사제는 부정을 벗는다.
8 그 암소를 사른 사람도 옷을 빨고 목욕을 해
야 한다. 그도 저녁때가 되어야 부정을 벗
는다.
9 불에 탄 암소 재는 부정을 타지 않은 사람이
거두어 진지 바깥 정한 곳에 두어야 한다.
그것은 이스라엘 회중의 더러움을 씻는 물
에 탈 것으로서 잘 보관해야 한다. 그것은
죄를 씻는 제사에 쓰이는 것이다.
10 불에 탄 암소 재를 거두는 사람도 옷을 빨아
야 한다. 그도 저녁때가 되어야 부정을 벗
는다. 이것이 너희 이스라엘 백성과 너희 가
운데 몸붙여 사는 외국인이 함께 길이 지킬
규정이다.
11 어떤 사람의 시체이든 시체에 몸이 닿은
사람은 칠 일간 부정하다.
12 삼 일째 되는 날과 칠 일째 되는 날에 그 잿
물로 죄를 씻으면 깨끗한 사람이 된다. 그
러나 삼 일째 되는 날과 칠 일째 되는 날에
죄를 씻지 않으면 부정을 벗지 못한다.
13 누구든지 시체에 닿고도 죄를 씻지 않으면
야훼의 성막을 더럽히는 셈이니, 그 사람은
이스라엘에서 추방당해야 한다. 더러움을
씻는 물을 몸에 뿌리지 않아, 아직 부정을
벗지 못하고 부정을 탄 채로 있기 때문이다.
14 장막 안에서 사람이 죽었을 때에는 이렇
게 하는 법이다. 그 장막에 들어가는 사람
이나 장막 안에 있던 사람은 모두 칠 일간
부정하다.
15 어떤 그릇이든지 뚜껑을 닫거나 죄어두지
않아 열려 있었으면 그것도 부정하다.
16 들에서 칼에 맞아 죽은 사람이나 저절로 죽
은 사람이나 사람의 뼈나 무덤에 몸이 닿은
사람이면 누구든지 칠 일간 부정하다.
17 이렇게 부정을 탄 사람에게서 부정을 벗기
려면 죄를 씻는 재를 그릇에 담고 거기에 샘
물을 부은 다음
18 부정타지 않은 사람이 우슬초를 가져다가
그 물에 적셔서 장막과 그릇들과 거기에 있
던 사람에게 뿌려야 한다. 또 뼈에 닿았거
나 맞아 죽은 사람이나 저절로 죽은 사람에
게 닿았거나 무덤에 닿은 사람에게도 뿌려
야 한다.
19 정한 사람이 그 부정을 탄 사람에게 삼 일째
되는 날과 칠 일째 되는 날에 이 잿물을 뿌
리고, 칠 일째 되는 날 그에게서 죄를 벗겨
주고 나면 그는 옷을 빨고 목욕을 하여야 한
다. 그렇게 해도 그는 저녁때가 되어야 부
정을 벗는다.
20 부정을 타고도 그 부정을 씻어내지 않은 사
람은 회중 가운데서 추방당해야 한다. 더러
움을 씻는 물을 몸에 뿌리지 않아 부정을 벗
지 않은 몸으로 야훼의 성소를 더럽혔기 때
문이다.
21 그들이 길이 지킬 규정은 이렇다. 부정을
씻어 내는 물을 뿌리는 사람도 옷을 빨아야
한다. 부정을 씻어내는 물에 닿은 사람은
저녁때가 되어야 부정을 벗는다.
22 무엇이든지 부정한 사람이 건드린 것은 다
부정하고 그것에 닿은 사람은 저녁때가 되
어야 부정을 벗는다."

바위에서 물이 터져 나오다

20 ◎정월이 되어 이스라엘 백성 온 회중
은 씬 광야에 이르러 카데스에 자리를
잡았다. 거기에서 미리암이 죽어 땅에 묻혔
다.
2 ◎거기에는 먹을 물이 없었다. 백성들이 모
세와 아론에게 몰려와서
3 따졌다. "우리 겨레가 야훼 앞에서 죽을 때
우리도 함께 죽지 못한 것이 한이다.
4 너희는 어찌하여 야훼의 회중을 이 광야로
끌어내어 우리와 우리 가축이 함께 죽게 하
느냐?
5 어쩌자고 우리를 이집트에서 데리고 나와
이 못된 고장으로 이끌었느냐? 어찌하여
우리를 곡식도 무화과도 포도도 석류도 자
라지 않고 마실 물도 없는 이 곳으로 끌어내

었느냐?"
6◎모세와 아론이 회중을 떠나 만남의 장막
문에 이르러 얼굴을 땅에 대고 엎드리자 야
훼의 영광이 그들에게 나타났다.
7 야훼께서 모세에게 말씀하셨다.
8 "너는 지팡이를 가지고 회중을 불러모아라.
그리고 형 아론과 함께 모든 사람이 보는 앞
에서 이 바위에게 물을 내라고 명령하여라.
그리하면 네가 이 바위에서 터져 나오는 물
로 회중과 가축을 먹일 수 있으리라."
9◎모세는 분부대로 야훼 앞에 있는 지팡이를
집어 들었다.
10 모세는 아론과 함께 그 바위 앞에 회중을 불
러 모아놓고 외쳤다. "반역자들아, 들어라.
이 바위에서 물이 터져 나오게 해주랴?"
11 그리고 나서 모세가 손을 들어 지팡이로 그
바위를 두 번 치니 물이 콸콸 터져 나왔다.
회중과 가축이 그 물을 마셨다.
12◎그러나 야훼께서는 모세와 아론을 꾸중하
셨다. "너희는 나를 믿지 못하여 이스라엘
백성 앞에서 내 영광을 드러내지 못하였다.
그러므로 너희는 내가 이 회중에게 줄 땅으
로 그들을 인도하여 들이지 못하리라."
13◎그 샘물은 이스라엘 백성이 야훼와 다투었
다고 해서 므리바 샘이라고 불리지만, 야훼
께서 당신이 하느님이심을 드러내신 곳이
기도 하다.

에돔이 길을 내주지 아니하다

14◎그 곳 카데스에서 모세는 에돔 왕에게 전갈
을 보냈다. "당신의 아우 이스라엘이오. 당
신께서도 아시다시피 우리는 온갖 고초를
다 겪어왔습니다.
15 우리의 선조들은 이집트에 내려가 거기에서
오래 살면서 이집트인들에게 몹시 학대를
받았습니다.
16 그래서 야훼께 부르짖자, 야훼께서는 우리
의 호소를 들으시고 천사를 보내시어 우리
를 이집트에서 건져내셨습니다. 그리하여
우리는 마침내 당신의 지경 변두리에 있는
도시 카데스에 이르게 되었습니다.
17 이제 우리가 당신의 땅을 지나가야 하겠으
니 부디 허락해 주십시오. 밭이나 포도원에
들어가지도 않고 우물물도 마시지 않겠습
니다. 우리는 당신의 국토를 다 지나갈 때
까지 오른쪽으로도 왼쪽으로도 들어서지
아니하고 왕의 큰길로만 가겠습니다."
18 그러나 에돔 왕은 자기 땅을 지나가지 못한
다고 거절하면서 만약 들어선다면 군대를
풀어 치겠다고 대답하였다.
19 이스라엘 백성이 다시 청하였다. "우리는 큰
길로만 가겠습니다. 사람이나 가축이 물을
마셔야 할 경우에는 그 값을 반드시 드리리
다. 걸어서 고이 지나가려는 것뿐입니다."
20 에돔 왕은 지나가지 못한다고 하며 무장한
많은 군대를 거느리고 그들을 치러 나왔다.
21 에돔 왕이 그의 지경을 지나가지 못하게 거
절하자 이스라엘은 발길을 돌리지 않을 수
없었다.

아론이 세상을 떠나다

22◎이스라엘 백성 온 회중은 카데스를 떠나 호
르 산에 이르렀다.
23 에돔 땅 접경에 있는 호르 산에 이르렀을 때
에 야훼께서 모세와 아론에게 이르셨다.
24 "아론은 선조들에게로 돌아갈 때가 되었다.
너희가 므리바 샘에서 나의 명령을 어겼으
므로 아론은 내가 이스라엘 백성에게 줄 땅
에 들어가지 못하리라.
25 아론과 그의 아들 엘르아잘을 데리고 호르
산으로 올라가서
26 아론의 옷을 벗겨 그의 아들 엘르아잘에게
입혀라. 아론은 거기에서 죽어 선조들에게
로 돌아가야 한다."
27◎모세는 야훼의 분부대로 온 회중이 보는
앞에서 호르 산으로 올라가
28 아론의 옷을 벗겨 그의 아들 엘르아잘에게
입혔다. 아론이 그 산꼭대기에서 죽자, 모세
와 엘르아잘은 산에서 내려왔다.
29 이스라엘 온 집안은 아론이 세상을 떠난 것
을 알고 삼십 일 동안 아론을 위하여 곡을
하였다.

호르마를 점령하다

21 ◎네겝에는 가나안 사람 아랏 왕이 자리
잡고 있었다. 그는 이스라엘이 아다림
길로 온다는 소식을 듣고 이스라엘을 쳐서
몇 명을 포로로 잡아갔다.
2 그래서 이스라엘은 야훼께 맹세하였다. "이
백성을 우리 수중에 넘겨주십시오. 그러
시면 우리가 이 도시들을 전멸시키겠습니
다."
3 야훼께서는 이스라엘의 호소를 들으시고 그
가나안 사람을 그들의 손에 부치셨다. 이스
라엘은 그들의 성읍들을 모조리 전멸시켰
다. 그래서 그 곳 이름을 호르마라고 부르게
되었다.

구리 뱀으로 백성을 구하다

4◎그들은 에돔 지방을 피해 가려고 호르 산
을 떠나 홍해 쪽으로 돌아갔다. 길을 가는
동안 백성들은 참지 못하고
5 하느님과 모세에게 대들었다. "어쩌자고 우
리를 이집트에서 데려내왔습니까? 이 광야
에서 죽일 작정입니까? 먹을 것도 없고 마
실 물도 없습니다. 이 거친 음식은 이제 진
저리가 납니다."
6◎그러자 야훼께서는 백성에게 불뱀을 보내
셨다. 불뱀이 많은 이스라엘 백성을 물어 죽
이자,
7 백성들은 마침내 모세에게 와서 간청하였
다. "우리가 야훼와 당신께 대든 것은 잘못
이었습니다. 뱀이 물러가게 야훼께 기도해
주십시오." 모세가 백성을 위하여 기도를
드리자,
8 야훼께서 모세에게 대답하셨다. "너는 불뱀
을 만들어 기둥에 달아놓고 뱀에게 물린 사
람마다 그것을 쳐다보게 하여라. 그리하면
죽지 아니하리라."
9 모세는 구리로 뱀을 만들어 기둥에 달아놓
았다. 뱀에게 물렸어도 그 구리 뱀을 쳐다
본 사람은 죽지 않았다.

비스가 산에 이르는 행군 경로

10◎이스라엘 백성은 그 곳을 떠나 오봇에 진
을 쳤다가
11 다시 오봇을 떠나 모압 국경에 잇닿은 동쪽
광야에 이르러 이예아바림 폐허에 진을 쳤다.
12 다시 그 곳을 떠나 세레드 개울에 진을 쳤
다가
13 또 그 곳을 떠나 아르논 강 건너편에 이르러
진을 쳤다. 아르논 강은 아모리인들의 지경
에서 시작되어 광야를 지나 모압과 아모리
사이 모압 국경을 흐르는 강이다.
14 그래서 ㉠야훼의 전쟁사기에는 이런 기록이
있다.

"수비에 있는 와헙 마을과 개울들,
그리고 아르논 강은
15 아르 지방을 스쳐 굽이굽이 계곡을 따라
모압 국경을 끼고 흐른다."

16◎그들은 그 곳을 떠나 브엘로 왔다. 야훼께
서 모세에게 "내가 물을 줄 터이니, 백성을
모아 오너라." 하고 분부하신 곳이 바로 이
샘이었다.
17 이스라엘이 이런 노래를 부른 것도 그 때였
다.

"샘물아, 솟아라.
너희들 샘물에 맞추어 노래 불러라.
18 홀과 지팡이를 가지고
지휘관들이 파고
백성의 귀족들이 터뜨린 샘이란다."

◎그들은 브엘을 떠나 마따나로 왔다.
19 마따나에서 나할리엘로, 나할리엘에서 바못
으로,
20 바못을 떠나 광야가 굽어보이는 비스가 산
꼭대기에 가까운 모압 지방 계곡에 이르렀
다.

요르단 동쪽을 점령하다

21◎거기에서 이스라엘은 아모리 왕 시혼에게
전갈을 보냈다.
22 "우리가 당신의 땅을 지나가야 하겠으니 허
락해 주십시오. 우리는 밭이나, 포도원에
들어가지도 않고 우물물도 마시지 않을 것
입니다. 당신의 국토를 빠져 나가기까지 우
리는 왕의 큰길로만 가겠습니다."
23◎그러나 시혼은 이스라엘이 자기 영토를 지
나가는 것을 허락하기는커녕 온 백성을 동
원하여 이스라엘을 치러 광야로 나왔다. 그
가 야하스에 이르러 이스라엘에게 싸움을 걸
었으나
24 이스라엘은 그를 칼로 쳐죽이고 아르논에서
야뽁에 이르는 그의 땅을 차지하였다. 그러
나 암몬 백성의 지경은 넘지 않았다. 암몬
백성의 지경은 수비가 튼튼하였기 때문이
다.
25◎이스라엘은 그 지방 성읍들을 모두 점령하
고 아모리인들이 사는 헤스본과 거기 딸린
모든 성읍에 자리를 잡았다.
26 헤스본은 아모리인들의 왕 시혼의 수도이다.
시혼은 전에 모압 왕을 치고 그의 영토를 아
르논에 이르기까지 빼앗았던 왕이다.
27 시인들은 이렇게 노래를 읊었다.

"시혼의 수도 헤스본으로 와서
다시 튼튼히 세워보자.
28 불길이 헤스본에서 뻗고
화염이 시혼의 마을에서 솟아
모압의 도시들을 삼키고
아르논 강 가의 신당들을 살랐다.
29 모압아, 너는 끝장났다.
너 그모스의 백성은 망하였다.
제 아들들이 아모리 왕 시혼에게 쫓기고
제 딸들이 붙잡혀가도
그모스는 속수무책이었다.

㉠ 고대의 전쟁 시를 모은 책인데 지금은 분실되고 없다.

30 우리는 활을 쏘아대어
헤스본에서 디본에 이르기까지 멸하였다.
노바하도 쳐부수고
메드바에도 불을 질렀다."
31 ◎이리하여 이스라엘은 아모리인의 땅에 자
리를 잡았다.
32 거기에서 모세는 야젤로 사람을 보내어 정
탐시킨 다음 그 곳과 거기에 딸린 마을들
을 점령하고 거기에 살던 아모리인을 내쫓
았다.
33 ◎거기에서 그들은 발길을 돌려 바산에 이
르는 길을 따라 올라갔다. 바산 왕 옥이 그
들을 맞아 싸우려고 온 백성을 거느리고 에
드레이로 나왔다.
34 야훼께서 모세에게 말씀하셨다. "그를 두려
워하지 마라. 내가 그와 그의 온 백성과 그
의 땅을 네 손에 붙였다. 너는 헤스본에 살
던 아모리인의 왕 시혼을 해치웠듯이 그를
해치워라."
35 그들은 그와 그의 아들들과 그의 모든 백성
을 한 사람도 살려두지 않고 쳐죽였다. 그
리고 그의 땅을 차지하였다.

22 ◎이스라엘 백성은 또 길을 떠나 예리고
근방, 요르단 건너편 모압 평야에 이르
러 진을 쳤다.

발람이 발락의 초청을 받아 모압으로 오다

2 ◎시뽈의 아들 발락은 이스라엘이 아모리인
들에게 한 일을 다 보았다.
3 모압인들은 이스라엘 백성의 수효가 너무나
많아 무서워서 어쩔 줄을 몰랐다. 그들은 이
스라엘 사람을 보고 몹시 겁에 질려
4 미디안 장로들에게 대책을 물었다. "소가
들풀을 뜯어먹듯이 이제 이 무리가 우리 주
위에 있는 것을 모조리 먹어버리겠습니다.
그러니 어찌하면 좋겠습니까?" 그 때 모압
왕은 시뽈의 아들 발락이었다.
5 그는 큰 강 가, 아마윗 사람들의 땅 브돌로
사절을 보내어 브올의 아들 발람을 불러오
게 하였다. "이집트에서 나온 한 민족이 지
금 나의 접경에까지 와서 온 땅을 뒤덮고
있소.
6 어찌나 많은지 나로서는 당할 수가 없으니,
곧 와서 그 백성을 저주해 주시오. 그들을
쳐서 이 땅에서 몰아낼 수 있다면 얼마나 좋
겠소? 그대가 복을 빌어주는 사람은 복을
받고 저주하는 사람은 저주를 받는 줄을 나
는 아오."
7 ◎모압 장로들과 미디안 장로들은 복채를 가
지고 길을 떠났다. 그들이 발람에게 가서 발
락의 말을 전하자
8 발람은 이렇게 말하였다. "여기에서 하룻밤
묵으시오. 야훼께서 나에게 이르시는 말씀
을 듣고 나서 가부간 대답해 드리리다." 그
래서 모압의 고관들은 발람과 함께 묵었다.
9 하느님께서 발람에게 오시어 물으셨다. "너
를 찾아온 이 사람들이 누구냐?"
10 발람은 "시뽈의 아들인 모압 왕 발락의 보냄
을 받고 온 사람들입니다." 하며 하느님께
아뢰었다.
11 "한 민족이 이집트에서 나와 온 땅을 뒤덮었
으니 어서 와서 그들을 저주해 달라고 합니
다. 그들을 쳐서 쫓아낼 수 있게 해달라는
것입니다."
12 하느님께서 발람에게 이르셨다. "그들을 따
라가지 마라. 또 그 백성은 복을 받은 백성
이니 저주하면 안 된다."
13 발람은 아침에 일어나 발락이 보낸 고관들
에게 일렀다. "어서들 고국으로 돌아가시
오. 야훼께서는 나에게 당신들을 따라가도
록 허락하지 않으셨소."
14 그리하여 모압의 고관들은 길을 떠나 발락
에게 돌아와서 발람이 따라와 주지 않겠다
하더라고 보고하였다.
15 ◎발락은 다시 그들보다도 높은 고관들을
더 많이 보냈다.
16 그들이 발람에게 가서 말을 전하였다. "시뽈
의 아들 발락의 전갈입니다. '나의 청을 거
절하지 말고 부디 와주시오.
17 잘 대우해 드리리다. 무엇이든지 요구하는
대로 해줄 터이니 부디 와서 이 백성을 저주
해 주시오.'"
18 발람이 발락의 신하들에게 대답하였다. "발
락이 그의 궁궐에 가득 찬 금과 은을 준다고
하여도 나는 갈 수가 없소. 큰 일이건 작은
일이건 나는 절대로 나의 하느님 야훼의 명
령을 어길 수 없소.
19 그러나 하룻밤만 여기에 묵어보시오. 야훼
께서 다시 나에게 무슨 말씀을 하실는지 알
아보리다."
20 그 날 밤 하느님께서 발람에게 오시어 말씀
하셨다. "이 사람들이 너를 부르러 왔다면
그들과 함께 가거라. 그러나 너는 내가 시
키는 대로만 해야 한다."
21 발람은 아침에 일어나 나귀에 안장을 얹고
모압 고관들을 따라 나섰다.
22 ◎하느님은 발람이 가는 것을 보시고 몹시
화가 나셨다. 야훼께서 보내신 천사가 그의

길을 가로막고 섰다. 마침 발람은 나귀를 타
고 두 종을 거느리고 있었다.
23 야훼의 천사가 칼을 빼든 채 길을 가로막고
서 있는 것을 보고, 나귀가 길을 벗어나 밭
으로 들어가자 발람은 나귀를 때려 길로 들
어서게 하였다.
24 그러자 야훼의 천사는 다시 포도밭 사잇길
을 막고 섰다. 길 양쪽에는 담이 있었는데,
25 나귀가 야훼의 천사를 보고 벽에 몸을 비비
는 바람에 발람의 다리가 벽에 긁히자 그는
다시 채찍질을 하였다.
26 야훼의 천사가 더 다가서며 오른쪽으로도
왼쪽으로도 몸을 뺄 수 없는 좁은 골목으로
몰아 세웠다.
27 나귀가 야훼의 천사를 보고 발람을 태운 채
털썩 주저앉자 발람은 화가 나서 지팡이로
나귀를 때렸다.
28 마침내 야훼께서 나귀의 입을 열어주시니
나귀가 발람에게 항의하였다. "내가 무슨
못할 짓을 했다고 이렇게 세 번씩이나 때리
십니까?"
29 발람이 나귀에게 "네가 이렇게 나를 놀리지
않았느냐? 내 손에 칼만 있었으면 당장 쳐
죽였을 것이다." 하고 말하자
30 나귀가 발람에게 말했다. "나는 당신의 나
귀가 아닙니까? 오늘날까지 당신은 나를
줄곧 타고 다니셨는데 내가 언제 주인께 이
런 일을 한 일이 있었습니까?" 그가 대답하
였다. "없었다."
31 ◎그 때에 야훼께서 발람의 눈을 열어주셨
다. 그제야 야훼의 천사가 칼을 뽑아든 채
길을 가로막고 서 있는 모습을 본 발람은 고
개를 숙이며 땅에 엎드렸다.
32 야훼의 천사가 입을 열었다. "어찌하여 너
는 네 나귀를 이렇게 세 번씩이나 때렸느
냐? 너는 지금 내 눈에 거슬리는 길을 가고
있다. 그래서 내가 이렇게 나와 너를 막아
선 것이다.
33 나귀가 나를 보고 세 번이나 내 앞을 피했기
에 망정이지, 그러지 않았더라면 나는 나귀
만 살려주고 너는 이미 죽였을 것이다."
34 발람이 야훼의 천사에게 아뢰었다. "제가 잘
못하였습니다. 당신께서 저의 길을 막아 서
셨으리라고는 꿈에도 생각하지 못했습니
다. 당신 눈에 거슬리는 길이라면 당장 돌
아가겠습니다."
35 야훼의 천사가 발람에게 "이 사람들을 따라
가거라. 그러나 너는 내가 시키는 말만 해
야 한다." 하고 말하자 발람은 발락이 보낸
고관들을 따라 발길을 옮겼다.
36 ◎발락은 발람이 온다는 소식을 듣고 아르논
강 가 국경 도시 아르모압에 이르러 그를 맞
으며
37 말하였다. "내가 당신을 모시려고 그렇게
사람을 보냈는데도 왜 오지 않으셨소? 내
가 당신을 잘 대우해 드리지 못할 줄 아셨
소?"
38 발람이 발락에게 대답하였다. "지금 이렇게
오지 않았습니까? 하지만 내가 무슨 말을
할 수 있겠습니까? 하느님께서 내 입에 넣
어주시는 말씀밖에는 아무 말도 하지 못합
니다."
39 발람은 발락과 동행하여 후솟 마을에 이르
렀다.
40 발락은 소와 양을 잡아 제물로 바치고 발람
과 그를 따라온 고관들에게도 보내주었다.
41 ◎아침이 되어 발락은 발람을 데리고 이스라
엘 백성의 진지가 끝까지 내려다보이는 바
알 산당으로 올라갔다.

23 ◎발람이 발락에게 말하였다. "여기에
제단 일곱을 쌓고 중송아지 일곱 마리
와 숫양 일곱 마리를 잡아오시오."
2 발락은 발람이 시키는 대로 제단마다에 중
송아지와 숫양을 한 마리씩 바쳤다.
3 그러자 발람이 발락에게 부탁하였다. "자리
를 뜨지 마시고 이 번제물들 옆에 서 계시
오. 내가 갔다 오겠습니다. 야훼께서 나에
게 나타나 주시기를 바랍니다. 그가 나에게
무엇을 보여주시든지 그대로 알려드리리
다." 그리고 그는 꼭대기로 올라갔다.
4 마침 하느님께서 발람을 찾아오셨다. 발람
이 아뢰었다. "일곱 제단을 쌓았고 제단마
다에 중송아지와 숫양을 한 마리씩 바쳤습
니다."
5 야훼께서 발람의 입에 말씀을 넣어주시면서
이르셨다. "발락에게로 돌아가 이러이러하
게 일러라."
6 발람이 발락에게 돌아와 보니, 그는 모압의
모든 고관들과 함께 번제물 옆을 떠나지 않
고 지켜 서 있었다.
7 그는 푸념하듯이 읊었다.
"발락이 나를 아람에서 데려왔겠다.
모압 임금이 나를 동쪽 산골에서 데려왔
겠다.
와서 제 편이 되어 야곱을 저주해 달라고,
와서 제 편이 되어 이스라엘을 욕해 달라
고 하였지만,
8 하느님께서 저주하시지 않는 자를 내가

어찌 저주하랴.
야훼께서 욕하시지 않는 자를 내가 어찌
욕하랴.
9 이 바위 봉우리에서 내려다 보고
이 언덕에서 굽어보니,
아, 저 백성, 남과 섞여 살지 않는 민족,
과연 만방에 견줄 데 없는 민족이구나.
10 야곱은 티끌 같아 헤아릴 수 없고
이스라엘은 먼지 같아 셀 수도 없구나.
내 목숨이 올바른 사람처럼 끝났으면!
내 여생도 그들과 같았으면!"
11◎발락이 발람에게 말하였다. "웬일이오?
원수들을 저주해 달라고 청해 왔는데 도리
어 복을 빌어주다니!"
12발람이 발락에게 "야훼께서 내 입에 담아주
신 말씀말고 무슨 말을 하란 말이오?" 하고
대답하자
13발락은 그에게 다른 곳으로 가자고 하였다.
"저자들이 다 보이지 않고 조금만 보이는
곳으로 갑시다. 거기에서 그들을 저주해 주
시오."
14그러면서 그는 비스가 산 꼭대기 감시소가
있는 곳으로 발람을 데리고 갔다. 거기에서
도 그는 제단 일곱을 쌓고 제단마다에 중송
아지와 숫양을 한 마리씩 바쳤다.
15발람이 발락에게 말하였다. "내가 저리로 가
서 야훼께서 나타나시기를 기다리는 동안
당신은 자리를 뜨지 말고 이 번제물들 옆에
서 계시오."
16야훼께서 발람에게 나타나시어 그의 입에
말씀을 담아주시면서 "발락에게로 돌아가
서 이러이러하게 말하여라." 하고 일러주셨
다.
17발람이 그에게로 돌아와 보니, 그는 모압의
고관들과 함께 번제물을 떠나지 않고 지켜
서 있었다. 발락은 야훼께서 뭐라고 하시더
냐고 발람에게 물었다.
18그는 푸념하듯이 읊었다.
"발락이여, 일어나 들으시오.
시뽈의 아들이여, 내 말에 귀를 기울이시
오.
19 하느님께서는 사람처럼 거짓말하실 리도
없고
사람의 아들처럼 변덕을 부리실 리도 없
으시다오.
말씀만 하시고 그대로 하지 않으실 리 없
고
하신 말씀을 그대로 이루지 않으실 리 없
으시다오.
20 그런데 여보시오.
그가 복을 주시는데 따르지 않을 수 없고
그가 복을 주시는데 뒤엎을 수 없는 노릇
아니오?
21 야곱에겐 재앙일랑 보이지도 않는군요.
이스라엘에겐 불행일랑 비치지도 않는군
요.
그들을 보살피시는 야훼 하느님을
왕으로 맞이하는 소리 우렁차군요.
22 그들을 이집트에서 이끌어내신 하느님께
서
들소 뿔처럼 그들을 지켜주시는군요.
23 야곱을 꺾을 마술이 없고
이스라엘을 칠 술법이 없소이다.
이제는 사람들이 야곱에게 말하리다.
'하느님께서 이렇듯이 큰일을 하셨구
나.' 하고
이스라엘에게 말하리다.
24 보아라, 사자처럼 일어나는 백성을!
사자처럼 한번 몸을 일으키면
잡아먹지 않고는 눕지 않는구나.
잡은 짐승의 피를 다 핥지 않고는 눕지 않
는구나."
25◎발락이 발람에게 화를 내었다. "좋소! 그
들을 저주하지 마시오. 그러나 축복도 하지
마시오."
26발람이 발락에게 말하였다. "야훼께서 일러
주시는 것밖에는 아무 말도 하지 못한다고
말씀드리지 않았습니까?"
27◎발락이 발람에게 다시 청하였다. "내가 당
신을 다른 데로 모시겠소. 그리로 갑시다.
행여 그 곳이 하느님의 눈에 들어, 그들을
저주해 주신다면 얼마나 좋겠소?"
28발락은 발람을 데리고 광야가 내려다보이는
브올 산 꼭대기로 올라갔다.
29발람이 발락에게 일렀다. "여기에 일곱 제단
을 세우고 중송아지 일곱 마리와 숫양 일곱
마리를 마련해 오시오."
30발락은 발람의 말대로 제단마다에 중송아지
와 숫양을 한 마리씩 바쳤다.

24

◎발람은 이스라엘에게 복을 빌어주는
것을 야훼께서 기뻐하신다는 것을 알
고는, 전처럼 징조를 찾아 나서지를 아니하
고 그대로 광야 쪽으로 얼굴을 돌렸다.
2발람의 눈에 이스라엘 백성이 지파별로 자리
잡고 있는 것이 보였다. 그 때 하느님의 영
이 그에게 내렸다.
3그는 푸념하듯이 이렇게 읊었다.

"브올의 아들 발람의 말이다.
천리안을 가진 사내의 말이다.
4 하느님의 말씀을 듣고 하는 말이다.
전능하신 하느님을 환상으로 뵙고
엎어지며 눈이 열려 하는 말이다.
5 야곱아, 너의 천막들이 과연 좋구나!
이스라엘아, 네가 머문 곳이 참으로 좋구
나!
6 굽이굽이 뻗은 계곡과 같고
강물을 끼고 꾸며진 동산 같구나.
야훼께서 손수 심으신 느티나무와 같고
물가에서 자라는 송백 같구나.
7 물통에서는 물이 넘쳐나
땅에 뿌린 씨가 물을 듬뿍 먹는구나.
임금은 아각을 누르리니
국위를 널리 떨치겠구나.
8 이집트에서 고생하던 것들을 이끌어내신
하느님께서
들소 뿔처럼 지켜주시어
적국을 집어삼키고
그 뼈들을 짓부수고
옆구리를 찌르는구나.
9 사자처럼 웅크리고 있는데
그 사자 같은 자들을 누가 감히 건드리랴!
누구든지 너에게 복을 빌어주면 복을 받
고
너를 저주하면 저주를 받으리라."
10◎발락은 울화가 치밀어올라 주먹을 치며 발
람에게 말하였다. "나는 원수들을 저주해
달라고 너를 불러왔는데, 너는 이렇게 세
번씩이나 그들에게 복을 빌어주었다.
11당장 너 살던 데로 물러가거라. 내가 너를
잘 대우해 주겠다고 했지만, 너는 야훼 때문
에 부귀를 누리지 못하게 되었다."
12발람이 발락에게 말하였다. "당신이 나에게
보낸 사절들에게 내가 분명히 말해 두지 않
았습니까?
13발락이 궁궐에 가득 찬 은과 금을 준다고 하
여도 나는 그것이 좋든 싫든 간에 야훼께서
몸소 주시는 말씀을 어기면서까지 내 마음
대로 할 수는 없다고 하지 않았습니까? 야
훼께서 말씀해 주시는 것 외에는 아무 말도
할 수 없다고 하지 않았습니까?
14이제 내 백성에게로 돌아가는 마당에, 후일
이 백성이 당신의 백성에게 어떻게 할지나
알려드리리다."
15그리고 나서 그는 푸념하듯이 읊었다.
"브올의 아들 발람의 말이다.
천리안을 가진 사내의 말이다.
16 하느님의 말씀을 듣고 하는 말이다.
지존하신 이의 생각을 깨치고 하는 말이
다.
전능하신 하느님의 환상을 뵙고
엎어지며 눈이 열려 하는 말이다.
17 이 눈에 한 모습이 떠오르는구나.
그러나 당장 있을 일은 아니다.
그 모습이 환히 보이는구나.
그러나 눈앞에 다가온 일은 아니다.
야곱에게서 한 별이 솟는구나.
이스라엘에게서 한 왕권이 일어나는구나.
그가 모압 사람들의 관자놀이를 부수고
셋의 후손의 정수리를 모조리 부수리라.
18 에돔은 그의 속국이 되고
세일은 그의 차지가 되리라.
이스라엘은 힘이 뻗치고
19 야곱은 원수들을 지배하며
아르에서 빠져 나온 피난민을 멸절시키리
라."
20◎그는 아말렉을 바라보며 푸념하듯이 읊
었다.
"아말렉은 민족들 가운데 첫째라더니,
결국은 아주 망하고 말겠구나."
21◎또 그는 켄족을 바라보며 푸념하듯이 읊
었다.
"네가 사는 곳은 견고하건만,
바위틈에 보금자리를 틀어올렸건만,
22 카인은 타 죽고 말리라.
끝내 아시리아에게 털리고 말리라."
23◎그는 또 푸념하듯이 읊었다.
"아, 누가 과연 살아 남으랴!
24 함대가 기띰 쪽에서 온다.
그들은 아시리아를 누르고 에벨을 누르겠
지만
그들도 결국 망하고 말리라."
25◎그리고 발람은 길을 떠나 자기 고장으로
갔다. 발락도 자기 길을 갔다.

브올에서 생긴 일

25 ◎이스라엘이 시띰에 머물러 있을 때에
백성들이 모압 여인들과 놀아나는 음
탕한 사건이 생겼다.
2 여인들은 자기들의 신에게 드리는 제사에
그들을 초청하였고 이스라엘 백성은 그 초
청을 받아 함께 먹으며 그들의 신을 예배하
였다.
3 이처럼 이스라엘이 브올 지방의 바알 신과
어울리게 되자 야훼께서 이스라엘에 진노를
내리셨다.

4 야훼께서 모세에게 말씀하셨다. "백성의 수
령들을 모두 잡아내어 야훼 앞에서 죽이고
백일하에 효시하여라. 그래야 야훼의 진노
가 이스라엘에서 떠나리라."
5 모세는 브올 지방의 바알 신과 어울린 자를
모두 찾아내어 죽이라고 이스라엘의 판관들
에게 명령하였다.
6 ◎이스라엘 백성이 만남의 장막 문 어귀에서
통곡하고 있을 때, 이스라엘 사람 하나가 모
세와 온 회중이 보는 앞에서 미디안 여인을
데려다가 일가 사람들에게 인사를 시켰다.
7 아론의 손자이자 엘르아잘의 아들인 비느하
스 사제가 이것을 보고 회중 가운데서 일어
나 창을 집어 들고
8 그 이스라엘 사람을 뒤쫓아 그의 방으로 들
어가 그 이스라엘 사람과 여인의 배를 찔러
죽였다. 그제야 이스라엘 백성을 덮쳤던 염
병이 물러갔다.
9 그 재앙으로 죽은 사람은 이만 사천 명이나
되었다.
10 ◎야훼께서 모세에게 이르셨다.
11 "아론의 손자요 엘르아잘의 아들인 비느하스
사제를 보아서 나는 이스라엘 백성에게서
진노를 거두었다. 너희 가운데에서 나의 질
투를 같이 느낀 사람은 그밖에 없었다. 내
키는 대로 했다면 이스라엘 백성을 다 없애
버렸을 것이다.
12 그러므로 나는 이제 그를 잘되게 해주리라
고 언약한다.
13 나는 그와 그의 후손에게 언제까지나 사제
직을 맡긴다. 그가 자기의 하느님께 정성을
바쳐 이스라엘 백성의 죄를 벗겨주었기 때
문이다."
14 ◎미디안 여인과 함께 죽은 이스라엘 사람은
살루의 아들로서 시므온 지파에 속한 한 가
문의 대표인 지므리였다.
15 처형된 미디안 여인은 미디안에 있는 한 가
문의 추장인 수르의 딸인 고즈비였다.
16 야훼께서 모세에게 이르셨다.
17 "미디안에 쳐들어가 그들을 죽여라.
18 그들은 브올에서의 일로 염병이 내렸을 때
죽은 미디안 추장의 딸 고즈비의 일로 너희
를 꾀어 고생시킨 자들이다."

두 번째 인구조사

19 ◎염병이 물러간 다음

26 야훼께서 모세와 아론의 아들인 엘르아
잘 사제에게 이르셨다.
2 "이스라엘 백성 온 회중 가운데 스무 살이
넘어 군대에 나갈 수 있는 남자의 수효를 가
문별로 세어라."
3 ◎모세와 엘르아잘 사제는 예리고 가까이 요
르단 강 가 모압 광야에서 그들의 수를 세었
다.
4 ◎야훼께서 모세에게 분부하신 대로 스무 살
이 넘은 장정의 수를 세었다. ◎이집트 땅에
서 나온 이스라엘 백성은 다음과 같다.
5 ◎이스라엘의 맏아들은 르우벤인데, 르우벤
의 후손은 다음과 같다. 하녹에게서 하녹 갈
래가, 발루에게서 발루 갈래가,
6 헤스론에게서 헤스론 갈래가, 가르미에게서
가르미 갈래가 생겼다.
7 이상이 르우벤에게서 나온 갈래들인데 등록
된 수는 모두 사만 삼천칠백삼십 명이었다.
8 ◎발루의 후손 가운데 엘리압이 있었고
9 엘리압에게는 느무엘, 다단, 아비람이라는 후
손이 있었다. 이 다단과 아비람은 이스라엘
회중의 대표였는데, 이들이 바로 코라의 편
이 되어 모세와 아론을 거역하고 야훼에게
대항하던 자들이다.
10 땅이 입을 벌려 코라를 삼켜버렸을 때 그 무
리도 함께 죽었다. 그 때 이백오십 명이 불
에 타죽어 본보기가 되었으나,
11 코라의 후손은 죽음을 면하였다.
12 ◎시므온의 후손은 아래와 같은 갈래로 갈라
진다. 느무엘에게서 느무엘 갈래가, 야민에
게서 야민 갈래가, 야긴에게서 야긴 갈래가,
13 제라에게서 제라 갈래가, 사울에게서 사울
갈래가 생겼다.
14 이상이 시므온에게서 나온 갈래들인데 등록
된 수는 모두 이만 이천이백 명이었다.
15 ◎가드의 후손은 아래와 같은 갈래로 갈라
진다. 스본에게서 스본 갈래가, 하끼에게서
하끼 갈래가, 수니에게서 수니 갈래가,
16 오즈니에게서 오즈니 갈래가, 에리에게서 에
리 갈래가,
17 아롯에게서 아롯 갈래가, 아르엘리에게서 아
르엘리 갈래가 생겼다.
18 이상이 가드의 후손에게서 나온 갈래들인데
등록된 수는 모두 사만 오백 명이었다.
19 ◎유다의 아들, 에르와 오난은 가나안 땅에서
죽었다.
20 유다의 후손은 아래와 같은 갈래로 갈라진
다. 셀라에게서 셀라 갈래가, 베레스에게서
베레스 갈래가, 제라에게서 제라 갈래가 생
겼다.
21 베레스의 후손은 다음과 같다. 헤스론에게서
헤스론 갈래가, 하물에게서 하물 갈래가 생

겼다.
22이상이 유다에게서 나온 갈래들인데 등록된
수는 모두 칠만 육천오백 명이었다.
23◎이싸갈의 후손은 아래와 같은 갈래로 갈
라진다. 돌라에게서 돌라 갈래가, 부아에게
서 부아 갈래가,
24야숩에게서 야숩 갈래가, 시므론에게서 시므
론 갈래가 생겼다.
25이상이 이싸갈에게서 나온 갈래들인데 등록
된 수는 모두 육만 사천삼백 명이었다.
26◎즈불룬의 후손은 아래와 같은 갈래로 갈라
진다. 세렛에게서 세렛 갈래가, 엘론에게서
엘론 갈래가, 야흘르엘에게서 야흘르엘 갈래
가 생겼다.
27이상이 즈불룬에게서 나온 갈래들인데 등록
된 수는 모두 육만 오백 명이었다.
28◎요셉의 후손은 갈래를 따라 므나쎄와 에브
라임으로 갈라진다.
29므나쎄의 후손은 아래와 같다. 마길에게서
마길 갈래가 생겼고, 그 마길에게서 길르앗
이 났다. 길르앗에게서 길르앗 갈래가 생겼
는데
30길르앗의 후손은 아래와 같은 갈래로 갈라
진다. 이에젤에게서 이에젤 갈래가, 헬렉에
게서 헬렉 갈래가,
31아스리엘에게서 아스리엘 갈래가, 세겜에게
서 세겜 갈래가,
32스미다에게서 스미다 갈래가, 헤벨에게서 헤
벨 갈래가 생겼다.
33그런데 헤벨의 아들 슬롭핫은 딸만 두었고
아들은 없었다. 슬롭핫의 딸들의 이름은 마
흘라, 노아, 호글라, 밀가, 디르사였다.
34이상이 므나쎄에게서 나온 갈래들인데 등록
된 수는 모두 오만 이천칠백 명이었다.
35◎에브라임의 후손은 아래와 같은 갈래로 갈
라진다. 수뎰라에게서 수뎰라 갈래가, 베겔
에게서 베겔 갈래가, 다한에게서 다한 갈래
가 생겼다.
36수뎰라의 후손은 에란인데, 에란에게서 에란
갈래가 생겼다.
37이상이 에브라임 후손의 갈래들인데 등록된
수는 모두 삼만 이천오백 명이었다. 이상이
갈래를 따라 본 요셉의 후손이다.
38◎베냐민의 후손은 아래와 같은 갈래로 갈라
진다. 벨라에게서 벨라 갈래가, 아스벨에게
서 아스벨 갈래가, 아히람에게서 아히람 갈
래가,
39스부밤에게서 스부밤 갈래가, 후밤에게서 후
밤 갈래가 생겼다.
40벨라에게는 아르드와 나아만이라는 아들이
있었다. 아르드에게서 아르드 갈래가, 나아
만에게서 나아만 갈래가 생겼다.
41이상이 베냐민 후손의 갈래들인데 등록된
수는 모두 사만 오천육백 명이었다.
42◎단의 후손은 아래와 같은 갈래로 갈라진
다. 수함에게서 수함 갈래가 생겼다. 이상이
단에게서 나온 갈래인데
43등록된 수는 모두 육만 사천사백 명이었다.
44◎아셀 후손은 아래와 같은 갈래로 갈라진
다. 임나에게서 임나 갈래가, 이스위에게서
이스위 갈래가, 브리아에게서 브리아 갈래가
생겼다.
45브리아의 후손으로는 헤벨에게서 헤벨 갈래
가, 말기엘에게서 말기엘 갈래가 생겼다.
46아셀에게는 세라라는 딸이 있었다.
47이상이 아셀 후손의 갈래들인데 등록된 수
는 모두 오만 삼천사백 명이었다.
48◎납달리 후손은 아래와 같은 갈래로 갈라진
다. 야하스엘에게서 야하스엘 갈래가, 구니
에게서 구니 갈래가,
49예셀에게서 예셀 갈래가, 실렘에게서 실렘
갈래가 생겼다.
50이상이 납달리에게서 나온 갈래들인데 등록
된 수는 모두 사만 오천사백 명이었다.
51◎이렇게 등록된 이스라엘 백성은 모두 육십
만 천칠백삼십 명이었다.
52야훼께서 모세에게 말씀하셨다.
53"등록된 사람의 수를 따라 이들에게 땅을
유산으로 나누어주어라.
54사람이 많으면 유산을 많이 주고 적으면 유
산을 적게 주어라. 이렇게 등록된 사람의
수에 따라 각기 유산을 나누어주어라.
55그런데 땅을 나누어줄 때에는 선조 때로부
터 내려오는 지파의 이름을 따라 나누어주
되 주사위를 던져서
56그 결과를 따라 많으면 많은 대로 적으면 적
은 대로 유산을 나누어주어라."
57◎등록된 레위인은 아래와 같은 갈래로 갈
라진다. 게르손에게서 게르손 갈래가, 크핫
에게서 크핫 갈래가, 므라리에게서 므라리
갈래가 생겼다.
58레위의 갈래는 리브니 갈래, 헤브론 갈래, 마
흘리 갈래, 무시 갈래, 코라 갈래로 갈라진
다. 크핫에게서 아므람이 났다.
59아므람의 아내 이름은 요게벳인데, 레위가
이집트에서 얻은 딸이다. 이 요게벳이 아므
람에게 아론과 모세, 그리고 딸 미리암을 낳
아주었다.

60 아론에게서 나답, 아비후, 엘르아잘, 이다말
이 태어났는데,
61 나답과 아비후는 속된 불을 가지고 야훼 앞
으로 나갔다가 죽었다.
62 한 달 이상 된 남자로서 등록된 레위인의
수는 이만 삼천 명이었다. 그들은 이스라
엘 백성 가운데서 받을 유산이 없었으므로
이스라엘 백성과 같은 등록부에 오르지 않
았다.
63 ◎이상이 모세와 사제 엘르아잘이 예리고 가
까운 요르단 강 가 모압 광야에서 조사한 이
스라엘 백성의 인구였다.
64 이들 속에는 모세와 사제 엘르아잘이 시나이
광야에서 인구를 조사할 때 등록한 사람은
하나도 없었다.
65 야훼께서 모두 광야에서 죽으리라고 말씀하
신 대로 여분네의 아들 갈렙과 눈의 아들 여
호수아를 제외하고는 모두가 죽었기 때문이
었다.

아들이 없는 경우의 유산 상속법

27 ◎한편 요셉의 아들 므나쎄에게서 나온
한 갈래의 출신인 슬롭핫의 딸들이 와
서 호소하였다. 슬롭핫의 아비는 헤벨이요,
할아버지는 길르앗이요 증조부는 마길이요
고조부는 므나쎄였다. 그 딸들의 이름은 마
흘라, 노아, 호글라, 밀가, 디르사였다.
2 그들은 만남의 장막 문 어귀에서 모세와 사
제 엘르아잘과 각 지파 대표들과 온 회중 앞
에 서서 호소하였다.
3 "우리 아버지는 아들을 남기지 못하시고 광
야에서 세상을 떠나셨습니다. 그러나 그는
코라와 어울려 야훼께 항거한 무리에 끼이
지는 않았습니다. 우리 아버지는 자신의 죄
로 세상을 떠나셨습니다.
4 그러나 아들이 없다고 해서 아버지의 이름
이 문중에서 사라져서야 되겠습니까? 그러
니 아버지의 근친들이 그 땅을 차지할 때 저
희에게도 얼마쯤 나누어주십시오."
5 모세가 그들의 요구를 야훼께 아뢰니,
6 야훼께서 모세에게 이르셨다.
7 "슬롭핫의 딸들이 하는 말이 옳다. 그들의
아비의 근친들이 상속할 땅 중의 얼마를
그들에게 나누어주어라. 그리하여 그들의
아비가 받을 유산이 그들에게 돌아가게 하
여라.
8 그리고 너는 이스라엘 백성에게 일러두어라.
'누구든지 아들 없이 죽으면 그의 유산을
딸에게 상속시켜라.
9 딸마저 없으면 그의 유산을 친형제들에게
상속시켜라.
10 형제도 없으면 그 유산을 삼촌들에게 상속
시켜라.
11 삼촌도 없으면 문중에서 그와 가장 가까운
친척에게 그 유산을 상속시켜라. 그것은 그
의 차지가 될 것이다.' 나 야훼가 모세에게
내리는 이 명령은 이스라엘 백성이 지킬 법
규이다."

여호수아가 모세의 후계자로 임명되다

12 ◎야훼께서 모세에게 이르셨다. "너는 이 아
바림 산으로 올라가 내가 이스라엘 백성에게
주는 땅을 바라보아라.
13 그 땅을 보고 나면 너는 너의 형 아론처럼
앞서간 겨레에게로 돌아가게 되리라.
14 씬 광야에서 이스라엘 회중이 나에게 대들
때, 그들에게 물을 내어주어 내가 하느님임
을 드러내 보이라는 나의 명령을 너희는 거
역하였다." 이것은 씬 광야에 있는 카데스에
서 므리바 샘이 터질 때의 일이다.
15 ◎모세가 야훼께 아뢰었다.
16 "모든 살아 있는 것들에게 숨을 불어넣어
주시는 하느님 야훼여, 회중을 거느릴 사람
을 세워주십시오.
17 그들의 앞장을 서서 드나들 사람, 그들을
이끌고 나가고 이끌고 들어올 사람을 세워
주십시오. 야훼의 회중을 목자 없는 양떼처
럼 버려두지 마십시오."
18 야훼께서 모세에게 대답하셨다. "눈의 아들
여호수아는 정기가 있는 사람이니 그를 데
려다가 손을 얹어라.
19 그리고 엘르아잘 사제와 온 회중 앞에 내세
워 모두들 보는 가운데 임관식을 치러라.
20 너의 직권을 그에게 물려주어 이스라엘 백
성의 온 회중으로 하여금 그에게 복종하게
하여라.
21 그러나 그가 나에게 무엇을 묻고 싶을 때에
는 엘르아잘 사제 앞에 나와야 한다. 그러면
엘르아잘은 우림을 써서 가부간의 결정을 내
려줄 것이다. 여호수아는 그의 지시를 따라
백성을 거느리고 들기도 하고 나기도 해야
한다."
22 ◎모세는 야훼께서 분부하신 대로 하였다.
그는 여호수아를 불러내어 엘르아잘 사제와
온 회중 앞에 세운 다음
23 야훼께서 분부하신 대로 그에게 손을 얹어
임관식을 치렀다.

정기 제사

28 ◎야훼께서 모세에게 이르셨다.
2 "너는 이스라엘 백성에게 다음과 같
은 명령을 선포하여라. '불에 살라 향내를
피워 나를 기쁘게 해줄 곡식예물은 삼가 정
한 때에 어김없이 바치도록 하여라.'
3 또 너는 일러주어라. '불에 살라 야훼께 바
칠 제물은 다음과 같다.

1. 날마다 바치는 번제물

날마다 일 년 된 어린 숫양 두 마리를 번
제물로 바쳐야 한다.
4 어린 숫양 한 마리는 아침에 바치고 다른 한
마리는 해거름에 바쳐야 한다.
5 곡식예물로는 고운 밀가루 십분의 일 에바
를 좋은 기름 사분의 일 힌으로 반죽해서 바
쳐야 한다.
6 이것은 일찍이 시나이 산에서 날마다 바쳤
던 번제물로서, 불에 살라 향내를 피워 나
를 기쁘게 해주는 것이다.
7 그리고 어린 숫양 한 마리에 제주로 포도주
사분의 일 힌을 바쳐야 한다. 나를 위하여
제주로 독한 술도 성소에 바쳐야 한다.
8 두 번째 어린 숫양을 해거름에 바칠 때에도
아침에 한 것처럼 곡식예물을 제주와 함께
바치되 이것을 불에 살라 향내를 피워야 한
다. 이것이 나를 기쁘게 해주는 제물이다.

2. 안식일에 드리는 제물

9 안식일에도 일 년 된 어린 숫양을 흠없는
것으로 두 마리 바쳐야 한다. 곡식예물로는
고운 밀가루 십분의 이 에바를 기름으로 반
죽하여 제주와 함께 바쳐야 한다.
10 이렇게 안식일에는 날마다 바치는 번제와
제주 외에도 안식일 번제를 따로 바쳐야 한
다.

3. 매월 초하루에 드리는 제물

11 너희는 매월 초하루가 되면 나에게 번제
를 드리되, 중송아지 수놈 두 마리와 숫양
한 마리와 일 년 된 어린 숫양 일곱 마리를
흠없는 것으로 골라 바쳐야 한다.
12 중송아지 수놈 한 마리에 곡식예물로 고운
밀가루 십분의 삼 에바를 기름으로 반죽하
여 바쳐야 한다. 숫양 한 마리에는 곡식예
물로 고운 가루 십분의 이 에바를 기름으로
반죽하여 바쳐라.
13 어린 숫양 한 마리에는 곡식예물로 고운 밀
가루 십분의 일 에바를 기름으로 반죽하여
바쳐라. 이것이 불에 타서 향내를 피워 나
를 기쁘게 해주는 번제물이다.
14 이와 함께 바칠 제주는 중송아지 수놈 한 마
리에 포도주 반 힌, 숫양 한 마리에 포도주
삼분의 일 힌, 어린 숫양 한 마리에 사분의
일 힌이다. 이것이 일 년 중 매월 초하루에
바칠 번제물이다.
15 이렇게 거르지 않고 바치는 번제물과 제주
외에도 속죄제물로 숫염소 한 마리를 나에
게 바쳐야 한다.

4. 무교절에 드리는 제물

16 정월 십사일에는 내 앞에서 과월절을 지
켜야 한다.
17 그 달 십오일은 축제일이다. 그 후 칠 일간
누룩 안 든 떡을 먹어야 한다.
18 첫날에는 모든 일손을 멈추고 거룩한 모임
을 열어야 한다.
19 불로 살라 나에게 바칠 번제물은 중송아지
수놈 두 마리와 숫양 한 마리와 어린 숫양
일곱 마리인데 흠이 없는 것으로 골라 바쳐
야 한다.
20 그와 함께 고운 밀가루를 기름으로 반죽하
여 곡식예물로 바쳐라. 중송아지 수놈 한
마리에는 십분의 삼 에바를 바치고 숫양 한
마리에는 십분의 이 에바를 바쳐라.
21 어린 숫양 일곱 마리에는 한 마리마다 십분
의 일 에바씩 바쳐라.
22 또 속죄제물로 숫염소 한 마리를 바쳐 너희
의 죄를 벗어야 한다.
23 매일 아침마다 정기적으로 바치는 번제물
외에 이것들을 따로 바쳐야 한다.
24 너희는 칠 일간 날마다 불에 살라 향내를 피
워 나를 기쁘게 해주는 양식을 바쳐야 한다.
날마다 바치는 번제물과 이에 곁들여 바치
는 제주 외에 이것들을 따로 바쳐야 한다.
25 칠 일째 되는 날에는 모든 일손을 멈추고 거
룩한 모임을 열어야 한다.

5. 추수절에 드리는 제물

26 햇곡식을 바치는 추수절, 처음 익은 곡식
을 예물로 나에게 바치는 날이 오면 너희는
모든 일손을 멈추고 거룩한 모임을 열어야
한다.
27 중송아지 수놈 두 마리와 숫양 한 마리와 일
년 된 어린 숫양 일곱 마리를 향내를 피워
나를 기쁘게 해주는 번제물로 바쳐야 한다.
28 이와 함께 곡식예물로 고운 밀가루를 기름
으로 반죽하여 바쳐야 한다. 중송아지 수놈
한 마리에 십분의 삼 에바, 숫양 한 마리에
십분의 이 에바,
29 어린 숫양 일곱 마리에는 한 마리마다 십분
의 일 에바씩 바쳐야 한다.
30 또 숫염소 한 마리를 바쳐 너희의 죄를 벗어

야 한다.
31 날마다 정기적으로 바치는 번제물과 곡식
예물과 제주 외에 이것들을 따로 바쳐야 한
다.

6. 신년제에 드리는 제물

29 칠월 일일에 너희는 거룩한 모임을 열
어야 한다. 이 날은 모든 일손을 멈추
고 즐길 축제날이다.
2 너희는 향내를 피워 나를 기쁘게 해주는 번
제물로 중송아지 수놈 한 마리와 숫양 한 마
리와 일 년 된 어린 숫양 일곱 마리를 흠없
는 것으로 바쳐야 한다.
3 이에 곁들여 고운 밀가루를 기름으로 반죽
해 곡식예물로 바치는데 중송아지 수놈 한
마리에 십분의 삼 에바, 숫양 한 마리에 십
분의 이 에바,
4 어린 숫양 일곱 마리에는 한 마리마다 십분
의 일 에바씩 바쳐야 한다.
5 또 숫염소 한 마리를 속죄제물로 드려 너희
죄를 벗어야 한다.
6 매월 초하루에 드리는 번제와 이에 따르는
곡식예물과 날마다 드리는 번제와 이에 곁
들여 바치는 곡식예물과 제주 외에 이것들
을 따로 바쳐야 한다. 이것들은 불에 타며
향내를 피워 나를 기쁘게 해주는 것들이다.

7. 속죄일에 바치는 제물

7 같은 달 십일에 너희는 단식하며 모든 일
손을 멈추고 거룩한 모임을 열어야 한다.
8 불에 타며 나를 기쁘게 해주는 번제물로 중
송아지 수놈 한 마리와 숫양 한 마리와 일
년 된 어린 숫양 일곱 마리를 흠없는 것으로
바쳐야 한다.
9 이와 함께 곡식예물로 고운 밀가루를 기름
으로 반죽하여 바쳐라. 중송아지 수놈 한
마리에는 십분의 삼 에바, 숫양 한 마리에는
십분의 이 에바,
10 어린 숫양 일곱 마리에는 한 마리마다 십분
의 일 에바씩 바쳐라.
11 또 죄를 벗기는 속죄제물이나, 날마다 바치
는 번제와 이에 곁들여 바치는 곡식예물과
제주 외에 염소 한 마리를 속죄제물로 바쳐
야 한다.

8. 초막절에 바치는 제물

12 칠월 십오일에 너희는 또 거룩한 모임을
열어야 한다. 모든 일손을 멈추고 칠 일간
야훼께 축제를 올려야 한다.
13 불에 타며 향내를 피워 나를 기쁘게 해주는
번제물로 중송아지 수놈 열세 마리와 숫양
두 마리와 일 년 된 어린 숫양 열네 마리를
흠없는 것으로 바쳐야 한다.
14 이와 함께 곡식예물로 고운 밀가루를 기름
으로 반죽하여 바쳐야 한다. 중송아지 수놈
열세 마리에는 한 마리마다 십분의 삼 에바
씩, 숫양 두 마리에는 한 마리마다 십분의
이 에바씩,
15 어린 숫양 열네 마리에는 한 마리마다 십분
의 일 에바씩 바쳐라.
16 또, 날마다 바치는 번제물과 이에 곁들여
바치는 곡식예물과 제주 외에 염소 한 마리
를 속죄제물로 바쳐야 한다.
17 둘째 날에는 중송아지 수놈 열두 마리와
숫양 두 마리와 일 년 된 어린 숫양 열네 마
리를 흠없는 것으로 바쳐야 한다.
18 이와 함께 바치는 곡식예물과 곁들여 바치
는 제주는 중송아지 수놈과 숫양과 어린 숫
양의 수를 따라 관례대로 바쳐라.
19 또, 날마다 바치는 번제와 이에 곁들여 바
치는 곡식예물과 제주 외에 염소 한 마리를
속죄제물로 바쳐야 한다.
20 셋째 날에는 중송아지 수놈 열한 마리와
숫양 두 마리와 일 년 된 어린 숫양 열네 마
리를 흠없는 것으로 바쳐야 한다.
21 이에 곁들여 바치는 곡식예물과 제주는 중
송아지 수놈과 숫양과 어린 숫양의 수를 따
라 관례대로 바쳐라.
22 또, 날마다 바치는 번제물과 이에 곁들여
바치는 곡식예물과 제주 외에 염소 한 마리
를 속죄제물로 바쳐야 한다.
23 ◎넷째 날에는 중송아지 수놈 열 마리와 숫
양 두 마리와 일 년 된 어린 숫양 열네 마리
를 흠없는 것으로 바쳐야 한다.
24 이에 곁들여 바치는 곡식예물과 제주는 중
송아지 수놈과 숫양과 어린 숫양의 수를 따
라 관례대로 바쳐라.
25 또, 날마다 바치는 번제물과 이에 곁들여
바치는 곡식예물과 제주 외에 염소 한 마리
를 속죄제물로 바쳐야 한다.
26 ◎다섯째 날에는 중송아지 수놈 아홉 마리
와 숫양 두 마리와 일 년 된 어린 숫양 열 네
마리를 흠없는 것으로 바쳐야 한다.
27 이에 곁들여 바치는 곡식예물과 제주는 중
송아지 수놈과 숫양과 어린 숫양의 수를 따
라 관례대로 바쳐라.
28 또, 날마다 바치는 번제물과 이에 곁들여
바치는 곡식예물과 제주 외에 염소 한 마리
를 속죄제물로 바쳐야 한다.
29 ◎여섯째 날에는 중송아지 수놈 여덟 마리
와 숫양 두 마리와 일 년 된 어린 숫양 열네

마리를 흠없는 것으로 바쳐야 한다.
30 이에 곁들여 바칠 곡식예물과 제주는 중송
아지 수놈과 숫양과 어린 숫양의 수를 따라
관례대로 바쳐라.
31 또, 날마다 바치는 번제물과 이에 곁들여
바치는 곡식예물과 제주 외에 염소 한 마리
를 속죄제물로 바쳐야 한다.
32 ◎일곱째 날에는 중송아지 수놈 일곱 마리
와 숫양 두 마리와 일 년 된 어린 숫양 열네
마리를 흠없는 것으로 바쳐야 한다.
33 이에 곁들여 바치는 곡식예물과 제주는 중
송아지 수놈과 숫양과 어린 숫양의 수를 따
라 관례대로 바쳐라.
34 또, 날마다 바치는 번제물과 이에 곁들여
바치는 곡식예물과 제주 외에 염소 한 마리
를 속죄제물로 바쳐야 한다.
35 ◎여덟째 날은 축제 마감 날이므로 모든 일
손을 멈추고 거룩한 모임을 열어야 한다.
36 불에 타며 향내를 피워 나를 기쁘게 해주는
번제물로 중송아지 수놈 한 마리와 숫양 한
마리와 일 년 된 어린 숫양 일곱 마리를 흠
없는 것으로 바쳐야 한다.
37 이에 곁들여 바치는 곡식예물과 제주는 중
송아지 수놈과 숫양과 어린 숫양의 수를 따
라 관례대로 바쳐라.
38 또, 날마다 바치는 번제물과 이에 곁들여
바치는 곡식예물과 제주 외에 염소 한 마리
를 속죄제물로 바쳐야 한다.
39 너희는 절기 때마다 이렇게 야훼께 바쳐
야 한다. 서원제나 자원제로 드리는 번제물
과 이에 곁들여 바치는 곡식예물과 제주와
친교제물 외에, 이것을 따로 바쳐야 한
다.'"

30 ◎모세는 야훼께서 내리신 명령을 빠짐
없이 이스라엘 백성에게 선포하였다.

서원하고 맹세할 때 여자가 받는 규제

2 ◎㉠모세는 이스라엘 백성 각 지파 어른들에
30:1 게 다음과 같이 선포하였다.
"야훼께서 내리신 명령은 이러하다.
3 야훼께 서원하거나 맹세코 자제하기로 서약
2 했을 경우에 남자라면 누구나 자기가 한 말
을 어기지 못한다. 제 입에서 나온 말을 낱
낱이 지켜야 한다.
4 그러나 여자의 몸으로 아직 나이가 어려 아
3 비의 집에 있으면서 야훼께 서원하거나 자
제하기로 서약했을 경우에는
5 그가 서원하거나 자제하기로 서약하는 것
4 을 아비가 듣고 아무 말도 하지 않았어야 그
서원이나 자제하기로 한 서약이 그대로 성
립된다.
6 그러나 그가 서원하는 것이나 자제하기로
5 서약하는 것을 아비가 듣고 그 날로 막았으
면 성립되지 않는다. 이 경우에는 그의 아
비가 막았기 때문에 야훼께서 본인에게 책
임을 묻지 않으신다.
7 서원한 일이 있거나 함부로 입을 놀려 자제
6 하기로 서약한 일이 있는 여자가 결혼하게
될 경우에는
8 남편이 그 말을 듣고 그 날로 아무 말도 하
7 지 않아야 그 서원이나 자제하기로 한 서약
이 성립된다.
9 그러나 남편이 그 말을 듣고 그 날로 막으면
8 이로써 본인이 한 서원과 함부로 입을 놀려
자제하기로 한 서약은 파기된다. 따라서 야
훼께서 본인에게 책임을 묻지 않으신다.
10 과부나 이혼당한 여자가 서원했거나 자
9 제하기로 서약했다면 그것은 그대로 성립
되는 것이므로 다 지켜야 한다.
11 남편과 한 집에서 살면서 서원하거나 맹세
10 코 자제하기로 서약했을 경우에는
12 남편이 듣고 막지 않았어야 그 서원이나 자
11 제하기로 한 서약이 그대로 성립된다.
13 그러나 서원한 것이나 자제하기로 서약한
12 것이나 그 입에서 나온 말을 남편이 듣는 날
로 파기시키면 성립되지 않는다. 이 경우에
는 그의 남편이 파기시켰기 때문에 야훼께
서 그에게 책임을 묻지 않으신다.
14 아내가 하는 모든 서원과 맹세코 자기를 억
13 제하여 자제하기로 한 모든 서약은 남편이
성립시켜 줄 수도 있고 파기시켜 줄 수도 있
다.
15 만일 남편이 그 날부터 다음날까지 아무 말
14 도 하지 않으면 그는 아내가 서원한 것을 다
성립시켜 주는 것이다. 자제하기로 서약한
것이면, 그것도 성립시켜 주는 것이다. 듣
는 날로 아무 말도 하지 않았기 때문이다.
16 그 말을 들은 날이 지나서 파기시키면, 그
15 는 아내의 죄를 떠맡게 된다."
17 ◎이상이 남편과 아내 사이, 어려서 집에 있
16 는 딸과 아비의 사이에 관하여 야훼께서 모
세에게 주신 규정들이다.

미디안에게 야훼의 원수를 갚다

31 ◎야훼께서 모세에게 말씀하셨다.
2 "너는 미디안 사람들에게 이스라엘

㉠ 라틴어 성서는 여기에서 30장이 시작된다.

백성의 원수를 갚아라. 그 다음에야 너는
앞서간 겨레에게로 돌아가리라."
3 모세가 백성에게 명령하였다. "너희 가운데
서 싸우러 나갈 사람들은 나서라. 미디안을
쳐서 미디안에 대한 야훼의 원수를 갚아야
한다.
4 이스라엘 모든 지파들은 전사들을 천 명씩
내보내도록 하여라."
5 ◎이렇게 각 지파마다 천 명씩 뽑은 이스라
엘 군대의 수는 만 이천 명이 되었다.
6 모세는 각 지파에서 천 명씩 뽑아 이룬 군대
를 싸움터로 내보냈다. 그들과 함께 사제 엘
르아잘의 아들 비느하스에게 거룩한 기구들
과 군호를 알리는 나팔을 주어 종군시켰다.
7 그들은 야훼께서 모세에게 명령하신 대로 미
디안을 쳐서 남자는 모조리 죽였다.
8 이렇게 군사만 무찔러 죽였을 뿐 아니라 미
디안의 왕들도 죽였는데 에위, 레켐, 수르,
후르, 레바 등 다섯 미디안 왕을 죽였고 브올
의 아들 발람도 칼로 쳐죽였다.
9 이스라엘 백성은 미디안 여인들과 아이들을
사로잡고 가축과 양떼 등 재산을 모두 약탈
하고는
10 그들이 살던 촌락들과 천막촌들에 불을 질
러버렸다.
11 그들은 사람이고 짐승이고 닥치는 대로 노
략질하여 전리품으로 삼았다.
12 그들은 포로와 노략질한 전리품을 예리고
근처 요르단 강 가 모압 평야에 있는 모세와
엘르아잘 사제와 이스라엘 백성 회중의 진지
로 가져왔다.
13 ◎모세와 엘르아잘 사제와 회중의 대표들은
그들을 맞으러 진지 밖으로 나갔다.
14 그러나 모세는 싸움터에서 돌아오는 군대
지휘관들, 천인대장, 백인대장들을 보고 화
가 나서
15 야단쳤다. "어찌하여 이렇게 여자들을 모두
살려주었느냐?
16 브올에서 그 사건이 일어났을 때 이것들이
바로 발람의 말을 듣고 이스라엘 백성을 꾀
지 않았느냐? 야훼를 배신하게 한 것들이
바로 이것들이 아니냐? 야훼의 회중에 염병
이 내린 것도 이것들 때문이 아니냐?
17 아이들 가운데서도 사내 녀석들은 당장 죽
여라. 남자를 안 일이 있는 여자도 다 죽여
라.
18 다만 남자를 안 일이 없는 처녀들은 너희를
위하여 살려두어라.
19 그리고 너희는 칠 일간 진지 밖에 머물러 있
어야 한다. 사람을 죽였거나 전사자에게 닿
은 사람은 모두 사흗날과 이렛날에 부정을
벗는 예식을 올려야 한다.
20 또 옷가지들, 가죽 제품 염소 털로 짠 것,
나무로 만든 온갖 것도 부정을 벗겨야 한
다."
21 ◎사제 엘르아잘이 싸우고 돌아온 군인들에
게 일렀다. "야훼께서 모세에게 명령하신 법
규는 이러하다.
22 금, 은, 구리, 쇠, 주석, 납 같은
23 불에 타지 않을 것은 불에 넣었다 꺼내면 깨
끗해지지만, 다시 더러움을 씻는 물로 부정
을 벗겨야 한다. 불에 타버릴 것은 무엇이
든지 물에 담갔다 꺼내면 된다.
24 옷은 이레째 되는 날 빨아서 깨끗이 하여야
한다. 그래야 진 안으로 들어올 수 있다."
25 ◎야훼께서 모세에게 말씀하셨다.
26 "너와 엘르아잘 사제와 회중의 집안 어른들
은 노략물과 사로잡아 온 사람과 짐승들을
세어보아라.
27 그리고 너는 그것을 반으로 갈라서 반은 싸
우러 나갔던 전사에게, 반은 온 회중에게
나누어주어라.
28 그리고 싸우러 나갔던 군인들에게서 야훼에
게 드릴 헌납품을 떼어내어라. 사람이든 소
든 나귀든 양이든 그 오백 분의 일을
29 그들이 차지한 것의 절반에서 떼어내어 엘
르아잘 사제에게 주어라. 이것이 야훼에게
바칠 예물이다.
30 야훼의 성막을 보살피는 레위인들에게는 이
스라엘 백성이 차지한 것의 절반에서 사람
이든 소든 나귀든 양이든 그 모든 것의 오십
분의 일을 떼어주어라."
31 ◎모세와 사제 엘르아잘은 야훼께서 모세에
게 명하신 대로 하였다.
32 군대가 약탈해 온 전리품 가운데 살아 남은
것은 양이 육십칠만 오천 마리,
33 소가 칠만 이천 마리,
34 나귀가 육만 천 마리요,
35 사람은 삼만 이천 명이었는데, 이들은 모두
남자를 안 일이 없는 처녀들이었다.
36 그 절반은 싸우러 나갔던 자들의 몫으로
돌아갔는데 양이 삼십삼만 칠천오백 마리
였다.
37 그 양떼 가운데서 야훼께 드린 헌납품은 육
백일흔다섯 마리였다.
38 소는 삼만 육천 마리였는데 그 가운데서 야
훼께 드린 헌납품은 일흔두 마리였다.
39 나귀는 삼만 오백 마리였는데 그 가운데서

야훼께 드린 헌납품은 예순한 마리였다.
40사람은 만 육천 명인데, 그 가운데서 야훼께
헌납된 사람은 서른두 명이었다.
41모세는 야훼께서 지시하신 대로 야훼께 예물
로 드리는 헌납품을 엘르아잘 사제에게 주
었다.
42모세가 군인들에게서 떼어 이스라엘 백성에
게 나누어준 나머지 절반은 다음과 같다.
43회중이 떼어 받은 몫은 양이 삼십삼만 칠천
오백 마리,
44소 삼만 육천 마리,
45나귀 삼만 오백 마리,
46사람 만 육천 명이었다.
47모세는 이스라엘 백성에게 돌아가는 절반에
서 사람이나 짐승을 오십분의 일씩 떼어 야
훼의 성막을 보살피는 레위인들에게 주었
다. 이렇게 모세는 야훼께서 지시하신 대로
하였다.
48◎군대 지휘관들, 천인대장, 백인대장들이
모세에게 와서
49보고하였다. "소관들이 부하들을 점검해 보
았는데 한 사람도 없어지지 않았습니다.
50우리는 그 일이 고마워서 야훼께 예물을 가
져왔습니다. 야훼 앞에서 우리 몸의 죄를 벗
고자 저마다 얻은 대로 금으로 만든 팔고리,
팔찌, 인장반지, 귀걸이, 목걸이를 이렇게
가져왔습니다."
51모세와 사제 엘르아잘은 그들에게서 금으로
만든 온갖 세공품을 받았다.
52그들, 천인대장과 백인대장들이 야훼께 예
물로 가져온 금은 모두 만 육천칠백오십 세
겔이나 되었다.
53그러나 사병들은 약탈한 것을 저마다 제 손
에 넣었다.
54모세와 사제 엘르아잘은 천인대장과 백인대
장에게서 금을 받아가지고 만남의 장막으
로 가서 야훼께 바치며 이스라엘 백성을 기
억해 달라고 빌었다.

요르단 강 동쪽 지역을 나누다

32 ◎르우벤의 후손과 가드의 후손에게는
양떼가 굉장히 많았다. 그들이 야젤 지
방과 길르앗 지방을 둘러보니, 그 곳은 목장
으로서 아주 알맞은 곳이었다.
2그들 가드의 후손과 르우벤의 후손은 모세와
사제 엘르아잘과 회중의 대표들을 찾아와서
청하였다.
3"아다롯, 디본, 야젤, 니므라, 헤스본, 엘랄레,
스밤, 느보, 브온
4지방들은 야훼께서 이스라엘 회중의 앞장을
서서 정복하신 곳인데, 목장으로 알맞은 곳
입니다. 그런데 소인들은 목축을 하는 자들
이니,
5이 땅을 소인들에게 내려주셨으면 고맙기
이를 데 없겠습니다. 제발 요르단 강을 건너
지 않게 해주십시오."
6◎모세는 가드의 후손과 르우벤의 후손을 꾸
짖었다. "같은 겨레가 싸우러 나가는데 너
희만 여기에 머물러 있겠다는 말이냐?
7어찌하여 너희는 이스라엘 백성의 용기를
꺾어 야훼께서 주시는 저 땅으로 건너가지
못하게 하려느냐?
8나는 카데스바르네아에서 너희 아비들을 저
땅에 들여보내어 살펴보고 오라고 했더니
그 때 그들이 한 짓도 꼭 이 모양이었다.
9그들은 에스골 골짜기에까지 가서 그 땅을
살피고 와서는 이스라엘 백성의 용기를 꺾
어 야훼께서 주시는 땅으로 들어가지 못하
게 했었다.
10야훼께서는 그 날 화가 나시어, 이렇게 맹세
하셨다.
11'이집트에서 나온 자들 가운데 스무 살이 넘
은 자는 내 말을 따라 할 일을 다하지 않았
으므로, 내가 아브라함과 이사악과 야곱에게
주겠다고 맹세한 땅을 결코 보지 못하리라.
12그러나 여분네의 아들 크니즈인 갈렙과 눈의
아들 여호수아만은 야훼의 뜻을 따라 할 일
을 다 했으므로 예외다.'
13우리 때문에 야훼께서는 크게 노하시어 우
리를 사십 년 동안 광야에서 떠돌게 하셨다.
그리하여 야훼의 눈에 거슬리는 일을 한 세
대는 마침내 다 없어지고 말았다.
14그런데 너희는 아비들을 따라 또 못할 짓을
저질러 이스라엘에 또다시 야훼의 크신 분노
를 불러들이려는구나!
15너희가 야훼께 등을 돌려 그를 따르지 않는
다면, 야훼께서는 너희를 광야에 더 내버려
두실 것이다. 그러면 이 온 백성이 너희 때
문에 결국 망하고 말리라."
16◎그들은 모세 앞으로 나와서 제안을 하였
다. "우리는 우선 여기에 우리의 가축이 머
물 우리를 만들고 식구들이 살 성들을 쌓겠
습니다.
17그리고 우리는 선발대가 되어 이스라엘 백
성을 이끌고 들어가 모두 자리를 잡을 때까
지 무기를 들고 앞장서겠습니다. 그 동안
우리에게 딸린 식구들은 이 땅 주민들에게
피해를 입지 않도록 튼튼한 성 안에서 지내

게 해주십시오.
18 우리는 이스라엘 백성이 각자 자기의 유산
을 차지할 때까지 집으로 돌아오지 않겠습
니다.
19 우리는 요르단 강 이쪽 해 뜨는 곳에서 땅을
유산으로 받았기 때문에 요르단 강 저 건너
편에서는 남들처럼 땅을 유산으로 받지 않
을 것입니다."
20 ◎모세가 그들에게 대답했다. "그렇게 하여
라. 너희는 야훼께서 보시는 앞에서 싸우러
나서라.
21 너희 정예부대는 모두 야훼께서 보시는 앞
에서 요르단 강을 건너라. 그리하여 마침내
야훼께서 몸소 당신의 원수들을 내쫓으시어
22 야훼 앞에서 그 지방이 모두 점령된 다음에
이리로 돌아오너라. 그리하면 너희는 야훼
앞에서도, 이스라엘 앞에서도 떳떳하리라.
그리고 이 땅은 야훼 앞에서 너희의 차지가
될 것이다.
23 그대로 하지 않으면 너희는 야훼께 죄인이
되고, 그 죄가 너희 덜미를 잡으리라.
24 너희에게 딸린 식구들이 살 성을 쌓고 양떼
가 머무를 우리를 만들어라. 그러나 너희가
입으로 한 말은 지켜야 한다."
25 가드 후손과 르우벤 후손이 모세에게 다짐하
였다. "소인들은 나리께서 명령하신 대로
하겠습니다.
26 그러나 우리 아이들과 부녀자들과 양떼와
모든 가축떼는 길르앗에 있는 성읍들에 머
물러 있게 하겠습니다.
27 소인들 정예부대는 나리께서 말씀하신 대
로 야훼 앞에서 싸우러 건너가도록 하겠습
니다."
28 ◎그러자 모세는 사제 엘르아잘과 눈의 아들
여호수아와 이스라엘 각 지파의 가문 어른
들에게 명령을 내려 이들에게 해줄 일을 일
렀다.
29 "만일 가드 후손과 르우벤 후손의 모든 정예
부대가 야훼 앞에서 너희와 함께 요르단 강
을 건너가 싸워서 그 지방을 점령하게 되거
든, 너희는 길르앗 지방을 그들에게 주어 차
지하게 하여라.
30 그러나 그들 정예부대가 너희와 함께 건너
가지 않으면, 가나안 땅에서 너희와 함께 한
몫 차지하게 해주어라."
31 ◎가드의 후손과 르우벤의 후손이 대답하였
다. "야훼께서 소인들에게 말씀하신 것을
그대로 다 하겠습니다.
32 우리 정예부대는 모두 야훼 앞에서 가나안
땅으로 건너가겠습니다. 그러니 요르단 강
동쪽에 있는 땅을 저희에게 유산으로 주십
시오."
33 모세는 가드의 후손과 르우벤의 후손과 요셉
의 아들 므나쎄 지파의 반에게 아모리 왕 시
혼의 영토와 바산 왕 옥의 영토, 곧 그 땅과
그들의 지경 안에 있는 성읍들과 그 땅에 널
려 있는 성읍들을 주었다.
34 ◎가드의 후손이 세운 성읍으로는 디본, 아
타롯, 아로엘,
35 아트롯 소반, 야젤, 욕브하,
36 벳니므라, 벳하란 등 견고한 성들이 있다. 그
들은 또 양 우리들도 만들었다.
37 르우벤의 후손이 세운 성읍으로는 헤스본,
엘랄레, 키랴다임,
38 느보, 후에 이름이 바뀐 바알므온, 시브마가
있었다. 이 이름들은 저희가 세우고 나서
붙인 이름들이다.
39 므나쎄의 아들 마길이 길르앗으로 가서 거기
에 있는 아모리인들을 쫓아내고 그 땅을 점
령하였으므로,
40 모세는 길르앗을 므나쎄의 아들 마길에게 주
어 살게 하였다.
41 므나쎄의 아들 야이르도 가서 거기에 사는
사람들의 천막촌들을 점령하고는 그 곳을
하우옷야이르라고 불렀다.
42 노바도 가서 크낫과 거기에 딸린 마을들을
점령하고 자기 이름을 따라 노바라고 불렀
다.

이집트에서 모압에 이른 경로

33 ◎이스라엘 백성이 부대를 편성하여 모
세와 아론의 지휘를 받으며 이집트 땅
에서 나와 행군한 경로는 다음과 같다.
2 모세는 야훼의 명령에 따라 진을 거두어 길
을 떠난 출발지들을 기록해 두었다. 그 출
발지들은 다음과 같다.
3 ◎라므세스를 떠난 것은 정월 보름날, 곧 과
월절 다음날이었다. 이스라엘 백성은 온 이
집트인들이 보는 앞에서 손을 쳐들고 의기
양양하게 떠났다.
4 이 때 이집트인들은 야훼의 손에 죽은 맏아
들들의 장례를 치르고 있었다. 이집트인들
은 야훼께서 그들의 신들을 심판하시는 바
람에 맞아 죽었던 것이다.
5 ◎이스라엘 백성은 라므세스를 떠나 수꼿에
이르러 진을 쳤다.
6 수꼿을 떠나 광야가 시작되는 에담에 진을
쳤고

7 에담을 떠나 바알스본을 마주보고 있는 비하
히롯으로 되돌아가서 믹돌 앞에 진을 쳤다.
8 비하히롯을 떠나 바다 한가운데를 건너 광
야 길에 들어서서 에담 광야로 사흘 길을 가
다가 마라에 이르러 진을 쳤다.
9 마라를 떠나 엘림에 진을 쳤다. 엘림에는 열
두 샘이 있고 종려나무가 일흔 그루나 있
었다.
10 엘림을 떠나 홍해 가에 이르러 진을 쳤다.
11 홍해를 떠나 신 광야에 진을 쳤다.
12 신 광야를 떠나 돕가에 진을 쳤다.
13 돕가를 떠나 알루스에 진을 쳤다.
14 알루스를 떠나 르비딤에 진을 쳤다. 거기에
는 백성이 마실 물이 없었다.
15 르비딤을 떠나 시나이 광야에 이르러 진을
쳤다.
16 시나이 광야를 떠나 키브롯핫따아와에 진을
쳤다.
17 키브롯핫따아와를 떠나 하세롯에 진을 쳤다.
18 하세롯을 떠나 리드마에 진을 쳤다.
19 리드마를 떠나 림몬베레스에 진을 쳤다.
20 림몬베레스를 떠나 리브나에 진을 쳤다.
21 리브나를 떠나 리싸에 진을 쳤다.
22 리싸를 떠나 크헬라다에 진을 쳤다.
23 크헬라다를 떠나 세벨 산에 진을 쳤다.
24 세벨 산을 떠나 하라다에 진을 쳤다.
25 하라다를 떠나 막헬롯에 진을 쳤다.
26 막헬롯을 떠나 다핫에 진을 쳤다.
27 다핫을 떠나 데라에 진을 쳤다.
28 데라를 떠나 미드카에 진을 쳤다.
29 미드카를 떠나 하스모나에 진을 쳤다.
30 하스모나를 떠나 모세롯에 진을 쳤다.
31 모세롯을 떠나 브네야아칸에 진을 쳤다.
32 브네야아칸을 떠나 호르하낏가드에 진을 쳤
다.
33 호르하낏가드를 떠나 욧바다에 진을 쳤다.
34 욧바다를 떠나 아브로나에 진을 쳤다.
35 아브로나를 떠나 에시온게벨에 진을 쳤다.
36 에시온게벨을 떠나 씬 광야에 이르러 카데스
에 진을 쳤다.
37 카데스를 떠나 에돔 접경에 있는 호르 산에
이르러 진을 쳤다.
38 사제 아론이 야훼의 분부를 따라 호르 산에
올라가 죽은 것은 이스라엘 백성이 이집트에
서 나온 지 사십 년이 되는 해 오월 초하루
였다.
39 아론이 호르 산에서 죽을 때 나이는 백이십
삼 세였다.
40 ◎이스라엘 백성이 온다는 소식을 가나안 출
신 아랏 왕이 들었다. 그는 그 때 가나안 지
경 네겝에 살고 있었다.
41 ◎그들은 호르 산을 떠나 살모나에 진을 쳤
다.
42 살모나를 떠나 부논에 진을 쳤다.
43 부논을 떠나 오봇에 진을 쳤다.
44 오봇을 떠나 모압 영토 안에 있는 하아바림
폐허에 이르러 진을 쳤다.
45 그 폐허를 떠나 디본가드에 진을 쳤다.
46 디본가드를 떠나 알몬디블라다임에 진을 쳤
다.
47 알몬디블라다임을 떠나 느보 맞은편에 있는
아바림 산악 지대에 이르러 진을 쳤다.
48 아바림 산악 지대를 떠나 예리고 근처 요르단
강 가 모압 평야에 이르러 진을 쳤다.
49 요르단 강 가에 친 진은 벳하여시못에서 모압
평야에 있는 아벨핫시띰에 이르렀다.

가나안 땅의 분할을 지시받다

50 ◎야훼께서 예리고 근처 요르단 강 가 모압
평야에서 모세에게 말씀하셨다.
51 "너는 이스라엘 백성에게 이렇게 일러주어
라. '너희가 요르단 강을 건너 가나안 땅에
들어가거든,
52 그 땅에서 주민을 모조리 쫓아내고 돌로 새
긴 우상과 부어 만든 우상을 깨뜨려버려라.
산당들도 모조리 허물어버려라.
53 너희는 그 땅을 차지하고 거기에서 살아라.
그 땅은 내가 너희의 유산으로 주는 것이다.
54 너희는 지파별로 주사위를 던져 땅을 나누
어 차지하여라. 큰 지파는 큰 덩어리를 차
지하고 작은 지파는 작은 덩어리를 차지하
여라. 주사위를 던져 나오는 대로 자기 것
으로 삼아라. 대대로 내려오는 지파끼리 나
누어 차지하여라.
55 만일 그 땅에서 주민을 쫓아내지 않고 남겨
두었다가는 그들이 너희 눈에 가시가 되고
옆구리에 박힌 바늘이 되어 너희가 살아갈
그 땅에서 너희를 괴롭힐 것이다.
56 내 말대로 하지 않으면, 그들에게 해주려
고 마음먹었던 것을 그대로 너희에게 해주
리라."

가나안 땅의 경계

34 ◎야훼께서 모세에게 말씀하셨다.
2 "이것은 이스라엘 백성에게 내리는
명령이다. 너는 그들에게 선포하여라. '너
희가 이제 가나안 땅에 들어서게 될 터인데,
너희에게 유산으로 돌아온 땅, 저 가나안의

지경은 다음과 같다.
3 남쪽 접경은 에돔 경계선에 닿은 씬 광야에
서 시작된다. 남쪽 경계선은 동으로 사해
끝에서 시작된다.
4 너희의 경계선은 거기에서 남쪽으로 꺾여
아크라삠 비탈을 거쳐 씬 광야를 지나 카데
스바르네아에 이른다. 거기에서 하살아딸을
지나 아스몬에 이르렀다가
5 다시 거기에서 꺾여 이집트 개울로 해서 ㉠대
해에까지 뻗는다.
6 서쪽 경계는 대해이다. 그 해변이 너희의
서쪽 경계선이 된다.
7 북쪽 경계는 대해에서 호르 산에 이르기
까지 경계선을 긋고
8 또 호르 산에서 하맛 어귀에까지 경계선을
그어라. 그 선은 스닷에까지 이른다.
9 그 경계선은 지브론을 거쳐서 하살에난에 이
르러 끝난다. 이것이 너희의 북쪽 경계선이
다.
10 동쪽 경계는 하살에난에서 세밤에까지 이
어지고
11 세밤에서 아인 동쪽을 거쳐 리블라로 내려오
다가 긴네렛 호수 동쪽 비탈에 이른다.
12 거기에서 다시 요르단 강을 끼고 내려와 사
해에 이른다. 이것이 너희의 동쪽 경계선
이다. 너희가 차지할 땅의 경계는 위와 같
다.'"
13 ◎모세가 이스라엘 백성에게 지시하였다.
"이것이 너희가 주사위를 던져 나누어가질
땅, 야훼께서 아홉 지파와 반 지파에게 주라
고 명령하신 땅이다.
14 르우벤 자손의 지파와 가드 자손의 지파와
므나쎄 지파의 반은 이미 가문을 따라 땅을
차지하였다.
15 그 두 지파와 반 지파는 예리고 근처 요르단
강 건너 동쪽 해 뜨는 곳의 땅을 차지하였
다."

각 지파의 구역 분할 책임자

16 ◎야훼께서 모세에게 말씀하셨다.
17 "땅을 너희에게 나누어줄 사람은 사제 엘르
아잘과 눈의 아들 여호수아이다.
18 또 지파마다 한 사람씩 대표를 뽑아 세워 땅
을 나누어가지도록 하여라.
19 그들의 이름은 다음과 같다. 유다 지파에서
는 여분네의 아들 갈렙,
20 시므온 자손의 지파에서는 암미훗의 아들 스
무엘,
21 베냐민 지파에서는 기슬론의 아들 엘리닷,
22 단 자손의 지파에서는 요글리의 아들 북키,
23 요셉의 후손, 므나쎄 지파에서는 에봇의 아
들 한니엘,
24 에브라임 자손의 지파에서는 십탄의 아들 크
무엘,
25 즈불룬 자손의 지파에서는 바르낙의 아들 엘
리사반,
26 이싸갈 자손의 지파에서는 아짠의 아들 발
티엘,
27 아셀 자손의 지파에서는 슬로미의 아들 아
히훗,
28 납달리 자손의 지파에서는 암미훗의 아들 브
다헬이다."
29 ◎이 사람들이 야훼의 명령을 받아 가나안
땅에서 이스라엘 백성에게 땅을 나누어줄
사람들이었다.

레위인들에게 나누어줄 거주지

35 ◎야훼께서 예리고 근처 요르단 강 가
모압 평야에서 모세에게 말씀하셨다.
2 "너는 이스라엘 백성에게 지시하여 그들이
유산으로 받을 소유 가운데서 레위인들에게
몸붙여 살 성읍들을 떼어주고 그 성읍들 주
위에 있는 목장도 레위인들에게 주라고 하
여라.
3 그 성읍들은 그들이 살 고장이고 그 성읍들
에 딸린 목장은 그들의 재산인 모든 가축과
짐승을 칠 곳이다.
4 너희가 레위인에게 줄 성읍들에 딸린 목장
은 성벽으로부터 밖으로 사방 천 척 안의 땅
이다.
5 성읍을 중심으로 측량하여 바깥 동쪽으로
이천 척, 남쪽으로 이천 척, 서쪽으로 이천
척, 북쪽으로 이천 척 안에 드는 땅이 그 성
읍들에 딸린 그들의 목장이다.
6 살인자가 피신할 도피성으로 정할 여섯 성
읍은 너희가 레위인들에게 줄 성읍 가운데
들어 있어야 한다. 이 밖에도 마흔두 도시
를 더 주어야 한다.
7 그러니 너희가 레위인들에게 줄 성읍은 모
두 마흔여덟 개다. 그 성읍들과 함께 거기
에 딸린 목장들도 주어야 한다.
8 이렇게 이스라엘 백성의 소유 가운데서 갈
라주는데, 큰 지파에서는 많이 갈라주고 작
은 지파에서는 적게 갈라주어라. 각기 배당
받은 유산의 크고 작은 정도에 따라 레위인
들에게 성읍을 얼마씩 갈라주어라."

㉠ 지중해를 가리킨다.

살인자의 도피성

9◎야훼께서 모세에게 말씀하셨다.
10"너는 이스라엘 백성에게 이렇게 일러주어
라. '요르단 강을 건너 가나안 땅에 들어가
거든,
11너희는 몇몇 성읍들을 선정하여 실수로 살
인한 사람이 피신할 수 있는 도피성으로 삼
아라.
12그 성읍들은 살인자가 회중 앞에서 재판도
받아보지 못하고 보복자의 손에 죽는 일이
없도록 피할 수 있는 도피성이 될 것이다.
13여섯 성읍을 지정하여 너희의 도피성으로
삼아라.
14그 가운데 셋은 요르단 강 건너편에 있는 성
읍들 가운데서 지정하고, 나머지 셋은 가나
안 땅에 있는 성읍들 가운데서 지정하여라.
그러면 그 성읍들이 도피성이 될 것이다.
15이스라엘 백성뿐 아니라 너희 가운데 몸붙
여 사는 외국인이나 거류자로서 실수로 살
인한 사람도 모두 이 여섯 도피성에 피신할
수 있다.
16 만일 쇠연장으로 남을 쳐죽였으면, 그는
살인범이다. 그러므로 그 살인범은 반드시
사형을 받아야 한다.
17만일 사람을 죽일 수 있을 만한 돌로 남을
쳐죽였으면 그도 살인범이다. 그러므로 그
살인범도 반드시 사형을 받아야 한다.
18만일 사람을 죽일 수 있을 만한 나무로 사람
을 죽였으면 그도 살인범이다. 그러므로 그
살인범도 반드시 사형을 받아야 한다.
19피를 보복할 사람이 그 살인범을 죽일 것이
다. 만나는 대로 죽일 수 있다.
20미워하여 밀쳤거나 악의를 품고 무엇을 던
져 남을 죽였거나
21적의를 품고 주먹으로 쳐죽였으면, 그 가해
자는 반드시 사형을 받아야 한다. 그는 살
인범이므로 피를 보복할 사람이 그 살인범
을 만나는 대로 죽일 수 있다.
22 만일에 어쩌다가 적의없이 밀쳤거나 악
의없이 어떤 연장을 던졌거나,
23미처 보지 못하고 남의 위에 돌을 떨어뜨려
서 사람을 죽였으면, 적의를 지닌 것도 아
니고 남을 해치려고 한 것도 아니지만,
24일단 이 법령을 따라 재판을 받아야 한다.
회중은 모여서 그 가해자와 피를 보복할 사
람 사이를 판가름해 주어야 한다.
25회중은 피를 보복할 사람의 손에서 그 살인
자를 건져주어야 한다. 회중은 그가 피신했
던 도피성으로 그를 돌려보낼 것이다. 그는
거룩한 기름을 부어 성별해 세운 당시의 대
사제가 죽을 때까지 거기에서 살아야 한다.
26만일 그 살인자가 피신했던 도피성에서 나
왔다가
27도피성 지경 바깥에서 피를 보복할 사람과
만났을 경우에는 피를 보복할 사람이 그 살
인자를 죽여도 된다. 그것은 살인죄가 되지
않는다.
28살인자는 대사제가 죽을 때까지 그 도피성
에서 살다가 대사제가 죽은 다음에야 제 소
유가 있는 땅으로 돌아갈 수 있다.
29너희가 어디에서 살든지 대대로 지켜야 할
법규는 이와 같다.
30 누구든지 사람을 죽였을 경우에는 여러
증인의 증언이 있어야 그 살인범을 처형할
수 있다. 증인이 하나밖에 없을 때에는 사
형 언도를 내리지 못한다.
31너희는 사형 언도를 받은 살인범의 목숨을
속전을 받고 살려주어서는 안 된다. 그를
반드시 사형시켜야 한다.
32또 너희는 도피성에 피신한 사람을 대사제
가 죽기 전에 속전을 받고 제 고장으로 돌아
가 살게 해서는 안 된다.
33너희가 사는 땅을 더럽히지 마라. 피는 땅
을 더럽히는 것이다. 땅에 흘린 피는 그 피
를 흘린 사람의 피가 아니고서는 그 원한을
풀어줄 길이 없다.
34너희가 살 땅은 내가 내려와 살 땅이니 그
땅을 부정하게 만들어서는 안 된다. 야훼가
이스라엘 백성 가운데 내려와 살 것이다.'"

여자의 재산 상속법

36 ◎요셉 후손의 갈래 가운데 므나쎄의 손
자이자 마길의 아들인 길르앗이라는 사
람이 있었다. 그 후손이 되는 각 갈래의 가
문 어른들이 나서서 모세와 이스라엘 백성의
대표들인 각 가문 어른들에게 물었다.
2"나리께서는 주사위를 던져 이스라엘 백성
에게 이 땅을 유산으로 나누어주라는 명령
을 야훼께 받지 않으셨습니까? 나리께서는
또 우리의 동기 슬롭핫의 유산을 그의 딸들
에게 주라는 명령을 야훼께 받지 않으셨습
니까?
3그런데 그들이 이스라엘 백성 중 어느 다른
지파 사람과 결혼하게 되면, 그들의 유산은
우리 가문의 유산에서 떨어져 나가 그들이
시집간 지파의 유산에 보태질 것입니다. 결
국 우리의 몫으로 돌아온 유산은 그만큼 줄
어들게 됩니다.

4 이스라엘 백성에게 희년이 돌아오면 그들의
유산은 그들이 시집간 지파의 유산에 붙고
말 것입니다. 그러면, 우리 가문 지파의 유
산은 결국 그만큼 잃어버리는 셈입니다."
5 ◎모세가 야훼의 명을 받들어 이스라엘 백성
에게 일렀다. "요셉의 후손 지파들이 하는
말을 듣고 보니 과연 그렇다.
6 야훼께서 슬롭핫의 딸들의 문제는 이렇게
해결하라고 명을 내리셨다. 그들은 마음에
드는 사람이면 누구하고나 결혼할 수 있지
만, 자기 가문 지파 사람하고만 결혼할 수
있다.
7 이스라엘 백성의 유산은 이 지파에서 저 지
파로 옮기지 못한다. 이스라엘 백성은 아무
도 선조에게서 물려받은 자기 지파의 유산
을 떠나지 못한다.
8 그러므로 이스라엘 백성의 지파 가운데서
딸이 유산을 물려받았을 경우에는 그 딸은
자기 지파에 속한 사람하고만 결혼할 수 있
다. 그리하여 이스라엘 백성은 누구든지 자
기 가문의 유산을 그대로 상속하도록 해야
한다.
9 유산은 이 지파에서 저 지파로 옮기지 못한
다. 이스라엘 백성은 어느 지파든지 물려받
은 유산을 떠나지 못한다."
10 ◎슬롭핫의 딸들은 야훼께서 모세에게 명령
하신 대로 하였다.
11 마흘라, 디르사, 호글라, 밀가, 노아, 이들 슬
롭핫의 딸들은 모두 사촌 오빠들에게 시집
갔다.
12 이렇게 그들은 요셉의 후손 갈래 가운데서
도 므나쎄 후손 갈래 집안에 시집갔으므로
그들의 유산이 자기 아버지의 갈래가 속한
지파에 그대로 남아 있게 되었다.

맺는 말

13 ◎예리고 근처 요르단 강 가 모압 평야에서
모세를 시켜 이스라엘 백성에게 내리신 야훼
의 계명과 법규는 이와 같다.

신 명 기

모세가 설교한 곳과 때

1 ◎이것은 모세가 요르단 강 건너편 바란,
도벨, 라반, 하세롯, 디자합 사이의 숩이 마
주보이는 아라바라는 광야에서 모든 이스라
엘 사람들에게 한 말이다.
2 호렙에서 세일 산을 지나는 길을 따라 카데
스바르네아에 이르기까지는 열하룻길이었
다.
3 모세가 야훼께 분부받은 것을 그대로 다 이
스라엘 백성에게 선포한 것은 이집트에서 나
온 지 사십 년째 되던 해 십일월 일일의 일
이었다.
4 그가 헤스본에 사는 아모리 왕 시혼을 치고,
아스다롯과 에드레이에 사는 바산 왕 옥을 쳐
꺾은 다음이었다.
5 모세는 요르단 강 건너편 모압 땅에서 비로
소 이 법의 뜻을 풀어 들려주었다.

호렙 산에서 내리신 하느님의 마지막 지시

6 ◎"우리 하느님 야훼께서 호렙에서 우리에
게 말씀하셨다. '너희는 이 산에 이만큼 오
랫동안 머물러 있었으니,
7 이제 길을 떠나 행군을 계속하여, 아모리인
의 산악 지대로 들어가거라. 그들은 아라바
와 산악 지대와 야산 지대와 남부 지방과 해
안 지대에 널리 흩어져 살고 있다. 또 가나
안인의 땅과 레바논을 지나 큰 강 유프라테스
에까지 가거라.
8 보아라, 내가 너희에게 주는 땅이 너희 눈
앞에 펼쳐져 있다. 들어가서 저 땅을 차지
하여라. 저 땅은 내가 너희의 선조 아브라함
과 이사악과 야곱과 그 후손에게 주겠다고
서약한 땅이다.'
9 그 때 나는 너희에게 말했다. '나 혼자서
는 너희 모두를 맡을 수 없다.
10 너희는 너희의 하느님 야훼께서 불어나게
하시어 오늘날 하늘의 별처럼 많아졌다.
11 너희 선조들의 하느님께서 약속하신 대로
너희를 천 배나 더 불어나게 복을 내려주시
기를 바라지만,
12 너희 가운데 귀찮고 시끄러운 일이 생기고
시비가 벌어지게 되면, 나 혼자서는 너희를
맡을 수 없으니,
13 각 지파에서 지혜로우며 슬기롭고 세상 물
정을 아는 사람을 뽑아라. 내가 그들을 너
희의 지도자로 세워주리라.'

14 그러자 너희는 나의 제안을 좋다고 받아
들였다.
15 그래서 나는 너희 가운데서 지혜로우며 슬
기롭고 세상 물정을 아는 사람들을 골라 너
희를 다스리는 지도자로 세워주었고, 천
명, 백 명, 오십 명을 거느리는 장교와 열
명을 거느리는 하사관으로, 또 너희 각 지
파의 공무원으로 임명해 주었던 것이다.
16 동시에 나는 너희의 재판관들에게 이렇게
지시하였다. '너희 동족들 사이에 소송하는
일이 있거든 잘 듣고 난 다음에 본국인들끼
리의 사이뿐 아니라, 본국인에게 몸붙여 사
는 외국인과의 사이도 공정하게 재판해 주
어야 한다.
17 재판할 때에 한 쪽을 편들면 안된다. 세력
이 있는 자이든 없는 자이든 똑같이 들어주
어야 한다. 재판이란 하느님께서 몸소 하시
는 일이니 아무도 두려워하지 마라. 너희가
판결하기에 벅찬 사건은 내가 들어줄 터이
니 나에게 올려라.'
18 그 때에 나는 너희가 해야 할 일을 모두 지
시해 두었다.

카데스: 이스라엘이 하느님을 믿지 못하다

19 우리는 호렙을 떠나 너희가 본 저 끝없고
무서운 광야를 지나서 우리 하느님 야훼께
서 분부하신 대로 아모리인들이 사는 산악
지대로 들어서는 길목, 카데스바르네아에 이
르렀다.
20 거기에서 나는 너희에게 명령을 내렸다.
'너희는 우리 하느님 야훼께서 우리에게 주
시는 아모리인의 산악 지대에 이르렀다.
21 보아라. 너희 하느님 야훼께서 너희에게 주
시는 땅이 눈앞에 있다. 너희 선조들의 하
느님 야훼께서 너희에게 약속하신 것이니,
올라가 차지하여라. 두려워하지도 말고 겁
내지도 마라.'
22 그러나 너희는 모두 나에게 몰려와서 이렇
게 말하였다. '사람을 앞서 보내어 그 땅을
정탐하게 하자. 우리가 쳐 올라갈 길은 어
떠한지, 우리가 쳐들어갈 성읍들은 어떠한
지 먼저 알아오게 하자.'
23 내가 듣기에도 그 말은 옳았다. 그래서 내
가 각 지파에서 한 사람씩 열두 사람을 뽑아
24 그 산악 지대로 올라가 에스골 골짜기에 이
르기까지 그 땅을 몰래 답사하게 하였다.
25 그들이 그 땅에서 난 열매를 따가지고 내려
와서, 우리 하느님 야훼께서 우리에게 주실
땅은 좋더라고 보고하지 않았느냐?
26 그러나 너희는 그리로 올라가려고 하지 않
았다. 너희의 하느님 야훼의 말씀을 너희는
거역하였다.
27 너희는 너희의 천막 안에서 투덜거렸다.
'야훼가 우리를 미워하여 이집트 땅에서 이
끌어내다가 아모리인들의 손에 붙여 씨도
없이 죽게 하려는구나.
28 우리가 어찌하여 그 곳으로 가야 하느냐?
그들은 어찌나 큰지 우리 따위는 어림도 없
으며, 수효도 많은데다가 성읍들을 둘러싼
성벽은 하늘에 닿을 듯이 어마어마하고, 아
나킴의 후손들까지 거기에 있더라고 보고하
여 우리의 형제가 우리의 간담을 서늘하게
해주지 않았느냐?'
29 나는 너희를 격려하여 그들을 무서워하
지 말라고 하였다.
30 '너희의 하느님 야훼께서 앞장서서 친히 싸
워주실 것이다. 이집트에서 너희에게 해주
신 일을 목격하지 않았느냐? 이번에도 몸
소 그대로 해주시리라.
31 광야에서도 그렇게 해주시지 않았느냐? 너
희가 바로 이 자리에 이르기까지의 길에서
도 야훼 너희 하느님께서는 마치 사람이 제
아이를 업듯이 너희를 업어다 주시지 않았
느냐?
32 그렇게까지 해주셨는데도 너희는 너희 하
느님 야훼를 믿지 않았다.
33 너희의 앞장을 서서 길을 가시면서 너희가
진을 칠 곳을 찾아주셨고, 밤에는 불로 갈
길을 비추어주셨으며, 낮에는 구름으로 인
도해 주셨는데도 너희는 그를 믿지 않았다.
34 야훼께서는 너희가 하는 소리를 들으시고
노여우시어 맹세하셨다.
35 '내가 너희 선조들에게 주겠다고 맹세한 저
좋은 땅을 볼 사람이 이 악한 세대, 이 사람
들 가운데는 하나도 없으리라.
36 다만 여분네의 아들 갈렙만은 그 땅을 보리
라. 그는 야훼의 뜻을 따라 할 일을 다 하였
기 때문에 그가 밟는 땅을 그와 그의 후손에
게 주리라.'
37 야훼께서는 너희 때문에 나에게까지 노하시
어 말씀하셨다. '너 또한 그리로 들어가지
못하리라.
38 그러나 너의 시종 눈의 아들 여호수아는 그
리로 들어가리라. 그가 바로 이스라엘로 하
여금 그 땅을 차지하게 해줄 사람이니 그에
게 용기를 불어넣어 주어라.
39 적에게 사로잡혀 갈 것을 걱정하던 너희의
어린것들, 아직 좋고 나쁜 것을 분별하지

못하는 너희의 자식들은 그리로 들어가리
라. 나는 그 땅을 그들에게 주어 대대로 물
려받게 하리라.
40 너희는 발길을 돌려 홍해에 이르는 길을 따
라 광야로 나가거라.'
41 그러자 너희는 나에게 '우리가 우리의 하
느님 야훼께 죄를 지었습니다. 우리의 하느
님 야훼께서 명하신 대로 쳐 올라가 싸우리
다.' 하고 대답하고는 모두 무기를 들고 산
으로 마구 치달려 올라갔었다.
42 그러나 야훼께서는 나를 시켜 너희에게 이
렇게 이르셨다. '올라가지도 말고 싸우지도
마라. 내가 너희 가운데 있지 아니하니 너
희가 적들에게 맞아죽으리라.'
43 내가 너희에게 이 말씀을 전했지만, 너희는
듣지 않았고, 야훼의 말씀을 거역하여 그 산
악 지대로 마구 쳐 올라갔다.
44 그러나 그 산악 지대에 살던 아모리인들이
벌떼처럼 달려 나와 세일에서 호르마에 이르
기까지 쫓아오면서 너희를 쳤다.
45 너희는 돌아와서 야훼 앞에서 통곡했지만
야훼께서는 너희의 소리를 들어주시기는커
녕 본 체도 하지 않으셨다.
46 너희가 카데스에 그렇게 오래 머물러 있게
된 것은 그 때문이었다.

이스라엘이 에돔과 모압을 지나가다

2 우리는 야훼께서 나에게 명하신 대로 발
길을 돌려 홍해 쪽 광야 길로 들어섰다.
그리고 세일 산 일대를 오랫동안 돌아다니
는 중에,
2 야훼께서 나에게 이르셨다.
3 '이 산 일대를 이만큼 돌아다녔으면 됐다.
이제 북쪽으로 발길을 돌려라.
4 이제 너는 백성에게 지시하여라. - 너희는
세일에 사는 에사오 후손의 지경을 지나가게
되었다. 그들은 너희와는 동기간이다. 그들
은 너희를 무서워하고 있으니, 각별히 조심
하여
5 그들과 다투는 일이 없도록 하여라. 나는
그들이 사는 땅을 한 치도 너희에게 주지 아
니하리라. 세일 산은 내가 에사오에게 준 유
산이다.
6 그들에게서 곡식을 얻어먹으려면 반드시
값을 치러야 하고, 물을 얻어먹으려고 해도
반드시 값을 치러야 한다.
7 너희의 하느님 야훼는 너희가 하는 모든 일
에 복을 내리고, 이 막막한 광야를 돌아다
니는 동안 너희를 보살펴 주었으며, 지난
사십 년 동안 너희의 하느님 야훼가 함께 있
어 너희에게 무엇 하나 아쉬운 것이 없지 않
았느냐?'
8 그리하여 우리는 엘랏과 에시온게벨을 떠
나 사막 길을 따라 세일에 사는 우리의 동기
에사오의 후손이 있는 곳을 비켜 지나왔다.
또 발길을 돌려 모압 광야에 이르는 길로 들
어섰을 때
9 야훼께서 나에게 이르셨다. '모압을 치지 마
라. 그들을 성가시게 하여 싸움을 일으키지
도 마라. 나는 그들이 유산으로 받은 땅을
한 치도 너희에게 주지 아니하리라. 아르는
내가 롯의 후손에게 준 유산이다.'
10 거기에는 한때 에밈이라는 강대한 백성이
살고 있었다. 그들은 수효도 많았거니와 아
나킴에 못지않게 키도 컸다.
11 그들도 아나킴처럼 거인족으로 알려진 사람
들인데 모압인들은 그들을 에밈이라고 불
렀다.
12 세일에는 한때 호리족들이 살고 있었는데 에
사오의 후손이 그들을 몰아내어 멸종시키고
그 땅을 차지하였다. 이스라엘이 야훼께 받
은 땅을 차지한 경위와 같다.
13 '이제 일어나 세렛 개울을 건너라.' 하고
말씀하셨으므로 우리는 곧 세렛 개울을 건
넜다.

요르단 강 동편에 다다르다

14 그러나 카데스바르네아를 떠나 세렛 개울
을 건너기까지 삼십팔 년이라는 세월이 흐
르는 동안, 야훼께서 이미 맹세하신 대로 군
인들의 한 세대가 다 죽어 진지에서 사라져
갔다.
15 야훼의 손이 그들을 내리쳐서 한 사람 남기
지 않고 진지에서 쓸어내셨던 것이다.
16 이렇게 모든 군인이 하나도 남지 않고 다 죽
어 백성 가운데서 자취를 감추게 된 다음에
17 야훼께서 나에게 이르셨다.
18 '너는 오늘 바야흐로 모압 지경 아르를 지나
19 암몬 백성이 사는 곳에 다다르게 되었다. 너
는 그들을 치지 마라. 그들을 성가시게 하
지도 마라. 나는 암몬 백성의 땅을 한 치도
너에게 주지 아니하리라. 그 땅은 내가 롯의
후손에게 준 유산이다.'
20 그 곳도 거인족의 땅으로 알려진 곳이다.
한때 거기에 거인족이 살고 있었는데 암몬
사람들은 그들을 잠줌밈이라고 불렀다.
21 그들은 강대한 백성으로 수효도 많았거니
와 아나킴에 못지않게 키도 컸다. 야훼께서

그들을 암몬 사람들 앞에서 멸종시키셨으므
로 그들이 살던 땅을 암몬 사람들이 차지하
고 거기에서 살게 되었던 것이다.
22 호리인들을 오늘날 세일에 사는 에사오의 후
손들 앞에서 멸종시키시고 에사오의 후손들
로 하여금 그 땅을 차지하여 살게 하신 경위
와 같다.
23 가자에 이르는 여러 부락에 살던 아위인들
의 경우도 마찬가지다. 갑돌에서 온 갑돌인
이 그들을 멸종시키고 그들이 살던 곳에 자
리를 잡았던 것이다.
24 '일어나 떠나라. 아르논 개울을 건너라. 보
라. 헤스본 왕 아모리인 시혼과 그의 땅을 내
가 너희의 손에 부쳤다. 하나씩 점령해 가
거라. 성가시게 하여 싸움을 걸어라.
25 내가 오늘로부터 만천하 백성으로 하여금
너희를 무서워하여 떨게 하리니, 너희의 소
문을 듣는 사람마다 부들부들 떨리라.'

헤스본 왕 시혼을 쳐부수다

26 나는 크데못 광야에서 헤스본 왕 시혼에게
사절단을 보내어 문안하고 요청하였다.
27 '내가 왕의 땅을 지나가려고 하오. 오른쪽
으로도 왼쪽으로도 들어서지 않고 길만 따
라가겠소.
28 곡식을 판다면 사 먹겠으며, 물도 판다면
사 마시겠소. 걸어서 지나가게만 해주시오.
29 세일에 사는 에사오의 후손도 우리를 지나가
게 해주었고 아르에 사는 모압 사람들도 지
나가게 해주었소. 요르단 강을 건너 우리 하
느님 야훼께서 우리에게 주시는 땅으로 건
너가야 하겠소.'
30 그러나 헤스본 왕 시혼은 우리를 통과시키지
않았다. 오늘날처럼 그를 너희의 지배 아래
두시려고 너희 하느님 야훼께서 그에게 완
강한 마음을 주시어 고집을 부리게 만드셨
던 것이다.
31 그리고 야훼께서 나에게 이르셨다. '보아
라. 내가 바야흐로 시혼과 그의 땅을 너에게
넘겨줄 터이니, 이제부터 그의 땅을 하나씩
차지하도록 하여라.'
32 과연 시혼은 우리를 치러 나왔다. 그는 자기
온 백성을 거느리고 나와서 야하스에서 우
리와 싸움을 벌였지만,
33 우리 하느님 야훼께서 그를 우리에게 넘겨
주셨으므로, 우리는 그와 그의 아들과 그의
온 백성을 쳐부술 수 있었다.
34 그 때 우리는 그의 성읍들을 모조리 점령하
고 남자, 여자, 아이 구별하지 않고 모든 주
민을 전멸시켰다.
35 다만 가축은 죽이는 대신 전리품으로 삼았
으며 점령한 성읍들을 약탈하였다.
36 아르논 개울가 언덕 위에 있는 성 아로엘에
서 길르앗에 이르기까지 우리가 점령하지
못한 성읍이 없었다. 우리 하느님 야훼께서
그 전 지역을 우리에게 주셨던 것이다.
37 그러나 너희는 암몬 백성의 땅이나 야뽁 개
울가나 산악 지대에 있는 성읍들, 또는 우
리 하느님 야훼께서 우리에게 가지 말라고
하신 그 어느 곳에도 접근하지 않았다.

요르단 강 동편에 정착한 지파들

3 다시 우리는 발길을 돌려 바산 쪽으로 올
라가는데 바산 왕 옥이 우리를 치러 나왔
다. 그는 자기 온 백성을 거느리고 나와서
에드레이에서 우리와 싸움을 벌였다.
2 야훼께서 나에게 이르셨다. '그를 두려워하
지 마라. 내가 그와 그의 온 백성과 그의 땅
을 네 손에 부쳤다. 헤스본에 사는 아모리 왕
시혼을 해치웠듯이 그도 해치워라.'
3 우리 하느님 야훼께서 바산 왕 옥과 그의 온
백성도 우리의 손에 부쳐주셨으므로 우리
는 그들을 하나 남기지 않고 쳐죽일 수 있
었다.
4 그 때에 우리는 그의 성읍들을 하나도 빠뜨
리지 않고 모조리 점령하였다. 바산에 있는
아르곱 전 지역을 옥이 다스리고 있었는데,
거기에는 성읍이 육십 개나 있었다.
5 그 모든 성읍들은 높은 성과 성문과 빗장으
로 든든하게 방비되어 있었다. 그 밖에도
성벽이 없는 시골 마을들이 매우 많았다.
6 우리는 헤스본 왕 시혼을 전멸시켰듯이 그들
도 전멸시켰다. 모든 성읍에서 남자, 여자,
아이 구별하지 않고 전멸시키고,
7 모든 가축과 성읍들에서 노획한 물건은 전
리품으로 삼았다.
8 이렇게 우리는 아르논 계곡에서 헤르몬 산
에 이르는 땅을 요르단 강 건너편에 있는 두
아모리 왕의 손에서 빼앗았다.
9 헤르몬을 시돈 사람들은 시룐이라고 부르고
아모리인들은 스닐이라고 불렀다.
10 고원 지대에 있는 모든 성읍들과 살가와 에
드레이에 이르는 길르앗 일대와 바산 일대와
바산에 있는 옥의 나라 성읍들을 우리가 차
지하게 된 것이다.
11 바산 왕 옥은 거인족 가운데서 남은 마지막
사람이었다. 쇠로 만든 그의 침대는 지금
도 암몬 백성이 사는 라빠에 있는데, 보통

자로 재어 그 길이가 아홉 자, 나비가 넉
자나 된다.
12 우리가 이 땅을 차지한 것은 그 때였다. 그
리고 나는 아르논 계곡 언덕에 있는 아로엘
에서 시작하여 길르앗 산악 지대 절반에 이
르는 지역을 거기에 있는 성읍들과 함께 르
우벤 지파와 가드 지파에게 주었다.
13 그리고 나머지 길르앗 지방과 옥의 나라 바
산 일대, 곧 아르곱 전 지역을 므나쎄 지파의
반에게 주었다. 이 바산의 전 지역도 거인족
의 땅이라고 불리어 왔다.
14 아르곱의 전 지역 곧 바산은 그술인과 마아가
인의 지경에 이르렀는데, 므나쎄의 아들 야
이르가 그 지방을 차지하였다. 그리고는 그
지방을 자기의 이름을 따라 하우옷야이르라
고 불렀는데, 오늘까지도 그렇게 불리고 있
는 것이다.
15 나는 길르앗을 마길에게 주었고,
16 길르앗에서 아르논 개울에 이르는 지역과 야
빽 개울에 이르는 지역을 그 두 개울 바닥을
경계로 하여 르우벤과 가드에게 주었는데,
야빽 개울은 암몬 백성과의 경계이기도 하
였다.
17 아라바와 요르단 강이 또한 경계선을 이루는
데, 긴네렛에서 아라바 호수라고도 하는 사
해에 이른다. 사해는 해 뜨는 쪽에 있는 비
스가 산 기슭에 있다.

모세가 여호수아를 후계자로 임명하다

18 그 때에 나는 너희에게 지시하였다. '너
희의 하느님 야훼께서 이 땅을 너희에게 주
어 차지하게 하셨다. 너희 정예부대 모든
용사들은 너희 겨레인 이스라엘 백성들의
앞장을 서서 건너야 한다.
19 다만 너희의 아내와 어린것들과 가축은, 너
희에게 가축이 많을 줄 내가 안다, 내가 너
희에게 준 땅에 있는 성읍들에 머물러 있게
하여라.
20 야훼께서 너희를 정착시켰듯이 너희의 형
제들도 정착시키실 것이다. 그들이 너희의
하느님 야훼께서 요르단 강 건너편에 마련
해 주신 땅을 차지하게 된 다음에라야 너희
는 나에게 받은 땅으로 각기 돌아올 수 있
으리라.'
21 그 때에 나는 여호수아에게 명령하였다. '너
의 하느님 야훼께서 이 두 왕을 어떻게 다루
셨는지 너는 두 눈으로 똑똑히 보았다. 야훼
께서는 네가 이제 지나가려는 나라들도 그
처럼 다루시리라.
22 너는 그들을 두려워하지 마라. 너의 하느
님 야훼께서 몸소 너의 싸움을 싸워주실 것
이다.'
23 그리고 나는 야훼께 빌었다.
24 '나의 주 야훼여! 주께서 그 억센 손으로
주님의 위대하심을 비로소 저에게 보이셨
습니다. 주님의 위력을 나타내신 것과 같은
일을 하늘이나 땅에 있는 어떤 신이 할 수
있겠습니까?
25 부디 저도 건너가게 해주십시오. 요르단 강
건너 저 아름다운 땅, 저 풍요한 산과 레바
논을 보게 해주십시오.'
26 그러나 야훼께서는 너희 때문에 나에게 노
여움을 품으시어 나의 간청을 들어주지 않
으셨다. '너는 이 이상 더 바랄 것이 없다.
또다시 이 일로 나에게 간청하지 마라.
27 비스가 산 꼭대기에 올라가 서쪽과 북쪽과
남쪽과 동쪽을 네 눈으로 둘러보아라. 너는
요르단 강을 건너지 못하리라.
28 너는 여호수아에게 네 직책을 맡겨라. 그를
격려하며 용기를 넣어주어라. 여호수아야
말로 이 백성의 앞장을 서서 네가 보는 땅
에 건너가 그들에게 그 땅을 나누어줄 자
이다.'
29 우리가 벳브올 맞은편 골짜기에 머물러
있을 때의 일이다.

야훼를 섬기는 자랑스러운 백성이 되어라

4 너 이스라엘은 들어라. 내가 오늘 너희에
게 가르쳐주는 규정과 법규를 듣고 지켜
라. 그래야 너희는 너희 선조의 하느님 야훼
께서 너희에게 주시는 땅으로 들어가 그 땅
을 차지하고 행복하게 살 것이다.
2 내가 너희에게 명령하는 말은 한마디도 보
태거나 빼지 못한다. 내가 받들어 너희에게
전하는 너희 하느님 야훼의 계명들을 너희
는 지켜야 한다.
3 야훼께서 바알브올에서 하신 일을 너희는 두
눈으로 똑똑히 보았다. 브올의 바알 신을 따
라간 사람을 너의 하느님 야훼께서는 모두
너희 가운데서 쓸어버리셨다.
4 그러나 너희의 하느님 야훼께 신실하였던
너희는 오늘 이렇게 모두 살아 있다.
5 보아라. 나는 우리 하느님 야훼께서 나에게
내리신 규정들과 법규들을 그대로 너희에
게 가르쳐주었다. 너희가 들어가 차지할 땅
에서 그대로 살게 하려는 것이다.
6 너희는 그것들을 성심껏 지켜야 한다. 그것
을 보고 다른 민족들이 너희가 지혜 있고 슬

기롭다는 것을 알게 될 것이다. 사람들은
이 모든 규정을 듣고, '정녕 지혜 있고 슬기
로운 백성은 이 위대한 민족밖에 없다.'고
할 것이다.
7 우리 하느님 야훼께서는 우리가 부를 때마
다 가까이 계셔주시는 분이시다. 그처럼 가
까이 계셔주시는 신을 모신 위대한 민족이
어디 또 있겠느냐?
8 내가 오늘 너희 앞에 선포하는 이 모든 법만
큼 바른 규정과 법규를 가진 위대한 민족이
어디 또 있겠느냐?

야훼는 형상을 만들어 섬기지 못한다

9 정신차려 스스로 삼가고 조심하여라. 너
희가 두 눈으로 본 것들을 명심하여 잊지 않
도록 하여라. 평생토록 그것들이 너희의 마
음에서 사라지지 않게 하여라. 그리고 그것
을 자자손손 깨우쳐주어라.
10 너희가 호렙에서 너희 하느님 야훼 앞에 섰
던 날, 야훼께서는 나에게 말씀하셨다. '이
백성을 나에게로 불러모아라. 내가 그들에
게 할 말이 있다. 이 백성은 땅에서 사는 동
안 언제나 이 말을 따라 나를 경외하는 길을
배워야 한다. 그리고 이 말을 자손들에게
가르쳐야 한다.'
11 그리하여 너희가 산기슭에 나와 서자 그 산
은 하늘 한가운데까지 치솟는 불길에 휩싸
였다. 그리고 음산한 구름이 덮여 캄캄한데
12 야훼께서 불길 속에서 말씀하셨다. 그러나
너희는 말씀하시는 소리만 들었지 아무런
모습도 보지 못했다. 다만 소리가 있을 뿐
이었다.
13 그 때 너희에게 선포하신 것은 당신의 계약
이었다. 그것은 곧 너희에게 실천하라고 명
령하신 열 조목이었다. 하느님께서는 그것
을 두 돌판에 새겨주셨다.
14 너희가 건너가 차지할 땅에서 지킬 규정과
법규를 너희에게 가르쳐주라고 그 때 야훼
께서 나에게 분부하셨다.
15 그러므로 너희는 깊이 명심하여라. 야훼께
서 호렙의 불길 속에서 너희에게 말씀하시
던 날 너희는 아무 모습도 보지 못하지 않았
느냐?
16 그러니 너희는 남자의 모습이든 여자의 모
습이든 일체 어떤 모습을 본떠 새긴 우상을
모시어 죄를 짓는 일이 없도록 하여라.
17 땅 위에 있는 어떤 짐승의 모습이나 공중에
서 날개 치는 어떤 새의 모습이나,
18 땅 위를 기어 다니는 어떤 동물의 모습이나
땅 아래 물 속에 있는 어떤 물고기의 모습도
안 된다.
19 눈을 하늘로 향하여 해와 달과 별 등 하늘에
있는 모든 천체를 보고 그 앞에 엎드려 예배
하고 싶은 유혹에 빠져서도 안 된다. 그런
것들은 너희 하느님 야훼께서 만천하 다른
민족들에게 주어 섬기게 하신 것들이다.
20 그러나 야훼께서는 너희를 도가니 같은 이
집트에서 건져내시어 오늘 이렇게 당신의
백성으로 삼으신 것이다.

질투하시는 하느님, 사랑이 많으신 하느님

21 그런데 야훼께서는 너희 때문에 나에게까
지 노여움을 품으시어 맹세하셨다. 나로 하
여금 결코 요르단 강을 건너지 못하게 할 것
이며 너희 하느님 야훼께서 너희에게 유산
으로 주시는 그 좋은 땅에 결코 들어가지 못
하게 하시리라고 하셨다.
22 나는 이 고장에서 죽어 요르단 강을 건너지
못하겠지만 너희는 건너가서 그 좋은 땅을
차지하여라.
23 정신을 차리고 너희 하느님 야훼께서 너희
와 맺은 계약을 잊지 않도록 하여라. 그리
고 너희 하느님 야훼께서 분부하신 대로 어
떤 모습을 본떠서든지 우상을 새겨 모시지
않도록 하여라.
24 너희 하느님 야훼께서는 삼키는 불길이시요
질투하는 신이시다.
25 너희가 자식을 낳고 그 자식들이 또 자식을
낳아 그 땅에 자리잡은 지 오래 된 후에도
그 짓만은 하지 마라. 무슨 모양으로든지
우상을 새겨놓아 너희 하느님 야훼의 눈에
거슬리는 일은 없도록 하여라. 너희가 만일
그의 마음을 상하게 한다면,
26 내가 오늘 하늘과 땅을 증인으로 삼아 너희
에게 다짐해 둔다, 요르단 강을 건너가서 차
지할 그 땅에서 너희는 삽시간에 없어지리
라. 너희는 거기에서 오래 살지 못하고 멸
절될 것이다.
27 야훼께서 너희를 여러 민족들 사이에 흩으
시리니, 이렇게 야훼께서 너희를 쫓아내시
면 쫓겨간 그 곳에 살아 남아 그 민족들 가
운데 끼여 살 사람이 얼마 되지 못할 것이
다.
28 거기에서 너희는 나무와 돌을 가지고 사람
이 손으로 만든 신, 보지도 못하고 듣지도
못하며 먹지도 못하고 냄새도 맡지 못하는
신을 예배하게 되리라.
29 그러나 너는 거기에서도 너희 하느님 야훼

를 찾아야 한다. 애타고 목마르게 찾기만
하면 그를 만날 것이다.
30 이 모든 일로 오래 곤경을 당한 후에라도 너
희 하느님 야훼께 돌아오면, 너는 그의 목소
리를 듣게 될 것이다.
31 너희 하느님 야훼께서는 자비로우신 신, 너
를 버리지도 멸망시키지도 않으시는 신, 맹
세로써 너희의 선조들과 맺으신 계약을 잊
지 않으시는 신이시다.

신명

이스라엘을 택하신 야훼는 유일하신 분

32 그렇다. 하느님께서 땅 위에 사람을 내신
날부터 오늘에 이르기까지 지나간 어느 세
대에게나 물어보아라. 이 끝에서 저 끝에
이르는 하늘에도 물어보아라. 이렇듯이 큰
일이 일찍이 있었더냐? 이런 말을 들어본
일이 있었더냐?
33 너희처럼, 살아 계시는 하느님께서 불 가운
데서 말씀하시는 소리를 듣고도 죽지 않은
백성이 일찍이 있었더냐?
34 너희는 너희 하느님 야훼께서 너희를 위하
여 이집트를 어떻게 치셨는지 눈으로 보지
않았느냐? 모두들 두려워 떨게 하고 온갖
표적과 기적을 행하며 억센 손으로 치고 팔
을 뻗어 싸우면서 한 민족을 딴 민족의 손아
귀에서 빼내어 자기 백성으로 삼으려고 나
선 신이 있었느냐?
35 야훼께서는 너희로 하여금 당신이 바로 하
느님이요 다른 신은 없다는 사실을 알게 하
시려고 이 일을 보여주신 것이다.
36 하느님께서는 하늘에서 당신의 소리를 들
려주시어 너희를 깨우쳐주셨고 땅 위에서
당신의 큰 불길을 너희에게 보여주셨다. 그
래서 너희는 불길 가운데서 들려오는 그의
말씀을 들었던 것이다.
37 그는 너희 선조들을 사랑하셔서 그 후손을
택하셨고 몸소 위력을 나타내시어 너희를
이집트에서 이끌어내셨다.
38 그리하여 너희보다 많고 강한 민족을 하나
하나 네 앞에서 몰아내시고 너희를 그리로
이끌어들이시고는 그 땅을 유산으로 주시
어 오늘에 이르게 하신 것이다.
39 그러니 너희는 분명히 알아라. 그리고 마음
에 새겨두어라. 야훼 바로 그분이 위로 하늘
에 계시고 아래로 땅 위에 계시는 하느님이
시다! 그분밖에 다른 하느님은 없다.
40 너희는 내가 오늘 명령하는 하느님의 규정
과 계명을 지켜라. 그래야 너희와 너희 후
손이 잘될 것이다. 너희 하느님 야훼께서 너
희에게 아주 주시는 땅에서 오래 살 수 있을
것이다."

모세가 두 번째 설교를 한 때와 곳

41 ◎그 때에 모세는 요르단 강 건너 해 뜨는 쪽
에 있는 세 성읍을 떼어놓고,
42 평소에 앙심을 품은 일도 없이 실수로 동족
을 죽인 살인자가 피신할 곳으로 삼았다.
그런 경우 그는 이 성읍들 가운데 어디에든
지 피신하면 목숨을 건질 수 있었다.
43 그 지정된 곳이란 르우벤 지파가 차지한 고
원 지대 빈들의 베셀과 가드 지파가 차지한
길르앗의 라못과 므나쎄 지파가 차지한 바산
의 골란이다.
44 ◎모세가 이스라엘 백성 앞에 내놓은 법은
다음과 같다.
45 이스라엘 백성이 이집트에서 나오던 때에 모
세가 그들에게 일러준 훈령과 규정과 법령
은 다음과 같다.
46 곳은 요르단 강 건너편, 벳브올 맞은편 골짜
기 헤스본에 살던 아모리 왕 시혼의 땅이었
다. 그는 모세와 이스라엘 백성이 이집트 땅
에서 나오던 때 쳐부순 왕이다.
47 그들은 그의 땅뿐 아니라 또 바산 왕 옥의
땅도 차지하였는데, 그들은 요르단 강 건
너 해 뜨는 쪽에 있던 아모리인들의 두 왕이
었다.
48 그 땅은 아르논 계곡 언덕에 있는 아로엘에
서 헤르몬이라고도 하는 시룐 산에 이르는
지역과
49 요르단 강 건너 해 뜨는 쪽에 있는 아라바 온
지역으로서 비스가 산 기슭에 있는 아라바
호수에까지 이른다.

십계명

5 ◎모세는 온 이스라엘을 불러모으고 그들
에게 일렀다.
"이스라엘은 들어라. 내가 오늘 너희의 귀
에 들려주는 규정과 법령들을 들어라. 이것
을 익히고 성심껏 지켜라.
2 우리 하느님 야훼께서는 호렙에서 우리와
계약을 맺어주셨다.
3 야훼께서 그 계약을 우리 선조들과 맺으신
줄 아느냐? 아니다. 우리와 맺으신 것이다.
오늘 여기 살아 있는 우리 하나하나와 맺으
신 것이다.
4 야훼께서는 그 산 위 불길 속에서 너희와 서
로 얼굴을 마주보면서 말씀하셨다.
5 그 때 너희가 불길이 무서워 산으로 올라가

지 못하였으므로 나는 야훼와 너희 사이에
서서 다음과 같은 야훼의 말씀을 너희에게
알려주어야 했다.
6 '너희 하느님은 나 야훼다. 바로 내가 너
희를 이집트 땅 종살이하던 집에서 이끌어
낸 하느님이다.
7 너희는 내 앞에서 감히 다른 신을 모시지
못한다.
8 너희는 위로 하늘에 있는 것이나 아래로
땅 위에 있는 것이나, 땅 아래 물 속에 있는
어떤 것이든지 그 모습을 본떠 새긴 우상을
모시지 못한다.
9 그 앞에 절하며 섬기지 못한다. 나 야훼 너
희의 하느님은 질투하는 신이다. 나를 싫어
하는 자에게는 아비의 죄를 그 후손 삼사 대
에까지 갚는다.
10 그러나 나를 사랑하여 나의 명령을 지키는
사람에게는 그 후손 수천 대에 이르기까지
한결같은 사랑을 베푼다.
11 너희는 너희 하느님의 이름 야훼를 함부
로 부르지 못한다. 야훼는 자기의 이름을 함
부로 부르는 자를 죄없다고 하지 않는다.
12 안식일을 거룩하게 지켜라. 너희 하느님
야훼가 분부하는 대로 해야 한다.
13 엿새 동안 힘써 네 모든 생업에 종사하고
14 이렛날은 너희 하느님 야훼 앞에서 쉬어라.
그 날 너희는 어떤 생업에도 종사하지 못한
다. 너희와 너희 아들딸, 남종 여종뿐 아니
라 소와 나귀와 그 밖의 모든 가축과 집안
에 머무는 식객이라도 일을 하지 못한다.
그래야 네 남종과 여종도 너처럼 쉴 것이
아니냐?
15 너희는 이집트 땅에서 종살이하던 일을 생
각하여라. 너희 하느님 야훼가 억센 손으로
내리치고 팔을 뻗어 너희를 거기에서 이끌
어내었다. 그러므로 너희 하느님 야훼가 안
식일을 지키라고 너희에게 명령하는 것이
다.
16 너희는 부모를 공경하여라. 너희 하느님
야훼의 분부다. 그래야 너희는 오래 살 것이
다. 너희 하느님 야훼께서 주시는 땅에서 잘
될 것이다.
17 살인하지 못한다.
18 간음하지 못한다.
19 도둑질하지 못한다.
20 이웃에게 불리한 거짓 증언을 못한다.
21 이웃의 아내를 탐내지 못한다. 이웃의 집
이나 밭이나 남종이나 여종이나 소나 나귀
할 것 없이 이웃의 소유는 무엇이든지 탐내
지 못한다.'
22 야훼께서는 이와 같은 말씀을 캄캄한 구
름이 덮인 그 산 위 불길 속에서 너희 온 회
중에게 큰소리로 말씀하셨다. 그리고 이 말
씀을 조금도 보태지 않으시고 그대로 두 돌
판에 새겨 나에게 주셨다.

모세가 야훼의 말씀을 전하는 자리에 서다

23 산이 불타고 있는데 어둠 속에서 들리는
그 소리를 듣고 너희는 나에게 왔었다. 너
희 각 지파의 어른들과 장로들이 모두 와서
24 말하였다. '아, 우리 하느님 야훼께서 그 크
신 위엄을 우리에게 보여주셨습니다. 불길
속에서 울려 나오는 그의 목소리를 우리는
들었습니다. 이렇게 하느님의 말씀을 듣고
도 사람이 살 수 있다는 것을 우리는 오늘
알았습니다.
25 그런데 왜 우리는 지금 죽어야 합니까? 이
무서운 불길이 우리를 막 삼키려고 합니다.
우리 하느님 야훼의 목소리를 다시 듣는 날
에는 우리가 죽을 것입니다.
26 우리처럼 살아 계시는 하느님께서 불길 속
에서 말씀하시는 소리를 듣고도 산 사람이
육체를 가진 사람 가운데 어디에 있습니까?
27 그러니 당신이 나가서 우리 하느님 야훼께
서 하시는 모든 말씀을 들어주십시오. 그리
고 우리 하느님 야훼께서 당신에게 하시는
모든 말씀을 우리에게 전해 주십시오. 우리
가 듣고 그대로 하겠습니다.'
28 너희가 나에게 하는 이 모든 말을 야훼께
서 들으시고 나에게 이르셨다. '이 백성이
너에게 하는 말을 들으니, 그 말이 다 옳다.
29 그들이 항상 이런 마음을 품어 나를 경외하
며 나의 모든 명령을 지켜준다면 오죽이나
좋으랴! 그렇다면 그들뿐 아니라 후손들도
길이 잘될 것이다.
30 너는 그들에게 가서 모두들 자기 장막으로
돌아가라고 일러라.
31 그러나 너만은 여기 나와 함께 남아 있어라.
너에게 모든 계명에 딸린 규정과 법령을 일
러줄 터이니 너는 그것을 그들에게 가르쳐
주어라. 그들은 내가 그들에게 유산으로 주
는 땅에서 그것들을 그대로 지켜야 한다.'

법의 근본 정신은 하느님을 사랑하는 일이다

32 그러니 너희는 너희 하느님 야훼께서 내
리신 분부를 모두들 성심껏 지켜야 한다.
오른쪽으로도 왼쪽으로도 치우치면 안 된
다.

33 너희의 하느님 야훼께서 분부해 주신 길만
따라가야 한다. 그래야 너희는 행복하게 살
고 잘될 것이며, 너희가 차지할 땅에서 오
래 살 것이다.

6 이것은 너희 하느님 야훼께서 분부해 주
신 계명에 딸린 규정이요 법령이다. 하느
님께서는 나에게, 너희가 건너가 차지할 땅
에서 이것을 지키도록 너희를 가르치라고
하셨다.
2 이는 너희로 하여금 너희 하느님 야훼를 경
외하며 내가 오늘 지시하는 그의 규정과 계
명을 지키게 하려는 것이다. 또한 너와 네
후손 대대로 평생토록 이를 지켜 오래 살게
하려는 것이다.
3 그러니 너 이스라엘은 들어라. 성심껏 그대
로 실천하여라. 그래야 너의 선조들의 하느
님 야훼께서 너희에게 약속해 주신 대로 젖
과 꿀이 흐르는 땅에서 잘되어 크게 번성하
리라.
4 너, 이스라엘아 들어라. 우리의 하느님은
야훼시다. 야훼 한 분뿐이시다.
5 마음을 다 기울이고 정성을 다 바치고 힘을
다 쏟아 너의 하느님 야훼를 사랑하여라.
6 오늘 내가 너희에게 명령하는 이 말을 마음
에 새겨라.
7 이것을 너희 자손들에게 거듭거듭 들려주
어라. 집에서 쉴 때나 길을 갈 때나 자리에
들었을 때나 일어났을 때나 항상 말해 주
어라.
8 네 손에 매어 표를 삼고 이마에 붙여 기호로
삼아라.
9 문설주와 대문에 써 붙여라.
10 너희 하느님 야훼께서 너희 선조 아브라함
과 이사악과 야곱에게 맹세로써 너에게 주겠
다고 하신 그 땅에 너희를 이끌어들이실 때
가 되었다. 거기에는 너희가 세우지 않은
크고 아름다운 성읍들이 있고,
11 너희가 채우지 않은, 온갖 좋은 것으로 가
득 찬 집들이 있고 너희가 파지 않은 우물이
있고 너희가 가꾸지 않은 포도원과 올리브
밭이 있다. 너희는 그것을 마음껏 먹게 되
리라.
12 그리 되더라도 너희는 이집트 땅 종살이하
던 집에서 너희를 이끌어내신 너희 하느님
야훼를 잊지 않도록 하여라.
13 너희 하느님 야훼를 경외하여 그를 섬기며,
맹세할 일이 있으면 그의 이름으로만 맹세
하여라.
14 주위에 있는 백성들이 섬기는 신들 가운
데서 어떤 신이든지 그 신을 따라가면 안
된다.
15 너희 하느님 야훼께서 화를 내시어 너희를
땅 위에서 쓸어버리실 것이다. 너희 가운데
계시는 너희 하느님 야훼는 질투하는 신이
시다.
16 마싸아에서처럼 너희 하느님 야훼를 시험
하지 못한다.
17 너희는 너희 하느님 야훼의 계명을 잘 지켜
야 한다. 그에게서 받은 훈령과 규정들을
따라야 한다.
18 너희는 너희 하느님 야훼께서 옳게 보시고
좋게 보시는 일을 해야 한다. 그래야 너희
가 잘될 것이다. 야훼께서 너희 선조들에게
주겠다고 맹세하신 저 좋은 땅에 들어가서
그 땅을 차지하게 될 것이다.
19 그 때 야훼께서는 약속하신 대로 너희 원수
들을 쫓아내 주실 것이다.
20 우리 하느님 야훼께 받은 이 훈령과 규정
과 법령이 웬 것이냐고 훗날 너희 자손이 묻
거든,
21 너희는 너희 자손에게 이렇게 일러주어라.
'우리는 이집트에서 파라오의 종노릇을 한
일이 있었다. 그런데 야훼께서 강한 손으로
이집트를 내려치시고 우리를 거기에서 이끌
어내셨다.
22 야훼께서 크고 두려운 표적과 기적을 이집트
에 내려 파라오와 그의 온 궁궐을 치시는 것
을 우리는 이 눈으로 보았다.
23 이렇게 우리를 거기에서 이끌어내신 것은,
우리 선조들에게 주겠다고 맹세하신 땅에
우리를 데려다가 그 땅을 차지하게 하시려
는 것이었다.
24 그러시고는 우리를 언제까지나 오늘처럼
이렇게 복되게 잘살도록 하시려고 야훼께
서는 우리에게 우리 하느님 야훼를 경외하
며 이 모든 규정들을 지키라고 분부하신 것
이다.
25 그러므로 야훼 우리 하느님께서 분부하신
대로 그의 앞에서 이 모든 계명을 성심껏 지
키는 것이 우리가 마땅히 해야 할 일이다.'

이스라엘이 야훼의 백성으로 뽑히다

7 너희 하느님 야훼께서 이제 너희가 들어
가 차지하려는 땅에 너희를 이끌어들이
시고 인구가 많은 민족들을 너희 앞에서 모
조리 쫓아내실 것이다. 그들은 너희보다 인
구가 많고 강대한 헷족, 기르가스족, 아모리
족, 가나안족, 브리즈족, 히위족, 여부스족,

이렇게 일곱 민족이다.
2 너희 하느님 야훼께서는 그들을 너희 손에
붙여 꺾으실 것이다. 그 때 너희는 그들을
전멸시켜야 한다. 그들과 계약을 맺지 말고
불쌍히 여기지도 마라.
3 그들과 혼인을 맺으면 안 된다. 그들의 아
들을 사위로 삼거나 그들의 딸을 며느리로
맞으면 안 된다.
4 그런 짓을 하면 너희 아들이 나를 떠나 다른
신들을 섬기게 될 것이고 그리 되면 야훼께
서 진노를 발하여 순식간에 너희를 쓸어버
리실 것이다.
5 그 대신 너희는 그들에게 이렇게 해야 한
다. 그들의 제단을 허물고 석상들을 부수고
아세라 목상을 찍어버리고 우상들을 불살
라라.
6 너희는 너희 하느님 야훼께 몸바친 거룩한
백성이 아니냐? 너희 하느님 야훼께서는 세
상에 민족이 많지만 그 가운데서 너희를 뽑
아 당신의 소중한 백성으로 삼으신 것이다.
7 야훼께서 너희를 택하신 것은 너희가 어
느 민족들보다 수효가 많아서 거기에 마음
이 끌리셨기 때문이 아니다. 사실 너희는
어느 민족보다도 작은 민족이다.
8 다만 너희를 사랑하시고 너희 선조들에게
맹세하신 그 맹세를 지키시려고 야훼께서는
당신의 강한 손으로 너희를 이끌어내신 것
이다. 그리하여 이집트 왕 파라오의 손아귀
에서, 그 종살이하던 집에서 건져내셨다.
9 그러므로 너희는 알아야 한다. 너희 하느님
야훼 그분이야말로 참 하느님이시다. 당신
을 사랑하여 당신의 계명을 지키는 사람에
게는 천 대에 이르기까지 사랑으로 맺은 계
약을 한결같이 지켜주시는 신실하신 하느
님이시다.
10 그러나 당신을 싫어하는 자에게는 벌을 내
려 멸망시키는 분이시다. 당신을 싫어하는
자는 바로 그 본인에게 지체없이 벌을 내리
신다.
11 그러니 너희에게 오늘 내가 명령하는 계명
에 딸린 규정과 법령을 너희는 지켜야 한다.
12 너희가 이 법령을 따라 성심껏 실천하면,
너희 하느님 야훼께서도 너희 선조들에게
맹세하시고 사랑으로 맺으신 계약을 한결
같이 지켜주실 것이다.
13 너희를 사랑하시어 복 주시고 번성하게 해
주실 것이다. 너희에게 주겠다고 너희 선조
들에게 맹세하신 그 땅에 들어가 살 때, 너
희에게 자식 복을 주시고 땅에서 나는 열매
와 밀과 술과 기름 복을 주시며 송아지와 양
새끼도 불어나게 복을 주실 것이다.
14 너희는 어느 민족보다도 복받은 민족이 되
어 너희 가운데 아이 못 낳는 사나이나 계집
이 없고, 짐승 가운데 새끼 못 치는 암컷이
나 수컷이 없으리라.
15 또 야훼께서 모든 병을 물리쳐주실 것이다.
너희가 일찍이 이집트에서 앓던 온갖 나쁜
질병에 걸리지 않게 해주시고, 너희를 미
워하는 사람들이나 그 병에 걸리게 하실
것이다.
16 너희는 너희 하느님 야훼께서 너희에게
넘겨주는 민족을 전멸시켜야 한다. 그들을
가엾게 보지 말고 그들의 신을 섬기지 마라.
그것이 너희에게 올가미가 되리라.

야훼의 힘으로 가나안을 정복하고 우상을 부숴라

17 '이 민족들이 우리보다 이렇게 많은데 어
떻게 그들을 쫓아낼 수 있을까?' 하고 너희
는 속으로 걱정이 될 것이다.
18 그러나 그들을 두려워하지 마라. 너희 하느
님 야훼께서 파라오와 온 이집트에게 어떻게
하셨는지 생각해 보아라.
19 너희가 두 눈으로 본 대로 너희 하느님 야훼
께서는 그들을 마구 괴롭히시고 표적과 기
적을 행하시어 강한 손으로 내려치시고 팔
을 뻗으시어 너희를 이끌어내셨다. 너희 하
느님 야훼께서는 너희가 두려워하는 모든
민족에게도 그와 같은 일을 하실 것이다.
20 너희 하느님 야훼께서는 또 말벌을 보내시
어 아직 살아 남아 너희를 피해 숨은 자들까
지 멸하실 것이다.
21 그들을 두려워하여 떨지 마라. 너희 하느님
야훼께서 너희 가운데 계시지 아니하냐? 그
는 크고 두려운 신이시다.
22 너희 하느님 야훼께서 그 민족들을 너희 앞
에서 점차로 쫓아내실 것이다. 너희는 그
들을 단번에 없애버리지는 못할 것이다.
그렇게 하면 야수가 들끓어 너희를 괴롭힐
것이다.
23 너희 하느님 야훼께서는 그들을 너희 손에
부치시리니, 그들은 무서워 허둥대다가 마
침내는 모두 망할 것이다.
24 그들의 왕들도 너희 손에 부치시어 그 이름
이 하늘 아래에서 사라지게 하실 것이다.
이렇게 아무도 너희와 맞설 수 없이 만드시
어, 너희는 마침내 그들을 모조리 쓸어버리
게 될 것이다.
25 너희는 그들의 신상들을 불에 살라버려

야 한다. 그 위에 입힌 금이나 은도 탐내지
마라. 그러다가는 올가미에 걸리리라. 그런
짓은 너희 하느님 야훼께서 역겨워하시는
짓이다.
26 하느님께서 역겨워하시는 것을 너희 집에
끌어들이지 마라. 그러다가는 너희도 그들
과 같은 운명에 처하리라. 너희는 그런 것
들을 더럽게 여기고 역겹게 여겨라. 그런
것들은 모두 없애버려야 할 것이다.

광야에서 이스라엘에게 시련을 주시다

8 너희는 내가 오늘 명하는 모든 계명을 성
심껏 지켜야 한다. 그래야 너희는 행복하
게 살며 번성할 것이고 야훼께서 너희의 선
조들에게 주겠다고 맹세하신 땅에 들어가
그 땅을 차지할 것이다.
2 너희는 지난 사십 년간 광야에서 너희 하느
님 야훼께서 어떻게 너희를 인도해 주셨던
가 더듬어 생각해 보아라. 하느님께서 너희
를 고생시킨 것은 너희가 당신의 계명을 지
킬 것인지 아닌지 시련을 주어 시험해 보려
고 하신 것이다.
3 하느님께서는 너희를 고생시키시고 굶기시
다가 너희가 일찍이 몰랐고 너희 선조들도
몰랐던 만나를 먹여주셨다. 이는 사람이 빵
만으로는 살지 못하고 야훼의 입에서 떨어
지는 말씀을 따라야 산다는 것을 너희에게
가르쳐주시려는 것이었다.
4 지난 사십 년 동안 너희 몸에 걸친 옷이 떨
어진 일이 없었고, 발이 부르튼 일도 없었
다.
5 너희 하느님 야훼께서는 사람이 자기 자식
을 잘되라고 고생시키듯이 그렇게 너희를
잘되라고 고생시키신 것이니, 이를 마음에
새겨두어라.
6 너희는 너희 하느님 야훼를 경외하여 그의
계명을 지키고 그가 보여주신 길만을 따라
가도록 하여라.

잘살게 되어도 하느님을 잊지 마라

7 너희 하느님 야훼께서는 이제 너희를 기
름지고 넓은 땅, 골짜기와 산에서 지하수가
솟아 샘이 되고 냇물이 흐르는 땅으로 이끌
어들이려고 하신다.
8 그 곳은 밀과 보리가 자라고 포도와 무화과
와 석류가 여는 땅이요, 올리브 나무 기름과
꿀이 나는 땅이다.
9 굶주리지 않고 먹을 수 있는 땅, 아쉬운 것
하나 없는 땅, 돌에서는 쇠를, 산에서는 구
리를 캐낼 수 있는 땅이다.
10 너희 하느님 야훼께서 너희에게 주신 이 좋
은 땅에서 너희는 배불리 먹으며 하느님을
기리게 될 것이다.
11 아무쪼록 너희 하느님 야훼를 잊어버리지
않도록 하여라. 내가 오늘 너희에게 명령하
는 그의 계명과 법령과 규정을 어기는 일이
없도록 하여라.
12 배불리 먹으며 좋은 집을 짓고 살게 되고,
13 소떼 양떼가 불어나고 은과 금이 많아져서
너희 재산이 늘어나더라도,
14 행여나 교만한 생각으로 너희 하느님 야훼
를 잊는 일이 없도록 하여라. 하느님께서
너를 이집트 땅 종살이하던 집에서 이끌어
내 주시지 않았느냐?
15 저 끝없고 두렵던 광야, 불뱀과 전갈이 우
글거리고 물이 없어 타던 땅에서 너희 발길
을 인도해 주시며 차돌 바위에서 물이 터져
나오게 해주시지 않았느냐?
16 또 너희 선조들이 일찍이 먹어보지 못한 만
나를 너희에게 먹여주시지 않았느냐? 너희
에게 시련을 주어 고생시키신 것도 너희가
훗날 잘되도록 하시려는 것이었다.
17 '이 재산은 내 손으로 뼛골이 빠지게 일해
서 모은 것이다.' 이런 엉뚱한 생각이 들거
든,
18 너희 하느님 야훼를 생각하여라. 하느님께
서 너희 선조들에게 맹세하신 당신의 계약
을 이행하셔서 오늘 이처럼 재산을 모으도
록 너희에게 힘을 주셨다는 것을 생각하여
라.
19 만일 너희가 너희 하느님 야훼를 잊고 다른
신들을 따라가 섬기고 예배한다면, 내가 오
늘 너희에게 다짐해 둔다, 너희는 반드시
망할 것이다.
20 야훼께서 너희 앞에서 멸하신 민족들과 똑
같이 너희도 망할 것이다. 너희 하느님 야훼
의 말씀을 듣지 않으면 정녕 이렇게 되리라.

승리는 야훼께서 주신 것

9 이스라엘은 들어라. 오늘 너희는 요르단
강을 건너가 너보다 강대한 민족들을 쫓
아내고 하늘에 닿을 듯한 성벽으로 둘러싸
인 큰 성읍들을 차지하게 된다.
2 그런데 그 백성으로 말하면 너희가 잘 아는
장대하고 키 큰 아나킴이다. '아낙의 아들들
과 맞설 자가 누구냐?' 하는 말을 너희는
들었을 것이다.
3 그러나 너희는 오늘 명심하여라. 너희 하느

님 야훼께서 불길이 되시어 너희 앞장을 서
서 건너가실 것이다. 그가 몸소 그들을 멸
하시어 너희 앞에 무릎꿇게 하실 것이다. 야
훼께서 너희에게 약속해 주신 대로 너희는
그들을 단번에 쫓아내고 멸망시킬 수 있을
것이다.
4 그러므로 너희 하느님 야훼께서 그들을 너
희 앞에서 몰아내신 다음에, 행여나 너희가
착해서 그분이 너희를 이끌어들여 이 땅을
차지하게 하셨거니 하고 속으로 엉뚱한 생
각을 품지 않도록 하여라. 야훼께서 그 백성
들을 너희 앞에서 쫓아내시는 것은 그들이
나쁘기 때문이다.
5 너희가 착하고 마음이 곧아서 그들의 땅에
들어가 그 땅을 차지하는 것이 아니다. 그
백성들이 나쁘기 때문에 너희 하느님 야훼
께서 그들을 너희 앞에서 쫓아내시는 것이
다. 야훼께서는 이렇게 하여 너희 선조 아브
라함과 이사악과 야곱에게 맹세하신 약속을
이행하시는 것이다.
6 행여나 너희가 착하기 때문에 너희 하느님
야훼께서 이 기름진 땅을 너희에게 주시는
줄로 알지 마라. 사실 너희는 고집이 센 백
성이다.

모세가 죄 지은 백성을 위하여 빌다

7 너희가 광야에서 얼마나 너희 하느님 야
훼의 속을 썩여드렸던가 명심하고 잊지 마
라. 너희가 이집트 땅에서 나오던 날부터 이
곳에 이르기까지 너희는 야훼께 거역하기만
했다.
8 너희는 호렙에서 이미 야훼의 속을 썩여드
렸다. 그래서 야훼께서는 화가 나시어 너희
를 없애버리려고 하셨다.
9 마침 그 때 나는 야훼께서 너희와 맺으신 계
약 조문을 새긴 돌판을 받으려고 그 산에 올
라가 있었다. 나는 거기에 머물러 사십 일
동안 줄곧 식음을 전폐하고 있었다.
10 그 때 야훼께서 나에게 두 돌판을 주셨는데
거기에는 하느님께서 손수 손가락으로 쓰
신 글이 적혀 있었고 대회가 열리던 날 야훼
께서 그 산 불길 속에서 너희에게 하신 모든
말씀이 그대로 적혀 있었다.
11 사십 일이 지난 다음 야훼께서 나에게 계약
조문을 새긴 돌판 두 개를 주셨다.
12 그리고는 이렇게 이르셨다. '일어나 여기에
서 당장 내려가거라. 네가 이집트에서 구출
한 네 백성이 저렇게 못된 짓을 하고 있구
나. 내가 명령한 길을 저렇게도 쉽사리 버
리고 우상을 부어 만들다니.'
13 야훼께서 또 나에게 이르셨다. '저 백성이
얼마나 고집이 센가를 내가 이제 알았다.
14 말리지 마라. 내가 저들을 멸하여 하늘 아
래에서 그 이름이 사라지게 하리라. 그리고
저들보다 강하고 많은 민족을 너에게서 일
으키리라.'
15 내가 발길을 돌려 산에서 내려오는데 산
은 불타고 있었다. 나는 두 손으로 계약 조
문이 새겨진 두 돌판을 들고 있었다.
16 그런데 내가 바라보니 너희는 송아지를 부
어 만들어놓고 너희의 하느님 야훼께 못할
짓을 하고 있었다. 어쩌면 그렇게도 쉽사리
야훼께서 분부하신 길을 버릴 수 있었느냐?
17 내가 그 판 두 개를 두 손으로 번쩍 들어 내
던져서 부수어버리는 것을 너희는 똑똑히
보았다.
18 나는 전과 같이 다시 사십 일간 식음을 전폐
하고 야훼 앞에 엎드려 있어야 했다. 너희가
저지른 모든 죄 때문이었다. 너희가 야훼의
눈에 거슬리는 일을 하여 속을 썩여드렸기
때문이었다.
19 야훼께서 너희에게 크게 노하시어 마침내
너희를 없애버리실 것 같아 나는 두려웠었
다. 그러나 야훼께서는 다시 한번 나의 애원
을 들어주셨다.
20 야훼께서는 아론에게도 몹시 화를 내시어
그를 없애버리려고 하셨는데, 나는 그 때 아
론을 위해서도 빌어야 했다.
21 너희의 범죄 행위 곧 너희가 만든 그 송아지
를 나는 불에 넣어 녹여서 산산이 부수고 가
루를 내어 그 산의 개울에 흘려 보냈다.
22 너희는 다브에라와 마싸아와 키브롯하따아
와에서도 야훼를 진노케 해드렸다.
23 야훼께서 카데스바르네아에서 너희에게 준
땅으로 올라가 차지하라고 출동 명령을 내
리신 일이 있었다. 그러나 너희는 너희 하
느님 야훼의 명령을 거역하였다. 그를 믿지
못하여 그의 말씀을 듣지 않았다.
24 야훼께서 너희를 아시게 된 날부터 너희는
그를 거역하기만 하였다.
25 야훼께서는 너희를 없애버리겠다고 하셨
다. 그래서 나는 야훼 앞에 사십 일간 밤낮
으로 엎드려 있으면서
26 이렇게 빌었다. '나의 주 야훼여! 주께서는
크신 힘으로 이 백성을 건져내시고 주의 것
으로 삼지 않으셨습니까? 그러하오니 이
백성을 멸망시키지 마소서. 주께서는 이 백
성을 강한 손으로 구출해 내시지 않으셨습

니까?
27 주의 종이었던 아브라함과 이사악과 야곱을
생각해서라도 이 백성이 고집이 세고 바탕
이 나빠서 잘못을 저지르기는 했습니다마
는, 부디 못 보신 체해 주소서.
28 자칫하면 주께서 구출해 내시기 전에 우리
가 살던 땅의 사람들이 말하기를, 약속해
놓고 약속한 땅에 저들을 데려가지 못하는
것을 보니 야훼도 무능하구나, 또는 데려다
가 광야에서 죽여버리는 것을 보니 퍽이나
미웠던가 보군 - 하겠습니다.
29 어쨌든 그들은 주의 백성이 아닙니까? 주
께서 당신의 것이라고 하여 몸소 팔을 뻗
으시고 크신 힘으로 구출하신 백성이 아닙
니까?'

다시 만든 계약판을 계약궤에 모시다

10 그러자 야훼께서 나에게 말씀하셨다.
'먼젓번 것과 같은 돌판 두 개를 다듬
어가지고 산으로 올라 나에게 오너라. 나무
로 궤도 짜두어라.
2 네가 먼젓번 깨뜨린 판에 적혔던 말들을 내
가 다시 그 판에 새겨줄 터이니 너는 그것을
그 궤에 넣어두어라.'
3 그래서 나는 아카시아 나무로 궤를 짜고 지
난번 것과 같은 돌판을 두 개 다듬었다. 그
리고 나는 그 두 돌판을 들고 산으로 올라
갔다.
4 야훼께서는 대회가 열렸던 날 그 산 위의 불
길 속에서 너희에게 내리신 열 조문을 먼젓
번에 새기셨던 대로 그 판에 새겨 나에게 주
셨다.
5 나는 발길을 돌려 그 산에서 내려와 두 돌판
을 내가 만들어두었던 궤에 모셨는데, 그것
이 그대로 아직 거기에 있다. 이렇게 야훼께
서 분부하신 대로 나는 하였다.

레위인들을 성직에 임명하다

6 이스라엘 백성은 야칸 자손의 우물들이 있
는 그 곳을 떠나 모세라로 향하였다. 거기에
서 아론이 죽어 묻히고 그의 아들 엘르아잘
이 뒤를 이어 사제직에 올랐다.
7 그 곳을 떠나 굿고다에 이르렀다가 다시 굿
고다를 떠나 물 흐르는 개울들이 있는 고장
욧바다에 이르렀다.
8 그 때에 비로소 야훼께서 레위 지파를 갈라
세우시고 야훼의 계약궤를 메게 하시고 야
훼 앞에 나서서 섬기며 당신의 이름을 불러
축복하는 일을 하게 하신 것이 그대로 오늘
에 이르렀다.
9 그러므로 다른 동기들처럼 레위인에게는 유
산으로 돌아갈 몫이 없었다. 너희 하느님 야
훼께서 약속하신 대로 야훼께서 바로 그의
유산이 되어주신 것이다.
10 나는 이번에도 먼젓번처럼 사십 일을 주야
로 그 산에 머물러 있었다. 이번에도 야훼께
서는 다시 나의 호소를 들어주시어 너희를
멸망시키시지 않기로 하시고
11 나에게 이르셨다. '일어나 이 백성의 앞장
을 서 떠나거라. 내가 그들의 선조들에게
주겠다고 맹세한 땅에 그들을 데리고 들어
가서 차지하게 하여라.'

마음의 할례

12 이제, 너 이스라엘아! 야훼 너희 하느님께
서 너희에게 바라시는 것이 무엇인지 아느
냐? 너희 하느님 야훼를 경외하고 그가 보
여주신 길만 따라가며 그를 사랑하는 것이
요 마음을 다 기울이고 정성을 다 쏟아 그를
섬기는 것이 아니냐?
13 내가 오늘 너희에게 명령하는 야훼의 계명
과 규정을 지키는 것이 아니냐? 이것이 너
희가 잘되는 길이다.
14 그렇다. 하늘과 하늘 위의 또 하늘, 그리고
땅과 그 위에 있는 것 모두가 너희 하느님
야훼의 것이다.
15 그런데 야훼께서는 유독 너희 선조들에게
마음을 쏟아 사랑해 주신 것이다. 그래서
세상에 민족이 많이 있지만 그 가운데서도
너희를 그들의 후손이라고 해서 오늘 이처
럼 선택하신 것이다.
16 그러므로 너희가 받을 할례는 마음의 껍질
을 벗기는 일이다. 그리하여 다시는 고집을
세우지 않도록 하여라.
17 세상에 신도 많고 주도 많지만 너희 하느님
야훼야말로 신이시요 주이시다. 크고 힘있
으시며 지엄하신 신이시요 뇌물을 받고 낯
을 보아주시는 일이 없는 신이시다.
18 고아와 과부의 인권을 세워주시고 떠도는
사람을 사랑하여 그에게 먹을 것, 입을 것
을 주시는 분이시다.
19 너희도 한때는 이집트 땅에서 떠돌이 신세
였으니, 너희도 또한 떠도는 사람을 사랑해
야 한다.
20 너희 하느님 야훼를 경외하여 그에게만 충
성을 다하고 그를 섬겨라. 맹세할 일이 있
으면 그의 이름으로만 맹세하여라.
21 네가 찬양할 이는 그분뿐, 그가 너희 하느

님이시다. 네가 본 대로 너를 위하여 그 크
고 두려운 일을 해주신 하느님이시다.
22 너희 선조들이 이집트로 내려갈 때는 모두
칠십 명밖에 되지 않았지만, 너희 하느님 야
훼께서는 이제 너희를 하늘의 별같이 많게
하셨다.

너희가 겪은 일을 자손에게 가르쳐라

11 그러므로 너희 하느님 야훼를 사랑하
며, 너희에게 주신 그의 규정과 법령과
계명을 항상 지켜야 한다.
2 오늘 이 모든 것을 너희 자손들에게 가르쳐
주어야 한다. 그들은 너희 하느님 야훼의 징
계를 맛보지 못하였다. 하느님께서 위력을
발휘하시어 억센 손으로 내려치시고 팔을
뻗으시어
3 표적을 행하시며 이집트 한복판에서 이집트
왕 파라오와 파라오의 온 나라를 해치우시는
것을 본 일이 없다.
4 또 너희의 뒤를 쫓던 이집트 군대와 군마와
병거를 홍해 물로 휩쓸어버리시고 오늘까
지 두 번 다시 얼씬도 못하게 없애버리신
것과
5 너희가 이 곳에 이르기까지 광야에서 너희
에게 해주신 일을 보지 못하였다.
6 또 르우벤의 손자이자 엘리압의 아들인 다단
과 아비람을 엄히 다루시어, 땅으로 하여금
입을 벌려 온 이스라엘 가운데서 그들의 집
안과 천막과 제 발로 걸어다니는 모든 것을
함께 삼켜버리게 하시는 것을 보지 못하였
다. 그러나
7 너희는 야훼께서 하신 이 모든 엄청난 일을
눈으로 보았다.
8 그러니 너희는 내가 오늘 너희에게 내리
는 모든 명령을 지켜야 한다. 그래야 너희
는 힘을 얻어 너희가 이제 건너가 차지하려
는 땅에 들어가 그 땅을 과연 차지할 수 있
을 것이다.
9 또한 야훼께서 너희의 선조들과 그 후손에
게 주겠다고 맹세하신 땅, 젖과 꿀이 흐르
는 땅에서 오래 살 것이다.
10 너희가 들어가 차지하려는 땅은 너희가
나온 이집트 땅과는 다르다. 거기에서는 씨
를 심은 다음 채소밭에 물을 줄 때처럼 발을
놀려 물을 대어야 했지만,
11 너희가 건너가 차지하려는 땅은 산과 골짜
기가 많은 곳이어서 하늘에서 내리는 빗물
로 땅을 적신다.
12 그 땅은 이렇게 너희 하느님 야훼께서 몸소
돌보아 주시는 땅, 해마다 정초부터 섣달
그믐날까지 너희 하느님 야훼께서 눈을 떼
지 않으시고 보살펴 주시는 땅이다.
13 오늘 너희에게 내리는 나의 명령을 귀담아
들어 너희의 하느님 야훼를 사랑하여라. 마
음을 다 기울이고 정성을 다 쏟아 그를 섬
겨라.
14 그리하면 그가 너희 땅에 가을비와 봄비를
철에 맞게 내려주시어, 밀과 술과 기름을
거두게 해주시고
15 들에는 너희 가축이 뜯어먹을 풀이 자라나
게 해주실 것이다. 그리하여 너희는 배불리
먹으며 잘살게 될 것이다.
16 마음이 변하여 다른 신들에게 끌려 그 앞에
엎드려 섬기는 일이 없도록 정신을 차려라.
17 야훼께서 너희에게 화를 내시어 하늘을 닫
으시고 비를 내리지 아니하시어 밭에서 소
출을 거두지 못하게 될 것이다. 그러면 너
희는 야훼께 받은 그 기름진 땅에서 이내 사
라지고 말 것이다.
18 그러므로 너희는 내가 일러준 이 말을 너
희의 마음에 간직하고 골수에 새겨두어라.
너희의 손에 매어 표로 삼고 이마에 붙여 기
호로 삼아라.
19 이것을 너희의 자손들에게 깨우쳐주어라.
집에서 쉴 때나 길을 갈 때나 자리에 들었을
때나 일어났을 때나 항상 말해 주어라.
20 또 문설주와 대문에 써 붙여라.
21 그리하여야 야훼께서 너희 선조들에게 주시
겠다고 맹세하신 땅에서 너희와 너희 자손
들이, 땅 위에 펼쳐진 하늘이 오래가듯, 오
래 지속될 것이다.
22 너희는 내가 내리는 이 모든 명령을 성심
껏 지켜 그대로 실천하여라. 너희 하느님 야
훼를 사랑하고 그가 가르쳐주신 길을 걸어
그에게만 충성을 바쳐라.
23 그리하면 야훼께서 이 모든 민족들을 너희
앞에서 쫓아내실 것이다. 너희는 너희보다
강대한 민족들에게서 땅을 빼앗을 것이다.
24 너희의 발이 닿는 곳은 어디든지 너희의 소
유가 될 것이다. 너희의 땅 경계는 광야에
서 레바논에 이르고 큰 강 유프라테스에서
지중해에까지 이를 것이다.
25 세상에 너희와 맞설 사람은 하나도 없을 것
이다. 너희 하느님 야훼께서는 약속해 주신
대로, 너희의 발이 닿는 곳이면 어디에서나
모두들 너희를 두려워하며 떨게 하시리라.

복과 저주 가운데서 하나를 택하여라

26 보아라. 오늘 내가 너희 앞에 복과 저주
를 내놓는다.
27 내가 오늘 너희에게 내리는 너희 하느님 야
훼의 명령에 복종하여 복을 받겠느냐?
28 아니면 너희 하느님 야훼의 명령에 불복하
여 내가 오늘 너희에게 명령하는 길에서 벗
어나 알지도 못하던 다른 신들을 따라가서
저주를 받겠느냐?
29 네가 이제 들어가 차지하려는 땅으로 너희
하느님 야훼께서 이끌어주셔서 그리로 들어
가게 되거든, 그리짐 산에서는 복을 선포하
고 에발 산에서는 저주를 선포하여라.
30 이 두 산은 너희가 알다시피 요르단 강 건너
해 지는 쪽, 아라바에 사는 가나안 사람들의
땅에 있는데 길갈을 마주보며 서 있고 그 옆
에는 모레의 상수리나무가 서 있다.
31 너희는 이제 곧 요르단을 건너 너희 하느님
야훼께서 주시는 땅에 들어가 차지하게 된
다. 그 땅을 차지하고 자리를 잡거든
32 내가 오늘 너희 앞에 내놓는 규정과 법령을
성심껏 실천하여야 한다.

예배 장소로 야훼께서 고르신 곳

12 이것이 너희가 성심껏 실천해야 할 규
정이요 법령이다. 너희 선조의 하느님
야훼께서 너희에게 주시어 차지하게 하신
땅에서 실천해야 할 것, 너희가 땅 위에 살
아 있는 한 언제까지나 실천해야 할 것이다.
2 너희는 너희가 이제 쫓아내게 될 민족들이
그들의 신을 섬기던 자리를 말끔히 허물어
버려야 한다. 높은 산이든 언덕 위든 무성
한 나무 아래든 모조리 그렇게 해야 한다.
3 거기에 있는 제단은 무너뜨리고 석상은 부
수어버리고 아세라 목상은 불태워 버려야
한다. 그들의 신상들을 깨뜨려버려야 한다.
그리하여 그 이름들을 그 자리에서 지워버
려야 한다.
4 그러나 너희 하느님 야훼께는 그런 식으
로 해드리지 못한다.
5 너희는 너희 하느님 야훼께서 당신의 이름
을 붙이시고 당신께서 계시는 곳으로 삼으
시려고 너희 모든 지파 가운데서 고르신 그
곳을 찾아 그리로 가야 한다.
6 너희의 번제물과 친교제물과 십일조와 흔
들어 바치는 예물과 서원제물과 자원제물
과 소와 양의 맏배를 그리로 가져다 바쳐야
한다.
7 그 곳이 너희 하느님 야훼를 모시고 먹으며
즐길 자리, 너희와 너희 식구들이 손으로
일해 얻은 모든 것, 너희 하느님 야훼께서
복으로 주신 모든 것을 먹으며 즐길 자리다.
8 오늘 우리는 여기에서 저마다 제멋대로
하지만, 거기에 가서는 그렇게 하지 못한
다.
9 너희 하느님 야훼께서 너희에게 유산으로
주시는 정착지에 아직은 다다르지 않았기
때문이다.
10 너희가 요르단 강을 건너 들어가서 야훼 너
희 하느님께서 너희에게 물려주시는 땅에
자리를 잡으면, 하느님께서는 너희로 하여
금 주변에 있는 원수들에게 위협을 받지 않
고 편히 살게 해주실 것이다.
11 그렇게 되거든 너희 하느님 야훼께서 당신
의 이름을 두시려고 골라주신 곳으로 내가
명령한 모든 것, 번제물과 친교제물과 십일
조와 흔들어 바치는 예물과 고르고 골라 야
훼께 바치는 서원제물을 가져다 바쳐라.
12 너희는 너희 하느님 야훼를 모시고 그 앞에
서 즐겨라. 너희뿐 아니라 너희 아들딸, 또
너희 남종과 여종, 또 너희처럼 유산으로
받은 몫이 따로 없이 너희 성문 안에서 사는
레위인들도 함께 즐기게 하여라.

제사 규정

13 부디 명심하여 눈에 든다고 아무데서나
번제를 드리는 일이 없도록 하여라.
14 야훼께서 너희 중 한 지파에서 한 곳을 고
르실 터이니, 그 곳에서만 번제를 드리고
내가 너희에게 지시한 모든 것을 드릴 수
있다.
15 그러나 고기가 먹고 싶으면 너희 하느님
야훼께서 너희에게 복을 내려주신 대로 너
희 성 안 어디에서든지 잡아먹을 수 있다.
정한 사람도 부정한 사람도 먹을 수 있다.
노루도 괜찮고 사슴도 괜찮다.
16 다만 피만은 먹지 마라. 피는 물처럼 땅에
쏟아버려야 한다.
17 그러나 십일조로 바친 밀과 술과 기름,
소와 양의 맏배, 서원하고 드리는 갖가지
서원제물과 자원제물과 흔들어 바치는 예
물은 너희가 사는 성 안에서 먹을 수 없다.
18 이런 것은 너희 하느님 야훼께서 고르신 곳
에서 야훼를 모시고 그 앞에서만 먹되 너희
의 아들딸, 남종과 여종, 그리고 너희 성 안
에 사는 레위인과 함께 먹어라. 너희 손으로
드린 이 모든 것은 너희 하느님 야훼를 모시
고 그 앞에서만 즐길 수 있다.
19 너희는 삼가 그 땅에서 사는 동안 레위인들

을 저버리지 않도록 하여라.
20 너희 하느님 야훼께서 약속해 주신 대로
너희 영토를 넓혀주셨을 때 고기가 먹고 싶
으면 언제든지 고기를 먹을 수 있다.
21 너희 하느님 야훼께서 당신의 이름을 두시
려고 고르신 그 곳이 멀 경우에는 야훼께서
주신 소나 양을 내가 지시한 대로 잡아먹을
수 있는데 언제든지 너희가 사는 성 안에서
먹을 수 있다.
22 노루나 사슴을 먹듯이 먹을 수 있다. 정한
사람도 부정한 사람도 먹을 수 있다.
23 그러나 어떤 일이 있어도 피만은 먹지 못한
다. 피는 곧 생명이라, 생명은 고기와 함께
먹을 수 없기 때문이다.
24 피는 먹지 말고 물처럼 땅에 쏟아버려라.
25 그것을 먹어서는 안 된다. 이렇게 야훼께서
보시기에 바른 일을 해야 너도 잘되고 네 후
손도 잘되리라.
26 너희에게 있는 어떤 거룩한 것이나 너희가
바치기로 서원한 제물은 야훼께서 고르신
곳으로 가지고 가야 하는데,
27 번제를 드릴 때에는 너희 하느님 야훼의 제
단에 고기와 함께 피도 바쳐야 한다. 다른
제물을 바칠 때에는 너희 하느님 야훼의 제
단에 피만 붓고 고기는 너희가 먹어라.
28 아무쪼록 내가 너희에게 내리는 이 모든 명
령을 듣고 그대로 실천하여라. 이렇게 너희
하느님 야훼 보시기에 좋고 바른 일을 해야
너뿐 아니라 너의 후손도 길이 잘될 것이다.

가나안 종교의식을 따르지 마라

29 너희 하느님 야훼께서 너희가 들어가 차
지하려는 땅에 사는 민족들을 너희 앞에서
소탕해 주시리니, 너희가 그 땅을 차지하고
그들이 살던 땅에 자리잡게 될 것이다.
30 그러나 너희 앞에서 사라진 그들의 흉내를
내다가 올가미에 걸려들지 않도록 명심하
여라. '이 민족들이 저희 신들을 어떻게 섬
겼을까? 나도 그대로 해보았으면!' 하면
서 그들의 신들을 섬기는 일이 없도록 하여
라.
31 너희 하느님 야훼께 그런 식으로 해드리면
안 된다. 그들이 저희 신들에게 해드리는
일은 한결같이 야훼께서 싫어하시고 역겨워
하시는 일이다. 그들은 심지어 제 아들딸마
저 불에 살라 자기네 신들에게 바친다.
13 1 내가 너희에게 명령하는 이 모든 것
12:32 을 너희는 성심껏 실천하여야 한다.
거기에 한마디도 보태지 못하고 빼지도 못
한다.

다른 신들을 섬기자고 꾀는 사람을 없애라

2 ㉠예언자라는 사람이나 꿈으로 점친다는
1 사람이 너희 가운데 나타나 표적과 기적을
해보인다고 장담하고
3 그 장담한 표적과 기적이 그대로 이루어진
2 다고 하더라도, 너희가 일찍이 알지도 못하
고 섬겨본 일도 없는 다른 신들을 따르자고
하거든,
4 그 예언자나 꿈으로 점치는 사람의 말을 듣
3 지 마라. 그것은 너희 하느님 야훼께서 과연
너희가 마음을 다 기울이고 정성을 다 쏟아
너희 하느님 야훼를 사랑하는지 시험해 보
시려는 것이다.
5 너희의 하느님 야훼만 따르고 그분만을 공
4 경하여라. 그의 명령만 지키고 그의 말씀만
들어라. 그분만 섬기고 그에게만 충성을 바
쳐라.
6 그런 예언자나 꿈으로 점치는 사람은 죽여
5 야 한다. 그는 너희를 꾀어 너희로 하여금
이집트 땅에서 구출해 주신 너희 하느님 야
훼께 등을 돌리게 하는 자이다. 그 종살이하
던 집에서 너희를 해방시켜 주신 이에게서
발길을 돌리게 하는 자이다. 너희 하느님 야
훼께서 너희에게 가라고 분부하신 길에서
벗어나게 하는 자이다. 너희는 이런 독소를
너희 가운데서 송두리째 뽑아버려야 한다.
7 이복 형제, 동복 형제 가릴 것 없이 너희
6 어느 형제나, 아들이나 딸이나, 너희 품에
안긴 아내나 너희가 목숨처럼 아끼는 벗들
가운데서 누군가가 너희와 너희 조상이 일
찍이 알지 못한 다른 신들을 섬기러 가자고
가만히 꾀는 경우가 있을 것이다.
8 땅의 이 끝에서 저 끝까지, 너희의 주변에
7 멀리 또는 가까이 있는 백성들이 자기네의
신들을 섬기자고 하더라도,
9 그 말에 귀를 기울이지 마라. 그 말을 듣지
8 마라. 그런 사람을 애처롭게 보지도 말고
가엾게 생각하지도 마라. 감싸줄 생각도 하
지 말고
10 반드시 죽여야 한다. 죽일 때에는 네가 맨
9 먼저 쳐야 한다. 그러면 온 백성이 뒤따라
칠 것이다.
11 돌로 쳐죽여라. 그는 너희를 이집트 땅, 종
10 살이하던 집에서 건져내 주신 너희 하느님
야훼와 버성기게 하려고 꾀는 자이니 그대

㉠ 라틴어 성서는 여기에서 13장이 시작된다.

로 두어서는 안 된다.
12 온 이스라엘이 그 말을 듣고 두려워할 것이
11 다. 그리하여 이런 나쁜 짓을 하는 자들이
너희 가운데 다시는 없게 하여야 한다.
13 너희 하느님 야훼께서 너희에게 살라고
12 주시는 성읍들 가운데 어느 한 군데서라도
이런 소문이 나돌 것이다.
14 너희 가운데 패륜아들이 나타나 너희가 일
13 찍이 알지 못했던 다른 신들을 섬기러 가자
고 선동한다는 소문이 나돌 것이다.
15 그런 소문이 나돌거든 너희는 샅샅이 조사
14 해 보고 잘 심문해 보아 그것이 사실임이 드
러나면 그같이 역겨운 일을 너희 가운데서
뿌리뽑아야 한다.
16 그 성읍에 사는 주민을 칼로 쳐죽여야 한다.
15 그 성읍과 그 안에 있는 모든 것을 말끔히
없애버려야 한다. 거기에 있는 가축도 칼로
쳐죽이고
17 모든 전리품을 장터에 모아놓고 그 전리품
16 과 함께 온 성읍을 불살라 너희 하느님 야훼
께 바쳐야 한다. 그리고 언제까지나 폐허로
남겨두고 다시 세우지 마라.
18 너는 이런 부정한 것들을 건사해 두지 않도
17 록 하여라. 그래야 야훼께서 노여움을 푸시
고 너희에게 자비를 베풀어주실 것이다. 너
희 선조들에게 맹세하신 대로 자비를 베푸
시어 너희를 번성하게 해주실 것이다.
19 너희 하느님 야훼의 말씀을 들어 내가 오늘
18 너희에게 내리는 모든 명령을 지키고 너희
하느님 야훼 보시기에 바른 일을 해야만 그
렇게 해주실 것이다.

14 너희는 너희 하느님 야훼의 자녀이다.
사람이 죽었다고 해서 몸에 상처를 내
거나 앞머리를 밀지 마라.
2 너희는 너희 하느님 야훼께 몸바친 거룩한
백성이다. 야훼께서는 땅 위에 있는 만백성
가운데서 너희를 골라 당신의 소중한 백성
으로 삼으셨다.

먹을 수 있는 짐승과 먹을 수 없는 짐승

3 너희는 하느님께서 역겨워하시는 것은
무엇이든지 먹지 마라.
4 너희가 먹을 수 있는 짐승은 이런 것들이다.
소, 양, 염소,
5 사슴, 노루, 꽃사슴, 들염소, 들소, 들양,
산염소 같은
6 굽이 두 쪽으로 갈라지고 새김질하는 짐승
이면 먹을 수 있다.
7 그러나 새김질하는 짐승이나 굽이 갈라진
짐승이라도 다음과 같은 것은 먹지 못한다.
낙타, 토끼, 사반은 새김질은 하지만 굽이
갈라지지 않았으므로 부정한 것들이다.
8 돼지는 굽은 갈라졌으나 새김질을 하지 아
니하므로 부정한 것이다. 이런 것들의 고기
는 먹지 못할 뿐 아니라 그 주검을 건드려도
안 된다.
9 물에 사는 것 가운데 너희가 먹을 수 있는
것은 이런 것들이다. 지느러미가 있고 비늘
이 있는 것은 먹을 수 있다.
10 지느러미도 없고 비늘도 없는 것은 먹지 못
한다. 그것은 부정한 것이다.
11 정한 새는 어떤 것이든지 먹을 수 있지만
12 다음과 같은 새는 먹지 못한다. 독수리, 수
염수리, 흰꼬리수리,
13 검은소리개, 각종 붉은소리개,
14 각종 까마귀,
15 타조, 올빼미, 갈매기, 각종 매,
16 부엉이, 따오기, 백조,
17 사다새, 흰독수리, 가마우지,
18 고니, 각종 푸른해오라기, 오디새, 박쥐 등
이다.
19 날개 돋힌 벌레도 부정한 것이니 먹으면 안
된다.
20 정한 날벌레는 먹을 수 있다.
21 무릇 저절로 죽은 것은 먹지 못한다. 그
런 것은 너희가 사는 성 안에 머무는 떠돌이
들에게나 먹으라고 주든지 외국인에게 팔
든지 하여라. 너희는 너희 하느님 야훼께 몸
바친 거룩한 백성이 아니냐? 너희는 염소
새끼를 제 어미의 젖으로 삶지 마라.

십일조 규정

22 너희는 해마다 씨를 뿌려 밭에서 거둔 소
출 가운데 그 십분의 일을 떼어두었다가
23 그 곡식과 술과 기름의 십일조를 소와 양의
맏배와 함께 가져다가 너희 하느님 야훼께
서 당신의 이름을 두시려고 고르신 곳에서
그를 모시고 먹어야 한다. 그럼으로써 너는
너희 하느님 야훼를 길이 공경해야 할 줄을
깨닫게 될 것이다.
24 너희가 너희 하느님 야훼께 복을 받았는데,
너희 하느님 야훼께서 당신의 이름을 두시
려고 고르신 곳이 너희가 있는 곳에서 너무
멀어 그것을 가지고 그 먼 길을 갈 수가 없
을 경우에는
25 그것을 돈으로 바꿔 그 돈을 몸에 지니고 너
희 하느님 야훼께서 택하신 곳으로 가서
26 그 돈으로 너희가 원하는 것을 사서 먹으며

즐겨라. 소, 양, 포도주, 술, 무엇이든지 먹
고 싶은 것을 사서 너희 하느님 야훼를 모시
고 너희와 너희 온 집안이 먹으며 즐겨라.
27 너희가 사는 성 안에 있는 레위인을 저버리
지 않도록 하여라. 그들은 너희가 받은 유
산을 함께 받지 못한 사람들이다.
28 너희는 삼 년마다 한 번씩 그 해에 난 소
출의 십일조를 다 내놓아 성안에 저장해 두
었다가
29 너희가 사는 성 안에 있는 레위인, 떠돌이,
고아, 과부들이 와서 배불리 먹게 하여라.
그래야 너희가 손으로 하는 모든 일에 너희
하느님 야훼께서 복을 내리실 것이다. 레위
인은 너희가 받은 유산을 함께 받지 못한 사
람들이다.

빚을 삭쳐주는 해

15 칠 년에 한 번씩 남의 빚을 삭쳐주어
라.
2 빚은 이렇게 삭쳐주어야 한다. 누구든지 동
족에게 돈을 꾸어준 사람은 그 빚을 삭쳐주
어야 한다. 동족에게서 빚을 받아내려고 하
면 안 된다. 빚을 삭쳐주라는 것은 야훼의
이름으로 선포된 명령이기 때문이다.
3 외국인에게 준 빚은 받아내려니와 동족에
게 준 빚은 삭쳐주어야 한다.
4 너희 하느님 야훼께서 너희에게 유산으로
주시어 상속받게 하신 땅에 틀림없이 복을
내려주실 것이다. 그러니 너희 가운데 가난
한 사람이 없도록 하여라.
5 물론 너희가 너희 하느님 야훼께서 하시는
말씀을 잘 들어야만 그렇게 될 것이다. 너
희는 내가 오늘 내리는 이 모든 명령을 성심
껏 실천해야 한다.
6 너희 하느님 야훼께서 약속하신 대로 너희
에게 복을 내려주실 것이다. 그리하여 많은
민족이 너희에게 돈을 꾸겠지만, 너희가 남
에게서 돈을 꾸는 일은 없을 것이다. 많은
민족이 너희의 다스림을 받겠지만, 너희가
남의 다스림을 받지는 않을 것이다.
7 너희 하느님 야훼께서 주시는 땅의 어느
한 성읍에 동족으로서 가난한 사람이 있거
든 너희는 인색한 마음으로 돈을 움켜잡거
나 그 가난한 형제를 못 본 체하지 마라.
8 손을 펴서 그가 필요한 만큼 넉넉하게 꾸어
주어라.
9 '빚을 삭쳐주는 해, 제칠년이 얼마 남지 않
았구나.' 하며 인색한 생각이 들어 가난한
형제를 냉대하여 꾸어주지 않는 일이 없도
록 마음에 다짐하여라. 그가 너희를 걸어 야
훼께 부르짖으면 너희에게 죄가 돌아올 것
이다.
10 시원스럽게 꾸어주어라. 주면서 아깝다는
생각을 하지 마라. 그리하여야 너희 하느님
야훼께서 너희가 손을 대는 모든 일에 복을
내려주실 것이다.
11 그렇다고 하여 너희가 사는 땅에서 가난한
사람이 없어지지는 않을 것이다. 너희가 사
는 땅에는 너희 동족으로서 억눌리고 가난
한 사람이 어차피 있을 것이다. 그러므로
이렇게 너희 손을 뻗어 도와주라고 이르는
것이다.

종에게 자유를 주는 규정

12 동족인 히브리인이 남자건 여자건 너희에
게 팔려 왔거든 육 년만 부리고 칠 년째 되
는 해에는 자유를 주어 내보내야 한다.
13 자유를 주어 내보낼 때에는 빈손으로 내보
내지 못한다.
14 너희 하느님 야훼께서 복으로 주신 양떼와
타작 마당에서 거둔 것과 술틀에서 짜낸 것
을 한 밑천 되게 마련해 주어야 한다.
15 이집트 땅에서 종살이하던 너를 너희 하느
님 야훼께서 해방시켜 주신 것을 생각하여
라. 그러므로 내가 오늘 너희에게 이를 명
하는 것이다.
16 그러나 만일 그 히브리인이 너희와 함께
있는 것을 좋아하여 너희와 너희 집안 식구
들을 사랑하고 집에서 나가지 않겠다고 하
거든,
17 너희는 그의 귓바퀴를 문에 대고 송곳으로
뚫어라. 그리하면 그는 영구히 너희 종이
될 것이다. 여종도 그렇게 하여라.
18 그에게 자유를 주어 내보내는 것을 언짢게
여기면 안 된다. 그가 육 년 동안 일한 것을
값으로 치면 품팔이꾼의 품삯 갑절이 되지
않겠느냐? 앞으로 너희 하느님 야훼께서 너
희가 하는 모든 일에 복을 내려주실 것이다.

하느님께 드릴 소와 양의 맏배

19 소와 양의 수컷 맏배는 너희 하느님 야훼
께 따로 바쳐야 한다. 맏배 황소는 부려먹
을 생각을 마라. 맏배 양의 털은 깎아 가질
생각을 마라.
20 해마다 너희 하느님 야훼를 모시고 야훼께
서 고르신 곳에서 집안 식구들과 함께 그것
을 먹어라.
21 그것이 무슨 흠이 있는 경우, 절거나 눈이

멀었거나 그 밖에 어떤 좋지 못한 흠이 있는
경우에는 그것을 너희 하느님 야훼께 잡아
바치지 못한다.
22그런 것은 노루나 사슴을 잡아먹듯이 정한
사람과 부정한 사람이 너희가 사는 성 안에
서 잡아먹어도 된다.
23다만 피는 먹지 못한다. 피는 물처럼 땅에
쏟아버려야 한다.

신명

과월절과 무교절

16 너희는 아빕월을 지켜 너희 하느님 야
훼께 과월절 제사를 드려야 한다. 너희
하느님 야훼께서 너희를 이집트에서 건져내
신 것이 바로 이 아빕월 어느 날 밤이었다.
2너희는 야훼께서 당신의 이름을 두시려고
고르신 곳에서 양과 소를 잡아 너희 하느님
야훼께 과월절 제물로 바쳐야 한다.
3이 제물과 함께 누룩이 든 떡을 먹으면 안
된다. 그 후 이레 동안도 누룩이 들지 않은
쓴 떡을 먹어야 한다. 너희는 이집트 땅에서
쫓기듯이 나왔는데, 그렇게 하여 이집트 땅
에서 나올 때의 일을 평생 기억하게 될 것
이다.
4그러므로 이레 동안 네 지경 안 어디에서도
누룩이 보여서는 안 된다. 첫날 저녁에 잡
은 제물 고기를 이튿날 아침까지 묵히면 안
된다.
5과월절 제물은 너희 하느님 야훼께서 주신
성읍이라고 해서 아무데서나 잡는 것이 아
니다.
6너희 하느님 야훼께서 당신의 이름을 두시
려고 고르신 그 곳 밖에서는 아무데서도 잡
을 수 없다. 거기에서 과월절 제물을 잡는
데 그 잡는 시간은 너희가 이집트를 떠나던
바로 그 시간, 즉 초저녁 해 질 무렵이다.
7너희는 너희 하느님 야훼께서 고르신 곳에
서 그것을 삶아 먹고 아침이 되면 길을 떠나
각자 자기 천막으로 돌아가야 한다.
8그리고 엿새 동안 누룩이 들지 않은 떡을 먹
다가 이렛날은 너희 하느님 야훼께 올리는
축제 마감날이므로 모든 생업에서 손을 떼
어야 한다.

추수절과 초막절

9 그로부터 칠 주간을 세어라. 밭에 서 있
는 곡식에 처음 낫을 대던 그 때로부터 시작
하여 칠 주간이 지나거든
10너희 하느님 야훼께서 너희에게 복을 내려
주신 만큼 마음에서 우러나는 대로 예물을
바치며 너희 하느님 야훼께 추수절 축제를
올려라.
11그리고 너희 하느님 야훼를 모시고 그 앞에
서 즐겨라. 너희는 아들과 딸뿐 아니라 남
종과 여종, 또 너희와 한 성문 안에서 사는
레위인과 너희 가운데 있는 떠돌이, 고아,
과부까지도 데리고 너희 하느님 야훼께서
당신의 이름을 두시려고 고르신 곳에서 함
께 즐겨라.
12너희는 이집트에서 종노릇한 일을 잊지 말
고 이 모든 규정을 성심껏 실천해야 한다.
13 너희는 타작 마당과 포도즙을 짜는 술틀
에서 소출을 거두어들일 때 이레 동안 초막
절 축제를 올려라.
14너희는 이 축제를 올리면서 아들과 딸, 남
종과 여종, 너희가 사는 성문 안에 있는 레
위인, 떠돌이, 고아, 과부들도 함께 즐기게
해야 한다.
15너희는 이레 동안 야훼께서 고르신 곳에서
너희 하느님 야훼께 축제를 올려야 한다. 너
희 하느님 야훼께서 너희 손으로 일하여 거
두는 소출에 복을 내려주시는데 어찌하여
즐기지 않겠느냐!
16너희 가운데 남자는 누구든지 일 년에 세
번, 과월절과 추수절과 초막절에 너희 하느
님 야훼께서 고르신 곳에 와서 그분의 얼굴
을 뵈어야 한다. 그러나 아무도 빈손으로 야
훼의 얼굴을 뵈러오면 안 된다.
17모두들 너희 하느님 야훼께 복받은 만큼 예
물을 들고 와야 한다.

재판관은 공정해야 한다

18 너희는 너희 하느님 야훼께서 너희 각 지
파에게 주시는 성읍마다 재판관과 관리를
세워 백성을 공평무사하게 다스리도록 해
야 한다.
19법을 왜곡시키면 안 된다. 체면을 보아도
안 된다. 뇌물을 받아도 안 된다. 뇌물은 지
혜로운 사람의 눈을 멀게 하고 죄없는 사람
의 소송을 뒤엎어버린다.
20정의, 그렇다, 너희는 마땅히 정의만을 찾
아라. 그리하여야 너희는 살아서 너희 하느
님 야훼께서 주시는 땅을 차지할 것이다.

다른 신을 섬기는 사람을 처형하는 법

21 너희가 쌓은 너희 하느님 야훼의 제단 옆
에 무슨 나무로든지 아세라 목상을 만들어
세우지 못한다.
22또 너희는 석상도 세우지 못한다. 이것은

너희 하느님 야훼께서 싫어하시는 짓이다.

17 너희는 흠이 있거나 결함이 있는 소와
양을 너희 하느님 야훼께 제물로 잡아
바치지 마라. 그런 것은 너희 하느님 야훼께
서 역겨워하시는 짓이다.
2 너희 하느님 야훼께서 주시는 어느 성 안
에서든지 남녀 불문하고 너희 하느님 야훼
의 눈에 거슬리는 일을 하는 사람이 생겨 하
느님께서 맺어주신 계약을 깨뜨리는 일이
있을 것이다.
3 내가 시키지도 않았는데 해나 달이나 하늘
의 모든 천체와 같은 다른 신들을 찾아가서
섬기고 엎드려 절하는 사람이 생길 것이다.
4 이런 일이 있다는 보고를 듣거든, 너희는
그것이 사실인지 들어보고 잘 조사해 보아
야 한다. 만일 이스라엘 가운데 누군가가
그같이 불측한 일을 한 것이 사실로 드러
나거든,
5 그런 못할 짓을 한 자가 남자든 여자든 성문
밖으로 끌어내어 돌로 쳐죽여라.
6 그런데 그 사람을 죽이려면 두세 사람의 증
언이 있어야 한다. 한 사람의 증언만으로는
죽일 수 없다.
7 그를 죽일 때에는 증인이 맨 먼저 쳐야 한
다. 그러면 온 백성이 뒤따라 칠 것이다. 그
리하여 이런 나쁜 일을 너희 가운데서 송두
리째 뿌리뽑아야 한다.

이스라엘의 최고 법정

8 너희가 사는 성 안에서 살인 사건이나 민
사 사건이나 폭력 사건 중, 너희가 다루기
벅찬 소송 사건이 생길 경우 너희 하느님 야
훼께서 고르신 곳으로 그 소송건을 가지고
올라가서
9 사제인 레위인과 바로 그 때 일보는 재판관
에게 제출하면 그들이 조사해 보고 너희에
게 판결을 내려줄 것이다.
10 너희는 야훼께서 고르신 그 곳에서 그들이
내리는 판결에 복종해야 한다. 그들이 일러
주는 대로 어김없이 따라야 한다.
11 그들이 내리는 지시와 선포하는 판결을 그
대로 받아들여 그 판결을 어김없이 따르도
록 하여라.
12 거기에서 야훼를 섬기는 당직 사제나 재판
관의 말을 업신여기고 불복하는 자가 있으
면, 누구든지 사형에 처하여라. 그리하여
이런 나쁜 일을 이스라엘에서 송두리째 뿌
리뽑아야 한다.
13 그래야 모든 백성이 듣고 두려워하며 다시
는 거만한 마음을 품지 못하게 될 것이다.

이스라엘의 왕도

14 너희는 너희 하느님 야훼께서 주시는 땅
에 들어가서 그 땅을 차지하고 자리를 잡으
면, 이내 주변에 있는 모든 민족들처럼 왕
을 세우고 싶은 생각이 들 것이다. 그런 생
각이 들면
15 너희는 반드시 너희 하느님 야훼께서 골라
주시는 사람을 왕으로 세워야 한다. 같은
동족을 임금으로 세워야지, 동족이 아닌 외
국인을 임금으로 세우면 안 된다.
16 그러나 왕이라고 해도 군마를 많이 기르는
일만은 하지 못한다. 백성을 이집트로 다시
보내어 군마를 많이 얻어오게 해도 안 된다.
너희가 그리로 되돌아가지 못하리라고 야훼
께서 너희에게 일러두시지 않았느냐?
17 왕은 또 많은 후궁을 거느리지 못한다. 그
러면 마음이 다른 데로 쏠릴 것이다. 은과
금을 너무 많이 모아도 안 된다.
18 그는 왕위에 오른 다음에도 레위인 사제를
시켜 이 가르침을 두루마리에 베껴
19 평생 자기 옆에 두고 날마다 읽어야 한다.
그리하여 자기를 택하신 야훼 하느님을 경
외하고 이 가르침에 담겨 있는 말 한마디 한
마디를 성심껏 지키며 그 모든 규정을 실천
하여야 한다.
20 마음이 부풀어올라 제 동족을 얕잡아보는
일도 없고 이 계명을 어기는 일 또한 털끝만
큼도 없어야 한다. 그리하면 그뿐 아니라
그의 후손들도 이스라엘 왕위에 오래도록
앉게 될 것이다.

레위인 사제

18 사제인 레위인뿐 아니라 레위 지파에
속한 사람은 다른 이스라엘 사람이 받
는 유산을 나누어받지 못한다. 그들은 야훼
께 살라 바치는 제물과 그 밖에 야훼께 받는
몫을 먹고 살아야 한다.
2 동족 가운데서 그들에게 나누어줄 유산은
없다. 야훼께서 약속하신 대로 당신만이 그
들의 유산이 되어주실 것이다.
3 백성이 제물을 잡아 바칠 때 사제들은 그
들에게서 소나 양의 앞다리와 턱과 위를 받
을 권리가 있다.
4 또 맏물로 거둔 밀, 술, 기름, 처음 깎은 양
털도 받을 권리가 있다.
5 사제들은 너희 하느님 야훼께서 모든 지파
들 가운데서 뽑아 세우시어, 너희 하느님 야

신명

훼 앞에서 그를 섬기며 그의 이름을 불러
기리는 직책을 대대손손 길이 맡은 사람들
이다.
6 레위인 누군가가 너희가 사는 이스라엘 어
느 성 안에 몸붙여 살고 있다가 거기를 떠나
야훼께서 택하신 곳에 가고 싶어하거든,
7 그리로 가서 혈통이 같은 다른 레위인들과
다름없이 하느님의 이름 야훼를 부르며 야
훼를 섬기게 해주어야 한다.
8 그는 선조들에게서 물려받은 것을 팔아 수
입으로 삼은 것말고도 정해진 몫을 받아 먹
고 살아야 한다.

예언자의 참모습

9 너희는 너희 하느님 야훼께서 주시는 땅
에 들어간 다음, 거기에 사는 민족들이 하
는 발칙한 일을 배워 그대로 행하는 일이 없
어야 한다.
10 너희 가운데 자기 아들이나 딸을 불에 살라
바치는 자가 있어서는 안 된다. 또 점쟁이,
복술가, 술객, 마술사,
11 주문을 외는 자, 도깨비 또는 귀신을 불러
물어보는 자, 혼백에게 물어보는 자가 있어
서도 안 된다.
12 이런 짓을 하는 자는 모두 야훼께서 미워하
신다. 너희 하느님 야훼께서 저 백성들을 너
희 앞에서 몰아내시려는 것도 그들이 이런
발칙한 일을 하기 때문이다.
13 너희는 한마음으로 너희 하느님 야훼만 섬
겨라.
14 너희가 이제 몰아내려는 이 민족들은 복술
가나 점쟁이가 시키는 대로 해야 했지만,
너희에게만은 너희 하느님 야훼께서 그런
것을 허락하지 아니하신다.
15 너희 하느님 야훼께서는 나와 같은 예언
자를 동족 가운데서 일으키시어 세워주실
것이다. 너희는 그의 말을 들어야 한다.
16 이것은 호렙에서 대회가 열렸던 날 너희가
너희 하느님 야훼께 청을 드렸던 바로 그것
이다. '나의 하느님 야훼의 소리를 다시는
직접 듣지 않게 해주십시오. 이 무서운 불
을 다시는 보지 않게 해주십시오. 내가 죽
을까 두렵습니다.'
17 야훼께서는 옳은 말이라고 하시면서 나에게
이렇게 일러주셨다.
18 '나는 네 동족 가운데서 너와 같은 예언자
를 일으키리라. 내가 나의 말을 그의 입에
담아주리니, 그는 나에게서 지시받은 것을
그대로 다 일러줄 것이다.
19 그가 내 이름으로 하는 말을 전할 때 듣지
않는 사람이 있으면 내가 친히 그에게 추궁
할 것이다.
20 그러나 내가 말하라고 시키지 않은 것을
주제넘게 내 이름으로 말하거나 다른 신들
의 이름으로 말하는 예언자는 죽임을 당하
리라.'
21 그런데 그것이 야훼께서 하신 말씀인지
아닌지 어떻게 알겠느냐 하는 생각이 들겠
지만,
22 그 예언자가 야훼의 이름으로 말한 것이 그
대로 이루어지지 않으면 그 말은 야훼께서
하신 말씀이 아니다. 제멋대로 말한 것이니
그런 예언자는 두려워할 것 없다.

살인자의 도피성

19 너희 하느님 야훼께서 너희에게 주실
땅을, 현재 차지하고 있는 민족들을 너
희 하느님 야훼께서 소탕해 주시어 너희가
그 땅을 차지하고 그 성읍과 집에서 살게 되
거든,
2 너희 하느님 야훼께서 너희에게 주시어 차
지하게 하신 땅에 있는 성읍들 가운데서 셋
을 따로 구별해 놓아야 한다.
3 너희 하느님 야훼께 물려받아 너희 것이 된
곳 전역을 적당한 거리를 두고 세 지역으로
나누어서 모든 살인자가 피신할 수 있는 장
소로 삼아라.
4 살인자가 그리로 피신한다고 하여 다 사는
것은 아니다. 살 수 있는 경우는 일찍이 미
워한 일도 없는데 엉겁결에 동족을 쳐죽였
을 경우뿐이다.
5 가령 동족과 함께 나무하러 숲 속에 들어가
도끼를 휘둘러 나무를 찍다가 도끼 날이 자
루에서 빠져 동족을 쳐서 죽게 했을 경우,
그는 이 성읍들 가운데 어디에든지 피신하
면 살 수가 있다.
6 그 거리가 너무 멀면 피살자에게 앙갚음을
하여줄 근친이 복수심에 불타 그를 따라잡
아 죽이게 될 터이니 너무 멀어서는 안 된
다. 그는 일찍이 피살자를 미워한 일이 없
었으므로 죽을 죄를 지었다고 할 수 없는 것
이다.
7 세 성읍을 따로 떼어놓으라고 너희에게 명
령하는 것은 이 때문이다.
8 너희 하느님 야훼께서 너희 선조들에게
맹세하신 대로 너희 국경을 넓혀주시어 너
희 선조들에게 주시겠다고 약속하신 그 땅
을 너희가 모두 차지할 때가 올 것이다.

9 물론 내가 오늘 너희에게 내리는 이 모든 명령을 성심껏 지켜 죽을 때까지 너희 하느님 야훼를 사랑하고 그가 가르쳐주신 길을 따라야 그렇게 되겠지만, 그 때에는 이 세 성읍에다 세 성읍을 더 추가해야 한다.

10 그리하여 너희 하느님 야훼께 물려받아 너희 것이 된 곳에서 죄없는 자의 피를 흘리는 일이 없도록 하여라. 그리하여 피 흘린 죗값을 너희가 받지 않도록 하여라.

11 그러나 동족을 미워하여 기회를 노리다가 달려들어 쳐죽이고 이 성읍들 중의 어느 곳에나 피신한 자가 있거든,

12 그가 살던 성읍의 장로들이 사람을 그리로 보내어 그를 잡아다가, 피살자에게 앙갚음을 하여줄 근친에게 넘겨주어 죽이게 하여라.

13 그런 자는 애처롭게 여기지 마라. 이렇게 하여 죄없는 자가 피 흘리는 일을 이스라엘 가운데서 송두리째 뿌리뽑아야 한다. 그래야 너희가 잘될 것이다.

경계선을 존중하여라

14 너희는 너희 하느님 야훼께서 너희에게 주시어 차지하게 한 땅에서 너희에게 배당된 구역과 이웃 구역 사이에 옛 어른들이 그어놓은 경계선을 옮기지 못한다.

거짓 증인이 받을 벌

15 어떤 나쁜 짓이든 어떤 잘못이든, 한 사람의 증언만으로는 증언이 성립되지 않는다. 어떤 잘못을 저질렀든지 두세 사람의 증언이 있어야 고소할 수 있다.

16 남에게 죄를 뒤집어씌우려고 해로운 증언을 하는 자가 나타날 경우에는

17 소송 중인 두 당사자는 야훼께로 나와 사제들과 그 때에 일보는 재판관들에게 재판을 받아야 한다.

18 재판관들은 잘 조사해 보고 그 증인이 동족에게 거짓 증언을 한 것이 드러나면

19 그가 그 동족에게 하려고 마음먹었던 대로 그에게 갚아주어야 한다. 그리하여 이런 나쁜 짓을 너희 가운데서 송두리째 뿌리뽑아야 한다.

20 그리하면 다른 사람들이 이 말을 듣고 두려워하여 이런 나쁜 짓을 하는 자가 너희 가운데서 다시는 생기지 않을 것이다.

21 그런 자는 애처롭게 여기지 마라. 목숨은 목숨으로, 눈은 눈으로, 이는 이로, 손은 손으로, 발은 발로 갚아라.

전쟁 준비

20 원수를 치러 싸움터에 나갔다가 적군이 너보다 많은 말과 병거를 몰고 나타나더라도 두려워하지 마라. 너희를 이집트 땅에서 올라오게 해주신 너희 하느님 야훼께서 너희 편에 서주신다.

2 싸움이 어우러지기 전에 사제는 나서서 군인들에게

3 이렇게 말하여라. '너, 이스라엘은 들어라. 오늘 너희는 원수를 치러 싸움터로 나간다. 겁내지 마라. 두려워하지 마라. 도망치지 마라. 원수를 앞에 두고 떨지 마라.

4 너희 하느님 야훼께서 너희와 함께 진격하시어 너희의 원수를 쳐주시고 너희에게 승리를 안겨주실 것이다.'

5 다음으로 장교들은 군인들에게 이렇게 말하여라. '너희 가운데 새 집을 짓고 그 집을 아직 하느님께 봉헌하지 못한 사람이 있느냐? 그런 사람은 집으로 돌아가거라. 싸움터에 나갔다가 죽어, 남이 그 집을 봉헌하게 할 수야 있겠느냐?

6 포도원을 새로 가꾸어놓고 아직 맛도 보지 못한 사람이 있느냐? 그런 사람은 집으로 돌아가거라. 싸움터에 나갔다가 죽어, 남이 그 맛을 보게 할 수야 있겠느냐?

7 약혼만 해놓고 아직 결혼하지 못한 사람이 있느냐? 그런 사람은 집으로 돌아가거라. 싸움터에 나갔다가 죽어, 남이 그 여자와 결혼하게 할 수야 있겠느냐?'

8 장교들은 또 이렇게 군인들에게 일러주어라. '두려워 겁나는 사람이 있느냐? 그런 사람도 집으로 돌아가거라. 그런 사람이 있으면 전우의 사기만 떨어진다.'

9 장교들이 군인들에게 이렇게 말하고 나면 지휘관들을 그들 앞에 배치하여 지휘하게 하여라.

적의 성을 공략하는 법

10 어떤 성에 접근하여 치고자 할 때에는 먼저 화평을 맺자고 외쳐라.

11 만일 그들이 너희와 화평을 맺기로 하고 성문을 열거든 너희는 안에 있는 백성을 모두 노무자로 삼아 부려라.

12 만일 그들이 너희와 화평을 맺을 생각이 없어서 싸움을 걸거든 너희는 그 성을 포위 공격하여라.

13 너희 하느님 야훼께서 그 성을 너희 손에 부치실 터이니, 거기에 있는 남자를 모두 칼로 쳐죽여라.

14그러나 여자들과 아이들과 가축들과 그 밖
에 그 성 안에 있는 다른 모든 것은 전리품
으로 차지하여도 된다. 너희 하느님 야훼께
서 너희 원수들에게서 빼앗아주시는 전리
품을 너희는 마음대로 쓸 수가 있다.
15 여기에 있는 민족들의 성읍이 아니고 아
주 먼데 있는 성읍들에는 모두 그렇게 해야
한다.
16그러나 너희 하느님 야훼께 유산으로 받은
이 민족들의 성읍들에서는 숨쉬는 것을 하
나도 살려두지 마라.
17그러니 헷족, 아모리족, 가나안족, 브리즈족,
히위족, 여부스족은 너희 하느님 야훼께서
명령하신 대로 전멸시켜야 한다.
18살려두었다가는 그들이 자기 신들에게 해
올리는 발칙한 일을 너희에게 가르쳐주어
너희가 너희 하느님 야훼께 죄를 짓게 될 것
이다.
19 한 성을 함락시키려고 포위 공격하는 데
오랜 세월이 걸리더라도, 거기에 있는 나무
를 도끼로 마구 찍어내지는 마라. 나무에
여는 것을 따먹어야 할 터인데 찍어내면 되
겠느냐? 들에 서 있는 나무가 사람처럼 너
희를 피하여 성 안으로 들어갈 리 없지 않
느냐?
20너희는 어떤 나무가 과일을 맺지 않는 나무
인지 알 것이다. 그런 나무는 찍어버려도
된다. 너희는 그런 나무로 성을 공략하는
기구를 만들고 너희에게 항거하는 성읍을
기어이 함락시켜야 한다.

살인범이 드러나지 않은 살인 사건

21 너희 하느님 야훼께서 너희에게 주시
어 차지하게 하신 땅에서 누구에게 살
해되었는지 알 수 없는 사람의 시체가 발견
될 경우에는
2너희를 대표하는 장로들과 재판관들이 나
가서 그 시체가 있는 곳에서 주변 성읍들에
이르는 거리를 재어라.
3그리하여 그 시체에서 가장 가까운 성읍이
어느 성읍이든, 그 성읍의 장로들이 아직
멍에를 메고 일한 적이 없는 어린 암송아지
를 끌어와
4물이 늘 흐르는 골짜기로 끌고 내려가서,
보습을 대본 적이 없는 곳을 찾아 거기 물가
에서 그 암송아지 목을 찍어라.
5그러면 그 때 레위의 후손 사제들이 나설 것
이다. 그들은 너희 하느님 야훼께 뽑혀 당신
을 섬기고 야훼의 이름을 불러 축복하는 직
책을 맡은 사람들이요, 모든 소송 사건과
폭행 사건을 판결하는 사람들이다.
6그 시체에서 가장 가까운 성읍의 장로들은
모두 그 골짜기에서 목 찍힌 암송아지에 대
고 손을 씻으며
7이렇게 말하여라. '우리의 손은 이 사람의
피를 흘리지 않았습니다. 우리는 현장을 목
격하지도 못했습니다.
8야훼여, 주께서 구해 내신 주의 백성 이스라
엘의 죄를 벗겨주소서. 주의 백성 이스라엘
가운데서 죄없는 피가 흐르지 않게 하소
서.' 이렇게 하면 그들은 그 피의 책임을 벗
게 된다.
9이렇게 너희는 너희 가운데서, 죄없는 자
의 피를 흘리는 일을 송두리째 뿌리뽑아야
한다. 야훼께서 보시기에 옳은 일을 해야
한다.

전쟁에서 사로잡은 여자를 아내로 맞는 규정

10 원수를 치러 싸움터에 나갔다가 너희 하
느님 야훼께서 원수를 너희 손에 붙여 사람
을 사로잡게 해주셨을 때,
11그 포로들 가운데서 마음에 드는 아리따운
여자가 있으면 그를 아내로 맞아도 좋다.
12그럴 경우 너희는 그를 집 안으로 맞아들여
라. 그러나 머리를 밀고 손톱을 깎고
13잡혀올 때 입었던 옷을 벗게 하여라. 그리
고 한 달 동안 집에 있으면서 자기 부모를
생각하고 곡하게 하여라. 그런 다음에라야
한자리에 들 수 있다. 이렇게 하여 너희는
그의 남편이 되고 그는 너희 아내가 되는 것
이다.
14만일 그 여자가 더 이상 너희 마음에 들지
않거든 원하는 대로 가게 하여라. 절대로
돈을 받고 팔지는 마라. 그 몸을 버려놓았
으니, 마구 부려먹어서도 안 된다.

맏아들의 상속권

15 한 남자가 두 아내를 거느리는데 하나는
사랑을 받고 하나는 미움을 받는다고 하자.
그런데 사랑을 받는 아내와 미움을 받는 아
내가 다 아들을 낳아주었지만, 맏아들이 미
움받는 아내의 아들일 경우에
16유산을 아들들에게 상속시켜 주는 날, 미
움받는 아내에게서 난 맏아들을 제쳐 놓고
사랑받는 아내의 아들을 맏아들로 삼을 수
없다.
17미움받는 아내의 아들을 맏아들로 인정해
주고 자기에게 있는 모든 것을 나누어 그에

게 두 몫을 주어야 한다. 그 아들이 자기의
정력에서 난 첫 소생이기 때문에 맏아들의
권리는 그에게 있는 것이다.

불효한 아들에게 내리는 벌

18 아버지의 말이나 어머니의 말을 전혀 듣
지 않고 거역하기만 하여 애를 태우는 아
들이 있는 경우, 아무리 타일러도 듣지 않
거든
19 부모는 그 고장 성문께, 성읍의 장로들이
있는 곳으로 그를 데리고 가서
20 그 성읍의 장로들에게 호소하여라. '이 녀
석은 우리 아들인데 거역하기만 하고 애만
타게 합니다. 우리의 말을 전혀 듣지 않습
니다. 방탕한데다가 술만 마십니다.'
21 그러면 온 시민은 그를 돌로 쳐죽일 것이다.
이런 나쁜 일은 너희 가운데서 송두리째 뿌
리뽑아야 한다. 온 이스라엘이 이 말을 듣고
두려워하게 될 것이다.

중죄인의 시체 효시 규정, 기타

22 죽을 죄를 지은 사람을 처형하고는 나무
에 달아 효시할 경우가 있다.
23 이렇게 나무에 달린 시체는 하느님께 저주
를 받은 것이니, 그 시체를 나무에 단 채 밤
을 보내지 말고 그 날로 묻어라. 그렇게 두
어서 너희 하느님 야훼께 유산으로 받은 너
희 땅을 더럽히면 안 된다.

22

너희는 동족의 소나 양이 길을 잃고 헤
매는 것을 보고 모른 체해서는 안 된
다. 반드시 그 동족을 찾아 그에게 끌어다
주어야 한다.
2 그 동족이 가까이 있지 않다든가 누구인지
모르겠거든 네 집에 끌어다 두었다가 그가
나타나 찾을 때 돌려주어라.
3 나귀도 그렇게 하고 옷도 그렇게 하고, 그
밖에 무엇이든지 네 동족이 잃은 것을 보거
든 찾아주어야 한다. 모른 체하면 안 된다.
4 너희는 동족의 나귀나 소가 쓰러져 있는
것을 보고 모른 체해도 안 된다. 반드시 동
족을 도와 거들어 일으켜주어야 한다.
5 여자는 남자의 옷을 입지 말고 남자는 여자
의 옷을 입지 마라. 이런 짓을 하는 자는 모
두 너희 하느님 야훼께서 역겨워하신다.
6 길을 가다가 나무 위나 땅바닥에서 새끼
나 알이 들어 있는 새집을 보았을 때 어미가
새끼나 알을 품고 있거든 어미째 새끼를 잡
지 마라.
7 어미를 날려 보내고 나서 새끼를 잡을 수
는 있다. 그래야 너희가 잘되고 오래 살 것
이다.
8 집을 새로 짓거든 옥상에 난간을 둘러라.
그러지 않았다가 사람이 떨어지면 너희 집
이 그 피 값을 치러야 할 것이다.
9 너희는 포도원에 다른 씨를 뿌리지 마라.
씨를 뿌려 거둔 곡식과 포도 소출이 모조리
손도 댈 수 없게 되리라.
10 소와 나귀를 한 멍에에 메워 밭을 갈지
마라.
11 털실과 모시를 섞어 짠 옷을 입지 마라.
12 네가 걸치는 옷자락 네 귀퉁이에는 술을
만들어 붙여야 한다.

정조를 존중하여라

13 누가 아내를 맞아 한자리에 들고는 싫어
져서
14 '이 여자를 아내로 맞아 가까이하고 보니
처녀가 아니다.' 하고 누명을 씌워 고발했
을 경우에
15 그 여자의 부모는 그 여자가 처녀였다는 증
거를 가지고 성문께로 나가 그 성읍의 장로
들에게 제시해야 한다.
16 그리고 그 여자의 아버지는 장로들에게 진
술하여라. '나는 나의 딸을 이 사람에게 아
내로 주었는데, 이 사람은 내 딸이 싫어졌
다고 하여
17 이렇게 고발했습니다. 내 딸이 처녀가 아니
었다는 것입니다. 여기에 내 딸이 처녀였다
는 증거가 있습니다.' 이렇게 말하고 딸의
자리옷을 그 성읍의 장로들 앞에 펴보여라.
18 그러면 성읍의 장로들은 그를 잡아 때리고
19 이스라엘의 처녀에게 누명을 씌운 대가로
벌금 백 세겔을 여자의 아버지에게 물어주
게 하여라. 그는 그 여자를 내보내지 못하
고 평생 데리고 살아야 한다.
20 그런데 그 고발이 사실이어서 그 여자가
처녀였다는 것이 입증되지 않으면,
21 그 여자를 아비의 집 문 앞에 끌어다 놓고
친정이 있는 성읍의 시민들이 돌로 쳐죽일
것이다. 그는 제 아비의 집에 있을 때 몸을
더럽혀 이스라엘에서는 생각할 수도 없는
짓을 저지른 것이다. 이런 부정한 짓을 너
희 가운데서 송두리째 뿌리뽑아야 한다.

화간과 강간

22 어떤 자가 남의 아내와 한자리에 들었다
가 붙잡혔을 경우에는 같이 자던 그 남자와
여자를 함께 죽여야 한다. 이런 부정한 짓

을 이스라엘에서 송두리째 뿌리뽑아야 한다.
23 약혼한 남자가 있는 처녀를 다른 사람이
성읍 안에서 만나 같이 잤을 경우에는
24 둘 다 그 성읍 성문 있는 데로 끌어내다가
돌로 쳐죽여야 한다. 그 처녀는 성읍 안에
서 당하면서도 소리를 지르지 않았기 때
문에 죽일 것이요, 남자는 이웃의 아내를
범했기 때문에 죽일 것이다. 이런 부정한
짓을 너희 가운데서 송두리째 뿌리뽑아야
한다.
25 약혼한 남자가 있는 처녀를 다른 남자가
들에서 만나 겁탈했을 경우에는 그 여자를
겁탈한 남자만 죽여야 한다.
26 그 처녀는 죽을 죄를 지은 것이 아니므로 손
댈 것까지는 없다. 이것은 이웃에게 맞아죽
은 것과 꼭 같은 경우이다.
27 그 일을 당한 곳이 들이므로 약혼한 그 처녀
가 소리를 질러도 와서 건져줄 사람이 없었
기 때문이다.
28 한 남자가 약혼하지 않은 처녀를 만나 억지
로 함께 자다가 붙잡힌 경우에는
29 그 처녀와 잔 남자가 처녀의 아비에게 오십
세겔을 물어야 한다. 그리고 그 몸을 버려놓
았으므로 내보내지 못하고 평생 데리고 살
아야 한다.

23

1 제 아버지의 부인을 아내로 맞을 수
22:30 없다. 누구도 아버지의 이불 자락을
들치지 못한다.

야훼의 대회에 참석할 수 없는 사람들

2 ㉠불알이 터진 사람이나 자지가 잘린 사
1 람은 야훼의 대회에 참석하지 못한다.
3 사생아는 야훼의 대회에 참석하지 못한다.
2 그 후손은 십 대에 이르기까지도 야훼의 대
회에 참석하지 못한다.
4 암몬 사람과 모압 사람은 야훼의 대회에 참
3 석하지 못한다. 그 후손은 십 대가 아니라
언제까지라도 야훼의 대회에 참석하지 못
한다.
5 너희가 이집트에서 나와 이리로 오는 도중
4 에 그들은 먹을 것과 마실 물을 가지고 나와
서 너희를 맞이하기는커녕 브올의 아들 발
람을 메소포타미아 지방 브돌에서 불러다가
돈을 주며 너희를 저주하게 하였다.
6 그러나 너희 하느님 야훼께서는 발람의 말
5 을 들어주지 않으셨다. 도리어 너희 하느님
야훼께서는 저주를 비는 대신 복을 빌게 하
셨다. 너희 하느님 야훼께서는 너희를 그토
록 사랑해 주셨던 것이다.
7 너희는 너희가 살아 있는 동안에 그들이 번
6 영을 누리며 잘살도록 힘써줄 것도 없다.
8 에돔인은 너희와 한 피를 나눈 사이다.
7 상종 못할 사람으로 여기지 마라. 이집트인
들도 상종 못할 사람으로 여기지 마라. 너
희는 그들의 땅에서 식객 신세를 졌기 때문
이다.
9 그들에게서 난 후손은 삼 대가 되면 야훼의
8 대회에 참석할 수 있다.

진지는 거룩해야 한다

10 너희는 적을 치러 출전할 때 어떤 일이건
9 거리끼는 일이 없도록 몸조심을 해야 한다.
11 너희 가운데 누가 밤에 몽설을 해서 부정을
10 탔을 경우, 그 사람은 진 밖으로 나가서 진
안으로 들어오지 아니하다가
12 저녁 무렵에 목욕을 하고 해 질 때쯤 진 안
11 으로 들어올 수 있다.
13 변소 자리는 진 밖에 마련해 놓아야 한다.
12 너희는 그리로 나갈 때에
14 무기 외에 꼬챙이를 가지고 나가야 한다.
13 땅을 파고 뒤를 본 다음 그 뒤 본 것을 도로
묻을 때에 그것을 사용해야 한다.
15 너희 하느님 야훼께서 너희를 건져주실 뿐
14 아니라 너희 원수를 너희 앞에 굴복시켜 주
시려고 너희 진지 가운데 머무르며 같이 진
군하시겠기 때문에 너희 진지는 깨끗해야
한다. 너희 가운데 더러운 것이 있는 것을
보시고 너희 진지에서 발길을 돌리시면 어
찌 하겠느냐?

도망한 종을 보호하는 규정, 기타

16 주인의 손을 벗어나 너희에게 피신해 온
15 종을 너희는 본 주인에게 내주지 못한다.
17 어느 성 안에서든지 너희와 함께 살고 싶다
16 고 하면 어디든지 그가 고르는 곳에서 살게
해주어야 한다. 그리고 그를 괴롭혀도 안
된다.
18 이스라엘의 딸들은 아무도 성소에서 몸을
17 파는 여자가 되지 못하고 이스라엘의 아들
들은 아무도 성소에서 몸을 파는 남자가 되
지 못한다.
19 그 누구도 창녀로서 몸을 팔아 번 돈이나,
18 수캐짓을 하여 번 돈을 어떤 서원제로든지
너희 하느님 야훼의 전에 가져올 수 없다.
이 두 가지 모두 너희 하느님 야훼께서 역겨
워하시는 것이다.

㉠ 라틴어 성서는 여기에서 23장이 시작된다.

20 같은 동족에게 변리를 놓지 못한다. 돈
19 변리든 장리 변리든 그 밖에 무슨 변리든 놓
지 못한다.
21 외국인에게는 변리를 놓더라도 같은 동족
20 에게는 변리를 놓지 못한다. 그래야 너희가
들어가 차지하려는 땅에서 너희가 손을 대
는 모든 일에 너희 하느님 야훼께서 복을 내
리실 것이다.
22 너희 하느님 야훼께 맹세한 일이 있거든
21 미루지 말고 그대로 해야 한다. 너희 하느
님 야훼께서 틀림없이 그것을 너희에게 요
구하실 것이다. 미루다가는 죄를 입으리라.
23 아예 맹세를 하지 않았더라면 죄를 입지 않
22 을 것이다.
24 너희 입으로 한 말은 반드시 지켜야 한다.
23 마음에서 우러나 입을 놀려 너희 하느님 야
훼께 맹세했으면 그대로 해야 한다.
25 너희 이웃집 포도원에 들어가서 먹을 만
24 큼 실컷 먹는 것은 괜찮지만 그릇에 담아가
면 안 된다.
26 이웃집 밭에 서 있는 곡식 이삭을 손으로 잘
25 라 먹는 것은 괜찮지만 이웃집 밭에 서 있는
곡식에 낫을 대면 안 된다.

재혼 규정

24 누가 아내를 맞아 부부가 되었다가 그
아내에게 무엇인가 수치스러운 일이
있어 남편의 눈 밖에 나면 이혼 증서를 써주
고 그 여자를 집에서 내보낼 수 있지만,
2 그 여자가 나가 지내다가 다른 사람에게 시
집을 갔는데,
3 둘째 남편도 그 여자를 싫어하게 되어 이혼
증서를 써 주고 집에서 쫓아냈다든가, 둘째
남편이 죽었다든가 할 경우에
4 그 여자를 내쫓은 처음 남편이 이렇게 몸을
더럽힌 여자를 다시 아내로 맞아들일 수는
없다. 이런 짓은 야훼께서 역겨워하시는 짓
이다. 이런 짓을 하여 너희 하느님 야훼께서
너희에게 주시어 차지하게 하신 땅에 죄를
입혀서는 안 된다.

각종 보호법

5 신부를 맞은 신랑은 싸움터에 나가지 않
아도 되고 무슨 일에든지 징용당하지 않는
다. 한 해 동안 그런 일에서 면제되어 집에
있으면서 새로 맞은 아내를 행복하게 해주
어야 한다.
6 맷돌은커녕 맷돌 위짝도 저당 잡힐 수 없
다. 그것은 남의 목숨을 저당 잡는 일이다.
7 같은 동족인 이스라엘 사람을 부려먹거나
팔 생각으로 유괴한 자가 있거든 그를 죽여
버려라. 그리하여 이런 나쁜 짓을 너희 가
운데서 송두리째 뿌리뽑아야 한다.
8 문둥병에 걸린 사람이 있으면, 레위인 사
제들이 지시하는 것을 어김없이 지켜 그런
사람을 조심해야 한다. 내가 명령한 대로
어김없이 지키도록 해야 한다.
9 너희가 이집트에서 나오던 길에 너희 하느
님 야훼께서 미리암을 어떻게 하셨는지 기억
하여라.㉠
10 너희는 동족에게 무엇을 꾸어줄 때, 담보
물을 잡으려고 그의 집에 들어가지 마라.
11 너희에게서 꾸려는 사람이 담보물을 가지
고 나오기까지 너희는 밖에 서 있어야 한다.
12 그 사람이 지극히 가난한 자일 경우 너희는
그가 잡힌 담보물을 덮고 자면 안 된다.
13 해 질 무렵이면 그 담보물을 반드시 돌려주
어야 한다. 그러면 그는 그 옷을 덮고 자리
에 들며 너희에게 복을 빌어줄 것이다. 이
렇게 하는 것이 너희 하느님 야훼 보시기에
잘하는 일이다.
14 가난하기 때문에 품을 파는 사람을 억울
하게 다루어서는 안 된다. 너희 나라, 너희
성문 안에 사는 사람이면 같은 동족이나 외
국인이나 구별 없이
15 날을 넘기지 않고 해 지기 전에 품삯을 주어
야 한다. 그는 가난한 자라 그 품삯을 목마
르게 바라고 있는 것이다. 너희를 원망하며
외치는 소리가 야훼께 들려 너희에게 죄가
돌아오지 않도록 해야 한다.
16 자식의 잘못 때문에 아비를 죽일 수 없
고, 아비의 잘못 때문에 자식을 죽일 수 없
다. 죽을 사람은 죄지은 바로 그 사람이다.
17 떠돌이와 고아의 인권을 짓밟지 마라. 과
부의 옷을 저당 잡지 마라.
18 이집트에서 종살이하던 일을 생각해 보아
라. 그런 너희를 너희 하느님 야훼께서 건져
내셨다는 것을 잊지 마라. 그래서 내가 너
희에게 이렇게 명령하는 것이니, 너희는 반
드시 이를 지켜야 한다.
19 밭에서 곡식을 거둘 때에 이삭을 밭에 남
긴 채 잊고 왔거든 그 이삭을 집으러 되돌아
가지 마라. 그것은 떠돌이나 고아나 과부에
게 돌아갈 몫이다. 그래야 너희 하느님 야훼
께서 너희가 손수 하는 모든 일에 복을 내려
주실 것이다.

㉠ 민수 12:10-15 참조.

20 올리브 나무 열매를 떨 때, 한번 지나간
다음 되돌아가서 가지들을 샅샅이 뒤지지
마라. 그것은 떠돌이나 과부에게 돌아갈 몫
이다.
21 포도를 딸 때에도, 한번 지나간 다음 되돌
아가서 다시 뒤지지 마라. 그것은 떠돌이나
고아나 과부에게 돌아갈 몫이다.
22 너희가 이집트 땅에서 종살이하던 일을 생
각해 보아라. 그래서 내가 이렇게 명령하는
것이니, 너는 반드시 이를 지켜야 한다.

25 사람들 사이에 분쟁이 생기면 법정에
가서 재판을 받아야 한다. 물론 옳은
사람에게 무죄를 선고해야 하고 그른 사람
에게 유죄를 선고해야 한다.
2 그런데 유죄 판결을 받은 사람에게 내린 형
이 매를 치는 것이라면, 재판관은 그를 자
기 앞에 엎드리게 하고 죄의 경중을 따라 몇
대이든지 때리게 해야 한다.
3 그러나 사십 대 이상을 넘기지는 못한다.
한 동족을 그 이상 때려 너희 눈앞에서 지나
친 천대를 받게 해서는 안 된다.
4 곡식을 밟아 떠는 소의 입에 망을 씌우지
마라.

죽은 형의 가문을 이어주는 법

5 여러 형제가 함께 살다가 그 중의 하나가
아들 없이 죽었을 경우에 그 남은 과부는 일
가 아닌 남과 결혼하지 못한다. 시동생이
그를 아내로 맞아 같이 살아서 시동생으로
서의 의무를 감당해야 한다.
6 그래서 난 첫아들은 죽은 형의 이름을 이어
받아 그의 이름을 이스라엘 가운데서 사라
지지 않게 해야 한다.
7 그런데 만일 그 사람이 형수를 아내로 맞지
않으려 할 경우에는 형수는 성문께로 장로
들에게 올라가서 이렇게 호소해야 한다.
'나의 시동생이 형의 이름을 이스라엘 가운
데서 이어가게 할 생각이 없습니다. 그래서
시동생으로서의 의무를 이행하려고 하지
않습니다.'
8 그 성읍의 장로들이 그를 불러다가 타일러
도 굽히지 않고 그를 아내로 맞고 싶지 않다
고 하거든
9 형수가 장로들 면전에서 그에게 다가서서
그의 발에서 신을 벗기고 얼굴에 침을 뱉으
며 욕해 주어라. '제 형의 가문을 이어주지
않는 사람은 이 꼴이 되어라.'
10 그 후로 이스라엘 가운데서 그는 '신 벗긴
집안'이라는 별명으로 통할 것이다.

남자끼리 싸울 때 여자가 지킬 예의

11 두 사람이 맞붙어 싸우는데 한 사람의 아
내가 얻어맞는 남편을 도울 셈으로 손을 내
밀어 상대편 불알을 잡았을 경우에는
12 그 여자의 손을 잘라버려야 한다. 조금도
애처롭게 여기지 마라.

올바른 상도의

13 너희는 주머니에 크고 작은 두 다른 저울
추를 가지고 있어서는 안 된다.
14 너희 집에 크고 작은 두 다른 되가 있어서도
안 된다.
15 너희는 모자라지 않고 틀림없는 저울추만
가져야 하고 모자라지 않고 틀림없는 되만
가져야 한다. 그래야 너희 하느님 야훼께서
너희에게 주실 땅에서 너희가 오래 살 것
이다.
16 이런 짓을 하는 사람, 이렇게 속임수를 쓰
는 사람은 모두 너희 하느님 야훼께서 역겨
워하신다.

아말렉에 앙갚음을 하여라

17 너희가 이집트에서 나오는 도중에 아말렉
에게 당한 일을 잊지 마라.
18 그는 너희가 도중에 지칠 대로 지쳐 있을 때
뒤에 처진 사람들에게 달려들어 하느님 두
려운 줄 모르고 쳐죽였었다.
19 그러므로 너희 하느님 야훼께서 너희 주변
에 있는 원수들을 물리쳐주시어, 너희 하느
님 야훼께 유산으로 받을 땅에서 평안을 누
리게 되거든 너희는 하늘 아래에서 아말렉
을 흔적도 남지 않게 없애버려야 한다. 명
심하여라.

햇곡식을 바치며 아뢰는 신앙 고백

26 너희 하느님 야훼께 유산으로 받은 땅
에 들어가서 그 땅을 차지하고 자리잡
게 되거든
2 너희 하느님 야훼께 받은 그 땅에서 너희가
거둔 각종 햇곡식을 떠내어 광주리에 담아
가지고 너희 하느님 야훼께서 당신의 이름
을 두시려고 고르신 곳으로 가거라.
3 너희는 당직 사제에게 가서 이렇게 말하여
라. '나는 야훼께서 우리에게 주시겠다고
우리의 선조들에게 맹세하신 대로 이 땅에
들어오게 된 것을 오늘 나의 하느님 야훼께
아룁니다.'
4 사제가 그 광주리를 네 손에서 받아 너희 하
느님 야훼의 제단 앞에 놓으면

5 너희는 너희 하느님 야훼 앞에 아래와 같이
아뢰어야 한다. '제 선조는 떠돌며 사는 아
람인이었습니다. 그는 얼마 안 되는 사람을
거느리고 이집트로 내려가서 거기에 몸붙여
살았습니다. 그러나 그는 거기에서 불어나
크고 강대한 민족이 되었습니다.
6 그래서 이집트인들은 우리를 억누르고 괴롭
혔습니다. 우리를 사정없이 부렸습니다.
7 우리가 우리 선조들의 하느님 야훼께 부르
짖었더니, 야훼께서는 우리의 아우성을 들
으시고 우리가 억눌려 고생하며 착취당하
는 것을 굽어살피셨습니다.
8 그리고 야훼께서는 억센 손으로 치시며 팔
을 뻗으시어 온갖 표적과 기적을 행하심으
로써 모두 두려워 떨게 하시고는 우리를 이
집트에서 구출해 내셨습니다.
9 그리하여 우리를 이 곳으로 데려오시어 젖
과 꿀이 흐르는 이 땅을 우리에게 주셨습
니다.
10 그런즉 야훼여, 주께서 저에게 주신 이 땅
의 햇곡식을 이제 제가 이렇게 가져왔습니
다.' 그리고는 그것을 너희 하느님 야훼 앞
에 놓고 너희 하느님 야훼 앞에 엎드려 예배
드리고
11 너희 하느님 야훼께서 너희와 너희 집에 주
신 온갖 좋은 것을 먹으며 즐겨라. 너희뿐
아니라 너희 가운데 있는 레위인과 떠돌이
도 함께 즐기도록 하여라.

삼 년마다 바치는 십일조를 드리며 아뢰는 기도

12 삼 년째 되는 해 곧 십일조를 바치는 해가
되면, 네 모든 소출에서 열의 하나를 떼내
어 레위인과 떠돌이와 고아와 과부에게 나
누어주고 그것을 너희 성 안에서 실컷 먹게
하여라.
13 그리고는 너희 하느님 야훼 앞에 아뢰어라.
'주께서 분부하신 대로 거룩한 것을 집에
서 모두 퍼내어 레위인과 떠돌이와 고아와
과부에게 나누어주었습니다. 주께서 분부
하신 것을 잊지 않고 어김없이 다 행하였습
니다.
14 저는 상중에 그것을 먹은 일도 없고 부정한
몸으로 먹은 일도 없으며 죽은 혼령에게 바
친 일도 없습니다. 저는 저의 하느님 야훼께
서 이르신 말씀대로 했습니다. 분부하신 대
로 다 행하였습니다.
15 주께서 계시는 저 거룩한 곳 하늘에서 굽어
보소서. 주의 백성 이스라엘과 우리에게 주
신 이 땅에 복을 내려주소서. 우리 선조들
에게 맹세하신 대로 젖과 꿀이 흐르는 땅이
되게 하소서.'

계약 갱신

16 오늘 너희 하느님 야훼께서는 이 규정과
법규를 지키라고 너희에게 분부하신다. 그
러니 너희는 마음을 다 기울이고 목숨을 다
바쳐 이 모든 것을 성심껏 실천해야 한다.
17 너희는 오늘 야훼께서 하시는 말씀을 들었
다. 야훼께서는 너희에게 하느님이 되어주
시겠다고 하셨다. 그 대신 너희는 분부받은
그 길을 따라 하느님의 규정과 계명과 법규
를 지켜 그의 말씀에 복종해야 한다고 하셨
다.
18 이에 응답하여 너희는 오늘 야훼께, 말씀대
로 하느님께서 소중하게 여기시는 백성이
되어 모든 분부를 지키겠다고 아뢰었다.
19 손수 지으신 만백성 위에 높여주시니 찬양
과 명성과 영광을 돌리는 백성, 약속대로
너희 하느님 야훼께 성별된 백성이 되겠다
고 하였다."

저주받을 열두 가지 죄

27 ◎모세는 이스라엘의 장로들을 거느리
고 백성에게 이렇게 선포하였다. "오
늘 내가 일러주는 모든 계명을 너희는 지켜
야 한다.
2 요르단을 건너 너희 하느님 야훼께서 주시는
땅에 들어가는 날이 오거든, 너희는 큰 돌
들을 세우고 하얗게 회를 발라라. 그리고
3 거기에 다음과 같은 법을 한 조목 한 조목
새겨라. 건너가는 길로 바로 그렇게 해야
너희 선조들의 하느님 야훼께서 약속해 주
신 대로 너희가 너희 하느님 야훼께서 너희
에게 주시는 땅, 젖과 꿀이 흐르는 땅으로
들어가 살게 될 것이다.
4 너희는 요르단을 건너는 길로 곧장 내가
오늘 지시한 대로 돌들을 에발 산에 세우고
하얗게 회를 발라라. 그리고
8 거기에 이 법을 한 조목 한 조목 똑똑히 잘
새겨라.
5 그리고 거기에다 너희 하느님 야훼께 제단
을 쌓는데 쇠연장으로 다듬지 않은 돌로 제
단을 쌓아라.
6 이렇게 돌들을 생긴 그대로 가져다가 너희
하느님 야훼의 제단을 쌓고 그 위에다 너희
하느님 야훼께 번제를 바쳐야 한다.
7 또 친교제물도 잡아 바치고 그 자리에서 먹
으면서 너희 하느님 야훼 앞에서 즐겨라."

9◎모세는 레위인 사제들을 거느리고, 온 이
스라엘에게 외쳤다. "너 이스라엘아 조용히
들어라. 너희는 오늘 너희 하느님 야훼의 백
성이 되었다.
10그런즉 너희는 너희 하느님 야훼의 말씀을
따라 내가 오늘 너희에게 일러주는 그의 계
명과 규정을 지켜야 한다."
11◎같은 날 모세는 백성에게 다음과 같은 명
령을 내렸다.
12"요르단 강을 건넌 다음에 시므온, 레위, 유
다, 이싸갈, 요셉, 베냐민 지파들은 백성에게
복을 달라고 기도하기 위하여 그리짐 산 쪽
으로 나서라.
13그리고 르우벤, 가드, 아셀, 즈불룬, 단, 납달
리 지파들은 저주를 빌기 위하여 에발 산 쪽
으로 나서라.
14그 다음 레위인들은 큰소리로 온 이스라엘
사람에게 외쳐라.
15 '야훼께서 역겨워하시는 우상을 새기거
나 부어 만드는 자, 기술공이 손으로 만든
것을 남몰래 모시는 자에게 저주를!' 하면,
온 백성은 '아멘!' 하고 대답하여라.
16 '아비나 어미를 업신여기는 자에게 저주
를!' 하면, 온 백성은 '아멘!' 하여라.
17 '이웃집 땅의 경계선을 옮기는 자에게 저
주를!' 하면, 온 백성은 '아멘!' 하여라.
18 '소경을 엉뚱한 길로 이끄는 자에게 저주
를!' 하면, 온 백성은 '아멘!' 하여라.
19 '떠돌이와 고아와 과부의 인권을 짓밟는
자에게 저주를!' 하면, 온 백성은 '아멘!'
하여라.
20 '아비의 이불 자락을 들치고 아비의 아내
와 자는 자에게 저주를!' 하면, 온 백성은
'아멘!' 하여라.
21 '어떤 짐승하고나 교접하는 자에게 저주
를!' 하면, 온 백성은 '아멘!' 하여라.
22 '아비의 딸이든 어미의 딸이든 제 누이와
자는 자에게 저주를!' 하면, 온 백성은 '아
멘!' 하여라.
23 '장모와 자는 자에게 저주를!' 하면, 온
백성은 '아멘!' 하여라.
24 '남몰래 동족을 쳐죽이는 자에게 저주
를!' 하면, 온 백성은 '아멘!' 하여라.
25 '뇌물을 받고 죄없는 사람의 피를 흘리는
자에게 저주를!' 하면, 온 백성은 '아멘!'
하여라.
26 '이 법을 어느 하나라도 실천하지 않고
짓밟는 자에게 저주를!' 하면, 온 백성은
'아멘!' 하여라.

계약을 지킬 때 받을 복

28 그러나 너희가 만일 너희 하느님 야훼
께서 하신 말씀을 귀담아들어, 내가
너희에게 내리는 그의 모든 명령을 성심껏
실천하면, 너희 하느님 야훼께서는 땅 위에
사는 만백성 위에 너희를 높여주실 것이다.
2 너희 하느님 야훼의 말씀을 순종하기만 하
면 다음과 같은 온갖 복이 너희를 사로잡을
것이다.
3 너희는 도시에서도 복을 받고 시골에서
도 복을 받으리라.
4 너희 몸의 소생과 밭의 소출과 소 새끼나
양 새끼 할 것 없이 너희 가축에게서 난 모
든 새끼가 복을 받으리라.
5 너희 광주리와 반죽 그릇이 복을 받으리
라.
6 너희는 들어와도 복을 받고 나가도 복을
받으리라.
7 너희에게 달려드는 원수들을 야훼께서 쳐
부수어 주실 것이다. 그들은 한 길로 몰려
왔다가 일곱 길로 뿔뿔이 도망치리라.
8 야훼께서 명령을 내리시면 너희 창고와 너
희가 손을 대는 모든 일에 복이 넘치리라.
이렇게 너희 하느님 야훼께서 너희에게 주
신 땅에서 너희는 복을 받을 것이다.
9 너희 하느님 야훼의 계명을 따라 그가 지시
하신 길로만 걸으면, 야훼께서는 너희에게
맹세하신 대로 너희를 성별된 당신의 백성
으로 세워주실 것이다.
10야훼의 이름을 받은 백성이라는 것을 알고
땅 위에 사는 모든 백성이 너희를 두려워하
게 되리라.
11야훼께서 너희 선조들에게 맹세하여 너희에
게 주겠다 하신 땅에서 너희 몸의 소생과 가
축의 새끼와 밭의 소출에 복이 흘러 넘치게
해주실 것이다.
12야훼께서는 당신의 풍성한 보물 창고인 하
늘을 여시어 너희 밭에 철 따라 비를 내려주
시고 너희가 손으로 하는 모든 일에 복을 주
실 것이다. 그리하여 너는 많은 민족에게
꾸어주기는 해도 남에게 꾸어 쓰는 일은 없
을 것이다.
13내가 오늘 너희에게 내리는 너희 하느님 야
훼의 명령을 들어 성심껏 실천하기만 하면,
야훼께서는 너희를 머리로 삼으면 삼으셨
지, 꼬리가 되게 하지는 않으실 것이다. 그
리하여 너는 다만 치솟을 뿐 내리밀리는 일
은 없을 것이다.
14그러니 너희는 내가 오늘 지시하는 이 모든

말을 어기지 마라. 한걸음도 빗나가는 일
없이, 다른 신들을 따라 그 신들을 섬기지
않도록 해야 한다.

계약을 어길 때 받을 저주

15 그러나 너희가 너희 하느님 야훼께서 하
신 말씀을 듣지 않고 내가 오늘 너희에게 지
시하는 그의 모든 계명과 규정을 성심껏 실
천하지 않는다면 다음과 같은 온갖 저주가
너희를 사로잡을 것이다.
16 너희는 도시에서도 저주를 받고 시골에
서도 저주를 받으리라.
17 너희 광주리와 반죽 그릇이 저주를 받으
리라.
18 너희 몸에서 태어난 소생과 밭의 소출과
소 새끼와 양 새끼가 모두 저주를 받으리라.
19 너희는 들어와도 저주를 받고 나가도 저
주를 받으리라.
20 야훼께서는 너희에게 저주를 내려 너희가
손을 대는 모든 일을 뒤엎으시어 뒤죽박죽
이 되게 하실 것이다. 당신을 저버리고 못
할 짓을 한 까닭에, 마침내 너희를 쓸어버
리시리니, 너희는 이내 망하고 말 것이다.
21 야훼께서는 너희가 들어가 차지하려는 땅에
서 너희로 하여금 염병에 걸려 끝장나게 하
고 마실 것이다.
22 야훼께서 폐병과 열병과 염병을 내려 너희
를 치시고 무더위와 열풍을 몰아오고 깜부
기병을 내려 너희를 치실 것이다. 이런 것
들이 덮쳐와 너희는 결국 망하고 말 것이다.
23 너희가 이고 있는 하늘은 놋이 되고 딛고 서
있는 땅은 쇠가 될 것이다.
24 야훼께서는 너희 땅에 모래와 티끌을 비처
럼 내리실 것이다. 이런 것들이 하늘에서
너희 위에 내려 너희는 결국 쓸려가고 말 것
이다.
25 야훼께서는 너희를 원수에게 패하게 하실
것이다. 그래서 너희가 한 길로 쳐나갔다가
일곱 길로 뿔뿔이 도망치게 되면, 땅 위에
있는 모든 나라가 너희 모양을 보고 두려워
떨 것이며,
26 너희 시체는 온갖 공중의 새와 땅의 짐승이
거리낌 없이 뜯어먹으리라.
27 야훼께서는 이집트의 악질 종기와 치질과
옴과 습진을 내려 너희를 치시리니 너희가
낫지 못하리라.
28 야훼께서는 너희를 쳐서 미치게도 하시고
눈멀게도 하실 것이다. 너희는 정신을 잃고
29 앞이 캄캄하여 허둥대는 장님처럼 대낮에
도 허둥대게 되리니, 무엇 하나 제대로 되
는 일이 없을 것이다. 언제까지나 짓밟히고
착취를 당하건만 너희를 빼내어 줄 이도 없
을 것이다.
30 약혼한 여자가 다른 사내에게 농락당하
고, 집을 지어놓고도 그 집에서 살지 못하
며 포도원을 가꾸어놓고도 맛을 보지 못하
리라.
31 너희 눈앞에서 너희 소를 잡는데도 입에 대
보지 못하고 너희 눈앞에서 몰려간 너희 나
귀도 돌아오지 않겠으며, 너희 양떼가 원수
의 손에 넘어가는데도 너희를 도와줄 이가
없으리라.
32 너희 아들딸이 다른 민족의 손에 넘어가는
것을 너희 눈으로 보아야 할 것이며 눈이 빠
지도록 언제까지나 기다려보아야 속수무책
이리라.
33 너희 땅에서 애써 거둔 곡식을 너희가 알지
못하는 백성이 다 먹어버리리라. 이렇게 너
희는 언제까지나 억눌리고 짓밟히리라.
34 이 꼴을 너희 눈으로 보다 못해 너희는 마침
내 미쳐버리리라.
35 야훼께서는 너희를 쳐서 고약한 악질 종기
가 무릎과 허벅지에 나게 하여 발바닥에서
정수리에까지 퍼지게 하실 것이다.
36 야훼께서는 너희가 받들어 세운 왕과 함
께 너희를, 너희와 너희 선조들이 알지 못
하던 민족에게 끌려가게 하실 것이다. 너희
는 거기에서 나무나 돌로 만든 다른 신들을
섬겨야 하리라.
37 야훼께서 너희를 쫓아보내신 곳에 사는 백
성들이 너희를 보고 충격을 받아 속담을 만
들고 너희를 빈정거릴 것이다.
38 밭에 씨를 아무리 많이 뿌려도 메뚜기떼가
먹어버려 거둘 것이 얼마 되지 아니하겠고,
39 아무리 애써서 포도원을 가꾸고 심어도 벌
레가 갉아먹어, 마실 포도주도 저장해 둘
포도주도 없으리라.
40 또 너희 온 지경 안에 올리브 나무들이 있어
도 그 열매가 떨어져서 몸에 바를 기름이 없
으리라.
41 아들딸을 낳아도 너희 앞에 하나 남지 않고
모두 포로로 붙잡혀가리라.
42 너희가 가꾸는 나무나 밭에 익은 곡식은 해
충이 모조리 갉아먹으리라.
43 너희 가운데 몸붙여 살던 떠돌이가 너희
를 밟고 일어서서 점점 치솟고 너희는 점점
내리밀려
44 그에게서 꾸기는 해도 그에게 꾸어주지는

못하리라. 그리하여 그가 도리어 머리가 되
고 너희는 꼬리가 되리라.
45 이 모든 저주가 너희를 덮쳐 사로잡는 날,
너희는 망하고 말 것이다. 이는 너희가 너
희 하느님 야훼께서 하신 말씀을 듣지 않고
그가 지시하신 계명과 규정을 지키지 않았
기 때문이다.
46 이런 것들이 너희와 너희 후손을 언제까지
나 일깨워줄 표와 표적이 될 것이다.
47 모든 것이 남아 넘쳐서 기쁘고 즐거운 나머
지 너희 하느님 야훼를 섬기지 않은 까닭에
48 너희는 마침내 굶주리고 목이 타며, 헐벗은
몸으로 아무것도 없이 야훼께서 보내신 원
수를 섬겨야 하리라. 너희는 그가 목에 씌
워준 쇠멍에를 벗지 못하고 짓눌려 죽고 말
것이다.
49 야훼께서는 먼 땅 끝에서 한 민족을 일으
켜 너희를 치게 하실 것이다. 독수리처럼
내리덮칠 그 민족은 너희와 말이 통하지 않
는 민족,
50 노인을 존대하지도 않고 어린이를 불쌍히
여기지도 아니하는 몰인정한 민족이다.
51 그들은 너희 가축 새끼들과 너희 땅의 소출
을 먹어치울 것이다. 그리하여 결국 너희는
멸망하고 말리라. 곡식과 술과 기름, 소 새
끼와 양 새끼 하나 남아 있지 않을 것이다.
그리하여 결국 너희는 망하고 말리라.
52 그들은 너희를 온 나라 안에 있는 모든 성
안에 몰아넣고 마침내 너희가 그토록 믿는
높고 튼튼한 성벽들이 허물어지기까지 공
격할 것이다. 너희 하느님 야훼께서 너희에
게 주신 땅에 있는 모든 성 안에 너희를 몰
아넣고 공격하리라.
53 너희 원수가 이렇게 너를 포위하고 몰아치
면 너희는 자기 뱃속에서 나온 소생, 너희
하느님 야훼께서 주신 아들딸을 먹게 될 것
이다.
54 너희 가운데 유난히 호강하던 나약한 사람
들까지도 동기나 가슴에 안기는 아내나 죽
지 않고 남은 자식조차 외면하고
55 자기가 먹는 자식의 고기를 아무에게도 나
누어주려고 하지 않을 것이다. 원수가 너희
모든 성을 포위하고 몰아쳐 아무것도 남겨
두지 않아 마침내 이런 지경에 이를 것이다.
56 너희 가운데 호강하며 하느작거리던 여자,
너무 호강하여 발바닥을 땅에 대본 일도 없
는 여자가 자기를 가슴에 안아주는 남편이
나 아들딸을 외면하고,
57 궁한 나머지 제 다리 사이에서 나온 자식을
태째 몰래 먹어치울 것이다. 원수가 너희
모든 성을 포위하고 몰아치면 마침내 이런
지경에 이를 것이다.
58 너희가 만일 너희 하느님의 존엄한 이름
야훼를 두려워할 줄 모르고 이 책에 기록되
어 있는 법의 한 조목 한 조목을 성심껏 지
키지 않는다면,
59 야훼께서는 너희와 너희 후손에게 재앙을
내리실 것이다. 떠나지 아니하는 무서운 재
앙, 고약한 악질로 치실 것이다.
60 너희가 그토록 무서워하던 이집트의 전염병
을 다시 끌어들이시리니 그것이 너희에게
붙어 떨어지지 않을 것이다.
61 야훼께서는 이 법전에 기록되어 있지 않은
온갖 병, 온갖 재앙을 너희 위에 쏟으실 것
이다. 그래서 너희는 멸망하고 말 것이다.
62 너희는 하늘의 별만큼 많아지겠지만, 결국
몇 사람 남지 않을 것이다. 너희 하느님 야
훼의 말씀을 듣지 않으면 그렇게 될 수밖에
없다.
63 야훼께서는 너희를 잘되게 해주시고 또
불어나게 하시기를 좋아하신 그만큼 너희
를 멸종시켜 쓸어버리시는 일도 좋아하실
것이다. 너희가 들어가 차지할 땅에서 너희
는 뿌리뽑히고 말리라.
64 야훼께서는 땅 이 끝에서 저 끝까지 온 땅에
있는 만백성 가운데 너희를 흩으실 것이다.
그러면 너희는 너희나 너희 선조들이 알지
못하던 신들, 나무나 돌로 만든 다른 신들
을 섬겨야 하리라.
65 그 민족들 틈에서 너희는 안식처가 없어 발
바닥 쉴 곳조차 없으리라. 거기에서 야훼께
서는 너희 심장이 떨리고 앞이 캄캄해지고
입맛이 떨어지게 하시리라.
66 그리하여 하루 앞을 내다볼 수 없는 너희 목
숨은 하루살이 같아 밤이나 낮이나 벌벌 떨
며 자기 목숨을 믿을 수 없어 하게 되리라.
67 눈에 보이느니 가슴 떨리게 하는 일뿐이라,
아침에는 '언제 저녁이 오려나!', 저녁에는
'언제 아침이 오려나!' 하는 신세가 되리라.
68 야훼께서는 너희를 배에 실어 이집트로 데려
가기도 하시리라. 다시는 보이지 않으리라
고 약속해 주셨던 그 길로 너희를 끌고 가시
리라. 거기에서 원수에게 남종 여종으로 팔
려고 너희 몸을 내놓아도 살 사람마저 없으
리라."
69 ◎㉠이것이 야훼께서 모세에게 명령하여, 모
29:1

㉠ 라틴어 성서는 여기에서 29장이 시작된다.

압 땅에서 이스라엘 백성과 맺게 하신 계약
의 조문들이다. 야훼께서는 이 계약 외에도
호렙에서 그들과 계약을 맺으신 적이 있다.

계약을 길이 지키기로 다짐하다

29 1◎모세는 온 이스라엘을 불러모으고
2 말하였다. "야훼께서는 이집트 땅에
서, 너희가 지켜보는 가운데, 파라오와 그의
신하들과 온 나라를 해치우셨다. 너희는 그
것을 다 보았다.
2 그들을 괴롭히시며 굉장한 표적과 기적을
3 행하시는 것을 너희는 목격하였다.
3 그러나 야훼께서는 이날까지 너희에게 깨닫
4 는 마음, 보는 눈, 듣는 귀를 주지 않으셨
다.
4 그래서 나는 사십 년 동안이나 광야에서
5 너희를 이끌고 다녀야 했다. 그러나 너희가
걸친 옷은 해어지지 않았고 발에 신은 신발
은 닳아지지 않았다.
5 너희는 남이 먹는 양식을 먹지 못하고 포도
6 주나 술을 마시지 않고도 살 수 있었다. ㉠그
렇게 한 것은 야훼께서 너희 하느님이신 줄
깨우쳐주려는 것이었다.
6 너희가 이 곳에 이르렀을 때에 헤스본 왕 시
7 혼과 바산 왕 옥이 나와서 우리를 맞아 싸웠
지만, 우리는 그들을 쳐부술 수 있었다.
7 우리는 그들의 땅을 점령하고 그 땅을 르우
8 벤과 가드와 므나쎄 지파 반에게 유산으로
떼어주었다.
8 그러니 너희는 이 계약의 조문들을 지켜 그
9 대로 실천하여라. 그래야 너희가 하는 모든
일이 뜻대로 될 것이다.
9 너희는 지금 야훼 너희 하느님 앞에 서 있
10 다. 너희 각 지파의 어른들과 장로들과 관
리들을 비롯하여 온 이스라엘 사람,
10 너희의 어린이들이나 부녀자들, 장작을 패
11 주는 사람뿐 아니라 물을 길어주는 사람,
너희의 진지 안에 몸붙여 사는 떠돌이까지
도
11 오늘로서 너희 하느님 야훼와 계약을 맺고
12 그 벌칙까지도 지켜야 하는 사이가 된다.
12 야훼께서는 오늘 너희를 세우시어 당신의
13 백성으로 삼으시고 몸소 너희 하느님이 되
어주시려는 것이다. 너희에게도 약속해 주
셨지만, 너희 선조 아브라함과 이사악과 야
곱에게 하신 맹세를 이렇게 지켜주시는 것
이다.
13 이렇게 내가 벌칙을 붙여서 맺는 이 계약
14
은 너희하고만 맺는 것이 아니다.
14 오늘 여기에 우리와 함께 우리 하느님 야훼
15 앞에 서 있는 사람들뿐 아니라, 오늘 여기
에 우리와 함께 있지 않은 사람과도 맺는 것
이다.
15 그렇다. 너희는 우리가 이집트 땅에서 어
16 떻게 살았는지 안다. 또 그간 여러 민족들
사이를 우리가 어떻게 지나왔는지도 너희
는 안다.
16 그들이 나무와 돌과 은과 금으로 구역질나
17 는 우상들을 만들어 모시고 있는 것을 너희
는 보았다.
17 오늘, 우리 하느님 야훼에게서 마음이 떠나
18 그 민족들의 신들을 따라가 섬기려는 자가
행여나 너희 가운데 없도록 해야 한다. 그
어떤 남자도 여자도, 문중도 지파도 그런
일이 없도록 해야 한다. 행여나 너희 가운
데 그런 소태같이 쓴 열매를 맺는 뿌리가 있
어서는 안 된다.
18 그런 자는 이 벌칙 조항들을 듣고서도 제 잘
19 난 줄만 알고, '물이 콸콸 솟는 동산이든지
메마른 사막이든지 내 멋대로 마구 뒤엎어
버려도 나에게는 아무 일 없으리라.' 하겠
지만,
19 야훼께서는 그런 자를 용서하지 않으신다.
20 야훼께서는 그에게 당신의 분노와 질투를
터뜨리시어 이 책에 벌칙으로 기록되어 있
는 모든 저주를 내려 덮치게 하실 것이다.
그리하여 야훼께서는 그의 이름을 하늘 아
래에서 지워버리고 마시리라.
20 야훼께서는 그런 자를 이스라엘 모든 지파들
21 가운데서 갈라 세우시고 이 법전에 기록되
어 있는 계약에 딸린 모든 벌칙대로 재앙을
내리실 것이다.
21 너희 뒤를 이어 일어날 다음 세대의 자손들
22 이나 먼 나라에서 온 외국인들이 야훼께서
이 땅에 내리신 재앙과 퍼뜨리신 병을 보고
물을 것이다.
22 야훼께서 화를 내시어 뒤엎으신 소돔과 고모
23 라와 아드마와 스보임같이, 유황과 소금으로
다 태워버려 이 땅에 씨를 뿌릴 엄두도 나지
않게, 움이 틀 가망도 없게, 그리고 풀포기
하나 자랄 수 없도록 뒤엎으신 것을 보고
23 모든 민족들은 물을 것이다. '어찌하여 야
24 훼께서 이 땅에 이런 일을 하셨을까? 이토
록 혹심한 분노를 터뜨리셨을까?'
24 그러면 이렇게들 말할 것이다. '이 백성은
25 이집트 땅에서 구출되어 나올 때에 저희 선

㉠ 히브리어 본문: "그렇게 한 것은 나 야훼가 너희 하느님인 줄 깨우쳐주려는 것이었다."

조의 하느님과 맺은 계약을 저버렸다가 이
모양이 되었단다.
25 듣지도 보지도 못하던 신들, 야훼께서 섬기
26 지 말라고 하신 ㉠신들을 따라가 그들을 섬
기며 절했지.
26 그러니 야훼의 분노가 이 땅에 터질 수밖에.
27 그래서 이 책에 기록된 모든 저주를 그 위에
내리셨던 것이다.
27 야훼께서 너무 노엽고 화가 나고 분하셔서
28 그들을 저희 땅에서 송두리째 뽑아다가 오
늘날 저렇게 다른 나라에 쫓아버리신 것이
다.'
28 숨겨진 것은 우리 하느님 야훼께서나 아
29 실 일이다. 우리와 우리 자손들이 언제까지
나 할 일은 이미 드러난 일이다. 그러니 우
리는 이 법에 있는 모든 말씀대로 실천할 뿐
이다.

회개하면 포로 생활에서 돌아오게 되리라

30 내가 오늘 너희 앞에 내놓는 복과 저주
를 담은 이 말이 그대로 다 이루어져서
너희 하느님 야훼께서 너희를 모든 민족들
가운데 흩으셨다고 하자. 그러나 거기에서
라도 제정신이 들어
2 너희 하느님 야훼께 돌아와서 너희와 너희
자손이 마음을 모아 기울이고 있는 정성을
다 쏟아 오늘 내가 지시하는 말을 그대로 순
종하기만 하면,
3 너희 하느님 야훼께서는 너희를 불쌍히 보
시고 포로 생활에서 돌아오게 해주실 것이
다. 너희 하느님 야훼께 쫓겨갔던 너희를 만
백성 가운데서 다시 모아들이시리라.
4 너희가 비록 하늘과 땅이 맞닿는 데까지 흩
어져 갔더라도 너희 하느님 야훼께서는 너
희를 거기에서 모아 데려오실 것이다.
5 너희 하느님 야훼께서 너희를 너희 선조들
이 차지했던 땅으로 데려오시어 그 땅을 다
시 차지하게 하실 것이다. 그리고 너희를
선조들보다 더 잘되게 해주시고 더 불어나
게 해주실 것이다.
6 그리고 너희 하느님 야훼께서 너희 마음과
너희 후손의 마음의 껍질을 벗겨 할례를 베
풀어주실 것이다. 그리하여 너희가 마음을
다 기울이고 정성을 다 쏟아 너희 하느님
야훼를 사랑하며 복된 삶을 누리게 해주시
고
7 너희를 괴롭히던 너희 원수와 적들에게 그
모든 저주를 내리시리라.
8 그러나 너희는 마음을 돌이켜 야훼의 말씀
을 순종하게 될 것이며 내가 오늘 내리는 그
의 모든 명령을 실천하게 될 것이다.
9 그리고 너희 하느님 야훼께서는 너희가 손
으로 하는 모든 일, 너희 몸의 소생들, 가축
의 새끼들, 밭의 소출을 넘치게 해주실 것
이다. 야훼께서는 마음을 돌이키시어 너희
를 잘되게 해주시는 일이 마냥 기쁘실 것이
다. 일찍이 기뻐하심으로써 너희 선조들을
잘되게 해주셨듯이 너희에게도 잘 해주실
것이다.
10 물론 너희 하느님 야훼의 말씀을 들어 이 법
전에 기록되어 있는 그의 계명과 규정을 지
키고 너희 마음을 다 기울이고 정성을 다 쏟
아 너희 하느님 야훼께 돌아와야 그렇게 해
주실 것이다.

하느님의 계명은 어려운 것이 아니다

11 내가 오늘 너희에게 내리는 이 법은 너희
로서 엄두도 내지 못할 일이거나 미치지 못
할 일은 아니다.
12 그것은 하늘에 있는 것이 아니다. '누가 하
늘에 올라가서 그 법을 내려다 주지 않으려
나? 그러면 우리가 듣고 그대로 할 터인
데.' 하고 말하지 마라.
13 바다 건너 저쪽에 있는 것도 아니다. '누가
이 바다를 건너가서 그 법을 가져다 주지 않
으려나? 그러면 우리가 듣고 그대로 할 터
인데.' 하고 말하지도 마라.
14 그것은 너희와 아주 가까운 곳에 있다. 너
희 입에 있고 너희 마음에 있어서 하려고만
하면 언제든지 할 수 있는 것이다.

생명의 길과 죽음의 길

15 보아라. 나는 오늘 생명과 죽음, 행복과
불행을 너희 앞에 내놓는다.
16 내가 오늘 내리는 너희 하느님 야훼의 명령
을 순종하며 너희 하느님 야훼를 사랑하고
그가 지시하신 길을 걸으며 그의 계명과 규
정과 법령을 지키면 너희는 복되게 살며 번
성할 것이다. 너희가 들어가 차지하려는 땅
에서 너희 하느님 야훼께서 내리시는 복을
누릴 것이다.
17 그러나 너희 마음이 변하여 순종하지 아니
하면, 하느님께 추방당하여 다른 신들 앞에
엎드려 그것들을 섬기게 될 것이다.
18 오늘 나는 너희에게 일러둔다. 그리되면 너
희는 반드시 망하리라. 너희가 이제 요르단

㉠ "저희에게 아무 분깃도 나누어주지 않은 신들"이라고 옮길 수도 있다.

강을 건너가 차지하려는 땅에서 오래 살지
못할 것이다.
19 나는 오늘 하늘과 땅을 증인으로 세우고 너
희 앞에 생명과 죽음, 복과 저주를 내놓는
다. 너희나 너희 후손이 잘살려거든 생명을
택하여라.
20 그것은 너희 하느님 야훼를 사랑하는 것이
요 그의 말씀을 듣고 그에게만 충성을 다하
는 것이다. 그것이 야훼께서 너희 선조, 아
브라함과 이사악과 야곱에게 주겠다고 맹세
하신 땅에 자리잡고 오래 잘사는 길이다."

여호수아가 모세의 후계자로 임명되다

31 ◎모세는 계속하여 온 이스라엘에게 이
모든 말을 하였다.
2 그는 이렇게 말하였다. "내 나이 이제 백스
무 살이 지나 다시는 일선에 나설 수 없는
몸이 되었다. 야훼께서는 나에게 '너는 이
요르단 강을 건너지 못한다.' 하고 말씀하
셨다.
3 그러나 너희 하느님 야훼께서 몸소 앞장서
건너가셔서 저 민족들을 너희 앞에서 없애
주시고 너희로 하여금 그 땅을 차지하게
해주실 것이다. 그리고 여호수아가 야훼의
말씀을 따라 너희의 앞장을 서서 건너갈
것이다.
4 야훼께서 아모리 왕 시혼과 옥과 그들의 땅
을 해치우시고 쓸어버리셨듯이 그들도 해
치우실 것이다.
5 이렇게 그들을 너희에게 넘겨주시거든 너
희는 나에게 받은 명령대로 어김없이 그들
을 해치워야 한다.
6 힘을 내어라. 용기를 가져라. 무서워하지
마라. 그들 앞에서 떨지 마라. 너희 하느님
야훼께서 몸소 함께 진군하신다. 너희를 포
기하지도 아니하시고 버리지도 아니하신
다."
7 ◎그리고 모세는 여호수아를 불러내어 온 이
스라엘 앞에서 일렀다. "힘을 내어라. 용기
를 가져라. 야훼께서 이 백성의 선조들에게
주시겠다고 맹세하신 땅으로 이 백성을 이
끌고 들어갈 사람은 바로 너다. 저 땅을 유
산으로 차지하게 해줄 사람은 바로 너다.
8 야훼께서 몸소 너의 앞장을 서주시고 너의
곁을 떠나지 않으실 것이다. 너를 포기하지
도, 버리지도 않으실 것이다. 두려워하지
말고 겁내지도 마라."

회중에게 계약법을 낭독해 주어라

9 ◎모세는 이 법을 기록하여 레위의 후손으로
서 야훼의 계약궤를 메는 사제들과 이스라엘
의 모든 장로들에게 맡겼다.
10 그리고 모세는 그들에게 이렇게 분부하였
다. "칠 년마다 한 번씩, 빚을 삭쳐주도록
정한 해의 초막절이 되어,
11 온 이스라엘이 너희 하느님 야훼의 얼굴을
뵈러 당신께서 고르신 곳으로 모이면, 너희
는 이 법을 온 이스라엘 앞에서 읽어 그들의
귀에 들려주어야 한다.
12 너희는 이 백성을 불러모아라. 남자 여자
아이뿐 아니라 너희 성 안에서 사는 떠돌이
도 불러 대회를 열어라. 그래야 그들이 듣
고 배워 너희 하느님 야훼를 경외하며 이 법
에 있는 말씀 한 조목 한 조목을 성심껏 지
키지 않겠느냐?
13 이것을 모르는 너희 후손도 너희가 요르단
강을 건너가 차지하려는 땅에서 살며 항상
듣고 배워 너희 하느님 야훼를 경외할 줄 알
아야 한다."

백성에게 노래를 지어 가르쳐주어라

14 ◎야훼께서 모세에게 말씀하셨다. "이제 네
가 죽을 날이 다가왔다. 여호수아를 데리고
만남의 장막 앞에 함께 나서거라. 내가 그
에게 통수권을 맡기리라." 모세와 여호수아
가 만남의 장막에 나서자
15 야훼께서 구름기둥 속에서 나타나셨다. 그
구름기둥이 장막 문 앞에 서 있는데
16 야훼께서 모세에게 말씀하셨다. "너는 이제
네 선조들과 함께 잠들게 되었다. 그런데
이 백성은 이제 막 들어가 섞여 살 그 땅의
낯선 다른 신들을 따라 당장 음탕한 짓을 하
게 될 것이다. 나를 저버리겠고, 나와 맺은
계약을 깨뜨릴 것이다.
17 나는 화가 나서 그 날로 그들을 버리리라.
내가 그들을 외면하면 그들은 망하고 말 것
이다. 온갖 재앙과 고통이 그들을 덮치는
날 '하느님이 우리 가운데 계시지 않는가
보다. 그렇지 않고서야 어찌 이런 재앙이
우리를 덮치랴?' 하고 탄식하게 될 것이다.
18 다른 신들에게 눈길을 돌려 온갖 못할 짓을
하는 날 내가 어찌 차마 그 꼴을 보고 있겠
느냐?
19 이제 너는 이 노래를 적어 이스라엘 백성
에게 가르쳐주어라. 그리하여 이 노래가 입
에서 떠나지 않아 내가 이스라엘 백성에게
어떤 일을 했는지를 일깨워주는 증거가 되
게 하여라.

20 젖과 꿀이 흐르는 땅, 그들의 선조에게 주
겠다고 맹세하였던 땅에 내가 이끌어들이
면 그들은 살이 찌도록 배불리 먹고 나서 다
른 신들에게 눈을 팔아 그것들을 섬길 것이
다. 그리하여 나를 업신여기고 내가 맺어준
계약을 깨뜨리고 말 것이다.
21 그리하여 온갖 재앙과 고통이 덮치게 되면,
이 노래가 그들을 일깨워주는 증언이 될
것이다. 내가 맹세로써 약속해 준 땅에 이
끌어들이기도 전에 나는 그들이 품고 있는
속셈을 알고 있다. 그러므로 후손들의 입
에서 이 노래가 떠나서는 안 된다고 하는 것
이다."
22 ◎그 날로 모세는 이 노래를 적어 이스라엘
백성에게 가르쳐주었다.
23 ◎하느님께서는 눈의 아들 여호수아에게 통
수권을 맡기시면서 이렇게 말씀하셨다. "힘
을 내어라. 용기를 가져라. 너는 내가 주겠
다고 맹세한 땅으로 이스라엘 백성을 이끌
고 들어가야 할 몸이다. 내가 정녕 네 곁을
떠나지 않으리라."
24 ◎모세는 이 법에 있는 말씀을 두루마리에
끝까지 다 기록한 다음,
25 야훼의 계약궤를 메는 레위인들에게 지시하
였다.

법전을 계약궤 옆에 두어라

26 "이 법전을 가져다가 너희 하느님 야훼의
계약궤 옆에 두어 너희를 일깨워주는 증거
로 삼아라.
27 나는 너희가 얼마나 반항적이고 고집이 센
지 잘 안다. 내가 아직 너희와 함께 이렇게
분명히 살아 있는데도 너희는 야훼를 거역
하였다. 하물며 내가 죽은 다음에야 어떻겠
느냐?
28 너희 각 지파의 장로들과 관리들을 모두 나
에게로 불러오너라. 하늘과 땅을 증인으로
세우고 이 모든 말씀을 그들의 귀에 들려주
어야겠다.
29 내가 죽은 다음에 너희는 스스로 부패하여
내가 지시해 주는 길에서 벗어나리라는 것
을 나는 알고 있다. 너희가 하는 일이란 야
훼의 눈에 가시요, 손으로 하는 짓은 그의
속을 썩여드릴 뿐이다. 너희는 훗날 재앙을
면하지 못할 것이다."

모세의 마지막 노래

30 ◎그리고 모세는 다음과 같은 노래를 끝까
지 불러 이스라엘 대회에 모여 온 모든 사람
의 귀에 들려주었다.

32

"하늘아, 귀를 기울여라.
내가 말하리라.
땅아, 들어라.
내가 입을 열리라.
2 내가 전해 주는 말은 떨어지는 빗방울이
요,
나의 말은 함초롬히 내리는 이슬.
소나기가 되어 풀밭을 적시고,
가랑비가 되어 푸성귀에 내린다.
3 그의 이름 야훼를 내가 부르면,
너희는 우리 하느님께 영광을 돌려라.
4 하느님은 반석이시니 그 하시는 일이 완
전하시고,
가시는 길은 올바르시다.
거짓이 없고 미쁘신 신이시라,
다만 올바르고 곧기만 하시다.
5 흠없이 낳으신 자식들이 잘못되어
비뚤어지고 비꼬인 세대가 되었구나.
6 너희가 어찌 야훼께 이럴 수 있느냐?
이 어리석은 것들아, 미련한 것들아.
그가 너희를 있게 하신 너희 아버지가 아
니시냐?
너희를 만들고 붙들어주시는 이가 아니
시냐?
7 아득한 옛날을 회상해 보아라.
선조 대대로 지나온 세월을 더듬어보아
라.
너희 아비에게 물어보아라.
그가 가르쳐주리라.
노인들에게 물어보아라.
그들이 일러주리라.
8 지존하신 이께서 만방에 땅을 나누어주
시고,
인류를 갈라 흩으실 때,
㉠신들의 수효만큼 경계를 그으시고
민족들을 내셨지만,
9 야곱이 야훼의 몫이 되고
이스라엘이 그가 차지한 유산이 되었다.
10 야곱을 만나신 것은 광야에서였다.
스산한 울음 소리만이 들려오는 빈 들판
에서 만나,
감싸주시고 키워주시며
당신의 눈동자처럼 아껴주셨다.
11 독수리가 보금자리를 흔들어놓고

㉠ "신의 아들들"로 옮길 수도 있다. 그러나 히브리어 본문에는 "이스라엘"로 되어 있다.

파닥거리며 떨어지는 새끼를 향해 날아
내려와
날개를 펼쳐 받아 올리고
그 죽지로 업어 나르듯
12 야훼 홀로 그를 인도해 주실 때,
어느 다른 신이 그와 함께 하였더냐?
13 산등성이를 타게 하여주시며
밭에서 나는 오곡을 먹게 하여주시고
바위에서 흘러내리는 꿀을 먹이시며
돌 틈에서 흘러내리는 기름을 마시게 해
주셨다.
14 엉긴 우유에 양유,
거기에다 어린 숫양의 살진 고기를 먹게
해주셨다.
바산의 특산물인 숫양에 염소 고기,
거기에다 토실토실 여문 밀을 먹고
부글거리는 핏빛 포도즙을 마시게 해주
셨다.
15 그리하여 야곱은 배부르게 먹었고
여수룬은 뚱뚱하게 살이 올랐다.
그러자 저를 지으신 신을 버리고
자기를 살려주신 반석을 우습게 여겼다.
16 다른 신을 섬겨 그의 질투를 사고
역겨운 짓을 하여 그의 속을 썩여드렸다.
17 하느님 아닌 귀신
듣지도 보지도 못하던 신들,
너희 선조들이 섬긴 일 없는
새로 나타난 신들에게
제물을 잡아 바치고
18 너희를 낳은 반석을 버리고
너희를 낳느라 고생한 하느님을 잊어버
렸다.
19 야훼께서는 이 모양을 보고 속이 상하셔서
당신의 아들딸이건만 아니꼽게 여기시고
20 이렇게 말씀하신다.
'그들에게 내 얼굴을 보이지 아니하리라.
그리고 결국 어찌 되는가 두고 보리라.
이 변덕이 죽 끓듯 하는 세대,
진실이란 털끝만큼도 없는 자들아!
21 신 아닌 것을 모시어 내 질투심을 터뜨리
고
허수아비를 섬겨 내 속을 썩여주었으니,
나 또한 사람이라고 할 수 없는 것들을 돌
봐주어
그들로 하여금 질투를 하게 하고
무지한 민족을 돌봐주어 그들의 속을 썩
여주리라.
22 나의 노여움에서 튕겨나는 불꽃이
저 밑 황천에까지 타 들어가며,
땅을 그 소출째 삼켜버리고
멧부리까지 사르리라.
23 내가 온갖 재앙을 그들에게 퍼붓고
나에게 있는 화살을 모두 쏘아
24 굶겨 죽이고
열병과 염병으로 쓰러지게 하리라.
짐승의 이빨에 씹어 먹히고
땅 위를 기는 뱀의 독에 죽게 하리라.
25 밖에서는 한 식구가 칼에 맞아 죽는 모습
을 보고
안에서 또한 몸서리쳐지는 일을 당할 뿐,
장정도 처녀도, 젖먹이도 노인도
같은 꼴을 당하리라.
26 내가 그들을 이렇게 박살내어
사람들의 기억에서 지워버리리라 마음먹
었지만
27 원수들이 설치는 것이 마음에 걸렸다.
그들을 못살게 구는 자들이 멋도 모르고
저희의 주먹이 억센 것이지
야훼가 이 모든 일을 한 것은 아니라고 하
며
으스대게 할 수는 없었다.'

28 이 생각없는 민족,
철없는 것들,
29 조금이라도 셈이 슬기로웠더라면 알아차
렸을 터인데!
저희들이 장차 어찌 될는지 깨달았을 터
인데!
30 그들의 반석이 그들을 팔지 않으셨다면,
야훼께서 그들을 넘겨주시지 않으셨다면,
어떻게 혼자서 천 명을 몰아내고
둘이서 만 명을 쫓아낼 수 있었으랴.
31 그들의 반석이 우리의 반석과 다르다는
것쯤은
우리의 원수들도 알 터이다.
32 그들의 포도는 소돔의 포도나무에서 잘라
온 것,
고모라 벌판에서 옮겨온 것이라,
포도알마다 독이 들어 있어
쓰지 않은 송이가 없다.
33 그 포도주는 바다뱀 독이요,
독사의 무서운 독이다.
34 그렇다. 이것은 내가 숨겨둔 것,
봉해서 내 창고에 보관해 둔 것이 아닌가?
35 보복하고 앙갚음할 그 날까지.
그들이 비틀걸음을 칠 그 때까지.

이제 그들이 망할 날이 오고야 말았다.

예정되었던 일이 닥쳐왔다.
36 당신의 백성이 매인 자건 매이지 않은 자건
모두들 맥이 풀어진 것을 보시고
당신의 종들이 불쌍해지셔서
야훼께서는 당신 백성의 재판을 맡고 나서시어
37 선고하신다.
'그들이 숨었던 반석,
그들의 신들은 어디 갔느냐?
38 그들이 바치는 제물의 기름기를 받아먹고,
제주로 바치는 포도주를 받아 마시더니.
이제 일어나 너희를 도와달라고 하여라.
너희를 숨겨 주는 피난처가 되어달라고 하여라.
39 이제 알아라.
내가 바로 그다.
나 외에는 신이 없다.
죽이는 것도 나요 살리는 것도 나며
찌르는 것도 나요 고쳐주는 것도 나다.
내 손에 잡은 것을 빼낼 자 없다.
40 내가 손을 하늘로 들고 맹세한다.
내가 영원히 살아 있는 한,
41 서슬이 퍼렇게 칼날을 세워
재판에 손을 대어
원수들에게 보복하리라.
나를 미워하는 자에게 앙갚음하리라.
42 내 화살은 피를 마셔 취하고
내 칼은 고기를 먹어 배부르리라.
전사자와 포로들의 피로 취하고
헝클어진 적의 머리로 배부르리라.'
43 너희 만민들아, 그의 백성을 찬양하여라.
그가 당신의 종들의 피를 갚아주시리라.
당신의 원수들에게 보복하시고
당신의 백성이 사는 땅을 깨끗하게 해주시리라."

44◎모세는 눈의 아들 여호수아와 함께 백성들
에게 가서 이 노래를 한마디도 빼지 않고 그
들에게 들려주었다.
45이렇게 모세는 이 모든 말을 온 이스라엘 사
람에게 들려주고 나서
46그들에게 일렀다. "너희는 내가 오늘 다짐
해 두는 이 모든 말을 마음에 간직해 두어
라. 이 법에 있는 한 조목 한 조목을 성심껏
지키라고 너희 후손에게 일러주어라.
47이것은 빈말이 아니다. 너희의 생명이다.
이 말씀을 따라야 이제 요르단 강을 건너가
서 차지하려는 땅에서 너희가 오래 살리
라."
48◎바로 같은 날, 야훼께서 모세에게 말씀하
셨다.
49"너는 예리고 맞은 편 모압 땅에 있는 아바림
산맥을 타고 느보 산 봉우리에 올라가서 내
가 이스라엘 백성에게 주어 차지하게 할 가
나안 땅을 바라보고
50그 산에서 죽어라. 네 형 아론이, 호르 산에
서 죽어 앞서간 겨레에게로 돌아갔듯이 너
또한 앞서간 겨레에게로 돌아가거라.
51너는 씬 광야에 있는 카데스의 므리바 샘 가
에서 이스라엘 백성이 둘러선 가운데 나를
배신하였다. 내가 하느님인 것을 이스라엘
백성 가운데 드러내지 아니하였다.
52내가 이스라엘 백성에게 주는 저 땅을 건너
다 볼 뿐 들어가지 못하는 것은 그 때문이
다."

모세, 각 지파에 복을 빌어주다

33 ◎하느님의 사람 모세는 죽기 전에 이스라엘 백성에게 복을 빌어주었다.
2 "야훼께서 시나이에서 오신다.
동트듯 세일에서 솟아올라,
바란 산 마루에서 비추신다.
오른손에 번개를 잡으시고
카데스 므리바에서 나오신다.
3 그의 콧김에 만방이 타죽는데
거룩한 무리가 모두 찬양을 올리며
그의 연을 메고 뒤를 따라나온다.
4 모세, 우리에게 법을 내리셨다.
야곱의 무리가 당신의 백성이 되었다.
5 그가 여수룬에서 등극하시니,
백성을 대표하여 어른들이 모여 오고
이스라엘 지파들이 가지런히 모여 섰다.

6 르우벤은 죽이지 않고 살려두리라.
다만 얼마만이라도 남겨두리라."
7◎유다를 두고 그는 이렇게 말하였다.
"야훼여 들으소서,
유다의 외치는 소리를.
그리고 그를 제 겨레에게 올라오게 해주소서.
외톨이로 싸우는 저 손,
당신께서 도우시어 원수에게서 건져주소서."
8◎레위를 두고 그는 이렇게 말하였다.
"레위에게 당신의 ㉠둠밈을 주소서.

㉠ 둠밈과 우림 : 사제들이 하느님의 뜻을 알아내는 데 사용하던 것들인데, 그 사용 방법은 알려져 있지 않다.

신실한 당신의 사람에게 ㉡우림을 주소서.
당신께서는 마싸아에서 그를 시험해 보셨고
므리바 샘 가에서 시비를 가려보셨습니다.
9 그는 제 아비와 어미를 모른다면서,
제 동기도 외면하고
자식마저 모르는 체하면서,
하느님의 말씀만 따라
주신 계약을 지켰습니다.
10 그들은 당신의 바른 길을 야곱에게,
당신의 법을 이스라엘에게 가르치며
향기를 하느님 앞에 피워 올리고,
제단에 번제를 바치는 사람들입니다.
11 야훼여, 그의 기력에 복을 내려주소서.
그가 손으로 하는 일에 은총을 내려주소서.
그와 맞서는 사람의 허리를 꺾으소서.
그를 미워하는 자를 다시는 일어나지 못하게 하소서."
12◎베냐민을 두고 그는 이렇게 말하였다.
"야훼의 귀염둥이,
날마다 보살펴 주시는 하느님 옆에서
안심하고 살아라.
그 어깨에 업혀 살아라."
13◎요셉을 두고 그는 이렇게 말하였다.
"그의 땅은 야훼께 복받은 땅,
위로 하늘에서 더없이 값진 복이 내리고
아래로 지하에 숨어 있는 물줄기로 젖어 오는 땅,
14 쏟아지는 햇빛에 소담스레 오곡이 여물고
다달이 백과가 탐스럽게 열리는 땅.
15 태곳적 산맥에서 열리는 특산품,
영원한 언덕에서 맺는 최상품,
16 땅에서 나는 지극히 좋은 온갖 것이
떨기나무 속에 사시는 이의 은총이 되어
요셉의 머리 위에,
동기들 위에 드높은 ㉡사람,
그의 정수리에 내려라.
17 그의 위엄은 처음 난 수송아지요
그의 두 뿔은 들소 뿔이라.
만방을 들이받아
단숨에 땅 끝까지 휩쓴다.
수없는 에브라임의 자손이 한 쪽에 솟았고
수많은 므나쎄의 후손이 또 한 쪽에 솟았구나."
18◎즈불룬을 두고 그는 이렇게 말하였다.
"즈불룬아, 즐겨 밖으로 진출하여라.
이싸갈아, 네 천막에서 살며 행복하여라.
19 민족들을 산으로 불러모으고
바다에서 얻는 것과
모래 속에 숨겨 있는 것으로 먹고 살며
베푸신 행운을 감사하여 제물을 바칠지라."
20◎가드를 두고 그는 이렇게 말하였다.
"가드의 앞길을 열어주시는 이를 찬양하여라.
가드는 사자처럼 누웠다가
팔과 정수리를 갈가리 찢었다.
21 가장 좋은 땅을 보고는
저에게 돌아올 몫으로 거기에 떼어놓았다.
그리고 백성의 선두에 나서서
야훼의 승리를 이룩하고
이스라엘과 함께 그의 심판을 집행하였다."
22◎단을 두고 그는 이렇게 말하였다.
"단은 바산에서 튀어 나오는
사자 새끼다."
23◎납달리를 두고 그는 이렇게 말하였다.
"넘치도록 귀여움받는 납달리,
남쪽으로 호수를 끼고 살며,
야훼의 복이 흘러 넘치리라."
24◎아셀을 두고 그는 이렇게 말하였다.
"아셀은 아들들 가운데서도 가장 큰 복을 받아라.
형제들 가운데서도 가장 귀여움을 받아라.
기름으로 발을 닦고
25 쇠빗장, 놋빗장으로 문을 잠그고
길이길이 태평성대를 누리어라.

26 여수룬아, 너희 하느님과 같은 이는 없다.
너를 도우러 하늘을 타고 오신다.
위엄차게 구름을 타고 오신다.
27 태곳적부터 계시는 너의 하느님,
너의 피난처,
당신의 영원한 팔을 아래로 뻗으시고
네 앞에서 원수를 몰아내시며
'진멸하라.' 하고 외치신다.
28 이제 이스라엘은 태평성대를 누리게 되며,

㉠ 둠밈과 우림 : 사제들이 하느님의 뜻을 알아내는 데 사용하던 것들인데, 그 사용 방법은 알려져 있지 않다. ㉡ 히브리어로는 나지르인이다.

야곱의 샘에는 아무도 근접하지 못하리
라.
오곡과 술이 나는 땅에는
그 위의 하늘이 이슬비를 내려주리라.
29 행운이 열렸구나. 너, 이스라엘아,
너 같은 행운아가 어디 또 있겠느냐?
너를 도와주시는 방패,
너의 영광스러운 칼,
야훼께서 도와주시는 백성아,
굽실거리는 원수의 등을
네가 마구 짓밟으리라."

34 ◎모세가 모압 광야에서 예리고 맞은편
에 있는 느보 산 비스가 봉우리에 오르
자, 야훼께서 그에게 온 땅을 보여주셨다.
단에 이르는 길르앗 지방,
2 온 납달리와 에브라임과 므나쎄 지방, 서쪽
바다에 이르는 온 유다 지방,
3 네겝과 종려 도시 예리고 골짜기의 분지를
소알에 이르기까지 보이시며
4 야훼께서 그에게 말씀하셨다. "이것이 내가
아브라함과 이사악과 야곱에게 맹세하여 그
들의 후손에게 주겠다고 한 땅이다. 이렇게
너의 눈으로 보게는 해준다마는, 너는 저리
로 건너가지 못한다."
5 야훼의 종 모세는 그 곳 모압 땅에서 야훼의
말씀대로 죽어
6 모압 땅에 있는 벳브올 맞은편 골짜기에 묻
혔는데 그의 무덤이 어디에 있는지는 오늘
까지 아무도 모른다.
7 모세는 죽을 때 나이 백이십 세였다. 그러나
그의 눈은 아직 정기를 잃지 않았고 그의 정
력은 떨어지지 않았었다.
8 이스라엘 백성은 모압 광야에서 삼십 일 동
안 모세의 죽음을 슬퍼하며 곡했다. 이렇게
그들은 모세의 상을 입고 곡하는 기간을 채
웠다.
9 ◎눈의 아들 여호수아는 하느님의 영을 받아
지혜가 넘쳤다. 모세가 그에게 손을 얹어주
었던 것이다. 그의 지휘 아래 이스라엘 백성
은 야훼께서 이미 모세에게 분부하신 일을
다 이루었다.
10 ◎그 후로 이스라엘에는 두 번 다시 모세와
같은 예언자, 야훼와 얼굴을 마주보면서 사
귀는 사람은 태어나지 않았다.
11 모세가 야훼의 사명을 띠고 이집트 땅으로
가서 파라오와 그의 신하들과 그의 온 땅에
행한 것과 같은 온갖 기적과 표적을 행한 사
람은 다시 없었다.
12 모세처럼 강한 손으로 그토록 크고 두려운
일을 온 이스라엘 백성의 눈앞에서 이루어
보인 사람은 다시 없었다.

여 호 수 아

여호수아가 통수권을 맡다

1 ◎야훼의 종 모세가 죽은 다음이었다. 야
훼께서 눈의 아들이자 모세의 부관인 여호
수아에게 말씀하셨다.
2 "내 종 모세가 죽었다. 그러니 너는 이제 이
모든 백성을 거느리고 떠나 이 요르단 강을
건너 내가 이스라엘 백성에게 주는 땅으로
들어가거라.
3 너희 발바닥이 닿기만 하면 어디든지 그 곳
을 모세에게 약속한 대로 내가 너희에게 주
리라.
4 이 광야에서 시작하여 레바논을 거쳐 큰 강
유프라테스에 이르고 거기에서 헷족의 땅을
거쳐 해 지는 쪽 ㉠대해에 이르기까지 너희
의 영토가 될 것이다.
5 네 평생에 아무도 네 앞길을 막지 못할 것
이다. 내가 모세의 곁을 떠나지 않았던 것처
럼 네 곁을 떠나지 않고 너를 버리지 아니하
리라.
6 힘을 내고 용기를 가져라. 내가 이 백성
의 선조들에게 주겠다고 맹세한 땅을 차지
하여 이 백성에게 나누어줄 사람은 바로
너다.
7 용기 백배, 있는 힘을 다 내어라. 그래서 내
종 모세가 너에게 지시한 모든 법을 한눈 팔
지 말고 성심껏 지켜라. 그리하면 네가 하
는 모든 일이 뜻대로 되리라.
8 이 책에 있는 법이 네 입에서 떠나지 않게
밤낮으로 되새기며 거기에 적혀 있는 것을
어김없이 성심껏 실천하여야 한다. 그렇게
만 하면 네 앞길이 열려 모든 일이 뜻대로
되리라.

㉠ 지중해를 가리킨다.

9 너는 내 명령을 듣지 않았느냐? 힘을 내고
용기를 가져라. 무서워 떨지 마라. 네가 어
디로 가든지 네 하느님 야훼가 너를 떠나지
아니하리라."
10 ◎그리하여 여호수아는 전군의 장교들에게
명령을 내렸다.
11 "진지 가운데로 돌아다니며 전군에게 이렇
게 일러주어라. '양식을 준비하여라. 사흘
만 있으면 너희는 이 요르단 강을 건너게 된
다. 너희 하느님 야훼께서 너희의 것으로 주
시는 땅을 차지하러 들어간다.'"
12 그리고 여호수아는 르우벤 사람들과 가드 사
람들과 므나쎄 반쪽 지파에게 일렀다.
13 "너희는 야훼의 종 모세가 한 말, 곧 너희 하
느님 야훼께서 여기 이 땅을 너희에게 정착
지로 주신다던 말을 기억하여라.
14 너희의 아내들과 어린것들과 가축은 모세가
너희에게 준 요르단 강 건너편에 있는 땅에
머물러 있게 하여라. 그러나 너희 군인들은
부대를 편성, 앞서 건너가 동족들과 함께
싸워라.
15 너희 동족이 너희처럼 정착지를 얻게 될 때
까지 함께 싸워주어라. 그들도 너희와 마찬
가지로 너희 하느님 야훼께서 주시는 땅을
차지하여야 한다. 그제야 너희는 너희의 차
지가 된 땅, 곧 야훼의 종 모세에게서 너희
가 받은 요르단 강 건너편 해 돋는 쪽에 있
는 땅으로 돌아올 수 있을 것이다."
16 그러자 그들이 여호수아에게 대답하였다.
"장군께서 우리에게 무슨 명령을 하시든지
그대로 하겠습니다. 어디로 보내시든지 그
리로 가겠습니다.
17 우리는 모세가 하신 말씀은 무슨 말씀이든
지 다 들었습니다. 마찬가지로 우리는 장군
께서 하시는 말씀도 듣겠습니다. 다만 장군
의 하느님 야훼께서, 모세의 곁을 떠나시지
않으셨던 것처럼, 장군의 곁을 떠나시지 않
으시기를 빌 뿐입니다.
18 장군의 지시를 거스르고 명령을 듣지 않는
자가 있으면 누구든지 죽여야 합니다. 다만
힘을 내시고 용기를 가지십시오."

정탐원이 예리고를 정탐하고 돌아오다

2 ◎눈의 아들 여호수아는 시띰에서 정탐원
둘을 밀파하며 예리고 지역을 살펴보고
오라고 일렀다. 그의 지시를 따라 그들은 예
리고로 가서 라합이라는 창녀의 집을 찾아
가 거기에서 묵었다.
2 누군가가 예리고 왕에게 이 사실을 전했다.
"아룁니다. 이스라엘 사람 몇이 이 땅을 정
탐하러 오늘 밤 이리로 왔습니다."
3 예리고 왕이 라합에게 전갈을 보냈다. "너를
찾아 네 집에 온 자들을 내놓아라. 그들은
이 온 지역을 정탐하러 온 자들이다."
4 그러나 그 여자는 두 사람을 숨겨두고 이렇
게 대답하였다. "그들이 저에게로 오기는
했었습니다. 하지만 어디에서 왔는지는 몰
랐습니다.
5 어둑어둑해져서 성문이 닫힐 때쯤 나갔는
데 어디로 갔는지는 모르겠습니다. 급히 쫓
아가시면 잡을 수 있을 것입니다."
6 ◎그 여자는 그들을 지붕으로 데리고 올라
가 지붕에 널어놓은 삼대 속에 숨겨두었던
것이다.
7 추적대는 요르단 강 가 나루터까지 쫓아갔
다. 그들이 성에서 나가자 성문은 닫혔다.
8 ◎정탐원들은 아직 자지 않고 있었는데 라
합이 지붕 위로 올라가 그들에게
9 말하였다. "나는 야훼께서 이 땅을 당신들
에게 주신 줄 믿습니다. 우리는 당신들 때
문에 겁에 질려 있습니다. 이 땅에 사는 사
람들은 모두 당신들 때문에 어쩔 줄을 모르
고 있습니다.
10 야훼께서 홍해의 물을 말리시어 당신들을
이집트에서 나오게 하신 이야기를 우리는
들었습니다. 또 당신들이 요르단 강 건너편
에 있는 두 아모리 왕 시혼과 옥을 어떻게 해
치웠고 어떻게 전멸시켰는지 그 이야기도
들었습니다.
11 당신들 소식을 듣고 우리는 모두 넋을 잃었
습니다. 당신들의 하느님 야훼야말로 위로
하늘과 아래로 땅을 내신 하느님이십니다.
12 내가 당신들을 잘 봐드렸으니, 당신들도 내
가문 사람들을 잘 봐주겠다고 이제 야훼를
두고 맹세해 주십시오. 그리고 그렇게 하겠
다는 확실한 표를 주십시오.
13 내 부모와 형제들과 그들에게 딸린 모든 식
구를 살려주십시오. 그리하여 우리 목숨을
죽을 자리에서 건져주십시오."
14 그들이 그에게 대답하였다. "우리가 왔었다
는 말을 누설만 하지 않는다면, 죽는 한이
있어도 목숨을 걸고 너희를 봐주겠다. 또 야
훼께서 우리에게 이 땅을 주실 때 너희를 성
실하고 친절하게 대해 주마."
15 ◎라합이 살고 있는 집은 성벽에 붙어 있었
다. 라합은 그들을 창문에서 밧줄로 내려주
면서
16 일렀다. "당신을 쫓는 사람들에게 잡히지

않도록 산으로 달아나십시오. 그 쫓던 사람
들이 돌아오기까지 사흘 동안 거기 숨어 있
다가 가셔요."
17 그들이 대답하였다. "네 소원대로 맹세를
해놓고 그 맹세를 못 지켰다는 탓을 우리는
듣고 싶지 않다.
18 여기 분홍 줄이 있으니, 우리가 이 땅에 들
어올 때, 우리를 내려준 창문에다 이것을
달아 표시를 하여라. 그리고 부모와 오빠들
과 일가 친척들을 다 네 집에 모여 있게 하
여라.
19 누구든지 집문 밖으로 나갔다가 죽으면 그
것은 그의 탓이다. 우리에게는 책임이 없
다. 하지만 누구든지 너와 함께 집 안에 머
물러 있다가 맞아죽으면 그 핏값은 우리가
받겠다.
20 만일 네가 우리 사이에서 이루어진 일을 누
설하면 너에게 맹세한 서약에 우리는 매이
지 않는다."
21 라합은 "말씀하신 대로 그렇게 합시다." 하
고는 그들을 보내었다. 그들이 떠나간 다
음, 그 여자는 창문에 분홍 줄을 달아두었
다.
22 ◎그들은 그 여자를 떠나 산으로 올라가, 자
기들을 쫓는 사람들이 사방을 샅샅이 뒤지
고도 끝내 찾아내지 못하고 돌아오기까지
사흘을 머물러 있었다.
23 그제야 두 사람은 산에서 내려와 강을 건너
눈의 아들 여호수아에게로 돌아와서 자기들
이 당한 모든 일을 보고하였다.
24 "야훼께서는 그 땅을 모두 우리 손에 부치
셨습니다. 그 곳 주민들은 우리들을 무서워
하여 어쩔 줄을 모르고 있습니다."

요르단을 건너다

3 ◎아침 일찍이 여호수아는 천막을 거두어
온 이스라엘 백성을 거느리고 시띰을 떠났
다. 요르단 강에 다다른 그들은 강을 건너지
않고 거기에 묵었다.
2 사흘 후에 장교들이 천막 사이를 돌아다니
며
3 백성에게 지시하였다. "레위인 사제들이 너
희 하느님 야훼의 계약궤를 메고 나서는 것
이 보이거든 너희도 각기 있던 자리를 떠나
그 궤를 따라 나서라.
4 그래야 너희가 일찍이 가본 적이 없는 길을
알고 찾아갈 수 있을 것이다. 그러나 이천
척 가량 궤를 앞세워라. 더 가까이 가서는
안 된다."
5 ◎여호수아가 백성에게 지시하였다. "내일
아침까지 모두들 목욕재계하여라. 야훼께서
내일 아침에 너희 가운데서 놀라운 일을 하
실 것이다."
6 여호수아는 또 사제들에게 명령하였다. "계
약궤를 메고 백성들 선두에 서서 강을 건너
라." 명령대로 사제들은 계약궤를 메고 백
성들의 선두에 섰다.
7 ◎야훼께서 여호수아에게 말씀하셨다. "나
는 오늘부터 온 이스라엘이 너를 큰 인물로
우러르게 하겠다. 내가 모세의 곁에 있어주
었듯이 네 곁에도 있어준다는 사실을 그들
이 알게 되리라.
8 너는 계약궤를 멘 사제들에게 요르단 강 물
가에 이르거든 요르단 강에 들어가서 있으
라고 명령하여라."
9 여호수아가 이스라엘 백성에게 일렀다. "가
까이들 와서 너희의 하느님 야훼께서 하시
는 말씀을 들어라."
10 여호수아는 말하였다. "살아 계시는 하느님
께서 너희 가운데 계신다. 가나안족, 헷족,
히위족, 브리즈족, 기르갓족, 아모리족, 여부
스족은 반드시 쫓겨나리라.
11 이제 온 세계의 주이신 야훼의 궤가 너희 선
두에 서서 요르단 강을 건널 것이다.
12 그러니 즉시 한 지파에서 한 사람씩, 이스라
엘 각 지파에서 열두 사람을 뽑아라.
13 온 세계의 주이신 야훼의 궤를 멘 사제들의
발바닥이 요르단 강 물에 닿으면 곧 요르단
강 물은 끊어져 위에서 흘러내리던 물이 둑
을 이루어 우뚝 서리라."
14 ◎백성들이 천막을 거두고 요르단 강을 건너
는데 사제들은 계약궤를 메고 백성들의 선
두에 섰다.
15 그 궤를 멘 사람들이 요르단 강에 이르렀다.
마침 추수절이 되어 둑에까지 물이 넘쳐 흐
르고 있었는데, 궤를 멘 사제들의 발이 물
에 닿자마자
16 위에서 흘러내리던 물이 우뚝 일어서서 아
담에서 사르단 성곽에 이르기까지 넓은 지
역에 둑을 이루는 것이었다. 아라바 호수라
고도 하는 사해로 흘러내리던 물이 다 끊어
져 백성들은 예리고 맞은편으로 건너갔다.
17 야훼의 계약궤를 멘 사제들이 요르단 강 한
복판 마른 땅에 서 있는 동안, 온 이스라엘
이 마른 땅을 밟고 건너 결국 온 겨레가 다
요르단 강을 건넜다.

4 ◎온 겨레가 다 요르단 강을 건너자 야훼
께서 여호수아에게 말씀하셨다.

2 "각 지파에서 한 사람씩 백성 가운데서 열
두 사람을 뽑고
3 여기 요르단 강 한복판 사제들이 발을 붙이
고 섰던 데서 돌 열두 개를 날라다가 이 백
성이 이 날 밤 묵을 곳에 두라고 명령하여
라."
4 여호수아는 각 지파에서 한 사람씩, 이스라
엘 백성 가운데서 뽑아낸 열두 사람을 불러
모으고
5 일렀다. "너희의 하느님 야훼의 궤 앞을 지
나 요르단 강 한복판으로 들어가 이스라엘
지파의 수대로 사람마다 어깨에 돌 한 개씩
을 메어 내오너라.
6 이것이 너희 가운데 기념으로 남으리라. 훗
날 너희의 자녀들이 이 돌들이 무엇이냐고
물으면,
7 야훼의 계약궤 앞에서 요르단 강 물이 끊어
진 사실을 일러주어라. 그리고 이 돌들은
그 궤가 요르단 강을 건널 때 강물이 끊어졌
던 일을 이스라엘 백성에게 영원히 전하는
기념비라고 일러주어라."
8 이스라엘 백성은 여호수아의 지시대로 하였
다. 그리하여 야훼께서 여호수아에게 명령한
대로 이스라엘 지파의 수를 따라 요르단 강
한복판에서 돌 열두 개를 메어 내다가 그 날
밤 묵을 곳에 세워두었다.
9 그리고 나서 여호수아는 계약궤를 멘 사제
들의 발이 닿았던 바로 그 자리, 요르단 강
한복판에 돌 열두 개를 세웠는데 그것이 오
늘까지 거기에 있다.
10 ◎야훼께서 여호수아를 시켜 백성에게 이르
신 모든 일이 모세가 여호수아에게 지시한
대로 다 이루어지기까지 궤를 멘 사제들은
요르단 강 한복판에 서 있었고 백성들은 서
둘러 강을 건넜다.
11 온 백성이 다 건너자 사제들은 야훼의 궤를
메고 백성 앞으로 나갔다.
12 르우벤과 가드와 므나쎄 반쪽 지파 사람들은
모세가 명령한 대로 전투 대열을 편성해 가
지고 이스라엘 백성의 앞에 나섰다.
13 무장한 그들 사만 명 정병들은 야훼 앞에
나서서 예리고 평야를 바라보며 싸우러 나
갔다.
14 그 날 야훼께서는 온 이스라엘로 하여금 여
호수아를 큰 인물로 우러르게 하셨다. 그리
하여 그들은 모세가 살아 있는 동안 그를
늘 두려워했듯이 여호수아도 두려워하게
되었다.
15 ◎야훼께서 여호수아에게 말씀하셨다.
16 "증거궤를 메고 있는 사제들에게 요르단 강
에서 나오라고 하여라."
17 여호수아가 사제들에게 요르단 강에서 나오
라고 명령하자,
18 야훼의 계약궤를 멘 사제들이 요르단 강에서
나왔다. 그들의 발바닥이 마른 땅에 닿자마
자 요르단 강 물은 물길을 따라 이전과 같이
양쪽 언덕에 철철 넘치도록 흘렀다.

돌 열두 개를 길갈에 세우다

19 ◎백성이 요르단 강에서 나와 예리고 동편 길
갈에 진을 친 것은 정월 십일이었다.
20 여호수아는 요르단 강에서 메어 내온 돌 열
두 개를 길갈에 세우고
21 이스라엘 백성에게 말하였다. "훗날 너희의
후손이 이 돌들이 무엇이냐고 묻거든,
22 이스라엘이 이 요르단 강을 발을 적시지 않
고 건넌 일을 기념하는 것이라고 일러주어
라.
23 우리 하느님 야훼께서 우리 앞에서 홍해를
말리시어 우리가 모두 건너도록 해주시지
않았느냐? 그처럼 우리 앞에서 요르단 강
물도 말리시어 우리가 건너게 해주신 것
이다.
24 그리하여 세상 모든 백성으로 하여금 야훼
의 손이 얼마나 힘이 있으신가를 알게 하고
언제까지나 야훼 너희의 하느님을 두려워하
게 하셨다."

5 ◎요르단 강 건너 서편 지역에 있는 아모
리의 모든 왕과 해안 지역에 있는 가나안
의 모든 왕은 야훼께서 이스라엘 백성 앞에
서 요르단 강 물을 말리시어 건너게 하셨다
는 소식을 들었다. 그들은 이스라엘 백성의
소문을 듣고 모두 넋을 잃었다.

이스라엘 백성이 길갈에서 할례를 받다

2 ◎그 때에 야훼께서 여호수아에게 이르셨다.
"돌칼을 만들어 이스라엘 백성에게 또다시
할례를 베풀어라."
3 여호수아는 돌칼을 만들어 ㉠아랄롯 언덕에
서 이스라엘 백성들에게 할례를 베풀었다.
4 ◎여호수아가 그들에게 할례를 베푼 까닭은
이러하다. 이집트에서 나온 백성 가운데 군
인 연령에 이른 남자는 이집트를 떠나 오는
도중, 광야에서 모두 죽었다.
5 그런데 이집트에서 나온 백성은 모두 할례
를 받았지만 이집트를 떠나 오는 도중 광야

㉠ '포경' 이라는 뜻이다.

에서 난 백성은 아무도 할례를 받지 않았다.
6 이집트에서 나올 때 군인 연령에 이른 층이
다 죽기까지 이스라엘 백성은 사십 년 동안
광야를 헤매야 했다. 그들이 야훼의 말씀을
순종하지 않은 까닭에 야훼께서는 젖과 꿀
이 흐르는 이 땅, 우리에게 주겠다고 우리
선조들에게 맹세하신 이 땅을 그들은 보지
못하리라고 다짐하셨던 것이다.
7 그들 대신에 그들의 후손을 일으키셨는데
여호수아가 할례를 베풀어준 사람들이 바로
그들이었다. 그들이 아직 우멍거지였던 것
은 도중에 할례를 받을 기회가 없었기 때문
이었다.
8 온 국민이 할례를 받고 난 다음, 천막에서
쉬며 아물기를 기다리고 있는데
9 야훼께서 여호수아에게 말씀하셨다. "내가
오늘 너희에게서 이집트인들의 수모를 벗겼
다." 그리하여 그 곳 이름을 지금까지 ㉠길
갈이라고 한다.

가나안에서 지킨 첫 과월절

10 ◎이스라엘 백성들은 길갈에 진을 쳤다. 그
리고 그 달 십사일 저녁때에 예리고 평야에
서 과월절을 지켰다.
11 과월절 다음날 그들은 그 땅의 소출을 맛보
았다. 바로 그 날 그들은 누룩 안 든 떡과 볶
은 곡식을 먹었던 것이다.
12 그들이 그 땅의 소출을 먹은 다음날 만나가
멎었다. 그 후로 다시는 이스라엘 백성에게
만나가 내리지 않았다. 그들은 당년에 가나
안 땅에서 나는 것을 먹었다.

여호수아가 야훼 군대의 총사령관을 만나다

13 ◎여호수아가 예리고 지방에 가까이 이르
렀을 때의 일이다. 그가 고개를 들고 보니
자기 앞에 누가 칼을 뽑아 들고 서 있는 것
이었다. 여호수아는 그에게 다가가서 물었
다. "너는 우리 편이냐? 우리 원수의 편이
냐?"
14 그가 대답하였다. "아니다. 나는 야훼 군대
의 총사령관으로서 이제 온 것이다." 이 대
답을 듣고 여호수아는 엎드려 얼굴을 땅에
대고 절하며 물었다. "내 주여, 당신의 종에
게 무슨 말씀을 하시렵니까?"
15 야훼 군대의 총사령관이 지시하였다. "네
발에서 신을 벗어라. 네가 서 있는 곳은 거
룩한 곳이다." 여호수아는 그대로 하였다.

예리고 점령

6 ◎예리고는 이스라엘 백성 앞에 굳게 닫혀
있어 드나드는 사람의 그림자 하나 없었
다.
2 야훼께서 여호수아에게 말씀하셨다. "보라.
내가 예리고와 그 왕을 네 손에 부친다. 굳
센 용사들아,
3 너희 모든 군인들은 날마다 이 성을 한 바퀴
씩 돌아라. 그렇게 엿새 동안 돌아라.
4 사제 일곱이 각기 숫양뿔 나팔을 들고 궤 앞
에 나서라. 이렛날에는 이 성을 일곱 번 돈
다음 사제들이 나팔을 불어라.
5 그 숫양뿔 나팔 소리가 나면 백성은 다 같이
힘껏 고함을 질러라. 그러면 성이 무너져
내릴 것이다. 그 때 전군은 일제히 쳐들어
가거라."
6 ◎눈의 아들 여호수아는 사제들을 불러서 일
렀다. "계약궤를 메고 나서시오. 일곱 사제
는 숫양뿔 나팔 일곱 개를 가지고 야훼의 궤
앞에 나서시오."
7 그리고 나서 백성에게 명령을 내렸다. "행
동을 개시하여라. 이 성을 돌아라. 정예부
대는 야훼의 궤 앞에 나서라."
8 이렇게 여호수아가 백성에게 명령한 대로,
일곱 사제가 숫양뿔 나팔 일곱 개를 가지고
야훼 앞에 나서서 불었다. 그 뒤를 야훼의
계약궤가 따랐다.
9 나팔을 부는 사제들 앞에는 정예부대가 행
군하고 그 궤 뒤를 후위부대가 따라가는데
나팔 소리는 계속 울려 퍼졌다.
10 여호수아가 백성에게 명령을 내렸다. "고함
을 지르지 마라. 작은 소리도 내지 마라. 한
마디도 입밖에 내지 않고 있다가 내가 고함
을 지르라고 하거든 그 때 고함을 질러라."
11 그는 야훼의 궤를 모시고 성을 한 바퀴 돌게
한 다음 진지로 돌아와 그 밤을 진지에서 보
내게 하였다.
12 여호수아가 아침 일찍 일어나면 사제들은 야
훼의 궤를 메고 나섰다.
13 일곱 숫양뿔 나팔을 가진 일곱 사제가 야훼
의 궤 앞에서 행진하며 나팔을 불면, 정예
부대가 그들 앞에 서서 행군하였고 후위부
대는 야훼의 궤 뒤를 따랐다. 나팔 소리는
계속 울려 퍼졌다.
14 둘째 날도 그들은 성을 한 바퀴 돌고 진지
로 돌아왔다. 이렇게 하기를 엿새 동안 하
였다.
15 ◎이렛날이 되어 새벽 동이 트자 그들은 일

㉠ 히브리어로 '굴리다, 벗기다' 라는 뜻인 갈랄과 비슷한 발음이다.

찍 일어나 전과 같은 방식으로 성을 일곱
바퀴 돌았다. 그 날만 성을 일곱 바퀴 돈 것
이다.
16 일곱 번째 사제들이 나팔을 불자 여호수아
가 백성에게 외쳤다. "고함을 질러라. 야훼
께서 저 성을 너희에게 주셨다.
17 저 성과 그 안에 있는 모든 것을 야훼께 바
쳐 없애버려라. 다만 창녀 라합의 목숨과 그
의 집에 있는 사람만은 살려두어라. 그 여
자는 우리의 사명을 띠고 갔던 사람들을 숨
겨주었다.
18 너희는 깊이 명심하여라. 없애버리게 되어
있는 것은 무엇이든지 탐내지 마라. 없애버
리게 되어 있는 것을 가지지 마라. 그랬다
가는 전멸당하는 운명을 이스라엘 진영에
스스로 불러들이게 된다.
19 은이나 금이나 동제품이나 철제품은 모두
야훼께 드릴 거룩한 것이다. 그러니 야훼의
금고에 넣어야 한다."
20 ◎백성들은 고함을 지르고 나팔 소리는 울
려 퍼졌다. 나팔 소리가 울리자 백성은
"와!" 하고 고함을 질렀다. 그 순간 성벽이
무너져 내렸다. 그러자 백성은 일제히 성으
로 곧장 쳐들어가 성을 점령하였다.
21 남녀노소 가리지 않고 소건 양이건 나귀건
모조리 칼로 쳐 없애버렸다.
22 ◎여호수아가 땅을 정탐하러 갔던 두 사람에
게 일렀다. "그 창녀의 집에 들어가 맹세한
대로 그와 그에게 딸린 모든 사람을 데려오
너라."
23 정탐원으로 갔던 젊은이들이 그 집에 들어
가 라합과 그의 부모와 오빠들뿐 아니라 그
에게 딸린 일가 친척을 모두 이스라엘 진 바
깥 안전한 곳으로 데려내왔다.
24 그리고는 성에 불을 질러 그 안에 있는 것을
모조리 태워버렸다. 그러나 은과 금, 동제
품과 철제품은 야훼의 금고에 넣었다.
25 창녀 라합과 그의 가문과 그에게 딸린 모든
사람만은 여호수아가 목숨을 살려주었다.
그래서 그들이 이날까지 이스라엘 가운데
섞여 살고 있는 것이다. 그것은 그 여자가
예리고를 정찰하라고 여호수아가 보낸 사람
들을 숨겨주었기 때문이다.
26 ◎그 때 여호수아가 맹세하였다. "이 성을
다시 짓겠다고 나서는 자는 야훼께 저주를
받으리라. 맏아들을 죽이지 않고는 기초를
놓지 못하고 막내아들을 죽이지 않고는 성
문을 달지 못하리라."
27 야훼께서 여호수아와 함께 해주시니 그의 명
성이 온 땅에 두루 퍼졌다.

아간의 범죄로 이스라엘이 아이에서 쫓기다

7 ◎이스라엘 백성이 모든 ㉠부정한 것을 없
애라는 명을 어겨 죄를 짓는 일이 생겼다.
유다 지파 가운데 제라의 증손이자 잡디의
손자이며 가르미의 아들인 아간이 부정한 것
을 가졌던 것이다. 이 일 때문에 야훼께서는
이스라엘 백성에게 몹시 노하셨다.
2 ◎여호수아는 예리고에서 ㉡베델 동편 아이로
사람을 보내면서 "올라가 그 땅을 정탐하고
오너라." 하고 명령하였다. 그들은 올라가
아이를 정탐하고
3 여호수아에게 돌아와 보고하였다. "전군이
다 올라갈 것까지는 없습니다. 이 삼천 명
만 올라가도 아이는 넉넉히 칠 수 있습니다.
사람이 많지 않더이다. 군대를 총출동시켜
고생시킬 필요는 없습니다."
4 그리하여 군대 약 삼천 명이 그리로 쳐 올라
갔다가, 도리어 아이의 주민들에게 쫓기게
되었다.
5 그들은 성문에서 스바림까지, 또 거기에서
비탈길을 따라 이스라엘 사람들을 추격해
오면서 삼십육 명이나 죽였다. 백성은 크게
낙담하였다.
6 ◎여호수아와 이스라엘의 장로들은 옷을 찢
고 머리에 먼지를 쓴 채 저물 때까지 야훼의
궤 앞에 엎드려 있었다.
7 여호수아가 울부짖었다. "나의 주 야훼여,
어찌하여 이 백성으로 하여금 요르단 강을
건너게 하시고는 이제 아모리 사람들 손에
부치시어 멸망시키려고 하십니까? 차라리
요르단 강 건너편에서 살게 해주셨더라면
좋았겠습니다.
8 나의 주여, 소인이 아뢰는 말에 귀를 기울
여주십시오. 그러나 이스라엘이 원수에게
등을 보인 이 마당에 제가 무슨 말을 할 수
있겠습니까?
9 가나안 사람들뿐 아니라 이 땅에 사는 모든
사람이 이 소식을 들으면 우리를 포위하고
공격할 것입니다. 그리 되면 우리는 이름을
이을 자도 없이 세상에서 끊어질 것입니다.
주여, 어떻게 당신의 위대하신 이름을 살리
시렵니까?"
10 야훼께서 여호수아에게 대답하셨다. "일어

㉠ 가지면 안 되는 것, 손을 대었다가는 멸망받게끔 저주받은 것을 가리킨다. ㉡ 히브리어 본문에는 "베다웬 근처"라는 말이 더 들어 있다.

나거라! 어찌하여 이렇게 엎드려 있느냐?
11 이스라엘은 죄를 지었다. 내가 분부한 지시
를 어기고 부정한 것을 가졌다. 그리고 그
것을 훔쳐다가 자기 행낭에 숨겨두었다.
12 그리하여 저희들이 스스로 부정한 것이 되
었다. 이스라엘 군이 원수들과 맞설 수 없게
된 것은, 원수들에게 등을 보이게 된 것은
그 때문이다. 너희 가운데서 그 부정한 것
을 치워버려라. 그렇지 아니하면 다시는 내
가 너희와 함께 하지 아니하리라.
13 너는 일어나 이 백성을 깨끗하게 하여라.
이스라엘의 하느님 야훼께서 내일을 위하여
몸과 마음을 깨끗이 하라 하더라고 전하며
이렇게 일러라. '이스라엘아, 너희 가운데
부정한 것이 있다. 그 부정한 것을 치울 때
까지 너희는 원수들과 맞설 수 없으리라.'
14 너희는 아침에 지파별로 나오너라. 그 가운
데서 내가 ㉠잡아내는 지파가 갈래별로 나
오고 또 그 가운데서 잡아내는 갈래가 가문
별로 나오고 또 그 가운데서 잡아내는 갈래
에 속한 가문의 장정이 차례로 나오너라.
15 부정한 것을 가지고 있다가 잡힌 자는 그 식
구와 함께 화형을 당하리라. 그가 나 야훼의
지시를 어기고 이스라엘 가운데서 못할 짓
을 했기 때문이다."

아간이 색출되어 처형당하다

16 ◎여호수아는 아침 일찍 일어나서 이스라엘
을 지파별로 나오게 하였다. 그 가운데서 유
다 지파가 잡혔다.
17 유다 지파를 갈래별로 나서게 하였더니 제
라 갈래가 잡혔고, 제라 갈래를 가문별로 나
서게 했더니 잡디 가문이 잡혔다.
18 다시 여호수아가 잡디 가문의 장정을 차례
로 나서게 했더니 유다 지파, 제라의 증손이
요 잡디의 손자며 가르미의 아들인 아간이
잡혔다.
19 ◎여호수아가 아간에게 물었다. "아들아, 이
스라엘의 하느님 야훼의 위엄을 알아 모시고
그에게 자백하여라.㉡ 무슨 일을 했든지 숨
기지 말고 말하여라."
20 아간이 여호수아에게 대답하였다. "제가 정
녕 이스라엘의 하느님 야훼께 죄를 지은 사
람입니다. 제가 한 일은 이러합니다.
21 제가 전리품 중에서 시날에서 난 좋은 외투
한 벌과 은 이백 세겔과 오십 세겔 나가는 금
덩이 하나를 보고는 그만 욕심이 나서 가졌
습니다. 그것들은 제 천막 땅 속에다 은을
밑에 깔고 묻어두었습니다."
22 ◎여호수아는 심부름꾼을 보냈다. 그들이 그
의 천막으로 달려가 보니, 과연 외투가 묻
혀 있고 그 밑에 은이 깔려 있는 것이었다.
23 그들은 그것을 모두 천막에서 꺼내어 여호
수아와 이스라엘 백성들에게 가져다가 야훼
앞에 놓았다.
24 여호수아는 제라의 아들 아간을 끌고 그 은
과 외투와 금덩이를 거두어 아골 골짜기로
올라갔다. 그의 아들딸을 비롯하여 소, 나
귀, 양, 그의 천막과 그에게 딸린 모든 것을
가지고 올라가는데 온 이스라엘이 그를 따
라 나섰다.
25 여호수아가 말하였다. "어쩌다가 네가 우리
에게 이런 참혹한 일을 당하게 했느냐? 너
도 오늘 야훼께 참혹한 일을 당하리라." 이
말이 떨어지자 온 이스라엘이 그를 돌무더
기로 만들었다. 또 그의 일족을 불사르기도
하고 돌로 쳐죽이기도 하였다.
26 그들이 그 위에 쌓아올린 큰 돌무더기는 오
늘까지 남아 있다. 그제야 야훼의 극렬한 분
노가 걷혔다. 이런 사연이 있어서 그 곳 이
름을 오늘날에도 ㉢아골 골짜기라 부르는
것이다.

다시 아이를 공격하다

8 ◎야훼께서 여호수아에게 이르셨다. "두
려워하지도 말고 겁내지도 마라. 전군을
거느리고 떠나 아이로 쳐 올라가거라. 보아
라, 내가 아이 왕과 그 백성과 성읍과 영토
를 네 손에 부친다.
2 네가 예리고와 그 왕을 해치웠듯이 아이와
그 왕도 해치울 터인데 전리품과 가축은 차
지해도 좋다. 그 성 뒤쪽에 복병을 배치하
여라."
3 여호수아는 전군에게 아이로 쳐 올라갈 준비
를 갖추게 한 다음 날쌘 용사 삼만 명을 뽑
아 밤을 타 보내면서
4 지시하였다. "잘 들어라, 너희는 저 성 뒤로
돌아가 성에서 너무 멀지 않은 곳에 매복하
고 대기하여라.
5 나는 나의 부대를 거느리고 저 성으로 다가
가리라. 그들이 먼저처럼 우리를 맞아 싸우
러 나오면, 우리는 쫓기는 체하겠다.
6 그들은 우리가 먼저처럼 도망을 친다고 생
각하고 우리를 뒤쫓아 나올 것이다. 우리가

㉠ 주사위로 잡아낸다는 말이다. ㉡ "야훼 이스라엘의 하느님께 영광을 돌리고 그를 찬양하여라."라고 번역할 수도 있다. ㉢ '참혹한 일을 당하다'(아갈)와 같은 어근에서 나온 말이다.

그들을 성에서 멀리 꾀어내거든,
7 너희는 매복하고 있던 데서 일어나 저 성을
점령하여라. 너희 하느님 야훼께서 저 성을
너희의 손에 부치시리라.
8 성을 점령하는 길로 불을 질러라. 야훼의 말
씀이니 꼭 그대로 해야 한다. 내 명령이다."
9 여호수아는 그들을 떠나보냈다. 그들은 아이
와 베델 사이, 아이 서편에 이르러 매복하였
다. 한편 여호수아는 부대원들 틈에 끼여 그
밤을 지내고
10 이튿날 일찍 일어나 부대원을 점호한 다음
이스라엘 장로들과 함께 부대를 거느리고 아
이로 쳐 올라갔다.
11 그를 좇는 부대원 전원이 올라가 성 정면을
향하여 다가갔다. 그들은 아이와 골짜기를
사이에 두고 아이 북쪽에 진을 쳤다.
12 그는 오천 명쯤 뽑아다가 성 서쪽 아이와 베
델 사이에 매복시켰다.
13 이렇게 전군은 성 북쪽에 진을 치고 성 서쪽
에는 기습부대를 배치하였다. 그리고 여호
수아는 그 밤을 골짜기에서 지냈다.
14 ◎아이 왕은 이것을 보고 아침 일찍이 서둘
러 자기 군대를 이끌고 이스라엘을 맞아 싸
우러 아라바 맞은편 비탈로 나왔다. 그러나
그는 성 뒤쪽에 자기를 치려고 복병이 숨어
있는 것을 몰랐다.
15 여호수아는 온 이스라엘 군과 함께 쫓기는
체 광야 쪽으로 도망쳤다.
16 성에 있던 전 부대가 그들을 따라잡으라고
고함을 지르며 이스라엘을 추격하였다. 그
들은 여호수아의 유인을 받아 성에서 멀리
끌려 나오고 말았다.
17 ㉠아이에는 한 명도 남지 않고 이스라엘을 쫓
아 나왔던 것이다. 그들은 저희의 성을 비
워두고 성문을 열어둔 채 이스라엘을 추격
하였다.
18 ◎야훼께서 여호수아에게 말씀하셨다. "네
손에 든 창을 아이 쪽으로 내뻗어라. 이제
내가 저 성을 네 손에 부친다." 여호수아는
손에 든 창을 성 쪽으로 내뻗었다.
19 그가 팔을 내뻗자마자 복병들이 번개처럼
일어나 성으로 쳐들어가 점령하였다. 그리
고는 곧 그 성에 불을 놓았다.
20 ◎아이 사람들이 뒤를 돌아보니 성에서는
연기가 하늘로 치솟고 있는 것이 아닌가.
그들은 어느 쪽으로도 도망칠 길이 없었다.
광야 쪽으로 도망치는 체하던 부대가 돌아
서서 추격하던 자들에게 도로 달려들었던
것이다.
21 성에서 연기가 치솟는 것을 보고 성이 이미
복병에게 점령된 줄 안 여호수아와 온 이스
라엘은 돌이켜 아이 사람들을 무찔렀다.
22 성에 들어갔던 사람들도 짓쳐 나왔다. 아이
사람들은 독 안에 든 쥐가 되어 한 사람도
살아 도망치지 못하고 맞아죽었다.
23 아이 왕은 사로잡혀 여호수아에게 끌려 왔고
24 광야 벌판에서 이스라엘을 쫓던 아이 주민은
그 광야 벌판에서 다 죽었다. 그들이 한 사
람 남김없이 칼날에 쓰러지자 온 이스라엘
은 아이로 돌아가 그 백성을 도륙하였다.
25 그 날 쓰러진 아이 사람은 남녀 합해서 모두
만 이천이나 되었다.
26 ◎여호수아는 아이 주민을 전멸시키기까지
창을 내뻗었던 팔을 거두지 않았다.
27 그 성에 있던 가축과 전리품은 야훼께서 여
호수아에게 지시하신 대로 이스라엘이 차지
하였다.
28 여호수아는 아이를 불질러 영원한 폐허로 만
들었다. 그래서 오늘까지 그 곳은 돌무더기
로 남아 있는 것이다.
29 그는 아이 왕의 시체를 저녁때까지 나무에
달아두었다. 여호수아의 명령을 따라 해 질
무렵에 그의 시체를 나무에서 끌어내려 성
문 어귀에 내던지고 그 위에 큰 돌무더기를
쌓아올렸다. 그것이 오늘까지 그대로 있다.

에발 산에 제단을 쌓고 법을 낭독하다

30 ◎그 후 여호수아는 에발 산 위에 이스라엘의
하느님 야훼께 바치는 제단을 쌓았다.
31 그는 야훼의 종 모세가 이스라엘 백성에게
명령한 대로 하였다. 그들은 모세의 법전에
기록된 대로 쇠연장으로 다듬지 않은 생돌
로 제단을 쌓고 그 위에다가 야훼께 번제물
을 올리고 친교제물을 잡아 바쳤다.
32 ◎그리고 여호수아는 모세가 써둔 모세의 법
사본을 이스라엘 백성들이 보는 앞에서 그
돌들에 새겼다.
33 그리고 나서 온 이스라엘은 장로들과 장교
들과 법관들 그리고 외국인 본토인 구별 없
이 모두가 야훼의 계약궤를 멘 레위인 사제
들 앞에서 법궤를 향하여 양쪽으로 갈라섰
다. 이스라엘 백성에게 복을 빌어주기 위하
여 야훼의 종 모세가 처음 지시했던 대로 반
은 그리짐 산 앞쪽에, 반은 에발 산 앞쪽에
섰던 것이다.
34 그 뒤 여호수아는 법의 축복 조항과 저주 조

㉠ 히브리어 본문 : "아이와 베델에는."

항을 법전에 기록된 대로 낭독하였다.
35 여호수아는 여자와 아이들 또 그들 가운데
끼여 사는 실향민들까지 참석한 이스라엘
대회에서 모세에게 지시받은 말을 한마디도
빼지 않고 낭독하였다.

속아서 맺은 기브온과의 우호조약

9 ◎이 소식을 듣고 요르단 강 건너편 산악
지대와 야산 지대와 ㉠대해 연안을 끼고
레바논에 이르는 지역에 사는 헷족, 아모리
족, 가나안족, 브리즈족, 히위족, 여부스족의
왕들은 모두
2 동맹을 맺어 여호수아가 거느린 이스라엘과
싸우기로 의견을 모았다.
3 그런데 기브온 주민들은 여호수아가 예리고
와 아이를 해치운 이야기를 듣고,
4 가만히 있을 수 없어 속임수를 쓰기로 하였
다. 그들은 너덜너덜한 부대와 터져서 기운
헌 가죽 술부대를 나귀에 싣고 떠날 채비를
차렸다.
5 또 발에는 닳아빠져 기운 신을 신고 낡은 옷
을 입고 또 말라서 바삭바삭하는 빵을 가지
고 떠났다.
6 ◎그들은 길갈에 있는 이스라엘 진지로 여호
수아를 찾아가 그와 이스라엘 사람들에게 말
하였다. "우리는 먼 나라에서 왔습니다. 이
제 우리와 조약을 맺어주십시오."
7 이스라엘 사람들이 그 히위 사람들에게 "당
신들은 이 근방에 사는 것 같은데, 우리가
어떻게 당신들과 조약을 맺을 수 있겠소?"
하고 대답하자,
8 그들은 여호수아에게 이렇게 말하는 것이었
다. "우리는 당신의 종입니다." 그러나 여
호수아가 "그대들은 누군가? 어디에서 왔
는가?" 하고 묻자,
9 그들은 이렇게 대답하였다. "소인들은 당신
의 하느님 야훼의 명성을 듣고 아주 먼 나라
에서 왔습니다. 우리는 그의 이야기를 들었
습니다. 그가 이집트에서 하신 모든 일과
10 요르단 강 건너 지역의 두 아모리 왕 곧 헤스
본 왕 시혼과 아스다롯에 사는 바산 왕 옥을
해치우신 이야기를 모두 들었습니다.
11 우리 나라의 장로들과 온 백성이 도중에 먹
을 양식을 마련해 주면서 당신들을 만나라
고 우리를 보냈습니다. 그래서 이렇게, 우
리는 당신들의 종이니 우리와 조약을 맺어
달라고 청하는 것입니다.
12 여기에 우리의 빵이 있습니다. 당신들께 오
려고 집에서 만들어가지고 떠날 때는 따끈
따끈하던 것입니다. 그런데 보시다시피 이
제는 이렇게 말라서 바삭바삭해졌습니다.
13 이 부대도 술을 채울 때는 새것이었는데 보
시다시피 이렇게 터졌고 우리 옷과 신발도
먼 길을 오다 보니 이렇게 해어졌습니다."
14 ◎이스라엘 회중의 대표들은 야훼의 허락을
얻지도 않고 그들에게서 양식을 받았다.
15 그리고 여호수아는 그들과 우호 관계를 맺
기로 하고 그들의 목숨을 보장한다는 조약
을 체결해 주었으며 회중의 지도자들은 그
들에게 맹세하였다.
16 ◎그런데 그들에게 조약을 체결해 준 지 사
흘밖에 되지 않아 그들이 인근 백성으로서
이스라엘 사이에 끼여 살고 있다는 소문이
들렸다.
17 이스라엘 백성은 다시 진을 거두어 길을 떠
난 지 사흘째 되는 날 그들의 성읍인 기브온,
그비라, 브에롯, 키럇여아림에 이르렀다.
18 그러나 회중의 대표들이 이스라엘의 하느님
야훼를 두고 맹세했기 때문에 그들을 칠 수
가 없었다. 그래서 온 회중이 대표들을 원
망하게 되자,
19 모든 대표들이 온 회중에게 말하였다. "바
로 우리가 이스라엘의 하느님 야훼를 두고
맹세해 놓고 이제 와서 어떻게 손을 댈 수
있겠느냐?
20 우리는 그들을 살려둘 수밖에 다른 길이 없
다. 그래야 우리가 그들에게 해준 맹세 때
문에 입는 화를 면하게 될 것이다."
21 대표들은 말을 계속하였다. "그들을 일단
살려두고 우리 회중을 섬기게 하자. 그들로
하여금 나무를 패고 물을 긷게 하자." 온 회
중은 대표들의 의견을 따르기로 하였다.
22 그리하여 여호수아는 기브온 사람들을 불러
다가 말하였다. "어쩌자고 너희는 이렇게
우리 가운데 끼여 살면서 아주 먼 데 산다고
우리를 속였느냐?
23 그러니 너희는 이제 저주를 받아 대대로 우
리 하느님의 집에서 나무를 패고 물을 길으
며 종살이를 해야 한다."
24 그들이 여호수아에게 대답하였다. "이 땅 주
민을 모두 당신들 앞에서 멸하고 이 땅을 모
두 당신들에게 주라고 당신의 하느님 야훼
께서 종인 모세에게 명령하셨다는 것을 소
인들은 분명히 들었습니다. 우리는 당신들
에게 목숨을 빼앗길까 겁에 질렸었습니다.
그래서 이런 일을 했습니다.

㉠ 지중해를 가리킨다.

25우리는 이미 이렇게 당신 수중에 있습니다.
소견대로 하십시오. 어떤 처분이든지 달게
받겠습니다."
26여호수아는 그들에게 다음과 같은 처분을
내렸다. 즉 이스라엘 사람들의 손에 맞아죽
지 않고 살게 하는 대신,
27그 날로부터 나무를 패고 물을 길어 회중을
섬기게 하였다. 그리하여 오늘까지 그들은
야훼께서 택하신 곳에서 야훼의 제단 일을
거들게 된 것이다.

여호수아가 기브온을 건지다

10 ◎예루살렘 왕 아도니세덱은 여호수아가
아이에 쳐들어가 그 성을 말끔히 쓸어
버렸다는 소식을 들었다. 예리고와 그 왕을
해치웠듯이 아이와 그 왕도 해치웠다는 것
과 기브온 주민이 이스라엘과 우호 관계를
맺고 같이 어울리게 되었다는 소식을 듣고
2그는 아주 겁에 질렸다. 기브온은 일국의 수
도가 되고도 남을 큰 도시였다. 아이보다 큰
도시인데다가 거기에 사는 남자들은 모두
힘깨나 쓰는 사람들이었다.
3예루살렘 왕 아도니세덱은 헤브론 왕 호함과
야르뭇 왕 비르암과 라기스 왕 야비아와 에글
론 왕 드빌에게 전갈을 보냈다.
4"나에게 와주십시오. 나와 힘을 모아 기브
온을 칩시다. 기브온이 여호수아와 이스라엘
사람들과 우호 관계를 맺었습니다."
5이리하여 예루살렘 왕과 헤브론 왕과 야르뭇
왕과 라기스 왕과 에글론 왕, 이렇게 다섯 아
모리 왕은 전군을 동원시켜 기브온과 대진하
고 공격을 개시하였다.
6◎기브온 사람들은 길갈 진지로 여호수아에
게 전갈을 보냈다. "소인들을 버리지 말아
주십시오. 어서 올라와 주십시오. 우리를
도와 건져주십시오. 산악 지대에 사는 아모
리 왕들이 모두 동맹을 맺고 우리를 치러왔
습니다."
7여호수아는 전군을 동원하여 길갈을 떠나
올라갔다. 날쌘 용사들은 모두 함께 올라
갔다.
8야훼께서 여호수아에게 이르셨다. "저자들
을 두려워 마라. 내가 이미 그들을 네 손에
부쳤다. 그들 가운데는 아무도 너와 맞설
자가 없으리라."
9여호수아는 길갈을 떠나 밤새도록 진군해 가
서 그들을 기습하였다.
10◎야훼께서는 그들을 기브온에서 호되게 치
시어 혼비백산 이스라엘 앞에서 도망치게
하시고 아제카와 막케다까지 벳호론 비탈을
타고 쫓아가며 치셨다.
11그들이 이스라엘에게 쫓겨 벳호론 비탈을 타
고 아제카까지 달아나는데 야훼께서는 하늘
에서 주먹 같은 우박을 쏟아 그들을 죽이셨
다. 이스라엘 백성의 칼에 죽은 사람보다 우
박에 맞아 죽은 사람들이 더 많았다.
12그 때, 야훼께서 아모리 사람들을 이스라엘
백성에게 부치시던 날, 여호수아는 이스라엘
이 보는 앞에서 야훼께 외쳤다.
"해야, 기브온 위에 머물러라.
달아, 너도 아얄론 골짜기에 멈추어라."
13◎그러자 원수들에게 복수하기를 마칠 때까
지 해가 머물렀고 달이 멈추어 섰다. 이 사
실은 ㉠야살의 책에 기록되어 있지 않는가?
해는 중천에 멈추어 하루를 꼬박 움직이려
고 하지 않았다.
14야훼께서 이렇게 사람의 소리를 들어주신
날은 전에도 없었고 후에도 없었다. 야훼께
서 이스라엘 편에 서서 싸우셨던 것이다.
15여호수아는 온 이스라엘을 이끌고 길갈 진지
로 돌아왔다.
16◎한편 다섯 왕은 도망하여 막케다 동굴에
숨었다.
17이 정보가 여호수아에게 전해졌다. "다섯 왕
이 막케다 동굴에 숨어 있는 것을 알아냈습
니다."
18그 말을 듣고 여호수아는 지시하였다. "큰
돌들을 굴려다가 동굴 입구를 막고 보초를
세워라.
19머뭇거리지 말고 모두들 적을 추격하여라.
뒤를 따라잡아 한 놈도 성 안으로 들여보내
지 마라. 너희의 하느님 야훼께서 그들을 너
희의 손에 부치셨다."
20◎여호수아는 이스라엘 백성을 거느리고 그
들을 호되게 무찔러 거의 전멸시켰다. 그
중에서 죽음을 모면한 자들은 견고한 성으
로 도망쳐 들어갔다.
21그제야 온 백성은 막케다 진지에 있는 여호
수아에게로 무사히 돌아갔다. 아무도 이스
라엘 백성에게 함부로 혀를 놀리는 사람이
없게 되었다.
22◎여호수아가 명령하였다. "동굴 어귀를 열
고 그 동굴 속에 있는 다섯 왕을 내 앞으로
끌어내어라."
23그들은 명령대로 예루살렘 왕, 헤브론 왕, 야
르뭇 왕, 라기스 왕, 에글론 왕, 다섯 왕을 동

㉠ 고대 시들을 모은 책으로, 2사무 1:18에서도 인용된다.

굴에서 그의 앞으로 끌어냈다.
24그 왕들을 여호수아 앞으로 끌어내자, 여호
수아는 이스라엘의 모든 사람을 불러모으고
자기를 따라 싸우던 지휘관들에게 지시하
였다. "앞으로 나와서 이 왕들의 목을 발로
밟아라." 그들이 앞으로 나와 그들의 목을
발로 밟자,
25여호수아가 외쳤다. "두려워하지 마라, 놀
라지 마라. 힘을 내어라, 용기를 가져라. 너
희가 원수를 칠 때 야훼께서 그들을 모두 이
렇게 해치우시리라."
26여호수아는 이렇게 말하고 그들을 쳐죽인
다음 나무 기둥 다섯에 하나씩 매달았다.
그들은 저녁때까지 나무에 매달려 있었다.
27해 질 무렵에 여호수아의 명령을 받아 사람
들은 그 시체를 나무에서 내려 그들이 숨었
던 동굴에 넣고 큰 돌로 동굴 입구를 막았
다. 그것이 오늘날까지 그대로 있다.

팔레스틴 남부를 점령하다

28◎같은 날 여호수아는 막케다를 공략하고 그
성 주민과 왕을 칼로 쳐서 숨쉬는 것이면 하
나도 살려두지 않고 모조리 죽였다. 여호수
아는 막케다 왕을 예리고 왕처럼 해치웠다.
29◎여호수아는 온 이스라엘을 거느리고 막케
다에서 다시 리브나로 발길을 돌려 리브나를
쳤다.
30야훼께서는 그 성과 왕도 이스라엘 손에 부
치셨다. 이스라엘은 숨쉬는 것이면 하나도
살려두지 않고 모조리 칼로 쳐죽였고 그 왕
도 예리고 왕을 해치운 것처럼 해치웠다.
31◎여호수아는 온 이스라엘을 거느리고 리브
나에서 라기스로 발길을 돌려 진을 치고 라
기스를 쳤다.
32야훼께서 라기스도 이스라엘 손에 부치셨다.
이스라엘은 이틀 만에 그 성을 공략하고 숨
쉬는 것이면 모조리 칼로 쳐서 리브나를 해
치운 것처럼 해치웠다.
33그 때에 게젤 왕 호람이 라기스를 도우려고
올라왔지만 여호수아는 그와 그의 백성을
하나도 살려두지 않고 모조리 무찔렀다.
34◎여호수아는 온 이스라엘을 거느리고 라기
스에서 에글론으로 발길을 돌려 진을 치고
에글론을 쳤다.
35그들은 그 날로 그 성을 공략하고 주민을 칼
로 무찔러 숨쉬는 것이면 하나도 살려두지
않고 모조리 없애버렸다. 이렇게 라기스를
해치운 것처럼 해치웠다.
36◎여호수아는 온 이스라엘을 거느리고 에글
론에서 헤브론으로 쳐 올라가
37그 성을 공략하고 왕과 모든 위성 마을의 주
민을 칼날로 무찔러 모조리 없앴다. 에글론
에서처럼 그는 그 성을 진멸하고 숨쉬는 것
이면 하나도 살려두지 않고 죽여버렸다.
38◎여호수아는 온 이스라엘을 거느리고 돌아
와서 드빌을 쳤다.
39여호수아는 그 성과 모든 위성 마을을 공략
하여 왕을 사로잡고 사람들을 칼로 무찔렀
다. 그리고 숨쉬는 것이면 하나도 살려두지
않고 모조리 죽여버렸다. 그는 드빌과 그 왕
을 헤브론을 해치운 것처럼, 리브나와 그 왕
을 해치운 것처럼 그렇게 해치웠다.
40◎이렇게 하여 여호수아는 그 온 지역을 정
복하였다. 산악 지대와 네겝 지방과 야산 지
대와 비탈진 지역과 거기에 사는 모든 왕들
을 쳐서 한 사람도 살려두지 않았다. 이렇
게 이스라엘의 하느님 야훼께서 분부하신 대
로 숨쉬는 것이면 무엇이든지 모조리 죽여
버렸다.
41여호수아는 카데스바르네아에서 가자에 이르
기까지 정복하고 또 기브온에 이르는 고센의
전지역을 정복하였다.
42이스라엘의 하느님 야훼께서 이스라엘 편에
서서 싸워주셨기 때문에 여호수아는 한번
출정하여 이 모든 왕들을 사로잡고 영토를
점령하였던 것이다.
43그리고 나서 여호수아는 온 이스라엘을 거느
리고 길갈 진지로 돌아왔다.

가나안 북방을 정복하다

11 ◎이런 소문들을 듣고 하솔 왕 야빈은
마돈 왕 요밥, 시므론 왕, 악삽 왕,
2북쪽 산악 지대에 있는 왕들, 긴네렛 남쪽
벌판에 있는 왕들, 야산 지대에 있는 왕들
과 또 바다 쪽으로 도르 언덕에 있는 왕들에
게 전갈을 보냈다.
3동쪽과 서쪽에는 가나안족이 살았고 산악
지대에는 아모리족, 헷족, 브리즈족, 여부스
족이 살았고 미스바 지방 헤르몬 산 밑에는
히위족이 살고 있었다.
4그들이 전군을 거느리고 출동하니, 그 군대
는 바닷가 모래처럼 많았고 기마와 병거 또
한 이루 셀 수 없이 많았다.
5◎그 왕들은 각기 출동하여 집결하기로 약
속한 메롬 샘터에 와서 이스라엘과 싸우려고
진을 쳤다.
6그 때 야훼께서 여호수아에게 이르셨다. "그
들을 두려워하지 마라. 내일 이맘때쯤 내가

그들을 모두 이스라엘 앞에서 박살내리니
네가 군마의 다리 힘줄을 끊고 병거를 태워
버릴 것이다."
7 여호수아는 전군을 이끌고 메롬 샘터로 가서
갑자기 들이덮쳤다.
8 야훼께서 그들을 이스라엘의 손에 부치셨으
므로 이스라엘은 그들을 무찔러 대시돈과
미스르봇마임과 동쪽으로는 미스바 골짜기
까지 따라가며 한 사람도 남기지 않고 쳐
죽였다.
9 여호수아는 야훼께 받은 명령대로 그들을 해
치웠다. 군마의 다리 힘줄을 끊고 병거를
태워버렸다.
10 ◎여호수아는 돌아오는 길에 하솔을 공략하
고 그 왕을 칼로 쳐죽였다. 일찍이 하솔은
이 여러 왕국의 종주국이었다.
11 숨쉬는 것이면 모조리 칼로 쳐죽였다. 코에
숨이 붙어 있는 것은 하나도 살려두지 않았
다. 그리고 하솔에 불을 질러버렸다.
12 여호수아는 이렇게 야훼의 종 모세에게 받은
명령대로 그 여러 왕의 성을 다 점령하고 왕
들을 사로잡아 칼로 쳐죽였다.
13 ◎이스라엘은 언덕에 서 있는 성은 하나도
불을 지르지 않았다. 그러나 하솔만은 여호
수아가 불을 질렀던 것이다.
14 이스라엘 백성은 이 성들에서 취한 전리품
과 가축을 마음대로 가졌지만 사람이란 사
람은 모조리 칼로 쳐 쓸어버렸다. 이렇게
코에 숨이 붙어 있는 것은 하나도 살려두지
않았다.
15 ◎야훼께서 당신의 종 모세에게 명령하신 것
을 모세는 다시 여호수아에게 명령하였고 여
호수아는 그대로 수행하여 야훼께서 모세에
게 명령하신 것이 어김없이 다 이루어졌다.

가나안 정복을 끝내다

16 ◎이렇게 하여 여호수아는 산악 지대와 네겝
온 지역과 고센 지방 전부와 야산 지대와 아
라바와 이스라엘 산악 지대와 야산 지대를
점령하였다.
17 ◎세일을 향하여 우뚝 선 할락 산으로부터
헤르몬 산 아래 레바논 골짜기에 있는 바알가
드에 이르기까지 여호수아는 거기에 사는 모
든 왕들을 사로잡아 쳐죽였다.
18 오랫동안 여호수아는 이 왕들과 싸워야 했
다.
19 기브온에 사는 히위족밖에는 이스라엘 백성
과 우호 관계를 맺은 도시가 하나도 없었다.
그 밖의 도시들은 모두 싸워서 빼앗았던 것
이다.
20 그들을 가차없이 전멸시키시려고 야훼께서
는 그들로 하여금 고집을 세워 이스라엘과
싸우도록 하셨던 것이다. 이렇게 야훼께서
는 모세에게 명령하신 대로 그들을 쓸어버
리게 하셨던 것이다.
21 ◎그 때에 여호수아가 출동하여 산악 지대에
서 아나킴이라고 하는 거인족들을 전멸시켰
다. 유다 전 산악 지대에 있는 헤브론, 드빌,
아납 그리고 이스라엘 전 산악 지대에서 그
들을 전멸시켰던 것이다. 여호수아는 그들
을 성읍째 없애버렸다.
22 그리하여 아나킴은 가자와 갓과 아스돗에 약
간 남아 있을 뿐 이스라엘 백성이 사는 땅에
는 한 사람도 없게 되었다.
23 여호수아는 야훼께서 모세에게 약속해 주신
대로 전지역을 정복하고는 그 땅을 이스라
엘에게 나누어주었다. 그리하여 지파마다
제 몫을 받게 되었다. 이로써 전국에서 전
란이 멎었다.

요르단 강 동쪽에서 모세에게 정복당한 왕들

12 ◎이스라엘 백성이 요르단 강 건너편 해
돋는 쪽 아르논 계곡에서 헤르몬 산악
지대에 이르기까지 온 아라바를 정복하며
쳐죽인 왕들은 아래와 같다.
2 헤스본에 살던 아모리 왕 시혼이 다스리던
지역은 길르앗 절반으로서 아르논 계곡 중간
지점 언덕 위에 있는 아로엘에서 암몬 백성
과 접경한 야뽁 개울에 이르렀고,
3 거기에서 해 뜨는 쪽 아라바 긴네렛 호수에
이르고 한편 짠물호수라고도 이르는 아라바
호수에 이르렀는데, 벳여시못 쪽 비스가 산
기슭이 그 남단이었다.
4 ◎아스다롯과 에드레이에 살던 마지막 거인
족 바산 왕 옥은
5 헤르몬 산과 살가, 그술 사람과 마아가 사람
과 접경한 바산 전지역과 헤스본 왕 시혼의
영토와 접경한 길르앗 절반을 다스렸다.
6 야훼의 종 모세가 이스라엘 사람을 거느리고
이 왕들을 쳐죽인 후 그 땅을 르우벤 지파와
가드 지파와 므나쎄 지파 절반에게 주어 차
지하게 했던 것이다.

가나안에서 여호수아에게 정복당한 왕들

7 ◎여호수아가 이스라엘 백성을 거느리고 요
르단 강 서편에서 쳐죽인 이 땅의 왕들은 아
래와 같다. 그들은 레바논 골짜기에 있는 바
알갓으로부터 세일을 향해 우뚝 서 있는 할

락 산에 이르는 지역의 왕들이었다. 여호수
아는 그 땅을 이스라엘 각 지파에 나누어주
었다. 그래서 그들이 각기 제 몫으로 차지
한 땅은
8 그 산악 지대와 야산 지대와 아라바와 언덕
지대와 광야와 네겝 지방이었다. 거기에는
헷족, 아모리족, 가나안족, 브리즈족, 히위족,
여부스족이 살고 있었다.
9 ◎예리고 왕 하나, 베델 가까이 있던 아이 왕
하나,
10 예루살렘 왕 하나, 헤브론 왕 하나,
11 야르뭇 왕 하나, 라기스 왕 하나,
12 에글론 왕 하나, 게젤 왕 하나,
13 드빌 왕 하나, 게델 왕 하나,
14 호르마 왕 하나, 아랏 왕 하나,
15 리브나 왕 하나, 아둘람 왕 하나,
16 막케다 왕 하나, 베델 왕 하나,
17 다부아 왕 하나, 헤벨 왕 하나,
18 아벡 왕 하나, 사론 왕 하나,
19 마돈 왕 하나, 하솔 왕 하나,
20 시므론므론 왕 하나, 악삽 왕 하나,
21 다아낙 왕 하나, 므기또 왕 하나,
22 케데스 왕 하나, 가르멜에 있는 욕느암 왕 하
나,
23 도르 언덕에 있는 도르 왕 하나, 길갈에 있는
고임 왕 하나,
24 디르사 왕 하나, 이렇게 하여 왕의 총수는
삼십일 명이었다.

정복하지 못한 지역

13 ◎여호수아가 나이 많아 늙자 야훼께서
그에게 말씀하셨다. "너는 이제 나이
많아 늙었는데 정복할 땅은 아직도 많이 남
아 있다.
2 남아 있는 땅으로는 블레셋 사람들의 전지
역과 그술 사람들의 전지역이 있다.
3 이집트 동편 시홀로부터 북쪽으로 에크론 경
계에 이르는 땅은 가나안 사람들의 것으로
친다. 이 블레셋 사람들의 다섯 추장은 가자,
아스돗, 아스클론, 갓, 에크론의 추장들이다.
아위 사람들은
4 그 남쪽에 있다. 시돈 사람들이 차지하고 있
는 아라에서 아모리인과 접경한 아베카에 이
르는 가나안 사람들의 전지역,
5 또 그발 사람의 땅과 거기에서 해 뜨는 쪽으
로 헤르몬 산 아래 바알갓에서 하맛에 이르
는 온 레바논 땅이 남아 있다.
6 ◎레바논에서 미스르봇마임에 이르는 산악
지대에 사는 모든 시돈 사람들을 내가 이스
라엘 사람들 앞에서 친히 몰아내리라. 그러
니 내가 너에게 명한 대로 그 땅을 이스라엘
백성에게 나누어주기만 하여라.
7 이제 너는 이 땅을 아홉 지파와 므나쎄 지파
의 절반에게 나누어주어라."

요르단 동부 지역을 나누다

8 ◎므나쎄 지파 나머지와 함께 르우벤 지파와
가드 지파는 이미 요르단 강 동편 땅을 모세
에게서 유산으로 받았다. 야훼의 종 모세에
게서 그들이 받은 땅은 아래와 같다.
9 아르논 개울 언덕 위에 있는 아로엘과 개울
가에 있는 성과 메드바에서 디본에 이르는
고원 지대 전역,
10 아모리 왕 시혼이 암몬 백성과 접경하고 헤스
본을 수도로 하여 다스리던 모든 성,
11 길르앗과 그술 사람과 마아갓 사람의 영토,
헤르몬의 전 산악 지대, 살가에 이르는 바산
전지역,
12 아스다롯과 에드레이를 수도로 하고 다스리
던 마지막 거인족 옥의 나라 바산이 그것이
다. 모세가 그들을 쳐서 그 땅을 점령했던
것이다.
13 그런데 이스라엘 백성은 그술족과 마아갓족
만은 쫓아내지 못하였으므로 그술과 마아갓
은 이날까지 이스라엘 가운데 끼여 살고 있
다.
14 레위 지파만은 유산을 받지 않았다. 이스라
엘의 하느님 ㉠야훼께서 약속대로 그들의 유
산이 되어주셨기 때문이다.

르우벤 지파의 지경

15 ◎르우벤 자손의 지파가 갈래를 따라 모세에
게서 받은
16 지역은 아르논 개울 중류 언덕 위에 있는
성 아로엘에서 메드바에 이르는 고원 지대
전역,
17 그 고원 지대에 있는 헤스본과 그 모든 위성
도시, 곧 디본, 바뭇바알, 벳바알므온,
18 야하스, 크데못, 메바앗,
19 키랴다임, 시브마, 계곡의 언덕에 사는 세렛
사할,
20 벳브올과 비스가 비탈 지역과 벳여시못,
21 이렇게 고원 지대에 있는 모든 성이었다.
이것은 헤스본을 수도로 하고 다스리던 아모
리 왕 시혼의 나라였다. 그는 모세에게 패하
였다. 그 땅에 살던 시혼의 장군들 에위와 레

㉠ 칠십인역을 따랐다. 히브리어 본문 : "야훼께 바치는 번제물이."

켐과 수르와 후르와 레바도 그와 함께 패하
였는데, 그들은 미디안 대표들이었다.
22 브올의 아들 점쟁이 발람도 이스라엘 백성에
게 살육당한 사람들과 함께 칼에 맞아 죽
었다.
23 이와 같이 르우벤 자손의 지역은 요르단 강
까지 뻗쳤다. 이렇게 르우벤 자손은 갈래를
따라 위와 같은 여러 성과 그 주변 지역을
유산으로 차지하였다.

가드 지파의 지경

24 ◎가드 자손의 지파가 갈래를 따라 모세에게
서 받은
25 지역은 야셀, 길르앗의 모든 성, 라빠 앞쪽에
있는 아로엘에 이르는 암몬 백성의 땅 절반,
26 또 헤스본에서 라맛미즈베와 브도님까지, 마
하나임에서 로드발 지경까지,
27 그리고 벳하람, 벳니므라, 수꼿, 사본 등 헤스
본 왕 시혼의 나머지 영토인 요르단 계곡인
데, 그 경계는 요르단 강 건너 해 뜨는 쪽 계
곡으로서 긴네렛 호수 한 끝에 이른다.
28 이렇게 가드 후손은 갈래를 따라 위와 같은
여러 성과 그 주변 지역을 유산으로 차지하
였다.

요르단 강 동쪽 므나쎄 지파의 지경

29 ◎므나쎄 자손의 지파 절반이 갈래를 따라
모세에게서 받은
30 지역은 마하나임에서 시작되는 바산 전지역,
바산 왕 옥의 영토였던 바산에 있는 야이르
의 천막촌 육십 개이다.
31 길르앗 절반과 바산에 있는 옥의 두 수도 아
스다롯과 에드레이는 므나쎄의 아들 마길이
받았지만 실상은 마길 후손의 절반이 받은
것이다.
32 ◎이상은 모세가 요르단 강 건너편, 예리고
동쪽 모압 평지에서 나누어준 땅이다.
33 모세는 레위 지파에게는 아무런 유산도 주
지 않았다. 이스라엘의 하느님 야훼께서 약
속대로 친히 그들의 유산이 되어주시기 때
문이었다.

요르단 강 서쪽 지방을 나누다

14 ◎백성이 유산으로 받은 땅, 즉 사제
엘르아잘과 눈의 아들 여호수아와 이스
라엘 지파의 각 가문 어른들이 이스라엘 백
성에게 가나안에서 나누어준 땅은 아래와
같다.
2 그들은 야훼께서 모세를 시켜 명하신 대로
제비를 뽑아 아홉 지파 반에게 나누어주었
다.
3 모세는 두 지파 반에게 요르단 강 건너편 땅
을 이미 유산으로 주었던 것이다. 그러나 레
위인들이 남이 받는 유산을 한몫 받지 못한
것은
4 요셉의 후손이 므나쎄와 에브라임 두 지파가
되었기 때문이다. 레위인들은 들어가서 살
성과 그들의 재산인 가축을 기를 목장을 받
았을 뿐 땅은 분배받지 않았다.
5 이렇게 이스라엘 백성은 야훼께서 모세에게
명령하신 대로 토지를 나누어받았다.

갈렙의 차지

6 ◎크니즈 사람 여분네의 아들 갈렙이 유다 후
손과 함께 길갈로 여호수아를 찾아와 말하였
다. "당신은 아십니다. 카데스바르네아에서
있은 일입니다. 야훼께서 나와 당신의 일을
두고 하느님의 사람 모세에게 무엇이라고
말씀하셨는지 아실 줄 믿습니다.
7 내가 마흔 살 되던 때였습니다. 야훼의 종
모세가 이 땅을 정탐하라고 나를 카데스바르
네아에서 파견하였습니다. 나는 마음에 믿
어지는 바를 그에게 보고하였습니다.
8 나와 함께 올라갔던 형제들은 백성의 용기
를 꺾어주었지만, 나는 야훼 나의 하느님께
충성을 다 바쳤습니다.
9 그 날 모세는 이렇게 맹세하였습니다. '네
가 나의 하느님 야훼께 충성을 다했으니 네
발이 닿는 땅은 영원히 너와 네 자손의 유산
이 되리라.'
10 이 말씀은 이스라엘이 사막 지대를 지날 때
야훼께서 모세에게 하신 말씀입니다. 그 때
로부터 사십오 년이 지난 지금까지 야훼께
서는 약속대로 나를 이렇게 살아 있게 하셨
습니다. 지금 내 나이 여든다섯인데
11 모세가 나를 파견하던 그 시절처럼 나는 여
전히 이렇게 건강합니다. 나는 지금도 그
때와 다름없이 힘이 있어 싸우러 나갈 수 있
습니다.
12 야훼께서 그 때 약속해 주신 이 산악 지대를
이제 나에게 주십시오. 그 때는 당신이 들
으신 대로 아나킴이 거기에 큰 성들을 튼튼
히 쌓고 살고 있었습니다. 그러나 야훼께서
내 편에 서주시면 야훼의 약속대로 나는 그
들을 몰아낼 것입니다."
13 ◎여호수아는 여분네의 아들 갈렙에게 복을
빌어주고 헤브론을 유산으로 주었다.
14 그리하여 헤브론은 크니즈 사람 여분네의 아

들 갈렙의 소유가 되어 오늘에 이른 것이다.
이는 그가 야훼 이스라엘의 하느님께 충성을
다한 덕분이다.
15 헤브론의 예전 이름은 키랏아르바였는데 아나
킴 가운데서 아르바만큼 큰 인물은 없었다.
◎이로써 전국에서 전란이 멎었다.

유다 지파의 지경

15 ◎유다 후손의 지파에게 갈래를 따라
돌아온 몫은 씬 사막으로서 에돔과 접
경하고 남쪽을 향해 내려가다가 그 남단까
지 이른다.
2 다시 말하면 남쪽 경계는 짠물호수 끝, 그
호수 남쪽 물굽이에서 시작하여,
3 아크라삠 비탈 남쪽으로 뻗어 씬을 지나서
카데스바르네아 남쪽으로 올라간다. 거기에
서 헤스론을 거쳐 아딸로 올라가다가 다시
카르카로 꺾인다.
4 거기에서 아스몬을 지나 이집트 개울로 나가
바다에 이르러 경계가 끝난다. 이것이 너희
남쪽 경계가 될 것이다.
5 짠물호수가 동쪽 경계를 이루는데 요르단
강이 끝나는 지점까지다. 북쪽 경계선은
요르단 강이 끝나는 호수 물굽이에서 시작
된다.
6 그 경계는 거기에서 벳호글라로 올라가 베다
라바 북쪽을 지난다. 그 경계는 르우벤의 아
들 보한의 바위까지 올라간다.
7 그 경계는 아골 골짜기로부터 드빌로 올라
가서 개울 남쪽에 있는 아둠밈 언덕 맞은편
길갈로 향한다. 그 경계는 다시 엔세메스를
거쳐 엔로겔로 빠지며
8 벤힌놈 골짜기를 끼고 여부스인의 산 중턱에
있는 예루살렘 남쪽에 이르고 또 서쪽으로
가다가 힌놈 골짜기 맞은편에 있는 산마루
로 올라가 르바임 계곡 북단에 이른다.
9 그 산마루로부터 경계는 다시 넵도아 샘터
로 꺾여 에브론 산 성들 쪽으로 빠졌다가 다
시 키랏여아림이라고 하는 바알라로 꺾인다.
10 거기 바알라에서 서편으로 세일 산을 돌아
크살론이라고 하는 여아림 산 북쪽 중턱을
지난다. 거기에서 벳세메스로 내려가 딤나를
거쳐
11 에크론 북쪽 산 중턱으로 빠진다. 거기에서
시끄론쪽으로 돌아 바알라 산을 거쳐 얍느엘
로 빠진다. 경계는 거기에서 바다에 이르러
끝난다.
12 ㉠대해 해안선이 서쪽 경계를 이룬다. 이상
이 유다 후손의 각 갈래에 배당된 땅의 사면
경계이다.
13 ◎여분네의 아들 갈렙은 야훼께서 여호수아
에게 내린 명령을 따라 유다 후손 틈에서 한
몫을 차지하게 되었는데 여호수아는 그에게
헤브론이라고 하는 키랏아르바를 주었다. 아
르바는 아낙인의 조상이었다.
14 갈렙은 아낙의 세 갈래 후손인 세새와 아히만
과 탈매를 그 곳에서 몰아냈다. 그들은 아낙
에게서 난 자손들이었다.
15 거기에서 그는 드빌의 주민들을 쳐 올라갔
다. 드빌의 예전 이름은 키랏세벨이었다.
16 갈렙은 키랏세벨을 쳐서 함락시키는 사람에
게 자기 딸 악사를 아내로 주겠다고 선언했
는데,
17 그 성을 함락시킨 사람은 바로 갈렙의 조카
오드니엘이었다. 그의 아버지 크나즈는 갈렙
과 동기간이었다. 갈렙은 그에게 자기의 딸
악사를 아내로 주었다.
18 신부가 시집으로 갈 때가 되어, 신랑은 신
부를 시켜 아버지에게 밭을 달라고 하였다.
신부가 나귀에서 내리자 갈렙은 무엇을 원
하느냐고 물었다.
19 "저에게 선물을 주십시오. 네겝 지방으로
시집 보내시는 이 마당에 저에게 샘을 몇 개
주십시오." 이 말을 듣고 그의 아버지는 윗
샘과 아랫샘을 주었다.
20 ◎이상이 유다 후손 지파에게 갈래를 따라
돌아간 유산이다.
21 ◎네겝 쪽으로 에돔과 접경하고 있는 유다
후손 지파 남단 성읍들은 아래와 같다. 캅스
엘, 에델, 야굴,
22 키나, 디모나, 아드아다,
23 케데스, 하솔, 잇난,
24 지브, 텔렘, 브알롯,
25 하솔하다따, 크리욧헤스론 곧 하솔,
26 아맘, 세마, 몰라다,
27 하살가따, 헤스몬, 벳벨렛,
28 하살수알, 브엘세바, 비즈요드야,
29 바알라, 이임, 에셈,
30 엘돌랏, 그실, 호르마,
31 시글락, 마드만나, 산산나,
32 르바옷, 실힘, 엔림몬. 이렇게 모두 스물아홉
성과 그 변두리 천막촌들이다.
33 ◎야산 지대에 있는 성읍은 아래와 같다. 에
스다올, 소라, 아스나,
34 자노아, 엔간님, 다부아, 에남,
35 야르뭇, 아둘람, 소코, 아제카,

㉠ 지중해를 가리킨다.

36 사아라임, 아디다임, 그데라, 그데로다임. 이
렇게 열네 성과 그 변두리 천막촌.
37 스난, 하다사, 믹달가드,
38 딜르안, 미스베, 욕드엘,
39 라기스, 보스캇, 에글론,
40 가뽄, 라마스, 기들리스,
41 그데롯, 벳다곤, 나아마, 막게다. 이렇게 열여
섯 성과 그 변두리 천막촌들.
42 리브나, 에델, 아산,
43 입다, 아스나, 느십,
44 크일라, 악집, 마레사. 이렇게 아홉 성과 그
변두리 천막촌들.
45 에크론과 그 변두리 촌락과 천막촌들.
46 에크론과 바다 사이의 땅, 아스돗 경계에 이
르는 전지역의 천막촌들.
47 아스돗과 그 변두리 촌락과 천막촌들. 가자
와 그 변두리 촌락과 천막촌들. 이집트 개울
과 대해가 경계를 이룬다.
48 ◎산악 지대에 있는 성읍은 아래와 같다. 사
밀, 야띨, 소코,
49 단나, 키럇산나 곧 드빌,
50 아납, 에스드모, 아님,
51 고센, 홀론, 길로. 이렇게 열한 성과 그 변두
리 천막촌들.
52 아랍, 두마, 에스안,
53 야님, 벳다부아, 아베카,
54 훔타, 키럇아르바 곧 지금의 헤브론, 시올. 이
렇게 아홉 성과 그 변두리 천막촌들.
55 마온, 가르멜, 지브, 유타,
56 이즈르엘, 욕드암, 자노아,
57 카인, 기브아, 딤나. 이렇게 열 성과 그 변두
리 천막촌들.
58 할훌, 벳술, 그돌,
59 마아랏, 벳아놋, 엘드콘. 이렇게 여섯 성과
그 변두리 천막촌들.
60 키럇바알 곧 지금의 키럇여아림, 라빠 이 두
성과 그 변두리 천막촌들.
61 ◎사막 지대에 있는 성읍은 아래와 같다. 베
다라바, 미띤, 스가가,
62 닙산, 소금성, 엔게디. 이렇게 여섯 성과 그
변두리 천막촌.
63 그러나 유다 후손들은 예루살렘에 사는 여부
스족은 몰아내지 못하였다. 그래서 여부스
족은 이날까지 유다 후손들과 함께 예루살렘
에 섞여 살고 있다.

에브라임 지파의 지경

16 ◎요셉 후손들에게 돌아간 몫은 동쪽으
로 예리고 가까이 요르단 강에서 시작
한다. 예리고에서 베델 산악 지대로 사막을
거쳐 올라간다.
2 루즈라고도 하는 그 베델에서 시작하여 아타
롯에 있는 하르키족의 경계를 지나
3 서쪽으로 야블렛족의 경계로 내려가 아래쪽
벳호론 경계를 지나 게젤에 이르렀다가 바다
로 빠진다.
4 ◎요셉의 아들 므나쎄와 에브라임은 아래와
같이 유산을 받았다.
5 에브라임 후손도 갈래를 따라 영토를 유산
으로 받았는데 그 경계는 동쪽 아타롯아달에
서 시작하여 윗벳호론에 이른다.
6 그 경계는 거기에서 바다로 빠졌다가 북쪽
믹므닷에서 동쪽으로 돌아서 다아낫실로에
이르러 야노하 동쪽을 지난다.
7 다시 야노하에서 아타롯과 나아라로 내려가
예리고를 스쳐 요르단 강으로 빠진다.
8 또 그 경계는 다부아에서 서쪽으로 나가 가
나 골짜기를 지나 바다로 빠진다. 이상이 에
브라임 후손 지파가 그 갈래를 따라 받은 유
산이다.
9 그 밖에도 에브라임 후손에게는 므나쎄 후손
의 유산 가운데서 따로 떼어낸 성과 천막들
이 있었다.
10 게젤에 사는 가나안 사람들은 쫓겨나지 않은
채 이날까지 에브라임에 섞여 살면서 노동
을 하고 있다.

므나쎄 지파의 경계

17 ◎므나쎄는 요셉의 맏아들이기 때문에
그 지파에게도 몫이 돌아갔다. 므나쎄
의 큰아들이자 길르앗의 조상인 마길은 용사
였으므로 그 상으로 길르앗과 바산 지역을
받았다.
2 므나쎄의 나머지 아들들도 갈래를 따라 받
을 몫이 있었다. 아비에젤 후손, 헬렉 후손,
아스리엘 후손, 세겜 후손, 헤벨 후손, 스미다
후손, 이들이 요셉의 아들, 므나쎄의 남자
후손 갈래이다.
3 므나쎄의 아들 마길에게서 길르앗이 태어났
고, 길르앗의 아들 헤벨에게서 슬롭핫이 태
어났는데 슬롭핫은 아들이 없고 딸뿐이었
다. 그 딸들의 이름은 마흘라, 노아, 호글라,
밀가, 디르사였다.
4 이들이 사제 엘르아잘과 눈의 아들 여호수아
와 대표자들에게 와서 청원하였다. "야훼께
서 모세에게 명령하신 대로 우리 일가들과
같이 우리에게도 유산을 주십시오." 야훼의
명령대로 그들의 아버지의 근친과 함께 그

들에게도 유산이 돌아갔다.
5 이렇게 하여 므나쎄에게는 요르단 강 건너편
에 있는 길르앗과 바산 지역 외에도 열 몫이
더 돌아갔다.
6 므나쎄의 딸들이 아들들과 마찬가지로 유산
을 받았기 때문이다. 길르앗 지역은 므나쎄
의 나머지 후손의 차지가 되었다.
7 므나쎄의 영토는 아셀에서 세겜 맞은편 믹
므닷에 이르는데 그 경계는 거기에서 남쪽
으로 엔다부아 주민들이 있는 곳으로 내려
간다.
8 다부아 지방은 므나쎄의 차지였다. 그런데
므나쎄 경계선 가까이에 있는 다부아는 에브
라임 후손에게 넘어갔다.
9 그 경계는 다시 가나 골짜기를 끼고 내려간
다. 골짜기 남쪽에 있던 므나쎄 성들 사이에
에브라임 성들도 있었다. 그러나 므나쎄의
영토는 골짜기 북쪽인데 그 경계는 바다로
빠진다.
10 남쪽에 에브라임을 끼고 므나쎄는 북쪽에 자
리잡고 있는데 ㉠바다가 그 경계선을 이룬
다. 그리고 북쪽으로는 아셀과 접경하고 동
쪽으로는 이싸갈과 접경한다.
11 므나쎄가 이싸갈과 아셀 지역 안에서 차지한
것이 있는데, 그것은 벳스안과 거기 딸린 촌
락들, 이블르암과 거기 딸린 촌락들, 도르의
주민과 거기 딸린 촌락들, 엔도르 주민과 거
기 딸린 촌락들, 다아낙 주민과 거기 딸린
촌락들, 므기또 주민과 거기 딸린 촌락들,
그리고 네벳의 삼분의 일이다.
12 므나쎄 후손은 이 마을들을 점령하지 못했
다. 그래서 가나안 사람들이 그대로 그 땅에
살고 있었다.
13 그러나 이스라엘 자손들은 차츰 강해지면서
가나안 사람들을 몰아내지 않고 노동을 시
켰다.
14 ◎요셉 후손이 여호수아에게 이렇게 물었다.
"우리가 야훼께 복을 받아 이렇게 많은 무
리를 이루었는데 어째서 우리에게 당신의
유산을 겨우 한몫만 떼어주십니까?"
15 여호수아가 대답하였다. "너희가 그렇게 많
은 무리를 이루었으니, 숲이 있는 곳으로
올라가 개간하여라. 그 곳은 브리즈 사람과
르바임 사람의 땅이다. 에브라임 산악 지대
는 너희들에게 정말 좁겠구나."
16 요셉의 후손이 대답하였다. "그 산악 지대
만 가지고는 안 됩니다. 게다가 그 계곡 지
역에 사는 가나안 사람들, 벳스안과 거기 딸
린 촌락과 이즈르엘 계곡에 사는 사람들은
철병거를 갖고 있습니다."
17 여호수아가 요셉 가문인 에브라임과 므나쎄
지파에게 일렀다. "너희는 사람도 많고 또
힘도 세다. 비록 한몫밖에는 돌아가지 않는
다 하더라도,
18 그 곳은 숲이 있는 산악 지대이니 개간하여
가져라. 가나안 사람들은 철병거가 있고 강
력해서 쫓아내지 못할 터이니 산악 지대가
끝나는 곳까지 차지하여라."

다른 일곱 지파의 경계

18 ◎이스라엘 백성 온 회중이 실로에 모여
만남의 장막을 쳤다. 전지역이 이미 그
들에게 정복되었던 것이다.
2 그런데 이스라엘 백성 가운데는 아직도 유
산을 받지 못한 지파 일곱이 남아 있었다.
3 그리하여 여호수아는 이스라엘 백성에게 이
렇게 일렀다. "언제까지 너희 조상의 하느
님 야훼께서 너희에게 주신 땅을 차지하지
못하고 머뭇거리겠느냐?
4 당장 각 지파에서 세 사람씩 선출하여라.
내가 그들을 보내어 분할받을 땅을 답사하
여 지적도를 만들어 오게 하리라.
5 그들은 그 지역을 일곱 몫으로 나누는데, 유
다는 그대로 남쪽 자기 영토를 차지하고 요
셉 가문은 그대로 북쪽 자기 영토를 차지할
것이다.
6 너희는 그 땅을 일곱 몫으로 나누어 지적도
를 만들어가지고 여기 나에게로 가져오너
라. 그러면 내가 우리 하느님 야훼 앞에서
추첨을 하여 너희의 몫을 결정해 주리라.
7 레위 사람들은 너희들과 어울려 한몫 받지
못한다. 야훼를 섬기는 사제 직분이 그들의
몫이기 때문이다. 가드와 르우벤과 므나쎄
지파 절반은 야훼의 종 모세에게서 받은 대
로 요르단 강 동편을 유산으로 받았다."
8 ◎이리하여 그들은 길을 떠났다. 지적도를
만들려고 떠나가는 그들에게 여호수아가 명
령하였다. "너희는 그 지방에 가서 답사하
며 지적도를 만들어 그것을 나에게 가져오
너라. 내가 여기 실로에서, 야훼 앞에서 추
첨을 하여 너희 몫을 결정해 주리라."
9 그들은 길을 떠나 각 지방을 돌아다니면서
그 곳 성들을 일곱 몫으로 나누어 지적도를
만들어가지고 실로의 진지에 있는 여호수아
에게 돌아왔다.
10 여호수아는 실로에서 그들의 몫을 결정하려

㉠ 지중해를 가리킨다.

고 야훼 앞에서 추첨을 하였다. 그리고 여호
수아는 그 땅을 이스라엘 백성에게 한몫 한
몫 떼어주었다.

베냐민

11◎베냐민 후손 지파에게 갈래를 따라 몫으로
돌아간 영토는 유다 후손의 영토와 요셉 후
손의 영토 사이에 끼여 있다.
12그들의 북쪽 경계는 요르단 강에서 시작하
여 예리고 북쪽으로 올라간다. 거기에서 서
쪽의 산악 지대로 계속 올라가다가 베다웬
사막으로 빠진다.
13그 경계는 거기에서 다시 루즈를 지나는데,
베델이라고도 하는 루즈 남쪽 산 중턱에 이
른다. 그 경계는 거기에서 아래쪽 벳호론 남
쪽 산에 있는 아다롯아달 쪽으로 내려간다.
14경계는 거기에서 방향을 바꾼다. 벳호론 남
쪽 산에서 남쪽으로 돌아 서쪽 지경을 타고
내려가다가 유다 후손의 성 키럇바알 곧 키럇
여아림으로 빠진다. 이것이 서쪽 지경이다.
15남쪽 지경은 키럇여아림 끝에서 시작하여 넵
도아 샘에 이르고,
16르바임 계곡 북쪽에 있는 벤힌놈 골짜기 앞
의 산기슭으로 내려간다. 거기에서 여부스
인의 산 남쪽 중턱으로 해서 엔로겔로 더 내
려간다.
17거기에서 북쪽으로 방향을 바꾸어 엔세메스
18로 빠진다. 다시 아둠밈 비탈을 바라보는 글
릴롯에 이른다. 다시 베다라바에서 북쪽으
로 쳐다보이는 산 중턱을 지나 아라바에 이
르렀다가 르우벤의 아들 보한의 바위로 내
려간다.
19경계는 거기에서 북쪽으로 벳호글라 비탈을
지나 마침내 짠물호수 북쪽 물굽이, 요르단
강 남쪽 끝으로 빠진다. 이것이 남쪽 경계
이다.
20요르단 강이 그 동쪽 경계선을 이루고 있다.
이상이 베냐민 후손이 갈래를 따라 차지한
유산의 사방 경계선이다.
21◎베냐민 후손 지파가 갈래를 따라 차지한
성은 아래와 같다. 예리고, 벳호글라, 에멕크
시스,
22베다라바, 스마라임, 베델,
23아윔, 바라, 오브라,
24그발암모니, 오브니, 게바. 이렇게 열두 성과
거기에 딸린 천막촌들.
25또 기브온, 라마, 브에롯,
26미스베, 그비라, 모사,
27레켐, 이르브엘, 다랄라,
28셀라, 엘렙, 여부스 곧 예루살렘, 기브앗, 키
럇. 이렇게 열네 성과 거기에 딸린 천막촌
들. 이것이 베냐민 후손이 갈래를 따라 차지
한 유산이다.

시므온

19

◎둘째 몫은 갈래를 따라 시므온 후손
각 지파에게 돌아갔다. 그들의 유산은
유다 후손의 유산 한복판에 들어 있다.
2그들이 차지한 몫은 브엘세바, 세마, 몰라다,
3하살수알, 발라, 에셈,
4엘돌랏, 브돌, 호르마,
5시글락, 벳마르가봇, 하살수사,
6벳르바옷, 사루헨. 이렇게 열세 성과 거기에
딸린 천막촌들.
7또 아인, 림몬, 에델, 아산. 이렇게 네 성과
거기에 딸린 천막촌들.
8이 성들을 둘러싸고 있는 모든 천막촌은 바
알랏브엘과 네겝 지방 라마까지 이른다. 이
것이 시므온 후손 지파가 갈래를 따라 차지
한 유산이다.
9시므온 후손의 유산은 유다 후손의 분양지에
서 떼어낸 것이다. 유다 후손의 몫이 너무
컸기 때문이다. 그러다 보니 시므온 후손들
의 유산이 유다 후손의 유산 한복판에 들게
된 것이다.

즈불룬

10◎셋째 몫은 갈래를 따라 즈불룬 후손에게
돌아갔다. 그들의 유산 경계는 사릿에 이르
러,
11서쪽으로 마랄라로 올라가서 다빼셋을 스쳐
욕느암을 마주보는 개울에 닿는다.
12또 사릿에서 반대편 해 뜨는 동쪽으로 가
다가 기슬롯다볼 경계에 이른다. 거기에서
다시 다브랏 쪽으로 가다가 야비아로 올라
간다.
13거기에서 다시 동편 해 뜨는 쪽으로 지나가
다가 갓헤벨과 이따카신에 이른다. 다시 림
몬으로 빠졌다가 네아로 굽어져서
14북편으로 한나돈을 향해 가다가 입다엘 골짜
기로 빠진다.
15이 밖에도 카탓, 나할랄, 시므론, 이드알라,
베들레헴. 이렇게 열두 성과 거기에 딸린 천
막촌들이 있다.
16이상의 성들과 거기에 딸린 천막촌들, 이것
이 즈불룬 후손이 갈래를 따라 차지한 유산
이다.

여호

이싸갈

17◎이싸갈에게 넷째 몫이 돌아갔다. 이싸갈
후손이 갈래를 따라 받은
18영토는 이즈르엘, 그술롯, 수넴,
19하바라임, 쉬온, 아나하랏,
20라빗, 키스욘, 에베스,
21레멧, 엔간님, 엔하따, 벳바쎄스이다.
22그 경계는 다볼, 사하시마, 벳세메스를 스쳐
요르단 강으로 빠진다. 이렇게 열여섯 성과
거기에 딸린 천막촌들이다.
23이 성들과 거기에 딸린 천막촌들이 이싸갈
후손 지파가 갈래를 따라 차지한 유산이다.

아셀

24◎다섯째 몫은 갈래를 따라 아셀 후손 지파
에게 돌아갔다.
25그들의 영토는 헬캇, 할리, 베텐, 악삽,
26알라멜렉, 아마드, 미스알이다. 그 경계는 서
편으로 가르멜과 리브낫 시내를 스쳐
27해 뜨는 쪽으로 방향을 바꾸어 벳다곤에 이
르렀다가 북쪽으로 즈불룬과 입다엘 골짜기
를 스친다. 또 베데멕과 느이엘로 해서 가불
쪽으로 빠진다. 다시 북쪽으로는
28압돈, 르홉, 함몬, 카나를 지나 대도시 시돈
에까지 이른다.
29경계는 다시 방향을 바꾸어 라마 쪽으로 해
서 견고한 성 띠로에 이르고 거기에서 또 방
향을 바꾸어 호사 쪽으로 해서 바다로 빠진
다. 마할랍, 악집,
30아꼬, 아벡, 르홉까지 해서 스물두 성과 거기
에 딸린 천막촌들.
31이 성들과 거기에 딸린 천막촌들이 아셀 후
손 지파가 갈래를 따라 차지한 유산이다.

납달리

32◎납달리 후손에게는 여섯째 몫이 돌아갔다.
갈래를 따라 납달리 후손에게 돌아간 땅의
33경계는 헬렙과 사아난님의 상수리나무에서
시작하여 아다미네겝과 얍느엘로 해서 라쿰
에 이르렀다가 요르단 강으로 빠진다.
34거기에서 방향을 바꾸어 서쪽 경계는 아즈
놋다볼로 해서 후콕으로 빠진다. 남쪽은 즈
불룬과 접경하고 서쪽은 아셀과 접경하고
해 뜨는 동쪽은 요르단 강과 접경한다.
35여기에는 아래와 같은 견고한 성읍들이 있
다. 시띰, 세르, 함맛, 라캇, 긴네렛,
36아다마, 라마, 하솔,
37케데스, 에드레이, 엔하솔,
38이론, 믹다렐, 호렘, 베다낫, 벳세메스. 이렇
게 열아홉 성과 거기에 딸린 천막촌들.
39이 성들과 거기에 딸린 천막촌들이 납달리
후손 지파가 갈래를 따라 차지한 유산이다.

단

40◎단 지파의 후손에게는 갈래를 따라 일곱
째 몫이 돌아갔다.
41그들이 유산으로 차지한 영토는 소라, 에스
다올, 이르세메스,
42사알라삔, 아얄론, 이들라,
43엘론, 딤나, 에크론,
44엘드케, 깁돈, 바알랏,
45여훗, 브네브락, 갓림몬,
46메야르콘, 라콘 그리고 요빠 맞은편 지역까
지다.
47그러나 단 후손의 영토가 좁아서 모두 살 수
가 없었다. 그래서 단 후손은 레셈으로 쳐
올라가 칼로 무찌르고 그 성을 차지하고 살
게 되었다. 그리고 레셈을 단이라는 조상의
이름을 따서 단이라 불렀다.
48이 성들과 거기에 딸린 천막촌들이 단 지파
의 후손들이 갈래를 따라 차지한 유산이다.
49◎이렇게 하여 각 지역을 따라 땅 분배를 마
쳤다. 그리고 나서 이스라엘 백성은 자기들
이 받은 유산에 눈의 아들 여호수아도 한몫
끼게 했다.
50야훼의 지시를 따라 그들은 에브라임 산지에
있는 딤낫세라 성을 여호수아의 소원대로 그
에게 주었다. 여호수아는 그 성을 재건하고
거기에 정착하였다.
51◎이상이 실로에 있는 만남의 장막 문간, 야
훼 앞에서 사제 엘르아잘과 눈의 아들 여호수
아와 이스라엘 각 지파, 각 가문의 어른들이
추첨을 하여 나눈 유산이다. 이리하여 땅
분할은 끝났다.

도피성

20 ◎야훼께서 여호수아에게 이르셨다.
2"이스라엘 백성에게 이렇게 일러라.
'내가 모세를 시켜 말한 대로 도피성들을
지정하여라.
3자기도 모르는 사이에 실수하여 살인한 사
람이 피신할 성들을 지정하여라. 그 성읍들
을 살인자가 피살자의 앙갚음을 할 근친에
게서 벗어나 피할 곳으로 삼아라.
4그런 살인자는 그 성읍들 가운데 어디에든
지 피신할 수 있다. 그러나 우선 성문 앞에
멈추어 서서 성읍 장로들에게 사실을 진술
해야 한다. 그러면 그 성읍에 그를 받아들

여 함께 살 곳을 주선해 줄 것이다.
5 피살자의 앙갚음을 할 근친이 쫓아왔을 경
우에도 그 살인자를 그의 손에 내주어서는
안 된다. 그는 한 동족을 죽이기는 했지만,
일찍이 그를 미워한 일이 없이 실수로 살인
을 저질렀기 때문이다.
6 그 살인자는 심판을 받으러 회중 앞에 출두
하기까지 거기에 머물러 있을 수 있고, 현
직 대사제가 죽을 때까지 그 성읍에서 살아
야 한다. 그런 후에라야 그 살인자는 자기
성읍, 자기 집으로 돌아갈 수 있다. 도망 오
기 전에 살던 성읍으로 돌아갈 수 있는 것이
다.'"
7 ◎그리하여 그들은 갈릴리와 납달리 고원 지
대에는 케데스를, 에브라임 고원 지대에는
세겜을, 유다 고원 지대에는 헤브론이라고도
하는 키럇아르바를 떼어냈다.
8 요르단 강 건너편 예리고 동쪽에서는 르우벤
지파에서 고원 사막 지대에 있는 베셀을, 가
드 지파에서 길르앗에 있는 라못을, 므나쎄
지파에서 바산에 있는 골란을 지정하였다.
9 이것이 온 이스라엘 백성과 그들 속에 들어
와 몸붙여 사는 사람이 누구든지 실수로 살
인했을 경우에 피신하도록 지정된 성읍들
이다. 그들은 회중 앞에 출두하기까지 피살
자의 앙갚음을 할 근친의 손에 죽어서는 안
된다.

레위인들의 성읍

21 ◎그 때 레위 가문 어른들이 사제 엘르
아잘과 눈의 아들 여호수아와 이스라엘
지파 가문의 어른들 앞에 나왔다.
2 그들은 가나안 땅 실로에서 이렇게 진정하였
다. "우리가 살 성읍과 가축을 칠 인접 목장
지대를 우리에게도 주라고 야훼께서 모세를
시켜 명령하시지 않았습니까?"
3 이스라엘 백성은 야훼의 분부대로 레위 사람
들에게 자기들 유산에서 성읍들과 거기에
딸린 목장 지대를 떼어주었다.
4 크핫의 후손에게 갈래를 따라 배당된 몫은
아래와 같다. 레위인 가운데서 아론의 후손
사제들에게는 유다, 시므온, 베냐민 지파에
서 열세 성읍이 돌아갔다.
5 크핫의 다른 후손에게는 갈래를 따라 에브라
임, 단, 므나쎄 지파 서반부에서 열 성읍이
돌아갔다.
6 게르손 후손에게는 갈래를 따라 이싸갈, 아
셀, 납달리, 바산에 있는 므나쎄 지파 동반부
에서 열세 성읍이 돌아갔다.
7 므라리 후손에게는 갈래를 따라 르우벤, 가
드, 즈불룬 지파에서 열두 성읍이 돌아갔다.
8 ◎이스라엘 백성은 야훼께서 모세를 시켜 분
부하신 대로 추첨으로 이 성읍들과 거기
딸린 목장 지대를 레위 사람들에게 떼어주
었다.
9 ◎유다 지파와 시므온 지파에게서 떼어준 성
읍들의 이름은 아래와 같다.
10 레위 후손 가운데서 아론의 후손 크핫 갈래
에게 첫 몫이 나왔기 때문에 이 성읍들이 그
들의 차지가 된 것이다.
11 그래서 유다 산악 지대에 있는 헤브론이라고
도 하는 키럇아르바와 거기에 딸린 목장 지
대를 그들에게 주었다. 아르바는 아나킴의
조상이었다.
12 그러나 그 성읍에 딸린 밭과 천막촌들은 여
분네의 아들 갈렙의 소유지로 주었다.
13 이렇게 아론 사제 후손에게 살인자가 피할
도피성 헤브론, 리브나,
14 야띠르, 에스드모아,
15 홀론, 드빌,
16 아산, 유타, 벳세메스 아홉 성읍과 거기에 딸
린 목장 지대를 그 두 지파에서 떼어주었다.
17 베냐민 지파에서는 기브온, 게바,
18 아나돗, 알몬 네 성읍과 거기에 딸린 목장 지
대를 떼어주었다.
19 이렇게 모두 열세 성읍과 거기에 딸린 목장
지대가 아론의 후손 사제들에게 돌아갔다.
20 ◎레위인들 가운데서 나머지 크핫 후손 갈래
들에게는 에브라임 지파의 성읍들이 몫으로
돌아갔다.
21 그들에게는 에브라임 산악 지대에 있는 도
피성 세겜, 게젤,
22 킵사임, 벳호론 네 성읍과 거기에 딸린 목장
지대를 떼어주었다.
23 단 지파에서는 엘드케, 깁돈,
24 아얄론, 갓림몬 네 성읍과 거기에 딸린 목장
지대를 떼어주었다.
25 므나쎄 지파 서반부에서는 다아낙, 이블르암
두 성읍과 거기에 딸린 목장 지대를 떼어주
었다.
26 이렇게 나머지 크핫 후손에게는 갈래를 따
라 모두 열 성읍과 거기에 딸린 목장 지대가
돌아갔다.
27 ◎레위인 갈래 가운데서 게르손 후손에게는
바산에 있는 도피성 골란, 아스다롯 두 성읍
과 거기에 딸린 목장 지대를 므나쎄 지파 동
반부에서 떼어주었다.
28 이싸갈 지파에서는 키스욘, 다브랏,

29야르뭇, 엔간님 네 성읍과 거기에 딸린 목장
지대를 떼어주었다.
30아셀 지파에서는 미스알, 압돈,
31헬캇, 르홉 네 성읍과 거기에 딸린 목장 지
대를 떼어주었다.
32납달리 지파에서는 갈릴리에 있는 살인자의
도피성 케데스, 함못도르, 카르단 세 성읍과
거기에 딸린 목장 지대를 떼어주었다.
33이렇게 게르손 사람들에게는 갈래를 따라
모두 열세 성읍과 거기에 딸린 목장 지대가
돌아갔다.
34◎레위 사람 가운데 남은 므라리 후손 갈래
에게는 즈불룬 지파에서 욕느암, 카르다,
35림몬, 나할랄 네 성읍과 거기에 딸린 목장 지
대를 떼어주었다.
36요르단 강 건너편 예리고 동쪽 르우벤 지파에
서는 고원 사막 지대에 있는 도피성 베셀,
야하스,
37크데못, 메바앗 네 성읍과 거기에 딸린 목장
지대를 떼어주었다.
38가드 지파에서는 도피성 라못길르앗, 마하나
임,
39헤스본, 야젤 네 성읍과 거기에 딸린 목장 지
대를 떼어주었다.
40이렇게 나머지 레위인들의 갈래 가운데 므
라리 갈래 후손에게는 모두 열두 성읍이 몫
으로 돌아갔다.
41◎이렇게 이스라엘 백성이 차지한 영토 가운
데서 레위인들에게 떼어준 성읍은 목장 지
대까지 붙여서 모두 마흔여덟 곳이었다.
42이 성읍들은 각각 목장 지대가 그 주위에 딸
려 있었다. 이상의 성읍들이 다 그러했다.
43◎이렇게 야훼께서 그들의 조상에게 주겠다
고 맹세한 모든 땅을 주셨으므로 이스라엘
백성은 그 땅을 차지하고 정착하였다.
44야훼께서는 그들의 조상들에게 맹세하신 대
로 사방에 평화를 주셨다. 원수들 가운데
아무도 감히 그들을 적대해 일어서는 자가
없었다. 야훼께서 그들의 손에 원수들을 부
치셨던 것이다.
45야훼께서 이스라엘 가문에 약속해 주신 온갖
좋은 일은 하나도 그대로 안 된 일이 없이
다 이루어졌다.

르우벤, 가드, 므나쎄 절반 지파

22 ◎이렇게 하고 나서 여호수아는 르우
벤과 가드와 므나쎄 지파 절반을 불러
놓고
2일렀다. "너희는 야훼의 종 모세에게서 받은
명령을 지켰다. 그리고 내가 명령한 대로
내 말도 다 들었다.
3너희는 지나간 긴 세월을 이날까지 자기 겨
레를 저버리지 않고 야훼께 받은 분부를 성
심껏 실천하였다.
4마침내 너희 하느님 야훼께서는 약속대로
너희 겨레들에게 안식을 주셨다. 그러니 너
희는 이제 너희 천막으로 돌아가거라. 야훼
의 종 모세에게서 받은 요르단 강 건너편에
있는 너희의 소유지로 가거라.
5다만 야훼의 종 모세가 내린 계명과 법만은
있는 힘을 다하여 성심껏 지켜야 한다. 너
희의 하느님 야훼를 사랑하며 그가 일러주
신 길을 따라 살아야 한다. 그의 명령을 지
키고 그에게만 충성을 바쳐야 한다. 마음을
다 기울이고 정성을 다 쏟아 그를 섬겨야 한
다."
6◎그들은 여호수아가 빌어주는 복을 받고 그
의 배웅을 받으며 자기들의 천막으로 돌아
갔다.
7므나쎄 반쪽 지파는 모세에게서 바산에 있는
땅을 받았고 나머지 반쪽 지파는 여호수아
에게서 같은 겨레들과 함께 요르단 강 서쪽
에 있는 땅을 받았다. 여호수아는 그들을 그
들의 천막으로 보내면서 복을 빌어주고
8일렀다. "너희의 재물을 한껏 가지고 너희
의 천막으로 돌아가거라. 한껏 많은 짐승떼
를 이끌고 금, 은, 동, 철과 옷을 한껏 많이
가지고 가거라. 원수들에게서 빼앗은 전리
품을 너희 겨레들과 나누어가지고 가거라."
9◎르우벤 후손과 가드 후손과 므나쎄 지파
절반은 가나안 땅 실로에서 이스라엘 백성과
헤어져 모세가 일러준 야훼의 분부를 따라
차지한 그들의 소유지인 길르앗으로 돌아
갔다.
10그들은 가나안 땅에 있는 요르단 지대에 이
르렀다. 거기 요르단 강 가에다 르우벤 후손
과 가드 후손과 므나쎄 반쪽 지파는 보기에
도 어마어마한 제단을 쌓았다.
11르우벤 후손과 가드 후손과 므나쎄 반쪽 지
파가 가나안 땅 맞은편 요르단 지대, 이스라
엘 백성이 있는 곳의 건너편에 제단을 쌓았
다는 말이 이스라엘 백성에게 전하여졌다.
12그래서 이스라엘 백성 온 회중은 그들을 치
러 올라가려고 실로에 모였다.
13◎이스라엘 백성은 엘르아잘의 아들 비느하스
사제를 길르앗으로 파송하여 르우벤 후손과
가드 후손과 므나쎄 반쪽 지파를 만나게 하
였다.

14이스라엘 각 지파의 가문에서 한 사람씩 선
출된 대표 열 명이 동행하였다. 그들은 모
두 각 가문의 어른으로서 이스라엘 군단 사
령관들이었다.
15그들은 길르앗 지방으로 가서 르우벤 후손
과 가드 후손과 므나쎄 반쪽 지파를 만나 말
하였다.
16"이는 야훼의 온 회중이 보내는 말이오.
'그대들이 이스라엘의 하느님을 배신하고
오늘에 와서 야훼께 등을 돌리다니, 그리하
여 야훼께 반역하여 제단을 쌓다니, 어찌 이
런 배신 행위를 할 수 있단 말이오?
17브올에서 지은 죄만으로는 아직 부족하단
말이오? 그 때문에 야훼의 회중에 벌이 내
렸고 이날까지도 그 죄를 벗지 못하고 있는
것이 아니오?
18그대들은 오늘에 와서 야훼께 등을 돌렸소.
그대들이 오늘 야훼께 반역하였으니 내일이
라도 온 이스라엘 회중에게 그의 분노가 내
릴 것이오.
19만일 그대들의 소유지가 부정하다면 야훼의
성막이 자리잡은 야훼의 소유지로 건너오기
만 하면 될 것 아니오? 우리와 한몫 땅을 차
지하면 될 것 아니냔 말이오? 야훼께 반역
하는 일은 하지 마시오. 우리 하느님 야훼의
제단 아닌 다른 제단은 세우고 우리마저 그
반역 행위에 끌어들이지 마시오.
20제라의 아들 아간이 부정한 것을 가졌다가
그 반역 행위 때문에 온 이스라엘 회중 위에
그의 분노가 떨어진 것 아니오? 그 한 사람
의 죄 때문에 목숨을 잃은 사람이 어디 그
한 사람뿐이었소?'"
21◎르우벤 후손과 가드 후손과 므나쎄 반쪽
지파가 이스라엘 군단 사령관들에게 대답하
였다.
22"가장 높으신 하느님 야훼, 가장 높으신 하
느님 야훼, 주께서 아십니다. 이스라엘이여!
그대들도 알기를 바랍니다. 우리가 야훼께
반역을 하다니요! 야훼께 배신을 하다니
요! 그렇다면 하느님께서 오늘 우리를 건
져주지 않으셔도 좋습니다.
23야훼께 등을 돌리려고 제단을 쌓다니요! 우
리가 만일 여기에다 번제물과 곡식예물을
바치고 친교제물을 잡아 바친다면, 야훼께
서 그 책임을 우리에게 물으실 것이오.
24맹세합니다. 우리가 이것을 만든 것은 훗날
그대들의 후손이 우리 자식들을 보고 '너희
는 이스라엘의 하느님 야훼와 아무 관계가
없다'고 말할까봐 한 일이오.
25'야훼께서 우리와 너희 르우벤 후손과 가드
후손을 요르단 강을 경계로 하여 갈라놓으
셨다.' 하고 말하면서 그대들의 후손이 우리
자식들에게 야훼를 공경하는 길을 막을까봐
한 일이오.
26그래서 이 제단을 세운 것이지 번제물이나
제물을 바치려는 것은 아니었소.
27실상 우리는 이것을 우리와 그대들 사이에,
대대로 우리 후손들 사이에 증거로 세운 것
이었소. 우리도 번제물과 제물과 친교제물
을 가지고 야훼 앞에 나아가 예배를 드릴 수
있다는 것을 증거하려는 것이었소. 그리하
여 훗날 그대들의 후손이 우리 후손에게
'너희는 야훼께 받을 몫이 없다'고 말하지
못하게 하려는 것이었소.
28훗날 우리와 우리 후손들이 그런 말을 듣
게 되더라도 '보라, 이것은 우리 조상들이
만든 야훼의 제단 모형에 지나지 않는다.
번제물이나 제물을 바치는 것이 아니라,
우리와 그대들 사이를 증거하는 것에 지나
지 않는다.' 하고 말할 수 있게 하려는 생
각이었소.
29우리가 야훼께 반역하다니요! 오늘에 와서
야훼께 등을 돌리다니요! 우리 하느님 야훼
의 성막 앞에 있는 당신의 제단 아닌 다른
제단을 세우고 번제물이나 곡식예물이나
제물을 바치다니, 어림도 없는 소리요."
30◎비느하스 사제와 동행한 회중 대표들, 이
스라엘 군단 사령관들은 르우벤 후손과 가드
의 후손과 므나쎄 반쪽 지파가 하는 말을 듣
고 만족하였다.
31엘르아잘의 아들 비느하스 사제는 르우벤 후
손과 가드 후손과 므나쎄 반쪽 지파에게 말
하였다. "그대들이 야훼께 배신하지 않은
것을 보고 우리는 야훼께서 우리 가운데
계시다는 것을 오늘 알았소. 이제 그대들
은 이스라엘 백성을 야훼의 손에서 건져주
었소."
32◎그리고 엘르아잘의 아들 비느하스 사제와
백성의 대표들은 길르앗에서 르우벤 후손과
가드 후손과 헤어져 가나안 땅, 이스라엘 백
성에게 돌아와서 사실을 보고하였다.
33그 보고를 듣고 이스라엘 백성은 만족하여
하느님을 찬양하였다. 그리고 르우벤 후손
과 가드 후손을 쳐 올라가 그들이 사는 땅을
부수자던 말을 다시는 하지 않게 되었다.
34르우벤 후손과 가드 후손은 "이 제단은 야
훼야말로 하느님이시라는 것을 우리 가운
데서 증거하는 것이다." 하면서 그 제단을

㉠에드라고 불렀다.

여호수아의 유언

23 ◎야훼께서 사방에 있는 원수들을 다
물리치시고 이스라엘에게 안식을 주신
뒤 오랜 세월이 지났다. 여호수아는 나이 많
은 노인이 되어,
2 온 장로들과 수령들과 법관들과 공무원들,
곧 온 이스라엘을 불러놓고 말하였다. "나는
나이 많아 이렇게 늙었소.
3 여러분은 여러분의 하느님 야훼께서 이 모
든 민족들을 여러분 앞에서 어떻게 해치우
셨는지를 다 보셨소. 여러분의 하느님 야훼
께서 몸소 여러분의 편이 되어 싸워주신 것
이오.
4 보시오. 내가 요르단 강에서부터 해 지는 쪽
㉡대해에까지 이르는 지역에 사는 모든 민
족을 치고 남긴 민족들도 여러 지파들에게
유산으로 남기는 바이오.
5 여러분의 하느님 야훼께서 몸소 그들을 여
러분의 앞에서 쫓아내 주실 것이오. 그들을
여러분 앞에서 몰아내 주시거든, 여러분의
하느님 야훼께서 약속하신 대로 그 땅을 차
지하시오.
6 단단히 결심하고 모세의 법전에 기록되어
있는 모든 것을 성심껏 지키시오. 부디 한
눈팔거나 곁길로 들어서지 마시오.
7 아직 여러분과 함께 남아 있는 민족들과 섞
이지 마시오. 그들의 신의 이름을 불러 맹
세하지도 말고 그 앞에 엎드려 예배하지도
마시오.
8 오늘까지 해온 대로 여러분의 하느님 야훼
께만 충성을 바치도록 하시오.
9 야훼께서는 수가 많고 억센 민족들을 여러
분 앞에서 몰아내 주셨소. 그리하여 여러
분과 맞설 자가 오늘까지 하나도 없었던 것
이오.
10 여러분의 하느님 야훼께서 약속대로 몸소
여러분 편이 되어 싸워주시지 않으셨다면,
어떻게 여러분 한 사람이 천 명을 쫓을 수
있었겠소?
11 깊이 명심하고 여러분의 하느님 야훼를 사
랑하시오.
12 그러지 않고 돌아서서 여러분과 함께 남아
있는 다른 민족들과 한 덩어리가 되어 서로
사돈 관계를 맺어 오고 가고 하면,
13 분명히 알아두시오. 여러분의 하느님 야훼
께서 이 민족들을 여러분 앞에서 결코 몰아
내 주시지 않으실 것이오. 그들은 여러분에
게 덫이 되고 올가미가 되며, 옆구리를 후
려치는 채찍이 되고 눈에 가시가 될 것이
오. 그리하여 여러분은 마침내 여러분의 하
느님 야훼께 받은 이 기름진 땅에서 멸절할
것이오.
14 보시오. 이제 나는 누구나 가야 하는 마
지막 길을 가게 되었소. 아무쪼록 마음속
깊이 뼛속에 새겨두시오. 여러분의 하느님
야훼께서 여러분에게 온갖 좋은 약속을 해
주셨는데, 그 가운데서 어느 하나라도 이행
되지 않은 것이 있었소? 그대로 안 된 것 하
나 없이 모두 이루어졌소.
15 이렇게 여러분의 하느님 야훼께서는 약속
대로 좋은 일을 다 이루어주셨소. 그렇다면
야훼께서는 어떤 불길한 일도 내리실 수 있
소. 여러분의 하느님 야훼께서는 이 기름진
땅을 여러분에게 주셨지만, 또한 여러분을
쓸어버리실 수도 있는 것이오.
16 여러분이 만일 여러분의 하느님 야훼께서
분부하신 계약을 어기고 다른 신들을 따라
가 그 앞에 엎드려 예배하면, 야훼의 분노가
여러분 위에 미칠 것이오. 그리하여 여러분
은 야훼께 받은 이 기름진 땅에서 멸절하고
말 것이오."

24 ◎여호수아는 온 이스라엘 지파들을 세
겜으로 소집하였다. 이스라엘의 장로,
어른, 법관, 공무원들이 그의 부름을 받아
하느님 앞에 나서자
2 여호수아는 온 백성에게 이렇게 말하였다.
"이스라엘의 하느님 야훼께서 말씀하셨소.
'옛적에 너희 조상들은 유프라테스 강 건너
저 편에 살고 있을 때 다른 신들을 섬겼었
다. 아브라함과 나홀의 아비 데라도 그러했
다.
3 그런데 나는 그 강 건너 저 편에서 너희의
조상 아브라함을 가나안 땅으로 데려다가 이
땅을 샅샅이 밟게 하고 많은 후손을 보게 해
주었다. 그에게 이사악을 주었고
4 이사악에게는 야곱과 에사오를 주었다. 그리
고 에사오에게는 세일 산을 주어 차지하게
하였다. 야곱과 그의 아들들은 이집트로 내
려갔었지만,
5 나는 모세와 아론을 보내어 이집트인들을 이
집트 본토 안에서 호되게 치고 너희를 구출
하였다.
6 이집트에서 구출된 너희의 조상들이 바닷가
에 다다랐을 때, 이집트인들이 병거와 말을

㉠ '증거'라는 뜻이다. ㉡ 지중해를 가리킨다.

타고 그 홍해에까지 너희 조상들을 추격해
왔다.
7 그래서 그들은 나 야훼에게 부르짖었다. 나
는 너희와 이집트인 사이를 캄캄하게 막고
바닷물로 그들을 덮어버렸다. 내가 이집트
에서 어떤 일을 했는지 너희는 눈으로 보
았다. 너희가 사막에서 오랜 세월을 지낸
다음,
8 나는 너희를 요르단 건너편에 사는 아모리인
들의 땅에까지 이끌어 왔다. 그때 그들이
너희를 대항하여 싸웠으나, 나는 그들을 너
희의 손에 부쳐 너희가 그 땅을 차지하게 되
었다. 내가 그들을 너희 앞에서 몰아내 준
것이다.
9 시뽈의 아들, 모압 왕 발락이 이스라엘을 치
려고 일어났었다. 그는 너희를 저주하려고
브올의 아들 발람에게 사람을 보내어 그를
불러왔었다.
10 그러나 나는 발람의 말을 들어주지 않았다.
그래서 그는 오히려 너희에게 복을 빌어주
었다. 나는 이렇게 너희를 그의 손에서 건
져주었다.
11 너희가 요르단 강을 건너 예리고에 다다랐
을 때 예리고 시민, 아모리 사람, 브리즈 사
람, 가나안 사람, 헷 사람, 기르가스 사람, 히
위 사람, 여부스 사람이 너희와 싸웠으나,
나는 그들을 너희의 손에 부쳤다.
12 나는 말벌을 너희 선두에 보내어 그들을 너
희 앞에서 몰아내었다. 두 아모리 왕을 몰아
낸 것은 너희의 칼도, 너희의 화살도 아니
었다.
13 나는 너희에게 너희가 일구지 않은 땅을 주
었고 너희가 세우지 않은 도시들을 주어 살
게 하였다. 너희로 하여금 가꾸지 않은 포
도와 무화과를 따먹게 해주었다.'

백성들에게 다짐을 받다

14 그러니 여러분은 이제 야훼를 경외하며
일편단심으로 그를 섬기시오. 여러분의 조
상들이 유프라테스 강 건너편에서도 섬겼고
이집트에서도 섬겼던 다른 신들을 버리고
야훼를 섬기시오.
15 만일 야훼를 섬기고 싶지 않거든, 누구를 섬
길 것인지 여러분이 오늘 택하시오. 유프라
테스 강 건너편에서 여러분의 조상들이 섬
기던 신을 택하든지, 여러분이 들어와서 살
고 있는 이 땅 아모리인의 신을 택하든지 결
정하시오. 그러나 나와 내 집은 야훼를 섬기
겠소."
16 ◎ 백성들이 대답하였다. "우리가 야훼를 저
버리고 다른 신들을 섬기다니 될 법이나 한
말입니까?
17 우리를, 아니 우리 조상들을 이집트 땅 종살
이하던 집에서 이끌어내신 분이 바로 우리
하느님 야훼이신데 어찌 그럴 수 있겠습니
까? 바로 우리 눈앞에서 그렇듯이 큰 기적
들을 보여주시지 않으셨습니까? 그리고 우
리가 이리로 오는 도중에 시종 지켜주셨고
우리가 여러 민족들 사이를 뚫고 지나오는
동안 줄곧 지켜주시지 않으셨습니까?
18 모든 민족을, 이 땅에 사는 아모리인들까지
도 우리 앞에서 몰아내신 분은 야훼십니다.
그러니 우리도 야훼를 섬기겠습니다. 그분
이 우리의 하느님이십니다."
19 ◎ 여호수아가 백성에게 말하였다. "야훼께
서 얼마나 준엄하신 하느님이신데, 여러분
이 감히 그를 섬기겠소? 그분은 질투하는
신이시오. 여러분이 고의로든 실수로든 죄
를 지으면, 그것을 용서하시지 않으실 것
이오.
20 야훼께서 여태까지는 여러분에게 잘해 주셨
지만, 여러분이 만일 이제라도 그를 버리고
남의 나라 신을 섬긴다면, 반드시 앙화를
내려 여러분을 멸망시켜 버리실 것이오."
21 ◎ 백성들이 여호수아에게 "그럴 수 없습니
다. 우리는 야훼를 섬기겠습니다." 하고 대
답하자,
22 여호수아가 백성에게 말하였다. "여러분이
야훼를 택하고 그를 섬기겠다고 한 그 말의
증인은 바로 여러분이오." 그들이 대답하
였다. "우리가 증인입니다."
23 여호수아가 말하였다. "그러면 이제 여러분
은 여러분 가운데 있는 남의 나라 신들을 버
리고 이스라엘의 신 야훼께 마음을 바치시
오."
24 백성이 여호수아에게 다짐하였다. "우리는
우리의 하느님 야훼를 섬기고 그의 말씀을
따르겠습니다."
25 ◎ 그 날 여호수아는 세겜에서 백성과 계약을
맺고 그들을 위하여 규정과 법을 주었다.
26 여호수아는 그 모든 말을 하느님의 법전에
기록하였다. 그리고 큰 돌을 가져다가 거
기 야훼의 성소에 있는 상수리나무 아래 세
우고
27 온 백성에게 일렀다. "보시오, 이 돌이 우
리에게 증거가 될 것이오. 이 돌은 야훼께서
우리에게 하신 말씀을 다 들었소. 여러분이
여러분의 하느님을 속이지 못하게 이 돌이

여러분에게 증거가 될 것이오."
28 여호수아는 백성을 각기 유산으로 준 땅으
로 돌려보냈다.

여호수아의 죽음

29 ◎이 일을 마친 다음 야훼의 종, 눈의 아들
여호수아는 죽었다. 그의 나이 백십 세였다.
30 그는 가스 산 북쪽 에브라임 산악 지대의 유
산으로 받은 딤낫세라에 묻혔다.
31 이스라엘은 여호수아의 생전에 줄곧 야훼를
섬겼다. 여호수아가 죽은 다음에도 야훼께서
이스라엘에게 해주신 모든 일을 겪어 아는
장로들이 살아 있는 동안 그들은 줄곧 야훼
를 섬겼다.
32 ◎이스라엘 백성은 이집트에서 모셔 온 요셉
의 유해를 세겜에 묻었다. 그 곳은 야곱이
백 냥을 주고 세겜의 조상 하몰의 후손에게
서 산 밭, 요셉 후손의 유산이 된 곳이었다.
33 아론의 아들 엘르아잘도 죽었다. 그는 자기
아들 비느하스의 성, 기브아에 묻혔는데 그
성은 에브라임 산악 지대에서 그의 아들이
받은 것이었다.

판 관 기

가나안 정복이 끝나다

1 ◎여호수아가 죽은 뒤, 이스라엘 백성은 어
느 지파가 가나안족을 치러 앞장서 올라
갈 것인가를 야훼께 물었다.
2 "유다 지파가 올라가거라. 내가 이제 이 땅
을 그들의 손에 부친다." 이러한 야훼의 분
부를 받고
3 유다 지파는 동기인 시므온 지파에게 제안하
였다. "우리에게 몫으로 돌아온 지방으로
너희도 함께 올라가 가나안 사람들을 치자.
그리하면 우리도 너희에게 몫으로 돌아간
지방으로 함께 진군하리라." 이리하여 시므
온 지파도 함께 진군하게 되었다.
4 유다 지파가 쳐 올라가는데, 야훼께서 가나
안족과 브리즈족을 그들의 손에 부쳐주셨으
므로 베젝에서 일만 명이나 무찔렀다.
5 그 곳 베젝에서 그들은 아도니베젝과 접전하
여 가나안족과 브리즈족을 무찔렀던 것이다.
6 도망치는 아도니베젝을 뒤쫓아가서 사로잡
아 그의 엄지손가락과 엄지발가락을 자르자,
7 아도니베젝이 이렇게 탄식하였다. "내가 엄
지손가락과 엄지발가락을 자르고 내 상 밑
에서 부스러기를 주워 먹게 한 왕이 칠십 명
이나 되더니, 하느님께서 내가 한 대로 나
에게 갚으시는구나." 그는 예루살렘으로 끌
려가 거기에서 죽었다.
8 ◎유다 자손은 예루살렘을 쳐서 칼로 무찔러
점령하고는 그 성에 불을 놓았다.
9 그리고 나서 유다 자손은 산악 지대와 네겝
지방과 야산 지대로 내려가 거기에 사는 가
나안족을 쳤다.
10 다시 유다 지파는 가나안족이 사는 헤브론으
로 진군하였는데, 헤브론은 일찍이 키럇아르
바라고 불리던 곳이었다. 거기에서 그들은
세새와 아히만과 달매를 무찔렀다.
11 그들은 다시 드빌 주민을 치러 갔는데, 드빌
은 일찍이 키럇세벨이라고 불리던 곳이었다.
12 거기에서 갈렙은 키럇세벨을 점령하는 사람
에게 자기의 딸 악사를 아내로 주겠다고 했
다.
13 갈렙의 동생 크나즈의 아들인 오드니엘이 그
곳을 점령하고 악사를 아내로 맞아 갈렙의
사위가 되었다.
14 악사가 시집으로 떠날 때가 되어 오드니엘은
악사를 시켜 장인에게서 땅을 얻으려고 하
였다. 악사가 나귀에서 내리는 것을 보고 갈
렙은 왜 그러느냐고 물었다.
15 "저를 네겝 지방으로 시집 보내시면서 아무
선물도 주시지 않겠습니까?" 그러면서 악
사가 샘을 달라고 하자 갈렙은 윗샘 아랫샘
을 주었다.
16 ◎모세의 장인 호밥은 켄 사람이었는데, 그
는 유다 자손들과 함께 종려나무 도시로부
터 올라와 아랏 남방에 있는 유다 사막에 이
르러 아말렉족과 어울려 살았다.
17 유다 지파는 동기인 시므온 지파와 함께 진
군하여 스밧에 자리잡고 사는 가나안족을 무
찌르고 전멸시켰다. 그래서 그 도시의 이름
을 호르마라 부르게 되었다.
18 그러나 유다 지파는 가자와 그 일대, 아스클
론과 그 일대, 에크론과 그 일대는 차지하지
못하였다.㉠

㉠ 칠십인역을 따랐다. 히브리어 본문 : "차지하였다."(1:9, 3:3 참조)

19 야훼께서 함께 하시어 유다 지파는 산악 지
대를 차지하였다. 그러나 평지에 자리잡은
사람들은 아직 몰아내지 못했는데, 그들에
게 철병거가 있기 때문이었다.
20 모세의 지시대로 헤브론은 갈렙이 차지하였
다. 갈렙은 거기에서 아낙의 세 아들을 몰아
냈다.
21 베냐민 자손은 예루살렘에 자리잡은 여부스
족을 몰아내지 못하였다. 그래서 여부스족
이 베냐민 자손과 함께 이날까지 예루살렘에
사는 것이다.
22 ◎요셉 가문이 베델을 치러 올라갈 때에도
야훼께서 함께 하셨다.
23 일찍이 루즈라 불리던 베델 성을 요셉 가문
이 정탐하게 되었다.
24 정탐꾼들은 그 성에서 나오는 사람을 붙들
고 성으로 들어가는 길이 어디냐고 물으면
서 길만 알려준다면 은혜를 잊지 않겠다고
약속하였다.
25 그 사람은 정탐꾼들에게 성으로 들어가는
길을 알려주었다. 그래서 그 성을 칼로 무
찌르면서도 그 사람과 그의 온 일가는 죽이
지 않았다.
26 그 사람은 헷족이 사는 지방으로 가서 한 성
을 세우고 그 이름을 루즈라 하였는데 이날
까지도 그 이름으로 불리고 있다.
27 ◎므나쎄 지파는 벳스안과 거기 딸린 촌락
들, 다아낙과 거기 딸린 촌락들을 차지하지
못하였다. 또 도르와 거기 딸린 촌락의 주
민, 이블르암과 거기 딸린 촌락의 주민, 므기
또와 거기 딸린 촌락의 주민도 몰아내지 못
하여 그 땅에 온 가나안족이 그대로 살고 있
었다.
28 그러나 이스라엘은 강력해지면서 가나안족
을 아주 몰아내지 않고 부역을 시켰다.
29 에브라임 지파는 게젤에 자리잡고 사는 가나
안족을 몰아내지 못하였다. 그래서 그 가나
안족이 그들과 섞여 살게 되었다.
30 즈불룬은 키트론 주민과 나할롤 주민을 몰아
내지 못하였다. 그래서 그 가나안족을 섞여
살게 하다가 부역을 시키게 되었다.
31 아셀 지파는 아꼬와 시돈 주민을 몰아내지
못하였다. 또 아흘랍, 악집, 헬바, 아빅, 르홉
도 차지하지 못하였다.
32 그래서 아셀 지파는 그 땅 주민인 가나안족
과 섞여 살았다. 그들을 몰아내지 못했기
때문이었다.
33 납달리 지파는 벳세메스 주민과 벳아낫 주민
을 몰아내지 못하였다. 그래서 그들은 그
땅 주민인 가나안족과 섞여서 살았다. 그러
다가 벳세메스와 벳아낫 주민에게 부역을 시
키게 되었다.
34 단 지파는 아모리족에게 밀려 산악 지대로
쫓겨 들어가 평지에는 내려올 엄두도 내지
못하게 되었다.
35 아모리족은 헤레스 산과 아얄론과 사알빔에
그대로 살았으나 마침내 요셉 가문에게 눌
려 부역을 살게 되었다.
36 에돔족의 한 쪽 경계선은 아크라빔 비탈에서
시작하여 셀라로 해서 위쪽으로 뻗쳐 있었
다.㉠

판관들이 나타나기까지의 정세

2 ◎야훼의 천사가 길갈에서 보김으로 올라
가 이렇게 말하였다. "나는 너희를 이집
트에서 이끌어내었고, 너희 조상들에게 주
겠다고 맹세한 땅으로 너희를 이렇게 이끌
어들였다. 나는 너희와 맺은 계약을 영원히
깨뜨리지 않으리라고 하였다.
2 그러므로 너희에게 이 땅 주민과 계약을 맺
지 말고 그들의 제단을 헐어버리라고 하지
않았느냐? 그런데도 너희는 나의 명령을
듣지 않았다. 어찌 이럴 수 있느냐?
3 내가 다짐한다. 나는 그들을 너희 앞에서
몰아내지 않으리라. 그들은 너희를 잡는 그
물이 되고 그들의 신은 너희를 옭아매는 올
무가 될 것이다."
4 이스라엘의 온 백성은 야훼의 천사가 하는
말을 듣고 일제히 목놓아 울었다.
5 그 곳을 보김이라 부르는 데는 이런 사연이
있다. 거기에서 그들은 야훼께 제사를 드렸
다.
6 ◎여호수아의 명령을 따라 이스라엘 백성은
흩어져 갔다. 유산으로 돌아온 자기 땅으로
가서 저마다 그 땅을 차지하였다.
7 여호수아 생전에 이스라엘 백성은 줄곧 야훼
를 섬겼다. 여호수아가 죽은 다음에도 야훼
께서 이스라엘에게 해주신 큰일을 목격한
장로들이 살아 있는 동안은 줄곧 야훼를 섬
겼다.
8 눈의 아들, 야훼의 종 여호수아는 백십 세에
죽었다.
9 사람들은 그의 상속지인 에브라임 산악 지
대 가스 산 북편 딤낫헤레스에 그를 묻었다.
10 그의 세대에 속한 사람으로서는 그가 죽어
조상에게로 돌아간 마지막 사람이 되었다.

㉠ 칠십인역을 따랐다.

그리고 야훼를 모르는 새 세대, 야훼께서 이
스라엘에게 어떤 일을 해주셨는지 모르는
새 세대가 비롯되었다.
11◎이스라엘 백성은 바알들을 섬겨 야훼의 눈
에 거슬리는 못할 짓들을 하였다.
12자기네 조상을 이집트 땅에서 이끌어내신
조상의 하느님 야훼를 저버리고, 주위 백성
들이 섬기는 다른 신들을 따르며 절하여 야
훼의 노여움을 샀다.
13그들은 야훼를 저버리고 바알과 아스다롯을
섬겼다.
14야훼께서는 크게 화를 내시어 이스라엘로 하
여금 적에게 침략을 받아 노략질을 당하게
하셨다. 또한 둘러싸고 있는 원수들 손에
팔아 넘기셨으므로 그들은 도저히 원수들
과 맞설 수가 없었다.
15그들이 출정할 적마다 야훼께서 손수 그들
을 치셨던 것이다. 야훼께서 경고하시며 맹
세하신 대로 된 것이다. 그러나 그들이 심
한 곤경에 빠지면,
16야훼께서는 판관들을 일으키시어 약탈자들
의 손에서 그들을 건져내시곤 하셨다.
17그러나 그들은 여전히, 자기들을 이끄는 판
관들의 말을 듣지 않고 다른 신들에게 몸을
팔아 그 신들을 예배하였다. 그들은 자기
조상들이 야훼의 계명에 순종하며 걸어온
길을 그대로 살지 못하고 그렇게도 쉽사리
떠났던 것이다.
18야훼께서는 그들을 건지시기 위하여 판관들
을 일으키시고는 언제나 그 판관들과 함께
해주셨다. 그리하여 그 판관이 살아 있는
동안에는 그들을 거듭거듭 원수들의 손에
서 건져주셨다. 야훼께서는 원수들에게 억
눌려 울부짖는 그들의 소리를 들으시고 가
엾게 생각하셨던 것이다.
19그러나 그 판관이 죽으면, 그들은 다시 다
른 신들을 따르고 그 앞에 절하며 섬겼는데,
그 하는 짓이 조상들보다도 더 나빴다. 굽
힐 줄 모르고 못된 길로만 가는 버릇을 버리
려고 하지 않았던 것이다.
20그리하여 야훼께서는 몹시 화가 나셔서 이
렇게 생각하셨다. "내가 이 백성의 조상들
과 계약을 맺을 때 명령한 대로 이 백성은
살지 않는다. 통 내 말을 들으려고 하지 않
는다.
21그러므로 나는 여호수아가 채 몰아내지 못
하고 죽은 민족들을 이 백성 앞에서 결코 몰
아내지 않으리라.
22그들을 시켜 이스라엘을 시험해 보리라. 이
백성이 조상들처럼 내가 가르쳐준 길을 명
심하고 바로 가는지 시험해 보리라."
23야훼께서 그 민족들을 여호수아의 손에 부쳐
한꺼번에 몰아내지 아니하시고 남겨두신
것은 이 까닭이었다.

3 ◎가나안 전쟁을 겪지 못한 이스라엘 사람
을 빠짐없이 시험하기 위하여 야훼께서
남겨두신 민족들이 있다.
2그 목적은 대대로 이스라엘 백성을 알아보
시려는 데 지나지 않았다. 일찍이 전쟁을
겪어보지 못한 사람들에게 전쟁을 가르치
시려는 것이었다.
3다섯 추장이 거느린 불레셋족, 온 가나안족,
시돈족, 바알헤르몬 산에서 하맛 어귀에 이
르는 레바논 산에 자리잡은 히위족이 그들
이다.
4이들을 남겨두신 이유는 이스라엘을 시험하
시려는 것이었다. 야훼께서 모세를 시켜 그
조상들에게 명한 계명을 이스라엘이 순종하
는가 않는가 알아보시려는 것이었다.
5그래서 이스라엘 백성은 가나안족, 헷족, 아
모리족, 브리즈족, 히위족, 여부스족과 섞여
살면서
6서로 시집 장가 가다 보니, 그들의 신을 섬
기게 되었다.

판관 오드니엘

7◎이스라엘 백성은 저희의 하느님 야훼를 저
버리고 바알들과 아세라들을 섬겨 야훼의 눈
에 거슬리는 못할 짓을 하였다.
8야훼께서는 크게 화를 내시어 이스라엘을 메
소포타미아 왕 구산리사다임의 손에 넘기셨
다. 그래서 이스라엘 백성은 구산리사다임을
팔 년 동안 섬기게 되었다.
9그러나 이스라엘 백성이 야훼께 울부짖자 야
훼께서는 이스라엘 백성을 건지시려고 한 구
원자를 세우셨다. 그가 바로 갈렙의 동생 크
나즈의 아들 오드니엘이었다.
10야훼의 영이 그에게 내리자 그는 이스라엘의
판관이 되어 싸움터로 나갔다. 야훼께서 메
소포타미아 왕 구산리사다임을 그의 손에 부
치셨으므로 그가 구산리사다임을 쳐 이겼다.
11그 후 크나즈의 아들 오드니엘이 죽기까지
사십 년 동안 세상은 평온하였다.

판관 에훗

12◎이스라엘 백성은 다시 야훼의 눈에 거슬리
는 일을 하였다. 그래서 야훼께서는 이스라
엘을 모압 왕 에글론의 기세에 눌리게 하셨

다. 그들이 야훼의 눈에 거슬리는 일을 했기
때문이었다.
13에글론은 암몬과 아말렉 백성과 합세하여 이
스라엘에 쳐들어와 종려나무 도시를 점령하
였다.
14그리하여 이스라엘 백성은 모압 왕 에글론을
십팔 년 동안 섬기게 되었다.
15◎그러나 이스라엘 백성이 야훼께 울부짖자
야훼께서는 그들을 구원할 자를 세우셨다.
그가 바로 베냐민 지파 게라의 아들 왼손잡
이 에훗이다. 그는 이스라엘 백성이 모압 왕
에글론에게 바치는 조공을 가지고 가게 되
었다.
16에훗은 길이 한 자 남짓 되는 쌍날 비수를
만들어 오른쪽 허벅지 옷 속에 차고
17들어가 모압 왕 에글론에게 조공을 바쳤다.
에글론은 매우 살진 사람이었다.
18에훗은 조공을 바치고 나서 그 조공을 메고
온 사람들을 보내고
19자신은 길갈 근처 우상들이 서 있는 데까지
왔다가 돌아가서 은밀히 드릴 말이 있다고
왕에게 고하였다. 왕이 모시고 섰던 신하들
을 물리치자
20에훗은 그가 있는 곳으로 들어갔다. 마침 왕
은 여름 별장 다락방에 홀로 앉아 있었다.
에훗이 아뢰었다. "대왕께 하느님의 전갈을
가지고 왔습니다." 이 말을 듣고 곧 왕은 자
리에서 일어났다.
21그 때 에훗은 오른쪽 허벅지에 있는 칼을 왼
손으로 빼어 왕의 배를 찔렀다.
22그 칼이 자루까지 박혔는데 그가 칼을 배에
서 뽑지 않았으므로 기름덩이가 칼에 엉겨
붙었다.
23에훗은 다락방 문을 닫아 잠그고 문간채로
나왔다.
24◎그가 나간 뒤 왕의 신하들이 와서 다락방
문이 잠긴 것을 보고는 왕이 여름 별장 변소
에서 뒤를 보고 있거니 생각하였다.
25그들은 기다리다가 차츰 걱정스러워졌지
만, 다락방 문은 끝내 열리지 않았다. 이윽
고 열쇠를 가져다가 열어보니 그들의 상전
은 죽어 바닥에 쓰러져 있는 것이었다.
26◎그들이 기다리고 있는 동안에 에훗은 몸
을 피하여 우상들이 서 있는 곳을 지나 스이
라로 도망쳤다.
27그는 그 곳에 이르러 에브라임 산악 지대에
울려 퍼지게 나팔을 불었다. 이스라엘 백성
이 그를 앞세우고 산악 지대로부터 쳐 내려
갔다.
28그가 외쳤다. "나를 따라 나서라. 야훼께서
너희 원수 모압을 너희 손에 부치셨다." 그
들은 에훗을 따라 내려가 모압으로 통하는
요르단 나루를 점령하고 한 사람도 건너지
못하게 하였다.
29그 때 그들이 쳐죽인 힘세고 날쌘 모압 장정
의 수는 만 명이나 되었는데 한 사람도 도망
치지 못하였다.
30이렇게 하여 그 날로 모압은 이스라엘의 지
배 아래 들어오게 되었다. 그 후 팔십 년 동
안 세상은 평온하였다.

판관 삼갈

31◎에훗 다음에 나타난 사람은 아낫의 아들
삼갈이었다. 그는 소를 모는 막대기로 불레
셋 사람 육백 명을 죽였다. 이리하여 그도
이스라엘을 구원한 사람이 되었다.

판관 드보라와 그의 장군 바락의 승전

4 ◎에훗이 죽은 다음 이스라엘 백성은 다시
야훼의 눈에 거슬리는 일을 하였다.
2그래서 야훼께서는 하솔을 다스리는 가나안
왕 야빈의 손에 그들을 넘겨주셨다. 그의 군
대 지휘관은 하로셋하고임에 사는 시스라라
는 자였다.
3야빈은 철병거를 구백 대나 가지고 있으면
서 이스라엘을 이십 년 동안 심하게 억압했
다. 마침내 이스라엘 백성이 야훼께 울부짖
었다.
4◎그 때 이스라엘을 다스린 판관은 라삐돗의
아내 여예언자 드보라였다.
5그가 에브라임 산악 지대 라마와 베델 사이
에 있는 드보라의 종려나무 밑에 자리잡으
면 이스라엘 백성은 그에게 나와 재판을 받
곤 하였다.
6이 드보라가 납달리 케데스에 사람을 보내어
아비노암의 아들 바락을 불러다 놓고 일렀
다. "이스라엘의 하느님 야훼께서 이렇게 명
령하셨소. '너는 납달리 지파와 즈불룬 지파
에서 만 명을 뽑아 다볼 산으로 이끌고 가거
라.
7그러면 나는 야빈의 군대 지휘관 시스라를
키손 강으로 유인해 내겠다. 내가 그의 전군
을 병거대까지 유인해 내다가 네 손에 부치
리라.'"
8바락이 그에게 대답하였다. "만일 당신이
저와 함께 가신다면 가겠지만, 함께 가시지
않는다면 못 가겠습니다."
9드보라는 "내가 꼭 함께 가겠소. 하지만 이

판관

번 길에서 그대에게 영광이 돌아오지 않으
리라는 것만은 알아두시오. 야훼께서 시스
라를 여인의 손에 넘겨주실 것이오." 하고
일어나 바락과 함께 케데스로 갔다.
10 바락이 즈불룬과 납달리 지파를 케데스로 출
동시켰다. 만 명이나 되는 부대가 그의 뒤
를 따라 올라가는데, 드보라도 그와 함께 올
라갔다.
11 ◎모세의 장인 호밥의 자손 가운데 켄 사람
헤벨이라는 자가 있었는데 그는 문중에서
떨어져 나가 케데스 근처 사아난님 상수리나
무 곁에 천막을 치고 살았다.
12 ◎아비노암의 아들 바락이 다볼 산에 올라갔
다는 것을 전해 들은 시스라는
13 구백 대나 되는 철병거까지 합친 전 군대를
하로셋하고임에서 키손 강으로 출동시켰다.
14 드보라가 바락에게 일렀다. "행동을 개시하
시오. 이 날은 야훼께서 시스라를 그대 손에
부치시는 날이오. 정녕 야훼께서 그대 앞에
서서 전진하실 것이오." 그리하여 바락은
만 명 부대를 이끌고 다볼 산에서 쳐 내려갔
다.
15 야훼께서 시스라가 거느린 그의 전 병거대와
군대를 바락 앞에서 혼란에 빠뜨리셨다. 그
러자 시스라는 병거에서 내려 도보로 도망
쳤다.
16 바락은 그 병거대와 군대를 하로셋하고임까
지 따라가며 추격전을 벌였다. 시스라의 군
대는 하나도 남지 않고 다 칼에 맞아 쓰러
졌다.
17 ◎한편 시스라는 켄 사람 헤벨의 아내 야엘의
장막을 향해 뛰어 도망쳐 갔다. 하솔 왕 야
빈과 켄 사람 헤벨 가문은 서로 우호 관계를
맺고 있었던 것이다.
18 야엘이 나와 시스라를 맞으며 말하였다.
"어서 들어오십시오, 나리. 어서 들어오십
시오. 마음놓으십시오." 시스라가 그의 천
막에 들어오자 야엘은 담요로 그를 덮어주
었다.
19 시스라는 목이 마르니 마실 물을 좀 달라고
청하였다. 야엘이 우유가 든 가죽부대를 열
어 좀 마시게 하고는 다시 그를 덮어주자,
20 시스라는 야엘에게 부탁하였다. "천막 문에
섰다가 누가 와서, 여기에 누가 없느냐고
묻거든 없다고 해주오."
21 헤벨의 아내 야엘은 천막 말뚝과 망치를 가
지고 살금살금 다가가서 말뚝이 땅에 꽂히
도록 그의 관자놀이에 들이박았다. 시스라
는 기진맥진하여 정신없이 자다가 참변을
당하고 말았다.
22 때마침 바락이 시스라를 추적하여 왔다. 야
엘이 나가서 그를 맞으며 입을 열었다. "들
어와 보십시오. 장군께서 찾으시는 사람이
여기에 있습니다." 바락이 들어가 보니 시스
라는 관자놀이에 말뚝이 박힌 채 죽어 쓰러
져 있었다.
23 ◎이렇게 하느님께서는 그 날 이스라엘 백성
앞에서 가나안 왕 야빈의 기세를 꺾으셨다.
24 그 후로 가나안 왕 야빈은 점점 심하게 이스
라엘 백성의 손에 눌리다가 마침내 망하고
말았다.

드보라와 바락의 노래

5 ◎그 날 드보라와 아비노암의 아들 바락이
노래를 불렀다.
2 이스라엘의 용사들이 머리를 풀고
백성들은 스스로 전진하니,
야훼를 찬양하여라!
3 너희 왕들아, 들어라!
너희 왕족들아, 귀를 기울여라!
나는 야훼를 노래하리라.
이스라엘의 하느님 야훼께 영광을 돌리리
라.

4 야훼여, 임께서 세일에서 나오실 때,
임께서 에돔 땅에서 진군하실 때,
땅은 흔들리고 하늘은 진동하여
구름이 비를 쏟았습니다.
5 산들이 야훼 앞에서 녹아 나고
저 시나이 산도, 이스라엘의 하느님
야훼 앞에서 녹아내렸습니다.

6 아낫의 아들 삼갈의 시대에도
야엘의 시대에도
사람들은 큰길을 버리고
오솔길로 다녔네.
7 오, 드보라, 당신이 일어서기까지
이스라엘의 어머니 당신이 일어서기까지,
이스라엘의 촌읍들은 죽어 있었네.
8 새 신들을 저희의 신으로 삼았다가
전쟁이 성문에 들이닥쳤는데
도시 다섯에 방패 하나 없었고
사만 명 이스라엘 군인 가운데 창 하나 없
었네.

9 이스라엘의 사령관들을 생각하니
자원해서 나선 백성을 생각하니
나의 심장이 뛰는구나.

너희는 야훼를 찬양하여라.
10 흰 암나귀를 타고 다니는 사람들아,
비싼 양탄자를 깔고 사는 사람들아,
대로를 활보하는 사람들아, 노래하여라.
11 우물가에 모여 기뻐하는 사람들아,
야훼의 승리를 노래하여라.
이스라엘을 거느리시고 거두신 승리를 노
래하여라.
그 때 야훼의 백성은 성문께로 내려갔다.

12 드보라야, 떨쳐 일어나라, 일어나라.
떨쳐 일어나라, 일어나 노래를 불러라.
바락아, 일어나라.
아비노암의 아들아, 그대의 포로들을 끌
고 가거라.
13 그 때에 이스라엘은 성문께까지 내려갔
다.
야훼의 백성은 영웅처럼 야훼를 편들어
싸우러 내려갔다.
14 에브라임의 왕자들은 골짜기에 있고
네 형제 베냐민이 귀족들과 합세하였다.
마길에서 사령관들이 내려왔고
즈불룬에서는 지휘봉을 잡은 자들이 내려
왔다.
15 이싸갈의 왕자들이 드보라와 함께 하며,
이싸갈도 바락에게 충성을 바쳐
그 뒤를 따라 골짜기로 달려갔다.

르우벤은 냇물가에들 모여서
끝도 없이 토론이나 벌이는구나.
16 어찌하여 양떼 틈에 끼여 피리 부는 소리
나 들으며
양 우리에서 서성거리는가?
(르우벤은 냇물가에들 모여서
끝도 없이 토론이나 벌이는구나.)
17 어찌하여 길르앗은 요르단 건너편에 머물
러 있고
단은 남의 나라 배나 타고 있는가?
아셀은 바닷가에 자리잡은 채
항구에서 편히 쉬고 있는데,
18 즈불룬 지파도 납달리도 언덕 위에서
목숨을 내걸고 싸웠다.
19 왕들이 몰려와 전투 대열을 벌였다.
가나안 왕들이 므기또 물가 다아낙에서 싸
웠으나,
수지가 맞지 않는 싸움이었다.
20 위로 하늘에선 별들이 싸웠다.
궤도를 돌며 시스라를 쳤다.
21 키손의 물결이 앞을 막았다가
저들을 쓸어갔다, 키손의 물결이.
나는 있는 힘을 다해서 짓밟았다.
22 굽을 안고 뛰어가는 말,
그 발굽에 땅은 진동하였다.
23 "메로즈는 저주를 받아라." 하고 야훼의
천사가 선언하였다.
"저주, 저주를 받아라, 그 안에 사는 것
들,
저들은 야훼를 도우러 나오지 않았다.
야훼를 도우러 용사들과 어울려 나오지
않았다."

24 켄 사람 헤벨의 아내 야엘이여,
어느 여인보다 복을 받아라.
방구석에 묻혀 사는 어느 여인보다 복을
받아라.
25 시스라가 물을 달라고 하였을 때 우유를
주고는,
귀한 그릇에 엉긴 우유를 떠주고는,
26 왼손을 내밀어 말뚝을 잡고
오른손을 내밀어 대장장이의 망치를 쥐
고
시스라를 쳐서 머리를 부수고
관자놀이를 뚫어 쪼개버렸다.
27 시스라는 그의 발 앞에서 꿈틀하고 죽었
다.
그의 발 앞에서 꿈틀하고 죽었다.
바로 그 자리에서 꿈틀하고 죽어 망하고
말았다.

28 시스라의 어미가 창문으로 내다보며
창살 틈으로 소리쳤네.
"왜 그의 병거가 이렇게 늦느냐?
천리마가 왜 이처럼 더디냐?"
29 시녀들 가운데 가장 지혜로운 자의 대답
을 따라
그도 혼잣말로 지껄였네.
30 "틀림없이 약탈한 것을 모아 나누겠지.
용사 하나하나에 여자 하나씩 또는 둘씩,
시스라 몫으로 채색한 옷 한 벌, 또는 두
벌,
그리고 내 몫으로는 수놓은 목도리 하나
또는 둘."
31 야훼여, 임의 원수들은 모두 이처럼 망하
고
임을 사랑하는 이들은
해처럼 힘차게 떠오르게 하소서."
◎세상은 사십 년 동안 평온하였다.

판관

판관 기드온이 부르심을 받다

6 ◎또다시 이스라엘 백성이 야훼의 눈에 거
슬리는 일을 하자, 야훼께서는 그들을 칠
년 동안 미디안족의 손에 부치셨다.
2 그래서 이스라엘은 미디안족에게 억눌려 살
게 되었다. 이스라엘 백성은 미디안 사람들
을 피하려고 산 속에 굴을 파야 했고 동굴과
험준한 지형을 이용해야 했다.
3 이스라엘 사람들이 씨를 뿌릴 때만 되면 미
디안 사람들은 아말렉 사람과 동방의 백성을
이끌고 올라와
4 진을 치고 이스라엘을 쳐서 가자 어귀에 이
르기까지 온 땅의 농사를 망쳐놓곤 하였다.
그들은 이스라엘 사람들이 먹고 살 것을 하
나도 남겨두지 않았고 양 한 마리, 소 한 마
리, 나귀 한 마리도 남겨두지 않았다.
5 그들은 가축떼를 몰고 천막을 떠멘 채 메뚜
기떼처럼 몰려왔다. 사람이고 낙타고 이루
다 셀 수 없이 몰려들어와 온 땅을 망쳐버
렸다.
6 이리하여 미디안은 이스라엘을 극도로 황폐
하게 만들었다. 마침내 이스라엘 백성은 또
야훼께 울부짖었다.
7 ◎이스라엘 백성이 미디안 사람들의 횡포를
견디다 못해 야훼께 부르짖자,
8 야훼께서는 한 예언자를 이스라엘 백성에게
보내시어 당신의 말씀을 전하게 하셨다.
"이스라엘의 하느님 야훼께서 이렇게 말씀
하신다. '내가 너희를 이집트에서 나오게
하였다. 종살이하던 집에서 너희를 구출해
내었다.
9 이집트인들의 손아귀에서, 너희를 못살게
굴던 모든 사람의 손아귀에서 너희를 건져
내었다. 그리고 그들을 너희 앞에서 몰아내
고 그 땅을 너희에게 주었다.
10 그리고 너희에게 이르기를, 나는 너희의 하
느님 야훼요 아모리인들의 땅에서 산다고 해
서 그들의 신들을 두려워하면 안 된다고 했
는데 끝내 너희는 내 말을 듣지 않았다.'"
11 ◎야훼의 천사가 아비에젤의 후손 요아스의
성 오브라에 있는 상수리나무 밑에 와서 앉
았다. 마침 요아스의 아들 기드온이 미디안
사람들에게 들키지 않으려고 밀 이삭을 포
도주틀에서 떨고 있었는데,
12 야훼의 천사가 그에게 나타나 일렀다. "힘
센 장사야, 야훼께서 너와 함께 계신다."
13 기드온이 반문하였다. "외람된 말씀입니다
만, 야훼께서 우리와 함께 계시는데 왜 우리
가 지금 이 모든 어려움을 겪고 있는 것입니
까? 우리를 이집트에서 올라오게 하실 때
야훼께서 온갖 기적을 행하셨다는 말을 우
리는 선조들에게서 들었습니다마는 그 기
적들이 지금 다 어디로 갔습니까? 지금은
야훼께서 우리를 버리셨습니다. 우리를 이
렇게 미디안 사람들의 손에 부치시지 않으
셨습니까?"
14 그러자 야훼께서 그를 돌아보시며 말씀하셨
다. "너에게 있는 그 힘을 가지고 이스라엘
을 미디안의 손에서 구원하러 가거라. 내가
친히 너를 보낸다."
15 기드온이 말하였다. "외람된 말씀입니다만,
제가 어떻게 이스라엘을 구원할 수 있겠습
니까? 아시는 대로 우리 문중의 부대는 므
나쎄 지파에서도 가장 약합니다. 또 저는 제
집안에서도 가장 어린 사람입니다."
16 야훼께서 그에게 이르셨다. "내가 너와 함
께 있으리라. 네가 미디안을 한 사람 해치우
듯 쳐부수리라."
17 기드온이 말하였다. "정말로 제가 눈에 드
셨거든, 저에게 이렇게 말씀하시는 분이 당
신이시라는 표를 보여주십시오.
18 제가 다녀오겠습니다. 그 때까지 여기를 떠
나지 말고 계십시오. 예물을 내다 드리겠습
니다." 야훼께서 대답하셨다. "네가 돌아올
때까지 이 자리에 있겠다."
19 ◎이 말을 듣고 기드온은 물러가 새끼 염소
한 마리를 잡아 요리하고 가루 한 에바로 누
룩 넣지 않은 떡을 만들었다. 그리고 고기
를 바구니에 담고 국물은 그릇에 담아 상수
리나무 아래에 있는 그에게 가져갔다. 기드
온이 오는 것을 보고
20 야훼의 천사가 그에게 일렀다. "고기하고
누룩 넣지 않은 떡을 가져다가 이 바위 위에
놓고 국물은 그 위에 부어라." 기드온이 그
대로 하자,
21 야훼의 천사는 손에 든 지팡이를 뻗쳐 그 끝
을 고기와 누룩 넣지 않은 떡에 대었다. 그
러자 불이 바위에서 나와 고기와 누룩 넣지
않은 떡을 살라버렸다. 야훼의 천사는 그의
눈앞에서 사라졌다.
22 그제야 기드온은 그가 야훼의 천사라는 것을
알고 말하였다. "오, 주님 야훼여, 제가 주
님의 천사를 대면해 뵈었군요!"
23 야훼께서 "안심하여라. 너는 죽지 않을 테
니 두려워하지 마라." 하셨다.
24 그리하여 기드온은 거기에서 야훼께 제단을
쌓아 바치고는 그 제단을 "안심시켜 주시는
야훼"라 이름지어 불렀다. 그 제단은 이날

까지도 아비에젤의 성 오브라에 서 있다.
25◎그 날 밤, 야훼께서 기드온에게 말씀하셨
다. "네 아비의 일곱 살 된 살진 소를 끌고,
네 부하 열 사람을 데리고 가서 네 아비의
바알 제단을 허물고 곁에 있는 아세라를 찍
어라.
26그리고 이 산성 꼭대기에 너의 하느님 야훼
께 바칠 제단을 차곡차곡 쌓아라. 그리고
그 살진 소를 잡고 찍어낸 아세라 목상을 태
워 번제를 드려라."
27기드온은 부하 열 사람을 데리고 야훼께서
시키신 대로 하였다. 그러나 집안 사람들과
성읍 사람들이 두려워 낮에 하지 못하고 밤
에 해치웠다.
28다음날 아침 일찍 성읍 사람들이 일어나 보
니, 어이없게도 바알의 제단은 헐려 있었고
곁에 서 있던 아세라 상은 찍혀 있었으며 새
로 선 제단 위에는 살진 소가 번제로 타오르
고 있었다.
29그들은 누가 이런 짓을 했느냐고 서로 부산
을 떨며 조사하고 캐어본 결과 요아스의 아
들 기드온이 한 일임을 알아냈다.
30그러자 마을 사람들은 요아스를 닦달하였
다. "당신 아들을 내놓으시오. 죽여버려야
겠소. 바알의 제단을 헐고 곁에 서 있던 아
세라 상을 찍어버렸는데 어찌 그냥 두겠
소?"
31요아스는 둘러선 모든 사람에게 이렇게 답
변하였다. "당신들이 바알을 역성하겠다는
거요? 당신들이 바알을 도울 수라도 있다고
생각하는 거요? 바알을 역성하는 사람은 해
뜨기 전에 죽을 테니 그리 아시오. 만일 바
알이 신이라면, 기드온이 바알의 제단을 헐
었으니 친히 나서서 기드온을 칠 것이 아니
오?"
32그 날 기드온은 여룹바알이란 이름을 얻었
다. 바알의 제단을 헐었기 때문에 바알이 그
와 맞설 것이라 해서 그렇게 부른 것이다.
33◎마침 미디안 사람들은 아말렉 사람과 동방
의 백성들을 다 모아가지고 강을 건너 이즈
르엘 평지에 진을 치고 있었는데,
34야훼의 영이 기드온을 사로잡았다. 그러자
기드온은 뿔나팔을 불어 아비에젤 일족에게
따라 나서라고 하였다.
35그는 또 전령들을 므나쎄 온 지파에 보내어
므나쎄 지파도 따라 나서라고 불러내었다.
아셀 지파와 즈불룬 지파와 납달리 지파에도
전령들을 보내니 그들도 올라와서 기드온과
합세하였다.
36◎기드온이 하느님께 아뢰었다. "이미 말씀
하신 대로 이스라엘을 제 손으로 구하시는
것이 하느님의 뜻이라면, 이렇게 해주십시
오.
37보십시오. 제가 타작 마당에 양털 한 뭉치
를 이렇게 펴놓습니다. 만일 이 양털 뭉치
에만 이슬이 내리고 땅바닥은 말라 있으면,
말씀하신 대로 이스라엘을 제 손으로 구하
시려는 줄로 알겠습니다."
38정말 그대로 되었다. 기드온이 다음날 아침
일찍 일어나서 양털 뭉치를 짜보니 한 대접
가득 물이 나왔다.
39기드온은 다시 하느님께 아뢰었다. "다시
한 번 말씀드린다고 노하지 마십시오. 양털
뭉치로 꼭 한 번만 더 시험하게 해주십시
오. 이번엔 양털만 말라 있고 사방의 땅바
닥은 이슬로 젖게 해주십시오."
40그 날 밤 하느님께서 그대로 해주셨다. 양
털은 말라 있었고 사방의 땅바닥은 온통 이
슬로 젖어 있었다.

기드온이 미디안을 쫓아내다

7 ◎여룹바알이라고도 하는 기드온과 그가
거느리는 온 군대는 일찍 일어나 엔하롯
에 진을 쳤다. 미디안은 거기에서 북편으로
모레 언덕 아래 평지에 진을 치고 있었다.
2야훼께서 기드온에게 이르셨다. "네가 거느
린 군대의 수가 너무 많다. 이대로는 내가
너희의 손에 미디안을 부치지 않겠다. 이스
라엘 사람들이 나를 아는 체도 않고 제 힘으
로 승전했다고 으스댈 테니 말이다.
3그러니 이제 너는 지금이라도 무서워 떠는
자는 돌아가라고 이 군인들에게 일러라."
기드온이 지체 않고 그들을 떠나가게 하니
이만 이천 명이 돌아가고 만 명이 남았다.
4◎야훼께서 다시 기드온에게 이르셨다. "군
인이 아직도 많다. 모두 물가로 데리고 내
려가거라. 거기에서 내가 그들을 추리겠다.
너와 함께 나갈 사람이라고 내가 일러주는
사람만 너와 행동을 같이하게 하여라. 그러
나 너와 함께 나갈 사람이 못 된다고 일러주
는 사람은 누구든지 너와 행동을 같이할 수
없다."
5기드온이 군인들을 데리고 물가로 내려가
니, 야훼께서 이렇게 일러주시는 것이었다.
"개처럼 혀로 물을 핥는 자들을 한편에 세
우고 무릎을 꿇고 물을 마구 들이켜는 자들
을 다른 편에 세워라."
6그러자 혀로 핥는 자의 수는 삼백 명밖에 안

판관

되었고 나머지 군인들은 모두 무릎을 꿇고
물을 들이켰다.
7 야훼께서 기드온에게 이르셨다. "나는 물을
핥아 먹은 삼백 명으로 너희를 구원하리라.
나 이제 미디안을 네 손에 부쳤다. 나머지
군인들은 모두 제 고장으로 돌려보내라."
8 기드온은 군인들이 가지고 있던 단지와 뿔
나팔을 거두어들이고는 삼백 명만 남겨두
고 나머지 이스라엘 군대를 모두 자기 집으
로 돌려보냈다. 미디안 군은 그 아래 평지에
진을 치고 있었다.
9 ◎그 날 밤 야훼께서 기드온에게 이르셨다.
"일어나 적의 진지로 내려가거라. 내가 적
진을 네 손에 부쳤다.
10 그러나 만일 내려가기가 무섭거든 먼저 네
부하 부라를 데리고 내려가거라.
11 그리고 그들이 지껄이는 것을 들어보아라.
너는 그 말을 듣고 용기를 얻어 진으로 쳐
내려갈 수 있을 것이다." 그가 부하 부라를
데리고 적진으로 접근해 가보니,
12 미디안 사람과 아말렉 사람과 모든 동방의
백성들이 메뚜기떼처럼 거기 평지를 덮고
있었고 낙타는 바닷가의 모래처럼 수없이
많았다.
13 기드온이 다다라보니, 마침 한 병사가 친구
에게 꿈 이야기를 하고 있었다. "내가 꿈을
꾸었는데 보리떡 한 덩어리가 우리 미디안
진으로 굴러 들어오지 않겠는가? 그런데
그것이 우리 천막에 이르러 그것을 쳐서 뒤
엎자 천막은 쓰러지고 말았네."
14 친구가 대꾸하였다. "그것은 다름 아닌 이
스라엘 사람 요아스의 아들 기드온의 칼일세.
하느님께서 미디안과 이 모든 진을 그의 손
에 부치셨군."
15 이렇게 꿈 이야기와 그 해몽하는 말을 듣고
기드온은 야훼께 경배하고 이스라엘 진으로
돌아와 일렀다. "일어나라. 야훼께서 미디안
진을 너희 손에 부치셨다."
16 ◎기드온은 삼백 명을 세 부대로 나누어 한
사람 한 사람에게 뿔나팔 하나와 횃불이 든
빈 단지 하나씩을 주고는
17 이렇게 일렀다. "너희는 나를 보고 있다가
내가 하는 대로 하여라. 내가 적진에 접근
해 가서 하는 대로 따라 하여라.
18 내가 거느린 부대가 나와 함께 나팔을 불면
너희도 적진을 둘러싸고 있다가 나팔을
불며 '야훼 만세! 기드온 만세!' 하고 외쳐
라."
19 ◎기드온이 자기 부대 일백 명을 거느리고
적진에 다다른 것은 한밤중 보초가 막 교대
하고 나서였다. 그들은 나팔을 불며 손에
든 단지를 깼다.
20 세 부대가 모두 나팔을 불며 단지를 깨고 왼
손에는 횃불을 들고 오른손으로는 나팔을
불며, "야훼 만세! 기드온 만세!" 하고 외
쳤다.
21 그러면서 적진을 둘러싼 채 서서 움직이지
않았다. 적군은 온통 갈팡질팡 아우성치며
도망치기 시작하였다.
22 삼백 명 군대가 나팔을 불어대고 있는 동안
야훼께서는 적으로 하여금 저희끼리 마구
칼로 찔러 죽이게 하셨다. 그리하여 스레라
쪽으로 도망치던 적군은 벳시타에 이르렀고
더러는 타빳 건너편 아벨므홀라 냇가에 이르
렀다.
23 ◎납달리 지파와 아셀 지파와 온 므나쎄 지파
에서 불려 나온 이스라엘 사람들이 미디안을
추격하는데,
24 기드온은 에브라임 온 산악 지대에 전갈을
보냈다. "내려와 미디안을 막아라. 그들을
앞질러 벳바라에 이르기까지의 요르단 강 나
루들을 점령하여라." 이 소집령을 받고 에
브라임 사람은 모두 몰려나와 벳바라에 이르
기까지의 요르단 강 나루들을 점령하였다.
25 그리고 미디안의 두 추장 오렙과 즈엡을 사
로잡았다. 오렙은 오렙 바위에서 죽이고 즈
엡은 즈엡 포도주틀에서 죽이고 계속 미디안
을 추격하였다. 오렙과 즈엡의 머리는 요르
단 강을 건너 기드온에게 전해졌다.

8 ◎에브라임 사람들이 기드온에게 말하였
다. "당신은 미디안과 싸우러 나가면서
우리를 부르지 않았으니 어찌 이럴 수 있
소?" 이렇게 기드온에게 엄중한 항의를 하
자
2 그가 대답하였다. "이번에 내가 한 일을 여
러분이 한 일과 어찌 비기겠습니까? 에브라
임의 주운 이삭이 아비에젤의 수확 전부보다
낫지 않습니까?
3 하느님께서 미디안 추장 오렙과 즈엡을 여러
분들 손에 부치시지 않았습니까? 그러니
내가 한 일이 어찌 여러분이 한 일만큼 클
수 있겠습니까?" 이 말을 듣고서야 그들은
노기가 풀렸다.

기드온이 미디안을 요르단 강 동쪽에서 섬멸하다

4 ◎기드온이 요르단에 이르렀다. 그와 그가
거느린 삼백 명은 지친 몸으로 강을 건너 추
격을 계속하였다.

5 그는 수꼿에 이르러 그 곳 사람들에게 청하
였다. "나를 따르는 이 군인들이 지쳤소.
먹을 것을 좀 주시오. 나는 미디안의 두 왕
제바와 살문나를 추격하는 중이오."
6 수꼿의 추장들이 대답하였다. "당신 군대에
게 빵을 주다니, 당신이 지금 제바와 살문나
의 손목이라도 잘라 가졌다는 말이오?"
7 기드온은 "좋소. 야훼께서 제바와 살문나를
내 손에 부치시는 날, 들가시와 찔레로 당
신들의 살덩이를 찢어버리겠소." 하고는
8 브누엘로 올라가 그 곳 사람들에게 같은 청
을 해보았지만 브누엘 사람들도 수꼿 사람들
과 같은 대답이었다.
9 그는 브누엘 사람들에게도 자기가 승리하고
돌아올 때 성의 망대를 헐어버리리라고 하
였다.
10◎한편 동방 백성의 전군은 전사자 십이만
명을 내고 만 오천 명이 겨우 살아 남아 제
바와 살문나와 함께 카르콜에 진을 치고는
11 겨우 안도의 한숨을 돌리는데, 기드온은 노
바와 욕브하 동편으로 목동들의 길을 따라
올라가다가 적진을 들이쳤다.
12 제바와 살문나는 또 도망을 쳤지만, 기드온
은 뒤쫓아가서 마침내 미디안 두 왕 제바와
살문나를 사로잡고 그 군대를 섬멸하였다.
13◎요아스의 아들 기드온은 싸움을 끝내고 헤
레스 고개를 넘어 돌아오다가
14 수꼿 젊은이 하나를 잡아 수꼿 추장과 장로
들의 이름을 대라고 하였다. 그는 그들 칠
십칠 명의 이름을 적어주었다.
15 기드온은 수꼿에 이르러 그 곳 사람들에게
일렀다. "제바와 살문나를 보아라. 너희는
제바와 살문나의 손목이라도 잘라 가졌느냐
고 하면서 우리 기진맥진한 군대에게 먹을
것을 주지 못하겠다고 하였다. 그러면서 나
를 우롱하였다."
16 기드온은 그 성읍의 장로들을 체포한 다음,
들가시와 찔레를 베어다가 수꼿 사람들을
찢어버렸다.
17 또 브누엘 성의 망대를 헐어버리고 그 성읍
사람들을 죽였다.
18 그런 다음 그는 제바와 살문나에게 물었다.
"너희가 다볼에서 죽인 사람들은 어떻게 생
겼더냐?" 그들이 대답하였다. "당신같이
생겼습니다. 모두가 왕자다운 귀골을 타고
났더군요."
19 기드온이 말하였다. "그들은 한 어머니에게
서 난 내 형제들이다. 너희가 그들을 죽이
지 않았더라면, 나 또한 절대로 너희의 목
숨을 건드리지 않을 것이다."
20 그는 맏아들 예델에게 일어나 그들을 죽이
라고 명하였다. 그러나 그 소년은 아직 어
린이였으므로 끔찍한 생각이 들어 칼을 뽑
지 못하였다.
21 그것을 보고 제바와 살문나가 말하였다. "사
내 대장부답게 네가 일어나 우리를 쳐라."
이 말을 듣고 기드온은 일어나 제바와 살문나
를 쳐죽이고 그들이 타던 낙타의 목에서 목
걸이를 떼어가졌다.

기드온의 만년

22◎이스라엘 사람들이 기드온에게 청하였다.
"당신이 우리를 미디안 사람들의 손에서 구
원해 내셨으니 당신과 당신의 자자손손이
우리를 다스려주십시오."
23 기드온은 "내가 그대들을 다스릴 것도 아니
요, 내 자손이 그대들을 다스릴 것도 아닙
니다." 하며 그들의 청을 거절하였다. "그
대들을 다스리실 분은 야훼시오."
24 기드온은 말을 계속하였다. "그대들에게 한
가지 청할 것이 있소. 각자 전리품 가운데
서 고리 하나씩을 내놓으시오." 적군은 이
스마엘 사람이었기 때문에 금고리가 있었던
것이다.
25 "드리고 말고요." 하면서 사람들은 저마다
전리품 가운데서 고리 하나씩을 기드온이
펴놓은 겉옷 위에 던졌다.
26 그의 요청대로 들어온 고리의 무게는 금 천
칠백 세겔이나 되었다. 그 밖에도 목걸이뿐
아니라 여러 가지 고리가 있었고 미디안 왕
들이 입던 붉은 옷과 낙타 목에 두르는 사슬
도 있었다.
27 이 모든 것으로 기드온은 에봇 하나를 만들
어 자기가 사는 성읍 오브라에 두었는데, 온
이스라엘이 그 에봇을 섬기며 음란을 피웠
다. 그것이 기드온과 그 집안에 올가미가 되
었다.
28◎이와 같이 하여 미디안은 이스라엘 사람 앞
에서 기세가 꺾여 다시는 고개를 들지 못하
게 되었다. 기드온 생전 사십 년 동안 세상
은 평온하였다.
29 요아스의 아들 여룹바알은 자기 집에 돌아가
살았다.
30 기드온은 아내가 많아 친아들이 칠십 명이
나 되었다.
31 세겜에 그의 소실이 하나 살고 있었다. 그
도 기드온에게 아들을 하나 낳아주었는데,
그는 그 아이의 이름을 아비멜렉이라고 불

렸다.
32 요아스의 아들 기드온은 수를 다 누리고 죽
어 아비에제르의 성 오브라에 있는 그의 아비
요아스의 무덤에 묻혔다.
33 기드온이 죽은 다음 이스라엘 백성은 다시 바
알들을 따라 음란을 피우며 바알브릿을 자기
네 신으로 삼았다.
34 이스라엘 백성은 주위의 모든 원수들의 손
에서 저희를 건져내신 저희 하느님 야훼를
기억하지 않았다.
35 여룹바알이라고도 하는 기드온의 집안이 그
렇게도 많은 은덕을 입혀주었는데도 이스라
엘은 그 은혜를 저버렸던 것이다.

아비멜렉

9 ◎여룹바알의 아들 아비멜렉이 세겜으로
외삼촌들을 찾아가서 외삼촌들과 외가댁
온 일가에게 청하였다.
2 "세겜의 모든 어른들에게, 여룹바알의 아들
칠십 명의 지배를 받는 것과 한 사람의 지배
를 받는 것과 어느 것이 나으냐고 물어봐 주
십시오. 그리고 내가 그들과 한 골육이라는
것도 잊지 말라고 해주십시오."
3 그의 외삼촌들은 이 말을 세겜의 모든 어른
들에게 전해 주었다. 그들은 이 말을 듣고
아비멜렉이 자기들과 한 혈육이라는 생각에
서 마음이 그에게 기울어
4 바알브릿 신전에서 은 칠십 세겔을 내다가
그에게 주었다. 아비멜렉은 그 돈으로 할 일
없는 건달패를 사서 졸개로 삼아 거느리고
5 오브라에 있는 아버지의 집으로 가서 자기
형제들 곧 여룹바알의 아들 칠십 명을 한 바
위 위에서 죽였다. 그러나 여룹바알의 막내
아들 요담만은 어디엔가 숨어 있었으므로
살아 남았다.
6 세겜의 모든 어른들과 밀로의 온 집안은 세
겜에 있는 석상 옆 상수리나무 아래에 모여
아비멜렉을 왕으로 받들었다.
7 ◎이 소식이 요담에게 전해지자 그는 그리짐
산 꼭대기에 가 서서 소리 높이 외쳤다. "세
겜의 어른들은 내 말을 들으시오. 그래야
하느님도 여러분의 말을 들어주실 것이오.
8 하루는 나무들이 모여서
자기들을 다스릴 왕을 세우기로 하고
올리브 나무에게 청을 드려보았소.
'우리 왕이 되어주게나!'
9 그러나 올리브 나무는 사양을 했소.
'내 기름은 모든 신과 사람을 영화롭게
하는 것,
그런데 나 어찌 기름을 내지 않고 자리를
떠나
다른 나무들을 내려다보며 으스대겠는
가?'
10 그래서 나무들은 무화과나무에게 청을
드려보았소.
'자네가 와서 우리 왕이 되어주게나.'
11 그러나 무화과나무도 사양을 했소.
'나 어찌 이 훌륭한 과일을 내지 않고,
나 어찌 이 달콤한 맛을 내지 않고 자리를
떠나
다른 나무들을 내려다보며 으스대겠는
가?'
12 그래서 나무들은 포도나무에게 청을 드
려보았소.
'자네가 와서 우리 왕이 되어주게나.'
13 그러나 포도나무도 사양을 했소.
'내 술은 모든 신과 사람을 흥겹게 해주
는 것,
그런데 나 어찌 이 술을 내지 않고 자리를
떠나
다른 나무들을 내려다보며 으스대겠는
가?'
14 그래서 모든 나무는 가시나무에게 청을
드려보았소.
'자네가 와서 우리 왕이 되어주게나.'
15 그러자 가시나무는 그 나무들에게
이렇게 대답하는 것이었소!
'너희가 정말로 나를 왕으로 모시려는
가?
정녕 그렇거든 와서 내 그늘 아래 숨어라.
그러지 않았다가는 이 가시덤불이 불을
뿜어
레바논의 송백까지 삼켜버릴 것이다.'
16 그러니 이제 여러분이 아비멜렉을 왕으로
삼는 것을 어찌 떳떳한 일이라 하겠소? 그
러고도 어찌 아무 잘못이 없다고 하겠소?
그러고도 여룹바알과 그의 집안에 잘해 드
렸다고 하겠소? 그것이 어찌 그의 업적에
보답하는 것이 되겠소?
17 내 아버지가 죽음을 무릅쓰고 싸워 여러분
을 미디안의 손에서 건져냈는데
18 여러분은 오늘 내 아버지의 집안을 뒤엎으
려고 들고일어나 칠십 명이나 되는 그의 아
들들을 한 바위 위에서 죽였소. 그리고 여
러분 세겜의 어른들은 계집종의 자식인 아
비멜렉을 여러분의 혈육이라고 해서 왕으로
떠받들었소.
19 만일 여러분이 이 날 여룹바알과 그 집안에

한 것이 떳떳하고 아무 잘못이 없다면 여러
분은 아비멜렉과 행복스럽게 잘들 지내보시
오.
20 만일 그렇지 않다면, 아비멜렉에게서 불이
나와 세겜의 어른들과 밀로의 집안을 삼키
고 세겜의 어른들과 밀로의 집안에서 불이
나와 아비멜렉을 삼키라고 나는 빌겠소."
21 ◎이렇게 말을 마치고 나서 요담은 도망하
여 브엘에 이르렀다. 그는 형 아비멜렉을 피
하여 거기에 머물러 있었다.
22 아비멜렉이 이스라엘을 다스린 지 삼 년이 지
났다.
23 하느님께서 악령을 보내시니, 아비멜렉과
세겜의 어른들 사이가 나빠져, 세겜의 어른
들이 아비멜렉을 배반하게 되었다.
24 이렇게 하여 여룹바알의 아들 칠십 명이 당
한 억울한 죽음을 원수갚는데 자기 형제를
죽여 피 흘린 죄를 아비멜렉에게 갚으시고
제 형제를 죽이는 자를 도와준 세겜의 어른
들에게도 그 죄를 갚으시려고 하신 것이다.
25 아비멜렉을 괴롭히려고 세겜의 어른들은 언
덕에 사람들을 매복시켜 놓고 그리로 지나
가는 사람을 모두 털게 하였는데 이 일이 아
비멜렉에게도 알려졌다.
26 ◎마침 에벳의 아들 가알이라는 사람이 자기
형제들과 함께 세겜으로 이사왔는데, 그는
세겜 어른들의 신망을 얻었다.
27 때는 밭에서 포도를 따서 밟아 즙을 짜는 추
수철이었다. 사람들이 잔치를 베풀고 신전
에 들어가서 먹고 마시면서 아비멜렉을 욕
하는 자리에서
28 에벳의 아들 가알이 외쳤다. "아비멜렉이 누
군데, 그 세겜의 피를 받았다는 자가 누군
데, 우리가 그의 종이 되어야 한단 말입니
까? 그 여룹바알의 아들과 그의 심복 즈불이
도리어 세겜의 조상인 하몰 집안 사람들을
섬겨야 할 것 아닙니까? 그런데 어찌하여
우리가 그의 종이 되어야 한단 말입니까?
29 나에게 이 백성을 거느릴 권한만 준다면,
나는 아비멜렉에게 싸움을 걸겠습니다. 그
리고 그 녀석을 몰아내 보이겠습니다."
30 그 성의 추장 즈불이 에벳의 아들 가알의 말
을 전해 듣고 화가 나서
31 아루마에 있는 아비멜렉에게 전갈을 보냈다.
"보십시오. 에벳의 아들 가알이라는 자가
제 형제들과 함께 세겜에 와서 온 성읍을 충
동질하여 역모를 꾸미고 있습니다.
32 그러니 어서 휘하 군대를 몸소 이끌고 출동
하셔서 어둠을 틈타 들에 매복하셨다가
33 아침 일찍 동틀 때 행동을 개시하여 성을 기
습하시는 것이 좋겠습니다. 가알이 무리들
을 이끌고 대적하러 나오거든 닥치는 대로
해치우십시오."
34 그 말대로 아비멜렉은 어둠을 틈타 휘하 군
대를 총출동시켜 세겜 맞은편에 이르러 군
대를 네 패로 나누어 매복시켰다.
35 에벳의 아들 가알이 성문 어귀에 나와 섰는
데, 아비멜렉이 거느린 군대가 매복해 있던
곳에서 움직이기 시작하였다.
36 가알이 그들을 보고 즈불에게 물었다. "저기
산꼭대기에서 웬 사람들이 내려오고 있
소?" 즈불이 "산 그림자를 사람으로 잘못
본 거 아니오?" 하고 시치미를 떼었지만,
37 다시 가알이 말하였다. "저것 보시오. 사
람들이 저기 배꼽마루에서 내려오고 다른
한 떼는 점쟁이 상수리나무 쪽에서 오고
있소."
38 그제야 즈불이 말하였다. "아비멜렉이 누군
데 우리가 그의 종이 되어야 하느냐 하면서
으스대더니, 그 용기가 어디로 갔소? 저 사
람들이 바로 당신이 우습게 보던 사람들이
오. 어서 나가서 싸워보시오."
39 가알은 세겜의 어른들을 거느리고 앞장서
나가 아비멜렉과 맞붙어 싸우다가
40 아비멜렉에게 쫓겨 도망치게 되었다. 가알의
부하 군인들의 시체는 성문 앞까지 너저분
하게 뒹굴었다.
41 그 후 아비멜렉은 아루마로 돌아가고 즈불은
가알과 그의 형제들을 쫓아내어 세겜에 발
도 붙이지 못하게 하였다.
42 ◎다음날 세겜 백성들이 들로 나갔다는 소
식이 아비멜렉에게 전해졌다.
43 그는 군대를 거느리고 나가 세 패로 나누어
들에 매복하고 있다가 백성들이 성읍을 떠
나는 것을 보고 들이닥쳐 쳐죽였다.
44 아비멜렉은 한 패를 이끌고 쳐들어가 성문
어귀를 지키고 나머지 두 패를 시켜 들에 있
는 사람들을 덮쳐 쳐죽이게 하였다.
45 아비멜렉은 그 날 종일 그 성을 공격하여 점
령하였다. 그리고 그 안에 있는 백성들을
죽이고 온 성읍을 헐고 소금을 뿌렸다.
46 이 소식을 듣고 세겜 성루에 들어가 있던 어
른들은 엘브릿 신당 밀실로 피신하였다.
47 아비멜렉은 세겜 성루에 있던 어른들이 모두
거기에 모여 있다는 말을 듣고는
48 휘하 군대를 모두 이끌고 살몬 산으로 올라
가며 손에 든 쌍날 도끼로 나무를 찍어 어깨
에 메고 뒤따르는 군인들에게 일렀다. "내

가 이러고 있는데, 어째서 보고만 있느냐?
어서 내가 하는 대로 하여라."
49 군인들은 저마다 나무를 찍어가지고 아비멜
렉을 따라 나무를 쌓아놓고 그 밀실에 불을
질렀다. 그리하여 세겜 성루에 있던 사람이
다 죽었는데 남녀 천 명 가량이 죽었다.
50 ◎그 후에 아비멜렉은 데베스로 진군하여 포
위하고 공격해서 그 성을 함락시켰다.
51 그런데 그 성읍 한가운데는 견고한 성루가
있었는데 그 성의 어른들뿐 아니라 남녀 주
민이 모두 그 안으로 도망쳐 들어가 문을 걸
어 닫고 성루 옥상으로 올라갔다.
52 아비멜렉은 그 성루로 공격해 가서 성루 문
가까이에 불을 지르려고 하였다.
53 그 때 한 여인이 아비멜렉의 머리에 맷돌짝
을 내리던져 그의 두개골을 부수었다.
54 아비멜렉은 즉시 무기 당번을 불러 일렀다.
"내 칼을 뽑아 나를 죽여라. 여자한테 죽었
다는 말을 들을 수는 없다." 그리하여 아비
멜렉은 무기 당번에게 찔려 죽었다.
55 이스라엘 사람들은 아비멜렉이 죽은 것을 보
고 각기 제 고장으로 돌아갔다.
56 ◎이렇게 하느님께서는 자기 형제 칠십 명
을 죽여 아버지에게 못할 짓을 한 죄를 아비
멜렉에게 갚으셨고
57 세겜 사람들도 죄를 받아 죽게 하셨다. 여룹
바알의 다른 아들 요담이 퍼부은 저주가 그
대로 이루어졌던 것이다.

판관 돌라와 야이르

10 ◎아비멜렉 다음에는 이싸갈 출신인 돌
라라는 사람이 이스라엘을 구하러 일어
났다. 그는 도도의 손자이자 부아의 아들이
었는데 에브라임 산악 지대에 있는 사밀이라
는 곳에 살고 있었다.
2 그는 이십삼 년 동안 이스라엘의 판관으로
있다가 죽어 사밀에 묻혔다.
3 ◎그 다음에 길르앗 출신 야이르가 일어나
이십이 년 동안 이스라엘을 다스렸다.
4 그에게는 나귀를 타고 다니는 아들 삼십 명
이 있었고 그들이 차지한 천막촌이 삼십 개
있었다. 아직도 야이르의 천막촌이라 불리
는 곳이 길르앗에 있다.
5 야이르는 죽어 카몬에 묻혔다.

판관 입다

6 ◎이스라엘 백성이 다시 야훼의 눈에 거슬리
는 일을 하였다. 그들은 바알과 아스다롯, 아
람의 신들과 시돈의 신들, 모압의 신들, 암몬
백성의 신들, 불레셋 사람의 신들을 섬겼다.
이렇게 그들은 야훼를 저버리고 그를 섬기
지 않았다.
7 이스라엘이 저지르는 이런 짓들이 노여우시
어 야훼께서는 그들을 불레셋 사람과 암몬
백성의 손에 넘기셨다.
8 그리하여 그들은 요르단 강 건너편 길르앗
지방 아모리 땅에 사는 모든 이스라엘 사람
들을 십팔 년 동안 억압하며 짓밟았다.
9 암몬 백성은 또 요르단 강을 건너 유다와 베
냐민과 에브라임 족속을 쳤다. 이스라엘의 고
생은 막심하였다.
10 그리 되자 이스라엘 백성은 야훼께 부르짖었
다. "우리가 주께 죄를 지었습니다. 우리 하
느님 야훼를 저버리고 바알 신들을 섬겼습
니다."
11 야훼께서 이스라엘 백성에게 말씀하셨다.
"이집트인들과 아모리 사람과 암몬 백성과
불레셋 사람과
12 시돈 사람과 아말렉족과 미디안족이 너희를
못살게 굴 때에 너희는 나에게 부르짖었다.
그래서 나는 너희를 그들의 손아귀에서 건
져내 주었다.
13 그랬는데도 너희는 나를 저버리고 다른 신
들을 섬겼다. 어떻게 내가 이제 너희를 다
시 건져내 주랴?
14 너희가 선택한 신들에게나 가서 부르짖어
보아라. 너희가 어려운 일을 당할 때 그 신
들이 너희를 살려주어야 하지 않겠느냐?"
15 그러자 이스라엘 백성이 야훼께 아뢰었다.
"우리가 죽을 죄를 지었습니다. 좋으실 대
로 하십시오. 다만 이번만은 우리를 살려주
셔야 하겠습니다."
16 그리고는 남의 나라 신들을 없애버리고 야
훼를 섬기자, 야훼께서는 이스라엘이 겪는
고통을 보고만 계실 수 없게 되었다.
17 ◎마침 암몬 군이 길르앗에 몰려와 진을 쳤
다. 이와 대치하여 이스라엘 군은 미스바에
모여 진을 쳤다.
18 그 때 길르앗 백성의 추장들은 누구든지 나
가서 암몬 군과 싸우면, 그 사람을 길르앗 전
주민의 통치자로 삼자고 의견을 모았다.

11 ◎마침 길르앗 사람 가운데 입다라는
굉장한 장사가 있었는데, 그는 길르앗
이라는 사람이 창녀의 몸에서 얻은 아들이
었다.
2 길르앗의 본처에게서 난 아들이 여럿 있었
는데, 그 아들들이 자라서 입다에게 "너는
바깥 여자에게서 난 놈이야. 그러니 우리

아버지의 상속을 받을 수 없어." 하면서 그
를 쫓아내었다.
3 그래서 입다는 자기 형제들을 떠나 돕이라
고 하는 지방에 도망가서 살았는데 건달패
들을 모아 비적떼의 두목이 되어 있었다.
4 ◎암몬 사람들이 이스라엘을 쳐들어온 것은
이런 일이 있은 지 얼마 뒤의 일이었다.
5 암몬 백성이 이스라엘을 공격해 오자, 길르
앗 원로들은 돕 지방으로 입다를 데리러 가
서
6 그에게 청했다. "그대가 와서 우리의 장군
이 되어주어야 우리가 암몬 군을 칠 수 있
겠소."
7 "나를 미워하여 내 가문에서 쫓아내던 때는
언제고 어려운 일이 생겼다고 해서 나한테
올 때는 또 언제요?" 입다는 길르앗 원로들
의 청을 들으려고 하지 않았다.
8 "그래서 우리가 그대를 찾아온 것이 아니
오?" 하며 길르앗 원로들은 입다에게 청하
였다. "우리하고 같이 가서 암몬 백성을 물
리쳐만 준다면, 우리 길르앗 사람들은 그대
를 수령으로 모시겠소."
9 입다가 길르앗 원로들에게 재우쳐 물었다.
"내가 당신들하고 같이 가서 암몬 백성과
싸운다고 합시다. 그 때 야훼께서 그들을 내
손에 부치시면 당신들이 나를 수령으로 받
든단 말이지요?"
10 "야훼께서 우리 사이에 오고 가는 말을 다
듣고 계십니다. 우리가 장군 말씀대로 하는
가 하지 않는가 두고 보시오." 길르앗 원로
들이 이렇게 다짐하자,
11 입다는 길르앗 원로들을 따라 나섰다. 백성
들이 그를 수령이자 사령관으로 받들어 모
시게 되자, 입다는 야훼 앞에서 백성들에게
다짐을 받았다. 그 곳은 미스바였다.
12 ◎입다는 암몬족 임금에게 사절을 보내어 말
을 전했다. "나와 그대 사이에 무엇이 잘못
됐다고 내 영토에 쳐들어왔는가?"
13 암몬족 임금은 입다의 사절에게 이렇게 대
답하였다. "이스라엘이 이집트에서 올라올
때 아르논 개울과 야뽁 강 사이에 있는 내 영
토를 요르단 강에 이르기까지 빼앗지 않았
느냐? 이제 그것을 고이 돌려보내라."
14 입다는 암몬족 임금에게 다시 사절을 보내
어 이렇게 전하였다.
15 "나 입다가 말한다. 이스라엘은 모압 영토나
암몬족의 영토를 빼앗은 적이 없다.
16 이스라엘이 이집트에서 나올 때 광야를 거쳐
홍해를 지나 카데스에 이르러
17 에돔 왕에게 사절을 보내어 그의 영토를 지
나가게 해달라고 청한 일이 있었다. 그런데
에돔 왕은 이를 허락하지 않았다. 이스라엘
은 모압 왕에게도 사절을 보냈으나 그도 거
절하여 할 수 없이 카데스에 머물러 있다가
18 광야를 지나 에돔과 모압 영토를 돌아서 모
압 영토 동편으로 갔었다. 아르논 개울이
그 국경이었으므로 아르논 개울 건너편에
진을 치고는 모압 국경에는 발을 들여놓지
않았다.
19 그래서 이스라엘은 헤스본에서 왕노릇 하는
아모리족의 임금 시혼에게 사절을 보내어 목
적지에 이르기까지 그의 영토를 지나가게
해달라고 청을 넣었다.
20 그런데 시혼은 이스라엘이 자기 영토를 지나
가는 것을 허락하기는커녕 군대를 총동원
해 가지고 나와서 야하스에 진을 치고 이스
라엘과 싸웠다.
21 그러나 이스라엘의 하느님 야훼께서 시혼과
그의 온 군대를 이스라엘 손에 부치셨으므
로 이스라엘은 그들을 쳐부수고 그 지역에
살던 아모리 사람들을 몰아내고는 그 땅을
차지하게 되었던 것이다.
22 이렇게 해서 이스라엘은 아르논 개울과 야뽁
강 사이에 있는 아모리 사람들의 온 땅을 광
야에서 요르단 강에 이르기까지 차지하게
되었던 것이다.
23 이스라엘의 하느님 야훼께서 당신의 백성 이
스라엘 앞에서 아모리 사람들을 몰아내셨는
데, 이제 와서 네가 우리를 몰아내겠단 말
이냐?
24 너는 네가 섬기는 신 그모스가 빼앗아준 땅
을 다 차지하고 있지 않느냐? 우리도 우리
의 신 야훼께서 빼앗아주신 땅을 차지하고
있는데, 어떻단 말이냐?
25 모압 왕 시뽈의 아들 발락도 이스라엘과 대항
할 엄두를 못 내고 싸우지 못했는데, 네가
얼마나 잘났다고 감히 덤비느냐?
26 이스라엘이 헤스본과 거기 딸린 촌락, 아로엘
과 거기 딸린 촌락, 또 요르단 강을 끼고 있
는 마을들에 자리잡고 산 지도 삼백 년이나
되었는데, 너는 왜 여태까지 이 고장들을
찾지 않았느냐?
27 나는 너에게 잘못한 일이 하나도 없다. 그
런데 네가 나에게 악의를 품고 전쟁을 걸어
오다니 어찌 된 일이냐? 심판자 야훼께서
오늘날 이스라엘 백성과 암몬 백성 사이를
판가름해 주시기 바란다."
28 ◎그러나 암몬족의 임금은 입다에게서 온 전

갈을 듣고도 못 들은 체하였다.
29◎야훼의 영이 입다에게 내렸다. 그는 길르
앗과 므나쎄 지역을 일주하고 길르앗 미스바
에 있다가 다시 거기에서 암몬 군의 배후로
돌았다.
30거기에서 입다는 야훼께 서원하였다. "만일
하느님께서 저 암몬 군을 제 손에 부쳐주신
다면,
31암몬 군을 쳐부수고 돌아올 때 제 집 문에서
저를 맞으러 처음 나오는 사람을 야훼께 번
제로 바쳐 올리겠습니다."
32그리고 나서 입다는 암몬 진지로 쳐들어갔
다. 야훼께서 그들을 그의 손에 부쳐주셨으
므로
33아로엘에서 민닛 어귀에 이르기까지 스무 성
읍을 쳐부수었다. 또 아벨그라밈까지 진격
하며 마구 짓부수었다. 이리하여 암몬 군은
이스라엘 군에게 꺾이고 말았다.
34◎입다가 미스바에 있는 집으로 돌아오는데,
소구를 잡고 춤을 추며 집에서 나와 그를 맞
은 것은 그의 외동딸이었다.
35입다는 자기 딸이 나오는 것을 보고 옷을 찢
으며 외쳤다. "아이고, 이 자식아, 네가 내
가슴에 칼을 꽂는구나. 내가 입을 열어 야훼
께 한 말이 있는데, 천하 없어도 그 말은 돌
이킬 수 없는데 이를 어쩐단 말이냐!"
36그러자 딸이 아뢰었다. "아버지, 아버지께
서 저를 두고 야훼께 하신 말씀이 있으시다
면 그대로 하십시오. 야훼께서 아버지의 적
수인 암몬 사람들에게 복수해 주셨는데, 저
야 아무러면 어떻습니까?"
37그리고서 딸은 한 가지만 허락해 달라고 하
며 아버지에게 청을 드렸다. "두 달만 저에
게 말미를 주십시오. 그러면 벗들과 함께
산으로 들어가 돌아다니며 처녀로 죽는 몸,
실컷 울어 한이나 풀겠습니다."
38입다는 두 달 말미를 주어 딸을 떠나 보냈
다. 두 달 동안 딸은 벗들과 함께 산에 들어
가 처녀로 죽는 것을 한하여 실컷 울었다.
39두 달이 지나 아버지에게 돌아오자 아버지
는 딸을 서원한 대로 하였다. 그 딸은 남자
를 안 일이 없었다. 이로부터 이스라엘에는
한가지 관습이 생겼다.
40길르앗 사람 입다의 딸을 생각하고 이스라엘
처녀들은 해마다 집을 떠나 나흘 동안을 애
곡하게 된 것이다.

12 ◎에브라임 장정들이 모여 요르단 강을
건너 사본으로 와서 입다에게 항의하였
다. "네가 암몬 사람들과 싸우러 건너갈 때
에 우리도 불러 함께 출전하게 하지 않았으
니, 어찌 그럴 수가 있느냐? 우리가 네 일
족을 불에 태워 죽이리라."
2입다가 그들에게 대답하였다. "내가 내 백
성을 거느리고 암몬 사람들과 격전하기에
앞서 나는 와서 도와달라고 너희를 불렀다.
그러나 너희는 그들의 손아귀에서 우리를
건져내려고 하지 않았다.
3너희가 아무도 나를 도우러 오지 않는 것을
보고 나는 목숨을 내놓고 암몬 진지로 쳐들
어갔다. 그러자 야훼께서는 그들을 내 손에
부쳐주셨다. 그런데 어찌하여 오늘 너희가
나에게 와서 도리어 싸움을 거느냐?"
4입다는 길르앗 전군을 이끌고 에브라임과 싸
워 에브라임을 격파하였다. 길르앗 사람들은
에브라임 사람들에게 조롱을 받는 처지였다.
"에브라임에서 도망친 길르앗 놈들, 에브라
임과 므나쎄 사람들 속을 떠도는 놈들"이라
는 말을 들어왔던 것이다.
5길르앗 군은 에브라임 지역의 요르단 강 나루
를 차지하고 에브라임 사람이 도망치다가
건네달라고 하면, 에브라임 사람이냐고 묻
고 아니라고 하면
6"쉽볼렛"이라고 말해 보라고 하고 그대로
발음하지 못하고 "십볼렛"이라고 하면 잡아
서 그 요르단 강 나루턱에서 죽였다. 이렇게
하여 그 때 죽은 에브라임 사람의 수는 사만
이천이나 되었다.
7◎길르앗 사람 입다는 육 년 동안 이스라엘의
판관으로 있다가 죽어 길르앗에 있는 자기
의 성읍 미스바에 묻혔다.

판관 입산

8◎그 뒤로 베들레헴 출신 입산이 이스라엘의
판관으로 있었다.
9그에게는 아들과 딸이 각각 삼십 명 있었는
데 딸들은 일가 아닌 사람들에게 시집보냈
고 며느리 삼십 명도 일가 밖에서 맞아들였
다. 그는 칠 년 동안 이스라엘을 다스리다가
10죽어 베들레헴에 묻혔다.

판관 엘론

11◎그 뒤로 즈불룬 출신 엘론이 이스라엘의 판
관이 되었다. 그는 십 년 동안 이스라엘을
다스렸다.
12그는 죽어 즈불룬 땅에 있는 엘론에 묻혔다.

판관 압돈

13◎그 뒤로 비라돈 출신 힐렐의 아들 압돈이

이스라엘의 판관이 되었다.
14그에게는 나귀를 타고 다니는 아들 사십 명
과 손자 삼십 명이 있었다. 그는 팔 년 동안
이스라엘을 다스렸다.
15그는 죽어 에브라임 산악 지대에 있는 사알
림 지방 비라돈에 묻혔다.

판관 삼손

13 ◎이스라엘 백성이 야훼의 눈에 거슬리
는 일을 하였다. 그래서 다시 야훼께서
는 그들을 사십 년 동안 블레셋 사람들의 손
에 부치셨다.
2그 때 소라 지방에 단 지파 출신 마노아라는
사람이 있었다. 그의 아내는 아기를 낳지
못하는 돌계집이었는데,
3야훼의 천사가 그 여인에게 나타나 말하였
다. "보아라. 너는 아기를 낳아보지 못한
돌계집이지만 이제 임신하여 아들을 낳으
리라.
4이제부터 몸을 조심하여 포도주나 소주를
마시지 말고 부정한 것을 일절 먹지 마라.
5네가 임신하여 아들을 낳거든 그 머리에 면
도칼을 대지 마라. 그 아이는 모태에서부터
이미 하느님께 바쳐진 나지르인이다. 그 아
이가 비로소 이스라엘을 블레셋 사람들 손에
서 건져낼 것이다."
6이 말을 듣고 그는 남편에게 가서 말하였다.
"하느님의 사람이 저에게 나타났습니다. 그
의 생김새는 하느님의 천사 같아서 어찌나
위엄차던지 저는 그분이 어디서 오셨는가
묻지도 못했습니다. 그분은 저에게 성함을
일러주시지도 않았습니다.
7그런데 그분은 제가 임신하여 아들을 낳을
것이라고 하시면서 이제부터 포도주나 소
주를 마시지 말고 부정한 것을 일절 먹지 말
라고 하셨습니다. 또 저에게서 태어날 아이
는 임신되는 날부터 죽을 때까지 하느님께
바친 나지르인이 될 것이라고 하셨습니다."
8이 말을 듣고 마노아는 야훼께 빌었다. "주
여, 바라옵건대 주께서 보내셨던 그 하느님
의 사람을 다시 보내셔서 아이가 태어난 다
음 그 아이를 어떻게 할지 우리에게 가르쳐
주게 하십시오."
9야훼께서 마노아의 기도를 들으시고, 당신
의 천사를 다시 보내시어 마노아의 아내가
들에 앉아 있을 때에 나타나게 하셨다. 그
때 남편 마노아는 함께 있지 않았다.
10여인은 급히 뛰어가 남편에게 일렀다. "전
날 저에게 나타나셨던 분이 다시 나타나셨
습니다."
11마노아는 곧 아내를 뒤쫓아가서, 당신이 저
번에 아내에게 말하던 분이냐고 묻고는, 그
가 그렇다고 대답하자
12그에게 물었다. "그 때 하신 말씀이 이루어
져 아이가 태어나면 그 아이는 무슨 일을 어
떻게 할 것입니까?"
13야훼의 천사가 마노아에게 일러주었다. "내
가 네 아내에게 이미 일러둔 것을 하나도 빠
뜨리지 않고 지켜야 한다.
14포도나무에 열리는 것을 먹으면 안 된다.
포도주와 소주를 마시지 말고 부정한 것을
일절 먹지 마라. 그리하여 내가 네 아내에
게 일러준 이 모든 명령을 지켜야 한다."
15이 말을 듣고 마노아는 야훼의 천사에게 청
을 드렸다. "새끼 염소를 한 마리 잡아 올리
겠으니 좀 기다려주십시오."
16그러면서도 마노아는 그분이 야훼의 천사라
는 것을 알지 못하였다. 야훼의 천사가 마노
아에게 일렀다. "기다릴 수야 있겠지만, 대
접은 못 받는다. 번제를 바칠 마음이 있으
면 야훼께 바쳐라."
17"그러면 성함이라도 알려주십시오. 그래야
하신 말씀이 이루어진 다음 그 고마운 심정
을 표시해 올릴 수 있지 않겠습니까?" 하
고 마노아가 야훼의 천사에게 청을 드려보
았지만,
18야훼의 천사는 "어디라고 내 이름을 묻는
거냐?" 하며 자기 이름은 비밀이라고 잘라
말했다.
19그제야 마노아는 새끼 염소 한 마리와 곡식
예물을 가져다가 바위 위에 올려놓고 야훼
께 드렸다. 그러자 마노아와 그의 아내가 보
는 앞에서 놀라운 일이 일어났다.
20불길이 제단에서 하늘로 치솟는데 야훼의
천사가 그 불길을 타고 올라가는 것이었다.
이를 보고 마노아와 그의 아내는 땅에 엎드
렸다.
21그 후로 야훼의 천사는 마노아와 그의 아내
에게 다시 나타나지 않았다. 그제야 마노아
는 그분이 야훼의 천사였다는 것을 깨달았
다.
22"거룩한 분을 뵈었으니, 우리는 영락없이
죽게 되었어." 하고 마노아가 아내에게 걱
정스러운 소리를 했지만,
23그의 아내는 이렇게 말하였다. "만일 야훼
께서 우리를 죽이실 생각이셨다면 우리가
드린 번제물과 곡식예물을 받지 않으셨을
것 아닙니까? 그리고 이 모든 일들을 알려

주시지도 않으셨을 것 아닙니까?"
24 여인은 아들을 낳아 이름을 삼손이라 지어
주었다. 아이는 야훼께서 내리시는 복을 받
으며 자랐다.
25 삼손이 소라와 에스다올 사이에 있는 단의
진지에 있을 때 야훼의 영이 처음 그에게 내
렸다.

14

◎삼손은 딤나로 내려갔다가 거기에서
불레셋 처녀 하나를 보고
2 부모에게로 돌아와서 청을 드렸다. "제가
딤나에 갔다가 불레셋 처녀 하나를 보았습니
다. 그 처녀한테 장가들고 싶은데 얻어주십
시오."
3 그러나 그의 부모는 그러지 못한다고 하였
다. "네 일족이나 네 겨레 가운데는 여자가
없어서 할례도 받지 않은 불레셋 색시를 얻
으려느냐?" 삼손은 아버지를 졸랐다. "그
여자가 좋은 걸 어떻게 합니까? 그 색시를
얻게 해주십시오."
4 그러나 그의 부모는 이 일이 모두 야훼께서
하시는 일인 줄 몰랐다. 그 때는 불레셋 사
람들이 이스라엘을 지배하던 때였기에 야훼
께서 불레셋 사람들을 칠 구실을 마련하시
려는 것이었다.
5 ◎삼손이 딤나로 내려가서 딤나에 있는 한
포도원에 다다랐을 때의 일이다. 난데없이
어린 사자 한 마리가 으르렁거리며 달려드
는 것이었다.
6 그 때 야훼의 영이 갑자기 내리덮쳐 삼손은
양새끼 찢듯 맨손으로 그 사자를 갈기갈기
찢었다. 그는 이 일을 부모에게도 알리지
않고,
7 그 여인에게로 내려가 이야기해 주었다. 그
렇게 그 여인에게 빠져 있었다.
8 얼마 후 삼손은 그 여자를 아내로 맞으러 가
다가, 가던 길을 벗어나 죽은 사자가 있는
데로 가서 그 죽은 사자 몸에 벌이 꿀을 쳐
놓은 것을 보았다.
9 그는 손으로 꿀을 좀 따 가지고 길을 가면서
먹었다. 돌아오는 길에는 얼마 따다가 부모
에게도 대접해 드렸다. 그러면서도 그 꿀이
죽은 사자 몸에서 나온 것이라는 말만은 하
지 않았다.
10 ㉠삼손은 그 여자에게로 내려가서 젊은이가
장가갈 때 하는 풍속대로 잔치를 벌였다.
11 그러나 그들은 삼손이 무서워서 들러리를
삼십 명이나 뽑아 함께 머물게 하였다.
12 ◎그 자리에서 삼손이 그들에게 말하였다.
"내가 수수께끼 하나를 낼 터이니, 잔치가
계속되는 이레 동안 생각해서 맞혀보게. 알
아내기만 하면 내가 모시옷 서른 벌과 예복
서른 벌을 내지.
13 그러나 알아내지 못하면 자네들이 나에게
모시옷 서른 벌과 예복 서른 벌을 내야 하
네." 그들은 좋다고 하면서 수수께끼를 말
해 보라고 하였다.
14 그래서 그는 수수께끼를 내놓았다.
"먹는 자에게서 먹는 것이 나오고
힘센 자에게서 단 것이 나오는데,
그것이 무엇인가?"
◎그들은 사흘이 지나도록 그 수수께끼를
풀지 못했다.
15 ㉡나흘째 되던 날 그들은 삼손의 아내에게
을러메었다. "네 신랑을 꾀어 그 수수께끼
의 답을 알아내서 알려다오. 그렇지 않으면
네 일족을 불에 태워 죽이겠다. 네가 우리
를 초대해 놓고는 홀랑 벗길 셈이냐?"
16 삼손의 아내는 그에게 매달려 눈물을 흘리
며 떼를 썼다. "당신은 나를 사랑하는 것이
아니라 미워하고 있어요. 우리 동족들에게
수수께끼를 내놓으셨지만, 그것이 무엇인
지 저한테마저 숨기실 건 없지 않아요?" 삼
손은 "그것은 내 부모에게조차 알리지 않았
는데 어찌 당신에게라고 말하겠소?" 하면
서 거절했지만,
17 잔치가 끝나기까지 이레 동안 색시가 매달
려 울면서 조르는 바람에, 이레째 되던 날
털어놓고야 말았다. 색시는 그 수수께끼의
답이 무엇인지 제 동족들에게 일러주었다.
18 ◎이레째 되는 날이 와서 삼손이 신방에 들
려고 하는데, 그 성 사람들이 그에게 말하
였다.
"꿀보다 단 것이 어디 있고
사자보다 힘센 것이 어디 있으랴?"
◎"자네들이 내 암소로 밭을 갈았구나. 그
래서 내 수수께끼를 알아맞힌 거지?" 삼손
은 이렇게 말하고는
19 야훼의 영에 사로잡혀, 아스클론으로 내려가
거기에서 삼십 명을 죽이고 그들의 나들이
옷을 벗겨 수수께끼를 알아맞힌 사람들에
게 주고는 화가 나서 자기 집으로 돌아왔다.
20 일이 이쯤 되자 삼손의 아내는 들러리들 가
운데 어떤 한 사람에게 시집가고 말았다.

15

◎이런 일이 있은 지 얼마 후의 일이었
다. 삼손은 밀 추수할 때가 되어 염소
새끼 한 마리를 가지고 아내를 찾아가서 마

㉠ 히브리어 본문 : "삼손의 아버지." ㉡ 히브리어 본문 : "칠 일째 되던 날."

누라 방에 들겠다고 하였다. 그런데 장인이
앞을 막으며
2 말하였다. "나는 자네가 그 애를 몹시 미워
할 줄 알았네. 그래서 자네 아내를 들러리
섰던 사람에게 주어버렸지. 그러나 자네 처
제가 더 좋으니, 그 애를 언니 대신 받아주
지 않겠나?"
3 "이번만은 너희 불레셋 사람들도 나에게 골
탕을 먹는다고 해서 나를 탓하지는 못할 것
이다." 삼손은 거기에 있는 사람들에게 이
렇게 말하며
4 나가서 여우 삼백 마리를 잡아 꼬리를 서로
비끄러매고는 두 꼬리를 맨 사이에 준비해
두었던 홰를 하나씩 매달아 놓고
5 그 홰에 불을 붙인 다음 여우들을 불레셋 사
람 곡식 밭으로 내몰았다. 이렇게 하여 그
는 곡식 가리뿐 아니라 베지 않은 곡식과 포
도덩굴과 올리브 나무까지 태워버렸다.
6 ◎불레셋 사람들은 누가 그 짓을 했는지 수
소문을 하였다. 마침내 딤나 사람이 삼손에
게 딸을 시집보냈다가 빼앗아서 들러리 섰
던 사람에게 주어버렸기 때문에 일어난 일
인 줄 알게 되었다. 그리하여 불레셋 사람들
은 그 여인이 사는 데로 올라가서 그 일족을
모두 태워 죽였다.
7 그러자 삼손이 그들에게 말하였다. "너희가
이 따위 짓을 했는데, 내가 가만 둘 줄 아느
냐? 너희에게 원수를 갚는지 안 갚는지 어
디 두고 보아라."
8 삼손은 불레셋 사람들에게 덮쳐 들어가 마구
잡아 죽이고는 에탐이라는 곳에 있는 동굴
로 내려가서 쉬고 있었다.
9 ◎불레셋 사람들은 유다 지방으로 쳐 올라와
진을 치고 레히를 쳐들어가 마구 짓밟았다.
10 유다 사람들이 무엇 때문에 이렇게 공격하
는 거냐고 묻자, 그들은 삼손을 잡으러 왔다
고 하면서 삼손이 우리에게 한 대로 우리도
삼손에게 해주고야 말겠다고 하였다.
11 이 말을 듣고 유다 사람 삼천 명이 에탐에 있
는 동굴로 내려가 삼손에게 말하였다. "자
네는 우리가 불레셋 사람들의 지배를 받고
있는 줄 모르지 않겠지? 이런 일을 하면 우
리가 어떻게 될지 그쯤은 알 텐데, 어찌하
여 이런 일을 했는가?" 그가 대답하였다.
"나는 그들이 나에게 한 대로 해주었을 뿐
이오."
12 그러자 그들이 말하였다. "우리는 자네를
묶어다가 불레셋 사람들에게 넘겨주어야겠
기에 이렇게 내려온 걸세." 그가 그들에게
말하였다. "그렇다면 당신들이 나를 죽이지
는 않겠다고 맹세해 주시오."
13 그들이 대답하였다. "그러지. 우리는 자네
를 죽일 생각은 추호도 없어. 자네를 묶어
서 넘겨주기만 하면 되는 거야." 그리고는
새로 꼰 밧줄 둘로 삼손을 묶고 그 동굴에서
데리고 나왔다.
14 삼손이 레히에 이르자 불레셋 사람들이 소리
를 지르며 달려오는데 야훼의 영이 그를 덮
쳤다. 그러자 그의 팔을 동여맸던 밧줄은
불에 탄 삼오라기처럼 툭툭 끊어져 나갔다.
15 마침 거기에 죽은 지 얼마 안 되는 당나귀의
턱뼈가 하나 있었다. 삼손은 그것을 집어들
고 휘둘러서 천 명이나 죽이고는
16 외쳤다.
"당나귀 턱뼈로 이자들을 모조리 묵사발
을 만들었네.
나는 당나귀 턱뼈로 천 명이나 쳐죽였
네."
17 ◎이렇게 외치고 나서 삼손은 그 턱뼈를 내
던졌다. 그 곳을 라맛레히라 부르게 된 데는
이런 사연이 있다.
18 삼손은 몹시 목이 탔다. 그래서 야훼께 부르
짖었다. "당신은 이 소인의 손으로 큰 승리
를 거두셨습니다. 그런데 이제 저는 목이
타 죽게 되었습니다. 저 할례받지 못한 오
랑캐들의 손에 넘어가고 말겠습니다."
19 하느님께서는 그 곳 레히의 우묵하게 꺼진
데서 물이 터져 나오게 하셨다. 삼손은 그
물을 마시고 기운을 차렸다. 그 샘이 오늘
까지도 레히에 있는데, 그 샘을 ㉠엔학코레
라고 부르게 된 데는 이런 사연이 있다.
20 삼손은 불레셋 시대에 이십 년 동안 이스라엘
의 판관으로 있었다.

16 ◎삼손이 가자에 갔다가 한 창녀를 만
나 그 집에 들어간 일이 있었다.
2 삼손이 왔다는 소문을 듣고 가자 사람들은
성을 둘러싸고 밤새도록 성문을 지켰다. 밤
새 꼼짝 않고 있다가 날이 새어 아침이 되면
죽이려는 것이었다.
3 삼손은 밤늦게까지 자리에 있었다. 그러다
가 한밤중에야 일어나 성문을 두 문설주와
빗장째 뽑아 어깨에 메고 헤브론 맞은편 산
꼭대기에 갔다가 던져버렸다.
4 ◎이 일이 있은 후, 삼손은 소렉 골짜기에 사
는 한 여자를 사랑하게 되었다. 그 여자의
이름은 들릴라라고 했다.

㉠ 하느님께 부르짖어서 솟은 샘이라는 뜻이다.

5 불레셋 추장들이 그 여자를 찾아와서 부탁
하였다. "그를 꾀어내어 그 큰 힘이 어디에
서 나오는지 알아보아라. 어떻게 하면 그를
잡아 묶어서 맥을 못 쓰게 할 수 있을지 알
아내어라. 그것만 알아내면 그 대가로 우리
모두가 너에게 은 천백 세겔씩을 주겠다."
6 그리하여 들릴라가 삼손에게 물었다. "당신
의 그 엄청난 힘은 어디서 나오죠? 어떻게
하면 당신을 묶어서 맥이 빠지게 할 수 있을
지 저한테만은 알려주셔도 되지 않아요?"
7 삼손이 대답하였다. "마르지 않은 새 밧줄
일곱 매끼로 묶으면 나도 맥이 빠져서 여느
사람처럼 되지."
8 들릴라는 불레셋 추장들에게 마르지 않은 밧
줄 일곱 매끼를 받아가지고 삼손을 묶었다.
9 그리고는 제 방에 사람들을 숨겨놓고 있다
가 소리쳤다. "여보세요. 불레셋 사람들이
당신을 잡으러 왔어요." 삼손은 밧줄을 불
에 탄 삼 오라기처럼 끊어버렸다. 그리하여
그의 힘의 비밀은 알려지지 않았다.
10 그러자 들릴라가 삼손에게 말하였다. "당신
은 나를 놀렸군요. 거짓말을 했어요. 무엇
으로 당신을 묶으면 되는지 저한테만은 알
려주셔도 되지 않아요?"
11 그가 대답하였다. "한 번도 사용하지 않은
새 밧줄로 탄탄히 묶으면 나도 맥이 빠져 여
느 사람처럼 되지."
12 들릴라는 새 밧줄을 가져다가 삼손을 묶고는
소리쳤다. "여보세요. 불레셋 사람들이 당
신을 잡으러 왔어요." 방에는 미리 사람을
숨겨두고 있었다. 삼손은 자기를 묶은 밧줄
을 실오라기처럼 툭툭 끊어버렸다.
13 들릴라가 삼손에게 말하였다. "여전히 당신
은 나를 놀리시는군요. 또 거짓말을 했어
요. 무엇으로 당신을 묶으면 되는지 저한테
만은 알려주셔도 되지 않아요?" 그가 대답
하였다. "내 머리 일곱 가닥을 씨줄로 엮어
말뚝에 매어놓으면 나도 맥이 빠져 여느 사
람처럼 되지."
14 들릴라는 그를 잠들게 하고 그의 머리 일곱
가닥을 씨줄로 엮어 말뚝에 매고는 외쳤다.
"여보세요. 불레셋 사람들이 당신을 잡으러
왔어요." 삼손이 눈을 뜨고 일어나자 말뚝
이 머리채에 감긴 채 뽑혔다.
15 들릴라가 그에게 말하였다. "당신은 나에게
도무지 마음이 없군요. 그러면서 나를 사랑
한다구요? 벌써 나를 세 번이나 놀리셨어
요. 당신의 그 엄청난 힘이 어디에서 나오
는지 저한테마저 숨기시다니!"
16 날이면 날마다 악착같이 졸라대는 바람에
삼손은 귀찮아 죽을 지경이 되었다.
17 그래서 삼손은 마침내 속을 다 털어놓고 말
았다. "나는 모태로부터 하느님께 바친 나
지르인이야. 그래서 내 머리에는 면도칼이
닿아본 적이 없다. 내 머리만 깎으면, 나도
힘을 잃고 맥이 빠져 다른 사람과 조금도 다
를 것이 없이 되지."
18 들릴라는 삼손이 자기 속을 다 털어놓은 것
을 보고 불레셋 추장들을 불렀다. "한 번만
더 와보십시오. 삼손이 속을 다 털어놓았습
니다." 불레셋 추장들은 돈을 가지고 왔다.
19 들릴라는 삼손을 무릎에 뉘어 잠재우고는 사
람을 불러 그의 머리 일곱 가닥을 자르게 하
였다. 그러자 삼손은 맥이 빠져 힘없는 사람
이 되었다.
20 "여보세요. 불레셋 사람들이 당신을 잡으러
왔어요." 들릴라가 이렇게 소리치는 것을
듣고 삼손은 잠에서 깨어났다. 그는 전과 같
이 털고 일어나 뛰쳐나갈 수 있으려니 여겼
다. 야훼께서 이미 자기를 떠나신 줄 알지
못했던 것이다.
21 불레셋 사람들은 그를 잡아 눈을 뽑은 다음
가자로 끌고 내려가 놋사슬 두 줄을 메워 옥
에서 연자매를 돌리게 하였다.
22 그러는 동안 잘렸던 그의 머리가 점점 자
랐다.
23 ◎불레셋 추장들은 모여서 저희의 신 다곤에
게 큰 제사를 드리고 흥이 나서 외쳤다. "우
리의 신이 우리의 적수 삼손을 잡아주셨
다."
24 백성들도 그를 보고 소리치며 저희의 신을
찬양하였다. "우리 나라를 망쳐주던 자, 우
리를 수도 없이 죽이던 삼손을 우리의 신이
잡아주셨다."
25 그들은 더욱더 신이 나서 외쳤다. "흥을 돋
우게 삼손을 불러내라." 그리고 그들은 삼손
을 옥에서 끌어내어 두 기둥 사이에 세워놓
고 놀려주었다.
26 그러는 동안 삼손은 자기 손을 붙잡고 인도
해 주는 젊은이에게 부탁하였다. "이 신전
을 버틴 기둥을 만질 수 있게 나를 데려다
다오. 좀 기대야겠다."
27 신전은 남자와 여자로 들끓고 있었다. 추장
들이 다 모여 있었고 삼천 명 가량 되는 남
녀가 옥상에서 놀림감이 되어 있는 삼손을
보고 있는데
28 삼손이 야훼께 부르짖었다. "주 야훼여, 한
번만 더 저를 기억해 주시고 힘을 주시어 제

두 눈을 뽑은 불레셋 사람들에게 단번에 복
수하게 해주십시오."
29그리고 나서 삼손은 그 신전을 버틴 기둥 하
나에는 왼손을 대고 다른 하나에는 오른손
을 대고
30부르짖었다. "불레셋 놈들과 함께 죽게 해
주십시오." 그리고 있는 힘을 다해서 밀자,
그 신전은 무너져 거기에 있던 추장들과 사
람이 모두 깔려 죽었다. 삼손이 죽으면서
죽인 사람이 살아서 죽인 사람보다도 더 많
았다.
31그의 일가 친척이 모두 내려와서 삼손의 시
체를 거두어다가 소라와 에스다올 사이에 있
는 그의 아버지 마노아의 무덤에 장사지냈
다. 그는 이십 년 동안 이스라엘의 판관으로
있었다.

단 지파의 이동

17 ◎에브라임 산악 지대에 미가라 하는 사
람이 있었다.
2ㄱ그가 자기 어머니에게 말하였다. "어머니
는 은화 천백 냥을 잃어버린 일이 있으시
죠? 그 때 어머니는 그것을 훔친 사람을 저
주하셨습니다. 저도 이 귀로 어머니의 말씀
을 들었습니다. 그런데 보십시오. 그 돈이
여기 있습니다. 그것을 훔친 것은 바로 저
입니다.
3ㄴ여기 있으니 받아주십시오."
2ㄴ그의 어머니가 대답하였다. "그래? 괜찮
다. 너는 야훼께 복을 받아라."
3ㄱ아들은 돈 천백 냥을 어머니에게 돌려드렸
다. 어머니는 그것을 받고 말하였다. "내가
이 돈을 이 손으로 야훼께 거룩하게 바쳐,
내 아들을 위하여 신상을 부어 만들리라."
4◎그리고 그의 어머니는 은화 이백 냥을 은
장이에게 주어 신상을 만들게 하였다. 미가
는 그 신상을 집에 모셨다.
5미가는 그 신상을 모실 신당을 짓고 에봇과
데라빔을 만들고 아들 하나를 사제로 임명
하였다.
6그 때는 이스라엘에 왕이 없어서 사람마다
제멋대로 하던 시대였다.
7◎유다 지파에 속한 유다 베들레헴에 한 젊은
이가 있었는데, 그는 레위인으로서 거기에
몸붙여 살고 있었다.
8그는 제가 살던 성읍 유다 베들레헴을 떠나
다른 데 몸붙일 곳이 없나 찾아나섰다. 그
래서 돌아다니다가 에브라임 산악 지대에
들어서 미가의 집에 다다랐다.
9미가는 그에게 어디에서 오는 길이냐고 물
었다. 그가 대답하였다. "나는 레위인입니
다. 유다 베들레헴에 살다가 어디 몸붙일
데라도 없는가 하고 찾아 돌아다니는 길입
니다."
10"내 집에 있으면서 어른이 되어주시고 사제
가 되어주시오. 그러면 일 년에 은화 열 냥
을 드리리다. 그리고 의식주 문제는 우리가
해결해 드리지요." 미가는 이렇게 그 레위
인의 귀에 솔깃한 말을 하였다.
11레위인은 그의 집에 머물기를 승낙하였다.
그 젊은이는 미가의 친자식처럼 되었다.
12그 젊은 레위인은 임직식을 거쳐 미가의 사
제가 되어 그의 집에 머물렀다.
13미가는 이제 레위인을 사제로 삼았으니 야훼
께서 자기에게 잘해 주시리라고 믿었다.
18 ◎그 때에는 이스라엘에 왕이 없었다.
당시에 단 지파는 다른 이스라엘 지파
처럼 자기네 몫으로 받을 유산이 없었으므
로 정주할 땅을 찾고 있었다.
2그리하여 단 사람들은 저희 가문에서 용감
한 사람 다섯을 보내어 돌아다니며 그럴 듯
한 땅을 찾아보게 하였다. 그들은 소라와 에
스다올 출신이었다. 그들은 그럴듯한 땅을
찾아보라는 사명을 띠고 다니던 중 에브라
임 산악 지대에 들어섰다가 미가의 집이 있
는 곳에 이르러 그 곳에서 하룻밤 묵게 되
었다.
3그들은 미가의 집 근처에서 젊은 레위인의
목소리를 듣고 그가 있는 데로 가서 물었다.
"누구를 만나서 이리로 오게 되었소? 여기
에서 도대체 무엇을 하고 있는 거요? 그리
고 여기는 어쩐 일이오?"
4그는 자기가 미가에게 이러저러한 대접을
받으면서 사제로 고용되어 있는 몸이라고
하였다.
5이 말을 듣고 그들은 저희의 사명이 성취될
것인지 하느님께 물어보아 달라고 부탁하
였다.
6그 사제는 안심하고 가라고 하면서 그들이
가는 길이 환히 트이도록 야훼께서 보살펴
주실 것이라고 일러주었다.
7이 말을 듣고 다섯 사람이 길을 떠나 라이스
에 이르러 보니, 그 곳 사람들은 시돈 사람
들처럼 태평스럽게 살고 있었다. 땅에서는
안 나는 것이 없어, 아쉬운 것 없이 걱정 없
이 마음놓고 살고 있었다. 게다가 시돈 사람
들과도 멀리 떨어져 있었고 아람 사람들과
도 아무 관계를 맺지 않고 있었다.

판관

8 그들은 소라와 에스다올로 돌아와 경과를 묻
는 친척들에게
9 말하였다. "어서 치러 올라갑시다. 우리는
정말 좋은 땅을 보고 왔습니다. 이렇게 멍
하니 있을 때가 아닙니다. 우물쭈물하지 말
고 가서 그 땅을 차지합시다.
10 가서들 보십시오. 땅은 넓은데 사람들은 방
심하고 있습니다. 하느님께서는 정녕 우리
에게 그 땅을 주셨습니다. 거기에는 세상에
서 볼 수 있는 것이면 무엇이든지 다 있습니
다. 없는 것이 없습니다."
11 ◎단 지파 사람들 육백 명이 무장하고 소라
와 에스다올을 떠났다.
12 그들은 유다 지방에 있는 키럇여아림에 올라
가 진을 쳤다. 이런 일이 있었다고 해서 그
곳을 오늘날도 단의 진지라고 부른다. 그 곳
은 키럇여아림 서쪽에 있다.
13 그들은 그 곳을 떠나 에브라임 산악 지대로
건너가 미가의 집에 다다랐다.
14 그 땅을 돌아보고 온 다섯 사람이 같이 가던
사람들에게 말하였다. "여기 집이 여러 채
있는데 에봇과 데라빔과 부어 만든 신상이
있는 줄 알고들 있지요? 어떻게 할지 알아
서들 하시오."
15 그들은 미가의 집에 사는 젊은 레위인의 거
처 쪽으로 가서 그에게 문안하고는
16 육백 명 무장대로 하여금 대문을 지키도록
하였다.
17 그 땅을 돌아보고 온 다섯 사람이 그 집으로
들어가 부어 만든 신상과 에봇과 데라빔을
가지고 나왔다. 그 동안 그 사제는 육백 명
무장대와 함께 대문간에 서 있었다.
18 그들이 미가의 집에 들어가 부어 만든 신상
과 에봇과 데라빔을 가지고 나오는데, 사제
가 어찌 된 일이냐고 물었다.
19 그들은 그에게 가만 있으라고 하며 이렇게
말하였다. "입을 다물고 따라만 오시오. 당
신은 우리의 어른이 되고 사제가 되어주시
오. 한 집안의 사제가 되는 것이 좋겠소?
아니면 이스라엘의 한 지파, 한 가문의 사제
가 되는 것이 좋겠소?"
20 사제는 너무 기뻐서 에봇과 데라빔과 신상을
가지고 가는 무리들에게 둘러싸여 길을 떠
났다.
21 ◎그들은 전사 아닌 자들을 앞세워 가축을
몰게 하고 온갖 값진 것을 가지고 발길을 돌
려 떠났다.
22 그들이 미가의 집을 떠나 얼마를 간 다음에
야 미가의 이웃 사람들이 고함을 지르며 그
들의 뒤를 쫓아왔다.
23 그들이 부르는 소리를 듣고 단 사람들은 돌
아서서 무슨 일로 그렇게 고함을 지르느냐
고 미가에게 물었다.
24 그가 대답하였다. "너희는 내가 만들어 섬
기던 신을 빼앗고 사제까지도 데려가고 있
지 않느냐? 내 것을 모조리 쓸어가면서 뻔
뻔스럽게도 무슨 일이냐고 묻다니?"
25 단 사람들이 으름장을 놓았다. "네 말을 더
듣고 싶지 않다. 이 사람들이 불끈하여 너
희에게 달려들기만 하면 네 일족은 없다."
26 미가는 상대가 강한 것을 알고 집으로 돌아
가고 단 사람들도 가던 길을 갔다.
27 ◎이렇게 해서 단 사람들은 미가가 만든 신
상과 그 신을 섬기던 사제를 데리고 사람들
이 걱정 없이 방심하고 사는 라이스로 갔다.
거기에서 그들은 온 주민들을 칼로 쳐죽이
고 성읍에 불을 놓았다.
28 그 성읍은 시돈에서 멀리 떨어져 있었고 또
아람인들과도 아무런 관계가 없었기 때문에
와서 도와줄 사람이 없었다. 그 성읍은 벳르
홉 가까운 계곡에 있었다. 단 사람들은 그
성읍을 재건하여 자리를 잡고는
29 그 성읍 이름을 이스라엘에게서 난 저희의
조상 단의 이름을 따서 단이라고 지었다. 그
성읍의 본래 이름은 라이스였다.
30 단 사람들은 가지고 간 신상을 세우고 섬겼
다. 게르솜의 아들이요 모세의 손자인 요나
단이 단 지파의 사제가 되었고, 그 땅 주민
이 사로잡혀 갈 때까지 대대로 그의 후손이
사제 노릇을 하였다.
31 단 사람들은 미가가 만든 신상을 세우고 섬
겼는데, 그 신상은 하느님의 집이 실로에 있
는 동안 줄곧 거기에 있었다.

기브아인들의 만행

19 ◎이스라엘에 아직 왕이 없던 때에, 레
위인 한 사람이 있었는데 그는 에브라
임 산 깊숙이 들어가 몸붙여 살고 있었다.
그에게는 유다 베들레헴에서 데려온 첩이 하
나 있었다.
2 그 첩은 화나는 일이 있어서 그를 버리고 베
들레헴 성내에 있는 친정으로 돌아가 거기
에서 넉 달 가량 머물러 있었다.
3 남편은 그를 찾아가 달래어 데려오려고 종
을 데리고 나귀 두 마리를 끌어내어 길을 나
섰다. 그가 처가에 이르자 장인이 보고 기
꺼이 마중하였다.
4 그는 장인의 강권에 못 이겨 사흘을 머물며

같이 먹고 마시며 묵었다.
5 나흘째 되는 날 그 레위인이 일찍 일어나 떠
나려고 하자 장인이 사위에게 권하였다.
"요기를 좀 하고 나서 천천히 떠나도 좋지
않은가?"
6 그래서 둘이 같이 앉아 먹고 마시는데 장인
이 사위에게 권하는 것이었다. "하룻밤 더
묵으면서 놀다 가게."
7 그래도 일어나 떠나려고 하는데, 장인은 다
시 권하였다. 그래서 그는 하룻밤을 더 묵
었다.
8 닷새째 되는 날 아침에 일어나 떠나려 했지
만 장인은 우선 요기나 하자고 권하였다.
둘이 앉아서 먹고 마시기 시작한 것이 어느
덧 날이 기울게 되었다.
9 그제야 그 사람이 첩과 종을 데리고 떠나려
고 하자 장인이 다시 권하였다. "여보게, 오
늘은 이미 날이 저물어 저녁이 되었는데 하
룻밤 더 묵어가게. 이렇게 날이 저물었는데
즐겁게 놀다가 내일 아침 일찍이 일어나 길
을 떠나는 게 어떤가?"
10 그러나 그 사람은 그 날 밤 그 곳에 묵을 생
각이 없어 길을 떠났다. 얼마 가다가 여부스
인이 사는 예루살렘이 마주 보이는 곳에 이
르렀다. 그는 나귀 두 마리에 안장을 얹어
가지고 첩과 종을 데리고 가는 길이었다.
11 ◎여부스인들 사는 곳에 이르렀을 때는 이미
날이 많이 기울어 있었다. 그래서 종이 주
인에게 아뢰었다. "이제 그만 이 여부스인
의 성에 들러서 묵어가십시다."
12 주인이 대답하였다. "이스라엘 백성과는 피
가 다른 민족이 사는 성인데, 들를 수 없다.
기브아까지는 가야지.
13 기브아든지 라마든지 어느 한 곳에 가서 묵
자."
14 그들은 그 곳을 지나쳐 가다가 베냐민 지파
에 속한 기브아 가까이 이르렀는데, 해는 이
미 져 있었다.
15 하는 수 없이 그들은 기브아에서 밤을 보내
려고 성에 들어가 장터에 앉아 있는데 누구
하나 집에 들어와 묵으라고 맞아들이는 사
람이 없었다.
16 그러는데 한 노인이 저녁이 되어 밭일을 마
치고 돌아오고 있었다. 그는 에브라임 산악
지대 출신으로 기브아에 몸붙여 사는 사람
이었다. 그 곳 주민은 베냐민 사람들이었다.
17 노인은 성읍 광장에 웬 나그네가 앉아 있는
것을 보고 물었다. "어디서 오며 어디로 가
는 사람이오?"
18 그가 대답하였다. "우리는 유다 베들레헴에
서 에브라임의 두메 산골로 가는 길입니다.
나는 유다 베들레헴으로 갔다가 이제 집으로
돌아가는 참인데 아무도 자기 집에 맞아들
이는 사람이 없군요.
19 우리에겐 나귀가 먹을 겨와 여물이 있습니
다. 나와 같이 가는 이 마누라와 종이 먹을
양식도 넉넉하게 있습니다."
20 노인이 그에게 말하였다. "잘 오셨소. 무엇
이든지 아쉬운 것이 있으면 내가 돌봐 드리
리다. 이런 장터에서야 밤을 지낼 수 없지
않소?"
21 그리하여 노인은 그를 자기 집으로 맞아들
이고는 곧 나귀에게 여물을 주고 나그네 일
행에게는 발 씻을 물과 음식을 대접하였다.
22 ◎그들이 한참 맛있게 먹고 있는데 그 성에
있는 무뢰배들이 몰려와서 집을 에워싸고
문을 두드리며 노인에게 요구하였다. "영감
집에 든 자를 내보내시오. 좀 따질 일이 있
으니까!"
23 그러자 노인이 밖으로 나가 그들에게 말했
다. "이 사람들, 그게 어디 될 말인가! 이
런 나쁜 짓을 하다니! 이분은 이미 내 집
에 들어왔는데, 이런 고약한 짓을 하지 말
게나.
24 나에게 처녀 딸 하나가 있는데 내어줄 터이
니 욕을 보이든 말든 좋을 대로들 하게. 그
러나 이 사람에게만은 그런 고약한 짓을 해
서는 안 되네."
25 그들이 이 말을 들으려고 하지 않는 것을 보
고 레위인은 자기 첩을 밖에 있는 자들에게
넘겨주었다. 그들은 잔인하게도 그 여자를
밤새도록 욕보였다. 그러다가 동이 틀 때가
되어서야 그 여자를 놓아 보냈다.
26 날이 밝자 그 여인은 남편이 있는 집으로 돌
아와 환히 밝기까지 문지방에 쓰러져 있었
다.
27 남편은 아침에 일어나 대문을 열고 다시 길
을 떠나려고 나서다가 제 첩이 손으로 문지
방을 붙잡은 채 문에 쓰러져 있는 것을 보
았다.
28 일어나 가자고 하였으나 대답이 없었다. 그
는 첩을 나귀에 얹어가지고 자기 고장을 향
해 길을 떠났다.
29 그는 집에 도착하는 길로 칼을 뽑아 자기 첩
의 시체를 열두 조각으로 내가지고는 이스
라엘 전국에 보냈다.
30 그는 사람들을 보내면서 온 이스라엘 사람
들에게 이렇게 말하라고 일러주었다. "이스

라엘 백성이 이집트 땅에서 나온 날부터 바
로 이 날까지 이런 일이 일찍이 있었습니
까? 이 사건을 신중히 심의하여 어떤 결정
을 내리실지 그 의견을 말해 주시기 바랍니
다." 그것을 보는 사람마다 외쳤다. "이렇
게 끔찍한 일은 이스라엘 백성이 이집트에서
나온 날부터 이 날까지 일찍이 없었고 또 본
적도 없는 일이다."

베냐민 전쟁

20 ◎그리하여 단으로부터 브엘세바에 이
르는 지방과, 길르앗 지방에서 온 이스
라엘 백성이 떨쳐 나왔다. 전체 회중은 미스
바에 올라가 야훼 앞에 일제히 모였다.
2 이스라엘 전군의 지휘관들은 이스라엘 각 지
파를 거느리고 하느님의 군대를 이루어가
지고 나섰다. 이렇게 칼을 차고 나선 보병
이 사십 만이나 되었다.
3 베냐민 사람들은 이스라엘 백성이 미스바에
올라가 모였다는 소식을 들었다. 그 때 이스
라엘 백성들은 그런 나쁜 일이 어떻게 일어
났는지 말하라고 하였다.
4 살해된 여인의 남편인 그 레위인이 대답하
였다. "나는 첩을 데리고 베냐민 지파에 속
한 기브아에 간 일이 있습니다. 거기에서 하
룻밤 묵으려고 했는데
5 기브아의 어른이라는 것들이 일어나 내가
묵고 있던 집을 에워싸고 나를 죽이려 하였
습니다. 그랬다가 내 첩을 욕보여 죽게 했
던 것입니다.
6 나는 내 첩의 시체를 가져다가 토막을 내어
우리가 상속받은 이스라엘의 전 지역에 보
냈습니다. 그들이 이스라엘에서 얼마나 더
럽고 얼마나 고약한 짓을 했는지 알리려는
것이었습니다.
7 이스라엘 겨레여, 여러분이 이렇게 다 모이
셨으니 이 사건을 어떻게 처리할지 지금 당
장 결정을 내려주시기 바랍니다."
8 전군이 일제히 일어나 외쳤다. "우리는 아
무도 자기 천막에 돌아가지 못한다. 아무도
자기 집으로 돌아가지 못한다.
9 이제 기브아 놈들에게 이렇게 하자. 제비를
뽑는데
10 이스라엘 각 지파에서 백 명마다 열 사람을
뽑고 천 명마다 백 명을, 만 명마다 천 명을
뽑아 군량미를 모으자. 베냐민 지파에 속한
기브아 놈들이 이스라엘에서 저지른 이 고약
한 일을 보복하러 올라갈 사람들의 양식을
모으자."
11 그리하여 이스라엘 사람은 모두 뜻을 모아
그 성을 치려고 모였다.
12 ◎그리고 나서 이스라엘 지파들은 베냐민 온
지파에 전갈을 보내었다. "너희가 이렇게
끔찍한 일을 저지르다니, 어찌 이럴 수가
있느냐?
13 이제 기브아에 있는 그 무뢰배들을 내놓아
라. 그 녀석들을 사형에 처하여 이스라엘 가
운데서 악을 뿌리뽑아야겠다." 그러나 베냐
민 사람들은 동족 이스라엘 사람들의 말을
들으려 하지 않았다.
14 ◎베냐민 사람들은 이스라엘 사람들과 싸우
려고 살던 성읍들을 떠나 기브아에 집결하
였다.
15 그 날 여러 성읍에서 모여온 베냐민 사람들
을 점호해 보니, 기브아 주민말고도 칼 찬
군인이 이만 육천 명이나 되었다.
16 그 군대에는 왼손잡이 정예부대 칠백 명이
있었는데 그들은 머리카락 하나 빗나가지
않게 맞히는 돌팔매질의 명수였다.
17 이스라엘 사람도 점호를 하니, 베냐민 지파
를 빼고 칼을 찬 군인이 사십 만이나 되었
다.
18 그들은 길을 떠나 베델에 올라가 하느님께
물었다. "우리 이스라엘 사람들 가운데서 누
가 먼저 나가 베냐민 군을 칠까요?" 야훼께
서 대답하셨다. "유다가 앞장을 서라."
19 ◎아침이 되어 이스라엘 군은 출동하여 기브
아를 마주보고 진을 쳤다.
20 그들은 베냐민과 싸우려고 출동하여 기브아
를 마주보고 대오를 정리하였는데,
21 베냐민 군은 기브아에서 나와 이스라엘 군을
쳤다. 그 날 전사한 이스라엘 군은 이만 이
천 명이나 되었다.
23 이스라엘 사람들은 야훼께 나가 저녁이 되도
록 그 앞에서 통곡하며 다시 물어보았다.
"우리가 우리 동족인 베냐민 사람들과 한번
더 싸워야 합니까?" 야훼께서 대답하셨다.
"쳐 올라가거라."
22 이스라엘 군은 다시 용기를 내어 전날과 같
은 지점에서 전투 대열을 벌였다.
24 둘째 날도 이스라엘 군은 베냐민 군에 접근
해 갔다.
25 그런데 그 날도 베냐민은 기브아에서 마주
쳐 나와 다시 이스라엘 군 만 팔천 명을 쳐죽
였다. 이 때 죽은 사람들은 모두 칼을 쓰는
군인들이었다.
26 이스라엘 백성과 전군은 베델로 일제히 올라
가 야훼 앞에 앉아 통곡하며 저녁때가 되도

록 온종일 단식하고 야훼께 번제와 친교제
를 올리고
27 야훼께 여쭈었다. 그 때에 하느님의 계약궤
는 거기 있었고
28 계약궤를 모시는 사제는 아론의 손자이자
엘르아잘의 아들인 비느하스였다. "우리가
다시 올라가 우리 동족인 베냐민 사람들을
쳐야 합니까? 아니면 이제 그만두어야 합
니까?" 야훼께서 대답하셨다. "나가거라.
내일 내가 그들을 너희 손에 부치리라."
29 ◎이스라엘은 기브아를 사면으로 돌아가며
복병을 배치하였다.
30 사흘째 되는 날 이스라엘 군은 베냐민 군을
치러 올라가서 전과 마찬가지로 양쪽에 대
열을 벌였다.
31 베냐민 군은 성을 비우고 그들을 맞아 싸우
려고 나왔다. 전과 마찬가지로 그들은 베델
로 가는 길과 ㉠기브온으로 가는 길에서 이
스라엘 군을 쳐죽이기 시작하여 그 벌에서
삼십 명 가량 죽였다.
32 베냐민 군은 이스라엘 군이 먼저처럼 도망칠
것이라고 생각하였지만 이스라엘 군은 도망
치는 체하여 적군을 성에서 큰길까지 유인
해 내기로 작전을 세웠다.
33 한편 이스라엘 주력 부대는 있던 자리를 떠
나 바알다말에서 전투 태세에 들어갔고 이스
라엘 매복 부대는 기브아 주변에 숨어 있다
가 그 곳에서 쏟아져 나왔다.
34 그 때 전 이스라엘 군에서 뽑힌 만 명 정예
부대가 기브아 정면에 나타났다. 싸움은 치
열하였다. 베냐민 사람들은 자기들이 앞으
로 얼마나 비참한 일을 당할지 까맣게 몰
랐다.
35 야훼께서 이스라엘 눈앞에서 베냐민을 치셨
다. 그 날 이스라엘 군은 칼 쓰는 베냐민 군
이만 오천백 명을 죽였다.
36 ◎베냐민 군은 자기네가 패하였음을 알았다.
이스라엘 군이 베냐민 군이 보는 데서 뒤로
물러선 것은 기브아 주변에 복병을 배치해
둔 것을 믿었기 때문이었다.
37 복병은 재빨리 기브아에 밀려 들어가 온 성
주민을 쳐죽였다.
38 이스라엘 군은 복병과 신호를 짜두었다. 그
성에서 연기가 치솟으면
39 싸우던 이스라엘 군은 발길을 돌리게 되어
있었다. 그것도 모르고 베냐민 군은 이스라
엘 군인을 삼십 명 가량 죽이면서 이스라엘
군이 저번 전투 때처럼 도망치는 줄로만 알
았던 것이다.
40 신호로 삼았던 대로 연기가 그 성에서 기둥
처럼 오르기 시작하였다. 베냐민 군인들이
돌아다 보니, 온 성이 불길에 싸여 하늘로
올라가는 것이 아닌가!
41 때를 놓치지 않고 이스라엘 군이 돌아섰고,
베냐민 군인들은 자기들의 운명이 다한 줄
알고는 갈팡질팡하게 되었다.
42 ◎그들은 이스라엘 군 앞에서 발길을 돌려
광야 쪽으로 빠져 나가려고 하였지만 벗어
날 길이 없었다. 성에서 나온 부대도 한데
어울려 그들을 도륙하였다.
43 그들은 베냐민 군을 포위하여 틈을 주지 않
고 동쪽으로 기브아 맞은편에 이르기까지
추격하며 짓부수었다.
44 그 때에 쓰러진 베냐민 용사는 만 팔천 명이
나 되었다.
45 남은 자들은 방향을 바꾸어 광야를 통과하
여 림몬 바위 있는 데까지 도망쳤다. 그리로
가는 길에서도 이스라엘 군은 적을 오천 명
이나 쳐죽이고 또 기돔까지 따라가며 남은
이천 명을 죽였다.
46 이렇게 해서 그 날 죽은 베냐민 전사자 총수
는 이만 오천 명이었다. 그들은 모두 칼을
쓰는 용사들이었다.
47 그러나 육백 명은 광야를 통과하여 림몬 바
위까지 도망쳐서 넉 달을 그 바위 있는 곳에
머물러 있었다.
48 이스라엘 군은 다시 베냐민의 민간인들에게
로 돌아와서 그 성 사람과 짐승을 만나는 대
로 칼로 쳐죽이고 하나도 남기지 않았다.
그리고 다른 성읍들에도 닥치는 대로 모조
리 불을 놓았다.

21 ◎이스라엘 사람들은 미스바에서, 아무
도 딸을 베냐민 가문에 시집 보내지 않
겠다고 맹세하였다.
2 이스라엘 군은 베델로 가서 저녁이 되도록
하느님 앞에 앉아서 소리를 질러 대성통곡
하며
3 아뢰었다. "이스라엘의 하느님 야훼여, 어찌
하여 이스라엘이 이런 일을 당해야 했습니
까? 어찌하여 오늘 이스라엘에서 지파 하나
가 없어지는 일이 생기고 말았습니까?"
4 이튿날 이스라엘 군은 일찍 일어나 그 곳에
제단을 쌓고 번제와 친교제를 드리면서
5 이스라엘 지파 중에 어느 지파가 야훼 앞에
모인 이 대회에 참석하지 않았는지 알아보
았다. 누구든지 미스바로 야훼 앞에 나오지

㉠ 히브리어 본문 : "기브아."

않으면 사형에 처한다고 엄숙히 서약을 했
기 때문이었다.
6◎이스라엘 백성은 동족인 베냐민 지파를 생
각하고 마음들이 언짢았다. "오늘 이스라엘
에서 지파 하나가 없어졌구나.
7 우리가 아무도 딸을 베냐민 가문에 시집보
내지 않겠다고 야훼께 서약을 해놓았으니,
살아 남은 사람들에게 어떻게 아내를 얻어
줄 수 있을까?"
8◎그래서 이렇게 물었던 것이다. "이스라엘
지파 중에 어느 지파가 미스바에 올라와 야
훼 앞에 나오지 않았느냐?" 그런데 야베스
길르앗에서는 이 대회에 나온 사람이 하나
도 없었다.
9 점호해 보니, 과연 야베스길르앗 주민 가운
데서는 하나도 나오지 않은 것이 드러났다.
10그래서 회중은 가장 용맹스러운 사람 만 이
천 명을 그리로 보내면서 지시하였다. "야
베스길르앗으로 가서 여자와 아이들까지 온
주민을 칼로 쳐죽여라.
11너희가 할 일은 이것이다. 모든 사내를 죽
이고 사내와 한자리에 든 적이 있는 여자도
전멸시키고 처녀들만 남겨두어라." 그들은
이 명령대로 하고는
12야베스길르앗 주민 가운데서 사내와 한자리
에 든 적이 없는 처녀 사백 명을 찾아내어
가나안 땅 실로에 있는 진지로 데려왔다.
13◎그리고 나서 온 회중은 사람을 보내어 림
몬 바위에 있는 베냐민 사람들과 화해하자
고 하였다.
14베냐민 사람들은 돌아와서 살아 남은 야베스
길르앗 여인들을 아내로 맞게 되었다. 그러
나 여자의 수가 모자랐다.
15◎야훼께서 이스라엘 지파들 사이에 틈이 벌
어지게 하셨기 때문에 백성들은 베냐민 지
파를 생각하고 마음이 언짢았다.
16그래서 회중의 장로들은 "베냐민 여인들이
모조리 없어졌으니, 살아 남은 남자들에게
어떻게 하면 아내를 얻어줄 수 있을까?" 하
고 의논하였다.
17"이스라엘 중에서 지파 하나가 없어지지 않
게 베냐민 지파에서 살아 남은 자들의 씨를
이어야 할 터인데 어떻게 하면 될까?
18우리 딸들은 그들과 결혼시킬 수 없고…"
이스라엘 백성은 베냐민 지파에 딸을 시집보
내면 저주를 받겠다고 서약을 했기 때문이
었다.
19◎"그렇지! 해마다 실로에서 야훼의 축제가
열리지!" 실로는 베델에서 세겜으로 뻗는
길 동편에 있는 성으로서 베델의 북쪽, 레바
논의 남쪽에 있었다.
20그들은 베냐민 사람들에게 이렇게 하라고
시켰다. "포도밭에 숨어 있다가
21실로 처녀들이 떼를 지어 춤추러 나오는 것
이 보이거든 포도밭에서 나와 그 실로 처녀
들 중에서 아내를 골라잡아 가지고 베냐민
땅으로 돌아가거라.
22만일 여자의 아비나 형제가 와서 시비를 걸
면 우리가 그들에게 이렇게 말해 주마. '전
쟁에서 여자를 잡아다가 아내로 삼듯이 그
들도 당신네 여자들을 그렇게 한 것이니 용
서해 주시오. 당신들이 자의로 여자를 그들
에게 주었다면 서약을 깨뜨리는 죄를 지은
것이 되겠지만 그렇지도 않지 않소?'"
23베냐민 사람들은 그 말대로 춤추는 여인들
을 붙잡아 사내 수효만큼 아내감을 골라가
지고 자기들 상속지로 돌아가서 성읍들을
재건하고 살게 되었다.
24◎이렇게 해준 다음, 이스라엘 백성은 그 곳
을 떠나 각각 자기 지파, 자기 가문이 사는
상속지로 흩어져 돌아갔다.
25◎그 때는 이스라엘에 왕이 없어서 사람마다
제멋대로 하던 시대였다.

룻 기

룻과 나오미

1 ◎㉠영웅들이 세상을 다스리던 시대에 나
라에 기근이 든 일이 있었다. 그 때 유다
베들레헴에 살던 한 사람이 모압 시골에 가
서 몸붙여 살려고 아내와 두 아들을 거느리
고 길을 떠났다.
2 그 사람의 이름은 엘리멜렉이며 아내는 나오
미, 두 아들은 마흘론과 길룐이었는데, 그들
은 유다 베들레헴 태생으로서 에브랏 집안 사
람들이었다. 모압 시골에 가서 얼마 동안 지

㉠ 천주교에서는 "판관", 개신교에서는 "사사"라고 불러 왔다.

내다가
3 나오미의 남편 엘리멜렉은 아내 나오미와 두
아들을 남기고 세상을 떠났다.
4 그 뒤 두 아들은 모압 여자를 아내로 맞았는
데 하나는 오르바요, 다른 하나는 룻이었다.
거기에서 십 년쯤 살다가,
5 마흘론과 길룐 두 사람도 세상을 떠났다. 이
리하여 나오미는 남편을 여읜데다 두 아들
마저 잃고 말았다.
6 그 무렵 야훼께서 당신의 백성을 돌보시어
풍년이 들었다는 소식이 모압 시골에 들려
왔다. 나오미는 그 소식을 듣고 두 며느리와
함께 모압 시골을 떠나 고향으로 돌아가기
로 하였다.
7 나오미는 두 며느리를 거느리고 살던 고장
을 떠나 유다 지방을 향하여 길을 떠나가다
가
8 두 며느리에게 이제 친정으로 돌아들 가라
고 하며 이렇게 말했다. “너희가 죽은 내 아
들들과 나에게 그토록 고맙게 해주었으니,
야훼께서도 그처럼 너희를 보살펴 주시기를
바란다.
9 너희 둘 다 새 남편을 맞아 보금자리를 꾸밀
수 있게 해주시겠지.” 그리고는 두 며느리
를 끌어안자 두 며느리는 울음을 터뜨리며
10 말했다. “안 됩니다. 저희는 어머님을 모시
고 어머님 겨레의 품으로 돌아가겠습니다.”
11 “너희는 돌아가야 한다, 얘들아. 어쩌자고
나를 따라가겠다고 하느냐?” 하며 나오미는
며느리들을 타일렀다. “내 태중에 너희 남
편이 될 자식이라도 있는 줄 아느냐?
12 악아, 어서 돌아들 가거라. 나는 이렇게 늙
어 이젠 재혼할 수도 없는 몸이다. 나에게
무슨 희망이 더 있겠느냐? 오늘 밤에라도
내가 남편을 맞아 자식을 낳는다 하자.
13 그것들이 자랄 때까지 기다릴 수야 없지 않
겠느냐? 그걸 바라고 재혼도 하지 않고 어
떻게 지낼 작정이냐? 악아, 그건 안 될 말이
다. 제발 나를 더 괴롭히지 말아다오. 나는
이처럼 야훼께 얻어맞은 신세란다.”
14 ◎그들은 다시 소리내어 울었다. 그리고 오
르바는 시어머니를 껴안고 작별 인사를 하
고 나서 자기 겨레에게로 돌아갔다. 그러나
룻은 시어머니 곁을 떠나려 하지 않았다.
15 ◎나오미가 다시 타일렀다. “보아라, 네 동
서는 제 겨레와 제 신에게 돌아가지 않았느
냐? 그러니 너도 네 동서를 따라 돌아가거
라.”
16 “저에게 어머님을 버려두고 혼자 돌아가라
고 너무 성화하시지 마십시오.” 하며 룻이
말했다.
“어머님 가시는 곳으로 저도 가겠으며,
어머님 머무시는 곳에 저도 머물겠습니
다.
어머님의 겨레가 제 겨레요
어머님의 하느님이 제 하느님이십니다.
17 어머님이 눈 감으시는 곳에서 저도 눈을
감고
어머님 곁에 같이 묻히렵니다.
어떠한 일이 있어도 안 됩니다.
죽음밖에는 아무도 저를 어머님에게서
떼어내지 못합니다.”
18 이토록 끝내 따라 나서겠다고 버티자 나
오미는 더 할 말이 없었다.
19 ◎그리하여 둘은 길을 떠나 마침내 베들레헴
에 다다랐다. 두 사람이 베들레헴에 들어서
는 것을 보고 아낙네들은 “이 사람은 나오미
가 아니야?” 하며 떠들썩했다.
20 그러나 나오미는 그들에게 이렇게 말했다.
“이제 나를 나오미라고 부르지들 말아요.
㉠사따이 신께서 나에게 쓰라림을 가득 안겨
주셨다오. 그러니 나를 ㉡마라라고나 불러
주어요.
21 떠날 때는 아쉬운 것 하나 없었건만,
야훼께서는 나를 빈손으로 돌아오게 하셨
다오.
그런데 어찌 나를 나오미라 부르시오?
야훼께서는 나의 허물을 들추어내셨다오.
사따이 신께서는 이렇듯이 나에게 불행을
안겨주셨다오.”
22 ◎이렇게 나오미는 모압 시골을 떠나 모압 사
람인 며느리 룻을 데리고 돌아온 것이다. 그
들이 베들레헴에 도착한 것은 보리를 거두
어들일 무렵이었다.

룻이 밭에서 보아즈를 만나다

2 ◎나오미는 남편 쪽으로 친척이 한 사람
있었다. 그는 엘리멜렉의 일가로서 유력
한 재산가였는데 이름은 보아즈라 했다.
2 ◎하루는 모압 여자 룻이 나오미에게 청했
다. “저를 밭에 나가게 해주세요. 행여 무
던한 사람이라도 만나면, 그의 뒤를 따르며
이삭이라도 주워 오고 싶어요.” 나오미가
룻에게 허락을 내렸다.
3 룻이 밭에 나가 추수하는 일꾼들의 뒤를 따
르며 이삭을 줍는데, 공교롭게도 그 밭은 엘

㉠ ‘전능하신 분’을 뜻한다. ㉡ ‘나의 귀염둥이’(나오미)에서 ‘쓰라림’(마라)으로 이름이 바뀐다.

리멜렉의 일가인 보아즈의 것이었다.
4 때마침 보아즈가 베들레헴에서 와서 "야훼께
서 자네들과 함께 하여주시기를 바라네."
하며 추수하는 일꾼들에게 인사를 하고 있
었다. "야훼께 복을 받으십시오." 하고 일
꾼들이 대답했다.
5 보아즈는 추수하는 일꾼들을 감독하는 한
머슴에게 물었다. "저 젊은 여자는 뉘 댁인
가?"
6 일꾼들을 감독하던 머슴이 대답했다. "저
젊은 여자는 나오미와 함께 모압 시골에서
돌아온 모압 여자입니다.
7 일꾼들이 거두면서 흘린 이삭을 뒤따르며
줍게 해달라고 사정하더군요. 아침에 와서
지금까지 앉지도 않고 이삭을 줍고 있습니
다."
8 ◎보아즈가 룻에게 말했다. "악아, 내 말이
들리지? 다른 사람 밭에는 이삭을 주우러
갈 것 없다. 여기서 다른 데로 가지 말고 우
리 집 아낙네들과 어울려 다녀라.
9 추수하고 있는 밭에서 한눈 팔지 말고 이 아
낙네들의 뒤를 따르며 이삭을 주워라. 머슴
들이 너를 성가시게 못하도록 분명히 일러
두마. 목이 마르거든 머슴들이 항아리에 길
어다 둔 물이 있으니, 가서 마셔라."
10 그러자 룻은 땅에 엎드려 절하며 말했다.
"어찌하여 저를 이렇게까지 귀엽게 보아주
시고 마음을 써주십니까? 저는 한낱 이국
여자에 지나지 않습니다."
11 보아즈가 말했다. "나는 다 들었다. 네가 남
편이 세상을 뜬 뒤에도 시어머니를 극진히
모시었고 고향을 버리고 부모를 떠나 낯선
이 백성에게로 왔다는 말을 들었다.
12 네가 그렇게도 갸륵하게 행하였는데, 어찌
야훼께서 갚아주시지 않겠느냐? 네가 이스
라엘의 하느님 야훼의 날개 아래로 안식처
를 찾아왔으니, 너에게 넉넉하게 갚아주실
것이다."
13 룻은 "부디 저를 귀엽게 보아주십시오. 저
는 댁의 여느 여종만도 못한 몸인데도 이렇
게 다정스런 말씀으로 용기를 주시는군요."
하며 고마워했다.
14 ◎식사 때가 되어 보아즈가 룻에게 권했다.
"이리 와 빵을 떼어 이 시큼한 술에 찍어 먹
어라." 그리하여 룻은 추수하는 일꾼들 옆
에 앉았다. 보아즈는 룻에게 밀청대를 배불
리 먹고도 남을 만큼 집어주었다.
15 룻이 다시 이삭을 주우려고 일어서는데, 보
아즈가 머슴들에게 명령을 내렸다. "저 여
자가 보릿단 사이로 돌아다니며 이삭을 줍
더라도 나무라지 마라.
16 숫제 보릿단에서 이삭을 빼내어 흘려주어
라. 그리고 그것을 줍더라도 야단치지 마
라."
17 룻이 저녁때까지 주운 이삭을 털어보니 보
리가 한 에바나 되었다.
18 룻은 그것을 메고 마을로 돌아가 시어머니
에게 보이고 나서, 배불리 먹고 남겨온 음
식도 꺼내드렸다.
19 시어머니가 물었다. "오늘 어디에서 이삭을
주웠느냐? 어디서 일을 했느냐? 너에게 이
렇게도 마음을 써주신 그분이 복을 받지 못
하면 누가 받겠느냐?" 룻이 "오늘 제가 이
삭을 주운 밭 주인은 보아즈라고 하더군
요." 하며 자기가 누구네 밭에서 이삭을 주
웠는지를 시어머니에게 밝히자
20 나오미가 며느리에게 말했다. "그분은 산
사람에게나 죽은 사람에게나 한결같이 고
맙게 대하시는구나. 그분이 야훼께 복받지
못하면, 누가 복을 받겠느냐? 그분은 우리
와는 가까운 일가이다. 우리를 떠맡아 줄
사람 가운데 한 분이다."㉠
21 룻이 시어머니에게, 보아즈가 추수가 끝날
때까지 자기네 집 아낙네들과 함께 어울려
다니도록 하였다고 말하니
22 나오미는 "악아, 네가 그 댁 아낙네들과 함
께 일하러 나가게 되었다니, 참 잘되었다.
다른 밭에 갔다가 남자들에게 욕을 당할 염
려가 없게 되었구나." 하고 며느리에게 말
했다.
23 ◎이리하여 룻은 보리와 밀 추수가 끝날 때
까지 보아즈 집안의 아낙네들과 어울려 다
니며 이삭을 주워 시어머니를 모시며 살았
다.

밤을 타서 보아즈와 가까워지다

3 ◎시어머니 나오미가 룻에게 말했다. "악
아, 이젠 너도 행복을 누리며 살 보금자
리가 있어야겠구나. 내가 그것을 마련해 주
마. 그렇지 않느냐?
2 너는 보아즈 댁 아낙네들과 어울려 지냈지
만 그분은 너도 알다시피 우리와는 친척이
다. 바로 오늘 밤 그분은 타작 마당에서 보
리를 까부를 것이다.
3 그러니 너는 목욕을 하고 향수를 바른 다음
장옷을 입고 그 댁 타작 마당에 내려가 보아

㉠ 레위 25:23-28; 신명 25:5-10 참조.

라. 그분이 저녁 식사를 마치기까지는 눈치
채이지 않도록 하여라.
4 그분이 잠자리에 들거든 그 잠자리를 잘 알
아두었다가 살그머니 가서 그 발치께를 들
치고, 거기 누워라. 그 다음에 네가 할 일은
그분이 일러줄 것이다."
5 ◎"어머님 말씀대로 어김없이 하겠습니다."
룻은 이렇게 대답하고,
6 타작 마당으로 내려가 시어머니가 시킨 대
로 하였다.
7 보아즈는 먹고 마시고 나서 흐뭇한 마음으
로 보리 가리 옆에 가서 누웠다. 룻은 살며
시 가서 그의 발치께를 들치고 거기 누웠다.
8 보아즈는 한밤중에 한기를 느껴 몸을 웅크
리다가 발치께에 웬 여자가 누워 있는 것을
알고
9 "너는 웬 여자냐?" 하고 물었다. "비녀는
룻입니다." 하고 룻이 대답했다. "어르신네
께서는 이 몸을 맡아주실 분이십니다. 그
옷자락으로 저의 몸을 덮어주십시오."
10 "악아, 야훼께 복을 받아라." 하고 보아즈는
말했다. "너는 돈이야 있든 없든 젊은 사람
을 따라감직한데 그러지 아니하고 이렇게
까지 효성을 다하니, 이것은 지난날의 효성
보다도 더 갸륵하구나.
11 악아, 걱정하지 마라. 네가 무엇을 원하든
지 내가 다 들어주마. 네가 굳센 여자라는
것은 이 성 안에 사는 내 겨레치고 모르는
사람이 없다.
12 너를 맡아줄 의무가 나에게 있는 것이 사실
이지만 너한테는 나보다 더 가까운 친척이
또 있다.
13 이 밤은 여기서 지내거라. 내일 아침에 그
가 너를 맡겠다고 나서면, 좋다, 그가 너를
맡을 것이다. 만일 그가 싫다고 하면, 내가
반드시 너를 맡아주겠다. 날이 샐 때까지
여기에서 쉬어라."
14 이리하여 룻은 날이 새기까지 그의 발치께
에 누워 있다가, 여자가 타작 마당에 왔었
다는 것이 알려져서는 안 된다는 보아즈의
말을 따라 서로 얼굴을 알아볼 수 있게 되기
전에 일어났다.
15 보아즈는 룻이 쓰고 있는 장옷을 벌리라고
한 다음 룻이 장옷을 벌리자 보리 여섯 되를
퍼 담아 지워주었다. 룻이 마을로 돌아와,
16 시어머니에게로 오자 시어머니는 어찌 되
었느냐고 물었다. 룻은 그가 자기에게 해준
일을 다 고했다.
17 "시어머님께 빈손으로 돌아가서야 되겠느
냐고 하시면서 보리를 여섯 되나 주시더군
요."
18 이 말을 듣고 나오미는 "그분이 오늘 안으로
이 일을 결말짓지 않고는 못 견딜 것이다."
하면서 일이 어떻게 되는가 기다려 보라고
하였다.

룻이 보아즈와 결혼하다

4 ◎보아즈가 성문께로 올라가 앉아 있는
데, 마침 자기가 말하던 그 친척이 지나
갔다. "여보게, 이리로 와서 앉게나." 하며
보아즈가 그를 부르자, 그가 발길을 돌려와
서 앉았다.
2 보아즈는 마을 장로들 가운데서 열 사람을
불러, "이리 와서 앉으십시오." 하고 자리
를 권하였다. 그들이 자리를 잡자,
3 보아즈가 그 친척에게 말했다. "우리의 동
기 엘리멜렉의 소유지가 있지 않소? 그런데
나오미가 모압 시골에서 돌아와서 그 땅 권
리를 팔려고 내놓았소.
4 이 소식을 당신에게 알려드려야 한다고 생
각해서 하는 말이지만, 여기 앉아 있는 분
들과 내 겨레의 장로들이 보는 앞에서 그것
을 사시오. ㉠그 땅을 도로 사서 가질 생각
이 있으면 도로 사서 가지시구려. 그럴 생
각이 없으면 그렇다고 말해 주시오. 내가
알아야겠소. 그것을 도로 사서 가질 사람은
당신밖에 없소. 당신 다음은 나인가 하오."
"내가 도로 사서 가지겠소." 하고 그가 대
답하자,
5 보아즈가 다짐하였다. "나오미에게서 밭을
넘겨받는 날 당신은 고인의 아내 모압 여자
룻도 떠맡아야 하오. 그리하여 고인의 이름
을 이어 그의 유산을 차지할 사람을 낳아주
어야 하오."
6 그러자 그 친척은 "그랬다가는 내 재산만
손해를 보게 되겠군. 그럴 수는 없소." 하
면서 그 땅을 도로 사서 갖지 않겠다고 하였
다. "내가 사서 가질 것이지만, 당신이나 사
서 가지시구려. 나는 그럴 마음이 없소."
7 ◎옛날 이스라엘에서는 유산을 도로 사서 가
지는 의무를 남에게 넘겨줄 경우에는 신 한
짝을 벗어서 상대편에게 주는 습관이 있었
다. 그것을 증거물로 삼고 매듭을 지었던
것이다.
8 그 친척도 "당신이 차지하시오." 하면서 신
한 짝을 벗어 보아즈에게 주었다.

㉠ "그 땅"은 이미 남의 손에 넘어가 있다.

9 그러자 보아즈는 장로들과 온 겨레에게 말
했다. "나는 엘리멜렉과 길론과 마흘론에게
딸렸던 모든 것을 나오미의 손에서 샀습니
다. 당신들은 오늘 이 일의 증인입니다.
10 또 나는 마흘론의 아내 모압 여자 룻까지도
유산과 함께 아내로 얻었습니다. 그래서 나
는 고인의 이름을 이어 그 유산을 차지할 사
람을 낳아주어서 고인의 이름이 그의 형제
들과 함께 남아 이 고장 성문 안에서 끊어지
지 않도록 할 것입니다. 당신들은 오늘 이
일의 증인입니다."
11 성문께 있던 온 백성이 "우리가 증인이오."
하고 대답하자 장로들이 말했다. "야훼께서
그대 집에 들어오는 이 여인으로 하여금 이
스라엘 가문을 일으킨 두 여인 라헬과 레아
처럼 되게 해주시기를 기원한다. 그대가 에
브라다에서 권세를 떨치고 베들레헴에서 이
름을 휘날리기를 빌며,
12 또한 야훼께서 이 젊은 여인의 몸에서 후손
을 일으키시어 그대의 집안이, 다말이 유다
에게 낳아준 베레스의 집안같이 되기를 기
원한다."
13 ◎이렇게 보아즈는 룻을 맞아 아내로 삼고
한자리에 들었다. 야훼께서 점지해 주셔서
룻이 아들을 낳자,
14 아낙네들이 나오미에게 축하하여 말했다.
"오늘 이처럼 당신 가문이 대를 이어 내려
가게 해주셨으니 야훼께 찬양을 드립니다.
이제 이 아기의 이름이 이스라엘에서 기림
을 받게 되기를 우리는 바랍니다.
15 당신을 그토록 사랑하는 며느리가 낳아준
아들, 아들 일곱보다 더한 며느리가 낳아준
아들이니, 이제 그가 당신에게 살 맛을 되
돌려주고 노후를 공양해 줄 것입니다."
16 나오미는 그 아기를 받아 품에 안고 자기 자
식으로 길렀다.
17 이웃 아낙네들은 "나오미가 아들을 보았구
나!" 하며 그 아기에게 오벳이라는 이름을
지어주었다. 그가 바로 다윗의 할아버지요,
이새의 아버지였다.

다윗의 계보

18 ◎베레스의 계보는 다음과 같다. 베레스는
헤스론을 낳았고
19 헤스론은 람을, 람은 암미나답을,
20 암미나답은 나흐손을, 나흐손은 살몬을,
21 살몬은 보아즈를, 보아즈는 오벳을,
22 오벳은 이새를, 이새는 다윗을 낳았다.

사 무 엘 상

사무엘이 태어나다

1 ◎에브라임 산악 지대에 엘카나라는 수브
사람이 살고 있었다. 그는 라마다임 출신
으로서 에브라임 사람 수브의 현손이요, 도
후의 증손이요, 엘리후의 손자요, 여로함의
아들이었다.
2 그는 두 아내를 거느리고 있었는데 한 아내
의 이름은 한나요, 또 한 아내의 이름은 브
닌나였다. 그런데 브닌나는 자식을 두었지
만 한나는 자식이 없었다.
3 ◎엘카나는 해마다 자기의 성읍을 떠나 실로
로 올라가 만군의 야훼께 제사를 드려 예배
하였다. 실로는 엘리의 두 아들 홉니와 비느
하스가 야훼를 모시고 사제 일을 보고 있는
곳이었다.
4 제삿날이 되면 엘카나는 아내 브닌나와 그의
모든 아들딸들에게 제물을 몫몫이 나누어
주었다.
5 그러나 엘카나는 한나를 사랑하면서도 그에
게는 한몫밖에 줄 수가 없었다. 야훼께서 한
나로 하여금 잉태하게 해주지 않으셨기 때
문이었다.
6 게다가 적수 브닌나는, 야훼께서 잉태하게
해주시지 않아 속을 태우고 있는 한나를 더
욱 괴롭혔다.
7 엘카나가 매년 야훼의 신전에 올라갈 적마다
그렇게 하였으므로 브닌나는 한나를 괴롭혔
고 한나는 목이 메어 먹지를 못했다.
8 남편 엘카나는 한나를 보고 "왜 울기만 하
오? 왜 먹지도 않고 슬퍼만 하오? 내가 당
신한테는 아들 열보다도 낫지 않소?" 하며
위로해 주었다.

한나의 기도

9 ◎실로에서 제사 상을 물리고 나자 한나는
일어나 야훼 앞에 나아갔다. 그 때 마침 사
제 엘리가 야훼의 성전 문 뒤에 있는 의자에
앉아 있었다.

10 한나는 마음이 아파 흐느껴 울며 야훼께 애원하였다.

11 그는 서원을 하며 빌었다. "이 계집종의 가련한 모습을 굽어살펴 주십시오. 이 계집종을 저버리지 마시고 사내 아이 하나만 점지해 주십시오. 그러면 저는 그 아이를 야훼께 바치겠습니다. 평생 그의 머리를 깎지 않도록 하겠습니다."

12 ◎한나가 야훼께 오래 기도를 드리고 있는 동안 엘리는 한나의 입술을 지켜보고 있었다.

13 한나는 속으로 기도하고 있었으므로 입술만 움직일 뿐, 소리가 들리지 않았다. 그래서 엘리가 한나를 술취한 여자로 알고,

14 "언제까지 이렇게 주정을 하고 있을 참이냐? 어서 술에서 깨어나지 못하겠느냐?" 하고 꾸짖자

15 한나가 대답하였다. "아닙니다. 사제님! 저는 정신이 말짱합니다. 포도주도 소주도 마시지 않았습니다. 저는 야훼께 제 속을 털어놓고 있습니다.

16 사제님, 이 계집종을 좋지 못한 여자로 생각지 마십시오. 저는 너무 서럽고 괴로워서 이제껏 기도하고 있었습니다."

17 "그럼, 안심하고 돌아가거라. 이스라엘을 보살피시는 하느님께서 네 기도를 들어주실 것이다." 엘리가 이렇게 말하자,

18 한나는 "그렇게까지 보아주시니 고맙기 그지없습니다." 하면서 물러나와 음식을 먹었다. 그 얼굴에는 어느덧 수심이 걷히었다.

19 ◎엘카나는 이튿날 아침 일찍 일어나 식구들과 함께 야훼께 예배를 드리고, 라마에 있는 집으로 돌아왔다. 엘카나가 아내 한나와 한자리에 들자, 야훼께서 한나를 마음에 두시어

20 임신하게 해주셨다. 한나는 달이 차서 아들을 낳자 '야훼께 빌어서 얻은 아기' 라고 하여 이름을 사무엘이라 지었다.

한나가 사무엘을 하느님께 바치다

21 ◎엘카나, 그 사람이 식구들을 이끌고 다시 야훼께 주년제와 서원제를 드리러 올라가는데,

22 한나는 따라 나서지 않고 남편에게 이렇게 말하였다. "아기가 젖을 떼면 아기를 데리고 가서 야훼를 뵙겠습니다. 그리고 영영 거기에서 살게 하겠습니다."

23 "당신 좋을 대로 하구려. 젖 뗄 때까지 집에 남아 있으시오. 야훼께서 부디 당신의 서약을 이루어주시기를 바라오." 그는 남편 엘카나의 허락을 받고 아들이 젖을 뗄 때까지 집에서 키우게 되었다.

24 이윽고 젖을 떼자 한나는 아기를 데리고 나섰다. 삼 년 된 황소 한 마리와 밀가루 한 에바에다 가죽부대에 포도주를 담아가지고 실로에 있는 야훼의 성전으로 어린 아들을 데리고 갔다.

25 일행은 소를 잡고 그 아이를 엘리에게 데려갔다.

26 한나가 엘리에게 말하였다. "사제님, 말씀드리겠습니다. 사제님께서 지금 살아 계신 것이 틀림없듯이 제가 바로 이전에 여기 사제님 앞에서 야훼께 기도를 드리던 여자입니다.

27 이 아이는 기도해서 얻은 아이입니다. 제가 야훼께 애원했더니, 야훼께서 소원을 들어주셨습니다.

28 그래서 저는 이 아이를 야훼께 바치기로 하였습니다. 이 아이의 한평생을 야훼께 맡기고 싶습니다." ◎그러자 일행이 거기 야훼 앞에 엎드리고,

한나의 감사 찬양

2 한나가 이렇게 기도를 올렸다.
"내 마음은 야훼님 생각으로 울렁거립니다.
하느님의 은덕으로 나는 얼굴을 들게 되었습니다.
이렇듯이 내 가슴에 승리의 기쁨을 안겨주시니
원수들 앞에서 자랑스럽기만 합니다.
2 야훼님처럼 거룩하신 분은 없으십니다.
당신밖에는 없으십니다.
우리 하느님 같은 ㉠바위는 없습니다.

3 잘난 체 지껄이는 자들아,
너무 우쭐대지 마라.
거만한 소리를 입에 담지 마라.
야훼는 사람이 하는 일을 다 아시는 하느님,
저울질하시는 하느님이시다.
4 힘있는 용사의 활은 꺾이고
비틀거리던 군인은 허리를 묶고 일어나게 되리라.
5 배불렀던 자는 떡 한 조각 얻기 위하여 품을 팔고

㉠ 셈족 사회에서는 신을 "바위"라고 불렀다.

굶주리던 사람은 다시는 굶주리지 않게
되리라.
아이 못 낳던 여자는 일곱 남매를 낳고
아들 많던 어미는 그 기가 꺾이리라.
6 야훼께서는 사람의 생사를 쥐고 계시어
지하에 떨어뜨리기도 하시며 끌어올리기
도 하신다.
7 야훼께서는 가난하게도 하시고 가멸지게
도 하시며
쓰러뜨리기도 하시고 일으키기도 하신
다.
8 땅바닥에 쓰러진 천민을 일으켜 세우시
며
잿더미에 뒹구는 빈민을 들어 높이셔서
귀인들과 한자리에 앉혀주시고
영광스러운 자리를 차지하게 하신다.
땅의 밑동은 야훼의 것,
그 위에 세상을 지으셨으니
9 당신을 따르면 그 걸음걸음을 지켜주시
지만
불의하게 살면 앞이 캄캄해져서 말문이
막히리라.
사람이 제 힘으로는 승리하지 못하는 법,
10 야훼께 맞서는 자는 깨어지리라.
지존하신 이께서 하늘에서 천둥 소리로
우렁차게 호령하신다.
야훼는 땅 끝까지 심판하시는 분,
당신께서 세우신 왕에게 힘을 주시며
기름 부어 세우신 임금의 이름을 떨치게
하신다."
11◎한나는 사제 엘리 밑에서 야훼를 모시도록
아이를 거기에 남겨두고 라마로 돌아갔다.

엘리의 아들들이 죄를 짓다

12◎엘리의 아들들은 망나니들로서 야훼를 몰
라보고
13㉠사람을 대하는 사제의 규정도 무시하였
다. 사제의 시종은, 누가 제사를 드릴 때 고
기를 삶고 있으면 삼지창을 들고 다니며
14가마솥이나 노구솥이나 뚝배기나 냄비 할
것 없이 닥치는 대로 휘저어서 삼지창에 꽂
혀 나오는 것은 모두 가져갔다. 그들은 이스
라엘 사람들이 실로에 와서 제사를 드릴 때
마다 그렇게 하였다.
15사제의 시종은 그뿐 아니라 기름을 태워 바
치기 전에도 제사를 드리는 사람들에게 와
서 "사제님은 삶은 것은 받지 않으시고 날
것만 받으시니, 사제님께 구워드릴 고기를
내놓아라." 하고 생떼를 썼다.
16그 사람이, 기름을 먼저 태워 바친 다음에
마음대로 가져가라고 해도 "그건 안 된다.
지금 내지 않으면 강제로 빼앗아 가겠다."
하면서 을러메었다.
17이렇게 그들이 시종들을 시켜 저지른 잘못
은 야훼께서 보시기에 너무나 심하였다. 그
들은 야훼께 바치는 제물을 이처럼 모독하
였던 것이다.
18◎어린 나이에 야훼를 모시게 된 사무엘은
몸에 모시 에봇을 입고 지냈다.
19그의 어머니는 매년 주년제를 드리러 남편
과 함께 올라올 때마다 작은 두루마기 한 벌
을 지어다가 아들에게 주었다.
20그러면 엘리는 엘카나 부부에게 "야훼께서
맡기로 하신 이 아이 대신으로 이 부인 몸에
서 후손이 나게 해주십시오." 하고 복을 빌
어주었고 이 축복을 받고 그들은 자기네 고
장으로 돌아가곤 하였다.
21야훼께서 한나에게 은덕을 베푸셔서 한나는
삼남 이녀를 더 두게 되었다. 그러는 동안
어린 사무엘은 야훼 앞에서 자라났다.
22◎엘리는 매우 늙었다. 그는 자기의 아들들
이 온 이스라엘 사람들에게 온갖 못된 짓을
하였고 그리고 만남의 장막 문간에서 봉사
하는 여인들의 방에 들기까지 했다는 소문
을 듣고,
23아들들을 꾸짖었다. "어쩌자고 그런 짓을
하느냐? 나는 너희가 못된 짓을 하고 있다
는 소문을 듣고 있다.
24이놈들아, 못쓴다! 그런 추문이 야훼의 백
성 사이에 두루 퍼져서 내 귀에까지 들려오
게 하다니.
25사람이 사람에게 죄를 지으면 하느님께서
그 사이에 서주시겠지만, 사람이 야훼께 죄
를 얻는다면 누가 그 사이에서 빌어주겠느
냐?" 그런데도 그들은 아버지의 말을 들으
려 하지 않았다. 야훼께서 이미 그들을 죽이
시기로 작정하셨던 것이다.
26◎한편 어린 사무엘은 야훼와 사람들에게 귀
염을 받으며 무럭무럭 자랐다.

"엘리의 집은 망한다"

27◎하느님의 사람 하나가 엘리에게 와서 말
을 전하였다. "야훼의 말씀이니 들으시오.
'너도 알다시피 네 조상이 식구들을 데리고
이집트에서 파라오에게 종살이를 하고 있을
때 나는 그들에게 스스로를 나타내 보였다.

㉠ 12-14절 : 이것은 규탄의 말이 아니라 당시의 풍속을 말하는 것이라는 해석도 있다.

28 나는 이스라엘 온 지파 가운데서 네 조상을
선택하여 나를 섬기는 사제로 삼아 내 제단
의 층계를 오르내리며 내 앞에서 제물을 살
라 바치고 에봇을 입게 하였다. 또 이스라엘
사람들이 살라 바치는 모든 예물도 네 조상
의 가문에게 맡겼다.
29 그런데 너는 어찌하여 내가 정해 준 제물과
곡식예물을 멸시하여 소홀히 다루느냐? 그
리고 나보다도 네 자식들을 더 소중히 여겨
내 백성 이스라엘이 바치는 온갖 예물 가운
데서 알맹이만 내주어 스스로 살찌게 하느
냐?
30 이에 이스라엘의 하느님 나 야훼가 말한다.
내가 일찍이 네 집과 네 가문이 영원히 나를
섬기리라고 했지만 이제 분명히 말해 두거
니와 나는 그 약속을 철회한다. 나를 존대
하는 자는 소중히 여겨주겠지만, 나를 멸시
하는 자는 천대하리라. 나 야훼의 말이다.
31 내가 네 기운, 네 가문의 기운을 꺾으리니
이제 네 집안에 늙은이 하나 남지 못할 날이
오리라.
32 그 날이 오면 너는 내가 이스라엘에게 주는
번영을 보고 속이 뒤틀릴 것이다. 그러나
네 집안에서는 두 번 다시 늙은이를 볼 수
없을 것이다.
33 네 후손 가운데서 하나만 남겨 내 제단 일
을 보게 하겠지만, 그도 기운이 다하고 그
의 후손마저 모두 사람들의 칼에 맞아 죽으
리라.
34 네 두 아들 홉니와 비느하스가 한 날에 죽거
든, 그것이 이런 일이 일어날 조짐인 줄 알
아라.
35 나는 충성스러운 사제를 세워 그로 하여금
내 마음 내 뜻을 그대로 이루게 하리라. 그
의 가문을 일으켜 내가 기름 부어 세운 왕
앞에서 길이길이 나를 섬기게 하리라.
36 그러면 네 집안에서 살아 남은 자는 그에게
가서 밥벌이할 일자리를 얻으려고 굽실거
리며, 제발 사제직에 붙여주어 빵부스러기
라도 얻어먹게 해달라고 애걸하게 될 것이
다.'"

사무엘이 하느님의 부르심을 받다

3 ◎소년 사무엘은 엘리 밑에서 야훼를 섬기
고 있었다. 그 때는 야훼께서 말씀도 자주
들려주시지 않았고 계시를 보여주시는 일
도 드물었다.
2 ◎엘리는 이미 눈이 어두워 앞을 잘 보지
못했다. 하루는 그가 자기의 자리에 누워
있고
3 사무엘은 하느님의 궤가 있는 야훼의 성전에
서 자고 있었는데, 하느님의 등불이 꺼지기
전에
4 야훼께서 사무엘을 부르셨다. 사무엘은
"예." 하고 대답하면서
5 엘리에게 뛰어가 "부르셨습니까?" 하고 물
었다. "나는 너를 부른 일이 없다. 가서 자
거라." 엘리의 이 말을 듣고 사무엘은 돌아
와 자리에 누웠는데
6 야훼께서 다시 사무엘을 부르셨다. 사무엘이
일어나 엘리에게 가서 "부르셨습니까?" 하
고 물으니, 엘리는 "사무엘아, 나는 너를 부
른 일이 없다. 가서 자거라." 하고 대답하
였다.
7 야훼께서 말씀으로 사무엘에게 나타나신 적
이 없으셨고 사무엘은 아직 야훼를 알지 못
했던 것이다.
8 야훼께서 세 번째로 사무엘을 부르셨다. 그
가 일어나 엘리에게 가서 "부르셨습니까?"
하고 물었다. 그제야 엘리는 야훼께서 소년
사무엘을 부르시는 줄 알아차리고
9 사무엘에게 "가서 누워 있어라. 그리고 다
시 부르는 소리가 나거든, 이렇게 대답하여
라. '야훼여, 말씀하십시오. 종이 듣고 있습
니다.'" 하고 일러주었다. 사무엘은 돌아와
자기 자리에 누워 있었다.
10 ◎그러자 야훼께서 거기에 나타나 서시어
아까처럼 "사무엘아! 사무엘아!" 하고 부
르셨다. 사무엘이 "야훼여, 말씀하십시오.
종이 듣고 있습니다." 하고 대답하자
11 야훼께서 사무엘에게 말씀하셨다. "들어라.
내가 이제 이스라엘에서 무슨 일을 할 터인
데, 듣는 사람마다 가슴이 내려앉으리라.
12 그 날이 오면, 내가 엘리와 그 집안을 두고
말한 일들이 처음부터 끝까지 이루어지리
라.
13 너에게 알려주거니와, 나는 엘리의 가문을
심판하여 끝내 벌하고야 말겠다. 그것은 제
자식들이 하느님을 모독하는 것을 알면서
도 바로잡지 못했기 때문이다.
14 그러므로 나는 엘리의 집안을 두고, 제물이
나 예물을 소홀히 다룬 그 죄는 영영 용서해
주지 않으리라고 맹세하였다."
15 ◎사무엘은 아침까지 누워 있다가 야훼의 성
전 문들을 열었으나, 감히 밤에 보고 들은
것을 엘리에게 고하지 못하였다.
16 그러는데 엘리가 "얘, 사무엘아!" 하고 불
렀다. 사무엘이 "예!" 하고 대답하자

17엘리가 "무슨 말씀을 하시더냐? 나에게 숨
기지 말고 말해 다오. 너에게 하신 말씀을
한마디라도 숨긴다면, 하느님께서는 너에
게도 나에게 내리시는 벌 못지않은 큰 벌을
내리실 것이다." 하고 다그쳤다.
18그래서 사무엘은 숨김없이 다 털어놓았다.
그 말을 듣고 엘리는 중얼거렸다. "야훼께서
하시는 일, 어련하시랴!"
19◎사무엘이 자라는 동안 야훼께서 그와 함께
계시어, 그가 한 말은 모두 그대로 이루어
지게 하셨다.
20그리하여 단에서 브엘세바에 이르기까지 온
이스라엘이 사무엘을 야훼께서 세우신 예언
자로 받들게 되었다.

21야훼께서는 실로에서 당신을 거듭 나타내
보이셨다. 야훼께서는 그 곳에서 사무엘에
게 나타내 보이셨던 것이다.

4 그리하여 사무엘이 하는 말은 그대로 온
이스라엘에 통하게 되었다.

이스라엘이 불레셋에 패하고 하느님의 궤를 빼앗기다

◎그 무렵, 불레셋 군이 이스라엘을 치러 몰
려오자, 이스라엘 군도 그들을 맞아 싸우려
고 출동하였다. 이스라엘 군은 에벤에젤에
진을 쳤고 불레셋 군은 아벡에 진을 쳤다.
2불레셋 군이 이스라엘 군을 향하여 열을 지
어 싸움을 벌였는데, 이스라엘 군은 불레셋
군에게 패하여 싸움터에서 죽은 군사가 사
천 명이나 되었다.
3군사들이 진영으로 돌아오자 이스라엘의 장
로들이 부르짖었다. "야훼께서 오늘 우리를
불레셋 군에게 패하게 하시니, 이런 변이 어
디 있느냐? 실로에 있는 야훼의 계약궤를
모셔 오자. 그것을 우리 가운데 모시면 적
군의 손에서 우리를 구해 내실 것이다."
4그리하여 진영에서 사람을 실로에 보내어
거룹을 타고 만군을 거느리시는 야훼의 계
약궤를 모셔 오게 하였다. 당시에 그 계약
궤를 모시고 있었던 사람은 엘리의 두 아들
홉니와 비느하스였다.
5야훼의 계약궤가 진에 도착하자 온 이스라엘
군은 땅이 진동하도록 함성을 올렸다.
6불레셋 군은 이 함성을 듣고 "히브리 진영에
서 저렇게 큰 함성이 터지니 웬일이냐?" 하
며 웅성거리다가 야훼의 궤가 이스라엘 진영
에 들어왔다는 것을 알았다.
7불레셋 군은 겁에 질려 소리쳤다. "이스라엘
의 신이 진영에 들어왔으니 이제 우리는 망
했구나. 이런 일은 일찍이 없었는데,
8이제 우리는 망했다. 누가 저 무서운 신에
게서 우리를 살려내겠느냐? 갖가지 재앙과
질병으로 이집트인들을 친 신이 아니냐!
9그러니 불레셋 사람들아, 힘을 내어라. 사나
이답게 싸우자! 지금까지는 히브리인이 우
리를 섬겼지만, 이제는 우리가 그들의 종이
될 판국이니, 자, 사나이답게 싸우자!"
10이리하여 불레셋 군이 짓쳐 들어오자 이스라
엘 군은 크게 패하여 제각기 자기 천막으로
도망쳤다. 이스라엘 군은 보병이 삼만이나
쓰러졌으며
11하느님의 궤도 빼앗기고 엘리의 두 아들 홉
니와 비느하스도 죽었다.

엘리의 집안이 망하다

12◎그 날 베냐민 사람 하나가 싸움터에서 빠
져 나와 실로로 달려왔다. 옷은 갈가리 찢기
고 머리에는 흙을 뒤집어쓴 채
13그가 다다랐을 때, 엘리는 하느님의 궤가 걱
정이 되어 성문 곁 의자에 앉아 소식을 기다
리고 있었다. 그 사람이 성 안에 들어와 전
쟁 소식을 전하자 온 성민이 울부짖었다.
14그 아우성 소리를 듣고 엘리가, 어찌하여 이
렇게 소란스러우냐고 묻자 그 사람이 급히
엘리 앞에 나아와 소식을 전하였다.
15엘리는 나이가 구십팔 세나 되었으므로 눈
이 어두워 앞을 보지 못하였다.
16그 사람이 엘리에게 "저는 싸움터에서 왔습
니다. 지금 막 싸움터에서 뛰어오는 길입니
다." 하고 말하자 엘리는 "그래 어떻더냐?"
하고 물었다.
17"이스라엘 군은 많은 전사자를 내고 불레셋
군에게 쫓겨 뿔뿔이 도망치고 말았습니다.
사제님의 두 아들 홉니와 비느하스도 죽고,
하느님의 궤도 빼앗겼습니다." 전령이 이렇
게 대답하자,
18성문 곁 의자에 앉아 있던 엘리는 하느님의
궤를 빼앗겼다는 말에 그만 뒤로 넘어져 목
이 부러져 죽었다. 그는 늙어 몸이 무거웠
던 것이다. 이리하여 사십 년 동안 이스라엘
을 영도한 그의 생애는 끝났다.
19◎그의 며느리, 비느하스의 아내는 임신 중
이었는데 해산할 날이 다 되어 하느님의 궤
를 빼앗긴데다가 시아버지와 남편마저 죽
었다는 소식을 듣자 갑자기 진통이 오는 바
람에 웅크린 채 몸을 풀었다.
20그 여인이 숨을 거두려 할 때 시중을 들던
여자들이 "염려말아요, 아들이오." 하고

알렸으나, 그 말은 들은 체도 않고 대꾸도
없이
21 다만 "영광이 이스라엘을 떠났구나." 하고
중얼거렸다. 그리고 그 아기의 이름을 이가
봇이라 하였다. 하느님의 궤는 빼앗기고 시
아버지와 남편은 죽었다고 해서 그렇게 말
하였던 것이다.
22 그는 "하느님의 궤를 빼앗겼으니 이제 영광
은 이스라엘을 떠났다." 하고 말하였다.

불레셋이 하느님의 궤 때문에 벌을 받다

5 ◎불레셋 군은 빼앗은 하느님의 궤를 에벤
에젤에서 아스돗으로 옮겼다.
2 불레셋 군은 그 하느님의 궤를 다곤 신전으
로 옮겨다가 다곤 바로 곁에 두었다.
3 그런데 이튿날 아침 아스돗 백성이 일어나
서 보니 다곤이 땅에 얼굴을 박은 채 야훼의
궤 앞에 쓰러져 있었다. 그들은 다곤을 일으
켜 제자리에 세웠다.
4 이튿날 아침 일어나서 보니 다곤이 또 땅에
얼굴을 박은 채 야훼의 궤 앞에 넘어져 있었
다. 다곤은 몸통만 성한채로 남아 있었고 부
러진 목과 동강난 두 손은 문지방께에 구르
고 있었다.
5 그래서 오늘날까지 다곤의 사제들과 아스
돗에 있는 다곤의 신전에 드나드는 사람은
누구를 막론하고 다곤의 문지방을 밟지 않
는다.
6 ◎야훼께서는 아스돗 백성을 호되게 치시어
공포에 몰아넣으셨다. 아스돗에 종기가 돌
고 온 지경에 쥐가 들끓었던 것이다.
7 이렇게 되자 아스돗 사람들은 겁에 질려 "이
스라엘 신의 궤를 여기에 두어서는 안 되겠
다. 우리의 신 다곤과 우리에게 마구 행패를
부린다." 하면서
8 사람을 보내어 불레셋 추장들을 불러모아
놓고, 이스라엘 신의 궤를 어떻게 할 것이냐
고 의논한 끝에 이스라엘 신의 궤를 갓으로
옮기는 것이 좋겠다고 하였다. 그래서 그들
은 이스라엘 신의 궤를 갓으로 옮겼다.
9 그런데 그것을 그리로 옮기자 야훼께서 손
으로 그 성도 호되게 치시는 바람에 큰 소동
이 일어났다. 온 성에 종기가 돌아 높은 자
나 낮은 자나 모조리 종기가 났다.
10 그래서 그들은 하느님의 궤를 다시 에크론
으로 보냈다. 하느님의 궤가 에크론에 닿자,
에크론 사람들도 "이스라엘 신의 궤를 이리
로 가져오다니, 우리 일족을 죽일 작정이
냐?" 하면서 아우성을 쳤다.
11 그래서 그들은 불레셋 추장들을 모두 불러,
의논한 끝에 "이스라엘 신의 궤를 내어놓지
않았다가는 우리 일족이 몰살을 당하겠다."
하며 본래 있던 곳으로 돌려보내기로 하였
다. 하느님께서 그 손으로 성마다 호되게
치시는 바람에 떼죽음을 당하는 소동이 일
어났던 것이다.
12 가까스로 죽음을 면한 자는 종기에 걸려 있
었다. 그래서 온 성에서 울리는 비명 소리
가 하늘에 사무쳤다.

하느님의 궤가 돌아오다

6 ◎야훼의 궤가 불레셋 지방에 머물러 있은
지 칠 개월이 지났다.
2 불레셋 사람들은 사제들과 점쟁이들을 불러
놓고 물었다. "야훼의 궤를 어떻게 하면 좋
겠소? 본래 있던 대로 돌려보내야 하겠는
데 어떻게 하면 좋을지 말해 보시오."
3 그들이 대답하였다. "이스라엘 신의 궤를 돌
려보낼 때 그냥 보내서는 안 됩니다. 반드
시 면죄제물을 얹어서 보내야 합니다. 그래
야 병이 나을 것입니다. 그가 왜 당신들에
게서 손을 떼지 않으시는지 그 까닭을 알게
도 될 것입니다."
4 그들이 "면죄제물로 무엇을 얹어서 보내야
합니까?" 하고 묻자, 이렇게 일러주었다.
"금으로 종기 모양을 다섯 개, 쥐 다섯 마리
를 만들어 보내십시오. 그런 재앙이 당신들
과 당신들의 추장에게 미쳤으니, 그것을 불
레셋 추장들의 수대로 바치는 것입니다.
5 전국을 휩쓸고 있는 이 종기와 쥐들의 모양
을 만들어 그것으로 이스라엘의 신께 예를
갖추어야 합니다. 그러면 그가 당신들과 당
신들의 신과 땅을 치던 손을 거둘 것입니다.
6 파라오나 이집트 사람들처럼 공연히 고집을
부릴 필요는 없습니다. 이집트 사람들은 이
신에게 혼이 나서 이스라엘을 내보내지 않
았습니까?
7 그러니 이제 새 수레를 만들어 멍에를 메어
본 적이 없는 어미 소 두 마리를 끌어다가
그 수레를 끌게 하고, 젖먹이 송아지들은
떼어 우리로 보내십시오.
8 그리고 야훼의 궤를 가져다가 그 수레에 싣
고 돌려보낼 금 면죄제물을 상자에 담아 그
곁에 놓으십시오. 그리고 떠나보낸 다음
9 잘 보십시오. 만일 소가 제 고장을 향해 벳
세메스 쪽으로 올라가면 우리가 당한 이 큰
재앙은 바로 그가 내린 것이 되고 만약 그렇
지 않으면 그의 손이 우리를 친 것이 아니라

그저 어쩌다가 당한 재앙이라는 것이 밝혀
질 것입니다."
10◎그들은 하라는 대로 어미 소 두 마리를 끌
어다가 수레를 메우고 송아지들은 우리에
가두었다.
11 그리고 수레에는 야훼의 궤를 싣고 금쥐와
종기 형상을 담은 상자도 실었다.
12 그러자 소는 벳세메스 쪽으로 똑바로 걸어
갔다. 불레셋 추장들은 벳세메스 지방까지
따라가 보았다. 소는 울면서도 왼쪽으로나
오른쪽으로나 길을 벗어나지 않고 곧장 걸
어갔다.
13◎마침 벳세메스 사람들은 골짜기에서 밀을
거두어들이다가 고개를 들어 궤를 보고는
기뻐하며 나가 맞았다.
14 수레는 벳세메스에 있는 여호수아의 밭에 와
멎었는데, 거기에 커다란 바위가 하나 있었
다. 사람들은 수레를 부수어 암소를 야훼께
번제로 드렸다.
15 레위 사람들이 야훼의 궤와 금예물이 든 상
자를 그 큰 바위 위에 내려놓자 그 날로 벳
세메스 사람들이 야훼께 번제와 화목제를 드
렸다.
16 그 날 불레셋의 다섯 추장은 이것을 보고서
야 에크론으로 돌아갔다.
17 불레셋 사람들은 금종기를, 하나는 아스돗,
하나는 가자, 하나는 아스클론, 하나는 갓,
하나는 에크론의 죄를 벗기려고 야훼께 바쳤
던 것이다.
18 금쥐는 성 안과 성 밖을 통틀어 다섯 추장
이 다스리는 불레셋의 모든 성읍의 수효를
따라 드린 것이었다. 야훼의 궤가 놓였던
그 큰 바위가 바로 이 날까지 벳세메스 사람
여호수아의 밭에 있어 그것을 증거해 주고
있다.
19 그런데 야훼께서는 벳세메스 사람들이 야훼
의 궤를 보았다고 해서 그들을 치시어 그 중
에서 칠십 명이나 죽이셨다. 그 곳 사람들
은 야훼께서 호되게 치시자 슬피 울었다.
20◎벳세메스 사람들은 "이 거룩하신 하느님
야훼 앞에는 아무도 나설 수 없으니 어디로
보낼까?" 하다가
21 키럇여아림 주민들에게 전갈을 보내어 "불
레셋 사람들이 야훼의 궤를 돌려보냈소. 내
려와 모시고 올라가 주시오." 하고 청하였
다.

7 그래서 키럇여아림 사람들이 와서 야훼의
궤를 모시고 올라갔다. 그들은 그것을 언
덕에 있는 아비나답의 집에 모셔 두고 그의
아들 엘르아잘을 성별하여 야훼의 궤를 모시
게 하였다.

사무엘이 이스라엘의 영도자가 되다

2◎그 궤는 키럇여아림에 오랫동안 안치되어
있었다. 이십 년이라는 세월이 지난 후 이스
라엘 가문은 모두 야훼께로 마음을 돌렸다.
3 사무엘이 온 이스라엘 가문에게 말하였다.
"너희들이 야훼께 돌아오려는 것이 진심에
서 우러난 것이라면 너희 가운데서 다른 신
들과 아스다롯을 버려라. 마음을 단단히 먹
고 야훼께 돌아와 오로지 그분만을 섬겨라.
그러면 그가 너희를 불레셋의 손아귀에서
빼내어 주시리라."
4 이 말을 듣고 이스라엘 백성은 바알과 아스다
롯을 버리고 야훼만 섬기게 되었다.
5 사무엘이 다시 "야훼께 이스라엘의 죄를 용
서해 달라고 기도를 올릴 터이니 모두 미스
바로 모여라." 하고 일렀다.
6 온 이스라엘은 미스바로 모여와서 물을 길어
다 야훼 앞에 부어 바치고 그 날 하루 단식
하면서 지은 죄를 야훼께 고백하였다. 미스
바는 사무엘이 이스라엘을 영도하던 곳이다.
7◎불레셋 추장들은 이스라엘 백성이 미스바
에 모였다는 말을 듣고 이스라엘을 치러 올
라왔다. 이스라엘 백성은 이 말을 듣고 불레
셋을 두려워하여
8 사무엘에게 호소하였다. "불레셋의 손아귀
에서 우리를 건져내 달라고 야훼 우리 하느
님께 그치지 말고 기도드려 주십시오."
9 사무엘이 젖먹이 어린 양 하나를 끌어다가
그것을 통째 번제로 바치고 이스라엘을 구
해 달라고 야훼께 부르짖자 야훼께서 그의
기도를 들어주셨다.
10 사무엘이 아직 번제를 드리고 있을 때, 불레
셋 군이 이스라엘을 치러 진격해 왔다. 그러
나 그 날 야훼께서 불레셋 군 머리 위에서 천
둥을 크게 울리시자 그들은 혼비백산하여,
이스라엘에게 쫓겨 도망쳤다.
11 이스라엘 사람들은 미스바에서 몰려 나와 벳
갈 아래까지 추격해 가며 불레셋 군을 무찔
렀다.
12 사무엘은 돌을 하나 가져다가 미스바와 센
사이에 세우고, "야훼께서 여기에 이르기까
지 우리를 도우셨다." 하여 그 기념비를 에
벤에젤이라 명명하였다.
13◎불레셋은 이렇듯이 기가 꺾이어 다시는 이
스라엘 지경을 침입하지 못하게 되었다. 야
훼께서는 사무엘이 살아 있는 동안 손수 불

레셋을 움직이지 못하게 하셨던 것이다.
14불레셋에게 빼앗겼던 에크론과 갓 사이의 성
읍들이 이스라엘에 돌아왔다. 이스라엘이 그
지역을 불레셋의 손아귀에서 찾아냈던 것이
다. 이스라엘과 아모리는 사이좋게 지냈다.
15◎사무엘은 죽는 날까지 이스라엘을 다스렸
다.
16해마다 베델과 길갈과 미스바를 순회하면서
그 가는 곳에서 이스라엘을 다스리고는
17자기의 집이 있는 라마로 돌아오곤 하였다.
그는 거기에서도 이스라엘을 다스렸으며 거
기에다 야훼께 제사 드릴 제단도 쌓았다.

백성이 왕을 요구하다

8 ◎사무엘은 나이가 많아지자 두 아들을
판관으로 임명하여 이스라엘을 다스리게
하였다.
2맏아들의 이름은 요엘이요, 둘째 아들의 이
름은 아비야였다. 이들은 브엘세바에서 이스
라엘을 다스렸다.
3그런데 사무엘의 두 아들은 아버지의 길을
따르지 아니하고 제 잇속만 차려 뇌물을 받
고는 법대로 다스리지 못하였다.
4그러자 모든 이스라엘 장로들이 한 곳에 모
여 라마로 사무엘을 찾아가
5건의하였다. "당신은 이제 늙고 아드님들은
당신의 길을 따르지 않으니 다른 모든 나라
처럼 왕을 세워 우리를 다스리게 해주십시
오."
6사무엘이 "우리를 다스릴 왕을 세워주시
오." 하는 말을 듣고, 마음이 언짢아 야훼께
기도하니
7야훼께서 사무엘에게 이르셨다. "백성이 하
는 말을 그대로 들어주어라. 그들은 너를
배척하는 것이 아니라 나를 왕으로 모시기
싫어서 나를 배척하는 것이다.
8그들은 내가 이집트에서 데려내온 이후 이
날이때까지 나를 저버리고 다른 신들을 섬
기며 그런 짓을 해왔다. 너한테도 지금 그
렇게 하는 것이다.
9그러니 이제 그들의 말을 들어주어라. 그러
나 엄히 경고하여 왕이 그들을 어떻게 다스
릴 것인지를 일러주어라."
10◎사무엘은 왕을 세워달라는 백성에게 야훼
께서 하신 말씀을 낱낱이 일러주었다.
11사무엘은 이렇게 일러주었다. "왕이 너희를
어떻게 다스릴 것인지 알려주겠다. 그는 너
희 아들들을 데려다가 병거대나 기마대의
일을 시키고 병거 앞에서 달리게 할 것이다.
12천인대장이나 오십인대장을 시키기도 하
고, 그의 밭을 갈거나 추수를 하게 할 것이
며 보병의 무기와 기병의 장비를 만들게도
할 것이다.
13또 너희 딸들을 데려다가 향료를 만들게도
하고 요리나 과자를 굽는 일도 시킬 것이다.
14너희의 밭과 포도원과 올리브 밭에서 좋은
것을 빼앗아 자기 신하들에게 줄 것이며,
15곡식과 포도에서도 십분의 일 세를 거두어
자기의 내시와 신하들에게 줄 것이다.
16너희의 남종 여종을 데려다가 일을 시키고
좋은 소와 나귀를 끌어다가 부려먹고
17양떼에서도 십분의 일 세를 거두어갈 것이
며 너희들마저 종으로 삼으리라.
18그 때에 가서야 너희는 너희들이 스스로 뽑
아 세운 왕에게 등을 돌리고 울부짖겠지만,
그 날에 야훼께서는 들은 체도 하지 않으실
것이다."
19◎사무엘이 이렇게 말해 주었건만 백성은 여
전히 고집을 부렸다. "그렇지 않습니다. 우
리는 왕을 모셔야겠습니다.
20그래야 우리도 다른 나라처럼 되지 않겠습
니까? 우리를 다스려줄 왕, 전쟁이 일어나
면 우리를 이끌고 나가 싸워줄 왕이 있어야
하지 않겠습니까?"
21사무엘이 백성의 말을 다 듣고 나서 야훼께
아뢰니,
22야훼께서는 "그들의 말대로 왕을 세워주어
라." 하고 대답하셨다. 그래서 사무엘은 온
이스라엘 사람에게 모두들 자기의 성읍에
가 있으라고 일렀다.

사울이 사무엘을 만나다

9 ◎베냐민 지파에 키스라는 사람이 있었다.
그는 아비야의 현손이요, 브고랏의 증손
이요, 스롤의 손자요, 아비엘의 아들이었다.
그는 베냐민 사람으로서 유지였다.
2그에게 사울이라는 아들이 있었다. 이스라엘
사람 가운데 그만큼 잘생긴 사람이 없을 만
큼 끼끗하게 잘생긴 아들이었다. 누구든지
그의 옆에 서면 어깨 아래에 닿았다.
3하루는 아버지 키스가 기르던 암나귀들이
없어졌다. 그래서 그는 아들 사울에게 종 하
나를 데리고 암나귀를 찾아오라고 하였다.
4그는 종을 데리고 에브라임 산악 지대를 넘
어 살리사 지방으로 가보았지만 찾아내지
못하였다. 다시 사알림 지방으로 건너가 보
았지만 거기에서도 찾지 못하였다. 다시 베
냐민 지방으로 건너가 보았으나 역시 보이

지 않았다.
5 수브 지방으로 들어갔을 때 사울은 데리고
가던 종에게 "아버지께서는 암나귀 생각보
다 우리 걱정을 하시겠다." 하며 그만 돌아
가자고 하였다.
6 그러자 종이, "이 성읍에는 하느님의 사람
한 분이 살고 있습니다. 아주 존경받는 어
른이신데 그가 하는 말은 무엇이고 다 들어
맞는다고 하더군요. 그에게 가면 우리가 찾
는 것을 어디에 가면 찾을 수 있을지 알려줄
지도 모릅니다." 하고 말하였다.
7 사울이 종에게 물었다. "간다면 그분에게
무엇을 가지고 가겠느냐? 먹을 것이라곤
하나도 남지 않았는데 그 하느님의 사람에
게 드릴 복채가 없으니, 무엇을 드리면 좋
겠느냐?"
8 종이 대답하였다. "여기 저에게 은 사분의
일 세겔이 있습니다. 이것을 하느님의 사람
에게 드리면, 어디로 가야 찾을 수 있을지
알려줄 것입니다."
10 그러자 사울은 종에게, "됐다. 네 말대로 어
서 가자." 하며 하느님의 사람이 있는 성으
로 갔다.
9 전에는 이스라엘 사람이 하느님께 물어보고
싶은 일이 있으면 선견자에게 가자고 하였
다. 오늘날 예언자라는 사람을 전에는 선견
자라고 하였다.
11 ◎사울은 종을 데리고 언덕에 올라 그 성으
로 가다가 물을 길으러 나오는 처녀들을 만
나 "여기에 선견자가 한 분 계시다지?" 하
고 물었다.
12 처녀들이 대답하였다. "예, 그분이 저 앞에
가십니다. 오늘 산당에서 이 성의 제사가
있어서 방금 도착하셨습니다.
13 성으로 들어가시면 그분이 산당으로 음복
하시러 올라가시기 전에 만나실 수 있을 것
입니다. 사람들은 먹지 않고 그분 오시기를
기다리고 있습니다. 그분이 제물을 축복한
다음에야 손님들이 먹을 수 있으니까요. 지
금 올라가시면 곧 만나실 것입니다."
14 ◎이 말을 듣고 그들은 성으로 올라갔다. 그
들이 성 안에 막 들어서려는데 사무엘이 마
침 산당으로 올라가다가 그들과 맞부딪치
게 되었다.
15 그런데 사울이 오기 전날 야훼께서는 사무엘
에게 이렇게 당신의 뜻을 밝히셨다.
16 "내일 이맘때 베냐민 지방에서 사람 하나를
너에게 보낼 터이니, 너는 그에게 기름을
부어 성별하여 내 백성 이스라엘의 수령으
로 세워라. 그가 내 백성을 불레셋 사람에게
서 구해 낼 것이다. 나는 내 백성이 고생하
는 모습을 보았고 그들이 울부짖는 소리를
들었다."
17 사울이 사무엘의 눈에 뜨이는 순간 야훼께서
사무엘에게 말씀하셨다. "이 사람이 바로
너에게 말해 둔 그 사람이다. 이 사람이 내
백성을 지배할 사람이다."
18 사울이 성 문간 안에서 사무엘에게 다가가서
물었다. "여기 선견자 한 분이 계시다는데
그분의 댁이 어딘지 가르쳐주십시오."
19 "바로 내가 그 선견자요." 하고 사무엘이 말
하였다. "먼저 산당으로 올라가시오. 오늘
나와 함께 음식을 나눕시다. 내일 아침에
그대가 걱정하고 있는 일을 다 일러준 다음
떠나도록 해주리다.
20 사흘 전에 잃어버린 암나귀 일로 더 이상 마
음 쓰지 마시오. 나귀는 찾았소. 이스라엘의
모든 기대가 누구의 어깨에 걸려 있는지 아
시오? 그대와 그대의 가문에 걸려 있소."
21 사울이 대답하였다. "그렇지만 저는 베냐민
사람이 아닙니까? 저희 지파는 이스라엘 지
파 중에서도 가장 작은 지파입니다. 저의
문벌은 베냐민 지파 중에서도 가장 초라합
니다. 그런데 어찌 저에게 그런 말씀을 하
십니까?"
22 ◎사무엘은 사울과 그의 종을 데리고 식당으
로 들어가 삼십 명 가량 모인 손님들의 상좌
에 앉혔다.
23 사무엘이 요리사에게 "잘 간수하라고 맡겨
두었던 그 제사 음식을 가져오너라." 하고
이르자,
24 요리사가 제물의 다리와 꼬리를 들어다가
사울 앞에 차려놓고 말하였다. "당신께 드
리려고 따로 떼어둔 몫입니다. 어서 잡수십
시오. 이 손님들과 함께 잡수시라고 떼어두
었던 것입니다." 그 날 사울은 사무엘과 함
께 음식을 먹었다.
25 ◎그들이 산당에서 성으로 내려와 보니 사
울의 잠자리가 옥상에 마련되어 있어 거기
에서 밤을 지냈다.

사무엘이 사울을 왕으로 세우다

26 ◎날이 새자 사무엘이 옥상에 대고 "일어나
길을 떠납시다." 하고 사울을 불렀다. 사울
은 일어나 사무엘과 함께 밖으로 나갔다.
27 그들은 성읍의 끝에까지 걸어 내려갔다. 거
기에서 사무엘이 사울에게 일렀다. "종을 먼
저 보내고 그대는 잠깐 여기에 서 있으시

오. 내가 하느님의 말씀을 전해 드리리다."

10 ◎사무엘은 기름 한 병을 꺼내어 사울
의 머리에 붓고 입을 맞추며 이렇게
선언하였다. "야훼께서 그대에게 기름을 부
어 당신의 백성 이스라엘의 수령으로 성별
해 세우시는 것이오. 그대는 야훼의 백성을
지배하시오. 그대는 사방에 있는 적의 세력
으로부터 이 백성을 구해 내어야 하오. 야
훼께서 그대에게 기름을 부어 당신의 몫인
이 백성의 수령으로 성별해 세우신 표는 이
것이오.
2 오늘 그대는 나를 떠나 가다가 베냐민 지역
셀사에 있는 라헬의 무덤 근처에서 두 사람
을 만나게 될 것이오. 그들은 그대의 부친
이 그대가 찾아다니던 암나귀를 찾아냈으
므로 나귀 걱정은 놓았지만 그대들이 걱정
되어 '내 아들이 어찌 되었느냐?' 하는 말
만 되풀이한다고 알려줄 것이오.
3 거기에서 다시 다볼에 있는 상수리나무 쪽
으로 건너가시오. 거기에서 그대는 하느님
을 예배하러 베델로 올라가는 세 사람과 마
주칠 것이오. 한 사람은 염소 새끼 세 마리
를 안고 한 사람은 떡 세 덩이를 가지고 나
머지 한 사람은 술 한 자루를 메고 올 것이
오.
4 그 사람들이 그대와 인사를 나누고 떡 두 덩
이를 줄 터이니 받으시오.
5 그리고 나서 블레셋의 수비대가 있는 하느
님의 언덕에 이르면 산당에서 내려오는 예
언자들의 무리를 만날 것이오. 그들은 거문
고를 뜯고 소구를 치고 피리를 불고 수금을
뜯으며, 신이 들려 내려올 것이오.
6 그 때 야훼의 기운이 갑자기 내리덮쳐, 그대
도 그들과 함께 신이 들려 아주 딴 사람이
될 것이오.
7 이런 일들이 일어나거든 하느님께서 함께
하시는 것이니 할 수 있는 일은 무엇이든지
마음대로 하시오.
8 그대는 나보다 앞서 길갈로 내려가시오. 나
도 뒤따라 그대 있는 곳으로 내려가서 번제
와 친교제를 드리리다. 나와 만날 때까지
칠 일간 기다리시오. 그 때에 가서 그대가
할 일을 가르쳐주겠소."
9 ◎사울이 사무엘을 뒤에 두고 길을 떠나자
하느님께서 그의 속마음을 새롭게 하셨고,
그 날로 이런 조짐이 모두 일어났다.
10 사울은 종을 데리고 그 언덕에 이르렀을 때
과연 예언자의 무리를 만나게 되었다. 그러
자 갑자기 하느님의 기운이 사울에게 내리
덮쳐 그도 신이 들려 그들과 한데 어울렸다.
11 그래서 사울을 전부터 아는 사람들은 그가
예언자들과 함께 신들린 것을 보고는 서로
"키스의 아들이, 저게 어찌 된 일이냐. 사울
도 예언자들 중의 하나던가?" 하며 수군거
렸다.
12 거기에 있던 사람 하나가 "이들이 도대체
누구네 집 아들이냐?" 하고 묻는 바람에
"사울도 예언자들 중 하나더냐?" 하는 속
담이 생겼다.
13 사울은 이렇게 신이 들렸다가 풀려난 뒤에
야 집으로 돌아갔다.
14 사울이 종을 데리고 오는 것을 보고 그의 삼
촌이 "어디를 갔다 왔느냐?" 하고 물었다.
그가 대답하였다. "암나귀를 찾아나섰지만
찾지 못하고 사무엘 어른께 갔다 오는 길입
니다."
15 이 말을 듣고 사울의 삼촌이 다시 물었다.
"그분이 너희에게 무슨 말을 하시더냐?"
16 사울은 "암나귀는 이미 찾았다고 일러주시
더군요." 하고 대답하면서 자기가 왕이 될
것이라는 사무엘의 말만은 하지 않았다.

사울이 왕으로 뽑히다

17 ◎사무엘이 이스라엘 백성을 미스바로 불러
야훼 앞에 모아놓고
18 일렀다. "이스라엘의 하느님 야훼께서 이렇
게 말씀하셨습니다. '내가 이스라엘을 이집
트에서 끌어내어 이집트뿐만 아니라 너희를
못살게 구는 모든 나라의 손아귀에서 너희
를 구해 주었다.'
19 그런데도 당신들은 오늘날 어려움이나 괴
로움을 당할 때마다 당신들을 살려주신 당
신들의 하느님을 저버리고 '안 되겠습니다.
왕을 세워주십시오.' 하니, 이제 지파별,
씨족별로 야훼 앞에 나와 서시오."
20 ◎사무엘이 이스라엘 온 지파를 내세우고 제
비를 뽑자 베냐민 지파가 뽑혔다.
21 다시 베냐민 지파를 갈래별로 내세우고 제
비를 뽑자 마드리 갈래가 뽑혔다. 다시 마드
리 갈래를 한 사람씩 내세우고 제비를 뽑자
키스의 아들 사울이 뽑혔다. 그래서 그를 찾
아보았으나 보이지 않았다.
22 사람들이 야훼께, "그 사람이 여기에 와 있
습니까?" 하고 묻자 야훼께서 "그렇다, 저
기 짐짝들 틈에 숨어 있다." 하고 말씀하셨
다.
23 그래서 사람들이 뛰어가 그를 데리고 나왔
다. 그가 사람들 가운데 서자 그들의 키는

모두 그의 어깨에도 차지 못하였다.
24 사무엘이 백성에게 "야훼께서 뽑으신 이를
보아라. 이 나라에는 이만한 인물이 없다."
하고 선포하자 온 백성이 "우리 임금 만
세!" 하고 외쳤다.
25 ◎사무엘은 백성에게 군주 제도를 설명하고
그것을 두루마리에 기록하여 야훼 앞에 보
관해 두었다. 그리고 나서 온 백성을 각기
집으로 돌려보냈다.
26 사울도 역시 기브아에 있는 집으로 돌아갔
다. 그 때 하느님께서 마음을 내키게 하시
어 그를 따라 나선 군인들이 있었다.
27 그러나 "이 친구가 어떻게 우리를 구할 수
있으랴?" 하고 멸시하는 못된 자들도 있었
다. 그들은 사울을 얕잡아 보고 선물도 바치
지 않았다.

사울이 암몬을 쳐 이기고 즉위하다

11 ◎한 달쯤 지나 암몬 사람 나하스가 야
베스 길르앗을 공격, 포위하였다. 그러
자 야베스 사람들이 나하스에게 "그러지 말
고 우리와 조약을 맺읍시다. 우리가 당신을
섬기겠습니다." 하고 제의하였다.
2 그러나 암몬 사람 나하스는 "조약을 맺는 데
한 가지 조건이 있다. 내가 너희의 오른쪽
눈알을 빼내어 온 이스라엘을 욕보일 터인
데 그래도 좋으냐?" 하고 퉁기었다.
3 야베스의 장로들이 사정하였다. "우리가 이
스라엘 곳곳에 전갈을 보낼 수 있도록 칠 일
간만 여유를 주십시오. 그래도 우리를 구하
러 오는 자가 없으면 항복하겠습니다."
4 이리하여 그 전갈은 사울이 사는 기브아에도
다다랐다. 소식을 전해 들은 사람들은 모두
목놓아 울었다.
5 ◎마침 사울이 소를 몰고 들에서 들어오다
가 그 광경을 보고 우는 이유를 묻자, 사람
들이 야베스에서 온 전갈을 들려주었다.
6 이 말을 듣는 순간 하느님의 기운이 임하여
사울은 크게 분기가 치솟았다.
7 사울은 겨릿소 한 쌍을 끌어다가 각을 떠 이
스라엘 전지역에 보내면서 "누구든지 사울
과 사무엘을 따라 나서지 않는 자는 이 모양
이 되리라." 하고 전하게 하였다. 그러자
백성들은 주를 두려워하며 일제히 따라 나
섰다.
8 사울이 베젝에서 그들을 점호해 보니 이스라
엘 사람이 삼십만, 유다 사람이 삼만이었다.
9 사울이 야베스 길르앗에서 전갈을 가지고 왔
던 사람들에게 일렀다. "가서 사람들에게,
햇볕이 한창 내리쬘 때까지는 승리의 개가
를 올리리라고 전하여라." 이 전갈을 받고
야베스 사람들은 매우 기뻐하였다.
10 그리고 나하스에게는 이렇게 말해 두었다.
"내일 당신들한테 항복하러 나가겠습니다.
그 때에 가서 우리를 마음대로 하십시오."
11 ◎이튿날 새벽녘에 사울은 군인들을 삼군으
로 나누어, 적의 진지 한복판으로 곧장 쳐
들어가서 햇볕이 내리쬘 때까지 암몬 군을
무찔렀다. 살아 남은 자들은 뿔뿔이 흩어져
도망쳤다.
12 ◎백성들이 사무엘에게 "사울 따위가 우리
임금이 되겠느냐고 하던 자들이 누군지, 그
런 자들은 죽여버리겠습니다. 허락해 주십
시오." 하고 요구하였다.
13 그러나 사울은 "안 될 말이오. 야훼께서 이
스라엘에 승리를 안겨주신 이 날에 사형이
웬 말이오?" 하며 허락하지 않았다.
14 사무엘이 백성에게 "자, 길갈로 가서 즉위식
을 올립시다." 하고 말하자
15 백성들은 모두 길갈로 올라가 사울을 야훼
앞에서 왕으로 모시고 거기에서 야훼께 친
교제를 드렸다. 사울과 이스라엘 모든 사람
이 크게 기뻐하였다.

사무엘이 나라를 사울에게 맡기다

12 ◎사무엘이 이스라엘 사람들에게 말하
였다. "보아라, 나는 너희가 원하는 대
로 너희를 다스릴 임금을 세웠다.
2 이제부터는 이분이 임금으로서 너희를 이
끄실 것이다. 나는 이렇게 늙어 백발이 되
었고 내 아들들도 너희와 함께 있다. 나는
젊어서부터 이 날까지 너희를 이끌어왔다.
3 이제 나에게 무슨 불만이 있거든 야훼께서
계시는 이 자리, 그가 세우신 임금 앞에서
털어놓아라. 내가 누구의 소를 빼앗은 적이
있느냐? 누구의 나귀를 빼앗은 적이 있느
냐? 내가 누구를 억압하고 누구를 착취한
일이 있느냐? 누구에게 뇌물을 받고 눈감
아준 일이 있느냐? 그런 일이 있으면 다 갚
으리라."
4 그들이 "우리를 억압하신 적도, 착취하신
적도 없습니다. 아무에게서도 무엇 하나 빼
앗으신 적이 없습니다." 하고 대답하자
5 사무엘이 그들에게 다짐하였다. "너희는 내
손에서 아무런 부정도 찾지 못했다고 하였
다. 이 날 야훼께서 이 일의 증인이 되셨고,
그가 기름 부어 세우신 임금도 증인이 되셨
다." 백성들이 "그렇습니다." 하고 대답하

였다.
6◎사무엘이 백성에게 말하였다. "그렇다. 모
세와 아론을 내세워 너희 조상을 이집트에서
이끌어내신 야훼께서 증인이시다.
7그러니 이제 나서거라. 내가 야훼께서 너희
와 너희 조상들에게 해주신 고마운 일을
낱낱이 들어 야훼 앞에서 너희와 따질 일이
있다.
8야곱이 그의 후손들을 거느리고 이집트로 내
려간 뒤, 너희 조상인 그들이 이집트인의 학
대에 못 이겨 야훼께 울부짖자 야훼께서는
모세와 아론을 보내시어 이집트에서 너희 조
상을 이끌어내시어 이 곳에 정착시키셨다.
9그러나 그들은 자기 하느님 야훼를 저버렸
기 때문에 야훼께서는 그들을 하솔 왕 야빈
의 사령관 시스라와 블레셋 사람들과 모압
왕에게 공격을 받도록 하셨다.
10그러자 너희 조상은 야훼께 호소하였다.
'우리가 죄를 지었습니다. 우리는 야훼를
저버리고 바알과 아스다롯을 섬겼습니다.
이제 우리를 원수들의 손아귀에서 건져주
십시오. 그러면 우리가 당신을 섬기겠습니
다.'
11그래서 야훼께서는 여룹바알, 바락, 입다, 삼
손을 보내시어 에워싼 원수들의 손아귀에
서 너희를 건져내시고 안심하고 살게 해주
셨다.
12그런데 너희는 암몬 왕 나하스가 너희를 치
러 오는 것을 보고는 야훼 너희 하느님께서
너희 왕이신데도 나에게 '안 되겠습니다.
차라리 왕을 세워 우리를 다스리게 해주십
시오.' 하고 요구하였다.
13이제 너희가 요구하던 왕, 너희가 뽑아 세
운 왕이 여기 있다. 야훼께서 너희를 다스리
도록 세우신 왕이다.
14만일 너희가 야훼를 두려워하여 그를 섬기
며 그의 말씀을 듣고 그의 명령을 거역하지
아니하고 또 너희뿐 아니라 너희를 다스리
는 왕이 야훼 너희 하느님의 뒤를 따르면 좋
으려니와
15너희가 야훼의 말씀을 듣지 않고 그의 명령
을 거역한다면 야훼께서 손을 들어 너희와
너희 왕을 치실 것이다.
16 이제 너희는 서서 야훼께서 너희 눈앞에
해보이시는 놀라운 일을 지켜보아라.
17지금은 밀을 거두는 때가 아니냐? 내가 야
훼를 불러 아뢰면 야훼께서 천둥과 함께 비
를 내리시리라. 너희가 그것을 보고 야훼 앞
에서 왕을 세워달라고 한 일이 얼마나 큰 죄
인지 깨닫게 될 것이다."
18사무엘이 야훼께 아뢰자 그 날로 야훼께서
천둥과 함께 비를 내리셨다. 온 백성이 야훼
와 사무엘을 매우 두려워하게 되었다.
19온 백성이 사무엘에게 호소하였다. "당신의
하느님 야훼께 기도드려, 당신의 종인 우리
들로 하여금 죽지 않게 해주십시오. 우리가
이미 저지른 죄도 모자라 왕을 세워달라는
못된 짓을 더하였습니다."
20◎사무엘이 백성에게 일렀다. "두려워하지
마라. 비록 너희가 못할 일을 했지만, 앞으
로는 야훼를 떠나지 말고 성심껏 야훼를 섬
기도록 하여라.
21허수아비들을 따르지 마라. 그것들은 너희
를 도울 수도, 건져줄 수도 없는 헛된 것들
이다.
22야훼께서는 너희를 당신의 백성으로 삼기로
하셨다. 당신의 높으신 이름에 욕이 돌아가
지 않게 하기 위하여 너희를 버리시지 않으
실 것이다.
23나도 너희를 위하여 기도하리라. 기도하지
않는 죄를 야훼께 짓는 일은 결코 없으리라.
나는 너희에게 무엇이 좋고 바른 일인지를
가르쳐주리라.
24야훼께서 너희에게 놀라운 일을 해보이셨으
니, 너희는 야훼를 두려워하며 거짓 없이 성
심으로 그를 섬겨야 한다.
25그러나 만일 여전히 못된 짓을 한다면 너희
와 너희 임금이 모두 망할 것이다."

불레셋과의 싸움을 앞두고 사무엘이 사울을 버리다

13 ㉠ …2사울은 이스라엘에서 삼천 명을
뽑아 그 가운데서 이천 명은 자기가 몸
소 거느려 믹마스와 베델 산악 지대에 주둔
하고, 천 명은 요나단에게 맡겨 베냐민 지방
게바에 주둔시켰다. 나머지 군대는 모두 집
으로 돌려보냈다.
3◎요나단은 기브아에 있는 불레셋 수비대를
쳤다. 그리하여 불레셋 사람들 사이에 히브
리인들이 반기를 들었다는 소문이 퍼졌다.
한편 사울은 나팔을 불어 방방곡곡에 소집
령을 내렸다.
4이스라엘 온 국민은 사울이 불레셋 수비대를
쳐서 불레셋 사람들의 원한을 사게 되었다

㉠ 히브리어 본문에는 1절이 "사울이 왕이 된 것은 한 살 때였다. 그는 이스라엘을 이 년간 다스렸다."로 되어 있으나 불합리하다. 한 전승에 의하면 사울은 사십 년간 다스린 것으로 되어 있다(사도 13:21 참조).

는 말을 듣고 길갈로 모여와 사울과 합세하
였다.
5 블레셋 군도 이스라엘과 싸우려고 모였다.
그들은 병거가 삼천, 기마가 육천이나 되었
고 보병은 바닷가의 모래알처럼 셀 수 없이
많았다. 그들은 베다웬 동편 믹마스에 올라
가 거기에 진을 쳤다.
6 이스라엘 군은 전세가 불리한 것을 보고 저
마다 굴이나 바위틈이나 구덩이나 웅덩이
를 찾아 몸을 숨겼고,
7 더러는 요르단 여울을 건너 가드와 길르앗
지방으로 달아났다. ◎사울은 길갈에 남아
있었는데 그를 따르는 군대는 모두 떨고 있
었다.
8 사울은 사무엘을 만나려고 칠 일을 기다렸으
나 사무엘은 길갈에 나타나지 않았다. 군인
들은 하나 둘 사울 곁을 떠나기 시작하였다.
9 사울은 기다리다 못하여 번제물과 친교제물
을 가져오라고 하여 번제를 드렸다.
10 사울이 번제를 막 드리고 나자 사무엘이 왔
다. 사울이 마중나가 인사하자 사무엘은
11 "이게 도대체 무슨 일이오?" 하며 꾸짖었
다. 사울이 대답하였다. "군인들은 하나 둘
도망치고 선생님은 정하신 때에 오지 않으
시는데다가 불레셋 군은 믹마스에 집결해
있어
12 야훼의 노여움을 풀어드리기도 전에 불레셋
군이 길갈로 쳐 내려올 것 같아서 부득이 번
제를 드렸습니다."
13 사무엘이 다시 사울을 꾸짖었다. "그대는 어
리석은 짓을 하였소. 어찌하여 그대의 하느
님 야훼께서 내리신 분부를 지키지 않았소?
지키기만 했더라면 야훼께서 이스라엘을 다
스릴 그대의 왕조를 길이 길이 세워주실 터
인데,
14 이제 그대의 대는 더 이어가지 못할 것이
오. 그대가 야훼의 분부를 지키지 않았으니,
야훼께서는 당신의 마음에 드는 사람을 다
시 찾아 당신의 백성을 다스릴 수령으로 세
우실 것이오."
15 그리고 나서 사무엘은 일어나 길갈을 등지
고 산 쪽으로 올라가 버렸다. 사울은 나머
지 군대를 이끌고 길갈에서 적군 쪽으로 이
동하였다. 사울이 베냐민 지방 게바로 올라
가 병력을 점검하여 보니 육백 명밖에 되지
않았다.
16 ◎사울과 그의 아들 요나단이 거느린 군대는
베냐민 지방 게바에서 믹마스에 진을 친 불레
셋 군과 대진하였다.
17 블레셋 진영에서는 기습부대가 셋으로 나뉘
어 출동하였다. 한 부대는 수알 지방 오브라
쪽으로 향하고
18 다른 한 부대는 벳호론 쪽으로, 나머지 한
부대는 스보임 골짜기를 굽어보고 광야가
바라보이는 지역으로 향하였다.
19 ◎그 당시 이스라엘에는 대장장이가 한 명도
없었다. 불레셋이 히브리인들에게 칼이나 창
같은 것을 만들지 못하게 했던 것이다.
20 그래서 이스라엘 사람들은 보습이나 곡괭이
나 도끼나 낫을 벼리려면 불레셋 사람이 사
는 데로 내려가지 않으면 안 되었다.
21 보습이나 곡괭이를 벼리는 값은 삼분의 이
세겔이었고 도끼를 벼리고 낫을 가는 값은
십분의 일 세겔이었다.
22 그래서 그 전쟁이 터졌을 때 사울과 요나단
을 따르는 무리에게는 칼도 창도 없었다.
무기를 가진 사람은 사울과 그의 아들 요나
단뿐이었다.
23 블레셋 군의 전초부대는 믹마스로 건너가는
길목까지 나와 있었다.

요나단의 용맹으로 블레셋 진영이 혼란에 빠지다

14 ◎하루는 사울의 아들 요나단이 자기의
무기 당번에게 "우리끼리 저 건너 불레
셋 초소로 가자." 하고 일렀다. 그러나 아버
지에게는 알리지 않았다.
2 그 때 사울은 육백 명 가량 되는 군인을 거
느리고 게바 변두리 미그론에 있는 석류나무
아래 진을 치고 있었다.
3 실로에서 야훼의 사제로 있던 엘리의 증손이
요, 비느하스의 손자요, 이가봇의 조카며 아
히툽의 아들인 아히야가 에봇을 모셔 왔다.
그런데 요나단이 자리를 뜬 줄은 아무도 몰
랐다.
4 ◎불레셋 진영으로 건너가는 길목 양쪽에는
날카로운 돌기둥이 둘 있었는데, 하나는 보
세스라 하고 다른 하나는 세네라고 하였다.
5 하나는 북쪽에서 믹마스를 향하고 다른 하
나는 남쪽에서 게바를 향하여 서 있었다.
6 요나단이 자기 무기 당번에게 일렀다. "자!
㉠오랑캐 놈들의 초소로 들어가자. 야훼께
서 손을 써주실 것이다. 야훼께서 우리를 도
와만 주신다면 적의 수가 많든 적든 무슨 상
관이겠느냐?"
7 "생각대로 하십시오. 어떤 결정을 내리시
든지 저는 그대로 따를 뿐입니다." 무기 당

㉠ 히브리어 본문 : "할례받지 않은 자들."

번이 이렇게 말하자
8 요나단은 입을 열었다. "그럼 좋다. 놈들이
볼 수 있는 데로 건너가자.
9 그리고 만약 저쪽에서 '우리가 갈 때까지
꼼짝 말고 게 섰거라.' 하고 소리치면 그 자
리에 선 채 놈들한테로 올라가지 말고,
10 만약 자기들한테로 올라오라고 하면 올라
가 치자. 바로 이것으로 야훼께서 이미 놈들
을 우리 손에 부치셨다는 징조를 삼자."
11 ◎그리고 나서 두 사람이 불레셋 초소에서
보이는 자리로 나서자 불레셋 사람들이,
"저 봐라. 히브리 놈들이 숨어 있던 구멍에
서 기어 나왔다!" 하면서
12 요나단과 그의 무기 당번을 건너다 보고 "이
리로 올라오너라. 알려줄 게 있다." 하고 외
쳤다. 이 말을 듣고 요나단은 무기 당번에게
"나만 따라 올라오너라. 야훼께서 놈들을
이스라엘 손에 부치셨다." 하고는
13 손과 발로 기어 올라갔다. 그의 무기 당번
도 뒤를 바싹 따랐다. 요나단은 앞으로 걸어
나오는 불레셋 군인들을 쳐죽였다. 무기 당
번도 뒤따라 가며 쳐죽였다.
14 이렇게 요나단과 그의 무기당번은 첫 대전
에서 하루갈이 밭을 반 이랑 갈아 젖히듯,
이십 명 가량 죽였다.
15 ◎진지 안에 있는 군대, 전장에 있는 군대,
초소에 있는 군대, 기습부대 할 것 없이 모
든 군대가 겁에 질려 벌벌 떨었다. 온 땅이
뒤흔들리고 무시무시한 공포가 내리덮쳤
다.
16 베냐민 지방 게바에서 보초를 서던 사울의
군인들은 불레셋 군이 갈팡질팡하는 것을
보았다.
17 그러자 사울이 함께 있던 군인들에게 "인원
을 점호하여 우리 가운데서 누가 빠져 나갔
는지 알아내어라." 하고 명령하였다. 조사
해 보니 요나단과 그의 무기 당번이 보이지
않았다.
18 사울이 아히야에게 ㉠에봇을 내오라고 일렀
다. 그때 에봇은 이스라엘 앞에서 아히야가
모시고 있었다.
19 ◎사울이 사제에게 말하고 있는 사이에도 불
레셋 진영은 점점 더 소란해졌다. 그래서 사
울은 사제에게 "그만두어라." 하고는
20 전군을 거느리고 소리치며 싸움터에 다다
라보니, 적군은 제 편끼리 칼로 치고 찌르
며 수라장을 이루고 있었다.
21 이제껏 불레셋에 붙어 그들과 같이 싸우러
나왔던 히브리인들이 반란을 일으켜 사울과
요나단이 이끄는 이스라엘 군에 가담하여 싸
웠다.
22 에브라임 산악 지대에 숨었던 온 이스라엘
군도 불레셋 군이 도망친다는 말을 듣고 합
세하여 쫓아가며 그들을 무찔렀다.
23 이렇게 그 날 야훼께서 이스라엘을 도와주
셨으므로 싸움은 벳호론 건너편까지 번져
갔다.

요나단이 사울의 명을 어기고 죽을 뻔하다

24 ◎그 날 이스라엘 군이 하나 둘 모여왔을 때
사울은 전군에 맹세를 시켰다. "해 떨어질
때까지는 원수를 갚아야 할 터이니 그 때
까지 무엇이든지 먹는 사람은 저주를 받는
다." 그래서 전군은 아무것도 먹지를 못했
다.
25 ◎마침 거기 들에는 꿀이 든 벌집이 있었는
데
26 군인들은 벌집 가까이 와서 꿀이 뚝뚝 떨어
지는 것을 보고도 손가락으로 찍어다 입에
대는 자가 없었다. 맹세한 일이 무서웠던
것이다.
27 그러나 요나단은 아버지가 전군에게 다짐을
준 말을 듣지 못한 터이라, 손에 든 막대기
를 내밀어 그 끝으로 벌집에서 꿀을 찍어 먹
으니 눈이 번쩍 뜨였다.
28 군인 중의 하나가 요나단에게 "당신의 아버
님께서 오늘 안으로 무엇이든지 먹는 사람
은 저주를 받는다고 전군에 맹세를 시키셨
습니다. 그래서 이렇게 군인들이 지쳐 있습
니다." 하고 알려주었다.
29 그러자 요나단은 투덜댔다. "아버지께서 이
지역은 손도 못 대게 하시다니, 꿀 한 번 찍
어 먹고 나는 이렇게 눈이 다 번쩍 뜨였는데
30 오늘 적군한테서 닥치는 대로 빼앗아 먹었
던들 지금쯤은 불레셋 군을 더 죽일 수도 있
었을 것이다."
31 ◎그 날 이스라엘 군은 불레셋을 믹마스에서
아얄론에 이르기까지 따라가며 쳐죽였다.
그런데 군인들은 허기진 나머지
32 약탈에 나서 양, 소, 송아지 할 것 없이 마
구 잡아다 맨 땅에서 잡고 고기를 피째 먹어
버렸다.
33 사울은 군인들이 고기를 피째로 먹어 야훼
께 죄를 짓고 있다는 말을 전해 듣고 "하느
님을 배반하였구나." 하면서 큰 돌을 굴려
오라고 명하였다.

㉠ 칠십인역을 따랐다. 히브리어 본문: "하느님의 궤."

1사무

34그리고는 전군에 흩어져 나가, 소와 양을
가져다 거기에서 잡아먹되 고기를 피째로
먹어 야훼께 죄를 지어서는 안 된다고 전하
게 하였다. 그래서 사람들은 날이 어두워지
자 저마다 소를 몰고 와 거기에서 잡았다.
35이리하여 사울은 야훼께 제단을 세워드렸는
데 이것이 그가 야훼께 처음으로 세워드린
제단이다.
36◎사울이 이렇게 말하였다. "우리 일제히
오늘 밤 사이에 추격해 내려가 불레셋을 해
뜨기 전에 한 놈도 남기지 말고 쳐부수자."
그러자 군인들은 "좋으실 대로 하십시오."
하고 대답했으나, 아히야 사제는 우선 하느
님께 여쭈어보자고 제의하였다.
37사울이 하느님께 여쭈었다. "불레셋을 추격
해 내려갈까요? 그들을 이스라엘 손에 부치
시겠습니까?" 그런데 이번에는 아무런 응
답도 내리시지 않았다.
38그러자 사울이 선언하였다. "군대 지휘관들
은 앞으로 나서거라. 오늘 이 죄가 누구에
게 있는지 알아보리라.
39이스라엘을 구원하시는 야훼, 살아 계시는
야훼 앞에서 나는 맹세한다. 그 죄가 내 자
식 요나단에게 있다 하여도 마땅히 죽이리
라." 그러나 군인들 가운데 입을 여는 사람
은 하나도 없었다.
40사울이 온 이스라엘 군에게 외쳤다. "너희는
모두 한편에 서라. 나와 내 아들 요나단은
다른 편에 서리라." 군인들이 모두 사울에
게 "좋으실 대로 하십시오." 하고 대답하자
41사울이 이스라엘의 하느님 야훼께 아뢰었다.
"오늘 소인에게 응답하지 않으시니, 웬일이
십니까? 이스라엘의 하느님 야훼여, 만약 그
허물이 저나 제 자식 요나단에게 있다면 우
림이 나오게 하시고, 그 허물이 당신의 백
성 이스라엘에게 있다면 둠밈이 나오게 하십
시오." 그러자 요나단과 사울이 걸리고 백성
은 풀려났다.
42사울이 말하였다. "나와 요나단 사이에 주사
위를 던져라." 그러자 요나단이 걸렸다.
43사울이 요나단에게 물었다. "네가 무엇을 했
느냐? 말해 보아라." 요나단이 대답하였다.
"사실대로 말씀드리겠습니다. 막대기 끝으
로 꿀을 좀 찍어 맛보았을 뿐입니다. 그러
나 죽을 각오는 되어 있습니다."
44사울이 "어떤 일이 있어도 너 요나단은 사형
이다." 하고 선언하였다.
45그러자 군인들이 사울에게 간하였다. "이스
라엘에 이번 대승을 안겨준 요나단을 죽이시
다니 안 될 말씀입니다. 살아 계신 야훼를
두고 맹세합니다. 그의 머리카락 하나라도
결코 땅에 떨어뜨릴 수 없습니다. 그는 오
늘 하느님과 함께 이 일을 해냈습니다." 이
렇게 해서 군인들은 요나단을 살려내어 죽
지 않게 하였다.
46◎사울은 불레셋 군을 더 추격하지 아니하고
돌아갔다. 불레셋 군도 자기 고장으로 물러
갔다.

사울이 왕위를 굳히다

47◎사울은 모압, 암몬 백성, 에돔, 소바 왕, 불
레셋 등 사방에 있는 원수들과 싸울 때마다
승리를 거두어 이스라엘 왕위를 굳혔다.
48특히 그는 아말렉을 쳐부수고 침략받던 이스
라엘을 구출하여 용명을 떨쳤다.
49◎사울에게는 세 아들, 요나단, 이스위, 말기
수아와 큰딸 메랍과 작은딸 미갈이 있었다.
50사울의 아내는 아히마스의 딸 아히노암이었
다. 그의 사령관은 삼촌 넬의 아들 아브넬이
었다.
51사울의 아버지 키스와 아브넬의 아버지 넬은
아비엘의 아들이었다.
52◎사울은 평생 불레셋과 격전을 벌였다. 그
래서 용감하고 힘센 사람은 눈에 뜨이는 대
로 등용시켰다.

사울이 아말렉을 쳐부수고 야훼께 버림받다

15 ◎사무엘이 사울에게 전하였다. "야훼
께서 나를 보내시어 그대에게 기름을
부어 당신의 백성 이스라엘을 다스릴 왕으
로 세우라고 하셨소. 그러니 이제 야훼의 말
씀을 들으시오.
2만군의 야훼께서 하시는 말씀이오. '아말렉
사람들이 이스라엘에게 한 짓, 즉 이집트에
서 올라오는 이스라엘을 공격한 그 일 때문
에 나는 그들에게 벌을 내리기로 하였다.
3그러니 너는 당장에 가서 아말렉을 치고 그
재산을 사정 보지 말고 모조리 없애라. 남
자와 여자, 아이와 젖먹이, 소떼와 양떼,
낙타와 나귀 할 것 없이 모조리 죽여야 한
다.'"
4◎그래서 사울이 총동원령을 내리고 텔라임
에서 점호해 보니 보병이 이십만이었고 유
다측에서도 일만이 가담했다.
5사울은 아말렉의 시에 이르러 골짜기에 군인
들을 잠복시켜 놓고
6켄 사람들에게 전갈을 보냈다. "아말렉 편에
서 떨어져 내려오라. 온 이스라엘 백성이 이

집트에서 나올 때 그대들이 그렇게 잘해 주
었는데 우리가 아말렉을 칠 때 그대들까지
치는 불상사가 일어나서야 되겠는가?" 이
말을 듣고 켄 사람들은 아말렉에서 떨어져
나왔다.
7 사울은 아말렉을 공격, 하윌라에서 시작하
여 이집트 동쪽에 있는 수르까지 따라가며
쳤다.
8 그는 아말렉 왕 아각만 사로잡고 나머지 군
대는 모조리 칼로 쳐죽였다.
9 사울이 거느리는 이스라엘 군은 아각뿐 아니
라 양과 소 중에서도 좋은 놈, 기름진 짐승
과 새끼 양들과 그 밖에 모든 탐스러운 것들
을 없애버리기가 아까워 그대로 살려두고
쓸모 없고 하찮은 것들만 없애버렸다.
10 ◎이 일이 있은 후 야훼의 말씀이 사무엘에
게 내렸다.
11 "나는 사울을 왕으로 삼은 것을 후회한다.
그가 나에게 등을 돌렸고 내가 시키는 대로
하지 않았다." 사무엘은 애가 타서 밤새도
록 야훼께 부르짖었다.
12 이튿날 아침 사무엘이 사울을 만나러 나서자
누가 그에게 이런 말을 전해 주었다. "사울
왕은 오는 길에 가르멜에다 자기의 승전비
를 세워놓고 그곳을 떠나 길갈로 내려갔습
니다."
13 사무엘이 사울을 찾아 만나자 사울이 "야훼
께 복을 받으십시오. 저는 야훼께서 시키신
대로 다 하였습니다." 하며 인사를 하였다.
14 사무엘이 "양이 우는 소리가 들리는데 어찌
된 일이오? 또 소 우는 소리도 들리는데 어
찌 된 일이오?" 하고 물었다.
15 사울이 "군인들이 아말렉에게서 빼앗아 온
것입니다. 양떼, 소떼 중에서도 좋은 놈을
살려두었다가 선생께서 모시는 야훼 하느님
께 잡아 바치려고 끌어온 것입니다. 그 밖
의 것은 모조리 없애버렸습니다." 하고 변
명하자
16 사무엘이 "그만 하시오. 지난밤 야훼께서 나
에게 내리신 말씀을 전할 터이니 들으시
오." 하고 말하였다. 사울이 대답하였다.
"어서 말씀하십시오."
17 사무엘이 입을 열었다. "그대는 본래 자신
을 하찮은 사람이라고 생각했었지만 야훼께
서 그대에게 기름을 부어 이스라엘 위에 왕
으로 세우시고 이스라엘 지파들의 우두머리
로 삼으셨소.
18 야훼께서 그대를 출정시키시면서 무엇이라
고 하셨소? '가서 저 못된 아말렉족을 없애
버려라. 그들을 쳐서 하나도 남기지 말고
모조리 전멸시켜라.' 하지 않으셨소?
19 그런데도 그대는 어찌하여 야훼의 말씀은
듣지 아니하고 전리품에만 덤벼들어 야훼의
눈에 거슬리는 일을 하였소?"
20 사울이 사무엘에게 변명하였다. "나는 야훼
의 말씀대로 했습니다. 야훼께서 지시하시
는 길로 가서 아말렉을 전멸시키고 아말렉
왕 아각만 잡아왔습니다.
21 단지 군인들이 죽여 없애야 할 짐승 가운데
서 양과 소를 좋은 놈으로만 잡아왔습니다.
그것도 길갈에서 선생께서 모시는 야훼 하
느님께 잡아 바치려고 한 것이었습니다."
22 그러자 사무엘이 말하였다. "야훼께서, 당신
의 말씀을 따르는 것보다 번제나 친교제 바
치는 것을 더 기뻐하실 것 같소? 순종하는
것이 제사 드리는 것보다 낫고, 그분 말씀
을 명심하는 것이 염소의 기름기보다 낫소.
23 그분을 거역하는 것은 점쟁이 노릇만큼이
나 죄가 되고 그분께 대드는 것은 우상을 위
하는 것만큼이나 죄가 되오. 그대가 야훼의
말씀을 거역하였으니, 야훼께서도 그대를
왕의 자리에서 파면시키실 것이오."
24 ◎사울이 사무엘에게 빌었다. "내가 죄를 지
었습니다. 군인들이 무서워서 야훼의 명령
과 선생의 말씀을 무시하고 그들이 하자는
대로 하였습니다.
25 이제 부디 나의 죄를 용서해 주십시오. 내
가 야훼께 예배를 드리러 돌아갈 터인데 함
께 가주시지 않겠습니까?"
26 "같이 갈 수 없소. 그대가 야훼의 말씀을 저
버렸으니, 야훼께서도 그대를 이스라엘 왕위
에서 밀어내실 것이오." 이 말을 남기고 사
무엘이
27 돌아서 가려고 하자 사울이 도포를 붙잡는
바람에 도포자락이 찢어졌다.
28 사무엘이 그에게 일렀다. "야훼께서는 오늘
이스라엘 나라를 그대에게서 찢어내시어 동
족 가운데서 그대보다 훌륭한 사람에게 주
셨소.
29 이스라엘을 비추시는 이는 빈말을 하시거나
변심하시는 분이 아니오. 그는 사람처럼 변
덕을 부리는 분이 아니시오."
30 사울이 애원하였다. "내가 죄를 지었습니
다. 이스라엘과 내 백성의 장로들 앞에서 내
체면을 한 번만 보아주십시오. 내가 선생께
서 모시는 야훼 하느님께 예배 드릴 수 있도
록 선생께서 저와 함께 돌아가 주시지 않겠
습니까?"

31 그리하여 사무엘은 사울을 따라갔다. 사울은
야훼께 예배를 드렸다.

사무엘이 아말렉 왕 아각을 처형하다

32 ◎그리고 나서 사무엘은 아말렉 왕 아각을 데
려오라고 하였다. 아각은 마침내 죽을 고비
를 넘겼나 보다고 생각하며 좋아서 사무엘
앞으로 나왔다.
33 그러자 사무엘이 "너의 칼에 얼마나 많은 여
자가 자식을 잃었는지 아느냐? 네 어미도
그런 여자들처럼 자식을 잃어야 마땅하다."
하며 야훼 앞에서 아각을 난도질하였다. 길
갈에서 있었던 일이다.
34 ◎사무엘은 라마로 돌아가고 사울은 기브아
에 있는 궁궐로 돌아갔다.
35 사무엘은 죽는 날까지 사울을 두 번 다시 만
나지 않았다. 그리고 야훼께서 사울을 이스
라엘 위에 왕으로 세우셨다가 후회하신 일
을 생각하며 통곡하여 마지않았다.

다윗에게 기름을 붓다

16 ◎야훼께서 사무엘에게 말씀하셨다.
"내가 사울을 이스라엘 왕의 자리에서
파면시켰다고 해서 너는 언제까지 이렇게
슬퍼만 하고 있을 셈이냐? 기름을 뿔에 채
워가지고 길을 떠나거라. 내가 너를 베들레
헴에 사는 이새라는 사람에게로 보낸다. 그
의 아들 가운데서 내가 왕으로 세울 사람을
하나 보아두었다."
2 사무엘이 "사울이 알면 저를 죽일 텐데 어떻
게 갑니까?" 하고 여쭙자 야훼께서는, "암
송아지 한 마리를 끌고 가거라. 야훼께 제사
를 드리러 왔다고 하면서
3 이새를 제사에 초청하여라. 그러면 네가 할
일을 내가 알려주리라. 너는 내가 지적하여
일러주는 자에게 기름을 부어 그를 성별시
켜 나에게 바쳐라." 하고 이르셨다.
4 사무엘은 야훼께서 이르시는 대로 하였다.
그가 베들레헴에 다다르자 그 성읍의 장로
들은 안절부절못하고 그를 맞으며 "언짢은
일로 오신 것은 아니겠지요?" 하고 물었다.
5 "아니오. 좋은 일로 왔소. 야훼께 제사를 드
리러 온 것이오. 그러니 모두들 목욕재계하
고 함께 제사 드리러 갑시다." 이렇게 일러
놓고 사무엘은 이새와 그의 아들들을 목욕재
계시킨 다음 제사에 나오라고 초청하였다.
6 그들이 나타나자 사무엘은 엘리압을 보고 속
으로 "바로 여기 야훼께서 기름 부어 성별
하실 자가 있구나." 하고 생각하였다.
7 그러나 야훼께서는 사무엘에게 "용모나 신
장을 보지는 마라. 그는 이미 내 눈 밖에 났
다. 하느님은 사람들처럼 보지 않는다. 사
람들은 겉모양을 보지만 나 야훼는 속마음
을 들여다본다." 하고 이르셨다.
8 다음으로 이새는 아비나답을 불러 사무엘 앞
에 나와 서게 하였다. 그러나 사무엘은 "이
아들도 야훼께서 뽑으신 아들이 아니오."
하고 말하였다.
9 이새가 다시 삼마를 보여드렸지만, 사무엘은
그도 야훼께서 뽑으신 아들이 아니라고 하
였다.
10 이렇게 이새가 아들 일곱을 사무엘 앞에 나
와 뵙게 하였다. 그러나 사무엘은 "이 아들
가운데는 야훼께서 뽑으신 아들이 없소."
하고
11 이새에게 그 밖에 아들은 또 없느냐고 물었
다. 이새가 "막내가 또 있긴 하지만 지금 양
을 치고 있습니다." 하고 대답하자, 사무엘
이 이새에게 "사람을 보내 데려오시오. 그
가 올 때까지 우리는 식탁에 앉을 수가 없
소." 하고 일렀다.
12 이새가 사람을 보내어 데려온 그는 볼이 붉
고 눈이 반짝이는 잘생긴 아이였다. 야훼께
서 말씀을 내리셨다. "바로 이 아이다. 어서
이 아이에게 기름을 부어라."
13 그리하여 사무엘은 기름 채운 뿔을 집어 들
고 형들이 보는 앞에서 그에게 기름을 부었
다. 그러자 야훼의 영이 다윗에게 내려 그
날부터 줄곧 그에게 머물러 있었다. 사무엘
은 길을 떠나 라마로 갔다.

다윗이 사울의 궁중 악사로 채용되다

14 ◎야훼의 영이 사울을 떠나고 야훼께서 내리
신 악령이 그를 공포에 몰아넣자
15 그의 신하들이 말하였다. "삼가 아뢥니다.
하느님께서 내리신 악령이 임금님을 괴롭
히고 있으니
16 부디 소인들에게 명하여 수금을 잘 타는 사
람을 구해 오도록 하십시오. 하느님께서 임
금님께 악령을 내리실 때마다 그로 하여금
수금을 타게 하시면 마음이 개운해지실 것
입니다."
17 그래서 사울은 신하들에게 수금을 잘 타는
사람을 구하여 들이라고 명하였다.
18 시중들던 한 젊은이가 말하였다. "소인이
베들레헴 사람 이새의 한 아들을 알고 있는
데 그는 수금을 잘 탈 뿐만 아니라 씩씩하고
날랜 용사로서 말도 잘하고 풍채도 좋은데

다 야훼께서 함께 해주시는 사람입니다."
19그리하여 사울은 이새에게 전갈을 보내어
양을 치고 있는 그의 아들 다윗을 보내라고
하였다.
20이새는 빵을 나귀로 한 바리, 술을 가죽부대
로 한 부대 그리고 새끼 양 한 마리를 마련
하여 아들 다윗 편에 사울에게 보냈다.
21이리하여 다윗은 사울을 찾아와 그를 시중
들게 되었는데 사울은 다윗을 몹시 사랑하
여 그를 자기의 무기 당번으로 삼았다.
22그리고 이새에게 전갈을 보냈다. "너의 아
들이 마음에 들었다. 다윗으로 하여금 내 앞
에서 시중들게 허락하여라."
23하느님께서 보내신 악령이 사울에게 내릴
때마다 다윗은 수금을 뜯었다. 그러면 악령
이 떠나고 사울은 회복되어 숨을 돌릴 수 있
었다.

이스라엘이 골리앗의 도전을 받다

17 ◎불레셋은 전쟁을 일으키려고 군대를
소집하여 유다 소고에 집결했다가 소고
와 아제카 사이에 있는 에베스담밈에 진을
쳤다.
2사울은 이스라엘 군을 집결시켜 느티나무 골
짜기에 진을 치고 불레셋에 맞서 전열을 갖
추었다.
3불레셋과 이스라엘이 골짜기를 사이에 두고
이쪽 저쪽 산 위에 자리를 잡고 있는데
4불레셋 진영에서 골리앗이라고 하는 장수 하
나가 싸움을 걸어왔다. 그는 갓 출신으로서
장신이었다.
5머리에는 놋투구를 썼고 비늘갑옷을 입었
는데 그 갑옷의 무게는 놋 오천 세겔이나 나
갔으며,
6정강이에는 놋으로 만든 정강이받이를 찼
고 어깨에는 놋으로 만든 창을 메고 있었다.
7그 창대는 베틀 용두머리만큼 굵었고 창날
은 쇠로 되어 있었는데 그 무게는 육백 세겔
이 넘었다. 방패 당번을 앞에 세우고
8나서서 그는 이스라엘 진영을 향하여 고함
을 질렀다. "전열을 갖추어가지고 나오면
어쩌겠다는 말이냐? 너희 사울의 졸개들아,
이 불레셋 장수와 맞서 싸울 자를 골라 이리
로 내려보내라.
9만약 그자가 나한테 이겨서 나를 쳐죽이면
우리가 너희 종이 될 터이나, 내가 이겨서
그자를 죽이면 너희가 우리의 종이 되어 우
리를 섬겨야 한다."
10그리고 나서 그 불레셋 장수는 다시 소리쳤
다. "내가 오늘 이렇게 너희 이스라엘 진영
에 욕을 퍼붓는데도, 나와 결판을 낼 사람
을 내보내지 못하겠느냐?"
11사울과 이스라엘 전군은 이 불레셋 장수의 말
을 듣고 너무나 겁에 질려 떨고만 있었다.

다윗이 골리앗을 쳐죽이다

12◎그 때 유다 베들레헴에 이새라는 에브랏 사
람이 있었는데, 그에게 다윗이라는 아들이
있었다. 아들 팔 형제를 둔 이새는 사울이
왕노릇 할 무렵에 이미 나이가 많았다.
13이새의 아들 중에서 위로 세 아들은 사울을
따라 전장에 나가 있었다. 전장에 나간 세
아들의 이름은 맏아들 엘리압, 둘째 아비나
답, 셋째 삼마였다.
14다윗은 막내였다. 세 형들은 사울을 따라갔
고
15다윗은 사울에게 갔다가 다시 베들레헴에 돌
아와서 아버지의 양떼를 치고 있었다.
16그런데 불레셋 장수가 아침 저녁으로 나서
서 싸움을 걸어온 지가 사십 일이나 되었다.
17◎이새가 아들 다윗에게 심부름을 시켰다.
"네 형들에게 이 볶은 밀 한 말과 빵 열 덩
이를 가져다 주어라. 진지로 뛰어가서 형들
에게 주어라.
18이 치이즈 열 개는 그 곳 사령관에게 갖다
드리고, 형들의 안부를 물어 형들이 잘 있
다면 그 표를 받아가지고 오너라."
19다윗의 형들은 사울이 거느린 이스라엘 군에
끼여 느티나무 골짜기에서 불레셋 군과 싸
우고 있었다.
20◎이튿날 아침 다윗은 일찍 일어나 양떼를
양지기에게 맡기고 아버지 이새가 일러준
대로 채비를 갖추어 길을 떠났다. 그가 진
지에 다다랐을 때 마침 이스라엘 군은 대열
을 지어 함성을 올리고 있었다.
21이스라엘과 불레셋은 서로 전열을 지어 마주
보고 있었다.
22다윗은 가지고 온 보따리를 보급 장교에게
맡기고 대열로 달려가 형들에게 문안하였
다.
23◎그가 형들과 말을 나누고 있을 때 골리앗
이라고 하는 갓 출신 불레셋 장수가 불레셋
대열에서 나와 전과 같은 말로 싸움을 걸어
왔다. 다윗도 그 말을 들었다.
24이스라엘 전군은 그를 보자 그만 겁에 질려
도망을 쳤다.
25"자네도 저걸 보았겠지. 또 나타나 이스라엘
에게 욕지거리를 퍼붓고 있네. 우리 왕께서

는 저자를 죽이는 사람에게 후한 상을 내리
실 뿐만 아니라 부마로 삼고 그 집안 식구들
에게는 모든 징발을 면제해 주신다더군."
이스라엘 군인들이 귀띔해 주는 말을 듣고,
26 다윗이 옆에 서 있는 사람들에게 물었다.
"저 불레셋 사람을 죽여 우리의 치욕을 씻어
주는 사람은 어떻게 해준다구요? 저 불레셋
의 ㉠오랑캐 녀석이 도대체 누구기에 살아
계시는 하느님께서 거느리시는 이 군대에
게 욕지거리를 하는 겁니까?"
27 군인들은 골리앗을 죽이면 이러이러하게 해
준다고 같은 말을 일러주었다.
28 다윗이 이렇게 다른 사람들과 이야기하는
것을 큰 형 엘리압이 엿듣고 화를 내며 소리
쳤다. "네가 무엇을 하겠다고 여기 내려왔
느냐? 들판에 있는 몇 마리 안 되는 양 새
끼는 누구한테 맡겼지? 이 건방진 못된 녀
석, 네가 싸움 구경하러 온 걸 모를 줄 아느
냐?"
29 다윗은 "그저 물어본 것뿐인데 내가 지금
무엇을 했다고 그래요?" 하고는
30 형을 떠나 다른 사람한테 가서 같은 말을 물
어보았다. 대답은 전과 같았다.
31 다윗이 한 말이 퍼져서 사울의 귀에까지 들
어갔다. 그래서 사울이 그를 불러들이자
32 다윗이 사울에게 말하였다. "저자 때문에 상
심하지 마십시오. 소인이 나가 저 불레셋 놈
과 싸우겠습니다."
33 그러나 사울은 다윗을 말리며 말했다. "네가
나가 저 불레셋 놈과 싸우다니, 어림도 없는
일이다. 그는 어렸을 때부터 싸움으로 몸을
단련해 온 자인데, 너는 아직 나이 어린 소
년이 아니냐?"
34 ◎그러나 다윗은 굽히지 않았다. "소인은
아버지의 양을 쳐왔습니다. 사자나 곰이 나
타나 양 새끼를 한 마리라도 물어가면
35 소인은 한사코 뒤쫓아가서 그놈을 쳐 그 아
가리에서 양 새끼를 빼내곤 했습니다. 그놈
이 돌아서서 덤벼들면 턱수염을 휘어잡고
때려죽였습니다.
36 소인은 이렇게 사자도 죽이고 곰도 죽였습
니다. 저 불레셋의 오랑캐놈도 그렇게 해치
우겠습니다. 살아 계시는 하느님께서 거느
리시는 이 군대에게 욕지거리를 퍼붓는 자
를 어찌 그냥 내버려두겠습니까?"
37 계속해서 다윗이 말하였다. "사자와 곰으로
부터 소인을 살려내신 야훼께서 저 불레셋
놈에게서도 소인을 살려내실 것입니다." 그
제야 사울이 다윗에게 허락을 내렸다. "그러
면 나가거라. 야훼께서 너와 함께 하시기를
빈다."
38 ◎사울은 자기 군복을 다윗에게 입힌 다음,
머리에는 놋투구를 씌워주고 몸에는 갑옷
을 입혔다.
39 그리고 자기 칼을 다윗의 군복에 채워주었
다. 그러나 다윗은 이런 것을 입어본 일이
없었으므로 몸을 제대로 움직일 수가 없었
다. 그래서 다윗은 사울에게 "이런 것은 입
어본 적이 없습니다. 이래 가지고는 몸을
제대로 움직일 수가 없습니다." 하고는 그
것을 모두 벗어버렸다.
40 그리고 다윗은 자기의 막대기를 집어 들고
개울가에서 자갈 다섯 개를 골라 목동 주머
니에 넣은 다음 돌팔매 끈을 가지고 그 불레
셋 장수 쪽으로 걸어갔다.
41 불레셋 장수도 방패 당번을 앞세우고 한 걸
음 한 걸음 다윗에게 다가왔다.
42 불레셋 장수는 다윗을 건너다보고 볼이 붉은
잘생긴 어린아이라는 것을 알고는 우습게
여겨,
43 "막대기는 왜 가지고 나왔느냐? 내가 개란
말이냐?" 하고는 자기 신의 이름을 부르며
다윗을 저주하였다.
44 그리고 불레셋 장수는 다윗을 을러메었다.
"어서 나오너라. 네 살점을 하늘의 새와 들
짐승의 밥으로 만들어주마."
45 그러나 다윗은 불레셋 장수에게 이렇게 응수
하였다. "네가 칼을 차고 창과 표창을 잡고
나왔다만, 나는 만군의 야훼의 이름을 믿고
나왔다. 네가 욕지거리를 퍼붓는 이스라엘
군대의 하느님의 이름을 믿고 나왔다.
46 오늘 야훼께서 너를 내 손아귀에 넣어주셨
다. 나야말로 네놈을 쳐서 목을 떨어뜨리고
네 시체와 불레셋 전군의 시체를 하늘의 새
와 들짐승의 밥으로 만들어주리라. 그리하
여 이스라엘이 모시는 하느님이 어떤 분이
신지 천하에 알리리라.
47 여기 모인 모든 사람은 이제 야훼께서는 칼
이나 창 따위를 써서 구원하시는 것이 아니
라는 사실을 알게 되리라. 야훼께서 몸소
싸우시어 네놈들을 우리 손에 넘겨주실 것
이다."
48 ◎불레셋 장수가 한 걸음 한 걸음 다가오자,
다윗은 재빨리 대열에서 벗어나 뛰쳐나가
다가
49 주머니에서 돌 하나를 꺼내어 팔매질을 하

㉠ 히브리어 본문 : "할례받지 않은 자."

여 그 불레셋 장수의 이마를 맞혔다. 돌이
이마에 박히자 그는 땅바닥에 쓰러졌다.
50 이리하여 다윗은 칼도 없이 팔매돌 하나로
불레셋 장수를 누르고 쳐죽였다.
51 다윗은 달려가서 그 불레셋 장수를 밟고 서
서 그의 칼집에서 칼을 빼어 목을 잘랐다.
불레셋 군은 저희 장수가 죽는 것을 보고 도
망치기 시작하였다.
52 ◎이스라엘과 유다 군대는 때를 놓치지 않고
함성을 지르며 불레셋 군을 추격하여 갓을
지나 에크론 성문에까지 이르렀다. 그리하
여 사아라임에서 갓과 에크론에 이르는 길에
는 불레셋 군의 시체가 뒹굴게 되었다.
53 이스라엘 군은 추격을 마치고 돌아와서 불레
셋 진영을 약탈하였다.
54 다윗은 그 불레셋 장수의 목을 예루살렘으로
가져가고 그의 무기는 자기의 천막에 간식
하였다.
55 ◎사울은 다윗이 그 불레셋 장수와 대결하러
나가는 것을 보고 사령관 아브넬에게 "아브
넬 사령관, 저기 저 소년은 누구의 아들이
오?" 하고 물었다. "황공하오나, 소인은
아는 바 없습니다." 아브넬이 이렇게 대답
하자,
56 왕은 아브넬에게 "그 청년이 누구의 아들인
지 알아보시오." 하고 일렀다.
57 ◎다윗이 그 불레셋 장수를 죽이고 돌아오는
데 아브넬이 그를 사울 앞으로 인도했다. 그
의 손에는 불레셋 장수의 목이 들려 있었다.
58 사울이 "젊은이는 누구의 아들인가?" 하고
묻자 다윗이 "저는 베들레헴에 사는 임금님
의 종인 이새의 아들입니다." 하고 대답하
였다.

18 ◎요나단은 다윗이 사울에게 하는 말을
모두 듣고 나서 다윗에게 마음이 끌려
그를 자기 목숨처럼 사랑하게 되었다.
2 사울은 그 날로 다윗을 붙잡아 두고 집으로
돌려보내지 않았다.
3 요나단은 다윗을 자기 목숨처럼 아껴 그와
의형제를 맺었다.
4 요나단은 입고 있던 겉옷을 벗어 다윗에게
주고 칼과 활과 허리띠까지도 다 내주었다.
5 그로부터 다윗은 사울을 따라 출전할 때마
다 승전하고 돌아왔다. 그래서 사울은 그에
게 군사령관직을 맡겼다. 그것을 백성은 물
론 사울의 신하들까지도 모두들 흐뭇하게
여겼다.

사울이 다윗에게 질투심을 품다

6 ◎다윗이 그 불레셋 장수를 죽이고 나서 군
대를 이끌고 돌아오자 이스라엘 모든 성읍
에서 여인들이 나와 소구를 치고 환성을 올
리며 꽹과리에 맞추어 노래하고 춤추며 사
울 왕을 맞았다.
7 여인들은 덩실거리며 노래를 주고 받았다.
"사울은 수천을 치셨고,
다윗은 수만을 치셨다네!"
8 ◎사울은 이 말이 비위에 거슬려 몹시 화를
내며 투덜거렸다. "다윗에게는 수만 명을
죽인 공을 돌리고 나에게는 고작 수천 명을
죽인 공밖에 돌리지 않으니 왕의 자리마저
그에게 돌아가겠구나."
9 그 날로부터 사울은 다윗을 주목하게 되었
다.
10 ◎이튿날 하느님에게서 온 악령이 내리덮쳐
사울이 집안에서 발작을 일으키자 다윗이
전처럼 수금을 뜯었다. 이 때 마침 사울은
창을 잡고 있었는데
11 사울은 그 창으로 다윗을 벽에 박아버릴 생
각으로 창을 던졌다. 그러나 다윗은 두 번이
나 몸을 피하였다.
12 그래서 사울은 야훼께서 자기를 버리시고 다
윗과 함께 하시는 줄 알고 다윗을 두려워한
나머지
13 다윗을 궁에서 내보내어 천인부대를 거느리
는 지휘관으로 임명하였다. 그리하여 다윗
은 그 부대를 거느리고 출전하곤 하였다.
14 야훼께서 함께 하셨으므로 그는 나갈 때마
다 이기고 돌아왔다.
15 사울은 다윗이 번번이 대승을 거두는 것을
보고 더욱 겁을 먹었다.
16 그러나 온 이스라엘과 유다는 다윗이 언제나
싸움터에 앞장서 나가는 것을 보고 그를 좋
아하게 되었다.

다윗이 부마가 되다

17 ◎사울은 다윗에게 "내 맏딸 메랍을 네 아내
로 줄 터이니 나를 위하여 야훼께서 앞장서
시는 싸움을 용감하게 싸워다오." 하고 말
하였다. 사울은 자기의 손을 쓰지 않고 불레
셋 사람들 손을 빌려서 다윗을 죽일 속셈이
었다.
18 그러나 다윗은 왕에게 "이스라엘에서 소인
의 가문과 소인의 일가가 뭐 보잘것이 있습
니까? 제가 어떻게 감히 부마가 되겠습니
까?" 하며 사양하였다.
19 그런데 사울은 딸 메랍을 다윗에게 주기로
하고도, 정작 때가 되자 므홀라 사람 아드리

엘에게 시집보냈다.
20◎한편 사울의 딸 미갈이 다윗을 사랑하고
있었다. 이 일을 전해 듣고 사울은 마침 잘
됐다고 생각하였다.
21"그 애를 아내로 주어야겠다. 그 애를 미끼
로 삼아 불레셋 놈들의 손을 빌려 놈을 죽여
야지." 사울은 이런 속셈으로 다윗에게 "오
늘 당장 내 부마가 되어주게." 하고 다시 부
탁하였다.
22그리고는 신하들을 시켜 다윗에게 "당신은
왕의 마음에 드셨을 뿐 아니라 왕의 신하들
도 다 좋아하니 서슴지 말고 부마가 되시
오." 하고 넌지시 이르게 하였다.
23사울의 신하들이 다윗에게 그대로 말하였다.
그러나 다윗은 "당신들은 나처럼 가난하고
천한 몸으로 부마가 되는 것이 그렇게 쉬
운 일이라고 생각하시오?" 하면서 사양하
였다.
24신하들은 사울에게 다윗이 한 말을 전했다.
25그러자 사울은 다윗에게 가서 "왕이 공주를
맞는 몸값으로 원하시는 것은 별게 아니고
왕의 원수를 갚고 불레셋 사람들의 포경 백
개만 잘라 오면 된다." 하고 이르게 하였다.
사울은 이렇게 하여 그를 불레셋 사람의 손
을 빌려 죽일 속셈이었다.
26◎신하들이 사울의 말을 다윗에게 전하니 다
윗은 그것으로 부마가 된다면 좋다고 생각
하고 기한도 되기 전에
27부마가 되려고 부하를 이끌고 나가 불레셋
사람을 이백 명이나 죽이고 그 포경을 모두
거두어 왕에게 바쳤다. 이리하여 사울은 딸
미갈을 주어 그를 사위로 삼았다.
28◎그는 야훼께서 다윗과 함께 하시고 자기의
딸 미갈마저 그를 사랑한다는 것을 똑똑히
보고 나서는
29다윗이 점점 더 두려워져서 끝까지 그를 원
수로 여기게 되었다.
30불레셋 추장들이 싸움을 걸어왔지만, 그 때
마다 다윗은 사울의 어느 부하들보다도 잘
싸워 그의 명성은 높아가기만 하였다.

요나단이 다윗을 감싸주다

19 ◎사울이 아들 요나단과 온 시종들에게
다윗을 죽이겠다는 이야기를 털어놓았
다. 그러나 사울의 아들 요나단은 다윗을 매
우 좋아하였으므로
2 다윗에게 귀띔해 주었다. "아버지가 자네를
죽이려고 하니 내일 아침은 숨어서 꼼짝 말
고 몸조심하게.
3자네가 숨어 있는 들로 아버지를 모시고 나
가 곁에서 자네 이야기를 하여 아버지의 마
음을 떠보고 나서 자네에게 알려주겠네."
4◎그리고 요나단은 아버지에게 다윗을 두둔
하며 말하였다. "아버님, 아버님의 신하 다
윗을 억울하게 하지 마십시오. 다윗이 아버
님께 최선을 다해서 잘 해드린 것밖에 무슨
잘못이 있습니까?
5그는 목숨을 걸고 불레셋 장수를 죽였습니
다. 그래서 야훼께서 온 이스라엘에게 대승
을 안겨주신 것을 보시고 아버님도 기뻐하
시지 않으셨습니까? 그런데 어째서 다윗을
죽여 죄없는 피를 억울하게 흘리게 하시렵
니까?"
6사울은 요나단의 말을 듣고 "야훼께서 살아
계시는 한 다윗을 죽이지 않겠다." 하고 맹
세하였다.
7요나단은 다윗을 불러 이 모든 것을 일러주
고 나서 사울에게 데리고 들어가 전처럼 모
시게 하였다.
8전쟁이 다시 일어나자 다윗은 전장에 나가
서 불레셋과 싸워 그들을 크게 무찔러 쫓아
버렸다.

남편을 살린 미갈의 슬기

9◎사울이 궁에서 창을 들고 앉아 있을 때 야
훼에게서 온 악령이 그에게 내렸으므로 다
윗이 그 앞에서 수금을 탔다.
10그 때, 사울이 창으로 다윗을 벽에 박으려고
했으나 다윗이 왕의 창을 피하는 바람에 창
이 벽에 꽂혔다. 다윗은 도망쳐 나왔다.
11◎그 날 밤 사울은 군졸들을 다윗의 집으로
보내어, 지키고 있다가 아침에 죽이라고 하
였다. 다윗의 아내 미갈이 이를 눈치채고 남
편에게 "목숨을 건지려거든 이 밤으로 도망
치셔요. 그러지 않았다간 내일은 죽게 될
것입니다." 하고 말하였다.
12그리고 다윗을 창문으로 내려보내어 빠져
나가게 하였다.
13◎미갈은 집안 수호신을 가져다 침대에 누
이고 염소털로 짠 것을 그 머리에 씌운 다음
옷으로 덮어놓았다.
14사울이 보낸 군졸들이 다윗을 잡으러 왔을
때 미갈은 그가 와병 중이라고 하였다.
15사울은 다시 군졸들을 보내면서 "다윗을 침
대째 들어 오너라. 내가 죽여버리겠다." 하
였다.
16군졸들이 와서 보니 침대에는 머리에 염소
털로 짠 것을 씌워놓은 그 집의 수호신이 뉘

어져 있었다.
17사울이 미갈에게 "어쩌자고 이런 속임수를
써서 내 원수놈을 빠져 나가게 하였느냐?"
하고 야단치자 미갈이 아버지에게 "빠져 나
가게 해주지 않으면 저를 죽이겠다는데 어
떻게 합니까?" 하고 꾸며대었다.

사울이 접신하다

18◎다윗은 이렇게 몸을 피하여 라마에 있는
사무엘을 찾아가 사울이 자기에게 한 일을
고하였다. 그는 사무엘과 함께 나욧으로 가
서 거기에 머물러 있었다.
19사울은 다윗이 라마의 나욧에 있다는 말을
전해 듣고
20군졸들을 보내어 그를 잡아오라고 하였다.
그들이 와보니 예언자들 한 무리가 사무엘
앞에서 신이 들려 있었다. 그 순간 사울의
군졸들에게도 하느님의 신이 내려 그들도
신들린 상태에 빠져버렸다.
21사울이 이 소식을 듣고 또 군졸 한 무리를
보냈으나 그들도 신들린 상태에 빠져버렸
다. 그는 세 번째로 다시 군졸들을 보냈으
나 그들도 신들린 상태에 빠져버렸다.
22할 수 없이 사울 자신이 라마를 향해 나섰다.
그가 세구라는 곳에 있는 큰 물웅덩이에 이
르러 사무엘과 다윗이 어디 있느냐고 묻자
웬 사람이 라마에 있는 나욧에 있다고 대답
하였다.
23이 말을 듣고 라마에 있는 나욧으로 가고 있
는데 그에게도 하느님의 신이 내려 라마에
있는 나욧까지 줄곧 신들린 상태로 걸어갔
다.
24사울도 옷을 벗어 던지고 사무엘 앞에서 신
들린 상태에 빠져 하루 밤낮을 알몸으로 쓰
러져 있었다. 그래서 "사울도 예언자들 중
의 하나더냐!" 하는 말이 나오게 되었다.

요나단의 우정

20 ◎다윗이 라마에 있는 나욧에서 도망하
여 요나단을 찾아가 항의하였다. "내
가 무슨 짓을 했단 말인가? 내가 무슨 못할
짓을 했는가? 자네 아버님께 무슨 잘못을
저질렀기에 이렇게 내 목숨을 노리신단 말
인가?"
2요나단은 "자네를 죽이시다니, 그럴 리가
있나? 우리 아버지는 큰일이든 작은일이든
나에게 알리지 않고 하시는 일이 없으시다
네. 그런데 이 일만은 나에게 숨기실 리가
있겠는가?" 하고 말하였다.
3다윗은 다시 항의하였다. "틀림없이 자네
아버님께서 자네가 나를 끔찍이 생각해 주
는 것을 아시고 자네가 괴로워할까봐 이 일
만은 자네에게 알리지 않기로 하신 거야.
나는 한 발만 까딱해도 영락없이 죽을 몸이
야. 이것은 하느님도 아시고 자네도 아는
일 아닌가?"
4 "그럼 내가 어떻게 하면 좋을지 자네의
소원을 말해 보게." 요나단이 이렇게 제의
하자
5다윗이 부탁하였다. "내일이 초하루, 내가
임금님의 정찬에 나가는 날이 아닌가? 그
러니 내가 삼일 저녁까지 들에 나가 숨어 있
게 해주게나.
6만일 자네 아버님께서 내가 보이지 않는다
고 찾으시거든, 문중의 주년제가 있어 속히
고향 베들레헴에 다녀올 수 있도록 휴가를
청하더라고 말해 주게.
7그래서 만일 좋다고 하시면 이 몸이 무사하
겠지만, 화를 내신다면 나를 해치려고 결심
하신 걸로 알게.
8제발 우정을 지켜주게. 자네는 야훼 앞에서
나와 엄숙히 의형제를 맺지 않았는가? 만
약 나에게 허물이 있다면 차라리 자네가 날
죽이게. 자네 아버님의 손을 빌 것까지는
없지 않은가?"
9"천만에!" 하면서 요나단이 말하였다. "만
약 우리 아버님이 자네를 해치려고 마음 잡
수신 것을 알게 된다면, 내가 어찌 자네에
게 알려주지 않겠는가?"
10다윗이 "자네 아버님께서 역정을 내실 경
우, 누가 그것을 알려주겠는가?" 하고 묻
자
11요나단이 "들로 나가자." 하며 다윗을 들로
데리고 나갔다.
12거기에서 요나단은 다윗에게 약속하였다.
"나는 이스라엘의 하느님 야훼 앞에서 맹세
하겠네. 내일 이맘때 다시 아버님 마음을
떠보겠는데 나에게서 별 소식이 없거든 아
버님이 아직도 자네 다윗을 좋아하시는 걸
로 알게.
13하지만 아버님이 자네를 해치려고 하신다
면 소식을 보내겠네. 만일 내가 알려주지
않아서 자네가 무사히 도망치지 못하게 된
다면 야훼께서 이 요나단에게 아무리 중한
벌을 내리셔도 달게 받겠네. 야훼께서 아버
님과 함께 하셨듯이 자네와도 함께 하시기
를 바라네.
14그 대신 내 목숨이 붙어 있는 동안에 야훼

앞에서 맺은 우정을 저버리지 말아주게. 내
가 죽은 다음에라도
15 내 집안과 의리를 끊지 말고 길이 지켜주게.
야훼께서 자네 다윗의 원수들을 땅 위에서
없애버리시는 날,
16 나 요나단의 이름이 다윗 가문에서 끊긴다면
야훼께서는 자네 원수의 손을 빌려 책임을
물으실 것일세."
17 요나단은 다윗을 자기 목숨처럼 아꼈다. 요
나단은 다윗을 아끼는 마음에서 그에게 다
시 맹세하였다.
18 "내일은 초하루, 자네 자리가 비면 아버님
이 자네를 찾으실 걸세.
19 모레가 되면 자네를 몹시 찾으실 테니 저번
일이 있을 때 숨었던 그 에셀 바위 옆에 가
서 숨어 있게.
20 내가 과녁을 맞추는 체하고 그 쪽으로 활을
세 번 쏘고
21 시종을 시켜 화살을 집어 오게 하면서 그 시
종에게 '화살이 이 쪽에 있다. 집어 오너
라.' 하면 절대로 아무 일 없을 터이니 안심
하고 나오게.
22 그러나 내가 시종에게 '화살이 저 쪽에 있
다. 더 가거라!' 하면 야훼께서 자네를 보
내시는 줄로 알고 떠나가게.
23 야훼께서 나와 자네 사이에 언제까지나 서
계실 것일세."
24 ◎이리하여 다윗은 들에 숨게 되었다. 초하
루가 되어 왕이 잔치에 나와 자리를 잡았다.
25 왕이 관습대로 벽 쪽에 자리를 잡자 요나단
이 앞에 앉고 아브넬은 사울 옆에 앉았는데
다윗의 자리는 비어 있었다.
26 그러나 그 날은 사울이 아무 말도 하지 않았
다. 다윗이 어쩌다가 부정을 타서 몸이 깨끗
하지 못해 못 나왔거니 하고 생각하였던 것
이다.
27 초하루는 그렇게 지났으나 그 다음날도 다
윗의 자리가 비어 있자, 사울은 아들 요나단
에게 "이새의 아들이 어제도 오늘도 정찬에
나오지 않았으니 웬일이냐?" 하고 물었다.
28 요나단이 왕에게 대답하였다. "다윗이 베들
레헴엘 좀 다녀오게 해달라고 청하더군요.
29 형들이 고향에서 지내는 문중제사에 다녀
와야 하니 갔다 오게 허락해 달라고 저한테
간청했습니다. 그래서 아버님께서 베푸시
는 식탁에 나오지 못한 것입니다."
30 ◎이 말을 듣고 사울은 요나단에게 버럭 화
를 냈다. "이 몹쓸 화냥년의 자식놈아! 그
래 네가 이새의 아들놈하고 단짝이 된 것을
내가 모를 줄 아느냐? 네 망신이 어미 망신
이 될 줄 알아라.
31 이새의 아들놈이 땅 위에 살아 있는 한 너와
네 왕관은 안전하지 못하리라. 당장 그 죽
일 놈을 잡아들여라."
32 요나단이 "죽일 놈이라구요? 다윗이 무슨
짓을 했다고 그러십니까?" 하고 아버지에
게 항의하자,
33 사울은 창을 뽑아 들고 아들을 죽이려 하였
다. 요나단은 아버지가 다윗을 죽이기로 작
정했다는 것을 알아차렸다.
34 요나단은 화가 나서 자리를 떴다. 그리고 축
제 이틀째 되는 날에는 아무것도 먹지 않았
다. 아버지가 다윗을 욕하였으므로 마음이
몹시 아팠던 것이다.
35 ◎이튿날 요나단은 다윗과 약속한 시간에 어
린아이 하나를 데리고 들로 나갔다.
36 그리고 아이에게 활을 쏠 테니 뛰어가 화살
을 집어 오라고 시키고는 뛰어가는 아이의
머리 위로 활을 쏘았다.
37 요나단은 아이가 화살이 떨어진 지점에 닿
을 즈음 해서, 그 아이 뒤에다 대고 "화살은
더 나가야 있다." 하고 소리쳤다.
38 "왜 머뭇거리고 있느냐? 어서 빨리 집어 오
너라." 요나단의 시종은 그 화살을 집어가
지고 상전에게 가져오면서도
39 무슨 영문인지 몰랐다. 다만 요나단과 다윗
만이 그 곡절을 알고 있었다.
40 요나단은 시종에게 자기의 무기를 주어 성
안으로 돌려보냈다.
41 시종이 떠나자 다윗은 숨어 있던 등성이 뒤
에서 일어나 세 번 땅에 엎드려 절을 하고는
둘이서 서로 얼싸안고 실컷 울었다.
42 그리고 나서 요나단이 다윗에게 말하였다.
"가보게. 잘되기를 빌겠네. 우리는 서로 야
훼의 이름으로 맹세한 몸이 아닌가! 그러
니 야훼께서 자네와 나, 자네 후손과 내 후
손 사이에 언제까지나 서주실 것일세."

다윗이 놉의 제관 아히멜렉의 도움을 받다

21

1 ◎다윗은 곧 떠나가고 요나단은 성
43 안으로 돌아왔다.
2 다윗은 놉으로 사제 아히멜렉을 찾아갔다.
1 아히멜렉이 당황하여 다윗을 맞아 "어떻게
아무도 없이 혼자 오시오?" 하고 묻자
3 다윗은 사제 아히멜렉에게 이렇게 대답하였
2 다. "나는 왕명을 띠고 길을 떠났습니다. 그
런데 왕께서 저에게 임무를 맡겨 보내시면
서 아무에게도 그것을 알리지 말라고 하셨

습니다. 그래서 제 부하들과 어느 지점에서
만나기로 약속하고 헤어졌습니다.
4 그런데 지금 사제님께 혹시 먹을 것이 없습
3 니까? 떡 다섯 덩이라도 좋습니다. 없으면
아무것이라도 주십시오."
5 사제가 "보통 떡은 지금 없고, 거룩한 떡밖
4 에 없소이다. 한데 장군의 부하들은 여인을
가까이한 일이 없는지요?" 하고 묻자,
6 다윗이 대답하였다. "나는 이번 길을 떠날
5 즈음 해서 며칠 동안은 여자를 가까이하지
않았습니다. 내 부하들의 그것도 부정을 타
지 않았습니다. 이번 길이 예삿일로 가는
길이긴 하지만, 오늘만은 절대로 깨끗합니
다."
7 그제야 사제는 거룩한 떡을 그에게 주었다.
6 야훼께 바친 제사 떡밖에는 아무것도 없었
기 때문이다. 그 날이 마침 더운 떡을 갈아
놓는 날이었다.
8 ◎그런데 그 날 거기에서 사울의 신하 하나
7 가 야훼 앞에 들어가지 못하고 있었다. 그는
에돔 출신으로서 이름은 도엑이었는데 사울
의 목자들 중에서 가장 힘센 사람이었다.
9 다윗이 아히멜렉에게 "왕명이 너무 급해서
8 칼은 물론 아무 무기도 가지고 오지 못했는
데, 여기 창이나 칼이 없습니까?" 하고 물
었다.
10 사제가 대답하였다. "장군이 느티나무 골짜
9 기에서 죽인 불레셋 장수 골리앗의 칼밖에
없소이다. 보자기에 싸서 에봇 뒤에 두었는
데 그것이라도 가질 생각이 있으면 가지시
오. 이 곳에 다른 무기라곤 없소이다." 다윗
은 "그만한 것이 어디 또 있겠습니까?" 하
며 그것을 받아 가졌다.

다윗이 망명 생활을 시작하다

11 ◎사울을 피하여 도망치던 다윗은 그 날로
10 갓 나라 왕 아기스를 찾아갔다.
12 아기스의 신하들이 왕에게 보고하였다. "그
11 나라의 왕 다윗임에 틀림없습니다. 사람들
이 춤추며,
'사울은 수천을 치셨고,
다윗은 수만을 치셨다네.'
하며 찬양하던 바로 그 사람입니다."
13 이 말에 다윗은 가슴이 뜨끔했다. 그는 갓
12 나라 왕 아기스가 몹시 두려워
14 사람들 앞에서 일부러 미친 시늉을 하다가
13 사람들에게 붙잡혀서는 발작을 일으키고
성문짝에 글자를 되는 대로 써갈기기도 하
며 수염에 침을 흘리기도 하였다.
15 ◎이것을 보고 아기스가 신하들을 꾸짖었다.
14 "미친놈이 아니냐? 어쩌자고 이런 자를 나
에게 끌어 왔느냐?
16 미친놈이 모자라서 이런 자까지 끌어들여
15 나를 골치아프게 하느냐? 그래 감히 이런
자를 나의 궁에 들일 작정이냐?"

22 ◎다윗은 그 곳을 떠나 아둘람의 굴로
피해 갔다. 그의 형들과 그의 온 집안
이 이 소식을 듣고 다윗을 찾아 그리로 내려
갔다.
2 또한 억눌려 지내는 사람, 빚을 지고 허덕
이는 사람, 그 밖의 불평을 품은 사람들이
다윗 주변에 몰려들었다. 다윗이 그들의 우
두머리가 되었는데, 그 수는 사백 명 가량
이나 되었다.
3 ◎거기에서 다윗은 모압의 미스바로 가, 모압
왕에게 "하느님께서 나를 어떻게 하실지 알
게 될 때까지 내 부모를 맡아주십시오." 하
고 청하였다.
4 모압 왕은 이 청을 받아들여 다윗의 부모를
맡아 다윗이 그 은신처에 있는 동안 줄곧 곁
에 머물러 있게 하였다.
5 그런데 가드라는 예언자가 다윗에게 일렀다.
"이 은신처에서 머뭇거리고 있을 게 아니
라, 즉시 유다 지방으로 가시오." 다윗은 하
렛 수풀로 자리를 옮겼다.

사울이 놉의 사제들을 학살하다

6 ◎사울이 자기 신하들을 거느리고 기브아 산
등성이 위의 석류나무 아래에 있다가 다윗
과 그의 무리가 나타났다는 소식을 듣고
7 둘러서 있던 신하들을 꾸짖었다. "이 베냐
민 녀석들아, 내 말을 들어봐라. 네놈들이
이새의 아들한테 밭이나 포도원이라도 받을
성싶으냐, 아니면 그가 너희들을 천인대장
이나 백인대장이라도 시켜줄 듯싶으냐?
8 모두들 한 통속이 되어 나를 뒤엎기라도 할
작정이냐? 너희 중엔 내 아들이 이새의 아
들놈과 결탁한 것을 알고도 나를 위해서 귀
띔해 주는 놈이 하나도 없었다. 내 아들놈
이 내 신하를 충동하여 지금 반기를 들고 잠
복하고 있는데도 귀띔해 주는 놈이 하나도
없다."
9 ◎그 때 에돔 출신 도엑이 사울의 신하들과
같이 서 있다가 이렇게 말하였다. "이새의
아들이 놉으로 아히툽의 아들 아히멜렉을 찾
아와서 만나는 것을 본 적이 있습니다.
10 아히멜렉은 다윗이 앞으로 어떻게 하면 좋을
지 야훼께 알아본 다음에 먹을 것을 주고,

또 불레셋 사람 골리앗의 칼을 내어주기도
하였습니다."
11 왕은 놉에서 사제로 있는 아히툽의 아들 아
히멜렉과 그의 집안 사제들을 모두 불러들
였다. 그들이 왕 앞으로 나오자
12 사울이 입을 열었다. "아히툽의 아들아, 이
제 듣거라." 그가 대답하였다. "소인이 여
기 대령하였습니다."
13 사울이 문책하였다. "너는 어찌하여 이새의
아들놈하고 한통속이 되어 나를 뒤엎으려
고 하느냐? 어찌하여 그에게 먹을 것을 주
고 칼까지 내어주고 그가 할 일을 하느님께
알아보고 일러주었느냐? 지금 그놈은 나에
게 반기를 들고 잠복해 있다."
14 아히멜렉이 왕에게 변명하였다. "임금님의
신하들 중에 다윗만큼 믿을 만한 사람이 어
디 있습니까? 그는 부마가 아닙니까? 임금
님의 신변을 보살피는 경호대장으로서 왕
궁에서 귀하신 몸이 아닙니까?
15 그가 할 일을 하느님께 알아봐 준 것이 이번
이 처음입니까? 다른 복심이 있다니 천만
부당한 말씀입니다. 이 일을 소인이나 소인
의 집안에 책임지우시면 너무 억울합니다.
소인은 이 일을 전혀 몰랐습니다."
16 그러나 왕은 "아히멜렉, 너와 네 일가는 몰
살이다." 하고 선언하였다.
17 왕은 둘러선 호위병들에게 명령을 내렸다.
"썩 나서서 이 야훼의 사제들을 죽여라. 다
윗과 손을 잡고 그가 도망해 다니는 것을 알
면서도 나에게 귀띔해 주지 않은 놈들이
다." 왕의 부하들이 야훼의 사제들에게 감
히 손을 대지 못하자
18 왕은 도엑에게 "네가 나서서 이 사제들을
쳐죽여라." 하고 명하였다. 에돔 사람 도엑
은 선뜻 나서서 그 사제들을 쳐죽였다. 그
날 에봇을 모시는 사람으로서 그의 손에 죽
은 사람은 팔십오 명이나 되었다.
19 그는 그 사제들이 살던 놉의 성민들도 칼로
쳐죽였다. 남자, 여자, 아이들, 젖먹이, 소,
나귀, 양까지 모두 칼로 쳐죽였다.
20 ◎그런데 아히멜렉의 아들 하나가 사지에서
빠져 나와 다윗에게로 달아났다. 그의 이름
은 에비아달이었는데 아히툽의 손자였다.
21 다윗은 사울이 야훼의 사제들을 죽였다는 이
야기를 에비아달에게서 듣고
22 그를 안심시켰다. "그 에돔 사람 도엑이 그
날 거기에 있었는데, 그가 사울에게 고자질
하리라 짐작했소. 당신네 집안이 몰살당한
것은 모두 내 탓이오.
23 그러니 무서워하지 말고 여기에서 나와 함
께 있도록 합시다. 당신 목숨을 노리는 자
는 내 목숨도 노리고 있소. 내가 당신의 신
변을 보살펴 주리다."

다윗이 크일라를 건지다

23 ◎불레셋 군이 크일라를 치고 타작 마
당을 닥치는 대로 약탈해 가고 있었다.
다윗이 이 소식을 듣고
2 야훼께 "제가 가서 이 불레셋 군을 칠까요?"
하고 여쭙자 야훼께서 다윗에게 "가서 불레
셋을 치고 크일라를 구해 주어라." 하고 이
르셨다.
3 그러나 다윗의 부하들은 "안 됩니다. 이 유
다 지방에서만도 가슴 졸이고 있는 처지인
데, 불레셋 군을 치러 크일라로 가다니 말이
됩니까?" 하며 반대하였다.
4 그래서 다윗이 야훼께 다시 한번 여쭙자, 야
훼께서는 "어서 크일라로 내려가거라. 내가
불레셋 군을 네 손에 부치리라." 하고 분부
하셨다.
5 이리하여 다윗은 부하를 거느리고 크일라로
가서 불레셋을 치고 가축들을 몰아왔다. 불
레셋을 크게 무찌르고 크일라 주민을 살려냈
던 것이다.
6 다윗에게 망명해 온 아히멜렉의 아들 에비아
달이 에봇을 모시고 크일라에 종군해 와 있
었다.
7 ◎한편 사울은 다윗이 크일라에 입성했다는
말을 듣고, "하느님께서 그놈을 내 손에 넘
겨주셨구나. 빗장성문이 있는 성읍으로 들
어갔으니 제 발로 함정에 찾아든 격이군."
하고 중얼거렸다.
8 그는 그런 생각으로 병력을 동원해 가지고
크일라로 쳐 내려가 다윗의 부대를 포위하려
하였다.
9 다윗은 사울이 자기를 해치려는 계책을 세
우고 있음을 알아차리고 사제 에비아달에게
에봇을 모셔 오게 하고
10 "이스라엘의 하느님 야훼여, 사울이 크일라
로 와서 저 때문에 이 성을 쳐부수려 한다는
소식을 들었습니다.
11 크일라 유지들이 저를 그에게 넘겨줄까요?
들려오는 말 그대로 사울이 오겠습니까? 이
스라엘의 하느님 야훼여, 이 종에게 말씀해
주십시오." 하고 여쭈었다. 야훼께서 "그
래, 그가 온다." 하고 대답하시자
12 다윗이 다시 여쭈었다. "크일라 유지들이 저
와 제 사람들을 사울에게 넘겨줄까요?" 야

훼께서 "그래, 넘겨준다." 하고 대답하셨
다. 그러자
13 다윗은 곧 부하 육백 명을 이끌고 크일라를
벗어나 전에 다니던 곳으로 가서 돌아다녔
다. 다윗이 크일라에서 빠져 나갔다는 소식
이 전해지자 사울은 출동을 중지하였다.

다윗이 호레스에서 죽을 뻔하다

14 ◎다윗은 광야에서 살았다. 다윗이 지브 광
야 산 속에 살고 있는 동안 사울은 날마다
그를 찾았지만 하느님께서 다윗을 그의 손
에 넘기시지 않으셨다.
15 다윗은 지브 광야 호레스에 있을 때 사울이
자기 목숨을 노리며 나섰다는 것을 알았다.
16 그 때 사울의 아들 요나단은 다윗을 찾아 호
레스까지 와서 하느님께서 도와주실 것이라
고 그를 격려해 주었다.
17 "걱정 말게. 아버님의 손이 자네에게 미치
지 못할 것이네. 결국은 자네가 이스라엘을
다스리는 왕이 될 것일세. 그 때 나를 자네
버금가는 자리에 앉혀주게. 아버님도 그리
될 줄로 아신다네."
18 그리하여 둘은 야훼 앞에서 굳게 약속하였
다. 다윗은 호레스에 남고 요나단은 집으로
돌아갔다.
19 ◎사울이 기브아에 있을 때 지브 사람들이 와
서 소식을 전하였다. "다윗은 분명히 우리
가운데 숨어 있습니다. 여시몬 남쪽, 험준한
하길라 산 위 호레스에 있습니다.
20 오시고 싶으면 오십시오. 언제든지 그를 왕
께 넘겨드리겠습니다."
21 그러자 사울이 "수고들 했다. 야훼께서 너희
에게 복을 내리시기를 빈다." 하며 일렀다.
22 "이제 가서 분명히 알아보아라. 그는 아주
꾀가 많다고 하니, 누가 그리로 가서 살피
다가 그가 잘 다니는 곳을 자세히 알아오
너라.
23 숨을 만한 데는 샅샅이 다 뒤져서 어디 숨었
는지 찾아보고 나에게로 돌아오너라. 그러
면 내가 너희와 함께 가리라. 그가 이 지방
에 있는 이상, 유다 부락들을 남김없이 다
뒤져서라도 찾아내고야 말리라."
24 ◎그들은 사울보다 앞서 지브로 떠나갔다.
그 때 다윗은 부하들을 거느리고 여시몬 남
쪽 아라바에 있는 마온 광야에 머물러 있었
다.
25 사울이 부하를 거느리고 자기를 찾아 나섰
다는 소식을 듣고 다윗은 마온 광야에 있는
바위 틈에 내려가 숨어 있었다. 이 소식을
전해 들은 사울은 그를 추격하여 마온 광야
로 들어섰다.
26 다윗은 자기가 부하들과 함께 있는 산의 맞
은편 산에 사울이 나타나자 사울을 피하여
도망쳤다. 사울은 다윗을 잡으려고 부하를
거느리고 포위하기 시작하였다.
27 그 때 한 전령이 사울에게 와서 보고하였다.
"빨리 돌아가십시오. 불레셋 군이 전국에
밀어 닥쳤습니다."
28 사울은 다윗을 추격하다 말고 불레셋 군을
맞아 싸우려고 발길을 돌렸다. 그래서 그
곳을 갈림바위라는 이름으로 부르게 되었
다.

다윗이 사울을 살려주다

24

1 ◎다윗은 거기에서 떠나 엔게디 근방
29 의 험준한 곳에 올라가 머물렀다.
2 ㉠사울은 불레셋 군을 쫓아낸 다음 다윗이 엔
1 게디 광야에 있다는 소식을 듣고
3 온 이스라엘에서 뽑은 삼천 명을 이끌고 다
2 윗 일당을 찾아 들염소바위 동편으로 갔다.
4 그 곳 길 옆에는 양 우리가 여기저기 있었고
3 그 근처에 동굴이 하나 있었는데 사울은 거
기에 들어가 뒤를 보았다. 마침 다윗이 부하
를 거느리고 그 굴 속에 있었는데,
5ㄱ 부하들이 다윗에게 말하였다. "야훼께서 장
4ㄱ 군의 원수를 장군 손에 넘겨주겠다고 하시
던 때가 왔습니다. 그 때가 오면 마음대로
하라고 하시지 않으셨습니까?"
7 그러나 다윗은 부하들에게 말하였다. "야훼
6 께서 기름 부어 성별해 세우신 상전에게 감
히 그런 짓을 할 수가 있느냐? 그분에게 손
을 대다니, 천벌받을 소리다."
8ㄱ 다윗은 이렇게 꾸짖어 사울을 치지 못하게
7ㄱ 막고는
5ㄴ 살며시 가까이 가서 사울이 입고 있는 겉옷
4ㄴ 자락을 잘라내었다.
6 그 뒤 다윗은 사울의 옷자락을 자른 일이 마
5 음에 걸렸다.
8ㄴ 사울이 일어나 굴을 나와 걸어가자
7ㄴ
9 다윗이 굴에서 뒤쫓아 뛰어나오면서 사울의
8 뒤에다 대고 "임금님!" 하고 외쳤다. 사울
이 돌아다보니 다윗이 땅에 엎드려 절하고
있었다.
10 다윗이 사울에게 말하였다. "어찌하여 임금
9 님께서는, 다윗이 왕을 해치려 한다는 터무
니없는 소리를 곧이들으십니까?

㉠ 개신교에서 쓰는 종래 성서는 여기에서 24장이 시작된다.

11 보십시오. 오늘 야훼께서는 분명히 동굴에
10 들어오신 임금님을 제 손에 넘겨주셨지만
야훼께서 기름 부어 성별해 세우신 저의 상
전을 어떻게 감히 손을 대랴 하며 임금님을
아끼는 마음에서 죽이지 않았습니다.
12 아버님, 보십시오. 여기 제 손에 임금님의
11 겉옷 자락이 있습니다. 나는 이렇게 겉옷
자락만 자르고 임금님께 칼은 대지 않았습
니다. 그러니 내가 임금님을 해치거나 반역
할 생각이 없었다는 것을 알아주셔야 하겠
습니다. 내가 임금님께 잘못한 일이 없는데
도 임금님께서는 나를 잡아죽이려고 쫓아
다니시니 어찌 된 일이십니까?
13 야훼께서 우리 사이를 판가름해 주실 것입
12 니다. 제가 임금님께 당하는 이 억울함을 야
훼께서 풀어주시려니와 저는 임금님께 손댈
생각이 없습니다.
14 '악인에게서 악이 나온다.'는 옛 속담도 있
13 지만, 저는 임금님께 손댈 생각이 없습니
다.
15 이스라엘의 대왕께서 누구를 찾아 이렇게
14 출동하셨단 말씀입니까? 누구를 추격하시
는 것입니까? 죽은 개 한 마리를 쫓아오셨
습니까? 벼룩 한 마리를 쫓아오셨습니까?
16 야훼께서 재판관이 되시어 우리 사이를 판
15 가름해 주실 것입니다. 저의 억울함을 살피
시어 저를 변호하시고 바른 판결을 내리셔
서 저를 임금님의 손에서 건져주시기를 바
랍니다."
17 ◎다윗이 사울에게 이렇게 말하자 사울은
16 "내 아들 다윗아, 그게 정말 네 목소리냐?"
하면서 울음을 터뜨렸다.
18 "네가 나보다 낫구나. 나는 너를 못살게 굴
17 었는데도 너는 나에게 이렇게 잘해 주었다.
19 오늘 야훼께서 나를 네 손에 넘겨주셨는데
18 도 너는 나를 죽이지 않고 나에게 이렇듯이
한없는 은덕을 베풀었구나.
20 원수를 만나 고스란히 돌려보낼 사람이 어
19 디 있겠느냐? 그런데도 네가 오늘 나에게
이런 일을 해주었으니 야훼께서 너에게 상
을 내리시기를 바란다.
21 나는 이제야 알았다. 너야말로 임금이 될
20 사람이다. 이스라엘 왕국은 너의 통치 아래
번영을 누릴 것이다.
22 그러니 이제 야훼의 이름으로 나에게 맹세
21 해 다오. 내 후손을 끊어버리지 않고 내 이
름을 내 가문에서 지워버리지 않겠다고 맹
세해다오."
23 그래서 다윗은 사울에게 맹세하였다. 그 뒤
22 사울은 궁으로 돌아갔고, 다윗은 부하를 이
끌고 자기들의 산채로 올라갔다.

다윗이 아비가일을 아내로 맞다

25 ◎사무엘이 죽었다. 그러자 온 이스라
엘이 모여들어 그의 죽음을 슬퍼하며
라마에 있는 그의 집에 안장하였다. 그 뒤에
다윗은 ㉠바란 광야로 내려갔다.
2 ◎마온이라는 곳에 한 사람이 있었는데 그
의 기업은 가르멜에 있었다. 그는 양이 삼천
마리, 염소가 천 마리나 되는 큰 부자였다.
그는 가르멜에서 양털을 깎고 있었는데,
3 그의 이름은 나발이요, 아내의 이름은 아비
가일이었다. 아비가일은 재색을 겸비한 여자
였으나 그 남편은 갈렙 가문 출신으로서 인
색하고 거친 사람이었다.
4 다윗은 광야에 있다가 나발이 양털을 깎고
있다는 말을 듣고
5 거느리고 있던 젊은이 몇 사람을 보내면서
이렇게 일렀다. "가르멜로 올라가 나발을 찾
아보고 내 이름으로 안부를 묻고
6 이렇게 나의 말을 전하여라. '새해에 복 많
이 받으십시오. 댁의 집안과 모든 소유가
번창하시기를 빕니다.
7 댁에서 지금 양털을 깎는다는 말을 듣고 왔
습니다. 지금 댁의 목자들이 우리와 함께
있는데 우리는 그들을 괴롭힌 적이 없습니
다. 그들이 가르멜에서 양을 치고 있는 동안
한 마리도 잃지 않았습니다.
8 댁의 일꾼들에게 물어보시면 아실 것입니
다. 그러니 내가 보낸 이 젊은이들을 잘 보
아주십시오. 이 즐거운 날 우리가 왔으니
이 다윗을 댁의 아들처럼 여겨 소인들에게
무엇이든지 손에 닿는 대로 집어서 보내주
십시오.'"
9 다윗이 보낸 젊은이들이 나발에게 가서 다윗
의 말을 그대로 전하고 기다리고 있자니
10 나발은 이렇게 대꾸하는 것이었다. "도대
체 다윗이 누구냐? 이새의 아들이란 자가
누구냐? 요즈음은 주인에게서 뛰쳐 나온
종놈들이 저마다 우두머리가 되는 세상이
거든!
11 내가 어찌 털을 깎느라고 수고하는 내 일꾼
들에게 주려고 마련한 떡과 술과 고기를 어
디서 굴러왔는지도 모르는 놈들에게 주
랴?"
12 다윗이 보낸 젊은이들이 그 곳을 물러나 다

㉠ 칠십인역에는 "마온 광야"로 되어 있다.

윗에게 돌아와 이 모든 말을 그대로 전하였
다.
13그러자 다윗은 자기 부하들에게 칼을 차라
고 이르고는 자신도 칼을 찼다. 이리하여
그의 부하 사백 명이 칼을 차고 그를 따라
쳐 올라가고, 부하 이백 명은 뒤에 남아 물
건을 지켰다.
14◎이 일을 어떤 일꾼이 나발의 아내 아비가
일에게 알려주었다. "다윗이 광야로부터 사
람들을 보내어 우리 주인께 축수하면서 무
엇을 좀 달라고 하자 주인께서 마구 쫓아 보
내셨습니다.
15그들은 우리를 조금도 괴롭히지 않고 매우
잘 대해 주었습니다. 들에서 그들과 함께
지내는 동안 우리는 새끼양 한 마리도 잃지
않았습니다.
16그들은 우리가 양을 치는 동안 밤낮으로 우
리를 성처럼 감싸주었습니다.
17그러니 이제 헤아려 처신하지 않으면 우리
주인이나 온 집안이 정녕 화를 입을 것입니
다. 주인 어른은 성급하신 분이라 말씀을
드릴 수도 없습니다."
18그리하여 아비가일은 떡 이백 개, 술 두 부
대, 요리한 양 다섯 마리, 볶은 밀 열 말, 건
포도 백 뭉치, 말린 무화과과자 이백 개를
서둘러 마련하여 나귀에 실었다.
19그리고 자기 시종들에게 자기는 뒤따라 갈
터이니 앞서가라고 일렀다. 그러나 남편 나
발에게는 알리지 않았다.
20◎그는 나귀를 타고 산굽이를 돌아 내려가
다가 부하를 거느리고 내려오고 있는 다윗
과 마주치게 되었다.
21다윗은 단단히 벼르고 있었다. "내가 광야
에서 이자의 재산을 지켜 무엇 하나 손실이
나지 않게 해주었지만, 다 부질없는 짓이었
다. 모처럼 잘해 주었더니 이렇게 악으로
갚는구나.
22내가 내일 아침까지 사내녀석들을 하나라
도 남겨둔다면 하느님께 무슨 벌이라도 받
으리라."
23아비가일은 다윗을 보자 나귀에서 급히 내려
땅바닥에 엎드려 절하였다.
24그리고 다윗의 발 앞에 엎드린 채 애원하였
다. "나리, 죄는 저에게 있습니다. 이 비천
한 계집종이 아뢰는 말씀에 귀기울여 주십
시오.
25부탁합니다. 우리 몹쓸 영감에게는 마음 쓰
시지 마십시오. 그 사람은 나발이라는 이름
그대로 정말 미련한 사람입니다. 이 계집종
은 나리께서 보내신 사람을 만나지 못했습
니다.
26나리께서는 홧김에 기어이 피를 보려고 하
시지만 야훼께서 그런 일이 없도록 막아주
셔서 나리께서 손수 원수를 갚지 않도록
해주셨습니다. 그러니 이제 나리께서 망하
시는 것을 보겠다는 나리의 원수들은 나발
처럼 될 것입니다. 이것은 야훼께서 살아
계시고 나리께서 살아 계시는 만큼 확실합
니다.
27여기 계집종이 가져온 적은 선물이 있습니
다. 나리의 뒤를 따르는 젊은이들에게 주십
시오.
28이 계집의 말이 마음에 거슬리더라도 제발
용서해 주십시오. 야훼께서 앞장서시는 싸
움을 나리께서 싸우셨으니 야훼께서 나리의
집안을 정녕 튼튼히 세워주실 것입니다. 나
리께서는 한평생 어떤 재난도 겪지 않으실
것입니다.
29나리를 쫓아다니며 죽이려는 사람이 있다
하여도 나리의 하느님 야훼께서 나리 목숨
을 보물처럼 감싸주시고 그 대신 원수의 목
숨은 팔매돌처럼 팽개치실 것입니다.
30야훼께서 약속하신 온갖 복된 일을 이루시
어 나리를 이스라엘의 수령으로 세우실 터
인데,
31이런 실수를 해서 두고두고 마음에 걸리는
일이 없도록 하십시오. 손수 원수를 갚느라
고 공연히 피 흘리는 일은 없도록 하십시
오. 야훼께서 나리의 운을 터주시는 날 이
계집종을 잊지 말아주십시오."
32다윗이 아비가일에게 말하였다. "오늘 그대
를 보내시어 이렇게 만나게 해주셨으니, 이
스라엘의 하느님 야훼를 찬양할 뿐이오.
33그대는 사리를 참 잘 판단하였소. 하마터면
내 손이 원수를 갚으려다가 피를 볼 뻔했는
데 오늘 이렇게 말려주어서 정말 고맙소.
34그대가 재빨리 나를 만나주지 않았던들 나
발 집안에서는 모든 사내가 내일 아침까지
죽고 말았을 것이오. 그대를 해치지 않도록
나를 막아주신 이스라엘의 하느님 야훼께서
살아 계시는 것이 틀림없듯이 정녕 그렇게
되었을 것이오."
35다윗은 그 여자가 가져온 것을 받고 말하였
다. "댁으로 평안히 돌아가시오. 내가 그대
의 말을 듣고 요청을 들어주었소!"
36그리하여 아비가일이 집으로 돌아와 보니 나
발은 왕이나 차릴 만한 잔치를 베풀고 흥에
겨워 취할 대로 취해 있었다. 아내는 날이

샐 때까지 그 일을 입 밖에 내지 않았다.
37 그러다가 아침이 되어 술이 깬 뒤, 나발은
아내의 이야기를 듣고 그만 실신하여 돌처
럼 굳어져버렸다.
38 열흘쯤 지나서 나발은 야훼께 벌을 받아 죽
고 말았다.
39 ◎나발의 죽음을 전해 듣고 다윗은 야훼를
찬양하였다. "야훼는 찬양을 받으실 분이시
라. 나를 욕한 나발을 당신께서 몸소 문책하
시고 나로 하여금 죄를 짓지 못하게 막아주
셨다. 야훼께서는 나발의 죄를 본인에게 갚
아주셨다." 그리고 다윗은 사람을 아비가일
에게 보내어 자기 아내가 되어달라고 청하
였다.
40 다윗의 부하들이 가르멜로 아비가일을 찾아
가서 그 뜻을 전하였다. "다윗 어른께서 댁
을 아내로 맞으시려고 저희를 보내시어 모
셔 오라 하셨습니다."
41 이 말을 듣고 아비가일은 일어나 얼굴을 땅
에 대고 엎드려 대답하였다. "계집종은 분
부대로 하겠습니다. 나리의 신하들의 발이
라도 씻어드리겠습니다."
42 그리고 아비가일은 서둘러 나귀를 타고 길
을 떠났다. 여종 다섯이 뒤를 따르고 다윗의
신하들이 앞장 섰다. 이렇게 해서 아비가일
은 다윗의 아내가 되었다.
43 ◎다윗은 이미 이즈르엘의 아히노암을 아내
로 맞았었기 때문에 두 아내를 거느리게 되
었다.
44 사울은 다윗에게 시집보냈던 딸 미갈을 갈림
출신 라이스의 아들 발티에게 주었다.

다윗이 사울을 다시 살려주다

26 ◎지브 사람들이 기브아로 사울을 찾아
가 아뢰었다. "다윗이 여시몬 맞은편
하길라 언덕에 숨어 있는 것이 확실합니다."
2 사울은 곧 이스라엘 정병 삼천을 거느리고
다윗을 찾아 지브 광야로 내려갔다.
3 사울은 여시몬 맞은편 하길라 언덕 길가에
진을 쳤다. 다윗은 그 곳 광야에 머물러 있
다가 사울이 자기를 찾아 광야로 왔다는 것
을 알게 되었다.
4 다윗은 정찰대를 파견하여 사울이 맞은편에
와 있는 것을 알아내고
5 사울이 진을 치고 있는 곳으로 가보니 사울
이 넬의 아들 아브넬 사령관과 함께 누워 있
었다. 사울은 전군이 둘러 진치고 있는 원형
진지 한가운데서 자고 있었던 것이다.
6 ◎다윗은 헷 사람 아히멜렉과 스루야의 아들
요압의 형제인 아비새에게 누가 자기와 함께
사울의 진으로 내려가겠느냐고 물었다. "제
가 내려가겠습니다." 하고 아비새가 나섰다.
7 다윗은 그를 데리고 밤을 타서 적진으로 들
어갔다. 그 곳에 이르러 그는 사울이 그 원
형진지 안에서 머리맡에 창을 꽂아놓고 잠
들어 있는 것을 보았다. 아브넬이 거느린 군
대도 사울을 둘러싸고 누워 자고 있었다.
8 이것을 보고 아비새가 다윗에게 말하였다.
"하느님께서는 오늘 이 원수를 장군님 손에
부치셨으니 여기 이 창으로 그를 단번에 땅
에 박아놓겠습니다. 두 번 찌를 것도 없습
니다."
9 다윗이 아비새를 타일렀다. "그렇게 해치워
서는 안 된다. 누가 감히 야훼께서 기름 부
어 세우신 어른에게 손을 대고 죄를 받지 않
겠느냐?"
10 다윗은 다시 말을 이었다. "사울은 어차피
야훼께 얻어 맞을 분이다. 때가 되어서 죽든
지 싸움터에 내려가 최후를 마치든지 할 분
이다.
11 내가 야훼께서 기름 부어 세우신 어른에게
손을 댔다가는 야훼께 벌을 받으리라. 그러
니 그의 머리맡에 있는 창과 물병만 가지고
가자."
12 다윗은 사울의 머리맡에서 창과 물병을 가
지고 빠져 나왔다. 야훼께서 그들을 모두 깊
이 잠들게 하셨으므로 다윗을 본 사람도, 눈
치챈 사람도 없었다.
13 ◎다윗은 건너편으로 건너가 멀리 산꼭대기
에 서서
14 적군을 향하여 넬의 아들 아브넬에게 소리
쳤다. "아브넬아, 내 말이 들리지 않느냐?"
아브넬이 "왕께서 계신 데다 대고 소리치는
자가 누구냐?" 하며 대꾸하자
15 다윗이 호통을 쳤다. "너는 사내 대장부가
아니냐? 이스라엘에 너 같은 사내 대장부가
또 어디 있느냐? 그런데 이 쪽에서 군인 하
나가 네 상전인 왕을 해하려고 들어갔는데
도 네 상전인 왕을 지키지 못하다니
16 네가 어찌 이럴 수 있느냐? 너희는 야훼께
서 기름 부어 세우신 상전을 지키지 못했으
니 너야말로 죽어 마땅한 놈이다. 왕의 머
리맡에 있던 창과 물병이 어디 갔는지 당장
찾아보아라."
17 ◎사울이 다윗의 목소리를 알아보고 물었다.
"내 아들 다윗아, 이것이 네 목소리가 아니
냐?" 다윗은 "그렇습니다, 임금님." 하면서
18 말하였다. "임금님께서 소자를 추적하시다

니 웬일이십니까? 제가 무슨 짓을 했단 말
씀입니까? 무슨 흉계라도 꾸몄다는 말씀입
니까?
19임금님께서는 이제 소자가 아뢰는 말씀을
들어주십시오. 만일 소자가 임금님의 손에
죽는 것이 야훼의 뜻이라면 저는 기꺼이 제
물이 되겠습니다. 그러나 만일 이것이 사람
의 생각이라면 그들이 야훼께 저주를 받을
것입니다. 그들은 지금 야훼께서 주신 이 땅
에서 나를 쫓아내려는 것입니다. 가서 다른
신이나 섬기라고 하는 것입니다.
20이제 야훼 앞을 벗어난 이 땅에 제 피를 흘
려야만 되겠습니까? 이스라엘 왕께서 산으
로 꿩을 잡으러 나서듯이 벼룩 한 마리를 찾
아 나서신 것입니까?"
21그러자 사울은 "내가 잘못했다. 내 아들 다
윗아, 돌아오너라. 네가 오늘 내 목숨을 그
렇게 소중하게 보아주었는데, 내가 어찌 다
시 너를 해치겠느냐? 내가 미치지 않고서
야 이렇게 엄청난 잘못을 저지를 수 있겠느
냐?" 하면서 사과하였다.
22다윗이 대답하였다. "여기 임금님의 창이
있습니다. 부하 하나를 보내시어 가져가십
시오.
23야훼께서는 누구든지 참되게 살기만 하면
그대로 갚아주시는 분이십니다. 오늘 야훼
께서 임금님을 제 손에 부치셨지만 저는 손
을 댈 마음이 없었습니다. 임금님은 야훼께
서 기름 부어 세우신 분이 아니십니까?
24이렇게 제가 임금님의 목숨을 귀중하게 보
아드렸으니, 야훼께서도 제 목숨을 귀하게
여기시어 온갖 재난에서 구해 주실 것입니
다."
25사울이 다윗에게 말하였다. "내 아들 다윗
아, 너야말로 훌륭하구나. 네가 하려고 하
면 무슨 일인들 못하겠느냐?" 다윗은 자기
의 갈 길을 가고 사울은 궁으로 돌아갔다.

다윗이 불레셋으로 망명하다

27 ◎다윗은 속으로 생각하였다. "나는
언제고 사울의 손에 죽을 것이다. 그러
니 불레셋 땅으로 망명하는 것이 상책이겠
다. 사울은 나를 이스라엘 안에서만 찾다가
결국 단념하고 말겠지. 그러면 나는 그 손
에서 벗어나게 될 것이다."
2이렇게 생각하고 다윗은 생사를 같이하던
부하 육백 명을 거느리고 길을 떠나 갓으로
가서 마옥의 아들 아기스 왕에게 몸을 의탁
하였다.
3다윗 일행은 각자 가족을 동반하고 갓으로
가서 아기스에게 몸붙여 살게 되었다. 다윗
이 거느리고 간 두 아내는 이즈르엘 여자 아
히노암과 나발의 아내였던 가르멜 여자 아비
가일이었다.
4사울은 다윗이 갓으로 망명했다는 말을 듣고
다시는 찾아 나서지 않았다.
5◎다윗이 아기스에게 청하였다. "소인에게
은혜를 베풀어 소인이 가서 살 지방 도시 하
나를 내어주십시오. 소인이 어찌 왕도에 감
히 함께 머물러 있겠습니까?"
6아기스는 그 날로 시글락을 다윗에게 맡겼다.
그리하여 시글락이 이 날까지 유다 왕실에
속하게 된 것이다.
7다윗은 그 불레셋 지방에서 일 년 사 개월 동
안 살았다.
8◎다윗은 부하들을 거느리고 그술족과 기르
스족과 아말렉족이 있는 곳으로 올라가 그
들을 털곤 하였다. 그들은 옛날부터 수르와
이집트로 가는 길목의 지방에 살고 있었다.
9다윗이 그 지방으로 쳐들어가 남녀를 가리
지 않고 죽이고 나서 양과 소와 나귀와 낙타
와 옷가지들을 약탈하여 돌아오자
10아기스가 "오늘 누구를 털어가지고 오는 길
이오?" 하고 물었다. "유다 남부와 여라므
엘족이 사는 지방 남부, 켄족이 사는 지방
남부를 털어왔습니다." 하고 다윗은 대답하
였다.
11다윗이 남녀를 하나도 갓으로 끌어오지 않
고 모두 죽인 것은 자기가 한 일을 고해 바
치지 못하게 하려는 것이었다. 다윗은 불레
셋 지방에 머물러 있는 동안 줄곧 이렇게 해
왔다.
12아기스는 그런 줄도 모르고 "다윗이 제 동족
이스라엘에게서 미움을 사고는 이제 아주
내 종이 되었구나." 하며 다윗을 철석같이
믿게 되었다.

사울이 엔도르에 있는 무당을 찾아가다

28 ◎불레셋 군이 이스라엘을 치려고 동원
령을 내린 때였다. 아기스가 다윗에게
일렀다. "그대는 부하를 거느리고 우리 대
열에 끼여 같이 출전하게 될 터이니 그리 아
시오."
2다윗이 "알았습니다. 분부만 내리시면 그대
로 하겠습니다." 하고 선뜻 대답하자 아기
스는 다윗에게 "그렇다면, 나는 장군을 나
의 종신호위대장으로 삼겠소." 하였다.
3◎사무엘은 이미 죽어 이스라엘 온 국민의 애

도 속에 고향 라마에 묻혔다. 한편 사울은
혼백을 불러내는 무당과 박수를 나라에서
몰아내었다.
4 ◎불레셋 군이 수넴에 집결하여 진을 치자
사울도 이스라엘 전군을 길보아에 집결시켜
진을 치기는 했지만
5 불레셋 진영을 본 사울은 몹시 겁에 질렸다.
6 그래서 사울은 야훼께 어떻게 하면 좋겠는
가 여쭈어보았다. 그러나 야훼께서는 꿈으
로도, 우림으로도, 예언자로도 대답해 주지
않으셨다.
7 그리하여 사울은 신하들에게 "혼백을 불러
내는 무당을 찾아보아라. 내가 가서 물어봐
야 하겠다." 하고 영을 내렸다. 신하들이
"엔도르에 혼백을 불러내는 무당이 있습니
다." 하고 아뢰자
8 사울은 남이 알아보지 못하게 옷을 갈아 입
고는 두 신하를 데리고 밤에 그 여자를 찾아
가서 "내가 말하는 혼백을 불러내어 내 운
수를 보아다오." 하고 청하였다.
9 그 여자가 사울에게 "당신은 혼백을 불러내
는 무당과 박수가 이 땅에서 왕명으로 근절
된 것을 모르십니까? 그런데 생사람을 잡
으려고 이 목에 올가미를 씌우시는 겁니
까?" 하고 대답하자
10 사울은 야훼 앞에서 맹세하였다. "내가 살아
계신 야훼 앞에서 맹세한다. 이 일로 자네에
게 죄가 돌아가는 일은 결코 없으리라."
11 그러자 여인이 물었다. "누구를 불러드릴까
요?" 그가 대답하였다. "사무엘을 불러다
오."
12 그 여자는 사무엘이 나타난 것을 보고 놀라
소리치며 사울에게 물었다. "어찌하여 저를
속이셨습니까? 당신은 사울 임금님이 아니
십니까?"
13 왕이 말하였다. "두려워 마라. 무엇이 보이
는지 말만 하여라." 그 여자는 "지하에서
유령이 올라오는 것이 보입니다." 하고 대
답하였다.
14 사울이 다시 그 여자에게 "어떤 모습이냐?"
하고 묻자 "도포를 입은 노인이 올라옵니
다." 하고 대답하였다. 이 말에 사울은 그가
사무엘인 줄 알고 얼굴을 땅에 대고 절을 하
였다.
15 사무엘이 사울에게 물었다. "무슨 일로 나를
불러내어 성가시게 구느냐?" 사울이 대답
하였다. "매우 어려운 일이 생겼습니다. 불
레셋 군이 저를 치려고 진을 쳤는데, 하느님
께서는 저를 떠나셨는지 예언자로도, 꿈으
로도 저의 물음에 대답해 주시지 않으십니
다. 그래서 어떻게 하면 좋을지 몰라 말씀
을 듣고자 선생을 모신 것입니다."
16 사무엘이 입을 열었다. "야훼께서 이미 너를
떠나 네 원수가 되셨는데 어쩌자고 나에게
묻느냐?
17 너는 야훼의 말씀을 듣지 않았느냐? 야훼께
서는 이미 그대로 하셨다. 이미 이 나라를
네 손에서 빼앗아 동족인 다윗에게 주셨다.
18 너는 야훼의 말씀을 듣지 않았고 그의 진노
를 아말렉에게 쏟지 않았다. 야훼께서 오늘
너에게 이렇게 하시는 것은 그 때문이다.
19 야훼께서는 너는 물론이요 이스라엘까지도
전부 불레셋 군의 손에 부치셨다. 내일이면
너와 네 아들들이 나와 함께 있게 되리라.
게다가 야훼께서는 이스라엘 군대도 불레셋
군의 손에 부치실 것이다."
20 이 말을 듣고 사울은 그만 땅바닥에 번듯이
쓰러졌다. 하루 종일, 그리고 밤새도록 아
무것도 입에 대지 못해 기운이 빠진데다가
사무엘이 하는 말에 겁을 먹고 기절했던 것
이다.
21 여자가 가까이 와서 사울이 겁에 질려 있는
것을 보고 간청하였다. "보십시오. 이 계집
종은 임금님의 말씀을 따라 목숨을 걸고 분
부대로 하였습니다.
22 그러니 이제 임금님께서도 이 계집종이 아
뢰는 말씀을 들어주십시오. 변변치 않지만
잡수실 것을 장만하겠습니다. 길을 가시려
면 무엇을 좀 드시고 기운을 차리셔야 하지
않겠습니까?"
23 사울은 먹지 않겠다고 고집을 부렸으나, 신
하들과 그 여자의 청에 못 이겨 일어나 평상
에 앉았다.
24 여자는 서둘러 집에 있는 살진 송아지를 잡
고 또 밀가루를 가져다가 누룩 넣을 새도 없
이 빵을 구워서
25 사울과 그의 신하들 앞에 차려놓았다. 그들
은 그것을 먹고 그 밤으로 길을 떠났다.

불레셋의 지휘관들이 다윗을 후방으로 돌리다

29 ◎불레셋은 전군을 아벡에 집결시켰고
이스라엘은 이즈르엘에 있는 샘가에 진
을 쳤다.
2 불레셋 군 추장들은 백 명씩, 혹은 천 명씩
부대를 편성하였고 다윗의 일행은 아기스와
함께 후방부대를 편성하였다.
3 그런데 불레셋 지휘관들이 "이 히브리 놈들
이 왜 여기에 와 있소?" 하고 항의하였다.

아기스가 블레셋 지휘관들에게 말하였다.
"그대들도 알다시피 이 사람은 이스라엘 왕
사울의 신하였던 다윗이오. 한두 해 데리고
있어 보았지만, 나에게 망명해 온 날부터
오늘까지 나는 이 사람에게서 아무 허물도
찾지 못하였소."
4 블레셋 지휘관들이 그에게 화를 내었다.
"이자들을 돌려보내어 당신이 정해 준 곳으
로 돌아가게 하시오. 그가 싸움터에서 돌아
설지도 모르므로 우리는 그와 함께 출전할
수가 없습니다. 제 상전의 환심을 사려고
무슨 일을 할는지 어찌 알겠소? 여기 있는
우리 군인들의 목을 잘라가지고 갈지도 모
르오.
5 이스라엘 사람들이 춤을 추며 노래할 때,
'사울은 수천을 치셨고
다윗은 수만을 치셨다네.'
하던 바로 그 다윗이 아니오?"
6 그래서 아기스는 다윗을 불러 일렀다. "살아
계신 야훼 앞에서 맹세하오. 장군은 곧은 사
람이오. 나에게 온 날부터 이 날까지 나는
장군에게서 아무 허물도 찾지 못하였소. 그
래서 장군을 데리고 출전하는 것이 좋겠다
고 생각했는데, 다른 추장들이 좋게 보지
않소.
7 그러니 이제 편안히 돌아가시오. 블레셋의
추장들 눈 밖에 날 일은 하지 않는 게 좋겠
소."
8 다윗이 아기스에게 항의하였다. "내가 무엇
을 했다는 말입니까? 이 날까지 당신을 모
시고 있었는데, 그 동안 나에게 무슨 허물
이 있었다고 상전이신 당신의 원수와 싸우
러 나가지 못하게 하십니까?"
9 그러나 아기스는 다윗을 달랬다. "내가 보기
에 장군은 하늘이 보낸 사람처럼 훌륭한 분
이오. 그러나 블레셋 지휘관들이 장군과 함
께 싸우러 나가지 못하겠다고 하니,
10 장군과 함께 왔던 나의 부하들을 데리고 내
일 아침에 일찍 떠나서 내가 정해 준 자리로
가도록 하시오. 나만은 장군을 훌륭하게 보
니 공연한 생각을 품지 마시오. 내일 아침
동이 트는 대로 길을 떠나도록 하시오."
11 그래서 다윗은 부하들을 데리고 아침 일찍
길을 떠나 블레셋 땅으로 돌아가고 블레셋
군은 이즈르엘로 진군해 갔다.

다윗이 아말렉을 치다

30 ◎다윗은 부하를 이끌고 사흘 만에 시
글락에 이르렀는데 그 때는 이미 네겝
과 시글락이 아말렉 군에게 약탈당한 뒤였
다. 그들은 시글락을 쳐 불을 지르고는
2 여자를 비롯하여 거기에 있던 사람은 하나
도 죽이지 않고 높은 사람 낮은 사람 할 것
없이 모두 사로잡아 갔다.
3 다윗의 일행이 성에 이르러서 보니 성은 불
타고 있었고 아내와 아들딸들은 이미 사로
잡혀 간 뒤였다.
4 다윗과 함께 있던 무리는 소리쳐 울부짖다
가 지쳐서 더 이상 울 기운조차 없게 되었
다.
5 다윗의 두 아내 이즈르엘 여자 아히노암과 가
르멜 사람 나발의 아내였던 아비가일도 사로
잡혀 갔다.
6 온 무리는 아들딸을 잃고 격분해서 다윗을
돌로 쳐죽이자고 수군거렸다. 그리하여 다
윗은 곤경에 빠지게 되었으나 자기의 하느
님 야훼를 믿고 힘을 얻었다.
7 다윗은 아히멜렉의 아들 에비야달 사제에게
부탁하여 에봇을 모셔 오게 하였다. 에비야
달이 에봇을 다윗에게 모셔 오자
8 다윗이 야훼께 여쭈었다. "이 강도떼를 쫓아
가면 따라잡을 수 있겠습니까?" 야훼께서
"쫓아가거라. 따라잡을 뿐만 아니라 모든
것을 도로 찾을 수 있다." 하고 대답하시자
9 다윗은 부하 육백 명을 이끌고 나섰다. 브솔
개울에 다다랐을 때 뒤에 처지는 사람들이
생겼다.
10 다윗은 지쳐서 브솔 개울을 건너지 못하는
이백 명은 거기에 남겨두고 사백 명만을 데
리고 계속 쫓아갔다.
11 그러다가 벌판에서 이집트 사람 하나를 만
나게 되었는데 부하들이 그를 다윗에게 데
리고 와 빵을 주어 먹게 하고 물을 주어 마
시게 하였다.
12 또 말린 무화과 한 뭉치와 건포도 두 덩이를
주었다. 그는 이것을 먹고 정신을 차렸다.
그는 사흘 밤낮을 음식이라고는 입에 대어
보지도 못했던 것이다.
13 다윗이 그에게 물었다. "너는 누구네 집 사
람이며 어디에서 왔느냐?" 그가 대답하였
다. "저는 이집트 아이로서 어떤 아말렉 사
람 집에서 종살이를 해왔습니다. 그런데 사
흘 전에 병이 들자 주인이 저를 버리고 갔습
니다.
14 우리는 그렛 지방 남부와 유다 변경과 갈렙
지방 남부를 치고 시글락에 불을 놓았습니
다."
15 다윗이 그에게 물었다. "내가 그 강도떼들

있는 곳으로 갈 터인데, 길잡이로 나설 생
각이 없느냐?" 그가 대답하였다. "저를 죽
이지 않으시고, 제 상전의 손에 넘기시지도
않으실 것을 하느님을 두고 맹세해 주십시
오. 그러면 제가 그 강도떼들이 있는 곳으
로 모시고 가겠습니다."
16그는 이렇게 다짐을 받고 길을 안내하였다.
그를 따라 내려가다가 보니 과연 아말렉 군
이 그 일대에 깔려 있었다. 불레셋 지방과
유다 지방을 털어온 것들을 먹고 마시며 흥
청거리고 있었던 것이다.
17다윗은 새벽부터 이튿날 해 질 무렵까지 그
들을 쳐부수었는데 겨우 사백 명 정도가 낙
타를 타고 도망쳤을 뿐이었다.
18이리하여 다윗은 아말렉 군이 털어갔던 것을
모두 되찾고 두 아내도 살려내었다.
19모든 사람들이 그들에게 약탈당했던 것을
되찾았다. 다윗은 높은 사람, 낮은 사람, 아
들딸은 물론 그들에게 빼앗겼던 물건까지
도 하나도 잃지 않고 모두 되찾았다.
20그들은 양떼와 소떼를 빼앗아 앞세우고는
"다윗의 전리품이다." 하면서 돌아왔다.
21지쳐서 자기를 따르지 못하고 뒤에 처져
있던 이백 명이 있는 브솔 개울로 다윗이 돌
아오자 그들이 나와서 다윗과 다윗의 군대
를 맞았다. 그리고 다윗에게 다가와 인사하
였다.
22그런데 다윗과 같이 갔다 오던 자들 가운데
심술궂은 자들이 불평을 터뜨렸다. "이 친
구들은 우리와 함께 가지 않았으니 우리가
되찾은 전리품은 하나도 줄 필요가 없습니
다. 그들에게는 처자들만 주어서 데리고 가
게 합시다."
23그러나 다윗은 "동지들, 야훼께서 우리를 지
켜주시지 않았소? 우리에게 쳐들어왔던 그
강도떼를 우리 손에 부쳐주시지 않았소?
그러니 야훼께서 우리에게 주신 것을 가지
고 어떻게 그럴 수 있겠소?" 하면서 잘라
말하였다.
24"결코 그럴 수 없소. 싸우러 나갔던 사람의
몫이나 뒤에 남아 물건을 지킨 사람의 몫이
나 다 한가지로 똑같이 분배해야 하오."
25다윗이 그 날 한 판결은 이스라엘의 관습법
이 되어 지금까지 통용되고 있다.
26다윗은 시글락에 돌아와 친분이 있는 유다
장로들에게 전리품을 보내면서 말을 전하
였다. "야훼의 원수들에게서 털어온 것을
선물로 드립니다. 받아주십시오."
27베델, 네겝 지방의 라못, 야띨,
28아로엘, 시브못, 에스드모아,
29라갈, 여라므엘의 여러 성, 켄의 여러 성,
30호르마, 보라산, 아닥,
31헤브론에 있는 장로들, 그리고 자기가 부하
들을 거느리고 드나들던 모든 지방의 장로
들에게 다윗은 선물을 보냈다.

길보아 싸움에서 사울이 전사하다

31 ◎불레셋 군이 이스라엘을 공격하였다.
이스라엘 군은 불레셋 군에게 쫓겨 도
망치다가 길보아 산에서 마구 쓰러져갔다.
2불레셋 군은 계속 사울과 그의 아들들을 추
격하여 사울의 세 아들 요나단, 아비나답, 말
기수아를 쳐죽였다.
3전세가 이미 다 기울어진 판에 사울마저 적
의 화살에 맞아 부상당하고 말았다.
4사울은 자기의 무기 당번에게 일렀다. "저
오랑캐들에게 붙잡혀 욕을 당할 수는 없다.
차라리 네가 칼을 뽑아 나를 찔러라." 그러
나 무기 당번은 감히 칼을 뽑지 못하고 망설
였다. 그러자 사울은 손수 칼을 뽑아 자결하
였다.
5사울이 죽는 것을 보고는 무기 당번도 자기
칼을 뽑아 자결하였다.
6그리하여 그 날, 사울과 그의 세 아들과 무
기 당번과 사울의 부하들이 모두 죽고 말았
다.
7그 곳 골짜기 건너편과 요르단 강 건너편
에 있던 이스라엘 사람들이 이스라엘 군이
도주하고 사울의 부자마저 전사하는 것을
보고 모두 저희의 성읍들을 버리고 도망
치자 불레셋 사람들이 거기에 와서 살게
되었다.
8◎그 이튿날 불레셋 군은 길보아 산에 올라,
죽은 군인들의 옷을 벗기다가 사울과 그의
세 아들이 쓰러져 있는 것을 발견하였다.
9그들은 사울의 목을 자르고 갑옷을 벗겨 불
레셋 땅 방방곡곡에 보내어 저희의 우상과
백성에게 기쁜 소식을 알렸다.
10그리고 나서 그가 입었던 갑옷은 아스다롯
신당에 보관하고 시체는 벳산 성벽에 못박
아 달아놓았다.
11야베스 길르앗에 살던 사람들은 불레셋 군이
사울을 이렇게 해치웠다는 소식을 듣고
12용사들이 모두 길을 떠나 밤을 도와 벳산에
이르러 사울 부자의 시체를 그 곳 성벽에서
내려다가 야베스로 옮겨 화장한 다음,
13그 뼈를 야베스에 있는 위성류나무 아래 매
장하고 칠 일간 단식하였다.

사 무 엘 하

다윗이 사울과 요나단의 죽음을 슬퍼하다

1 ◎사울이 죽은 뒤였다. 다윗이 아말렉 군을
쳐부수고 시글락에 돌아와서 이틀을 묵고,
2 사흘째 되던 날, 사울 진영의 한 사람이, 옷
이 찢기고, 머리는 흙투성이가 된 채 찾아왔
다. 그가 다윗 앞에 나아가 땅에 엎드려 절을
하자,
3 다윗이 물었다. "너는 어디에서 온 사람이
냐?" "저는 이스라엘 진영에서 가까스로 살
아 남아 온 자입니다." 하고 그가 대답하자
4 다윗은 일이 어떻게 되었는지 어서 말하라고
다그쳤다. "이스라엘 군은 싸움터에서 많은
전사자를 내고 다 도망쳤습니다. 사울과 요
나단 부자도 전사했습니다." 하고 그가 대답
하였다.
5 ◎이 말을 듣고, 다윗은 소식을 전해 준 그
젊은이에게 사울과 요나단 부자가 전사한 사
실을 어떻게 알았느냐고 물었다.
6 젊은이는 이렇게 대답하였다. "저는 길보아
산에 올라갔다가 사울이 창으로 몸을 버티고
있는 것을 보았는데, 적의 병거와 기병대가
뒤쫓고 있었습니다.
7 사울은 뒤돌아보고 제가 있는 것을 알고는
저를 불렀습니다. 제가 왜 그러시느냐고 대
답했더니,
8 저더러 누구냐고 물으셨습니다. 제가 아말렉
사람이라고 대답하자
9 저더러 어서 와서 죽여달라고 하셨습니다.
목숨만 붙어 있을 뿐 더 이상 버틸 수가 없다
는 것이었습니다.
10 제가 보기에도 다시 일어나 사실 것 같지 않
아 다가가서 그의 목숨을 끊어드렸습니다.
그리고 머리에 썼던 왕관과 팔에 끼었던 팔
찌를 벗겨서 이렇게 가지고 왔습니다."
11 ◎이 말을 듣고 다윗은 자기 옷을 잡아 찢었
다. 부하들도 자기들의 옷을 잡아 찢었다.
12 그리고 사울과 그의 아들 요나단, 야훼의 백
성, 이스라엘 가문이 칼에 맞아 쓰러진 것을
슬퍼하여 해 질 때까지 통곡하며 단식하였
다.
13 그리고 나서 다윗은 소식을 전해 준 젊은이
에게 "너는 어디 사람이냐?" 하고 물었다.
그가 이스라엘에 몸붙여 사는 아말렉 이세라
고 대답하자,
14 다윗은 "네놈이 어쩌자고 겁도 없이 손을 대
어 야훼께서 기름 부어 세우신 이를 살해했
단 말이냐?" 하고 꾸짖고 나서
15 부하 한 사람을 불렀다. "저놈을 쳐죽여라."
하고 다윗이 명령하자 부하가 그를 쳐죽였
다.
16 다윗은 그를 두고 이렇게 선언하였다. "너는
네 입으로 야훼께서 기름 부어 세우신 이를
죽였다고 증언했다. 그러니 네가 죽는 것은
네 탓이다."
17 ◎다윗은 사울과 그의 아들 요나단의 죽음을
슬퍼하여 조가를 지어
18 유다 사람들에게 가르치게 하였다. 이 노래
는 야살서에 기록되어 있다.
19 너 이스라엘의 영광이
산 위에서 죽었구나.
아, 용사들은 쓰러졌구나.
20 이 소문을 갓에 알리지 말라.
아스클론 거리에 퍼뜨리지 말라.
불례셋 계집들이 좋아하고,
오랑캐 계집들이 좋아 날뛸라.
21 길보아 산악에는 비도 이슬도 내리지 아니
하고,
소나기도 쏟아지지 아니하리라.
거기서 용사들의 방패는 더러워졌고,
사울의 방패는 기름칠도 않은 채 버려졌구
나.
22 요나단이 한번 활을 쏘면 사람들은 피를
쏟으며 쓰러졌고,
그 살에는 적군 용사들의 기름기가 묻고
야 말았는데,
사울이 한번 칼을 휘두르면 사람들은 피를
쏟으며 쓰러졌고,
그 칼에는 적군 용사들의 기름기가 묻고
야 말았는데.
23 사울과 요나단은 살았을 때 그렇게도 정이
두텁더니,
죽을 때도 갈라지지 않았구나.
독수리보다도 날쌔고,
사자보다도 힘이 세더니.
24 이스라엘의 딸들아,
주홍색 옷을 입혀주고 그 옷에 금장식을
달아주던
사울을 생각하고 통곡하여라.

25 아, 용사들이 싸움터에 쓰러졌구나.
요나단이 산 위에서 죽었구나.
26 나의 형, 요나단, 형 생각에 나는 가슴이
미어지오.
형은 나를 즐겁게 해주더니.
형의 그 남다른 사랑,
어느 여인의 사랑도 따를 수 없었는데.
27 아, 용사들은 쓰러지고,
무기는 사라졌구나.

다윗이 유다의 왕이 되다

2 ◎이런 일이 있은 뒤, 다윗이 야훼께 여쭈
었다. "유다 지방에 올라가 어느 성읍에
자리를 잡아도 되겠습니까?" 야훼께서 올라
가라고 하시자 다윗이 다시 여쭈었다. "어디
로 올라가면 좋겠습니까?" "헤브론으로 올
라가거라."
2 이 말씀을 듣고 다윗은 이즈르엘 여자 아히노
암과 가르멜 사람 나발의 아내였던 아비가일,
두 아내를 데리고 헤브론으로 갔다.
3 다윗은 부하들의 가족까지도 모두 데리고 올
라가 헤브론에 있는 여러 성에 흩어져 살게
하였다.
4 이 때, 유다 사람들이 그리로 찾아와 다윗에
게 기름을 붓고 그를 유다 왕으로 삼았다.
◎다윗은 야베스 길르앗 사람들이 사울의 장
례를 치렀다는 말을 듣고
5 야베스 길르앗 주민들에게 전갈을 보냈다.
"그대들이 상전 사울의 장례를 치러 충성을
보였으니 야훼께서 복을 내리시기를 바라오.
6 이제 야훼께서는 그대들에게 틀림없이 은덕
을 베푸실 것이오. 그대들이 이런 일을 했으
니, 나도 그대들에게 잘해 주겠소.
7 그대들의 상전 사울은 세상을 떠났고, 유다
가문은 나에게 기름을 부어 왕으로 삼았소.
그러니 낙심말고 힘들을 내시오."
8 ◎한편, 넬의 아들 아브넬은 사울의 사령관이
었는데, 그는 사울의 아들 이스보셋을 모시고
마하나임으로 건너가서
9 길르앗, 아술, 이즈르엘, 에브라임, 베냐민 등,
온 이스라엘의 왕으로 삼았다.
10 사울의 아들 이스보셋은 이스라엘 왕위에 오
를 때 사십 세였다. 그는 이 년밖에 왕노릇
하지 못하였다. 한편, 유다 가문은 다윗을 따
랐는데,
11 그는 헤브론에서 칠 년 반 동안 유다 가문의
왕노릇을 했다.
12 ◎어느 날, 넬의 아들 아브넬이 사울의 아들
이스보셋의 부하들을 거느리고 마하나임에서
기브온으로 왔다.
13 스루야의 아들 요압도 다윗의 부하들을 거느
리고 기브온 못 가로 나가 서로 맞붙게 되었
다. 한 편은 못 이 쪽에, 다른 한 편은 못 저
쪽에 진을 쳤다.
14 아브넬이 요압에게 말을 건넸다. "젊은 군인
들을 뽑아 이 자리에서 겨루게 하면 어떤
가?" 요압도 그렇게 하자고 응했다.
15 이윽고 사울의 아들 이스보셋 편인 베냐민 가
문에서 열두 사람, 다윗의 부하 가운데서 열
두 사람이 나섰다.
16 그들은 서로 상대방의 머리를 그러쥐고 칼
로 옆구리를 찔러 양편이 모두 쓰러져 죽었
다. 그래서 기브온에 있는 그 곳을 "옆구리
벌판"이라고 부르게 되었다.
17 ◎그 날 격전이 벌어졌다. 아브넬이 거느린
이스라엘 편은 다윗의 부하들에게 패하고 말
았다.
18 거기에는 스루야의 세 아들, 요압과 아비새와
아사헬이 있었는데, 아사헬은 달음박질이 들
사슴처럼 빨랐다.
19 그는 한눈 한 번 팔지 않고 아브넬의 뒤를 곧
장 쫓았다.
20 아브넬이 뒤를 돌아보며 "아사헬, 너였구
나." 하고 말했다. "그렇다." 아사헬이 말을
받자,
21 아브넬이 "네 좌우에 있는 젊은 놈이나 하나
잡아서 갑옷이라도 빼앗아라." 하고 말했다.
그래도 아사헬이 들은 체도 않고 따라붙자,
22 아브넬이 타일렀다. "내 뒤는 그만 쫓고 물
러가라! 너를 쳐서 쓰러뜨리고 싶지는 않
다. 그렇게 되면 네 형 요압을 볼 낯이 없지
않겠느냐?"
23 그래도 아사헬이 물러서려고 하지 않자 아브
넬은 창 끝으로 아사헬의 배를 찔렀다. 창이
아사헬의 등을 뚫고 나가 그는 그 자리에 쓰
러져 죽고 말았다. 다른 사람들도 아사헬이
쓰러져 죽은 곳까지 와서는 더 나아가지 못
하고 그 자리에 멈추어 섰다. 그러나
24 요압과 아비새만은 아브넬을 계속 쫓았다. 그
들이 기브온 사막으로 가는 길가에 있는 기아
맞은편 암마 언덕에 다다랐을 때 날이 저물
었다.
25 한편, 아브넬을 따라온 베냐민 사람들은 언
덕 위에서 그를 둘러싸고 한데 뭉쳐서 버티
었다.
26 아브넬이 요압 쪽에 대고 소리쳤다. "언제까
지 피를 보아야 하겠느냐? 이러다가는 마침
내 끔찍한 일이 일어날 줄을 모르느냐? 너

는 군사들에게 동족을 그만 추격하고 돌아
가라는 명령을 끝내 내리지 않을 셈이냐?"
27 "네가 그런 말을 하지 않았더라면, 너희가
아무리 동족이라 해도 우리 군사들이 내일
아침까지는 천하 없어도 너를 따라잡았을
것이다."
28 이렇게 말하고 나서 요압은 나팔을 불어 추
격을 멈추고, 더 이상 이스라엘 군을 쫓아가
며 치지 않았다.
29 아브넬은 부하들을 이끌고 밤을 새우며 아라
바를 지나 요르단 강을 건너고 아침 나절에도
내내 걸어서 가까스로 마하나임에 다다랐다.
30 요압이 아브넬 추격을 그만두고 돌아와서 군
사들을 모아보니 아사헬과 다윗의 신하 열아
홉이 없어졌다.
31 다윗의 부하들 손에 죽은 아브넬 수하 베냐민
군은 삼백육십 명이나 되었다.
32 군사들은 아사헬을 베들레헴에 있는 조상의
무덤에 안장하였다. 요압은 부하들을 거느리
고 밤새 걸어서 동 틀 무렵에 헤브론에 다다
랐다.

총사령관 아브넬이 죽다

3 ◎사울 왕실과 다윗 왕실 사이의 싸움은 오
래 계속되었다. 다윗은 갈수록 강해졌고
사울 왕실은 갈수록 약해졌다.
2 ◎㉠다윗이 헤브론에서 낳은 아들은 다음과
같다. 이즈르엘 여자 아히노암에게서 맏아들
암논을 낳았고,
3 가르멜 사람 나발의 아내였던 아비가일에게서
둘째 아들 길랍을 낳았고, 그술 왕 탈매의 딸
마아가에게서 셋째 아들 압살롬을 낳았고,
4 하낏에게서 넷째 아들 아도니야를 낳았고, 아
비탈에게서 다섯째 아들 스바티아를 낳았고,
5 ㉡애처 에글라에게서 여섯째 아들 이드르암을
낳았다. 이상은 다윗이 헤브론에서 낳은 아들
들이다.
6 ◎사울 왕실과 다윗 왕실 사이에 싸움이 계속
되는 동안, 아브넬은 사울 왕실에서 차츰 세
력을 굳혀갔다.
7 사울에게 아야의 딸 리스바라는 후궁이 있었
는데, 아브넬이 그를 범하였다. 이스보셋이
왜 자기 아버지의 후궁을 범했느냐고 꾸짖
자
8 아브넬은 몹시 화를 냈다. "나를 개대가리로
아시오? 이 날까지 나는 당신의 선친 사울의
왕실과 그 동기간과 동지들에게 충성을 바
쳐 당신을 다윗의 손에 넘기지 않고 있는데,
당신은 오늘 하찮은 여자 일로 나를 책잡으
시오?
9 나는 야훼께서 다윗에게 다짐해 주신 일이나
이루어야겠소. 만일 그렇게 하지 못한다면
이 아브넬은 어떤 천벌이라도 달게 받을 것
이오.
10 이 나라 사울 왕실을 다윗에게 넘겨주는 도리
밖에 없소. 단에서 브엘세바에까지 이르는 유
다와 이스라엘을 다스리도록 다윗을 왕으로
받드는 도리밖에 없소."
11 이스보셋은 겁이 나서 아브넬에게 아무 말
도 못하였다.
12 ◎아브넬이 다윗에게 사람을 보내어 제안했
다. "이 나라가 내 것이 아니고 누구의 것입
니까? 그러니, 나와 계약을 맺읍시다. 나는
당신을 도와 온 이스라엘이 당신에게 돌아가
게 하겠습니다."
13 "좋소. 그 말대로 밀약을 맺읍시다." 하며
다윗은 조건을 내놓았다. "그 대신 조건이
하나 있소. 나를 만나러 오는 길에 사울 왕의
딸 미갈을 데려오시오. 미갈을 데려오지 않
고서는 나를 볼 생각을 마시오."
14 ◎한편 다윗은 사울의 아들 이스보셋에게 사
절을 보내어 "내 아내 미갈을 돌려주시오.
미갈은 내가 불레셋 사람의 남근 백 개를 바
치고 얻은 사람이오." 하고 청하였다.
15 이스보셋이 사람을 보내어 라이스의 아들 발
티엘에게서 미갈을 빼앗아 오는데,
16 그의 남편은 바후림까지 울면서 따라오다가
아브넬이 돌아가라고 하자 하는 수 없이 돌
아갔다.
17 ◎아브넬이 이스라엘의 장로들에게 말하였다.
"당신들이 전부터 여러 차례 다윗을 왕으로
모시자고 하였으니
18 이제 그대로들 하십시오. 야훼께서 '내 종
다윗의 손으로 내 백성 이스라엘을 불레셋뿐
만 아니라 모든 원수의 손아귀에서 건져내
리라.' 하시지 않았습니까?"
19 아브넬은 베냐민 지파에게도 같은 말을 전한
다음, 이스라엘과 베냐민 가문이 다 좋게 여
긴다는 것을 다윗에게 알리려고 헤브론으로
떠났다.
20 ◎아브넬이 부하 이십 명을 거느리고 헤브론
으로 다윗을 찾아가자, 다윗은 아브넬 일행을
맞아 잔치를 베풀었다.
21 그 자리에서 아브넬은 다윗에게 이렇게 제의
했다. "제가 돌아가서 온 이스라엘을 불러모
아 임금님과 조약을 맺도록 하겠습니다. 임

㉠ 3:2-5에 대해서는 1역대 3:1-4 참조. ㉡ 히브리어 본문 : "다윗의 아내."

금님께서는 이 온 지역을 뜻대로 다스리십
시오." 다윗은 아브넬을 고이 보냈다.
22◎마침, 다윗의 부하들을 거느리고 전장에
나갔던 요압이 많은 전리품을 거두어가지고
돌아왔다. 그 때 아브넬은 다윗과 함께 헤브
론에 있지 않았다. 다윗이 이미 아브넬을 고
이 보낸 뒤였던 것이다.
23군사들을 이끌고 돌아온 요압은, 넬의 아들
아브넬이 왕을 찾아왔었는데 왕이 그를 고이
보냈다는 말을 듣고,
24왕에게 나아가 항의했다. "아브넬이 임금님
께 왔었는데 그자를 그대로 보내시다니, 어
찌 그러실 수가 있습니까?
25임금님께서는 넬의 아들 아브넬을 잘 아시
지 않습니까? 그자는 임금님을 속이고 임
금님의 동정을 살피러 왔던 것입니다. 임금
님께서 하시는 일을 샅샅이 살피러 왔던 것
입니다."
26◎요압은 다윗 앞을 물러나와 사람들을 보내
어 아브넬의 뒤를 쫓게 하였다. 그들은 시라
우물 가에서 아브넬을 사로잡아 데리고 돌아
왔다. 그러나 다윗은 그런 사정을 몰랐다.
27아브넬이 헤브론으로 끌려오자 요압은 단둘
이서 할 이야기라도 있는 듯이 속여 아브넬
을 성문 한 옆으로 데리고 가서 배를 찔러 죽
였다. 자기 동생 아사헬의 복수를 한 것이다.
28다윗은 그 뒤에야 이 일을 알고 말했다. "넬
의 아들 아브넬이 피를 흘리고 죽었으나,
나와 내 나라는 영원히 야훼께 죄받을 일이
없다.
29그 죄는 요압의 머리와 그 가문에 돌아갈 것
이다. 그 집안에는 성병환자, 문둥이, 물레
질이나 할 자, 칼에 맞아 죽거나 굶어 죽을
자가 끊이지 아니하리라."
30요압과 아비새 형제가 아브넬을 죽인 것은 아
브넬이 저희 동생 아사헬을 기브온 전투에서
죽였기 때문이었다.
31다윗은 요압과 그가 거느린 전군에 영을 내렸
다. "옷을 찢고 굵은 베 옷을 허리에 두르고
아브넬의 상여를 앞서가며 곡하라." 그리고
다윗 왕도 몸소 상여 뒤를 따랐다.
32아브넬을 헤브론에 장사한 다음, 다윗 왕이
아브넬의 무덤 앞에서 목놓아 울자 군인들도
모두 따라 곡을 했다.
33왕은 아브넬의 죽음을 슬퍼하여 조가를 지
었다.

아브넬이 어이없이 개죽음을 당하다니!
34 손이 묶이지도 않았고,
발에 쇠고랑을 차지도 않았는데,
불한당에게 맞아 쓰러지듯 죽었구나!

온 군인들은 다시 그를 생각하며 곡을 했
다.
35◎사람들은 다윗 앞에 나아가 요기라도 좀
하시라고 권하였다. 아직 해가 지기 전이었
다. 다윗은 "해 지기 전에 음식을 입에 댄다
면 어떤 천벌이라도 달게 받겠다." 하고 맹
세하였다.
36이것을 보고 군사들은 모두 흐뭇하게 여겼
다. 왕이 하는 일은 모두 좋게 보였던 것이
다.
37그제야 비로소 모든 군사들과 온 이스라엘은
왕이 사람을 시켜 넬의 아들 아브넬을 죽인
것이 아니라는 사실을 알게 되었다.
38왕이 신하들에게 일렀다. "그대들도 알다시
피 오늘 이스라엘의 위대한 장군이 죽었소.
39스루야의 아들들이 너무 억세어서 나에게는
힘에 겹소. 이처럼 무력해서야 내가 어찌 왕
노릇을 하겠소? 야훼께서 그런 나쁜 짓을 한
자들에게 그만한 벌을 내리시기를 바랄 뿐
이오."

사울의 아들 이스보셋이 죽다

4 ◎사울의 아들 이스보셋은 아브넬이 헤브론
에서 죽었다는 소식을 듣고 맥이 풀렸다.
온 이스라엘도 갈팡질팡하였다.
2사울의 아들 이스보셋 수하에는 특공대 대장
이 둘 있었는데, 하나는 바아나요, 또 하나
는 레갑이었다. 둘 다 베냐민 족속이며 브에
롯 사람인 림몬의 아들이었다. 브에롯도 베냐
민 가문에 속한 것으로 쳐주고 있었다.
3브에롯 사람들은 기따임으로 난을 피해 갔다
가 오늘날까지 거기에 머물러 살고 있다.
4◎사울의 아들 요나단에게는 다리를 저는 아
들이 하나 있었다. 그가 다섯 살 때, 이즈르
엘에서 사울과 요나단이 죽었다는 소식이 전
해지자, 유모가 그를 안고 허둥지둥 도망치
다가 떨어뜨리는 바람에 다리를 절게 되었
던 것이다. 그의 이름은 므비보셋이었다.
5◎브에롯 사람 림몬의 두 아들 레갑과 바아나
가 한낮에 이스보셋 왕궁을 찾아갔다. 때마
침 이스보셋은 낮잠을 자고 있었다.
6레갑 형제는 밀을 가지러 온 것처럼 꾸미고
궁으로 들어가서 이스보셋의 배를 찌르고 달
아났다.
7둘은 궁에 들어가서 이스보셋이 침대에 누워
자는 것을 보고 그를 죽인 다음 목을 베어가
지고 밤새 아라바 길을 걸어
8헤브론으로 갔다. 그들은 다윗 왕에게 이스보

셋의 머리를 바치며 아뢰었다. "임금님의 목
숨을 해치려던 원수 사울의 아들 이스보셋의
머리가 여기 있습니다. 야훼께서 오늘 임금
님의 원수를 갚으시어 사울 부자에게 벌을
내리셨습니다."
9 그러자 다윗은 브에롯 사람 림몬의 아들 레갑
과 바아나 형제에게 말하였다. "사지에 빠졌
을 때마다 내 목숨을 건져주신 야훼 앞에서
맹세한다.
10 전에도 희소식이나 되는 줄 알고 사울의 죽
음을 전해 주던 자가 있었다. 그 때 나는 그
소식을 가져온 대가로 그자를 잡아 시글락에
서 처형하였다.
11 그런데 너희 고약한 놈들은 집에서 잠자리
에 누워 자고 있는 무고한 사람을 죽였으니
내가 그대로 둘 성싶으냐? 나 이제 너희 둘
을 죽여 그의 원한을 풀어주리라. 너희 같은
자들을 이 땅에서 씨도 남기지 않으리라."
12 그리고 다윗은 호위병에게 명령하여 둘을 죽
이고 그 손과 발을 잘라 헤브론 못 가에 매달
게 하였다. 그리고 이스보셋의 머리를 거두
어 헤브론에 있는 아브넬의 무덤에 장사지냈
다.

다윗이 통일 국가의 왕이 되다

5 ◎㉠이스라엘 여러 족속이 모두 헤브론으로
다윗을 찾아와 아뢰었다. "우리는 임금님
과 한 골육입니다.
2 전에 사울이 우리의 왕이었을 때에도 우리
이스라엘을 거느리고 출전하신 것은 임금님
이었습니다. 야훼께서도 임금님께 '너는 내
백성 이스라엘의 목자로서 이스라엘의 영도
자가 되라.' 하지 않으셨습니까?"
3 이리하여 다윗 왕은 헤브론으로 찾아온 이스
라엘의 모든 장로들을 맞아 야훼 앞에서 조약
을 맺었고, 그들은 다윗에게 기름을 부어 이
스라엘 왕으로 삼았다.
4 ◎다윗은 나이 삼십에 왕위에 올라 사십 년
을 다스렸다.
5 헤브론에서 칠 년 육 개월 동안 유다를 다스
렸고, 예루살렘에서는 삼십삼 년 동안 온 이
스라엘과 유다를 다스렸다.
6 ◎다윗 왕이 부하를 거느리고 예루살렘을 치
러 가자, 거기 사는 여부스인들이 다윗에게
빈정거렸다. "너 같은 것이 이리로 쳐들어오
다니, 어림도 없다. 소경이나 절름발이도 너
쯤은 쫓아낼 수 있다." 그들은 다윗이 감히
쳐들어오지는 못하리라고 생각했던 것이다.
7 그러나 다윗은 그 견고한 시온 성을 점령하였
다. 그리하여 이것이 다윗의 도성이 되었다.
8 그 날, 다윗은 이런 명령을 내렸다. "누가 여
부스인을 치려느냐? 물을 길어 올리는 바위
벽을 타고 올라가 절름발이와 소경들을 쳐
라. 이 다윗은 그자들이 사무치게 밉다." 이
리하여 소경과 절름발이는 왕궁에 들어가지
못하게 되었다.
9 다윗은 그 견고한 성에서 살며 그 성을 다윗
의 도성이라고 불렀다. 그는 밀로의 안쪽으
로 다시 성곽을 둘러 쌓았다.
10 만군의 하느님 야훼께서 다윗과 함께 계시므
로, 그의 세력은 날로 뻗어갔다.
11 ◎㉡띠로 왕 히람은 다윗에게 사절단을 보내
며 송백 재목과 함께 목수와 석수를 딸려 보
내어 다윗의 궁을 짓게 하였다.
12 다윗은 야훼께서 자기를 이스라엘 왕으로 튼
튼히 세우시고 자기의 왕권을 떨치게 하신
것은 당신의 백성 이스라엘을 잘되게 하시려
는 데 그 뜻이 있다는 것을 알게 되었다.
13 ◎다윗은 헤브론에서 예루살렘으로 자리를 옮
긴 뒤 후궁들을 더 얻어 아들딸을 많이 낳았
다.
14 ㉢그가 예루살렘에서 낳은 아들들의 이름은
삼무아, 소밥, 나단, 솔로몬,
15 이브할, 엘리수아, 네벡, 야비아,
16 엘리사마, 엘리아다, 엘리벨렛이었다.
17 ◎이스라엘이 다윗에게 기름 부어 왕으로 모
셨다는 말을 듣고 불레셋 군은 다윗을 잡으려
고 쳐 올라왔다. 다윗이 이 소식을 듣고 요새
로 내려갔을 때
18 불레셋 군은 이미 르바임 골짜기를 가득 메우
고 있었다.
19 다윗이 야훼께 물었다. "불레셋 군을 쳐 올라
가도 되겠습니까? 야훼께서는 그들을 제 손
에 넘겨주시겠습니까?" 야훼께서 다윗에게
대답하셨다. "쳐 올라가라. 내가 기어이 불
레셋 군을 네 손에 넘겨주리라." 다윗은 야훼
의 응낙을 받고
20 바알브라심으로 가서 그들을 쳐부수었다. 그
리고 그는 "물이 둑을 무너뜨리듯 야훼께서
원수를 내 앞에서 무너뜨리셨다."고 하여 그
곳을 바알브라심이라 불렀다.
21 다윗은 불레셋 군이 그 곳에 버리고 간 우상
들을 부하들과 함께 말끔히 치웠다.
22 불레셋 군이 다시 쳐 올라와 르바임 골짜기를

㉠ 5:1-3, 6-10에 대해서는 1역대 11:1-9 참조. ㉡ 5:11-25에 대해서는 1역대 14:1-16 참조. ㉢ 5:14-16에 대해서는 1역대 3:5-8, 14:4-7 참조.

메웠다.
23 다윗이 야훼께 물으니 야훼께서 이렇게 일러
주셨다. "곧장 올라가지 말고 적의 뒤로 돌
아가 바카 향나무 맞은편에서 습격하여라.
24 그 바카나무 숲 위에서 발소리가 나거든 곧
진격하여라. 나 야훼가 앞장서서 불레셋 군을
치러 나가는 것이다."
25 이리하여 다윗은 야훼의 명령을 따라 불레셋
군을 기브온에서 게젤까지 쫓아가며 무찔렀
다.

법궤를 예루살렘으로 모셔 오다

6 ◎㉠다윗은 이스라엘에서 정병 삼만 명을
소집했다.
2 다윗은 이 전군을 거느리고 유다 바알라에 가
서 하느님의 궤를 옮겨오려는 것이었다. 그
궤는 거룹을 타고 계시는 만군의 야훼의 이름
으로 불리는 궤였다.
3 그들이 언덕 위에 있는 아비나답의 집에서
하느님의 궤를 새 수레에 싣고 나올 때, 아비
나답의 아들 우짜와 아효가 그 새 수레를 몰
았다.
4 우짜는 궤 옆에서 따르고, 아효는 궤 앞에서
인도했다.
5 다윗과 온 이스라엘 백성은 수금과 거문고를
뜯고 소구와 땡땡이와 바라를 치면서 마음
껏 노래부르며 춤을 추었다.
6 그들이 나곤이라는 사람의 타작 마당을 지날
때였다. 소가 뛰는 바람에 하느님의 궤가 떨
어지려고 하자 우짜가 손을 대어 붙들었는데
7 야훼 하느님께서 우짜의 잘못을 보시고 진노
하여 그를 치셨다. 우짜는 하느님의 궤 옆에
서 죽었다.
8 다윗은 야훼께서 우짜를 치신 일이 몹시 마음
에 걸렸다. 그래서 그 곳을 베레스우짜라 불
렀는데, 그 이름이 지금까지 남아 있다.
9 다윗은 그 날, 야훼가 너무 두려워, "이래서
야 어찌 야훼의 궤를 모실 것인가!" 하였다.
10 그래서 다윗은 야훼의 궤를 자기 도성으로 맞
아들이려 하지 않고 갓 사람 오베데돔의 집으
로 옮겨 모셨다.
11 야훼의 궤를 오베데돔의 집에 모셔둔 석 달
동안, 야훼께서는 오베데돔과 그 집안 식구에
게 복을 내려주셨다.
12 ◎㉡오베데돔의 집에 하느님의 궤를 모셔두
었기 때문에 야훼께서 그 집 식구들과 모든
재산에 복을 내려주신다는 소식을 듣고 다윗
왕은 너무나도 기뻐 하느님의 궤를 오베데돔
의 집에서 자기 도성으로 모시고 올라왔다.
13 야훼의 궤를 멘 사람들이 여섯 걸음을 옮긴
다음 다윗은 살진 황소를 잡아 바쳤다.
14 그리고 다윗은 모시 에봇을 입고 야훼 앞에서
덩실거리며 춤을 추었다.
15 다윗은 온 이스라엘 백성들과 함께 나팔을 불
고 함성을 지르며 야훼의 궤를 모시고 올라
왔다.
16 ◎야훼의 궤가 다윗의 도성에 들어올 때 다윗
왕이 야훼 앞에서 덩실 덩실 춤추는 것을 사
울의 딸 미갈이 창으로 내려다보고는 속으로
비웃었다.
17 다윗은 미리 성막을 쳐서 마련해 놓은 자리
에 야훼의 궤를 모셔놓고 야훼께 번제와 친교
제를 드렸다.
18 이렇게 번제와 친교제를 드린 다음 다윗은
만군의 야훼의 이름으로 백성들에게 복을 빌
어주었다.
19 그리고 모여든 온 이스라엘 백성들에게 남녀
를 가리지 않고 떡 한 개, 마른 대추야자 한
뭉치, 건포도떡 한 개씩을 나누어주었다. 백
성들은 모두 이것을 받아가지고 자기 집으
로 돌아갔다.
20 다윗이 자기 식구들에게 복을 빌어주려고 돌
아오자 사울의 딸 미갈이 나가 다윗을 맞으며
말하였다. "오늘 이스라엘의 임금으로서 체
통이 참 볼만하더군요. 건달처럼 신하들의
여편네들 보는 앞에서 몸을 온통 드러내시
다니."
21 다윗이 미갈에게 대답하였다. "야훼께서는
그대 아버지와 그대 집안을 다 제쳐놓으시
고 나를 택하여 당신의 백성 이스라엘의 왕
으로 세워주셨소. 나는 그 야훼 앞에서 춤을
추었소. 나는 앞으로도 야훼 앞에서 춤출 것
이며
22 이번보다도 더 경망히 굴 것이오. 그대는 천
하게 보겠지만 지금 말한 그 여편네들은 나
를 더욱 우러를 것이오."
23 그 뒤 사울의 딸 미갈은 죽는 날까지 자식을
낳지 못했다.

나단의 예언

7 ◎㉢야훼께서 사면의 원수를 다 물리쳐주
셨으므로 다윗 왕은 궁에서 마음놓고 살게
되었다.
2 그렇게 되자 왕은 예언자 나단에게 말하였

㉠ 6:2-11에 대해서는 1역대 13:6-14 참조. ㉡ 6:12-19에 대해서는 1역대 15:25-16:3 참조. ㉢ 7:1-29에 대해서는 1역대 17장 참조.

다. "내 말을 들으시오. 나는 이렇게 송백으
로 지은 궁에서 사는데, 하느님의 궤는 아직
도 휘장 안에 모셔둔 채 그대로 있소."
3 나단이 왕에게 아뢰었다. "야훼께서 함께 계
시니 무엇이든지 뜻대로 하십시오."
4 ◎그 날 밤, 야훼의 말씀이 나단에게 내렸다.
5 "너는 나의 종 다윗에게 가서 나 야훼의 말
이라 하고 이렇게 일러라. '내가 살 집을 네
가 짓겠다는 말이냐?
6 나는 이스라엘 자손을 이집트에서 이끌어내
던 때부터 지금까지 천막을 치고 옮겨 다녔
고, 집 안에서 살아본 적이 없다.
7 내가 이스라엘 백성들과 함께 여기 저기 옮겨
다니는 동안, 내 백성 이스라엘을 맡겨 보살
피게 한 어느 영웅에게 어찌하여 나의 집을
송백으로 지어주지 않느냐고 말한 적이 있
었더냐?'
8 너는 이제 나의 종 다윗에게 만군의 야훼의
말이라 하며 이렇게 일러주어라. '나는 양떼
를 따라다니던 너를 목장에서 데려내다가
내 백성 이스라엘의 영도자로 삼았다.
9 그리고 나는 네가 어디를 가든지 너와 함께
있으면서 모든 원수들을 네 앞에서 쳐 없애
버렸다. 세상에서 이름난 어떤 위인 못지않
게 네 이름을 떨치게 해주리라.
10 또 나는 내 백성 이스라엘이 머무를 곳을 정
해 주어 그 곳에 뿌리를 박고 전처럼 악한들
에게 억압당하는 일이 없이 안심하고 살게
하리라.
11 지난날 내가 위정자들을 시켜 내 백성 이스
라엘을 다스리게 하던 때와는 달리 너희를
모든 원수에게서 구해 내어 평안하게 하리
라. 나 야훼가 한 왕조를 일으켜 너희를 위대
하게 만들어주리라.
12 네가 살 만큼 다 살고 조상들 옆에 누워 잠든
다음, 네 몸에서 난 자식 하나를 후계자로
삼을 터이니 그가 국권을 튼튼히 하고
13 나에게 집을 지어 바쳐 나의 이름을 빛낼 것
이며, 나는 그의 나라를 영원히 든든하게 다
지리라.
14 내가 친히 그의 아비가 되고 그는 내 아들이
되리라. 만일 그가 죄를 지으면 나는 사람이
제 자식을 매와 채찍으로 징계하듯 치리라.
15 그러나 내가 일찍이 사울에게서 내 사랑을
거두었지만 그에게서도 그처럼 내 사랑을
거두지는 않으리라.
16 네 왕조, 네 나라는 내 앞에서 길이 뻗어나
갈 것이며 네 왕위는 영원히 흔들리지 아니
하리라.'"
17 나단은 계시받은 대로 이 모든 말씀을 다윗
에게 전하였다.

다윗의 기도

18 ◎이 말을 듣고 다윗 왕은 야훼 앞에 나아가
꿇어 앉아 아뢰었다.
"야훼 나의 주님, 제가 무엇이며 제 집안
이 무엇이기에 저를 이런 자리에까지 끌어
올려 주셨습니까?
19 야훼 나의 주님, 이것만도 분에 넘치는 일인
데 훗날에 이 종의 집안에 있을 일까지 말씀
해 주시고 알려주시니,
20 고마운 마음 이루 다 헤아릴 수 없습니다. 야
훼 나의 주님께서는 종 다윗의 심정을 너무
나 잘 알고 계십니다.
21 개만도 못한 이 종을 돌보시어 이처럼 크신
일을 하심으로써 소인을 알려지도록 하셨습
니다.
22 야훼 나의 주님은 진정 위대하십니다. 우리
는 일찍이 하느님과 같은 분이 또 있다는 말
을 들어본 적이 없고, 다른 신이 있다는 말
을 들어본 적도 없습니다.
23 세상에 고생하는 민족을 찾아가서 손수 건
져내어 자기 백성으로 삼고 유명하게 만들
어준 신이 또 어디 있습니까? 그런데 당신
께서는 두렵고 놀라운 일을 하셔서 하느님
의 백성을 이집트에서 건져내시고, 여러 민
족을 그들이 섬기던 신과 함께 몰아내셨습
니다. 하느님의 백성 이스라엘 같은 민족이
천하에 어디 있겠습니까?
24 하느님께서는 이 백성 이스라엘을 영원히 움
직일 수 없는 하느님의 백성으로 삼으셨습
니다. 그리고 야훼께서는 그들의 하느님이
되어주셨습니다.
25 야훼 하느님, 이제 이 종과 종의 왕실을 두고
하신 말씀을 길이 변치 마시고 이루어주십
시오.
26 그러면 사람들이 하느님의 이름을 드높여
만군의 야훼는 이스라엘의 하느님이라 할 것
입니다.
27 만군의 야훼 이스라엘의 하느님, 하느님께서
친히 이 종의 왕실을 세워주시겠다고 밝히
셨기에, 이 종은 감히 이렇게 기도를 드립니
다.
28 야훼 나의 주님, 주님이야말로 참 하느님이
시며, 하시는 말씀에 거짓이 없으십니다. 하
느님께서 이 종에게 이토록 좋은 말씀을 내
려주셨으니,
29 부디 종의 왕실에 복을 내려주시어 하느님

앞에 영원히 서게 해주십시오. 야훼 나의 주
님, 주님의 말씀대로 이 종의 왕실은 복을
길이 받아 누리겠습니다."

다윗의 전쟁 기록

8 ◎㉠그 뒤 다윗은 불레셋을 쳐서 굴복시키
고, 메데암마를 불레셋 사람들에게서 빼앗
았다.
2 또 다윗은 모압을 쳐서 이기고 그 사람들을
땅에 엎드리게 한 다음 줄로 재어 두 줄 길
이 안에 든 사람들은 죽이고, 한 줄 길이 안
에 든 사람들은 살려두게 하였다. 이리하여
모압은 다윗에게 조공을 바치는 속국이 되
었다.
3 또 다윗은 르홉의 아들, 소바 왕 하다데젤이
세력을 되찾으려고 유프라테스 강으로 가는
것을 쳐서
4 기병 천칠백과 보병 이만을 사로잡고, 병거
도 백 대만 남기고 나머지는 못쓰게 만들었
다.
5 다마스쿠스의 아람인들이 소바 왕 하다데젤을
도우러 왔으나 다윗은 그 아람인들을 이만 이
천 명이나 죽이고
6 다마스쿠스에 주둔군을 두어 아람인들을 다
스리게 하였다. 그리하여 아람인들도 다윗에
게 조공을 바치는 속국민이 되었다. 이렇게
야훼께서는 다윗이 어디를 가든지 그에게 승
리를 안겨주셨다.
7 다윗은 하다데젤의 부하들이 몸에 걸고 다니
던 금 장신구를 거두어 예루살렘으로 가져왔
다.
8 다윗은 또한 하다데젤이 차지하고 있던 베타
와 베로대에서 놋쇠도 많이 빼앗아왔다.
9 ◎하맛 왕 도이는 다윗이 하다데젤의 전군을
무찔렀다는 소식을 듣고
10 아들 하도람을 다윗 왕에게 보내어 문안하고
하다데젤을 쳐서 이긴 것을 축하하게 하였다.
도이는 하다데젤과 적대 관계에 있었던 것이
다. 하도람은 금과 은과 놋으로 만든 기물들
을 가지고 왔다.
11 다윗 왕은 이것을 다른 나라들을 정복하고
가져온 금은과 함께 야훼께 성별하여 바쳤
다.
12 아람과 모압과 암몬 백성들과 불레셋과 아말
렉에서 가져온 전리품에다 소바 왕 하다데젤
한테서 가져온 전리품도 바쳤던 것이다.
13 ◎다윗은 돌아오는 길에 소금 골짜기에 사
는 에돔 사람 만 팔천 명을 쳐죽여 이름을
떨치고,
14 에돔에도 주둔군을 두었다. 그래서 온 에돔
이 다윗의 속국이 되었다. 다윗이 어디를 가
든지 야훼께서는 그에게 승리를 안겨주셨다.
15 ◎㉡다윗은 온 이스라엘의 왕으로서 백성을
공평 무사하게 다스렸다.
16 군 총사령관에는 스루야의 아들 요압, 공보
대신에는 아힐룻의 아들 여호사밧,
17 사제 일은 아히툽의 아들 사독과 아히멜렉의
아들 에비야달, 비서 일은 스라야,
18 그렛 외인부대와 벨렛 외인부대의 지휘관에
는 여호야다의 아들 브나야. 다윗의 아들들도
사제 일을 보았다.

다윗이 요나단의 아들에게 호의를 베풀다

9 ◎다윗은 요나단을 생각해서 그 은혜를 갚
고 싶은데 사울의 집안에 살아 남은 자가
하나도 없느냐고 물었다.
2 마침 사울 가문을 섬겨오던 종이 하나 있었
는데 이름은 시바였다. 사람들이 그를 불러
다윗에게 데리고 오자 왕은 "네가 시바냐?"
하고 물었다. "그러하옵니다." 하고 그가 대
답하자
3 왕은 다시 물었다. "내가 하느님께 맹세한
대로 은혜를 갚아야 할 텐데, 사울의 집안에
아무도 남은 자가 없느냐?" 시바가 대답하
였다. "다리를 저는 요나단의 아들 하나가
남아 있습니다."
4 왕은 그가 어디 있느냐고 물었다. 시바는 그
가 로드발에 있는 암미엘의 아들 마길의 집에
있다고 대답하였다.
5 ◎다윗은 사람을 로드발로 보내어 암미엘의
아들 마길의 집에서 그를 데려왔다.
6 이리하여 사울의 손자이자 요나단의 아들인
므비보셋이 다윗 앞에 나오게 되었다. 그가
엎드려 절을 하자 다윗이 "그대가 므비보셋
이오?" 하고 물었다. "예, 그러하옵니다."
하고 그가 대답하였다.
7 다윗이 말하였다. "두려워하지 마시오. 나는
그대의 선친 요나단에게 입은 은혜를 이제
그대에게 갚고자 하오. 그대의 조부인 사울
이 부치던 밭을 모두 그대에게 돌려주겠소.
그리고 그대는 늘 나와 한 식탁에서 음식을
들도록 하오."
8 므비보셋이 엎드려 절하며 말하였다. "이 죽
은 개만도 못한 소인이 무엇이기에 이렇듯
이 살펴주십니까?"
9 ◎왕은 사울의 시종 시바를 불러서 일렀다.

㉠ 8:1-14에 대해서는 1역대 18:1-13 참조. ㉡ 8:15-18에 대해서는 1열왕 4:2-6, 1역대 18:14-17 참조.

"네 상전 사울의 유산과 그 집안 재산을 다
그의 유족인 이분에게 돌려주었다.
10 그러니 너는 네 아들들과 종들을 거느리고
그 밭을 갈고 거두어들여 네 상전의 유족을
부양하도록 하여라. 네 상전의 유족 므비보
셋은 늘 나와 한 식탁에서 음식을 들 것이
다." 시바는 아들 열다섯에 종이 스물이나
있었다.
11 시바는 무엇이든지 왕께서 분부하신 대로 다
하겠다고 아뢰었다. 므비보셋은 왕자들 사이
에 끼여 다윗 왕과 한 식탁에서 음식을 먹었
다.
12 므비보셋에게는 미가라는 막내 아들이 있었
다. 시바의 집에서 사는 자는 다 므비보셋의
종이 되었다.
13 므비보셋은 늘 왕과 한 식탁에서 먹으며 예루
살렘에서 살았다. 그는 두 다리를 다 절었다.

다윗이 암몬과 아람을 치다

10 ◎㉠그 뒤 암몬 왕이 죽고 그 아들 하눈
이 왕위에 올랐다.
2 이 말을 듣고 다윗은, "하눈의 아버지 나하스
가 지난날 나에게 한결같이 잘해 주었으니
나도 그의 아들 하눈에게 은혜를 갚아주리
라." 하면서 조문 사절단을 보냈다. 그런데
다윗의 사절단이 암몬 땅에 이르자,
3 암몬의 지휘관들이 상전인 하눈에게 이렇게
말하였다. "다윗이 선왕께 경의를 표하려고
조객을 보낸 것이 아닙니다. 다윗은 틀림없
이 이 성을 함락시킬 속셈으로 염탐해 오라
고 이 사절단을 보냈습니다."
4 이 말에 하눈은 다윗의 사절들을 잡아 수염을
절반씩 깎아버리고 옷은 엉덩이가 드러나도
록 절반씩 잘라 돌려보냈다.
5 다윗은 이 소식을 듣고 너무 심한 수모라 생
각하여 그들에게 수염이 자랄 때까지 예리고
에 있다가 돌아오라고 전갈을 보냈다.
6 ◎암몬 사람들은 다윗의 미움을 산 줄 알고
사방으로 사람을 보내어 벳르홉 아람과 소바
아람 보병 이만을 비롯하여, 마아가 왕이 거
느린 군대 천과 돕 군 만 이천을 고용하였다.
7 이 소식을 듣고 다윗은 전 상비군을 요압에게
맡겨 내보냈다.
8 암몬 군은 성문 앞에 나와 진을 치고 소바 아
람 군과 르홉 아람 군과 돕과 마아가 군은 따
로따로 들에 진을 쳤다.
9 요압은 적이 앞뒤로 포진한 것을 보고 이스라
엘의 전 정예부대 가운데서 날랜 군사들을
뽑아서 아람 군과 맞서게 하고,
10 남은 군대는 동생 아비새에게 맡겨 암몬 군을
맞게 하였다.
11 그리고 요압은 이렇게 일렀다. "만일 아람 군
이 나보다 세거든 네가 와서 나를 도와다오.
암몬 군이 너보다 세면 내가 너를 도우러 가
겠다.
12 용기를 내어라. 우리 겨레와 우리 하느님의
성읍들을 위하여 용기를 내자. 뒷일은 야훼
께 맡기자!"
13 자기 부대를 거느리고 짓쳐 나가는 요압 앞
에서 아람 군은 쫓겨 달아났다.
14 아람 군이 달아나는 것을 보고 암몬 군도 아
비새에게 쫓겨 성으로 들어가 버렸다. 요압
은 암몬 군을 더 이상 공격하지 않고 예루살
렘으로 돌아왔다.
15 ◎아람 군은 이스라엘에게 패하자 전 병력을
동원하였다.
16 그리고 하다데젤은 사람을 보내어 유프라테스
강 건너편에 있는 아람인들을 출동시켜 헬람
으로 진격해 왔다. 지휘관은 하다데젤의 사
령관 소박이었다.
17 이 정보를 듣고 다윗은 이스라엘의 전군을 소
집하여 요르단 강을 건너 헬람으로 진격해 갔
다. 아람 군은 진을 치고 다윗 군과 맞붙어 싸
웠으나
18 마침내 이스라엘 군에게 쫓겨 달아나고 말았
다. 다윗은 아람 병거대 칠백 명과 기병대 사
만 명을 무찌르고 적의 사령관 소박을 쳐죽
였다.
19 하다데젤에게 붙었던 모든 왕들은 아람 군이
이스라엘에게 패하는 것을 보고 이스라엘과
화친하고 이스라엘의 속국이 되었다. 아람 사
람들은 혼이 나서 다시는 암몬 백성을 돕지
않았다.

다윗이 우리야를 죽이고 바쎄바를 얻다

11 ◎해가 바뀌는 때가 왕들이 싸움을 일
으키는 때였다. 그 때가 되자 다윗은 요
압에게 자기 부하 장교들과 이스라엘 전군을
맡겨 내보냈다. 그들은 암몬을 무찌르고 마
침내 라빠를 포위하였다. 그러나 다윗은 예루
살렘에 남아 있었다.
2 ◎어느 날 저녁에 다윗은 침대에서 일어나
궁전 옥상을 거닐다가 목욕을 하고 있는 한
여인을 보게 되었다. 매우 아름다운 여인이
었다.
3 다윗이 사령을 보내어 그 여인이 누구인지

㉠ 10:1-19에 대해서는 1역대 19:1-19 참조.

알아보게 하니, 사령은 돌아와서 그 여인은
엘리암의 딸 바쎄바인데 남편은 헷 사람 우리
야라고 보고하였다.
4 다윗은 사령을 보내어 그 여인을 데려다가
정을 통하고는 돌려 보냈다. 여인은 마침 부
정을 씻고 몸이 정결한 때였다.
5 바쎄바의 몸에 태기가 있게 되었다. 그래서
다윗에게 자기가 임신했다는 것을 알렸다.
6 ◎그러자 다윗은 요압에게 사람을 보내어 헷
사람 우리야를 자기에게 보내라고 하였다.
요압이 우리야를 다윗에게 보냈다.
7 우리야가 당도하자 다윗은 요압과 병사들의
안부를 묻고 싸움터의 형편도 알아보고 나
서
8 집에 돌아가 푹 쉬라고 하였다. 우리야가 어
전에서 물러나올 때 왕은 술상까지 딸려 보
냈다.
9 그러나 우리야는 집으로 가지 아니하고 대궐
문간에서 근위병들과 함께 잤다.
10 ◎다음날 다윗은 우리야가 집에 돌아가 자지
않았다는 말을 듣고 우리야에게 물었다. "그
대는 먼 길에서 돌아온 몸이 아닌가? 그런
데 어찌하여 집에 내려가 보지 않았는가?"
11 우리야가 다윗에게 대답하였다. "온 이스라엘
군과 유다 군이 야영 중입니다. 법궤도 거기
에 있습니다. 제 상관 요압 장군이나 임금님
의 부하들도 들판에 진을 치고 있습니다. 그
런데 저만 집에 가서 편히 쉬며 먹고 마시고
아내와 더불어 밤을 지내다니, 도저히 그렇
게는 할 수 없습니다."
12 다윗은 "그럼 오늘은 여기에서 지내도록 하
오." 하며 우리야에게 내일은 돌아가게 해주
겠다고 말했다. 우리야는 그 날도 예루살렘에
서 묵었다.
13 다음날 다윗은 우리야를 불러들여 한 식탁에
서 먹고 마시게 하여 그를 흠뻑 취하게 만들
었다. 우리야는 그 날 저녁에도 어전에서 물
러나와 집으로 돌아가지 아니하고 근위병들
과 함께 잤다.
14 ◎날이 밝자 다윗은 요압 앞으로 편지를 써서
우리야에게 주어 보냈다.
15 다윗은 그 편지에 이렇게 썼다. "우리야를 가
장 전투가 심한 곳에 앞세워 내보내고 너희
는 뒤로 물러나서 그를 맞아죽게 하여라."
16 요압은 성을 지켜보고 있다가 강병이 지키고
있는 데를 알아내어 그 곳으로 우리야를 보
냈다.
17 그러자 그 성에서 적군이 나와 요압의 군대
를 쳤다. 다윗의 부하들은 쓰러지고 헷 사람
우리야도 죽었다.
18 요압은 다윗에게 전황을 보고할 전령을 보내
면서
19 이렇게 지시하였다. "이번 싸움의 보고를 드
리면,
20 왕께서 화를 내시며 '어쩌자고 그렇게까지
성에 가까이 쳐들어갔었느냐? 성벽에서 화
살이 날아올 줄도 몰랐느냐?
21 여룹베셋의 아들 아비멜렉이 누구의 손에 죽
었느냐? 데베스 성벽 위에서 어느 하잘것없
는 한 계집이 내려 던진 맷돌에 맞아 죽지
않았느냐? 그런데 어찌하여 성벽 가까이 갔
었느냐?' 하고 꾸짖으실 것이다. 그 때 너
는 왕의 부하 헷 사람 우리야도 죽었다고 아
뢰어라."
22 ◎전령은 길을 떠나 다윗에게 와서 요압이
이른 대로 보고하였다. 그러자 다윗은 화를
내며 전령에게 호통을 쳤다. "어찌하여 그
렇게까지 성에 가까이 쳐들어갔었느냐? 적
군이 성벽에서 화살을 쏘아댈 줄도 몰랐더
냐? 여룹베셋의 아들 아비멜렉이 누구의 손
에 죽었느냐? 데베스 성벽 위에서 한 계집이
내려 던진 맷돌에 맞아 죽지 않았느냐? 그
런데 어찌하여 그렇게까지 성에 가까이 갔
었느냐?"
23 전령이 왕에게 대답하였다. "적군이 들에까
지 나와 우리를 몰아대기에 우리도 마주나
가 놈들을 쫓다 보니 성문 가까이까지 쳐들
어가게 되었습니다.
24 그 때 성 위에서 활을 쏘아대는 바람에 임금
님의 근위병도 몇이 죽었고 임금님의 부하
인 헷 사람 우리야도 죽었습니다."
25 ◎이 말을 듣고 다윗은 전령에게 말하였다.
"요압에게 돌아가거든, '전장에서는 누구든
지 죽을 수 있는 것이니, 이 일로 걱정하지
말고 힘을 다하여 기어이 그 성을 공격하여
함락시키시오.' 하고 일러라." 이런 말로 그
에게 용기를 주라고 하였다.
26 우리야가 전사했다는 전갈을 받고 그의 아내
는 남편을 위하여 곡을 했다.
27 곡하는 기간이 지난 다음, 다윗은 예를 갖추
어 그 여인을 궁으로 맞아들여 아내로 삼았
는데, 그의 몸에서 아들이 태어났다.
다윗이 한 이 일이 야훼의 눈에 거슬렸다.

나단이 다윗을 꾸짖다

12 ◎야훼께서 예언자 나단을 다윗에게 보
내셨다. 나단은 다윗을 찾아와 이런 이
야기를 하였다.

"어떤 성에 두 사람이 살고 있었는데, 한 사람은 부자였고 한 사람은 가난했습니다.

2 부자에게는 양도 소도 매우 많았지만,

3 가난한 이에게는 품삯으로 얻어 기르는 암컷 새끼 양 한 마리밖에 없었습니다. 그는 이 새끼 양을 제 자식들과 함께 키우며, 한 밥그릇에서 같이 먹이고 같은 잔으로 마시고 잘 때는 친딸이나 다를 바 없이 품에 안고 잤습니다.

4 그런데 하루는 부잣집에 손님이 하나 찾아왔습니다. 주인은 손님을 대접하는데 자기의 소나 양은 잡기가 아까워서, 그 가난한 집 새끼 양을 빼앗아 손님 대접을 했습니다."

5 ◎다윗은 몹시 괘씸한 생각이 들어 나단에게 소리쳤다. "저런 죽일 놈! 세상에 그럴 수가 있느냐?

6 그런 인정머리 없는 짓을 한 놈을 그냥 둘 수는 없다. 그 양 한 마리를 네 배로 갚게 하리라."

7 그 때 나단이 다윗에게 말하였다.

"임금님이 바로 그 사람입니다. 이스라엘의 하느님, 야훼께서 이렇게 말씀하셨습니다. '나는 너를 사울의 손아귀에서 빼내어 기름을 붓고 이스라엘의 왕으로 삼았다.

8 나는 네 상전의 딸과 아내들까지 네 품에 안겨주었다. 나는 온 이스라엘과 유다의 딸들까지 너에게 주었다. 그래도 모자란다면 어떤 여자든지 더 주었을 것이다.

9 그런데 어찌하여 너는 나를 얕보며 내 눈에 거슬리는 짓을 했느냐? 너는 헷 사람 우리야를 칼로 쳐죽였다. 암몬 군의 칼을 빌려 그를 죽이고 그의 아내를 빼앗아 네 아내로 삼았다.

10 네가 이렇게 나를 얕보고 헷 사람 우리야의 아내를 네 아내로 삼았으니, 너의 집안에는 칼부림이 가실 날이 없으리라.'

11 야훼께서 또 이렇게 말씀하셨습니다. '바로 네 당대에 재난을 일으킬 터이니 두고 보아라. 네가 보는 앞에서 네 계집들을 끌어다가 딴 사내의 품에 안겨주리라. 밝은 대낮에 네 계집들은 욕을 당하리라.

12 너는 그 일을 쥐도 새도 모르게 했지만, 나는 이 일을 대낮에 온 이스라엘이 지켜보는 앞에서 이루리라.'"

13 ◎"내가 야훼께 죄를 지었소." 다윗이 이렇게 자기 죄를 고백하자 나단이 말하였다. "야훼께서 분명 임금님의 죄를 용서해 주실 것입니다. 그리하여 임금님께서 죽지는 않으실 것입니다.

14 그러나 임금님께서 야훼를 얕보셨으니, 우리야의 아내가 낳게 될 아이는 죽을 것입니다."

15 나단은 이 말을 남기고 집으로 돌아갔다.

죄의 씨는 죽고 솔로몬이 나다

◎야훼께서 우리야의 아내가 다윗에게 낳아준 아이에게 중병을 내리셨다.

16 다윗은 식음을 전폐하고 베옷을 걸친 채 밤을 새우며 어린것을 살려달라고 맨땅에 엎드려 하느님께 애원하였다.

17 늙은 신하들이 둘러서서 일어나라고 했으나, 그는 일어나지도 아니하고 더불어 음식을 입에 대려고도 하지 않았다.

18 아기는 마침내 칠 일 만에 숨을 거두었다. 그러나 신하들은 다윗에게 아기가 죽었다는 것을 차마 알리지 못하고 수군거렸다. "아기가 살아 있을 때에도 우리 말을 듣지 않으셨는데, 아기가 죽었다는 사실을 알려드리면 무슨 변이 생길지 모른다."

19 그러나 다윗은 신하들이 수군거리는 것을 보고는 아이가 죽었음을 알아채고 아기가 죽었느냐고 물었다. 신하들이 그렇다고 대답하자

20 다윗은 땅에서 몸을 일으키더니 목욕을 하고, 몸에 기름을 바르고, 깨끗한 옷으로 갈아 입고 야훼의 전에 들어가 예배를 올렸다. 그리고는 집에 돌아와 음식을 차려오게 하여 먹기 시작하였다.

21 신하들이 물었다. "아기가 살아 계실 때에는 잡수시지도 않고 아기 생각만 하며 우시더니, 막상 아기가 돌아가시자 일어나셔서 음식을 드시니 어찌 된 일이십니까?"

22 그가 대답하였다. "그 애가 살아 있을 때 굶으며 운 것은 행여 야훼께서 나를 불쌍히 보시고 아기를 살려주실까 해서였소.

23 아기가 이미 죽고 없는데 굶은들 무슨 소용이 있겠소? 내가 굶는다고 죽은 아이가 돌아오겠소? 내가 그 애한테 갈 수는 있지만, 그 애가 나한테 돌아올 수는 없지 않소?"

24 ◎다윗이 아내 바쎄바를 위로하여 잠자리를 같이 하니 바쎄바가 아들을 낳아 이름을 솔로몬이라 하였다. 야훼께서 그 아이를 사랑하셨다.

25 야훼께서 예언자 나단을 보내시어 당신이 사랑하는 아이라 하여 여디디야라는 이름을 내리셨다.

암몬 수도 라빠를 점령하다

26◎요압은 암몬 사람들의 라빠 성을 공격하여
여울목을 지키는 성까지 점령하였다.
27그는 전령을 보내어 다윗에게 보고하였다.
"라빠를 공격하여 여울목을 지키는 성까지
쳤으니
28이제 임금님께서 남은 병력을 몰고 오시어
이 성을 함락시키십시오. 이 성을 제가 점령
하여 성이 제 이름으로 불리게 되어서야 되
겠습니까?"
29그리하여 다윗은 전군을 몰고 라빠로 쳐들어
가 그 곳을 점령하고는
30암몬 왕의 머리에서 왕관을 벗겨 썼다. 그 관
은 금만 해도 무게가 한 달란트나 되었고 값
진 보석들이 박혀 있는 것이었다. 다윗은 그
성에서 아주 많은 전리품을 취하고
31성 안의 백성들은 데려다가 톱질, 곡괭이질,
도끼질, 벽돌 굽는 일 등을 시켰다. 다윗은
암몬 사람들의 여러 성을 이렇게 휩쓸고 나
서 전군을 거두어 예루살렘으로 돌아왔다.

압살롬이 암논을 죽이다

13 ◎그 뒤에 이런 일이 있었다. 다윗의 아
들 압살롬에게 다말이라는 예쁜 누이가
있었는데, 다윗의 다른 아들 암논이 다말을
사랑하였다.
2그러나 다말은 아직 처녀여서 좀처럼 만나기
가 어렵다는 것을 알고 암논은 애만 태우다
가 병이 나고 말았다.
3마침 시므아라는 삼촌에게 요나답이라는 꾀
많은 아들이 있었는데 그는 암논과 가까운
사이였다.
4그가 암논에게 물었다. "왕자님, 요즘 아침
에 뵈올 적마다 안색이 좋지 않으십니다. 웬
일인지 그 곡절을 들려주십시오." 암논이 대
답하였다. "나는 동생 압살롬의 누이 다말을
사랑하고 있소." 이 말을 듣고
5요나답이 한 꾀를 일러주었다. "병든 체하고
자리에 누워 있다가 부왕께서 문병 오시거
든 누이 동생 다말을 보내어 음식 시중을 들
게 해달라고 청을 드려보십시오. 다말이 음
식 차려주는 것을 보고 싶고 그 손에서 받아
먹고 싶다고 해보십시오."
6암논은 자리에 누워서 앓는 체하고 있었다.
그러다가 왕이 문병 오자 청을 드렸다. "아
버님, 누이 다말을 보내주십시오. 다말이 제
앞에서 떡 두어 개 손수 구워주는 것을 받아
먹고 싶습니다."
7다윗은 다말이 사는 궁으로 사람을 보내어 오
라비 암논에게 가서 환자 입에 맞는 음식을
만들어주라고 일렀다.
8다말이 오라비 암논의 궁으로 가서 보니 그는
정말 누워 있었다. 다말은 오라비가 보는 앞
에서 떡가루로 반죽을 개어 환자가 먹을 떡
을 빚어 구워냈다.
9그리고 구운 떡을 오라비 앞에 차려놓았으
나 암논은 먹을 생각은 하지 않고 방에 있던
사람들을 밖으로 나가라고 하였다. 시중들
던 사람들이 다 물러가자
10암논이 다말에게 말하였다. "그 떡을 이 방으
로 가지고 들어와서 네 손으로 먹여다오."
다말이 손수 만든 떡을 들고 오라비 암논의
침실로 들어가서
11그에게 먹이려고 다가가자 암논은 다말을 끌
어안고 같이 자자고 했다.
12"오라버니, 이러지 마십시오. 제발 나를 욕
보이지 마십시오. 이스라엘에는 이런 법이
없습니다. 이런 바보짓을 하지 마십시오.
13제가 이런 수치를 어디에 가서 숨기겠습니
까? 그러면 오라버니는 이스라엘에서 바보
가 될 것입니다. 이제라도 아버님께 저를 달
라고 말씀해 보십시오. 거절하시지는 않으
실 것입니다."
14그러나 아무리 애걸해도 암논은 듣지 않고
억지로 다말을 눕히고 욕을 보였다.
15◎그리고 나서는 다말이 몹시 싫어졌다. 욕
을 보이고 나니 마음이 변해서 전에 사랑하
던 그만큼 싫어졌던 것이다. 암논은 다말에
게 "어서 나가!" 하고 소리쳤다.
16"오라버니, 너무하십니다. 이제 저를 내쫓
으신다는 것은 방금 저에게 저지르신 일보
다도 더 나쁜 일입니다." 하고 그가 말했지
만 암논은 들은 체도 않고
17시중 드는 하인을 불러 "이 계집을 내 앞에
서 쫓아내고 문을 걸어라." 하고 명령하였
다.
18하인이 다말을 내보내고 문을 잠가버렸다.
다말은 시집 안 간 공주들이 입는 소매 긴 장
옷을 입고 있었다.
19◎다말은 머리에 먼지를 들쓰고, 걸치고 있
던 장옷을 찢으며 손으로 머리를 감싸쥔 채
목놓아 울면서 돌아갔다.
20다말의 오라비 압살롬이 다말에게 물었다.
"암논이 너를 건드렸지? 그래도 그는 네 오
라비니 이 일은 입 밖에 내지 마라. 이 일로
너무 마음 쓸 것 없다." 그 뒤로 다말은 오라
비 압살롬의 집에서 쓸쓸한 나날을 보내게
되었다.

21◎다윗 왕은 이 이야기를 듣고 몹시 화가 났
지만, 암논이 사랑하는 맏아들이라 기분 상
할 말을 하지 않았다.
22압살롬은 암논과는 말을 하지 않았다. 누이
동생 다말을 욕보인 일로 앙심을 품고 있었
다.
23◎그로부터 이 년이 지났다. 압살롬은 양털
깎는 절기를 맞아 에브라임 근방 바알하솔로
왕자들을 모두 초대하였다.
24그리고는 어전에 들어가 청을 드렸다. "아버
님, 이번에 소자가 양털을 깎는데 아버님과
대신들을 모시려고 합니다."
25왕이 "압살롬아, 그럴 것 없다. 우리가 다 내
려가면, 너에게 너무 폐가 될 게 아니냐?"
하며 사양하였지만 압살롬은 계속 간청하였
다. 그래도 다윗은 갈 마음이 없어 너나 가서
잘 지내라고 하였다.
26그러자 압살롬은 맏형 암논이라도 같이 가게
해달라고 청을 드렸다. 왕은 암논이 무엇하
러 가겠느냐고 했다.
27그래도 압살롬이 굳이 간청하자, 왕은 암논
을 보내면서 다른 왕자들도 딸려 보냈다.
28◎압살롬은 대궐 잔치만큼 크게 차리고 부하
들에게 미리 일러두었다. "암논이 술에 취해
거나해지면 내가 치라고 할 터이니, 그 때 암
논을 쳐죽여라. 내 명령이니 두려워하지 마
라. 마음을 단단히 먹고 거침없이 해치워
라."
29압살롬의 부하들은 시키는 대로 암논을 해치
웠다. 그러자 다른 왕자들은 자리를 박차고
일어나 저마다 노새를 타고 달아나 버렸다.
30왕자들이 도착하기도 전에 압살롬이 왕자들
을 모조리 쳐죽였다는 소문이 다윗의 귀에
들어갔다.
31왕은 자리에서 일어나 옷을 찢고 땅에 쓰러
졌다. 곁에서 모시고 섰던 신하들도 다 옷을
찢었다.
32이 때 다윗의 형 시므아의 아들 요나답이 말하
였다. "임금님, 젊은 왕자들은 죽지 않았습
니다. 죽은 것은 암논뿐입니다. 이것은 압살
롬이 제 누이 다말이 암논에게 욕본 날부터
별러온 일입니다.
33이제 임금님께서는 왕자들이 다 죽었다는
뜬소문에 상심하지 마십시오. 죽은 것은 암
논 하나뿐입니다."
34◎그 동안 압살롬은 도망쳐 버렸다. 한편 보
초병 하나가 호로나임 쪽에서 많은 사람들이
산비탈을 타고 내려오는 것을 보고 왕에게
보고하였다. "호로나임 쪽에서 이쪽으로 달
려오는 사람들이 있습니다."
35그러자 요나답도 어전에 아뢰었다. "그것 보
십시오. 소인이 말씀드린 대로 왕자들이 돌
아오지 않습니까?"
36그가 막 말을 하는데, 왕자들이 들어와 목놓
아 울었다. 왕은 물론 함께 있던 신하들도 목
이 메어 울었다.
37왕은 아들 암논의 죽음을 두고두고 슬퍼하였
다. 압살롬은 도망치는 길로 그술 왕 암미훗
의 아들 탈매에게 몸을 맡기고
38삼 년 동안 거기에 머물렀다.

압살롬이 돌아오다

39◎왕은 암논이 죽었을 때 받은 아픔이 차츰
가시면서 압살롬에게 품었던 노기도 풀렸다.
14 왕이 압살롬을 그리워하는 것을 알아채
고 스루야의 아들 요압이 드고아에 사람
을 보내어 여걸 하나를 불러다가 일렀다.
2"초상당한 사람처럼 행동하시오. 상복을 입
고 머리를 풀어 헤친 채 오랫동안 상을 입은
여인처럼 꾸민 다음
3어전에 들어가 내가 일러주는 대로 아뢰시
오." 그리고 나서 요압은 왕 앞에 나아가 할
말을 일러주었다.
4그 드고아 여인은 왕 앞에 나아가 땅에 엎드
려, "임금님, 저를 도와주십시오." 하며 말
을 꺼냈다.
5"웬일이냐?" 하고 왕이 묻자 여인은 이렇게
하소연했다.
"임금님, 저는 남편을 여읜 과부입니다.
6그런데 저에게는 아들 둘이 있었습니다. 그
것들이 어쩌다가 벌판에서 싸우게 되었는데
말릴 사람이 없어 한 아이가 그만 제 동기를
때려 죽이고 말았습니다.
7그런데 이번에는 온 문중이 들고일어나 동
기를 죽인 놈을 내놓으라고 이 계집을 들볶
지 않겠습니까? 그 애를 쳐죽여 죽은 아이
의 원수를 갚고 그 애의 씨를 말려버리겠다
는 것입니다. 그리 되면 이 계집의 불씨마저
꺼지고 맙니다. 남편의 이름을 이어 내려갈
후손이 땅 위에서 영영 끊기고 맙니다.
15저는 사람들이 너무도 무섭게 굴어서 이 말
씀을 드리려고 이렇게 어전에 나왔습니다.
임금님께 아뢰면 행여 이 계집의 청을 들어
주시려니 생각했던 것입니다.
16임금님께서는 이 계집의 하소연을 들으시고
하나 남은 자식을 하느님의 유업인 이스라엘
에서 끊어버리려는 사람의 손에서 건져주실
것이라고 생각하였습니다.

17 임금님이야말로 하늘이 내신 분이시므로 옳
고 그름을 가리실 수 있으십니다. 그래서 임
금님께서는 이 계집을 안심시켜 줄 말씀을
해주시리라고 생각하였습니다. 야훼 하느님
께서 임금님과 같이 계시기를 빕니다."
8 ◎이 말을 듣고 왕이 여인에게 다짐을 주었
다. "집에 가 있거라. 내가 선처해 주마."
9 드고아 여인이 또 이렇게 아뢰었다. "이 죄
는 저와 저의 가문에 있습니다. 임금님께 무
슨 죄가 있사옵니까? 이 일로 왕실에 누를
끼치고 싶지는 않습니다."
10 "다시 너에게 그런 말을 하는 자가 있으면
이리로 끌고 오너라. 아무도 다시는 너를 괴
롭히지 못하게 하리라." 하고 왕이 다시 다
짐해 주었지만
11 여인은 계속 간청하는 것이었다. "저 원수
갚겠다는 자들이 제 아들을 기어이 죽여 없
앤다고 하면 어떻게 하겠습니까? 그렇게 못
한다고 임금님의 하느님 야훼를 두고 맹세해
주십시오." 그가 다짐하였다. "살아 계시는
야훼 앞에서 맹세하거니와 네 아들의 머리카
락 한 올도 땅에 떨어뜨리는 일이 없게 해주
리라."
12 ◎여인이 다시 입을 열었다. "이 계집이 감
히 임금님께 한 말씀 드리겠습니다." "말해
보아라." 하고 그가 말하였다.
13 여인은 그제야 속말을 꺼냈다. "임금님께서
꼭 그런 생각을 하고 계시니, 어찌 그럴 수
가 있으십니까? 그것은 하느님의 백성이 바
라는 바가 아닙니다. 말씀만은 그렇게 하시
면서 쫓겨난 그분을 불러들이지 않으시니,
어찌 잘못이 없다고 하겠습니까?
14 우리는 땅에 엎질러져서 다시는 담을 수 없
는 물같이 죽은 몸들입니다. 하느님께서는
사람의 목숨을 소중히 여기십니다. 그분이
비록 쫓겨났지만 하느님께서는 그분을 쫓아
내실 뜻이 없으신 줄로 압니다."
18 ◎왕은 이 말을 듣고 "한 가지 물을 터이니
숨기지 말고 대답하여라." 하고 말했다.
"임금님, 말씀하십시오." 하고 여인이 대답
하자
19 왕은 "이 모든 것을 너에게 시킨 사람이 요압
이 아니냐?" 하고 물었다. "임금님, 과연
그렇습니다." 하며 여인이 대답하였다. "임
금님께서는 바로 알아보셨습니다. 과연 그
렇습니다. 이 일을 시킨 것은 틀림없이 임금
님의 신하 요압입니다. 이 계집이 드린 말씀
은 모두 요압이 일러준 그대로입니다.
20 요압은 그 일을 이렇게 빗대어 말하게 한 것
입니다. 과연 임금님의 지혜는 하느님의 천
사 같아서 모르시는 일이 없으십니다."
21 ◎왕은 요압을 불러 말하였다. "좋소, 그대
뜻대로 하리다. 어서 그 애 압살롬을 데려오
시오."
22 요압은 땅에 엎드려 절하며, "소신의 청을
이처럼 들어주시니 성은이 망극합니다." 하
고 고마워하였다.
23 요압은 그술에 가서 압살롬을 예루살렘으로
데려왔다. 그러나
24 "압살롬을 제 궁으로 데려가 거기에서 살게
하고 내 눈앞에 얼씬거리지 못하게 하여라."
하는 어명이 있었으므로, 압살롬은 자기 궁
으로 물러가 살면서 어전에는 얼씬도 하지
못하였다.
25 ◎온 이스라엘에 압살롬만큼 발끝에서 머리
끝까지 흠잡을 데 없이 잘생긴 사람은 없다
고 칭찬들이 자자했다.
26 머리 숱이 좋아서 해마다 한번씩 머리를 깎
곤 했는데 쳐낸 머리칼을 달아보면 왕궁 저
울로 이백 세겔이나 나갔다.
27 압살롬은 슬하에 세 아들과 다말이라는 딸 하
나를 두었는데 다말은 얼굴이 예뻤다.
28 ◎압살롬은 이 년 동안 예루살렘에서 지내면
서도 왕을 한 번도 만나지 못하였다.
29 압살롬은 요압을 왕에게 보내 보려고 사람을
보내 불렀으나 요압은 오지 않았다. 두 번째
사람을 보내 보았으나 여전히 와주지 않았
다.
30 그래서 압살롬은 하인들에게 일렀다. "너희
도 알다시피 요압의 보리밭이 우리 밭에 잇
닿아 있으니 가서 그 밭에 불을 질러라." 압
살롬의 하인들이 그 밭에 불을 지르니
31 요압이 압살롬의 집을 찾아와 "왜 종들을 시
켜 남의 밭에 불을 질렀소?" 하고 따졌다.
32 압살롬이 요압에게 말하였다. "내가 사람을
보내어 장군더러 여기에 와달라고 한 일이
있지 않소? 나는 그술에 그냥 있었더라면 좋
았을 것을 왜 거기에서 데려왔는지 장군을
보내어 임금께 여쭈어달라고 하려던 것이었
소. 이제라도 나가 임금을 뵙게 해주시오.
만일 소자에게 죄가 있다면 차라리 죽여달
란다 하더라고 여쭈어주시오."
33 요압은 어전에 들어가 사정을 낱낱이 전하였
다. 그제야 왕은 압살롬을 불러들이게 되었
다. 압살롬이 어전에 들어가 얼굴을 땅에 대
고 왕 앞에 엎드리자 왕은 압살롬에게 입을
맞추었다.

압살롬이 반란을 일으키다

15 ◎그 뒤, 압살롬은 자기가 탈 병거와 말
을 갖추고 호위병 오십 명을 거느리게
되었다.
2 압살롬은 아침마다 일찍 일어나서 성문으로
통하는 길목에 서 있다가 소송할 일이 있어
어전을 찾아가는 사람이 있으면 불러 세우
고, "어디서 오는 분이오?" 하고 묻고, "저
는 이스라엘 아무 족속, 아무 성에서 오는 사
람이오." 하면
3 이렇게 말하곤 하였다. "당신 말은 내가 보
기에도 옳고 정당하지만 그런 이야기가 왕
의 귀에 들어가기나 할 것 같소?"
4 그러면서 이렇게 말하는 것이었다. "내가 이
나라의 재판관이 된다면 소송할 일이 있어
재판을 받으려는 사람은 누구든지 내 앞에
와서 공정한 판결을 받을 것이오."
5 또 누가 앞에 와서 절이라도 하면 압살롬은
손을 내밀어 붙잡아 일으키며 입을 맞추어
주었다.
6 압살롬은 어전에 재판을 받으러 오는 이스라
엘 백성을 만날 때마다 이렇게 하여 이스라엘
사람들의 환심을 샀다.
7 ◎그러면서 사 년이 지난 어느 날, 압살롬은
왕에게 이렇게 청을 올렸다. "소자는 일찍이
야훼께 서원한 바가 있습니다. 이제 그 서원
을 이루게 헤브론으로 보내주십시오.
8 소자가 아람의 그술에 있을 때에 만일 야훼께
서 저를 예루살렘으로 무사히 돌아가게만 해
주신다면, 헤브론에 가서 야훼께 예배를 드
리겠다고 서원한 일이 있습니다."
9 왕이 그에게 말하였다. "그럼, 잘 다녀오너
라." 그리하여 압살롬은 길을 떠나 헤브론으
로 갔다.
10 ◎한편 압살롬은 이스라엘 모든 족속에 첩자
들을 보내어 나팔 소리를 신호로 "압살롬이
헤브론에서 왕이 되었다!" 하고 외치도록
일러두었다.
11 그 때 압살롬의 청을 받고 예루살렘에서 헤브
론으로 같이 내려간 사람 이백 명이 있었다.
그들은 아무 영문도 모르고 따라갔기 때문
에 그들에게는 아무런 허물이 없었다.
12 길로 사람으로 다윗의 고문이 된 사람이 있었
다. 이름은 아히도벨이었다. 그가 고향에 가
서 제사를 드리고 있는 것을 압살롬이 불렀
다. 압살롬을 따르는 무리의 수가 불어나면
서 반란 세력이 커져갔다.
13 이렇게 이스라엘의 민심이 압살롬에게로 기
울었다는 소식이 전해지자,
14 다윗은 예루살렘에 있는 신하들에게 말하였
다. "당장 여기에서 빠져 나가자. 머뭇거리
다가는 압살롬의 손에서 아무도 살아 남지
못할 것이다. 그가 달려들면 우리만 참변을
당하는 것이 아니라 성에 남은 백성들까지
해를 입을 터이니, 어서 서둘러라."
15 "임금님의 분부대로 따르겠습니다." 하며
신하들은 따라 나섰다.
16 왕은 왕궁을 지킬 후궁 열만 남겨놓고는 온
왕실을 거느리고 걸어서 피난길에 올랐다.
17 왕은 군대를 거느리고 거리를 빠져 나와 마
지막 집 앞에 이르러 걸음을 멈추었다.
18 신하들은 왕을 모시고 섰고, 그렛 외인부대
와, 벨렛 외인부대와, 이때가 데리고 온 갓
외인부대 육백 명이 왕 앞으로 지나갔다.
19 왕이 갓 사람 이때에게 말을 건넸다. "왜 장
군까지 우리와 함께 가려 하오? 돌아가 새
왕을 섬기며 지내시오. 장군은 자기 나라를
버리고 온 외국 사람인데 어쩌겠소?
20 장군이 이리 오신 것이 엊그제인데, 내가 오
늘 발길 닿는 대로 떠돌아야 할 처지에 차마
장군께 함께 가자고 할 수는 없구려. 어서 동
족들과 함께 돌아가시오."
21 그러나 이때는 "야훼께서 살아 계시고 임금
님께서도 이렇게 살아 계시니 죽든지 살든
지 임금님께서 가시는 곳이라면 어디든지
모시고 가겠습니다." 하며 맹세하였다.
22 그리하여 다윗은 이때에게 이렇게 말하였다.
"그렇다면 어서 지나가시오." 갓 사람 이때
는 부하들과 딸린 아이들까지 모두 이끌고
지나갔다.
23 온 백성이 광야 쪽으로 나가려고 키드론 개
울을 건넜고 왕도 따라 건넜다. 사람들이 개
울을 건너면서 통곡하는 소리에 산천도 따
라 울었다.
24 ◎하느님의 계약궤를 멘 레위인 일행 가운데
는 사독도 있었다. 그들은 온 백성이 성에서
나와 개울을 건너기를 기다리느라고 하느님
의 궤를 에비아달 옆에 내려놓고 있었다.
25 왕이 사독에게 일렀다. "하느님의 궤를 다시
성 안으로 모시도록 하오. 만일 내가 야훼께
은혜를 입는다면 다시 돌아와 제자리에 모
신 이 궤를 보게 되지 않겠소?
26 만일 하느님께서 나를 보고 싶어하지 않으
신다면 어떤 처분을 내리시든지 받아야지
요."
27 왕은 다시 사제 사독을 재촉하였다. "그대는
에비아달과 함께 성으로 돌아가시오. 부디
무사히 돌아가기를 바라오. 그대의 아들 아

히마스와 에비아달의 아들 요나단도 데리고 가시오.

28 나는 그대들이 소식을 보내 올 때까지 광야 나루터에서 기다리겠소."

29 그래서 사독과 에비아달은 하느님의 궤를 모시고 예루살렘에 돌아가 거기 머물러 있게 되었다.

30 다윗은 머리를 가리고 울면서 맨발로 올리브 산 등성이를 걸어 올라갔다. 백성들도 모두 머리를 가리고 울면서 뒤따랐다.

31 다윗은 압살롬의 참모 가운데 아히도벨도 끼여 있다는 말을 전하여 듣고 이렇게 빌었다. "야훼님! 제발 아히도벨의 꾀를 뒤엎어주십시오."

32 ◎다윗이 언덕 위에 올라 하느님을 경배하는 장소에 다다랐을 때였다. 하르키 사람 후새가 겉옷을 찢고 머리에 흙을 뒤집어쓰며 나와 다윗을 맞았다.

33 다윗은 "그대가 나를 따라오면 오히려 짐이 될 뿐이오." 하며 그에게 말하였다.

34 "성으로 돌아가 보시오. 돌아가서 압살롬에게 이제부터 그의 신하가 되겠다고 하시오. 지난날에는 부왕의 신하였으나, 지금은 임금의 신하가 되겠다고 하시오. 그리고는 아히도벨의 꾀를 뒤엎도록 하시오.

35 그대를 도와줄 사람으로 사제 사독과 에비아달이 거기 있으니, 대궐에서 무슨 말이든지 듣는 대로 사독과 에비아달에게 알려주시오.

36 그들과 함께 그들의 두 아들이 있소. 사독의 아들 아히마스와 에비아달의 아들 요나단이 그들이오. 그대는 무슨 말이든지 듣는 대로 그 두 사람을 시켜 나에게 알리도록 하시오."

37 그래서 다윗의 측근 후새가 성으로 들어가니 때마침 압살롬도 예루살렘에 들어와 있었다.

16 ◎다윗이 산등성이를 넘어서 조금 지나자 므비보셋의 시종 시바가 안장 얹은 나귀 두 마리에 빵 이백 개, 건포도 백 송이, 여름 과일 백 개, 그리고 포도주 한 말을 싣고 왔다.

2 "이게 모두 웬 것이냐?"고 왕이 묻자 시바가 대답하였다. "이 나귀들은 임금님의 가족이 타실 것들입니다. 빵과 여름 과일은 임금님의 신하들이 먹을 것입니다. 포도주는 광야에서 지쳤을 때 아무나 마시라고 마련해 온 것입니다."

3 왕이 다시 "네가 섬기던 옛 상전의 손자 되는 분은 지금 어디 계시냐?" 하고 묻자, 그가 대답하였다. "지금 예루살렘에 남아 계십니다. 그는 이번에 이스라엘 가문이 자기 할아버지의 왕권을 자기에게 돌려줄 줄로 알고 계십니다." 시바의 말을 듣고,

4 왕은 "므비보셋의 재산은 다 네가 가져라." 하고 말하였다. 시바가 절하며 말하였다. "성은이 망극합니다. 길이 성은을 입는 몸이 되기가 소원입니다."

5 ◎다윗 왕이 바후림에 다다랐을 때였다. 사울의 친척 하나가 거기에서 나오면서 입에 담지 못할 욕설을 퍼부었다. 그는 게라의 아들로서 이름은 시므이였다.

6 그는 왕과 신하들, 그리고 좌우에 모시고 선 군인과 장교들에게 마구 돌팔매질을 하며

7 이런 말로 다윗을 욕하는 것이었다. "꺼져라! 이 살인자야, 꺼져라! 이 불한당 같은 놈아,

8 사울 일족을 죽이고 나라를 빼앗은 놈, 그 원수를 갚으시려고 이제 야훼께서 이 나라를 네 손에서 빼앗아 네 아들 압살롬의 손에 넘겨주신 것이다. 이 살인자야, 네가 이제 죄없는 사람 죽인 죄를 받는 줄이나 알아라."

9 스루야의 아들 아비새가 보다못해 왕에게 아뢰었다. "이 죽은 개만도 못한 놈이 무엄하게도 임금님을 욕하는데 그냥 내버려두십니까? 제가 당장 건너가 목을 자르겠습니다."

10 "내가 욕을 보는데 그대 스루야의 후손들한테야 무슨 상관이 있소? 야훼께서 나를 욕하라고 저 사람을 보내신 것이라면 내가 어찌 감히 왜 이러시느냐고 하겠소?" 이렇게 말하고 나서,

11 다윗 왕은 아비새와 모든 신하들에게 말하였다. "나의 핏줄에서 태어난 친자식마저 날 죽이려고 날뛰는 판에 베냐민 사람이야 더 말해 무엇하겠소? 야훼께서 시키신 일이니 욕하게 그냥 내버려두시오.

12 혹시 야훼께서 내가 당하는 이 비참한 꼴을 보시고 오늘 받는 이 저주 대신에 복을 내려 주실지 알겠소?"

13 다윗이 일행을 거느리고 걸음을 옮기는데, 시므이는 다윗이 가는 길을 따라 산등성이를 타고 오면서 먼지를 일으키고 돌을 던지며 대놓고 욕지거리를 퍼부었다.

14 왕 일행은 요르단 강에 이르러 모두들 지쳐서 한 숨 돌리고 있었다.

15 ◎그러는 동안 압살롬은 자기를 따르는 백성들을 데리고 예루살렘에 입성하였다. 아히도벨도 함께 있었다.

16 다윗의 측근이던 하르키 사람 후새가 압살롬에게 나아가 외쳤다. "임금님, 만수무강을

빕니다. 임금님, 만수무강을 빕니다."
17 그러자 압살롬이 후새를 꾸짖었다. "그대의
충성심이 겨우 이 정도요? 가깝게 모시던
이를 따라가지 않고 이렇게 남아 있다니 될
말이오?"
18 후새가 압살롬에게 대답하였다. "지당하신
말씀이오나 소인은 야훼께서 뽑으시고 이 백
성과 온 이스라엘이 택해 세운 그런 분을 모
시기로 하였습니다.
19 여태껏 섬겨오던 분의 아드님말고 소인이
누구를 섬기겠습니까? 전에 부왕을 섬겼듯
이 소인은 이제 임금님을 섬기겠습니다."

압살롬이 실패하다

20 ◎압살롬이 앞으로 무슨 일을 해야 할지 의견
을 묻자, 아히도벨이 아뢰었다.
21 "부왕이 궁궐을 지키라고 남겨두고 간 후궁
들과 관계하십시오. 임금님께서 친아버지마
저 욕을 보였다는 소식이 온 이스라엘에 퍼지
면 임금님을 받드는 사람들은 의기충천할
것입니다."
22 압살롬은 그의 말대로 궁궐의 옥상에 천막을
쳐 신방을 마련한 다음, 온 이스라엘이 보는
앞에서 부왕의 후궁들과 관계를 했다.
23 그 때 사람들은 하느님께 나가 말씀을 받듯
아히도벨의 의견을 받아들였다. 다윗도 그러
했지만 압살롬도 그러하였다.

17 ◎아히도벨이 다시 압살롬에게 진언하였
다. "소인이 이제 일만 이천 명을 뽑아
가지고, 오늘 밤으로 당장 다윗을 쫓아가겠
습니다. 허락해 주십시오.
2 그가 지쳐 기가 꺾여 있을 때 덮치는 것이 좋
겠습니다. 다윗을 그렇게 혼내주면 그를 따
르던 백성들은 모두 도망칠 것입니다. 왕만
죽이면
3 백성들은 모두 신부가 신랑에게로 돌아오듯
이 임금님께로 돌아올 것입니다. 임금님께
서 죽이려는 사람은 오직 그 한 사람뿐이므
로, 다른 백성은 머리카락 하나 다치지 않을
것입니다."
4 이 말은 압살롬뿐 아니라 모든 이스라엘 장로
들의 마음에도 들었다.
5 그러나 압살롬은 하르키 사람 후새를 불러들
여 그의 의견도 한번 들어보자고 하였다.
6 후새가 들어오자 압살롬은 아히도벨이 이러저
러하게 말하더라고 하면서 아히도벨의 말대
로 하는 것이 좋을지, 아니면 달리 의견이
있는지 말해 보라고 하였다.
7 이번 일만은 아히도벨의 의견이 좋지 못한 것
같다고 하며 후새는 압살롬에게 이렇게 말하
였다.
8 "임금님께서 아시다시피 임금님의 아버님이
나 그의 부하들은 용사들입니다. 사납기로
말하면 새끼를 빼앗긴 곰과도 같습니다. 더
구나 임금님의 아버님은 전략에 뛰어난 분
입니다. 결코 자기 군사들과 함께 자지는 않
을 것입니다.
9 아마 지금쯤 그는 굴 같은 데 감쪽같이 숨어
있을 것입니다. 싸움은 이제 시작인데 임금
님의 군사들이 죽기라도 해서 '압살롬을 따
르던 군대가 패했다.' 하는 소문이라도 나면
10 사자처럼 용맹스러운 용사들도 간담이 서늘
해질 것입니다. 임금님의 아버님뿐 아니라,
그를 모시는 자들이 또 어떤 용사들이라는
것은 이스라엘이 다 알고 있습니다.
11 그러니 제 생각은 이렇습니다. 단에서 브엘
세바에 이르기까지의 이스라엘에서 군인들을
바닷가의 모래알만큼 많이 모아들여 임금님
께서 친히 거느리시고 진군하시는 것이 좋
을 것입니다.
12 우리는 그가 있는 곳만 알아내면 땅에 이슬
이 내리듯 덮쳐 그의 집안은 물론 그를 따르
던 사람을 모조리 죽여 없앨 수 있을 것입니
다.
13 만일 그가 어떤 성 안에 피해 들어간다면 온
이스라엘이 그 성을 굵은 동아줄로 묶어 개천
바닥으로 끌어내어 돌멩이 하나 남아나지
않게 할 것입니다."
14 압살롬과 모든 이스라엘 사람들은 아히도벨의
생각보다는 하르키 사람 후새의 생각이 낫다
고 결정을 내렸다. 야훼께서 압살롬이 화를
입도록 아히도벨의 좋은 수를 꺾으시기로 작
정하셨고, 일은 그대로 되었던 것이다.
15 ◎그러고 나서 후새는 사독과 에비아달 두 사
제에게 아히도벨이 압살롬과 이스라엘 장로들
에게 이러이러한 의견을 내놓았으나 자기는
이러이러한 계책을 내놓았다는 걸 알리고
이렇게 일렀다.
16 "당장 다윗에게 사람을 보내어 광야로 건너
는 나루터에서 이 밤을 묵다가는 왕과 일행
이 변을 당할 터이니, 곧 강을 건너시라고
전해 주시오."
17 ◎요나단과 아히마스는 성에 들어가지 않고
엔로겔 샘터에서 기다리고 있다가 어떤 하녀
가 소식을 가져오면 그것을 다윗 왕에게로
가서 전하게 되어 있었다. 그들은 남의 눈에
뜨이지 않으려고 성 안에 들어가지 않았던
것이다.

18그런데 한 아이가 그들을 보고 압살롬에게
가서 일러바쳤다. 그것을 알고 두 사람은 얼
른 도망쳐 바후림에 있는 어떤 사람의 집으
로 뛰어들었다. 그 집 뜰에 마침 우물이 있어
서 그들이 그리로 들어가자
19그 집 아낙네가 멍석을 가져다 우물 아귀를
덮고 그 위에다 곡식을 널어 감쪽같이 만들
어놓았다.
20압살롬의 부하들이 그 집에 들이닥쳐 아낙네
에게 아히마스와 요나단이 어디 있느냐고 물
었으나 아낙네는 "여기를 지나 저 물을 건너
갔어요." 하고 시치미를 뗐다. 그들은 사방
으로 찾았으나 찾지 못하고 예루살렘으로 돌
아갔다.
21그들이 가버린 뒤 두 사람은 우물에서 나와
급히 다윗 왕에게 가서 아히도벨이 왕의 일행
을 잡으려고 짜냈다는 계략을 알리면서 어
서 지체말고 강을 건너야 한다고 하였다.
22다윗 일행은 곧 요르단 강을 건넜다. 날이 밝
기까지 강을 건너지 못한 사람은 하나도 없
었다.
23◎한편 아히도벨은 자기의 계략이 깨진 것을
보고 나귀에 안장을 얹어 곧장 자기 성으로
돌아가 집에 가서 식구들에게 유언을 남기
고 목을 매어 죽었다. 그는 선산에 묻혔다.
24◎다윗이 마하나임에 이르렀을 때에야 압살롬
은 전 이스라엘 군을 거느리고 요르단 강을
건넜다.
25압살롬은 요압 대신 아마사를 총사령관으로
임명하였다. 아마사는 이스라엘 사람으로서
그 아버지의 이름은 이드라였다. 그런데 그
는 요압과 이종간으로 그 이모의 이름은 스루
야였고, 어머니의 이름은 아비가일이었으며
외조부의 이름은 나하스였다.
26압살롬은 이스라엘 군을 거느리고 와서 길르
앗 지방에 진을 쳤다.
27◎다윗이 마하나임에 도착했을 때였다. 암몬
땅 라빠에서 나하스의 아들 소비가, 로드발에
서 암미엘의 아들 마길이, 로글림에서 길르앗
사람 바르질래가 나와 맞으며
28이부자리, 주발, 물병, 밀, 보릿가루, 볶은
밀, 보리, 콩, 팥,
29꿀, 엉긴 젖, 양고기, 쇠고기 등을 다윗 일행
에게 먹으라고 내놓았다. 일행이 광야를 지
나오는 동안 굶주리고 목이 말라 지쳤으리
라 생각하고 가져왔던 것이다.

18 ◎다윗은 부하 장병을 점호하고 천인대
장, 백인대장을 세웠다.
2그리고 다윗은 전군을 셋으로 나누어 한 부
대는 요압에게, 한 부대는 스루야의 아들 요
압의 친동생인 아비새에게, 한 부대는 갓 사
람 이때에게 맡기고 나서 전군에게 "나도 너
희들과 같이 나가겠다." 하고 선언하였다.
그러자
3장병들이 모두 말렸다. "임금님께서 나가시
면 안 됩니다. 적은 우리가 도망친다 해도 거
들떠보지 않을 것입니다. 우리가 한 반쯤 죽
는다 해도 대단하게 여기지 않을 것입니다.
하지만 임금님의 한 몸은 우리들 만 명 값으
로 칠 것입니다. 그러니 임금님께서는 이 성
안에 계시면서 저희를 도와주시는 것이 좋
겠습니다."
4왕은 그들의 말을 따르기로 하고 성문 곁에
서서 백인부대, 천인부대가 진군하는 것을
사열하고는
5요압과 아비새와 이때에게, 압살롬은 아직 철
이 없으니 자기를 보아서라도 너무 심하게
다루지는 말라고 당부하였다. 왕이 전 지휘
관에게 압살롬을 두고 부탁하는 말을 전군이
들었다.
6전군은 이스라엘을 맞아 싸우기 위하여 들판
으로 나갔다. 싸움은 에브라임 숲에서 벌어
졌다.
7거기에서 이스라엘 군은 다윗의 부하들에게
패하여 그 날로 이만 명이나 되는 전사자를
냈다.
8싸움은 그 일대에 번져 그 날, 칼에 죽은 사
람보다는 숲에 막혀 죽은 사람이 더 많았다.
9그런데 압살롬이 그만 다윗의 부하들에게 발
견되었다. 압살롬은 노새를 타고 울창한 상
수리나무 밑으로 빠져 나가다가 머리가 나
뭇가지에 걸리고 말았다. 타고 가던 노새는
그대로 달아나 버리고 압살롬은 공중에 매달
려 있었다.
10군인 하나가 이것을 보고 요압에게 보고했
다. "압살롬이 상수리나무에 매달려 있는 것
을 보았습니다."
11말을 전하는 자에게 요압이 소리쳤다. "네가
그것을 보았다면 어째서 그를 그 자리에서
쳐서 떨어뜨리지 않았느냐? 그랬더라면 내
가 너에게 은 열 냥과 띠 하나를 주었을 것
이다."
12그가 요압에게 대답했다. "비록 은 천 냥을
손에 쥐어주신다 해도 저는 왕자에게 손을
대지 않겠습니다. 저희는 왕께서 장군과 아
비새와 이때에게 당신 생각을 해서라도 젊은
압살롬을 보호해 달라고 당부하시는 말씀을
들었습니다.

13그런데 어떻게 제가 제 목숨을 내걸고 그런
불충한 일을 하겠습니까? 왕께서 결국 아시
게 될 터인데, 그 때에는 장군님도 모르시는
체하실 것 아닙니까?"
14요압은 "너와 이렇게 꾸물거리고 있을 때가
아니다." 하며 창 세 개를 연거푸 던져 상수
리나무에 매달린 채 살아 있는 압살롬의 심
장을 찔렀다.
15그러자 요압의 무기를 들고 다니던 군인 열
이 달려들어 그를 쳐죽였다.
16요압은 곧 나팔을 불어 이스라엘 군 추격을
중지시켰다. 다른 병사들은 죽일 생각이 없
었던 것이다.
17그들은 압살롬을 끌어다가 숲 속에 있는 깊
은 웅덩이에 던지고 그 위에 돌을 쌓아 큰 돌
무더기로 만들었다. 이스라엘 군은 저마다
자기 집으로 도망쳐 버렸다.
18그런데 압살롬은 살아 있을 때 자기 이름을
이어갈 아들이 없다고 해서 왕의 계곡에 돌
기둥을 세운 일이 있었다. 그는 그 돌기둥을
자기 이름을 따서 불렀는데 그것을 오늘날
까지도 압살롬의 비석이라 부른다.
19◎사독의 아들 아히마스가, 왕에게 달려가 야
훼께서 임금님을 원수들 손에서 구해 주신
소식을 전하겠다고 자원하였다.
20그러나 요압이 말렸다. "오늘 이 일을 희소
식이라고 전할 사람은 네가 아니다. 후에 그
럴 기회가 있을 것이다. 왕자가 죽은 날인데
오늘 이것을 희소식이라고 가져가겠느냐?"
21요압은 구스 사람 하나를 불러 "네가 가서 본
대로 임금님께 아뢰어라." 하며 떠나 보냈
다. 구스 사람은 요압에게 절을 하고 나서 달
려갔다.
22사독의 아들 아히마스가 다시 요압에게 청했
다. "무슨 일이 생기더라도 저 구스 사람의
뒤를 따라가게 해주십시오." "아히마스야,
이 소식을 가지고 가보아야 아무런 상도 없
을 터인데 왜 자꾸 가겠다고 하느냐?" 하고
요압이 타일렀으나
23그는 어떤 일이 있어도 가겠다고 했다. 하는
수 없이 요압이 "그렇다면 가보아라." 하자
아히마스는 요르단 분지로 달려서 구스 사람
을 앞질렀다.
24◎그 때 다윗은 바깥 성문과 안 성문 사이에
앉아 있었는데 보초병이 문루에 올라가 살
피다가 웬 사람이 혼자서 뛰어오는 것을 보
고,
25왕에게 소리쳐 알렸다. 왕은 "혼자라면 좋은
소식을 가지고 오는 것이겠지." 하고 말하였
다. 그 사람이 점점 가까이 다가오는데,
26보초는 또 한 사람이 달려오는 것을 보고 성
문께에 대고 소리쳤다. "또 한 사람이 혼자
달려오고 있습니다." 왕은 "그도 좋은 소식
을 가지고 오는 것이겠지." 하고 말하였다.
27보초가 다시 "앞에 오는 사람은 그 달리는
품이 사독의 아들 아히마스 같습니다." 하자
왕은 "그는 좋은 사람이니 희소식을 가지고
왔을 것이다." 하고 말하였다.
28이윽고 아히마스가 왕 앞에 나와 문안을 드리
고 나서 얼굴을 땅에 대고 엎드려 아뢰었다.
"임금님의 하느님 야훼께 찬양을 돌립니다.
야훼께서는 임금님께 반기를 든 자들을 처치
해 버리셨습니다."
29왕은 "철부지 압살롬은 무사하냐?" 하고 물
었다. "요압 장군이 소인을 보낼 때 큰 소란
이 벌어졌습니다마는 무슨 일이었는지는 알
수 없습니다." 아히마스가 이렇게 대답하자
30왕은 그에게 비켜 서 있으라고 하였다. 아히
마스가 물러나 곁에 서 있는데,
31구스 사람이 와서 아뢰었다. "임금님, 좋은
소식입니다. 오늘 야훼께서는 역적들을 벌
하시고 임금님을 그들의 손에서 건져내셨습
니다."
32왕이 그에게도 "철부지 압살롬은 무사하
냐?" 하고 묻자, 구스 사람이 대답했다. "임
금님을 대적하여 반역이나 하는 자는 누구
든지 그가 당한 일을 같이 당하게 되기 바랍
니다."

다윗이 압살롬의 죽음을 슬퍼하다

19 1 ◎이 말을 듣고 왕은 가슴이 미어지
33 는 것 같아 성문 위에 있는 골방으로
올라가 "내 자식 압살롬아, 내 자식아, 내 자
식 압살롬아, 차라리 내가 죽을 것을, 이게
웬일이냐? 내 자식 압살롬아, 내 자식아."
하며 목놓아 울었다.
2㉠이 소식을 누군가가 요압에게 전하였다.
1 "왕께서 목놓아 울고 계십니다. 압살롬이 죽
었다고 통곡하고 계십니다."
3그래서 그 날의 승리는 오히려 모든 장병에
2 게 슬픔을 안겨주게 되었다. 왕이 아들의 죽
음을 슬퍼하고 있다는 말이 퍼졌으므로
4군인들은 마치 패전군처럼 얼굴도 못들고
3 성으로 슬며시 들어왔다.
5왕은 얼굴을 감싸고 "내 자식 압살롬아, 내
4 자식 압살롬아, 내 자식아!" 하며 계속 울기

㉠ 라틴어 성서는 여기에서 19장이 시작된다.

만 하였다."
6 그 때 요압이 왕의 거처로 들어가 간했다.
5 "오늘 저희는 임금님과 임금님의 아들, 딸,
왕비, 후궁들의 목숨을 건져드렸는데, 임금
님께서는 도리어 저희 모든 신하들을 얼굴
도 들지 못하게 하셨습니다.
7 어찌하여 임금님을 미워하는 자들은 사랑하
6 시고, 임금님을 사랑하는 사람들은 미워하
십니까? 이제 보니 이 장병들이나 신하들은
임금님께 아무것도 아니었습니다. 우리가
모두 죽고 압살롬만 살았더라면 임금님은 오
히려 그것을 좋아하셨으리라는 것을 이제야
알았습니다.
8 이러지 마시고 일어나 나가셔서 신하들에게
7 따뜻한 말 한마디라도 해주십시오. 임금님
께서 나가주지 않으신다면, 두고 보십시오.
오늘 밤 임금님 곁에 머물러 있을 사람이 하
나도 없을 것입니다. 그리 되면 임금님께서
는 어렸을 때부터 지금까지 당하신 어떤 불
행보다도 더한 불행을 당하시게 될 것입니
다."
9 왕은 일어나 성문께로 나가 앉았다. "보아
8 라, 왕께서 성문에 나와 앉으셨다." 이 말이
전군에 알려지자 모두들 왕 앞에 모여왔다.
◎한편 제각기 집으로 도망쳤던 이스라엘 백
성들은
10 저희 족속들 사이에 서로 의논이 분분하였
9 다. "지금 다윗 왕은 압살롬에게 쫓겨 망명해
가 계시지만 그분은 우리를 원수들의 손에
서 건지고, 불레셋 사람들의 손아귀에서 살
려주신 분이 아니냐?
11 우리가 압살롬에게 기름을 부어 그를 왕으로
10 추대했었지만 이제 전사했으니, 이런 판국
에 왕을 궁으로 모셔 올 생각은 하지 않고 꾸
물거리고 있을 게 무엇이냐?" ◎이스라엘 백
성들이 저희끼리 하는 이 말이 왕의 귀에 들
어갔다.
12 다윗 왕은 사독과 에비아달 두 사제에게 전갈
11 을 보냈다. "그대들은 유다 장로들에게 가서
나를 궁으로 맞아들이는데 뒷전으로 돌 까
닭이 어디 있느냐고 이르시오.
13 나는 그들과 같은 피를 받은 한 골육이오.
12 그런데 나를 궁으로 맞아들이는 일에 어떻
게 뒷전으로만 돌겠느냐고 이르시오.
14 또 아마사에게는 이렇게 이르시오. '장군은
13 나와 한 골육이 아니오? 요압을 대신하여 장
군이 종신토록 내 군대의 총사령관이 될 것
이오. 만일 그렇게 되지 않는다면 어떤 천벌
이라도 받겠소.'"

15 ◎이리하여 유다 백성의 마음은 모두 다윗에
14 게 쏠렸다. 그들은 왕에게 사람을 보내어 모
든 신하들을 거느리고 환궁하시라는 말을
전하였다.
16 왕이 환궁길에 올라 요르단 강에 다다르니,
15 유다 백성들이 왕을 맞으러 길갈까지 나와 있
다가 요르단 강을 건네드렸다.
17 바후림에 살던 베냐민 사람 게라의 아들 시므
16 이도 유다 사람들과 함께 다윗 왕을 맞으러
허둥지둥 내려왔다.
18 그는 베냐민 사람 천 명을 거느리고 있었다.
17 사울 왕조 때의 신하 시바도 열다섯 아들과
부하 이십 명을 이끌고 요르단 강으로 달려
내려와 왕 앞에 이르렀다.
19 ◎그들은 왕족 일가가 강 건너는 일을 거들
18 어 왕의 환심을 사려고 했다. 게라의 아들 시
므이가 요르단 강을 건너가서 왕 앞에 엎드려
20 아뢰었다. "임금님, 소인에게 죄를 주지 말
19 아주십시오. 임금님께서 예루살렘을 떠나시
던 날, 이 소인이 저지른 잘못을 마음에 두
지 마시고 잊어주십시오.
21 소인이 어떤 잘못을 저질렀는지 스스로 잘
20 알기에, 이 날 요셉 가문 가운데서 누구보다
도 먼저 이렇게 임금님을 맞으러 나왔습니
다."
22 스루야의 아들 아비새가 이 말을 받아 아뢰었
21 다. "저 시므이가 야훼께서 기름 부어 세우신
임금님을 그처럼 욕했는데 어찌 살려둘 수
있겠습니까?"
23 그러나 다윗은 이렇게 말하였다. "이것은 내
22 일이오. 당신들 스루야의 후손이 무슨 상관
이 있다고 오늘 이 일에 끼어들어서 내 뜻을
막으려 하오? 나는 이제야 비로소 이스라엘
의 왕이 된 것 같소. 이런 날 이스라엘 사람
을 하나인들 죽여서야 되겠소?"
24 그리고 나서 왕은 시므이에게 결코 죽이지
23 않겠다는 다짐을 주었다.
25 사울의 손자 므비보셋도 왕을 맞으러 내려왔
24 다. 그는 왕이 몸을 피한 날부터 이렇게 무사
히 돌아오는 날까지 발도 씻지 않았고 수염
도 다듬지 않았으며 옷도 빨아 입지 않았다.
26 그가 예루살렘에서 왕을 맞으러 오자 왕이 물
25 었다. "므비보셋은 왜 나와 같이 가지 않았
소?"
27 그가 대답하였다. "임금님, 제 종 녀석이 소
26 인을 속였습니다. 소인은 임금님과 같이 가
려고 종더러 나귀에 안장을 얹으라고까지
일렀었습니다. 소인은 절름발이가 아닙니
까?

28 그랬는데 그 종이 임금님께 소인을 모함하
27 였습니다. 그러나 임금님께서는 정말 하늘
이 내신 분이시니 처분만 기다리겠습니다.
29 저희 집안은 모두 임금님 앞에서 죽어 마땅
28 한 몸인데도 임금님께서는 소인을 임금님과
한 식탁에서 먹게 해주지 않으셨습니까? 그
러니 무슨 낯으로 임금님께 살려달라고 다
시 호소하겠습니까?"
30 왕이 말하였다. "무슨 말이 그리도 많소?
29 그대가 차지한 땅을 시바와 나누어가지도록
하오."
31 그러나 므비보셋은, "임금님께서 이렇게 무
30 사히 돌아오셨으니 저는 괜찮습니다. 다 시
바에게 주십시오." 하고 사양하였다.
32 ◎또 길르앗 사람 바르질래가 왕을 배웅하러
31 로글림에서 내려와 요르단 강으로 나왔다.
33 바르질래는 팔십 세나 된 노인이었는데 굉장
32 한 부자로서 왕이 마하나임에 머물러 있는 동
안 양식을 대오던 사람이었다.
34 왕은 바르질래에게 잘 대접해 주겠다면서 예
33 루살렘에 가서 같이 지내자고 하였다.
35 그러나 바르질래는 사양하였다. "제가 얼마
34 나 더 살겠다고 임금님을 모시고 예루살렘으
로 올라가겠습니까?
36 제 나이 이미 여든인데 무슨 낙을 더 보겠습
35 니까? 먹고 마시니 맛을 압니까? 남녀가 노
래를 부르니 제대로 알아듣기나 합니까? 그
런데 어찌 이 늙은것더러 임금님께 짐이 되
라 하십니까?
37 소인이 임금님을 모시고 요르단 강을 건너
36 조금은 더 배웅해 올리겠습니다마는 소인에
게 그런 상을 베푸실 것까지는 없습니다.
38 선영이 있는 고향에 돌아가 묻히는 것이 제
37 소원입니다. 그 대신 여기 소인의 아들 김함
이 있으니 임금님께서 이 아이나 데려다가
잘 돌보아 주십시오."
39 왕은 그러마고 대답하였다. "김함을 데리고
38 가겠소. 노인께서 원하는 대로 무엇이든 아
드님에게 해드리지요. 부탁대로 다 해드리
겠소."
40 ◎전군이 요르단 강을 건넜다. 왕도 건넜다.
39 왕은 바르질래와 입을 맞추고 복을 빌어주며
작별 인사를 나누었다. 바르질래는 고향집으
로 돌아갔고,
41 왕은 김함을 데리고 길갈로 떠났는데, 유다
40 군 전부와 이스라엘 군 절반이 임금을 모시고
따랐다.
42 그 때 온 이스라엘 사람이 왕에게 항의했다.
41 "유다 사람들과 우리는 같은 겨레가 아닙니
까? 그런데 그 사람들만 임금님을 독차지하
여, 임금님의 왕실과 신하들을 모시고 요르
단 강을 건너다니, 이럴 수가 있습니까?"
43 그러자 온 유다 사람들이 이스라엘 사람들에
42 게 대답하였다. "왕께서는 우리와 가까운 사
이가 아니냐? 그런데 그런 일을 가지고 왜
이렇게 화를 내느냐? 우리가 왕께 무엇을
얻어 먹기라도 했단 말이냐? 우리가 왕께
무슨 선물이라도 받았단 말이냐?"
44 이스라엘 사람들이 유다 사람들의 말을 받았
43 다. "왕을 모시는 일이라면 우리가 차지할
몫은 열이나 된다. 더구나 우리는 너희의 형
뻘이다. 그런데 너희가 우리를 업신여기다
니, 어찌 이럴 수가 있느냐? 왕을 다시 모셔
오자는 얘기를 꺼낸 것도 바로 우리가 아니
냐?" 그러나 유다 사람들은 이스라엘 사람들
앞에서 고집을 굽히지 않았다.

북방 종족들이 반란을 일으키다

20 ◎이런 판국에 한 건달이 나타났다. 베
나민 사람 비그리의 아들로서 이름을 세
바라고 했다. 그가 나팔을 불며 외쳐댔다.

"다윗에게 붙어봐야 돌아올 몫은 없다.
이새의 아들에게 붙어봐야 물려받을 유산
은 없다.
그러니 이스라엘 사람들아,
모두들 집으로 돌아가자!"

2 그래서 온 이스라엘 사람들이 다윗을 떠나
비그리의 아들 세바를 따랐다. 그러나 유다
사람들은 자기네 왕을 모시고 요르단 강을
떠나 예루살렘에 이르렀다.
3 ◎예루살렘 왕궁으로 돌아온 다윗은 궁을 돌
보라고 남겨두었던 열 후궁을 한데 몰아 가
두고, 필요한 것을 주기는 하면서도 다시 찾
지는 않았다. 그리하여 그들은 죽을 때까지
갇힌 몸이 되어 생과부로 지냈다.
4 ◎왕이 아마사에게 말하였다. "사흘 안에 유
다 사람들을 소집해서 내 앞에 대령하여라."
5 아마사는 유다 사람들을 소집하러 떠났으나
기한이 넘도록 돌아오지 않았다.
6 그러자 다윗은 아비새에게 일렀다. "이제 비
그리의 아들 세바는 압살롬보다도 더 두통거
리가 될 것 같소. 그러니 장군은 내 호위병
들을 데리고 그를 추격하시오. 그가 견고한
성에 들면 어떻게 잡겠소?"
7 요압의 부하와 그렛 외인부대와 벨렛 외인부
대가 아비새의 뒤를 따라 나섰다. 비그리의
아들 세바를 잡으러 예루살렘을 나선 것이었
다.

8 그들은 기브온에 있는 큰 바위에 다다랐을
때 아마사를 만나게 되었다. 마침 요압은 군
복을 입고 허리에 칼을 차고 있었다. 요압은
성큼 다가서서
9 "장군, 안녕하시오?" 하며 오른손으로 아마
사의 턱수염을 잡고 입을 맞추었다.
10 그러면서 요압은 칼집에서 칼을 빼었는데,
아마사는 그것을 미처 보지 못했다. 요압이
그 칼로 아마사의 몸을 찌르자 내장이 땅바
닥에 쏟아졌다. 이렇게 요압은 아마사를 단
칼에 찔러 죽였다. ◎그리고 나서 요압과
아비새 형제는 비그리의 아들 세바를 추격하
였다.
11 요압의 부하 하나가 아마사의 시체 옆에 서서
외쳤다. "누구든지 요압 장군을 지지하고,
다윗 왕 편이 되고 싶은 자는 요압 장군을 따
르라!"
12 그는 피투성이가 되어 한길에 쓰러져 있는
아마사 앞에 와서 군인들이 멈칫거리자, 아
마사를 들판에다 옮겨 옷을 덮어놓았다.
13 아마사를 한길에서 치워버린 뒤, 군인들은
모두 요압의 뒤를 따라 비그리의 아들 세바를
추격해 갔다.
14 ◎세바가 이스라엘 온 지파들이 사는 고장을
거쳐 아벨 벳마아가에 이르자 비그리 사람들
이 모두 한데 뭉쳐 그를 따랐다.
15 전군은 요압의 지휘 아래 아벨 벳마아가에 이
르러 포위한 다음 성 밖에 둔덕을 쌓아올리
고 성을 함락시키려고 허물기 시작했다.
16 마침 성 안에 한 여걸이 있었다. 그가 나서서
이렇게 소리쳤다. "여보세요, 여보세요. 내
가 요압 장군에게 할 말이 있는데 좀 나서라
고 해주세요."
17 요압이 나서자, 그 여인이 물었다. "요압 장
군이세요?" "그렇소." "그러면 소녀가 하
는 말을 좀 들어보세요." "어서 말해 보오."
18 여인이 말했다. "옛적부터 하느님께 물을 일
이 있으면 아벨에 가보라는 말이 있지 않습
니까?
19 우리는 화평을 사랑하고 이스라엘에 충성하
는 사람들입니다. 그런데 장군께서는 이스라
엘의 어미 같은 이 성을 무너뜨리시려 하니
야훼의 유산 하나를 집어삼킬 작정이십니
까?"
20 요압이 대답하였다. "천만에, 결코 이 성을
집어삼키거나 멸망시키려는 것이 아니오.
21 절대로 그렇지 않소. 에브라임 산악 지대에
서 온 비그리의 아들 세바라는 자가 다윗 왕
께 반기를 들었소. 그자만 내주면 나는 이
성에서 물러갈 것이오." "그러면 그 사람의
목을 잘라 성 밖으로 던져드리지요." 이렇
게 말하고,
22 그 여인은 돌아가서 성 사람들을 잘 설득시
켰다. 사람들은 비그리의 아들 세바의 목을
베어 요압에게 던져주었다. 그러자 요압은
나팔을 불어 포위를 풀고 군인들을 해산시
켜 집으로 돌려보내고 자기는 예루살렘에 있
는 왕에게로 돌아갔다.
23 ◎㉠이스라엘 전군의 사령관은 요압이었고,
그렛 외인부대와 펠렛 외인부대 사령관은 여
호야다와 아들 브나야였다.
24 부역 책임자는 아도람, 공보대신은 아힐룻의
아들 여호사밧,
25 비서는 스와였다. 사제로서는 사독과 에비아
달이 있었다.
26 아이르 사람 이라도 다윗의 사제였다.

사울의 후손을 처형하다

21 ◎다윗 시대에 삼 년이나 내리 흉년이
든 적이 있었다. 다윗이 야훼께 곡절을
물으니 야훼께서는 사울과 그의 가문이 기브
온 사람들을 죽여 살인죄를 지은 탓이라고
하셨다.
2 그래서 왕은 기브온 사람들을 불렀다. 기브온
사람들은 본래는 이스라엘 백성이 아니라 아
모리족의 잔류민인데 이스라엘 백성이 그들
을 살려두기로 맹세한 일이 있었다. 그런데
사울은 이스라엘과 유다 백성을 사랑한 나머
지 그들을 전멸시키려고 했던 것이다.
3 ◎다윗이 기브온 사람들에게 물었다. "그대
들의 억울함을 어떻게든지 풀어줄 터이니,
그 대신 그대들은 야훼께서 당신의 것으로
삼으신 이 백성에게 복을 빌어주어야 하겠
소."
4 기브온 사람들이 대답하였다. "사울 가문과
우리 사이의 문제는 금이나 은으로 해결될
문제가 아닙니다. 그렇다고 해서 우리가 이
스라엘 사람 하나라도 죽이게 넘겨달라고 할
수도 없는 일입니다." "그래도 내가 그대들
에게 무엇인가 해주어야 하겠으니 말해 보
시오." 다윗이 이렇게 말하자,
5 그들은 왕에게 이렇게 대답하였다. "우리를
멸종시켜서 이스라엘 영토 안에 발도 못 붙이
게 하려던 사람이 있었습니다.
6 그의 후손 중 일곱 사람만 넘겨주십시오. 그
러면 우리는 기브온에 있는 야훼의 산, 야훼

㉠ 23-26절에 대해서는 8:15-18; 1열왕 4:2-6; 1역대 18:15-17 참조.

앞에서 그들을 나무에 매달겠습니다." "그
러지요."
7 왕은 이렇게 허락하고서도 사울의 손자요,
요나단의 아들인 므비보셋은 빼놓기로 하였
다. 스스로 야훼 앞에서 사울의 아들 요나단
에게 맹세한 일이 있었기 때문이다.
8 왕은 사울이 아야의 딸 리스바와의 사이에서
낳은 두 아들, 아르모니와 므비보셋, 사울의
딸 메랍이 므홀라 사람 바르질래의 아들 아드
리엘에게 낳아준 아들 다섯을 잡아다
9 기브온 사람들 손에 넘겼다. 기브온 사람들
은 산 위에 올라 야훼 앞에서 그들 일곱을 한
꺼번에 나무에 매달아 죽였다. 그들이 처형
된 것은 막 보리를 거두기 시작한 추수철이
었다.
10 ◎아야의 딸 리스바는 상복을 가져다가 바위
위에 펴놓고 그 위에 앉아 추수가 시작될 때
부터 하늘에서 빗방울이 떨어질 때까지 주
검을 지켜 낮에는 공중의 새가 내려 앉지 못
하게 하고 밤에는 들짐승이 달려들지 못하
게 하였다.
11 다윗은 사울의 후궁 아야의 딸 리스바 이야기
를 전해 듣고
12 사울의 뼈와 그 아들 요나단의 뼈를 야베스
길르앗 사람들에게서 찾아왔다. 불레셋 사람
들이 사울을 길보아에서 죽여 벳산 광장에 매
달아 둔 것을 그들이 몰래 거두어두었던 것
이다.
13 다윗은 거기에서 사울의 뼈와 그 아들 요나단
의 뼈를 가져오고 사람들이 나무에 매달았
던 자들의 뼈도 모았다.
14 그들은 사울의 뼈와 그의 아들 요나단의 뼈와
함께 베냐민 지방 셀라에 있는 사울의 아버지
키스의 무덤에 합장했다. 모두 어명을 따라
한 일이었다. 그런 다음에야 하느님께서는
기도를 들어주시고 나라를 돌보시게 되었다.
15 ◎불레셋 군이 다시 이스라엘에 싸움을 걸어
왔다. 다윗이 부하들을 거느리고 내려가 불
레셋 사람과 싸우다가 지쳐 있는데,
16 르바임 후손 브놉이라는 자가 삼백 세겔이나
나가는 청동 창을 들고 허리에는 새 칼을 차
고 다윗을 잡아 죽이려고 덤벼들었다.
17 그러나 스루야의 아들 아비새가 그 불레셋 사
람을 쳐죽이고 다윗을 살려내었다. 이렇게
되자 다윗의 부하들은 이스라엘의 등불이 꺼
져서는 안 될 터이니, 다시 왕이 자기들과
같이 출전해서는 안 되겠다고 하였다.
18 ◎㉠그 뒤 이스라엘은 다시 곱에서 불레셋 군
과 싸움이 붙었는데, 후사 사람 십개가 르바
임 사람 삽을 쳐죽인 것이 바로 이 때였다.
19 ◎곱에서 불레셋 군과 또 한 차례 싸움이 붙
었을 때 베들레헴 사람 야이르의 아들 엘하난
이 갓 사람 골리앗을 죽였는데 골리앗의 창대
는 베틀 용두머리만큼 굵었다.
20 ◎갓에서 또 싸움이 붙었다. 그 때 손가락 발
가락이 여섯 개씩 모두 스물네 개가 되는 거
인이 나타났는데 그도 르바임 사람이었다.
21 그는 이스라엘에게 욕을 퍼붓다가 마침내 다
윗의 조카 요나단에게 맞아 죽었다. 요나단의
아비는 시므아였다.
22 ◎이 넷은 모두 갓에 살던 르바임 사람들인데
다윗과 다윗의 부하들 손에 죽었다.

다윗의 찬양

22 ◎야훼께서 다윗을 사울뿐 아니라 모든
원수의 손에서 건져주신 날, 다윗은 이
런 노래를 불러 야훼를 찬양하였다.
2 ㉡야훼는 나의 반석,
나의 요새, 나를 구원하시는 이,
3 나의 하느님, 내가 숨을 바위,
나의 방패, 승리를 안겨주는 뿔,
나의 산채, 나의 피난처,
포악한 자들의 손에서 이 몸 건져주셨으
니,
4 찬양을 받으시라.
내가 야훼께 부르짖었더니,
나를 원수의 손에서 건져주셨다.
5 죽음의 물결에 휩싸이고,
멸망의 물살에 휩쓸려 겁에 질리고
6 포승에 묶여 저승으로 가고,
올가미에 걸려 죽을
7 다급한 때에 야훼께 부르짖었더니
당신의 전에서 내 소리를 들어주셨다.
내 하느님께 외쳤더니,
울부짖는 소리가 그의 귀에 다다랐구나.
8 그가 한번 노하시니,
땅은 뒤흔들리고,
하늘 기초도 뒤틀리며 흔들렸다.
9 코로는 연기를 내뿜으시고,
입으로는 불을 토하시며,
숯불처럼 모든 것을 살라버리셨다.
10 그는 하늘을 밀어 젖히시고
검은 구름 위에 내려서시며
11 거룹을 타고 날으시고
바람 날개를 타고 내리덮치셨다.
12 몸을 어둠으로 감싸시고

㉠ 18-22절에 대해서는 1역대 20:4-7 참조. ㉡ 2-51절에 대해서는 시편 18:2-50 참조.

비를 머금은 구름을 두르고 나서시니,
13 그 앞에선 환한 빛이 터져 나오며
짙은 구름이 밀리고
우박이 쏟아지며 불길이 뻗어났다.
14 지극히 높으신 이, 야훼께서
천둥 소리로 하늘에서 고함치셨다.
15 번개는 번쩍번쩍,
화살을 마구 쏘아대시어
원수들을 흩어 쫓으셨다.
16 야훼께서 한번 호령하시니,
바다 밑바닥이 드러나고
그의 콧김에 땅의 기초가 드러나는데,
17 높은 데서 손을 내밀어 나를 끌어올리시
어,
거센 물 속에서 건져내셨다.
18 나를 미워하는 억센 원수들,
내 힘으로는 당해 낼 수 없는 것들 손에서
건져주셨다.
19 내가 망할 처지가 되자 저들이 달려들었
지만,
야훼께서 내 편이 되어주셔서
20 건져주시고 어깨를 펴게 해주셨다.
하느님께서 이렇듯 나를 좋아하셨다.
21 야훼께서 내가 옳게 살았다고 상을 내리시
고
내 손에 죄가 없다고 이렇게 갚아주셨다.
22 나는 야훼께서 일러주신 길을 벗어나거나,
내 하느님께 못할 일을 하지 않았다.
23 그의 법을 저버린 적이 없고,
그의 법규를 무시한 적도 없다.
24 죄에 빠지지 않도록 조심하여
나무라실 데 없이 살았다.
25 야훼 보시기에 깨끗하여 죄없다고
이렇게 갚아주셨구나.

26 한마음으로 당신을 위하면
당신께서도 한마음으로 위해 주십니다.
흠없이 당신을 위하면
당신께서도 흠이 없이 위해 주십니다.
27 두 마음을 품지 않고 당신을 받들면,
당신께서도 두 마음 품지 않고 붙들어주
십니다.
그러나 당신을 속이려는 자는 꼬여 넘기
시고
28 억눌린 자를 건져주시며
거만한 자를 부끄럽게 만드십니다.
29 야훼여, 당신은 곧 나의 등불,
내 앞에서 어둠을 몰아내 주십니다.
30 하느님께서 도와주시면
어떤 담이라도 뛰어넘을 수 있고
나의 하느님께서 힘이 되어주시면
못 넘을 담이 없습니다.

31 하느님께서 하시는 일에 무슨 잘못이 있
으랴.
야훼의 말씀에 무슨 티가 있으랴.
피신해 오는 자에게
방패가 되어주시는 분이시다.
32 하느님은 야훼뿐,
바위가 되실 이는 우리 하느님,
33 나에게 힘을 입혀주시어
나무랄 데 없이 살게 해주셨다.
34 나의 발을 암사슴처럼 빠르게 하시어
산등성 위에 서게 해주셨다.
35 구리 활을 쏠 수 있도록
나를 잘 조련시키셨다.
36 구원의 방패를 이 손에 들려주시고,
나를 도와주시어 굳세게 해주셨다.
37 무릎이 떨리는 일 없이
활개를 치게 해주셨다.
38 나는 원수들을 따라가 멸망시켰다.
끝장내고야 돌아섰다.
39 내가 때려눕히니, 원수들은 발밑에 쓰러
져,
다시 일어나지 못하였다.
40 허리를 묶고 싸움터에 나갈 힘을 주시어,
원수들을 내 발 앞에 무릎 꿇리셨다.
41 내가 원수들의 목덜미를 잡고,
적수들의 숨통을 눌러버리는데,
42 살려 달라 울부짖어도 들어주는 이 없었
다.
야훼께 부르짖어도 들은 체도 않으셨다.
43 나는 그것들을 먼지처럼 박살내었고,
길바닥의 흙덩이처럼 짓바수어 버렸다.
44 내 민족이 나를 반역할 때, 나를 그 손에
서 건지셨고,
알지도 못하던 민족들이 나를 섬기도록
뭇 나라에 영도자로 세워주셨다.
45 이국 백성들은 넋이 빠져,
숨었던 요새에서 기어 나와,
46 내 앞에 와서 굽실거리며
무엇이든지 내가 시키는 대로 하게 되었
다.

47 야훼님, 만만세!
나의 바위는 칭송을 받으시라.
나에게 승리를 안겨주신 하느님 높으시어
라.

48 내 원수를 갚으시고,
뭇 민족을 내 앞에 무릎을 꿇리신 하느님,
49 당신께서는 나를 원수의 손에서 구출하시고
포악한 자들 손에서 건지시어
적대자들 위에 높여주셨습니다.
50 그러하오니, 야훼님!
그 고마움을 어찌 만민에게 알리지 않고
하느님의 이름을 노래하지 않겠습니까?
51 하느님은 손수 기름 부어 세우신 왕에게
큰 승리를 안겨주시고
한결같은 사랑을 베푸십니다.
이 다윗과 다윗의 후손에게, 길이길이.

다윗의 마지막 말

23 ◎이것은 다윗이 남긴 마지막 말이다.
야곱의 하느님께서 기름 부어 세우신 자요,
이스라엘의 수호자가 귀여워하시는 자,
이새의 아들 다윗의 말이다.
가장 높으신 분이 세우신 영웅의 말이다.
2 야훼께서 나에게 영감을 주시어 말씀하셨다.
당신의 말씀을 내 혀에 담아주셨다.
3 야곱의 하느님께서 말씀하셨다.
이스라엘의 바위 되시는 이가 나에게 말씀하셨다.
"백성을 정의로 다스리는 자,
하느님 두려운 줄 알고 왕노릇 할 자,
4 그는 아침에 터져 오는 햇빛,
구름이 걷힌 아침의 해 같아,
이슬을 머금은 푸성귀가 땅에서
이 빛을 받아 자란다."
5 야훼께서 나와 영원한 계약을 맺으시고,
조목조목 잘 지켜주셨는데
하느님께서 붙드시는 나의 왕실이 어찌 흔들리랴?
하느님께서 나를 좋아하시어 번번이 구해 주셨는데,
나의 왕실이 어찌 번성하지 않으랴?
6 그러나 하늘 두려운 줄 모르는 자들은
마치 빈들의 가시나무 같아
사람들이 집었다가도 곧 내버린다.
7 쇠꼬챙이나 창대를 가지지 않고는
건드리지 못할 것들,
불에 살라 태워버릴 수밖에.

다윗의 장군들

8 ◎[㉠]다윗의 부하 용사들 이름은 다음과 같다.
하그모니 사람 이스보셋, 이 사람은 삼용사의
우두머리였는데 창을 휘둘러 단번에 팔백
명이나 무찌른 일이 있었다.
9 ◎다음이 아호 사람으로 도도의 아들 엘르아
잘이었다. 그도 삼용사 가운데 하나였다. 불
레셋 군이 싸우려고 바스담밈에 집결했을 때,
그는 이스라엘 군이 퇴각한 다음에도 다윗과
함께 있다가
10 끝까지 버티고 서서 불레셋 군을 쳤는데, 손
이 굳어져서 칼 잡은 손이 풀리지 않을 정도
였다. 그 날 야훼께서 큰 승리를 안겨주셨다.
그제야 이스라엘 군이 다시 엘르아잘에게로
돌아왔지만 그들에게는 죽은 사람들을 터는
일밖에 할 일이 없었다.
11 다음이 하랄 사람 아게의 아들 삼마였다. 한
번은 불레셋 군이 레히에 집결한 것을 보고
이스라엘 군이 도망친 일이 있었다. 거기에
는 무르익은 팥밭이 있었다.
12 그는 그 밭 한복판에 버티고 서서 곡식을 지
키며 불레셋 군을 쳤다. 이리하여 야훼께서
큰 승리를 안겨주셨다.
13 ◎삼십인부대 가운데 이 세 용사가 추수가
시작될 무렵에 아둘람 동굴에 있는 다윗을 찾
아갔는데, 마침 불레셋 군이 르바임 골짜기에
진을 치고 있었다.
14 그 때 다윗은 산채에 있었고 불레셋 수비대는
베들레헴에 있었다.
15 하루는 다윗이 베들레헴 성문 곁에 있는 우물
물이 생각나서 그 물을 길어다 줄 사람이 없
겠느냐고 하자,
16 이 세 용사가 불레셋 진을 뚫고 들어가 베들
레헴 성문 곁에 있는 우물에서 물을 길어다
다윗에게 바쳤다. 그러나 다윗은 그 물을 마
시지 않고 야훼께 부어드리며,
17 "이 물을 마셨다가는 야훼께 벌을 받을 것이
다. 목숨을 걸고 갔다 온 이 사람들의 피나
다름없는 물을 내가 어찌 마시랴!" 하고는
끝내 마시지 않았다. 이런 것들이 세 용사가
한 일들이었다.
18 ◎스루야의 아들 요압의 아우 아비새는 삼십
인부대의 수령이었다. 그는 창을 휘둘러 단
번에 삼백 명이나 무찔러서 삼십인부대 안
에서도 용명을 떨쳤다.
19 그는 삼십인부대 안에서 가장 뛰어났으므로
삼십인부대의 수령이 되기는 했지만, 아직
삼용사에 미치지는 못했다.
20 ◎캅스엘 출신으로 여호야다의 아들 브나야는

㉠ 8-39절에 대해서는 1역대 11:10-41 참조.

많은 공을 세운 용사였다. 그가 바로 모압의
두 장사를 쳐죽였고, 눈 오는 날 구렁에 빠
진 사자를 내려가서 때려죽인 사람이다.
21 그는 또 이집트의 한 거인을 죽인 일도 있다.
그 이집트인은 창을 들고 있었는데, 브나야는
막대기를 들고 그에게 내려가 그 손에서 창
을 빼앗아서 찔러 죽였다.
22 여호야다의 아들 브나야는 이런 일들을 해서
삼십인부대에 끼일 만큼 유명해졌다.
23 그도 삼십인부대 안에서는 유명했지만 아직
삼용사에 미치지는 못했다. 다윗은 그를 자
기의 호위대장으로 삼았다.
24 삼십인 용사에 오른 사람은 요압의 아우 아사
헬, 베들레헴 출신 도도의 아들 엘하난,
25 하롯 출신 삼마, 하롯 출신 엘리카,
26 벳벨렛 출신 헬레스, 드고아 출신 익케스의 아
들 이라,
27 아나돗 출신 아비에젤, 후사 출신 십개,
28 아호 출신 살몬, 느토바 출신 마하래,
29 느토바 출신 바아나의 아들 헬렛, 베냐민 기브
아 출신 리배의 아들 이때,
30 비라돈 출신 브나야, 가스 계곡 출신 히때,
31 아라바 출신 아비알본, 바후림 출신 아즈마웻,
32 살본 출신 엘랴흐바, 기존 출신 하셈,
33 하랄 출신 삼마의 아들 요나단, 하랄 출신 사
랄의 아들 아히암,
34 마아가 출신 아하스배의 아들 엘리벨렛, 길로
출신 아히도벨의 아들 엘리암,
35 가르멜 출신 헤스로, 아랍 출신 바아래,
36 소바 출신 나단의 아들 이갈, 가드 출신 바니,
37 암몬 출신 셀렉, 스루야의 아들 요압의 무기
당번이던 브에롯 출신 나하래,
38 야띨 출신 이라, 야띨 출신 가렙,
39 헷 사람 우리야, 이렇게 모두 삼십칠 명이었
다.

병적 조사를 하다

24

◎[㉠]야훼께서 다시 이스라엘에 진노를
내리실 일이 있어 다윗에게 이스라엘과
유다의 병적을 조사할 마음을 품게 하셨다.
2 그리하여 왕은 자기 부하인 요압 총사령관에
게 명령을 내렸다. "단에서 브엘세바에 이르
기까지 두루 다니며 이스라엘 각 족속의 병적
을 조사해 오시오. 민병대가 얼마나 되는지
알아야겠소."
3 그러나 요압이 왕에게 간하였다. "임금님의
하느님 야훼께서 민병의 수를 지금보다 백
배나 늘리시어 임금님께서 친히 눈으로 보
게 되셨으면 합니다마는, 임금님께서는 어
찌하여 이런 일을 즐겨 하시렵니까?"
4 그러나 요압이나 사령관들이 아무리 간해도
왕은 굽히지 않았다. 그래서 요압과 다른 군
사령관들은 어전에서 물러나와 이스라엘 병
적을 조사하러 나갔다.
5 ◎그들은 요르단 강을 건너 아로엘과 계곡 한
가운데 있는 도시에서 시작하여 야젤까지 찾
아가서 가드족의 병적을 조사하였다.
6 그 다음 길르앗으로 해서 헷 지역에 있는 카
데스에 이르렀다가 다시 단으로 갔다. 단을
떠난 그들은 시돈을 돌아서
7 띠로 성과 히위족들과 가나안족의 여러 성읍
을 거쳐 유다 남방 브엘세바로 내려갔다.
8 그들은 이렇게 전국을 돌아 구 개월 이십 일
만에 예루살렘에 돌아왔다.
9 요압이 왕에게 보고한 총 민병대 수는 칼을
쓸 수 있는 사람이 이스라엘에 팔십만, 유다
에 오십만이었다.
10 ◎그런데 다윗은 병적 조사를 하고 나서 양
심에 가책을 받았다. 그는 야훼께 기도를 드
렸다. "제가 이런 못할 일을 해서 큰 죄를 지
었습니다. 저는 참으로 어리석었습니다. 야
훼여, 이 종의 죄를 용서해 주십시오."
11 ◎다윗이 이튿날 아침 일어났을 때, 야훼의
말씀이 예언자 가드에게 내렸다. 그는 다윗
이 데리고 있는 선견자였다.
12 "다윗에게 가서, 나 야훼가 그러더라며 이렇
게 일러라. '내가 너에게 세 가지를 내보일
테니 너는 그 가운데서 하나를 골라라. 내가
그대로 해주리라.'"
13 ◎가드가 다윗에게 가서 전하였다. "임금님
의 영토 안에 삼 년 동안 기근이 들든가, 임
금님께서 원수들에게 석 달 동안 쫓겨다니
시든가, 임금님의 영토 안에 사흘 동안 전염
병이 돌든가 할 것입니다. 그러니 잘 생각하
셔서 결정을 내리십시오. 저를 보내신 분께
무엇이라고 대답해 올려야겠습니까?"
14 다윗이 가드에게 말하였다. "괴롭기 짝이 없
구려. 그러나 야훼께서는 그지없이 자비로우
시니 이 몸을 야훼께 내맡기려오. 사람에게
는 내맡기지 않겠소." 이리하여 다윗은 전염
병을 내려달라고 하였다. 때는 보리를 추수
할 무렵이었다.
15 ◎야훼께서 그 날 아침부터 정해 놓은 시간
까지 이스라엘에 전염병을 내리셨다. 그래서
단에서 브엘세바에 이르기까지 칠만 명이나
죽었다.

㉠ 1-25절에 대해서는 1역대 21:1-27 참조.

16 야훼의 천사가 손을 뻗어 예루살렘을 치려고
하자 야훼께서 재앙을 내리시려던 생각을 돌
이키시고, 백성을 죽이는 천사에게 명령하
셨다. "이제 그만하면 됐다. 손을 거두어
라." 그 때 야훼의 천사는 여부스 사람 아라우
나의 타작 마당에 서 있었다.
17 ◎다윗은 백성을 치는 천사를 보고 야훼께 아
뢰었다. "죄를 지은 것은 저입니다. 못할 짓
을 한 것은 저입니다. 이 양들이야 무슨 잘못
이 있습니까? 제발 손을 돌려 저와 제 집안
을 쳐주십시오."
18 ◎가드가 그 날 다윗에게 와서 일렀다. "여부
스 사람 아라우나의 타작 마당으로 올라가 거
기에다 야훼께 제단을 쌓으십시오."
19 다윗은 가드가 전해 준 야훼의 지시를 따라
그리로 올라갔다.
20 아라우나가 내려다보고 있다가 왕이 신하들
을 데리고 자기에게 오고 있는 것을 보고는
앞으로 나아가 왕 앞에 엎드려 절을 하며
21 물었다. "임금님께서 무슨 일로 소인에게 오
셨습니까?" 다윗이 대답하였다. "그대의 타
작 마당을 사서 야훼께 제단을 쌓아 바쳐 백
성에게 내리는 이 재앙을 그치게 하려고 하
오." 이 말을 듣고
22 아라우나는 이렇게 말하였다. "임금님, 거저
드립니다. 원하시는 대로 제물을 바치십시
오. 여기 번제드릴 소도 있고, 땔감으로는
탈곡기와 소 멍에도 있습니다.
23 소인 아라우나가 이 모든 것을 임금님께 바칩
니다." 그리고 아라우나는 "임금님의 하느님
야훼께서 임금님의 제물을 받아주시기를 빕
니다." 하고 덧붙였다.
24 ◎그러나 왕은 아라우나에게 그럴 수 없다고
했다. "돈을 내고 사야 하겠소. 돈 한푼 안
들이고 야훼 나의 하느님께 번제를 드릴 수
는 없소." 다윗은 타작 마당과 소를 은 오십
세겔에 사서,
25 야훼께 제단을 쌓고 번제와 친교제를 드렸
다. 그제야 야훼께서는 나라를 위하여 비는
그의 기도를 들으시고 이스라엘에서 재앙을
거두셨다.

열왕기상

다윗의 마지막과 아도니야의 음모

1 ◎다윗 왕이 나이 많아, 아무리 이불을 덮
어도 몸이 덥지 않게 되었다.
2 신하들이 그에게 아뢰었다. "나이 어린 처녀
하나를 구하여 임금님의 시중을 들고 모시
게 하면 어떻겠습니까? 임금님께서 품에 안
고 주무시면 옥체가 훈훈해지실 것입니다."
3 신하들은 허락을 받고 아리따운 처녀를 찾
아 이스라엘 전국을 누볐다. 그들은 수넴 여
자 아비삭이라는 처녀를 구해 왕에게 데려
왔다.
4 그 처녀는 매우 아리따웠다. 그가 왕을 모시
고 시중을 들게 되었지만, 왕은 그와 몸을 섞
지 않았다.
5 ◎한편 하낏의 아들 아도니야가 왕이 될 속셈
으로 자기가 탈 병거와 말을 준비하였고 호
위병 오십 명을 사병으로 두었다.
6 그의 아버지는 한 번도 아들에게 "네가 어찌
하여 그런 일을 하느냐?" 하고 참견하지 않
았다. 아도니야는 매우 잘생긴데다가 압살롬
과는 어머니가 다른 형제로서 압살롬의 바로
아래 동생이었다.
7 그는 스루야의 아들 요압, 사제 에비아달과 함
께 모의를 했는데 그들은 아도니야를 동조해
따랐다.
8 그러나 사제 사독, 여호야다의 아들 브나야,
예언자 나단, 그리고 다윗의 용사들인 시므이
와 레이는 아도니야 편에 가담하지 않았다.
9 아도니야는 자기의 형제들, 왕자들, 유다의
모든 왕궁 관리들을 엔로겔 샘터 곁에 있는
조헬렛 바위에 초대해 놓고 양과 소와 살진
송아지를 잡아 제사를 드렸다.
10 그러나 예언자 나단과 브나야와 용사들 그
리고 자기의 동생인 솔로몬은 초대하지 않
았다.

나단과 바쎄바의 계책

11 ◎그 때, 나단이 솔로몬의 어머니 바쎄바에게
알렸다. "우리의 주 다윗 임금님께서도 모르
는 사이에 하낏의 아들 아도니야가 왕이 된다
는데 그 소식을 듣지 못하셨습니까?
12 이제 당신의 목숨뿐 아니라 당신의 아들 솔
로몬의 목숨을 구하시려면 내 말대로 하십
시오.

13 당장 임금님께 들어가시어 이렇게 고하십시
오. '임금님, 임금님께서는 일찍이 이 계집
종에게 이 몸에서 난 아들 솔로몬이 임금님
의 뒤를 이어 다스리며 왕위에 앉을 것이라
고 맹세하시지 않으셨습니까? 그런데 어찌
하여 아도니야가 왕이 되었습니까?'
14 당신께서 임금님께 이렇게 말을 하고 있으
면 나도 뒤따라 들어가 그 말씀을 두둔해 드
리겠습니다."
15 ◎이렇게 하여 바쎄바는 침전으로 왕을 찾아
갔다. 그 때 왕은 매우 늙어 수넴 여자 아비
삭의 시중을 받고 있었다.
16 바쎄바가 엎드려 왕에게 절을 하자 왕이 물
었다. "무슨 일로 오셨소?"
17 왕비가 대답하였다. "임금님, 임금님께서
는 임금님을 도우시는 하느님 야훼를 두고
일찍이 이 계집종에게 맹세하셨습니다. 이
몸에서 난 솔로몬이 임금님을 이어 다스리
고 왕위에 앉을 것이라고 맹세하셨습니다.
18 그런데 지금 아도니야가 왕이 되었는데도
임금님께서는 모르고 계십니다.
19 그는 왕자들 전부와 사제 에비야달, 그리고
군사령관 요압을 초대해 놓고 소와 살진 송
아지와 양을 많이 잡아 제사를 드렸습니다.
그러나 임금님의 종 솔로몬은 부르지 않았
습니다.
20 임금님, 온 이스라엘이 주시하고 있습니다.
누구를 지명하시어 임금님의 뒤를 잇는 왕
이 되게 하시겠습니까? 말씀해 주십시오.
21 만일 지명하시지 않으신다면 임금님께서
조상에게로 돌아가시는 날 소첩과 소첩의
자식 솔로몬은 역적으로 몰리게 될 것입니
다."
22 ◎이렇게 왕비가 왕에게 말을 하고 있는데
예언자 나단이 들어왔다.
23 "나단 예언자 드십니다." 신하들이 어전에
아뢰는 말과 함께 나단은 왕 앞에 나아가 얼
굴을 땅에 대고 엎드려
24 말하였다. "임금님께서는 아도니야가 임금
님의 뒤를 이어 나라를 다스리고 임금님의
자리에 앉으리라고 하신 적이 있으시옵니
까?
25 오늘 그가 내려가 모든 왕자들과 군사령관
요압과 사제 에비야달을 불러놓고 소와 살
진 송아지와 양을 많이 잡아 제사를 드렸습
니다. 그들이 지금 아도니야 앞에서 먹고 마
시며 '아도니야 왕 만세!'를 외치고 있습
니다.
26 그러나 그는 임금님의 종인 저와 사제 사독,
여호야다의 아들 브나야 그리고 임금님의 종
인 솔로몬은 부르지 않았습니다.
27 임금님께서는 아직 저희 신하들에게 누가
임금님의 뒤를 이어 왕좌에 오를 것인지 말
씀하지 않으셨습니다. 과연 이런 일이 임금
님의 뜻에 따른 일이옵니까?"

솔로몬이 다윗의 임명을 받아 왕이 됨

28 ◎그러자 다윗 왕은 바쎄바를 부르라고 명령
하였다. 바쎄바가 왕 앞에 나와 서자
29 왕이 맹세하며 말하였다. "어려운 일을 당
할 때마다 나의 목숨을 살려내신 야훼를 두
고 맹세하오.
30 내가 일찍이 이스라엘의 하느님 야훼를 두고
그대에게, 그대의 몸에서 난 아들 솔로몬이
내 뒤를 이어 다스리고 나의 왕좌에 앉으리
라고 한 맹세를 오늘 그대로 시행하리다."
31 바쎄바는 얼굴을 땅에 대고 엎드려 왕에게
절하며 아뢰었다. "나의 주 다윗 임금님, 만
수무강하옵소서."
32 다윗 왕이 사제 사독, 예언자 나단, 여호야다
의 아들 브나야를 들게 하라고 명하였다. 그
들이 왕 앞에 나오자
33 왕이 명령을 내렸다. "그대들은 내 신하들
을 거느리고 나의 아들 솔로몬을 내 노새에
태워 기혼으로 내려들 가시오.
34 거기에서 사독 사제와 나단 예언자는 그를
이스라엘의 왕으로 기름 부어 세우시오. 그
런 다음 나팔을 불며 '솔로몬 왕 만세!'를
외치시오.
35 그리고 올 때에는 그를 모시고 따라오시오.
그가 와서 내 왕좌에 앉을 것이오. 나를 대
신하여 왕이 되는 것이오. 내가 그를 이스라
엘과 유다의 통치자로 임명하였소."
36 여호야다의 아들 브나야가 왕에게 대답하였
다. "지당하신 말씀입니다. 내 주 임금님의
하느님 야훼께서도 그렇게 뜻하시옵기를 빕
니다.
37 야훼께서 내 주 임금님과 함께 계셨듯이 솔
로몬과도 함께 계시고, 그리하여 그의 치세
가 내 주 다윗 임금님의 치세보다 더 빛나게
하시옵기를 빕니다."
38 ◎이리하여 사제 사독, 예언자 나단, 여호야
다의 아들 브나야, 그렛 사람들, 벨렛 사람들
이 내려가 솔로몬을 다윗 왕의 노새에 태워
기혼으로 데리고 갔다.
39 거기에서 사제 사독이 기름 담은 뿔을 장막
에서 꺼내어 솔로몬에게 기름을 부었다. 그
런 뒤, 그들이 나팔을 불자 전국민이 "솔로

몬 왕 만세!"를 외쳤다.
40 모든 백성이 그의 뒤를 따라 피리를 불며
올라가는데, 온통 기쁨의 도가니가 되어
술렁거리는 소리에 세상이 떠나갈 지경이
었다.
41 ◎아도니야와 그의 손들은 향연을 마치려 하
다가 이 소리를 들었다. 요압이 나팔 소리를
듣고는 "성 안에서 나는 저 소란한 소리가
대체 무슨 소리냐?" 하고 물었다.
42 그가 말을 채 끝마치기도 전에 사제 에비아
달의 아들 요나단이 들이닥쳤다. 아도니야가
그를 맞았다. "어서 들어오게, 좋은 사람이
니 좋은 소식을 가져왔겠지."
43 요나단이 아도니야에게 말하였다. "아닙니
다. 우리 주 다윗 왕께서 솔로몬을 임금으로
세우셨습니다.
44 왕께서 사독 사제, 나단 예언자, 여호야다의
아들 브나야, 그렛 사람들, 펠렛 사람들을 솔
로몬과 함께 보내셨는데 그들은 솔로몬을 왕
의 노새에 태웠습니다.
45 그리고 사독 사제와 나단 예언자는 기혼에서
그에게 기름을 부어 왕으로 세웠습니다. 거
기에서 사람들이 흥겹게 떠들며 올라가는
바람에 성 안이 떠들썩한 것입니다. 여러분
께서 들으시는 소리가 바로 그 소리입니다.
46 솔로몬이 왕위에 앉았고
47 더구나 왕의 신하들이 우리 주 다윗 왕께 와
서 축하하여 말하기를, '임금님의 하느님께
서 임금님보다 솔로몬을 더 이름나게 하시
고 임금님의 치세보다 그의 치세를 더 빛나
게 하시옵기를 빕니다.' 하였습니다. 그러
자 왕께서도 친히 침상에서 절을 하시며
48 이렇게 이르셨습니다. '이스라엘의 하느님
야훼께서 이 날 내 자식을 나의 왕좌에 앉히
시고 또 이 눈으로 그것을 보게 하셨으니,
그 은혜 망극하구나.'"
49 ◎그러자 아도니야의 손들은 모두 떨면서 일
어나 각기 제 갈 길로 가버렸다.
50 아도니야도 솔로몬을 두려워한 나머지 일어
나 달려가 제단의 뿔을 움켜잡았다.
51 그러자 사람들이 솔로몬에게 말하였다. "보
십시오. 아도니야가 임금님을 무서워하고
있습니다. 그가 제단 뿔을 움켜잡고는 '솔
로몬 왕께서 소인을 칼로 쳐죽이지 않겠다
고 맹세해 주십시오.' 하고 있습니다."
52 솔로몬이 명령을 내렸다. "만일 그가 사내
답게 처신한다면 머리카락 하나 땅에 떨어
질 까닭이 없다. 그러나 불측한 마음을 품
은 것이 드러나면 마땅히 죽으리라."
53 그리고는 사람을 보내어 그를 제단에서 끌
어내리게 하였다. 솔로몬 왕은 그가 자기에
게 와서 경의를 표하자 그를 집으로 돌려보
냈다.

다윗의 임종

2 ◎다윗은 죽을 날이 가까워지자 그의 아
들 솔로몬을 불러 훈계하였다.
2 "나는 이제 세상 모든 사람이 가는 길로 가
야 할 것 같다. 힘을 내어 사내 대장부가 되
어라.
3 야훼 네 하느님의 명령을 지키고 그분이 보
여주신 길을 따라가며 또 모세법에 기록된
대로 하느님의 법도와 계명, 율례와 가르침
을 지켜라. 네가 어디로 가든지 무엇을 하
든지 성공할 것이다.
4 그리 하여야 야훼께서 일찍이 나에게 '만일
네 후손들이 행실을 조심하고 내 앞에서 마
음과 정성을 다 기울여 성실히 살아간다면
너에게서 이스라엘 왕위에 오를 자가 끊기
지 아니하리라.' 하신 그 약속을 그대로 이
루어주시리라.
5 더구나 너는 스루야의 아들 요압이 나에게
한 짓, 곧 이스라엘 군의 두 사령관 넬의 아
들 아브넬과 예델의 아들 아마사를 해치웠던
일을 알고 있다. 그들은 전쟁시의 원수를
평화시에 갚음으로써 그 피를 나의 허리띠
와 신발에 묻혔다.
6 그러니 너는 머리를 써서 그로 하여금 백발
이 되어 평온하게 지하로 내려가지 못하게
하여라.
7 그러나 길르앗 사람 바르질래의 아들들에게
는 의리를 지켜 네 식탁에서 함께 먹도록 하
여라. 그들은 내가 네 형 압살롬을 피해 다
닐 때 나에게 한결같은 충성을 바쳤다.
8 또 바후림 출신 베냐민 사람 게라의 아들 시
므이를 너에게 남겨두고 나는 간다. 그는 내
가 마하나임에 갔을 때에 나에게 심한 악담
을 퍼부었던 자이다. 그런데 그가 요르단으
로 나를 마중나왔을 때 나는 그를 칼로 죽이
지 않겠다고 야훼를 두고 맹세하였다.
9 그러나 그런 자를 무죄한 자로 그냥 두지는
마라. 너는 슬기로우니 그를 어떻게 다루어
야 할는지 잘 알 것이다. 그런 자는 백발이
되어서도 피를 흘리며 지하로 내려가게 해
야 한다."
10 ◎다윗은 선조들과 함께 잠들어 다윗 성에
안장되었다.
11 다윗이 이스라엘을 다스린 햇수는 사십 년이

다. 헤브론에서 칠 년, 예루살렘에서 삼십삼
년을 다스렸다.
12솔로몬이 선왕 다윗의 왕좌에 앉았다. 그는
왕위를 든든히 굳혔다.

아도니야의 죽음

13◎하낏의 아들 아도니야는 솔로몬의 어머니
바쎄바를 찾아갔다. 바쎄바가 "네가 언짢은
일로 왔느냐?" 하고 묻자 그는 그렇지 않다
면서
14"드릴 말씀이 있어 왔습니다." 하였다. "말
해 보아라." 하고 바쎄바가 허락하자
15그는 이렇게 말하였다. "어머니께서도 아시
다시피 이 왕국은 제 것이었습니다. 그리고
온 이스라엘도 제가 다스릴 것으로 기대하
고 있었습니다. 그런데 이제 왕국은 뒤엎어
져 아우가 야훼에게서 받았으므로 아우의
것이 되었습니다.

16이제 어머니께 한 가지 청이 있습니다. 물
리치지 마십시오." 바쎄바가 말해 보라고
하자
17그는 이렇게 청하는 것이었다. "솔로몬 왕
에게 말하여, 수넴 여자 아비삭을 저에게 주
어 아내로 맞게 해주십시오. 왕은 어머니
말씀을 물리치지 않을 것입니다."
18바쎄바가 대답하였다. "그러지, 내가 임금
에게 네 말을 전해 주마."
19그리하여 바쎄바는 아도니야의 청을 전하러
솔로몬 왕을 찾아갔다. 왕은 일어나 자기 어
머니를 맞으며 몸을 굽혀 인사를 하였다.
그리고 자신은 왕좌에 앉고 어머니에게는
자리를 권하여 자기 오른편에 앉게 하였다.
20바쎄바가 입을 열었다. "작은 청이 하나 있
는데 거절하지 마시오." 왕이 대답하였다.
"어머니, 말씀해 보십시오. 거절하지 않겠
습니다."
21왕의 어머니가 말하였다. "수넴 여자 아비삭
을 아도니야에게 주어 아내로 삼게 하시오."
22이 말을 듣고 솔로몬 왕이 어머니에게 대답
하였다. "어찌하여 어머니께서 아도니야를
위하여 수넴 여자 아비삭을 청하십니까?
아주 나라까지 그에게 주라고 청하시지요!
그는 저의 형이 되고 또 그의 편에 사제 에
비아달과 스루야의 아들 요압도 있지 않습
니까?"
23그리고 나서 솔로몬 왕은 야훼를 두고 맹세
하였다. "내가 천벌을 받는 한이 있더라도,
이런 청을 하는 자는 죽여야 하겠습니다.
24이제 나를 세우시어 선친 다윗의 왕좌에 앉
히시고 약속하신 대로 나에게 왕실을 일으
켜주신 야훼를 두고 맹세합니다. 아도니야는
오늘 죽습니다."
25그리고 나서 솔로몬 왕은 여호야다의 아들 브
나야를 보내어 아도니야를 쳐죽였다.

에비아달과 요압의 운명

26◎그리고 왕은 사제 에비아달에게 명령을 내
렸다. "그대가 상속받은 땅 아나톳으로 가
시오. 그대는 죽어 마땅하나 그대가 선왕
다윗 밑에서 야훼 하느님의 궤를 책임졌었
고 또 선왕과 온갖 고난을 같이한 것을 참작
하여 목숨만은 살려두겠소."
27이렇게 솔로몬은 에비아달을 야훼의 사제직
에서 쫓아내 버렸다. 이로써 야훼께서 실로
에 있는 엘리의 가문을 두고 하신 말씀이 그
대로 이루어졌다.
28◎이 소식이 요압에게 전해졌다. 그는 압살
롬을 지지하지는 않았으나 아도니야를 지지
했던 터이라 야훼의 장막으로 피신하여 제
단의 뿔을 잡고 있었다.
29사람들이 솔로몬 왕에게 고하였다. "요압이
야훼의 장막으로 피신하여 제단 곁에 있습
니다." 솔로몬은 여호야다의 아들 브나야를
보내어 그를 쳐죽이게 하였다.
30브나야가 야훼의 장막으로 가서 요압에게 소
리쳤다. "어명이오. 나오시오!" 그러나 그
는 그 자리에서 죽겠다고 버티었다. 하는
수 없이 브나야는 왕에게 보고하여, 요압이
이러저러하게 대답하더라고 알렸다.
31왕이 브나야에게 다시 명령을 내렸다. "그
의 원대로 해주시오. 그를 죽여 묻으시오.
그리하면 요압이 까닭없이 피를 흘려 나와
내 아버지의 가문에 씌웠던 죄가 벗겨지는
것이오.
32요압은 선왕 다윗께서 모르는 사이에 자기
보다 떳떳하고 더 잘난 두 사람, 이스라엘의
군사령관 넬의 아들 아브넬과 유다의 군사령
관 예델의 아들 아마사를 살해한 죄를 야훼
께 받은 것이오.
33두 장군을 죽인 죗값으로 요압과 그 후손들
은 길이 망하겠지만 다윗과 그 후손, 그 왕
실과 왕좌는 야훼께서 길이 흥하게 해주실
것이오."
34그리하여 여호야다의 아들 브나야는 요압이
있는 데로 올라가 그를 쳐죽였다. 요압의 시
체는 광야에 있는 자기의 집에 안장되었다.
35왕은 요압 대신에 여호야다의 아들 브나야를
군사령관으로 임명하고 에비아달의 자리에

사제 사독을 앉혔다.

시므이의 죽음

36◎그 후 임금은 사람을 보내어 시므이를 불
러다 놓고 명령을 내렸다. "너는 예루살렘에
집을 짓고 거기에서 살아라. 그리고 한 발
짝도 나가면 안 된다.
37나가서 키드론 시내를 건너면 정녕 죽으리
라. 네 피가 네 머리로 돌아가는 것이다."
38"임금님의 말씀이 지당하십니다. 내 주 임
금님께서 말씀하신 대로 소인은 따르겠습
니다." 이렇게 시므이는 왕에게 대답하고 예
루살렘에서 여러 날을 살았다.
39◎그리고 삼 년이 지날 무렵이었다. 시므이
의 노예 둘이 갓 왕 마아가의 아들 아기스에
게로 달아났다. 시므이는 노예가 갓으로 달
아났다는 말을 듣고
40일어나 나귀에 안장을 얹고는 노예를 찾기
위하여 아기스를 찾아 갓으로 갔다. 그는 기
어이 갓에서 노예를 데리고 왔다.
41그러나 시므이가 예루살렘을 떠나 갓을 다녀
왔다는 말이 솔로몬에게 전해지자
42왕은 사람을 보내어 시므이를 불러다 놓고
말하였다. "내가 너에게 야훼를 두고 맹세
하게 하지 않았느냐? 엄하게 경고하면서
'어디고 한 발짝이라도 나가면 정녕 죽으
리라.' 하지 않았느냐? 그리고 너도 내
말이 지당하다고 하면서 순종하겠다고 하
였다.
43그런데 어찌하여 너는 야훼를 두고 한 맹세
를 지키지 않았으며 내 명령을 어겼느냐?"
44왕은 한마디 덧붙였다. "너는 네가 내 아버
지 다윗에게 어떤 못된 짓을 했는지 스스로
잘 알고 있을 것이다. 야훼께서 네 악을 네
머리에 돌아가게 하시리라.
45그러나 나 솔로몬 왕은 복을 받으며, 다윗의
왕위는 야훼 앞에서 영원히 서리라."
46그리고 왕은 여호야다의 아들 브나야에게 명
령을 내려, 나가 시므이를 쳐죽이게 하였다.
◎이와 같이 하여 왕국은 솔로몬의 손안에서
틀이 잡혀갔다.

솔로몬이 파라오의 딸과 결혼하다

3

◎솔로몬은 이집트의 임금 파라오와 결혼
동맹을 맺었다. 그는 파라오의 딸을 맞이
하여, 자기의 궁과 야훼의 전과 예루살렘의
성곽을 다 짓기까지 그 아내를 다윗 성에 두
었다.
2 국민은 아직 야훼의 이름으로 부를 전이 지
어지지 않았기 때문에 산당에서 제사를 드
렸다.

솔로몬이 기브온에서 꿈을 꾸다

3◎솔로몬은 야훼를 사랑하였고 그의 아버지
다윗의 법도를 따라 살았다. 다만 한 가지,
그는 산당에서 제사하고 향을 피웠다.
4기브온에는 큰 산당이 하나 있었는데 솔로
몬은 늘 그리로 가서 제사를 드렸다. 솔로몬
은 그 제단에 번제물을 천 마리나 바친 적
이 있다.
5야훼께서 그 날 밤 기브온에 와 있던 솔로몬
의 꿈에 나타나셨다. 하느님께서 "내가 너
에게 무엇을 해주면 좋겠느냐?" 하고 물으
셨다.
6솔로몬이 대답하였다. "당신께서는 저의 아
버지인 당신의 종 다윗에게 한결같은 은혜
를 베푸셨습니다. 제 아버지가 당신의 면전
에서 성실하고 올바르게, 또 당신을 향한
일편단심으로 살았다고 하여 당신께서는
그에게 한결같은 은혜를 베푸셨고 또 오늘
그에게 주신 이 아들로 하여금 그의 왕좌에
앉게 하셨습니다.
7나의 하느님 야훼여, 당신께서는 소인을 제
아버지 다윗을 이어 왕으로 삼으셨습니다만
저는 어린 아이에 지나지 않으므로 어떻게
처신하여야 할지를 알지 못합니다.
8그런데 소인은 수도 헤아릴 수 없이 많은 당
신의 백성 가운데서 살고 있는 몸입니다.
9그러하오니 소인에게 명석한 머리를 주시
어 당신의 백성을 다스릴 수 있고 흑백을
잘 가려낼 수 있게 해주십시오. 감히 그 누
가 당신의 이 큰 백성을 다스릴 수 있겠습
니까?"
10이러한 솔로몬의 청이 야훼의 마음에 들었
다.
11그래서 하느님께서는 이렇게 대답하셨다.
"네가 장수나 부귀나 원수 갚는 것을 청하
지 아니하고 이렇게 옳은 것을 가려내는 머
리를 달라고 하니
12자, 내가 네 말대로 해주리라. 이제 너는 슬
기롭고 명석하게 되었다. 너 같은 사람은
전에도 없었고 앞으로도 없으리라.
13뿐만 아니라 네가 청하지 않은 것, 부귀와
명예도 주리라. 네 평생에 너와 비교될 만
한 왕을 보지 못할 것이다.
14네가 만일 네 아비 다윗이 내 길을 따라 살
았듯이 내 길을 따라 살아 내 법도와 내 계
명을 지킨다면 네 수명도 길게 해주리라."

15◎솔로몬이 깨어보니 꿈이었다. 그는 예루살
렘으로 가서 야훼의 계약궤 앞에 나아가 서
서 번제와 친교제를 드리고 또 모든 신하들
에게 잔치를 베풀어주었다.

솔로몬의 재판

16◎그런데 창녀 둘이 왕에게 나와 섰다.
17그 가운데 한 여자가 말을 꺼냈다. "임금님,
이 여자와 저는 한 집에 살고 있습니다. 제
가 아이를 낳을 때에 이 여자도 집에 있었습
니다.
18그런데 제가 해산한 지 사흘째 되던 날 이
여자도 아이를 낳았습니다. 집에는 우리 둘
만 있었습니다.
19그런데 그 날 밤, 이 여자는 자기의 아들을
깔아 뭉개어 죽였습니다.
20그리고 나서 이 여자는 한밤중에 일어나 이
계집종이 잠자는 사이에 제 곁에 있던 제 아
들을 가져가 버렸습니다. 제 아들을 가져다
자기 품에 두고 죽은 자기 아들을 제 품에
놓고 간 것입니다.
21제가 아침에 일어나 젖을 먹이려다 보니 아
이는 죽어 있었습니다. 날이 밝아서야 그
아이가 제 몸에서 난 아이가 아닌 것을 알았
습니다."
22그러자 다른 여자가 "무슨 말을 하느냐? 산
아이는 내 아이이고 죽은 아이가 네 아이
야." 하고 우겼다. 첫 번째 여자도 "천만
에! 죽은 아이가 네 아이이고 산 아이는 내
아이야." 하고 우겼다. 그렇게 그들은 왕 앞
에서 말싸움을 벌였다.
23그 때 왕이 입을 열었다. "한 사람은 '산 이
아이가 내 아들이고 네 아들은 죽었다.' 하
고 또 한 사람은 '아니다. 네 아들은 죽었고
내 아들이 산 아이다.' 하는구나."
24그러면서 왕은 칼 하나를 가져오라고 하였
다. 신하들이 왕 앞으로 칼을 내오자
25왕은 명령을 내렸다. "그 산 아이를 둘로 나
누어 반쪽은 이 여자에게 또 반쪽은 저 여자
에게 주어라."
26그러자 산 아이의 어머니는 제 자식을 생각
하여 가슴이 메어지는 듯하여 왕에게 아뢰
었다. "임금님, 산 아이를 저 여자에게 주시
고 아이를 죽이지만은 마십시오." 그러나
다른 여자는 "어차피 내 아이도 네 아이도
아니니 나누어갖자." 하였다.
27그러자 왕의 분부가 떨어졌다. "산 아이를
죽이지 말고 처음 여자에게 내주어라. 그가
참 어머니다."
28◎온 이스라엘이 왕의 이 판결 소식을 들었
다. 그리고 왕에게 하느님의 슬기가 있어
정의를 베푼다는 것을 알고는 모두들 왕을
두려워하게 되었다.

솔로몬의 고급 관리들

4 ◎솔로몬 왕이 온 이스라엘을 다스릴 당
시에
2그의 고급 관리들은 다음과 같았다. 사독의
아들 아자리야는 사제,
3시사의 두 아들 엘리호렙과 아히야는 행정관,
아힐룻의 아들 여호사밧은 공보대신,
4여호야다의 아들 브나야는 군사령관, 사독과
에비아달은 사제,
5나단의 아들 아자리야는 장교를 지휘하는
사람, 나단의 아들 시붓은 왕의 친구로서
사제,
6아히살은 궁내대신, 압다의 아들 아도니람은
부역 책임자였다.
7◎솔로몬은 또 이스라엘 전국에 십이 지방장
관을 두어 왕과 왕실에 양식을 대도록 하였
다. 한 사람이 일 년에 한 달씩 양식을 대는
책임을 졌는데,
8그들의 명단은 다음과 같았다. 후르의 아들
이 에브라임 산악 지대를 맡았고,
9데겔의 아들이 마가스, 사알빔, 벳세메스, 엘
론 벳 하난을,
10헤셋의 아들이 아루봇, 소고, 헤벨 전지역을,
11솔로몬의 딸 다밧을 아내로 맞아 부마가 된
아비나답의 아들이 나밧, 도르 전지역을,
12아힐룻의 아들 바아나가 다아낙, 므기또, 욕므
암 건너편 일대, 이즈르엘에서 내려다보이
는 벳스안 전지역과 또 벳스안에서 사르단 곁
에 있는 아벨므홀라에 이르기까지,
13게벨의 아들이 라못길르앗을 맡았다. 또 그
는 길르앗에 있는 므나쎄의 아들 야이르의
성읍들을 소유했고 바산에 있는 아르곱 지
역의 놋빗장과 성곽 있는 육십 성읍을 소유
하였다.
14이또의 아들 아히나답이 마하나임을 맡았고
15솔로몬의 딸 바세맛과 결혼한 아히마즈가 납
달리를,
16후새의 아들 바아나가 아셀과 브알롯을,
17바루아의 아들 여호사밧이 이싸갈을,
18엘라의 아들 시므이가 베냐민을,
19우리의 아들 게벨이 길르앗 땅, 곧 아모리 왕
시혼과 바산 왕 옥의 땅을 맡았다. 또 유다
땅을 맡은 관리도 따로 있었다.
20◎유다와 이스라엘은 바다의 모래알처럼 인

구가 불어났지만 먹고 마시는 일에 아쉬움
을 모르며 잘 지냈다.

5

1 ◎솔로몬은 유프라테스로부터 불레셋 땅
4:21 을 지나 이집트 국경에 이르는 지역 안
의 모든 왕국을 지배하였다. 그들은 솔로몬
이 살아 있는 동안 조공을 바치며 섬겼다.
2 ◎솔로몬의 하루 양곡은 고운 밀가루 삼십
22 섬, 거친 밀가루 육십 섬,
3 기름진 소 열 마리, 목장 소 스무 마리, 양
23 백 마리였고 그 밖에 수사슴, 산양, 수노루,
날짐승이 있었다.
4 그는 딥사에서 가자에 이르기까지 유프라테
24 스 서쪽 전지역을 다스려 사방으로 평화를
유지하였다.
5 이렇게 솔로몬이 다스리는 동안, 유다와 이
25 스라엘은 단에서 브엘세바에 이르기까지 마
음놓고 살면서 저마다 자기의 포도나무와
무화과나무 아래에서 두 발 뻗고 잘 수 있
었다.
6 솔로몬에게는 병거를 끄는 말을 둘 마굿간
26 이 ㉠사천 간 있었고 말이 만 이천 마리 있
었다.
7 그리고 이들 관리들이 솔로몬 왕과 솔로몬
27 왕의 식탁에 참석하는 이들을 위하여 각기
한 달씩 부족함이 없게 양곡을 대었다.
8 그들은 또 병거 끄는 말과 짐 나르는 짐승들
28 이 먹을 보리와 밀짚을 지정한 곳으로 가져
왔다.

솔로몬의 명성

9 ◎더구나 하느님께서 솔로몬에게 지혜와 슬
29 기를 한없이 주셨으므로 그의 박식하기가
바다의 모래 벌판 같았다.
10 솔로몬의 지혜는 동방의 어떤 사람도 따를
30 수 없었고 지혜 있다는 이집트의 누구도 따
를 수 없었다.
11 그는 에즈라 사람 에단이나 마홀의 아들 헤
31 만, 갈골, 다르다보다도 지혜가 더하여 그의
명성은 모든 나라에 떨쳤다.
12 그는 삼천 가지 잠언을 지었고 그의 노래는
32 천다섯 편에 달하였다.
13 그는 레바논에 있는 삼나무로부터 성벽에
33 자라는 우슬초에 이르기까지 모든 초목을
논할 수 있었으며 야수나 날짐승이나 기는
짐승이나 물고기를 모두 논하였다.
14 그리하여 모든 민족으로부터 사람들은 솔
34 로몬의 지혜를 들으러 왔고 그의 지혜의 소
식을 들은 세상의 모든 왕들이 또한 그리하
였다.

솔로몬이 성전 건축을 준비하다

15 ◎㉡띠로 왕 히람은 솔로몬이 다윗 대신 왕이
5:1 되었다는 소식을 듣고 평상시에도 다윗을
좋아했던 터이라 솔로몬에게 신하들을 보
냈다.
16 그러자 솔로몬은 히람에게 사람을 보내어 대
2 답하였다.
17 "당신께서도 아시다시피 내 부친 다윗은 그
3 분의 하느님 야훼께 성전을 지어 바치지 못
하셨습니다. 야훼께서 그들을 부친의 발밑
에 밟히게 하시기까지 사방에 있는 원수들
과 전쟁을 하셔야 했기 때문입니다.
18 그러나 이제 나를 지키시는 하느님 야훼께
4 서는 밖으로 외적을 물리쳐 평온하게 하시
고 안으로는 변란을 일으킬 세력을 없애셨
습니다.
19 나는 나를 지키시는 하느님 야훼께 성전을
5 지어 바치고자 합니다. 야훼께서 내 부친 다
윗에게 약속하시기를 '네 뒤를 이어 네 왕
좌에 앉힐 너의 아들로 하여금 나의 전을 짓
게 하리라.' 하셨던 것입니다.
20 그러니 레바논의 송백나무를 베어주십시오.
6 내 신하들이 당신의 신하와 힘을 합할 것입
니다. 당신의 신하들에게는 당신이 정하는
급료를 지불해 드리겠습니다. 당신께서도
아시다시피 우리 가운데는 시돈 사람처럼
나무를 자를 줄 아는 사람이 없습니다."
21 히람은 솔로몬의 전갈을 듣고 매우 흡족하였
7 다. "오늘 야훼께 찬양을 드려라. 그가 이렇
듯이 다윗에게 슬기로운 아들을 주시어 그
큰 백성을 다스리게 하셨구나."
22 그리고 히람은 솔로몬에게 회신을 보내었다.
8 "당신이 보낸 전갈을 받았소. 청하신 송백
이며 전나무 건은 쾌히 허락합니다.
23 나의 신하들이 목재를 레바논에서 바다로
9 날라다가 뗏목을 만들어 바다로 해서 당신
이 지시하는 장소에 옮길 것이오. 거기에서
뗏목을 풀면 곧 인수하십시오. 그리고 그
값으로 내가 청하는 것은 나의 왕실이 쓸 양
식이니 그것을 대주면 됩니다."
24 이렇게 해서 히람은 솔로몬이 요구한 대로
10 송백나무와 전나무를 제공하였다.
25 그리고 솔로몬은 히람 왕실의 양식으로 밀
11 이만 섬과 찐기름 이십 섬을 공급하였다. 솔
로몬은 해마다 이만큼씩 히람에게 보냈다.
26 야훼께서 약속하신 대로 솔로몬에게 은총을
12

㉠ "사만"이라고 옮길 수도 있다. ㉡ 라틴어 성서는 여기에서 5장이 시작된다.

내려주시어, 히람과 솔로몬 사이는 평화로
웠고 그 둘은 조약을 맺었다.
27◎솔로몬은 이스라엘 전국에 근로소집령을
13 내렸다. 소집에 응한 자는 삼만 명이었다.
28그는 그들을 레바논으로 보내어 만 명이 한
14 달씩 번갈아 일하게 하였다. 그들은 레바논
에서 한 달, 본국에서 두 달을 보내었다. 아
도니람이 이 부역 책임자였다.
29솔로몬은 또 짐 나르는 사람 칠만과 돌깨는
15 사람 팔만을 산악 지대에 두었는데
30그 외에도 일을 감독하는 솔로몬의 고급 관
16 리 삼천삼백 명이 있었다.
31그들은 어명을 따라 돌을 새겨 신전의 기초
17 를 놓으려고 크고 값진 돌들을 다듬었다.
32이렇게 솔로몬과 히람의 건축자들과 그발 사
18 람들이 신전 지을 재목과 돌을 다듬어 마련
하였다.

성전 건축

6 ◎이스라엘 백성이 이집트 땅에서 탈출해
나온 지 사백팔십 년, 솔로몬이 이스라엘
을 다스린 지 사 년째 되던 해 둘째 달 곧 시
브월에 솔로몬은 야훼의 전을 짓기 시작하
였다.
2 솔로몬 왕이 야훼께 지어 바친 전은 그 길이
가 육십 척, 나비가 이십 척, 높이가 삼십
척이었다.
3 전의 본당 앞에 있는 현관의 길이는 전 자체
의 나비 그대로 이십 척이고 그 나비는 전의
길이에 잇대어 십 척 더 나왔다.
4 전의 창들은 우묵 들어간 틀에 넣었다.
5 그는 또 전의 벽 둘레에다 건물을 지었는데
본당과 내실을 둘렀고 사방에 돌아가며 곁
방들을 꾸몄다.
6 아래층은 나비가 다섯 척이고 가운데층은
여섯 척, 삼층은 일곱 척이었다. 전 밖에는
벽에 단을 두어 버팀들보가 전의 벽으로 들
어가지 않도록 하였다.
7 ◎돌은 채석장에서 다듬어 준비했기 때문
에 전을 지을 때에는 망치나 정이나 그 어떤
연장을 다루는 소리도 성전에서 들리지 않
았다.
8 ◎가장 낮은 층의 입구는 전의 오른쪽에 내
었고 나선형 층계를 밟고 가운데층으로 올
라가고 또 가운데층에서 삼층으로 올라가
게 되었다.
9 이렇게 솔로몬은 건축을 마쳤는데 전의 천
장은 송백나무 들보와 널빤지로 되었다.
10또 온 성전 곁에 건물을 지었는데 각 층은
높이가 다섯 척으로서 송백나무 재목으로
전과 맞붙게 하였다.
11◎야훼의 말씀이 솔로몬에게 내렸다.
12"네가 짓는 이 집 말인데…㉠ 만일 네가 나
의 규범대로 살아가고 내 규정을 따르며 나
의 모든 계명을 지켜 그대로 살아가면 나는
네 아비 다윗에게 약속한 바를 너에게 이루
어주리라.
13그리하여 내 백성 이스라엘을 저버리지 아
니하고 오히려 그 가운데서 지내리라."
14◎솔로몬은 성전 건축 공사를 마쳤다.
15그는 전의 안쪽 벽을 바닥에서 보꾹의 들보
에 이르기까지 송백나무 널빤지로 붙였다.
전의 바닥은 전나무 널빤지로 깔았다.
16또 이십 척 되는 전의 뒤쪽은 바닥에서 들보
까지 송백나무 널빤지로 지었는데 그 내부
를 밀실 곧 지성소로 지었고
17이 밀실 앞쪽에 있는 본전은 길이가 사십 척
인데
18전의 안에 있는 송백나무에는 호리병과 여
러 가지 꽃모양이 새겨져 있었다. 모두가
송백나무이며 돌은 눈에 뜨이지 않았다.
19밀실은 전의 가장 깊숙한 곳에 꾸며놓았는
데 거기에 그는 야훼의 계약궤를 모셨다.
20그 밀실은 길이 이십 척, 나비 이십 척, 높
이 이십 척인데 순금으로 입혔다. 또 송백
나무 제단도 만들었다.
21솔로몬은 전의 안쪽을 순금으로 입혔고 밀
실 앞쪽에는 사슬을 늘여놓았는데 그것도
금을 입힌 것이었다.
22그는 전 전체를 금으로 입혔다. 밀실에 있
는 제단도 금을 입혔다.
23◎밀실에는 올리브 나무로 높이 십 척 되는
거룹을 둘 만들어놓았다.
24거룹의 한쪽 날개가 다섯 척이고 다른 날개
도 다섯 척이었다. 그래서 날개 한 끝에서
다른 날개 끝까지는 십 척이 되었다.
25다른 거룹도 십 척이 되었다. 두 거룹이 같
은 치수, 같은 모양이었다.
26한 거룹의 높이도 십 척이고 다른 거룹의 높
이도 역시 십 척이었다.
27솔로몬은 이 거룹을 전의 가장 깊숙한 곳에
두었는데 거룹의 날개는 펼쳐져 있어 한 거
룹의 한쪽 날개가 한 벽에 닿았고, 다른 거
룹의 한쪽 날개가 다른 벽에 닿아 있었으며
각각 나머지 날개는 전의 중앙에서 서로 잇
대어 있었다.

㉠ 히브리어 본문이 망가져 있다.

28솔로몬은 거룹에 금을 입혔다.
29◎그는 전의 온 벽을 돌아가며 거룹과 종려
나무와 핀 꽃모양을 돋을새김으로 새겨놓
았다.
30또 성전 안팎의 바닥을 금으로 입혔다.
31◎내실로 들어가는 입구의 문은 올리브 나무
로 만들었는데 상인방과 문설주가 오각형
을 이루었다.
32두 올리브 나무로 만든 문에는 거룹과 종려
나무와 핀 꽃모양을 돋을새김으로 조각하
고 그 위에 금을 입혔다. 거룹 모양에도, 종
려나무 모양에도 금을 입혔다.
33◎본전으로 들어가는 입구의 문은 올리브 나
무로 만들었는데 문설주는 사각형을 이루
었다.
34두 문이 전나무로 되어 있었는데 한쪽 문이
두 부분으로 접혔고 또 다른 문도 두 부분으
로 접혔다.
35그 위에다가 거룹과 종려나무와 핀 꽃모양
을 새겨놓았다. 그리고 그 위에 금을 고루
입혔다.
36또 다듬은 돌 세 줄과 송백나무 한 줄로 들
보를 만들어 안뜰을 지었다.
37◎제사년, 시브월에 야훼의 전 기초를 놓았
다.
38그리고 제십일년 팔월 곧 불월에 전이 그 설
계한 대로 완공되었다. 솔로몬이 공사를 시
작한 지 칠 년째 되던 해였다.

솔로몬의 궁

7 ◎솔로몬은 자기의 궁을 짓는 데 십삼 년
걸렸다.
2◎그는 레바논의 수풀궁을 지었는데 그 길이
는 백 척, 나비는 오십 척, 높이는 삼십 척
이었다. 네 줄로 된 송백나무 기둥 위에다
송백나무 기둥 머리를 얹었고
3그 기둥들 위에 있는 곁방들 위 또한 송백나
무 널빤지로 덮었는데
4창살로 꾸민 창과 창이 세 겹으로 포개져 석
줄이 되어, 한 줄에 열다섯 개씩 마흔다섯
개였다.
5문과 문설주들은 네모꼴이었으며 창과 창
은 세 겹으로 포개졌다.
6◎그는 기둥홀도 지었는데 그 길이는 오십
척, 나비는 삼십 척이었다. 앞쪽에는 기둥
으로 현관이 마련되었고 그 앞에 차양이 있
었다.
7또 재판홀도 지었는데 그 곳은 판결을 내릴
때 앉는 곳이다. 이 재판홀은 바닥에서 들
보까지 송백나무로 꾸몄다.
8그는 그 홀의 뒷쪽 다른 뜰에 자기가 살 궁
을 같은 식으로 지었다. 솔로몬은 또 그가
아내로 맞아 데려온 파라오의 딸을 위해서
도 같은 궁을 지어주었다.
9◎이 모든 것이 치수대로 재고 안팎을 톱으
로 끊은 귀한 돌들로 만들어졌다. 기초에서
갓돌까지, 또 야훼의 전의 뜰에서 큰 뜰에까
지 이런 식으로 지었다.
10기초는 여덟 척에서 열 척 나가는 값진 큰
돌로 놓았다.
11그리고 그 위는 치수대로 미리 다듬은 귀한
돌과 송백나무로 꾸몄다.
12큰 뜰의 사방은 다듬은 돌 세 줄과 송백나무
들보 한 줄로 되었고 야훼의 전의 안뜰과 입
구의 현관도 그와 같이 꾸몄다.
13◎솔로몬 왕은 사람을 보내어 띠로에서 히람
을 초대해 왔다.
14그는 납달리 지파에 속한 한 과부의 아들이
었는데 그의 아버지는 띠로 사람으로서 청
동 기술공이었다. 그는 청동을 가지고 하는
일에 관해 전문 지식과 기술을 갖고 있었는
데 솔로몬 왕에게 와서 모든 청탁받은 일을
하였다.
15◎그가 청동을 녹여 기둥 둘을 만들었는데
한 기둥의 높이는 십팔 척, 둘레는 십이 척
이었다. 다른 기둥도 마찬가지였다.
16그는 또 청동을 녹여 기둥 머리 둘을 만들어
그 기둥들의 꼭대기에 두었다. 한 기둥 머
리의 높이는 다섯 척, 다른 기둥 머리의 높
이도 다섯 척이었다.
17그 다음 바둑판 무늬로 망 둘을 떠서 기둥
꼭대기에 있는 기둥 머리에 사슬로 늘여
뜨렸는데 각 기둥 머리에 한 개씩 늘여뜨
렸다.
18또 한 기둥 꼭대기에 있는 기둥 머리를 덮
기 위하여 그물에다 두 줄로 석류를 늘여뜨
렸다. 다른 기둥 머리에도 같은 식으로 하
였다.
19기둥 꼭대기의 기둥 머리는 나리꽃 모양이
었는데 그 수가 모두 사백 개였다.
20기둥 머리는 두 기둥 위에 뿐만 아니라 그물
결에 둥글게 튀어나온 데에도 있었다. 각
기둥마다 두 줄로 석류가 이백 개 늘여뜨려
져 있었다.
21그는 본전 현관에 기둥을 세우고 오른쪽에
세운 것을 야긴, 왼쪽에 세운 것을 보아스라
명명하였다.
22기둥 꼭대기에 나리꽃 모양으로 만든 것을

없으니 이상으로써 기둥을 세우는 일이 끝
났다.
23◎그 다음 그는 바다 모형을 둥글게 만들었
다. 한 가장자리에서 다른 가장자리에까지
직경이 십 척, 높이가 다섯 척, 둘레가 삼십
척 되었다.
24그 가장자리 테 아래로 삼십 척 되는 호리병
나무가 바다를 빙 두르고 있었다. 이 호리
병은 두 줄로 되었는데 바다 모형을 부어 만
들 때 함께 부어 만든 것이었다.
25이 바다는 황소 열두 마리 위에 서 있었는데
세 마리는 북, 세 마리는 서, 세 마리는 남,
세 마리는 동을 바라보고 있었다. 바다가
이 소들 위에 놓였고 소의 꽁무니는 안쪽을
향해 있었다.
26바다 모형의 두께는 한 뼘이며 그 가장자리
테는 나리꽃 무늬로 잔의 테처럼 만들어졌
다. 이 바다 모형에는 물 이천 말을 담을 수
있었다.
27◎그는 또 청동으로 받침대를 열 개 만들었
다. 그 대는 각각 가로 세로 사 척 길이에 폭
이 삼 척이었는데
28그 구조는 다음과 같았다. 그것들은 판자를
갖고 있는데 그 판자는 틀에 끼워져 있다.
29그리고 틀에 끼워져 있는 판자 위에는 사
자, 소, 거룹들이 그려져 있고 또 그 사자
와 소의 위 아래에는 화환의 무늬가 새겨
져 있다.
30그 받침대 하나에 청동으로 된 바퀴 네 개
와 바퀴축 그리고 다리가 네 개 있어 물두
멍 아래 받침두리들을 괴었는데 그 받침두
리들은 화환 무늬 맞은편에 녹여 부어 만든
것이다.
31그 아가리는 받침두리 안에서 위에까지 둥
글게 같은 모양으로 되어 있다. 그러나 그
판자들은 둥글지 않고 네모가 져 있다.
32네 바퀴는 판자들 아래 있는데 바퀴축들은
그 받침대 속에 들어 있고 바퀴의 높이는 일
척 반이다.
33그 바퀴는 병거바퀴와 같은 모양이며 바퀴
축, 테두리, 바퀴살, 축을 감싸는 통들은 모
두 녹여 부어 만든 것이다.
34받침대 네 귀퉁이에는 받침두리가 네 개 있
는데, 그 받침대에서 받침두리가 잇달아 나
와 있다.
35받침대 꼭대기에는 반 척 높이의 받침두리
가 빙 둘러 있고 또 받침대 아래에는 바퀴축
들과 판자들이 잇달아 나와 있다.
36바퀴축들과 판자 위에는 각각 그 빈자리를
찾아 거룹들과 사자들, 종려나무들의 모양
이 조각되었고 둘레에는 꽃다발 모양이 새
겨졌다.
37이런 식으로 받침대 열 개를 만들었는데 모
두 같은 치수, 같은 모양으로 녹여 부어 만
들었다.
38◎또 그는 청동으로 물두멍 열 개를 만들
었는데 물두멍 하나에는 목욕할 물을 사십
말 담았다. 물두멍 하나의 직경은 사 척이
었다. 받침대 열 개에 물두멍 하나씩 있었
다.
39받침대 다섯 개는 전의 오른편 옆에, 또 다
섯 개는 전의 왼편 옆에 놓아두었고 바다 모
형은 전의 오른편 옆에서 조금 떨어진 동남
쪽 모퉁이에 두었다.
40◎히람은 또 물독과 삽과 물뿌리개를 만들
었다. 이렇게 히람은 솔로몬 왕을 위하여 야
훼의 전 짓는 일을 마쳤다.
41기둥 둘, 기둥 꼭대기에 얹는 기둥 머리 둘,
기둥 꼭대기에 얹은 기둥 머리를 씌우는 그
물 둘,
42각 그물에 석류나무 두 줄씩 해서 사백 개,
43받침대 열 개, 그 받침대 위에 놓는 물두멍
열 개,
44바다 모형 하나, 그 바다 모형을 받칠 황소
열두 마리,
45물독과 삽과 물뿌리개들, 히람이 솔로몬 왕
을 위하여 만든 이 모든 야훼의 전의 기구들
은 윤이 나는 청동으로 만든 것들이었다.
46왕은 요르단 평야 수꼿과 사레단 사이의 진
흙바닥에서 그것들을 녹여 부어 만들었다.
47솔로몬은 이 기구들을 달아보지 않았는데,
너무나 많기 때문이었다. 그래서 청동의 무
게는 아무도 모른다.
48◎이렇게 솔로몬은 야훼의 전에 있는 온갖
기구를 만들었다. 금제단, 야훼 앞에 바칠
금으로 만든 제사 상,
49밀실 앞 오른쪽에 다섯 개, 왼쪽에 다섯 개
씩 둘 금등잔들, 금으로 만든 꽃장식, 등,
부젓가락들,
50순금쟁반, 심지 자르는 가위, 물뿌리개, 향
받치는 대접, 불 나르는 화로, 전의 가장 깊
숙한 지성소의 문과 성전 현관문에 달 금돌
쩌귀들.
51◎이렇게 솔로몬 왕이 시작한 야훼의 전 공
사는 끝났다. 솔로몬 왕은 그의 선친 다윗이
야훼께 바친 물건들, 은, 금, 기구들을 가져
다가 야훼의 전 보물 창고에 넣어두었다.

계약궤를 성전에 모심

8 ◎그리고 나서 솔로몬은 야훼의 계약궤를
시온의 다윗 성에서 모셔 오려고 이스라엘
의 장로들과 이스라엘 백성 각 가문의 대표
들인 지파의 어른들을 예루살렘으로 소집하
였다.
2 이스라엘 사람들은 모두 제칠월인 에다님월
절기에 솔로몬 왕 앞으로 모였다.
3 이스라엘의 모든 장로들이 도착하자 사제들
이 계약궤를 운반하였다.
4 그들은 야훼의 궤뿐 아니라 만남의 장막과
그 안에 있는 거룩한 각종 기물들을 날랐는
데 사제와 레위인들이 그것들을 날랐다.
5 솔로몬 왕과 그 앞에 모인 온 이스라엘 회중
이 궤 앞에서 이루 헤아릴 수 없이 많은 양
과 소를 잡아 바쳤다.
6 그리고 나서 사제들이 야훼의 계약궤를 성
전의 밀실, 지성소 거룹의 날개 아래 마련된
자리에 안치해 놓았다.
7 거룹들은 날개를 궤가 있는 장소 위로 펼쳐
서 그 궤와 채 위를 덮었다.
8 그 채들은 끝이 밀실 앞 성소에서 보일 정도
로 길었다. 그러나 밖에서는 볼 수 없었다.
그 채는 오늘까지 그 곳에 남아 있다.
9 궤 안에는 호렙에서 모세가 넣어둔 두 돌판
곧, 이스라엘 백성이 이집트에서 나올 때 야
훼께서 백성과 맺은 계약의 돌판 외에는 아
무것도 없었다.
10 사제들이 성소에서 나올 때 구름이 야훼의
전에 차 있었다.
11 사제들은 그 구름이 너무 짙었으므로 서서
일을 볼 수가 없었다. 야훼의 영광이 야훼의
전에 가득 차 있었기 때문이다.
12 ◎그런 가운데 솔로몬이 입을 열었다.
"야훼께서는 몸소 캄캄한 데 계시겠다고
하셨습니다.
13 영원히 여기에서 사십시오.
제가 주님을 위하여 이 전을 세웠습니
다."
14 ◎그리고 나서 왕은 모여 서 있는 이스라엘
온 회중 쪽으로 얼굴을 돌리고 복을 빌어주
었다.
15 그는 말하였다. "이스라엘의 하느님 야훼께
서 선왕 다윗에게 약속하신 말씀을 모두 그
대로 이루어주셨으니, 그를 찬양하여라. 주
께서는 이렇게 말씀하셨다.
16 '나는 내 백성 이스라엘을 이집트에서 데려
내온 이래, 이스라엘의 어느 지파에서도 내
이름을 둘 전을 지을 성읍을 뽑지 않았고 내
이름을 불러 예배할 곳으로 예루살렘을 뽑
았다. 그리고 너 다윗을 뽑아 내 백성 이스라
엘을 거기에서 다스리게 하였다.'
17 이 말씀을 듣고 선왕 다윗께서는 이스라엘의
하느님 야훼의 이름을 위하여 성전을 지을
마음을 품게 되셨다.
18 그러나 야훼께서는 선왕 다윗에게 말씀하셨
다. '네가 내 이름을 위하여 전을 짓겠다고
생각하는 것은 기특한 일이나
19 너는 나의 전을 짓지 못한다. 너에게서 태
어날 너의 아들이 내 이름을 위하여 전을 지
을 것이다.'
20 이제 그 약속을 야훼께서는 이렇게 이루어
주셨다. 나는 야훼께서 약속해 주신 대로 선
왕 다윗의 뒤를 이어 이스라엘의 왕위에 올
랐고 이스라엘의 하느님 야훼의 이름을 위하
여 이렇게 성전을 지었다.
21 나는 야훼께서 우리 선조들을 이집트에서 이
끌어내실 때 맺어주신 계약을 넣은 궤를 둘
곳을 여기에 마련하였다."

솔로몬의 기도

22 ◎그리고 나서 솔로몬은 이스라엘 온 회중이
보는 가운데 야훼의 제단 앞에 서서 하늘을
향하여 두 팔을 들어올리고
23 기도하였다. "이스라엘의 하느님 야훼여, 위
로 하늘이나 아래로 땅 그 어디에도 당신과
같은 신은 없습니다. 주님 앞에서 한마음으
로 살아가는 종들에게 신실하시며 맺은 계
약을 지켜주시는 분이십니다.
24 당신의 종인 저의 아버지 다윗에게 약속하
신 것을 그대로 지켜주셨습니다. 친히 말씀
하신 것을 오늘 이렇게 손수 이루어주셨습
니다.
25 그러니 이제 이스라엘의 하느님 야훼여, 당
신의 종인 저의 아버지 다윗에게 내리신 약
속, '네가 내 앞에서 산 것처럼 네 자손들
도 길을 벗어나지 않고 내 앞에서 살아가
기만 하면 이스라엘 왕위에 오를 후손이 끊
기지 아니하리라.' 하신 말씀을 지켜주십
시오.
26 그러니 이제 이스라엘의 하느님이여, 당신
의 종인 저의 아버지 다윗에게 약속하신 말
씀을 이루어주십시오.
27 그러나 하느님, 하느님께서 이 땅에 사람과
같이 자리잡으시기를 어찌 바라겠습니까?
저 하늘, 저 꼭대기 하늘도 주를 모시지 못
할 터인데 소인이 지은 이 전이야말로 말해
무엇하겠습니까?

28 그러나 나의 하느님 야훼여, 소인의 기도와
간청에 귀를 기울여주십시오. 오늘 당신 앞
에서 울부짖으며 드리는 이 기도를 들어주
십시오.
29 당신께서 '내 이름이 거기에 있을 것이다.'
하고 말씀하신 곳입니다. 밤낮으로 이 전을
보살펴 주십시오. 소인이 이 곳을 바라보며
올리는 기도를 부디 들어주십시오.
30 소인과 당신의 백성 이스라엘이 이 곳을 바
라보며 간절히 기도할 때 부디 들어주십시
오. 당신께서 계시는 곳, 하늘에서 들어주
십시오. 들으시고 용서해 주십시오.
31 누구든지 이웃에게 못할 짓을 하여 이 전으
로 끌려와서 당신의 제단 앞에서, 그런 일
을 하였으면 저주를 받겠다고 맹세하거든,
32 당신께서 하늘에서 그 말을 들으시고 판결
을 내려주십시오. 잘못이 있으면 그에게 벌
을 내리시고 허물이 없으면 그에게 무죄를
선고해 주십시오.
33 당신의 백성 이스라엘이 당신께 죄를 얻어
적에게 패하였다가도, 뉘우치고 돌아와 이
전 안에서 당신의 이름을 기리며 간절히 빌
거든
34 하늘에서 들으시고 당신의 백성 이스라엘의
잘못을 용서하여 주시고 그들의 선조들에
게 주신 땅으로 돌아가게 해주십시오.
35 이 백성이 당신께 죄를 지어 그 값으로 하늘
이 닫혀 비가 내리지 않게 되었을 때에도 그
들이 만일 당신께 벌받은 줄 알고 잘못을 뉘
우쳐 이 전을 바라보며 기도하고 당신의 이
름을 기리거든
36 하늘에서 들으시고 소인의 잘못과 당신의
백성 이스라엘의 잘못을 용서해 주실 뿐 아
니라 어떻게 살아야 할지 그 길도 가르쳐
주십시오. 그리고 당신의 백성에게 유산으
로 주신 당신의 땅에 다시 비를 내려주십
시오.
37 이 땅에 기근이 들거나 역병이 돌거나 곡식
이 쭉정이가 되거나 깜부기가 나거나 메뚜
기 누리떼가 갉아먹었을 때, 성읍들이 적에
게 포위되었을 때, 재앙이 내려 온갖 전염
병이 번졌을 때
38 당신의 백성 이스라엘이 마음으로부터 뉘우
치고 이 전을 바라보며 팔을 벌리고 간절히
빌거든
39 당신께서는 자리잡으신 곳, 하늘에서 들으
시고 용서해 주십시오. 사람의 마음을 아시
는 하느님이여, 사람의 행실에 따라 갚아주
십시오. 당신만이 모든 사람의 마음을 낱낱
이 아십니다.
40 그리하시면 이스라엘 백성은 당신께서 선조
들에게 주신 땅에서 살면서 영원히 당신을
경외할 것입니다.
41 당신의 백성 이스라엘이 아닌 외국인이라
도 그가 당신의 명성을 듣고 멀리서 찾아오
거든,
42 당신께서 손을 펼치사 위력을 드러내시어
널리 알려진 당신의 명성을 듣고 와서 당신
께서 사시는 전을 바라보며 기도드리거든
43 당신께서는 자리잡으신 곳, 하늘에서 들으
시고 그 외국인의 청을 들어 그대로 이루어
주십시오. 그리하시면 이 지상의 모든 백성
들이 당신의 백성 이스라엘처럼 당신의 이
름을 알게 되고 당신을 경외하게 될 것입니
다. 그리고 소인이 지은 이 전이 당신의 성
전임을 알게 될 것입니다.
44 당신께서 이 백성을 어느 싸움터에 내보내
셨든지 그들이 그 곳에서, 당신께서 택하신
이 성과 소인이 당신의 것으로 지어 바친 이
성전을 바라보며 야훼께 기도하거든
45 그 간절한 기도를 하늘에서 들으시고 정의
를 세워주십시오.
46 죄짓지 않는 사람이 어디 있겠습니까? 이
백성도 당신께 범죄하는 일이 있을 것입니
다. 만일 당신께서 노하시어 원수에게 넘겨
주시면 이 백성은 먼 나라, 가까운 나라에
잡혀가는 신세가 될 것입니다.
47 그러나 사로잡혀 간 적국의 땅에서라도 뉘
우치며 '우리는 죄인입니다. 못할 짓을 하
여 죄를 얻었습니다.' 하고 당신께 애원하
거든,
48 그들이 적국의 땅에서 참 마음과 뜻을 다 쏟
아 참회하고 당신께서 선조들에게 주신 조
국 땅과 당신께서 뽑으신 이 성읍과 소인이
당신의 것으로 지어 바친 이 전을 바라보며
빌거든,
49 당신께서 계시는 곳, 하늘에서 그 간절한
기도를 들으시어 정의를 세워주십시오.
50 당신께 죄를 지은 이 백성을 용서해 주십시
오. 당신을 거역하여 지은 모든 죄를 용서
해 주십시오. 포로로 잡혀가서라도 동정을
사게 해주십시오.
51 이 백성은 당신의 유산이고 당신의 것입니
다. 당신께서 이집트에서 건져내셨고 그 쇠
를 녹이는 용광로 속에서 구해 내신 백성입
니다.
52 당신께 간구하는 이 종과 당신의 백성 이스
라엘에게서 결코 눈을 떼지 말아주십시오.

당신께서는 이 백성이 부르짖으면 언제나
들어주시는 분이십니다.
53 땅 위의 모든 백성들 가운데서 그들을 따로
택하시어 당신의 유산으로 삼으셨기 때문
입니다. 오, 주 야훼여, 당신께서는 우리 선
조들을 이집트에서 건져내실 때 당신의 종
모세를 시켜 이렇게 약속하셨습니다."

솔로몬의 축복

54 ◎솔로몬은 이렇게 간절한 기도를 야훼께 드
리고는 기도가 끝나자 야훼의 제단 앞에서
무릎을 꿇고 양팔을 하늘로 쳐들고 있던 자
세를 고쳐 일어났다.
55 그는 일어나서 이스라엘의 온 무리에게 큰
소리로 복을 빌어주었다.
56 "야훼는 찬양을 받으실 분이십니다. 당신께
서는 약속하신 대로 자기의 백성 이스라엘
에게 안식을 주셨습니다. 야훼께서는 당신
의 종 모세를 시켜 약속하신 복을 하나도 빠
뜨리지 아니하시고 이루어주셨습니다.
57 우리 선조들과 함께 계셨던 우리 하느님 야
훼께서 우리와 함께 계시기를 빕니다. 우리
를 떠나시지도 아니하시고 버리시지도 않
으시기를 빕니다.
58 우리의 마음을 당신께로 향하게 하시어 당
신께서 보여주신 길을 따르고 당신의 명령
과 법과 의식을 준수하게 해주시기를 빕니
다.
59 오늘 내가 야훼 앞에서 아뢴 말씀을 우리 하
느님 야훼께서 밤에도 낮에도 잊지 아니하
시고 당신의 종과 당신의 백성 이스라엘의
권리를 찾아주시어 날마다 아쉬운 것 없게
해주시기를 빕니다.
60 그리하여 다른 신은 없고 야훼만이 하느님
이시라는 것을 땅 위의 모든 백성들이 알게
되기를 빕니다.
61 그러니 우리 하느님 야훼와 한마음이 되어
오늘과 같이 야훼의 법과 명령을 지키고 따
르도록 합시다."

성전을 헌당함

62 ◎이 일이 있은 후, 왕은 모든 이스라엘 백성
들과 함께 야훼 앞에 제물을 바쳤다.
63 솔로몬은 야훼께 친교제를 드렸는데 수소 이
만 이천 마리, 양 십이만 마리를 바쳤다. 이
렇게 하여 왕은 모든 이스라엘 백성과 함께
야훼의 전의 봉헌식을 거행하였다.
64 또 같은 날에 왕은 야훼의 전 앞뜰 중앙부를
성별하고 그 곳에서 번제물과 곡식예물과
친교제물의 기름기를 드렸다. 야훼 앞에 있
는 놋제단이 너무 작아서 번제물과 곡식예
물과 친교제물의 기름기를 드릴 수가 없었
던 것이다.
65 이렇게 솔로몬이 축제를 베풀자 하맛 어귀에
서부터 이집트와의 접경을 흐르는 강에 이
르는 전국에서 구름처럼 모여든 이스라엘
백성이 야훼 앞에서 그 큰 축제에 참여하였
다. 축제는 ㉠칠 일간 계속되었다.
66 팔 일째 되는 날, 솔로몬은 백성들을 집으
로 돌려보냈다. 백성들은 왕을 축복하여
야훼께서 당신의 종 다윗과 당신의 백성 이
스라엘에게 내려주신 이 모든 은혜를 생각
하고 마음 흐뭇하여 기뻐하며 집으로 돌아
갔다.

야훼께서 솔로몬에게 두 번째 나타나시다

9 ◎솔로몬이 계획했던 대로 야훼의 전과 왕
궁과 그 밖의 다른 모든 건물을 완공한 다
음이었다.
2 야훼께서 기브온에서 나타나셨던 것처럼 솔
로몬에게 두 번째 나타나시어
3 이렇게 말씀하셨다. "나는 네가 나에게 한
간절한 기도를 모두 들었다. 네가 세운 이
전을 성별하여 영원히 나의 것으로 삼으리
니 장차 내 눈과 내 마음을 영원히 그 곳에
두리라.
4 네가 네 아비 다윗처럼 충성스런 마음으로
내 앞에서 바르게 살고 내가 일러준 모든 계
명을 지켜 나가며 내 법과 의식을 따르면
5 나는 이스라엘을 다스리는 너의 왕좌를 영
원히 지켜주리라. 내가 네 아비 다윗에게 이
미 약속한 대로 너의 자손이 끊이지 아니하
고 이스라엘 왕좌에 앉게 하리라.
6 만일 너나 너의 자손이 나를 따르지 아니하
고 등을 돌리거나 내가 너에게 일러준 명령
과 법을 지키지 아니하고 다른 신을 받들어
섬기거나 예배하면
7 나는 내가 준 땅에서 이스라엘을 끊을 것이
고, 성별하여 나의 것으로 삼은 이 전을 내
앞에서 버릴 것이다. 그러면 이스라엘은 여
러 나라들 사이에서 한갓 속담거리와 웃음
거리가 되고 말리라.
8 그리고 이 전은 돌무더기가 되어 지나가는
사람마다 놀라고 쉬쉬하며 이렇게 물을 것
이다. '어찌하여 야훼께서 이 땅과 이 전을
이처럼 황폐하게 하셨을까?'

㉠ 히브리어 본문 : "십사 일간".

9 그러면 누군가가 대답하리라. '자기네 조상
을 이집트에서 구출해 내신 자기네 조상의
하느님 야훼를 저버리고 다른 신에게 홀려
서 그를 예배하고 섬겼기 때문이지. 그래서
야훼께서는 이 온갖 재앙을 그들 위에 내리
셨다네.'"

솔로몬이 히람과 거래하다

10 ◎솔로몬이 야훼의 전과 왕궁, 이 두 건물을
건축하는 데는 이십여 년이 걸렸다.
11 띠로 왕 히람은 솔로몬이 요청한 대로 송백
나무와 전나무 재목과 금을 보내 왔다. 솔로
몬은 갈릴리 지방의 성읍 이십 개를 히람 왕
에게 떼어주었다.
12 히람은 띠로로부터 와서 솔로몬이 내어준 성
읍을 보았으나 마음에 차지 않았다.
13 그는 이렇게 말하였다고 전해진다. "나의
형제여, 당신이 나에게 준 성읍들이 이게
뭡니까?" 그래서 이 날까지 이 지방은 가불
의 땅이라 불리고 있다.
14 히람은 금 백이십 달란트를 솔로몬 왕에게
보냈다.

솔로몬이 강제 노역을 시켜 성을 세우다

15 ◎솔로몬 왕은 야훼의 전과 자신이 살 궁전
과 밀로 궁을 짓고 그리고 예루살렘 성을 쌓
고 하솔, 므기또, 게젤을 증축하기 위하여
강제 노역을 시켰는데 그 기록은 다음과
같다.
16 이집트의 왕 파라오는 게젤을 쳐들어가 빼앗
았을 때 성읍에 불을 지르고 그 곳에 살던
가나안 사람들을 살해하였다. 파라오 왕은
그의 딸인 공주를 솔로몬에게 시집보내면서
이 게젤 성을 결혼 선물로 주었는데
17 솔로몬이 이 게젤 성을 재건하였던 것이다.
솔로몬은 벳호론 남부를 재건하였다.
18 또 광야에 바알랏과 다말을 다시 세웠다.
19 또한 솔로몬은 왕실 양곡을 저장해 두는 성
과 병거대와 군마를 위한 성들을 세웠다.
뿐만 아니라 예루살렘과 레바논을 비롯하여
그의 전 영토 안에 그가 계획했던 모든 것을
세웠다.
20 이스라엘 백성이 아닌 아모리 사람, 헷 사람,
브리즈 사람, 히위 사람, 그리고 여부스 사람
들 중에서 살아 남은 자들이 있었는데,
21 그들은 이스라엘 백성들이 다 죽일 수 없었
으므로 그 땅에 남겨 두었던 사람들의 후손
이다. 솔로몬은 그들을 강제 노역에 동원시
켰다. 그래서 그들은 오늘날까지도 노예로
남아 있다.
22 그러나 솔로몬은 이스라엘 백성 중에서는 한
사람도 강제 노역에 동원시키지 않았다. 이
스라엘 사람들은 군인, 친위대, 지휘관, 대
장, 병거대와 기마대의 지휘관 일을 해야
했기 때문이다.
23 솔로몬이 일으킨 모든 공사에 동원된 책임
자만 오백오십 명이나 있었다.
24 솔로몬은 파라오의 딸을 위하여 따로 궁을
세운 후 그를 다윗 성에서 데리고 올라와 그
궁에 살게 하였다. 솔로몬이 밀로 궁을 건축
한 것은 그 때였다.
25 솔로몬은 그가 야훼께 지어 바친 제단 위에
서 번제와 친교제를 일 년에 세 차례 드렸고
야훼 앞에서 분향제도 올렸다. 이리하여 솔
로몬은 성전 공사를 모두 마쳤다.
26 솔로몬 왕은 또 에돔 땅의 홍해 바닷가, 엘랏
근방에 있는 에시욘게벨에다 상선대를 창설
하였다.
27 히람은 자기 수하에 있던 노련한 선원들을
보내어 그 상선대에서 솔로몬의 선원들과
함께 일하게 하였다.
28 그 상선들은 오빌 지방으로 가서 금 사백이
십 달란트를 실어 와 솔로몬에게 바쳤다.

세바의 여왕과 솔로몬

10 ◎세바라는 곳에 여왕이 있었는데 솔로
몬의 명성을 듣고는 그를 시험해 보려
고 아주 어려운 문제를 준비하여 방문 온 일
이 있었다.
2 여왕은 예루살렘을 방문할 때 많은 시종들
을 거느리고 왔을 뿐 아니라 각종 향료와 엄
청나게 많은 금과 보석을 낙타에 싣고 왔다.
여왕은 솔로몬 왕을 만나자 미리 생각하였
던 문제들을 모두 물어보았다.
3 솔로몬은 여왕의 질문에 하나도 막히지 않
고 다 대답해 주었다.
4 세바의 여왕은 솔로몬이 모든 지혜를 갖추고
있는 것을 알고 또 그가 세워놓은 전을 보고
는 넋을 잃을 정도로 감탄하였다.
5 세바의 여왕은 왕의 식탁의 음식, 조신들의
배석, 제복을 입은 시종들의 도열, 술을 따
르는 시종들, 또 왕이 야훼의 전에서 드리는
번제를 보고서 찬탄해 마지않으며
6 왕에게 말하였다. "당신과 당신의 지혜에
대한 소문은 내가 이미 우리 나라에서 듣고
있었습니다만 과연 사실이군요.
7 이렇게 와서 내 눈으로 직접 보기 전까지는
그 이야기가 하나도 믿어지지 않았습니다.

그러나 내가 들은 이야기는 이제 보니 사실
의 절반도 못 되는 것이었습니다. 당신의
지혜와 번영은 내가 듣던 소문보다 훨씬 더
뛰어나십니다.
8 당신을 모시는 부인들이야말로 행복한 여
인들입니다. 언제나 당신 앞에 서서 당신의
지혜로운 말씀을 듣는 신하들이야말로 행
복한 사람들입니다.
9 당신으로 인하여 기뻐하시어 당신을 이스라
엘의 왕좌에 앉히신 당신의 하느님 야훼께
찬미를 올립니다. 야훼께서는 이스라엘을 영
원히 사랑하셔서 당신을 왕으로 삼아 법과
정의를 세우게 하셨습니다."
10 여왕은 금 백이십 달란트와 많은 향료와 보
석을 솔로몬 왕에게 선물하였다. 솔로몬 왕
은 세바의 여왕에게 선물받은 것만큼 많은
향료는 두 번 다시 받아보지 못하였다.
11 오빌 지방에서 금을 실어 오던 히람의 상선
대는 이번에는 굉장히 많은 오동나무와 보
석을 운반해 왔다.
12 ◎왕은 이 오동나무로 야훼의 전과 왕궁의
난간을 만들고 노래에 맞추어 뜯을 수금과
거문고를 만들기도 하였다. 오동나무가 이
렇게 들어온 것은 처음이자 마지막 일이었
다.
13 솔로몬 왕은 세바의 여왕에게 관례에 의한
답례물 이외에도 여왕이 요청한 것을 모두
주었다. 여왕은 시종들을 거느리고 자기 나
라로 돌아갔다.

솔로몬의 재산

14 ◎일 년간 솔로몬이 수입한 금은 육백육십육
달란트나 되었다.
15 관세 수입금과 외국과의 무역에서 벌어들
인 이익금과 아라비아 여러 왕과 국내의 지
방장관들에게서 들어오는 ㉠것을 제외하고
그렇게 되었다.
16 솔로몬 왕은 금을 입힌 대형 방패를 이백 개
만들었는데 방패 하나에 금 육백 세겔이 들
었다.
17 또 금을 입힌 소형 방패를 삼백 개 만들었는
데 방패 하나에 금이 삼 미나 들었다. 왕은
이 방패들을 레바논 수풀궁에 보관하였다.
18 왕은 또 상아로 대형 옥좌를 만들고 순금을
입혔다.
19 그 옥좌에는 계단이 여섯 개 있었고 옥좌 뒤
에는 송아지의 머리가 붙어 있었으며 옥좌
양편에는 팔걸이가 있었고 양 팔걸이 옆에
는 사자 두 마리가 세워져 있었다.
20 여섯 계단 양쪽에는 사자가 세워져 있었는
데 한 쪽에 여섯 마리씩, 모두 열두 마리가
서 있었다. 이와 같은 옥좌는 일찍이 어느
나라에서도 만들지 못한 것이었다.
21 솔로몬 왕의 술잔은 모두 금으로 만들었고
레바논의 수풀궁에 있는 모든 집기도 순금
으로 만들어진 것이었다. 은으로 만든 것은
하나도 없었다. 솔로몬 시대에는 은을 귀금
속으로 생각하지도 않았기 때문이다.
22 또 왕은 다르싯 상선대를 조직하여 히람 상
선대와 함께 해상 무역에 종사토록 하였다.
다르싯 상선대로 금, 은, 상아, 원숭이, 공작
새 등을 해외에서 한 번 실어 오는 데 삼 년
이 걸렸다.
23 솔로몬 왕은 땅 위의 어느 왕도 따를 수 없
을 만큼 부유하고 지혜로웠다.
24 그리하여 하느님께 받은 솔로몬의 지혜로운
생각을 듣고자 하여 세계 각처에서 사람들
이 솔로몬 왕을 찾아왔다.
25 찾아오는 자마다 빈손으로 오지 않고 은집
기, 금집기, 옷, 갑옷, 향료, 말, 노새 등을
예물로 가져왔는데 찾는 자가 매년 그치지
않았다.

솔로몬의 병거대

26 ◎솔로몬이 병거와 말을 사 모으다 보니 병
거가 천사백 대, 군마는 만 이천 마리가 되
었다. 그는 이 병력의 일부는 병거주둔성에
배치하고 일부는 왕이 있는 예루살렘에 배
치하였다.
27 예루살렘에서는 은이 마치 돌멩이처럼 흔하
게 되었고 송백은 야산 지대의 돌무화과나
무만큼이나 많아졌다. 이것은 모두 왕의 덕
분이었다.
28 솔로몬은 왕실 소속 무역상들을 시켜 길리기
아와 큐에로부터 말을 수입하였다.
29 병거와 말은 이집트에서 수입했는데 가격은
병거 한 대에 은 육백 세겔, 말 한 마리에 은
백오십 세겔이었다. 이와 같은 방식으로 왕
실 소속 무역상들을 통하여 헷 왕들과 시리
아 왕들에게 병거와 말을 수출하였다.

솔로몬의 여인들 ; 그의 타락

11 ◎솔로몬 왕은 매우 호색가였으므로 수
많은 외국 여인들과 사랑을 나누었다.
파라오 왕의 딸뿐 아니라 모압 여인, 암몬 여
인, 에돔 여인, 시돈 여인, 헷 여인 등 외국

㉠ "…것만으로도"로 옮길 수도 있다. 히브리어 본문이 불확실하다.

1열왕

여인들을 후궁으로 맞아들였다.
2 야훼께서는 일찍이 이스라엘 백성들에게 외
국인들과의 결혼을 금지하시고 경고하시기
를 "너희는 외국 여자를 아내로 삼지 말고
외국 남자를 남편으로 삼지 마라. 그들이
반드시 너희 마음을 꾀어 그들의 신에게 너
희를 유인해 가겠기 때문이다." 하신 적이
있었다. 그런데도 솔로몬은 이 외국 여인들
과 깊은 사랑에 빠졌던 것이다.
3 솔로몬은 무려 칠백 명이나 되는 후궁을 거
느렸고 그 외에 수청드는 여자가 삼백 명이
나 되었다. 왕은 여인들에게 빠져 마음이
흐려졌으므로 진실을 보지 못하게 되고 말
았다.
4 솔로몬은 늙어 그 여인들의 꾐에 넘어가 다
른 신들을 섬기게 되었다. 왕은 선왕 다윗만
큼 자기 하느님 야훼께 충성을 다하지 못하
게 되었다.
5 솔로몬은 시돈인들의 여신 아스도렛을 섬겼
고 암몬인들의 우상 밀곰을 숭배하였다.
6 이와 같이 솔로몬은 선왕 다윗만큼 야훼를
따르지 못하였고 야훼 앞에서 해서는 안 될
일을 하였다.
7 솔로몬은 예루살렘 동편 산 위에 모압의 우상
그모스의 신당과 암몬의 우상 몰록의 신당을
지었다.
8 솔로몬은 외국인 왕비들이 하자는 대로 왕
비들이 섬기는 신들에게 분향하고 제물까
지 드렸다.
9 ◎야훼께서 솔로몬에게 노하셨다. 그가 이스
라엘의 하느님 야훼를 마음으로부터 저버렸
기 때문이었다. 야훼 하느님께서는 일찍이
그에게 두 번이나 나타나셨으며
10 그 때마다 다른 신을 따르지 말라고 일러두
었는데 왕은 끝내 야훼께서 명령하신 것을
지키지 않았던 것이다.
11 마침내 야훼께서 솔로몬에게 말씀하셨다.
"너의 마음이 이러하고, 내가 너와 계약을
맺으면서 일러둔 법들을 지키지 않았으니
내가 반드시 이 나라를 너에게서 쪼개어 너
의 신하에게 주리라.
12 그러나 너의 아비 다윗을 보아서 네 생전에
는 그렇게 하지 않겠고 너의 아들의 대에 가
서 이 나라를 쪼개리라.
13 그러나 이 나라를 쪼개어 다 내주지는 않고
한 지파만은 네 아들에게 주어, 내 종 다윗
의 뒤를 이어 내가 지정한 예루살렘에서 다
스리게 하리라."

솔로몬의 적들

14 ◎이리하여 야훼께서는 에돔 사람 하닷을 일
으키시어 솔로몬에게 반기를 들게 하셨다.
하닷은 에돔의 왕자였다.
15 다윗이 에돔을 쳐들어갔을 때 군사령관 요압
을 시켜 전사자를 묻어주게 했는데, 요압이
에돔의 남자를 전부 죽인 일이 있었다.
16 요압은 전 이스라엘 군대를 거느리고 육 개
월간 에돔에 주둔하면서 모든 에돔 남자를
죽였었다.
17 그러나 하닷은 부왕을 섬기던 신하 몇 사람
과 함께 이집트로 망명하였다. 그 때 하닷은
어린 소년이었다.
18 그들은 미디안을 떠나 바란에 들러 그 곳에
서 장정 몇 사람을 구하여 다시 이집트로
갔다. 이집트의 왕 파라오는 그에게 집을 주
고 음식을 내어주었다. 그리고 농토도 주
었다.
19 파라오는 하닷이 마음에 들어 자기의 처, 다
비니스 왕비의 동생을 그에게 주어 아내로
삼게 하였다.
20 하닷은 그의 부인, 즉 다비니스 왕비의 동생
을 아내로 맞아 아들을 얻었고 이름을 그누
밧이라고 지었다. 그누밧은 파라오의 궁전에
서 파라오의 왕자들과 함께 자라났다.
21 하닷은 다윗 왕이 별세하고 군사령관 요압이
죽었다는 소식을 이집트에서 듣고는 파라오
왕에게 조국으로 돌아가게 해달라고 간청
하였다.
22 그러나 파라오는 선뜻 허락하지 않고, "무
엇이 부족하여 나와 함께 있기를 마다하고
고국으로 가려느냐?" 하고 물었다. 하닷은
"부족한 것은 없습니다. 그러나 제발 저를
보내주십시오." 하고 재차 간청하였다.
23 ◎한편 하느님은 또 엘리아달의 아들 르손
을 일으켜 솔로몬에게 반기를 들게 하셨다.
그는 다윗이 사람을 쳐죽일 때 자기의 임금
인 소바 왕 하다데젤을 버리고 도망쳤던 자
였다.
24 그는 주변 사람들을 모집하여 무리를 이루
고 두목이 되어 다마스쿠스를 점령하고 거기
에 정착하여 스스로 다마스쿠스의 왕이 되어
있었다.
25 그는 이스라엘에 반기를 들고 대적하였는데
그렇지 않아도 솔로몬은 하닷에게 괴로움을
당하고 있는 형편이었다. 르손은 시리아 왕
이 되어 이스라엘에 압력을 가했다.

여로보암의 반란

26◎느밧의 아들 여로보암은 에브라임족에 속한 스레다 사람으로서 솔로몬의 신하였다. 그도 또한 왕에게 반기를 들었다. 그의 어머니는 과부 스루아였다.
27그가 반기를 든 경위는 이러하였다. 솔로몬이 밀로 궁을 건축하고 그의 선왕 다윗의 성을 보수할 때였다.
28그 사람 여로보암은 힘센 장사였다. 솔로몬은 그 젊은이가 일하는 것을 보고 그를 요셉 지파의 부역 총책임자로 임명하였다.
29한번은 여로보암이 예루살렘에서 나가다가 실로 출신의 예언자 아히야를 길에서 만났다. 그 예언자는 말쑥한 새 옷을 입고 있었다. 들에서 단둘이 있게 되자
30아히야는 자기가 입고 있던 새 옷을 벗어서 열두 조각으로 찢었다.
31그러면서 여로보암에게 이렇게 말하는 것이었다. "이 열 조각을 맡으십시오. 이것은 이스라엘의 하느님 야훼께서 하시는 말씀이십니다. '잘 들어라. 내가 솔로몬의 손 안에 있는 이 나라를 찢어 너에게 열 지파를 주리라.
32그러나 한 지파만은 솔로몬에게 주어 내 종 다윗의 뒤를 이어 이스라엘 모든 지파 가운데 내가 지정한 성읍인 예루살렘에서 다스리게 하리라.
33솔로몬은 나를 버리고 시돈 사람이 섬기는 여신 아스도렛과 모압의 신 그모스, 암몬 사람의 신 밀곰을 예배하였다. 그는 그의 아비 다윗과는 달리, 내가 보여준 길을 가지 않았고 내 앞에서 바르게 살지도 않았으며 내가 준 규정과 법령을 지키지도 아니하였다.
34그러나 내가 뽑아 세운 나의 종 다윗이 내 명령과 규정을 지킨 것을 생각하여 솔로몬 생전에는 이 나라를 조금도 빼앗지 아니하리라.
35내가 장차 그의 아들 대에 가서 이 나라를 쪼개어 열 지파를 너에게 맡길 것이다.
36솔로몬의 아들에게는 한 지파를 주리라. 그리하여 나의 종 다윗으로 하여금 내가 선택하여 나의 것으로 지정한 성읍인 예루살렘에서 그 불씨를 꺼뜨리지 않고 항상 내 앞에서 비추게 하리라.
37내가 너의 원대로 너를 택하여 통치자로 임명하고 이스라엘의 왕으로 세운다.
38나의 종 다윗처럼 내가 명하는 바를 모두 지키고 내가 지시하는 길을 가며 내 규정과 명령을 지켜 내 앞에서 바르게 살아라. 그리하면 내가 너와 함께 하리라. 또한 다윗의 왕조를 든든히 세워주었듯이 너의 왕조도 든든히 세워 너에게 이스라엘을 맡기리라.
39이렇게 하여 다윗의 자손의 머리를 숙이게 해주리라. 그러나 언제까지나 그렇게 두어두지는 아니하리라.'"
40◎이렇게 되자 솔로몬은 여로보암을 찾아 죽이려고 하였다. 여로보암은 하는 수 없이 시삭 왕이 다스리는 이집트로 망명하였다. 그는 솔로몬이 죽을 때까지 이집트에 머물렀다.

솔로몬의 최후

41◎솔로몬이 어떤 지혜를 가지고 무슨 일을 했는지 그 나머지 역사는 솔로몬 왕의 실록에 기록되어 있다.
42솔로몬은 예루살렘에서 사십 년간 온 이스라엘을 다스렸다.
43솔로몬이 세상을 떠나, 그의 선왕 다윗의 성에 안장되자 그의 아들 르호보암이 뒤를 이어 왕위에 올랐다.

세겜 회의

12 ◎르호보암은 세겜으로 갔다. 온 이스라엘이 그를 왕으로 추대하려고 그 곳에 모여 있었다.
2느밧의 아들 여로보암은 솔로몬 왕을 피하여 이집트에 머물러 있다가 이 소식을 듣고 이집트에서 돌아와 있었는데
3사람들이 그를 불러냈다. 여로보암이 온 이스라엘 회중을 거느리고 르호보암에게 와서 말하였다.
4"임금님의 부왕은 우리에게 무거운 멍에를 메웠습니다. 이제 임금님께서는 부왕이 메웠던 이 무거운 멍에를 가볍게 해주시고 심한 일을 덜어주십시오. 그래야만 우리는 임금님을 받들어 섬기겠습니다."
5그는 삼 일간 말미를 주면 대답하겠다고 약속하여 백성들을 돌려보냈다.
6르호보암 왕은 부왕 생존시에 부왕을 섬기던 나이 많은 신하들을 불러, "이 백성의 요구에 어떻게 대답하면 좋겠소?" 하고 의논하였다.
7그들이 대답하였다. "오늘 임금님께서 이 백성의 종이 되어 그들을 섬기려고 하십니까? 그러면 그들에게 좋은 말씀으로 대답해 주십시오. 이 백성이 영원히 임금을 섬길 것입니다."
8그러나 왕은 그 원로들의 충고를 받아들이지 않았다. 그 대신 자기와 함께 자라난 젊

은이들로서 자기를 받드는 자들과 상의하
여
9 그들에게 "선왕께서 메워준 멍에를 가볍게
해달라고 백성들이 요구하는데 어떻게 대
답하면 좋겠는가?" 하고 물었다.
10 왕과 함께 자란 젊은이들은 이렇게 대답하
였다. "백성들이, 선왕께서 메워주신 멍에
가 무거우니 그것을 가볍게 해달라고 요구
하더라도 임금님께서는 이렇게 대답하십시
오. '나의 새끼손가락이 부왕의 허리보다
굵다.
11 너희는 부왕께서 메워주신 멍에가 무겁다
고 한다마는, 나는 그보다 더 무거운 멍에
를 너희에게 지우리라. 부왕께서는 너희를
가죽채찍으로 치셨으나 나는 쇠채찍으로
다스리리라.'"
12 ◎사흘 후에 다시 오라고 한 왕의 명령대로
여로보암은 온 백성을 거느리고 삼 일째 되
는 날 르호보암 앞에 나왔다.
13 왕은 원로들의 충고를 끝내 외면하고 가혹
한 말로 백성들에게 대답하였다.
14 그는 젊은이들이 일러준 대로 백성들에게
말하였다. "선왕께서 너희에게 무거운 멍에
를 메웠다. 그렇지만 나는 그보다 더 무거
운 멍에를 메우리라. 선왕께서는 너희를 가
죽채찍으로 치셨으나 나는 쇠채찍으로 다
스리리라."
15 왕은 이처럼 끝내 백성들의 요구를 들어주
지 않았다. 야훼께서 실로 사람 아히야를 시
켜 느밧의 아들 여로보암에게 하신 그의 말
씀을 이루시려고 일을 그렇게 꾸미셨던 것
이다.
16 모든 이스라엘 백성들은 왕이 그들의 요구
를 듣지 않음을 알고 왕에게 대답하였다.
"우리가 다윗에게서 받을 몫이 어디 있느
냐?
이새의 아들에게서 받을 것이 없구나.
이스라엘아, 모두 자기 집으로 돌아가자.
다윗이여, 이제 네 집안이나 돌보아라."
◎그리하여 이스라엘 백성은 각자 집으로 돌
아갔다.
17 ◎르호보암은 유다 지방의 성읍들에 살고 있
는 이스라엘 백성만을 다스리게 되었다.
18 르호보암 왕은 부역감독 아도람을 내보냈으
나 온 이스라엘 백성이 그를 돌로 쳐죽였다.
르호보암 왕은 마차를 몰아 예루살렘으로 급
히 도망하였다.
19 이렇게 이스라엘은 다윗 왕조에 반역하여 오
늘에 이르렀다.

정치적 종교적 분단

20 ◎여로보암이 다시 돌아왔다는 말을 듣고 온
이스라엘이 사람을 보내어 그를 백성들의
모임에 모셔다가 이스라엘의 왕으로 추대하
였다. 유다 지파를 제외하고는 다윗의 왕조
를 따르는 지파는 하나도 없었다.
21 르호보암은 예루살렘에 돌아오는 길로 유다
가문과 베냐민 지파에 동원령을 내렸다. 그
는 정병 십팔만을 뽑아 이스라엘 가문을 무
찌르고 솔로몬의 아들 르호보암의 국권을 되
찾으려고 하였다.
22 그러는데 야훼의 말씀이 하느님의 사람 스
마야에게 내렸다.
23 "유다 왕, 솔로몬의 아들 르호보암과 유다와
베냐민의 모든 집안과 그 밖의 다른 백성들
에게 이 말을 전하여라.
24 '야훼가 말한다. 이렇게 된 것은 다 나의 뜻
이니 너희는 동족인 이스라엘 백성을 치러
올라가지 말고 각자 집으로 돌아가거라.'"
그들은 야훼의 말씀을 좇아 모두들 순종하
는 마음으로 돌아갔다.
25 여로보암은 에브라임 산지에 있는 세겜을 수
축하고 거기에서 살다가 그 후 브누엘을 세
우고 그 곳으로 자리를 옮겼다.
26 그런데 여로보암은 스스로 이런 생각이 들
었다. "어쩌면 나라가 다윗의 왕가로 넘어
갈지도 모른다.
27 이 백성이 예루살렘에 있는 야훼의 전에 제
사하러 올라가다가 마음이 정통 상전인 유
다 왕 르호보암에게로 쏠리는 날에는 나를
죽이고 유다 왕 르호보암에게 돌아갈 것이
다."
28 이스라엘 왕은 궁리 끝에 금송아지 둘을 만
들었다. 그리고 백성들에게 이렇게 선포하
였다. "예루살렘에 제사하러 올라가기란 번
거로운 일이다. 이스라엘 백성들아, 너희를
이집트에서 구해 주신 신이 여기에 있다."
29 그리고 금송아지 하나는 베델에, 다른 하나
는 단에 두었다.
30 그런데 이 일이 죄가 되었다. 백성들은 금
송아지를 예배하러 베델과 단에 갔다.
31 왕은 또한 언덕에 산당들을 짓고 레위 지파
가 아닌 일반 백성 가운데서 사제를 임명하
였다.
32 여로보암은 금송아지에게 제물을 드리기 위
하여 유다에서 하고 있는 것과 같이 순례절
을 제팔월 십오일로 정하고 자기가 세운 베
델의 산당에서 사제들을 임명하였다.
33 왕은 자기의 마음대로 정한 제팔월 십오일

이 되면 자기가 세운 베델의 제단에 올라갔
다. 그는 이스라엘 백성들이 지킬 순례절을
이렇게 제정하고 친히 그 제단에 분향제를
드리러 올라갔던 것이다.

베델의 제단이 무너지다

13 ◎마침 여로보암이 제단 옆에 서서 분
향하려고 하는데 하느님의 사람 하나
가 야훼의 말씀을 전할 임무를 띠고 유다로
부터 와서 베델에 도착하였다.
2 하느님의 사람이 제단을 바라보며 야훼께
받은 말씀을 외치기 시작하였다. "오, 제단
아, 제단아, 야훼가 말한다. 다윗의 가문에
서 요시야란 한 아들이 태어나리니, 두고 보
아라, 그가 네 위에 분향하는 산당의 사제
들을 죽여 그 뼈를 네 위에서 태우리라."
3 그는 그 말이 야훼께 받은 것임을 보여주는
한 표적이 주어졌다고 하며 다음과 같이 말
하는 것이었다. "이 제단이 산산조각이 나
고 그 위에 있는 잿가루가 쏟아지리라."
4 여로보암 왕은 하느님의 사람이 베델 제단을
바라보며 이렇게 외치는 것을 듣고, 제단에
서 손을 들어 그를 가리키면서 체포하라고
명령하였다. 그러자 그를 가리켰던 손이 곧
마비되어 오므릴 수가 없게 되었다.
5 곧 이어서 하느님의 사람이 전한 야훼의 말
씀대로 제단이 부서져 산산조각이 나고 제
단 위에 있던 재가 쏟아지는 표적이 나타
났다.
6 이렇게 되자 왕은 하느님의 사람에게, 야훼
하느님께 은총을 빌어 자기 손이 다시 회복
되도록 기도해 달라고 애걸하였다. 하느님
의 사람이 야훼께 기도하자 왕의 손이 즉시
나아서 전과 같이 되었다.
7 왕이 하느님의 사람에게 말하였다. "내 집
으로 함께 가서 식사하고 피로를 풀도록 하
십시다. 내가 또 당신에게 선물도 드리리
다."
8 그러자 하느님의 사람이 왕에게 대답하였
다. "왕실 재산의 절반을 준다 해도 왕의 궁
전에는 가지 않겠소. 그리고 이 곳에서는
식사를 하거나 물을 마시지 않겠소.
9 야훼께서 나에게, 여기에서 식사를 하거나
물을 마시지 말고 올 때도 갔던 길이 아닌
다른 길로 오라고 명령하셨기 때문이오."
10 그리고 나서 하느님의 사람은 그가 베델로
올 때 왔던 길과는 다른 길로 돌아갔다.

하느님의 특사와 늙은 예언자

11 ◎그 즈음에 한 늙은 예언자가 베델에 살고
있었다. 그의 아들들이 그 날 하느님의 사
람이 베델에 와서 행한 일과 왕에게 말한 것
을 모두 아버지에게 말해 주었다.
12 그들의 아버지가 그 사람이 어느 길로 돌
아갔느냐고 묻자 아들들은 하느님의 사람
이 유다로 돌아간 길을 아버지에게 일러주
었다.
13 그 말을 듣고 아버지는 곧 나귀에 안장을 얹
으라고 아들들에게 명하였다. 노인은 그들
이 안장을 얹은 나귀를 타고 떠났다.
14 그는 하느님의 사람의 뒤를 쫓다가 마침내
느티나무 밑에 앉아 있는 그를 만났다. 노
인이 그에게 "당신이 유다에서 온 하느님의
사람이오?" 하고 묻자, 하느님의 사람은
"그렇습니다." 하고 대답하였다.
15 노인이 하느님의 사람에게 "우리 집으로 가
십시다. 무엇 좀 드시고 가십시오." 하고
권하였다.
16 하느님의 사람이 말하였다. "나는 노인장과
함께 되돌아갈 수가 없습니다. 노인장의 집
에 들어갈 수도 없습니다. 이 곳에서는 무
엇이건 함께 먹을 수가 없군요. 물 한 모금
도 마시지 못하겠습니다.
17 야훼께서 나에게 이 곳에서는 아무것도 먹
지 말고 마시지도 말며, 돌아갈 때는 처음
에 왔던 길이 아닌 다른 길로 가라고 하셨기
때문입니다."
18 그 말을 들은 노인은 하느님의 사람에게 이
렇게 말하였다. "나 역시 당신과 같은 예언
자요. 야훼께서 천사를 보내시어 나에게 말
씀하시기를, 당신을 집으로 데려다가 식사
와 물을 대접하라고 하셨소." 그러나 이것
은 거짓말이었다.
19 하느님의 사람은 왔던 길을 되돌아가서 그
늙은 예언자의 집에 이르러 식사를 하고 물
을 마셨다.
20 ◎그들이 함께 앉아 먹고 있는데 하느님의
사람을 데리고 온 늙은 예언자에게 야훼의
말씀이 내렸다.
21 그래서 그는 유다에서 온 하느님의 사람에
게 큰소리로 그 말씀을 전하였다. "야훼께
서 이렇게 말씀하셨소. '너는 야훼의 말을
순종하지 않았고 너의 하느님 야훼가 너에
게 명령한 것을 지키지 않았으며 가던 길을
되돌아왔을 뿐 아니라,
22 음식과 물을 먹지도 마시지도 말라고 한 곳
에서 먹고 마셨다. 그러므로 너의 시체는
조상들의 무덤에 묻히지 못하리라.'"

23하느님의 사람은 식사를 마친 다음 안장을
나귀에 얹어 타고 떠났다.
24하느님의 사람은 출발하여 길을 가다가 도
중에 사자 한 마리를 만나 죽었다. 그 시체
는 길에 버려진 채로 있었는데 나귀와 사자
가 그 옆에 서 있었다.
25그 곳을 지나가던 사람들이 사람의 시체가
길가에 버려져 있고 그 옆에 사자 한 마리가
서 있는 것을 보게 되었다. 이 광경을 본 사
람들은 늙은 예언자가 사는 읍내로 들어가
서 이 이야기를 퍼뜨렸다.
26그를 데리고 왔던 그 늙은 예언자는 이 소문
을 듣고 탄식하였다. "그는 정말로 하느님
의 사람이었구나. 그가 야훼의 말씀을 순종
하지 않더니 야훼께서 기어이 말씀하신 대
로 사자를 보내시어 그의 사지를 찢어 죽이
게 하셨구나."
27그리고 나서 예언자는 아들들에게 나귀에
안장을 얹으라고 분부하였다. 아들들이 그
대로 하였다.
28그는 길을 떠나가다가 시체가 길에 버려져
있고 나귀와 사자가 그 시체 곁에 서 있는
것을 보았다. 사자는 시체를 먹거나 나귀를
죽이지는 않았다.
29예언자는 장례를 치러주려고 그 하느님의
사람의 시체를 나귀에 싣고 성으로 돌아왔
다.
30그는 그 시체를 자기 가족 묘지에 안장하고
자식들과 함께 "아이고, 이 사람아!" 하며
슬프게 곡을 하였다.
31그를 매장한 후에 늙은 예언자는 자식들에
게 이렇게 말하였다. "내가 죽거든 이 하느
님의 사람이 묻힌 무덤에 같이 묻어다오.
내 뼈를 그의 뼈 옆에 나란히 묻어라.
32그 하느님의 사람이 야훼의 말씀을 받아
베델의 제단과 사마리아의 모든 산당을 두
고 예언한 말씀이 모두 그대로 이루어지
리라."
33◎이런 일이 있은 후에도 여로보암은 그의
악한 길에서 돌아서지 아니하고 오히려 일
반 백성 가운데서 자기 마음대로 산당의 사
제를 뽑아 임명하였다.
34여로보암 왕가는 이런 일로 죄를 얻어 결국
지상에서 자취도 없이 사라지게 된 것이다.

여로보암의 운명

14 ◎그 때 여로보암의 아들 아비야가 병들
어 눕게 되자
2여로보암 왕이 왕비에게 말하였다. "자, 이
렇게 해봅시다. 당신은 왕비임을 몰라보게
몸을 변장하고 실로로 가시오. 그 곳에는 아
히야라는 예언자가 살고 있소. 그 예언자는
내가 이 백성의 왕이 될 것이라고 일러주던
바로 그 사람이오.
3빵 여남은 개와 과자 약간, 그리고 꿀 한 단
지를 가지고 그에게 가서 물어보시오. 왕자
가 나을지 낫지 못할지를 그가 말해 줄 것
이오."
4여로보암의 아내는 그의 말대로 출발을 서
둘러 실로에 있는 예언자 아히야의 집에 이
르렀다. 그런데 아히야는 이미 늙었으므로
눈이 어두워 잘 보지 못하였다.
5야훼께서 아히야에게 미리 일러주셨다. "여
로보암의 아내가 병든 제 아들의 병이 어떻
게 될지 너에게 물으러 올 것이다. 오거든
이러이러하게 대답하여라. 여로보암의 아내
는 신분을 감추고 딴 여자처럼 가장하고 오
리라."
6아히야는 그 여자가 방문 앞으로 다가서는
발소리를 듣고 이렇게 말하였다. "여로보암
의 아내여, 들어오시오. 어찌하여 이렇게
다른 여자인 양 가장하고 오셨소? 나는 당
신에게 가슴 아픈 말을 전해야겠소.
7여로보암에게 가서 말하시오. 이스라엘의 하
느님 야훼께서 이렇게 말씀하십니다. '내가
너를 백성 가운데서 뽑아 내 백성 이스라엘
을 다스리는 영도자로 임명했으며
8다윗의 왕가에서 나라를 갈라 너에게 주었
다. 그러나 너는 나의 종 다윗만하지 못하
였다. 다윗은 나의 계명을 준수하였을 뿐만
아니라 마음을 다하여 나를 따랐으며 만사
를 내 마음에 꼭 들도록 올바르게 처리하
였다.
9그러나 너는 선왕들보다 더 큰 악을 저질렀
을 뿐 아니라 우상들을 쇠붙이로 부어 만들
었고 다른 신을 섬겼다. 그리하여 마침내
나를 배반하여 내 속을 썩였다.
10그러므로 이제 내가 여로보암 왕가에 재난
을 내리리라. 여로보암 가문에 속한 남자는
자유인이든 종이든 가리지 아니하고 모두
씨도 남기지 아니하리라. 그리하여 사람들
이 똥을 치듯이 나는 여로보암 가문을 이 이
스라엘에서 남김없이 쓸어버리리라.
11무릇 여로보암 가문에 속한 사람이 성 안에
서 죽으면 그 시체를 개가 뜯어먹을 것이
요, 성 밖에서 죽으면 공중의 새가 쪼아먹
으리라. 야훼의 말이니 어김이 없다.'
12이제 집으로 돌아가시오. 당신이 궁에 도착

하면 곧 왕자는 죽을 것이오.
13그래도 그 아이만은 모든 이스라엘 백성들
이 슬퍼하며 매장할 터인데 여로보암 가문
에서 그만이 무덤에 묻힐 것이오. 그래도
그만은 이스라엘의 하느님 야훼께서 보시기
에 옳게 살았기 때문이오.
14그리고 나서 야훼께서는 이스라엘을 다스릴
새 왕을 뽑으시어 여로보암 가문을 멸종시
킬 것입니다.
15야훼께서 이스라엘을 치실 때는 마치 급류에
휩쓸린 갈대처럼 흔들리게 하실 것이오. 야
훼께서 그들 선조들에게 주신 이 좋은 땅에
서 송두리째 뽑아 내쫓으실 것이고, 유프라
테스 강 저편으로 흩어버리실 것입니다. 이
스라엘이 목신을 만들어 야훼의 분노를 샀기
때문이오.
16여로보암 왕은 자기 혼자만이 이 죄를 지은
것이 아니고 이스라엘 백성들까지도 같은
죄를 짓게 하였습니다. 야훼께서는 이 여로
보암의 죄 때문에 이스라엘을 버리실 것이
오."
17◎여로보암의 아내는 말을 다 듣고 일어나서
그 곳을 떠나 디르사로 돌아왔다. 궁전 문을
막 들어서는데 왕자가 숨을 거두었다.
18이스라엘 백성은 죽은 왕자를 장사지내고
그의 죽음을 슬퍼하였다. 야훼께서 당신의
종인 예언자 아히야를 시켜 말씀하신 그대
로였다.
19◎여로보암의 나머지 행적, 치적 및 그가 치
른 전쟁에 관하여는 이스라엘 왕조실록에
모두 기록되어 있다.
20여로보암은 이십이 년간 통치한 후 열조와
함께 잠들었다. 왕자 나답이 그의 왕위를 계
승하였다.

르호보암의 유다 통치

21◎한편 유다는 솔로몬의 아들 르호보암 왕이
다스리고 있었다. 르호보암은 사십일 세에
왕이 되어 야훼께서 모든 이스라엘 지파 가
운데서 따로 선택하여 당신 것으로 삼으신
도성, 예루살렘에서 십칠 년간 다스렸다. 그
의 어머니는 나아마라는 암몬 여자였다.
22◎유다 백성도 역시 야훼께서 보시기에 악한
일을 저질렀다. 선조들보다도 더 큰 죄를
범하여 야훼께 미움을 샀다.
23그들 역시 높은 언덕과 우거진 나무 아래마
다 산당을 짓고 거기에다 돌로 남신을 만들
고 나무로 여신을 만들어 세웠다.
24게다가 전국 곳곳에 남창이 우글거렸다. 이
스라엘 백성은 야훼께서 자기들 면전에서 쫓
아내신 원주민들의 온갖 추악한 폐습을 이
렇게 본받았던 것이다.
25르호보암 왕 제오년에 이집트의 시삭 왕이 예
루살렘을 침공하여
26야훼의 전과 왕궁의 모든 보물을 샅샅이 뒤
져 모두 가져갔다. 그는 솔로몬이 만든 금방
패를 포함하여 모든 값진 것을 가져갔다.
27르호보암 왕은 금방패 대신 놋방패를 만들
어 왕궁을 경비하는 친위대 장교들을 무장
시켰다.
28왕이 야훼의 전에 출입할 때마다 친위대원
들은 그 놋방패를 들고 섰다가 다시 친위대
실로 가져다 두곤 하였다.
29◎르호보암의 나머지 행적과 치적은 유다 왕
조실록에 모두 기록되어 있다.
30르호보암과 여로보암 사이에는 그들이 살아
있는 동안 전쟁이 그칠 사이가 없었다.
31르호보암은 세상을 떠나 다윗 성 안의 왕실
묘지에 안장되었다. 그의 아들 아비얌이 왕
위를 계승하였다.

아비얌의 유다 통치

15 ◎느밧의 아들 여로보암 왕 십팔 년에
아비얌이 유다 왕위에 올랐다.
2그가 예루살렘에서 다스린 기간은 삼 년밖
에 되지 않았다. 왕의 어머니는 압살롬의 딸
인 마아가였다.
3그런데 왕은 자기의 부친을 본받아 모든 일
에 같은 죄를 지었다. 왕의 선조 다윗은 야
훼 하느님께 신실하였으나 아비얌 왕은 전
혀 신실하지 못하였다.
4그러나 다윗의 하느님 야훼께서는 다윗을 보
아서 예루살렘에서 아비얌의 뒤를 이어 불씨
를 지킬 사람을 주셨다. 그의 뒤를 이을 아
들을 일으켜 예루살렘을 거룩한 도성으로서
보전시키셨던 것이다.
5다윗은 헷 사람 우리야 사건을 제외하고는
일생 동안 야훼께서 보시기에 올바른 일만
을 하였으며 야훼의 명을 어기지 않았다.
6르호보암은 일생을 마칠 때까지 여로보암과
전쟁하였다.
7아비얌 왕의 나머지 행적과 치적은 유다 왕
조실록에 기록되어 있다. 아비얌과 여로보암
사이에도 전쟁이 있었다.
8아비얌이 열조들과 함께 잠이 들어 다윗 성
에 매장되자 그의 아들 아사가 왕위를 계승
하였다.

아사의 유다 통치

9◎이스라엘 왕 여로보암 제이십년에 아사가
유다 왕위에 올라
10예루살렘에서 사십일 년간 다스렸다. 그의
할머니는 압살롬의 딸인 마아가였다.
11그런데 아사는 조상 다윗을 본받아 야훼께서
보시기에 올바른 일을 하였다.
12왕은 전국에서 남창들을 소멸하고 그의 선
왕들이 만든 우상들을 없애버렸다.
13왕은 할머니 마아가가 아세라 여신에게 바
치는 음탕한 것을 지니고 있다고 해서 대비
의 자리에서 물러나게 하였다. 아사는 그것
을 토막내어 키드론 시냇가에서 불살라 버
렸다.
14산당은 그대로 보존되었지만 그러나 아사는
일생 동안 야훼께 한결같이 신실하였다.
15그는 자기의 부친과 자기 자신이 거룩하게
바친 각종 금은 집기들을 야훼의 전에 바
쳤다.
16아사와 이스라엘 왕 바아사는 그들이 살아 있
는 동안 계속 전쟁을 하였다.
17이스라엘 왕 바아사는 유다를 침략하였다.
또 라마 성을 튼튼하게 보수하여 유다 왕 아
사로 하여금 군대를 출동시키지 못하게 하
였다.
18그러자 아사는 야훼의 전과 왕실 창고에 남
아 있던 은과 금을 모조리 거두어서 사신
을 시켜 시리아 왕에게 예물로 보내며 청을
넣었다. 당시 시리아는 헤지온의 손자이고
타브림몬의 아들인 벤하닷 왕이 다스리고
있었는데, 다마스쿠스를 수도로 정하고 있
었다.
19"나의 부친과 당신의 부친 사이에 맺으신
동맹은 나와 당신 사이에도 그대로 살아 있
습니다. 나는 당신에게 은과 금을 예물로
보냅니다. 부디 이스라엘 왕 바아사와 맺으
신 동맹을 파기하시고 바아사로 하여금 우
리 영토에서 물러가게 해주십시오."
20◎벤하닷은 아사 왕의 청을 받아들여 군사
령관들을 불러 이스라엘 성읍들을 치게 하
였다. 그는 이스라엘의 이욘, 단, 아벨벳마아
가, 긴네렛, 그리고 납달리 전지역을 짓부수
었다.
21바아사 왕은 이 소식을 듣자 라마 성을 보수
하다 말고 디르사 지방으로 철수하였다.
22이에 아사 왕은 유다 전국에 총동원령을
선포하여 바아사가 라마 성을 보수하는 데
쓰던 돌과 목재를 옮겨 와서 미스바와 베냐
민 지방의 게바를 견고한 요새로 만들게
하였다.
23아사의 나머지 행적, 치적 및 그가 축성한
성읍들에 관하여는 유다 왕조실록에 기록되
어 있다. 왕은 나이가 많아지자 다리를 앓
았다.
24아사는 열조와 함께 잠들어 조상 다윗의 성
에 있는 그의 왕실 묘지에 묻혔다. 그의 아
들 여호사밧이 왕위를 계승하였다.

나답의 이스라엘 통치

25◎여로보암의 아들 나답은 유다 왕 아사 제
이년에 이스라엘 왕이 되어 이 년간 다스
렸다.
26그는 야훼의 눈에 거슬리는 일을 하였고 부
친이 걸었던 악한 길을 그대로 걸었다. 그
가 죄를 범함으로써 이스라엘 전체가 같은
죄에 빠지게 되었다.
27◎이싸갈 가문 출신 아히야의 아들 바아사가
나답 왕조에 반기를 들었다. 그는 이스라엘
을 거느리고 불레셋 영토인 깁돈 성을 포위
하고 있던 나답 왕을 쳤다.
28바아사는 이렇게 나답을 죽이고 왕위를 빼앗
아 스스로 왕이 되었는데 때는 유다 왕 아사
제삼년이었다.
29바아사는 왕이 되자마자 여로보암 가문을 씨
도 남기지 않고 몰살시켰다. 야훼께서 실로
사람 아히야를 시켜 말씀하신 것이 그대로
이루어진 것이다.
30이 일은 여로보암이 스스로 죄를 지었을 뿐
아니라 이스라엘까지도 같은 죄에 빠지게
함으로써 이스라엘의 하느님 야훼의 분노를
샀기 때문에 일어난 것이다.
31나답의 나머지 행적과 치적은 이스라엘 왕조
실록에 모두 기록되어 있다.
32유다 왕 아사와 이스라엘 왕 바아사는 그들이
다스리는 동안 전쟁을 계속하였다.

바아사의 이스라엘 통치

33◎유다 왕 아사 제삼년에 아히야의 아들 바아
사가 디르사에서 이스라엘 왕위에 올라 이십
사 년간 다스렸다.
34그도 야훼의 눈에 거슬리는 일을 하였고 여
로보암 왕이 걷던 길을 그대로 걸어 이스라
엘을 같은 죄에 빠지게 하였다.

16 ◎바아사 왕을 심판하시는 야훼의 말씀
이 하나니의 아들 예후에게 내렸다.
2"나는 잿더미에서 뒹굴던 너를 뽑아 높이
세우고 내 백성 이스라엘을 다스리는 영도
자로 삼았다. 그런데 너는 여로보암과 같은

길을 걸어 같은 죄를 짓고 내 백성을 죄의
길로 이끌어 나의 분노를 사는구나.
3 보아라, 내가 바아사와 그의 가문을 모조리
쓸어버리리니, 네 가문은 느밧의 아들 여로
보암의 가문과 같은 운명에 떨어지리라.
4 바아사 가문의 사람이 성 안에서 죽으면 그
시체를 개가 뜯어먹겠고 들에서 죽으면 새
가 쪼아먹으리라."
5 ◎바아사의 나머지 행적, 치적 및 공적은 이
스라엘 왕조실록에 모두 기록되어 있다.
6 바아사는 열조와 함께 잠들어 디르사에 묻혔
다. 그의 아들 엘라가 왕위를 이었다.
7 야훼께서 하나니의 아들 예언자 예후를 시
켜 바아사와 그의 가문에 심판을 내리신 것
은 그가 여로보암의 가문처럼 되려고 야훼
께서 보시기에 온갖 악한 일을 저질러 야훼
의 분노를 돋우었기 때문이었다. 그뿐만
아니라 여로보암 가문을 몰살시켰기 때문
이었다.

엘라의 이스라엘 통치

8 ◎유다 왕 아사 제이십육년에 바아사의 아들
엘라가 디르사에서 이스라엘의 왕위에 올라
이 년간 다스렸다.
9 왕의 신하 가운데 병거대의 절반을 지휘하
는 지므리라는 장군이 있었는데 그가 왕에
게 반기를 들었다. 마침 왕이 디르사에 있는
궁내대신 아르사의 집에서 술에 취하여 있
을 때,
10 지므리가 들어와 왕을 죽이고 스스로 왕위
에 올랐다. 때는 유다 왕 아사 제이십칠년이
었다.
11 스스로 왕위에 오르자마자 그는 바아사 가
문을 몰살시켰다. 바아사의 일가친척이나
친구 가운데 남자는 단 하나도 살아 남지 못
하였다.
12 이렇게 지므리는 바아사의 집안을 몰살시켰
는데, 이는 야훼께서 예언자 예후를 시켜 바
아사를 두고 하신 말씀 그대로였다.
13 이 일은 바아사와 그의 아들 엘라가 함께 죄
를 짓고 나아가서 이스라엘을 죄의 길로 인
도하였을 뿐 아니라 우상을 만들어 이스라
엘의 하느님 야훼의 분노를 샀기 때문에 일
어난 일이었다.
14 엘라의 나머지 행적과 치적은 이스라엘 왕조
실록에 모두 기록되어 있다.

지므리의 이스라엘 통치

15 ◎유다 왕 아사 제이십칠년에 지므리는 디르
사에서 이스라엘의 왕위에 올랐는데 그의 통
치는 칠 일 만에 끝났다. 그 무렵 이스라엘
군대는 불레셋 도읍인 깁돈을 치려고 포진
중이었다.
16 전장에서 싸우던 이스라엘 군은 지므리가 반
란을 일으켜 왕을 죽였다는 소식을 듣고 바
로 그 날로 이스라엘 군 총사령관인 오므리
를 이스라엘의 왕으로 받들어 세웠다.
17 오므리는 전 병력을 이끌고 깁돈을 떠나 디
르사를 포위하였다.
18 지므리는 수도가 함락되게 된 것을 보고 궁
전에 들어가서 불을 지르고 그 자신도 불에
타 죽었다.
19 그가 이러한 최후를 마친 것은 그가 야훼의
눈에 거슬리는 일을 하고 여로보암이 걸었
던 길을 따라 같은 죄를 지었을 뿐 아니라
나아가서 이스라엘 백성을 죄에 빠뜨렸기
때문이었다.
20 지므리의 나머지 행적과 음모를 꾸민 일은
이스라엘 왕조실록에 모두 기록되어 있다.
21 ◎그러자 이스라엘 백성들이 두 파로 분열되
었다. 하나는 기낫의 아들 티브니를 왕으로
받들어 그를 따랐고, 다른 하나는 오므리를
따랐다.
22 그러나 오므리 일파가 기낫의 아들 티브니
일파보다 우세하였다. 그리하여 티브니는
살해되고 오므리가 왕이 되었다.

오므리의 이스라엘 통치

23 ◎유다 왕 아사 제삼십일년에 오므리가 이스
라엘의 왕위에 올라 십이 년간 다스렸는데
육 년은 디르사에서 다스렸다.
24 그는 사마리아 산을 세멜에게서 은 두 달란트
로 샀다. 왕은 그 곳에 요새를 건설하고 본
래 소유자인 세멜의 이름을 따서 성의 이름
을 사마리아라고 불렀다.
25 오므리는 어떤 선왕들보다 훨씬 더 야훼의
눈에 거슬리는 일을 하였다.
26 그는 느밧의 아들 여로보암이 걸었던 길을
그대로 밟아 같은 죄를 지었고, 그리하여
이스라엘 백성까지 죄에 빠뜨려 우상을 섬
기게 하였으므로 야훼를 크게 노하시게 하
였다.
27 오므리 왕의 나머지 행적과 치적은 이스라엘
왕조실록에 모두 기록되어 있다.
28 오므리는 열조와 함께 잠들어 사마리아에 묻
혔다. 그의 아들 아합이 왕위를 계승하였다.

아합의 통치가 시작되다

29◎유다 왕 아사 제삼십팔년에 오므리의 아들
아합이 이스라엘의 왕위에 올라 사마리아에
서 이십이 년간 다스렸다.
30그런데 오므리의 아들 아합은 이스라엘의 어
느 선왕들보다도 더 야훼의 눈에 거슬리는
일을 하였다.
31그는 느밧의 아들 여로보암이 걸었던 죄의
길을 따라가는 정도가 아니었다. 그는 시돈
왕 에드바알의 딸 이세벨과 결혼하였을 뿐만
아니라 바알에게 가서 그를 숭배하기까지
하였다.
32그는 사마리아에 바알 산당을 짓고 그 안에
바알 제단을 세웠다.
33또 아합은 아세라 목상도 만들었다. 그는 선
대의 어느 이스라엘 왕들보다도 이스라엘의
하느님 야훼의 속을 더욱 썩여드렸다.
34아합이 다스리는 동안 베델 사람 히엘이 예리
고 성을 재건하였다. 히엘은 성의 기초를 놓
다가 큰아들 아비람을 잃었고 성문을 달다
가 막내아들 세굽을 잃었다. 눈의 아들 여호
수아를 시켜 하신 야훼의 말씀이 그대로 이
루어졌던 것이다.

엘리야가 가뭄을 예언하다

17 ◎길르앗의 티스베에 살고 있던 티스베
사람 엘리야가 아합 왕에게 말하였다.
"내가 섬기는 이스라엘의 하느님 야훼께서
살아 계심을 두고 맹세합니다. 내가 다시
입을 열기 전에는 앞으로 몇 해 동안 비는
물론 이슬도 한 방울 이 땅에 내리지 않을
것이오."

엘리야와 까마귀

2◎야훼의 말씀이 엘리야에게 내렸다.
3"이 곳을 떠나 동쪽으로 가서 요르단 강 동
편에 있는 그릿 개울에서 숨어 지내며
4개울물을 마셔라. 음식은 까마귀들을 시켜
날라다 주도록 하리라."
5엘리야는 야훼의 말씀을 따라 요르단 강 동
편에 있는 그릿 개울로 가서 살았다.
6까마귀들이 아침 저녁으로 떡과 고기를 날
라다 주었다. 그는 계곡의 물을 마셨다.
7그렇게 얼마를 지내는데 개울의 물마저 말
라버렸다. 온 땅에 비가 전혀 내리지 않았
기 때문이었다.

엘리야가 사렙다 과부에게 기적을 베풀다

8◎야훼의 말씀이 엘리야에게 내렸다.
9"여기를 떠나 시돈 지방의 사렙다로 가서 그
곳에서 살도록 하여라. 거기에 한 과부가
살고 있는데 내가 그 과부로 하여금 너에게
음식을 주도록 해놓았다."
10그래서 엘리야는 그 곳을 떠나 사렙다로 갔
다. 마을에 들어서 보니 한 여인이 땔감을
줍고 있었는데 과부였다. 엘리야는 그 여인
에게 말을 건넸다. "목이 마른데 물 한 그릇
떠주실 수 없겠소?"
11여인이 물을 뜨러 가는데 엘리야가 다시 불
러서 말했다. "기왕이면 떡도 한 조각만 가
져다 주시오."
12여인이 대답하였다. "군 떡은 없습니다. 있
다면 천벌을 받아도 좋습니다. 저에게 있는
것이라고는 뒤주에 밀가루 한 줌과 병에 기
름 몇 방울이 있을 뿐입니다. 저는 지금 땔
감을 조금 주워다가 저희 모자가 죽기 전에
마지막으로 있는 것이나 모두 먹을 작정이
었습니다."
13엘리야가 과부에게 말하였다. "그렇게 걱정
하지 마시오. 집에 들어가서 방금 말한 대
로 음식을 준비하시오. 그러나 음식을 만들
어 나에게 먼저 한 조각 가져오고 그 후에
아들과 함께 들도록 하시오.
14이스라엘의 하느님 야훼께서 이렇게 말씀하
셨소. '내가 이 땅에 비를 다시 내릴 때까지
뒤주에 밀가루가 떨어지지 않을 것이고 병
에 기름이 마르지 아니하리라.'"
15이 말을 듣자 과부는 곧 집 안에 들어가 엘
리야가 말한 대로 하였다. 그리하여 엘리야
와 과부 모자에게는 먹을 양식이 떨어지지
않았다.
16엘리야가 전한 야훼의 말씀 그대로 뒤주에는
밀가루가 떨어지지 않았고 병의 기름도 동
이 나지 않았다.
17◎이 일이 있은 후에 과부의 아들이 병들어
눕게 되었는데 병이 매우 심하여져서 마침
내 숨을 거두고 말았다.
18여인이 엘리야를 추궁하였다. "오, 하느님
의 사람이여! 어른께서는 나와 무슨 상관
이 있다고 이렇게 오시어 내 죄를 일깨워주
시고 아들을 죽게 하십니까?"
19그가 말하였다. "부인, 아이를 좀 봅시다."
그는 과부의 품에서 아이를 받아 안고 자기
가 거처하고 있는 다락방으로 올라가서 자
기 잠자리에 뉘었다.
20그리고 그는 야훼를 소리쳐 불렀다. "오, 나
의 하느님 야훼여, 당신께서는 기어이 제가
머무르고 있는 이 과부의 집에 슬픔을 내리
시어 아이를 죽이시렵니까?"

21 그는 아이 위에 세 번 엎드려 몸과 몸을 맞
추고 나서 야훼께 기도하였다. "오, 야훼 나
의 하느님, 제가 당신께 기도합니다. 이 아
이의 몸에 다시 생명의 호흡이 돌아오게 해
주십시오."
22 야훼께서 엘리야의 기도를 들으시고 그 아이
에게 다시 생명의 호흡을 주시어 마침내 아
이는 살아났다.
23 엘리야는 그 아이를 안고 아래층으로 내려
와 아이 어머니에게 주면서 말하였다. "보
시오. 부인의 아들이 살아났습니다."
24 그러자 여인이 엘리야에게 말하였다. "어른
께서는 과연 하느님의 사람이십니다. 어른
께서 전하신 야훼의 말씀도 참이심을 이제
알았습니다."

엘리야와 오바디야

18 ◎삼 년이라는 세월이 흘렀다. 야훼의
말씀이 엘리야에게 내렸다. "가서 아합
을 만나거라. 내가 비를 땅 위에 내리리라."
2 그리하여 엘리야는 아합을 만나러 갔다. ◎가
면서 보니 사마리아에 기근이 매우 심하였
다.
3 아합은 궁내대신인 오바디야를 불렀다. 오
바디야는 야훼를 지극히 경외하는 사람이
었다.
4 그는 왕후 이세벨이 야훼의 예언자들을 학살
할 때 예언자 백 명을 오십 명씩 동굴에 숨
기고 먹을 것과 물을 날라다 주어 살려낸 사
람이었다.
5 아합이 그 오바디야에게 말하였다. "그대는
나와 둘이서 전국을 다녀보자. 어쩌다가
풀이 있는 곳을 만날지도 모르니 모든 샘
과 계곡을 샅샅이 뒤져보자. 어떻게든 말과
노새를 살려야지 그냥 죽일 수는 없지 않겠
느냐?"
6 이리하여 그들은 전 국토를 둘로 나누고
한 쪽은 아합 자신이, 다른 쪽은 오바디야가
담당하여 두루 다니면서 물을 찾기 시작하
였다.
7 오바디야는 돌아다니다가 자기를 만나러 온
엘리야와 마주치게 되었다. 그는 엘리야를
알아보고 그 앞에 엎드려 인사를 하였다.
"아니, 엘리야 선생님이 아니십니까?"
8 엘리야가 대답하였다. "그렇소. 가서 왕에
게 엘리야가 여기에 와 있다고 전하시오."
9 그러나 오바디야는 놀라며 말하였다. "내가
무슨 잘못을 저질렀다고 나를 아합의 손에
넘겨 죽이시려는 것입니까?
10 선생님의 하느님 야훼께서 살아 계심을 두
고 말씀드립니다. 왕은 선생님을 찾기 위하
여 모든 나라, 모든 왕국으로 사람을 보냈
었습니다. 그러나 사람들이 돌아와서는 엘
리야가 없더라고 보고하였습니다. 그러면
왕은 그들에게 찾으러 갔던 그 나라와 왕국
을 걸고 선생님이 없다는 것을 맹세하게 하
였습니다.
11 그런데 나더러 왕에게 가서 엘리야가 여기
있다고 보고하라는 말씀입니까?
12 내가 선생님을 떠난 즉시 야훼의 영이 선생
님을 알지 못하는 곳으로 옮겨 가면 어떻게
합니까? 나의 보고를 듣고 왕이 왔을 때 선
생님은 여기 계시지 않겠지요. 그렇게 되면
그는 나를 죽일 것입니다. 나는 어릴 때부
터 야훼를 경외한 사람입니다.
13 내가 한 일은 들어서 아시겠습니다만, 전에
이세벨이 야훼의 예언자들을 학살했을 때,
야훼의 예언자 백 명을 오십 명씩 동굴에 숨
기고 먹을 것과 물을 날라다 주어 살려내었
습니다.
14 그런데 선생님은 지금 나더러 왕에게 가서
엘리야가 있는 곳을 안다고 보고하라는 말
씀입니까? 그러면 그는 나를 죽일 것입니
다."
15 엘리야가 대답하였다. "내가 섬기는 만군의
야훼께서 살아 계심을 두고 맹세하오. 내가
기필코 오늘 왕을 만나리다."

엘리야가 아합을 만나다

16 ◎그러자 오바디야는 아합을 찾아 소식을 전
하였다. 아합이 엘리야를 만나러 왔다.
17 아합은 엘리야를 보자 말을 건넸다. "그대가
이스라엘을 망치는 장본인인가?"
18 엘리야가 대답하였다. "내가 이스라엘을 망
치는 것이 아닙니다. 이스라엘을 망하게 하
는 사람은 바로 왕 자신과 왕의 가문입니다.
왕께서는 야훼의 계명을 버리고 바알을 받
들어 섬겼습니다.
19 이제 온 이스라엘 백성을 가르멜 산으로 모
이게 하여 나에게 보내십시오. 그리고 이세
벨 왕비에게서 녹을 받아 살고 있는 바알의
예언자 사백오십 명과 아세라의 예언자 사
백 명도 함께 모아주십시오."

가르멜 산 위에서의 대결

20 ◎아합은 모든 이스라엘 백성들을 부르고
예언자들에게 가르멜 산으로 모이라고 하
였다.

21 엘리야가 백성들 앞에 나서서 말하였다.
"여러분은 언제까지 양다리를 걸치고 있을
작정입니까? 만일 야훼가 하느님이라면 그
를 따르고 바알이 하느님이라면 그를 따르
시오." 그러나 백성들은 아무런 대답도 하
지 않았다.
22 엘리야가 백성들에게 다시 말하였다. "야훼
의 예언자로서 살아 남은 사람은 나 하나
요. 그러나 바알의 예언자는 사백오십 명이
나 있습니다.
23 이제 우리에게 황소 두 마리를 끌어다 주시
오. 그들에게 한 마리를 잡아 장작 위에 올
려놓고 불을 붙이지 않은 채 그냥 두게 합시
다. 나도 한 마리를 잡아 장작 위에 올려놓
고 불을 붙이지 않겠습니다.
24 당신들은 당신들이 섬기는 신의 이름을 부
르시오. 나는 나의 하느님 야훼의 이름을 부
르겠소. 어느 쪽이든지 불을 내려 응답하는
신이 참 하느님입니다." 그러자 백성들이
모두 그렇게 하자고 하였다.
25 엘리야가 바알의 예언자들에게 말하였다.
"당신들이 수가 많으니 먼저 시작하시오.
황소 한 마리를 택하여 제물로 드리고 당신
들 신의 이름으로 부르시오. 그러나 불을
붙이지는 마시오."
26 그들은 준비한 황소를 받아 잡아놓고는 아
침부터 한낮이 되기까지 바알의 이름을 불
렀다. "오, 바알이여, 대답하소서." 그러나
대답은커녕 아무런 소리도 들리지 않았다.
그들 예언자들은 자기네가 만든 제단을 돌
면서 절뚝거리는 춤을 추었다.
27 한낮이 되자 엘리야가 그들을 조롱하여 말
하였다. "바알은 신이니까, 더 크게 불러보
아라. 깊은 사색에 빠져 계신지도 모르지.
외출 중인지 아니면 여행 중인지 혹은 잠이
드셨는지도 모르니 어서 깨워보아라."
28 그들은 더 크게 소리쳤다. 자기네 의식을
따라 칼과 창으로 몸에 상처를 내어 피까지
흘렸다.
29 한낮이 지나 제사 시간이 될 때까지 그들은
신접한 모습으로 날뛰었다. 그러나 여전히
대답은커녕 아무 소리도, 아무 기척도 없
었다.
30 ◎그러자 엘리야가 온 백성에게 자기 앞으로
다가오라고 말하였다. 백성들이 모두 다가
오자 그는 허물어진 야훼의 제단을 고쳐 쌓
았다.
31 엘리야는 일찍이 야훼께서 이스라엘이라는
이름을 내려주신 야곱의 열두 아들들에게서
나온 지파의 수대로 돌을 열두 개 모았다.
32 엘리야는 그 돌 열두 개로 야훼의 제단을 쌓
았다. 그리고 제단 주위에는 곡식 두 가마
정도 들어갈 만큼 큰 도랑을 팠다.
33 그는 장작을 쌓은 다음 송아지를 잡아 그 위
에 올려놓았다. 그리고 나서 물을 네 동이
가득 채워다가 번제물과 장작 위에 쏟으라
고 하였다. 그들이 그대로 하자
34 그는 그렇게 한 번 더 하라고 하였다. 그들
이 그대로 하자 다시 한 번 더 그렇게 하라
고 하였다. 세 번을 붓자
35 물이 제단 주위로 넘쳐흘렀고 옆 도랑에 가
득 괴었다.
36 제사 드리는 시간이 되어 예언자 엘리야가
앞으로 나와서 외쳤다. "오, 아브라함과 이
사악과 이스라엘의 하느님 야훼여, 이제 당
신께서 이스라엘의 하느님이시고 제가 당신
의 종이며 제가 한 모든 일이 당신의 말씀을
좇아 한 것임을 모든 사람으로 하여금 알게
하여주십시오.
37 응답해 주십시오. 야훼여, 저에게 응답해
주십시오. 그리하여 이 백성으로 하여금 야
훼께서 하느님이심을 깨닫고 그들의 마음을
돌이키게 하신 분이 당신이심을 알게 하여
주십시오."
38 ◎그러자 야훼의 불길이 내려와 제물과 함
께 나무와 돌과 흙을 모두 태웠고 도랑에 괴
어 있던 물을 한 방울도 남기지 않고 말려버
렸다.
39 온 백성이 이 광경을 보고 땅에 엎드려서 부
르짖었다. "야훼께서 하느님이십니다. 야훼
께서 하느님이십니다."
40 엘리야가 백성들에게 소리쳤다. "바알의 예
언자들을 하나도 놓치지 말고 모조리 사로
잡으시오." 엘리야는 백성들이 사로잡아 온
그 예언자들을 키손 개울로 끌고 가 거기에
서 죽였다.

가뭄이 끝나다

41 ◎엘리야가 아합에게 말하였다. "이젠 돌아
가셔서 음식을 드십시오. 내 귀에 비오는
소리가 들립니다."
42 아합이 돌아가서 음식을 드는데 엘리야는 가
르멜 산 꼭대기에 올라가 무릎을 꿇고 얼굴
을 양무릎 사이에 묻었다.
43 엘리야는 그의 시종에게 올라가서 서쪽 하
늘을 바라보라고 일렀다. 시종이 올라가 서
쪽 하늘을 바라보고 와서는 아무것도 보이
지 않는다고 대답하였다. 엘리야는 일곱 번

이나 되풀이하여 가보라고 명하였다.
44시종은 일곱 번째 보고 와서는 바다에서 손
바닥만한 구름이 한 장 떠올랐다고 보고하
였다. 그러자 엘리야가 시종에게 명령하였
다. "아합에게 가서, 비가 쏟아져 길이 막히
기 전에 어서 병거를 채비하여 내려가시라
고 일러라."
45그러는 동안 하늘이 구름으로 덮이어 캄캄
해지면서 바람이 일기 시작하더니 마침내
큰 비가 쏟아지기 시작하였다. 아합이 병거
를 몰아 이즈르엘을 향하여 가는데
46엘리야는 야훼의 힘에 사로잡혀 옷을 걷어붙
이고 아합을 앞질러 이즈르엘 어귀까지 뛰어
갔다.

엘리야가 호렙 산으로 들어가다

19 ◎아합은 엘리야가 어떤 일을 했는지,
어떻게 예언자들을 칼로 쳐죽였는지를
낱낱이 이세벨에게 말해 주었다.
2이세벨은 엘리야에게 전갈을 보내었다. "네
가 예언자들을 죽였으니 이번에는 내가 너
를 내일 이맘때까지 반드시 죽이리라. 그렇
지 아니하면 천벌 아니라 그 이상이라도 내
가 받으리라."
3엘리야는 두려워 떨며 목숨을 구하여 급히
도망쳤다. 그는 유다 브엘세바에 이르러 그
곳에 시종을 남겨두고
4자기는 하룻길을 더 여행하여 거친 들로 나
갔다. 싸리나무 덤불이 있는 곳에 이르러
그 아래 앉은 그는 죽여달라고 기도하였다.
"오, 야훼여, 이제 다 끝났습니다. 저의 목
숨을 거두어주십시오. 선조들보다 나을 것
없는 못난 놈입니다."
5그리고 나서 엘리야는 싸리나무 덤불 아래
그대로 누워 잠들었다. 그 때 하늘의 천사
가 나타나 흔들어 깨우면서 "일어나서 먹어
라." 하고 말하였다.
6엘리야가 깨어보니 머리맡에, 불에 달군 돌
에 구워낸 과자와 물 한 병이 놓여 있었다.
그는 음식을 먹고 또 물도 마셨다. 그리고
는 다시 누워 잠이 들었다.
7야훼의 천사가 다시 와서 그를 흔들어 깨우
면서 "갈 길이 고될 터이니 일어나서 먹어
라." 하고 말하였다.
8엘리야는 일어나서 먹고 마셨다. 그는 음식
을 먹고 힘을 얻어 사십 일을 밤낮으로 걸어
하느님의 산 호렙에 이르렀다.

엘리야가 하느님을 만나다

9◎그가 거기 한 동굴에 이르러 그 속에서 그
날 밤을 지내는데 갑자기 야훼의 말씀이 들
려왔다. "엘리야야, 네가 여기에서 무엇을
하고 있느냐?"
10엘리야가 대답하였다. "저는 이스라엘 백성
들이 당신과 맺은 계약을 저버리는 것을 보
고 만군의 하느님 야훼를 생각하여 가슴에
불이 붙고 있습니다. 이 백성은 당신의 제
단을 헐었을 뿐 아니라 당신의 예언자들을
칼로 쳐죽였습니다. 이제 예언자라고는 저
하나 남았는데 그들이 저마저 죽이려고 찾
고 있습니다."
11다시 음성이 들려왔다. "앞으로 나가서 야
훼 앞에 있는 산 위에 서 있거라." 그리고
야훼께서 지나가시는데 크고 강한 바람 한
줄기가 일어 산을 뒤흔들고 야훼 앞에 있는
바위를 산산조각 내었다. 그러나 야훼께서
는 바람 가운데 계시지 않았다. 바람이 지
나간 다음에 지진이 일어났다. 그러나 야훼
께서는 지진 가운데도 계시지 않았다.
12지진 다음에 불이 일어났다. 그러나 야훼께
서는 불길 가운데도 계시지 않았다. 불길
이 지나간 다음, 조용하고 여린 소리가 들
려왔다.
13엘리야는 목소리를 듣고 겉옷자락으로 얼굴
을 가리우고 동굴 어귀로 나와 섰다. 그러
자 그에게 한 소리가 들려왔다. "엘리야야,
네가 여기에서 무엇을 하고 있느냐?"
14엘리야가 대답하였다. "저는 이스라엘 백성
들이 당신과 맺은 계약을 저버리는 것을 보
고 만군의 하느님 야훼를 생각하여 가슴에
불이 붙고 있습니다. 이 백성은 당신의 제
단을 헐었을 뿐 아니라 당신의 예언자들을
칼로 쳐죽였습니다. 이제 예언자라고는 저
하나 남았는데 그들이 저마저 죽이려고 찾
고 있습니다."
15야훼께서 그에게 말씀하셨다. "다마스쿠스
광야로 해서 돌아가거라. 다마스쿠스 성에
들어가거든 하자엘을 기름 부어 시리아의 왕
으로 세우고
16님시의 아들 예후를 기름 부어 이스라엘의
왕으로 세워라. 그리고 아벨므홀라 출신 사
밧의 아들 엘리사를 기름 부어 네 뒤를 이을
예언자로 세워라.
17하자엘의 칼을 피하여 살아난 자는 예후에게
죽을 것이고 예후의 칼을 피한 자는 엘리사
에게 죽으리라.
18그러나 내가 이스라엘 백성 가운데서 바알에
게 무릎을 꿇지도, 입맞추지도 않았던 칠천

명을 남겨두리라."

엘리야가 엘리사를 부르다

19◎엘리야는 그 곳을 떠나 길을 가다가 사밧의 아들 엘리사를 만났다. 그는 황소 열두 쌍에 겨리를 지워 밭을 갈고 있었는데 자신은 열두째 겨리를 부리고 있었다. 엘리야가 그 옆을 지나가면서 자기의 겉옷을 그에게 걸쳐주었다.

20 그러자 엘리사는 소를 그냥 두고 엘리야에게 달려왔다. 그리고 이렇게 말하였다. "부모님께 작별 인사를 한 후에 당신을 따라가겠습니다. 허락하여 주십시오." 그러자 엘리야가 말하였다. "어서 가보게. 내가 어찌 작별 인사를 금하겠는가?"

21 엘리사는 엘리야를 떠나 집으로 돌아가서 황소 두 마리를 잡고 쟁기를 부수어 그 고기를 구워 사람들을 대접하였다. 그리고 나서 엘리사는 엘리야를 따라 나서 그의 제자가 되었다.

벤하닷이 사마리아를 공격하다

20 ◎시리아 왕 벤하닷이 전군을 소집하였다. 지방의 영주 삼십이 명과 기마병, 병거대를 이끌고 벤하닷은 사마리아로 올라가 공격하였다.

2 벤하닷은 사마리아 성 안으로 사절을 보내어 이스라엘 왕 아합에게 말을 전하였다. "나 벤하닷이 말한다.

3 그대의 은과 금은 나의 것이다. 그대의 아내와 아들들도 나의 것으로 삼는다."

4 이스라엘 왕이 회답을 보냈다. "왕께서 말씀하신 대로 소신뿐 아니라 소신에게 있는 모든 것이 왕의 것입니다."

5 사절이 다시 와서 벤하닷의 말을 전하였다. "내가 저번에 그대에게 사람을 보낸 것은 그대의 금은과 왕비들과 왕자들을 나에게 보내라는 것이었다.

6 내일 이맘때 나의 부하들을 보내어 그대의 집과 신하들의 집을 뒤져 값진 물건을 모두 가져오도록 할 터이니 그리 알라."

7◎이스라엘 왕은 나라 안의 모든 원로들을 모아놓고 의논하였다. "잘 생각해 보시오. 벤하닷이 일부러 들어주기가 억울한 요구를 해오고 있소. 왕비들과 왕자들을 요구하고, 또 금과 은을 내놓으라고 하는데 나로서는 거절할 수 없게 되었소."

8 모든 원로들과 백성들이 아뢰었다. "그의 말을 듣지 마시고 그의 요구를 거절하십시오."

9 그리하여 그는 벤하닷의 사절에게 이렇게 답변을 주어 보냈다. "가서 왕께 전하여라. '당신이 처음 요구한 것은 모두 들어주겠으나 이번의 요구는 거절합니다.'" 사절은 돌아가 그대로 보고하였다.

10 그러자 벤하닷은 다시 전갈을 보냈다. "내가 사마리아를 온통 잿더미로 만들어 한 줌 먼지도 남지 않게 하겠다. 만일 그렇게 하지 않으면 천벌이 아니라 그 이상의 것이라도 받으리라."

11 이스라엘 왕이 대답을 보냈다. "네 왕에게 이 말을 명심하라고 하여라. '싸워보지도 아니하고 으스대며 갑옷을 벗지 마라.'"

12◎벤하닷이 지방영주들과 막사에서 술을 마시고 있을 때 사절이 와서 그대로 전하였다. 그는 즉각 사마리아 성을 공격하라고 신하들에게 명령하였다. 이렇게 해서 그들은 성을 공격하기 시작하였다.

이스라엘의 승리

13◎그러는데 한 예언자가 이스라엘의 왕 아합을 찾아와서 말하였다. "야훼께서 이렇게 말씀하십니다. '네가 보다시피 적군이 벌떼처럼 몰려오고 있다. 오늘 내가 그들을 너의 손에 부치리니 너는 내가 바로 야훼임을 알게 되리라!'"

14 "누구의 손으로 말씀입니까?" 하고 아합 왕이 묻자 예언자가 대답하였다. "야훼께서 말씀하십니다. '지방장관들의 부하 군인들을 내세워라.'" 아합이 다시 "진두에는 누가 설 것입니까?" 하고 묻자 "네가 서라." 하고 예언자가 대답하였다.

15 그리하여 아합이 지방장관의 부하 군인들을 점호하니 모두 이백삼십이 명이었다. 다음으로 이스라엘 전군을 점호하니 칠천 명이었다.

16 그들은 정오에 공격을 시작하였다. 한편 벤하닷은 지방영주 삼십이 명과 함께 여전히 막사에서 술에 곯아떨어져 있었다.

17 지방장관의 부하 군인들이 먼저 공격을 시작하였다. 한 무리를 이룬 군대가 사마리아에서 나오고 있다는 정보가 벤하닷에게 전해졌다.

18 그는 "그들이 화친을 교섭하러 오는 자이든 전투병이든 가리지 말고 무조건 사로잡아라." 하고 명령을 내렸다.

19 지방장관의 부하 군인이 앞장서고 그 뒤를 이어 정규군이 짓쳐 나가며

20 적병을 닥치는 대로 죽였다. 마침내 패하여
도망하는 시리아 군을 이스라엘 군이 추격하
였다. 시리아 왕 벤하닷은 말에 올라 기마병
과 함께 도망하였다.
21 이렇게 이스라엘 왕은 시리아 군을 마구 짓
부수고 말과 병거를 노획하였다.
22◎그 예언자가 다시 이스라엘 왕에게 와서
말하였다. "임금께서는 마음을 든든히 잡수
시고 심사숙고하십시오. 새해가 되면 시리
아 왕이 다시 쳐들어옵니다."
23◎시리아 왕의 신하들이 왕에게 말하였다.
"그들의 신은 산신입니다. 이것이 이번에
우리가 패전한 이유입니다. 그러나 평지에
서 싸우면 반드시 우리가 이길 것입니다.
24 이렇게 하시는 것이 좋을 줄로 아룁니다.
지방영주들을 물러 앉히고 그 자리에 전투
지휘관들을 임명, 배치하십시오.
25 이번 전쟁에서 잃은 병사와 군마, 병거를
보충하셔야 합니다. 그 후에 평지에서 싸운
다면 반드시 승리할 수 있습니다." 그는 신
하들의 말을 듣고 그대로 하였다.
26◎해가 바뀌자 벤하닷은 시리아 군을 총동원
하여 이스라엘을 공격하려고 아벡으로 올라
갔다.
27 이스라엘 군도 총동원되어 그들을 맞아 싸
우러 나갔다. 그런데 시리아 군은 온 벌판을
뒤덮었는데 그들 앞에 진을 친 이스라엘 군
은 마치 두 염소떼 같았다.
28 그 때 하느님의 사람이 이스라엘 왕에게 와
서 말하였다. "야훼께서 이렇게 말씀하십니
다. '시리아인들은 야훼가 산신이고 벌판의
신이 아니라고 한다. 내가 이제 저 대군을
너의 손에 부치리니, 너는 내가 바로 야훼임
을 알게 되리라.'"
29 양쪽 군대는 서로 마주보고 칠 일간 대진
하고 있다가 이레째 되는 날에 드디어 싸
움에 들어갔다. 이스라엘 군은 적군인 시리
아의 보병을 그 하루 동안에 십만 명이나
죽였다.
30 적의 패잔병들은 아벡 성으로 후퇴하였는데
마침 성벽이 무너져 패잔병 중 이만 칠천 명
이 깔려 죽었다. 벤하닷은 도망하여 성채 안
골방으로 들어갔다.
31 그 때 그의 신하들이 그에게 말하였다. "우
리가 듣자니 이스라엘의 역대 왕들은 신의
를 지킨다고 합니다. 우리가 굵은 베 옷을
허리에 걸치고 머리에 새끼줄을 감고 이스
라엘 왕에게 나가보겠습니다. 혹시 그가 임
금님은 살려줄지도 모릅니다."
32 그리하여 그들은 굵은 베 옷을 허리에 걸치
고 새끼줄을 머리에 감고 이스라엘 왕에게
가서 간청하였다. "대왕의 신하 벤하닷이
목숨을 살려주시기를 빌고 있습니다." 그러
자 이스라엘 왕은 "그가 죽지 않고 살아 있
단 말이냐? 그는 내 의형제이다." 하고 말
하였다.
33 이 말을 듣자 그들은 일이 잘 되어간다는 것
을 알아차리고, 때를 놓칠세라 "네. 벤하닷
은 대왕의 의형제입니다." 하고 말하였다.
그러자 왕이 명령을 내렸다. "가서 그를 데
리고 오도록 하여라." 그리하여 벤하닷이 이
스라엘 왕에게 나오자 아합 왕은 그를 자기
의 수레에 태웠다.
34 벤하닷이 아합 왕에게 말하였다. "나의 부
친이 당신의 부친에게서 빼앗은 모든 성들
을 돌려드리겠습니다. 나의 부친께서 사마
리아에 무역 시장을 열었듯이 당신도 다마
스쿠스에 무역 시장을 열도록 하십시오. 이
런 조건으로 이 몸을 놓아주시면 고맙겠습
니다." 그래서 아합은 그와 조약을 맺고 놓
아주었다.

한 예언자가 아합을 저주하다

35◎예언자 단체의 한 회원이 야훼의 명을 받
고 동료 한 사람에게 자기를 때리라고 부탁
하였다. 그가 때리기를 거절하자
36 그 예언자는 말하였다. "자네가 야훼의 명
령을 따르지 않았으므로 나가다가 길에서
사자를 만나 죽을 것이다." 과연 그 사람은
길을 떠나가다가 사자를 만나 죽었다.
37 예언자가 또 다른 사람을 만나서 자기를 때
려달라고 부탁하였다. 그는 예언자를 때려
상처를 입혔다.
38 예언자는 눈을 천으로 감아 변장하고 왕이
지나갈 길목에 가서 왕을 기다렸다.
39 왕이 지나는데 그가 왕을 불러 말하였다.
"임금님, 소인이 싸움이 한창 벌어진 곳을
지나오는데 어떤 사람이 포로를 하나 데리
고 전쟁터를 벗어나 저에게 와서는 이렇게
말하였습니다. '이 사람을 잘 감시하여라.
만일 놓치면 네가 대신 죽으리라. 죽기 싫
으면 몸값으로 은 한 달란트를 내야 한다.'
40 그런데 소인이 이 일 저 일로 분주하여 정신
이 없는 틈을 타서 포로가 도망치고 말았습
니다." 여기까지 말을 듣고 이스라엘 왕은
"그렇다면 그대로 당해야지. 네 스스로 판
결을 내렸으니까." 하고 말하였다.
41 그러자 그 예언자는 눈을 싸매었던 천을 재

빨리 풀었다. 그제야 이스라엘 왕은 그가 예
언자임을 알아보았다.
42 예언자가 왕에게 말하였다. "야훼께서 이렇
게 말씀하십니다. '너는 내가 죽여야 할 자
를 놓아주었다. 그러니 내가 너를 대신 죽
이겠다. 또 그의 백성 대신에 너의 백성을
멸하리라.'"
43 이스라엘 왕은 침울한 심정이 되어 사마리아
에 있는 궁으로 돌아갔다.

아합이 나봇의 포도원을 빼앗다

21 ◎그 후에 일어난 일이다. 나봇이라는
이즈르엘 사람이 포도원을 하나 가지
고 있었는데 그 포도원은 사마리아를 다스
리고 있는 아합의 별궁 근처에 있었다.
2 어느 날 아합 왕이 나봇을 만나 말하였다.
"그대의 포도원은 내 별궁 근처에 있으니
나에게 양도하게. 그것을 정원으로 만들고
싶네. 그 대신 그대에게는 더 좋은 포도원
을 마련해 주지. 만약 그대가 원한다면 그
값을 시가로 따져서 현금으로 계산해 줄 수
도 있네."
3 그러나 나봇은 아합 왕의 청을 거절하였다.
"선조들에게서 물려받은 이 포도원을 임금
님께 드릴 수는 없습니다. 천벌을 받을 짓
입니다."
4 이즈르엘 사람 나봇이 선조의 유산이란 이유
로 요구를 거절하자 아합 왕은 침울한 심정
이 되어 별궁으로 돌아가 자리에 누워 이불
을 얼굴까지 뒤집어쓰고 음식도 들려고 하
지 않았다.
5 그의 아내 이세벨이 들어와서 물었다. "무
슨 일로 이렇게 상심이 되시어 음식까지 물
리치십니까?"
6 왕이 말하였다. "내가 이즈르엘 사람 나봇이
란 자에게 그의 포도원을 시가대로 팔거나,
아니면 다른 포도원과 바꿔달라고 하였소.
그런데 그자가 포도원을 내놓지 못하겠다
는 것이오."
7 그러자 그의 아내 이세벨이 말하였다. "당
신은 이스라엘의 왕답게 처신하십시오. 제
발 일어나셔서 기분을 돌리고 음식을 드셔
요. 내가 이즈르엘 사람 나봇의 포도원을 당
신께 선물로 드리리다."
8 ◎그 여자는 아합의 이름으로 밀서를 써서
옥새로 봉인하고 그것을 나봇이 살고 있는
성읍의 시의회에 나봇과 한자리에 앉아 있
는 원로들과 지방 어른들에게 보냈다.
9 그 밀서의 내용은 이러하였다. "단식을 선
포하고 백성들 앞에서 나봇을 상석에 앉힌
다음,
10 무뢰배 둘을 그 맞은편에 앉혀 나봇이 하느
님과 왕을 욕하였다고 고발하게 하여라. 그
리고는 그를 밖으로 끌어내어 돌로 쳐서 죽
여라."
11 나봇이 살고 있는 그 성읍의 시의회에 나봇
과 동석하는 원로들과 지방 어른들은 이세
벨이 밀서에서 지시한 대로 하였다.
12 그들은 단식을 선포하고 백성들 앞에서 나
봇을 상석에 앉힌 다음,
13 무뢰배 둘로 하여금 그와 마주앉아 나봇을
고발하게 하였다. "나봇은 하느님과 왕을
욕하였습니다." 그들은 나봇을 성 밖으로
끌고 나가 돌로 쳐죽인 다음,
14 이세벨에게 나봇을 돌로 쳐죽였다고 보고하
였다.
15 이세벨은 나봇이 돌에 맞아 죽었다는 보고를
받고 아합 왕에게 말하였다. "일어나셔서
이즈르엘 사람 나봇이 팔지 않겠다고 한 그
포도원을 차지하십시오. 나봇은 이제 이 세
상 사람이 아닙니다."
16 나봇이 죽었다는 말을 듣자, 아합은 일어나
이즈르엘 사람 나봇의 소유였던 포도원을 차
지하기 위하여 내려갔다.
17 이 때 야훼의 말씀이 디스베 사람 엘리야에
게 내렸다.
18 "일어나서 사마리아에 있는 이스라엘 왕 아
합에게 내려가거라. 그는 지금 나봇의 포도
원을 차지하려고 그 곳에 내려가 있다.
19 가서 그에게 야훼의 말이라 하고 이렇게 전
하여라. '네가 사람을 죽이고 그의 땅마저
빼앗는구나.' 또 야훼의 말이라 하고 이렇
게 전하여라. '나봇의 피를 핥던 개들이 같
은 자리에서 네 피도 핥으리라.'"
20 아합 왕이 엘리야에게 말하였다. "이 원수
야, 또 나타났구나!" 엘리야가 대답하였다.
"당신은 목숨을 내던져 가며 야훼의 눈에
거슬리는 일을 하려고 합니다. 그래서 이렇
게 나타났습니다."
21 엘리야는 계속하여 야훼의 말씀을 전하였다.
"나 이제 너에게 재앙을 내리리라. 나는 네
후손을 모조리 쓸어버리고 이스라엘에 있는
아합의 가문에 속한 사내는 자유인이든 종
이든 씨도 없이 죽이리라.
22 나는 너의 왕조를 느밧의 아들 여로보암과
아히야의 아들 바아사의 왕조처럼 만들리라.
네가 이스라엘을 죄에 빠뜨려 그토록 내 속
을 썩였는데 어찌 그냥 내버려두겠느냐?"

23 야훼의 말씀은 이세벨을 두고 계속되었다.
"개들이 이즈르엘 성 밖에서 이세벨을 찢으
리라.
24 아합 가문에 속한 자가 성 안에서 죽으면 개
들이 뜯어먹고 성 밖에서 죽으면 새들이 쪼
아먹으리라."
25 ◎아합처럼 아내 이세벨의 농간에 빠져서 목
숨을 내던져 가며 야훼의 눈에 거슬리는 일
을 한 사람은 일찍이 없었다.
26 아합은 참으로 못할 짓을 하였다. 그는 야훼
께서 이스라엘 백성 면전에서 쫓아내신 아모
리 사람들을 본떠 우상을 만들어 섬겼다.

아합이 뉘우치다

27 ◎아합은 이 말을 다 듣고 나서 자기 옷을 찢
으며 굵은 베 옷을 걸치고 단식에 들어갔다.
그는 굵은 베 옷을 입은 채 자리에 누웠고
일어나 거닐면서도 풀이 죽어 있었다.
28 이 때 디스베 사람 엘리야에게 야훼의 말씀
이 내렸다.
29 "네가 보다시피 아합은 내 앞에서 얼굴도
들지 못하고 있다. 그가 자기 자신을 내 앞
에서 그토록 낮추었으므로 내가 그의 생전
에는 이 재앙을 내리지 아니하리라. 그러나
그의 아들대에 가서 그 가문에 재앙을 내리
리라."

아합이 라못길르앗의 탈환을 꾀하다

22 ◎그 후 시리아와 이스라엘 사이에 삼
년 동안 평화가 계속되었다.
2 삼 년째 되던 해에 유다 왕 여호사밧이 이스
라엘 왕을 방문한 일이 있었다.
3 이스라엘 왕이 그의 신하들에게 말하였다.
"그대들도 알다시피 라못길르앗은 본디 우
리 땅이었는데 그것을 시리아 왕에게 빼앗
기고 찾을 생각도 않고 있으니 이래서 되겠
소?"
4 그리고 나서 여호사밧에게 말하였다. "우리
가 라못길르앗을 치러갈 터인데 함께 가주시
겠습니까?" 여호사밧이 이스라엘 왕에게 대
답하였다. "우리가 지금 내 것 네 것 따질
사이입니까? 내 군대니 네 군대니, 내 군마
니 네 군마니 할 사이입니까?"
5 ◎이렇게 말하고 나서 여호사밧은 "당장 야
훼께 여쭈어보도록 합시다." 하고 이스라엘
왕에게 말하였다.
6 그리하여 이스라엘 왕은 예언자들을 사백여
명 모아놓고 물었다. "내가 라못길르앗을 치
려고 하는데 공격하는 것이 좋겠는가? 아
니면 그만두는 것이 좋겠는가?" 예언자들
이 왕에게 대답하였다. "공격하십시오. 야
훼께서 라못길르앗을 임금님 손에 부치실 것
입니다."
7 이 대답을 듣고 여호사밧이 물었다. "이들
외에 우리가 물어볼 만한 다른 야훼의 예언
자는 없습니까?"
8 이스라엘 왕이 여호사밧에게 대답하였다.
"야훼께 뜻을 여쭈어줄 자가 하나 더 있기
는 합니다. 이믈라의 아들 미가야라는 자인
데, 나는 그를 싫어합니다. 내가 하겠다는
일이면 사사건건 잘되지 않으리라고 하는
자입니다. 한번도 잘되리라고 한 적은 없습
니다." 여호사밧이 말하였다. "한 나라의 왕
으로서 그런 말씀을 하시는 게 아닙니다."
9 이스라엘 왕은 내시를 불러 이믈라의 아들 미
가야를 급히 데려오라고 명령하였다.
10 그 때 이스라엘 왕과 유다 왕 여호사밧은 사
마리아 성문 밖 타작 마당에 마련해 놓은
옥좌에 정장을 하고 나란히 앉아 있었고 모
든 예언자들이 그 두 왕 앞에서 예언하고
있었다.
11 그나아나의 아들 시드키야는 쇠로 만든 뿔을
몇 개 가지고 나와서 말하였다. "야훼께서
이렇게 말씀하십니다. '네가 이 뿔들로 시
리아 군을 들이받아 전멸시키리라.'"
12 모든 예언자들이 같은 예언을 하며 말하였
다. "라못길르앗으로 쳐 올라가 정복하십시
오. 야훼께서 그 곳을 임금님 손에 부치실
것입니다."

미가야가 아합의 패전을 예언하다

13 ◎미가야를 부르러 간 사람이 그를 만나 말
하였다. "모든 예언자들이 한결같이 입을
모아 만사가 왕의 뜻대로 되리라고 예언하
였소. 그러니 당신도 그들과 같은 말로 일
이 순조롭게 되리라고 예언하시오."
14 미가야는, "무슨 일이 있어도 나는 야훼께서
나에게 말씀하신 것을 그대로 전할 따름이
오." 하고 대답하였다.
15 그가 왕 앞에 나아가자 왕이 물었다. "미가
야, 우리가 라못길르앗을 치려고 하는데 공
격하는 것이 좋겠는가? 아니면 그만두는
것이 좋겠는가?" 미가야가 대답하였다.
"쳐 올라가 정복하십시오. 야훼께서 라못길
르앗을 임금님의 손에 넘겨주실 것입니다."
16 그러나 왕은 역정을 내었다. "야훼의 이름
으로 진실만을 나에게 말할 것을 몇 번이나
서약시켜야 하겠는가?"

17그러자 미가야는 이렇게 말하였다. "내가
보니, 온 이스라엘이 이 산 저 산으로 흩어
지는데 마치 목자 없는 양떼 같았습니다.
그런데 야훼께서는 '이것들을 돌볼 주인이
없으니, 모두들 고이 집으로 돌려보내라.'
하고 말씀하셨습니다."
18이스라엘 왕이 여호사밧에게 말하였다. "보
시오. 내가 뭐라고 합디까? 저자는 한 번도
내가 하겠다는 일이 잘되리라고 한 적이 없
습니다. 만사가 되지 않는다고만 하는 자입
니다."
19미가야가 말하였다. "그러시다면 야훼의 말
씀을 들어보십시오. 내가 보니, 야훼께서
온 하늘 군대를 좌우에 거느리시고 당신의
옥좌에 앉으시어,
20아합을 꾀어내어 라못길르앗을 치러 올라갔
다가 죽게 할 자가 없느냐고 물으셨습니다.
그러자 여럿이서 제각기 자기 의견을 말하
는데
21한 영이 야훼 앞에 나와서 자기가 아합을 꾀
어내겠다고 말하였습니다.
22야훼께서 그 영에게 '어떻게 하여 그를 꾀
어내겠느냐?' 하고 물으시자 그는 '제가
거짓말하는 영이 되어 내려가서 아합의 모
든 예언자들의 입에 들어가겠습니다.' 하고
대답하였습니다. 야훼께서 '그렇게 꾀어내
면 되겠군. 가서 그대로 하여라.' 하고 명령
하셨습니다.
23이제 아셔야 합니다. 야훼께서는 임금님의
이 모든 예언자들 입에 거짓말하는 영을 넣
으셨습니다. 야훼께서는 임금님에게 재앙을
내리시기로 결정하셨습니다."
24◎그러자 그나아나의 아들 시드키야가 미가
야에게 다가와서 뺨을 치며 호통을 쳤다.
"야훼의 영이 나를 떠나서 어느 길로 건너
가 너에게 말씀하셨단 말이냐?"
25미가야가 대답하였다. "네가 골방으로 피신
해 들어가는 날이 올 터인데 그 날에 스스로
알게 되리라."
26이스라엘 왕은, 미가야를 붙잡아 그 성읍의
영주 아몬과 왕족 요아스에게 끌고 가서 가
두어두라고 명령하였다.
27그리고 왕의 말을 그들에게 전하라고 하였
다. "내가 안전하게 전장에서 돌아올 때까
지 이자를 감옥에 가두고 굶어죽지 않을 정
도로 먹여라."
28미가야가 말하였다. "임금님께서 무사히 돌
아만 오신다면 내가 받은 말씀이 야훼의 말
씀이 아닙니다."㉠

아합이 라못길르앗에서 전사하다

29◎이스라엘 왕과 유다 왕 여호사밧은 라못길
르앗으로 쳐 올라갔다.
30이스라엘 왕이 여호사밧에게 말하였다. "나
는 변장하고 전장에 나갈 터이니 왕은 왕복
을 입고 나가시오." 이스라엘 왕은 변장하
고 싸움터로 나갔다.
31시리아 왕은 그의 병거대 대장 삼십이 명에
게 "아무하고도 싸우지 말고 오직 이스라엘
왕만 공격하여라." 하고 명령하였다.
32병거대 대장들은 여호사밧을 보고 그가 이스
라엘 왕이리라 생각하여 그를 치려고 달려
들었다. 여호사밧이 기겁을 하여 소리치자
33병거대 대장들은 그가 이스라엘 왕이 아님
을 알고 돌아섰다.
34◎군인들이 마구 쏘아대던 화살 하나가 이
스라엘 왕에게 명중하였다. 화살이 갑옷 가
슴막이를 이은 부분에 꽂히자 왕은 그의 병
거를 모는 병사에게 명령하였다. "내가 다
쳤다. 병거를 돌려 여기에서 빠져 나가자."
35싸움이 막바지에 이르렀을 때, 왕은 병거
위에 버티고 서 있다가 저녁때에 시리아 군
앞에서 숨을 거두었다. 병거 바닥에는 왕의
상처에서 흐른 피가 흥건하였다.
36해 질 무렵, 한 병사가 대열 속을 뛰어다니
면서 외쳤다. "모두들 자기 성으로, 모두들
고향으로!
37임금님께서 돌아가셨다." 사람들은 사마리
아로 돌아와서 왕을 그 곳에 안장하였다.
38그리고 왕의 병거와 무기를 사마리아의 연
못에서 씻었는데 개들이 그 피를 핥았고 창
녀들이 그 못에서 목욕하였다. 이와 같이
모든 것이 야훼께서 말씀하신 대로 되었다.
39아합의 나머지 행적과 치적, 그가 세운 상아
궁, 그가 건설한 성읍들 등 이 모든 것에 관
하여는 이스라엘 왕조실록에 기록되어 있다.
40아합이 세상을 떠나 그의 선조들과 함께 묻
히자 그의 아들 아하지야가 왕위를 계승하
였다.

여호사밧의 유다 통치

41◎아사의 아들 여호사밧은 이스라엘 왕 아합
제사년에 유다 왕이 되었다.
42여호사밧은 삼십오 세에 왕위에 올라 예루살
렘에서 이십오 년간 다스렸다. 그의 어머니
는 실히의 딸 아주바였다.

㉠ 히브리어 본문에는 "너희 모든 백성들아, 들어라."는 말이 더 들어 있다.

43그는 부왕 아사가 생전에 걸어갔던 길을 그
대로 따라 야훼 보시기에 올바른 일만을 하
였다.
44그러나 산당은 그대로 두었다. 백성들은 여
43 전히 그 산당에서 제사를 드리고 향을 피워
올렸다.
45여호사밧은 이스라엘 왕과 우호 관계를 유지
44 하였다.
46◎여호사밧의 나머지 행적과 치적 및 그가
45 용맹을 떨치며 치른 전쟁 등에 관하여는 유
다 왕조실록에 기록되어 있다.
47그는 부왕 아사의 시대에까지 남아 있던 남
46 창들을 전국에서 쓸어버렸다.
48에돔에는 왕이 없었다. 여호사밧이 거기에
47 수비대를 두고 있을 뿐이었다.
49여호사밧 왕은 다르싯의 상선대를 조직하여
48 오빌에서 금을 운반해 오려고 하였다. 그러
나 에시온게벨에서 조난을 당하여 실패하고
말았다.
50아합의 아들 아하지야가 여호사밧에게, 자기
49 의 선원들을 보내어 도와주겠다고 제안하
였으나 여호사밧은 거절하였다.
51여호사밧은 열조들과 함께 잠들어 그의 조
50 상인 다윗의 성에 안장되었다. 그의 아들 요
람이 왕위를 계승하였다.

아하지야의 이스라엘 통치

52◎아합의 아들 아하지야는 유다 왕 여호사밧
51 제십칠년에 사마리아에서 이스라엘 왕위에
올라 이 년간 다스렸다.
53그는 야훼의 눈에 거슬리는 일을 하였다. 이
52 스라엘을 죄에 빠뜨렸던 그의 부모와 느밧의
아들 여로보암이 걸었던 길을 그대로 따랐
던 것이다.
54그는 바알을 섬기고 예배하여 그의 부왕과
53 마찬가지로 이스라엘의 하느님 야훼의 속을
썩여드렸다.

열왕기하

1 ◎아합 왕이 죽은 뒤에 모압이 이스라엘에
반기를 들었다.
2◎아하지야가 사마리아에 있는 자기의 다락
방 난간에서 떨어져 몹시 다쳤다. 그래서
그는 에크론의 신 바알즈붑에게 사람을 보내
어 자기의 병이 회복될 수 있는지를 문의하
게 하였다.
3그런데 야훼의 천사가 디스베 사람 엘리야에
게 나타나서 사마리아 왕이 보낸 사람들을
만나 이렇게 전하라고 명하였다. "이스라엘
에는 신이 없어서, 에크론의 신 바알즈붑에
게 병세를 문의하러 가느냐?
4나 야훼가 선언한다. 너는 결코 병상에서 일
어나지 못한다. 그대로 죽고 말 것이다." 엘
리야는 이 말을 전하고 떠났다.
5왕은 특사들이 돌아온 것을 보고 왜 이렇게
돌아왔느냐고 물었다.
6그들은 "도중에서 웬 사람을 만났는데 그가
우리에게 이렇게 말하는 것이었습니다. '너
희는 너희를 보낸 왕께 돌아가서 야훼의 말
씀을 전하여라. – 나 야훼가 선언한다. 이스
라엘에는 신이 없어서 에크론의 신 바알즈붑
에게 병세를 문의하러 사람을 보내느냐?
바로 그 때문에 너는 병상에서 일어나지 못
한다. 그대로 죽고 말 것이다.' " 하고 대답
하였다.
7왕은 그 말을 한 사람이 어떻게 차린 사람이
더냐고 물었다.
8그들이 대답하였다. "가죽으로 아랫도리를
가리고 몸에는 털옷을 걸친 사람이었습니
다." 이 말을 듣고 왕은 "틀림없이 디스베
사람 엘리야다!" 하면서
9오십인대장을 부하를 딸려 엘리야에게 보냈
다. 그들이 산으로 올라가 보니, 엘리야는
마침 산 위에 앉아 있었다. 대장이 "하느님
의 사람이여, 당장 내려오시오. 어명이오."
하고 외치자,
10엘리야는 그 오십인대장에게 이렇게 대답하
였다. "그렇다, 나는 하느님의 사람이다.
그렇다면 하늘에서 불이 내려와 너 대장과
함께 너희 오십인부대를 삼켜버릴 것이다."
그러자 하늘에서 불이 내려와 대장과 함께
그 오십인부대를 삼켜버렸다.
11왕은 다시 다른 오십인대장을 부하를 딸려
엘리야에게 보냈다. 그도 또한 산으로 올라
가 외쳤다. "하느님의 사람이여, 어명이오.
산에서 즉시 내려오시오."
12엘리야가 그들에게, "그렇다, 나는 하느님

의 사람이다. 그렇다면 하늘에서 불이 내려
와 너 대장과 함께 너희 오십인부대를 삼켜
버릴 것이다." 하고 대답하자 하느님의 불
이 하늘에서 내려와 대장과 함께 그 오십인
부대를 삼켜버렸다.
13 왕은 세 번째로 오십인대장을 부하를 딸려
엘리야에게 보냈다. 그는 산에 올라가서 엘
리야를 만나 그 앞에 무릎을 꿇고 애원하였
다. "하느님의 사람이여, 소인과 이 군인 오
십 명의 목숨을 가볍게 여기지 마십시오.
14 이미 두 차례나 하늘에서 불이 내려와 오십
인부대를 대장과 함께 삼켜버렸습니다. 이
제 이 목숨만은 아껴주십시오."
15 그 때 야훼의 천사가 엘리야에게 일렀다.
"그와 함께 내려가거라. 저 사람을 두려워
하지 마라." 그리하여 엘리야는 그와 함께
하산하여 왕 앞에 나타나
16 그에게 말을 전하였다. "야훼께서 이렇게
선언하셨소. '네가 에크론의 신 바알즈붑에
게 병세를 문의하러 사람을 보내다니, 이스
라엘에는 신이 없느냐? 네가 그런 일을 했
으므로, 너는 병상에서 일어나지 못한다.
이대로 죽고 말 것이다.'"
17 ◎엘리야가 전한 야훼의 말씀대로 왕이 죽자
그에게 아들이 없었으므로 그의 아우 여호
람이 뒤를 이어 왕위에 올랐다. 유다 왕 여호
사밧의 아들 여호람 제이년이었다.
18 ◎아하지야 왕의 나머지 역사는 이스라엘 왕
조실록에 기록되어 있다.

엘리야의 승천과 그의 뒤를 이은 엘리사

2 ◎야훼께서 엘리야를 회오리바람에 태워
하늘로 데려가실 때가 되어 엘리야가 길갈
을 떠나는데, 엘리사가 따라 나섰다. 그러자
2 엘리야가 엘리사에게 "자네는 여기 남아 있
게. 나는 야훼의 분부대로 베델로 가야겠
네." 하고 말하였다. 엘리사는 "결코 안 됩
니다. 스승님께서 돌아가시기라도 한다면
모를까, 절대로 스승님과 헤어질 수는 없습
니다." 하고 말하였다. 두 사람은 함께 베델
로 내려갔다.
3 베델에 있던 예언자 수련생들이 마중나왔다
가 엘리사에게 물었다. "당신이 모시는 스
승을 오늘 야훼께서 하늘로 데려가려고 하
시는데 알고 계십니까?" 그가 대답하였다.
"나도 알고 있으니 좀 잠잠하시오."
4 엘리야가 또 엘리사에게 말하였다. "자네는
여기에 머물러 있게. 나는 야훼께서 분부하
시는 대로 예리고로 가야겠네." 그러나 엘리
사는 "결코 안 됩니다. 스승님께서 돌아가
시기라도 한다면 모를까, 절대로 스승님과
헤어질 수는 없습니다." 하고 말하고 함께
예리고로 내려갔다.
5 예리고에 있던 예언자 수련생들이 엘리사에
게 물었다. "당신이 모시는 스승을 오늘 야
훼께서 하늘로 데려가려고 하시는데, 알고
계십니까?" 그가 대답하였다. "나도 알고
있으니 좀 잠잠하시오."
6 엘리야가 또 엘리사에게 말하였다. "자네는
여기에 머물러 있게. 나는 야훼의 분부를 따
라 요르단으로 가야겠네." 그러나 그가 대
답하였다. "결코 안 됩니다. 스승님께서 돌
아가시기라도 한다면 모를까, 절대로 스승
님과 헤어질 수는 없습니다." ◎그리하여
두 사람이 같이 길을 가는데,
7 예언자 수련생 오십 명이 뒤를 따라가다가
두 사람이 요르단에 이르러 걸음을 멈추는
것을 멀찍이 서서 보고 있었다.
8 엘리야가 겉옷을 벗어 말아가지고 그것으로
물을 치자 물이 좌우로 갈라졌다. 그리하여
두 사람은 마른 땅을 밟고 강을 건넜다.
9 강을 건너면서 엘리야가 엘리사에게 물었다.
"야훼께서 이제 나를 데려가실 터인데, 내
가 자네를 두고 떠나기 전에 무엇을 해주면
좋겠는가? 말해 보게." 엘리사가 청하였다.
"스승님, 남기실 영검에서 두 몫을 물려주
십시오." 이 말을 듣고
10 엘리야가 말하였다. "자네는 아주 어려운
청을 하는군. 내가 떠나는 것을 자네가 본
다면 소원대로 되겠지만, 보지 못한다면 그
렇게 안 될 것일세."
11 그들이 말을 주거니 받거니 하면서 길을 가
는데, 난데없이 불말이 불수레를 끌고 그들
사이로 나타나는 것이었다. 동시에 두 사람
사이는 떨어지면서 엘리야는 회오리바람 속
에 휩싸여 하늘로 올라갔다.
12 엘리사는 그 광경을 쳐다보면서 외쳤다.
"나의 아버지, 나의 아버지! 이스라엘을 지
키던 병거여, 기병이여…" 엘리야가 다시
보이지 않게 되자, 엘리사는 자기의 겉옷을
두 조각으로 찢어버렸다.
13 그리고는 엘리야가 떨어뜨린 겉옷을 집어
들고 되돌아와 요르단 강 가에 서서
14 엘리야의 겉옷으로 물을 쳤으나 물이 갈라
지지 않았다. 그래서 "엘리야의 하느님 야훼
여, 어디 계십니까?" 하면서 물을 치자 물
이 좌우로 갈라졌다. 그리하여 엘리사가 강
을 건너는데

15예리고에서 온 예언자 수련생들이 멀리서
그 광경을 보고 말했다. "엘리야의 영검이
엘리사에게 내렸구나." 그러면서 엘리사 앞
으로 나와 땅에 엎드려 절하였다.
16그리고 엘리사에게 말하였다. "우리에게 굳
세고 용감한 장정이 오십 명 있습니다. 이
사람들을 보내셔서 당신의 스승 엘리야를
찾아보게 합시다. 어쩌면 야훼의 기운이 그
를 들어다가 산 위에나 계곡에 떨어뜨렸을
지도 모르는 일 아닙니까?" 엘리사는 그럴
필요 없다고 하였지만,
17그들이 계속 졸라대는 바람에 얼굴을 붉히
며 허락하였다. 그리하여 오십 명을 보내
어 사흘 동안 찾았으나 끝내 찾지 못하고
말았다.
18그들이 예리고에 머물러 있는 엘리사에게 돌
아오자 그가 나무랐다. "내가 뭐라고 하였
나? 갈 필요 없다고 하지 않던가?"

엘리사가 두 기적을 베풀다

19◎성읍 사람들이 엘리사에게 말하였다. "스
승께서도 보시다시피 저희 성읍은 매우 좋
은 곳에 자리잡고 있습니다. 그러나 물이
나빠서 이 고장에서는 자식을 낳을 수가 없
습니다."
20이 말을 듣고 엘리사는 새 그릇에 소금을 담
아오라고 하였다. 그들이 그릇에 소금을 담
아 가져오자,
21엘리사는 샘터에 가서 그 소금을 뿌리며 말
하였다. "야훼께서 말씀하신다. '내가 이
물을 정하게 하리라. 이제 다시는 사람들이
이 물 때문에 죽거나 유산하는 일이 없을 것
이다.'"
22그 물은 엘리사가 말한 대로 정하여져서 오
늘에 이르렀다.
23엘리사는 그 곳을 떠나 베델로 올라갔다. 그
가 베델로 가는 도중에 아이들이 성에서 나
와 "대머리야, 꺼져라. 대머리야, 꺼져라."
하며 놀려대었다.
24엘리사는 돌아서서 아이들을 보며 야훼의
이름으로 저주하였다. 그러자 암곰 두 마리
가 숲에서 나와 아이들 사십이 명을 찢어
죽였다.
25엘리사는 그 곳을 떠나 가르멜 산으로 올라
갔다가 사마리아로 돌아왔다.

여호람의 이스라엘 통치

3 ◎유다 왕 여호사밧 제십팔년에 아합의 아
들 여호람이 사마리아에서 이스라엘 왕위
에 올라 십이 년을 다스렸다.
2그는 야훼의 눈에 거슬리는 일을 하였지만
그의 부모처럼 악하지는 않았다. 그는 부왕
이 만든 바알의 주상을 철거하였던 것이다.
3그러나 이스라엘을 죄에 빠뜨린 느밧의 아들
여로보암이 저질렀던 것과 같은 죄에 매여
그것을 떨쳐버리지는 못하였다.

이스라엘과 유다 동맹군의 모압 토벌

4◎모압 왕 메사는 목축을 하는 사람으로서
이스라엘 왕에게 암양 십만 마리의 털과 숫
양 십만 마리의 털을 조공으로 바쳐왔었다.
5그러다가 아합 왕이 죽자 모압 왕은 이스라엘
왕에게 반기를 들었다.
6여호람 왕은 즉각 사마리아를 떠나 이스라엘
군을 총동원하여 출정하는
7한편, 유다 왕 여호사밧에게 전갈을 보냈다.
"모압 왕이 나에게 반기를 들었습니다. 내
가 모압을 치러 갈 터인데 당신도 함께 가서
싸워주시지 않겠습니까?" 유다 왕이 대답
하였다. "함께 가겠습니다. 우리가 내 것 네
것 찾을 사이입니까? 내 군대 네 군대, 내
군마 네 군마 따질 사이입니까?
8어느 길로 쳐들어가는 것이 좋겠습니까?"
그가 대답하였다. "에돔 광야를 통과합시
다."
9◎그리하여 이스라엘 왕, 유다 왕, 에돔 왕이
함께 출정하였다. 돌아가는 길로 칠 일 동
안 행군하였는데 그만 군인들과 데리고 가
는 짐승들이 마실 물이 떨어졌다.
10이스라엘 왕이 걱정을 하였다. "큰일 났다.
야훼께서 우리 세 왕을 끌어내셔서 모압 군
대의 밥이 되게 하셨구나."
11그러나 여호사밧 왕은 이렇게 물었다. "여기
야훼의 예언자가 없습니까? 야훼의 뜻을 알
아보게 말입니다." 이스라엘 왕의 신하 하나
가 "마침 사밧의 아들 엘리사라는 사람이 여
기에 있습니다. 엘리야의 시중을 들던 사람
입니다." 하고 대답하자,
12"그에게서라면 야훼의 말씀을 들을 수 있을
것이오." 하고 여호사밧이 말하였다. 그리
하여 이스라엘 왕은 여호사밧과 에돔 왕과 더
불어 엘리사가 있는 곳으로 내려갔다.
13엘리사가 이스라엘 왕에게 말하였다. "나에
게 무슨 볼일이 있습니까? 당신의 아버지
와 어머니의 예언자들에게나 가보십시오."
그러나 이스라엘 왕은 그에게, "아니오. 야
훼께서 우리 세 왕을 불러내시어 모압 군대
의 밥이 되게 하셨소." 하고 말하였다.

14 엘리사가 대답하였다. “내가 모시는 만군의
야훼께서 살아 계시오. 어찌 내가 당신을
거들떠보기라도 하겠습니까마는, 유다 왕
여호사밧의 낯을 보아서 청을 들어드리겠습
니다.
15 수금 뜯는 사람을 불러주십시오.” 그래서
수금 뜯는 사람이 와서 수금을 뜯는 동안,
엘리사는 야훼의 힘에 사로잡혀
16 말씀을 전하였다. “야훼께서 말씀하십니다.
‘이 골짜기 군데군데에 웅덩이를 파라.
17 나 야훼가 말한다. 너희가 바람 불고 비 오
는 것을 보지 못하겠지만, 이 골짜기에 물
이 가득 차서 너희와 너희 군인들과 짐승들
이 마실 수 있게 될 것이다.’
18 그러나 이런 것쯤은 야훼로서는 아무것도
아닙니다. 야훼께서는 당신들의 손에 모압
을 넘겨주실 것입니다.
19 당신들은 요새화된 성읍, 주요 도시를 모두
쳐서 점령하게 될 것입니다. 그러면 아름다
운 수목을 모조리 쓰러뜨리고 샘구멍을 남
김없이 틀어막고 옥토를 모조리 돌밭으로
만드십시오.”
20 다음날, 아침 제사를 드리는 시간이 되자 에
돔 쪽에서 물이 쏟아져 나와 그 일대가 물바
다가 되었다.
21 ◎한편 여러 나라의 왕들이 쳐들어온다는
소문이 모압 전국에 퍼졌다. 그래서 징집 연
령이 지난 사람은 모두 소집되어 국경에 배
치되었다.
22 모압 군은 이튿날 아침 일찍 일어나, 햇살이
물 위에 퍼져 있어 물이 피처럼 붉게 물들어
져 있는 것을 보았다.
23 “피바다로구나!” 하고 모압 군은 소리쳤다.
“왕들 사이에 내분이 일어나서 서로 쳐죽인
게 틀림없다. 모압 장병들아, 나가서 털
자!”
24 ◎그러나 그들이 이스라엘 진지에 이르자
이스라엘 군이 일어나서 반격하였다. 그들
은 도망치는 모압 군을 뒤쫓아가며 쳐부수
었다.
25 도시들을 짓부수고 군인들이 모두 달려들
어 좋다는 밭마다 돌을 던져 돌밭을 만들
고, 샘이라는 샘은 모두 틀어막고 훌륭한
나무를 모조리 찍어 넘겼다. 그리하여 마침
내 키르하레셋만 남기고 모든 곳이 돌무더기
가 되었는데 그 곳마저 투석병들이 포위하
고 공격하자,
26 모압 왕은 이미 전세가 기운 것을 깨닫고는
군인 칠백 명을 이끌고 칼을 빼들고 포위망
을 뚫어 아람 왕에게로 탈출하려고 하였다.
그러나 그 일도 실패하였다.
27 모압 왕은 세자인 맏아들을 죽여 성 위에서
번제를 드렸다. 그러자 무서운 신의 진노가
이스라엘 군에 내려, 이스라엘 군은 진을 거
두고 본국으로 돌아갔다.

과부의 기름 : 엘리사의 기적

4 ◎예언자 수련생의 부인 하나가 엘리사
에게 호소하였다. “선생님의 제자인 제
남편이 세상을 떠났습니다. 선생님께서도
아시다시피 그이는 야훼를 경외하는 분이
었습니다. 그런데 그이에게 빚을 주었던
사람이 제 두 아들을 종으로 끌어가겠다고
합니다.”
2 엘리사가 그 여인에게 말하였다. “내가 어
떻게 하면 당신을 도울 수 있겠소? 집안에
남아 있는 게 무엇이오? 말하시오.” 여인
이 대답하였다. “집안에 남아 있는 것이라
고는 기름 한 병밖에 없습니다.”
3 그러자 엘리사가 말하였다. “돌아가서 당신
의 모든 이웃으로 다니면서 그릇을 빌려오
시오. 빈 그릇을 되도록 많이 빌려다가
4 두 아들만 데리고 집에 들어가서 문을 잠그
고, 기름을 그 모든 그릇에 차례차례로 가
득히 따라 부으시오.”
5 여인은 엘리사를 떠나 집으로 돌아가서 두
아들만 데리고 집 안에 들어가 문을 잠갔다.
그리고는 두 아들이 가져다 주는 그릇에 가
득가득 부었다.
6 그릇마다 기름을 다 채우고 나서 여인은 아
들에게 말하였다. “그릇을 더 가져오너라.”
아들이 “그릇이 더 없습니다.” 하자, 기름
이 나오기를 멈추었다.
7 여인이 하느님의 사람에게 가서 이 일을 보
고하자 그는, “가서 기름을 팔아 그 돈으로
빚을 갚아서 두 아들이 종으로 끌려가지 않
게 하시오. 남은 것을 가지고 모자가 함께
살 수 있을 것이오.” 하고 말하였다.

수넴 여인과 그의 아들

8 ◎엘리사가 하루는 수넴을 지나가게 되었다.
거기에 살고 있던 한 부유한 여인이 엘리사
를 대접하고 싶다면서 머무르기를 간청하
였다. 그래서 엘리사는 그 곳을 지날 때마다
그의 집에 들러 식사를 하곤 하였다.
9 그 여인이 남편에게 말하였다. “여보, 틀림
없이 우리 집에 늘 들르시는 이분은 거룩한
하느님의 사람입니다.

10 옥상에 작은 방을 하나 꾸미고 침대와 상,
의자와 등을 갖추어서 그분이 우리 집에 들
르실 때마다 그 방에 모시도록 합시다."
11 어느날 엘리사가 거기에 갔다가 그 다락방
에 올라가서 쉬게 되었다.
12 엘리사는 시종 게하지에게 그 집의 수넴 여
인을 불러오라고 일렀다. 그가 여인을 불러
오자 여인은 예언자 앞에 나섰다.
13 엘리사가 자기 시종에게 말하였다. "부인께
이렇게 여쭈어라. '부인, 수고가 많으시오.
이 은혜를 갚고 싶소. 내가 부인을 위하여
왕이나 아니면 군사령관에게 부탁드려 줄
수도 있는데, 무슨 아쉬운 일이 없으시
오?'" 그러자 "저는 이렇게 한 겨레 가운
데 어울려 만족스럽게 살고 있습니다." 하
고 여인이 대답하였다.
14 엘리사는 시종에게 물었다. "그러면 이 부
인에게 해줄 일이 없을까?" "이 부인은 아
들이 없는데다가 남편은 나이가 많아 보기
에 참 딱합니다." 하고 게하지가 대답하였
다.
15 그러자 엘리사는 그 여인을 다시 불러오라
고 일렀다. 시종이 여인을 불러오자 여인은
문간에 섰다.
16 엘리사가 말하였다. "내년 이맘때 같은 철
이 돌아오면 부인께서는 아이를 낳아서 안
게 될 것이오." 여인이 대답하였다. "그럴
수 없습니다, 선생님. 선생님께서는 하느님
의 사람으로서 저에게 농담을 하십니까?"
17 그러나 그 여인은 임신하여, 엘리사가 일러
준 다음해 같은 철이 돌아오자 아들을 낳
았다.
18 ◎그 아이가 자라났다. 하루는 자기의 아버
지가 농군과 함께 추수하고 있는 데로 나갔
다가
19 갑자기 "아! 머리야, 머리야!" 하고 아버
지에게 소리쳤다. 아버지는 함께 있던 하
인더러 그를 어머니에게 데려다 주라고 일
렀다.
20 하인은 아이를 어머니에게 데려다 주었다.
그 아이는 정오까지 어머니 무릎에 누워 있
다가 죽었다.
21 그러자 어머니는 아들을 안고 하느님의 사
람이 묵는 방에 올라가 그의 침대에 눕히고
는 나와서 문을 닫았다.
22 그리고 나서 자기 남편을 불러 일렀다. "하
인 한 사람과 암나귀 한 마리를 보내주십시
오. 급히 하느님의 사람에게 갔다 와야겠습
니다."
23 "꼭 오늘 그분을 가서 뵈어야겠소? 오늘은
초하루도 아니고 안식일도 아닌데." 하고
묻는 남편에게 여인은 걱정하지 말라고 대
답하며,
24 나귀에 안장을 얹고 나서 하인에게 명하였
다. "고삐를 잡아라. 내가 시킬 때까지는 멈
추지 마라."
25 여인은 길을 떠나 가르멜 산 위에 있는 하
느님의 사람에게 갔다. 하느님의 사람은
그 여인이 오는 것을 멀리서 보고 시종 게하
지에게 말하였다. "저기 수넴 여인이 오고
있다.
26 뛰어가서 맞아라. 그리고 부인은 별고 없으
시냐고 물어보아라. 바깥 어른과 아이도 별
고 없느냐고 물어보아라." 게하지가 달려가
그렇게 묻자 여인은 모두 별고 없다고 대답
하였다.
27 여인은 산 위에 이르러 하느님의 사람의 다
리를 부둥켜안았다. 게하지가 그 여인을 밀
어내려고 다가가니, 하느님의 사람이 말하
였다. "그냥 두어라. 부인에게 무언가 마음
아픈 일이 생겼다. 야훼께서 그 일을 나에게
감추시고 알려주시지 않으셨구나."
28 그 때 여인이 말하였다. "선생님, 제가 언제
아들을 달라고 했습니까? 공연히 가슴만
부풀렸다가 낙담하게 하지 말아달라고 하
지 않았습니까?"
29 ◎그러자 엘리사가 게하지에게 말하였다.
"허리를 졸라매고 내 지팡이를 가지고 달
려가거라. 도중에 누구를 만나더라도 인사
하지 말고 누가 인사하더라도 대꾸하지 말
며, 가서 내 지팡이를 아이의 얼굴 위에 놓
아라."
30 그러나 아이의 어머니가 언성을 높여 말하
였다. "선생님께서 돌아가시기라도 한다면
모를까, 저는 결코 선생님을 놓지 못하겠습
니다." 그래서 엘리사는 일어나서 그 부인
을 따라 나섰다.
31 게하지가 앞서 가서 그 아이의 얼굴 위에 지
팡이를 놓아보았으나, 소리를 내기는커녕
듣는 것 같지도 않았다. 그는 엘리사를 만나
러 돌아와서 그 아기가 깨어나지 않더라고
말하였다.
32 엘리사는 집 안에 들어가 죽은 아이가 자기
침대에 누워 있는 것을 보았다.
33 엘리사는 방안에 들어가서 문을 닫았다. 방
안에는 둘뿐이었다. 그는 야훼께 기도드리
고 나서
34 침대에 올라가 아이 위에 엎드렸다. 그리고

는 자기의 입을 아이의 입에, 자기의 눈을
아이의 눈에, 자기의 손을 아이의 손에 포
개었다. 이렇게 아이 위에 엎드리자 아이의
몸이 따뜻해지기 시작하였다.
35 엘리사는 일어나서 방 안을 이리로 한 번,
저리로 한 번 걷고 나서 다시 침대에 올라
가 아이 위에 엎드렸다. 그러기를 일곱 번
거듭하자 아이가 재채기를 하면서 눈을
떴다.
36 엘리사는 게하지를 불러, "이 집 수넴 여인을
들어오라고 하여라." 하고 일렀다. 여인이
부르는 소리를 듣고 오자, 예언자는 아들을
데리고 가라고 말하였다.
37 여인은 예언자의 발 앞에 나와 방바닥에 엎
드려 절을 하고 아들을 데리고 나갔다.

독이 든 국

38 ◎엘리사는 길갈로 되돌아갔다. 그 곳은 엘
리사가 예언자 수련생들을 데리고 사는 곳
이었다. 그때 마침 거기에는 흉년이 들어
있었다. 엘리사가 시종에게 말하였다. "큰
솥을 걸고 형제들이 먹을 국을 끓여라."
39 들에 푸성귀를 뜯으러 나갔던 사람들 중 하
나가 들포도덩굴을 만나 옷자락에 가득 뜯
어 가지고 돌아와서 무엇인지도 모르고 썰
어 국솥에 넣었다.
40 그 국을 먹으라고 떠주자, 국맛을 본 사람
들이 급히 소리쳤다. "하느님의 사람이여,
솥 안에 독이 들었습니다." 그러면서 그 국
을 먹지 못하고 있는데,
41 엘리사가 밀가루를 가져오라고 하여 솥 속
에 넣고는 국을 떠 먹으라고 하였다. 먹어
보니 솥에 독이 없었다.

백 명을 먹인 기적

42 ◎어떤 사람이 바알살리사에서 왔다. 그는
만물로 만든 보리떡 스무 개와 햇곡식 이삭
을 하느님의 사람에게 가져왔다. 엘리사는
그것을 같이 있는 사람들에게 나누어 먹이
라고 하였다.
43 그러나 그의 제자가 "어떻게 이것을 백 명
이나 되는 사람들 앞에 내놓을 수 있겠습니
까?" 하고 물었다. 엘리사가 다시 말하였
다. "이 사람들이 먹도록 나누어주어라. 야
훼께서 이들이 먹고도 남을 것이라고 말씀
하셨다."
44 그리하여 그것을 사람들에게 나누어주니,
과연 야훼께서 말씀하신 대로 그들이 먹고
도 남았다.

나아만이 나병을 고침받다

5 ◎시리아 왕의 군사령관으로 나아만이라
는 사람이 있었는데, 그는 왕이 매우 아
끼는 큰 인물이었다. 야훼께서 나아만을 들
어 쓰시어 시리아에 승리를 안겨주셨던 것
이다. 그러나 그는 나병환자였다.
2 시리아 군이 이스라엘을 쳐들어갔다가, 한번
은 거기에서 어린 소녀 하나를 사로잡아 왔
는데, 나아만 장군은 그 소녀를 아내의 하녀
로 삼았다.
3 그 어린 하녀가 자기의 주인에게 일렀다.
"주인 어른께서 사마리아에 계시는 예언자
를 만나시기만 해도 좋겠습니다. 그가 나병
쯤은 쉽게 고쳐주실 텐데요."
4 이 말을 듣고 나아만은 입궐하여 왕에게, 이
스라엘에서 온 소녀가 이러이러한 말을 하
더라고 아뢰었다.
5 이 말을 들은 시리아 왕이 말하였다. "내가
이스라엘 왕에게 친서를 써줄 터이니, 장군
은 가보시오." 이리하여 나아만은 은 십 달
란트, 금 육천 세겔, 옷 열 벌을 가지고 가서
6 왕의 친서를 이스라엘 왕에게 전하였다. 그
친서에는 이렇게 쓰여 있었다. "본인은 이
제 이 편지를 들려 본인의 신하 나아만을 귀
하에게 보냅니다. 부디 그의 나병을 고쳐주
십시오."
7 이스라엘 왕은 이 서신을 읽고 옷을 찢으면
서 말하였다. "내가 사람을 죽이고 살리는
신이란 말인가? 그가 사람을 보내어 나에
게 나병을 고쳐달라고 하니, 이것은 그가
나에게 싸움을 걸려고 트집을 잡으려는 것
이 분명하다. 그대들은 이 점을 분명히 살
피시오."
8 ◎이스라엘 왕이 옷을 찢었다는 소리를 듣고
하느님의 사람 엘리사가 왕에게 사람을 보
내어 말을 전하였다. "어찌하여 옷을 찢으
셨습니까? 그를 나에게 보내주십시오. 이
스라엘에 예언자가 있음을 그에게 알려주겠
습니다."
9 그리하여 나아만은 마차를 몰고 엘리사의 집
에 이르러 대문 앞에 멈추었다.
10 엘리사는 사람을 내보내어 말을 전하였다.
"요르단 강에 가서 그 강물에 일곱 번 몸을
씻으시오. 그리하면 새살이 나서 깨끗하게
될 것이오."
11 나아만은 화가 치밀어 발길을 돌리면서 말
하였다. "내 생각에는 적어도 그가 나에게
나와서 자기 하느님 야훼의 이름을 부르며
병든 부분을 손으로 만져 이 나병을 고쳐주

러니 했다. 이럴 수가 있느냐?
12 다마스쿠스에는 이스라엘의 어떤 강물보다
도 더 좋은 아바나 강과 발바르 강이 있다.
여기에서 된다면, 거기에 가서 씻어도 깨끗
해지지 않겠느냐?" 나아만은 크게 노하여
발길을 옮겼다.
13 그러나 그의 부하들이 그를 막아 서며 말하
였다. "만일 이 예언자가 더 어려운 일을 장
군께 시켰더라면 장군께서는 그 일을 분명
히 하셨을 것입니다. 그는 장군께 몸이나
씻으라고 하셨습니다. 그러면 깨끗이 낫는
다고 하는데 그것쯤 못할 까닭이 무엇입니
까?"
14 그리하여 나아만은 하느님의 사람이 일러준
대로 요르단 강으로 내려가서 일곱 번 강물
에 들어가 몸을 씻었다. 그러자 새살이 돋
아 그의 몸은 마치 어린아이 몸처럼 깨끗해
졌다.
15 ◎나아만은 수행원을 모두 거느리고 하느
님의 사람에게로 돌아와 그 앞에 서서 말
하였다. "이제 저는 알았습니다. 이스라엘
밖에는 온 세상에 신이 없습니다. 소인이
감사하여 드리는 이 선물을 부디 받아주십
시오."
16 엘리사가 "내가 모시는 야훼께서 살아 계십
니다. 결코 이것을 받을 수 없습니다." 하고
거절했지만 나아만은 받아달라고 간청하였
다. 그래도 거절하자,
17 나아만은 이렇게 말하였다. "진정 받지 못
하시겠으면, 이 한 가지 청만은 들어주십시
오. 이제부터 저는 야훼 외에 다른 어떤 신
에게도 번제나 희생제사를 드리지 않겠습
니다. 그러니 나귀 두 마리에 실을 만큼 흙
을 주십시오.
18 그러나 한 가지 야훼께 용서를 빌 일이 있습
니다. 저는 왕께서 림몬 신전에 예배하러
가실 때에 부축해 드려야 하고 왕께서 림몬
신전에서 예배할 때 같이 엎드려야 합니다.
이것만은 야훼께서 용서해 주셔야 하겠습
니다."
19 엘리사가 대답하였다. "걱정말고 가시오."
이 말을 듣고 나아만은 길을 조금 갔는데
20 하느님의 사람 엘리사의 시종 게하지에게 이
런 생각이 들었다. "스승께서 이 시리아 사
람 나아만이 바치는 것을 거절하시고 그냥
돌려보내시니 뒤쫓아가서 무엇이든 좀 받
아오고 말겠다."
21 이렇게 생각하고 게하지는 나아만을 쫓아갔
다. 나아만은 게하지가 뒤쫓아오는 것을 보
고 마차에서 내려 그를 만나 무슨 일이 있느
냐고 물었다.
22 게하지가 말하였다. "별일 없습니다. 지금
막 에브라임 산악 지방에서 예언자 수련생
두 사람이 왔습니다. 그들에게 줄 은 한 달
란트와 옷 두 벌을 보내달라고 스승께서 저
를 보내셨습니다."
23 나아만은 "드리다뿐이겠는가? 한 달란트를
더 드리겠다." 하며 은 두 달란트를 억지로
두 자루에 넣고 옷 두 벌을 꺼내서 부하 두
사람에게 들려 게하지 앞에 세워 보냈다.
24 게하지가 집 있는 언덕에 돌아와서 짐을 받
아 집 안에 넣고 그 사람들을 돌려보낸 후
25 들어가서 스승 앞에 서자, 엘리사가 물었다.
"게하지야, 어디를 갔다 왔느냐?" "소인은
아무 데도 갔다 오지 않았습니다." 하고 그
가 대답하였다.
26 그러나 엘리사는 이렇게 말하였다. "누군가
가 마차에서 내려 너를 만나기 위하여 돌아
설 때 내 마음이 거기에 가 있지 않은 줄 아
느냐? 그래, 너는 돈을 받았다. 네가 그 돈
으로 정원을 사서 올리브 나무, 포도나무를
심고 양과 소를 사고 하인과 하녀를 거느릴
수야 있겠지만,
27 너와 네 자손은 나아만에게서 옮은 나병을
영원히 앓으리라." 게하지는 나병으로 피부
가 눈처럼 하얗게 되어 엘리사를 떠났다.

잃어버린 도끼를 찾다

6 ◎예언자 수련생들이 엘리사에게 와서 말
하였다. "보십시오. 선생님을 모시고 사
는 이 곳이 너무 좁습니다.
2 우리 모두 요르단으로 가서 들보 감을 하나
씩 베어다가 살 집을 증축하는 것이 좋겠습
니다." 엘리사가 가보라고 하자
3 한 사람이 청하였다. "선생님도 같이 가시
는 것이 좋겠습니다." 엘리사가 "같이 가
지." 하고
4 그들과 함께 떠났다. 요르단 지방에 이르러
그들은 나무를 자르기 시작하였다.
5 한 사람이 들보 감을 찍다가 도끼를 물에 떨
어뜨렸다. "아이구, 선생님, 이걸 어쩌지
요? 빌려온 도낀데." 하고 그가 소리치자,
6 하느님의 사람이 도끼가 떨어진 자리가 어
디냐고 물었다. 그가 자리를 알려주자, 엘리
사는 나뭇가지를 꺾어 그 곳에 집어넣었다.
그러자 도끼가 떠올랐다.
7 엘리사가 "도끼를 집어올려라." 하자 그가
손을 뻗어 도끼를 집어올렸다.

엘리사가 시리아 군대를 사로잡다

8◎시리아 왕이 이스라엘과 전쟁을 하고 있었
다. 그는 참모들과 의논하고 이러이러한 방
향으로 기습해 들어가라고 작전 명령을 내
렸다.
9그러나 하느님의 사람이 이스라엘 왕에게
전갈을 보내었다. "삼가 이러이러한 지역은
지나가지 마십시오. 시리아 군이 그리로 기
습해 올 것입니다."
10이 말을 듣고 이스라엘 왕은 하느님의 사람
이 일러준 지역을 특별히 경계하라고 지시
를 내릴 뿐 아니라 자신도 그 곳을 경계하였
다. 이러기가 한두 번이 아니었다.
11이렇게 되자 시리아 왕은 안절부절못하고
참모들을 소집하여 엄하게 추궁하였다. "우
리들 가운데 이스라엘 왕과 내통하는 자가
있다. 그가 누구인지 고하여라."
12그러자 "임금님, 그럴 리가 없습니다." 하
며 한 참모가 말하였다. "이스라엘에는 엘리
사라는 예언자가 있어, 임금님께서 침실에
서 은밀히 하신 말씀까지도 다 알고 낱낱이
이스라엘 왕에게 고해 바치고 있습니다."
13시리아 왕은 "가서 그가 어디 있는지 알아오
너라. 내가 군사를 보내어 그를 사로잡으리
라." 하고 명령하였다. 이내 엘리사가 도단
에 있다는 보고가 들어왔다.
14그는 기마부대와 병거부대와 강한 부대를
보냈다. 그 군대는 밤중에 그 곳에 도착하
여 성을 포위하였다.
15하느님의 사람의 시종이 아침 일찍 일어나
서 밖에 나갔다가 대군이 군마와 병거로 성
을 포위하고 있는 것을 보았다. 그 시종이
"선생님, 큰일났습니다. 이걸 어떻게 하면
좋습니까?" 하고 물었다.
16엘리사는 "두려워 마라. 우리 편이 저편보
다 많다." 하면서
17이렇게 기도하였다. "야훼여, 이 시종의 눈
을 열어 보게 해주십시오." 그러자 야훼께
서 그 시종의 눈을 열어주셨다. 그리하여
그는 불말을 탄 기마부대와 불병거부대가
엘리사를 둘러싸고 온 산에 덮여 있는 것을
보았다.
18◎시리아 군대가 엘리사에게 쳐 내려오자 엘
리사는 야훼께 "저 오랑캐들의 눈을 멀게 해
주십시오." 하고 기도하였다. 그러자 야훼
께서 엘리사가 기도한 대로 그들의 눈을 멀
게 하셨다.
19이에 엘리사가 그들에게 말하였다. "당신들
은 길을 잘못 들었소. 여기는 당신들이 치
려던 그 성이 아니오. 나를 따라오시오. 당
신들이 찾는 사람이 있는 곳으로 인도해 드
리리다." 이렇게 해서 그는 그들을 사마리아
로 유인하였다.
20그들이 사마리아로 들어가자 엘리사는 "야훼
여, 이들의 눈을 열어 다시 볼 수 있게 하여
주십시오." 하고 기도하였다. 야훼께서 그
들의 눈을 열어주셨다. 그리하여 그들은 자
기네가 사마리아 성 안에 있는 것을 알게 되
었다.
21◎이스라엘 왕이 그들을 보고 엘리사에게 말
하였다. "국사님, 저들을 쳐죽일까요?"
22엘리사가 대답하였다. "쳐죽여서는 안 됩니
다. 전장에서 사로잡은 포로도 아닌데 죽여
서야 되겠습니까? 차라리 음식과 물을 주
어서 먹고 마시게 한 다음 자기들 상전에게
돌려보내십시오."
23그리하여 이스라엘 왕은 큰 잔치를 베풀어
잘 먹고 마시게 한 다음 그들을 상전에게
로 돌려보냈다. 이리하여 시리아 강도떼가
다시는 이스라엘에 발을 들여놓지 않게 되
었다.

포위된 사마리아에 기근이 들다

24◎그러나 후에 시리아 왕 벤하닷이 전군을
이끌고 사마리아로 와서 포위하였다.
25그들이 포위망을 조금도 늦추지 않자 사마
리아 성 사람들은 마침내 모두들 굶어 죽을
지경이 되었다. 그래서 나귀 머리 하나가
은 팔십 세겔로 거래되고 비둘기 똥 사분의
일 캅이 은 다섯 세겔로 거래되었다.
26◎어느날 이스라엘 왕이 성벽을 따라 걸어가
고 있는데 한 여인이 울부짖었다. "임금님
이여, 이 계집을 도와주십시오."
27왕이 대답하였다. "야훼께서 돕지 않으시는
데, 내가 무슨 수로 너를 돕는단 말이냐?
타작 마당 일을 돕겠느냐? 포도주 술틀을
밟아주겠느냐?"
28그러면서 왕은 그 여인에게 무슨 일이냐고
물었다. 여인이 대답하였다. "이 여자가 저
에게 말하기를 '오늘은 당신 아기를 잡아서
같이 먹고, 내일은 우리 아기를 잡아서 같
이 먹읍시다.' 하였습니다.
29그래서 제 아기를 잡아서 끓여 먹었습니다.
이튿날 '이제 당신 아기를 잡아먹읍시다.'
했더니, 자기 아기를 감추어버렸습니다."
30왕은 여인의 이야기를 듣고 기가 막혀 옷
을 찢었다. 왕이 성벽 위를 지나갈 때 백성
들은 그가 속에 베옷을 입고 있는 것을 보

았다.
31 그 자리에서 왕은 내뱉듯이 말하였다. "오
늘 중으로 사밧의 아들 엘리사의 목이 떨어
지지 않으면, 내가 천벌 아니라 그 이상의
것도 받으리라."

엘리사가 자객들이 오는 것을 미리 말하다

32 ◎그 때 엘리사는 장로들과 함께 집에 앉아
있었다. 왕이 사람을 보냈는데 그 전령이
오기 전에 엘리사가 장로들에게 말하였다.
"이제 살인자의 아들이 내 목을 베라고 사
람을 보냈습니다. 전령이 올 터이니, 미리
문을 잠그고 들어오지 못하게 단단히 막아
야 합니다. 그를 보내놓고 뒤따라오는 상전
의 발소리가 저렇게 들리지 않습니까?"
33 엘리사의 말이 채 끝나기도 전에 왕이 들이
닥치며 말하였다. "보아라, 이 재앙을 야훼
가 내렸다. 그런데 이제 내가 야훼에게 무엇
을 더 기다려야 한단 말이냐?"

7 "야훼의 말씀을 들으시오." 하며 엘리사
는 말씀을 전하였다. "야훼께서 말씀하십
니다. '내일 이맘때쯤 되면 사마리아 성 문
에서 밀가루 한 말을 한 세겔, 보리 두 말을
한 세겔로 살 수 있을 것이다.'"
2 그 때 왕을 부축하고 있던 시종무관이 하느
님의 사람에게 말하였다. "야훼께서 하늘의
창고 문을 여신다 해도 그런 일이 일어날 리
없다." 엘리사가 대답하였다. "너는 네 눈으
로 그것을 보게 될 것이다. 그러나 그것을
먹지는 못할 것이다."

진지를 두고 도망간 시리아 군 : 사마리아 성의 기
근이 해결되다

3 ◎그 때 성문 밖에 있던 나병환자 넷이 서로
의논하였다. "어찌하여 여기에서 죽기만 기
다리고 있을 것이냐?
4 성안에 들어가 보아도 먹을 것이 없으니 살
수 없겠지만 그렇다고 여기 그대로 있어도
죽기는 마찬가지다. 그러니 시리아 군이 주
둔하고 있는 진지에 가서 항복이나 하자.
살려주면 다행이고 죽이면 어차피 죽을 몸,
죽는 거다."
5 그리고는 황혼에 떠나 시리아 군 진영에 다
다라서 보니, 사람이라고는 그림자도 하나
보이지 않는 것이었다.
6 주께서 시리아 군에게 대군이 쳐들어오는
소리를, 병거대가 밀려오고 기마대가 달려
오는 소리를 들려주셨던 것이다. 그리하여
그들은 서로 "큰일났다. 이스라엘 왕이 헷의
왕들과 이집트 왕들에게 돈을 주고 군대를
사다가 우리를 치는구나!" 하며
7 황혼녘에 군마와 나귀를 막사째 그냥 버려
두고 진지를 떠나 목숨을 구하여 도망쳤다.
8 나병환자들은 적 진지에 다다라 한 천막에
들어가서 먹고 마시고 은과 금, 의복을 챙
겨 들고 나와 감추어두고는 또 다른 천막 안
에 들어가서 챙겨 들고 나와 숨겨두었다.
9 그렇게 한 후 서로 의논하였다. "이래서야
되겠느냐? 우리가 이 좋은 소식을 전하지
않고 그냥 내일 아침까지 있다가는 죄를
받으리라. 당장 왕궁에 가서 이 소식을 전
하자."
10 그리하여 그들은 성으로 가서 문지기들에
게 큰소리로 알렸다. "우리가 시리아 군 진
지에 갔더니 사람은 그림자 하나 보이지 않
았고 인기척도 없었습니다. 다만 군마와 나
귀가 매여 있을 뿐, 막사들도 그대로 있었
습니다."
11 성문지기들이 이 소식을 외치자 왕궁 안에
까지 전해졌다.
12 왕은 밤중에 일어나 신하들과 의논하였다.
"나는 시리아 군이, 우리가 굶어 죽게 된 것
을 알고 이런 계략을 썼다고 생각한다. 적
군은 진지를 떠나 들판에 잠복하여 있다가
우리가 나가면 생포하고는 이 성으로 쳐들
어오려는 것이다."
13 한 신하가 아뢰었다. "이 성 안에 남아 있는
이스라엘 군마는 다 모아도 다섯 마리뿐입
니다. 그냥 두어도 어차피 죽을 텐데, 이 말
에 사람을 태워 정찰을 내보내는 것이 좋을
까 합니다."
14 그의 말대로 왕은 병거 두 대에 말을 메워
보내며 시리아 군의 뒤를 쫓아가 정찰하라
고 하였다.
15 그들이 시리아 군의 뒤를 쫓아 요르단 강까
지 가면서 보니, 길가에 시리아 군이 황급히
도망치며 버리고 간 의복이며 군비가 널려
있는 것이었다. 정찰대는 돌아와서 왕에게
이 사실을 보고하였다.
16 그러자 백성들은 성을 나가 시리아 군 진지
를 털었다. 그리하여 야훼께서 말씀하신 대
로 밀가루 한 말이 한 세겔, 보리 두 말이 한
세겔에 팔리게 되었다.
17 왕은 시종무관을 성문의 경비대장으로 임
명하였다. 그러나 그는 성문에서 사람들에
게 밟혀 죽었다. 왕이 찾아왔을 때 하느님
의 사람이 미리 말했던 그대로 이루어진 것
이다.

18그 때 하느님의 사람은 왕에게 이렇게 말하
였었다. "내일 이맘때쯤 되면 사마리아 성
문에서 밀가루 한 말을 한 세겔, 보리 두 말
을 한 세겔로 살 수 있을 것이오."
19그 때 그 무관은 이렇게 대답했었다. "야훼
께서 하늘의 창고 문을 여신다 해도 그런 일
이 일어날 리 없다." 그러자 하느님의 사람
이 "너는 네 눈으로 그것을 보게 될 것이다.
그러나 그것을 먹지는 못할 것이다." 하고
말했던 것이다.
20그 말 그대로 되어 그는 성문에서 사람들에
게 밟혀 죽었다.

수넴 여인 이야기의 마무리

8 ◎엘리사가 이전에 죽은 아이를 살린 일이
있었는데, 그 아이의 어머니에게 "당신의
집안을 이끌고 즉시 떠나, 당신이 몸붙여
살 만한 데를 찾아가 사시오. 야훼께서 칠
년 기근이 이 땅에 내리리라고 선포하셨는
데, 그 기근이 이미 닥쳤소." 하고 일러주
었다.
2그 여인은 하느님의 사람이 시키는 대로 곧
집안을 이끌고 떠나 블레셋 지방으로 가서
거기에서 칠 년 동안 살았다.
3칠 년이 다 지나자 그 여인은 블레셋 땅에서
돌아와 왕을 뵙고 자기의 집과 땅을 돌려달
라고 청을 올렸다.
4그 때 왕은 하느님의 사람의 시종인 게하지
를 불러, 엘리사가 이룬 모든 놀라운 이야기
들을 듣고 있었다.
5마침 게하지는 엘리사가 죽은 아이를 다시
살린 일을 왕에게 이야기하고 있었다. 바로
그 때 엘리사가 아들을 살려준 그 여인이 왕
에게 자기의 집과 땅을 돌려달라고 청을 올
렸던 것이다. "임금님, 이 아이가 바로 엘리
사 선생께서 살려준 그 아이입니다. 그리고
이 여자가 바로 그 어머니입니다." 하고 게
하지가 아뢰었다.
6왕은 그것이 사실이냐고 여인에게 물었다.
여인이 모두 이야기하자 왕은 여인의 일을
한 내시에게 맡기며 어명을 내렸다. "이 여
인의 재산을 돌려주고, 이 고장을 떠나던
날부터 지금까지 그의 땅에서 난 소출을 모
두 돌려주어라."

다마스쿠스의 엘리사와 하자엘

7◎엘리사는 다마스쿠스로 갔다. 마침 시리아
왕 벤하닷이 앓고 있었다. 하느님의 사람이
왔다는 말을 듣고
8왕은 하자엘에게 명을 내렸다. "예물을 가
지고 하느님의 사람을 찾아가서, 내 병이
낫겠는지 야훼께 문의해 달라고 부탁을 드
려라."
9하자엘은 다마스쿠스에 있는 온갖 귀중한 물
건을 낙타 사십 마리에 가득 싣고 예언자 앞
에 나가서 말하였다. "선생님을 아버지처럼
받드는 시리아 왕 벤하닷이 앓고 계신데, 그
병이 낫겠는지 여쭈어보라고 저를 보내셔
서 이렇게 왔습니다."
10엘리사가 대답하였다. "돌아가서, 그 병으
로는 결코 죽지 않으리라고 아뢰시오. 그러
나 그는 반드시 죽으리라고 야훼께서 나에
게 알려주셨소."
11그리고 나서 하느님의 사람은 하자엘이 어
리둥절해 할 정도로 얼굴을 굳히며 탄식하
다가 마침내 울음을 터뜨렸다.
12"선생님, 어찌하여 우십니까?" 하고 하자
엘이 묻자 엘리사가 대답하였다. "나는 그
대가 이스라엘 사람들에게 장차 어떤 악한
일을 할지 그것을 알고 이렇게 우는 것이
오. 그대는 이스라엘 요새에 불을 지르고
젊은이들은 칼로 쳐죽이고 어린아이들은
메어쳐 죽이며 임신한 여인의 배를 가를
것이오."
13하자엘이 "소인은 개보다도 나을 것이 없는
몸입니다. 그런데 어찌 그렇게 엄청난 일을
저지른다고 하십니까?" 하고 말하자 엘리
사는 이렇게 말하였다. "야훼께서 보여주신
환상 가운데서, 그대가 시리아의 왕임을 보
았소."
14◎엘리사를 떠나 하자엘이 왕에게 돌아가자,
왕은 하자엘에게 엘리사가 무슨 말을 하더냐
고 물었다. 하자엘이 대답하였다. "엘리사는
임금님께서 반드시 회복되실 것이라고 말
하였습니다."
15이튿날 하자엘은 담요를 물에 적셔 왕의 얼
굴에 덮씌워 죽이고는 그 자리에 올라 앉아
왕이 되었다.

여호람의 유다 통치

16◎여호사밧의 아들 여호람이 유다 왕위에 오
른 것은 이스라엘 왕 아합의 아들 요람 제오
년이었다.
17여호람은 삼십이 세에 왕위에 올라 예루살렘
에서 팔 년 동안 다스렸다.
18그는 아합의 사위가 되다 보니, 아합 왕조가
하던 대로 이스라엘 왕들의 전철을 밟아 야
훼의 눈에 거슬리는 일을 하게 되었다.

19그러나 야훼께서는 당신의 종 다윗을 보시
어, 유다를 멸망시키고 싶지 않으셨다. 일
찍이 다윗과 그 자손들에게 영원히 꺼지
지 않는 불씨를 주겠다고 약속하셨기 때
문이다.
20◎그가 다스리고 있는 동안에 에돔은 유다에
반기를 들고 저희의 왕을 세웠다.
21그러자 여호람은 병거대를 출동시켜 사일로
건너갔다. 왕과 병거대장들은 밤에 출동하
였다가 도리어 에돔 군에게 포위되어 참패
를 당하였다. 그래서 그의 군대는 도망쳐
각각 자기 집으로 돌아갔다.
22이리하여 에돔은 유다의 지배에서 벗어나
오늘에 이르렀다. 리브나가 반란을 일으킨
것도 그 때였다.
23◎여호람 왕의 나머지 역사는 유다 왕조실록
에 기록되어 있다.
24여호람은 숨을 거두고 조상들에게로 돌아가
다윗 성에 안장되었다. 그의 아들 아하지야
가 뒤를 이어 왕위에 올랐다.

아하지야의 유다 통치

25◎여호람의 아들 아하지야가 유다 왕이 된 것
은 이스라엘 왕 아합의 아들 요람 제십이년
의 일이었다.
26아하지야는 이십이 세에 왕위에 올라 예루살
렘에서 일 년 동안 다스렸다. 그의 어머니는
이스라엘 왕 오므리의 손녀 아달리야였다.
27그는 아합 가문과 혼인하다 보니, 아합 가문
의 전철을 그대로 밟아 야훼의 눈에 거슬리
는 일을 하게 되었다.
28그는 아합의 아들 요람과 함께 시리아 왕 하
자엘을 맞아 싸우려고 라못길르앗으로 갔
다. 그런데 시리아 군이 요람에게 부상을 입
혔다.
29요람 왕은 라못에서 시리아 왕 하자엘과 싸우
다가 입은 상처를 치료하려고 이즈르엘로
돌아왔다. 유다 왕 여호람의 아들 아하지야
가 이즈르엘로 가서 아합의 아들 요람을 문
병하였다.

엘리사의 한 제자가 예후를 기름 부어 왕으로 세우다

9 ◎예언자 엘리사가 한 예언자 수련생을
불러 일렀다. "허리를 동이고 이 기름병
을 가지고 라못길르앗으로 가거라.
2가서 님시의 손자이며 여호사밧의 아들인 예
후를 찾아라. 그를 찾거든 동료 지휘관들 가
운데서 불러내어 골방으로 데리고 들어가
3이 병을 열고 그의 머리 위에 기름을 부으
며 이 말씀을 전하여라. '나 야훼가 선언한
다. 내가 너에게 기름을 부어 이스라엘을 다
스릴 왕으로 세운다.' 그렇게 한 후에 문을
열고 네가 할 수 있는 대로 빨리 도망쳐 오
너라."
4◎그 젊은 예언자는 라못길르앗으로 갔다.
5거기 이르러 마침 군지휘관들이 함께 앉아
있는 것을 보았다. 그는 "장교님께 드릴 말
씀이 있습니다." 하고 말하였다. 예후가
"우리들 가운데 누구 말인가?" 하고 물었
다. 그가 대답했다. "바로 장교님입니다."
6예후가 일어나서 안으로 들어갔다. 예언자
는 그의 머리에 기름을 붓고 말씀을 전하였
다. "이스라엘의 하느님 야훼께서 선언하십
니다. '내가 너에게 기름을 부어 야훼의 백
성을 다스릴 이스라엘 왕으로 세운다.
7내가 이세벨의 손에 죽은 예언자들뿐 아니
라 나의 모든 종들의 원수를 갚으리라. 그
러니 너는 네가 섬기던 아합의 가문을 쳐부
수어라.
8내가 아합 가문에 속한 사내 녀석들은 종이
든 자유인이든 씨도 남기지 않고 쓸어버리
리라. 그리하면 아합의 온 가문이 망하리라.
9나는 아합의 가문을 느밧의 아들 여로보암의
가문이나 아히야의 아들 바아사의 가문처럼
만들리라.
10이세벨의 시체는 묻어주는 사람이 없어, 이
즈르엘에 있는 제 땅에 버려져 개들이 뜯어
먹을 것이다.'" 그리고 나서 젊은이는 문을
열고 도망하였다.
11예후가 동료 장교들이 있는 데로 나오자 그
들이 물었다. "좋은 일이오? 그 미친 녀석
이 왜 왔었소?" 그는 "그가 무엇하는 사람
인지 잘 알면서 뭘 그러시오?" 하고 대답하
였다.
12그들은 "속이지 마시오. 자, 무슨 일이 있
었소? 털어놓으시오." 하고 소리쳤다. 예
후는 그가 이러저러하게 말하더라고 하면서
그가 전해 준 야훼의 말씀을 일러주었다.
"나 야훼가 선언한다. 내가 너에게 기름을
부어 이스라엘을 다스릴 왕으로 세운다."
13이 말을 듣고 그들은 재빨리 겉옷을 벗어
돌층계에 깔고는 예후를 그 위에 모시고 나
팔을 불며, "예후가 왕이 되셨다!" 하고 외
쳤다.

예후의 반역 : 요람, 아하지야, 이세벨의 죽음

14◎님시의 손자이며 여호사밧의 아들인 예후

는 요람을 뒤엎을 계획을 꾸몄다. 마침 요람
이 이스라엘 전군을 이끌고 시리아 왕 하자엘
을 맞아 리못길르앗을 지키려고
15시리아 군과 싸우다가 상처를 입고 이즈르엘
에 돌아와 치료를 받고 있을 때였다. "이것
이 그대들의 소원이라면, 아무도 이 성에서
빠져 나가 이즈르엘에 연통하러 가지 못하
게 하시오." 예후는 동료 장교들에게 이렇
게 말하고 나서
16자기의 병거를 타고 곧장 이즈르엘로 달렸
다. 그 때 이즈르엘에는 요람이 앓아 누워 있
었고 마침 유다 왕 아하지야가 문병차 와 있
었다.
17이즈르엘의 망대에 서 있던 보초가 예후의
부대가 오는 것을 보고 "웬 부대가 오고 있
습니다." 하고 보고하자, 요람은 "기마병을
하나 보내어 나가서 만나 아군인지 알아오
게 하여라." 하고 지시하였다.
18기마병이 나가서 예후를 만나 물었다. "어
명이오. 무슨 일이 있소?" 예후가 대답하였
다. "무슨 일이 있건 말건 네가 무슨 상관이
냐? 내 뒤나 따라오너라." 보초가 "알아보
러 간 자가 돌아오지 않습니다." 하고 보고
하였다.
19왕은 다시 기마병 하나를 보냈다. 그도 그
들을 만나 물었다. "어명이오. 무슨 일이
있소?" 예후가 대답하였다. "무슨 일이 있
건 말건 네가 무슨 상관이냐? 내 뒤나 따라
오너라."
20그러자 보초가 또 보고하였다. "간 자가 돌
아오지 않습니다. 말을 미친 듯이 몰아오는
품이 ㉠님시의 아들 예후 같습니다."
21이 말을 듣고 요람은 당장 병거를 준비하라
고 지시하였다. 병거가 준비되자 이스라엘
왕 요람과 유다 왕 아하지야는 각기 자기 병
거를 타고 예후를 만나러 나갔다. 그들은 이
즈르엘 나봇의 땅에서 예후를 만났다.
22요람이 예후를 만나자마자 물었다. "예후 장
군, 잘 되어가오?" 그가 대답하였다. "네
어미 이세벨이 우상을 섬기며 음란을 피우
고 밤낮으로 마술이나 일삼고 있는데 잘 되
어가느냐가 다 무슨 소리냐?"
23요람은 병거를 돌려 도망치며 아하지야 왕
에게 "아하지야 왕, 반역이오." 하고 소리
쳤다.
24예후는 화살을 메겨 요람의 등을 겨누고 쏘
았다. 화살은 그의 가슴을 뚫었다. 그가 병
거 바닥에 거꾸러지자,

㉠ 님시의 손자.

25예후는 요람의 부관 빋드칼에게 말하였다.
"그를 끌어내어 이즈르엘 나봇의 땅에 내던
져라. 그대와 내가 요람의 아비 아합의 뒤에
서서 어깨를 나란히 하고 한 병거를 타고 다
닐 때 야훼께서 그에게 내리신 선고를 잊지
않았겠지.
26'나 야훼가 선언한다. 나는 지난날 나봇과
그의 아들들이 억울한 피를 흘리는 것을 보
았다. 내가 바로 이 밭에서 원수를 갚으리
라. 이는 내 말이라, 어김이 없다.' 하시지
않았느냐?" 그래서 그는 요람의 시체를 끌
어내어 그 곳에 던졌다. 이렇게 야훼의 말씀
이 이루어졌다.
27◎유다 왕 아하지야는 일이 돌아가는 것을
보고 벳하깐 길로 도망쳤다. 예후는 그의 뒤
를 추적하며 "저놈도 처죽여라." 하고 명령
하였다. 아하지야는 병거를 타고 이블르암
근처의 고갯길을 달리다가 화살을 맞아 상
처를 입고 므기또로 도망하였으나 거기에서
죽었다.
28그의 부하들이 시체를 병거에 실어 예루살
렘으로 옮겨다가 다윗 성에 있는 왕실 묘지
에 안장하였다.
29아하지야가 유다 왕위에 오른 것은 아합의
아들 요람 제십일년이었다.
30◎예후가 이즈르엘에 이르렀을 때, 이세벨은
소식을 듣고 눈화장을 하고 머리를 손질한
다음 창가에 서서 내려다보다가
31예후가 문에 들어서자 소리쳤다. "상전을
죽인 역적 지므리 놈아, 그래 일이 잘 되었
느냐?"
32예후가 창을 쳐다보며 말하였다. "거기 내
편을 들 자가 아무도 없느냐?" 그러자 내시
두엇이 창 밖으로 머리를 내밀고 내려다보
았다.
33예후가 소리쳤다. "그 계집을 떨어뜨려라."
내시들이 그 여자를 떨어뜨리자 피가 담벽
과 말에 튀었다. 예후가 탄 말이 그 몸을 짓
밟았다.
34예후는 안에 들어가서 먹고 마시다가 입을
열었다. "그 저주받은 계집을 찾아다가 묻
어주어라. 그래도 왕의 딸인데."
35그러나 그들이 여자를 묻어주러 나가보니
해골과 손발만이 남아 있었다.
36그들이 돌아와 예후에게 보고하니 그는 "야
훼께서 당신의 종 디스베 사람 엘리야를 시
켜 하신 말씀이 그대로 이루어졌구나." 하
며 이렇게 말하였다. "이즈르엘의 밭에서 개

들이 이세벨의 시체를 먹을 것이라고 하시
더니,
37 이세벨의 시체가 이즈르엘의 밭에 똥같이 굴
러다녀 아무도 그것이 이세벨이라는 것을
모르게 되리라고 하시더니, 기어이 그렇게
되고 말았구나."

아합 가문의 남은 자들이 학살당하다

10 ◎아직도 사마리아에 아합의 자손이 칠
십 명 있었다. 그래서 예후는 사마리아
에 있는 고관들과 장로들과 아합 자손의 교
육을 맡은 사람들에게 다음과 같은 편지를
보냈다.
2 "너희는 주군의 왕자들을 모시고 있고 병거
대와 기병대도 갖고 있다. 그뿐만 아니라
성읍은 요새화되어 있는데다가 무기도 넉
넉할 테니, 이 편지를 받는 대로 곧
3 왕자들 가운데서 가장 훌륭하고 적당하다
고 생각되는 자를 골라 부왕을 이어 왕위에
올려 앉히고, 그대들이 떠받드는 왕가의 편
을 들어 나와 맞서도록 하여라."
4 그들은 크게 두려워하였다. "두 왕이 당해
내지 못하였는데 우리가 어떻게 당해 내겠
소?"
5 그리하여 아합 가문의 궁내대신과 성주와
장로들과 왕실 교육을 맡은 사람들은 예후
에게 다음과 같은 회신을 보냈다. "우리는
당신의 신하입니다. 당신께서 명령하시는
일이라면 무슨 일이라도 하겠습니다. 우리
가 다른 왕을 세운다는 것은 있을 수 없는
일입니다. 아무쪼록 좋으실 대로 하십시
오."
6 ◎예후는 다시 편지를 써서 보냈다. "너희
가 만일 내 편이 되어 내가 명령하는 대로
하겠다면, 너희가 섬기던 왕가의 사람들과
우두머리들을 내일 이맘때까지 이 곳 이즈
르엘의 나에게 데려오도록 하여라." 그 때
왕자들 칠십 명은 모두 그들을 키우던 그 성
의 지도자들과 함께 있었는데,
7 이 편지를 받고 그들은 그 왕자들 칠십 명
을 모두 잡아 죽였다. 그리고 그 머리를 바
구니에 담아서 이즈르엘에 있는 예후에게
보냈다.
8 전령이 와서 예후에게 그들이 왕자들의 머
리를 가져왔다고 보고하자, 그는 그 머리들
을 성문 앞마당에 두 무더기로 쌓아서 다음
날 아침까지 두라고 명하였다.
9 이튿날 아침이 되자 그는 나가 서서 거기에
모인 백성에게 말하였다. "선량한 국민 여
러분, 보시는 대로 내가 혁명을 일으켜 상
전을 죽였소. 이 사람들이야 다 누가 죽였
든,
10 이 점만은 알아두시오. 야훼께서 아합 가문
에 내리신 말씀은 한마디도 땅에 떨어지지
않을 것이오. 야훼께서는 당신의 종 엘리야
를 시켜 말씀하신 것을 그대로 이루셨소."
11 이렇게 말하고 나서 예후는 이즈르엘에 남아
있던 아합 가문에 속한 사람을 모두 죽였다.
아합 가문을 둘러싸고 있던 지도자들과 측
근들과 제사장들을 하나도 남기지 않고 다
죽였다.

유다의 왕자들이 학살당하다

12 ◎그리고 나서 예후는 사마리아를 향해 출발
하여 가다가 벳에켓하로임에 이르러
13 유다 왕 아하지야의 동생들을 만났다. 예후
가 "너희는 누구인가?" 하고 물었다. "우
리는 아하지야의 동생들입니다. 왕자들과
대비의 일가에 문안을 드리러 왔던 길입니
다." 하고 그들이 대답하자
14 예후는 "저놈들을 사로잡아라." 하고 명령
하였다. 사로잡아서 죽인 후 벳에켓에 있는
구덩이에 처넣으니 그들 사십이 명이 하나
도 남지 않고 다 죽었다.

예후와 여호나답

15 ◎그리고 다시 떠나가는데 레갑의 아들 여호
나답이 그를 맞으러 나왔다. 예후는 그를 만
나 인사를 나눈 다음, "나는 그대를 진정으
로 믿는데, 그대도 나를 그처럼 믿어주겠
소?" 하고 물었다. 여호나답이 그러겠다고
대답하자 예후는 "그대 생각이 그러하다면
손을 내미시오." 하고 말하였다. 여호나답
이 손을 내밀자 예후는 그를 자기의 병거에
끌어올리며
16 말하였다. "함께 갑시다. 내가 얼마나 야훼
께 열성을 품고 있는지 보여주겠소." 그리
고 그를 자기의 병거에 태워
17 사마리아에 이르러 아합의 잔당들을 하나도
남기지 않고 다 죽였다. 이렇게 예후는 야훼
께서 엘리야에게 말씀하신 대로 하였다.

예후가 바알 숭배를 근절하다

18 ◎그리고 나서 예후는 모든 백성을 모아놓
고 말하였다. "아합은 바알을 조금밖에 섬기
지 않았지만, 예후는 바알을 열성으로 섬길
것이다.
19 이제 바알을 섬기는 예언자들과 사제들을

한 사람도 빠뜨리지 말고 불러오너라. 내가
곧 바알에게 성대한 제사를 드리리라. 무릇
이 제사에 빠지는 자는 살아 남지 못하리
라." 예후는 바알 섬기는 자들을 박멸하려고
이런 계략을 썼던 것이다.
20 성회를 열어 바알을 예배하도록 하라는 예
후의 지시를 따라 마침내 성회가 선포되
었다.
21 예후는 이스라엘 각지에 사람을 보냈다. 바
알을 섬기는 자들이 한 사람도 남지 않고 모
여들어 바알의 신전으로 들어가니, 이쪽 벽
에서 저쪽 벽까지 가득 차게 되었다.
22 예후는 의상 맡은 자에게 바알을 섬기는 자
들이 입을 예복을 가져오라고 명하였다. 그
가 그들이 입을 예복을 가져오자
23 예후는 레갑의 아들 여호나답과 함께 바알의
신전 안으로 들어갔다. 그리고 모든 바알을
섬기는 자들에게 말하였다. "여기 이 자리
에 당신들과 함께 야훼의 종이 한 사람이라
도 있지 않은가 잘들 살펴보시오. 다만 바알
을 섬기는 사람들만 있도록 하시오."
24 이렇게 해서 그들은 희생제와 번제를 드리
려고 안으로 들어갔다. 한편 예후는 신전 밖
에 군인 팔십 명을 배치하고 일렀다. "이 바
알의 무리들을 너희에게 맡긴다. 한 놈이라
도 놓쳐서는 안 된다. 하나라도 놓치면 그
놓친 자가 대신 죽으리라."
25 ◎번제를 다 드리고 나자 예후는 근위대와
장교들에게 명하였다. "안으로 들어가서 한
놈도 놓치지 말고 다 죽여라." 그리하여 근
위대와 장교들이 들어가 무리를 모두 칼로
쳐죽였다. 이윽고 그들은 바알 신전의 지성
소에까지 들어가
26 바알 신전에 있던 목상들을 밖으로 꺼내다
가 불에 태우고
27 바알 제단을 부수며 신전을 헐어 변소를 만
들었는데 그것이 오늘까지 그냥 남아 있다.

예후의 이스라엘 통치

28 ◎이렇게 하여 예후는 이스라엘에서 바알 숭
배를 뿌리뽑았다.
29 그러나 그는 이스라엘을 죄에 빠뜨린 느밧의
아들 여로보암의 죄만은 버리지 못하여 베델
과 단에 세운 금송아지를 그대로 섬겼다.
30 야훼께서 예후에게 말씀하셨다. "너는 내 마
음에 들도록 일을 잘하였다. 나의 뜻대로 아
합 가문을 잘 처치하였다. 그러므로 네 후손
이 사 대에 이르기까지 이스라엘 왕위에 오
르리라."
31 그러나 예후는 이스라엘의 하느님 야훼의 법
을 준수하는 데 성의를 다하지 못하였다.
그는 이스라엘을 죄에 빠뜨린 여로보암의 죄
를 버리지 못하였다.
32 ◎이 때부터 야훼께서 이스라엘을 적에게 찢
기게 하시니 하자엘이 이스라엘 국경을 사방
에서 공격해 왔다.
33 그는 요르단 강 동쪽 길르앗과 가드와 르우벤
과 므나쎄 전지역, 아르논 계곡에 인접한 아
로엘, 길르앗과 바산 지방을 공격하였다.
34 ◎예후가 용맹을 떨치며 무슨 일을 했는지
그 나머지 역사는 이스라엘 왕조실록에 기
록되어 있다.
35 예후는 세상을 떠나 선조들에게로 돌아가
사마리아에 안장되었고 그의 아들 여호아하
즈가 뒤를 이어 왕위에 올랐다.
36 예후는 사마리아에서 이십팔 년 동안 이스라
엘을 다스렸다.

아달리야

11 ◎아하지야의 어머니 아달리야는 자기
의 아들이 죽은 것을 보고 곧 왕의 혈
육을 모두 죽이기 시작하였다.
2 이 때 다른 왕자들은 모두 살해되었으나 아
하지야의 아들 요아스만은 그의 고모인 여호
세바가 몰래 빼내어 유모와 함께 자기 침실
에 숨겨두었으므로 아달리야에게 발각되지
않아 죽음을 면하게 되었다.
3 아달리야가 나라를 다스리는 육 년 동안 요
아스는 고모와 함께 야훼의 전에 숨어 살
았다.
4 칠 년째 되던 해에 여호야다가 가리 외인부
대의 백인대장들과 근위대 대장들을 야훼의
전으로 불러들여 맹세를 시켜 계약을 맺은
다음, 그들에게 왕자를 내세우고는
5 이렇게 지시하였다. "너희는 이렇게 하여
라. 너희 가운데 안식일 당번인 자의 삼분
의 일은 왕궁을 지키고,
6 나머지는 야훼의 성전에서 특별임무를 수행
하는데, 삼분의 일은 수르 문을 지키고 삼분
의 일은 근위대 뒤쪽 문을 지켜라.
7 너희 안식일 비번인 두 부대는 야훼의 성전
에서 왕을 지켜라.
8 모두들 무기를 가지고 왕을 호위하여라. 그
리하여 누구든지 대열에 접근하는 자는 죽
여라. 왕께서 어디로 행차하시든지 꼭 곁에
서 모셔야 한다."
9 ◎백인대장들은 사제 여호야다가 지시한 대
로 하였다. 그들은 각기 자기의 부하들, 곧

안식일에 당번인 군인들과 안식일에 비번
인 군인들을 거느리고 사제 여호야다에게
나왔다.
10 사제는 야훼의 전에 보관되어 있는 다윗 왕
의 창과 방패를 부대장들에게 지급하였다.
11 근위대 군인들은 모두 무기를 잡고 성전 남
쪽에서 북쪽까지 시립하여 제단과 성전을
에워쌌다.
12 그 때 여호야다가 왕자를 데리고 나와서 면
류관을 씌우고 왕으로서 지킬 법을 주면서
기름을 부어 왕으로 세웠다. 그러자 백성들
은 손뼉을 치며 "임금님 만세!"를 외쳤다.
13 ◎아달리야가 백성들의 소리를 듣고 백성이
모인 야훼의 전으로 가보니,
14 왕이 관례를 따라 기둥 옆에 서 있고 그 곁
에서 사람들이 나팔을 불며 노래하고 있었
다. 나팔 소리가 울려 퍼지는 가운데 온 지
방민이 기뻐 뛰는 것을 보고 아달리야는 옷
을 찢으며 "반역이다, 반역이다!" 하고 외
쳤다.
15 그 때 사제 여호야다가 백인대장들에게 명
령하였다. "저 계집을 울 밖으로 끌어내어
라. 따르는 자가 있거든 칼로 쳐죽여라. 그
를 야훼의 전 안에서 죽여서는 안 된다."
16 그러자 군인들은 그 여자를 붙잡아 군마가
출입하는 문으로 해서 궁궐에 들어가 거기
에서 죽였다.
17 그런 다음 여호야다는 이스라엘 백성이 야훼
의 백성이 되는 계약을 야훼와 왕과 백성들
사이에서 맺고 또 왕과 백성들 사이에도 계
약을 맺었다.
18 온 지방민들이 몰려가 바알 신전을 허물고
그 제단과 우상을 산산조각으로 부수었다.
그리고 바알의 사제 마딴을 제단 앞에서 죽
였다. 여호야다 사제는 야훼의 전에 경비병
을 세우고
19 백인대장들과 가리 외인부대와 근위대와 온
지방민을 이끌고 왕을 호위하여 야훼의 전
에서 나와 근위대 문을 통과하여 왕궁으로
갔다. 거기에서 왕이 옥좌에 오르자,
20 온 지방민들은 기뻐서 뛰는데 수도 시민들
은 아무 소리도 하지 못했다. 이렇게 아달리
야는 대궐에서 칼에 맞아 죽었다.

요아스의 유다 통치

12 1 ◎요아스가 왕위에 오른 것은 일곱
11:21 살 때 일이었다.
2 *1* 요아스가 왕이 된 것은 예후 제칠년의 일이
었다. 그는 예루살렘에서 사십 년간 다스렸
다. 그의 어머니는 브엘세바 출신으로 이름
을 지비야라고 하였다.
3 요아스는 사제 여호야다의 가르침을 받아,
2 평생 야훼의 눈에 드는 바른 정치를 폈다.
4 그러나 산당만은 없애지 않았으므로 백성
3 들이 여전히 산당에서 제물을 사르고 향을
피웠다.
5 ◎요아스가 사제들에게 지시하였다. "사람
4 들이 야훼의 성전을 위하여 의무적으로 바
치는 헌금이나 자원하여 바치는 헌금이나
간에 야훼의 전에 바치는 모든 거룩한 헌금
은
6 사제들이 각기 담당 회계에게서 받아두었
5 다가 야훼의 전을 수리할 곳이 있으면 그 돈
으로 모두 수리하여라."
7 그러나 요아스 왕 제이십삼년, 그 때까지 사
6 제들이 성전을 수리하지 않고 있었으므로
8 요아스 왕은 여호야다를 비롯하여 다른 사제
7 들을 불러놓고 일렀다. "어찌하여 그대들은
성전을 수리하지 않고 있소? 이제부터 그
대들은 회계원들에게서 돈을 받아두지 말
고 성전을 수리하는 데 쓰도록 직접 내어주
시오."
9 사제들은 백성들로부터 돈을 받지도 않으
8 려니와 성전을 수리하는 일도 맡지 않겠다
고 하였다.
10 ◎사제 여호야다는 큰 궤짝 하나를 가져다가
9 뚜껑에 구멍을 내어, 야훼의 전 입구 오른쪽
에 있는 기둥 옆에 놓아두어 문을 지키는 사
제들로 하여금 야훼의 성전에 들어오는 모
든 돈을 그 궤짝에 넣게 하였다.
11 궤짝 안에 돈이 많이 든 듯싶으면 왕의 비서
10 와 대사제가 와서 야훼의 전에 있는 은을 쏟
아내어 세었다.
12 계산이 끝나면 그들은 그 돈을 야훼의 전 공
11 사를 맡은 감독들에게 주었다. 다시 그 돈
은 야훼의 전에서 일을 하는 목수와 돌 쌓는
사람들에게 돌아갔고,
13 미장이와 석수들에게도 배당되었으며, 야훼
12 의 전을 수리하는 데 쓸 재목과 석재를 사거
나 그 밖에 성전을 수리하는 모든 비용에 충
당되었다.
14 그러나 야훼의 전에 들어온 그 은은 은대야
13 나 가위나 물뿌리개나 나팔 등, 각종 금은
기구들을 만드는 데 쓰지 않고
15 다만 일꾼들에게 주어 야훼의 전을 수리하
14 는 비용으로만 썼다.
16 일꾼들에게 줄 돈을 감독들에게 맡기고는
15 회계 감사를 하지 않았다. 그만큼 그들이

정직하게 일했던 것이다.
17 보상제와 속죄제 대신 바친 돈은 야훼의 전
16 수입으로 계산하지 않고 사제들의 몫으로
돌렸다.
18 ◎그 무렵, 시리아 왕 하자엘이 쳐들어와 갓
17 을 점령하고 나서 예루살렘을 치려고 발길
을 돌렸다.
19 유다 왕 요아스는 자기보다 앞서 유다를 다
18 스린 여호사밧 왕과 여호람 왕과 아하지야 왕
이 성별하여 바친 것들과 자기 자신이 야훼
께 성별하여 바친 모든 것에다가 성전 창고
와 왕실 창고에 있는 금까지 합하여 모두 시
리아 왕 하자엘에게 보냈다. 그것을 받고 하
자엘은 예루살렘을 치지 않고 떠나갔다.
20 ◎요아스의 나머지 업적과 행적은 유다 왕조
19 실록에 모두 기록되어 있다.
21 그의 신하들이 반역 음모를 꾸며 실라로 내
20 려가는 길목에 있는 벳밀로에서 요아스를 죽
였다.
22 그 때 왕을 쳐죽인 사람은 그의 신하인 시므
21 앗의 아들 요자갈과 소멜의 아들 여호자밧이
었다. 그는 다윗 성에 있는 그의 조상들 곁
에 안장되었다. 그의 뒤를 이어 아마지야가
왕이 되었다.

여호아하즈의 이스라엘 통치

13 ◎예후의 아들 여호아하즈가 이스라엘의
왕이 된 것은 유다 왕 아하지야의 아들
요아스 제이십삼년의 일이었다. 그는 사마리
아에서 십칠 년 동안 다스렸다.
2 그는 야훼의 눈에 거슬리는 정치를 폈다. 이
스라엘을 죄에 빠뜨린 느밧의 아들 여로보암
의 죄를 떨쳐버리지 않고 그 전철을 밟았던
것이다.
3 그리하여 야훼께서는 이스라엘에 분노를 터
뜨리시어 이스라엘을 줄곧 시리아 왕 하자엘
과 그의 아들 벤하닷의 손아귀에서 벗어나
지 못하게 하셨다.
4 그런데 여호아하즈가 야훼께 용서를 빌었다.
야훼께서는 이스라엘이 시리아 왕에게 시달
리며 고생하는 모양을 보시고 그의 기도를
들어주셨다.
5 야훼께서는 이스라엘을 구원할 사람을 내시
어 시리아인들의 손아귀에서 건져내 주셨
다. 그리하여 이스라엘 백성은 자기 집으로
돌아가 이전처럼 살게 되었다.
6 그러나 이스라엘 백성은 이스라엘을 죄에 빠
뜨린 여로보암 가문의 죄만은 떨쳐버리지
않고 그대로 살아갔다. 사마리아에는 아세라
목상이 그대로 남아 있었다.
7 야훼께서는 여호아하즈에게 겨우 기마병 오
십 명, 병거 열 대, 보병 일만을 남겨주셨
다. 나머지는 시리아 왕에게 발길에 채이는
먼지처럼 짓밟혔다.
8 ◎여호아하즈가 용맹을 떨치며 어떤 일을 했
는지 그 나머지 역사는 모두 이스라엘 왕조
실록에 기록되어 있다.
9 여호아하즈는 세상을 떠나 선조들에게로 돌
아가 사마리아에 안장되었고 그의 아들 여호
아스가 뒤를 이어 왕위에 올랐다.

여호아스의 이스라엘 통치

10 ◎여호아하즈의 아들 여호아스가 이스라엘의
왕이 된 것은 유다 왕 요아스 제삼십칠년의
일이었다. 그는 사마리아에서 십육 년 동안
다스렸다.
11 그도 야훼의 눈에 거슬리는 정치를 폈다. 이
스라엘을 죄에 빠뜨린 느밧의 아들 여로보암
의 죄를 떨쳐버리지 않고 그 전철을 밟았던
것이다.
12 여호아스가 유다 왕 아마지야와 싸우며 용맹
을 떨친 일과 그 밖의 나머지 역사는 이스라
엘 왕조실록에 기록되어 있다.
13 여호아스는 세상을 떠나 선조들에게로 돌
아가 사마리아에 있는 왕실 묘지에 안장되
었고 그의 뒤를 이어 여로보암이 왕위에 올
랐다.

엘리사의 죽음

14 ◎엘리사가 죽을 병이 들자 이스라엘 왕 여호
아스는 엘리사가 있는 곳으로 내려와서 얼굴
을 비비며 통곡하였다. 그가 "나의 아버지,
나의 아버지! 이스라엘을 지키던 병거여,
기병이여…." 하고 외치자
15 엘리사가 왕에게 말하였다. "활과 화살을 가
져오십시오." 왕이 활과 화살을 가져오자,
16 "화살을 메워 당기십시오." 하고 말하였다.
왕이 활을 당기자 엘리사는 자기의 손을 왕
의 손에 얹고
17 "동녘 창을 여십시오." 하고 말하였다. 창
을 열자 엘리사가 말하였다. "쏘십시오."
왕이 활을 쏘았다. 그러자 엘리사가 "그 화
살로 야훼께서 승리하실 것입니다. 그 화살
로 시리아를 쳐 이기실 것입니다. 임금님께
서는 아벡에서 시리아 군을 여지없이 쳐부수
실 것입니다." 하고 말하였다.
18 엘리사는 또다시 왕에게 화살을 잡으라고
하였다. 왕이 화살을 잡자, 그 화살로 땅을

치라고 하였다. 왕은 땅을 세 번 치고 그쳤
다.
19 그러자 하느님의 사람이 왕에게 화를 내며
말하였다. "임금님께서 대여섯 번 쳤으면,
시리아 군을 여지없이 쳐부수셨을 터인데,
세 번만 쳤으니 시리아 군을 세 번밖에는 쳐
부수지 못하겠습니다."
20 이 말을 하고 엘리사는 숨을 거두어 안장되
었다. ◎그즈음 모압 강도떼가 해마다 이스
라엘 영토 안으로 쳐들어왔는데,
21 한번은 어떤 사람들이 시체를 묻으려다가
그 강도떼들을 만나 시체를 엘리사의 무
덤 속에 던지고 달아났다. 그런데 그 시체
가 엘리사의 뼈에 닿자 다시 살아나서 일
어섰다.
22 ◎시리아 왕 하자엘은 여호아하즈가 다스리
는 동안 내내 이스라엘을 괴롭혔다.
23 야훼께서는 이스라엘 백성을 불쌍하게 여기
시어 자비를 베푸셨다. 아브라함과 이삭과
야곱과 더불어 맺으신 계약을 생각하시어
당신 백성에게로 마음을 돌리셨던 것이다.
그들을 아직은 멸망시키실 마음이 없으셨
으므로 당신 앞에서 쫓아내지 않으셨다.
24 시리아 왕 하자엘이 죽자 그의 아들 벤하닷이
뒤를 이어 왕위에 올랐다.
25 그 틈을 타서 여호아스는 선왕 여호아하즈가
하자엘에게 전쟁 중에 빼앗겼던 성읍들을
그의 아들 벤하닷의 손에서 탈환하였다. 여
호아스는 벤하닷을 세 번 쳐서 무찌르고 이스
라엘의 성읍들을 탈환하였다.

아마지야의 유다 통치

14 ◎요아스의 아들 아마지야가 유다 왕이
된 것은 이스라엘 왕 여호아하즈의 아들
여호아스 제이년의 일이었다.
2 그는 이십오 세에 왕위에 올라 예루살렘에
서 이십구 년간 다스렸다. 그의 어머니는
예루살렘 출신으로 이름을 여호아딴이라 하
였다.
3 그는 야훼께서 기뻐하실 일을 하고 부왕 요
아스에 못지않게 야훼의 눈에 드는 바른 정
치를 폈지만, 선조 다윗과 같지는 못하였다.
4 산당을 철거하지 않아서 백성들이 여전히
산당에서 희생제를 드리고 향을 피웠던 것
이다.
5 그는 왕권이 튼튼하게 되자 부왕을 죽인 신
하들을 처형하였다.
6 그러나 그 살인자들의 자손들은 죽이지 않
았다. 그는 모세의 법전에 기록되어 있는 야
훼의 명령을 따랐던 것이다. "자식의 잘못
때문에 아비를 죽이지 못하고 아비의 잘못
때문에 자식을 죽이지 못한다. 죽을 사람은
죄지은 바로 그 사람이다."
7 ◎소금골짜기에서 에돔 군 일만을 무찌르고
셀라를 점령한 장본인이 바로 그였다. 그는
그 곳을 욕드엘이라 불렀는데 아직도 그렇
게 불리고 있다.
8 ◎그 무렵 아마지야가 예후의 손자이며 여호
아하즈의 아들인 이스라엘 왕 여호아스에게
사람을 보내어 싸움을 걸었다.
9 그러나 이스라엘 왕 여호아스는 유다 왕 아
마지야에게 다음과 같은 회신을 보냈다.
"레바논의 가시나무가 레바논의 송백에게
딸을 며느리로 달라고 청혼하였다가 지나
가던 레바논의 들짐승에게 짓밟히는 신세
가 되었다.
10 그대는 에돔을 쳐 이겼다고 하여 목에 힘을
주고 우쭐거리는데, 혼자 집 안에 머물러
있어라. 어찌하여 그대의 신세와 유다의 운
명을 망치려고 스스로 설치는가?"
11 ◎그러나 아마지야는 그 말을 들으려 하지
않았다. 그리하여 이스라엘 왕 여호아스는
군대를 이끌고 쳐들어와 유다의 영토인 벳
세메스에서 유다 왕 아마지야와 맞붙었다.
12 유다 군은 이스라엘 군에게 패하여 제각기
자기 집으로 도망쳤다.
13 이스라엘 왕 여호아스는 아하지야의 손자이
며 요아스의 아들인 유다 왕 아마지야를 벳세
메스에서 사로잡았으며, 예루살렘에 이르러
에브라임 성문과 모퉁이 성문 사이의 성벽
을 사백 척이나 헐었다.
14 그는 야훼의 전과 왕실 금고에 있는 금은과
세간을 닥치는 대로 다 털고 또 사람들을 볼
모로 잡아가지고 사마리아로 돌아갔다.
15 ◎여호아스의 나머지 업적과 그의 치적 및
공적, 유다 왕 아마지야와의 전쟁에 관한 것
은 이스라엘 왕조실록에 기록되어 있다.
16 여호아스는 숨을 거두어 사마리아에 있는 왕
실 묘지에 매장되었다. 그의 아들 여로보암
이 왕위를 계승하였다.
17 ◎유다 왕 요아스의 아들 아마지야는 이스라
엘 왕 여호아하즈의 아들 여호아스보다 십오
년을 더 살았다.
18 아마지야의 나머지 역사는 유다 왕조실록에
기록되어 있다.
19 예루살렘에서 반란이 일어나자 아마지야는
라기스로 도망하였다. 그러나 반란군은 라
기스까지 쫓아가 그를 죽였다.

20 그러나 그의 시체만은 말에 실어 예루살렘으로 모셔다가 다윗 성에 있는 왕실 묘지에 안장시켰다.

21 온 유다 백성이 나이 십육 세인 우찌야를 택하여 부왕 아마지야를 대신하여 왕으로 삼았다.

22 왕이 세상을 떠나 선조들에게 돌아간 다음 엘랏을 찾아 유다의 한 성으로 재건한 장본인이 우찌야다.

여로보암(2세)의 이스라엘 통치

23 ◎여호아스의 아들 여로보암이 이스라엘의 왕이 된 것은 유다 왕 요아스의 아들 아마지야 제십오년의 일이었다. 그는 사마리아에서 사십일 년간 다스렸다.

24 그는 야훼께서 보시기에 악한 일을 행하였다. 이스라엘 백성을 죄에 빠뜨렸던 느밧의 아들 여로보암의 죄를 떠나지 않고 그 악습을 그대로 답습하였다.

25 ◎하맛 어귀로부터 아라바 해에 이르는 이스라엘 영토를 되찾은 것은 그였다. 이스라엘의 하느님 야훼께서 당신의 종인 예언자 요나를 시켜 하신 말씀이 이렇게 이루어졌다. 요나는 갓헤벨 출신으로서 아미때라는 사람의 아들이었다.

26 이스라엘의 고생이 막심한 것을 야훼께서 눈여겨보셨던 것이다. 이스라엘 백성은 종이나 자유인이나 할 것 없이 고생하고 있으며 도와줄 이도 없었다.

27 야훼께서는 이스라엘의 이름을 하늘 아래에서 지워버리지 않기로 하시고 요아스의 아들 여로보암을 시켜 이스라엘을 구원하셨다.

28 ◎여로보암의 나머지 업적과 그의 치적, 공적 그리고 그가 치른 전쟁 및 유다에 빼앗겼던 다마스쿠스와 하맛을 탈환한 것 등은 모두 이스라엘 왕조실록에 기록되어 있다.

29 여로보암이 선조들과 함께 잠들어 이스라엘의 역대 왕들 곁에 안장되자 그의 아들 즈가리야가 왕위를 계승하였다.

우찌야의 유다 통치

15 ◎아마지야의 아들 우찌야가 유다 왕이 된 것은 이스라엘 왕 여로보암 제이십칠년의 일이었다.

2 그는 십육 세에 왕위에 올라 예루살렘에서 오십이 년 동안 다스렸다. 그의 어머니는 예루살렘 출신으로서 이름을 여골리야라고 하였다.

3 그는 부왕 아마지야가 그러하였듯이 야훼 보시기에 옳은 일을 행하였다.

4 그러나 산당은 그대로 존속시켰으므로 백성들이 여전히 그 산당에서 희생제를 드리고 향을 피웠다.

5 우찌야 왕은 야훼께 맞아 나병환자로서 여생을 보냈다. 그는 세자 요담에게 왕궁의 일과 나라 일을 맡기고 뒤로 물러나 홀로 지냈다.

6 ◎우찌야의 나머지 치적과 행적은 유다 왕조실록에 기록되어 있다.

7 우찌야는 선조들과 함께 잠들어 다윗 성 안에 안장되었다. 그의 아들 요담이 왕위를 계승하였다.

즈가리야의 이스라엘 통치

8 ◎여로보암의 아들 즈가리야가 이스라엘의 왕이 된 것은 유다 왕 우찌야 제삼십팔년의 일이었다. 그는 사마리아에서 육 개월간 다스렸다.

9 그는 선조들이 그러하였던 것과 같이 야훼 보시기에 악한 일을 행하였다. 그는 이스라엘을 죄에 빠뜨렸던 느밧의 아들 여로보암의 죄를 떠나지 못하고 그 악습을 되풀이하였다.

10 ◎야베스의 아들 살룸이 반란을 일으켜 ㉠이블르암에서 그를 죽이고 왕위를 빼앗았다.

11 즈가리야의 나머지 치적은 이스라엘 왕조실록에 기록되어 있다.

12 야훼께서 예후에게 "네 자손이 사 대까지 이스라엘의 왕위를 이으리라." 하신 말씀이 그대로 이루어졌던 것이다.

살룸의 이스라엘 통치

13 ◎야베스의 아들 살룸이 이스라엘의 왕이 된 것은 유다 왕 우찌야 제삼십구년의 일이었다. 그는 사마리아에서 일 개월간 다스렸다.

14 가디의 아들 므나헴이 디르사에서 반란을 일으켜 사마리아로 쳐 올라와서 야베스의 아들 살룸을 죽이고 왕위를 빼앗았다.

15 살룸의 나머지 치적과 그가 꾸몄던 음모는 이스라엘 왕조실록에 기록되어 있다.

16 왕이 되고 나서 므나헴은 성문을 열어주지 않던 다부아 성을 쳐 그 안에 살던 사람을 모두 죽이고 디르사에서 시작하여 온 지역을 쳤다. 심지어 임신한 여자들의 배를 가르기까지 하였다.

㉠ 히브리어 본문 : "백성들 앞에서."

므나헴의 이스라엘 통치

17◎가디의 아들 므나헴이 이스라엘의 왕이 된
것은 유다 왕 우찌야 제삼십구년의 일이었
다. 그는 사마리아에서 십 년간 다스렸다.
18그는 야훼 보시기에 악한 일을 행하였다. 이
스라엘을 죄에 빠뜨렸던 느밧의 아들 여로보
암의 죄를 떠나지 않고 그 악습을 되풀이하
였다. 그가 다스리던 때에
19아시리아 왕 불이 이스라엘을 침입한 일이 있
었다. 므나헴은 왕의 자리를 지키도록 도와
달라고 하며 은 천 달란트를 불에게 주었다.
20그 은은 이스라엘의 모든 부자에게 각각 오
십 세겔씩 내도록 하여 거둔 것이었다. 이
돈을 받고 아시리아 왕은 이스라엘 땅에 머
무르지 아니하고 돌아갔다.
21므나헴의 나머지 치적과 행적은 이스라엘 왕
조실록에 기록되어 있다.
22므나헴이 선조들과 함께 잠들자 그의 아들
브가히야가 왕위를 계승하였다.

브가히야의 이스라엘 통치

23◎므나헴의 아들 브가히야가 이스라엘 왕위
에 오른 것은 유다 왕 우찌야 제오십년의
일이었다. 그는 사마리아에서 이 년간 다스
렸다.
24그는 야훼 보시기에 악한 일을 행하였다. 이
스라엘을 죄에 빠뜨렸던 느밧의 아들 여로보
암의 죄를 버리지 않고 그 악습을 되풀이하
였다.
25르말리야의 아들 베가가 그의 부관이었는데
반란을 일으켰다. 그는 길르앗 사람 오십 명
을 거느리고 사마리아 왕궁 성루에 쳐들어
가 왕을 죽이고 왕위를 빼앗았다.
26브가히야의 나머지 치적과 모든 행적은 이스
라엘 왕조실록에 기록되어 있다.

베가의 이스라엘 통치

27◎르말리야의 아들 베가가 이스라엘의 왕위
에 오른 것은 유다 왕 우찌야 제오십이년의
일이었다. 그는 사마리아에서 이십 년간 다
스렸다.
28그는 야훼 보시기에 악한 일을 행하였다. 이
스라엘을 죄에 빠뜨렸던 느밧의 아들 여로보
암의 죄를 버리지 않았고 그 악습을 되풀이
하였다.
29베가가 이스라엘의 왕위에 있을 때 아시리아
왕 디글랏빌레셀이 쳐들어와서 이욘, 아벨벳
마아가, 야노아, 케데스, 하솔, 길르앗, 갈릴리
와 납달리 전지역을 장악하고 백성들을 사
로잡아 아시리아로 끌고 갔다.
30우찌야의 아들 요담 제이십년에 엘라의 아들
호세아가 반란을 일으켜 르말리야의 아들 베
가를 죽이고 왕위를 빼앗았다.
31◎베가의 나머지 치적과 행적은 이스라엘 왕
조실록에 기록되어 있다.

요담의 유다 통치

32◎유다 왕 우찌야의 아들 요담이 왕위에 오른
것은 이스라엘 왕 르말리야의 아들 베가 제이
년의 일이었다.
33그는 이십오 세에 왕위에 즉위하여 예루살
렘에서 십육 년간 다스렸다. 그의 어머니는
사독의 딸 여루사였다.
34그는 부왕 우찌야가 그러했듯이 야훼 보시기
에 옳은 일을 행하였다.
35그러나 산당은 여전히 남겨두었으므로 백
성들이 그 산당에서 번제를 드리고 향을 피
웠다. 그가 바로 야훼의 전 윗대문을 세운
장본인이다.
36◎요담의 나머지 치적과 행적은 유다 왕조실
록에 기록되어 있다.
37◎이 시대에 야훼께서는 시리아 왕 르신과 이
스라엘 왕 르말리야의 아들 베가를 시켜 유다
를 공격하기 시작하셨다.
38요담은 그 선조들과 함께 잠들어 조상 다윗
의 성에 안장되었다. 그의 아들 아하즈가 뒤
를 이어 왕위에 올랐다.

아하즈의 유다 통치

16 ◎유다 왕 요담의 아들 아하즈가 왕위에
오른 것은 르말리야의 아들 베가 제십
칠년의 일이었다.
2 아하즈는 이십 세에 왕위에 올라 예루살렘에
서 십육 년간 다스렸다. 그는 태조 다윗처럼
자기 하느님 야훼의 눈에 드는 바른 정치를
펴지 못하고
3 이스라엘 왕들의 전철을 밟았다. 그는 야훼
께서 이스라엘 백성의 면전에서 쫓아낸 민
족들의 고약한 풍속을 본받아 자기의 아들
을 불에 살라 바쳤다.
4 짐승을 잡아 산당과 산마루에서, 또 우거진
나무 그늘에서 번제를 드리고 향을 피웠다.
5◎그가 왕위에 있을 때 시리아 왕 르신과 이
스라엘 왕 르말리야의 아들 베가가 쳐 올라와
예루살렘을 포위하고 아하즈를 독 안에 든
쥐로 만들었지만 싸움 마당에 끌어내지는
못하였다.
6 이 틈을 타서 에돔 왕은 엘랏을 탈환하여 에

돔의 것으로 만들고 엘랏으로부터 유다 군을
쫓아내었다. 에돔 사람들은 그 곳을 차지하
여 오늘날까지 살고 있다.
7 아하즈는 아시리아의 왕 디글랏빌레셀에게 사
절단을 보내어 간청하였다. "나는 왕의 신
하이며 아들입니다. 내가 지금 시리아 왕과
이스라엘 왕에게 공격을 당하고 있습니다.
오셔서 나를 그들의 손아귀에서 건져주시
기 바랍니다."
8 아하즈는 야훼의 전과 왕실 금고에 있는 금
은을 있는 대로 다 모아서 아시리아 왕에게
뇌물로 보냈다.
9 아시리아 왕은 아하즈의 간청을 받아들여 곧
장 다마스쿠스로 쳐들어가 점령하고는 주민
들을 사로잡아 키르로 끌고 갔다. 그리고 르
신을 죽였다.
10 아하즈 왕은 아시리아 왕 디글랏빌레셀을 만
나러 다마스쿠스로 갔다가 그 곳 다마스쿠
스에 있는 제단을 보고, 그 제단의 모형과
자세한 도본을 만들어 사제 우리야에게 보
냈다.
11 사제 우리야는 아하즈 왕이 다마스쿠스에서
보낸 것을 본떠 제단을 만들기 시작하여 왕
이 돌아오기 전에 완성하였다.
12 왕은 다마스쿠스에서 돌아와 그 제단을 보고
제단 있는 데로 올라가서
13 번제를 드리고 곡식예물과 제주를 바쳤다.
그리고 자기가 드리는 친교제물의 피를 제
단에 뿌렸다.
14 그리고 야훼 앞에 있던 놋쇠 제단은 야훼의
전 앞에서 치웠다. 그것을 새 제단과 야훼의
전 사이에서 옮겨다가 새 제단의 북쪽 옆에
놓아두었다.
15 그런 뒤에 아하즈 왕은 사제 우리야에게 지
시하였다. "이 큰 제단에서 아침의 번제물
과 저녁의 곡식예물, 나의 번제물과 곡식예
물, 일반 백성들이 바치는 번제물과 곡식예
물과 제주를 드리도록 하시오. 그리고 번제
물과 친교제물의 피를 모두 이 제단에 뿌리
시오. 놋제단은 내가 야훼께 문의하는 데만
쓸 것이오."
16 사제 우리야는 아하즈 왕의 지시대로 다 하
였다.
17 ◎아하즈 왕은 물두멍을 부수고 옆벽 판자와
놋대야를 걷어 치웠다. 그리고 놋으로 만든
황소가 받치고 있던 놋바다를 끌어내려 돌
받침 위에 놓았다.
18 또한 아시리아 왕에게 충성을 보이기 위하
여 야훼의 전 안에 마련되어 있던 어좌를 치
우고 왕이 출입하던 성전의 바깥 대문을 봉
하였다.
19 ◎아하즈의 나머지 행적과 치적은 유다 왕조
실록에 기록되어 있다.
20 아하즈는 숨을 거두고 그의 선조들과 나란
히 다윗 성 안에 안장되었다. 그의 아들 히
즈키야가 왕위를 계승하였다.

호세아의 이스라엘 통치

17 ◎엘라의 아들 호세아가 이스라엘 왕위
에 오른 것은 유다 왕 아하즈 제십이년
의 일이었다. 그는 사마리아에서 구 년간 다
스렸는데
2 야훼 보시기에 악한 일을 행하였다. 그러나
그의 전에 있던 이스라엘 왕들만큼 악하지
는 않았다.
3 ◎호세아는 아시리아 왕 살마네셀이 쳐들어
오자 그의 신하가 되어 조공을 바쳤다.
4 그런데 호세아는 아시리아 왕에게 매년 바치
던 조공을 바치지 않고 이집트 왕 소에게 사
절단을 보냈다. 호세아가 이렇게 반역하는
것을 보고 아시리아 왕은 호세아를 잡아 감
옥에 가두었다.
5 그리고 이스라엘 전역을 침공, 사마리아를
포위하여 삼 년 동안 공격하였다.
6 마침내 호세아 제구년에 아시리아 왕은 사마
리아를 함락시키고 이스라엘 백성들을 사로
잡아 아시리아로 데려다가 할라 지방과 고잔
의 하볼 강 연안과 메대의 성읍들에 이주시
켰다.

북 왕국 이스라엘의 몰락

7 ◎이스라엘이 이렇게 된 것은 자기들을 이집
트에서 이끌어내시어 이집트 왕 파라오의 손
아귀에서 건져주신 저희 하느님 야훼께 죄
를 지었기 때문이었다. 그들은 다른 신들을
섬기며,
8 야훼께서 자기들의 면전에서 쫓아낸 민족들
의 풍습과 이스라엘 왕들이 멋대로 만들어
낸 규례를 따라 살았다.
9 그들은 자기들의 하느님 야훼께 해서는 안
될 일을 하였다. 감시망대에서 요새화된 성
읍에 이르기까지 사람 사는 곳이면 어디에
든지 산당을 세웠고
10 모든 높은 언덕 위와 우거진 나무 아래에 석
상과 아세라 목상을 세웠다. 그리고는
11 야훼께서 이스라엘의 면전에서 쫓아내신 민
족들이 하던 대로 그 모든 산당에서 제물을
살라 바쳤다. 그들은 이러한 못된 짓을 하

여 야훼의 속을 썩여드렸다.
12또 야훼께서 엄하게 금하신 우상 숭배를 일
삼았다.
13그래도 야훼께서는 당신의 모든 예언자들과
선견자들을 시켜 이스라엘과 유다에 이렇게
엄하게 일러주셨다. "너희들은 그 악습을
버리고 돌아와 나의 계명과 규정을 지켜라.
내 종 예언자들을 시켜 너희 조상들에게 전
한 법을 그대로 지켜라."
14그러나 그들은 그 말씀을 듣지 않았다. 그
들의 조상들도 저희 하느님 야훼를 믿지 않
았지만, 그들도 조상 못지않게 고집이 세
었다.
15그들은 야훼께서 저희 선조들과 계약을 맺
으시며 주신 규정과 엄히 일러주신 훈령을
업신여겼다. 허수아비를 따르다가 허수아
비가 되었고, 야훼께서 본받지 말라고 하신
주위에 있는 민족들을 본받았다.
16저희 하느님 야훼의 계명을 저버리고 자기
들을 위하여 쇠붙이를 녹여 송아지 두 마리
를 부어 만들었으며, 아세라 목상을 깎아 만
들었고 하늘의 별들을 예배하고 바알을 섬
겼다.
17그들은 자기 아들 딸들을 불에 살라 바쳤
고, 점쟁이나 술객에게 가서 운수를 보았
다. 이렇게 스스로 자유를 잃은 종의 신세
가 되어 야훼의 눈에 거슬리는 일을 함으로
써 야훼의 속을 썩여드렸던 것이다.
18야훼께서 크게 노하시어 이스라엘을 당신 앞
에서 쫓아내시니 남은 것은 유다 지파밖에
없었다.
19◎그러나 유다도 저희 하느님 야훼의 계명을
지키지 아니하고 이스라엘이 받아들여 지키
던 풍속을 따랐다.
20야훼께서는 온 이스라엘 족속을 버리시어 괴
롭게 하셨다. 그리고 침략자들에게 넘겨주
시어 당신 앞에서 끌려가게 하셨다.
21야훼께서 이스라엘을 다윗 왕조에서 분리시
키실 때에 이스라엘 사람들은 느밧의 아들
여로보암을 왕으로 세웠다가, 그의 꾐에 빠
져 야훼를 섬기지 아니하고 큰 죄에 빠지게
되었다.
22이스라엘 백성은 여로보암이 지은 온갖 죄에
빠져 그 죄를 버리지 못하다가,
23마침내 야훼 앞에서 쫓겨나게 되었다. 당신
의 종 예언자들을 시켜서 말씀하셨던 대로
된 것이다. 이리하여 이스라엘 백성은 고국
을 등지고 아시리아로 사로잡혀 가서 이 날
까지 거기에 붙잡혀 있다.

사마리아인의 시조

24◎아시리아 왕은 바빌론과 구다와 아와와 하
맛과 스발와임에서 사람들을 데려다가 이스
라엘 사람들이 살던 사마리아 성읍들에 이주
시켜 그들로 하여금 그 곳에서 자리 잡고 살
게 하였다.
25그들은 그 곳으로 옮겨 와서 처음에는 야
훼를 공경하지 않았다. 그래서 야훼께서는
사자들을 보내시어 사람들을 잡아먹게 하
셨다.
26이 일이 아시리아 왕에게 보고되었다. "임금
님께서 데려다가 사마리아의 여러 성읍에
이주시키신 민족들이 그 지방의 신을 위하
는 법을 모릅니다. 그 지방의 신은 자기를
위하는 법을 아는 자가 하나도 없다고 하여
사자를 보내어 사람들을 잡아먹게 하였습
니다."
27이 말을 듣고 아시리아 왕이 명령을 내렸다.
"사마리아에서 잡아 온 사제 한 명을 그리
로 보내도록 하여라. 그 곳에 가서 살면서
그 지방의 신을 위하는 법을 가르치도록 하
여라."
28그리하여 사마리아에서 잡혀 온 사제 하나
가 베델에 가서 살면서 그들에게 야훼 공경
하는 법을 가르치게 되었다.
29그러나 그 민족들은 저마다 자기네가 사는
곳에서 저희의 신상들을 만들어 사마리아인
들이 지은 산당들 안에 두었다.
30바빌론 사람들은 수꼿브놋을 만들었고 구다
사람들은 네르갈을 만들었으며 하맛 사람들
은 아시마를 만들었고,
31아와 사람들은 니브하즈와 다르닥을 만들었
다. 스발와임 사람들은 그들의 신인 아드람
멜렉과 아남멜렉에게 자녀들을 제물로 살라
바쳤다.
32그러는 한편 그들은 야훼도 공경하였다. 자
기들 가운데서 출신을 가리지 않고 사람들
을 뽑아 산당의 사제직을 맡겨 그 곳에 있는
산당들에서 사제 일을 보게 하였다.
33이렇게 그들은 야훼를 공경하면서도 각 민
족이 붙잡혀 오기 전에 가졌던 풍습을 따라
저희의 신도 섬겼다.
34그들은 오늘날에도 그러한 옛 풍습을 지키
고 있다. ◎그러다 보니 야훼를 참으로 공경
하는 사람이 없었다. 야훼께서 이스라엘이라
이름지어 주신 야곱의 후손들에게 분부하신
규정과 법령과 가르침과 계명을 그대로 따
르는 사람이 없었다.
35그들과 계약을 맺으실 때 야훼께서는 그들

에게 이렇게 명령하셨던 것이다. "너희는
다른 신을 공경하지 마라. 절하여 섬기며
제사를 드리지 마라.
36오직 큰 힘으로 팔을 뻗어 너희를 이집트에
서 이끌어낸 나 야훼만 공경하고 절하며 제
사를 드려라.
37너희들에게 준 규정과 법령과 가르침과 계
명을 사뭇 성실히 지키고 다른 신들을 공경
하지 마라.
38내가 너희와 맺은 계약을 잊지 말고 다른 신
들을 섬기지 마라.
39다만 너희 하느님 야훼만을 공경하여라. 너
희를 모든 원수에게서 건져줄 다른 이가
없다."
40그러나 그들은 그 말씀을 듣지 아니하고 옛
풍습만을 따라 살았다.
41이 민족들은 한편으로는 야훼를 공경하면서
동시에 저희의 우상들도 섬겼다. 그들은 후
손들도 대대로 이 날까지 선조들의 풍습을
그대로 지켜 내려왔다.

히즈키야의 유다 통치

18 ◎아하즈의 아들 히즈키야가 유다 왕이
된 것은 이스라엘 왕 엘라의 아들 호세
아 제삼년의 일이었다.
2그는 이십오 세에 즉위하여 예루살렘에서
이십구 년간 다스렸다. 그의 어머니는 즈가
리야의 딸로서 이름을 아비라 하였다.
3그는 그의 선조 다윗이 그러하였던 것같이
야훼 보시기에 올바른 일을 하였다.
4그는 산당들을 철거하고 석상들을 부수고
아세라 목상들을 찍어버렸다. 그리고 모세
가 만들었던 구리뱀을 산산조각 내었다. 이
스라엘 사람들이 그 때까지 느후스탄이라고
불리우던 그 구리뱀에게 제물을 살라 바치
고 있었던 것이다.
5그는 이스라엘의 하느님 야훼를 의지하였다.
유다 왕들 가운데 전에도 후에도 그만한 왕
이 없었다.
6그는 야훼를 배반하지 아니하고 충성을 다
하여 야훼께서 모세에게 주신 계명들을 준
수하였다.
7야훼께서는 그와 함께 계시며 그가 하는 모
든 일을 이루어주셨다. 그는 아시리아 왕에
게 반기를 들어 그의 지배를 벗어났다.
8가자에 이르기까지 불레셋 전지역을 감시망
대니 요새화된 성이니 할 것 없이 모두 쳐부
순 장본인이 바로 그였다.

사마리아의 함락

9◎히즈키야 왕 제사년, 곧 이스라엘 왕 엘라
의 아들 호세아 제칠년에 아시리아 왕 살마네
셀이 쳐들어와 사마리아를 포위하고
10삼 년 만에 함락시켰다. 사마리아가 함락된
것은 히즈키야 제육년, 곧 이스라엘 왕 호세
아 제구년이었다.
11아시리아 왕은 이스라엘 사람들을 사로잡아
아시리아로 끌고 가 할라 지방과 고잔의 하볼
강 연안과 메대의 성읍들에 이주시켰다.
12그것은 이스라엘 사람들이 저희 하느님 야훼
의 말씀을 듣지 아니하고 야훼께서 모세에
게 세워주신 계약과 모세가 지시한 모든 것
을 어겨, 듣지 아니하고 그대로 따르지도
아니하였기 때문이었다.

아시리아 왕 산헤립의 유다 침공

13◎히즈키야 왕 제십사년에 아시리아 왕 산헤
립이 유다를 침략하여 모든 요새화된 성읍
들을 점령하였다.
14유다 왕 히즈키야는 라기스의 아시리아 왕에
게 전갈을 보냈다. "내가 잘못했습니다. 돌
아가 주시기만 한다면 어떤 처벌을 내리시
든지 달게 받겠습니다." 그리하여 아시리아
왕은 유다 왕 히즈키야에게 은 삼백 달란트와
금 삼십 달란트를 바치라고 하였다.
15히즈키야 왕은 야훼의 전과 왕실 금고에 있
는 은을 있는 대로 다 아시리아 왕에게 바
쳤다.
16히즈키야가 야훼의 전 본관 문짝들과 문설주
에 자기 손으로 입혔던 것마저 벗겨서 아시
리아 왕에게 바친 것도 그 때였다.
17◎아시리아 왕은 라기스에서 총사령관과 내
시장관과 시종장관에게 상당한 병력을 주
어 히즈키야 왕이 있는 예루살렘으로 보냈다.
그들은 예루살렘에 이르러 마전터로 가는
길가 윗저수지 물길 있는 데로 와 서서
18왕을 불렀다. 그들을 맞으러 궁내대신 힐키
야의 아들 엘리야킴과 시종무관 셉나와 공보
대신 아삽의 아들 요아가 나가자
19시종장관이 말하였다. "히즈키야에게 전하
여라. 아시리아의 대왕께서 하시는 말씀이
다. '네가 무엇을 믿고 이렇게 자신만만하
냐?
20참모도 없고 군대도 없는 주제에 입술의 빈
말만으로 싸움을 이길 수 있다고 생각하느
냐? 네가 무엇을 믿고 나에게 반역하느냐?
21네가 믿는 이집트는 부러진 갈대에 불과하
다. 그것을 지팡이처럼 믿는다마는 그것을

잡았다가는 도리어 손만 베일 것이다. 이집
트 왕 파라오는 자기를 믿는 모든 자들을 그
렇게 대한다.
22 너희는 나에게 말하기를 너희 하느님 야훼
를 믿는다고 하겠지마는 유다와 이스라엘
백성에게 예루살렘에 있는 제단 앞에서만
예배를 드려야 한다고 하며, 야훼의 산당들
과 제단들을 헐어버린 것이 히즈키야가 아
니냐?'
23 자, 나의 주인이신 아시리아 왕과 승부를 겨
루어보아라. 네가 기수만 내놓을 수 있다면
내가 너에게 말 이천 마리를 주겠다.
24 너에게 우리 주인의 하잘것없는 졸병 하나
인들 물리칠 힘이 있겠느냐? 그러면서 이집
트에서 병거나 기병부대가 오려니 하고 있
구나.
25 내가 야훼의 분부도 없이 어떻게 이 곳을 치
러 올라왔겠느냐? 야훼께서 나에게 일찍이
이 땅을 쳐부수러 올라가라고 분부하셨다."
26 ◎힐키야의 아들 엘리야킴과 셉나와 요아가
시종장관에게 청하였다. "아람어로 말씀해
주시오. 우리는 아람어를 알아들을 수 있습
니다. 백성이 성 위에서 듣고 있는데, 유다
말로 말씀하지 말아주시오."
27 시종장관이 대답하였다. "나의 주인께서 너
희 상전이나 너희에게만 이 말을 전하라고
나를 보내신 줄 아느냐? 성 위에서 너희와
같이 제 오줌과 제 똥을 먹고 앉아 있는 자
들에게도 전하라고 나를 보내신 것이다."
28 이어 시종장관은 일어서서 유다 말로 크게
말하였다. "들어라. 아시리아 대왕의 말씀
이다.
29 대왕께서 말씀하신다. '히즈키야에게 속지
마라. 그가 나에게서 너희를 구해 내지 못
하리라.
30 그가 너희를 설득하여 야훼를 의지하자고
하고 또 야훼가 너희를 구할 것이므로, 이
성이 절대로 아시리아 왕에게 함락되지 않
는다고 말하더라도 그 말을 믿지 마라.
31 히즈키야가 하는 말은 듣지 마라.' 아시리아
왕께서 말씀하신다. '나와 강화 조약을 맺
자. 나에게 항복하여라. 그리하면 너희는
각기 자기가 재배하는 포도와 무화과를 먹
을 수 있게 되고 자기 물통의 물을 마실 수
있게 될 것이다.
32 때가 되면 내가 와서 너희의 조국 땅과 다
름없는 땅, 곧 곡식과 새 포도주가 나고 빵
과 과일, 올리브 나무와 좋은 기름과 꿀이
나는 땅에 너희를 정착시키리라. 너희는 모
두 죽음 대신에 생명을 택하여라. 히즈키야
의 말을 듣지 마라. 그는 야훼가 너희를 구
해 줄 것이라고 말하여 너희를 그릇 인도할
뿐이다.
33 그 어느 민족의 신이 아시리아의 왕으로부
터 자기 영토를 구하였더냐?
34 하맛과 아르밧의 신들은 어디 갔느냐? 스발
와임과 헤나와 아와의 신들은 어디 갔느냐?
사마리아 땅의 신들은 어디 갔느냐? 그들이
사마리아를 내 손에서 건졌더냐?
35 여러 민족의 신들 중에 자기 영토를 나에게
서 구해 낸 신이 하나라도 있었느냐? 야훼
가 어찌 예루살렘을 구하겠느냐?'"
36 ◎그러나 백성들은 침묵을 지키고 아무런
대답도 하지 않았다. 적장의 말에 아무 대
꾸도 하지 말라고 히즈키야 왕이 명령했기
때문이었다.
37 궁내대신 힐키야의 아들 엘리야킴과 시종무
관 셉나와 공보대신 아삽의 아들 요아는 옷
을 찢으며 히즈키야 왕에게 돌아가서 적의
시종장관이 한 말을 모두 보고하였다.

예언자 이사야의 예언

19 ◎히즈키야 왕은 그들의 보고를 듣고
나서 입고 있던 옷을 찢고 삼베옷을 두
르고 야훼의 성전에 들어가
2 궁내대신 엘리야킴과 시종무관 셉나와 고위
사제들에게 모두 삼베옷을 입혀 아모쓰의
아들 예언자 이사야에게 가서
3 왕의 말을 전하게 하였다. "이 날은 우리에
게 환난의 날이며 질책과 치욕의 날이오.
우리는 마치 아기를 낳으려 하나 아기를 낳
을 힘이 없는 산모와 같소.
4 그대의 하느님 야훼께서는 아시리아 왕이 보
낸 시종장관이 살아 계신 하느님을 조롱하
여 한 말을 모두 들으셨을 것이오. 그리고
그대의 하느님 야훼께서는 그 말을 들으시
고 꾸짖으실 것이오. 아직 살아 남아 있는
자들을 위하여 기도를 드려주시오."
5 ◎히즈키야 왕의 시종들이 이사야에게 가자
6 이사야는 이렇게 대답하였다. "가서 그대들
의 상전에게 전하시오. 이것은 야훼의 말씀
이오. '아시리아 왕의 아첨배들이 나를 비
방하여 한 말을 가지고 놀라지 마라.
7 내가 아시리아 왕을 귀신에 사로잡히게 하
여 뜬소문을 듣고 자기 나라로 철수토록 하
리라. 그 후에 거기에서 칼에 맞아 죽게 하
리라.'"
8 ◎이 때 시종장관은 아시리아 왕이 라기스를

떠났다는 소식을 듣고 퇴각하여 리브나를
공격하고 있는 아시리아 왕과 합세하였다.
9 아시리아 왕은 구스의 왕 티르하가가 자기와
교전하기 위하여 진격하고 있다는 정보에
접하고 히즈키야에게 다시 특사를 보내며
일렀다.
10 "유다 왕 히즈키야에게 이렇게 전하여라.
'네가 의지하고 있는 너의 하느님이, 예루
살렘은 아시리아 왕에게 정복되지 않으리라
고 말한다 하더라도 그 말에 속지 마라.
11 아시리아의 역대 왕들이 주위의 여러 나라
들을 정복하고 그 백성들을 무찌른 사실을
너는 분명히 들어 알고 있지 않느냐? 그래
도 네가 피할 수 있으리라고 바라느냐?
12 나의 선왕들은 여러 나라를 쳐서 무찔렀다.
고산, 하란, 레셉, 들바살에 있는 에덴족 등,
이들 나라의 신들이 제 나라를 구출했더냐?
13 하맛, 아르밧, 스발와임, 헤나, 아와, 이 모든
나라의 왕들은 모두 어디 갔느냐?'"
14 ◎히즈키야는 특사들에게서 서신을 받아 읽
었다. 그리고 나서 그는 곧장 야훼의 전에
올라가 야훼 앞에 그 편지를 펼쳐놓고
15 이렇게 기도하였다. "만군의 야훼, 거룹들
위에서 다스리시는 이스라엘의 하느님이여,
당신은 지상의 모든 왕국을 지배하시는 유
일하신 하느님이십니다. 당신께서 하늘과
땅을 만드셨습니다.
16 야훼여, 귀를 기울이시고 들어주십시오. 야
훼여, 눈을 뜨고 보십시오. 산헤립이 보낸
자들이 살아 계신 하느님을 조롱하여 하는
말을 들어보십시오.
17 야훼여, 아시리아의 역대 왕들이 이웃의 여
러 나라들과 그 영토를 짓밟았고
18 그 나라들의 신들을 불에 던졌음은 사실입
니다. 하기야 그 나라들의 신들은 사람의
손으로 만든 물건으로서 다만 나무와 돌에
지나지 않습니다만, 그렇지 않고서야 어찌
없애버릴 수 있었겠습니까?
19 야훼, 우리의 하느님이여, 그의 손아귀로부
터 우리를 구원하여 주십시오. 그리하여 땅
위의 모든 왕국들이, 야훼여, 당신만이 홀로
하느님이심을 알게 하여주십시오."
20 ◎아모쓰의 아들 이사야가 히즈키야에게 사
람을 보내어 말하였다. "이스라엘의 하느님,
야훼의 말씀이오. '아시리아 왕 산헤립을 두
고 간구한 너의 기도를 내가 들었다.'
21 아시리아 왕을 두고 야훼께서 이렇게 말씀하
셨소.
'시온의 딸, 처녀가 너를 비웃고 멸시하
리라.
네가 퇴각할 때 예루살렘의 딸이 그 머리
를 들리라.
22 네가 누구를 조소하고 비방하였는가?
네가 누구에게 큰소리를 쳤는가?
이스라엘의 거룩한 이에게 너는 거만한
눈길을 던졌다.
23 너는 특사를 보내어 주를 조소하며 말하
였다.
내가 나의 병거를 타고 위대한 업적을 이
루었노라고.
또 높은 산을 정복하였으며,
레바논의 막다른 봉우리까지 올랐노라고.
레바논의 우람한 삼목과
가장 훌륭한 잣나무를 내가 베어 제쳤노
라고.
레바논의 평온한 안식처, 그 숲과 초원을
내가 다 밟았노라고.
24 내가 또 외국 땅에서 우물을 파 그 물을
마셔보았으며,
나의 발바닥으로 이집트에 있는 모든 강
의 물을 말렸노라고.
25 그러나 너는 오래 전에 듣지 못하였느냐?
내가 이룩한 이 모든 업적을.
오래 전에 내가 그 일을 계획하였고
또 지금 내가 그 일을 성취하였으니
견고한 요새는 무너져 한갓 돌무더기에
불과하게 되리라.
26 그 나라 백성들은 기진맥진하여
실망하고 부끄러움을 당하였다.
그들의 신세는 들판의 식물 같고
돌풍에 날려가는 지붕 위의 마른 풀과 같
다.
27 나는 네가 일어나고 앉는 것,
나가고 들어오는 것을 다 알고 있다.
28 또한 네가 나를 거역하여 품고 있는 분노
와 오만을
나는 일찍부터 알았다.
그러므로 너의 코에 쇠고리를 꿰고
입에 자갈을 물려
네가 왔던 그 길로 되돌려보내리라.
29 이것이 너에게 증거가 될 것이다. 올해에
는 떨어진 씨에서 저절로 난 곡식을 먹을
것이고, 내년에는 심지 않고 저절로 자라난
곡식을 먹으리라. 그러나 후년에는 씨를 뿌
려서 추수하고 포도밭을 가꾸어 그 열매를
먹으리라.
30 유다 땅에 살아 남은 자들은 땅 속으로 싱싱
한 뿌리를 내릴 것이고, 땅 위에서 열매를

맺으리라.
31 살아 남은 자들이 예루살렘에서 나오고 난
을 피한 자들이 시온 산에서 나올 것이다.
만군의 야훼께서 열성을 부어 이 일을 이루
시리라.'
32 그러므로 야훼께서 아시리아 왕을 두고 이
렇게 말씀하셨소.
'그는 이 성에 들어오지 못하리라.
이 성에 활을 쏘지도 못하리라.
방패를 가지고 이 성에 쳐들어오지 못할
것이며
토성을 쌓지도 못하리라.
33 그는 제가 온 길로 되돌아갈 것이며
이 성에는 결코 발을 들여놓지 못하리라.
이것은 야훼의 말이다.
34 나 자신을 보아서, 그리고 나의 종 다윗을
보아서
내가 이 성을 지키고 구원하리라.'"

산헤립의 말로

35 ◎그 날 밤 야훼의 천사가 나타나 아시리아
진영에서 군인 십팔만 오천 명을 쳤다. 아
침이 되어 날이 밝았을 때 그들은 모두 시체
로 발견되었다.
36 ◎아시리아 왕 산헤립은 막사를 걷어 니느웨
로 돌아가서 그 곳에 머물렀다.
37 그런데 어느날 그가 그의 신인 니스록의 신
전에서 예배하고 있을 때, 그의 아들 아드람
멜렉과 사레셀이 그를 칼로 쳐죽이고는 아라
랏 지방으로 도망하였다. 그의 아들 에살하
똔이 왕위를 계승하였다.

히즈키야의 병이 고침받다

20 ◎그 무렵 히즈키야가 몹시 앓아 거의
죽게 되었다. 아모쓰의 아들 예언자 이
사야가 왕에게 와서 말하였다. "이것은 야훼
의 말씀이오. '너의 왕실에 마지막 유시를
내려 기강을 바로잡아라. 너는 곧 죽게 될
것이며 다시 회복되지 못하리라.'"
2 히즈키야는 벽을 향하여 얼굴을 돌리고 야훼
께 기도하였다.
3 "오, 야훼여, 제가 항상 당신 앞에서 참되게
살았으며, 충성스럽게 당신을 섬겼고, 당신
보시기에 선한 일을 행하였음을 기억하여
주십시오." 그리고 나서 히즈키야는 매우
슬프게 울었다.
4 ◎이사야가 성의 안뜰을 떠나기 전에 야훼의
말씀이 그에게 내렸다.
5 "너는 돌아가서 내 백성의 왕 히즈키야에게
일러주어라. '너의 선조 다윗의 하느님 야훼
가 하는 말이다. 네 기도를 내가 들었고 네
눈물을 내가 보았다. 내가 너의 병을 낫게
해주리라. 삼 일 만에 너는 야훼의 전에 올
라가게 되리라.
6 내가 너의 수명을 십오 년 더 연장시켜 주리
라. 내가 너와 이 성을 아시리아 왕에게서
건져주고 나 자신과 나의 종 다윗을 보아서
이 성을 보호하리라.'"
7 이 말을 전한 다음 이사야는 무화과로 만든
고약을 가져오라고 하였다. 사람들이 무화
과로 만든 고약을 가져다 종기에 붙이자 히
즈키야 왕의 병이 나았다.
8 히즈키야는 자기가 다시 회복되어서 삼 일
만에 야훼의 전에 올라가게 되리라는 무슨
증거라도 야훼께서 주셨는지 이사야에게 물
었다.
9 이사야가 대답하였다. "여기에 야훼께서 당
신의 약속을 그대로 이루시리라는 증거가
있습니다. 그림자를 열 칸 앞으로 나가게
할까요? 열 칸 뒤로 물러나게 할까요?"
10 히즈키야가 대답하였다. "그림자를 열 칸 앞
으로 나가게 하는 것은 쉬운 일이오. 열 칸
뒤로 물러나게 해주시오."
11 예언자 이사야가 야훼를 불러 찾았다. 그리
고는 그림자를 아하즈의 계단 아래로부터
시작하여 열 칸 뒤로 물러나게 하였다.

바빌론의 사절단

12 ◎그 무렵 바빌론의 왕 발라단의 아들 므로닥
발라단이 히즈키야가 병들었다가 나았다는
소식을 듣고 사절단을 보내어 편지와 예물
을 전하였다.
13 히즈키야는 그 사절단을 환대하고 자기의
보물 창고 안에 있는 금, 은, 향료, 향유, 병
기, 기타 모든 귀중품을 보여주었다. 히즈키
야는 그의 왕궁과 나라 안에 있는 모든 것을
남김없이 보여주었다.
14 예언자 이사야가 히즈키야 왕에게 와서 물었
다. "이 사람들이 무슨 말을 했으며 어디에
서 온 사람들입니까?" 히즈키야가 대답하였
다. "그들은 먼 나라 바빌론에서 온 사람들
이오."
15 그러자 이사야가 다시 물었다. "그들이 왕
의 궁전에서 무엇을 보았습니까?" 히즈키야
가 대답하였다. "그들은 나의 궁 안에 있는
모든 것을 다 보았소. 또 나의 보물 창고 안
에 있는 귀중품들을 그들은 모두 보았소."
16 ◎이 말을 듣고 이사야가 히즈키야에게 말하

였다. "야훼의 말씀을 들으십시오.
17 야훼께서 이렇게 말씀하십니다. '네 왕궁에
있는 모든 것, 네 선조들이 오늘날까지 고
이 간직하였던 모든 것이 바빌론으로 옮겨
지고 하나도 남지 않게 될 그 날이 다가오고
있다.
18 너에게서 태어날 너의 친아들들 중 더러는
바빌론 왕궁으로 끌려가 내시가 되리라.'"
19 히즈키야가 대답하였다. "그대가 전한 야훼
의 말씀은 지당하신 말씀이오." 그리고 자
기의 목숨이 붙어 있는 동안은 평화와 안전
이 계속되리라고 혼자 생각하였다.
20 ◎히즈키야의 나머지 사적과 업적, 저수지를
파고 물길을 터서 성 안으로 물을 끌어들인
일에 관하여는 유다 왕조실록에 기록되어
있다.
21 히즈키야는 잠이 들어 그의 선조들 곁에 안
장되었다. 그의 아들 므나쎄가 왕위를 계승
하였다.

므나쎄의 유다 통치

21 ◎므나쎄는 십이 세에 왕위에 올라 예
루살렘에서 오십오 년간 다스렸다. 그
의 어머니는 이름을 헵시바라 하였다.
2 므나쎄는 야훼의 눈에 거슬리는 그릇된 정치
를 폈다. 야훼께서 이스라엘 사람 면전에서
쫓아낸 민족들의 역겨운 풍속을 따라
3 부왕 히즈키야가 허물어버린 산당들을 다시
세웠고 이스라엘 왕 아합을 본받아 바알 제
단을 쌓았으며 아세라 목상을 만들었고 하
늘의 별들을 절하여 섬겼다.
4 그는 야훼의 전 안에 ㉠제단들을 쌓았는데,
그 전을 두고 야훼께서는 일찍이 "내가 예루
살렘을 내 이름으로 삼으리라." 하셨던 것
이다.
5 그는 이 야훼의 전 안팎 뜰 안에 하늘의 별
들을 섬기는 제단들을 쌓았다.
6 그리고 왕자들을 불에 살라 바칠 뿐 아니라
점쟁이와 술객을 두었고 혼백을 불러내는
무당과 박수를 두었다. 이렇게 야훼의 눈에
거슬리는 일을 많이 하여 야훼의 속을 썩여
드렸다.
7 또 그는 아세라 목상을 만들어 야훼의 전 안
에 세웠다. 야훼께서는 일찍이 이 예루살렘
성전을 두고 다윗과 그의 아들 솔로몬에게
이렇게 말씀하셨던 것이다. "이 성전, 이스
라엘 온 지파들 가운데서 선택한 이 예루살
렘에 영원히 나의 이름을 둔다.
8 만일 내 명령을 성실히 지키고 나의 종 모세
가 일러준 모든 법을 성실히 지키기만 한다
면 선조들에게 주었던 땅에서 이스라엘 온
지파들을 다시는 내쫓지 않으리라."
9 그러나 그들은 그 말씀을 듣지 않았다. 므나
쎄는 이스라엘을 그릇 인도하였다. 그리하
여 이스라엘이 저지른 악이 야훼께서 자기들
면전에서 멸하신 민족들보다 한층 더 심하
였다.
10 ◎그리하여 야훼께서는 당신의 예언자들을
시켜 말씀하셨다.
11 "유다 왕 므나쎄가 이러한 여러 가지 고약한
일들을 행하였는데 일찍이 그 어느 아모리
사람이 그보다 더 악하였더냐? 그는 우상
을 만들어 유다를 죄에 빠뜨렸다.
12 이스라엘의 하느님, 나 야훼가 선언한다. 나
이제 듣는 자마다 가슴이 내려앉을 재앙을
예루살렘과 유다에 내리리라.
13 사마리아를 허물 때 쓰던 측량줄과 아합의
궁궐을 허물 때 쓰던 다림줄을 대고 예루살
렘을 허물어버리리라. 사람이 접시를 뒤집
어 닦듯이 예루살렘 안팎을 말끔히 씻어버
리리라.
14 내가 남아 있는 나의 백성을 버려 원수들의
손에 넘겨주면 모든 원수들이 달려들어 모
조리 털어갈 것이다.
15 선조들이 이집트에서 나오던 날로부터 이
날에 이르기까지 내 눈에 거슬리는 일을 하
여 나의 속을 썩여주었기 때문이다.
16 므나쎄는 나의 눈에 거슬리는 그 못할 짓을
하도록 이끌어 유다 백성을 죄에 빠뜨린데
다가 무죄한 사람의 피마저 흘려 온 예루살
렘을 피바다로 만들었다."
17 ◎므나쎄의 나머지 사적과 행적 그리고 그
가 저지른 죄는 유다 왕조실록에 기록되어
있다.
18 므나쎄가 그 선조들과 같이 잠들자 우짜 정
원이라고도 하는 왕실 정원에 안장되었다.
그의 아들 아몬이 왕위를 계승하였다.

아몬의 유다 통치

19 ◎아몬은 이십이 세에 즉위하여 예루살렘에
서 이 년간 다스렸다. 그의 어머니는 요빠
출신인 하루스의 딸로서 이름을 므술레멧이
라 하였다.
20 그는 부왕 므나쎄가 그러했듯이 야훼 보시기
에 악한 일을 행하였다.
21 부왕의 전철을 그대로 밟아 부왕이 숭배했

㉠ 이방 신들을 위하는 제단들을 가리킨다.

던 우상을 숭배하였다.
22그는 선조들의 하느님 야훼를 버리고 야훼
의 길을 벗어났다.
23아몬 왕의 신하들이 반란을 일으켜 그를 궁
에서 죽였다.
24그러나 지방민들이 반란자들을 모조리 쳐
죽이고 왕자 요시야를 왕으로 모셔 대를 잇
게 하였다.
25◎아몬의 나머지 사적은 유다 왕조실록에 기
록되어 있다.
26아몬은 우짜 정원에 있는 그의 묘지에 매장
되었다. 그의 아들 요시야가 왕위를 계승하
였다.

요시야의 등극 : 그의 종교 개혁

22 ◎요시야는 팔 세에 왕위에 올라 예루
살렘에서 삼십일 년간 다스렸다. 그의
어머니는 보스캇 출신인 아다야의 딸로서 이
름을 여디다라 하였다.
2그는 야훼의 눈에 드는 바른 정치를 폈다.
모든 일을 태조 다윗을 본받아 한 발짝도 어
긋나지 않고 그대로 살았다.

야훼의 법전이 발견됨

3◎요시야 제십팔년에, 왕은 므술람의 손자요
아살리야의 아들인 공보대신 사반을 야훼의
전으로 보내며 일렀다.
4"대사제 힐키야에게 가서 이렇게 말하시오.
'백성이 야훼의 전에 바친 헌금을 야훼의 전
문지기에게서 받아내어
5야훼의 전 공사감독들에게 주어 수리 공사
하는 사람들에게 전하도록 하시오.
6목수와 돌 쌓는 사람이나 미장이에게 품값
을 주고 수리하는 데 쓸 목재와 석재를 사도
록 하시오.
7그러나 일단 돈을 내준 다음에는 계산하지
마시오. 그들은 정직하게 일할 것이오."
8◎대사제 힐키야는 야훼의 전에서 법전을 찾
았다고 하며 그 책을 공보대신 사반에게 주
었다. 그것을 읽은
9공보대신 사반은 왕에게 나아가 왕의 신하
들이 성전 안에 보관되어 있던 은을 쏟아 야
훼의 전을 수리하는 공사 감독들에게 넘겨
주었다고 보고하였다.
10그리고 나서 공보대신 사반은 왕에게 "대사
제 힐키야가 저에게 책을 한 권 주었습니
다." 하면서 왕의 면전에서 크게 읽었다.
11그 율법책의 내용을 듣자 왕은 자기의 옷을
찢었다.
12그리고는 대사제 힐키야, 사반의 아들 아히
캄, 미가야의 아들 악볼, 공보대신 사반과 시
종 아사야에게 명하였다.
13"이번에 찾아낸 이 책에 여러 가지 말씀이
기록되어 있는데 그것에 대하여 나와 온 유
다 백성이 어떻게 해야 할 것인지 야훼께 나
가 여쭈어보시오. 이 책에 기록되어 있는
말씀대로 하라고 하셨는데, 우리 선조들이
그 말씀을 따르지 않았으므로 우리가 불길
같은 야훼의 진노를 사게 되었소."
14◎대사제 힐키야와 아히캄, 악볼, 사반, 아사
야는 여예언자 훌다를 찾아갔다. 훌다는 하
르하스의 손자요 디크와의 아들인 의상담당
관 살룸의 아내였다. 그들이 예루살렘 신시
가에 살고 있는 훌다에게 가서 용건을 말하
자,
15훌다는 이렇게 대답하였다. "여러분을 나
에게 보내신 그분에게 가서 이스라엘의 하
느님 야훼의 말씀이라고 하며 이렇게 전하
시오.
16'나 야훼가 선언한다. 유다 왕이 읽는 책에
적혀 있는 재앙을 내가 이제 이 곳과 이 곳
국민들에게 내리리라.
17그들은 나를 저버리고 저희 손으로 만들어
세운 온갖 우상에게 제물을 살라 바쳐 나의
속을 썩여주었다. 그런즉 나의 분노가 이
곳에 불길같이 떨어지면, 아무도 그 불을
끄지 못하리라.'
18야훼께 문의하라고 여러분을 보낸 유다 왕
에게 가서 이렇게 전하시오. '이스라엘의
하느님 나 야훼가 선언한다. 너는 나의 말을
받아들였다.
19이 곳이 쑥밭이 되고 여기 사는 사람들이 저
주받으리라고 한 나의 말을 듣고 너는 눈앞
이 캄캄해져서 내 앞에 무릎을 꿇었다. 네
가 이렇게 내 앞에서 옷을 찢고 통곡하므로
나도 너의 소리를 들어주기로 하였다. 이는
나의 말이라, 어김이 없다.
20네가 세상을 떠나 조상들에게로 돌아가는
날, 너의 무덤에 고이 안장하게 하리라. 내
가 이 곳에 내릴 재앙을 너는 네 눈으로 하
나도 보지 않으리라.'" 사람들이 돌아와 이
말을 어전에 아뢰었다.

23 ◎왕은 유다와 예루살렘의 모든 장로들
을 소집하였다.
2왕은 유다 국민들과 예루살렘 시민들, 사제
들과 예언자들, 높고 낮은 모든 백성들을
데리고 야훼의 전으로 올라가 야훼의 전에
서 찾은 언약법전을 읽어 조목조목 다 들려

주었다.
3그런 후에 기둥 있는 데로 올라가서, 야훼
를 따르며 마음을 다 기울이고 목숨을 다
바쳐 그의 계명과 훈령과 규정을 지켜 그
책에 기록되어 있는 언약을 이루기로 야훼
앞에서 서약하였다. 백성들도 모두 따라 서
약하였다.

종교 개혁

4◎왕은 대사제 힐키야와 부사제와 문지기들
에게 명하여 야훼의 전 안에서 바알과 아세
라와 하늘의 별을 섬기는 데 쓰던 모든 기구
들을 치우게 하였다. 그는 그 기구들을 예루
살렘 성 밖 키드론 벌판에서 불사르고 그 재
를 베델로 가져갔다.
5그는 또 유다 각 성읍과 예루살렘 인근 지역
에 있는 산당들에서 제물을 살라 바치도록
유다 왕들이 세웠던 가짜 사제들을 파면하
고, 바알과 해와 달과 성좌들과 하늘의 별들
에게 제물을 살라 바치던 자들을 모두 파면
하였다.
6또 아세라 목상을 야훼의 집에서 들어내다가
예루살렘 성 밖 키드론 골짜기에서 불사르고
는 가루로 만들어 공동 묘지에 뿌렸다.
7왕은 또 여인들이 아세라 대신 음란을 피우
던 남창의 집들을 야훼의 전에서 허물어버
렸다.
8그는 유다 모든 성읍에서 사제들을 불러들
이고 게바에서부터 브엘세바에 이르기까지
전국에서 그들이 제사 드리던 산당들을 모
두 부정한 곳으로 만들었다. 성문으로 들어
가면서 왼쪽으로 성주의 이름을 따 여호수
아의 문이라 불리는 문이 있는데 그 문 앞에
있던 염소 귀신들을 섬기는 산당을 헐어버
렸다.
9산당들에 있던 사제들은 예루살렘에 있는 야
훼의 제단에 올라가지 못하게 하였지만 그
러나 다른 사제들과 함께 누룩이 들지 않은
떡은 먹게 하였다.
10왕은 벤힌놈 골짜기에 있는 도벳을 부정한
곳으로 만들어 아무도 자녀를 몰렉에게 살
라 바치지 못하도록 하였다.
11또 유다 왕들이 태양신을 모시는 말 동상
을 야훼의 전 문 어귀에 있는 야훼의 전 내
시 나단멜렉의 행랑채 곁에 세웠었는데 그
것도 부수고 태양신이 타는 병거는 태워버
렸다.
12그는 유다 왕들이 아하즈의 다락방 옥상에
세운 제단들과 므나쎄가 야훼의 전 안팎 뜰
에 세운 제단들을 모두 헐어 가루로 만들어
키드론 골짜기에 뿌렸다.
13또 왕은 이스라엘 왕 솔로몬이 시돈 사람들의
역겨운 아스다롯 여신상과 모압인의 역겨운
그모스 신상과 암몬인의 역겨운 밀곰 신상을
모시기 위하여 예루살렘을 마주보는 그 멸
망의 산 남쪽에 세웠던 산당들을 부정한 곳
으로 만들었다.
14석상들을 부수고 목상들은 토막을 내고
사람의 해골을 거기에 너저분하게 널어놓
았다.
15◎왕은 또한 이스라엘을 죄에 빠뜨린 느밧의
아들 여로보암이 베델에 세웠던 산당과 제단
도 허물고 돌들을 부수어 가루를 만들었으
며 아세라 목상은 태워버렸다.
16요시아는 산 위에 공동 묘지가 있는 것을 보
고 사람을 보내어 무덤 속에서 해골을 꺼내
어 제단 위에 놓고 불살라 그 제단을 부정하
게 하였다. 여로보암이 축제 때에 그 제단
앞에서 제사 드릴 때 하느님의 사람이 외친
야훼의 말씀이 이렇게 이루어졌다. 거기에
는 그 하느님의 사람이 묻힌 무덤이 있었는
데, 요시아는 그 무덤을 보고
17저기 보이는 저 비석이 무엇이냐고 물었다.
그 마을 사람들이 "유다에서 온 하느님의
사람의 무덤입니다. 그가 일찍이 말하기를
임금님께서 베델의 제단을 이렇게 하시리라
고 했습니다."
18그러자 왕이 말하였다. "그분을 건드리지
마라. 아무도 그 유해에 손을 대지 마라."
이 말을 따라 그의 유골은 사마리아에서 온
예언자의 유골과 함께 아무도 손을 대지 않
았으므로 그대로 남아 있게 되었다.
19◎이스라엘 왕들은 사마리아의 여러 성읍 언
덕마다에 산당을 세워 야훼의 속을 썩여드
렸는데, 요시아는 베델에서 한 것처럼 그 산
당들도 철거하였다.
20그는 그 곳 산당들의 사제들을 모두 제단 위
에서 죽여 사람의 해골과 함께 그 제단 위에
서 불사르고는 예루살렘으로 돌아왔다.
21◎왕은 또 전국민에게 명령을 내렸다. "이
언약법전에 기록되어 있는 대로 너희 하느
님 야훼께 감사하여 과월절을 지켜라."
22그래서 지킨 과월절 축제는 일찍이 판관들
이 이스라엘을 다스리던 시대나 왕들이 이스
라엘과 유다를 다스리던 어느 시대에도 없
었던 것이었다.
23예루살렘에서 야훼를 기려 과월절 축제를 지
킨 것은 요시아 왕이 즉위한 지 십팔 년 되

던 해의 일이었다.
24요시아는 또 유다와 예루살렘에서 도깨비나
귀신을 불러 물어보는 자들과 가문의 수호
신과 온갖 역겨운 우상들을 눈에 띄는 대로
쓸어버렸다. 이렇게 하여 요시아는 사제 힐
키야가 야훼의 전에서 찾아낸 책에 기록되
어 있는 조문들을 시행하였다.
25요시아처럼 야훼께로 돌아가 마음을 다 기울
이고 생명을 다 바치고 힘을 다 쏟아 모세의
법을 온전히 지킨 왕은 전에도 없었고 후에
도 없었다.
26◎그러나 야훼께서는 므나쎄 때문에 너무나
도 속이 썩으셨으므로 유다에 쏟으시려던
맹렬한 진노를 풀지 않으셨다.
27그래서 야훼께서는 이렇게 선언하셨다. "나
는 이스라엘을 내쫓은 것처럼 유다도 또한
내쫓으리라. 일찍이 선택하여 내 것으로 삼
았던 이 예루살렘 도성과 내 명의로 삼았던
이 성전을 버리리라."
28◎요시아의 나머지 치적과 사적은 유다 왕조
실록에 기록되어 있다.

요시아 왕의 말년

29◎그가 다스리고 있을 때, 이집트 왕 파라오
느고가 아시리아 왕을 도우려고 유프라테스
강을 향하여 출병하였다. 요시아 왕은 그를
맞아 싸우려고 출동하였다. 그러나 요시아
는 므기또에서 파라오 느고와 접전하자마자
전사하였다.
30부하들은 죽은 왕을 병거에 모시고 므기또
에서 예루살렘으로 돌아와 마련된 그의 무
덤에 안장하였다. 그리고 지방민들은 요시
아의 아들 여호아하즈를 뽑아 기름을 부어
선왕의 뒤를 잇게 하였다.

여호아하즈의 유다 통치

31◎여호아하즈는 이십삼 세에 왕위에 올라 예
루살렘에서 삼 개월간 다스렸다. 그의 어머
니는 리브나 출신 예레미야의 딸로서 이름을
하무달이라고 하였다.
32그는 선조들이 그러하였듯이 야훼 보시기에
악한 일을 행하였다.
33그는 하맛 지방 리블라에서 파라오 느고에게
붙잡혀 예루살렘의 왕위에서 내려앉게 되었
다. 파라오 느고는 이 나라에 은 백 달란트와
금 십 달란트를 조공으로 바치게 하였다.
34그리고 파라오 느고는 요시아의 아들 엘리야
킴을 세워 아버지 요시아의 뒤를 잇게 하고
이름을 여호야킴으로 바꾸게 하였다. 여호아
하즈는 이집트로 끌려가 그 곳에서 죽었다.

여호야킴의 유다 통치

35◎여호야킴은 파라오가 요구한 은과 금을 바
쳤는데, 우선 그 충당량을 채우기 위하여
전국에 세금을 부과해야만 하였다. 그는 백
성들 한 사람 한 사람에게서 그의 재산 정도
를 따라 세금을 거두어 파라오 느고에게 바
쳤다.
36◎여호야킴은 이십오 세에 왕위에 올라 예루
살렘에서 십일 년간 다스렸다. 그의 어머니
는 루마 출신 브다야의 딸로서 이름을 즈비다
라고 하였다.
37그는 선조들이 그러하였듯이 야훼 보시기에
악한 일을 행하였다.

24

◎여호야킴이 다스리던 때, 바빌론 왕
느부갓네살이 쳐들어와서 여호야킴은
그의 신하가 되었다. 삼 년이 지나서 그는
반기를 들었다.
2야훼께서는 바빌론 침략군과 시리아 침략군
과 모압 침략군과 암몬 침략군을 보내어 유
다 전국을 짓밟게 하셨다. 야훼께서 당신의
종인 예언자들을 시켜서 예언하신 것이 그
대로 이루어진 것이다.
3이런 일이 유다에서 일어난 것은 므나쎄가
온갖 못할 짓을 하는 것을 보시고 야훼께서
유다 백성을 내쫓으시겠다고 하셨는데 그
말씀이 이루어진 것일 따름이다.
4그런데다가 그는 무죄한 피마저 흘려 예루
살렘을 피바다로 만들었으므로 야훼께서는
용서하실 마음이 없으셨던 것이다.
5◎여호야킴의 나머지 사적과 행적은 유다 왕
조실록에 기록되어 있다.
6그가 선조들과 함께 영면하자 그의 아들 여
호야긴이 왕위를 계승하였다.
7이집트 왕은 이집트 국경을 흐르는 강에서부
터 유프라테스 강에 이르는 땅을 모두 바빌론
왕에게 빼앗기고 다시는 자기 영토에서 밖
으로 나오지 못하게 되었다.

여호야긴의 유다 통치

8◎여호야긴은 십팔 세에 왕위에 올라 예루살
렘에서 삼 개월간 다스렸다. 그의 어머니는
예루살렘 출신 엘나단의 딸로서 이름을 느후
스타라고 하였다.
9여호야긴은 아버지가 그러하였듯이 야훼 보
시기에 악한 일을 행하였다.
10◎그 때에 바빌론 왕 느부갓네살의 부하들이
예루살렘으로 쳐 올라와서 포위하였다.

11 이렇게 그의 부하들이 예루살렘을 포위하고
있는 동안 바빌론 왕 느부갓네살이 성을 치
러 친히 왔다.
12 일이 이쯤 되자 유다 왕 여호야긴은 자기 어
머니와 신하들과 장군들과 내시들을 거느
리고 바빌론 왕에게로 나아가 사로잡혔다.
때는 바빌론 왕 제팔년이었다.
13 야훼께서 말씀하셨던 대로, 바빌론 왕은 야
훼의 전과 왕궁에 있는 모든 보화를 털어갔
고 이스라엘 왕 솔로몬이 야훼의 전에 만들어
두었던 온갖 금기물을 다 부수었다.
14 또한 예루살렘 전 시민과 고관들과 군인 일
만 명, 그리고 은장이들과 대장장이들을
사로잡아 가고 가난한 지방민만 남겨두었
다.
15 그는 여호야긴도 그의 어머니와 왕비들과
내시들과 나라의 권력층과 함께 사로잡아
예루살렘에서 바빌론으로 데려갔다.
16 그리고 유력자 칠천 명과 은장이, 대장장이
천 명을 바빌론으로 사로잡아 갔는데 그들
은 모두 싸우러 나갈 수 있는 용사들이었다.
17 바빌론 왕은 여호야긴의 삼촌인 마따니야를
왕으로 세우고 그의 이름을 시드키야로 바
꾸도록 하였다.

시드키야의 유다 통치 : 예루살렘의 함락

18 ◎시드키야는 이십일 세 때 왕위에 올라 십
일 년간 예루살렘에서 다스렸다. 그의 어머
니는 리브나 출신 예레미야의 딸로서 이름을
하무달이라고 하였다.
19 시드키야는 여호야김이 했던 것같이 야훼 보
시기에 악한 일을 행하였다.
20 예루살렘과 유다는 야훼의 진노를 사 마침내
그 앞에서 쫓겨나고 말았다. ◎시드키야가
바빌론 왕에게 반기를 들었다.

25 그래서 바빌론 왕 느부갓네살은 시드키야
왕 구년 시월 십일, 전군을 이끌고 예루
살렘을 침공하여 성을 포위하고 사면에 토
성을 쌓았다.
2 이 포위는 시드키야 왕 십일년까지 계속되
었다.
3 그 해, 성에 기근이 혹심하여 식량이 떨어
지자 일반 서민들은 굶주려 죽게 되었는데,
사월 구일에
4 드디어 성벽이 뚫렸다. 유다 왕은 이를 보
자, 바빌론 군대가 포위하고 있는데도 그의
전 호위병과 함께 밤을 도와 성을 도주하였
다. 그들은 왕의 정원 근처에 있는 "두 성벽
사이" 라는 성문으로 빠져 나가 나라바 쪽으
로 도망하였다.
5 바빌론 군대가 왕을 추적하여 예리고의 들판
에서 그를 사로잡자 왕의 군대는 산산이 흩
어져 버렸다.
6 바빌론 군대가 왕을 사로잡아 리블라에 있는
바빌론 왕에게 데리고 가자 바빌론 왕이 그
를 심문하였다.
7 그는 시드키야의 아들들을 그가 보는 데서
살해하고 시드키야의 눈을 뽑은 다음 사슬
로 묶어 바빌론으로 끌고 갔다.
8 바빌론 왕 느부갓네살 제십구년 오월 칠일,
바빌론 왕의 친위대장 느부사라단이 예루살
렘에 들어와
9 야훼의 전과 왕궁과 예루살렘 성 안 건물을
모두 불태웠다. 큰 집은 모두 불탔다.
10 친위대장을 따르는 바빌론 군인들은 예루살
렘을 둘러싸고 있는 성벽을 죄다 허물어버
렸다.
11 친위대장 느부사라단은 예루살렘 성에 남은
사람들과 바빌론 왕에게 항복해 온 자, 그리
고 기타 남은 백성들을 포로로 데려갔다.
12 그는 백성들 중 가장 비천한 층의 사람들만
남겨두어 포도원을 가꾸고 농사를 짓게 하
였다.
13 ◎바빌론 군대들은 야훼의 전 안에 있는 놋
기둥들, 놋받침대, 놋바다 등을 해체하여
그 놋쇠를 바빌론으로 가져가고
14 또 주발, 삽, 가위, 받침접시, 그리고 성전
예식에 쓰는 놋집기들을 가지고 갔다.
15 친위대장은 또 불 옮기는 그릇들과 주발들,
곧 금으로 만든 모든 것과 은으로 만든 모든
것을 가져갔다.
16 두 놋기둥, 놋바다, 받침대 등은 솔로몬이
야훼의 전을 위하여 만든 것인데 그 중량은
이루 측량할 수도 없을 정도였다.
17 기둥은 높이가 십팔 척이고 그 꼭대기에는
주위를 그물세공과 석류나무로 장식한 높
이 삼 척짜리 놋머리가 얹혀 있었는데 기둥
전체가 청동으로 되어 있었다. 다른 기둥도
그와 똑같았다.
18 ◎친위대장은 대사제 스라야와 부사제 스바
니야, 그리고 정문 수위 세 명을 체포하였
다.
19 또 그는 성에서 내시를 체포하였다. 그 내
시는 용사들을 통솔하고 있었는데 용사 중
다섯 명은 왕을 수행할 권한을 가진 자로서
성 안에 그대로 남아 있었다. 또 고급 부관
도 체포하였는데 그는 전투 요원을 동원하
는 직책을 가진 인물이었다. 또 그 때까지

성에 남아 있던 백성들 중에서 육십 명이 체
포되었다.
20 친위대장 느부사리단은 이들을 모두 리블라
에 머무르고 있던 바빌론 왕에게 넘겼다.
21 그 곳 하맛의 땅 리블라에서 바빌론 왕은 그
들을 처형하였다. 이렇게 유다 백성들은 사
로잡혀 고국을 떠나게 되었다.

느부갓네살이 게달리아를 유다 총독으로 임명함

22 ◎바빌론 왕 느부갓네살은 사반의 손자이자
아히캄의 아들인 게달리아를, 자기가 유다에
남긴 소수 백성들을 다스리는 총독으로 임
명하였다.
23 바빌론 왕이 게달리아를 총독으로 임명하였
다는 정보는 곧 군대의 지휘관들과 그 부하
들에게 알려졌다. 그들 느다니야의 아들 이
스마엘, 카레아의 아들 요하난, 느토바 출신
단후멧의 아들 스라야, 마아가 출신 야자니야
등은 이 소식을 듣고 미스바에 있는 총독에
게로 왔다.
24 게달리아는 그들과 그들의 부하들에게 맹세
코 말하였다. "바빌론 관리들을 두려워하지
마시오. 이 땅에 정착하여 바빌론 왕을 섬기
시오. 그렇게 하면 모든 것이 여러분에게
유리할 것이오."
25 ◎그러나 칠월에 왕족 엘리사마의 손자이고
느다니야의 아들인 이스마엘이 부하 열 명을
거느리고 와서 게달리아와 그와 함께 미스바
에 있던 유다 사람들과 바빌론 사람들을 죽
였다.
26 그러자 높은 사람 낮은 사람 할 것 없이 모
든 백성들과 군대의 지휘관들이 바빌론 사
람들을 두려워하여 이집트로 도망하였다.
27 ◎유다 왕 여호야긴이 추방된 지 삼십칠 년
되던 해 십이월 이십칠일, 바빌론 왕 에윌므
로닥은 자기가 즉위하던 해에 유다 왕 여호
야긴에게 호의를 베풀어 감옥에서 내놓고
28 친절히 대우하였다. 또 바빌론에 있던 다른
왕들보다 높은 자리에 앉도록 하였다.
29 그리하여 여호야긴은 죄수복을 벗고 은급을
받아 여생을 살았다.
30 그가 살아 있는 동안 그의 생계를 잇게 하기
위하여 왕은 그에게 매일 음식을 제공하였
다.

역대기상

아담에서 아브라함에 이르는 계보

1 ◎아담, 셋, 에노스,
2 게난, 마할랄렐, 야렛,
3 에녹, 므두셀라, 라멕,
4 노아, 그 다음은 셈과 함과 야벳.
5 ◎야벳의 아들은 고멜, 마곡, 마대, 야완, 두
발, 메섹, 디라스.
6 고멜의 아들은 아스그낫, 디밧, 도가르마.
7 야완의 아들은 엘리사아, 다르싯, 기띰, 로다
님.
8 ◎함의 아들은 에티오피아, 이집트, 리비아,
가나안.
9 에티오피아의 아들은 스바, 하윌라, 삽다, 라
아마, 삽드가. 라아마의 아들은 세바와 드단.
10 에티오피아에게서 니므롯이 났는데, 그는 세
상에 태어난 첫 장사였다.
11 이집트에게서 리디아족, 아남족, 르합족, 납
두족,
12 바드롯족, 가슬루족, 갑돌족이 나왔고 갑돌
족에게서 블레셋족이 갈라져 나왔다.
13 가나안에게서 난 첫아들이 시돈이요, 그 뒤
를 이어 헷족,
14 여부스족, 아모리족, 기르갓족,
15 히위족, 아르키족, 신족,
16 아르왓족, 스말족, 하맛족이 나왔다.
17 ◎셈의 아들은 엘람, 아수르, 아르박삿, 리디
아, 아람. 아람의 아들은 우스, 훌, 게델, 메
섹.
18 아르박삿에게서 셀라가 났고 셀라에게서 에
벨이 났다.
19 에벨에게서 두 아들이 태어났다. 한 아들의
이름은 벨렉인데, 그의 시대에 인종이 갈라
져 나갔다고 해서 그렇게 불렀다. 그의 아
우 이름은 욕단이다.
20 ◎욕단에게서 알모닷, 셀렙, 하살마웻, 예라,
21 하도람, 우잘, 디클라,
22 에발, 아비마엘, 세바,
23 오빌, 하윌라, 요밥이 났다. 이들이 모두 욕
단의 아들이다.
24 ◎셈, 아르박삿, 셀라,
25 에벨, 벨렉, 르우,
26 스룩, 나홀, 데라,

27아브람, 이 아브람이 곧 아브라함이다.

아브라함에서 야곱에 이르는 계보

28◎아브라함에게는 이사악과 이스마엘이라는
아들이 있었다.
29그들의 계보는 아래와 같다. 이스마엘의 맏
아들은 느바욧, 그 아래로 케달, 아드브엘,
밉삼,
30미스마, 두마, 마싸, 하닷, 데마,
31여툴, 나비스, 케드마. 이들이 이스마엘의 아
들들이다.
32◎아브라함이 소실 크투라에게서 얻은 아들
은 지므란, 욕산, 므단, 미디안, 이스박, 수아.
욕산의 아들은 세바와 드단.
33미디안의 아들은 에바, 에벨, 하녹, 아비다,
엘다아. 이들이 모두 크투라의 아들들이다.
34◎아브라함은 이사악을 낳았다. 이사악은 에
사오와 이스라엘이라는 아들을 두었다.
35◎에사오의 아들은 엘리바즈, 르우엘, 여우스,
야을람, 코라.
36엘리바즈의 아들은 데만, 오말, 스비, 가아담,
크낫, 딤나, 아말렉.
37르우엘의 아들은 나핫, 제라, 삼마, 미짜.
38◎세일의 아들은 로탄, 소발, 시브온, 아나,
디손, 에제르, 디산.
39로탄의 아들은 호리, 호맘. 로탄에게는 딤나
라는 누이가 있었다.
40소발의 아들은 알완, 마나핫, 에발, 스비, 오
남. 시브온의 아들은 아야, 아나.
41아나의 아들은 디손. 디손의 아들은 하므란,
에스반, 이드란, 그란.
42에제르의 아들은 빌한, 자완, 야칸. 디산의 아
들은 우스, 아란.
43◎이스라엘 나라에 왕제도가 생기기 전에 에
돔에는 이미 왕이 나라를 다스리고 있었는
데 그 에돔 왕들의 이름은 아래와 같다. 첫
째는 브올의 아들 벨라였다. 그의 수도는 딘
하바라 불리었다.
44벨라가 죽자 보스라 사람 제라의 아들 요밥이
뒤를 이어 왕이 되었다.
45요밥이 죽자 데만 사람 후삼이 뒤를 이어 왕
이 되었다.
46후삼이 죽자 브닷의 아들 하닷이 뒤를 이어
왕이 되었다. 하닷은 미디안을 모압 벌에서
무찌른 왕이다. 그의 수도는 아윗이라 불렀
다.
47하닷이 죽자 마스레카 사람 시믈라가 뒤를 이
어 왕이 되었다.

㉠ 여호 7장에서는 아간으로 되어 있다.

48시믈라가 죽자 르호봇한나할 사람 사울이 뒤
를 이어 왕이 되었다.
49사울이 죽자 악볼의 아들 바알하난이 뒤를
이어 왕이 되었다.
50바알하난이 죽자 하닷이 뒤를 이어 왕이 되
었다. 그의 수도는 바이라고 불리었다. 그의
아내의 이름은 므헤타브엘이었는데 그는 메
자합의 손녀이자 마드렛의 딸이었다.
51◎하닷이 죽은 다음에는 추장들이 에돔을 다
스렸다. 추장 딤나, 추장 알랴, 추장 여뎃,
52추장 오홀리바마, 추장 엘라, 추장 비논,
53추장 크나즈, 추장 데만, 추장 밉살,
54추장 막디엘, 추장 이람. 이들이 에돔의 추장
들이었다.

2

◎이스라엘의 아들들 이름은 아래와 같다.
르우벤, 시므온, 레위, 유다, 이싸갈, 즈불
론,
2단, 요셉, 베냐민, 납달리, 가드, 아셀.

유다 지파

3◎유다에게는 에르, 오난, 셀라라는 아들이
있었다. 이 셋은 가나안 사람 수아의 딸에게
서 얻은 아들이었다. 유다의 맏아들 에르는
야훼의 눈 밖에 나서 죽임을 당했다.
4유다는 며느리 다말에게서 베레스와 제라를
얻었다. 유다의 아들은 모두 다섯이었다.
5◎베레스의 아들은 헤스론과 하물이었고
6제라의 아들은 지므리, 에단, 헤만, 갈골, 다
라 다섯이었다.
7지므리의 아들은 가르미였고 가르미의 아들
은 ㉠아갈이었다. 하느님의 명을 어기고 하
느님께 돌릴 것을 가로챘다가 이스라엘에
액운을 끌어들인 사람이 바로 이 아갈이다.
8에단의 아들은 아자리야이다.
9헤스론이 낳은 아들은 여라므엘, 람, 갈렙이
다.
10◎람은 암미나답을 낳았고 암미나답은 유다
지파의 대표 나흐손을 낳았다.
11나흐손은 살마를 낳았고 살마는 보아즈를 낳
았다.
12보아즈는 오벳을 낳았고 오벳은 이새를 낳았
다.
13이새가 낳은 아들들은 다음과 같다. 맏아들
엘리압, 둘째 아비나답, 셋째 시마,
14넷째 느다넬, 다섯째 라때,
15여섯째 오셈, 일곱째 다윗.
16그들에게는 스루야와 아비가일이라는 누이
가 있었는데, 스루야는 세 아들 아비새, 요

압, 아사헬을 낳았고,
17 아비가일은 이스마엘 사람 예델에게 시집가
서 아마사를 낳았다.
18 ◎헤스론의 아들 갈렙은 아주바라는 아내에
게서 여리옷을 낳았고 여리옷은 세 아들 예
셀, 소밥, 아르돈을 낳았다.
19 아주바가 죽자 갈렙은 에브랏에게 장가들어
후르를 낳았다.
20 후르는 우리를 낳았고 우리는 브살렐을 낳았
다.
21 ◎그 뒤 헤스론은 나이 육십에 길르앗을 세
운 마길의 딸에게 장가들어 그 몸에서 스굽
을 얻었다.
22 스굽은 야이르를 낳았는데, 이 야이르는 길르
앗 지방의 스물세 성읍을 차지하였다.
23 그는 또 그술과 아람에게서 크낫과 거기 딸
린 촌락 육십 개를 빼앗았다. 그것은 야이르
의 천막촌들이었는데 그 천막촌들이 길르앗
을 세운 마길의 후손에게 돌아갔다.
24 헤스론이 죽자 갈렙은 계모 에브라다의 몸에
서 드고아를 세운 아스훌을 얻었다.
25 ◎헤스론의 맏아들 여라므엘은 람, 그 아래로
부나, 오렌, 오셈, 아히야를 낳았다.
26 여라므엘에게는 아타라라는 아내가 또 있었
는데, 그가 바로 오남의 어머니다.
27 여라므엘의 맏아들 람은 마아스, 야민, 에켈
을 낳았다.
28 오남은 삼매와 야다를 낳았고 삼매는 나답과
아비술을 낳았다.
29 아비술은 아비하일이라는 아내에게서 아흐반
과 몰릿을 얻었다.
30 나답은 셀렛과 아빠임이라는 아들을 두었는
데, 셀렛은 아들을 낳지 못하고 죽었다.
31 아빠임의 아들은 이스이, 이스이의 아들은 세
산, 세산의 아들은 아흘래였다.
32 삼매의 아우 야다의 아들은 예델과 요나단이
다. 예델은 아들을 낳지 못한 채 죽었고,
33 요나단은 벨렛과 자자 두 아들을 두었다. 이
들이 여라므엘의 후손들이다.
34 ◎세산은 아들이 없고 딸뿐이었다. 마침 야
르하라는 이집트인 종이 있었는데
35 세산은 자기 딸 하나를 종 야르하에게 아내
로 주어 아때라는 손자를 보았다.
36 아때는 나단을 낳았고 나단은 자밧을 낳았다.
37 자밧은 에블랄을 낳았고 에블랄은 오벳을 낳
았다.
38 오벳은 예후를 낳았고 예후는 아자리야를 낳
았다.
39 아자리야는 헬레스를 낳았고 헬레스는 엘라사
를 낳았다.
40 엘라사는 시스매를 낳았고 시스매는 살룸을
낳았다.
41 살룸은 여카미야를 낳았고 여카미야는 엘리사
마를 낳았다.
42 ◎여라므엘의 아우 갈렙의 맏아들은 메사인
데 그가 바로 지브를 세운 사람이다. 다음
아들은 헤브론을 세운 마레사다.
43 헤브론의 아들은 코라, 다부아, 레겜, 세마.
44 세마는 라함을 낳았는데, 그가 바로 요르캄
을 세웠다.
45 ◎레겜은 삼매를 낳았다. 삼매의 아들은 벳술
을 세운 마온이다.
46 갈렙의 소실 에바는 하란, 모사, 가젯을 낳았
고, 하란은 ㉠야대를 낳았다.
47 야대의 아들은 레겜, 요담, 게산, 벨렛, 에바,
사압.
48 ◎갈렙의 소실 마아가는 세벨과 디르하나를
낳았다.
49 또 그는 사압과 스와를 낳았는데 사압은 마드
만나를 세웠고 스와는 막베나와 기브아를 세
웠다. 갈렙에게는 악사라는 딸도 있었다.
50 이들이 갈렙의 후손이다.
51 ◎㉡에브라다의 맏아들 후르는 키럇여아림을
세운 소발, 베들레헴을 세운 살마, 벳가델을
세운 하렙을 낳았다.
52 키럇여아림을 세운 소발은 마나핫파 반쪽 갈
래의 선견자 ㉢르아야를 낳았다.
53 키럇여아림에 사는 씨족으로는 예델파, 부드
파, 수맛파, 미스라파가 있었다. 이 씨족들
에게서 소라파와 에스다올파가 나왔다.
54 살마의 아들들에게서 베들레헴파, 느토바파,
아타롯파, 벳요압파, 마나핫파의 반, 소라파
가 생겼다.
55 ◎야베스에 사는 소벨인의 씨족으로는 디랏
파, 시므앗파, 수갓파가 있었는데, 이들이
레갑 가문의 조상 하맛에게서 뻗어 내려온
켄족이다.

다윗 가문

3 ◎다윗이 헤브론에서 낳은 아들은 아래와
같다. 이즈르엘 여인 아히노암에게서 맏아
들 암논을 낳았고, 가르멜 여인 아비가일에
게서 둘째 아들 다니엘을,
2 그술 왕 탈매의 딸 마아가에게서 셋째 아들
압살롬을, 하깃에게서 넷째 아들 아도니야를,
3 아비탈에게서 다섯째 아들 스바티아를, 정실

㉠ 히브리어 본문 : "가젯." ㉡ 갈렙의 아내를 가리킨다(2:19). ㉢ 4:2 참조.

에글라에게서 여섯째 아들 이드르암을 낳았
다.
4 이상 여섯은 다윗이 헤브론에서 낳은 아들들
이다. 다윗은 거기에서 칠 년 반 동안 다스
렸고 예루살렘에서 삼십삼 년 동안 다스렸
다.
5 다윗이 예루살렘에서 낳은 아들은 아래와 같
다. 시마, 소밥, 나단, 솔로몬. 이 넷은 암미엘
의 딸 바쎄바에게서 낳은 아들이다.
6 그리고, 이브할, 엘리사마, 엘리벨렛,
7 노가, 네벡, 야비아,
8 엘리사마, 엘리야다, 엘리벨렛 등 아홉을 더
낳았는데,
9 이들이 모두 다윗의 적자들이다. 그 밖에 후
궁들이 낳은 서자들이 있었고, 다말이라는
공주도 있었다.
10 ◎솔로몬의 아들은 르호보암이요, 그 다음
대는 아비야, 그 다음 대는 아사, 그 다음 대
는 여호사밧,
11 그 다음 대는 요람, 그 다음 대는 아하지야,
그 다음 대는 요아스,
12 그 다음 대는 아마지야, 그 다음 대는 아자리
야, 그 다음 대는 요담,
13 그 다음 대는 아하즈, 그 다음 대는 히즈키
야, 그 다음 대는 므나쎄,
14 그 다음 대는 아몬, 그 다음 대는 요시야이
다.
15 요시야는 맏아들 요하난, 둘째 여호야킴, 셋
째 시드키야, 넷째 살룸을 낳았다.
16 여호야킴의 아들은 여고니야요 그 아들은 시
드키야이다.
17 ◎사로잡혀 간 여고니야의 아들은 스알디엘,
18 말기람, 브다야, 세나쌀, 여카미야, 호사마, 느
다비야.
19 브다야는 즈루빠벨과 시므이를 낳았고, 즈루
빠벨은 므술람과 하나니야라는 아들과 슬로
밋이라는 딸을 두었다.
20 그 밖에도 아들 다섯을 더 두었는데 하수바,
오헬, 베레기야, 하사디야, 유삽헤셋이 그들
이다.
21 하나니야의 아들은 블라티야와 여사이야, 그
다음 대는 르바이야, 그 다음 대는 아르난,
그 다음 대는 오바디야, 그 다음 대는 스가니
야.
22 스가니야는 스마야, 하투스, 이갈, 바리아, 느
아리야, 사밧, 이렇게 여섯 아들을 두었다.
23 느아리야는 엘요에내, 히즈키야, 아즈리캄, 이
렇게 세 아들을 두었다.
24 엘요에내는 호다와후, 엘랴십, 블라야, 아쿱,
요하난, 달라야, 아나니, 이렇게 일곱 아들을
두었다.

남방 부족들

4 ◎유다는 베레스, 헤스론, 가르미, 후르, 소
발을 낳았다.
2 소발의 아들 르아야는 야핫을 낳았고, 야핫
은 아후매와 라핫을 낳았다. 이것이 소라파
의 씨족들이다.
3 ◎에탐은 이즈르엘과 이스마와 이드바스라는
아들과 하쓸렐보니라는 딸을 두었다.
4 브누엘은 그돌을 세웠고 에제르는 후사를 세
웠는데 이들은 베들레헴을 세운 후르의 아들
들이다. 후르는 에브라다의 맏아들이다.㉠
5 ◎드고아를 세운 아스훌에게는 헬라와 나아
라라는 두 아내가 있었다.
6 아스훌이 나아라에게서 낳은 아들로는 아후
잠과 헤벨이 있었고 데만파와 아하스달파가
그에게서 나왔다. 이들이 나아라의 후손들
이다.
7 헬라의 아들은 세렛, 소할, 예드난, 코스이다.
8 코스는 아눕과 소베바를 낳았다. 거기에서
하룸의 아들 아하르헬의 씨족들이 뻗어 나갔
다.
9 ◎야베스는 일가 가운데서 가장 세력있는 사
람이었다. 그의 어머니는 "고생하며 낳았
다." 하면서 그에게 야베스라는 이름을 지
어주었다.
10 야베스는 이스라엘의 하느님께 이렇게 빌었
다. "부디 저에게 복을 내리시어 제 영토를
넓혀주시고, 손수 액운을 막아 어려운 일
당하지 않도록 도와주십시오." 하느님께서
그가 구한 것을 이루어주셨다.
11 ◎수아의 아우 글룹은 에스돈의 아버지 므히
르를 낳았다.
12 에스돈은 벳라바, 바세아, 드힌나를 낳았는
데, 이 드힌나가 나하스 성을 세운 사람이다.
이상이 레가 사람들이다.
13 ◎크나즈는 오드니엘과 스라야를 낳았고 오드
니엘은 하닷과 므오노대를 낳았다.
14 므오노대는 오브라를 낳았고 스라야는 게하라
심을 세운 요압을 낳았다. 요압 일가가 장색
이 되었다고 해서 그 곳을 게하라심이라고
부르게 되었던 것이다.
15 여분네의 아들인 갈렙은 이루, 엘라, 나암을
낳았고 엘라는 크나즈를 낳았다.
16 ◎여할렐렐의 아들은 지브, 지바, 디랴, 아사

㉠ 2:51 참조.

렐.
17◎에즈라의 아들은 예델, 메렛, 에벨, 얄론.
예델은 미리암, 삼매 그리고 에스드모아를 세
운 이스바를 낳았다.
18메렛은 이집트인 아내와의 사이에서 그돌을
세운 예렛, 소코를 세운 헤벨, 자노아를 세운
여쿠디엘을 낳았다. 이들은 메렛이 파라오의
딸 비디아에게서 낳은 아들들이다.
19◎그가 또 유다인 나함의 누이를 아내로 맞
아 낳은 아들은 ㉠달리야와 에스드모아였는
데 달리야는 크일라를 세운 사람으로서 가르
미파가 그에게서 나왔고, 에스드모아에게서
는 마아가파가 나왔다.
20◎시몬의 아들은 암논, 린나, 벤하난, 딜론이
다. ◎이스이의 아들은 조헷이고 조헷의 아
들은……㉡
21◎유다의 아들 셀라는 에르와 라아다라는 아
들을 두었는데, 에르는 레카를 세웠고 라아
다는 마레사를 세웠다. 베다스베아에 면사를
짜는 일족이 있었는데 그들도 그의 후손이
다.
22요킴도, 고제바 사람들도, 요아스와 사랍도
모두 그의 후손이다. 이들은 모압에 가서 세
도를 부리다가 베들레헴으로 돌아온 사람들
이다. 이것은 옛날에 있었던 일이다.
23그들은 느타임과 그데라에서 옹기를 구우면
서 왕을 섬겼다.
24◎시므온의 아들은 느무엘, 야민, 야립, 제라,
사울.
25사울의 아들은 살룸, 그 다음 대는 밉삼, 그
다음 대는 미스마.
26미스마의 아들은 함무엘, 그 다음 대는 자쿠
르, 그 다음 대는 시므이.
27시므이에게는 열여섯 아들과 여섯 딸이 있
었지만, 다른 형제들에게 아들이 적었으므
로 그 일족들은 유다 지파만큼은 불어나지
않았다.
28◎그들이 살던 곳은 브엘세바, 몰라다, 하살
수알,
29빌하, 에셈, 돌랏,
30브두엘, 호르마, 시글락,
31벳마르가봇, 하살수심, 벳비리, 사아라임이었
다. 다윗이 왕위에 오르기까지 그들은 여기
에서 살았다.
32그 곳에는 천막촌들이 딸려 있었다. 그들은
또한 에탐, 아인, 림몬, 도겐, 아산 다섯 성읍
과
33그 성읍들을 둘러싼 천막촌들에 퍼져 살았
다. 그들이 살던 곳은 바알에까지 이르렀다.
이상은 모두 족보에 올라 있다.
34◎므소밥과 야믈렉, 아마지야의 아들 요사,
35요엘과 예후, 이 예후의 아버지는 요시비야,
그 윗대는 스라야, 그 윗대는 아시엘이다.
36또 엘요에내, 야아코바, 여소하야, 아사이야,
아디엘, 여시미엘, 브나야, 지자,
37지자의 아버지는 시브이, 그 윗대는 알론, 그
윗대는 여다야, 그 윗대는 시므리, 그 윗대는
스마야이다.
38이들은 씨족과 가문의 대표자 명단에 오른
사람들이다. 이 가문들은 많이 불어나 널리
퍼져 나갔다.
39그들은 양을 칠 목장을 찾다가 그돌 어귀에
있는 골짜기의 동쪽에까지 이르렀다.
40거기에서 그들은 기름진 목장을 만났다. 그
곳은 사방이 트였을 뿐 아니라, 태평스럽고
평화로웠다. 그 때까지 거기에는 함족이 살
고 있었다.
41위의 명단에 적혀 있는 사람들이 그리로 간
것은 유다 왕 히즈키야의 시대였다. 그들은
그 곳에 천막을 치고 사는 함족을 무찌르고
므우님족도 닥치는 대로 쳐서 전멸시킨 다
음 오늘까지 거기에서 살고 있다. 그 곳에
는 양을 칠 목장이 있었던 것이다.
42◎그들 시므온 족속 가운데서 오백 명이 이
스이의 아들 블라티야, 느아리야, 르바이야,
우찌엘의 지휘 아래 세일 산으로 쳐들어갔
다.
43그들은 거기 숨어 있는 아말렉 패잔병들을
죽이고 오늘까지 거기에서 살고 있다.

요르단 동쪽 부족들

5 ◎이스라엘의 맏아들 르우벤의 계보. ◎그
는 아버지의 소실을 범한 탓으로 맏아들
의 상속권을 동생 요셉의 두 아들에게 넘겨
주고 맏아들이면서도 족보에 맏아들로 오
르지 못했다.
2유다가 동기들 가운데서는 세력이 컸으므로
그의 혈통에서 영도자가 났으나 장자권만
은 요셉에게 있었다.
3이스라엘의 맏아들 르우벤의 아들들은 하녹,
발루, 헤스론, 가르미였다.
4◎요엘의 아들은 스마야, 그 다음 대는 곡,
그 다음 대는 시므이,
5그 다음 대는 미가, 그 다음 대는 르아야, 그
다음 대는 바알,
6그 다음 대는 브에라이다. 이 브에라가 르우

㉠ 칠십인역을 따랐다. ㉡ 이름이 없어졌다.

벤 지파의 대표로서 아시리아 황제 디글랏빌
레셀에게 사로잡혀 간 사람이다.
7 그의 일족으로서 갈래를 따라 족보에 오른
사람 가운데는 추장 여이엘과 즈가리야와
8 벨라가 있다. 벨라의 아버지는 아자즈, 그 윗
대는 세마, 그 윗대는 요엘이다. 르우벤 지파
는 아로엘을 중심으로 느보와 바알므온에까
지 흩어져 살았고,
9 동쪽으로는 유프라테스 강까지 이어진 사막
지대에 흩어져 살았다. 길르앗 지방이 너무
좁아서 그 많은 양떼를 칠 수가 없었던 것이
다.
10 그들은 사울이 통치하던 시대에 하그리인들
을 쳐서 정복하고는 하그리인들의 천막을
차지하고 길르앗 동쪽 전지역에 흩어져 살
았다.
11 ◎가드의 후손들은 르우벤의 후손들과 이웃
하여 바산 지방에서 살가까지 흩어져 살았
다.
12 바산에서 살던 그들의 추장은 요엘이었고
부추장은 사밤, 재판관은 야아내였다.
13 그들 일족의 가문들을 대표하는 사람은 미
가엘, 므술람, 세바, 요래, 야간, 지아, 에벨
일곱 사람이었다.
14 이들은 아비하일의 아들들이었는데, 아비하
일의 아버지는 후리, 그 윗대는 야로아, 그
윗대는 길르앗, 그 윗대는 미가엘, 그 윗대는
여시새, 그 윗대는 야흐도, 그 윗대는 부즈이
다.
15 그들 여러 가문의 수령은 아히였는데 그는
구니의 손자요 압디엘의 아들이다.
16 그들은 국경에 이르기까지 길르앗과 바산과
거기에 딸린 마을들과 사론의 여러 목장에
흩어져 살았다.
17 이상은 모두 유다 왕 요담과 이스라엘 왕 여
로보암이 다스리던 시대의 족보에 올라 있
다.
18 ◎르우벤과 가드와 므나쎄 반쪽 지파에는 방
패와 칼을 들고 활을 쏘며 싸울 만큼 군사
훈련을 잘 받은 군인이 사만 사천칠백육십
명이나 있었다.
19 그들은 하그리인을 비롯하여 여투르, 나비스,
노답과 싸움을 벌이면서 하느님께
20 싸움에서 이기게 해달라고 부르짖었다. 하
느님께서는 그들이 믿으며 드리는 기도를
듣고 도와주셨다. 이리하여 그들은 하그리
동맹군을 모두 쳐부수고
21 낙타 오만 마리, 양 이십오만 마리, 나귀 이
천 마리 등, 많은 가축을 빼앗아 오고 사람
도 십만 명이나 사로잡아 왔다.
22 이것은 야훼께서 일으키신 전쟁인 만큼 적
군은 많은 전사자를 내었다. 그들은 그 땅
에 자리를 잡고 포로로 붙잡혀 가기까지 거
기에서 살았다.
23 ◎므나쎄 반쪽 지파는 바산에서 바알헤르몬
과 스닐과 헤르몬 산에 이르는 지역 일대에
자리를 잡았다. 그만큼 인구가 많이 불어났
다.
24 그들 각 가문의 수령은 에벨, 이스이, 엘리
엘, 아즈리엘, 예레미야, 호다야, 야흐디엘로
서 이들 각 가문의 수령들은 다 이름난 장사
들이었다.
25 그러나 그들은 저희의 선조들을 보살펴 주
시던 하느님을 배신하고, 하느님께서 멸하
신 그 고장 백성의 신들에게 몸을 팔아 음행
을 저질렀다.
26 그래서 이스라엘의 하느님께서는 아시리아
왕 불의 마음을 부추겨 르우벤, 가드, 므나쎄
반쪽 지파 사람들을 사로잡아 할라, 하볼,
하라, 고잔 강으로 끌고 가게 하셨다. 아직
도 그들은 거기에서 살고 있다. 아시리아 왕
불이란 디글랏빌레셀을 말한다.

레위 지파

27 *1* ◎㉠레위의 아들은 게르손, 크핫, 므라리.
28 *2* 크핫의 아들은 아므람, 이스할, 헤브론, 우찌
엘.
29 *3* 아므람의 자녀는 아론, 모세와 미리암. 아론
의 아들은 나답, 아비후, 엘르아잘, 이다말.
30 *4* ◎엘르아잘은 비느하스를 낳았고 비느하스는
아비수아를,
31 *5* 아비수아는 북키를, 북키는 우찌를,
32 *6* 우찌는 즈라히야를, 즈라히야는 므라욧을,
33 *7* 므라욧은 아마리야를, 아마리야는 아히툽을,
34 *8* 아히툽은 사독을, 사독은 아히마스를,
35 *9* 아히마스는 아자리야를, 아자리야는 요하난
을,
36 *10* 요하난은 아자리야를 낳았는데, 이 아자리야
가 바로 솔로몬이 세운 예루살렘 성전에서
사제로 봉직한 사람이다.
37 *11* 아자리야는 아마리야를 낳았고 아마리야는 아
히툽을,
38 *12* 아히툽은 사독을, 사독은 살룸을,
39 *13* 살룸은 힐키야를, 힐키야는 아자리야를,
40 *14* 아자리야는 스라야를, 스라야는 여호사닥을
낳았는데,

㉠ 라틴어 성경은 여기서 6장이 시작된다.

41 이 여호사닥이 바로 야훼께서 예루살렘 시민
15 과 유다 백성을 느부갓네살에게 사로잡혀 가
게 하셨을 때 같이 붙잡혀 간 사람이다.

6

1 16 ◎레위의 아들은 게르손, 크핫, 므라리.
2 17 게르손의 아들은 리브니, 시므이.
3 크핫의 아들은 아므람, 이스할, 헤브론, 우찌
18 엘.
4 므라리의 아들은 마흘리, 무시. ◎레위의 씨
19 족을 계보별로 보면 아래와 같다.
5 게르손의 아들은 리브니, 그 다음 대는 야
20 핫, 그 다음 대는 짐마,
6 그 다음 대는 요아, 그 다음 대는 이또, 그
21 다음 대는 제라, 그 다음 대는 야드래.
7 크핫의 아들은 암미나답, 그 다음 대는 코
22 라, 그 다음 대는 아씨르,
8 그 다음 대는 엘카나, 그 다음 대는 에비야
23 삽, 그 다음 대는 아씨르,
9 그 다음 대는 다핫, 그 다음 대는 우리엘, 그
24 다음 대는 우찌야, 그 다음 대는 사울.
10 25 엘카나의 아들은 아마새와 아히못.
11 아히못의 아들은 엘카나, 그 다음 대는 소배,
26 그 다음 대는 나핫,
12 그 다음 대는 엘리압, 그 다음 대는 여로함,
27 그 다음 대는 엘카나, 그 다음 대는 사무엘.
13 사무엘은 두 아들을 두었는데 맏아들이 요엘
28 이요 둘째가 아비야이다.
14 므라리의 아들은 마흘리, 그 다음 대는 리
29 브니, 그 다음 대는 시므이, 그 다음 대는 우
짜,
15 그 다음 대는 시마, 그 다음 대는 하깨야, 그
30 다음 대는 아사야야.
16 ◎다윗은 야훼의 궤가 성전에 안치되는 날부
31 터 성전 음악을 책임질 사람들을 임명하였
는데,
17 그들은 솔로몬이 예루살렘에 야훼의 성전을
32 지을 때까지 '만남의 장막' 곧 성막 앞에서
성가대원으로서 노래를 불렀다. 그들이 맡
은 임무는 정해진 절차에 따라 진행되었다.
18 그들의 계보는 다음과 같다. ◎크핫의 후손
33 들 가운데 헤만은 성가대장이었다. 그의 아
버지는 요엘, 그 윗대는 사무엘,
19 그 윗대는 엘카나, 그 윗대는 여로함, 그 윗
34 대는 엘리엘, 그 윗대는 도아,
20 그 윗대는 수브, 그 윗대는 엘카나, 그 윗대
35 는 마핫, 그 윗대는 아마새,
21 그 윗대는 엘카나, 그 윗대는 요엘, 그 윗대
36 는 아자리야, 그 윗대는 스바니야,
22 그 윗대는 다핫, 그 윗대는 아씨르, 그 윗대
37 는 에비야삽, 그 윗대는 코라,
23 그 윗대는 이스할, 그 윗대는 크핫, 그 윗대
38 는 레위, 그 윗대는 이스라엘이다.
24 ◎그의 오른 쪽에는 아삽이 서게 되어 있었
39 다. 아삽은 헤만과는 일족이었다. 아삽의 아
버지는 베레기야, 그 윗대는 시마,
25 그 윗대는 미가엘, 그 윗대는 바아세야, 그
40 윗대는 말기야,
26 그 윗대는 에드니, 그 윗대는 제라, 그 윗대
41 는 아다야,
27 그 윗대는 에단, 그 윗대는 짐마, 그 윗대는
42 시므이,
28 그 윗대는 야핫, 그 윗대는 게르손, 그 윗대
43 는 레위이다.
29 ◎그들의 왼쪽에는 그들과 일족인 므라리의
44 후손 에단이 서게 되어 있었다. 에단의 아버
지는 키시, 그 윗대는 압디, 그 윗대는 말룩,
30 그 윗대는 하사비야, 그 윗대는 아마지야, 그
45 윗대는 힐키야,
31 그 윗대는 암시, 그 윗대는 바니, 그 윗대는
46 세멜,
32 그 윗대는 마흘리, 그 윗대는 무시, 그 윗대
47 는 므라리, 그 윗대는 레위이다.
9:33 ㉠이상이 레위 지파 각 가문의 어른들 가
운데 합창하는 임무를 띤 사람이다. 그들은
주야로 자기 맡은 일을 할 수 있도록 당번이
아닐 때에도 언제나 별관에 있었다.
33 ◎그들의 일족인 다른 레위인들은 하느님의
48 성전, 곧 성막에서 그 밖의 모든 일을 맡아
보았다.
34 그러나 번제단과 분향단에서 제물을 살라
49 바치는 아주 거룩한 일은 아론과 그의 후손
이 도맡았다. 하느님의 종 모세가 지시한 대
로 이스라엘의 죄를 벗겨주는 일은 그들이
맡아 하였던 것이다.
35 ◎아론의 후손은 다음과 같다. 그의 아들은
50 엘르아잘, 그 다음 대는 비느하스, 그 다음
대는 아비수아,
36 그 다음 대는 북키, 그 다음 대는 우찌, 그
51 다음 대는 즈라히야,
37 그 다음 대는 므라욧, 그 다음 대는 아마리
52 야, 그 다음 대는 아히툽,
38 53 그 다음 대는 사독, 그 다음 대는 아히마스.
39 ◎아론의 후손 가운데 크핫 씨족이 천막을
54 치고 산 지역은 아래와 같다. 그들에게 첫
몫이 돌아갔는데,
40 그들이 받은 곳은 유다 지방의 헤브론과 그
55 주위에 있는 목장 지대였다.

㉠ 이 절은 9:33을 옮겨온 것이다.

41 그러나 그 성읍에 딸린 밭과 촌락들은 여분
56 네의 아들 갈렙에게 돌아갔다.
42 아론의 후손에게는 도피성 헤브론 외에 리브
57 나와 거기에 딸린 목장 지대, 야띨과 거기에
딸린 목장 지대, 에스드모아와 거기에 딸린
목장 지대,
43 힐렌과 거기에 딸린 목장 지대, 드빌과 거기
58 에 딸린 목장 지대,
44 아산과 거기에 딸린 목장 지대, 벳세메스와
59 거기에 딸린 목장 지대가 돌아갔다.
45 베냐민 지파의 지역에서는 게바와 거기에 딸
60 린 목장 지대, 알레멧과 거기에 딸린 목장
지대, 아나돗과 거기에 딸린 목장 지대 등
모두 열세 성읍과 거기에 딸린 목장 지대가
그들에게 돌아갔다.
46 ◎나머지 크핫 후손의 씨족들은 므나쎄 반쪽
61 지파의 지역에서 열 성읍을 제비뽑아 나누
어받았다.
47 게르손 후손의 씨족들은 이싸갈 지파, 아셀
62 지파, 납달리 지파, 바산에 있는 므나쎄 지파
의 지역에서 열세 성읍을 나누어받았다.
48 므라리 후손의 씨족들은 르우벤 지파, 가드
63 지파, 즈불룬 지파의 지역에서 열두 성읍을
제비뽑아 나누어받았다.
49 이스라엘 백성들은 이 성읍들에 목장 지대
64 를 붙여서 레위인들에게 주었다.
50 이 성읍들은 유다 지파, 시므온 지파, 베냐민
65 지파의 지역에서 제비를 뽑아 차출한 것이
었다.
51 ◎크핫 후손의 어떤 씨족들은 에브라임 지파
66 의 지역에서도 몇 성읍을 나누어받았다.
52 에브라임 산악 지대에서 그들에게 돌아간
67 것은 도피성 세겜과 거기에 딸린 목장 지대,
게젤과 거기에 딸린 목장 지대,
53 욕므암과 거기에 딸린 목장 지대, 벳호론과
68 거기에 딸린 목장 지대,
54 아얄론과 거기에 딸린 목장 지대, 갓림몬과
69 거기에 딸린 목장 지대였다.
55 그리고 므나쎄 반쪽 지파의 지역에서 그들
70 에게 돌아간 것은 아넬과 거기에 딸린 목장
지대, 빌르암과 거기에 딸린 목장 지대였다.
이상이 크핫의 씨족들에게 배당된 곳들이
다.
56 ◎게르손 후손에게는 므나쎄 반쪽 지파의 지
71 역에서 바산에 있는 골란과 거기에 딸린 목
장 지대, 아스다롯과 거기에 딸린 목장 지대
가 돌아갔다.
57 이싸갈 지파의 지역에서는 케데스와 거기에
72 딸린 목장 지대, 다브랏과 거기에 딸린 목장
지대,
58 라못과 거기에 딸린 목장 지대, 아넴과 거기
73 에 딸린 목장 지대가 그들에게 돌아갔다.
59 아셀 지파의 지역에서는 마살과 거기에 딸
74 린 목장 지대, 압돈과 거기에 딸린 목장 지
대,
60 후콕과 거기에 딸린 목장 지대, 르홉과 거기
75 에 딸린 목장 지대가 돌아갔다.
61 납달리 지파의 지역에서는 갈릴래아에 있는
76 케데스와 거기에 딸린 목장 지대, 함몬과 거
기에 딸린 목장 지대, 키랴다임과 거기에 딸
린 목장 지대가 돌아갔다.
62 ◎므라리의 나머지 후손들에게는 즈불룬 지
77 파의 지역에서 림모노와 거기에 딸린 목장
지대, 다볼과 거기에 딸린 목장 지대가 돌아
갔다.
63 예리고 맞은편 요르단 강 건너 동쪽에 있는
78 르우벤 지파의 지역에서는 사막에 있는 베셀
과 거기에 딸린 목장 지대, 야사와 거기에
딸린 목장 지대,
64 크데못과 거기에 딸린 목장 지대, 메바앗과
79 거기에 딸린 목장 지대가 그들에게 돌아갔
다.
65 가드 지파의 지역에서는 길르앗에 있는 라못
80 과 거기에 딸린 목장 지대, 마하나임과 거기
에 딸린 목장 지대,
66 헤스본과 거기에 딸린 목장 지대, 야젤과 거
81 기에 딸린 목장 지대가 그들에게 돌아갔다.

북방 부족들

7 ◎이싸갈의 아들은 돌라, 부아, 야숩, 시므
론, 이상 넷이다.
2 돌라의 아들은 우찌, 르바이야, 여리엘, 야흐
매, 입삼, 스무엘인데, 이들은 힘있는 장사
로서 돌라 가문의 수령들이었다. 다윗 시대
의 족보에 등록된 그들의 수효는 이만 이천
육백 명이었다.
3 우찌의 아들은 이즈라히야, 이즈라히야의 아
들은 미가엘, 오바디야, 요엘, 이씨야, 이 다
섯은 모두 수령들이었다.
4 이 일족들은 유난히 부인들도 많고 자식들
도 많았다. 이 수령들의 지휘를 받는 군대
를 족보별 가문별로 편성하고 보니 모두 삼
만 육천 명이나 되었다.
5 이싸갈의 여러 씨족에 등록된 군인의 수는
모두 팔만 칠천 명이었다.
6 베냐민의 아들은 벨라, 베겔, 여디아엘, 이상
셋이다.
7 벨라의 아들은 에스본, 우찌, 우찌엘, 여리못,

이리, 이상 다섯이다. 이들은 힘있는 장사로
서 각 가문의 수령이었다. 등록된 군인의
수효는 이만 이천삼십사 명이었다.
8 베겔의 아들은 즈미라, 요아스, 엘리에젤, 엘
요에내, 오므리, 여레못, 아비야, 아나돗, 알레
멧. 이들이 모두 베겔의 아들이었다.
9 각 가문의 수령과 군인들을 족보별로 등록
하고 보니, 모두 이만 이백 명이었다.
10 여디아엘의 아들은 빌한, 빌한의 아들은 여우
스, 베냐민, 에훗, 그나아나, 제단, 다르싯, 아
히사할.
11 이들이 모두 여디아엘의 아들이었다. 각 가
문의 수령에다 힘센 장정들까지 합하여, 싸
움에 나갈 수 있는 군인은 모두 일만 칠천
이백 명이었다.
12 그 밖에도 수빔과 후빔이 있었다. ◎단의 아
들은 후심 하나뿐이었다.
13 납달리의 아들은 야시엘, 구니, 예셀, 살룸.
이상은 빌하의 몸에서 얻은 후손들이다.
14 ◎므나쎄는 아람인 소실의 몸에서 아스리엘
을 보았다. 그 소실은 길르앗을 세운 마길도
낳았다.
15 마길은 마아가라는 아내를 맞았다.㉠ 그에게
는 몰레겟이라는 누이가 있었다.㉡ 므나쎄의
둘째 아들의 이름은 슬롭핫이었는데, 그에
게는 딸밖에 없었다.
16 마길의 아내 마아가는 아들을 낳고 베레스라
는 이름을 붙여주었다. 베레스에게는 세레스
라는 아우가 있었는데, 그는 울람과 라켐이
라는 아들을 두었다.
17 울람의 아들은 브단이다. 이상이 므나쎄의
손자요, 마길의 아들인 길르앗의 후손이다.
18 마길의 누이 몰레겟은 이스훗, 아비에젤, 마흘
라를 낳았다.
19 스미다의 아들은 아히안, 세겜, 리크히, 아니
암이다.
20 ◎에브라임의 아들은 수델라, 그 다음 대는
베렛, 그 다음 대는 다핫, 그 다음 대는 엘라
다, 그 다음 대는 다핫,
21 그 다음 대는 자밧, 그 다음 대는 수델라. 에
브라임은 수델라 외에 에제르와 엘르앗이라
는 아들이 있었는데, 그들은 갓 사람들이 사
는 데 내려가서 가축을 약탈하려다가 맞아
죽었다.
22 아버지 에브라임은 이 일을 두고 오래 슬퍼
하였으므로 친척들이 찾아와서 위로하였
다.
23 그 후 에브라임은 아내와 한자리에 들었다.
아내가 임신하여 아들을 낳자, 그는 집안에
액운이 있었다고 하여 아들의 이름을 브리
아라 지었다.
24 에브라임의 딸 세에라는 아랫 벳호론과 윗 벳
호론을 세웠고 우쩬세에라도 세웠다.
25 에브라임에게는 또 레바라는 아들이 있었다.
그 다음 대는 레셉, 그 다음 대는 델라, 그
다음 대는 다한,
26 그 다음 대는 라아단, 그 다음 대는 암미훗,
그 다음 대는 엘리사마,
27 그 다음 대는 눈, 그 다음 대는 여호수아이
다.
28 ◎에브라임의 후손들은 베델과 거기에 딸린
촌락들, 거기에서 동쪽에 있는 나아란, 서쪽
에 있는 게젤과 거기에 딸린 촌락들, 세겜과
거기에 딸린 촌락들, 아야와 거기에 딸린 촌
락들에 흩어져 살았다.
29 므나쎄의 후손들은 벳스안과 거기에 딸린 촌
락들, 다아낙과 거기에 딸린 촌락들, 므기또
와 거기에 딸린 촌락들, 도르와 거기에 딸린
촌락들을 손안에 넣었다. 이상 여러 곳에서
이스라엘의 아들 요셉의 후손들이 살았다.
30 ◎아셀은 임나, 이스와, 이스위, 브리아라는
아들과 세라라는 딸을 두었다.
31 브리아는 헤벨과 말기엘이라는 아들을 두었
는데, 이 말기엘이 바로 비르자윗을 세운 사
람이다.
32 헤벨은 야블렛, 소멜, 호담이라는 아들과 수
아라는 딸을 낳았다.
33 야블렛의 아들은 바삭, 빔할, 아스왓, 이상이
야블렛의 아들들이다.
34 소멜의 아들은 아히, 로흐가, 여후빠, 아람,
35 소멜의 아우 호담의 아들은 소바, 임나, 셀레
스, 아말,
36 소바의 아들은 수아, 하르네벨, 수알, 베리,
이므라,
37 베셀, 호드, 삼마, 실사, 이드란, 브에라,
38 예델의 아들은 여분네, 비스바, 으라,
39 울라의 아들은 아라, 한니엘, 리스야.
40 이들은 모두 아셀의 후손으로서 각 가문의
수령들이요, 출중한 인물들이요, 힘센 장사
들이요, 으뜸가는 대표들이었다. 출전할 수
있는 군인의 수효는 이만 육천 명이었다.

베냐민 지파

8 ◎베냐민의 아들은, 맏아들 벨라, 둘째 아
스벨, 셋째 아흐라,
2 넷째 노하, 다섯째 라바.

㉠ 16절 참조. ㉡ 18절 참조.

3 벨라의 아들은 아딸, 에훗의 아버지 게라,
4 아비수아, 나아만, 아호아,
5 게라, 스부반, 후람.
6 ◎에훗의 후손은 다음과 같다. 게바에서 살
다가 마나핫으로 사로잡혀 간 각 가문의 수
령들은
7 나아만, 아히야, 게라인데, 이 게라가 바로
그들을 사로잡아 간 장본인이다. 게라는 우
짜와 아히훗을 낳았다.
8 사하라임은 모압 평야에 있을 때 소실에게서
마하삼과 바아라 둘을 얻었다.
9 본처 호데스의 몸에서 낳은 아들은 요밥, 시
브야, 메사, 말감,
10 여우스, 사크야, 미르마였다. 이상이 이 가문
의 수령들이었다.
11 마하삼은 아비툽과 엘바알을 낳았다.
12 엘바알의 아들은 에벨, 미삼, 사멧인데, 이
사멧이 바로 오노를 세우고 롯과 거기에 딸
린 촌락들을 세운 사람이다.
13 브리아와 세마는 아이얄론에 사는 가문들의
수령으로서 갓 주민을 쫓아낸 사람들이다.
14 아효, 사삭, 여레못,
15 즈바디야, 아랏, 아델,
16 미가엘, 이스바, 요하, 이상이 브리아의 아들
들이다.
17 즈바디야, 므술람, 히즈키, 헤벨,
18 이스므래, 이즐리아, 요밥, 이상이 엘바알의
아들들이다.
19 야킴, 지그리, 잡디,
20 엘리에내, 실대, 엘리엘,
21 아다야, 브라야, 시므랏, 이상이 시므이의 아
들들이다.
22 이스반, 에벨, 엘리엘,
23 압돈, 지그리, 하난,
24 하나니야, 엘람, 안도디야,
25 입드야, 브누엘, 이상이 사삭의 아들들이다.
26 삼스래, 스하랴, 아달리야,
27 야아레시야, 엘리야, 지그리, 이상이 여로함
의 아들들이다.
28 족보별로 본 각 가문의 수령들은 위와 같다.
이들은 예루살렘에서 살았다.
29 ◎기브온에 ㉠여이엘이라는 사람이 있었는
데, 그는 기브온을 세운 사람으로서 마아가
라는 아내와 살았다.
30 그의 맏아들은 압돈이요, 그 아래로 수르,
키스, 바알, 나답,
31 그돌, 아효, 제겔, 미클롯이 있었다.
32 미클롯은 시므아를 낳았는데, 그의 일가도
다른 일족들을 마주보고 예루살렘에서 살
았다.
33 넬은 키스를 낳았고 키스는 사울을 낳았다.
사울은 요나단, 말기수아, 아비나답, 에스바알
을 낳았다.
34 요나단은 므리바알을 낳았고 므리바알은 미가
를 낳았다.
35 미가는 비돈, 멜렉, 다레아, 아하즈를 낳았다.
36 아하즈는 여호아따를 낳았고 여호아따는 알레
멧, 아즈마웻, 지므리를 낳았다. 지므리는 모
사를 낳았고
37 모사는 비느아를 낳았다. 비느아는 라바를,
라바는 엘라사를, 엘라사는 아셀을 낳았다.
38 아셀은 여섯 아들을 두었는데 그들의 이름
은 아즈리캄, 보크루, 이스마엘, 스아리아, 오
바디야, 하난이다. 이 모두가 아셀의 아들들
이다.
39 아셀의 아우 에섹은 맏아들 울람, 둘째 여우
스, 셋째 엘리벨렛을 낳았다.
40 울람의 아들들은 활을 잘 쏘는 용사들이었
는데 그 자손이 백오십 명이나 되었다. ◎이
상이 모두 베냐민의 후손이다.

예루살렘으로 돌아온 사람들

9 ◎이렇게 전 이스라엘이 등록되었는데,
이는 야훼를 배신한 죄로 바빌론에 사로잡
혀 갈 당시의 이스라엘 왕조실록과 유다 왕
조실록에 기록되어 있다.
2 ㉡바빌론에 사로잡혀 갔다가 처음으로 자기
네 성읍, 옛 터전에 돌아와 발을 붙인 사람
은 이스라엘 일반민 일부와 사제들과 레위인
들과 성전 막일꾼들이었다.
3 ◎예루살렘에 자리잡은 것은 유다 후손 일
부, 베냐민 후손 일부, 에브라임 후손 일부,
므나쎄 후손 일부였다.
4 유다 후손으로는 우대의 일족이 와서 자리
잡았는데, 우대의 아버지는 암미훗, 그 윗대
는 오므리, 그 윗대는 이므리, 그 윗대는 바
니인데, 이 바니는 베레스의 한 아들이고 베
레스의 윗대는 유다이다.
5 셀란의 후손으로는 맏아들 아사이야와 그의
후손이 와서 자리잡았다.
6 제라의 후손으로는 육백구십 명이나 되는
여우엘 일족이 와서 자리잡았다.
7 베냐민 후손으로는 살루 일족이 와서 자리잡
았는데, 그의 아버지는 므술람, 그 윗대는
호다야, 그 윗대는 하스누아,
8 그 윗대는 이브느야, 그 윗대는 여로함이다.

㉠ 9:35 참조. ㉡ 2-22절은 느헤 11:3-22와 중복된다.

또 엘라의 일족이 와서 자리잡았는데, 그의
아버지는 우찌, 그 윗대는 미그리이다. 므술
람의 일족도 와서 자리잡았는데, 그의 아버
지는 스바티야, 그 윗대는 르우엘, 그 윗대는
이브니야이다.
9 그들 일족을 족보별로 세어보니 모두 구백
오십육 명이었다. 이상 모두가 각 가문의
수령들이었다.
10◎사제로는 여다야, 여호야립, 야긴,
11 아자리야가 있었다. 이 아자리야의 아버지는
힐키야, 그 윗대는 므술람, 그 윗대는 사독,
그 윗대는 므라욧, 그 윗대는 성전 관리인이
었던 아히툽이다.
12 또 아다야의 아버지는 여로함, 그 윗대는 바
스훌, 그 윗대는 말기야, 그 윗대는 마새, 그
윗대는 아디엘, 그 윗대는 야흐제라, 그 윗대
는 므술람, 그 윗대는 므실레밋, 그 윗대는
임멜이다.
13 이들 각 가문의 수령에 딸린 일족 가운데 하
느님의 성전에서 일을 맡아볼 만한 장정은
모두 천칠백육십 명이었다.
14◎레위인으로는 므라리 지파의 스마야가 있
다. 그의 아버지는 하수브, 그 윗대는 아즈리
캄, 그 윗대는 하사비야이다.
15 같은 지파 사람으로 박바칼, 헤레스, 갈랄,
마따니야가 있었는데, 마따니야의 아버지
는 미가, 그 윗대는 지그리, 그 윗대는 아삽
이다.
16 오바디야라는 사람도 있었다. 그의 아버지
는 스마야, 그 윗대는 갈랄, 그 윗대는 여두
둔이다. 또 베레기야라는 사람은 느토바인들
의 촌락에 자리잡았는데, 그의 아버지는 아
사, 그 윗대는 엘카나이다.
17◎수위로는 살룸, 아쿱, 탈몬, 아히만 일족
들이 있었다. 그 가운데 우두머리는 살룸
인데
18 살룸은 임금이 드나들던 동문을 이 때까지
지키고 있었다. 이들은 레위인들의 장막 수
위였다.
19 살룸의 아버지는 코레, 그 윗대는 에비아삽,
그 윗대는 코라이다. 살룸은 코라 가문의 일
족을 거느리고 성막 문을 지키는 임무를 맡
았다. 그들의 선조들도 야훼의 성막 출입문
을 지키는 사람들이었다.
20 예전에는 엘르아잘의 아들 비느하스가 그들
의 감독이었다. -야훼께서 살룸과 함께 계
시기를.-
21 므셀레미야의 아들 즈가리야는 만남의 장막
수위였다.
22 수위로 뽑힌 사람의 수효는 모두 이백십이
명이었다. 그들은 살고 있는 부락에 각기
등록되어 있었다. 그들에게 이 일을 맡긴
이는 다윗과 선견자 사무엘이다.
23 그들은 대대로 야훼의 성전, 성막 문을 지키
는 일을 맡았다.
24 이 수위들은 동서남북 사방에 배치되었다.
25 그들 일족은 각기 자기네 부락에 살면서 번
갈아 이레씩 와서 도왔다.
26 그러나 수문장 넷은 거기에 상주하였다. 그
들은 레위인으로서 하느님의 성전에 있는
모든 방과 창고도 책임지고 지켰다.
27 그들은 하느님의 성전을 지키는 책임을 진
사람들이라 하느님의 성전 경내에서 숙직
하였다. 아침마다 문을 여는 것은 그들의
일이었다.
28◎그들 가운데 제사 도구를 맡은 사람들이
있어, 가져다 둘 때도 그들이 세어 받고 꺼
낼 때에도 그들이 세어서 내어주게 되어 있
었다.
29 어떤 사람은 일반 도구, 거룩한 도구를 맡
았고 어떤 사람은 밀가루, 포도주, 기름, 분
향 재료, 향수를 맡았다.
30 그러나 그 향수를 섞는 일은 사제들의 책임
이었다.
31 떡 굽는 일은 레위인 마띠디야의 책임이
었다. 그는 코라의 후손인 살룸의 맏아들이
었다.
32 안식일마다 빵을 차려놓는 일은 크핫파에서
맡았다.㉠
34◎이상이 족보별로 본 레위 지파 각 가문의
수령들이다. 이들은 예루살렘에서 살았다.

사울의 계보

35◎㉡기브온에 여이엘이라는 사람이 있었는
데, 그가 바로 기브온을 세운 사람으로서 마
아가라는 아내와 살았다.
36 그의 맏아들은 압돈이요, 그 아래로 수르,
키스, 바알, 넬, 나답,
37 그돌, 아효, 즈가리야, 미클롯이 있었다.
38 미클롯은 시므아를 낳았다. 이 사람들도 다
른 일족들을 마주보며 예루살렘에 자리를
잡았다.
39◎넬은 키스를 낳았고 키스는 사울을 낳았다.
사울은 요나단, 말기수아, 아비나답, 에스바알
을 낳았다.
40 요나단은 므리바알을 낳았고, 므리바알은 미

㉠ 33절은 6:32 다음으로 간다. ㉡ 35-44절에 대해서는 8:29-38 참조.

가를 낳았다.
41 미가는 비돈, 멜렉, 다레아, 아하즈를 낳았다.
42 아하즈는 야라를 낳았고 야라는 알레멧, 아즈
마웻, 지므리를 낳았다. 지므리는 모사를 낳
았고
43 모사는 비느아를 낳았다. 비느아는 르바이야
를, 르바이야는 엘라사, 엘라사는 아셀을 낳
았다.
44 아셀은 아들 여섯을 두었다. 그 이름은 아즈
리캄, 보크루, 이스마엘, 스아리야, 오바디야,
하난이다. 이들이 모두 아셀의 아들들이다.

사울의 마지막

10 ◎㉠블레셋 군이 이스라엘을 공격한 일
이 있었다. 이스라엘 군은 불레셋 군에
게 쫓겨 도망치다가 길보아 산에서 마구 쓰
러져 갔다.
2 불레셋 군은 계속 사울과 그의 아들들을 추
격하여 사울의 세 아들인 요나단, 아비나답,
말기수아를 쳐죽였다.
3 전세가 이미 다 기울어진 판에 사울마저 적
의 화살에 맞아 부상당하고 말았다.
4 사울은 자기의 무기 당번에게 일렀다. "저
오랑캐들에게 붙잡혀 욕을 당할 수는 없다.
차라리 네가 칼을 뽑아 나를 찔러라." 그러
나 무기 당번은 감히 칼을 뽑지 못하고 망설
였다. 그러자 사울은 손수 칼을 뽑아 자결하
였다.
5 사울이 죽는 것을 보고는 무기 당번도 자기
칼을 뽑아 자결하였다.
6 사울과 세 아들은 이렇게 죽어갔다. 그와 함
께 사울의 일족도 전멸하였다.
7 이스라엘 군이 도주하고 사울 부자마저 전사
하는 것을 보고 그 골짜기에 있던 이스라엘
사람들이 다 저희의 성읍들을 버리고 도망
치자 불레셋 사람들이 거기에 와서 살게 되
었다.
8 ◎그 이튿날 불레셋 군은 길보아 산에 올라
죽은 군인들의 옷을 벗기다가 사울과 그의
아들들이 쓰러져 있는 것을 발견하였다.
9 그들은 사울의 옷을 벗기고 목을 자르고 무
기를 거두어 불레셋 땅 방방곡곡에 보내어,
저희의 우상과 백성에게 기쁜 소식을 알렸
다.
10 그리고 그의 무기는 저희의 신당에 보관하
고 머리는 다곤 신전에 매달아 두었다.
11 ◎불레셋 군이 이렇게 사울을 처치했다는 소
식이 야베스 길르앗 주민의 귀에 들어갔다.
12 그러자 장정들이 모두 나서서 사울과 아들
들의 시신을 야베스로 모셔다가 거기에 있
는 느티나무 밑에 묻고 이레를 단식하며 슬
퍼하였다.
13 ◎사울이 죽은 것은 그가 야훼의 말씀을 따
르지 않고 거역한 죄 때문이었다. 그는 신
들린 자를 찾아가 물으면서도
14 야훼께는 여쭈어보지 않았던 것이다. 그리
하여 야훼께서는 그를 죽이시고 이새의 아
들 다윗에게 나라를 넘겨주셨다.

다윗이 온 이스라엘의 임금이 되다

11 ◎㉡온 이스라엘이 헤브론에 있는 다윗
을 찾아와서 청하였다. "우리는 임금
님과 한 골육입니다.
2 전에 사울이 우리의 왕이었을 때도, 이스라
엘을 거느리고 출전하신 이는 임금님이시었
습니다. 임금님을 뽑아 세우신 하느님 야훼
께서, 임금님께 당신의 백성 이스라엘의 목
자가 되라고 분부하시지 않으셨습니까? 당
신의 백성 이스라엘의 영도자가 되라고 하
시지 않으셨습니까?"
3 이스라엘 장로들이 모두 헤브론으로 와서 왕
앞에 나섰다. 다윗은 헤브론에서 야훼를 모
시고 그들과 계약을 맺었다. 비로소 이스라
엘은, 야훼께서 사무엘을 시켜 말씀하신 대
로, 다윗에게 기름을 부어 그를 왕으로 모시
게 되었다.
4 ◎다윗은 온 이스라엘 군을 거느리고 여부스
라고도 불리는 예루살렘으로 갔다.
5 여부스 주민들은 "네가 이리로 쳐들어오려
느냐? 어림도 없다." 하고 조롱했지만, 다
윗은 기어이 그 견고한 성 시온을 점령하고
말았다. 그리하여 예루살렘은 다윗의 도성이
되었다.
6 다윗이 "누구든지 여부스인을 먼저 쳐죽이
는 사람을 총사령관으로 삼겠다." 하자, 스
루야의 아들 요압이 제일 먼저 쳐 올라가 총
사령관이 되었다.
7 ◎다윗은 그 견고한 성에 자리를 잡았다. 그
래서 그 성을 다윗의 도성이라고 부르게 되
었다.
8 다윗은 밀로에서 시작하여 한 바퀴 돌아가
면서 성을 쌓았고 나머지 부분은 요압이 쌓
았다.
9 만군의 야훼께서 다윗과 함께 하셨으므로
그의 세력은 날로 커졌다.

㉠ 10:1-12에 대해서는 1사무 31:1-13 참조. ㉡ 11:1-9에 대해서는 2사무 5:1-3, 6-10 참조.

다윗의 부하 장군들

10◎㉠야훼께서 이스라엘 백성에게 하신 말씀
을 따라 다윗이 나라를 세울 때, 온 이스라엘
과 함께 그를 왕으로 모시는 데 공을 세운
장군들은 다음과 같다.
11◎다윗의 부하 용사들의 명단.
야소브암. 그는 하그모니의 아들로서 삼용
사의 우두머리이다. 그가 한 번 창을 휘두
르면 삼백 명이 쓰러졌다.
12 버금으로, 엘르아잘. 아호 사람 도도의 아
들로서 역시 삼용사 가운데 하나이다.
13그는 불레셋 군이 바스담밈에 집결하여 싸움
을 걸어왔을 때 다윗과 함께 있었다. 밭에
보리가 무르익었을 때였다. 이스라엘 군이
모두 무서워 도망치는데도,
14엘르아잘은 혼자 밭 한복판에 버티고 서서
불레셋 군과 싸워 곡식을 고스란히 건졌다.
야훼의 승리였다.
15 삼십인부대 가운데 세 용사가 바위 꼭대
기에 있는 동굴로 다윗을 찾아간 일이 있었
다. 그 때 불레셋 군은 르바임 골짜기에 진을
치고 있었다.
16다윗은 산채에 있었고 불레셋 주둔군은 베들
레헴에 있었다.
17다윗이 목이 타서 "누가 베들레헴 성문께 있
는 우물물을 길어다 주었으면." 하고 중얼
거리자,
18그 세 사람이 불레셋 진을 뚫고 들어가 베들
레헴 성문께 있는 우물물을 길어다 다윗에
게 바쳤다. 그러나 다윗은 차마 그 물을 마
실 수가 없어 그것을 야훼께 부어드리고는,
19"이것을 마시다니, 천벌받을 일이다. 목숨
을 걸고 길어온 이 물은 이 세 사람의 피와
다름없는데, 내가 어찌 이 물을 마시랴?"
하며 끝내 그 물을 마시지 않았다. 그 셋은
이런 일을 해낸 용사들이다.
20 아비새. 그는 요압의 아우로서 삼십인부
대 수령이다. 그는 한 번 창을 휘둘러 삼백
명이나 쓰러뜨림으로써 삼십인부대에 낄
만큼 유명해졌다.
21그는 삼십인부대 가운데서는 누구보다도
뛰어나 그들의 수령이 되었으나 삼용사 축
에는 들지 못하였다.
22 브나야. 그는 캅스엘 출신으로 여호야다의
아들이다. 그는 많은 공을 세운 장사였다.
그는 모압 장사 두 사람을 쳐죽였고, 눈 오
는 날 구렁에 빠진 사자를 그 구렁에 들어가
죽인 일이 있다.
23그는 또 키가 구 척이나 되는 이집트인을 쳐
죽인 일도 있다. 그 이집트인은 창대가 베틀
의 용두머리만큼 굵은 창을 들고 있었는데,
브나야는 몽치 하나를 들고 내려가서 그 이
집트인의 손에서 창을 빼앗아가지고 그를
찔러 죽였다.
24여호야다의 아들 브나야도 이런 일로 해서
삼십인부대에 낄 만큼 유명해졌다.
25그는 삼십인부대 가운데서 이름을 떨쳤으
나 삼용사 축에는 들지 못하였다. 다윗은 그
를 자기의 호위대장으로 삼았다.
26◎장사들의 명단은 다음과 같다. 요압의 아
우 아사헬, 베들레헴 출신 도도의 아들 엘하
난,
27하롯 출신 삼못, 블론 출신 헬레스,
28드고아 출신 익케스의 아들 이라, 아나돗 출
신 아비에젤,
29후사 출신 십개, 아호 사람 일래,
30느토바 사람 마하래, 느토바 사람 바아나의
아들 헬렛,
31베냐민 지방 기브아 출신 리배의 아들 이대,
비라돈 사람 브나야,
32가스 계곡 출신 후래, 아라바 사람 아비엘,
33바후림 사람 아즈마웻, 살본 사람 엘랴흐바,
34기존 사람 하셈, 하랄 사람 사게의 아들 요나
단,
35하랄 사람 사갈의 아들 아히암, 우르의 아들
엘리발,
36므게라 사람 헤벨, 블론 사람 아히야,
37가르멜 사람 헤스로, 에즈배의 아들 나아래,
38나단의 아우 요엘, 하그리의 아들 미브할,
39암몬 사람 셀렉, 스루야의 아들 요압의 무기
당번인 브에롯 사람 나하래,
40야띨 사람 이라, 야띨 사람 가렙,
41헷 사람 우리야, 아흘래의 아들 자밧,
42르우벤 지파의 수령으로서 삼십인부대를 거
느리던 르우벤 사람 시자의 아들 아디나,
43마아가의 아들 하난, 메텐 사람 요사밧,
44아스다롯 사람 우찌야, 아로엘 사람 호담의
아들 사마와 여이엘,
45디스 사람 시므리의 아들 여디아엘과 아우 요
하,
46마핫 사람 엘리엘, 엘나암의 아들 예리배와
요사야, 모압 사람 이드마,
47소바 출신 엘리엘, 오벳, 야시엘.

12 ◎다윗이 키스의 아들 사울을 피해 시글
락에 가 있을 때에 그를 찾아가 도운
장사들은 다음과 같다.

㉠ 10-41절에 대해서는 2사무 23:8-39 참조.

2 그들은 좌우 양손으로 돌팔매질도 하고 활
도 쏠 수 있는 궁수들로서, 사울의 일족 베
냐민 지파 사람들이다.
3 그들의 우두머리는 기브아 사람 스마아의 아
들 아히에젤이다. 그 밖에 그의 아우 요아스,
아즈마웻의 아들 여지엘과 벨렛, 아나돗 사
람 브라가와 예후,
4 삼십인부대원으로서 그 삼십인부대를 거느
리던 기브온 사람 이스마야,
5 또 예레미야, 야하지엘, 요하난, 그데라 사람
요자밧,㉠
6 엘루새, 여리못, 브알리야, 스마리야, 하룹 사
5 람 스바티야,
7 코라 사람 엘카나, 이씨야, 아자렐, 요에젤,
6 야소브암,
8 그돌 출신 여호람의 아들 요엘라, 즈바디야가
7 그들이다.
9 ◎가드 지파 가운데도 광야에 있는 요새로
8 다윗을 찾아가 그와 합세한 사람들이 있었
다. 다들 힘센 장사로서 방패를 들고 창을
잘 쓰는 직업 군인들이었다. 생김새는 사자
같고 날래기는 들판을 내닫는 노루 같았다.
10 그들의 우두머리는 에제르, 둘째는 오바디
9 야, 셋째는 엘리압,
11 넷째는 미스만나, 다섯째는 예레미야,
12 *10* 여섯째는 아때, 일곱째는 엘리엘,
13 *11* 여덟째는 요하난, 아홉째는 엘자밧,
14 *12* 열째는 예레미야, 열한째는 막반내이다.
15 *13* 이들은 가드 출신의 군지휘관으로서 그 중
14 약한 사람도 혼자서 백을 당해 내었고 힘이
센 사람은 혼자서 천을 당해 내었다.
16 어느 정월, 요르단 강물이 넘치던 때에, 그
15 들은 강을 건너가 골짜기에 사는 사람들을
동으로 서로 이리 저리 쳐서 모조리 쫓아낸
일도 있었다.
17 ◎베냐민과 유다 지파에서도 요새로 다윗을
16 찾아가 합세한 사람들이 있었다.
18 다윗은 그들을 나와 맞으며 말하였다. "그
17 대들이 내 편이 되어 나를 도우러 왔다면,
나도 같이 일할 마음이 있소. 나는 그대들
에게 부당한 일을 하지 않겠소. 그런데 그
대들이 나를 배신하고 나를 원수의 손에 넘
겨준다면, 우리 선조들을 보살피시던 하느
님께 벌을 받을 것이오."
19 ◎후에 삼십인부대 지휘관이 된 아마새가 영
18 감을 받아 말하였다.
"다윗 장군님, 우리는 장군님 부하입니
다.
이새의 아드님, 우리는 장군님 편입니다.
장군님은 천운을 타신 몸,
장군님도 만사형통하시고
장군님을 돕는 이들도 만사형통할 것입
니다."
다윗은 그들을 받아들여 특공대 지휘관으
로 삼았다.
20 ◎므낫세 지파에서도 다윗에게 넘어온 사람
19 들이 있었다. 한때 다윗이 불레셋과 함께 나
서서 사울을 치려 했으나 불레셋 추장들이
자기네끼리 "다윗은 결국 우리 목을 잘라
가지고 옛 상전 사울에게 투항할 것이다."
하면서 다윗을 돌려보낸 일이 있었다.
21 그래서 다윗이 불레셋 편에 들어 싸우지 못
20 하고 시글락으로 돌아왔을 때, 므낫세 지파
천인부대 지휘관들이었던 아드나, 요자밧,
여디아엘, 미가엘, 요자밧, 엘리후, 실대가 므
낫세 지파에서 떨어져 나와 다윗을 찾아왔
던 것이다.
22 이들은 다 힘센 장사들이라 다윗의 특공대
21 에 큰 힘이 되었다. 이들은 다 군 지휘관이
되었다.
23 이렇게 다윗을 도우려는 사람이 날마다 모
22 여들어 다윗의 군대는 막강해졌다.㉡
24 ◎다윗이 헤브론에 있을 때, 그를 찾아가서
23 그의 정예부대 지휘관이 되어, 야훼의 말씀
대로 사울의 왕권이 다윗에게 돌아오도록
공을 세운 사람들의 수효는 다음과 같다.
25 유다 후손으로서 방패와 창으로 무장한
24 정병 육천팔백 명.
26 시므온 후손으로 날쌘 군인 칠천백 명.
27 *25* 레위 후손 사천육백 명.
28 *26* 거기에 아론 가문의 지도자 여호야다가 거느
27 린 삼천칠백 명과
29 젊은 장사 사독이 거느리고 온 그 가문의 장
28 교 이십이 명.
30 사울의 일족인 베냐민 후손 삼천 명. 그들
29 은 대부분이 그 때까지 사울 가문에 충성을
바쳐왔었다.
31 에브라임 후손 이만 팔백 명. 그들은 다
30 자기 가문에서 이름 있는 장사들이었다.
32 므낫세 반쪽 지파에서 만 팔천 명. 그들은
31 모두 지명을 받아 다윗을 왕으로 떠받들러
온 사람들이었다.
33 이싸갈 후손 가운데서는 수령 이백 명이
32 일족을 모두 거느리고 왔다. 이들은 시세에
밝아 이스라엘이 해야 할 바를 잘 아는 현자
들이었다.

㉠ 개신교에서 쓰는 종래 성경은 4절, 5절이 한 절이다. ㉡ 히브리어 본문 : "하느님의 군대만큼 되었다."

34 즈불룬에서는 훈련을 받아 싸움터에서 어
33 떤 무기든지 마음대로 다룰 수 있는 군인 오
만 명이 하나로 뭉쳐 다윗을 도왔다.
35 납달리에서는 장교 천 명이 방패와 창을
34 든 군인 삼만 칠천 명을 거느리고 왔다.
36 단에서는 훈련을 받은 군인 이만 팔천육
35 백 명.
37 아셀에서는 훈련을 받아 출전할 수 있는
36 군인 사만 명.
38 요르단 강 건너편에 있는 르우벤, 가드, 므
37 나쎄 반쪽 지파에서는 어떤 무기든지 마음
대로 다룰 수 있는 군인 십이만 명.
39 ◎이상은 군사 훈련을 제대로 받은 군인으
38 로서, 다윗을 온 이스라엘의 왕으로 떠받들
려는 한 뜻을 품고 헤브론으로 모여든 사람
들이다. 그 밖에도 이스라엘 사람은 한결같
이 다윗을 왕으로 삼으려 하였다.
40 그들은 거기에서 다윗과 함께 사흘을 지내
39 면서 저희의 일족이 마련해 준 음식을 먹고
마시며 축제를 올렸다.
41 이싸갈, 즈불룬, 납달리 한 끝에 이르기까지
40 전국에 널려 있던 이웃들이 모두 음식을 실
어 왔다. 밀가루 음식, 말린 무화과, 건포
도, 포도주, 기름, 양고기 등 많은 음식을
나귀와 낙타와 노새와 소에 실어 왔다. 이스
라엘 사람들은 마냥 기뻤던 것이다.

하느님의 궤를 오베데돔의 집으로

13 ◎다윗은 천인부대 지휘관, 백인부대
지휘관, 그 밖의 모든 지도자들과 의논
하고
2 이스라엘 온 회중에게 말하였다. "여러분이
좋게 여기고, 우리 하느님께서 허락만 해주
신다면, 전국에 있는 다른 동족들을 불러오
고, 목장 딸린 성읍들에서 사제들과 레위인
들을 불러다가
3 사울 시대에 찾아오지 못한 하느님의 궤를
찾아오려고 하는데 어떻소?"
4 온 회중은 그것을 마땅한 일로 여겨 그렇게
하자고 하였다.
5 ◎다윗은 하느님의 궤를 키럇여아림에서 옮
겨오려고, 이집트 시홀에서부터 하맛 어귀에
이르는 전국에서 온 이스라엘을 불러모았다.
6 ㉠다윗은 하느님의 궤를 옮기려고 온 이스라
엘을 이끌고 바알라라고 하는 유다 지파에
속한 키럇여아림 땅으로 갔다. 그 궤는 '거
룹을 타고 계시는 야훼'라는 이름으로 불리
는 궤였다.
7 드디어 그 하느님의 궤를 새 수레에 싣고 아
비나답의 집을 나왔다. 아비나답의 아들 우
짜와 아효는 수레를 몰고,
8 다윗은 온 이스라엘과 함께 하느님 앞에서
수금과 거문고를 뜯으며 소구와 바라를 치
고 나팔을 불면서 마음껏 노래를 부르며 춤
을 추었다.
9 그들이 키돈이라는 사람의 타작 마당에 이
르렀을 때였다. 소가 뛰는 바람에 궤가 떨
어지려고 하자 우짜가 손을 대어 붙들었다.
10 야훼께서는 우짜가 궤에 손을 댔다고 진노
하시어 그를 치셨다. 우짜는 당장 하느님 앞
에서 죽었다.
11 다윗은 야훼께서 우짜를 치신 일이 몹시 마
음에 걸려 그 곳을 베레스우짜라고 불렀는
데, 그 이름이 지금까지 남아 있다.
12 다윗은 그 날 야훼가 너무 두려워, "내가 어
찌 감히 하느님의 궤를 모시랴." 하고
13 그 궤를 자기의 도성으로 모셔 가지 못하고
갓 사람 오베데돔의 집으로 옮겨 모셨다.
14 그래서 오베데돔의 식구들이 하느님의 궤를
석 달 동안 모시게 되었는데, 그 동안 야훼
께서는 오베데돔의 식구들과 그의 모든 재
산에 복을 내려주셨다.

다윗의 영광이 사방에 떨치다

14 ◎㉡띠로 왕 히람은 다윗에게 송백 목재
와 석수와 목수를 사절단과 함께 보내
어 궁궐을 짓게 하였다.
2 다윗은 야훼께서 자기를 튼튼히 세워 이스라
엘의 왕으로 삼으시고 자기 왕권을 널리 떨
치게 해주신 것은 당신 백성 이스라엘을 잘
되게 하려고 하신 일임을 깨닫게 되었다.
3 ◎다윗은 예루살렘에서 또 아내를 맞아 아들
딸을 더 보았다.
4 그가 예루살렘에서 낳은 아들은 삼무아, 소
밥, 나단, 솔로몬,
5 이브할, 엘리수아, 엘벨렛,
6 노가, 네벡, 야비아,
7 엘리사마, 브엘랴다, 엘리벨렛이다.
8 ◎불레셋 사람들은 이스라엘이 다윗을 기름
부어 왕으로 추대하였다는 말을 듣고는 모
두 들고일어나 다윗을 잡으려고 쳐 올라왔
다. 다윗이 이 소식을 듣고 그들을 맞아 싸
우려고 나섰으나,
9 불레셋 군은 어느새 르바임 골짜기로 밀려들
었다.
10 다윗은 하느님께 "불레셋 군을 쳐들어가도

㉠ 6-14절에 대해서는 2사무 6:2-11 참조. ㉡ 1-16절에 대해서는 2사무 5:11-25 참조.

되겠습니까? 그들을 제 손에 부쳐주시겠습
니까?" 하고 여쭈어보았다. 야훼께서 대답
하셨다. "쳐들어가거라. 저 불레셋 군을 네
손에 부치겠다."
11 이스라엘 군은 바알브라심으로 쳐들어갔다.
거기에서 다윗은 적을 무찌르고 외쳤다.
"물이 뚝을 무너뜨리듯, 야훼께서는 내 앞
에서 적진을 무너뜨리셨다." 그래서 그 곳
을 바알브라심이라고 부르게 되었다.
12 불레셋 군은 그 곳에 저희의 신상들마저 버
리고 물러갔다. 다윗은 그 신상들을 불에 살
라버리게 하였다.
13 ◎불레셋 군이 또다시 그 골짜기로 밀려들었
다.
14 다윗이 다시 하느님께 여쭙자 하느님께서
이런 말씀을 내리셨다. "마주 쳐들어가지
말고 그들을 에워싼 다음 사시나무 숲 맞은
편에서 쳐들어가거라.
15 사시나무 숲 윗쪽에서 발소리가 들리거든
나가서 싸워라. 그 소리는 이 하느님이 불레
셋 진을 치러 앞장서 나가는 소리다."
16 다윗은 하느님의 명령대로 하여 불레셋 군을
기브온에서 게젤까지 따라가며 무찔렀다.
17 다윗의 명성이 모든 나라에 전해지자 뭇 민
족이 다윗을 두려워하게 되었다. 이것은 야
훼께서 몸소 이루신 일이었다.

하느님의 궤를 예루살렘에 옮겨 모시다

15 ◎다윗은 자기의 도성에 궁들을 지었
다. 또 하느님의 궤를 모실 천막을 치
고 나서
2 이렇게 선포하였다. "하느님의 궤를 메어
올 사람은 레위인밖에 없다. 야훼께서는 레
위인을 뽑아, 영원히 당신의 궤를 메게 하셨
고 당신을 섬기게 하셨다."
3 다윗이 야훼의 궤를 모실 자리를 마련하고
는 온 이스라엘을 소집하는 한편,
4 아론의 후손과 레위인을 불러들이니,
5 크핫 후손으로는 지휘자 우리엘과 그의 일족
백이십 명,
6 므라리 후손으로는 지휘자 아사이야와 그의
일족 이백이십 명,
7 게르손 후손으로는 지휘자 요엘과 그의 일족
백삼십 명,
8 엘리사반 후손으로는 지휘자 스마야와 그의
일족 이백 명,
9 헤브론 후손으로는 지휘자 엘리엘과 그의 일
족 팔십 명,
10 우찌엘 후손으로는 지휘자 암미나답과 그의
일족 백십이 명이다.
11 ◎다윗은 사제 사독과 에비아달, 레위인 우리
엘, 아사이야, 요엘, 스마야, 엘리엘, 암미나답
을 불러들여
12 이렇게 일렀다. "그대들은 레위 가문의 어
른들이니 일족들과 함께 목욕재계를 하고
이스라엘의 하느님 야훼의 궤를 메어다가 내
가 마련해 놓은 자리에 모시도록 하오.
13 저번에 야훼께서 노여움을 내리신 것은 그
대들이 없었기 때문이오. 우리는 격식을 갖
추지 않고 야훼 우리 하느님을 모시려다가
그런 일을 당했던 것이오."
14 사제들과 레위인들은 이스라엘의 하느님 야
훼의 궤를 모셔 올리려고 목욕재계를 하였
다.
15 그리고 하느님의 궤를 멜 레위인들은 모세
에게서 받은 야훼의 지시대로 채를 꿰어 궤
를 어깨에 메었다.
16 ◎다윗은 레위인 지휘자들에게 지시를 내려
그들 일족 가운데서 합창대를 내세워 거문
고와 수금을 뜯고 바라를 치며 흥겹게 노래
를 부르도록 하였다.
17 레위인들은 요엘의 아들 헤만과 베레기야의
아들 아삽을 내세웠다. 그들은 같은 일족이
었다. 또 그들의 일족인 므라리 후손 가운데
서 쿠사야의 아들 에단을 내세웠다.
18 또 같은 일족으로 즈가리야, 야아지엘, 스미
라못, 여히엘, 운니, 엘리압, 브나야, 마아세
야, 마띠디야, 엘리블레후, 미크네야 그리고
수위 오베데돔과 여이엘이 그 밑에 있었다.
19 성가대 지휘자인 헤만과 아삽과 에단이 바라
를 치고
20 즈가리야, 아아지엘, 스미라못, 여히엘, 운니,
엘리압, 마아세야, 브나야가 ㉠알라못에 맞추
어 거문고를 뜯고,
21 마띠디야, 엘리블레후, 미크네야, 오베데돔,
여이엘, 아자지야가 ㉡스미닛 르나세아에 맞
추어 수금을 뜯었다.
22 노래를 메기는 사람은 레위인들의 지휘자
그나니야였다. 그는 모르는 노래가 없었
다.㉢
23 궤를 지키는 수위는 베레기야와 엘카나였다.
24 사제들 가운데 스바니야, 요사밧, 느다넬, 아
마새, 즈가리야, 브나야, 엘리에젤은 하느님
의 궤 앞에서 나팔을 부는 나팔수였다. 오베
데돔과 여히야도 궤를 지키는 수위였다.
25 ◎다윗은 이스라엘 장로들과 천인부대 지휘

㉠, ㉡ 음악 기호이긴 하지만 무엇인지 모른다. ㉢ 히브리어 본문의 뜻이 분명치 않다.

관들을 데리고 오베데돔의 집으로 가서 즐
거운 마음으로 야훼의 계약궤를 모셔 올렸
다.
26 레위인들은 하느님의 도움을 받아 야훼의
계약궤를 옮겨온 다음, 황소 일곱 마리와
숫양 일곱 마리를 잡아 바쳤다.
27 ◎궤를 메는 레위인, 성가대원들, 레위인들
의 지휘자로서 노래를 메기는 그나니야와
함께 다윗은 모시 도포를 입고 그 위에 모시
에봇을 걸쳤다.
28 온 이스라엘은 환성을 올리며 뿔나팔과 새
납을 불고 바라를 치고 거문고와 수금을 타
면서 야훼의 계약궤를 모시고 올라왔다.
29 야훼의 계약궤가 다윗의 도성에 들어오는데,
사울의 딸 미갈이 창으로 내다보다가 다윗
왕이 춤을 추며 좋아 날뛰는 것을 보고 속으
로 비웃었다.

16 ◎㉠이스라엘 사람들은 하느님의 궤를
옮겨다가 다윗이 쳐둔 천막 안에 모시
고는 하느님께 번제와 친교제를 바쳤다.
2 다윗은 번제와 친교제를 바친 다음 야훼의
이름으로 백성에게 복을 빌어주었다.
3 그리고 온 이스라엘 백성에게 남녀를 가리
지 않고 떡 한 덩어리와 야자 열매와 건포도
과자를 나누어주었다.

성가대가 감사 찬송을 부르다

4 ◎다윗은 레위인 가운데 야훼의 궤를 모시고
이스라엘의 하느님 야훼께 감사 찬양을 드리
며 예식을 집행할 사람들을 다음과 같이 임
명하였다.
5 책임자 아삽, 그 밑에 즈가리야, 우찌엘, 스미
라못, 여히엘, 마띠디야, 엘리압, 브나야, 오베
데돔, 여이엘. 아삽이 바라를 치면, 이들은
수금을 타며 소구를 쳤다.
6 그리고 정해진 때마다 하느님의 계약궤 앞
에서 나팔을 부는 사람은 사제 브나야와 야
하지엘이었다.
7 그 날, 비로소 다윗은 아삽과 그의 일족을
시켜 야훼께 감사를 드리게 하였다.
8 ㉡너희 고마운 마음 야훼께 아뢰어라.
그의 이름을 불러 예배하여라.
몸소 하신 일들 만방에 알리어라.
9 몸소 이루신 그 놀라운 일들
하나하나 노래로 엮어
악기에 맞추어 불러 올려라.
10 하느님의 거룩한 이름을 자랑하여라.
야훼를 찾는 이들, 마음은 즐거워라.
11 야훼께 힘을 빌며,
잠시도 그의 곁을 떠나지 마라.
12 생각도 못할 기적을 베푸시며
법으로 다스리시던 일, 부디 명심하여라.
13 그의 종으로 뽑힌
이스라엘의 후손들아, 야곱의 자손들아,
14 그분이 바로
온 세상을 정의로 다스리시는 야훼 우리
하느님이시다.
15 계약을 맺으시며 만대에 내리신 말씀
영원히 잊지 아니하신다.
16 아브라함과 맺으신 계약
이사악에게 다짐해 주셨다.
17 이것은 야곱이 지키라고 세우신 계약,
이스라엘이 언제까지나 어길 수 없는 계
약이다.
18 "이 가나안 땅을 너에게 준다.
대대로 물려줄 유산이다." 하고 말씀하셨
다.
19 그 때 너희는 몇 사람 안 되었다.
얼마 되지 않는 무리가
20 이 민족 저 민족 사이로 떠돌며
이 나라에서 다른 족속에게로 떠도는 신
세였다.
21 그러나 하느님께서는 아무도 너희를 누
르지 못하도록
세상 임금들에게 경고하셨다.
22 "내가 기름 부어 세운 예언자들이니,
아무도 건드리지 못한다." 하고 말씀하셨
다.
23 ㉢세상아, 야훼를 찬양하여라.
야훼께서 승리하신
그 기쁜 소식 날마다 전하여라.
24 놀라운 일을 이루시어 이름을 떨치셨으
니,
뭇 민족, 뭇 족속에게 이를 알리어라.
25 높으신 야훼를 어찌 다 찬양하랴.
신이 많다지만 야훼만큼 두려운 신이 있
으랴.
26 뭇 민족이 섬기는 신은 모두 허수아비지
만,
야훼께서는 하늘을 만드셨다.
27 그 앞에 찬란한 영광이 감돌고,
당신 계시는 곳에 당신의 힘이 떨치시니
우리는 모두 고마울 뿐이다.
28 야훼는 힘있고 위엄차시다, 찬양하여라.

㉠ 16:1-3에 대해서는 2사무 6:17-19 참조. ㉡ 8-22절에 대해서는 시편 105:1-15 참조. ㉢ 23-33절에 대해서는 시편 96:1-13 참조.

민족들아, 지파마다 야훼께 찬양을 올려
라.
29 예물을 가지고 하느님 앞에 나아가,
야훼의 이름 위엄차시다, 찬양을 올려라.
30 세상아, 그 앞에서 춤을 추어라.
이 땅을 든든하게 세우신 야훼 앞에서.
31 하늘은 기뻐하고 땅은 즐거워하며
"야훼께서 등극하셨다." 하고 만방에 외
치어라.
32 바다도, 거기 가득한 것도 다 함께 환성
을 올리어라.
들도, 거기 사는 것도 다 함께 기뻐 뛰어
라.
33 숲의 나무들도 환성을 올리어라.
야훼께서 세상을 다스리러 오셨다.
34 ㉠어지신 야훼께 고마움 아뢰어라.
그지없으신 그의 사랑 노래하여라.
35 "㉡우리를 구해 주실 이 하느님밖에 없습
니다.
우리를 건져내시어
만방에서 모아주십시오.
고마운 마음 억누를 길 없어
하느님의 거룩한 이름 찬양하렵니다.
자랑스럽게 찬양하렵니다."
36 이스라엘의 하느님 야훼,
옛날부터 끝날까지 찬양받으실 분이셔
라.
온 겨레가 "아멘!"으로 야훼를 찬양하였
다.
37◎다윗은 아삽과 그의 일족에게 야훼의 계약
궤 앞에 남아서 그 궤를 모시고 날마다 절차
를 따라 예식 올리는 일을 맡겼다.
38 여두둔의 아들 오베데돔이 호사와 함께 수위
가 되었는데, 오베데돔 일족은 육십팔 명이
었다.
39 그리고 사독 사제와 그의 일족 사제들에게
는 기브온 언덕 위 야훼의 성막 앞에서 하는
일을 맡겼다.
40 그들은 야훼께서 이스라엘에 내리신 분부를
따라 예식서에 기록한 그대로 아침 저녁,
제단에 번제를 올려 야훼께 바쳤다.
41 그들과 함께 헤만과 여두둔도 거기에 남았
다. 그 밖에도 "그의 사랑 영원하여라." 하
고 야훼께 감사하며 노래부르도록 뽑혀 임
명된 사람들이 있었다.
42 그들은 나팔이나 바라 같은 악기에 맞추어
하느님을 노래하였다. 수위 직책은 여두둔
의 후손이 맡았다.
43◎온 백성은 자기 집으로 돌아가고 다윗도
궁으로 돌아가 식구들에게 복을 빌어주었
다.

나단이 하느님의 약속을 다윗에게 알리다

17 ◎다윗은 대궐에 들어가 살게 되면서,
예언자 나단에게 말하였다. "내 말을
들으시오. 나는 이렇게 송백으로 지은 대궐
에서 사는데, 야훼의 계약궤가 아직도 천막
안에 있으니, 될 말이오?"
2 나단이 다윗에게 대답했다. "임금님, 하느
님께서 임금님과 함께 계시니 무엇이든 하
고 싶으신 대로 하십시오."
3◎그 날 밤 하느님께서 나단에게 말씀을 내
리셨다.
4 "너는 내 종 다윗에게 가서 일러라. '야훼
의 말이다. 너는 내가 살 집을 짓지 못한다.
5 나는 이스라엘을 이집트에서 이끌어내던 날
부터 이 날까지 천막을 치고 옮겨 다녔으며,
집에서는 살지 않았다.
6 내 백성을 영웅들에게 맡겨 보살피게 하던
시대에, 나는 이스라엘 백성이 사는 곳곳으
로 옮겨 다니었다. 그 때 어찌하여 내 집을
송백으로 짓지 않느냐고 어느 영웅에게 말
한 적이 있더냐?'
7 그러니 너는 이제 나의 종 다윗에게 일러주
어라. '만군의 야훼가 하는 말이다. 나는 네
가 양떼를 따라다니는 것을 목장에서 데려
내다가 내 백성 이스라엘의 영도자로 삼았
다.
8 그리고 네가 어디로 가든지 네 곁을 떠나지
아니하고 네 원수를 모두 네 앞에서 쓸어버
렸다. 나는 이제 세상에서 이름난 어느 위
인 못지않게 네 이름을 떨치게 하겠다.
9 내 백성 이스라엘은 내가 마련해 준 이 땅에
정착하고 걱정 없이 살게 되었다. 다시는
전처럼 악한 무리에게 억눌려 고생하는 일
이 없으리라.
10 지난날 영웅들을 시켜 내 백성 이스라엘을
다스리던 때처럼 고생하는 일은 다시 없을
것이다. 나는 네 원수들을 다 굴복시키고
한 왕조를 일으켜 너를 높여주겠다.
11 네가 살 만큼 다 살고 세상을 하직하면 네
몸에서 난 아들 가운데서 하나를 네 후계자
로 세우고 그의 국권을 튼튼하게 해주겠다.
12 그 후계자가 바로 내 집을 지을 사람이다.
나는 그의 왕위를 든든히 굳혀 영원히 흔들
리지 않게 해주리라.

㉠ 시편 106:1 참조. ㉡ 35-36절에 대해서는 시편 106:47-48 참조.

13 나는 친히 그의 아비가 되고 그는 내 아들이
되리라. 네 선임자에게서는 내 사랑을 거두
었지만, 네 후계자에게서는 그렇게 사랑을
거두지 않을 것이다.
14 내가 세워준 이 왕조, 내가 세워준 이 나라
를 다스릴 직책을 그에게 맡겨 끊어지지 않
게 하리라. 그의 왕위는 길이 흔들리지 아
니하리라.'"
15◎나단은 환상 가운데서 받은 이 모든 말씀
을 다윗에게 전하였다.

다윗이 감사 기도를 드리다

16◎이 말을 듣고 다윗 왕은 야훼 앞에 나아가
앉아 아뢰었다. "야훼 하느님, 제가 무엇이
기에, 저의 집안이 무엇이기에, 저를 이런
자리에 오르게 하셨습니까?
17 하느님, 이것만도 분에 넘치는데, 먼 훗날
소인의 집안에 있을 일까지 알려주시고 소
인을 남보다 높이 보아주셨습니다. 야훼 하
느님,
18 이 고마운 마음을 무엇으로 다 아뢸 수 있겠
습니까? 하느님께서는 소인의 속을 잘 아
십니다.
19 야훼께서는 개만도 못한 소인을 생각하시어
이렇듯 큰일을 해주시고, 그 큰일들을 알려
주시기까지 하셨습니다.
20 야훼 같은 이가 계시다는 말을 들어본 적이
없습니다. 야훼밖에 또 다른 신이 있다는 말
을 들어본 적도 없습니다.
21 이스라엘이 종살이할 때 하느님께서는 몸소
찾아가시어 건져주시고 하느님의 백성으로
삼으셨습니다. 이렇게 돌보아 주신 백성이
이 지상에 이 백성 이스라엘 외에 또 어디 있
겠습니까? 하느님께서는 이집트에서 건져
내신 하느님의 백성이 보는 앞에서 놀랍고
엄청난 일을 하셨습니다. 뭇 민족을 몰아내
시어 하느님의 이름을 떨치셨습니다.
22 야훼 하느님께서는 이스라엘을 영원히 하느
님의 백성으로 삼으셨습니다. 몸소 그들에
게 하느님이 되어주셨습니다.
23 그러니 야훼 하느님, 소인과 소인의 왕실을
두고 하신 말씀을 이제 꼭 이루어주시기 빕
니다. 부디 말씀대로 해주십시오.
24 그대로 이루어져야 하느님의 이름이 길이
들날려, 사람들은 만군의 주 야훼께서 이스
라엘을 거느리시는 신이라고 하게 될 것입
니다. 그래야 소인 다윗의 왕실이 하느님 앞
에서 흔들리지 않을 것입니다.
25 나의 하느님, 소인의 왕실을 세워주겠다고
하느님께서 친히 일러주시지 않으셨던들,
소인이 어찌 이렇게 기도 드릴 생각인들 했
겠습니까?
26 야훼께서 참 신이신 줄 이제야 알았습니다.
그러하신 분이 이제 소인에게 이렇듯 좋은
말씀을 내리셨으니,
27 소인의 왕실이 영원히 하느님 앞에 서 있도
록 부디 복을 내려주십시오. 야훼께서 친히
복을 약속해 주셨으니, 소인은 이제 내려주
시는 그 복을 길이 누리겠습니다."

다윗의 전쟁 기록

18 ◎㉠그 후 다윗 왕은 불레셋을 쳐서 항
복받고 갓과 거기에 딸린 마을들을 빼
앗았다.
2 그는 또 모압을 쳐서 속국으로 삼고 조공을
받았다.
3 또 하맛 쪽에 있는 소바 왕 하다데젤이 유프
라테스 강 쪽으로 가서 세력을 굳히려는 것
을 쳐
4 병거 천 대를 빼앗고 기병 칠천과 보병 이만
을 사로잡았다. 그는 병거 백 대만 남기고
나머지는 모두 못쓰게 부수어버렸다.
5 다마스쿠스에서 아람 군이 소바 왕 하다데젤
을 도우려고 오자, 다윗은 아람 군도 쳐서
이만 이천 명을 죽이고
6 다마스쿠스에 주둔군을 두어 아람인들을 다
스리게 하였다. 그리하여 아람도 다윗에게
조공을 바치는 속국이 되었다. 이렇게 어디
를 가든지 야훼께서는 다윗에게 승리를 안
겨주셨다.
7 다윗은 하다데젤의 부하들이 몸에 걸고 다니
던 금 장신구들을 거두어 예루살렘으로 가
져왔다.
8 또 하다데젤이 차지하고 있던 티브핫 시와 쿤
시에서는 많은 놋쇠를 가져왔다. 후에 솔로
몬은 이것으로 ㉡놋바다와 기둥들과 놋그
릇을 만들었다.
9◎하맛 왕 도우는 다윗이 소바 왕 하다데젤의
전군을 무찔렀다는 소식을 듣고
10 아들 하도람을 다윗 왕에게 보내어 문안을
올리고 하다데젤을 쳐부순 것을 치하하게
하였다. 하다데젤은 도우의 공격을 받는 왕
가운데 하나였다. 하도람은 금과 은과 놋으
로 만든 온갖 기물들을 가지고 왔다.
11 다윗 왕은 그것을 에돔, 모압, 암몬, 불레셋,
아말렉, 이 모든 나라에서 가져온 금은과 함

1역대

㉠ 18:1-13에 대해서는 2사무 8:1-14 참조. ㉡ 1열왕 7:23 참조.

께 야훼께 성별하여 바쳤다.
12◎스루야의 아들 아비새가 사해 골짜기에 사
는 에돔 사람 만 팔천 명을 쳐죽이고
13에돔에 주둔군을 두어 다윗의 속국으로 삼
았다. 어디를 가든지 야훼께서는 그에게 승
리를 안겨주셨다.
14◎㉠다윗은 온 이스라엘의 왕으로서 뭇 백성
을 공평무사하게 다스렸다.
15군총사령관은 스루야의 아들 요압, 공보대
신은 아힐룻의 아들 여호사밧,
16사제는 아히툽의 아들 사독과 아히멜렉의 아
들 에비아달, 비서실장은 사우사,
17그렛 외인부대와 벨렛 외인부대 지휘관은 여
호야다의 아들 브나야였다. 왕자들은 왕의
수석 보좌관이 되었다.

19 ◎㉡그 후 암몬 왕 나하스가 죽고 아들
이 뒤를 이어 왕이 되었다.
2이 말을 듣고 다윗은 "하눈의 아버지 나하스
가 지난날 나에게 잘해 주었으니 나도 그 아
들에게 은혜를 갚아주리라." 하면서 위문
사절단을 보냈다. 다윗의 사절단이 하눈을
위문하러 암몬 땅에 이르자,
3암몬 군 지휘관들이 하눈에게 이렇게 말했
다. "다윗은 선왕께 경의를 표하려고 조객
을 보낸 것이 아닙니다. 다윗이 보낸 사절단
은 이 나라를 함락시키려고 염탐하러 온 것
이 틀림없습니다."
4이 말을 듣고 하눈은 다윗의 사절들을 잡아
수염을 깎고 볼기가 드러나도록 옷을 절반
씩 벤 다음 돌려보냈다.
5다윗은 소식을 전해 듣고 그것은 지나친 수
모라고 생각하여 그들에게 전갈을 보내어
수염이 자라기까지 예리고에 있다가 돌아오
라고 하였다.
6암몬 사람들은 다윗이 저희를 괘씸하게 여
길 줄 알았다. 그리하여 하눈과 암몬 사람들
은 병거와 기병을 고용해 오려고 은 천 달란
트를 주어 사람들을 아람나하라임, 아람마아
가, 아람소바로 보내었다.
7그들은 병거 삼만 이천 대와 마아가 왕이 거
느리는 군대를 고용하였다. 이들은 메드바
앞까지 와서 진을 쳤고, 암몬 군은 이 성읍
저 성읍에서 싸우려고 모여들었다.
8이 소식을 듣고 다윗은 전 상비군을 요압에
게 맡겨 내보냈다.
9암몬 군은 성문 앞에 나와 진을 치고 원군을
거느린 왕들은 따로 들에 버티고 있었다.
10요압은 적이 앞뒤로 포진한 것을 보고 이스
라엘 전 정예부대 가운데서도 날쌘 군인들
을 뽑아 아람 군과 맞서게 하고,
11남은 병력은 동생 아비새에게 맡겨 암몬 군
을 맞게 하였다. 그리고는
12이렇게 말하였다. "만일 내가 아람 군에게
밀리면, 네가 나를 도와라. 네가 암몬 군에
게 밀리면, 내가 너를 돕겠다.
13용기를 내어라. 만사는 야훼께 맡기고 힘을
내어 겨레를 지키고 우리 하느님의 성읍들
을 지키자."
14요압이 부대를 거느리고 공격해 나가자 아
람 군은 쫓겨 달아났다.
15아람 군이 달아나는 것을 보고 암몬 군도 요
압의 아우 아비새에게 쫓겨 성으로 들어가
버렸다. 그러자 요압은 예루살렘으로 돌아왔
다.
16◎아람 군이 이스라엘에게 패한 것을 보고 아
람 왕들은 사람을 보내어 유프라테스 강 저
편에 있는 아람 군을 출동시켰다. 그들은 하
다데젤의 사령관 소박의 지휘를 받으며 진격
해 왔다.
17이 소식을 듣고 다윗은 이스라엘 전군을 소
집, 요르단 강을 건너 적군과 대치하였다.
아람 군은 대진하고 있는 다윗을 맞아 공격
하였으나
18마침내 이스라엘 군에게 쫓겨 달아나고 말
았다. 다윗은 아람 군 병거병 칠천과 보병
사만을 죽이고 사령관 소박도 쳐죽였다.
19하다데젤의 졸병들은 저희가 이스라엘에게
패한 것을 알고는 다윗과 화친하고 그를 섬
기게 되었다. 그 뒤로 아람인들은 암몬 백성
을 도울 엄두도 내지 못하였다.

20 ◎㉢해가 바뀌어 왕들이 출전할 때가
되자 요압은 군대를 거느리고 가서 암
몬 사람들이 사는 곳을 쑥밭으로 만든 다음
라빠로 가서 그 곳을 포위하였다. 그 때 다
윗은 예루살렘에 머물러 있었다. 요압은 마
침내 라빠를 공격하여 함락시켰다.
2다윗은 암몬 왕의 머리에서 왕관을 벗겨 자
기가 가졌다. 왕관에 장식된 금 무게만도
한 달란트 나갔고, 값진 보석도 박혀 있었는
데, 그것을 다윗은 자기 머리에 썼던 것이
다. 다윗은 그 성에서 굉장히 많은 전리품을
거두고
3그 성 안에 있는 백성을 붙들어다가 톱질,
괭이질, 도끼질 등의 일을 시켰다. 다윗은

㉠ 14-17절에 대해서는 2사무 8:15-18, 20:23-26; 1열왕 4:2-4 참조. ㉡ 19:1-19에 대해서는 2사무 10:1-19 참조. ㉢ 20:1-3에 대해서는 2사무 12:26-31 참조.

이렇게 암몬 사람들의 성을 모조리 휩쓸고
나서 전군을 거두어 예루살렘으로 돌아왔다.
4 ◎㉠그 뒤, 이스라엘은 다시 게젤에서 불레셋
과 싸움을 벌였는데, 이 때 후사 사람 십개
가 르바임족 시빼를 죽이고 불레셋을 굴복시
켰다.
5 또 다른 불레셋과의 싸움에서 야이르의 아들
엘하난이 갓 사람 골리앗의 아우 라흐미를 죽
였는데, 그의 창대는 베틀의 용두머리만큼
이나 굵었다.
6 또다시 갓에서 싸움이 벌어졌는데, 손가락
발가락이 여섯 개씩, 모두 스물네 개나 되
는 거인이 나타난 것이 그 때였다. 이 사람
도 르바임족이었다.
7 그는 이스라엘에게 욕을 퍼붓다가 기어이 다
윗의 조카 요나단에게 맞아죽었다. 요나단의
아버지는 시마였다.
8 갓에서 살던 이 르바임족은 다윗과 다윗의
부하들 손에 죽었다.

병적 조사

21 ◎㉡사탄은 이스라엘을 괴롭히려고 다
윗으로 하여금 이스라엘의 병적을 조사
할 마음을 품게 하였다.
2 다윗은 요압과 군사령관들에게 명을 내렸다.
"브엘세바에서 단에 이르기까지 온 이스라엘
을 돌아다니며 병적 조사를 하여 그 수효가
얼마나 되는지 보고하시오."
3 그러자 요압이 간하였다. "야훼께서 당신의
군대를 백 배나 늘리셨으면 합니다마는, 임
금님! 그들은 다 임금님의 부하들이 아닙
니까? 그런데 왜 이런 일을 하시렵니까?
이스라엘이 죄받을 일을 왜 하시렵니까?"
4 그러나 왕은 굽히지 않았다. 그래서 요압은
온 이스라엘을 돌고 예루살렘에 와서
5 병적 조사한 결과를 다윗에게 보고했다. 칼
을 쓸 수 있는 군인이 이스라엘에는 백십만
이 있었고 유다에는 사십칠만이 있었다.
6 요압은 다윗의 명령을 못마땅하게 여겨 레위
와 베냐민 지파는 병적 조사에서 빠뜨렸다.
7 ◎이 병적 조사가 하느님의 눈에 거슬렸으
므로 하느님께서는 이스라엘을 치셨다.
8 그러자 다윗이 하느님께 빌었다. "제가 못
할 짓을 해서 큰 죄를 얻었습니다. 너무나
어리석었습니다. 제 죄를 용서해 주십시
오."
9 야훼께서 다윗의 선견자 가드에게 말씀하셨
다.
10 "너는 다윗에게 가서, 이 야훼가 말하더라면
서 이렇게 일러라. '내가 너에게 세 가지 재
앙을 내놓을 터이니 그 가운데서 하나를 골
라라. 내가 그대로 해주리라.'"
11 가드는 다윗에게 그대로 전하였다. "야훼께
서 이렇게 말씀하십니다. '너는 이제 결정
을 내려라.
12 삼 년 동안 가뭄이 들게 하랴? 석 달 동안
적의 칼에 쫓기게 하랴? 아니면 사흘 동안
온 나라에 괴질이 돌게 이 야훼가 칼을 뽑으
랴? 나의 천사들을 시켜 이스라엘 천지를
쓸어버리겠다는 말이다.' 이제 소인은 소인
을 보내신 이에게 돌아가서 무엇이라고 아
뢰리까?"
13 다윗은 가드에게 이렇게 대답하였다. "참 난
감하게 되었소. 그러나 야훼의 사랑은 크시
니, 사람에게 당하는 것보다는 야훼께 당하
는 것이 낫겠지."
14 ◎그리하여 야훼께서 이스라엘에 괴질을 내
리시니, 그 괴질로 이스라엘 사람이 칠만 명
이나 쓰러졌다.
15 하느님께서는 예루살렘으로도 천사를 보내
시었다. 야훼께서는 당신의 천사가 예루살렘
을 멸하는 것을 보시고는 재앙을 내리신 일
이 후회가 되시어, 그 천사에게 "그만하면
됐으니, 이제 손을 거두어라." 하고 명하셨
다. 그 때 야훼의 천사는 여부스 사람 오르난
의 타작 마당에 서 있었다.
16 ◎다윗이 고개를 들어보니, 야훼의 천사가
공중에 서서 칼을 빼어 들고 예루살렘을 겨
누고 있는 것이었다. 그는 장로들과 함께
굵은 베 옷을 걸치고 땅에 엎드려
17 하느님께 아뢰었다. "병적 조사를 하라고
영을 내린 것은 소인이었습니다. 죄를 지은
것은 소인입니다. 목자라는 제가 이런 잘못
을 저질렀습니다. 이 양들에게야 무슨 잘못
이 있습니까? 야훼 나의 하느님이여! 손을
들어 소인과 소인의 집안을 쳐주십시오. 그
리고 이 백성에게는 재앙을 그만 내려주십
시오."
18 야훼의 천사가 가드를 시켜 다윗에게 "여부
스 사람 오르난의 타작 마당에 올라가 거기
야훼께 제사 드릴 제단을 쌓아라." 하고 일
렀다.
19 다윗은 가드가 야훼의 이름으로 전하는 말을
따라 그리로 올라갔다.
20 그 때 오르난은 보리 타작을 하다가 왕의 행
차를 보고는 아들 넷과 함께 몸을 숨겼다.

㉠ 20:4-7에 대해서는 2사무 21:18-22 참조. ㉡ 21:1-27에 대해서는 2사무 24:1-25 참조.

21 오르난은 다윗의 행차가 다가오자 타작 마당
에서 나와 땅에 엎드리어 다윗에게 절을 하
였다.
22 그러자 다윗이 오르난에게 청을 하였다. "이
타작 마당을 나에게 파시오. 백성에게 내린
재앙이 물러가도록 야훼께 제사 드릴 제단
을 여기에다 세우겠소. 값은 넉넉히 줄 터
이니 파시오."
23 오르난이 다윗에게 대답했다. "임금님, 그냥
받아주십시오. 무엇이든 좋으실 대로 하십
시오. 번제로 드릴 소도 있고, 땔감으로는
탈곡기가 있고, 곡식예물로 바칠 보리도 있
습니다. 이것을 다 드리겠으니, 받아주십시
오."
24 ◎그러자 다윗 왕은 오르난에게 그럴 수 없
다고 말했다. "돈을 내고 사야 하겠소. 야훼
께 번제를 바친다면서 돈 한 푼 들이지 않고
당신 것을 가져다 드릴 수는 없소."
25 다윗은 오르난에게 금 육백 세겔을 주고 그
터를 사서
26 야훼께 제사 드릴 제단을 쌓고 번제와 친교
제를 드리고 야훼께 부르짖었다. 그러자 야
훼께서 하늘로부터 불을 번제단에 내리시어
응답해 주셨다.
27 그리고는 당신의 천사에게 영을 내려 칼을
칼집에 꽂게 하셨다.
28 ◎다윗은 야훼께서 여부스인 오르난의 타작
마당에서 응답해 주시는 것을 보고 거기에
서 제사를 드렸다.
29 그 때 모세가 광야에서 지은 야훼의 성막과
번제단이 기브온 언덕 위에 있었으나,
30 다윗은 야훼의 천사의 칼이 무서워 차마 그
리로 가서 하느님께 빌 수는 없었던 것이다.

22 그제야 다윗은 여기야말로 하느님 야훼
의 집이요, 이스라엘의 번제단이라고
생각했다.

다윗이 성전 건축을 준비하다

2 ◎다윗은 영을 내려 이스라엘 국내에 있는
외국인 거류민을 불러모은 다음, 석수를 시
켜 성전 지을 돌을 다듬게 하는 한편,
3 문 짜는 데 쓸 못과 돌쩌귀를 만들 쇠를 많
이 마련하고 놋쇠는 무게를 달 수 없을 만큼
마련하였다.
4 또 송백나무도 수없이 장만하였다. 시돈 사
람과 띠로 사람들이 다윗에게 송백나무를
많이 갖다 바쳤던 것이다.
5 야훼께 지어 바칠 성전은 아주 웅장하고 화
려하여 세상에 이름을 떨쳐야 할 터인데,
아들 솔로몬은 나이도 어리고 모질지 못해
서 미리 장만해 두어야겠다는 심산이었다.
◎이렇게 마련하고 나서
6 다윗은 솔로몬을 불러 이스라엘의 하느님 야
훼께 성전을 지어 바치라고 일렀다.
7 "솔로몬아!" 하며 다윗이 말했다.
"나는 내 하느님 야훼의 이름으로 불릴
성전을 늘 짓고 싶었다.
8 그러나 야훼께서는 나에게 이렇게 말씀하셨
다. '너는 큰 전쟁들을 치르느라고 많은 피
를 흘렸기 때문에 내 이름으로 불릴 성전을
짓지 못한다. 너는 내 앞에서 너무 많은 피
를 땅에 흘렸다.
9 이제 네가 한 아들을 얻을 터인데, 그 아들
은 태평을 누리게 될 것이다. 내가 사방에
있는 적들을 다 물리쳐 태평을 누리게 해주
리라. 그러니 그의 이름을 솔로몬이라고 하
여라. 나는 그가 다스리는 동안 이스라엘에
번영과 평화를 내릴 것이다.
10 그가 바로 내 이름으로 불릴 성전을 지을 사
람이다. 그는 나의 아들이 되고 나는 그의
아버지가 되어줄 것이다. 나는 그가 이스라
엘을 길이 다스리도록 그의 왕좌를 튼튼히
세워주리라.'
11 그러니 솔로몬아, 나는 이제 야훼께서 너와
함께 계시기를 바란다. 그리고 부디 네 하
느님께서 바라시는 대로 네가 성전을 지어
바치게 되기를 바란다.
12 야훼께서 너를 이스라엘의 왕으로 세워주실
때, 현명하고 슬기로운 마음도 함께 받아
네 하느님 야훼의 법을 잘 지키게 되기를 바
란다.
13 야훼께서 모세를 시켜 이스라엘에 내리신 규
정과 법규를 명심하여 지켜야 만사가 잘될
것이다. 힘을 내고 용기를 내어라. 걱정하
지도 말며, 두려워하지도 마라.
14 내가 야훼의 성전을 지으려고, 애써 금 십만
달란트, 은 백만 달란트를 장만하고 쇠나 놋
쇠는 무게를 달 수 없을 만큼 마련하였다.
목재와 석재도 마련해 놓았다. 네가 더 보
태도 좋다.
15 네 밑에는 많은 일꾼들이 있다. 채석공, 석
공, 목공, 그 밖에도 재간 있는 각종 장인들
이 있다.
16 금, 은, 동, 철을 잘 다루는 사람들도 수없
이 많다. 그러니 일을 시작하여라. 야훼께서
너와 함께 하실 것이다."
17 ◎다윗은 온 이스라엘 관리들에게도 아들 솔
로몬을 도울 것을 당부하였다.

18“너희 하느님 야훼께서 너희와 함께 계시지
않느냐? 야훼께서는 이 고장 원주민들을
내 손에 부치셨다. 당신의 백성을 앞세워
몸소 이 땅을 정복하셔서 사방을 태평하게
하셨다.
19그러니 이제 너희는 몸과 마음을 바쳐 너희
하느님 야훼의 뜻을 받들어 하느님 야훼의
성전을 지어라. 그리고 야훼의 이름을 드높
이려고 짓는 그 성전에 야훼의 계약궤와 하
느님의 거룩한 기구들을 옮기도록 하여라.”

레위인 반 조직

23 ◎다윗은 수명이 다하여 늙었으므로
아들 솔로몬에게 왕위를 물려주어 이스
라엘을 다스리게 하려고,
2 온 이스라엘의 관리와 사제와 레위인들을 불
러모았다.
3 ◎레위인으로서 삼십 세 이상 되는 사람들
만 등록시키니, 장정의 수가 삼만 팔천이
되었다.
4 그 가운데 이만 사천 명이 야훼의 성전 일을
맡은 자였고 육천 명은 행정과 재판을,
5 사천 명은 수위 일을, 사천 명은 성가대원
으로서 다윗이 만든 악기에 맞추어 야훼를
찬양하는 일을 하고 있었다.
6 ◎다윗은 레위 후손을 게르손과 크핫과 므라
리 가문별로 반을 편성하였다.
7 게르손 갈래에는 라아단파와 시므이파가
있었다.
8 라아단파에는 수령 여히엘반과 제담반, 요엘
반 해서 모두 세 반이 있었다.
9 시므이파에는 슬로못반, 하지엘반, 하란반 이
렇게 세 반이 있었다. 이들이 라아단 가문의
반장들이다.
10 시므이파에는 야핫반, 지자반, 여우스반, 브
리아반이 있었다. 이들이 시므이파의 네 반
이다.
11 수령은 야핫이었고 그 다음은 지자였다. 그
런데 여우스와 브리아는 아들이 많지 않아서
한 집안으로 등록되었다.
12 크핫 갈래에는 아므람파, 이스할파, 헤브론
파, 우찌엘파 이렇게 네 파가 있었다.
13 아론과 모세는 아므람파 사람이다. 아론은
가장 거룩한 일을 맡도록 성별되었다. 그와
그의 후손은 언제까지나 야훼 앞에서 향을
피우며 그를 섬기고 그의 이름으로 사람들
에게 복을 빌어주는 일을 맡았다.
14 하느님의 사람 모세와 그의 후손도 레위 지
파 명단에 올랐다.
15 모세에게는 게르솜과 엘리에젤이라는 아들
이 있었다.
16 게르솜파의 수령은 수바엘이었다.
17 엘리에젤파의 수령은 르하비야였다. 엘리에
젤에게는 다른 아들이 없었지만 르하비야에
게는 아들이 많았다.
18 이스할파의 수령은 슬로밋이었다.
19 헤브론파의 수령은 여리야, 그 다음은 아마
리야, 셋째는 야하지엘, 넷째는 여카므암이
었다.
20 우찌엘파의 수령은 미가, 그 다음은 이씨야
였다.
21 므라리 갈래에는 마흘리파와 무시파가 있
었다. 마흘리파에는 엘르아잘반과 키스반이
있었다.
22 엘르아잘은 아들은 없이 딸만 남겨두고 죽
었다. 그의 조카인 키스의 아들들이 그의 딸
들에게 장가들었다.
23 무시파에는 마흘리반, 에델반, 여레못반, 이
렇게 세 반이 있었다.
24 ◎레위의 후손을 족보별로 보면 이상과 같
다. 이들은 가문별 명단에 올라 있는 각 가
문의 수령과 반장으로서 나이는 이십 세 이
상 되는 사람들이었다. 그들은 야훼의 성전
에서 일을 맡아 봉직하는 사람들이었다.
25 ◎다윗은 이런 말을 남겼다. “이스라엘의 하
느님 야훼께서 당신의 백성에게 태평세월을
누리게 해주시고 몸소 예루살렘에 영원한
자리를 잡으시었다.
26 그러므로 이제부터 레위인들은 성막을 메고
다니거나 거기에 소용되는 모든 기구를 가
지고 다닐 필요가 없게 되었다.”
27 ◎다윗의 이 유언 때문에 레위인으로서 이십
세 이상 되는 사람은 모두 등록을 하게 되었
다.
28 그들은 아론의 후손을 도와 성전 바깥 뜰과
방들을 보살피고 모든 거룩한 기구를 깨끗
이 닦는 일을 하며 하느님의 성전 예배를 거
들었다.
29 제사 상에 오르는 빵, 곡식 예물로 바치는
밀가루, 누룩 안 든 과자를 분량과 크기가
맞게 반죽하여 빵 굽는 판에 구워내는 일도
맡았다.
30 또 아침 저녁으로 야훼 앞에 나가 감사 찬송
도 올리게 되어 있었다.
31 안식일이나 초하루나 그 밖의 절기에 야훼
께 번제를 바칠 때는 언제나 정원대로 야훼
앞에 나가 감사 찬송을 올려야 했다.
32 그들은 그렇게 만남의 장막, 성소를 보살폈

고 한 집안인 아론 후손이 야훼의 성전에서
예배 드릴 때 도와줄 임무를 띠고 있었다.

사제단 조직

24 ◎아론 후손은 다음과 같이 반을 편성
하였다. 아론에게는 나답, 아비후, 엘르
아잘, 이다말이라는 아들들이 있었는데,
2 나답과 아비후는 자식을 남기지 않고 아버지
보다 먼저 죽어 엘르아잘과 이다말만이 사제
가 되었다.
3 다윗은 엘르아잘 후손인 사독과 이다말 후손
인 아히멜렉과 함께 사제들을 갈라서 일을
맡기고 등록시켰다.
4 그런데 지도자가 될 만한 사람은 이다말 후
손보다는 엘르아잘 후손 가운데 더 많았다.
그래서 엘르아잘 후손 가운데서는 수령이
열여섯이 나왔으나 이다말 후손 가운데서는
여덟밖에 나오지 못했다.
5 이렇게 엘르아잘 후손과 이다말 후손 가운데
서 하느님을 섬기는 성직자들이 나왔기 때
문에, 그들이 각기 할 일을 제비를 뽑아 결
정하게 되었다.
6 레위인 느다넬의 아들 스마야는 비서실장이
었다. 그가 왕과 대신들과 사독 사제와 에비
아달의 아들 아히멜렉 사제 가문의 수령들과
레위 가문의 수령들 앞에서 사제들의 이름
을 기록하는데, 엘르아잘 가문에서 두 몫,
이다말 가문에서 한 몫을 뽑았다.
7 ◎제비를 뽑으니 첫째는 여호야립에게, 둘째
는 여다야에게,
8 셋째는 하림에게, 넷째는 스오림에게,
9 다섯째는 말기야에게, 여섯째는 미야민에게,
10 일곱째는 하코스에게, 여덟째는 아비야에게,
11 아홉째는 예수아에게, 열째는 스가니야에게,
12 열한째는 엘랴십에게, 열두째는 야킴에게,
13 열셋째는 후빠에게, 열넷째는 예세브압에게,
14 열다섯째는 빌가에게, 열여섯째는 임멜에
게,
15 열일곱째는 헤지르에게, 열여덟째는 하삐세
스에게,
16 열아홉째는 브다히야에게, 스무째는 에헤즈
켈에게,
17 스물한째는 야긴에게, 스물두째는 가물에
게,
18 스물셋째는 들라야에게, 스물넷째는 마아지
야에게 떨어졌다.
19 그들은 이런 차례로 등록되어 야훼의 성전
에 들어가 선조 아론이 이스라엘의 하느님
야훼께 지시받은 규례를 따라 예배를 드리
게 되었다.
20 ◎나머지 레위 후손은 이러하다. 아므람 후
손 수바엘반에 예흐디야,
21 르하비야반에 수령 이씨야,
22 이스할파 슬로못반에 야핫,
23 헤브론파에 수령 여리야, 둘째 아마리야, 셋
째 야하지엘, 넷째 여카므암,
24 우찌엘파 미가반에 사밀,
25 미가의 아우 이씨야반에 즈가리야,
26 므라리의 후손 마흘리와 무시, 또 그의 아들
야아지야,
27 므라리의 후손 야아지야의 아들 브노, 소함,
자구르, 이브리.
28 마흘리파 엘르아잘은 아들이 없었다.
29 키스파에 여라므엘,
30 무시의 후손 마흘리와 에델과 여리못. 이상이
족보별로 본 레위 후손이다.
31 그들도 일족인 아론 후손들과 나란히 다윗
왕, 사독, 아히멜렉, 사제 가문 수령들, 레위
가문 수령들 앞에서 제비를 뽑았다. 종가나
작은 집이나 동등하게 제비를 뽑았다.

찬양대

25 ◎다윗과 예배 지도자들은 수금과 거
문고와 바라를 가지고 예언하는 아삽
후손과 헤만 후손과 여두둔 후손에게 특별한
직책을 맡겼다. 이 성직을 맡은 사람들은
다음과 같다.
2 ◎아삽의 아들 자구르, 요셉, 느다니야, 아사
렐라. 이 아삽의 아들들은 왕명을 따라 아삽
의 지휘를 받아 영감받은 노래를 불렀다.
3 여두둔파로는, 여두둔의 아들 게달리야, 스
리, 여사이야, 하사비야, 마띠디야, 이렇게 여
섯이 있었다. 그들은 수금을 타며 영감받은
노래를 부르는 아버지 여두둔의 지휘를 따
라 야훼께 감사 찬송을 불렀다.
4 헤만파로는 헤만의 아들 북키야, 마따니야,
우찌엘, 스부엘, 여리못, 하나니야, 하나니, 엘
리아다, 기딸티, 로맘티에젤, 요스브카사, 말
로디, 호딜, 마하지옷.
5 하느님께서는 약속하신 대로 왕의 선견자
헤만에게 이 아들들을 주셔서 그 영광을 높
여주셨다. 헤만은 하느님께로부터 아들 열
넷과 딸 셋을 받았다.
6 이들은 모두 왕명을 따라 아버지의 지휘를
받으며 야훼의 성전에서 노래를 불렀고, 왕
명을 따라 바라와 거문고와 수금을 가지고
하느님의 성전 예배에 참례하였다.
7 이들은 야훼께 찬양을 부르는 훈련받은 일

족들과 함께 명단에 올랐다. 선생은 모두
이백팔십팔 명이었다.
8 그들은 대가나 평단원, 선생이나 제자의 구
별없이 제비를 뽑아 번들었다.
9 제비를 뽑으니, 첫째로 아삽 가문의 요셉이
뽑혔다. 둘째는 게달리야 형제와 아들 열둘
이,
10 셋째는 자구르 형제와 아들 열둘이,
11 넷째는 이스리 형제와 아들 열둘이,
12 다섯째는 느다니야 형제와 아들 열둘이,
13 여섯째는 북키야 형제와 아들 열둘이,
14 일곱째는 여사렐라 형제와 아들 열둘이,
15 여덟째는 여사이야 형제와 아들 열둘이,
16 아홉째는 마따니야 형제와 아들 열둘이,
17 열째는 시므이 형제와 아들 열둘이,
18 열한째는 아자렐 형제와 아들 열둘이,
19 열두째는 하사비야 형제와 아들 열둘이,
20 열셋째는 수바엘 형제와 아들 열둘이,
21 열넷째는 마띠디야 형제와 아들 열둘이,
22 열다섯째는 여레못 형제와 아들 열둘이,
23 열여섯째는 하나니야 형제와 아들 열둘이,
24 열일곱째는 요스브카사 형제와 아들 열둘이,
25 열여덟째는 하나니 형제와 아들 열둘이,
26 열아홉째는 말로디 형제와 아들 열둘이,
27 스무째는 엘리아다 형제와 아들 열둘이,
28 스물한째는 호딜 형제와 아들 열둘이,
29 스물두째는 기딸티 형제와 아들 열둘이,
30 스물셋째는 마하지옷 형제와 아들 열둘이,
31 스물넷째는 로맘티에젤 형제와 아들 열둘이
뽑혔다.

수위대

26 ◎수위대로는 코라파 므셀레미야반이
있었는데, 므셀레미야는 에비야삽의 후
손 코레의 아들이었다.
2 그의 아들들은 맏아들이 즈가리야, 둘째가
여디아엘, 셋째가 즈바디야, 넷째가 얏니엘,
3 다섯째가 엘람, 여섯째가 여호하난, 일곱째
가 엘료에내였다.
4 ◎오베데돔의 아들은 맏아들이 스마야, 둘째
가 여호자밧, 셋째가 요아, 넷째가 사갈, 다
섯째가 느다넬,
5 여섯째가 암미엘, 일곱째가 이싸갈, 여덟째
가 브울대였다. 오베데돔은 이렇게 하느님께
복받은 사람이었다.
6 그의 아들 스마야에게서 얻은 손자들이 온
가문을 거느렸다. 그들은 힘센 장사들이었
다.
7 스마야의 아들은 옷니, 르바엘, 오벳, 엘자밧,
그리고 엘리후와 스마기야라는 장사 형제가
있었다.
8 이상이 모두 오베데돔의 후손이다. 그들 일
족은 대대로 힘이 세어 직무를 수행하기에
아무 어려움이 없었다. 오베데돔파는 모두
육십이 명이었다.
9 ◎므셀레미야의 아들과 형제도 장사들이었
는데, 모두 십팔 명이었다.
10 므라리의 후손 호사에게도 아들이 있었다.
맏아들 시므리는 본디 맏아들이 아니었으나
아버지가 맏아들로 삼았다.
11 둘째는 힐키야, 셋째는 트발리야, 넷째는 즈
가리야, 호사의 아들과 형제는 모두 십육 명
이었다.
12 ◎이상 수위대원들은 수문장들의 지휘 아래
다른 형제들과 함께 야훼의 성전을 지키는
일을 맡았다.
13 그들은 큰 가문 작은 가문 가리지 않고 제비
를 뽑아 각 문을 맡았다.
14 해 뜨는 쪽 문을 놓고 제비를 뽑으니, 셀레
미야가 뽑혔다. 그의 아들 즈가리야는 명석
한 참모였는데, 제비를 뽑아 북문을 맡게
되었다.
15 오베데돔에게는 남문이 돌아갔고, 그의 아
들들에게는 창고가 돌아갔다.
16 수빔과 호새에게는 해 지는 쪽 문과 성전으
로 올라오는 큰 길 가에 있는 살레겟 문이
돌아갔다. 이렇게 서로 일을 나누어 맡았
다.
17 날마다 해 뜨는 쪽 문에 여섯 사람, 북문에
네 사람, 남문에 네 사람, 창고에는 두 사람
이 배치되었다.
18 해 지는 쪽 회랑 큰길에는 넷이 배치되었고
회랑에는 둘이 배치되었다.
19 코라 후손과 므라리 후손 수위대는 이상과
같이 일을 나누어 맡았다.

창고 관리인과 행정직

20 ◎하느님의 성전 창고와 거룩한 제물 보관
창고도 그들과 일족인 레위인들이 맡았다.
21 게르손 후손으로 라아단이라는 사람이 있었
는데, 그의 아들 여히엘이 그 가문의 수령이
었다.
22 여히엘의 아들 가운데 제담과 요엘 형제가 야
훼의 성전 창고를 맡았다.
23 아므람, 이스할, 헤브론, 우찌엘 가문에서
24 모세의 손자요 게르솜의 아들인 수바엘이 모
든 창고의 총관리인이 되었다.
25 그의 동기인 엘리에젤파는 아들 르하비야,

그 다음 대는 여사이야, 그 다음 대는 요람,
그 다음 대는 지그리, 그 다음 대는 슬로밋으
로 이어진다.
26 이 슬로밋이 동기들과 함께 다윗 왕과 각 가
문의 수령과 천인대장, 백인대장 등 군지
휘관들이 바치는 거룩한 제물 창고를 도맡
았다.
27 그들은 싸움터에서 가져온 전리품 일부를
바쳐 야훼의 성전을 뒷받침하였다.
28 선견자 사무엘, 키스의 아들 사울, 넬의 아들
아브넬, 스루야의 아들 요압이 바친 거룩한
것도 다 슬로밋과 그의 동기들이 맡았다.
29 ◎이스할 가문에서는 그나니야가 아들들과
함께 관리이자 판사로서 이스라엘의 일반
행정을 맡아보았다.
30 헤브론 가문에서는 하사비야가 천칠백 명이
나 되는 동기들을 거느리고 요르단 강에서
해 지는 곳에 이르기까지 이스라엘을 지키
며, 야훼의 일과 왕을 섬기는 모든 일을 하
였다.
31 또한 헤브론 가문에서는 족보와 가문을 망
라해서 여리야가 수령이 되었다. 다윗은 왕
이 된 지 사십 년 되던 해에 헤브론 가문을
조사하다가 길르앗 야아젤에 장사들이 있는
것을 알게 되었다.
32 이 여리야의 일족 가운데는 이천칠백 명 장
사가 있었는데, 그들은 각 가문의 수령이었
다. 다윗 왕은 그들을 임명하여 르우벤, 가
드, 므나쎄 반쪽 지파를 거느리고 하느님의
일과 왕을 섬기는 일을 도맡아 하게 하였다.

군 조직과 행정 조직

27 ◎이스라엘 백성 가운데 왕을 섬기는
각 가문의 수령과 천인대장, 백인대
장, 관리의 수는 다음과 같다. 그들은 일년
에 한 번씩 번갈아 맡은 일을 했는데 반마다
이만 사천 명으로 편성되어 있었다.
2 ◎정월에 복무할 제일반은 잡디엘의 아들 야
소브암의 지휘 아래 있었다. 그가 거느리는
반은 이만 사천 명이었다.
3 그는 베레스의 후손으로서 정월에 복무하는
부대 지휘관들의 총사령관이었다.
4 이월에 복무할 제이반은 아호 사람 도대의
아들 엘르아잘이 지휘하였다. 그가 지휘하
는 반도 이만 사천 명이었다.
5 삼월에 복무할 제삼부대 지휘관은 대사제
여호야다의 아들 브나야였다. 그가 거느린
반도 이만 사천 명이었다.
6 이 브나야는 삼십인 용사 가운데 하나로서
삼십인부대의 수령이었다. 그의 아들 암미
자밧이 그의 반을 지휘하였다.
7 사월에 복무할 제사반의 지휘관은 요압의
아우 아사헬이었는데, 그의 아들 즈바디야가
그의 뒤를 이었다. 그가 거느린 반도 이만
사천 명이었다.
8 오월에 복무할 제오반의 지휘관은 제라 사
람 삼훗이었다. 그가 거느린 반도 이만 사천
명이었다.
9 유월에 복무할 제육반의 지휘관은 드고아
사람 익케스의 아들 이라였다. 그가 거느린
반도 이만 사천 명이었다.
10 칠월에 복무할 제칠반의 지휘관은 에브라임
지파 블론 사람 헬레스였다. 그가 거느린 반
도 이만 사천 명이었다.
11 팔월에 복무할 제팔반의 지휘관은 제라 지
파 후사 사람 십개였다. 그가 거느린 반도
이만 사천 명이었다.
12 구월에 복무할 제구반의 지휘관은 아나돗에
사는 베냐민 지파 아비에젤이었다. 그가 거
느린 반도 이만 사천 명이었다.
13 시월에 복무할 제십반의 지휘관은 제라 지
파 느토바 사람 마하래였다. 그가 거느린 반
도 이만 사천 명이었다.
14 십일월에 복무할 제십일반의 지휘관은 에브
라임 지파 비라돈 사람 브나야였다. 그가 거
느린 반도 이만 사천 명이었다.
15 십이월에 복무할 제십이반의 지휘관은 오드
니엘 지파 느토바 사람 헬대였다. 그가 거느
린 반도 이만 사천 명이었다.
16 ◎이스라엘 각 지파를 다스리는 사람은 다음
과 같다. 르우벤 지파는 지그리의 아들 엘리
에젤, 시므온 지파는 마아가의 아들 스바티
야,
17 레위 지파는 크무엘의 아들 하사비야, 아론
지파는 사독,
18 유다 지파는 다윗의 형 엘리후, 이싸갈 지파
는 미가엘의 아들 오므리,
19 즈불룬 지파는 오바디야의 아들 이스마야, 납
달리 지파는 아즈리엘의 아들 여리못,
20 에브라임 지파는 아자지야의 아들 호세아, 므
나쎄 반쪽 지파는 브다야의 아들 요엘,
21 길르앗에 있는 므나쎄 다른 반쪽 지파는 즈가
리야의 아들 이또, 베냐민 지파는 아브넬의
아들 야아시엘,
22 단 지파는 여로함의 아들 아자렐이었다. 이
상이 이스라엘 지파들을 다스리는 사람들이
었다.
23 ◎야훼께서 이스라엘 백성을 하늘의 별만큼

불어나게 해주시겠다고 하셨으므로 다윗은
이십 세 이하는 등록시키지 않았다.
24스루야의 아들 요압은 병적 조사를 시작해
놓고는 끝내지 않았다. 이 병적 조사 때문
에 야훼의 진노가 이스라엘 위에 떨어졌던
것이다. 그 때에 실시한 병적 조사는 다윗
왕 실록에 오르지 못하였다.
25◎내탕고를 맡은 사람은 아디엘의 아들 아즈
마웻이었다. 시골과 도시, 마을과 요새에
있는 창고를 맡은 사람은 우찌야의 아들 요
나단이었고,
26밭에서 농사하는 농군 감독은 글룹의 아들
에즈리가 맡았다.
27포도원 책임자는 라마 사람 시므이, 포도원
의 술 창고 책임자는 세밤 사람 잡디,
28야산 지대에 있는 올리브와 돌무화과 책임
자는 게델 사람 바알하난이었다. 기름 창고
는 요아스가 맡았다.
29사론에서 풀을 뜯는 소떼는 사론 사람 시트
래가 맡아 길렀고 산골짜기에서 풀을 뜯는
소떼는 아들래의 아들 사밧이 맡았다.
30낙타는 이스마엘 사람 오빌이 맡았고 나귀는
메로놋 사람 예흐디야가 맡았다.
31양떼를 맡은 사람은 하그리 사람 야지즈였
다. 이들이 다윗 왕의 재산 관리인들이었다.
32다윗의 숙부 요나단은 슬기 있는 고문관이요
비서였는데, 이 요나단과 하그몬 사람 여히
엘이 왕자들을 교육했다.
33아히도벨은 왕의 고문이었고, 하르키 사람
후새는 왕의 신임을 받는 측근이었다.
34브나야의 아들 여호야다가 에비아달과 함께
아히도벨의 뒤를 이었다. 왕의 군대 사령관
은 요압이었다.

다윗이 성전 건축을 당부하다

28 ◎다윗은 이스라엘의 지도자들을 모두
소집하였다. 각 지파의 수령들, 왕을
섬기는 기관장들, 천인대장과 백인대장들,
왕의 재산과 가축의 관리인들, 왕자들과 함
께 내시와 장수들, 유력한 사람들을 다 예루
살렘으로 불러들인 다음
2다윗 왕은 일어서서 이렇게 말했다.
"동포여, 겨레여, 들어라. 나는 야훼의 계
약궤, 곧 우리 하느님의 발판을 짓겠다는
생각을 늘 품어왔다. 그래서 온갖 준비를
다 하였지만,
3하느님께서는 당신의 이름으로 불릴 성전
짓는 것을 나에게 허락하지 않으셨다. 까닭
인즉 나는 무사로서 너무 많은 피를 흘렸다
는 것이다.
4그러나 이스라엘의 하느님 야훼께서는 나의
가문에서 나를 뽑으시어 이스라엘을 다스릴
왕으로 삼으시고 이 왕권을 길이 누리게 해
주셨다. 야훼께서는 유다를 영도자로 뽑으
시고 유다 지파에서 우리 가문을, 내 형제들
가운데서는 나를 마음에 두시어 왕으로 세
워 온 이스라엘을 다스리게 하셨다.
5또 야훼께서는 나에게 주신 많은 아들 가운
데서 야훼의 옥좌에 앉혀 이스라엘을 다스릴
자로 솔로몬을 뽑으시고,
6이렇게 분부하셨다. '나는 네 아들 솔로몬
을 뽑아 내 아들로 삼고 그의 아버지가 되리
라. 그 솔로몬이 나의 전과 회랑들을 지을
것이다.
7솔로몬이 만일 내가 세워준 법을 지금처럼
굳게 지키기만 한다면, 나는 그의 왕위를
언제까지나 굳게 지켜줄 것이다.'
8이제 나는 온 이스라엘 앞에서, 야훼의 회중
앞에서, 우리 하느님께서 들으시는 가운데
너희에게 부탁한다. 야훼 너희의 하느님께
서 내리신 계명을 성심껏 지키도록 하여라.
그래야 너희가 이 좋은 땅을 차지하여 대대
로 물려주며 길이 살 수 있을 것이다.
9 솔로몬아, 이 아비를 보살펴 주시던 하느
님을 스스로 마음을 다 바쳐 사랑하며 섬기
도록 하여라. 야훼께서는 사람의 마음을 헤
아리시고 속셈까지 꿰뚫어 보신다. 네가 찾
으면 만나주시지만, 네가 저버리면 너를 아
주 버리실 것이다.
10명심하여라. 야훼께서는 성소로 쓸 집을 지
으라고 너를 뽑으신 것이다. 그러니 확신을
가지고 일을 해나가거라."
11◎이렇게 말하고 나서 다윗은 현관과 부속
건물들의 도본과 거기에 딸린 창고들과 다
락방들과 내실들과 속죄를 비는 집의 도본
을 솔로몬에게 건넸다.
12그 밖에 다른 것도 생각했던 대로 도본을 떠
주었다. 야훼의 성전 회랑과 거기에 돌아가
며 딸린 방들, 하느님의 성전 창고와 거룩
한 제물을 둘 창고를 어떻게 지을 것이며,
13또 사제나 레위인들의 반은 어떻게 편성할
것이며, 야훼의 성전에서 예배는 어떻게 드
리고, 야훼의 성전 예배에서 쓸 기구들은 어
떻게 만들 것인지 명시해 주었다.
14또 예배에 드는 여러 가지 금기구를 만드는
데 금을 얼마나 쓸 것인지, 예배에 드는 여
러 가지 은기구들을 만드는 데 은을 얼마나
쓸 것인지 명시해 주고

15 금등잔과 금등잔대 만드는 데 용도를 따라
하나 하나 금을 얼마나 쓸 것인지, 은등잔
대를 만드는 데 용도를 따라 하나 하나 은을
얼마나 쓸 것인지 그 무게를 명시해 주었다.
16 또 제사 상 하나 하나에 금을 얼마나 쓰며,
은 제사 상 하나 하나에 은을 얼마나 쓸 것
인지,
17 또 집게와 피뿌리는 쟁반과 술병을 만드는
데 순금은 얼마나 쓰며, 갖가지 금잔에는
금을 얼마나 쓰고, 갖가지 은잔에는 은을
얼마나 쓸 것인지,
18 또 분향단을 정제한 금으로 만들 것과 병거
의 모형을 금으로 만들 것을 명시해 주었다.
이 병거는 야훼의 계약궤를 날개로 덮은 거
룹을 말한다.
19 다윗은 야훼의 지시를 받았기 때문에 이 모
든 것을 어떻게 만들어야 할지 상세히 알고
기록할 수가 있었다.
20 ◎이렇게 지시하고 나서 다윗은 아들 솔로몬
에게 당부하였다. "야훼의 성전에서 예배하
는 데 쓰일 것을 다 만들기까지 나를 보살피
시던 하느님 야훼께서 너를 떠나시지 않으
실 것이다. 모른 체하고 내버려두시지 않으
실 것이다. 그러니 힘을 내고 용기를 내어
일을 해나가거라. 걱정하지도 말며, 두려워
하지도 마라.
21 더구나 사제들과 레위인들은 하느님의 성전
에서 각종 예배를 드리려고 반을 짜 가지고
대기하고 있지 않느냐? 모든 것을 만들 때
온갖 일에 능숙한 각종 기술자들이 자원하
여 너를 도울 것이다. 그리고 지도자들은
온 백성을 거느리고 네가 시키는 대로 할 것
이다."

29 ◎다윗 왕은 온 회중에게 이렇게 일렀
다. "하느님께서 뽑으신 내 아들은 아
직 나이도 어린데다가 성품도 모질지 못하
다. 그런데 사람이 살 집도 아니고 야훼 하
느님께서 계실 집을 짓는 큰일을 맡았다.
2 나는 최선을 다해서 내 하느님의 성전을 지
을 준비를 마쳤다. 제품을 만들 금, 은, 동,
철, 게다가 목재도 필요한 만큼 장만했고,
홍옥과 그것을 박을 틀, 색색이 무늬진 돌
등 갖가지 보석과 대리석을 넉넉하게 장만
하였다.
3 성전을 지으려고 이런 것을 미리 마련했을
뿐 아니라, 나에게 있는 금은도 내 하느님
의 성전을 짓는 데 바친다. 내 하느님의 집
을 짓는 일을 기뻐하여 바치는 것이다.
4 오빌에서 들여온 금 삼천 달란트, 건물벽을
입힐 정제한 은 칠천 달란트를 바친다.
5 금은뿐 아니라, 장인들이 손질한 온갖 재료
도 바친다. 오늘 너희 가운데서 마음에서
우러나 야훼께 바치고 싶은 사람이 있으면,
누구든지 바쳐라."
6 ◎이 말을 듣고 각 가문의 가장들과 이스라
엘 각 지파의 수령들, 천인대장과 백인대장
과 왕의 부역꾼, 감독들이 기쁜 마음으로
7 금 오천 달란트에 금화 만 개, 은 만 달란트,
놋쇠 만 팔천 달란트, 쇠 십만 달란트를 하느
님의 성전을 짓는 데 바쳤다.
8 보석이 있는 사람은 게르손 사람 여히엘이
관리하는 야훼의 성전 창고에 가져왔다.
9 그들은 마음에서 우러나 기쁜 마음으로 바
쳤다. 이렇게 그들이 기뻐 야훼께 바치는 것
을 보고 백성들도 기뻐했지만 다윗 왕도 매
우 흐뭇해 하였다.
10 ◎그리하여 다윗은 온 회중 앞에서 야훼를
찬양하였다.
"우리 선조 이스라엘을 보살펴 주시던 야
훼 하느님, 옛부터 받으시던 찬양, 앞으로
도 길이 받으시기를 빕니다.
11 야훼 하느님은 위대하시고 힘있으시어 존귀
와 영화가 빛납니다. 하늘과 땅에 있는 것
어느 하나 하느님의 것 아닌 것이 없습니다.
온 세상 위에 군림하시어 다스리실 이 야훼
뿐이십니다.
12 부귀영화는 하느님께서 주시는 것, 하느님
께서는 세상의 통치자이십니다. 힘과 용맹
은 하느님께서 주시는 것, 하느님께서 힘을
주시지 않으면 아무도 높아질 수 없습니다.
13 우리가 지금 하느님께 감사를 드립니다. 하
느님의 빛나는 이름을 찬양합니다.
14 이 몸이 무엇이며, 이 몸이 거느린 백성
이 무엇이기에, 이렇듯이 기쁜 마음으로 바
칠 힘을 주셨습니까? 모든 것은 하느님께
서 주시는 것이기에 하느님 손에서 받은 것
을 바쳤을 따름입니다.
15 하느님 보시기에 저희는 저희 선조들처럼
이리저리 떠돌며 남에게 몸붙여 사는 신세
였습니다. 아무 희망도 없이 떠도는 모습은
마치 땅 위를 스쳐가는 그림자 같았습니다.
16 그런데 우리 하느님 야훼께서는, 거룩하신
이름을 떨치실 성전을 짓는 데 쓰라고 이 많
은 것을 주셨습니다. 하느님 손에서 받은
것이기에 이 모든 것을 하느님께 바칩니다.
17 나의 하느님, 하느님께서는 사람의 마음을
헤아리시고 정직한 사람을 반기시는 줄 알
아, 이 모든 것을 사심 없이 바칩니다. 하느

님의 백성이 여기서 이렇게 기뻐 바치는 것
을 보고 제가 어찌 기쁘지 않겠습니까?
18 우리 조상 아브라함과 이사악과 이스라엘
을 보살피시던 야훼 하느님, 부디 하느님의
백성이 속에 품은 이 갸륵한 생각을 언제까
지나 지니도록 보살펴 주십시오. 하느님을
생각하는 마음 변치 않게 해주십시오.
19 소인의 아들 솔로몬으로 하여금 하느님께서
내리신 계명과 지시와 규정을 성심껏 다 이
루며, 소인이 준비한 성전을 짓게 해주십시
오."
20 ◎그런 다음 다윗은 온 회중에게 "너희 하느
님 야훼를 찬양하여라." 하고 외쳤다. 그러
자 온 회중은 저희의 조상들을 보살피시던
하느님 야훼를 찬양하며 야훼와 왕 앞에 무
릎을 꿇고 경배했다.
21 ◎그 다음날 백성은 야훼께 친교제를 드리
고 번제를 올렸다. 소 천 마리, 숫양 천 마
리, 새끼 양 천 마리에다가 제주를 곁들여
바쳤다. 온 이스라엘을 생각하여 이렇게 많
은 제물을 바쳤던 것이다.
22 그 날 그들은 야훼 앞에서 먹고 마시며 크게
기뻐하였다. ◎그리고는 다윗의 아들 솔로몬
을 이대 왕으로 모셨다. 그에게 기름을 부
어 야훼께 바쳐 영도자로 받들고 사독에게
기름을 부어 사제로 세웠다.
23 솔로몬이 아버지 다윗의 뒤를 이어 야훼의
옥좌에 올랐다. 그가 하는 일은 다 뜻대로
되었고 온 이스라엘은 그에게 복종하였다.
24 나라의 지도자들과 장군들과 다윗의 다른
아들들이 모두 솔로몬 왕에게 충성을 맹세
하였다.
25 야훼께서는 온 이스라엘 백성이 우러르도록
솔로몬을 높이시고 일찍이 이스라엘의 그 어
느 임금도 누리지 못한 위엄을 입혀주셨다.

다윗이 죽고 솔로몬이 대를 잇다

26 ◎이새의 아들 다윗은 왕으로서 온 이스라엘
을 다스렸는데,
27 헤브론에서 칠 년, 예루살렘에서 삼십삼 년
해서, 그가 왕위에 앉아 이스라엘을 다스린
햇수는 모두 사십 년이었다.
28 그가 부귀영화를 누리며 수를 채우고 백발
로 세상을 떠나자, 아들 솔로몬이 뒤를 이어
왕위에 올랐다.
29 다윗 왕의 행적은 처음부터 끝까지 선견자
사무엘의 역사서와 예언자 나단의 역사서와
선견자 가드의 역사서에 기록되어 있는데,
30 그의 통치 비화와 무용담, 그리고 그와 이스
라엘과 세상 온 나라들이 겪은 역사가 아울
러 기록되어 있다.

역대기하

솔로몬이 지혜를 구하다

1 ◎다윗의 아들 솔로몬은 왕위를 굳혔다. 그
의 하느님 야훼께서 같이 계시며 높여주셨
으므로 사람들이 우러러보게 되었던 것이
다.
2 솔로몬은 온 이스라엘을 불렀다. 천인대장과
백인대장들, 관리들, 이스라엘의 대표들, 각
가문의 어른들을 불렀다.
3 솔로몬은 자기 백성의 모든 대표단을 이끌
고 기브온에 있는 산당을 찾아갔다. 그 곳은
하느님을 만나는 곳으로서 야훼의 종인 모
세가 광야에서 만든 장막이 있는 곳이었다.
4 하느님의 궤는 다윗이 예루살렘에 자리를 마
련하여 새 장막을 치고 키럇여아림에서 올려
다 모셨지만,
5 브살렐이 만든 놋제단만은 기브온 야훼의 성
소 앞에 있어서, 솔로몬은 대표단을 이끌고
그리로 찾아간 것이다. 브살렐의 아비는 우
리요, 할아버지는 후르였다.
6 솔로몬은 거기 만남의 장막에 있는 놋제단
으로 올라가 야훼 앞에 번제물 천 마리를 살
라 바쳤다.
7 ◎㉠그 날 밤 하느님이 솔로몬에게 나타나셔
서 물으셨다. "내가 너에게 무엇을 해주면
좋겠느냐?"
8 솔로몬이 하느님께 대답하였다. "주께서는
소인의 아버지 다윗에게 망극한 은혜를 베
푸셨으며, 또한 소인에게는 그 뒤를 이어
왕위에 오르게 해주셨습니다.
9 야훼 하느님이여, 주께서는 소인을 왕으로
세워 티끌처럼 많은 백성을 다스리게 하셨
습니다. 소인의 아버지 다윗에게 약속하신

㉠ 7-12절에 대해서는 1열왕 3:5-14 참조.

그대로 이루어주셨습니다.
10 이제 이 백성을 이끌 수 있도록 슬기와 지식
을 주십시오. 누가 감히 이렇게도 많은 주
의 백성을 다스릴 수 있겠습니까?"
11 ◎ 하느님께서 솔로몬에게 대답하셨다. "부
귀영화를 청하지도 않고 원수의 목을 청하
지도 않으며, 오래 살도록 해달라고 청하지
도 않고 내가 맡겨준 이 백성을 다스리는 임
금으로서 갖추어야 할 슬기와 지식을 달라
고 청하다니, 네 뜻이 갸륵하구나.
12 슬기와 지식뿐이랴? 내가 너에게 부귀와
영화도 주리니, 너와 같은 임금은 전에도
없었고 후에도 다시 없으리라."
13 ◎ 솔로몬은 기브온 산당에 있는 만남의 장막
을 떠나 예루살렘으로 돌아와 이스라엘을 다
스렸다.
14 ◎ ㉠솔로몬이 병거와 군마를 사 모으다 보니
병거가 천사백 대, 군마는 만 이천 마리가
되었다. 그는 이 병력의 일부는 병거 주둔
성에 배치하고 일부는 왕 가까이 예루살렘
에 배치하였다.
15 예루살렘에서는 은이 마치 돌멩이처럼 흔하
게 되었고 송백은 야산 지대의 돌무화과나
무만큼이나 많아졌다. 이것은 모두 왕의 덕
분이었다.
16 솔로몬은 왕실 소속 무역상들을 시켜 길리기
아와 큐에에서 말을 사들이고
17 병거는 이집트에서 사들였는데, 값은 병거
한 대에 육백 세겔이었고, 말 한 마리에 백
오십 세겔이었다. 이 무역상들은 말을 사
서 헷 왕들과 아람 왕들에게 되파는 일도 하
였다.

성전 건축 준비를 마치다

18 ㉡솔로몬은 야훼를 모실 성전과 자기의 궁전
1 을 짓도록 명령하고

2 1 짐꾼 칠만 명, 산에서 돌 떠내는 사람
2 팔만 명, 감독관 삼천육백 명을 모집하
였다.
2 ㉢그리고 나서 솔로몬은 띠로 왕 히람에게 사
3 람을 보내어 청을 넣었다. "당신은 본인의
선친께서 궁을 지으실 때 송백 재목을 보내
주셨습니다.
3 이제 본인은 본인의 하느님 야훼의 이름을
4 모실 집을 지어 바치려고 합니다. 거기에서
분향제를 올리고 거르지 않고 제사 상을 차
려 올리며, 아침 저녁으로 번제물을 바치고
자 합니다. 또 안식일과 매달 초하루와 우
리 하느님 야훼께서 정해 주신 절기마다 번
제를 드리고자 합니다. 이스라엘은 언제까
지나 이렇게 하게 되어 있습니다.
4 우리의 하느님은 어떤 신보다도 크신 분이
5 시라 본인이 지어 바칠 집도 커야 합니다.
5 저 하늘, 저 꼭대기 하늘도 좁아서 못 계실
6 분에게 무슨 수로 집을 지어드리겠습니까?
본인이 무엇인데 어찌 감히 그분께 집을 지
어드리겠습니까? 다만 향이나 피워 올리려
는 뜻밖에 없습니다.
6 이제 본인은 당신에게 금은과 놋쇠와 쇠를
7 다룰 줄 알며, 붉은 비단, 진홍 비단, 자주
비단을 짤 줄 알며 조각도 할 줄 아는 기사
한 사람을 청합니다. 다윗 선왕께서 길러주
신 기술자들이 유다와 예루살렘에 있습니다.
이 사람들을 데리고 일을 할 기사를 보내주
십시오.
7 또 레바논의 송백과 전나무와 오동나무를
8 청합니다. 레바논에서 나무를 벨 줄 아는 일
꾼들이 당신에게 있는 줄 압니다마는 본인
도 일꾼을 보내어 같이 일하게 하겠습니다.
8 본인은 놀랄 만큼 큰 집을 지으려고 합니다.
9 그러니 재목을 많이 보내주시기 바랍니다.
9 채벌 기술자들에게 본인은 양곡을 대어주
10 겠습니다. 밀 이만 섬, 보리 이만 섬, 포도
주 이만 말, 기름 이만 말을 당신의 일꾼들
에게 대어주겠습니다."
10 ◎ 띠로 왕 히람이 솔로몬에게 회신하였다.
11 "야훼께서 그의 백성을 사랑하셔서 당신을
왕으로 세워 다스리게 하셨습니다."
11 히람의 회신은 이렇게 계속되었다. "이스라
12 엘의 하느님 야훼는 찬양받으실 분, 하늘과
땅을 만드신 분, 다윗 왕에게 만사를 현명하
게 처리할 줄 아는 지혜로운 아들을 후계자
로 주셔서, 야훼께 집을 지어 바치고 자신의
왕궁을 짓게 하신 분이십니다.
12 이제 본인은 기술자 후람 선생을 보냅니다.
13 그는 내가 믿는 사람입니다.
13 그의 어머니는 단 지파 사람이요, 아버지는
14 띠로 사람입니다. 그는 금은과 놋쇠와 쇠와
보석과 나무를 다룰 줄 알며, 붉은 비단과
자주 비단과 모시와 진홍색 비단을 짤 줄 알
며, 조각을 할 줄도 압니다. 갖가지 고안을
다 해내는 사람이니, 무엇이든지 부탁하십
시오. 본인이 존경하던 당신의 선왕 다윗께
서 길러주신 기술자들을 데리고 무엇이든

㉠ 14-17절에 대해서는 9:25-28; 1열왕 10:26-29 참조. ㉡ 개신교에서 쓰는 종래 성서는 여기에서 2장이 시작된다. ㉢ 3-16절에 대해서는 1열왕 5:15-25 참조.

지 해낼 것입니다.
14그러니 이제 당신이 약속하신 밀과 보리,
15 기름과 포도주를 본인의 일꾼들에게 보내
주십시오.
15우리는 당신에게 필요한 만큼 레바논에서
16 벌목을 하여 뗏목으로 엮어 요빠 앞바다까
지 운반해 가겠습니다. 예루살렘까지 올려
가는 일은 당신이 담당하십시오."
16◎솔로몬은 선왕 다윗이 전에 거류민을 조사
17 한 것처럼 이스라엘 국내에 있는 거류민을
조사해 보았다. 그랬더니 거류민의 수는 모
두 십오만 삼천육백 명이었다.
17그 중에서 칠만 명을 짐꾼으로 징용하고 팔
18 만 명은 산에서 돌 떠내는 일을 시켰다. 그
리고 그 일꾼들을 부리는 감독으로 삼천육
백 명을 뽑았다.

성전 건축을 마치다

3 ◎솔로몬은 선왕 다윗이 환상으로 본 예루
살렘 모리야 산에 야훼의 성전을 짓기 시
작하였다. 그 곳은 여부스 사람 오르난의 타
작 마당이었는데 다윗이 사두었던 것이다.
2㉠성전을 짓기 시작한 때는 솔로몬이 왕이
된 지 사 년째 되던 해의 이월이었다.
3솔로몬은 하느님의 전을 지을 때 이렇게 기
초를 놓았다. 옛날 자로 집 길이는 육십 척,
나비는 이십 척,
4성전 본관 앞 현관은 나비가 십 척, 길이가
집 나비 그대로 이십 척, 높이가 백이십 척
이었다. 현관 안벽은 순금으로 입혔다.
5본관 안벽에는 전나무 판을 대고 순금을 입
혔다. 그 위에는 종려나무 가지와 꽃줄 모
양도 새겼다.
6본관 안은 번쩍이는 보석으로 꾸미고 금박
을 입혔는데 그 금은 바르와임에서 들여온
것이었다.
7본관 안 들보와 문지방과 벽과 문짝은 모두
금박을 입혔고 벽에는 거룹들을 새겼다.
8그리고 지성소를 지었는데 길이는 집의 길
이대로 이십 척, 나비도 이십 척이었다. 내
부는 순금 육백 달란트로 금을 입혔다.
9그것을 박는 금못의 무게만도 오십 세겔이
나갔다. 다락방도 금을 입혔다.
10◎지성소 안에는 거룹 둘을 들였는데, 그것
은 나무를 깎아 만들어 금을 입힌 것이었다.
11이 거룹들이 날개를 펴고 있는데, 그 길이는
이십 척이었다. 날개 하나의 길이는 오 척
인데 한 쪽은 성전 벽에 닿았고 한 쪽은 다
른 거룹의 날개에 닿았다.
12또 다른 거룹의 날개 하나도 길이가 오 척인
데 한 쪽은 성전 벽에 닿았고 한 쪽은 다른
거룹의 날개에 닿았다.
13그래서 이 두 거룹이 날개를 펼친 것이 이십
척이었다. 이 거룹들은 서서 똑바로 성소 쪽
을 바라보고 있었다.
14◎그는 또 자주실과 붉은 실과 심홍 색실로
휘장을 짜고 그 위에 거룹들을 수놓았다.
15◎성전 정면에는 높이가 삼십오 척 나가는
기둥 둘을 만들어 세우고 그 위에 높이 오
척짜리 대접받침을 얹었다.
16목걸이 모양으로 꽃줄을 만들어 그 기둥들
머리에 둘렀다. 그리고 석류 모양 백 개를
만들어 그 꽃줄에 달았다.
17이 기둥의 하나는 성전 본관 앞 오른쪽에 세
우고 다른 하나는 왼쪽에 세웠다. 오른쪽
기둥 이름은 야긴이라 하고 왼쪽 기둥 이름
은 보아즈라 하였다.

4 ◎솔로몬은 또 놋으로 제단을 만들었는
데, 그 길이가 이십 척, 나비가 이십 척,
높이가 십 척이었다.
2㉡그 다음 그는 바다 모형을 둥글게 만들었
다. 한 가장자리에서 다른 가장자리에까지
직경이 십 척, 높이는 오 척이었다. 줄로 그
둘레를 한 바퀴 돌리면, 삼십 척이 되었다.
3이 둥근 통 밑에는 소 모양을 한 것들이 머
리를 바깥으로 하고 빙 둘러서서 그 둘레가
삼십 척이 되는 바다를 떠받치고 서 있었다.
이 소들은 십(+)자로 서 있었는데, 바다 모
형을 부어 만들 때 함께 부어 만든 것이었
다.
4바다는 이 열두 마리 소 등에 얹혀 있었는
데, 세 마리는 북쪽을 바라보고 세 마리는
서쪽을 바라보고 세 마리는 남쪽을 바라보
고 세 마리는 동쪽을 바라보고 서 있었다.
이 소들은 모두 궁둥이를 안쪽으로 하고 등
으로 바다를 떠받치고 있었다.
5바다 가장자리의 두께는 한 뼘 나비였다.
그 가장자리는 잔의 가장자리와 비슷하게
꽃무늬를 새겨놓았다. 그리고 그 바다 모형
에는 물을 삼천 말 담을 수 있었다.
6◎대야는 없는 대 열 개를 만들어 다섯은 오
른쪽에 두고 다섯은 왼쪽에 두어 번제물을
씻는 데 쓸 물을 담아두었다. 바다에 담긴
물은 사제들이 씻을 물이었다.
7◎금으로 등경 열 개를 규격대로 만들어,
다섯 개는 본관 안 오른쪽에 놓고 다섯 개는

㉠ 2-4절에 대해서는 1열왕 6:1-3 참조. ㉡ 2-5절에 대해서는 1열왕 7:3-26 참조.

왼쪽에 놓았다.
8 또 제사 상 열 개를 만들어 본관 안 오른쪽
에 다섯 개, 왼쪽에 다섯 개를 두었다. 또
피 뿌리는 쟁반 백 개를 금으로 만들었다.
9 ◎그는 또 사제만이 들어가는 뜰과 큰 뜰을
만들었다. 이 큰 뜰의 대문에는 문짝 둘을
만들어 달고 놋쇠를 입혔다.
10 바다는 성전 오른편 동남쪽에 놓여 있었다.
11 ◎후람이 재받이와 부삽과 피 뿌리는 쟁반
들을 만드니, 이로써 솔로몬 왕이 하느님 전
에 해놓으라고 시킨 모든 일을 다 마친 것이
다. 그 물건은 이런 것이었다.
12 기둥 두 개와 그 두 기둥 위에 꽃관 같은 둥
근 장식과 이 두 기둥 위에 있는 꽃관 같은
둥근 장식 두 개에 씌울 그물 둘,
13 이 두 그물에 두 줄로 달린 석류 사백 개,
14 대야 열 개와 그 받침대 열 개,
15 바다 하나와 그를 떠받치는 소 열두 마리,
16 재받이와 부삽과 집게였다. 후람 선생은 야
훼의 성전에서 쓸 이 모든 기구를 놋쇠로 만
들고 닦아서 솔로몬 왕에게 바쳤다.
17 왕은 이 기구들을 수꼿과 스레다 사이에 있
는 요르단 강 분지 흙바닥에서 부어 만들게
하였다.
18 솔로몬이 만든 이 모든 기구들이 어찌나 많
았던지 놋쇠의 무게는 이루 다 달아볼 수조
차 없었다.
19 ◎솔로몬이 하느님 성전에 두려고 만든 기
구들은 이런 것이었다. 금제단과 빵을 차려
놓을 제사 상들과
20 지성소 앞에 규정대로 켜놓을 순금 등잔들
과 등경들,
21 순금으로 만든 꽃장식과 등잔과 부집게,
22 순금으로 만든 칼들과 피 뿌리는 쟁반과 종
지들과 향로들, 그리고 성전 문, 곧 금으로
만든 안쪽 지성소 두 문짝과 본관 두 문짝이
었다.

5 ◎솔로몬은 이렇게 야훼의 성전을 위하여
할 일을 모두 마치고 선왕 다윗이 거룩하
게 바친 금은과 그 밖의 모든 기구를 가져다
가 하느님의 성전 보물 창고에 두었다.

성전에 계약궤를 모시다

2 ◎㉠한편 솔로몬은 야훼의 계약궤를 시온이
라고도 하는 다윗 성에서 모셔 오려고 이스
라엘의 장로들과 이스라엘 백성 각 가문의
대표인 각 지파의 어른들을 모두 예루살렘
에 불러모았다.
3 이스라엘 사람들은 칠월 축제를 지키려고
모두 어전에 모여왔다.
4 이스라엘 장로들이 다 모이자 레위 사람들이
궤를 메어 옮겼다.
5 그들은 궤와 만남의 장막과 그 안에 있던 성
소의 각종 기물들을 날랐다. 이 모든 것을
레위인 사제들이 날랐다.
6 ◎솔로몬 왕은 자기에게 모여온 이스라엘 회
중을 이끌고, 궤 앞에 헤아릴 수 없이 많은
양과 소를 제물로 잡아 바쳤다.
7 그리고 나서 사제들은 야훼의 계약궤를 성
전 밀실 안 지성소로 모셔다가 거룹들 날개
아래 안치하였다.
8 거룹들은 그 궤를 모신 자리 위에 날개를 펼
쳐서 궤와 채들을 덮었다.
9 그 채는 끝이 밀실 앞 성소에서 보일 정도로
길었다. 그러나 성소 밖에서는 보이지 않았
다. 그 채들은 오늘까지 거기에 남아 있다.
10 궤 안에는 호렙에서 모세가 넣어둔 두 돌판,
곧 이스라엘 백성이 이집트에서 나올 때 야훼
께서 백성과 맺으신 계약을 새긴 돌판 외에
는 아무것도 없었다.

하느님께 성전을 바치다

11 ◎사제들이 성소에서 나올 때, 아삽과 헤만
12 과 여두둔이 그 아들들과 형제들을 모두 거
느리고 레위 성가대원으로서 모시옷을 입고
바라와 칠현금과 거문고를 들고 제단 동쪽
에 늘어섰고, 이들과 함께 백이십 명의 사
제들이 나팔을 입에 대고 불었다. 거기에
참석한 사제들은 순번을 가리지 않고 전원
이 목욕재계를 했던 것이다.
13 이들은 다 같이 나팔을 불고 노래를 불렀다.
야훼를 찬양하고 감사를 드리는 그 소리가
한 소리처럼 들렸다. 나팔과 바라와 그 밖
의 악기에 맞추어,
"야훼 어지시어라,
그 사랑 영원하여라."
소리 높여 찬양하는데, 야훼의 성전에는 구
름이 가득 찼다.
14 구름이 어찌나 짙었던지 사제들이 더 이상
예식을 계속할 수 없을 정도였다. 그만큼 야
훼의 영광이 성전에 가득 찼던 것이다.

6 ◎㉡그런 가운데 솔로몬이 입을 열었다.
"야훼께서는 몸소 캄캄한 데 계시겠다고
하셨습니다.
2 영원히 여기에 사시옵소서.
제가 주님을 위하여 이 전을 세웠습니다."

㉠ 2-10절에 대해서는 1열왕 8:1-9 참조. ㉡ 1-39절에 대해서는 1열왕 8:12-50 참조.

3◎그리고 나서 왕은 모여 서 있는 이스라엘
온 회중 쪽으로 얼굴을 돌리고 복을 빌어주
었다.
4그는 말하였다. "이스라엘의 하느님 야훼께
서 선왕 다윗에게 약속하신 말씀을 모두 그
대로 이루어주셨으니, 그를 찬양하여라. 주
께서는 이렇게 말씀하셨다.
5'나는 내 백성을 이집트 땅에서 데려내온 이
래, 내 이름을 둘 집을 지을 곳으로 이스라
엘 어느 지파의 성읍을 뽑지 않았고 내 백성
이스라엘을 다스릴 영도자를 다른 어느 지
파에서 뽑지 않았으며,
6내 이름을 둘 곳으로 예루살렘을 뽑았고 내
백성 이스라엘을 거느릴 사람으로 너 다윗을
뽑았다.'
7이 말씀을 듣고 선왕 다윗께서는 이스라엘의
하느님 야훼의 이름을 위하여 성전을 지을
마음을 품게 되셨다.
8그러나 야훼께서는 선왕 다윗에게 말씀하셨
다. '네가 내 이름을 위하여 집을 짓겠다고
생각하는 것은 기특한 일이나,
9너는 나의 집을 짓지 못한다. 너에게서 태
어날 너의 아들이 내 이름을 위하여 집을 지
을 것이다.'
10이제 그 약속을 야훼께서는 이렇게 이루어
주셨다. 나는 야훼께서 약속해 주신 대로 선
왕 다윗의 뒤를 이어 이스라엘의 왕위에 올
랐고 이스라엘의 하느님 야훼의 이름을 위하
여 이렇게 성전을 지었다.
11그리고 야훼께서 이스라엘 백성과 맺어주신
계약의 궤를 여기에 모셨다."
12◎그리고 나서 솔로몬은 이스라엘 온 회중이
보는 가운데 야훼의 제단 앞에 서서 두 손을
들어 뻗쳤다.
13솔로몬은 놋쇠로 길이 오 척, 나비 오 척, 높
이 삼 척 되는 대를 만들어 마당 한가운데
놓았는데 거기에 올라가 온 이스라엘 회중
앞에서 무릎을 꿇고 두 손을 하늘로 들어올
리고
14기도하였다.
"이스라엘의 하느님 야훼여, 위로 하늘이
나 아래로 땅 그 어디에도 당신과 같은 신은
없습니다. 주님 앞에서 한마음으로 사는 종
들에게 진실로 계약을 지켜주시며 은혜를
베푸시는 분이십니다.
15당신의 종인 저의 아버지 다윗에게 약속하
신 것을 그대로 지켜주셨습니다. 친히 약속
하신 것을 오늘 이렇게 손수 이루어주셨습
니다.
16그러니 이제 이스라엘의 하느님 야훼여, 당
신의 종인 저의 아버지 다윗에게 내리신
약속, '네 후손들이 내가 가르쳐준 길을
벗어나지 않고 너처럼 내 앞에서 살면, 네
후손 가운데서 이스라엘 왕위에 오를 자가
끊기지 아니하리라.' 하신 말씀을 지켜주
십시오.
17그러니 이제 이스라엘의 하느님 야훼여, 당
신의 종인 저의 아버지 다윗에게 약속하신
말씀을 이루어주십시오.
18 그러나 하느님, 하느님께서 이 땅에 사람
과 같이 자리잡으시기를 어찌 바라겠습니
까? 저 하늘, 저 꼭대기 하늘도 주를 모시
지 못할 터인데 소인이 지은 이 전이야말로
말해 무엇하겠습니까?
19그러나 나의 하느님 야훼여, 소인의 기도와
간청에 귀를 기울여주십시오. 오늘 당신 앞
에서 울부짖으며 드리는 이 기도를 들어주
십시오.
20밤낮으로 이 전을 보살펴 주십시오. 이 곳
은 주께서 이름을 두시겠다고 약속하신 곳
입니다. 소인이 이 곳을 바라보며 올리는
기도를 부디 들어주십시오.
21소인과 당신의 백성 이스라엘이 이 곳을 바
라보며 간절히 기도할 때 부디 들어주십시
오. 당신께서 계시는 곳, 하늘에서 들어주
십시오. 들으시고 용서해 주십시오.
22 누구든지 이웃에게 못할 짓을 하여 이 전
으로 끌려와서 당신의 제단 앞에서 그런 일
을 했으면 저주를 받겠다고 맹세하거든,
23당신께서 하늘에서 그 말을 들으시고 판결
을 내려주십시오. 잘못이 있으면 그에게 벌
을 내리시고 허물이 없으면 그에게 무죄를
선고해 주십시오.
24 당신의 백성 이스라엘이 당신께 죄를 얻
어 적에게 패하였다가도 뉘우치고 돌아와
이 전에서 당신의 이름을 기리며 간절히 빌
거든,
25하늘에서 들으시고 당신의 백성 이스라엘의
잘못을 용서해 주시며 그들과 그들의 선조
들에게 주신 땅으로 돌아가게 해주십시오.
26 이 백성이 당신께 죄를 지어 그 값으로 하
늘이 닫혀 비가 내리지 않게 되었을 때에도
그들이 만일 당신께 벌받은 줄 알고 잘못을
뉘우쳐 이 전을 바라보며 기도하고 당신의
이름을 기리거든,
27하늘에서 들으시고 소인의 잘못과 당신의
백성 이스라엘의 잘못을 용서해 주실 뿐 아
니라 어떻게 살아야 할지 그 길도 가르쳐주

십시오. 그리고 당신의 백성에게 유산으로
주신 당신의 땅에 다시 비를 내려주십시오.
28 이 땅에 기근이 들거나 역병이 돌거나 곡
식이 쭉정이가 되거나 깜부기가 나거나 메
뚜기, 누리떼가 갉아먹었을 때, 성읍들이
적에게 포위되었을 때, 재앙이 내려 온갖
전염병이 번졌을 때,
29 당신의 백성 이스라엘 사람들이 개인으로나
민족으로나 마음으로부터 뉘우치고 이 전
을 바라보며 팔을 벌리고 간절히 빌거든,
30 당신께서는 자리잡으신 곳 하늘에서 들으
시고 용서해 주십시오. 사람의 마음을 아시
는 하느님이여, 사람의 행실에 따라 갚아주
십시오. 당신만이 홀로 사람의 마음을 낱낱
이 아십니다.
31 그리하시면 이스라엘 백성은 당신께서 선
조들에게 주신 땅에서 살면서 영원히 당신
을 경외하며 가르쳐주신 길을 따라 살 것
입니다.
32 당신의 백성 이스라엘이 아닌 외국인이라
도 위력을 드러내시어 크게 떨치시는 당신
의 이름을 듣고 먼 나라에서 찾아오거든,
그가 이 집을 찾아와 바라보며 빌거든,
33 당신께서는 자리잡으신 그 곳, 하늘에서 들
으시고 그 외국인의 청을 들어 그대로 이루
어주십시오. 그리하시면 이 지상의 모든 백
성이 당신의 백성 이스라엘처럼 당신의 이
름을 알게 되고 당신을 경외하게 될 것입니
다. 그리고 소인이 지은 이 전이 당신의 성
전임을 알게 될 것입니다.
34 당신께서 이 백성을 어느 싸움터에 내보
내셨든지 그들이 거기에서, 당신께서 택하
신 이 성과 소인이 당신의 것으로 지어 바친
이 성전을 바라보며 빌거든,
35 그 간절한 기도를 하늘에서 들으시고 정의
를 세워주십시오.
36 죄짓지 않는 사람이 어디 있겠습니까?
이 백성도 당신께 범죄하는 일이 있을 것입
니다. 만일 당신께서 노하시어 원수에게 넘
겨주시면 이 백성은 먼 나라, 가까운 나라
에 잡혀가는 신세가 될 것입니다.
37 그러나 사로잡혀 간 몸으로 거기에서라도
제 정신이 들어 뉘우쳐 참회하며, '우리는
죄인입니다. 못할 짓을 하여 죄를 얻었습니
다.' 하고 당신께 애원하거든,
38 사로잡혀 간 몸으로 거기에서라도 참마음
과 뜻을 다 쏟아 참회하고 당신께서 선조들
에게 주신 조국 땅과 당신께서 뽑으신 이 성
읍과 소인이 당신의 것으로 지어 바친 이 전
을 바라보며 빌거든,
39 당신께서 계시는 곳, 하늘에서 그 간절한
기도를 들으시어 정의를 세워주십시오. 그
리고 당신께 얻은 죄를 용서하여 주십시오.
40 오, 나의 하느님이여, 누군가가 이 곳에
서 기도 드릴 때
눈을 떼지 마시고 귀담아들어 주십시오.
41 야훼 하느님이여, 당신께서 쉬실 곳으로
이제 드십시오.
당신의 힘이 깃들인 궤와 함께 드십시오.
야훼 하느님이여, 당신을 섬기는 사제들
옷에서 구원이 펄럭이고
당신을 믿는 신도들은 복을 누리며 기뻐
하게 하여 주십시오.
42 야훼 하느님이여, 몸소 기름 부어 세우신
왕을 내쫓지 마시고
당신의 종 다윗의 ㉠충성을 잊지 마십시
오."

7

◎솔로몬이 기도를 마치자 하늘에서 불이
내려와 번제물과 친교제물들을 살라버렸
고 성전에는 야훼의 위엄이 가득 찼다.
2 야훼의 성전에는 야훼의 위엄이 가득 차서
사제들도 야훼의 성전으로 들어갈 수가 없
었다.
3 이렇게 불이 내려오고 야훼의 위엄이 성전
위에 머무는 것을 보고 온 이스라엘 백성은
땅에 엎드려 예배하며 감사하였다.
"야훼님 어지셔라!
그의 사랑 영원하여라!"
4 ◎그러면서 왕과 온 백성은 야훼 앞에 제물
을 바쳤다.
5 솔로몬 왕은 황소 이만 이천 마리, 양 십이
만 마리를 제물로 바쳤다. 이렇게 하여 왕
과 온 백성은 야훼의 성전 봉헌식을 올렸다.
6 사제들은 각자 설 자리에 섰고 레위인들도
다윗 왕이 만든 악기를 잡고 섰다. 그 악기
는 '그의 사랑 영원하여라!' 하는 감사 찬
양을 레위인들을 시켜 부를 때 쓰려고 만든
것이었다. 온 이스라엘이 서 있는데, 레위
인들도 늘어서고 사제들은 서서 나팔을 불
었다.
7 ◎㉡또 솔로몬은 야훼의 성전 앞뜰 한가운데
를 성별하고 거기에서 번제를 드리고 곡식
예물과 친교제물의 기름기를 바쳤다. 솔로
몬이 야훼 앞에 만들어 세운 놋제단에서는
그 많은 번제물과 곡식예물과 친교제물의
기름기를 다 드릴 수 없었기 때문이다.

㉠ "다윗에게 베푸신 사랑"이라고 번역할 수도 있다. ㉡ 7:7-22에 대해서는 1열왕 8:64-9:9 참조.

8 솔로몬이 칠 일간 축제를 올리니 하맛 어귀
에서 이집트 접경을 흐르는 강에 이르기까
지 전국에서 구름같이 모여온 사람들이 그
와 함께 축제를 올렸다.
9 칠 일간 제단을 봉헌하며 칠 일간 축제를 올
리고는 제팔일에 폐회 예배를 올리고,
10 칠월 이십삼일에 백성을 집으로 돌려보내
니, 백성은 야훼께서 다윗과 솔로몬과 당신
의 백성 이스라엘에게 내리신 복을 생각하
고 기뻐하며 마음 흐뭇하여 돌아갔다.
11 ◎솔로몬은 야훼의 성전과 궁전 건축을 마쳤
다. 야훼의 성전과 궁전 건축을 계획했던 대
로 잘 마쳤다.
12 그런데 야훼께서 밤에 솔로몬에게 나타나시
어 말씀하셨다. "나는 너의 기도를 듣고 이
곳을 나의 것으로 삼고 이 집에서 제사를 받
기로 하였다.
13 들어라. 비가 내리지 못하도록 내가 하늘을
닫아버리거나, 메뚜기를 시켜 땅에 있는 것
을 갉아먹게 하거나, 내 백성에게 염병을
보내거든,
14 내 이름으로 불리는 내 백성은 머리를 숙이
고 기도하며 나를 찾고 나쁜 길에서 돌아서
야 한다. 그리하면 나는 하늘에서 듣고 그
죄를 용서해 주고 그 사는 땅에 다시 생명을
주리라.
15 이제 나는 이 곳에서 눈을 떼지 않고 여기에
서 들려오는 기도를 귀담아들으리라.
16 이제 나는 이 집을 골라 내 것으로 삼고 여
기에 나의 이름을 길이 두리라. 언제까지나
여기에서 나의 눈, 나의 마음을 떼어놓지
않으리라.
17 너는 네 아비 다윗처럼 살아라. 내가 일러준
계약과 법을 지켜라.
18 그리하면 내가 너를 왕으로 세우고 네 왕위
를 튼튼하게 하여주리라. 네 아비 다윗에게
약속한 대로 네 후손 가운데서 이스라엘을
다스릴 자가 끊어지지 않게 하리라.
19 그러나 너희가 변심하여 나에게 받은 계약
과 법을 버리고 다른 신들을 받들어 섬기거
나 예배하면,
20 나는 이 땅을 너희에게 내렸지만 여기에서
너희를 뿌리뽑아 버리고, 이 집도 나의 것
으로 삼았지만 내버릴 것이다. 그렇게 되면
너희는 만방에서 속담거리와 웃음거리가
될 것이다.
21 이 집은 돌무더기가 되어 지나가는 사람마
다 놀라고 쉬쉬하며 이렇게 물을 것이다.
'어찌하여 야훼께서 이 땅과 이 전을 이처
럼 황폐하게 하셨을까?'
22 그러면 누군가가 대답하리라. '자기네 조상
을 이집트에서 구출해 내신 자기네 조상의
하느님 야훼를 저버리고 다른 신에게 홀려
그를 예배하고 섬겼기 때문이지. 그래서 야
훼께서는 이 온갖 재앙을 그들 위에 내리셨
다네!'"

성전 건축 공사가 끝나다

8 ◎㉠솔로몬이 야훼의 성전과 자기의 궁전
을 짓는 데는 이십 년이 걸렸다.
2 솔로몬은 후람에게서 받은 성들도 개축하고
거기에 이스라엘 백성을 정착시켰다.
3 솔로몬은 또 하맛소바로 가서 이를 정복하
였다.
4 그는 광야에 다드몰을 건설하였고 하맛에는
양곡 저장성들을 건설하였다.
5 또 윗벳호론과 아랫벳호론에 성을 쌓고 문을
만들어 달고 빗장을 질러 그 곳을 요새 도시
로 만들고,
6 바알랏을 건설하고 왕실 양곡을 저장해 두
는 모든 성들과 모든 병거 주둔성들과 군마
주둔성들을 건설하였다. 예루살렘을 비롯하
여 레바논과 전 영토 안의 건축은 다 솔로몬
의 계획대로 되었다.
7 ◎그런데 이스라엘 사람 아닌 헷족, 아모리
족, 브리즈족, 히위족, 여부스족 가운데서 살
아 남은 사람들이 있었다.
8 이들은 이스라엘 백성이 없애버리지 않고
남겨둔 사람들의 후손이었는데, 솔로몬은
이 사람들을 부역에 동원하였다. 이들은 지
금까지도 그런 신세다.
9 이스라엘 사람들은 군인 노릇을 해야 했다.
지휘관 아니면 근위대장, 그것도 아니면 병
거대와 기병대 대장 일을 맡았다. 그래서 솔
로몬은 이스라엘 사람을 한 명도 자기가 일
으킨 공사에 부역시키지 않았다.
10 솔로몬 왕은 사람들을 감독할 책임자 이백
오십 명을 두었는데 그 이름은 아래와 같다.
11 ◎솔로몬은 파라오의 공주가 살 궁을 따로
세우고 다윗 성에서 데려다가 그 궁에서 살
게 하였다. 이스라엘 왕 다윗이 살던 궁은 야
훼의 궤가 있던 곳으로 거룩한 곳인데, 어찌
여인을 거기에서 살게 하랴 싶었던 것이다.
12 ◎그 때 솔로몬은 자기가 현관 앞에 세운 제
단에서 야훼께 번제를 드렸다.
13 그는 모세의 법에 따라 날마다 바치는 것과

㉠ 1-18절에 대해서는 1열왕 9:10-28 참조.

안식일과 새 달과 연중 삼대 절기인 무교절,
추수절, 장막절에 바치는 것을 바쳤다.
14 또 선왕 다윗이 정해 준 법에 따라 사제들을
반을 짜서 날마다 봉직하게 하였다. 레위인
들에게는 찬양하며 사제들을 거드는 직책
을 정해 주었고, 문지기들도 반을 짜서 문
마다 배치시켰다. 하느님의 사람 다윗이 이
렇게 하라고 분부를 내려두었던 것이다.
15 왕은 사제들과 레위인들에게 창고를 관리하
는 일까지 자세한 지시를 내렸는데, 사람들
은 그것을 하나도 어기지 않았다.
16 이 날로 솔로몬이 일으킨 공사는 다 끝났다.
야훼의 성전은 기초 공사로부터 완벽하게
이루어져 완공되었다.
17 ◎ 그리고 나서 솔로몬은 에돔 땅 바닷가 에
시욘게벨과 엘랏으로 갔다.
18 후람이 수하 사람들을 시켜 그에게 상선대
를 보내고 노련한 선원들도 보냈던 것이다.
그들은 솔로몬의 선원들과 함께 오빌 지방에
가서 금 사백이십 달란트를 실어다가 솔로몬
에게 바쳤다.

세바 여왕의 방문

9 ◎ ㉠세바라는 곳에 한 여왕이 있었는데,
솔로몬의 명성을 듣고 어려운 문제로 그
를 시험해 볼 속셈으로 각종 향료와 아주 많
은 금과 보석 등 값진 것을 낙타에 싣고 예
루살렘에 온 일이 있었다. 여왕은 솔로몬을
만나 묻고 싶었던 것을 물어보았다.
2 솔로몬은 여왕의 질문에 하나도 막히지 않
고 다 대답해 주었다.
3 세바의 여왕은 솔로몬의 지혜를 보았을 뿐
아니라 그가 세운 궁전과
4 식탁에 오르는 요리, 둘러앉은 신하들, 제
복을 입고 심부름하며 술을 따르는 시종들,
또 야훼의 성전에 올리는 번제물을 보고는
넋을 잃고
5 왕에게 말하였다. "당신과 당신의 지혜에
대한 소문은 내 나라에서 이미 듣고 있었습
니다만, 과연 사실이군요.
6 이렇게 와서 내 눈으로 직접 보기 전까지는
그 이야기가 하나도 믿어지지 않았습니다.
그러나 내가 들은 이야기는 이제 보니 사실
의 절반도 못되는 것이었습니다. 당신은 내
가 듣던 소문보다 훨씬 뛰어나신 분입니다.
7 당신을 모시는 부인들이야말로 행복한 여
인들입니다. 언제나 당신 앞에 서서 당신의
지혜로운 말씀을 듣는 신하들이야말로 행
복한 사람들입니다.
8 당신의 하느님 야훼께 찬양을 돌립니다. 야
훼께서는 당신이 마음에 드시어 당신의 하
느님 야훼를 대신해서 왕노릇 하라고 당신
을 자기의 옥좌에 앉히셨습니다. 당신의
하느님께서는 이스라엘을 사랑하시어 언제
까지나 넘어지지 않게 하시려고 당신을 왕
으로 세우시어 바른 정치를 펴게 하셨습니
다."
9 ◎ 그리고 여왕은 금 백이십 달란트와 많은
향료와 보석을 왕에게 선물하였다. 솔로몬
왕은 세바 여왕에게서 받은 만큼 많은 향료
를 받은 일이 없었다.
10 ◎ 게다가 오빌 지방에서 금을 실어오던 후람
의 일꾼들과 솔로몬의 일꾼들이 오동나무
재목과 보석을 실어 왔다.
11 왕은 이 오동나무 재목으로 야훼의 성전과
왕궁 계단의 난간을 만들고 노래에 맞추어
탈 수금과 거문고를 만들었다. 이런 오동나
무 재목은 일찍이 유다 나라에서 본 일이 없
던 것이었다.
12 ◎ 솔로몬 왕은 세바 여왕이 가져온 만큼 답
례를 주었으며, 그 외에 여왕이 원하는 것
을 다 주었다. 여왕은 시종들을 거느리고
자기의 나라로 돌아갔다.

솔로몬의 영광

13 ◎ 해마다 솔로몬이 수입한 금은 육백육십육
달란트나 되었다.
14 관세 수입금과 외국과의 무역에서 벌어들
인 이익금과 아라비아 여러 왕과 국내의 지
방장관들에게서 들어오는 것을 제외하고도
그렇게 되었다.
15 솔로몬 왕은 금을 입힌 대형 방패를 이백 개
만들었는데 방패 하나에 금 육백 세겔이 들
었다.
16 또 금을 입힌 소형 방패를 삼백 개 만들었
는데 방패 하나에 금 삼백 세겔이 들었다.
왕은 이 방패들을 레바논 수풀궁에 보관하
였다.
17 왕은 또 상아로 대형 옥좌를 만들고 순금을
입혔다.
18 그 옥좌에는 계단이 여섯 개 있었고 금으로
만든 ㉡발판이 놓여 있었고, 양편에는 팔걸
이가 있었는데 그 팔걸이 옆에 사자 두 마리
가 서 있었다.
19 여섯 계단 양쪽에도 사자가 여섯 마리씩 모
두 열두 마리가 서 있었다. 이와 같은 옥좌

㉠ 1-24절에 대해서는 1열왕 10:1-25 참조. ㉡ "어린 양"으로 옮길 수도 있다.

는 일찍이 어느 나라에서도 만들지 못한 것
이었다.
20솔로몬 왕의 술잔은 모두 금으로 만들었고
레바논 수풀궁에 있는 모든 집기들도 순금
으로 만든 것이었다. 은으로 만든 것은 하
나도 없었다. 솔로몬 시대에는 은은 귀금속
으로 생각지도 않았기 때문이다.
21또 왕실 상선대는 후람의 일꾼들과 함께 다
르싯으로 갔다가 삼 년만에 금, 은, 상아, 원
숭이, 공작새들을 실어오곤 하였다.
22◎솔로몬 왕은 땅 위의 어떤 왕도 따를 수 없
을 만큼 부유하였고 지혜로웠다.
23온 세상 임금들은 솔로몬 왕을 찾아와 하느
님께서 솔로몬의 마음에 내리신 지혜로운
말을 들으려고 하였다.
24그들은 은그릇, 금그릇, 옷, 갑옷, 향료, 말,
노새 등을 예물로 가지고 찾아왔는데 찾는
자가 매년 그치지 않았다.
25◎㉠솔로몬은 병거를 끄는 말을 매두는 마굿
간이 사천 칸 있었고 말은 만 이천 마리가
있었는데, 일부는 병거 주둔성에 배치하고,
일부는 왕 가까이 예루살렘에 주둔시켰다.
26솔로몬은 유프라테스 강에서 시작하여 불레
셋에 이르기까지, 또 이집트 국경에 이르기
까지 그 사이에 있는 모든 나라를 다스리게
되었다.
27예루살렘에서는 은이 돌멩이처럼 흔하게 되
었고 송백은 야산 지대의 돌무화과나무만
큼이나 많아졌다. 이것은 모두 왕의 덕분이
었다.
28솔로몬은 군마를 이집트뿐 아니라 모든 나라
에서 수입해 들였다.
29◎㉡솔로몬의 나머지 행적은 처음부터 마지
막까지 예언자 나단의 기록과 실로 사람 아
히야의 예언서, 느밧의 아들 여로보암의 장
래를 내다보고 쓴 선견자 이또의 환상록에
기록되어 있다.
30솔로몬은 예루살렘에서 사십 년간 온 이스라
엘을 다스리고는,
31세상을 떠나 선왕 다윗의 성에 안장되었다.
그의 아들 르호보암이 뒤를 이어 왕위에 올
랐다.

남북이 갈리다

10 ◎㉢르호보암은 세겜으로 갔다. 온 이스
라엘이 그를 왕으로 추대하려고 세겜에
모여 있었던 것이다.
2그 때 솔로몬을 피하여 이집트에 가 있던 느
밧의 아들 여로보암은 이 소식을 듣고 이집트
에서 돌아와 있었는데
3사람들은 그를 불러내었다. 여로보암과 온
이스라엘이 르호보암에게 와서 말하였다.
4"선왕께서는 우리에게 무거운 멍에를 메
우셨습니다. 이제 임금님께서는 선왕께서
우리에게 메워주신 멍에를 가볍게 해주십
시오. 그 힘든 일을 덜어주십시오. 그렇게
하셔야 우리는 임금님을 받들어 섬기겠습
니다."
5사흘 후에 다시 오라고 하여 백성을 돌려보
내고 나서
6르호보암 왕은 부왕 생존시에 부왕을 섬기
던 나이 많은 신하들을 불러 "이 백성의 요
구에 어떻게 대답하면 좋겠소?" 하고 의논
하였다.
7그들이 대답하였다. "이 백성을 좋게 대하
여 주십시오. 너그럽게 보시고 좋은 말로
대답해 주십시오. 그리하시면 이 백성은 언
제까지나 종이 되어드릴 것입니다." 그러나
8그는 원로들의 충고를 받아들이지 않았다.
그 대신 자기와 함께 자라난 젊은이들로서
자기를 받드는 자들과 상의하여
9그들에게 "선왕께서 메워주신 멍에를 가볍
게 해달라고 백성들이 요구하는데 어떻게
대답하면 좋겠는가?" 하고 물었다.
10왕과 함께 자란 젊은이들은 이렇게 대답하
였다. "백성들이 선왕께서 메워주신 멍에가
무거우니 그것을 가볍게 해달라고 요구하
더라도, 임금님께서는 이렇게 대답하십시
오. '나의 새끼손가락이 부왕의 허리보다
굵다.
11너희는 부왕께서 메워주신 멍에가 무겁다
고 한다마는, 나는 그보다 더 무거운 멍에
를 너희에게 지우리라. 부왕께서는 너희를
가죽채찍으로 치셨으나, 나는 쇠채찍으로
다스리리라.'"
12◎사흘 후에 다시 오라고 한 왕의 명령대로
여로보암은 온 백성을 거느리고 삼 일째 되
는 날 르호보암 앞에 나타났다.
13왕의 대답은 가혹하였다. 끝내 원로들의 충
고를 외면하고
14젊은이들의 충고를 따라 이렇게 말하였다.
"부왕께서 너희에게 무거운 멍에를 메웠다
지만, 나는 그보다 더 무거운 멍에를 메우
리라. 부왕께서는 너희를 가죽채찍으로 치

㉠ 25-28절에 대해서는 1열왕 10:26-29 참조. ㉡ 29-31절에 대해서는 1열왕 11:41-43 참조. ㉢ 1-9절에 대해서는 1열왕 12:1-19 참조.

셨지만, 나는 쇠채찍으로 다스리리라.”
15 왕은 이처럼 끝내 백성들의 말을 들어주지
않았다. 야훼께서 실로 사람 아히야를 시켜
느밧의 아들 여로보암에게 하신 당신의 말
씀을 이루시려고 일을 그렇게 꾸미셨던 것
이다.
16 ◎ 온 이스라엘은 왕이 자기들의 말을 들어주
지 않은 것을 보고 왕에게 대답하였다.

“우리가 다윗에게서 받을 몫이 어디 있느
냐?
이새의 아들에게서 받을 것이 없구나.
이스라엘아, 모두 자기 집으로 돌아가자.
다윗이여, 이제 네 집안이나 돌보아라.”

◎그리하여 이스라엘 백성은 각자 집으로 돌
아갔다.
17 르호보암은 유다 지방의 성읍들에 살고 있는
이스라엘 백성만을 다스리게 되었다.
18 르호보암 왕은 부역감독 하도람을 보내 보았
으나 온 이스라엘 백성이 그를 돌로 쳐죽였
다. 르호보암 왕은 마차를 몰아 예루살렘으
로 급히 도망하였다.
19 이렇게 이스라엘은 다윗 왕조에 반역하여 오
늘에 이르렀다.

11 ◎㉠르호보암은 예루살렘에 돌아오는
길로 유다 가문과 베냐민 가문에 동원
령을 내렸다. 그는 정병 십팔만을 뽑아 이스
라엘 가문을 무찌르고 르호보암의 국권을 되
찾으려고 하였다.
2 그러는데 야훼의 말씀이 하느님의 사람 스
마야에게 내렸다.
3 “솔로몬의 아들 유다 왕 르호보암과 유다와
베냐민 지방의 온 이스라엘 사람에게 이 말
을 전하여라.
4 ‘야훼가 말한다. 이렇게 된 것은 다 나의 뜻
이니 동족을 치러 올라가지 말고 각자 집으
로 돌아가거라.’” 그들은 야훼의 말씀을 듣
고 모두들 순종하는 마음으로, 돌이켜 여로
보암을 치러 올라가지 아니하였다.
5 ◎르호보암은 예루살렘에 자리를 잡고 유다
지방 도시들을 요새로 만들었다.
6 그가 요새로 만든 도시는 베들레헴, 에탐, 드
고아,
7 벳술, 소코, 아둘람,
8 갓, 마레사, 지브,
9 아도라임, 라기스, 아제카,
10 소라, 아얄론, 헤브론이었다. 이상이 유다와
베냐민 지방에 세운 요새 도시들이었다.
11 그는 이 요새들을 보수하고 거기에 사령들
을 두고 양식과 기름과 술도 저장해 두었다.
12 각 도시마다 방패와 창을 마련해 두어 강화
하였다. 그리하여 그는 유다와 베냐민 지방
을 차지하게 되었다.

사제들과 레위인들이 르호보암에게 오다

13 ◎이스라엘 전국에 있던 사제와 레위인들이
모두 자기가 살던 고장을 떠나 그에게로 와
서 봉직하게 되었다.
14 레위인들은 목장과 소유지를 버리고 유다 예
루살렘으로 내려왔다. 여로보암이 그들에게
서 야훼를 섬기는 사제직을 박탈하고
15 사제들을 따로 세워 산당에서 숫염소와 자
기가 만든 송아지들을 섬기게 하였기 때문
이었다.
16 이스라엘 온 지파들 가운데서 이스라엘의 하
느님 야훼를 찾기로 결심한 사람들은 그들
을 따라 예루살렘으로 와서 선조들의 하느
님 야훼께 제사를 드리게 되었다.
17 이들은 삼 년 동안 유다 나라를 강화하고 솔
로몬의 아들 르호보암의 힘이 되었다. 이삼
년 동안 르호보암은 다윗과 솔로몬의 본을 따
라 살았다.

르호보암의 가정

18 ◎르호보암은 다윗의 아들 여리못이 이새의
아들 엘리압의 딸 아비하일에게서 낳은 마할
랏을 아내로 맞았다.
19 마할랏이 그에게 낳아준 아들은 여우스, 스
마리야, 자함이었다.
20 그 뒤에 그는 압살롬의 딸 마아가를 아내로
맞았는데, 마아가는 그에게 아비야, 아때, 지
자, 슬로밋을 낳아주었다.
21 르호보암은 아내 열여덟 명과 후궁 육십 명
을 거느리고 아들 스물여덟과 딸 육십을 두
었지만, 압살롬의 딸 마아가를 어떤 아내나
후궁보다도 더욱 사랑하였다.
22 르호보암은 마아가의 아들 아비야를 으뜸가
는 자리에 앉혀 세자로 책봉하였다. 장차
그를 왕위에 앉힐 생각이었다.
23 그는 슬기로운 처사를 내렸으니, 아들들에
게 유다와 베냐민 전지역과 요새 도시들을
나누어 맡기고 양식을 넉넉히 대어주었으
며 아내도 많이 얻어주었던 것이다.

이집트 왕 시삭이 쳐들어오다

12 ◎르호보암은 통치권이 튼튼해지고 세
력이 커지자 야훼의 법을 저버렸다. 온

㉠ 1-4절에 대해서는 1열왕 12:21-24 참조.

이스라엘도 그를 본받았다.
2 르호보암 왕 제오년에 이집트 왕 시삭이 예루
살렘을 쳐들어왔다. 야훼께 충성을 다하지
않다가 그 변을 당한 것이다.
3 병거 천이백 대에 기병 육만, 거기에다가
이루 헤아릴 수 없이 많은 리비아 군과 수끼
군과 에티오피아 군이 그를 따라 이집트에서
쳐들어왔다.
4 그가 유다의 요새 도시들을 점령하고 예루살
렘에 다다랐을 때,
5 예언자 스마야가 르호보암을 찾아와서 시삭
을 피하여 예루살렘에 모여와 있던 유다 지
휘관들에게 말하였다. "야훼의 말씀이오.
'너희는 나를 버렸다. 나도 너희를 시삭의
손에 내어주리라.'"
6 그러자 이스라엘 지휘관들과 왕은 머리를
숙이고 "야훼께서 옳으십니다." 하고 고백
하였다.
7 이렇게 머리를 숙이는 것을 보시고 야훼께
서는 다시 스마야에게 말씀을 내리셨다.
"이렇게 머리를 숙이니, 나는 이 백성을 멸
하지 아니하고 아슬아슬하게 난을 피하도
록 하리라. 시삭을 시켜 예루살렘에 나의 분
노를 다 쏟지는 않겠지만,
8 이 백성은 시삭의 종이 되어, 나를 섬기는
것과 세상 임금들을 섬기는 것이 어떻게 다
른지 알게 되리라."
9 ◎ ㉠이집트 왕 시삭은 예루살렘을 침공하여
야훼의 성전 창고와 왕실 창고를 모두 털어
갔다. 또 솔로몬이 만든 금방패들도 빼앗아
갔다.
10 그래서 르호보암 왕은 그 대신 놋방패를 만
들어 궁전 문을 경비하는 근위대 장교들을
무장시켰다.
11 왕이 야훼의 전에 출입할 때마다 근위대원
들은 그 놋방패를 들고 호위하여 섰다가 다
시 근위대실에 가져다 두곤 하였다.
12 ◎ 그가 머리를 숙였기 때문에 야훼께서는
그에게서 진노를 거두셨다. 그리하여 그는
완전히 멸망하지 않았고 유다 나라도 모든
일이 다시 펴이게 되었다.
13 ◎ 르호보암 왕은 예루살렘에서 왕위를 굳혔
다. 그는 사십일 세에 왕위에 올랐으며, 야
훼께서 이스라엘 온 지파 가운데서 선택하시
어 당신의 이름을 붙이신 예루살렘에서 십
칠 년간 다스렸다. 그의 어머니 이름은 나아
마라고 하는 암몬 여자였다.
14 르호보암은 야훼를 찾는 데 마음을 쓰지 않
고 악한 일을 하였다.
15 르호보암의 행적은 처음부터 끝까지 예언자
스마야와 선견자 이또의 역사서에 기록되어
있다. 르호보암과 여로보암 사이에는 전쟁이
그칠 날이 없었다.
16 르호보암이 세상을 떠나 다윗 성에 안장되
자 그의 아들 아비야가 뒤를 이어 왕위에 올
랐다.

아비야

13 ◎ 아비야가 유다 왕이 된 것은 여로보암
왕 제십팔년이었다.
2 그는 삼 년 동안 예루살렘에서 다스렸다. 그
의 어머니는 기브아 사람 우리엘의 딸로서
이름은 미가야라고 하였다. ◎ 아비야와 여로
보암 사이에 전쟁이 있었다.
3 아비야는 용맹한 정예군 사십만을 이끌고
싸우러 나갔고, 여로보암은 용맹한 정예군
팔십만을 거느리고 대진하였다.
4 아비야는 에브라임 산악 지대에 있는 스마라
임 산 위에 서서 말하였다. "여로보암과 온
이스라엘은 내 말을 들어라.
5 너희도 알다시피 이스라엘의 하느님 야훼께
서는 다윗과 소금으로 계약을 맺으시고 이
스라엘을 다스릴 왕권을 그와 그의 후손에
게 영원히 주셨는데
6 다윗의 아들 솔로몬의 신하였던 느밧의 아들
여로보암이 일어나 상전에게 반역하였다.
7 무뢰배와 건달들이 그와 함께 작당하여 솔
로몬의 아들 르호보암을 꺾었다. 르호보암은
나이도 어렸고 마음도 약하였으므로 당해
내지 못하고 말았다.
8 너희는 지금 감히 다윗 후손의 수중에 든 야
훼의 왕권에 항거하고 있는 것이다. 너희가
지금 수많은 무리를 거느리고 거기에다가
여로보암이 하느님이랍시고 만들어준 금송
아지마저 끌고 나왔구나.
9 너희는 아론의 후손인 사제들과 레위인들까
지 내쫓고 이방인들처럼 너희 마음대로 사
제를 내세우지 않았느냐? 누구나 성직을
맡겠다고 하여 수송아지 한 마리와 숫양 일
곱 마리만 끌고 오면 허수아비 사제가 되는
판이다.
10 그러나 우리는 그렇지 않다. 우리 하느님은
야훼시다. 우리는 그를 저버리지 않았다. 야
훼를 섬기는 사제들은 아론의 후손들이며,
레위인들도 함께 일을 하고 있다.
11 이들은 아침 저녁으로 우리 하느님 야훼께

㉠ 9-11절에 대해서는 1열왕 14:25-28 참조.

번제를 드린다. 또 아름다운 향기가 나는
향을 피우고 정한 제사 상에 떡을 차려놓으
며, 저녁마다 금등에 불을 켠다. 우리는 우
리 하느님 야훼께서 정해 주신 법도를 그대
로 지키고 있는데 너희는 그를 배반하였다.
12 들어라. 우리 선두에는 하느님께서 함께 하
신다. 그의 사제들은 너희를 공격하라는 나
팔을 불기 위해 서 있다. 이스라엘 백성들
아, 너희 선조들의 하느님 야훼와 싸울 생각
을 마라. 될 일이 아니다."
13 ◎ 여로보암은 복병을 유다 군 뒤로 돌아가
게 하였다. 이스라엘 군은 복병을 적의 뒤에
숨겨두고 정면에서 대결하려고 하였던 것
이다.
14 유다 군이 둘러보니, 적에게 앞뒤로 공격을
받고 있는 것이 아닌가? 그러나 야훼께 부
르짖으며 사제들이 나팔을 불자,
15 유다 군은 고함을 질렀다. 유다 군이 고함
을 지르자 하느님께서 여로보암이 거느린
이스라엘 전군을 아비야와 유다 군 앞에서
치시니,
16 이스라엘 군은 유다 군 앞에서 도망치게 되
었다. 이렇게 하여 하느님께서 이스라엘 군
을 유다 군의 손에 부치시니,
17 아비야는 휘하 군대를 거느리고 그들을 무
찔렀다. 그 때 쓰러진 이스라엘 병사는 오십
만이나 되었다.
18 이리하여 이스라엘 군은 굴복하고 말았다.
유다 백성은 선조들의 하느님 야훼를 믿은
덕으로 승리하게 되었던 것이다.
19 아비야는 여로보암을 추격하여 베델과 주변
마을들, 여사나와 주변 마을들, 에브론과 주
변 마을들을 정복하였다.
20 여로보암은 아비야 생전에 다시 힘을 쓰지
못했으며 야훼께 벌을 받아 죽고 말았다.
21 그러나 아비야는 세력을 뻗쳐 아내 열넷을
거느렸으며 아들 스물둘과 딸 열여섯을 두
었다.
22 ◎ 아비야의 나머지 행적과 치적 그리고 역사
는 예언자 이또의 주해서에 기록되어 있다.
23 ㉠ 아비야는 세상을 떠나 다윗 성에 안장되었
14:1 다. 그의 아들 아사가 뒤를 이어 왕위에 올
랐는데, 그가 다스리던 십 년 동안 나라는
태평하였다.

아사

14

1 ◎ 아사는 그의 하느님 야훼께서 보시
2 기에 좋은 일, 바른 일을 하였다.

2 다른 나라 제단을 본뜬 제단들과 산당들을
3 제거하고 석상을 깨뜨리고 아세라 목상을
부수었다.
3 그는 선조들의 하느님 야훼를 찾고 법과 계
4 명을 실천하라고 유다 백성들에게 명령을
내렸으며,
4 유다 모든 성읍들에서 산당과 분향단을 제
5 거하였다. 그의 통치 아래 나라는 평온하
였다.
5 나라가 평온하였기 때문에 그는 유다 성읍
6 들을 요새로 만들 수 있었다. 야훼께서 평화
를 주셔서 여러 해 동안 전쟁이 없었다.
6 그는 유다 백성에게 명령을 내렸다. "우리
7 가 우리 하느님 야훼를 찾았더니 하느님께
서는 우리에게 평화를 주셨다. 우리가 당신
을 찾았으므로 이 땅을 우리 마음대로 할 수
있게 해주셨다. 이런 때를 놓치지 말고 성
읍들을 다시 세우자. 성벽을 둘러쌓고 성문
을 만들어 달고 빗장을 만들어 꽂자." 그들
은 성 쌓는 일을 잘 마치게 되었다.
7 또 아사에게는 방패와 창을 들 수 있는 유다
8 부대 삼십만이 있었고 방패를 잡고 활을 쏠
수 있는 베냐민 부대 이십팔만이 있었다. 이
들은 모두 날쌘 군인이었다.
8 ◎ 때마침 구스 사람 제라가 병거 삼천 대에
9 백만 대군을 이끌고 쳐들어와, 마레사에 이
르렀다.
9 아사는 그를 맞아 싸우려고 출동하여 마레사
10 북쪽 골짜기에 진을 치고
10 그의 하느님 야훼께 부르짖었다.
11 "야훼여, 주님처럼 강자를 물리치시고
약자의 편을 들어주시는 신이 어디 또 있
습니까?
야훼 우리 하느님이여, 우리를 도와주십
시오.
우리는 주님만 믿습니다.
주님의 이름만 믿고 저 많은 무리와 싸우
러 왔습니다.
우리 하느님은 야훼밖에 없습니다.
누가 감히 주의 앞길을 가로막겠습니
까?"
11 ◎ 야훼께서 구스 군을 아사와 유다 군 앞에서
12 치셨다. 구스 군이 도망치게 되자,
12 아사와 그의 군대는 그랄에 이르기까지 추
13 격하며 무찔렀다. 구스 군은 하나도 살아 남
지 못하였다. 구스 군은 야훼 앞에서, 야훼의
군대 앞에서 패하고 말았다. 유다 군은 굉장
히 많은 전리품을 얻었다.

㉠ 라틴어 성서는 여기에서 14장이 시작된다.

13그러자 사람들은 야훼를 몹시 두려워하게
14 되었다. 유다 군은 그랄 주변 모든 성읍들을
치고 그 성읍들을 털었다. 거기에서도 많은
전리품을 얻었다.
14또 목자들의 천막들을 덮쳐 낙타와 많은 양
15 을 빼앗아 가지고 예루살렘으로 돌아왔다.

15 ◎그 때 오뎃의 아들로서 아자리야라는
사람이 있었다. 그가 하느님의 영을
받아
2 나가서 아사를 만나 말하였다. "임금님이
여, 들으시오. 온 유다 군대와 베냐민 군대
도 들으시오. 여러분이 야훼를 떠나지 않아
야 야훼께서도 여러분 곁을 떠나지 않으실
것이오. 그를 찾으시오. 그리하면 만나주실
것이오. 그러나 그를 저버리면, 그도 여러
분을 저버리실 것이오.
3 오랫동안 이스라엘은 참 하느님 없이 지내
왔소. 법도 없었고 법을 가르쳐주는 사제도
없었소.
4 다만 어려운 일이 생겨야 이스라엘의 하느
님 야훼께 돌아오곤 하였소. 그렇게라도 당
신을 찾으면, 그는 만나주셨소.
5 그 때에는 세상이 하도 어지러워서 그 나
라 백성 어느 한 사람도 마음 편할 날이 없
었소.
6 이 민족 저 민족, 이 성읍 저 성읍이 서로 치
고 받는 형편이었소. 하느님께서 온갖 고난
으로 괴롭히셨던 것이오.
7 그러나 여러분이 하는 일에는 상급이 내릴
것이니, 기를 꺾지 말고 용기를 내시오."
8 ◎아사는 오뎃의 아들 예언자 아자리야가 전
해 주는 이 말을 듣고 용감하게 유다와 베냐
민 온 지방과 에브라임 산악 지대에서 빼앗
은 성읍들에 있던 우상들을 모조리 없애버
리고 야훼의 성전 현관 앞에 서 있는 제단을
보수하였다.
9 그리고 온 유다와 베냐민과 에브라임과 더부
살이하는 므나쎄와 시므온 사람들을 불러모
았다. 아사의 하느님 야훼께서 그와 함께 계
시는 것을 보고 많은 사람이 이스라엘에서
떨어져 나와 그의 편에 붙었던 것이다.
10그들이 모두 예루살렘으로 모여온 것은 아사
왕 제십오년 삼월이었다.
11그들은 그 날 전리품 가운데서 소 칠백 마
리, 양 칠천 마리를 야훼께 잡아 바치며
12마음을 다 기울이고 정성을 다 쏟아 선조들
의 하느님 야훼만 찾겠다는 계약을 맺었다.
13또 이스라엘의 하느님 야훼를 찾지 않는 자
는 누구든지, 낮은 사람 높은 사람, 남자 여
자 할 것 없이 다 죽이기로 하였다.
14그리고 쇠나팔, 뿔나팔 소리 울려퍼지는 가
운데 모두 큰소리로 외치며 야훼께 맹세하
였다.
15온 유다 백성은 마음을 다 기울였기 때문에
그 일이 기뻤다. 그들은 열렬한 마음으로
하느님을 찾았다. 그래서 야훼께서는 그들
을 만나주셨고 사방에 평화를 주셨다.
16◎ ㉠아사 왕은 어머니 마아가를 태후의 자리
에서 폐하기까지 하였다. 마아가는 아세라
여신에게 바치려고 망측한 것을 만들었던
것이다. 아사는 키드론 냇가에서 그 망측한
것을 토막내어 불살라 버렸다.
17그는 이스라엘에서 산당들을 없애버리지 않
았지만, 마음만은 평생 한결같았다.
18그는 선왕과 자기가 거룩하게 바친 금은 기
물을 하느님의 성전으로 옮겨왔다.
19이후 아사 왕 제삼십오년까지 전쟁이 없었
다.

16 ◎아사 왕 제삼십육년에 이스라엘 왕 바
아사가 유다로 쳐들어와 라마 성을 보
수하였다. 유다 왕 아사로 하여금 군대를 출
동시키지 못하게 하려는 속셈이었다.
2 그러자 아사는 야훼의 성전 창고와 왕실 창
고에 남아 있던 은과 금을 모조리 거두어서
다마스쿠스에 자리잡고 있는 아람 왕 벤하닷
에게 보내며 청하였다.
3 "나의 부친과 당신의 부친이 맺으신 동맹은
나와 당신의 사이에도 그대로 살아 있습니
다. 나는 당신에게 은과 금을 예물로 보냅
니다. 부디 이스라엘 왕 바아사와 맺으신 동
맹을 파기하시고 바아사로 하여금 우리 영
토에서 물러가게 해주십시오."
4 벤하닷은 아사 왕의 청을 받아들여 군사령관
들을 보내어 이스라엘 성읍들을 치게 하여,
이욘, 단, 아벨마임, 납달리의 곡식 저장성들
을 모두 부수었다.
5 바아사는 이 소식을 듣고 라마 성의 보수를
중단하였다.
6 그러자 아사 왕은 온 유다인을 불러내어 바
아사가 라마 성을 보수하는 데 쓰던 돌과 목
재를 가져다가 게바와 미스바를 보수하였다.
7 ◎그 때에 선견자 하나니가 유다 왕 아사에
게 와서 말하였다. "임금님께서는 임금님의
하느님 야훼를 믿지 아니하고 아람 왕을 믿
으셨습니다. 그 까닭으로 해서 아람 군대는
임금님의 손에서 벗어날 것입니다.

㉠ 15:16-16:6에 대해서는 1열왕 15:13-22 참조.

8 구스와 리비아 연합군이 어찌 그 수가 많지
않았겠습니까? 병거도 군마도 한없이 많았
습니다. 그러나 임금님의 믿음을 보시고 야
훼께서는 그들을 임금님의 손에 부치셨던
것입니다.
9 야훼께서는 당신께 일편단심인 사람에게 용
기를 주시려고 온 나라를 두루 살피고 계십
니다. 그런데 임금님께서는 이렇듯이 어리
석게 행동하셨습니다. 이제부터 임금님께
서는 전쟁으로 시달리실 것입니다."
10 아사는 몹시 화가 나서 그 선견자를 옥에 가
두어버렸다. 그 일로 하여 그렇게도 화가
났던 것이다. 그 무렵부터 아사는 백성을 학
대하기 시작하였다.
11 ◎ ㉠아사의 역사는 처음부터 끝까지 유다
왕조실록과 이스라엘 왕조실록에 기록되어
있다.
12 아사는 왕이 된 지 삼십구 년 되던 해에 다
리를 크게 앓았다. 이렇게 병이 들었지마
는 그는 야훼를 찾지 아니하고 의사들을 찾
았다.
13 아사가 숨을 거두고 세상을 떠난 것은 왕이
된 지 사십일 년 되던 해였다.
14 사람들은 온갖 향료 제조술을 따라 만든 향
료와 향유를 섞은 기름을 흠씬 뿌린 침대에
그를 눕혀서 다윗 성에 미리 마련해 두었던
무덤에 안장하고 그 앞에 큰 불을 켜놓았다.

여호사밧

17 ◎ 그의 아들 여호사밧이 뒤를 이어 왕
위에 올라 이스라엘에 강경 정책을 폈
다.
2 그는 요새화된 유다 성읍들에 군대를 배치
하고 유다 전국과 선왕 아사가 정복한 에브
라임 성읍들에도 수비대를 배치하였다.
3 여호사밧은 선왕이 처음에 살던 본을 따라
살았으며 바알신들을 찾지 않았다. 이것을
보시고 야훼께서는 그와 함께 하셨다.
4 그가 선왕의 하느님을 찾고 그의 계명을 따
라 살면서 이스라엘 사람들의 행동을 따르
지 않았으므로
5 야훼께서 그의 통치를 굳건하게 하셨고 온
유다 백성이 선물을 바치니 그의 부귀는 대
단하였다.
6 그는 야훼께서 가르쳐주신 대로 살기로 단
단히 결심하고 산당들과 아세라 목상들을
유다에서 쓸어 없애버렸다.
7 ◎ 또 그는 왕이 된 지 삼 년 되던 해에 백성
들을 가르치려고 벤하일, 오바디야, 즈가리
야, 느다넬, 미가야 등 대신들을 유다 성읍들
로 보냈다.
8 또 그들과 더불어 스마야, 느다니야, 즈바디
야, 아사헬, 스미라못, 여호나단, 아도니야, 토
비야 등 레위인들을 사제 엘리사마, 여호람과
함께 파송하였다.
9 그들은 야훼의 법전을 가지고 유다 전국을
돌며 가르쳤다. 유다 성읍들을 하나도 빼놓
지 않고 돌며 백성을 가르쳤다.
10 ◎ 유다 주위에 있는 모든 나라들은 야훼를
두려워하여 감히 여호사밧에게 싸움을 걸지
못하였다.
11 불레셋에서 여호사밧에게 선물로 은을 가져
다 바치는 사람들이 있는가 하면 아랍인들
은 숫양 칠천칠백 마리와 숫염소 칠천칠백
마리를 바쳤다.
12 ◎ 이렇게 하여 여호사밧은 점점 강대해졌다.
그는 유다 나라 안에 요새들을 세우고 군수
물자 보급성들을 세웠다.
13 이렇게 그는 유다 성읍들에 많은 일을 해놓
았으며 예루살렘에는 정예부대를 배치해 두
었다.
14 가문별로 병적에 오른 부대는 아래와 같다.
유다 가문의 천인부대 사령관들로서 아드나
사령관 밑에 삼십만,
15 그 다음으로 여호하난 밑에 이십팔만,
16 그 다음으로 야훼를 위해 자원해 나선 지그
리의 아들 아마시야 밑에 이십만,
17 베냐민 가문에서는 용장 엘리아다 밑에 방패
를 들고 활을 쏘는 병사 이십만,
18 그 다음으로 여호사밧 밑에 무장한 병사 십
팔만이 있었다.
19 이들이 왕을 모시는 병사들이었다. 그 밖에
도 왕이 유다 전국의 요새화된 성읍들에 배
치한 병사들이 있었다.

18 ◎ 여호사밧은 남다른 부귀를 누렸다.
그는 아합의 사돈이 되었다.
2 ㉡여러 해 지나서 그는 아합을 찾아 사마리아
로 내려간 일이 있었다. 아합은 그를 이용하
여 라못길르앗을 칠 셈으로 양과 소를 많이
잡아 여호사밧 일행을 대접하였다.
3 이스라엘 왕 아합은 유다 왕 여호사밧에게 라
못길르앗을 함께 치러 가지 않겠느냐고 물
었다. 여호사밧은 이렇게 대답하였다. "우
리가 네 것 내 것 찾을 사이입니까? 네 군대
니 내 군대니 따질 사이입니까? 물론 함께
나가 싸워야지요."

㉠ 11-14절에 대해서는 1열왕 15:23-24 참조. ㉡ 2-34절에 대해서는 1열왕 22:2-35 참조.

4◎그러나 여호사밧은 "먼저 야훼께 여쭈어
보도록 합시다." 하고 이스라엘 왕에게 말하
였다.
5그리하여 이스라엘 왕은 예언자 사백 명을
불러들여 물었다. "우리가 라못길르앗을 치
러 가도 좋겠는가? 아니면 그만두어야 하
겠는가?" 그들이 대답하였다. "쳐 올라가
십시오. 야훼께서 라못길르앗을 임금님의 손
에 부치실 것입니다."
6그러나 여호사밧은 다시 물었다. "이들 외에
우리가 물어볼 만한 다른 야훼의 예언자는
없습니까?"
7이스라엘 왕이 여호사밧에게 대답하였다.
"야훼께 뜻을 여쭈어줄 자가 하나 더 있기
는 합니다. 이믈라의 아들 미가야라는 자인
데, 나는 그를 싫어합니다. 그는 내가 하겠
다는 일이면 사사건건 잘되지 않으리라고
하는 자입니다. 한 번도 잘되리라고 한 적
이 없습니다." 여호사밧이 말하였다. "한 나
라의 왕으로서 그런 말씀을 하시는 게 아닙
니다."
8이스라엘 왕은 내시를 불러 이믈라의 아들 미
가야를 급히 데려오라고 명령하였다.
9그 때 이스라엘 왕과 유다 왕 여호사밧은 사
마리아 성문 밖 타작 마당에 마련해 놓은 왕
좌에 정장을 하고 나란히 앉아 있었고, 모
든 예언자들이 그 두 왕 앞에서 예언하고
있었다.
10그나아나의 아들 시드키야는 쇠로 만든 뿔을
몇 개 가지고 나와서 말하였다. "야훼께서
이렇게 말씀하십니다. '네가 이 뿔들로 시
리아 군을 들이받아 전멸시키리라.'"
11모든 예언자들이 같은 예언을 하며 말하였
다. "라못길르앗으로 쳐 올라가 정복하십시
오. 야훼께서 그 곳을 임금님의 손에 부치실
것입니다."
12◎미가야를 부르러 간 사람이 그를 만나 말
하였다. "모든 예언자들이 한결같이 입을
모아 만사가 왕의 뜻대로 되리라고 예언하
였소. 그러니 당신도 그들과 같은 말로 일
이 순조롭게 되리라고 예언하시오."
13미가야는 "무슨 일이 있어도 나는 하느님께
서 나에게 말씀하신 것을 그대로 전할 따름
이오." 하고 대답하였다.
14그가 왕 앞에 나아가자 왕이 물었다. "미가
야, 우리가 라못길르앗을 치러 가도 좋겠는
가? 아니면, 그만두어야 하는가?" 미가야
가 대답하였다. "쳐 올라가 정복하십시오.
그 곳은 두 분의 수중에 떨어질 것입니다."
15그러나 왕은 역정을 내었다. "야훼의 이름
으로 진실만을 말할 것을 몇 번이나 서약시
켜야 하겠는가?"
16그러자 미가야는 이렇게 말하였다. "내가
보니, 온 이스라엘이 이 산 저 산으로 흩어
지는데 마치 목자 없는 양떼 같았습니다.
그런데 야훼께서는 '이것들을 돌볼 주인이
없으니, 모두들 집으로 고이 돌려보내라.'
하고 말씀하셨습니다."
17이스라엘 왕이 여호사밧에게 말하였다. "보
시오. 내가 뭐라고 합디까? 저자는 한 번도
내가 하겠다는 일이 잘되리라고 한 적이 없
습니다. 만사가 되지 않는다고만 하는 자입
니다."
18◎미가야가 말하였다. "그러시다면 야훼의
말씀을 들어보십시오. 내가 보니 야훼께서
온 하늘 군대를 좌우에 거느리시고 당신의
옥좌에 앉으시어
19이스라엘 왕 아합을 꾀어내어 라못길르앗을
치러 올라갔다가 죽게 할 자가 없느냐고 물
으셨습니다. 그러자 여럿이서 제각기 자기
의견을 말하는데,
20한 영이 야훼 앞에 나와서 '제가 그를 꾀어
내겠습니다.' 하는 것이었습니다. 야훼께서
그 영에게 '어떻게 그를 꾀어내겠느냐?'
하고 물으시자
21그는 '제가 거짓말하는 영이 되어 내려가서
아합의 모든 예언자들의 입에 들어가겠습니
다.' 하고 대답하였습니다. 그러니까 야훼
께서 '그렇게 꾀어내면 되겠군. 가서 그대
로 하여라.' 하고 명령하셨습니다.
22이제 아셔야 합니다. 야훼께서는 거짓말하
는 영을 여기에 서 있는 임금님의 예언자들
입에 넣으셨습니다. 야훼께서는 임금님에게
재앙을 내리시기로 결정하셨습니다."
23◎그러자 그나아나의 아들 시드키야가 미가
야에게 다가와서 빰을 때리며 호통쳤다.
"야훼의 영이 나를 떠나서 어느 길로 건너
가 너에게 말씀하셨단 말이냐?"
24미가야가 대답하였다. "네가 골방으로 피신
해 들어가는 날이 올 터인데 그 날에 스스로
알게 되리라."
25이스라엘 왕이 영을 내렸다. "미가야를 잡아
성주 아몬과 왕자 요아스에게 넘기고,
26이렇게 나의 말을 전하여라. '어명이다. 내
가 안전하게 전장에서 돌아올 때까지 이자
를 감옥에 가두고 굶어 죽지 않을 정도로 먹
여라.'"
27미가야가 말하였다. "임금께서 무사히 돌아

오신다면, 내가 받은 말씀이 야훼의 말씀이
아닙니다."㉠
28◎이스라엘 왕과 유다 왕 여호사밧은 라못길
르앗으로 쳐 올라갔다.
29이스라엘 왕이 여호사밧에게 말하였다. "나
는 변장하고 전장에 나갈 터이니 왕은 왕복
을 입고 나가시오." 이스라엘 왕은 변장하
고 싸움터로 나갔다.
30시리아 왕은 그의 병거대 대장들에게 "아무
하고도 싸우지 말고 오직 이스라엘 왕만 공
격하여라." 하고 명령하였다.
31병거대 대장들은 여호사밧을 보고 그가 이스
라엘 왕이리라 생각하여 그를 치려고 달려
들었다. 여호사밧이 소리치자 야훼께서 도와
주셨다. 왕을 잡을 수 없도록 하느님께서
그들을 유인해 내셨다.
32병거대 대장들은 그가 이스라엘 왕이 아님
을 확인하고 더 이상 추격하지 않고 돌아
섰다.
33◎군인들이 마구 쏘아대던 화살 하나가 이
스라엘 왕에게 명중하였다. 화살이 갑옷과
가슴막이를 이은 부분에 꽂히자 왕은 그의
병거를 모는 병사에게 명령하였다. "내가
다쳤다. 병거를 돌려 여기에서 빠져 나가
자."
34마침 그 날 싸움이 막바지에 이르렀을 때였
으므로 왕은 저녁때까지 병거 위에 버티고
서서 시리아 군과 맞서 싸우다가 해가 질 무
렵에 숨을 거두었다.

19 ◎유다 왕 여호사밧은 예루살렘에 있는
자기 궁궐에 무사히 돌아왔다.
2그러나 하나니의 아들 선견자 예후가 나와
맞으며 여호사밧 왕에게 말하였다. "이 어찌
된 일입니까? 불의한 자를 도우시다니요!
야훼를 미워하는 자들을 사랑하시다니요!
이 일로 해서 임금께서는 야훼의 진노를 받
으실 것입니다.
3그러나 임금께서 하신 좋은 일들도 하느님
께서는 알고 계십니다. 임금께서는 전국에
서 아세라 목상들을 쓸어버리셨으며 또한
결심하시고 야훼만 찾으셨습니다."
4◎여호사밧은 예루살렘에 살면서 브엘세바에
서 에브라임 산악 지대에 이르기까지 백성
들 사는 곳을 찾아 사람들을 선조들의 하느
님 야훼께로 돌아오게 하였다.
5또 유다 전국 요새지의 도성마다에 재판관
을 임명하였다.
6그는 그 재판관들에게 이렇게 당부하였다.
"그대들은 삼가 맡은 일을 이행하시오. 사
람을 보고 재판할 것이 아니라, 야훼를 생각
하고 재판해야 하오. 주께서 그대들이 판결
을 내릴 때 옆에서 지켜보신다오.
7뇌물을 주는 쪽이 유리하게 판결하는 일을
우리 하느님 야훼께서는 용납하지 않으시
오. 그것은 그릇된 일이오. 야훼를 두려워
하며 맡은 일을 성심껏 하시오."
8◎여호사밧은 또 레위인과 사제와 이스라엘
여러 가문 어른들 가운데서 사람들을 뽑아
예루살렘에 임명하여 야훼의 법을 세우게 하
고 예루살렘 시민들의 시비도 가려주게 하
였다.
9그리고 그는 다음과 같은 지시를 내렸다.
"그대들은 야훼를 두려워하며 진실하게 온
마음을 기울여 맡은 일을 하되 이렇게들 하
시오.
10살인사건이든, 법의 계명과 조항과 규정을
어떻게 해석하느냐 하는 문제이든, 각 성읍
에서 올라오는 겨레들의 시비를 다룰 때 야
훼께 죄를 얻지 않도록 하라고 경고를 내리
시오. 그래야 야훼의 진노가 그대들과 그대
들의 겨레 위에 떨어지지 아니할 것이오.
이렇게만 하면 그대들에게는 아무 책임이
없소.
11야훼를 예배하다가 생긴 문제는 무엇이든지
대사제 아마리아의 결정에 따르고 왕을 섬
기다가 생긴 문제는 유다 가문의 지도자인
이스마엘의 아들 즈바디야의 결정에 따르도
록 하시오. 레위인들은 관리일을 맡아보도
록 하시오. 마음을 든든히 먹고 맡은 일을
해나가시오. 야훼께서 잘 보살펴 주실 것이
오."

20 ◎그런 일이 있은 지 얼마 뒤에 모압과
암몬 사람들이 ㉡므운 사람들과 함께
여호사밧을 쳐들어왔다.
2㉢바다 건너 에돔에서 쳐들어오던 대군이
이미 하사손다말, 곧 엔게디에 이르렀다는
정보가 여호사밧에게 전해졌다.
3여호사밧은 두려워하여 야훼께 호소하기로
결심하고 유다 전국에 단식령을 선포하였
다.
4그러자 유다 백성은 야훼께 도움을 청하려
고 유다 온 성읍에서 모여들어 야훼께 간구
하였다.
5◎여호사밧은 야훼의 성전 새 뜰 앞에 모인

㉠ 히브리어 본문에는 "너희 모든 백성들아, 들어라."는 말이 더 들어 있다. ㉡ 히브리어 본문 : "암몬 사람들." ㉢ 사해를 가리킨다.

유다와 예루살렘 회중 가운데 서서
6 이렇게 기도하였다. "우리 선조들의 하느님
야훼여, 당신께서는 하늘에 계시는 하느님
이 아니십니까? 세계 만방을 다스리시는
이가 아니십니까? 아무도 모든 힘과 권력
을 잡고 계신 당신께 맞설 자가 없습니다.
7 우리의 하느님이여, 하느님께서 이 땅에 사
는 백성을 당신의 백성 이스라엘 앞에서 몰
아내지 않으셨습니까? 그리고 당신께서 사
랑하시는 아브라함의 후손에게 이 땅을 주
시지 않으셨습니까?
8 그래서 우리는 이 곳에 살면서 하느님의 이
름을 위하여 성전을 지어 바치고
9 다짐하였습니다. '전쟁이 나거나 곡식이 여
물지 않거나 염병이 퍼지거나 흉년이 들거
나 어떤 재앙을 당하든지 이 집은 하느님의
이름이 붙은 집이니 우리가 이 집 앞에서 하
느님 앞에 나서리라. 곤경에 빠질 때마다
하느님께 부르짖으면 하느님께서는 들으시
고 우리를 건져주시리라.'
10 이제 보십시오. 암몬 사람, 모압 사람, 세
일 산에 사는 사람들이 저렇게 밀려왔습니
다. 이스라엘은 이집트에서 나올 때, 당신께
서 저들이 사는 곳으로 들어가지 말라고 하
셨으므로 저들을 멸망시키지 않고 돌아서
와야 했습니다.
11 그런데 저들은 당신께서 우리에게 유산으
로 주신 당신의 땅에서 우리를 몰아내려고
합니다. 이렇게 배은망덕한 것들에게
12 우리 하느님이여, 벌을 내리시지 않으시렵
니까? 우리를 치러 온 저 대군 앞에서 우리
의 힘은 보잘것없습니다. 우리는 지금 어떻
게 해야 할지 모르겠습니다. 다만 당신을
우러러볼 뿐입니다."
13 ◎ 온 유다 백성은 부녀자들까지 야훼 앞에
나와 서 있었다.
14 마침 그 회중 가운데는 레위인 야하지엘이
라는 사람이 있었다. 그의 아버지는 즈가리
야요 그 윗대는 브나야, 그 윗대는 여이엘,
그 윗대는 마따니야였다. 그가 야훼의 영을
받아
15 말하였다. "온 유다 백성, 예루살렘 시민, 여
호사밧 왕은 들으시오. 야훼께서 이르시는
말씀이오. '두려워 마라. 적군이 아무리 많
더라도 겁내지 마라. 이 전쟁은 너희의 것
이 아니라, 하느님의 것이다.
16 내일 너희는 내려가거라. 적은 시스 고개로
올라올 것이다. 여루엘 광야 맞은편 골짜기
끝에서 너희는 적을 만날 것이다.
17 이 싸움은 너희의 싸움이 아니니, 그냥 멈
추어 서서 이 야훼가 승전하는 것을 구경만
하여라. 유다야, 예루살렘아, 두려워하지
말고 겁내지도 마라. 내일 너희는 마주 쳐
나가거라. 야훼가 너희 곁을 떠나지 아니하
리라.'"
18 ◎ 여호사밧이 땅에 엎드리자 온 유다 백성
과 예루살렘 시민도 야훼 앞에 엎드려 예배
하는데,
19 크핫 일가와 코라 일가의 레위인들이 일어
나, 목청을 높여 이스라엘의 하느님 야훼를
찬양하였다.
20 ◎ 그들은 아침 일찍이 일어나 드고아 광야
를 향하였다. 출동하는 마당에 여호사밧이
나서서 당부하였다. "유다 백성과 예루살렘
시민은 나의 말을 들어라. 야훼께서 너희 하
느님이시다. 그를 믿어라. 그리하면 흔들리
지 아니하리라. 그가 세우신 예언자들을 믿
어라. 그리하면 이기리라."
21 그리고 백성들과 의논한 다음 야훼를 노래
할 성가대를 거룩한 예복을 입혀 군대 앞에
세워 내보냈다. 성가대원들은 "야훼께 감사
하여라. 그의 사랑 영원하여라." 하고 노래
를 불렀다.
22 이렇게 큰소리로 찬양을 부르기 시작하였
을 때 야훼께서 암몬과 모압과 세일 산에서
유다를 치러 온 군대를 교묘하게 치시니,
23 암몬 백성과 모압 백성이 세일 산에서 온 사
람들을 전멸시키려고 달려들었다. 이리하
여 저희끼리 맞싸워 자멸하고 말았다.
24 ◎ 유다인들이 광야를 내다보는 망대에 이르
러보니 한 명도 살아 남지 못하고 모두 시체
가 되어 땅 위에 널려 있는 것이었다.
25 여호사밧의 군대는 전리품을 거두어들였다.
가축, 개인 소지품, 옷, 귀중품 등 닥치는
대로 거두다 보니 운반할 수 없을 만큼 되었
다. 전리품이 어찌나 많았던지 그것을 다
거두어들이는 데 사흘이나 걸렸다.
26 나흘째 되는 날 그들은 찬양계곡에 모였다.
그 때 거기에서 야훼를 찬양했다고 해서 지
금도 그 곳 이름을 찬양계곡이라고 부르는
것이다.
27 여호사밧을 앞세우고 온 유다인과 예루살렘
시민이 예루살렘으로 개선하였다. 야훼께서
그들에게 원수들을 쳐 이기는 기쁨을 주셨
던 것이다.
28 그들은 거문고와 수금을 뜯고 나팔을 불며
예루살렘으로 돌아와 야훼의 성전으로 나아
갔다.

29 야훼께서 몸소 이스라엘의 원수들을 치셨다
는 소문이 퍼지자 세계 만방은 야훼를 두려
워하게 되었다.
30 하느님께서 사방으로 평안을 주셨으므로
여호사빗이 다스리는 동안 나라는 평온하
였다.
31 ◎ ㉠여호사밧은 삼십오 세에 유다 왕이 되어
이십오 년간 예루살렘에서 다스렸다. 그의
어머니는 실히의 딸로서 이름은 아주바라고
하였다.
32 그는 부왕 아사의 본을 따라 어김없이 그대
로 하여 야훼 보시기에 바른 일만을 하였다.
33 그러나 산당만은 없애지 않았으므로 백성
들은 선조들의 하느님께만 충성을 바칠 수
없었다.
34 여호사밧의 나머지 역사는 처음부터 끝까지
하나니의 아들 예후의 역사서에 기록되어 있
는데, 이것은 이스라엘 왕조실록에 올랐다.
35 ◎ 그런 일이 있은 지 얼마 뒤에 유다 왕 여호
사밧은 이스라엘 왕 아하지야와 손을 잡았는
데 아하지야는 그를 나쁜 길로 인도하였다.
36 둘은 서로 손을 잡고 다르싯행 상선들을 만
들었다. 배를 만든 곳은 에시온게벨이었다.
37 그 때 마레사 사람 도다와후의 아들 엘리에젤
이 여호사밧에게 나타나 예언하였다. "임금
님께서 아하지야와 손을 잡았으므로 야훼께
서 임금님의 일을 방해하실 것이오." 그 말
대로 그가 만든 배는 부서져 다르싯까지 가
지 못하고 말았다.

여호람

21 ◎ 여호사밧이 세상을 떠나 다윗 성에
있는 왕실 묘지에 묻히자 그의 아들 여
호람이 뒤를 이어 왕위에 올랐다.
2 그에게는 아우가 있었는데, 이름은 아자리
야, 여히엘, 즈가리야, 아자리야, 미가엘, 스바
티야였다. 이들은 유다 왕 여호사밧의 아들
들이었다.
3 부왕은 이 아들들에게 금은 보화와 함께 유
다의 요새화된 성읍을 선물로 주었지만 왕
권만은 맏아들인 여호람에게 물려주었다.
4 ◎ 여호람은 부왕에게서 물려받은 왕좌에 올
라 자리를 굳힌 다음 동생들을 다 칼로 쳐죽
이고 이스라엘 장군들도 더러 죽였다.
5 ◎ ㉡여호람은 삼십이 세에 왕위에 올라 예루
살렘에서 팔 년간 다스렸다.
6 그는 아합의 사위가 되다 보니, 아합 가문이
하던 대로 이스라엘 왕들의 전철을 밟아 야
훼의 눈에 거슬리는 일을 하게 되었다.
7 그러나 야훼께서는 당신의 종 다윗과 맺으
신 계약을 생각하시고 다윗 왕가를 멸망시
킬 생각은 없으셨다. 일찍이 다윗과 그 후손
들에게 영원히 꺼지지 않는 불씨를 주겠다
고 약속하셨던 것이다.
8 ◎ 그가 다스리고 있는 동안에 에돔은 유다에
반기를 들고 저희의 왕을 세웠다.
9 여호람은 장군들을 이끌고 모든 병거대를
출동시켜 세일로 건너 갔다가 수하 장군들
이 거느리는 병거대와 함께 에돔 군에게 포
위되었으나 밤에 일어나 에돔 군 포위망을
뚫고 나왔다.
10 이리하여 에돔은 유다의 지배에서 벗어나
오늘에 이르렀다. 리브나가 반란을 일으켜
유다의 지배에서 벗어난 것도 그 때였다. 그
는 선조들의 하느님 야훼를 저버렸다가 이
변을 당했던 것이다.
11 그는 유다 언덕들 위에 산당을 세우고 예루
살렘 시민들을 유혹하여 우상을 섬기게 하
고 유다 백성을 죄에 빠뜨렸다.
12 예언자 엘리야가 그에게 이런 편지를 보낸
일이 있다. "네 선조 다윗의 하느님 야훼께
서 하시는 말씀이다. '너는 네 아비 여호사
밧이나 유다 왕 아사가 가던 길을 따르지
않고
13 이스라엘 왕들의 전철을 밟고 있다. 너는 아
합 가문의 더러운 행실을 본떠 유다 백성과
예루살렘 시민을 유혹하여 우상을 섬기게
하였다. 또 같은 아비의 피를 나누어 받은
아우들을 죽였다. 그들은 너보다 나은 사람
들이었다.
14 이제 나 야훼가 네 백성, 네 자식들, 네 계집
들, 네 가축들에게 큰 재앙을 내리리라.
15 너 또한 뱃속을 훑어내는 무서운 배앓이에
걸려 오래 고생하리라.'"
16 ◎ 야훼께서는 불레셋 사람과 에티오피아와
인접해 사는 아랍인들의 마음을 부추겨 여
호람을 치게 하셨다.
17 그들은 유다로 쳐 올라와서는 성을 뚫고 대
궐 안에 들어와 닥치는 대로 모든 재산을 가
져가고 왕의 아들들과 여자들을 마구 잡아
갔다. 남은 사람이라고는 막내아들 여호아
하즈뿐이었다.
18 이런 일이 있은 뒤에 여호람은 야훼께 벌을
받아 고칠 수 없는 속병을 얻어
19 오랫동안 고생하였다. 이렇게 속을 훑어내
는 고질병으로 이 년을 고생하다가 마침내

㉠ 20:31-33에 대해서는 1열왕 22:41-43 참조. ㉡ 21:5-10에 대해서는 2열왕 8:17-22 참조.

죽었다. 그러나 백성은 그를 위하여, 그의
부왕에게 했듯이 불을 밝혀두지는 않았다.
20그는 삼십이 세에 왕위에 올라 예루살렘에
서 팔 년간 다스렸다. 그러나 애도하는 사
람 하나 없는 가운데 그는 가고 말았다. 사
람들은 그를 다윗 성에 안장하기는 했으나
왕실 묘지를 쓰지는 않았다.

아하지야

22 ◎㉠예루살렘 시민들은 그의 막내아들
아하지야를 왕으로 세워 뒤를 잇게 하
였다. 아하지야의 형들은 전에 아랍인들과
함께 쳐들어왔던 침략군에게 학살당했던
것이다. 그리하여 여호람의 아들 아하지야가
유다 왕이 되었다.
2아하지야는 ㉡사십이 세에 왕이 되어 예루살
렘에서 일 년간 다스렸다. 그의 어머니는
오므리의 손녀로서 이름은 아달리야라고 하
였다.
3어머니의 그릇된 의견을 따르다 보니 그도
아합 가문의 전철을 밟게 되었고,
4아합 가문처럼 야훼의 눈에 거슬리는 일을
하였다. 부왕이 죽은 뒤에 그들의 의견을
따르다가 스스로 자기 무덤을 파고 만 것
이다.
5그는 그들의 의견을 받아들여 이스라엘 왕
요람과 함께 시리아 왕 하자엘을 맞아 싸우
려고 라못길르앗으로 갔다. 그 싸움에서 요
람은 시리아 군에게 맞아 다쳤다.
6그는 시리아 왕 하자엘과 라못에서 싸우다가
얻은 상처를 치료하려고 이즈르엘로 돌아왔
는데, 유다 왕 여호람의 아들 ㉢아하지야는
요람을 문병하러 이즈르엘로 내려갔다.
7아하지야는 요람에게로 갔다가 망하게 되었
다. 하느님께서 그렇게 꾸미신 것이다. 야훼
께서는 이미 님시의 아들 예후에게 기름을
부어주시고 아합 가문을 멸하려고 하시는데
아하지야는 그것도 모르고 요람과 함께 예후
에게로 갔다.
8예후는 아합 가문의 죄를 다스리다가 유다
군 장교들과 아하지야를 모시는 왕의 조카
들을 만나 죽였다.
9아하지야는 사마리아에 가서 숨어 있다가 끌
려왔다. 예후가 그를 죽이자 사람들은 "그
래도 한마음으로 야훼만 찾던 여호사밧의 아
들인데." 하며 장례를 치러주었다. 마침내
아하지야 집안에는 왕노릇 할 만큼 강한 사
람이 없게 되었다.

아달리야

10◎㉣아하지야의 어머니 아달리야는 아들이
죽는 것을 보자 곧 유다 왕가의 혈육을 모두
죽이기 시작하였다.
11다른 왕자들은 모두 살해되었으나 아하지야
의 아들 요아스만은 ㉤여호사브앗이 몰래 빼
내다가 유모와 함께 자기 침실에 숨겨두었
으므로 아달리야의 손에 죽지 않았다. 여호
사브앗은 여호람 왕의 딸이요 여호야다 사제
의 아내였다. 그러니 아하지야의 누이이기
도 하였다.
12아달리야가 나라를 다스리는 육 년 동안 요
아스는 그들과 함께 하느님의 성전 안에 숨
어 살았다.

여호야다가 아달리야를 제거하다

23 ◎그러나 칠 년째 되던 해에 여호야다
는 용기를 내어 여로함의 아들 아자리
야, 여호하난의 아들 이스마엘, 오벳의 아들
아자리야, 아다야의 아들 마아세야, 지그리의
아들 엘리사밧 등과 내통하였다. 이들은 모
두 백인대장이었다.
2그들은 유다 전국을 돌아다니며 유다 모든
성읍에 사는 레위인과 이스라엘 각 가문의
어른들을 모았다. 예루살렘에 도착한
3이들 온 회중은 하느님의 성전에서 왕과 계
약을 맺었다. 여호야다가 그들에게 말하였
다. "보아라, 여기에 왕세자가 계시다. 야훼
께서 다윗의 후손을 두고 하신 말씀을 따라
이분을 왕으로 모셔라.
4이제 너희는 이렇게 하여라. 안식일에 근무
하는 너희 사제와 레위인들 가운데 삼분의
일은 현관문을 지키고
5다른 삼분의 일은 왕궁을 지키며 나머지 삼
분의 일은 성문을 지키고 일반 백성은 야훼
의 성전 뜰에 모여라.
6아무도 야훼의 성전 안으로는 들어가지 못
한다. 거기에는 사제들과 그들을 돕는 레위
인들만이 들어갈 수 있는 곳이다. 그들은
성별된 사람이므로 들어갈 수 있다. 일반
백성은 모두 야훼께서 분부하신 규례를 지
키도록 하여라.
7누구든지 성전으로 들어가려는 자는 죽여
라. 레위인들은 각자 무기를 들고 임금님을
호위하여라. 어디로 가시든지 임금님 곁을

㉠ 22:1-6에 대해서는 2열왕 8:25-29 참조. ㉡ 2열왕 8:26에는 "이십이 세"로 되어 있다. ㉢ 히브리어 본문 : "아자리야." ㉣ 22:10-23:21에 대해서는 2열왕 11:1-20 참조. ㉤ 여호세바일 수도 있다(2열왕 11:2).

떠나지 마라."
8◎ 레위인들과 온 유다인들은 사제 여호야다
의 명령을 따랐다. 사제 여호야다가 모든 반
에 비상 근무령을 내렸기 때문에 장군들은
안식일 근무반과 안식일 비번반을 모두 출
두시켰다.
9 사제 여호야다는 다윗 왕이 하느님의 성전에
마련해 둔 창과 긴 방패, 둥근 방패를 백인
대장들에게 나누어주었다.
10 그리고 전군에게 무기를 들게 하고 성전 남
쪽과 북쪽 전면에 배치하여 제단과 성전을
지키고 왕을 둘러싸게 하였다.
11 그런 다음 왕세자를 나오게 하고는 면류관
을 얹고 율법책을 주고 그를 왕으로 삼았다.
여호야다는 그의 아들들과 함께 그에게 기
름을 붓고는 "임금님 만세!" 하고 외쳤다.
12◎ 아달리야가 백성들이 기뻐 뛰며 왕을 찬양
하는 소리를 듣고 백성들이 모인 야훼의 성
전에 나가보니,
13 왕이 군지휘관들과 나팔수들의 호위를 받
으며 문 어귀 기둥 곁에 서 있고, 지방민들
이 기뻐하는 가운데 나팔 소리 울려 퍼지며
합창대는 악기에 맞추어 노래를 부르고 있
지 않는가! 아달리야는 옷을 찢으며 "반역
이다, 반역이다!" 하고 외쳤다.
14 그러자 사제 여호야다가 군대를 거느린 백
인대장들에게 명령하였다. "저 계집을 밖으
로 끌어내다가 칼로 쳐죽여라. 따르는 자가
있거든 함께 쳐죽여라." 사제 여호야다는 그
여자를 야훼의 성전 안에서 죽여서는 안 된
다고 생각했던 것이다.
15 사람들은 그 여자를 왕궁으로 끌어내어 군
마 출입문 부근에서 죽였다.
16◎ 그런 다음 여호야다는 야훼와 온 백성과
왕 사이에 계약을 맺어 야훼의 백성이 되기
로 하였다.
17 온 백성이 바알의 신전으로 가서 거기에 있
는 제단들을 헐고 우상들을 부수고 바알의
사제 마딴을 그 제단 앞에서 죽였다.
18 그리고 나서 여호야다는 야훼의 성전 일을
다윗이 했던 대로 레위인 사제들에게 맡겼
다. 다윗은 야훼의 성전을 그들에게 맡겨 모
세의 법에 기록되어 있는 대로 기뻐 노래하
며 야훼께 번제를 드리도록 손수 절차를 제
정해 주었던 것이다.
19 또 야훼의 성전 문마다 문지기들을 세워
부정탄 사람은 아무도 들어가지 못하게 하
였다.
20 그리고는 백인대장들과 귀족들과 공직을
맡은 사람들과 온 지방민들을 거느리고 야
훼의 성전에서 왕을 모시고 윗대문 가운데
칸을 지나 대궐로 내려가 용상에 모셨다.
21 지방민들은 모두 기뻐하는데, 서울은 잠
잠하기만 하였다. 아달리야는 칼에 맞아 죽
었다.

요아스

24 ◎㉠ 요아스는 일곱 살에 왕위에 올라
예루살렘에서 사십 년간 다스렸다. 그
의 어머니는 브엘세바 태생으로 이름은 지비
야라고 하였다.
2 요아스는 사제 여호야다의 생전에는 바른 정
치를 펴서 야훼의 눈에 들었다.
3 요아스는 사제 여호야다가 간택해 올린 두
아내에게서 아들딸을 낳았다.
4◎ 얼마 뒤에 요아스는 야훼의 성전을 보수할
마음이 생겨서
5 사제들과 레위인들을 모아놓고 지시하였다.
"유다 성읍들에 흩어져 가서 돈을 모아다가
야훼의 성전을 매년 보수하여라. 지체하지
말고 수행하여라." 그러나 레위인들은 서두
르지 않았다.
6 그래서 왕은 그들의 우두머리인 여호야다를
불러들여 추궁하였다. "어찌하여 그대는 레
위인들을 독촉하지 않소? 야훼의 종 모세께
서 증거의 장막에 바치라고 이스라엘 회중
에게 지시한 일이 있는 헌금을 유다와 예루
살렘에서 거두어들이라고 했는데, 어찌하여
가만히들 있소?"
7 사악한 여자인 아달리야가 제 아들들을 시
켜 하느님의 성전을 부수고 들어가 야훼의
성전에 있는 거룩한 것을 모두 바알들에게
바쳐버렸던 것이다.
8 왕은 명령을 내려 궤 하나를 야훼의 성전 문
밖에 놓게 하고
9 유다와 예루살렘에 선포하여, 광야에서 하느
님의 종 모세가 이스라엘 백성에게 바치라고
한 헌금을 가져다 바치게 하였다.
10 관리들과 백성은 모두 즐거운 마음으로 헌
금을 가지고 와서 궤가 차도록 바쳤다.
11 레위인들이 그 궤를 왕궁 사무실에 가져다
가 돈이 가득 차 있는 것을 보이면, 왕의 비
서와 대사제의 대리가 와서 궤를 비우고 그
궤를 제자리에 도로 갖다 두었다. 이렇게
날마다 계속하여 많은 돈을 모았다.
12 왕과 여호야다는 그것을 야훼의 성전 공사

㉠ 24:1-14에 대해서는 2열왕 11:21-12:15 참조.

감독에게 넘겨 석수와 목수를 고용하여 야
훼의 성전을 복원하고 쇠나 놋쇠를 다루는
대장장이도 고용하여 야훼의 성전을 보수하
게 하였다.
13 감독들의 지시를 따라 성전 복원 공사는 진
전되어 도본대로 하느님의 성전이 튼튼히
서게 되었다.
14 일이 끝난 뒤에 남은 돈을 왕과 여호야다에
게 바치니, 그것으로 번제를 드리며 예배할
때에 쓰는 야훼의 성전 기구들, 그릇, 잔 등
금은 기구들을 만들었다. 여호야다가 죽을
때까지 야훼의 성전에서 번제를 드리는 일
이 중단되지 않았다.
15 ◎여호야다는 백삼십 년 살고 나이 많아 죽
었다.
16 하느님을 섬기고 성전을 보살펴서 이스라엘
에게 복될 일을 하였다고 해서 사람들은 그
를 다윗 성 왕실 묘지에 모셨다.
17 ◎여호야다가 죽은 뒤에 유다 고관들이 왕
앞에 나와 엎드리니 그 때부터 왕은 그들의
말을 듣게 되었다.
18 그들은 선조들의 하느님 야훼의 성전을 찾
지 아니하고 아세라 목상과 돌 우상을 섬겼
다. 이 죄 때문에 하느님의 진노가 유다와
예루살렘에 내리게 되었다.
19 야훼께서 그들을 당신께로 돌아오게 하시려
고 예언자들을 보내시어 타이르셨지만, 사
람들은 그 소리를 귀담아듣지 않았다.
20 여호야다의 아들 사제 즈가리야가 하느님의
영에 사로잡혀 백성들 앞에 나서서 말하였
다. "하느님께서 말씀하신다. '어찌하여 너
희는 야훼의 계명을 어기느냐? 그리하여 만
사를 그르치느냐? 너희가 야훼를 버렸으니,
야훼도 너희를 버리리라.'"
21 그러자 사람들은 한 덩어리가 되어 왕명을
따라 그를 야훼의 성전 마당에서 돌로 쳐죽
였다.
22 요아스 왕은 여호야다에게 입은 은덕을 저버
리고 그의 아들을 죽였던 것이다. 즈가리야
는 죽으면서 외쳤다. "야훼께서 굽어보시고
갚으시리라."
23 ◎그 해가 바뀔 무렵에 시리아 군이 요아스
를 치러왔다. 그들은 유다와 예루살렘에 이
르러 군대 지휘관들을 다 죽이고 닥치는 대
로 약탈하여 다마스쿠스에 있는 저희 왕에게
보내었다.
24 침입군 병력은 많지 않았지만, 야훼께서는
이 백성이 자기네 선조의 하느님인 당신을
저버린 일을 못마땅하게 여기시어 그토록
많은 대군을 적군에게 맡기셨던 것이다.
25 ◎시리아 군은 요아스에게 심한 상처를 입히
고 물러갔다. 그의 신하들은 그가 여호야다
의 아들 즈가리야 사제를 죽인 일에 반감을
품고 반란을 일으켜 침상에 누워 있는 그를
죽였다. 그리고는 다윗 성 안에 안장하면서
도 왕실 묘지를 쓰지는 않았다.
26 그에게 반란을 일으킨 사람은 암몬 여인 시
므앗의 아들 자밧과 모압 여인 시므릿의 아들
여호자밧이었다.
27 ◎그의 아들들 이야기, 그를 쳐서 이르신
하느님의 많은 말씀, 하느님의 성전을 재건
한 일들이 왕조 역사서에 기록되어 있다.
그의 아들 아마지야가 뒤를 이어 왕위에 올
랐다.

아마지야

25
◎㉠아마지야는 이십오 세에 왕위에 올
라 예루살렘에서 이십구 년간 다스렸
다. 그의 어머니는 예루살렘 출신으로 이름
은 여호아딴이라 하였다.
2 그는 마음을 다 쏟지는 못했지만, 야훼의 눈
에 들도록 바른 정치를 폈다.
3 그는 왕권이 튼튼하게 되자 부왕을 죽인 신
하들을 처형하였다.
4 그러나 그 아들들은 죽이지 않았다. 그는 모
세의 법전에 기록되어 있는 야훼의 명령을
따랐던 것이다. "자식의 잘못 때문에 아비
를 죽이지 못하고 아비의 잘못 때문에 자식
을 죽이지 못한다. 죽을 사람은 죄지은 바
로 그 사람이다."
5 ◎아마지야가 유다에 소집령을 내려 온 유다
장정과 베냐민 장정을 천인대장 백인대장
아래 가문별로 세우고 점검하니, 이십 세
이상 되는 사람으로서 창과 방패를 쓸 수 있
는 장정이 삼십만 명이나 되었다.
6 그는 또 은 백 달란트를 주고 이스라엘에서
날랜 군인 십만 명을 사 왔다.
7 그러자 한 하느님의 사람이 와서 이렇게 말
하였다. "임금님, 이스라엘 군을 거느리고
출동하지 마십시오. 야훼께서는 이스라엘
사람들, 이 모든 에브라임 족속들과는 함께
가지 않으십니다.
8 이 사람들이 나간다면 임금님께서 아무리
용감하게 싸우셔도 하느님께서는 임금님을
원수 앞에서 패하게 하실 것입니다. 하느님
께서는 도와주실 수도 있으시고 넘어뜨리

㉠ 25:1-4에 대해서는 2열왕 14:1-6 참조.

실 수도 있으십니다."
9 아마지야가 그 하느님의 사람에게 물었다.
"그러면 이스라엘 부대에게 준 백 달란트는
어떻게 하면 좋겠소?" 하느님의 사람이 대
답하였다. "하느님께서는 그보다 더 큰 것
을 주실 수 있으십니다."
10 아마지야는 에브라임에서 데려온 부대를 갈
라내어 제 고장으로 돌려보내었다. 그들은
화가 나서 유다 나라에 큰 앙심을 품고 제
고장으로 돌아갔다.
11 ◎아마지야는 용기를 내어 군대를 거느리고
소금골짜기로 가서 세일 사람 만 명을 쳐죽
이고
12 만 명을 사로잡아 바위 꼭대기로 끌고 올라
가 그 바위 꼭대기에서 내리쳐 모두 박살내
죽였다.
13 그러는 동안 아마지야가 전장으로 데리고
가지 않고 돌려보냈던 부대는 사마리아에서
벳호론에 이르기까지 온 유다 성읍들을 털었
으며, 그 가운데서 삼천 명이나 쳐죽이고
물건을 많이 약탈해 갔다.
14 ◎아마지야는 에돔 사람들을 치고 돌아온 다
음, 세일 사람들이 섬기는 우상들을 가져다
가 신으로 모시고 그 앞에 분향하며 예배하
였다.
15 그 때문에 야훼께서는 아마지야에게 크게 노
하시어 예언자를 보내시었다. "이 우상들은
제 백성을 임금님의 손에서 건져내지도 못
했는데 이 우상들에게 복을 빌다니 어찌 된
일입니까?"
16 예언자가 이렇게 말을 꺼내는데, 왕은 "네
가 언제 왕의 고문이 되었더냐?" 하면서 호
통을 쳤다. "입을 닥쳐라. 맞아죽고 싶으
냐?" 예언자는 하려던 말을 중단하고 이렇
게 말하였다. "알겠습니다. 임금님께서 이
런 일을 하시고도 소인의 충고를 듣지 않으
시는 것을 보니, 하느님께서 임금님을 멸하
시기로 결정하신 모양입니다."
17 ◎ ㉠유다 왕 아마지야는 수하 사람들과 의논
하고 이스라엘 왕 여호아스에게 사람을 보내
어 싸움을 걸었다. 여호아스는 여호아하즈의
아들이요 예후의 손자였다.
18 이스라엘 왕 여호아스는 유다 왕 아마지야에
게 다음과 같은 회신을 보냈다. "레바논의
가시나무가 레바논의 송백에게 딸을 며느리
로 달라고 청혼하였다가 지나가던 레바논의
들짐승에게 짓밟히는 신세가 되었다.
19 그대는 에돔을 쳐 이겼다고 하여 목에 힘을
주고 우쭐거리는데 혼자 집 안에 머물러 있
어라. 어찌하여 그대의 신세와 유다의 운명
을 망치려고 스스로 설치는가?"
20 ◎그러나 아마지야는 그 말을 들으려 하지
않았다. 에돔의 우상들에게 복을 비는 것을
보시고 하느님께서는 그들을 적군의 손에
부치시기로 결정하셨던 것이다.
21 그리하여 이스라엘 왕 여호아스는 유다 영토
인 벳세메스로 진군하여 거기에서 유다 왕
아마지야와 맞붙었다.
22 유다 군은 이스라엘 군에게 패하여 제각기
자기 집으로 도망쳤다.
23 이스라엘 왕 여호아스는 벳세메스에서 아하지
야의 손자이며 요아스의 아들인 유다 왕 아마
지야를 사로잡아 예루살렘에 돌아왔다. 그는
에브라임 성문과 모퉁이 성문 사이 성벽을
사백 척이나 헐고는
24 하느님의 전에서 오베데돔이 맡고 있는 금
은과 세간을 모두 털고, 왕실 창고도 털고
사람들을 볼모로 잡아 사마리아로 돌아갔다.
25 ◎유다 왕 요아스의 아들 아마지야는 이스라
엘 왕 여호아하즈의 아들 여호아스보다 십오
년을 더 살았다.
26 아마지야의 나머지 역사는 처음부터 끝까지
유다 왕조실록과 이스라엘 왕조실록에 기록
되어 있다.
27 아마지야가 야훼를 배반한 후에 예루살렘에
서 반란이 일어났다. 아마지야는 라기스로
도망하였으나, 반란군은 라기스에 사람을
보내어 거기에서 그를 죽였다.
28 그러나 그의 시체는 말에 실어 예루살렘으
로 모셔다가 다윗 성에 있는 왕실 묘지에 안
장하였다.

우찌야

26 ◎온 유다 백성이 십육 세밖에 되지 않
은 우찌야를 택하여 왕으로 세워 아버
지 아마지야의 뒤를 잇게 하였다.
2 그는 부왕이 세상을 떠난 다음 엘롯을 되찾
아 유다의 성으로 다시 세웠다.
3 ㉡우찌야는 십육 세에 왕위에 올라 예루살렘
에서 오십이 년간 다스렸다. 그의 어머니는
예루살렘 출신으로서 이름을 여골리야라고
하였다.
4 그는 부왕 아마지야 못지않게 야훼 보시기에
옳은 일을 하였다.
5 그의 곁에는 하느님을 공경하도록 깨우쳐
주는 사람 즈가리야가 있었는데, 즈가리야

㉠ 25:17-24에 대해서는 2열왕 14:8-14 참조. ㉡ 3-4절에 대해서는 2열왕 15:2-3 참조.

생전에 그는 하느님을 찾았고, 야훼를 찾았
으며 그 동안 하느님께서는 그가 하는 일을
성취시켜 주셨다.
6 ◎우찌야는 불레셋 사람들을 치려고 출동하
여 갓 성과 야브네 성과 아스돗 성을 허물고
는 아스돗을 비롯한 불레셋 지역에 성읍들을
세웠다.
7 그는 하느님의 도우심을 받아 불레셋인들
과 구르바알에 사는 아랍인들과 므운인들을
쳤고
8 암몬인들에게서 조공을 받게 되니, 그의 명
성이 이집트 땅에까지 떨쳤다. 그는 매우 막
강해졌다.
9 또 우찌야는 예루살렘 모퉁이 성문과 골짜기
성문과 성 귀퉁이에 망대를 튼튼히 세웠다.
10 그는 야산 지대나 평야에 많은 짐승을 놓아
먹였다. 그는 또 흙을 사랑하는 사람이었으
므로 사람들을 시켜 산악 지대나 기름진 땅
에 농사를 짓고 과수도 가꾸게 하였다. 그
러느라고 광야에도 망대들을 세우고 저수
지들도 많이 파게 하였다.
11 ◎우찌야에게는 언제든지 싸우러 나갈 수
있는 상비군이 있었다. 그 상비군은 비서장
여이엘과 병적관 마아세야가 수를 세며 병
적에 올려 부대를 편성하였고 왕의 직속
지휘관 중의 한 사람인 하나니야의 지휘를
받았다.
12 그 군대를 거느릴 각 가문 수령들은 모두 이
천육백 명이었고
13 그들의 지휘 아래 왕을 도와 적을 무찌를 이
강력한 군대의 수는 모두 삼십만 칠천오백
명이나 되었다.
14 우찌야는 그들 전군에 방패, 창, 투구, 갑옷,
활, 물매를 마련해 주었고,
15 활을 쏘고 큰 돌을 던지는 무기를 기술자에
게 고안시켜서 예루살렘 성 망대들과 성 귀
퉁이마다 설치해 놓게 하였다. 이렇게 하여
그의 명성은 널리 떨쳤다. 그는 기이한 도
우심을 받아 매우 강하게 되었던 것이다.
16 ◎그러나 그는 제 힘만 믿고 교만해졌다가
자멸하고 말았다. 그는 야훼의 성전 본관에
들어가 분향단에다 분향하려고 하였다. 이
것은 저를 보살펴 주시던 하느님 야훼를 거
역하는 일이었다.
17 대사제 아자리야와 야훼의 용감한 사제 팔십
명이 뒤따라 들어가
18 우찌야 왕을 가로막고 말하였다. "우찌야,
야훼께 분향하는 일은 왕이 할 일이 아니오.
분향하는 일은 성별된 아론의 후손 사제들
이 할 일이오. 이 성소에서 나가시오. 이렇
게 하느님을 거역하셨으므로 야훼 하느님의
영광이 왕을 떠나시었소."
19 우찌야는 그 때 손에 향로를 들고 있었다.
그가 사제들에게 화를 내려고 하자 나병이
그의 이마에 번졌다. 그 사제들 앞에서, 야
훼의 성전 안에서 그것도 바로 분향단 앞에
서였다.
20 대사제 아자리야와 온 사제들은 그의 이마
에 나병이 생긴 것을 보고 왕에게 당장 나가
라고 하였다. 왕도 야훼께서 자기를 치신 줄
깨닫고 급히 물러나왔다.
21 ㉠우찌야 왕은 나병환자로 여생을 보내게 되
었다. 야훼의 성전에 들어갈 수 없는 몸이
되었으므로 별궁에서 홀로 나병을 앓으며
지내야 했다. 그래서 그의 아들 요담이 왕궁
의 어른이 되어 나라를 다스리게 되었다.
22 ◎우찌야의 나머지 역사는 처음부터 끝까지
아모쓰의 아들 예언자 이사야가 기록해 두
었다.
23 우찌야가 세상을 떠나자 나병환자라고 하여
그를 왕실 묘지에 딸린 뜰에 묻었다. 그의
아들 요담이 뒤를 이어 왕위에 올랐다.

요담

27 ◎㉡요담은 이십오 세에 왕위에 올라
예루살렘에서 십육 년간 다스렸다. 그
의 어머니는 사독의 딸로서 이름을 여루사라
고 하였다.
2 그는 부왕 우찌야 못지않게 야훼 보시기에
옳은 일을 하였다. 다만 그는 야훼의 성전
본관에만은 들어가지 않았다. 백성들은 여
전히 악한 짓을 하였다.
3 ◎그는 야훼의 성전 윗문을 세웠고 오벨 성
곽을 더욱 많이 쌓아올렸다.
4 또 유다 산악 지대에 성읍들을 세우고 산림
지대에 성채들과 망대들을 세웠다.
5 그리고 암몬 왕과 싸워 이기고는 그 해에 암
몬 왕에게서 금 백 달란트와 밀 만 석, 보리
만 석을 받았다. 암몬 사람들은 그에게 다음
해에도 또 그 다음해에도 이렇게 바쳤다.
6 요담은 자기 하느님 야훼의 뜻대로 자신 있
게 처신했기 때문에 세력이 있었다.
7 ◎요담이 벌인 모든 전쟁과 이룩한 행적 등
그의 나머지 역사는 이스라엘과 유다 왕조실
록에 기록되어 있다.
8 그는 이십오 세에 왕위에 올라 예루살렘에

㉠ 21-23절에 대해서는 2열왕 15:5-7 참조. ㉡ 1-3절에 대해서는 2열왕 15:33-35 참조.

서 십육 년을 다스리다가
9 세상을 떠나 다윗 성에 안장되었다. 그의 아
들 아하즈가 뒤를 이어 왕위에 올랐다.

아하즈

28 ◎아하즈는 이십 세에 왕위에 올라 예
루살렘에서 십육 년간 다스렸다. 그는
태조 다윗처럼 야훼의 눈에 드는 바른 정치
를 펴지 못하고
2 이스라엘 왕들의 전철을 밟아 우상을 부어
만들어 바알들을 섬기기까지 하였다.
3 그는 야훼께서 이스라엘 백성의 면전에서 쫓
아낸 민족들의 역겨운 풍속을 본받아 벤힌
놈 골짜기에서 친자식들을 불살라 제물로
바쳤으며
4 산당과 산마루에서, 또 우거진 나무 아래에
서 분향하고 제사를 지냈다.
5 ◎그래서 그를 보살피실 하느님 야훼께서
그를 시리아 왕의 손에 부치셨다. 시리아 군
은 많은 사람을 사로잡아 가지고 다마스쿠스
로 돌아갔다. 또 이스라엘 왕의 손에 부치시
어 호되게 당하게 하셨다.
6 르말리야의 아들 베가는 유다에서 하루에 장
정 십이만 명을 죽였다. 선조들의 하느님
야훼를 저버린 탓으로 그런 일을 당했던 것
이다.
7 에브라임의 영웅 지그리는 왕자 마아세야와
궁내대신 아즈리캄과 왕의 다음 서열인 엘카
나를 죽였다.
8 동족인 이스라엘 군은 부녀자와 아이들을
이십만 명이나 사로잡고 재물을 많이 노략
질하여 사마리아로 돌아갔다.
9 ◎그런데 거기에는 오뎃이라는 야훼의 예언
자가 있었다. 그는 사마리아로 개선하는 군
대를 나가 맞으며 말하였다. "너희 선조들
의 하느님 야훼께서 유다 백성의 일을 노여
워하시어 그들을 너희 손에 부치셨다. 그리
하여 너희는 하늘에 닿도록 분노를 터뜨리
어 그들을 죽였다.
10 그리고 이제 너희는 유다인들과 예루살렘 시
민들을 남자 여자 할 것 없이 종으로 부려먹
을 생각을 하는구나! 너희는 너희 하느님
야훼께 범죄하지 않은 줄 아느냐?
11 이제 내 말을 들어라. 너희가 사로잡아 온
너희 동족을 돌려보내라. 야훼께서 너희가
한 일을 크게 노여워하시리라."
12 ◎에브라임 백성의 어른들 가운데서 여호하
난의 아들 아자리야, 므실레못의 아들 베레기
야, 살룸의 아들 여히즈키야, 하들라이의 아
들 아마사가 개선하는 군인들을 가로막으며
13 말하였다. "이 포로들을 데리고 들어올 수
없다. 이것은 야훼께 죄가 되는 일이다. 그
렇지 않아도 죄가 많아 그의 진노가 이스라
엘에 떨어질 판인데, 못할 일을 한 우리의
죄가 아직 부족하다고 생각하느냐?"
14 군인들은 포로들과 전리품을 장교들과 온
회중 앞에 내놓았다.
15 사람들은 포로들을 돌봐 줄 사람을 지명해
서 전리품 가운데서 옷을 찾아내어 벌거벗
은 사람들에게 입혀주고 신을 찾아 신겨줄
뿐 아니라 먹을 것과 마실 것을 주고 약을
발라주었다. 걸을 수 없는 사람들은 나귀에
태워 종려나무 성읍 예리고로 데려다가 친
척들에게 돌려주고 사마리아로 돌아갔다.
16 ◎아하즈 왕이 아시리아 왕들에게 도움을 청
한 것도 그 때였다.
17 ◎에돔 군이 다시 유다에 쳐들어와 사람들을
사로잡아 갔고
18 불레셋 군은 야산 지대와 유다 남부에 있는
성읍들을 털어갔으며 벳세메스, 아얄론, 그
데롯, 소코와 거기에 딸린 촌락들과 딤나와
거기에 딸린 촌락들과 김조와 거기에 딸린
촌락들을 점령하고 살았다.
19 야훼께 반역하는 일만 하여 온 나라 일을 그
르친 아하즈 왕 때문에 야훼께서는 유다를
꺾으셨던 것이다.
20 아시리아 왕 디글랏빌레셀도 왔지만 힘이 되
어주기는커녕 도리어 포위 공격하였다.
21 그래서 아하즈는 야훼의 성전과 왕궁과 대신
들의 집들을 털어 아시리아 왕에게 바쳤으
나 헛된 일이었다.
22 ◎이 아하즈 왕은 포위 공격을 당하게 되자
더욱더 야훼께 반역하였다.
23 그는 자기를 쳐부순 다마스쿠스의 신들에게
고사를 지냈다. "시리아 왕실의 신들은 제
백성을 도와줄 수 있었지. 그러니 나도 그
신들에게 고사를 지내야지. 그러면 도와주
겠지." 이런 생각이었다. 그러나 그 때문에
아하즈와 온 이스라엘은 자멸하고 말았다.
24 아하즈는 하느님의 성전에서 기구들을 거두
어 부수고 야훼의 성전 문들을 봉해 버렸다.
그리고 예루살렘 모퉁이마다에 제단을 만들
어 세웠다.
25 또 유다의 성읍마다 산당을 세우고 남의 나
라 신들에게 분향하게 하여 선조의 하느님
야훼를 진노케 하였다.
26 ◎그의 나머지 역사와 모든 행적은 처음부
터 끝까지 유다와 이스라엘의 왕조실록에 기

록되어 있다.
27아하즈가 세상을 떠나자 유다 왕실 묘지에
모시지 않고 예루살렘 성 안에 모셨다. 그의
아들 히즈키야가 뒤를 이어 왕위에 올랐다.

히즈키야

29 ◎히즈키야는 이십오 세에 왕위에 올
라 예루살렘에서 이십구 년간 다스렸
다. 그의 어머니는 즈가리야의 딸로서 이름
을 아비야라고 하였다.
2그는 태조 다윗 못지않게 야훼 보시기에 옳
은 일을 하였다.
3◎그는 왕이 되면서 첫 해 첫 달에 야훼의
성전 문들을 열어 수리하고
4사제들과 레위인들을 동쪽 광장에 불러모은
다음
5이렇게 말하였다. "레위인들은 내 말을 들
어라. 너희는 이제 목욕재계하고 너희 선조
들의 하느님 야훼의 전을 깨끗이 하여라. 성
소에서 부정한 것을 쓸어내어라.
6우리 선조들은 우리 하느님 야훼께 반역하
여 그의 눈에 거슬리는 일을 하였다. 야훼를
저버리고 그가 계시는 곳을 바라보기도 싫
어하여 등을 돌리고 말았다.
7현관 앞 문들을 봉하고 등을 끄고 성소에서
이스라엘의 하느님께 분향하지도 않았으며
번제도 드리지 않았다.
8야훼께서 유다와 예루살렘에 진노를 터뜨리
신 것은 그 때문이었다. 그래서 너희가 보
는 대로 모두 다 놀랄 만큼 끔찍스러운 일을
당한 것이다.
9알겠느냐? 우리 선조들이 칼에 맞아 죽고
아들딸과 아내들이 사로잡혀 가게 된 것은
바로 그 때문이었다.
10이제 나는 이스라엘의 하느님 야훼께서 진노
를 거두어주시기를 바라며 그와 계약을 맺
기로 결심하였다.
11아들들아, 이제는 머뭇거리지 마라. 야훼께
서는 당신 앞에서 섬길 사람으로 너희를 뽑
으시어 당신을 섬기며 분향할 사람으로 삼
으셨다."
12◎레위인들이 나서니, 크핫 후손인 아마새의
아들 마핫, 아자리야의 아들 요엘, 므라리 후
손인 압디의 아들 키스, 여할렐렐의 아들 아
자리야, 게르손 후손인 짐마의 아들 요아, 요
아의 아들 에덴,
13엘리사반 후손인 시므리와 여우엘, 아삽 후손
인 즈가리야와 마따니야,
14헤만 후손인 여히엘과 시므이, 여두둔 후손인
스마야와 우찌엘이었다.
15이들은 일가친척을 모아 목욕재계를 시킨
다음 야훼의 분부대로 어명을 따라 야훼의
성전을 깨끗하게 하려고 들어갔으며,
16사제들은 야훼의 성전 안을 깨끗하게 하려
고 들어갔다. 사제들이 야훼의 성전 본관 안
에 있는 부정한 것을 모두 야훼의 성전 밖으
로 몰아내면, 레위인들은 그것을 성 밖 키드
론 골짜기에 가져다 버렸다.
17◎성전을 깨끗이 하는 일은 정월 초하루에
시작해서 그 달 팔일에야 야훼께서 계시는
곳 현관에 다다랐다. 그 다음 야훼의 성전을
깨끗이 하는 데 또 팔 일 걸렸다. 이렇게 해
서 일을 마친 것은 정월 십육일이었다.
18◎그리고 나서 레위인들은 대궐로 들어가
히즈키야 왕에게 아뢰었다. "야훼의 성전을
다 정하게 하였습니다. 번제단과 거기에 딸
린 모든 기구들, 제사 상과 거기에 딸린 모
든 기구들을 정하게 하였습니다.
19또 아하즈 왕께서 왕위에 계실 때 하느님께
반역하면서 치워버린 기구들을 모두 깨끗
이 갖추어 야훼의 제단 앞에 차려놓았습니
다."
20◎히즈키야 왕은 아침 일찍 일어나 성읍에
있는 대신들을 불러모은 다음, 야훼의 성전
으로 올라갔다.
21사람들이 황소 일곱 마리, 숫양 일곱 마리,
새끼 양 일곱 마리, 또 왕실과 성소와 유다
의 죄를 벗길 숫염소 일곱 마리를 끌어오자
왕은 아론의 후손 사제들에게 그것을 야훼
의 제단에 바치라고 분부하였다.
22사제들은 소를 죽이고는 그 피를 받아 제단
에 뿌린 다음 또 숫양을 죽여 그 피를 제단
에 뿌리고 또 새끼 양을 죽여 그 피를 제단
에 뿌렸다.
23죄를 벗기는 제물인 숫염소를 앞으로 끌어
오자 왕과 회중이 그 위에 손을 얹은 다음,
24사제들이 그 염소를 죽여 피를 제단에 속죄
제물로 바쳐 온 이스라엘의 죄를 씻어주었
다. 온 이스라엘의 죄를 벗기는 속죄제와 번
제를 바치라는 어명이 있었던 것이다.
25◎그는 또 다윗과 선견자 갓과 예언자 나단
의 지시대로 레위인들에게 바라와 수금과
거문고를 들고 야훼의 성전에 서게 하였다.
이 지시는 야훼께서 예언자들을 시켜 내리
셨던 것이다.
26레위인들은 다윗의 악기를 잡고 사제들은
나팔을 잡고 섰다.
27그러자 히즈키야는 번제물을 제단에 바치라

고 명령하였다. 그 때 번제를 드리기 시작
하며 나팔 소리 울려 퍼지고 이스라엘 왕 다
윗의 악기에 맞추어 야훼를 찬양하는 노래
가 터져 나왔다.
28 온 회중은 땅에 엎드렸다. 번제가 끝나기까
지 나팔 소리에 맞추어 합창대는 노래를 계
속하였다.
29 번제를 다 드린 다음 왕과 일행은 무릎을 꿇
어 땅에 엎드려 예배하였다.
30 그런 다음 히즈키야 왕과 대신들이 다윗과
선견자 아삽이 지은 노래로 야훼를 찬양하
라고 명령하자 레위인들은 크게 기뻐하며
노래하고 엎드려 예배하였다.
31 ◎ 찬양이 끝나자 히즈키야가 말하였다. "이
제 너희는 야훼를 섬기는 일을 맡은 몸들이
다. 감사제물을 가지고 나와 야훼의 성전에
바쳐라." 그리하여 온 회중이 친교제물을
바치고 모두 마음에서 우러나 자원제물을
바치니,
32 회중이 바친 번제물의 수는 소가 칠십 마리,
숫양이 백 마리, 새끼 양이 이백 마리였다.
이것을 모두 번제로 야훼께 바쳤고,
33 거룩한 예물로 바친 것은 소 육백 마리, 양
삼천 마리였다.
34 그런데 사제의 수가 적어서 그 번제물을 다
잡을 수가 없었다. 그래서 사제들이 그 거
룩한 임무를 끝내기까지 일가인 레위인들이
거들었다. 레위인들이 사제들보다 이 거룩
한 일을 더욱 성심껏 하였다.
35 번제물도 많았지만, 친교제물의 기름기도
살라야 하고 번제에 곁들여 제주도 부어 바
쳐야 했다. 이렇게 해서 야훼의 성전 예배는
회복되었다.
36 하느님께서 백성에게 마련해 주신 일이 이
렇듯이 돌연히 이루어진 것을 보고 히즈키
야는 온 백성과 함께 기뻐하였다.

30

◎ 히즈키야는 온 이스라엘과 유다에 사
람을 보내었다. 에브라임과 므나쎄에는
예루살렘, 야훼의 성전에 와서 과월절을 지
키며 이스라엘의 하느님 야훼를 기리라고 편
지를 띄웠다.
2 왕은 대신들과 온 회중과 더불어 의논하고
이월에 과월절을 지키기로 하였다.
3 제때에 과월절을 지키지 못한 것은 부정을
씻고 하느님께 몸바친 사제가 적었고 백성
이 예루살렘에 미처 모이지 못했기 때문이
었다.
4 그렇게 하는 것이 왕과 온 회중의 생각에도
옳아보여
5 예루살렘에서 과월절을 지켜 이스라엘의 하
느님 야훼를 기리도록, 브엘세바로부터 단에
이르기까지 이스라엘 전국에 포고령을 내리
기로 결정하였다. 그 때는 규정대로 과월절
을 지킨 사람이 많지 않았던 것이다.
6 파발꾼들은 왕과 대신들에게서 편지를 받
아 이스라엘과 유다 전국을 돌아다니며 어명
을 선포하였다. "이스라엘 백성들아, 아브라
함과 이사악과 이스라엘의 하느님 야훼께 돌
아오라. 그래야 야훼께서도 아시리아 왕들의
손아귀에서 살아 남은 사람들에게 돌아오
실 것이다.
7 너희 선조들, 너희 동족들은 저희들을 돌보
시는 하느님 야훼께 반역하다가 너희들이
보다시피 그 참혹한 일을 당하였다. 그러니
너희는 그들과 같이 되지 않도록 하여라.
8 너희 선조들처럼 고집부리지 말고 야훼께
순종하여라. 영원히 당신의 것으로 삼으신
성소에 와서 너희 하느님 야훼를 섬겨라. 그
리하면 하느님께서 당신의 진노를 거두시
리라.
9 너희가 야훼께 돌아와야 너희 겨레, 너희 자
녀들을 사로잡아 간 자들이 그들을 불쌍히
여겨 이 땅으로 돌려보내 줄 것이다. 야훼께
서는 너희를 고이 보시고 뜨겁게 사랑해 주
신다. 당신께로 돌아오기만 하면 결코 너희
를 외면하시지 아니하시리라."
10 ◎ 파발꾼들은 에브라임 지방과 므나쎄 지방
을 이 성읍 저 성읍 돌아다녀 즈불룬에까지
이르렀지만 사람들은 코웃음치며 그들을
놀려주기만 하였다.
11 그래도 아셀과 므나쎄와 즈불룬 사람들 가운
데서 머리를 숙이고 예루살렘으로 오는 사
람이 더러 있었다.
12 유다에서만은 하느님께서 사람들을 감화시
키셨다. 야훼의 말씀을 따라 왕이 대신들과
함께 내린 명령을 따를 마음이 모든 사람들
에게 일어났던 것이다.
13 ◎ 그리하여 이월에 많은 사람이 예루살렘에
모여와서 무교절을 지키게 되었다. 아주 많
은 회중이 모였다.
14 그들은 우선 예루살렘에 있는 제단들을 헐
고 분향단을 모조리 뜯어내어 키드론 골짜
기에 가져다 버렸다.
15 그리고 이월 십사일에 과월절 양을 잡았다.
사제들과 레위인들은 부끄러운 생각이 들어
야훼의 성전에 번제를 바쳐 부정을 벗고 하
느님께 몸을 바쳤다.
16 그리고 하느님의 사람 모세의 법을 따라 정

해진 자리에 섰다. 사제들은 레위인들에게
서 피를 받아 뿌렸다.
17 회중 가운데는 부정을 벗지 못한 사람들이
많았다. 그래서 레위인들은 사람 하나에 과
월절 양 한 마리씩 잡아 부정을 벗겨주어야
했다.
18 많은 사람들이 부정을 벗지 못한 채 과월절
양을 먹어 기록된 규정을 어겼다. 에브라임,
므나쎄, 이싸갈, 즈불룬 사람들이 대부분 그
랬다. 그래서 히즈키야는 그들을 생각하고
기도를 올렸다. "어지신 야훼여, 용서하십
시오.
19 이 사람들은 선조들의 하느님 야훼를 찾기
로 마음을 정한 사람들입니다. 그러니 비록
부정을 벗지 못하여 하느님 앞에 나올 수 없
는 몸이라 하지만, 그 죄를 벗겨주십시오."
20 야훼께서는 히즈키야의 기도를 들으시고 그
들을 살려주셨다.
21 ◎ 예루살렘에 있던 온 이스라엘 백성이 기뻐
어쩔 줄을 모르며 칠 일간 무교절을 지키는
데, 레위인과 사제들은 날마다 온 힘을 다
내어 야훼께 찬양을 불러 올렸다.
22 히즈키야는 레위인들이 훌륭하게 야훼를 찬
양하는 것을 보고 칭찬해 주었다. 이렇게
하여 칠 일간 친교제물을 잡아 바치고 선조
들의 하느님 야훼께 감사 찬송을 부르며 절
기를 지켰다.
23 그러나 온 회중은 다시 칠 일간 절기를 연장
하기로 합의하였다. 더구나 기뻐하며 칠 일
을 지킬 수 있었던 것은
24 회중에게 유다 왕 히즈키야가 소 천 마리와
양 칠천 마리를, 대신들이 소 천 마리와 양
일만 마리를 내놓았기 때문이었다. 많은 사
제들이 몸을 거룩케 하는 예식을 치렀다.
25 사제와 레위인을 비롯하여 유다 회중, 이
스라엘에서 온 회중, 이스라엘에서 온 외국
인과 유다에 살던 거류민들도 함께 기뻐하
였다.
26 그렇게 기뻐한 일은 이스라엘의 왕 다윗의
아들 솔로몬 시대 이후로 예루살렘에 일찍이
없었다.
27 사제들과 레위인들은 백성들에게 복을 빌어
주기 시작하였다. 그 기도가 하느님 계시는
거룩한 곳, 하늘에 미치니 하느님께서는 그
소원을 들어주셨다.

31 ◎이 일이 끝나자 거기에 있던 이스라
엘 백성은 모두 유다 성읍들을 찾아 다
니며 석상을 부수고 아세라 목상을 찍어내
고 제단과 산당들을 허물었다. 유다, 베냐
민, 에브라임, 므나쎄에서 이것들을 모두 없
애버린 다음 온 이스라엘 백성은 각기 자기
네 농토가 있는 성읍으로 돌아갔다.
2 ◎ 히즈키야는 사제와 레위인들을 반을 짜서
일을 맡겼다. 사제와 레위인들을 번제 맡은
반, 친교제 맡은 반, 감사와 찬양을 부르는
반, 야훼의 성전 문을 지키는 반에 넣어 일
하게 하였다.
3 왕은 개인 소유에서 번제로 바칠 것을 떼어
냈다. 야훼의 법에 적혀 있는 대로 아침 저
녁으로 바치는 번제, 안식일과 초하루와 절
기에 바치는 번제를 떼어내 놓고
4 사제들과 레위인들에게는 야훼의 법만 지
키는 데 전념할 수 있도록 분깃을 주라고
예루살렘 시민을 비롯한 백성들에게 명령
하였다.
5 명령이 떨어지자 곧 이스라엘 백성들은 곡
식, 포도주, 기름, 꿀, 그 밖의 모든 밭 소출
의 맏물을 넉넉하게 가져왔다. 그리고 모든
것의 십분의 일세를 가져왔다.
6 유다 성읍들에 살고 있던 이스라엘 백성과
유다 백성들도 소와 양의 십분의 일세를 가
져왔고, 그 밖의 다른 것의 십분의 일세도
가져다가 저희의 하느님 야훼께 성별해 바
쳤다. 이렇게 가져온 것을 차곡차곡 쌓아두
었다.
7 쌓기 시작한 것이 삼월이었는데, 끝낸 것은
칠월이었다.
8 히즈키야는 대신들을 거느리고 그것이 쌓여
있는 곳을 가서 보고 야훼를 기리며 야훼의
백성 이스라엘을 칭찬하였다.
9 그리고 히즈키야는 사제들과 레위인들에게
이렇게 쌓이게 된 경위를 물었다.
10 사독 가문 출신 대사제 아자리야가 대답하였
다. "예물을 가져오게 되면서부터 모두 배
불리 먹고도 이렇게 많이 남았습니다. 이렇
게 많이 남은 것은 야훼께서 백성에게 복을
내리셨기 때문입니다."
11 ◎ 히즈키야는 야훼의 성전에 방을 몇 개 준
비하라고 지시하였다. 그대로 방이 준비되
자,
12 사람들은 예물과 십분의 일세와 그 밖에 거
룩하게 바칠 것을 정직하게 그 곳으로 가져
왔다. 이것을 책임진 사람은 레위인 고나니
야였고 부책임자는 그와 일가인 시므이였다.
13 히즈키야 왕과 하느님의 성전 책임자 아자리
야는 고나니야와 그의 일가인 시므이를 도울
사람으로서 여히엘, 아자지야, 나핫, 아사헬,
여리못, 요자밧, 엘리엘, 이스마기야, 마핫, 브

나야를 임명하였다.
14또 동쪽 문을 지키는 레위인 임나의 아들 코
레를 임명하여 하느님께 바칠 자원제물을
맡겼다. 그가 할 일은 야훼께 바친 예물과
거룩한 것 중에서도 거룩한 것을 나누어주
는 일이었다.
15그의 밑에 에덴, 미냐민, 예수아, 스마야, 아
마리야, 스가니야를 두어 사제들이 사는 성
읍들에서 같은 일가 사람들에게 높은 사람
낮은 사람을 구별하지 않고 반을 따라 공정
하게 나누어주도록 하였다.
16㉠삼십 세 이상, 등록된 남자로서 야훼의 성
전에 들어가서 날마다 반을 따라 맡은 일을
하고 있는 사람들에게는 별도로 나누어주
게 되어 있었다.
17◎사제들은 가문별로 등록시켰고 레위인들
은 이십 세 이상 되는 사람을 직무별, 반별
로 등록시켰다.
18이 큰 집단에도 아내와 아들딸 등 딸린 식구
들이 있었는데 부정을 벗고 거룩한 것을 받
아야 하기 때문에 그들도 등록시켰다.
19아론의 후손으로서 저희의 성읍에 딸린 목
장에서 지내는 사제들을 책임질 사람은 성
읍마다 따로 지명되었다. 이들은 사제들 집
안 모든 남자들과 레위인으로 등록된 모든
사람에게 분깃을 나누어주는 일을 맡은 사
람들이다.
20◎히즈키야는 유다 전국에서 해야 할 일을
이렇게 정리하여 자기 하느님 야훼의 눈에
들도록 좋고 바르고 정직한 정치를 폈다.
21그는 하느님의 성전에서 예배 드리기 시작
하였고 하느님의 법과 계명을 지켜 자기 하
느님의 뜻을 이루려고 하였다. 무슨 일을
하든지 그는 마음을 다 쏟았다. 그래서 하
는 일마다 뜻대로 되었다.

산헤립이 쳐들어왔다가 쫓겨가다

32 ◎㉡이렇게 모든 일을 성심껏 이루어
놓은 다음이었다. 아시리아 왕 산헤립
이 유다로 쳐들어와서 요새화된 성읍들을
치려고 포진하고는 그 성읍들을 제 손아귀
에 넣고 말겠다고 장담하였다.
2그러나 산헤립이 쳐들어온 것은 예루살렘을
공격하려는 데 뜻이 있는 줄 알고, 히즈키
야는
3대신들과 장군을 불러 의논하고 성 밖에 있
는 샘들을 메워버리기로 하였다. 왕은 그들
의 도움을 받아
4많은 사람을 모아들여 샘들을 메워버리고
들판 한가운데를 흐르는 물줄기를 막아버
렸다. 그들은 "아시리아 왕들이 와서 물을
얼마든지 마시도록 내버려둘 줄 아느냐?"
하고 말하였다.
5히즈키야는 용기를 내어 허물어진 성곽을
수축하고 망대들을 높이고 성 밖에 또 성을
쌓고 다윗 성의 밀로를 수축하였다. 그리고
창을 많이 만들고 방패들도 만들었다.
6이어서 군대를 지휘할 전투사령관들을 임
명한 다음 군대를 성문 광장에 불러모으고
격려해 주었다.
7"마음을 든든히 먹고 용기를 내어라. 아시
리아 왕이 대군을 끌고 온다고 하여도 그 앞
에서 두려워 떨지 마라. 그의 편이 되어줄
힘보다는 우리 편이 되어줄 힘이 더 크다.
8그에게는 무력이 있을 뿐이지만 우리에게
는 우리 하느님 야훼께서 함께 계시어 우리
를 도와 우리의 싸움을 싸워주신다." 사람
들은 유다 왕 히즈키야의 말을 듣고 안심하
였다.
9◎그 후에 아시리아 왕 산헤립은 전군을 거
느리고 라기스를 공격하면서 부하들을 예루
살렘으로 보내어 유다 왕 히즈키야와 예루살
렘에 있는 온 유다인들에게 다음과 같은 말
을 전하였다.
10"아시리아 왕 산헤립이 하는 말이다. 예루살
렘은 독 안에 든 쥐다. 너희는 무엇을 믿고
그 속에서 버티느냐?
11히즈키야는 야훼 너희 하느님이 너희를 아시
리아 왕의 손아귀에서 건져주리라고 하지
만, 그 말에 속지 마라. 그 말을 믿다가는
굶주리고 목말라 죽을 것이다.
12유다인들과 예루살렘 시민들에게 한 제단에
서만 제물을 살라 바치며 그 앞에서만 예배
를 드리라고 하며 산당들과 제단들을 헐어
버린 것이 바로 히즈키야가 아니더냐?
13나와 나의 선친들이 온 세상, 뭇 백성을 어
떻게 했는지 너희는 모르느냐? 세상의 어
느 민족의 신이 제 나라를 내 손에서 건져내
었느냐?
14나의 선친들이 전멸시키기로 한 민족들의
신들 가운데 어떤 신이 제 백성을 내 손에서
건져내었느냐? 너희 신인들 어찌 너희를
내 손에서 건져내겠느냐?
15이제 너희는 히즈키야의 꾐에 빠지지 마라.
아무리 속이려고 해도 속지 마라. 그를 믿
지 마라. 어떤 민족, 어떤 나라의 신도 자기

㉠ 히브리어 본문: "삼 세." ㉡ 32:1-9에 대해서는 2열왕 18:13-37; 이사 36:1-22 참조.

백성을 내 손에서, 내 선친들의 손에서 건
져내지 못하였다. 너희 신인들 어찌 너희를
내 손에서 건져내겠느냐?"
16◎산헤립의 신하들은 계속하여 야훼 하느님
과 그의 종 히즈키야에게 악담을 퍼부었다.
17또 산헤립은 이스라엘의 하느님 야훼를 모욕
하는 편지를 써서 보내었다. 그 내용은 이
러하였다. "세상 뭇 민족의 어느 신들도 제
백성을 내 손에서 건져내지 못하였다. 히즈
키야의 신도 제 백성을 내 손에서 건져내지
못하리라."
18그들은 예루살렘 성 위에 있는 군인들에게
유다 말로 크게 외쳤다. 간담이 서늘하게 겁
을 주어 성을 공략할 속셈이었던 것이다.
19그들은 세상 뭇 민족이 손으로 만들어놓고
섬기는 신들을 욕하듯이 예루살렘의 하느님
을 욕하였다.
20◎㉠이런 일을 당하게 되자 히즈키야 왕은
아모쓰의 아들 예언자 이사야와 함께 기도하
였다. 하늘을 우러러보고 울부짖었다.
21그러자 야훼께서는 천사를 보내시어 아시리
아 왕의 진지에 있는 지휘관과 사령관 이하
전군을 쓸어버리셨다. 아시리아 왕은 부끄
러워 얼굴도 들지 못하고 돌아가 자기 신전
에 들어갔다가 거기에서 친자식들의 칼에
맞아 죽고 말았다.
22◎이렇게 야훼께서 히즈키야와 예루살렘 시
민들을 아시리아 왕 산헤립의 손에서뿐 아니
라 모든 원수들의 손에서 건져주시고 사방
으로 태평성세를 누리게 해주시니,
23예루살렘으로 예물을 가져다 야훼께 바치고
유다 왕 히즈키야에게 값진 선물을 가져오는
사람이 많았다. 그 후로 모든 민족들은 히즈
키야를 우러르게 되었다.

히즈키야의 마지막

24◎그렇게 지내던 어느 날 히즈키야는 병이
들어 죽게 되었다. 그래서 야훼께 빌자 야훼
께서는 기도를 들으시고 고쳐주겠다는 말
씀을 내리셨다. 그러나
25히즈키야는 건방진 생각이 들어 있던 터이
라 그 은덕에 보답하지 않았다. 그 때문에
자기뿐 아니라 유다와 예루살렘도 화를 입게
되었다.
26히즈키야는 건방진 생각을 품었던 일을 뉘
우치고 머리를 숙였다. 동시에 예루살렘 시
민들도 그리 하였다. 그리하여 히즈키야 생
전에는 야훼의 진노가 내리지 않았다.
27◎히즈키야는 굉장한 부귀와 영화를 누렸다.
금은보석과 향유와 방패와 그 밖의 온갖 값
진 세간을 보관할 창고들,
28밭곡식과 술과 기름을 저장해 둘 곳간들을
짓고, 모든 가축들과 양떼를 위하여 우리들
을 세워야 했다.
29또 그 많은 양과 소를 건사하는 성읍들을 세
웠다. 그토록 많은 재물을 하느님께 받았던
것이다.
30◎기혼 샘 윗쪽 물줄기를 막고 땅을 뚫어 그
물을 감쪽같이 다윗 성 서쪽으로 해서 성 안
으로 끌어들인 것도 바로 히즈키야였다. 히
즈키야는 무슨 일을 하여도 뜻대로 되었다.
31이 나라에서 하느님의 도움으로 일어난 기
적이 어떤 것들인지 알아보고 히즈키야의
마음을 떠보라고 바빌론 왕이 사절단을 보
냈을 때에도 그랬다.
32◎충성스럽게 산 히즈키야의 나머지 역사는
아모쓰의 아들 예언자 이사야의 예언서와 유
다와 이스라엘의 왕조실록에 기록되어 있다.
33히즈키야가 세상을 떠나자 사람들은 그를 다
윗의 후손 묘소 맨 윗자리에 모시었다. 그가
죽은 다음에 온 유다 국민과 예루살렘 시민
은 이토록 그를 높였다. 그의 아들 므나쎄가
그의 뒤를 이어 왕위에 올랐다.

므나쎄

33 ◎㉡므나쎄는 십이 세에 왕위에 올라
예루살렘에서 오십오 년간 다스렸다.
2그는 야훼의 눈에 거슬리는 그릇된 정치를
폈다. 야훼께서 이스라엘 백성 면전에서 쫓
아낸 민족들의 역겨운 풍속을 따라,
3부왕 히즈키야가 허물어버린 산당들을 다시
세웠고 바알 제단을 쌓았으며 아세라 목상을
만들었고 하늘의 별들을 절하여 섬겼다.
4그는 야훼께서 영원히 당신 것으로 삼겠다
고 하신 예루살렘에 있는 야훼의 성전에도
제단들을 쌓았다.
5그는 야훼의 성전 안팎 뜰 안에 하늘의 별들
을 섬기는 제단들을 쌓았다.
6또 왕자들은 벤힌놈 골짜기에서 불에 살라
바칠 뿐 아니라 점쟁이와 술객과 마술사를
두었고 혼백을 불러내는 무당과 박수를 두
었다. 이렇게 야훼의 눈에 거슬리는 일을 많
이 하여 야훼의 속을 썩여드렸다.
7또 그는 우상들을 만들어 하느님의 성전 안
에 세웠다. 이 성전을 두고 야훼께서는 일찍
이 다윗과 그의 아들 솔로몬에게 이렇게 말

㉠ 20-22절에 대해서는 2열왕 19:1-37; 이사 37:1-38 참조. ㉡ 33:1-9에 대해서는 2열왕 21:1-9 참조.

씀하셨던 것이다. "이 성전, 이스라엘 온 지
파들 가운데서 선택한 이 예루살렘에 영원
히 나의 이름을 둔다.
8 너희의 선조들에게 떼어준 땅에서 이스라엘
을 다시는 몰아내지 않으리라. 그 대신 내
가 모세를 시켜 지시한 모든 법, 그 규정과
법령만은 지켜야 한다."
9 ◎그러나 므나쎄는 유다 백성과 예루살렘 시
민을 그릇 인도하여 저희로 하여금 이스라
엘 백성 앞에서 야훼께 망한 민족들보다도
더욱 악해지게 하였다.
10 ◎야훼께서는 므나쎄와 그의 백성을 꾸짖으
셨다. 그러나 므나쎄와 그의 백성이 그 말씀
을 들으려고 하지 않자,
11 야훼께서는 아시리아 왕의 군대를 끌어들이
셨다. 아시리아 군 장교들은 므나쎄를 갈고
리로 끌어내어 놋사슬로 묶어 바빌론으로
데리고 갔다.
12 이렇게 곤경에 빠지자 므나쎄는 자기의 하
느님 야훼께 빌었다. 선조들의 하느님 앞에
굴복하고
13 빌었다. 그러자 야훼께서는 마음이 움직이
시어 그의 애원을 들어주시고 예루살렘으로
돌아와 다시 왕위에 앉게 해주셨다. 므나쎄
는 그제야 야훼야말로 하느님이심을 알게
되었다.
14 이런 일이 있은 뒤에 그는 기혼 서쪽 골짜기
에다가, 다윗 성 물고기문에 이르기까지 외
곽성을 쌓아올렸다. 오벨 밖으로 돌아가며
성을 아주 높이 쌓아올렸고 유다의 요새화
된 성마다 군대와 장군을 배치하였다.
15 그리고 외국의 신상들을 치워 없애버렸다.
야훼의 성전에 있던 우상을 떼어내고 야훼
의 성전 언덕과 그 밖에 예루살렘에 세웠던
제단들을 허물어 성 밖에 내다 버렸으며
16 야훼의 제단을 세운 다음 그 위에다 친교제
물과 감사제물을 바치고 이스라엘의 하느님
야훼를 예배하라고 유다인들에게 일렀다.
17 그러나 백성은 저희 하느님 야훼께 바친다
고 하면서도 계속 산당에서 제사를 드렸다.
18 ◎므나쎄의 나머지 역사와 그의 하느님 야훼
께 드린 기도와 선견자들이 이스라엘의 하
느님 야훼의 이름으로 말한 내용은 이스라엘
왕조실록에 모두 기록되어 있다.
19 또 그가 기도를 올려 하느님의 마음이 움직
이셨던 일, 하느님께 굴복하기 전에 하느님
께 반역하며 어떤 못할 짓을 하였는지, 어
디에 산당들을 세우고 아세라 목상 등 우상
들을 세웠는지, 그 모든 일이 선견자들의
역사서에 기록되어 있다.
20 므나쎄는 세상을 떠나 자기 궁궐의 정원에
묻혔으며 그의 아들 아몬이 뒤를 이어 왕위
에 올랐다.

아몬

21 ◎㉠아몬은 이십이 세에 왕위에 올라 예루살
렘에서 이 년간 다스렸다.
22 그는 부왕 므나쎄의 본을 따라 야훼의 눈에
거슬리는 일을 하였다. 아몬은 부왕 므나쎄
가 만든 우상들 앞에 제물을 바치며 그 우상
들을 섬겼다.
23 부왕 므나쎄는 그래도 야훼 앞에 굴복하였지
만 아몬은 굴복하지 않았다. 그만큼 그는 죄
가 많았다.
24 그는 신하들의 반란으로 자기 궁궐에서 맞
아죽었다.
25 그러나 지방민들이 아몬 왕에게 반란을 일
으킨 자들을 모두 처죽이고 왕자 요시야를
왕으로 모셔 대를 잇게 하였다.

요시야 왕의 종교 개혁

34 ◎㉡요시야는 팔 세에 왕위에 올라 예
루살렘에서 삼십일 년간 다스렸다.
2 그는 야훼의 눈에 들게 바른 정치를 폈다.
모든 일에 태조 다윗을 본받아 한 발짝도 어
긋나지 않고 그대로 살았다.
3 ◎왕위에 오른 지 팔 년 되던 해 아직 나이
어린 몸으로 그는 태조 다윗의 하느님을 찾
기 시작하여 십이년에는 유다와 예루살렘에
서 부정한 산당과 아세라 목상, 새긴 우상과
부어 만든 우상을 치워 없애버리기 시작하
였다.
4 그의 앞에서 사람들은 바알의 제단들을 뜯
어내고 그 위에 올려놓았던 분향단들을 부
수어버렸다. 그는 아세라 목상과 새긴 우상
과 부어 만든 우상들을 부수어 가루를 만들
어가지고 그 우상들에게 제사 지내던 사람
들의 무덤 위에 뿌렸고
5 사제들의 뼈를 그 제단 위에서 살랐다. 이
렇게 하며 유다와 예루살렘의 부정을 벗겼
다.
6 그는 므나쎄와 에브라임과 시므온 지방을 납
달리까지 두루 돌아다니며 각 성읍에서 신
전들을 허물었다.
7 온 이스라엘 땅에서 제단을 뜯어내고 아세라
목상과 새긴 우상과 부어 만든 우상을 때려

㉠ 21-25절에 대해서는 2열왕 21:19-24 참조. ㉡ 34:1-2에 대해서는 2열왕 22:1-2 참조.

부수어 가루를 만들고 분향단을 부수어버
리고 예루살렘으로 돌아왔다.
8 ◎ ㉠요시야가 나라와 성전을 깨끗이 하며 다
스린 지 십팔 년이 되었다. 그는 아살리야의
아들 사반, 성주 마아세야, 요아하즈의 아들
의전대신 요아를 보내어 그의 하느님 야훼
의 성전을 보수하게 하였다.
9 그 때 사람들이 하느님의 성전에 가져다 바
친 헌금이 있었다. 므나쎄와 에브라임을 비
롯한 모든 이스라엘 사람들과 유다와 베냐민
사람들과 예루살렘 시민이 바치는 것을 성
전문을 지키는 레위인들이 모아두었던 것이
다. 그들은 이 돈을 대사제 힐키야에게 전하
였다.
10 이 돈은 야훼의 성전 공사 감독의 손을 거쳐
야훼의 성전을 수리하고 복원하는 데 지불
되었다.
11 그들은 그 돈을 목수나 돌 쌓는 사람들에게
주어서 석재와 도리나 들보 재목을 사서 유
다 왕들이 폐가로 만들어버린 건물들을 손
질하게 하였다.
12 사람들은 정직하게 일을 하였다. 이들을 감
독할 사람으로서 므라리 가문의 레위인 야핫
과 오바디야, 크핫 가문에서 즈가리야와 므술
람이 임명되었다. 이 레위인들은 모두 악기
를 잘 다루는 사람들이었다.
13 그들은 목도꾼을 감독하고 각종 공사 책임
자들을 감독하였다. 그 외에 어떤 레위인
들은 기록원, 사무원, 문지기 등의 일을 보
았다.
14 ◎ 대사제 힐키야는 야훼의 성전에서 헌금을
꺼내다가 모세를 거쳐 전해진 야훼의 법전
을 찾았다.
15 힐키야는 곧 공보대신 사반에게 야훼의 성전
에서 법전 찾은 일을 고하고 그 책을 사반에
게 넘겼다.
16 사반은 그 책을 가지고 어전에 나아가 아뢰
었다. "임금님의 신하들은 맡은 일을 잘 해
내고 있습니다.
17 야훼의 성전에 있는 돈은 있는 대로 공사 감
독들과 일꾼들에게 지불해 주고 있습니다."
18 이렇게 아뢴 다음 공보대신 사반은 대사제
힐키야에게서 책을 한 권 받았다고 아뢰고
그 책을 어전에 읽어 올렸다.
19 왕은 그 법전에 있는 말을 듣고 옷을 찢으며
20 힐키야, 사반의 아들 아히캄, 미가의 아들 압
돈, 공보대신 사반, 시종 아사이야에게 영을
내렸다.
21 "이번에 찾아낸 이 책에 있는 말대로라면
나는 어떻게 될 것이며, 살아 남아 있는 이
스라엘과 유다인들은 어떻게 될 것인지 야훼
께 가서 물어보시오. 우리 선조들이 이 책
에 기록되어 있는 야훼의 말씀을 지켜 그대
로 살지 아니하였으니, 야훼의 무서운 진노
가 진정 우리에게 내리고야 말 것이오."
22 ◎ 힐키야 일행은 어명을 따라 궁중 예복을
책임진 살룸의 아내 여예언자 훌다에게로
갔다. 살룸은 하스라의 손자요 도크핫의 아
들이었다. 그들이 예루살렘 신시가에 살고
있는 훌다를 찾아가서 이 일을 묻자,
23 훌다는 이렇게 말하였다. "그대들을 나에게
보내신 그분에게 가서 이스라엘의 하느님 야
훼의 말씀이라고 하며 이렇게 전하시오.
24 '나 야훼가 선언한다. 나 이제 이 곳과 여기
에 사는 사람들에게 앙화를 내리리라. 유다
왕 앞에서 읽은 그 책에 기록되어 있는 재앙
을 다 내리리라.
25 그들이 나를 저버리고 손으로 만들어 세운
온갖 우상에게 제물을 살라 바쳐 나의 속을
썩여주었기 때문에 아무도 끄지 못할 나의
진노가 이 곳에 떨어질 것이다.'
26 그리고 야훼의 뜻을 물어보라고 그대들을
나에게 보낸 유다 왕에게 이렇게 말씀드리
시오. '이스라엘의 하느님, 나 야훼가 선언
한다. 너는 나의 말을 받아들였다.
27 이 곳과 여기에 사는 사람들을 내가 어떻게
하겠다는 말을 듣고 너는 눈앞이 캄캄해져
서 하느님 앞에 무릎을 꿇었다. 이렇게 내
앞에서 무릎을 꿇고 옷을 찢으며 통곡하였
으므로 나도 너의 말을 들어주기로 하였다.
나 야훼의 말이다.
28 들어라. 나는 너를 선조들이 있는 곳으로
데려가리라. 내가 이 곳과 여기에 사는 사
람들에게 내릴 앙화를 너는 하나도 보지 아
니하고 무사히 네 무덤에 묻힐 것이다.'"
그들은 왕에게로 돌아와 그대로 아뢰었다.
29 ◎ 왕은 유다와 예루살렘의 장로들을 모두 불
러모았다.
30 왕은 온 유다 국민들과 예루살렘 시민, 사제
들과 레위인들, 높고 낮은 백성을 모두 거느
리고 야훼의 성전으로 올라가 야훼의 성전
에서 찾은 언약법전을 읽어 조목조목 다 들
려주었다.
31 그런 후에 기둥 있는 데로 올라가서, 야훼를
따르며 마음을 다 기울이고 정성을 다 바쳐
주신 계명과 훈령과 규정을 지키며 그 언약

㉠ 8-32절에 대해서는 2열왕 22:3-23:3 참조.

법전에 있는 계약 조문대로 살기로 야훼와
계약을 맺었다.
32그리고 예루살렘과 베냐민에 모인 모든 사람
들을 서약시켰다. 그래서 예루살렘 시민은
그들의 선조들의 하느님과 맺은 계약대로
살게 되었다.
33요시야는 이스라엘에 속한 전지역에서 역겨
운 우상들을 없애버리고 이스라엘에 사는
모든 사람들로 하여금 그들의 하느님 야훼
를 섬기게 하였다. 그가 살아 있는 동안 사
람들은 그들의 선조들의 하느님 야훼를 배
신하지 않았다.

과월절을 지키다

35 ◎요시야는 예루살렘에서 야훼를 기리
어 과월절을 지켰다. 과월절 제물을
잡은 것은 정월 십사일이었다.
2그는 사제들에게 일을 나누어 맡기고 야훼
의 성전 예배를 담당하여 올리도록 격려해
주었다.
3또 온 이스라엘을 가르치려고 야훼께 깨끗이
몸바친 레위인들에게는 이렇게 지시하였다.
"거룩한 궤는 이스라엘 왕 다윗의 아들 솔로
몬이 세운 성전에 안치하여라. 그것을 어깨
에 메고 다니는 일은 그만 하고 이제는 너희
하느님 야훼와 그의 백성 이스라엘을 섬기도
록 하여라.
4이스라엘 왕 다윗의 지시와 그의 아들 솔로몬
의 지시를 따라 가문별, 반별로 준비했다가
5성소에 나가 겨레들 가문의 갈래를 따라 가
문마다 한 번씩 맡아 나서거라.
6그리고는 과월절 제물을 잡아 몸을 거룩하
게 하여라. 또 야훼께서 모세를 시켜 내리
신 말씀대로 동족들에게 해줄 준비를 갖추
어라."
7◎그런 다음 요시야는 백성에게 돌아갈 과
월절 제물로 양떼 가운데서 어린 숫양과 새
끼 염소 삼만 마리와 황소 삼천 마리를 내놓
았다. 이것은 왕의 개인 재산에서 내놓은
것이었다.
8대신들도 백성과 사제들과 레위인들에게 돌
아갈 것을 자원해서 내놓았다. 또 하느님의
성전 대표자들인 힐키야와 즈가리야와 여히
엘은 사제들 몫으로 과월절 제물 이천육백
마리와 황소 삼백 마리를 내놓았다.
9레위인의 책임자들인 고나니야와 스마야와
그의 동기인 느다넬, 하사비야, 여이엘, 요자
밧은 레위인들에게 돌아갈 과월절 제물 오
천 마리와 황소 오백 마리를 내놓았다.
10◎이렇게 예배 준비는 마쳤다. 어명을 따라
사제들은 제자리에 서고 레위인들은 반을
지어 나서서,
11과월절 제물을 잡았다. 사제들은 그 피를
받아 뿌렸고 레위인들은 가죽을 벗기고
12살라 바칠 기름기를 떼내어 일반 백성의 가
문의 각 갈래에 주어 모세의 책에 기록되어
있는 대로 야훼께 바치게 하였다. 소도 그렇
게 하였다.
13그리고 과월절 제물을 관례를 따라 불에 굽
고 거룩한 제물들을 가마솥이나 노구솥이
나 냄비에 끓여서 뛰어다니며 모든 백성에
게 나누어주었다.
14그런 다음에야 자기들의 몫과 아론 후손 사
제들의 몫을 장만하였다. 아론 후손 사제들
은 밤늦게까지 기름기를 살라 바치기에 겨
를이 없었으므로 레위인들은 자기들 몫과
아론 후손 사제들의 몫을 장만해야 했던 것
이다.
15또 다윗의 지시와 아삽, 헤만, 왕의 선견자
여두둔의 지시를 따라 지정된 자리에 서 있
는 아삽 후손 성가대원들과 각 문을 지키는
문지기들의 몫도 한 집안인 레위인들이 마
련해 주었으므로 자리를 뜨지 않고 맡은 일
을 할 수 있었다.
16모든 일이 준비되어 그 날 야훼께 예배를 올
릴 수 있었다. 요시야 왕의 명령을 따라 과
월절 제물을 잡고 야훼의 제단에 번제물을
살라 바쳤다.
17거기에 있던 이스라엘 백성은 그 때에 과월
절을 지키고 칠 일간 무교절을 지켰다.
18예언자 사무엘 때 이후로 과월절을 이렇게
지킨 일은 일찍이 없었다. 요시야가 사제들
과 레위인들과 거기에 있는 온 유다인과 이
스라엘인들과 예루살렘 시민들을 거느리고
지킨 이번 과월절 같은 축제는 일찍이 어느
왕도 지킨 일이 없었다.
19이 과월절을 지킨 것은 요시야가 왕이 된 지
십팔 년 되던 해의 일이었다.

요시야의 죽음

20◎요시야가 이렇게 성전을 바로잡은 다음이
었다. 이집트 왕 느고가 유프라테스 강 가 가
르그미스 전투에 참가하려고 출병하였다.
그를 막으려고 요시야가 출동하자
21느고는 사절을 보내어 말을 전하였다. "유다
왕이여, 당신이 나와 무슨 관계가 있소? 나
는 오늘 당신을 치러 온 것이 아니고 나와
싸움이 벌어진 왕실을 치러 가는 것이오.

'어서 가라.'는 신의 명령을 받고 가는 길
이오. 나와 함께 하시는 신의 손에 멸망하
지 않으려거든 길을 막지 마시오."
22 그러나 요시야는 길을 비켜주기는커녕 도리
어 변장하고 싸우려고 하였다. 느고의 말은
친히 하느님께서 하신 말씀이었는데 그 말
을 듣지 않고 므기또 골짜기로 진군하다가
23 요시야 왕은 적의 궁수들이 쏜 화살에 맞았
다. 왕은 부하들에게 명하였다. "나를 여기
에서 빼내어라. 내가 크게 다쳤다."
24 왕은 부하들의 부축을 받아 병거에서 내려
부사령관 병거를 타고 예루살렘으로 돌아
와 숨을 거두었다. 그는 온 유다와 예루살렘
이 슬퍼하는 가운데 선조의 묘지에 안장되
었다.
25 예레미야는 요시야의 서거를 애도하는 조가
를 지었고 남녀 성가대원들은 요시야의 서
거를 기념할 때마다 그 조가를 불렀다. 오
늘까지 그 노래를 부르는 것이 관례가 되어
있다. 그것은 조가집에 기록되어 있다.
26 ◎ 야훼의 법전에 기록되어 있는 대로 충성
스럽게 살아온 요시야의 나머지 역사,
27 그의 사적은 처음부터 끝까지 이스라엘과 유
다의 왕조실록에 기록되어 있다.

여호아하즈

36 ◎ ㉠ 지방민들은 요시야의 아들 여호아
하즈를 뽑아 예루살렘에서 왕으로 모시
어 부왕의 뒤를 잇게 하였다.
2 그는 이십삼 세에 왕위에 올라 예루살렘에
서 삼 개월간 다스렸다.
3 이집트 왕은 그를 예루살렘에서 퇴위시키고
이 나라에 은 백 달란트와 금 십 달란트를 조
공으로 바치게 하였다.
4 그리고 이집트 왕은 여호아하즈의 형 엘리아
킴을 유다와 예루살렘의 왕으로 앉히고 그의
이름을 여호야킴으로 고치게 하였다. 느고는
그의 동생 여호아하즈를 이집트로 끌고 갔다.

여호야킴

5 ◎ 여호야킴은 이십오 세에 왕위에 올라 예루
살렘에서 십일 년간 다스렸다. 그는 그의 하
느님 야훼의 눈에 거슬리게 그릇된 정치를
폈다.
6 바빌론 왕 느부갓네살이 쳐들어와서 그를 놋
사슬로 묶어 바빌론으로 끌고 갔다.
7 느부갓네살은 야훼의 성전 그릇도 더러 바빌
론으로 빼앗아 가서 바빌론에 있는 자기의
궁궐에 두었다.
8 여호야킴이 얼마나 역겨운 일을 했고 그 때
문에 어떤 일을 당했는지, 그의 나머지 역
사는 이스라엘과 유다의 왕조실록에 기록되
어 있다. 그의 아들 여호야긴이 그의 뒤를
이어 왕위에 올랐다.

여호야긴

9 ◎ ㉡ 여호야긴은 십팔 세에 왕위에 올라 예루
살렘에서 석 달 열흘 동안 다스렸다. 그는
야훼의 눈에 거슬리게 그릇된 정치를 폈다.
10 해가 바뀔 무렵에 느부갓네살 왕은 군대를
보내어 그를 바빌론으로 끌어갔고, 야훼의
성전에 있는 값진 그릇들도 빼앗아갔다. 그
리고 그의 삼촌 시드키야를 유다와 예루살렘
의 왕으로 앉혔다.

시드키야

11 ◎ 시드키야는 이십일 세에 왕위에 올라 이스
라엘에서 십일 년간 다스렸다.
12 그는 야훼의 말씀을 전하는 예언자 예레미야
를 따르지 않고 그의 하느님 야훼의 눈에 거
슬리는 그릇된 정치를 폈다.
13 느부갓네살 왕에게 충성하겠다고 하느님을
두고 맹세하였으면서도 그에게 반기를 들
기도 하였다. 그는 고집을 부리고 이스라
엘의 하느님 야훼께로 기어이 돌아오지 않
았다.
14 유다 나라 대신들과 사제들과 백성들도 다
른 민족들의 역겨운 풍속을 따라 점점 더 야
훼께 반역하며 야훼께서 거룩하게 당신의
것으로 삼으신 예루살렘 성전을 더럽혔다.
15 ◎ 그들의 선조들의 하느님 야훼께서는 당
신의 백성과 당신께서 계실 그 곳을 구원하
실 뜻으로 특사들을 다시금 보내어 경고하
셨다.
16 그러나 사람들은 하느님의 특사들을 조롱
하였다. 그의 말이면 무조건 비웃었다. 보
내신 예언자들을 놀림감으로 삼았다. 그러
다가 마침내 야훼로 하여금 돌이킬 수 없는
분노를 터뜨리시게 하고 말았다.
17 ◎ ㉢ 그래서 야훼께서 바빌론 왕을 끌어들이
시니, 바빌론 왕은 성소에서 장정들을 칼로
쳐죽였다. 그는 장정, 처녀, 늙은이, 약자
할 것 없이 모조리 쳐죽였다. 하느님께서
모든 사람을 그의 손에 부치셨던 것이다.

㉠ 36:1-4에 대해서는 2열왕 23:30-34 참조. ㉡ 9-10절에 대해서는 2열왕 24:8-17 참조. ㉢ 17-20절에 대해서는 2열왕 24:8-17 참조.

18그는 하느님의 성전 그릇들을 크건 작건 간
에 모두 쓸어가고 야훼의 성전 창고와 왕궁
창고를 털어갔으며 대신들도 바빌론으로 모
두 붙잡아 갔다.
19하느님의 성전을 불살랐고 예루살렘 성을
허물었으며 궁궐들을 불살라 버리고 거기
에 있던 값진 것을 모조리 부수어버렸다.
20느부갓네살은 칼에 맞아 죽지 않고 살아 남
은 자들을 바빌론으로 붙잡아다가 페르시아
시대가 되기까지 대대로 종으로 부렸다.
21이리하여 이 땅은 긴 세월 동안 황폐되어,
밀렸던 안식을 다 찾아 누리며 칠십 년을 채
우리라고, 야훼께서 예레미야를 시켜 하신
말씀이 그대로 이루어졌다.

페르시아 왕 고레스의 칙령

22◎㉠페르시아 황제 고레스 제일년이었다. 야
훼께서는 일찍이 예레미야를 시켜 하신 말씀
을 이루시려고 페르시아 황제 고레스의 마음
을 움직이셨다. 그래서 고레스는 아래와 같
은 칙령을 내리고 그것을 적은 칙서를 전국
에 돌렸다.
23 "페르시아 황제 고레스의 칙령이다. 하늘
을 내신 하느님 야훼께서는 세상 모든 나라
를 나에게 맡기셨다. 그리고 유다 나라 예루
살렘에 당신의 성전을 지을 임무를 나에게
지워주셨다. 그 하느님 야훼께서 너희 가운
데 있는 당신의 모든 백성과 함께 하시기를
빈다. 누구든지 원하는 자는 돌아가라."

에 즈 라

포로들이 귀환길에 오르다

1 ◎페르시아 황제 고레스 ㉡제일년이었다.
야훼께서는 일찍이 예레미야를 시켜 하신
말씀을 이루시려고 페르시아 황제 고레스의
마음을 움직이셨다. 그래서 고레스는 다음
과 같은 칙령을 내리고 그것을 적은 칙서를
전국에 돌렸다.
2 "페르시아 황제 고레스의 칙령이다. 하늘
을 내신 하느님 야훼께서는 세상 모든 나라
를 나에게 맡기셨다. 그리고 유다 나라 예루
살렘에 당신의 성전을 지을 임무를 나에게
지워주셨다.
3나는 그 하느님께서 너희 가운데 있는 당신
의 모든 백성과 함께 계시기를 비는 바이다.
그 하느님은 유다 나라 예루살렘에 계시는
분이시니, 유다인으로 하여금 예루살렘으로
돌아가서 이스라엘의 하느님 야훼의 성전을
짓도록 하여주어라.
4원주민들은, 여기저기 몸붙여 살다가 아직
살아 남은 유다인이 있거든 예루살렘에 있는
하느님의 성전에 가져다 바치도록 자원예
물도 들려 보내고 금과 은과 세간과 가축도
주어서 보내어라."
5◎유다 가문 어른들, 베냐민 가문 어른들, 사
제들, 레위인들은 모두 예루살렘으로 돌아
가, 야훼의 성전을 다시 세울 마음을 하느님
께로부터 받아 길을 떠날 채비를 하게 되었
다.
6그러자 이웃 사람들은 저마다 온갖 자원예
물과 금, 은, 세간, 가축 등 귀중한 것을 많
이 내놓아 도와주었다.
7황제 고레스는 느부갓네살이 예루살렘에서
가져다가 자기 신전에 두었던 야훼의 성전
기구들을 꺼내게 하였다.
8페르시아 황제 고레스는 재무관 미드르닷을
시켜 그것을 유다 대표자인 세스바쌀에게 세
어주었다.
9그 품목은 아래와 같다. 금대야 서른 개, 은
대야 천 개, 칼 스물아홉 자루,
10금잔 서른 개, 버금가는 은잔 사백열 개, 그
밖에 다른 그릇 천 개,
11금그릇과 은그릇을 합하여 모두 오천사백
개였다. 세스바쌀은 포로들을 이끌고 바빌론
에서 예루살렘으로 돌아오면서 그것들을 함
께 가지고 왔다.

귀환 포로의 명단

2 ◎바빌론 황제 느부갓네살에게 사로잡혀
바빌론으로 갔다가 예루살렘이나 유다 각
성읍에 돌아와 사는 백성은 아래와 같다.
2이들은 즈루빠벨, 예수아, 느헤미야, 스라야,
르엘라야, 모르드개, 빌산, 미스발, 비그왜, 르
훔, 바아나와 함께 돌아온 사람들이다.

이스라엘 백성의 명단

3◎바로스의 일가 이천백칠십이 명,

㉠ 22-23절에 대해서는 에즈 1:1-3 참조. ㉡ 바빌론 왕위에 오른 기원전 538년이다.

4 스바티아의 일가 삼백칠십이 명,
5 아라의 일가 칠백칠십오 명,
6 바핫모압의 일가, 곧 예수아와 요압의 일가
이천팔백십이 명,
7 엘람의 일가 천이백오십사 명,
8 자뚜의 일가 구백사십오 명,
9 자깨의 일가 칠백육십 명,
10 바니의 일가 육백사십이 명,
11 베배의 일가 육백이십삼 명,
12 아즈갓의 일가 천이백이십이 명,
13 아도니캄의 일가 육백육십육 명,
14 비그왜의 일가 이천오십육 명,
15 아딘의 일가 사백오십사 명,
16 아텔 곧 히즈키야의 일가 구십팔 명,
17 베새의 일가 삼백이십삼 명,
18 요라의 일가 백십이 명,
19 하숨의 일가 이백이십삼 명,
20 기빨의 일가 구십오 명,
21 베들레헴 사람 백이십삼 명,
22 느토바 사람 오십육 명,
23 아나돗 사람 백이십팔 명,
24 아즈마웻 사람 사십이 명,
25 키럇여아림과 그비라와 브에롯 사람 칠백사
십삼 명,
26 라마와 게바 사람 육백이십일 명,
27 미그맛 사람 백이십이 명,
28 베델과 아이 사람 이백이십삼 명,
29 느보 사람 오십이 명,
30 막비스 사람 백오십육 명,
31 다른 엘람의 일가 천이백오십사 명,
32 하림의 일가 삼백이십 명,
33 롯과 하딧과 오노의 일가 칠백이십오 명,
34 예리고의 일가 삼백사십오 명,
35 스나아의 일가 삼천육백삼십 명이었다.
36 ◎사제는 여다야의 일가로서 예수아의 가문
구백칠십삼 명,
37 임멜의 일가 천오십이 명,
38 바스훌의 일가 천이백사십칠 명,
39 하림의 일가 천십칠 명이었다.
40 ◎레위인은 예수아의 일가, 곧 카드미엘과 빈
누이와 호다야의 일가 칠십사 명이었다.
41 ◎합창단은 아삽의 일가 백이십팔 명이었
다.
42 ◎수위는 살룸의 일가, 아텔의 일가, 탈몬의
일가, 아쿱의 일가, 하티타의 일가, 소배의
일가, 모두 백삼십구 명이었다.
43 ◎성전 막일꾼은 시하의 일가, 하수바의 일
가, 타바옷의 일가,
44 케롯의 일가, 시아하의 일가, 바돈의 일가,
45 르바나의 일가, 하가바의 일가, 아쿱의 일가,
46 하갑의 일가, 사믈래의 일가, 하난의 일가,
47 기떨의 일가, 가할의 일가, 르아야의 일가,
48 르신의 일가, 느코다의 일가, 가짬의 일가,
49 우짜의 일가, 바세아의 일가, 베새의 일가,
50 아스나의 일가, 므우님의 일가, 느부심의 일
가,
51 박북의 일가, 하쿠바의 일가, 하르후르의 일
가,
52 바슬룻의 일가, 므히다의 일가, 하르사의 일
가,
53 바르코스의 일가, 시스라의 일가, 데마의 일
가,
54 느시아의 일가, 하티바의 일가 사람들이었
다.
55 ◎솔로몬의 종들의 후손은 소태의 일가, 하
쏘베렛의 일가, 브루다의 일가,
56 야알라의 일가, 다르콘의 일가, 기뗄의 일가,
57 스바티아의 일가, 하틸의 일가, 보게렛하쓰바
임의 일가, 아미의 일가였다.
58 성전 막일꾼과 솔로몬의 종들의 후손은 모
두 삼백구십이 명이었다.
59 ◎델멜라, 델하르사, 그룹, 아딴, 임멜에서 돌
아온 사람들로서 족보를 밝힐 수 없어 이스
라엘 후손인지 아닌지 알 길이 없는 사람들
이 있었는데, 그들은 아래와 같다.
60 들라야의 일가, 토비야의 일가, 느코다의 일
가 육백오십이 명이었다.
61 ◎사제 가문 사람들 가운데도 그런 사람들
이 있었다. 호바야의 일가, 하코스의 일가,
바르질래의 일가가 그러했다. 바르질래는 길
르앗 사람 바르질래 가문에 장가들어 처가의
성을 받은 사람이었다.
62 호적부를 아무리 뒤져보아도 이 사람들의
이름이 나타나지 않아 이 사람들은 부정한
사람으로 인정받아 사제직에서 제외될 수
밖에 없었다.
63 그들은 대사제가 임명되어 우림과 둠밈으로
이 일을 결정짓기까지 거룩한 음식을 먹지
못한다는 총독의 지시가 있었다.
64 ◎온 회중을 합계하니 그 수효가 사만 이천
삼백육십 명이었다.
65 그 밖에도 남녀 종 칠천삼백삼십 명이 있었
고 남녀 ㉠가수 이백 명이 있었다.
66 또 말 칠백삼십육 마리, 노새가 이백사십오
마리,
67 낙타가 사백삼십오 마리, 나귀가 육천칠백

㉠ 레위인 성가대원을 말하는 것이 아니다.

이십 마리 있었다.
68◎각 가문 어른들 가운데서 예루살렘에 있는
야훼의 성전으로 돌아온 사람들은 하느님의
성전을 제자리에 세우는 데 쓸 자원예물을
바쳤다.
69힘 자라는 대로 공사 금고에 바치니, 금이
육만 천 드라크마, 은이 오천 미나, 제복이
백 벌이나 되었다.
70◎사제들과 레위인들과 일반 백성 가운데
일부가 예루살렘에 자리를 잡았고 합창대원
들과 수위들과 성전 막일꾼들은 예루살렘에
딸린 촌락들에 자리를 잡았으며 일반 백성
은 저희의 성읍에 가서 자리를 잡았다.

성전 기초를 놓다

3 ◎칠월이 되었다. 각 성읍에 자리를 잡은
이스라엘 백성이 일제히 예루살렘으로 모
여왔다.
2 요사닥의 아들 예수아의 일가 사제들과 스알
디엘의 아들 즈루빠벨의 일가 사람들은 하느
님의 사람 모세의 법에 적혀 있는 대로 이스
라엘의 하느님께 번제를 바칠 제단을 쌓았
다.
3 이 지방 저 지방에 사는 다른 민족들을 꺼리
면서도 그들은 제단을 제자리에 세우고 아
침 저녁으로 야훼께 번제를 드리게 되었다.
4 장막절이 되어 그들은 법대로 절기를 지켰
다. 날마다 법에 정해져 있는 대로 번제를
드렸다.
5 그 후로 날마다 드리는 번제 외에 ㉠안식일
이나 초하루, 또 그 밖에 거룩하게 지킬 야
훼의 절기마다 번제를 드렸다. 또 자원제물
도 야훼께 바쳤다.
6◎칠월 초하루, 아직 야훼의 성전 본관 정초
식도 올리기 전이었지만, 비로소 야훼께 번
제를 드리고,
7 석수와 목수에게 돈을 주어 일을 시키고 시
돈 사람들과 띠로 사람들에게 먹고 마실 것
과 기름을 보내어 레바논에서 송백나무를
찍어내어 요빠 앞바다까지 가져오게 하였
다. 이는 페르시아 황제 고레스의 허가를 받
고 하는 일이었다.
8 스알디엘의 아들 즈루빠벨, 요사닥의 아들 예
수아와 그 일가 사제들, 레위인들, 그 밖에
도 사로잡혀 갔다가 예루살렘에 돌아온 모
든 백성들이 모여서 기공식을 올리니, 때는
하느님의 성전을 찾아 예루살렘으로 돌아온
다음해 이월이었다. 야훼의 성전 재건 공사
감독으로는 이십 세 넘은 레위인들이 임명
되었다.
9 예수아와 그의 아들들과 동생 카드미엘, 빈
누이, 호다야는 한마음이 되어 하느님의 성
전을 짓는 일을 감독하였다. 레위인으로 헤
나닷의 아들, 손자들과 일가 사람들도 일을
감독하였다.
10공사를 맡은 이들이 야훼의 성전 본관 기초
를 놓자 사제들은 제복을 입고 나팔을 들
고, 아삽의 후손 레위인들은 바라를 들고 나
서서 이스라엘 왕 다윗의 지시대로 야훼를
찬양하였다.
11"야훼님 어지셔라." 하면 "이스라엘에게 베
푸신 사랑 끝이 없어라." 하고 화답하며 야
훼께 감사 찬송을 불러 올렸다. 온 백성은
야훼의 성전 터가 놓인 것을 보고 너무 고마
워서 환성을 올리며 야훼를 찬양하였다.
12사제들과 레위인들과 가문의 어른들 가운데
는 이전 성전을 본 노인들이 많았다. 그들
은 이렇게 성전 터가 놓인 것을 보고 목을
놓아 울음을 터뜨렸다. 그런가 하면 많은
사람들은 소리를 지르며 좋아서 어쩔 줄을
몰랐다.
13그 소리가 어찌나 컸던지 멀리까지 들렸는
데 좋아서 떠드는 소리인지 슬퍼서 우는 소
리인지 갈피를 잡을 수 없을 정도였다.

사마리아인들이 방해하다

4 ◎유다와 베냐민 지파에게는 원수가 있었
다. 그들은 포로들이 돌아와서 이스라엘
의 하느님 야훼의 성전 본관을 짓는다는 말
을 듣고,
2 즈루빠벨과 예수아와 각 가문의 어른들을 찾
아와서 청하였다. "우리도 함께 성전을 짓
게 하여주시오. 우리는 아시리아 황제 ㉡에
살하똔에게 이리로 끌려온 날부터 당신들
못지않게 당신들의 하느님을 찾아 제사를
올려 왔소."
3 즈루빠벨과 예수아와 그 밖에 각 가문의 어
른들은 이렇게 대답하였다. "우리 하느님
의 성전을 짓는데 당신들은 상관할 일이 아
니오. 이스라엘의 하느님 야훼의 성전은 우
리끼리 짓겠소. 페르시아 고레스 황제의 어
명이오."
4 그들은 제 땅을 갈아먹는 사람들이었다. 그
들은 유다 백성의 기를 꺾어주고 겁을 주어
성전 짓는 일을 방해하는 한편,
5 고문관들을 매수하여 성전을 지으려는 계

㉠ 2역대 2:3을 참고하여 "안식일"을 넣었다. ㉡ 기원전 680-669년이다.

획을 꺾고 말았다. 그리하여 페르시아 황제
고레스가 죽고 ㉠다리우스가 페르시아 황제
가 되기까지 일은 중단되어 있었다.
6 ◎원수들은 ㉡아하스에로스가 등극하자마자
유다 주민과 예루살렘 성민을 고발하는 글을
올렸고,
7 ㉢아르닥사싸가 위에 있을 때에도 미드르닷
과 타브엘은 동료 관리들과 함께 페르시아
황제 아르닥사싸에게 예루살렘을 고발하는
글을 올렸다. 그 글은 아람 말로 고쳐 아람
글자로 쓴 글이었다.
8 ◎㉣예루살렘을 고발하여 황제 아르닥사싸에
게 올린 이 장계는 사령관 르훔과 비서 심새
가 쓴 것으로서 그 내용은 다음과 같다.
9 "사령관 르훔, 비서 심새, 동료 관리들은
10 ㉤오스나빨 황제 폐하께서 사마리아를 비롯
한 유프라테스 서부 지방에 이주시키신 디나
인들, 아발사드가인들, 다르불라인들, 아바르
사인들, 우룩인들, 바빌론인들, 엘람인 곧 수
산인들, 그 밖의 모든 민족들과 함께 상소
합니다."
11 ◎이렇게 시작된 장계를 여기에 옮긴다.
"아르닥사싸 폐하, 유프라테스 서부 지방
에 있는 신하들이 아룁니다.
12 폐하께 아뢸 말씀은 다름이 아니오라, 바빌
론에서 이 곳 예루살렘으로 온 유다인들이
무엄하게도 반역하던 예루살렘 성을 다시
세우고 있습니다. 터를 다지고 한창 성을
쌓아 올리고 있습니다.
13 이제 이 일을 폐하께 아룁니다. 그 성 쌓는
일이 다 끝나면, 그들은 조공도 세금도 관
세도 바치지 않아 국고에 손실을 끼치게 될
것입니다.
14 나라에서 녹을 타먹는 몸으로 폐하께 욕이
돌아갈 일을 보고 가만히 있을 수 없어 이
렇게 아뢰는 바입니다.
15 선왕들이 남기신 기록을 살펴보십시오. 그
기록을 보시면, 그 성이 얼마나 반역질을
하여 황실과 여러 지방에 손해를 끼쳤는지
드러날 것입니다. 그 성은 예전부터 늘 반
역질을 하였습니다. 그러다가 망한 것입니
다.
16 성 쌓는 일이 끝나고 그 성읍이 재건되면
그것으로 유프라테스 서부 지방을 다 잃으
신다는 사실을 감히 폐하께 아뢰는 바입니
다."
17 ◎황제가 내린 회신은 다음과 같았다.
"사령관 르훔, 비서 심새는 사마리아를 비
롯한 유프라테스 서부 지방에 있는 동료 관
리들과 함께 평안하기를 빈다.
18 경들이 보낸 편지 읽는 것을 내가 똑똑히
듣고,
19 조사를 시켰더니 과연 그 성은 예전부터 반
역 음모를 꾸미어 이 황실에 반기를 든 일
이 한두 번이 아니었음이 드러났다.
20 예루살렘에는 일찍이 강한 왕들이 있어 유프
라테스 서부 지방을 모두 손안에 넣고 조공
과 세금과 관세를 거두어들이곤 하였다.
21 그러니 내가 다시 지시를 내릴 때까지 성
쌓는 일을 중지시키도록 하여라.
22 그리고 부디 명심하여 일을 소홀히 다루지
않도록 하여라. 사태가 악화되어 이 황실에
손실을 끼치는 일은 없어야 한다."
23 ◎사령관 르훔과 비서 심새와 동료 관리들은
황제 아르닥사싸의 친서를 받아 읽은 즉시,
군대를 풀어 예루살렘으로 가서 유다인들로
하여금 일을 못하게 하였다.
24 그리하여 예루살렘에서 하느님의 성전 짓는
일은 중단되어 페르시아 황제 다리우스 제이
년까지 손을 대지 못하고 있었다.

5 ◎그 때에 예언자 하깨와 이또의 아들 예
언자 즈가리야가 유다와 예루살렘에 있는
유다인들에게 이스라엘을 거느리시는 하느
님의 이름으로 그의 뜻을 일러주었다.
2 그러자 스알디엘의 아들 즈루빠벨과 요사닥
의 아들 예수아는 곧 예루살렘에 있는 하느
님의 성전을 다시 세우기 시작하였다. 하느
님께서 보내신 예언자들의 끊임없는 격려
를 받으며 일을 진행하는데,
3 유프라테스 서부 지방 총독 닷드내가 스달보
즈내를 비롯한 동료 관리들을 거느리고 와
서 이렇게 물었다. "누구의 허락을 맡고 재
목을 제대로 써가며 이 집을 짓고 있느냐?
4 이 공사 감독들은 어떤 사람들이냐?"
5 그러나 하느님께서 유다 장로들을 굽어보시
는데 누가 일을 중단시킬 수 있으랴. 그리
하여 그들은 이 일을 다리우스에게 알리고
하회를 기다리는 수밖에 없었다.
6 ◎유프라테스 서부 지방 총독 닷드내가 스달
보즈내를 비롯한 동료 관리들과 유프라테스
서부 지방에 사는 아바르사인들과 함께 다리
우스 황제에게 장계를 올렸다.

㉠ 다리우스 I세를 가리킨다(기원전 522-486년). ㉡ 다리우스 I세의 뒤를 이었다(기원전 486-465년). ㉢ 아르닥사싸 I세를 가리킨다(기원전 465-423년). ㉣ 4:8-6:18은 아람어로 되어 있다. ㉤ 이집트 데베까지 정복한(기원전 663년) 아쑬바니팔을 말하는 것일지도 모른다.

7 그 장계의 내용은 다음과 같다.
"다리우스 폐하, 만수무강을 빕니다.
8 폐하께 아뢰옵는 것은 다름이 아니오라, 우
리가 유다 도에 가서 큰 신전을 보았습니다.
유다인들은 장로들의 지휘 아래 돌을 다듬
어 벽을 쌓고 안에는 널빤지를 입히고 있었
습니다. 빈틈없이 건축이 진행되고 있기에,
9 장로들에게 누구의 허락을 받아 재목을 제
대로 써가며 집을 짓느냐고 물었습니다.
10 또 폐하께 알려드려야 하겠기에 그 공사를
책임진 두목들은 누구냐고 물었습니다. 이
에 그 명단을 적어올립니다.
11 그들의 대답은 이러했습니다. '우리는 하
늘과 땅을 내신 하느님을 섬기는 사람들로
서 이 전을 다시 세우는 중이오. 오래 전에
이스라엘의 대왕께서 완공하셨던 것인데,
12 하늘을 내신 하느님께서는 우리 선조들의
죄 때문에 화가 나시어 우리 선조들을 갈대
아인 바빌론 왕 느부갓네살에게 넘겨주셨소.
그리하여 이 전은 헐리고 백성은 바빌론으
로 사로잡혀 갔던 것이오.
13 고레스 폐하께서는 바빌론 왕이 되시던 제일
년에 이 하느님의 성전을 다시 세우라는 칙
령을 내리셨소.

14 그 때 바빌론 신전 본관에는 느부갓네살이
이 예루살렘 하느님의 성전 본관에서 가져
간 금은 기구들이 보관되어 있었소. 고레스
폐하께서는 세스바쌀을 총독으로 임명하시
고 바빌론 성전에 있는 그 기구들을 꺼내주
셨소.
15 폐하께서는 그 기구들을 가지고 예루살렘으
로 돌아가 성전에다 두라고 하시면서, 하느
님의 성전을 제자리에 다시 세우라고 하셨
던 것이오.
16 그리하여 세스바쌀은 예루살렘으로 돌아와
하느님의 성전터를 잡아놓았소. 그 후로 이
제까지 일을 하였지만, 아직 일이 끝나지
않았소.'
17 그러하오니 폐하께서만 좋으시다면, 예루
살렘에 있는 이 신전을 다시 세우라고 고레
스 폐하께서 칙령을 내리신 일이 과연 있는
지, 바빌론 황실 문서고를 찾아보심이 좋을
줄로 아룁니다. 그리고 이 일을 어떻게 하
면 좋을지 폐하께서 결정을 내려주십시오."

성전을 다시 세우다

6 ◎다리우스 황제의 어명을 받들어 그 곳
바빌론 나라 문서고에 보관되어 있는 황
실 실록을 조사하다가,
2 메대 도에 있는 요새 도시 아흐므다에서 두
루마리 하나를 찾았는데 거기에 아래와 같
은 비망기가 적혀 있었다.
3 "고레스 황제 제일년에 황제 폐하께서는
예루살렘 신전을 두고 다음과 같은 칙령을
내리시다.
'그 신전을 다시 세우고 거기에서 제물을
잡아 살라 바치도록 하여라. 신전은 높이도
육십 자, 나비도 육십 자로 하여라.
4 돌을 세 겹으로 쌓아 올리고 나무를 한 겹
대는데, 그 비용은 국고에서 지불하도록 하
여라.
5 그뿐 아니라 느부갓네살이 예루살렘 신전 본
관에서 바빌론으로 가져온 신전의 금은 기
구들을 되돌려주어라. 모두 예루살렘 신전
본관 제자리에 가져다 두도록 하여라.'"
6 ◎이것을 보고 다리우스 황제는 아래와 같은
영을 내렸다.㉠
"이제 유프라테스 서부 지방 다뜨내 총독
과 스달보즈내와 동료 관리들과 유프라테스
서부 지방에 있는 아바르사인들은
7 유다 총독과 유다 장로들이 신전을 짓는 일
을 막지 말고 그대로 두어라. 그러나 그 신
전을 다른 자리에 세워서는 안 된다.
8 유다 장로들이 그 신전을 짓는 일을 경들은
도와야 한다. 나 이제 그 일을 아래와 같이
지시하는 바이다. '유프라테스 서부 지방에
서 세금으로 거두어들인 국고금에서 그 비
용을 모자라지 않게 제때 제때에 지불하도
록 하여라.
9 그 밖에 무엇이든지 필요한 것이 있으면 대
어주도록 하여라. 예루살렘 사제들이 하늘
을 내신 하느님께 소와 숫양과 어린 양을
번제로 드리고 밀가루와 소금과 술과 기름
을 곁들여 바쳐야 하겠다고 하거든 얼마든
지 요구하는 대로 날마다 어김없이 대어주
어라.
10 그것을 제물로 바치어 하늘을 내신 신의 마
음을 기쁘게 해드리며 짐과 황실에 복을 빌
게 하여라.'
11 또 다음과 같이 지시를 내린다. '이 칙령을
어기는 자는 누구든지 그 집 들보를 빼내어
세우고 거기에 매달아 죽이리라. 그 죗값으
로 그 집을 거름더미로 만들어버리리라.
12 어떤 왕이나 어떤 민족이든지 이 칙령을 어
기고 예루살렘 신전을 허물면, 당신의 이름
을 거기에 붙이신 신에게 멸망을 받을 줄

㉠ 이 구절은 아람어 본문에는 없으나 그리스어로 된 1에스드라(외경) 6:27을 따라 넣었다.

알아라.' 나 다리우스가 이 칙령을 내리는
바이니 어김없이 시행하도록 하여라."
13◎유프라테스 서부 지방 다뜨내 총독과 스달
보즈내와 동료 관리들은 다리우스 황제에게
받은 지시를 어김없이 시행하였다.
14유다 장로들은 예언자 하깨와 이또의 아들
예언자 즈가리야의 격려를 받아가며 순조로
이 공사를 진행시켜 마침내 이스라엘 하느
님의 명령을 따라, 고레스와 다리우스의 칙
령대로 일을 마칠 수 있었다.
15일이 끝난 것은 다리우스 황제 ㉠제육년 아
달월 삼일이었다.
16사제들과 레위인들, 사로잡혀 갔다가 돌아
온 일반인, 이렇게 온 이스라엘 백성은 기뻐
하며 하느님의 성전 봉헌 예배를 올렸다.
17이 하느님의 성전 봉헌 예배에 소 백 마리,
숫양 이백 마리, 어린 양 사백 마리를 바치
고 온 이스라엘의 속죄제물로서 이스라엘 지
파 수대로 숫염소 열두 마리를 바쳤다.
18또 모세의 책에 기록되어 있는 대로 반열을
따라 사제를 세우고 반을 따라 레위인을 세
워 예루살렘에서 하느님을 섬기게 하였다.

돌아온 사람들의 첫 과월절

19◎풀려 돌아온 사람들은 정월 십사일에 과
월절을 지켰다.
20모든 사제들과 레위인들이 일제히 목욕재계
하여 몸을 깨끗이 한 다음 풀려 돌아온 모
든 백성과 동료 사제들과 함께 먹을 과월절
제물을 잡으니,
21사로잡혀 갔다가 돌아온 이스라엘 백성도
먹고, 이 땅에 사는 다른 민족들과 같이 지
내며 탄 부정을 스스로 떨쳐버리고 이스라
엘의 하느님 야훼를 같이 찾게 된 사람들도
모두 함께 먹었다.
22그리고 이레 동안 기뻐하며 무교절 축제를
지냈다. 이스라엘의 하느님 야훼께서 다리우
스 황제의 마음을 돌리셨으므로 용기를 얻
어 당신의 성전을 짓게 된 일이 마냥 즐거
웠던 것이다.

에즈라 일행이 돌아오다

7 ◎이런 일이 있은 뒤 페르시아를 아르닥사
싸 황제가 다스리던 때, 에즈라라는 사람
이 있었다. 그의 아비는 스라야, 할아버지는
아자리야, 그 윗대는 힐키야,
2그 윗대는 살룸, 그 윗대는 사독, 그 윗대는
아히툽,
3그 윗대는 아마리야, 그 윗대는 아자리야, 그
윗대는 므라욧,
4그 윗대는 즈라히야, 그 윗대는 우찌, 그 윗
대는 북키,
5그 윗대는 아비수아, 그 윗대는 비느하스, 그
윗대는 엘르아잘, 그 윗대는 대사제 아론이
었다.
6이 에즈라가 바빌론에서 돌아왔는데, 그는
이스라엘의 하느님 야훼께 받은 모세의 법을
통달한 선비였다. 그를 택하신 하느님 야훼
께서 살펴주셨으므로 황제는 그의 청을 다
들어주었다.
7이스라엘 일반인 일부와 사제 일부와 레위인
들과 합창대원들과 수위들과 성전 막일꾼
들이 예루살렘으로 돌아왔으니, 때는 아르닥
사싸 황제 제칠년이었다.
8그들은 황제 ㉡제칠년 오월에 예루살렘에 다
다랐다.
9에즈라는 정월 초하루를 출발일로 정하고
그 날 떠나 오월 초하루에 예루살렘에 다다
랐다. 하느님께서 잘 보살펴 주셨던 것이다.
10에즈라는 야훼의 법을 깨쳐 몸소 실천할 뿐
아니라, 그 법령들을 이스라엘 사람들에게
가르치고 싶은 마음밖에 없었다.
11◎에즈라는 사제면서 선비였다. 이스라엘이
야훼께 받은 계명과 법규를 통달한 선비였
다. 그는 아르닥사싸 황제에게서 아래와 같
은 칙령을 받았다.
12 "㉢아르닥사싸 황제는 하늘을 내신 하느
님의 법을 가르치는 선비 에즈라 사제에게
칙령을 내린다.
13이에 짐은 아래와 같이 지시하는 바이다.
짐의 나라에 사는 이스라엘 백성으로서 사
제든지 레위인이든지 예루살렘으로 가고 싶
어하는 사람은 누구든지 그대와 함께 가도
좋다.
14짐은 일곱 고문관과 함께 그대를 파송한다.
그대는 유다와 예루살렘으로 가서 모든 일이
그대가 가지고 있는 하느님의 법대로 돌아
가는지 살피도록 하여라.
15짐은 예루살렘에 계시는 이스라엘의 하느님
께 일곱 고문관과 함께 금과 은을 성금으로
바치고자 하는 바이니, 그것도 가지고 가거
라.
16그대의 백성과 사제들이 예루살렘에 있는
성전에 정성껏 바칠 예물뿐 아니라 바빌론
온 도에서 성금으로 받은 금과 은도 모두
가지고 가거라. 짐의 뜻이 이러하니,

㉠ 기원전 515년이다. ㉡ 기원전 458년이다. ㉢ 12-26절은 아람어로 되어 있다.

17 그대는 그 돈으로 어김없이 소와 숫양과 어
린 양을 사고 그와 곁들여 바칠 곡식예물과
제주를 사서 예루살렘에 있는 그대들의 신
전 제단에 바치도록 하여라.
18 그렇게 쓰고 남은 금과 은은 그대들의 하느
님의 뜻을 따라 그대와 그대의 동료들이 마
음대로 쓰도록 하여라.
19 그대의 하느님의 전에서 쓸 기구들도 받아
가지고 가서 예루살렘에 계시는 하느님 앞
에 차려놓도록 하여라.
20 그 밖에도 그대의 하느님의 성전에 아쉬운
것이 있거든 무엇이든지 국고금에서 타다
가 마련하도록 하여라.
21 아르닥사싸 황제는 유프라테스 서부 지방
재무관들에게 지시한다. 하늘을 내신 하느
님의 법을 가르치는 선비 에즈라 사제가 청
하는 것이 있거든 무엇이든지 어김없이 들
어주어라.
22 은은 백 ㉠섬까지, 밀은 백 ㉠섬까지, 술은
백 ㉡통까지, 기름도 백 통까지, 소금은 무
제한으로 대어주어라.
23 하늘을 내신 하느님께서 당신 성전에 필요
하여서 지시하시는 것이면 무엇이든지 어
김없이 수행하여, 이 황실에 하느님의 진노
가 떨어지는 일이 없도록 하여라.
24 또 그 신전에서 봉직하는 사제나 레위인이
나 합창대원이나 수위나 막일꾼뿐 아니라
모든 참배자들에게서도 조공과 세금과 관
세를 거두지 못한다.
25 에즈라, 그대는 그대의 하느님의 슬기로
운 지시를 따라 관리들과 판사들을 세워라.
그리하여 그대의 하느님의 법을 소중히 여
기는 이들로 유프라테스 서부 지방에 사는
그대의 온 백성을 다스리게 하여라. 그 법
을 소중히 알지 않는 사람이 있거든 그대가
가르쳐주도록 하여라.
26 그대의 하느님의 법과 짐의 법을 따르지 않
는 사람이 있거든 사형이나 추방형, 벌금형
이나 징역형을 내려 엄하게 다스려라."

27 찬양하여라 야훼님을,
우리 선조들의 하느님을.
예루살렘에 있는 당신의 전을 빛내시려고
황제의 마음을 돌리시었다.
28 황제와 고문관들과 높은 고관들에게
이 몸 총애를 받게 하시었다.
나는 나의 하느님 야훼께서 보살펴 주시
는 줄을 알아 힘이 나서, 이스라엘 어른들을
모아 함께 떠나게 되었다.

8 ◎아르닥사싸 황제가 다스릴 때 나와 함께
바빌론에서 돌아온 각 가문 어른들로서
등록된 사람은 아래와 같다.
2 ◎비느하스 일가 중에서 게르솜, 이다말 일가
중에서 다니엘, 다윗 일가 중에서 스가니야
의 아들 하투스,
3 바로스 일가 중에서 즈가리야, 그의 이름 아
래 남자 백오십 명이 등록하였다.
4 바핫모압 일가 중에서 즈라히야의 아들 엘요
에내, 그의 이름 아래 남자 이백 명이,
5 자뚜 일가 중에서 야하지엘의 아들 스가니야,
그의 이름 아래 남자 삼백 명이,
6 아딘 일가 중에서 요나단의 아들 에벳, 그의
이름 아래 남자 오십 명이,
7 엘람 일가 중에서 아달리야의 아들 여사이야,
그의 이름 아래 남자 칠십 명이,
8 스바티야 일가 중에서 미가엘의 아들 즈바디
야, 그의 이름 아래 남자 팔십 명이,
9 요압의 일가 중에서 여히엘의 아들 오바디야,
그의 이름 아래 남자 이백십팔 명이,
10 바니 일가 중에서 요시비아의 아들 슬로밋,
그의 이름 아래 남자 백육십 명이,
11 베배의 일가 중에서 베배의 아들 즈가리야,
그의 이름 아래 남자 이십팔 명이,
12 아즈갓 일가 중에서 하카탄의 아들 요하난,
그의 이름 아래 남자 백십 명이,
13 아도니캄 일가 중에서 작은 아들들, 그들의
이름은 엘리벨렛, 여이엘, 스마야인데 그들
의 이름 아래 남자 육십 명이,
14 비그왜의 일가 중에서 우대와 자붓, 그들의
이름 아래 남자 칠십 명이 등록하였다.
15 ◎나는 이들을 아하와로 흐르는 강가에 모
은 다음 거기에 천막들을 치고 사흘을 묵으
며 살펴보았다. 그랬더니 일반인도 있고 사
제들도 있는데 레위인만은 하나도 없었다.
16 나는 엘리에젤, 아리엘, 스마야, 엘나단, 야
17 립, 엘나단, 나단, 즈가리야, 므술람, 이런 지
도자들과 요야립과 엘나단, 이런 슬기 있는
이들을 카시비야 지방으로 보내어 그 곳 어
른 이또를 찾아보고 우리 하느님의 성전에
서 일할 사람을 보내달라고 이또 일가에게
부탁하도록 하였다.
18 그랬더니 우리 하느님께서 우리 일이 잘되
도록 보살펴 주셔서 그들은 똑똑한 사람 하
나를 데려왔다. 그는 이스라엘의 아들 레위
의 혈통을 이은 마흘리의 후손으로서 이름
은 세레비야라고 하였다. 그는 아들들과 일

㉠ 대략 350-400리터 들이이다. ㉡ 대략 40-45리터 들이이다.

가 사람 모두 십팔 명을 데리고 왔다.
19하사비야라는 사람도 왔고 그와 함께 므라리
후손 이사야라는 사람도 왔다. 그의 일가들
도 아들들을 데리고 오니 일행은 모두 이십
명이었다.
20레위인의 일을 거드는 막일꾼도 있었다. 이
들은 다윗이 대신들과 의논하여 붙여준 사
람들이었는데, 그 일하러 온 사람 이백이십
명도 있었다. 이들은 모두 지명되어 온 사
람들이었다.
21◎거기 아하와 강 가에서 나는 선포하였다.
"우리 가족을 거느리고 가산을 끌고 무사히
돌아가게 하여주십사고 음식을 끊고 우리
하느님 앞에 엎드려 기도합시다."
22우리는 황제에게 이렇게 장담했던 것이다.
"우리 하느님은 당신을 저버리면 노여우시
어 호되게 벌하시지만, 당신을 찾기만 하면
잘 보살펴 주십니다." 그래 놓고 도중에 원
수들이 달려들까 무서우니 보병과 기병을
풀어서 도와달라고 청하는 것은 부끄러워
서도 할 수 없는 일이었다.
23우리는 단식하며 우리 하느님께 도와주십
사고 빌 수밖에 없었다. 그러자 하느님께서
는 우리의 기도를 들어주셨다.
24◎나는 사제장들 가운데서 으뜸가는 사람
열둘을 뽑고 세레비야와 하사비야와 그들의
일가 열 명을 뽑아 세우고는
25금과 은과 기구들을 그들에게 달아 맡겼다.
그것은 황제를 비롯하여 고문관들과 고관
들, 또 거기에 있던 온 이스라엘 사람이 우
리 하느님의 성전에 예물로 바친 것이었다.
26그들에게 달아서 맡긴 것은 은이 육백오십
달란트, 두 달란트 나가는 은그릇이 백 개,
금 백 달란트,
27금잔 이십 개에 천 다릭, 금에 못지않게 반
짝반짝하는 놋그릇 두 개였다.
28이것을 나누어주고 나는 당부하였다. "그
대들은 야훼께 바친 몸이오. 이 그릇들은
제사 때에 쓸 것이오. 금과 은은 우리 선조
들의 하느님 야훼께 바칠 자원예물이오.
29그러니 이것을 잘 간수하여 예루살렘에 가
지고 가서 야훼의 성전 거실에서 사제장들
과 레위인들과 이스라엘 각 가문 어른들 앞
에서 달아드리도록 하시오."
30이리하여 사제들과 레위인들은 예루살렘에
있는 우리 하느님 야훼의 성전으로 가져갈
금과 은과 기구들을 인수하였다.
31◎우리가 예루살렘을 향하여 아하와 강 가를
떠난 것은 정월 십이일이었다. 도중에 원수
들이 매복하였다가 달려들기도 하였지만,
우리 하느님께서 잘 보살펴 주셔서 그 손에
서 벗어날 수가 있었다.
32마침내 우리는 예루살렘에 이르러 삼 일을
쉬었다.
33사 일이 되어 우리는 우리 하느님의 성전에
서 우리야의 아들 므레못 사제에게 그 금과
은과 기구들을 모두 달아 넘겼는데 옆에는
비느하스의 아들 엘르아잘이 있었다. 또 레위
인으로서 예수아의 아들 요자밧과 빈누이의
아들 노아드야도 입회하였다.
34하나하나 세어 무게를 달고 그 무게를 적어
두었다.
35◎사로잡혀 갔다가 풀려 돌아온 사람들은
그제야 이스라엘의 하느님께 번제를 드렸
다. 온 이스라엘을 대신하여 소 열두 마리,
숫양 아흔여섯 마리, 어린 양 일흔두 마리,
속죄제물로 숫염소 열두 마리를 야훼께 살
라 바쳤다.
36◎황제의 칙서를 받은 유프라테스 서부 지방
지방장관들과 총독들은 백성을 도와 하느
님의 성전 짓는 일을 거들었다.

이방 민족과 통혼하던 관계를 끊다

9 ◎이 일을 모두 마친 다음이었다. 백성의
지도자들이 찾아와서 나에게 밀고를 하
였다. "이스라엘 백성은 사제나 레위인마저
도 이 지방에 사는 여러 민족, 가나안족, 헷
족, 브리즈족, 여부스족, 암몬족, 모압족, 이
집트족, 아모리족과 관계를 끊지 않고 하느
님께 역겨운 일을 그대로 하고 있습니다.
2이민족들의 딸을 아내로 맞는가 하면 며느
리를 삼기도 합니다. 그리하여 거룩한 씨가
이 땅의 여러 민족의 피와 섞이고 있습니다.
더군다나 지도자들과 관리라는 것들이 이
런 짓에 앞장을 서고 있습니다."
3나는 이 말을 듣고 겉옷과 속옷을 찢고 머리
와 수염을 뜯으며 넋을 잃고 주저앉아 있었
다.
4그러나 이스라엘의 하느님께서 하신 말씀을
어렵게 아는 사람들도 있었다. 그들은 포로
생활까지 겪은 사람들이 이렇듯이 엄청난
배신을 하다니 될 말이냐고 분개하여 나에
게 모여들었다. 나는 저녁 제사 때까지 그
대로 넋을 잃고 있었다.
5나는 너무 속이 상해서 겉옷과 속옷을 찢은
채 앉아 있다가 저녁 제사 때에 일어나 무
릎을 꿇고 나의 하느님 야훼께 두 팔을 들고
6빌었다.

"나의 하느님, 부끄럽고 송구스러워서 하
느님 앞에서 감히 얼굴을 들 수가 없습니다.
우리의 죄악은 키를 넘었고 우리의 허물은
하늘에 닿았습니다.
7 일찍이 선조 때부터 이 날까지 우리가 저지
른 허물이 너무 컸습니다. 우리는 못할 일
을 하다가, 임금과 사제가 모조리 적국 왕
들의 칼에 맞아 죽고 사로잡혀 가고 털렸습
니다. 우리는 이 날까지 그 수모를 당하고
있습니다.
8 그러나 우리 하느님 야훼께서 이제 잠깐이
나마 우리를 애처롭게 보아주셨습니다. 우
리를 더러 살아 남게 해주셔서 다시 여기에
뿌리를 박도록 하여주셨습니다. 우리 하느
님께서는 우리 앞을 환히 열어주셨습니다.
종살이하던 것들을 잠깐이나마 숨을 돌리
도록 하여주셨습니다.
9 우리는 종살이하던 것들입니다. 그러던 우
리를 하느님께서는 종살이하게 내버려두지
않으시고 페르시아 황제의 은총을 입어 한
숨 돌리게 하여주셨습니다. 이렇게 우리 하
느님의 성전을 세우고, 폐허가 된 유다와 예
루살렘을 다시 세워 담을 치고 살게 되었습
니다.
10 이런 은혜를 입고도 이제 또 하느님의 분부
를 저버리다니, 무슨 할 말이 있겠습니까?
11 하느님께서는 일찍이 심복 예언자들을 시
켜 분부하셨습니다. '너희가 가서 차지할
땅은 더럽혀진 땅이다. 여러 나라 족속들이
널려 살며 하느님께 역겨운 일을 하는 바람
에 온 땅이 더럽혀졌다. 구석구석 부정을
타지 않은 곳이 없다.
12 그러니 이제 너희는 그들을 사위로 삼지도
말며 며느리로 맞지도 마라. 언제까지나 그
들과 어울려 잘 지내도 되려니 하는 생각은
하지 마라. 그래야 너희는 강해져서 그 땅
의 소출을 먹을 것이며 대대손손 언제까지
나 그 땅을 물려주며 살게 되리라.'
13 이렇게 타일러주셨는데도, 우리는 못할
일만 해 왔습니다. 크나큰 죄를 지었습니
다. 하느님께서 우리의 죄에 내리실 벌을
감해 주시고 이렇게 더러 살아 남게 해주셨
지만, 우리는 무던히 당했습니다. 이런 일
을 겪고도
14 다시 하느님의 분부를 어겼습니다. 하느님
께서 역겹게 여기시는 이 족속들과 통혼하
고 있습니다. 우리가 어찌 이럴 수가 있습
니까? 노여우시어 씨도 없이 멸하신다 하
여도 우리는 할 말이 없습니다.
15 야훼, 이스라엘의 하느님이여, 하느님께서
만일 너그럽지 않으셨던들 오늘 우리는 이
렇게 살아 남지 못하였을 것입니다. 이런
죄를 지니고 어찌 하느님 앞에 나서겠습니
까? 죄를 지닌 것들이기에 이렇게 하느님
앞에 엎드렸습니다."

10

◎에즈라가 하느님의 전 앞에 쓰러져
죄를 고백하고 울며 기도하는데, 이스
라엘 사람들이 남자 여자 어린이 할 것 없이
울며불며 구름처럼 모여들었다.
2 그러는 가운데 엘람 후손으로 여히엘의 아들
스가니야가 에즈라에게 말하였다. "우리가
우리 하느님을 배신하고 이 땅에 사는 족속
들 가운데서 외국 여자를 얻어 살고 있기는
합니다마는 이스라엘은 아직 앞날이 있습니
다.
3 이제 우리는 선생님의 뜻과 우리 하느님의
분부를 두려워 받드는 이들의 뜻을 따라 우
리 하느님과 약조를 맺고 외국 여자와 그
몸에서 얻은 자식들을 다 내보내도록 합시
다. 법에 그렇게 있으면 그대로 해야 하지
않겠습니까?
4 일어나십시오. 선생님이 알아서 일을 처리
하십시오. 우리는 다만 따르겠습니다. 용기
를 내어 밀고 나가십시오."
5 이 말을 듣고 에즈라는 일어나 사제장들과
레위인들을 비롯하여 온 이스라엘에게 그 말
대로 따르겠다는 맹세를 하게 하였다. 사람
들은 그대로 맹세하였다.
6 그제야 에즈라는 하느님의 전 앞을 떠나 엘
랴십의 아들 여호하난의 집으로 갔다. 그러
나 거기 묵으면서도 떡을 먹거나 물을 마시
지는 않았다. 포로 생활까지 한 자들이 하
느님을 다시 배반한 사실이 너무나도 서글
펐던 것이다.
7 ◎사로잡혀 갔다 온 사람들은 다 예루살렘으
로 모이라는 전갈이 유다와 예루살렘에 전하
여졌으며,
8 누구든지 사흘 안에 오지 않으면 민족의 어
른들과 장로들의 뜻을 따라 재산을 몰수하
고 포로 귀환민 교단에서 추방한다는 선포
가 있었다.
9 그리하여 유다와 베냐민 사람들은 모두 사흘
안에 예루살렘에 모였다. 때는 ㉠구월 이십
일이었다. 온 백성은 하느님의 성전 앞마당
에 웅크리고 앉아 떨고 있었다. 겪을 일도
두려운데다가 겨울비마저 내렸던 것이다.

㉠ 양력으로 12월 초순이다.

10그런 가운데 사제 에즈라가 나서서 말하였
다. "여러분 가운데는 외국 여자들과 같이
사는 사람들이 있습니다. 이것은 하느님을
배신하는 일이요, 이스라엘에 죄 한 조목을
더 보태는 일입니다.
11이제 우리의 선조들의 하느님 야훼께 죄를
고백하고 하느님께서 기뻐하실 일을 하도
록 하시오. 이 땅의 뭇 족속들과 손을 끊고
외국 여인들과의 관계를 끊으시오."
12모인 사람들이 모두 큰소리로 외쳤다. "말
씀대로 따르겠습니다.
13그러나 사람이 많은데다가 지금은 겨울 장
마철입니다. 그러니 언제까지 이러고 한데
서 있을 수도 없습니다. 이 일로 죄에 빠진
사람이 많아서 하루 이틀에 일이 끝나지도
않겠습니다.
14그러니 우리의 어른들께서 온 교단을 대표
해서 일해 주셨으면 좋겠습니다. 마을마다
때를 정해 주십시오. 그러면 외국 여자와
사는 사람들이 그 때에 그 마을 장로들과
판사들과 함께 와서 하느님의 진노를 풀어
드리도록 하는 것이 좋겠습니다."
15아사헬의 아들 요나단과 디그와의 아들 야하
지야만은 이것을 반대하였다. 그들을 지지
한 사람은 므술람과 레위인 삽대였다.
16그러나 포로 귀환민들은 그대로 따르기로
하였다. 그래서 사제 에즈라는 각 가문의 어
른들을 하나하나 이름을 불러 일을 맡겼다.
그들이 조사를 시작한 것은 시월 초하루였
는데
17다음해 설날까지 외국 여인과 사는 사람들
을 모두 밝혀내었다.
18◎사제들 가운데서 외국 여인과 사는 사람
은 요사닥의 아들 예수아, 그의 일가 중에서
마아세야, 엘리에젤, 야립, 그달리야였다.
19이들은 모두 아내를 내보내기로 서약하고
속죄제물로 숫양 한 마리를 바쳤다.
20임멜 일가 중에서 하나니, 즈바디야,
21하림 일가 중에서 마아세야, 엘리야, 스마야,
여히엘, 우찌야,
22바스훌 일가 중에서 엘료에내, 마아세야, 이
스마엘, 느다넬, 요자밧, 엘라사.
23 레위인 일가 중에서는 요자밧, 시므이, 클
리타라고도 하는 켈라야, 브다야, 유다, 엘리
에젤.
24 합창대원 가운데서 엘랴십.
수위 가운데서 살룸, 텔렘, 우리.
25 이스라엘 일반인으로서는 바로스 일가 중
에서 라미야, 이찌야, 말기야, 미야민, 엘르아
잘, 말기야, 브나야.
26엘람 일가 중에서 마따니야, 즈가리야, 여히
엘, 압디, 여레못, 엘리야.
27자뚜 일가 중에서 엘료에내, 엘랴십, 마따니
야, 여레못, 자밧, 아지자.
28베배 일가 중에서 여호하난, 하나니야, 자빼,
아들래.
29바니 일가 중에서 므술람, 말룩, 여다야, 야숩,
스알, 여레못.
30바핫모압 일가 중에서 아드나, 글랄, 브나야,
마아세야, 마따니야, 브살렐, 빈누이, 므나쎄.
31하림 일가 중에서 엘리에젤, 이씨야, 말기야,
스마야, 시므온,
32베냐민, 말룩, 스마리야.
33하숨 일가 중에서 마뜨내, 마따따, 자밧, 엘리
벨렛, 여레매, 므나쎄, 시므이.
34바니 일가 중에서 마아대, 아므람, 우엘,
35브나야, 베디야, 글루히,
36와니야, 므레못, 엘랴십,
37마따니야, 마뜨내, 야아새.
38빈누이 일가 중에서 시므이,
39셀레미야, 나단, 아다야,
40막나드배, 사새, 사래,
41아자렐, 셀레미야, 스마리야,
42살룸, 아마리야, 요셉.
43느보 일가 중에서 여이엘, 마띠디야, 자밧, 즈
비나, 야때, 요엘, 브나야.
44 이들이 모두 외국 여자와 결혼하였다가
처자를 내보낸 사람들이다.

느 헤 미 야

느헤미야의 첫 번째 귀국

1 ◎하갈랴의 아들 느헤미야의 수기. ◎㉠아
르닥사싸 황제 제이십년 ㉡기슬레우월에 나
는 요새 도시 수사에 있었다.
2그 때 나의 한 동생 하나니가 유다에서 사람
들을 데리고 왔다. 나는 그들에게, 포로 생

㉠ 아르닥사싸 I세(기원전 465-423)를 말하는 듯하다. ㉡ 양력으로 11-12월에 걸친다.

활을 하다가 살아 남아 돌아간 유다인들이
어떻게 지내는지, 예루살렘의 형편은 어떤
지를 물었다.
3 그들의 대답은 이러하였다. "포로민 가운데
서 살아 남은 이들은 그 곳에서 몹시 고생하
며 수모를 받고 있습니다. 예루살렘 성벽은
무너진 채요, 성문들은 불에 탄 채로 그냥
있습니다."
4 나는 이 말을 듣고 땅에 주저앉아 슬피 울며
하늘을 내신 하느님께 여러 날 단식하며 기
도를 올렸다.
5 "야훼, 하늘을 내신 하느님이여, 하느님을
사랑하고 하느님의 계명을 지키면 한결같
은 사랑으로 약속을 지켜주시는 높고 두려
우신 하느님께 빕니다.
6 눈을 열어 굽어살피시고 소인이 올리는 기
도에 귀기울여 주십시오. 이스라엘은 하느
님의 종입니다. 이 몸은 이 백성을 생각하
여 밤낮으로 이렇게 하느님 앞에서 빕니다.
우리 이스라엘 백성은 하느님께 죄를 지었
습니다. 저와 저의 가문도 죄를 지었습니
다. 그 죄를 고백합니다.
7 우리는 하느님께 정녕 못할 일을 하였습니
다. 우리는 하느님께서 종 모세에게 내리신
계명과 법규와 법령들을 어겼습니다.
8 그러나 종 모세에게 내리신 약속을 잊지 말
아주십시오. '너희가 배신하면 만방에 흩
어 버리겠지만,
9 나에게 돌아와서 내가 준 계명을 지켜 그대
로 실천하기만 하면, 너희 흩어진 자들이
땅 끝까지 끌려갔더라도 내가 거기에서 모
아 내 이름을 붙이려고 고른 곳으로 데려가
리라.' 하지 않으셨습니까?
10 그들은 하느님께서 몸소 크게 힘을 떨치시
어 구해 주신 하느님의 종, 하느님의 백성
입니다.
11 주여, 빕니다. 저의 기도를 들어주십시오.
하느님을 기꺼이 공경하는 종들이 올리는
기도에 귀기울여 주십시오. 이제 이 몸이
주님의 총애를 입어 그 소원을 이루게 하여
주십시오."
그 때, 나는 황제에게 잔을 받들어 올리
는 일을 맡고 있었다.

2 ◎아르닥사싸 황제 제이십년 ㉠니산월, 나
는 어전에 주안상을 차려 바치고 술을 따
라 올리게 되었다. 그런데 내 안색이 좋지
않은 것을 보시고
2 황제께서 물으셨다. "왜 그렇게 안색이 좋
지 않으냐? 몸이 불편해서 그런 것이 아니
라면 틀림없이 마음에 무슨 걱정이 있는 모
양인데, 무슨 일이냐?" 나는 송구스러워
몸 둘 바를 몰라 하며
3 아뢰었다. "폐하, 만수무강을 빕니다. 소신
의 선조들의 뼈가 묻힌 성읍이 돌무더기로
남아 있고 성문들은 불에 탄 채 그대로 버려
져 있습니다. 그러니, 어찌 근심이 떠나겠
습니까?"
4 "그러면 그대의 소청은 무엇이냐?" 황제께
서 이렇게 물으시기에 나는 하늘을 내신 하
느님께 기도를 올리고
5 아뢰었다. "폐하께서 좋으시다면, 그리고
소신을 곱게 보아주신다면, 소신을 유다로
보내주셔서 소신의 선조들의 뼈가 묻힌 성
읍을 다시 세우게 하여주십시오."
6 황제와 그 옆에 앉으셨던 황후께서, 얼마나
걸리면 갔다 오겠느냐고 물으셨다. 나는 얼
마 만이면 다녀오겠노라고 아뢰었다. 황제
께서는 기꺼이 허락을 내리셨다. 그 때
7 나는 이렇게 청을 올렸다. "폐하께서 좋으
시다면, 유프라테스 서부 지방 총독들에게
가는 친서를 내려주시어 소신이 유다까지
무사히 가도록 하여주십시오.
8 또 황실 살림을 맡은 아삽에게 가는 친서도
내려주시어 성문을 짜고 성을 쌓고 소신이
들어가 살 집을 지을 재목을 제공토록 하여
주십시오." 나의 하느님께서 나를 잘 보살
펴 주신 덕분에 황제는 이 청을 들어주게 되
었다.
9 ◎나는 가면서 유프라테스 서부 지방 총독들
에게 황제 폐하의 친서를 전하였다. 도중에
는 황제께서 딸려주신 장교들이 기병대를
거느리고 호송을 하여주었다.
10 이 소식이 호론 사람 산발랏과 그의 심복인
암몬 사람 토비야의 귀에 들어갔다. 이스라
엘 사람의 편의를 보아주러 사람이 온다는
것이 그들로서는 몹시 언짢은 일이었다.

예루살렘 성 수축이 시작되다

11 ◎나는 예루살렘에 이르러 사흘을 머물렀다.
12 그리고 나는 밤에 일어나, 나의 하느님께
받은 사명과 예루살렘에 온 목적을 아무에
게도 알리지 않은 채, 몇 사람을 데리고 밖
으로 나갔다. 짐승이라고는 내가 탄 것밖에
없었다.
13 나는 밤에 골짜기로 나가는 문을 나서서 이
무기 샘터를 거쳐 쓰레기 쳐내는 문까지 가

㉠ 양력으로 3-4월에 걸친다.

며 예루살렘 성의 무너진 성벽과 불에 탄 성
문들을 둘러보았다.
14 샘터로 가는 문을 지나 왕실 못에 이르러서
는 짐승을 타고 앞으로 더 이상 나갈 수가
없었다.
15 그 밤에 나는 골짜기를 타고 올라가며 성을
둘러보고 나서 골짜기로 나가는 문으로 해
서 되돌아왔다.
16 그러나 어떤 관리도 내가 어디에 가서 무엇
을 하고 왔는지 눈치채지 못하였다. 그것은
내가 사제나 귀족이나 관리나 그 밖에 직책
을 가진 어떤 유다인에게도 아직 알리지 않
았기 때문이었다.
17 이렇게 돌아보고 난 다음에 나는 그들에게
입을 열었다. "여러분이 보는 바와 같이 우
리의 꼴은 너무 처참합니다. 예루살렘 성은
무너져 돌무더기가 되었으며 성문들은 불
에 탄 채로 있습니다. 어서 빨리 예루살렘
성을 쌓아서 다시는 남에게 수모받지 않도
록 합시다."
18 계속하여 나의 하느님께서 나를 잘 보살펴
주신 덕분에 황제가 나에게 내리신 고마운
말씀을 들려주자, 사람들은 빨리 시작하자
고 하며 힘을 내었다. 그래서 일은 순조롭
게 진척되었다.
19 ◎이 소식을 듣고 호론 사람 산발랏이 그의
심복인 암몬 사람 토비야, 아랍 사람 게셈을
데리고 와서 "무엇을 하겠다는 거냐? 황제
폐하께 역적이라도 될 셈이냐?" 하며 빈정
거렸지만,
20 나는 그들을 이런 말로 물리쳤다. "하늘을
내신 하느님께서 우리 일을 이루게 하실 것
이다. 아무도 이 일을 막지 못한다. 우리는
그 하느님의 종으로서 성 쌓는 일을 시작한
것이다. 예루살렘에는 너희에게 돌아갈 몫
이 없다. 너희에게는 아무 연고권이 없다."

3 ◎대사제 엘리아십은 동료 사제들을 거느리
고 양 다니는 문을 세우기 시작하였다.
문틀을 짜고 문을 만들어 달았다. 그런 다
음 메아 망대까지, 또 하나넬 망대까지 수축
하여 하느님께 봉헌하였다.
2 그 옆에 잇닿은 부분은 예리고 사람들이 세
웠으며, 그 다음 잇닿은 부분은 이므리의 아
들 자구르가 세웠다.
3 물고기문은 하쓰나아 일가가 세웠다. 문틀
을 짜고 문짝을 만들어 달고 빗장과 빗장꽂
이를 만들어 달았다.
4 그 다음 잇닿은 부분은 하코스의 손자요 우
리야의 아들인 므레못이 보수하였고 그 옆에
잇닿은 부분은 므세자브엘의 손자요 베레기
야의 아들인 므술람이 보수하였으며, 그 다
음 잇닿은 부분은 바아나의 아들 사독이 보
수하였다.
5 그 다음 잇닿은 부분은 드고아 사람들이 보
수하였는데, 그들 가운데 어떤 유력자들은
㉠상전들의 말대로 공사에 가담하지 않았
다.
6 신시가 문은 바세아의 아들 요야다와 브소디
야의 아들 므술람이 보수하였다. 문틀을 짜
고 문짝을 만들어 달고 빗장과 빗장꽂이를
만들어 달았다.
7 그 옆에 잇닿은 부분은 유프라테스 서부 지
방 총독의 자리가 위치하였던 곳까지 기브
온 사람 믈라티야와 메로놋 사람 야돈이 기브
온 사람들과 미스바 사람들을 데리고 보수
하였다.
8 그 옆에 잇닿은 부분은 대장장이였던 하르
하야의 아들 우찌엘이 보수하였다. 그 다음
잇닿은 부분은 향료 제조업자 하나니야가 예
루살렘 성의 넓은 벽까지 보수를 마쳤다.
9 그 다음 잇닿은 부분은 예루살렘 반 구역의
장이었던, 후르의 아들 르바이야가 보수하
였다.
10 또 그 다음 잇닿은 부분은 하루맙의 아들 여
다야가 보수하였는데, 이 부분은 바로 그의
집 앞이었다. 그 옆에 잇닿은 부분은 하삽니
야의 아들 하투스가 보수하였다.
11 그 다음 잇닿은 그만한 부분은 하림의 아들
말기야와 바핫모압의 아들 하숩이 보수하였
다. 그들은 도가니 망대도 보수하였다.
12 그 다음 잇닿은 부분은 예루살렘 반 구역의
장이었던 할로헷의 아들 살룸이 자기 딸들을
거느리고 보수하였다.
13 골짜기로 나가는 문은 하눈과 자노아의 주민
들이 보수하였다. 성문을 세우고 문짝을 만
들어 달고 빗장과 빗장꽂이를 만들어 달았
다. 또 그들은 쓰레기 쳐내는 문에 이르기
까지 성벽 천 규빗을 보수하였다.
14 쓰레기 쳐내는 문은 벳하께렘 구역의 장이
었던 레갑의 아들 말기야가 보수하였다. 성
문을 세우고 문짝을 만들고 빗장과 빗장꽂
이를 만들어 달았다.
15 샘터로 나가는 문은 미스바 구역의 장이었
던 골호재의 아들 살룸이 보수하였다. 문을
세우고 지붕을 얹은 다음 문짝을 만들고 빗
장과 빗장꽂이를 만들어 달았다. 또 그는

㉠ 느헤미야를 중심한 공사 책임자들을 말하는 것인지도 모른다.

왕궁 동산 옆에 있는 셀라 늪 성벽을 다윗의
도성에서 내려오는 층계에 이르기까지 보
수하였다.
16 그 다음 잇닿은 부분은 아즈북의 아들 느헤
미야가 보수하였다. 그는 벳술 구역의 장으
로서 다윗의 묘지 앞과 사람이 파서 만든 늪
과 용사들의 집까지 보수하였다.
17 그 다음 잇닿은 부분은 바니의 아들 르훔이
레위인들을 거느리고 보수하였다. 그 다음
잇닿은 부분은 하사비야가 크일라 반 구역
의 장으로서 자기 구역을 대표해서 보수하
였다.
18 그 다음 잇닿은 부분은 크일라 반 구역의 장
이었던 헤나닷의 아들 바왜가 그의 일가 사
람들을 데리고 보수하였다.
19 그 다음 잇닿은 그만한 부분을 성 모퉁이
에 있는 무기창 비탈 앞까지 보수한 것은
미스바 구역의 장이었던 예수아의 아들 에
제르였다.
20 그 다음 잇닿은 또 그만한 부분을 성 모퉁이
에서 대사제 엘라십의 집 문에 이르기까지
보수한 것은 자빼의 아들 바룩이었다.
21 그 다음 잇닿은 또 그만한 부분을 엘라십의
집 문에서 엘라십의 집 한 끝에 이르기까지
보수한 것은 하코스의 손자요 우리야의 아들
인 므레못이었다.
22 그 다음 잇닿은 부분은 예루살렘 둘레에서
사는 사제들이 보수하였다.
23 그 다음, 베냐민과 하숩이 저희 집 앞부분을
보수하였다. 그 다음은 아나니야의 손자요
마아세야의 아들인 아자리야가 보수하였다.
그 곳은 그의 집 옆이었다.
24 그 다음 잇닿은 그만한 부분을 아자리야의
집에서 성 굽이 모퉁이에 이르기까지 보수
한 것은 헤나닷의 아들 빈누이였다.
25 우재의 아들 발랄은 거기 성 모퉁이에서 시
작하여 윗대궐에서 내민 성루 맞은편까지
보수하였다. 그 성루는 시위대 뜰에 붙어
서 있었다.㉠ 그 다음은 바로스의 아들 브다
야가 보수하였다.
26ㄱ 그들은 해 뜨는 쪽에 있는 수문 맞은편까
지 보수하였다. 거기에도 앞으로 튀어나온
성루가 있었다.
27 그 다음 잇닿은 그만한 부분을 보수한 것은
드고아 사람들이었다. 그들은 튀어나온 큰
성루에서 오펠 성곽까지 보수하였다.
26ㄴ 오펠에는 성전의 막일꾼들이 살고 있었다.
28 말 다니는 문부터는 사제들이 저마다 제 집
앞 부분을 보수하였다.
29 그들 다음으로는 임멜의 아들 사독이 제 집
앞을 보수하였다. 그 다음으로는 동문 수위
였던 스가니야의 아들 스마야가 보수하였다.
30 그 다음 잇닿은 그만한 부분을 보수한 것은
셀레미야의 아들 하나니야와 살랍의 여섯째
아들 하눈이었다. 그 다음 잇닿은 부분은 베
레기야의 아들 므술람이 자기 방 앞을 보수
하였다.
31 그 다음으로 금장이 말기야가 성전 막일꾼
들과 상인들의 숙소가 있는 데까지 보수하
였는데, 성 모퉁이 다락이 있는 데까지 보
수하였으므로 그 집에서는 점호문이 마주
보였다.
32 성 모퉁이 다락에서 양 다니는 문까지의 사
이는 금장이들과 상인들이 보수하였다.

산발랏의 방해를 물리치다

33 ◎㉡우리가 성을 쌓고 있다는 소식을 들은
4:1 산발랏은 화가 나서 견딜 수 없었다. 그는
유다인들을 우습게 보고 있었기 때문에,
34 자기 일족들과 사마리아의 세력가들 앞에서
2 빈정거리는 소리를 하였다. "유다 놈들, 그
다 말라빠진 것들이 무얼 한다는 거지? 누
가 내버려둘 줄 알고? 제사를 드린다고?
하루에 일을 끝낸다고? 불타 버린 잿더미
속에서 돌들을 꺼내 쓴다고?"
35 암몬 사람 토비야가 옆에 있다가 맞장구를
3 쳤다. "아무리 성을 쌓아보아야, 여우만 올
라가도 와르르 무너질 것입니다."
36 ◎우리 하느님이여, 우리가 이렇게 조롱을
4 받고 있는데 그 소리가 들리지 않으십니까?
저들이 퍼붓는 악담을 저들에게 도로 쏟아
주십시오. 남의 나라에 끌려가서 수모를 받
게 해주십시오.
37 남은 성을 쌓는데 약만 올리는 것들입니다.
5 그 못된 죄를 덮어주지 마시고 지워버리지
마십시오!
38 ◎우리 백성들은 기어이 해내고야 말겠다는
6 마음으로 계속 쌓아 올렸다. 성벽은 허물어
지는 일 없이 반쯤 올라갔다.

4

1 ◎우리가 예루살렘 성벽의 허물어진 곳
7 을 메우며 착착 쌓아 올린다는 소식을
듣고 산발랏과 토비야와 아랍인들과 암몬인
들과 아스돗인들은 화가 치솟아
2 예루살렘을 치기로 동맹을 맺었다. 우리가
8 하는 일을 혼란에 빠뜨리려는 것이었다.
3 9 우리는 우리 하느님께 기도를 올리는 한편,

㉠ 25절은 히브리어 본문이 분명치 않다. ㉡ 개신교에서 쓰는 종래 성서는 여기에서 4장이 시작된다.

보초를 세워 적이 쳐들어오지 않는가 밤낮
으로 살피게 하였다.
4 그런데 어찌 된 일인지 유다인들의 입에서
10 는 이런 노래가 흘러 나오고 있었다.
“흙더미는 많기도 많아
져내다가 져내다가 지쳐버렸네.
아무래도 우리 힘으로는
성을 다 못 쌓고 말겠네.”
5 ◎그런 형편에 원수들은 우리 눈에 띄지 않
11 게 감쪽같이 쳐들어와 우리를 죽이고 일을
중단시키려고 했던 것이다.
6 그들과 접경하고 사는 유다인들이 사방에서
12 와 적이 쳐 올라온다고 여남은 번이나 일러
주었으므로
7 나는 사람들에게 칼과 창과 활을 주어 성 밖
13 아래 평원에 가문별로 배치하였다.
8 나는 귀족들과 관리들을 비롯하여 백성들
14 을 사열하고 나서 훈시하였다. “원수들을
두려워하지 마라. 높으시고 두려우신 주님
께서 계시다는 것을 잊지 마라. 일가 친척
과 처자들을 생각하거든 나아가 싸워라.”
9 원수들은 우리가 이미 눈치챘다는 소식, 곧
15 하느님께서 저희 계획을 뒤엎으셨다는 소
식을 듣고는 되돌아가고 말았다. 우리는 모
두 성으로 돌아와 저마다 맡은 일을 다시 하
게 되었다.
10 ◎그 날부터 나는 수하 젊은이들 중에서 반
16 만 일을 시키고 반은 갑옷을 입혀 창과 방패
를 들거나 활을 잡게 하였다. 이들은 온 유
다 가문을 지켜
11 성 쌓는 데 지장이 없도록 하였다. 무거운
17 짐을 지는 사람들은 한 손으로는 짐을 받치
고 한 손으로는 창을 잡게 하였다.
12 성 쌓는 사람은 모두 칼을 옆구리에 차고 쌓
18 게 하였으며, 내 옆에는 나팔수를 두었다.
13 그리고 나는 귀족들과 관리들과 그 밖의 백
19 성들에게 일러두었다. “할 일은 많고 지역
은 넓기 때문에 우리는 성을 끼고 서로 멀리
떨어져서 일을 해야 한다.
14 그렇게 일을 하다가도 나팔 소리만 나면,
20 소리나는 곳으로 모여라. 우리 하느님께서
우리 편이 되어 싸워주실 것이다.”
15 우리는 이렇게 반수는 창을 잡고 동이 틀 때
21 부터 별이 보일 때까지 일을 하였다.
16 나는 백성에게 “모든 사람은 자기 종을 데
22 리고 예루살렘 성 안에 묵으면서 밤에는 파
수를 서고 낮에는 일하도록 하여라.” 하고
일렀다.
17 그리고 나도 내 형제도, 내 수하 젊은이도,
23 내 경호원도 모두 옷을 벗는 일이 없었고 손
에서 무기를 놓는 일이 없었다.

백성이 불평을 터뜨리다

5 ◎그런데 백성들 중의 일부 유다인 동족
들에게 불평이 생겨 여자들까지 아우성
을 치는 일이 벌어졌다.
2 “살아 보겠다고, 목에 풀칠이라도 해야겠
다고, 우리는 아들 딸을 잡혔다.” 하는 사
람이 있는가 하면,
3 “흉년이 들어 입에 풀칠이라도 해야겠어서
우리는 밭도 포도원도 집도 모두 잡혔다.”
하는 사람도 있고,
4 “황제에게 세금 낼 돈이 없어서 우리는 밭
도 포도원도 모두 잡혔다.” 하며 외치는 사
람도 있었다.
5 “한 겨레인데 저희 살이나 우리 살이나 무
엇이 다르냐? 제 자식이 아까우면 남의 자
식 아까운 줄도 알아야 할 것이 아니냐? 우
리 꼴을 보아라. 우리는 제 아들 딸을 종으
로 팔아 먹는 신세다. 딸들이 짓밟히는데도
우리는 어떻게 손쓸 힘이 없구나. 우리 밭
이나 포도원은 이미 남의 손에 들어가고 말
았다.”
6 ◎이러한 아우성 소리를 듣고 나는 매우 화
가 났지만,
7 마음을 억누르며 회의를 소집하여 유지들
과 관리들을 모아놓고 어찌하여 한 겨레끼
리 돈놀이를 하느냐고 호되게 꾸중을 하였
다.
8 “유다인들은 우리와 한 겨레요. 그 우리의
겨레가 남의 나라에 팔려갔던 것을 우리는
일껏 찾아왔소. 그런데 그대들은 제 겨레를
또 팔아 먹다니, 우리더러 다시 찾아오라는
말이오?” 그들이 입을 다문 채 아무 말도
못하는 것을 보고
9 나는 말을 이었다. “이건 정말 못할 짓이오.
우리를 미워하는 다른 나라 사람들에게 욕
이라도 얻어 먹지 않으려면 하느님 두려운
줄 알고 살아야 할 것 아니오?
10 나도, 내 일가도, 내 수하 사람들도 돈놀이
를 하여 장리변을 놓아 왔지만, 우리는 그
변리를 포기하기로 하였소.
11 그러니 그대들도 잡았던 밭이나 포도원이
나 올리브 밭이나 집을 오늘 당장 돌려주도
록 하시오. 또 돈이나 곡식이나 포도주나
올리브 기름을 꾸어주고 변리를 받았거든
그것도 돌려주도록 하시오.”
12 “말씀대로 돌려주고 변리를 거두어들이지

않겠습니다." 하고 그들은 대답하였다. 그
말을 듣고 나는 사제들을 불러 그대로 하겠
다는 서약을 받게 하였다.
13그리고 나는 내 옷자락을 털며 말했다. "이
말을 지키지 않으면, 누구든지 하느님께서
이렇게 털어버리실 것이오. 그의 성전에 들
어가서 주시는 것을 받아 먹지 못하고 빈털
터리로 떨려날 것이오." 온 회중은 "아멘."
하며 야훼를 찬양하였다. 이렇게 해서 백성
은 서약한 대로 하였다.
14◎아르닥사싸 황제 제이십년부터 삼십이년
까지 십이년 동안 나는 유다 총독 노릇을 하
였지만, 나와 나의 일가는 총독으로서 받아
야 할 녹을 타먹지 않았다.
15나의 선임 총독들은 양식과 술값으로 하루
에 은 사십 세겔씩 거두어들였다. 이렇게 총
독 자신들도 백성을 괴롭힌데다가 수하 사
람들도 백성을 착취하였다. 그러나 나는 하
느님이 두려워서 그런 일을 하지 않았다.
16나는 밭 한 뙈기 못 얻었지만, 이 성을 쌓는
데 온 힘을 다 기울였다. 나의 수하 사람들
도 그 일에 힘을 모았다.
17인근 여러 나라에서 찾아오는 사람을 제외
하고 내 식탁에서 먹는 유다인 관리들만도
백오십 명이나 되었다.
18식탁에는 나의 부담으로 날마다 소 한 마리,
기름진 양 여섯 마리에 새고기도 올랐다.
갖가지 술도 한번 나오면 열흘씩 넉넉히 돌
았다. 그러면서도 나는 총독으로서 받아야
할 녹을 요구하지 않았다. 그렇지 않아도
백성은 부역으로 허덕이는 형편이었기 때
문이다.
19◎나의 하느님이여, 이 몸이 이 백성을 위해
한 모든 일을 기억하시고 잘 보살펴 주십시
오!

원수들의 음모를 물리치다

6 ◎마침내 내가 성 쌓는 일을 빈틈없이 다
마쳤다는 말이 산발랏, 토비야, 아랍인 게
셈을 비롯한 우리 원수들의 귀에 들어갔다.
그 때는 아직 성문을 만들어 달지 못한 때였
다.
2산발랏과 게셈은 나에게 전갈을 보내 왔다.
"오노 골짜기 하끄비림으로 오시오. 거기에
서 좀 만납시다." 그러면서도 속셈은 나를
해치려는 데 있었으므로,
3나는 사람을 보내어 이렇게 회답하였다.
"나는 큰 공사를 벌여놓고 있어서 내려갈
수가 없소. 내가 일손을 놓고 당신들에게로
내려가면 일이 중단되므로 그럴 수가 없
소."
4그들은 같은 전갈을 네 번이나 보내 왔지만
나는 번번이 같은 말로 회답하였다.
5산발랏은 다섯 번째로 사절을 시켜 같은 내
용의 편지를 봉하지도 않고 보내 왔다.
6그 내용은 이러하였다. "그대가 유다인들을
부추겨 반란을 꾸민다는 말이 뭇 민족들 사
이에 널리 퍼졌소. 게셈도 같은 말을 하고
있소. 그대가 성을 쌓는 데는 그런 속셈이
있다는 것이오. 결국은 그대가 유다인들의
왕이 되리라고들 말하고 있소.
7그대를 예루살렘에서 왕으로 선포할 예언자
들마저 임명해 두었다고들 하더이다. 이 말
은 이제 황제 폐하의 귀에 들어가고 말 것이
오. 그러니 좀 만납시다."
8나는 이렇게 회신을 보냈다. "당신이 하는
말은 사실무근이오. 모두 다 당신이 조작해
낸 말이오."
9◎이것은 우리에게 겁을 주어 모두 맥이 풀
려 일을 그만두게 하려는 심산으로 하는 짓
이었다. 그러나 나는 도리어 더 힘을 내었다.
10그 때 들라야의 아들이요 므헤타브엘의 손자
인 스마야라는 사람이 있었다.㉠ 그는 외출
할 수 없는 몸이어서 내가 그의 집으로 갈
수밖에 없었다. 그는 이런 말을 하였다. "그
들이 당신을 죽이러 올 터이니 하느님의 성
전에서 다시 만나 본관에 들어가 문을 닫아
걸고 있도록 합시다. 그들이 오늘 밤 당신
을 죽이러 옵니다."
11나는 이렇게 대답하였다. "내가 어떤 사람
인데 숨겠는가? 내가 어떤 사람인데 살아
보겠다고 성전 본관에 들어가겠는가? 그럴
수 없다."
12그가 하느님께서 보내신 사람이 아니라는
것을 나는 알아차렸다. 그는 토비야와 산발
랏에게 매수되어 하느님의 말씀을 받았다면
서 그런 말을 했던 것이다.
13그들이 나에게 겁을 주어, 해서는 안 될 일
을 하게 한 다음 나의 명성을 떨어뜨려 웃음
거리로 만들려는 심산이었다.
14◎나의 하느님이여, 토비야와 산발랏이 이런
못된 일을 하는 것을 잊지 마십시오. 여자
예언자 노아드야와 저에게 겁을 주려고 하
는 그 밖의 예언자 무리도 잊지 마십시오!
15◎㉡엘룰월 이십오일, 오십이일 간에 걸친
성 수축 공사가 끝났다.

㉠ 스마야는 예언자로서 느헤미야를 만나보자고 했던 것 같다. ㉡ 기원전 445년, 양력으로 10월이다.

16이 소식은 우리의 모든 원수들의 귀에 들어
갔고, 우리 주위에 살던 뭇 민족들은 이 일
을 눈으로 보고 매우 놀랐다. 그들은 그제
야 이 일을 이룩하신 이가 다름 아닌 우리
하느님이심을 알게 되었다.
17◎그 당시 많은 유다 유지들이 토비야와 자
주 편지를 교환하고 있었다.
18토비야는 아라의 아들 스가니야의 사위였고
그의 아들 여호하난은 베레기야의 아들 므술
람의 사위였으므로 많은 유다인들이 토비야
와 맹약을 맺고 있었던 것이다.
19그들은 내 앞에서 공공연히 토비야를 칭찬
하였고 내가 무슨 말을 하든지 그 말을 토비
야에게 몰래 일러바치곤 하였다. 그리하여
나는 토비야에게서 협박 편지를 여러 통 받
았던 것이다.

7 ◎성 수축이 끝나자 나는 성문을 만들어
달고는 수위들을 배치시켰다.
2그리고는 동생 하나니와 성채 수령 하나니야
에게 예루살렘 수비를 맡겼다. 하나니야는
진실한 사람으로서 누구보다도 하느님 두
려운 줄을 아는 사람이었다.
3나는 그들에게 일렀다. "해가 뜨거워지기
전에는 문을 열지 말고 해가 아직 높이 있을
때 문을 닫아걸도록 하여라. 예루살렘 성민
으로 보초를 세워라. 사람마다 초소를 정해
주어 보초를 서게 할 뿐만 아니라, 집마다
제 집 앞에 보초를 서게 하여라."
4원체 성이 크고 넓은데다 인구는 얼마 되지
않아 새 집을 세울 수가 없었다.

첫 번째 귀환민의 명단을 찾다

5◎나의 하느님께서 유지들과 관리들과 일반
백성을 모아 등록시키도록 나의 마음을 움
직이셨다. 나는 첫 귀환민들의 등록부를 찾
았는데, 거기에는 아래와 같이 기록되어 있
었다.
6◎㉠바빌론 황제 느부갓네살에게 사로잡혀
바빌론으로 갔다가 예루살렘과 유다 지방 성
읍들에 돌아온 지방민은 다음과 같다.
7이들은 즈루빠벨, 예수아, 느헤미야, 아자리
야, 라아미야, 나하마니, 모르드개, 빌산, 미스
베렛, 비그왜, 느훔, 바아나와 함께 돌아온
사람들이다.

이스라엘 백성의 수효

8◎백성들의 수는 바로스의 일가 이천백칠십
이 명,
9스바티야의 일가 삼백칠십이 명,
10아라의 일가 육백오십이 명,
11바핫모압의 일가 곧 예수아와 요압의 일가 이
천팔백십팔 명,
12엘람의 일가 천이백오십사 명,
13자뚜의 일가 팔백사십오 명,
14자깨의 일가 칠백육십 명,
15빈누이의 일가 육백사십팔 명,
16베배의 일가 육백이십팔 명,
17아즈갓의 일가 이천삼백이십이 명,
18아도니캄의 일가 육백육십칠 명,
19비그왜의 일가 이천육십칠 명,
20아딘의 일가 육백오십오 명,
21아텔, 곧 히즈키야의 일가 구십팔 명,
22하숨의 일가 삼백이십팔 명,
23베새의 일가 삼백이십사 명,
24하립의 일가 백십이 명,
25기브온의 일가 구십오 명,
26베들레헴과 느토바 사람 백팔십팔 명,
27아나돗 사람 백이십팔 명,
28벳아즈마웻 사람 사십이 명,
29키럇여아림과 그비라와 브에롯 사람 칠백사
십삼 명,
30라마와 게바 사람 육백이십일 명,
31미그맛 사람 백이십이 명,
32베델과 아이 사람 백이십삼 명,
33느보 사람 오십이 명,
34다른 엘람의 일가 천이백오십사 명,
35하림의 일가 삼백이십 명,
36예리고의 일가 삼백사십오 명,
37롯과 하딧과 오노의 일가 칠백이십일 명,
38스나아의 일가 삼천구백삼십 명이었다.
39 사제의 수는 여다야의 일가인 예수아 가문
사람 구백칠십삼 명,
40임멜의 일가 천오십이 명,
41바스훌의 일가 천이백사십칠 명,
42하림의 일가 천십칠 명이었다.
43 레위인은 예수아의 일가 곧 카드미엘과 빈
누이와 호다야의 일가 칠십사 명이었다.
44 합창단은 아삽의 일가 백사십팔 명이었다.
45 수위는 살룸의 일가, 아텔의 일가, 탈몬의
일가, 아쿱의 일가, 하티타의 일가, 소배의
일가 모두 합해서 백삼십팔 명이었다.
46 성전 막일꾼은 시하의 일가, 하수바의 일
가, 타바옷의 일가,
47케롯의 일가, 시아의 일가, 바돈의 일가,
48르바나의 일가, 하가바의 일가, 살매의 일가,
49하난의 일가, 기델의 일가, 가할의 일가,

㉠ 6-72절은 에즈 2:1-70과 거의 같다.

느헤

50 르아야의 일가, 르신의 일가, 느코다의 일가,
51 가짬의 일가, 우짜의 일가, 바세아의 일가,
52 베새의 일가, 므우님의 일가, 느비스심의 일
가,
53 박북의 일가, 하쿠바의 일가, 하르후르의 일
가,
54 바슬릿의 일가, 므히다의 일가, 하르사의 일
가,
55 바르코스의 일가, 시스라의 일가, 데마의 일
가,
56 느시아의 일가, 하티바의 일가 등이었고,
57 솔로몬의 종들의 후손은 소태의 일가, 소베
렛의 일가, 브리다의 일가,
58 야알라의 일가, 다르콘의 일가, 기델의 일가,
59 스바티야의 일가, 하틸의 일가, 보게렛하쓰바
임의 일가, 아몬의 일가 등이었다.
60 성전 막일꾼과 솔로몬의 종의 후손은 모두
삼백구십이 명이었다.
61 ◎델멜라와 델하르사와 그룹과 아똔과 임멜에
서 돌아온 사람들로서 가문이 밝혀지지 않
아서 이스라엘 후손인지 아닌지 알 길이 없
는 사람들이 있었는데,
62 그들은 들라야의 일가, 토비야의 일가, 느코
다의 일가를 합한 육백사십이 명이었다.
63 사제 가문에도 그런 사람들이 있었다. 호바
야의 일가, 하코스의 일가, 바르질래의 일가
가 그러했는데, 바르질래는 길르앗 사람 바
르질래의 집에 장가들어 처가의 성을 받은
사람이었다.
64 등록부를 아무리 뒤져도 이름이 나타나지
않아
65 이 사람들을 부정한 사람으로 여겨 사제직
에서 제외할 수밖에 없었다. 대사제가 임명
되어 우림과 둠밈으로 이 일을 결정짓기까
지는 거룩한 음식을 들지 못한다는 총독의
지시가 그들에게 내렸다.
66 ◎온 회중을 합해 보니 남녀 종 칠천삼백삼
67 십칠 명을 제외하고도 그 수효가 사만 이천
삼백육십 명이 되었다. ㉠남녀 가수도 이백
사십오 명이 있었다.
68 또 말이 칠백삼십육 마리, 노새가 이백사십
69 오 마리, ㉡낙타가 사백삼십오 마리, 나귀
가 육천칠백이십 마리였다.
69 ◎각 가문 어른들 가운데서 공사에 쓸 돈을
70 바치는 사람들이 있었다. 각하도 금화 천 드
라크마와 은 오백 미나, 쟁반 오십 개, 제복
삼십 벌을 바쳤다.
70 각 가문 어른들이 공사장 금고에 바친 것은
71 금화가 이만 드라크마, 은이 이천이백 미나
나 되었고,
71 일반 백성이 바친 것도 금화가 이만 드라크
72 마, 은이 이천 미나, 제복이 육십칠 벌이나
되었다.
72 ◎㉢사제들과 레위인들과 일부 일반 백성들
73 은 예루살렘에 자리를 잡았고 합창대원들과
수위들과 성전 막일꾼들은 예루살렘에 딸린
촌락들에, 그리고 일반 백성들은 저희의 성
읍에 각각 자리를 잡았다.

초막절을 지키다

8 ◎이스라엘 백성은 각기 저희의 성읍에서
살고 있다가 칠월이 되자, 일제히 수문
앞 광장에 모여와서 선비 에즈라에게 청하
였다. "야훼께서 이스라엘에게 내려주신 모
세의 법전을 가지고 오십시오."
2 사제 에즈라는 그 법전을 가지고 회중 앞에
나타났다. 그 자리에는 남자와 여자, 아이
들에 이르기까지 말귀를 알아들을 만한 사
람은 모두 모여 있었다. 때는 칠월 초하루
였다.
3 그는 수문 앞 광장에 나타나 해 뜰녘부터 해
가 중천에 이르기까지 남녀를 가리지 않고
셈든 사람들에게 그것을 들려주었고 온 백
성은 그 법전을 귀담아들었다.
4 ◎선비 에즈라는 특별히 만든 나무 단 위에
올라가 섰고, 그 오른쪽에는 마띠디야, 세
마, 아나야, 우리야, 힐키야, 마아세야가, 왼
쪽에는 브다야, 미사엘, 말기야, 하숨, 하스바
따나, 즈가리야, 므술람이 섰다.
5 에즈라가 모두 쳐다볼 수 있도록 높은 자리
에서 책을 펴들자 온 백성은 일어섰다.
6 에즈라가 높으신 하느님 야훼를 칭송하자 온
백성도 손을 쳐들고 "아멘." "아멘." 하고
응답하며 무릎을 꿇고 땅에 엎드려 야훼를
예배하였다.
7 그리고 백성은 일어서서 레위인들인 예수아,
바니, 세레비야, 야민, 아쿱, 삽대, 호디야, 마
아세야, 클리타, 아자리야, 요자밧, 하난, 블라
야에게서 법을 배웠다.
8 에즈라는 백성들이 알아듣고 깨칠 수 있도
록 하느님의 법전을 읽으며 풀이하여 주었
다.
9 ◎온 백성은 법전에 기록되어 있는 말 한 마
디 한 마디를 들으면서 울었다. 그래서 총
독 느헤미야와 선비요 사제인 에즈라와 백성
을 가르치던 레위인들이 온 백성에게 일렀

㉠ 레위인 성가대원을 말하는 것은 아니다. ㉡ 칠십인역은 여기에서 69절이 시작된다. ㉢ 에즈 2:70을 따랐다.

다. "이 날은 너희 하느님 야훼께 바친 거룩
한 날이니 울며 애통하지 마라."
10 그리고 그는 이렇게 일러주었다. "가서 잔
치를 차려 배불리 먹고 마셔라. 미처 마련
하지 못한 사람이 있거든 그런 사람도 빼놓
지 말고 몫몫이 보내주도록 하여라. 이 날
은 우리 주님의 날로 거룩하게 지킬 날이니
슬퍼하지 마라. ㉠야훼 앞에서 기뻐하면, 너
희를 지켜주시리라."
11 레위인들도 온 백성을 진정시키며 이렇게
일러주었다. "조용히 있어라. 이 날은 거룩
한 날이니 슬퍼하지 마라."
12 온 백성은 그 가르침을 깨닫고 마냥 기뻐하
며 돌아가서 크게 잔치를 벌이고, 없는 사
람에게는 몫몫이 나누어주면서 먹고 마시
며 좋아하였다.
13 ◎이튿날 사제들과 레위인들과 일반 백성
전부를 대표한 각 가문의 어른들이 선비 에
즈라에게 모여와서 법전에 기록되어 있는
말씀을 공부하다가,
14 야훼께서 이스라엘 백성에게 칠월 절기에는
초막에서 지내도록 모세를 시켜 법으로 분
부하신 것을 알게 되었다.
15 그들은 이 말을 듣고 하나도 빠짐없이 저희
의 성읍들과 예루살렘에 다음과 같은 전갈
을 보냈다. "산에 가서 올리브 나무 가지,
들올리브 나무 가지, 소귀나무 가지, 종려나
무 가지, 참나무 가지를 꺾어다가 책에 있
는 대로 초막을 만들어라."
16 백성들은 나가서 나무 가지들을 꺾어다가
옥상이나 마당이나 하느님의 성전 뜰 아래
나 수문 앞 광장이나 에브라임 성 문 광장 할
것 없이 어디에서나 저마다 자기의 초막을
만들었다.
17 사로잡혀 갔다가 돌아온 사람들인 온 회중
은 이렇게 초막을 만들고 그 안에서 지냈다.
이스라엘 백성이 이렇듯이 성대한 절기를
지키기는 눈의 아들 여호수아의 시대 이후로
그 날까지 없던 일이었다. 그러니 그 기쁨
을 어찌 다 이를 수 있었으랴.
18 에즈라는 그동안 첫 날부터 마지막 날까지
날마다 하느님의 법전을 백성에게 들려주
었다. 그들은 칠 일간 절기를 지킨 다음 팔
일째 되는 날 규정대로 폐회 예배를 드렸다.

단식하며 죄를 뉘우치다

9 ◎같은 달 이십사일 이스라엘 백성은 베옷
을 걸치고 흙을 뒤집어쓴 채 단식하기 위
하여 모여들었다.
2 이스라엘의 후손들은 다른 민족들과 맺은
관계를 다 끊고 나서 저희의 잘못과 선조들
의 죄를 고백하였다.
3 모두들 제자리에 서서 하루의 사분의 일은
그들의 하느님 야훼의 법전을 읽고 또 사분
의 일은 그들의 하느님 야훼 앞에 엎드려 죄
를 고백하였다.
4 레위인들이 서는 단 위에는 예수아, 빈누이,
카드미엘, 스바니야, 분니, 세레비야, 바니, 그
나니가 올라서서 그들의 하느님 야훼께 부
르짖었다.
5 레위인들인 예수아, 카드미엘, 바니, 하삽니
야, 세레비야, 호디야, 스바니야, 브다히야가
"일어나, 야훼 너희의 하느님을 기리라."
하고 외쳤다.
한 옛날부터 길이길이
하느님의 이름 위엄차시고 높으시어
이루 다 기리고 노래할 수 없습니다.
6 야훼여, 임께서는 홀로
하늘을 지으셨습니다.
하늘 위의 하늘과
거기에 딸린 별들을 지으셨습니다.
땅과 그 위에 있는 온갖 것,
바다와 그 안에 있는 온갖 것을 지으시고
목숨을 불어넣으셨습니다.
하늘의 별들이 하느님께 예배드립니다.
7 야훼여,
아브람을 택하시어
바빌론 우르에서 이끌어내시고
아브라함이라 이름지어 주신 이,
바로 하느님 아니십니까?
8 그의 마음이
하느님께 향하여 매양 한결같음을 보시
고,
가나안, 헷, 아모리, 브리즈, 여부스, 기르
갓 사람의 땅을
그 후손에게 주겠노라고 약속하셨습니
다.
하느님께서는 의리를 지키시어
말씀대로 이루어주셨습니다.
9 우리 선조들이 이집트에서 고생하는 모양
을 보시고
홍해에서 아우성치는 소리를 들으시고
10 우리 선조들을 업신여기는 파라오와
그의 신하들과 백성들에게
놀라운 일로 힘을 드러내시어
오늘날처럼 명성을 떨치셨습니다.

㉠ "야훼께서 지켜주시니 너희는 기뻐하여라."라고 번역할 수도 있다.

11 바다를 가르시어
바다 한가운데를 마른 땅처럼 건너게 하
시고
뒤쫓는 자들을 깊은 바다에 빠뜨리시어
돌처럼 거센 물결에 잠기게 하셨습니다.
12 낮에는 구름기둥으로 인도하여 주시고
밤에는 불기둥으로 길을 밝혀주셨습니
다.
13 몸소 시나이 산에 내려오시고
하늘에서 말씀을 내리셨습니다.
바른 관례와 어김없는 법령과 좋은 규정
과 계명을 주셨습니다.
14 안식일은 하느님의 날,
그 날을 거룩하게 지킬 것을 가르쳐주셨
습니다.
모세의 손을 거쳐 계명과 규정과 법을 내
려주셨습니다.
15 굶주린다고 하늘에서 양식을 내리시고
목말라한다고 바위에서 물을 터뜨리셨습
니다.
손들어 맹세하며 주겠다 하신 땅에 들어
가
차지하고 살라고 일러주셨습니다.
16 그러나 우리 선조들은 거만해졌습니다.
고집이 세어졌습니다.
그리하여 하느님의 계명에 복종하지 않
았습니다.
17 깜짝 놀랄 일들을 하여주셨지만,
그런 일은 염두에도 없어
복종할 생각은커녕 고집만 세어져
종살이하던 곳, 이집트로 되돌아가려고까
지 하였습니다.
그래도 하느님께서는 버리시지 않으셨습
니다.
하느님은 어떤 죄도 용서하시는 분,
애처롭고 불쌍한 꼴을 그냥 보아 넘기지
못하시고
좀처럼 화를 내지 않으시는 분,
그 사랑은 그지없으십니다.
18 우리 선조들은 송아지를 쇠붙이로 부어
만들고는
"이것이 우리를 이집트에서 이끌어내신
우리의 하느님이라." 하고 외쳤습니다.
그렇듯이 무엄하고도 발칙하게 굴었지만
19 하느님께서는 마냥 불쌍히 보시고
사막에 버려두지 않으셨습니다.
낮에는 어김없이 구름기둥으로 앞길을
인도하여 주셨고
밤에는 불기둥으로 갈 길을 비추어주셨
습니다.
20 지혜로워지라고 선한 영을 내려주셨고
굶주릴세라 만나를 끊이지 않으셨으며
목마를세라 물을 주셨습니다.
21 사막에서 사십 년을 하루같이
옷이 해질세라 발이 부르틀세라
아쉬운 일 하나 없게 돌보셨습니다.
22 마침내 헤스본 왕 시혼, 바산 왕 옥의 영토
를 주셨습니다.
그 나라 그 민족들을 손에 붙여주시어
그 땅을 나누어 변방으로 삼게 하셨습니
다.
23 하늘의 별만큼이나 불어나게 하신 후손
들은
선조들에게 약속해 주신 땅에 들어와 차
지하게 되었습니다.
24 그 후손들이 들어와 이 땅을 차지할 때
이 땅에 살던 가나안 사람들을 굴복시키
셨습니다.
뭇 민족과 그 임금들을 손에 붙여주시어
저희 마음대로 하고
25 성채들과 기름진 땅을 점령하게 하셨습
니다.
온갖 보화가 그득그득한 집들과
바위를 파서 만든 물웅덩이,
과일이 지천으로 열리는
포도원, 올리브 과원을 차지하여
기막히게 맛있는 것을
기름기 돌 만큼 배불리 먹으며 흥청거렸
지만,
26 어느덧 엇나가며 반역까지 하게 되었습
니다.
주신 법을 내버리고
하느님께 돌아오라고 타이르는 예언자들
을 죽였습니다.
이렇듯이 무엄하고도 발칙하게 굴었습니
다.
27 그래서 원수들의 손에 내맡기시어
억압을 받게 하시다가도
못견디어 부르짖기만 하면 하늘에서 들
으시고
마냥 불쌍한 생각이 드시어
원수의 손으로 건져낼 사람을 보내주시
곤 하셨습니다.
28 그러나 한숨 돌릴 만하면 또
하느님께 거슬리는 일을 하였습니다.
그래서 원수의 손에 넘기시어
그 지배를 받게 되면
이 백성은 다시 부르짖었습니다.

그러면 하느님께선 하늘에서 들으시고
또 불쌍한 생각이 드시어
다시 건져주셨습니다.
29 마음을 돌이켜 내 법대로 살라고
아무리 타이르셔도 막무가내였습니다.
받은 계명을 따라 살려고 하지 않았습니
다.
받은 법령을 따라야 살 터인데
기어이 엇나가며 못할 짓만 하였습니다.
고집만 부리며 등을 돌린 채 듣지 않았습
니다.
30 그러나 하느님께서는 오랜 세월을 참으
시며
예언자들에게 영검을 내리시어 타이르셨
지만
그들은 들으려고 하지 않았습니다.
하는 수 없이 여러 나라 백성에게 넘기셨
으나
31 또다시 불쌍한 생각이 드시어
모조리 쓸어버리지는 못하셨습니다.
애처롭고 불쌍한 모양은
그냥 보아넘기지 못하시는 하느님이시기
에
내버려두지 못하셨습니다.
32 그런데 우리는 지금 이 꼴입니다.
우리 하느님, 높고 힘 있으시고
두려우신 하느님,
한번 맺은 계약은 어김없이 지키시는 하
느님,
우리가 겪은 고난,
우리 임금, 대신, 사제, 예언자, 선조들이
겪은 고난,
아시리아 왕들이 쳐들어온 날부터 이 날
까지
하느님의 백성이 겪은 고난을 작다고 하
지 마십시오.
33 이 모든 일을 겪었지만 우리는
하느님께 잘못이 있다고 생각하지 않습
니다.
하느님께서 하신 일은 틀림이 없습니다.
죄는 저희에게 있습니다.
34 우리 임금, 대신, 사제, 선조들은
하느님께서 몸소 내리신 법을 지키지 않
았습니다.
타이르시며 분부하신 말씀쯤은 염두에도
두지 않았습니다.
35 제 나라에서 넘치게 주시는 복을 누리면
서도,
눈앞에 펼쳐주신 넓고 기름진 땅에서 살
면서도,
하느님을 섬기지 않았습니다.
그 악한 행실에서 발길을 돌리지 않았습
니다.
36 보십시오. 우리는 지금 종살이를 하고 있
습니다.
거기에서 나는 좋은 곡식을 먹으며 살라
고
우리 선조들에게 주신 바로 그 땅에서
우리는 종살이를 하고 있습니다.
37 이 땅에서 나는 풍성한 소출은
우리 죄를 벌하려고 세우신 임금들의 것
이 되고 맙니다.
이 몸뚱아리도 마음대로 부리고
우리 가축도 멋대로 처치합니다.
우리는 이처럼 무서운 고역을 치르고 있
습니다.

법대로 살기로 맹약하다

10 1◎이리하여 우리는 하는 수 없이 맹
38 약을 맺게 되었다. 우리가 그것을 기
록하여 봉하고 지도자들과 레위인들과 사제
들이 이에 서명하였다.㉠
2◎그 맹약서에 서명한 사람들은 다음과 같
10:1 다. 하갈랴의 아들 총독 느헤미야와 시드키
야,
3 스라야, 아자리야, 예레미야,
2
4 바스후르, 아마리야, 말기야,
3
5 하투스, 스바니야, 말룩,
4
6 하림, 므레못, 오바디야,
5
7 다니엘, 긴느돈, 바룩,
6
8 므술람, 아비야, 미야민,
7
9 마아지야, 빌개, 스마야 등의 사제와
8
10 레위인으로서는 아자니야의 아들 예수아, 헤
9 나닷 일가인 빈누이, 그리고 카드미엘,
11 그들의 일가인 스바냐, 호다야, 클리타, 불라
10 야, 하난,
12 미가, 르홉, 하사비야,
11
13 자구르, 세레비야, 스바니야,
12
14 호디야, 바니, 브니누들과,
13
15 백성의 어른으로서는 바로스, 바핫모압, 엘
14 람, 자뚜, 바니,
16 분니, 아즈갓, 베배,
15
17 아도니야, 비그왜, 아딘,
16
18 아텔, 히즈키야, 아쭈르,
17
19 호디야, 하숨, 베새,
18
20 하립, 아나돗, 네배,
19

㉠ 개신교에서 쓰는 종래 성경은 이 절까지가 9장이다.

21 막비앗, 므술람, 헤지르,
20
22 므세자브엘, 사독, 얏두아,
21
23 블라티야, 하난, 아나야,
22
24 호세아, 하나니야, 하숩,
23
25 할로헷, 빌하, 소벡,
24
26 르훔, 하삽나, 마아세야,
25
27 아히야, 하난, 아난,
26
28 말룩, 하림, 바아나 등이었다.
27
29 ◎그 밖에 일반민, 사제, 레위인, 수위, 합창
28 대원, 막일꾼 할 것 없이 아내와 아들 딸에
이르기까지 셈든 사람으로서 다른 나라 백
성들과 관계를 끊은 사람들은 모두,
30 동족들 가운데 유력한 ㉠인사들의 뒤를 밀
29 어주었다. 그래서 그들도 모세에게서 물려
받은 법을 따라 우리 주 야훼의 계명과 법령
과 규례대로 살기로 하고, 그것을 어기면
저주를 받아도 좋다고 맹세하였다. 그 내용
은 아래와 같다.
31 "이 땅에 사는 다른 민족 가운데서 사위
30 를 맞이하거나, 며느리를 보지 않을 것.
32 이 땅에 사는 다른 민족이 안식일에 곡식이
31 나 그 무엇을 팔러 오더라도 사지 않을 것.
안식일뿐 아니라 어떤 축제일에도 사지 않
을 것. 칠 년마다 땅의 소출을 거두어들이
지 않을 것. 남에게 빚준 것이 있으면 없애
버릴 것."
33 ◎우리는 또 다음과 같은 규례를 정하였다.
32 "우리 하느님의 성전 행사를 위하여 해마다
삼분의 일 세겔씩 바칠 것.
34 이것은 안식일이나 초하루나 그 밖의 절기
33 때에 제사 상에 오를 떡, 정기 곡식예물, 정
기 번제물 같은 거룩한 제물과 이스라엘의
죄를 벗기는 속죄제물을 마련하는 등 우리
하느님의 성전에서 할 모든 일에 쓸 돈이다.
35 사제, 레위인, 일반민 구별없이 가문별로 제
34 비를 뽑아 해마다 정한 때에 우리 하느님의
성전에 장작을 바칠 것. 이것은 법에 있는
대로 우리 하느님 야훼의 제단에서 사를 장
작이다.
36 우리 밭에서 나는 햇곡식과 처음 딴 과일도
35 해마다 야훼의 성전에 바칠 것.
37 법에 있는 대로 맏아들과 처음 난 가축, 곧
36 처음 난 송아지나 새끼 양을 우리 하느님의
성전에서 봉직하는 사제들에게 바칠 것."
38 ◎또 우리는 받들어 드릴 예물로 처음 만든
37 떡반죽, 갖가지 과일, 햇술, 기름을 우리 하
느님의 성전 행랑방의 사제들에게 바치고
우리 밭에서 나는 소출 중 열의 하나는 레위
인들의 몫으로 떼어놓기로 하였다. 농사를
지으며 사는 우리의 성읍마다 돌아다니며
그 열의 하나를 거두어들이는 것은 바로 레
위인들의 일이다.
39 레위인들이 열의 하나를 거둘 때 아론의 후
38 손인 사제 한 사람이 따라다니도록 하였다.
레위인들은 그 거두어들인 열의 하나에서
다시 열의 하나를 떼어 우리 하느님의 성전
에 가져다가 성전 창고에 있는 여러 방에 보
관시키기로 하였다.
40 그 방들은 성전 기구들을 두기도 하고 당번
39 사제들과 수위들과 합창대원들이 머물기도
하는 곳이었다. 이스라엘 백성과 레위인들이
받들어드릴 곡식과 햇술과 기름은 그 방들
안에 넣어두는 것이다. 이렇게 하여 우리는
우리 하느님의 성전을 그냥 내버려두지 않
기로 하였다.

귀향민이 자리를 잡다

11 ◎백성의 지도자들과 일반 백성 가운
데 확률이 열의 하나인 제비에 뽑힌 사
람들이 이 거룩한 도성 예루살렘에서 살게
되었다. 나머지 아홉은 지방 성읍들에서 살
게 되었다.
2 예루살렘에서 살겠다고 자원하는 사람도 있
었는데 이런 사람은 모두 칭찬을 받았다.㉡
3 ◎예루살렘에 자리를 잡은 유다 지방 어른들
은 다음과 같다. 다른 이스라엘 사람들은 사
제, 레위인, 성전 막일꾼, 솔로몬의 종들의
후손 구별없이 제 땅이 있는 유다 각 성읍에
자리를 잡았다.
4 예루살렘에 자리잡은 유다 후손과 베냐민
후손. 유다 후손으로서는 아다야, 그의 아비
는 우찌야, 그 윗대는 즈가리야, 그 윗대는
아마리야, 그 윗대는 스바티야, 그 윗대는 마
할랄렐, 그 윗대는 ㉢베레스.
5 다음은 마아세야, 그의 아비는 바룩, 그 윗
대는 골호재, 그 윗대는 하자야, 그 윗대는
아다야, 그 윗대는 요야립, 그 윗대는 즈가리
야, 그 윗대는 셀라.
6 예루살렘에 자리잡은 베레스의 후손 장정은
모두 사백육십팔 명.
7 베냐민 후손은 아래와 같다. 살루, 그의
아비는 므술람, 그 윗대는 요엣, 그 윗대는
브다야, 그 윗대는 콜라야, 그 윗대는 마아세
야, 그 윗대는 이디엘, 그 윗대는 이사야.

㉠ "인사들에게 압력을 넣었다."라고 번역할 수도 있다.
㉡ 농토를 떠나 예루살렘에서 사는 것은 불리한 일이었다.
㉢ 이 베레스는 유다와 다말의 아들을 말하는 것이 아니다.

8 그의 일가 장정은 구백이십팔 명이었다.
9 지그리의 아들 요엘이 그들의 우두머리요,
하쓰누아의 아들 유다가 그 도성의 부장이
었다.
10 사제로서는 여다야, 요아립, 야긴,㉠
11 스라야. 스라야의 아비는 힐키야, 그 윗대는
므술람, 그 윗대는 사독, 그 윗대는 므라욧,
그 윗대는 하느님의 성전 책임자였던 아히
툽이었다.
12 그들의 일가가 성전 일을 책임졌는데 수
효는 팔백이십이 명이었다. 또 아다야, 그의
아비는 여로함, 그 윗대는 블랄리야, 그 윗대
는 암시, 그 윗대는 즈가리야, 그 윗대는 바
스훌, 그 윗대는 말기야.
13 그의 일가 각 가문 어른들의 수효는 이백사
십이 명이었다. 또 아마새, 그의 아비는 아
자렐, 그 윗대는 아하재, 그 윗대는 므실레못,
그 윗대는 임멜.
14 그의 일가 용사들의 수효는 백이십팔 명이
었다. 그들의 우두머리는 하끄돌림의 아들
잡디엘이었다.
15 레위인으로서는 스마야, 그의 아비는 하
숩, 그 윗대는 아즈리캄, 그 윗대는 하사비야,
그 윗대는 분니.
16 레위인 어른들 가운데서 삽대와 요자밧은 하
느님의 성전 외무를 맡았다.
17 또 마따니야, 그의 아비는 미가, 그 윗대는
잡디, 그 윗대는 아삽. 그는 기도드릴 때 감
사 찬양을 부르는 성가대 대장이었다. 부대
장은 박부키야였다. 또 압다, 그의 아비는 삼
무아, 그 윗대는 갈랄, 그 윗대는 여두둔.
18 거룩한 도성에 자리잡은 이들 레위인은 모
두 이백팔십사 명이었다.
19 수위로서는 아쿱과 탈몬의 일가 백칠십이
명.
20 나머지 이스라엘 일반민과 사제와 레위인
들은 저마다 자기의 밭이 있는 유다 성읍들
에 자리를 잡았다.
21 성전 막일꾼들은 오벨에 자리를 잡았다.
그들을 거느리는 사람은 시하와 기스바였다.
22 예루살렘에 자리잡은 레위인들의 우두머리
는 우찌였다. 그는 하느님의 성전에서 예배
할 때 앞에 나서서 찬양을 했던 아삽의 후손
으로서 그의 아비는 바니, 그 윗대는 하사비
야, 그 윗대는 마따니야, 그 윗대는 미가였
다.
23 합창대원들에게는 날마다 어김없이 지킬
어명이 내려져 있었다.
24 유다의 아들 제라 후손 가운데서 므세자브엘
의 아들 브다히야가 ㉡황제의 옆에서 백성
다스리는 일을 거들었다.
25 시골 마을들로 말하면, 키럇알바와 거기
에 딸린 촌락들, 디본과 거기에 딸린 촌락
들, 여캅스엘과 거기에 딸린 촌락들에 유다
후손의 일부가 자리잡았고,
26 또 예수아, 몰라다, 벳벨렛,
27 하살수알, 브엘세바와 거기에 딸린 촌락들,
28 시글락, 므고나와 거기에 딸린 촌락들,
29 엔림몬, 소라, 야르뭇,
30 자노아, 아둘람과 거기에 딸린 촌락들, 라기
스와 거기에 딸린 촌락들, 아제카와 거기에
딸린 촌락들에 자리잡았다. 이렇게 브엘세
바에서 힌놈 골짜기에 이르기까지 차지하고
살게 되었다.
31 베냐민 후손이 자리잡은 곳은 게바, 믹마
스, 아야, 베델과 거기에 딸린 촌락들,
32 아나돗, 놉, 아나니야,
33 하솔, 라마, 기따임,
34 하딧, 스보임, 느발랏,
35 롯, 오노, 대장장이 골짜기였다.
36 일부 레위인들은 유다에서 베냐민으로 가서
자리를 잡았다.

사제와 레위인들의 기록들

12 ◎스알디엘의 아들 즈루빠벨과 예수아와
함께 돌아온 사제들과 레위인들은 아
래와 같다.
스라야, 예레미야, 에즈라,
2 아마리야, 말룩, 하투스,
3 스가니야, 르훔, 므레못,
4 이또, 긴느도이, 아비야,
5 미야민, 마아디야, 빌가,
6 스마야, 요아립, 여다야,
7 살루, 아목, 힐키야, 여다야. 이들은 예수아
시대 사제단장들과 그들의 일족이다.
8 ◎레위인들은 예수아, 빈누이, 카드미엘, 세레
비야, 유다, 마따니야로서 그 가운데서 찬양
하는 일은 마따니야와 그의 일가가 맡은 일
이었다.
9 박부키야와 우노 일가가 예배드릴 때 그들과
번들어 가며 찬양하였다.
10 ◎예수아는 요야킴을 낳고 요야킴은 엘랴십을
낳고 엘랴십은 요야다를 낳고
11 요야다는 요하난을 낳고 요하난은 야뚜아를
낳았다.
12 ◎요야킴 시대 사제 가문의 어른들.

㉠ 이 세 사람은 동시대인으로 나온다(1역대 9:10). ㉡ 페르시아 황제를 말한다.

스라야 가문에서는 므라야, 예레미야 가문
에서는 하나니야,
13에즈라 가문에서는 므술람, 아마리야 가문에
서는 여호하난,
14말룩 가문에서는 요나단, 스바니야 가문에서
는 요셉,
15하림 가문에서는 아드나, 므라욧 가문에서는
헬캐,
16이또 가문에서는 즈가리야, 긴느돈 가문에서
는 므술람,
17아비야 가문에서는 지그리, 미냐민 가문에서
는…,㉠ 모아디야 가문에서는 빌태,
18빌가 가문에서는 삼무아, 스마야 가문에서는
여호나단,
19요야립 가문에서는 마뜨내, 여다야 가문에서
는 우찌,
20살루 가문에서는 칼래, 아목 가문에서는 에
벨,
21힐키야 가문에서는 하사비야, 여다야 가문에
서는 느다넬이었다.
22◎사제 가문의 어른이었던 엘랴십과 요야다
와 요하난과 야뚜아 시대의 레위인들의 이름
이 ㉡다리우스가 페르시아 황제 위에 오르던
해까지 일지에 올라 있었다.
23◎레위의 후손.
엘랴십의 손자 요하난 때까지의 일지에 오
른 각 가문 어른들.
24그 레위 가문의 어른들은 하사비야, 세레비
야, 예수아, 빈누이, 카드미엘로서, 이들 일
가 형제들이 반별로 번들어 가며 하느님의
사람 다윗의 지시를 따라 감사 찬송을 불
렀다.
25마따니야와 박부키야와 오바디야도 그런 사
람들이었다. 므술람과 탈몬과 아쿱은 대문
수위실에서 문을 지키는 사람이었다.
26이 사람들은 요야킴 시대, 총독 느헤미야와
사제요 선비인 에즈라 시대에 활동한 사람
들이다. 요야킴은 요사닥의 손자요 예수아의
아들을 말한다.

예루살렘 성 봉헌식

27◎㉢마침내 예루살렘 성 봉헌식을 올리게 되
었다. 사람들은 레위인을 곳곳에서 찾아내
어 예루살렘으로 데려왔다. 바라를 치며 거
문고와 수금을 뜯으며 감사 노래를 불러 봉
헌식을 즐겁게 올리려는 것이었다.
28레위인 합창대원들이 예루살렘 주변 일대와
느토바인들이 사는 마을들,
29벳길갈과 게바 벌과 아즈마웻 등지에서 모여
들었다. 합창대원들은 예루살렘 주변에 마
을들을 세우고 살았던 것이다.
30사제들과 레위인들은 목욕재계를 하고 백성
과 함께 성문들과 성에서 부정을 씻는 식을
올렸다.
31◎나는 유다 지도자들을 성곽 위로 올라오
게 하고 대찬양대 둘을 나서게 하였다. 한
찬양대는 쓰레기 쳐내는 문을 향하여 성을
타고 오른쪽으로 돌았다.
32그 뒤를 호사야가 이끄는 유다 지도자의 절
반이 따르고,
33또 아자리야, 에즈라, 므술람,
34유다, 베냐민, 스마야, 예레미야가 따랐다.
35그 뒤로 일부 사제들이 나팔을 들고 따랐고
그 다음에는 즈가리야가 따랐다. 그의 아비
는 요나단, 그 윗대는 스마야, 그 윗대는 마
따니야, 그 윗대는 미가야, 그 윗대는 자구르,
그 윗대는 아삽이었다.
36그 다음은 즈가리야의 동기인 스마야, 아자
렐, 밀랄래, 길랄래, 마애, 느다넬, 유다, 하나
니가 하느님의 사람 다윗이 만든 악기들을
울리며 뒤따랐다. 선비 에즈라가 그들을 이
끌었다.
37이 행렬은 샘문에 이르러 곧장 다윗 섐 계단
으로 올라가 성을 타고 다윗 궁을 지나 동쪽
수문에 이르렀다.
38◎둘째 찬양대는 왼쪽으로 돌았다. 나는 백
성 지도자의 절반을 이끌고 그 뒤를 따랐다.
이 행렬은 성을 타고 도가니망대를 지나 광
장 앞 성벽에 이르렀다가
39에브라임문을 거쳐 물고기문, 하나넬 망대,
메아 망대를 지나 양 다니는 문에 이르러 보
초막 있는 성문 앞에 멈추었다.
40◎거기에서 두 찬양대는 하느님의 성전에
들어가 멈추어 섰다. 내 쪽에는 관리들 절
반이 있었고,
41사제로서는 엘리아킴, 마아세야, 미냐민, 미
가야, 엘료에내, 즈가리야, 하나니야가 나팔
을 들고 있었다.
42또 마아세야, 스마야, 엘르아잘, 우찌, 여호하
난, 말기야, 엘람, 에젤이 함께 있었고 합창
대는 이즈라히야의 지휘에 따라 노래를 불
렀다.
43그 날 많은 제물을 잡아 바치며 사람들은 기
뻐하였다. 하느님께서 내려주신 기쁨이 너
무도 벅차 여자들과 아이들까지 함께 기뻐
하니 그 기뻐하는 소리가 예루살렘에서 멀

㉠ 이름이 없어졌다. ㉡ 다리우스 II 세(기원전 423-404년)를 가리킨다. ㉢ 내용상으로는 6:16에 이어진다.

리까지 울려 퍼졌다.

백성이 성직자들을 받들다

44◎그 날 헌납물과 만물 곡식과 십분의 일세
보관 창고를 관리할 사람들이 임명되었다.
그들은 사제와 레위인들 몫을 법에 있는 대
로 성읍들에 딸린 밭에서 거두어들여 각 방
에 보관하는 일을 맡았다. 유다인들은 사제
나 레위인들이 일을 보아주는 것이 고마웠
던 것이다.
45그들은 다윗과 솔로몬 부자의 지시를 따라
목욕재계하고 저희 하느님을 예배하는 일
을 맡은 사람들이다. 합창대원과 수위들도
그런 사람들이다.
46이미 다윗과 아삽 시대에 하느님께 감사 찬
양을 불러 올리는 합창대가 여럿 있었다.
47그런데 즈루빠벨과 느헤미야의 시대에 와서
온 이스라엘은 합창대원과 수위들 몫을 날
마다 필요한 만큼씩 대어주게 되었다. 백성
들이 레위인들에게 돌아갈 거룩한 몫을 떼
어놓으면, 레위인들은 다시 거기에서 아론
후손에게 돌아갈 거룩한 몫을 떼어놓게 되
었다.㉠

느헤미야가 다시 돌아오다

13 ◎그 무렵에, 사람들은 모세의 책을 백
성에게 읽어주다가 이런 말을 발견하
였다. "암몬 사람과 모압 사람은 하느님의
성회에 들어올 수 없다.
2그들은 먹을 것, 마실 것을 가지고 나와 이
스라엘 백성을 맞아들이지 않았고, 발람에
게 돈을 주어 저주를 빌게 한 것들이다. 그
랬건만 우리 하느님께서는 그 저주를 복으
로 바꾸어주셨다."
3이스라엘 백성은 이 법을 듣고 저희 가운데
서 딴 피가 섞인 사람들을 다 몰아내었다.
4◎이 일이 있기 전이었다. 사제 엘랴십은 우
리 하느님의 성전 창고 관리인으로 임명되
었었는데, 토비야와 가까운 사이였으므로
5그에게 큰 방을 차려주었다. 그 방은 전에
곡식예물과 향과 성전 그릇을 두던 곳이요,
십분의 일세로 거두어들여 레위인과 합창대
원과 수위에게 줄 곡식과 술과 기름, 또 사
제들의 몫으로 봉헌된 것을 보관해 두던 곳
이었다.
6이 모든 일은 내가 바빌론 황제 아르닥사싸
삼십이 년에 황제를 뵈러 가고 예루살렘에
없는 동안 있었던 일이다. 얼마 지나서 내
가 황제의 허락을 받아가지고
7예루살렘으로 돌아와 보니 엘랴십이 하느님
의 성전 뜰 안에 토비야가 거처할 방을 차려
준 것이었다.
8나는 이런 당치도 않은 일에 치미는 분노를
참을 길 없어 토비야의 집 세간을 모두 방
밖으로 내던지고
9그 방을 정하게 한 다음 하느님의 성전 그
릇과 곡식예물과 향을 도로 가져다 두게 하
였다.
10◎그동안 레위인들은 받을 몫을 받지 못하
고 있었다. 그래서 레위인들과 합창대원들
은 제사 때에 해야 할 일을 저버리고 저마다
밭이 있는 곳으로 가버리고 말았다. 나는
이것을 알고
11"어찌하여 하느님의 성전을 내버려두었느
냐?" 하고 관리들을 꾸짖고 레위인들을 다
시 불러들여 복직시켰다.
12그러자 온 유다인들이 곡식과 술과 기름 십
분의 일세를 창고에 가져다 바쳤다.
13나는 창고 책임자로 사제 셀레미야와 선비
사독, 그리고 레위인으로서는 브다야를 임명
하고 마따니야의 손자요, 자구르의 아들인
하난을 조수로 붙여주었다. 이 사람들은 믿
을 만하다고 여겨져 동료들에게 돌아갈 몫
을 고루 분배하는 일을 맡겼다.
14◎나의 하느님이여, 제가 한 일을 잊지 말
아주십시오. 나는 하느님의 성전을 보살피
고 예배를 드릴 수 있도록 정성을 다했습니
다. 아무쪼록 이 일을 지워버리지 말아주십
시오.
15◎그 때 유다에서는 안식일인데도 술을 빚
고 나귀에 곡식을 단으로 묶어 실어 들이고
포도주, 포도송이, 무화과 같은 것을 예루살
렘으로 날라 들였다. 나는 이 사실을 보고,
이 같은 날에 양식을 사고 팔다니 안 될 일
이라고 야단쳤다.
16예루살렘에는 띠로 사람들도 살고 있었다.
그들은 안식일에 물고기 등 갖가지 상품을
예루살렘으로 들여다가 유다인들에게 팔았
다.
17나는 유다의 귀족들을 꾸짖었다. "당신들은
어찌하여 이런 못할 일을 하여 안식일을 모
독하는가?
18선조들이 이런 일을 했기 때문에 하느님께
서 우리와 이 도성 위에 이 모든 재앙을 내
리셨던 것이 아닌가? 그런데 당신들은 다
시 안식일을 모독하니, 그래 하느님의 진노

㉠ 10:39; 민수 18:28 참조.

가 이스라엘 위에 떨어져도 좋단 말인가?"
19그리고 나는 이렇게 지시하였다. "안식일이
되기 전 예루살렘 성문에 그림자만 드리우
면 성문을 닫아라." 또 안식일이 지나기까
지 문을 열지 못하게 지시한 다음, 나의 수
하 젊은이들을 성문마다 배치하여 안식일
에 아무것도 들이지 못하게 하였다.
20그 후에도 한두 번 갖가지 물건을 파는 상인
들이 밤에 예루살렘 성 밖에서 묵는 것을 보
고,
21나는 그들을 꾸짖었다. "왜 너희는 성 앞에
서 밤을 새우느냐? 또다시 그러면 잡아 들
이리라." 그 후로 그들은 안식일에 나타나
지 않았다.
22나는 레위인들에게 목욕재계하고 와서 성문
들을 지켜 안식일을 거룩하게 지키도록 하
라고 일렀다. ◎나의 하느님이여, 저의 이
런 일도 부디 잊지 말아주십시오. 그지없으
신 사랑을 믿고 비오니, 이 몸 너그러이 보
아주십시오.
23◎그 때 나는 또 유다인과 아스돗, 암몬, 모압
의 여인들 사이에서
24태어난 아이들의 절반이 유다 말을 못하고
아스돗 말이나 다른 나라 말을 하고 있는 것
을 알게 되었다.
25나는 그들을 꾸짖고 욕하였다. 더러는 때리
며 머리를 뽑고 하느님의 이름으로 맹세를
하게 하였다. "너희는 무슨 일이 있어도 다
른 민족을 사위나 며느리 또는 아내로 맞아
들이지 않겠다고 맹세하여라.
26이스라엘 왕 솔로몬이 죄를 지은 것도 이런
여인들 때문이 아니었더냐? 세상에 많은
민족이 있었지만 그만한 임금이 어디 있었
느냐? 하느님께서 그를 사랑하시어 온 이스
라엘의 임금으로 세워주셨지만, 그분도 다
른 나라 여인들 때문에 죄를 지었다.
27너희가 어찌하여 다른 나라 여인들과 사느
냐? 이런 못할 일을 마구 저질러 우리 하느
님께 거역하다니! 어떻게 이런 소문이 나
게 할 수가 있느냐?"
28◎대사제 엘랴십의 아들인 요야다의 한 아들
이 호론 사람 산발랏의 사위가 되었다. 나는
그를 쫓아내었다.
29◎나의 하느님이여, 저들을 잊지 마십시오.
사제직을 더럽힌 것들입니다. 사제와 레위
인의 약속을 저버린 것들입니다.
30◎다른 나라 사람들에게서 묻은 부정을 모
두 씻게 한 다음, 나는 그들을 사제와 레위
인으로 다시 세워 각기 일을 맡기고 제사를
거들게 하였다.
31또 때를 정해 주어 장작을 바치게 하였고 맏
물 곡식을 바치게 하였다. ◎나의 하느님이
여, 이 몸 잊지 마시고 복을 내려주십시오.

토 비 트

머리말

1 ◎이 책은 토비트에 관한 이야기를 적은
것이다. 토비트는 납달리 지파의 아시엘 집
안에 속한 사람으로서 그의 아버지는 토비
엘, 할아버지는 하나니엘, 증조부는 아두엘,
고조부는 가바엘이었다. 가바엘의 아버지는
라파엘이었고 할아버지는 라구엘이었다.
2토비트는 아시리아 왕 살마네셀 때에 티스베
라는 곳에서 살다가 포로로 잡혀간 사람이
었다. 티스베는 갈릴래아 지방 납달리 케데스
남쪽에 있는 곳으로서 아세르에서는 서쪽
언덕에, 포고르에서는 북쪽에 위치한 곳이
었다.

토비트의 귀양살이

3◎나 토비트는 평생토록 진리와 정의의 길을
걸어왔다. 나는 나와 함께 아시리아의 니느
웨 지방으로 귀양살이를 간 형제들과 동포
들에게 많은 자선을 베풀었다.
4내가 어려서 이스라엘 땅 내 고향에 살고 있
을 때에 내가 속한 납달리 지파의 모든 사람
이 내 조상 다윗 왕조를 배반하고 예루살렘
으로부터 떨어져 나왔다. 예루살렘은 이스라
엘 모든 지파가 희생제물을 드리는 유일한
장소로 선택된 곳이다. 거기에는 하느님께
서 거처하실 성전이 오고 오는 모든 세대를
위하여 거룩하게 따로 지어져 있었다.
5내 모든 형제들과 내가 속한 납달리 지파의
모든 사람은 갈릴래아의 모든 산에서 이스라
엘 왕 여로보암이 단에서 만든 송아지 우상
에게 희생제물을 드리곤 하였다.
6그러나 나만은 이스라엘 모든 사람이 받은

영원한 법전에 기록되어 있는 대로 명절마
다 예루살렘으로 올라갔다. 그 때마다 나는
밭곡식의 첫 수확과 가축의 맏배와 수입의
십분의 일과 처음 깎은 양털을 가지고 예루
살렘으로 급히 올라가서
7 아론의 후예인 사제들에게 주어 제단에 바
치게 하였다. 그리고 밀과 포도주와 올리브
기름과 석류와 무화과와 그 밖에 다른 과일
들의 십분의 일을 예루살렘 성전에서 봉사
하고 있는 레위 지파 사람들에게 주었다. 또
안식년을 제외한 육 년 동안 해마다 또 다른
십분의 일을 팔아 돈으로 바꾸어 가지고 예
루살렘에 가서 비용으로 썼다.
8 고아와 과부와 이방인으로서 유다교로 개종
하고 이스라엘 사람들과 함께 사는 사람들
에게는 재산의 십분의 일을 나누어주었다.
삼 년마다 나는 그 선물을 그들에게 가지고
가서 모세의 율법서에 제정된 법대로, 또 우
리 할아버지 하나니엘의 어머니 드보라가 명
령한 대로 그들과 함께 먹었다. 내 아버지
는 일찍 돌아가시고 나는 고아로 남게 되었
던 것이다.
9 ◎나는 장성하여 우리 가문에서 아내를 맞
아 아들을 낳고 그의 이름을 토비아라고 불
렀다.
10 내가 포로가 되어 아시리아로 귀양을 가서
니느웨 성으로 끌려갔을 때에 내 형제들과
동족들은 모두 이방인의 음식을 먹었다.
11 그러나 나는 단호하게 그런 음식을 먹지 않
았다.
12 이렇게 내가 마음을 다하여 하느님을 섬겼
기 때문에
13 지극히 높으신 하느님께서 나로 하여금 살
마네셀 왕의 총애와 귀염을 받게 해주셨다.
그래서 나는 왕에게 필요한 물건을 사들이
는 벼슬을 맡게 되었다.
14 왕이 죽을 때까지 나는 자주 메대에 가서 왕
에게 필요한 물건들을 사오곤 하였다. 그
때에 나는 메대 지방에 살고 있는 내 친척
가브리의 아들 가바엘에게 은 십 달란트가 든
자루를 맡겼었다.
15 살마네셀이 죽고 그의 아들 산헤립이 왕위를
물려받았을 때에 메대로 가는 길이 차단되
어 있어서 나는 그리로 갈 수가 없었다.

동포의 시체를 매장한 용기

16 ◎살마네셀 왕 때에 나는 내 형제들과 동족
을 위하여 자선 사업을 많이 하였다.
17 배고픈 사람들에게는 먹을 것을 주었고 헐
벗은 사람들에게는 입을 것을 주었으며 내
동족 가운데 어떤 사람이 죽어서 니느웨 성
밖에 버려져 있는 것을 보게 되면 그것을 묻
어주었다.
18 산헤립 왕이 유다를 침공했을 때 하느님을
모독했기 때문에 하늘의 왕이신 하느님께
서 그에게 벌을 내리신 일이 있었는데 그는
유다로부터 도망쳐 나와서 홧김에 이스라엘
사람들을 닥치는 대로 죽였다. 그래서 나는
그들의 시체를 묻어주었다. 내가 그들의 시
체를 훔쳐다가 묻어주었기 때문에 산헤립
왕은 그 시체를 찾아보았지만 찾아낼 수가
없었다.
19 그 때 어떤 니느웨 시민이 왕에게 가서 내가
그 시체들을 묻어주었다는 정보를 제공하
였다. 그래서 나는 몸을 숨겼다. 왕이 내 비
밀을 다 알고 있다는 것과 나를 잡아 죽이려
고 한다는 소식을 들었을 때에 나는 무서워
서 도망쳐 버리고 말았다.
20 그러자 내 모든 재산은 몰수를 당하여 왕의
재산이 되었고 나에게 남은 것이라고는 나
의 처 안나와 아들 토비아 외에는 아무것도
없었다.
21 그 후 사십 일도 못 되어서 왕의 두 아들이
왕을 죽이고 아라랏 산으로 도망쳐 버렸다.
왕의 뒤를 이어 왕자 에살하똔이 왕위에 오
르고, 나의 동생인 아나엘의 아들 아히칼에
게 나라의 재정이 맡겨졌다. 그래서 아히칼
은 모든 행정의 책임을 맡게 되었다.
22 그 후 아히칼은 나를 위하여 왕에게 특청을
드렸으므로 나는 니느웨로 돌아왔다. 아히칼
은 산헤립 왕 때에 수라상을 주관하고 옥새
를 보관하고 모든 행정 재무를 맡아보던 사
람이었다. 에살하똔은 아히칼을 그대로 그
자리에 다시 임명하였던 것이다. 그런데 아
히칼은 나의 가까운 친척, 즉 조카였다.

맹인이 된 토비트

2 ◎에살하똔 왕 때에 나는 집으로 돌아와
내 아내 안나와 아들 토비아를 되찾게 되
었다. 과월절로부터 칠 주간 후에 거룩하게
지키는 우리의 명절 즉 오순절에 나를 위하
여 큰 잔치가 베풀어져 나는 그 자리에 가
앉았다.
2 내 앞에 있는 식탁에는 여러 가지 음식이 즐
비하게 놓여져 있었다. 그 때에 나는 아들
토비아에게 이렇게 말하였다. "얘야, 니느웨
에 잡혀온 우리 동포 중에 진심으로 하느님
을 공경하는 가난한 사람이 있을 터이니 가

서 찾아내어 이리로 데려오너라. 그러면 내
가 그와 함께 이 음식을 나누도록 하겠다.
네가 돌아올 때까지 기다리마."
3 토비아는 이 말을 듣고 우리 동포 중에 가난
한 사람을 찾으러 나갔다가 황급히 돌아와
서 "아버지!" 하고 소리를 질렀다. "무슨
일이냐?" 하고 묻자 그가 대답하였다. "아
버지, 우리 동포 한 사람이 살해되었습니
다. 목졸려 죽은 지 얼마 안 되는 시체가 장
터에 그대로 버려져 있습니다."
4 이 말을 듣고 나는 음식에 손도 대지 않고
벌떡 일어나 뛰쳐 나갔다. 그리고 큰 거리
에서 그 시체를 들어다 어떤 헛간에 감추어
두었다. 해가 진 후에 그 시체를 매장할 생
각이었다.
5 이렇게 시체를 감추어둔 다음, 집에 돌아와
서 몸을 깨끗이 씻고 슬픔에 싸인 채 음식을
먹었다.
6 나는 예언자 아모스의 말이 생각나서 울었
다. 일찍이 아모스는 베델을 두고 이렇게 말
하였던 것이다.

"너희의 잔치는 변하여 울음 바다가 되고
너희의 모든 노래는 변하여 통곡이 될 것
이다."

7 ◎해가 진 후에 나는 나가서 무덤을 파고 그
시체를 묻었다.
8 이웃 사람들은 나를 비웃으며 이렇게 말하
였다. "이 사람은 지난번에도 이런 일 때문
에 사형감으로 수배되어 도망을 갔었는데
이제 또다시 죽은 사람을 묻어주다니, 겁이
고 뭐고 다 없어진 모양이지?"
9 그 날 밤 나는 몸을 깨끗이 씻고 뜰 안으로
들어가 담 옆에 누워서 잠을 잤다. 너무나
도 더워서 얼굴을 가리지 않았다.
10 내 옆에 있는 담 위에 참새들이 있는 것을
나는 몰랐다. 그 때에 뜨거운 참새 똥이 바
로 내 눈에 떨어져서 내 양쪽 눈에는 흰막이
생기게 되었다. 나는 의사를 찾아가 치료를
해보았지만 약을 아무리 발라도 소용이 없
었고 내 눈은 그 흰막 때문에 점점 시력이
약해져서 마침내는 시력을 완전히 잃고 말
았다. 이렇게 눈이 먼 채 사 년을 지냈다.
내 모든 친족이 나 때문에 슬퍼하였고 아히
칼은 자기가 엘리마이스로 갈 때까지 이 년
동안 나를 돌보아 주었다.
11 ◎그 때에 내 아내 안나는 여자들의 손으로
할 수 있는 일에 품을 팔았다.
12 내 아내는 자기가 일하여 만든 물건을 주인
들에게 갖다주고 삯을 받곤 하였다. 디스트
로스월 즉 삼월 칠일 내 아내는 자기가 짠
베를 끊어가지고 그 주인에게 갖다주었다.
그랬더니 주인은 삯을 다 지불할 뿐 아니라
자기 염소 중에 새끼 염소 한 마리를 주면서
잡아먹으라고 하였다.
13 내 아내가 집으로 돌아올 때 그 새끼 염소가
울기 시작하였다. 그래서 나는 아내를 불러
이렇게 말하였다. "이 새끼 염소는 어디서
난 거요? 혹 훔친 것은 아니오? 어서 그놈
을 주인에게 돌려주시오. 우리에게는 남의
것을 훔쳐 먹을 권리가 조금도 없소."
14 그러나 내 아내는 "이것은 품삯에다 덤으로
얹어 받은 것입니다." 하고 대답하였다. 그
래도 나는 아내를 믿지 못하여 그 염소 새끼
를 돌려주라고 재촉하며 이 일로 인해서 아
내를 향하여 얼굴을 붉혔다. 그러자 내 아
내는 "당신이 베푼 자선으로 얻은 것이 무
엇입니까? 당신이 쌓은 덕행으로 얻은 것
은 무엇입니까? 당신이 지금 이꼴이 되었
다는 것을 모르는 사람은 없습니다." 하고
말했다.

토비트의 기도

3 ◎나는 마음이 몹시 괴로워 신음을 하며
크게 울었다. 그리고 흐느끼면서 이렇게
기도하였다.
2 "주님, 주님은 올바르십니다.
주님이 하신 모든 일은 올바르며
주님은 모든 일을 자비롭고 참되게 하십
니다.
주님은 이 세상을 심판하시는 분이십니
다.
3 주님, 나를 기억하시고
나를 돌보아 주소서.
내 죄를 벌하지 마시고
나와 내 조상이 알지 못하고 주님께 저지
른 죄를 벌하지 마소서.
4 우리는 주님의 계명을 어겼습니다.
그래서 주님은 우리를 내주시어
약탈과 추방과 죽음을 당하게 하셨습니
다.
우리는 만방에 흩어져서
모든 사람의 이야깃거리와 조롱거리가
되었습니다.
5 우리는 주님의 계명을 지키지 않았고
주님 앞에서 참되게 살지 못했습니다.
이러한 죄인들에게 내리시는
주님의 갖가지 심판은
모두 참되십니다.

6 이제 주님이 원하시는 대로 나를 처치하
시고
명령을 내리시어 내 영혼을 나에게서 떠
나게 하소서.
그러면 나는 이 땅에서 떠나 흙으로 돌아
갈 것입니다.
나에게는 당치 않은 조롱이 들려오고
많은 슬픔이 나를 짓누르고 있으니 사는
것보다 죽는 것이
오히려 낫습니다.
주님, 이 고뇌에서 나를 벗어나게 해주시
고
영원한 곳으로 나를 보내주소서.
주님, 나를 외면하지 마소서.
살아서 이 많은 고뇌를 겪는 것보다는
차라리 죽어서 이 조롱을 듣지 않는 편이
낫겠습니다."

불운한 사라

7◎바로 그 날 메대의 엑바타나에 살고 있던
라구엘의 딸 사라도 자기 아버지의 여종 한
사람에게서 조롱하는 소리를 듣게 되었다.
8 사라는 일곱 번이나 결혼을 하였지만 사라
가 그들과 부부 관계도 맺기 전에 아스모데
오라는 악한 귀신이 그 남편들을 번번이 죽
여버렸다. 그래서 그 여종이 사라에게 이렇
게 말하였던 것이다. "당신 남편을 죽인 사
람은 바로 당신 자신이오. 당신은 이미 일
곱 번이나 결혼을 했지만 제대로 결혼 생활
을 한 일은 한 번도 없습니다.
9 당신 남편들이 죽었으면 죽었지 왜 우리를
때리지요? 당신도 그들을 따라 죽어버리시
오. 그러면 우리는 당신의 아들이나 딸의
꼴을 영 보지 않아도 될 테니까요."
10◎그 날 사라는 마음이 몹시 슬퍼서 눈물을
흘리며 자기 아버지의 집 이층으로 올라가
목을 매려고 하였다. 그러다가 생각을 고쳐
먹고 혼자서 이렇게 말하였다. "이러다가는
사람들이 내 아버지를 조롱하면서 '당신의
자식이라고는 딸 하나밖에 없는데 그 애가
괴로움을 참다 못해 목을 매고 말았구려.'
하고 말할 것이다. 그러면 나 때문에 연로
하신 아버지께서 슬퍼서 돌아가시게 될 것
이다. 나 스스로 목을 매는 것보다 주님께
간구하여 내 목숨을 거두어가시도록 하는
편이 낫겠다. 그러면 이런 조롱을 더 듣지
않아도 되겠지."

사라의 기도

11◎그 때 사라는 창문을 향하여 자기 양팔을
벌리고 이렇게 기도하였다.
"자비로우신 하느님, 찬미를 받으소서!
주님의 이름으로 하여금 영원히 찬미받
게 하소서.
주님이 하시는 모든 일을 통해서
영원한 찬미를 받으소서.
12 지금 나는 얼굴을 들어
주님을 우러러뵈옵니다.
13 주님, 명령을 내리시어
나를 이 땅에서 떠나게 하시고
다시는 이런 조롱을 듣지 않게 하소서.
14 주님, 주님이 아시는 대로
나는 남자에게서 조금도 더럽혀지지 않
은 순결한 여자입니다.
15 내가 귀양살이하는 이 땅에서
내 이름이나 내 아버지의 이름을 더럽힌
일이 없습니다.
나는 내 아버지의 외딸이며
나밖에는 대를 이을 자식이 없습니다.
나를 아내로 맞아줄
가까운 형제나 친척도 없습니다.
나는 이미 남편을 일곱이나 잃었습니다.
더 살아 무엇하겠습니까?
내 목숨을 거두어가시는 것이
주님의 뜻이 아니라면
이 하소연을 들어주소서."

기도의 응답

16◎바로 그 때 토비트와 사라의 기도가 영광
스러운 하느님 앞에 도달하였다.
17 그래서 하느님께서는 라파엘을 보내시며 그
두 사람의 고민을 풀어주게 하셨다. 즉 토비
트에게는 그의 눈에서 흰막을 벗겨내어 그
눈으로 하느님의 빛을 다시 보게 하시려는
것이었고, 라구엘의 딸 사라에게는 그에게
붙어 있던 악한 귀신 아스모데오를 쫓아내고
토비트의 아들 토비아의 아내가 되게 해주시
려는 것이었다. 사라를 차지하고 싶어하는
사람이 많았지만 누구보다도 토비아가 그
자격을 갖추고 있었던 것이다. 토비트가 뜰
에서 집으로 들어간 바로 그 순간에 라구엘
의 딸 사라도 이층에서 내려왔다.

토비트의 지시

㉠4 ◎그 날 토비트는 자기가 전에 메대의 라
게스에 사는 가바엘에게 돈을 맡겨두었던

㉠ 4장은 바티칸 사본을 따랐다.

일이 머리에 떠올라서,
2 "내가 죽음을 간청하였으니 죽기 전에 아들
토비아를 불러 이 돈 이야기를 해두어야 하
지 않을까?" 하고 생각하였다.
3 그래서 그는 토비아를 불러 이렇게 말했다.
"내가 죽거든 잘 묻어다오. 그리고 네 어
머니를 소홀히 대하지 말고 평생토록 존경
하며 그 마음에 드는 일만 해드려라. 어머
니 마음을 슬프게 해서는 안 된다.
4 네가 태중에 있을 때 네 어머니가 너 때문에
얼마나 많은 어려움을 겪었을까 생각해 보
아라. 네 어머니가 죽거든 같은 무덤에 나
와 나란히 묻어다오.
5 얘야, 너는 일생 동안 우리 주 하느님을
기억하고 죄를 짓거나 하느님의 계명을 어
기려고 하지 마라. 너는 평생토록 옳은 일
을 행하고 옳지 않은 길은 걷지 마라.
6 네가 진리를 따르기만 한다면 무슨 일을 하
든지 성공할 것이다.
7 옳은 일을 행하는 모든 사람에게, 너에게
있는 것으로 자선을 베풀어라. 자선을 베풀
때에는 아까워하는 마음을 갖지 마라. 가난
한 사람을 만나거든 그가 누구든지 외면하
지 마라. 그러면 하느님께서도 너에게서 얼
굴을 돌리시는 일이 결코 없을 것이다.
8 네 재산 정도에 맞게 힘 닿는 데까지 자선을
베풀어라. 네가 가진 것이 적더라도 주저하
지 말고 적은 대로 자선을 베풀어라.
9 이렇게 하는 것은 네가 곤경을 당하게 되는
날을 대비하여 좋은 보물을 쌓아두는 일이
된다.
10 자선은 자선을 베푸는 사람을 죽음에서 건
져내고 암흑에 빠지지 않게 해주는 것이다.
11 누구든지 자선을 베풀면 그 자선은 지극히
높으신 하느님께 바치는 좋은 예물이 된다.
12 얘야, 모든 음란한 일을 피하여라. 무엇
보다도 네 조상의 가문에서 네 아내를 택하
여라. 네 아버지의 부족에 속하지 않은 이
방인 여자를 아내로 택하지 마라. 우리는
예언자들의 후손이다. 얘야, 우리의 옛 조
상 노아와 아브라함과 이사악과 야곱을 생각
해 보아라. 그들은 모두 자기들의 친족 가
운데서 아내를 얻었고 축복을 받아 그들의
자녀를 낳았다. 이제 그들의 후손이 이 땅
을 차지할 것이다.
13 얘야, 네 친족을 사랑하여라. 네 친족에 대
하여나 네 동포의 자녀들에 대하여 교만한
마음을 품지 마라. 너는 그들 중에서 네 아
내를 택해야 한다. 교만은 파멸과 많은 혼
란을 가져오는 법이다. 태만은 집안을 망치
고 큰 가난을 몰고 온다. 태만은 기근의 어
미다.
14 너를 위하여 일해 준 사람이 누구든지간
에 그의 품삯을 당장에 치러주고 다음날까
지 미루지 마라. 네가 하느님을 섬기면 하
느님께서 너에게 갚아주실 것이다. 얘야,
무슨 일을 하든지 조심해서 하고, 네 모든
몸가짐을 신중하게 하여라.
15 네가 싫어하는 일은 아무에게도 행하지 마
라. 포도주를 취하도록 마시지 말고 술에
취하는 버릇을 갖지 않도록 하여라.
16 굶주린 사람에게 네 양식을 나누어주고
헐벗은 사람에게 네 의복을 나누어주어라.
필요 이상의 물건이 너에게 있거든 그것으
로 남을 구제하고 남을 구제할 때에는 아까
운 마음을 품지 마라.
17 하느님의 법대로 살다가 죽은 사람의 장례
식을 치를 때에는 네 음식을 아낌없이 제공
해 주어라.
18 지혜로운 사람이 있거든 그에게서 조언
을 구하고 너에게 도움이 될 만한 조언은 무
엇이든지 소홀히 여기지 마라.
19 언제나 주 하느님을 찬양하고 네가 가는 길
을 평탄케 해주시기를 간구하여라. 그러면
네가 어디를 가든지, 무엇을 하든지 성공할
것이다. 어느 민족이나 다 그런 인도를 받
을 수 있는 것은 아니다. 주께서 원하시는
민족에게만 친히 온갖 좋은 것들을 베풀어
주신다. 주께서 원하시지 않는 민족은 여지
없이 멸망시키신다. 그러니 얘야, 내 훈계
를 네 마음에 새기고 너에게서 떠나가지 않
도록 하여라.
20 내가 전에 메대의 라게스에 사는 가브리의
아들 가바엘에게 은 십 달란트를 맡겨둔 일
이 있으니 너도 알아두어라.
21 네가 하느님을 두려워하고 모든 죄악을 멀
리하며 하느님께서 기뻐하시는 일을 행한
다면 너는 부유하게 될 것이다."

토비아의 길동무 라파엘

5 ◎그 때 토비아는 아버지 토비트에게 이렇
게 대답하였다.
"아버지, 아버지께서 일러주신 모든 일을
다 행하겠습니다.
2 그렇지만 가바엘이 저를 모르고 저도 그를
모르는데 어떻게 그에게서 돈을 받을 수가
있겠습니까? 제가 그에게서 그 돈을 받으
려면 내가 누구라는 것을 알리고 저를 믿게

하여야 할 터인데 무슨 증거를 그에게 보여
주어야 하겠습니까? 저는 메대로 가는 길도
모릅니다."
3 토비트는 자기 아들 토비아에게 이렇게 일러
주었다. "전에 가바엘과 나는 증서를 만들
어서 각각 서명을 한 후 그것을 두 조각으로
찢어서 하나는 내가 간직하고 다른 하나는
돈과 함께 그에게 맡겨두었다. 내가 그 돈
을 맡겨둔 지가 이십 년이나 되었다. 얘야,
네가 믿을 만한 사람을 하나 구해 가지고 가
바엘에게 함께 가서 돈을 받아 오도록 하여
라. 함께 갔던 사람에게는 네가 돌아온 후
에 보수를 주도록 하자."
4 ◎토비아는 밖으로 나가서 메대로 가는 길을
잘 알 뿐만 아니라 자기와 함께 가줄 사람을
찾아보았다. 그러던 중 그는 천사 라파엘을
만났는데 자기 앞에 서 있는 그가 하느님의
천사인 줄은 몰랐다.
5 토비아가 라파엘에게, "당신은 어디서 오셨
습니까?" 하고 묻자 "나는 당신의 동족 이
스라엘 사람으로서 여기 일자리를 찾아서
왔습니다." 하고 라파엘이 대답하였다. 토비
아가 다시 "당신은 메대로 가는 길을 잘 아
십니까?" 하고 묻자,
6 라파엘은 이렇게 대답하였다. "알고말고요.
거기 여러 번 가보았습니다. 그리로 가는
길이라면 안 가본 길이 없어서 모두 다 잘
알고 있습니다. 그 곳 라게스에 사는 우리
동족 가바엘의 집에서 묵곤 했지요. 라게스
는 산골 동네이기 때문에 엑바타나에서 라게
스까지 가려면 꼬박 이틀이 걸립니다."
7 토비아는 라파엘에게 이렇게 말하였다. "좀
기다려주십시오. 집으로 들어가 아버지께
여쭙고 나오겠습니다. 당신은 나와 함께 꼭
가주셔야 하겠습니다. 거기에 대한 보수는
물론 드리지요."
8 그 때에 천사가 "예, 기다리지요. 지체하지
만 마십시오." 하고 말하였다.
9 ◎토비아는 집으로 들어가서 아버지 토비트
에게 보고하였다. "우리 이스라엘 동족 한
사람을 만났습니다." 그러자 토비트가 "얘
야, 그 사람을 불러오너라. 그 사람이 어느
집안과 어떤 지파에 속하는지 들어보고 네
가 믿고 데리고 갈 만한 사람인지 알아봐
야겠다." 하고 말하였다. 토비아는 밖으로
나가서 라파엘을 부르며 "여보시오, 제 아
버지께서 당신을 부르십니다." 하고 말하
였다.
10 라파엘이 그 집에 들어가자 토비트가 먼저
인사하였다. "기쁨이 충만하시기를 빕니
다." 하고 라파엘이 답례를 하자 토비트가
이렇게 말하였다. "내가 이제 무엇을 가지
고 기뻐하겠습니까? 나는 눈이 먼 사람으
로서 하늘의 빛을 보지 못하고 빛을 보지 못
하는 죽은 자처럼 암흑 속에 잠겨 있습니다.
나는 살아 있으나 죽은 사람이나 다름없습
니다. 사람의 말소리는 들어도 그들의 얼굴
은 보지 못합니다." 그러자 라파엘이 "기운
을 내십시오. 멀지 않아 하느님께서 당신을
고쳐주실 것입니다. 어서 기운을 내십시
오." 하고 격려하였다. 토비트는 "내 아들
토비아가 메대로 가려고 하는데 당신이 함께
가며 그의 길을 인도해 줄 수 있겠습니까?
보수는 드리겠습니다." 하고 청하였다. 라
파엘이 대답하였다. "예, 함께 갈 수 있습니
다. 나는 모든 길을 잘 알고 있습니다. 메대
에는 여러 번 가보았고 그 곳 들과 산을 두
루 다녀보았기 때문에 어느 길이고 모르는
길이 없습니다."
11 "당신은 어느 지파, 어느 가문에 속합니까?
나에게 말해 주시오." 하고 토비트가 청하
자,
12 라파엘은 "내 출신 지파는 알아서 무엇하시
겠습니까?" 하고 대답하였다. 토비트가 다
시 "당신이 정말 누구인지, 이름이 무엇인
지 알고 싶습니다." 하자,
13 "나는 당신의 동족인 위대한 아나니아의 아
들 아자리아입니다." 하고 라파엘이 대답하
였다.
14 이 말을 듣고 토비트가 말하였다. "참 잘 오
셨습니다. 하느님의 축복을 받으시기 바랍
니다. 내가 당신의 가문에 대해서 캐물은
것을 섭섭하게 생각하지 마십시오. 알고 보
니 당신은 나의 동족일 뿐 아니라 훌륭하고
좋은 집안에서 태어나셨군요. 나는 스마야
의 두 아들 아나니아와 나단을 전부터 알고
있습니다. 그들은 나와 함께 예루살렘으로
올라가서 같이 예배를 드리곤 했지요. 그들
은 한번도 탈선한 일이 없는 좋은 사람들입
니다. 당신은 정말 훌륭한 집안에서 태어났
군요. 이렇게 오셔서 반갑습니다."
15 토비트는 계속하여 말하였다. "나는 당신에
게 하루 한 드라크마를 보수로 드리겠습니
다. 그리고 내 아들에게 주는 여비와 같은
액수의 여비를 드리겠습니다. 내 아들을 데
리고 갔다 오십시오.
16 그러면 정한 보수 외에도 좀더 생각해 드리
겠습니다." 라파엘이 대답하였다. "내가 그

를 데리고 함께 갔다 오겠습니다. 그 여행
길은 안전하니 염려하지 마십시오. 잘 갔다
가 무사히 돌아오겠습니다."
17 토비트는 "여행 중에 하느님의 축복이 있기
를 바랍니다." 하고 라파엘에게 말한 다음,
자기 아들을 불러서 "얘야, 길 떠날 채비를
하고 네 동족인 이분과 함께 떠나거라. 하
늘에 계신 하느님께서 여행길에 너희를 보
호해 주시고 무사히 돌아오게 해주시기를
빈다. 하느님의 천사가 너와 동행하며 지켜
주시기를 빈다." 하고 말하였다. ◎토비아
는 길을 떠나면서 자기 아버지와 어머니에
게 입을 맞추었다. 토비트가 토비아에게 "몸
성히 갔다 오너라." 하고 말하였다.
18 그 때 토비아의 어머니는 울음을 터뜨리며,
"어쩌자고 내 아이를 보냅니까? 그 애는 늘
우리와 함께 있으면서 우리의 지팡이 구실
을 하지 않아요?
19 돈은 더 해서 무엇해요? 그 돈 때문에 우리
아이를 희생시킬 수야 없지 않아요?
20 주님께서 우리에게 주신 것만큼만 가지고
살면 그것으로 충분합니다." 하고 말했다.
21 토비트는 자기 아내에게 이렇게 대답하였
다. "조금도 염려하지 말아요. 우리 아이는
잘 갔다가 무사히 돌아올 테니까. 그 애가
당신 곁으로 무사히 돌아오는 날을 당신 눈
으로 직접 보게 될 것이오.
22 그러니 여보, 염려하지 말아요. 이 두 사람
때문에 걱정할 것은 조금도 없소. 선한 천
사가 토비아와 동행할 테니, 이 애는 여행을
잘 끝마치고 무사히 돌아올 것이오."

6

이 말을 듣고 토비트의 아내는 울음을 그
쳤다.

이상한 물고기

2 ◎토비아와 라파엘은 길을 떠났다. 그 집의
개도 따라나서서 그들과 동행하였다. 그 둘
은 길을 가다가 밤이 되어 티그리스 강 가에
서 하룻밤을 묵게 되었다.
3 토비아가 발을 씻으려고 물가에 내려갔을
때에 커다란 물고기가 물에서 뛰어올라 그
소년의 발을 잘라 먹으려고 하였다. 그래서
그는 소리를 질렀다.
4 그 때에 천사가 소년에게 "그 물고기를 놓
치지 말고 붙잡아라." 하고 말하였다. 토비
아는 그 물고기를 붙잡아 가지고 뭍으로 끌
어올렸다.
5 그러자 천사 라파엘이 말하였다. "그 물고
기의 배를 갈라서 쓸개와 염통과 간은 꺼내
어 잘 보관하고 나머지 내장은 다 버려라.
그 쓸개와 염통과 간은 약으로 요긴하게 쓰
일 것이다."
6 토비아는 물고기의 배를 가르고 쓸개와 염
통과 간을 따로 간수한 다음, 물고기의 일
부분은 구워서 먹고 나머지는 소금에 절여
두었다. ◎그들 둘은 여행을 계속하여 마침
내 메대 근처에까지 이르렀다.
7 그 때에 토비아가 천사 라파엘에게 "아자리
아 형님, 이 물고기의 염통과 간과 쓸개는
도대체 무슨 약으로 쓰입니까?" 하고 묻자
8 천사는 이렇게 대답하였다. "이 물고기의
염통과 간은 악마를 퇴치하는 데 쓰는 것이
다. 악한 귀신이나 악령에 사로잡힌 남자
또는 여자 앞에서 그것들을 태워 연기를 피
우면 그 악한 것들이 주던 괴로움이 깨끗이
사라지고 다시는 그 괴로움이 그 사람에게
돌아오지 않는다.
9 그리고 쓸개는, 그것을 흰막이 생긴 눈에
바르고 흰막에 닿도록 불어넣으면 시력이
회복된단다."
10 ◎그들이 메대 땅에 들어가 엑바타나에 이르
렀을 때에
11 라파엘이 "토비아," 하고 부르자 "왜 그러십
니까?" 하고 토비아가 대답하였다. 라파엘
이 이렇게 말하였다. "우리는 오늘 밤 라구
엘의 집에서 묵어야 하겠는데 그 사람은 네
친척이다. 그리고 그에게는 사라라는 딸이
있다.
12 그의 자녀라고는 사라밖에 없다. 너는 사라
의 가장 가까운 친척이니만큼 어느 누구보
다도 그 여자를 차지할 권리가 있고 그 아버
지의 재산을 물려받을 자격이 있다. 그 여
자는 영리하고 용감하고 대단히 아름다우
며 그의 아버지도 훌륭한 분이다."
13 라파엘은 계속하여 말했다. "너는 그 여자
와 결혼할 자격이 있으니 내가 오늘 밤 그
여자의 아버지에게 그 여자를 네 신부로 데
려가게 해달라고 청하겠다. 우리가 라게스
에 갔다가 돌아와서 혼인 잔치를 베풀도록
하자. 내가 알기에는 라구엘이 자기 딸과 네
가 결혼하는 것을 막거나 그 딸을 다른 데
시집 보내는 일은 결코 할 수 없다. 누구보
다도 네가 그의 딸을 차지할 자격이 있다는
것을 그가 알면서도 이행하지 않으면 모세
율법의 규정에 따라 사형을 면치 못할 것이
다. 오늘 밤 라구엘에게 그 처녀에 관하여
상의를 하고 너와 그 처녀의 약혼식을 올리
도록 하자. 그리고 우리가 라게스에 갔다가

돌아와서 그 여자를 데리고 네 집으로 함께
돌아가자."
14◎그 때에 토비아가 라파엘에게 이렇게 대답
하였다. "아자리아 형님, 나는 그 여자가 이
미 일곱 번이나 결혼했었다는 말을 들었습
니다. 그와 결혼한 남편들은 신방에서 모두
죽었다지요? 첫날밤 그 여자에게 가까이
가려다가 모두 죽었다면서요? 귀신이 그들
을 죽였다는 소문도 들었습니다.
15나도 죽을까 겁이 납니다. 귀신이 그 여자
는 해치지 않고 그 여자를 가까이하려는 남
자만을 죽인답니다. 나는 우리 집안의 외아
들입니다. 만일 내가 죽는다면 내 부모가
나 때문에 슬퍼하다가 지레 돌아가실 터이
니 결국 내가 그들을 죽이는 셈이 될 것입니
다. 내 부모에게는, 그들을 묻어드릴 자식
이 나밖에 없습니다."
16라파엘이 그에게 이렇게 말하였다. "너는
아버지의 명령을 잊었느냐? 네 가문에 속
하는 여자와 결혼하라고 명령하시지 않았
느냐? 자, 그러니 내 말을 잘 들어라. 그 귀
신에 대해서는 아무 염려 말고 사라와 결혼
하도록 하여라. 틀림없이 오늘 밤에 그 여
자가 네 아내가 될 것이다.
17네가 신방에 들어가게 되면 그 물고기의 간
과 염통을 꺼내어 향불 위에 올려놓아 냄새
를 피우도록 하여라.
18그러면 귀신이 그 냄새를 맡고 달아나서 다
시는 그 여자 곁에 얼씬도 하지 않을 것이
다. 네가 그 여자와 동침하려 할 때에 우선
둘이서 함께 일어나 하늘에 계신 주님께 기
도를 드리며 자비와 구원을 베풀어주시기
를 간구하여라. 그 여자는 처음부터 네 아
내로 정해져 있었고 네가 그 여자를 살려내
게 될 터이니 두려워 마라. 그 여자는 너를
따라가서 틀림없이 자녀를 많이 낳아줄 것
이다. 그러면 네 집안에 많은 형제가 생길
것이다. 자, 염려하지 마라." 토비아는 라파
엘의 말을 들어 사라가 자기의 동생뻘이 되
고 자기 아버지 가문의 자손이라는 것을 알
자 사라를 사랑하는 마음이 용솟음쳤고 그
의 마음은 사라에게서 떠날 줄을 몰랐다.

라구엘의 영접

7 ◎토비아는 엑바타나에 도착하자 라파엘에
게 "아자리아 형님, 우리 친척 라구엘의
집에 곧장 데려다 주십시오." 하고 청하였
다. 그래서 그는 토비아를 라구엘의 집으로
데리고 갔다. 그들은 라구엘이 대문 곁에 앉
아 있는 것을 보고 먼저 인사하였다. 라구엘
은 "어서 오십시오, 젊은이들. 참 반갑습니
다." 하고 답례를 한 후 그들을 집 안으로
데리고 들어갔다.
2그리고 자기 아내 에드나에게 "이 청년이 어
쩌면 이렇게도 내 친척 토비트를 닮았지?"
하고 말하였다.
3에드나가 "젊은이들, 당신들은 어디에서 왔
습니까?" 하고 묻자 그들은 "우리는 니느웨
에 사로잡혀 살고 있는 납달리 지파 사람들
입니다." 하고 대답하였다.
4에드나가 다시 "그러면 우리 친척 토비트를
아십니까?" 하고 묻자 "알고말고요." 하고
그들이 대답하였다. "그가 잘 있습니까?"
하고 그 여자가 또 물었을 때에
5그들은 "예, 건강하게 지내고 있습니다."
하고 대답하였다. 이어서 토비아가 "제가
바로 그분의 아들입니다." 하고 말하였다.
6라구엘은 벌떡 일어나 토비아에게 입을 맞추
고 기쁨의 눈물을 흘리면서 이렇게 말하였
다.
7"자네에게 하느님의 축복이 있기를 바라네.
자네는 훌륭하고 착한 분을 아버지로 모시
고 있네. 그렇게 늘 자비를 베푸는 어른이
눈이 멀다니, 참으로 비참하기도 하지!" 라
구엘은 자기 친척 토비아의 목을 끌어안고
울었다.
8그의 아내 에드나도 울었고 그의 딸 사라도
따라 울었다.
9라구엘은 자기 양떼 중에서 숫양 한 마리를
잡아, 그들을 융숭하게 대접하였다.

토비아와 사라의 결혼

◎토비아와 라파엘이 몸과 손을 씻고 저녁을
먹으러 식탁에 둘러앉았을 때 토비아는 라파
엘에게 "아자리아 형님, 라구엘에게 말씀 드
려 내 친척 사라를 내 아내로 내어주게 해주
십시오." 하고 부탁하였다.
10라구엘이 이 말을 엿듣고 토비아에게 이렇게
말하였다. "오늘 밤은 어서 먹고 마시며 즐
기게. 자네는 내 가장 가까운 친척이야. 내
딸 사라를 아내로 맞을 자격이 있는 사람이
자네말고 또 누가 있겠나. 사실 나는 내 딸
사라를 어떤 딴 사람에게 줄 권리가 없네. 그
러나 자네에게 밝혀두어야 할 사실이 있네.
11내 딸 사라를 동족에게 일곱 번이나 시집 보
냈지만 첫날밤 신랑들이 사라를 가까이하려
다가 모두 죽어버렸네. 그러나 주께서 잘
보살펴 주실 터이니, 어서 먹고 마시게." 토

비아가 이 말을 듣고 "제 일을 결정지어 주
시기 전에는 여기에서 제가 먹지도 않고 마
시지도 않겠습니다." 하고 말하자 라구엘은
이렇게 대답하였다. "그렇게 하겠네. 모세
율법이 지시하는 대로 사라를 자네에게 주
겠네. 사라가 자네 아내가 되는 것은 하늘이
이미 정해 놓은 일일세. 자네 친척 사라를
아내로 맞게. 이제부터 자네는 사라의 ㉠남
편이 되고 사라는 자네의 ㉡아내가 되는 것
일세. 오늘부터 사라는 영원히 자네 것일세.
하늘의 주님께서 오늘 밤 자네들을 잘 돌보
아주실 것일세. 주님께서 자네들에게 자비
와 평안을 베풀어주시기를 비네."
12 그리고 라구엘은 자기 딸 사라를 불렀다. 사
라가 오자 그는 딸의 손을 잡고 딸을 토비아
에게 넘겨주며 이렇게 말하였다. "모세의
책에 기록되어 있는 율법과 규정에 따라 사
라를 자네 아내로 주니, 아내로 맞이하여 아
버지 계신 곳으로 잘 데리고 가게. 하늘에
계신 하느님께서 자네들의 갈 길을 잘 보살
펴 주시기를 비네."
13 라구엘은 사라의 어머니를 불러 종이를 가
져오라고 하였다. 그리고 모세 율법의 규정
에 따라 사라를 토비아에게 준다는 혼인 계
약서를 작성하였다.
14 그리고 나서야 그들은 음식을 먹기 시작하
였다.
15 ◎라구엘은 자기 아내 에드나를 불러서 "여
보, 방을 하나 따로 마련하고 사라를 그리로
들여보내시오." 하고 말하였다.
16 에드나는 가서 남편의 지시대로 신방을 꾸
미고 사라를 그리로 데리고 들어갔다. 거기
에서 딸의 신세를 생각하며 울다가 이렇게
말하였다.
17 "얘야, 용기를 내어라. 하늘의 주님께서 네
슬픔을 거두어주시고, 기쁨을 내려주실 것
이다. 얘야, 용기를 내라." 이 말을 남기고
에드나는 방에서 나왔다.

귀신의 퇴치

8 ◎그들은 음식을 다 먹고 나자 자고 싶은
생각이 들었다. 사람들이 신랑을 데리고
가서 신방으로 들여보냈다.
2 그 때에 토비아는 라파엘의 말을 기억하고
자기가 가지고 다니는 자루에서 물고기 간
과 염통을 꺼내어 타오르는 향불 위에 올려
놓았다.
3 그 물고기 냄새를 맡고 귀신은 이집트 땅 먼
곳까지 도망을 가버렸다. 그 때에 라파엘은
그 귀신을 날쌔게 쫓아가서 손발을 묶고 꼼
짝도 못하게 해놓았다.
4 ◎토비아를 데려다 준 사람들이 신방에서 나
와 문을 닫자 토비아는 침대에서 일어나 사
라에게 이렇게 말하였다. "여보, 일어나시
오. 우리 주님께 기도드리며 우리에게 자비
와 구원을 내려주시기를 간구합시다."
5 사라가 일어나자 그들은 함께 기도를 드리
며 그들을 구원해 주시기를 간구하기 시작
하였다. 토비아는 이렇게 기도하였다.
"우리 조상의 하느님, 찬양을 받으소서.
주님의 이름으로 하여금 영세무궁토록
찬미받게 하소서.
주님이 창조하신 하늘과 만물로 하여금
영원토록 찬양하게 하소서.
6 주님은 아담을 창조하셨고,
그를 돕고 받들어줄 아내로서
하와도 창조하셨습니다.
그 둘에게서 인종이 퍼졌습니다.
'사람이 혼자 있는 것이 좋지 않으니, 그
를 닮은 짝을
만들어 그를 돕게 하자.' 하고 주님은 말
씀하셨습니다.
7 내가 지금 이 여자를 아내로 맞는 것은
음욕 때문이 아니라,
하느님의 뜻을 참되게 이루기 위해서입
니다.
나와 내 아내에게 자비를 베푸시어,
늙도록 함께 살게 해주소서."
그들은 소리를 합하여 "아멘." 하고 말하
였다.
8 그리고 나서야 그들은 그 밤을 지내기 위하
여 잠자리에 들었다.
9 ◎라구엘은 밤중에 일어나 자기 하인들을
불러, 데리고 나가
10 "신랑이 죽으면 우리는 사람들의 조롱과
비방을 면치 못할 것이다." 하면서 무덤을
팠다.
11 무덤을 다 판 후에 라구엘은 집으로 돌아가
서 자기 아내를 불러,
12 이렇게 말하였다. "하녀 하나를 들여보내어
신랑이 살아 있는지 보고 오게 하시오. 그
가 죽었으면 아무도 모르게 그를 묻어버려
야겠소."
13 라구엘 부부는 등불을 켜가지고 신방 문을
열고 하녀를 들여보냈다. 하녀가 들어가 보
니 신혼 부부는 둘 다 깊이 잠들어 있었다.

㉠ ㉡ 그리스어 본문에는 "남편" 대신 "오빠"라는 표현을 쓴다. 또 "아내" 대신에 "누이"라는 표현을 쓴다.

14 하녀는 나와서, 토비아는 아무런 해도 입지
않고 살아 있다고 그들에게 보고하였다.
15 이 보고를 들은 라구엘 부부는 하늘에 계신
하느님을 찬양하였다.
"하느님, 찬미받으소서.
깨끗한 마음으로, 정성을 다하여
주님을 찬양합니다.
모든 사람으로 하여금
영원히 주님을 찬양하게 하소서.
16 주님께서 나에게 기쁨을 주셨사오니
감사합니다.
내가 염려하던 일은 일어나지 않게 해주
셨고
도리어 주님은 놀라운 은총을 우리에게
베풀어주셨습니다.
17 주님께서 외아들과 외딸에게 자비를 베
풀어주셨사오니
감사합니다.
주님, 그들에게 자비와 구원을 베풀어주
시고
주님이 주시는 자비와 기쁨을 누리며
일생을 마치게 해주소서."
18 ◎라구엘은 날이 밝기 전에 그 무덤을 메우
라고 하인들에게 지시하였다.

혼인 잔치

19 ◎라구엘은 자기 아내에게 음식을 많이 장
만하라고 이른 다음 목장으로 가서 황소 두
마리와 숫양 네 마리를 끌어다가 하인들을
시켜 잡게 하였다. 하인들은 잔치 준비를
시작하였다.
20 라구엘은 토비아를 불러 이렇게 말하였다.
"자네는 열나흘 동안 절대로 이 곳을 뜨지
말고 여기 내 곁에 머물러 있으면서 먹고 마
시게. 지금까지 모든 괴로움에 멍든 내 딸
의 마음을 즐겁게 해주게.
21 내 재산의 절반을 당장 줄 테니 자네 아버지
에게 갈 때 잘 가지고 가게. 나머지 절반은
나와 내 아내가 죽은 다음 자네들 것이 될
걸세. 여보게 이 사람, 씩씩하게 살아가게.
나는 자네 아버지고 에드나는 자네 어머니
일세. 사라가 우리 자식이듯이 자네도 이제
부터 영원히 우리 자식일세. 그러니 씩씩하
게 살아가게."

돈을 되찾음

9 ◎토비아는 라파엘을 불러 이렇게 말하였
다.
2 "아자리아 형님, 하인 네 사람과 낙타 두 마
리를 거느리고 라게스로 가십시오. 가바엘
댁에 가셔서 이 증서를 내주시고 돈을 받아
오십시오.
3 그리고 그분을 이 혼인 잔치에 모시고 오십
시오.
4 형님이 아시는 대로 제 아버지는 날수를 세
고 계실 것입니다. 내가 단 하루라도 더 지
체하면 아버지께 걱정을 많이 끼쳐드리게
될 것입니다. 형님은 나의 장인 라구엘이 무
슨 맹세를 하셨는지 다 들으셨습니다. 나는
그가 맹세하신 말씀을 거역할 수가 없습니
다."
5 라파엘은 하인 네 사람과 낙타 두 마리를 거
느리고 메대의 라게스에 있는 가바엘의 집에
가서 머물렀다. 라파엘은 증서를 가바엘에게
넘겨주고, 토비트의 아들 토비아가 장가를
들었다는 소식과 그가 가바엘을 혼인 잔치
에 초대한다는 소식을 전하였다. 그러자 가
바엘은 곧 봉인한 채로 있는 돈주머니들을
세어서 따로 싸놓았다.
6 그들은 다음날 아침 일찍 함께 출발하여 잔
칫집으로 왔다. 그들이 라구엘의 집에 들어
가보니 토비아는 잔칫상을 받고 앉아 있었
다. 토비아가 벌떡 일어나 가바엘에게 인사
를 하자 가바엘은 눈물을 흘리며 토비아를
축복해 주었다. "훌륭하고 착한 젊은이, 자
네 아버지도 훌륭하고 착하고 올바른 자선
가이시네. 주님께서 하늘의 축복을 자네와
자네 아내와 자네 아버지와 자네 장모에게
내려주시기를 비네. 하느님, 감사합니다.
㉠내가 내 사촌 토비아를 만나니 그의 아버
지 토비트를 만난 것 같습니다."

토비트의 근심

10 ◎한편 토비트는 자기 아들의 왕복 여
행에 드는 날수를 날마다 계산하고 있
었다. 그런데 그 날수가 다 차도 아들이 돌
아오지 않자,
2 토비트는 "혹시 그 애가 거기에 붙들려 있는
것이나 아닐까, 그렇지 않으면 가바엘이 죽
어서 돈을 돌려줄 사람이 없는 것이나 아닐
까?" 하면서
3 근심하기 시작하였다.
4 그의 아내 안나는 "그 애는 이제 죽어서 이
세상에는 없어요." 하며 울음을 터뜨렸다.
이렇게 자기 아들의 일로 애통해 하면서,
넋두리를 계속하였다.

㉠ 어떤 사본에는 "내가 토비아를 만나니 내 사촌 토비트를 만난 것 같습니다."라고 되어 있다.

5 "아이고 내 신세야. 내 눈이 어두울 때 내
빛이 되어줄 너를 어찌하여 내가 떠나보냈
던고!"
6 이 말을 듣고 토비트는 이렇게 위로하였다.
"여보, 그만해 두오. 그 애는 무사할 테니
걱정하지 말아요. 아마 그들에게 여의치 않
은 일이 생겼나 보오. 그러나 토비아와 같이
간 그 사람은 믿을 만한 사람이고 또 우리
동족 중의 한 사람이 아니오? 그러니 여보,
그 애에 대하여 근심하지 말아요. 멀지 않
아 돌아올 것이오."
7 그러나 안나는 "듣기 싫어요, 나를 속이지
마세요. 내 아이는 벌써 죽었어요." 하고
대꾸하였다. 안나는 날마다 밖으로 뛰쳐나
가 자기 아들이 떠나가던 길을 살펴보며 아
무의 말도 들으려 하지 않았다. 안나는 해
가 진 다음에 집에 돌아와서도 밤새도록 슬
프게 흐느껴 울며 잠을 이루지 못하는 것이
었다.

엑바타나를 출발한 토비아

◎라구엘이 자기 딸을 위하여 베풀어주겠
다고 맹세한 십사 일간의 혼인 잔치가 끝나
자 토비아는 자기 장인에게 가서 간청하였
다. "이제는 저를 보내주십시오. 틀림없이
집의 아버지와 어머니는 나를 다시 만나보
지 못할 줄로 생각하고 계실 것 같습니다.
그러니 아버님, 이제 제발 보내주십시오.
집으로 돌아가야겠습니다. 제가 집을 떠나
올 때의 사정은 이미 다 말씀드리지 않았습
니까?"
8 그러나 라구엘은 토비아에게 "여보게, 좀더
있게. 나와 함께 좀더 지내세. 자네 춘부장
께는 사람을 보내어 자네 소식을 전해 드리
겠네." 하고 말하였다.
9 토비아는 "결코 그럴 수는 없습니다. 어서
집으로 가야겠으니 제발 여기를 떠나게 해
주십시오." 하고 대답하였다.
10 ◎그러자 라구엘은 서슴지 않고 토비아에게
그의 신부 사라를 내어줄 뿐 아니라 남종과
여종, 소와 양, 나귀와 낙타, 옷과 돈과 그
릇 등 자기 재산의 절반을 나누어주었다.
11 그리고 무사히 지내던 토비아 일행을 떠나
보내며 그를 끌어안고 이렇게 말하였다.
"여보게, 잘 가게. 아무 탈없이 돌아가기를
바라네. 하늘에 계신 주님께서 자네 아내
사라를 잘 돌보아 주시기를 비네. 내가 죽
기 전에 자네들이 낳은 자식들을 보게 되었
으면."
12 그리고 나서 자기 딸 사라에게도 이렇게 말
하였다. "너는 이제 네 시댁으로 가야 한다.
이제부터 시부모는 너를 낳은 우리들과 똑
같은 부모님이시다. 얘야, 잘 가거라. 내가
살아 있는 동안 너에게서 희소식이 들려오
기를 바란다." 그는 끌어안고 작별 인사를
나눈 다음 그들을 떠나보냈다.
13 그 때에 에드나도 토비아에게 말하였다. "자
네는 내 사랑하는 자식이고 사위일세. 주님
께서 자네를 무사히 집으로 돌아가게 해주
시기를 비네. 내가 죽기 전에 자네와 내 딸
사라 사이에서 태어난 자식들을 보게 되기
를 바라네. 내가 주님 앞에서 내 딸을 자네
에게 맡기니 잘 보살펴 주게. 평생토록 내
딸을 슬프게 해주지 말게. 자, 잘 가게. 이
제부터 나는 자네 어머니이고 사라는 자네
의 사랑하는 아내일세. 주님께서 우리들을
다 같이 평생토록 잘 보살펴 주시기를." 에
드나는 그 둘에게 입을 맞춰주고 무사히 떠
나보냈다.
14 토비아는 건강한 몸과 유쾌한 기분으로 라
구엘을 떠나가며 자기의 여행을 성과 있게
해주신 천지의 주재이시며 만물의 왕이신
하느님을 찬양하였다. 마지막으로 라구엘이
토비아에게 한 말은 이러하였다. "자네가
주님의 축복을 받아, 자네 부모의 여생을
기쁘게 해드릴 수 있기를 나는 비네."

시력을 되찾은 토비트

11 ◎토비아의 일행이 니느웨의 맞은편에
있는 카세린 가까이에 이르렀을 때에
라파엘은 토비아에게 이렇게 말하였다.
2 "우리가 집을 떠날 때에 네 아버지가 어떤
형편에 있었는지 잘 알지 않느냐?
3 네 아내 일행보다 우리가 빨리 앞서가서
그들이 따라오는 동안에 집을 정돈하도록
하자."
4 라파엘은 이어서 토비아에게, 그 물고기의
쓸개를 손에 들고 가라고 말한 다음, 토비아
와 함께 걸음을 재촉하였다. 그들과 함께
여행을 떠났던 개도 라파엘과 토비아의 뒤를
따랐다.
5 ◎한편 토비아의 어머니 안나는 주저앉아
서 자기 아들이 떠나가던 길을 지켜보고 있
었다.
6 그러다가 토비아가 오는 것을 보고 남편 토
비트에게 "저기 당신 아들이 옵니다. 함께
갔던 사람도 옵니다." 하고 소리질렀다.
7 토비아가 자기 아버지에게 가까이 가기 전

에 라파엘은 이렇게 말하였다. "틀림없이
네 아버지는 다시 눈을 떠 보게 될 것이다.
8 그 물고기의 쓸개를 아버지 눈에 발라드려
라. 그러면 그 약이 아버지 눈의 흰막을 줄
어들게 하고 마침내는 없애버릴 것이다. 그
래서 네 아버지는 시력을 되찾아 빛을 보게
될 것이다."
9 ◎안나는 앞으로 달려나가 아들의 목을 얼
싸안고 "얘야, 내가 너를 다시 만났으니 이
제는 죽어도 한이 없겠다." 하면서 눈물을
흘렸다.
10 토비트도 일어서서 허둥거리며 대문 밖으로
나갔다.
11 토비아는 물고기의 쓸개를 손에 든 채 아버
지에게 달려가 아버지의 눈에 입김을 불어
넣어 드렸다. 그리고 아버지의 팔을 붙잡고
"아버지, 기운을 내십시오." 하고 말하며
그 약을 눈에 발라드린 다음,
12 양손으로 아버지의 눈 구석에서부터 흰막
을 벗겨내었다.
13 그 때에 토비트는 아들의 목을 얼싸안고 "네
가 보이는구나, 내가 눈이 멀었을 때 눈 노
릇을 해주던 네가!" 하고 말하였다.
14 그리고 이어서 다음과 같이 감사하였다.

"하느님, 찬미받으소서.
주님의 크신 이름과
모든 거룩한 천사들이 찬미를 받아 마땅
합니다.
주님께서 우리와 함께 계시고
모든 천사들이 영원토록 찬미받으시기를
비옵니다.
15 주님은 저를 채찍으로 치셨으나
이제 저는 제 눈으로 아들 토비아를 봅니
다."

◎토비아는 기쁨에 넘쳐 소리 높이 하느님을
찬양하며 집으로 들어갔다. 그리고 토비아
는 하느님의 돌보심으로 자기 여행에 큰 성
과가 있었다는 것과 돈을 찾아왔다는 것과
라구엘의 딸 사라를 아내로 얻게 된 경위와
자기 아내도 같이 오는데 니느웨 성문 가까
이 당도했으리라는 것을 아버지께 보고하
였다.
16 ◎토비트는 기쁨에 넘쳐 하느님을 찬양하면
서 자기 며느리를 맞으러 니느웨 성문으로
나갔다. 니느웨 사람들은 토비트가 아무의
도움도 받지 않고 혼자서 성큼성큼 걸어 나
오는 것을 보고 깜짝 놀랐다.
17 그 때 토비트는 하느님께서 자비를 베푸셔
서 눈을 뜨게 해주셨다는 사실을 그들 앞에
서 분명히 말하였다. 토비트는 토비아의 아
내 사라에게 가까이 가서 그를 축복하며 이
렇게 말하였다. "악아, 어서 오너라. 너를
우리에게 인도해 주신 네 하느님께 찬미를
드리자. 네 아버지와 내 아들 토비아와 또
너에게 하느님의 축복이 있기를 빈다. 악
아, 어서 집으로 들어가자. 그리고 평안과
축복과 기쁨을 누려라." 그 날 니느웨에 사
는 모든 유다인들이 다 같이 기뻐하였다.
18 그리고 토비트의 조카 아히카르와 나답도 그
집에 찾아와서 기쁨을 나누었다.

라파엘의 품삯

12 ◎혼인 잔치가 다 끝나자 토비트는 토
비아를 불러 이렇게 말하였다. "얘야,
너와 함께 갔던 그 사람에게 보수를 어김없
이 드리도록 하여라. 그리고 정한 보수 외
에도 좀더 얹어드리기를 잊지 마라."
2 토비아가 아버지에게 말하였다. "아버지,
그 사람에게 보수를 얼마나 드리는 것이 좋
겠습니까? 그 사람의 덕분으로 내가 가져
오게 된 재산의 절반을 그에게 드려도 나는
아깝지 않겠습니다.
3 나를 무사하게 인도하고 내 아내의 액운을
면케 해주고 나를 도와서 그 돈도 찾아올 수
있게 해주고 또 아버지의 눈도 뜨게 해준 분
이 바로 그분이 아닙니까? 그러니 그에게
보수를 얼마나 더 드려야 하겠습니까?"
4 토비트는 자기 아들에게 "얘야, 그가 가져
다 준 모든 것의 절반을 그가 차지한다는 것
은 당연한 일이다." 하고 대답하였다.
5 토비아는 라파엘을 불러 "형님께서 가져다
주신 모든 것의 절반을 보수로 드리니 받으
시고 안녕히 가십시오." 하고 말하였다.

라파엘의 권고

6 ◎그러자 라파엘은 토비트와 토비아를 조용
히 불러 다음과 같이 말하였다.
"하느님께서 두 분에게 그토록 많은 은총
을 베풀어주셨으니, 하느님을 찬양하고 살
아 있는 모든 사람 앞에서 하느님께 감사를
드리십시오. 다른 사람들도 하느님의 이름
을 찬양하고 감사하게 될 것입니다. 하느님
께서 하신 일을 존중히 여겨 만민에게 분명
히 드러내고 하느님께 감사하기를 게을리
하지 마시오.
7 세상 임금의 비밀은 감추는 것이 좋습니다.
그러나 하느님의 업적은 드러내어 세상에
알리는 것이 좋으며 또 하느님께 영광을 돌

려야 합니다. 두 분께서는 좋은 일을 하십
시오. 그러면 두 분에게는 불행이 닥치지
않을 것입니다.
8 옳지 못한 방법으로 부자가 되는 것보다는
진실한 마음으로 기도를 드리고 올바른 마
음으로 자선을 행하는 것이 더 좋습니다.
황금을 쌓아두는 것보다는 자선을 행하는
것이 더 좋은 일입니다.
9 자선은 사람을 죽음에서 건져내고 모든 죄
를 깨끗이 없애버립니다. 자선을 행하는 사
람은 장수하게 될 것입니다.
10 죄를 짓고 옳지 않은 일을 행하는 사람은 자
기 자신을 파멸시키는 사람입니다.

라파엘의 정체

11 나는 이제 두 분에게 아무것도 숨기지 않
고 사실을 다 말씀드리겠습니다. 나는 아까
두 분에게 세상 임금의 비밀은 감추는 것이
좋고 하느님의 업적은 드러내는 것이 좋다
고 분명히 말씀드렸습니다.
12 당신 토비트가 기도할 때와 또 사라가 기도
할 때 그 기도를 듣고 영광스런 주님께 그
기도를 전해 드린 것이 바로 나였습니다.
그리고 당신이 죽은 사람을 묻어주었을 때
에도 내가 그 사실을 하느님께 보고드렸습
니다.
13 언젠가 당신이 잔치 자리를 박차고 서슴지
않고 일어나 나가서 시체를 묻어주던 날,
당신을 시험하기 위해 파견된 자도 바로 나
였습니다.
14 또 당신의 눈을 뜨게 하고 당신의 며느리 사
라의 액운을 면케 해주려고 하느님께서 보
낸 자도 바로 나입니다.
15 나는 영광스런 주님을 시중드는 일곱 천사
중의 하나인 라파엘입니다."
16 ◎이 말을 들은 그 두 사람은 당황하다 못해
겁에 질려 그 천사 앞에 엎드렸다.
17 그러나 라파엘은 그들에게 다음과 같이 말
하였다.
"두려워하지 말고 안심하시오. 영원토록
하느님을 찬양하시오.
18 내가 당신들과 함께 있었지만 그것은 하느
님께서 시키셔서 한 것이고 나 자신의 호의
에서 한 것은 아니었습니다. 그러니 언제나
당신들의 찬양과 찬미를 받으실 분은 하느
님이십니다.
19 당신들은 내가 먹고 마시는 것을 보았지만
내가 정말 먹은 것은 아닙니다. 그저 그렇
게 보였을 뿐입니다.
20 주 하느님을 찬양하고 감사를 드리시오. 나
는 나를 보내신 분에게로 올라갑니다. 당신
들에게 일어난 일들을 낱낱이 기록하시
오." ◎이 말을 남기고 라파엘은 하늘로 올
라갔다.
21 토비트와 토비아가 일어나 보니 라파엘의 모
습은 보이지 않았다.
22 하느님께서 당신의 천사를 보내시어 그 놀
라운 일들을 보여주신 데 대하여 그들은 찬
양과 찬미와 감사를 드렸다.

토비트의 찬미

13 ◎토비트는 다음과 같은 노래를 불렀
다.
"영원히 살아 계시는 하느님과 하느님 나
라를 찬양하여라.
2 그분은 채찍질을 하시고
또 자비를 베푸신다.
땅 밑바닥 지옥까지 끌어내리시고,
또 그 무서운 파멸에서 끌어올리신다.
그 손아귀에서 벗어날 자 아무도 없다.
3 이스라엘의 자손들아,
이방인들 앞에서 하느님께 감사하여라.
그분이 너희를 이방인들 속에 흩으시고,
4 거기에서 당신의 위대하심을 너희에게
드러내셨다.
살아 있는 모든 것 앞에서
주님을 높이 받들어라.
그분은 우리 아버지시며,
영원한 하느님이시다.
5 너희가 옳지 않은 일을 할 때에는
너희에게 벌을 내리시어
이방인들 속에 흩으실 것이고
또 너희 모두에게 자비를 베푸시어
그들 속에서 너희를 건져내실 것이다.
6 너희가 진심으로 하느님께 돌아와
마음을 다하여 그 앞에서 참되게 살면
하느님께서 너희에게 돌아오셔서
다시는 외면하시지 않을 것이다.
이제 너희는,
하느님께서 너희에게 해주신 일들을 생
각하고
소리 높여 그분에게 감사드려라.
나는, 사로잡혀 있는 이 땅에서
하느님께 감사를 드리며
죄 많은 이방인들에게
그분의 힘과 위대하심을 드러낸다.
죄인들아, 돌아오너라.
하느님 앞에서 올바르게 살아라.

하느님께서 너희를 다시 생각하시고
자비를 베풀어주실지 누가 알랴?
7 나는 내 하느님을 높이 받들고
내 마음이 하늘의 임금을 찬양하며,
그분의 위대하심을 생각하여
떨 듯이 기뻐할 것이다.
8 모든 사람들아, 하느님의 위대하심을 선
포하고
예루살렘에서 하느님께 감사를 드려라.
9 거룩한 도성 예루살렘아!
주님은 네 자녀들의 행실을 보시고 벌을
내리실 것이며
올바르게 사는 사람들에게는
다시금 자비를 베푸실 것이다.
10 주님의 선하심을 찬양하여라.
만세의 왕을 기리어라.
네 성전이 다시 지어져서
너는 기뻐하게 될 것이다.
사로잡혀 갔던 모든 사람들이
네 안에서 즐거워하고
비참하게 지내던 모든 사람들이
오고 오는 세대에 네 안에서 하느님의 사
랑을 받게 되기를 비노라.
11 땅 구석구석까지 네 빛이 밝게 빛날 것이
다.
많은 민족이 멀리서부터 너에게로 올 것
이며
방방곡곡의 주민들이 네 거룩한 이름을
듣고 나와
손에 손에 들고 온 예물을 하늘의 임금께
바칠 것이다.
오고 오는 세대에 사람들이 네 안에서 기
뻐할 것이고
선택받은 도성, 너 예루살렘은
길이길이 빛날 것이다.
12 너를 비방하는 자들은 모두 저주를 받을
것이며
너를 파괴하고 네 성벽을 헐고
네 탑들을 무너뜨리고
네 집들을 불사르는 자들은
모두 저주를 받을 것이다.
그러나 두려운 마음으로 너를 귀히 여기
는 자들은
영원토록 축복을 받을 것이다.
13 너 예루살렘아,
올바르게 사는 사람들을 생각하여 기뻐
하여라.
그들은 모두 함께 모여
영원하신 하느님을 찬양할 것이다.
14 너를 사랑하는 사람들과
네 평화를 기뻐하는 사람들에게 복이 있
을 것이다.
네가 징벌을 받을 때마다
너 때문에 슬퍼하는 모든 사람들에게 복
이 있을 것이다.
그들은 네 안에서 기뻐할 것이며
영원토록 네 모든 기쁨을 함께 누릴 것이
다.
15 내 영혼아,
위대한 임금이신 주님을 찬양하여라.
16 예루살렘성은 재건될 것이며
주님이 영원히 그 안에 거하실 것이다.
네 자손 중에 살아 남은 자들이 네 영광을
보고
하늘의 임금께 감사를 드릴 때에
나는 얼마나 행복하랴!
예루살렘의 성문들은
사파이어와 비취옥으로 만들어지고
그 성벽도 모두 보석으로 이루어질 것이
다.
예루살렘의 탑들은 황금으로 지어지고
그 보루들도 순금으로 이루어질 것이다.
17 예루살렘 거리들은
홍옥과 오빌의 보석으로 포장될 것이다.
18 예루살렘 성문들은 기쁨의 찬가를 부를
것이고
예루살렘의 모든 집들은
'할렐루야, 이스라엘의 하느님이여 찬미
받으소서.' 하고 외칠 것이다.
하느님의 축복을 받은 사람들이 하느님
의 거룩하신 이름을
영원토록 찬양할 것이다."

14 토비트의 감사의 노래는 이렇게 끝났
다.

토비트의 유언

◎토비트는 니느웨에서 백십이 세에 평안히
죽어 영광스럽게 매장되었다.
2 그가 눈이 먼 것은 육십이 세 때였고 시력을
되찾은 후에도 자선을 행하고 계속하여 하
느님을 찬양하고 그분의 위대하심을 널리
선포하였다.
3 ◎토비트는 죽기 직전에 자기 아들 토비아를
불러 이렇게 당부하였다.
"얘야, 네 자식들을 데리고
4 메대로 피신하여라. 나훔을 시켜 니느웨를
두고 예언하신 하느님의 말씀을 나는 믿는
다. 그 예언이 그대로 이루어질 것이고, 하

느님께서 보내신 이스라엘의 예언자들이 아
시리아와 니느웨를 두고 예언한 모든 것이
그대로 이루어질 것이다. 그 예언의 말씀은
하나도 남김없이 제때에 다 이루어지고야
말 것이다. 그러니 아시리아나 바빌론에 있
는 것보다는 메대에 가 있는 것이 더 안전할
것이다. 하느님께서 하신 말씀은 모두 다
이루어지리라는 것을 나는 알고 또 믿는다.
그 말씀은 한마디도 실패로 돌아가지 않고
다 실현될 것이다. 이스라엘 땅에 사는 우리
동족들이 모두 포로가 되어 그 좋은 땅에서
추방되어 흩어질 것이고 이스라엘 땅은 온
통 황무지가 될 것이다. 사마리아도 예루살
렘도 황무지가 될 것이고 하느님의 전은 불
에 타버리고 당분간 슬픔에 잠길 것이다.
5 그러나 하느님께서는 그들에게 다시 자비
를 베푸시고 이스라엘 땅으로 되돌아오게
하시고 성전도 재건하게 하실 것이다. 그런
데 그들은 하느님께서 정하신 때가 오기까
지는 그 성전을 예전 것만큼 훌륭하게는 짓
지 못할 것이다. 때가 되면 이스라엘 사람들
이 포로 생활로부터 돌아와 예루살렘을 찬
란하게 재건할 것이고, 이스라엘의 예언자
들이 예언한 대로 하느님의 성전도 그 곳에
세울 것이다.
6 땅에 사는 모든 민족이 마음을 돌이켜 진심
으로 하느님을 공경할 것이며, 그들을 속여
그릇된 길로 인도하던 우상들을 버리고 올
바른 길을 걸으며 영원하신 하느님을 찬양
할 것이다.
7 그 때까지 살아 남아 진정으로 하느님께 충
성을 바치는 이스라엘의 모든 백성은 다 함
께 예루살렘으로 모여와 아브라함의 땅을 차
지하고 영원토록 안전하게 살 것이다. 하느
님을 진정으로 사랑하는 사람들은 기뻐할
것이고 죄와 악을 행하는 자들은 온 땅에서
자취를 감출 것이다.
8 얘들아, 내 명령을 잘 들어라. 너희는 하
느님을 진심으로 섬기고 하느님께서 기뻐
하시는 일을 행하여라. 너희의 자녀들을 잘
가르쳐서 올바른 일과 자선을 행하게 하고
하느님을 기억하며 언제나 힘을 다하여 참
되게 하느님의 이름을 찬양하게 하여라.
9 얘 토비아야, 여기 니느웨에 머물러 있지
말고 떠나거라.
10 네 어머니까지 죽어 내 무덤에 합장한 다음
에는 하루도 이 곳에 지체하지 말고 떠나거
라. 내가 보니 이 곳에는 부정부패와 사기
횡령이 판을 치고 있는데도 누구 하나 부끄
럽게 생각하는 사람이 없다. 얘야, 나답이
아히카르에게 한 일을 생각해 보아라. 아히
카르가 나답에게 생매장을 당할 뻔하지 않
았느냐? 나답이 아히카르를 죽이려 했기 때
문에 하느님께서는 그를 영원한 어둠 속에
몰아넣으시어 불명예스러운 이름을 남기게
하셨으며 아히카르는 살리시어 광명을 보게
하셨다. 아히카르는 자선을 행하였으며 나답
이 그를 죽이려고 만들어놓은 죽음의 올무
에서 빠져 나왔고 나답은 바로 그 올무에 걸
려 자멸하고 말았다.
11 그러니 얘들아, 자선의 결과가 무엇인지,
악의 결과가 무엇인지 잘 알아두어라. 악의
결과는 죽음이다. 이제 내 숨이 끊어지려
하는구나."

토비트의 죽음

◎그들이 토비트를 침상에 누이자 그는 숨을
거두었다. 그의 장례식은 성대하게 거행되
었다.
12 그 후 토비아의 어머니가 죽자 토비아는 어
머니를 아버지 무덤에 합장하고 자기 아내
와 함께 메대로 가 엑바타나에서 장인 라구엘
과 함께 살았다.
13 토비아는 늙은 장인, 장모를 잘 모시다가 메
대의 엑바타나에 그들을 묻었다. 이리하여
토비아는 자기 아버지 토비트의 재산뿐 아니
라 라구엘의 집도 유산으로 물려받았다.
14 토비아는 백십칠 세를 일기로 영광스러운
그의 일생을 마쳤다.
15 그는 죽기에 앞서 니느웨가 멸망하였다는
소식을 들었고 메대의 왕 아하스에로스가 사
로잡은 포로들이 메대로 끌려오는 광경을
보았다. 그리고 그는 하느님께서 니느웨와
아시리아 백성들에게 행하신 모든 일을 보
고 하느님을 찬양하였다. 이렇게 토비아는
죽기 전에 니느웨가 당한 운명을 생각하여
기뻐하였으며 영원히 살아 계시는 주 하느
님을 찬양하였다.

유딧

아시리아와 메대의 전쟁

1 ◎대도시 니느웨에서 아시리아를 통치하고
있던 느부갓네살 왕 제십이년에 있었던 일
이다. 그 때에 메대인의 왕 아르박삿은 엑바
타나에서 백성을 다스리며
2 엑바타나 주위에 높이 백오 척, 두께 칠십오
척 되는 성을 쌓았는데 거기에 폭 사 척 반,
길이 구 척으로 다듬은 돌을 사용하였다.
3 그리고 그 성문마다 구십 척 나비로 기초를
닦고 거기에 높이 백오십 척 되는 탑을 세
웠다.
4 그 성문은 높이가 백오 척, 나비가 육십 척
이나 되게 만들었기 때문에 많은 군대가 한
꺼번에 통과할 수 있었고 보병대는 대오를
지어서 행진해 나갈 수 있었다.
5 ◎그 무렵에 느부갓네살 왕이 아르박삿 왕에
게 싸움을 걸어서 라가오 지방의 대평야에
서 싸우게 되었다.
6 그래서 산간 지방에 사는 모든 사람들과 유
프라테스, 티그리스, 히다스페스 강 가에 사
는 모든 주민들과 엘람 사람들의 왕 아록의
지배하에 있는 평원의 모든 사람들이 아르
박삿 왕 밑으로 모여들었다. 그리고 다른 많
은 백성들도 켈레우드 사람들과의 싸움에
가담하려고 모여들었다.
7 그래서 아시리아의 느부갓네살 왕은 다음과
같은 여러 지방에 사는 사람들에게 사신을
보냈다. 페르시아를 비롯하여 길리기아, 다
마스쿠스, 레바논, 안티레바논 등 서쪽 여러
지방, 지중해 연안 지방,
8 가르멜, 길르앗, 상부 갈릴래아, 에스드렐론
의 대평야,
9 사마리아와 그 지방 도시들과 요르단 강 서
쪽, 예루살렘, 베다니아, 켈루스, 카데스, 이
집트의 강, 다흐반헤스, 라므세스, 고셀,
10 타니스, 멤피스, 에티오피아 접경에 이르기까
지의 온 이집트 지방에 사는 사람들에게 사
신을 보냈던 것이다.
11 이 온 지방의 여러 주민들은 모두가 아시리
아의 왕 느부갓네살의 명령을 우습게 여기고
그 전쟁에 가담하지 않았다. 그들은 왕을
한낱 하나의 인간으로밖에 취급하지 않았
기 때문에 그를 무서워하지 않고 그 사신들
에게 치욕을 주어 빈손으로 돌려보냈다.
12 그래서 이 온 지방 사람들에 대한 느부갓네
살 왕의 노여움은 극도에 달했다. 그는 지중
해와 페르시아 사이에 있는 지방, 즉 길리기
아와 다마스쿠스, 시리아의 모든 지방, 모압
지방의 모든 주민, 암몬 사람들, 전 유다와
이집트의 모든 주민들을 한칼로 무찔러 복
수하겠다고 자기 왕위와 왕국을 걸어 맹세
하였다.
13 그리고 느부갓네살 왕은 제십칠년에 아르박
삿 왕을 치러 군대를 진격시켜서 일대 교전
을 한 끝에 그의 군대를 무찔렀다. 그래서
아르박삿 왕의 전 군대와 전 기병대와 모든
전차대를 분쇄하였다.
14 왕은 메대의 여러 도시를 점령하고 엑바타나
까지 진격하여 그 탑들을 빼앗고 시장을 약
탈하였다. 그리하여 엑바타나의 영화는 치
욕으로 변했다.
15 왕은 아르박삿을 라가오 산 속에서 생포하여
창으로 찔러 완전히 없애버렸다.
16 왕은 자기 군대와 자기에게 합세했던 여러
민족의 군대를 거느리고 니느웨로 개선하였
다. 그리고 자기 군대와 함께 백이십 일 동
안 충분히 휴식하며 잔치를 베풀었다.

서방 제국 토벌

2 ◎아시리아의 느부갓네살 왕 제십팔년 일
월 이십이일, 왕은 이미 자기가 맹세한
대로 자기의 명령을 거역했던 전 지역에 대
한 복수를 논의하기 위해서 궁전에 회의를
소집하였다.
2 왕은 모든 신하와 귀족들을 불러놓고 비밀
회담을 하며 이 전 지역을 송두리째 없애버
릴 뜻을 자기 입으로 명백히 하였다.
3 그래서 그들은 왕의 명령을 거역한 자들을
없애버리기로 결의하였다.
4 회의가 끝나자, 아시리아의 느부갓네살 왕은
자기 군대 총사령관이며 왕 다음가는 지위
에 있는 홀로페르네스를 불러서 다음과 같이
일렀다.
5 "온 땅의 주인인 대왕의 말을 들으시오. 경
은 이 자리를 물러가서 용감 무쌍한 보병 십
이만과 기병 일만 이천 기를 거느리고,
6 내 입에서 떨어진 명령을 감히 불복한 자들
이 사는 서방의 전 지역을 치러 가시오.

7 그들에게 ㉠무조건 항복하라고 전하시오.
내가 대단히 노하여 그들에게 진군할 것이
며 그들의 온 땅을 나의 군대가 짓밟을 것
이며
8 산골짜기는 부상자들로 메워질 것이고 흐
르는 강은 시체로 메워져 넘쳐 흐를 것이오.
9 그리고 그들을 사로잡아서 땅 끝으로 쫓아
버리겠소.
10 자, 나가시오. 경은 나보다 먼저 가서 그들
의 땅을 점령하시오. 그들이 항복하거든 내
가 가서 처벌하는 날까지 붙들어두시오.
11 경이 점령한 땅에서 경에게 불복하는 자가
있거든 가차없이 죽이고 그 재산을 몰수하
시오.
12 나는 내 목숨과 왕권을 걸고 한번 말한 것은
내 손으로 이루고야 마오.
13 경은 경의 상전인 나의 명령을 한 마디도 어
기지 말고 내가 명령한 대로 지체없이 완수
하시오."
14 ◎그래서 홀로페르네스는 어전에서 물러나
와 아시리아 군의 모든 장성들과 부대장들
과 기타 장교들을 소집하였다.
15 그리고 왕의 명령대로 정예병 십이만과 활
쏘는 기병대 일만 이천 명을 소집하여
16 전열을 가다듬었다.
17 짐을 나르기 위해서 엄청난 수의 낙타와 노
새와 나귀를 징발시켰고 군량으로는 무수
한 양과 소와 염소를 징발하였다.
18 그리고 각 병사가 먹을 양식을 충분히 마련
하였고 국고로부터 많은 금과 은을 받아가
지고 갔다.
19 그는 느부갓네살 왕보다 앞서서 서방의 온
지역을 전차대와 기병대와 정예 보병대로
휩쓸려고 자기 전군을 이끌고 출발하였다.
20 이 밖에도 그를 따라간 잡다한 군대의 수는
메뚜기떼나 땅의 모래알처럼 이루 다 헤아
릴 수 없을 만큼 많았다.
21 ◎홀로페르네스는 니느웨를 출발한 지 삼 일
만에 백티렛의 평야 가까이까지 진군하였
다. 그리고 상부 길리기아 북쪽에 있는 산
근처에서 백티렛을 향하여 진을 쳤다.
22 거기에서 그는 보병대와 기병대와 전차대
의 전군을 이끌고 산악 지대로 진격하여
23 푸트와 룻을 짓밟고 라시스 사람들과 켈레아
남쪽의 사막 근처에 사는 이스마엘 사람들
을 약탈하였다.
24 ◎그리고 그는 유프라테스 강을 따라 메소포
타미아 지방을 횡단하면서 아브로나 계곡에
있는 여러 요새 도시를 섬멸하고 마침내 지
중해에 이르렀다.
25 이어서 길리기아 지방을 점령하고 반항하는
자들을 모두 죽여버리고 아라비아를 바라보
는 야벳의 남쪽 접경까지 진군하였다.
26 그리고 미디안 사람들을 모조리 포위하고
그들의 천막을 불사른 다음, 가축을 약탈하
였다.
27 밀 수확이 한창일 때에 그는 다마스쿠스 평
야로 내려가 밀밭을 불사르고 소와 양떼를
쓸어버리고 여러 도시들을 약탈한 다음, 전
답을 짓밟고 젊은이들을 모두 칼로 찔러 죽
였다.
28 그래서 지중해 연안 시돈과 띠로의 해안 지
방에 사는 모든 사람들과 수르, 오끼나, 얌니
아에 사는 모든 사람들은 그를 무서워하며
덜덜 떨었다. 아조토와 아스칼론에 사는 사
람들도 그를 몹시 무서워하였다.

서방 제국의 굴복

3 ◎그래서 그들은 홀로페르네스에게 사신
들을 보내며 다음과 같은 말로 화평을 청
하게 하였다.
2 "우리는 느부갓네살 왕의 종입니다. 이렇게
장군 앞에 엎드렸으니 처분대로 하십시오.
3 우리들이 사는 집과 모든 토지와 밀밭, 양
과 소 그리고 모든 축사들은 다 장군의 처분
에 맡깁니다.
4 우리들의 도성과 그 주민들도 다 장군의 종
들이니 오셔서 좋으실 대로 처분하십시오."
5 ◎사신들이 홀로페르네스에게 와서 이와 같
은 말을 전달하자,
6 그는 자기 군대를 이끌고 요새 도시에 수비
병을 배치하고 시민들 중에서 뽑아낸 사람
들을 자기 보충병으로 삼았다.
7 그 곳 주민과 그 주변에 사는 모든 사람들은
화환을 쓰고 북치고 춤추면서 그를 환영하
였다.
8 그러나 이 나라의 모든 신들을 없애버리라
는 사명을 받고 온 홀로페르네스는 그들의
모든 영토를 짓밟고 신들을 모시던 숲을 베
어버린 다음, 모든 백성들로 하여금 느부갓
네살만을 예배하게 하고 언어와 종족을 가
리지 않고 누구나 대왕을 신으로 받들게 하
였다.
9 그리고는 유다의 큰 산악 지대 맞은편에 있
는 도다인 근처 에스드렐론을 향해서 진격
하여

㉠ 그리스어 본문에는 "흙과 물을 준비하라고 전하시오."로 되어 있다.

10 게바와 스키토폴리스 사이에 진을 쳤다. 그
리고 그는 군량을 확보하기 위해서 옹근 한
달을 머물렀다.

이스라엘의 방비

4 ◎유다의 이스라엘 사람들은 아시리아 왕
느부갓네살의 총사령관인 홀로페르네스가
여러 민족을 굴복시키고 그들의 신전을 무
참히 약탈하고 파괴해 버렸다는 소리를 들
었다.
2 그래서 이스라엘 사람들은 홀로페르네스를
눈앞에 보면서 무서워 떨었고, 예루살렘과
그들의 주 하느님을 생각하며 안절부절못
하였다.
3 그들이 포로 생활로부터 돌아온 지도 얼마
되지 않았고 유다의 모든 백성들이 한 곳에
모이게 된 것도 최근의 일이었으며 더럽혀
졌던 성전과 기물과 제단을 깨끗이 한 것도
바로 엊그제 일이었던 것이다.
4 그래서 그들은 사마리아, 코나, 벳호론, 벨마
인, 예리고 등 여러 지방과 코바, 아이소라,
살렘 계곡으로 사람을 보내어
5 높은 산꼭대기를 모두 먼저 확보하게 하고
촌락들은 성을 쌓게 하였다. 마침 추수가
끝난 때였기 때문에 전쟁 준비로 식량을 마
련해 놓으라고 하였다.
6 ◎당시 예루살렘의 대사제였던 요아킴은 도
다인 근처의 평원을 향하고 있는 에스드렐론
의 맞은편에 있는 베툴리아와 베트마스타임
에 있는 주민들에게 편지를 보내어
7 산간 지방에 여러 통로들을 고수하라고 명
령하였다. 이 통로들은 유다로 들어가는 관
문으로서 겨우 두 사람이 통행할 수 있을 정
도로 좁았기 때문에 침입자들을 쉽게 막을
수 있는 곳이었다.
8 이 통고를 받은 온 이스라엘 사람들은 대사
제 요아킴과 이스라엘 모든 백성의 원로들
이 예루살렘에 모여서 결정한 명령을 수행
하였다.

기도와 참회

9 ◎모든 이스라엘 사람들은 지극히 겸손한 마
음으로 하느님께 열렬히 애원하였다.
10 그들 자신은 물론 처자, 가축, 동거인, 일
꾼, 팔려 온 노예까지도 모두 베옷을 몸에
걸쳤다.
11 예루살렘에 사는 사람들은 남녀를 가리지
않고 아이들까지도 성전 앞에 엎드렸고 머
리 위에 재를 뿌리며 주님 앞에 베옷을 펼쳐
깔고
12 제단 주위를 삼베로 둘렀다. 그리고는 마음
을 합하여 이스라엘의 하느님께 간절히 부
르짖으며, 자기 자녀들이 원수들의 밥이 되
지 않게, 자기의 아내들이 포로로 끌려가지
않게, 조상이 물려준 도시들이 파멸되지 않
게 그리고 성전이 이방인들의 손에 더럽혀
지거나 치욕거리가 되거나 웃음거리가 되
지 않게 해달라고 하였다.
13 주님께서는 그들이 부르짖는 소리를 들어
주시고 그들이 괴로워하는 모습을 보시고
측은히 여기셨다. 온 유다와 예루살렘에 사
는 사람들이 전능하신 주님의 성전 앞에서
여러 날 단식을 하였다.
14 대사제 요아킴과 주님 앞에 서는 모든 사제
들과 주님을 섬기는 모든 사람들은 베옷을
입고, 날마다 드리는 번제를 드렸으며 하느
님과의 맹약의 표시로 백성들이 바치는 제
물과 자유로 드리는 예물을 드렸다.
15 그들은 머릿수건 위에 재를 뿌리고 주님께
힘껏 부르짖으며 이스라엘의 모든 집안을
은총으로 보살펴 주시기를 애원하였다.

홀로페르네스의 작전 회의

5 ◎아시리아 군의 총사령관 홀로페르네스는
이스라엘 사람들이 전쟁 준비를 하면서
산악 지대에 통로를 막을 뿐 아니라 모두 높
은 산봉우리에 성을 쌓고 평지에는 방책을
쳤다는 정보를 들었다.
2 그는 화가 잔뜩 나서 모압의 모든 영주들과
암몬의 지휘관들과 해안 지방의 모든 장관
들을 불러놓고,
3 이렇게 말하였다. "가나안의 주민 여러분,
산간 지대에 사는 주민에 관해서 좀 알려주
시오. 그들은 어떤 사람들이오? 그들이 살
고 있는 도시의 형편이 어떻소? 그들의 병
력은 얼마나 되오? 어떻게 해서 그 군대가
그렇게 강하고 힘있게 되었소? 그 백성을
다스리고 군을 지휘하는 왕이 누구요?
4 그리고 서방의 주민들 중에 그들만이 나를
거역하고 환영하러 나오지 않았는데 어찌
된 셈이오?"
5 ◎그러자 암몬 사람들의 총지휘관 아키오르
가 나서서 대답하였다. "이 종이 주인님께
말씀드립니다. 주인님이 주둔하고 계시는
이 근방 산악 지대 주민에 관한 실정을 그
대로 말씀드립니다. 이 종의 입에서는 거짓
말이라곤 한 마디도 새어 나오지 않을 것입
니다.

6 그들은 갈대아인의 후예로서,
7 그들의 조상이 갈대아 땅에서 섬기던 신들
을 섬기기가 싫어서 메소포타미아로 옮겨가
서 산 적이 있는 사람들입니다.
8 그들은 자기 조상들의 생활 관습을 떠나서,
하늘의 하느님을 인정하고 하느님을 예배
했던 것입니다. 이렇게 조상의 신들을 버렸
기 때문에 그들은 그 앞에서 추방되어 메소
포타미아로 도망가서 그 곳에 오랫동안 머
물렀습니다.
9 그들은 그들이 머물러 있는 땅을 떠나서 가
나안 땅으로 들어가라는 하느님의 지시를
받고 그리로 가서 정착하고 금과 은을 많이
가지게 되고 헤아릴 수 없이 많은 가축을 풍
부하게 얻었습니다.
10 그러나 그 후에 기근이 가나안 온 땅을 휩쓸
었기 때문에 이집트로 내려가서 거기에 머
물면서 잘 먹고 살았습니다. 그러는 동안
그들은 헤아릴 수 없을 만큼 수가 많아져서
큰 민족이 되었습니다.
11 그래서 이집트 왕은 그들을 억누르기 시작
하여 그들에게 벽돌 굽는 중노동을 시키고
비천한 노예로 삼는 등 교묘한 정책을 썼습
니다.
12 이스라엘 사람들은 자기들의 하느님에게 그
들의 처지를 호소하게 되었고 하느님은 사
람의 힘으로 감당할 수 없는 재앙으로 온 이
집트 땅을 내리쳤습니다. 그래서 이집트 사
람들은 그들을 멀리 쫓아버렸습니다.
13 그들의 하느님은 홍해 물을 말려서 그들의
가는 길을 터주고 그들을
14 시나이와 카데스바르네아로 가는 길로 인도
했습니다. 사막의 주민들을 모두 쫓아내고,
15 아모리 사람들의 땅에 정착한 다음 강력하
게 된 그들은 헤스본 사람들을 전멸시키고
요르단 강을 건너서 이 산악 지대를 모두 차
지하게 되었습니다.
16 그들은 가나안 사람들과 브리즈 사람들과 여
부스 사람, 세겜 사람, 기르갓 사람들을 모두
쫓아내고 오랫동안 여기에서 살았습니다.
17 그들의 하느님은 불의를 미워하는 하느
님이어서 그들이 하느님에게 죄를 짓지 않
는 동안에는 번영했습니다.
18 그러나 그 후에 그들은 하느님이 정해 준 길
에서 벗어났기 때문에 여러 전쟁에서 참패
하고 포로로 잡혀서 외국으로 끌려갔으며
그들의 신전은 완전히 파괴되고 도시들은
적군에게 빼앗겼던 것입니다.
19 그러나 지금 그들은 하느님에게 다시 돌아
왔고 여러 곳에 흩어져 살던 사람들이 돌아
와 성전이 있는 예루살렘을 다시 찾았으며
아무도 살지 않던 이 산악 지대에 다시 자리
를 잡았습니다.
20 그러니 상전 되시는 주인님, 만일 이 백성
이 잘못을 저질러 하느님에게 죄를 짓는다
면 그것이 그들의 멸망의 원인이 될 터이니
우리는 그 때를 잘 살폈다가 올라가서 그들
을 쳐부숩시다.
21 그러나 그 백성이 율법을 어기는 일이 없다
면 그들의 주님인 하느님이 그들을 잘 지켜
줄 터이니 주인님은 그들을 내버려두십시
오. 잘못하다가는 우리가 세상의 웃음거리
가 될 것입니다."
22 ◎아키오르가 말을 마치자 천막 주위에 둘러
섰던 사람들은 모두 웅성대기 시작했고, 홀
로페르네스 밑에 있는 지휘관들과 해안 지방
에 사는 사람들과 모압의 주민들은 아키오르
를 사형에 처하라고 주장하면서 이렇게 말
하였다.
23 "우리는 이스라엘 사람들을 조금도 무서워
할 필요가 없습니다. 그들은 격렬한 전쟁을
버텨 나갈 만한 힘이 없는 무력한 백성입
니다.
24 자, 그러니 홀로페르네스 각하, 빨리 올라갑
시다. 각하의 대군은 그들을 휩쓸고 말 것
입니다."

홀로페르네스의 대답

6 ◎회의장을 둘러서 있던 사람들의 웅성대
는 소리가 가라앉자, 아시리아 군의 총사
령관인 홀로페르네스는 여러 나라 사람 앞에
서 아키오르와 암몬 사람들에게 다음과 같이
말하였다.
2 "아키오르, 네가 뭔데 암몬의 용병들을 데리
고 와서 오늘 이렇게 우리에게 예언을 하느
냐? 이스라엘 사람들이 신의 가호를 받고
있으니 싸움을 하지 말라고? 느부갓네살 외
에 또 신이 어디 있단 말이냐? 그분이 파견
한 군대가 이 지상에서 이스라엘 사람들을
전멸시키리니, 그들의 하느님이 절대로 그
들을 구할 수 없을 것이다.
3 왕의 종인 우리들은 이스라엘 사람들을 단
한 사람을 처치하듯이 쉽게 때려눕힐 것이
다. 그들은 우리의 기병대를 당해낼 수 없
을 것이다.
4 우리는 그들을 태워버릴 것이고 산들은 온
통 그들의 피로 물들 것이며 평야는 그들의
시체로 가득 찰 것이다. 그들은 도저히 우

리를 당해 낼 도리가 없어 전멸할 것이라고
온 땅의 주인이신 느부갓네살 왕께서 말씀하
셨다. 그분이 한번 말씀하신 것은 꼭 이루
어지고야 만다.
5 이 암몬의 품팔이꾼 아키오르야, 네가 오늘
이따위 수작을 했으니 너는 나에게 큰 죄를
범했다. 너는 오늘부터, 내가 이집트에서 도
망나온 그 족속에게 원수를 갚는 그 날까지
내 얼굴을 보지 못할 것이다.
6 그 때에 내 군대의 칼과 내 종들의 창이 네
옆구리를 꿰뚫을 것이다. 내가 개선하고 돌
아올 때에 너는 이스라엘 사람들의 시체 가
운데에 넘어져 있을 것이다.
7 이제 내 종들이 너를 그 산악 지대로 데리고
가서 그리로 가는 길목 가까이에 있는 한 도
시에 너를 버려둘 것이다.
8 너는 그들이 멸망할 때까지는 연명을 할 것
이다.
9 그들의 도시가 함락되지 않으리라는 희망
을 네가 품고 있다면 왜 고개를 들지 못하느
냐? 내가 이렇게 한번 말했으니 내가 한번
말한 것은 한마디도 빠짐없이 다 이루어질
것이다."

이스라엘 진영으로 간 아키오르

10 ◎홀로페르네스는 막사에서 시중드는 부하
들에게 명령하여 아키오르를 붙잡아서 베툴
리아로 끌고 가 이스라엘 사람들에게 넘겨주
라고 하였다.
11 그들은 아키오르를 붙잡아 진영 밖으로 나
가 평야로 끌고 간 다음, 평야에서 또 산악
지대로 올라가 베툴리아 바로 밑에 있는 샘
터에 이르렀다.
12 산성에 있던 사람들은 그들을 발견하자 무
기를 들고 도성에서 나와 산꼭대기로 올라
갔다. 그리고 돌팔매질하는 사람들은 모두
올라오는 길목을 막고 그들에게 돌을 내려
던졌다.
13 홀로페르네스의 부하들은 산 밑으로 숨어 들
어가 아키오르를 묶어서 거기에 눕혀놓은
다음 자기 군주에게로 돌아갔다.
14 ◎이스라엘 사람들은 산성에서 내려와 아키
오르에게 가까이 와 결박을 풀어준 다음 베
툴리아로 끌고 가서 그 산성의 어른들 앞에
데리고 갔다.
15 그 때의 지도자들은 시므온 지파 미가의 아
들 우찌야와 고토니엘의 아들 카브리스와 멜
키엘의 아들 카르미스였다.
16 그들은 성의 원로들을 모두 소집하였다. 젊
은이들과 여자들까지도 급히 몰려와서 그
회의에 참석하였다. 그들이 아키오르를 군
중 한가운데 세우자, 우찌야가 어떻게 된 일
이냐고 아키오르에게 물었다.
17 아키오르는 홀로페르네스의 전략회의 내용과
자기가 아시리아 지휘관들에게 한 말과 홀로
페르네스가 이스라엘 민족에 대해서 거만하
게 지껄여댄 말들을 전해 주었다.
18 이 말을 듣고 사람들은 엎드려서 하느님께
경배하고 큰소리로 부르짖었다.
19 "하늘에 계신 주 하느님, 저들의 거만한 꼴
을 내려다보십시오. 우리 백성의 처참한 처
지를 불쌍하게 생각하시고 오늘, 하느님께
거룩하게 바친 우리들을 굽어보소서."
20 그리고 그들은 아키오르를 위로하며 크게
칭찬하였다.
21 우찌야는 아키오르를 그 회의장에서 데리고
나와 자기 집으로 인도한 다음, 원로들을
위해서 주연을 베풀었다. 그리고 그들은 그
날 밤을 새워가며 이스라엘의 하느님께 도
움을 청하였다.

베툴리아의 포위

7 ◎그 다음날 홀로페르네스는 자기 전군과
자기 편에 든 모든 사람들에게 베툴리아
쪽으로 진격하라고 명령하였다. 그리하여
고지로 올라가는 통로를 장악하고 이스라엘
사람들과 싸우라고 하였다.
2 그들의 정예병들은 하나도 빠짐없이 그 날
로 진격하였다. 그들의 군세는 보병이 십칠
만, 기병이 만 이천이었고 그 밖에도 군수
물자와 걸어가는 사람들이 수없이 많았다.
3 그들은 베툴리아 근처 골짜기 샘터 있는 곳
에 진을 쳤다. 그 진지의 나비는 도다인에서
벨바임까지였고 그 길이는 베툴리아에서 시
작하여 에스드렐론 맞은편에 있는 키아몬에
이르렀다.
4 이 대군을 본 이스라엘 사람들은 몹시 떨며
서로 말하였다. "저놈들이 이제는 온 땅을
휩쓸어버리겠구나! 높은 산도 골짜기도 언
덕도 그들의 힘을 당해 내지 못할 것이다."
5 그들은 각각 무기를 들고 탑 위에 횃불을 밝
히고 그 밤을 새워가며 지키고 있었다.
6 ◎이틀째 되는 날 홀로페르네스는 베툴리아
에 있는 이스라엘 사람들이 보는 앞에서 자
기의 온 기병대를 이끌고 나왔다.
7 그리고 이스라엘 사람들이 살고 있는 도성
으로 올라가는 길들을 살피고 물줄기를 점
령하고 나서 보초병을 세운 다음 진영으로

돌아왔다.
8 에돔 사람들의 영주들과 모압 사람들의 지
도자들과 해안 지방 온 사령관들이 그에게
와서 이렇게 말하였다.
9 "나리께 빕니다. 당신의 군대가 패배하지
않도록 조심하십시오.
10 이 이스라엘 사람들은 그들의 창으로 싸우
지 않고 그들이 살고 있는 산의 높은 것을
이용하여 싸웁니다. 그들의 산꼭대기에 올
라가기란 그리 쉬운 일이 아닙니다.
11 그러니 그들과 맞붙어서 싸우지는 마십시
오. 그러면 나리께서는 부하 한 사람도 잃
지 않을 것입니다.
12 당신은 당신의 모든 군대를 진영에 머물러
있게 하여 병력을 아끼십시오. 그리고 당신
의 부하들로 하여금 산 기슭에서 흘러 나오
는 물줄기를 장악하게 하십시오.
13 베툴리아의 모든 주민들은 거기에서 나오는
물을 먹고 삽니다. 그러니 그들은 목이 말
라서 죽게 되어 마침내 그들의 도성을 포기
할 것입니다. 그러면 우리와 우리의 부하들
이 가까운 산꼭대기에 올라가서 거기에 진
을 치고 그 도성에서 한 사람도 빠져 나오지
못하도록 지키겠습니다.
14 그들은 물론, 그들의 처자도 굶어 죽게 될
것입니다. 그리고 칼이 그들에게 가 닿기도
전에 자기들이 살고 있는 거리에 죽어 쓰러
져 있게 될 것입니다.
15 이렇게 해서 그들이 당신을 순순히 맞아들
이지 않고 거역한 죄에 대한 호된 벌을 내릴
수 있게 될 것입니다."
16 ◎그들의 말은 홀로페르네스와 그의 모든 참
모들의 마음에 들었다. 그래서 홀로페르네스
는 그들이 말한 대로 하라고 명령하였다.
17 그래서 암몬 군은 아시리아 사람 오천 명과
함께 이동하여 골짜기에 진을 치고 이스라
엘 사람들의 수로와 수원지를 점령하였다.
18 에돔 사람들과 암몬 사람들은 도다인 맞은편
에 있는 고지로 올라가서 진을 쳤다. 그들
은 자기 사람들 중에서 몇 사람을 남쪽과 동
쪽으로 보내어 에그레벨로 향하게 하였다.
에그레벨은 모크무르 냇가 쿠스 근처에 있는
곳이다. 그리고 나머지 아시리아 군은 평원
에 진을 치고 온 지면을 뒤덮었는데 그들의
천막과 장비는 수없이 펼쳐져서 그 수량은
굉장하였다.
19 ◎그러자 이스라엘 사람들은 기가 꺾여서 자
기들의 주 하느님께 부르짖었다. 그들은 모
든 적군에게 포위를 당하여 빠져 나갈 길이
없었던 것이다.
20 아시리아 군은 보병, 기병, 전차들을 총동원
하여 이스라엘 사람들을 에워싼 채 삼십사
일이나 끌었다. 베툴리아의 모든 주민들의
물독마다 물이 떨어지고,
21 저수지는 모두 바닥이 나서, 그들이 마실
물을 제한해 주었기 때문에 단 하루도 물을
실컷 마실 수가 없었다.
22 어린이들은 기력을 잃고 부녀들과 젊은이
들은 목말라 지쳐서 도성의 길거리와 성으
로 통하는 길에 마구 쓰러졌다. 이제는 그
들에게 아무런 힘도 없었다.
23 ◎그래서 청년들, 부녀들, 아이들 할 것 없
이 모든 백성이 우찌야와 함께 몰려가서 그
도성의 모든 지도자들에게 큰소리로 외치
고 원로들에게 대들며 이렇게 말하였다.
24 "당신들과 우리 중에 누가 옳은지 하느님께
서 판단하실 것입니다. 당신들이 아시리아
사람들과 진작 화평을 청하지 않아서 우리
에게 큰 손해를 끼쳤습니다.
25 이제는 우리를 도와줄 사람이 아무도 없습
니다. 하느님께서는 이미 우리를 적군의 손
에 넘겨주셨습니다. 그래서 우리는 그들 앞
에서 목마르고 지쳐서 죽게 된 것입니다.
26 그러니 어서 그들을 불러들여 온 도성을 그
들에게 내어주시오. 그리하여 홀로페르네스
의 부하들과 그의 온 군대가 그것을 차지하
도록 하시오.
27 차라리 우리가 그들에게 붙잡히는 것이 나
을 것입니다. 노예가 된다 하더라도 목숨은
건지게 될 것이니 말입니다. 그리고 우리의
어린것들이 죽는 것과 또 우리 처자들의 목
숨이 끊어지는 것을 우리 눈으로 보지 않게
될 것입니다.
28 하느님께서는 우리 죄와 우리 조상들의 죄
를 공정하게 심판하시는 분이십니다. 우리
는 하늘과 땅과 우리 조상들의 주님이신 하
느님의 이름을 불러 맹세하며 여러분에게
분명히 말하는 바입니다. 하느님께서 오늘
이런 일이 일어나지 않도록 해주시기를 바
랍니다."
29 그러자 거기 모든 사람들 가운데서 큰 울음
소리가 일제히 터져 나왔고, 그들은 주 하
느님께 큰소리로 울부짖었다.
30 그러나 우찌야는 그들에게 이렇게 말하였
다. "형제 여러분, 용기를 내십시오. 닷새
만 더 참아봅시다. 그 동안에 우리 주 하느
님께서는 우리에게 자비를 베풀어주실 것
입니다. 하느님께서는 우리를 완전히 버리

시지는 않을 것입니다.
31 만일 닷새가 지나도 우리에게 아무런 도움
이 오지 않는다면 나는 여러분의 말대로 하
겠습니다."
32 그리고 나서 그는 각각 자기 부서로 사람들
을 보냈다. 사람들은 도성의 성벽과 탑으로
돌아갔다. 그리고 여자들과 아이들은 집으
로 돌려보냈다. 온 도성은 침통한 분위기에
휩싸였다.

유딧의 과부 생활

8 ◎그 때 므라리의 딸 유딧이 이 소식을 들
었다. 므라리는 옥스의 아들이고, 옥스는
요셉의 아들이고 요셉은 오지엘의 아들이고
오지엘은 엘키야의 아들이고 엘키야는 아나
니아의 아들이고 아나니아는 기드온의 아들
이고 기드온은 라파임의 아들이고 라파임은
아히툽의 아들이고 아히툽은 엘리야의 아들
이고 엘리야는 힐키야의 아들이고 힐키야는
엘리압의 아들이고 엘리압은 나타나엘의 아
들이고 나타나엘은 살라미엘의 아들이고 살
라미엘은 사라사대의 아들이었다.
2 유딧의 남편은 같은 부족이며 같은 가문에
속하는 므나쎄라는 사람이었는데 그는 보리
추수 때 죽었다.
3 므나쎄는 밭에서 보릿단을 묶고 있는 사람
들을 감독하고 있을 때에 일사병에 걸려 자
리에 누워 앓다가 자기가 살던 베툴리아에
서 죽었다. 그는 도다인과 발라몬 사이에 있
는 들에 조상들과 함께 묻혔다.
4 그 후 유딧은 삼 년 사 개월 동안 자기 집에
서 과부로 살았다.
5 그 여자는 자기 집 옥상에 천막을 치고 베옷
을 입고 과부의 옷차림으로 지냈다.
6 유딧은 과부 생활 하는 동안 안식일 전날과
안식일과 그믐날과 초하룻날과 이스라엘 사
람들의 축제일과 경축일을 제쳐놓고는 하
루도 빠짐없이 단식하였다.
7 그 여자는 매력 있고 용모가 대단히 아름다
웠다. 뿐만 아니라 남편 므나쎄로부터 금과
은, 남녀 종들 그리고 가축과 토지를 물려
받아 그것을 가지고 살았다.
8 또한 그 여자는 하느님을 무척 공경하는 사
람이었기 때문에 그 여자를 비난하는 사람
은 아무도 없었다.

유딧의 설득

9 ◎유딧은 사람들이 식수 부족으로 절망하여
자기들의 지도자 우찌야를 원망한다는 말을
들었다. 유딧은 우찌야가 그 도성을 닷새 후
에 아시리아 사람들에게 넘겨주겠다고 약속
하면서 백성들에게 한 말을 다 듣게 되었다.
10 그래서 유딧은 자기의 온 재산을 관리하는
여자 하나를 보내어 그 도성의 원로, 카브리
스와 카르미스를 모셔 오게 하였다.
11 그들이 찾아오자 유딧은 이렇게 말하였다.
"베툴리아 성민들의 지도자이신 여러분, 내
말을 들으시오. 여러분이 오늘 백성들에게
한 그 말씀은 옳지 않습니다. 여러분이 만
일 주께서 우리를 며칠 안으로 도우시지 않
는다면 이 도시를 우리 원수들에게 넘겨주
겠다고 하느님 앞에서 맹세한 말이 옳지 않
다는 것입니다.
12 도대체 여러분이 무엇인데 이렇게 오늘 하
느님을 시험하는 것입니까? 어째서 여러분
은 인간이면서 하느님의 자리에 올라선 것
입니까?
13 지금 여러분은 전능하신 주님을 시험해 보
지만 결코 아무것도 알아내지 못할 것입니
다.
14 여러분은 사람의 마음속 깊은 곳을 알아내
거나 그의 생각을 파악하지도 못하면서 어
떻게 이 모든 것을 만드신 하느님을 알 수
있으며 또 어떻게 그분의 생각을 이해하고
그분의 이치를 깨달을 수 있겠습니까? 안
됩니다. 여러분! 주 우리 하느님을 노엽게
해드리지 맙시다.
15 비록 하느님께서 꼭 닷새 안으로 우리를 도
우실 생각이 없으시더라도 당신께서 원하
시는 때에 우리를 보호해 주시기도 하며 그
렇지 않으면 우리를 원수 앞에서 멸하게도
하실 수 있는 권능을 가지고 계십니다.
16 여러분은 주 우리 하느님께서 계획하신 일
에 대하여 이렇다 저렇다 말하지 마시오.
하느님은 사람과는 달리 으르거나 달랜다
고 해서 움직이시는 분은 아니십니다.
17 그러니까 하느님께서 우리를 구원해 주시
기를 기다리면서 우리를 도와주십사고 그
분에게 간청합시다. 하느님께서 우리가 간
청하는 소리를 좋게 생각하신다면 들어주
실 것입니다.
18 오늘은 물론 우리 세대에 있어서는 어느 부
족이든지 어느 씨족이든지 간에 또 어느 지
방이든지 어느 도시든지 간에 사람의 손으
로 만든 우상을 숭배한 사람은 우리 중에 없
습니다.
19 그것 때문에 우리 조상들은 칼에 희생되기
도 했고 약탈당하기도 했으며 우리 원수들

앞에 무참하게 쓰러지기도 하였습니다.
20우리는 하느님 외에는 다른 신을 섬긴 일
이 없습니다. 그러므로 우리와 우리 종족
가운데 한 사람도 저버리지 않으실 줄로 믿
습니다.
21우리가 붙잡히게 되는 날에는 온 유다 사람
들이 붙잡히게 될 것이며 우리 성소는 유린
될 것입니다. 그러나 하느님께서는 이 신성
모독에 대한 책임을 물으시면서 우리로 하
여금 피를 흘리게 하실 것입니다.
22그리고 우리가 어디로 잡혀가든지 이방인
가운데 우리 동포들이 학살당하게 되고 우
리 강토는 빼앗기고 우리의 유산은 짓밟히
게 될 것입니다. 그리하여 우리는 우리를
잡아간 사람들에게서 수치와 모욕을 당하
게 될 것입니다.
23우리의 노예 생활은 기쁨으로 끝나는 것이
아닙니다. 주 우리 하느님께서는 노예 생활
을 더욱 수치스럽게 하실 따름입니다.
24그러니 형제 여러분, 우리는 이제 동포들에
게 모범을 보여줍시다. 그들의 생명은 물론
성소와 성전과 제단의 안전도 우리에게 달
려 있기 때문입니다.
25이런 모든 사정에도 불구하고 우리는 하느
님께 감사를 드려야 됩니다. 하느님께서는
우리 조상들을 시험하셨듯이 지금 우리를
시험하고 계십니다.
26하느님께서 아브라함을 어떻게 하셨는지,
이사악을 어떻게 시험하셨는지, 그리고 시
리아의 메소포타미아에서 야곱이 자기 외삼
촌 라반의 양떼를 칠 때에 무슨 일이 일어났
는지 한번 생각해 보십시오.
27그들의 충성심을 단련하시기 위하여 불과
같은 시련을 그들에게 주셨지만, 우리는 그
와 같이 처벌하시지 않으셨습니다. 다만 주
님께서는 당신께 가까이 가는 사람들을 깨
우쳐주시기 위하여 채찍으로 가르쳐주실
뿐입니다."

우찌야의 반응

28◎그 때 우찌야는 유딧에게 다음과 같이 말
하였다. "당신이 한 말은 모두 진심에서 우
러나온 것이기 때문에 반박할 것이 하나도
없습니다.
29당신의 지혜가 오늘 새삼스럽게 드러난 것
은 아닙니다. 처음부터 당신이 마음씨가 곱
고 총명하다는 사실은 모든 사람들이 잘 알
고 있는 바였습니다.
30그렇지만 사람들이 너무도 목이 말랐기 때
문에 우리로 하여금 그런 말을 하게 한 것이
며 심지어는 어길 수 없는 맹세까지 하게 만
들었던 것입니다.
31당신은 경건한 부인입니다. 우리를 대신해
서 주님께 기도해 주십시오. 그러면 주님께
서 비를 내리셔서 우리 저수지를 가득 차게
해주실 것입니다. 그렇게 되면 우리는 소멸
되지 않을 것입니다."
32유딧이 그들에게 말하였다. "내 말을 들으
시오. 우리 후손대에 길이 남을 만한 한 가
지 일을 이루어놓겠습니다.
33오늘 밤 여러분은 성문 곁에 서 있으시오.
그러면 나는 내 여종을 데리고 밖으로 나가
겠습니다. 우리 도성을 원수들에게 내어주
겠다던 그 날짜 안으로 주님께서는 내 손을
통하여 이스라엘을 구원하실 것입니다.
34그러나 내가 하려고 하는 일에 대하여 아무
말도 묻지 마십시오. 내가 하는 일을 다 끝
낼 때까지는 여러분에게 알려드리지 않겠
습니다."
35우찌야와 다른 지도자들은 유딧에게 이렇게
말하였다. "안녕히 가십시오. 주 하느님께
서 당신과 함께 계셔서 우리 원수들을 벌해
주시기를 빕니다."
36그리고 나서 그들은 그 집에서 나와 각각 자
기 부서로 돌아갔다.

유딧의 기도

9 ◎유딧은 땅에 엎드려 머리에 재를 뿌리
고 속에 입고 있던 베옷을 드러냈다. 그
리고는, 바로 그 때 예루살렘에 있는 하느님
의 성전에서 저녁 향을 태우고 있었는데, 유
딧은 주님을 향하여 큰소리로 이렇게 기도
하였다.
2 "내 조상 시므온의 주 하느님,
주님께서는 시므온에게 칼을 쥐어주셔서
이방인들을 처벌하게 하셨습니다.
처녀의 치마를 벗겨 욕을 보이고
아랫도리를 드러나게 하여 모욕을 주고
태를 범하여 수치를 보게 한 이방인들을
말입니다.
이런 짓을 해서는 안 된다는 주님의 말씀
에도 불구하고
그들은 그런 짓을 하고야 말았습니다.
3 그래서 주님은 그들의 지도자들을
학살당하게 하시고,
기만으로 더럽혀진 그들의 침대를
피로 물들이게 하셨으며
노예를 군주와 더불어,

군주를 옥좌와 더불어 쳐서 쓰러지게 하
셨습니다.
4 당신은 그들의 아내들을 빼앗기게 하시
고,
그들의 딸들을 포로로 잡혀가게 하시고,
그들의 모든 무기를 당신께서 사랑하시
는 자녀들이 나누어가지게 하셨습니다.
당신의 자녀들은 당신께 대한 열성이 대
단하였고,
그들의 피로 더러워지는 것을 싫어하였
으며,
당신께 도움을 청하였습니다.
하느님, 나의 하느님,
이 과부의 말을 들어주소서.
5 그런 일들과,
그보다 먼저 일어난 일들과,
그 후에 일어난 일들은
모두 당신께서 하신 일입니다.
그리고 지금 일어나고 있는 일들과
앞으로 있을 일들은
당신께서 계획하신 것입니다.
그리고 당신께서 생각하신 것은
모두 다 이루어졌습니다.
6 당신께서 원하시기만 하면
무엇이든지 나타나서
'여기 대령했습니다.' 하고
말하였습니다.
당신은 가실 길을 모두 미리 마련하셨고
어떤 심판을 내리실지 미리 아시고 결정
하셨습니다.
7 저 아시리아 사람들은 병력이 대단합니
다.
그들은 말과 기병들을 가지고 우쭐대고
있으며
보병의 위력을 가지고 뽐냅니다.
그리고 방패와 칼과 창과 팔매총을 가지
고
자신만만해 합니다.
그러나 그들은
당신께서 전쟁을 승리로 이끄시는
주님이시라는 것을 모릅니다.
8 당신의 이름은 주님이십니다.
당신의 능력으로 그들의 강한 힘을 쳐부
수시고
당신의 분노를 일으키시어
그들의 세력을 꺾어주소서.
그들은 당신의 성소를 모독하고
당신의 영광스러운 이름이 머물러 있는
곳을 더럽히며
당신 제단에 있는 뿔을 칼로 쳐내릴 궁리
를 하고 있습니다.
9 그들의 거만한 자세를 보시고
당신의 분노를 그들 머리 위에 퍼부어주
소서.
이 과부에게 뜻하는 일을
이룰 수 있는 힘을 주소서.
10 간계를 꾸미는 이 입술을 이용하여
원수들을 넘어뜨리소서.
종들을 그 상전과 함께
상전을 그 신하와 함께 쓰러지게 하소서.
그리고 여자의 손을 이용하여
그들의 콧대를 꺾으소서.
11 당신의 위력은 많은 수효에 있지 아니하
고
당신의 능력은 힘센 사람에게 있지 않습
니다.
당신은 보잘것없는 사람들의 하느님이시
고
불쌍한 사람들을 도우시는 분이시며,
약한 자를 붙들어주시는 분이시요,
버림받은 사람들의 보호자이시며,
희망 없는 사람들의 구조자이십니다.
12 당신은 참으로 내 조상의 하느님이시요,
이스라엘을 상속으로 주시는 하느님으로
서
하늘과 땅을 다스리시고
물을 만들어주신 분이시며
모든 피조물의 왕이십니다.
내 기도를 들어주소서.
13 원수들을 속여서 타격을 주고 상처를 입
힐 수 있는 구변을 주소서.
그들은, 당신의 계약과
당신의 성전과
시온 산과 당신의 자녀들이 소유하고 있
는 집을 해치려고
흉악한 음모를 꾸미고 있습니다.
14 바로 당신께서
모든 권능과 위력을 가지신 하느님이시
라는 것과
오로지 당신밖에는
아무도 이스라엘 민족을 보호하실 분이
없다는 것을
모든 나라와 당신의 모든 족속들이
깨달아 알게 하여주소서."

홀로페르네스에게로 간 유딧

10 ◎유딧은 이렇게 이스라엘의 하느님께
모든 것을 다 말씀드리고 부르짖기를

끝냈다.
2 그리고 나서 유딧은 일어나 시녀를 불러, 자
기가 안식일과 축제일을 지내던 그 집으로
함께 내려갔다.
3 유딧은 속에 입었던 베옷을 벗고 과부 옷차
림을 벗어버렸다. 그리고 온몸을 물로 씻고
좋은 향유를 바른 다음, 머리를 빗고 그 위
에 처네를 쓰고 자기 남편 므나쎄가 살아 있
을 때 입던 화려한 옷을 차려 입었다.
4 신을 신고 발목가락지와, 팔찌와 반지를 끼
고 귀걸이와 그 밖에 가지고 있는 모든 장식
을 붙이고 남자들의 눈을 홀릴 만큼 요란하
게 꾸몄다.
5 유딧은 하녀에게 포도주가 든 가죽부대와
기름단지를 주었고, 보리볶음과 전과와 부
정타지 않은 빵을 부대에 넣어주었으며 자
기의 그릇을 싸서 짊어지게 하였다.
6 그들은 베툴리아 성문으로 나가서 거기에서
원로 카브리스와 카르미스를 데리고 기다리
고 있는 우찌야를 만났다.
7 그들은 유딧의 용모가 완전히 달라졌고 옷
마저 갈아 입은 것을 보았을 때 그 미모에
넋을 잃었다. 그리고 그 여자에게 이렇게
말하였다.
8 "우리 조상들의 하느님께서 당신에게 은총
을 베푸셔서 이스라엘 사람들의 명예와 예루
살렘의 영광을 드높이기 위한 당신의 계획
이 이루어지게 해주시기를 바랍니다."
9 유딧은 엎드려서 하느님께 경배하고 나서
그들에게 말하였다. "성문을 열라고 명령해
주십시오. 그러면 내가 나가서 여러분이 나
에게 이야기한 그 모든 일을 이루겠습니
다." 그래서 그들은 그 여자가 부탁한 대로
청년들에게 문을 열어주라고 명령하였다.
10 그들이 성문을 열자 유딧은 자기 하녀를 데
리고 그 곳을 빠져 나갔다. 그 도성 사람들
은 유딧이 산을 내려가 골짜기를 지나 보이
지 않게 될 때까지 지켜보았다.
11 유딧과 그의 하녀는 골짜기로 곧장 내려갔
을 때 아시리아 보초병과 마주치게 되었다.
12 아시리아 사람들은 그 여자를 데려다가 심
문하였다. "당신은 어느 나라 사람이오?
어디서 왔소? 어디로 가는 거요?" 그러자
유딧은 이렇게 대답하였다. "나는 히브리 여
자인데 히브리 사람들이 멀지 않아 당신들
에게 먹혀버리게 되었기 때문에 그들에게
서 도망쳐 나오는 길입니다.
13 그래서 나는 당신들 군대의 총사령관인 홀
로페르네스에게로 가서 믿을 만한 정보를 제
공하려고 합니다. 또 나는 그가 올라가 산
악 지대를 모두 정복할 수 있는 길을 보여드
리겠습니다. 그러면 그의 부하 가운데 한
사람도 목숨을 잃지 않게 될 것입니다."
14 그 사람들은 유딧의 말을 들으면서 그의 얼
굴을 유심히 바라보고 유딧의 아름다움에
탄복하였다. 그리고 그 여자에게 다음과 같
이 말하였다.
15 "당신은 재빨리 우리 대장님 편으로 내려왔
기 때문에 목숨을 건진 것입니다. 그러니
어서 대장님 천막으로 가시오. 우리들 가운
데 몇 사람이 당신을 인도하여 대장님께 맡
기겠습니다.
16 그분 앞에 나서거든 무서워하지 말고 우리
에게 얘기한 대로 다 말하시오. 그러면 그
분이 당신을 잘 대해 주실 것입니다."
17 그리고 나서 그들 중에서 백 명이 뽑혀 유딧
과 그 하녀들을 호송하여 홀로페르네스의 천
막으로 인도하였다.
18 여자가 왔다는 소문이 온 천막에 퍼지자 진
영은 떠들썩했다. 보고가 들어갈 때까지 유
딧은 홀로페르네스의 천막 밖에 서 있었는데
그 때 군인들은 모두 몰려나와 그 여자를 에
워쌌다.
19 그들은 유딧의 아름다움에 놀랐고 또 그 여
자의 아름다움을 미루어보아 이스라엘 남자
들이 얼마나 훌륭할까 하고 생각하며 감탄
하였다. 그리고 다음과 같이 말하였다. "이
와 같은 여자를 가지고 있는 저 민족을 어떻
게 얕잡아 볼 수 있겠는가? 이런 사람들을
한 사람이라도 남겨두었다가는 그들이 온
세상을 속여 먹고 말 것이다."
20 홀로페르네스를 받드는 보좌관과 그의 시종
들이 나와서 유딧을 천막으로 데리고 들어
갔다.
21 홀로페르네스는 진홍포와 금과 에메랄드와
보석으로 장식된 휘장으로 둘러싼 침대 위
에 누워 있었다.
22 그는 유딧이 왔다는 전갈을 듣고 은촛대를
앞에 들고 천막 입구로 나갔다.
23 유딧이 홀로페르네스와 그의 시종들 앞에 나
타났을 때 그들은 그 미모에 깜짝 놀랐다.
유딧은 꿇어 엎드려 홀로페르네스에게 절을
하였다. 그러자 그의 종들이 유딧을 일으켜
세웠다.

홀로페르네스와의 대면

11 ◎홀로페르네스는 유딧에게 이렇게 말
하였다. "부인, 안심하시오. 무서워할

유딧

것 없소. 온 땅을 다스리시는 느부갓네살 왕
을 섬기기로 마음먹은 사람에게 나는 절대
로 해를 끼치는 일이 없소.
2 산간에 사는 당신 동족들이 나를 멸시하지
않았던들 그들에게 창을 겨누지는 않았을
것이오. 그러나 그들 스스로가 이렇게 하도
록 만들었소.
3 당신이 무엇 때문에 그들에게서 우리에게
로 도망쳐 왔는지 이야기해 보시오. 살기
위해 온 것이 아니오? 안심하시오. 오늘 밤
은 물론 앞으로도 당신의 생명은 안전하오.
4 아무 데도 당신을 해칠 사람은 없소. 당신
은 나의 상전이신 느부갓네살 왕을 섬기는
사람들이 좋은 대우를 받듯이 당신도 좋은
대우를 받을 것이오."
5 유딧이 그에게 대답하였다. "당신 여종의
청을 들어주시고 이 소녀가 당신 앞에서 말
씀 드리게 해주십시오. 오늘 밤 장군님께
말씀 드리는 것은 거짓말이 아닙니다.
6 이 소녀가 드리는 말씀을 그대로 따르시기
만 한다면, 하느님께서는 당신과 함께 이
일들을 완전히 이루실 것입니다. 그리고 장
군님은 계획하신 일에 하나도 실패하시지
않을 것입니다.
7 온 땅을 다스리시는 느부갓네살 왕 만세! 그
크신 능력이 영속되기를 빕니다. 그분은 모
든 생물을 올바르게 다스리도록 당신을 보
내신 분이십니다. 인간들만이 당신을 통하
여 그분을 섬기는 것이 아니라 들의 짐승과
가축과 하늘의 새들까지도 당신의 위력을
통하여 느부갓네살 왕과 그 집안을 섬기며
살게 될 것입니다.
8 우리는 당신이 지혜롭고 총명한 분이라는
말을 들었습니다. 그리고 전국에서 오직 당
신만이 훌륭하고 지식이 풍부하고 전술이
뛰어난 분이시라는 것을 온 세상이 다 알고
있습니다.
9 아키오르가, 당신이 주관하던 회의 때 한 말
을 우리는 들었습니다. 베툴리아 사람들이
아키오르를 구해 준 일이 있었는데 그 때 그
는 자기가 당신 앞에서 한 모든 말을 베툴리
아 사람들에게 들려주었습니다.
10 그러니 나의 상전이신 장군님, 그의 말을
무시하지 마십시오. 그의 말은 참말이니 마
음속에 잘 새겨들으십시오. 우리 민족은 하
느님께 대해서 죄를 짓지 않는 한, 벌받거
나 칼에 지는 일이 없을 것입니다.
11 그러나 그들은 이미 죄에 빠져서, 해서는
안 될 일을 하여 하느님의 분노를 샀기 때문
에 죽음을 면할 수 없을 것입니다. 이제 장
군님께서는 패배하거나 실패하지 않을 것
입니다.
12 그들은 식량이 없어지고 물도 다 떨어졌기
때문에 자기들의 가축을 죽이려고 하였고
또 하느님께서 율법을 통하여 먹지 말라고
명령한 것을 모두 먹으려고 했습니다.
13 그뿐 아니라 우리 하느님 앞에 나가서 봉사
하는 예루살렘의 사제들만이 먹을 수 있도
록 거룩하게 따로 떼어두었던 곡식의 맏물,
그리고 포도주와 올리브 기름의 십분의 일
세 등 일반 사람들이 도저히 건드릴 수 없는
것들을 먹어 치우려고 했습니다.
14 예루살렘 사람들도 역시 그런 짓을 하고 있
었기 때문에 베툴리아 사람들은 예루살렘으
로 대표를 보내어 원로원의 허락을 얻어오
라고 했습니다.
15 원로원이 허락하는 대로 그들은 틀림없이
그대로 행동하게 될 것입니다. 그러면 그들
은 그 날로 당신 손에 넘어가 망하게 될 것
입니다.
16 그래서 이 여종이 모든 것을 알고 그들에게
서 도망쳐 나왔습니다. 하느님께서 나를 보
내셔서 세상 사람들이 듣기만 해도 깜짝 놀
랄 일을 당신과 함께 해내도록 하셨습니다.
17 당신의 이 여종은 밤이나 낮이나 하늘에 계
신 하느님을 섬기며 경건한 생활을 하는 사
람입니다.
18 그래서 나의 장군님, 이제는 내가 당신 곁
에 있겠습니다. 그리고 밤에는 골짜기로 나
가서 하느님께 기도를 드리겠습니다. 그러
면 하느님께서 언제 그들이 죄를 범하는지
를 나에게 알려주실 것입니다. 그러면 내가
와서 당신에게 알려드릴 테니 당신은 온 군
대를 이끌고 쳐들어가십시오. 그러면 당신
을 맞설 사람은 한 사람도 없을 것입니다.
19 당신이 유다 한복판을 지나 예루살렘에 도착
할 때까지 내가 인도하겠습니다. 그리고 당
신이 올라설 자리를 예루살렘 한가운데 세
우겠습니다. 그러면 당신이 그들을 목자 없
는 양들처럼 몰아내게 될 것이며 당신 앞에
서 감히 개도 짖지 않을 것입니다. 이것은
하느님께서 나에게 미리 알려주시려고 말
씀하시며 전해 주신 것입니다. 그리고 이것
을 당신에게 알려드리라고 나를 보내주셨
습니다."
20 ◎홀로페르네스와 그의 신하들은 유딧의 이
말을 듣고 기뻐하였다. 그들은 그 여자의
지혜에 놀라며 다음과 같이 말하였다.

21 "이 여자처럼 용모가 아름답고 말재주가
훌륭한 사람은 이 세상 아무 데도 없을 것
이다."
22 홀로페르네스는 유딧에게 이렇게 말하였다.
"그 백성들보다 먼저 당신을 보내어 우리
손에 힘을 주시고 내 주를 업신여긴 그들에
게 멸망을 가져다 주신 하느님은 참 고마우
신 분이오.
23 당신은 용모도 아름답고 말솜씨도 뛰어납
니다. 당신의 하느님은 내 하느님이 되고
또 당신은 느부갓네살 왕의 궁전에서 살게
될 것이며 이름을 온 세계에 떨치게 될 것
이오."

홀로페르네스의 연회

12 ◎홀로페르네스는 부하들에게 유딧을
자기의 은그릇들이 놓여져 있는 방 안
으로 인도하라고 명령하였다. 그리고 자기
를 위해 만들어진 요리와 포도주를 그 여자
에게 대접하라고 분부하였다.
2 그러나 유딧은 이렇게 말하며 사양하였다.
"율법을 범하지 않기 위하여 나는 그런 것
은 먹지 못하겠습니다. 내가 가져온 음식을
먹겠습니다."
3 홀로페르네스가 여자에게 말하였다. "만일
당신이 가져온 식량이 다 떨어진다면 우리
가 어디서 그런 음식을 구해 올 수 있겠소?
여기에는 당신 나라 사람은 하나도 없소."
4 유딧이 그에게 대답하였다. "장군님, 당신
이 살아 계시는 것이 확실한 것처럼 당신 여
종이 가져온 식량도 떨어지지 않을 것이 확
실합니다. 그 식량이 떨어지기 전에 주님께
서는 뜻하신 일들을 나를 통하여 다 이루실
것입니다."
5 홀로페르네스의 시종들은 유딧을 천막 안으
로 인도하였다. 그 여자는 밤이 깊도록 정
신 없이 자고 새벽녘에 일어나
6 홀로페르네스에게 사람을 보내어 "나의 장
군님, 당신의 여종이 기도하러 밖에 나갈
수 있는 허락을 받도록 명령해 주십시오."
하고 부탁하였다.
7 홀로페르네스는 호위병에게 여자가 나가는
것을 막지 말라고 명령하였다. 사흘 동안
여자는 진영에 머물러 있으면서 밤마다 베
툴리아의 산골짜기로 나가서 진영에 있는
샘물에 몸을 담갔다.
8 그리고 물에서 올라와 이스라엘의 주 하느
님께 기도하며 이스라엘이 갈 길을 열어주
시고 하느님의 백성이 다시 일어서게 해달
라고 하였다.
9 그리고 나서 그 여자는 깨끗한 몸으로 돌아
와서 저녁 밥상이 나올 때까지 천막 안에 누
워 있었다.
10 ◎나흘째 되던 날 홀로페르네스는 연회를 베
풀었는데 가까이 있는 부하들만 청하고 장
교들은 하나도 청하지 않았다.
11 홀로페르네스는 자기의 모든 것을 관리하는
내시 바고아에게 말하였다. "네 책임하에
있는 저 히브리 여자에게 가서 우리에게로
와서 우리와 함께 먹고 마시자고 타일러라.
12 그런 여자와 한번도 놀아보지 못하고 그대
로 돌려보낸다는 것은 우리의 수치다. 데려
오지 않는다면 도리어 그 여자가 우리를 비
웃을 것이다."
13 바고아는 홀로페르네스 앞을 물러나 유딧이
있는 곳으로 들어가 이렇게 말하였다. "어
여쁜 아가씨, 조금도 주저하지 말고 장군님
앞에 들어가 장군님과 함께 영광을 누리십
시오. 그리고 우리와 함께 포도주를 마시며
즐깁시다. 이 날은 느부갓네살 궁전에서 시
중드는 아시리아의 딸처럼 되십시오."
14 유딧이 그에게 대답하였다. "내가 어떻게
감히 장군님의 뜻을 거역할 수가 있겠습니
까? 무엇이든지 그분의 눈에만 든다면 서
슴지 않고 하겠습니다. 그렇게 하는 것이
내 평생의 기쁨이 될 것입니다."
15 이렇게 말하고 나서 유딧은 일어나 옷을 잘
차려 입고 여러 가지 장식품으로 단장하였
다. 그리고 유딧의 하녀는 먼저 나가서 유딧
이 식사할 때에 앉을 수 있도록 폭신한 양가
죽을 홀로페르네스 앞에 깔아놓았다. 그 양
가죽은 바고아가 유딧에게 매일 쓰라고 준
물건이었다.
16 유딧이 들어가 자리에 앉았다. 그 여자를 보
고 홀로페르네스는 가슴이 설레고 마음이 동
요되어 함께 자고 싶은 강한 욕망에 사로잡
혔다. 실상 그는 그 여자를 보게 된 첫날부
터 그 여자를 유혹할 기회만을 엿보고 있었
던 것이다.
17 홀로페르네스는 그 여자에게, "자, 어서 잔
을 드시오. 우리와 함께 즐깁시다." 하고
말하였다.
18 유딧은 "그럼 마시겠습니다, 장군님. 세상
에 나온 이후로 오늘이 내 생애에 있어서 그
어느 날보다도 더 영광스러운 날입니다."
하고 말하였다.
19 그리고 나서 유딧은 자기 하녀가 준비해 온
음식을 받아, 홀로페르네스 앞에서 먹고 마

셨다.
20홀로페르네스는 그 여자 때문에 기분이 아주
좋았다. 그래서 그는 포도주를 마음껏 마셨
다. 그가 이 세상에 태어난 이후 단 하루도
그렇게 많이 마셔본 일이 없었다.

13 ◎저녁때가 되어 그의 종들은 총총히
물러나갔다. 바고아는 천막을 밖으로
잠가버리고 시종들을 장군 앞에 얼씬거리
지 못하게 하였다. 그들은 연회가 오래 계
속되었기 때문에 모두 지쳐서 제각기 잠자
리로 돌아갔던 것이다.
2유딧만이 천막 안에 혼자 남아 있었고 홀로
페르네스는 잔뜩 취하여 침대 위에 쓰러져
있었다.
3유딧은 하녀에게 일러서 침실 밖에 서 있다
가 자기가 매일 하던 대로 밖으로 나가는 것
을 기다리라고 하였다. 자기는 기도하러 밖
으로 나가겠다고 말하였던 것이다. 또 바고
아에게도 그와 같은 말을 해두었다.
4모든 사람이 물러가고 낮은 사람이건 높은
사람이건 침실에 남아 있는 사람은 한 사람
도 없었다. 유딧은 마음속으로 이렇게 말하
였다. "전능하신 주 하느님, 예루살렘을 높
이기 위하여 제 손으로 하려는 일을 돌보아
주십시오.
5지금이 바로 당신의 유산을 확보할 때이며
우리에게 대들던 원수들을 쳐부수려는 저
의 계획을 실행할 때입니다."
6유딧은 홀로페르네스의 머리맡에 있는 침대
기둥 쪽으로 가서 거기 걸려 있는 그의 칼을
집어내렸다.
7그리고 침대로 다가와 홀로페르네스의 머리
털을 움켜잡고 "이스라엘의 주 하느님, 오늘
저에게 힘을 주십시오." 하고 말하였다.
8그리고 있는 힘을 다하여 홀로페르네스의 목
덜미를 두 번 내리쳐서 그의 머리를 잘라버
렸다.
9그리고 나서 그의 몸을 침대에서 굴러내리
고 기둥으로부터 휘장을 걷어서 치워버렸
다. 잠시 후에 유딧은 밖으로 나가 홀로페르
네스의 머리를 자기 하녀에게 주었다.
10하녀는 그것을 곡식 자루 속에 집어넣었다.
그리고 두 사람은 기도하러 다닐 때처럼 함
께 밖으로 나갔다. 그들은 진영을 빠져 나
와 거기 있는 계곡을 돌아 베툴리아 산으로
올라가 마침내 베툴리아의 성문에 이르렀다.
11유딧은 멀리서 성문을 지키는 사람들에게
말했다. "열어주시오. 성문 좀 열어주시오.
하느님, 우리 하느님께서 우리와 함께 계십
니다. 오늘 이렇게 해주신 것처럼 힘과 그
리고 또 원수를 누르는 권능을 이스라엘 사
람들 가운데 나타내 보이셨습니다."
12그들은 여자의 목소리를 듣고 성문으로 서
둘러 내려갔다. 그리고 도성의 원로들을 불
러모았다.
13유딧이 돌아왔다는 것이 너무나 뜻밖이어서
낮은 사람으로부터 높은 사람에 이르기까
지 모두가 달려왔다. 그들은 성문을 열고 유
딧과 그의 하녀를 맞아들였다. 그리고 불을
피워 밝게 한 다음, 그 여자들을 둘러쌌다.
14유딧은 큰소리로 그들에게 말하였다. "하느
님을 찬양하시오. 찬양하고 또 찬양하시오.
이스라엘 집안에서 자비의 손길을 떼지 않
으시고 바로 이 밤에 나의 손을 통해서 우리
의 원수들을 쳐부수셨습니다."
15유딧은 자루에서 홀로페르네스의 머리를 꺼
내어 그들에게 보여주며 다음과 같이 말하
였다. "자, 보시오. 아시리아 총사령관 홀로
페르네스의 머리가 여기 있습니다. 또 휘장
이 여기 있습니다. 그 안에서 홀로페르네스
가 잔뜩 취해 가지고 누워 있었습니다. 주
님께서는 여자의 손을 통하여 그를 치셨습
니다.
16내 길을 걸어갈 때 나를 지켜주신 주님 만
세! 내 얼굴이 그를 유혹하여 그를 죽게 했
을망정 그는 나를 범하여 더럽히거나 욕을
보이지는 못했습니다."
17모든 사람은 대단히 놀라서 꿇어 엎드려 하
느님을 경배하며 소리를 합하여 말하였다.
"오늘 당신 백성의 원수들을 없애버리신 우
리 하느님 찬미받으소서."
18그러자 우찌야가 유딧에게 말하였다. "당신
은 이 세상 어느 여자보다도 지극히 높으신
하느님 앞에서 복받은 여자입니다. 천지를
창조하신 하느님, 우리 원수의 대장의 목을
자르게 해주신 주 하느님, 찬미받으소서.
19당신이 희망하던 일이 사람들의 마음에서
사라지지 않을 것이고 그들은 하느님의 강
한 힘을 길이 기억할 것입니다.
20당신은 우리 민족이 굴욕을 당하였을 때에
자기의 목숨을 아끼지 않고 도리어 우리 하
느님 앞에서 곧바로 걸어감으로써 우리들
에게 닥쳐온 재난을 물리쳤습니다. 이와 같
이 당신이 성취한 일들을 하느님께서 길이
높이시고 좋은 상을 내려주시기 바랍니다."
모든 백성들이 "아멘, 아멘." 하고 응답하
였다.

유다 군이 아시리아 진영을 공격하다

14 ◎유딧은 그들에게 이렇게 말하였다.
"동포 여러분, 내 말대로 하십시오. 이
머리를 가져다가 당신들의 망대 위에 걸어
놓으십시오.
2 날이 밝아 땅 위에 해가 솟아오르게 되면 당
신들은 각각 무기를 들고 힘센 사람은 모두
도성 밖으로 나가십시오. 그들에게 지휘관
을 앞세워 아시리아 군의 초소로 향하여 평
야로 내려가는 체하십시오. 그러나 당신들
은 그리로 내려가지 마십시오.
3 아시리아 군인들은 무기를 가지고 그들의
진영으로 서둘러 돌아가서 그들의 군대 참
모들을 깨울 것입니다. 참모들은 홀로페르
네스의 천막으로 달려가겠지요. 그러나 그
를 보지 못하게 되면, 그들은 겁을 집어 먹
고 당신들 앞에서 달아나 버릴 것입니다.
4 당신들은 물론 이스라엘 땅에 사는 모든 사
람들은 그들을 쫓아가 달아나는 그들을 쳐
죽이십시오.
5 이렇게 하기 전에 먼저 암몬 사람 아키오르
를 나에게로 불러다가 홀로페르네스의 머
리를 보이십시오. 와서 보고 그가 이스라엘
을 멸시하고, 또 자기를 죽이려고 우리에게
로 보냈던 홀로페르네스임을 확인하게 하십
시오."
6 그래서 그들은 아키오르를 우찌야의 집에서
불러내었다. 그는 나와서 거기 모여 있던
사람 중의 한 사람이 들고 있던 홀로페르네
스의 머리를 보고 그만 기절해 넘어졌다.
7 사람들이 그를 일으켜 세웠을 때 그는 유딧
의 발밑에 엎드려 절하며 다음과 같이 말하
였다. "유다에 사는 모든 주민들과 그 밖의
모든 나라들은 당신을 찬양할 것이며 당신
의 이름만 들어도 부들부들 떨 것입니다.
8 요사이 당신이 하신 모든 일들을 지금 나에
게 들려주십시오." 그래서 유딧은 모든 사
람들 앞에서 자기가 떠나던 날부터 그들에
게 이야기를 시작하던 그 때까지 자기가 한
모든 일을 낱낱이 이야기해 주었다.
9 유딧이 이야기를 마치자 사람들은 큰소리를
지르고 온 도성에는 환성이 울려퍼졌다.
10 아키오르는 그 자리에서 할례를 받고 이스라
엘 민족의 한 사람이 되어 오늘에 이르렀다.
11 동틀 무렵에 사람들은 홀로페르네스의 머리
를 망대 위에 걸어놓았다. 사람들은 모두
각각 자기 무기를 들고 떼를 지어 산길로 나
섰다.
12 아시리아 사람들은 상관에게 전령을 보냈고
또 직속 상관들은 고급 장교들에게 가서 보
고하고 고급 장교들은 자기들의 모든 지휘
관에게 가서 보고하였다.
13 그들은 홀로페르네스에게 속한 모든 것을 관
리하는 사람들에게 말하였다. "저 노예들이
전멸을 당하려고 감히 우리에게로 내려와
싸움을 겁니다."
14 바고아는 천막문을 두드렸다. 그는 홀로페르
네스가 유딧과 함께 자고 있다고 생각했던
것이다.
15 아무 대답도 들려오지 않아 문을 밀고 침실
로 들어가 보니 홀로페르네스는 머리가 달아
난 채로 땅바닥에 나동그라져 있었다.
16 바고아는 큰소리를 내어 부르짖으며 울고불
고 통곡하였다. 그리고 자기 옷을 찢었다.
17 그리고 나서 그는 유딧이 머물러 있는 천막
으로 들어가 보았다. 그러나 여자는 없었
다. 그래서 그는 사람들에게로 달려나와 부
르짖었다.
18 "저 노예들이 우리를 속였다. 히브리 여자
단 한 사람이 느부갓네살 왕국에 욕을 보였
다. 자, 보아라. 홀로페르네스가 땅에 쓰러
져 있고 그의 목은 달아났다."
19 아시리아 군의 지휘관들은 이 말을 듣고 크
게 당황하여 옷을 찢었다. 그들의 진영에서
는 울부짖는 소리가 크게 터져나왔다.

15 ◎천막 안에 있던 사람들도 소식을 듣
고 깜짝 놀랐다.
2 그들은 겁에 질려 떨며 자기 동료를 떠나 일
제히 흩어져 산길과 들길로 닥치는 대로 달
아났다.
3 베툴리아를 둘러싼 산지에 진을 치고 있던
사람들도 달아났다. 그 때에 모든 이스라엘
용사들이 그들을 추격하였다.
4 우찌야는 베트마스타임, 베배, 코바, 콜라 그
리고 이스라엘 전역에 사람을 보내어 지금
까지 일어난 모든 일을 알리게 하고 적군을
추격하여 없애버리라고 하였다.
5 이스라엘 사람들은 이 소식을 듣고 일제히
적군에게 달려들어 코바까지 그들을 쫓아가
쳐죽였다. 예루살렘과 온 산악 지대의 사람
들도 적진에서 일어난 일들에 대한 소식을
전해 듣고 공격에 가담하였다. 또 길르앗과
갈릴래아에 사는 사람들도 다마스쿠스까지
따라가서 적군을 측면으로 공격하여 큰 타
격을 주었다.
6 베툴리아에 남아 있던 주민들은 아시리아 진
지로 뛰어 들어가 재물을 빼앗아 큰 부자가
되었다.

7 적군을 학살하고 돌아오던 이스라엘 군인들
은 남아 있는 전리품을 차지하였고 산과 평
야의 여러 마을 주민들도 많은 전리품을 손
에 넣었다. 거기에는 물건이 많이 있었다.
8 ◎대사제 요아킴과 예루살렘에 살던 모든 주
민들은 주님께서 이스라엘에게 나타내신 놀
라운 일을 똑똑히 보고 유딧을 만나 축하하
려고 왔다.
9 그들은 모두 찾아와서 입을 모아 유딧을 축
복하였다. "당신은 예루살렘의 영광이요 이
스라엘의 영예이며 우리 민족의 자랑입니
다.
10 당신은 이 모든 일을 당신 손으로 이루었고
이스라엘을 위해 좋은 일을 했습니다. 하느
님께서도 이것을 기쁘게 여기십니다. 전능
하신 주님의 축복을 영원토록 받기를 빕니
다." 그러자 모든 백성들이 "아멘." 하고 응
답하였다.
11 이스라엘 사람들은 삼십 일 동안 적군의 진
영을 약탈하였다. 그리고 홀로페르네스가 쓰
고 있던 천막과 모든 은붙이와 침상과 그릇
과 가구를 유딧에게 주었다. 유딧은 그것을
받아 자기의 나귀에도 실었고 마차를 준비
하여 그 위에도 실었다.
12 이스라엘의 모든 여자들은 유딧을 보려고 달
려와서 그 여자를 찬양하였다. 그들 중 몇
은 춤과 노래로 유딧을 축하하였다. 유딧은
나뭇가지를 집어다가 자기와 함께 있던 여
자들에게 하나씩 나누어주었다.
13 유딧과 다른 여자들은 올리브로 관을 만들어
썼다. 그리고 춤을 출 때에 유딧은 여자들을
인도하며 모든 사람들의 앞장을 섰다. 한편
이스라엘의 모든 남자들은 갑옷을 입고 관
을 쓰고 노래를 부르면서 그들을 뒤따랐다.
14 ◎그 때에 유딧은 모든 이스라엘 사람들 앞
에서 감사의 노래를 부르기 시작하였다. 모
든 사람들이 큰소리로 합창하였다.

16 "북을 치며 우리 하느님을 찬양합시
다.
징을 치며 주님을 노래합시다.
시와 노래로 그분을 찬양하고
그분의 이름을 높이며 크게 불러봅시다.
2 주님은 전쟁을 쳐부수시는 하느님이십니
다.
이 몸을 원수들의 손에서 건져주시고
백성들 가운데 마련하신 당신의 진영 안
으로 인도하셨습니다.
3 아시리아 사람이 수많은 군대를 거느리고
북쪽 산으로부터 내려왔습니다.
그 수많은 군대가 모든 골짜기를 메우고
그 기병대는 모든 언덕을 뒤덮었습니다.
4 그는 우리 나라에 불을 지르고
우리 청년들을 칼로 찌르고
젖먹이들을 땅에 내던지고
어린이들을 붙잡아가고
처녀들을 납치해 가겠다고 큰소리쳤습니
다.
5 그러나 전능하신 주님께서는
여성의 손을 통해서
원수들을 물리치셨습니다.
6 그들 가운데 제일 강한 용사를
젊은이들이 쓰러뜨린 것도 아니요,
거인들이 때려눕힌 것도 아니요,
키 큰 장수들이 눌러버린 것도 아니요,
므라리의 딸 유딧이
자기의 아름다운 얼굴로
꼼짝 못하게 만든 것입니다.
7 유딧은 과부의 상복을 벗어버리고
고통당하는 이스라엘 사람들을 이끌어 올
렸습니다.
8 유딧은 향유를 얼굴에 바르고
처네로 머리를 꾸미고
고운 천으로 만든 옷을 걸치고
그를 속였습니다.
9 유딧의 신이 그의 눈을 낚아채고
유딧의 아름다움이 그의 영혼을 사로잡았
습니다.
칼이 그의 목을 베어버렸습니다.
10 페르시아인들은 유딧의 과감한 행동에 소
스라치고
메대인들은 유딧의 용기에 떨었습니다.
11 그 때 멸시받던 내 백성이 고함을 치고
연약하던 내 백성이 큰소리를 지르니
원수들은 겁을 먹고 질려버렸습니다.
내 백성이 더 크게 외치니
원수들은 달아나 버렸습니다.
12 종의 자식들도 그들을 무찌르고
달아나는 종을 다루듯이 상처를 입혔습
니다.
원수들은 우리 주님의 군대에게 전멸되
었습니다.
13 나는 내 하느님께 새 노래를 부르겠습니
다.
주님, 주님은 위대하시고 영광스러운 분
이십니다.

주님의 힘은 참으로 놀라우시고
아무도 대적할 수 없습니다.
14 당신의 모든 피조물은 당신을 섬겨야 합니다.
모든 피조물은 당신의 말씀으로 생겨났습니다.
당신께서 입김을 불어넣으시니 만물이 생명을 갖게 되었습니다.
아무도 당신의 말씀을 거역할 수 없사옵니다.
15 산과 물이 밑바닥부터 온통 뒤흔들릴 것이며
바위가 당신 앞에서 초처럼 녹을 것입니다.
그러나 당신을 경외하는 사람들에게는 자비를 베푸시옵니다.
16 감미로운 향기를 풍기는 제사도 대단한 것이 아닙니다.
더구나 주님께 드리는 기름진 제물도
아무 가치가 없사옵니다.
다만 주님을 경외하는 사람이
언제나 위대합니다.
17 우리 민족을 거슬러 일어나는
나라들에게는 화가 미칠 것입니다.
전능하신 주님께서 심판날에
그들을 벌하실 것이며
또한 그들을 불과 구더기에게
내맡길 것입니다.
그러면 그들은 영원히
고통을 받으며 통곡할 것입니다.
18◎이스라엘 백성은 하느님께 돌아와 예배를
드렸다. 그들은 정결예식을 끝낸 다음 번제
물과 자유로 바치는 제물과 예물을 드렸다.
19유딧은 사람들에게서 받은 홀로페르네스의
소유물을 모두 하느님께 바쳤다. 그리고 자
기 자신이 홀로페르네스의 침실에서 가져온
휘장을 하느님께 기념품으로 바쳤다.
20사람들은 석 달 동안 예루살렘의 성전에서
축제를 벌였고 유딧도 그들과 함께 머물러
있었다.
21◎축제가 끝난 다음 사람들은 각각 자기 집
으로 돌아갔다. 유딧은 베툴리아로 돌아와
자기 재산을 가지고 살았다. 유딧은 그의 당
대에 온 세상에 유명하여졌다.
22자기를 탐내는 남자가 많았지만 그 여자는
아무하고도 관계하지 않았다. 므나쎄가 죽
어서 조상들 옆에 묻힐 때부터 일생 동안 줄
곧 혼자 살았던 것이다.
23그 여자는 더욱더 유명해졌고 자기 남편의
집에서 백오 세까지 살았다. 유딧은 여종에
게 자유를 주고 베툴리아에서 죽었는데 남
편 므나쎄의 무덤에 합장되었다.
24온 이스라엘 백성은 이레 동안 애도하였다.
유딧은 죽기 전에 자기 재산을 남편 므나쎄
의 식구들과 친정 식구들에게 나누어주었
다.
25유딧이 살아 있을 때는 물론 그 여자가 죽은
후에도 오랫동안 이스라엘 사람들을 위협하
는 자들이 없었다.

에스

에스델

모르드개의 꿈

㉠**1** 1[1] 아하스에로스 대왕 제이년 니산월 초하
룻날 베냐민 지파에 속하는 모르드개가 꿈
을 꾸었는데, 그는 야이르의 아들이며 야이
르는 시므이의 아들이며 시므이는 키스의 아
들이었다.
1[2] 모르드개는 수사에 사는 유다인으로서 왕궁
에서 높은 지위를 가진 사람이었다.
1[3] 그는 바빌론 왕 느부갓네살이 유다의 왕 여고
니야를 위시하여 예루살렘에서 잡아온 많은
포로들 중의 한 사람이었다.
1[4]◎그가 꾼 꿈이란 다음과 같은 것이었다. 울
부짖는 소리와 대소동, 뇌성과 지진으로 지
상은 온통 뒤죽박죽이었다.
1[5] 그 때 두 마리 커다란 용이 다가서더니 금시
라도 서로 싸울 기세를 보이며 크게 으르렁
거렸다.
1[6] 그 소리에 자극을 받아서 모든 민족들이 의
로운 백성을 치려고 전쟁 준비를 하였다.
어둡고 음산한 날이 왔던 것이다.
1[7] 그 날 온 땅은 고통과 번민과 불안과 대혼란
으로 뒤덮였다.
1[8] 의로운 백성은 자기들에게 닥쳐올 재앙을
눈앞에 보고 겁에 질려 최후의 한 사람까지

㉠ 1:1[1]-1[17]절은 히브리어 성서에는 없고 칠십인역에만 들어 있다. 개신교의 경전은 1절부터 시작된다.

죽을 각오를 하고 하느님께 부르짖었다.
1[9] 그 때에 그 부르짖는 소리에서, 마치 작은
샘에서 물이 흘러나오듯이 큰 강이 생겨나
물이 넘쳐흘렀다.
1[10] 그러자 태양이 뜨고 날이 밝아지더니 그 비
천한 백성이 높여져 힘센 자들을 집어삼켰
다.
1[11] ◎모르드개는 꿈에서 깨어나, 자기가 꾼 꿈
과 그 속에 나타난 하느님의 계획에 대하여
생각하며 온종일 그 뜻이 무엇인가를 알아
내려고 무진 애를 썼다.

왕을 해치려는 음모

1[12] ◎모르드개는 왕궁을 지키는 어전내시 빅단
과 테레스 두 사람과 함께 궁에서 살고 있었
다.
1[13] 그 때 그 두 내시가 음모를 꾸미고 있었는
데 모르드개는 이것을 눈치챘다. 마침내 그
들이 아하스에로스 왕을 암살하려고 하고 있
다는 것을 알아낸 그는 그 사실을 왕에게 알
렸다.
1[14] 왕은 그 두 내시를 심문하게 하여 자백을
받고는 그들을 사형에 처했다.
1[15] 그리고 나서 왕은 이 사건을 그의 연대기에
기록하게 하였고 모르드개도 자기대로 그것
을 기록하여 두었다.
1[16] 그 후 왕은 모르드개에게 궁 안의 벼슬을 내
리고 많은 선물을 주어 그를 치하하였다.
1[17] 그러나 아각인 함다다의 아들 하만은 왕의
총애를 받던 사람인데 그 두 어전 내시의 사
건에 대한 보복으로 모르드개를 해칠 생각
을 품었다.

와스디 왕후가 폐위되다

1 ◎㉠아하스에로스 시대의 일이었다. 아하스
에로스는 인도에서 에티오피아에 이르는 백
이십칠 지방을 다스리고 있었다.
2 아하스에로스는 수도 수사 성에서 왕위에
올라,
3 나라를 다스린 지 삼 년째 되던 해에, 큰 잔
치를 베풀고 고관 대작을 비롯하여 페르시
아와 메대의 장군과 귀족과 각 지방 수령들
을 초대하였다.
4 이리하여 왕은 백팔십 일이라는 오랜 시일
에 걸쳐 왕실의 거창한 부귀와 눈부신 영화
를 자랑하였다.
5 ◎이 기간이 끝나자 왕은 다시 궁궐 안뜰 정
원에다 칠 일 동안 잔치를 베풀고, 모든 수
사 성민을 가리지 않고 초대하였다.
6 정원에는 하얀 실과 자줏빛 털실로 짠 휘장
이 쳐져 있었다. 그 휘장은 흰 대리석 기둥
에 달린 은고리에 모시실과 붉은 털실로 꼰
끈으로 매어져 있었고, 반암석과 흰 대리석
과 조개껍질과 갖가지 보석들을 박아 넣은
바닥에는 금은으로 만든 평상들이 마련되
어 있었다.
7 갖가지 모양으로 된 금술잔이 나왔고, 왕이
내리는 술은 한이 없었다.
8 그러나 술을 마셔도 법도를 따라 억지로 마
시게 하는 일은 없도록 하라는 왕의 분부가
있어 저마다 원하는 대로 마시게 하였다.
9 한편 와스디 왕후도 아하스에로스 왕궁에다
잔치를 베풀고 부인들을 초대하였다.
10 칠 일째 되는 날, 왕은 취흥이 돋아 자기를
모시는 일곱 내시 므후만, 비즈다, 하르보나,
비그다, 아박다, 제달, 가르가스에게
11 "와스디 왕후를 화관으로 단장시켜 모셔 오
너라." 하고 분부를 내렸다. 왕은 왕후의 아
름다움을 백성과 고관들에게 자랑하고 싶
었던 것이다.
12 그러나 와스디 왕후는 내시들이 전하는 말
을 듣고도 나오지 않았다. 왕은 화가 치밀
어올라 견딜 수가 없었다.
13 ◎왕은 법에 밝은 학자들에게 이 일을 어떻
게 다스리면 좋겠느냐고 물었다. 이런 일은
법학자와 법관들에게 문의하는 것이 관례
가 되어 있었다.
14 페르시아와 메대 사람으로서 왕을 가까이 모
시는 대신 일곱이 있었는데, 그들은 가르스
나, 세달, 아드마다, 다르싯, 메레스, 마르스
나, 므무간이었다. 그들은 높은 벼슬 자리에
앉아 왕을 가까이 모시는 사람들이었다.
15 왕이 그들에게 물었다. "내가 내시들을 시
켜 내린 분부를 와스디 왕후가 거역했으니,
법대로 다스린다면 어떻게 해야 하겠소?"
16 므무간이 앞으로 나서며 왕에게 이렇게 말
하였다. "와스디 왕후는 임금님께만 잘못을
저지른 것이 아닙니다. 아하스에로스 왕국
각 지방에 있는 모든 신하들과 백성에게도
못할 일을 한 셈입니다.
17 왕후의 일은 틀림없이 모든 부녀자들에게
알려질 것입니다. 그렇게 되면, 부녀자들은
와스디 왕후가 임금님의 부르심을 받고도
어전에 나타나지 않았다더라고 하면서 남
편을 업신여기게 될 것입니다.
18 왕후의 일은 오늘 당장 페르시아와 메대의

㉠ 페르시아어로는 크사야르사, 그리스어로는 크세르크세스라 부른다. 기원전 486년에서 465년까지 통치하였다.

고관 부인들의 귀에 들어갈 것입니다. 그리
고 저희들이 무엇이라고 하든지 그 말을 들
으려고 하지 않을 것입니다. 저희 사내들
체면이 어떻게 되겠습니까?
19그러니 임금님께서만 좋으시다면, 다시는
와스디가 어전에 나타나지 못하도록 명을
내리십시오. 그리고 이 일을 페르시아와 메
대의 법령에 써 넣어 결코 뜯어 고치지 못하
게 하시고 왕후의 자리는 그보다 나은 분에
게 물려주십시오.
20이 칙령이 이 큰 나라 방방곡곡에 공포되면,
모든 부녀자들은 위 아래 없이 남편을 공대
할 것입니다."
21◎이 말이 왕과 대신들의 마음에 들었다. 왕
은 므무간의 의견을 받아들여,
22가정은 마땅히 남자가 다스려야 한다는 칙
서를 각 지방의 문자와 각 민족의 말로 써서
전국에 돌렸다.

에스델이 왕후가 되다

2 ◎이런 일이 있은 지 얼마 뒤, 아하스에로
스 왕은 노여움이 가라앉으면서 와스디
생각이 났다. 그리고 와스디에게 내린 처단
이 마음에 걸렸다.
2시종들이 그 낌새를 알아채고 왕에게 말했
다.
3"이 나라 각 지방에 간선관을 두시어 아름
다운 처녀들을 모두 수사 성에 모아들이십
시오. 궁녀들을 맡아보는 내시 헤개에게 그
들을 맡기어 몸치장을 시키신 다음
4눈에 드시는 처녀를 와스디 대신 왕후로 삼
으심이 좋을까 합니다." 왕은 그 말이 마음
에 들어 그대로 하기로 하였다.
5◎그 때 수사 성에는 모르드개라는 한 유다인
이 살고 있었다. 그는 베냐민 지파에 속한
야이르의 아들로서, 할아버지는 시므이, 증
조부는 키스였다.
6모르드개는 유다 왕 여고니야가 바빌론 왕 느
부갓네살에게 사로잡혀 올 때 예루살렘에서
함께 잡혀온 사람이었다.
7그에게는 부모 없는 사촌 누이가 하나 있었
는데 이름은 에스델이라고도 하고 ㉠하다사
라고도 했다. 에스델은 몸매도 아름다웠고
용모도 단정하였다. 그는 양친을 여읜 뒤 모
르드개의 양녀로 들어가 있었다.
8◎어명이 공포되자 많은 아가씨들이 뽑히어
수사 성에 올라와 궁녀들을 맡아보는 헤개
에게 맡겨졌다. 이렇게 궁궐에 불리어 와서
헤개에게 맡겨진 아가씨들 가운데 에스델도
끼여 있었다.
9이 아가씨는 유난히 헤개의 눈에 들어 그의
굄을 받게 되었다. 헤개는 곧 몸치장에 쓰이
는 것들과 음식을 주며 가장 좋은 궁에서 지
내게 하고, 궁궐에서 시녀 일곱을 골라 그
를 시중들게 하였다.
10그런데 에스델은 모르드개가 일러준 대로 자
기의 혈족과 인척 관계를 아무에게도 밝히
지 않았다.
11한편 모르드개는 에스델의 일이 궁금하여 날
마다 후궁 뜰 앞을 서성거렸다.
12◎아가씨들은 열두 달 동안 몸을 다듬고 나
서야 차례로 아하스에로스 왕 앞에 나가게
되어 있었다. 여섯 달 동안 몰약으로 몸을
다듬고 나머지 여섯 달은 부인용 향수와 화
장수로 몸을 닦아야 했다.
13아가씨들이 후궁에서 대궐로 들어갈 때면,
몸치장에 필요한 것은 무엇이든지 다 받을
수 있었다.
14아가씨들은 하나씩 저녁에 들어갔다가 이
튿날 아침에 후궁들을 돌보는 내시 사아스
가즈가 관리하는 다른 궁으로 가게 되어 있
었다. 그런데 왕이 그를 특별히 좋아하여
이름을 부르지 아니하면 다시는 그에게 나
아가지 못하였다.
15◎마침내 아비하일의 딸로서 사촌 오빠 모르
드개의 양녀가 된 에스델의 차례가 왔다. 에
스델은 궁녀를 맡아보는 내시 헤개가 정해
준 것밖에는 아무것도 달라고 하지 않았다.
그러나 에스델은 누가 보든지 아리따웠다.
16에스델이 어전에 불려 들어간 것은 아하스에
로스 칠년 시월, 곧 데벳월이었다.
17왕은 다른 어느 여자보다도 에스델에게 마
음이 기울었다. 그리하여 에스델은 모든 처
녀를 물리치고 왕의 굄과 사랑을 독차지하
게 되었다. 왕은 그의 머리에 화관을 씌우
고 와스디를 대신하여 왕비로 삼았다.
18◎그리고 왕은 고관 대작을 모두 초대하여
에스델 왕비 대관식을 크게 베풀고 전국 각
지방에 휴일을 선포하는 한편 후한 선물을
내렸다.

하만이 모르드개에게 앙심을 품다

19◎처녀들을 또다시 모집한 일이 있었다. 그
때 모르드개는 궁궐의 대문에서 일을 보고
있었다.
20에스델은 여전히 모르드개가 일러준 대로 자

에스

㉠ 에스델이라는 이름은 모르드개(말둑)와 같이 바빌론 이름(이쉬할)에서 나온 것인 듯하다. 하다사는 히브리어 이름이다.

기의 혈족과 인척 관계를 밝히지 않고 있었
다. 모르드개의 슬하에 있을 때나 조금도 다
름이 없이 그가 시키는 대로 하였다.
21 모르드개가 궁궐 대문에서 일을 보고 있을
때, 마침 수문장이었던 내시 빅단과 테레스
둘이 왕에게 불만을 품고 암살을 꾀하고 있
었다.
22 모르드개가 마침 이 낌새를 알아채고 에스델
왕비에게 고해 바쳤다. 왕비는 그 사실을 모
르드개의 이름으로 왕에게 고했다.
23 조사한 결과 그것이 사실임이 드러나 두 사
람은 교수형을 받았다. 이 일이 궁중실록에
기록되었다.

3 ◎이런 일이 있은 뒤였다. 아하스에로스
왕은 아각 사람 함다다의 아들 하만을 높
이 들어 다른 대신들 윗자리에 앉혔다.
2 궁궐 대문에서 일보는 왕의 신하들은 모두
왕명을 따라 하만에게 무릎을 꿇고 절을 하
게 되었다. 그러나 모르드개는 무릎을 꿇고
절을 하려 하지 않았다.
3 궁궐 대문에서 일보는 왕의 다른 신하들은
"자네는 왜 어명을 거스르는가?" 하며
4 날마다 충고를 하였으나 모르드개가 끝내
듣지 않자 이를 하만에게 고하였다. 모르드
개가 스스로 유다인이라고 하니 얼마나 버
티는가 보자는 심산이었다.
5 하만은 모르드개가 정말로 자기 앞에 무릎을
꿇고 절하지 않는 것을 자기 눈으로 보고는
몹시 화가 났다.
6 하만은 모르드개가 어느 민족이라는 것을 들
어 알고는 모르드개뿐만 아니라 아하스에로
스 왕국에 사는 유다인들을 모두 함께 전멸
시키기로 하고 그 기회를 노리게 되었다.

유다인들이 전멸될 위기를 맞다

7 ◎아하스에로스 왕 십이년 정월, 곧 니산월이
었다. 사람들이 유다인을 해치울 날을 정하
려고 하만 앞에서 주사위를 던지니, 십이월
곧 아달월 ㉠십삼일이 나왔다. 주사위를 그
곳 말로는 불이라고 하였다.
8 날이 정해지자 하만이 아하스에로스 왕 앞에
나아가 말했다. "이 나라 백성들 가운데는
남과 섞이지 않는 한 민족이 각 지방에 흩
어져 살고 있습니다. 그 민족의 법은 어떤
민족의 법과도 달라서 임금님의 법마저도
지키지 않으니 도저히 그대로 둘 수가 없습
니다.
9 임금님께서만 좋으시다면, 그들을 멸하라
는 영을 내려주십시오. 그렇게만 하신다면,
신은 은화 일만 달란트를 달아서 재산 관리
인에게 넘겨 내탕고에 넣도록 하겠습니
다."㉡
10 왕은 인장반지를 뽑아, 유다인을 박해하려
는 아각 사람 함다다의 아들 하만에게 주며
11 일렀다. "돈은 그대가 차지하여라. 그리고
그 민족은 그대 손에 넘길 터이니 좋도록 처
리하여라."
12 ◎정월 십삼일에 하만은 왕의 비서관들을
불러 왕의 제후들과 각 지방 총독들과 각 민
족 수령들에게 보내는 칙서를 받아 쓰게 하
였다. 그리고 거기에 아하스에로스 왕의 이
름으로 서명하고 왕의 인장반지로 인봉한
다음
13 보발꾼을 시켜 전국 각 지방에 발송하였다.
그 내용은 십이월, 곧 아달월 십삼일 하루
동안에 유다인은 젊은이, 늙은이, 어린이,
여자 할 것 없이 다 죽여버리고 사유 재산을
몰수한다는 것이었다.

13[1] ㉢◎그 편지의 내용은 다음과 같다.
"대왕 아하스에로스가 인도에서 에티오피
아에 이르는 백이십칠 개 주의 통치자들과
그 예하 지방장관들에게 이 편지를 보낸다.
13[2] 수많은 국민들을 통치하며 온 세계를 지
배하는 나는 결코 오만스럽게 권력을 남용
하지 아니하고 절도를 지키며 관대하게 다
스리기로 결심하였다. 그리하여 나의 백성
들에게 파탄 없는 평온한 생활을 영원히 보
전하여 주며, 나의 왕국에 사는 사람 누구
에게나 문명의 혜택과 방방곡곡 어디에든
자유로이 통행할 수 있는 권리를 보장하며,
모든 백성이 열망하는 평화를 이룩하고자
한다.
13[3] 그런데 이 목적을 달성하기 위한 방법을 두
고 나의 자문관들과 협의하였다. 자문관들
중에 하만이란 사람이 있는데 그는 총명하
기가 우리 중에 뛰어났고 그의 꾸준한 정성
과 변함없는 충성심이 증명된 사람이며 그
지위는 나 바로 다음가는 사람이다.
13[4] 그 하만이 다음과 같은 정보를 나에게 알려
주었다. 즉 이 땅 위에 사는 모든 부족 가운
데 한 못된 민족이 섞여 살고 있는데 그들은
모든 민족을 적대시하는 법률을 가지고 있
으며, 언제나 왕명을 거역하여 온 백성의

㉠ 칠십인역을 따랐다(3:13 참조). ㉡ 유다인에게서 몰수한 돈을 바치겠다는 말인 듯하다(11절 참조). ㉢ 13[1]-13[7]절은 히브리어 성서에는 없고 칠십인역에만 들어 있다.

복리를 보장하려는 나의 통치를 방해하려
고 한다는 것이었다.
13[5] 그러므로 유별난 이 민족이 온 인류와 사
사건건 충돌하며 괴상한 법제도를 가지고,
우리 나라의 이익을 해치며 극악한 범죄를
저질러 마침내 이 왕국의 안전을 위협하기
에 이르렀다는 것을 생각하고,
13[6] 나는 다음과 같이 명령한다. 공직의 제일
인자이며 나에게는 제이의 아버지인 하만이
그들에게 보낸 편지 속에 지적한 자들은 금
년 아달월 즉 십이월 십사일을 기하여 여자
나 어린이를 가리지 말고 인정사정 없이 그
들의 원수의 칼로 모조리 없애버리라.
13[7] 그리하여 어제도 오늘도 우리에게 반대하
는 자들을 단 하루에 힘으로 지옥에 몰아넣
고, 앞으로 이 나라가 안정과 평화를 완전
히 누리도록 하라."
14 그리고 각 지방에 법령으로 선포될 이 문
서의 사본을 모든 민족에게 공포하여 그 날
에 대비하게 하였다.
15 보발꾼들은 왕명을 받고 급히 흩어져 갔다.
이 법령은 수사 성에도 나붙어 온 수사 성이
술렁거리기 시작했다. 한편 왕은 하만과 함
께 잔치를 차려 먹고 있었다.

모르드개가 에스델과 내통하다

4 ◎이 모든 일을 알게 되자 모르드개는 옷
을 찢고 굵은 베 옷을 걸치고 재를 뒤집
어쓴 채 대성통곡하며 거리를 지나
2 대궐문 앞까지 와서 멈추어 섰다. 베옷을
입고는 대궐 문으로 들어갈 수 없기 때문이
었다.
3 어명이 법령으로 공포된 각 지방에서도 유
다인들은 모두 초상을 당한 때처럼 가슴을
치고 통곡하며 낮이나 밤이나 잿더미에 베
옷을 깔고 지냈다.
4 ◎시녀와 내시들이 이 일을 에스델에게 와서
알려주었다. 이 말을 듣고 왕후는 몹시 걱
정이 되어 모르드개에게 옷을 내어보내며
그 베옷을 벗고 옷을 갈아입으라고 했으나,
그는 듣지 않았다.
5 에스델은 왕이 지명해 준 내시 하닥을 불러
모르드개에게 나가 곡절을 알아오라고 하였
다.
6 하닥이 대궐문 앞 광장에 서 있는 모르드개
를 찾아가자
7 모르드개는 자기 몸에 닥친 일과 하만이 유다
인을 학살하고 얼마나 많은 돈을 내탕고에
거둬들이겠다고 장담했는가를 들려주었다.
8 그리고 유다인을 학살하라고 수사 성에 내
붙인 포고문 한 장을 주면서, 에스델에게 보
이고 왕 앞에 나아가 겨레를 살려달라고 애
원해 보도록 말을 전해 달라고 부탁하였다.
8[1] ㉠◎그는 이렇게 말하였다. "왕후께서 내
손에서 자라던 그 비천했던 지난날을 생각
해 보시오. 왕국의 제이의 인물인 하만이 우
리를 몰살시키라고 왕에게 탄원하였으니,
주님께 기도드리시고 왕에게 간청하여 우
리들을 죽음으로부터 구해 주시오."
9 ◎하닥이 돌아와 모르드개의 말을 에스델에
게 전하였다.
10 그러나 에스델은 하닥을 다시 모르드개에게
보내어 이렇게 말하였다.
11 "왕께서 부르시지도 않는데, 궁궐 앞뜰로
어전에 들어갔다가는 남자든지 여자든지
사형을 받는 법입니다. 왕께서 금지팡이를
내밀어 주시지 않으면 아무도 살아나지 못
합니다. 이것은 왕의 신하들은 물론, 전국
각 지방의 백성도 다 아는 일입니다. 그런
데 왕께서 저를 부르지 아니하신 지 이미 달
포나 되었습니다."
12 ◎모르드개는 그가 전하는 에스델의 이 말을
듣고
13 에스델에게 다시 이렇게 이르게 하였다.
"궁 안에 있다고 해서 왕후만이 유다인 가
운데 홀로 목숨을 부지하리라 생각마시오.
14 이런 때에 왕후께서 끝내 입을 다물고 있으
면, 다른 데서라도 구원의 손길이 와서 유다
인들 앞에 살 길이 열릴 것이오. 그렇게 되
면 왕후는 일가친척들과 함께 망할 줄 아시
오. 바로 이런 때에 손을 쓰라고 왕후의 자
리에 오른 것이 아니겠소?"
15 그러자 에스델은 모르드개에게 이렇게 전갈
을 보냈다.
16 "빨리 수사에 있는 유다인들을 한자리에 모
으십시오. 그리고 저를 생각하고 사흘 동안
밤낮으로 먹지도 마시지도 말고 단식 기도
를 올려주십시오. 저도 시녀들과 함께 단식
기도를 올리겠습니다. 그런 뒤에 법을 어겨
서라도 어전에 나가 뵙겠습니다. 그러다가
죽게 되면 기꺼이 죽겠습니다."
17 ◎모르드개는 이 말을 전해 듣고 물러나 에
스델의 말대로 하였다.

모르드개의 기도

㉠ 8[1]절은 히브리어 성서에는 없고 칠십인역에만 들어 있다.

17¹ ㉠◎모르드개는 주님께서 하신 모든 놀라운
일을 생각하며 다음과 같이 기도하였다.
17² "주님, 주님, 온 누리의 주인이신 임금님,
만물이 당신의 권력에 예속되어 있으며,
이스라엘을 구원하시려는 당신의 뜻을
거역할 사람은 하나도 없습니다.
17³ 진정, 하늘과 땅을 만드신 분은 당신이시
며,
창공 아래 모든 놀라운 것들을
만드신 분도 당신이십니다.
17⁴ 당신은 온 누리의 주인이십니다.
그리고 주님, 당신을 맞설 사람은 아무도
없습니다.
17⁵ 당신은 모든 것을 알고 계십니다.
주님, 내가 그 오만불손한 하만에게,
굴복하기를 거부하는 것이
결코 내가 무례해서나, 오만해서나
혹은 허영에 들떠서
하는 것이 아니라는 것을
당신은 알고 계십니다.
17⁶ 이스라엘의 구원을 위한 것이라면
나는 그의 발바닥에라도 기꺼이 입을 맞
추었을 것입니다.

17⁷ 그러나 내가 한 일은
인간의 영광보다는
하느님의 영광이 더 높다는 것을
드러내기 위한 것이었습니다.
주님, 나는 당신을 제외하고는
아무에게도 굴복하지 않겠습니다.
그렇게 하는 것은 내가 오만하기 때문이
아닙니다.
17⁸ 그러니, 주 하느님,
아브라함의 하느님이신 임금님,
당신 백성을 살펴주소서.
원수들은 우리들을 멸망시키려는 음모를
꾸미고 있으며
당신께서 옛날 우리에게 주신 유산을 파
괴하려고 계획하고 있습니다.
17⁹ 이집트 땅에서 당신 자신을 위해서 건져
내신,
당신의 몫을 저버리지 마소서.
17¹⁰ 나의 기도를 들어 허락하시고
당신 백성에게 자비를 베푸시어
우리의 슬픔을 기쁨으로 바꾸어주소서.
그리하여 주님, 당신의 이름을 찬양하며
살게 하소서.
당신을 찬양하는 입술을 잠잠케 마소서."

17¹¹ ◎그리고 온 이스라엘 백성들도 힘껏 외쳤
다. 죽음이 그들의 눈앞에 다가왔던 것이
다.

에스델의 기도

17¹² 왕후 에스델도 자기에게 닥친 죽음의 위
험을 느끼고 주님께 의지하려고 하였다.
17¹³에스델은 화사한 옷을 벗고 슬픈 상복을 입
었다. 값진 향유 대신에 재와 오물을 머리
에 뒤집어썼다. 왕후는 자기의 몸을 심하게
다루었다. 그리하여 전에 즐겁고 우아했던
모습이 지금은 헝클어진 머리칼로 어수선
하게 되었다.
17¹⁴에스델은 이스라엘의 하느님이신 주님께
다음과 같이 탄원하였다.
"오직 한 분이신 나의 주님이시며, 우리
의 임금님,
오시어 나를 도와주소서. 나는 홀몸,
당신 외에 아무런 구원자도 나에겐 없습
니다.
17¹⁵ 나의 생명은 지금 위태롭게 되었습니다.
17¹⁶ 나는 어려서부터 가정에서 이렇게 배웠
습니다.
주님, 당신은 모든 민족 중에서
이스라엘을 선택하시고,
모든 민족의 선조들 중에서
우리 선조들을 뽑으시어,
영원히 당신의 백성으로 삼으셨습니다.
그리고 약속하신 대로 우리 선조들을 보
살펴 주셨습니다.
17¹⁷ 그러나 우리는 당신에게 죄를 지었으므
로,
당신께서 우리를 원수들에게 넘기셨습니
다.
17¹⁸ 우리는 그들의 우상을 숭배하였던 것입
니다.
주님, 당신은 의로우십니다.

17¹⁹ 그러나 그들은 우리를 쓰라린 노예로 삼
고서도
만족하지 않고 있습니다.
그들은 그들의 우상들의 손을 맞잡고 맹
세를 했습니다.
17²⁰ 당신께서 친히 분부하신 법을 폐기하고
당신의 백성을 없애버리어
당신을 찬미하는 사람들의 입을 틀어막
고
당신 제단에서 불을 꺼버리며, 당신 성

㉠ 17¹-17³⁰절은 히브리어 성서에는 없고 칠십인역에만 들어 있다.

전의
영광을 짓밟기로 작정하였습니다.
17²¹ 그 대신에 이방인들의 입을 열어
헛된 우상들을 찬미하게 하고
한낱 인간에 지나지 않는 왕을 영원히 찬
미하게 하려고 합니다.

17²² 주님, 아무것도 아닌 자들에게 당신의
홀을 넘겨주지 마소서.
우리가 멸망하여 그들의 조롱거리가 되
지 않게 하소서.
그들을, 자기들이 꾸민 흉계로 망하게 하
시고
앞장서서 우리를 공격하는 자에게 본보
기를 보여주소서.
17²³ 주님, 우리를 기억하시고
우리가 고난을 받을 때에 당신을 나타내
보이소서.
모든 신 중의 왕이시며, 모든 권세의 주
권자시여,
나에게 용기를 주소서.
17²⁴ 내가 사자와 맞설 때에
내 입에서 그 사자를 매혹시킬 말이 나오
게 하시어
그의 마음을 돌려서, 우리의 원수를 미워
하게 하소서.
그리하여 원수와 그 동조자를 멸망케 하
소서.

17²⁵ 그리고 당신의 손으로 우리를 구원하소
서.
주님 나는 홀몸, 당신뿐이오니,
오셔서 나를 도와주소서.
17²⁶ 당신은 모든 것을 알고 계십니다.
내가 악인들의 영예를 미워하고,
할례받지 않은 자와 모든 이방인들의 잠
자리를 증오한다는 것을
당신은 알고 계십니다.
17²⁷ 나의 어쩔 수 없는 사정을 아시는 당신은
내가 나의 높은 지위의 상징을 혐오한다
는 것 또한 알고 계십니다.
내가 공석상에 나타날 때에는 할 수 없이
머리 위에 관을 쓰지만
그것이 더러운 걸레처럼 싫어서, 혼자 있
을 때는 벗어버립니다.
17²⁸ 당신의 여종인 나는 하만과 한 자리에서
먹지 않았으며
왕의 연석이 기쁘지 않았고
그들의 제삿술도 마시지 않았습니다.
17²⁹ 아브라함의 하느님이신 주여,
당신의 여종인 나는 이 자리에 올라서부
터 오늘날까지
당신하고가 아니면 기쁜 날이 단 하루도
없었습니다.
17³⁰ 만물을 제압하는 힘을 가지신 하느님,
절망에 빠진 자들의 소리를 들으시고
악인들의 손에서 우리를 구하시고
나를 공포에서 구하소서."

에스델이 어전에 나아가다

5 ◎사흘째 되는 날, 에스델은 궁중 예복을
입고 왕의 거처가 바라보이는 대궐 안뜰
에 들어섰다. 마침 왕은 궁궐 문이 마주보
이는 용상에 앉아 있다가
2 에스델 왕후가 뜰에 서 있는 것을 보고는 반
가워하여 손에 들고 있던 금지팡이를 에스
델에게 내밀었다. 에스델이 가까이 다가가
서 지팡이 윗머리에 손을 대었다.

왕궁으로 나간 에스델

2¹ ㉠◎사흘째 되는 날, 에스델은 기도를 마치
고 상복을 벗고, 호화찬란한 옷을 입었다.
2² 이렇게 눈부시게 아름다운 옷으로 성장한
에스델은 모든 사람을 지켜주시고 그들을
구원해 주시는 하느님께 호소하였다. 그리
고 왕후는 두 시녀를 데리고 나섰다.
2³ 왕후는 한 시녀가 옷자락을 받쳐들고 동반
하는 가운데, 또 한 시녀에게 우아하게 몸
을 기대고 나왔다. 왕후가 한 시녀에게 나
른한 자태로 몸을 기대었던 것은 그 몸이 너
무나 허약해져서 혼자서는 걸어갈 수가 없
었기 때문이었다.
2⁴ 그리고 또 한 시녀가 땅에 끌리는 왕후의 옷
을 받쳐들고 뒤를 따랐다.
2⁵ ◎그 여자는 넘쳐흐르는 자신의 아름다움에
붉게 상기되어 있었고 희색이 만면하여 마
치 사랑의 꽃이 핀 듯하였다. 그러나 마음
속으로는 두려움에 떨고 있었다.
2⁶ ◎여러 개 문을 지나서 왕 앞으로 나갔다.
왕은 금과 보석이 번쩍이는 왕복으로 성장
을 하고 옥좌에 앉아 있었는데 그 모양이 어
마어마하였다.
2⁷ ◎왕은 위풍당당한 얼굴을 들어 노기띤 눈
으로 왕후를 쳐다보았다. 왕후는 그만 주저
앉아 버렸다. 실신하여 창백해진 얼굴로 자
기를 따라온 시녀에게 머리를 기댔다.

㉠ 5:2¹-2¹⁶절은 히브리어 성서에는 없고 칠십인역에만 들어 있다.

2[8]◎그러나 하느님은 왕의 마음을 변심시키어
그 마음을 부드럽게 만드셨다. 왕은 몹시
걱정스러워져서 옥좌에서 벌떡 일어나 왕
후가 정신차릴 때까지 그를 품안에 껴안고
부드러운 말로 위로하였다.
2[9] "에스델, 이게 웬일이오? 우리는 서로 남
매간이오. 안심하시오.
2[10]그대는 죽지 않을 것이오! 내 명령은 평민
들에게만 해당되오.
2[11]가까이 오시오."
2[12]왕은 황금장을 번쩍 들어 에스델의 목에 대
고 껴안으며 "나에게 이야기하시오." 하고
말하였다.
2[13]◎에스델은 말하였다. "임금님, 저에게는
임금님께서 하느님의 천사처럼 보였고, 제
마음은 임금님의 위풍에 두려움을 품었습
니다.
2[14]임금님, 임금님께서는 정말 훌륭한 분이시
고 임금님의 얼굴에는 인자하신 정이 흐릅
니다."
2[15]◎에스델은 이렇게 말하다가 실신하여 쓰러
졌다.
2[16]왕은 몹시 근심하였고, 그의 모든 시종들은
에스델을 깨어나게 하려고 최선을 다 기울
였다.

3 왕이 물었다. "에스델 왕후, 웬일이오?
무슨 간청이라도 있소? 이 나라 반이라도
주리다."
4 에스델이 말했다. "소첩이 오늘 임금님을
모시려고 잔치를 차렸습니다. 좋으시다면
하만과 함께 와주셨으면 합니다." 에스델의
초청을 받고
5 왕은 곧 영을 내렸다. "왕후의 소원이니 하
만을 곧 들라고 하여라." 그리하여 왕은 하
만과 함께 에스델이 베푼 잔치에 참석하게
되었다.
6 ◎술이 한 순배 돈 다음 왕이 에스델에게 물
었다. "그래, 왕후의 청이 무엇이오? 무엇
이든 들어줄 터이니 말하시오. 이 나라 반
이라도 떼어주리다."
7 그러자 에스델은 이렇게 아뢰었다. "소첩의
간절한 소원을 아뢰겠습니다.
8 임금님께서 소첩을 귀엽게 보아주신다면,
또 임금님께서만 좋으시다면, 내일도 잔치
를 베풀고 두 분을 모시고 싶습니다. 하만과
함께 다시 한번 와주십시오. 그 자리에서
말씀대로 청을 드리겠습니다."
9 ◎그 날 하만은 기쁘고 흐뭇한 마음으로 자
리를 물러나오다가, 대궐 문간에 이르러 모
르드개가 자기 앞에서 일어나지도 않고 굽
실거리지도 않는 것을 보았다. 하만은 속이
뒤집혔지만
10 꾹 참고 집에 돌아가 친구들과 아내 제레스
를 불러들였다.
11 그 자리에서 자기는 재산도 많고 자식도 많
은데다가, 왕이 자기를 어느 고관 대작보다
높은 자리에 앉혀주었음을 자랑하고 나서
12 말을 계속하였다. "그뿐인 줄 아는가? 에스
델 왕후께서 손수 베푸신 잔치에 나 혼자만
이 왕과 자리를 같이 했다네. 게다가 내일
도 왕과 함께 초대받았지.
13 그런데 대궐 문간에서 일보는 모르드개라는
그 유다인 녀석만 눈에 띄면 속이 뒤집힌단
말이야!"
14 아내 제레스와 친구들이 하만에게 의견을
내어놓았다. "높이 쉰 자짜리 기둥을 세우
고, 내일 아침 왕께 청을 드려 모르드개를
달도록 하십시오. 그리고 나서 개운한 마음
으로 왕과 함께 잔치에 나가십시오." 하만
은 그 말에 귀가 솔깃하여 곧 기둥을 세우게
하였다.

모르드개가 영광을 받다

6 ◎그 날 밤, 왕은 잠이 오지 않아서 궁중
실록을 가져다 읽게 하였다.
2 그 기록을 읽어 내려가다가 대궐 수문장으
로 있던 두 내시 빅단과 테레스가 자기를 암
살하려고 기회를 노리고 있는 것을 모르드
개가 고발했다는 대목에 이르러,
3 왕은 그 모르드개라는 사람에게 무슨 상을
내려 공을 치하했느냐고 물었다. 왕을 모시
는 시종들이 "아무것도 해준 것이 없습니
다." 하고 대답하였다.
4 왕은 "밖에 누가 없느냐?" 하고 불렀다.
때마침 하만이 궁전 바깥뜰에 들어섰다. 하
만은 자기가 세워둔 기둥에 모르드개를 달
려고 왕의 허락을 받으러 막 들어서던 참이
었다.
5 시종들이 밖에 하만이 대령하고 있다고 하
자 왕은 어서 들게 하라고 하였다.
6 하만이 들어 서자 왕이 이렇게 물었다. "내
가 상을 내리고 싶은 사람이 있는데, 무엇
을 해주었으면 좋겠는가?" 하만은 '왕이
상을 내리고 싶은 사람이 있다면 나밖에 누
가 있으랴.' 싶어,
7 이렇게 진언하였다. "임금님께서 상을 내리
고 싶으신 사람이 있으시거든,

8 임금님께서 입으시는 의복과 타시는 말을
내어온 다음 그 머리에 관을 씌우시고,
9 임금님께서 귀하게 여기시는 한 대신에게
그 왕복과 말을 맡기시어, 상을 내리시려는
그 사람에게 왕복을 입히시고 말을 태워 성
내 광장을 돌게 하십시오. 그리고 그로 하
여금 경마잡고 가면서 '왕께서 상을 내리시
려는 사람에게는 이렇게 해주신다.'고 외치
게 하십시오."
10 왕이 하만에게 말했다. "그 말대로 곧 시행
하여라. 그대는 내 옷과 말을 내어다가 문
간에서 일보는 유다인 모르드개에게 이제 말
한 것을 하나도 빠뜨리지 말고 그대로 해주
도록 하여라."
11 ◎하만은 하릴없이 왕복을 가져다가 모르드
개에게 입히고 말을 끌어내어 태운 다음 광
장으로 데리고 나가 돌아야 했다. 하만은 경
마잡고 가면서 "왕께서 상을 내리시려는 사
람은 이같이 해주신다." 하고 외쳤다.
12 하만은 모르드개를 대궐 수위실로 돌려보내
고 고개를 떨어뜨린 채 울상이 되어 급히 집
으로 돌아가,
13 아내 제레스와 측근을 모두 불러놓고 방금
당한 일을 들려주었다. 그의 참모들과 아내
제레스가 이렇게 말하였다. "대감은 이제 유
다 종자 모르드개 앞에 무릎을 꿇었습니다.
다시는 그 앞에서 머리를 들지 못하게 되었
습니다. 그러니, 아예 그 사람에게 손을 댈
생각을 마십시오."

하만이 몰락하다

14 ◎이런 이야기를 하고 있는데, 왕을 모시는
내시들이 와서 에스델이 베푼 잔치에 하만을
급히 데리고 갔다.

7 그리하여 하만은 왕과 함께 에스델 왕후가
베푼 잔치에 참석하게 되었다.
2 이 두 번째 날에도 왕은 술을 마시면서 에스
델에게 물었다. "에스델, 어서 소청을 말해
보오. 무엇이든지 들어주겠소. 진정 소원이
라면, 나라 절반이라도 떼어주리다."
3 왕후 에스델의 대답은 이러하였다. "만일
임금님께서 소첩을 귀엽게 보아주신다면,
또 임금님께서 좋으시다면 이 목숨을 살려
주십시오. 제 소원은 이것입니다. 제 겨레
도 살려주십시오. 제발 부탁합니다.
4 지금 저와 저의 겨레는 다 죽어 멸종될 처지
에 이르렀습니다. 종으로 팔려간다고만 해
도 아무 말씀 안 드리겠습니다. 그러나 그
일로 임금님께서 입으실 손해는 무엇으로
메우시겠습니까?"
5 "도대체 그 놈이 누구요? 그런 음모를 꾸민
놈이 지금 어디 있소?" 하고 아하스에로스
왕이 캐어 묻자,
6 왕후 에스델은 그제야 사실을 털어놓았다.
"우리를 박해하는 우리의 원수, 그 사람은
바로 이 교활한 하만입니다." 에스델의 입에
서 이 말이 떨어지자, 하만은 왕과 왕후 앞
에서 부들부들 떨었다.
7 왕은 너무 화가 나서 자리를 차고 일어나 안
뜰로 나갔다. 틀림없이 왕에게서 벼락이 내
릴 것을 알고 하만은 왕후 에스델에게 목숨
만은 살려달라고 애원하였다.
8 왕이 안뜰에서 다시 술자리로 돌아와 보니,
에스델이 몸을 누이고 있는 평상에 하만이
엎드려 있는 것이었다. 이것을 보고 왕은
"네놈이 내 거처에서, 더구나 내 앞에서 왕
후를 겁탈하려느냐?" 하고 호통을 쳤다.
왕의 입에서 이 호령이 떨어지자마자 하만
의 얼굴은 수건으로 가리워졌다.
9 왕을 모시던 내시 가운데 하르보나가 나서
서 말하였다. "마침 하만의 집에 높이가 쉰
자나 되는 기둥이 하나 서 있습니다. 임금
님을 살려 드린 모르드개를 매달려고 하만이
세워둔 것입니다." 왕이 말했다. "그 기둥
에 이 놈을 달아라." 어명을 따라,
10 하만은 모르드개를 죽이려고 세웠던 기둥에
자기가 매달려 죽게 되었다. 그제야 왕의
노여움이 풀렸다.

유다인들에게 살 길이 열리다

8 ◎그 날로 아하스에로스 왕은 유다인들을
박해하려던 하만의 집을 에스델 왕후에게
주었다. 에스델은 그제야 자기와 모르드개가
어떤 사이인지를 밝혔다. 그리하여 모르드
개는 어전에 나오게 되었고,
2 왕은 하만에게서 찾은 인장반지를 빼어 모
르드개에게 맡겼다. 에스델은 하만의 집을
모르드개에게 맡겨 관리하게 하였다.
3 에스델은 다시 어전에 나가 아각 사람 하만
이 유다인을 처치하려고 꾸며놓은 음모를
거두어달라고, 왕의 발 아래 엎드려 울면서
애원하였다.
4 왕은 에스델에게 금지팡이를 내어 밀었다.
그제야 에스델은 어전에서 몸을 일으켜 세
우고
5 "만일 임금님께서 좋으시다면, 만일 소첩을
귀엽게 보시어 제 말씀을 옳게 보시고 소첩
을 애중히 여겨주신다면, 아각 사람 함다다

의 아들 하만이 전국 각 지방에 있는 유다인
을 몰살하려고 써서 돌린 칙령을 거두어주
십시오.
6 제 겨레에게 닥쳐온 이 재난을 어떻게 그냥
보고만 있겠습니까? 제 친척이 망하는 것
을 어찌 바라보고만 있겠습니까?"
7 ◎아하스에로스 왕은 드디어 에스델 왕후와
유다인 모르드개에게 윤허를 내렸다. "나는
유다인을 멸망시키려고 한 죗값으로 하만을
이미 기둥에 매달아 죽였고, 그의 집을 에스
델에게 주었다.
8 이제 어떻게 하는 것이 유다인에게 좋을지
그대들 소견에 맡길 터이니, 내 이름으로
문서를 만들고 내 인장반지로 인을 쳐서 돌
려라. 내 이름으로 만들고 내 인을 친 칙서
는 아무도 취소할 수 없다."
9 ◎왕의 비서관들이 곧 소집되었다. 때는 시
완월 곧 삼월 이십삼일이었다. 비서관들은
인도에서 에티오피아에 이르는 백이십칠 지
방에 널려 있는 유다인과 제후들과 총독과
각 지방 수령들 앞으로 보내는 칙서를 모르
드개가 불러주는 대로 쓰고 각 지방의 문자
와 각 민족의 언어로 옮겨 문서로 작성하
였다.
10 이렇게 아하스에로스 왕의 이름으로 만들고
왕의 인장반지로 인을 친 이 칙서를 보발꾼
들이 왕실 역마를 타고 전달하였다.
11 왕은 그 칙서에서 각 도시에 널려 사는 유다
인들은 정당방위로 한데 뭉쳐서 자기들을
박해하려는 모든 민족과 각 지방 무장대를
처자까지 몰살하고 재산을 약탈해도 좋다
고 하였다.
12 그리고 이 일은 아하스에로스 왕국 안의 모
든 지방에서 아달월 곧 십이월 십삼일, 하루
안에 끝내도록 되어 있었다.

복권령

12[1] ㉠그 편지의 내용은 다음과 같다.
"나 아하스에로스 대왕이 인도에서 에티오
피아에 이르는 백이십칠 개 주의 통치자들
과 그 예하 지방장관들과 나의 충성스러운
신하들에게 인사를 보낸다.
12[2] 사람들은 흔히 그들의 은인으로부터 큰
은혜를 입어 많은 영예를 얻으면 점점 더 오
만해진다.
12[3] 그들은 나의 백성들을 해치려는 것으로 만
족하지 않고 자기들이 받은 은혜를 제대로
간직하지 못하여 그들의 은인들을 해치는
음모를 꾸미기에 이른다.
12[4] 또한 그들은 사람에게서 감사하는 마음을
없애버리는 것만으로 만족하지 않고 오히
려 선이 무엇인가를 알지 못하는 어리석은
자들의 칭찬하는 말에 우쭐하여, 하느님이
모든 것을 내려다보고 계시는데도, 그 악인
들을 미워하시는 하느님의 정의를 피할 수
있다고 스스로 장담한다.
12[5] 그래서 권좌에 있는 사람들이 친구에게 국
사를 맡기고 그들의 말을 듣다가 죄없는 사
람들의 피를 흘리게 하고 구제할 길 없는 불
행의 대가를 치르게 하는 일이 비일비재하
였다.
12[6] 그리고 통치자들의 탓할 것 없는 올바른 의
도가 악의를 품은 자들의 거짓 이론 때문에
잘못되는 수가 많았다.
12[7] 내가 언급한 옛일을 되새길 필요도 없이 눈
을 똑바로 뜨고 네 앞을 보기만 하면, 가당
치 않은 관리들의 해악으로 인하여 갖가지
죄악이 저질러졌다는 것을 알 수 있다.
12[8] 그래서 앞으로 나는 모든 힘을 기울여 나라
의 만백성이 안전과 평화를 누릴 수 있도록
노력하겠다.
12[9] 그러기 위해서 나는 정책을 적절하게 개혁
하고 내가 처리해야 할 사항들을 언제나 공
정한 정신으로 판단해 나가겠다.
12[10] 그런데 마케도니아 사람 함다다의 아들 하
만이 좋은 예이다. 그는 페르시아의 피가 한
방울도 섞이지 않은 이국인일 뿐 아니라 온
정이 없어 나와는 거리가 먼 자인데도 불구
하고, 나는 그를 손님으로 우대하였고
12[11] 모든 국민에게 베푸는 우정으로 그를 대하
였다. 그리하여 마침내는 그를 "나의 아버
지"라고 불렀고 왕 다음가는 자리를 주어
서, 모든 사람이 그 앞에 엎드려 배례하게
까지 하였다.
12[12] 그런데도 그는 자기의 높은 지위에 만족하
지 않고 나에게서 나라와 생명까지 빼앗으
려고 음모하였다.
12[13] 나아가서 부당한 잔꾀와 이론을 펴, 나의
구원자이며 변함없는 은인인 모르드개와 탓
할 바 없는 나의 왕후 에스델을 그들의 동족
과 함께 없애버리라고 나에게 종용하였다.
12[14] 그는 이렇게 하여 나를 고립무의의 상태에
빠뜨리고 페르시아 제국을 마케도니아인들
에게 넘겨주려고 생각하고 있었던 것이다.
12[15] 이 가장 가증스러운 악인이 멸망시키려
고 하던 유다인들은 죄인들이 아니며 오히

㉠ 12[1]-12[24]절은 히브리어 성서에는 없고 칠십인역에만 들어 있다.

려 법을 가장 올바르게 지키는 사람들이라
는 것을 나는 알았다.
12[16]그들은 위대하시고 살아 계신 하느님이신
지극히 높은 분의 자녀들이다. 나와 나의
선조들은 바로 이 하느님 덕분에 나라의 끊
임없는 번영을 누려왔다.
12[17]그러므로 그대들은 함다다의 아들 하만이
보낸 편지에 적혀 있는 지시를 따르지 않는
것이 좋겠다.
12[18]그 편지를 쓴 자는 만물의 주인이신 하느
님께서 지체 없이 내리신 합당한 벌을 받아,
이미 그 일가 권속과 함께 수사 성의 성문에
서 교수형을 당했다.
12[19]나의 이 편지의 사본을 방방곡곡에 게시하
여 유다인들로 하여금 그들의 법을 공공연
히 지킬 수 있게 하라.
12[20]악인들은 아달월 즉 십이월 십삼일을 공격
일로 정하여 유다인을 몰살시키려고 하고
있는데, 그대들은 그 날에 유다인들을 도와
주라.
12[21]전능하신 하느님께서는 멸망의 이 날을 당
신의 선민들을 위하여 기쁨의 날로 바꾸어
놓으셨다.
12[22]한편, 그대들 유다인들은 성대하게 지내는
축제일 가운데서도 이 날을 특별한 축일로
정하여 갖가지 잔치로써 축하하라.
12[23]그리하여 오늘 이후로는 이 날이 그대들과
선량한 페르시아인들에게는 구원의 기념일
이 되고 그대들의 원수들에게는 멸망의 기
념일이 되게 하라.
12[24] 어떤 도시든지, 나아가 어떤 주든지 이
지시를 지키지 않으면 칼과 불의 무자비한
응징을 받아 폐허가 될 것이며, 그 곳은 사
람이 살 수 없게 될 것은 물론이요, 심지어
는 야수나 새들의 영원한 저주까지 받게 될
것이다."
13 이 칙서를 모든 지방에 다 보내어 모든 민
족에게 공포하게 하였다. 유다인들로 하여
금 그 날을 맞아 원수를 갚을 준비를 시키려
는 것이었다.
14 보발꾼들은 왕실 역마를 타고 어명을 전하
러 급히 떠났다. 이 칙서는 수사 성에도 나
붙었다.
15◎모르드개는 자줏빛 옷감과 흰 옷감으로 만
든 궁중 예복에 큰 금관을 쓰고, 흰 모시와
붉은 옷감으로 만든 도포를 입고 어전에서
물러나왔다. 그를 맞아 온 수사 성은 환성을
올렸다.
16 마침내 유다인들에게는 빛나는 영광과 벅찬
기쁨이 찾아온 것이다.
17 이 어명이 법령으로 선포된 지방이나 도시
어디서나 유다인들은 이 날을 축일로 삼고
잔치를 벌이며 기뻐 뛰었다. 다른 민족들로
서 유다인으로 귀화하는 사람도 많았다. 그
만큼 그들은 유다인들의 위력에 눌렸던 것
이다.

부림절을 지키다

9 ◎마침내 아달월 곧 십이월 십삼일이 되
었다. 포고된 칙령이 실시되는 날, 유다
인들을 결딴내려고 벼르던 원수들이 도리
어 유다인에게 변을 당할 날이 온 것이다.
2 유다인들은 저희를 해치려는 원수들을 치려
고 아하스에로스 왕국 각 지방에서 도시로
도시로 모여들었다. 모든 민족이 다 유다인
들을 두려워하고 있는 터였으므로, 아무도
대적하지 못하였다.
3 각 지방 수령과 제후와 총독을 비롯하여 어
명을 따라 일을 보는 관리들은 모두 모르드
개가 무서워서 유다인 편을 들게 되었다.
4 그리하여 모르드개는 대궐 안에 있는 모든
사람이 우러르게 되어 그 명성이 각 지방에
서 자자했다. 그만큼 모르드개의 세력은 날
로 커져갔던 것이다.
5◎유다인들은 원수를 모조리 칼로 쳐죽이며
닥치는 대로 박살내었다.
6 유다인들은 수사 성에서만도 오백 명을 죽
였다.
7 그 가운데는 바르산다다, 달본, 아스바다,
8 보라다, 아달리야, 아리다다,
9 바르마스다, 아리새, 아리대, 와이자다도 끼
여 있었는데,
10 이 열은 유다인을 박해하려던 함다다의 아들
하만의 아들들이었다. 이렇게 죽이면서도
유다인들은 노략질만은 하지 않았다.
11◎수사 성에서 살해된 사망자의 수는 그 날
로 왕에게 보고되었다.
12 "수사 성에서만도 유다인들은 적 오백 명에
다가 하만의 아들 열을 죽여 없앴으니, 이
나라 다른 지방에서야 어떠했겠소?" 하며
왕은 에스델 왕후에게 말하였다. "또 무슨
소청이 있거든 말해 보오. 다 들어주리다.
무슨 소원이든지 다 이루어주리다."
13 에스델은 이렇게 청을 올렸다. "임금님께서
만 좋으시다면, 수사에 사는 유다인들에게
오늘 실시한 칙령을 내일도 실시할 수 있게
해주시고 하만의 열 아들의 시체를 기둥에
매달아 주십시오."

14그대로 실시하라는 어명이 내리자, 수사 성
에는 다시 포고문이 나붙고 하만의 열 아들
은 기둥에 매달리게 되었다.
15수사에 사는 유다인들은 아달월 십사일에 다
시 모여 수사에 있는 적을 삼백 명이나 더
죽였다. 그러면서도 노략질만은 하지 않았
다.
16◎그 나라 각 지방에 사는 다른 유다인들도
정당 방위로 한데 뭉쳐 원수를 갚았다. 그
들의 손에 죽은 원수는 모두 칠만 오천 명이
나 되었다. 그렇게 죽이면서도 노략질만은
하지 않았다.
17이 일은 아달월 십삼일에 일어난 일이었다.
십사일에는 쉬면서 그 날을 축일로 삼고 기
뻐하였다.
18수사에 사는 유다인들은 십삼일과 십사일에
모였었기 때문에 십오일에야 쉬면서 그 날
을 축일로 삼고 기뻐하였다.
19성이 없는 마을에 살던 시골 유다인들도 아
달월 십사일을 축일로 삼고 즐거운 잔치를
벌이며 선물을 주고받았다.
19[1] ㉠◎한편 도시에 사는 사람들이 잔치를 즐
기며 이웃들과 선물을 교환하는 날은 아달
월 십오일이다.
20◎모르드개는 이 일을 기록하여 두었다. 그
리고 아하스에로스 왕국 각 지방에 사는 유다
인들에게 원근을 가리지 않고 전갈을 보내
어
21해마다 아달월 십사일과 십오일을 축일로
지키라고 지시하였다.
22이 달은 쓰라림이 기쁨으로 바뀌고 초상날
이 축제일로 바뀐 달이요, 이 날은 유다인들
이 원수에게서 풀려난 날이라, 이 날을 기
쁜 잔칫날로 지내며 선물을 주고받고 가난
한 사람들에게 따뜻한 손길을 뻗는 날로 삼
으라고 하였다.
23유다인들은 모르드개의 지시를 따라 시작한
이 행사를 계속 지키게 되었다.
24◎㉡유다인을 박해하려던 아각 사람 함다다
의 아들 하만은 유다인들을 없애버릴 음모
를 꾸미고 불이라는 주사위를 던져 택일까
지 했었다.
25그러나 이 일은 왕 앞에 드러나고야 말았다.
왕은 영을 내려 유다인들을 잡으려고 꾸민
음모를 하만에게 되씌워 하만을 아들들과
함께 기둥에 매달게 하였다.
26그리하여 이 이틀을 불이라는 말을 따서 부
림이라고 부르게 되었다. 이것은 모르드개
가 편지로 지시해 둔 일이기도 하지만, 저
희가 직접 보고 경험한 일이었다.
27그래서 유다인들은 대대손손 기록되어 있는
대로 해마다 정한 때에 어김없이 이 이틀을
축제일로 지키기로 하였다. 귀화하는 사람
들도 그렇게 하기로 하였다.
28이 명절은 지방이나, 도시나 할 것 없이 어
느 가문에서나 다 지키게 되었다. 이리하여
부림절은 유다인에게는 거를 수 없는 날이
요 대대로 잊지 못할 날이 되었다.
29◎아비하일의 딸 에스델은 왕후로서 부림절
에 관한 이 편지를 뒷받침하는 글을 써서
30아하스에로스 왕국 백이십칠 지방에 널려 사
는 모든 유다인에게 발송하였다. 걱정 없이
마음놓고 살면서
31정한 때에 부림절을 지키라는 것이었다. 유
다인 모르드개가 제정해 주었을 뿐 아니라
대대로 지키기로 스스로 제정한 대로 슬피
울고 단식하며 이 절기를 지켰다.
32이렇게 에스델이 부림절 행사로 제정한 내용
은 책에 기록되어 있다.

모르드개가 칭송을 듣다

10 ◎아하스에로스 왕은 육지와 바다와 섬
들에서 조공을 받는 왕이었다.
2모르드개는 이런 왕에게 등용되어 권력과
세력을 잡고 위대한 업적을 많이 남겼다.
다 아는 대로 그 자세한 기록은 메대와 페르
시아 역대 왕 실록에 다음과 같이 기록되어
있다.
3"유다인 모르드개 위에는 아하스에로스 왕밖
에 없다. 그는 제 겨레가 잘되도록 애썼고,
모든 후손의 복지를 주장한 사람으로서 유
다인들에게 기림을 받았고 많은 동포에게
사랑을 받았다."
3[1] ㉢◎모르드개는 이렇게 말하였다. "이 모든
것은 하느님께서 하신 일이다.
3[2] 나는 이러한 일들에 관하여 꿈을 꾸었는데
그 꿈 내용이 하나도 빠짐없이 실현되었다.
3[3] 조그마한 샘물이 큰 강이 되었던 일과 빛이
비치던 일, 태양과 넘쳐흐르는 물, 이것들
이 모두 실현되었다. 에스델이 바로 그 강인
데, 에스델은 그 왕과 결혼하여 왕후가 되었
다.
3[4] 두 마리 용은 하만과 나다.
3[5] 이교국 백성들은 서로 결탁하여 유다인들의

㉠ 19[1]절은 히브리어 성서에는 없고 칠십인역에만 들어 있다. ㉡ 24-27절은 모르드개의 편지 내용일 수도 있다.
㉢ 3[1]-3[11]절은 히브리어 성서에는 없고 칠십인역에만 들어 있다.

이름을 말살하려고 한 자들이다.
3[6] 나의 백성은 이스라엘인데 하느님께 부르짖
어 구원을 받은 사람들이다. 과연 주님께서
는 당신 백성을 구하셨고 모든 악으로부터
우리를 건져주셨으며, 하느님께서는 일찍
이 어떤 백성에게도 보여주지 않으셨던 놀
라운 일과 기적들을 행하셨다.
3[7] 하느님께서는 당신 백성들의 운명과 이
방인들의 운명을 따로 갈라놓으셨다.
3[8] 이 두 가지 운명은 하느님께서 정하신 그
날, 그 시간, 그 때에 모든 백성들에게 다
이루어졌다.
3[9] 그리하여 하느님께서는 당신의 백성을 기
억하시고 당신의 유산을 의롭게 지켜주셨
다.
3[10] 하느님의 백성들에게는 아달월 십사일과
십오일은 하느님 앞에 모두 모여서 서로 기
뻐하며 즐거워하는 날이며, 하느님의 백성
인 이스라엘이 자손만대에 영원히 기념하는
날이 될 것이다."

그리스어 번역본에 대하여

3[11] ◎프톨레마이오스와 클레오파트라의 치세 사
년에, 도시데우스라는 사람이 스스로 레위족
에 속하는 사제라고 하면서 부림 축일에 관
한 이 편지를 가져왔다. 그들은 그 편지가
틀림없는 것이며 예루살렘에 사는 프톨레마
이오스의 아들 리시마쿠스가 번역한 것이라
고 하며 내놓았다.

마 카 베 오 상

알렉산더 대왕과 그 후계자들

1 ◎기띰 출신의 마케도니아 사람으로 필립
보의 아들인 알렉산더는 페르시아와 메대
의 왕 다리우스를 쳐부수고 그 왕권을 차지
하여 그리스 왕국을 손에 넣은 다음,
2 수없이 전쟁을 하여 숱한 성을 점령하고 세
상의 많은 왕을 죽였다.
3 ◎알렉산더는 땅 끝까지 진격하여 여러 나라
에서 많은 재물을 약탈하였다. 온 세상은
그 앞에 굴복하였고 그는 우쭐하여 오만해
졌다.
4 그는 막강한 군대를 모아 여러 고을과 나
라와 왕국을 굴복시키고 조공을 바치게 하
였다.
5 그 후, 알렉산더는 앓아 눕게 되었는데 죽음
이 임박한 것을 알고
6 어릴 적부터 자기와 함께 자라난 장교들 중
에서 뛰어난 사람들을 불러, 죽기 전에 자
기 왕국을 그들에게 나누어주었다.
7 알렉산더는 십이 년 동안 통치하고 죽은 것
이다.
8 ◎그 장교들은 제각기 자기 영토를 다스리
게 되었는데
9 알렉산더가 죽자 모두들 왕위에 올랐다. 그
리고 그들의 자손들도 뒤를 이어 오랜 세월
을 두고 집권하였다. 그들이 집권하는 동안
온 세상은 그들의 학정에 몹시 시달렸다.

유다인과 이방인의 맹약

10 ◎그들 중에서 죄악의 뿌리가 돋아났는데
그는 안티오쿠스 왕의 아들로서 로마에 인질
로 갔던 안티오쿠스 에피파네스였다. 그는 그
리스 왕국 ㉠백삼십칠년에 왕이 되었다.
11 ◎그 무렵, 이스라엘에서는 반역자들이 생겨
많은 사람들을 선동하면서 "주위의 이방인
들과 맹약을 맺읍시다. 그들을 멀리하고 지
내는 동안 얼마나 많은 재난을 당하였습니
까?" 하고 꾀었다.
12 이 말이 그럴듯하여
13 백성들 중에서 여럿이 왕에게 달려가, 이방
인들의 생활 풍습을 받아들이자고 청하여
허가를 받았다.
14 그들은 곧 이방인들의 풍속을 따라 예루살
렘에 운동장을 세우고
15 할례받은 흔적을 없애고 거룩한 계약을 폐
기하고 이방인들과 어울렸다. 이렇게 그들
은 자기 민족을 팔고 악에 가담하였다.

안티오쿠스 에피파네스의 이집트 전쟁

16 ◎안티오쿠스는 자기 왕국을 튼튼히 세우고
는 이집트 땅에까지 손을 뻗쳐 두 왕국을 함
께 지배하려는 야심을 품었다.
17 그는 대군을 거느리고 병거, 코끼리, 기병,
큰 함대를 앞세워 이집트로 쳐들어가서
18 이집트 왕 프톨레매오를 공격하였다. 프톨레

㉠ 기원전 175년이다.

매오는 많은 사상자를 내고 도망쳐 버렸다.
19 안티오쿠스는 이집트의 여러 요새 도시들을
점령하고 많은 전리품을 빼앗았다.

안티오쿠스의 유다인 박해

20 ◎백사십삼년에 이집트를 쳐부순 안티오쿠스
는 돌아오는 길에 대군을 이끌고 이스라엘
로 가서 예루살렘으로 쳐들어갔다.
21 그는 무엄하게도 성전 깊숙이 들어가서 금
제단, 등경과 그 모든 부속물,
22 제사 상, 술잔, 그릇, 금향로, 휘장, 관 등
을 약탈하고 성전 정면에 씌웠던 금장식을
벗겨 가져갔다.
23 또 금, 은은 물론 값비싼 기물들을 빼앗고
감추어두었던 보물들을 찾아내는 대로 모
두 약탈하였다.
24 그는 이 모든 것을 차지하고 많은 사람을 죽
인 다음, 오만 불손한 욕설을 남기고 자기
나라로 돌아갔다.
25 이스라엘 방방곡곡에는 큰 슬픔이 넘쳐,
26 지도자와 원로들이 탄식을 하고
처녀 총각들은 기운을 잃었으며,
여인들의 아름다움은 간 곳이 없었다.
27 신랑들은 슬픔에 잠기고
신부는 신방에 앉아서 탄식만 하였다.
28 온 땅은 주민들의 슬픔으로 초상집같이
되었고 야곱의 집은 온통 수치로 뒤덮였다.
29 ◎그로부터 이 년 후, 안티오쿠스 왕은 유다
의 여러 도시에 조공 징수관을 파견하였
다. 그 사람은 대군을 이끌고 예루살렘으로
가서
30 거짓 평화 선전을 하여 그들을 안심시켰다.
그리고는 별안간 그 도시를 습격하여 큰 타
격을 주고 이스라엘 백성을 무수히 죽였다.
31 그는 그 도시를 약탈한 다음, 불을 지르고
가옥들과 사면의 성벽을 파괴하고
32 아녀자들을 포로로 삼고 가축을 빼앗았다.
33 그리고 그의 군졸들은 강한 성벽을 높이 쌓
고 튼튼한 망대를 세워서 다윗의 도시를 재
건하여 자기네들의 요새로 삼았다.
34 그리고 죄 많은 이방인들과 유다인 반역자
들을 그 요새에 배치하여 기반을 굳혔다.
35 또 무기와 식량을 저장하고 예루살렘에서
거둔 전리품을 그 곳에 쌓아두었다. 이렇게
하여 예루살렘은 크게 위협을 주는 성이 되
었다.
36 예루살렘은 성소를 위협하는 복병이 되었
고,
이스라엘 사람들을 밤낮으로 괴롭히는
사악한 원수가 되었다.
37 성소 주위에서 죄없는 사람들이 무참히
죽어갔고,
그 성소는 원수들 손에 더럽혀졌다.
38 예루살렘의 주민들은 그들을 피하여 도망
가 버려
예루살렘은 이국인의 거처가 되었고,
제 고장 사람들에게는 낯선 땅이 되어
그 자녀들은 그 땅을 버리고 갔다.
39 그 성소는 광야와 같이 황폐하고
축제일은 변하여 통곡의 날로 변하고
안식일은 웃음거리가 되고
명예스러웠던 것은 오히려 조롱거리가
되었다.
40 지난날 영광을 누린 그만큼 수치를 당하
게 되었고
찬란하던 때는 가 버리고 상복을 입게 되
었다.

안티오쿠스의 유다교 탄압

41 ◎그 후 안티오쿠스 왕은 온 왕국에 영을 내
려 모든 사람은 자기 관습을 버리고 한 국민
이 되어야 한다고 했다.
42 이방인들은 모두 왕의 명령에 순종했고
43 많은 이스라엘 사람들도 왕의 종교를 받아
들여 안식일을 더럽히고 우상에게 제물을
바쳤다.
44 왕은 또 사신들을 예루살렘과 유다의 여러
도시에 보내어 다음과 같은 칙령을 내렸다.
유다인들은 이교도들의 관습을 따를 것.
45 성소 안에서 번제를 드리거나 희생제물
을 드리거나, 술을 봉헌하는 따위의 예식
을 하지 말 것.
안식일과 기타 축제일을 지키지 말 것.
46 성소와 성직자들을 모독할 것.
47 이교의 제단과 성전과 신당을 세울 것.
돼지와 부정한 동물들을 희생제물로 잡
아 바칠 것.
48 사내아이들에게 할례를 주지 말 것.
온갖 종류의 음란과 모독의 행위로 스스
로를 더럽힐 것.
49 이렇게 하여 율법을 저버리고 모든 규칙
을 바꿀 것.
50 이 명령을 따르지 않는 자는 사형에 처한
다.
51 ◎안티오쿠스 왕은 그의 온 왕국에 이와 같
은 명령을 내리고 국민을 감시할 감독관들
을 임명하고 유다의 여러 도시에 명령을 내
려서 각 도시마다 희생제물을 바치게 했다.

52 많은 유다인들이 율법을 버리고 그들에게 가담하여 방방곡곡에서 나쁜 짓이 마구 저질러졌다.
53 그 밖의 이스라엘 사람들은 숨을 곳을 찾아 피난을 갈 수밖에 없었다.
54 ◎ ㉠백사십오년 기슬레우월 십오일에 안티오쿠스 왕은 번제 제단 위에 가증스러운 파멸의 우상을 세웠다. 그러자 사람들은 유다의 근방 여러 도시에 이교 제단을 세우고
55 집 대문 앞에나 거리에서 향을 피웠다.
56 율법서는 발견되는 대로 찢어 불살라 버렸다.
57 율법서를 가지고 있다가 들키거나 율법을 지키거나 하는 사람이면 누구든지 왕명에 의해서 사형을 당하였다.
58 ◎그들은 여러 도시에서 권력을 휘두르며 왕명을 위반한 이스라엘 사람들을 매달 잡아들여 모질게 학대하였다.
59 매달 이십오일에는 옛 제단 위에 새로 세운 제단에 희생제물을 바쳤다.
60 자기 아이들에게 할례를 받게 한 여자들은 법령에 따라서 사형에 처하고
61 그 젖먹이들도 목을 매달아 죽였다. 그뿐 아니라 그들의 가족과 그 아이들에게 할례를 베푼 사람까지 모두 죽였다.
62 그러나 이에 꺾이지 않고 부정한 것을 먹지 않기로 굳게 결심한 이스라엘 사람들도 많았다.
63 그들은 부정한 음식을 먹어서 몸을 더럽히거나 거룩한 계약을 모독하느니 차라리 죽음을 달게 받기로 결심하였고, 사실 그들은 그렇게 죽어갔다.
64 크고 무서운 하느님의 진노가 이스라엘 위에 내린 것이다.

마따디아와 그의 다섯 아들

2 ◎그 무렵에 마따디아라는 사람이 예루살렘을 떠나서 모데인에 가서 살았다. 마따디아는 요하립 가문 출신의 사제인 시므온의 손자이고 요한의 아들이었다.
2 마따디아에게는 아들이 다섯 있었다. 그들의 이름은, 가띠라고 불리던 요한,
3 다씨라고 불리던 시몬,
4 마카베오라고 불리던 유다,
5 아와란이라고 불리던 엘르아잘, 그리고 아푸스라고 불리던 요나단이었다.
6 유다 지방 예루살렘에서 여러 가지 신성 모독이 범해지는 것을 본 마따디아는

㉠ 기원전 167년 12월 8일이다.

7 이렇게 탄식하였다.
"아! 슬프다.
나는 왜 태어나서 내 민족과 이 거룩한 도성이
망하는 것을 보아야 하는가!
나는 왜 여기 살다가 이 도성이 적의 손에 넘어가고,
8 성소가 이국인의 손아귀에 넘어가는 것을 보아야 하는가!
9 예루살렘의 영광이던 기물들이 약탈당하고
예루살렘의 어린이들이 거리에서 학살당하고
젊은이들이 원수의 칼에 맞아 쓰러져 가는구나.
10 이 왕국을 나누어 먹지 않은 민족이 어디 있었으며
이 나라의 재물을 약탈하지 않은 민족이 어디 있었던가.
11 이 왕국은 그 모든 장식을 빼앗기고
자유의 몸이 노예가 되었구나.
12 아름답고 찬란하던 우리의 성소는 이제 폐허가 되었고
이방인의 손에 더럽혀졌다.
13 이제 더 살아 무엇하겠는가!"
14 ◎마따디아와 그의 다섯 아들들은 입고 있던 옷을 찢어버린 다음, 몸에 삼베옷을 두르고 슬피 통곡하였다.

이교 제사를 거부하다

15 ◎안티오쿠스 왕은 유다인들에게 배교를 강요하고 이교 제사를 드리게 하려고 자기 부하들을 모데인 시로 보냈다.
16 많은 이스라엘 사람들이 그들을 따랐지만 마따디아와 그의 아들들은 따로 떨어져 한데 뭉쳤다.
17 그러자 왕의 부하들이 마따디아에게 이렇게 말하였다.
"아들들과 형제들의 지지를 받는 당신은 이 도시의 훌륭하고 힘있는 지도자요.
18 모든 이방인들과 유다의 지도자들과 예루살렘에 남은 사람들이 다 왕명에 복종하고 있는 터에 당신이 앞장선다면 당신과 당신의 아들들은 왕의 총애를 받게 될 것이고 금과 은과 많은 선물로 부귀 영화를 누릴 것이오."
19 ◎그러나 마따디아는 큰소리로 이렇게 대답하였다.

"왕의 영토 안에 사는 모든 이방인이 왕
명에 굴복하여 각기 조상들의 종교를 버리
고 그를 따르기로 작정했다 하더라도
20 나와 내 아들들과 형제들은 우리 조상들이
맺은 계약을 끝까지 지킬 결심이오.
21 우리는 하늘이 주신 율법과 규칙을 절대로
버릴 수 없소.
22 우리는 왕의 명령을 따를 수 없을 뿐더러 우
리의 종교를 단 한 치도 양보할 수 없소."
23 ◎마따디아의 말이 끝났을 때 어떤 유다인
한 사람이 나와서 모든 사람이 보는 앞에서
왕명대로 모데인 제단에다 희생제물을 드리
려 했다.
24 이것을 본 마따디아는 화가 치밀어올라 치
를 떨고, 의분을 참지 못하여 앞으로 뛰어
올라가 제단 위에서 그 자를 죽여버렸다.
25 그리고 사람들에게 이교 제사를 강요하기
위하여 온 왕의 사신까지 죽이고 제단을 헐
어버렸다.
26 이렇게 해서 마따디아는 전에 비느하스가 살
루의 아들 지므리를 찔러 죽였을 때처럼 율
법에 대한 열성을 과시하였다.
27 ◎그리고 마따디아는 거리에 나서서, "율법
에 대한 열성이 있고 우리 조상들이 맺은 계
약을 지키려고 하는 사람은 나를 따라 나서
시오." 하고 큰소리로 외쳤다.
28 그리고 나서 그는 모든 재산을 그 도시에 버
려둔 채 자기 아들들을 데리고 산으로 피해
갔다.
29 정의와 율법을 따라 살려는 많은 사람들이
정착할 곳을 찾아 나아갔으며
30 그들의 처자들과 가축들이 그 뒤를 따랐다.
그들은 너무나 심한 불행을 겪어야만 했던
것이다.

안식일의 학살

31 ◎왕의 명령을 거역한 사람들이 광야로 피
해 가서 숨어 살고 있다는 보고가 다윗의 성
예루살렘에 있던 왕의 부하들과 군사들에게
들어왔다.
32 그래서 큰 군대가 그들을 쫓아 나섰다. 그
들이 있는 곳에 다다라 맞은편에 진을 치고
안식일을 골라 공격할 채비를 갖추었다.
33 그리고는 숨어 있는 사람들에게, "자, 이
젠 그만두고 나와서 왕명에 복종하여라. 그
러면 목숨만은 살려주겠다." 하고 크게 외
쳤다.
34 그러나 그 사람들은 "왕명에 굴복해서 안식
일을 더럽힐 수는 없다. 우리는 나가지 않
는다."라고 대답하였다.
35 그러자 그들은 즉시 공격을 받았다. 그러나
36 대항하여 싸우지 않았다. 돌을 던지거나
자기들의 피신처에 방벽을 쌓거나 하지도
않고
37 "우리는 모두 깨끗하게 죽겠다. 너희들이
죄없는 우리를 죽였다는 것을 하늘이 알고
땅이 증언할 것이다." 하고 말하였다.
38 이렇게 적군이 안식일을 택해서 공격해 왔
기 때문에 유다인들은 처자와 가축과 함께
고스란히 죽어갔고, 죽은 사람은 천 명이나
되었다.

마따디아의 투쟁

39 ◎마따디아와 그의 동지들은 이 소문을 듣고
동포들의 죽음을 몹시 슬퍼하며 서로 이렇
게 말하였다.
40 "만일 우리 모두가 이미 죽어간 형제들을
본받아, 우리의 관습과 규칙을 지키느라고
이방인들과 싸우지 않기로 한다면 멀지 않
아 그들은 우리를 이 지상에서 몰살시키고
말 것이다."
41 그 날, 그들은 다음과 같이 결의했다. "우리
를 공격하는 자가 있으면 안식일이라도 맞
서서 싸우자. 그래야만 피신처에서 죽어간
우리 형제들처럼 몰살당하는 일이 없을 것
이다."
42 그러자 일부 하시딤 사람들이 모여와서 그
들과 합세했다. 그들은 용감한 사람들이었
고 모두 경건하게 율법을 지키는 사람들이
었다.
43 박해를 피해 온 사람들이 모두 그들을 지지
하여 합세했다.
44 그래서 그들은 군대를 조직하여 죄인들과
율법을 어긴 자들에 대해서 분노를 터뜨리
고 그들을 쳐부수었다. 이 때 살아 남은 적
군들은 이방인들에게 도망쳐 가 피난처를
얻었다.
45 마따디아와 그의 동지들은 이교제단을 찾아
다니면서 모두 헐어버리고
46 또 이스라엘 땅에 사는 어린이로서 할례를
받지 않은 아이들을 찾아내어 강제로 할례
를 받게 하고
47 교만한 자들을 쫓아내었다. 그들이 하는 일
은 다 잘 되어갔다.
48 그들은 이방인들과 왕들의 손에서 율법을
구해 내었고 죄인들에게 승리할 기회를 주
지 않았다.

마따디아의 유언과 죽음

49◎마따디아는 임종할 날이 왔을 때, 아들들
을 모아놓고 이렇게 말했다.
"오만과 횡포가 득세한 지금은 멸망의 때
요, 격렬한 분노의 때이다.
50그러므로 너희는 열심히 율법을 지키고 우
리 조상들이 맺은 계약을 위하여 헌신하여
라.
51 옛날에 우리 조상들이 이룬 업적을 기억
하여라.
그러면 너희들은 큰 영광과 불멸의 이름
을 얻을 것이다.
52 아브라함은 시련을 받고도 믿음을 지켜서
의로운 사람이란 인정을 받지 않았느냐?
53 요셉은 곤경에 빠졌어도 계명을 지켜서
이집트의 주인이 되었고,
54 우리 조상 비느하스는 그의 큰 열성 때문
에,
영원히 사제직을 차지하라는 약속을 받
았다.
55 여호수아는 하느님의 명령을 완수하여
이스라엘의 재판관이 되었고,
56 갈렙은 회중 앞에서 올바르게 증언하여
땅을 물려받았다.
57 다윗은 그의 자비로운 마음 때문에
영원한 왕권을 차지하였으며
58 엘리야는 불타는 열성으로 율법을 지켰기
때문에
하늘로 들려 올라갔고
59 하나니아와 아자리아와 미사엘은 그들의
믿음 때문에
불구덩이에서 살아 나왔으며
60 다니엘은 끝내 결백하였기 때문에
사자의 입에서 살아 나왔다.
61 그러므로 너희는 대대로 이것을 명심하
여라.
하느님에게 희망을 거는 자는
힘을 잃는 일이 결코 없으리라.
62 죄인이 위협하는 말을 무서워하지 말아라.
그의 영광은 벌레가 우글거리는 똥더미
로 변한다.
63 죄인은 오늘 높은 자리에 올랐다가도 내
일이면
찾아볼 수가 없다. 그는 죽어서 흙이 되고
그의 계획은 수포로 돌아간다.
64 아들들아, 용기를 내어 굳세어져라.
그리고 율법을 굳게 지켜라.
이것이 너희들이 차지할 영광이다.
65 여기에 있는 너희 형 시므온은 내가 알기
로는 슬기로운 사람이다. 항상 그의 말을
잘 들어라. 시므온은 너희에게 아버지 구실
을 할 것이다.
66젊었을 때부터 장사인 유다 마카베오는 너희
군대의 지휘관이 되어 여러 이교도들과의
싸움을 지휘할 것이다.
67너희는 율법을 지키는 사람을 모두 규합해
서 네 동포들의 원수를 철저히 갚아야 한다.
68너희를 학대한 이방인들에게 복수하고 율
법이 명하는 것을 잘 지켜라."
69◎마따디아는 아들들에게 마지막 축복을 내
리고 그의 조상들의 뒤를 따랐다.
70그가 죽은 것은 ㉠백사십육년, 그의 조상들
이 묻힌 모데인의 묘지에 묻혔는데, 온 이스
라엘 백성들이 그의 죽음을 크게 슬퍼하였
다.

유다 마카베오에 대한 찬사

3 ◎마따디아가 죽은 후, 마카베오라고 불리
는 그의 아들 유다가 그를 계승했다.
2 모든 형제들은 아버지와 합세했던 사람들
과 함께 그를 도와 이스라엘 전쟁을 기쁜 마
음으로 치렀다.
3 그는 자기 민족의 영예를 널리 떨쳤다.
그는 장수처럼 갑옷을 입고 온갖 무기를
허리에 차고
많은 전쟁에 임하여 칼을 휘둘러 자기 진
영을 보호하였다.
4 그의 활약은 사자와도 같았고,
짐승을 앞에 놓고 으르렁대는 새끼 사자
와도 같았다.
5 그는 범법자들을 뒤쫓아가 잡아내고,
자기 민족을 괴롭힌 자를 태워 죽였다.
6 범법자들은 그 앞에 위압당하였고
악을 일삼은 자들은 어쩔 줄을 몰라 하였
다.
그로 말미암아 민족의 구원이 순조롭게
이루어졌다.
7 많은 왕들에게 쓴잔을 마시게 하였고
자신의 활약으로 야곱을 기쁘게 하였다.
사람들은 영원히 그를 기념하여 그를 축
복하리라.
8 그는 유다의 여러 도시를 돌아다니며
하느님을 배반한 자를 찾아 몰살시키고
이스라엘이 받을 하느님의 진노를 면하게
하였다.
9 그의 명성은 땅 끝까지 퍼졌고

㉠ 기원전 166년이다.

흩어진 민족을 그는 다시 모아놓았다.

유다 마카베오의 첫 승리

10◎아폴로니우스라는 사람이 이방인들과 사마
리아인들을 모아 큰 군대를 조직하고 이스라
엘에 전쟁을 걸어왔다.
11이에 유다는 나아가서 그를 맞아 쳐부수고
죽여버렸다.
적군은 많은 사상자를 내고,
나머지는 도망쳐 버렸다.
12 유다인들은 많은 전리품을 얻게 되었는
데,
아폴로니우스가 쓰던 칼은 유다가 차지하
였다.
그는 일생 동안 그 칼을 가지고 싸웠다.
13◎시리아 군 사령관 세론은 유다가 충성스런
역전의 용사들을 많이 모아 놓았다는 소식
을 듣고
14이렇게 말하였다.
"이제 내 명성을 떨칠 때가 왔다. 왕명을
무시한 유다와 그 졸도들을 무찌르고 이 나
라에서 영광을 차지하자."
15◎그 때에 하느님을 배반한 유다인들도 대
군을 조직하고 그와 합세하여 이스라엘 사
람들에게 복수하는 데 협력하였다.
16그들이 벳호론 언덕 가까이 왔을 때, 유다가
얼마 안 되는 부하를 거느리고 그를 맞아 싸
우러 나갔다.
17유다의 부하들은 자기들을 치러 나오는 적
군을 보고 유다에게 말하였다. "우리가 이
렇게 적은 수효를 가지고 저 많고 강한 군대
와 어떻게 싸워낼 수가 있겠습니까? 게다
가 우리는 오늘 아무 것도 먹지 못하여 기진
맥진해 있습니다."
18유다가 대답하였다. "작은 군대가 큰 군대
를 쳐 이기는 것은 그리 어려운 일이 아니
다. 하느님께서 구원하시려고 하면 군대가
크고 작은 것이 문제가 되지 않는다.
19전쟁의 승리는 군대의 다수에 달린 것이 아
니고, 하늘이 내려주는 힘에 달려 있다.
20불손하고 무뢰한 놈들이 작당하여 우리와
우리 처자들을 없애버리고 우리의 재산을
약탈하려고 덤벼들고 있으나
21우리는 우리의 생명과 율법을 보호하기 위
하여 싸우고 있는 것이다.
22하늘은 우리가 보는 앞에서 원수들을 짓부
수어버리실 것이다. 그러니 너희들은 조금
도 저들을 무서워하지 말아라."
23그는 이 말을 마치고 세론과 그의 군대를 급
습하여 부수었다.
24유다는 벳호론 언덕을 내리달려 평지까지 적
군을 쫓아갔다. 적군은 팔백 명이나 쓰러져
죽고, 나머지는 불레셋 땅으로 도망쳐 갔다.
25이렇게 하여 사람들은 유다와 그의 형제들
을 두려워하기 시작했고, 주위의 이방인들
은 공포에 사로잡히게 되었다.
26유다의 명성은 마침내 왕의 귀에까지 들어
갔고 그의 전쟁 이야기는 모든 이방인들 사
이에 자자하게 퍼졌다.

리시아의 섭정

27◎안티오쿠스 왕은 이 이야기를 듣고 몹시
노하여 사람들을 온 왕국으로 보내, 용사들
을 모아 막강한 군대를 조직하게 하였다.
28그리고는 국고를 열고 군인들에게 일 년분
의 봉급을 나누어주며 모든 사태에 대비하
라고 명령하였다.
29그 결과, 국고에 돈이 다 떨어졌고, 옛부터
내려오는 각 지방의 풍속을 없애버린 데서
생긴 내란과 재앙으로 여러 속국에서 들어
오던 조공조차 잘 들어오지 않게 되었다.
이런 사정을 알게 된 왕은
30예물을 아낌없이 주는 등 지금까지의 어느
왕보다도 더 많은 경비를 써오다가 지금 그
럴 만한 돈이 없는 것을 걱정하게 되었다.
31그는 크게 당황한 나머지, 페르시아로 가서
여러 속국들에게 조공을 빼앗아들이고 많
은 돈을 긁어오려고 생각하였다.
32그는 왕족 중 탁월한 인물인 리시아에게 왕
의 직무를 맡겨 유프라테스 강에서부터 이집
트 접경까지를 다스리게 하였다.
33그리고 자기가 돌아올 때까지 왕자 안티오
쿠스를 맡아 기르게 하였다. 그뿐 아니라 그
에게 군대의 절반과 코끼리부대를 주면서
자기의 뜻을 따라 모든 일을 잘 처리해 달라
고 당부하였다.
34특히 유다 지방과 예루살렘의 주민들에 대해
서는
35군대를 보내어 이스라엘의 병력과 예루살렘
에 남아 있는 자들을 소탕하여 모두 없애버
리고 그 곳에서 유다인에 대한 기억조차 없
애버리라고 명령하였다.
36그리고 그들이 살던 온 영토에 이국인들을
데려다가 살게 하고 그들의 토지는 모두 이
국인들에게 나누어주라고 하였다.
37◎그리고 나서 왕은 ㉠백사십칠년에 자기

㉠ 기원전 165년 봄이다.

군대의 나머지 절반을 이끌고 수도 안티오
키아를 출발하여 유프라테스 강을 건너 북쪽
지방의 여러 나라를 통과해서 진군하였다.

리시아의 파병

38◎한편 리시아는 도리메네스의 아들 프톨레매
오와 니가노르와 고르기아를 뽑아 유다 땅으
로 보냈다. 이들은 왕의 측근 중에서도 유
력한 인물들이었다.
39 리시아는 보병 사만과 기병 칠천을 주면서
왕의 명령대로 유다 땅을 쳐부수라고 하였
다.
40 그들은 리시아에게서 받은 온 군대를 이끌
고 진군하여 낮은 지대에 있는 엠마오 동네
가까이 이르러 진을 쳤다.
41 에돔과 불레셋에서 온 한 부대도 이들과 합
세했다. 그 지방 상인들은 소문을 듣고 이스
라엘 사람들을 노예로 사려고 많은 금은과
수갑을 가지고 그들의 진영을 찾아갔다.
42 유다와 그의 형제들은 자기들의 영토 안에
적군이 진을 치고 사태가 험악하게 된 것을
알았다. 그뿐 아니라 이스라엘 민족을 몰살
시켜 버리라는 왕명이 내려져 있음을 알고
있었다.
43 그들은 서로 격려하며, "쓰러져 가는 우리
민족과 성전을 수호하기 위해 싸우자."고
말하고
44 다 함께 모여 전쟁을 준비하고 기도를 드리
며 하느님께서 자비를 베풀어주시고 불쌍
히 여겨주시기를 빌었다.
45 예루살렘은 집 한 채 없는 황야와 같이 되
었고
드나드는 주민도 볼 수가 없구나.
성소는 원수의 발에 짓밟히고
외인들이 그 요새를 점령하여
이방인의 거처가 되었다.
야곱의 기쁨은 간데없고
퉁소와 비파 소리도 들리지 않는구나.
46◎유다인들은 같이 모여 예루살렘 맞은편에
있는 미스바라는 곳으로 갔다. 거기에는 전
에 이스라엘 사람들의 기도소가 있었다.
47 그들은 그 날 단식하고 베옷을 몸에 두르
고 머리에 재를 뿌리고 옷을 찢으며 통곡
하였다.
48 이방인들은 앞일을 우상에게 물어보았지만
이 사람들은 율법서를 펴서 앞일을 알아보
았다.
49 그들은 제복과 첫 수확물과 십분의 일세를
가지고 왔다. 또 그들은 맹세한 기간을 마
친 나지르인들을 데려다 놓고
50 하늘을 우러러보면서 큰소리로 외쳤다. "이
사람들을 우리가 어떻게 하면 좋겠습니까?
어디로 데리고 가면 좋겠습니까?
51 당신의 성소는 짓밟히고 더러워졌으며 모
욕을 당하고 슬픔에 잠겨 있습니다.
52 이방인은 우리를 몰살하려고 한데 모여 있
습니다. 우리를 없애려는 그들의 계략을 당
신께서는 아십니다.
53 당신께서 우리를 도와주시지 않는다면 우
리가 그들을 어떻게 당해 낼 수가 있겠습니
까?"
54 그들은 나팔을 불고 크게 함성을 질렀다.
55◎그 후, 유다는 민중 속에서 천인대장, 백
인대장, 오십인대장, 십인대장들을 임명하
여 백성을 지휘하게 했다.
56 그 당시 집을 짓고 있던 사람들이나 약혼한
남자들이나 포도밭에서 포도나무를 심고
있던 사람들이나 겁쟁이들은 율법이 보장
한 대로 각각 집으로 돌아가도 좋다고 공포
했다.
57 그리고 나서 군대는 진군하여 엠마오 남쪽
에 진을 쳤다.
58 그 때에 유다가 말하였다. "이방인들은 우
리와 우리의 성소를 짓부수려고 집결하고
있다. 내일 그들과 싸워야 하니 무장을 갖
추고 만반의 준비를 하여라.
59 우리 민족과 우리 성소가 망하는 것을 보느
니보다는 차라리 싸우다가 죽는 것이 더 낫
다.
60 하늘이 원하시는 것은 무엇이든지 그대로
이루어질 것이다."

엠마오 전투

4 ◎고르기아는 보병 오천과 정예기병 일천
을 거느리고 야음을 타서 밤중에 출발하
여
2 유다인의 진지를 기습하려 했다. 몇 사람이
요새에서 나와 고르기아를 안내했다.
3 이 소식을 들은 유다는 친히 자기 병사들을
거느리고 엠마오에 있던 왕군을 치려고 나
갔다.
4 그 때에 적군들은 아직도 진지를 떠나서 흩
어져 있었다.
5 고르기아는 밤중에 유다의 진지에 도달하여
그 곳에 아무도 없는 것을 보고, "이놈들이
우리를 피해 도망쳤구나." 하고 말하며 산
속으로 그들을 찾아 나섰다.
6 날이 샐 무렵, 유다는 군사 삼천을 거느리고

평야에 나타났다. 그러나 그들이 갖춘 갑옷
과 칼이 충분하지 못했다.
7 그들이 본 이방군대는 단단히 무장을 갖춘
강력한 군대였을 뿐 아니라 기병대의 호위
를 받고 있었으며 역전의 용사들로 구성되
어 있었다.
8 이것을 본 유다는 자기 부하들에게 이렇게
말하였다. "적군의 수효를 두려워 말고 그
들의 공격을 무서워하지 말아라.
9 파라오가 군대를 몰고 우리 조상들을 추격
했을 때 우리 조상들이 홍해에서 어떻게 구
출되었던가를 생각해 보아라.
10 이제 우리는 하늘에 호소하자. 그러면 하늘
은 우리를 불쌍히 여기실 것이고 우리들과
맺은 계약을 상기하실 것이며, 우리 앞에
있는 저 적군을 오늘 무찔러 주실 것이다.
11 이제 모든 이방인들이 이스라엘을 구원하시
고 살려주시는 분이 계시다는 것을 알게 될
것이다."
12 ◎적군은 자기네 쪽으로 진격해 오는 유다
군을 멀리서 보고
13 교전하려고 진지에서 나왔다. 한편 유다의
부하들도 나팔을 불고
14 교전하였다. 그 결과 이방인들이 패배를 당
하여 평야 쪽으로 도망쳐 갔다.
15 적의 후위부대는 전부 칼에 맞아 쓰러지고
유다 군은 게젤과 에돔의 아조토와 얌니아까
지 추격하여 적군 삼천 명을 죽였다.
16 ◎유다는 군대를 이끌고 적을 추격하다가
돌아와서
17 백성들에게 일렀다. "전리품을 탐내지 마시
오. 우리는 앞으로 더 싸워야 합니다.
18 고르기아와 그의 군대가 바로 우리 가까이
저 산 속에 있습니다. 적을 경계하여 정신
을 차리고 그들을 무찌르시오. 그리고 난
다음에 마음대로 전리품을 차지하시오."
19 ◎유다가 이 말을 하고 있을 때에 산봉우리
에서 적군 몇 명이 이 쪽을 살피고 있었다.
20 그러나 적군은 자기네 진지에서 여전히 솟
아오르고 있는 연기를 보고 자기네 진지가
불타 버렸으며 자기편들은 도망쳐 버렸음
을 짐작할 수 있었다.
21 그들은 사태를 파악하고 새파랗게 질렸다.
게다가 유다의 군대가 평야에서 공격 준비
를 갖추고 있는 것을 보고는
22 불레셋 땅으로 모두 도망쳤다.
23 유다는 다시 돌아가서 적진을 약탈하여 많
은 금과 은과 보라색 천과 주홍색 천과 보물
들을 거두었다.
24 유다인들은 자기 진영으로 돌아오면서 하
늘을 향하여 찬미부르며 "하느님은 선하시
고 그의 자비는 영원하시다." 하고 찬양하
였다.
25 그 날, 이스라엘 백성들은 큰 승리를 거두
었다.

리시아와의 싸움

26 ◎살아 도망간 적군들은 리시아에게 돌아가
서 그 동안의 일을 보고했다.
27 리시아는 이스라엘에서 자기가 계획한 여러
가지 일이 제대로 되지 않고 왕명을 받들
수 없게 되었음을 알고, 충격을 받아 낙담
하였다.
28 그 다음해에 리시아는 정예부대 육만과 기
병 오천을 모아 이스라엘 사람들과 싸우려
했다.
29 리시아의 군대는 에돔으로 들어와서 벳술에
진을 쳤다. 이에 대항하여 유다는 군대 일만
을 거느리고 맞섰다.
30 적군이 강대한 것을 보고 유다는 이렇게 기
도하였다. "이스라엘을 구원하시는 주님,
찬미받으소서. 당신은 종 다윗의 손을 빌려
거인의 공격을 물리치셨으며, 사울의 아들
요나단과 그의 시종의 손에 불레셋 군대를
넘겨주셨습니다.
31 이와 같이 저 적군을 당신 백성 이스라엘의
손안에 넘기시고, 그 보병과 기병에게 치욕
을 안겨주소서.
32 저들을 공포 속에 몰아넣으시고 스스로 강
하다고 믿고 있는 저들의 콧대를 꺾으시고
파멸을 당하여 떨게 해주소서.
33 당신을 사랑하는 우리들이 한칼로 저들을
쳐부수게 하소서. 당신의 이름을 아는 모든
이로 하여금 당신을 찬미하여 노래부르게
하소서."
34 이렇게 기도를 드리고 유다는 적과 교전하
여 백병전을 벌인 끝에 리시아 군을 오천 명
이나 죽였다.
35 리시아의 군대는 무너지고, 생사를 무릅쓰
고 용감하게 싸울 태세를 갖춘 유다 군의 사
기는 점점 올라갔다. 이것을 본 리시아는 안
티오키아로 퇴각, 전보다 더 큰 군대를 조직
하여 유다를 다시 치려고 용병을 모집하기
시작했다.

성전 정화와 재봉헌

36 ◎유다와 그의 형제들은, "이제 적을 다 무
찔렀으니 올라가서 성소를 정화하여 다시

봉헌합시다." 하고 말했다.
37그리하여 전군이 집합하여 시온 산으로 올
라갔다.
38올라가 보니 성소는 황폐해 있고 제단은
더럽혀졌으며 성전 문들은 타버렸고 성전
뜰에는 마치 숲이나 산같이 잡초가 우거져
있었으며 사제들의 방은 산산이 부서져 있
었다.
39그들은 옷을 찢고 머리 위에 재를 뿌리고 크
게 통곡하며
40땅에 엎드렸다. 그리고 나팔 소리를 신호로
하늘을 쳐다보며 크게 부르짖었다.
41◎한편 유다는 부하들에게 명령을 내려 요
새 안에 있는 적군을 공격하게 하고 자신은
성소를 정화하였다.
42유다는 율법에 충실하고 흠이 없는 사제를
뽑아
43그들에게 성소를 정화하게 하고 더럽혀진
돌들을 부정한 곳으로 치우게 했다.
44그들은 더럽혀진 번제 제단을 어떻게 할까
의논한 끝에
45좋은 생각이 떠올랐다. 이방인들에게 더럽
혀진 제단이 자기들의 치욕거리로 남지 않
도록 헐어버리자는 것이었다. 그래서 그들
은 그 제단을 헐어버리고
46그 돌들은 예언자가 나타나 그 처리 방법을
지시할 때까지 성전 산 적당한 곳에 쌓아두
었다.
47그 다음 그들은 율법대로 자연석을 가져다
가 전의 제단과 같은 제단을 새로 쌓았다.
48그들은 성소와 성전의 내부를 수리하고 성
전 뜰을 정화했다.
49새로 거룩한 기물을 만들고 등경과 분향 제
단과 상을 성소 안에 들여다 놓았다.
50그리고 나서 제단에서 향을 피우고 등경의
등에 불을 붙였다. 등불이 성소 안을 환하
게 비추었다.
51또 상에 빵을 얹어놓고 휘장을 쳤다. 이렇
게 해서 그들은 성소 꾸미는 일을 모두 끝마
쳤다.
52◎㉠백사십팔년 기슬레우월 즉 구월 이십오
일 이른 아침에 그들은 일찍 일어나서
53율법대로 새로 만든 번제 제단에 희생제물
을 바쳤다.
54이방인들이 그 제단을 더럽혔던 바로 그 날
과 그 때에 그들은 노래와 비파와 퉁소와 꽹
과리로 연주를 하며 그 제단을 다시 바쳤다.
55모든 백성은 땅에 엎드려 그들에게 성공을
가져다 주신 하늘을 경배하며 찬양하였다.
56제단 봉헌 축제는 팔 일 동안 계속되었는데,
그들은 기쁜 마음으로 번제물을 바치고 구
원의 제물과 감사의 제물을 드렸다.
57그들은 성전의 정면을 금으로 만든 왕관과
방패로 장식하고 사제들의 방을 수리하여
문을 달았다.
58이방인들이 주고 간 치욕의 흔적이 가셔졌
기 때문에 사람들은 크게 기뻐하였다.
59유다와 그의 형제들과 이스라엘의 온 회중들
은 매년 기슬레우월 이십오일부터 팔 일간
기쁜 마음으로 제단 봉헌 축일을 지키기로
정하였다.
60그 때, 그들은 시온 산 주위에 높은 성벽을
쌓고 든든한 망대를 세워 이방인들이 전에
한 것처럼 그 거룩한 산을 짓밟지 못하게 하
였다.
61유다는 또 시온 산을 지키기 위해 그 곳에 수
비대를 배치하고 백성들을 에돔 쪽으로부터
지키는 요새를 마련해 주기 위해 벳술 진지
를 강화하였다.

인근 적들과의 싸움

5 ◎그 주변 이방인들은 유다인들이 제단을
다시 쌓고 성소를 복구하여 전과 같이 만
들어놓았다는 소식을 듣고 몹시 노하였다.
2그래서 자기네들과 함께 살고 있던 야곱의
후손들을 멸망시키기로 작정하고 유다인들
을 죽이기 시작했다.
3◎유다는 이스라엘을 괴롭혀 오던 에사오의
자손들을 에돔의 아크라바테네에서 공격하
여 큰 타격을 주고 굴복시킨 다음, 많은 전
리품을 빼앗았다.
4그리고 전에 길목에 숨어 있다가 지나가는
이스라엘 사람들을 방해하고 잡아가기도 했
던 바이얀 자손들의 악한 짓을 생각하고 유
다는
5그들을 여러 망대 속으로 몰아넣은 다음 공
격하였다. 유다는 그들을 완전히 없애버리
기로 맹세하고 망대에 불을 질러서 망대 속
에 있던 사람을 모두 태워 죽였다.
6그는 암몬 사람들에게로 건너가 거기에 강
한 군대와 수많은 민중이 집결하고 있는 것
을 보았다. 그들의 사령관은 디모테오였다.
7유다는 그들과 여러 번 싸워 그들을 쳐부수
고
8야젤과 그 부락들을 점령한 다음 유다 나라
로 돌아왔다.

㉠ 기원전 164년 12월이다.

갈릴래아의 유다인 구출

9◎길르앗의 이방인들은 자기들 영토 안에 사
는 이스라엘 사람들을 없애버리려고 집결하
였다. 그러자 이스라엘 사람들은 다데마 요
새로 피신하여
10유다와 그의 형제들에게 다음과 같은 편지
를 써 보냈다. "우리 주위의 이방인들이 합
세하여 우리를 없애버리려 하고 있습니다.
11그들은 우리가 피신하여 있는 이 요새를 점
령하려고 공격 준비를 하고 있습니다. 적군
의 사령관은 디모테오입니다.
12빨리 와서 우리를 구해 주십시오. 우리는
벌써 많은 사람을 잃었습니다.
13튜비에 살던 우리 동포들은 모조리 학살을
당하였습니다. 이방인들은 그들의 처자들
을 잡아가고 그들의 재산을 빼앗고 우리 동
족 약 천 명을 죽였습니다."
14유다와 그의 형제들이 이 편지를 읽고 있을
때, 갈릴래아에서 또 전령들이 도착하였다.
그들은 다 떨어진 옷을 입고 있었는데, 전
하는 말이
15프톨레매오와 띠로와 시돈에 사는 주민들과
갈릴래아에 사는 전 이방인들이 합세하여
그들을 멸망시키려 하고 있다는 것이었다.
16유다는 백성과 함께 이 소식을 듣고 큰 회의
를 소집하여 적으로부터 공격받고 있는 불
행한 동포들을 위해 어떻게 할 것인가를 의
논하였다.
17◎유다가 그의 형 시몬에게 말하였다. "형님
은 부하를 골라 갈릴래아로 가서 거기 있는
동포를 구해 내십시오. 나는 동생 요나단과
함께 길르앗으로 가겠습니다."
18유다는 즈가리아의 아들 요셉과 민중의 지도
자인 아자리아에게 나머지 군대를 맡겨서 유
다 나라의 수비를 당부하며 이렇게 명령하
였다.
19"이 백성을 지켜라. 그러나 우리가 돌아올
때까지 이방인들에게 싸움은 걸지 말아라."
20갈릴래아로 가는 시몬에게는 병력 삼천이 배
당되고 길르앗으로 가는 유다에게는 병력 팔
천이 배당되었다.
21시몬은 갈릴래아로 가서 이방인들과 여러 차
례 싸워 그들을 무찌르고
22그들을 프톨레매오 성문까지 추격해 갔다.
이 전투에서 이방인들 약 삼천 명을 죽이고
그들에게서 많은 전리품을 빼앗았다.
23시몬은 갈릴래아와 아르바타에 살고 있던 유
다인들을 구출하여 크게 기뻐하면서 유다로
돌아왔다. 유다인들은 그들의 처자들은 물
론 재산까지도 남김없이 건져 가지고 왔다.

길르앗의 유다인 구출

24◎유다 마카베오와 그의 동생 요나단은 요르
단 강을 건너서 사흘 동안 광야를 진군하여
25나바테아 사람 몇을 만났다. 그들은 유다의
군대를 평화롭게 맞이하면서 길르앗에 있는
유다인들이 당한 일을 이야기해 주었다.
26많은 유다인들이 큰 요새 도시인 보스라와
보소르, 알레마, 가스포, 마케드, 카르나임에
갇혀 있다는 것이었다.
27길르앗의 다른 도시들에도 일부 유다인들이
잡혀 있다고 했다. 그리고 바로 다음날, 적
들은 요새들을 공격하여 점령한 후, 거기에
있는 사람들을 그 날로 없애버릴 계획을 세
우고 있다는 것이었다.
28유다는 이 말을 듣고 갑자기 진격 방향을 바
꿔 광야를 가로질러 보스라로 진군, 그 도시
를 점령하였다. 거기에서 그는 남자들을 모
조리 칼로 베어 죽이고 재산을 모두 노획한
다음 도시를 불살라 버렸다.
29그리고 나서 유다는 밤에 군대를 이끌고 다
데마의 요새 쪽으로 진군해 나아갔다.
30아침이 되자, 유다 군은 무수한 적군이 그
요새를 점령하려고 사다리와 그 외의 여러
기구를 걸고 요새 안에 있는 사람들을 공격
하는 것을 보았다.
31유다는 싸움이 이미 시작되어, 나팔 소리와
큰 고함 소리에 섞여 전쟁의 소음이 하늘을
찌르는 듯하는 것을 보고
32부하 군인들에게 "오늘 우리 동포를 위해
싸워라." 하고 격려하였다.
33유다의 군대는 세 분대로 나뉘어 나팔을 불
고 큰소리로 기도를 올리면서 적의 후면으
로 진격해 갔다.
34디모테오 군은 마카베오가 쳐들어오는 것을
알고 도망쳐 버렸다. 마카베오는 그들에게
큰 타격을 주고, 그 날, 적군 약 팔천 명을
죽였다.
35유다는 군대를 돌려 알레마를 공격, 점령하
고 그 곳 남자들을 모두 죽였다. 그리고 그
도시를 털고 불태워 버렸다.
36거기에서 유다는 진군을 계속하여 가스포와
마케드와 보소르와 그 밖에 길르앗에 있는 여
러 도시들을 점령하였다.
37일이 이렇게 되자, 디모테오는 새로 군대를
조직하여 라폰 맞은편 강 건너에 진을 쳤다.
38유다는 정탐꾼을 보내어 적진을 살피게 하
였는데 그들은 돌아와서 이렇게 보고하였

다. "우리 주위의 모든 이방인들이 디모테
오와 합세하여 대단히 큰 군대를 만들었습
니다.
39 아랍인까지도 용병으로 써 강 건너에 진을
치고 당신을 공격할 준비를 하고 있습니
다." 유다는 이 말을 듣고 그들과 응전하러
나아갔다.
40 유다와 그의 군대가 강가로 접근하고 있을
때, 디모테오는 부하 장교들에게 이렇게 말
하였다. "만일 유다가 먼저 우리 쪽으로 건
너오면 우리는 그를 당해 낼 수가 없을 것이
고, 우리는 틀림없이 질 것이다.
41 그러나 만일 유다가 겁을 먹고 강 건너 저편
에 진을 치면 우리가 그리로 건너가서 승리
를 거둘 수 있을 것이다."
42 유다는 강가에 이르러 행정관인 유다의 율
법학자들을 그 곳에 배치하고, "여기에다
아무도 진을 치지 못하게 하여라. 전원이
나가서 싸워야 한다."라고 명령하였다.
43 그리고 유다는 선두에 서서 적진을 향하여
강을 건넜고 그의 모든 부하가 뒤따랐다.
이방인들은 유다의 군대 앞에서 패망하여
무기를 내던지고 카르나임에 있는 성전 경
내로 도망쳐 갔다.
44 유다의 군대는 그 도시를 점령하고 성전과
성전 경내에 있던 사람들을 모두 불태워 버
렸다. 이렇게 해서 카르나임은 유다에게 굴
복하고 적은 그 이상 더 유다에게 저항할 수
가 없었다.
45 ◎유다는 길르앗에 있던 이스라엘 사람들을
신분의 고하를 막론하고 모두 모았다. 그들
은 처자를 이끌고 재산을 거두어 큰 집단을
이루어가지고 유다를 따라 유다의 땅으로
향하였다.
46 도중에 그들은 큰 요새 도시인 에브론에 도
착하였다. 그 도시를 지나가려면 왼쪽으로
도 오른쪽으로도 돌아가는 길이 없었기 때
문에 한가운데를 뚫고 지나갈 수밖에 없었
다.
47 그런데 그 도시의 주민들은 길을 막아 그들
을 받아들이지 않고 성문들을 돌로 막아버
렸다.
48 유다는 그들에게 친선 사절을 보내어 말을
전하였다. "우리는 우리 땅으로 가기 위하
여 그대들의 땅을 통과하려 한다. 조금도
그대들을 해칠 생각은 없고 다만 지나가려
는 것뿐이다." 그러나 그들은 끝내 성문을
열어주지 않았다.
49 유다는 전군에 명령을 내려 각자 있는 곳에
서 진을 치라고 하였다.
50 모든 군인들은 진을 치고 그 날 하루 낮과
밤을 꼬바기 공격하여 도시를 손아귀에 넣
었다.
51 유다는 그 도시의 모든 남자를 칼로 쳐죽이
고, 도시를 털어 쑥밭을 만든 다음 시체들
을 밟으며 그 곳을 통과하였다.
52 유다의 군대는 요르단 강을 건너 벳산 앞 큰
평야에 이르렀다.
53 유다는 줄곧 낙오자들을 모으고 백성을 격
려하여 마침내 유다 땅에 이르렀고
54 그들은 기쁨에 넘쳐 시온 산으로 올라가 번
제를 드렸다. 한 사람도 목숨을 잃지 않고
안전하게 돌아온 것을 감사하는 제사를 드
린 것이다.

요셉과 아자리야의 패망

55 ◎유다와 요나단이 길르앗 땅에 있고 유다의
형 시몬이 프톨레매오 맞은편 갈릴래아에 있
을 때에
56 즈가리야의 아들인 요셉과 그와 함께 군대를
지휘하던 아자리야는 마카베오 형제들의 용
감한 행동과 전공에 대한 소문을 듣고
57 이렇게 말하였다. "우리도 나가서 우리 주
위에 있는 이방인들과 싸워 이름을 떨칩시
다."
58 그들은 휘하 군대에게 명령을 내리고 얌니
아로 진군해 갔다.
59 그러나 고르기아와 그의 부하들이 도시에서
나와 그들을 맞아 싸웠다.
60 그 결과, 요셉과 아자리야는 패배하여 유다
땅 경계까지 쫓기게 되었고 그 날 하루 동안
에 이스라엘 사람 약 이천 명이 죽었다.
61 이토록 크게 패배한 것은 그들이 유다와 그
의 형제들의 말을 듣지 않고 자기들이 큰 공
을 세우려고 생각했기 때문이었다.
62 그러나 그들은 하느님께서 이스라엘을 구원
하는 임무를 맡기신 가문의 출신이 아니었
던 것이다.
63 한편 유다와 그의 형제들은 온 이스라엘과
모든 이방인들 사이에서 그들의 이름이 알
려진 곳 어디에서나 큰 명성을 떨쳤다.
64 그리고 사람들은 그들을 찬양하면서 그들
에게 몰려들었다.
65 유다와 그의 형제들은 나아가 남쪽 땅에 사
는 에사오의 자손들을 공격하여 헤브론과 그
주변 마을들을 점령하고 요새들을 부수며
주위의 망대들을 불살라 버렸다.
66 그리고 나서 불레셋 땅으로 진격하여 마리사

를 지났다.
67그 때에 명성을 얻으려고 무모하게 싸우러
나갔던 사제 몇 사람이 전사했다.
68유다는 불레셋 땅 아조토로 향하였다. 거기
에서 유다는 그들의 제단을 헐어버리고 그
들이 섬기는 조각 우상들을 불태워 버렸다.
그리고 그들의 여러 도시에서 재물을 약탈
해 가지고 유다 땅으로 돌아왔다.

안티오쿠스 에피파네스의 죽음

6 ◎안티오쿠스는 내륙의 여러 지방을 돌아
다니다가 페르시아의 엘리마이스라는 도
시가 금과 은이 많기로 유명한 곳이라는 말
을 들었다.
2그 도시의 신전에는 재물이 무척 많았고,
특히 마케도니아 왕 필립보의 아들로서 그리
스의 첫째 왕이 되었던 알렉산더가 이 도시
에 남겨놓은 금투구와 갑옷과 무기들이 그
성전 안에 있었다.
3안티오쿠스는 그 도시로 가서 그 곳을 점령
하고 재물을 약탈하려 했지만 목적을 달성
하지 못했다. 그 도시 사람들이 그의 계획
을 미리 알고
4그와 맞서 싸워 왕을 쫓아버렸기 때문이었
다. 왕은 비통에 잠겨 그 곳을 떠나 바빌론
으로 도망쳐 갔다.
5안티오쿠스가 페르시아에 있는 동안, 전령이
와서 다음과 같이 보고하였다. 즉, 유다 나
라에 진격했던 군대가 패배하였다는 것,
6대군을 이끌고 먼저 진격했던 리시아가 유다
인들에게 참패를 당했다는 것, 유다인들은
아군을 무찌르고 빼앗은 무기와 포로와 많
은 전리품으로 강력하게 되어 있다는 것과
7유다인들은 안티오쿠스가 예루살렘 제단 위
에 세웠던 가증스런 우상을 부수어버리고
그 대신 그 성전 주위에 전과 같이 높은 성
벽을 둘러 쌓았으며 왕이 세웠던 도시 벳술
에도 높은 성곽을 쌓았다는 것이었다.
8안티오쿠스 왕은 이 보고를 듣자 매우 놀라
큰 충격을 받고 속이 상한 끝에 병상에 눕게
되었다. 모든 일이 자기 뜻대로 되지 않았
기 때문이었다.
9그는 겹치고 겹친 슬픔으로 오랫동안 병상
에 누워 있다가 마침내 죽음이 가까이 온 것
을 느꼈다.
10그래서 그는 모든 친구들을 곁에 불러놓고
이렇게 말하였다. "내 눈에서는 잠이 사라
져 갔으며 근심 걱정으로 마음이 아프다.
11처음에 나는 이렇게 생각했었다. '권좌에
있을 때에 나는 좋은 사람이었고, 모든 사
람이 나를 좋아했다. 나에게 이렇게 큰 고
통과 슬픔이 닥치다니 어찌 된 일이냐?'
12지금 생각해 보니 내가 예루살렘에서 몹쓸
짓을 했구나. 거기에 있는 금은기물을 모두
빼앗았고 까닭도 없이 유다의 주민들을 몰
살하려고 군대를 보냈었다.
13바로 이 때문에 내가 지금 이 재난을 당하는
구나. 아! 나는 큰 슬픔을 안고 이국땅에서
죽어간다."
14◎그리고 그는 친구들 중의 한 사람인 필립
보를 옆에 불러, 그에게 온 왕국의 통치를
맡겼다.
15자기의 왕관과 옷과 반지를 그에게 주고 왕
자 안티오쿠스를 맡기며 잘 교육하고 잘 길
러 왕이 되도록 해달라고 했다.
16이렇게 하여 ㉠백사십구년에 안티오쿠스 왕
은 그 땅에서 죽었다.
17◎리시아는 왕이 죽었다는 소식을 듣고 어렸
을 때부터 길러온 왕자 안티오쿠스를 왕위에
앉히고 그 이름을 유파톨이라 불렀다.

예루살렘 요새 포위

18◎한편 예루살렘 요새 안에 있던 자들은 이
스라엘 사람들을 성소 주위에 몰아넣고 기
회만 있으면 그들에게 해를 끼쳐 못살게 굴
며 이방인들의 세력을 돋우어주었다.
19유다는 이들을 전멸시켜야겠다고 결심하고
온 백성을 불러모아 공격할 채비를 하였다.
20이렇게 집합하여 예루살렘 요새를 포위한
것은 ㉡백오십년의 일이었다. 그들은 투석
대와 성을 공략하는 기구를 만들었다.
21그런데 성에 갇혔던 자들의 일부가 포위망
을 뚫고 나가 이스라엘의 다른 반역자들과
합류하여
22왕에게로 가서 이렇게 말하였다. "언제 정
의의 칼을 뽑아 우리 형제들의 원수를 갚아
주시겠습니까?
23우리는 기꺼운 마음으로 폐하의 부왕을 섬
겨왔습니다. 그분의 말씀대로 행하였고 그
분의 칙령에 복종하였습니다.
24우리는 우리 동족의 원수까지 되었고 그들
은 우리들을 닥치는 대로 죽여버리고 우리
재산을 강탈했습니다.
25그들은 우리에게 손을 뻗쳤을 뿐 아니라 전
영토를 짓밟고 있습니다.
26자, 보십시오. 오늘도 그들은 예루살렘 요새

㉠ 기원전 163년이다. ㉡ 기원전 162년이다.

를 점령하려고 진을 치고 있지 않습니까?
그뿐 아니라 성소와 벳술을 요새로 만들지
않았습니까?
27 폐하께서 서둘러 그들을 먼저 치지 않으신
다면 그들은 말씀 드린 것보다 더 흉악한 짓
을 할 것이며 그 때에는 폐하께서도 그들을
당해 낼 길이 없을 것입니다."

벳즈가리아의 전투

28 ◎이 말을 듣고 왕은 몹시 노하여 자기 친구
인 보병 사령관들과 기병대장들을 모두 불
러모았다.
29 다른 나라와 섬나라에서도 용병들을 모집
해 왔다.
30 그 군대는 보병 십만, 기병 이만, 전쟁 훈련
을 받은 코끼리가 삼십이 마리였다.
31 그들은 에돔을 지나서 벳술에 진을 치고 성
을 공략하는 기구를 만들어 여러 날 동안 싸
웠다. 그러나 유다의 군대 역시 성을 나와
기구들을 불사르며 용감하게 싸웠다.
32 ◎유다는 그 요새를 떠나 벳즈가리아에 진을
치고 왕의 군대와 맞섰다.
33 왕은 아침 일찍이 일어나 군대를 이끌고 급
히 벳즈가리아를 향해 돌진했다. 거기에서
그의 군대는 전투 태세를 갖추고 나팔을 불
었다.
34 그들은 코끼리를 잘 싸우게 하려고 포도즙
과 오디의 붉은 즙을 눈앞에 보여 자극시켜
가지고 네모꼴 진지 사이에 배치하였다.
35 그리고 쇠사슬 갑옷에 구리 투구를 쓴 보병
천 명과 정예기병 오백 명이 코끼리마다 배
치되었다.
36 코끼리가 어디를 가든지 그 기병들이 미리
거기에 가 있었고 코끼리가 움직이면 함께
따라 움직여서 코끼리를 떠나는 일이 없었
다.
37 코끼리 등에는 방비책으로 단단한 나무탑
을 얹고 그것을 띠로 코끼리 배에다 묶어놓
았다. 그 탑 속에는 코끼리를 모는 사람 이
외에 코끼리를 타고 싸움을 하는 병사가 셋
씩 타고 있었다.
38 왕은 나머지 기병들을 자기 군대의 양측
면에 배치하여 네모꼴 진지들을 보호하게
하는 한편, 적으로 하여금 두려워하게 하였
다.
39 마침 태양이 금과 구리로 만든 방패들을 비
추어 그 번쩍이는 빛으로 주위의 산들이 마
치 불타 오르는 횃불과 같아 보였다.
40 왕의 군대 일부는 산등성이에, 또 일부는
얕은 평지에 배치되어 보무당당하고 질서
있게 전진하였다.
41 수많은 군사들의 고함 소리와 행진하는 소
리, 그리고 무기가 서로 부딪치는 소리를
듣고 떨지 않는 사람이 없었다. 그 군대는
실로 막강했다.
42 그러나 유다는 군대를 거느리고 이들을 맞
아 싸워 왕의 군대 육백 명을 쓰러뜨렸다.
43 아와란이라고도 불리던 엘르아잘은 적의 코
끼리 중에서 월등히 큰 코끼리를 보았다.
그런데 그 코끼리의 무장이 굉장하였으므
로 틀림없이 그 코끼리에 왕이 타고 있으리
라고 생각했다.
44 그는 동포를 구하고 용명을 영원히 남기기
위해 자기 목숨을 내놓기로 하였다.
45 그는 적의 네모꼴 진지 한가운데로 뛰어 들
어가서 그 코끼리에게 용감하게 달려들었
다. 그리고 좌충우돌 적병을 치자 적병들은
양쪽으로 갈라져 물러섰다.
46 엘르아잘은 그 코끼리 밑으로 뛰어 들어가
서 칼로 배를 찔러 죽였다. 그러나 코끼리
가 쓰러지는 바람에 그도 깔려서 그 자리에
서 죽었다.
47 유다인들은 왕의 군대가 강력하고 그 사기
가 높은 것을 보고 퇴각하였다.
48 ◎왕의 군대 일부는 유다인들을 치려고 예루
살렘으로 올라갔고 왕 자신은 유다 지방과
시온 산을 향해 진을 쳤다.
49 한편 벳술 사람들은 마침 그 해가 그 고장의
안식년이어서 농사를 짓지 못했으므로 양
식이 떨어져 더 이상 버틸 수가 없었다. 그
들은 그 도시를 버리고 물러나왔다. 왕은 벳
술 사람들에게 화평을 제의했다.
50 왕은 벳술을 점령하고 그 도시를 지키기 위
하여 수비대를 배치했다.
51 그리고 오랫동안 성소를 포위하여 투석대
와 성을 공략하는 여러 가지 기구를 장치하
고 분화기와 투석기, 그리고 활과 돌을 투
사하는 기계로 공격했다.
52 유다인들도 성을 공략하는 기구를 만들어,
그들을 대항하여 오랫동안 싸웠다.
53 그런데 그해는 안식년인데다가 이방인들
사이에서 살다가 유다로 돌아온 동포들이
남은 식량을 다 먹어버렸기 때문에 식량이
떨어졌다.
54 그 기근을 참을 길이 없어 모두가 자기 집으
로 흩어져 갔고 성소에 남은 사람은 얼마 되
지 않았다.

강화 조약

55◎안티오쿠스 왕 임종 때 왕으로부터 왕자
안티오쿠스를 잘 길러 왕으로 세워달라는 부
탁을 받았던 필립보가
56왕과 함께 원정갔던 군대를 이끌고 페르시
아와 메대로부터 돌아와 정권을 잡으려 하
고 있다는 말이 리시아의 귀에 들어갔다.
57리시아는 다급해져서 철군하기로 결심하고
왕과 군대의 지휘관들과 병사들에게 이렇
게 말하였다. "우리는 날이 갈수록 약해지
고 식량마저 떨어져 가고 있습니다. 게다가
우리가 맞서고 있는 적은 대단히 강합니다.
한편 우리에게는 본국의 사태를 수습할 의
무도 있습니다.
58그러므로 적군과 악수하고 적군뿐 아니라
그들의 온 민족과 화목하게 지냅시다.
59저들에게 자유를 주어서 전과 같이 자기네
율법을 따라서 살 수 있게 해줍시다. 우리
가 그들의 율법을 폐지했기 때문에 우리는
그들의 노여움을 샀고 따라서 이 모든 일이
벌어진 것입니다."
60◎이 제안은 왕과 지휘관의 마음에 들었다.
그래서 왕은 유다인들에게 사람을 보내어
화평을 제의했고 유다인들은 그 제의를 받
아들였다.
61왕과 지휘관들이 강화 조건을 지키겠다고
맹세했으므로 유다인들은 그 요새를 비우고
나왔다.
62그러나 왕은 시온 산으로 들어가 그 곳에 있
는 견고한 요새를 보고는 자기가 맹세한 약
속을 깨뜨리고 그 시온 산 성을 무찌르라고
명령하였다. 그리고
63그는 급히 그 곳을 떠나 안티오키아로 돌아
왔다. 그는 필립보가 그 도시를 장악하고 있
는 것을 보고 그와 싸워 실력으로 그 도시를
점령했다.

데메드리오 일세의 등극

7 ◎그런데 ㉠백오십일년에 셀류쿠스의 아
들 데메드리오가 얼마 안되는 군대와 함께
로마를 벗어나 해안 지방에 있는 어떤 도시
에 상륙하여 그 곳에서 스스로 왕이라고 선
포했다.
2그가 자기 조상들의 왕궁으로 들어가려 할
때에 그의 군대가 안티오쿠스와 리시아를 체
포하여 그에게로 끌고 오려고 하였다.
3데메드리오는 이 사실을 보고받고, "그들의
얼굴은 보기도 싫다."라고 말하였다.
4이 말을 듣고 그의 군대는 그 두 사람을 죽
여버렸다. 이렇게 하여 데메드리오는 그 나
라의 왕좌에 올랐다.
5그 때에 자기 민족을 반역하고 율법을 어긴
모든 이스라엘 사람들이 알키모스라는 자와
함께 그를 찾아왔다. 이자는 그들의 수령으
로서 대사제직을 노리던 자였다.
6그들은 왕에게 자기 민족을 고발하여 이렇
게 말하였다. "유다와 그의 형제들은 폐하
의 친구들을 몰살시켰고 우리들을 고향에
서 추방하였습니다.
7그러니 폐하께서 가장 믿으시는 분을 한 분
그리로 보내시어 유다가 우리들을 살육하고
임금님의 영토를 짓밟은 그 참상을 보게 하
시고 그분으로 하여금 그 원수들과 동조자
들을 모두 벌하게 해주십시오."

바키데스의 유다 공격

8◎이 말을 듣고 왕은 자기 친구 중에서 바키
데스를 뽑았다. 바키데스는 유프라테스 강
서쪽 지방의 영주로서 온 왕국에서 그 이름
이 널리 알려진 사람이었으며 왕의 충신이
었다.
9왕은 이스라엘 민족의 배반자 알키모스를 대
사제로 임명하여 바키데스와 함께 보내며 이
스라엘 사람들에게 복수하라고 명령하였다.
10이렇게 하여 그들은 대군을 이끌고 출발하
여 유다 땅에 도착하였다. 바키데스는 유다
와 그 형제들에게 평화의 사절을 보냈다.
그러나 그것은 속임수였다.
11유다와 그의 형제들은 적이 대군을 이끌고
오는 것을 보고 그들의 평화 제안을 믿지 않
았다.
12그러나 율법학자단은 알키모스와 바키데스
에게 가서 일을 공정하게 처리해 달라고 요
구했다.
13이스라엘 쪽에서 처음으로 화평을 제의한
사람들은 하시딤이라고 하는 경건파 사람들
이었다.
14그들은, "아론의 후예 한 사람이 사제로 군
대와 함께 와 있습니다. 그러니 우리에게
아무런 해도 끼치지 않을 것입니다." 하고
말하였던 것이다.
15과연 알키모스는 대표단에게 평화를 보장하
며, "우리는 당신들에게나 또 당신들의 친
구에게도 아무런 해를 끼치지 않을 것입니
다." 하고 맹세하였다.
16이렇게 그들을 믿게 한 후에 알키모스는 그

㉠ 기원전 162-161년이다.

들 중에서 육십 명을 체포하여 그 날로 죽여
버렸다. 이 사건을 예언한 다음과 같은 ㉠성
경 말씀이 있다.

17 당신 성도들의 살이 사방에 흩어지고
그 피가 예루살렘 주변에 물처럼 흘러도
그들을 묻어줄 사람은 아무도 없었습니
다.

18◎그리하여 온 백성은 공포에 싸여 떨며 서
로 말하였다. "저자들에게는 진실도 정의도
없다. 제 입으로 한 맹세도 협약도 다 깨뜨
려 버렸다."
19 바키데스는 예루살렘에서 철수하여 벳자잇으
로 가서 진을 쳤다. 거기에서 그는 군대를
시켜 자기에게 귀순해 온 탈주병들과 이스
라엘 백성 여럿을 잡아 죽여 깊은 우물에 넣
었다.
20 바키데스는 그 지방을 알키모스에게 맡긴 다
음, 그를 보호하기 위한 군대를 남겨놓고
왕에게로 돌아갔다.
21 알키모스는 대사제로서의 위신을 지키느라
고 안간힘을 썼고
22 이스라엘 사람들을 괴롭히는 자들은 모두
그에게로 모여들었다. 그들은 유다 땅을 지
배하고 이스라엘 사람들에게 몹시 못되게
굴었다.
23 알키모스와 그 일당이 이방인들 이상으로 이
스라엘 사람들에게 갖은 악행을 저지르고
있음을 보고
24 유다는 유다 땅을 두루 다니면서 이탈자들
에게 보복하고 그들이 지방으로 돌아다니
지 못하게 했다.
25 알키모스는 유다와 그의 군대가 점점 강해지
는 것을 보고 도저히 그들에게 맞설 수 없음
을 깨달았다. 그래서 왕에게로 돌아가서,
유다와 그 부하들이 흉악한 자들이라고 고
발하였다.

니가노르의 패배

26◎이 말을 듣고 왕은 명성 높은 장군 가운데
한 사람인 니가노르를 유다 땅으로 보내며
그 민족을 없애버리라고 명령하였다. 니가
노르는 이스라엘을 미워할 뿐 아니라 적대시
해 오던 사람이었다.
27 니가노르는 대군을 이끌고 예루살렘으로 올
라가 유다와 그 형제들에게 거짓 평화 사절
을 보내며 이렇게 말하였다.
28 "우리 전쟁을 하지 맙시다. 나는 평화로운
분위기 속에서 당신과 만나기 위해 부하 몇
사람만 데리고 왔습니다."
29 이렇게 하여 니가노르는 유다가 있는 곳으로
갔고 그들은 서로 평화롭게 인사를 나누었
다. 그러나 적군은 유다를 납치해 갈 만반의
준비를 갖추고 있었다.
30 유다는 니가노르가 딴생각을 품고 자기에게
왔다는 정보를 듣고는 무서운 생각이 들어
그를 다시 만날 생각을 하지 않았다.
31 니가노르는 자기의 계획이 탄로난 것을 알
고 카파르살라마 부근으로 진군하여 유다와
맞서 싸웠다.
32 니가노르 군은 약 오백 명이 죽었고 살아 남
은 자들은 다윗의 도시로 도망쳐 갔다.
33◎이 일이 있은 후에 니가노르는 시온 산으
로 올라갔다. 사제들이 성소에서 나와 백성
의 원로들과 함께 그를 환영하고 왕을 위한
제물이라고 하면서 번제물을 보여주었다.
34 그러나 니가노르는 그들을 비웃고 조롱하
며 거만한 말을 지껄이면서 그들에게 침을
뱉고,
35 분노를 터뜨리며 맹세하였다. "만일 유다와
그 군대를 당장 내 손에 넘겨주지 않으면 내
가 승리하고 돌아온 후에 이 건물을 불살라
버리리라." 말을 마치고 그는 화를 내며 떠
났다.
36 사제들은 성전으로 들어가 제단과 성소 앞
에 서서 눈물을 흘리며 기도하였다.
37 "이 집은 당신께서 세워주신 집입니다. 이
집은 당신 백성이 당신의 이름을 부르는
곳이며 당신께 기도 드리고 간구하는 곳입
니다.
38 저자와 저자의 군대에게 원수를 갚아주시
고 한칼로 저들을 죽여주십시오. 저들이 범
한 여러 모독을 잊지 마시고 절대로 살려두
지 마십시오."
39 니가노르는 예루살렘을 떠나 벳호론에서 진
을 쳤고 거기에 시리아에서 온 원조부대가
합세했다.
40 유다는 유다대로 군사 삼천 명으로 아다사에
진을 쳤다. 그리고 이렇게 기도를 올렸다.
41 "옛날 아시리아 왕이 보낸 자들이 당신을 모
독했을 때에 당신의 천사가 나타나서 적군
십팔만 오천 명을 죽였습니다.
42 오늘도 니가노르가 당신의 성전을 모독하는
말을 했음을 다른 모든 사람들이 알 수 있도
록 우리가 보는 앞에서 그의 군대를 무찔러
주십시오. 그 저지른 행실대로 저 악한 자
를 다스려주십시오."

㉠ 시편 79:2-3.

43 아달월 십삼일에 양쪽 군대는 교전하였는데 니가노르 군이 참패를 당하고 니가노르 자신은 그 전투에서 제일 먼저 죽었다.
44 그의 군대는 니가노르가 죽은 것을 보고 무기를 내던지고 도망쳤다.
45 유다의 군대는 신호의 나팔을 불어대면서 그들을 뒤따라 아다사에서부터 게젤까지 온종일 추격하였다.
46 게다가 부근의 모든 유다 마을로부터 사람들이 나와 패잔병의 길을 막았기 때문에 그들은 되돌아설 수밖에 없었으며 그리하여 그들은 한 사람도 살아 남지 못하고 모두 칼에 맞아 죽었다.
47 유다의 군대는 많은 물자를 탈취하고 전리품을 거둔 다음, 니가노르의 머리와 그가 거만하게 내저었던 오른팔을 잘라가지고 돌아와서 예루살렘 사람들이 보는 곳에 걸어 놓았다.
48 예루살렘 사람들은 기쁨에 넘쳐 그 날을 큰 명절과 같이 경축하였다.
49 그 날을 기념하여 매년 ㉠아달월 십삼일을 경축일로 정하였다.
50 유다 땅은 그 때부터 얼마 동안 평화로웠다.

로마인과의 맹약

8

◎그런데 유다는 로마인들에 관해 다음과 같은 말을 들었다. 즉, 로마 군대는 대단히 강한데 동맹을 맺는 사람들에게는 누구에게나 호의를 베풀고 그들과 손잡는 사람들에게는 우호 관계를 맺는다는 것이었다. 로마 군대는 과연 강하였다.
2 그는 로마 군대가 갈리아 전쟁에서 용감하게 싸워 고울 사람들을 정복하고 속국으로 삼았다는 이야기를 들었으며
3 스페인 지방에 있는 금광과 은광을 뺏기 위하여 싸운 이야기도 들었다.
4 ◎그들은 영토가 아주 멀리 떨어져 있었으나 빈틈없는 계획과 굴하지 않는 인내심을 가지고 그 전 영토를 잘 다스렸다. 대부분의 왕들은 매년 조공을 바쳤고 변방에서 자기들에게 반란을 일으키는 왕들이 있으면 그들을 쳐부수고 큰 타격을 주었다.
5 그리고 로마인들은 기띰 왕 필립보와 페르시우스, 그리고 자기들에게 반항하여 군대를 일으킨 자들을 모두 무력으로 분쇄하고 정복하였다.
6 그뿐 아니라 코끼리 백이십 마리와 기병, 전차, 그리고 강력한 대군을 이끌고 전쟁을 걸어온 아시아 왕 안티오쿠스 대제를 분쇄하고
7 그를 사로잡았다. 그리고 안티오쿠스와 그 후계자들에게 많은 조공과 인질을 바칠 것을 명령하고
8 인도 지방과 메대 지방과 리디아 지방, 그리고 그들의 영토 중에서 가장 좋은 땅을 바치게 하였다. 이렇게 하여 로마 군대는 그 땅을 안티오쿠스에게서 빼앗아 자기들의 왕 유미네스에게 바쳤다.
9 그리고 그리스 사람들이 로마 사람들을 쳐서 멸망시키려는 계획을 세우고 있을 때에
10 로마인들은 이것을 알고 장군 하나를 보내어 그들과 싸우게 했다. 이 전쟁에서 그리스 사람들은 많은 사상자를 내고, 아녀자들은 포로로 잡혀갔으며 재산을 약탈당하고 그 땅은 정복되어, 요새는 다 부서지고 오늘날에 이르기까지 로마인들의 노예가 되고 말았다.
11 그 밖에도 로마인들에게 맞서는 나라나 섬들은 모두 분쇄되었고 로마인들의 노예가 되었다.
12 그러나 그들과 친한 나라나 그들에게 의뢰하는 사람들과는 우호 관계를 굳게 맺었다. 이렇게 먼 나라와 가까운 나라의 왕들을 모두 정복하였기 때문에 로마 군의 이름만 들어도 모두들 무서워하였다.
13 로마 사람들이 마음만 먹으면 누구든지 그를 도와 왕을 시킬 수가 있었고 자기들이 싫으면 왕위에서 끌어내렸다. 이렇게 그들의 세도는 하늘까지 뻗쳤다.
14 그러나 그들 중의 아무도 왕관이나 진홍색 용포를 두르고 거만을 부리는 사람은 없었다.
15 그들은 원로원을 설치하고 삼백이십 명 원로원 의원들이 매일같이 모여 쉬지 않고 백성을 잘 다스리는 방도를 논의하였다.
16 원로들은 해마다 한 사람을 뽑아 그에게 백성을 다스리는 권한과 온 제국의 통치를 맡겼다. 백성은 모두 그 한 사람에게 잘 복종하고 어느 누구도 그를 시기하거나 질투하는 사람은 없었다.
17 ◎유다는 아코스의 손자이며 요한의 아들인 유폴레모스와 엘르아잘의 아들 야손을 뽑아서 로마로 보내어 로마인들과 우호 조약을 맺게 하였다.
18 유다는 그리스인들이 다스리는 시리아 왕국이 이스라엘 민족을 노예로 삼으려는 것을

㉠ 셀류싯 왕조 151년 아달월 13일은 기원전 160년 3월 17일 또는 27일에 해당한다.

알았기 때문에 그 속박에서 벗어나려는 심
산이었다.
19 사절들은 아주 긴 여행 끝에 로마에 도착하
여 원로원으로 들어가 다음과 같이 호소하
였다.
20 "우리는 마카베오라고 하는 유다와 그 형제
들과 유다 나라의 온 백성이 보내서 여러분
에게 왔습니다. 우리는 여러분과 동맹을 맺
고 우호 조약을 맺으려고 하는 바입니다.
우리를 여러분의 동맹 우호국의 하나로 삼
아주시기 바랍니다."
21 이 제의는 원로원 의원들의 마음에 들었다.
22 그들은 유다의 편지에 대한 답장을 보내어
유다인들로 하여금 우호 동맹 관계를 맺은
문서를 남기게 하였다. 그 내용은 다음과
같았다.
23 "우리는 로마인과 유다인 두 민족이 바다
와 육지에서 영원히 번영하기를 빈다. 두
민족에게는 전쟁이 없고 원수로서의 침략
이 없을 것이다.
24 만일 로마나 그 영토에 있는 동맹국 중의 어
느 하나에게라도 먼저 전쟁이 일어났을 경
우에
25 유다 민족은 이쪽의 요청이 있으면 동맹국
으로서 기쁜 마음으로 참전해야 하며
26 적국에게 식량이나 무기나 돈이나 선박 등
을 주거나 보급해서는 안 된다. 이것은 로마
의 결정이다. 유다 민족은 아무런 보상을 생
각하지 말고 이 협정을 지켜야 한다.
27 이와 마찬가지로 만일 유다 민족에게 먼저
전쟁이 일어났을 경우에 로마인들은 그쪽의
요청이 있으면 동맹국으로서 기꺼이 참전
해야 한다.
28 그리고 로마인들은 유다 민족을 공격하는
적국에게 식량이나 무기나 돈이나 선박을
주어서는 안 된다. 이것은 로마의 결정이다.
로마인들은 이 협정을 지킬 것이며 이 협약
을 어기지 않을 것이다.
29 이것이 로마인과 유다 민족 사이에 맺은 조
약문이다.
30 만일 이 조약이 발효한 후, 양쪽이 여기에
무엇을 첨가하거나 삭제하려 할 때에는 양
쪽의 합의하에 그렇게 할 수 있으며 그렇게
첨가하거나 삭제한 것도 조약의 효력을 갖
는다."
31 ◎로마인들은 이 조약문에 다음과 같은 말
을 덧붙였다. "시리아 왕 데메드리오가 당신
들에게 가했다는 악행에 대해서 우리들은
벌써 그에게 다음과 같은 편지를 보냈다.
'어찌하여 그대는 우리의 우방이며 동맹국
인 유다인들에게 가혹한 속박을 가했는가?
32 만일 유다인들이 그대의 잘못을 또다시 고
발해 온다면 우리는 단연코 그들의 권익을
수호하기 위하여 바다에서나 육지에서나
그대와 싸울 것이다.'"

베레아 전투

9 ◎데메드리오 왕은 니가노르가 전장에서
죽고 그 군대는 멸망했다는 소식을 듣고
바키데스와 알키모스를 다시 유다 땅으로 보
내어 오른쪽 진영을 담당한 정병을 인솔하
게 했다.
2 그래서 그들은 갈릴래아로 통하는 길로 진
군하여 아르벨라 지방의 메살롯을 향해 진을
쳤다. 그리고 그 지방을 점령한 후, 많은 사
람을 살육하였다.
3 셀류싯 왕조 ㉠백오십이년 정월에 그들은 예
루살렘을 향해 진을 쳤다가
4 보병 이만과 기병 이천을 거느리고 그 곳을
출발하여 베레아로 향하였다.
5 그 때 벌써 유다는 정예 병력 삼천을 데리고
엘라사에 진을 치고 있었다.
6 그들은 적군의 수효가 많은 것을 보고 몹시
무서워하여 많은 자들이 진영을 탈출, 남은
병력은 불과 팔백 명뿐이었다.
7 싸움이 임박한 마당에 많은 병사들이 탈출
한 것을 안 유다는 병력을 다시 모을 만한
시간이 없었으므로 기가 죽었다.
8 유다는 몹시 낙담되었으나 "용기를 내어라.
혹시 우리가 그들과 맞서서 싸울 수 있을지
도 모르니 적을 향해 돌진하자." 하고 남은
자들을 격려하였다.
9 그러나 부하들은 유다의 생각을 돌이키려
고, "그것은 절대로 불가능합니다. 우리의
목숨을 아껴두었다가 동포들과 다시 와서
싸우도록 합시다. 지금 우리는 수효가 너무
나 적습니다." 하고 말하였다.
10 그래도 유다는 이렇게 말하였다. "우리가
적군을 보고 도망가다니 그런 일은 절대로
있을 수 없다. 만일 우리가 죽어야 할 때가
왔다면 우리 동포를 위해서 용감하게 죽자.
우리의 명예를 더럽힐 만한 일은 조금도 남
기지 말자."

유다의 전사

11 ◎그 때에 적군은 진지를 떠나 유다의 군대

㉠ 기원전 160년 봄이다.

와 맞서 싸우려고 진격해 왔다. 그들의 기
병대는 두 부대로 나뉘었고 투석부대와 활
쏘는 부대와 특전대들이 모두 다투어 선봉
에 섰다.
12 바키데스는 군대 오른쪽에 서 있었고 주력
부대는 나팔을 불면서 군대 양측면에서 진
격해 나왔다. 유다가 인솔하는 군대도 나팔
을 불었다.
13 양쪽에서 터진 고함 소리로 온 땅이 진동
하였고 전투는 아침부터 저녁까지 계속되
었다.
14 유다는 바키데스와 그 군대의 주력이 진영
오른쪽에 있는 것을 보고 자기 주위에 몰려
든 용감한 군사들과 함께
15 적군의 오른쪽을 분쇄하여 아조토 산까지
그들을 추격해 갔다.
16 왼쪽 진영에 있던 적군은 자기 진영의 오른
쪽이 부서지는 것을 보고 공격 방향을 바꾸
어 유다와 그 군대의 배후를 찔렀다.
17 전투는 격렬하게 되어 양군이 모두 많은 사
상자를 냈다.
18 이 전투에서 유다가 전사하였고 그의 부하
들은 도망쳤다.

유다의 장례

19 ◎유다의 형제 요나단과 시몬은 유다의 시체
를 거두어 모데인에 있는 선조들의 묘지에
묻었다.
20 온 이스라엘 사람들이 몹시 울었다. 그들은
여러 날 동안 통곡하면서 그의 죽음을 슬퍼
하여,
21 "이스라엘을 구출한 영웅이 죽다니 웬일인
가." 하고 울부짖었다.
22 유다의 행적과 그가 치른 전쟁과 그의 빛나
는 공적과 위대한 명성에 대한 이야기는 너
무나 많아서 이루 다 기록할 수가 없다.
23 유다가 죽은 후, 이스라엘 전 영토에서 율법
을 저버린 자들이 머리를 들기 시작하였고
악을 일삼는 자들이 사방에서 나타나기 시
작했다.
24 게다가 때마침 큰 기근이 있어 온 나라가 그
들 수중에 넘어가고 말았다.
25 ◎바키데스는 이스라엘 민족의 반역자들을
뽑아 각 지방을 다스리게 하였다.
26 그들은 유다의 편이었던 사람을 찾아내어
바키데스에게 데리고 갔다. 바키데스는 그들
을 웃음거리로 만들어 보복하였다.
27 이렇게 하여 이스라엘은 예언자들이 자취를
감춘 후, 처음 맛보는 무서운 압박을 받게
되었다.
28 ◎그리하여 유다의 동지들이 모두 모여 요나
단에게 말하였다.
29 "당신의 형 유다가 죽은 후로 유다처럼 바키
데스나 우리 민족을 증오하는 자들 같은 원
수들을 대항할 수 있는 사람은 아무도 없습
니다.
30 그래서 우리는 오늘 우리의 전쟁을 완수하
기 위해 유다 대신으로 당신을 뽑아 우리를
영도하는 지도자로 삼았습니다."
31 ◎그 때부터 요나단은 유다 민족의 영도권을
잡고 자기 형 유다의 후계자가 되었다.

요나단과 바키데스의 전투

32 ◎바키데스는 이 사실을 알고 요나단을 없애
버리려 하였다.
33 그러나 요나단과 그의 형 시몬, 그리고 그의
모든 동지들은 그 계획을 알고 드고아 광야
로 후퇴하여 아스팔 못 가에 진을 쳤다.
34 바키데스는 그 날이 안식일인 것을 알고 군
대를 이끌고 요르단을 건넜다.
35 ◎요나단은 민중을 맡아 다스리는 자기 형
요한을 동지인 나바테아 사람들에게 보내어
유다인들의 짐을 맡아 보관해 달라고 청하
게 했다.
36 그런데 메드바 지방의 얌브리 사람들이 나타
나 요한을 잡고, 그가 가지고 가던 물건을
모두 빼앗아버렸다.
37 이 일이 있은 후, 얌브리 사람들에게 큰 결
혼식이 있었는데 요나단과 그의 형 시몬은
그들이 가나안의 한 귀족의 딸인 신부를 데
리고 성대한 행렬을 지어 나다밧으로부터
오고 있다는 정보를 들었다.
38 그래서 요나단 형제는 자기들의 형 요한의
죽음을 생각하고 산으로 올라가 숨어서 길
목을 지키고 있었다.
39 마침 사람들이 웅성거리며 많은 짐을 지고
가는 행렬이 눈에 들어왔다. 그리고 신랑과
그의 친구들과 그의 형제들이 악사들과 가
수들과 무장한 많은 사람들과 함께 신부 일
행을 맞으러 나오고 있었다.
40 잠복해 있던 요나단 형제는 달려들어 그들
을 죽여버렸다. 적은 많은 사상자를 내고
살아 남은 자들은 산으로 도망쳐 버렸다.
거기에서 유다인들은 얌브리인의 물건을 모
두 전리품으로 차지하였다.
41 그리하여 그 결혼식은 울음 바다가 되었고
그들의 음악 소리는 통곡 소리로 변하게 되
었다.

42이렇게 요나단 형제는 자기들 형의 원수를
갚고 돌아와 요르단 강 가의 습지에 이르렀
다.
43◎이 소식을 들은 바키데스는 안식일을 골라
큰 군대를 거느리고 요르단 강 가에 도착하
였다.
44그 때에 요나단은 부하들에게 다음과 같이
말하였다. "우리는 살기 위해 이제 힘써 싸
워야 할 때가 되었다. 오늘의 형편은 어제
나 그제와는 같지 않다.
45보아라. 우리는 이러나저러나 싸울 수밖에
없다. 우리 뒤에는 요르단 강이 가로 막혔고
좌우에는 습지와 숲이 둘러 있으니 비켜 나
갈 길이 없다.
46원수의 손에서 구출해 달라고 하늘을 향하
여 부르짖자."
47◎전투가 시작되자 요나단은 칼을 뽑아 들고
바키데스를 치려 했다. 그러나 바키데스는
물러서며 그의 칼을 피하였다.
48그 때에 요나단과 그의 일행은 요르단 강을
헤엄쳐 건너편으로 갔다. 그러나 적군은 요
르단 강을 건너서까지 그들을 추격해 오지
는 않았다.
49그 날에 바키데스 군에서 죽은 사람은 천 명
에 달하였다.
50예루살렘에 돌아온 바키데스는 예리고, 엠마
오, 벳호론, 베델, 딤나다, 바라돈, 데폰 등
유다 도시들을 요새화하여 높은 성으로 쌓
고 대문을 만들어 세워 빗장으로 단단히
잠갔다.
51그리고 이스라엘 사람을 대항하여 싸울 수
비병을 세워놓았다.
52그뿐 아니라 벳술과 게젤, 예루살렘의 요새
를 더욱 견고하게 하여 거기에다가 군대를
배치하고 식량을 쌓아놓았다.
53그리고는 그 지방 지도자들의 아들들을 인
질로 잡아다가 예루살렘 요새 안의 감옥에
감금해 놓았다.

알키모스의 죽음

54◎셀류싯 왕조 ㉠백오십삼년 이월에 알키모
스는 성소 내전의 벽을 헐라고 명령하였다.
예언자들의 업적을 없애버리려는 것이었
다. 그러나 벽을 헐기 시작했을 때에
55알키모스가 갑자기 졸도하여 작업이 중단되
었다. 그는 입이 마비되고 혀가 굳어져서
한마디도 말할 수 없었으며, 가사에 관해서
도 한마디 지시를 내릴 수 없었다.
56알키모스는 심한 고통 끝에 마침내 죽었다.
57알키모스의 이와 같은 죽음을 본 바키데스는
왕에게로 돌아가 버렸다. 그 후 이 년 동안
유다 땅은 평온하였다.

벳바시의 공략

58◎율법을 저버린 자들이 모두 모여 모의를
하다가 이렇게 말하였다. "지금 요나단과
그 일당이 태평 세월을 즐기고 있지 않소?
그러니 바키데스를 다시 모셔옵시다. 그러
면 하룻밤 사이에 저들을 모두 붙잡을 수 있
을 것이오."
59이렇게 모의를 하고 그들은 바키데스에게
가서 일을 의논하였다.
60바키데스는 대군을 이끌고 떠나면서 유다에
있는 자기의 모든 동맹원들에게 비밀 편지
를 보내어 요나단과 그의 부하들을 잡도록
지시했다. 그러나 그들의 계획이 탄로되어
일은 실패로 끝났다.
61이스라엘 사람들은 이 흉악한 음모의 주동
자들이었던 유다 사람 약 오십 명을 잡아 죽
였다.
62그리고 요나단과 시몬은 그 부하들과 함께
광야에 있는 벳바시로 물러가 전에 파괴된
곳을 수축하고 그 곳을 견고하게 만들었다.
63바키데스는 이것을 알고 유다 지방에 있는
자기 편에 호응을 청하고는 전 군대를 소집,
64진군하여 벳바시를 향해 진을 쳤다. 성을 공
격하는 기구를 만들고 여러 날 성을 공격하
였다.
65요나단은 자기 형 시몬을 그 성에 남겨놓고
얼마 안 되는 병력을 이끌고 시골로 떠났다.
66그는 천막 생활을 하고 있는 오도메라와 그
형제들 그리고 바시론 가문의 사람들을 굴
복시켰다. 그들도 요나단의 군대에 합세하
여 쳐 올라가기 시작했다.
67한편 시몬과 그의 군대는 성에서 나와 성을
공략하는 적군의 기구를 불살라 버렸다.
68이렇게 양면에서 바키데스를 공격하였기
때문에 그의 작전과 공격은 수포로 돌아가
바키데스는 대패하여 큰 곤경에 빠지게 되
었다.
69그래서 바키데스는 유다 사람들을 치자고 권
유했던 악한들에게 크게 화를 내어 그들을
많이 죽이고 자기 나라로 돌아갈 결심을 하
였다.
70이 사실을 안 요나단은 사신을 보내어 바키
데스에게 화평을 맺고 포로를 돌려보내 달

㉠ 기원전 159년 5월이다.

라고 했다.
71바키데스는 이 제안을 받아들여 그대로 하
였다. 그리고 자기가 살아 있는 한, 요나단
에게 절대로 해악을 끼치지 않겠다고 맹세
하고
72전에 유다 땅에서 잡아온 포로들을 놓아주
었다. 그 후에 바키데스는 자기 땅으로 돌아
가 다시는 유다인들의 땅에 발을 들여놓지
않았다.
73이스라엘에 다시는 전쟁이 없었으며 요나단
은 미그맛에 자리를 잡고 백성을 다스리며
이스라엘 민족 반역자들을 모두 없애버렸다.

데메드리오와 요나단

10 ◎셀류싯 왕조 백육십년에 안티오쿠스
의 아들 알렉산더 에피파네스가 데메드
리오의 영토 프톨레마이스에 와서 그 도시를
점령해 버렸다. 그 곳 주민들이 자기를 환
영하는 것을 보고 자기가 왕이라고 선포했
던 것이다.
2이 소식을 들은 데메드리오 왕은 큰 군대를
모아 그를 쳐부수려고 출전하였다.
3데메드리오는 한편 요나단에게 우호적인 편
지를 보내어 그에게 높은 지위를 약속하였
다.
4데메드리오는, "요나단이 알렉산더와 결탁하
여 우리를 치기 전에 우리가 먼저 우호 관
계를 맺는 것이 좋겠다."고 생각하였던 것
이다.
5왜냐하면 자기들이 요나단과 그 형제들과
그 동포들에게 저지른 온갖 악행을 요나단
이 생각할지도 모르기 때문이었다.
6데메드리오는 요나단에게 자기 군대를 모집
하여 무장시킬 수 있는 권한을 주어 동맹으
로 삼았다. 그리고 예루살렘 요새 안에 잡아
두었던 인질을 돌려보내라고 부하들에게
명령하였다.
7◎이 제의를 받은 요나단은 예루살렘에 와서
온 주민과 예루살렘 요새의 군대들이 들을
수 있도록 데메드리오의 편지를 읽었다.
8그들은 데메드리오 왕이 요나단에게 군대를
모집할 수 있는 권한을 주었다는 이야기를
듣고 그를 몹시 무서워하였다.
9요새를 지키던 군대들은 인질을 요나단에게
내주었고 요나단은 그들을 부모들에게 돌려
보냈다.
10요나단은 예루살렘에 주둔하면서 그 도시를
수축하고 건설하는 일에 착수하였다.
11그리고 도시의 방어를 위해 성벽을 쌓고 네
모진 돌로 시온 산을 둘러 쌓도록 일꾼들에
게 명령하였다. 모든 일이 명령대로 잘 진
행되었다.
12바키데스가 세운 요새 안에 살던 이국인들
은 이것을 보고 모두 도망쳤다.
13그들은 저마다 살던 곳을 버리고 자기 고향
으로 돌아갔다.
14그러나 벳술은 피난처였기 때문에 율법과
계명을 저버린 자들 몇몇이 그 곳에 남아 있
었다.

알렉산더 발라스와 요나단

15◎그런데 알렉산더 왕은 데메드리오가 요나단
에게 편지를 보내어 여러 가지 약속을 했다
는 정보를 들었다. 그리고 요나단과 그 형제
들의 전쟁 이야기와 그들의 빛나는 공적과
그들이 겪은 노고에 대한 이야기도 들었다.
16그래서 왕은, "그와 같은 인물을 어디서 얻
을 수 있겠는가? 지금이야말로 그를 친구
로 삼고 우리의 동맹자로 삼아야 할 때이
다." 하고 말하고
17다음과 같은 내용의 편지를 요나단에게 써
보냈다.
18"알렉산더 왕이 요나단 형제에게 인사 드립
니다.
19나는 당신이 용감한 사람이며 우리의 친구
가 될 만한 사람이라는 말을 들었습니다.
20그래서 나는 오늘 당신을 귀국의 대사제로
임명하고 왕의 친구라는 칭호를 주는 바입
니다. 나의 편이 되어주시고 나의 친구가
되어주시기를 바랍니다." 알렉산더는 이 편
지와 함께 진홍색 사제복과 황금관을 요나
단에게 보냈다.
21◎이렇게 하여 요나단은 셀류싯 왕조 백육십
년 칠월 초막절을 기하여 거룩한 사제복을
입었다. 그리고 군대를 모집하여 충분한 무
기를 준비하였다.
22◎이러한 이야기를 들은 데메드리오 왕은 몹
시 마음이 아파서 이렇게 말하였다.
23"알렉산더가 우리보다 먼저 유다인들과 우
호 관계를 맺고 자기 지위를 굳히고 있으니
우리는 무엇을 하고 있었는가?
24나도 유다인들에게 편지를 써서 그들을 격
려하고 그들에게 높은 지위와 선물을 약속
하여 그들의 도움을 청해야겠다."
25이렇게 말하고 그는 유다인들에게 다음과
같은 편지를 써서 보냈다.
26 "나 데메드리오 왕이 유다 국민에게 인사
합니다. 나는 당신들이 우리와의 협약을 지

키고 우호 관계를 계속하여 우리의 적과 동
조하지 않았다는 말을 듣고 기쁘게 생각합
니다.
27앞으로도 계속하여 우리와의 신의를 지켜
주기 바랍니다. 당신들이 우리에게 보여준
호의에 대해서는 후히 사례하겠습니다.
28당신들에게 여러 가지를 면제해 줄 것이며
여러 가지 선물을 내릴 것입니다.
29지금 당장 당신들에게 자유를 주고 모든 유
다인들에게 조공과 소금세와 왕관세를 면제
해 주고
30또 나에게 바치는 공물의 삼분의 일세와 과
일의 이분의 일세를 오늘부터 면제해 주는
바입니다. 나는 오늘부터 시작하여 언제까
지라도 유다 나라와 사마리아, 갈릴래아, 그
리고 유다에 편입된 세 지역에서 지금 말한
세를 받지 않을 것입니다.
31예루살렘과 그 지역은 신성한 장소로 인정
하고 십분의 일세와 그 밖의 다른 조세를 면
제하는 바입니다.
32나는 또한 예루살렘 요새의 지배권을 포기
하고 대사제에게 그것을 양도합니다. 따라
서 대사제는 이 요새를 수비하기 위하여 자
기가 뽑은 군대를 거기에 배치할 수 있습
니다.
33유다 땅에서 나의 왕국 각처로 끌려온 유다
인 포로들은 누구를 막론하고 무조건 자유
석방 합니다. 그리고 아무도 유다인에게서
가축세를 받아내지 못할 것입니다.
34유다인의 모든 축제일과 안식일과 초하루
축제와 그 밖의 축일로 정해진 날은 물론 이
축제일들의 전 삼 일 후 삼 일간 온 왕국에
사는 유다인들이 자유롭게 쉴 수 있는 날로
선포합니다.
35이런 날에는 어느 누구도 유다인에게 강제
로 일을 시키거나 어떠한 부담도 줄 수 없습
니다.
36유다인은 삼만 명까지 왕의 군대에 편입될
수 있고 그들은 왕의 모든 군대와 똑같이 대
우를 받을 수 있습니다.
37유다인 중에서 어떤 사람들은 여러 곳에 있
는 왕의 큰 요새에 배치될 것이고 어떤 사람
들은 왕국의 요직을 맡아 왕의 신임을 얻게
될 것입니다. 유다인들을 다스리고 지휘할
사람들은 유다인 중에서 나올 것이며 유다
민족의 율법에 따라서 생활할 수 있을 것입
니다. 이것은 유다 땅에서 왕명으로 적용될
것입니다.
38사마리아 지방에서 유다로 편입된 세 지역은
완전히 유다 땅이 되고 한 사람의 영주 밑에
속하게 될 것이며 대사제 이외의 아무런 권
위에도 속하지 않습니다.
39성소에 필요한 경비를 충당하기 위하여 나
는 프톨레마이스와 그 인접 지역을 예루살렘
성소의 소유로 줍니다.
40또 내가 적당하다고 생각하는 지역에서 받
아들이는 세입 중 해마다 은 만 오천 세겔을
성전에 바치겠습니다.
41전에 성전 금고에 들어오지 않았던 보조금
을 징수하여 성전에 바쳐 앞으로 성전을 위
하여 쓰도록 하겠습니다.
42또 해마다 성전 수입에서 나라에 바치던
세금 은 오천 세겔도 면제합니다. 이 돈은
성전을 관리하는 사제들의 몫이기 때문입
니다.
43예루살렘 성전과 그 경내에 피난해 들어오
는 사람은 비록 왕에게 빚을 졌거나 다른 어
떤 빚을 진 자라 하더라도 그 안에서 안전이
보장되고, 그가 나의 왕국 안에서 가지고
있는 소유물도 안전이 보장됩니다.
44성전을 건축하거나 수축하는 모든 비용은
나의 금고에서 지불될 것이며
45예루살렘 성벽의 건축과 그 주위를 강화하
는 비용과 유다 전역에 성을 쌓는 모든 비용
도 역시 왕의 금고에서 지불 될 것입니다."

요나단의 불신과 알렉산더의 승리

46◎요나단과 그 백성은 이 말을 듣고 믿어지
지 않아 그 제의를 받아들이지 않았다. 데메
드리오가 이스라엘에서 저지른 엄청난 악행
과 자기들을 몹시 괴롭혔던 사실이 생각났
기 때문이었다.
47그들은 오히려 자기들에게 먼저 호의를 표
시한 알렉산더를 더 좋게 생각했다. 그리하
여 그들은 알렉산더와 꾸준히 동맹 관계를
유지했다.
48그 때, 알렉산더 왕은 대군을 모집하여 데메
드리오를 치려고 진을 쳤다.
49두 왕이 교전한 끝에 데메드리오의 군대가
도망쳤고 알렉산더는 데메드리오를 추격하
여 무찔렀다.
50그는 해가 질 때까지 분전하였고 데메드리오
는 그 날 전사하였다.

알렉산더 발라스와 프톨레매오의 맹약

51◎그 후, 알렉산더는 이집트 왕 프톨레매오에
게 사신을 보내어 다음과 같은 말을 전하
였다.

52"내가 이제 내 나라에 돌아와서 조상 때부
터 내려오는 왕좌에 오르고 왕권을 잡았습
니다. 그리고 데메드리오를 쳐부숨으로써
모든 영토의 영도권을 잡았습니다.
53나는 데메드리오와 교전하여 그와 그의 군대
를 무찔렀고 그의 왕좌를 차지했습니다.
54그러니 이제 우리와 서로 우호 관계를 맺고
당신의 딸을 내 아내로 주십시오. 그러면
나는 당신의 사위가 될 것이고 나는 당신의
마음에 들 만큼 당신과 당신의 딸에게 예물
을 보내겠습니다."
55프톨레매오 왕은 이 제안에 다음과 같이 대
답하였다. "당신이 조상들의 땅으로 돌아와
그 왕좌를 계승한 그 날이야말로 복된 날입
니다.
56나는 당신의 편지에 써 있는 대로 하겠습니
다. 그러나 우리가 서로 만나볼 필요가 있
으니 프톨레마이스에서 나를 맞아주십시오.
당신의 원대로 내가 당신의 장인이 되겠습
니다."
57◎그 후, 프톨레매오는 딸 클레오파트라를 데
리고 이집트를 출발하여 ㉠백육십이년에 프
톨레마이스에 도착하였다.
58알렉산더 왕은 그를 영접하였고 프톨레매오
는 딸 클레오파트라를 알렉산더의 아내로 주
어 프톨레마이스에서 왕의 결혼식답게 굉장
히 호화로운 예식을 올렸다.
59그 때에 알렉산더 왕은 요나단에게 편지를
보내어 자기를 만나러 오라고 하였다.
60요나단은 위풍을 떨치며 프톨레마이스에 이
르러 두 왕을 만났다. 요나단은 두 왕과 그
친구들에게 은과 금과 그 밖의 많은 예물을
바치고 환심을 샀다.
61몇몇 율법을 저버린 이스라엘의 악당들이
몰려와서 그를 고소했지만 왕은 그들의 말
을 들은 체도 하지 않았다.
62왕은 오히려 요나단의 옷을 벗기고 그 대신
진홍의 사제복을 입히도록 명령하였다. 부
하들은 그 명령을 받고 그대로 하였다.
63그뿐 아니라 왕은 요나단을 자기 옆에 앉히
고 신하들에게 다음과 같이 말하였다. "이
분과 함께 시내로 들어가서 무슨 구실로라
도 이분을 고발하지 못하도록 하고 조금도
그를 괴롭히지 말도록 모든 사람들에게 이
르라."
64요나단이 왕의 명령으로 영광을 차지하고
진홍색 사제복을 입은 것을 보고 그를 비난
하던 자들은 모두 도망쳐 버렸다.
65이렇게 왕은 그를 영광스럽게 하였고 가장
친한 친구 중의 하나로 삼아 그 지방의 군사
및 행정 책임자로 세웠다.
66요나단은 매우 기뻐하며 평화스럽게 예루살
렘에 돌아왔다.

아폴로니우스와의 전쟁

67◎㉡백육십오년에 데메드리오 왕의 아들 데
메드리오는 그레데 섬을 떠나 선조들의 땅에
이르렀다.
68이 소식을 들은 알렉산더 왕은 몹시 걱정이
되어 안티오키아로 돌아왔다.
69데메드리오 왕은 코일레 시리아의 총독인 아
폴로니우스를 사령관으로 임명했다. 아폴로
니우스는 대군을 모집하여 얌니아에 진을 치
고 대사제 요나단에게 다음과 같은 전갈을
보냈다.
70 "우리에게 반항하는 자는 그대뿐이다. 그
대 때문에 나는 웃음거리가 되고 조롱거리
가 되었다. 그대는 어찌하여 그 산 속에서
세도를 부리며 우리에게 대항하고 있는가?
71만일 그대에게 그대의 군대를 가지고 우리
와 싸울 자신이 있거든 우리가 있는 평지로
내려오너라. 여기서 한번 겨루어보자. 여러
도시의 군대가 나를 지지하고 있다.
72그대는 내가 누구이며 또 우리를 돕고 있는
사람이 누구누구인지를 사람들에게 물어보
아라. 그러면 그대는 그대의 조상들이 그들
의 땅에서 싸우다가 두 번이나 패주했다는
것을 알게 될 것이고, 따라서 우리와 도저
히 맞설 수 없다는 것을 알게 될 것이다.
73이 곳은 돌 한 개 자갈 하나 없는 곳이며 숨
을 곳도 없는 평지다. 이런 곳에서 그대는
이토록 많은 나의 기병과 보병에 도저히 대
항할 수 없을 것이다."
74◎아폴로니우스의 말을 들은 요나단은 몹시
분개하였다. 그리하여 병력 일만을 뽑아 예
루살렘을 떠났다. 형인 시몬도 그를 돕기 위
해 합세하였다.
75요나단은 요빠 성을 향해 진을 쳤다. 그 성에
는 아폴로니우스의 수비대가 주둔하고 있었
기 때문에 그 성 사람들은 성문을 잠그고 요
나단을 들어오지 못하게 하였다. 요나단의
군대는 그 성을 공격하기 시작했다.
76마침내 성 사람들은 무서워서 성문을 열어
주었고 이렇게 하여 요나단은 요빠 성을 점
령하였다.
77아폴로니우스는 이 소식을 듣고 기병 삼천과

㉠ 기원전 150년이다. ㉡ 기원전 147-146년이다.

큰 군대를 정비하여 아조토를 향해 진군하
여 요빠 성을 지나가는 체하면서 평야로 진
군하였다. 그는 자기의 막강한 기병대를 믿
고 이런 일을 했던 것이다.
78 요나단은 아폴로니우스를 추격하여 아조토까
지 가서 적군과 맞붙어 싸웠다.
79 아폴로니우스는 기병 천 명을 미리 유다 군
후방에 숨겨놓았었다.
80 그러나 요나단은 복병이 자기 후방에 있다
는 것을 알고 있었다. 적군은 요나단의 군대
를 포위하고 아침부터 저녁까지 활을 쏘아
댔다.
81 요나단 군은 요나단의 명령대로 그 곳을 잘
방어하였다. 적군의 말들은 지칠 대로 지쳐
있었다.
82 이렇게 적의 기병대가 지쳐 있을 때에 시몬
이 군대를 이끌고 나타나 적의 주력부대와
맞서 싸웠다. 적은 시몬에게 대패하여 도망
갔고
83 기병대도 평지에서 산산이 흩어졌다. 적은
목숨을 건지기 위해 아조토로 건너가서 그
들의 우상 다곤을 모신 신전으로 들어갔다.
84 그 때에 요나단은 아조토와 그 주위의 여러
도시를 불사르고 약탈하였으며 다곤 신전과
그 속으로 도피한 적군들을 불살라 버렸다.
85 이렇게 하여 칼에 쓰러진 자와 타 죽은 자의
수는 팔천에 이르렀다.
86 요나단은 계속 진군하여 아스칼론 성을 향해
진을 쳤다. 성 사람들이 성문을 열고 나와
그를 성대하게 맞아들였다.
87 요나단과 그의 군대는 많은 전리품을 가지
고 예루살렘으로 돌아왔다.
88 알렉산더 왕은 이와 같은 보고를 받고 요나
단에게 더욱 큰 영예를 주었다.
89 그뿐 아니라, 관습에 의해 왕의 친족에게만
주게 되어 있는 황금띠 죔쇠를 그에게 보내
고 에크론과 거기에 딸린 지역의 영도권을
주었다.

데메드리오와 프톨레매오의 동맹

11 ◎이집트 왕은 바닷가의 모래와 같이
많은 군대와 선박을 모아 놓고 속임수
를 써서 알렉산더의 왕국을 정복하여 자기
영토로 삼으려는 계획을 꾸몄다.
2 그는 평화를 내세우며 시리아로 갔다. 시리
아의 여러 도시에 사는 사람들은 문을 활짝
열고 그를 맞아들였다. 프톨레매오가 알렉산
더 왕의 장인이었기 때문에 그를 잘 영접하
라는 명령이 사람들에게 내려져 있었던 것
이다.
3 그러나 프톨레매오는 가는 곳마다 성에 들어
가서는 수비대라는 명목으로 자기 군대를
주둔시켰다.
4 프톨레매오가 아조토 가까이 이르렀을 때에
그 곳 사람들은 다 타버린 다곤 신전과 폐허
가 된 아조토 성과 그 주변의 도시들을 그에
게 보여주었고 사방에 버려진 시체들과 전
쟁 때에 요나단이 불살라 죽인 시체들을 보
여주었다. 그 시체들은 왕이 지나가는 길가
에 산더미처럼 쌓여 있었다.
5 아조토 사람들은 요나단을 비난하기 위하여
요나단이 한 일을 왕에게 고해 바쳤다. 그러
나 왕은 아무 말도 하지 않았다.
6 ◎요나단은 요빠에서 왕을 성대하게 맞아 서
로 인사를 나누고 하룻밤을 같이 지냈다.
7 요나단은 왕과 함께 엘류데로스 강까지 갔다
가 예루살렘으로 돌아왔다.
8 프톨레매오 왕은 바닷가에 있는 셀류기아에
이르기까지 모든 해안 도시를 장악하고 알
렉산더 왕에 대한 흉계를 꾸며 나갔다.
9 그리고는 데메드리오 왕에게 사신을 보내어
다음과 같이 말하였다. "나와 계약을 맺읍
시다. 알렉산더가 차지한 나의 딸을 당신에
게 주겠소. 그리고 당신 부왕의 왕국을 다
스리게 하겠소.
10 알렉산더가 나를 죽이려 하고 있고 그래서
지금 나는 내 딸을 그 자에게 준 것을 후회
하고 있소."
11 프톨레매오는 알렉산더 왕국을 탐하고 있었
기 때문에 이렇게 그를 중상했던 것이다.
12 그리고 자기 딸을 데려다가 데메드리오에게
주었다. 이렇게 되어 그와 알렉산더 사이는
멀어졌고 서로 적개심을 노골적으로 드러
내게 되었다.
13 프톨레매오는 안티오키아로 들어가 아시아 지
방의 왕으로서 왕관을 썼다. 이렇게 하여
그는 이집트와 아시아 두 왕국의 왕관을 머
리에 썼다.

알렉산더와 프톨레매오의 죽음

14 ◎그 무렵, 길리기아 사람들이 일으킨 반란
을 평정하기 위해 그 지방에 가 있던 알렉산
더 왕은
15 이 소식을 듣고 프톨레매오와 싸우려고 진군
해 왔다. 프톨레매오는 강대한 군대를 이끌
고 진격하여 알렉산더를 패주시켰다.
16 알렉산더는 아라비아로 피신해 도망갔고 프
톨레매오 왕은 완전한 승리를 거두었다.

17그런데 아라비아의 잡디엘이라는 사람이 알
렉산더의 목을 베어 프톨레매오에게 보냈다.
18그러나 삼 일 후, 프톨레매오 왕도 죽었고 그
가 여러 요새에 배치했던 수비병들은 그 주
민들의 손에 죽었다.
19그래서 데메드리오는 ㉠백육십칠년에 왕이
되었다.

요나단과 데메드리오의 동맹

20◎그 무렵에 요나단은 예루살렘의 요새를 공
격하려고 유다인들을 모았다. 그들은 성을
공격하는 기구를 많이 만들어 세워놓았다.
21그런데 율법을 저버리고 자기 민족을 미워
하는 일부 유다 사람들이 데메드리오 왕에게
로 가서 요나단이 요새를 포위하고 있다는
것을 밀고하였다.
22데메드리오는 크게 노하였다. 그는 정보를
듣자마자 출진하여 프톨레마이스로 갔다. 그
리고 요나단에게, 포위를 풀고 할 수 있는
대로 빨리 프톨레마이스에 와서 자기와 이야
기하자는 내용의 편지를 써 보냈다.
23이 편지를 받은 요나단은 계속 포위할 것을
명령하고 이스라엘의 원로와 사제 중에서
몇 사람을 골라 그들을 데리고 몸소 위험을
무릅쓰고 프톨레마이스로 향하였다.
24그는 은과 금과 옷가지와 그 밖의 여러 가지
많은 선물을 가지고 프톨레마이스로 가서 왕
을 만나 그의 환심을 샀다.
25율법을 저버린 유다인 몇이 왕에게 요나단을
참소했지만
26왕은 전의 다른 왕들과 마찬가지로 요나단
을 잘 대접하고 자기의 모든 신하들 앞에서
그를 높이 올려주었다.
27그리고 그의 대사제직과 그가 이미 가지고
있던 모든 명예직을 인정해 주고 왕의 가장
친한 친구의 한 사람으로 삼았다.
28요나단은 유다 땅은 물론, 사마리아에 속하
는 세 지방에서 거두어가는 조공을 면제해
달라고 왕에게 요청하고 그 대신 돈을 삼백
달란트 바치겠다고 약속했다.
29왕은 그 청을 받아들이고 이 모든 일에 대하
여 요나단에게 다음과 같은 내용의 글을 써
주었다.
30 "나 데메드리오 왕은 나의 동지 요나단과
유다의 국민에게 인사합니다.
31내가 아버지처럼 존경하는 라스데내스에게
여러분에 관하여 써 보낸 편지의 사본을 여
러분에게도 보내어 그 내용을 알리고자 합
니다. 그 내용은 다음과 같습니다.
32 '나 데메드리오 왕은 아버지로 모시는 라
스데내스에게 인사 드립니다.
33나의 친구이며 나에게 모든 의무를 다하는
유다 국민이 나에게 표시한 호의를 고맙게
생각하여 그들을 잘 대해 주려고 작정했습
니다.
34나는 유다의 영토는 물론 아파이레마, 리따,
라마다임 세 지방을 그들의 영토로 인정합
니다. 이 세 지방은 그 주위의 모든 지역과
함께 사마리아로부터 유다로 편입된 땅으로
서 전에는 왕이 거기에서 나는 곡식과 과일
에 대해 매년 세를 부과하였던 곳입니다.
이 땅을 예루살렘에서 희생제사를 지내는
모든 사람들을 위해 주기로 했습니다.
35그들이 우리에게 바쳐야 할 십분의 일세와
그 밖에 염전세와 왕관세 등을 모두 면제해
주겠습니다.
36이 모든 것은 오늘로부터 영원히 그 어느 하
나도 취소되지 않을 것입니다.
37그러므로 이제 이 편지의 사본을 요나단에
게 주어 거룩한 산 위 눈에 잘 띄는 곳에 두
도록 하십시오. 꼭 부탁합니다.'"

트리폰의 흉계

38◎데메드리오 왕은 온 나라가 자기의 통치
하에서 평온해지고 반항세력이 전혀 없다
는 것을 알고는 이방인의 여러 성에서부터
고용해 온 외인 부대만 남겨놓고 그 밖의 군
대를 모두 해산시켜 각각 자기 집으로 돌려
보냈다. 그런데 그의 선왕시대부터 봉사해
오던 군인들은 모두 그에게 적개심을 품고
있었다.
39그 때, 알렉산더의 옛 부하였던 트리폰은 모
든 군대가 데메드리오에게 불평을 품고 있다
는 것을 알고 알렉산더의 어린 아들 안티오쿠
스를 기르고 있는 아라비아 사람 이말코에게
갔다.
40그는 데메드리오가 지금까지 한 일과 그의
군대가 데메드리오에게 적개심을 품고 있다
는 것을 이말코에게 말하고 어린 왕자 안티
오쿠스를 그의 아버지의 대를 이을 왕으로
세우겠다고 하며 자기에게 넘겨달라고 강
력히 요청했다. 그리고 거기에서 여러 날
동안 머물러 있었다.

요나단의 데메드리오 원조

41◎그 때에 요나단은 데메드리오 왕에게 사신

㉠ 기원전 145년이다.

을 보내어 이스라엘 사람을 대적하여 전쟁
을 하고 있던 예루살렘 요새 안의 군대와 그
밖의 다른 요새의 군대들을 철수시킬 것을
요청했다.
42 데메드리오는 요나단에게 사신을 보내어 이
렇게 말하였다. "나는 귀하와 귀하의 국민
의 요청대로 나의 군대를 철수시킬 뿐 아니
라 적당한 시기가 오면 귀하와 귀하의 국민
에게 최상의 영예를 드리겠습니다.
43 지금 나의 모든 군대가 반란을 일으키고 있
습니다. 그러니 나를 위해 싸워줄 군대를
보내주셨으면 좋겠습니다."
44 요나단은 정예 병력 삼천을 안티오키아에 있
는 데메드리오에게 보냈고 왕은 자기에게 온
병력을 보고 대단히 기뻐했다.
45 마침 안티오키아 사람들이 도시 중앙에 집합
하여 왕을 죽이려 하고 있었는데 그 수는 십
이만 명이나 되었다.
46 왕은 궁전 안으로 도망쳤고 시민들은 그 도
시의 주요 도로를 점령, 전투를 개시했다.
47 왕은 유다 군에게 원조를 청하였다. 유다 군
은 모두 왕에게 집합하였다가 거리로 흩어
져 나가 그 날로 십만 명이나 되는 사람을
죽이고
48 거리를 불질렀으며 많은 노획품을 거두고
왕을 구출하였다.
49 안티오키아 시민들은 유다인들이 손쉽게 성
을 점령하는 것을 보고 사기를 잃고 왕에게
호소하며 다음과 같이 간청하였다.
50 "저희들과 화해하고 유다인이 우리와 이 성
을 더 이상 치지 않도록 해주십시오."
51 이렇게 말하고 그들은 모두 무기를 버리고
왕과 화해했다. 이렇게 하여 유다인은 왕과
그 나라의 모든 국민 앞에서 영예를 얻고 많
은 전리품을 가지고 예루살렘으로 돌아갔다.
52 데메드리오 왕은 왕좌에 다시 앉게 되었고
온 나라는 그의 통치하에서 평온을 되찾았
다.
53 그러나 왕은 약속한 것을 모두 어기고 요나
단과 멀어졌다. 그는 요나단이 자기에게 베
풀어준 호의에 보답하는 대신 오히려 그를
몹시 괴롭혔다.

요나단과 트리폰의 동맹

54 ◎이 일이 있은 후, 트리폰은 어린 왕자 안티
오쿠스를 데리고 돌아왔다. 거기서 안티오쿠
스는 왕이 되어 왕관을 썼다.
55 데메드리오에게서 떨어져 나갔던 모든 군대
가 안티오쿠스에게로 모여들어 데메드리오를
대항하여 싸웠다. 데메드리오는 패배하여
도망쳤다.
56 트리폰은 코끼리 부대를 장악하고 안티오키
아를 지배하였다.
57 어린 안티오쿠스는 요나단에게 편지를 써 보
내어 요나단의 대사제직을 인정하고 그를
네 지방의 영주로 임명하는 동시에 왕의 친
구 중의 한 사람으로 삼겠다고 하였다.
58 그리고 요나단에게 금그릇과 식기들을 선물
로 보내고 황금잔으로 마실 수 있는 권리와
진홍색 사제복을 입을 수 있는 권리와 황금
띠 죔쇠를 착용할 권리를 주었다.
59 그리고 왕은 요나단의 형 시몬을 띠로의 계
단이라고 불리는 지방에서 이집트의 국경
에 이르기까지의 온 지역의 영주로 임명하
였다.
60 요나단은 유다 지방을 떠나 유프라테스 강 건
너편 지방과 그 밖의 여러 도시를 순회하였
다. 그 때에 시리아의 온 군대가 요나단에게
모여들어 그의 편이 되었다. 요나단이 아스
칼론에 갔을 때 그 곳 사람들은 그를 성대하
게 환영하였다.
61 그러나 그 곳을 떠나 가자로 갔을 때 가자의
시민들은 성문을 잠그고 맞아들이지 않았
다. 요나단은 그 성을 포위하고 주변 도시들
을 불태우고 약탈하였다.
62 이것을 보고 가자의 시민들이 요나단에게 탄
원하였기 때문에 그는 그들과 화해를 하고
그들의 지도자들의 아들들을 인질로 붙잡
아 예루살렘으로 보냈다. 그리고 나서 그 지
방을 통과하여 다마스쿠스까지 갔다.

데메드리오와의 전쟁

63 ◎그 때, 요나단은 데메드리오 군의 장군들이
자기의 임무 수행을 방해하기 위하여 갈릴
래아의 카데스에 와 있다는 소리를 들었다.
64 요나단은 형 시몬을 본국에 남겨두고 그들을
맞아 싸우러 나갔다.
65 시몬은 벳술을 향하여 진을 치고 여러 날 동
안 공격을 계속하여 그 도시를 봉쇄하였다.
66 적군이 화평을 탄원해 왔기 때문에 시몬은
그것을 받아들였다. 그리고 그들을 쫓아버
리고 그 도시를 점령한 다음 그 곳에 수비대
를 배치하였다.
67 요나단과 그의 군대는 겐네사렛 호숫가에
진을 치고 아침 일찍 하솔 평원으로 진군하
였다.
68 이국 군대는 요나단을 평원에서 맞아 싸웠
는데 요나단을 정면으로 공격하는 한편 그

를 기습하기 위해 산중에 복병을 배치해 두
었다.
69 복병들이 잠복 장소에서 뛰쳐나와 전투에
가담하였다.
70 요나단의 군대는 모두 도망치고 압살롬의 아
들 마따디아와 갈피의 아들 유다 외에는 아
무도 남은 자가 없었다. 그들은 요나단 군의
지휘관들이었다.
71 그래서 요나단은 옷을 찢고 머리에 흙을 뿌
리며 기도를 올렸다.
72 그리고는 다시 전장으로 돌아가 적군을 무
찌르고 패주시켰다.
73 도망갔던 요나단의 병사들이 이를 보고 요나
단에게로 다시 돌아와 함께 적군을 카데스
까지 추격하여 그 곳에 진을 쳤다.
74 그 날, 이국 병사 삼천이 죽었고 요나단은
예루살렘으로 돌아왔다.

로마와의 동맹과 스파르타와의 동맹

12 ◎요나단은 모든 일이 잘 되어가는 것
을 보고 로마인과의 우호 관계를 굳히
고 또 앞으로도 계속 유지하기 위하여 사신
들을 뽑아 로마로 보냈다.
2 또 같은 목적으로 스파르타와 그 밖의 다른
곳에도 편지를 보냈다.
3 로마에 간 사신들은 원로원에 들어가 다음
과 같이 말하였다. "대사제 요나단과 유다
국민은 여러분과 맺은 우호 관계와 동맹을
전과 같이 계속 유지하기 위하여 우리들을
여기에 보냈습니다."
4 로마인들은 그 사신들이 안전하게 유다 땅
에 돌아가도록 주선해 주라는 내용의 편지
를 각 지방 장관에게 써서 그들에게 주어 돌
려보냈다.

스파르타인들에게 보낸 요나단의 편지

5 ◎요나단은 스파르타 사람들에게도 편지를
써 보냈는데 그 내용은 다음과 같다.
6 "대사제인 나 요나단과 나라의 원로들과
사제들과 그 밖의 유다 온 국민이 스파르타
형제들에게 인사합니다.
7 여러분의 왕이었던 아레오스가 전에 우리
의 대사제 오니아스에게 보낸 편지의 사본
을 여기 동봉합니다. 그 편지를 보면 여러
분들을 우리의 형제라고 불렀음을 알 수 있
습니다.
8 오니아스는 귀국의 사신을 성대하게 환영하
였고 동맹과 우호 관계를 맺는다는 선언을
기록한 편지를 받았던 것입니다.
9 우리는 우리의 힘이 되는 성서를 가지고 있
기 때문에 굳이 여러분과 동맹 또는 우호 관
계를 맺을 필요가 없지만,
10 우리와 여러분과의 사이가 멀어지지 않도
록 하기 위하여 여러분과 형제 관계를 맺고
우호 관계를 계속 유지하고자 합니다. 이에
우리가 이 편지를 여러분에게 보내는 것입
니다. 사실 우리가 여러분의 편지를 받은
지도 퍽 오래되었습니다.
11 우리는 언제나 여러분을 생각하고 있습니
다. 축제일이나 그 밖의 다른 적당한 날에
희생제물을 바치고 기도할 때에 여러분을
잊지 않습니다. 형제를 생각하는 것은 마땅
히 해야 할 일이 아니겠습니까?
12 여러분이 받은 영광은 곧 우리의 기쁨입니
다.
13 우리는 여러 가지 어려움을 겪었고 많은 전
쟁을 치렀습니다. 우리 주변의 이국 왕들이
우리를 공격하였습니다.
14 그러나 우리는 그런 전쟁 때문에 여러분이
나 그 밖의 다른 동맹국들이나 또는 친구들
에게 누를 끼치려고는 하지 않았습니다.
15 우리는 하늘의 도움을 받고 있기 때문입니
다. 우리는 원수들의 수중에서 구출되었고
원수들은 굴복하고야 말았습니다.
16 우리는 안티오쿠스의 아들 누메니오스와 야
손의 아들 안티파텔을 뽑아 전에 로마인들과
맺었던 우호 관계와 동맹을 계속 유지하려
고 그들에게 보냈습니다.
17 우리는 이 두 사람으로 하여금 여러분 나라
에도 가서 인사를 드리고 여러분과 우리와
의 형제 관계를 계속 유지하자는 내용의 편
지를 여러분에게 전달하도록 했습니다.
18 이 일에 대한 회신을 보내주시면 좋겠습니
다.
19 다음은 아레오스가 오니아스에게 보낸 편
지의 사본입니다.
20 '스파르타의 왕 나 아레오스가 유다의 대
사제 오니아스에게 인사를 보냅니다.
21 어떤 문헌에서도 찾아볼 수 있듯이 스파르
타인과 유다인은 서로 형제이고 두 민족이
다 아브라함의 후예입니다.
22 이러한 사실을 서로 알고 있는 터이니 귀국
이 얼마나 번영했는지에 관하여 나에게 편
지로 알려주시면 좋겠습니다.
23 나는 여러분의 가축과 재산이 우리의 것이
고 우리의 것이 모두 여러분의 것이라는 것
을 알리는 바입니다. 그러므로 나는 이 사
실을 귀하에게 전하라고 나의 사신에게 명

령했습니다.'"

요나단과 시몬의 승리

24◎요나단은 데메드리오의 장군들이 전보다
훨씬 많은 군대를 이끌고 자기를 치려고 되
돌아왔다는 정보를 들었다.
25그는 예루살렘을 떠나 진군하여 하맛 지방에
서 그들과 만났다. 이렇게 하여 요나단은 적
군이 자기 나라에 침입할 기회를 허락하지
않았다.
26요나단이 적진에 보냈던 정찰병들이 돌아
와, 적군이 그 날 밤 유다인들을 습격할 태
세를 갖추고 있다는 보고를 했다.
27이 보고를 들은 요나단은 해가 진 후에 무장
을 단단히 갖추고 전투태세로 깨어 있으라
고 병사들에게 명령하였다. 그리고 진영 주
위에 전초병을 배치하였다.
28적군은 요나단과 그의 병사들이 전투 준비
를 갖추고 있다는 소식을 듣고 겁에 질려 사
기가 떨어졌다. 그래서 자기 진영에 불을
피워놓고는 달아났다.
29밤새도록 불이 타오르고 있었으므로 요나단
은 적군이 도망친 것을 아침까지 모르고 있
었다.
30요나단은 도망친 적군을 추격해 보았지만
적군은 벌써 엘류데로스 강을 건넌 후였기
때문에 그들을 놓치고 말았다.
31그래서 요나단은 공격의 대상을 바꾸어 자바
대인이라고 불리는 아라비아인들에게로 진
격하여 그들을 쳐부수고 물건을 노획했다.
32그리고는 진영을 거두어 다마스쿠스로 가서
그 부근의 온 지방을 두루 다녔다.
33◎한편 시몬은 시몬대로 자기의 진지를 떠나
아스칼론과 그 주위에 있는 요새까지 진군
하였다. 그리고는 방향을 바꾸어 요빠로 진
격, 그 도시를 재빨리 점령하였다.
34왜냐하면 그 도시 사람들이 요빠 요새를 데
메드리오 군에게 주려고 한다는 소문을 듣
고 있었기 때문이었다. 그 도시를 점령한
후 시몬은 수비대를 배치하여 그 곳을 지키
게 하였다.
35요나단은 예루살렘으로 돌아와서 백성의 원
로들을 소집하여 의논한 끝에 유다 땅 여러
곳에 요새를 세울 것과
36예루살렘 성벽을 더 높이 쌓을 것, 그리고 예
루살렘 요새와 예루살렘 시내와의 사이에 아
주 높은 장벽을 세우기로 결정하였다. 이렇
게 장벽을 쌓는 목적은 요새와 도시를 갈라
놓아 요새 안에 군인들을 고립시킴으로써
시내 사람들과 사고 파는 일을 하지 못하게
하려는 것이었다.
37예루살렘 동쪽 계곡의 성벽이 일부 무너져
있었기 때문에 사람들은 도시를 재건하기
위해 모여들었다. 요나단은 가페나다라고 하
는 구역의 성도 수축하였다.
38시몬도 평원 지대의 아디다라는 도시를 재건
하고 성문을 달아 빗장으로 잠그고 요새로
만들었다.

포로가 된 요나단

39◎그 때, 트리폰이 안티오쿠스 왕의 왕관을
빼앗아 쓰고 아시아의 왕이 되려는 야망을
품었다.
40그러나 요나단이 자기를 내버려두지 않고
전쟁까지라도 서슴지 않을 것이라는 두려
운 생각이 들었으므로 트리폰은 요나단을 잡
아 죽이려 하였다. 그래서 그는 군대를 이
끌고 벳산으로 진군하였다.
41◎요나단도 전열을 갖추어 정예병 사만을 데
리고 트리폰과 맞서 싸우기 위해 벳산으로
갔다.
42트리폰은 요나단이 대군을 이끌고 오는 것을
보고 그와 맞서 싸우기를 꺼려했다.
43그래서 트리폰은 요나단을 성대하게 환영하
면서 그를 자기의 모든 친구들에게 소개하
고 선물을 주고 자기 친구와 군대들에게는
자기에게 복종하듯 그에게도 복종하라고
명령하였다.
44그리고는 요나단에게 이렇게 말하였다. "우
리는 지금 전쟁 상태에 있지도 않은데 어찌
하여 귀관은 이 모든 군대들을 데리고 와서
괴롭히는 것입니까?
45그들을 모두 집으로 돌려보내고 부하 몇 사
람만 뽑아서 귀관을 호위하게 하여 나와 함
께 프톨레마이스로 갑시다. 나는 그 도시는
물론 그 밖의 모든 요새와 주둔군과 그리고
모든 관리들을 귀관에게 넘겨주고 돌아서
서 집으로 가겠습니다. 내가 여기 온 것은
바로 그 때문입니다."
46◎요나단은 그의 말을 곧이듣고 자기의 군대
를 집으로 돌려보냈다. 그래서 군인들은 유
다 땅으로 돌아가 버렸고
47요나단의 곁에는 삼천 명밖에 남지 않았는
데, 그 중에서 또 이천 명을 갈릴래아로 보
내어 결국 요나단과 함께 간 군인들은 천 명
밖에 안 되었다.
48요나단이 프톨레마이스에 들어가자 프톨레마
이스 사람들은 성문을 잠근 다음 요나단을

체포하고 그와 함께 갔던 병사들을 칼로 쳐
죽여버렸다.
49 트리폰은 요나단의 군대를 전멸시키려고 보
병과 기병을 갈릴래아와 대평원 지대로 출
동시켰다.
50 요나단의 군대는 적군이 추격해 오는 것을
보고는, 요나단이 잡히고 그와 함께 있던 부
하들이 모두 적군의 손에 죽었음을 알고 서
로 격려하면서 일치단결하여 전투 준비를
갖추어 앞으로 나아갔다.
51 추격하던 적군은 요나단의 군대가 목숨을
걸고 결사적으로 싸우려는 태세를 보이자
돌아서 가버렸다.
52 그래서 요나단의 군대는 무사히 유다 땅으로
돌아왔다. 그들은 요나단과 그의 부하들의
죽음을 몹시 슬퍼하는 한편 큰 공포에 사로
잡혀 있었다. 온 이스라엘 국민이 그들의 죽
음을 크게 슬퍼하였다.
53 그러자 주변의 모든 이방인들이, "유다인들
은 지도자를 잃었고 이제 그들을 도울 사람
도 없다. 지금이야말로 우리가 그들을 쳐부
술 가장 좋은 때이다. 후대 사람들로 하여
금 그들을 아주 잊어버리게 하자." 하고 말
하면서 그들을 멸망시킬 궁리를 하였다.

요나단의 후계자 시몬

13 ◎그 때 시몬은 트리폰이 유다의 땅을
침입하여 그 백성을 전멸시키려고 대
군을 모았다는 소문을 들었다.
2 그리고 온 백성이 공포에 떨고 있는 것을 보
고 예루살렘으로 올라가 백성을 모아놓고
3 그들을 격려하면서 이렇게 말하였다. "나와
나의 형제들과 그리고 우리 가문이 율법과
성소를 수호하기 위해 모든 힘을 다한 사실
과 우리가 치른 전쟁과 고통이 어떠하였는
가는 여러분 자신이 잘 알고 있습니다.
4 나의 형제들은 모두 이스라엘을 위해 죽었
고 살아 남은 사람은 나 하나뿐입니다. 나
는 지금 어떠한 어려움을 당한다 하더라도
절대로 내 목숨을 아끼지 않을 것입니다.
5 나는 내 형제에 비해 조금도 나은 점이 없습
니다. 그러나 언제 어려움을 당하더라도 내
목숨을 결코 아끼지 않겠습니다.
6 나는 내 민족과 성소를 위하여 그리고 여러
분의 처자를 위하여 원수를 갚을 것입니다.
모든 이방인들이 지금 우리를 없애버리려
고 증오심에 불타 모여 있습니다."
7 ◎이 말을 듣고 백성의 사기는 또다시 높아
졌다.
8 그래서 백성은 큰소리로 대답하였다. "당신
은 당신 동생 유다와, 요나단의 대를 이은 우
리들의 지도자입니다.
9 그러니 우리의 지휘자가 되어 싸워주십시
오. 당신의 명령이라면 무조건 복종하겠습
니다."
10 ◎시몬은 모든 전투원을 소집, 예루살렘 성
의 수축을 급히 완성하고 예루살렘 둘레의
방비를 튼튼히 하였다.
11 그리고 압살롬의 아들 요나단에게 많은 군대
를 주어 요빠로 파견하였다. 요나단은 요빠
의 주민들을 모두 쫓아내고 그 곳에 주둔하
였다.

요나단의 최후

12 ◎마침내 트리폰은 유다 땅을 침공하려고 대
군을 이끌고 프톨레마이스를 출발하였다. 트
리폰은 포로가 된 요나단을 데리고 갔다.
13 이에 맞서 시몬은 평야를 향하여 아디다에
진을 쳤다.
14 트리폰은 시몬이 그의 동생 요나단 대신 들
고일어나 자기와 전쟁을 하려 하는 것을 알
고 시몬에게 사신을 보내어 다음과 같이 말
하였다.
15 "네 동생 요나단은 그 직책상 왕의 금고에
돈을 바쳐야 하는데 그 돈 때문에 우리에게
붙잡혀 있다.
16 그러니 지금 은전 백 달란트를 가져오너라.
그리고 요나단이 석방되었을 때 우리에게
반항하지 못하도록 그의 아들 둘을 인질로
보내라. 그러면 그를 석방시켜 주리라."
17 시몬은 그의 말이 속임수라는 것을 알았지
만 백성들에게 큰 원한을 살까 두려워서 돈
과 아이들을 데려오라고 사람을 보냈다.
18 그는 자기가 돈과 아이들을 트리폰에게 보
내지 않았기 때문에 요나단이 죽었다는 원
망을 듣기 싫었던 것이다.
19 결국 시몬은 아이들과 돈 백 달란트를 보냈
다. 그러나 트리폰의 말은 거짓말이었고 요
나단은 석방되지 않았다.
20 그 다음 트리폰은 유다 나라를 침공하여 없
애버리려고 출격하였다. 그는 아도라라는
곳으로 해서 길을 돌아갔다. 그러나 시몬과
그의 군대는 트리폰이 가는 곳이면 어디든
지 따라가서 침공을 막았다.
21 그런데 예루살렘 요새 안에 있는 자들이 트
리폰에게 사람을 보내어 광야를 거쳐 자기
들에게 올 것과 식량을 보내줄 것을 독촉
했다.

22트리폰은 자기의 전 기병대를 출동시키려고
준비했지만 마침 그 날 밤 폭설이 내려 기병
대는 출동할 수가 없었다. 트리폰은 그 곳을
떠나 길르앗 지방으로 갔다.
23그는 바스카마 가까이 이르러 요나단을 죽여
그 땅에 묻고
24군대를 돌려 자기 땅으로 돌아갔다.

요나단의 장례

25◎시몬은 사람을 보내어 동생 요나단의 유골
을 가져오게 하여 그것을 조상들의 도시인
모데인에 묻었다.
26온 이스라엘 사람이 몹시 통곡하며 그의 죽
음을 여러 날 동안 슬퍼하였다.
27시몬은 자기 아버지와 형제들의 무덤 위에
앞뒤를 매끈하게 간 돌로 기념비를 높이 세
워 먼 데서도 볼 수 있게 하였다.
28그리고 부모와 그의 형제 넷을 기념하는 피
라밋 일곱 개를 만들어 쌍쌍이 마주 세워놓
았다.
29그리고는 그 주위에 큰 기둥들을 세우고 그
기둥 꼭대기에 영원한 기념물로 여러 가지
전리품을 장식하고 그 전리품 곁에는 배를
조각하여 붙여놓았다. 그래서 바다를 항해
하는 사람들은 모두 그것을 볼 수가 있었다.
30모데인에 세운 이 묘소는 오늘날까지 남아
있다.

시몬과 데메드리오의 동맹

31◎트리폰은 어린 왕 안티오쿠스에게 반역하
여 끝내 그를 죽여버렸다.
32그리고는 그의 대를 이어 스스로 왕이 되고
아시아 왕의 왕관을 썼다. 그 후 온 나라를
크게 어지럽혔다.
33한편 시몬은 유다 나라의 여러 곳에 요새를
구축하고 그 주위에 높은 탑과 큰 성벽을 쌓
았으며 성문을 달고 빗장으로 단단히 잠근
후 요새 안에 식량을 저축하였다.
34◎시몬은 또 한 사람을 뽑아 데메드리오 왕에
게 보내어 트리폰이 온갖 약탈을 자행한 사
실을 고하면서 세금을 면제해 달라고 탄원
하였다.
35데메드리오 왕은 그 탄원에 답하여 시몬에게
다음과 같은 편지를 써 보냈다.
36 "나 데메드리오 왕이 대사제이며 왕들의
친구인 시몬과 원로들과 유다의 국민 모두
에게 인사합니다.
37귀하가 보낸 황금관과 종려나무 가지를 잘
받았습니다. 나는 여러분과 완전한 화평을
맺고 또 여러분에게 세금을 면제하는 허가
를 내리기 위해 나의 관리들에게 편지를 써
보내는 바입니다.
38내가 전에 여러분에게 허가한 것은 지금도
유효합니다. 그리고 여러분들이 세운 요새
는 다 여러분의 것이라는 것을 인정합니다.
39여러분들이 오늘날까지 범한 어떠한 과실
이나 범죄라도 나는 그것을 용서하며 여러
분들의 빚으로 남아 있는 왕관세도 모두 면
제하고 그 밖에 예루살렘에서 징수하던 다
른 어떠한 세금도 이제부터는 받지 않겠습
니다.
40여러분들 중에서 혹시 나의 친위대에 편입
할 만한 사람이 있으면 입대하도록 하십시
오. 여러분들에게 평화 있기를 빕니다."
41◎㉠백칠십년에 이스라엘은 이방인의 모든
속박에서 벗어났다.
42그리고 이스라엘 민족은 그들의 공문서와
계약서에 "유다인의 대사제이며 사령관이
며 지도자인 시몬 제일년" 이라고 쓰기 시
작하였다.

게젤 요새 점령

43◎그 무렵 시몬은 게젤 요새를 향하여 진을
치고 군대를 그 요새 주위에 배치, 성을 공
격하는 기구를 만들어 요새 가까이에 장치
하였다. 그리고 요새의 탑 하나를 맹렬히
공격하여 점령하였다.
44병사들은 성을 공격하는 기구를 타고 올라
가 성 안으로 돌격해 들어갔다. 성 안은 일
대 수라장이 되었다.
45성 사람들은 모두 처자를 데리고 성벽 위로
올라가 옷을 찢으며 큰소리로 시몬에게 화
평을 청하였다.
46"우리가 저지른 악행을 벌하지 마시고, 자
비를 베풀어주시오."
47시몬은 그들의 청을 들어주고 전투를 중지
시켰다. 그리고는 주민들을 그 성에서 내쫓
고 우상을 모셨던 집을 깨끗이 한 다음 찬미
와 감사의 노래를 부르며 입성했다.
48그는 온갖 부정한 물건을 다 성 밖으로 던져
버리고 오직 율법을 지키는 자만을 그 곳에
살게 하였다. 그리고는 그 성의 방위를 굳
건히 하고 자기가 살 집을 그 안에 지었다.

예루살렘 요새 점령

㉠ 기원전 142년이다.

49◎그 동안 예루살렘 요새 안에 있던 자들은
시골을 왕래하면서 물건을 사고 파는 것이
금지되어 있었기 때문에 몹시 굶주려 많은
사람이 굶어 죽었다.
50그들은 소리를 지르며 시몬에게 화평을 청
하였다. 시몬은 그 요청을 받아들였다. 그리
고 그들을 요새에서 추방하고 요새의 온갖
더러운 것을 치워 깨끗이 했다.
51㉠백칠십일년 이월 이십삼일에 유다인들은
종려나무 가지를 흔들며 환호 소리도 드높
게 비파와 꽹과리와 거문고 소리에 맞춰 찬
미와 노래를 부르면서 요새 안으로 들어왔
다. 민족의 큰 적이 참패를 당하고 이스라엘
땅 밖으로 쫓겨간 것을 축하하는 것이었다.
52시몬은 매년 이 날을 경축일로 정하였다. 그
리고 요새 가까이 있는 성전 산의 방비를 더
욱 굳히고 부하들과 함께 그 안에 살았다.
53시몬은 자기 아들 요한이 성인이 된 것을 보
고 그를 모든 군대의 사령관으로 임명했다.
요한은 게젤에 주둔하였다.

데메드리오 체포

14 ◎㉡백칠십이년에 데메드리오 왕은 군
대를 소집하여 트리폰과 싸우려고 메대
로 가서 원조를 청하였다.
2 페르시아와 메대의 왕 아르사케스는 데메드리
오가 자기 영토 안에 들어온 것을 알고 그를
생포하라고 장군 하나를 보냈다.
3 그 장군은 출격하여 데메드리오의 군대를 무
찌르고 그를 붙잡아 아르사케스에게로 데리
고 왔다. 아르사케스는 데메드리오를 감금해
버렸다.

시몬의 영광

4 ◎시몬이 다스리는 동안, 유다 나라에는 하
루도 평온하지 않은 날이 없었다.
그가 마음 쓴 것은 자기 민족의 행복뿐이
었고
날마다 백성들은 그의 권위와 영광을
환영하고 기뻐하였다.
5 그는 요빠를 취하여 자기 항구로 만들었
고
여러 섬에 이르는 해로를 터놓아
그 영광이 더욱더 빛났다.
6 그는 나라의 영토를 넓혔고
온 나라를 안전하게 다스렸다.
7 많은 포로들을 붙잡아 왔고
게젤과 벳술과 예루살렘 요새를 지배하고
그 곳에서 불결한 모든 것을 치워버렸다.
아무도 그에게 대항하는 자는 없었다.
8 백성은 평화롭게 자기 땅을 가꾸었고
땅은 많은 곡식을 내었으며
평지의 나무들도 많은 열매를 맺었다.
9 노인들은 거리에 나와 앉아
이야기꽃을 피우며 태평세월을 구가하였
고
젊은이들은 화려한 군복을 입고 있었다.
10 시몬은 여러 도시에 식량을 공급하고
무기를 공급하여 방위를 튼튼히 했다.
11 그는 이 나라에 평화를 가져왔고
이스라엘에는 기쁨이 넘쳐흘렀다.
12 사람마다 자기의 포도나무와 무화과나무
아래 앉았으며
그들의 마음을 괴롭힐 자는 아무도 없었
다.
13 모든 원수들이 그 땅에서 자취를 감추었
고
그 시대의 모든 왕들도 멸망하였다.
14 시몬은 백성들 가운데 보잘것없는 자들에
게
힘을 북돋아주었고
스스로는 율법을 엄수하면서, 율법을 저
버린 자들과
악한들을 모두 없애버렸다.
15 성전을 아름답게 꾸미고
기물들을 많이 갖추어놓았다.

로마와 스파르타, 두 나라와의 동맹 갱신

16◎요나단이 죽었다는 소식이 로마와 스파르
타에 전하여지자 그 곳 사람들은 몹시 슬퍼
하였다.
17그들은 요나단의 형 시몬이 자기 동생 대신
으로 대사제가 되어 자기 나라와 여러 도시
들을 다스리고 있다는 소식을 듣고
18그의 동생인 유다, 요나단과 맺었던 우호 동
맹을 갱신하고자 계약문을 놋쇠판에 새겨
보냈다.
19그 계약문은 예루살렘에 모인 모든 회중 앞
에서 낭독되었는데
20다음은 스파르타 사람들이 보내온 서한의
내용이다.
"스파르타의 지도자들과 온 시민이 형제
국인 유다의 대사제 시몬과 원로들과 사제
들과 그 밖의 온 국민에게 인사합니다.
21여러분이 우리 국민에게 보낸 사신들은 여
러분들의 영광과 영예에 관한 이야기를 들

㉠ 기원전 141년 7월 초이다. ㉡ 기원전 140-139년이다.

려주었습니다. 우리는 그들의 내방을 기뻐
하였고
22그들이 말하는 대로 우리의 공문서에 다음
과 같이 기록하였습니다. '유다의 사신 안티
오쿠스의 아들 누메니우스와 야손의 아들 안
티파텔은 우리와의 우호 관계를 갱신하기
위하여 우리에게 왔다.
23온 국민은 기쁜 마음으로 예의를 갖추어 이
사신들을 환영하고, 그들이 말한 내용을 기
록하여 국가의 보존 문궤 속에 넣어 스파르
타 국민으로 하여금 항상 기억하도록 하였
다. 그리고 스파르타는 대사제 시몬에게도
이 사본을 만들어 써 보내는 바이다.'"
24◎그 후, 시몬은 로마 사람들과의 동맹을 굳
히기 위해서 누메니우스에게 무게가 천 미나
되는 큰 황금방패를 들려 로마로 보냈다.

시몬에 대한 찬사

25◎유다 백성은 이 소식을 듣고 이렇게 말하
였다. "시몬과 그의 아들들에게 어떻게 감
사해야 할지 모르겠구나.
26그의 형제들과 일가는 조금도 굴하지 않고
이스라엘의 적과 싸워 그들을 격퇴시키고
자유를 쟁취하였다." 이렇게 말하고 그들은
놋쇠판에 계약문을 여러 개 새겨 그것을 시
온 산에 있는 여러 기념비에 붙여놓았는데,
27그 내용은 다음과 같다.
"백칠십이년 즉 대사제 시몬의 ㉠제삼년
엘룰월 십팔일 아사라멜에서
28제관들과 백성들과 백성의 지도자들과 나
라의 원로들이 성대하게 모인 가운데 다음
과 같은 사항이 공포되었다.
29 이 나라에 전쟁이 여러 번 있었지만 요아
립 가문의 한 사제 마따디아의 아들 시몬과
그 형제들은 성전과 율법을 지키기 위하여
위험을 무릅쓰고 나라의 원수들과 대항하
여 이 나라에 큰 영광을 가져다 주었다.
30요나단은 백성들을 일치단결시키고 백성의
대사제가 되었다가 마침내 죽어 자기 조상
들에게로 돌아갔다.
31원수들이 이 나라를 침공하여 성소에 손을
대려고 했을 때
32시몬은 결연히 일어나서 나라를 위하여 싸
웠으며 자기의 막대한 재산을 다 바쳐 이 나
라의 군대를 무장시키고 그들에게 봉급을
주었다.
33또 유다 나라의 여러 도시들과 국경에 있는
벳술의 방비를 견고히 하였다. 벳술은 전부
터 적군의 무기고가 있던 곳이다. 그는 여
기에 유다인 수비대를 배치시켰다.
34그는 또한 해안 도시 요빠와 전부터 적이 살
고 있던 아조토에 인접한 게젤 시를 요새화
하였다. 그리고는 그 곳에 유다인들을 정주
시켰고 그 모든 도시를 부흥시키는 데 필요
한 것을 공급하였다.
35유다 백성은 시몬의 애국심과 나라의 영광
을 빛내려는 갸륵한 마음을 보고 그를 자기
들의 영도자, 대사제로 모셨다. 그들은 시
몬이 자기들을 공정하게 다스렸고 나라에
대한 충성심을 보였으며, 나라의 명예를 높
이기 위해 전심전력한 것을 알고 있었던 것
이다.
36이방인들이 이 나라를 침략하였고 심지어
다윗의 도시 예루살렘도 공략하여 그 곳에
요새를 구축하고 그 요새에서 나와 성소 주
위를 더럽히며 성역을 몹시 어지럽히고 있
었다. 그런데 시몬은 그의 생시에 탁월한 영
도력을 발휘하여 이런 자들을 몰아내는 데
성공하였다.
37이방인들이 쫓겨난 그 요새 안에다 시몬은
유다인 군인들을 배치하고 유다 지방과 예루
살렘을 지키기 위해 진지를 구축하는 한편
예루살렘의 성벽을 더욱 높이 쌓아 올렸다.
38그 결과 데메드리오 왕은 그를 대사제로 인
준하고
39자기 친구의 한 사람으로 삼았으며 그에게
최고 영예를 주었다.
40왕은 로마인들이 유다인들을 친구, 동맹자,
형제라고 부른 사실과 시몬의 사신들을 후
하게 환대했다는 사실을 들은 바 있었던 것
이다.
41그러므로 유다 국민과 사제는 다음과 같이
결정하였다.
진정한 예언자가 나타날 때까지 우리는
시몬을 영구적인 영도자, 대사제로 삼는다.
42시몬은 유다 국민을 다스리는 통치자가 되
어 성전을 관리하고 온 국민의 활동을 감독
하며 나라와 무기와 요새를 장악할 것이다.
43온 국민은 시몬에게 복종하여야 한다. 나라
의 모든 문서는 시몬의 이름으로 처결되어
야 한다. 시몬은 자색 왕복을 입고 황금장식
물로 단장할 권한이 있다.
44국민이나 사제 중 어느 누구도 이 결정의 어
느 하나 무효로 만들 수 없으며 시몬의 동의
없이 나라에서 어떠한 회의도 소집할 수 없
고 자색 왕복을 입을 수도 없다.

㉠ 기원전 140년 8-9월이다.

45 이러한 규정 중 하나라도 어기거나 반대하는 자는 누구든지 벌을 받을 것이다.

46 우리 국민은 이러한 결정을 집행할 권한을 시몬에게 부여하는 데 찬성하였으며

47 시몬은 대사제가 될 것을 수락하였고 유다 국민과 사제들의 통치자이며 수령으로서 최고의 권한을 가지고 만백성을 다스릴 것에 동의하였다."

48 ◎이 비문을 놋쇠판에 새겨 성전 경내에서 도 돋보이는 곳에 붙여두기로 결정하였다.

49 그리고 그 사본을 만들어서 시몬과 그의 아들들이 언제든지 볼 수 있도록 성전 금고 속에 보관하였다.

안티오쿠스의 편지

15 ◎데메드리오 왕의 아들 안티오쿠스가 해외에서 유다의 사제이며 수령인 시몬과 온 유다 국민에게 편지를 보냈는데,

2 그 내용은 다음과 같다.

"나 안티오쿠스 왕이 사제이며 수령인 시몬과 유다 국민에게 인사를 드립니다.

3 내 조상들이 물려준 왕국이 몇몇 악질분자의 손에 넘어갔으므로 나는 나라를 되찾아 잃어버린 국권을 회복하고자 합니다. 그래서 나는 많은 용병을 모집하였고 군함을 마련하였습니다.

4 이제 내 나라를 망치고 나라 안의 많은 도시를 잿더미로 만든 자들에게 복수하기 위해 나는 그 나라에 상륙하고자 합니다.

5 그러므로 나는 선왕들이 당신에게 베풀어 준 모든 면세 조치를 그대로 인정하며 또 당신에게 준 그 외의 모든 특권들도 그대로 인정하겠습니다.

6 당신 자신의 화폐를 만들어서 당신 나라 안에서 쓰는 것을 허락합니다.

7 예루살렘과 그 성전에는 간섭하지 않겠습니다. 당신이 마련한 모든 무기와 당신이 세워 장악하고 있는 모든 요새는 다치지 않겠습니다.

8 당신이 왕에게 바칠 현재와 미래의 모든 의무금들은 영원히 면제해 드리겠습니다.

9 우리가 나라를 되찾으면 우리는 당신과 당신의 국민과 성전에는 큰 영예를 드리겠고 당신들은 온 땅 위에서 명예를 떨치게 될 것입니다."

10 ㉠백칠십사년, 안티오쿠스는 그의 선조의 땅으로 쳐들어갔다. 그 때, 트리폰 쪽에 붙은 병사는 거의 없었고 모든 군대가 안티오쿠스 왕을 따랐다.

11 트리폰은 안티오쿠스의 추격을 받아 바닷가의 도르로 도망쳤다.

12 트리폰은 많은 시련이 닥쳐 자기를 따르는 군인이 없어졌다는 것을 깨달았다.

13 안티오쿠스는 도르를 향해 보병 십이만과 기병 팔천을 거느리고 진을 쳤다.

14 그는 도르 시를 포위하고 그의 군함들을 연안을 따라 바투 다가 세워 아무도 드나들지 못하도록 해륙으로 그 도시를 봉쇄해 버렸다.

로마와의 동맹 갱신

15 ◎한편 누메니우스와 그의 일행은 여러 왕들과 여러 나라로 보내는 다음과 같은 편지를 가지고 로마를 떠났다.

16 "로마의 집정관인 나 루기오가 프톨레매오 왕에게 인사를 드립니다.

17 우리들의 친구이며 동맹자인 유다인들의 사신 몇이 이전의 우호 동맹을 갱신하겠다고 우리들을 찾아왔습니다. 그들은 대사제인 시몬과 유다 국민들이 보낸 사람들로서

18 무게가 천 미나 되는 황금방패를 하나 가지고 왔습니다.

19 이에 우리는 여러 왕들과 여러 나라에 편지를 써, 유다인들을 해치지 말 것, 유다인들이나 그들의 도시나 지방과 싸움을 하지 말 것, 그리고 유다인들과 싸우는 자들을 돕지 말 것을 당부하기로 결정하였습니다.

20 우리는 또 그들이 가져온 방패를 받기로 결정하였습니다.

21 그러므로 만일 유다 나라에서 악질 분자 노릇을 하던 자들이 당신 나라에 피신하거든 대사제인 시몬에게 넘겨 그가 자기네 법대로 그들을 벌할 수 있도록 해주시기 바랍니다."

22 ◎집정관 루기오는 이와 같은 편지를 데메드리오 왕, 아탈루스 왕, 아리아라데스 왕, 아르사케스 왕에게 보내었고

23 또 삼프사메스, 스파르타, 델로스, 민도스, 시시온, 카리아, 사모스, 밤필리아, 리키아, 하리카르나소스, 로도스, 바셀리스, 코스, 시데, 아리도스, 고르티나, 크니도스, 키프로스, 키레네 등 여러 나라에도 같은 편지를 보냈다.

24 또 그 편지의 사본을 대사제 시몬에게도 보냈다.

안티오쿠스의 배신

㉠ 기원전 139-138년이다.

25◎도르를 향해 진을 치고 있던 안티오쿠스 왕
은 군대와 자기가 만든 공격 무기로 계속하
여 그 도시를 공격했다. 그는 트리폰의 군대
를 완전히 포위해서 한 사람도 들어가지도
나가지도 못하게 만들었다.
26시몬은 정예병 이천과 금은과 많은 장비를
보내어 안티오쿠스를 도왔다.
27그러나 안티오쿠스는 시몬의 원조를 받기를
거절했다. 그뿐 아니라 안티오쿠스는 전에
시몬과 맺은 약속을 깨뜨리고 시몬과의 우
의를 끊어버렸다.
28안티오쿠스는 그의 친구 아테노비우스를 시몬
에게 보내어 다음과 같은 말을 전하게 했다.
"그대는 지금 요빠와 게젤과 예루살렘의 요
새를 점령하고 있는데 그것은 모두 내 왕국
에 속한 도시들이오.
29그대들은 그 여러 도시를 폐허로 만들었고
나라에 큰 해를 끼쳤으며 내 왕국의 여러 지
방을 빼앗았소.
30그러므로 그대들이 빼앗은 여러 도시를 내
놓을 것이며, 또 유다 땅을 제외하고 그대들
이 빼앗은 여러 지방에서 거둔 세금을 내놓
으시오.
31그것이 싫거든 그대들이 끼친 파괴의 대가
로 은전 오백 달란트를 나에게 지불하고 여
러 도시에서 거둔 세금의 보상으로 오백 달
란트를 더 지불하시오. 이것을 이행하지 않
으면 우리는 그대들을 쳐부수러 가겠소."
32◎안티오쿠스의 친구 아테노비우스는 예루살
렘에 와서 시몬의 화려한 생활과 진열장에
가득찬 금은 기물과 수많은 시종들을 보고
깜짝 놀랐다. 그에게서 안티오쿠스 왕의 전
갈을 들은
33시몬은 이렇게 대답하였다. "우리는 외국땅
을 한 치도 빼앗은 적이 없소. 우리가 차지
한 것은 외국인의 재산이 아니고 우리 선조
들로부터 물려받은 것이오. 다만 우리의 적
들이 한때 그것을 부당하게 차지했을 따름
이오.
34이제 때가 되어서 우리는 우리 조상들이 물
려준 것을 지키게 되었소.
35당신은 요빠와 게젤을 요구하는데 그 도시
에 사는 사람들이 우리 백성과 우리 땅에 큰
해를 끼친 바 있으나 우리는 기꺼이 이러한
도시들의 대가로 백 달란트를 지불할 용의
가 있소."
36◎아테노비우스는 아무 대답도 하지 않고 노
해서 안티오쿠스 왕에게로 돌아갔다. 그가
시몬의 대답을 전하고 시몬의 화려한 생활
과 그가 본 모든 것을 보고하자 왕은 화가
치솟아 어찌할 바를 몰랐다.

켄데베오스에 대한 승리

37◎트리폰은 배를 타고 오르토시아로 도망쳤
다.
38왕은 켄데베우스를 해안 총사령관으로 임명
하고 보병과 기병을 주었다.
39왕은 켄데베우스에게 명령을 내려서 유다를
향해 진을 치게 하고 케드론을 요새로 만들
어서 그 성문을 굳게 방비하게 하였다. 왕
은 그렇게 해서 유다 국민을 공격하려는 속
셈이었다. 그러는 동안에 왕은 트리폰을 추
격했다.
40켄데베우스는 얌니아로 와서 사람들을 괴롭
히고 유다로 진입하여 사람들을 사로잡고
학살하기 시작하였다.
41켄데베우스는 왕이 명령한 대로 케드론을 요
새로 만들고 그 곳에 기병과 보병을 배치했
다. 그래서 그들은 그 요새에서 나와 유다로
통하는 여러 길을 망볼 수 있게 되었다.

16

◎시몬의 아들 요한은 게젤로부터 자기
아버지에게 가서 켄데베우스가 한 일을
알렸다.
2그러자 시몬은 두 큰 아들 유다와 요한을 불
러놓고 이렇게 말하였다. "나와 나의 형제
들과 우리 집안 사람들은 어려서부터 오늘
까지 이스라엘을 위해서 많이 싸워왔고 우
리는 여러 번 승리하여 이스라엘을 구했다.
3나는 이제 늙었지만 너희들은 하느님의 자
비를 입어서 성인이 되었다. 그러므로 나와
나의 형제들의 자리를 이어받아 나가서 우
리 겨레를 위하여 싸워라. 하늘이 너희를
도와주시기를 빈다."
4◎요한은 이 말을 듣고 나라에서 병사 이만
명과 기병을 뽑았다. 그리고는 켄데베우스
를 치러 출발하여 그 날 밤은 모데인에서
묵고
5다음날 일찍이 일어나 평야로 진군해 갔다.
거기에는 수많은 적의 보병과 기병이 그들
과 대치하여 있었고 양군 사이에는 시내가
하나 가로놓여 있었다.
6요한과 그의 부하들은 적을 향해 진을 쳤다.
자기 부하들이 그 시내를 건너기를 두려워
하는 것을 보고 요한은 앞장서서 시내를 건
넜다. 이것을 보고 요한의 부하들도 모두 따
라서 시내를 건넜다.
7요한은 그의 보병을 두 부대로 나누고 그 사
이에 기병을 배치하였다. 적의 기병수가 대

단히 많았기 때문이었다.
8 그들이 일제히 나팔을 불자 켄데베우스와 그
의 군대는 패주하였고 그 중 많은 적병이 부
상을 당해 쓰러지고 나머지는 요새로 도망
쳐 들어갔다.
9 바로 그 때에 요한의 형 유다가 부상을 입었
다. 그러나 요한은 추격을 계속하였다. 마침
내 켄데베우스는 자기가 만든 요새 케드론까
지 쫓겨갔다.
10 적의 일부는 아조토 평야에 있는 여러 탑 속
에 숨었으나 요한은 그 탑에 불을 질러 적병
약 이천 명을 죽였다. 그 후, 요한은 유다로
안전하게 돌아갔다.

시몬과 그의 아들들의 피살

11 ◎아브보스의 아들 프톨레매오는 그 동안에
예리고 평야의 사령관으로 임명받고 많은
금과 은을 가지고 있었다.
12 그는 대사제의 사위였던 것이다.
13 ◎그러나 프톨레매오는 야심을 품고 나라를
자기 것으로 삼으려 했다. 그는 시몬과 그의
아들들을 없애버릴 흉계를 꾸몄다.
14 시몬은 민정을 살피면서 유다의 여러 도시
를 순시하고 있었다. 그러다가 시몬과 그의
아들 마따디아와 유다는 ㉠백칠십칠년 세바
트월 즉 일월에 예리고로 내려갔다.
15 아브보스의 아들은 자기가 세운 도크라는 요
새로 시몬 일행을 유인하여 자기 부하들을
몰래 숨겨둔 방으로 맞아들이고 주연을 베
풀어주었다.
16 시몬과 그의 아들들이 술에 취했을 때 프톨
레매오와 그의 부하들이 무기를 들고 벌떡
일어나서 연회장에 있는 시몬에게 달려들어
그를 죽이고 시몬의 두 아들들과 그의 하인
몇 사람을 죽였다.
17 이와 같은 큰 반역을 감행함으로써 프톨레
매오는 선을 악으로 갚았던 것이다.
18 그 후, 프톨레매오는 이 사실을 적어서 왕에
게 보내며 자기에게 응원병을 보내줄 것과
유다 나라와 도시들을 자기에게 넘겨줄 것
을 요청하였다.
19 그는 또 요한을 없애버리라고 다른 사람들
을 게젤로 보냈다. 그리고 천인대장들에게
편지를 띄워 자기에게 오면 은과 금과 그 외
의 선물들을 주겠다고 하였다.
20 그는 또 예루살렘과 성전의 산을 빼앗으려
고 군대를 보냈다.
21 그러나 어떤 사람이 게젤에 있는 요한에게
앞질러 가서 그의 부친과 형제들이 피살되
었다는 것과 프톨레매오가 그마저 죽이려고
사람을 보냈다는 것을 알려주었다.
22 이 말을 들은 요한은 크게 놀랐다. 자기를
죽이려는 자들이 도착하자 요한은 그들을
체포해서 죽여버렸다. 자기를 죽이려는 그
들의 의도를 알고 있었기 때문이었다.
23 ◎그 이후의 요한의 역사와 그가 싸운 전쟁
과 그의 용감한 행적, 그리고 성벽을 재건
한 일이며 그 이외의 여러 업적들은
24 자기 아버지의 뒤를 이어서 대사제가 된 때
부터의 실록 속에 기록되어 있다.

마 카 베 오 하

이집트에 있는 유다인들에게 보내는 첫째 편지

1 ◎예루살렘과 유다 땅에 사는 유다인들이
이집트에 사는 유다인 동포들에게 인사 드
리며 여러분이 진정한 평화를 누리시기를
빕니다.
2 또 하느님께서 여러분을 축복하시고 당신
의 충실한 종들인 아브라함과 이사악과 야곱
과 더불어 맺으신 계약을 기억해 주시기를
바랍니다.
3 그리고 여러분 모두에게 하느님을 경배하
고 큰 마음으로 기꺼이 하느님의 뜻을 이룰
수 있는 의욕을 주시도록 기원합니다.
4 또한 여러분의 마음을 열어주셔서 여러분
이 하느님의 법과 계명을 받아들이게 해주
시고 평화를 내려주시기를 빕니다.
5 그뿐 아니라 여러분의 기도를 들어주시고,
여러분을 받아주시고, 여러분이 역경에 처
해 있을 때 여러분을 버리시지 말도록 기원
합니다.
6 우리는 지금 이 시각에도 여기서 여러분을
위해서 기도 드리고 있습니다.
7 ㉡백육십구년 데메드리오 왕 때에 우리 유다
인들이 여러분께 드린 편지 내용과 같이 야
손과 그의 일당들이 우리의 거룩한 땅과 왕

㉠ 기원전 134년 2-3월이다. ㉡ 기원전 143년이다.

국에 대해서 반란을 일으켜 우리가 여러 해
동안 환란과 위기에 처해 있었습니다.
8 그들은 성전문을 불사르고 무고한 사람들
의 피를 흘리게 했습니다. 그러나 그 때 우
리는 주님께 기도를 드렸고 주님께서는 우
리의 기도를 들어주셨습니다. 그래서 우리
는 희생제물과 고운 밀가루를 바치고 성전
을 등불로 밝히고 제단에 떡을 드렸습니다.
9 이 일을 생각하여 이제 우리는 여러분께
㉠기슬레우월에 초막절을 지키시도록 권고
하고 싶습니다. ㉡백팔십팔년.

둘째 편지

10 ◎예루살렘과 유다의 온 주민들과 원로원 의
원들과 함께 나 유다가 이 편지를 씁니다.
프톨레매오 왕의 스승이며 거룩한 사제직을
맡은 가문의 한 사람인 아리스토불로 님과
이집트에 있는 유다인들에게 인사를 드리고
건강을 빕니다.
11 우리가 왕과 대항해서 싸우는 동안 여러 번
큰 위험으로부터 구해 주신 하느님께 크게
감사 드립니다.
12 거룩한 도시 예루살렘을 침범한 자들을 몰
아내 주신 분은 바로 그분입니다.
13 그들의 수령이 아무도 대적할 수 없을 듯이
보이는 큰 군대를 이끌고 페르시아에 도착
했을 때, 그 군대는 나네아 여신의 신전에서
산산조각이 나버렸습니다. 나네아 신전의
사제들이 꾸민 계교로 그렇게 되었던 것입
니다.
14 안티오쿠스 왕은 그 여신과 결혼한다는 구실
하에 자기 친구들을 데리고 그 곳으로 왔었
습니다. 사실은 지참금이라는 명목으로 그
신전의 많은 보화를 자기의 것으로 만들려
는 속셈이었습니다.
15 나네아 사제들이 그 보화를 진열해 놓자 안
티오쿠스는 소수 부하들을 데리고 신전 경
내로 들어왔습니다. 그러나 안티오쿠스가
신전 안으로 들어오자마자 사제들은 신전
문을 닫아걸었습니다.
16 그리고는 천장에 뚫어놓은 비밀문을 열고
그 문으로 왕과 그의 일행에게 벼락처럼 돌
을 내리던져서 모두 쓰러뜨렸습니다. 그 다
음 그들의 몸을 갈기갈기 찢고 목을 잘라서
신전 밖에 있는 사람들에게 내던졌습니다.
17 이와 같이 하느님을 두려워할 줄 모르는 악
한 무리에게 벌을 주신 하느님, 영원히 찬
미받으소서!

㉠ 12월이다. ㉡ 기원전 124년이다.

18 우리는 기슬레우월 이십오일에 성전 정결
예식을 거행하려고 합니다. 그러므로 여러
분에게 이 사실을 알려서 여러분도 초막절
과 성화의 축제를 지내게 해드리는 것이 마
땅하다고 생각하였습니다. 그 성화로 말하
면 느헤미야가 성전과 제단을 재건하고 희
생제물을 드렸을 때 나타난 불입니다.
19 우리 조상들이 페르시아로 끌려갔을 때에
당시의 독실한 사제들이 제단에서 불을 가
져다가 마른 우물 속에 깊숙이 감추어두어
아무도 그것을 알아내지 못하게 덮어두었
습니다.
20 여러 해 후에 하느님께서 뜻하시는 때가 되
어 느헤미야가 페르시아 왕의 임명을 받고 유
다 나라에 파견되었는데, 그는 그 불을 감추
어두었던 사제들의 후손들을 보내서 그 불
을 찾게 했습니다. 그들이 가보았더니 흙탕
물만 있고 불은 없더라는 것이었습니다. 이
보고를 들은 느헤미야는 흙탕물을 길어오라
고 명령하였습니다.
21 희생제물로 드릴 것을 제단에 올려놓은 후
에 느헤미야는 사제들에게 나무와 그 위에
놓인 것에 그 물을 뿌리라고 명령하였습니
다.
22 명령대로 물을 뿌리자 얼마 가지 않아서 구
름에 가리워 있던 해가 비치기 시작하면서
큰 불길이 일었습니다. 그래서 모두들 놀랐
습니다.
23 희생제물이 타는 동안 사제들은 기도문을
외고 그 자리에 있던 모든 사람이 함께 기도
를 드렸습니다. 그 때, 요나단이 인도를 하
고 나머지 사람은 느헤미야를 따라서 응답
을 했습니다.
24 그 기도의 내용은 다음과 같았습니다.
"주님, 만물의 창조자이시며 만민이 두려워
하는 강하고 의롭고 자비로우신 주 하느님,
그리고 오직 한 분이신 은혜의 임금님,
25 주님만이 모든 것을 주실 수 있고 의로우시
고 전능하시고 영원하시며 이스라엘을 모든
악으로부터 구해 주시는 분이시며 우리의
조상들을 택하셔서 그들을 거룩하게 만들
어주신 분이십니다.
26 주님의 온 이스라엘 백성을 위해서 드리는
이 제물을 받아주시고 주님의 차지인 이 백
성을 지켜주시고 거룩하게 해주소서.
27 흩어진 우리의 백성을 한 곳에 모아주시고
이방 사회에서 노예 생활을 하는 우리 백성
을 해방시켜 주시며 멸시와 미움을 받으며

사는 우리들을 돌보아 주셔서 이방인들로
하여금 주님께서 우리의 하느님이심을 알
게 하소서.
28 우리를 억누르고 오만하게 학대하는 자들
에게 벌을 내리소서.
29 모세가 약속한 대로 주님의 백성을 주님의
거룩한 땅에서 살게 하소서."
30 이 기도를 올리자 사제들이 찬미를 부르
기 시작했습니다.
31 제물이 다 탄 후에 느헤미야는 나머지 물을
큰 돌들 위에 부으라고 명령하였습니다.
32 명령대로 하자 불길이 일었습니다. 그러나
제단에서 비쳐오는 찬란한 빛 때문에 그 불
빛은 죽어버리고 말았습니다.
33 이 사실은 세상에 알려지고 페르시아 왕의
귀에까지 들어갔는데, 페르시아로 끌려갔던
사제들이 불을 감추어두었던 자리에서 물
이 발견되었다는 것과 느헤미야와 그의 동
료들이 그 물로 희생제물을 깨끗하게 하였
다는 말을 듣고
34 페르시아 왕은 사실을 확인한 후에 그 자리
에 담을 치고 성역으로 만들었습니다.
35 왕은 거기에서 나오는 큰 수입을 자기가 좋
아하는 사람들에게 나누어주었습니다.
36 느헤미야와 그의 동료들은 그 물을 '넵타르'
라고 불렀습니다. 그 말은 정결하게 한다는
뜻입니다. 그러나 대부분의 사람들은 '나프
타'라고 부릅니다.

2 우리의 보존 문서 속에서 예언자 예레미
야의 이야기를 읽을 수가 있습니다. 예레
미야는 잡혀간 사람들에게, 앞에서 말한 그
제단불을 가지고 가라고 명령했습니다.
2 그뿐 아니라 예레미야는 그들에게 율법을
주면서 주님의 계명을 잊지 말 것과 금과 은
으로 만든 우상과 그 장식물을 보더라도 미
혹되지 말 것을 당부했었습니다.
3 그 밖에도 이와 비슷한 충고를 했지만 그
중에서도 예언자는 그들의 마음에서 율법
이 떠나지 않게 하라고 일렀습니다.
4 같은 기록에 있는 이야기입니다만, 예레미
야는 모세가 하느님께서 주신 땅을 보려고
올라갔던 그 산으로 갈 때에 하느님의 지시
를 받고 장막과 계약궤를 따라다니게 하였
습니다.
5 예레미야가 그 곳에 이르렀을 때에 동굴 속
에서 방을 하나 발견하고 그 속에다 장막과
계약궤와 분향 제단을 안치했습니다. 그리
고는 그 입구를 막아버렸습니다.
6 그와 함께 갔던 몇 사람이 그 길에 표시를
하려고 그 곳으로 가보았지만 찾을 수가 없
었습니다.
7 예레미야는 이 말을 듣고 그들을 꾸짖었습
니다. "하느님께서 당신의 백성을 다시 모
으시고 그들에게 자비를 베푸실 때까지는
그 장소는 아무도 모르게 감추어두어야 한
다.
8 그 때에 가서 주님께서 이런 일들을 다 드러
내 보이시고 주님의 영광과 구름이 나타날
것이다. 그것은 마치 모세 시대에 나타났던
것과 같으며, 솔로몬이 그 거룩한 곳이 영광
스럽게 하느님께 바쳐지도록 기도했을 때
나타났던 것과 같다."
9 또 솔로몬이 지혜롭게도 성전을 완공하고
봉헌할 때 희생제물을 드린 이야기가 있습
니다.
10 모세가 주님께 기도를 드리자 하늘에서 불
이 내려와 희생제물을 태워버렸듯이 솔로몬
이 기도를 드렸을 때에도 불이 내려와 번제
물을 태워버렸습니다.
11 모세는, "속죄의 제물은 사람이 먹어보지
않은 것이므로 불살라졌다."고 말했던 것입
니다.
12 솔로몬도 같은 모양으로 팔 일간 축제를 지
냈습니다.
13 위에 말한 기록 문서와 느헤미야의 회고
록에는 이런 이야기 이외에 느헤미야가 책
을 수집하여 도서관을 세운 이야기가 있습
니다. 거기에는 여러 왕들에 관한 책과 예
언자들과 다윗이 쓴 글과 제물을 드리는 일
에 관해서 여러 왕들이 쓴 편지가 들어 있습
니다.
14 이와 같이 유다도 전쟁 때문에 흩어졌던 책
들을 모아서 전해 주었기 때문에 우리가 지
금 그 책들을 보존하고 있습니다.
15 그 책들이 필요하셔서 사람을 보내시면 보
내드리겠습니다.
16 우리는 지금 성전 정결 예식을 거행하려
고 하면서 이 편지를 씁니다. 여러분도 그
축제를 지내시면 좋겠습니다.
17 하느님께서는 당신의 모든 백성을 구원하
셨고 그들 모두에게 그들이 차지할 땅과 왕
국과 사제직과 거룩한 예식을 회복시켜 주
셨습니다.
18 이것은 하느님께서 율법을 통해서 약속하
신 것입니다. 우리는 하느님께서 멀지 않아
우리에게 자비를 베푸시고 우리를 하늘 아
래에 있는 모든 지방으로부터 당신의 거룩
한 땅으로 모아주실 것을 믿고 있습니다.

하느님께서는 여러 번 큰 위험에서 우리를
건져주셨고 당신의 거룩한 땅을 정결하게
해주셨기 때문입니다.

저자의 서문

19◎키레네 사람 야손이 쓴 다섯 책 속에 다음
과 같은 기록이 있다. 유다 마카베오와 그의
형제들의 이야기, 위대한 성전의 정결예식
과 제단 봉헌에 관한 이야기,
20그들이 안티오쿠스 에피파네스와 그의 아들
유파톨하고 싸운 이야기,
21또 유다교를 위해서 용감하게 싸운 영웅들
이 하늘로부터 내려온 천사들의 도움으로
적은 병력으로 온 땅을 점령하고 많은 야만
인들을 몰아내고
22온 천하에 이름난 그 성전을 회복하고 예루
살렘 성을 해방시키고 거의 없어져 가던 법
을 재확립한 이야기와, 주님께서 그들에게
모든 원조를 베풀어주신 이야기 등이다.
23키레네 사람 야손이 이렇게 자세하게 써놓은
이야기를 우리는 요약해서 책 한 권에 담으
려 한다.

이 책의 저술 목적과 방법

24◎숫자가 너무 많다는 것을 생각하고 또 자
료가 너무 방대하기 때문에 이 역사서에 나
오는 이야기를 깊이 이해하려는 사람들이
어지럽게 될 것을 생각하고
25우리는 이 책을 읽는 사람들에게 흥미를 주
고 그 내용을 기억하려는 사람들에게 편의
를 주어 모든 사람들에게 유익한 책이 될 수
있도록 힘쓰겠다.
26이 많은 자료를 요약하는 일은 많은 노고가
필요한 것이고 따라서 이 일을 계획한 우리
에게는 밤잠을 못 자고 땀 흘려 일할 필요가
있었던 것으로 그리 쉬운 일은 아니었다.
27그것은 모든 사람들에게 만족을 줄 수 있는
연회를 준비하는 일이 쉽지 않은 것과 마찬
가지다. 그럼에도 불구하고 우리는 많은 사
람들을 기쁘게 하기 위해서 즐거운 마음으
로 이 어려운 일을 해보려고 한다.
28매 사건의 자세한 내용에 관해서는 원저작
에 양보하고 우리는 다만 간단하게 요약하
는 일에만 노력하겠다.
29집을 새로 지을 때에 건축가는 집 구조 전체
를 보살펴야 하지만 납화나 사생화로 장식
할 책임을 맡은 사람은 그 집에 알맞는 장식
이 되도록 연구해야 한다. 우리의 경우도
이와 마찬가지라고 생각한다.
30문제점을 찾아내고 일의 전모를 파악하여
각 부분을 자세히 살피는 것은 역사서의 원
저자가 할 일이다.
31그러나 요약한 책을 쓰려고 하는 사람은 사
건의 세밀한 내용을 피하고 표현을 간결하
게 하면 되는 것이다.
32그러니 더 이상 덧붙일 것 없이 이야기를 시
작하려고 한다. 역사를 쓰는 데 있어서 서
문을 장황하게 늘어놓고 역사 자체를 생략
한다는 것은 어리석은 일이다.

헬리오도로스 이야기

시몬의 반역

3

◎대사제 오니아스가 하느님을 잘 공경하
고 악을 멀리한 덕으로 거룩한 예루살렘
성에서는 사람들이 완전한 평화를 누리고
율법을 잘 지키며 살았다.
2그 때에는 이교도들의 왕들도 성소를 존중
히 여기고, 최고의 선물을 바쳐서 성전의
영광을 드러냈다.
3아시아의 왕 셀류코스까지도 자기 수입에서
희생제사를 드리는 데 필요한 모든 비용을
지불했다.
4그런데 빌가 가문 출신으로서 성전의 경리
책임을 맡았던 시몬이란 자가 있었는데 그
와 대사제 사이에 예루살렘의 시장 관리권
에 대해서 의견 충돌이 생겼다.
5시몬은 오니아스를 꺾을 수 없었기 때문에
그때 코일레 시리아와 페니키아 총독으로 있
던 다르소 출신 아폴로니우스에게 가서
6예루살렘의 성전 금고에 말할 수 없이 많은
돈이 가득 차 있다는 것과 헤아릴 수 없이
많은 이 돈은 제사용이 아니므로 왕이 마음
대로 가질 수도 있다고 일러주었다.

헬리오도로스의 사명

7◎아폴로니우스는 왕을 찾아가 자기가 들은
대로 성전에 있는 돈에 관한 이야기를 했다.
왕은 이 말을 듣고 총리대신 헬리오도로스를
뽑아 예루살렘으로 보내며 그 돈을 몰수해
오라고 명령하였다.
8헬리오도로스는 즉시 예루살렘으로 떠났다.
겉으로는 코일레 시리아와 페니키아의 여러
도시들을 시찰하러 가는 것처럼 꾸몄으나
사실은 왕의 뜻을 이루기 위한 여행이었다.
9헬리오도로스는 예루살렘에 도착하자 예루살
렘의 대사제에게서 정중한 환영을 받았다.
그는 자기가 들은 정보를 그에게 이야기하

고 자기가 예루살렘을 방문한 목적을 설명
했다. 그리고 이 모든 일의 사실 여부를 캐
물었다.
10 대사제는 금고 안에 얼마만큼의 저축이 있
기는 하지만 그 일부는 과부들과 고아들을
위한 돈이라는 것과
11 또 일부는 토비아의 아들로서 대단히 높은
지위에 있는 히르카노스의 것임을 설명하고,
헬리오도로스가 들은 정보는 불경건한 시몬
의 거짓말이며 사실은 그 총액이 은 사백 달
란트와 금 이백 달란트밖에 되지 않는다고
말했다.
12 그뿐 아니라 신성한 그 성소와 온 세상 사람
들이 존중히 여기는 신성 불가침의 이 성전
을 믿고 사는 사람들에게 해악을 끼치는 일
은 절대로 있을 수 없다고 강조하였다.
13 대사제의 설명에도 불구하고 헬리오도로스
는 왕의 명령대로 그 돈은 몰수하여 왕의 금
고에 넣을 수밖에 없다고 주장했다.
14 그래서 헬리오도로스는 날짜를 정하여 금고
안에 저축된 돈을 조사하려고 그 곳으로 들
어갔다.
15 ◎온 예루살렘은 큰 걱정에 잠겼다. 사제들
은 제복을 입고 제단 앞에 엎드려 율법을 주
신 하느님께 부르짖으며 돈을 맡긴 사람들
을 위해 그 돈이 완전하게 지켜지도록 기도
했다.
16 대사제는 마음의 상처가 너무 커서 안색이
변하고 표정이 달라져, 그를 보는 사람마저
마음이 아팠다.
17 대사제는 공포에 사로잡히고 몸마저 부들
부들 떨려, 그를 바라보는 사람은 누구나
그의 마음 속의 고통을 역력히 알 수 있었
다.
18 백성들도 성소가 모독을 당하려 하고 있는
순간에 모두 집에서 떼지어 나와 함께 기도
를 올렸다.
19 슬픔을 나타내기 위해 젖가슴 밑에 삼베를
두른 여자들이 길을 메웠다. 집 안에 갇혀
있던 처녀들은 혹은 문으로 혹은 담으로 뛰
어갔고 더러는 창문으로 내다보며
20 모두 팔을 하늘로 쳐들고 탄원하였다.
21 많은 사람들이 서로 섞여서 엎드려 있는 광
경과 큰 비통에 잠겨 공포에 떨고 있는 대사
제의 모습은 보기에도 처참하였다.

천벌받은 헬리오도로스

22 ◎그러는 동안 사람들은 전능하신 주님께
성전 금고의 재산을 안전하게 보호하시어
언제나 그것을 맡긴 사람들에게 조금도 해
가 돌아가지 않도록 해주시기를 빌었다.
23 한편 헬리오도로스는 계획대로 일을 치르려
고 하였다.
24 그런데 그가 호위병을 데리고 성전 금고에
가까이 갔을 때 모든 신령들의 왕이시며 모
든 권세를 한 손에 쥐신 분이 굉장히 놀라운
모습으로 나타나셨다. 그래서 성전을 침범
하려고 하던 자들은 이 하느님의 힘에 압도
되어 기운을 잃고 기절해 버렸다.
25 휘황찬란하게 성장한 말이 보기에도 무시
무시한 기사를 태우고 그들 눈앞에 나타났
던 것이다. 그 말은 맹렬하게 돌진하여 앞
발을 쳐들고 헬리오도로스에게 달려들었다.
그 말을 타고 나타난 기사는 황금갑옷을 입
고 있었다.
26 그와 함께 두 젊은 장사가 나타났는데 그들
은 굉장한 미남인데다가 입고 있는 옷마저
휘황찬란하였다. 그들은 헬리오도로스 양쪽
에 하나씩 서서 그를 쉴새없이 채찍으로 때
려 큰 타격을 주었다.
27 헬리오도로스는 꼼짝없이 땅에 넘어져 짙은
어둠 속에 빠져버렸다. 그래서 사람들이 그
를 거두어 들것에 얹어놓았다.
28 많은 수행원들과 호위병을 데리고 성전 금
고에 들어갔던 그는 이제는 자기 몸도 가눌
수 없게 되어 하느님의 주권을 밝히 깨닫는
사람들에 의해서 운반되었다.
29 이렇게 그가 하느님의 호된 매를 맞고 다시
살아날 아무런 희망도 없이 입이 막혀 넘어
져 있을 때에
30 유다인들은 당신의 성소를 영광스럽게 해주
신 주님께 찬미를 드렸다. 이렇게 되어 얼
마 전까지만 해도 온통 공포와 혼란 속에 빠
졌던 성전은 전능하신 주님이 나타나심으
로써 기쁨과 즐거움으로 가득 차게 되었다.
31 이렇게 되자 헬리오도로스와 같이 왔던 사람
몇몇이 급히 오니아스에게로 가서 헬리오도
로스가 쓰러져 마지막 숨을 넘기려고 하니
그 목숨을 살려주시도록 지극히 높으신 분
께 기도해 주기를 청하였다.
32 대사제는 유다인들이 헬리오도로스에게 무
슨 나쁜 일을 한 것처럼 왕이 생각할까 두려
워서 희생제물을 바쳐 헬리오도로스의 회생
을 위하여 기도 드렸다.
33 대사제가 용서를 비는 제사를 드리고 있을
때에 좀 전에 나타났던 청년이 먼저와 같은
옷을 입고 헬리오도로스에게 다시 나타나 그
앞에 서서 이렇게 말하였다. "대사제 오니

아스에게 천번 만번 감사하여라. 주님께서
그를 보시고 네 목숨을 살려주셨다.
34 천벌을 받았던 너는 지금 모든 사람에게 하
느님의 위대하신 능력을 알려라." 이 말을
마치고 청년들은 사라졌다.
35 ◎헬리오도로스는 희생제물을 바치고 자기
목숨을 구해 주신 주님께 온갖 맹세를 다 한
다음 오니아스와 고별 인사를 나누고 자기
군대를 인솔하여 왕에게로 돌아갔다.
36 지극히 높으신 하느님의 기적을 직접 자기
눈으로 본 헬리오도로스는 모든 사람에게 그
사실을 증언하였다.
37 왕이, "다시 한 번 사람을 예루살렘으로 보
내려면 어떤 사람이 좋겠느냐?"고 물었을
때에 그는 이렇게 대답하였다.
38 "폐하의 원수가 있다든가 폐하의 왕권을 노
리는 자가 있으면 그자를 그리로 보내십시
오. 그러면 그자는 그 곳에서 호되게 매를
맞아 시체로 돌아오거나 아니면 반쯤 죽어
서 돌아오게 될 것입니다. 그 곳 성전은 분
명히 하느님의 특별한 힘이 보호하고 있습
니다. 그 곳은 하늘에 사시는 분이 지키고
보호하고 있기 때문에
39 나쁜 생각을 품고 그 곳에 가는 사람은 누구
나 그분이 내리쳐서 없애버립니다."
40 ◎헬리오도로스에 관한 이야기와 성전 금고
의 수호에 관한 이야기는 여기에서 끝난다.

안티오쿠스 에피파네스의 그리스화 운동과 박해

오니아스에 대한 시몬의 모함

4 ◎시몬은 위에서 말한 바와 같이 자기 나
라를 배반하여 성전 금고에 관해서 밀고
한 자인데 그는 오니아스를 모함하여, 헬리
오도로스를 공격하고 그에게 온갖 악행을
저지른 장본인이 바로 오니아스라고 말하
였다.
2 예루살렘의 은인이요 자기 동족의 보호자이
며 율법의 열렬한 수호자인 오니아스에게 시
몬은 감히 국가의 반역자라는 낙인을 찍었
던 것이다.
3 오니아스에 대한 시몬의 적개심이 극도에 달
하여 시몬의 심복 중 한 사람은 많은 유다 사
람을 살육하기에 이르렀다.
4 오니아스는 분쟁이 심상치 않게 되었고 또
메네스테우스의 아들이며 코일레 시리아와 페
니키아의 총독인 아폴로니우스가 시몬의 악
행을 조장만 하고 있는 것을 보고
5 왕을 찾아갔다. 그 목적은 자기 동족을 고
발하기 위한 것이 아니라 온 백성의 전체적
인 이익과 개개인의 이익을 도모하려는 것
이었다.
6 오니아스는 왕의 조정이 없으면 이 나라는
앞으로 평화를 누릴 수 없을 뿐더러 시몬은
자기의 어리석은 행위를 버리지 않을 것이
라고 생각했던 것이다.

헬레니즘을 고취한 대사제 야손

7 ◎셀류코스가 죽고 에피파네스라고 불리는
안티오쿠스가 그 왕위를 계승했을 때에 오니
아스의 동생 야손이 부정한 수단으로 대사
제직을 손에 넣었다.
8 야손은 왕을 알현하고 은 삼백육십 달란트와
또 다른 수입원에서 팔십 달란트를 바치겠
다고 약속했다.
9 그리고 왕이 자기에게 경기장을 건축할 권
한과 청년 훈련소를 세울 권한과 예루살렘
에 안티오쿠스 청년단을 결성할 권한을 준다
면 백오십 달란트를 더 바치겠다고 약속하
였다.
10 ◎왕은 이것을 승낙하였다. 야손은 왕의 승
낙을 받아 직권을 쥐자마자 자기 동족들의
생활을 그리스 식으로 바꾸어놓았다.
11 그는 유다인들이 유폴레모스의 아버지 요한
의 주선으로 다른 왕들에게서 받았던 특혜
를 폐기시켰다. 유폴레모스는 전에 로마 사
람과 우호동맹조약을 맺기 위해 로마에 사
신으로 갔던 사람이다. 야손은 유다 율법에
의한 여러 제도를 없애버리고 율법에 반대
되는 새로운 생활 양식을 도입하였다.
12 그는 요새 도시의 성 바로 밑에 경기장을 재
빨리 건축하고 가장 우수한 청년들에게 그
리스 식 모자를 쓰게 했다.
13 이렇게 불경건한 사이비 대사제 야손의 극
심한 모독적인 행위로 그리스화 운동은 극
도에 달하였고 이국의 풍습이 물밀듯 쏟아
져 들어왔다.
14 그래서 사제들은 제단을 돌보는 일에는 열
성이 없어져 성전을 우습게 생각하고 희생
제물을 바치는 일은 할 생각도 안 했으며 원
반던지기를 신호로 경기가 시작되기가 바
쁘게 경기장으로 달려가서 율법에 어긋나
는 레슬링 경기에 다른 사람들과 함께 휩쓸
렸다.
15 이렇게 선조 때부터 내려오는 명예로운 전
통을 짓밟고 그리스 문화를 가장 영광스럽
게 생각했다.

16바로 이 때문에 유다인들은 심각한 재난에
빠지게 되었다. 그들이 그리스 식의 생활 양
식을 추구하여 그것을 모두 모방하려고 하
였지만 그리스인들은 그들을 적대시하고 압
박을 가하였던 것이다.
17하느님의 법을 어기고 벌을 받지 않을 수는
없는 일이다. 이것은 다음 시대가 증명해
줄 것이다.
18◎오 년마다 띠로에서 열리는 경기에 왕이
임석하였는데,
19추잡한 야손은 예루살렘의 안티오쿠스 청년
단원 중에서 대표를 뽑아 헤르쿨레스 신에게
희생제물을 바칠 비용으로 은 삼백 드라크
마를 들려서 참관인으로 보냈다. 그러나 그
사람들까지도 그 돈을 정당하게 쓰지 않고
이런 희생제물의 비용으로 쓰는 것은 옳지
않다고 생각하였다.
20그 돈을 가지고 간 사람들이 그렇게 생각했
기 때문에 야손이 헤르쿨레스 신에게 희생제
물을 바치는 데 쓰라고 준 돈이지만 그 돈은
결국 삼층으로 된 전함을 만드는 데 사용되
었다.
21◎메네스테우스의 아들 아폴로니우스가 이집
트의 필로메토르 왕의 즉위식에 참석하기 위
해서 이집트로 파견되었다. 그를 보낸 안티
오쿠스는 이집트 왕이 자기와 적대 관계에
있다는 것을 알고 자기의 안전을 도모하여
요빠로 해서 예루살렘에 이르렀다.
22거기에서 그는 야손과 예루살렘 시민들이 횃
불을 들고 환호성을 올리며 대환영을 하는
가운데 예루살렘 성으로 들어갔다. 그는 거
기에서 또 군대를 이끌고 페니키아로 들어
가서 진을 쳤다.

대사제가 된 메넬라오스

23◎삼 년 후, 야손은 앞에 말한 시몬의 동생
메넬라오스를 왕에게 보내어 돈을 전달하고
몇 가지 중요한 일들의 결재를 받아오게 하
였다.
24그러나 메넬라오스는 왕을 만나서 자기가 가
장 큰 권위를 가진 것처럼 꾸며 야손보다 은
삼백 달란트를 더 바쳐 대사제직을 차지하
였다.
25그는 왕명을 받들고 돌아왔지만 대사제직
을 맡을 만한 위인이 아니었고, 잔인한 폭
군의 기질과 야수같이 포악한 성격을 지닌
자였다.
26이렇게 야손은 자기 형을 몰아냈다가 자기
도 다른 사람에게 몰려나서 암몬 사람들의
고장으로 도망갈 수밖에 없는 처지가 되었
다.
27◎대사제직에 오른 메넬라오스는 왕에게 약
속한 돈을 바치지 않았다.
28그래서 예루살렘의 사령관이며 세금 징수관
이기도 하였던 소스트라토스는 그 돈을 바치
라고 독촉하였다. 이 두 사람은 결국 이 사
건 때문에 왕에게 불려가게 되었는데
29그 동안 메넬라오스는 자기 동생 리시마코스
를 대사제 대리로 앉히고 소스트라토스는 키
프로스 군의 사령관 크라테스를 자기 대리로
앉혔다.

오니아스의 피살

30◎이런 일들이 일어나는 동안 다르소와 말루
스 사람들은 자기들의 지방이 왕의 첩 안티
오키스에게 선물로 증여되었다는 것을 알고
폭동을 일으켰다.
31그래서 왕은 고관 중의 한 사람인 안드로니
쿠스에게 모든 일을 위임하고 폭동을 진압
하러 급히 그리로 달려갔다.
32그러자 메넬라오스는 좋은 기회를 얻었다고
생각하여 성전에서 쓰는 금그릇들을 훔쳐
내다가 안드로니쿠스에게 바쳤다. 그는 이미
띠로와 그 부근 여러 도시에 성전 기물을 팔
아먹은 적이 있었다.
33이런 비행을 확실히 알게 된 오니아스는 안
티오키아 근처에 있는 다푸네라는 불가침의
장소로 피난하여 그를 맹렬히 비난하였다.
34그래서 메넬라오스는 안드로니쿠스와 손을
잡고 그에게 오니아스를 살해하라고 청하였
다. 안드로니쿠스는 오니아스를 찾아가서 맹
세까지 하며 악수를 청하고 그를 안심시켰
다. 그러나 이 모든 것은 속임수였다. 오니
아스는 의심을 하면서도 설득에 못이겨 피
신처에서 나왔다. 그러자 안드로니쿠스는 정
의도 아랑곳없이 그 자리에서 그를 죽여버
렸다.
35◎유다인들은 물론 많은 다른 나라 사람들
도 이 부당한 살해 사건에 대해서 몹시 분개
하고 분노를 터뜨렸다.
36왕이 길리기아에서 돌아왔을 때에 안티오키
아의 유다인들은 불의를 개탄하는 그리스인
들과 함께 왕을 찾아가 오니아스의 피살 사
건을 호소하였다.
37안티오쿠스는 몹시 슬퍼하며 측은해 하였다.
그는 생각이 깊고 행동이 온건하였던 오니
아스를 생각하고 눈물을 흘렸다.
38그는 분노가 치밀어 올라 당장 안드로니쿠스

의 진홍색 옷을 벗겨 버리고 속옷까지 찢어
버린 다음 그를 시내로 끌고 다니다가 오니
아스에게 불의를 저질러 피를 흘리게 한 바
로 그 장소에서 죽여버렸다. 이렇게 하여
주님은 가해자가 마땅히 받아야 할 벌을 내
리셨던 것이다.

리시마코스에 대한 폭동

39◎예루살렘에서는 성전 기물이 도난당하는
일이 빈번하였는데 그것은 메넬라오스의 묵
인 하에 리시마코스가 저지른 짓이었다. 많
은 황금기물들이 없어졌다는 소문이 사방
에 널리 퍼지자 사람들은 리시마코스를 규탄
하러 몰려들었다.
40분노에 찬 군중이 폭동을 일으키자 리시마
코스는 장정 삼천 명을 모아가지고 나이는
많지만 미련하기 짝이 없는 아우라노스라는
자를 앞장세워 폭도들에게 악랄한 공격을
가하기 시작했다.
41군중은 리시마코스가 공격해 오는 것을 알고
어떤 사람은 돌을 들고 어떤 사람은 몽둥이
를 들고 또 어떤 사람은 가까이 있는 재를
손에 가득 집어가지고 리시마코스와 그 주위
에 있는 부하들에게 마구 던져서 수라장을
이루었다.
42그 결과 적군들은 부상을 많이 입고 죽기도
하고 나머지는 모두 도망쳐 버렸다. 성전
기물을 도둑질한 그 장본인은 성전 금고 근
처에서 살해당했다.

메넬라오스의 악행

43◎이 사건에 관련되어 메넬라오스까지 고발
당하였다.
44왕이 띠로에 왔을 때에 유다인들의 의회에
서 파견된 세 사람이 그 사건을 처리해 달라
고 호소했다.
45메넬라오스는 자기가 불리한 입장에 있음을
깨닫고 도리메네스의 아들 프톨레매오에게
많은 돈을 주겠다고 약속하며 왕을 설득시
켜 달라고 부탁하였다.
46그래서 프톨레매오는 바람을 쐬러 나가는 체
하면서 왕을 회랑으로 데리고 나가 그의 마
음을 돌려놓았다.
47이렇게 해서 왕은 모든 악행의 장본인이었
던 메넬라오스에 대한 고소를 취하하고 오히
려 그 불운한 사람들에게 사형 선고를 내렸
다. 그 사람들은 극악무도한 스키티아인들
앞에 나타났다 하더라도 무죄석방되었을
사람들이었다.
48그들은 예루살렘과 백성들과 성전 기물들을
수호하기 위해서 고소를 제기했다가 느닷
없이 이와 같은 부당한 처형을 당한 것이다.
49띠로 사람들까지도 이 악행에 분개하여 죽
은 사람들을 성대하게 장사지내 주었다.
50그러나 메넬라오스는 권력자들의 탐욕을 이
용해서 제자리를 유지하였고 더욱더 나쁜
짓을 하여 동포를 배반하는 원흉이 되었다.

야손과 메넬라오스의 분쟁

5 ◎이 무렵에 안티오쿠스 왕은 제이차 이집
트 원정을 개시했다.
2그런데 금실로 수놓은 옷을 입고 한 손에 창
을 들고 또 한 손에 칼을 빼들고 완전무장한
기병대가 예루살렘 상공을 두루 뛰어다니는
광경이 거의 사십 일간 나타났다.
3이 기병대는 양쪽으로 갈라져서 서로 공격
과 반격을 되풀이하였는데, 그들은 방패를
손에 들고 창을 휘두르며 화살을 날렸다.
그들의 말은 황금마구로 번쩍였고 기병들
은 여러 가지 갑옷을 입고 있었다.
4이것을 본 사람들은 모두 이 광경이 좋은 징
조이기를 바랐다.
5◎한편 안티오쿠스가 죽었다는 헛소문이 떠
돌았다. 이 말을 듣고 야손은 천 명이 넘는
군대를 이끌고 예루살렘을 기습하였다. 성
벽을 지키던 수비대는 쫓겨가고 예루살렘
성은 드디어 함락되었다. 그래서 메넬라오
스는 성 안 요새 속으로 도망쳐 돌아갔다.
6야손은 무자비하게도 자기 동포를 마구 학
살했다. 그는 동족을 희생하여 얻은 성공이
최대의 실패라는 것을 깨닫지 못하고 오히
려 동포에게서 빼앗은 전리품을 적으로부
터 빼앗은 것처럼 생각하였다.
7이렇게 음모를 했지만 그는 주권을 장악하
지는 못하고 결국은 오명 투성이가 되어 암
몬 땅으로 다시 도망갈 수밖에 없었다.
8거기에서 그는 아라비아인의 통치자 아레타
스에게 체포되었다가 빠져 나와 이 도시 저
도시로 도망치면서 모든 사람의 추격을 당
하고 율법의 배신자로서 증오를 받고 자기
조국과 동족을 박해한 자로서의 미움을 받
았으며 끝내는 이집트로 쫓겨갔다. 이렇게
그 생애의 마지막은 처참한 파국에 이르렀
다.
9많은 사람들을 조국에서 추방했던 그는 배
를 타고 스파르타로 건너가서 자기 동족과
우호 관계를 맺었던 그 사람들의 보호를 받
으리라고 희망했지만 그 곳 타향에서 죽고

말았다.
10 많은 사람을 죽여서 제대로 묻어주지도 않
고 그 시체를 마구 버렸던 그는 죽어서 아무
도 슬퍼해 주는 이 없이 장례식도 치르지 못
하고 선조들의 무덤 속에 묻히지도 못했다.

안티오쿠스 에피파네스의 성전 모독

11 ◎이러한 이야기가 안티오쿠스 왕의 귀에 들
어가자 왕은 유다인들이 반란을 일으켰다고
생각하여 크게 격분하였다. 그는 이집트를
떠나 예루살렘을 맹렬히 공격하여 점령해
버렸다.
12 거기에서 그는 만나는 사람마다 가차없이
칼로 쳐죽이고 집으로 도망간 사람들을 모
두 학살해 버리라고 부하들에게 명령했다.
13 이렇게 되어 젊은이와 늙은이의 살육, 여자
와 어린이의 학살, 처녀와 젖먹이의 도살이
자행되었다.
14 단 사흘 만에 팔만 명이 살해되었는데 그 중
사만 명은 백병전을 하다가 죽었다. 그뿐
아니라 노예로 잡혀간 사람의 수도 살해된
사람의 수만큼 많았다.
15 ◎안티오쿠스는 이것으로 만족하지 않고 무
엄하게도 세계에서도 가장 성스러운 성전
으로 들어갔다. 왕을 인도한 사람은 자기
율법과 조국을 배반한 메넬라오스였다.
16 안티오쿠스는 거룩한 기물에 그 더러운 손을
대고 또 다른 왕들이 이 성전의 발전과 영광
과 영예를 위해서 바쳤던 봉헌물을 그 더러
운 손으로 마구 쓸어갔다.
17 ◎이 곳 사람들이 죄를 지었기 때문에 주님
께서 분노하시어 잠시 동안 그 성전을 돌보
아 주시지 않고 있음을 모르고 안티오쿠스는
잔뜩 오만에 부풀어 있었다.
18 만일 이 곳 백성이 많은 죄를 짓지 않았다면
전에 셀류코스 왕의 파견으로 성전 금고를
조사하러 왔던 헬리오도로스와 마찬가지로
안티오쿠스도 성전에 들어가자마자 채찍으
로 얻어맞아 그런 방자한 행동은 하지 못하
였을 것이다.
19 그러나 주님께서는 성소를 유지하기 위해
백성을 택하신 것이 아니라 백성의 복리를
위해 성소를 택했던 것이다.
20 그래서 성소 자체도 백성들에게 닥쳐온 재
난을 함께 입었고 후에 그들의 행운도 함께
나누었다. 전능하신 주님께서 노하셨을 때
버림을 받았던 성소가 그 위대하신 주님과
화해하게 되었을 때 다시 그 모든 영광을 되
찾았던 것이다.

유다 각지에 배치된 총독들

21 ◎안티오쿠스는 성전에서 천팔백 달란트 어
치의 금품을 실어내 가지고 안티오키아로 급
히 돌아갔다. 육지에 배를 띄우고 바다를
도보로 건널 수 있다고 생각할 정도로 그의
마음은 오만에 부풀어 있었다.
22 그는 돌아가면서 유다인들을 학대하기 위해
각지에 총독들을 남겨두었다. 예루살렘에는
프리기아 출신으로 자기 임명자보다도 더
포악한 기질의 소유자인 필립보를 임명하고
23 그리짐 산에는 안드로니쿠스를 임명하였다.
이 두 사람 외에도 메넬라오스를 임명하였는
데 그는 다른 누구보다도 자기 동족을 더 포
악하게 다스리던 자였다. 유다인들에 대한
적개심이 골수에 사무친 안티오쿠스는
24 미시아 사람의 수령인 아폴로니우스에게 군
인 이만 이천 명을 딸려 보내 장정은 모조리
죽여버리고 아녀자들은 노예로 팔라고 명
령하였다.
25 아폴로니우스는 예루살렘에 도착하자 평화스
런 사람처럼 가장하여 유다인들의 거룩한
안식일까지 기다리고 있다가 유다인들이 일
을 하지 않고 있는 것을 보고 자기 부하들에
게 무장을 하고 행진하도록 명령하였다.
26 그는 이 광경을 보러 나왔던 사람들을 모두
학살하고 무장한 군인들과 함께 온 시내를
돌아다니며 수없이 많은 사람을 죽였다.
27 ◎그 때에 유다 마카베오는 동지들과 함께
광야로 물러가서 들짐승처럼 산에서 살았
다. 그들은 거기에서 자기 몸을 더럽히지
않기 위해 오직 풀을 음식삼아 먹고 살았다.

이교 예식의 강요

6 ◎그 후 얼마 안 되어 안티오쿠스 왕은 아
테네의 원로 한 사람을 유다인에게 보내
어 그들에게 조상 때부터 내려오는 율법을
버리고 하느님의 율법을 따르는 생활 규범
을 버리라고 강요하였다.
2 그리고 예루살렘의 성전을 더럽히고 그 성
전을 올림피아의 제우스 신에게 봉헌하게 하
고 그리짐 산의 성소는 그 지방 사람의 소원
대로 나그네의 수호신인 제우스에게 봉헌하
게 하였다.
3 ◎이와 같이 유다인들이 차마 견딜 수 없을
만큼, 악은 날로 더해만 갔다.
4 이방인들은 이 성전 안에서 온갖 방종과 향
락을 일삼았다. 그들은 거룩한 성전 경내에
서 창녀들과 놀아나고 부녀자들을 농락하
였다. 그뿐 아니라 법에 금지된 물건들을

성역 안으로 끌어들였다.
5 제단에는 율법에 금지된 부정한 고기를 쌓
아놓았다.
6 안식일은 물론 조상 전래의 축제도 지킬 수
없었으며 심지어는 자기가 유다인이라고 말
할 수조차 없었다.
7 왕의 탄생일은 매달 지켰으며 그 날에는 유
다인들이 끌려가서 지독하게 강요받아 부정
한 고기를 먹지 않을 수 없었다. 또 디오니
소스 축제일이 되면 담쟁이풀로 엮은 관을
쓰고 디오니소스를 찬양하는 행렬에 참가해
야만 했다.
8 프톨레매오의 제안으로 근처에 있는 그리스
의 여러 도시에도 칙령을 반포하여 유다인
을 괴롭히는 똑같은 정책을 써서 그들에게
부정한 고기를 먹게 하였으며
9 생활 양식을 그리스 식으로 바꾸지 않는 유
다인들은 모조리 죽여버리게 하였다. 이와
같은 사정에 비추어 비참한 운명이 자기들
에게 임박하였다는 것을 누구나 알 수 있
었다.
10 과연 어떤 여자 둘이 자기 아들들에게 할례
를 베풀었다고 해서 사람들 앞에 끌려 나왔
다. 사람들은 그 여자들의 어린애를 젖가슴
에 매달게 하고 거리로 끌고 다니며 사람들
에게 보인 다음 높은 성벽에서 떨어뜨려 죽
였다.
11 또 어떤 유다인들은 예루살렘 근처 동굴에
함께 모여서 안식일을 몰래 지켰다고 해서
총독 필립보에게 고발되어 한꺼번에 화형을
당하였다. 그러나 그들은 거룩한 안식일을
존중한 나머지 그들 자신을 방어하는 일조
차 하지 않았다.

하느님의 심판의 목적

12 ◎나는 독자들이 이 책에서 우리 민족이 당
한 재난의 기사를 읽고 실망하지 않기를 바
란다. 이 징벌은 우리 민족을 멸망시키려는
것이 아니라 오히려 채찍질하시려는 것이
었다.
13 악한 행동을 오랫동안 그냥 내버려두시지
않고 즉시 징계하신다는 것은 하느님께서
지극히 인자하시다는 표지이다.
14 주님께서는 이방민족에 대해서는 그들의
죄를 즉시 벌하지 않고 그들의 죄가 막중하
게 될 때까지 기다리신다. 그러나 우리 민
족에 대해서는 그렇게 하시지 않고
15 그 때마다 벌을 내리셔서 우리의 죄가 절정
에 이르지 않도록 해주셨다.
16 따라서 주님께서는 우리에게서 자비의 손
길을 거두지 않으신다. 비록 우리에게 징벌
을 내리신다 하더라도 그것은 당신의 백성
을 채찍질하시는 것이지 절대로 버리시는
것이 아니다.
17 이 몇 마디 말로 독자들은 진리를 충분히 깨
달았을 것이다. 본론으로 돌아가자.

엘르아잘의 순교

18 ◎그 때에 뛰어난 율법학자들 중에 엘르아잘
이라는 사람이 있었는데 그는 이미 나이도
많았고 풍채도 당당한 사람이었다. 박해자
들은 강제로 그의 입을 열고 돼지고기를 먹
이려 했다.
19 그러나 그는 자기 생활을 더럽히고 살아가
는 것보다 명예롭게 죽는 것이 낫다고 하여
자진하여 태형대로 가면서
20 그 돼지고기를 뱉어버렸다. 참된 생명을 사
랑하는 사람이라면 먹어서는 안 될 것을 물
리칠 용기를 가져야 하는데 엘르아잘이 바
로 그런 사람이어서 돼지고기를 뱉어버렸
던 것이다.
21 율법에 어긋나는 이 희생제를 관장하는 사
람 중에서 엘르아잘과 오랜 친분이 있던 사
람들이 그를 따로 불러, 그에게 율법에 어
긋나지 않은 다른 고기를 준비했다가 그것
을 가져오도록 권하면서 왕의 명령대로 희
생제에 바쳐진 고기를 먹는 체하라고 하였
다.
22 이렇게 하기만 하면 엘르아잘은 오랜 친분
으로 맺어진 사람들의 인정을 이용해서 자
기 목숨을 건질 수도 있었다.
23 그러나 이 노인은 자기의 나이에 따르는 위
엄과 백발이 된 머리를 생각하고, 어렸을
적부터 나무랄 데 없이 살아온 자기 생애를
돌이켜보고 무엇보다도 하느님께서 주신
거룩한 율법에 따라야겠다고 생각하여 고
결한 결심을 꺾지 않았다. 그래서 그는 빨
리 죽여달라고 하면서 다음과 같이 말하였
다.
24 "만일 그런 짓을 한다면 구십이 다 된 엘르
아잘이 이방인들의 풍습을 따랐다고 많은
젊은이들이 생각할 것입니다.
25 그리고 얼마 남지 않은 목숨이 아까워서 그
런 가장된 행동을 한다면 그들도 나 때문에
그릇된 길로 빠지게 될 것이고 이 늙은이에
게 치욕과 불명예가 돌아올 것입니다.
26 내가 당장에는 인간의 벌을 피할 수 있다 하
더라도, 살아서나 죽어서나 전능하신 분의

손길을 피할 도리는 없을 것입니다.
27 그러므로 지금 나는 용감하게 죽어 나잇값
을 하고자 합니다.
28 또 나는 숭고하고 거룩한 율법을 위해 기쁜
마음으로 고상하고 훌륭한 죽음을 택하여
젊은이들에게 좋은 표본을 남기려는 것입
니다." 이 말을 마치고 그는 태형대로 직행
하였다.
29 조금 전까지만 해도 엘르아잘에게 호의를
베풀던 사람들이 엘르아잘이 한 말을 듣고
미친 놈의 소리라고 생각하며 돌변하여 그
에게 악의를 품게 되었다.
30 엘르아잘은 모진 매에 못 이겨 거의 죽어가
면서 신음하는 소리로 말하였다. "주님은
거룩한 지식을 가지고 계십니다. 그러니 내
가 죽음을 면할 수 있었는데도 불구하고 육
체적으로 매를 맞아 무서운 고통을 당하고
있으나 하느님을 경애하고 있기 때문에 마
음으로 이 고통을 달게 받는다는 것을 잘 알
고 계십니다."
31 이렇게 그는 자기의 죽음을 젊은이에게뿐
만 아니라 대부분의 동포들에게 용기의 모
범과 덕행의 본보기로 남기고 죽었다.

어머니와 일곱 아들의 순교

7 ◎그 때에 일곱 형제를 둔 어머니가 있었
는데 그들은 모두 왕에게 체포되어 채찍
과 가죽끈으로 고문을 당하며 율법에 금지
되어 있는 돼지고기를 먹으라는 강요를 받
았다.
2 그들 중의 하나가 대변자로 나서서 말하였
다. "우리를 심문해서 무엇을 알아내겠다는
것입니까? 우리 조상의 법을 어기느니 차
라리 죽고 말겠습니다."
3 이 말을 듣고 왕은 화가 나서 솥과 가마를
불에 달구라고 명령하였다.
4 명령대로 당장에 솥과 가마를 뜨겁게 달구
자 남은 형제들과 어머니의 눈앞에서 왕은
그들의 대변자로 나섰던 사람의 혀를 자르
고 머리카락을 밀고 사지를 자르라고 명령
하였다.
5 완전히 폐인이 되었지만 아직도 생명이 붙
어 있는 그를, 왕은 뜨겁게 달군 솥에 넣어
버리라고 명령하였다. 솥에서 연기가 사방
으로 멀리 퍼져 나갈 때에 나머지 형제들은
어머니와 함께 서로 격려하고 고상하게 죽
자고 하면서 이렇게 말하였다.
6 "주 하느님께서 우리를 지켜보시며 틀림없
이 측은히 여겨주실 것입니다. 모세가 이스
라엘 백성들을 경고하는 노래 중에도 '주께
서 당신 종들을 측은히 여기실 것이다.' 하
고 말한 구절이 있지 않습니까?"
7 ◎이렇게 맏형이 죽은 후에 박해자들은 둘
째 아들을 끌어내어 희롱하였다. 그리고 머
리가죽을 머리카락째 벗겨낸 후 그들은 "네
사지를 다 잘라내기 전에 돼지고기를 안 먹
겠는가?" 하고 물었다.
8 그는 자기 나라 말로, "절대로 못 먹겠습니
다."라고 대답하였다. 그래서 그도 맏아들
처럼 고문을 당했다.
9 마지막 숨을 거두며 그는 이렇게 말하였다.
"이 못된 악마, 너는 우리를 죽여서 이 세상
에 살지 못하게 하지만 이 우주의 왕께서는
당신의 율법을 위해 죽은 우리를 다시 살리
셔서 영원한 생명을 누리게 할 것이다."
10 ◎그 다음에는 셋째 아들이 또 고문을 당하
였다. 그는 혀를 내밀라는 말을 듣자 곧 혀
를 내밀 뿐 아니라 용감하게 손까지 내밀
면서
11 엄숙하게 말하였다. "하느님께 받은 이 손
발을 하느님의 율법을 위해서 내던진다. 그
러므로 나는 이 손발을 하느님께로부터 다
시 받으리라는 희망을 갖는다."
12 이 말을 듣고 왕은 물론 그의 부하들까지도
고통을 조금도 아프게 생각하지 않는 그 젊
은이의 용기를 놀랍게 생각하였다.
13 셋째가 죽자 그들은 넷째 아들을 같은 방법
으로 고문하며 괴롭혔다.
14 그는 죽는 마지막 순간에 왕에게 다음과 같
이 말하였다. "나는 지금 사람의 손에 죽어
서 하느님께 가서 다시 살아날 희망을 품고
있으니 기꺼이 죽는다. 그러나 너는 부활하
여 다시 살 희망은 전혀 없다."
15 다음에는 다섯째 아들이 끌려 나와 고문을
받았다.
16 그는 왕을 바라보면서 이렇게 말하였다.
"당신도 언젠가는 죽을 인간인데 인간을 지
배하며 무엇이든지 하고 싶은 대로 하고 있
소. 그러나 하느님께서 우리 민족을 버리셨
다고는 생각하지 마시오.
17 조금만 기다려보시오. 위대한 능력을 가지
신 하느님께서 당신과 당신의 후손을 벌하
실 것입니다."
18 ◎그 후에 여섯째 아들이 끌려 나왔다. 그는
거의 죽어가면서 이렇게 말하였다. "착각하
지 마시오. 우리가 이렇게 고생을 하는 것
은 우리 자신이 하느님께 죄를 지었기 때문
입니다. 그래서 우리는 이 놀라운 재난을

받게 된 것입니다.
19그러나 하느님께 도전한 당신이 아무 벌도
받지 않으리라고는 생각하지 마시오."
20◎그 어머니의 행동은 놀라운 것이었고, 모
든 사람이 길이 기억할 만한 훌륭한 것이었
다. 어머니는 단 하루 동안에 일곱 아들이
모두 죽는 것을 지켜보고서도 주님께 희망
을 걸고 있었기 때문에 그 아픔을 용감하게
견디어냈다.
21그 어머니는 거룩한 생각을 마음 속에 가득
품고서 여성적인 마음을 남성적인 용기로
북돋우어 자기 나라 말로 아들 하나하나를
격려하면서 이렇게 말했다.
22"너희들이 어떻게 내 뱃속에 생기게 되었는
지 나도 모른다. 너희들에게 목숨을 주어
살게 한 것은 내가 아니며, 또 너희들의 신
체의 각 부분을 제자리에 붙여준 것도 내가
아니다.
23너희들은 지금 너희들 자신보다도 하느님
의 율법을 귀중하게 생각하고 있으니 사람
이 출생할 때에 그 모양을 만들어주시고 만
물을 형성하신 창조주께서 자비로운 마음
으로 너희에게 목숨과 생명을 다시 주실 것
이다."
24◎이 말을 듣고 안티오쿠스는 자기가 멸시당
했다고 생각하고 그 어머니의 말 중에는 자
기에 대한 욕설이 있지 않나 하고 의심했다.
마지막 아들은 아직도 살아 있었다. 그래서
왕은 그가 만일 조상들의 관습을 버린다면
재물을 많이 주어 행복스럽게 해줄 뿐 아니
라 자기의 친구로 삼고 높은 관직까지 주겠
다고 하면서 말로 타이르기도 하고 맹세로
써 약속까지 하였다.
25그러나 그 젊은이는 그 말에 조금도 귀를 기
울이지 않았다. 그래서 왕은 그 어머니를
가까이 불러, 소년에게 충고하여 목숨을 건
지게 하라고 권고하였다.
26왕의 권고를 오랫동안 듣고서 그 어머니는
자기 아들을 설복시켜 보겠다고 했다.
27그러나 어머니는 그 잔인한 폭군을 조롱이
나 하듯이 자기 아들에게 가까이 가서 자기
나라 말로 이렇게 말하는 것이었다. "내 아
들아, 이 어미를 불쌍하게 생각하여라. 나
는 너를 아홉 달 동안 뱃속에 품었고 너에게
삼 년 동안 젖을 먹였으며 지금 내 나이에
이르기까지 너를 기르고 교육하며 보살펴
왔다.
28얘야, 내 부탁을 들어다오. 하늘과 땅을 바
라보아라. 그리고 그 안에 있는 모든 것을
살펴라. 하느님께서 무엇인가를 가지고 이
모든 것을 만들었다고 생각하지 말아라. 인
류가 생겨난 것도 마찬가지다.
29이 도살자를 무서워하지 말고 네 형들에게
부끄럽지 않은 태도로 죽음을 달게 받아라.
그러면 하느님의 자비로 내가 너를 너의 형
들과 함께 다시 맞이하게 될 것이다."
30◎어머니의 이 말이 끝나자 젊은이는 다음
과 같이 말하였다. "당신들은 무엇을 왜 그
리 꾸물거리고 있소. 나는 모세가 우리 선조
에게 준 율법이 하라는 대로 할 뿐이오. 왕
이 하라는 대로는 절대로 못하겠소.
31히브리인들을 괴롭히려고 온갖 종류의 재난
을 꾸며낸 당신은 하느님의 손길을 절대로
벗어나지 못할 것이오.
32우리는 우리의 죄 때문에 고통을 당하고 있
소.
33살아 계시는 우리 주님께서 우리를 채찍으
로 고쳐주시려고 잠시 우리에게 화를 내셨
지만, 하느님께서는 끝내 당신의 종들인 우
리와 화해하실 것이오.
34그러나 당신은 불경스럽고 모든 사람 중에
서 가장 더러운 인간이오. 하느님의 아들들
에게 손을 대며 공연히 우쭐대거나 터무니
없는 망상으로 자만하지 마시오.
35당신은 모든 것을 보시는 전능하신 하느님
의 심판하시는 손길에서 벗어나지 못합니
다.
36 우리 형제들은 잠깐 동안 고통을 받은 후
에 하느님께서 약속해 주신 영원한 생명을
실컷 누리겠지만 당신은 그 교만한 죄에 대
한 하느님의 심판을 받아서 응분의 벌을 받
게 될 것이오.
37나는 형들과 마찬가지로 우리 선조들이 전
해 준 율법을 지키기 위해 내 몸과 내 생명
을 기꺼이 바치겠소. 나는 하느님께서 우리
민족에게 속히 자비를 보여주시고, 당신에
게는 시련과 채찍을 내리시어 그분만이 하
느님이시라는 것을 인정하게 해주시기를
하느님께 빌겠소.
38우리 민족 전체에게 내리셨던 전능하신 분
의 정당한 노여움을 나와 내 형들을 마지막
으로 거두어주시기를 하느님께 빌 따름이
오."
39◎왕은 이 모멸에 찬 말을 듣고 미칠 듯이
격분하여 다른 어느 형보다도 더 무섭게 그
를 고문하였다.
40이렇게 하여 젊은이는 더럽혀지지 않고 오
로지 주님만을 믿으면서 죽어갔다.

41그 어머니도 아들들의 뒤를 따라 결국은 죽
고 말았다.
42이교도들의 희생제물을 거절한 이야기와
극심한 고문의 이야기는 이제 이로써 마치
기로 하자.

유다인들의 승리

유다 마카베오의 항전

8 ◎유다 마카베오와 그 동지들은 여러 촌락
으로 몰래 들어가서 그들의 친족들을 불
러내고, 유다 민족의 전통을 꾸준히 지켜온
사람들을 소집하여 육천 명 가량의 사람들
을 모아놓았다.
2그들은 온 세상 사람들에게 압박당하는 이
민족을 굽어보시고 불경건한 자들의 손에
더럽혀진 성전을 돌보아 주시기를 주님께
기원하였다.
3파괴를 당해서 거의 허물어져 가는 예루살
렘 성을 자비로이 지켜주시고, 피흘리며 주
님께 부르짖는 소리를 들어주시며
4무죄한 어린이들이 당한 흉악무도한 학살
과 주님의 이름이 받은 모독을 기억하시고
그 악행에 복수해 주시기를 빌었다.
5마카베오가 나서서 군대를 조직하자 이방인
들은 그를 도저히 대항할 수 없게 되었다.
주님은 유다인들에 대한 진노를 푸시고 그
들에게 자비를 베푸셨던 것이다.
6마카베오는 도시와 촌락들을 급습하여 불을
질러버렸다. 그는 전략적으로 유리한 여러
지점을 차지하고 적지 않은 적군을 패주시
켰다.
7이러한 공격에는 밤이 더 좋다고 생각하여
그는 특히 야음을 이용하였다. 그의 용명은
사방에 널리 퍼졌다.

니가노르에 대한 승리

8◎마카베오가 점점 세력을 확장하고 갈수록
성공을 거두는 것을 보고 필립보는 프톨레매
오에게 편지를 써서 왕의 일을 도와달라고
했다. 프톨레매오는 코일레 시리아와 페니키
아의 사령관이었다.
9그는 파트로클로스의 아들이며 왕의 절친한
친구 중의 한 사람인 니가노르를 택하여 여
러 민족에서 소집한 군대 이만 명의 지휘관
으로 세워 유다 민족을 몰살하라고 하였다.
프톨레매오는 또한 니가노르에게 전쟁 경험
이 많은 전략가 고르기아스를 딸려보냈다.
10니가노르는 유다인을 포로로 붙잡아서 그들
을 판 돈으로 왕이 로마인들에게 바쳐야 할
조공 이천 달란트를 장만하려고 마음먹었
다.
11그래서 그는 즉시 해변의 여러 도시에 사람
을 보내어 유다인 노예들을 살 사람들을 찾
아가서 노예 구십 명을 한 달란트에 넘겨주
겠다고 약속하게 하였다. 그러나 그는 전능
하신 분이 자기에게 내리실 징벌을 전혀 예
측하지 못하였다.
12◎유다는 니가노르의 군대가 쳐들어온다는
소식을 듣고 부하들에게 적군의 내습을 알
려주었다.
13비겁한 자들은 하느님의 정의를 믿지 않고
진영을 탈출해서 도망쳐 버렸다.
14그 밖에 다른 사람들은 남은 재산을 모두 팔
았다. 그리고 전투도 있기 전에 자기들을
노예로 팔아먹으려고 했던 불경건한 니가노
르의 손아귀에서 자기들을 구원해 달라고
합심하여 주님께 빌었다.
15그들은 자기네 공로를 생각해서 이렇게 기
도한 것이 아니라, 하느님이 자기 조상들과
맺으신 계약과, 거룩하고 영광스런 하느님
께서 자기 자신들을 당신의 백성이라고 불
러준 사실을 생각하고 이렇게 빌었던 것이
다.
16마카베오는 부하 육천 명을 모아놓고 적군
을 무서워하지 말고, 부당하게 공격해 오는
이방인의 대군을 겁내지 말고 용감하게 싸
우라고 격려하였다.
17그리고 이방인들이 성소를 모독한 극악무
도한 행위와 예루살렘 성이 당한 치욕적인
폭행과 조상 때부터 내려오는 유다인들의
전통이 파괴당한 것 등을 똑똑히 생각하고
용기를 내라고 설득하였다.
18그리고 마카베오는 부하들에게 다음과 같이
말하였다. "적군은 자기들의 무기와 무용심
을 믿고 있지만 우리는 전능하신 하느님의
힘을 믿고 있다. 하느님은 우리를 공격해
오는 적군들은 물론 온 세상까지 눈짓 한 번
으로 쳐부술 수 있는 분이시다."
19유다 마카베오는 하느님께서 자기 선조들을
도와주신 여러 가지 사실을 들면서 그들에
게 이야기해 주었다. 적군의 사령관 산헤립
이 군대 십팔만 오천 명을 거느리고 조상들
을 쳐들어왔다가 전멸당한 사실과
20유다인들이 바빌로니아에서 갈라디아인들과
싸울 때에 팔천 명밖에 안 되는 군사를 가지
고 마케도니아 군 사천 명과 합세하여 얼마
나 잘 싸웠는지를 이야기해 주었다. 이 전

쟁에서 마케도니아 군이 진퇴양난에 빠졌을
때에 유다 군은 하늘의 도우심을 받아 적군
십이만 명을 단 팔천 명으로 섬멸하고 많은
전리품을 노획했던 것이다.
21◎유다 마카베오의 부하들은 이 말을 듣고
용기를 얻어 율법과 조국을 위해서 죽을 각
오를 했다. 마카베오는 자기 군대를 네 부대
로 나누어,
22자기 동생 시몬과 요셉과 요나단에게 각각
한 부대씩 맡겨서 부하 천오백 명을 거느리
게 하고
23엘르아잘에게 명령하여 큰소리로 성서를 읽
게 하고는 '하느님의 도우심'이라는 표어
를 내걸고 유다 자신이 제일 부대의 지휘관
이 되어 니가노르와 교전하였다.
24전능하신 분께서 그들의 편이 되어 싸워주
셨기 때문에 적군 구천 명 이상을 죽였다.
니가노르 군대는 대부분 부상을 입거나 불
구자가 되어 모두 패주할 수밖에 없었다.
25그리고 유다 군은 자기들을 노예로 사려고
왔던 자들의 돈을 몰수했다. 그들은 적군을
꽤 멀리까지 추격했지만 시간이 모자라서
돌아올 수밖에 없었다.
26그 날은 안식일 전날이었기 때문에 추격을
그 이상 더 할 수 없었던 것이다.
27그들은 적군의 무기를 빼앗고 전리품을 노
획한 다음 그 날부터 자비심을 베풀기 시작
하며 자기들을 구해 주신 주님께 열렬한 찬
미와 감사의 기도를 드리면서 안식일을 지
켰다.
28안식일이 지난 후 그들은 박해를 받은 희생
자와 과부와 그 아들에게 전리품의 일부를
나누어주고 나머지는 자기들과 자기 자녀
들의 몫으로 나누어가졌다.
29이 일을 마치고 그들은 다 같이 자비로우신
주님께 기도를 드리며 주님께서 당신 종들
과 완전히 화해해 주시기를 빌었다.

디모테오와 바키데스에 대한 복수

30◎그 후 유다 군은 디모테오 군과 바키데스
군을 공격하여 적군 이만 명 이상을 죽이고
아주 높은 곳에 있는 몇몇 중요한 요새를 점
령하였다. 그리고 많은 전리품을 반분하여
일부는 자기들끼리 나누어가지고 나머지는
박해를 받은 희생자들과 고아들과 과부들
과 노인들에게 나누어주었다.
31그들은 적군의 무기를 조심스럽게 모아서
적절한 장소에 쌓아두었고 나머지 전리품
들은 예루살렘으로 운반해 갔다.
32그들은 또 디모테오에게 붙어 유다 사람들
에게 많은 해를 끼친 극악한 호위대장을 죽
였다.
33그들은 예루살렘에서 승전 축제를 지내면서
전에 성전문에 불질렀던 자들을 잡아다 갈
리스테네스와 함께 화형에 처했다. 갈리스테
네스는 이런 짓을 저지르고 움막집에 숨어
있던 자로서 결국은 자기가 저지른 신성 모
독죄에 대한 당연한 대가를 치른 것이다.

니가노르의 굴복

34◎유다인들을 노예로 팔려고 천 명이나 되
는 노예 상인을 데리고 왔던 극악무도한 니
가노르는
35전에 자기가 가장 천하게 생각하였던 사람
들에게서 천대를 받았다. 그는 그 찬란한
옷을 벗고 마치 도망치는 노예처럼 홀몸으
로 내륙을 통과하여 안티오키아로 갔다.
36그가 성공한 일이라고는 자기 군대를 전멸
시킨 것밖에 없었다. 이것은 모두 하느님의
도우심으로 이루어진 것이다. 이렇게 되어
예루살렘 사람들을 포로로 잡아서 노예로
팔아 로마인들에게 조공을 바치려고 계획했
던 그는, 유다인들은 하느님을 수호자로 모
시고 있는 민족으로서 하느님께서 주신 율
법을 지키고 있기 때문에 도저히 정복할 수
없는 민족이라는 것을 모든 사람에게 선언
하였다.

안티오쿠스 에피파네스의 최후

9 ◎이 무렵, 안티오쿠스 왕은 극도의 혼란
에 빠져서 페르시아 지방으로부터 철수할
수밖에 없었다.
2그는 페르세폴리스로 들어가 그 곳 신전의
물건을 약탈하고 그 도시를 점령하려고 하
였던 것이다. 그러나 그 곳 주민들이 들고
일어나 무장을 하고 방어전을 벌였으므로
안티오쿠스 왕은 그 주민 때문에 패주를 당
하고 수치스럽게도 후퇴할 수밖에 없었다.
3그는 엑바타나에 도착했을 때에 니가노르와
디모테오의 군대가 패전했다는 소식을 듣고
4화가 치밀어올라 자기를 패주시킨 사람들에
게서 당한 피해에 대한 앙갚음을 유다인들
에게 해야겠다고 결심하였다. 그래서 그는
목적지에 다다를 때까지 쉬지 말고 병거를
몰고 가라고 마부들에게 명령하였다. ◎그
러나 하늘의 심판은 그를 따라다니고 있었
다. 그는 잔뜩 거만해져서, "예루살렘에 들
어가기만 하면 그 곳을 유다인들의 공동묘

지로 만들겠다."고 말하였던 것이다.
5 그러나 모든 것을 통찰하시는 이스라엘의
주 하느님께서는 보이지는 않지만 치명적
인 타격을 그에게 가하셨다. 안티오쿠스는
그 말을 끝내기가 무섭게 내장이 뒤틀리고
격심한 복통이 일어나서 어찌할 도리가 없
었다.
6 이것은 그가 이상한 형벌을 주어서 많은 사
람들에게 복통을 일으키게 한 것에 대한 당
연한 대가였다.
7 그래도 그는 조금도 오만한 생각을 버리지
않고 유다인들에게 불같이 화를 내고 폭언
을 퍼부으면서 그들에게 행군을 독촉하였
다. 그러다가 그는 질주하는 병거에서 떨어
지고 말았다. 그는 너무나도 심하게 떨어졌
기 때문에 제자리에 붙어 있는 뼈가 하나도
없었다.
8 지금까지 자기의 분수를 모르고 오만에 가
득 차서 바다물결을 명령할 수 있고 높은 산
도 저울질할 수 있다고 생각하던 그는 지금
땅바닥에 쓰러져서 들것에 실려가는 신세
가 되었다. 이렇게 되어 하느님의 능력은
밝히 드러났다.
9 이 불경건한 자의 몸에는 구더기가 들끓었
고, 심한 고통을 느끼며 아직 목숨을 부지
하고는 있었지만 그의 살은 썩어 들어갔다.
그의 온 군대는 그의 몸이 썩는 냄새에 구역
질을 냈다.
10 조금 전만 해도 하늘의 별도 딸 수 있다고
생각했던 그는 지금 역겨운 냄새를 풍기는
몸이 되어 아무도 그를 운반할 수가 없게 되
었던 것이다.
11 ◎그렇게도 오만했던 그였지만 지금은 기가
꺾여서 오만함은 간 데가 없고 시시각각으
로 심해져 가는 고통을 느끼면서 자신이 하
느님의 벌을 받고 있다는 것을 깨닫기 시작
했다.
12 이제는 자기 자신도 제 몸에서 나는 악취를
견디어낼 수가 없어서 그는 이렇게 말했다.
"하느님께 복종하는 것이 옳은 일이다. 죽
어야 할 인간이 하늘과 동등하다고 생각하
는 것은 당치 않은 일이다."
13 그리고 그 더러운 자는 자기에게 자비를 베
풀 리 없는 주님께 맹세를 하며
14 자기가 급히 가서 폐허로 만들고 공동묘지
로 만들어버리고 말겠다던 그 거룩한 도성
예루살렘에 자유를 주겠다고 선언하였으며
15 또 무덤에 묻을 가치조차 없다고 판단하여
아이들과 함께 짐승과 새의 밥으로 던져버
리겠다고 하던 유다인들에게 아테네 시민과
동등한 권리를 주겠다고 선언하였고,
16 전에 자기가 노략하였던 성전은 세상에서
가장 좋은 예물로 장식하고, 자기가 빼앗아
갔던 성전 기물들을 여러 갑절로 갚고, 희
생제사에 필요한 비용을 자기의 수입에서
지출하겠다고 서약하였다.
17 그뿐 아니라 자기 자신이 유다인이 되어 사
람이 사는 곳은 어디나 찾아가서 하느님의
주권을 널리 선포하겠다고 맹세하였다.
18 그러나 하느님의 정의의 심판이 그에게 내
려, 그의 고통이 조금도 덜어지지 않게 되
자 그는 절망에 빠져 다음과 같은 내용의 탄
원하는 편지를 유다인에게 썼다.
19 "왕이며 장군인 나 안티오쿠스가 우수한
시민 유다인들에게 마음으로부터 인사를 보
내며 여러분들의 건강과 번영을 빕니다.
20 여러분과 여러분들의 자녀들이 건강하고
또 모든 일이 뜻대로 된다면 나로서는 무한
한 기쁨이 되겠습니다.
21 그리고 나는 여러분들이 나에게 보여준 존
경과 호의에 대해 감격스럽게 생각하고 있
습니다. 나는 페르시아 지방에서 돌아오는
길에 중병에 걸렸습니다. 그 때부터 나도
여러분 모두의 안전을 도모해야겠다고 느
꼈습니다.
22 나는 이 병이 나으리라고 크게 희망하고 있
기 때문에 나의 병세에 대해서는 절대로 실
망하지 않고 있습니다.
23 전에 나의 부왕은 유프라테스 강 동쪽 지방
으로 원정을 나갈 때에는 후계자를 임명하
곤 했습니다.
24 그것은 예기치 않은 사건이 일어나거나 달
갑지 않은 소식이 왔을 때에 통치권을 위탁
받은 사람이 있어 그를 믿고 백성들이 마음
의 동요를 일으키지 않도록 하기 위함이었
습니다.
25 그래서 나도 우리나라 국경에 접해 있는 여
러 영주들과, 다른 이웃 왕들이 기회를 노
리면서 무슨 사건이 일어나기를 기다리고
있다는 것을 알고 있기 때문에 유프라테스
동쪽 여러 지방으로 원정갈 때마다 나의 아
들 안티오쿠스를 여러분 대부분에게 위탁하
고, 추천하여 왕으로 임명하였던 것입니
다. 나는 여러분에게 써 보낸 이와 같은 내
용의 편지를 내 아들에게도 써 보낸 일이 있
습니다.
26 이제 나는 여러분이 나한테서 공적으로나
사적으로 받은 혜택을 생각해 주시고 여러

분들 각자가 지금 나에게 보여주는 것과 같
은 호의를 내 아들에게도 보여주시기를 간
청하며 부탁합니다.
27 나의 아들이 관용과 친절을 베풀던 나의 정
책을 이어 받아 여러분과 잘 지낼 줄로 나는
확신합니다."
28 ◎이렇게 하여 살인과 신성모독을 일삼던
안티오쿠스는 전에 다른 사람들을 괴롭힌 대
가로 극도의 고통을 당하면서 이국의 산골
짜기에서 비참한 운명을 지니고 그 생애의
막을 내렸다.
29 그의 시체는 그와 어렸을 때부터 같이 자라
난 필립보가 가지고 갔다. 그러나 필립보는
안티오쿠스의 아들을 무서워하여 이집트의
왕 프톨레매오 필로메토르에게로 갔다.

예루살렘과 성전의 정화

10 ◎마카베오와 그의 동지들은 주님의 인
도를 받아 성전과 예루살렘 성을 탈환
하고
2 이교도들이 광장에 쌓아놓은 제단과 소위
그들의 성역을 헐어버렸다.
3 그리고 나서 성소를 정화하고 제단을 새로
쌓고 부싯돌을 쳐서 불을 일으킨 후 이 년
만에 처음으로 그 불로 희생제물을 드리고
향을 피우고 등불을 켜고 떡을 바쳤다.
4 이 일을 다 마치고 땅에 엎드려 주님께 다시
는 이런 재난을 당하지 않도록 해달라고 빌
었고, 혹 죄를 짓는 일이 있다 하더라도 하
느님의 자비로 손수 채찍질하실망정 야만
스럽고 하느님을 모독하는 이방인의 손에
는 절대로 넘어가지 않게 해달라고 빌었다.
5 그리고는 전에 이방인들이 성전을 더럽힌
바로 그 날 즉 기슬레우월 이십오일에 성전
을 정화하였다.
6 초막절과 마찬가지로 이 즐거운 축제는 팔
일 동안 계속되었다. 그들은 얼마 전까지만
해도 초막절을 제대로 지내지 못하고 산과
동굴에서 들짐승처럼 지내던 일을 회상하
였다.
7 그들은 나뭇잎으로 엮은 화환과 아름다운
나뭇가지와 종려나무 가지를 손에 들고 성
전의 정화를 성취케 해주신 주님께 찬미를
드렸다.
8 그리고 나서, 그들은 공적인 결의를 하여
포고령을 내리고 온 유다인은 누구든지 해
마다 이 축제를 지키라고 명하였다.
9 에피파네스라고 불리는 안티오쿠스의 죽음을
전후하여 일어난 일들은 이상과 같다.

프톨레매오 마크론의 자살

10 ◎이제는 이 불경건한 에피파네스의 아들 안
티오쿠스 유파톨의 치하에서 일어난 일들을
이야기하고, 여러 가지 재난을 가져다 준
전쟁 이야기를 간단히 하려고 한다.
11 유파톨은 왕권을 쥐자 리시아라는 사람을 재
상으로 임명하고 그를 코일레 시리아와 페니
키아의 최고사령관으로 삼았다.
12 그 전임자는 프톨레매오 마크론이란 사람이
었는데 그는 유다인들이 너무나 억울하게
학대당한 것을 생각하여 솔선해서 그들에
게 올바른 정치를 펴려고 평화 정책을 실시
했는데
13 유파톨 왕의 측근자들이 그를 참소했다. 그
뿐 아니라 프톨레매오는 그 전에 필로메토르
에게서 위임받았던 키프로스 지방을 포기하
고 안티오쿠스 에피파네스에게로 피신했던
일이 있어서 사방에서 반역자라는 말을 들
어온 사람이다. 이렇게 되어 그는 높은 관
직에 있으면서도 이런 일 저런 일로 해서 자
기 권위를 유지할 수가 없었으므로 독약을
먹고 스스로 목숨을 끊었다.

이두매인들의 패배

14 ◎고르기아는 그 지방의 총독으로 있으면서
외인 부대를 고용하여 기회가 있을 때마다
유다 사람을 치려 했다.
15 그와 동시에 중요한 요새들을 장악하고 있
던 이두매인들도 유다인들을 괴롭히고 있
었다. 그들은 예루살렘을 버리고 도망쳐 나
온 자들을 받아들여 전쟁을 계속하려고 하
였다.
16 마카베오와 그의 부하들은 마음을 합하여
기도를 드리며 하느님께서 자기들의 편이
되셔서 싸워주시기를 빌었다. 그들은 곧 이
두매인들의 요새로 돌격해 들어갔다.
17 그들은 맹렬하게 공격을 해서 요새들을 모
두 점령하고 성벽 위에서 싸우던 자들을 격
퇴하고 그들에게 대항하는 자들을 닥치는
대로 죽여버렸다. 그 때 그 전투에서 살해
된 사람이 이만 명이나 되었다.
18 ◎마침 그 근방에는 포위 작전에 대비해서
견고한 방비를 갖춘 높은 요새 둘이 있었다.
그런데 구천 명이나 되는 적군이 그 곳으로
도피하였으므로
19 마카베오는 시몬과 요셉뿐만 아니라 자캐오
와 그의 부하들을 남겨두어 그 포위 작전을
충분히 수행할 수 있게 하였다. 그리고 자
기 자신은 좀더 긴급한 지점으로 떠나갔다.

20 그러나 시몬의 부하들은 돈을 좋아한 나머
지 적진에 있는 자들에게서 매수를 당하여
칠만 드라크마를 받고 몇 사람이 성에서 빠
져 나간 것을 눈감아주었다.
21 마카베오는 이 사건에 대한 보고를 듣고 백
성들의 지도자들을 모아놓은 다음, "이렇게
원수들을 풀어주어 이적 행위를 한 것은 돈
을 받고 형제를 팔아먹은 것이다."라고 하
며 그 반역자들을 비난하였다.
22 그리고 그는 그 반역자들을 사형에 처하고
당장에 그 두 요새를 점령해 버렸다.
23 그의 모든 작전은 성공적이었고 그 두 요새
에서 그가 죽인 원수의 수효는 이만 명이 넘
었다.

디모테오의 패배

24 ◎전에 유다인들에게 패배를 당한 일이 있
는 디모테오는 수많은 외인부대를 고용하고
적지 않은 아시아의 기병대를 모아, 유다를
공격하여 점령하려고 진격해 왔다.
25 디모테오가 접근하자 마카베오와 그의 부하
들은 머리에 먼지를 뿌리고, 허리에 베옷을
두르고 하느님께 기도를 드렸다.
26 제단 앞에 엎드려 그들은 하느님께서 자기
들에게 자비를 베푸시고 율법서에 명시된
대로 자기들의 원수들에 대해서는 원수가
되어주시고 자기들의 반대자에게는 반대자
가 되어주시기를 하느님께 빌었다.
27 ◎그들은 기도를 마친 후, 무기를 들고 예루
살렘에서 꽤 먼 거리까지 진격하여 적진에
가까운 곳에 가서 멈추었다.
28 새벽에 양군은 교전하였다. 유다인들은 용
맹했을 뿐 아니라 주님을 신뢰하고 있었기
때문에 성공과 승리의 보장을 받고 있었지
만 이방인들은 분노의 감정이 시키는 대로
싸울 따름이었다.
29 전투가 격렬해졌을 때 하늘에 다섯 사람이
황금재갈을 물린 말을 타고 위풍도 당당하
게 유다인들의 앞장에 서서 나가는 광경이
적군들에게 보였다.
30 그들은 마카베오를 에워싸고 자기들의 무장
으로 마카베오를 보호하여 부상을 입지 않
게 지켜주었다. 그들은 적군에게 활을 쏘고
벼락을 내리쳤다. 그래서 적군들은 눈이 어
두워져서 큰 혼란에 빠지고 지리멸렬하게
되었다.
31 이 전투에서 적군은 보병 이만 오백 명과 기
병 육백 명을 잃었다.
32 디모테오 자신은 게젤이라는 튼튼한 요새로
도망쳐 갔다. 게젤은 아주 튼튼한 요새로서
케레아스의 지휘 하에 있었다.
33 마카베오와 그의 부하들은 신이 나서 그 요
새를 나흘 동안 포위하였다.
34 요새 안에 있던 적군들은 그 요새의 견고성
을 믿고 입에 담지 못할 욕설과 모욕적인 언
사를 유다인들에게 퍼부었다.
35 다섯째 날 새벽 마카베오의 군대 중의 젊은
이들 이십 명이 그 모욕적인 언사에 불일듯
이 화가 치밀어올라 용감하게 성으로 쳐들
어가 성난 짐승처럼 원수를 닥치는 대로 베
어버렸다.
36 그리하여 성 안에 있는 적군들의 정신이 한
쪽에 쏠릴 때 다른 사람들도 용감하게 성벽
을 뛰어넘어 들어가 요새에 불을 지르고 모
독자들을 산 채로 불태워 죽였다. 또 다른
사람들은 성문들을 부수고 들어가서 나머
지 군대들을 불러들여 그 성을 점령하였다.
37 그들은 웅덩이 속에 숨어 있는 디모테오와
그의 동생 케레아스와 아폴로파네스를 찔러
죽였다.
38 이 일을 마친 후에 이스라엘 사람들은 자기
들에게 큰 축복을 내려주시고 승리를 주신
주님께 감사의 찬미를 부르며 찬양하였다.

리시아의 패배

11 ◎그 후 얼마 지나지 않아, 왕의 후견
인이며 친척이며 재상이었던 리시아는
이런 사건 때문에 몹시 화가 나서
2 보병 약 팔만과 그의 온 기병을 소집하여 유
다인들에게로 진격해 왔다. 그는 예루살렘
을 이방인의 정착지로 만들 작정이었다.
3 그리고 이방인들의 신전과 마찬가지로 성
전에 과세를 하고 해마다 대사제직을 매매
의 대상으로 삼아 돈을 받을 작정이었다.
4 그는 하느님의 권능을 전혀 무시해 버리고
보병 수만과 기병 수천과 코끼리 팔십 마리
를 믿고 교만한 마음을 품고 있었다.
5 이렇게 해서 그는 유다 지방을 침범하여 예
루살렘에서 ㉠오스코이노스쯤 떨어진 곳에
있는 요새지 벳술에 이르러 맹렬히 공격하
기 시작했다.
6 마카베오와 그의 부하들은 리시아가 요새들
을 포위하고 있다는 소식을 듣고 모든 백성
들과 함께 주님께 빌어 훌륭한 천사를 보내
셔서 이스라엘을 구원해 주시기를 눈물을
흘리며 애절하게 탄원하였다.

㉠ 약 30킬로미터이다.

7그리고 나서 마카베오는 솔선수범 무장을
한 다음 자기와 함께 만난을 무릅쓰고 동포
를 구해 내자고 부하들에게 권고하였다. 이
말을 듣고 그들은 달가운 마음으로 싸우러
나갔다.
8그들이 아직 예루살렘을 완전히 벗어나기
전에 말을 탄 기사가 흰옷을 입고 황금무기
를 휘두르면서 그들을 앞장서서 갔다. 이
광경을 보고
9모두가 하느님께서 자비를 베풀어주신 데
대하여 감사를 드리고 사기가 충천하여, 사
람들은 물론 가장 사나운 짐승들까지라도
죽이고 심지어는 쇠로 만든 성벽일지라도
부숴버리겠다는 각오를 가졌다.
10이렇게 주님께서 그들에게 자비를 베풀어
그들을 도와서 싸울 자를 보내주셨으므로
그들은 질서정연하게 그와 함께 진군하였
다.
11그들은 사자처럼 적군에게 뛰어들어 보병
만 천 명과, 기병 천육백 명을 쓰러뜨렸다.
그래서 남은 패잔병은 도망갈 수밖에 없었
다.
12패잔병 중의 대부분은 부상을 입고 알몸으
로 빠져 나왔다. 한편 리시아 자신은 창피스
럽게도 도망을 하여 겨우 자기 목숨만을 건
졌다.

시리아인들과의 화평

13◎리시아는 어리석은 사람이 아니었다. 그
는 자기가 당한 패배를 곰곰이 생각한 끝에
히브리인들은 능력있는 하느님께서 편들어
주시기 때문에 무적의 민족이라는 것을 깨
닫게 되었다.
14그래서 리시아는 히브리인들에게 사신을 보
내어 모든 것을 정당하게 처리하자는 조건
으로 협정을 맺자고 하면서, 자기가 나서서
왕을 설득하여 히브리인들과 우호 관계를
맺기로 약속하였다.
15마카베오는 전에 자기가 리시아에게 편지를
써서 유다인들에 관한 여러 가지 요구를 했
던 일이 있는데 왕이 이것을 받아들인 일이
있고 또 리시아의 이번 제안도 민족 전체의
안녕을 위해서 좋다고 생각했기 때문에 리
시아의 제안을 모두 받아들였다.

유다인에게 보낸 리시아의 편지

16◎유다인에게 보낸 리시아의 편지 내용은 다
음과 같다.

㉠ 기원전 164년 봄이다.

"나 리시아는 온 유다인들에게 인사 드립
니다.
17나는 여러분들이 보낸 사신 요한과 압살롬을
통해 여러분의 공한을 잘 받았고 그 안에 적
혀 있는 여러 가지 요구 사항도 잘 들었습니
다.
18그리고 내 권한으로 할 수 있는 것은 다 들
어주었고 왕에게 알려야 할 일은 다 알렸습
니다.
19여러분들이 앞으로 우리 정부에 호의를 표
시한다면 나는 여러분들의 복지를 향상시
키기 위해 노력하겠습니다.
20상세한 일에 관해서는 여러분들의 사신들
과 내가 보내는 사람들이 여러분들에게 가
서 잘 상의하도록 명령했습니다.
21여러분들의 건강을 빕니다."
㉠백사십팔년
디오스코린티우스월 이십사일

리시아에게 보낸 안티오쿠스 왕의 편지

22◎왕의 편지 내용은 다음과 같다.
"나 안티오쿠스 왕은 형제 리시아에게 인
사합니다.
23우리들의 부왕이 죽어서 신들의 반열에 끼
여 있는 이 때에 우리 왕국의 백성들은 만사
에 늘 흔들림이 없이 각기 자기 직무에 충실
하기를 바랄 뿐입니다.
24우리가 듣기로는 유다인들이 부왕의 생각과
는 달리 그리스 식 생활 양식을 반대하고 자
기네들의 관습을 지키기로 작정하고 그들
대로의 생활을 하게 해달라고 요청하고 있
습니다.
25그러니 우리는 이 민족도 동요하지 않기를
바랍니다. 그래서 우리는 성전을 그들에게
돌려주고 그들이 자기네 조상들의 습관을
지키며 살 수 있도록 허가할 방침입니다.
26그대는 사신을 보내어 그들과 우호 관계를
맺으시오. 그러면 그들은 우리의 정책을 알
고 마음이 안정되어 기쁜 마음으로 자기네
직무에 전념하게 될 것입니다."

유다인들에게 보낸 왕의 편지

27◎유다인들에게 보낸 왕의 편지는 다음과
같다.
"나 안티오쿠스 왕은 유다인의 원로원과
유다 백성들에게 인사 드립니다.
28나는 여러분의 건강을 바랍니다. 그리고 나
도 건강합니다.

29 여러분이 고향에 돌아가 각자의 생업에 종
사하기를 원한다는 말을 메넬라오스에게서
들었습니다.
30 ㉠크산티쿠스월 삼십일 안으로 돌아가는 모
든 사람에게는 내가 안전을 보장해 주겠고
31 유다인들은 전과 같이 그들 고유의 음식을
먹고 율법을 지킬 수 있도록 허락해 줄 것이
며, 알지 못하고 저지른 잘못 때문에 괴롭
힘을 당하는 유다인은 하나도 없게 하겠습
니다.
32 나는 여러분에게 확신을 주기 위해서 메넬
라오스를 보냅니다.
33 여러분의 건강을 빕니다."
㉡백사십팔년 크산티쿠스월 십오일

유다인들에게 보낸 로마인들의 편지

34 ◎로마인들도 유다인들에게 편지를 보냈는
데 그 내용은 다음과 같다.
"로마의 사절인 퀸투스 맴니우스와 티투스
마니우스는 유다 백성들에게 인사를 드립니
다.
35 왕의 친족인 리시아가 여러분에게 허락해
준 모든 사항에 대해서 우리도 동의합니다.
36 그러나 리시아가 왕에게 상신하겠다고 판단
한 일들에 대해서는 여러분이 곰곰이 생각
하고 지체없이 사람을 보내십시오. 그러면
우리가 곧 안티오키아로 갈 예정이니 거기에
가서 여러분에게 유리한 설명을 왕에게 해
드리겠습니다.

37 여러분이 어떠한 의견을 가지고 있는지
우리도 알고 싶으니 지체하지 말고 사람들
을 보내주십시오.
38 여러분의 건강을 빕니다."
백사십팔년 크산티쿠스월 십오일

다시 일어난 박해

12 ◎이렇게 협정이 체결되자 리시아는 왕
에게로 떠나갔고 유다인들도 집으로
돌아가 농사를 지었다.
2 키프로스 용병대의 사령관이었던 니가노르
를 위시해서 지방 영주들 중 디모테오와 겐
내오스의 아들 아폴로니우스와 히에로니모스
와 데모폰은 유다인들이 안정되어 평안하게
살아가도록 내버려두지 않았다.
3 요빠 사람들은 다음과 같은 포악무도한 짓
을 저질렀다. 그들은 유다인들에 대해 조금
도 악의를 품지 않은 듯이 가장하고, 자기
들과 함께 사는 유다인들을 초청하여 자기
들이 마련한 배에 그들의 처자와 함께 타게
하였다.
4 그것은 온 마을의 공적인 결의에 의한 것이
었고 유다인들은 화평 속에 살기를 원했으
며 아무것도 의심하지 않았기 때문에 그 초
청을 받아들여 배에 올랐던 것이다. 그러나
요빠 사람들은 그 배를 침몰시켜 이백 명이
나 되는 유다인을 죽여버렸다.

유다의 활동

5 ◎유다는 자기 동포가 이렇게 처참하게 학
살되었다는 이야기를 듣고 자기 부하들을
소집하여
6 정의의 재판장이신 하느님께 호소하며 자
기 동포를 죽인 자들에게 달려들었다. 그는
밤중에 요빠의 부두에 불을 지르고 배를 불
태워 버리고 도망치는 자들을 칼로 찔러 죽
였다.
7 그러나 성문이 닫혔으므로 아무 때고 다시
와서 요빠 사람들을 멸종시키겠다는 생각을
하며 철수하였다.
8 얌니아 사람들도 자기들 사이에 살고 있는
유다인들에게 똑같은 짓을 하겠다고 마음먹
고 있었다. 이 사실을 안 유다는
9 밤중에 얌니아를 습격하여 항구와 함대에
불을 질렀다. 그 타오르는 불길을 백여 리
나 떨어져 있는 예루살렘에서도 볼 수가 있
었다.
10 ◎유다 군이 그 땅에서 약 오 리쯤 되는 거리
를 진군, 디모테오를 향하여 가는 길에 오천
명 가량 되는 아라비아인 한 부대가 기병 오
백을 거느리고 그들에게 습격해 왔다.
11 격전 끝에 유다와 그 부하들은 하느님의 도
우심으로 승리를 거두었다. 패배를 당한 이
유목민은 자기들의 가축을 내어줄 것과 그
밖의 여러 방법으로 유다의 군대를 도와줄
것을 약속하며 유다에게 화평을 청하였다.
12 ◎유다는 그들이 여러 가지 점에서 도움이
될 것이라고 생각하여 그들의 화평을 받아
들였다. 그들은 유다와 화평을 맺고 자기들
의 천막으로 돌아갔다.
13 ◎그 후, 유다는 흙담과 돌담으로 둘러 견고
하게 만든 방위를 갖춘 도시를 공격하였다.
이 도시는 카스핀이라고 하며 거기에는 여
러 이방 민족이 섞여서 살고 있었다.
14 성 안에 살고 있는 사람들은 견고한 성벽
과 저장해 둔 식량을 믿고 유다와 그 부하

㉠ 4월이다. ㉡ 기원전 164년 4월이다.

들에게 무례막심한 행동을 하고 그들에게
치욕을 주었을 뿐 아니라 모독적인 언사를
서슴지 않고 입에 담을 수 없는 말을 마구
하였다.
15 유다와 그의 부하들은 옛날 여호수아가 우주
를 지배하시는 위대하신 하느님의 도움으
로 성을 공격하는 기구와 성을 파괴하는 기
구도 없이 예리고 성을 함락시킨 것을 생각
하고 하느님께 기도 드린 다음, 성벽을 향
하여 맹렬히 돌진하였다.
16 이렇게 하여 그들은 하느님의 뜻을 받들어
그 도시를 점령한 다음, 끔찍할 만큼 많은
사람을 죽였다. 이렇게 되어 폭이 사, 오백
미터 되는 부근 호수는 피바다가 되었다.
17 ◎유다 군은 거기에서 약 삼백오십 리 가량
진군하여 카락스에 이르렀다. 거기에는 튜
비아인이라고도 불리는 유다인들이 살고 있
었다.
18 그러나 디모테오는 그 곳에서 아무것도 하
지 않고 이미 떠난 후였기 때문에 그 곳에서
디모테오를 잡으려 했던 그들의 계획은 수
포로 돌아갔다. 그러나 디모테오는 그 부근
어느 곳에 상당히 강력한 수비대를 남겨놓
고 갔었다.
19 마카베오 군의 지휘관 도시테오스와 소시파트
로스는 그 곳을 막아서 디모테오가 요새에
남겨놓고 간 만 명 이상 되는 적병을 전멸시
켰다.
20 그리고 마카베오는 전군을 여러 부대로 나
누어 각 부대의 지휘관을 세우고 보병 십이
만과 기병 이천오백을 가지고 있는 디모테
오를 추격하여 진격하였다.
21 유다가 추격해 온다는 소리를 들은 디모테오
는 아녀자들과 짐을 카르나임이라고 하는
곳으로 미리 보냈다. 그 지방의 통로는 모
두 좁아서 접근하기가 힘들었고 따라서 그
곳은 공격하기가 매우 어려운 곳이었다.
22 그러나 유다의 선봉 부대가 나타났을 때에
모든 것을 다 내려다보시는 분이 적군에게
나타났다. 그래서 적군은 공포에 사로잡혀
앞을 다투며 이리저리로 흩어져 도망갔다.
그러는 통에 그들은 저희끼리 치고 찔러 자
기네 편 칼에 죽기도 하였다.
23 유다는 더욱 용기를 얻고 추격을 계속하여
그 악당들을 칼로 베어서 적군 삼만 명 가량
을 죽였다.
24 ◎디모테오 자신은 도시테오스와 소시파트로
스의 부하에게 포로가 되었다. 그러나 그는
자기가 죽는 날이면 자기 밑에 붙잡혀 와 있
는 유다인의 많은 부모들과 형제들에게 좋
지 못한 일이 있을 것이라고 여러 가지 교묘
한 말로 속이면서 살려달라고 애원하였다.
25 디모테오가 이렇게 여러 가지 말로 유다인 포
로들에게 손을 대지 않고 고스란히 넘겨주
겠다고 확약을 하기 때문에 유다 군은 자기
형제들을 구할 마음에서 그를 놓아주었다.

유다의 계속적인 승리

26 ◎그 후, 유다는 카르나임과 아테르가티스의
신전을 향하여 진군하고, 그 곳을 공격하여
적 이만 오천 명을 죽였다.
27 그는 이들 적군을 전멸시키고 승리를 거둔
후, 여러 동족이 많이 살고 있는 견고한 도
시 애프론을 향하여 진군하였다. 그 곳은 리
시아의 본거지였다. 그 성벽의 전면에 서 있
는 젊은 장사들이 성을 용감하게 지켰으며
성 안에는 많은 전쟁 기구와 투석기가 마련
되어 있었다.
28 그래서 유다 군은 어떠한 적군의 병력도 놀
라운 힘으로 부숴버리시는 하느님께 기도
를 드렸다. 이렇게 하여 유다 군은 그 도시
를 수중에 넣고 그 곳에 있는 적군 이만 오
천 명을 죽였다.
29 ◎유다 군은 또다시 그 곳을 떠나 예루살렘
에서 약 삼백 리 가량 떨어져 있는 스키토폴
리스라는 곳을 향하여 진군하였다.
30 그러나 그 곳에 사는 유다인들은 스키토폴리
스 사람들의 호의를 입었고 불우할 때 친절
한 대우를 받았다는 것을 증언하였다.
31 그래서 유다와 그의 부하들은 그 곳 사람들
에게 감사의 뜻을 표시하고 앞으로도 자기
동족들에게 호의를 베풀어달라고 부탁하였
다. 그러는 동안 오순절이 가까이 왔기 때
문에 그들은 방향을 바꾸어 예루살렘으로
향하였다.
32 ◎오순절 축제가 지난 후, 유다의 군대는 이
두매의 총독 고르기아스를 치기 위해 돌진하
였다.
33 고르기아스는 보병 삼천과 기병 사백을 가지
고 그들에게 대항하였다.
34 싸움을 하는 동안에 소수 유다인들이 전사
하였다.
35 바케노르의 부하 중에 도시데우스라는 사람
이 있었는데 그는 힘이 센 기병이었다. 그
는 저주받은 고르기아스를 생포하려고 길을
막고, 있는 힘을 다하여 그의 겉옷자락을
끌어당겼다. 그 때에 트라키아의 기병 한 사
람이 도시데우스를 덮치며 그 어깨를 칼로

내리쳤다. 이 틈에 고르기아스는 마리사로
도망쳐 갔다.
36에스드리스와 그의 부하가 장시간의 교전에
서 몹시 지쳤기 때문에 유다는, 주님께서 나
타나셔서 자기 편이 되어주시고 싸움에 인
도자가 되어주시기를 간청하였다.
37그리고는 자기 나라 말로 군가와 찬미가를
우렁차게 부르면서 고르기아스의 군대를 기
습하여 패주시켰다.

죽은 자들을 위한 속죄 제사

38◎그리고 그 후, 유다는 자기 군대를 모아 아
둘람이라는 도시로 갔다. 제칠일이 다가오
기 때문에 유다인들은 관습대로 몸을 깨끗
이 하고 그 곳에서 안식일을 지켰다.
39유다와 그의 부하들은 전사자의 시체를 묻
어야 할 날이 촉박하였으므로 시체들을 거
두러 가야만 했다. 그 시체들을 그 다음날
조상들의 묘소에 운반하여 친족들의 옆에
함께 묻어주려고 했던 것이다.
40그런데 그 시체 하나하나의 옷을 들쳐보니
그들은 얌니아의 우상을 부적으로 지니고
있었다. 유다인이 이와 같은 물건을 몸에 지
니고 있는 것은 율법이 금하는 일이었다.
그래서 그들이 죽은 것이 바로 그것 때문이
었다는 것이 분명하게 되었다.
41그들은 숨은 일을 모두 드러내시는 정의의
재판관이신 주님을 모두 찬양하였다.
42그리고 죽은 자들이 범한 죄를 모두 용서해
달라고 애원하면서 기도를 드렸다. 고결한
유다는 군중들에게 죄지은 자들이 받은 벌
이 죽음이라는 것을 눈으로 보았으니 이제
는 그들도 죄를 짓지 말라고 권고하였다.
43그리고 유다는 각 사람에게서 모금을 하여
은 이천 드라크마를 모아 그것을 속죄의 제
사를 위한 비용으로 써달라고 예루살렘으로
보냈다. 그가 이와 같이 숭고한 일을 한 것
은 부활에 대해서 생각하고 있었기 때문이
었다.
44만일 그가 전사자들이 부활할 수 있다는 희
망을 가지고 있지 않았다면 죽은 자들을 위
해서 기도하는 것이 허사이고 무의미한 일
이었을 것이다.
45그가 경건하게 죽은 사람들을 위한 훌륭한
상이 마련되어 있다는 생각을 하고 있었으
니 그것이야말로 거룩하고 경건한 생각이
었다. 그가 죽은 자들을 위해서 속죄의 제
물을 바친 것은 그 죽은 자들이 죄에서 벗어
날 수 있게 하려는 것이었다.

안티오쿠스 유파톨의 유다 침략

13

◎㉠백사십구년에 유다와 그의 부하들
은 안티오쿠스 유파톨이 대군을 거느리
고 유다 나라를 쳐들어온다는 소식과
2안티오쿠스의 후견인이며 재상인 리시아가
동행한다는 소식을 들었다. 그들은 보병 십
일만, 기병 오천삼백, 코끼리 이십이 마리,
큰 낫으로 장비를 갖춘 병거 삼백 대로 구성
된 그리스 군을 거느리고 온다는 것이었다.

메넬라오스의 죽음

3◎그 때에 메넬라오스도 그들 편이 되어 안티
오쿠스를 여러모로 구슬렸다. 그러나 이것
은 조국을 구원하기 위해서가 아니라 자기
관직을 유지할 생각으로 한 일이었다.
4왕 중의 왕이신 하느님께서는 안티오쿠스의
마음에 이 악한에 대한 분노를 일으켜 놓으
셨다. 안티오쿠스는 메넬라오스가 모든 화의
근원이었다는 말을 리시아를 통해 듣고 그
지방의 관습대로 이 악한을 베레아로 끌어
다가 죽이라고 명령하였다.
5거기에는 높이 이십오 미터 가량되는 탑이
있었다. 그 속은 재를 가득 채웠고 깔때기
처럼 된 장치가 있어서 무엇이든지 던져 넣
으면 재 속으로 빠져들어 가게 되어 있었다.
6누구든지 성물을 훔치거나 그 밖의 극악한
죄를 지었을 때에는 그 탑으로 올라가 탑 속
에 떨어져 죽게 하는 것이었다.
7율법을 어긴 자는 이렇게 죽었는데 메넬라
오스 또한 땅에 묻히지도 못하고
8재 속에 묻혀 죽었으니, 거룩한 불과 재가
있는 제단에 대해서 그렇게도 많은 죄를 지
은 자였던 만큼 얼마나 당연한 일이었는가!

리시아의 패배

9◎안티오쿠스 왕은 자기 아버지 때보다도 더
욱 악랄한 압박을 유다인들에게 가하려는
생각으로 진격해 오고 있었다.
10유다는 이 소식을 듣고 율법과 나라와 성전
을 빼앗기게 되었으니 이 때야말로 어느 때
보다도 주님께서 도와주셔야 하겠다고 주
님께 밤낮으로 호소하라고 백성들에게 명
령하였다.
11그리고 최근에 이르러서야 조금 숨을 돌리
게 된 이 백성들을 다시 모독적인 이방인의
손에 넘어가지 않도록 해주시기를 호소하

㉠ 기원전 162년 여름이다.

게 하였다.
12 사람들은 모두 유다의 명령을 실행하며 사
흘 동안 끊임없이 눈물을 흘리고 단식하며
땅에 엎드려서 자비로우신 주님께 탄원하
였다. 유다는 그들을 격려하며 준비를 하고
있으라고 명령하였다.
13 ◎원로들과 따로 협의한 끝에 유다는 안티오
쿠스의 군대가 유다 땅에 쳐들어와서 예루살
렘을 점령하기 전에 유다 군이 먼저 진격해
나가서 하느님의 도우심으로 결판을 내기
로 결정하였다.
14 결과는 천지를 창조하신 분께 맡기고 부하
들에게는 율법과 성전과 수도와 나라와 전
통을 위해서 죽기까지 고결하게 싸우라고
격려한 다음, 유다는 모데인 근처에 진을 쳤
다.
15 '승리는 하느님의 것'이라는 표어를 부하
들에게 준 다음 유다는 가장 용감한 젊은이
들을 뽑아 왕의 막사를 밤에 습격하여 적진
에서 이천 명을 죽이고 가장 큰 코끼리와 그
위에 타고 있는 병사를 찔러 죽였다.
16 드디어 그들은 적진을 공포와 혼란의 수라
장으로 만들어, 승리를 거두고 철수하였다.
17 이 작전이 끝난 것은 동이 틀 무렵이었다.
그것은 주님의 도우심과 보호로 말미암아
이루어진 일이었다.

안티오쿠스와 유다인들의 협정

18 ◎안티오쿠스 왕은 유다인들이 얼마나 대담
한지를 잘 알고 교묘한 전략을 써서 그들의
요새들을 점령하려는 계획을 세웠다.
19 그래서 그는 유다인들의 요새 벳술로 진격
해 갔다. 그러나 그는 거기에서 격퇴를 당
하고 또다시 공격했지만 결국은 패주하고
말았다.
20 그 때에 유다는 벳술 성 안에 있는 사람들에
게 필수품을 보내주었다.
21 유다 군 중에 로도코스라는 자가 적군에게
비밀을 누설했다. 이것이 발각되어 그는 붙
잡혀 감옥에 갇히고 말았다.
22 안티오쿠스 왕은 다시 벳술 성 안에 있는 사
람들과 교섭을 벌여 서로 화해한 다음 거기
에서 물러갔다. 그리고 나서 그는 유다와 그
의 부하들을 습격하였으나 오히려 더 큰 궁
지에 빠지게 되었다.
23 그뿐 아니라 자기가 국사를 맡겨 안티오키아
에 남겨두었던 필립보가 절망 상태에 빠져
있다는 소식을 듣고 당황하여 유다인들에게
화평을 제의하고 그들의 모든 권리를 존중
하겠다고 맹세하였다. 이런 조약을 맺고 나
서 그는 희생제물을 바쳐 성전에 경의를 표
하고 너그러운 마음으로 그 경내에 여러 가
지 시설을 해주었다.
24 그는 마카베오를 영접하고 헤게모니데스를
프톨레마이스로부터 게라에 이르는 지역의
총독으로 세운 다음,
25 프톨레마이스로 떠나갔다. 그러나 프톨레마
이스 시민들은 그 화평 조약에 대해 불만을
품고 있었다. 실상 그들은 너무나도 분개한
나머지 그 조약의 조문들을 무효화하고 싶
어했다.
26 리시아가 단상에 나타나 최선을 다해서 변
명한 끝에 백성들을 설득시켜서 그들의 마
음을 가라앉혔다. 그리하여 그들의 호감을
산 다음 그는 안티오키아로 돌아갔다. ◎안
티오쿠스 왕의 원정과 철수는 이상과 같이
진행되었던 것이다.

알키모스의 참소

14 ◎삼 년 후에 셀류코스의 아들 데메드리
오가 강력한 군대와 함대를 이끌고 트
리폴리스 항구로 상륙하여
2 안티오쿠스와 그의 후견인 리시아를 살해한
다음 그 지방을 점령했다는 소식이 유다와
그의 부하들에게 들렸다.
3 ◎그 때 알키모스라는 자가 있었는데 그는
대사제직에 올랐던 자로서 유다 민족이 역
경을 겪고 있을 때에 자진해서 전통을 더럽
힌 바 있는 자이다. 그는 아무리 해도 살 길
이 보이지 않고 다시 거룩한 제단에 나갈 가
망이 없다는 것을 깨닫고
4 데메드리오 왕에게 찾아가서 금관과 종려나
무 가지와 그 밖에 성전에서 흔히 사용되던
올리브 나무 가지를 바쳤다. 그리고 그 날은
아무 말도 하지 않았다. ㉠백오십일년 경의
일이었다.
5 데메드리오가 알키모스를 의회에 초청하여
유다인들의 태도와 계획에 관해 물었을 때
에 알키모스는 자기의 무모한 계획을 성취
할 좋은 기회가 왔다고 생각하여 다음과 같
이 대답하였다.
6 "유다 마카베오가 이끄는 하시디인이라는 유
다인들은 전쟁을 일삼고 폭동을 일으키며
국가의 안녕 질서를 교란하고 있습니다.
7 그렇기 때문에 나도 내 조상 때부터 내려오
는 영예, 즉 대사제직을 빼앗기고 이렇게

㉠ 기원전 162-161년이다.

찾아왔습니다.
8 내가 찾아온 것은 첫째로 폐하의 이익을 진
심으로 생각하기 때문이며, 둘째로 내 동포
들에 대해서도 염려되는 바가 있기 때문입
니다. 우리 온 민족은 앞서 말씀 드린 바 있
는 어리석은 자들의 무모한 행동 때문에 적
지 않은 화를 입고 있습니다.
9 폐하께서 이 모든 일을 상세하게 아셨으니
모든 사람들에게 보여주신 자비로우신 사
랑을 우리 나라와 압박받는 백성들에게 베
풀어주시기를 바랍니다.
10 유다가 살아 있는 한, 우리 나라에 평화가
깃들일 수가 없습니다."
11 ◎알키모스가 말을 끝마치자마자 유다에게
적의를 품고 있던 다른 측근자들이 데메드
리오의 마음에 불을 질렀다.
12 그래서 데메드리오는 코끼리부대장 니가노르
를 뽑아 유다 지방의 총독으로 임명한 후에
그를 현지로 파견하며,
13 유다를 죽이고 그의 부하들을 해산시키고
알키모스를 그 위대한 성전의 대사제로 삼
으라고 명령하였다.
14 유다의 공격을 피해서 흩어져 있던 유다 지
방의 이방인들은 유다인들이 당하는 불행과
재난이 바로 자기들에게는 유리하게 되리
라고 생각하여 떼를 지어서 니가노르와 합
세하였다.

니가노르와 유다의 협정

15 ◎유다인들은 니가노르가 쳐들어온다는 소
식과 이방인들이 그와 합세하여 공격해 온
다는 소식을 듣고 먼지를 머리 위에 뿌리며
하느님께 간구하였다. 당신 백성을 영원히
붙들어주시며 스스로 나타나셔서 당신 백
성들을 언제나 도와주시는 분에게 그들은
간구하였던 것이다.
16 그들은 지휘관의 명령이 떨어지자 곧 진격
하여 아다사라는 마을에서 적군과 교전하
였다.
17 ◎유다의 형 시몬은 니가노르와 맞서서 싸우
게 되었는데 너무 갑자기 적군이 닥치는 바
람에 그는 잠깐 고전을 면치 못했다.
18 그러나 니가노르는 유다와 그의 부하들이 용
맹스럽다는 것과 그들이 조국을 위해 대담
하게 싸운다는 소식을 듣고 혈투로써 판가
름을 낼 생각을 버리고 말았다.
19 그래서 그는 포시도니오스와 테오도토스와
마따디아를 파견하여 유다인들과의 우호 협
정을 맺게 하였다.
20 ◎이 제안에 대해서 오랫동안 곰곰이 생각
한 끝에 유다는 자기 부하들에게까지 그 제
안을 알려주었다. 그랬더니 그들은 만장일
치로 협정을 맺는 일에 찬동하였다.
21 양측 지휘관들이 단독으로 만날 날을 정하
였다. 양측으로부터 병거가 한 대씩 나와서
지휘관들이 앉을 자리를 마련하였다.
22 유다는 적군이 갑자기 배신할지도 모르기
때문에 적절한 장소에 무장을 갖춘 병사들
을 배치해 놓았다. 그러나 회담은 순조롭게
진행되었다.
23 니가노르는 예루살렘에 머물러 있으면서 조
금도 나쁜 짓을 하지 않았고 자기 주변에 떼
를 지어 모여드는 군중들을 해산시켰다.
24 그리고 유다를 언제나 자기 가까이 있게 하
였다. 유다에게 진정으로 친밀감을 느꼈던
것이다.
25 그는 유다에게 결혼을 해서 자녀를 낳으라
고 권고하였다. 그래서 유다는 결혼을 하고
남들처럼 평온한 살림을 시작하였다.

알키모스의 위협

26 ◎니가노르와 유다가 서로 우의를 나누고 있
다는 사실을 안 알키모스는 그들이 맺은 협
정서를 구해 가지고 데메드리오 왕에게로 가
서 다음과 같이 일렀다. "니가노르는 우리
나라의 반역자인 유다를 자기 후계자로 삼
았으니, 우리 정부의 정책에 위반되는 일을
꾸미는 자입니다."
27 ◎이 극악무도한 자의 중상모략에 넘어간
왕은 노발대발하여 니가노르에게 편지를 써
보내면서 자기는 그 협정에 도저히 만족할
수가 없으니 마카베오를 즉각 체포하여 안티
오키아로 압송하기를 명령한다고 하였다.
28 이 편지를 받은 니가노르는 몹시 당황하였
고 아무 잘못도 없는 사람과 맺은 협정을 깨
뜨리지 않을 수 없게 된 것을 마음 아프게
생각하였다.
29 그러나 왕의 명령을 거역할 수도 없기 때문
에 그는 어떤 계략을 써서 그 명령을 실행할
기회를 엿보고 있었다.
30 그러나 마카베오는 자기를 대하는 니가노르
의 태도가 전보다 냉정해졌고, 서로 만날
때에도 전에 없이 거칠어진 것을 보고 이런
냉정한 태도는 좋지 못한 징조라고 생각하
였다. 그래서 그는 자기 부하들을 꽤 많이
모아서 니가노르의 눈을 피하여 숨어버렸다.
31 ◎니가노르는 보기좋게 유다에게 기선을 빼
앗겼다는 것을 알고 그 위대하고도 거룩한

성전에 가서 일과를 따라 희생제물을 바치
고 있는 사제들에게 유다를 내놓으라고 명
령하였다.
32그들은 니가노르가 찾고 있는 사람이 어디
있는지 알지 못한다고 맹세를 하며 말하였
다.
33니가노르는 자기 오른손을 성전을 향해 들
고 맹세하였다. "너희들이 만일 유다를 붙
잡아서 내놓지 않으면 나는 이 하느님의 집
을 땅에 납작하게 무너뜨리고 제단을 헐고
는 거기에다 디오니소스를 위한 찬란한 신전
을 지어놓겠다."
34이 말을 남기고 그는 떠나갔다. 사제들은
하늘을 향해 손을 들고 끊임없이 우리 백성
의 편이 되셔서 싸워주시는 하느님께 이렇
게 부르짖었다.
35"만물의 주님, 주님은 아무것도 모자라는
것이 없으신 분이십니다. 주님께서 거처하
실 집을 우리 가운데 두신 것을 주님께서는
좋아하셨습니다.
36그러하오니 무한히 거룩하신 주님, 정화된
지 얼마 되지 않은 이 집을 영원히 더럽히지
않도록 지켜주소서."

라지스의 죽음

37◎예루살렘 원로들 중에 라지스라는 사람이
있었는데 그는 애국자였고 평판이 아주 좋
은 사람이었다. 그리고 그는 충성심이 커서
'유다인의 아버지'라는 칭호까지 받은 사람
이었다. 그 때에 어떤 사람이 라지스에 대해
서 니가노르에게 악의에 찬 고발을 하였다.
38라지스는 전에 유다 민족이 역경을 겪기 시
작하던 때에 유다 전통을 고수하는 자라는
고발을 당하여 몸과 목숨의 위험을 무릅쓰
고 유다 전통을 위해서 열성을 다 바쳤던 사
람이다.
39니가노르는 유다인들에게 품었던 증오심을
명백히 드러내기 위해 라지스를 체포하려고
오백 명 이상 되는 병사를 파견하였다.
40라지스를 체포하면 유다인들은 큰 타격을 입
을 것이라고 생각하였기 때문이다.
41병사들은 성문을 쳐부수고 들어가 모든 문
에 불을 지르고 라지스가 있던 탑을 점령하
라는 명령을 받았다. 이렇게 포위를 당한 라
지스는 자기 칼로 자기의 배를 찔렀다.
42악당들의 손에 넘어가 폭행을 당함으로써
자기의 고귀한 생애에 오점을 찍느니 차라
리 깨끗하게 죽어버리겠다고 생각했던 것
이다.
43라지스는 너무 서두르다가 급소를 찌르지
못하였다. 바로 그 때에 사방의 문으로 쏟
아져 들어오는 적군을 보고 라지스는 용감
하게 성벽으로 올라가서 밑에 있는 군중 머
리 위로 사나이답게 몸을 던졌다.
44군중이 재빨리 비켜 섰기 때문에 빈 공간이
생겨서 라지스는 그 복판에 떨어지고 말았
다.
45라지스는 그래도 죽지 않고 분노가 불처럼
일어 벌떡 일어섰다. 그리고 피가 콸콸 솟
고 상처가 중한데도 군중을 헤치고 달려가
서 우뚝 솟은 바위 위에 올라섰다.
46그의 피가 다 쏟아져 나왔을 때에 라지스는
자기 창자를 뽑아내어 양 손에 움켜쥐고 군
중에게 내던지며 생명과 영혼의 주인이신
하느님께 자기 창자를 다시 돌려주십사고
호소하였다. 그는 이렇게 죽어갔다.

니가노르의 모독

15 ◎니가노르는 유다와 그의 부하들이 사
마리아 지방에 있다는 말을 듣고 안식
일에 그들을 습격하겠다고 결심하였다. 그
렇게 하는 것이 가장 안전하다고 생각했기
때문이다.
2니가노르에게 강제로 끌려다니던 유다인들
이 호소하였다. "그렇게 잔인하고 야만스러
운 학살은 절대로 하지 마십시오. 만물을
통찰하시는 분께서 다른 날들과는 다르게
거룩하게 구별해 놓으신 그 날을 존중히 여
기십시오."
3이 말을 듣고 그 극악무도한 악한은 안식일
을 지키라고 명령한 지배자가 정말 하늘에
있느냐고 물었다.
4그들이 "살아 계시는 주님께서 친히 하늘에
서 지배하시며 제칠일을 지키라고 명령하
셨습니다." 하고 대답하자
5니가노르는 이렇게 말하였다. "지상의 지배
자는 나다. 나는 너희에게 싸우러 나가라고
명령할 수 있고 그 밖에 어떤 왕명이든지 수
행하라고 명령할 수 있다." 그러나 니가노르
는 자기의 잔인한 계획을 수행하는 데 실패
하고 말았다.

확신에 찬 유다의 격려

6◎극도의 허영과 교만에 빠진 니가노르는 유
다와 그의 부하들을 정복한 후에는 전승 기
념비를 세워 만인에게 보여주겠다고 결심
했다.
7그러나 마카베오는 신념을 굽히지 않고 주

님께로부터 도우심을 받으리라는 희망을
굳게 가지고 있었다.
8그는 자기 부하들에게 과거에 하늘로부터
온 도움을 회상하여 적군의 내습을 무서워
하지 말고 이번 싸움에도 전능하신 하느님
께서 승리를 주시리라는 것을 기대하라고
격려하였다.
9그는 율법서와 예언서의 말씀으로 그들을
격려하고, 또 지금까지 이겨온 여러 전투를
상기시킴으로써 그들의 마음에 더욱더 왕
성한 사기를 불어넣어 주었다.
10이렇게 유다는 부하들에게 용기를 준 다음,
그들이 해야 할 일을 지시하고 그와 동시
에 이방인들의 배신과 계약 위반을 지적하
였다.
11그는 부하들의 안전을 위하여 방패와 창뿐
아니라 훌륭한 말씀이 주는 격려로써 무장
시켜 주었다. 그리고 꿈에 본 신비롭고도
믿을 만한 계시의 영상을 설명해 주어 그들
의 마음을 기쁘게 해주었다.
12◎그가 본 영상은 이런 것이었다. 대사제였
던 오니아스가 나타나 두 팔을 쳐들고 유다
인 전체를 위해 기도하고 있었다. 그는 선
량한 사람으로서 외모가 단정하고 몸가짐
이 온유하며 언변에 품위가 있고 어렸을 적
부터 온갖 덕행을 쌓은 사람이었다.
13그 다음에는 뛰어난 위엄을 지닌 백발 노인
이 나타났는데 놀랍고도 형언할 수 없는 위
풍과 권위가 그를 감싸고 있었다.
14오니아스는 이렇게 말하였다. "이분은 하느
님의 예언자 예레미야이십니다. 이분은 우
리 민족과 거룩한 도성을 위해 열심히 기도
해 주시는 분이십니다."
15예레미야는 그의 오른손을 내밀어 유다에게
황금검을 주며 다음과 같이 말하였다.
16"하느님의 선물인 이 거룩한 검을 받으시
오. 이 검을 가지고 적군을 쳐부수시오."

니가노르의 패망

17◎유다의 열변은 모든 사람의 마음에 용기
를 불러일으키고 젊은이들의 마음에 남자
다운 기상을 넣어줄 수 있었다. 격려를 받
은 유다의 부하들은 지체하지 않고 용감하
게 적군에게 달려들어 백병전을 벌여 결판
을 내리라고 결심하였다. 예루살렘과 성전
과 거룩한 기물들이 위태로운 상태에 있었
기 때문이었다.
18그들은 처자와 형제와 친척을 염려하는 마
음보다는 거룩하게 구별해 놓은 성전을 염
려하는 마음이 더 컸고 또 그것이 첫째가는
것이었다.
19예루살렘에 남아 있던 유다인들도 성 밖에
나가서 싸우고 있는 우군들을 염려하는 마
음으로 그들에 못지않은 고뇌를 겪었다.
20◎모든 사람은 다가오는 결전을 기다리고
있었다. 적군은 이미 그 군세를 집결하고
대오를 정돈하여 코끼리부대는 유리한 지
점에, 그리고 기마병들은 양쪽 측면에 배치
하였다.
21마카베오는 각종 무기로 장비를 갖춘 무수
한 적군, 특히 난폭한 코끼리부대가 자기
앞에 있는 것을 보고서 하늘을 향해 양손을
쳐들고 기적을 일으키시는 주님께 호소하
였다. 승리는 하느님께서 당신의 결정대로
자격이 있는 사람에게 주시는 것이지 우수
한 무기를 통해서 얻을 수 있는 것은 아니
라고 그는 확신했던 것이다.
22그는 이렇게 호소하였다. "유다의 왕 히즈키
야 때에 천사를 보내시어 산헤립의 군대 십
팔만 오천 명을 죽이신 주님,
23주님께서는 하늘의 지배자이시니 이제 다
시 한번 우리 앞에 선한 천사를 보내시어 적
군에게 공포와 전율을 주게 하소서.
24주님의 힘센 팔로 저들을 치소서. 그들은
주님을 모독하며 주님의 거룩한 백성을 공
격해 오고 있습니다." 이렇게 그는 기도를
마쳤다.
25◎니가노르와 그의 부하들은 나팔 소리와 군
가에 맞춰 진격해 왔다.
26그러나 유다와 그의 부하들은 적군과 교전
을 하는 한편 하느님께 호소하고 기도 드리
는 일을 그치지 않았다.
27손으로는 싸우고 마음으로는 하느님께 기
도를 드리면서 그들은 삼만 오천 명이나 되
는 적군을 때려 눕혔다. 그리고 하느님께서
이렇게 능력을 나타내 주시는 것을 크게 기
뻐하였다.
28◎전투가 끝나고 유다인들은 기쁜 마음으로
철수를 하다가 니가노르가 갑옷을 입은 채
죽어 쓰러져 있는 것을 확인하였다.
29그래서 그들은 기뻐 날뛰며 환성을 지르고
자기 나라 말로 지배자이신 주님을 찬양하
였다.
30몸과 마음을 다 바쳐서 자기 나라의 수호에
앞장섰고, 자기 동족을 위하여 젊음을 바쳐
온 유다는 니가노르의 목과 한쪽 팔을 어깨
까지 잘라 예루살렘으로 가지고 가도록 부
하들에게 명령하였다.

31 예루살렘에 도착하자 그는 자기 동포를 불
러모으고 사제들을 제단 앞에 세운 다음,
요새에 남아 있던 사람들을 불러왔다.
32 그리고 그들에게 그 악한 니가노르의 머리
를 보여주고, 오만불손한 말을 지껄이면서
전능하신 분의 거룩한 집을 가리키던 그의
더러운 손을 그들에게 보여주었다.
33 그는 불경건한 니가노르의 혀를 뽑아낸 다
음 부하들에게 그 혀를 토막내어 새들에게
던져주라고 명령하였다. 그리고 니가노르의
팔을 성전 맞은 편에 매달게 하여 어리석음
의 결과가 어떻다는 것을 사람들에게 보여
주었다.
34 이 광경을 본 사람들은 하늘을 우러러보고
거룩하신 능력을 보여주신 주님을 찬양하
면서, "찬미받으소서! 주님은 당신의 성소
를 더럽혀지지 않게 보존하셨습니다!" 하
고 부르짖었다.
35 유다는 니가노르의 머리를 요새 꼭대기에 매
달아 모든 사람이 볼 수 있게 하고 주님께서
유다인을 도우셨다는 증거를 명백히 보여주
었다.
36 그들은 이 날을 결코 그대로 지내버리지 말
고 특별히 기념할 날로 지키기를 만장일치
로 가결하여 공포하였다. 그 날은 제십이
월, 즉 시리아 말로는 아달월 십삼일이며 모
르드개일의 전날이다.

맺는 말

37 ◎니가노르의 운명은 위와 같이 끝났고 그
후로 예루살렘은 히브리인들이 장악하게 되
었다. 이제 나도 여기서 이야기를 그치려
한다.
38 이 이야기가 요령껏 잘 기록되었다면 그것
은 내가 바라던 바이고, 혹 변변치 못하게
보잘것없이 되었다 하더라도 나로서는 최
선을 다한 것이다.
39 ◎포도주만 마시거나 물만 마시거나 하면
맛이 없지만 포도주에다 물을 섞으면 맛이
나고 마시는 사람에게 큰 즐거움을 안겨준
다. 이와 마찬가지로 요령있게 짜여진 이야
기는 독자에게 기쁨을 준다. 이상으로 내
글을 마치련다.

욥 기

사탄이 욥을 시험하다

1 ◎우스라는 곳에 한 사람이 있었는데 그
의 이름은 욥이었다. 그는 완전하고 진실
하며 하느님을 두려워하고 악한 일은 거들
떠보지도 않는 사람이었다.
2 그의 슬하에는 아들 일곱과 딸 셋이 있었다.
3 그에게는 양이 칠천 마리, 낙타가 삼천 마
리, 겨릿소가 오백 쌍, 암나귀가 오백 마리
나 있었고 종들도 매우 많았다. 그는 동방
에서 으뜸가는 사람이었다.
4 그의 아들들은 번갈아 가며 자기 집에서 잔
치를 차리고 세 누이도 불러다가 함께 먹고
마셨다.
5 이런 잔치가 한차례 돌아가고 나면 욥은 그
들을 불러다가 몸과 마음을 깨끗이 하게 하
고 아침 일찍이 그들 하나하나의 몫으로 번
제를 드렸다. 아들들이 속으로 죄를 짓고
하느님께 욕을 돌렸을지도 모를 일이었으
므로 그렇게 했던 것이다. 욥이 하는 일은
언제나 이러하였다.
6 ◎하루는 ㉠하늘의 영들이 야훼 앞에 모여왔
다. 사탄이 그들 가운데 끼여 있는 것을 보
시고
7 야훼께서 사탄에게 물으셨다. "너는 어디 갔
다 오느냐?" 사탄이 대답하였다. "땅 위를
이리저리 돌아다니다가 왔습니다."
8 야훼께서 사탄에게, "그래, 너는 내 종 욥을
눈여겨보았느냐? 그만큼 온전하고 진실하
며 하느님을 두려워하고 악한 일은 거들떠
보지도 않는 사람은 땅 위에 다시 없다." 하
고 말씀하시자,
9 사탄이 야훼께 아뢰었다. "욥이 어찌 까닭
없이 하느님을 두려워하겠습니까?
10 당신께서 친히 그와 그의 집과 그의 소유를
울타리로 감싸주시지 않으셨습니까? 그가
손으로 하는 모든 일에 복을 내려주셨고 그
의 가축을 땅 위에 번성하게 해주시지 않으
셨습니까?
11 이제 손을 들어 그의 모든 소유를 쳐보십시
오. 그는 반드시 당신께 면전에서 욕을 할

㉠ 칠십인역 : "하느님의 천사들."

것입니다."
12 야훼께서 사탄에게 이르셨다. "좋다! 이제
내가 그의 소유를 모두 네 손에 부친다. 그
러나 그의 몸에만은 손을 대지 마라." 이에
사탄은 야훼 앞에서 물러 나왔다.
13 ◎하루는 욥의 아들과 딸들이 맏형의 집에
모여서 잔치를 벌이고 있었는데,
14 한 심부름꾼이 욥에게 뛰어와서 고하였다.
"소는 밭을 갈고 나귀는 그 근처에서 풀을
뜯고 있었는데
15 스바 사람들이 달려들어 모두 약탈해 갔습
니다. 그리고 그들은 일꾼들을 모조리 칼로
쳐죽였는데 저만 가까스로 살아 남아서 이
렇게 말씀드리러 왔습니다."
16 그가 채 말을 마치기도 전에 또 한 사람이
와서 고하였다. "하늘에서 벼락이 떨어져
양떼와 일꾼들을 모두 살라버렸습니다. 저
만 가까스로 살아 남아서 이렇게 말씀드리
러 왔습니다."
17 그의 말이 채 끝나기도 전에 또 한 사람이
와서 고하는 것이었다. "갈대아 사람 세 무
리가 달려들어 낙타떼를 모두 약탈해 가고
일꾼들을 칼로 쳐죽였습니다. 저만 가까스
로 살아 남아서 이렇게 말씀드리러 왔습니
다."
18 그의 말이 채 끝나기도 전에 또 한 사람이
와서 고하였다. "주인님의 자녀분들이 맏형
님의 집에 모여서 먹고 마시는데
19 광야에서 모진 바람이 불어와 그 집 네 모퉁
이를 쳐서 무너뜨렸습니다. 젊은이들은 모
두 깔려 죽었고 저만 가까스로 살아 남아서
이렇게 말씀드리러 왔습니다."
20 ◎그제야 욥은 일어나 겉옷을 찢고 머리를
깎았다. 그리고는 땅에 엎드려
21 입을 열었다.
"벌거벗고 세상에 태어난 몸,
알몸으로 돌아가리라.
야훼께서 주셨던 것, 야훼께서 도로 가져
가시니
다만 야훼의 이름을 찬양할지라."
22 ◎이렇게 욥은 이 모든 일을 당하여 죄를 짓
지 않았고 하느님을 비난하지도 않았다.

2 ◎또다시 하늘의 영들이 야훼 앞에 모이
는 날이 왔다. 사탄이 그들 가운데 끼여
있는 것을 보시고
2 야훼께서 사탄에게 물으셨다. "너는 어디 갔
다 오느냐?" 사탄이 대답하였다. "땅 위를
이리저리 돌아다니다가 왔습니다."
3 야훼께서 사탄에게, "너는 내 종 욥을 눈여
겨보았느냐? 그만큼 온전하고 진실하며 하
느님을 두려워하고 악한 일은 거들떠보지
도 않는 사람은 땅 위에 다시 없다. 그는 여
전하지 않느냐? 네가 나를 충동하여 그를
없애려고 했지만 다 헛일이었다."
4 그러자 사탄이 대답하여 아뢰었다. "가죽으
로 가죽을 바꿉니다. 사람이란 제 목숨 하
나 건지기 위해 내놓지 못할 것이 없는 법입
니다.
5 이제 손을 들어 그의 뼈와 살을 쳐보십시
오. 제가 보장합니다. 그는 반드시 당신께
면전에서 욕을 할 것입니다."
6 야훼께서 사탄에게 이르셨다. "좋다! 이제
내가 그를 네 손에 부친다. 그러나 그의 목
숨만은 건드리지 마라."
7 사탄은 야훼 앞에서 물러 나오는 길로 곧 욥
을 쳐 발바닥에서 정수리까지 심한 부스럼
이 나게 하였다.
8 욥은 잿더미에 앉아서 토기 조각으로 몸을
긁었다.
9 그의 아내가 그에게 말하였다. "당신은 아
직도 요지부동이군요? 하느님을 욕하고 죽
으시오."
10 그러나 욥은 이렇게 대답하였다. "당신조차
미련한 여인처럼 말하다니! 우리가 하느님
에게서 좋은 것을 받았는데 나쁜 것이라고
하여 어찌 거절할 수 있단 말이오?" 이렇게
욥은 이 모든 일을 당하여도 입술로 죄를 짓
지 않았다.

욥의 세 친구

11 ◎욥이 이 같은 재난을 겪고 있다는 소식을
듣고 그의 세 친구가 각기 제 고장을 떠나
그를 찾아왔다. 그들은 데만 사람 엘리바즈
와 수아 사람 빌닷과 나아마 사람 소바르였
다. 그들은 함께 문병와서 그를 위로해 주
기로 서로 약속이 되어 있었다.
12 멀리서 바라보니, 그의 몰골이 알아볼 수
없게 되었으므로 그들은 목을 놓아 울며 겉
옷을 찢고 하늘에 먼지를 날려 머리에 뒤집
어썼다.
13 그들은 이렛동안 주야로 땅에 앉아 그를 바
라다볼 뿐 입을 열 수조차 없었다. 그가 고
통당하는 모습이 너무나 처참했기 때문이
었다.

자기의 생일을 저주하는 욥

3 ◎마침내 욥이 먼저 입을 열어 자기의 생
일을 저주하며

2 부르짖었다.
3 내가 태어난 날이여, 차라리 사라져버려라.
사내아이를 배었다고 하던 그 밤도 사라져버려라.
4 그 날이여, 어둠에 뒤덮여
위에서 하느님이 찾지도 않고
아예 동트지도 마라.
5 칠흑 같은 어둠이 그 날을 차지하여
구름으로 덮고 해는 그 빛을 잃게 하여
그 날을 공포 속에 몰아넣어라.
6 그 밤은 흑암에 빠져
한 해의 나날에 끼이지도 말고
다달의 계수에도 들지 마라.
7 아, 아무도 잉태할 수 없어
환성을 잃은 밤이 되어라.
8 날을 저주하는 자들아,
㉠레비아단을 깨울 수 있는 자들아,
그 밤을 저주하여라.
9 그 밤엔 새벽 별들도 빛을 잃고
기다리는 빛도 나타나지 말고
새벽 햇살도 아예 퍼지지 마라.
10 나의 모태가 그 문을 닫지 않아
내 눈이 마침내 고난을 보게 되었구나.
11 내가 어찌하여 모태에서 죽지 아니하였으며
나오면서 숨지지 아니하였는가?
12 어찌하여 나를 받을 무릎이 있었고
어찌하여 내가 빨 젖이 있었던가?
13 나 지금 누워서 안식을 누릴 터인데.
잠들어 쉬고 있을 터인데.
14 저 허물어진 성터에 궁궐을 세웠던
지상의 왕들과 고관들과 나란히!
15 황금을 자랑하고 은으로 집을 채웠던
성주들과 나란히!
16 나는 어찌하여 낙태되어 묻힌 핏덩이가 되지 못하였는가?
빛도 보지 못한 벌거숭이가 되지 못하였는가?
17 그 곳은 악당들이 설치지 못하고
삶에 지친 자들도 쉴 수 있는 곳,
18 포로들도 함께 안식을 누릴 수 있고
노예를 부리는 자들의 욕설도 들리지 않는 곳,
19 낮은 자와 높은 자의 구별이 없고
종들이 주인의 손아귀에서 풀려나는 곳.
20 그런데 어찌하여 고달픈 자에게 빛을 주시고
괴로운 자에게 생명을 주시는가?
21 죽고 싶지만 죽을 수조차 없어
보물을 찾듯 파헤치다가
22 묘지의 돌만 보여도 반갑고
무덤이라도 만나면 기뻐 소리친다!
23 빠져 나갈 길은 앞뒤로 막히고
하느님께 영락없이 갇힌 몸,
24 나 이제 한숨이나 삼키고
흐느낌이나 마시리니
25 두려워하여 떨던 것이 들이닥쳤고
무서워하던 것이 마침내 오고야 말았다.
26 평화, 평안, 안식은 간 곳이 없고
두려움만이 끝없이 밀려오는구나.

엘리바즈의 첫 번째 충고

4 ◎데만 사람 엘리바즈가 말을 받았다.
2 누가 자네에게 말을 건네려 한다면,
자네는 귀찮게 여기겠지.
그렇다고 입을 다물고만 있을 수도 없는 일일세.
3 여보게, 자네는 많은 사람을 지도하였고
손에 맥이 풀린 사람에게 용기를 주었었네.
4 자네의 말은 쓰러지는 사람을 일으켰고
흔들리는 무릎에 힘을 주었었지.
5 그런데 자네가 이 지경을 당하자 기가 꺾이고
매를 좀 맞았다고 이렇듯 허둥대다니, 될 말인가?
6 자신만만하던 자네의 경건은 어찌 되었고
자네의 희망이던 그 흠없는 생활은 어찌 되었는가?
7 곰곰이 생각해 보게.
죄없이 망한 이가 어디 있으며
마음을 바로 쓰고 비명에 죽은 이가 어디 있는가?
8 내가 보니, 땅을 갈아 악을 심고
불행의 씨를 뿌리는 자는 모두 그 심은 대로 거두더군.
9 하느님의 입김에 모두들 사라져가고
그의 콧김에 날려 없어졌네.
10 사자의 비명, 맹수의 울부짖음,
젊은 사자는 이빨이 부러지고
11 먹이를 찾던 수사자가 기진하니
어미를 따르던 새끼 사자들은 흩어졌네.

㉠ 바다 괴물을 뜻한다.

12 그런데 은은히 들려오는 한 소리 있어
가늘게 나의 귓전을 울렸네.
13 사람들은 깊은 잠에 빠져
밤의 환상으로 가슴을 설렐 때,
14 몸서리치는 두려움이 나를 덮쳐
뼈마디가 온통 떨리고 있는데
15 그의 입김이 나의 얼굴을 스치자
온몸에 소름이 끼쳤네.
16 나의 눈앞에 누가 우뚝 서는데
그의 모습은 알아볼 수 없고
만물이 죽은 듯이 고요한 가운데
나, 한 소리를 들었다네.
17 "죽을 인생이 어떻게 하느님 앞에서 올바
를 수 있으랴?
그 누가 자기를 지으신 이 앞에서 깨끗할
수 있으랴?
18 그의 종들 가운데도 믿을 만한 자 없고
그의 심복들 가운데도 허물없는 자 없는
데
19 하물며 땅 위에 터를 잡은 토담에 사는 사
람들이랴!
하루살이처럼 쉽게 사라지니
20 하루도 넘기지 못하고 티끌이 되어
기억에서 영원히 사라지리라.
21 그 천막들의 줄을 거두면
모두들 하릴없이 죽어가리라."

5 자, 부르짖어 보게, 그 누가 대답하는가?
하늘에 있는 거룩한 이들 가운데 누구에
게
자네는 자네의 얼굴을 돌리려는가?
2 어리석은 자는 투덜거리다가 망하고
철없는 자는 화를 내다가 죽는다네.
3 나도 어리석은 자가 뿌리를 뻗어가는 것
을 보기는 했네만
그의 집은 삽시간에 망하고 말았네.
4 그의 아들들이 도움받을 곳이 없어
성문에서 몰매를 맞아도 살려줄 사람조
차 없었네.
5 그들이 거둔 것은 굶주린 자가 먹어 치우
고
하느님께서 그들의 이빨에서 빼앗아 내
시니
목마른 자들이 그의 재산을 삼켜버렸네.
6 땅에서 불행이 솟아나는 일 없고
흙에서 재앙이 돋아나는 일도 없으니
7 재난은 사람이 스스로 빚어내는 것,
불이 불티를 높이 날리는 것과 같다네.
8 내가 만일 자네라면
나는 하느님을 찾겠네. 그리고
모든 것을 하느님께 맡기겠네.
9 측량할 수 없이 큰일을 하시고
헤아릴 수 없이 놀라운 일을 하시는 이,
10 땅에 비를 내리시고
들에 물을 쏟으시는 이,
11 낮은 자를 높이시고
억눌린 자에게 해방의 기쁨을 주시는 이,
12 교활한 자의 꾀를 부수시고
아무것도 이루지 못하게 하시는 이,
13 그가 슬기롭다는 자들을 그들의 계교로
잡아
그 간교한 꾀를 깨뜨리시면
14 그들은 대낮에도 어둠에 싸여
한낮을 밤중인 양 더듬거린다네.
15 그가 그들의 입에서 고아를 빼내시고
그 손아귀에서 가난한 자를 건져주시니,
16 천대받는 자가 다시 희망하게 되고
불의한 자는 스스로 입을 막지 않을 수 없
네.
17 여보게, 하느님께 매를 맞는 일이야 즐거
운 일 아닌가!
그러니 ㉠전능하신 분의 교훈을 물리치지
말게.
18 찌르고 나서 싸매 주시며
때리고 나서 낫게 해주시는 이,
19 그가 여섯 가지 곤경에서 자네를 건져주
시리니
일곱 가지 일에서도 재난이 자네를 건드
리지 못할 것일세.
20 흉년이 들어도 죽음에서 건져주시고
싸움이 벌어져도 칼끝에서 건져주실 것
일세.
21 쏟아지는 저주도 막아주시리니
달려드는 ㉡귀신도 무섭지 않겠지.
22 약탈과 기근을 웃어 넘길 수 있으며
들짐승도 두렵지 않을 것일세.
23 자네는 ㉢들귀신들과 휴전하고
야수들과 평화를 누리겠지.
24 자네의 장막에는 다시 평화가 깃들이고
목장을 찾을 때 아무것도 잘못되지 않았
음을 알게 될 것일세.
25 자녀들이 마구 불어나
후손들이 푸성귀처럼 번지는 것을 보게
되겠고
26 자네는 무덤에 이르도록 건장하리니
곡식이 영글어 타작 마당에 이름과 같을

㉠ 히브리어로는 사따이이다. ㉡ "멸망"이라고 옮길 수도 있다. ㉢ 밭의 돌멩이들을 가리킨다.

것일세.
27 여보게, 바로 이것이 우리가 찾아낸 것
아닌가!
아무렴, 그러니 자네도 이 말을 귀담아
들어두고
아무쪼록 마음에 새겨두게나.

욥의 첫 번째 대답

6 ◎욥이 말을 받았다.
2 아, 이 원통한 심정을 저울질하고
이 재앙도 함께 달아보았으면.
3 바닷가 모래보다도 무거우리니
나의 말이 거칠다면, 그 때문이리라.
4 전능하신 분의 화살이 몸에 박혀
나의 영혼은 그 독을 마시고 있는데
하느님의 두려움이 나를 휘몰아치는구
나.
5 뜰을 풀이 있는데 나귀가 울겠는가?
꼴이 있는데 소가 울겠는가?
6 소금을 치지 않고 싱거운 것을 먹겠는가?
멀건 ㉠흰죽에 무슨 맛이 있겠는가?
7 그런 것은 입맛에 당기지도 않는 것,
몸이 아플 때에나 먹는 것일세.
8 오, 나 청을 올릴 수 있어
하느님께서 나의 그 소원을 이루어주신
다면,
9 그리하여 나를 산산이 부수시고
손을 들어 나를 죽여주신다면,
10 차라리 그것으로 나는 위로를 받고
견딜 수 없이 괴롭지만, 오히려 기뻐 뛰
리라.
거룩하신 하느님의 말씀을 나 아직 어긴
일이 없네.
11 나에게 무슨 힘이 있어 더 견디며
무슨 좋은 수가 있겠다고 더 살겠는가.
12 나의 힘이 바위란 말인가?
나의 살이 놋쇠란 말인가?
13 나 이제 아무 의지도 없어
살아날 길이 아득하다네.
14 ㉡벗과 함께 괴로워하지 아니하는 자,
전능하신 분을 두려워하지 아니하는 자,
15 나의 형제라는 자들도 변덕이 심하기가
물이 넘쳐흐르던 사막의 개울 바닥 같네.
16 얼음이 녹아 흐르면 흙탕물이 되고
눈이 녹아 내리면 넘실거리다가도
17 더워지면 곧 마르고
뜨거워지자 자취 없이 사라지고 마네.
18 상인의 무리가 길을 버리고 물을 찾아
광야로 나섰다가는 흔적도 없어져
19 데마의 상인들이 찾아 헤매고
세바에서 온 길손들이 애를 태우지만
20 바라고 갔던 일이 어긋나
찾아간 것이 도리어 어이없듯이,
21 자네들도 나에게 그런 꼴이 되었네.
나의 무서운 몰골을 보니 소름이라도 끼
치는가?
22 내가 지금 떼라도 쓰고 있는 것인가?
"선물이라도 달라." 하였으며
"주머니를 털어 뇌물이라도 써달라." 하
였는가?
23 "원수의 손에서 건져달라.
짓누르는 자들의 손에서 빼내달라." 하였
는가?
24 좀 가르쳐주게.
내가 무슨 실수라도 했다면 깨우쳐주게.
나 입을 다물겠네.
25 진심으로 하는 말은 힘이 된다는데
자네들은 어찌하여 나무라기만 하는가?
26 남의 말꼬투리나 잡으려 하는가?
절망에 빠진 자의 말은 바람에 불려가는
소리,
27 자네들은 고아를 놓고 제비라도 뽑겠군.
친구를 장삿속으로 팔기라도 하겠군.
28 제발 이리로 얼굴을 돌려주게.
자네들의 얼굴을 쳐다보며 속이기야 하
겠는가!
29 돌아와 주게.
너무 억울하게 대하지 말게나.
어서들 돌아와 주게.
나에게는 아무 잘못도 없다네.
30 내 혀에 거짓이라도 묻어 있다는 말인가?
내 입은 이미 쓴 맛도 모르게 되었다는 말
인가?

7 인생은 땅 위에서 고역이요
그의 생애는 품꾼의 나날 같지 않은가?
2 해 지기를 기다리는 종과도 같고
삯을 기다리는 품꾼과도 같지 않은가?
3 달마다 돌아오는 것은 허무한 것일 뿐,
고통스런 밤만이 꼬리를 문다네.
4 누우면 "언제나 이 밤이 새려나." 하고
기다리지만
새벽은 영원히 올 것 같지 않아

㉠ "달걀 흰자위"라고 옮길 수도 있다. ㉡ "괴로운 나머지 전능하신 분을 저버린 자에게 벗이라면 동정을 베풀어야 하지 않겠는가?"로 옮길 수도 있다.

밤이 새도록 뒤척거리기만 하는데,
5 나의 몸은 구더기와 때로 뒤덮이고
나의 살갗은 굳어졌다가 터지곤 하네.
6 나의 나날은 베틀의 북보다 빠르게
덧없이 사라져가고 만다네.

욥의 기도

7 잊지 마십시오.
이 목숨은 한낱 입김일 뿐입니다.
이 눈이 어찌 다시 좋은 일을 보겠습니까?
8 나는 이미 누구의 눈에도 보이지 않게 되어
당신의 눈이 나를 찾으신다 하여도
이미 자취도 없을 것입니다.
9 구름이 사라져 없어지듯
지하로 내려가는 자, 어찌 다시 올라오겠습니까?
10 자기 집에 다시 돌아올 수도 없고
그가 살던 곳 역시 그를 알아보지 못할 것입니다.
11 그런데 나 어찌 입을 다물고만 있겠습니까?
가슴이 메어 하소연하고
마음이 아파 울부짖지 않을 수 없사옵니다.
12 내가 바다입니까?
바다의 괴물입니까?
어찌하여 파수꾼을 세워 이 몸을 지키십니까?
13 침상에라도 누우면 편안하고
잠자리에라도 들면 고통을 잊을까 했더니
14 어찌하여 무서운 꿈과 몸서리쳐지는 환상으로
나의 단잠을 깨우십니까?

15 견딜 수 없는 이 고통을 당하느니
차라리 숨통이라도 막혔으면 좋겠습니다.
16 언제까지나 살 것도 아닌데
제발 좀 내버려두십시오.
나의 나날은 한낱 입김일 따름입니다.
17 사람이 무엇인데, 당신께서는 그를 대단히 여기십니까?
어찌하여 그에게 신경을 쓰십니까?
18 어찌하여 아침마다 그를 찾으시고
잠시도 쉬지 않고 그에게 시련을 주십니까?
19 끝내 나에게서 눈을 떼시지 않으시렵니까?
침 삼킬 동안도 버려두시지 않으시렵니까?
20 사람을 감시하시는 이여,
내가 죄를 지었다고 해서
당신께 무슨 큰 손해라도 된단 말씀입니까?
어찌하여 나를 당신의 과녁으로 삼으십니까?
어찌하여 내가 당신께 짐이 된단 말씀입니까?
21 어찌하여 나의 죄를 용서하시지 않으십니까?
죄악을 벗겨주시지 않으십니까?
나 이제 티끌 위에 누우면
당신께서 아무리 찾으신다 하여도
이미 없어졌을 것입니다.

빌닷의 첫 번째 충고

8 ◎수아 사람 빌닷이 말을 받았다.
2 언제까지 그런 투로 말하려는가?
자네 입에서 나오는 말은 마치 바람 같네그려.
3 하느님께서 바른 것을 틀렸다고 하시겠는가?
전능하신 분께서 옳은 것을 글렀다고 하시겠는가?
4 자네 아들들이 그분께 죄를 지었으므로
그분께서 그 죗값을 물으신 것이 분명하네.
5 그러니 이제라도 자네는 하느님을 찾고
전능하신 분께 은총을 빌게나.
6 자네만 흠이 없고 진실하다면
이제라도 하느님께서는 일어나시어
자네가 떳떳하게 살 곳을 돌려주실 것일세.
7 처음에는 보잘것없겠지만
나중에는 훌륭하게 될 것일세.

8 옛 어른들에게 물어보게나.
선조들이 찾았던 길을 깨쳐보게나.
9 태어난 지 하루도 되지 않은 우리가
안다면 무엇을 알겠는가?
땅 위에 사는 우리의 수명은 그림자와도 같은 것,
10 그들이 가르치고 일러준 말을 배우고
깊이 생각하여 한 말들을 되새겨보게.
11 "왕골이 수렁 아닌 곳에서 자라나느냐?

갈대가 물 없는 곳에서 자라나느냐?
12 돋아난 지 얼마 되지 않아, 아직 벨 때도
아닌데
그것들은 다른 풀보다도 쉽게 말라버린
다.
13 하느님을 잊은 자의 말로도 이와 같으니
하느님 두려운 줄 모르는 자의 희망은 부
서지리라.
14 그의 신념은 실오라기에 지나지 아니하
고
그의 확신은 거미줄에 지나지 아니하는
것,
15 기대어 선 제 집마저 쓰러지니
붙들어 보아야 넘어가고 말리라."
16 햇빛 아래 서 있는 싱싱한 풀포기,
이 동산 저 동산에서 싹을 틔우고
17 돌무더기 틈으로 뿌리를 뻗어
돌과 돌 사이에서 자라다가도
18 거두어버리면 이내 시들어,
저 섰던 자리마저 외면하고
"나 너를 본 적이 없다." 하고 모르는 체
한다네.
19 결국 길가에서 썩어버리고
그 땅에는 다른 싹이 돋아나겠지.
20 하느님은 허물없는 자를 물리치시지 아
니하시고
악한 자의 손을 잡으시지도 아니하신다
네.
21 자네 입에 다시 웃음을 채우시면,
입술은 즐거워 소리치게 되겠지.
22 자네를 미워하던 자가 도리어 망신을 당
하고
악한 자의 장막은 간 곳 없게 될 것일세.

욥의 두 번째 답변 : 하느님 앞에서 느끼는 인간의 죄책

9 ◎욥이 다시 말을 받았다.
2 물론 그렇지, 나도 그런 줄은 알고 있네.
하느님 앞에서 죄없다고 할 사람이 어디
에 있겠는가?
3 그와 맞서볼 생각이 있다 하여도
천 마디 물음에 한마디도 대답할 수 없겠
지.
4 ㉠하느님은 생각이 깊으시고 힘이 강하신
데
그 누가 그와 겨루어 무사하겠는가?
5 멧부리들을 아무도 모르게 밀어내시고
홧김에 산을 뒤엎으시는 이,
6 기둥들이 마구 흔들리도록
땅을 그 바닥째 흔드시는 이,
7 해를 보고 솟아나지 말라 명령하시고
별들을 봉해 버리시는 이,
8 홀로 하늘을 펼치시고
바다의 물결을 밟으시는 이,
9 북두칠성과 삼성을 만드시고
묘성과 남방의 밀실을 만드신 이,
10 측량할 수 없이 크신 일을 하시고
헤아릴 수 없이 놀라운 일을 하시는 이,
11 그가 내 앞을 스쳐 가시건만 보이지 않고
지나가시건만 알아볼 수가 없네.
12 그가 빼앗으시는데 누가 빼앗기지 않을
수 있으며
"왜 이러시느냐?" 하고 항거할 수 있겠
는가?
13 하느님이 진노를 풀지 아니하시면
㉡라합의 부하들도 그에게 굴복하는데
14 나 어찌 한마디인들 대답할 수 있으며
그와 맞서서 과연 무엇을 말하겠는가?
15 죄가 없다 하여도 대답할 말이 없어
다만 흑백을 가릴 분에게 은총을 빌 뿐인
데
16 내가 불러도 대답조차 아니하시니
나의 부르짖음을 들으신다고 믿을 수도
없네.
17 그는 한 오라기 머리카락 같은 일로 나를
짓밟으시고
까닭 없이 나를 해치시고 또 해치신다네.
18 숨 돌릴 틈도 주시지 않고
나의 입에 쓴 맛만 채워주신다네.
19 힘으로 해보려 하나 그는 장사요,
법으로 해보려 하나 누가 그를 불러내겠
는가?
20 나 비록 죄가 없다고 하여도
그는 나에게 죄가 있다고 하시겠고,
나 비록 흠이 없다고 하여도
그는 나의 마음 바탕이 틀렸다고 하실 것
일세.
21 나 비록 흠이 없다고 하지만
무엇이 무엇인지 모르겠네.
살아 있다는 것이 구역질 날 뿐.
22 내가 할 수 있는 말은 이 한마디,
"그는 의인을 악인과 함께 묻어버리신다
네."
23 그의 채찍에 맞아 어이없이 숨져가는데
죄없이 절망에 빠진 자를 그가 비웃으시
네.

㉠ "제 아무리 머리가 좋고 힘이 세다 하여도"라고 옮길 수도 있다. ㉡ 바다의 괴물을 뜻한다.

24 땅을 악인의 손에 넘기셨으니
재판관의 눈을 가리신 이가
그분 아니고 누구시겠는가!

욥의 원망

25 나의 생명이 경주자보다도 빨리 지나가는데
무슨 좋은 일을 볼 수 있겠습니까?
26 미끄러져 가는 갈대배처럼,
먹이를 덮치는 독수리처럼 빠르옵니다.
27 온갖 슬픔을 잊고 낯빛을 고쳐
웃음을 지어보리라고 마음먹어도
28 몰려오는 괴로움에 오히려 움츠러들기만 합니다.
당신께서 결코 나를 죄없다고 하시지는 않으시겠지요.
29 어차피 죄인 취급을 받을 바에야
어찌 공연히 이 어려움을 겪어야 한단 말씀입니까?
30 눈으로 몸을 닦고
잿물로 손을 씻어도
31 주께서 나를 다시 시궁창에 처넣으시니
나의 옷마저 내 모양을 외면합니다.

욥이 중재자를 요청함

32 그는 나와 같은 사람이 아니신데
나 어찌 그에게 말대답을 할 수 있으며
함께 재판정에 나가자고 주장할 수 있겠는가!
33 그러나 우리 사이를 중재해 줄 이가 있어
그가 우리의 어깨에 손이라도 얹어준다면,
34 나를 치시는 그 몽치를 빼앗아
다시는 두려워하지 않게 해준다면,
35 나 아무 두려움 없이 말할 수도 있겠는데
그러나 어떻게 그런 일이 나에게 있겠는가!

10 숨쉬는 일이 이다지도 괴로워서
나의 슬픔을 하느님께 아뢰고
아픈 마음을 쏟아놓지 않을 수 없구나.

욥의 기도

2 나 이제 하느님께 아룁니다.
나를 죄인으로 다루지 마소서.
어찌하여 이런 시련을 내리십니까?
그 까닭이라도 알려주소서.
3 당신께서 손수 만드신 것을
억압하고 멸시하시는 것이 기쁘십니까?
악인의 꾀가 마음에 드십니까?
4 당신의 눈은 사람의 눈과 같으시며
사람이 보는 만큼밖에는 보지 못하십니까?
5 당신의 수명은 사람의 수명과 같으시며
인간이 사는 만큼밖에는 살지 못하십니까?
6 당신께서 하시는 일이란 이 몸의 허물이나 들추어내고
이 몸의 죄나 찾아내는 것입니까?
7 당신께서는 내가 죄인이 아님을 아시고
또 아무도 이 몸을 당신의 손에서 빼낼 수 없음도 아십니다.
8 당신께서는 나를 손수 빚어 만드시고는
이제 마음을 바꾸시어 나를 없애버리시렵니까?
9 이 몸을 진흙으로 빚으셨음을 잊지 마소서.
어찌 다시 흙으로 돌려보내시려 하십니까?
10 당신께서는 이 몸을 젖같이 쏟으시어
묵처럼 엉기게 하셨고,
11 가죽과 살을 입히시고
뼈와 힘줄로 엮어주셨습니다.
12 나에게 목숨을 주시고
숨쉬는 것까지 보살펴 주셨습니다.
13 그러시면서도 속생각은 다른 데 있으셨군요.
그러실 줄 알고 있었습니다.
14 내가 죄를 짓는가 지켜보시다가
그 죄에서 풀어놓아 주시지도 아니하십니다.
15 악을 행하였다면 앙화를 받아 마땅합니다.
그러나 잘못한 일이 없다고 하여도
머리를 쳐들 수 없는 일,
아, 진저리쳐지도록 당한 이 수모가
지긋지긋하도록 괴롭습니다.
16 내가 몸을 일으키면, 당신께서는
어찌하여 사자처럼 나에게 달려드십니까?
어찌하여 계속 몰아치십니까?
17 공격에 공격을 퍼붓고
진노의 불길을 뿜으시며
계속 군대를 풀어 몰아치시니 어찌 된 일이십니까?
18 어찌하여 나를 모태에서 나오게 하셨습니까?
차라리 그 누구의 눈에도 뜨이지 않고 숨져

욥기

19 태어나지도 않았던 듯이
모태에서 무덤으로 바로 갔다면 좋았을
것을.
20 나의 수명은 이제 다 되었습니다.
좀 내버려두소서.
잠깐만이라도 밝은 날을 보게 하여주소
서.
21 잠시 후에 나는 갑니다.
영영 돌아올 길 없는 곳,
캄캄한 어둠만이 덮인 곳으로 갑니다.
22 그믐밤 같은 어둠이 깔리고
깜깜한 가운데 온통 뒤죽박죽이 된 곳,
칠흑 같은 흑암만이 빛의 구실을 하는 곳
으로 갑니다.

소바르의 충고 : "하느님의 지혜를 알아라"

11 ◎나아마 사람 소바르가 말을 받았다.
2 말이 너무 많네,
듣고만 있을 수 없군.
입술을 많이 놀린다고 하여 죄에서 풀릴
줄 아는가?
3 자네의 지껄이는 소리를 듣고 누가 입을
열지 않으며
그 빈정거리는 소리를 듣고 누가 핀잔을
주지 않겠는가?
4 자네는 말하기를, "나의 믿음은 순수하
여,
주님 보시기에도 흠이 없다." 한다마는
5 행여나 하느님께서 자네를 깨우치시려고
입을 열어 답변해 주신다면 오죽이나 좋
겠는가!
6 행여나 신비한 지혜를 열어 보여주신다
면
얼마나 좋겠는가!
그의 지혜에는 다른 면들이 감추어져 있
다네.
자네가 죄를 잊어버린 것도 바로 하느님
께서 하신 일이지.
7 자네가 하느님의 신비를 파헤칠 수라도
있단 말인가?
전능하신 분의 무한하심을 더듬을 수라
도 있단 말인가?
8 하늘보다도 높은 그것에 어떻게 미치며
저승보다도 깊은 그것을 어찌 알 수 있겠
는가?
9 그 신비는 땅 끝처럼 아득하고
그 무한하심은 바다처럼 넓다네!
10 그가 쫓아와서 고랑을 채워
불러내시는데 그 누가 거역하겠는가?
11 누구누구가 허황된 사람인지 다 알고 계
시는 이,
그가 알아보지 못할 악이 어디에 있겠는
가!
12 거짓된 사람도 제 정신이 들 때가 오는
법,
들나귀도 길이 들지 않는가!
13 이제 마음의 고삐를 잡고
그에게 손을 내밀게.
14 악에서 손을 떼고
불의를 장막에서 몰아내게.
15 그리하면 자네도 아무 거리낌없이 얼굴
을 들고
아무 두려움 없이 떳떳하게 서게 될 것일
세.
16 괴롭던 일은 다 잊혀져
흘러간 물처럼 기억에서 사라지겠지.
17 숨쉬는 나날은 대낮보다도 환해지고
어둠은 새 아침처럼 밝아질 것일세.
18 자신을 잃지 말게, 아직 희망이 있다네.
걱정 없이 마음놓고 자리에 들게.
19 자네의 단잠을 깨울 자가 없을 것이며
많은 사람이 자네 앞에서 굽실거릴 것일
세.
20 악인은 그 눈이 흐려지고
도망칠 길마저 끊기리니,
남은 희망은 숨을 거두는 일뿐이리라.

욥의 세 번째 대답

12 ◎욥이 말을 받았다.
2 참으로 자네들만이 유식하여
자네들이 죽으면 지혜도 함께 죽겠군.
3 나에게도 그만한 생각은 있다네.
자네들만큼 모르려니 생각하지 말게.
누가 그 정도의 생각도 못하겠는가?
4 ㉠하느님을 불러 대답을 듣다가
그의 벗이라는 자에게 웃음거리가 되었
고
죄없고 온전하다는 자에게 도리어 조롱
거리가 되었군.
5 태평무사한 자의 눈에는
재난에 빠진 자가 천더기로 보이고
미끄러지는 자는 밀쳐도 괜찮은 자로 보

㉠ "대답을 들으려고 하느님을 부르는 자가
친구에게 웃음거리가 되었고
죄없고 온전한 자가 도리어 조롱거리가 되었군."이라고 옮길 수도 있다.

이는 법이지.
6 강도의 장막에 도리어 평안이 깃들이고
하느님을 손아귀에 넣고 주무르는 자가
오히려 태평하다네.

7 짐승들에게 물어보게,
가르쳐주지 않나.
공중의 새들에게 물어보게,
알려주지 않나.
8 들풀에게 물어보게,
가르쳐주지 않나.
바다의 고기들도 알려줄 것일세.
9 이런 일을 한 것이 야훼의 손이 아니고 무
엇이겠는가?
세상에 그 누가 이것을 모르랴?
10 어느 동물의 목숨이 그의 손을 벗어날 수
있으며
어느 사람의 숨결이 주의 손을 벗어날 수
있겠는가?
11 귀가 말을 알아듣지 못하며
입이 맛을 구별하지 못하겠는가?
12 나이와 함께 지혜가 자라고
연륜과 함께 깨달음이 깊어가도
13 지혜와 힘은 결국 그에게서 나오고
경륜과 판단력도 그에게 있는 것,
14 그가 허무시는데 누가 다시 세우며
그가 가두시는데 누가 풀어놓겠는가?
15 그가 수문을 닫으시면 말라버리고
그가 물을 쏟으시면 땅은 온통 결딴나는
것을.
16 힘과 슬기가 그에게서 나오니
속는 자와 속이는 자가 다 그의 손 안에
있지 않은가?
17 그분은 고문관들을 맨발로 끌려가게 하
시고
재판관들을 바보로 만드시는 이,
18 임금들의 띠를 푸시고
그 허리를 포승으로 묶으시는 이,
19 사제들도 맨발로 끌려가게 하시고
유지들을 넘어뜨리시는 이,
20 도도한 자들의 입을 막으시고
늙은이들에게서 판단력을 빼앗으시는
이,
21 귀족들도 부끄러워 얼굴을 들지 못하게
하시고
용사들의 허리끈을 풀어버리시는 이,
22 어둠의 깊은 비밀을 들추어내시고
흑암을 백일하에 드러나게 하시는 이,
23 민족들을 일으키셨다가는 때려눕히시고
뻗어나게 하셨다가는 없애버리시는 이,
24 백성을 지도하는 자들의 생각을 어둡게
하시어
길 없는 거친 들을 헤매게 하시는 이,
25 한 가닥 빛도 없이 어둠 속을 더듬거리며
술 취한 사람처럼 헤매게 하시는 이.

13 여보게, 나도 모든 것을 눈으로 보았고
귀로 들어 아는 만큼 안다네.
2 자네들이 아는 만큼은 나도 알고 있으니
자네들만큼은 모르려니 생각하지 말게.
3 내가 참으로 통사정을 나누고 싶은 이는
전능하신 분,
하느님께 드릴 말씀을 다 드리려네.
4 자네들은 고작 거짓말이나 꾸며내는 사
람들,
모두들 하나같이 돌팔이 의사……
5 입을 좀 다물게.
그러는 편이 현명할 것일세.
6 나의 항변을 좀 들어보게.
나의 변론을 귀담아 들어보게.
7 그런 허튼 소리를 하느님을 위해서 한다
는 것인가?
그런 알맹이 없는 말을 그를 위해서 한다
는 것인가?
8 자네들은 그에게 아첨이라도 하고
그를 변호라도 하려는 것인가?
9 그가 자네들 속을 들추어내신다면 자신
있는가?
사람에게 하듯이 하느님까지 미혹시키려
는가?
10 그에게 아첨이나 하려는 엉큼한 생각을
품었다가는
호되게 꾸중이나 들을 것일세.
11 그의 영광을 오히려 자네들은 두려워하
게 되고
그가 무서워 부들부들 떨게 될 것일세.
12 자네들의 좌우명은 티끌 위에 쓴 격언이
요,
자네들의 답변은 흙벽돌에 쓴 답변일세.
13 잠잠해 주게나, 내가 말 좀 하겠네.

어떤 일이든 오려거든 오너라.
14 나 이를 악물고
목숨을 내걸고 맞서리라.
15 어차피 그의 손에 죽을 몸,
아무 바랄 것도 없지만
나의 걸어온 발자취를 그의 앞에 낱낱이
밝히리라.

16 이렇게 그의 앞에 나설 수 있음이
곧 나의 구원일는지도 모르는 일,
위선자는 감히 그의 앞에 설 수도 없다네.
17 그러니 나의 말을 신중히 들어주게.
내가 진술하는 말에 귀를 기울이게.
18 나 이제 재판받을 마음 준비가 다 되어 있네.
무죄로 풀려날 줄도 알고 있네.
19 그러나 만일 그 누가 나타나 나의 죄를 입증한다면
나는 말없이 사라져버릴 것일세.

욥의 기도

20 하느님, 두 가지 부탁만 들어주소서.
그리하시면, 나도 당신 앞에서 숨지 않겠습니다.
21 당신의 주먹을 거두어주소서.
당신의 진노를 거두시어 두려워 떨지 않게 하여주소서.
22 그리고 어서 말씀하소서.
서슴없이 답변하겠습니다.
아니면 내가 말씀드리겠사오니 대답하여 주소서.
23 나에게 죄악이 있다면, 얼마나 있다는 말씀입니까?
반역죄가 있다면, 어찌하여 알려주시지 아니하십니까?
24 어찌하여 나에게서 얼굴을 돌리시고
이 몸을 원수로 여기십니까?
25 어찌하여 당신은 이 낙엽 같은 것을 놀라게 하시고
이 마른 검불 같은 것을 닦달하십니까?
26 어찌하여 나에게 괴로움이 될 일들을 기록해 두시고
젊어서 저지른 잘못을 이제 유산으로 물려주십니까?
27 당신께서 나의 발에 차꼬를 채우시고
나의 걸음을 낱낱이 세시며
발바닥에는 표를 새기시다니……
28 사람이 술부대가 삭아 떨어지듯
옷이 좀먹어 떨어지듯 떨어집니다.

14 사람이란 결국 여인에게서 태어나는 것,
그의 수명은 하루살이와 같은데도
괴로움으로만 가득 차 있습니다.
2 꽃처럼 피어났다가는 스러지고
그림자처럼 덧없이 지나갑니다.
3 그런 사람에게서 살피실 일이 무엇이며
법정에서 잘잘못을 가릴 일이 무엇입니까?
4 그 누가 부정한 데서 정한 것을 나오게 할 수 있겠습니까?
아무것도 없사옵니다.
5 사람이 며칠이나 살며 몇 달이나 움직일지는
당신께서 결정하시는 일이 아닙니까?
넘어갈 수 없는 생의 마감날을 그어주신 것도 당신이십니다.
6 그러니, 이제 그에게서 눈을 돌리시고
품꾼같이 보낸 하루나마
편히 좀 쉬게 내버려두소서.
7 나무는 그래도 희망이 있습니다.
찍혀도 다시 피어나
움이 거듭거듭 돋아납니다.
8 뿌리가 땅 속에서 늙고
줄기가 흙 속에서 죽었다가도
9 물기만 맡으면 움이 다시 돋아
어린 나무처럼 가지를 뻗습니다.
10 그러나 사람은 제아무리 대장부라도
죽으면 별수없고
숨만 지면 그만입니다.
11 늪에서도 물이 마르고
강줄기라도 말라버릴 수 있듯이
12 사람은 누우면 일어나지 못합니다.
하늘이 사라지는 한이 있어도 눈을 뜨지 못하고
한번 든 잠은 깨어 일어나지 못합니다.
13 이 몸을 저승에 숨겨두시지 않으시겠습니까?
당신의 진노가 멎기까지
감추어두시지 않으시겠습니까?
때를 정해 두셨다가 다시 기억해 주시지 않으시겠습니까?
14 그러나 사람은 제아무리 대장부일지라도
죽었다가 다시 살 수 없는 일,
만일에 그렇다면, 나도 이 길고 긴 고역의 나날이 지나
밝은 날이 오기를 기다릴 수도 있으련만……
15 당신께서 불러만 주신다면 나는 대답하겠습니다.
당신께서는 손수 지으신 것이 대견스럽지도 않으십니까?
16 지금은 나의 걸음을 낱낱이 세십니다마는
나의 허물을 모르는 체하여 주실 수는 없으십니까?
17 나의 죄를 자루에 넣어 봉하시고

나의 죄악을 모두 지워주실 수는 없으십
니까?

18 그러나 산이 무너져 내리고
큰 바위가 제자리에서 밀려나듯이,
19 반석이 물결에 닳고
땅의 티끌이 폭우에 씻기듯이,
그렇게 당신은 사람의 희망을 끊으십니
다.
20 끝없이 억누르시는 당신의 힘,
벗어날 길이 없어 사람은 갑니다.
얼굴이 파랗게 질려 쫓겨갑니다.
21 자손들이 영광을 누려도 알지 못하고
비천하게 되어도 상관하지 못합니다.
22 다만 몸은 아픔으로 절었고
마음은 슬픔에 잠겼습니다.

엘리바즈의 충고

15 ◎데만 사람 엘리바즈가 말을 받았다.
2 지혜롭다는 사람이 허풍이나 떨고
그 속에 열풍이나 차 있어서야 될 말인
가?
3 쓸데없는 말이나 늘어놓고
횡설수설한다고 변명이 되겠는가?
4 자네는 신앙심 같은 것은 아예 부숴버릴
작정인가?
하느님 앞에서 반성하는 일 따위는 안중
에도 없고.
5 그런 말들은 자네의 비뚤어진 마음에서
나오는 것,
자네 혀는 용케도 그럴 듯한 말을 골라내
는군!
6 자네를 정죄한 것은 자네 입이지, 내가
아니라네.
자네 입술이 자네의 죄를 증거하고 있지
않는가?

7 세상에 태어난 첫사람이 자네란 말인가?
산들이 솟기도 전에 생겨나기라도 하였
단 말인가?
8 하느님의 회의를 엿듣기라도 하였단 말
인가?
지혜를 독점이라도 하였단 말인가?
9 우리가 모르는 무엇을 자네가 안다는 말
인가?
그 무엇을 자네는 깨닫고, 우리는 깨닫지
못했단 말인가?
10 우리 가운데는 머리가 희끗희끗하게 나
이가 들어
자네 어르신네보다도 연만하신 이가 있
지 않은가?
11 하느님의 위로 가지고는 안 되겠단 말인
가?
우리의 부드러운 말 가지고는 어림도 없
단 말인가?
12 어찌하여 이렇게 진정하지 못하는가?
어찌하여 이렇게 눈을 치뜨고 극성인가?
13 어찌하여 하느님과 맞서 화를 내고
입에서 나오는 대로 그렇게 지껄여대는
가?
14 죽을 인생이 어찌 깨끗할 수 있겠는가?
여인에게서 난 사람이 어찌 죄없을 수 있
겠는가?
15 하늘에 있는 거룩한 자들 중에도
하느님께 신뢰받을 만한 자 없고
하늘마저도 당신 보시기에 깨끗하지 못
한데,
16 하물며 구역질나도록 썩고
악을 물 마시듯 하는 사람이랴!
17 나 자네에게 이를 말이 있네, 좀 들어보
게.
내가 이 눈으로 본 것을 들려주겠네.
18 현자들도 같은 말을 했다네.
이것은 그들의 선조 때부터 공개된 사실
이라네.
19 땅은 온통 그들의 차지,
낯선 사람은 얼씬도 못했네.
20 악한 자의 일생은 괴로움의 연속이요
폭력배의 수명은 하루살이라,
21 위험 신호가 귓가에서 맴돌아도
괜찮겠지 하다가 졸지에 맞아죽어 가는
구나.
22 흑암에서 헤어나기를 바랄 수 없고
칼에 맞을 운명을 끝내 벗어나지 못하네.
23 어디 가면 먹을 것이 있을까 찾아 헤매면
서도
속으로는 갈 데까지 다 간 줄 뻔히 아는
신세.
24 죽을 날이 생각나서 부들부들 떨고
불안과 초조가 폭군처럼 덮치자 어쩔 줄
을 모르는구나.
25 하느님과 맞서 주먹을 휘두르고
전능하신 분 앞에서 으스대고도 어찌 그
렇지 않으랴?
26 목을 세우고, 무거운 방패를 들고
감히 하느님께 달려들다니……
27 얼굴에는 개기름이 흐르고
뱃가죽이 두꺼워진 것들,

28 폐허가 된 도시들을 차지하고
임자 없는 집에 자리를 잡는다마는
그것도 결국은 무너지게 마련이라,
29 그의 재산은 불어나지도, 오래 붙어 있지도 않아
땅에 뿌리를 전혀 뻗지 못하네.
30 어둠에서 벗어날 길이 없고
새싹은 불길에 타버리며
꽃은 바람에 불려가는구나.

31 터무니없는 것을 믿지 말게.
잡히는 것은 오직 바람일 뿐,
32 때도 아닌데 종려나무가 시들어
그 이파리에 물기가 다시 오르지 못하듯이,
33 익지도 않은 포도송이가 마구 떨어지고
올리브 꽃이 무더기로 지듯이,
34 위선자의 무리는 그 씨가 마르고
뇌물을 좋아하는 자의 천막은 타버린다네.
35 불행의 씨를 배었으니 낳을 것은 재난뿐,
뱃속에 든 것이란 다만 허황된 것이 아니겠는가?

욥의 답변 : 불의한 인간과 의로운 하느님

16 ◎욥이 말을 받았다.
2 그런 소리는 귀에 못이 박힐 정도로 들었네.
자네들이 한다는 위로는 기껏해야 괴로움을 줄 뿐,
3 그 헛된 말은 끝도 없는가?
자네들은 도대체 무슨 속셈으로 그런 말을 하는가?
4 자네들이 내 처지에 있다면
나도 분명히 자네들과 같은 말을 했을 것일세.
기가 막혀 머리를 저으면서
근사한 말을 늘어놓았을 테지.
5 입에 침이 마르도록
격려하는 말을 했을 테지.

6 아무리 말을 해보아도, 이 괴로움 멎지 않고
입을 다물어보아도, 이 아픔 가시지 않는구나.
7 하느님께서 나를 만신창이로 만드셨는데
모두들 떼지어 달려들다니.
8 그가 증인으로 내 앞에 서시는데
이 야윈 모습마저 나에게 불리한 증거가 되는구나.
9 찢어 죽일 듯이 화가 나서
이를 갈며 달려드시는데,
나의 원수들은 눈을 흘기며
10 입을 벌리고 달려드네.
욕설을 퍼부으며 뺨을 후려치고
한 무리가 되어 달려드네.
11 하느님께서는 나를 악당에게 넘기시고
마침내 악인의 손에 내맡기셨구나.
12 평안을 누리던 나를 박살내시려고
덜미를 잡고 마구 치시는구나.
나를 과녁으로 삼아 세우시고
13 사방에서 쏘아대시는구나.
눈 하나 깜짝하지 않고, 나의 창자를 터뜨리시고
쓸개를 땅에 마구 쏟으시다니……
14 갈기갈기 찢고 또 찢으려고
군인처럼 달려드시네.
15 맨살에 삼베옷을 걸친 이 몸,
나의 위세는 땅에 떨어지고 말았구나.
16 눈물로 범벅이 된 이 얼굴,
절망의 그림자가 아른거리는 이 눈썹,
17 이 손은 폭행을 모르고
나의 기도는 순수하련만……
18 땅이여, 나의 피를 덮지 말아다오.
나의 부르짖는 소리가 쉴 곳을 마련하지 말려무나.
19 보아라, 지금 나의 증인은 하늘에 있다!
나의 보증인은 저 높은 데 있다.
20 ㉠내가 하느님께 눈물을 쏟을 때
나의 마음을 대변할 자여,
21 이웃과 이웃의 시비를 가리듯이
사람과 하느님 사이를 판가름하여 다오.
22 그래 봐야, 몇 해 되지 않아
나는 가버리리라.
다시 돌아오지 못할 그 길로!
17 나 숨이 꺼져서 수명은 다하고
황천길만 남았는데
2 조롱꾼이 밀려와 빈정거리니
그 소리에 눈앞이 캄캄해지는구나.

3 나의 보증을 서줄 이, 당신밖에 없사옵니다.

㉠ 20절은 아래와 같이 옮길 수도 있다.
"나, 하느님 앞에 눈물을 쏟는데
벗이라는 것들이 조롱을 하다니."
또는 "나의 부르짖음밖에 그 무엇이 나를 대변하랴?
그리하여 나 하느님 앞에 눈물을 쏟는다."

나의 손을 잡아줄 이, 또 어디 있겠습니까?
4 그들의 마음을 아둔하게 만드시어
내 앞에서 우쭐거리지 못하게 하여주소서.
5 제 자식은 못 먹어 눈이 멀어가는데
분깃을 받아가라고 친구들을 청한다더라고
6 사람들은 나를 두고 쑥덕공론이요,
내 얼굴에 침을 뱉네.
7 슬픔에 절어 흐려진 나의 눈,
그림자처럼 흐느적거리는 나의 몰골이여,
8 정직한 사람은 너를 보고 놀라며
순진한 사람은 그 불경스러움을 향하여 격분하겠구나.
9 그러나 의인은 가던 길을 꿋꿋이 가고
손이 깨끗한 이는 차츰 힘이 솟아나는 법,
10 더 할 말이 있거든, 어서들 와서 말해 보게.
자네들 가운데 과연 슬기를 깨친 자 있을는지.
11 나의 생애는 끝났고
나의 계획은 물거품이 되었으며
실낱 같은 희망마저 끊기었네.
12 밤은 낮으로 바뀌고
빛이 어둠을 밀어낸다지만,
13 저승에 집터를 마련하고
어둠 속에 자리를 까는 일밖에
나 무엇을 더 바라겠는가?
14 구덩이를 향하여 "아버지!" 하고
구더기를 향하여 "어머니!", "누이!" 하고 부를 몸인데,
15 희망이 어디 있으며
기쁨이 어디 있겠는가?
16 어차피 나와 함께 저승으로 내려갈 수 없는 희망이요,
나와 함께 땅 속에 들어갈 수 없는 기쁨이 아닌가.

빌닷의 두 번째 충고

18 ◎수아 사람 빌닷이 말을 받았다.
2 ㉠당신들은 언제까지 입을 다물고 있을 참이오?
잘 생각하여 말 좀 해줍시다.

㉠ 아래와 같이 옮길 수도 있다.
"자네는 언제 입을 다물 참인가?
정신 좀 차리고, 우리의 말을 듣게."

3 자네에게 우리가 짐승으로 보이는가?
자네 눈에는 우리가 부정한 동물로 보이는가?
4 자네야말로 홧김에 제 몸을 물어뜯는 짐승이 아닌가?
자네는 땅을 허허벌판으로 만들고
바위를 제자리에서 밀어내기라도 할 셈인가?
5 악인의 빛은 결국 꺼지고
그의 불꽃은 빛을 잃고 마는 것,
6 그의 장막 안 빛은 사라지고
그를 비추던 등잔불은 꺼지고 마는 것,
7 그의 힘찬 발걸음은 주춤거리다가
마침내 자기 꾀에 걸려 넘어지고 마네.
8 제 발로 올가미에 걸려들고
스스로 함정에 걸어 들어가
9 발목이 올가미에 걸려
노끈에 온몸이 묶일 운명이라.
10 땅에 묻힌 그물이 그를 기다리고 있으며
길목에 숨겨진 올가미가 그를 노리고 있네.
11 갑자기 사면에서 두려움이 몰아쳐
도망칠 틈도 없이 그를 덮쳐 누르네.
12 정력이 소멸되어
파멸의 손이 이미 옆구리를 건드리고 있는 몸,
13 살갗은 병으로 시들고
죽을 병이 사지를 파먹는 몸,
14 마음놓고 안식하던 장막에서 붙잡혀
죽음의 대왕 앞으로 끌려 나오니,
15 의인이 그의 장막에서 살려고
그 집에 유황을 뿌리네.
16 밑으로 뻗은 그의 뿌리는 마르고
위로 뻗은 그의 가지는 시들며
17 땅 위에는 그를 아는 자 하나 없고
오가는 행인 중 그 누구도 그의 이름을 모르게 되리니
18 환한 데서 어두운 데로 밀려나
땅에서 아주 쫓겨나리라.
19 겨레 가운데 그의 핏줄은 하나도 없고
그의 옛집에 살아 남은 후손도 없으리니
20 뒷집 사람이 그의 마지막을 보고 놀라고
앞집 사람도 두려워 떨리라.
21 악인의 집은 이렇듯이 비참하고

하느님을 모르는 자의 거처는 이렇게 되
고 마는 법일세.

욥의 답변

19 ◎욥이 말을 받았다.
2 자네들은 언제까지 나를 괴롭히려는
가?
언제까지 나를 말로 윽박지르려는가?
3 이렇듯이 거듭거듭 모욕하고 들볶으면서
미안하지도 않은가?
4 내가 정말 무슨 실수라도 했단 말인가?
그 허물이 아직도 가시지 않았다는 말인
가?
5 자네들은 참으로 기세등등하여
나의 잘못을 들춰내려고 하지만,
6 모르겠는가?
나를 이렇게 억누르는 이가 하느님이시
라는 것을!
나를 덮어씌운 것이 그의 그물이라는 것
을!
7 억울하다고 소리쳐도 아무 대답이 없고
호소해 보아도 시비를 가릴 법이 없네.
8 넘을 수 없는 담을 쌓아 내 앞을 막는 이
도 그요,
어둠으로 나의 앞길을 가리는 이도 그가
아니신가?
9 나에게서 명예를 빼앗은 이도 그요,
면류관을 벗긴 이도 그가 아니신가?
10 나는 그에게 사방으로 얻어맞아
이제는 영영 가버릴 몸,
그가 나무 뿌리를 뽑듯이 나의 희망을 뽑
아버리셨네.
11 눈에 불을 켜고 달려드시는 품이
나를 적수로 여기시는 것이 아닐까?
12 그가 군대를 몰고 와서 진격로를 닦고
나의 천막을 포위하셨네.
13 동기들마저 떠나가고
친지들마저 외면하는 이 신세,
14 친척과 벗들은 모르는 체하고
나의 집 식객마저 나를 잊었네.
15 계집종들도 나를 낯선 사람으로 대접하니
내가 그들에게 뜨내기로 보이더란 말인
가?
16 종들을 불러보아야 대답도 하지 않으니
이 입으로 애걸해야 할 판일세.
17 아내마저 나의 입김을 싫어하고
나의 냄새에 친형제조차 코를 막네.
18 젖비린내 나는 것들에게도 하잘것없는
존재로 보여
몸을 일으키려고만 해도 놀려댄다네.
19 흉허물 없던 벗들도 싫어하고
내가 아끼던 사람마저 발길을 끊더군.
20 뼈에 가죽만 남아
잇몸으로 겨우 연명하는 이 신세,
21 벗들이여, 불쌍하고 가련하지 아니한가?
하느님의 손이 나를 치셨는데
22 어찌하여 자네들마저 하느님처럼 나를
구박하는가?
그만큼 헐뜯었으면 직성이 풀릴 만도 하
지 않은가?

23 아, 누가 있어 나의 말을 기록해 두랴?
누가 있어 구리판에 새겨두랴?
24 쇠나 놋정으로 바위에 새겨
길이길이 보존해 주랴?
25 나는 믿는다, 나의 변호인이 살아 있음
을!
나의 후견인이 마침내 땅 위에 나타나리
라.
26 나의 살갗이 뭉그러져
이 살이 질크러진 후에라도
27 나는 하느님을 뵙고야 말리라.
나는 기어이 이 두 눈으로 뵙고야 말리라.
내 쪽으로 돌아서신 그를 뵙고야 말리라.
그러나 젖먹던 힘마저 다 빠지고 말았구
나.

28 자네들은 어떻게든지 나를 몰아세울 작
정이군.
결국 문제는 나에게 있다는 것이겠지.
29 그러나 칼에 맞지 않기 위하여 조심해야
할 것은
오히려 자네들일지도 모르네.
칼에 맞을 죄가 어디에 따로 있다던가?
시비곡직을 가리는 재판이 끝내 없겠는
가?

소바르의 두 번째 충고

20 ◎나아마 사람 소바르가 말을 받았다.
2 마음이 설레어, 대답하지 않고는
답답하여 견디지 못하겠네.
3 나더러 들으라고 하는 꾸지람이
사실은 나를 모욕하는 것,
그러나 거기에 대답할 말들을 나는 속으
로부터 알고 있네.
4 그래, 자네는 도무지 몰랐더란 말인가?

사람이 땅에 처음 나타나던 한 옛날부터

5 악인의 웃음 소리란 금방 멎는 것이요,
위선자의 즐거움이란 찰나에 사라진다는
것을.
6 하늘을 찌를 듯 우쭐하고
그 머리가 구름에 닿을 듯하다가도
7 짐승의 마른 똥같이 단번에 날아가 버려
친지들조차 그의 행방을 모르게 된다는
것을.
8 아무도 찾을 수 없이 꿈처럼 날아가고
밤의 환상처럼 사라진다는 것을.
9 그를 살피던 눈에 다시는 뜨이지 않고
몸담아 살던 곳에도 다시는 나타날 수 없
는 몸,
10 그에게 착취당한 자들에게는
그의 자녀들이 보상해 주어야 하고
그가 빼앗은 재물은 그의 후손들이 물어
주어야 하며
11 그의 뼈 마디마디에서 넘치던 젊음도
이제는 그와 함께 땅에 잦아들고 만다네.
12 악을 씹어 단맛을 즐기고
혀 밑에서 살금살금 녹이면서
13 아까워서 내뱉지 못하고
입 속으로 우물거리고 있지만
14 그러나 뱃속에서 그 음식은 썩어
뱀의 독으로 변한다네.
15 집어삼켰던 재산은 아니 토해낼 수 없는
것,
하느님께서 밀어내시는데 어찌겠는가?
16 뱀의 독을 빨고
독사의 혀에 물려죽을 몸,
17 올리브 기름이 흐르는 도랑,
젖과 꿀이 흐르는 개천들을 볼 생각은 아
예 말게나.
18 애써 얻은 것을 먹지도 못하고 돌려줘야
하며
장사해서 얻은 재산으로 재미도 보지 못
하리니
19 빈민들을 억눌러 들볶고 남이 지은 것을
빼앗기나 하면서
자기는 어찌 무사하리요?
20 먹어도 먹어도 배부르지 아니하고
긁어 모은 재산에 얽매여 꼼짝없이 망한
다네.
21 남아날 것 없이 마구 집어삼키고
어찌 자기의 영화가 오래 가리라고 믿겠
는가?
22 남아 돌아 흥청대다가, 재난이 밀어닥치
면
갑자기 옹색하게 되고 만다네.
23 배를 채우려거든 채우게. 그러나
진노의 불길이 떨어지고
죽음의 화살이 쏟아져 내려,
24 철무기를 피하면
놋화살에 맞아
25 화살은 등을 뚫고
시퍼런 창끝은 쓸개를 터뜨릴 터인데
어찌 두렵지 않겠는가?
26 앞에서 그믐밤 같은 어둠이 도사리고
풀무질도 없이 타오르는 불길이 삼킬 듯
달려들어
천막에 남은 식구들까지 모두 사를 것일
세.
27 하늘은 그의 죄악을 폭로하러 나서고
땅은 그의 죄상을 증언하러 나서리니
28 하느님의 진노가 터지는 날,
그의 집은 홍수에 쓸려가고 말 것일세.
29 죄인이 하느님에게서 받을 분깃은 바로
이것,
이것이 하느님에게 물려받을 유산 아닌
가?

욥의 답변

21 ◎욥이 말을 받았다.
2 내 호소를 좀 들어다오.
들어주는 것만이 위로가 되겠네.
3 좀 참아다오, 나 말 좀 하리라.
나의 말이 끝나거든 비웃게.
4 내가 지금 사람에게 불평하고 있는가?
내가 짜증을 부린다면, 까닭이 있지 않겠
는가?
5 나를 쳐다보게나.
기가 막혀 열린 입이 닫히지 않을 것일세.
6 나도 그 생각만 하면, 미칠 것 같네.
몸에 소름이 다 끼치네.

7 악한 자들이 오래 살며
늙을수록 점점 더 건강하니 어찌 된 일인
가?
8 자식들이 든든히 자리를 잡고
후손들이 잘사는 것을 보며 흐뭇해 하지
않는가?
9 그들의 집은 태평무사하여 두려워할 일
이 없고
하느님에게 매를 맞는 일도 없지 않는가?
10 황소는 영락없이 새끼를 배게 하고
암소는 유산하는 일이 없더군.
11 개구쟁이들을 양 새끼처럼 풀어놓으면,
그 어린것들이 마구 뛰어 놀며

12 소구를 두드리고 거문고를 뜯으며 노래하고
피리소리를 들으며 흥겨워하지 않는가?
13 일생 행복하게 지내다가
고요히 지하로 내려가더군.
14 기껏 하느님께 한다는 소리가
"우리 앞에서 비키시오.
당신의 가르침 따위는 알고 싶지도 않소.
15 전능하신 분이 다 무엇인데 그를 섬기며
무슨 먹을 것이 있겠다고 그에게 빌랴!"
16 자기의 행운을 수중에 넣은 자들,
그 악한 자들의 생각이 어찌 하느님의 생각과 같으랴.
17 이러한 악인의 등불이 자주 꺼지던가?
재난이 그에게 떨어지던가?
하느님께서 진노하시어 벌을 내리시던가?
18 그들은 바람에 날리는 검불과 같으며
삽시간에 폭풍에 쓸려가는 지푸라기와 같다고 하지만,
19 "하느님께서는 아비에게 줄 벌을 남겨두셨다가
그 자식들에게 내리신다." 하지만
그게 어디 될 말인가?
본인이 받을 줄로 알아야지.
20 제 파멸은 제 눈으로 보아야 하고
전능하신 분께서 내리시는 사약은 본인이 마셔야지.
21 살 만큼 살고 죽은 뒤에
집안이 어찌 된들 무슨 상관이 있겠는가?
22 그러나 하늘 높은 곳에 있는 자들을 심판하시는 하느님,
그분을 깨우쳐드릴 사람이 어디에 있으랴?
23 숨질 때까지 기운이 뻗쳐
태평무사한 나날을 보내며
24 뱃가죽에는 기름이 돌고
뼛골이 싱싱한 사람이 있는가 하면
25 쓰라린 가슴을 안고 숨을 거두는 사람,
행복이란 맛도 보지 못한 사람이 또한 있지 아니한가?
26 모두 티끌 위에 누우면
하나같이 구더기가 득실거릴 터인데.

27 자네들 속을 나는 잘 알고 있네.
나를 때려잡을 것처럼 무슨 꿍꿍이속인가?
28 "양반들이 살던 집이 어디 있으며
불의한 자들의 천막이 어디 있느냐?" 한다마는
29 견문이 넓은 사람에게 물어보지도 못하였는가?
말귀도 알아듣지 못하였는가?
30 재난이 밀어닥치는 날, 악인은 난을 피하고
하느님께서 분노를 터뜨리시는 날,
그는 살아 남는다고 하지 않던가?
31 장본인 앞에서 그의 과거를 폭로할 사람이 있던가?
그가 한 일의 배상을 받아낼 사람이 과연 있던가?
32 무덤으로 실려가면
무덤지기가 있어 지켜주며
33 언덕의 흙을 따뜻이 덮어주고
조객은 줄을 지어 뒤를 따를 것일세.
34 그런데 자네들은 어쩌자고 바람 같은 말로
나를 위로하려고 하는가?
자네들의 말대답이란 속임수에 지나지 않네.

엘리바즈의 세 번째 충고

22 ◎데만 사람 엘리바즈가 말을 받았다.
2 하느님께서 장사의 힘을 빌려야 하겠다는 말인가?
슬기로운 사람의 덕이라도 입으셔야겠다는 말인가?
3 자네가 올바르게 산다고 하여 그것이
전능하신 분께 무슨 대단한 일이 되겠는가?
자네가 흠없이 산다고 하여 그것이
하느님께 무슨 유익이 되겠는가?
4 하느님께서, 당신을 공경하였다고 해서
자네를 꾸짖으시고 재판에 붙이시는 것인가?
5 자네가 저지른 죄는 너무나도 많아
이루 다 셀 수 없지 않은가?
6 한 피 받은 동기의 재산을 마구 빼앗고
헐벗은 이의 옷을 벗기며
7 기진맥진한 사람에게 물 한 모금 주지 아니하고
굶어 죽는 사람에게 먹을 것을 주지 않더니,
8 주먹이 세다고 하여 땅을 차지하고는
세도가 있다고 하여 그 차지한 땅에서 거들먹거리면서
9 과부를 알몸으로 쫓아내고
고아들의 팔을 꺾더니,

10 그러고도 어찌 올가미를 벗어나며
갑자기 덮치는 무서운 일을 피할 수 있겠
는가?
11 어둠이 밀려오면 앞이 캄캄해지고
홍수에 휘말리는 것도 그 때문이 아닌가?
12 하느님께서는 하늘 높이 계시어
아득히 높은 별들을 내려다보고 계시는
분,
13 그런데 자네는 감히 비웃는구나.
"하느님이 안다면 무엇을 알랴.
어둠에 싸여 있으면서 무슨 심판을 하랴!
14 구름에 가리워 아무것도 보지 못하며
하늘 가를 서성거리고 있으면서……"
15 악인들이 가던 그 옛길,
자네는 아직도 그 길을 걸으려는가?
16 그들은 때도 아닌데 덜미를 잡히고
삶의 터전을 강물에 떠내려 보냈다네.
17 그들은 하느님께, "썩 비키시오.
전능하신 분이 우리를 어찌하겠다는 거
요?" 하며 빈정거렸고
18 하느님을 제쳐놓고 일을 꾸몄는데도
하느님께서는 그 악한들의 집을 좋은 것
으로 채워주셨단 말일세.
19 그러나 의인은 그들이 망하는 것을 보고
기뻐하며
순진한 사람은 그들을 비웃게 될 것일세.
20 "그들의 재산은 말끔히 없어지고
쓰다 남은 것은 불에 타버리는구나."

21 그러니, 이제 하느님과 화해하고 가까워
지게나.
그리하면 정녕 복이 돌아오리니,
22 그의 입에서 나오는 가르침을 받고
그의 말씀을 속 깊이 새겨두게.
23 겸손하게 전능하신 분께 돌아오고
장막에서 온갖 거짓을 몰아내게.
24 금을 땅에 내버리고
오빌의 정금을 냇가의 돌틈에 버린다면,
25 전능하신 분께서 금처럼 귀중하게 보이고
순은처럼 빛나 보일 것일세.
26 전능하신 분께서 자네의 즐거움이 되어
하느님께 얼굴을 쳐들게 될 것일세.
27 그에게 빌면 정녕 들어주시리니
자네는 서원한 대로 바칠 수 있게 될 것일
세.
28 마음먹은 일은 무엇이든지 다 이루어지고
앞길은 환하게 빛날 것일세.
29 하느님께서는 거만한 자를 누르시고
겸손한 자를 도와주신다네.
30 그는 무죄한 사람을 풀어놓으시는 분,
그러니 자네도 손만 깨끗하다면 풀려날
것이 아닌가?

욥의 답변

23 ◎욥이 말을 받는다.
2 오늘 또 이 억울한 마음 털어놓지 않
을 수 없고
그의 육중한 손에 눌려 신음 소리조차 내
지 못하겠구나.
3 그가 어디 계신지 알기만 하면,
당장에 찾아가서
4 나의 정당함을 진술하겠네.
반증할 말도 궁하지는 않으련만.
5 그가 무슨 말로 답변하실지를 꼭 알아야
겠기에
그 하시는 말을 하나도 놓치지 않고 들어
야겠네.
6 ㉠그가 온 힘을 기울여 나를 논박하실까?
아니, 나의 말을 듣기만 하시겠지.
7 그러면 나의 옳았음을 아시게 될 것이고
나는 나대로 승소할 수 있을 것일세.
8 그런데 앞으로 가보아도 계시지 않고
뒤를 돌아보아도 보이지 않는구나.
9 왼쪽으로 가서 찾아도 눈에 뜨이지 아니
하고
오른쪽으로 눈을 돌려도 보이지 않는구
나.
10 그런데도 그는 나의 걸음을 낱낱이 아시
다니.
털고 또 털어도 나는 순금처럼 깨끗하리
라.
11 나의 발은 그의 발길을 따라
그가 가시는 길을 한 발짝도 벗어나지 않
았네.
12 그의 입술에서 흘러나온 계명은 저버린
일이 없으며
그의 입에서 나온 말은 마음 깊숙이 간직
해 두었네.
13 그러나 그가 결정하시면 아무도 돌이킬
수 없고
그가 계획하시면 기어이 이루어지고야
마는 것,
14 그의 모든 계획이 다 시행되었듯이
나에게 내리신 형도 집행하시겠지.

㉠ "제발 변호사를 내세워 변론하시지 마시고
당신께서 친히 나의 변론을 들어주셔야 할 터인데."라고 옮길 수도 있다.

15 그러니 어찌 그의 앞에 나서는 것이 두렵
지 않겠는가?
생각만 해도 떨리는구나.
16 하느님 앞에서는 가슴이 철렁 내려앉고
전능하신 분 앞에서는 간담이 서늘해지
는구나.
17 차라리 온통 어둠에 싸여,
나의 얼굴이여, 흑암 속에 묻혀라.

24 전능하신 분께서 어찌하여 재판날을
밝히시지 않는가?
그와 가까운 자에게 어찌하여 그 날을 감
추시는가?
2 ㉠악한 자들은 지계표를 멋대로 옮기고
남의 양떼를 몰아다가 제 것인 양 길러도
좋고
3 고아들의 나귀를 끌어가고
과부의 소를 저당잡아도 되는가.
4 가난한 사람들을 길에서 밀쳐내니
흙에 묻혀 사는 천더기들은 아예 숨어야
하는가.
5 들나귀처럼 일거리를 찾아 나가는 모습
을 보게.
행여나 자식들에게 줄 양식이라도 있을
까 하여
광야에서 먹이를 찾아 헤매는 저 모양을
보게.
6 악당들의 밭에서 무엇을 좀 거두어보고
악인의 포도밭에서 남은 것을 줍는 가련
한 신세,
7 걸칠 옷도 없이 알몸으로 밤을 새우고
덮을 것도 없이 오들오들 떨어야 하는 몸,
8 산에서 쏟아지는 폭우에 흠뻑 젖었어도
숨을 곳도 없어 바위에나 매달리는 불쌍
한 저 모습을 보게.

9 아비 없는 자식을 젖가슴에서 떼어내고
빈민의 젖먹이를 저당잡아도 괜찮은가,
10 걸칠 옷도 없이 알몸으로 나들이를 해야
하고
빈 창자를 움켜잡고 남의 곡식단을 날라
야 하는 신세,
11 악인들의 돌담 사이에서 기름을 짜며
포도 짜는 술틀을 밟으면서 목은 타오르
고
12 죽어가는 자의 신음 소리와
얻어맞아 숨이 넘어갈 듯 외치는 소리가
도시마다 사무치는데
하느님은 그들의 호소를 들은 체도 아니
하시네.
13 악인은 떳떳한 생활을 꺼려하여
밝은 길을 알아보려고도 하지 않고
14 그 길을 따라 살려고도 않는 자들,
해만 지면 살인자가 활개를 치며
빈민과 가난한 자들을 죽이려 찾아다니
고
밤만 되면 도둑이 판을 치는 세상,
15 남의 아내를 넘보는 눈은 어둠을 기다리
며
"아무도 나를 보지 못한다." 하며 얼굴을
가리는 무리,
16 어둠을 타서 남의 집을 뚫고 들어가며
낮이면 틀어 박히는, 모든 빛을 외면한
족속,
17 ㉡한밤중이 그들에게는 아침인가
짙은 어둠 속에서 온갖 무서운 일을 자행
하는 무리.㉢
25 그렇지 않은가?
내가 거짓말쟁이요, 허풍이나 떠는 자임
을
증명할 사람 있거든 나서게.

빌닷의 세 번째 충고

25 ◎수아 사람 빌닷이 말을 받았다.
2 그가 다스리시는데 어찌 두렵지 않
겠는가!
그는 하늘 높은 곳에서 평화를 펴시는 분,
3 그의 군대는 이루 헤아릴 수 없으니
㉣그의 복병의 공격을 누가 피하겠는가?
4 하느님 앞에서 그 누가 죄없다 하겠는가?
여인에게서 난 사람이 어찌 순결할 수 있
겠는가?
5 그의 눈에는 달빛도 빛이라고 할 수 없고
별들도 맑다고 할 수 없는데
6 하물며 구더기 같은 인생이랴.
벌레 같은 사람이랴!

26 5㉤저 땅 밑에서 그림자처럼 흐느적거
리는 자들,
바다와 그 속에 갇혀 있는 자들이 어찌 떨
지 않으랴!

㉠ 칠십인역을 따라 "악한 자들"을 넣었다.
㉡ "아침이 그들에게는 무시무시한 밤,
날이 새면 밤의 무서움에 휩싸인다."라고 옮길 수도 있다.

㉢ 18-24절은 27:23 뒤로 옮겼다. ㉣ 히브리어 본문: "그의 빛을 받지 않은 자, 어디 있으랴." ㉤ 1-4절은 14절 뒤로 옮김.

욥기

6 그의 앞에서는 저승도 벌거숭이,
죽음의 나라도 그대로 드러나네.
7 북녘에 있는 당신의 거처를 공허 위에 세
우시고
땅덩어리를 허공에 달아놓으신 이,
8 뭉게구름으로 물을 싸두셨는데
그 물의 무게에 구름이 터지는 일도 없네.
9 구름을 밑에 깔아
당신의 보좌를 가리시고
10 물의 표면에 둥근 금을 그으시어
빛이 끝나고 어둠이 시작되는 곳을 표시
하셨네.
11 하느님께서 꾸짖으시면
하늘을 받친 기둥들이 놀라 흔들거리니
12 그의 힘은 바다를 잠잠케 하셨고
그의 슬기는 라합을 쳐부쉈네.
13 그의 콧김으로 하늘은 개고
레비아단은 도망치다가 그의 손에 찔려
죽었네.
14 그러나 이런 것은 거니시는 그의 옷자락
소리,
들리는 듯 마는 듯하는 그의 음성,
그런데 그의 벽력 같은 소리를 누가 알아
들을 것인가?

욥의 대답

1 ◎욥이 말을 받았다.
2 자네는 맥빠진 사람을 잘도 돕고
힘없이 늘어진 팔을 잘도 잡아주는군.
3 어리석은 자를 잘도 깨우쳐주고
묘한 길을 잘도 가르쳐주는군.
4 자네가 하는 말은 누구에게서 들은 말인
가?
자네가 내쉬는 숨결은 도대체 누구의 숨
결인가?

27 ◎욥이 계속해서 탄식하며 읊조렸다.
2 나의 옳음을 마다시는 살아 계신 하
느님의 이름으로,
나에게 고통을 주시는 전능하신 분의 이
름으로 말한다.
3 나의 입김이 끊기지 않고
하느님의 숨결이 나의 코에 붙어 있는 한,
4 나의 입술은 맹세코 거짓말을 않으리라.
나의 혀는 허풍을 떨지 않으리라.
5 내가 머리를 숙이고, 자네들이 옳다고 할
줄 아는가?
어림도 없는 일,
나 숨지기까지 결코 굽히지 않겠네.
나에게는 잘못이 하나도 없네.
6 내가 죄없다는 주장을 굽힐 성싶은가?
이 날 이 때까지 마음에 꺼림칙한 날은 하
루도 없었네.

7 나의 원수여, 불의한 사람처럼 망하여라.
나의 적수여, 악당들처럼 망하여라.
8 불경스런 자는 하느님께서 끊어버려,
그 목숨을 거두시는데
무슨 희망이 남아 있으랴?
9 재앙이 그 위에 떨어질 때
하느님께서 그의 부르짖음을 들으시랴?
10 전능하신 분께서 그의 즐거움이 되시며
그가 무슨 일을 당하든지 과연 하느님을
부를 것인가?
11 나 자네에게 하느님의 힘을 가르쳐주고
전능하신 분의 속뜻을 열어 보여주리라.
12 이런 일은 자네도 얼마든지 보아온 일,
그러고도 어찌 그렇게 헛소리만 한단 말
인가?

소바르의 마지막 답변

13 불의한 자가 하느님에게서 물려받을 분
깃을 모르는가?
포악한 자가 전능하신 분에게서 이어받
을 유산을 모르는가?
14 자식이 많으면 칼에 맞아 죽는 자식이 많
고
먹을 것이 없어 헤매는 어린것들이 많아
질 뿐,
15 ㉠살아 남은 식구래야 제대로 묻히지도
못하고
미망인들은 울 수도 없는 신세,
16 티끌처럼 은전을 쌓아 올리고
흙더미처럼 옷을 쌓아두어도
17 그가 쌓아둔 것을 의인이 입고
그의 돈은 죄없는 이가 차지할 것일세.
18 아무리 알뜰하게 집을 지어도 고작 거미
줄이요,
아무리 살뜰하게 세워도 고작 파수꾼의
초막이라,
19 흐뭇하게 여기며 드는 잠자리도 그것으
로 마지막이요,
눈을 떴을 때는 이미 돌이킬 수 없는 알거
지라네.
20 홍수처럼 몰아치는 공포와
밤에 일어나는 폭풍에 쓸려갈 몸,
21 불어오는 열풍에 번쩍 들려

㉠ "살아 남은 식구래야 병으로 죽어 묻히고"라고 옮길 수도 있다.

섰던 자리에서 날려갈 신세,
22 하느님께서 사정없이 쏘아대시는데
누가 그의 손에서 빠져 나갈 수 있으랴?
23 사람들이 손뼉치며 모여오고 휘파람을
불며 몰려오니
쥐구멍을 찾지 않을 수 없으리라.

(24) 24:18 그런 사람들은 삽시간에 물에 떠
내려 갈 것일세.
유산으로 물려받은 토지에는 천벌이 내
려
그 포도원에 발길조차 돌리지 않게 될 것
일세.
24:19 눈 녹은 물이 깡마른 더위에 말라버리듯,
죄지은 자들은 죽음의 목구멍으로 들어
가고 말겠지.
24:20 제 고장 장터마저 그를 기억하지 못하고
그의 명성을 아는 자가 모두 없어지리니
거짓은 나무처럼 쪼개지고 만다네.
24:21 돌계집을 학대하고
과부를 못살게 구는 자들,
24:22 하느님께서 이런 포악한 자들을 당신의
힘으로 휘어 잡으시리니
한번 일어나시면, 그들의 생명은 안개같
이 사라지리라.
24:23 배를 퉁기며 살도록 내버려두셔도
실상은 그의 걸음을 낱낱이 헤아리신다
네.
24:24 물거품 같은 영화는 지나가서 자취도 없
게 되고
짠나물처럼 쓰러져 뽑히고
이삭처럼 잘려버릴 것일세.

28 은을 캐어내는 광산이 있고
금을 제련하는 제련소가 있지 않는가?
2 쇠는 땅에서 파내고
구리는 광석에서 녹여내지 않는가?
3 사람은 흑암에 종지부를 찍고
깜깜하고 음침한 데서 광석을 캐내기 위
하여
땅 속 깊은 곳을 샅샅이 파헤치며
4 인가에서 멀리, 인기척도 없는 곳에 가서
갱을 뚫고 들어가네.
혼자서 대롱대롱 매달리며 극성이구나.
5 양식을 내는 땅이건만
벌집 쑤셔놓듯이 뒤범벅을 만들며
6 땅 속 바위에서
빛나는 사파이어,
번쩍이는 금가루도 파낸다네.
7 거기에 이르는 길은 독수리도 모르며
매의 눈초리도 발견하지 못하고
8 야수의 왕자도 밟아본 일 없으며
사자의 발도 닿아본 적이 없네.
9 그러나 사람은 단단한 돌산을 기어이 부
수고
산들을 뿌리째 파헤치며
10 바위를 뚫고 물길을 터
갖가지 보화를 하나도 놓치지 않을 양,
눈에 등불을 켜고
11 물줄기를 더듬어 샘을 찾아내며
숨은 것들을 활짝 드러내고야 만다네.
12 그러나 지혜는 찾을 길 없고
슬기는 만날 길이 없구나.
13 만물이 숨을 쉬는 이 땅 위에서
그 길을 찾을 생각일랑 아예 마라.
14 물 속의 용이 외친다.
"이 속에는 없다."
바다도 부르짖는다.
"나에게도 없다."
15 순금을 얼마나 주면 얻을 수 있을까!
은을 얼마나 달아주면 살 수 있을까!
16 오빌의 금 따위는 내놓지도 못하고
값진 루비나 사파이어도 그 곁에 둘 수 없
네.
17 정금이나 유리도 함께 진열할 수 없으며
순금의 세공품으로 바꿀 수도 없네.
18 산호나 수정 따위는 말도 안 되는데
지혜를 제쳐놓고 진주를 캐겠는가?
19 에티오피아의 토파즈도 가지런히 놓일 수
없으니
금이 아무리 순수하기로서니 어찌 비길
수 있으랴!
20 그런 지혜를 어디에 가서 찾겠는가?
그런 슬기를 어디에 가서 만나겠는가?
21 숨쉬는 동물의 눈에는 도무지 보이지 아
니하고
하늘을 나는 새에게조차 숨겨져 있는데
22 파멸과 죽음도 말하네.
"그런 것이 있다는 것을 풍문으로 들었을
뿐이다."
23 그러니 하느님밖에 누가 그 있는 곳을 알
며
그 곳으로 가는 길을 찾아내겠는가?
24 땅 끝까지 미치는 그의 눈길을 피하여
하늘 아래 무엇을 숨길 수 있으랴!
25 바람을 저울로 달아 내보내시며
물을 되로 되어 쏟으시고
26 비가 쏟아져 내릴 홈을 파시며
천둥이 스쳐갈 길을 내셨을 때,

27 하느님께서는 지혜를 살피시고 헤아리셨
네.
슬기를 세우시고 시험하셨네.
28 그리고 사람에게 이르셨네.
"주를 두려워하는 것이 곧 지혜요,
악을 싫어하는 것이 곧 슬기다."

욥의 마지막 독백

29 ◎욥이 탄식하며 읊조렸다.
2 지나간 옛 시절은 영영 돌아오지 않
으려나!
하느님께서 지켜주시던 그 날은 끝내 돌
아오지 않으려나!
3 하느님의 등불이 내 머리 위에서 빛나고
그의 횃불로 어둠을 몰아내며 거닐던 그
날,
4 내 나이 한창일 무렵,
하느님께서 나의 천막을 감싸주시던 그
때,
5 전능하신 분께서 나를 버리시지 않았고
아이들도 나를 에워 싸며 돌아가던 그 시
절,
6 나는 우유로 발을 씻었지.
기름이 내가 되어 바위 사이를 흘러내리
던 시절,
7 내가 성문께로 발을 옮겨
성문 앞 광장에 자리를 잡으면
8 젊은이들은 나를 보고 비켜 서고
노인들은 자리를 털고 일어났네.
9 양반들은 손으로 입을 가리고
하던 말을 삼켰으며
10 귀족들은 입천장에 혀가 붙어
소리를 죽이고
21 나의 입술이 떨어지기만 기다리며
나의 의견에 묵묵히 귀를 기울였네.
22 내가 말을 마치면 다만 그들은 고개를 끄
덕일 뿐,
나의 말은 그들 위에 방울방울 떨어졌지.
23 비를 기다리듯이 그들은 나를 기다렸고
입을 벌리고 봄비를 받아 마시듯이 하였
네.
24 내가 웃기만 해도 그들은 어리둥절하였
고
내가 미소만 지어도 으쓱해 하였는데,
25 나 윗자리에 앉아 그들의 갈 길을 지시하
며
군대를 거느린 제왕처럼 앉아
목메어 우는 사람들을 위로하던
아, 그 시절은 다시 오지 않을 것인가!
11 귀는 내 이야기를 듣고 찬사를 아끼지 않
았으며
눈은 내가 하는 일을 보고 즐겨서 증언하
였네.
12 도와달라고 아우성치는 빈민들,
의지할 데 없는 고아를 내가 건져주지 않
았던가?
13 숨을 거두며 하는 마지막 축복은 모두 나
에게 쏠렸고
과부의 서러움은 나에게서 기쁨으로 바
뀌었네.
14 정의가 나의 옷이었으며,
공평이 나의 두루마기요, 나의 면류관이
었는데……
15 나는 소경에게는 눈이었고
절뚝발이에게는 다리였었지.
16 거지들은 나를 아버지로 여겼으며
낯선 사람들도 나에게 와서 억울함을 호
소하였네.
17 악인의 턱을 때려부수고
그가 물고 있는 것을 이빨 사이에서 빼내
기도 하였지.
18 그러니 내가 어찌 이런 생각을 하지 않을
것인가?
"나는 보금자리와 함께 타버렸다가도
다시 재를 털고 일어나
오래오래 사는 불사조,
19 나의 뿌리는 물기를 따라 뻗고
밤새 이슬에 젖은 내 잎사귀는 싱싱하기
만 하구나.
20 나의 영광은 날로 새롭고
활 잡은 내 손은 결코 맥이 풀리지 않으리
라."

30 그런데 이제 나보다 어린것들에게 웃
음거리가 되었구나.
그 아비들은 내 양떼를 지키는 개들과도
함께 있을 수 없다고 여겼었는데……
2 그들의 맥이 다 빠져버렸는데
그 손의 힘이 나에게 무슨 소용이 있을 것
인가?
3 먹지 못해 굶주려 말라 비틀어지고
메마른 흙이나 씹으며 거친 들을 파먹고
4 덤불 속에서 자라는 짠나물과
대싸리 뿌리로 겨우 연명하며
5 "도둑이야!" 하는 고함 소리에 쫓기는
도둑처럼
인간 세상에서 쫓겨나던 그들,
6 급류에 팬 골짜기 벼랑에나 몸을 붙이고

땅굴이나 바위 틈에 숨어 살면서
7 떨기나무 속에서 울부짖고
가시나무 밑에 웅크리고 있던
8 이름도 없는 바보 같은 것들,
회초리에 몰려 제 고장에서 쫓겨나더니……
9 이제 내가 그것들의 조롱거리가 되고
비웃으며 수군거리는 대상이 되었구나.
10 보기 싫어 가까이하려고도 아니하고
거리낌없이 내 앞에 침을 뱉으며
11 나의 활시위를 풀어버리고, 나를 들볶으며
굴레 벗은 말처럼 덤벼드네.
12 천한 무리가 내 오른쪽에서 들고일어나
나의 앞에 저승길을 터놓는구나.
13 내 앞길을 파헤쳐 나를 망치는데도
그들을 막을 사람이 없네.
14 성벽을 허물며 밀려드는 적군과 같고
덮쳐오는 폭풍과도 같구나.
15 갑자기 쏟아지는 이 두려움에
나의 영광은 바람에 불려가듯이 사라지고
나의 행복은 구름처럼 날려갔네.
16 이제 나의 넋은 모두 쏟아졌고
괴로운 나날이 나를 사로잡는구나.
17 밤이면 도려내듯이 내 뼈를 쑤셔대는데
그 쓰라림이 잠시도 멎지를 않네.
18 누군가 나의 옷을 세차게 잡는구나.
나의 옷깃을 휘어잡아
19 수렁에 내던져서
마침내 이 몸은 티끌과 재가 되고 말았네.

20 내가 당신께 부르짖사오나
당신께서는 대답도 없으시고
당신 앞에 섰사오나
보고만 계십니다.
21 당신은 이다지도 모진 분이십니까?
손을 들어 힘껏 나를 치시다니.
22 나를 번쩍 들어 바람에 실어보내시고
폭풍에 휘말려 사라지게 하시다니.
23 아, 어찌 모르겠습니까?
당신께서 나를 죽음으로 이끌어가시리라는 것을.
모든 산 자가 모여갈 곳으로 데려가시리라는 것을.

24 이렇게 빠져 들어가면서 그 누가
살려달라고 손을 내뻗지 않으며
절망에 빠져서 도움을 청하지 않으랴!
25 고생하는 자들을 위하여 내가 울지 않았던가?
가난한 자들을 위하여 내가 괴로워하지 않았던가?
26 좋은 날을 기다렸더니 재난이 닥치고
빛을 바랐더니 어둠이 덮쳤네.
27 속은 쉬지 않고 부글부글 끓고
괴로운 나날이 앞길에 도사리고 있구나.
28 햇빛에 타지도 않은 몸이 이렇게 새까맣게 되어
사람들 모인 가운데 일어나서 도움을 청하는 신세가 되다니……
29 나는 승냥이의 형제요,
타조의 벗이 되고 말았는가!
30 살갗은 까맣게 벗겨지고
뼈는 지글지글 타오르는데,
31 나의 수금은 장송곡이나 울리고
나의 피리는 통곡 소리나 반주하게 되었구나.

31

젊은 여인에게 눈이 팔려 두리번거리지 않겠다고
나는 스스로 약속하였네.
2 하느님께서 위에서 나누어주시는 분깃은 무엇인가?
전능하신 분께서 높은 데서 떼어주시는 유산은 무엇인가?
3 악당에게는 파멸이,
바람둥이에게는 고독이 아니던가?
4 그는 내가 걸어온 길을 살피시고 나의 발걸음을 세시는 분,
5 내가 허황한 생각으로 살았다거나
이 발이 거짓으로 서둘렀다면,
6 바른 저울에 달아보시면 아시리라.
하느님께서 나의 흠없음을 어찌 모르시랴?
7 내 발길이 바른 길에서 벗어났다든가
이 마음이 눈에 이끌려 헤매고
이 손바닥에 죄지은 흔적이라도 묻어 있다면,
8 내가 뿌린 것을 남이 먹고
내 밭에서 자란 것이 뿌리째 뽑혀도 좋겠네.
38 나의 밭이 나를 향해 아우성치고
이랑들이 한꺼번에 목놓아 운 적이 있다면,
39 품값을 주지도 않고 밭의 소출을 모조리 먹어 치워
㉠일꾼들이 허기져 비틀거리게 하였다면,

㉠ 히브리어 본문 : "땅 주인."

40ㄱ 밀이 날 자리에 엉겅퀴가 나고
보리가 날 자리에 잡초가 무성하여도 좋
겠네.
9 나의 마음이 남의 여인에게 끌려
이웃집 문을 엿보기라도 하였다면,
10 내 아내가 외간남자에게 밥을 지어주고
잠자리를 같이하여도 할 말이 없겠네.
11 그렇듯이 추잡한 죄를 짓고도
어떻게 심판을 받지 않으랴?
12 송두리째 태우는 무서운 불길에
나의 모든 소출이 타버려도 할 말이 없겠
네.
13 내가 만일 남종의 인권을 짓밟았다든가
여종의 불평을 묵살해 버렸다면
14 하느님께서 일어나실 때 어떻게 하며
그가 심문하실 때 무엇이라고 답변하겠
는가?
15 나를 모태에 생기게 하신 바로 그분이
그들도 내시지 않으셨던가?
16 내가 가난한 사람을 모른 체하였던가?
과부들의 눈앞을 캄캄하게 해주었던가?
17 나의 분깃을 혼자만 먹고
고아들에게는 나누어줄 생각도 없었던
가?
18 아니다, 아비가 제 자식을 키우듯이
나는 그들을 어릴 적부터 키워주었고,
나면서부터 손을 잡아 이끌어주었다.
19 걸칠 옷 한 벌 없이 숨지는 사람,
몸 가릴 것도 없는 빈민을 못 본 체라도
했단 말인가?
20 내가 기른 어린 양털에 온기를 입어
그의 시리던 허리가 나를 칭송하지 않았
던가?
21 성문에 모이는 사람들이 모두 내 편이라
믿고
죄없는 사람에게 손찌검이라도 했더란
말인가?
22 그랬다면 내 어깻죽지가 빠져도 좋겠네.
팔이 팔꿈치에서 빠져 나가도 할 말이 없
겠네.
23 나는 다만 하느님의 징계가 두렵고
그의 위엄에 눌려서라도 그런 짓을 하지
는 못하였다네.
24 "나는 황금만을 믿는다.
정금밖에 의지할 것이 없다."
이것이 과연 나의 생활 신조였던가?
25 재산이 많다고 우쭐거리고
일확천금을 했다고 으스댄 일이라도 있
었던가?
26 해를 우러러 절하고
두둥실 떠가는 달을 쳐다보며
27 슬그머니 마음이 동하여
손으로 입맞춤을 띄워 보내기라도 했던
가?
28 그랬다면 이 또한 용서받을 수 없는 죄요,
높이 계시는 하느님을 배신한 것이겠지
만……
29 나의 원수가 망하는 것이 좋아
그에게 재앙이 내리기를 빌기라도 했던
가?
30 나의 입천장이 죄의 맛을 알아
그에게 앙화가 내리도록 빌었단 말인가?
31 나의 천막에서 유숙하는 사람들은 자랑
스러워하였네.
나에게 산해진미를 실컷 얻어먹지 못한
사람이 어디 있겠느냐고……
32 나는 길손을 노숙시킨 일이 없고
길 가는 사람 앞에서 문을 닫아건 일이 없
었네.
33 죄를 짓고 사람 앞에 감춘 일이라도 있었
던가?
악한 생각을 가슴 깊이 숨긴 일이라도 있
었던가?
34 사람들의 큰 소란을 무서워하고
문중이 떨쳐 나와 조롱하는 것을 두려워
하여
입을 다물고 두문불출, 앉아 있기라도 하
였던가?

35 오, 하느님께 드린 내 말에 누가 증인으
로 서주겠는가!
나는 이렇게 속을 모두 털었으니
이제는 전능하신 분의 답변을 들어야겠
다.
나를 고소하는 자여, 고소장이라도 써 내
려무나.
36 나는 그것을 목에 걸든가
면류관인 양 머리에 두르고는
37 살아온 나의 발걸음을 낱낱이 밝히며
귀족처럼 그의 앞에 나서리라.

40ㄴ ◎이로써 욥의 말은 끝난다.

엘리후의 충고

32 ◎이렇듯이 욥이 자기의 무죄를 주장
하자 세 친구는 더 이상 할 말이 없었
다.
2 그런데 람족 출신인 부스 사람 바라켈의 아

들 엘리후가 욥을 대단히 못마땅하게 생각
하였다. 하느님보다도 옳은 체하는 것이 괘
씸하기 그지없었다.
3 그는 욥의 세 친구에게도 솟아오르는 의분
을 참을 수 없었다. 그에게 답변다운 답변
을 하지 못함으로써 결국 잘못이 하느님에
게 있는 것이 되어버렸으므로 못마땅하였
던 것이다.
4 그러나 그들이 자기보다 나이가 많았기 때
문에 그들이 욥과 말을 주고받는 동안 참고
기다릴 수밖에 없었다.
5 엘리후는 세 친구가 답변다운 답변을 하지
못하는 것을 보고 의분을 느꼈다.
6 그리하여 부스 사람 바라켈의 아들 엘리후는
입을 열어 말하기 시작하였다.

어르신네들에 비하면
저는 한낱 풋내기입니다.
제가 무엇을 안다고 아뢰랴 싶어
황송하여 망설였습니다.
7 나이가 지긋이 들어야 할 말이 있고
연치가 들어야 지혜를 안다고 생각했었습니다.
8 그런데 알고 보니 슬기란 사람 속에 있는 얼이요,
전능하신 분의 입김에서 풍겨오는 것이더군요.
9 나이가 많다고 지혜로워지는 것도 아니고
연로했다고 바른 판단을 내리는 것도 아니었습니다.
10 그러니 제 말을 들어보십시오.
저도 소견을 펴보이겠습니다.
11 그렇습니다.
저는 어르신네들이 말씀하시는 동안 기다렸습니다.
그럴듯한 말을 골라서 토로하시는
그 슬기로운 의견에 귀를 기울였습니다.
12 어르신네들의 소견을 귀담아들었습니다.
그런데 아무도 욥을 논박하지 못하시고
그의 말을 꺾지 못하시더군요.
13 "이제야 우리도 지혜를 깨쳤다.
그를 쓸어가는 일은 사람이 할 일이 아니라
하느님께서 하실 일이다."
이렇게 말씀하지 마십시오.
14 욥이 아직 저에게 말을 걸어온 것은 아닙니다마는
저는 그런 식으로 논박하지는 않겠습니다.
15 아, 저렇게도 어리둥절 말문이 막히다니,
아주 유구무언이시군.
16 저렇게도 어안이 벙벙하여 말을 못하고 서 있는데
어찌 더 이상 기다리고 있으랴!
17 이제 나도 할 말을 해야지.
나의 소신을 피력해야지.
18 내 입은 말로 차 있어 터질 듯하고
뱃속에선 태풍이 이는 것 같구나.
19 가슴 속에 술이 부글부글 끓는 것일까?
새 술부대가 금방 터지기라도 할 듯하구나.
20 속이 후련하게 말해 버려야지.
입을 열어 속을 털어놓아야지.
21 누구의 편이나 들고
누구에게 아첨이나 할 것인가?
22 나는 애당초 아첨 같은 것과는 인연이 멀다.
그랬다가는 나를 만드신 분이 당장 나의 말문을 막으시리라.

33

욥, 이제 내 말을 들어보시오.
한마디도 놓치지 말고 귀를 기울이시오.
2 이제 내가 말하겠소,
입 속에서 혀가 굴려내는 말을.
3 그 말은 나의 마음에서 우러나는 소리,
나의 입술은 솔직하게 소신을 토로할 것이오.
4 나도 하느님의 콧김으로 생겨난 몸,
전능하신 분의 입김을 받아 숨쉬게 된 몸이오.
5 할 말이 있거든 대답해 보시오.
나와서 변론을 펴보시오.
6 나라고 하느님 앞에서 당신과 무엇이 다르겠소?
나도 먼지로 빚어 만드신 것,
7 그러니 내가 무슨 소리를 하든지 겁내지 마시오.
내가 당신을 너무 심하게 다루리라고 염려하지도 마시오.
8 내 귀가 당신의 말을 어찌 한마디인들 놓쳤겠소.
당신이 하는 말을 나는 다 들었소.
9 "나는 순결하여 죄가 없다.
깨끗하여 거리낄 것이 없다.
10 그런데 하느님께서는 나를 몰아세울 구실이나 찾으시고
나를 원수로 여기신다.

11 나의 발에 차꼬를 채우시고
나의 걸음을 낱낱이 감시하신다."
12 이런 당신의 말을 나는 도저히 옳게 받아
들일 수 없소.
똑똑히 일러드리리다.
하느님은 사람과 비길 수 없는 분이오.
13 그런데 당신의 말에 한마디 답변도 않으
신다고 해서
어떻게 하느님을 비난할 수 있겠소?
14 사람이 모를 뿐,
하느님께서 말씀하시는 길은 이런 길도
저런 길도 있다오.
15 깊은 잠이 덮어씌워
모두들 자리에 쓰러져 곯아 떨어지는 밤
에
하느님께서는 꿈에 말씀하시고 나타나
말씀하시지 않소?
16 사람들의 귀를 열어주시고
깜짝 놀라게도 하시어
17 악한 일에서 손을 떼고
건방진 생각을 버리게도 하신다오.
18 그리하여 목숨을 무덤 어귀에서 건져내
시고
생명을 저승길에서 돌려 세우시지요.
19 병상에서 신음하는 괴로움,
뼈 마디마디 쑤셔대는 아픔이
그의 징계가 되는 수도 있다오.
20 음식이 전혀 입에 당기지 않아
진수성찬도 입에 쓰기만 하고
21 뼈들은 앙상하게 가죽으로 덮여
눈 뜨고는 볼 수 없는 몰골,
22 그 인간의 넋은 무덤의 문턱에 다다랐고
그의 생명은 죽음의 문턱을 막 넘어서려
는데,
23 수많은 하늘의 천사 중 하나가 나타나 일
깨워준다면,
마음을 바로잡으라고 일러준다면 다 되
는 일,
24 이렇듯이 자비를 베푸시어,
"살려주어라.
무덤으로 들어가지 않게 하여라.
나 이미 속전을 받았다." 하고
말씀해 주신다면
25 그의 근육은 젊은이처럼 팽팽해지고
혈기왕성하던 한창때로 돌아갈 것이오.
26 하느님께 빌기만 하면 은총을 받아
기뻐 소리치며 하느님의 얼굴을 뵙게 되
지 않겠소?
하느님께서 그의 무죄를 선포해 주시지
않겠소?
27 이렇게 되면 그는 사람들 앞에서 노래할
것이오.
"나는 죄를 지었다.
나는 부정을 저질렀다. 그런데
그는 나의 죄를 벌하시지 않았다.
28 무덤 어귀에서 나의 목숨을 살려내시어
나의 생명이 다시 빛을 보게 되었다."
29 아, 하느님께서 하시는 일은 모두 이런
일,
두 번이고 세 번이고 사람을 이렇게 돌보
아 주신다오.
30 사람의 목숨을 무덤에서 살려내시고
빛을 받아 생기를 되찾게 하여주신다오.

31 욥, 이제 정신을 차리고 내 말을 들으시
오.
내가 말하겠소, 진정하시오.
32 대답할 말이 있으면 어서 말해 보시오.
당신이 무죄하다면야 즐겨 인정해 주겠
소.
33 그렇지 못하거든 내 말을 들으시오.
내가 일러주는 지혜를 조용히 들어보시
오.

34

◎엘리후가 말을 계속하였다.
2 여러분, 현자들이여, 내 말을 들으시
오.
유식하신 어른들이여, 나에게 귀를 기울
이시오.
3 입천장이 맛을 가릴 줄 알듯이
귀란 것은 말을 알아들을 줄 아는 법,
4 무엇이 바른 판단인지 결판을 냅시다.
우리 함께 시비를 가려봅시다.
5 욥이 하는 소리를 들으셨지요?
"나는 옳게 살았는데
하느님께서 나에게 죄를 주신다.
6 나는 바로 살았는데
이 아픔이 웬일인가?
나 아무 죄도 없는데
죽을 병이 들다니."
7 세상에 욥 같은 인간이 어디 있겠습니까?
물 마시듯이 예사로 욕설을 퍼붓는 사람
이
그말고 또 있겠습니까?
8 악덕배들하고나 어울려 다니고
불의한 자들과 함께 돌아다니면서
9 겨우 한다는 소리가 이렇습니다.
"하느님과 잘 지내봐야
별 신통한 수가 없다."

10 그러니 생각이 깊은 어르신네들, 제 말을
들어보시오.
하느님은 결코 불의를 행하지 아니하십
니다.
전능하신 분께서는 결코 악한 일을 하지
아니하십니다.
11 누구에게나 행한 대로 갚으시고
살아온 대로 대하십니다.
12 하느님께서 불의를 행하시다니요.
전능하신 분께서 의를 꺾으시다니요.
13 누군가가 그의 손에 땅의 전권을 맡겼다
는 말입니까?
누군가가 그에게 온 지구를 넘겼다는 말
입니까?
14 그가 콧김을 마시고
입김을 들이쉬시면
15 만물은 일시에 숨이 멎고
사람은 티끌로 돌아가고 말 것입니다.

16 그러니 조금이라도 지각이 있거든
당신은 이 말을 들으시오.
내 말소리에 귀를 기울이시오.
17 누리의 지배자가 공평을 싫어하고
정의로운 용자가 불의를 좋아한다니, 그
무슨 말이오?
18 임금에게 "너는 인간 폐물이다."
양반에게 "너는 악당이다." 하고 선포해
버리실 수 있고
19 고관들이라고 해서 특혜를 베풀어주시거
나
귀족이라고 해서 영세민보다 우대하시는
일이 없는 분,
모두를 손수 지으신 그분에게 말이오.
20 모든 것이 삽시간에 죽어갈 것들,
한밤중에 숨질 것들이 아니오?
하느님께서 건드리시기만 하여도
귀족이라는 자들은 달아나고
장사들도 감쪽같이 사라질 것이오.
21 그의 눈이 사람의 발길을 노려보시고
사람의 걸음을 낱낱이 살피시는데
22 어떤 흑암, 어떤 어둠이
나쁜 짓 하는 자들을 숨겨주겠소?
23 하느님께서는 재판정에 출두할 시간을
사람에게 특별히 일러주지도 않으시는
분,
24 사실을 물어볼 것도 없이
힘센 자들을 꺾으시고
그 자리에 딴사람을 앉히시는 분이오.
25 이미 그들의 행실을 샅샅이 살피셨기에
한밤중에 뒤엎어 박살내시는 것이오.
26 만민이 보는 데서
불의한 자들을 때려눕히시는 분,
27 그들이 하느님을 따르기는커녕 오히려
거역하며
그가 지시하시는 길은 아랑곳하지도 않
으니
어찌 그렇게 되지 않겠소?
28 이렇게 하여 가난한 자의 아우성 소리가
그에게 다다르고
천더기들의 울부짖음이 그의 귀를 울리
는 것,
29 그가 입을 열지 않으신다고 누가 시비를
하며
그가 얼굴을 내놓지 않으신다고 누가 비
난하겠소?
그가 민족과 개인을 감시하면서도
30 불경스런 자를 백성의 통치자로 세우셨
다면
그것은 사람들의 마음이 비뚤어졌기 때
문이 아니겠소?
31 그런 사람치고 누가 하느님께 자백하여
이렇게 말하겠소?
"실수를 했다면, 다시는 그러지 않겠습니
다.
32 분명히 가르쳐주십시오.
잘못했다면 다시는 그런 일을 하지 않겠
습니다."
33 하느님의 판결을 당신이 불복한다고 하
여
그가 당신 생각을 따라 보응하실 줄 아시
오?
이 일은 당신이 알아서 할 일, 내가 어찌
하겠소?
그러니 당신의 소견을 어디 말해 보시오.
34 생각이 깊은 어른들은 이렇게 말하였소.
내 말을 듣고 있는 지혜 있는 어른들은 이
렇게 말하였소.
35 "욥의 말은 모두 무식한 소리,
그의 말은 모두 터무니없는 소리,
36 욥은 철저하게 조사를 받아야 한다.
허풍선이에게서나 들을 대답밖에 못하는
사람,
37 잘못을 저지르고도 거역하기까지 하며
우리에게 주먹을 휘두르고
하느님께 마구 입을 놀리는 사람이다."

35 ◎엘리후가 말을 계속하였다.
2 당신은 당신이 어디까지나 떳떳하다
고 생각하시오?

하느님 앞에서도 죄가 없다는 말씀이오?
3 "나 죄가 없대야 별 신통할 것도 없는데
무슨 시원한 수라도 있으랴?" 하고
끝끝내 주장하겠소?
4 내 말을 들어보시오.
함께 있는 친구분들도 들어보십시오.
5 눈을 돌려 하늘을 올려다 보시오.
높이 떠 있는 저 구름을 쳐다보시오.
6 당신이 실수했다고 하여
그것이 하느님께 손해라도 될 것이란 말
이오?
당신의 죄가 아무리 많다고 하여도
하느님께는 그것이 대단한 일도 아니오.
7 당신이 죄없다고 한들 그것이 하느님께
무슨 덕이 되겠소?
하느님께서 당신에게 무슨 혜택이라도
바라신단 말이오?
8 당신이 나쁘다면 그 피해는 당신 같은 사
람이 입을 뿐이요
당신이 옳게 살았다 하여도 그 혜택은 인
간에게나 미칠 뿐,
9 이건 너무 억울하다고 아우성치고
억센 손아귀에서 빼내달라고 소리치면서
10 억지를 부려 이렇게 말하는 사람이 어디
있단 말이오?
"나를 만드신 하느님이 어디 계시냐?
밤 사이에 힘을 회복해 주시고
11 들짐승들이 모르는 것을 우리에게 가르
치시고
공중의 새들이 모르는 지혜를 깨치게 하
신다는
그 하느님이 어디 계시냐?"
12 악당들이 으스대는 것이 못마땅하시어
그들이 아무리 외쳐도 하느님께서는 대
답도 않으시지만,
13 하느님께서 듣지 못하신다는 것은 허튼
소리,
전능하신 분께서 보지 못하신다는 것은
거짓말이오.
14 당신은 하느님께서 보지 않으신다고 해
서
엄청난 주장을 펴지만
이미 당신 사건은 그의 앞에 놓여 있다오.
그러니 기다리시오.
15 그런데 그의 진노가 터지지 않는 것을 보
니
그는 사람의 죄를 모르시는 것이라고
16 욥이 헛된 말을 내뱉고
지각 없는 말이나 늘어놓고 있으니, 되겠
습니까?

36 ◎엘리후가 말을 계속하였다.
2 침착하시오. 내가 깨우쳐주는 말을
좀 들어보시오.
하느님 편을 들어 말 좀 더 해야겠소.
3 불원천리하고 찾아다니며 배운 지식으로
미루어보아
나는 아무래도 나를 지으신 이가 옳다고
해야겠소.
4 내가 하는 말은 결코 빈말이 아니오.
당신 옆에 서 있는 이 사람도 알 만큼 알
아본 사람이오.
5 못하실 일 없으신 하느님께서는
흠없는 사람을 물리치지 아니하시며
6 불의한 사람을 살려두지 아니하시고
억눌린 사람의 권리를 반드시 세워주신
다오.
7 바르게 사는 사람을 외면하지 아니하시
고
그들을 언제나 왕들과 같은 자리에 앉혀
영광을 누리게 하신다오.
8 사슬에 묶이든가 고랑을 차든가 하여
고생길에라도 들어서면
9 하느님께서는 그들이 한 일을 일깨워주
시어
제 잘난 멋으로 거역했던 잘못을 깨닫게
하신다오.
10 귀를 열어주시어 타이르는 소리를 듣게
하시고
그릇된 길에서 발길을 돌리라고 속삭여
주신다오.
11 이 속삭임을 귀담아듣고 바로 살고자 애
만 쓰면
그들의 나날은 행복으로 뿌듯하고
즐거움이 해마다 철철 넘칠 것이오.
12 만일 그 속삭임에 귀를 막는다면
날벼락을 맞아 죽거나
쥐도 새도 모르게 죽을 것이오.
13 하느님 무서운 줄 모르는 사람은 고랑을
차고도
하느님께 부르짖기는커녕 화만 내며
14 색에 빠진 자처럼 근력이 지레 말라,
다 살지도 못하고 죽어가지요.
15 그러나 하느님께서는 고생을 시켜가며
사람을 건지신다오.
고난 속에서 사람의 귀가 열리게 해주신
다오.
16 당신이 곤경에 빠질세라 하느님께서는

손짓하여 건져내시고
앞길을 환하게 열어주시며
상다리 부러지게 진수성찬을 차려주셨
소.
17 그런데 당신은 불의한 무리를 재판하지
않았으니,
어찌 법으로 다스리는 재판을 벗어나겠
소?
18 이제 바짝 정신을 차리시오.
돈에 눈이 흐려져서는 안 되오.
뇌물을 듬뿍 바친다고 해서 마음이 흔들
려도 안 되오.
19 돈을 물쓰듯하여 죄를 벗을 수도 없고
죽을 힘을 다한다고 해서 되는 일도 아니
오.
20 밤을 그리며 해가 지기를 기다리지 마시
오.
밤이란 사람들이 귀신도 모르게 사라지
는 때라오.
21 부디 나쁜 일에 마음을 쏟지 마시오.
당신이 지금 겪는 시련은 바로 그 때문이
아니오?
22 여보시오, 하느님께서 하시는 일은 아무
도 따를 수 없소.
어떤 스승이 그 곁에라도 설 수 있겠소?
23 그에게 이래라 저래라 할 사람이 어디 있
으며
"당신 한 일은 잘못되었소." 하고 따질
사람이 어디 있겠소?
24 모두들 그를 찬양하는데
당신도 명심하여 그의 업적을 칭송하시
오.
25 그것을 보지 못한 사람은 없소.
아무리 멀리서도 사람이면 볼 수 있지요.
26 하느님께서 정말 얼마나 위대하신지, 그
누가 알며
그의 햇수가 얼마인지 그 누가 헤아릴 수
있겠소?
27 물을 끌어올리시어 안개로 만드시고
안개에서 다시 비를 방울방울 걸러내시
며
28 구름으로 싸두셨다가 터뜨리시어
땅에 소나기를 쏟으신다오.
31 이렇듯이 사람들을 보살피시고
푸짐하게 배불러 주신다오.
29 그리고 구름을 펼치시면서
당신 처소에서 소리를 지르시면
그것이 무슨 소리인지 누가 깨닫겠소?
30 안개를 펴시어 당신을 감싸시고
산마루들을 포근히 덮으시는 분,
32 두 손에 빛을 움켜잡으셨다가
과녁을 향하여 번쩍 내쏘실 때,
33 천둥은 하느님께서 진노하시어 내시는
고함 소리,
죄악이 역겨우시어 터뜨리시는 분노가
아니겠소?

37 그 생각만 하면 이 염통이 떨다 못해
퉁겨나기라도 할 것 같소.
2 오, 귀 기울여 들어보시오.
천지를 뒤흔드는 저 음성을,
그의 입에서 터져 나오는 저 우렁찬 소리
를.
3 온 하늘 아래를 환하게
땅 구석구석까지 비추는 번개에 잇달아
4 터뜨리시는 저 우렁찬 소리.
그 소리 위엄차게 울려오지 않소?
번개를 번쩍 내리치시며
우르릉 외치시는 저 소리 들리지 않소?
5 하느님께서는 뇌성벽력으로 신비한 일을
알려주시지만
그 하시는 큰일을 우리는 감히 알 수가 없
소.
6 하느님께서, "눈아, 땅에 내려라.
장마비야, 억수로 쏟아져라." 명령을 내
리시고
7 사람 손을 모조리 묶으시고
당신께서 하시는 일을 알아보게 하실 때,
8 들짐승들은 숨을 곳을 찾아
저희들의 굴 속에 들어가 숨는다오.
9 남방 밀실에서 태풍이 밀려오고
북풍은 추위를 몰고 오는데
10 하느님의 입김에 서릿발이 서고
넓은 바다마저 얼어붙는다오.
11 검은 구름에서 우박이 쏟아질 때
그 구름에선 번갯불이 번쩍이며
12 그의 명령을 따라 빙글빙글 돌다가
사람 사는 땅 위 어디에서든지
그의 명령을 이루고야 만다오.
13 하느님께서는 당신 눈에 거슬리는 일이
보이면
번개를 채찍 삼아 휘두르기도 하시고
당신의 은총을 베푸시는 데 쓰기도 하신
다오.
14 여보시오, 욥이여, 내 말을 귀담아 들어
보시오.
잠깐 멈추고 생각해 보시오,
하느님께서 하시는 신비한 일을.
15 이 모든 것을 하느님께서 어떻게 거느리

시는지
당신은 아시오?
어떻게 구름에서 번개가 번쩍이는지,
16 구름이 어떻게 두둥실 떠 있는지 아시오?
모르시는 것 없는 이가 하시는 이 놀라운 일들을.
17 불어오는 남풍에 땅은 죽은 듯하고
당신의 윗옷이 따뜻해지는데
18 당신은 구리거울을 두드려 펴듯이
하느님을 도와 창공을 두드려 펴기라도 하겠단 말이오?
19 말해 보시오.
그렇게 앞이 캄캄한데
하느님께 무슨 말씀을 올려야겠단 말이오?
20 "제 말을 들으십시오." 하고 말한다고 하여
하느님께서 정녕 당신의 말을 들으셔야 한단 말이오?
21 지금은 해가 구름에 가리워 보이지 않지만
바람이 불어 하늘이 개면,
22 하느님의 빛나는 영광이
북녘 하늘에서 밝게 비쳐올 것이오.
23 우리 인간이 어찌 이 전능하신 분께 이르겠소?
못할 일 없으시며
공평무사하신 그분이
어찌 억울한 일을 하시겠소?
24 인간이 어찌 그를 두려워하지 않을 수 있겠소?
스스로 지혜로운 체하는 자를
안중에도 두지 않으시는 그분을.

야훼께서 욥에게 대답하시다

38 ◎야훼께서 욥에게 폭풍 속에서 대답하셨다.
2 부질없는 말로 나의 뜻을 가리는 자가 누구냐?
3 대장부답게 허리를 묶고 나서라.
나 이제 물을 터이니 알거든 대답해 보아라.
4 내가 땅의 기초를 놓을 때 너는 어디에 있었느냐?
그렇게 세상물정을 잘 알거든 말해 보아라.
5 누가 이 땅을 설계했느냐?
그 누가 줄을 치고 금을 그었느냐?
6 어디에 땅을 받치는 기둥이 박혀 있느냐?
그 누가 세상의 주춧돌을 놓았느냐?
7 그 때 새벽별들이 떨쳐 나와 노래를 부르고
모든 하늘의 천사들이 나와서 합창을 불렀는데,
8 바다가 모태에서 터져 나올 때
그 누가 문을 닫아 바다를 가두었느냐?
9 바다를 구름으로 싸고
먹구름으로 묶어둔 것은 바로 나였다.
10 바다가 넘지 못하도록 금 그어놓고
문에 빗장을 내려놓은 것은 바로 나였다.
11 그리고 나는 명령을 내렸다.
"여기까지는 와도 좋지만
그 이상은 넘어오지 마라.
너의 도도한 물결은 여기에서 멈춰야 한다."
12 네가 언제고 동이 틀 것을 명령해 본 일이 있느냐?
새벽의 여신에게
"이것이 네 자리다." 하고 일러준 일이 있느냐?
13 땅의 옷깃을 휘어잡고
불의한 사람들을 그 속에서 털어내라고
명령을 내려본 일이 있느냐?
14 네가 땅을 도장찍힌 흙벽돌처럼 붉게 만들고
옷처럼 울긋불긋하게 만들겠느냐?
15 불량배들이 대낮처럼 활보하던 어둠을 벗기고
높이 쳐들었던 그 팔을 꺾기라도 하겠느냐?
16 네가 바닷속 깊이 더듬어 내려가
바닷물이 솟는 샘구멍까지 찾아가 보았느냐?
17 너는 죽음의 문이 환히 드러나는 것과
암흑의 나라 대문이 뚜렷이 나타나는 것을 본 일이 있느냐?
18 네가 넓은 땅 위를 구석구석 살펴
알아보지 못한 것이 없거든, 어서 말해 보아라.
19 빛의 전당으로 가는 길은 어디냐?
어둠이 도사리고 있는 곳은 어디냐?
20 너는 빛을 제 나라로 이끌어가고
어둠을 본고장으로 몰아갈 수 있느냐?
21 네가 그 한 옛날에 태어나 오래오래 살았으므로
그래서 모르는 것이 없단 말이냐?
22 너는 흰 눈을 저장해 둔 곳에 가본 일이 있으며,

우박 창고에 들어가 본 일이 있느냐?
23 그것들은 어려운 일이 생기거나 적군이 쳐들어와
전쟁이라도 일어나면 쓰려고 보관해 둔 것들이다.
24 바람이 갈라지는 목이 어디인지를 너는 아느냐?
샛바람이 땅 위에서 어느 쪽으로 흩어지는지,
25 소나기가 타고 올 길을 누가 텄는지,
먹구름이 천둥치며 쏟아져 내릴 곳을 누가 팠는지, 너는 아느냐?
26 사람이란 얼씬도 하지 않는 곳,
인종이란 있어본 적도 없는 광야에 비가 쏟아져
27 거친 들을 흠뻑 적시고
메말랐던 땅에 푸성귀가 돋아 나게 하는 것이 누구냐?
28 비에게 아비라도 있단 말이냐?
방울방울 이슬을 낳은 어미라도 있단 말이냐?
29 얼음을 잉태한 배라도 있단 말이냐?
하늘에서 서리를 낳아 내릴 배라도 있단 말이냐?
30 물이 돌처럼 단단해지고
깊은 물이 꽁꽁 얼어붙을 때에.
31 네가 북두칠성에게 굴레라도 씌우고
오리온 성좌의 사슬을 풀어주기라도 한단 말이냐?
32 네가 성좌들을 정한 시간에 이끌어내고
대웅좌 소웅좌를 인도해 내기라도 한단 말이냐?
33 네가 천상의 운행 법칙을 결정하고
지상의 자연 법칙을 만들었느냐?
34 너는 구름에 호령하여
물을 동이로 쏟아 땅을 뒤덮게 할 수 있느냐?
35 네가 "나가라."고 명령하면
"알았습니다." 하며 번갯불이 번쩍 튕겨 나가느냐?
36 누가 ㉠따오기에게 지혜를 주었느냐?
누가 닭에게 슬기를 주었느냐?
37ㄱ 누가 구름을 셀 만한 천재이냐?
38 먼지가 덩이와 덩이로 굳어졌다가
하나로 뭉쳐지게 되도록
37ㄴ 하늘에서 독을 기울여 물을 쏟을 수 있는 사람이 누구냐?
39ㄱ 네가 사자에게 먹이를 잡아줄 수 있느냐?
40 굴 속에 웅크리고
떨기 속에 숨어 노리고 있는
39ㄴ 허기진 새끼 사자들의 배를 채워줄 수 있느냐?
41 새끼들이 먹이가 없어 허둥대며
하느님께 아우성칠 때에
누가 까마귀에게 먹이를 장만해 주느냐?

39 산양이 언제 새끼를 낳는지 너는 아느냐?
사슴이 새끼를 낳는 것을 지켜본 일이 있느냐?
2 몇 달이나 뱃속에 새끼를 넣고 다니더냐?
그리고 얼마만에 분만하더냐?
3 그것들은 몸을 구푸려 새끼를 낳아
광야에 그 짐을 쏟아 놓는다.
4 그 새끼들이 팔팔하게 자라면
버려둔 채 떠나가서 돌아오지도 않는다.
5 그 누가 들나귀들을 풀어놓아
그것들을 자유롭게 하여주었느냐?
6 들나귀들을 광야에 깃들이게 하며
소금기 머금은 땅에서 살게 한 것은 바로 나다.
7 인가에서 이는 소란쯤은 콧방귀로 날리는
들나귀들을 야단치며 몰아갈 사람이 어디 있느냐?
8 그것들은 먹이를 찾아 이 산 저 산 기웃거리며
풀이란 풀은 모두 마음껏 뜯는다.
9 들소가 어찌하여 네 일을 거들어주며,
네 구유 옆에서 밤을 새우겠느냐?
10 네가 그것을 잡아 굴레를 씌워 밭갈이를 시킬 수 있겠느냐?
네 뒤를 따라 골짜기를 갈게 할 수 있느냐?
11 그것의 억센 힘을 믿고
네 힘든 일을 그에게 맡길 수 있겠느냐?
12 그것이 밭의 소출을 싣고 타작 마당으로 돌아와 주리라고 믿을 수 있느냐?
13 털이 빠진 날개를 펴고
어쩔 줄 모르며 좋아하는 타조를 보아라.
14 땅에 알을 낳아놓고는
땅의 온기만 받도록 버려두지 않느냐?
15 밟히건 말건 아랑곳하지 않고
들짐승이 깨뜨리건 말건 걱정도 하지 않는다.
16 제 새끼가 아닌 듯이 쪼아대고
낳느라고 고생한 일이 허사가 되는 것쯤

㉠ 나일 강의 범람을 알렸다는 고대 이집트의 새이다.

염두에도 없다.
17 이렇게 타조에게서 지혜를 빼앗은 이는 하느님이다.
하느님은 애당초 타조에게 슬기를 나누어주지 않았다.
18 그런데 그것이 한번 날개치며 내달으면
말과 기마병을 한꺼번에 놀려주지 않느냐?
19 네가 말에게 날랜 힘을 주었느냐?
그 목덜미에 휘날리는 갈기를 입혀주었느냐?
20 네가 말을 메뚜기처럼 뛰게 할 수 있느냐?
힝힝하는 그 콧소리에 모두들 두려워한다.
21 발굽으로 세차게 땅을 파다가
힘을 뻗쳐 내달으면
22 눈썹 하나 까닥하지 않고
무서움쯤은 콧등으로 날려버리며
칼날도 피하지 아니하고 내닫는다.
23 화살통이 신나게 덩그렁거리고
창과 표창이 번뜩이는데
24 아우성치는 함성을 헤치며 땅을 주름잡고
곁눈 한번 팔지 않고 돌진한다.
25 나팔 소리 울려오면 "힝힝" 울고
지휘관들의 고함과 진격 명령만 듣고도
멀리서 풍겨오는 전쟁 냄새를 맡는다.
26 매가 너의 충고를 받아 날개를 펴고
남쪽으로 날아가는 줄 아느냐?
27 독수리가 네 명령을 따라 높이 치솟아
아득한 곳에 보금자리를 트는 줄 아느냐?
28 까마득한 벼랑 바위 틈에
보금자리를 틀고 밤을 지내며
29 그 높은 데서 먹이를 찾아
눈을 부릅뜨고 살핀다.
30 피묻은 고기로 새끼를 키우니
주검이 있는 곳에 어찌 독수리가 모이지 않겠느냐?

40 ◎야훼께서 욥에게 대답하셨다.
2 전능하신 이와 변론하는 자야, 어찌 물러서려느냐?
하느님을 비난하는 자야, 대답하여라.
3 ◎욥이 야훼께 대답하였다.
4 아, 제 입이 너무 가벼웠습니다.
무슨 할 말이 더 있겠사옵니까?
손으로 입을 막을 도리밖에 없사옵니다.
5 한 번 말씀드린 것도 무엄한 일이었는데
또 무슨 대답을 하겠습니까?
두 번 다시 말씀드리지 않겠사옵니다.
6 ◎야훼께서 욥에게 폭풍 속에서 대답하셨다.
7 대장부답게 허리를 묶고 나서라.
나 이제 물을 터이니, 알거든 대답하여라.
8 네가 나의 판결을 뒤엎을 셈이냐?
너의 무죄함을 내세워 나를 죄인으로 몰 작정이냐?
9 네 팔이 하느님의 팔만큼 힘이 있단 말이냐?
너의 목소리가 천둥 소리와 같단 말이냐?
10 그렇다면 권세와 위엄으로 단장하고
권위와 영화를 걸치고
11 너의 분노를 폭발시켜 보아라.
건방진 자가 보이거든 짓뭉개 주어라.
12 거드럭거리는 자가 보이거든 꺾어버려라.
불의한 자는 짓밟아버려라.
13 한꺼번에 땅 속에 묻어버려라.
땅굴 속에 가두어버려라.
14 그렇게 할 수 있다면 내가 알아주리라.
네가 자신의 힘으로 헤어날 수 있으리라고.

15 보아라 저 ㉠베헤못을,
황소처럼 풀을 뜯는 저 모습을,
내가 너를 만들 때 함께 만든 것이다.
16 저 억센 허리를 보아라.
뱃가죽에서 뻗치는 저 힘을 보아라.
17 송백처럼 뻗은 저 꼬리,
힘줄이 얽혀 터질 듯하는 저 굵은 다리를 보아라.
18 청동관 같은 뼈대,
무쇠 빗장 같은 저 갈비뼈를 보아라.
19 맨 처음에 하느님이 보인 솜씨다.
다른 짐승들을 거느리라고 만든 것이다.
20 산의 소출을 가져다 바치니
들짐승들이 모두 와서 함께 즐긴다.
21 푸성한 연꽃잎 밑에 의젓하게 엎드리고
갈대 우거진 수렁에 몸을 숨기니
22 연꽃잎이 그늘을 드리우고
강가의 버드나무가 그를 둘러싸 준다.
23 강물이 덮쳐 씌워도 꿈쩍하지 아니하고
요르단 강이 입으로 쏟아져 들어가도 태연한데
24 누가 저 베헤못을 눈으로 홀리며
저 코에 낚시를 걸 수 있느냐?

㉠ 거대한 바다 짐승으로 하마를 가리키는 듯하다.

25 ㉠너는 낚시로 레비아단을 낚을 수 있느
41:1 냐?
그 혀를 끈으로 맬 수 있느냐?
26 코에 줄을 꿰고
2 턱을 갈고리로 꿸 수 있느냐?
27 그가 너에게 빌고 빌며
3 애처로운 소리로 애원할 성싶으냐?
28 너와 계약을 맺고
4 종신토록 너의 종이 될 듯싶으냐?
29 너는 그를 새처럼 노리개로 삼아가지고
5 놀 수 있느냐?
끈을 매어 계집아이들 손에 쥐어줄 수 있
느냐?
30 어부들이 값을 매기고
6 상인들이 골라 살 수 있느냐?
31 너는 그 살가죽에 창을,
7 머리에 작살을 꽂을 수 있느냐?
32 손바닥으로 만져만 보아라.
8 다시는 싸울 생각을 하지 못하리라.

41 1 그 앞에서는 아무도 이길 가망이 없어
9 보기만 해도 뒤로 넘어진다.
2 건드리기만 하여도 사나워져
10 아무도 맞설 수가 없다.
3 누가 그와 맞서서 무사하겠느냐?
11 하늘 아래 그럴 사람이 없다.
4 그 무지무지한 다리 이야기를 어찌 빼놓
12 으랴!
그 당당한 억센 체구를 어찌 말하지 않겠
느냐?
5 그 겉옷 앞자락을 누가 헤칠 수 있으며
13 겹으로 입은 그 갑옷을 누가 젖힐 수 있느
냐?
6 누가 그 턱을 벌릴 수 있느냐?
14 줄지어 선 저 무서운 이빨,
7 방패 사이사이로 고랑진 등가죽에
15 단단한 돌인장으로 봉인한 것 같은 저 등,
8 바람도 틈탈 수 없도록
16 서로서로 맞닿아 있고
9 서로서로 얽혀 있으니
17 떨어질 리도 없다.
10 재채기 소리에 불이 번쩍하고
18 그 눈초리는 새벽 여신의 눈망울 같구나.
11 아가리에서 내뿜는 횃불,
19 퉁겨 나오는 불꽃을 보아라.
12 연기를 펑펑 쏟는 저 콧구멍은
20 차라리 활활 타오르는 아궁이구나.
13 목구멍에서 이글이글 타는 숯불,
21 입에서 내뿜는 저 불길을 보아라.
14 목덜미엔 힘이 도사려 있어
22 그 앞에서 절망의 그림자가 흐느적일 뿐,
15 뗄 수 없이 마구 얽혀
23 피둥피둥한 저 살덩어리를 보아라.
16 바위같이 단단한 심장,
24 맷돌 아래짝처럼 튼튼한 염통,
17 한번 일어서면 ㉡신들도 무서워
25 혼비백산하여 거꾸러진다.
18 칼로 찔러보아도 박히지 않고
26 창이나 표창, 화살 따위로도 어림없다.
19 쇠를 지푸라기인 양 부러뜨리고
27 청동을 썩은 나무인 양 비벼버린다.
20 아무리 활을 쏘아도 달아날 생각도 하지
28 않고
팔맷돌은 마치 바람에 날리는 겨와 같구
나.
21 몽둥이는 검불처럼 여기며
29 절렁절렁 소리내며 날아드는 표창 따위
에는 코웃음친다.
22 뱃가죽은 날카로운 질그릇 조각과 같아
30 타작기가 할퀸 땅바닥처럼 지나간 흔적
을 남기며
23 깊은 물웅덩이를 솥처럼 끓게 하고
31 바닷물을 기름 가마처럼 부글거리게 하
는구나.
24 번쩍 길을 내며 지나가는 저 모습,
32 흰 머리를 휘날리며 물귀신같이 지나간
다.
25 지상의 그 누가 그와 겨루랴.
33 생겨날 때부터 도무지 두려움을 모르는
구나.
26 모든 권력가가 그 앞에서 쩔쩔매니,
34 모든 거만한 것들의 왕이 여기에 있다.

욥의 마지막 답변

42 ◎욥이 야훼께 대답하였다.
2 알았습니다.
당신께서는 못하실 일이 없으십니다.
계획하신 일은 무엇이든지 이루십니다.
3 부질없는 말로 당신의 뜻을 가린 자,
그것은 바로 저였습니다.
이 머리로는 헤아릴 수 없는 신비한 일들
을
영문도 모르면서 지껄였습니다.
4 당신께서는 말씀하셨습니다.
"이제 들어라. 내가 말하겠다.
내가 물을 터이니 알거든 대답하여라."
5 당신께서 어떤 분이시라는 것을 소문으

㉠ 라틴어 성서는 여기에서 41장이 시작된다. ㉡ "용사들"이라고 옮길 수도 있다.

로 겨우 들었었는데,
이제 저는 이 눈으로 당신을 뵈었습니다.
6 그리하여 제 말이 잘못되었음을 깨닫고
티끌과 잿더미에 앉아 뉘우칩니다.

뒷 이야기

7◎야훼께서 욥과 말씀을 마치신 다음에 데만
사람 엘리바즈에게 말씀하셨다. "너와 너의
두 친구를 생각하면 터지는 분노를 참을 길
없구나. 너희는 내 이야기를 할 때 욥처럼
솔직하지 못하였다.
8 이제 너희는 수소 일곱 마리와 숫양 일곱 마
리를 가지고 나의 종 욥에게로 가서 너희를
위하여 번제를 드려라. 나의 종 욥이 너희를
위하여 기도를 드려주리라. 그러면 그의 기
도를 듣고 나는 너희를 크게 벌하지 않으리
라. 너희는 내 이야기를 할 때 나의 종 욥처
럼 솔직하지 못하였다."
9 데만 사람 엘리바즈와 수아 사람 빌닷과 나아
마 사람 소바르는 곧 야훼의 분부대로 하였
다. 야훼께서는 욥의 기도를 기꺼이 들어주
셨다.
10◎욥이 친구들을 위하여 기도를 드리니, 야
훼께서 욥의 소유를 회복시켜 주셨다. 야훼
께서 욥의 소유를 전보다 두 배나 돌려주
셨다.
11 그의 동생들과 누이들, 또 그의 옛 친지들
이 찾아와서 그의 집에서 함께 먹고 마셨다.
그 동안 야훼께서 욥에게 내린 재난이 얼마
나 괴로웠느냐고 동정어린 말로 그를 위로
하면서 저마다 돈을 주고 금반지를 끼워주
었다.
12◎야훼께서 욥의 여생에 전날보다 더한 복을
내려주셨다. 양 만 사천 마리, 낙타 육천 마
리, 겨릿소 천 쌍, 암나귀 천 마리에다
13 또 일곱 아들과 세 딸도 주셨다.
14 첫 딸의 이름을 ㉠예미마라 하고, 둘째 딸의
이름은 ㉡케지야라 하고, 셋째 딸의 이름은
㉢케렌 하뿌아라 지어주었다.
15 전 세계에서 욥의 딸들만큼 아리따운 여자
를 찾을 수 없었다. 욥은 딸들에게도 그들
의 오빠에게 준 것과 같은 유산을 나누어주
었다.
16◎그 후 욥은 백사십 년을 살면서 사대손을
보았다.
17 욥은 이렇게 수를 다 누리고 늙어서 세상을
떠났다.

시 편

[제일권]

1

복되어라.
악을 꾸미는 자리에 가지 아니하고
죄인들의 길을 거닐지 아니하며
조소하는 자들과 어울리지 아니하고,
2 야훼께서 주신 법을 낙으로 삼아
밤낮으로 그 법을 되새기는 사람.
3 그에게 안 될 일이 무엇이랴!
냇가에 심어진 나무 같아서
그 잎사귀가 시들지 아니하고
제 철 따라 열매 맺으리.
4 사악한 자는 그렇지 아니하니
바람에 까불리는 겨와도 같아.
5 야훼께서 심판하실 때에
머리조차 들지 못하고,
죄인이라 의인들 모임에
끼지도 못하리라.
6 악한 자의 길은 멸망에 이르나,
의인의 길은 야훼께서 보살피신다.

2

어찌하여 나라들이 술렁대는가?
어찌하여 민족들이 헛일을 꾸미는가?
2 야훼를 거슬러, 그 기름 부은 자를 거슬러
세상의 왕들은 들썩거리고
왕족들은 음모를 꾸미며
3 "이 사슬을 끊어버리자!"
"이 멍에를 벗어버리자!" 한다마는
4 하늘 옥좌에 앉으신 야훼,
가소로워 웃으시다가
5 드디어 분노를 터뜨려 호통치시고
노기 띤 음성으로 호령하신다.
6 "나의 거룩한 시온 산 위에
나의 왕을 내 손으로 세웠노라."
7 나를 왕으로 세우시며 선포하신 야훼의

㉠'비둘기'라는 뜻이다. ㉡'육계향'이라는 뜻이다. ㉢화장할 때 쓰는 작은 상자를 뜻한다.

칙령을 들어라.
"너는 내 아들,
나 오늘 너를 낳았노라.
8 나에게 청하여라.
만방을 너에게 유산으로 주리라.
땅 끝에서 땅 끝까지 너의 것이 되리라.
9 저들을 질그릇 부수듯이
철퇴로 짓부수어라."

10 왕들아, 이제 깨달아라.
세상의 통치자들아, 정신을 차려라.
11 경건되이 야훼께 예배 드리고
두려워 떨며 그 발 아래 꿇어 엎드려라.
12 자칫하면 불붙는 그의 분노,
금시라도 터지면 살아 남지 못하리라.

그분께 몸을 피하는 자 모두 다 복되어라.

3

[아들 압살롬에게 쫓길 때에 읊은 다윗의 노래]

야훼여!
나를 괴롭히는 자 왜 이리 많사옵니까?
나를 넘어뜨리려는 자 왜 이리 많사옵니
까?
2 너 따위는 하늘마저 버렸다고
빈정대는 자 또한 왜 이리도 많사옵니까?
(셀라)

3 그러나 야훼여! 당신은 나의 방패,
나의 영광이십니다. 내 머리를 들어주십
니다.

4 나 야훼께 부르짖으면
당신의 거룩한 산에서 들어주십니다. (셀
라)
5 자리에 들면 자나깨나
야훼께서 이 몸을 붙들어주십니다.
6 적들이 밀려와 에워쌀지라도
무서울 것 하나 없사옵니다.

7 야훼여, 일어나소서.
나의 하느님, 구하여 주소서.
당신은 내 원수의 턱을 내리치시고
악한 자의 이빨을 부수시는 분,
8 야훼여, 승리는 당신께 있사오니
당신 백성에게 복을 내리소서. (셀라)

4

[성가대 지휘자를 따라 수금에 맞추어 부르는 다윗의 노래]

1 내 무죄함을 밝히시는 하느님,
부르짖사오니 들어주소서.
이 곤경에서 나를 빼내 주소서.
불쌍히 여기시고 내 기도를 들으소서.

2 너희, 사람들아!
언제까지 나의 영광을 짓밟으려는가?
언제까지 헛일을 좇고
언제까지 거짓 찾아 헤매려는가? (셀라)
3 알아두어라, 야훼께서는 경건한 자를 각
별히 사랑하시니,
내가 부르짖으면 언제나 들어주신다.
4 무서워하여라, 다시는 죄짓지 마라.
자리에 누워 반성하여라, 고요를 깨지 마
라. (셀라)
5 ㉠제물을 바쳐 죄를 벗어라.
그리고 야훼만을 의지하여라.

6 "그 누가 우리에게 좋은 일을 보여줄
까?"
하고 말하는 자가 많사오니,
밝으신 당신의 얼굴을 우리에게 돌리소
서, 야훼여.
7 이 마음에 심어주신 당신의 기쁨,
곡식이다, 포도주다, 풍년에 흥겨운 저들
의 기쁨보다 크옵니다.
8 누운즉 마음 편하고 단잠에 잠기오니,
야훼여, 내가 이렇듯 안심하는 것은 다만
당신 덕이옵니다.

5

[성가대 지휘자를 따라 피리에 맞추어 부르는 다윗의 노래]

1 야훼여! 아뢰옵나니 귀를 기울이소서.
내 한숨짓는 까닭을 알아주소서.
2 나의 왕, 나의 하느님이여!
살려달라 애원하는 이 소리 모르는 체 마
소서.

당신께 기도 드립니다.
3 야훼여, 당신은 아침 기도를 들어주시기
에
이른 아침부터 제물 차려놓고
당신의 처분만을 기다리고 있사옵니다.
4 당신께서 사악을 좋아하실 리 없사오니,
악인을 반기실 리 또한 없으십니다.
5 거만한 자를 당신께서는 참고 보지 못하
시고
악한 짓 하는 자 모두 미워하십니다.

㉠ "바른 마음으로 제물을 바쳐라."라고 옮길 수도 있다.

6 나는 울다가 지쳤습니다.
밤마다 침상을 눈물로 적시고
나의 잠자리는 눈물 바다가 되었습니다.
7 울다울다 눈이 안 보이고,
괴롭다 못하여 늙고 말았습니다.

8 악한 짓 하는 자 모두 나에게서 물러가라.
내 울부짖는 소리 야훼께서 들으셨다.
9 야훼께서 나의 애원 들으셨으니
야훼께서 나의 기도 들어주시리라.
10 내 원수들이 모두 겁에 질려 당황하는구
나.
창피하거든 어서들 물러가거라.

7

[베냐민 사람 구스의 일 때문에 야훼께 바친 다윗의 애가]

1 야훼, 나의 하느님! 당신께 이 몸 피하오
니,
나를 뒤쫓는 모든 자들에게서 구하시고
살려주소서.
2 사자처럼 달려들어 이 목숨 발기발기 찢
어도
살려줄 자 어디 있사옵니까?

3 야훼, 나의 하느님!
아무려면 제가 이런 짓을 했으리이까?
이 손으로 받지 못할 것을 받기라도 했다
면
4 친구에게 선을 악으로 갚기라도 했다면
까닭 없이 나를 미워하는 자를 살려주기
라도 했다면
5 원수들이 이 몸을 따라잡아
밟아 죽여도 좋사옵니다.
창자가 터져 흙범벅이 되어도 좋사옵니
다. (셀라)

6 야훼여! 의분을 일으켜 일어나소서.
미쳐 날뛰는 원수들의 기를 꺾어주소서.
나의 하느님! 일어나시어 판결을 내려주
소서.
7 만민을 한자리에 모으시고
그 가운데 높다랗게 자리 잡으소서.
8 민족들의 재판관이신 야훼여,
이 몸은 아무 허물이 없사오니,
야훼여, 바른 판결을 내려주소서.
9 사람의 마음속, 뱃속을 헤쳐보시는 공정
하신 하느님,
악한 자들이 다시는 설치지 못하게 하시
고

무죄한 사람들은 뒷받침해 주소서.

10 더없이 높으신 하느님은 나의 방패,
올바른 사람에게 승리를 안겨주시는 분,
11 나의 하느님은 공정한 재판관,
언제라도 악인을 심판하시는 하느님이시다.
12 저들이 회개하지 아니하면
칼을 갈고 화살 메워 시위를 당겼다가
13 죽음의 칼을 들고
활촉에 불붙여 겨누신다.
14 악한 생각 빚어서 몸 속에 사악을 품었다가
속임수를 낳는 원수들아!
15 너희가 구덩이는 깊숙이 팠다마는
그 구덩이에 너희 자신이 빠지리라.
16 제가 꾸민 재난이 제 머리에 떨어지고
그 폭력은 제 정수리에 떨어지리라.
17 나 공정하신 야훼를 찬양하고
지존하신 그 이름, 야훼를 노래하리라.

8

[성가대 지휘자를 따라 기띳에 맞추어 부르는 다윗의 노래]

1 야훼, 우리의 주여!
주의 이름 온 세상에 어찌 이리 크십니까!
주의 영광 기리는 노래 하늘 높이 퍼집니다.
2 어린이, 젖먹이들이 노래합니다.
이로써 원수들과 반역자들을 꺾으시고
당신께 맞서는 자들을 무색케 하셨습니다.
3 당신의 작품, 손수 만드신 저 하늘과
달아놓으신 달과 별들을 우러러보면
4 사람이 무엇이기에 이토록 생각해 주시며
사람이 무엇이기에 이토록 보살펴 주십니까?
5 그를 ㉠하느님 다음가는 자리에 앉히시고
존귀와 영광의 관을 씌워주셨습니다.
6 손수 만드신 만물을 다스리게 하시고
모든 것을 발밑에 거느리게 하셨습니다.
7 크고 작은 온갖 가축과
들에서 뛰노는 짐승들하며
8 공중의 새와 바다의 고기,
물길 따라 두루 다니는 물고기들을
통틀어 다스리게 하셨습니다.
9 야훼, 우리의 주여!
주의 이름 온 세상에 어찌 이리 크십니까!

9

[성가대 지휘자를 따라 알뭇에 맞추어 부르는 다윗의 노래]

1 야훼여, 이 마음 다 바쳐 감사 드립니다!
몸소 하신 기막힌 일들
남김없이 빠짐없이 전하리이다.
2 당신 생각에 그저 기쁘고 즐거워
더없이 높으신 분 그 이름 찬양합니다.

3 원수들이 뒤돌아 도망치다가
당신 앞에 거꾸러져 죽게 하소서.
4 공정하신 판관께서 재판석에 앉으시고
나에게 죄없다 판단하셨사옵니다.
5 저 민족들을 꺾으시고 악한 자를 멸하시며
그 이름을 영원히 지워주셨습니다.
6 원수들은 영영 망해 버려 흔적도 없고
그 도시들 또한 잿더미 되어
기억조차 사라지고 말았습니다.

7 야훼께서 영원히 왕좌에 앉으시고
재판하실 옥좌를 다지셨으니,
8 정의로 이 땅을 다스리시며
공정하게 만백성을 판결하시리.

9 야훼여, 억울한 자의 요새 되시고
곤궁할 때 몸담을 성채 되소서.
10 야훼여, 당신을 찾는 자를 아니 버리시기에,
당신 이름 받드는 자 그 품에 안기옵니다.
11 시온에 사시는 야훼께 찬미하여라.
그 하신 일들 만민에게 모두 알려라.
12 무죄한 피를 갚으시는 분께서 그들을 잊지 아니하시고
불쌍한 이의 울부짖음을 모르는 체하지 않으신다.

13 야훼여! 나를 불쌍히 여기소서.
원수들에게 당하는 이 억울함을 살피소서.
죽음의 문턱에서 나를 끌어내소서.
14 구해 주신 그 일을 한껏 기뻐하며
아끼시는 이 수도 시온의 성문에서
끝없이 당신을 찬양하리이다.

㉠ "천사들", "신들"이라고 옮길 수도 있다.

15 저 민족들은 저희가 판 구덩이에 빠지고
저희가 친 덫에 걸리리라.
16 야훼께서 공정한 재판으로 그 모습을 드
러내시고
악한 자는 자기가 한 일에 걸려들리라.
17 하느님을 저버린 저 민족들, 죽음의 나라
로 물러가거라. (셀라)
악인들아, 너희도 물러가거라.
18 가난한 사람, 아주 잊혀지지 아니하고
억눌린 자의 희망, 영영 헛되지 아니하리
라.

19 야훼여! 일어나소서. 사람이 우쭐대지
못하게 하소서.
저 민족들로 하여금 당신 앞에서 심판받
게 하소서.
20 야훼여! 저 민족들을 혼내 주시고
스스로 사람임을 깨닫게 하소서. (셀라)

10

야훼여, 어찌하여 멀리 계십니까?
이토록 곤경에 빠졌는데 모르는 체하
십니까?
2 악한 자들이 으스대며 미약한 자를 박해
합니다.
저들이 던진 올가미로 저들을 덮치소서.
3 악한 욕망 품고도 자랑스레 뽐내고
탐욕으로 악담하며 야훼께조차 코웃음칩
니다.
4 악한 자 우쭐대며 하는 말,
"벌은 무슨 벌이냐? 하느님이 어디 있느
냐?"
이것이 그의 생각 전부입니다.
5 당신의 심판은 아랑곳없이
날이면 날마다 그의 생활 흥청거리고
반대자를 비웃으며,
6 "내가 망하는가 두고 보아라.
나에게 불행이란 없으리라." 하고 스스로
다짐합니다.
7 내뱉으면 저주요,
입 안에 찬 것은 거짓과 폭언,
혀 밑에는 욕설과 악담뿐입니다.
8 마을의 길목을 지켰다가
죄없는 자 쳐죽이고
두 눈을 부릅뜨고 가엾은 사람을 노립니
다.
9 숲 속에 숨은 사자처럼
불쌍한 놈 덮치려
불쌍한 놈 기다리다가
그물 씌워 끌고 가서
10 죄없는 자를 치고 때리며
가엾게도 거꾸러뜨리고는 하는 말이,
11 "하느님은 상관없지.
영영 보지 않으려고 얼굴마저 돌렸다."
12 일어나소서. 야훼 나의 하느님, 저들을 내
리치소서.
가련한 자들을 잊지 마소서.
13 악인들이 어찌 감히 당신을 깔보며
"벌받지 않는다."고 뇌까릴 수 있사오리
까?
14 이 서러움, 이 억울함을 당신은 보셨습니
다.
손수 그들을 붙들어주시니
당신은 가엾은 자들의 의지이시며
고아들의 도움이시옵니다.
15 저 악하고 못된 자들의 팔을 꺾으소서.
저들의 죄 사정없이 물으소서, 깨끗이 벌
하소서.
16 야훼께서는 영원무궁토록 왕이시오니
뭇 나라가 주의 땅에서 사라지리이다.
17 야훼여! 당신은 미약한 사람들의 호소를
들으시고
그 마음 든든하게 해주시옵니다. 귀를 기
울이시어
18 억눌린 자 고아들은 권리를 찾게 하시고
다시는 이 땅에 겁주는 자 없게 하소서.

11

[성가대 지휘자를 따라 부르는 다윗의 노
래]
1 나 야훼께 피신하거늘 너희 어찌 나더러
이런 소리 하느냐?
"새처럼 산으로 도망쳐라.
2 보라, 악인들이 활을 당겨
시위에 살을 먹여
어두운 곳에서 의인을 쏘려 하지 않느냐?
3 기초가 송두리째 무너지는 이 마당에,
의롭다는 게 무슨 소용이냐?"
4 그러나 야훼께서는 당신 성전에서
하늘 높이 옥좌에 앉으시어
세상을 두루 살피시고
사람들을 눈여겨보고 계신다.
5 죄있는 사람, 죄없는 사람을 가려내시며
폭력 쓰는 자를 몹시 미워하신다.
6 숯불과 유황을 악인 위에 쏟으시며
불바람을 그들 몫으로 안겨주신다.
7 야훼, 공정하시어 옳은 일 좋아하시니,
올바른 자 그 얼굴 뵙게 되리라.

12

[성가대 지휘자를 따라 팔현금에 맞추어 부르는 다윗의 노래]

1 야훼여! 도와주소서.
믿음 깊은 자 한 사람도 없사옵니다.
믿을 만한 사람 하나 없사옵니다.
2 입만 열면 남 속이는 말이요,
입술을 재게 놀려 간사한 말을 하고
속다르고 겉다른 엉큼한 생각뿐입니다.

3 야훼여! 간사한 모든 입술 막아주시고
제 자랑하는 모든 혀를 끊어주소서.
4 저들은 말합니다. "혀는 우리의 자랑,
제 혀로 말하는데 누가 막으랴?"

5 "없어서 짓밟히고, 가난해서 신음하니
나 당장 일어서리라.
그들이 갈망하는 구원을 베풀리라."
야훼의 말씀 이러하시니
6 야훼의 말씀이야 진실된 말씀,
흙 도가니에 일곱 번 녹여 거른 순은입니
다.
7 야훼여!
우리를 지켜주소서.
이 더러운 세상에서 우리를 끝까지 보살
피소서.
8 주위에는 악인들이 우글거립니다.
더러운 자들이 판을 칩니다.

13

[성가대 지휘자를 따라 부르는 다윗의 노래]

1 야훼여! 언제까지 나를 잊으시렵니
까?
영영 잊으시렵니까?
언제까지 나를 외면하시렵니까?
2 밤낮없이 쓰라린 이 마음, 이 아픔을,
언제까지 견뎌야 합니까?
언제까지 원수들이 우쭐대는 꼴을 봐야
합니까?

3 야훼, 나의 하느님,
굽어살피시고 대답해 주소서.
죽음의 잠 자지 않도록
이 눈에 빛을 주소서.
4 원수들이 "이겼노라." 뽐낼 것입니다.
적들은 기뻐하며 날뛸 것입니다.
5 이 몸은 주의 사랑만을 믿사옵니다.
이 몸 건져주실 줄 믿고 기뻐합니다.
6 온갖 은혜 베푸셨으니
야훼께 찬미드리리이다.

14

[성가대 지휘자를 따라 부르는 다윗의 노래]

1 어리석은 자들, 제 속으로
"하느님이 어디 있느냐?" 말들 하면서,
썩은 일 추한 일에 모두 빠져서
착한 일 하는 사람 하나 없구나.
2 야훼, 하늘에서 세상 굽어보시며
혹시나 슬기로운 사람 있는지,
하느님 찾는 자 혹시라도 있는지
이리저리 두루 살피시지만
3 모두들 딴길 찾아 벗어나서
한결같이 썩은 일에 마음 모두어
착한 일 하는 사람 하나 없구나.
착한 일 하는 사람 하나 없구나.

4 언제나 깨달으랴. 저 악한들,
떡 먹듯 나의 백성 집어삼키고
야훼는 부르지도 않는구나.
5 하느님께서 옳게 사는 사람들과 함께 계
시니
저자들은 겁에 질려 소스라치리라.
6 비천한 자들 생각을 너희가 비웃지만
야훼께서 그들을 감싸주신다.
7 바라옵나니, 이스라엘의 구원이 시온에서
오기를.
잡혀간 당신 백성을 야훼께서 데려오실
때
야곱은 즐거워하고 이스라엘은 기뻐하리
라.

15

[다윗의 노래]

1 야훼여! 당신 장막에서 살 자 누구입
니까?
당신의 거룩한 산에 머무를 자 누구입니
까?

2 허물없이 정직하게 살며
마음으로부터 진실을 말하고
3 남을 모함하지 않는 사람,
이웃을 해치지 않고
친지를 모욕하지 않으며,
4 야훼 눈 밖에 난 자를 얕보되
야훼 두려워하는 이를 높이는 사람,
손해를 보아도 맹세를 지키고,
5 돈놀이하지 않으며,
뇌물을 받고 무죄한 자를 해치지 않는 사
람.
이렇게 사는 사람은 영원히 흔들리지 아

니하리라.

16 [다윗의 ㉠믹담]

하느님, 나를 지켜주소서.
이 몸은 당신께로 피합니다.
2 야훼께 아뢰옵니다.
"당신은 나의 주님, 당신만이 나의 행복
이십니다."

3 이 땅에 있는 거룩하다는 신들,
그런 것들을 좋아하는 자들에게 저주를
내리소서.
4 다른 신을 따르는 자들은 실컷 고생이나
시키소서.
그 우상들에게 피를 쏟아 바치다니, 망측
합니다.
그 이름을 입에 올리다니, 망측합니다.

5 야훼여!
당신은 내가 받을 분깃, 내가 마실 잔,
나의 몫은 당신 홀로 간직하고 계십니다.
6 당신께서 나에게 떼어주신 기름진 땅
흡족하게 마음에 듭니다.
7 좋은 생각 주시는 야훼님 찬미하오니
밤에도 좋은 생각 반짝입니다.
8 야훼여, 언제나 내 앞에 모시오니
내 옆에 당신 계시면 흔들릴 것 없사옵니
다.
9 그러므로 이 마음 이 넋이 기쁘고 즐거워
육신마저 걱정 없이 사오리다.
10 어찌 이 목숨을 지하에 버려두시며
당신만 사모하는 이 몸을 어찌 썩게 버려
두시리이까?
11 삶의 길을 몸소 가르쳐주시니
당신 모시고 흡족할 기꺼움이,
당신 오른편에서 누릴 즐거움이 영원합
니다.

17 [다윗의 호소]

이 몸의 죄없음을 밝혀주소서. 야훼여,
들으소서.
이토록 울부짖는 소리 모르는 체 마옵소
서.
이 애원하는 소리에 귀를 기울이소서.
이 입술은 거짓을 모르옵니다.
2 "너는 죄없다." 판결하소서.
당신의 눈은 결백한 사람을 알아보십니
다.
3 내 마음을 샅샅이 뒤져보시고
밤새도록 심문하고 불에 달구어 걸러보
셔도
무엇 하나 나쁜 것이 내 입에서 나왔사옵
니까?
4 남들이야 무얼 하든지
이 몸은 당신의 말씀을 따라
5 그 험한 길을 꾸준히 걸었사옵니다.
가르쳐주신 길을 벗어난 적이 없사옵니
다.
6 나는 당신을 부릅니다.
하느님, 대답해 주시리라 믿사옵니다.
귀를 기울이시어 나의 말을 들어주소서.
7 한결같은 그 사랑을 베풀어주소서.
당신께로 피하오니 오른손으로 잡으시어
나를 치는 자들의 손에서 건져주소서.
8 당신의 눈동자처럼, 이 몸 고이 간수해
주시고
당신의 날개 그늘 아래 숨겨주소서.
9 이 몸을 짓밟는 악인들에게서 지켜주소
서.
원수들은 미친 듯 달려들어 나를 에워싸
고 있사옵니다.
10 그들의 심장은 기름기로 굳어졌고
그들의 입은 오만불손합니다.
11 달려들어 이 몸을 에워싸고는
땅에다 메어치려 노려보고 있습니다.
12 먹이에 굶주린 사자와도 같고
숨어서 노려보는 새끼 사자와도 같습니
다.

13 야훼여! 일어나소서, 악인들 맞받아 때
려 누이시고
칼로써 끝장내어 이 목숨 구하소서.
14 야훼여! 손을 펴소서.
흥청거리며 사는 자들의 손에서 이 몸을
구하소서.㉡
저들이 당신의 곳간에서 배를 채우고
그 자식들도 배 터지게 먹고 남아
또 그 어린것들에게 물려주게 하시렵니
까?
15 나는 떳떳하게 당신 얼굴을 뵈오리이다.
이 밤이 새어 당신을 뵙는 일,
이 몸은 그것만으로 만족합니다.

18 [성가대 지휘자를 따라 부르는 야훼의 종 다윗의 노래. 이 노래는 야훼께서 사울을 비롯한 모든 원수의 손에서 다윗을 건져주셨을 때

㉠ 무슨 뜻인지 알 수 없다. ㉡ 히브리어 본문의 뜻이 분명치 않다.

부른 것이다. 그는 노래한다.]

1 나의 힘이신 야훼여!
당신을 사랑합니다.
2 야훼는 나의 반석,
나의 요새, 나를 구원하시는 이,
나의 하느님, 내가 숨을 바위,
나의 방패, 승리를 안겨주는 ㉠뿔,
나의 산채, 나의 피난처,
포악한 자들의 손에서 이 몸 건져주셨으
니
3 찬양을 받으실 분이라.
내가 야훼께 부르짖었더니
나를 원수의 손에서 건져주셨다.
4 죽음의 물결에 휩싸이고
멸망의 물살에 휩쓸려 겁에 질리고
5 포승에 묶여 저승으로 가고
올가미에 걸려 죽을
6 다급한 때에 야훼께 부르짖었더니
당신의 전에서 내 소리를 들어주셨다.
나 하느님께 외쳤더니
울부짖는 소리가 그의 귀에 다다랐구나.
7 그가 한번 노하시니
땅은 뒤흔들리고
산뿌리들도 뒤틀리며 흔들렸다.
8 코로는 연기를 내뿜으시고
입으로는 불을 토하시며
숯불처럼 모든 것을 살라버리셨다.
9 그는 하늘을 밀어 제치시고
검은 구름 위에 내려서시며
10 거룹을 타고 나시고
바람 날개를 타고 내리덮치셨다.
11 몸을 어둠으로 감싸시고
비를 머금은 구름을 두르고 나서시니,
12 그 앞에선 환한 빛이 터져 나오며
짙은 구름이 밀리고
우박이 쏟아지며 불길이 뻗어났다.
13 지극히 높으신 분, 야훼께서
천둥 소리로 하늘에서 고함치셨다.
14 번개가 번쩍번쩍,
화살을 마구 쏘아대시어
원수들을 흩어 쫓으셨다.
15 야훼께서 한번 호령하시니
바다의 밑바닥이 드러나고,
그 콧김에 땅의 기초가 드러나는데,
16 높은 데서 손을 내밀어 나를 끌어올리시
어,
거센 물 속에서 나를 건져내셨다.
17 나를 미워하는 억센 원수들,
내 힘으로는 당해 낼 수 없는 것들 손에서
나를 건져주셨다.
18 내가 망할 처지가 되자 저들이 달려들었
지만
야훼께서 내 편이 되셔서
19 건져주시고 어깨를 펴게 해주셨다.
하느님께서 이렇듯이 나를 좋아하셨다.
20 야훼께서 내가 옳게 살았다고 상을 내리
시고
내 손에 죄가 없다고 이렇게 갚아주셨다.
21 나는 야훼께서 일러주신 길을 벗어나거나
내 하느님께 못할 일을 하지 않았다.
22 그의 법을 저버린 적이 없고
그의 법규를 무시한 적도 없다.
23 죄에 빠지지 않도록 조심하며
나무랄 데 없이 살았다.
24 야훼 보시기에 깨끗하여 죄없다고
이렇게 갚아주셨구나.

25 한마음으로 당신을 위하면
당신께서도 한마음으로 위해 주십니다.
흠없이 당신을 위하면
당신께서도 흠없이 위해 주십니다.
26 두 마음을 품지 않고 당신을 받들면,
당신께서도 두 마음 품지 않고 붙들어주
십니다.
그러나 당신을 속이려 드는 자는 꾀어 넘
기시고
27 억눌린 자를 건져주시며
거만한 자를 부끄럽게 만드십니다.
28 야훼여! 당신은 곧 나의 등불,
내 앞에서 어둠을 몰아내 주십니다.
29 하느님께서 도와주시면
어떤 담이라도 뛰어넘을 수 있고
나의 하느님께서 힘이 되어주시면
못 넘을 담이 없사옵니다.

30 하느님께서 하시는 일에 무슨 잘못이 있
으랴.
야훼의 말씀에 무슨 티가 있으랴.
피신해 오는 자에게
방패가 되어주시는 분이시다.
31 하느님은 야훼뿐,
바위가 되실 이는 우리 하느님,
32 나에게 힘을 입혀주시어
나무랄 데 없이 살게 해주셨다.
33 나의 발을 암사슴처럼 빠르게 하시어
산등성이 위에 서게 해주셨다.

㉠ 뿔은 힘을 상징한다.

34 싸움에 이기라고 솜씨 길러주시고
구리활을 당기라고 내 팔을 익혀주셨다.
35 구원의 방패를 이 손에 들려주시고
오른손으로 붙드시며 도와주셨다.
36 무릎 떨리는 일 없이
활개를 치게 해주셨다.
37 나는 원수들을 따라가 멸망시켰다.
끝장내고야 돌아섰다.
38 내가 때려눕히니, 원수들은 발 밑에 쓰러져
다시 일어나지 못하였다.
39 허리를 묶고 싸움터에 나갈 힘을 주시어
원수들을 내 발 앞에 무릎 꿇리셨다.
40 내가 원수들의 목덜미를 잡고
적수들의 숨통을 눌러버리는데
41 살려달라고 울부짖어도 들어주는 이 없었다.
야훼께 부르짖어도 들은 체도 않으셨다.
42 나는 그것들을 먼지처럼 부수어 바람에 날려보냈다.
길바닥의 진흙처럼 짓이겨버렸다.
43 내 민족이 나를 거역하였을 때,
나를 그 손에서 건지셨고
알지도 못하던 민족들이 나를 섬기도록
뭇 나라에 영도자로 세워주셨다.
45 이국 백성들은 넋이 빠져
숨었던 요새에서 기어나와
44 내 앞에 와서 굽실거리며
무엇이든지 내가 시키는 대로 하게 되었다.

46 야훼 만만세!
나의 바위여 찬양받으소서.
나에게 승리를 안겨주신 하느님, 높으시어라.

47 내 원수를 갚으시고
뭇 민족을 내 앞에 무릎 꿇리신 하느님!
48 당신께서는 나를 원수의 손에서 구출하시고
포악한 자들 손에서 건지시어
적대자들 위에 높여주셨사옵니다.
49 그러하오니, 야훼여!
그 고마움을 어찌 만민에게 알리지 아니하고
당신의 이름을 노래하지 않으리이까?
50 당신께서는 손수 기름 부어 세우신 왕에게
큰 승리를 안겨주시고
이 다윗과 다윗의 후손에게 길이길이
한결같은 사랑을 베푸시옵니다.

19

[성가대 지휘자를 따라 부르는 다윗의 노래]
하늘은 하느님의 영광을 속삭이고
창공은 그 훌륭한 솜씨를 일러줍니다.
2 낮은 낮에게 그 말을 전하고
밤은 밤에게 그 일을 알려줍니다.
3 ㉠그 이야기, 그 말소리
비록 들리지 않아도
4 그 소리 구석구석 울려 퍼지고
온 세상 땅 끝까지 번져갑니다.
해를 위하여 하늘에 장막을 쳐주시니
5 해는 신방에서 나오는 신랑과 같이
신나게 치닫는 용사와 같이
6 하늘 이 끝에서 나와
하늘 저 끝으로 돌아가고
그 뜨거움을 벗어날 자 없사옵니다.
7 야훼의 법은 이지러짐이 없어
사람에게 생기를 돌려주고
야훼의 법도는 변함이 없어
어리석은 자도 깨우쳐준다.
8 야훼의 분부는 그릇됨이 없어
사람의 마음을 즐겁게 하고
야훼의 계명은 맑아서
사람의 눈을 밝혀준다.
9 야훼의 ㉡말씀은 순수하여
영원토록 흔들리지 아니하고
야훼의 법령은 참되어
옳지 않은 것이 없다.
10 금보다, 순금덩이보다 더 좋고
꿀보다, 송이꿀보다 더욱 달다.

11 당신 종이 그 말씀으로 깨우침 받고
그대로 살면 후한 상을 받겠거늘
12 뉘 있어 제 허물을 다 알리이까?
㉢모르고 짓는 죄일랑 말끔히 씻어주소서.
13 일부러 범죄할까, 이 몸 막아주시고
그 손아귀에 잡힐까, 날 지켜주소서.
그제야 이 몸은 대역죄 씻고
온전히 깨끗하게 되리이다.
14 내 바위, 내 구원자이신 야훼여,
내 생각과 내 말이
언제나 당신 마음에 들게 하소서.

㉠ "일러주며 외치는 그 소리 어딘들 들리지 않으랴!"라고 옮길 수도 있다. ㉡ "임랕"(말씀)을 "이르알"(경외함)로 읽으면 "야훼를 경외함."이라고 옮길 수 있다. ㉢ "죄에 빠지지 않게 하여주소서."라고 옮길 수도 있다.

20

[성가대 지휘자를 따라 부르는 다윗의 노래]

1 야훼께 비옵니다.
우리 임금이 곤경에서 기도하거든,
야곱의 하느님 야훼께서는
그 기도를 들으시고 지켜주소서.
2 성소로부터 임금에게 도움을 내리시고,
시온 산에서 임금을 붙들어주소서.
3 임금이 바치는 예물을 마음에 두시고
드리는 번제를 달게 받아주소서. (셀라)
4 임금의 계획을 이루어주시고,
그의 소원 그대로 채워주소서.
5 임금의 승리를 소리 높여 기뻐하고
하느님 이름으로 깃발 높이 치키리니,
야훼여, 우리 임금의 모든 청원을 들어주
소서.
이제는 알았습니다.
6 야훼께서 기름 부으신 임금에게 승리 주
심을,
그 거룩한 하늘에서 그의 기도 들으시고,
오른손 힘차게 뻗어 승리 주심을!
7 누구는 병거를 믿고 또 누구는 기마를 믿
지만,
우리만은 우리 하느님 야훼의 이름을 믿
사옵니다.
8 이 사람들은 휘청거려 쓰러지겠지만
우리는 꿋꿋이 선 채 넘어지지 않사옵니
다.

9 야훼여! 우리 임금에게 승리를 주소서.
우리가 부르짖을 때에 들으소서.

21

[성가대 지휘자를 따라 부르는 다윗의 노래]

1 야훼여!
당신께서 힘이 되어주시오니 우리의 왕
이 기뻐합니다.
당신께서 승리를 안겨주시오니 크게 즐
거워합니다.
2 당신께서는 그의 소원을 들어주시고
그 입에서 나오는 청원을 물리치지 않으
셨사옵니다. (셀라)
3 온갖 좋은 복으로 그를 맞으시고
황금의 면류관을 씌워주셨습니다.
4 오래 살게 해달라는 그의 기도 들어주시
고
그에게 오래오래 긴긴 날을 주셨습니다.
5 당신께서는 그에게 승리 주시어 그 영광
만방에 떨치게 하고
위엄과 영화를 입혀주셨습니다.
6 영원한 복을 그에게 내려주시니
당신 얼굴 우러러 뵈고 마냥 기뻐합니다.
7 우리 왕이 야훼를 굳게 믿사오니
지존하신 분, 당신의 사랑받아 흔들리지
않으리이다.
8 당신의 손으로, 모든 원수를 덮치소서.
당신의 오른손으로 당신을 미워하는 자
를 덮치소서.
9 당신께서 몸소 나타나시는 날,
그들을 가마 속에 던지소서.
야훼의 진노로써 그들을 불사르소서.
뜨거운 불길이 그들을 삼켜버리게 하소
서.
10 이 땅에서 그들의 씨를 말리시고
그 후손을 세상에서 끊어버리소서.
11 원수들은 음모를 꾸며
당신을 해치려 하겠지만, 어림도 없는
일,
12 그 얼굴에 활을 겨누시면
모두들 도망치고 말 것입니다.

13 야훼여! 힘을 떨쳐 일어나소서.
우리는 당신 힘을 기리며 노래하리이다.

22

[성가대 지휘자를 따라 '새벽 암사슴' 가락으로 부르는 다윗의 노래]

1 나의 하느님, 나의 하느님,
어찌하여 나를 버리십니까?
살려달라 울부짖는 소리 들리지도 않사
옵니까?
2 나의 하느님, 온종일 불러봐도 대답 하나
없으시고,
밤새도록 외쳐도 모르는 체하십니까?
3 그러나 당신은 옥좌에 앉으신 거룩하신
분,
이스라엘이 찬양하는 분,
4 우리 선조들은 당신을 믿었고
믿었기에 그들은 구하심을 받았습니다.
5 당신께 부르짖어 죽음을 면하고
당신을 믿고서 실망하지 않았습니다.
6 나는 사람도 아닌 구더기,
세상에서 천더기, 사람들의 조롱거리,
7 사람마다 나를 보고 비쭉거리고
머리를 흔들며 빈정댑니다.
8 "야훼를 믿었으니 구해 주겠지.
마음에 들었으니, 건져주시겠지."
9 당신은 나를 모태에서 나게 하시고,
어머니 젖가슴에 안겨주신 분,

10 날 때부터 이 몸은 당신께 맡겨진 몸,
당신은 모태에서부터 나의 하느님이시오
니
11 멀리하지 마옵소서.
어려움이 닥쳤는데 도와줄 자 없사옵니
다.
12 황소들이 떼지어 에워쌌습니다.
바산의 들소들이 에워쌌습니다.
13 으르렁대며 찢어발기는 사자들처럼
입을 벌리고 달려듭니다.
14 물이 잦아들듯 맥이 빠지고
뼈 마디마디 어그러지고,
가슴 속 염통도 촛물처럼 녹았습니다.
15ㄱ 깨진 옹기 조각처럼 목이 타오르고
혀는 입천장에 달라붙었습니다.
16 개들이 떼지어 나를 에워싸고
악당들이 무리지어 돌아갑니다.
손과 발이 마구 찔려
15ㄴ 죽음의 먼지 속에 던져진 이 몸은
17 뼈 마디마디 드러나 셀 수 있는데
원수들은 이 몸을 노려보고 내려다보며
18 겉옷은 저희끼리 나눠가지고
속옷을 놓고서는 제비를 뽑습니다.
19 야훼여, 모르는 체 마소서.
나의 힘이여, 빨리 도와주소서.
20 칼에 맞아 죽지 않게 이 목숨 건져주시고
하나밖에 없는 목숨, 개 입에서 빼내 주
소서.
21 가련한 이 몸을 사자 입에서 살려주시고,
들소 뿔에 받히지 않게 보호하소서.

22 당신의 이름을 겨레에게 알리고
예배 모임 한가운데에서 당신을 찬양하
리니,
23 "야훼를 경외하는 사람들아, 찬미하여라.
야곱의 후손들아, 주께 영광 돌려라.
이스라엘의 후손들아, 모두 다 조아려라.
24 내가 괴로워 울부짖을 때
'귀찮다, 성가시다.' 외면하지 않으시고
탄원하는 소리 들어주셨다."

25 큰 회중 가운데서 내가 주를 찬송함도 주
께서 주심이니,
주를 경외하는 무리 앞에서 나의 서원 지
키리라.
26 가난한 사람 배불리 먹고
야훼를 찾는 사람은 그를 찬송하리니
㉠그들 마음 길이 번영하리라.
27 온 세상이 야훼를 생각하여 돌아오고
만백성 모든 가문이 그 앞에 경배하리니,
28 만방을 다스리시는 이
왕권이 야훼께 있으리라.
29 ㉡땅 속의 기름진 자들도 그 앞에 엎드리
고
먼지 속에 내려간 자들도 그 앞에 머리를
조아리리라.
이 몸은 주님 덕분에 살고,
30 오고오는 후손들이 그를 섬기며
그 이름을 세세대대로 전하리라.
31 주께서 건져주신 이 모든 일들을
오고오는 세대에 일러주리라.

23 [다윗의 노래]

야훼는 나의 목자,
아쉬울 것 없어라.
푸른 풀밭에 누워 놀게 하시고
2 물가로 이끌어 쉬게 하시니
3 지쳤던 이 몸에 생기가 넘친다.
그 이름 목자이시니
인도하시는 길, 언제나 곧은 길이요,
4 나 비록 음산한 죽음의 골짜기를 지날지
라도
내 곁에 주님 계시오니 무서울 것 없어라.
막대기와 지팡이로 인도하시니
걱정할 것 없어라.
5 원수들 보라는 듯
상을 차려주시고,
기름 부어 내 머리에 발라주시니,
내 잔이 넘치옵니다.
6 한평생 은총과 복에 겨워 사는 이 몸,
영원히 주님 집에 거하리이다.

24 [다윗의 노래]

이 세상과, 그 안에 가득한 것이 모두
야훼의 것,
이 땅과 그 위에 사는 것이 모두 야훼의
것,
2 주께서 바다 밑에 기둥을 박으시고
이 땅을 그 물 위에 든든히 세우셨다.

3 어떤 사람이 야훼의 산에 오르랴?
어떤 사람이 그 성소에 들어서랴?

4 행실과 마음이 깨끗한 사람,
허망한 데 뜻을 두지 않고 거짓 맹세 아니

㉠ 히브리어 본문: "너희". ㉡ 29절은 히브리어 본문이 너무 망그러져 뜻을 알기 어려워서 칠십인역을 따랐다.

하는 사람,
5 이런 사람은 야훼께 복을 받고
하느님께 구원받을 사람이다.
6 이런 사람이 하느님을 찾는 사람이며
야곱의 하느님 앞에 나아갈 사람이다. (셀
라)

7 문들아, 머리를 들어라.
오래된 문들아, 일어서라.
영광의 왕께서 드신다.
8 영광의 왕이 누구신가?
힘세고 용맹하신 야훼이시다.
싸움터에서 그 용맹 떨치신 야훼이시다.
9 문들아, 머리를 들어라.
오래된 문들아, 일어서라.
영광의 왕께서 드신다.
10 영광의 왕이 누구신가?
영광의 왕은 만군의 야훼 그분이시다. (셀
라)

25 [다윗의 노래]

야훼여,
내 영혼이 당신을 우러러 뵈옵니다.
2 나의 하느님, 당신만을 믿사오니,
부끄러운 꼴 당하지 않게 하시고
원수들이 으스대는 꼴 보지 않게 하소서.

3 당신만을 믿고 바라면 망신을 당하지 않
으나,
당신을 함부로 배신하는 자 수치를 당하
리이다.
4 야훼여, 당신의 길을 가리켜주시고
어떻게 살아야 할지 가르쳐주소서.
5 당신만이 나를 구해 주실 하느님이시오
니
당신의 진리 따라 나를 인도하시고 가르
치소서.
날마다 당신의 도움만을 기다립니다.
6 야훼여, 당신의 자비와
한결같으신 옛 사랑을 기억하시고
7 젊어서 저지른 나의 잘못과 죄를 잊어주
소서.
야훼여, 어지신 분이여,
자비하신 마음으로 나를 생각하소서.

8 야훼여, 당신은 바르고 어지시기에
죄인들에게 길을 가르치시고
9 겸손한 자 옳은 길로 인도하시며
그들에게 당신의 길을 가르치십니다.
10 당신의 계약과 계명을 지키는 자에게는
당신의 모든 길이 사랑이며 진리입니다.

11 야훼여, 내가 지은 죄 크고 크오나,
당신 이름 믿사오니 용서하소서.

12 야훼를 경외하는 자가 누구냐?
바른 길을 그에게 가르쳐주시리라.
13 행복하게 한세상 살게 하시고,
후손 또한 유산을 물려받게 하시리라.
14 당신을 경외하는 사람에게는
당신의 생각을 털어놓으시고
당신의 계약을 가르쳐주시리라.
15 야훼 홀로 이 발을 올무에서 벗겨주시기
에
나는 언제나 야훼만을 바라봅니다.

16 나를 굽어보시고 불쌍히 여기소서.
외롭고 괴로운 이 몸입니다.
17 나의 근심을 말끔히 씻어주시고
곤경에서 이 몸을 건져주소서.
18 나를 굽어보소서. 고통받고 불쌍한 이 몸
입니다.
나의 죄를 말끔히 씻어주소서.
19 보소서. 나의 원수들이 얼마나 많사옵니
까?
미워서 잡아먹을 듯 달려드는 저들입니
다.
20 이 목숨을 지켜주소서, 건져주소서.
당신의 품속에 달려드오니, 수치를 당하
지 않게 하소서.
21 야훼여, 당신만을 바라보는 이 몸이오니,
지켜주시어 올바르고 흠없이 살게 하소
서.
22 하느님, 그 온갖 고초에서
이스라엘을 지켜주소서.

26 [다윗의 노래]

야훼여, 나의 무죄함을 밝혀주소서.
깨끗하게 살며 당신만을 철석같이 믿었
사옵니다.
2 야훼여, 샅샅이 캐어보고 알아보소서.
속속들이 내 마음 뒤집어보소서.
3 당신의 한결같은 사랑만을 쳐다보면서
당신의 진리 따라 살았습니다.
4 사기꾼들과 어울리지 않았으며,
음흉한 자들과 벗하지 않았습니다.
5 악인들의 모임에는 끼이지도 않았고
나쁜 자들과 함께 앉지도 않았습니다.

6 야훼여, 손을 씻고 죄없는 몸으로
당신의 제단을 두루 돌면서
7 나에게 하신 놀라운 일들 모두 전하며
고마우심 노래로 찬미하리이다.
8 야훼여, 나는 당신께서 사시는 집이 좋사옵니다.
당신의 영광이 깃들이는 곳이 좋사옵니다.
9 이 목숨을 죄인들과 함께 거두지 마소서.
살인자들과 함께 이 생명을 거두지 마소서.
10 그들은 뇌물만 집어주면
무슨 짓이라도 하는 자들입니다.
11 이 몸은 그런 죄를 짓지 않았사오니
불쌍히 여기시고 건져주소서.

12 든든한 자리에 세워주신 일 감사 드리며
예배하는 모임에서 야훼여, 당신을 찬양합니다.

27

[다윗의 노래]

야훼께서 나의 빛, 나의 구원이시니,
내가 누구를 두려워하리오.
야훼께서 내 생명의 피난처시니
내가 누구를 무서워하리오.
2 나를 잡아먹으려고 달려드는 악한 무리들
휘청거리고 쓰러지리라.
그들은 나의 원수, 나의 반대자들,
3 그 군대 진을 치고 에워쌀지라도
나는 조금도 두렵지 아니하리라.
군대를 몰아 달려들지라도
나는 그 속에서 마음 든든하리니,
4 야훼께 청하는 단 하나 나의 소원은
한평생 야훼의 성전에 머무는 그것뿐,
아침마다 그 성전에서 눈을 뜨고
야훼를 뵙는 그것만이 나의 낙이라.
5 나 어려운 일 당할 때마다
당신의 초막 안에 숨겨주시고
당신의 장막 그윽히 감춰주시며
바위 위에 올려 높이시리니,
6 에워싼 저 원수들을 내려다보며
그 장막에서 제물 바치고 환성 올리고
노래하며 야훼께 찬양하리라.
7 야훼여, 나의 부르짖는 소리를 들어주소서.
불쌍히 여기시어 대답하소서.
8 이렇게 내 마음 그대로 아뢰옵니다.
"나를 찾으라." 말씀하셨사오니
야훼여, 이제 당신을 뵙고자 합니다.
9 당신 얼굴을 숨기지 마소서.
그 동안 이 종을 도와주시었사오니,
진노하지 마시고 물리치지 마소서.
나의 구원자이신 하느님,
이 몸을 저버리지 말아주소서.
10 내 부모가 나를 버리는 한이 있을지라도
야훼께서는 나를 거두어주실 것입니다.
11 야훼여, 당신의 길을 가르쳐주소서.
원수들이 지키고 있사오니 안전한 길로 인도하소서.
12 원수들이 독기를 뿜으며 거짓 증언하러 일어났습니다.
이 몸을 그들의 밥이 되지 않게 하소서.
13 그러나 나는 살아생전 이 땅 위에서
야훼의 은덕을 입으리라 믿사옵니다.

14 야훼를 기다려라.
마음 굳게 먹고 용기를 내어라.
야훼를 기다려라.

28

[다윗의 노래]

야훼, 나의 반석이여
이 몸이 당신께 부르짖사오니, 귀를 막지 마소서.
당신께서 외면하시면,
이 몸은 깊은 구렁에 떨어지는 사람과 다름없사옵니다.
2 당신의 지성소로 두 손을 들어 올릴 때,
살려달라 애원할 때,
내 소리를 들어주소서.
3 악인들과 더불어, 죄인들과 더불어 이 몸을 끌어내지 마소서.
입으로는 이웃에게 상냥하게 말하지만,
속으로는 엉큼한 생각을 품는 자들입니다.
4 그들의 행실 따라, 그들이 저지른 죄악 따라,
그들의 소행 따라 마땅히 갚으소서.
5 야훼께서 하신 일, 손수하신 일을
아랑곳하지 않는 그들을 다시는 일어서지 못하게
짓부수어주소서!

6 나를 어여삐 보시고 내 기도 들어주신
야훼여, 찬미받으소서.
7 야훼는 나의 힘, 나의 방패,
나는 진심으로 그분을 믿고,

믿어 도움받은 것,
내 마음 기뻐 뛰놀며
감사하리라.

8 야훼, 당신 백성의 힘이시며,
손수 세우신 왕을 건지시고 지키시는 분
이여,
9 당신의 백성을 건지시고
당신의 유산에 복을 내리소서.
언제까지나 메고 다니며 보살피소서.

29

[다윗의 노래]
하느님을 모시는 자들아,
야훼께 돌려드려라.
영광과 권능을 야훼께 돌려드려라.
2 그 이름이 지니는 영광 야훼께 돌려드려
라.
거룩한 빛 두르신 야훼께 머리를 조아려
라.
3 야훼의 목소리가 바다 위에 울려 퍼진다.
영광의 하느님께서 천둥 소리로 말씀하
신다.
야훼께서 바닷물 위에 나타나신다.
4 야훼의 목소리는 힘차시고
야훼의 목소리는 위엄이 넘친다.
5 야훼의 목소리에 송백이 찌개지고
레바논의 송백이 갈라진다.
6 레바논 산이 송아지처럼 뛰고
㉠시룐 산이 들송아지처럼 뛴다.
7 야훼의 목소리에 불꽃이 튕기고,
8 야훼의 목소리에 광야가 흔들거린다.
야훼 앞에서 카데스 광야가 흔들리고
9 야훼의 목소리에 상수리나무들이 뒤틀리
고
숲은 벌거숭이가 된다.
모두 주의 성전에 모여 '영광'을 기리는
가운데
10 야훼, 거센 물결 위에 옥좌를 잡으시고
영원히 왕위를 차지하셨다.
11 야훼의 백성들아, 그에게서 힘을 얻고
복을 받아 평화를 누리어라.

30

[성전 봉헌가, 다윗의 노래]
야훼여, 나를 건져주셨사오니 높이 받
들어 올립니다.
원수들이 나를 보고 깔깔대지 못하게 되
었사옵니다.
2 야훼, 나의 하느님, 살려달라 외치는 내
소리를 들으시고
병들었던 이 몸을 고쳐주셨습니다.
3 야훼여,
내 목숨 지하에서 건져주시고
깊은 구렁에 떨어지는 자들 중에서 살려
주셨습니다.
4 야훼께 믿음 깊은 자들아, 찬양 노래 불러
라.
그의 거룩하신 이름 들어 감사 기도 바쳐
라.
5 그의 진노는 잠시뿐이고 그 어지심은 영
원하시니,
저녁에 눈물 흘려도 아침이면 기쁘리라.
6 마음 편히 지내면서 스스로 말하기를
이제는 절대로 안심이다 하였는데
7 나를 어여삐 여기시고
산 위에 든든히 세워주시던 야훼께서
얼굴을 돌리셨을 때에는 두렵기만 하였
사옵니다.
8 야훼여, 이 몸은 당신께 부르짖었고,
당신께 자비를 구하였습니다.
9 "이 몸이 피를 흘린다 해서
이 몸이 땅 속에 묻힌다 해서
당신께 좋을 일이 무엇이겠사옵니까?
티끌들이 당신을 찬미할 수 있으리이까?
당신의 미쁘심을 알릴 수 있으리이까?
10 야훼여, 이 애원을 들으시고 불쌍히 여겨
주소서.
야훼여, 부디 도와주소서."
11 당신은 나의 통곡하는 슬픔을 춤으로 바
꿔주시고
베옷을 벗기시고 잔치옷으로 갈아 입히
셨사옵니다.
12 내 영혼이 끊임없이 주를 찬미하라 하심
이니
야훼, 나의 하느님, 이 고마우심을 노래에
담아
영원히 부르리이다.

31

[성가대 지휘자를 따라 부르는 다윗의 노래]
야훼여, 당신께 이 몸 피하오니
다시는 욕보는 일 없게 하소서.
옳게 판정하시는 하느님이여, 나를 구해
주소서.
2 귀 기울여 들어주시고, 빨리 건져주소서.
이 몸 피할 바위가 되시고

㉠ 헤르몬 산을 말한다.

성채 되시어 나를 보호하소서.
3 당신은 정녕 나의 바위, 나의 성채이시오
니
야훼 그 이름의 힘으로 나를 이끌고 데려
가소서.
4 당신은 나의 은신처시오니
나를 잡으려고 쳐놓은 그물에서 나를 건
져주소서.

5 진실하신 하느님, 야훼여,
이 목숨 당신 손에 맡기오니 건져주소서.
6 나는 헛된 우상 섬기는 자를 싫어하며
다만 야훼께 의지합니다.
7 나의 환난 굽어보시고
곤경에 빠진 이 몸을 돌보셨사오니,
한결같으신 당신의 사랑에 기뻐하고 즐
거워하옵니다.
8 나를 또한 원수의 손에 넘기지 아니하시
고
넓은 땅에 마음대로 살게 하셨사옵니다.

9 야훼여, 나를 불쌍히 여기소서. 괴롭습니
다.
울다 지쳐 눈은 몽롱하고 목이 타며 애간
장이 끊어집니다.
10 괴로워서 숨이 넘어갈 것 같으며
한숨으로 세월을 보냅니다.
더 견딜 수 없이 기운은 다하였고
뼈 마디마디가 녹아납니다.
11 나는 원수들의 모욕거리,
이웃들의 혐오거리,
벗들의 구역질감,
거리에서 만나는 이마다 피해 갑니다.
12 죽은 사람처럼 기억에서 사라지고
쓰레기처럼 버려졌사옵니다.
13 사람들의 비방 소리 들려오며
협박은 사방에서 미쳐 옵니다.
그들은 나를 노려 무리짓고
이 목숨 없애려고 음모합니다.

14 야훼여, 나는 당신만을 믿사옵니다.
당신만이 내 하느님이시라 고백하며
15 나의 앞날을 당신의 손에 맡기오니,
악을 쓰는 원수들의 손에서 이 몸을 건져
주소서.
16 나는 당신의 종이오니
웃는 얼굴을 보여주소서.
한결같은 사랑으로
이 몸을 구하소서.
17 야훼여, 당신을 부르는 나에게는 부끄러
움을 주지 마시고
저 악당들을 부끄럽게 하시어 땅 속에서
잠잠케 하소서.
18 거만하여 업신여기며
무죄한 사람을 거슬러 함부로 말하는
저 거짓말쟁이들의 입을 틀어막으소서.

19 당신께서 주시는 복은 어찌 이리 크시옵
니까?
당신을 경외하는 자들을 위하여 간직하
신 그 복을,
당신께 피신한 사람에게 사람들 보는 앞
에서 베푸십니다.
20 작당하여 달려드는 자들의 손으로부터
당신 앞 은밀한 곳에서 그들을 보호하시
고
21 그들을 당신 장막 속에 숨겨
말 많은 자들에게서 보살피십니다.
22 성채가 포위되고 공격받는 중에서도
한결같은 사랑의 기적 내리셨으니,
야훼여, 찬미받으소서.

당신께서는 정녕 들어주셨사옵니다.
23 나 환란 중에서 '주님 눈 밖에 났구나.'
생각했으나
당신께 부르짖었을 때
내 기도 소리를 들어주셨사옵니다.

24 믿음 깊은 자들아, 야훼를 사랑하여라.
그를 믿는 자들은 지켜주시지만
거만한 행실은 가차없이 벌하신다.
야훼께 바라는 자 모두
힘을 내어라, 용기를 내어라.

32

[다윗의 시]
복되어라, 거역한 죄 용서받고
죄허물 벗겨진 자,
2 야훼께서 잘못을 묻지 않고
마음에 거짓이 없는 자.
3 나 아뢰옵지 않으렸더니
온종일 신음 속에 뼈만 녹아나고
4 밤낮으로 당신 손이 나를 짓눌러
이 몸은 여름 가뭄에 풀 시들듯,
진액이 다 말라 빠지고 말았습니다. (셀
라)
5 그리하여 당신께 내 죄를 고백하고
내 잘못 아니 감추어
"야훼여, 내 죄 아뢰옵니다." 하였더니,

내 잘못 내 죄를 용서하셨습니다. (셀라)
6 당신을 굳게 믿는 자
어려울 때에 당신께 기도하리이다.
고난이 물결처럼 밀어닥쳐도,
그에게는 미치지 못하리이다.
7 당신은 나에게 은신처,
내가 곤경에 빠졌을 때 건져주시어
구원의 노래 속에 묻히게 하셨습니다. (셀라)

8 "나는 너를 가르쳐 네 갈 길을 배우게 하고
너를 눈여겨보며 이끌어주리라.
9 부디 철없는 말이나 노새처럼 되지 마라.
재갈이나 굴레라야 그들을 휘어잡는다."

10 악인들에게는 고통도 많겠으나
야훼를 믿는 자는 한결같은 사랑 속에 싸이리라.
11 의인들아, 기뻐하여라. 야훼께 감사하며 즐거워하여라.
마음이 바른 사람들아, 기뻐 뛰어라.

33

의인들아, 야훼께 감사하며 기뻐 뛰어라.
옳은 사람의 찬양이라야 기뻐 받으신다.
2 수금 타며 야훼께 감사하고
열 줄 비파 뜯으며 노래하여라.
3 새로운 노래로 찬미하고,
흥겨운 가락에 맞춰 우렁차게 불러라.

4 야훼의 말씀은 언제나 옳은 말씀,
그 하시는 일 모두 다 진실하다.
5 야훼는 옳고 바른 일을 사랑하시며,
한결같은 그의 사랑은 온 땅에 충만하다.
6 야훼의 말씀으로 하늘이 펼쳐지고,
그의 입김으로 별들이 돋아났다.
7 바닷물을 독에 담으시고
깊은 땅 속 창고에 넣어두셨다.
8 온 세상아, 야훼를 두려워하여라.
땅 위에 있는 사람들아, 모두 그 앞에 조아려라.
9 말씀 한마디에 모든 것이 생기고,
한마디 명령에 제자리를 굳혔다.
10 야훼, 만방의 계획을 꺾으시고
만백성의 계교를 부수신다.
11 길이 흔들리지 않을 것은 야훼의 뜻,
영원히 흩어지지 않을 것은 그의 계획뿐이다.

12 야훼께서 당신 겨레로 뽑으시고
몸소 그들의 하느님이 되어주신 민족은 복되다.
13 야훼, 하늘에서 굽어보시며,
사람들을 낱낱이 살펴보신다.
14 지상에 사는 모든 사람을
당신 거처에서 내려다보신다.
15 사람들의 마음을 몸소 빚어주신 분이시라,
사람이 하는 일 모르는 것이 없으시다.

16 왕들아, 너희가 대군을 거느렸다고 이길 성싶으냐?
힘 좀 있다 해서 궁지에서 살아날 성싶으냐?
17 군마만 믿다가는 살아나기 어렵고,
대군을 거느렸다 해서 사지에서 벗어나지는 못하리라.
18 야훼의 눈은 당신을 경외하는 자들을,
그 사랑을 바라는 자들을 지켜보시며
19 죽을 자리에서 목숨을 건져주시고
굶주릴 때에 살려내신다.

20 야훼는 우리의 도움, 우리의 방패,
우리는 애타게 그분을 기다린다.
21 그분 안에 우리의 기쁨이 있고
우리의 믿음은 거룩하신 그 이름에 있다.

22 우리가 이렇게 당신만을 기다리오니,
야훼여, 한결같은 당신 사랑 베푸소서.

34

[아비멜렉 앞에서 미친 체하다가 쫓겨나서 부른 다윗의 노래]

1 나 어떤 일이 있어도 야훼를 찬양하리라.
주를 찬양하는 노래 내 입에서 그칠 날이 없으리라.
2 나의 자랑, 야훼께 있으니
비천한 자들아, 듣고 기뻐하여라.
3 나와 함께 "야훼, 높으시도다." 노래부르자.
모두 소리 맞춰 그 이름을 기리자.
4 야훼 찾아 호소할 때 들어주시고
몸서리쳐지는 곤경에서 건져주셨다.
5 그를 쳐다보는 자, 그 얼굴 빛나고
부끄러운 꼴 당하지 아니하리라.
6 가엾은 자의 부르짖음을
야훼, 들으시고 곤경에서 건져주셨다.
7 야훼의 천사가 그를 경외하는 자들 둘레에

진을 치고 그들을 구해 주셨다.
8 너희는 야훼의 어지심을 맛들이고 깨달아라.
그에게 피신하는 자는 복되다.
9 야훼의 거룩한 백성아, 두려운 마음으로 그를 섬겨라.
두려운 마음으로 그를 섬기면 아쉬울 것 없으리라.
10 맹수들은 먹이 찾아 배고픔지 모르나
야훼를 찾는 사람은 온갖 복을 받아 부족함이 없으리라.

11 젊은이들아, 와서 내 말을 들어라.
두려운 마음으로 야훼 섬기는 길을 가르쳐주마.
12 즐거운 날을 보내고 싶으냐?
좋은 일을 보며 오래 살고 싶으냐?
13 혀를 놀려 악한 말을 말고
입술을 놀려 거짓말을 마라.
14 못된 일을 하지 말고 착한 일을 하여라.
평화를 이루기까지 있는 힘을 다하여라.
15 야훼의 눈길, 의인들을 돌아보시고
그의 귀는 그들의 부르짖는 소리를 들으신다.
16 악한 일을 하고 야훼 앞에서 숨을 길 없다.
그 이름은 땅 위에서 영영 사라지고 말리라.
17 살려달라 소리치면 야훼께서 그 소리 들으시고,
모든 곤경에서 그들을 구해 주신다.
18 실망한 사람 옆에 야훼 함께 계시고
낙심한 사람들을 붙들어주신다.
19 올바른 사람에게 불행이 겹쳐도
야훼께서는 모든 곤경에서 그를 구해 주시고
20 뼈 한마디도 부러지지 않도록
고이고이 지켜주신다.
21 악인들은 그 행실로써 죽음을 부르고
의인을 미워하는 자 멸망하리라.
22 야훼께서 당신 종의 목숨을 구하시니
그에게 피신하는 자는 죽지 아니하리라.

35

[다윗의 노래]
야훼여, 나를 고발하는 자들을 고발하시고,
나를 치는 자들을 쳐주소서.
2 큰 방패, 작은 방패 잡고 나서시어
이 몸을 도와주소서.
3 창과 도끼를 들고 나서시어
쫓아오는 자를 맞받아 쳐주소서.
"나 너를 살리리라." 다짐해 주소서.
4 이 목숨을 노리는 자들을 부끄러워 무색케 하시고
나를 해치려는 자들을 창피해서 도망치게 하소서.
5 바람에 흩날리는 겨와도 같이
야훼의 천사에게 쫓겨가게 하소서.
6 그들이 쫓기는 길 어둡고 미끄럽게 하시며
야훼의 천사로 하여금 뒤쫓게 하소서.
7 구렁을 파고 그물을 쳐서
까닭 없이 이 목숨을 노리는 자들을
8 제가 친 그물에 걸리고
제가 판 웅덩이에 스스로 빠져 순식간에 죽게 하소서.
9 야훼께서 구해 주심 기꺼워하며
내 영혼이 기쁘고 즐겁습니다.
10 "권세 있는 자들의 손아귀에서 약한 사람을,
수탈하는 자들에게서 가난한 이를 구하시는 분,
야훼여, 당신 같으신 분 또 어디 있사오리까!"
이는 뼛속에서 나오는 나의 고백입니다.
11 그 악한 증인들이 일어나
알지도 못하는 일을 캐물으며
12 선을 악으로 갚고,
이 목숨을 노렸사옵니다.
13 그들이 병들었을 때 나는 자루옷 걸치고
심신이 다 닳도록 재계를 하며
기도에 또 기도를 거듭거듭 올렸고
14 친구처럼, 동기처럼 빌어주었으며,
굴건제복을 하고 모친상이라도 입은 듯이 슬퍼했사옵니다.
15 내가 넘어지자 그들은 오히려 깔깔대며 모여들고
모여서는 느닷없이 때리고 사정없이 찢사옵니다.
16 그들은 비웃고 조롱하고
나를 보고 이를 갈았습니다.
17 나의 주여, 언제까지 보고만 계시렵니까?
달려드는 저 사자의 발톱에서
하나밖에 없는 이 목숨 건져주소서.
18 예배 모임 가운데에서 당신께 감사하리이다.

많은 사람들 앞에서 찬양하리이다.
19 거짓말쟁이 원수들이 나를 비웃지 못하
게 하시고
까닭 없이 날 미워하는 자들이 서로 눈짓
을 못하게 하소서.
20 그들은 평화를 원하는 사람들에게 평화
는 고사하고
입만 열면 거짓말뿐입니다.
21 그들은 입을 크게 벌리고는 "하하!" 웃
으면서
"네 한 짓을 우리가 보았다." 하며 고소
해합니다.
22 야훼여, 이것을 보시고도 가만히 계시렵
니까?
나의 주여, 제발 모르는 체하지 마소서.
23 나의 하느님, 나의 주여,
떨치고 일어나시어 재판하소서, 시비를
가리소서.
24 야훼, 나의 하느님, 공평한 재판을 내려주
소서.
저들이 좋아하는 꼴을 보지 않게 하여주
소서.
25 "소원을 이루니, 아아, 속이 시원하구
나."
행여나 이런 생각, 이런 말은 하지 못하
게 하소서.
26 이 치욕, 이 수치가 모두
내 불행을 좋아하는 무리에게 떨어지게
하소서.
이 수치, 이 창피가 그들을 덮치게 하시고,
나를 보고 우쭐대는 자들이 뒤집어쓰게
하소서.
27 웃음과 환성은
나의 무죄를 기뻐하는 사람들의 것이 아
니옵니까?
"야훼는 높으시다, 그를 섬기는 자에게
평화 있으라."
늘 이렇게 노래하는 자들의 것이 아니옵
니까?
28 내 혀로 당신의 옳으심을 찬양하리이다.
온종일 당신을 찬미하리이다.

36 [성가대 지휘자를 따라 부르는 야훼의 종 다윗의 노래]

1 악한 자의 귀에는 죄의 속삭임뿐
하느님 두려운 생각은 염두에도 없다.
2 세상에 저밖에는 보이는 것이 없고
제 잘못을 찾아내어 고칠 생각은 꿈에도
없다.
3 입만 열면 사기와 속임수뿐이니
슬기 깨쳐 잘살기는 아예 글러버렸다.
4 자리에 들어도 악한 짓만 궁리하고
나쁜 길에 버티고 서서 악을 고집한다.
5 야훼여, 당신의 사랑 하늘에 닿았고
당신의 미쁘심 구름에 닿았습니다.
6 당신의 공변되심 우람한 산줄기 같고
당신의 공평하심 깊은 바다와도 같사옵
니다.
사람과 함께 짐승도 구해 주시니, 야훼여,
7 당신의 그 값진 사랑 어찌 형언하리이까?
당신의 날개 그늘 아래 몸을 숨기는 자,
8 당신의 집 기름기로 배불리 먹이시고
시냇가 단물을 마시게 하시니,
9 생명의 샘 정녕 당신께 있고
우리 앞길은 당신의 빛을 받아 환합니다.
10 당신을 사랑하는 자들에게 한결같은 사
랑 주시고
마음 바른 자에게 억울한 일 당하지 않게
하소서.
11 오만한 자들이 이 몸을 짓밟지 못하게 하
시고
불의한 자들이 팔을 휘두르지 못하게 하
소서.
12 악을 행하는 자들, 저 넘어진 꼴을 보아
라.
내던져져 다시는 일어나지 못하는구나.

37 [다윗의 노래]

악한 자가 잘된다고 불평하지 말며
불의한 자가 잘산다고 부러워 마라.
2 풀처럼 삽시간에 그들은 시들고
푸성귀처럼 금방 스러지리니
3 야훼만 믿고 살아라.
땅 위에서 네가 걱정 없이 먹고 살리라.
4 네 즐거움을 야훼에게서 찾아라.
네 마음의 소원을 들어주시리라.
5 그에게 앞날을 맡기고 그를 믿어라,
몸소 당신께서 행해 주시리라.
6 햇빛처럼 너의 옳음을 빛나게 하시고
대낮처럼 네 권리를 당당하게 해주시리
라.
7 고요하게 지내라, 야훼만 믿어라.
남이 속임수로 잘된다고 불평하지 마라.
8 화내지 말고 격분을 가라앉혀라.
불평하지 마라. 자신에게 해로울 뿐이다.

9 악한 자는 망하게 마련이요,
야훼를 기다리는 자 땅을 물려받으리라.
10 조금만 기다려라, 악인은 망할 것이다.
아무리 그 있던 자리를 찾아도 그는 이미
없으리라.
11 보잘것없는 사람은 땅을 차지하고,
태평세월을 누리리라.
12 악한 자, 이를 갈며 의인을 모해하려 할
지라도
13 야훼, 그 끝남을 보시고 비웃으신다.
14 올바른 사람을 목조르고, 가난하고 약한
자를 쓰러뜨리려고
악한 무리 칼을 빼들고 활을 당기지만
15 제 칼에 염통이 터지고 활은 부러지리라.
16 악한 자들의 많은 재산보다
의인의 가난이 더 낫다.
17 악인의 팔은 부러지지만
착한 사람은 야훼께서 붙드신다.
18 덕스럽게 사는 사람은 야훼께서 보살피시
니,
그의 유산은 대대손손 영원하리라.
19 나쁜 때에 곤경을 당하지 않으며,
가뭄에도 굶주리지 아니하리라.
20 그러나 야훼를 등진 악인들은
목장을 덮었던 풀처럼 시들고 연기처럼
사라지리라.
21 악인들은 꾸기만 하고 갚지 않으나
착한 사람은 동정하고 후하게 준다.
22 주께서 복을 내린 자는 땅을 차지하고
주께서 저주한 자는 멸망하리라.
23 야훼, 사람의 발걸음을 인도하시니
그 발걸음이 안정되고 주님 뜻에 맞는다.
24 야훼께서 그의 손을 붙잡아주시니
넘어져도 거꾸러지지는 아니하리라.
25 착한 사람이 버림받거나 그 후손이 구걸
하는 것을
나는 젊어서도 늙어서도 보지 못하였다.
26 그런 사람은 언제나 선선히 꾸어주며 살
고
그 자손은 복을 받으리라.
27 악을 피하고 착한 일을 하여라.
네가 이 땅에서 오래 살리라.
28 야훼께서는 정의를 사랑하시고
당신께 충성하는 사람을 버리지 아니하
신다.
그러나 악하게 사는 자는 영원히 멸망하며
악인들은 그 자손이 끊기리라.
29 착하게 사는 자는 땅을 차지하고
언제까지나 거기에서 살리라.
30 착한 사람의 입은 지혜를 속삭이고
그 혀는 정의만을 편다.
31 그 마음에는 하느님의 법이 새겨져 있으
니
그의 발걸음이 흔들리지 아니하리라.
32 악인은 착한 자를 노리고
죽이기를 꾀하지만
33 야훼께서 그 손에 버려두지 않으시고
유죄선고 받지 않게 하신다.
34 야훼만 기다리며 그 길을 따라 살아라.
너를 높여주시리라.
너는 땅을 차지하고
악인들이 망하는 꼴을 보게 되리라.
35 악인들이 기승을 부리고
레바논의 송백처럼 높이 솟은 것을 나 보
았지만,
36 다시 지날 때에는 흔적도 없었고,
아무리 찾아봐도 아무데도 없더라.
37 덕스러운 사람을 보아라, 정직한 사람을
눈여겨보아라.
평화를 도모하는 사람에게 후손이 따르
리라.
38 그러나 죄인들은 모두 멸망하며,
악인들의 후손은 끊어지리라.
39 야훼께서 의인을 구원하시고
고난 중의 성채가 되신다.
40 의인들이 야훼를 피신처로 삼으니,
야훼께서 의인들을 도우시고 구하여주시
며
악인들에게서 빼내어 살려주신다.

38 [의전 맡은 이의 지휘를 따라 부르는 다윗의 노래]

1 야훼여, 성난 김에 내 죄를 캐지 마소서.
화나신다고 벌하지는 마소서.
2 이 몸에 화살을 쏘아 붙이시니,
당신 손이 이다지도 짓누르시니,
3 죄를 지은 이 몸은
살 속까지 당신 진노 앞에 성한 데가 없사
옵니다.
4 정녕 내 잘못은 내 머리 훨씬 위에 있어
무거운 짐처럼 모질게 억누릅니다.
5 곪아 터진 상처에서 냄새가 납니다.
모두 나의 어리석었던 탓입니다.
6 더 떨어질 수 없이 몰락한 이 몸,
날이면 날마다 슬픔에 잠겨 지냅니다.
7 몸 위에 성한 데라고는 한 군데도 없고

속에서는 불이 납니다.
8 맞고 짓밟혀서 실성한 이 몸,
가슴이 미어지도록 울부짖습니다.
9 나의 주여, 이 가슴을 다 열어보입니다.
이 몸의 소원을 숨김없이 아룁니다.
10 심장은 뛰고, 기운은 없어지고
이 몸의 안중마저 흐려집니다.
11 얻어 맞은 이 모양을 보고 벗들과 동료들
이 외면을 하고
일가친척들은 못 본 체하는데,
12 이 목숨을 노리는 자들은 올무를 놓고,
나를 없애려는 자들은 욕설을 퍼부으며
날이면 날마다 나를 중상하였사옵니다.
13 그러나 나는 아예 귀머거리가 되어 듣지
도 않았고,
벙어리가 되어 입을 다물었습니다.
14 고소를 당하면서도 그 말이 들리지 않아
변명조차 못하였습니다.

15 나의 주, 나의 하느님, 당신께서 대답하
시리니,
야훼여, 당신만을 쳐다봅니다.
16 아뢰옵나니, "저들이 나를 조소하지 못하
게 하시고
내 다리 휘청거려도 저들이 위세 부리지
못하게 하소서."
17 아픔은 잠시도 멎지를 않아
마침내 쓰러지게 되었습니다.
18 저지른 잘못으로 마음이 아파
그 죄를 이제 아뢰옵니다.
19 까닭 없이 나와 원수지는 자들이 기세가
등등하며
까닭 없이 나를 미워하는 자들이 불어납
니다.
20 그들은 나에게 선을 악으로 갚고
선을 행한다 해서 이 몸을 반대합니다.

21 야훼여, 나를 버리지 마소서.
나의 하느님, 나를 멀리하지 마소서.
22 내 구원의 주여,
어서 오시어 도와주소서.

39

[성가대 지휘자 여두둔의 지휘를 따라 부르는 다윗의 노래]

1 '혀를 함부로 놀려 죄를 짓지 아니하리
라.
악한 자 내 앞에 있는 한
나의 입에 재갈을 물리리라' 마음먹었습
니다.
2 입을 다물고 벙어리 되어 가만히 있으려
니
아픔만 더욱 쓰라립니다.
3 마음속에 불이 타오르고
생각할수록 불길이 솟아 나와
감히 혀를 놀립니다.
4 "야훼여, 알려주소서.
며칠이나 더 살아야 이 목숨이 멈추리이
까?
내 목숨 얼마나 덧없는 것인지 알고 싶사
옵니다.
5 아옵니다. 나의 세월을 한 뼘 길이로 만
드셨고,
내 목숨, 당신 앞에서 아무것도 아님을.
머리를 들어봤자 사람은 모두
한낱 입김에 지나지 않는 것임을. (셀라)
6 걸어다닌다지만, 실상은 그림자,
㉠재물을 쌓아도 그것은
한낱 입김에 지나지 않으며
그 차지할 자 누구일지 모르는 것을."

7 그러니, 나의 주여, 이제 무엇을 바라고
살리이까?
당신 외에 또 누구를 믿으리이까?
8 내 모든 죄를 벗겨주셔서
미욱한 자들에게 욕을 당하지 않게 하소
서.
9 당신께서 하시는 일이오니
입을 다물고 잠자코 있으리이다.
10 채찍을 나에게서 거두어주소서.
더 때리시면 이 목숨은 끊어집니다.
11 잘못을 들어 당신께서 사람을 벌하실 때
면
아름답던 몸이 좀먹은 옷처럼 삭아 떨어
집니다.
사람이란 한낱 입김에 지나지 않사옵니
다. (셀라)

12 야훼여, 나의 기도를 들어주소서.
살려달라 호소하는 이 소리에 귀를 기울
이소서.
울부짖는 소리 못 들은 체 마소서.
조상들처럼 나 또한 당신 집에 길손이며,
식객입니다.
13 나에게서 눈길을 돌려주소서.
떠나가서 아주 없어지기 전에 한숨 돌릴
까 하옵니다.

㉠ 칠십인역에 따랐다. 히브리어 본문 : "웅성거리기는 해도".

40 [지휘자를 따라 부르는 다윗의 노래]
야훼께 바라고 바랐더니
나를 굽어보시고 내 부르짖는 소리 들어
주셨다.
2 죽음의 구렁에서 나를 건져주시고
진흙 수렁에서 나를 꺼내주시어
바위 위에 내 발을 세워주시고
내 걸음 힘차게 해주셨다.
3 내 입에서 새 노래가 터져 나와
우리 하느님을 찬양하게 되었다.
사람들은 나를 보고 옷깃을 여미며
야훼를 믿게 되리라.

4 복되어라, 허수아비 우상에 속지 않고
야훼만 믿는 사람이여.

5 야훼, 나의 하느님,
우리를 위하여 놀라운 일을 많이도 하셨
사오니
당신과 비길 자 아무도 없사옵니다.
그 이야기 세상에 알리고 또 알리려 하옵
는데,
이루 다 셀 길이 없사옵니다.
6 짐승이나 곡식의 예물은 당신께서 아니
원하시고
오히려 내 귀를 열어주셨사오며
번제와 속죄제를 바치라 아니하셨기에
7 엎드려 아뢰었사옵니다. "제가 대령하였
습니다."
나를 들어 두루마리에 적어두신 것,
당신 뜻을 따르라시는 것인 줄 아옵니다.
8 나의 하느님, 당신의 법을
내 마음속에 간직하고 기뻐합니다.
9 이렇게 많은 사람이 모인 자리에서
당신의 정의를 알렸사옵니다.
야훼여, 아시다시피
나는 입을 다물고 있을 수가 없사옵니다.
10 당신의 정의를 내 마음속에 숨겨두지 않
고,
당신의 진실하심과 구원을 알렸사옵니
다.
당신의 사랑과 진리를
그 큰 모임에서 숨길 수가 없었사옵니다.
11 야훼여, 당신의 그 인자하심 나에게서 거
두지 마시고,
그 진실한 사랑으로 이 몸을 언제나 지켜
주소서.
12 이루 다 헤아릴 수 없는 재난이
이 몸을 에워쌌사옵니다.
머리카락보다도 많은 나의 죄에 덜미가
잡혀
낙심천만 눈앞이 캄캄합니다.
13 야훼여, 너그러이 보시어 건져주소서.
어서 빨리 오시어 나를 도와주소서.
14 이 목숨을 노리는 자들이
부끄러워 얼굴을 못 들게 하소서.
고생하는 이 모양을 보고 좋아하는 자들
이
창피를 당하고 도망치게 하소서.
15 깔깔대며 나를 조소하는 자로 하여금
너무나 부끄러워 넋을 잃게 하소서.
16 그러나 당신을 찾는 사람들은 모두
당신만으로 기뻐하며 즐거워하리이다.
당신의 도우심을 바라던 사람들은
"야훼, 높으셔라!" 찬양하고 또 찬양할
것입니다.
17 나의 주여, 가련하고 불쌍한 이 몸,
어서 도와주소서.
나의 도움, 구원자이신 나의 하느님,
더디하지 마옵소서.

41 [지휘자를 따라 부르는 다윗의 노래]
복되어라, 딱하고 가난한 사람 알아주
는 이여,
불행한 날에 야훼께서 그를 구해 주시리
라.
2 그를 지켜주시고 생명을 주시고 땅 위에
서 복을 주시며
원수들에게 먹히지 않게 하시리라.
3 병상에서 그를 붙들어주시리니
자리를 떨쳐 일어나게 되리라.

4 내가 드릴 말씀은 이 한마디,
"야훼여, 나를 불쌍히 여기소서. 나를 고
쳐주소서.
당신께 죄를 지었사옵니다."
5 원수들은 나를 보고
"저자가 언제 죽어서 그 이름이 없어질
꼬?" 하며
6 찾아와서는 속에도 없는 소리를 하고
험담할 꼬투리를 찾아
나가는 길로 떠들어댑니다.
7 모두들 내가 미워서 입을 모아 수군대며
나의 불행을 궁리하여 나를 해칠 양으로
8 "죽을 살이 뻗쳤구나.
병들어 영영 일어나지 못하리라." 합니다.
9 흉허물없이 사귀던 친구마저,
내 빵을 먹던 벗들마저

우쭐대며 뒷발질을 합니다.
10 야훼여, 나를 불쌍히 여기소서, 일으켜주
소서.
나 저들에게 앙갚음하리이다.
11 원수들이 내 앞에서 큰소리치지 못하게
되면
내가 당신의 눈 밖에 나지 않은 줄을 알리
이다.
12 나를 몸 성하게 붙들어주시고
당신을 길이 모시게 하소서.

13 이스라엘의 하느님이신 야훼여, 찬미받으
소서.
처음도 끝도 없이 영원히.
아멘, 아멘.

[제이권]

42

[지휘자를 따라 부르는 코라 후손들의 시]
암사슴이 시냇물을 찾듯이, 하느님,
이 몸은 애타게 당신을 찾습니다.
2 하느님, 생명을 주시는 나의 하느님,
당신이 그리워 목이 탑니다.
언제나 임 계신 데 이르러
당신의 얼굴을 뵈오리이까?
3 "네 하느님이 어찌 되었느냐?"
비웃는 소리를 날마다 들으며
밤낮으로 흘리는 눈물,
이것이 나의 양식입니다.
4 축제의 모임, 환희와 찬미 소리 드높던
그 행렬,
무리들 앞장서서 성전으로 들어가던 일,
생각만 하여도 가슴이 미어집니다.

5 어찌하여 내가 이토록 낙심하는가?
어찌하여 이토록 불안해 하는가?
하느님을 기다리리라.
나를 구해 주신 분, 나의 하느님,
나는 그를 찬양하리라.

6 내가 스스로 낙심이 되어서
요르단 물줄기가 솟는 땅, 헤르몬 산에서,
미살 봉우리에서
당신을 부릅니다.
7 당신의 벼락치는 소리에
깊은 바다가 서로 노호하고,
당신의 파도와 물결들이 뭉치가 되어
이 몸을 휩쓸고 지나갑니다.
8 야훼의 사랑 낮에 내리시면
밤에는 이 입술로 찬양을 올리리이다.
이 몸 살려주시는 하느님께 기도 드리리
이다.
9 나의 반석이시던 하느님께 아뢰옵니다.
"어찌하여 나를 잊으셨사옵니까?
이 몸이 원수에게 짓눌려 슬픈 나날을 보
내니,
이것은 어찌 된 일이옵니까?
10 네 하느님이 어찌 되었느냐고
날마다 원수들이 빈정대는 소리가
뼛속을 저며 들어옵니다.

11 어찌하여 내가 이토록 낙심하는가?
어찌하여 이토록 불안해 하는가?
하느님을 기다리리라!
나를 구해 주신 분, 나의 하느님
나는 그를 찬양하리라.

43

하느님이여, 나의 옳음을 판단하시고
매정하게 나를 무고하는 자들을 거슬
러 변호해 주소서.
거짓밖에 모르는 악인들에게서 이 몸을
구하소서.
2 나의 요새이신 하느님,
어찌하여 나를 버리시옵니까?
이 몸이 원수에게 짓눌려 슬픈 날을 보내
다니
이것이 어찌 된 일이옵니까?
3 당신의 빛, 당신의 진실을 길잡이로 보내
시어
당신 계신 거룩한 산으로 이끌어주소서.
4 하느님, 당신의 제단으로 나아가리이다.
나의 기쁨이신 하느님께로 나아가리이
다.
하느님, 나의 하느님, 수금 가락에 맞추
어
당신께 감사 찬양 올리리이다.

5 어찌하여 내가 이토록 낙심하는가?
어찌하여 이토록 불안해 하는가?
하느님을 기다리리라.
나를 구해 주신 분, 나의 하느님
나는 그를 찬양하리라.

44

[지휘자를 따라 부르는 코라 후손의 시]
하느님, 우리는 두 귀로 들었습니다.
우리 선조들이 하는 이야기를 들었습니
다.
선조들이 살던 시대, 그 옛날에

당신께서 하신 일들을 전해 들었습니다.
2 손수 여러 민족을 몰아내시어 선조들을
뿌리박게 하시고
여러 부족을 짓부수시어 그들을 번성하
게 하셨습니다.
3 선조들이 땅을 차지한 것은 제 칼로가 아
니었고
승리한 것은 제 힘으로가 아니었습니다.
당신의 오른손, 오른팔 그리고 당신 얼굴
의 빛 덕분이었으니
당신께서 그들을 사랑하신 까닭입니다.
4 당신은 나의 왕, 나의 하느님,
그 명령 한마디로 야곱이 승리하였습니
다.
5 당신의 힘으로 우리는 원수를 쳐부술 수
있었으며
당신 이름으로 적군을 짓밟을 수 있었습
니다.
6 내가 믿은 것은 나의 활이 아니었고
승리를 안겨준 것도 나의 칼이 아니었습
니다.
7 우리가 원수들을 이겨낸 것은
우리의 반대자들이 수치를 당한 것은
그것은 바로 당신 덕분이었습니다.
8 그러므로 우리의 자랑은 언제나 하느님
이었고
우리는 당신의 이름을 항상 찬양하였습
니다. (셀라)

9 그러나 이제 당신은 우리를 뿌리치고 비
웃으시며
우리 군대와 동행하지 아니하시므로
10 우리가 마침내 적군에게 쫓기고
원수들은 좋아라 우리를 약탈하였습니다.
11 푸줏간의 양처럼 우리를 넘기시고
이 나라 저 나라에 우리를 흩으시고,
12 돈벌이도 안 되는 일인데
헐값으로 당신 백성을 파셨습니다.
13 이웃 백성들에게 욕을 당하게 하시고
조소와 조롱거리로 만드셨습니다.
14 우리를 이방인들의 이야깃감으로 만드시
니
뭇 백성이 우리를 가리켜 손가락질합니다.
15 모욕당하지 않는 날이 하루도 없고
부끄러움으로 얼굴을 들 수도 없습니다.
16 욕설과 폭언 소리에 귀가 따갑고
미움과 보복의 눈길이 무섭습니다.
17 우리는 당신을 잊은 일도 없으며
당신과 맺은 계약을 깨뜨린 일도 없건만
마침내 이런 일을 당하였습니다.
18 우리는 당신을 배반한 일도 없고
일러주신 길을 벗어나지도 않았건만,
19 당신께서는 여우의 소굴에서 우리를 부
수시었고,
죽음의 그늘로 덮으셨습니다.
20 아무려니,
우리 하느님의 이름을 부르지 아니하였
겠으며
다른 신에게 머리를 조아렸으리이까?
21 마음의 비밀을 다 아시는 하느님께서
어찌 그걸 알아차리지 못하셨으리이까?
22 당신 때문에 우리가 날마다 죽임을 당하
며
도살장의 양처럼 찢기는 신세가 되었습
니다.

23 나의 주여, 일어나소서. 어찌하여 잠들어
계십니까?
깨어나소서, 우리를 영원히 버리시렵니
까?
24 어찌하여 외면하십니까?
억눌려 고생하는 이 몸을 잊으시렵니까?
25 우리의 마음은 먼지 속에 파묻혔고,
우리의 배는 땅바닥에 붙었습니다.
26 일어나소서, 도와주소서.
당신의 사랑으로 우리를 구해 주소서.

45

[지휘자를 따라 '백합' 가락에 맞추어 부르는 코라 후손의 시, 사랑의 노래]

1 내 마음에서 우러나는 아리따운 노래를
글 잘 쓰는 선비의 붓끝으로 엮어
우리의 왕에게 바칩니다.

2 세상에 짝없이 멋지신 임금님,
고마운 말씀 입에 머금었으니
영원히 하느님께 복받으신 분,
3 허리에 칼을 차고
보무도 당당하게 나서시라.
4 진실을 지키고 정의를 세우시라.
당신의 오른팔 무섭게 위세를 떨치시라.
5 그 날카로운 화살이 적의 심장을 꿰뚫으
면,
만방은 당신 발 아래 엎드러지리이다.
6 하느님의 영원한 옥좌에 앉으신 임금님,㉠
당신의 왕권은 정의의 왕권입니다.
7 당신은 정의를 사랑하고, 악을 미워하시

㉠ 왕은 하느님의 대리자이다.

기에
하느님, 당신의 하느님께서 즐거움의 기
름을
다른 사람 제쳐놓고 당신에게 부으셨습
니다.
8 몰약과 침향과 육계 향기로 당신 옷들이
향내를 피우고
상아궁에서 들리는 거문고 소리도 흥겹
습니다.
9 당신의 사랑을 받는 여인들 중에는
외국의 공주들이 끼여 있고,
오빌의 황금으로 단장한 왕후는 당신 오
른편에 서 있습니다.

10 내 딸아, 들어라. 잘 보고 귀를 기울여라.
네 겨레와 아비의 집은 잊어버려라.
11 너의 낭군, 너의 임금이 너의 아름다움을
사랑하리라.
그는 너의 주님이시니 그 앞에 꿇어 절하
여라.
12 띠로의 사람들이 선물을 들고 오고,
부호들은 너의 총애를 얻으려 몰려들리라.
13 호화스런 칠보로 단장한 공주여,
14 화사한 옷 걸쳐 입고
들러리 처녀들 거느리고 왕 앞으로 오너
라.
15 모두들 기뻐하고 즐거워하며
이끄는 그대로 왕궁으로 오너라.
16 자손들 많이 낳아 조상의 뒤를 이으리니,
그들이 온 세상을 다스리게 되리라.

17 나는 당신 이름을 세세대대에 찬양하리
이다.
뭇 백성이 당신 은덕 길이길이 찬미하리
이다.

46

[지휘자를 따라 '알라못' 가락에 맞추어 부르는 코라 후손의 노래]

1 하느님은 우리의 힘, 우리의 피난처,
어려운 고비마다 항상 구해 주셨으니
2 땅이 흔들려도 산들이 깊은 바다로 빠져
들어도,
우리는 무서워 아니하리라.
3 바닷물이 우짖으며 소용돌이쳐 보아라,
밀려오는 그 힘에 산들이 떨어보아라,
㉠(만군의 주 야훼께서 우리와 함께 계시
다.
야곱의 하느님이 우리의 피난처시다.)
(셀라)
4 강물의 줄기들이 하느님의 도성을,
지존의 거룩한 처소를 즐겁게 한다.
5 그 한가운데에 하느님이 계시므로 흔들
림이 없으리라.
첫새벽에 주께서 도움을 주시리라.
6 한 소리 크게 외치시니 땅이 흔들리고
민족들은 뒤설레며, 나라들이 무너진다.
7 만군의 주 야훼께서 우리와 함께 계시다.
야곱의 하느님이 우리의 피난처시다. (셀
라)

8 너희는 와서 보아라.
세상을 놀라게 하시며
야훼께서 이루신 이 높으신 일을!
9 땅 끝까지 전쟁을 멎게 하시고,
창 꺾고 활 부러뜨리고 방패를 불살라 버
리셨다.
10 "너희는 멈추고 내가 하느님인 줄 알아라.
세상 만민이 나를 높이 받들어 섬기리라."
11 만군의 주 야훼께서 우리와 함께 계시다.
야곱의 하느님이 우리의 피난처시다. (셀
라)

47

[지휘자를 따라 부르는 코라 후손의 노래]

너희 만백성아, 손뼉을 쳐라,
기쁜 소리 드높이 하느님께 환호하여라.
2 야훼는 지존하시고 지엄하시다.
온 누리의 크신 임금이시다.
3 우리 앞에 만민을 무릎 꿇리시고
뭇 민족을 우리 발 아래 두셨다.
4 당신의 사랑, 야곱의 자랑거리,
이 땅을 우리에게 손수 골라주셨다. (셀
라)
5 환호 소리 높은 중에 하느님, 오르신다.
나팔 소리 나는 중에 야훼, 올라가신다.
6 찬미하여라 하느님을, 거룩한 시로 찬미
하여라.
찬양하여라 우리 왕을, 거룩한 시로 찬양
하여라.
7 하느님은 온 땅의 임금이시니,
멋진 가락에 맞추어 찬양하여라.
8 하느님은 만방의 왕,
거룩한 옥좌에 앉으셨다.
9 세상의 통치자들을 한 손에 잡고,
끝없이 높으신 우리 하느님,
아브라함의 하느님, 그 백성과 더불어

㉠ 히브리어 본문에 빠진 후렴을 7, 11절에서 보충하였다.

뭇 나라의 영수들이 모여든다.

48

[코라 후손의 찬양시]

하느님의 거룩한 산, 그 도성에서
그지없이 찬미받으실 분,
크시고 크시어라 야훼여,
2 아름다운 봉우리, 온 세상의 즐거움,
시온 산은 북녘 끝, 대왕의 도성이니,
3 하느님께서 몸소 그 성에 계시며,
스스로 성채이심을 밝히셨다.
4 왕들이 무리지어 밀려왔다가도
5 보자마자 겁에 질려
혼비백산 뿔뿔이 도망쳤다.
6 해산하는 여인처럼
떨리는 몸 걷잡지를 못하였고,
7 동풍에 휘말리어 깨지는
다르싯의 배와도 같았다.

8 우리 하느님의 도성,
만군의 주 야훼의 도성에 와보니
과연 듣던 그대로
하느님께서 이 성을 영원토록 굳히셨사
옵니다. (셀라)
9 하느님, 우리가 당신의 성전에서
당신의 사랑을 되새깁니다.
10 하느님, 당신 이름에 어울리게
당신을 찬양하는 소리 땅 끝까지 들립니
다.
당신의 하시는 일은 오로지 옳사오니
11 당신의 공정하신 심판을 시온 산은 기뻐
하고
유다의 성읍들은 즐거워합니다.

12 시온 성을 돌고 돌며
성의 망대들을 헤아려보아라.
13 그 성벽 익히 보고, 그 성루 유심히 보았
다가
후손들에게 일러주어라.
14 "이렇듯이 하느님은 영원히 우리의 하느
님이시며,
영원히 우리를 인도하시리라."

49

[지휘자를 따라 부르는 코라 후손의 노래]

만민들아 귀를 기울여라.
만백성아 이 말을 들어라.
2 낮은 사람 높은 사람,
부자도 가난한 사람도 모두 다 들어라.
3 내 마음의 생각은 슬기를 지녔고
내 입의 말에는 지혜가 담겼다.
4 내가 속담에 귀를 기울이고
수금을 뜯으며 수수께끼를 풀리라.
5 악을 꾸미는 자들이 나를 뒤쫓고 노려보
아도
이 곤경에서 나 어찌 두려워하리.
6 한갓 돈 많음을 자랑하며
재물을 믿는 그들이거늘,
7 하느님께 돈을 바친다고
죽을 목숨을 살려주시랴?
8 목숨값은 엄청난 것,
그 값을 치르기는 감히 생각도 못할 일
9 저승길을 가지 않고
영원히 살리라고는 생각도 마라.
10 지혜로운 사람도 죽고
어리석은 자 우둔한 자 모두 죽는 법이다.
두고 가는 재산은 결국 남의 것,
11 그들이 땅에다가 제 이름 매겼더라도
그들의 영원한 집, 언제나 머물 곳은 무
덤뿐이다.
12 사람은 제아무리 영화를 누려도
잠깐 살다 죽고 마는 짐승과 같다.
13 제 잘난 멋에 사는 자가 이렇게 되고
제 말만 내세우는 자도 이렇게 되리라.
(셀라)
14 양이나 소가 끌려가 죽고 말듯이
죽음에 몰려 저승으로 곧장 가리라.
올바른 자가 그들을 다스릴지니
아침에 그 모습 사라지고
영원히 저승을 벗어나지 못하리라.
15 그러나 하느님은 나의 목숨을 구하여
죽음의 구렁에서 건져주시리라.㉠ (셀라)

16 누가 부자 되었다 해도, 그 가문이 명성
떨친다 해도
너는 시새우지 마라.
17 죽으면 재산을 가져가지 못하고,
명예도 따라 내려가지 못한다.
18 세상에서 잘산다고 스스로 축복하고
복스럽다고 사람들이 칭송한들
19 그는 영원히 빛을 보지 못할 곳,
조상들이 모인 그 곳으로 가고 말리라.
20 사람은 제아무리 영화를 누려도
잠깐 살다 죽고 마는 짐승과 같다.

50

[아삽의 노래]

하느님, 야훼 하느님께서 말씀하셨다.
해 뜨는 데서 해 지는 데까지 온 세상을

㉠ 15절은 히브리어 본문의 뜻이 분명치 않다.

부르셨다.
2 더없이 아름다운 시온 산에서
하느님, 눈부시게 나타나셨으니
3 우리 하느님 행차하신다. 조용조용 오시
지 않고
삼키는 불길을 앞세우고
돌개바람 거느리고 오신다.
4 당신 백성을 심판하시려고
위로 하늘을 부르시고 또 땅을 부르시며
이르신다.
5 "나를 믿는 자들을 불러모아라.
제물을 바치고 나와 계약 맺은 자들을 불
러모아라."
6 하느님께서 재판관이시라.
하늘이 그의 공정하심을 알린다. (셀라)
7 "들어라. 내 백성아, 내가 말하리라.
이스라엘아, 내가 너의 죄상을 밝히리라.
나 하느님, 너희의 하느님은
8 너희가 바친 제물을 두고 탓하지 않는다.
너희는 거르지 않고 내 앞에 번제를 드렸
다.
9 나는 너희 집 소를 앗아가지 않으며,
너희 우리에서 염소를 앗아가지 아니하
리라.
10 숲 속의 뭇 짐승이 다 내 것이요,
산 위의 많은 가축들이 다 내 것이 아니
냐?
11 공중의 저 새들도 다 내 마음에 새겨져 있
고,
들에서 우글거리는 생명들도 다 내 손안
에 있다.
12 이 땅이 내 것이요 땅에 가득한 것도 내
것인데,
내가 배고픈들 너희에게 달라고 하겠느
냐?
13 내가 쇠고기를 먹겠으며
염소의 피를 마시겠느냐?
14 사람이 하느님에게 바칠 제물은 감사하
는 마음이요,
사람이 지킬 것은 지존하신 분에게 서원
한 것을 갚는 일이다.
15 어려운 일을 당할 때에 나를 불러라. 구
해 주리라.
너는 나에게 영광을 돌려라."

16 하느님께서 악인들에게 말씀하신다.
"너희가 어찌 감히 나의 법도를 말하고
내 계약을 입에 담느냐?
17 나의 훈계를 지겹게 여기며
내 말을 귓전으로 흘리는 자들아,
18 도둑을 만나면 한통속이 되고
음탕한 자들과 함께 어울리는 자들아,
19 입으로는 죄악의 말을 쏟아놓으며
혀로는 모함하는 소리만 하는 자들아,
20 형제를 그 면전에서 헐뜯고
친동생의 허물을 들추어내는 자들아,
21 너희가 그런 짓을 하는데도
내가 말이 없을 줄 알았더냐?
나를 너희와 같은 줄로 알았더냐?
내가 밝히는 너희의 죄상을 보아라.
22 하느님을 모른 체하는 자들아, 알아두어
라.
내가 너희를 찢겠으나 구해 줄 자 없으리
라.
23 감사하는 마음을 제물로 바치는 자,
나를 높이 받드는 자이니,
올바르게 사는 자에게
내가 하느님의 구원을 보여주리라."

51

[지휘자를 따라 부르는 다윗의 노래, 다윗이 바쎄바와 정을 통한 다음 예언자 나단이 찾아왔을 때 지은 시]

1 하느님, 선한 이여, 나를 불쌍히 여기소
서.
어지신 분이여, 내 죄를 없애주소서.
2 허물을 말끔히 씻어주시고
잘못을 깨끗이 없애주소서.
3 내 죄 내가 알고 있사오며
내 잘못 항상 눈앞에 아른거립니다.
4 당신께, 오로지 당신께만 죄를 얻은 몸,
당신 눈에 거슬리는 일을 한 이 몸,
벌을 내리신들 할 말이 있으리이까?
당신께서 내리신 선고 천번 만번 옳사옵
니다.
5 이 몸은 죄 중에 태어났고,
모태에 있을 때부터 이미 죄인이었습니
다.
6 그러나 당신은 마음속의 진실을 기뻐하
시니
지혜의 심오함을 나에게 가르쳐주소서.
7 정화수를 나에게 뿌리소서, 이 몸이 깨끗
해지리이다.
나를 씻어주소서, 눈보다 더 희게 되리이
다.
8 기쁨과 즐거움의 소리를 들려주소서.
꺾여진 내 뼈들이 춤을 추리이다.
9 당신의 눈을 나의 죄에서 돌리시고
내 모든 허물을 없애주소서.

10 하느님, 깨끗한 마음을 새로 지어주시고
꿋꿋한 뜻을 새로 세워주소서.
11 당신 앞에서 나를 쫓아내지 마시고
당신의 거룩한 뜻을 거두지 마소서.
12 그 구원의 기쁨을 나에게 도로 주시고
변치 않는 마음 내 안에 굳혀주소서.
13 죄인들에게 당신의 길을 가르치리니
빗나갔던 자들이 당신께로 되돌아오리이
다.

14 하느님, 내 구원의 하느님,
죽음의 형벌에서 이 몸을 건져주소서.
이 혀로 당신의 정의를 높이 찬양하리이
다.
15 나의 주여, 내 입술을 열어주소서.
이 입으로 주를 찬양하리이다.
16 당신은 제물을 즐기지 아니하시며,
번제를 드려도 받지 아니하십니다.

17 하느님, 내 제물은 찢어진 마음뿐,
찢어지고 터진 마음을 당신께서 얕보지
아니하시니,
18 어지신 마음으로 시온을 돌보시어
예루살렘 성벽을 다시 쌓게 하소서.
19 그 때에는 번제와 제물을 올바른 제사로
기뻐 받으시리니,
송아지를 잡아 당신 제단에 바치리이다.

52

[지휘자를 따라 부르는 다윗의 시, 에돔 사람 도엑이 사울에게 가서 다윗이 아히멜렉의 집에 있다고 일렀을 때 지은 시]

1 하느님의 사랑 영원하신데
악명 높은 영웅이여, 네 어찌 악한 일을
자랑하느냐?
2 너는 자나깨나 해악을 꾸미고
네 혀는 날카로운 면도날, 속임수의 명수
로구나.
3 착한 일보다 악한 일을 더 즐기고
바른 소리보다 거짓말을 더 좋아하니 (셀
라)
4 해치는 소리라면 모두 좋아하는 사기꾼
아,
5 하느님께서 너를 박살내어
영영 없애버리시리라.
장막에서 너를 끌어내어
인간 세상에서 뿌리째 뽑아버리시리라.
(셀라)
6 의인들이 그 꼴을 보고는 숙연해지고,
그를 보고 비웃으며 말하리라.

7 "저 꼴을 보아라.
하느님께 의지하지 않고
많은 재산만 굳이 믿고
악행으로 세도를 부리더니."

8 나는 하느님의 집에서 싱싱하게 자라는
올리브 나무같이
한결같은 하느님의 사랑을 영원히 영원
히 믿고 살리라.
9 당신의 해주신 일 고마워 항상 당신을 찬
미하리이다.
당신을 믿는 사람들 앞에서
어지신 당신의 이름을 기리리이다.

53

[지휘자를 따라 '마할랏' 가락에 맞추어 부르는 다윗의 시]

1 어리석은 자들, 제 속으로
"하느님이 어디 있느냐?" 말들 하는데
그들은 모두 고약한 자들, 부패한 자들,
흉악한 자들,
착한 일 하는 사람 하나 없구나.
2 하느님, 하늘에서 세상 굽어보시며
혹시나 슬기로운 사람이 있는지,
하느님 찾는 자 혹시라도 있는지,
이리저리 두루 살피시지만
3 모두들 딴길 찾아 벗어나서
한결같이 썩은 일에 마음 모두어
착한 일 하는 사람 하나 없구나.
착한 일 하는 사람 하나 없구나.

4 언제나 깨달으랴, 저 악한들.
떡 먹듯 나의 백성 집어삼키고
하느님은 부르지도 않는 자들,
5 저자들은 겁에 질려 소스라치리라.
하느님께서 에워싼 자들의 뼈를 흩으시
고
물리치시면 저들은 웃음거리가 되리라.

6 바라옵나니, 이스라엘의 구원이 시온에서
오기를.
잡혀간 당신 백성을 하느님께서 데려오
실 때
야곱은 즐겁고 이스라엘은 기쁘리라.

54

[지휘자를 따라 수금에 맞추어 부르는 다윗의 시, 지브 사람이 사울에게 가서 다윗이 자기들에게 피신해 있음을 일렀을 때 지은 시]

1 하느님, 당신 이름으로 나를 구하소서.
힘을 떨치시어 내 옳음을 밝히소서.

2 하느님, 나의 기도를 들어주시고
이 입으로 아뢰는 말씀 귀담아들으소서.
3 하느님은 안중에도 없는 자들이
거만하게 나에게 달려들며
포악하게 이 목숨을 노리고 있사옵니다.
(셀라)

4 그러나 하느님께서 지금 나를 도우러 오
시고
주께서 나를 돕는 이들과 함께 계십니다.

5 저 원수들로 하여금 제 꾀에 빠지게 하소
서.
야훼, 진실하신 이여, 저들을 없애주소서.
6 진심으로 하느님께 제물을 바치옵니다.
당신의 어지신 이름을 찬양하옵니다.
7 온갖 어려움에서 이 몸 건져주시고
원수들의 패망을 보게 하셨사옵니다.

55

[지휘자를 따라 수금에 맞추어 부르는 다윗의 시]

1 하느님,
내 기도에 귀를 기울이소서.
애원하는 소리에 외면하지 마소서.
2 이 몸을 굽어보시고 응답하소서.
내 가슴 답답하고 어지러움은
3 저 원수들이 아우성치고
저 악인들이 나를 몰아세우기 때문입니
다.
저들은 나에게 재앙을 들씌우며,
미친 듯이 욕설을 퍼붓습니다.
4 내 마음 찢어지듯 괴롭고,
죽음의 공포가 나를 덮치옵니다.
5 무서움과 공포가 온몸을 뒤덮어
사시나무 떨듯이 부들부들 떨립니다.

6 ㉠비둘기처럼 날개라도 있다면
안식처를 찾아 날아가련만,
7 멀리멀리 광야로 가서 숨어 있으련만,
(셀라)
8 안전한 곳으로 쏜살같이 날아가
휩쓸어 가는 폭풍을 피하련만,
9 그 독살스런 혀끝에 말려들지 않으련만.

주여, 성 안에는 보이느니 폭행과 분쟁뿐
입니다.
10 성벽 위에는 보초들이 밤낮으로 돌고,
성 안은 포악과 범죄로 차 있습니다.
11 파괴가 성 안에 끊이지 않고
장터마다 폭력과 사기가 판을 칩니다.

12 나를 모욕하는 자가 원수였다면
차라리 견디기 쉬웠을 것을,
나를 업신여기는 자가 적이었다면
그를 비키기라도 했을 것을.
13 그러나 그것은 내 동료, 내 친구,
서로 가까이 지내던 벗,
14 성전에서 정답게 어울리던 네가 아니냐.
홀연히들 사라져버려라.
15 죽음이 그들 위에 무너져 내려라.
산 채로 지하로 내려가 버려라.
그들이 사는 곳, 그들의 집은 죄악의 소
굴이다.

16 나만은 하느님께 부르짖으리니,
야훼여, 이 몸 건져주소서.
17 저녁에, 아침에, 한낮에
내가 신음하며 호소하오니
이 울부짖음을 들어주소서.
18 많은 원수들이 몰아대는 전쟁터에서
이 목숨 건지시어 안심하게 하소서.
19 영원으로부터 옥좌에 앉으신 하느님,
들으시고 그자들을 눌러주소서. (셀라)
그들은 마음을 고치지 않고
하느님 두려운 줄을 모르옵니다.
20 그들은 제 동료들에게 손을 뻗치고
맺은 계약을 짓밟습니다.
21 그 입은 엉긴 젖보다도 부드러우나
마음은 미움으로 가득 차 있사옵니다.
그 말은 기름보다 매끄러우나
실상은 뽑아든 비수입니다.

22 너의 걱정을 야훼께 맡기어라.
주께서 너를 붙들어주시리니,
착한 사람 망하도록
절대로 버려두지 않으시리라.
23 하느님, 저 피에 주리고 사기치는 자들이
제 목숨 절반도 못 살고
땅 속 깊은 곳에 빠져들게 하소서.
나만은 하느님을 믿사옵니다.

56

['먼 느티나무 비둘기' 가락에 맞추어 지휘자를 따라 부르는 다윗의 믹담, 다윗이 갓에서 불레셋 사람들에게 붙잡혔을 때에 부른 노래]

㉠ 히브리어 본문에는 "그리고 내가 말합니다."라는 말이 더 들어 있다.

1 하느님, 이 몸을 불쌍히 여기소서.
사람들이 들볶습니다.
진종일 몰아대며 괴롭힙니다.
2 원수들이 온종일 들볶고
나를 몰아대는 자들 또한 이다지도 많사
옵니다.
3 높이 계시는 하느님, 이렇게 무서울 때,
나는 당신만을 믿사옵니다.
4 하느님의 말씀을 찬양하오며
하느님을 믿어 두려운 것 없사오니
인간이 감히 이 몸을 어찌 하리이까?

5 저들은 온종일 나를 헐뜯고
해칠 생각에만 골똘합니다.
6 그들은 몰려들어 몸을 숨기고 나를 지켜
보며,
이 목숨을 노리고 있사옵니다.
7 저토록 악한 자들을 그냥 두시렵니까?
하느님, 분노하시어 저 민족들을 멸하소
서.
8 나의 한탄을 기록해 두소서.
이 눈물을 당신 부대에 담아두소서.
9 그런즉 후에 내가 부르짖는 날,
나의 원수들은 물러가고,
나는 하느님께서 내 편인 줄을 알 것입니
다.

10 하느님의 말씀을 나는 찬양하오며,
야훼의 말씀을 찬양합니다.
11 하느님을 믿어 두려운 것 없사오니
인간이 감히 이 몸을 어찌 하리이까?
12 하느님, 당신께 서원한 것 갚아드리려
감사의 제사를 바치려 하오니,
13 이는 내 목숨 죽음에서 건져주시고
내 발이 넘어질까 붙드시어
생명의 빛 받아 하느님 앞을 거닐게 하셨
기 때문이옵니다.

57

[지휘자를 따라 '다스헷' 가락에 맞추어 부르는 다윗의 믹담, 다윗이 사울을 피해 동굴에 숨었을 때에 부른 노래]

1 나를 불쌍히 여기소서. 하느님, 나를 불
쌍히 여기소서.
당신께 이 몸을 숨기렵니다.
이 태풍이 지나기까지
당신의 날개깃 그 속에 이 몸을 숨기렵니
다.

2 지존하신 하느님,
나에게 모든 것을 마련하신 하느님께 부
르짖습니다.
3 하늘에서 보내시어 나를 살려주시고
나를 박해하는 자들에게 망신을 주시고
하느님, 당신의 사랑과 진실됨을 보여주
소서. (셀라)
4 나는 사자들 가운데에,
사람을 잡아먹는 그들 가운데에 누워 있
습니다.
그들의 이빨은 창끝 같고 살촉 같으며
그들의 혀는 예리한 칼날입니다.
5 하느님, 하늘 높이 나타나시어
당신 영광 땅 위에 떨치소서.
6 그들은 나를 잡으려고
내 발 앞에 그물을 쳤고
내 앞에 함정을 팠으나
저희가 스스로 빠졌습니다. (셀라)
7 내 마음이 든든합니다, 하느님.
내 마음이 든든합니다.
수금 타며 노래 읊어드리오리다.
8 내 영혼아, 잠을 깨어라,
비파야 거문고야 잠을 깨어라.
잠든 새벽을 흔들어 깨우리라.

9 주여, 내가 당신을 뭇 백성 가운데서 찬
양하리이다.
뭇 나라 가운데서 당신께 노래하리이다.
10 당신의 크신 사랑 하늘에까지 미치고
당신의 미쁘심은 구름에 닿았습니다.
11 하느님, 하늘 높이 나타나시어
당신 영광 땅 위에 떨치소서.

58

[지휘자를 따라 '다스헷' 가락에 맞추어 부르는 다윗의 믹담]

1 권력잡은 자들아,
너희는 정말 바른 판결을 내리는가?
백성에게 공정한 재판을 하는가?
2 너희는 속으로 거짓을 꾸미고,
세상에서 너희 손이 멋대로 하지 않느냐?
3 모태에서부터 잘못된 자들,
나면서부터 빗나가서 거짓말만 하는 자들,
4 독사같이 독이 서리고,
살무사처럼 제 귀를 틀어막고는
5 솜씨 좋은 마술사의 소리도,
홀리는 요술사의 소리도 듣지 않는다.
6 하느님, 그들의 이빨을 그 입 안에서 부
수소서.
야훼여, 저 사자들의 송곳니를 부러뜨리
소서.

7 저들을 물이 흘러 없어지듯이,
풀이 밟혀 시들듯이,
8 유산하는 여인의 몸에서 핏덩이가 쏟아
지듯이,
달팽이의 진액이 말라버리듯이,
9 난데없이 불어닥친 회리바람에
싱싱하던 가시덤불 말라버리듯이 만드소
서.
10 착한 사람들이 악인의 피로 발을 씻고
그 보복당함을 보고 기뻐하게 하소서.
11 그리하여 사람들이 이르기를,
"과연 착한 사람이 상을 받는구나.
하느님이 계셔, 세상을 다스리시는구나."
하게 하소서.

59 [지휘자를 따라 '다스헷' 가락에 맞추어 부르는 다윗의 믹담, 사울이 다윗을 죽이려고 사람을 보내어 그의 집을 지키고 있을 때에 부른 노래]

1 나의 하느님, 원수에게서 나를 구하소서.
나에게 달려드는 자들에게서 나를 보호
하소서.
2 악을 꾸미는 자들에게서 나를 구하소서.
피를 보려는 자들에게서 나를 살려주소
서.
3 내 목숨을 노리는 자들을 보소서.
권세 있는 자들이 나를 해치려 몰려듭니
다.
야훼여, 나에게는 죄도 없고 잘못도 없사
옵니다.
4 무죄한 이 몸을 해치려고
저렇게 몰려와 진을 쳤사옵니다.
일어나소서, 나에게 오시어 보아주소서.
5 당신은 야훼, 만군의 하느님, 이스라엘의
하느님,
깨어 일어나 만방을 벌하소서.
저 악한 배신자들을 사정없이 벌하소서.
(셀라)
6 해만 지면 돌아와서
개처럼 짖어대며
성 안을 여기저기 쏘다닙니다.
7 보소서, 거품 문 그들의 입, 그 입술에는
칼을 물고
"아무도 듣는 자 없느냐?" 소리칩니다.
8 그러나 야훼여, 당신은 그들에게 코웃음
치시고
뭇 백성을 비웃으십니다.
9 나의 힘이여, 내가 당신만 쳐다봅니다.
하느님은 나의 요새, 나의 사랑,
10 하느님께서 나에게 오시면
하느님은 나를 엿보는 자들을 내려다보
게 하시리이다.
11 이 겨레가 잊지 않도록,
저자들을 말살하소서.
당신 힘으로 흩으시고 치소서.
우리의 방패이신 주여!
12 입술만 놀리면 입에서 죄가 나오는 저들,
그 교만에 스스로 걸려들게 하소서.
저주와 거짓말을 늘어놓았으니
13 진노를 떨치시어 없애소서.
하나도 남김없이 쓸어버리소서.
그리하여, 야곱의 후손을 다스리는 이가
하느님이심을
땅 끝까지 온 세상에 알리소서. (셀라)

14 해만 지면 돌아와서
개처럼 짖어대며
성 안을 여기저기 쏘다닙니다.
15 먹을 것을 찾아 헤매다가,
빈 창자를 채우지 못하고 울어댑니다.
16 그러나 나는 당신의 힘을 찬양합니다.
아침마다 당신의 사랑을 찬양합니다.
어려운 일을 당할 적마다 당신은 나의 요
새,
나의 피난처가 되어주셨습니다.
17 나의 힘이여, 수금 타며 당신을 노래합니
다.
"하느님은 나의 요새,
하느님은 나의 사랑."

60 ['수산 에둣' 가락에 맞추어 지휘자를 따라 부르는 다윗의 믹담, 다윗이 아람나하라임과 아람소바의 연합군과 싸울 당시, 요압이 돌아오다가 소금골짜기에서 에돔 군 만 이천 명을 죽였을 때에 부른 노래]

1 하느님, 주께서 우리를 버리시고 부수셨
사오나,
이제 노여우신 마음을 돌이키소서.
2 땅이 갈라지도록 흔드셨사오나
이제 흔들리다 터진 틈을 메워주소서.
3 주께서 당신의 백성을 곤경에 빠뜨리시
고
술을 먹여 쓰러뜨리셨습니다.
4 그러나, 당신을 믿는 사람들이
화살 피해 도망치도록 깃발을 올려주소
서. (셀라)
5 주께서 사랑하시는 자들을 구하소서.
오른손을 뻗쳐 건져주소서, 응답하소서.

6 하느님께서는 당신 성소에서 말씀하셨사
옵니다.
"나 이제 흔연히 일어나,
세겜을 차지하고
수꼿 골짜기를 측량하리라.
7 길르앗도 나의 것,
므나쎄도 나의 것,
에브라임은 나의 투구,
유다는 나의 지휘봉이다.
8 모압은 발 씻을 대야로 삼고
에돔은 신 벗어둘 신장으로 삼으리라.
불레셋을 쳐부수고 승전가를 부르리라.
9 누가 나를 에돔까지 모실 것인가?
누가 나를 그 견고한 성으로 인도할 것인
가?"
10 하느님, 이렇게 말씀하신 당신께서
어찌하여 우리를 버리십니까?
어찌하여 우리의 군대와 함께 나아가지
아니하십니까?
11 어서 이 곤경에서 우리를 도와주소서.
사람의 도움은 아무것도 아닙니다.
12 하느님과 함께라면 우리는 용맹하리니
하느님이 원수들을 짓밟으시리라.

61

[지휘자를 따라 수금에 맞추어 부르는 다윗의 노래]

1 하느님, 나의 울부짖는 소리를 들으소서.
나의 기도를 귀담아들으소서.
2 심장이 멎을 듯 멎을 듯 다급하지만
이 땅 끝에서 내가 당신을 부릅니다.
나의 힘으로는 오를 수 없는 바위,
저 높은 바위에 나를 올려 세워주소서.
3 원수가 달려들 때, 당신은 나의 피난처
견고한 성루이십니다.
4 나는 평생토록 당신 장막에 머무르리이
다.
당신 날개 그늘 아래 몸을 숨기리이다.
(셀라)

5 하느님, 당신은 나의 소원을 들어주시고,
당신 이름을 존경하는 자들에게 땅을 허
락하십니다.

6 우리의 임금님 날을 더해 주시고
해를 더해 주시어 길이 살게 하소서.
7 사랑과 진실을 호위병으로 거느리고
하느님 앞에서 길이 다스리게 하소서.
8 그 때에 내 서원을 그 날 그 날 갚아드리
고
수금 타며 끝없이 당신 이름을 찬미하리
이다.

62

[지휘자 여두둔을 따라 부르는 다윗의 노래]

1 나의 구원이 그분에게서 오니,
내 영혼은 오직 하느님 품에서 안온하구
나.
2 그분 홀로 나의 바위, 나의 구원이시며
나의 요새이시니 나는 흔들리지 아니하
리라.
3 너희는 언제까지 한 사람에게 덤비려느
냐?
너희들 모두 언제까지 그를 덮치려느냐?
마치도 기울어지는 성벽같이,
무너지는 돌담같이.
4 그들의 꾸미는 일은 사기뿐,
그들의 즐거움은 속임수,
짐짓 거짓을 품고 입으로는 복을 빌면서
속으로는 저주를 퍼붓는구나. (셀라)

5 내 영혼아, 오직 하느님 품속에서 고이
쉬어라,
나의 희망은 오직 그분에게 있나니.
6 그분 홀로 나의 바위, 나의 구원이시며
나의 요새이시니 나는 흔들리지 아니하
리라.
7 내 구원 내 영광은 하느님께 있으니
그분은 나의 힘이신 바위,
나 하느님께 피신하리라.
8 백성들아,
어떤 일을 당하든지 너희는 하느님을 믿
어라.
마음에 있는 걱정일랑 하느님께 쏟아놓
아라.
하느님은 우리의 피난처이시다. (셀라)
9 사람들은 숨결에 지나지 않고
높다는 것도 실은 거짓말,
모두 합쳐 저울에 올려놓아야
역시 숨결보다도 가볍다.
10 남을 억압하면서 잘되리라고 믿지 마라.
남의 것을 빼앗아 잘살려는 생각도 버려
라.
재물이 쌓인다고 거기에 마음 쏟지 마라.

11 하느님께서 한 번 말씀하신 것,
두 번 말씀하신 것, 나는 들었사옵니다.

힘은 하느님께서 주신다는 것을.
12 나의 주, 사랑이시여, 당신께서 하신 말씀,
사람에게 그 행실대로 갚으라는 말씀을.

63 [다윗의 노래, 유다 광야에 있을 때 부른 노래]

1 하느님, 당신은 나의 하느님,
물기 없이 메마른 땅덩이처럼
내 마음 당신 찾아 목이 마르고
이 육신 당신 그려 지쳤사옵니다.
2 당신을 그리면서 성소에 왔사오며
당신의 힘, 당신의 영광을 뵈오려 합니다.
3 당신의 사랑, 이 목숨보다 소중하기에
이 입술로 당신을 찬양하리이다.
4 이 목숨 다하도록 당신을 찬양하며
두 팔 치켜 올리고 당신 이름 찬양하리이다.
5 기름지고 맛있는 것 배불리 먹은 듯
내 입술 기쁘고 내 입이 흥겨워 당신을 찬양합니다.
6 잠자리에 들어서도 당신 생각,
밤을 새워가며 당신 생각뿐,
7 나를 도와주신 일 생각하면서
당신의 날개 그늘 아래에서 즐겁습니다.
8 이 몸 당신에게 포근히 안기면
당신 오른팔로 붙들어주십니다.

9 그러나 나를 잡으러 뒤쫓는 자들은
땅 속 깊은 곳으로 떨어지리니,
10 그들은 예리한 칼날에 동강이 나서
승냥이의 밥이 되리이다.

11 우리 임금, 하느님 안에서 즐거우리니
거짓말쟁이들은 말문 막힐 때
하느님 이름으로 맹세하는 자는 기뻐하리이다.

64 [지휘자를 따라 부르는 다윗의 노래]

하느님, 탄식하는 이 소리 들어주소서.
원수 앞에 떨고 있는 이 목숨 지켜주소서.
2 악한들이 작당하니 숨겨주시고,
악당들의 폭동에서 지켜주소서.
3 칼날처럼 그들은 혀를 벼리고
화살처럼 시위에 독설을 메겨,
4 선량한 사람 쏘려고 숨어보다가
꺼림없이 느닷없이 쏘아댑니다.

5 저들이 악독한 일을 마음에 품고
아무도 모르게 올가미를 치면서
"누가 눈치를 채랴?"
6 "누가 감히 우리의 비밀을 알랴?" 하지만,
사람의 마음속 깊은 곳을 보시는 이가 알아채시니
7 하느님께서 손수 활을 쏘시면
순식간에 모두 다 쓰러지리라.
8 혀를 함부로 놀리다가 맞아 쓰러지면
보는 사람마다 머리를 내저으리라.
9 사람마다 두려움에 사로잡히고
그 하신 일을 익히 깨달아
하느님의 업적을 널리 알리리라.
10 의인은 야훼에게서 즐거움을 얻고
그 품안에 달려들어 기뻐하리니
마음 바른 모든 사람 그를 자랑하리라.

65 [지휘자를 따라 부르는 다윗의 노래]

하느님, 시온에서 찬미받으심이 마땅하오니
당신께 바친 서원 이루어지게 하소서.
2 당신은 우리의 기도를 들어주십니다.
사람이면 누구나 당신께 나아가
죄로써 이룬 일 털어놓으리니,
3 우리가 지은 죄 힘겹도록 무거우나
당신은 그것을 씻어주십니다.
4 복되어라, 당신께 뽑혀 한 식구 된 사람,
당신 궁정에서 살게 되었으니.
당신의 집, 당신의 거룩한 성전에서
우리도 마음껏 복을 누리고 싶사옵니다.
5 정의를 떨치시어 놀라운 일로 우리 소원 들어주셨사오니,
당신은 우리 구원의 하느님이시며,
땅 끝까지, 먼 바다 끝까지 사람들의 바람이십니다.
6 그 크신 힘으로 산들의 뿌리를 박으셨으며
권능의 띠를 허리에 질끈 동이시고
7 설레는 바다, 출렁이는 물결,
설치는 부족들을 가라앉히셨습니다.
8 땅 끝에 사는 사람들이
당신의 손길을 보고 놀라며,
해 뜨는 데서 일으키신 노랫소리
해 지는 곳에 메아리칩니다.
9 하느님은 이 땅을 찾아오시어
비를 내리시고 풍년을 주셨습니다.
손수 파놓으신 물길에서 물이 넘치게 하시어
이렇게 오곡을 마련해 주셨습니다.

10 밭이랑에 물 대시고 흙덩이를 주무르시
고
비를 쏟아 땅을 흠뻑 적신 다음
움트는 새싹에 복을 내리십니다.
11 이렇듯이 복을 내려 한 해를 장식하시니
당신 수레 지나는 데마다 기름이 철철 흐
릅니다.
12 광야의 목장에도 졸졸 흐르고,
언덕마다 즐거움에 휩싸였습니다.
13 풀밭마다 양떼로 덮이고
골짜기마다 밀곡식이 깔렸으니
노랫소리 드높이 모두들 흥겹습니다.

66 [지휘자를 따라 부르는 찬양시]
온 땅은 하느님을 환호하여라.
2 그의 존귀하신 이름을 노래하고
찬양으로 영광을 돌리어라.
3 이렇게 하느님을 찬양하여라.
"당신은 두려우신 분, 하신 일 놀랍습니
다.
당신의 힘, 그 하신 일을 보고 원수들이
무릎 꿇습니다.
4 온 세상이 당신 앞에 엎드리고
당신을 찬양합니다, 당신의 이름을 찬송
합니다." (셀라)

5 오라, 와서 보아라. 하느님 하신 일들을,
인간에게는 엄청나고 두려운 일들을.
6 바다를 단단한 땅으로 바꾸셨고,
사람들을 걸어서 건너게 하셨다.
그러기에 우리의 기쁨은 그분 안에 있다.
7 그분은 영원한 힘의 통치자,
그 눈은 만방을 내려보시고 살피시니
아무도 머리 들어 반역하지 못하리라.
(셀라)
8 민족들아, 우리 하느님을 찬미하여라.
소리 높여 찬양하여라.
9 실족하여 죽을세라 염려해 주시며
우리의 목숨을 되살려주셨다.

10 하느님, 은을 풀무불에 시금하듯이
당신은 우리를 단련하셨습니다.
11 우리를 그물에 몰아넣으셨으며
무거운 짐을 등에 지우셨습니다.
12 남에게 머리를 짓밟히게 하셨으며
불과 물 속을 지나가게 하셨습니다.
그러나 마침내는 숨 돌리게 건져주셨습
니다.
13 내가 번제를 드리러 당신 집에 왔사옵니
다.
서원한 것 바치러 왔사옵니다.
14 괴로울 때 내 입으로 맹세한 것,
내 입술로 아뢰었던 것을 바치러 왔사옵
니다.
15 숫양을 살라 향내 피우며
푸짐한 번제물을 드리고
염소와 함께 소를 드리옵니다. (셀라)

16 하느님을 두려워하는 자들아, 다 와서 들
어라.
하느님께서 나에게 하신 일을 들려주리라.
17 내 입은 그분께 부르짖었으며,
내 입술은 그분을 찬양하였다.
18 나 만일 나쁜 뜻을 품었더라면
주께서는 아니 들어주셨으리라.
19 그러나 하느님은 들어주시고
내 기도 소리에 귀를 기울이셨다.
20 내 기도를 물리치지 아니하시고
당신의 사랑을 거두지 않으셨으니
하느님, 찬미받으소서.

67 [지휘자를 따라 수금에 맞추어 부른 찬양시]
하느님, 우리를 어여삐 보시고, 복을
내리소서.
웃는 얼굴을 우리에게 보여주소서. (셀
라)
2 세상이 당신의 길을 알게 하시고
만방이 당신의 구원을 깨닫게 하소서.

3 하느님,
백성들이 당신을 찬양하게 하소서.
만백성이 당신을 찬양하게 하소서.
4 당신께서 열방을 공평하게 다스리시고
온 세상 백성들을 인도하심을
만백성이 기뻐 노래하며 기리게 하소서.
(셀라)
5 하느님,
백성들이 당신을 찬양하게 하소서.
만백성이 당신을 찬양하게 하소서.

6 땅에서 오곡백과 거두었으니
하느님, 우리 하느님께서 내리신 복이라.
7 하느님, 우리에게 복을 내리소서.
온 세상 땅 끝까지 당신을 두려워하게 하
소서.

68 [지휘자를 따라 부르는 다윗의 찬양시]
하느님께서 일어나시면 원수들 흩어

지고
맞서던 자들 그 앞에서 달아나니,
2 연기가 바람에 날려가듯이
불길에 초가 녹듯이
악한 자들이 하느님 앞에서 사라져간다.
3 그러나 착한 사람들은 즐겁고 흥겨워
하느님 앞에서 뛰놀며 기뻐하리라.

4 하느님을 찬양하여라. 수금 타며 그 이름
노래하여라.
구름 타고 오시는 분께 길을 비켜드려라.
야훼 그 이름을 찬양하고
그의 앞에서 춤을 추어라.

5 고아들의 아버지, 과부들의 보호자,
거룩한 곳에 계시는 하느님이시다.
6 외로운 자들에게는 집을 마련해 주시고
갇힌 자들에게는 행복의 문을 터주시나
반역하는 자들은 초토에 버려두신다.

7 하느님,
이 백성을 앞장서 나아가실 때
광야를 가로질러 나아가실 때 (셀라)
8 땅은 뒤흔들리고 하느님 앞에 ㉠하늘마저
무너져 내렸습니다.
하느님 앞에, 이스라엘의 하느님 앞에.
9 하느님, 당신은 단비를 충족히 내리시어
당신께서 주신 메마른 땅을 옥토로 만드
시고
10 당신의 식구들로 하여금 거기에 살게 하
셨으니,
하느님, 당신의 어지심으로써 굶주린 자
에게
먹을 것을 마련해 주셨습니다.

11 소식을 전하라고 여인들에게 내리신 주
님의 말씀,
"크나큰 군대,
12 왕들이 달아났다.
그 군대들이 달아났다.
집안의 여인들은 전리품을 나눈다.
13 그 때에 너희는 양우리에서 편히 쉬고 있
었지.
비둘기의 날개는 은을 입었고
그 깃은 금빛으로 번쩍이었다.
14 전능하신 이가 그 왕들을 흩으실 때,
살몬 산을 덮은 눈과 같이 번쩍이었다."

15 바산의 산은 하느님의 산,
바산의 산은 높이 솟은 산,
16 높은 산봉우리들아, 어찌 너희가 시샘하
느냐?
하느님께서 계시려고 택하신 그 산을.
야훼께서 영원히 여기에 사시리라.
17 하느님의 병거는 수천 대 수만 대
시나이에서 성소로 타고 오신다.

18 당신께서 포로들을 사로잡아 높은 곳에
오르시니
사람들이 조공을 바쳤고,
반역자들도 야훼 하느님 계신 곳에 찾아
왔사옵니다.

19 날마다 주를 찬양하여라.
우리의 구원이신 하느님께서 우리 짐을
져주신다.
20 우리가 모시는 하느님은 구원의 하느님,
죽음에서 빠져 나가는 길은 주 야훼뿐
21 하느님께서 원수들의 머리를 부수시고,
악을 퍼뜨리고 다니는 자들
그들의 더부룩한 골통을 바수신다.

22 주께서 말씀하셨다.
"내가 너를 바산에서 데려오리라.
바다 밑바닥에서 끌어올리리라.
23 그 때에 너는 원수들의 피로 발을 적시고
너의 집 개는 그 피를 핥으리라."

24 하느님, 당신의 거둥하심이 보입니다.
내 임금, 내 하느님의 성소로 오르시는
모습이 보입니다.
25 합창대는 맨앞에, 현악대는 맨뒤에
그 한가운데서 처녀들이 소구를 칩니다.

26 모두 다 모여 하느님을 찬양하여라.
이스라엘의 후손들아, 야훼를 찬양하여라.
27 막내동이 베냐민이 선두에 서고
그 뒤를 화사한 옷차림의 유다 지파 대표
들,
다음은 즈불룬 지파의 대표,
그리고 납달리 지파의 대표들이 따른다.

28-29 예루살렘에 우뚝 솟은 당신의 궁전,
거기에서 우리를 도우려 뻗으시던 힘,
하느님이여, 그 힘을 떨치시어
세상의 왕들이 예물을 바치러 오게 하소

㉠ "시나이 산은 떨었습니다."라고 옮길 수도 있다.

서.
30 갈대 숲의 모진 짐승을 꾸짖으소서.
뭇 백성의 황소떼와 송아지들을 책망하
소서.
금과 은을 들고 와서 머리 숙이게 하소서.
싸움을 좋아하는 저 백성들을 쫓아버리
소서.
31 이집트에서 우두머리들이 올 것이며
에티오피아는 하느님을 향하여 손을 들 것
입니다.
32 세상의 왕국들아, 하느님을 찬송하여라.
수금 타며 주를 찬양하여라. (셀라)
33 병거를 타고 하늘을, 오랜 하늘을 달리시
던 이,
그 하느님의 힘찬 고함 소리가 들리지 않
느냐?
34 하느님은 강하시다, 찬양하여라.
그의 영광 이스라엘 위에 높이 떨치고
그의 힘 구름 위에 힘껏 뻗는다.
35 두려워라, 당신의 성소에서 나오시는 하
느님,
이스라엘의 하느님,
당신의 백성에게 크신 힘을 주시니,
하느님, 찬미받으소서.

69

[지휘자를 따라 '백합' 가락에 맞추어 부르는 다윗의 노래]

1 나를 구하소서, 하느님.
목에까지 물이 올라왔사옵니다.
2 깊은 수렁에 빠졌습니다.
발붙일 것 하나도 없사옵니다.
물 속 깊은 곳에 빠져
물결에 휩쓸렸습니다.
3 나의 하느님, 눈이 빠지도록 당신을 기다
리다가
목 쉬도록 부르짖다가 지쳐버렸습니다.
4 까닭 없이 나를 해치려는 자,
머리털 수보다 많사옵니다.
거짓 증언하는 원수들의 무리 또한
이 머리채보다 많사옵니다.
훔치지도 않은 것을 내놓으라고
생떼를 씁니다.

5 하느님, 나의 어리석음을 당신은 아시오
니
내 죄를 당신께 숨길 수가 없사옵니다.
6 그러나 만군의 주 야훼여,
하느님을 믿고 바라는 자들이
나로 인하여 수치를 당하지 않게 하소서.
이스라엘의 하느님,
당신을 찾는 자들이 나로 인하여 욕보지
않게 하소서.
7 이 몸은 하느님을 위하여 욕을 당했고
온갖 모욕을 다 받았습니다.
8 동기간에게는 따돌림을 받았고
내 어머니 소생에게는 남과 같은 취급을
받았습니다.
9 당신 집을 향한 내 열정이 나를 불사릅니
다.
당신 향한 욕설이 이 몸 위에 쏟아져,
10 내가 단식하며 목메어 울었더니,
그것이 도리어 놀림거리가 되었습니다.
11 베옷을 걸치고 슬퍼했더니
도리어 남의 말거리가 되었습니다.
12 성문께 모여 서서 내 이야기로 입방아를
찧고
술에 취하면 나를 빈정거려 노래합니다.
13 야훼여, 당신께서 반기시는 이 때에
나는 당신께 기도 드립니다.
하느님, 당신 사랑 그지없으시오니
당신 구원의 진실됨을 나에게 들려주소
서.
14 내가 빠져 드는 이 수렁에서 건져주시고
원수들의 손아귀에서
이 깊은 물 속에서 나를 건지소서.
15 풍랑 속에 파묻히지 않게 하시고
소용돌이 깊은 구렁에 말려들지 말게 하
시며
구덩이가 입을 벌려 삼키지 못하게 하소
서.
16 야훼여, 당신 사랑 어지시오니, 들어주소
서.
당신의 인자하심 넓고 넓으시오니 나를
바라보소서.
17 당신의 종을 외면하지 마옵시고,
빨리 한 말씀 하소서, 괴롭습니다.
18 가까이 오셔서 이 목숨 건져주시고,
원수들에게서 이 몸을 속량하소서.
19 이 몸이 받는 수치를 주께서 아십니다.
창피와 모욕당한 것 주께서 아십니다.
20 수치에 수치를 당하니 심장이 터지려고
합니다.
이 기막힌 쓰라림, 가실 길이 없사옵니
다.
동정을 바랐으나 허사였고,
위로해 줄 이를 찾았으나 아무도 없었습

니다.
21 죽을 달라 하면 독을 타서 주고
목마르다 하면 초를 주는 자들,
22 잔치를 차려 먹다가 그 음식에 걸리고,
친교제물을 나누어 먹다가 망하게 하소서.
23 그들의 눈이 어두워져 보지 못하고
그 허리는 영원히 가누지 못하게 하소서.
24 당신의 진노를 그들 위에 쏟으시며
열화 같으신 당신의 분노로 그들을 덮치소서.
25 그들이 사는 부락을 돌밭으로 만드시고
천막에는 아무도 없게 하소서.
26 그들은 당신께 맞은 자를 새삼 괴롭히며
당신께서 주신 상처를 덧쑤십니다.
27 그들의 죄 하나하나 모두 벌하시고
그들을 당신의 올바른 자비에서 제외하소서.
28 그들의 이름을 생명의 책에서 지워버리시고
의인들의 명부에 올리지 마소서.
29 나는 상처받고 쓰러진 몸
하느님, 당신 그 구원의 손길로 나를 일으키소서.

30 나 찬미가로 하느님의 이름을 기리리라.
나 감사의 찬송으로 하느님을 높이리라.
31 소를 바치는 것보다,
뿔 달리고 굽 달린 황소를 바치는 것보다
야훼께서는 더 기뻐하시리라.
32 비천한 사람들아, 보고 즐거워하여라.
하느님을 찾는 자들아, 너희 마음 부풀게 하여라.
33 야훼께서는 가난한 자들의 소청을 들으시고
갇혀 있는 당신의 백성을 잊지 아니하신다.

34 하늘아, 땅아, 그를 찬양하여라.
바다와 그 속의 모든 생물들아, 그를 찬양하여라.
35 하느님께서 시온을 구원하시고
유다 마을들을 다시 세우시리니
당신의 백성이 그 땅을 차지하고 살리라.
36 그 종들의 후손이 그 땅을 이어받고,
그의 이름을 사랑하는 자들이 거기에 살리라.

70

[의전을 맡은 지휘자를 따라 부르는 다윗의 노래]

1 하느님, 나를 살려주소서.
야훼여, 빨리 오시어 나를 도와주소서.
2 이 목숨 빼앗으려고 노리는 자들,
수치와 창피를 당하게 하소서.
내 불행을 즐거워하는 자들,
물러나 망신을 당하게 하소서.
3 나를 보고 깔깔대던 자들,
창피를 당하고 도망치게 하소서.

4 그러나 하느님을 찾던 자들은 모두
당신 안에서 기쁘고 즐거울 것입니다.
당신의 도움을 바라던 자들은 항상
"하느님 높으시어라!" 찬양할 것입니다.
5 나는 가난하고 불쌍합니다.
하느님, 빨리 오소서.
야훼여, 더디 마소서.
나의 구원자, 나의 도움이시여.

71

야훼여, 당신께 피신합니다.
다시는 욕보는 일 없게 하소서.
2 당신의 정의로 나를 보호하시고 구해 주소서.
귀를 기울여 들으시고 구해 주소서.
3 이 몸 의지할 바위 되시고
내 목숨 구원하는 성채 되소서.
나의 바위, 나의 성채는 당신이십니다.
4 나의 하느님, 악인의 손에서 나를 구해 주시고,
흉악하고 포악한 자의 손에서 나를 구하소서.
5 주여, 바라느니 당신뿐이요,
어려서부터 믿느니 야훼 당신입니다.
6 모태에서부터 나는 당신께 의지하였고,
어머니 뱃속에 있을 때부터 당신은 나의 힘이었으니,
나는 언제나 당신을 찬양합니다.
7 사람들은 나를 보고 이상히 여겼지만
당신만은 나의 든든한 의지였습니다.
8 나의 입은 당신께 향한 찬양을 가득 담았고,
날마다 당신의 영광을 찬양합니다.
9 늙었다고 이 몸을 버리지 마옵시고
기력이 다하였다고 내치지 마옵소서.
10 원수들이 나를 두고 수군대며
이 목숨을 노리는 자들이 공모합니다.
11 "하느님도 버린 자, 쫓아가서 붙들어라,
구해 줄 자 없으니 잡아다가 족치자."
12 하느님, 멀리 서 계시지 마시고
빨리 오시어 도와주소서, 나의 하느님.

13 내 목숨을 노리는 자들,
망신에 망신을 당하게 하시고
나를 해치려는 자들,
모욕과 창피를 당하게 하소서.
14 나는 언제나 당신께 희망을 두고
더욱더 당신을 찬미하리이다.
15 나 비록 글은 몰라도
정의를 떨치시어 약자를 구하신 일들,
매일매일 내 입으로 이야기하리이다.
16 야훼, 나의 주여,
그 크신 힘으로 이룩하신 일들,
당신 홀로 떨치시던 그 정의를 생각합니
다.
17 하느님,
나는 어려서부터 당신께 배웠으며
당신의 놀라운 일들을 지금까지 알렸습
니다.
18 이제 이 몸은 나이 먹어 늙었습니다.
하느님, 버리지 마옵소서.
당신께서 팔을 펴사 이루신 일, 그 힘을
오고오는 세대에 전하게 하소서.

19 하느님, 하늘까지 떨치신 당신의 정의를
전하게 하소서.
이다지도 크신 일 이룩하신 하느님,
뉘 있어 당신과 견주리이까?
20 그 많은 고생과 불행을 나에게 지워주셨
어도
당신은 나를 되살려주시고
땅 속 깊은 곳에서 끌어내시리이다.
21 나를 장하게 키우시고, 돌이켜 나를 위로
하소서.
22 성실하신 나의 하느님,
거문고를 뜯으며 감사 노래 부르고
이스라엘의 거룩하신 하느님께
수금을 타며 노래불러 올리리이다.
23 당신께 찬양 드릴 때 내 입술 흥겹고
속량하신 이 목숨은 한량없이 기쁘옵니
다.
24 나의 혀가 종일토록
당신의 정의를 이야기하리이다.
나를 모함하던 자들,
수치와 망신을 당하여라.

72

[솔로몬의 노래]
하느님, 임금에게 올바른 통치력을 주
시고,
임금의 아들에게 정직한 마음을 주소서.
2 당신의 백성에게 공정한 판결을 내리고
약한 자의 권리를 세워주게 하소서.

3 높은 산들아, 너희 언덕들아,
백성에게 평화와 정의를 안겨주어라.

4 백성을 억압하는 자들을 쳐부수고
약한 자들의 권리를 세워주며
빈민들을 구하게 하소서.
5 해와 달이 다 닳도록
그의 왕조 오래오래 만세를 누리게 하소
서.

6 풀밭에 내리는 단비처럼
땅에 쏟아지는 소나기처럼
그의 은덕 만인에게 내리리니
7 정의가 꽃피는 그의 날에
저 달이 다 닳도록 평화 넘치리라.
8 바다에서 바다에 이르기까지
이 강에서 저 땅 끝에 이르기까지 다스리
리니,
9 큰 괴수가 그 앞에 무릎을 꿇고
원수들은 와서 땅바닥을 핥을 것이며
10 다르싯과 섬나라 임금들이 조공을 바치고
세바와 스바의 왕들이 예물을 바치며
11 만왕이 다 그 앞에 엎드리고
만백성이 그를 섬기게 되리라.
12 그는 하소연하는 빈민을 건져주고
도움받을 데 없는 약자를 구해 주며
13 약하고 가난한 자들을 불쌍히 여기고
가난에 시든 자들을 살려주며
14 억울한 자의 피를 소중히 여겨
억압과 폭력에서 그 목숨 건져주리이다.
15 그리하여 만세나 살게 하시고
세바의 황금을 예물로 받게 하소서.
그를 위한 기도 소리 그치지 않고,
그에게 복을 비는 소리 언제나 들리게 하
소서.
16 방방곡곡엔 알곡이 주렁주렁,
레바논 산처럼 산꼭대기까지 열매가 무르
익고,
땅에는 이삭이 햇풀처럼 피어나게 하소
서.
17 해가 그 빛을 잃기까지
왕의 이름 영원토록 기림받게 하소서.
뭇 민족이 그의 은덕을 입고
뭇 백성 그를 일컬어 복되다 하리이다.

18 당신 홀로 놀라운 일 행하셨으니
이스라엘의 하느님, 야훼는 찬미받으소서.

19 영광스런 그 이름, 길이길이 찬미받으소
서.
그 영광 온 땅에 가득히.
아멘, 아멘.

20◎이새의 아들 다윗의 기도는 여기에서 끝난
다.

[제삼권]

73 [아삽의 노래]

하느님은 참으로 ㉠이스라엘에게 어지
시고
주님은 마음이 깨끗한 사람에게 복을 내
리시거늘,
2 나는 미끄러져 거의 넘어질 뻔하였습니
다.
3 어리석은 자들을 부러워하고
악한 자들이 잘사는 것을 시샘한 탓이옵
니다.

4 그들은 피둥피둥 살이 찌고
고생이 무엇인지 조금도 모릅니다.
5 사람들이 당하는 고통을 겪지 않으며
사람들이 당하는 쓰라림은 아예 모릅니
다.
6 거만이 그들의 목걸이요,
횡포가 그들의 나들이옷입니다.
7 그 비곗덩어리에서 악이 나오고
그 마음에서 못된 생각이 흘러 넘칩니다.
8 그들은 낄낄대며 악을 뿌리고
거만하게 을러메며 억누릅니다.
9 하늘을 쳐다보며 욕설 퍼붓고
혓바닥으로 땅을 휩쓸고 다닙니다.
10 ㉡그리하여 내 백성마저 그들에게 솔깃하
여
그들의 물에 흠뻑 젖어들었습니다.
11 그러면서 한다는 말은, "하느님이 어떻게
알랴,
가장 높은 분이라고 세상 일을 다 아느
냐?"
12 그런데 그들을 보십시오. 그들은 악인이
어도,
몸은 항상 편하고 재산은 늘어만 갑니다.

13 나는 과연 무엇하러 마음을 맑게 가졌으
며
깨끗한 손으로 살았사옵니까?
14 이렇게 종일토록 얻어맞고
잠만 깨면 받는 것이 책벌일 바에야?
15 나도 그들처럼 말하며 살고 싶었지만
그것은 당신 백성을 배신하는 일이겠기
에
16 혼자 생각하며 깨치려 하였습니다.
그러나 눈이 아프도록 고생스러웠습니
다.
17 마침내 당신의 성소에 들어와서야
그들의 종말을 깨달았습니다.
18 당신은 그들을 미끄러운 언덕에 세우셨
고
패망으로 빠져들게 하셨습니다.
19 삽시간에 당한 그들의 처참한 최후,
공포에 휘말려 없어지고 말았습니다.
잠에서 깨어난 사람의 허황된 꿈처럼
20 주님은 일어나셔서 그들의 몰골을 멸시
하십니다.
21 내 마음이 쓰라렸을 때,
창자가 끊어지는 듯 아팠을 때,
22 나는 미련하여 아무것도 몰랐습니다.
당신 앞에서 한 마리 짐승이었습니다.
23 그래도 나는 당신 곁을 떠나지 않아
당신께서 나의 오른손을 잡아주셨사오
니,
24 나를 타일러 이끌어주시고
마침내 당신 영광에로 받아들여 주소서.
25 하늘에 가도 나에게는 당신밖에 없사옵
고
땅에서도 당신만 계셔주시면
그에서 무엇을 더 바라리이까?
26 이 몸과 이 마음이 사그라져도
내 마음의 반석, 나의 몫은 언제나 하느
님,
27 당신을 떠난 자 망하리니,
당신을 버리고 다른 신을 섬기는 자, 멸
하시리이다.
28 하느님 곁에 있는 것이 나는 좋사오니,
이 몸 둘 곳 주님이시라,
하신 일들 낱낱이 전하리이다.㉢

74 [아삽의 시]

하느님, 어찌하여 끝까지 우리를 버리
시며
어찌하여 당신 목장의 양떼에게 진노하

㉠ "바르게 사는 사람들에게"라고 옮길 수도 있다. ㉡ 10절은 히브리어 본문의 뜻이 분명치 않다. ㉢ 칠십인역에는 "수도 시온의 성문에 서서"가 첨부되어 있다.

십니까?
2 기억하소서, 한 옛날부터 당신께서 얻으
신 이 백성을,
당신 차지로 속량하신 이 지파를,
당신의 처소로 정하신 시온 산을,
3 이 끝없는 폐허에 발길을 옮기소서.
원수들이 성소 안을 휩쓸었습니다.
4 원수들은 당신의 백성이 모이는 곳에서
고함을 치며
승리의 표로 저희 기를 여기저기 꽂았습
니다.
5 그들은 나무를 찍는 나무꾼처럼
6 모든 문들을 도끼와 망치로 짓부수며,
7 당신의 성소에 불을 지르고
당신의 이름을 모신 성막을 뒤엎고 더럽
혔습니다.
8 우리를 단번에 멸종시키리라 작정하고는
나라 안의 거룩한 예배소를 모두 불질러
버렸습니다.
9 우리에게는 하늘의 표적도 없고 예언자
또한 없어
이 일이 언제까지 계속될지 아무도 모릅
니다.

10 하느님, 언제까지 적군의 모욕을 참으시
렵니까?
언제까지 원수들이 당신의 이름을 모독
하리이까?
11 어찌하여 당신 손을 사리시옵니까?
어찌하여 오른손을 품안에 품고만 계시
옵니까?

12 하느님은 처음부터 나의 임금님,
땅 위 모든 곳에서 구원을 이루시는 분이
옵니다.
13 당신은 그 크신 힘으로 바다를 가르시고
바다 위에 솟은 괴물들의 머리를 짓부수
신 분,
14 ㉠레비아단, 그 머리를 깨뜨리시고
그 고기로 사막의 짐승들을 먹이신 분,
15 샘을 터뜨려 물길을 트시고
유유히 흐르는 강물도 말리셨습니다.
16 낮이 당신의 것이니 밤 또한 당신의 것,
해와 달을 제자리에 놓으신 분도 당신이
십니다.
17 땅의 경계들을 정하신 이도 당신이시요,
여름과 겨울을 마련하신 이도 당신이십
니다.

18 야훼여, 기억하소서.
원수들이 당신에게 악담을 퍼붓고
미련한 백성이 당신의 이름을 모독합니
다.
19 산비둘기 같은 당신의 이 백성을
저 들짐승에게 넘겨주지 마소서.
이 가련한 백성의 생명을 길이 잊지 마소
서.
20 땅의 구석구석이 폭력의 도가니이오니
당신께서 맺어주신 계약을 기억하소서.
21 억눌린 자, 부끄러워 물러가지 않고
가난하고 불행한 자, 당신 이름을 찬양하
게 하소서.

22 일어나소서, 하느님, 옳으심을 밝히소서.
날마다 당신을 모독하는 미련한 자를 기
억하소서.
23 아우성치는 당신 원수들을 잊지 마소서.
당신의 적대자들 그 우짖는 소리가 높아
만 갑니다.

75

[지휘자를 따라 '다스헷' 가락에 맞추어 부르는 아삽의 찬양시]

1 하느님, 우리가 당신께 감사 드리옵니다.
당신의 이름을 불러 감사 드리오며
당신께서 이루신 크신 일들을 이야기하
리이다.

2 "내가 정해 둔 때, 그 때가 되면
나는 공정하게 재판하리라.
3 땅은 흔들리고 사람들은 쓰러지겠으나,
나는 땅의 기둥들을 든든히 세워두었다.
(셀라)
4 나는 오만한 자들에게 오만하지 말라고
하였으며
악한 자들에게 뿔을 들지 말라고 하였
다."
5 너희는 뿔을 높이 들지 마라.
목을 치켜 들고 건방지게 말하지 마라.

6 동녘에서도, 서녘에서도 아니요
사막에서도, 산악 지대에서도 아니며
7 판결은 오직 하느님에게서 오는 것,
이 사람은 낮추시고, 저 사람은 높이신
다.
8 야훼의 손에는 거품 이는 술잔이
당신 ㉡진노의 술잔이 들려 있어서
그것을 따라주시면 세상의 악인들이 모

㉠ 바다를 혼돈에 빠뜨리는 전설적인 동물을 가리킨다. ㉡ 히브리어 본문 : "향료 넣은 술잔". 진노를 상징하는 것이다.

두 마시고
찌꺼기까지 핥아야 하느니.
9 그러나 나는 끝없이 그를 선포하며
야곱의 하느님을 찬양하리라.
10 하느님께서는 악인의 뿔을 꺾으시고
의인의 뿔은 높이 들어 올리신다.

76 [지휘자를 따라 수금에 맞추어 부르는 아삽의 찬양시]

1 유다에서 그 누가 하느님을 모르랴.
그의 이름, 이스라엘에서 드높기도 하구나.
2 ㉠살렘에 초막을 치시고
시온에 처소를 마련하셨으니,
3 불화살, 방패, 칼과 같은 무기를
거기에서 그가 꺾으셨다. (셀라)
4 영원한 산에서 오시는 분,
빛나고 힘차신 분,
5 힘있는 자들 가진 것 빼앗기고 잠들어 버려,
맥이 빠져 힘 못쓰는 많은 용사들.

6 야곱의 하느님,
당신께서 한번 호령하시니
말들이, 수레들이 잠잠하옵니다.
7 하느님, 당신은 두려우신 분,
한번 분노를 터뜨리시면
누가 감히 당신 앞에 버티리이까?
9 세상의 억눌린 자를 모두 구하시려고
하느님께서 재판석에 앉으시어
8 하늘에서 판결을 내리시면
세상은 두려워 숨을 죽이옵니다. (셀라)
10 인간의 분노는 당신의 영광을 더할 뿐이요,
당신의 진노에서 살아 남은 자들이 당신의 축제를 지키리이다.
11 너희의 하느님 야훼께
서원한 것이 있거든 어김없이 지켜라.
하느님을 둘러싼 자들아,
두려운 분께 예물을 바쳐라.
12 그가 제후들의 호흡을 끊으시니
세상의 왕들이 모두 그를 두려워하는구나.

77 [지휘자 여두둔을 따라 부르는 아삽의 노래]

내가 큰소리로 하느님께 부르짖사오니
이 부르짖는 소리를 들으소서.
2 답답할 때에 나 주님을 찾았고,
밤새도록 손을 치켜 들고 기도하며
내 영혼은 위로마저 마다합니다.
3 하느님을 기억하니 한숨만 터지고
곰곰이 생각하면 기가 막힙니다. (셀라)

4 당신께서 뜬눈으로 밤을 새우게 하시오니
너무나도 지쳐서 말도 못하겠습니다.
5 지나간 옛일이 눈앞에 선하고
흘러간 세월이
6 머리를 맴돕니다.
그 때의 일을 생각하여 밤새도록 한숨짓고
생각을 되새기며 속으로 묻습니다.
7 "주께서는 영원히 나를 버리시려는가?
다시는 은혜를 베풀지 않으시려나?
8 한결같은 그 사랑, 이제는 그만인가?
그 언약을 영원히 저버리셨는가?
9 하느님께서 그 크신 자비를 잊으셨는가?
그의 진노가 따스한 사랑을 삼키셨는가?
(셀라)
10 이 몸이 병든 것 생각해 보니,
지존하신 분께서 그 오른손을 거두셨기 때문이구나."

11 야훼께서 하신 일을 내가 어찌 잊으리이까?
그 옛날 당신의 기적들을 회상하여
12 주의 행적을 하나하나 되뇌고
장하신 그 일들을 깊이 되새기리이다.

13 하느님, 당신의 길은 거룩하시오니,
하느님만큼 높은 신이 어디 있으리이까?
14 당신께서는 기적을 베푸시는 하느님,
그 크신 힘을 만방에 알리셨사옵니다.
15 당신의 백성, 야곱과 요셉의 후손들을,
당신 팔을 펴시어 속량하셨사옵니다. (셀라)
16 하느님, 바다가 당신을 뵈었사옵고
당신을 뵈옵고는 되돌아서고,
깊은 구렁마저도 뒤틀렸습니다.
17 구름이 비를 뿌리고
하늘에서 천둥 소리 진동하는데,
당신의 화살 비오듯 쏟아집니다.
18 당신의 천둥 소리 휘몰아치고
번개가 번쩍, 세상을 비출 적에
땅이 흔들흔들 떨었습니다.
19 바다를 밟고 다니셨건만

㉠ 예루살렘의 약자로서, '평화의 도시'라는 뜻이다.

대해를 건너 질러 달리셨건만
아무도 그 발자취를 몰랐습니다.
20 양떼처럼 당신 백성을
모세와 아론의 손을 빌려 인도하셨습니
다.

78

[아삽의 시]

내 겨레여, 나의 가르침을 들어라.
내가 하는 말에 귀를 기울여라.
2 내가 역사에서 교훈을 뽑아내어
그 숨은 뜻을 밝혀주리라.
3 선조들이 입으로 전해 준 이야기,
우리 모두 들어서 익히 아는 이야기,
4 야훼의 영예와 그 크신 능력,
그리고 이루신 위대한 일들을
우리는 다음 세대에 숨김없이 전하리라.
5 야곱과 굳은 언약 맺으시면서
이스라엘 자손에게 법을 주실 때,
후손들에게 그 법을 가르치라고
우리의 선조들에게 명령하셨다.
6 뒤이어 태어날 후손에게도
대대로 알리라고 명령하셨다.
그들도 일어나서 자손에게 이야기하여
7 그들의 희망을 하느님께 두고
하느님이 이루신 장한 일들을 아니 잊어
버리고
분부하신 계명을 지키라고 명령하셨다.
8 반역하고 고집 센 선조들처럼,
절개 없이 하느님께 불충한 그 세대처럼,
그들처럼 되지 말라고 명령하셨다.

9 활 잘 쏘는 에브라임 자손들,
전쟁이 일어나자 등을 돌렸고
10 하느님과 맺은 계약 지키지 않고
그의 법 지키기를 거절하면서
11 당신께서 이룩하신 장한 일들과
그들에게 보여주신 기적을 잊어버렸다.
12 이집트 땅 소안 평야에서
저희 선조들에게 보여주신 기적을 잊어
버렸다.
13 바다를 갈라 그들을 건네주셨고
바닷물을 강둑처럼 서게 하셨다.
14 낮에는 구름으로 밤에는 불빛으로
그들을 밤낮으로 인도하셨다.
15 사막에서 바위를 쪼개시고서
심연처럼 많은 물을 마시게 하고
16 반석에서 시냇물을 터뜨리시어
강물처럼 흐르게 해주셨건만,
17 그럴수록 그들은 그분께 죄를 짓고
그 사막에서 지존하신 분께 거역하면서
18 하느님을 짐짓 시험하여
실컷 먹을 음식을 요구하였고
19 하느님을 비웃으며 한다는 소리,
"아무리 하느님이지만 할 수 있으랴.
무슨 수로 이 사막에서 잔칫상을 차리랴?
20 바위를 치자 물이 솟구쳤기로
물이 흘러서 강물이 되었기로
자기 백성에게 빵을 주실 수야,
고기를 마련하실 수야 있을까보냐?"
21 야훼, 들으시고 분통이 터져
야곱을 불로 결딴내시고
그 진노하심은 이스라엘에게 미쳤으니,
22 그들이 하느님을 믿지 아니하고
그 구원을 믿지 않은 탓이다.

23 그러나 당신은 하늘의 구름에게 명령하
시어
하늘의 문들을 열게 하시고
24 그들이 먹을 만나를 비처럼 내리시고
하늘의 양식을 그들에게 내리시어
25 ㉠천사들의 양식을 사람들에게 먹이셨으
니
그들이 배불리 먹을 식량을 내려주셨다.
26 하늘에 동쪽 바람 일으키시고
당신 힘으로 남쪽 바람을 불러오시어
27 먼지처럼 고기를 몰아오시고
바다의 모래처럼 날짐승을 쏟아주셨으니
28 그들의 진지 가운데 그것들이 떨어지고
그들이 사는 천막 둘레에 두루 떨어져
29 배곯았던 그들인지라
마음껏 먹고 실컷 마셨다.
30 그들은 입 안에 먹을 것을 넣으면서
아직도 배고프다 앙탈을 하니
31 하느님의 진노가 그들 위에 타올라
그들 중에 건장한 자들을 내리치시고
이스라엘의 젊은이들을 때려눕히셨다.
32 그래도 그들은 더욱 죄를 범하고
이루어주신 기적을 믿지 않았다.
33 그들의 날들을 한숨에 불어버리시니
물거품처럼 그들의 목숨은 사라지고 말
았다.
34 이렇게 그들을 내리치시자 그제야
그들은 하느님을 찾게 되었고
다시 돌아와 애걸복걸 그에게 달려들었
다.
35 그제야 그들은 기억하였다, 하느님이 그

㉠ 히브리어 본문 : "강한 자들".

들의 바위이심을.
하느님이 지극히 높으신 분이심을, 그들
의 구원자이심을.
36 그러나 입으로는 하느님께 아첨을 하고
혀로는 하느님을 속일 뿐이었으니,
37 그들의 마음은 하느님께 충실치 않았으
며
세워주신 계약을 믿지 않았다.

38 그래도 하느님의 사랑은 지극하시어
저들을 멸하는 대신 그 죄를 없애주셨다.
분통을 터뜨리지 아니하시고
화를 참고 또 참으셨다.
39 사람은 한낱 고깃덩어리,
한번 가면 돌아오지 못하는 바람임을 생
각하셨다.

40 저들이 사막에서 얼마나 그에게 반역하
였던가?
광야에서 얼마나 그의 마음을 아프게 해
드렸던가?
41 하느님을 거듭거듭 시험하고
이스라엘의 거룩하신 분을 괴롭혔으며,
42 자기들을 원수의 손에서 구해 주시던 그
날, 그 힘을
그들은 까맣게 잊어버렸다.

43 하느님께서는 이집트에서 표적을 보이셨
고
소안 평야에서 기적을 이루셨으니,
44 그들의 강물을 피로 바꾸시어
어디에서도 흐르는 물을 마실 수 없게 하
셨다.
45 등에를 쏟아놓아 물게 하셨고
개구리를 풀어놓아 황폐케 하셨다.
46 그들의 소출을 누리떼에게 내주셨고,
애써 가꾼 곡식을 메뚜기떼에게 주셨으
며,
47 우박으로 그들의 포도밭을,
서리로 무화과나무들을 두들기시고
48 ㉠우박으로 그들의 가축들을,
양떼들을 ㉡벼락으로 때리셨다.
49 그들에게 진노의 불을 쏟으셨고
분노와 노여움으로 재앙을 내리셨으니
곧 그들에게 재앙의 천사들을 보내신 것
이다.
50 당신 분노의 길을 터놓으신 것이니,
그들의 목숨을 죽음에서 건져내지 아니
하시고
그들의 생명을 염병에 부치셨다.
51 이집트의 모든 맏아들을,
그 민족의 꽃이라는 맏아들들을
함의 천막에서 모두 죽이셨다.
52 그리고 당신 백성을 양떼처럼 이끌어내
시어
가축떼처럼 사막에서 인도하셨다.

53 안전하게 그들을 인도하시니 백성은 두
렵지 않았으나
그들의 원수들은 바닷물이 덮쳐버렸다.
54 하느님은 그들을 거룩한 땅으로,
몸소 자리잡으신 이 산으로 끌어들이셨
으며
55 그 앞에서 여러 민족들을 쫓아내시고
이스라엘 지파들에게 땅을 나누어 주시어
거기에서 집짓고 살게 하셨다.

56 그러나 이 백성은 지존하신 하느님을 시
험하고 거역하여
그의 명령을 따르지 아니하였으며
57 선조들처럼 엇나가서 배신하였고
말 안 듣는 활처럼 변절하였다.
58 산당에 모여서 하느님의 노여움을 샀고
우상을 섬겨 그의 질시를 받았다.
59 이것을 보시고 하느님은 크게 진노하시
어
이스라엘을 아예 버리셨으니
60 인간들과 지내시던 장막
실로의 거처를 버려두고 가셨다.
61 당신의 힘과 영광을 드러내는 거룩한 궤
를
원수들에게 내주어 끌고 가게 하셨다.
62 당신의 백성을 칼에 내맡기시고
그 백성 소유하셨음을 분히 여기셨다.
63 젊은이들은 불이 삼켜버리고
처녀들은 혼인 노래를 들을 수 없었다.
64 사제들은 칼에 맞아 쓰러지고,
과부들은 곡을 하지 못하였다.

65 주께서는 마침내 잠에서 깨어난 사람처
럼,
술로 달아오른 용사처럼 일어나시어
66 원수들을 쫓아가며 쳐부수시고
영원히 그들에게 창피를 주셨다.
67 그러나 요셉 가문은 아예 버리셨고
에브라임 지파를 뽑지 않으셨으며

㉠,㉡은 "염병으로", "열병으로"라고 옮길 수도 있다.

68 유다 지파를 뽑으셨으니
곧 사랑하시는 시온 산이었다.
69 거기에, 당신께서 머물 거룩한 집을,
땅처럼 영원히 흔들리지 않는 터 위에
하늘처럼 드높이 세우셨다.
70 양우리에서 일하던 다윗을 뽑으시어
당신의 종으로 삼으셨으니
71 어미양을 보살피던 그를 데려다가
당신의 백성, 야곱과
당신 소유인 이스라엘의 목자로 삼으셨
다.
72 다윗은 이 백성을 한마음으로 보살피며
슬기로운 손으로 인도하였다.

79

[아삽의 노래]

하느님, 이방인들이 당신의 땅을 침입
하여
당신의 성전을 더럽히고
예루살렘을 폐허로 만들었습니다.
2 당신 종들의 시체를
공중의 새들에게 먹이로 주고
당신 백성의 살을
들짐승에게 주었습니다.
3 예루살렘 주변이 피바다가 되었지만
묻어줄 사람 아무도 없었습니다.
4 우리는 이웃들에게서 모욕을 당하고
주변 사람들에게 조롱거리, 웃음감이 되
었습니다.

5 야훼여, 언제까지이옵니까?
당신의 분노, 끝까지 아니 푸시렵니까?
그 노기를 영원히 불태우시렵니까?
6 그 격분을 당신을 모르는 저 이방인들에
게 쏟으소서.
당신 이름을 부르지 않는 나라들에게 터
뜨리소서.
7 그들은 야곱의 가문을 집어삼켰고,
당신께서 사시는 곳을 유린했습니다.
8 선조들의 죄를 우리에게 돌리지 마소서.
우리가 거의 넘어지게 되었사오니
당신 자비로 우리를 빨리 부축하소서.

9 우리의 구원이신 하느님,
당신의 영광스러운 이름을 위하여 우리
를 도우소서.
우리의 죄를 없애시어 우리를 건져주시고
당신의 이름을 영화롭게 하소서.
10 어찌하여 저 이민족들이
"저들의 하느님은 어디 갔느냐?"고 비웃
게 하십니까?
당신의 종들이 흘린 피의 복수를
우리가 보는 앞에서 저들에게 알려주소서.
11 포로의 신음 소리 당신께 이르게 하시고
죽음에 불린 자들을 능하신 그 팔로 살려
내소서.
12 주여, 이웃 민족들이 당신께 끼친 모독,
그 모독을
일곱 갑절로 갚아 그들에게 안겨주소서.

13 우리는 당신의 백성, 당신 목장의 양떼,
감사 기도 당신께 드리오리다.
세세대대 영원토록 찬양 노래 부르오리다.

80

[지휘자를 따라 '수산 에듯' 가락에 맞추어
부르는 아삽의 노래]

1 이스라엘의 목자여,
요셉 가문을 양떼처럼 인도하시는 이여,
귀를 기울이소서.
거룹 위에 좌정하신 이여,
2 에브라임과 베냐민과 므나쎄 가문들 앞에
햇빛처럼 나타나소서.
힘을 떨치고 오시어 우리를 도와주소서.
3 만군의 하느님, 우리를 다시 일으키소서.
당신의 밝은 얼굴 보여주시면
우리가 살아나리이다.

4 만군의 야훼, 하느님,
당신 백성의 기도 소리
언제까지 노엽게 들으시렵니까?
5 당신 백성에게 눈물의 빵을 먹이시고
싫도록 눈물을 마시게 하셨사옵니다.
6 이웃들에게는 시빗거리가 되게 하셨고
원수들은 우리를 비웃사옵니다.
7 만군의 야훼여, 우리를 다시 일으키소서.
당신의 밝은 얼굴 보여주시면
우리가 살아나리이다.

8 이집트에서 뽑아온 포도나무,
이민족들을 쫓아내시고 그 자리에 심으
신 후
9 그 앞에 땅을 가꾸시니
뿌리박고 널리 퍼졌사옵니다.
10 산들이 그 그늘에 덮이고
울창한 송백숲도 그 덩굴에 가려 있으며
11 그 가지는 ㉠바다에까지 뻗었고
햇순은 ㉡강가에까지 미쳤사옵니다.

㉠ 지중해를 가리킨다. ㉡ 유프라테스 강을 가리킨다.

12 어찌하여 그 울타리를 부수시어
지나는 사람마다 그 열매를 따먹게 하시
옵니까?
13 멧돼지들이 나와서 휩쓸게 하시며
들짐승들이 먹어 치우게 하시옵니까?

14 만군의 야훼여, 다시 한번 돌이키시어
하늘에서 굽어보시고 이 포도나무를
15 지켜주소서.
손수 심으신 이 줄기,
몸소 굳건히 세우신 이 햇가지를 붙드소
서.
16 이 포도나무에 불지르고 베어버린 자들
이
당신의 노하신 얼굴 앞에서 멸망하게 하
소서.
17 당신 오른편에 계시는 그분,
몸소 굳건히 세워주신 그분을 붙드소서.
18 다시는 당신을 떠나지 않으리이다.
우리를 살려주소서.
당신의 이름을 불러 예배하리이다.

19 만군의 하느님, 야훼여
우리를 다시 일으키소서.
당신의 밝은 얼굴 보여주시면
우리가 살아나리이다.

81

[성가대 지휘자를 따라 '기띳'에 맞추어 부르는 아삽의 시]

1 우리의 힘이신 하느님께
즐거운 노래를 불러드려라.
야곱의 하느님께 환성을 올려라.
2 풍악을 잡고 소구를 쳐라.
거문고를 울리며
수금으로 아름다운 가락을 뜯어라.
3 초하룻날이다, 나팔을 불어라.
대보름날이다, 나팔을 불어라.
4 이는 이스라엘이 지킬 규정이요,
야곱의 하느님께서 주신 법이다.
5 이집트에서 나오실 때
요셉 가문에 내리신 훈령이다.

내가 전에 알지 못하던 소리를 듣나니,
6 "내가 너희 등에서 짐을 벗겨주었고
광주리를 내던지게 하였다.
7 너희가 곤경에 빠져 부르짖을 때, 살려주
었고,
폭풍 속에 숨어 너희에게 대답하였으며
므리바 샘터에서 너희를 떠보기도 하였
다. (셀라)
8 백성들아, 내가 타이르는 말을 들어라.
이스라엘아, 정녕 나의 말을 들어라.
9 '너희는 다른 신을 모시지 마라.
이교도의 신을 예배하지 마라.
10 너희 하느님은
너희를 이집트에서 이끌어낸 나 야훼다.
다만 입을 크게 벌려라, 내가 채워주리
라.'
11 그러나 내 백성은 나의 말을 듣지 않았고
이스라엘은 나의 뜻을 따르지 아니하였
다.
12 그러므로 나는 그들의 마음을 굳은 대로
버려두어
저 하고 싶은 대로 하게 하였다.
13 아, 나의 백성아, 제발 내 말을 들어다오.
이스라엘아, 나의 뜻을 따라 걸어다오.
14 나 당장 너희 원수들을 쳐부수리라.
나 당장 너희 압제자들에게 손을 대리라.
15 야훼의 원수들이 너희 앞에서 아첨할 것
이나
그들의 운명은 돌이킬 수 없이 계속되리
라.
16 그러나 이 백성은 내가 기름진 밀가루로
먹이고
바위에서 따낸 꿀로 배불리리라."

82

[아삽의 노래]

하느님께서 신들을 모으시고
그 가운데 서시어 재판하신다.

2 "언제까지 너희는 불공평한 재판을 하려
는가?
언제까지 악인에게 편들려는가? (셀라)
3 약한 자와 고아를 보살펴 주고
없는 이와 구차한 이들에게 권리 찾아주
며
4 가난한 자와 약자들을 풀어주어라.
악인의 손에서 구해 주어라."
5 그들은 분별력도 없고 깨닫지도 못하여
어둠 속을 헤매고만 있으니
세상이 송두리째 흔들린다.
6 "나의 선고를 들어라.
너희가 비록 신들이요
모두 지극히 높으신 이의 아들들이나
7 그러나 너희는 보통 인간처럼 죽겠고
여느 군주처럼 넘어지리라."

8 하느님이여,

일어나시어 온 세상을 재판하소서.
만백성이 당신의 것이옵니다.

83

[아삽의 찬양시]
하느님, 침묵을 깨소서.
잠잠하지도 쉬지도 마소서, 하느님.
2 당신의 적들이 소리 높이 떠들고
당신의 원수들이 머리를 치켜 듭니다.
3 당신 백성을 거슬러 음모를 꾸미고
당신 보호 아래 있는 자들을 거슬러 공모
하며
4 "같이 가서 그들의 나라를 쳐부수자.
이스라엘은 그 이름마저 남기지 말자." 합
니다.
5 그들은 모두 한속으로 공모하여
당신을 치려고 손을 잡았습니다.
6 에돔, 이스마엘, 모압, 하갈족,
7 그발, 암몬, 아말렉, 불레셋,
거기에 띠로 시민들,
8 아시리아까지 합세하여
롯의 자손들과 손을 잡았습니다. (셀라)

9 일찍이 미디안과 시스라를 치셨듯이
키손 강에서 야빈을 치셨듯이 그들을 치
소서.
10 그들은 엔돌에서 전멸하여
땅바닥의 거름이 되었사옵니다.
11 적장들을 오렙과 즈엡처럼,
추장들을 제바와 살문나처럼 만드소서.
12 "하느님의 목장들은 우리 것이다. 가서
빼앗자." 하고
뇌까리던 그들이옵니다.

13 나의 하느님, 저들을 흩으소서.
바람에 굴러가는 엉겅퀴의 도가머리처
럼,
14 바람에 흩날리는 초개와 같이
숲을 사르는 불길과 같이
산들을 휩쓰는 불꽃과 같이
15 당신의 회리바람으로 저들을 쓸어가소
서.
돌풍으로 저들을 어지럽게 하소서.
16 저들이 당신의 이름을 부르기까지
야훼여, 그 얼굴에 부끄러움을 씌워주소
서.
17 어이없고 겁에 질려 다시는 일어나지 못
하게 하시고
수모를 당하여 멸망하게 하소서.
18 온 세상에 지극히 높으신 분,
당신의 이름만이 야훼이신 줄을 알게 하
소서.

84

[성가대 지휘자를 따라 '기띳'에 맞추어 부
르는 코라 후손의 노래]
1 만군의 야훼여,
계시는 곳 그 얼마나 좋으신가!
2 야훼의 성전 뜰 안을 그리워하여
내 영혼이 애타다가 지치옵니다.
나의 마음 나의 이 몸이
살아 계신 하느님께 기쁜 소리 지르옵니
다.
3 나의 왕, 나의 하느님, 만군의 야훼여,
당신의 제단 곁에는
참새도 깃들이고
제비도 새끼 칠 보금자리 얻었사옵니다.

4 당신 집에 사는 사람, 복되오니
길이길이 당신을 찬미하옵니다. (셀라)
5 주님께 힘을 얻어 순례길에 오른 사람 복
되어라.
6 ㉠메마른 골짜기를 지나갈 적에
거기에서 샘이 터지고 이른 비가 복을 내
려주리라.
7 그들은 오르고 또 올라
시온 산에서 마침내 하느님을 뵙게 되리
라.

8 야훼, 만군의 하느님,
내 기도를 들어주소서.
야곱의 하느님, 귀를 기울이소서. (셀라)
9 우리의 방패이신 하느님, 보소서.
손수 복을 내리신 우리 임금을 굽어보소
서.
10 주의 집 뜰 안이면 천 날보다 더 나은 하
루,
악인의 편한 집에 살기보다는
차라리 하느님 집 문간을 택하리이다.
11 야훼 하느님은 성채이며 방패이시니
은총과 영광을 내려주시고
흠없이 사는 사람에게 아낌없이 복을 내
려주십니다.
12 만군의 야훼여,
당신께 의지하는 사람은 복되옵니다.

85

[지휘자를 따라 부르는 코라 후손들의 노래]
야훼여,

㉠ "통곡의 골짜기"라고 옮길 수도 있다.

당신 땅을 어여삐 여기시어
귀양살이 야곱을 돌아오게 하시고,
2 당신 백성의 죄를 용서해 주시며
저희 모든 허물을 덮어주셨으니, (셀라)
3 당신의 격분을 말끔히 거두시고
타오르는 진노를 잊으셨사옵니다.
4 우리 구원의 하느님, 노여움을 푸시고
우리를 되돌아가게 하소서.
5 영원히 우리에게 노하시며
대대로 우리에게 노여움을 품으시렵니까?
6 우리를 되살릴 분 당신이 아니옵니까?
이에 당신 백성이 당신 안에서 어찌 아니 기쁘오리까?
7 야훼여, 당신의 사랑을 보여주소서.
당신의 구원을 우리에게 내리소서.

8 나는 듣나니, 야훼께서 무슨 말씀 하셨는가?
하느님께서 하신 말씀 그것은 분명히 평화,
당신 백성과 당신을 따르는 자들,
또다시 망령된 데로 돌아가지 않으면
그들에게 주시는 평화로다.
9 당신을 경외하는 자에게는 구원이 정녕 가까우니
그의 영광이 우리 땅에 깃들이시리라.

10 사랑과 진실이 눈을 맞추고
정의와 평화가 입을 맞추리라.
11 땅에서는 진실이 돋아 나오고
하늘에선 정의가 굽어보리라.
12 야훼께서 복을 내리시리니
우리 땅이 열매를 맺어주리라.
13 정의가 당신 앞을 걸어 나가고,
평화가 그 발자취를 따라가리라.

86 [다윗의 기도]

귀를 기울이소서, 야훼여, 대답하소서.
불쌍하고 가련한 이 몸이옵니다.
2 당신께 바친 몸이오니, 지켜주소서.
당신께 의지하오니, 이 종을 구원하소서.
3 당신은 나의 하느님, 주여, 나를 불쌍히 여기소서.
나는 매일같이 당신을 부르옵니다.
4 주여, 내 마음 주를 향하여 올리오니
당신 종의 마음을 기쁨으로 가득 채우소서.
5 주여, 용서하심과 어지심이 당신의 것이요
주님께 부르짖는 자에게 한없는 사랑 베푸시오니
6 야훼여, 내 기도 들어주시고
이 애원하는 소리를 귀담아들으소서.
7 주께서 분명코 대답해 주시겠기에
이 몸이 곤경에 빠져 주님께 부르짖사옵니다.
8 주여, 신들 중에 그 누가 주님과 같으리이까?
주께서 하신 일을 어느 누가 하리이까?
9 주여, 주께서 내신 민족들이 모두 와서 예배 드리고
당신의 이름을 찬양하리이다.
10 주님은 위대하시어 놀라운 일 이루시니,
당신 홀로 하느님이시옵니다.

11 야훼여, 당신의 길을 나에게 가르치소서.
충실하게 그 길을 걷고
마음 한데 모두어 당신 이름을 경외하리이다.
12 주, 나의 하느님,
내 마음 다하여 감사 기도 드리며
당신의 이름을 영원히 높이리이다.
13 지옥 깊은 곳에서 이 목숨을 건지셨으니
크고 크신 주의 사랑 감당할 길 없사옵니다.
14 하느님, 교만한 자들이 나를 거슬러 일어나고
흉악한 자 떼지어 내 목숨 노리오니
그들은 당신을 안중에도 두지 않습니다.
15 그러나 주님은 자비로우시고 너그러우시어
좀처럼 화를 내지 아니하시니
참되신 주의 사랑 그지없으십니다.
16 이 몸을 굽어보시고 불쌍히 여기소서.
당신의 종에게 힘을 주소서.
당신의 여종에게서 태어난 이 몸, 나에게 당신 구원 내려주시고
17 어지심의 징표를 보여주소서.
야훼여, 당신께서 이 몸을 도우시고 위로 하셨음을
원수들이 보고 부끄러워하게 하소서.

87 [코라 후손의 찬양시]

거룩한 산 위에 잡으신 그 터전,
2 야훼께서 사랑하신다.
야곱의 그 어느 처소보다도
그분은 시온 성을 더욱 좋아하시니,

3 너, 하느님의 도읍아,
영광스럽게도 너를 들어 말씀하셨다. (셀
라)
4 "이집트도 바빌론도 나를 위하는 나라로
셈하리라.
불레셋과 띠로와 에티오피아도
'아무개가 여기에서 났다.' 고 쓰리라.
5 그러나 시온은 사람마다 어머니라 부르리
라.
모두 그에게서 태어났기 때문이다."
그분 친히 이것을 보증하시니
그분은 지극히 높으신 분,
6 야훼!
그분은 만백성을 등록하시고
"아무개가 여기에서 났다."고 쓰리라.
(셀라)
7 모두 노래하고 춤추며
"우리 복의 샘이 네 안에 있다." 하리라.

88

[지휘자를 따라 '마할랏' 가락에 맞추어 부르는 코라 후손의 찬양시, 에즈라인 헤만의 시]

1 야훼, 내 구원의 하느님,
낮이면 이 몸 당신께 부르짖고
밤이면 당신 앞에 눈물을 흘립니다.
2 내 기도 소리 당신 앞에 이르게 하시고
내 흐느끼는 소리에 귀를 기울이소서.
3 나의 영혼이 괴로움에 휩싸였고
이 목숨은 죽음의 문턱에 다다랐습니다.
4 땅 속에 묻힌 것과 다름없이 되었사오니
다 끝난 이 몸이옵니다.
5 살해되어 무덤에 묻힌 자와 같이
당신 기억에서 영영 사라진 자와 같이
당신 손길이 끊어진 자와도 같이
이 몸은 죽은 자들 가운데 던져졌사옵니
다.
6 저 어둡고 깊은 곳
저 구렁 속 밑바닥에 나를 처넣으시오니
7 당신의 진노에 이 몸은 짓눌리고
몰아치는 물결에 뒤덮였습니다. (셀라)
8 친지들도 나 보기가 역겨워서
멀리 떠나가게 만드셨습니다.
빠져날 길 없이 갇힌 이 몸,
9 고생 끝에 눈마저 흐려집니다.
야훼여, 내가 날마다 주님을 부르옵고,
이 두 손을 당신 향하여 들어 올립니다.
10 당신은 죽은 자들에게 기적을 보이시렵
니까?
혼백이 일어나서 당신을 찬양합니까?
(셀라)
11 주님의 사랑을 무덤에서,
주님의 미쁘심을 저승에서 이야기하겠습
니까?
12 어둠 속에서 당신의 기적들을 알아줍니
까?
망각의 나라에서 당신의 정의가 드러나
겠습니까?
13 야훼여, 내가 당신께 부르짖고
새벽부터 당신께 호소하건만
14 야훼여,
어찌하여 내 영혼을 뿌리치시고
이 몸을 외면하시옵니까?
15 어려서부터 기를 못 펴고 고통에 눌린 이
몸,
당신 앞에서 두려워 몸둘 바를 모르옵니
다.
16 당신의 진노가 이 몸을 휩쓸고
당신의 두려움에 까무러치게 되었습니
다.
날마다 무서움이 홍수처럼 나를 에웠고
17 한꺼번에 밀어닥쳐 나를 덮쳤습니다.
18 이웃들과 벗들을 나에게서 멀리하셨으니
어둠만이 나의 벗이 되었습니다.

89

[에즈라인 에단의 시]
1 야훼여, 내가 당신의 사랑을 영원히 노
래하리이다.
당신의 미쁘심을 대대로 전하리이다.
2 당신께서 다짐하신 사랑, 그 미쁘심은
하늘처럼 영원히 흔들리지 않사옵니다.
3 "나는 내가 뽑은 자와 계약을 맺고
나의 종 다윗에게 맹세하였다.
4 '내가 너를 왕위에 앉히고
네 후손 대대로 왕노릇 하게 하리라.'"
(셀라)
5 야훼여, 하늘은 당신께서 이루신 기적을
노래하며
거룩한 회중은 당신의 미쁘심을 기리옵
니다.
6 야훼와 능히 견줄 만한 이,
저 하늘에도 구름 위에도 없사옵니다.
7 하느님은 성자들의 모임에서 엄위하신
분,
모시는 자들이 모두 두려워하는 분,
8 야훼, 만군의 하느님,
당신 같으신 이 어디에 또 있으리이까?
힘과 미쁘심을 양편에 거느리시고

9 뒤끓는 바다를 다스리시며
파도치는 물결을 겉잡으십니다.
10 당신은 ㉠라합을 찔러 죽이시고
두 팔을 휘둘러 원수들을 흩으신 분,
11 하늘이 당신 것이오니, 땅도 당신의 것,
땅과 그 안에 담긴 것 모두 당신께서 만드
신 것,
12 북녘과 남녘을 만드신 이도 당신이오니
다볼 산도 헤르몬 산도 당신의 이름을 찬
양하옵니다.
13 이 팔과 그 전공이 당신의 것이옵니다.
억세신 당신 손이여, 탁월하신 오른손이
여.
14 정의와 공정이 당신의 옥좌를 받들고,
사랑과 진실이 당신의 거둥을 인도하옵
니다.
15 복되어라, 야훼께 만세 부르는 백성.
그들의 걷는 길을 당신의 환한 얼굴이 비
춰주시니
16 날마다 그 이름 높이 기리고
당신의 정의로 사기도 드높습니다.
17 그들 힘의 찬란한 빛, 다름 아닌 당신이
오니
당신의 은총으로 우리의 뿔이 자랑스럽
습니다.
18 우리의 방패도 야훼의 것,
이스라엘의 거룩하신 분, 우리의 임금도
그분의 것이옵니다.
19 그 옛날, 당신께서 스스로 나타나시어
당신의 성도들에게 말씀하셨습니다.
"나는 내 백성의 막내동이를 들어 높이고
그 용사에게 면류관을 씌워주었다.
20 나는 나의 종 다윗을 찾아내어
나의 거룩한 기름을 부어주었다.
21 내가 손으로 그를 돕겠고
내 팔로 그를 강하게 하리니
22 원수가 그를 당해 내지 못하고
간악한 자도 그를 괴롭히지 못하리라.
23 내가 그의 면전에서 그의 적들을 짓부수
고
그 원수들을 쳐부수리라.
24 나의 진실과 사랑이 그의 곁에 있으리니
그가 내 이름으로 뿔을 높이 들리라.
25 그의 손을 ㉡바다 위에 뻗치게 하고
그 오른손을 ㉢강에까지 뻗게 하리니
26 그는 나를 불러, '당신은 나의 아버지,
나의 하느님, 내 구원의 바위이십니다.'
하겠고
27 나는 그를 맏아들로 삼아
세상 임금 중에 가장 높은 임금으로 세우
리라.
28 그에 대한 나의 사랑, 영원히 간직하겠고
그와 맺은 나의 계약, 성실하게 지키리
라.
29 길이길이 그의 후손 이어주리니,
그의 왕조는 하늘이 무너지기까지 이어
가리라.
30 그러나 만일 그의 자손이 나의 법을 저버
리고
내 계명을 따라 살지 않으면,
31 내 명을 어기고
정해 준 법도를 지키지 않는다면
32 나는 그 죄를 채찍으로 다스리고
그 잘못을 매로써 치리라.
33 그러나 사랑만은 거두지 않으리라.
성실만은 지키리라.
34 맺은 계약, 틀림없이 지키고,
내 입으로 말한 것, 변경하지 않으리라.
35 나의 거룩함을 걸고 한번 맹세하였거늘
나 어찌 다윗을 속이랴?
36 그의 후손은 길이길이 이어지고
그의 왕조, 내 앞에서 태양과 같으리라.
37 언제나 한결같은 저 달과 같이
하늘에서 진실된 증인이리라." (셀라)
38 그러나 당신께서는 격노하시어
기름 부어 세우신 임금을 물리치셨습니
다.
39 당신의 종과 맺으신 계약을 폐기하시고
그의 왕관을 땅에 던지셨습니다.
40 성벽을 모조리 허무시고
요새들은 돌무더기로 만드셨으니
41 지나는 사람마다 마구 빼앗아가고
이웃 백성들이 모욕합니다.
42 적수들의 오른손을 높이 들어주시니
원수들이 좋아서 기뻐합니다.
43 그의 칼을 무디게 하셨으며
전장에서도 그를 돕지 않으셨습니다.
44 영광의 왕장을 그에게서 빼앗으셨고
그의 왕좌를 땅바닥에 엎으셨습니다.
45 때가 되기도 전에 먼저 늙게 하시고
그를 부끄러움으로 덮으셨습니다. (셀라)
46 야훼여! 언제까지이옵니까? 영원히 숨
어 계시렵니까?

㉠ 바다를 혼돈시키는 전설적인 괴물을 가리킨다. ㉡ 지중해를 가리킨다. ㉢ 유프라테스 강을 가리킨다.

언제까지 노기를 태우시렵니까?
47 내 인생이 짧음을 기억하소서.
당신께서 만드신 이 인생의 덧없음을 기
억하소서.
48 어느 누가 영원히 살아 죽음을 만나
지 않으리이까?
저승의 갈고랑이에서 제 목숨을 구할 자
있으리이까? (셀라)
49 주여! 지난날의 그 첫 사랑의 표시들, 어
디에 있사옵니까?
다윗에게 맹세하신 그 굳은 약속은 어디
에 있사옵니까?
50 주여! 당신의 종들이 받은 모욕을 잊지
마소서.
그 이방인들의 모욕들이 마음속에 사무
칩니다.
51 야훼여, 이토록 당신의 원수들이 모욕하
였습니다.
기름 부으신 자를 따라다니며 모욕하였
습니다.

52 야훼, 영원히 찬미받으소서.
아멘, 아멘.

[제사권]

90

[하느님의 사람 모세의 기도]

주여, 당신은 대대손손 우리의 피난
처,
2 산들이 생기기 전,
땅과 세상이 태어나기 전,
한 옛날부터 영원히 당신은 하느님,
3 사람을 먼지로 돌아가게 하시며
"사람아, 돌아가라." 하시오니
4 당신 앞에서는 천 년도 하루와 같아,
지나간 어제 같고
깨어 있는 밤과 같사오니
5 당신께서 휩쓸어가시면
인생은 한바탕 꿈이요,
아침에 돋아나는 풀잎이옵니다.
6 아침에는 싱싱하게 피었다가도
저녁이면 시들어 마르는 풀잎이옵니다.

7 확김을 한번 뿜으시면 우리는 없어져버
리고
노기를 한번 띠시면 우리는 소스라칩니
다.
8 우리의 잘못을 당신 앞에 놓으시니
우리의 숨은 죄 당신 앞에 낱낱이 드러납
니다.
9 당신 진노의 열기에 우리의 일생은 사그
라지고
우리의 세월은 한숨처럼 스러지고 맙니
다.
10 인생은 기껏해야 칠십 년, 근력이 좋아야
팔십 년,
그나마 거의가 고생과 슬픔에 젖은 것,
날아가듯 덧없이 사라지고 맙니다.
11 누가 당신 분노의 힘을 알 수 있으며,
당신 노기의 그 두려움을 알겠습니까?
12 우리에게 날수를 제대로 헤아릴 줄 알게
하시고
우리의 마음이 지혜에 이르게 하소서.

13 야훼여, 돌이키소서. 언제까지 노하시렵
니까?
당신의 종들을 불쌍히 여기소서.
14 동틀녘에 당신의 사랑으로 한껏 배불러
평생토록 기뻐 뛰며 노래하게 하소서.
15 우리가 고생한 그 날수만큼,
어려움을 당한 그 햇수만큼 즐거움을 누
리게 하소서.
16 당신의 종들에게 당신께서 이루신 일들
을,
또 그 후손들에게 당신의 영광을 드러내
소서.
17 주, 우리 하느님, 우리를 어여삐 여기시
어
우리 손이 하는 일 잘되게 하소서.
우리 손이 하는 일 잘되게 하소서.

91

지존하신 분의 거처에 몸을 숨기고
전능하신 분의 그늘 아래 머무는 사람
아,
2 야훼께서 네 피난처시요 네 요새이시며
네가 의지하는 너의 하느님이라고 말하
여라.
3 그분이 너를 사냥하는 자의 덫과
죽을 병에서 건져주시어
4 당신의 날개로 덮어주시고
그 깃 아래 숨겨주시리라.
그의 진실하심이 너의 갑옷이 되고 방패
가 되신다.
5 밤에 덮치는 무서운 손,
낮에 날아드는 화살을 두려워 마라.
6 밤중에 퍼지는 염병도
한낮에 쏘다니는 재앙도 두려워 마라.
7 네 왼쪽에서 천 명이 쓰러지고

네 오른쪽에서 만 명이 쓰러져도
너는 조금도 다치지 아니하리라.
8 오직 눈을 뜨고 보기만 하여라.
악인의 죗값을 네가 보리라.
9 야훼를 너의 피난처라 하고
지극히 높으신 분을 너의 요새로 삼았으니
10 어떤 불행도 너를 덮치지 못하리라.
어떤 재앙도 네 집을 가까이 못하리라.
11 주께서 너를 두고 천사들을 명하여
너 가는 길마다 지키게 하셨으니,
12 행여 너 돌부리에 발을 다칠세라
천사들이 손으로 너를 떠받고 가리라.
13 네가 사자와 독사 위를 짓밟고 다니며,
사자 새끼와 큰 뱀을 짓이기리라.

14 "나에게 부르짖는 자를 내가 건져주며
나의 이름을 아는 자를 내가 높여주리라.
15 나를 부르는 자에게 대답해 주고
환난 중에 그와 함께 있으리니
나는 그를 건져주고 높여주리라.
16 그로 하여금 마음껏 오래 살게 하고
나의 구원을 그에게 보여주리라."

92 [안식일에 부르는 찬양시]

야훼께 감사하며 그 이름을 노래하는 일,
지극히 높으신 하느님,
그보다 더 좋은 일이 어디 또 있사오리까?
2 아침에 당신의 사랑을 알리며
밤마다 당신의 미쁘심을 전하는 일,
그보다 더 좋은 일은 다시 없사옵니다.
3 열 줄 비파와 거문고를 뜯으며
수금 가락에 맞추어 노래합니다.
4 야훼여, 당신의 업적 생각하며 이 몸은 행복합니다.
손수 이루신 일들을 앞에 그리며 환성을 올립니다.

5 야훼여,
하신 일이 어이 이리 크시옵니까?
생각하심 또한 어이 이리 깊으시옵니까?
6 미욱한 자, 이를 알지 못하고
미련한 자, 이를 깨닫지 못하옵니다.
7 악한 자들이 잡초처럼 우거지고
못된 자들이 꽃처럼 피어나지만
그들은 영원히 망하고 말 것입니다.
8 야훼여, 당신만은 영원토록 높으십니다.
9 보소서, 당신의 원수들이 죽어갑니다.
악을 일삼던 자들이 모두 흩어집니다.
10 들소처럼 나의 뿔을 높여주시고
향긋한 향유를 이 몸에 부어주시오니
11 나를 엿보는 자들을 내 눈으로 보았고,
나를 거슬러 달려드는 자들의 소리를 들었습니다.

12 의로운 사람아, 종려나무처럼 우거지고
레바논의 송백처럼 치솟아라.
13 우리 야훼의 집안에 심어진 자들아,
하느님의 뜰에 뿌리를 내리고 우거지거라.
14 늙어도 여전히 열매 맺으며
물기 또한 마르지 말고 항상 푸르러라.
15 그리하여 나의 반석이신 야훼께서
굽은 데 없이 올바르심을 널리 알려라.

93

야훼께서 위엄을 옷으로 입으시고 왕위에 오르셨다.
야훼께서 그 위엄 위에 능력을 띠 삼아 동이셨다.

세상을 흔들리지 않게 든든히 세우셨고,
2 당신의 왕좌는 처음부터 요지부동이오니,
처음부터 당신은 야훼시옵니다.
3 물결 소리 높습니다! 야훼여, 강물 소리 술렁댑니다.
서로 부딪치며 광란합니다.
4 그러나 높은 데 계신 야훼는 더 세십니다.
몸부림치는 바다 소리보다 세시고
많고 많은 물결 소리보다 더 세십니다.

5 당신의 법은 너무나도 미덥고
당신의 집에는 거룩함이 제격이오니
야훼여, 길이길이 그러하소서.

94

복수의 하느님, 야훼여,
복수의 하느님, 나타나소서.
2 일어나소서, 세상을 재판하시어
교만한 자에게 마땅한 벌을 내리소서.
3 악인들이 언제까지, 야훼여,
악인들이 언제까지 만세를 부르리이까?
4 그들은 악담하며 큰소리치고
악한 짓을 하며 스스로 거만합니다.
5 야훼여, 저희가 당신의 백성을 짓밟으며,
당신의 택하신 민족을 괴롭히옵니다.
6 과부와 나그네를 목 조르고,

고아들을 살해하며
7 말하기를,
"야훼는 안 본다.
야곱의 하느님이 알지 못한다." 합니다.
8 이 미련한 자들아, 정신차려라.
어리석은 자들아, 언제 깨닫겠느냐?
9 귀를 붙여주신 분이 듣지 못하시겠느냐?
눈을 끼워주신 분이 보지 못하시겠느냐?
10 만백성을 교훈하시는 분이 벌하지 못하
시겠느냐?
사람을 가르치시는 분이 그것을 모르시
겠느냐?
11 야훼는 사람의 생각을 다 아시고
그것이 바람결 같음도 알고 계신다.

12 야훼여, 당신의 교훈을 받아
당신의 법을 배우는 사람은 복됩니다.
13 마침내 악인들이 묻힐 무덤을 파는 날,
괴롭던 나날은 모두 지나고 안식을 누릴
것입니다.
14 야훼께서는 당신의 백성을 버리지 아니하
시고
당신의 택하신 민족을 외면하지 아니하
십니다.
15 마침내 법정이 정의로 돌아오리니
정직한 사람들이 정의를 따르게 될 것입
니다.

16 그 누가 나를 위해 악한을 치러 일어나며,
그 누가 내 편을 들어 이 못된 자들을 칠
것인가!
17 야훼께서 도와주지 않으신다면
이 몸은 하릴없이 적막한 무덤에 떨어지
리라.
18 그러나 내가 "다리가 휘청거립니다." 하
고 말하면
야훼께서는 당신 사랑으로 나를 붙들어주
신다.
19 걱정이 태산 같을 때,
위로해 주심으로써 마음에 기쁨을 채워
주신다.

20 법의 허울로 남을 해치는 법정과
주께서 어찌 함께 어울리시리이까?
21 그들은 의로운 자의 목숨을 노려 달려들
고
죄없는 사람에게 사형 선고를 내립니다.
22 야훼께서 나의 요새가 되시고
나의 하느님, 내가 숨을 바위이시니,
23 그분은 그들의 죄를 갚으시고
그들의 죄를 물어, 없애버리시리라.
야훼 우리 하느님께서 그들을 없애버리시
리라.

95 어서 와 야훼께 기쁜 노래 부르자.
우리 구원의 바위 앞에서 환성을 올리
자.
2 감사 노래 부르며 그 앞에 나아가자.
노랫가락에 맞추어 환성을 올리자.
3 야훼는 높으신 하느님,
모든 신들을 거느리시는 높으신 임금님,
4 깊고 깊은 땅 속도 그분 수중에,
높고 높은 산들도 그분의 것,
5 바다도 그의 것, 그분이 만드신 것,
굳은 땅도 그분 손이 빚어내신 것,
6 어서 와 허리 굽혀 경배드리자.
우리를 지으신 야훼께 무릎을 꿇자.
7 그는 우리의 하느님,
우리는 그의 기르시는 백성, 이끄시는 양
떼.

오늘 너희는 그의 말씀을 듣게 되리니
8 "㉠므리바에서, 그 날 ㉡마싸 광야에서의
너희 선조들처럼,
너희는 마음을 완고하게 굳히지 마라.
9 그들은 거기에서 내가 하는 일을 보고서
도
나의 속을 떠보고 나를 시험하였다.
10 사십 년 동안 그 세대에 싫증이 나버려,
마침내 나는 말하였다.
'마음이 헷갈린 백성이로구나.
나의 길을 도무지 깨닫지 못하는구나.'
11 나는 울화가 터져 맹세하였다.
'이들은 내 안식에 들지 못하리라.'"

96 새 노래로 야훼를 노래하여라.
온 세상아, 야훼를 노래하여라.
2 야훼를 노래하고 그 이름을 찬양하여라.
우리를 구원하셨다.
그 기쁜 소식 날마다 전하여라.
3 놀라운 일을 이루시어 이름을 떨치셨으
니
뭇 민족, 만백성에게 이를 알리어라.
4 높으신 야훼를 어찌 다 찬양하랴.
신이 많다지만 야훼만큼 두려운 신이 있

㉠ '분쟁'이라는 뜻이다. ㉡ '시험해 보다'라는 뜻이다.

으랴.
5 뭇 족속이 섬기는 신은 모두 허수아비지
만
야훼께서는 하늘을 만드셨다.
6 그 앞에 찬란한 영광이 감돌고
그 계시는 곳에 힘과 아름다움이 있다.

7 힘과 영광을 야훼께 돌려라.
민족들아, 지파마다 야훼께 영광을 돌려
라.
8 예물을 들고 하느님 앞에 나아가
그 이름에 어울리는 영광을 야훼께 돌려
라.
9 거룩한 광채 입으신 야훼를 경배하여라.
온 땅은 그 앞에서 무서워 떨어라.
10 이 땅을 든든하게 세우신 야훼 앞에서
"야훼가 왕이시다."고 만방에 외쳐라.
만백성을 공정하게 심판하시리라.
11 하늘은 기뻐하고 땅은 즐거워하며
바다도, 거기 가득한 것들도 다 함께 환
성을 올려라.
12 들도, 거기 사는 것도 다 함께 기뻐 뛰어
라.
숲의 나무들도 환성을 올려라.
13 야훼께서 세상을 다스리러 오셨다.
그 앞에서 즐겁게 외쳐라.
그는 정의로 세상을 재판하시며
진실로써 만백성을 다스리신다.

97

야훼께서 왕위에 오르셨다.
온 땅은 춤을 추어라.
많은 섬들아 즐거워하여라.
2 안개에, 구름에 둘러싸이고
정의와 공정이 그 옥좌의 바탕이요
3 불길이 그를 앞서가며
에워싼 원수들을 살라버린다.
4 번개가 한번 번쩍 세상을 비추니
온 땅이 이를 보고 부들부들 떤다.
5 산들도 야훼 앞에서,
온 땅의 주님 앞에서
초처럼 녹아 내린다.
6 하늘이 그의 공정하심을 선포하고
만백성은 그의 영광을 뵙는다.
7 잡신들을 섬기는 자들아,
허수아비를 자랑하는 자들아 창피를 당
하여라.
모든 신들아, 그 앞에 엎드려라.
8 야훼여, 당신의 재판은 공정하시오니
시온이 이를 듣고 즐거워하며
유다의 ㉠딸들도 기뻐하옵니다.
9 야훼여, 당신은 온 세상에 으뜸이시오니
그 많은 모든 신들 훨씬 위에 계시옵니다.

10 악을 미워하는 자를 야훼께서 사랑하시고
당신을 믿는 자의 목숨을 지켜주시어
악인들의 손에서 건져주신다.
11 바르게 살면 그 앞이 환히 트이고
마음이 정직하면 즐거움이 돌아온다.
12 바르게 사는 자들, 야훼 품에서 즐거워하
여라.
거룩하신 그 이름을 찬양하여라.

98

[노래]
새 노래로 야훼를 찬양하여라.
놀라운 기적들을 이루셨다.
그의 오른손과 거룩하신 팔로 승리하셨
다.
2 야훼께서 그 거두신 승리를 알려주시고
당신의 정의를 만백성 앞에 드러내셨다.
3 이스라엘 가문에 베푸신다던
그 사랑과 그 진실을 잊지 않으셨으므로
땅 끝까지 모든 사람이
우리 하느님의 승리를 보게 되었다.
4 온 세상아, 야훼께 환성을 올려라.
기뻐하며 목청껏 노래하여라.
5 거문고를 뜯으며 야훼께 노래불러라.
수금과 많은 악기 타며 찬양하여라.
6 우리의 임금님, 야훼 앞에서
은나팔 뿔나팔 불어대며 환호하여라.
7 바다도, 그 속에 가득한 것들도,
땅도, 그 위에 사는 것들도 모두 환성을
올려라.
8 물결은 손뼉을 치고
산들은 다 같이 환성을 올려라.
9 야훼 앞에서 환성을 올려라.
세상을 다스리러 오신다.
온 세상을 올바르게 다스리시고
만백성을 공정하게 다스리시리라.

99

야훼께서 왕위에 오르시니 뭇 민족이
떠는구나.
거룹들 위에 올라 앉으시니 온 땅이 흔들
리는구나.
2 야훼는 시온에서 위대하시고

㉠ 유다의 마을들을 가리킨다.

만백성 위에 우뚝 솟으신 분,
3 만백성이 그의 높고 두려운 이름을 찬양하리니,
그분은 거룩하시다.

4 능력의 왕이여, 당신께서는 정의를 사랑하시고
공의와 법을 세우시어
야곱의 가문에 바른 기틀을 잡으셨사옵니다.
5 야훼 우리 하느님을 기리어라.
그분의 발판 아래 엎드려라.
그분은 거룩하시다.

6 모세와 아론이 그분의 사제들,
사무엘이 그의 이름 부르는 한 사람이니
그들이 야훼께 부르짖으면
그분은 응답하신다.
7 구름기둥 안에서 그들과 말씀하시매
일러주신 계명과 법을 그들은 모두 지켰다.

8 야훼, 우리 하느님,
당신께서는 그들에게 대답해 주셨사옵니다.
당신께서는 잘못을 벌하시면서도
그 죄를 용서하시는 하느님이셨사옵니다.

9 야훼 우리 하느님을 기리어라.
그 거룩한 산 아래 엎드려라.
야훼, 우리 하느님은 거룩하시다.

100

[감사의 노래]
온 세상이여, 야훼께 환성을 올려라.
2 마음도 경쾌하게 야훼를 섬겨라.
기쁜 노래 부르며 그분께 나아가거라.

3 야훼는 하느님, 알아 모셔라.
그가 우리를 내셨으니,
우리는 그의 것, 그의 백성,
그가 기르시는 양떼들이다.

4 감사 기도 드리며 성문으로 들어가거라.
찬양 노래 부르며 뜰 안으로 들어가거라.
감사 기도 드려라.
그 이름을 기리어라.
5 야훼님 어지시다.
그의 사랑 영원하시다.
그 미쁘심 대대에 이르리라.

101

[다윗이 지은 노래]
사랑과 정의를 나 노래하리이다.
야훼여, 당신께 성영 읊어 올리리이다.

2 언제 나에게로 오시렵니까?
허물없는 길을 나는 걸으오리이다.
집 안에서 깨끗한 마음을 따르리이다.
3 불의한 일은 안중에도 없사옵고,
빗나간 길 걷는 자들을 지겹게 여기오니,
그런 자들과는 어울리지 않으리이다.
4 비뚤어진 마음을 나에게서 멀리하고
악한 자를 나는 처음부터 모르옵니다.
5 뒤에서 자기 이웃 헐뜯는 자,
그런 자는 입을 봉해 버리리이다.
안하무인 오만불손한 자,
그런 자를 나는 용납하지 않으리이다.
6 나라 안에서 믿음직한 사람을 찾아내어
나의 곁에 있게 하고
허물없는 길을 걷는 자,
내 일꾼으로 삼으리이다.
7 사기 행각 일삼는 자, 내 집에 살지 못하고
거짓을 말하는 자, 내 앞에 서지 못하리니,
8 나라 안의 악인들을 아침마다 찾아내어
그 숨통을 끊어버리고
못된 자들을 족쳐내어
야훼의 성읍에서 다 없애버리리이다.

102

[억눌려 지내는 사람이 절망하여 야훼께 호소하는 기도]
1 야훼여, 내 기도를 들어주소서.
내 부르짖는 소리, 당신께 이르게 하소서.
2 내가 곤경에 빠졌을 때,
당신의 얼굴을 나에게서 돌리지 마소서.
당신 이름을 부를 때,
귀를 기울이시고 빨리 대답하소서.
3 나의 세월은 연기처럼 사라지고
뼈마디는 숯불처럼 타버립니다.
4 내 마음은 풀처럼 시들고,
식욕조차 잃었사옵니다.
5 장탄식에 지쳐버려
뼈와 살이 맞닿았습니다.
6 나는 마치 사막 속의 사다새같이

마치도 폐허 속의 올빼미처럼
7 지붕 위의 외로운 새와도 같이
잠 못 이루옵니다.
8 종일토록 퍼붓는 원수들의 욕지거리,
나를 찬양하던 그들이 내 말로써 저주합니다.
9 밥으로는 재를 먹고
마시는 것에 눈물이 섞이었으니
10 분노에 불을 붙이시어
나를 들었다 내치신 때문이옵니다.
11 나의 운명은 석양의 그림자,
풀잎처럼 시드는 이 몸이옵니다.

12 그러나 야훼여, 당신은 영원한 왕이시요
당신의 명성은 대대로 이어지리이다.
13 일어나소서, 시온을 어여삐 여기소서.
때가 왔사옵니다.
시온을 불쌍히 여기실 때가 왔사옵니다.
14 당신의 종들은 그 폐허의 돌들마저 아끼고
먼지조차 눈물을 자아냅니다.
15 이방인들이 야훼의 이름을 두려워하고
세상의 모든 왕들이 그 위엄을 두려워하리이다.

16 야훼께서 시온을 다시 일으키실 때
영광 중에 나타나시고
17 헐벗은 자의 소리를 들어주시며
애원하는 그 소리를 물리치지 않으시리니,
18 새 백성이 하느님을 찬양하도록
오는 세대를 위하여 이것을 기록해 두어라.

19 야훼께서 저 높은 성소에서 굽어보셨다.
하늘에서 이 땅을 살펴보셨다.
20 갇힌 자들의 신음 소리 들으시고
죽음에 불린 자들을 놓아주셨다.
21 야훼의 명성 시온에 울려 퍼지고
그 찬미 소리 예루살렘에 자자한 가운데
22 임금마다 그 백성을 거느리고서
야훼를 섬기러 모여들리라.

23 내 기력 도중에서 다하였으니
나의 세월, 이제는 거두시는가?
24 아뢰옵니다. "나의 하느님이여,
이 몸을 중도에서 데려가지 마소서.
해가 바뀌고 또 바뀌고 세대가 돌고 또 돌아도
하느님은 영원히 계시옵니다.
25 그 옛날부터 든든히 다지신 이 땅이,
손수 만드신 저 하늘들이
26 사라질지라도
하느님은 그대로 계시옵니다.
옷처럼 모든 것이 삭아 빠져도
갈아 입는 헌 옷처럼 모든 것이 바뀌어도
27 하느님은 언제나 같으신 분,
해가 바뀌고 또 바뀌어도 영원히 계시옵니다."
28 하느님의 종들의 자손은 편안히 살아가고
그들의 후손은 하느님 앞에 굳게 서 있으리이다.

103 [다윗 지음]

내 영혼아, 야훼를 찬미하여라.
속으로부터 그 거룩한 이름을 찬미하여라.
2 내 영혼아, 야훼를 찬미하여라.
베푸신 모든 은덕 잊지 마라.
3 네 모든 죄를 용서하시고
네 모든 병을 고쳐주신다.
4 네 목숨을 구렁에서 건져주시고
사랑과 자비의 관을 씌워주신다.
5 네 인생에 복을 가득 채워주시어
독수리 같은 젊음을 되찾아주신다.

6 야훼께서는 정의를 펴시고
모든 억눌린 자들의 권리를 찾아주신다.
7 모세에게 당신의 뜻을 밝혀주시고
이스라엘 자손에게 그 장한 일을 알리셨다.
8 야훼께서는 자비하시고 은혜로우시며
화를 참으시고 사랑이 넘치신다.
9 끝까지 따지지 아니하시고
앙심을 오래 품지 않으신다.
10 우리 죄를 그대로 묻지 않으시고
우리의 잘못을 그대로 갚지 않으신다.
11 높기가 땅과 하늘에 비길 수 있고,
경외하는 자에게는 그 사랑 그지없으시다.
12 동에서 서가 먼 것처럼
우리의 죄를 멀리 치우시고
13 아비가 자식을 어여삐 여기듯이
야훼께서는 당신 경외하는 자를 어여삐 여기시니
14 우리의 됨됨이를 알고 계시며
우리가 한낱 티끌임을 아시기 때문이다.

15 인생은 풀과 같은 것,
들에 핀 꽃처럼 한번 피었다가도
16 스치는 바람결에도 이내 사라져
그 있던 자리조차 알 수 없는 것,
17 그러나 야훼의 사랑은 당신을 경외하는
자에게
처음부터 영원히 한결같고
그의 정의는 후손 대대에 미치리라.
18 당신과 맺은 계약을 지키고
주신 법령을 잊지 않고 따르는 자에게 미
치리라.
19 야훼께서는 하늘에 옥좌를 차리시고
온 누리를 다스리신다.
20 그의 모든 천사들아, 야훼를 찬미하여라.
그 말씀의 일꾼인 능력자들아, 그의 말씀
익히 들어라.
21 그의 모든 군대들아,
그 뜻을 받들어 모시는 신하들아,
야훼를 찬미하여라.
22 너희 모든 피조물들아,
그가 다스리는 모든 곳에서
야훼를 찬미하여라.

내 영혼아, 야훼를 찬미하여라.

104

내 영혼아, 야훼를 찬미하여라.
야훼, 나의 하느님, 실로 웅장하십
니다.
영화도 찬란히 화사하게 입으시고
2 두루마기처럼 빛을 휘감았습니다.
하늘을 차일처럼 펼치시고
3 물 위에 궁궐을 높이 지으시고,
구름으로 병거를 삼으시고
바람 날개를 타고 다니시며,
4 바람을 시켜 명령을 전하시고
번갯불에게 심부름을 시키시며,
5 땅을 주춧돌 위에 든든히 세우시어
영원히 흔들리지 않게 하셨습니다.
6 깊은 물로 땅을 입히셨더니
산꼭대기까지 덮은 물결은
7 꾸짖으시는 일갈에 움찔 물러나고
천둥 소리, 당신 목소리에 줄행랑을 칩니
다.
8 물들은 산을 넘고
골짜기로 내려가
당신께서 정하신 그 자리로 흘렀습니다.
9 당신께서는 금을 그어 넘지 못하게 하시
고
다시 돌아와 땅을 덮지 못하게 하셨습
니다.
10 계곡마다 샘물을 터뜨리시어
산과 산 사이로 흐르게 하시니
11 들짐승들이 모두 마시고
목마른 나귀들도 목을 축입니다.
12 하늘의 새들이 그 가까운 곳에 깃들이고
나뭇가지 사이에서 지저귑니다.
13 높은 궁궐에서 산 위에 물을 쏟으시니
온 땅이 손수 내신 열매로 한껏 배부릅니
다.
14 짐승들이 먹을 풀을 기르시고
사람이 농사지어 땅에서 양식을 얻도록
곡식을 또한 가꾸셨습니다.
15 사람의 마음을 즐겁게 하는 포도주도 내
시고
얼굴에 윤기 내는 기름도 내시고
힘을 돋우어주는 양식도 내셨습니다.
16 야훼의 나무들은 배부르게 마시니,
손수 심으신 레바논의 송백은
17 새들이 거기에 깃들이고
그 꼭대기엔 황새가 집을 짓사옵니다.
18 높은 산은 산양들의 차지,
바위틈은 오소리의 피신처.
19 때를 가늠하도록 달을 만드시고
해에게는 그 질 곳을 일러주셨습니다.
20 어둠을 드리우시니 그것이 밤,
숲 속의 온갖 짐승들이 움직이는 때,
21 사자들은 하느님께 먹이를 달라고
소리지르며 사냥을 하다가도
22 해가 돋으면 스스로 물러가
제자리로 돌아가 잠자리 찾고
23 사람은 일하러 나와서
저물도록 수고합니다.
24 야훼여, 손수 만드신 것이 참으로 많사오
나
어느 것 하나 오묘하지 않은 것이 없고
땅은 온통 당신 것으로 풍요합니다.
25 저 크고 넓은 바다,
거기에는 크고 작은 물고기가
수없이 우글거리고
26 배들이 이리 오고 저리 가고
손수 빚으신 레비아단이 있지만 그것은
당신의 장난감입니다.
27 때를 따라 주시는 먹이를 기다리며
이 모든 것들은 당신을 쳐다보다가
28 먹이를 주시면 그것을 받아먹으니,
손만 벌리시면 그들은 배부릅니다.
29 그러다가 당신께서 외면하시면 어쩔 줄
을 모르고

숨을 거두어들이시면 죽어서 먼지로 돌
아가지만,
30 당신께서 입김을 불어 넣으시면 다시 소
생하고
땅의 모습은 새로워집니다.

31 야훼의 영광은 영원하소서.
손수 만드신 것 야훼의 기쁨 되소서.

32 굽어만 보셔도 땅은 떨고
다치기만 하셔도 산들은 연기를 뿜는구
나.
33 나는 한평생 야훼를 노래하리라.
숨을 거둘 때까지 악기를 잡고
나의 하느님을 노래하리라.
34 나의 이 노래가 그에게 기쁨이 되었으면
좋으련만.
나는 야훼님 품안에서 즐겁기만 하구나!

35 죄인들아, 이 세상에서 사라져버려라!
악인들아, 너희 또한 영원히 사라져라!

내 영혼아, 야훼를 찬미하여라.
할렐루야.

105 야훼께 감사하며 그 이름 높이 불러
라.
그 장하신 일들을 만방에 알려라.
2 그분께 노래불러라, 수금 타며 노래불러
드려라.
놀라운 그 일들을 이야기하여라.
3 그 거룩하신 이름을 자랑하여라.
야훼 찾는 마음에 기쁨 있어라.
4 야훼를 찾아라, 그의 힘을 빌려라.
잠시도 그의 곁을 떠나지 마라.
5 얼마나 묘한 일들 하셨는지 생각들 하여
라.
그의 기적들, 그 입으로 내리신 판단을
명심하여라.
6 그의 종 아브라함의 후손들아,
그가 뽑으신 야곱의 자손들아,
7 그분이 바로 야훼 우리 하느님,
온 세상을 바로 다스리시는 분이시다.
8 계약을 맺으시며 만대에 내리신 말씀
영원히 잊지 아니하신다.
9 아브라함과 맺으신 계약,
이사악과 맹세하셨다.
10 이것은 야곱에게 지키라고 세워주신 법
령,
이스라엘이 언제까지나 어길 수 없는 계
약이다.
11 "이 가나안 땅을 너희에게 준다.
대대로 물려줄 너희 유산이다."
12 적은 수효, 하찮은 사람들이
이국 땅에 나그네 되어
13 이 민족 저 민족을 떠돌아다니면서
이 나라를 떠나 다른 민족에게로 방랑하
고 있을 때,
14 하느님께서는 아무도 이 민족을 누르지
못하도록
세상 임금들에게 경고하셨다.
15 "내가 기름 부은 자들을 건드리지 말고
나의 예언자들을 해치지 마라."
16 그는 또 그 땅에 기근을 불러들이시고
그들의 ㉠식량 지팡이를 부러뜨리셨다.
17 그러나 사람 하나를 먼저 보내셨으니
곧 종으로 팔려간 요셉이다.
18 요셉은 거기에서 발에 차꼬를 차고
목에는 쇠칼을 쓰고 고생을 하였으나
19 마침내 ㉡해몽한 것이 들어맞아
야훼의 말씀을 전하는 자의 신분이 밝혀
지자
20 왕은 사람을 보내어 그의 사슬을 풀어주
었으니
여러 족속을 다스리는 자가 요셉을 놓아
주었다.
21 그리고 그에게 나라 일을 맡겨
온 살림을 주관하게 하며
22 신하들을 마음대로 교육하고
원로들에게는 지혜를 가르치게 하였다.

23 그 때 이스라엘은 이집트로 가
야곱이 함족의 나라에서 나그네로 살았다.
24 하느님께서 당신 백성을 크게 불어나게
하시어
원수들보다도 더 강하게 만드셨다.
25 원수들은 마음이 달라져 당신의 백성을
미워하고
당신의 종들에게 속임수를 쓰게 되었다.
26 하느님은 당신의 종 모세와
몸소 뽑으신 아론을 보내시어
27 함족의 나라에서 당신의 뜻을 드러내는
표를 보이게 하셨고,
많은 기적을 행하게 하셨다.

㉠ 옛날 이스라엘인들은 빵을 지팡이에 꿰고 다녔다. 에제 4:16, 5:16, 14:13; 레위 26:26 참조. ㉡ 히브리어 본문: "신탁."

28 어둠을 보내시어 깜깜하게 만드셨으나
적들은 거역하였다.
29 저희 물을 모두 피가 되게 하시어
물고기들을 죽이셨다.
30 개구리가 온 나라에 퍼져서
임금의 안방에까지 우글거리게 하셨다.
31 말씀 한마디에 파리떼, 모기떼가
온 지경 안에 덮쳐왔다.
32 비를 기다리는 때에
온 나라에 우박을 쏟으시며,
33 벼락으로 포도덩굴과 무화과나무를 치시고
온 지경 안에 있는 나무를 꺾으셨다.
34 말씀 한마디로 메뚜기와 누리떼가
수없이 덮쳐와서
35 온 나라의 풀을 모조리 갉아먹고
땅에서 나는 온갖 곡식도 먹어 치웠다.
36 또 그들 민족의 꽃이라고 하는 맏이들을
온 나라 안에서 모두 죽이셨다.
37 그리고는 당신 겨레는 금과 은을 가지고 나오게 하시니
한 사람도 낙오한 자가 없었다.
38 이집트인들은 그들을 두려워한 나머지
그들이 떠나는 것을 기뻐하였다.
39 하느님께서는 구름을 펼쳐 덮어주시고
밤에는 불로 비추어주셨다.
40 먹을 것을 구하면 메추라기를 몰아다 주시고
하늘에서 양식을 내리시어 배불리셨다.
41 바위를 열어서 샘물을 솟게 하시고
그 물은 내를 이루어 메마른 땅을 적셨다.
42 당신의 종 아브라함에게 약속하신
43 거룩한 말씀을 아니 잊으시고
당신 백성을 발걸음도 가볍게 빠져 나오게 하시며
뽑으신 그 백성이 기쁜 노래 부르며 나오게 하셨다.
44 그리고는 여러 민족의 땅을 빼앗아
그 종족들이 일군 땅을 물려주셨다.
45 그 값으로 이스라엘은 주신 법규를 따르고
가르쳐주신 법을 지켜야만 하였다.

할렐루야.

106 할렐루야.
야훼께 감사 노래 불러라, 그는 어지시다.
그의 사랑 영원하시다.

2 야훼께서 이루신 그 크신 기적들,
뉘 있어 다 말할 수 있으랴!
그 누가 다 찬양할 수 있으랴!
3 복되어라.
항상 바로 살고 옳은 일 하는 사람.

4 야훼여, 당신의 백성을 어여삐 여기시니
나를 생각하소서.
당신 백성 구하실 때
나를 찾아주소서.
5 친히 택하신 백성과 함께 복을 누리고
당신 백성의 기쁨을 나도 함께 기뻐하고
당신이 주신 유산을 자랑하게 하소서.

6 조상들처럼 우리도 범죄하였고
빗나가고 거역하였습니다.
7 우리의 조상들은 이집트에 있을 때,
당신께서 베푸신 기적들을 깨닫지 못하였고
당신의 사랑을 그토록 많이 받고도
까맣게 잊어버린 채 ㉠홍해에서 거역하였습니다.
8 그러나 당신의 이름 야훼이시기에
그들을 구원하시고 그 위력을 보이셨다.
9 한 번 꾸짖으심으로 홍해를 말리시고
그들을 인도하여 깊은 바다를 마른 땅처럼 건너게 하셨다.
10 이렇게 적수들의 손에서 그들을 살려내셨고
원수들의 손에서 건져내셨다.
11 물은 적군들을 휘덮어
하나도 살아 남지 못하였다.
12 그제야 그들은 그의 말씀을 믿고
찬양을 불러 올리더니,
13 어느새 그 일들을 잊어버리고
주님의 지시를 기다리지 않았다.
14 사막에서 먹을 것을 내라고 투정하였고
광야에서 하느님을 시험하였다.
15 주께서 그들의 청을 들어주시었으나
속이 뒤틀리는 아픔을 함께 주셨다.
16 그들은 진영에서 모세를 시기하고
야훼께서 뽑으신 성직자 아론을 투기하였다.
17 땅이 갈라져 다단을 삼키고
아비람의 무리를 묻어버렸다.

㉠ 히브리어 본문: "갈대바다."

18 또 거기에서 불길이 터져 나와서
그 악인의 무리를 살라버렸다.

19 호렙에서는 송아지 우상을 부어 만들고
그 앞에 엎드려 예배하였다.
20 하느님을 섬기는 그들의 영광을
풀을 먹는 황소 상과 바꾸어버렸다.
21 그들은 자기들을 구해 주신 하느님을,
이집트에서 굉장한 일 하신 분을 잊어버
렸다.
22 함 땅에서의 놀라운 일도,
홍해에서의 무서운 일도
그들은 모두 잊어버렸다.
23 주께서 그들을 없애겠다 말씀하실 때
손수 뽑으신 모세 홀로
몸을 던져 그분 앞에 나아가
파멸의 그 진노를 거두시게 하였다.

24 그들은 또 하느님의 말씀을 믿지 않고서
복락의 그 땅을 마다면서
25 천막에 들어 앉아 불평만 하고
야훼의 분부를 듣지 않았다.
26 이에 손을 드시고 맹세하셨다.
"사막에서 이들을 없애리라,
27 그 후손을 이방인들 사이에 낮추리라,
이 나라 저 나라에 흩으리라."

28 브올에서는 그 곳 바알신에게 굴종하고
생명도 없는 것들에게 바쳤던 제물을 먹
었다.
29 이런 못된 짓으로 하느님을 진노케 하여
재앙이 그들에게 들이닥쳤다.
30 그 때에 비느하스가 나서서 법으로 다스
리자
비로소 재앙이 물러갔으니
31 이 일이 그의 공로로 인정되어
그 은덕이 대대로 전해지게 되었다.

32 또 므리바 샘터에서 하느님의 비위를 거
스른 일,
그들 잘못으로 모세조차 화를 입게 되었
으니
33 그들이 그의 성깔을 돋우는 바람에
모세가 함부로 말했던 탓이다.

34 그들은 야훼의 분부를 어기어,
뭇 이교도들을 멸하지 아니하고
35 오히려 그 민족들과 어울려 지내며
그들의 행실을 배우고
36 그들의 우상을 섬겼으니
그것이 그들의 올가미였다.
37 귀신들에게 아들 딸을 잡아 바치며
38 가나안의 우상들에게 바치느라고
억울한 피, 아들 딸의 피를 흘리고
그 피로 땅을 더럽혔다.
39 이런 못된 짓을 하여
스스로 부정을 타고 몸을 더럽혔다.
40 이에 야훼께서 당신 백성에게 진노의 불
길을 지르시고
그 백성을 택하신 것을 노여워하사
41 저희를 이 나라 저 나라에 넘겨주시니
원수들이 그들을 지배하였고
42 원수들의 폭군 밑에 억눌려 지내며
그들에게 굴종하는 신세가 되었다.
43 그래도 주님은 여러 번 그들을 건져주셨
건만,
그들은 간악하게 항거하면서
죄악으로 자꾸만 빠져들었다.
44 그들의 아우성 소리를 들으실 때마다
고생하는 그들에게 눈길 돌리시고
45 그들과 맺으신 계약을 생각하시며
그 크신 사랑에 마음이 누그러져
46 그들을 잡아간 자들의 마음을 돌려
그들에게 동정을 베풀게 하셨다.

47 야훼, 우리 하느님, 우리를 구해 주소서.
만방에서 우리를 모으시고
우리로 하여금 당신의 거룩하신 이름에
감사 드리고
당신을 찬양하며 축하하게 하소서.

48 이스라엘의 하느님 야훼,
언제나 언제까지나 찬미받으소서.
온 겨레여, "아멘."으로 화답하여라.
할렐루야.

[제오권]

107 야훼께 감사 노래 불러라.
그는 어지시다.
그의 사랑 영원하시다.
2 야훼께서 구해 주신 자들
모두 노래하여라.
원수의 손에서 구해 주시고
3 동서남북 사방에서
불러모아 주셨다.

4 사람 사는 고장으로 가는 길 찾지 못하고

광야에서 길 잃고 헤매며
5 주리고 목마름으로
기력이 다 빠졌던 자들,
6 그들이 그 고통 중에서 울부짖자
야훼께서 사경에서 건져주셨다.
7 길을 찾아 들어서게 하시어,
사람 사는 고장에 이르게 하셨다.

8 그 사랑, 야훼께 감사하여라.
인생들에게 베푸신 그 기적들, 모두 찬양하여라.
9 타는 목을 시원하게 축여주시고
주린 배를 좋은 음식으로 채워주셨다.

10 쇠사슬 아프게 차고
어둡고 캄캄한 곳에 갇혀 있던 자들,
11 하느님 말씀을 거역하고
가장 높으신 분의 뜻을 어긴 탓으로
12 그들의 마음을 고생의 질곡으로 채우시니
그들이 쓰러져도 일으켜주는 자 없었다.
13 그들이 그 고통 중에서 울부짖자
야훼께서 사경에서 건져주셨다.
14 사슬을 끊어주시고
그 어둡고 캄캄한 데서 이끌어내셨다.
15 그 사랑, 야훼께 감사하여라.
인생들에게 베푸신 그 기적들, 모두 찬양하여라.
16 쇠빗장을 부러뜨리시고
놋대문을 부수셨다.

17 미련한 탓으로 하느님께 거역하다가
그 죄악 때문에 비참하게 된 자들,
18 입맛이 없어 음식마저 지겨워
저승의 문턱에 다다랐던 자들,
19 그들이 그 고통 중에서 울부짖자
야훼께서 사경에서 건져주셨다.
20 말씀 한마디로 그들을 고치시고
죽음에서 구출해 내셨다.

21 그 사랑, 야훼께 감사하여라.
인생들에게 베푸신 그 기적들, 모두 찬양하여라.
22 그 이루신 일들을 노래로 엮어
기쁜 노래 부르며, 감사 예물을 바쳐라.

23 배를 타고 바다로 나가
대양을 헤치며 장사하던 자들,
24 그들은 야훼께서 하신 일을 보았고,
깊은 바다에서 그 기적들을 보았다.
25 그가 한번 명하시자
돌풍이 일고 물결이 치솟았다.
26 하늘 높이 올랐다가, 바다 깊이 빠졌다가,
사람들은 혼이 나서 넋을 잃고
27 술취한 듯 비실비실 비틀거리니
그들의 모든 재주가 쓸모없이 되었다.
28 그들이 그 고통 중에서 울부짖자
야훼께서 사경에서 건져주셨다.
29 광풍을 잠재우시어
물결을 잠잠케 하셨다.
30 이윽고 사방이 고요해지자, 모두들 기뻐하며
하느님의 인도를 받아 바라던 항구에 다다랐다.
31 그 사랑, 야훼께 감사하여라.
인생들에게 베푸신 그 기적들 모두 찬양하여라.
32 백성들 모임에서 그를 기리고
장로들 모임에서 그를 찬양하여라.

33 때로는 주께서 강물들을 사막으로 바꾸시고
샘구멍을 막아 마른 땅이 되게 하시고
34 기름진 땅을 소금밭으로 만드셨으니
그 땅에 사는 자들이 악한 탓이다.
35 그러나 주님은 광야를 연못으로 바꾸시고
마른 땅이 샘터가 되게 하시며
36 굶주린 자들로 하여금 거기에 자리잡아
사람 사는 마을을 일으키게도 하셨다.
37 사람들은 밭에 씨를 뿌리고 포도나무도 가꾸어
땅의 풍요한 소출을 거두어들였다.
38 하느님께 복을 받아 자손을 많이 보았고
가축도 탈없이 많이 불어났다.
39 그들이 재난과 우환에 쪼들려
수효가 줄어들고 쇠하여졌을 때
40 지체 높은 자들을 경멸하시고
길없는 벌판을 떠돌게 하셨다.
41 그러나 가난한 이들은 비참에서 건져내시고,
그 가문을 양떼처럼 일으켜주셨으니,
42 마음 곧은 이들은 이를 보고 기뻐하고
무릇 악한 자들은 말문이 막히리라.

43 지혜 있는 자들은
이런 일들을 익히 보고

야훼의 사랑을 깨달을지라.

108 [다윗의 찬양시]

마음을 정했습니다, 하느님.
마음을 정했습니다.
노래하리이다. 거문고 타며 노래하리이
다.
나의 마음아, 눈을 떠라.
2 비파야, 거문고야, 눈을 떠라.
새벽을 흔들어 깨우리라.
3 야훼여, 뭇 백성 가운데서 당신을 찬미하
리이다.
뭇 나라에게 당신의 찬양 노래 들려주리
이다.
4 당신의 사랑, 그지없어 하늘에 미치고
당신의 미쁘심, 구름에 닿았사옵니다.
5 하느님, 하늘 높이 나타나소서.
온 땅에 당신 영광 떨치소서.

6 주께서 사랑하시는 자들을 구하소서.
오른손을 뻗어 건져주소서. 응답하소서.
7 하느님께서는 당신의 성소에서 말씀하셨
습니다.
"나 이제 흔연히 일어나리라.
세겜을 차지하고
수꼿 골짜기를 측량하리라.
8 길르앗도 나의 것,
므나쎄도 나의 것,
에브라임은 나의 투구,
유다는 나의 지휘봉이다.
9 모압은 발 씻을 대야로 삼고
에돔은 신 벗어둘 신장으로 삼으리라.
불레셋을 쳐부수고 승전가를 부르리라.
10 누가 나를 에돔까지 모실 것인가?
누가 나를 그 견고한 성으로 인도할 것인
가?"

11 하느님, 이렇게 말씀하신 당신께서
어찌하여 우리를 버리십니까?
어찌하여 우리의 군대와 함께 나아가지
아니하십니까?
12 어서 이 곤경에서 우리를 도와주소서.
사람의 도움은 아무것도 아니옵니다.
13 하느님과 함께라면 우리는 용맹하리니,
하느님께서 원수들을 짓밟으시리라.

109 [지휘자를 따라 부르는 다윗의 노래]

내 찬미의 하느님, 침묵을 깨고 나
오소서.
2 사악한 자들이, 사기치는 자들이
입을 벌리고 달려듭니다.
혀를 놀려 거짓말을 퍼붓습니다.
3 증오의 말들이 주위에서 들려오고
까닭 없이 나를 공격합니다.
4 그들이 우정을 원수로 갚아도
나는 그들 위해 기도하였습니다.
5 그들은 선을 악으로 갚고
사랑을 미움으로 보답합니다.

6 "부랑배를 내세워 그를 치자.
그 오른편에 고발자를 세우자.
7 재판에서 죄를 뒤집어쓰게 하자.
그의 기도마저 죄로 몰자.
8 이제 그만 그의 명을 끊어버리고
그의 직책일랑 남이 맡게 하자.
9 그 자식들은 고아가 되고
아내는 과부가 되게 하자.
10 자식들은 이리저리 빌어먹고 다니며,
폐허가 된 제 집마저 쫓겨나게 하자.
11 빚쟁이가 그의 재산을 모조리 잡아버리
고
남이 와서 그의 수입을 털어가게 하자.
12 그에게 동정하는 사람도 없게 하고,
그 고아들을 불쌍히 여겨주는 사람도 없
게 하자.
13 그의 후손은 끊기고
그의 이름은 다음 세대에서 없어지게 하
자.
14 그 아비가 저지른 잘못이 잊혀지지 않고
제 어미가 지은 죄가 지워지지 않게 하
자."

15 야훼여, 이자들을 항상 눈앞에 두시고
이 땅에서 그들의 기억을 없애버리소서.
16 사랑을 베풀 생각은커녕
가난하고 가련한 자들을 들볶으며
마음이 상해 있는 사람을 목조릅니다.
17 남 저주하기를 좋아했으니,
그 저주를 자기가 받게 하소서.
남에게 복 빌어주기를 싫어했으니
그 복이 그를 떠나게 하소서.
18 저주를 옷처럼 둘렀으니,
그 저주가 뜨거운 물처럼 그 살 속 깊숙
이,
뜨거운 기름처럼 뼛속 깊숙이 스며들게
하소서.
19 저주가 옷처럼 그의 몸을 뒤덮고,
허리를 맨 띠처럼 풀어지지 않게 하소서.

20 나에게 악담하며 고소하던 자들이
야훼의 이러한 갚음을 받게 하소서.
21 야훼여, 당신 이름에 어울리게 나를 다루소서.
당신의 사랑은 어지시오니 나를 구하소서.
22 나는 가난하고 가련하오며
내 마음은 속속들이 아프옵니다.
23 기우는 석양처럼 이 몸은 기울어가고
메뚜기처럼 나는 휩쓸려 갑니다.
24 단식으로 두 무릎은 후들거리고
내 살은 기름기가 없어서 말라버렸습니다.
25 사람들에게는 놀림감이 되었고
나를 보는 이마다 머리를 설레설레 흔듭니다.

26 야훼, 나의 하느님, 나를 도와주소서.
당신 사랑에 어울리게 나를 건져주소서.
27 손수 살려주신 것, 그들에게 알리소서.
야훼 당신께서 하신 일임을 그들에게 알리소서.
28 저들은 나에게 저주를 빌지만
당신께서는 복을 내려주소서.
나를 공격하지만 그들은 수치를 당하고
당신의 종인 이 몸은 기뻐하게 하소서.
29 나를 고발하는 자들, 온몸에 망신살이 끼고
겉옷처럼 치욕을 뒤집어쓰게 하소서.

30 나는 야훼께 크게 감사 드리고
사람이 모인 곳에서 그를 찬양하리라.
31 야훼께서 이 가난한 자의 오른편에 서시어
재판관들의 손에서
목숨을 건져주셨다.

110

[다윗의 노래]
야훼께서 내 주께 선언하셨다.
"내 오른편에 앉아 있어라.
내가 네 원수들을 네 발판으로 삼을 때
2 야훼가 시온에서
너에게 권능의 왕장을 내려주리니,
네 원수들 가운데서 왕권을 행사하여라.
3 네가 나던 날, 모태에서부터 네 젊음의 새벽녘에
너는 이미 거룩한 산에서 왕권을 받았다."
4 야훼께서 한번 맹세하셨으니 취소하지 않으시리라.
"너는 멜기세덱의 법통을 이은 영원한 사제이다."

5 당신의 오른편에 주님 계시니
그 진노의 날에 뭇 왕들을 무찌르리라.
6 뭇 나라를 재판하여 시체를 쌓고
넓고 먼 저 땅에서 머리들을 부수리라.
7 그는 길가에서 시냇물을 마시고
머리를 쳐들리라.

111

할렐루야.
정직한 이들이 많이 모인 자리에서
내 마음 다 쏟아 야훼께 감사하리라.

2 야훼께서 하시는 일들이 하도 장하시어
그 일들을 좋아하는 사람 모두가 알고 싶어한다.
3 그 하신 일 영광스럽고 찬란하여
그 정의는 영원히 남으리라.
4 그 놀라운 일들을 기념토록 남기셨으니,
야훼는 자비롭고 인자하시다.
5 내려주신 계약을 길이 잊지 아니하시고
당신을 경외하는 자에게 먹을 것을 주신다.
6 뭇 민족의 땅을 유산으로 주시어
그 위력을 당신 백성에게 보여주신다.
7 하시는 일은 정의와 진리,
그 모든 법은 진실, 그것이니
8 영원히 흔들리지 않도록
진실하고 올바르게 제정되었다.
9 속전을 내어 당신 백성을 구해 내시고
영원히 지킬 계약을 맺으셨으니,
그의 이름 두렵고도 거룩하여라.

10 야훼를 경외하는 것이 지혜의 근원이요,
그대로 사는 사람이 슬기를 깨친 사람이다.
주님 찬송 영원히 울려라.

112

할렐루야.
복되어라, 야훼를 경외하며
그의 계명을 좋아하는 사람,
2 그의 자손은 세상의 영도자가 되고
정직한 후예의 축복을 받으리라.
3 그의 집에는 부귀영화가 깃들이고
그의 의로운 행실은 영원히 기억되리라.
4 그는 어질고 자비롭고 올바른 사람이라
어둠 속의 빛처럼 정직한 사람을 비춘다.

5 인정이 많고 동정어려 남에게 꾸어주며,
모든 일을 양심으로 처리한다.
6 그 사람은 흔들리지 않겠고
영원히 의로운 사람으로 기억되리라.
7 야훼를 믿으므로 그 마음이 든든하여
불행이 온다 해도 겁내지 아니한다.
8 확신이 섰으니 두려울 것 없고
마침내 원수들이 망하는 것을 보게 되리
라.
9 그는 너그러워 가난한 자들에게 나눠주니,
그 의로운 행실은 영원히 기억되고,
㉠사람들이 그 영광스런 모습을 우러르리
라.
10 이를 보고 악인은 속이 뒤틀려
이를 갈면서 사라져가리라.
악인들의 소원은 물거품이 되리라.

113

할렐루야.
야훼의 종들아, 찬양하여라.
야훼의 이름을 찬양하여라.
2 지금부터 영원토록
야훼의 이름을 찬양하여라.
3 해돋이에서 해넘이까지
야훼의 이름은 찬양받으소서.

4 야훼는 모든 백성 위에 드높으시고
그의 영광은 하늘 위에서 빛난다.
5 그 누가 우리 하느님 야훼와 같으랴?
높은 데에 자리를 잡으시고
6 하늘과 땅을 굽어보시는 분이시거늘.
7 약한 자를 티끌에서 끌어 올리시고
가난한 자를 거름더미에서 끌어내시어
8 귀인들과 한자리에,
백성의 귀인들과 한자리에 앉혀주신다.
9 돌계집도 집안에 살게 하시어
아들 두고 기뻐하는 어미 되게 하신다.

114

할렐루야.
이스라엘이 이집트에서 나올 때
야곱의 집안이 야만족을 떠나올 때
2 유다는 그의 성소가 되고
이스라엘은 그의 영토가 되었다.
3 바다는 이를 보고 도망치고
요르단 강은 뒤로 물러섰으며
4 산들은 염소처럼 뛰놀았고
언덕들은 양처럼 뛰었다.
5 바다야! 너 어찌하여 도망치느냐?
요르단아! 너 어찌하여 물러서느냐?
6 산들아, 어찌하여 너희가 염소처럼 뛰며
언덕들아, 어찌하여 너희가 양처럼 뛰느
냐?
7 땅이여, 너는 네 주인 앞에서,
야곱의 하느님 앞에서 떨어라.
8 그분은 바위를 변하여 못이 되게 하시며
바위로 하여금 샘이 되게 하시는 분이시
다.

115

야훼여, 영광을 우리에게 돌리지 마
소서.
우리에게 돌리지 마소서.
다만 당신의 이름을 영광되게 하소서.
그 영광은 당신의 사랑과 진실로 말미암
은 것이옵니다.
2 어찌 이방인들로 하여금
"너희 하느님이 어디 있느냐?" 말하게
하리이까?
3 우리 하느님은 하늘에 계시어
원하시는 모든 일을 하실 수 있다.
4 이방인들이 섬기는 우상은
사람이 은붙이 금붙이로 만든 것,
5 입이 있어도 말을 못하고
눈이 있어도 보지 못하고
6 귀가 있어도 듣지 못하고
코가 있어도 맡지 못하고
7 손이 있어도 만지지 못하고
발이 있어도 걷지 못하고
목구멍이 있어도 소리를 내지 못한다.
8 이런 것을 만들고 의지하는 자들도
모두 그와 같으리라.

9 이스라엘 문중아, 야훼를 의지하여라.
그는 방패가 되어 너희를 도와주신다.
10 아론의 문중아, 야훼를 의지하여라.
그는 방패가 되어 너희를 도와주신다.
11 야훼를 경외하는 자들아, 야훼를 의지하
여라.
그는 방패가 되어 너희를 도와주신다.
12 야훼는 우리를 기억하시고 복을 내리시리
라.
이스라엘 가문에 복을 내리시고,
아론의 가문에도 복을 내리시리라.
13 높은 사람 낮은 사람 가리지 않고
야훼를 경외하는 자들에게 복을 내리시리
라.

㉠ 히브리어 본문 : "그의 뿔이 영광 속에 크리라."

14 너희와 너희 후손은
번성의 복을 야훼께 받아라.
15 하늘과 땅을 만드신 야훼께 복을 받아라.
16 하늘은 야훼의 하늘이요,
땅은 사람들에게 주셨다.

17 야훼를 찬양하는 자는 죽은 자도 아니고
침묵의 나라에 내려간 자도 아니고
18 오직 우리가, 살아 있는 우리가 야훼를 찬
미한다.
이제로부터 영원히.
할렐루야.

116 야훼는 나의 사랑,
나의 애원하는 소리를 들어주셨다.
2 내가 부르짖을 때마다
귀를 기울여주셨다.
3 죽음의 끄나풀이 나를 두르고
저승의 사슬이 나를 묶어
불안과 슬픔이 나를 덮쳐 누를 때,
4 나는 야훼 이름 부르며 부르짖었다.
"야훼여, 구하옵나니 이 목숨 살려주소
서."
5 야훼께서는 너그럽고 의로우신 분,
우리 하느님은 자비하신 분,
6 미약한 자를 지켜주시는 야훼이시라.
가엾던 이 몸을 구해 주셨다.
7 야훼께서 너를 너그럽게 대하셨으니
내 영혼아, 너 이제 평안히 쉬어라.
8 내 영혼을 죽음에서 건져주시고
눈물을 거두어주시고
넘어지지 않게 보호하시니
9 내가 생명의 땅에서
야훼를 모시고 살게 되었다.

10 '내 인생이 왜 이리 고달프냐.' 하고 생
각될 때에도
나는 믿음을 잃지 않았다.
11 고통이 하도 심할 때에는
"사람은 모두 거짓말쟁이다." 하고 말하
기도 하였다.

12 야훼께서 베푸신 그 크신 은혜,
내가 무엇으로 보답할까!
13 구원의 감사잔을 받들고서
야훼의 이름을 부르리라.
14 야훼께 서약한 것, 내가 채워드리리니
당신의 백성은 빠짐없이 모여라.
15 야훼께 충실한 자의 죽음은
그분께 귀중하다.
16 야훼여, 이 몸은 당신의 종이옵니다.
당신 여종의 아들인 당신의 이 종을
사슬에서 풀어주셨사옵니다.
17 내가 당신께 감사제를 드리고
야훼의 이름을 부르리이다.
18 야훼께 서약한 것, 내가 채워드리리니,
당신의 백성은 빠짐없이 모여라.
19 너 예루살렘아, 네 한가운데
야훼의 성전, 그 울 안에서 바치리라.
할렐루야.

117 너희 모든 백성들아, 야훼를 찬양하
여라.
너희 모든 나라들아, 그를 송축하여라.
2 그의 사랑 우리에게 뜨겁고
그의 진실하심 영원하시다.
할렐루야.

118 야훼께 감사 노래 불러라,
그는 어지시다.
그의 사랑 영원하시다.
2 이스라엘 문중아, 노래불러라.
"그의 사랑 영원하시다."
3 아론 문중아, 노래불러라.
"그의 사랑 영원하시다."
4 야훼를 경외하는 자들아 노래불러라.
"그의 사랑 영원하시다."

5 내가 곤경에 빠져 야훼께 부르짖었더니
야훼께서 들으시고 나를 건져주셨다.
6 야훼께서 내 편이시라
나에게는 두려움이 없나니.
누가 나에게 손을 대리오?
7 야훼께서 내 편이 되어 도와주시니
나 정녕 원수들이 망하는 꼴을 보게 되리
라.
8 야훼께 몸을 숨기는 것이
사람을 의지하는 것보다 더 낫고
9 야훼께 몸을 숨기는 것이
귀족을 의지하는 것보다 더 낫다.
10 이교백성들이 에워쌌지만
나는 야훼의 이름으로 그들을 쓸어버렸다.
11 사방에서 나를 에워싸고 죄어들었지만
나는 야훼의 이름으로 그들을 쓸어버렸다.
12 벌떼처럼 에워싸고
가시덤불에 붙은 불처럼 ㉠타들어 왔지만

㉠ 칠십인역을 따랐다. 히브리어 본문 : "스러졌지만."

내가 야훼의 이름으로 그들을 쓸어버렸다.
13 나를 쓰러뜨리려고 압박해 들어왔지만
야훼께서 오시어 나를 도우셨다.
14 야훼는 나의 힘, 나의 노래,
나의 구원이시다.

15 의로운 사람들의 집집에서
터져 나오는 저 승리의 함성.
"야훼의 오른손이 힘을 떨치셨다!
16 야훼의 오른손이 번쩍 들렸다!
야훼의 오른손이 힘을 떨치셨다!"
17 나는 죽지 않고 살아서
야훼께서 하신 일을 널리 선포하리라.
18 야훼께서는 나를 벌하시고 또 벌하셨지만
그러나 죽게 버려두지는 아니하셨다.

19 정의의 문을 열어라.
내가 들어가 야훼께 감사 기도 드리리라.
20 이것이 야훼의 문,
의인들이 이리로 들어가리라.

21 나의 기도 들으시고 나를 구해 주셨으니
주님께 감사 기도 드립니다.

22 집 짓는 자들이 버린 돌이
모퉁이의 머릿돌이 되었나니,
23 우리 눈에는 놀라운 일
야훼께서 하신 일이다.

24 이 날은 야훼께서 내신 날,
다 함께 기뻐하며 즐거워하자.

25 주소서, 야훼여, 구원을 주소서.
주소서, 야훼여, 승리를 주소서.

26 야훼의 이름으로 오시는 이여, 찬미받으
소서.
우리가 야훼의 집에서 그대들을 축하하리
라.
27 야훼, 하느님께서 우리에게 빛을 주신다.

나뭇가지 손에 들고
줄줄이 제단 돌며 춤을 추어라.

28 "당신은 나의 하느님이시오니
당신께 감사 기도 드립니다.
당신은 나의 하느님이시오니
당신을 기리옵니다."
나의 기도 들으시고 나를 구해 주셨사오
니
주님께 감사 기도 드립니다.

29 야훼께 감사 노래 불러라. 그는 어지시다.
그의 사랑 영원하시다.

119 복되어라, 그 행실 깨끗하고
야훼의 법을 따라 사는 사람.
2 복되어라, 맺은 언약 지키고
마음을 쏟아 그를 찾는 사람,
3 나쁜 일 하지 아니하고
그의 길만 따라가는 사람.

4 당신은 계명들을 내리시고
온전히 그대로 살라 하셨으니
5 당신 뜻을 어기지 않고
굳굳하게 살도록 해주소서.
6 그 명령을 낱낱이 명심하면
부끄러운 일을 당하지 않으리이다.
7 당신의 바른 결정을 내가 배워서
진심으로 감사하오리이다.
8 당신 뜻대로 힘써 살려 하오니,
이 몸을 아주 버리지 마소서.

9 젊은이가 어떻게 하면 깨끗한 길을 가오
리이까?
당신께서 일러주신 말씀대로 살면 되오
리이다.

10 내가 마음을 다 쏟아 당신을 찾사오니
당신 명령을 떠나지 않게 하여주소서.
11 당신께 죄를 범하지 않으려고
주신 약속을 마음에 간직하였사옵니다.
12 야훼여, 찬송을 받으실 분이여,
당신 뜻을 가르쳐주소서.
13 친히 내리신 모든 법규를
이 입술로 모두 되풀이했사옵니다.
14 어떤 부귀를 누리기보다도
당신의 언약을 지키는 것이 더 기뻤사옵
니다.
15 당신의 계명을 되새기며
일러주신 길을 똑바로 걸으리이다.
16 당신 뜻을 따름이 나의 낙이오니
당신의 말씀을 잊지 아니하리이다.

17 당신 종을 너그러이 보시고 살려주소서.
당신의 말씀을 지키리이다.
18 나의 눈을 열어주시어
당신 법의 그 놀라운 일을 보게 하소서.

19 땅 위에서 나그네인 이 몸에게
당신의 계명을 숨기지 마소서.
20 자나깨나 당신의 결정을 갈망하다가
내 영혼이 지쳤사옵니다.
21 당신의 계명을 어기는 거만한 자들
그 저주받을 자들을 꾸짖으소서.
22 내가 당신의 언약을 지켰사오니
이 모욕과 멸시를 벗겨주소서.
23 수령들이 모여 앉아 나를 모함하오나
이 종은 당신의 법규를 명상합니다.
24 당신의 언약은 나의 기쁨이요,
나의 충고자이옵니다.
25 내 영혼이 먼지 속에 처박혔사오니
말씀하신 대로 이 몸을 살려주소서.
26 내가 살아온 길 열어보이매 응답하셨사
오니
당신 뜻을 가르쳐주소서.
27 당신 계명 따르는 길, 깨우쳐주소서.
주의 이루신 기적들을 되새기리이다.
28 나의 영혼이 괴로워 잠 못 이루오니,
말씀하신 대로 나를 일으켜주소서.
29 다시는 거짓된 길로 가지 않게 하시고
당신의 법의 은총을 나에게 베푸소서.
30 진리의 길을 나는 택하였사오니
당신의 결정을 내 앞에 내리소서.
31 야훼여, 당신 언약에 내 마음을 붙이오니,
부끄러운 일 당하지 않게 하소서.
32 당신 계명으로 내 마음 흡족하오니
그 길을 따라 내달리리이다.

33 야훼여, 당신의 뜻을 따라 사는 길을 가르
치소서.
그대로 지키고 상급을 받으려 하옵니다.
34 당신 법을 깨우쳐주시고 그 법 따라 살게
하소서.
마음을 다 쏟아 지키리이다.
35 나의 기쁨은 당신의 계명에 있사오니
그 길 따라 곧장 살게 하소서.
36 내 마음을 잇속에 기울이지 않고
당신의 언약으로 기울게 하소서.
37 헛된 것에서 나의 눈을 돌리시고
당신의 길을 걸어 생명을 얻게 하소서.
38 당신을 경외하는 이들에게 주신 약속을
당신의 종에게 지켜주소서.
39 당신의 결정은 은혜로우시니,
그 몸서리치는 모욕에서 건져주소서.
40 당신의 계명을 나는 갈망하였사오니,
정의를 세우시어 이 몸을 살려주소서.

41 야훼여, 당신 사랑을 나에게 베푸시고,
약속하신 당신 구원을 내려주소서.
42 당신 말씀 굳게 믿고,
나를 욕하는 자들에게 응수하리이다.
43 당신의 결정에 내 희망을 두오니
진리의 말이 내 입에서 떠나가지 말게 하
소서.
44 당신 법을 언제나
길이길이 끝까지 지키리이다.
45 당신의 계명을 애써 지켰사오니
내딛는 발걸음 자유롭게 하소서.
46 임금들 앞에서 당신의 언약을 선포할 때
부끄러워하지 않으리이다.
47 당신의 계명은 나의 기쁨,
그것을 나는 사랑하옵니다.
48 당신 계명 내가 사랑하옵기에 쌍수 들어
반기고
당신 뜻을 언제나 나는 명상합니다.

49 당신의 종에게 하신 말씀 잊지 마소서.
나의 희망은 그 말씀에 있사옵니다.
50 비참할 때, 내가 받는 위로는
내 생명 살리시는 당신의 약속.
51 교만한 자들이 나를 마구 희롱하여도
나는 당신의 법에 버티고 굴치 않았사옵
니다.
52 그 옛날에 내리신 당신의 결정, 그것을
생각하오면
야훼여, 나는 위로가 되옵니다.
53 당신 법을 버리는 악인들 앞에서
울화가 치밀어 견딜 수가 없사옵니다.
54 나그네살이하는 이 내 집에서
당신 뜻을 노래로 따르리이다.
55 야훼여, 밤에도 당신의 이름을 잊지 않고
당신의 법을 지키리이다.
56 당신의 계명을 지키는 것,
이것이 나에게는 전부입니다.

57 야훼여, 나의 분깃은
당신 말씀을 지키는 일이라고 나는 말하
였습니다.
58 당신 얼굴 웃음 띠도록 내가 몹시도 힘쓰
오니
약속하신 대로 이 몸을 불쌍히 여기소서.
59 지금까지 걸어온 내 길을 반성하고
당신 언약의 길로 되돌아옵니다.
60 빨리빨리 머뭇거리지 않고
당신 계명을 지키리이다.
61 악인들의 올가미가 내 주위에 두루 있어

도
나는 당신의 법을 잊지 아니하리이다.
62 공정하신 그 판결들,
한밤중에 일어나 감사 기도 드립니다.
63 나는 당신을 경외하는 모든 사람들과
그리고 당신 법을 지키는 자들과 한편이 되었습니다.
64 야훼여,
당신의 사랑이 땅에 넘치옵니다.
당신의 뜻을 나에게 알려주소서.

65 야훼여, 당신께서 말씀하신 대로
당신의 종을 선대하셨사옵니다.
66 내가 당신께서 명령하신 것을 굳게 믿사오니
옳은 판단과 지식을 가르쳐주소서.
67 죄 받아 고생하기까지는 빗나갔사오나
이제는 당신 약속 그대로 지키리이다.
68 선하시고 은혜로우신 이여,
당신 뜻을 나에게 알려주소서.
69 교만한 자, 거짓으로 나를 꾀어도
마음을 다 쏟아 당신 계명을 지키리이다.
70 그들은 마음에 기름기 끼었으나
나에게 미각은 당신의 법이옵니다.
71 고생도 나에겐 유익한 일,
그것이 당신 뜻을 알려줍니다.
72 당신께서 가르치신 법이야말로
천만 금은보다 유익합니다.

73 손수 나를 빚어 만드셨으니
깨우침을 주소서.
당신께서 명하신 것을 가르쳐주소서.
74 당신 말씀에 희망을 둔 이 몸을 보고
당신을 경외하는 이들은 기뻐하리이다.
75 야훼여, 당신의 판결은 옳사옵니다.
나를 괴롭히심은 당신의 성실하심 때문이옵니다.
76 일찍이 당신의 종에게 약속하신 대로
사랑을 내리시어 위로하소서.
77 당신의 법이 나의 기쁨이오니
인자를 베푸시어 살려주소서.
78 거짓말로 이 몸을 괴롭히는 교만한 자들일랑 망신을 당하게 하소서.
이 몸은 주님의 계명을 되새기리이다.
79 당신을 경외하는 이들 나에게 오게 하시고
당신의 언약을 깨우친 이들 나에게 오게 하소서.
80 이 마음이 당신의 뜻을 따라 깨끗이 살고
수치를 당하지 않게 하소서.
81 이 몸이 당신 말씀에 희망을 걸고
당신의 구원을 향하여 끝까지 가오리이다.
82 이 몸이 당신 약속을 눈빠지게 기다립니다.
언제 나에게 위안을 주시렵니까?
83 나 비록 연기 속의 가죽부대처럼 되었사오나
나는 당신의 뜻을 잊지 않으리이다.
84 당신의 종이 얼마나 더 살겠습니까?
이 몸을 박해하는 자들을 언제 심판하시렵니까?
85 당신의 법을 반대하는 교만한 자들이
내 앞에 함정을 팠사옵니다.
86 당신의 법령은 조목조목 참되오니,
거짓이 나를 핍박할 때에 나를 도와주소서.
87 이 땅에서 저들이 이 몸을 거의 죽여놓았어도
나는 당신의 계명들을 버리지 않으리이다.
88 당신의 사랑으로 이 몸을 살려주소서.
친히 일러주신 언약을 지키리이다.

89 야훼여, 당신 말씀 영원하시고
변함없이 하늘에 있사옵니다.
90 당신의 진실하심 만세에 이르오며,
손수 만드신 저 땅은 흔들림이 없사옵니다.
91 모든 것이 당신의 여종이오니
당신의 결정 따라 오늘까지 변함없이 있사옵니다.
92 당신의 법이 나의 낙이 아니었더면
이 몸은 고통 속에서 죽었으리이다.
93 계명들을 주시어 살려주셨으니
죽어도 그것을 아니 잊으리이다.
94 이 몸이 당신의 것이오니 구원하소서.
애써 당신의 계명을 찾으리이다.
95 악인들이 이 몸을 죽이려고 노리고 있사오나
나는 당신의 언약을 명심하리이다.
96 아무리 완전한 것도 끝이 있는 줄 나 아오나,
당신의 계명들은 한없이 넓사옵니다.

97 당신의 법이 너무나도 사랑스러워
자나깨나 나는 그 말씀을 되새깁니다.
98 계명을 주심으로 당신은 내 것이 되어,

원수들보다 더 지혜롭게 나를 만드십니
다.
99 당신의 언약을 되새기어서
나의 모든 스승보다도 더 현명해지리이
다.
100 당신의 법령들을 내가 지키어
노인들보다도 더 슬기로워지리이다.
101 당신의 말씀대로 살기 위하여
온갖 나쁜 길에서 발길을 돌리리이다.
102 당신께서 친히 가르쳐주시오니
당신의 결정을 거역하지 않으리이다.
103 당신의 약속은 말부터가 혀에 달아
내 입에는 꿀보다도 더 답니다.
104 당신의 법령들을 깨우쳐 슬기를 얻었으
니
모든 거짓된 길을 역겨워합니다.
105 당신의 말씀은 내 발에 등불이요,
나의 길에 빛이옵니다.
106 나 한번 맹세하였으니
당신의 바른 결정을 지키리이다.
107 야훼여, 나의 받는 고난이 심하오니
말씀하신 대로 이 몸 살려주소서.
108 야훼여, 내 입이 드리는 이 정성을 받으시
고,
당신의 결정을 가르쳐주소서.
109 나의 생명 항상 내 손안에 있으니㉠
당신의 법을 잊지 않으리이다.
110 악한 자들이 내 앞에 올가미를 쳐놓았으
니,
나는 당신의 법령들을 어기지 않으리이
다.
111 당신의 언약은 영원히 나의 유산이며
내 마음의 기쁨입니다.
112 당신 뜻을 따르기로 내 마음 정하였사오
니
그것이 영원한 보상입니다.

113 나는 두 마음 품는 자를 미워하오며
당신의 법을 사랑합니다.
114 당신은 나의 은신처, 나의 방패시오니
나는 당신의 말씀에 희망을 두옵니다.
115 악인들아, 나에게서 떠나가거라.
나는 내 하느님의 계명을 지키리라.
116 약속하신 대로 나를 붙들어주시고 살려
주소서.
나의 기대를 무색하게 만들지 마옵소서.
117 내가 기댈 지주 되어주소서.
내가 살아나리이다.

나는 언제나 당신 뜻을 살피리이다.
118 당신 뜻을 어기고 벗어나는 자, 모두 당
신께서 엎어버리시니
그들의 계산은 허황합니다.
119 세상의 악인들을 모두 찌꺼기처럼 치우
시니
나는 당신의 언약을 사랑하옵니다.
120 나의 몸은 당신이 무서워 떨리옵고,
당신의 판결이 이 몸은 두렵기만 합니다.
121 나는 당신의 결정과 정의를 따랐사오니,
억누르는 자들에게 넘겨주지 마소서.
122 당신의 종을 편들어 잘되게 하시고
교만한 자들에게 짓밟히지 않게 하소서.
123 당신의 구원을 눈 빠지게 기다리오며,
정의의 약속을 끝까지 기다립니다.
124 당신 사랑으로 이 종을 대해 주시고
당신의 뜻을 나에게 가르치소서.
125 이 몸은 당신의 종이오니 나를 깨우쳐주
소서.
당신의 언약을 알아차리리이다.
126 야훼여, 당신의 법을 사람들이 짓밟았사
오니
나서실 때가 되었사옵니다.
127 그리하여 나는 금보다도, 순금보다도
당신의 계명을 더 좋아하리이다.
128 또, 당신의 법령을 어김없이 따르고,
모든 거짓된 길을 역겨워하리이다.

129 당신의 언약이 너무나도 놀라워
이 몸은 성심껏 그것을 지키리이다.
130 당신 말씀 밝히시어 빛을 내시니,
우둔한 자들이 손쉽게 깨닫습니다.
131 당신의 계명을 탐한 나머지
입을 크게 벌리고 헐떡입니다.
132 당신의 이름을 사랑하는 자에게 하시던
대로
나에게도 얼굴을 돌이키사 불쌍히 여기
소서.
133 당신 약속에 힘을 얻어 꿋꿋이 걷게 하시
고
악이 나를 이기지 못하게 하소서.
134 사람들의 압박에서 이 몸 빼내 주소서.
당신의 법령대로 살리이다.
135 당신의 종에게 웃는 얼굴을 보이시고
당신의 뜻을 가르쳐주소서.
136 사람들이 당신의 법을 지키지 아니하니
시냇물처럼 눈물이 흐르옵니다.

㉠ 항상 죽을 각오가 되어 있다는 뜻이다.

137 야훼여, 당신은 공정하시며
당신의 결정은 언제나 옳사옵니다.
138 당신의 언약은 공정하여
조금도 틀림이 없사옵니다.
139 나의 원수들이 당신의 말씀을 기억하지 아니하니
나의 정열이 이 몸을 사릅니다.
140 아무리 어려워도 지켜진 당신의 약속,
나에게는 그 약속이 소중합니다.
141 나 비록 미천하여 멸시를 당하나
당신의 법령들을 잊지 않으리이다.
142 당신의 정의는 영원한 정의,
당신의 법은 언제나 진실됩니다.
143 우민과 억압에 짓눌려도
당신의 계명이 나를 기쁘게 하옵니다.
144 당신의 언약은 언제나 공정하시니
그것을 깨우쳐주시고 이 몸을 살게 하소서.

145 야훼여, 목청껏 당신을 부르오니 대답하소서.
당신의 뜻을 따르리이다.
146 당신을 부르오니 구해 주소서.
당신의 언약을 내가 지키리이다.
147 당신의 말씀에 희망을 걸고
새벽보다 먼저 일어나, 이렇게 부르짖사옵니다.
148 뜬눈으로 밤을 지켜보며
당신의 약속을 묵상합니다.
149 야훼여, 당신의 사랑으로 나의 소리를 들으시고
당신의 판결로써 이 몸을 살려주소서.
150 나를 박해하는 자들이 당신의 법을 버리고
음흉한 생각으로 나에게 가까이 옵니다.
151 야훼여, 당신께서는 나에게 가까이 계시오며
당신의 계명은 언제나 진실됩니다.
152 영원토록 맺으신 당신의 언약,
나는 옛부터 그것을 익히 알았습니다.
153 당신의 법을 내가 잊지 않으리니
이 비참한 모습을 보시고 건져주소서.
154 고발당한 이 몸을 변호하시고 구해 주소서.
약속하신 대로 이 몸을 살려주소서.
155 당신의 뜻대로 살지 않으려는 자들,
그 악인들에게 구원이란 당치도 않사옵니다.
156 야훼여, 당신의 인자하심 한없이 크시오니
공정하신 당신의 판결로 이 몸을 살려주소서.
157 나를 박해하는 자들과 억압하는 자들이 아무리 많아도
이 몸은 당신의 언약을 떠나지 않으리이다.
158 당신의 약속을 지키지 않는 자들,
그 배신들을 보고 내 마음 심히 불쾌하옵니다.
159 보소서, 야훼여, 나는 당신의 법령들을 좋아합니다.
당신 사랑으로 이 몸을 살려주소서.
160 당신의 말씀은 한마디로 진실, 그것이오며
당신의 공정한 판결은 영원하십니다.

161 권세가들이 나를 까닭 없이 박해하오나
내 마음이 두려워하는 것은 당신의 말씀입니다.
162 전리품을 얻고서 좋아하듯이
당신의 말씀 듣는 것을 나는 기뻐합니다.
163 거짓은 내가 싫어하는 것,
나는 당신 법을 좋아하고 실행합니다.
164 당신의 옳은 판결, 찬송하오니
하루에도 일곱 번씩 찬양합니다.
165 당신의 법을 사랑하는 이에게는 만사가 순조롭고
무엇 하나 꺼릴 것이 없사옵니다.
166 야훼여, 당신의 계명을 내가 따랐사오니,
당신의 구원을 기다립니다.
167 당신의 언약을 온전히 사랑하여
내 영혼이 그것을 지키리이다.
168 나의 모든 행실을 보고 계시오니
당신 법령, 당신 언약을 지키리이다.

169 야훼여, 이 울부짖는 소리를 가까이 들으시고
당신의 말씀으로 깨우쳐주소서.
170 당신 어전에 나의 기도 소리 이르게 하시고,
약속하신 대로 건져주소서.
171 당신 뜻을 당신 친히 가르쳐주시오니
이 입술로 당신을 찬양하리이다.
172 당신의 모든 계명 정의시오니,
당신의 약속, 이 혀로 노래하리이다.
173 당신의 법령대로 살기로 결심한 이 몸,
손을 뻗으시어 도와주소서.
174 야훼여, 당신의 구원을 애타게 기다리며
당신의 법을 기쁨으로 삼으리이다.

175 이 몸이 살아서 당신을 찬양하리니
바른 판단 내리시어 도와주소서.
176 이 몸은 길 잃고 헤매는 한 마리 양,
어서 오시어 이 종을 찾아주소서.

당신의 계명을 소홀히 여긴 적은
한 번도 없사옵니다.

120

[순례자의 노래]

곤경에 빠져서 야훼께 부르짖었더니
내 소리를 들어주셨사옵니다.
2 야훼여, 나를 건져주소서.
거짓된 입술과 사악한 혀로부터 건져주
소서.

3 너, 사악한 혀야, 너 무엇을 얻으려 하느
냐?
너 무엇을 더 받으려 하느냐?
4 네가 받을 것은 용사의 날카로운 화살과
노가주나무 숯불뿐이라.

5 오! 메섹인들에게 얹혀사는 나의 신세,
케달인들 천막에서의 더부살이, 이 괴로
움이여.
6 평화를 지겨워하는 자들,
그들 틈에 너무나도 오래 끼여 살았구나.
7 내 소망은 화평이다, 한마디만 하여도,
그들에겐 싸움거리가 되는구나.

121

[순례자의 노래]

이 산 저 산 쳐다본다.
도움이 어디에서 오는가?
2 하늘과 땅을 만드신 분,
야훼에게서 나의 구원은 오는구나.

3 네 발이 헛디딜까 야훼, 너를 지키시며
졸지 아니하시리라.
4 이스라엘을 지키시는 이,
졸지 않고 잠들지도 아니하신다.
5 야훼는 너의 그늘, 너를 지키시는 이,
야훼께서 네 오른편에 서 계신다.
6 낮의 해가 너를 해치지 않고
밤의 달이 너를 해치지 못하리라.
7 야훼께서 너를 모든 재앙에서 지켜주시고
네 목숨을 지키시리라.
8 떠날 때에도 돌아올 때에도 너를 항상 지
켜주시리라,
이제로부터 영원히.

122

[다윗이 지은 순례자의 노래]

야훼 집에 가자 할 때,
나는 몹시도 기뻤다.
2 우리는 벌써 왔다, 예루살렘아,
네 문 앞에 발걸음을 멈추었다.

3 예루살렘아, 과연 수도답게 잘도 지어졌
구나.
모든 것이 한몸같이 잘도 짜여졌구나.
4 그 지파들이, 야훼의 지파들이
이스라엘의 법도에 따라
야훼 이름 기리러 그리로 올라가는구나.
5 재판석이 거기에 있고
다윗 가문이 앉을 자리 또한 거기에 있구
나.

6 예루살렘을 위하여 평화의 소리 외쳐라.
"네 집안에 평화!"
7 "네 성안에 평화!"
"궁궐 안에 평화!"
8 내 겨레, 내 벗들을 나 사랑하거늘
"너에게 평화!" 외치게 해다오.
9 우리 하느님 야훼의 집을 나 사랑하거늘,
너에게 복이 있으라.

123

[순례자의 노래]

하늘에 앉아 계시는 이여,
내가 눈을 들어 당신을 쳐다봅니다.

2 상전의 손만 쳐다보는 종의 눈처럼
마님의 손만 쳐다보는 몸종의 눈처럼
우리 하느님 야훼의 자비를 바라
우리 눈이 그분을 쳐다봅니다.
3 우리를 불쌍히 여기소서.
야훼여, 불쌍히 보아주소서.
너무나도 멸시를 받았습니다.
4 배부른 자들의 비웃음 소리,
교만한 자들의 그 모멸,
이제 그만 지긋지긋합니다.

124

[순례자의 노래]

이스라엘이 하는 말,
"야훼께서 우리 편이 아니셨더면,
2 원수들이 우리를 치러 일어났을 때
야훼께서 우리 편이 아니셨더면
3 그들은 달려들어 살기등등,
산 채로 우리를 집어삼켰으리라.
4 거센 물살에 우리는 휩쓸리고
마침내 물에 빠져 죽고 말았으리라.

5 거품 뿜는 물결에 빠져 죽고 말았으리
라."

6 야훼를 찬미하여라.
우리를 원수들에게 먹히지 않게 하셨다.
7 새 잡는 그물에서 참새를 구하듯이
우리의 목숨을 건져내셨다.
8 그물은 찢어지고 우리는 살아났다.
하늘과 땅을 만드신 분,
야훼의 이름밖에는 우리의 구원이 없구나.

125

[순례자의 노래]
아훼께 의지하는 자는 시온 산과 같
으니
흔들리지 않고 영원히 든든하리라.
2 산들이 예루살렘을 에워 감싸주듯이
야훼께서 당신 백성을 감싸주시리라.
이제로부터 영원히.
3 의인들이 악한 일에 손을 뻗지 않도록,
의인들이 차지한 땅 위에서
악인이 그 왕권을 휘두르지 못하리라.

4 선한 사람, 정직한 사람에게
야훼여, 은혜를 베푸소서.
5 그릇된 길로 빗나가는 자들은
야훼여, 악인들과 함께 그들을 물리치소
서.

이스라엘에 평화 있으라!

126

[순례자의 귀환 노래]
야훼께서 시온의 포로들을 풀어주시
던 날,
꿈이든가 생시든가!
2 그 날 우리의 입에서는 함박 같은 웃음 터
지고
흥겨운 노랫가락 입술에 흘렀도다.
그 날 이교 백성 가운데서 들려오는 말소
리,
"놀라워라, 야훼께서 저 사람들에게 하신
일들!"
3 야훼께서 우리에게 놀라운 일 하셨으니
우리는 얼마나 기뻤던가.

4 야훼여, 저 네겝 강바닥에 물길 돌아오듯
이㉠
우리의 포로들을 다시 데려오소서.
5 눈물을 흘리며 씨뿌리는 자,
기뻐하며 거두어들이리라.
6 씨를 담아 들고 울며 나가는 자,
곡식단을 안고서 노랫소리 흥겹게 들어
오리라.

127

[솔로몬이 지은 순례자의 노래]
야훼께서 집을 세우지 아니하시면
집 짓는 자들의 수고가 헛되며
야훼께서 성을 지키지 아니하시면
파수꾼의 깨어 있음이 헛일이다.
2 이른 새벽에 일찍 일어나는 것도
밤늦게야 잠자리에 드는 것도,
먹으려고 애쓰는 것도 다 헛되고 헛되니
야훼께서는 사랑하시는 자에게
잘 때에도 배불리신다.

3 자식은 야훼의 선물이요,
태중의 소생은 그가 주신 상급이다.
4 젊어서 낳은 자식은
용사가 손에 든 화살과 같으니,
5 복되어라, 전동에 그런 화살을 채워 가진
자,
성문에서 원수들과 담판할 때에
높은 데서 이야기하리라.

128

[순례자의 노래]
복되어라, 야훼를 경외하며
그의 길을 걷는 자.
2 네 손으로 일하여 그것을 먹으니,
그것이 네 복이며 너의 행복이다.
3 너의 집 안방의 네 아내는
포도알 푸짐한 포도나무 같고
밥상에 둘러앉은 네 자식들은
올리브 나무의 햇순과 같구나.
4 보아라, 야훼를 경외하는 자는
이렇게 복을 받으리라.

5 야훼께서 시온으로부터 복을 내리시어
네 평생 모든 나날을 예루살렘의 번영을
바라다보며
6 아들 손자 많이 보게 하여주시기를!

이스라엘에 평화 있으라!

129

[순례자의 노래]
이스라엘이 하는 말,
2 "젊어서부터 내가 받은 그 학대들.

㉠ 이 강은 항상 말라 있었다.

그래도 나는 꺾이지 않았지.
3 밭 가는 자들이 내 등을 갈아 엎어
기나긴 고랑을 지었지만
4 의로우신 야훼께서는
악인들의 멍에를 박살내셨다."

5 시온의 원수들아, 모두 망신당하고 물러
들 가라.
6 지붕 위의 풀포기처럼 뽑을 새도 없이 시
들어버려라.
7 베는 이의 손에도
묶는 이의 아름에도 차지 않으니
8 지나는 사람, 아무도
"야훼의 복이 너희에게 있기를!
야훼의 이름으로 너희에게 복을 빈다."
하는 사람이 없으리라.

130 [순례자의 노래]

야훼여, 깊은 구렁 속에서 당신을
부르오니,
2 주여, 이 부르는 소리 들어주소서.
애원하는 이 소리, 귀 기울여 들으소서.

3 야훼여, 당신께서 사람의 죄를 살피신다
면,
감당할 자 누구이리까?
4 그러나 용서하심이 당신께 있사오니
이에 당신을 경외하리이다.
5 나는 야훼님 믿고 또 믿어
나의 희망 그 말씀에 있사오니,
6 새벽을 기다리는 파수꾼보다
내 영혼이 주님을 더 기다리옵니다.
7 새벽을 기다리는 파수꾼처럼
이스라엘이 야훼를 기다리옵니다.

인자하심이 야훼께 있고
풍요로운 속량이 그에게 있으니
8 그가 이스라엘을 속량하시리라.
그 모든 죄에서 구하시리라.

131 [순례자의 노래, 다윗 지음]

야훼여, 내 마음은 교만하지 않으며
내 눈 높은 데를 보지 않사옵니다.
나 거창한 길을 좇지 아니하고
주제넘게 놀라운 일을 꿈꾸지도 않사옵
니다.
2 차라리 내 마음 차분히 가라앉혀,
젖 떨어진 어린 아기, 어미 품에 안긴 듯
이
내 마음 평온합니다.

3 이스라엘아, 이제부터 영원토록
네 희망을 야훼께 두어라.

132 [순례자의 노래]

야훼여, 다윗을 생각해 주소서.
얼마나 애썼는지 생각하소서,
2 야훼께 맹세하며, 야곱의 전능하신 분께
선서하며
그는 이렇게 말하였습니다.

5 "야훼 계실 장막을 마련하기까지,
야곱의 전능하신 분이 계실 곳을 찾을 때
까지
3 나는 내 집에 들어가지 않겠습니다.
잠자리에 들어 편히 쉴 수도 없습니다,
4 눈 붙이고 잠들지 못하겠습니다.
눈시울에 선잠조차 붙일 수가 없습니다."

6 계약궤가 있다는 말을 에브라다에서 듣고
야알 들에서 그것을 찾았습니다.

7 그분 계시는 곳으로 들어가자.
그 발 앞에 엎드려 경배하자.

8 야훼여, 당신 쉬실 곳으로 갑시다.
당신의 힘 깃들인 계약궤와 함께 갑시다.
9 당신의 사제들은 정의의 옷 펄럭이고,
당신을 믿는 자들 입에서는 기쁨의 환성
이 터지게 하소서.
10 당신의 종 다윗을 보시고
몸소 기름 부어 세우신 왕을 물리치지 마
소서.
11 야훼께서 다윗에게 하신 맹세,
어길 수 없는 진실된 맹세,

"네 몸에서 난 후손을
너에게 준 왕좌에 앉히리라.
12 네 후손이 나와 맺은 계약을 지키고
내가 가르쳐준 법대로 살면,
대대로 네 뒤를 이어 왕위에 오르리라."

13 야훼, 시온을 택하시어
여기에 계시기로 정하시며 이르시기를,
14 "이 곳은 영원히 나의 안식처,
여기가 좋으니 나 여기 살리라.
15 시온에 먹을 복을 듬뿍 내리고

그 가난한 자들을 배불리 먹게 하리라.
16 그 사제들은 구원의 옷을 입고
신자들은 즐거운 환성을 올리리라.
17 여기에서 다윗의 뿔이 돋아나게 하고
내가 세운 왕의 등잔에 불을 켜주리라.㉠
18 그의 머리에는 빛나는 면류관을 씌워주고
그의 원수들에게는 누더기를 입혀주리
라."

133

[순례자의 노래, 다윗 지음]
이다지도 좋을까, 이렇게 즐거울
까!
형제들 모두 모여 한데 사는 일!
2 아론의 머리에서 수염 타고 흐르는,
옷깃으로 흘러내리는 향긋한 기름 같구
나.
3 헤르몬 산에서 시온 산 줄기를 타고
굽이굽이 내리는 이슬 같구나.
그 곳은 야훼께서 복을 내린 곳,
그 복은 영생이로다.

134

[순례자의 노래]
야훼를 섬기는 사람들아,
야훼의 집에서 밤 새워 모시는 사람들아,
모두들 야훼를 찬양하여라.
2 성전을 향하여 손을 쳐들고
야훼를 찬양하여라.

3 하늘과 땅을 만드신 야훼께서
시온에서 내리시는 복을 받아라.

135

할렐루야,
야훼의 이름을 찬미하여라.
야훼를 섬기는 사람들아, 찬미하여라.
2 야훼의 집, 우리 하느님의 집 울 안에서
그를 모시는 사람들아,
3 야훼, 어지신 분, 야훼를 찬양하여라.
상냥하신 분, 수금 타며 그 이름 찬양하
여라.
4 야곱을 당신 것으로 삼으시고
이스라엘을 소중하게 간직하신 야훼시다.

5 야훼 정녕 높으심을 나 분명 아나니
모든 신들 위에 계시는 우리의 주님이시
다.
6 하늘과 땅, 바다 위와 바닷속 깊은 곳 어
디에서나
야훼께선 무엇이나 뜻대로 이루시는 분이
시다.
7 땅 끝에서 구름이 올라가고
번개치며 비가 쏟아지고
창고에서 바람이 쏟아져 나오는 것도 그
가 하시는 일,
8 이집트에서는 맏아들을 비롯하여
짐승의 맏배에 이르기까지 내리치셨고
9 이집트 한복판에서 왕과 그의 모든 신하
들에게
기적으로 재앙을 내리신 이도 그분이시다.

10 뭇 민족을 치시고 힘센 왕들을 죽이셨으
며,
11 아모리 왕 시혼과 바산 왕 옥과
가나안 왕을 모두 죽이시고
12 그들 땅을 우리에게 물려주시어
당신 백성 이스라엘로 하여금 대대로 물
려받게 하셨다.

13 "야훼여, 당신 이름 길이 빛나소서.
야훼여, 당신 기억을 대대손손 남기리이
다.
14 야훼께선 당신의 백성을 변호해 주시고
당신의 종들을 어여삐 여기셨사옵니다."
15 다른 민족들의 우상은 금이나, 은덩어리,
사람들이 손재간을 부린 것,
16 입이 있어도 말을 못하고
눈이 있어도 보지 못하고,
17 귀가 있어도 듣지 못하고
입에는 숨기마저 없는 것들,
18 이런 것을 만들고 의지하는 자들은
그 우상 꼴이 되리라.

19 이스라엘 문중아, 야훼를 찬양하여라.
아론 문중아, 야훼를 찬양하여라.
20 레위 문중아, 야훼를 찬양하여라.
야훼를 경외하는 사람들아,
야훼를 찬양하여라.

21 "예루살렘에 자리잡으신 야훼여,
시온에서 드리는 찬미를 받으소서."

136

할렐루야,
어지신 분, 야훼께 감사 노래 불러
라.
"그의 사랑 영원하시다."
2 모든 신들의 하느님께 감사 노래 불러라.
"그의 사랑 영원하시다."

㉠ 후손을 불씨로 본 것이다. 2사무 21:17 참조.

3 모든 주인들의 주님께 감사 노래 불러라.
"그의 사랑 영원하시다."
4 홀로 놀라운 일 이루셨다.
"그의 사랑 영원하시다."
5 지혜로 하늘을 만드셨다.
"그의 사랑 영원하시다."
6 땅을 물 위에 펼치셨다.
"그의 사랑 영원하시다."
7 큰 빛들을 내셨다.
"그의 사랑 영원하시다."
8 낮을 다스리라고 해를 만드셨다.
"그의 사랑 영원하시다."
9 밤을 다스리라고 달과 별을 내셨다.
"그의 사랑 영원하시다."

10 이집트 사람들의 맏아들을 치셨다.
"그의 사랑 영원하시다."
11 그 속에서 이스라엘을 구해 내셨다.
"그의 사랑 영원하시다."
12 억센 손, 그 팔을 휘두르셨다.
"그의 사랑 영원하시다."
13 홍해를 둘로 쪼개셨다.
"그의 사랑 영원하시다."
14 그 한가운데로 이스라엘을 건네주셨다.
"그의 사랑 영원하시다."
15 파라오와 그 군대를 홍해에 처넣으셨다.
"그의 사랑 영원하시다."
16 사막에서 당신 백성 인도하셨다.
"그의 사랑 영원하시다."
17 대왕들을 무찌르셨다.
"그의 사랑 영원하시다."
18 세력 있는 왕들을 없애셨다.
"그의 사랑 영원하시다."
19 아모리 왕 시혼을 죽이셨다.
"그의 사랑 영원하시다."
20 바산 왕 옥을 죽이셨다.
"그의 사랑 영원하시다."
21 그들 땅을 우리에게 물려주셨다.
"그의 사랑 영원하시다."
22 당신의 종 이스라엘에게 대대로 물려받게 하셨다.
"그의 사랑 영원하시다."
23 우리가 망했을 때 아니 잊으셨다.
"그의 사랑 영원하시다."
24 우리를 원수들 손에서 빼내 주셨다.
"그의 사랑 영원하시다."
25 입 가진 모든 것에게 먹을 것을 주신다.
"그의 사랑 영원하시다."
26 하늘에 계신 하느님께 감사 노래 불러라.
"그의 사랑 영원하시다."

137

바빌론 기슭, 거기에 앉아
시온을 생각하며 눈물 흘렸다.
2 그 언덕 버드나무 가지 위에
우리의 수금 걸어놓고서.
3 우리를 잡아온 그 사람들이
그 곳에서 노래하라 청하였지만,
우리를 끌어온 그 사람들이
기뻐하라고 졸라대면서
"한 가락 시온 노래 불러라." 하였지만
4 우리 어찌 남의 나라 낯선 땅에서
야훼의 노래를 부르랴!
5 예루살렘아, 내가 너를 잊는다면,
내 오른손이 말라버릴 것이다.
6 네 생각 내 기억에서 잊혀진다면
내 만일 너보다 더 좋아하는 다른 것이 있다면
내 혀가 입천장에 붙을 것이다.

7 야훼여, 잊지 마소서. 예루살렘이 떨어지던 날,
에돔 사람들이 뇌까리던 말,
"쳐부숴라, 바닥이 드러나게 헐어버려라."

8 파괴자 바빌론아,
네가 우리에게 입힌 해악을
그대로 갚아주는 사람에게 행운이 있을지라.
9 네 어린것들을 잡아다가
바위에 메어치는 사람에게 행운이 있을지라.

138

[다윗 지음]
야훼여,
내 마음 다하여 감사 기도 드립니다.
당신을 모시고 섰는 이들 앞에서 당신을 찬양합니다.
2 거룩한 당신의 궁전 향하여 엎드려
인자함과 성실함을 우러르며
당신의 이름 받들어 감사 기도 드립니다.
언약하신 그 말씀, 당신 명성보다 크게 펴졌사옵니다.
3 내가 부르짖을 때 당신은 들어주시고
힘을 한껏 복돋우어주셨습니다.

4 야훼여,
당신의 언약 말씀을 듣고서

세상의 모든 왕들이 당신께 감사 노래 부
릅니다.
5 그들이 야훼께서 밟으신 길을 찬양하며
"야훼 그 영광 크시다." 노래합니다.
6 야훼여, 당신은 높이 계셔도 낮은 사람 굽
어보시고
멀리 계셔도 거만한 자 아십니다.

7 내가 고생길을 걸을 때에
이 몸 살려주시며,
손을 드시어 살기 띤 원수들을 치시고
오른손으로 붙들어 이 몸 구해 주십니다.
8 야훼여, 모든 일 나를 위해 하심이오니,
이미 시작하신 일에서 손을 떼지 마소서.
당신의 사랑 영원하시옵니다.

139

[다윗이 지은 노래, 지휘자를 따라 부르라]

1 야훼여, 당신께서는 나를 환히 아십니다.
2 내가 앉아도 아시고 서 있어도 아십니다.
멀리 있어도 당신은 내 생각을 꿰뚫어 보
시고,
3 걸어갈 때나 누웠을 때나 환히 아시고,
내 모든 행실을 당신은 매양 아십니다.
4 입을 벌리기도 전에
무슨 소리 할지, 야훼께서는 다 아십니다.
5 앞뒤를 막으시고
당신의 손 내 위에 있사옵니다.
6 그 아심이 놀라워 내 힘 미치지 않고
그 높으심 아득하여 엄두도 아니 납니다.
7 당신 생각을 벗어나 어디로 가리이까?
당신 앞을 떠나 어디로 도망치리이까?
8 하늘에 올라가도 거기에 계시고
지하에 가서 자리깔고 누워도 거기에도
계시며,
9 새벽의 날개 붙잡고 동녘에 가도,
바다 끝 서쪽으로 가서 자리를 잡아보아
도
10 거기에서도 당신 손은 나를 인도하시고
그 오른손이 나를 꼭 붙드십니다.
11 어둠보고 이 몸 가려달라고 해보아도,
빛보고 밤이 되어 이 몸 감춰달라 해보아
도,
12 당신 앞에서는 어둠도 어둠이 아니고
밤도 대낮처럼 환합니다.
당신에게는 빛도 어둠도 구별이 없습니
다.
13 당신은 오장육부 만들어주시고
어머니 뱃속에 나를 빚어주셨으니
14 내가 있다는 놀라움, 하신 일의 놀라움,
이 모든 신비들, 그저 당신께 감사합니
다.
당신은 이 몸을 속속들이 다 아십니다.
15 은밀한 곳에서 내가 만들어질 때
깊은 땅 속에서 내가 꾸며질 때
뼈 마디마디 당신께 숨겨진 것 하나도 없
었습니다.
16 형상이 생기기 전부터 당신 눈은 보고 계
셨으며
그 됨됨이를 모두 당신 책에 기록하셨고
나의 나날은 그 단 하루가 시작하기도 전
에
하루하루가 기록되고 정해졌습니다.
17 하느님, 당신의 생각은 너무 깊어 미칠
길 없고,
너무 많아 이루 다 헤아릴 길 없습니다.
18 세어보면 모래보다 많고
다 세었다 생각하면 또 있사옵니다.

19 하느님,
악한 자를 죽여만 주소서!
피에 주린 자들, 나에게서 물러가게 하소
서.
20 그들은 당신을 두고 음흉한 말을 지껄이
며,
당신 이름을 우습게 여깁니다.
21 야훼여,
당신께 원수진 자들을 내가 어찌 미워하
지 않으리이까?
당신께 맞서는 자들을 어찌 싫어하지 않
으리이까?
22 내가 그들을 지극히 미워하니
그들은 나에게도 원수입니다.
23 하느님, 나를 살펴보시고 내 마음 알아주
소서,
나를 파헤쳐 보시고 내 근심 알아주소서.
24 죽음의 길 걷는지 살피시고
영원한 길로 인도하소서.

140

[지휘자를 따라 부르는 다윗의 시]

야훼여, 악한 자의 손에서 나를 건
져주소서.
횡포한 자의 손에서 나를 보호하소서.
2 그들은 속으로 악을 꾀하고
날마다 싸움질만 궁리합니다.
3 뱀처럼 혓바닥을 날카롭게 하고
입에는 독사처럼 독을 품고 있습니다.
(셀라)

4 야훼여, 악인의 손에서 나를 지켜주시고,
횡포한 자의 손에서 나를 보호하소서.
나를 넘어뜨리려고
5 나 몰래 함정 파고 그물 치는 건방진 자
들,
내 길목에 올무 치고, 덫을 놓았습니다.
(셀라)
6 그리하여 나는 야훼께 아뢰었습니다.
"당신은 나의 하느님,
야훼여, 이 애원하는 소리에 귀를 기울이
소서."
7 야훼는 나의 주, 내 구원의 힘,
전투하는 날, 그 아침에 당신은 내 머리
를 감싸주셨습니다.
8 야훼여, 악인들의 원욕을 채워주지 마시고
그 간계를 꺾어주소서.
9 나를 에워싸고 나에게 머리를 치켜 들지
못하게 하시고 (셀라)
내뱉는 악담을 도로 뒤집어쓰게 하소서.
10 숯불을 그 위에 쏟으시고
수렁에 빠져 다시 일어나지 못하게 하소
서.
11 모함하는 자는 세상에서 배겨나지 못하고
포악한 자는 재앙에 몰려 망하게 하소서.
12 야훼여, 당신께서 억울한 자에게 권리 찾
아주시고
가난한 자에게 정의 돌려주심을 나는 압
니다.
13 의인들은 당신 이름 부르며 감사 드리고
성도들은 당신을 모시고 살리이다.

141

[다윗의 시]
야훼여, 당신께 호소하오니, 어서
오소서.
소리높여 당신께 부르짖을 때 이 호소를
들으소서.
2 나의 기도 분향으로 받아주시고
치켜 든 손 저녁의 제물로 받아주소서.

3 야훼여, 이 입에 문지기를 세워주시고
이 말문에 파수꾼을 세워주소서.
4 이 마음을 악한 일에 기울이지 않게 하시
고
악한들과 함께 악한 일을 하지 않게 하소
서.
나는 그들이 차리는 식탁에서 먹지 않으
리이다.
5 의인에게 매를 맞고, 그 사랑의 벌을 받
게 하소서.
나의 머리 위에 악인들이 기름 바르지 못
하게 하소서.
나는 언제나 그들의 악행을 반대하여 기
도 드립니다.
6 그들의 재판관들은 바위의 발톱에 잡혀
내 말이 옳았음을 깨닫게 될 것입니다.
7 맷돌이 땅에 부딪쳐 깨지듯이
우리의 뼈가 저승문 어귀에 흩어졌습니
다.
8 그러나 주 야훼여, 나의 눈은 당신을 바라
보고,
이 몸 당신께 숨기오니 이 목숨 내버리지
마소서.
9 저들이 쳐놓은 올가미에 걸려들지 않게
하시고
악한 자들의 덫에 치이지 않도록 지켜주
소서.
10 악인들은 모두 저희가 친 그물에 걸려들
게 하시고,
나는 안전하게 내 길을 가게 하소서.

142

[다윗의 시, 다윗이 굴에 있을 때 드린 기
도]
1 나는 야훼께 부르짖습니다.
나는 야훼께 애원합니다.
2 나의 애타는 마음을 고백합니다.
이 괴로움을 아뢰옵니다.

3 내가 숨이 넘어갈 듯 허덕일 때,
당신은 나의 앞길을 보살피십니다.
사람들은 나를 잡으려고
내가 가는 길에 덫을 놓았습니다.
4 오른쪽을 살펴보소서.
걱정해 주는 사람 하나 없사옵니다.
도망칠 길마저 모두 막혔는데,
내 목숨을 근심해 주는 사람 하나 없사옵
니다.

5 야훼여, 당신 향하여 소리지릅니다.
"당신은 나의 피난처
이 세상에서 당신은 나의 모든 것."
6 나는 너무나도 비참하게 되었습니다.
이 부르짖는 소리를 귀담아들어 주소서.
나를 핍박하는 자들에게서 이 몸을 건져
주소서.
그들은 나보다 강합니다.
7 이 감옥에서 나를 살려내 주소서.
당신 이름 불러 감사 노래 부르리이다.
나에게 입혀주신 당신 은덕으로

이 몸이 의인들에게 둘러싸이리이다.

143

[다윗이 지은 노래]
야훼여, 내 기도를 들어주소서.
내 애원하는 소리 들으소서.
당신은 진실하시고 의로우시니 대답하소
서.
2 이 종을 재판에 부치지 말아주소서.
살아 있는 사람치고 당신 앞에서 무죄한
자 없사옵니다.
3 원수들이 이 몸을 따라잡아
이 목숨 땅바닥에 메어치고는
영영 죽어버린 사람처럼
어둡고 깜깜한 곳에 살게 합니다.
4 숨결이 가쁘고
넋이 다 빠졌습니다.
5 지난날이 눈앞에 선합니다.
당신의 은덕을 곰곰이 생각합니다.

손수 해주신 일을 잊을 수가 없습니다.
6 내 영혼, 마른 땅처럼 당신 그려 목말라
두 손 들어 당신께 비옵니다. (셀라)

7 야훼여, 어서 대답해 주소서.
숨이 넘어갑니다.
나를 외면하지 마소서.
저들처럼 깊은 구렁 속에 빠져들지 않게
하소서.
8 당신께만 의지하오니,
새벽에 주님의 고마운 말씀 들려주소서.
당신만 쳐다보는 이 몸이오니
어떻게 살지 그 길을 알려주소서.
9 야훼여, 당신께로 피합니다.
원수의 손에서 건져주소서.
10 당신은 나의 하느님이시오니
당신 뜻대로 사는 법 가르쳐주소서.
그 착하신 영기로 나를 인도하소서.
한 길을 가도록 인도하소서.
11 야훼여, 당신 이름 영광되도록
나를 살려주소서.
의로우시니,
이 곤경에서 이 목숨 건져주소서.
12 나를 사랑하시오니
이 원수들을 없애주시고
나를 억누르는 자들을 멸하소서.
이 몸은 당신의 종입니다.

144

[다윗 지음]
나의 반석, 야훼여, 찬미받으소서.
그는 싸움에 익숙하게 내 손 가르치시고
전쟁에 쓸 내 손가락을 익혀주신 분,
2 나의 사랑, 나의 보루,
나의 요새, 나의 해방자,
나의 방패, 내가 피할 은신처,
뭇 민족을 내 발 앞에 굴복시키신 분,
3 야훼여,
사람이 무엇이기에 이처럼 알아주시옵니
까?
인간이 무엇이기에 염려해 주시옵니까?
4 사람은 한낱 숨결에 지나지 않는 것,
한평생이래야 지나가는 그림자입니다.
5 야훼여, 하늘을 기울이시고 내려오소서.
발이 닿기만 해도 산들이 연기를 뿜으리
이다.
6 번개를 치시고 화살을 쏘아대소서.
7 높은 데서 손을 내미시어
거센 물결에서 건져주소서.
외적의 손에서 빼내어 살려주소서.
8 그들은 말마다 빈말을 하며,
오른손을 들고도 거짓 증언하는 자들입
니다.

9 하느님, 새 노래를 읊어드리오리이다.
열 줄 거문고를 뜯으며 불러 올리리이다.
10 왕들에게 승리를 안겨주시고
당신의 종 다윗을 살려주신 이여,
무서운 칼날에서
11 살려주소서.
외적의 손에서 건져주소서.
그들은 말마다 빈말을 하며
오른손을 들고도 거짓 증언하는 자들입
니다.

12 우리 아들들은 햇순처럼 자라나고
딸들은 모퉁이의 네 기둥, 대궐의 얼굴,
13 곳간에는 온갖 곡식이 가득 차고
들에는 양들이 천배 만배 불어나며
14 소들은 살만 찌는데,
잘못되거나 도망치는 일 없으니,
거리에서 아우성 소리 없어지는구나.
15 이 백성이 이리 되니,
아, 복스러워라.
야훼를 하느님으로 모시는 이 백성,
참으로 복스러워라.

145

[다윗이 지은 찬양시]
나의 하느님, 나의 임금님, 내가 당
신을 높이 받들며

언제까지나 당신 이름 찬양하오리이다.
2 날이면 날마다 당신을 기리며
언제까지나 당신 이름 찬양하오리이다.

3 "높으시어라, 야훼,
끝없이 찬미받으실 분,
그 높으심, 측량할 길 없음이여."

4 당신의 업적 세세에 전해지고
찬란한 그 공적 대대손손 알려지리이다.
5 당신의 명성, 그 찬란함,
이룩하신 놀라운 일 전하고 또 전하리이
다.
6 당신의 무서운 힘 사람들에게 알려질 것
이며
나는 당신의 위대함을 이야기하리이다.
7 끝없이 어지신 일들 기억하며
사람들은 당신의 정의를 기뻐 외칠 것입
니다.

8 야훼는 자애롭고 자비로우시며
화를 참으시고 사랑이 지극하시다.
9 야훼는 모든 것을 인자하게 보살피시고
그 부드러운 사랑은 모든 피조물에 미친
다.

10 야훼여, 당신의 온갖 피조물들이 감사 노
래 부르고
신도들이 당신을 찬양하게 하소서.
11 그들이 당신 나라의 영광을 들어 말하고
당신의 공적을 이야기하게 하소서.
12 그리하여 당신의 공적을 사람에게 알리
고
당신 나라의 그 찬란한 영광을 알리게 하
소서.
13 당신의 나라는 영원한 나라,
당신만이 만세에 왕이십니다.

야훼의 말씀은 언제나 진실되고,
그 하시는 일 모두 사랑의 업적이다.
14 누구나 쓰러지면 붙들어주시고
거꾸러지면 일으켜주신다.

15 모든 눈들이 당신만 쳐다보고 기다립니
다.
철을 따라 양식을 주실 분 당신밖에 없사
옵니다.
16 당신께서 손만 벌리시면
살아 있는 모든 것 원대로 배부릅니다.
17 야훼 가시는 길은 언제나 바르시고,
그 하시는 일 모두 사랑의 업적이다.
18 야훼는, 당신을 부르는 자에게,
진정으로 부르는 자에게 가까이 가시고
19 당신을 경외하는 사람의 소원을 채워주
시며
그 애원 들으시어 구해 주신다.
20 야훼는 당신을 사랑하는 사람은 다 지켜
주시고,
악인들은 모두 멸하신다.

21 나는 이 입으로 야훼를 찬양하리라.
모든 사람들아, 그 거룩한 이름 영원토록
찬양하여라.
이제부터 영원토록!

146 할렐루야,
내 마음 야훼를 찬양하리라.
2 한평생 야훼를 찬양하리라.
이 목숨 있는 동안 수금 타며 하느님을 찬
양하리라.

3 너희는 권력가들을 믿지 마라.
사람은 너희를 구해 줄 수 없으니
4 숨 한번 끊어지면 흙으로 돌아가고
그 때에는 모든 계획 사라진다.

5 복되어라,
야곱의 하느님께 도움받는 사람!
자기 하느님 야훼께 희망을 거는 사람!
6 하느님은 하늘과 땅,
바다와 거기에 있는 모든 것을 지으신 분,
언제나 신의를 지키시고
7 억눌린 자들의 권익을 보호하시며,
굶주린 자들에게 먹을 것을 주시고
야훼는, 묶인 자들을 풀어주신다.
8 야훼, 앞 못 보는 자들을 눈뜨게 하시고
야훼, 거꾸러진 자들을 일으켜주시며
야훼, 의인을 사랑하신다.
9 야훼, 나그네를 보살피시고,
고아와 과부들을 붙들어주시나
악인들의 길은 멸망으로 이끄신다.

10 야훼, 영원히 다스리시니
시온아, 네 하느님이 영원히 다스리신다.

147 할렐루야,
야훼를 찬양하여라. 그 노래 얼마나
좋으냐.

우리 하느님, 그 찬미 얼마나 부드러우냐.
2 예루살렘을 세우신 분, 야훼,
흩어졌던 이스라엘을 모아들이시는 분,
3 상처입은 마음을 고치시고
터진 상처를 싸매 주시는 분,
4 별들의 수효를 헤아리시고
낱낱이 이름을 붙여주시는 분,
5 전능하신 우리의 주님 얼마나 크시냐.
그의 슬기 형용할 길 없어라.
6 야훼, 낮은 자는 들어 올리시고
악인들은 땅에까지 낮추신다.
7 야훼께 감사 노래 불러라.
수금 타며 우리 하느님 찬미하여라.
8 구름으로 하늘 덮어
땅에 비를 내리시고,
이 산에도 풀, 저 산에도 풀,
사람 먹을 곡식 나게 하시며,
9 짐승들과 울어대는 까마귀 새끼에게
먹이를 마련하시는 분,
10 힘센 말을 기뻐하지 않으시고
힘 좋은 장정의 다리도 반기지 않으신다.
11 당신 두려운 줄 아는 사람,
당신 사랑 믿는 사람, 그들만을 반기신다.

12 예루살렘아, 야훼를 기리어라.
시온아, 너의 하느님을 찬양하여라.
13 네 성문, 빗장으로 잠그시고
성 안의 네 백성에게 복을 내리시니,
14 네 강토 평화로 지켜주시고
밀곡식 그 진미로 너를 배불리신다.
15 당신 말씀을 땅에 보내시니
그 말씀 순식간에 퍼져 나간다.
16 양털 같은 흰 눈 내리고
재와 같이 서리 쌓이며
17 우박이 덩어리로 쏟아질 제,
그 추위를 어느 누가 감당할손가.
18 당신 말씀 보내시어 모두 녹게 하시고
바람 불게 하시어 물 흐르게 하신다.

19 당신 말씀을 야곱에게 알리시고
법령들을 이스라엘에게 주셨으니,
20 다른 민족은 이런 대우 받지 못하였고
당신 법령 아는 사람 아무도 없었다.

148

할렐루야,
하늘에서 야훼를 찬양하여라.
그 높은 데서 찬양하여라.
2 그의 천사들 모두 찬양하여라.
그의 군대들 모두 찬양하여라.
3 해와 달아, 찬양하고
반짝이는 별들아, 모두 찬양하여라.
4 하늘 위의 하늘들,
하늘 위에 있는 물들아, 찬양하여라.
5 야훼의 명령으로 생겨났으니,
그의 이름 찬양하여라.
6 지정해 주신 자리 길이 지키어라.
내리신 법은 어기지 못한다.

7 땅에서도 야훼를 찬양하여라.
큰 물고기도 깊은 바다도,
8 번개와 우박, 눈과 안개도,
당신 말씀대로 몰아치는 된바람도,
9 이 산 저 산 모든 언덕도,
과일나무와 모든 송백도,
10 들짐승, 집짐승,
길짐승, 날짐승,
11 세상 임금들과 모든 추장들도
고관들과 세상의 모든 재판관들도
12 총각 처녀 할 것 없이
늙은이 어린이 모두 함께
13 야훼의 이름을 찬양하여라.
그 이름, 그분 홀로 한없이 높으시고
땅 하늘 위에 그 위엄 떨치신다.
14 당신 백성의 영광을 드높여주셔서,
당신을 가까이 모신 이 백성, 이스라엘 후
손들,
당신을 믿는 모든 신도들에게 자랑이로
다.

149

할렐루야,
야훼께 새 노래를 불러라.
신도들아, 모여서 그를 찬양하여라.
2 이스라엘아, 너를 내신 분을 모시고 기뻐
하여라.
시온 시민들아, 너희 임금님을 모시고 즐
거워하여라.
3 춤을 추며 그의 이름 찬양하여라.
북 치고 수금 타며 노래하여라.

4 야훼께서 당신 백성 반기시고
짓눌린 자들에게 승리의 영광 주셨다.
5 신도들아, 승리 잔치 벌여라.
밤에도 손뼉치며 노래하여라.
6 목청 높여 하느님을 찬양하여라.
손에는 쌍날칼을 드시고
7 뭇 민족에게 원수를 갚으시며
뭇 나라에게 벌을 주시고
8 왕들에게 고랑 채우시며

권세 있는 자들을 사슬로 묶고
9 이미 내린 선고대로 그들을 처형하시니,
하느님을 믿는 온 신도들의 영광이로다.

150 할렐루야,
성소에서 하느님을 찬미하여라.
하늘에서 그 위력을 찬미하여라.
2 엄청난 일 하셨다, 그를 찬미하여라.
그지없이 높으시다, 찬미하여라.
3 나팔 소리 우렁차게 그를 찬미하여라.
거문고와 수금 타며 찬미하여라.
4 북치고 춤추며 그를 찬미하여라.
현금 뜯고 피리 불며 찬미하여라.
5 자바라를 치며 그를 찬미하여라.
징을 치며 찬미하여라.
6 숨쉬는 모든 것들아, 야훼를 찬미하여라.
할렐루야.

잠 언 집

1 ◎다윗의 아들, 이스라엘 왕 솔로몬의 금언
집

2 이것은 사람을 교육하여 지혜를 깨치게
하고
슬기로운 가르침을 깨닫게 하려는 것이
요,
3 교육으로 사람을 깨우쳐
무엇이 옳고 바르며 떳떳한지 헤아리게
하려는 것이다.
4 어리석은 자를 슬기롭게 하고
철부지를 깨우쳐 뜻을 세우게 하려는 것
이다.
5 지혜로운 사람은 이 가르침을 들어 학식
이 더해지고
슬기로운 사람은 남을 이끌 힘을 얻어
6 잠언의 깊은 뜻을 풀이해 주고
현자의 말이 품은 뜻을 깨우쳐준다.
7 야훼를 두려워하여 섬기는 것이 지식의
근본이다.
어리석은 자는 교육을 받아 지혜로워지
는 것을 멸시한다.
8 아들아, 아비의 훈계를 귀담아듣고
어미의 가르침을 물리치지 마라.
9 그것은 네 머리에 쓰고 다닐 아름다운 관
이요
네 목에 걸고 다닐 목걸이다.
10 아들아, 죄인들이 꾀더라도 따르지 마라.
11 그들은 너를 이렇게 꾀리라.
"같이 가서 길목을 지키다가 피를 보자.
심심하니 길목에 숨었다가 무고한 사람
을 덮쳐
12 죽음이 산 사람 삼키듯이,
구덩이가 사람을 통째로 빨아들이듯이
해치우고
13 온갖 값진 재물을 차지하자.
털어온 것으로 우리의 집을 그득 채우자.
14 우리와 한 통속이 되어
같이 먹고 같이 살자."
15 그래도 아들아, 너는 그들과 같은 길을
가지 마라.
그들이 가는 길에는 발도 들여놓지 마라.
16 그들은 악한 일에 걸음이 재고
피 흘리는 데 날랜 자들이다.
17 새가 보는 데서 그물을 치는 것은 헛된 일
이다.
18 그들은 길목을 지키다가 제 피나 흘리고
길목에 숨었다가 제 목숨을 잃을 뿐이다.
19 모리배의 마지막은 다 이러하니
그가 얻은 재산이 목숨을 앗아간다.

20 지혜가 거리에서 외치고
장터에서 목청을 돋우며
21 떠들썩한 네거리에서 소리치고
성문 어귀에서 말을 전한다.
22 "철부지들아, 언제까지 철없는 짓을 좋아
하려느냐?
거만한 자들아, 언제까지 빈정대기를 즐
기려느냐?
미련한 자들아, 언제까지 지식을 거절하
려느냐?
23 내 훈계를 듣고 돌아서면
내 속마음을 부어주고
내 속엣말을 들려주련만,
24 너희는 불러도 들은 체도 않고
손을 내밀어도 아랑곳하지 않는구나.
25 나의 온갖 충고를 물리치고
훈계도 받아들이지 않아

26 너희가 참변을 당할 때, 내가 웃을 것이며
너희에게 두려운 일이 닥칠 때 내가 비웃으리라.
27 두려움이 태풍처럼 덮치고
참변이 폭풍처럼 몰아치며
기막히고 답답한 일이 들이닥치면,
28 그제야 ㉠너희들은 나를 부를 것이다.
그러나 나는 대답하지 아니하리라.
또, 나를 애써 찾겠지만 만나지 못할 것이다.
29 야훼를 두려워하여 섬길 줄 모르고
지식을 멀리한 탓이다.
30 내 충고를 따르지 않고
온갖 훈계를 업신여긴 탓이다.
31 사람은 제가 맺은 열매를 먹고
제가 꾸민 일로 만족할 수밖에 없는 법,
32 어리석은 자들은 나에게 등을 돌렸다가 자멸하고
미련한 자들은 마음을 놓았다가 나둥그러진다.
33 내 말을 들어야 마음 편히 살고
변을 당할 걱정 없이 평안히 살리라."

2 아들아, 내 말을 받아들이고
내 훈계를 간직하여라.
2 지혜로운 말에 귀를 기울이고
바른 판단에 마음을 두어라.
3 슬기를 찾아 구하고
바른 판단을 얻고 싶다고 소리쳐 불러라.
4 은을 찾아 헤매듯 그것을 구하고
숨은 보화를 파헤치듯 그것을 찾아라.
5 그래야 눈이 열려 야훼 두려운 줄 알게 되고
하느님이 어떤 분이신지 알게 되리라.
6 지혜란 야훼께서 주시는 것,
그의 입에서 떨어지는 말로 지식과 슬기를 깨치게 된다.
7 떳떳이 살면 도움이 되어주시고
올곧게 살면 방패가 되어주신다.
8 바른길 걷는 사람을 감싸주시고
당신께 마음을 쏟는 사람을 지켜주신다.
9 그제야 무엇이 옳고 바르고 떳떳하며,
무엇이 복된 길인지를 알게 된다.
10 슬기가 네 속에 깃들이고
지식이 네 마음에 기쁨이 된다.
11 신중해야 몸을 지키고
판단을 바로 해야 실수가 없어,
12 참변이 도사린 길에서 벗어나고
거짓말하는 자의 손에서 빠져 나온다.
13 그들은 올바른 길을 버리고
컴컴한 뒷골목을 찾아
14 나쁜 짓만 즐기고
사기치며 좋아하는 자들이요,
15 비뚤어진 길에 발을 들여놓고
엇나간 짓만 하는 자들이다.
16 그제야 너는 탕녀의 유혹에서 벗어나고
남의 계집이 꾀는 말에 넘어가지 않는다.
17 그런 여자는 하느님 앞에서 맺은 약조를 잊고
젊은 시절에 맺은 정을 저버린 몸이다.
18 그런 여자가 가는 뒷골목은 죽음에 이르는 길이니,
따라가다가는 죽음의 그늘진 곳으로 내려가게 된다.
19 그런 여자한테로 가면 돌아오지 못하고
다시는 살아날 길이 없다.
20 그러니 너는 착한 사람들과 한 길을 가고
옳게 사는 사람들과 같은 길을 가거라.
21 세상은 떳떳한 사람이 사는 곳이요,
흠없는 사람만이 살아 남는 곳이다.
22 불의하게 살면 세상에서 끊기고
신용 없이 살면 뿌리가 뽑히고 만다.

3 아들아, 내 가르침을 잊지 말고
내 훈계를 마음에 간직하여라.
2 그러면 너는 오래 살고
날이 갈수록 행복을 누리게 된다.
3 성실하게 신의를 지켜라.
이것을 네 목에 걸고
네 마음속에 새겨두어야 한다.
4 그래야 너는 하느님과 사람 앞에서
훌륭한 사람으로 기림을 받는다.
5 마음을 다하여 야훼를 믿어라.
잘난 체하지 말고
6 무슨 일을 하든지 야훼께 여쭈어라.
그가 네 앞길을 곧바로 열어주시리라.
7 스스로 지혜로운 체하지 말고,
야훼를 두려워하여 섬기고 악을 멀리하여라.
8 그리하면 네 몸이 튼튼해지고
뼈마디가 시원해지리라.
9 네 소유를 바치고
땅에서 난 맏물을 드려 야훼를 공경하여라.
10 그러면 네 곳간이 가득 차고

㉠ 히브리어 본문 : "그들은."

잠언

네 술틀에서 햇포도주가 넘쳐나리라.
11 아들아, 야훼께서 타이르시는 말씀을 가볍게 여기지 말고
그의 꾸지람을 달게 받아라.
12 야훼께서는 사랑하는 자를 꾸짖으시되
귀여운 아들에게 매를 드는 아비처럼 하신다.
13 지혜를 찾으면 얼마나 행복하랴!
슬기를 얻으면 얼마나 행복하랴!
14 지혜를 얻는 것이 은보다 값 있고
황금보다 유익하다.
15 지혜는 붉은 산호보다도 값진 것,
네가 가진 어느 것도 그만큼 값지지는 못하다.
16 그 오른손에서 장수를 받고
그 왼손에서 부귀영화를 받는다.
17 지혜의 길은 즐겁고
슬기의 길은 기쁘다.
18 지혜는 붙잡는 자에게 생명의 나무가 되고
지혜를 잡는 사람에겐 행복을 준다.
19 야훼는 지혜로 땅의 터를 놓으시고
슬기로 하늘을 튼튼히 떠받치시며
20 지식으로 깊은 물줄기를 터뜨리시고
구름에서 이슬이 돋게 하셨다.
21 아들아, 잘 생각하고 헤아려
그것들을 잠시도 잊지 마라.
22 그것이 아름다운 목걸이가 되어
복된 삶을 안겨줄 것이다.
23 그러면 너는 발을 헛딛는 일 없이
네 인생길을 무사히 갈 수 있다.
24 잠자리에 들어도 두려운 것 없어
몸을 누이면 곧 단잠을 자게 되리라.
25 불의한 자에게 참변을 당하고
갑작스런 화가 닥치더라도 겁내지 마라.
26 야훼께서 네 곁에 계시어
발목이 잡히지 않게 지켜주신다.
27 도움을 청하는 손을 뿌리치지 말고
도와줄 힘만 있으면 망설이지 마라.
28 있으면서도 "내일 줄 테니 다시 오게." 하며
이웃을 돌려보내지 마라.
29 너를 믿고 사는 이웃은
해칠 생각을 아예 마라.
30 너를 해치지도 않는 사람에게
공연히 시비를 걸어서는 안 된다.
31 사기치는 자들을 부러워하여
그들과 어울리려고 하지 마라.
32 야훼께서는 그릇된 자를 미워하시고
곧은 사람을 가까이하신다.
33 야훼께서는 불의한 자의 집에는 저주를 내리시고
옳은 사람의 보금자리엔 복을 내리신다.
34 야훼께서는 교만한 자를 업신여기시고
겸손한 사람에게 은혜를 베푸신다.
35 지혜로운 사람은 영광을 상속받고,
미련한 자는 멸시를 받는다.

4 아들들아, 너희는 아비의 훈계를 듣고
슬기를 깨치도록 마음을 모아라.
2 내가 너희에게 전해 주는 교훈은 값진 것이니
이 가르침을 잊지 마라.
3 내가 아버님 슬하에서
어머님께 귀여움을 받던 시절에
4 아버님께서 나에게 가르쳐주시던 말씀이다.
"내 말을 명심하고 내 훈계를 지켜라.
그래야 네가 복되게 살리라.
5 지혜를 얻고 슬기를 깨쳐라.
내 입에서 떨어지는 말을 잊지 말고
그 말을 어기지 마라.
6 지혜를 저버리지 마라.
그 지혜가 너를 지켜줄 것이다.
슬기를 사랑하여라.
그 슬기가 너를 보살펴 줄 것이다.
7 무엇보다도 먼저 지혜를 얻어라.
있는 것 다 주고라도 슬기를 얻어라.
8 지혜를 단단히 붙들어라.
그 지혜가 너를 높여줄 것이다.
슬기를 품속에 간직하여라.
그 슬기가 너를 존귀하게 해줄 것이다.
9 그것이 네 머리에 아름다운 관을 씌워주고
화려한 관을 안겨줄 것이다."
10 아들아 들어라,
내 말을 들으면 오래 살리라.
11 나는 너에게 지혜로운 길을 가르쳐주었고
너를 곧은 길로 이끌었다.
12 네가 걸어가도 앞길이 막히지 않고
뛰어가도 넘어지지 아니하리라.
13 이 교훈을 흘려버리지 말고 굳게 잡아라.
그것이 네 목숨이니 잘 지켜라.
14 불의한 자들의 길에는 들어서지도 말고
악한 자들의 길은 거닐지도 마라.
15 그런 길에 발을 들여놓지 말고
발길을 돌려 비켜가거라.

16 그들은 악한 짓을 하지 않고는 자지 못하
고
남을 쓰러뜨리지 않고는 잠들지 못한다.
17 그들은 불의로 얻은 양식을 먹고
강제로 빼앗은 술을 마시는 자들이다.
18 올바른 사람의 앞길은 동틀 녘의 햇살 같
아서
점점 밝아져 대낮처럼 환해지겠지만,
19 불의한 자들은 그 앞길이 캄캄하여
넘어져도 무엇에 걸렸는지 알지 못한다.

20 아들아, 내 말을 명심하고
내가 이르는 말에 귀를 기울여라.
21 네 눈앞에서 떠나지 않게
마음속 깊이 간직하여라.
22 이 말은 받은 사람에게 생명이 되어
온몸에 생기를 돋우어준다.
23 무엇보다도 네 마음을 지켜라.
그것이 바로 복된 삶의 샘이다.
24 남 속이는 말은 입에 담지도 말고
남 해치는 소리는 입술에 올리지도 마라.
25 한눈팔지 말고
똑바로 앞만 내다보아라.
26 인생길을 무사히 다 가려거든
걸음걸음마다 조심하여라.
27 한 걸음도 곁길로 내딛지 말고
악에서 발길을 돌려라.

5 아들아, 내 지혜에 마음을 쏟고
내 슬기에 귀를 기울여라.
2 그래야 너를 보호할 슬기와 지식을 얻고
그것이 네 입술을 지켜줄 것이다.
3 탕녀에게 마음을 쏟지 마라.
그 입술에선 꿀이 떨어지고
그 말은 기름보다 매끄럽지만,
4 그 끝은 소태처럼 쓰고
양쪽에 날선 칼처럼 날카롭다.
5 그 발은 죽음으로 내려가고
그 걸음은 지옥으로 향한다.
6 생명의 길은 아랑곳하지 않고
어디로 가는지도 모르고 길을 헤맨다.

7 아들들아, 너희는 이제 내 말을 들어라.
내 입에서 떨어지는 말을 버리지 마라.
8 그런 여자에게서 될수록 멀리 떨어지고
그 집 가까이 가지도 마라.
9 그렇지 않으면 네 재산을 남에게 넘겨주
고
해를 두고 쌓은 것을 인정없는 사람에게
넘겨주게 된다.
10 다른 사람이 네 재산으로 배불리고
네 애쓴 보람이 엉뚱한 집에 돌아간다.
11 살이 마르고 가죽만 남아
신세를 망치고 나서 울부짖겠느냐?
12 "어쩌자고 훈계를 싫어하고
꾸지람을 우습게 여겼던가?
13 스승의 말씀을 좇지 아니하고
그 가르침에 귀를 기울이지 않다가
14 기어이 이 모양이 되고 말았구나.
온 회중 앞에서 이런 변을 당하게 되었구
나!"

15 네 우물의 물을 마셔라.
네 샘에서 솟는 물을 마셔라.
16 어찌하여 네 샘을 바깥으로 흘려보내고
그 물줄기를 거리로 흘려보내느냐?
17 그 물은 너 혼자 마셔라.
다른 사람과 함께 마시지 마라.
18 네 샘터가 복된 줄 알아라.

젊어서 맞은 아내에게서 즐거움을 찾아
라.
19 사랑스러운 네 암노루, 귀여운 네 암사슴,
언제나 그 가슴에 파묻혀
늘 그의 사랑으로 만족하여라.
6:22 네가 어디로 가든지 너를 이끌어주고
자리에 누우면 보살펴 주며
눈을 뜨면 말동무가 되어준다.
20 아들아, 어찌 탕녀에게 빠지며
유부녀를 끼고 자겠느냐?
21 야훼께서는 사람의 발자국 하나하나 살피
시니
사람의 일이 그의 눈길에서 벗어날 수 없
다.
22 악인은 제 잘못에 걸리고
제 죄의 올무에 얽매인다.
23 그런 사람은 교훈을 받지 않아 죽게 되고
너무나 어리석어 망하게 된다.

6 아들아, 네 이웃의 담보를 서거나
남의 보증을 서지 마라.
2 네가 한 말에 네가 걸려들고
네가 한 약속에 네가 얽매이리라.
3 아들아, 그렇게 하면
네 이웃의 손아귀에 든 것이니,
어서 그 이웃에게 가서 간청하여
거기에서 벗어나도록 하여라.
4 잠잘 궁리도 말고

눈붙일 생각도 마라.
5 산양이 사냥꾼 손에서 달아나듯,
새가 창애에서 빠져 나가듯 벗어나거라.

6 게으른 자는 개미에게 가서
그 사는 모습을 보고 지혜를 깨쳐라.
7 개미는 우두머리도 없고
지휘관이나 감독관이 없어도
8 여름 동안 양식을 장만하고
추수철에 먹이를 모아들인다.
9 그런데 너 게으른 자야, 언제까지 잠만
자겠느냐?
언제 잠에서 깨어 일어나겠느냐?
10 "조금만 더 자야지, 조금만 더 눈을 붙여
야지,
조금만 더 일손을 쉬어야지!" 하겠느냐?
11 그러면 가난이 부랑배처럼 들이닥치고
빈곤이 거지처럼 달려든다.

12 거짓말이나 하며 돌아다니는
불량배, 협잡꾼들은
13 서로 눈짓을 하고
손짓 발짓으로 신호를 해가며
14 마음이 비뚤어져 나쁜 짓을 꾸미고
자나깨나 말썽만 일으키다가
15 갑자기 재앙을 만나
순식간에 아주 망하고 만다.

16 야훼께서 미워하시는 것 여섯 가지,
아니, 역겨워하시는 것 일곱 가지가 있으
니,
17 거만한 눈, 거짓말하는 혀,
무고한 피를 흘리는 손,
18 흉계를 꾸미는 마음,
나쁜 일에 재빠른 발,
19 거짓 증언하는 자,
형제들 사이에 이간을 붙이는 자들이다.

20 아들아, 아비의 훈계를 지키고
어미의 가르침을 저버리지 마라.
21 그 말을 언제나 네 가슴에 달아두고
네 목에 걸어두어라.㉠
23 그 훈계는 횃불이 되고
그 가르침은 빛이 된다.
타이르며 교육하는 것이 곧 생명의 길이
다.
24 탕녀에게 빠지지 않게 지켜주고
남의 계집의 꾐에 걸려들지 않게 해준다.

㉠ 6:22는 5:19 다음으로 옮겼다.

25 그런 여인의 아름다움을 탐내지 말고
그 눈짓에 걸려들지 마라.
26 몸 파는 여자는 빵 한 덩어리로 살 수 있
지만
탕녀는 네 귀중한 생명을 노린다.
27 불을 가슴에 안았는데
어찌 그 옷이 타지 않겠느냐?
28 숯불 위를 걸어가는데
어찌 그 발을 데지 않겠느냐?
29 남의 아내와 간통하는 자도 그리 된다.
남의 아내를 건드리는 자가 무사할 리 없
다.
30 허기진 배를 채우려고 훔쳤다 해도
남의 것을 훔쳤으면 욕을 보게 마련이다.
31 만일 훔치다 들키면 일곱 갑절, 아니
집에 있는 재물을 다 털어내어 갚아야 한
다.
32 그처럼 남의 아내와 간통하는 것은 미련
한 짓이다.
남의 아내를 범하는 것은 제 목숨을 끊는
짓이다.
33 맞아 터지고 멸시를 받으며
씻을 수 없는 수모를 받게 된다.
34 그 남편이 질투에 불타 앙갚음하는 날엔
조금도 사정을 보지 아니하리라.
35 어떤 보상을 해도 거들떠보지 않고
아무리 많은 위자료를 주어도 화를 풀지
않으리라.

7 아들아, 내 말을 지키고
내 훈계를 마음에 간직하여라.
2 복되게 살려거든 내 훈계를 지키고
내 가르침을 네 눈동자처럼 간직하여라.
3 그것을 네 손가락에 매고
네 마음속에 새겨두어라.
4 지혜를 네 신부로 삼고
슬기를 네 애인이라 불러라.
5 그래야 지혜가 너를 창녀에게 빠지지 않
도록 지켜주고,
남의 계집의 유혹에 걸려들지 않게 해준
다.

6 내가 우리 집 창에 기대어
창살문으로 거리를 내다보았더니
7 어수룩한 젊은이들 가운데
한 지각없는 철부지가 눈에 띄더라.
8 골목을 지나 탕녀가 사는 길 모퉁이를 서
성대다가
그 집 쪽으로 발길을 옮기는데

9 해가 지고 땅거미가 깔리며
어두운 밤이 되자
10 엉큼한 계집이 창녀처럼 치장하고
그 앞을 막아 서더라.
11 그 계집은 집에 붙어 있을 생각은 않고,
들떠서 수선을 피우며
12 이 거리 저 장터에서
길목마다 지켜섰다가
13 그 젊은이를 붙잡고 입을 맞추며
부끄러워하지도 않고 이렇게 말하더라.
14 "저는 오늘 친교제를 드려
서원을 이행했답니다.
15 그래서 당신을 맞으러 나와
이렇게 당신을 만났군요.
16 제 침대에는 요를 펴고
이집트 산 화려한 천을 깔아놓았답니다.
17 자리엔 몰약에다
침향과 육계향을 뿌렸지요.
18 가서 밤새도록 놀며
한껏 사랑에 취해 봅시다.
19 남편은 멀리 길을 떠나 집에 없답니다.
20 돈주머니를 가지고 떠났으니
보름 안에는 오지 않을 거예요."
21 이렇게 달콤한 말로 꾀고
꿀맛 같은 말로 유혹하자
22 젊은이가 따라 나서는데
마치 푸줏간에 끌려가는 소와도 같이,
올가미에 걸려드는 사슴같이,
23 제 발로 창애에 걸려드는 새 꼴이 되어
언제 목숨을 잃을지도 모르고 따라가다가
결국에는 화살이 박히고야 말더라.

24 이제 너희는 내 말을 들어라.
내 입에서 떨어지는 말을 명심하여라.
25 아들들아, 그런 계집을 따라갈 마음을 먹지 말고
그 길에서 헤매지도 마라.
26 그 계집이 얼마나 많은 사람을 쓰러뜨린 줄 아느냐?
그에게 희생된 사람은 셀 수도 없다.
27 그런 계집의 집은 지옥으로 통하는 길이라
죽음의 방으로 내려가게 된다.

8 지혜가 부르지 않느냐?
슬기가 목청을 돋우지 않느냐?
2 지혜가 길가 언덕에서 부르고
슬기가 네거리에 자리잡고 목청을 돋운다.
3 마을 어귀 성문께에서,
대문 여닫히는 곳에서 외친다.
4 "사람들아, 내 말을 들어라.
사람의 아들들아, 내 말을 들어라.
5 풋내기들은 처세하는 길을 배우고
미련한 자들은 마음을 바로잡아라.
6 들어라, 나는 곧은 말만 하고
바른 소리만을 입 밖에 낸다.
7 내 입은 진실만을 말하고
내 혀는 그른 소리를 꺼려 한다.
8 내 입에서 나오는 말은 모두 옳은 말뿐,
내 말엔 잘못이나 거짓이 없다.
9 어진 사람은 내 말을 밝히 알고
지식 있는 사람은 내 말을 옳게 여긴다.
10 네가 받아야 할 것은 은이 아니라 내 교훈이고
순금이 아니라 지식이다.
11 지혜는 붉은 산호보다도 값진 것,
네가 원하는 그 무엇을 이에 비하랴.

12 나 지혜는 예지와 한 집에서 살고 있으니,
지식을 얻어 뜻을 세우려면 나에게 오라.
13 야훼 두려워하여 그를 섬기면 악을 미워하게 마련,
나는 잘난 체 우쭐대며 악한 길을 가거나
거짓말하는 것을 역겨워한다.
14 나에게는 좋은 계략과 바른 판단력이 있고
예지와 능력이 있다.
15 임금들이 옳게 다스리고
고관들이 바른 명령을 내리려면 나의 도움을 받아야 한다.
16 내 도움이 있어야 지휘관은 지휘관 노릇을 하고,
고관들은 세상을 바로 다스린다.
17 나를 사랑하면 내 사랑을 받고
애타게 찾으면 나를 만나리라.
18 부귀와 영화뿐 아니라
의인이 물려받는 고귀한 것도 나에게서 나온다.
19 나에게서 얻는 열매가 금이나 순금보다 좋고
나에게서 거두는 소출이 순은보다 좋다.
20 나는 옳은 길을 가고
바른길 한가운데를 걸으며,
21 나를 사랑하는 사람에게 재산을 안겨주고
그의 금고를 가득히 채워준다.

22 야훼께서 만물을 지으시려던 한처음에
모든 것에 앞서 나를 지으셨다.
23 땅이 생기기 전,
그 옛날에 나는 이미 모습을 갖추었다.
24 깊은 바다가 생기기 전에,
샘에서 물이 솟기도 전에 나는 이미 태어
났다.
25 멧부리가 아직 박히지 않고
언덕이 생겨나기 전에 나는 이미 태어났
다.
26 평평한 땅과
땅의 흙을 만드시기도 전에 나는 이미 태
어났다.
27 그가 하늘을 펼치시고
깊은 바다 둘레에 테를 두르실 때에
내가 거기 있었다.
28 구름을 높이 달아 매시고
땅 속에서 샘을 세차게 솟구치시며
29 물이 바닷가를 넘지 못하게 경계를 그으
시고
땅의 터전을 잡으실 때,
30 ㉠나는 붙어 다니며 조수 노릇을 했다.
언제나 그의 앞에서 뛰놀며
날마다 그를 기쁘게 해드렸다.
31 나는 사람들과 같이 있는 것이 즐거워
그가 만드신 땅 위에서 뛰놀았다.

32 그러니, 이제 아들들아, 내 말을 들어라.
내가 일러준 길을 따르면 복받으리라.
33 교훈을 가볍게 여기지 않고
그대로 따르면 지혜를 얻으리라.
34 날마다 내 집 문을 쳐다보고
내 집 문 앞에 지켜 서서
내 말을 듣는 사람은 복받으리라.
35 나를 얻으면 생명을 얻고
야훼의 은총을 받는다.
36 나를 붙잡지 않는 자는 제 목숨을 해치게
되고
나를 싫어하는 자는 죽음을 택하는 자들
이다."

9 지혜가 일곱 기둥을 세워 제 집을 짓고
2 소를 잡고 술을 따라 손수 잔치를 베푼
다.
3 시녀들을 내보내어 마을 언덕에서 외치
게 한다.
4 "어리석은 이여, 이리 들어오시오."
그리고 속없는 사람을 이렇게 초대한다.
5 "와서 내가 차린 음식을 먹고
내가 빚은 술을 받아 마시지 않겠소?
6 복되게 살려거든 철없는 짓을 버리고
슬기로운 길에 나서보시오."

7 거만한 자를 꾸짖으면 욕을 먹고,
못된 녀석을 책망하면 해를 입게 마련이
다.
8 거만한 자는 책망하지 마라.
오히려 미움을 산다.
지혜로운 사람은 책망하여라.
그는 책망을 고마워한다.
9 지혜로운 사람은 책망을 들을수록 더욱
슬기로워지고,
의로운 사람은 배울수록 학식이 더해지
리라.
10 야훼를 두려워하여 섬기는 것이 지혜의
근본이요,
거룩하신 이를 깊이 아는 것이 슬기다.
11 지혜가 시키는 대로 살아야
수명이 길어진다.
12 지혜를 얻으면 자기에게 이익이 되지만
거만하면 자기만 해를 입는다.

13 어리석은 여인은 속이 비어
부끄러운 줄도 모르고 수선을 떤다.
14 그는 제 집 문 앞이나
마을 언덕 위에 앉아
제 갈 길 바로 걷는 사람을 불러 말한다.
15 "이 숙맥아, 이리 오렴."
16 또 속없는 사람에겐 이렇게 말한다.
"훔친 물이 더 달고
17 몰래 먹는 떡이 더 맛있다."
18 그런 무리들은 멋모르고 들어섰다가 죽
은 혼백을 보고
저승 골짜기에 들어섰음을 알게 되리라.

속담 모음

10 ◎솔로몬의 잠언

지혜로운 아들은 아비의 기쁨이요,
어리석은 아들은 어미의 근심이다.
2 나쁜 일로 모은 재산은 헛것이 되지만
바르게 살면 죽을 자리에서도 빠져 나간
다.
3 야훼께서 착한 사람은 굶기지 않으시지만
나쁜 사람의 밥그릇은 깨버리신다.
4 손이 게으른 사람은 가난해지고

㉠ "나는 재주를 부리며 붙어 다녔다."라고 옮길 수도 있다.

손이 부지런한 사람은 재산을 모은다.
5 지각 있는 아들은 ㉠가을에 거두어들이고
집안 망신시키는 아들은 가을철에 낮잠만 잔다.
6 착한 사람의 머리에는 복이 내리지만
나쁜 사람의 입에는 독이 서린다.
7 착한 사람은 칭송을 받으며 기억되지만
나쁜 사람은 더러운 이름을 남긴다.
8 지혜로운 사람은 훈계를 받아들이지만
어리석은 사람은 부질없이 지껄이다가 망한다.
9 정직하게 살면 그의 길이 안전하지만
비뚤게 살면 곧 드러나고야 만다.
10 눈을 흘기면 서로 사이가 벌어지고
㉡터놓고 책망하면 화평을 이룬다.
11 착한 사람의 입은 생명의 샘이 되지만
나쁜 사람의 입은 독을 머금는다.
12 미움은 말썽을 일으키고
사랑은 온갖 허물을 덮어준다.
13 슬기로운 사람 입에서는 지혜가 나오고
미련한 사람 등에는 채찍이 떨어진다.
14 지혜로운 사람은 지식을 소중히 간직하지만
어리석은 사람은 입만 놀리다가 멸망을 불러들인다.
15 부자의 재산은 그의 요새가 되지만
빈궁한 사람은 가난으로 망한다.
16 착한 사람은 복된 삶을 상급으로 받지만
나쁜 사람은 죄밖에 받을 것이 없다.
17 교훈을 지키면 복된 길에 들어서고
꾸지람을 물리치면 길을 잘못 들어선다.
18 거짓말하는 입에는 미움이 숨어 있다.
험담을 일삼는 사람은 바보다.
19 말이 많으면 실수하게 마련,
지각 있는 사람은 입에 재갈을 물린다.
20 착한 사람의 혀가 순은이라면
나쁜 사람의 마음속은 쓰레기통이다.
21 착한 사람의 입술은 많은 사람을 먹여 살리지만
어리석은 사람은 슬기가 없어 죽는다.
22 야훼께 복을 받아야 부자가 된다.
애쓴다고 될 일이 아니다.
23 미련한 사람은 음탕한 짓을 좋아하고
현명한 사람은 슬기를 좋아한다.
24 나쁜 일을 하면 꺼리던 일이 닥치고
착하게 살면 바라던 것을 받는다.
25 회오리바람이 지나갈 때 나쁜 사람은 사라져도
착한 사람의 터전은 길이 서 있다.
26 게으른 종을 부리는 사람은
이에서 신물이 나고,
눈에 연기가 들어간 것 같으리라.
27 야훼를 두려워하여 섬기면 수명이 길어지고
나쁜 일을 하면 수명이 줄어든다.
28 착한 사람이 기다리던 것은 날로 잘되지만
나쁜 사람이 바라던 것은 사라지고 만다.
29 야훼의 길을 따라 곧게 살면 친히 힘이 되어주시지만
나쁜 짓을 하면 망하게 하신다.
30 착하게 살면 언제까지나 흔들리지 않지만
나쁜 일 하고는 땅에서 배겨내지 못한다.
31 착한 사람의 입은 슬기를 내어도
거짓말을 일삼는 혀는 잘린다.
32 착한 사람 입술은 반가운 말을 뿌리지만
나쁜 사람의 입은 거짓말만 내뱉는다.

11 야훼께서는 가짜 저울을 역겨워하시고
바른 저울추를 좋아하신다.
2 잘난 체하다가는 창피를 당하는 법,
슬기로운 사람은 분수를 차린다.
3 정직한 사람은 바르게 살아 앞길이 열리지만
사기꾼은 속임수를 쓰다가 제 꾀에 넘어진다.
4 주의 진노가 터지는 날 그 재산은 아무 쓸모가 없지만
착한 행실은 죽을 자리에서 빠져 나오게 해준다.
5 흠 없는 사람은 옳게 살아 앞길이 펴지지만
나쁜 사람은 제 잘못으로 거꾸러진다.
6 정직한 사람은 의롭게 살아 구원을 받지만
사기꾼은 제 욕심에 얽매인다.
7 불의하게 살면 기다리던 것도 죽음과 함께 수포로 돌아간다.
허튼 짓을 하면 바라던 것도 물거품이 된다.
8 착하게 살면 곤경에서도 빠져 나오지만
나쁜 일 하다가는 도리어 거기에 빠져든다.
9 하느님을 저버린 사람은 혀로 이웃을 죽이지만

㉠ 히브리어 본문 : "여름." ㉡ 칠십인역을 따랐다. 히브리어 본문에는 8절의 "어리석은 사람…"이 되풀이된다.

착한 사람은 기도로 이웃을 살린다.
10 착한 사람이 잘되면 마을이 기뻐하고
나쁜 사람이 망하면 환성이 터진다.
11 올바른 사람의 축복은 마을에 번영을 가져오고
나쁜 사람의 말은 마을을 깨뜨린다.
12 미련한 사람은 이웃을 모욕하지만
현명한 사람은 입을 다문다.
13 입방아를 찧고 다니는 사람은 비밀을 흘리지만
속이 듬직한 사람은 비밀을 지킨다.
14 지휘자 없는 군대는 패하고
좋은 참모가 많으면 승리한다.
15 남의 보증을 서면 고생하지만
보증을 꺼리면 안전하다.
16 어진 여인은 칭송을 받지만
바른 일 싫어하는 여인은 금방석에 앉아 욕을 먹는다.
게으른 사람은 떡그릇 옆에서 굶어 죽지만
부지런한 사람은 부자 되게 마련이다.
17 남 사랑하면 제가 사랑받고
남 잡으면 제가 잡힌다.
18 악인에게 돌아오는 삯은 헛것이지만
정의를 심는 사람에게는 어김없이 상이 돌아온다.
19 정의를 굳게 지키면 생명에 이르지만
악한 일을 좇으면 죽음을 불러들인다.
20 마음이 비뚤어진 사람은 야훼께 미움을 사지만
정직하게 사는 사람은 그를 기쁘게 해드린다.
21 악한 일 하고 죄 안 받는 법 없고
착하게 살고 후손이 망하는 법 없다.
22 예쁜 여자가 단정하지 못한 것은
돼지 코에 금고리다.
23 착한 사람의 소원은 이루어지지만
나쁜 사람의 바람은 수포로 돌아간다.
24 인심이 후하면 더욱 부자가 되지만
인색하게 굴면 오히려 궁해진다.
25 남에게 은덕을 베풀어야 풍부해지고
남을 대접해야 저도 대접을 받는다.
26 곡식을 내놓지 않으면 욕을 먹고
곡식을 팔아주면 복이 굴러든다.
27 좋은 일을 애써 찾으면 호감을 사지만
나쁜 일을 좇으면 그것을 되받는다.
28 돈이 많다고 우쭐대다가는 쓰러지지만
착하게 살면 나뭇잎처럼 피어난다.
29 제 집 돌보지 않으면 바람만 맞고
어리석은 사람은 슬기로운 사람의 종이 된다.
30 착한 사람은 생명나무 열매를 맺지만
남 괴롭히는 사람은 생명을 잃는다.
31 착하게 살면 땅 위에서 상급을 받지만
나쁜 일, 못할 일 하면 벌을 면할 길이 없다.

12 바른 인생길 알려는 사람은 훈계를 달갑게 받고
미련한 사람은 책망을 싫어한다.
2 좋은 일 하면 야훼께서 은총을 내리시지만
악한 일을 꾀하면 죄벌을 받는다.
3 나쁜 일 하면 선 자리가 위태롭지만
착하게 살면 뿌리가 흔들리지 않는다.
4 어진 아내는 남편의 면류관이 되지만
주책없는 아내는 등뼈 갉아먹는 벌레와 같다.
5 착한 사람은 바른 일만 생각하고
나쁜 사람은 남 속일 궁리만 한다.
6 못된 말 하는 것은 자기 피를 보려고 길목을 지키는 격이다.
올곧은 사람은 자기가 한 말로 구원받는다.
7 나쁜 일 하다가 쓰러지면 끝장이 나지만
착하게 살면 집안이 흥한다.
8 셈을 잘하면 칭찬을 받지만
생각이 비뚤어지면 멸시를 당한다.
9 먹을 것 없는 양반보다는
㉠일거리가 있는 상놈이 낫다.
10 마음이 바른 사람은 가축의 생명도 돌보지만
악한 사람의 뱃속은 잔인하다.
11 밭 가는 사람은 배불리 먹지만
지각없는 사람은 헛된 꿈만 좇는다.
12 악당들의 견고한 망대는 무너져도
착한 사람은 뿌리를 내린다.
13 못된 사람은 입술을 잘못 놀려 올가미에 걸리지만
착한 사람은 곤경에서 벗어난다.
14 입을 잘 놀리면 좋은 것을 배불리 먹고
수고하면 그만큼 돌려 받는다.
15 어리석은 사람은 제 잘난 멋에 살고
슬기로운 사람은 충고를 받아들인다.
16 어리석은 사람은 당장에 노여움을 드러내지만
어진 사람은 모욕을 받아도 덮어둔다.

㉠ 칠십인역을 따랐다. 히브리어 본문: "일꾼을 둔."

17 바른말 하는 사람은 사실대로 진술하지
만
거짓 증인은 하느니 거짓말뿐이다.
18 함부로 뱉는 말은 비수가 되지만
슬기로운 사람의 혀는 남의 아픔을 낫게
한다.
19 참말만 하는 입술은 길이 남아나지만
거짓말하는 혀는 눈 깜빡할 사이에 잘린
다.
20 남 해칠 생각을 품으면 제 꾀에 넘어가지
만,
함께 잘살기를 꾀하면 즐거움이 돌아온
다.
21 착하게 살면 화를 입지 않지만
나쁜 짓 하면 재앙을 면하지 못한다.
22 야훼께서는 거짓말하는 입술을 미워하시
고
참되게 살아가는 사람을 좋아하신다.
23 속이 깊은 사람은 알고도 모르는 체하지
만
미련퉁이는 어리석은 소리를 떠들어댄
다.
24 손이 부지런한 사람은 남을 다스리지만
손이 게으른 사람은 남의 부림을 받는다.
25 마음에 걱정이 있으면 기를 펴지 못하나
다정한 말 한마디로 그를 기쁘게 할 수 있
다.
26 ㉠착한 사람은 재난에서 벗어나지만
악한 사람은 파멸의 길에 끌려들어 간다.
27 게으른 사냥꾼은 한 마리도 못 잡아 구울
것이 없겠지만
부지런한 사람은 값진 보화를 파낸다.
28 착하게 살면 생명에 이르고
그릇된 길을 가면 죽음에 이른다.

13 슬기로운 아들은 훈계를 달게 받지만
거만한 자는 꾸지람을 듣지 않는다.
2 좋은 것을 먹는 것은 말을 잘한 덕분이다.
사기꾼은 남을 등칠 생각뿐이다.
3 입에 재갈을 물리면 목숨을 지키지만
입을 함부로 놀리면 목숨을 잃는다.
4 게으른 사람은 아무리 바랄지라도 얻을
게 없지만
손이 쉬지 않으면 몸에 기름이 돈다.
5 착한 사람은 거짓말을 역겨워하나
나쁜 사람은 염치도 체면도 돌보지 않는
다.
6 정직한 사람은 정의가 지켜주나
죄인은 못된 짓을 하다가 쓰러진다.
7 돈 있는 체해도 빈털터리가 있는가 하면
없는 체해도 돈 많은 사람이 있다.
8 돈으로는 제 목숨을 건지지만
가난하면 협박받을 일이 없다.
9 착한 사람의 등불은 빛을 내지만
나쁜 사람의 등불은 꺼진다.
10 잘난 체하면 싸움만 일으키고
슬기로운 사람은 충고를 받아들인다.
11 공으로 얻은 재산은 날아가지만
애써 모은 재산은 불어난다.
12 희망이 끊어지면 마음이 병들고
바라던 것이 이루어지면 생기가 솟는다.
13 말씀을 가볍게 여기면 망하고
계명을 소중히 여기면 상을 받는다.
14 현자의 가르침은 생명의 샘이라
죽음의 올무에서 벗어나게 한다.
15 마음이 어진 사람은 호감을 사지만
속임수를 쓰면 망한다.
16 슬기로운 사람은 바로 알고 행동하지만
미련한 사람은 어리석음만 드러낸다.
17 못된 심부름꾼은 일을 망치지만
신실한 사절은 일을 바로잡는다.
18 교훈을 저버리는 사람은 패가망신하고
지키는 사람은 존경받는다.
19 소원이 이루어지면 마음이 달갑다.
그래도 어리석은 사람은 나쁜 일에서 손
떼기를 싫어한다.
20 슬기로운 사람과 어울리면 슬기로워지고
어리석은 자와 짝하면 해를 입는다.
21 죄지은 사람은 곤경에 몰리고
착한 사람은 좋은 상을 받는다.
22 착한 사람의 유산은 대대로 내려가고
악한 사람의 재산은 바른 사람에게 돌아
간다.
23 가난한 사람이 갈 일군 밭에서 소출이 많
이 나도
정의가 사라지면 남아나지 않는다.
24 자식이 미우면 매를 들지 않고
자식이 귀여우면 채찍을 찾는다.
25 착하게 살면 배고픈 줄 모르지만
악하게 살면 배를 곯는다.

14 슬기로우면 집이 일어서고
어리석으면 제 손으로 집을 망가뜨린
다.
2 바르게 사는 사람은 야훼를 경외하고
빗나가는 사람은 야훼를 업신여긴다.
3 어리석은 자는 제가 한 말로 등에 매를 맞
고

㉠ 히브리어 본문 : "착한 사람은 그 이웃에게 길을 제시하지만."

슬기로운 사람은 제가 한 말로 몸을 지킨
다.
4 소가 없으면 구유는 말끔해져도
황소의 힘을 빌려야 소출이 많아진다.
5 진실한 증인은 속이지 않지만
거짓 증인은 거짓말만 늘어놓는다.
6 거만한 사람은 슬기를 찾아도 얻지 못하
고
현명한 사람은 쉬이 지식을 얻는다.
7 미련한 자 앞을 떠나라.
거기에서는 지식을 배우지 못한다.
8 생각이 깊은 사람은 슬기롭게 행동할 줄
알지만
미련한 자는 어리석어 제 꾀에 넘어진다.
9 어리석은 자는 죄를 우습게 여겨도
올바른 사람은 은총을 입는다.
10 제 설움 저밖에 모른다.
제 기쁨 남이 어찌 알랴.
11 나쁜 사람은 집안이 망하고
올바른 사람은 살림이 일어난다.
12 사람 눈에는 바르게 보이는 길도
끝장에는 죽음에 이르는 수가 있다.
13 웃음 속에도 슬픔이 있고
즐거움이 서글픔으로 끝나기도 한다.
14 마음이 비뚤어진 사람은 그 행실로 쓴맛
을 되씹고
착한 사람은 그 행동으로 단맛을 한껏 즐
긴다.
15 어리숙한 사람은 무슨 말이나 다 믿지만
생각이 깊은 사람은 행동을 삼간다.
16 슬기로운 사람은 조심스레 악을 피하고
어리석은 자는 멋대로 날뛴다.
17 어리석은 자는 성급하게 굴고
신중한 사람은 오래 참는다.
18 풋내기들은 어리석음을 제 몫으로 삼고
슬기로운 사람은 지식을 자랑으로 삼는
다.
19 악한 자는 착한 사람 앞에 엎드리고
나쁜 자는 옳은 사람 문 앞에 엎드린다.
20 가난하면 이웃도 싫어하지만
돈이 있으면 친구도 많아진다.
21 배고픈 사람을 멸시하면 죄를 받고
불쌍한 사람을 가엾게 여기면 복을 받는
다.
22 악을 심고 잘될 리 없다.
선을 심으면 참된 사랑이 돌아온다.
23 애써 수고하면 이득이 생기고
입만 놀리면 가난을 불러들인다.
24 슬기로운 사람에겐 지혜가 면류관이요
미련한 사람에겐 어리석음이 자랑거리
다.
25 진실한 증인은 사람 목숨을 건지지만
사기꾼은 거짓말만 떠벌인다.
26 야훼를 두려워하여 섬기는 사람은 힘이
있어
자식들에게 믿음직한 의지가 된다.
27 야훼를 두려워하여 섬기는 것이 생명의
샘이라,
사람을 죽음의 올가미에서 빼내 준다.
28 백성이 많은 것은 왕의 자랑이요,
국민이 적은 것은 임금의 낭패이다.
29 성을 잘 내지 않는 사람이야말로 현명한
사람이다.
성급한 사람은 어리석은 사람이다.
30 마음이 편안하면 몸에 생기가 돌고
마음이 타면 뼛속이 썩는다.
31 가난한 사람을 억누름은 그를 지으신 이
를 모욕함이요
없는 사람 동정함은 그를 지으신 이를 높
임이다.
32 악한 사람은 제 악행으로 망하지만
착한 사람은 그 정직으로 피난처를 얻는
다.
33 슬기는 현명한 마음에 깃들이고
미련한 사람들 틈에서 천대를 받는다.
34 어느 민족이나 정의를 받들면 높아지고
어느 나라나 죄를 지으면 수치를 당한다.
35 어진 신하는 왕의 총애를 받고
망신시키는 신하에겐 벼락이 떨어진다.

15 부드럽게 받는 말은 화를 가라앉히고
거친 말은 노여움을 일으킨다.
2 슬기로운 사람의 혀는 바른 인생길을 깨
우쳐주지만
미련한 사람의 입은 어리석은 소리를 뱉
는다.
3 야훼의 눈길은 안 미치는 데 없어,
좋은 사람 나쁜 사람 한결같이 살피신다.
4 따뜻한 말은 생명의 나무가 되고
가시 돋힌 말은 마음을 상하게 한다.
5 어리석은 사람은 아비의 교훈을 업신여
기고
어진 사람은 훈계를 지킨다.
6 바른 사람의 집안에는 재물이 쌓이고,
악한 사람의 소득에는 걱정이 따른다.
7 슬기로운 사람의 입술은 삶의 슬기를 깨
우치고
미련한 사람의 마음은 그렇지 않다.
8 야훼께선 악한 사람의 제물을 역겨워하

시고
바른 사람의 기도는 반가워하신다.
9 나쁜 일 하면 야훼의 미움을 사지만
올바로 살려고 애쓰면 사랑을 받는다.
10 바른길에서 떠나면 엄한 징계를 받고
책망을 싫어하면 죽음에 이른다.
11 죽어서 가는 지옥도 야훼 앞에는 환히 열려 있는데
하물며 사람의 마음이랴!
12 거만한 사람은 책망받기 싫어하여,
슬기로운 사람을 가까이하지 않는다.
13 마음이 즐거우면 얼굴이 밝아지고
속에 걱정이 있으면 기가 꺾인다.
14 현명한 사람의 마음은 삶의 슬기를 찾고
미련한 사람의 입은 어리석음을 즐긴다.
15 낯을 찡그리고 살면 세월이 괴롭고
마음이 편하면 하루하루가 잔치 기분이다.
16 재산을 쌓아놓고 다투며 사는 것보다
가난해도 야훼를 경외하며 사는 것이 낫다.
17 서로 미워하며 살진 쇠고기를 먹는 것보다
서로 사랑하며 채소를 먹는 것이 낫다.
18 성급한 사람은 말썽을 일으키고
마음에 여유 있는 사람은 싸움을 말린다.
19 게으른 사람의 길은 가시덤불에 뒤덮이고
부지런한 사람의 길은 넓게 트인다.
20 지혜로운 아들은 아비를 기쁘게 하고
미련한 자는 제 어미를 멸시한다.
21 속없는 자는 어리석은 일을 좋아하고
현명한 사람은 제 길을 곧바로 걸어간다.
22 의논 없이 세운 계획은 무너져도
중론을 모아 세운 계획은 이루어진다.
23 입에서 대답이 절로 나오면 즐거운 일이다.
할 말이 때맞춰 나오면 얼마나 좋으랴!
24 지각 있는 사람은 위로 뻗은 생명의 길을 걸어
내리막길에 있는 지옥을 벗어난다.
25 야훼께서 거만한 사람의 집은 헐어버리시고
과부의 밭 경계선은 지켜주신다.
26 야훼께서 악한 사람의 음모는 미워하시고
결백한 사람의 말은 기뻐하신다.
27 모리배는 집안에 해를 끼치고
뇌물을 멀리하는 사람은 복된 삶을 누린다.
28 마음이 올바른 사람은 깊이 생각하고 대답하지만
나쁜 사람은 악담을 함부로 퍼붓는다.
29 야훼께서는 나쁜 사람을 멀리하시고
착한 사람의 기도는 들어주신다.
30 빛나는 눈길은 마음을 즐겁게 하고
기쁜 소식은 뼛속을 살찌운다.
31 유익한 책망을 들을 귀가 있는 사람은
지혜로운 사람들 사이에 머문다.
32 교훈을 저버리는 사람은 제 목숨을 잃고
책망을 귀담아듣는 사람은 지각을 얻는다.
33 교육을 받아 지혜를 얻으면 야훼를 경외하게 된다.
겸손을 배우면 영광이 뒤따른다.

16 계획은 사람이 세우고
결정은 야훼께서 하신다.
2 사람의 일이 제 눈에는 모두 잘돼 보여도
야훼께서는 속생각을 헤아리신다.
3 무슨 일을 하든지 야훼께 맡기면
생각하는 일이 다 이루어지리라.
4 야훼께서는 모든 것을 각각 쓰임에 맞게 만드셨으니
불의한 사람은 재앙이 내리는 날에
재앙받을 사람으로 만드신 것이다.
5 야훼께서 마음이 거만한 자를 미워하시니,
그런 자가 어찌 벌을 받지 않으랴.
6 하느님을 참마음으로 사랑하면 죄를 용서받고
야훼를 경외하면 재앙을 면한다.
7 사람이 야훼 마음에 들게 살면
원수라도 그와 화목하게 해주신다.
8 정직하게 살아 적게 버는 것이
불의하게 재산을 쌓는 것보다 낫다.
9 사람은 속으로 제 할 일을 계획해도
그것을 하나하나 이루시는 분은 야훼시다.
10 임금이 내리는 말은 하느님의 판결이니,
그 입으로 그릇된 언도를 내릴 수 없다.
11 저울과 천평은 야훼의 손 안에 있고
주머니 속의 저울추도 다 그가 만드신 것이다.
12 임금은 모름지기 나쁜 일을 미워해야 한다.
정의를 세워야 왕위가 든든하다.
13 임금은 옳은 말 하는 사람을 좋아하고
곧은 말 하는 사람을 사랑해야 한다.
14 임금의 노여움이 사형 선고와 같아도
지혜로운 사람은 그 노여움을 가라앉힌다.
15 임금의 기쁨은 봄비를 실어오는 구름과 같아

그 얼굴에 화기가 돌아야 모두가 살게 된
다.
16 정금보다는 지혜를 얻는 것이 좋고
순은보다는 슬기를 얻는 것이 낫다.
17 곧은 길을 가면 재앙을 면하고
제 길을 지키면 제 목숨을 보존한다.
18 거만엔 재난이 따르고
불손엔 멸망이 따른다.
19 거만한 자들과 어울려 전리품을 나누는
것보다
마음을 낮추어 낮은 사람들과 어울리는
것이 낫다.
20 삼가 말씀을 따라 살면 행운의 열쇠를 얻
고
야훼를 믿고 살면 행복의 문이 열린다.
21 마음이 슬기로운 사람을 현자라 부른다.
말이 부드러우면 그 가르침을 잘 받아들
인다.
22 슬기로운 사람에겐 슬기가 생명의 샘이
되나
어리석은 사람에겐 그 어리석음이 벌이
된다.
23 마음이 슬기로운 사람은 말이 어질어서
그 가르치는 말이 지식을 더해 준다.
24 다정스러운 말은 꿀송이 같아
입에는 달고 몸에는 생기를 준다.
25 사람 눈에 바르게 보이는 길이
마침내 죽음에 이르는 길이 되기도 한다.
26 허기진 배가 일하게 만들고
그 입이 그를 몰아세운다.
27 불량배들은 악한 일을 꾀하고
그 입으로는 거센 불길을 내뿜는다.
28 변덕스런 사람은 말썽을 일으키고
고자질하는 사람은 이간을 붙인다.
29 음흉한 사람은 이웃을 꾀어내어
나쁜 길에 끌어들인다.
30 눈짓하는 사람은 못된 일을 꾀하고
입을 오그린 사람은 나쁜 일을 저지른다.
31 백발은 빛나는 면류관,
착하게 살아야 그것을 얻는다.
32 함부로 화를 내지 않는 사람은 용사보다
낫다.
제 마음을 다스리는 사람은 성을 탈취하
는 것보다 낫다.
33 주사위는 사람이,
결정은 야훼께서.

17 집에 진수성찬을 차려놓고 다투는 것
보다
누룽지를 먹어도 마음 편한 것이 낫다.
2 슬기로운 종은 주인 집 방탕한 아들을 다
스리고
그 아들들과 함께 유산을 나누어 받는다.
3 도가니에서 금이나 은을 녹여내듯
야훼께서는 사람의 마음을 시험하신다.
4 나쁜 사람은 심술궂은 소리에 솔깃하고
거짓말쟁이는 모함하는 말에 귀를 기울
인다.
5 가난한 사람을 조롱함은 그를 지으신 이
를 모욕함이다.
남 망하는 것을 좋아하면 벌을 받고야 만
다.
6 어버이는 자식의 영광이요
자손은 늙은이의 면류관이다.
7 미련한 사람에게서 어찌 좋은 말이 나오
며
점잖은 이에게서 어찌 거짓말이 나오랴.
8 뇌물은 요술방망이 같아
어디에 쓰든 안 되는 일 없다.
9 남을 흉보면 의가 상하지만
남의 허물을 감싸주면 사랑이 돌아온다.
10 현명한 사람 한 번 꾸짖는 것이
미련한 사람 백 대 치는 것보다 낫다.
11 악한 사람은 반역만 일삼다가
사약을 받는다.
12 미련한 짓밖에 모르는 사람 만나느니
차라리 새끼 빼앗긴 암곰을 만나라.
13 배은망덕하면 집안에서 우환이 떠나지
않는다.
14 말썽을 일으키는 것은 둑이 새는 것과 같
으니,
분쟁이 일기 전에 그만두어라.
15 죄를 무죄로 돌리거나 유죄로 다루는 것,
이 둘은 야훼께서 다 미워하신다.
16 미련한 사람은 속이 비었으니
손에 돈이 있은들 어찌 슬기를 사랴.
17 사랑이 한결같은 것이 친구다.
어려울 때 도우려고 태어난 것이 동기다.
18 지각없는 사람이 남의 보증을 선다.
19 봉변당하고 싶은 사람은 싸움 좋아하고
윗자리에 서려는 사람은 스스로 넘어진다.
20 마음이 비뚤어진 사람은 잘될 리 없고
거짓말 잘하는 사람은 재난에 빠진다.
21 미련한 자식을 낳는 사람은 슬픔을 맛본
다.
어리석은 자식을 둔 아비는 기쁨을 모른
다.
22 마음이 즐거우면 앓던 병도 낫고
속에 걱정이 있으면 뼈도 마른다.

23 나쁜 사람은 남 몰래 뇌물을 받고
그릇된 판결을 내린다.
24 슬기로운 사람은 지혜를 제 앞에서 찾지만
미련한 사람은 눈으로 땅 끝을 더듬는다.
25 미련한 아들은 아비의 근심이 되고
어미의 아픔이 된다.
26 무죄한 사람 벌주는 것은 옳지 않다.
점잖은 사람 때리는 것은 당치 않다.
27 경험이 쌓일수록 말수가 적어지고
슬기를 깨칠수록 감정을 억제한다.
28 어리석은 사람도 잠잠하면 지혜로워 보이고
입을 다물고 있으면 슬기로워 보인다.

18 남 잘되는 것을 배아파하는 사람은
외톨이가 된다.
2 미련한 자는 깨우쳐주는 말을 싫어하고
제 생각만 내세우려 한다.
3 나쁜 일을 하면 수모가 따르고
멸시와 욕까지 돌아온다.
4 사람의 말은 땅 속의 물 같아,
슬기가 샘처럼 솟아 쉬지 않고 흐른다.
5 죄있는 사람 편을 들면서
무죄한 사람에게 억울한 판결을 내리는 것은 옳지 않다.
6 미련한 자의 입술은 싸움을 일으키고
그 입은 매를 청한다.
7 미련한 자는 그 입으로 망하고
그 입술에 스스로 옭아 매인다.
8 고자질하는 말은 맛난 음식과 같아
뱃속 깊이 들어간다.
9 제 일을 게을리 하는 사람은
일을 망치는 사람과 사촌간이다.
10 야훼의 이름은 튼튼한 성루,
무죄한 사람에게 안전한 피신처가 된다.
11 부자는 재산이 요새가 되고,
높은 성벽이 되려니 생각한다.
12 교만에는 재난이 따르고
겸손에는 영광이 따른다.
13 다 듣지도 않고 대답하는 것은
수모받기 알맞은 바보짓이다.
14 정신만 살아 있으면 병도 이긴다.
정신이 꺾인 사람은 희망이 없다.
15 슬기로운 사람은 마음에 지식을 얻고
지혜로운 사람은 지식에 귀를 기울인다.
16 선물은 앞길을 여는 물건,
높은 사람에게로 인도해 준다.
17 법정에서 먼저 입 여는 사람이 옳아보여도
상대방이 나타나 대질해 봐야 밝혀진다.
18 주사위만이 송사를 끝내고
세도가들의 사이를 판가름한다.
19 의좋은 형제는 요새와 같으나,
다투게 되면 그 앙심이 성문 빗장 같아 꺾이지 않는다.
20 입을 잘 놀리면 단 것을 실컷 먹고
입술을 잘못 놀리면 쓴 것을 들이켜게 된다.
21 죽고 사는 것이 혀끝에 달렸으니
혀를 잘 놀려야 잘 먹을 수 있다.
22 아내를 얻는 것은 행복을 얻는 길,
야훼께서 주시는 선물이다.
23 가난하면 굽신거리게 되고
부유하면 대답이 거칠어진다.
24 친구를 망치는 사람도 있고
동기보다 가까운 벗도 있다.

19 더럽게 재산을 모으느니
가난해도 떳떳하게 살아라.
2 철없는 열성은 좋지 않다.
발이 빠르면 헛딛는다.
3 사람은 제가 어리석어 일을 망치고는
마음으로 야훼를 원망한다.
4 부유하면 벗이 많아지지만
옹색하면 있던 벗도 멀어진다.
5 거짓 증인은 벌을 면할 수 없고
거짓말하는 자는 빠져 나갈 길이 없다.
6 지위가 높은 사람에겐 아첨하는 자가 많고
선물 주는 사람에겐 사람마다 친구가 된다.
7 가난하면 동기들도 좋아하지 않고
친구들도 멀어진다.
말이 많으면 남에게 해 끼치는 일도 많다.
말 많고 잘되는 법 없다.
8 지각 있는 사람은 제 목숨을 아낀다.
슬기를 간직한 사람은 행운을 얻는다.
9 거짓 증인은 벌을 받고
거짓말하는 자는 망하고 만다.
10 미련한 자의 호강도 어쭙지않거든
하물며 종이 상전을 다스리겠느냐?
11 사람이 슬기로우면 좀처럼 화를 내지 않는다.
남의 허물을 덮어주면 영광이 돌아온다.
12 임금의 호통은 사자의 부르짖음과 같고,
그의 웃는 얼굴은 풀 위에 내리는 이슬과 같다.
13 미련한 아들은 아비의 화가 된다.
아내가 바가지를 긁으면 천장에서 비가

샌다.
14 집과 재산은 선조에게서 물려받지만
현명한 아내는 야훼에게서 받는다.
15 사람이 게으르면 밤낮 잠만 자고
사람이 느리면 배를 곯는다.
16 계명을 지키는 사람은 제 목숨을 지키고
말씀을 허술히 여기는 사람은 살지 못한
다.
17 없는 사람에게 적선하는 것은 야훼께 빚
을 주는 셈.
야훼께서 그 은혜를 갚아주신다.
18 아들에게 매를 들어야 희망이 있다.
그러나 들볶아 죽여서는 안 된다.
19 성미가 사나운 사람은 벌을 받는다.
그런 사람은 빼내 주어도 또한 매한가지
다.
20 충고를 듣고 훈계를 받아들여라.
그러면 마침내 지혜롭게 되리라.
21 사람이 많은 계획을 세워도
성사는 야훼의 뜻에 달렸다.
22 돈 싫다는 사람 있으랴만
거짓말쟁이 되는 것보다 가난한 편이 낫
다.
23 야훼를 경외해야 살 길이 열려,
먹고 쉬는 데 아쉬움 없고 재앙을 면한다.
24 게으른 자는 숟가락을 밥그릇에 넣고도
입으로 가져갈 생각을 않는다.
25 거만한 자를 치면 어수룩한 사람도 철이
들고
슬기로운 사람을 꾸짖으면 그가 지식을
얻으리라.
26 제 아비를 구박하고 제 어미를 쫓아내는
자식은
치욕을 불러들이는 놈이다.
27 내 아들아, 지식의 말씀을 등지려거든
꾸지람을 듣지 않아도 좋다.
28 악한 증인은 정의를 비웃으며
악담을 지껄이다가 재앙을 받는다.
29 거만한 자에게는 ㉠채찍이 떨어지고
미련한 자의 등에는 매가 내린다.

20

포도주를 마시면 방자해지고
독주를 마시면 행패를 부린다.
술에 빠져 곤드라지는 것은 슬기로운 일
이 못 된다.
2 임금의 노여움은 사자의 부르짖음과 같아
그를 노엽게 하는 자는 목숨을 잃는다.
3 무게 있는 사람은 분쟁에 끼여들지 않지
만
어리석은 사람은 싸움에 뛰어든다.
4 봄철에 밭갈이 않는 게으름뱅이는
가을이 되어 아무리 찾아도 거둘 것이 없
다.
5 사람 마음속에 있는 생각은 천 길 물 속과
같아
슬기로운 사람이라야 그것을 길어 올린다.
6 우의를 지킨다는 사람은 많으나
정말 믿을 사람을 어디서 만나랴.
7 정직하고 착하게 살면
후손이 복을 받는다.
8 임금은 재판석에 앉아
나쁜 놈을 한눈에 가려낸다.
9 "나는 마음에 거리낄 것 없다.
나는 죄가 없이 깨끗하다." 할 사람이 어
디 있느냐?
10 서로 다른 저울추, 서로 다른 됫박을 쓰
는 것,
이것은 모두 야훼께서 역겨워하시는 짓.
11 아이들이 장차 좋은 일 할지 나쁜 일 할지
는
지금 하는 행실을 보아 알 수 있다.
12 듣는 귀, 보는 눈,
모두 야훼께서 만드신 것이다.
13 잠을 좋아하지 마라. 가난해진다.
자지 않고 일하면 배고픈 줄 모르리라.
14 물건 살 때에는 "나쁘다, 나쁘다." 하다
가도
돌아와서는 잘 샀다고 흐뭇해 한다.
15 황금이 있고 산호가 많은들 무엇하랴.
쓸모있고 값진 것은 지혜로운 입술이다.
16 나그네가 옷을 담보로 잡히거든 잡아두
어라.
나그네니 딱하더라도 잡아두어라.
17 속임수로 얻어먹는 빵에 맛을 들이면
입에 모래가 가득 들어갈 날이 오고야 만
다.
18 중의를 모아 세운 계획이라야 이루어진다.
싸우려거든 먼저 작전을 잘 세워라.
19 돌아가며 입방아찧는 사람은 비밀을 흘
리니
수다스런 사람과는 사귀지 마라.
20 제 부모를 저주하면
어둠 속에서 그의 등불이 꺼진다.
21 하루 아침에 모은 재산은
끝이 좋지 않다.
22 손수 앙갚음할 생각 말고
야훼께서 구원해 주시기를 기다려라.

㉠ 히브리어 본문 : "심판."

23 야훼께서는 두 가지 저울추를 쓰는 것을
역겨워하신다.
저울눈을 속이는 것은 옳지 않다.
24 사람이 하는 일은 야훼께 달렸으니
사람이 어찌 스스로 이루랴.
25 경솔하게 헌물하겠다고 하여
서원해 놓고 뒤에 아까워하면 올가미에
걸린다.
26 지혜로운 임금은 나쁜 사람을 갈라 세우
고
탈곡기를 굴려 짓바순다.
27 야훼께서는 사람의 영혼을 지켜보시고
사람의 마음을 속속들이 들여다보신다.
28 임금은 친절과 신실로 스스로 보위하고
정의로 그 자리를 다져야 한다.
29 젊은이의 자랑은 힘이요,
늙은이의 영광은 백발이다.
30 상처나게 맞아야 나쁜 생각이 씻기고
매를 맞아야 마음속이 맑아진다.

21 임금의 마음도 야훼의 손에는 흐르는
물줄기 같아
당신 마음대로 이끄신다.
2 사람이 하는 일이 제 눈에는 옳게 보여도
야훼께서는 그 마음을 헤아리신다.
3 야훼께서는 옳고 바르게 사는 것을
제물보다 반기신다.
4 눈이 높아 남을 깔보는 악인이
밭을 일구어 심는 것은 죄밖에 없다.
5 부지런하고 계획성이 있으면 넉넉해지고
성급히 굴면 가난해진다.
6 속임수로 모은 재산은
교수대의 이슬처럼 사라진다.
7 악한 사람은 바르게 살기 싫어하여
남을 해치려다가 도리어 제가 죽는다.
8 죄인의 길은 구부러지고
깨끗한 사람의 길은 곧다.
9 바가지 긁는 아내와 큰 집에서 사는 것보
다
다락 한 구석에서 사는 편이 낫다.
10 악한 사람의 마음은 못된 일에 쏠려
그 이웃에게도 호감을 주지 못한다.
11 거만한 자가 벌받으면 어수룩한 자가 지
혜를 얻고
현자가 가르침을 받으면 지식이 더해진
다.
12 의로우신 하느님은 악인의 마음을 헤아
리시고
악인을 내던져 망하게 하신다.
13 가난한 사람의 호소에 귀를 막으면
제가 울부짖을 때 들어줄 이 또한 없다.
14 은밀히 안기는 선물은 화를 가라앉히고
몰래 바치는 뇌물은 거센 분노를 사그라
뜨린다.
15 바르게 사는 것이 착한 사람에게는 기쁨
이 되고
나쁜 일 하는 사람에게는 낭패가 된다.
16 슬기로운 길을 버리는 사람은
수명을 못 채우고 저승 사람이 된다.
17 향락을 좋아하면 가난해지고
술과 기름을 즐기면 잘살지 못한다.
18 악인은 착한 사람 구하는 몸값이 되고
사기꾼은 바른 사람 대신 죽는다.
19 바가지 긁으며 괴롭히는 아내와 사는 것
보다
광야에 나가 사는 것이 낫다.
20 지혜로운 사람은 집에 값진 보화와 향유
를 채우지만
미련한 사람은 그것을 삼켜버린다.
21 애써 정의와 신의를 좇아 살면
존경을 받으며 복되게 산다.
22 지혜가 있어야 용사들이 지키는 성에 쳐
올라가
그들이 기대는 요새를 허물 수 있다.
23 입술과 혀를 조심해야
곤경에서 목숨을 건진다.
24 잘난 체 우쭐대는 사람을 거만한 자라 한
다.
그런 사람은 남을 깔보며 무례한 짓을 한
다.
25 게으른 사람은 손 하나 까딱 않고
포부만 키우다가 죽는다.
26 그런 사람은 날마다 욕심만 내지만
착한 사람은 남에게 아낌없이 내어준다.
27 악인이 바치는 제물은 야훼께서 싫어하신
다.
하물며 못된 속셈으로 바치는 것이랴.
28 거짓 증언하는 사람은 망하지만
진실한 증인의 말은 힘이 있다.
29 악한 사람은 얼굴에 쇠가죽을 쓰고
정직한 사람은 제 길을 살핀다.
30 누가 감히 야훼 앞에 나서서
지혜롭고 슬기로운 의견을 펴랴?
31 전시에 대비해서 병마를 준비하더라도
승리는 야훼께 달려 있다.

22 명예는 많은 재산보다 소중하고
존경받는 것은 금은보다 낫다.
2 늘 상종하는 부자와 가난한 사람,
이들은 모두 야훼께서 지으셨다.

3 영리한 사람은 불길한 일을 보고 피하지
만
어리석은 사람은 제 발로 걸어 들어가 화
를 입는다.
4 사람이 겸손하여 야훼를 경외하면
재산과 영예와 건강을 누린다.
5 마음이 비뚤어진 사람 앞길에는 가시덤
불에 덫이 놓여 있다.
제 목숨을 지키는 사람은 이를 피해 간다.
6 세 살 버릇 여든까지 간다.
마땅히 따를 길을 어려서 가르쳐라.
7 가난하면 부자의 지배를 받고,
빚지면 빚쟁이의 종이 된다.
8 악을 심으면 재난을 거두고
홧김에 남을 때리면 그 몽치에 제가 맞는
다.
9 남 보살펴 주는 사람,
곧 가난한 사람에게 제 먹을 것을 주는 사
람은 복을 받는다.
10 거만한 사람을 내쫓아야
말썽이 없어지고 다툼과 욕설이 그친다.
11 마음이 맑으면 야훼의 사랑을 받고
말이 부드러우면 임금의 벗이 된다.
12 야훼의 눈은 지식 있는 사람을 지켜주시
고
사기꾼의 말을 뒤엎으신다.
13 게으른 사람은 "밖에 사자가 왔다.
나가면 길거리에서 찢겨 죽는다." 하고
핑계를 댄다.
14 탕녀의 입은 깊은 함정이다.
거기에 빠지는 사람은 야훼의 노여움을
산다.
15 아이들 마음에는 어리석음이 뭉쳐 있다.
채찍을 들어 혼내 주어야 떨어져 나간다.
16 어려운 사람을 학대하면 그가 부자가 되
고
부자에게 자꾸 갖다 주면 그가 가난해진
다.

잠언 서른 마디

17 너는 귀를 기울여 현자들의 말을 듣고
그들의 지식에 마음을 쏟아라.
18 이것을 마음 깊이 새기고
고스란히 입술에 올리면 네가 즐거우리
라.
19 야훼만 믿고 살도록
나 이제 너에게 인생길을 가르쳐주리라.
20 나는 너에게 서른 가지 잠언을 써주지 않
았느냐?
거기에 권고와 지식이 담겨 있다.
21 나에게 참되게 사는 길을 가르쳐,
참되게 사는 길이 어떤 것인지 누가 물을
때에
바른 대답을 할 수 있게 하려는 것이다.
22 [1]힘없다고 해서 가난한 사람을 털지 말며
법정에서 어려운 사람을 짓누르지 마라.
23 야훼께서 그들의 송사를 떠맡으시고
어려운 사람 등치는 자를 목조르신다.
24 [2]성급한 사람과 벗하지 말고
성 잘 내는 사람과 가까이 지내지 마라.
25 그들과 어울리다가는
올가미에 걸려 목숨을 잃는다.
26 [3]남의 보증을 서거나
담보를 서지 마라.
27 네가 갚을 힘이 없으면
네 누운 자리마저 빼앗기리라.
28 [4]선조들이 옛날에 세운
밭 경계선 말뚝을 옮기지 마라.
29 [5]제 일에 능숙한 사람은
임금을 섬긴다.
어찌 여느 사람을 섬기랴.

23

[6]임금과 한 식탁에 앉게 되거든
네 앞에 무엇이 있는지 잘 살펴라.
2 식욕이 마구 동하거든
입에 망을 씌워라.
3 임금이 즐기는 맛난 음식은 바라지도 마
라.
그것을 먹으면 화를 입는다.
4 [7]부자가 되려고 애쓰지 말고
그런 생각마저 버려라.
5 재물은, 한눈파는 동안에
날개가 돋아 하늘로 날아가는
독수리처럼 사라지고 만다.
6 [8]인색한 사람과 한 식탁에 앉지도 말고
그가 즐기는 맛난 음식은 바라지도 마라.
7 그것은 네 목에 가시처럼 걸린다.
입으로는 "먹고 마시게." 하면서도
속으로는 그게 아니다.
8 네가 아무리 좋은 말을 해도 소용이 없고
마침내 먹은 음식마저 게워놓게 된다.
9 [9]어리석은 사람에겐 아무 말도 하지 마
라.
아무리 지혜로운 말을 해도 업신여기리
라.
10 [10]옛날에 세운 밭 경계선 말뚝을 옮기지
말고
고아들의 밭을 침범하지 마라.
11 그들 편이 되어 너를 걸어 소송할

힘있는 후견인이 있다.
12 [11]훈계를 명심하고
지식을 전하는 말에 귀를 기울여라.
13 [12]아이에게 매 대기를 꺼리지 마라.
매질한다고 죽지는 않는다.
14 아이에게 매를 대는 것이
그를 죽을 자리에서 건지는 일이다.
15 [13]내 아들아, 네 마음이 슬기로우면
내 마음이 즐겁고
16 네가 옳은 말을 하면
내 속이 시원하다.
17 [14]남이 못된 일 하는 것을 부러워하지 말
고
날마다 야훼를 두려워하여 섬겨라.
18 그래야 바라던 일이 허사가 안 되고
앞길이 열린다.
19 [15]내 아들아, 잘 듣고 지혜를 얻어
네 마음을 바른길로 이끌어라.
20 술독에 빠진 사람과
고기를 탐내는 사람과는 어울리지 마라.
21 고기와 술에 빠지면 거지가 되고
술에 곯아떨어지면 누더기를 걸치게 된
다.
22 [16]너를 낳은 아비의 말을 듣고
늙은 어미를 업신여기지 마라.
23 진실은 팔아 넘기지 말고 사들여라.
교훈과 슬기와 현명도 그리하여라.
24 아들이 옳게 살면 아비는 참으로 즐겁다.
제가 낳은 아들이 지혜로운데 어찌 기쁘
지 않으랴!
25 그러니 네 아비를 기쁘게 해다오.
너를 낳은 어미를 즐겁게 해다오.
26 [17]내 아들아, 내 말을 명심하고
내가 일러준 길을 기꺼이 따라라.
27 창녀는 깊은 구렁이요,
남의 계집은 좁은 우물이다.
28 강도처럼 남자를 노리다가
하나하나 녹여낸다.
29 [18]재난을 맞을 사람이 누구냐?
근심하게 될 사람이 누구냐?
다투게 될 사람이 누구냐?
속상해 할 사람이 누구냐?
애매하게 상처입을 사람이 누구냐?
눈이 충혈된 사람이 누구냐?
30 술자리를 뜰 줄 모르고
혼합주만 찾아다니는 사람들이다.
31 잔에 따른 술 빛깔이
아무리 빨갛고 고와도
거들떠보지 마라.
32 결국은 뱀처럼 물고
살무사처럼 쏠 것이다.
33 눈에는 이상한 것이 보이고
입에는 허튼 소리를 담게 된다.
34 바다 한가운데 누운 것 같고
돛대 꼭대기에 누운 것 같아,
35 "아무리 때려보아라. 아프지도 않다.
아무리 맞아도 아무렇지 않구나.
술이 깨면 또 마셔야지." 하고 말한다.

24 [19]악한 자들을 부러워하지도 말고
그들과 어울릴 생각도 마라.
2 그들은 남 못살게 할 궁리나
남 해칠 말밖에 모른다.
3 [20]지혜가 있어야 집이 일어서고
슬기가 있어야 집이 튼튼하다.
4 지식이 있어야 온갖 귀하고 아름다운 보
화가
방마다 가득 찬다.
5 [21]지혜로운 사람은 뚝심 센 사람보다 세고
지식 있는 사람은 장사보다 강하다.
6 작전이 서야 싸울 수 있고,
좋은 참모가 많아야 이길 수 있다.
7 [22]어리석은 자는 입을 다무는 것이 지혜
로운 일이니,
사람 모인 데서 입을 열지 마라.
8 [23]남 해칠 궁리만 하는 자를
사람들은 모략가라 부른다.
9 어리석은 자의 계획은 못된 일뿐이다.
거만한 자는 사람들의 미움을 산다.
10 [24]어려운 일을 당해서 힘을 내지 않으면
나는 힘을 잃고 만다.
11 [25]죽을 자리로 끌려가는 사람을 건져내
고,
죽음에 말려드는 사람을 구하여라.
12 그런 사람을 모른다고 하지 마라.
사람의 마음을 헤아리시는 이가 어찌 모
르시랴?
네 목숨을 지켜보시는 이가 모르시랴?
그는 행실대로 사람에게 갚으신다.
13 [26]내 아들아, 꿀은 좋은 것이니 먹어두어
라.
송이꿀은 입에 다니 먹어두어라.
14 지혜도 네 영혼에는 그와 같은 줄 알아라.
지혜를 얻으면 앞날이 열리고
희망이 끊기지 아니하리라.
15 [27]착한 사람의 보금자리를 노리지 말고
그가 사는 집을 망쳐놓지 마라.
16 나쁜 사람은 재난을 만나 망하지만
착한 사람은 일곱 번 넘어져도 다시 일어

난다.
17 [28]원수가 넘어졌다고 좋아하지 말고
그가 망했다고 기뻐하지 마라.
18 야훼께서 그것을 못마땅하게 보시고
네 원수에게서 노여움을 돌이키신다.
19 [29]악인을 부러워하지 말고
못된 사람을 시기하지 마라.
20 악한 사람은 앞날이 없고
나쁜 사람의 등불은 꺼진다.
21 [30]내 아들아, 야훼와 임금을 두려워하며
그들을 거역하지 마라.
22 멸망이 갑자기 들이닥쳐
아무도 모르게 망하고 말리라.

또 다른 잠언들

23◎이것도 현자들의 말씀이다.

재판할 때 공정하지 못한 것은 옳지 않다.
24 죄인을 죄없다 하는 사람은
백성들의 저주를 받고
뭇 민족의 비난을 받는다.
25 죄를 바로 가려내는 사람은
칭찬도 듣고 복도 받으리라.
26 바른말 해주는 것이 참된 우정이다.
27 바깥일을 손보고
밭일을 마련해 놓고
그 다음에 가정을 이룩하여라.
28 근거 없이 이웃에게 해로운 증언을 하지
말고
입술에 거짓말을 올리지 마라.
29 "그가 나에게 한 만큼 나도 해주고,
그가 당할 만큼 나도 갚으리라." 하지 마
라.
30 내가 지나가다가 게으름뱅이의 밭과
생각 없는 사람의 포도원을 보니,
31 가시덤불이 우거지고
엉겅퀴가 덮이고
돌담이 무너져 있었다.
32 그것을 보며 나는 깊이 생각하였다.
그것을 보고 교훈을 받았다.
33 "조금만 더 자야지, 조금만 더 눈을 붙여
야지,
조금만 더 일손을 쉬어야지." 하였더니
34 가난이 부랑배처럼 들이닥치고
빈곤이 거지처럼 달려들었다.

히즈키야가 사람을 시켜 베낀 금언들

25 ◎이것도 솔로몬의 금언인데 유다 왕
히즈키야가 사람들을 시켜 베낀 것
이다.
2 일을 숨기는 것이 하느님의 영광이요,
일을 파헤치는 것이 임금의 영광이다.
3 하늘이 높고 땅이 깊은 것처럼
임금들의 생각도 헤아리기 어렵다.
4 은에서 찌꺼기를 거두어내어야
은장색의 손에서 그릇이 되어 나온다.
5 나쁜 사람을 임금 앞에서 물리쳐라.
그래야 정의 위에 왕좌가 튼튼히 선다.
6 임금 앞에서 잘난 체하지 말고
높은 사람 자리에 끼어들지 마라.
7 높은 사람 앞에서 "내려가라."는 말을 듣
는 것보다
"이리 올라오십시오." 하는 말 듣는 편이
낫다.
8 네가 눈으로 보았다 해서
성급히 법정에 나서서 말하지 마라.
훗날 네 이웃이 너를 몰아세울 때 어찌 하
려느냐?
9 이웃과 다툴 일이 있으면 그와 다툴 일이
지
남의 비밀을 들추어내지는 마라.
10 그 사람이 그 말을 듣고 대들면
네 명예는 땅에 떨어지리라.
11 경우에 맞는 말은
은쟁반에 담긴 황금사과다.
12 들을 줄 아는 귀에 일러주는 지혜로운 꾸
지람은
금귀고리요, 순금목걸이다.
13 믿음직한 심부름꾼은 그를 보내는 주인
에게
무더운 추수철의 시원한 눈과 같아서
주인의 마음을 기쁘게 해준다.
14 선물한다고 거짓말로 떠벌이는 자는
비를 머금지 않은 구름과 바람이다.
15 끈기 있게 설득하면 나랏님도 말을 듣는
다.
부드러운 혀는 뼈도 꺾는다.
16 꿀을 봐도 적당히 먹어라.
너무 많이 먹으면 토하리라.
17 이웃이라고 문턱이 닳도록 드나들지 마
라.
지겨워서 너를 미워하리라.
18 이웃에게 해가 될 거짓 증언을 하는 사람
은
사람 잡는 몽치요, 칼이요, 날카로운 화
살촉이다.
19 어려울 때 신용 없는 사람 믿는 것은

썩은 이빨이나 절름거리는 다리를 믿는
격이다.
20 상심한 사람 앞에서 노래부르는 것은
추위에 옷을 벗기고,
아픈 상처에 초를 끼얹는 격이다.
21 네 원수가 주리거든 먹을 것을 주고
목말라하거든 물을 주어라.
22 그것은 그의 얼굴에 모닥불을 피워주는
셈이니,
야훼께서 너에게 갚아주시리라.
23 북풍이 비를 몰아오듯이
참소하는 혀는 사람 얼굴에 분을 일으킨
다.
24 바가지 긁는 아내와 큰 집에서 사는 것보
다
다락 한 구석에서 사는 편이 낫다.
25 먼 데서 온 희소식은
타는 목에 냉수와 같다.
26 착한 사람이 나쁜 사람 앞에서 쩔쩔매는
것은
샘물이 흐려지고 우물물이 썩는 격이다.
27 꿀도 많이 먹는 것은 좋지 않다.
영광이 좋아도 칭찬하는 말은 삼가 듣는
것이 좋다.
28 제 성질을 다스리지 못하는 사람은
성벽이 뚫린 도시와 같다.

26 미련한 자에게는 영광이 어쭙지않다.
여름에 눈 내리고 추수 때 장마드는 격
이다.
2 참새가 떠돌듯, 제비가 날아가듯
까닭 없는 저주는 미치지 않는다.
3 말에게는 채찍,
나귀에게는 재갈,
미련한 자의 등에는 매.
4 미련한 자의 어리석은 소리에 대꾸하지
마라.
너도 같은 사람이 되리라.
5 미련한 자의 어리석은 소리엔 같은 말로
대꾸해 주어라.
그래야 지혜로운 체하지 못한다.
6 미련한 사람을 심부름 보내는 것은
제 발목을 찍고 독약을 마시는 격이다.
7 미련한 사람이 잠언을 입에 담는 것은
절름발이의 짧은 다리가 건들거리는 격
이다.
8 미련한 사람을 추켜세우는 것은
팔매에 돌을 붙들어 매는 격이다.
9 미련한 사람이 잠언을 말하는 것은
주정뱅이가 가시나무를 휘두르는 격이
다.
10 미련한 주정뱅이를 고용하는 것은
㉠궁수가 지나가는 사람을 닥치는 대로
쏘아대는 격이다.
11 개가 게운 것을 도로 먹듯이
미련한 자는 어리석은 짓을 되풀이한다.
12 너는 스스로 지혜롭다 하는 자를 보았겠
지만
그런 사람보다는 바보에게 희망이 있다.
13 게으른 자는 "거리에 호랑이가 나왔다.
장터에 사자가 나왔다." 하고 핑계만 댄
다.
14 문짝이 돌쩌귀에 달려 돌듯
게으른 자는 자리에 누워 뒹굴기만 한다.
15 게으른 자는 숟가락을 밥그릇에 넣고도
입으로 가져갈 생각을 않는다.
16 거만한 사람은 재치 있게 대답하는 사람
일곱보다
제가 더 잘났다고 생각한다.
17 상관도 없는 분쟁에 끼여드는 것은
지나가는 개의 귀를 잡는 격이다.
18–19 이웃을 속이고도 장난삼아 그랬다고 하
는 자는
불화살과 독화살을 쏘아대는 미친놈과
같다.
20 섶이 없으면 불이 꺼지듯
고자질하는 사람 없으면 말썽이 그친다.
21 숯불에 숯을 넣고, 타는 불에 나무를 던
지듯
말썽꾸러기는 싸움에 부채질만 한다.
22 고자질하는 말은 맛난 음식과 같아
뱃속 깊이 들어간다.
23 마음이 악하면서 말만 부드럽게 하는 것
은
겉만 매끈하게 칠한 질그릇과 같다.
24 원수는 그럴싸한 말을 해도
엉뚱한 속셈을 품고 있다.
25 다정하게 말해도 믿지 마라.
그 속에 구렁이가 일곱 마리나 들어 있다.
26 미운 생각을 교묘히 감춘다 하여도
그 악의는 회중 앞에서 드러나고야 만다.
27 웅덩이를 파는 자는 제가 그 속에 빠지고
돌을 굴리는 자는 제가 그 밑에 깔린다.
28 남을 속이는 자는 제가 속고
아첨하는 자는 자기 신세를 망칠 뿐이다.

27 내일 일을 자랑하지 마라.
하루 사이에 무슨 변이 생길지 모른다.

㉠ 히브리어 본문의 뜻이 분명치 않지만 우리나라 격언 "소경 매질시키는 격"과 비슷하다.

2 자화자찬하지 말고 남에게 칭찬을 받도
록 하여라.
칭찬은 남이 해주는 것이지 제 입술로 하
는 것이 아니다.
3 돌이 무겁고 모래가 힘겨워도
어리석은 자가 귀찮게 구는 것보다는 가
볍다.
4 화가 나면 사나워지고 분이 터지면 막을
수 없겠지만
사람이 질투를 부리면 누가 당해 내랴.
5 속으로 사랑하는 것보다
터놓고 꾸짖는 것이 낫다.
6 친구의 꾸짖음은 좋게 받아들여도
원수의 입맞춤은 거절해야 한다.
7 배가 부르면 꿀송이도 밟아버리지만
배가 고프면 소태도 달다.
8 고향 잃은 사람은
보금자리 잃은 새와 같다.
9 향유와 분향은 기분을 좋게 하고
따뜻한 우정은 기운을 돋운다.
10 네 친구나 아비의 친구를 저버리지 마라.
어려울 때 동기의 집을 찾아가지 마라.
이웃 사촌이 먼 동기보다 낫다.
11 아들아, 부디 지혜를 깨쳐 내 마음을 기
쁘게 해다오.
그래야 나를 비웃는 자에게 할 말이 있다.
12 영리한 사람은 불길한 일을 보고 숨지만
철부지는 제 발로 걸어 들어가 화를 입는
다.
13 나그네가 옷을 담보로 잡히거든 잡아두
어라.
나그네니 딱하더라도 잡아두어라.
14 새벽에 큰소리로 인사받거든
욕을 먹었거니 생각하여라.
15 아내가 바가지를 긁는 것은
장마철에 지붕이 새는 것과 같다.
16 그런 여자를 다스리는 것은 바람을 잡는
격이요
오른손으로 기름을 움켜잡는 격이다.
17 쇠는 쇠에 대고 갈아야 날이 서고
사람은 이웃과 비비대며 살아야 다듬어
진다.
18 무화과나무를 지키는 자는 그 열매를 먹
고
상전을 시중드는 자는 영광을 누린다.
19 내 얼굴은 남의 얼굴에, 물에 비치듯 비
치고
내 마음도 남의 마음에, 물에 비치듯 비
친다.
20 지옥과 저승은 아무리 들어가도 한이 없
듯이
사람의 욕심도 끝이 없다.
21 도가니에서 금이나 은을 제련하듯
칭찬해 보아야 사람됨을 안다.
22 어리석은 자는 절구에다 찧어도
어리석음이 벗겨지지 않는다.
23 네 양떼를 잘 보살피고
네 가축떼에 정성을 들여라.
24 재물은 길이 남아나지 않고
보화도 대대로 물려줄 수 없다.
25 그러나 풀을 뜯으면 새 풀이 돋아나,
이 산 저 산에서 꼴을 거두어들일 수 있
다.
26 새끼 양으로는 옷을 지어 입고
숫양은 팔아서 밭을 사고
27 염소 젖은 넉넉해서 식구와 함께 먹고
계집종들까지 먹여 살릴 수 있다.

28

나쁜 사람은 쫓는 자가 없어도 달아나
고
착한 사람은 사자처럼 당당하다.
2 나라에 죄가 많으면 통치자가 자주 바뀌
지만
슬기로운 사람이 다스리면 자리가 잡힌
다.
3 권력을 잡고 가난한 사람을 억압하는 자
는
낟알 하나 남김없이 쓸어가는 폭우와 같
다.
4 하느님의 법을 짓밟는 자는 나쁜 사람을
찬양하지만
그 법을 지키는 사람은 그런 자와 맞선다.
5 악한 사람은 바른 일을 알지 못하나
야훼를 찾는 사람은 모르는 것이 없다.
6 부정으로 재산을 모으는 것보다
가난해도 정직하게 사는 편이 낫다.
7 슬기로운 아들은 하느님의 법을 지키고
건달들과 어울리는 자는 아비에게 욕을
돌린다.
8 고리대금으로 재산을 불리는 것은
가난한 사람 도와주는 사람을 위해 저축
하는 격이다.
9 귀를 막고 하느님의 법을 듣지 아니하면,
하느님은 그의 기도마저 역겨워하신다.
10 바른 사람을 나쁜 길로 꾀어내는 자는
제가 판 구렁에 빠지지만,
정직한 사람은 복을 받아 누린다.
11 부자는 제가 지혜로운 사람인 줄로 알지
만

가난해도 슬기로운 사람은 그 속을 꿰뚫
어 본다.
12 착한 사람이 세력을 잡으면 나라가 크게
빛나고
나쁜 사람이 권력을 잡으면 사람들이 숨
는다.
13 제 잘못을 감추고 잘될 리 없다.
제 잘못을 실토하고 손을 떼어야 동정을
산다.
14 늘 조심하여 살아가는 사람은 복받지만
콧대가 센 사람은 망하고 만다.
15 가난한 백성을 억울하게 다스리는 통치
자는
울부짖는 사자요, 굶주린 곰이다.
16 어리석은 통치자는 억압만을 일삼는다.
사욕을 멀리하는 사람은 오래 다스린다.
17 사람을 죽이고 쫓기는 사람은
끝내 쫓겨다니다가 무덤에 들어간다.
아무도 그를 도와주지 마라.
18 바르게 사는 사람은 구원을 받고
그르게 사는 사람은 함정에 빠진다.
19 밭을 가는 사람은 배불리 먹고
헛된 꿈만 꾸는 자는 배를 곯는다.
20 꾸준한 사람은 많은 복을 받지만
벼락 부자가 되려는 사람은 벌을 받고야
만다.
21 재판할 때 공정을 잃는 것은 옳지 않다.
밥 한 그릇 때문에 죄를 짓기도 한다.
22 욕심쟁이는 언제 가난이 들이닥칠지도
모르고
재산 모으기에만 급급하다.
23 듣기 좋은 소리보다는 바른말을 해주어야
후에 고맙다는 말을 듣는다.
24 어버이를 털어먹고도 죄없다는 자는
살인자와 한통속이다.
25 욕심 많은 자는 말썽만 일으키지만
야훼를 믿는 자는 얼굴에 화기가 돈다.
26 제 생각만 믿는 사람은 미련한 사람,
지혜롭게 살아가는 사람은 구원을 받는
다.
27 가난한 자를 도와주는 사람은 아쉬운 것
없겠지만
가난한 자를 외면하는 사람은 저주를 받
는다.
28 불의한 자들이 권력을 잡으면 사람들이
몸을 숨기지만
그런 자들이 망하면 의인이 세력을 편다.

29

아무리 꾸짖어도 듣지 않는 고집 센 사
람은
하릴없이 졸지에 망하고 만다.
2 착한 사람이 세력을 펴면 백성이 기뻐하
지만
나쁜 사람이 정권을 잡으면 백성이 한숨
짓는다.
3 지혜를 사랑하면 아비가 기뻐하지만
창녀에게 드나들면 재산을 탕진한다.
4 임금이 정의로 다스리면 나라가 튼튼히
서지만
마구 긁어들이면 나라가 망한다.
5 이웃에게 아첨하는 사람은
그의 앞에 올가미를 치는 사람이다.
6 나쁜 사람은 제 잘못으로 올가미에 걸리
지만
착한 사람은 기쁨과 즐거움을 누린다.
7 착한 사람은 가난한 사람들의 사정을 돌
보지만
나쁜 사람은 아랑곳하지 않는다.
8 거만한 사람은 마을을 들쑤셔놓지만
지혜로운 사람은 화를 가라앉힌다.
9 지혜로운 사람이 어리석은 자를 소송하
면
야료나 부리며 마냥 빈정거리리라.
10 잔악한 사람은 정직한 사람을 미워하지
만
올바른 사람은 정직한 사람의 생명을 소
중히 여긴다.
11 미련한 사람은 화를 있는 대로 다 터뜨리
지만
지혜로운 사람은 화를 가만히 가라앉힌
다.
12 통치자가 허튼 소리를 들어주면
신하들마저 모두 나빠진다.
13 가난한 사람과 학대하는 사람이 한데 어
울려 사는데,
야훼께서는 둘에게 같이 빛을 내려주신
다.
14 가난한 사람에게 바른 재판을 해주어야
임금의 자리가 길이 튼튼하다.
15 아이는 매를 맞고 꾸지람을 들어야 지혜
를 얻고
내버려두면 어미에게 욕을 돌린다.
16 나쁜 사람이 세력을 잡으면 범죄가 늘어
나고
착한 사람은 그들이 망하는 것을 보게 된
다.
17 아들에게 채찍을 대어라.
그래야 걱정이 사라지고 마음에 기쁨을
얻는다.

18 계시의 말씀이 없으면 백성이 방자해진
다.
그러나 하느님의 법을 지키는 사람은 복
을 받는다.
19 좋은 말만으로는 종을 길들일 수 없다.
다 알아들으면서도 따르지 않는다.
20 함부로 입을 가볍게 놀리는 사람을 보았
겠지만
그런 사람보다는 바보에게 희망이 있다.
21 종이 어리다고 응석을 받아주면
자라서 버릇없이 군다.
22 화를 잘 내면 말썽을 일으키고
골을 잘 내면 실수가 많다.
23 교만한 사람은 멸시를 받고
겸손한 사람은 존경을 받는다.
24 죽고 싶거든 도둑과 짝이 되어라.
법정에서 선서하고도 말문이 막힌다.
25 사람을 겁내면 올가미에 걸리지만
야훼만 믿으면 안전하다.
26 많은 사람이 통치자의 마음을 사려 하지
만
판결은 야훼께서 내리신다.
27 착한 사람은 불의한 사람을 싫어하고
나쁜 사람은 바른 사람을 싫어한다.

아굴의 잠언

30 ◎이것은 마싸 사람 야케의 아들 아굴
의 말이다. 그가 이렇게 이른다.

하느님께서 나와 함께 계셨더라면,
하느님께서 나와 함께 계셨더라면,
내가 이렇게 되지는 않았으리라.
2 나는 사람의 슬기조차 갖추지 못해
다른 사람에 견주면 짐승이라.
3 나는 지혜도 못 배웠고,
거룩하신 분을 아는 지식도 깨치지 못했
다.
4 하늘에 올라갔다 내려온 사람이 있느냐?
바람을 손아귀에 움켜잡은 사람이 있느
냐?
물을 옷자락에 감싸둔 사람이 있느냐?
돌아가며 땅의 경계를 정한 사람이 있느
냐?
그런 사람을 알거든 이름을 알려다오.
그에게 아들이 있거든 그 아들의 이름이
라도 알려다오.
5 하느님의 말씀은 모두 진실하시다.
그는 당신께 의지하는 사람에게 방패가
되신다.
6 그의 말씀에 아무것도 더 보태지 마라.
거짓말쟁이라고 꾸지람을 들으리라.

7 저에게는 당신께 간청할 일이 두 가지 있
습니다.
그것을 제 생전에 이루어주십시오.
8 허황된 거짓말을 하지 않게 해주십시오.
가난하게도, 부유하게도 마십시오.
먹고 살 만큼만 주십시오.
9 배부른 김에, "야훼가 다 뭐냐?" 하며 배
은망덕하지 않게,
너무 가난한 탓에 도둑질하여
하느님의 이름에 욕을 돌리지 않게 해주
십시오.

10 주인에게 그의 종을 헐뜯어 말하지 마라.
그 종이 저주하면 너는 하릴없이 당한다.
11 아비를 욕하고 어미의 은덕을 기릴 줄 모
르는 세상,
12 밑도 안 씻고 깨끗한 체하는 세상,
13 눈이 높아 하늘 높은 줄 모르는 세상,
14 사람들의 이빨이 칼 같고 턱이 작두 같은
세상이구나.
불쌍한 사람을 지상에 하나 남기지 않고
가난한 사람을 세상에 하나 남기지 않고
먹어치운다.

15 거머리에게는 달라고 보채는 딸이 둘,
아무리 먹어도 배부른 줄 모르는 것이 셋,
"족하다." 할 줄 모르는 것이 넷 있으니,
16 곧 지옥과
애기 못 낳는 모태와
물로 채울 수 없는 땅과
"족하다." 할 줄 모르는 불이다.

17 제 아비를 비웃고
어미를 깔보는 눈은
골짜기의 까마귀에게 쪼이고
독수리 밥이 되리라.

18 이상한 일이 세 가지,
정말 모를 일이 네 가지 있으니,
19 곧 독수리가 하늘을 지나간 자리,
뱀이 바위 위를 기어간 자리,
배가 바다 가운데를 지나간 자리,
사내가 젊은 여인을 거쳐간 자리다.
20 간음하는 여인의 행색도 그와 같아
먹고도 안 먹은 듯 입을 씻고
"난 잘못한 일 없다." 하고 시치미 뗀다.

21 땅을 뒤흔들 일이 세 가지,
땅이 꺼질 일이 네 가지 있으니,
22 곧 종이 임금이 되고
바보가 부자 되고
23 꺼림칙한 여자가 시집가고
계집종이 안주인 자리를 빼앗는 것이다.

24 세상에서 가장 작으면서도
더없이 지혜로운 것이 넷 있으니,
25 곧 힘은 없지만
여름 동안 먹을 것을 장만하는 개미,
26 연약하지만
돌 틈에 집을 마련하는 바위너구리,
27 임금도 없는데
떼를 지어 나아가는 메뚜기,
28 손에 잡힐 터인데도
대궐을 드나드는 도마뱀이다.

29 당당하게 발을 옮기는 것이 셋,
늠름하게 걸음을 옮기는 것이 넷 있으니,
30 곧 아무것 앞에서도 물러서지 않는
동물의 왕 사자,
31 꼬리를 세우고 걷는 수탉,
양떼를 거느리고 가는 숫염소,
군대를 지휘하는 임금이다.

32 바보처럼 우쭐해지거든
입을 손으로 막고 잘 생각하여라.
33 양의 젖통을 누르면 젖이 나오고
코를 치면 피가 나오듯
화를 돋우면 싸움이 터진다.

르무엘 어머니의 잠언

31 ◎마싸 왕 르무엘이 그의 어머니에게서
배운 교훈.

2 아들아, 들어라. 내 속에서 나온 아들아,
들어라.
서원을 세우고 얻은 아들아, 들어라.
3 네 기력을 여자에게 쏟지 마라.
임금도 그리 되면 망한다.
4 르무엘아, 임금이 해서는 안 될 일이 있
다.
포도주를 마시는 것은 왕이 할 일이 아니
다.
독주를 즐기는 것은 고관들이 할 일이 아
니다.
5 술을 마시면 법을 잊어버리고
모든 불쌍한 사람의 권리를 짓밟게 된다.
6 독주는 죽을 사람에게나 주어라.
포도주는 상심한 사람에게나 주어라.
7 그것을 마시면 가난을 잊고
괴로움을 생각지 아니하리라.
8 너는 할 말 못하는 사람과
버림받은 사람의 송사를 위해 입을 열어
라.
9 입을 열어 바른 판결을 내려
불쌍하고 가난한 사람들의 권리를 세워
주어라.

현숙한 아내

10 누가 어진 아내를 얻을까?
그 값은 진주보다 더하다.
11 남편은 넉넉히 벌어들이는 아내를 믿고
마음이 든든하다.
12 백 년을 한결같이
속 썩이지 않고 잘해 준다.
13 양털과 모시를 구해다가
손을 놀리니 즐겁기만 하구나.
14 마치 상선과도 같아
멀리서 양식을 구해 온다.
15 아직 어두울 때 일어나
식구들에게 음식을 나누어주고
여종들에게 일을 맡긴다.
16 밭을 사도 잘 생각해서 사고
제 손으로 벌어 포도원을 장만한다.
17 허리를 동인 모습은 힘차고
일하는 두 팔은 억세기만 하다.
18 머리가 잘 돌아 하는 일마다 잘되고
밤에 등불이 꺼지는 일도 없다.
19 손수 물레질을 해서
손가락으로 실을 탄다.
20 불쌍한 사람에게 팔을 벌리고
가난한 사람에게 손을 뻗친다.
21 온 식구를 두둑히 입혀서
눈이 와도 걱정이 없다.
22 손수 이부자리를 만들고
모시와 붉은 털로 옷을 짜 입는다.
23 남편은 지방 어른들과 함께
성문에 앉아 존경을 받는다.
24 모시로 옷을 지어 팔고
띠를 만들어 상인에게 넘긴다.
25 몸매무새에는 힘과 위엄이 나타나고
앞일을 걱정하지 않는다.
26 입을 열면 지혜로운 말이 나오고
혀를 놀리면 친절한 가르침이 나온다.
27 항상 집안 일을 보살피고
놀고 먹는 일 없다.

28 그래서 아들들이 일어나 찬양하고
남편도 칭찬하기를,
29 "살림 잘하는 여자가 많아도
당신 같은 사람은 없소." 한다.
30 아름다운 용모는 잠깐 있다 스러지지만
야훼를 경외하는 여인은 칭찬을 듣는다.
31 그 손이 일한 보답을 안겨주고
그 공을 성문에서 포상해 주어라.

전도서

1 ◎다윗의 아들로서 예루살렘의 왕이었던
설교자의 말이다.

세상만사 헛되다

2 헛되고 헛되다, 설교자는 말한다,
헛되고 헛되다. 세상만사 헛되다.
3 사람이 하늘 아래서 아무리 수고한들 무
슨 보람이 있으랴!
4 한 세대가 가면 또 한 세대가 오지만
이 땅은 영원히 그대로이다.
5 떴다 지는 해는 다시 떴던 곳으로 숨가삐
가고
6 남쪽으로 불어갔다 북쪽으로 돌아오는
바람은
돌고 돌아 제자리로 돌아온다.
7 모든 강이 바다로 흘러드는데
바다는 넘치는 일이 없구나.
강물은 떠났던 곳으로 돌아가서 다시 흘
러내리는 것을.
8 세상만사 속절없어 무엇이라 말할 길 없
구나.
아무리 보아도 보고 싶은 대로 보는 수가
없고
아무리 들어도 듣고 싶은 대로 듣는 수가
없다.
9 지금 있는 것은 언젠가 있었던 것이요,
지금 생긴 일은 언젠가 있었던 일이라.
하늘 아래 새 것이 있을 리 없다.
10 "보아라, 여기 새로운 것이 있구나!" 하
더라도 믿지 마라.
그런 일은 우리가 나기 오래 전에 이미 있
었던 일이다.
11 지나간 나날이 기억에서 사라지듯
오는 세월도 기억에서 사라지고 말 것을.

설교자의 경험

12 ◎나 설교자는 예루살렘에서 이스라엘의 왕
으로 있으며
13 하늘 아래 벌어지는 모든 일을 알아보아 지
혜를 깨치려고 무척 애를 써보았지만, 하느
님께서는 사람에게 괴로운 일을 주시어 고
생이나 시키신다는 것을 알기에 이르렀다.
14 하늘 아래 벌어지는 일을 살펴보니 모든 일
은 바람을 잡듯 헛된 일이었다.
15 구부러진 것을 펼 수가 없고, 없는 것을 셀
수야 없지 않는가!
16 "나보다 먼저 예루살렘에서 왕노릇 한 어른
치고 나만큼 지혜를 깊이 깨친 사람이 없다.
나만큼 인생을 깨쳐 지혜를 얻은 사람이 없
다." 나는 이렇게 자신을 가지고
17 어떻게 사는 것이 지혜로운 일인지, 어떻게
사는 것이 어리석고 얼빠진 일인지 알아보
려고 무척 애를 써보았지만, 그것 또한 바
람을 잡는 것 같은 일이었다.
18 어차피 지혜가 많으면 괴로운 일도 많고 아
는 것이 많으면 걱정도 많아지는 법이다.

2 ◎그래서 향락에 몸을 담가 행복이 무엇
인지 알아보았더니 그것 또한 헛된 일이
었다.
2 웃음이란 얼빠진 짓이라, 향락에 빠져보아
도 별 수가 없었다.
3 지혜를 깨치려는 생각으로 나는 술에 빠져
보기도 하였다. 이런 어리석은 일들을 붙잡
고 늘어져보았다. 하늘 아래 이 덧없는 인
생을 무엇을 하며 지내는 것이 좋을까 알아
내려고 하였다.
4 ◎나는 큰 사업도 해보았다. 대궐을 짓고 포
도원을 마련했으며
5 동산과 정원을 마련하고 갖가지 과일 나무
를 심었고
6 늪을 파서 그 나무들이 우거지게 물을 대었
다.
7 사들인 남종 여종이 있었고 집에서 난 씨종
도 있었고 소떼 양떼도 많아서 나만한 부자
가 일찍이 예루살렘에 없었다.
8 나는 내 통치 아래 있는 모든 속국 왕실 창
고들에서 금과 은을 거두어들였다. 노래 불
러주는 남녀 가수들과 수청들 여자도 얼마

든지 있었다.
9◎나는 나 이전에 예루살렘에서 왕노릇 한
어떤 어른보다도 세력이 컸다. 나는 늘 지
혜의 덕을 보았다.
10보고 싶은 것을 다 보았고 누리고 싶은 즐거
움을 다 누렸다. 스스로 수고해서 얻은 것
을 나는 마음껏 즐겼다. 나는 이렇게 즐기
는 것을 수고한 보람으로 알았다.
11그러나 내가 이 손으로 한 모든 일을 돌이켜
보니, 모든 것은 결국 바람을 잡듯 헛된 일
이었다. 하늘 아래서 하는 일로 쓸만한 것
은 하나도 없었다.
12왕위에 오르는 사람이래야 선왕들이 이미
한 일밖에 더 무슨 할 일이 있겠는가? ◎그
래서 나는 지혜롭게 사는 것이 어떤 것이며
어리석게 사는 것이 어떤 것인지 알려고 했
다.
13빛이 어둠보다 낫듯이 지혜가 어리석음보
다 낫다는 것쯤은 나도 안다.
14지혜로우면 제 앞이 보이고 어리석으면 어
둠 속을 헤맨다고 했지만, 그래 보아야 둘
다 같은 운명에 빠진다는 것을 나는 안다.
15"어리석은 사람과 같은 운명에 빠진다면 무
엇을 바라고 지혜를 얻으려고 했던가?" 이
런 저런 생각 끝에 이것도 또한 헛된 일임을
깨달았다.
16지혜로운 사람도 어리석은 사람과 함께 사
람들의 기억에서 영원히 사라져버린다. 전
에도 그랬지만 앞으로도 모든 일은 잊혀지
고 말리라. 지혜로운 사람도 어리석은 사람
과 함께 죽지 않는가!
17그래서 나는 산다는 일이 싫어졌다. 모든
것은 바람을 잡듯 헛된 일이라, 하늘 아래
서 벌어지는 모든 일이 나에게는 괴로움일
뿐이다.
18◎나는 하늘 아래서 애쓰며 수고하는 일이
모두 싫어졌다. 힘껏 애써 얻어보아야 결국
다음 세대에 물려주어야 하는 것,
19그것을 물려받아 주무를 사람이 지혜로운
사람일지 어리석은 사람일지 아무도 알 수
없는 노릇, 그런데도 내가 하늘 아래서 지
혜를 짜고 애를 써서 얻은 것을 물려주어야
하다니, 이 또한 헛된 일이라.
20나는 하늘 아래서 수고한 모든 일을 생각하
고 싶지 않고 돌아보기도 싫어졌다.
21지혜와 지식을 짜내고 재간을 부려 수고해
서 얻은 것을 아무 수고도 하지 않은 사람에
게 남겨주어야 하다니, 이 또한 헛된 일이
며 처음부터 잘못된 일이다.
22사람이 하늘 아래서 제아무리 애를 태우며
수고해 본들 돌아올 것이 무엇이겠는가?
23날마다 낮에는 뼈 아프게 일하고 밤에는 마
음을 죄어 걱정해 보지만 이 또한 헛된 일이
다.
24◎수고한 보람으로 먹고 마시며 즐기는 일
만큼 사람에게 좋은 일은 없다. 내가 보기
에 물론 이것은 하느님께서 손수 내리시는
것이다.
25그렇지 않다면 우리가 무엇을 먹고 무엇을
즐길 수 있겠는가?
26하느님께서는 당신 눈에 드는 사람에게는
지혜를 주신다. 알 것을 알아 즐거움을 누
리게 해주신다. 그러나 하느님 눈에 들지
못한 사람은 애써 모아들여도 결국 하느님
눈에 드는 사람의 좋은 일이나 하게 된다.
그러니 이 또한 바람을 잡듯 헛된 일이다.

무엇이나 때가 있다

3 무엇이나 다 정한 때가 있다.
하늘 아래서 벌어지는 무슨 일이나 다 때
가 있다.
2 날 때가 있으면 죽을 때가 있고
심을 때가 있으면 뽑을 때가 있다.
3 죽일 때가 있으면 살릴 때가 있고
허물 때가 있으면 세울 때가 있다.
4 울 때가 있으면 웃을 때가 있고
애곡할 때가 있으면 춤출 때가 있다.
5 ㉠연장을 쓸 때가 있으면 써서 안될 때가
있고
서로 껴안을 때가 있으면 그만둘 때가 있
다.
6 모아들일 때가 있으면 없앨 때가 있고
건사할 때가 있으면 버릴 때가 있다.
7 찢을 때가 있으면 기울 때가 있고
입을 열 때가 있으면 입을 다물 때가 있
다.
8 사랑할 때가 있으면 미워할 때가 있고
싸움이 일어날 때가 있으면 평화를 누릴
때가 있다.
9◎그러니 사람이 애써 수고하는 일이 무슨
소용이 있겠는가?
10그래서 하느님께서 사람에게 시키신 일을
생각해 보았더니,
11하느님께서는 모든 것이 제 때에 알맞게 맞
아 들어가도록 만드셨더라. 그러나 하느님
께서 사람에게 역사의 수수께끼를 풀고 싶

㉠ "연장"은 히브리어 본문에서 "돌"인데 "성기"를 말하는 듯하다.

은 마음을 주셨지만, 하느님께서 어떻게 일
을 시작하여 어떻게 일을 끝내실지 아는 사
람은 하나도 없다는 것을 나는 알았다.
12 결국 좋은 것은 살아 있는 동안 잘살며 즐기
는 것밖에 없다는 것을 깨달은 것이다.
13 사람은 모름지기 수고한 보람으로 먹고 마
시며 즐겁게 지낼 일이다. 이것이 바로 하
느님의 선물이다.
14 ◎하느님께서 하시는 일은 모두가 한결같아
서 누가 보탤 수도 뺄 수도 없는 노릇이라,
사람은 하느님께서 하시는 일을 보고 다만
그의 앞에서 두려움을 느낄 수밖에 없음을
나는 깨달았다.
15 무슨 일이 일어나도 그 일은 전에 있던 일이
요, 앞으로 있을 어떤 일도 전에 있던 일이
라, 하느님께서 하시는 일은 마냥 그 일의
되풀이에 지나지 않는다.
16 ◎그뿐만 아니라 공평무사하게 정의가 이루
어져야 할 세상에 불의가 판치는 것을 나는
또 보았다.
17 사람이 무슨 생각으로 무슨 일을 하든지 다
하느님께서 때를 정하시고 누가 옳고 누가
그른지를 심판하신다는 생각이 들었다.
18 ◎사람이란 본디가 짐승과 조금도 다를 것
이 없다는 것을 하느님께서 밝히 보여주신
다는 생각이 들었다.
19 사람의 운명은 짐승의 운명과 다를 바 없어
사람도 짐승도 같은 숨을 쉬다가 같은 죽음
을 당하는 것을! 이렇게 모든 것은 헛되기
만 한데 사람이 짐승보다 나을 것이 무엇인
가!
20 다 같은 데로 가는 것을! 다 티끌에서 왔다
가 티끌로 돌아가는 것을!
21 사람의 숨은 위로 올라가고 짐승의 숨은 땅
속으로 내려간다고 누가 장담하랴!
22 그러니 제 손으로 수고해 얻은 것을 즐기는
것밖에 좋은 일이 없다. 그것이 사람마다
누릴 몫이다. 죽은 다음에 어찌 될지를 알
려줄 자 어디 있는가!

4 ◎하늘 아래서 억울한 일 당하는 사람들
을 다시 살펴보았더니, 그 억울한 사람들
이 눈물을 흘리는데 위로해 주는 사람도 없
더구나. 억압하는 자들이 권력을 휘두르는
데 감싸주는 사람도 없더구나.
2 그래서 나는 아직 목숨이 붙어 살아 있는 사
람보다 숨이 넘어가 이미 죽은 사람들이 복
되다고 하고 싶어졌다.
3 그보다도 아예 나지 않아서 하늘 아래 벌어
지는 악한 일을 보지 못한 것이 더 좋다고
생각되었다.
4 ◎사람이면 누구나 경쟁심이 있어서 남보다
더 얻으려고 기를 쓰는 것을 나도 모르는 바
아니다. 그러나 이 또한 바람을 잡듯 헛된
일이다.
5 그렇다고 팔짱을 끼고 놀다가 말라 죽는 것
도 어리석은 일이다.
6 바람을 잡으려고 두 손을 허우적거리느니
한 움큼으로 만족하는 것이 더 낫다.
7 ◎나는 다시 하늘 아래서 벌어지는 또 하나
헛된 일을 살펴보았다.
8 아들도 형제도 아무도 없이 외톨이로 사는
사람이 있다. 끝없이 일만 할 뿐 재산을 모
으고 또 모아도 만족할 줄 모르는 사람이 있
다. 그런 사람은 "누구 좋은 일 시키려고 아
무 즐거움도 모르고 이 고생을 했는가?" 하
게 될 테니 이 또한 헛된 일이라, 보기에도
딱한 노릇이다.
9 ◎혼자서 애를 쓰는 것보다 둘이서 함께 하
는 것이 낫다. 그들의 수고가 좋은 보상을
받겠기 때문이다.
10 넘어지면 일으켜줄 사람이 있어 좋다. 외톨
이는 넘어져도 일으켜줄 사람이 없어 보기
에도 딱하다.
11 그뿐이랴! 혼자서는 몸을 녹일 길이 없지
만 둘이 같이 자면 서로 몸을 녹일 수 있다.
12 혼자서 막지 못할 원수도 둘이서는 막을 수
있다. 삼겹으로 줄을 꼬면 쉽게 끊어지지
않는 법이다.
13 ◎아무리 나이 많아도 남의 말을 받아들일
줄 모르는 왕은 어리석다. 그보다는 가난할
지라도 슬기로운 젊은이가 낫다.
14 거지로 태어났다가 왕위에 오를 사람도 있
다. 그런 사람은 젊어서 감옥살이를 하다가
도 나와서 왕이 될 수 있는 것이다.
15 내가 보니 이렇게 왕위를 계승한 젊은이 주
위에는 하늘 아래서 숨쉬며 오가는 사람이
다 모이더라.
16 그러나 한없이 많은 백성이 그를 떠받든들
무엇 하겠는가? 다음 세대에 가서는 아무
도 그를 달갑게 여길 사람이 없을 것이다.
이 또한 바람을 잡듯 헛된 일이다.
17 ◎㉠성전으로 갈 때 너는 발걸음을 조심하
1 여라. 어리석은 사람은 악한 짓을 하면서도
깨닫지 못하고 제물이나 바치면 될 줄 알지
만, 그보다는 말씀을 들으러 나갈 일이다.

㉠ 라틴어 성서는 여기에서 5장이 시작된다.

쉽게 서원하지 마라

5 1◎하느님께 무엇인가 바치겠다고 너무
2 성급한 생각을 하지 말고 조급하게 입
을 열지도 마라. 하느님은 하늘에 계시고
너는 땅에 있다. 그러므로 사람은 모름지기
말이 적어야 한다.
2 걱정이 많으면 꿈자리가 사나워지고 말이
3 많으면 어리석은 소리가 나온다.
3 그러니 하느님께 무엇인가 서원했거든 지
4 체말고 지켜라. 하느님께서는 어리석은 자
를 좋아하지 않으신다. 그러니 서원했거든
지키도록 하여라.
4 서원하고 지키지 않는 것보다 오히려 서원
5 하지 않는 편이 낫다.
5 스스로 한 말 때문에 죄를 짓는 일이 없도록
6 하여라. 하느님의 심부름꾼 앞에 경솔했다
고 핑계할 생각을 마라. 하느님께 노여움
살 소리를 해서 일껏 수고하여 얻은 것을 물
거품으로 만들 이유가 어디 있는가?
6 꿈도 많이 꾸고 헛된 일도 하며 말도 많이
7 하겠지만, 하느님 두려운 줄만은 알고 살아
야 한다.

하느님께 받은 몫을 즐겨라

7◎나라에 가난한 사람을 억압하는 일이 있
8 어 인권이 유린되는 것이 보이더라도 놀라
지 마라. 그런 일을 감시할 웃어른이 있고
그 위에 또 웃어른이 있다.
8 이러니 저러니 해도 나라에 왕이 있어서 땅
9 을 갈아 부칠 수 있는 것을 다행으로 여겨라.
9◎돈을 사랑하는 사람치고 돈으로 만족하는
10 사람이 없다. 욕심 부린다고 더 생기는 것
도 아니다. 그러니 이 또한 헛된 일이다.
10 재산이 많으면 그만큼 먹여 살릴 사람이 많
11 은 것, 그러니 많은 재산은 눈요기밖에 될
것이 없다.
11 막일을 하는 사람은 많이 먹든 적게 먹든 단
12 잠이나 자지만, 부자는 아쉬운 것 없어도
뒤척이기만 하며 제대로 잠을 못 이룬다.
12◎하늘 아래서 나는 기막히게 억울한 일을
13 보았다. 일껏 재산을 모아놓았는데 그 재산
때문에 우환을 당하는 일이 있었다.
13 불운이 닥쳐 재산이 달아나, 제 몸에서 난
14 아들에게도 물려줄 것 하나 없이
14 세상에 떨어졌을 때처럼 알몸으로 돌아가
15 더라. 일껏 수고해서 얻은 것을 하나도 가
지고 가지 못하니,
15 이 또한 기막힌 노릇이다. 사람은 세상에
16 올 때처럼 빈손으로 갈 것뿐이라, 바람을
잡으려고 아무리 애를 써도 소용이 없다.
16 인생은 평생 암담한 나날을 울며 애타고 병
17 을 앓으며 분노하는 일로 괴로워하며 사는
것이다.
17◎내가 깨달은 것은 바로 이것이다. 멋지게
18 잘사는 것은 하늘 아래서 수고한 보람으로
먹고 마시며 즐기는 일이라는 것이다. 인생
은 비록 짧아도 하느님께 허락받은 것이니,
그렇게 살 일이다. 이것이 인생이 누릴 몫
이다.
18 먹고 살 돈과 재산을 하느님께 몫으로 받은
19 사람은 누구나 그것을 하느님의 선물로 알
아 수고한 보람으로 즐길 일이다.
19 하느님께서는 사람들이 행복하게 살기만
20 바라시니, 인생을 너무 심각하게 생각하지
마라.

6 ◎사람의 마음을 무겁게 하는 억울한 일
이 하늘 아래 있는 것을 나는 보았다.
2 부귀영화를 아쉬움 없이 하느님께 받았으
면서도 그것을 마음껏 누려보지 못하고 엉
뚱한 사람에게 물려주는 일이 있다. 헛되다
뿐이랴! 통탄할 일이다.
3 자식을 백 명이나 두고 아무리 오래 산다 할
지라도 인생을 마음껏 즐기지 못하고 죽어
서도 편안히 묻히지 못할 신세라면, 이것은
아예 낙태된 아이보다 못하지 않겠는가?
4 물거품처럼 왔다가 어둠 속으로 사라져 이
름도 못 남기는 아이,
5 빛을 보며 인생을 살아보지 못한 아이지만
이 아이가 그 사람보다 편안한 신세다.
6 즐기지도 못하는 인생, 천 년의 갑절을 살
아보아도 별 수가 없다. 모두 다 같은 곳으
로 가는 몸들이 아닌가?
7 사람이 수고하는 것은 잘 먹자고 하는 것 아
닌가? 그뿐이랴? 사람의 욕망은 한이 없는
것이다.
8◎그렇다고 해서 지혜로운 사람이 어리석은
사람보다 나은 점이 있는 것도 아니다. 인
생을 어떻게 살아야 할지 안다고 해도 가난
하다면 아무 소용이 없다.
9 이 또한 바람을 잡듯 헛된 일이라, 굶어 죽
는 것보다 눈뜨고 사는 것이 낫다.
10◎이미 결정되지 않은 일이 어디 있으랴?
그것이 어떤 일인지를 알 수야 있지만, 그
렇다고 사람이 자기보다 강한 어른에게 왜
이러느냐고 따질 수는 없는 노릇 아닌가.
11 말을 많이 할수록 그만큼 헛수고를 하는 것
이라, 아무 소용이 없다.
12 하루살이처럼 덧없이 지나가는 짧은 인생

에게 무엇이 좋을 일인지 누가 알겠는가?
죽은 다음에 세상 돌아가는 일을 누가 알려
주겠는가?

좋은 일들

7 명예가 값진 기름보다 좋고,
죽는 날이 태어난 날보다 좋다.
2 잔칫집에 가는 것보다 초상집에 가는 것
이 좋다.
산 사람은 모름지기 죽는다는 것을 명심
할 필요가 있다.
3 웃는 것보다는 슬퍼하는 것이 좋다.
얼굴에 시름이 서리겠지만 마음은 바로
잡힌다.
4 지혜로운 사람은 마음이 초상 집에 있고
어리석은 사람은 마음이 잔치 집에 있다.
5 어리석은 사람에게 찬양을 받는 것보다
지혜로운 사람에게 꾸지람을 듣는 것이
좋다.
6 어리석은 사람의 웃음 소리는
솥 밑에서 가시나무가 타는 소리 같아
이 또한 헛된 것이다.
7 아무리 지혜로워도 탐욕을 내면
어리석은 사람이 되고
뇌물을 받았다가는 망신을 당한다.
8 일을 시작할 때보다는 끝낼 때가 좋고,
자신만만한 것보다는 참는 것이 좋다.
9 짜증을 부리며 조급하게 굴지 마라.
어리석은 사람이나 짜증을 부린다.
10◎이런 말을 하지 마라. "지나간 세월이 지
금보다 좋았지요?" 지혜로운 사람은 이런
질문을 하지 않는다.
11 지혜는 유산과 같이 좋은 것이라, 해 아래
사는 사람치고 그 혜택을 입지 않은 사람은
없다.
12 지혜의 그늘에서 사는 것이 돈의 그늘에서
사는 것이다. 사람은 지혜가 있어야 틀림이
없다. 인생의 길을 깨친 사람이라야 이런
이득을 본다.
13◎하느님께서 이루어놓으신 것을 보아라.
하느님께서 구부려놓으신 것을 펼 사람이
어디 있는가?
14 일이 잘되거든 행복을 누려라. 일이 틀려가
거든 이 모든 것이 다 하느님께서 하시는 일
인 줄 알아라. 아무도 한 치 앞을 모른다는
것을 깨달아라.
15◎나는 덧없는 세월을 보내면서 세상만사를
다 겪어보았다. 착한 사람은 착하게 살다가
망하는데 나쁜 사람은 못되게 살면서도 고
이 늙어가더구나.
16 그러니 너무 착하게 살지 마라. 지나치게
지혜롭게 굴 것도 없다. 그러다가 망할 이
유가 어디 있는가?
17 그렇다고 너무 악하게 살지도 마라. 어리석
게 굴 것도 없다. 그러다가 때도 되기 전에
죽을 까닭이 없지 않는가?
18 한 쪽을 붙잡았다고 다른 쪽을 버리는 것은
좋지 않다. 하느님 두려운 줄 알아야 치우
치지 않고 살아갈 수 있다.
19◎열 성주가 한 성을 지키는 것보다 지혜가
사람을 더 든든히 지켜준다.
20 사람이 제아무리 착하다 할지라도 좋은 일
만 하고 나쁜 일 하지 않는 사람은 이 세상
에 없다.
21◎누가 무슨 말을 하더라도 못 들은 체해 두
어라. 네 종이 너를 욕하더라도 귀담아듣지
마라.
22 너 자신도 남을 얼마나 욕했는지 모르지 않
느냐?

슬기는 단순한 데 있다

23◎나는 지혜를 다 짜내어 이 모든 것을 알아
보려고 했다. 나는 스스로 지혜있는 자이거
니 생각했는데 어림도 없었다.
24 나로서는 세상만사 알 길이 없었다. 깊고
또 깊은 그것을 그 누가 알겠는가?
25◎나는 지혜롭게 계획을 세우고 산다는 것
이 어떤 것인지 더듬어 찾아 알아보려고 거
듭 애써보았다. 그래서 악하게 사는 것은
어리석은 짓이요, 어리석음은 곧 얼빠진 노
릇임을 깨달았다.
27◎설교자는 말한다. 내가 깨달은 것은 이것
이다. 해답을 얻으려고 하나하나 더듬어 찾
아보았지만,
28 아무리 애타게 찾아도 아직 찾지 못했다는
것이다. 해답을 찾는 남자는 천에 하나 있
을까 말까 하지만 여자들 가운데는 하나도
없다.
26◎나는 또 여자란 죽음보다도 신물나는 것
임을 알았다. 여자는 새 잡는 그물이다. 그
마음은 올가미요, 그 팔은 사슬이다. 하느
님께 좋게 보이는 사람은 거기에서 벗어날
수 있지만 죄인은 잡히고 만다.
29◎그러나 이것 하나만은 깨달았다. 하느님
은 사람을 단순하게 만드셨는데 사람들은
공연히 문제를 복잡하게 만든다.
8 ◎그러면 어떤 사람이 지혜 있는 사람인
가? 사리를 알아 제대로 풀이할 수 있는

사람은 어떤 사람인가? 찡그린 얼굴을 펴
고 웃음을 짓는 사람이 지혜 있는 사람이다.

임금에게 복종하여라

2◎하느님 앞에서 임금에게 충성을 맹세했거
든 임금의 명령을 지키도록 하여라.
3임금이란 하고 싶은 일은 무엇이나 하는 자
이니, 경솔하게 어전에서 물러나오거나 임
금이 싫어하는 일을 고집하지 않도록 하여
라.
4◎임금의 말은 권위가 있는 것이라, "왜 그
러십니까?" 하고 반대하지 못한다.
5그러므로 그의 명령을 지키는 사람은 화를
입지 않는다. 생각이 지혜로우면 어떤 경우
에 어떻게 행동해야 할지도 알게 된다.
6◎무슨 일이든 때와 방식이 있는 법이다. 그
러나 아무리 제대로 하여도 화를 입는 경우
가 많다.
7앞으로 무슨 일이 있을지 아무도 모르고 언
제 무슨 일이 있을지 알려줄 사람도 없다.

착한 사람 악한 사람의 구별이 없는 세상

8◎사람은 아무도 제 목숨을 마음대로 하지
못한다. 아무도 꺼져가는 제 숨결을 붙잡지
못한다. 아무도 저 죽을 날을 마음대로 주
장하지 못한다. 전쟁이 덮쳐오면 벗어날 길
이 없고, 악한 일을 하고 살아날 길도 없다.
9하늘 아래서 벌어지는 온갖 일을 다 알아보
려고 애쓰다가 나는 이 모든 일을 알아냈다.
남을 마음대로 주무르던 자는 때가 되면 화
를 입는다.
10그래서 악하게 살던 자들이 매장되는 것을
나는 보았다. 그들이 살아오던 성읍에서 그
이름이 잊혀지고 마는 것을 나는 보았다.
그렇게 사는 것 또한 헛된 일이다.
11◎아무리 죄를 지어도 당장 죄를 받지 않기
때문에 사람들은 나쁜 일을 할 생각밖에 없
다.
12백 번 죄를 짓고도 버젓하게 살아 있더구나.
하느님 두려운 줄 알아 하느님 앞에서 조심
하며 살아가는 사람은 잘되어야 하고
13하느님 두려운 줄 몰라 하느님 앞에서 함부
로 사는 악인은 하루살이처럼 사라져야 될
줄은 나도 확신하지만
14땅 위에서 되어가는 꼴을 보면 모두가 헛된
일이다. 나쁜 사람이 받아야 할 벌을 착한
사람이 받는가 하면 착한 사람이 받아야 할
보상을 나쁜 사람이 받는다. 그래서 나는
이 또한 헛되다고 한 것이다.
15◎그러므로 즐겁게 사는 것이 좋은 것이다.
하늘 아래서 먹고 마시며 즐기는 일밖에 사
람에게 무슨 좋은 일이 있겠는가? 그것이
없다면 하늘 아래서 하느님께 허락받은 짧
은 인생을 무슨 맛으로 수고하며 살 것인
가?
16◎나는 지혜를 통해 사람들이 땅 위에서 밤
낮 눈도 못 붙이고 수고하는 까닭을 알려고
무던히 애를 써보았지만,
17하느님께서 하늘 아래서 하시는 일은 아무
도 알 수 없음을 깨달았다. 아무리 찾아도
그것을 알 사람은 없다. 이런 일을 안다고
장담할 현자가 있을지는 몰라도 그것을 참
으로 아는 사람은 아무도 없다.

9 ◎나는 이 모든 것을 알려고 애를 썼다.
착한 일을 하며 사는 슬기로운 사람은 하
느님의 손 안에 있다는 것을 알지만, 사랑
해 주실지 미워해 주실지는 알 길이 없다.
그러므로 사람을 기다리고 있는 것은 모두
헛된 것일 따름이다.
2너나 나나 할 것 없이 꼭 같은 운명이 기다
리고 있다. 죄없는 사람이나 죄있는 사람이
나, 선한 사람이나 악한 사람이나, 깨끗한
사람이나 더러운 사람이나, 제사를 드리는
사람이나 제사를 드리지 않는 사람이나 마
찬가지다. 선한 사람이라고 해서 죄인과 다
를 바 없고 하느님 앞에서 맹세를 하는 사람
이라고 해서 맹세를 꺼려하는 사람과 다를
바 없다.
3모든 사람이 같은 운명을 당하는데 하늘 아
래서 벌어지는 일 중에서 잘못되지 않은 것
이 무엇이 있겠는가? 그러므로 사람들의
마음은 악으로 차고 넘쳐 얼빠진 생각을 하
며 살다가 죽을 수밖에 없다.
4◎그렇다. 사람이란 산 자들과 어울려 지내
는 동안 희망이 있다. 그래서 죽은 사자보
다 살아 있는 강아지가 낫다고 하는 것이다.
5산 사람은 제가 죽는다는 것이라도 알지만
죽고 나면 아무것도 모른다. 다 잊혀진 사
람에게 무슨 좋은 것이 돌아오겠는가?
6사랑도 미움도 경쟁심도 이미 사라져버려
하늘 아래서 벌어지는 어떤 일에도 간섭할
길은 영원히 없어진 것이다.
7◎그러니 네 몫의 음식을 먹으며 즐기고 술
을 마시며 기뻐하여라. 이런 일은 하느님께
서 본래부터 좋게 보아주시는 일이다.
8언제나 깨끗한 옷을 입고 머리에 기름을 발
라라.
9하늘 아래서 허락받은 덧없는 인생을 애인

과 함께 끝날까지 즐기며 살도록 하여라.
이것이야말로 하늘 아래서 수고하며 살아
있는 동안 네가 누릴 몫이다.
10 무슨 일이든 손에 닿는 대로 하여라. 저승
에 가서는 할 일도 생각할 일도 없다. 깨쳤
던 지혜도 쓸 데 없어진다.
11 ◎내가 또다시 하늘 아래서 벌어지는 일을
살펴보았더니 발이 빠르다고 달음박질에
우승하는 것도 아니고 힘이 세다고 싸움에
서 이기는 것도 아니며 지혜가 있다고 먹을
것이 생기는 것도 아니고 슬기롭다고 돈을
모으는 것도 아니며 아는 것이 많다고 총애
를 받는 것도 아니더라. 누구든 때가 되어
불행이 덮쳐오면 당하고 만다.
12 사람은 아무도 자기가 죽을 날을 모른다.
모두들 그물에 든 물고기 같고 덫에 치인 새
와 같은 신세라, 갑자기 액운이 닥치면 벗
어날 길이 없다.

슬기와 어리석음

13 ◎하늘 아래서 지혜가 이런 대접을 받는 것
도 나는 보았다. 내가 보기에 이것은 퍽 중
요한 일이다.
14 인구가 얼마 되지 않는 성읍이 하나 있었다.
어떤 왕이 대군을 이끌고 와서 포위하고 공
격할 준비를 갖추었다.
15 그런데 그 성읍 안에는 지혜 있는 사람이 하
나 있었다. 그러나 그는 가난하였다. 그 사
람의 지혜로 성읍은 위기를 면할 수도 있었
을 터인데 그 가난한 사람을 인정하는 자가
하나도 없었다.
16 그래서 나는 "지혜가 힘보다 낫기는 하지만
이 사람은 가난하기 때문에 아무도 그의 말
에 귀를 기울이지 않으니 그의 지혜가 빛을
못 보는구나!" 하고 생각하였다.
17 ◎어리석은 무리를 거느린 임금의 호령 소
리보다는 조용한 현자의 말을 들어야 한다.
18 그래서 지혜는 어떤 무기보다도 낫다고 하
는 것이다. ◎한 사람의 잘못으로 모처럼 잘
되던 일이 수포로 돌아가는 수가 있다.

10 ◎파리 한 마리가 빠져 죽으면 향수 한
병을 버리게 된다. 그렇듯 하찮은 어리
석은 행동 때문에 지혜로 얻은 영광을 물거
품으로 돌려버리는 수가 있다.
2 ◎지혜로운 생각을 따르면 잘되지만 어리석
은 생각을 따르면 실패하게 마련이다.
3 사람이 어리석으면 만사에 생각이 모자라,
입만 열면 제 어리석음을 드러낸다.
4 ◎임금이 너에게 화를 내더라도 자리를 뜨
지 마라. 침착하면 큰 실수를 미리 막을 수
있다.
5 하늘 아래서 벌어지는 못마땅한 일 가운데,
이런 것도 있는 것을 나는 보았다. 이것은
통치자 자신이 저지르는 실수인데,
6 어리석은 자를 높이 올려 앉히고 유력한
㉠자격자를 내려 앉히는 일이다.
7 내가 보니 종은 말을 타고 가는데 상전은 종
처럼 터벅터벅 걸어가는 일도 있더라.
8 ◎사람은 제가 판 구덩이에 빠진다. 남의 돌
담을 헐다가는 뱀에게 물린다.
9 돌을 캐는 사람은 돌에 다치지 않도록 조심
하며, 장작을 패는 사람은 장작에 다치지
않도록 조심하여라.
10 ◎도끼 날이 무디어졌으면 갈아야 일하기 쉬
운 법이니 지혜롭게 일해야 성과가 오른다.
11 뱀을 홀리지 못하고 물린다면 땅꾼이라도
별 수가 없다.
12 ◎지혜로운 사람은 입만 열면 남의 호감을
사지만, 어리석은 사람은 입술을 놀렸다 하
면 제 신세를 망친다.
13 어리석은 사람은 어리석은 소리를 지껄이
기 시작하여 결국 얼빠진 소리를 하다가 화
를 입는다.
14 사람이 어리석으면 말이 많아진다. 사람은
한 치 앞을 모른다. 죽고 나면 무슨 일이 있
을지 알려줄 사람이 없다.
15 사람이 어리석으면 제 동네도 못 찾아가고
허둥대다 지쳐 쓰러진다.
16 ◎남의 말 잘 듣는 사람이 왕이 되어 신하들
이 아침부터 잔치판을 벌이게 되면 그 나라
는 망하며,
17 뜻이 서 있는 사람이 왕이 되어, 고관 대작
들이 먹을 때를 알고 마셔도 취하지 않아 몸
가짐을 바로 하게 되면 그 나라는 흥한다.
18 ◎게으르면 들보가 내려앉고 손 놀리기 싫
어하면 지붕이 샌다.
19 ◎"사람은 즐거우려고 잔치를 벌인다. 술이
있어야 살맛이 있다. 돈이 모든 것을 해결
해 준다."
20 이렇게 말하는 임금 욕은 잠자리에서도 하
지 마라. 부자 욕은 침실에서도 하지 마라.
낮말은 새가 듣고 밤말은 쥐가 듣는다.

11 ◎돈이 있거든 눈 감고 사업에 투자해
두어라. 참고 기다리면 언젠가는 이윤
이 되어 돌아올 것이다.
2 세상에서는 어떤 불운이 닥쳐올는지 모르

㉠ 히브리어 본문 : "부자."

니, 투자하더라도 대여섯 몫으로 나누어 하
여라.
3◎비를 싣고 오는 구름은 비를 땅에 쏟아놓
지 않고는 지나가지 않는다. 나무는 남쪽으
로 넘어지든 북쪽으로 넘어지든 다른 데로
옮겨가지는 않는다.
4바람이 부는가 불지 않는가를 살피다가는
씨를 뿌리지 못하고, 구름을 쳐다보다가는
거두지를 못한다.
5뱃속에서 태아가 어떻게 숨을 쉬게 되는지
모르지 않는가? 그처럼 조물주 하느님께서
어떻게 일하시는지는 알 길이 없다.
6아침부터 씨를 뿌리고 저녁때까지 손을 쉬
지 마라. 이것이 싹틀지 저것이 싹틀지, 혹
은 모두가 싹틀지 누가 알겠는가?

젊은이들아

7◎햇빛은 고마운 것, 해를 쳐다보며 사는 것
은 즐거운 일이다.
8불행한 날이 많은 것을 명심하고 얼마를 살
든지 하루하루를 즐겨라. 사람의 앞날은 헛
될 뿐이다.
9◎그러니 젊은이들아, 청춘을 즐겨라. 네
청춘이 가기 전에 하고 싶은 일을 하며 즐겨
라. 가고 싶은 데 가고, 보고 싶은 것을 보
아라. 그러나 하느님께서 네가 하는 모든
일을 재판에 붙이시리라는 것만은 명심하
여라.
10젊음도 검은 머리도 물거품 같은 것, 네 마
음에서 걱정을 떨쳐버리고 네 몸에서 고통
스러운 일을 흘려버려라.

12 ◎그러니 좋은 날이 다 지나고 "사는
재미가 하나도 없구나!" 하는 탄식 소
리가 입에서 새어 나오기 전, 아직 젊었을
때에 너를 지으신 이를 기억하여라.
2해와 달과 별이 빛을 잃기 전, 비가 온 다음
에 다시 구름이 몰려오기 전에 그를 기억하
여라.
3그 날이 오면 두 팔은 다리가 후들거리는 수
문장같이 되고, 두 다리는 허리가 굽은 군
인같이 되고, 이는 맷돌 가는 여인처럼 빠
지고, 눈은 일손을 멈추고 창밖을 내다보는
여인들같이 흐려지리라.
4거리 쪽으로 난 문이 닫히듯 귀는 먹어 방아
소리 멀어져 가고 새소리는 들리지 않고 모
든 노랫소리도 들리지 않게 되리라.
5그래서 언덕으로 오르는 일이 두려워지고
길에 나서는 일조차 겁이 나리라. 머리는 파
뿌리가 되고 양기가 떨어져 보약도 소용없
이 되리라. 그러다가 영원한 집에 돌아가면
사람들이 거리로 쏟아져 나와 애곡하리라.
6◎은사슬이 끊어지면 금그릇이 떨어져 부서
진다. 두레박 끈이 끊어지면 물동이가 깨진
다.
7그렇게 되면 티끌로 된 몸은 땅에서 왔으니
땅으로 돌아가고 숨은 하느님께 받은 것이
니 하느님께로 돌아가리라.
8◎설교자는 말한다. "헛되고 또 헛되다. 모
든 것이 헛되다."

설교자는?

9◎설교자는 스스로 지혜를 깨친 사람일 뿐
만 아니라 민중에게 인생의 길을 가르치고
또 가르치는 분이었다. 그분은 많은 금언들
을 마음속으로 저울질해 보고 그 뜻을 더듬
어보고 엮어주었다.
10설교자는 사람을 참으로 기쁘게 해줄 말을
찾아보았다. 그리고 참되게 사는 길을 가르
쳐주는 말을 찾으면 그것을 솔직하게 기록
해 두었다.
11◎현자들의 말은 송곳 같은 것, 목자가 든든
히 박은 말뚝 같은 것이라, 금언집은 만민
의 목자이신 하느님께서 주신 것이다.
12◎아들아, 한 가지 더 일러둘 말이 있다. 책
을 쓰려면 한이 없는 것이니, 너무 책에 빠
지면 몸에 해롭다.
13◎들을 만한 말을 다 들었을 테지만, 하느님
두려운 줄 알아 그의 분부를 지키라는 말 한
마디만 결론으로 하고 싶다. 이것이 인생의
모든 것이다.
14좋은 일이든 나쁜 일이든, 심지어 남몰래
한 일까지도 사람이 한 모든 일을 하느님께
서는 심판에 붙이신다는 사실을 명심하여
라.

아 가

1 ◎가장 아름다운 솔로몬의 노래

(신부)
2 그리워라,
뜨거운 임의 입술,
포도주보다 달콤한 임의 사랑.
3 임의 향내, 그지없이 싱그럽고
임의 이름, 따라놓은 향수 같아
아가씨들이 사랑한다오.
4 아무렴, 사랑하고 말고요.
임을 따라 달음질치고 싶어라.
나의 임금님, 어서 임의 방으로 데려가 주세요.

(합창단)
그대 있기에
우리는 기쁘고 즐거워
포도주보다 달콤한 그대 사랑 기리며 노래하려네.

(신부)
5 예루살렘의 아가씨들아,
나 비록 가뭇하지만
케달의 천막처럼,
실마에 두른 휘장처럼 귀엽다는구나.
6 가뭇하다고 깔보지 마라.
오빠들 성화에 못 이겨
내 포도원은 버려둔 채,
오빠들의 포도원을 돌보느라고
햇볕에 그을은 탓이란다.
7 사랑하는 이여,
어디에서 양떼를 치고 계시는지,
대낮엔 어디에서 쉬게 하시는지
제발 알려주세요.
임의 벗들이 치는 양떼들을 따라
이리저리 헤매지 않게 해주세요.

(합창단)
8 더없이 아리따운 여인아,
어딘지 모르겠거든,
양들의 발자국을 뒤밟다가
목자들이 친 천막이 나오거든
그 가까이에서 네 어린 양들을 쳐보아라.

(신랑)
9 나의 고운 짝이여,
그대는 파라오의 병거를 끄는 말과 같구나!
10 삼단 같은 머리채에
그대의 두 볼은 귀엽기만 하고,
진주 목걸이를 건 그대의 목 또한 고와라.

(합창단)
11 우리가 은구슬 박은 금사슬을 만들어
너에게 주리라.

(신부와 신랑)
12 나의 임금님이 몸을 누이신 방에
나르드 향내 그득 채우리라.
13 가슴에 품은
유향 꽃송이 같은 내 사랑.
14 엔게디 포도원에 핀
헨나 꽃송이어라.

15 그대, 내 사랑,
아름다워라.
아름다워라, 비둘기 같은 눈동자.
16 그대 내 사랑, 멋진 모습
얼굴만 보아도 가슴 울렁이네.
우리의 보금자리는
온통 녹음에 묻혔구나.
17 우리 집 들보들은 송백나무요,
천장은 전나무라네.

2 나는 고작 사론에 핀 수선화,
산골짜기에 핀 나리꽃이랍니다.

2 아가씨들 가운데서
그대, 내 사랑은
가시덤불 속에 핀 나리꽃이라오.

3 사내들 가운데 서 계시는
그대, 나의 임은
잡목 속에 솟은 능금나무,
그 그늘 아래 뒹굴며
달디단 열매 맛보고 싶어라.
4 사랑의 눈짓에 끌려
연회석에 들어와

5 사랑에 지친 이 몸,
힘을 내라고, 기운을 내라고,
건포도와 능금을 입에 넣어주시네.
6 왼팔을 베게 하시고,
오른팔로 이 몸 안아주시네.

7 들판을 뛰노는 노루 사슴 같은 예루살렘
의 아가씨들아,
이 사랑이 잦아들기까지
제발 방해하지 말아다오.
흔들어 깨우지 말아다오.

(신부)
8 사랑하는 이의 소리,
9 산 너머, 언덕 너머
노루같이, 날랜 사슴같이
껑충껑충 뛰어오는 소리.
담 밖에 서서
창 틈으로 기웃거리며
살창 틈으로 훔쳐보며
10 나의 임이 속삭이는 소리.
"나의 귀여운 이여, 어서 일어나오.
나의 어여쁜 이여, 이리 나와요.
11 자, 겨울은 지나가고
장마는 활짝 걷혔소.
12 산과 들엔 꽃이 피고
나무는 접붙이는 때
비둘기 꾸르륵 우는 우리 세상이 되었
소.
13 파란 무화과 열리고
포도 꽃 향기가 풍기는 철이오.
나의 귀여운 이여, 어서 나와요.
나의 어여쁜 이여, 이리 나와요.
14 바위 틈에 숨은 나의 비둘기여!
벼랑에 몸을 숨긴 비둘기여,
모습 좀 보여줘요.
목소리 좀 들려줘요.
그 고운 목소리를,
그 사랑스런 모습을."
15 여우떼를 잡아주셔요.
꽃이 한창인 우리 포도밭을 짓밟는
새끼 여우떼를 잡아주셔요.

16 임은 나의 것, 나는 임의 것,
임은 나리꽃밭에서 양을 치시네.
17 선들바람이 불기 전에
땅거미가 지기 전에,
임이여, 돌아오셔요.
노루처럼, 날랜 사슴처럼
베델 산으로 돌아오셔요.

3 밤마다 잠자리에 들면,
사랑하는 임 그리워 애가 탔건만,
찾는 임은 간 데 없어
2 일어나 온 성을 돌아다니며
이 거리 저 장터에서
사랑하는 임 찾으리라 마음먹고
찾아 헤맸으나 찾지 못하였네.
3 성 안을 순찰하는 야경꾼들을 만나
"사랑하는 나의 임 못 보셨소?"
4 물으며 지나치다가
애타게 그리던 임을 만났다네.
나는 놓칠세라 임을 붙잡고
기어이 어머니 집으로 끌고 왔다네.
어머니가 나를 잉태하던 바로 이 방으로
들어왔다네.

(신랑)
5 들판을 뛰노는 노루 사슴 같은 예루살렘
의 아가씨들아,
이 사랑이 잦아들기까지
제발 방해하지 말아다오.
흔들어 깨우지 말아다오.

(합창단)
6 저기 사막에서 올라오는 분은 누구신가?
연기 치솟듯이 올라오시네.
몰약과 유향 냄새 풍기며,
상인들이 사고 파는 온갖 향수의 냄새를
풍기며.
7 보아라, 솔로몬이 가마를 타고 오신다.
이스라엘 군사 중에서도 빼어난 장사,
육십 명의 호위를 받으며 오신다.
8 모두들 칼 잘 쓰는 조련된 군인들,
밤에 불측한 일이라도 있을까 하여
허리에 칼을 찼구나.
9 솔로몬 왕은 손수 타실 연을
레바논 재목으로 만드셨다네.
10 은기둥에 금닫집
바닥은 가죽끈으로 엮어
붙은 담요를 깔았다네.
11 예루살렘의 아가씨들아,
시온의 아가씨들아,
나와서 뵈어라.
이 즐거운 혼인날, 솔로몬 왕은
그 어머니가 씌워주신 면류관을 쓰고 계
시는구나.

(신랑)

4 아름다워라,
그대, 나의 고운 짝이여.
너울 뒤의 그대 눈동자
비둘기같이 아른거리고,
머리채는 길르앗 비탈을 내리닫는
염소떼,
2 이는 털을 깎으려고 목욕시킨
양떼 같아라.
새끼 없는 놈 하나 없이
모두 쌍동이를 거느렸구나.
3 입술은 새빨간 실오리,
입은 예쁘기만 하고
너울 뒤에 비치는 볼은
쪼개놓은 석류 같으며,
4 목은 높고 둥근 다윗의 망대 같아,
용사들의 방패 천 개나 걸어놓은 듯싶구
나.
5 그대의 젖가슴은
새끼 사슴 한 쌍,
나리꽃밭에서 풀을 뜯는
쌍동이 노루 같아라.
6 선들바람이 불기 전에,
땅거미가 지기 전에,
나는 몰약산으로 가리다.
유향언덕으로 가리다.
7 나의 귀여운 짝이여,
흠잡을 데 하나 없이
아름답기만 하여라.
8 나의 신부여,
레바논에서 이리로 오너라.
레바논에서 이리로 오너라,
어서 오너라.
아마나 산 꼭대기에서,
스닐 산 꼭대기, 헤르몬 산 꼭대기에서 내
려오너라.
사자굴에서, 표범 우글거리는 산에서 내
려오너라.
9 나의 누이, 나의 신부여,
나는 넋을 잃었다.
그대 눈짓 한번에
그대 목걸이 하나에,
나는 넋을 잃고 말았다.
10 나의 누이, 나의 신부여,
그대 사랑 아름다워라.
그대 사랑 포도주보다 달아라.
그대가 풍기는 향내보다
더 향기로운 향수가 어디 있으랴!
11 나의 신부여!
그대 입술에선 꿀이 흐르고
혓바닥 밑에는
꿀과 젖이 괴었구나.
옷에서 풍기는 향내는
정녕 레바논의 향기로다.
12 나의 누이, 나의 신부는
울타리 두른 동산이요,
봉해 둔 샘이로다.
13 이 낙원에서는
석류 같은 맛있는 열매가 나고,
14 나르드, 사프란
창포, 계수나무 같은
온갖 향나무도 나고,
몰약과 침향 같은
온갖 그윽한 향료가 나는구나.
15 그대는 동산의 샘
생수가 솟는 우물,
레바논에서 흘러내리는 시냇물이어라.

(신부)

16 북새야, 일어라.
마파람아, 불어라.
나의 사랑하는 임이 이 동산에 오시어
달콤한 열매를 따 먹도록,
내 동산의 향기를 퍼뜨려라.

(신랑)

5 나의 누이, 나의 신부여,
내 동산으로 찾아왔소.
몰약 같은 향기로운 나뭇가지도 꺾고
꿀도 송이째 따 먹으려오.

포도주만 마시랴, 젖도 마시리라.
친구들아, 먹고 마시어라.
흠뻑 사랑에 취하여라.

(신부)

2 나는 자리에 들었어도 정신은 말짱한데,
사랑하는 이가 문을 두드리며 부르는 소
리,
"내 누이, 내 사랑,
티없는 나의 비둘기여,
문을 열어요.
내 머리가 온통 이슬에 젖었고,
머리채도 밤이슬에 젖었다오."
3 "나는 속옷까지 벗었는데,
옷을 다시 입어야 할까요?
발도 다 씻었는데,

다시 흙을 묻혀야 할까요?"
4 나의 임이 문 틈으로 손을 밀어넣으실 제
나는 마음이 설레어
5 벌떡 일어나
몰약이 뚝뚝 듣는 손으로 문을 열어드렸
네.
내 손가락에서 흐르는 몰약이 문고리에
묻었네.
6 임에게 문을 열어드렸으나
임은 몸을 돌려 가버리더이다.
나는 그만 넋을 잃고
가는 임을 뒤쫓다가 놓쳤다네.
임은 아무리 불러도 대답이 없었네.
7 그러다가 성 안을 순찰하는 야경꾼들에
게 얻어맞고
성루를 지키던 파수병에게 겉옷을 빼앗
겼네.
8 예루살렘의 아가씨들아,
나의 임을 만나거든
제발 내가 사랑으로 병들었다고 전해 다
오.

(합창단)
9 네 임의 남다른 점이 무엇이냐?
더없이 아리따운 여인아,
네 임이 어디가 남다르다고 그런 부탁을
하느냐?

(신부)
10 나의 임은 말쑥한 몸매에 혈색이 좋아
만인 위에 뛰어난 사람이라오.
11 머리는 금 중에서도 순금이요,
머리채는 종려나무 잎새 같은데
검기가 까마귀 같지요.
12 눈은 흐르는 물가에 앉은 비둘기,
우유로 목욕하고
㉠ 넘실거리는 물가에 앉은 모양이라오.
13 두 볼은 향료를 내는 발삼꽃밭 같고
나리꽃 같은 입술에선 몰약이 듣고요.
14 두 팔은 감람석이 박힌 황금방망이,
허리는 청옥 두른 상아 토막이라오.
15 두 다리는 순금받침대 위에 선 대리석 기
둥,
그의 모습은 레바논 같아
송백나무처럼 훤칠하다오.
16 그 늠름하고 멋진 모습에 그만 반해 버렸
지요.
예루살렘의 아가씨들아,
나의 임은 이런 분이란다.
나의 짝은 이런 분이란다.

(합창단)
6 네 임은 어디로 갔느냐?
더없이 아리따운 여인아,
네 임이 간 곳을 알아야 함께 찾아보지 않
겠느냐?

(신부)
2 나의 임은 정녕 자기의 동산,
발삼꽃밭으로 내려갔을 거예요.
그 동산에서 양을 치고
나리꽃들을 따고 있을 거예요.
3 임은 나의 것, 나는 임의 것,
임은 나리꽃밭에서 양을 치시네.

(신랑)
4 그대, 나의 짝은 디르사처럼 아름답고
예루살렘처럼 귀엽구나.㉡
5 나에게서 눈을 돌려다오.
눈이 부시어 쳐다볼 수도 없구나.
그대 머리채는 길르앗 비탈을 내리닫는
염소떼,
6 이는 털을 깎으려고 목욕시킨 암양떼 같
아라.
새끼 없는 놈 하나 없이
모두 쌍동이를 거느렸구나.
7 너울 뒤에 비치는 그대의 볼은
쪼개놓은 석류 같아라.
8 왕비가 육십 명 있고
후궁이 팔십 명 있으며
궁녀가 수없이 있으니 그들이 다 무엇이
랴.
9 티없는 나의 비둘기는 오직 하나뿐.
낳아준 어머니에겐
둘도 없는 외동딸.
그를 본 아가씨들은 부러워하고
왕비, 후궁들도 칭찬하여 마지않네.
10 "이는 누구인가?
샛별처럼 반짝이는 눈,
보름달처럼 아름다운 얼굴,
햇볕처럼 맑고 별떨기처럼 눈부시구나."
11 나는 호도밭에 내려가
골짜기에 대추야자나무 움이 텄는지,
포도나무 꽃이 피었는지,

㉠ 이를 묘사하는 것인지도 모른다(6:6 참조). ㉡ 히브리어 본문에는 "별떨기처럼 눈부시구나."라는 말이 더 들어 있다(10절 참조).

석류나무 꽃송이들이 망울졌는지 보려고
기웃거리다가
12 나도 모르는 새에 마음이 움직여
왕자답게 내 백성의 병거에 올라 탔다네.

㉠(합창단)
7 1 술람의 아가씨야,
13 돌아오너라. 돌아오너라.
네 모습 보고 싶구나.
돌아오너라. 돌아오너라.

(신랑)
14 두 줄로 돌아가는 무희들 가운데서 춤추는
술람 아가씨를 보니 어떠하냐?

(합창단)
2 지체 높은 댁 규수라,
7:1 신 신고 사뿐사뿐 옮기시는 발,
여간 곱지 않군요.
두 허벅지가 엇갈리는 곳은
영락없이 공들여 만든 패물이요,
3 배꼽은 향긋한 술이 찰랑이는
2 동그란 술잔,
허리는 나리꽃을 두른 밀단이요,
4 젖가슴은 한 쌍 사슴과 같고
3 5 한 쌍 노루와 같네요.
4 목은 상아 탑 같고,
눈은 헤스본 밧라빔 성문께에 있는
파아란 늪 같고요.
코는 다마스쿠스 쪽을 살피는
레바논 성루 같군요.
6 머리는 가르멜 봉우리처럼 오뚝하고
5 머리채는 붉은 공단처럼 치렁치렁하여
임금님도 그 아름다움에 홀려버렸지요.

(신랑)
7 너무나 아리땁고 귀여운 그대,
6 내 사랑, 내 즐거움이여,
8 종려나무처럼 늘씬한 키에
7 앞가슴은 종려 송이 같구나.
9 나는 종려나무에 올라가
8 가지를 휘어잡으리라.
종려 송이 같은 앞가슴 만지게 해다오.
능금 향내 같은 입김 맡게 해다오.
10 잇몸과 입술을 넘어 나오는
9 포도주 같은 단 맛을 그대 입 속에서 맛보
게 해다오.

㉠ 라틴어 성서는 여기에서 7장이 시작된다.

(신부)
11 이 몸은 임의 것,
10 임께서 나를 그토록 그리시니,
12 임이여, 어서 들로 나갑시다.
11 이 밤을 시골에서 보냅시다.
13 이른 아침 포도원에 나가
12 포도나무 꽃이 피었는지
석류나무 꽃이 망울졌는지 보고,
거기에서 나의 사랑을 임에게 바치리다.
14 자귀나무가 향기를 뿜는데,
13 문 밖에는 온갖 열매가 있답니다.
햇것도 해묵은 것도 임을 기다리며 마련
해 두었답니다.
8 아, 임이여,
우리가 한 어머니의 젖을 먹은 오누이라
면,
밖에서 만나 거리낌없이
입을 맞추어드리련만.
2 이 몸이 태어나던 어머니의 방으로
임을 모시고 들어가 안기련만,
향긋한 술, 석류 즙을
대접해 드리련만.

3 왼팔을 베게 하시고
오른팔로 이 몸 안아주시네.

(신랑)
4 예루살렘의 아가씨들아,
이 사랑이 잦아들기까지
제발 방해하지 말아다오.
흔들어 깨우지 말아다오.

(합창단)
5 사랑하는 임에게 몸을 기대고 올라오는
저 여인은 누구인가?

(신랑)
사과나무 아래,
그대가 태어난 곳,
그대를 낳느라고 그대의 어머니가 산고
를 겪던 곳,
바로 거기에서 잠든 그대를 만나 깨웠었
지.
6 가슴에 달고 있는 인장처럼
팔에 매고 다니는 인장처럼
이 몸 달고 다녀다오.
사랑은 죽음처럼 강한 것,
시샘은 저승처럼 극성스러운 것,

어떤 불길이 그보다 거세리오?
7 바닷물로도 끌 수 없고
굽이치는 물살도 쓸어갈 수 없는 것,
있는 재산 다 준다고 사랑을 바치리오?
그러다간 웃음만 사고 말겠지.

(합창단)
8 우리 작은 누이
젖가슴도 없는데,
누가 말을 걸어오면 어떻게 할까?
9 성벽이라면, 은망대를 세워주고
성문이라면 송백널빤지를 둘러주련만.

(신부)
10 나는 성벽,
내 가슴은 망대랍니다.
그 날 임께서 보시기에
나무랄 데 없을 거예요.
11 바알하몬에는 솔로몬 왕의 포도원이 있지
요.
그것을 도지로 주어
사람마다 도조를 일천 세겔씩 바치게 한
답니다.
12 나에게도 마음대로 할 수 있는 포도원이
있어요.
솔로몬 임금님,
소작인들에겐 이백 세겔을 주시고,
당신께서는 일천 세겔을 거두어들이셔요.

(신랑)
13 나의 동산에 있는 이여,
나의 벗들이 듣는 그대의 목소리
나에게도 들려다오.

(신부)
14 임이여,
노루처럼, 산양처럼
향나무 우거진 이 산으로 어서 와주셔요.

지 혜 서

하느님을 찾고 악을 피하라

1 지상의 통치자들이여, 정의를 사랑하여라.
정직한 마음으로 주님을 생각하고
순진한 마음으로 주님을 찾아라.
2 주님을 떠보지 않는 사람들이 주님을 찾
게 되고
주님은 당신을 불신하지 않는 사람들에게
나타내 보이신다.
3 사악한 생각을 가진 자들은 하느님께로부
터 멀어지고
전능하신 분을 시험하려는 어리석은 자들
은 부끄러움을 당한다.
4 지혜는 간악한 마음속에 들지 않으며
죄로 물든 몸 안에 머무르지 않는다.
5 우리를 가르쳐주시는 성령은 거짓을 물리
치고
지각 없는 생각을 멀리하시며
악을 일삼는 자로부터 떠난다.
6 지혜는 사람을 사랑하는 영이다.
그러나 신성을 모독하는 말을 하는 자는
용서하지 않는다.
하느님은 그의 뱃속을 꿰뚫어 보시고
그의 마음을 들여다보시며
그가 하는 말을 듣고 계신다.
7 주님의 성령은 온 세상에 충만하시며 모
든 것을 포괄하는 분으로서
사람이 하는 말을 다 알고 계신다.
8 그래서 불의를 지껄이는 자는 반드시 탄
로나게 마련이고
정의의 심판을 면할 수가 없다.
9 주님은 간계를 꾸미는 악인을 심문하실
것이고
그가 지껄인 말은 반드시 주님의 귀에 들
어갈 것이다.
그러면 주님은 그의 죄를 징벌하신다.
10 주님의 귀는 예민하셔서 모든 것을 다 들
으시므로
불평을 속삭이기만 해도 그 귀에 다 들린
다.
11 그러므로 쓸데없는 불평을 하지 말고
하느님께 욕된 말을 삼가라.
아무리 은밀하게 지껄이는 말이라도 책임
을 면할 수 없고
거짓을 말하는 입은 영혼의 죽음을 가져
온다.
12 빗나간 생활을 함으로써 죽음을 초래하지
말고
그릇된 행위로 파멸을 초래하지 마라.

13 하느님은 죽음을 만들지 않으셨고
산 자들의 멸망을 기뻐하시지 않는다.
14 하느님은 모든 것을 살라고 만드셨으며
세상의 모든 피조물은 원래가 살게 마련
이다.
그래서 피조물 속에는 멸망의 독소가 없
고
지옥은 지상에서 아무런 힘도 쓰지 못한
다.
덕스러운 자들은 지옥을 모르며
15 의인은 죽지 않는다.

악인들

16 악인들은 행실과 말로써 죽음을 자초하고
죽음을 벗으로 생각하고, 죽지 못해서 애
태우며
죽음과 계약을 맺는다.
그들은 과연 죽음과 한 패가 되기에 알맞
는 자들이다.

2 올바른 지각이 없어, 그들은 이렇게 뇌까
린다.
"우리 인생은 짧고 슬프다.
수명이 다하면 별수없이 죽는다.
지옥에서 돌아온 사람을 아무도 본 적이
없다.
2 우리가 이 세상에 태어난 것도 우연이었
고
죽고 나면 태어나지 않았던 것이나 마찬
가지다.
우리의 코로 쉬는 숨은 연기와 다름이 없
고,
우리의 생명이란 심장의 고동에서 나오는
불꽃에 불과하다.
3 불꽃이 없어지면 우리의 육체는 재가 되
고
영혼은 하염없이 공기 속으로 사라져버린
다.
4 때가 지나면 우리의 이름조차 잊혀진다.
누가 우리가 한 일을 기억해 주겠느냐?
우리 인생은 구름 조각들처럼 지나가 버
리고
햇볕에 쫓기고, 열에 녹아버리는
안개와 같이 흩어져 버린다.
5 인생의 하루하루는 지나가는 그림자,
한 번 죽으면 되돌아올 수 없다.
죽음이라는 도장이 한 번 찍히면 아무도
되돌아올 수 없다.
6 그러니, 어서 와서 이 세상의 좋은 것들을
즐기자.
늙기 전에 세상 물건을 실컷 쓰자.
7 값비싼 포도주와 향료를 마음껏 즐기자.
봄철의 꽃 한 송이도 놓치지 말자.
8 장미꽃이 지기 전에 장미 화관을 쓰자.
9 우리 중에 한 사람도 이 환락의 기회를 놓
치지 말자.
우리의 몫이며 차지이니
우리가 놀고 즐긴 흔적을 도처에 남기자.
10 가난한 의인을 골탕먹인들 어떻겠느냐?
과부라고 특별히 동정할 것 없고
백발이 성성한 노인이라 해서 존경할 것
도 없다.
11 약한 것은 쓸모없는 것이다.
그러므로 우리의 힘을 정의의 척도로 삼
자.
12 의인은 우리를 방해하고 우리가 하는 일
을 반대하며
율법을 어긴다고 우리를 책망하고
배운 대로 하지 않는다고 나무라니 그를
함정에 빠뜨리자.
13 의인은 자기가 하느님을 안다고 큰소리치
고
주님의 아들로 자처한다.
14 우리가 무슨 생각을 하든지 늘 우리를 책
망하기만 하니
그를 보기만 해도 마음의 짐이 되는구나.
15 아무튼 그의 생활은 다른 사람과는 다르
고
그가 가는 길은 엉뚱하기만 하다.
16 그의 눈에는 우리가 가짜로만 보인다.
그는 우리가 걷는 길이 더럽다고 멀찍이
피해 간다.
의인들의 최후가 행복스럽다고 큰소리치
고
하느님이 자기 아버지라고 자랑한다.
17 그가 한 말이 정말인지 두고 보자.
그의 인생의 말로가 어떻게 될 것인지 기
다려보자.
18 의인이 과연 하느님의 아들이라면 하느님
이 그를 도와서
원수의 손아귀에서 구해 주실 것이다.
19 그러니 그를 폭력과 고문으로 시험해 보
자.
그러면 그의 온유한 마음을 알 수 있을 것
이며
인내력을 시험해 볼 수 있을 것이다.
20 입만 열면, 주님이 자기를 도와주신다고
말해 왔으니
그에게 아주 수치스러운 죽음을 한번 안

겨보자."

악인들의 그릇된 생각

21 악인들은 이렇게 뇌까리지만 그들의 생각은 그릇되었다.
그들의 악한 마음 때문에 눈이 먼 것이다.
22 그들은 하느님의 오묘한 뜻을 모르며
거룩한 생활에 대한 보상을 바라지 않으며
깨끗한 영혼이 받는 상급을 믿지 않는다.
23 그러나 하느님은 인간을 불멸한 것으로 만드셨고
당신의 본성을 본떠서 인간을 만드셨다.
24 죽음이 이 세상에 들어온 것은 악마의 시기 때문이니
악마에게 편드는 자들이 죽음을 맛볼 것이다.

의인과 악인

3 의인들의 영혼은 하느님의 손에 있어서
아무런 고통도 받지 않을 것이다.
2 미련한 자들의 눈에는 그들이 죽은 것처럼 보이고
그들이 이 세상을 떠나는 것이 재앙으로 생각될 것이며
3 우리 곁을 떠나는 것이 아주 없어져 버리는 것으로 생각되겠지만,
의인들은 평화를 누리고 있다.
4 사람들 눈에 의인들이 벌을 받은 것처럼 보일지라도
그들은 불멸의 희망으로 가득 차 있다.
5 그들이 받는 고통은 후에 받을 큰 축복에 비하면 아무것도 아니다.
하느님께서 그들을 시험하시고
그들이 당신 뜻에 맞는 사람들임을 인정하신 것이다.
6 도가니 속에서 금을 시험하듯이
하느님께서 그들을 시험하시고
그들을 번제물로 받아들이셨다.
7 하느님께서 그들을 찾아오실 때 그들은 빛을 내고
짚단이 탈 때 튀기는 불꽃처럼 퍼질 것이다.
8 그들은 민족들을 다스리고 백성들을 통치할 것이며
주님이 무궁토록 그들의 왕으로 군림하실 것이다.
9 주님을 의지하는 사람은 진리를 깨닫고
주님을 믿는 사람들은 그분과 함께 사랑 안에서 살 것이다.
은총과 자비가 주님께 뽑힌 사람을 기다리고 있다.
10 그러나 악인들은 그들의 그릇된 생각 때문에 벌을 받을 것이다.
의인을 무시하고 주님을 배반하였기 때문이다.
11 지혜와 가르침을 멸시하는 자들은 화를 입을 것이다.
그들의 희망은 공허하고 그들의 노력은 헛되며
그들이 하는 일은 무익하다.
12 그들의 아내들은 분별이 없고 자식들은 악에 빠지며
그들의 후손들은 저주를 받는다.

악한 자식을 둔 사람보다는 차라리 돌계집이 낫다

13 자식을 낳지 못하지만 흠이 없는 여자,
죄가 되는 잠자리를 모르는 여자는 행복하다.
그런 여자는 하느님의 심판날에 자식을 얻을 것이다.
14 고자로서 자기 손으로 죄를 짓지 않으며
주님을 거슬러 악한 생각을 품지 않는 사람은 행복하다.
주님은 그의 믿음을 보시고 큰 상을 내리실 것이고
주님의 성전 안에 제일 좋은 자리를 주실 것이다.
15 좋은 노력의 결과는 영광스럽고
예지의 뿌리는 멸하지 않는다.
16 간음의 소생들은 장래가 없으며
불법의 잠자리에서 낳은 자는 멸망하고 만다.
17 그들이 비록 오래 산다 하더라도 아무런 값어치가 없으며
결국은 노년기에 가서 영예스러운 것이 하나도 없다.
18 그리고 그들이 일찍 죽는다면 희망이 있을 수 없고
심판날에 가서 아무런 위안도 받지 못할 것이다.
19 불의한 족속들의 운명은 이토록 처참하다.

4 자식이 없어도 덕이 있는 편이 더 낫다.
덕망 있는 사람은 영원히 잊혀지지 않으며,
하느님과 사람들이 다 같이 높이 평가하

기 때문이다.
2 덕이 있을 때에는 우리는 그것을 본뜨고,
없을 때에는 그것을 그리워한다.
덕은 전쟁에서 깨끗한 승리를 거두어,
승리자로서 불멸의 왕관을 쓴다.
3 그러나 악인들에게는 자손이 아무리 많아
도 아무 소용이 없다.
그들은 꺾꽂이 나무와 같아서 뿌리를 깊
이 내리지 못하므로
그 기반이 튼튼할 수 없다.
4 비록 잠시 동안 가지를 뻗겠지만
뿌리가 약해서 바람이 불면 흔들리고,
바람이 세게 불면 뿌리째 뽑혀버린다.
5 그 가지는 미처 자라기도 전에 꺾여지고
열매가 열어도 설익어서
먹을 수가 없을 뿐더러 아무데도 쓸모가
없다.
6 불법의 잠자리에서 태어난 자식들은 하느
님의 심판날에
제 부모들이 저지른 죄의 증인이 된다.

의인의 요절

7 의인은, 제 명을 다하지 못하고 죽더라도,
안식을 얻는다.
8 노인은 오래 살았다고 해서 영예를 누리
는 것이 아니며
인생은 산 햇수로 재는 것이 아니다.
9 현명이 곧 백발이고,
티없는 생활이 곧 노년기의 원숙한 결실
이다.
10 그는 하느님의 뜻대로 살아 하느님의 사
랑을 받았다.
그래서 죄인들 가운데에 살고 있는 그를
하느님께서 데리고 가셨다.
11 하느님께서는 그가 악에 물들어서 바른
이성을 잃지 않도록,
또 그의 영혼이 간교에 넘어가지 않도록
그를 데려가신 것이다.
12 악은 사람의 마음을 현혹시켜 아름다움을
더럽히고
방종한 정욕은 깨끗한 마음을 빗나가게
한다.
13 짧은 세월 동안 완성에 도달한 그는 오래
산 것과 다름이 없다.
그의 영혼이 주님의 뜻에 맞았기 때문에
주님은 그를 악의 소굴에서 미리 빼내신
것이다.
14 그러나 사람들은 영문도 모르고 물끄러미
쳐다만 보며
이것을 생각조차 하지 않는다.
15 즉, 주님께 뽑힌 사람들은 자비와 은총을
받고
주님의 성도들은 주님의 보호를 받는다.
16 일찍 죽은 의인이 살아 남은 악인들을 단
죄하며
젊은 나이에 죽은 의인이 오래 산 악인을
부끄럽게 만든다.
17 사람들은 현명한 사람이 죽는 것을 보고
도,
그에 대한 주님의 계획을 깨닫지 못하고
주님이 그를 안전한 곳으로 데려간 이유
를 모른다.
18 그들은 현명한 사람이 죽는 것을 보고 비
웃겠지만,
오히려 그들이 주님의 조소를 받을 것이
다.
19 멀지 않아 그들은 시체가 되어, 명예는커
녕
죽은 자들 가운데서 영원히 멸시를 받을
것이다.
주님은 그들을 아무 소리도 못하게 하여
지옥 바닥에 거꾸로 던져버리실 것이다.
주님은 그들의 기반을 흔드시고
그들을 완전히 멸망시키실 것이다.
그들은 고통을 받을 것이며,
사람들은 그들을 생각조차 하지 않게 될
것이다.

심판대 앞에 선 의인과 악인

20 그들은 자기들의 죄가 낱낱이 세어질 때
에 몸둘 바를 모를 것이며,
그들이 저지른 죄악이 그들을 고발할 것
이다.
5 그 때에 의인은 자신 있게 일어서서
그를 핍박한 자들과
그가 고통을 받을 때에 멸시한 자들과 맞
설 것이다.
2 그러면 그들은 그를 보고 무서워 떨며
그가 뜻밖에 구원받은 것을 보고 놀랄 것
이다.
3 그들은 마음이 아파서 후회하고
신음하며 서로 이렇게 말할 것이다.
4 "저 사람은 전에 우리가 비웃고 조롱하던
사람이다.
우리는 얼마나 바보였느냐?
우리는 그가 사는 꼴을 보고 미쳤다고 하
였고
그의 죽음도 영예롭지 못한 것으로 보았다.

5 그런데 어떻게 저 사람이 하느님의 자녀
가운데 끼이게 되었으며
성도들 가운데 끼이게 되었는가?
6 분명히 우리가 진리에서 빗나간 길을 걸
었고
우리에게 정의의 빛이 비치지 않았으며
우리 위에는 태양이 일찍이 떠본 적이 없
었구나.
7 우리는 인적조차 없는 황야를 걸어온 셈
이다.
죄와 파멸의 길치고 걸어보지 않은 길이
없었건만
주님의 길은 알지 못하였다.
8 우리의 오만이 무슨 소용이 있었으며
우리가 자랑하던 재물이 우리에게 무엇을
가져다 주었는가?
9 그 모든 것은 이제 그림자처럼 사라지고
뜬소문처럼 달아나 버렸다.
10 거센 물결을 헤치고 가는 배와 같이,
한번 지나가면 그 흔적조차 찾아볼 수 없
고
바닷물에는 용골이 지나간 흔적도 없구나.
11 혹은 하늘을 나는 새처럼
날아온 자리를 찾아볼 수 없다.
나는 새는 날개를 쳐서 가벼운 바람을 일
으키고
세게 쳐서 바람을 가르면서
날개의 힘으로 날아가지만
날아간 다음에는 아무런 흔적도 남지 않
는다.
12 또 혹은 화살이 표적을 향해서 날아갈 때
처럼
공기는 갈라졌다가 다시 합쳐져서
그 화살이 지나간 자리조차 알 수 없다.
13 우리도 이와 같아서 태어나자마자 사라져
버린 셈이다.
남에게 보일 만한 덕의 흔적조차 남기지
못했고
오직 악으로만 세월을 보냈구나."
14 악인의 희망은 바람에 날리는 겨와 같고
폭풍에 부서지는 가냘픈 거품과 같다.
그것은 바람에 날리는 연기처럼 흩어지고
단 하루 머물렀던 손님에 대한 기억처럼
사라져버린다.
15 그러나 의인들은 영원히 산다.
주님이 친히 그들에게 보상을 주시며
지극히 높으신 분이 그들을 돌봐 주신다.
16 그러므로 그들은 찬란한 왕관을 받고
주님께서 친히 내리신 아름다운 머리띠를
띨 것이다.
주님은 당신의 오른손으로 그들을 덮어주
시고
당신의 팔로 감싸주실 것이다.
17 주님은 당신의 열렬한 사랑을 갑옷으로
삼으시고
당신의 원수들을 징벌하기 위하여 피조물
로 무장시키실 것이다.
18 또 정의를 가슴받이로 삼으시고
어김없는 심판을 투구로 쓰실 것이다.
19 주님은 거룩하심을 무적의 방패로 잡으시
고
20 준엄한 분노를 날카로운 칼처럼 가실 것
이다.
그러면 온 세상은 주님과 함께
미친 자들과 더불어 싸우러 나갈 것이다.
21 잘 겨냥된 화살이 번개처럼 날아갈 것이
며
힘껏 당긴 활에서 떠난 화살은
구름을 헤치고 표적을 향하여 날아갈 것
이다.
22 투석기에서는 분노에 싸인 우박이 날아가
겠고
바닷물은 광분하여 원수들에게 덮칠 것이
며
강물은 그들을 가차없이 삼킬 것이다.
23 전능하신 분께서 폭풍으로 그들을 휩쓰시
고
태풍처럼 그들을 날려버리실 것이다.
이렇게 악으로 인해서 온 땅이 황폐하게
되고
악행으로 인해서 권력 있는 자들의 자리
가 뒤엎어질 것이다.

왕들은 지혜를 함양하라

6 그러면 왕들이여, 내가 하는 말을 듣고 깨
달아라.
땅의 끝에서 끝까지를 다스리는 통치자들
아, 배워라.
2 수많은 백성을 다스리며
헤아릴 수 없이 많은 신하들을 자랑하는
자들은 귀를 기울여라.
3 그대들이 휘두르는 권력은 주님께서 주신
선물이며,
그대들의 주권 또한 지극히 높으신 분께
서 주신 것이다.
따라서 주님께서는 그대들의 업적을 굽어
보시고
그대들의 계략을 낱낱이 살피실 것이다.

4 만일 주님의 나라를 맡은 통치자로서 그
대들이 정의로 다스리지 않았거나
율법을 지키지 않았거나
하느님의 뜻에 맞게 처신하지 않았으면
5 주님께서 지체없이 무서운 힘으로 그대들
을 엄습하실 것이다.
권세 있는 자들에게는 준엄한 심판이 기
다리고 있다.
6 미천한 사람들은 자비로운 용서를 받겠지
만
권력자들은 엄한 벌을 받을 것이다.
7 만인의 주님은 어떤 인간도 두려워하시지
않고
힘센 자라고 해서 위해 주시는 법이 없다.
그분은 대소 만물을 친히 지으셨고
따라서 만인을 똑같이 대하신다.
8 그러나 권력자들은 엄하게 다스리신다.
9 그러므로 세상의 군주들이여, 그대들을
위해서 하는 내 말을 듣고
지혜를 배워서 죄에 빠지지 않도록 하여
라.
10 거룩한 것을 거룩하게 지키는 사람들은
거룩한 사람이 된다.
그들에게서 배운 사람들 또한 심판날, 답
변에 궁하지 않을 것이다.
11 그러므로 내 말에 주의를 기울이고
열심히 음미하면 거기에서 교훈을 얻을
것이다.

지혜는 찾으면 얻는다

12 지혜는 시들지 않고 항상 빛나서
지혜를 사랑하는 사람들의 눈길을 언제나
끈다.
그러므로 지혜를 찾는 사람들은 그것을
발견하게 마련이다.
13 원하는 사람들이 알아볼 수 있도록
지혜는 스스로를 나타내 보인다.
14 지혜를 얻으려고 아침 일찍이 일어나는
사람들은 쉽게 지혜를 찾을 것이다.
지혜는 바로 네 문간에 와서 앉아 있을 것
이다.
15 지혜를 생각하는 것, 그 자체가 현명의 완
성이다.
지혜를 닦으려고 깨어 있는 사람에게서는
모든 근심이 곧 떠날 것이다.
16 지혜는 지혜에 상응한 생활을 하는 사람
을 찾아다니며
그들이 다니는 길목에서 그 우아한 모습
을 나타내 보이고
그들이 무슨 생각을 하든지 그들을 만나
준다.
17 지혜를 배우려고 하는 마음이
지혜를 얻는 진정한 시작이다.
지혜를 배우려는 갈망이 곧 지혜를 사랑
하는 것이며
18 지혜를 사랑하는 것은 곧 지혜의 법을 지
키는 것이고
지혜의 법을 지키는 것은 불멸의 보증을
얻는 것이며,
19 불멸은 하느님 곁에서 살게 한다.
20 그러므로 지혜를 원하는 사람은 하느님
나라로 인도된다.
21 세상의 왕들이여, 그대들이 옥좌와 홀을
좋아하거든
지혜를 존중하여라, 영원히 다스리게 되
리라.

솔로몬이 말하는 지혜

22 그러면 이제 나는 지혜가 무엇이며 그 기
원이 무엇인지를 말하겠다.
내가 그대들에게 감출 것이라곤 하나도
없다.
나는 창세 초부터 이어진 지혜의 자취를
더듬어볼 것이며
진리의 길에서 벗어나지 않고
지혜가 무엇인가를 분명하게 보여주리라.
23 또 나는 사람을 눈멀게 하는 시기심을 벗
삼지 않겠다.
시기심이란 지혜와는 정반대의 것이다.
24 많은 현자들은 세상의 구원이며
현명한 왕은 백성의 번영이다.
25 그러니 내 말을 듣고 배워라.
그러면 그대들의 소득이 클 것이다.

솔로몬도 인간이었다

7 나도 다른 사람들과 같이 언젠가는 죽을
사람이며
흙으로 빚어진 첫사람의 후손이다.
나는 어머니 뱃속에서 살을 받았고
2 한 남자의 씨와 잠자리의 쾌락을 통하여
열 달 동안 어머니의 피 속에서 굳어졌다.
3 나도 태어나서는 남이 마시는 같은 공기
를 마셨으며
모든 사람이 사는 땅에 떨어졌고
모든 갓난아기와 마찬가지로 울음으로 첫
소리를 내었다.
4 나는 기저귀에 싸여서 어머니의 보살핌을
받으며 자라났다.

5 왕이라고 해서 유별나게 인생을 시작하지
는 않는다.
6 인생의 시작과 죽음은 모든 사람에게 똑
같다.

솔로몬은 지혜를 존중하였다

7 그래서 나는 기도를 올려서 지혜를 받았
고
하느님께 간청하여 지혜의 정신을 얻었다.
8 나는 지혜를 홀과 왕좌보다 더 낫게 여겼
고
지혜와 비교하면 재산은 아무것도 아니라
고 생각하였다.
9 아무리 귀중한 보석이라도 지혜와 견줄
수 없었으며
온 세상의 금도 지혜에 비하면 한 줌의 모
래에 불과하였고
은도 지혜에 비하면 진흙이나 마찬가지였
다.
10 나는 건강이나 아름다움보다 지혜를 더
사랑하였으며
햇빛보다 지혜를 더 좋아하였으니
지혜의 빛은 결코 없어지지 않기 때문이
다.
11 지혜는 나에게 모든 좋은 것을 가져다 주
었으며
지혜 속에는 헤아릴 수 없이 많은 재물이
있었다.
12 지혜가 가져다 주는 이 모든 재물을 나는
즐겼다.
그러나 그 모든 것이 지혜의 소산이었음
을 미처 몰랐었다.
13 나는 그것을 욕심을 채우려고 배우지 않
았다.
이제 그것을 아낌없이 남에게 주겠다.
나는 지혜가 주는 재물을 하나도 감추지
않는다.
14 지혜는 모든 사람에게 한량없는 보물이며
지혜를 얻은 사람들은 지혜의 가르침을
받은 덕택으로
천거를 받아 하느님의 벗이 된다.

지혜는 오묘한 지식의 원천이다

15 내가 올바로 깨닫고 그대로 말할 수 있게
해주시며
지혜가 가르쳐준 대로 생각할 수 있게 해
주시기를 하느님께 빈다.
하느님은 바로 지혜의 인도자이시며
현자들의 지도자이시다.
16 우리와 우리 말이 다 그분의 손에 달렸으
며
모든 현명함과 생활의 지혜 또한 그분께
달려 있다.
17 그분은 나에게 만물에 대한 어김없는 지
식을 주셔서
세계의 구조와 구성 요소의 힘을 알게 해
주셨고
18 시대의 시작과 끝과 중간,
동지, 하지의 구분과 계절의 변화를 알게
해주셨으며
19 해가 바뀌는 것과 별들의 자리를 알게 해
주셨고
20 동물들의 성질과 야수들의 본능,
그리고 요귀들의 힘과 인간의 생각,
또 각종 식물들과 그 뿌리의 특성을 알게
해주셨다.
21 만물을 만드신 하느님의 지혜의 가르침을
받아서
나는 드러나 있는 것은 물론 감추어진 모
든 것까지도 알게 되었다.

지혜 찬미

22 지혜 속에 있는 정신은 영리하며 거룩하
고,
유일하면서 다양하며 정묘하다.
그리고 민첩하고 명료하며 맑고
남에게 고통을 주지 않으며
자비롭고 날카로우며
23 강인하고 은혜로우며 인간에게 빛이 된다.
항구하며 확고하고 동요가 없으며
전능하고 모든 것을 살피며
모든 마음과 모든 영리한 자들과
모든 순결한 자들과 가장 정묘한 자들을
꿰뚫어 본다.
24 지혜는 모든 움직임보다 더 빠르며,
순결한 나머지, 모든 것을 통찰한다.
25 지혜는 하느님께서 떨치시는 힘의 바람이
며
전능하신 분께로부터 나오는 영광의 티없
는 빛이다.
그러므로 티끌만한 점 하나라도 지혜를
더럽힐 수 없다.
26 지혜는 영원한 빛의 찬란한 광채이며
하느님의 활동력을 비쳐 주는 티없는 거
울이며
하느님의 선하심을 보여주는 형상이다.
27 지혜는 비록 홀로 있지만 모든 것을 할 수
있으며

스스로는 변하지 않으면서 만물을 새롭게
한다.
모든 세대를 통하여 거룩한 사람들의 마
음속에 들어가서
그들을 하느님의 벗이 되게 하고 예언자
가 되게 한다.
28 하느님은 지혜와 더불어 사는 사람만을
사랑하신다.
29 지혜는 태양보다 더 아름다우며 모든 별
들을 무색케 하며
햇빛보다도 월등하다.
30 햇빛은 밤이 되면 물러서야 하기 때문이
다.
그러나 지혜를 이겨낼 수 있는 악이란 있
을 수 없다.

8 지혜는 세상 끝에서 끝까지 힘차게 펼쳐지
며
모든 것을 훌륭하게 다스린다.

지혜는 좋은 것을 모두 가지고 있다

2 나는 젊어서부터 지혜를 그리워하고 찾았
으며
지혜를 아내로 얻으려고 찾아다녔다.
그 아름다움에 매혹되어 나는 지혜를 사
랑하였다.
3 지혜는 하느님과 함께 생활함으로써 그
고귀한 가문을 나타내었으며,
만물의 주님께서 그를 사랑하셨다.
4 지혜는 하느님의 지식을 배워서
하느님께서 하실 일을 함께 결정한다.
5 현세에서 재물이 탐낼 만한 것이라면,
모든 것을 움직이는 지혜보다 더 값진 재
물이 있겠느냐?
6 일처리를 잘하는 것이 지능이라면
만물을 만들어낸 지혜보다 더 큰 지능이
있겠느냐?
7 만일 사람이 덕을 사랑한다면
온갖 덕은 곧 지혜의 노고의 산물이다.
지혜는 사람에게 절제와 현명과
정의와 용기를 가르쳐준다.
현세에서 사람에게 이러한 덕보다 더 유
익한 것이 있겠느냐?
8 사람은 누구나 풍부한 지식을 원한다.
그런데 과거를 알고 미래를 예측하며
성현들의 말씀을 이해하고 수수께끼를 풀
고,
징조와 놀라운 일들과
계절과 시대의 변천을 미리 아는 지혜가
바로 그와 같은 지식이다.

통치자들은 지혜 없이 통치할 수 없다

9 그래서 나는 평생의 동반자로서 지혜를
택하였고,
지혜야말로 내가 번영할 때 내조자가 되
고
근심과 슬픔에 싸였을 때 위로자가 될 것
을 알고 있었다.
10 나는 지혜 덕분으로 백성들 가운데서 영
광스럽게 되며
젊은 나이에 노장들 틈에서 영예를 누릴
것이다.
11 재판할 때에는 내가 날카로운 재판관으로
인정받고
권력자들은 나를 만나면 경탄하여 마지않
을 것이다.
12 내가 침묵을 지킬 때 그들은 나의 눈치를
살피고
내가 말을 하면 그들은 귀를 기울일 것이
다.
내가 길게 말을 하면 그들은 입술에 손을
대고 경청할 것이다.
13 지혜 덕분으로 나는 불멸할 것이며
나의 후계자들에게 영원한 기억을 남길
것이다.
14 나는 민족들을 다스리고
모든 나라가 나에게 복종할 것이다.
15 무서운 군주들이 내 이름만 들어도 벌벌
떨 것이며
나의 백성들에게는 인자한 군주가 되고
싸움터에서는 용맹을 떨칠 것이다.
16 집에 돌아가면 나는 지혜와 함께 편히 쉴
것이다.
지혜와 같이 있을 동안 쓰라림을 모르고
지혜와 같이 살 때 고통이 없으며
오직 기쁨과 즐거움이 있을 뿐이다.

지혜는 하느님의 선물이다

17 나는 이러한 것을 곰곰이 생각하고
마음속으로 되새겨본 결과,
지혜와 인척 관계를 맺는 것은 불멸을 가
져다 주고
18 지혜와 우정 관계를 맺는 것은 완전한 만
족을 가져다 줌을 알았다.
지혜는 그 손으로 한량없는 재물을 만들
어낸다.
또 지혜와 교제하는 가운데 현명이 있고
지혜와 말을 주고받는 가운데 영예가 있
다는 것을 깨달았다.
그래서 나는 어떻게 하면 지혜를 내 집으

로 데려올 수 있을까 하고
사방으로 찾아다녔다.
19 나는 좋은 기질을 타고난 어린이였으며
훌륭한 영혼을 받은 아이였다.
20 이렇게 잘 태어난 나는 육신마저도 깨끗
하였다.
21 그러나 지혜라는 것은 하느님께서 주시지
않으면
다르게는 얻을 수 없다는 것을 알았다.
지혜가 누구의 선물인가를 아는 것이 현
명의 표시이다.
그래서 나는 주님을 향하여 간청하며
온 마음을 다하여 이렇게 기도하였다.

지혜를 구하는 기도

9 "우리 조상들의 하느님이시며 자비로우
신 주님,
당신은 말씀으로 만물을 만드셨고,
2 당신의 지혜로 인간을 내시어
당신 손에서 생명을 받은 모든 피조물을
지배하게 하셨습니다.
3 또 인간으로 하여금 세상을 거룩하고 의
롭게 다스리게 하시고
정직한 마음으로 통치하게 하셨습니다.
4 나에게, 당신 왕좌에 자리를 같이한 지혜
를 주시고
나를 당신의 자녀들 축에서 빼놓지 마소
서.
5 나는 당신의 종이며 당신 여종의 자식입
니다.
여생이 얼마 남지 않은 연약한 인간이며
정의와 율법을 제대로 알지 못하는 하찮
은 인간입니다.
6 과연 인간의 아들 중에 완전한 사람이 있
다 하더라도
만일 그에게 당신께로부터 오는 지혜가
없다면 그는 아무것도 아닙니다.
7 당신은 나를 당신 백성의 왕으로 뽑으셨
고
당신의 아들 딸들을 다스리게 하셨습니
다.
8 당신은 나에게 명령하셔서 당신의 거룩한
산 위에 성전을 짓게 하시고
당신이 계시는 도성에 제단을 만들게 하
셨습니다.
그것은 당신께서 태초부터 준비하신 그
거룩한 장막을 본뜬 것입니다.
9 지혜는 당신과 함께 있으며 당신께서 하
시는 일을 알고 있습니다.
지혜는 당신께서 세상을 만드셨을 때부터
있었습니다.
지혜는 당신께서 보시고 기뻐하실 일이
무엇인가를 알고 있으며
당신의 율법에 맞는 것이 무엇인가를 알
고 있습니다.
10 당신의 거룩한 하늘에서 지혜를 빨리 내
려주시고
영광스러운 당신 왕좌로부터 보내주소서.
그리하여 내 곁에서 나와 함께 일하게 하
시고
당신을 기쁘게 해드리는 일이 무엇인가를
깨닫게 해주소서.
11 지혜는 모든 것을 깨닫고 모든 것을 알고
있습니다.
그러므로 지혜는 내가 하는 일을 현명하
게 이끌어줄 것이며
그의 영광으로 나를 보호할 것입니다.
12 그러면 내가 하는 모든 일이 당신 뜻에 맞
을 것이며
당신 백성을 의롭게 다스림으로써
나의 아버지가 물려준 왕좌에 부끄럽지
않은 사람이 될 것입니다.
13 누가 하느님의 의도를 알 수 있으며
누가 주님의 의사를 헤아릴 수 있겠습니
까?
14 인간이 생각하는 것은 확실치 않으며
인간의 의도는 변덕스럽습니다.
15 썩어 없어질 육체는 영혼을 내리누르고
이 세상살이는 온갖 생각을 일으키게 하
여
사람의 마음을 무겁게 만듭니다.
16 이 세상에 있는 일을 짐작하는 것만도 어
려운 일이며
우리 손이 닿는 곳에 있는 것을 찾아내기
도 힘든 일입니다.
하물며 누가 하늘에 있는 것을 알아낼 수
있겠습니까?
17 당신께서 주시는 지혜를 받지 않고,
당신께서 하늘에서부터 보내시는 성령을
받지 않고
누가 당신의 의도를 알 수 있겠습니까?
18 이렇게 해서 지혜는 이 세상에 사는 사람
의 길을 곧게 만들어주었고
사람들에게 당신을 기쁘게 해드리는 일을
가르쳐주었으며
사람들을 구원해 주었습니다."

선조 시대의 지혜

10 맨 먼저 조성된 인류의 아버지가 홀로
창조되었을 때에
그를 보호해 준 것이 지혜였으며
그가 죄를 지었을 때에 그를 구해 준 것이
또한 지혜였다.
2 지혜는 그에게 만물을 지배할 힘을 주었
다.
3 그러나 악인이 미쳐서 자기 동생을 죽였
을 때에
그는 지혜를 떠나, 자기 분을 참지 못하여
멸망하고 말았다.
4 그의 죄로 인하여 온 세상이 홍수에 휩쓸
렸을 때에
지혜는 한 의인을 보잘것없는 나뭇조각
위에 실어서
또 한 번 세상을 구해 주었다.
5 다시 악이 창궐하여 여러 민족들이 혼란
에 빠졌을 때에
지혜는 한 의인을 가려내어 하느님의 책
망을 받지 않도록 지켜주었으며
자기 자식에 대한 정마저 이길 수 있도록
힘을 북돋아주었다.
6 하늘의 불이 그 악명 높은 다섯 도시를 쳐
서 악인들이 멸망할 때에
지혜는 그 의인을 피하게 하여 위험에서
지켜주었다.
7 그들의 악행의 증거는 아직도 남아 있어
서
그 땅은 황폐하여 여전히 연기를 뿜고 있
으며
나무는 열매를 맺으나 때가 되어도 익지
않고
8 믿지 않은 영혼에게 내릴 벌의 증거로서
소금 기둥이 하나 우뚝 서 있다.
그들은 지혜의 길에서 빗나감으로써
선이 무엇인가를 알 수 없었을 뿐만 아니
라
그들의 우매함을 증거하는 기념물을 후대
에 남겨놓았다.
그래서 그들을 모르는 사람이 아무도 없
게 되었다.
9 그러나 지혜는 그를 섬기는 사람들을 시
련으로부터 구해 주었다.
10 그 의인이 자기 형의 분노를 피하여 도망
칠 때에
지혜는 그를 곧은 길로 인도해 주었다.
그에게 하느님의 나라를 보여주었으며
거룩한 것에 대한 지식을 가르쳐주었다.
지혜는 그가 하는 일에 번영을 가져다 주
었으며
그 모든 노력의 열매를 맺어주었다.
11 그 의인의 반대자들이 욕심을 부려서 그
를 괴롭힐 때에
지혜는 그를 도와 부자로 만들어주었다.
12 지혜는 그를 그의 원수들로부터 지켜주었
고
원수들이 꾸민 속임수로부터 구해 주었으
며
격렬한 싸움이 벌어졌을 때에 그에게 승
리를 주었다.
그래서 그 의인은 하느님을 섬기는 것이
가장 강한 힘이라는 것을 알게 되었다.
13 그 의인이 팔려갔을 때에 지혜는 그를 버
리지 않았고,
그 의인이 죄를 짓지 않도록 지켜주었다.
14 지혜는 그가 잡혔을 때에 감옥으로 함께
갔으며
그가 사슬에 묶여 있을 때에도 그를 버리
지 않았고
그에게 한 나라의 왕장과
그를 학대하던 폭군들을 이기는 힘을 주
었다.
그리고 그를 고발한 자들의 거짓을 폭로
하고
그에게 영원한 영광을 주었다.

피난 시대의 지혜

15 지혜는 거룩한 백성이며 흠없는 민족을
압박하는 자들의 나라에서 구해 냈다.
16 지혜는 주님의 종의 마음속에 들어가 그
를 움직여
놀라운 일들과 기적으로 무서운 왕들과
맞서게 하였다.
17 지혜는 그 거룩한 백성이 치른 노고의 대
가로 상을 주었고
놀라운 길에서 그들을 인도하였다.
낮에는 그들에게 그늘이 되어주고
밤에는 별빛이 되어주었다.
18 지혜는 그 많은 물을 갈라서 그들을 인도
하여
홍해를 건네주었고
19 그들의 원수들을 물 속에 묻어버리고
그들의 시체를 깊은 바다 속으로부터 토
해 내었다.
20 마침내 의인들은 악인들로부터 무기를 빼
앗았다.
주님, 그들은 당신의 거룩한 이름을 찬양

하였고
당신 손으로 보호해 주신 데 대하여
이구동성으로 감사의 노래를 불렀습니다.
21 주님은 벙어리들의 입을 열어주셨고
젖먹이들로 하여금 똑똑히 말하게 해주셨
습니다.

11 지혜는 그 거룩한 예언자를 통해서 그
들이 하는 일을 성공시켜 주었다.
2 그들은 무인지경의 황야를 통과하여
길도 없는 곳에 천막을 쳤다.
3 그들은 원수들에 저항하여 적군의 공격을
물리쳤다.
4 그들이 목말라서 하느님께 간청할 때
절벽 같은 바위 틈에서 물이 나왔고
그 단단한 바위에서 나온 물로 갈증을 풀
었다.

물은 이집트에게는 멸망이며 이스라엘에게는 구원이었다

5 이렇게 물은 그들의 원수들에게는 징벌이
되었고
역경에 처한 그들에게는 오히려 고마운
선물이었다.
6 주님은 원수들에게, 피로 더럽혀진 끊임
없이 흐르는 강물을 주셨다.
7 이것은 갓난아기들을 죽이라는 명령에 대
한 엄한 징벌이었다.
그러나 이스라엘 사람들에게는 놀랍게도
풍부한 물을 주셨다.
8 이렇게 그들은 자기들이 물을 마시지 못
하는 고통을 겪음으로써
원수들에게 내린 갈증의 징벌이 얼마나
가혹한 것이었는가를 알 수 있었다.
9 비록 자비의 채찍이기는 하였지만 그들이
받은 시련을 통해서
그들은 악인들에게 내리는 분노의 판결이
얼마나 큰 고통이었는가를 알게 되었다.
10 주님은 이스라엘 사람들에게 시련을 주실
때에
아들을 징계하는 아버지의 심정으로 하셨
지만
저 원수들은 징벌을 내리는 무서운 왕처
럼 엄격히 다스리셨다.
11 이스라엘 사람들이 있을 때에도 또 떠나간
후에도
마찬가지로 원수들은 고통을 당하였다.
12 그들은 이중으로 원통하였고 과거를 생각
할 때마다 탄식하였다.
13 자기들에 대한 징벌이 이스라엘 사람들에
게는 기쁨이 되었음을 알고
그들은 거기에서 주님의 손길을 느꼈다.
14 그들이 예전에 강물에 내다 버렸다가 후
에 가서 조롱하며 배척했던
그 사람에 대해서는, 모든 일이 이루어졌
을 때에 경탄하지 않을 수 없었다.
의인들의 갈증과 그들의 갈증이 그토록
달랐던 것이다.

이집트에 대한 하느님의 유여

15 그들이 악하고 어리석은 생각에 미혹되어
이성 없는 뱀들과 추한 짐승을 경배하기
에 이르렀을 때,
주님은 그들을 벌하시기 위해서 이성 없
는 생물들의 떼를 보내셨다.
16 그래서 그들에게 사람이 죄를 지으면
쓴 것으로 벌을 받는다는 사실을 가르치
셨다.
17 무형의 물질로부터 세계를 만들어내신 주
님의 전능하신 손이
곰과 사나운 사자들의 무리를 그들에게
보내시는 것은
어려운 일이 아니었다.
18 혹은 새로 생겨 난 이름 모르는 야수들을
보내실 수도 있었다.
입에서 불을 뿜어대는 무섭기 이를 데 없
는 야수들과
악취를 풍기는 연막을 마구 뿜어내는 것
들,
또는, 눈에서 번개 같은 무서운 빛을 내쏘
는 짐승들,
19 이 짐승들이 해치는 힘은 악인들을 몰살
시키기에 충분할 뿐 아니라
그 무서운 얼굴을 보기만 해도 악인들은
곧 죽어버린다.
20 이런 짐승이 아니더라도 악인들은 정의에
쫓기고
주님의 힘있는 입김에 휘말려서
단숨에 땅바닥에 거꾸러질 수가 있었다.
그러나 주님은 모든 것을 잘 재고, 헤아리
고, 달아서 처리하셨다.

유여의 이유

21 주님은 원하시기만 하면 언제든지 그 큰
힘을 발휘하실 수 있다.
주님의 팔 힘을 누가 감당할 수 있겠는가?
22 주님이 보시기에는 이 온 세상이 저울에
앉은 먼지와 같으며

땅에 내리는 한 방울의 아침 이슬과 같다.
23 주님은 무슨 일이든지 하실 수 있기 때문
에 만인에게 자비로우시며
그들이 회개할 수 있도록, 사람들의 죄를
살피시지 않는다.
24 주님은 세상 모든 것을 사랑하시며
주님이 만드신 그 어느 것도 싫어하시지
않는다.
주님이 미워하시는 것을 만드셨을 리가
없다.
25 만일 주님이 원하시지 않으셨으면 무엇이
스스로 부지할 수 있겠으며
그분이 불러주시지 않은 것이 어떻게 스
스로 연명할 수 있겠는가?
26 생명을 사랑하시는 주님은, 모든 것이 그
분 것이기에
모든 것을 용서하신다.

12 주님의 불멸의 정기는 만물 안에 들어
있다.
2 그러므로 주님은 죄짓는 자들을 조금씩
고쳐주시고
그들이 죄지은 것을 일깨워주시며 타이르
시어
그들로 하여금 악에서 벗어나 주님을 믿
게 하신다.

가나안 사람들에 대한 하느님의 유여

3 주님은 주님의 거룩한 땅에 살던 옛 사람
들도 미워하셨다.
4 그들이 하는 짓은 가증스러웠고,
푸닥거리와 우상에게 제사 지내기를 좋아
하였던 것이다.
5 그들은 어린이들을 무자비하게 학살하고,
인육의 향연에서 창자를 먹으며
피비린내 나는 잔치가 진행되는 가운데
입교 의식을 시작하였다.
6 부모들은 저항하지 못하는 제 자식들을
제 손으로 죽였다.
그래서 주님은 우리 조상들의 손으로 그
들을 멸망시키시어
7 모든 땅 중에서 주님께 가장 귀한 이 땅이
그에 합당한 하느님의 자녀들을 주민으로
받아들이게 하셨다.
8 그러나 그 악인들도 인간이었기 때문에
주님은 관대하게 처리하시어
당신 군대의 선봉으로 말벌을 보내시고
조금씩 조금씩 멸망하게 하셨다.
9 주님은 그 악인들을 의인들의 손에 넘겨
서
격렬한 전쟁터에서 죽게 내버려두시거나
끔찍한 야수들에게 짓밟혀 죽게 하시거나
단호한 말씀 한마디로 당장에 없애버리실
수도 있었다.
10 그러나 그들을 조금씩 조금씩 처벌하심으
로써 회개할 기회를 주셨다.
물론 주님은 그들이 날 때부터 악인이었
고
그들의 품성 자체가 악했으며,
그들의 악한 생각을 고치지 못한다는 것
을 모르시지는 않았다.
11 그들은 시초부터 저주받은 종족이었고
그들의 죄를 처벌하시지 않은 것은
어느 누구를 두려워하셔서가 아니었다.

유여하신 이유

12 누가 감히 주님께 "이게 무슨 짓입니까?"
하고 말할 수 있으며
누가 감히 주님의 심판을 거역할 수 있겠
느냐?
주님께서 내신 민족들을 당신 손으로 없
앴다 해서 누가 시비할 것이며,
누가 감히 주님께서 악인들을 복수하셨다
해서 반대하고 나서겠느냐?
13 모든 사람을 보살피는 하느님은 주님 외
에는 따로 없다.
그러므로 주님께서 사람을 불의하게 심판
하시지 않았다는 것을
증명할 필요는 없다.
14 주님께서 악인들을 처벌하신 데 대해서는
어떤 왕도 어떤 폭군도
감히 주님과 대결할 사람이 없다.
15 주님은 의로우신 분이기 때문에 모든 것
을 의롭게 처리하신다.
그래서 처벌을 당할 이유가 없는 사람을
처벌하시는 것을, 주님께서는
당신의 권능에 어울리지 않는 일로 여기
신다.
16 주님의 힘은 주님의 정의의 원천이며
만물에 대한 주권을 가지고 계시는 주님
은 만물에게 관대하시다.
17 주님은 다만 사람들이 당신의 권능을 믿
지 않을 때에만
당신의 힘을 드러내시고,
권능을 알고도 주님과 감히 맞서려는 자
들을 응징하신다.
18 이러한 힘을 가지신 주님은 자비로운 심
판을 내리시고
우리들을 대단히 너그럽게 다스리신다.

주님께서는 무엇이든지 하시고자 하면 그
것을 하실 힘이 언제든지 있으시다.

하느님의 유여가 가르쳐주는 것

19 주님은 이와 같은 관용을 보이심으로써
당신 백성에게
의인은 사람들을 사랑해야 된다는 것을
가르쳐주셨다.
그리고 죄를 지으면 회개할 기회를 주신
다는 것을 가르치셔서
당신 자녀들에게 희망을 안겨주셨다.
20 당신의 자녀들의 원수로서 죽어 마땅한
자들까지도
주님께서는 그들이 악을 버리고 회개할
기회와 여지를 주심으로써
세심한 배려와 신중을 다하여 처벌하셨다.
21 하물며 주님께서 맹세와 계약으로써 좋은
약속을 해주신 사람들의 후손인
주님의 자녀들을 심판하실 때에는 얼마나
신중하게 하셨겠는가.
22 그러므로 주님께서는 우리 원수들을 우리
보다 만 배나 더 가혹하게 징벌하시지만
우리를 징계하실 때에는 우리의 잘못을
고쳐주시기 위해서이다.
그래서 우리가 남을 심판할 때에 주님의
자비를 생각하고
심판을 받을 때에는 주님의 용서를 구하
도록 가르쳐주신다.

관용 후에는 엄벌이 있다

23 그러나 자기 일생을 악하고 어리석게 사
는 자에 대해서
주님께서는 그들이 섬기는 우상을 징계의
도구로 삼으셨다.
24 그들은 이미 빗나가는 길에서 더욱 빗나
갔으며,
가장 추하고 가장 천한 동물들까지도 신
으로 삼고,
마치 생각 없는 어린이처럼 속아넘어갔다.
25 그래서 철없는 아이들에게 하는 것처럼
주님께서는 그들을 조롱하심으로써 징벌
하셨다.
26 그러나 조롱을 당하는 벌을 받고도 정신
을 차리지 못하는 자들은
하느님의 진정한 징벌을 받을 것이었다.
27 그들은 이와 같은 동물에 시달려서 몹시
고통을 받았다.
그들이 전에 신으로 섬기던 그 동물들이
바로 그들을 징벌하는 도구가 된 것이다.
그들이 전에 알아 모시기를 거부하던 그
분이
바로 참다운 하느님이라는 것을 알게 되
었다.
그럼에도 불구하고 하느님께 복종하지 않
는 그들에게는
가장 무거운 징벌이 내렸다.

자연 숭배

13 하느님을 모르는 자들은 모두 태어날
때부터 어리석어서
눈에 보이는 좋은 것을 보고도 존재하시
는 분을 알아보지 못하였고,
업적을 보고도 그것을 이룩하신 분을 알
아보지 못하였다.
2 그래서 그들은 불이나 바람이나 빠른 공
기,
또는 별의 회전, 혹은 도도하게 흐르는 물,
하늘에서 빛나는 것들을 세상을 지배하는
신들로 여겼다.
3 만일 이런 것들의 아름다움을 보고 그것
을 신이라고 생각했다면,
이런 것들의 주님이 얼마나 더 훌륭하신
가를 알아야 했을 터이다.
왜냐하면 그것들을 창조하신 분이 바로
아름다움의 주인이시기 때문이다.
4 또 그들이 이런 것들의 능력과 힘에 놀랐
다면
마땅히 이런 것들을 만드신 분의 힘이 얼
마나 더 큰가를
깨달아야 했을 터이다.
5 피조물의 웅대함과 아름다움으로 미루어
보아
우리는 그것들을 만드신 분을 알 수 있다.
6 그렇다고 해서 이 사람들을 크게 비난할
수는 없다.
그들은 아마 하느님을 찾으려고 열렬히
노력하다가 빗나갔을지도 모른다.
7 그들은 하느님의 업적 가운데에서 살면서
열심히 모색하다가
눈에 보이는 것들이 하도 아름다워서
그 겉모양에 마음을 빼앗기고 마는 것이
다.
8 그렇지만, 그들은 용서받을 수 없다.
9 만일 그들이 세계를 탐지할 수 있는
지식을 쌓을 능력이 있다면
어찌하여 세계를 만드신 분을 일찍이 찾
아내지 못했는가.

인정하기 때문에,
여전히 하느님의 자녀들이다.
그러나 우리는 하느님의 자녀임을 알기
때문에 죄를 짓지 않는다.
3 하느님을 아는 것이 의를 완전히 이루는
것이며
하느님의 힘을 아는 것이 불멸의 근원이
다.
4 우리는 인간이 만들어낸 간교한 작품이나
화공의 부질없는 노력의 산물이나
혹은 여러 가지 색칠을 해놓은 조각상 따
위에 미혹되지 않았다.
5 바보들은 그것을 보기만 하여도 연모의
정을 금치 못하여
생명도 없고 숨도 못 쉬는 우상에 대해서
욕정을 품기에 이른다.
6 이런 우상들을 만드는 자들과, 그것을 연
모하는 자들과,
또 이런 것을 숭배하는 자들,
이런 자들은 으레 그러한 욕망을 품을 만
하고, 악을 사랑하는 자들이다.

우상을 만드는 자들은 어리석은 자들이다

7 자, 도공을 보아라, 그는 부드러운 흙을
열심히 주물러서
우리가 쓸 수 있게 갖가지 그릇을 빚어낸
다.
도공은 같은 진흙을 가지고
거룩하게 쓸 그릇을 만들어내기도 하며
똑같은 방법으로 그와 반대되는 종류의
그릇을 만들어내기도 한다.
그러나 이 두 가지 그릇이 각각 어떻게 쓰
여질 것인가 하는 것은
도공이 결정한다.
8 그런가 하면 그는 부질없는 수고를 하여
같은 진흙으로 헛된 신을 빚어낸다.
그런데 그 도공 자신이 바로 얼마 전에 흙
으로부터 왔고
멀지 않아 다시 그 흙으로 돌아가야 할 인
간이다.
그 때에는 자기 일생에 대한 셈을 하느님
앞에서 해야 할 것이다.
9 그럼에도 불구하고 그는 자기가 멀지 않
아 죽어야 한다는 것과
인생이 짧다는 것에 전연 개의하지 않는
다.
오히려 그는 금 세공인들이나 은 세공인
들과 경쟁하며
청동 세공인을 흉내내고
쓸모없는 물건들을 만들어내고서 자랑스
러워한다.
10 그의 마음은 마치 타고 남은 재와 같고
그의 희망은 먼지보다 더 천하며
그의 생활은 진흙보다도 더 가치가 없다.
11 그는 자기를 만드시고
자기에게 생명력을 불어넣어 주시고
자기를 살게 하는 산 영혼을 넣어주신 그
분을 알아보지 못하였다.
12 그는 일생을 일종의 유희로 생각하였고
인생을 돈벌이하는 장터로 생각하면서
"아무리 나쁜 수단을 써서라도 이익을 취
하여야 한다."고 뇌까렸다.
13 같은 흙을 가지고 부서지는 그릇을 만들
기도 하고
조각상을 만들 수도 있는 그는
자기가 죄를 짓고 있다는 것을 어느 누구
보다도 더 잘 알고 있다.

이집트인들의 분별 없는 우상 숭배

14 그러나 한때 하느님의 백성을 압박한 원
수들은
가장 어리석고 속기 쉽고 철부지 어린이
의 마음보다도 더 가련하였다.
15 그들은 이방인들의 모든 우상들을 신으로
생각하였다.
그 우상들은 눈이 있어도 볼 수가 없고
코가 있어도 숨을 못 쉬고
귀가 있어도 듣지 못하고
손가락이 있어도 만지지를 못하며
발이 있어도 걷지를 못한다.
16 이것들은 생명을 빌려서 사는 인간이 빚
어서 만들어낸 것들이다.
인간은 신은커녕 자기와 비슷한 인간조차
만들어낼 수가 없다.
17 스스로 죽어야 할 인간이 사악한 손으로
만들어내는 물건은 죽은 물건이다.
자기가 숭배하는 물건보다는 자기 자신이
더 낫다.
그는 적어도 생명을 가지고 있지만 그가
만든 우상들은 결코 생명을 가질 수 없다.
18 심지어는 가장 가증스러운 동물들마저도
신으로 숭배한다.
이 동물 우상들은 그 어리석음을 비교할
때
다른 우상들보다도 더 나쁘다.
19 이 동물들은 사람들이 보고 탐낼 만한 아
름다움을 지니지 못하며
하느님의 칭찬과 축복을 받지 못하였다.

이집트와 이스라엘 : 해로운 동물들과 메추라기

16 그래서 그들은 같은 동물들에 의해서
응분의 벌을 받았으며
수많은 생물들에 의해서 괴로움을 받았다.
2 이와 반대로 주님께서는 당신 백성에게
벌 대신에 자비를 베푸시고
그들의 왕성한 식욕을 만족시키기 위해서
맛있는 음식으로 메추라기를 주셨다.
3 이집트 사람은 비록 배는 고팠지만,
그들에게 내리신 생물들의 역겨운 꼴을
보고
식욕이 싹 가셔버렸다.
그러나 이스라엘 사람들은 잠시 동안 굶주
리기는 했지만
맛있는 음식을 차지하게 되었다.
4 압박자들은 혹심한 굶주림에 시달려야 했
고
이스라엘 사람들은 원수들이 굶주림에 시
달리는 것을 보는 것으로 만족하였다.

메뚜기 재난과 구리뱀

5 짐승들의 무서운 벌을 받고 이스라엘 사람
들이
꿈틀거리는 뱀들에게 물려서 죽어가고 있
을 때,
주님께서는 당신의 분노를 중도에서 멈추
셨다.
6 그들을 잠시 동안 고생시키신 것은 그들
을 경고하여
당신 율법의 명령을 일깨워주는 구원의
표였다.
7 회심하고 돌아온 사람들은 구원을 받았는
데
그들이 본 짐승 때문이 아니라
모든 사람의 구원자이신 주님 때문에 받
은 것이다.
8 한편 이것은 우리의 원수들에게
모든 악에서 구원하시는 분은 주님이시라
는 것을 보여주었다.
9 원수들은 메뚜기와 파리에게 물려서 죽어
가는데도
그들의 목숨을 건져줄 약이 없었다.
그들은 이와 같은 생물들의 벌을 받아 마
땅하였던 것이다.
10 그러나 당신 자녀들은 독사의 이빨도 당
해 낼 수가 없었다.
주님께서는 자비로이 그들을 보살피시고
고쳐주셨다.
11 주님께서 이스라엘 사람들이 한번 물린 다
음에 곧 낫게 해주신 것은
그들이 하느님의 말씀을 잊어버리고 그
자비를 잃지 않게 하기 위하여
하느님의 말씀을 일깨워주시기 위함이었
다.
12 그들을 고쳐준 것은 어떤 약초나 진통제
가 아니었고
만물을 고쳐주시는 주님의 말씀이었다.
13 주님은 생명과 죽음을 주관하시는 권한을
가지고 계시며
사람들을 지옥문까지 데리고 가실 수도
있고 데려내오실 수도 있다.
14 인간은 악한 마음으로 사람을 죽일 수 있
지만
한번 나가버린 생기를 다시 불어넣을 수
는 없으며
일단 지옥에 떨어진 영혼을 풀어줄 수는
없다.

벼락과 우박의 벌과 만나의 상

15 주님의 손에서 아무도 벗어날 수 없다.
16 주님을 모른다고 하는 악인들은
주님의 힘센 팔에 얻어맞고
이상한 비와 우박과 억수처럼 쏟아지는
비에 쫓기고
불에 타 죽었다.
17 더욱 놀라웠던 일은 모든 불을 꺼야 할 그
물 속에서
불길이 더욱더 치솟아오른 사실이다.
우주는 의인들의 편에 서 있는 용사다.
18 그런가 하면 한때 불길이 가라앉아서
악인들에게 보내진 동물들이 타 죽지 않
게 하였다.
그래서 악인들은 이 광경을 보고
하느님의 징계가 그들을 쫓고 있다는 것
을 깨달았다.
19 또 어떤 때에는 그 물 한가운데서도
어느 불보다도 더 뜨겁게 타올라서
악인들의 땅에 난 곡식을 휩쓸어버리기도
하였다.
20 한편 주님의 백성들은 천사들의 양식으로
먹여 살리셨다.
주님께서는 미리 준비하신 빵을 그들에게
하늘로부터 꾸준히 내리셨다.
그 빵은 누구에게나 맛이 있고 기쁨을 주
는 빵이었다.
21 주님께서 주신 양식은 당신의 자녀에게
보이시는 애정의 표시였고
그것을 먹는 모든 사람의 구미에 맞았으며

그것을 먹는 각 사람의 소원대로 그 모양
이 변하는 양식이었다.
22 주님께서 양식으로 주신 눈과 얼음은 불
을 견디고 녹지 않았다.
그래서 그 불은 원수들의 추수 곡식을 삼
켜버릴 때에는
우박이 떨어지는 한가운데서도 타고 빗속
에서도 타오르지만
23 의인들을 먹일 때에는
그 불이 제 힘을 잃어버린다는 것을 사람
들에게 알려주셨다.
24 피조물들은 창조주이신 주님께 순종하여
악인들을 벌하는 데 힘을 다하고
한편 주님을 믿는 사람들에게 잘해 주기
위해서는 그 힘이 부드러워진다.
25 그래서 그것은 무엇으로나 변하여
만물을 먹여 살리시는 주님의 선물이 되
어
궁핍한 사람들의 뜻을 채워준다.
26 이것을 보고 주님께서 사랑하시는 자녀들
은
사람을 먹여 살리는 것은 여러 가지 곡식
이 아니고
주님을 믿는 모든 사람을 보전해 주는 당
신의 말씀임을 알게 되었다.
27 불에도 없어지지 않던 그것이
잠깐 비치는 햇빛에 녹아버리고 말았다.
28 그러므로 주님께 감사를 드리기 위해서
우리는 해뜨기 전에 일어나
동이 트기 전에 주님께 기도해야 한다는
것을 알게 되었다.
29 고마움을 모르는 자의 희망은 겨울의 서
리처럼 녹아버리고 허비된 물과 같이 흘러
가 버릴 것이다.

암흑과 불기둥

17 주님의 심판은 위대하고 설명할 수가
없다.
그래서 배우지 않은 사람들이 빗나간 것
이다.
2 하느님을 모르는 자들이 거룩한 백성을
지배하고 있다고 생각하였을 때,
그들 자신이 암흑의 죄수였고 긴 밤의 포
로였으며
하느님의 영원한 섭리를 외면하고 자기의
지붕 밑에 갇혀 살았다.
3 그들은 자기들이 비밀리에 진 죄가 망각
의 어두운 휘장에 가리워져서 아무도 모르
리라고 생각하였지만
망령을 보고는 겁에 질려 혼비백산하였다.
4 그들은 한구석으로 숨어들었지만 무서움
은 가시지 않았다.
사방에서 무시무시한 소리가 들려오고
음침한 얼굴을 한 기분 나쁜 유령들이 나
타나서
그들은 부들부들 떨었다.
5 아무리 밝은 불로도 그들을 비출 수 없었
으며
찬란하게 타오르는 별빛으로도 그 어두운
밤을 밝힐 수 없었다.
6 보기만 해도 무시무시하고 저절로 훨훨
타는 큰 불덩어리만이
그들의 눈에 보였다.
그 광경이 사라진 다음에 그들은 공포에
떨며
그것을 보지 않았을 때보다 더욱 무서워
하였다.
7 그 마술쟁이들 속임수로도 별수가 없었으
며
그들이 뽐내는 지혜도 창피를 당하였다.
8 병자에게서 공포와 고통을 몰아내 주겠다
고 약속하던 자들 자신이
병에 걸려 불안에 빠져서 사람들의 웃음
거리가 되었다.
9 그들에게 공포를 안겨줄 만한 끔찍스러운
것이 없을 때에도
벌레가 지나가는 소리와 뱀들이 내는 소
리에 놀라서 겁을 먹고
너무나 무서워서 죽을 지경이 되었다.
그래서 안 볼려야 안 볼 수 없는 하늘마저
쳐다보기를 거절하였다.
10 악은 원래가 소심해서 제 입으로 자신을
단죄하며
양심의 가책을 몹시 받으면 언제나 최악
의 경우를 생각한다.
11 사람이 겁을 먹게 되는 것은 바로 내적으
로
자기에게 도움이 되는 이성을 포기할 때
이다.
12 이성에 대한 의존도가 적으면 적을수록
자기가 당하는 고통의 원인을 모를 때에
더욱 겁을 낸다.
13 그리고 그들은 무력한 지옥 구석에서 나
온, 그야말로 무력한 밤 동안에
같은 잠에 빠져 있었다.
14 예기치 않았던 공포가 갑자기 그들에게
들이닥쳐서
그들은 무서운 망령에 쫓기는 한편,

또 영혼이 기진맥진하여 마비 상태에 빠
졌다.
15 이런 식으로 그 공포에 빠진 자는 누구든
지
이 창살 없는 감옥에 갇혀서 꼼짝을 못하
였다.
16 그가 농부이거나 목동이거나
또는 저 혼자서 일하는 일꾼이거나 간에
모두가 똑같은 암흑의 쇠사슬에 묶여,
공포에 사로잡혔으며 그 피할 수 없는 운
명으로 고통을 당하였다.
17 바람부는 소리를 들어도
무성한 가지에서 우짖는 아름다운 새 소
리를 들어도
장단맞추어 세차게 흐르는 물소리를 들어
도
굴러 떨어지는 억센 바위 소리를 들어도
18 너무 빨라서 눈에도 보이지 않게 달리는
동물의 소리를 들어도
가장 사나운 야수들의 으르렁거리는 소리
를 들어도
산골짜기에 울리는 메아리 소리를 들어도
공포에 질려서 정신을 잃었다.
19 온 세상 사람들은 밝은 빛을 받으며
아무런 방해도 받지 않고 자기 일에 전념
하고 있었지만,
20 그러나 그 악인들만은 캄캄한 밤에 짓눌
려 있었다.
그 밤은 그들을 삼켜버릴 지옥의 암흑을
상징하는 것이었다.
그렇지만 그들에게는 그들 자신이 암흑보
다도 더 무거운 짐이었다.

18 그러나 주님의 거룩한 백성들에게는 큰
빛이 비치었다.
이집트인들은, 그들의 모습은 보지 못하고
목소리만 듣고서,
자기들처럼 고통을 받지 않았다고, 그들
을 행복한 사람들이라고 말하였다.
2 이집트 사람들은 이스라엘 사람들이 자기
들에게 고통을 받고도
앙갚음을 하지 않는 데 대해서 고맙게 생
각하였고
그들과 사이가 좋지 않았던 것에 대하여
용서를 청하였다.
3 주님께서는 당신 백성에게 암흑 대신에
훨훨 타는 불기둥을 보내셔서
미지의 땅으로 여행하는 그들을 인도하셨
다.
그것은 마치 영광스러운 땅으로 이주해
가는 그들에게
따뜻한 태양과도 같았다.
4 그러나 그 악인들이 광명을 잃고 암흑 속
에 갇히게 되었던 것은
당연한 일이었다.
그들은 율법의 불멸의 빛을 세계에 전해
줄 주님의 자녀들을
포로로 붙잡아두었던 자들이다.

이집트인들에게 내린 징벌과 이스라엘 사람들이 받은 용서

5 이집트인들이 거룩한 백성의 젖먹이들을
죽이려고 하였을 때
한 아이가 버려졌다가 홀로 살아 남았다.
그 때에 주님께서는 그들을 벌하셔서 그
들의 수많은 아이들을 죽이시고
그들마저도 모두 거친 탁류 속에 묻어버
리셨다.
6 주님께서는 그 날 밤에 일어난 일을 우리
조상들에게 미리 알려주셨다.
그래서 그들이 의지하는 하느님의 약속을
분명히 깨닫고 용기를 얻었다.
7 의인들은 구원을 받고 원수들은 망하는
것,
그것은 주님의 백성이 기대하던 것이다.
8 주님께서는 우리 원수들을 징벌하신 그
방법으로
오히려 우리들을 당신께로 불러주시고 영
광스럽게 만들어주셨다.
9 착한 사람들의 거룩한 자녀들은 남몰래
희생제물을 드렸으며
한마음으로 하느님의 율법을 지키고
기쁠 때나 위험할 때나 모두가 함께 제사
에 참여하기로 하였다.
그리고 우선 선조들의 찬미가를 소리 높
이 불렀다.
10 그 때에 제각기 부르짖는 원수들의 절규
가 메아리쳤고
자식을 잃고 울부짖는 소리가 울려 퍼졌
다.
11 그들은 노예이건 주인이건 같은 징벌을
받았으며
왕이나 평민이나 다 같은 고통을 겪었다.
12 모두가 다 같은 모양으로 죽어서 헤아릴
수 없는 시체를 남겼다.
시체가 너무나도 많아서 산 사람이 그것
을 다 묻을 수가 없었다.
이렇게, 그들의 귀족들은 순식간에 멸망
하고 말았다.

13 마술에 팔려서 전연 믿기를 거부하던 그
들은
마침내 그들의 첫아들들이 죽는 것을 보
고
이스라엘 백성이야말로 하느님의 자손임
을 인정하였다.
14 무거운 침묵이 온 세상을 덮고
밤이 달려서 한고비에 다다랐을 때에
15 하늘의 옥좌로부터 주님의 전능하신 말씀
이
마치 사정없는 전사처럼 멸망한 땅 한가
운데로 뛰어들었다.
그는 날카로운 칼과 같은 주님의 확고 부
동한 명령을 가지고 와서
16 우뚝 서서 온 세상을 시체로 가득 채웠다.
그는 아래로는 땅을 딛고 위로는 하늘까
지 닿았다.
17 그러자 갑자기 무서운 꿈 속에 망령들이
나타나서
그들을 공포로 몰아넣고
예기치 않던 두려움이 그들을 사로잡았다.
18 그들은 반쯤 죽어서 여기저기에 쓰러져
그들이 왜 이렇게 죽게 되었는가를 알게
되었다.
19 그들은 이렇게 고통스러운 꿈을 통해서
그 이유를 미리 알고 있었기 때문에
자기들이 이렇게 호된 고통을 당하는 이
유를
모르고 죽는 사람은 하나도 없었다.
20 한편, 의인들 편에서도 많은 사람들이
황야에서 그들대로 죽음의 시련을 겪었다.
그러나 하느님의 분노는 오래 가지는 않
았다.
21 한 흠없는 사람이 달려와 그들의 편에서
싸웠다.
그는 자기의 거룩한 직분의 무기를 들고
기도를 올리고 향을 피워서 속죄의 제물
을 바쳤다.
그는 하느님의 분노를 끄고 재앙에 종지
부를 찍음으로써
자신이 진실로 주님의 종이었음을 증명하
였다.
22 그는 체력이나 무기의 힘으로 이긴 것이
아니라
일찍이 조상들에게 하신 약속과 계약을
회상하시게 함으로써
징벌하시는 분의 노기를 누그러뜨렸다.
23 사람들이 죽어서 그 시체들이 쌓였을 때
에
그는 그 한가운데 서서 하느님의 분노를
그치게 하고
그것이 살아 있는 사람에게 더 이상 미치
지 않도록 끊어버렸다.
24 발끝까지 늘어진 그의 옷에는 온 세상이
그려져 있었고
넉줄 보석에는 조상들의 영광스러운 이름
이,
그의 왕관에는 주님의 '거룩한 하느님'이
라는 말이 새겨져 있었다.
25 이것을 보고 멸망의 천사는 겁을 먹고 뒷
걸음질치며 그들을 두려워하였다.
의인들에게는 하느님의 분노의 맛만 보이
는 것으로 충분하였다.

홍해 : 이스라엘과 이집트

19 그러나 분노는 악인들에게 끝까지 무자
비하게 내렸다.
하느님께서는 미리 그들이 당할 일을 알
고 계셨다.
2 즉, 악인들은 이스라엘 백성이 떠나도록
허락하여 급히 떠나보낸 다음
변심하여 이스라엘 백성들을 추격하리라
는 것을 알고 계셨다.
3 악인들은 그들의 장례를 채 끝내지도 않
았고
한참 죽은 아이들의 무덤에서 통곡하는
소리가 멎기도 전에
또 한번 엉뚱한 생각을 하게 되었다.
그래서 빌다시피 해서 떠나보낸 이스라엘
사람들을
마치 도망자를 추격하듯 추격해 나섰다.
4 그들이 받아야 할 운명이 그들을 이와 같
은 극단으로 몰고 갔으며,
그들이 과거에 겪은 일을 잊어버리게 만
들었다.
그들은 이미 받은 고통에 더하여 마지막
징벌을 당하였다.
5 그들은 변사를 당하고
주님의 백성들은 기적적으로 여행을 계속
하였다.
6 주님의 백성들을 안전하게 보호하기 위해
서
만물이 주님의 명령에 복종하여
다시 한 번 그 본성을 바꿨다.
7 그들이 친 천막 위에 구름이 나타났고
전에 물이 있던 곳에 마른 땅이 일어나는
것이 보였으며
홍해에는 사람이 걸어갈 수 있는 길이 트

였고
거센 파도 속에서 푸른 돌이 나타났다.
8 온 백성은 이 놀라운 기적들을 눈앞에 보
면서
단결하여 주님의 손길의 보호를 받으며
건너갔다.
9 그들은 목장에서 풀을 뜯는 말들처럼 배
불리 먹고
양들처럼 뛰면서 구원의 주님을 찬미하
였다.

은혜를 받은 이스라엘 사람들

10 그들은 타향살이 때에 겪은 온갖 사건들
을 아직도 기억하고 있었다.
땅이 동물들을 길러내지 않고 모기들만
낳게 한 일이며
강에는 물고기가 살지 못하고 헤아릴 수
없이 많은 개구리들만 우글거리던 일들을
회상하였다.
11 그 후에 그들이 음식에 싫증이 나서 더 맛
있는 것을 청했을 때에
새로운 종류의 새들이 나타났다.
12 바다에서 메추라기가 많이 나타나서 그
들의 식욕을 채워주었다.

소돔 같은 벌을 받은 이집트인들

13 그러나 죄 많은 이집트인들에게는 벌을
예고하여
무시무시한 번개가 치고
온갖 징벌이 내렸다.
그들은 이국 사람들을 그토록 미워함으
로써
그들이 지은 죄에 합당한 고통을 받았다.
14 소돔 사람들은 낯선 사람들이 왔을 때에
아예 받아들이지도 않았지만
그들은 손님들과 의인들을 손님으로 받
아들였다.
15 그뿐만 아니라, 소돔 사람들은 애초부터
이국 사람들에게 적의를 나타냈다.
그들은 응분의 벌을 받겠지만
16 이집트인들은 주님의 백성을 받아들일 때
에는 잔치를 베풀고
자기들과 동등한 권리를 베풀어준 다음
에
강제 노동으로 고생을 시켰던 것이다.
17 그래서 이집트 사람들은 의인의 집 문턱
에서 소경이 되었던
소돔 사람들처럼, 벌을 받아 소경이 되었
다.
사방이 캄캄하게 되어
모든 사람이 제 집 문을 더듬어서 찾아야
했다.

맺는 말

18 이렇게 자연의 사물들이 서로 형태를 바
꾸었다.
그것은 마치 현악기를 탈 때에, 그 음조
는 언제나 같으면서
음률이 달라지는 것과 같다.
이것은 과거에 일어난 사건들을 볼 때에
분명하다.
19 육지에서 사는 생물들이 수중 동물이 되
고
헤엄치던 동물들이 육지에 올라왔다.
20 불은 물 속에서 더 세차게 탔으며,
물은 그 본성을 잊어버리고 불을 끄지 않
았다.
21 또 그 불꽃은 타 죽어야 할 동물들이 그
속에 뛰어들었을 때,
그 살을 태우지 않았으며
또 얼음 모양으로 하늘에서 떨어진 그 양
식은,
불에 닿으면 녹아야 할 텐데 녹지 않았다.
22 주님께서는 어느 모로나 당신 백성을 위
대하고 영광스럽게 하셨으며
그들을 멸시하시지 않고 언제 어디에서
나 도와주셨다.

집 회 서

머리말

◎율법서와 예언서와 그 뒤를 이은 후대의 저서들이 우리에게 위대한 가르침을 많이 전해 주었다. 이것으로 보아 이스라엘 민족의 학문과 지혜는 찬양을 받을 만하다. 그런데 책을 읽는 사람은 스스로의 지식을 쌓는 것에 머물지 말고, 쌓은 지식을 말로나 글로 나타내어 다른 사람들을 돕는 자가 되

어야 한다. 나의 조부 예수가 바로 그런 분이었다. 그분은 율법서와 예언서와 우리 조상들이 남긴 다른 저서들을 열심히 공부하여 통달한 후, 그 자신도 교훈과 지혜를 담은 책을 저술하기로 하였다. 그 목적은 지혜를 사랑하는 사람들이 자기의 가르침을 아울러 익혀서 율법대로 잘사는 방법을 터득하게 하려는 것이었다. 그러므로 나는 여러분이 이것에 흥미를 가지고 주의깊게 읽어주기를 바라며, 우리의 노력에도 불구하고 어떤 구절의 번역이 혹 잘못되었으면 널리 양해해 주기를 바란다. 원래 히브리어로 표현된 말을 다른 언어로 번역해 놓으면, 그 뜻이 제대로 드러나지 않는 수가 많다. 이것은 비단 이 책의 경우뿐만이 아니라, 예언서와 그 외의 다른 저서들, 심지어는 율법서마저도 그 번역서와 원서와의 사이에는 큰 차이가 있음을 발견할 것이다. ◎내가 유에르게테스 왕 삼십팔 년에 이집트에 가서 그 곳에 머무를 때에 고상한 교훈이 담긴 책을 한 권 발견하였다. 그래서 나는 이 책을 번역하는 데 나의 정성과 노력을 바치는 것이 나의 의무라고까지 생각하였다. 그래서 그 곳에 머무르는 동안에 나는 나의 온 지식을 기울여 불철주야, 이 책을 완성하여 세상에 내는 일에 몰두하였다. 나는 이 책을 이국 땅에 살면서 학문을 사랑하고 올바른 행실로 율법을 따라서 살려고 하는 사람들을 위해서 펴내는 바이다.

지혜의 신비

1 모든 지혜는 주님께로부터 오며
언제나 주님과 함께 있다.
2 바다의 모래와 빗방울과
영원의 나날을 누가 셈할 수 있으랴?
3 하늘의 높이와 땅의 넓이와
땅 속의 깊이를 누가 잴 수 있으랴?
4 지혜는 저 모든 것들보다 먼저 창조되었으며
현명한 이해 역시 태초로부터 있다.
5 ㉠지혜의 근원은 하늘에 계신 하느님의 말씀이며
지혜의 길은 영원한 법칙이다.
6 지혜의 근원을 누가 밝히 알아냈으며
그 오묘한 기획을 깨달은 자 누구냐?
7 ㉡지혜를 밝히 깨달은 자는 아무도 없으며
그 지혜의 풍부함을 이해하고 완전히 따른 자도 없다.
8 지혜로우신 분은 오직 한 분, 두려우신 분이시며
당신의 옥좌에 앉아 계신 분이시다.
9 그분은 지혜를 만드시고 지켜보시고 헤아리시는 주님으로서
당신이 만드신 모든 것과,
10 모든 인간에게 지혜를 너그러이 내리시고
특히 당신을 사랑하는 사람들에게 지혜를 풍부히 나누어주신다.

11 주님을 두려워함은 행복이요 영예며
쾌락이요 환희의 극치이다.
12 주님을 두려워하는 이는 마음이 즐겁고
행복과 희열을 맛보며 수를 누린다.
13 주님을 두려워하는 이는 삶의 끝이 좋으리니
죽는 날에 축복을 받으리라.
14 주님을 두려워함이 지혜의 시작이며,
신심이 있는 사람들은 모태에서부터 지혜를 타고 난다.
15 지혜는 사람들 사이에 보금자리를 틀어 영원한 터전을 삼고
그들의 후대에도 그 곳에서 안식한다.
16 주님을 두려워함이 지혜의 성숙이며
지혜는 그 열매로 사람들을 흡족케 한다.
17 지혜는 그들의 집안을 재물로 그득 차게 하고
그들의 곳간을 곡물로 채워준다.
18 주님을 두려워함이 지혜의 완성이며
지혜는 삶의 번영과 건강의 꽃을 피운다.
19 지혜는 지식과 총명을 비처럼 내려주고
지혜를 간직하는 사람들의 영광을 드높인다.
20 지혜는 주님을 두려워함에 그 뿌리를 박고
가지들이 싱싱하게 돋아나 영원히 산다.
21 ㉢주님을 두려워하면 죄를 물리칠 수 있고
주님을 두려워하면 분노를 멀리할 수 있다.
22 의롭지 못한 분노는 변명할 길 없으리니
분노에 치닫다 보면 멸망에 이른다.
23 인내력을 가진 사람이 잘 견디면
마침내는 큰 기쁨을 누리리라.
24 그는 말도 잘 참아서, 끝내
그의 총명이 모든 이로부터 찬양을 받으

㉠ ㉡ 칠십인역에는 5절과 7절이 빠져 있다. ㉢ 칠십인역에는 21절이 빠져 있다.

리라.
25 지혜의 보고 안에는 현인들의 격언이 차
있지만
죄인들에게는 경건한 교훈이 오히려 지
겹다.
26 지혜를 원하거든 계명을 지켜라.
주님께서 지혜를 주시리라.
27 주님을 두려워함이 곧 지혜이며 교양이
요,
주님이 기뻐하시는 것은 신실과 온순이
다.
28 주님 두려워하기를 게을리 하지 마라.
주님을 두려워하되 안팎이 같아야 한다.
29 사람들 앞에서 위선을 행하지 말고
네 입술을 조심하여라.
30 자신을 치켜 올리지 말아라, 떨어져서
망신당할까 두렵다.
주님이 너의 비밀을 폭로하실 것이고,
너를 사람들 앞에서 넘어지게 하실 것이
다.
네가 주님을 두려워하지 않았고
그 마음이 거짓으로 가득 차 있기 때문이
다.

시련 속에서 하느님을 두려워함

2 아들아, 네가 주님을 섬기려면
스스로 시련에 대비하여라.
2 네 마음을 곧게 가져 동요하지 말며
역경에 처해서도 당황하지 말아라.
3 영광스러운 마지막 날을 맞이하기 위하
여
주님께 매달려, 떨어지지 말아라.
4 어떠한 일이 닥치더라도 기꺼이 받아들
이고
네 처지가 불쌍하게 되더라도 참고 견디
어라.
5 실로 황금은 불 속에서 단련되고
사람은 굴욕의 화덕에서 단련되어 하느
님을 기쁘게 한다.
6 네가 주님을 신뢰하면 주님께서 너를 보
살펴주시리라.
주님께 희망을 두고 바른 길을 가거라.
7 주님을 두려워하는 사람들아, 그분의 자
비를 기다려라.
빗나가지 말아라, 넘어질까 두렵다.
8 주님을 두려워하는 사람들아, 그분을 신
뢰하여라.
그러면 반드시 상금을 받으리라.
9 주님을 두려워하는 사람들아, 행복과
영원한 기쁨과 자비에 희망을 두어라.
10 옛 사람들을 돌이켜보면 알리라.
주님을 믿어 망신을 당한 사람이 있으며
꾸준히 주님을 두려워하고도 버림을 받
은 사람이 있으며
주님께 호소하였다가 거절당한 사람이
있느냐?
11 주님은 동정심이 많으시고 자비로우시므
로 죄를 용서해 주시고,
고난을 당할 때에 구해 주신다.
12 비겁하고 나태한 자는 화를 입으리라.
두 길을 가는 죄인도 화를 입으리라.
13 낙심하는 자는 화를 입으리니, 하느님을
믿지 아니하므로
보호를 받지 못하리라.
14 인내심을 저버린 자들은 화를 입으리라.
주님께서 오시는 날에 어떻게 하려느냐?
15 주님을 두려워하는 사람들은 그분의 말
씀에 순종하고
주님을 사랑하는 사람들은 그분의 계명
을 지킨다.
16 주님을 두려워하는 사람들은 그분의 마
음에 들도록 애쓰며
주님을 사랑하는 사람들은 그분의 율법
으로 만족하리라.
17 주님을 두려워하는 사람들은 언제나 시
련에 대비하고
그분 앞에 겸손할 줄을 알며 이렇게 말하
리라.
18 "우리는 자신을 인간의 손에 내맡기지 말
고
주님의 손에 맡기자.
㉠그분은 위엄도 크시고 자비도 크시다."

효도

3 너희는 들어라, 내가 자녀의 본분에 대해
서 말하리니
내 말을 듣고 실천하면 구원을 받으리라.
2 주님께서는 자식들에게 아비를 공경하게
하셨고
또한 어미의 권위를 보장해 주셨다.
3 아비를 공경하는 것은 자기 죄를 벗는 것
이며
4 어미를 공경하는 것은 보화를 쌓아 올리
는 것이다.
5 아비를 공경하는 사람은 자기 자식들에
게서 기쁨을 얻고

㉠ "이름도 크시고 일하심도 크시다."라고 옮길 수도 있다.

그가 기구하는 것을 주님께서 들어주시
리라.
6 아비를 공경하는 사람은 오래 살 것이며
주님께 순종하는 사람은 어미를 평안케
한다.
7 (주님을 두려워하는 사람은 아비를 공경
하며)
하인이 주인을 섬기듯이 자기 어버이를
섬길 것이다.
8 말과 행실로 네 아비를 공경하여라.
그러면 그의 축복을 받으리라.
9 아비의 축복은 그 자녀의 집안을 흥하게
하고
어미의 원망은 그 집안을 뒤엎는다.
10 네 아비를 가벼이 여기거나 자기 자랑을
하지 말아라.
네 아비의 불명예가 어찌 너의 명예가 되
겠느냐?
11 아비의 명예는 자식의 영광이며
어미의 불명예는 자식의 치욕이다.
12 너는 네 아비가 늙었을 때 잘 보살피고
그가 살아 있는 동안 슬프게 하지 말아라.
13 그가 설혹 노망을 부리더라도 잘 참아 받
고
네가 젊고 힘있다고 해서 그를 업신여기
지 말아라.
14 아비를 잘 섬긴 공은 잊혀지지 않으리니
네 죄는 용서받고 새 삶을 이룰 것이다.
15 네가 역경에 처했을 때 주님께서는 너의
효도를 기억하시겠고
네 죄는 얼음이 햇볕에 녹듯이 스러질 것
이다.
16 자기 아비를 저버리는 것은 하느님을 모
독하는 것이요,
어미를 노엽게 하는 것은 주님의 저주를
부르는 것이다.

겸손

17 너는 들어라, 매사를 유순하게 처리하여
라.
그러면 하느님께서 인정하시는 사람들에
게 사랑을 받으리라.
18 훌륭하게 되면 될수록 더욱더 겸손하여
라.
주님의 은총을 받으리라.
19 ㉠세상에는 높고 귀한 사람이 많다.
그러나 하느님은 당신의 오묘함을 겸손
한 사람에게만 드러내신다.
20 주님의 능력은 위대하시니
비천한 사람들에 의하여 그 영광은 빛난
다.
21 네가 감당하지 못할 것을 구하지 말고
네 힘에 겨운 것을 좇지 말아라.
22 하느님께서 너에게 명령한 일에만 전념
하고
알려주시지 않은 일을 캐내려고 애쓰지
말아라.
23 힘에 겨운 것을 위하여 헛수고를 하지 말
아라.
하느님은 이미 인간의 이해력에 넘칠 정
도로 너에게 알려주셨다.
24 많은 사람들이 자기를 과신하여 미혹에
빠졌고
그 망상 때문에 정도에서 벗어났다.
25 ㉡눈이 멀고서야 어찌 빛을 보랴?
자신도 모르면서 남을 설득하려 들지 말
아라.

오만

26 완고한 자는 마침내 낭패할 것이며
모험을 좋아하는 자는 모험으로 망할 것
이다.
27 완고한 사람은 고통에 허덕이겠고
죄인은 죄 위에 죄를 겹칠 것이다.
28 오만한 자의 불행에는 약이 없으니
악의 뿌리가 그에게 깊이 박혀 있는 까닭
이다.
29 총명한 사람은 격언의 뜻을 되새기고
지혜로운 사람은 귀기울여 남의 말을 듣
는다.

가난한 사람에게 베푸는 자비

30 물은 뜨거운 불을 끄고
자선은 죄를 없앤다.
31 은혜를 갚는 사람은 미래를 생각하는 사
람이다.
그가 넘어질 때에 도움을 얻으리라.

4 너는 들어라, 곤궁한 사람에게 먹을 것을
거절하지 말고
가난한 사람에게 피눈물을 흘리게 하지
말아라.
2 배고픈 사람을 더 배고프게 하지 말고
굶주림에 허덕이는 사람을 더 고달프게
하지 말아라.
3 딱한 처지에 놓인 사람을 더 이상 참혹하
게 만들지 말고

㉠ 칠십인역에는 19절이 빠져 있다. ㉡ 칠십인역에는 25절이 빠져 있다.

궁핍한 사람에게 자선 베풀기를 미루지
말아라.
4 시달리는 사람의 애원을 물리치지 말며
가난한 사람을 외면하지 말아라.
5 애걸하는 사람에게서 눈을 돌림으로써
남이 너를 저주할 빌미를 갖게 하지 말아
라.
6 그들이 원한을 품고 너를 저주하면
그 소리가 창조주의 귀에 들어가리라.
7 너는 가난한 사람들의 존경을 모으고
어른들에게는 순종토록 하여라.
8 가난한 사람이 하는 말에 귀를 기울이고
그들이 인사하거든 공손히 답례하여라.
9 압박하는 사람의 손에서 학대받는 사람
을 건져주고
재판석에 앉거든 소신을 굽히지 말아라.
10 고아들을 아비처럼 대하고
㉠과부들을 남편처럼 보살펴주어라.
그러면 지극히 높으신 분께서 너를 아들
처럼 여기실 것이요,
너의 어미보다 더욱 너를 사랑하리라.

지혜의 교육적 가치

11 지혜는 어미처럼 자녀를 키워주고
자기를 찾는 사람들을 보살펴준다.
12 지혜를 사랑하는 사람은 삶을 사랑하며
지혜를 찾아 부지런한 사람은 기쁨으로
가득 차리라.
13 지혜를 자기 것으로 만든 사람은 주님의
영광을 이어받겠고
그가 사는 곳에 주님의 축복이 항상 있으
리라.
14 지혜를 경건하게 섬기는 것은 거룩하신
분을 섬기는 것이며
지혜를 사랑하는 사람들은 주님의 사랑
을 받게 된다.
15 지혜에 귀를 기울이는 사람은 공정하게
다스릴 것이며
지혜를 따르는 사람의 삶은 안전하리라.
16 지혜를 믿는 사람은 지혜를 차지할 것이
며
그의 후손들도 지혜를 물려받으리라.
17 지혜는 처음에 그를 험난한 길로 인도한
다.
그를 믿게 될 때까지 법으로 그를 시험하
여
무서운 공포심을 안겨주고 규율로 그를
괴롭힌다.
18 그러나 지혜는 마침내 그를 평탄한 길로
인도하여 기쁨을 주고
자신의 오묘함을 밝혀주리라.
19 만일 사람이 지혜의 길을 벗나가면 지혜
는 그를 버리고
멸망의 손에 내맡기리라.

소심

20 시대를 잘 살펴서 악을 경계하여라.
그리고 너무 소심하지 말아라.
21 너무 소심하기 때문에 죄에 빠지는 수도
있고
오히려 소심하기 때문에 영광과 은총을
차지하는 수도 있다.
22 너는 남과 만나서 너무 그 눈치를 보지도
말고
남에게 망신을 주어 스스로 화를 입지도
말아라.
23 네가 의견을 내야 할 때 잠잠하지 말고
네 지혜를 써야 할 때 감춰두지도 말아라.
24 지혜는 의견에서 드러나고
교양은 말투에서 드러난다.
25 진리에 거슬린 말은 하지 말고
네 무지를 돌이켜보아라.
26 네 잘못 고백하기를 부끄러워 말고
물살을 거슬러 헤엄치지 말아라.
27 어리석은 자에게 굽신거리지 말며
권세 있는 자에게 아첨하지 말아라.
28 죽기까지 진리를 위해 싸우면
주 하느님께서 너를 도와 싸우시리라.
29 말을 너무 주제넘게 하지 말고
행동에 부실하거나 무성의하지 말아라.
30 집안에서 사자처럼 되어
하인들을 들볶지 말아라.
31 네 손을 내밀어 받기만 하지 말고
베풀 때에도 그 손을 거두지 말아라.

재산과 자만심

5 너는 재물을 의지하지 말며
"이만하면 족하다."고 자만하지도 말아
라.
2 네 의욕과 정력만을 믿고서
탐욕에 빠지는 일이 없도록 하여라.
3 "나를 누를 자가 누구냐?"고 장담하지
말아라.
주님께서 정녕 너를 벌하시리라.
4 "내가 죄를 지었지만 아무 탈도 없지 않
느냐?"고 말하지 말아라.

㉠ 칠십인역에는 "과부들" 대신 "그들의 어머니들"로 되어 있다.

주님께서 오래 참아주시는 것일 뿐이다.
5 하느님의 용서만 믿고 방심하면
죄를 짓고 또 짓게 된다.
6 "주님의 자비가 크시니
내가 아무리 많은 죄를 지어도 용서하시
리라."고 말하지 말아라.
주님은 자비도 베푸시지만 노하시기도
하신다.
한번 노하시면 죄인들이 남아나지 못하
리라.
7 하루하루 미루지 말고
한시 바삐 주님께로 돌아오너라.
주님의 진노가 언제 떨어질지 모르며
징벌하시는 날에는 네가 멸망하리라.
8 부정하게 얻은 재물을 의지하지 말아라.
그런 재물은 재난의 날에 아무 소용이 없
다.

말의 진실성

9 바람이라고 해서 모두 키질에 이용하지
말고,
길이라고 해서 아무 곳이고 들어가지 말
아라.
그것은 겉과 속이 다른 죄인이 하는 짓이
다.
10 너의 신념을 굳게 지키고
말을 한결같이 하여라.
11 듣기는 빨리 하고
말하기는 더디 하여라.
12 네가 알거든 묻는 사람에게 대답을 하고
모르거든 가만히 있어라.
13 명예도 불명예도 말에서 나온다.
사람의 혀가 파멸을 가져온다.
14 남의 험담을 좋아해서
네 혀로 사람을 잡는 일이 없도록 하여라.
도둑이 결국 탄로나듯
겉과 속이 다른 자는 망신을 당하리라.
15 큰 일에나 작은 일에나 실수하지 말고
친구를 저버려서 원수가 되는 일이 없도
록 하여라.

6 친구를 저버리는 것은 겉과 속이 다른 죄
인이나 할 짓이고
그런 짓을 하면 평판이 나빠져서 비난과
망신을 살 뿐이다.
2 격정에 사로잡히지 말아라.
그것이 미친 황소처럼 네 영혼을 짓밟아
버릴까 두렵다.
3 격정에 빠지면 너는 너의 잎을 뜯어 삼켜
열매를 못 맺게 되고
마침내 메마른 나무처럼 버려지리라.
4 탐욕에 사로잡힌 영혼은 그 사람을 망하
게 하고
그를 원수들의 웃음거리로 만들리라.

우정

5 부드러운 말은 친구를 많이 만들고
상냥한 말은 친구들을 정답게 한다.
6 될 수 있는 대로 많은 사람들과 잘 사귀어
라.
그러나 네 마음을 털어놓을 친구는 한 사
람만 택하여라.
7 친구를 사귈 때에는 먼저 그를 시험해 볼
일이다.
너무 서둘러 네 마음을 주지 말아라.
8 어떤 친구는 자기에게 이익이 있을 때에
만 우정을 보이고
네가 불행하게 되면 너를 버린다.
9 어떤 친구는 원수로 변하여
너와 싸우며 너의 숨은 약점을 공개한다.
10 또 어떤 친구는 너의 식탁에는 잘 와서 앉
으나
네가 불행하게 되면 너를 버린다.
11 네가 잘살 때는 네 집을 자기 집처럼 여기
고
네 하인들마저 마음대로 부리다가
12 네가 망하게 되면 등을 돌려
네 앞에서 자취를 감춰버린다.
13 원수들은 멀리하고
친구들도 경계하여라.
14 성실한 친구는 안전한 피난처요,
그런 친구를 가진 것은 보화를 지닌 것과
같다.
15 성실한 친구는 무엇과도 비길 수 없으며
그 우정을 값으로 따질 수 없다.
16 성실한 친구는 생명의 신비한 약인데
주님을 두려워하는 사람만이 이런 친구
를 얻을 수 있다.
17 주님을 두려워하는 사람은 참된 벗을 만
든다.
그러므로 그의 친구도 그처럼 참되게 대
해 준다.

지혜의 수련

18 너는 들어라! 젊을 때부터 교양을 쌓아
라.
그러면 늙어서도 지혜가 너를 떠나지 않
으리라.
19 밭을 갈고 씨를 뿌리듯이 지혜를 가꾸

어라.
그리고 끈기를 가지고 지혜의 좋은 열매
를 기다려라.
지혜를 가꾸노라면 얼마 동안은 고생하
겠지만
멀지 않아 그 열매를 맛보게 되리라.
20 지혜의 길은 무식한 사람들에게 더없이
험준하고
경솔한 사람은 지혜의 길을 오래 견디지
못한다.
21 그런 경솔한 사람에게 무거운 시련이 바
위처럼 내리누르면
그는 곧 지혜를 내던지고 만다.
22 지혜는 문자 그대로 지혜라,
아무나 터득하는 것은 아니다.
23 너는 들어라, 내 의견을 받아들여
나의 충고를 거역하지 말아라.
24 네 발을 지혜의 족쇄로 채우고
네 목에 지혜의 칼을 써라.
25 네 등을 구부려 지혜의 짐을 지고
그 속박에 짜증내지 말아라.
26 네 정성을 다하여 지혜를 따르고
네 전력을 기울여 지혜의 길을 지켜라.
27 그 발자취를 살펴 따르면 지혜는 너에게
나타나리라.
그리고 한번 지혜를 붙잡거든 놓치지 말
아라.
28 너는 그 지혜에게서 마침내 안식을 얻고
그 지혜는 너에게 기쁨이 되어주리라.
29 그 때 지혜의 족쇄는 너에게 견고한 방패
가 되고
네 목에 쓴 칼은 영광스런 의상이 되리라.
30 지혜의 멍에는 황금의 장식이 되고
그 밧줄은 고귀한 옷술이 된다.
31 네가 지혜를 영광의 예복처럼 입을 것이
요,
빛나는 왕관처럼 머리에 쓸 것이다.
32 너는 들어라, 마음만 있으면 지혜를 배울
수 있고
그것에 정진하면 현명해질 것이다.
33 네가 듣기를 좋아하면 배우는 것이 많겠
고
귀를 기울일 줄 알면 현자가 되리라.
34 너는 노인들의 모임에 자주 가고
그 중에 현명한 사람이 있거든 그를 가까
이하여라.
35 신성한 말씀을 항상 즐겨 듣고
뜻깊은 격언을 귓전으로 흘려버리지 말
아라.
36 지혜로운 사람을 발견하거든 아침 일찍
부터 그를 찾아
그 집 문지방이 닳도록 다녀라.
37 주님의 계명을 마음속에 새기고
그 명하신 모든 것을 실천하여라.
그러면 주님께서 네 마음을 굳세게 해주
시고
네가 바라는 지혜를 주시리라.

여러 가지 충고

7 악을 행하지 말아라.
해를 입지 않으리라.
2 부정을 멀리하여라.
부정도 너에게서 떠나가리라.
3 아들아, 부정한 밭에 씨를 뿌리지 말아
라.
악의 열매를 일곱 배로 거둘까 두렵다.
4 주님께 높은 자리를 구하지 말며
왕에게 영예로운 자리를 청하지 말아라.
5 주님 앞에서 의로운 자인 체하지 말며
왕 앞에서 지혜로운 자인 체하지 말아라.
6 불의를 뿌리뽑을 힘이 없거든
재판관이 되려 하지 말아라.
고위층의 압력을 받아서
네 정직한 마음이 흔들릴까 두렵다.
7 백성들에게 공정하지 못한 판단을 내려
민중 앞에서 체통을 잃는 일이 없도록 하
여라.
8 죄를 겹쳐 짓지 말아라.
죄 하나로도 벌을 면할 수가 없다.
9 "하느님께서는 내가 바치는 많은 제물을
보아주실 것이며
내가 지극히 높으신 하느님께 제사를 드
릴 때,
그가 쾌히 받아주시리라."고 장담하지 말
아라.
10 기도드릴 때 신뢰심을 잃지 말고
자선을 베풀기를 게을리 하지 말아라.
11 불행 속에 빠져 있는 사람을 비웃지 말아
라.
그 사람을 떨어뜨리신 분이 들어올리기
도 하신다.
12 형제를 해치려고 거짓을 꾸미지 말고
또한 친구를 거짓으로 해치지 말아라.
13 어떠한 거짓말도 입에 담지 말아라.
거짓말에 아무리 익숙해도 좋은 결과를
맺을 수 없다.
14 어른들의 모임에서 말을 많이 하지 말고
기도할 때에는 같은 말을 되풀이하지 말

아라.
15 힘든 노동을 피하지 말고
지극히 높으신 분께서 마련하신 농사일
을 싫어하지 말아라.
16 유에 없는 하느님의 진노를 생각하여
죄인의 무리에 끼이지 말아라.
17 네 자신을 낮출 수 있을 만큼 낮추어라.
악인에게는 불길과 구더기의 벌이 내릴
뿐이다.
18 친구를 돈과 바꾸지 말며
친형제를 오빌의 황금과 바꾸지 말아라.
19 지혜롭고 착한 아내를 버리지 말아라.
그 심덕은 황금을 주고도 사지 못한다.
20 정직하게 일하는 종을 천대하지 말며
열심히 일하는 일꾼을 박대하지 말아라.
21 지혜로운 종을 진심으로 사랑하고
그에게 자유를 주는 데 인색하지 말아라.

자녀들에 대하여

22 가축을 가지고 있거든 잘 보살펴라.
특히 노역에 도움이 되는 가축은 더욱 잘
간수하여라.
23 아들이 있거든 잘 기르되
어려서부터 길을 잘 들여라.
24 딸이 있거든 정숙하게 기르되
언제나 엄격하게 다스려라.
25 딸을 시집보내고 나면 큰 짐을 덜게 된다.
그러나 지혜로운 남자를 골라 그에게 주
어라.
26 선량한 아내를 버리지 말고
간사한 아내를 믿지 말아라.

부모에 대하여

27 네 마음을 다하여 아비를 공경하고
너를 낳으실 때 겪은 어미의 고통을 잊지
말아라.
28 네가 세상에 태어난 것은 부모님의 덕택
임을 잊지 말아라.
그들의 은덕을 네가 어떻게 무엇으로 갚
을 수 있겠느냐?

사제들

29 네 마음을 다하여 주님을 두려워하고
주님의 사제들을 공경하여라.
30 온 힘을 다하여 네 창조주를 사랑하고
그분의 봉사자들을 공양하여라.
31 주님을 두려워하고 사제를 공경하여라.
그리고 주님이 명하신 대로 사제에게 곡
물을 바쳐라.
즉 첫 수확물과 속죄의 제물과 짐승의 어
깨 부분과
성결제의 제물과 거룩하게 드린 것들의
첫 몫을 바쳐라.

가난한 사람들과 역경에 처한 사람들

32 가난한 사람에게도 후하게 하여라.
그러면 주님의 충만한 축복을 받으리라.
33 산 사람 모두에게 너그럽게 은덕을 베풀
것이며
죽은 사람에게까지도 은덕을 베풀어라.
34 우는 사람들을 내버려두지 말고
슬퍼하는 사람들과 함께 슬퍼하여라.
35 병자 위문을 게을리 하지 말아라.
그러면 네가 사랑을 받으리라.
36 무슨 일을 하든지 너의 마지막 순간을 생
각하고
절대로 죄를 짓지 말아라.

지혜로운 처세

8 권력자와 맞서지 말아라.
그의 손에 망할까 두렵다.
2 부자와 싸우지 말아라.
그의 금력에 눌릴까 두렵다.
황금은 많은 사람을 파멸시켰고
제왕들의 마음을 사로잡았다.
3 말 많은 사람과 다투지 말아라.
그것은 불에 장작을 넣는 것과 같다.
4 버릇없는 사람과 농담을 하지 말아라.
잘못하다간 네 조상들을 욕되게 한다.
5 회개하는 죄인을 나무라지 말아라.
우리 모두가 다 죄인이었음을 생각하여
라.
6 늙은 사람을 괄시하지 말아라.
우리 또한 늙어가지 않느냐?
7 남의 죽음을 좋아하지 말아라.
우리 모두 죽는다는 것을 생각하여라.
8 현명한 사람들의 말을 소홀히 듣지 말고
그들의 격언을 되새겨라.
네가 그들로부터 교훈을 얻어서
높은 사람 노릇하는 법을 터득하리라.
9 노인들의 말을 소홀히 여기지 말아라.
그들도 조상들로부터 배웠다.
네가 그들에게서 현명함을 배울 것이요
적절히 대답하는 법을 배울 것이다.
10 죄인의 불집을 건드리지 말아라.
네가 그 불길에 휩쓸릴까 두렵다.
11 난폭한 사람과 맞서 시비하지 말아라.
그는 네 말꼬리를 잡으려고 기다리고 있

다.
12 너보다 더 세력 있는 사람에게 돈을 꾸어
주지 말아라.
혹, 꾸어주었거든 잃어버린 것으로 생각
하여라.
13 네 능력 이상으로 보증을 서지 말며
보증을 섰으면 대신 갚을 각오를 하여라.
14 재판관을 걸어서 소송하지 말아라.
재판은 그의 승소로 돌아가리라.
15 무모한 사람과 동행하지 말아라.
그는 너에게 짐이 될 것이다.
그는 마음내키는 대로 행동할 것이고
그의 어리석음 때문에 너까지 망치게 되
리라.
16 성미가 과격한 사람과 논쟁하지 말며
후미진 곳으로 함께 가지 말아라.
그는 살인도 예사로 알며
보는 이가 없으면 너를 덮칠 것이다.
17 어리석은 자와 털어놓고 의논하지 말아
라.
그는 비밀을 지킬 줄 모른다.
18 비밀에 속할 일을, 모르는 사람 앞에서
하지 말아라.
그가 그것을 어떻게 이용할지 알 수 없다.
19 아무에게나 네 마음을 털어놓지 말아라.
누구나 네 마음을 받아주지는 않는다.

여자에 대하여

9 사랑하는 아내를 질투하지 말아라.
너의 아내가 너를 해칠 생각을 품게 되리
라.
2 그러나 아내에게 너무 빠지지도 말아라.
네가 오히려 밟힐지도 모른다.
3 창녀를 가까이하지 말아라.
그 여자의 홀림에 넘어갈까 두렵다.
4 기생집에 발길을 삼가라.
그 여자의 계략에 넘어갈까 두렵다.
5 처녀에게 눈을 팔지 말아라.
여자와 함께 벌을 받을까 두렵다.
6 창녀들에게 네 마음을 주지 말아라.
네 재산을 잃을까 두렵다.
7 길거리에서 한눈을 팔지 말 것이요,
구석진 골목에서 서성거리지도 말아라.
8 예쁜 여자를 너무 바라보지 말고
남의 아내의 아름다움에 혹하지 말아라.
정욕이 불길처럼 타올라,
여자의 미모 때문에 신세를 망친 사람이
많다.
9 유부녀와 자리를 같이하지 말고
또한 술마실 기회도 갖지 말아라.
그 여자의 매력에 홀려
욕정이 멸망으로 치달을까 두렵다.

대인 관계

10 옛 친구를 버리지 말아라.
새로 사귄 친구는 옛 친구만 못하다.
새 친구는 새 술과 같으니,
묵은 술이라야 제 맛이 난다.
11 악인의 성공을 부러워하지 말아라.
그의 말로가 어떠할 것인지를 너는 모른
다.
12 악인들이 즐기는 것을 좋아하지 말아라.
그들이 죽기 전에 반드시 벌받으리라는
것을 알아두어라.
13 너를 죽일 권한을 가진 세도가를 멀리하
여라.
그러면 그의 손에 죽을 염려가 없다.
만일 그에게 가까이 가게 되거든 네 몸을
사려라.
자칫하면 그가 네 목숨을 앗아갈지도 모
른다.
너는 함정 가운데를 걷고 있으며
적이 노리는 성벽 위를 걷는 것과 같다.
14 될 수 있는 대로 이웃과 잘 어울리고
현명한 사람들과 의견을 나눠라.
15 교양 있는 사람들과 즐겨 이야기하되
지극히 높으신 분의 율법에 관해서 말을
나눠라.
16 의로운 사람들과 함께 식사를 하고
주님 두려워하는 것을 자랑으로 삼아라.
17 공예가는 그 솜씨로 칭찬을 받고
민중의 지도자는 그의 말로 명성을 얻는
다.
18 빈말하는 사람은 따돌림을 받고
수다스러운 사람은 미움을 산다.

통치자

10 현명한 통치자는 그 백성을 잘 가르치
고
지혜로운 사람의 통치에는 질서가 있다.
2 그 왕에 그 신하들이요,
그 군주에 그 백성이다.
3 무식한 임금은 백성들의 파멸이요,
통치자의 현명은 살기 좋은 나라를 만든
다.
4 세상의 모든 왕권은 주님의 손안에 있는
것,
주님께서는 때를 따라 적당한 통치자를

세우신다.
5 인간의 성공은 주님 손에 달렸으니
통치자의 영예는 곧 주님의 영광이다.

오만에 대하여

6 네 이웃이 어떤 잘못을 저지르더라도 미
워하지 말고
난폭한 행동으로 갚지 말아라.
7 오만은 주님께나 사람에게나 미움받는
것이며
부정은 주님께나 사람에게나 범죄이다.
8 부정과 폭력과 재물 때문에 왕권은
한 나라에서 다른 나라로 넘어간다.
9 흙과 먼지에 불과한 인간이 잘난 체할 것
이 무엇이냐?
살아 있는 동안에도 벌써 그의 창자에서
는 썩는 냄새가 난다.
10 오랜 병은 의사를 비웃는다.
오늘의 왕도 내일은 시체다.
11 사람이 죽으면
벌레와 짐승과 구더기의 차지다.
12 오만은 주님을 저버리는 데서 시작되고
사람의 마음이 창조주에게서 멀어질 때
생긴다.
13 오만은 죄의 시작이므로
오만에 사로잡힌 자는 악취를 낸다.
그러므로 주님께서는 이런 자들에게 엄
청난 벌을 내리시며
그를 멸망시키신다.
14 주님께서는 군주들을 그 권좌에서 몰아
내시고
그 자리에 온유한 사람들을 앉히신다.
15 주님께서는 오만한 민족을 뿌리째 뽑아
내시고
그 자리에 겸손한 사람들을 심으신다.
16 주님께서는 그 민족들의 영토를 뒤엎으
시고
그들을 송두리째 멸망시키신다.
17 주님께서는 그 중 몇 민족들을 멸망시키
시고
이 땅에서 그들에 대한 기억마저 지워버
리신다.
18 오만은 인간을 위해서 있는 것이 아니요,
격렬한 분노 또한 인간이 지닐 바가 아니
다.

영예로운 사람들

19 어떤 유의 것이 영예를 받을 것인가? 사
람이다.
어떤 사람들인가? 주님을 두려워하는 사
람들이다.
어떤 유의 것이 경멸을 받을 것인가? 사
람이다.
어떤 사람들인가? 율법을 어기는 자들이
다.
20 형제 중에서는 맏아들이 존경을 받으나
주님께는 주를 두려워하는 사람들이 영
예를 받는다.
21 ㉠주님을 두려워하는 것은 신망을 얻는
일의 시작이며
고집과 오만은 배척을 받는 일의 시작이
다.
22 부자나 귀한 사람이나 가난한 사람이나
그들이 자랑할 것은 주님을 두려워하는
것뿐이다.
23 교양 있는 사람을 가난하다고 하여 멸시
함은 잘못이며
죄인을 두둔하는 것은 옳지 않다.
24 군주와 통치자와 권력자들이 영예를 차
지하나
그 누구도 주님을 두려워하는 사람만큼
은 위대하지 못하다.
25 자유인이 지혜로운 노예의 종이 되더라
도
지식 있는 사람은 그것을 불평하지 않는
다.

솔직과 겸손

26 일을 할 때 너무 재간을 부리지 말며
곤경에 빠졌을 때 허세를 부리지 말아라.
27 일하고 풍족하게 사는 사람이
뒷짐지고 허세부리는 빈털터리보다 낫
다.
28 너는 들어라, 자존심을 가지되 겸손하고
네 자신을 평가하되 정당하게 하여라.
29 자신에게 죄지은 사람을 남이 어찌 변명
해 줄 수 있으며
제 생활에 먹칠하는 사람을 남이 어찌 존
경하겠느냐?
30 지혜가 있는 사람은 가난해도 존경을 받
고
부자는 그 재산 때문에 존경을 받는다.
31 가난하면서도 존경을 받을 수 있다면
부자일 때 얼마나 더 큰 존경을 받겠느
냐?
부자이면서도 경멸을 받는다면

㉠ 칠십인역에는 21절이 빠져 있다.

가난하게 되었을 때 그의 처지가 어떻겠
느냐?

외모로 판단하지 마라

11 가난해도 지혜 있는 사람은 떳떳하게
다닐 수 있으며
고귀한 인물들과 자리를 같이할 수 있다.
2 외모가 훌륭하다고 사람을 칭찬하지 말
고
외모가 볼품없다고 경멸하지 말아라.
3 꿀벌은 날짐승 중에서 가장 작으나,
그것이 만드는 것은 단 것 중에 으뜸이다.
4 좋은 옷을 걸쳤다고 뽐내지 말고
영화를 누릴 때도 교만하지 말아라.
진실로 주님께서 하시는 일이야말로 경
탄할 바이지만
그것은 사람의 눈에 보이지 않는다.
5 때마다 폭군들이 영락하여 땅바닥에 앉
게 되었고
하찮은 무명인사가 왕관을 쓰기도 하였
다.
6 때마다 권력자들은 치욕으로 끝났고
고관들은 다른 지배자의 손에 들어가기
도 하였다.

생각하고 행동하여라

7 알아보지도 않고 남을 비난하지 말아라.
먼저 생각하고 그 다음에 질책하여라.
8 남의 말을 다 듣지도 않고 대답하지 말며
남의 얘기를 가로막지도 말아라.
9 너와 관계없는 일을 가지고 다투지 말며
죄인들의 논쟁에 시비를 가리려 들지 말
아라.
10 너는 들어라, 너무 많은 일에 뛰어들지
말아라.
일이 많으면 실수가 따른다.
또한 아무리 뛰어도 일을 다 따라가지 못
하며
일에서 빠져 나오려 해도 피할 길이 없어
진다.
하느님께 의지하여라.
11 일을 서두르며 애를 쓰나
뒤떨어지기만 하는 사람이 있고
12 느리고 힘이 없어 남의 도움을 필요로 하
고
찢어지게 가난한 사람이 있다.
그러나 주님은 그들을 인자하게 돌아보
시고
곤경에서 건져주신다.
13 그리고 그들을 높이 들어올려 주셔서
모든 사람으로 하여금 경탄하게 하신다.
14 길, 흉, 생, 사와 빈부,
이 모든 것은 주님께로부터 온다.
15 ㉠지혜와 지식과 율법의 이해는 주님께로
부터 오며
사랑과 선행의 길도 주님께로부터 온다.
16 오류와 암흑은 죄인들과 함께 시작되었
으며
악을 좋아하는 자들은 악으로 늙어간다.
17 주님의 은혜는 경건한 사람들을 떠나는
일이 없으며
주님께서 인정하시는 사람은 끝없는 번
영을 누린다.
18 애를 쓰고 인색하게 굴어서 치부하는 사
람이 있지만
결국 그가 얻는 보상이 무엇이겠느냐?
19 "나는 이제 편안히 쉬며
내 재산으로 잘살 수 있다."고 그는 말하
겠지만,
그것이 얼마나 오래 갈지를 그는 모르고
있다.
그는 자기 재산을 결국 남에게 남겨놓고
죽어갈 것이다.
20 네가 맺은 계약에 따라 성실히 살고
네가 맡은 일을 하면서 늙어라.
21 악인의 성공을 부러워하지 말아라.
주를 믿고 네 일에 힘써라.
가난한 사람을 삽시간에 부자로 만드는
것은
주님에게 있어 아주 쉬운 일이다.
22 주님의 축복은 경건한 사람에게 주는 상
급이고
그런 사람에게 하느님께서는 당신의 축
복을 삽시간에 풍성하게 주신다.
23 "나에게 무슨 복이 돌아올 것이며
이제 나에게 무슨 좋은 일이 있겠느냐?"
고 한탄하지 말며
24 "나는 가질 만큼 가졌다.
이제 나에게 무슨 불행이 있겠느냐?"고
도 말하지 말아라.
25 사람은 행복할 때 불행을 잊고,
불행할 때는 행복하던 때를 잊는다.
26 마지막 날에, 각자의 행실대로 보상하는
것은
주님에게 있어 어려운 일이 아니다.
27 단 한 시간의 악운이 행복한 일생을 뒤엎

㉠ 칠십인역에는 15-16절이 빠져 있다.

는 것이니
사람의 일생은 마지막 날에야 드러난다.
28 누구를 막론하고 죽기 전에는 행복하다
고 말하지 말아라.
그의 행불행은 최후 순간에야 알 수 있다.

악인들을 믿지 마라

29 아무나 네 집에 불러들이지 말아라.
악인들의 사기와 술수는 헤아릴 수 없다.
30 오만한 자의 마음은 새장에 갇힌 메추라
기와 같으며
첩자처럼 너의 멸망을 기다리고 있다.
31 오만한 자는 선을 악이라 우기며 너를 잡
으려 하고
네가 아무리 잘해도 흠잡으려 든다.
32 작은 불씨 하나가 큰 화재를 일으키고
죄인은 사람의 피를 노리고 있다.
33 악인을 경계하여라! 그는 흉계를 꾸미고
있다.
자칫하면 돌이킬 수 없는 타격을 받으리
라.
34 낯선 사람을 네 집에 불러들이면 집안에
불화를 일으킬 것이고
너는 네 가족에게서 멀어질 것이다.

선행

12 선행을 할 때는 누구를 위해서 하는지
를 알고 하여라.
그래야 상대방이 네 자선에 감사할 것이
다.
2 하느님을 공경하는 사람에게 선행을 베
풀어라, 보상을 받으리라.
그 사람이 보상을 하지 않더라도 지극히
높으신 분께서 갚아주신다.
3 악을 일삼는 자와
인색한 자에게는 선행을 베풀지 말아라.
4 하느님을 공경하는 사람만을 도와주고
죄인은 도와주지 말아라.
5 겸손한 사람에게 선심을 베풀고 교만한
자는 돕지 말아라.
그런 자에게는 빵도 주지 말고 남이 주는
것도 막아라.
그가 너보다 힘이 더 강해질까 두렵다.
그리고 네가 그에게 선을 베푼 대가로
그는 너에게 두 배의 악으로 갚을 것이다.
6 지극히 높으신 분부터 죄인들을 미워하
시고
악인들에게 응분의 벌을 내리시니
7 너는 착한 사람만을 도와주고
죄인은 내버려두어라.

진실한 친구와 거짓 친구

8 행복할 때에 친구를 알아보기는 힘드나
불행할 때 원수를 알아보기는 쉽다.
9 행복하면 원수들이 시기하고
불행하면 친구마저 멀어진다.
10 원수를 절대로 믿지 말아라.
그는 쇠가 녹슬듯이 더욱 악해질 것이다.
11 비록 네 원수가 겸손하게 굴고 고분고분
하게 굴더라도
너는 몸을 사리고 그를 경계하여라.
거울을 닦듯이 원수를 대하여라.
원수의 정체는 끝내 드러나고 말 것이다.
12 원수를 네 곁에 두지 말아라.
그가 너를 밀어내고 네 자리를 차지할까
두렵다.
네 오른편에 앉히지 말아라.
멀지 않아 네 자리를 탐낼 것이다.
네가 끝장에 가서야 내 말을 깨닫고
내 경고를 생각하며 뉘우치는 일이 없도
록 하여라.
13 뱀에 물린 땅꾼을 누가 동정하며
사나운 짐승에게 덤빈 사람을 누가 동정
하랴?
14 죄인들과 어울리는 자와
남의 비행에 가담하는 자도 저와 같다.
15 나쁜 친구는 행복한 동안 네 편이 되겠지
만
네가 실패하면 그의 우정은 지난날과 다
르다.
16 원수는 입으로는 달콤한 말을 하지만
마음속에서는 너를 구렁에 처넣을 계략
을 꾸미고 있다.
원수는 겉으로 눈물도 흘리겠지만,
기회만 있으면 피를 보고도 만족하지 않
는다.
17 네가 역경을 당하면 그는 먼저 와서
너를 돕는 체하면서 네 발목을 잡아채리
라.
18 그리고는 기뻐서 손뼉을 치고
네 흉을 보며 본색을 드러낸다.

비슷한 사람들과 어울려라

13 숯을 만지면 너도 더러워지고
오만한 자들과 사귀면 너마저 오만해
진다.
2 힘겨운 짐을 지지 말고
너보다 높은 사람이나 돈 많은 사람과 교

제하지 말아라.
질그릇과 쇠그릇을 한 곳에 둘 수 있겠느
냐?
부딪치면 질그릇은 깨지게 마련이다.
3 부자는 남을 해치고도 오히려 큰소리를
치지만
가난한 사람은 피해를 입고도 오히려 사
과를 해야 한다.
4 네가 이용 가치가 있으면 부자는 너를 쓰
지만
잇속이 없으면 너를 버리고 만다.
5 부자는 네가 돈푼이나 있을 때면 너를 가
까이하여
아무런 가책도 없이 너를 발가벗기리라.
6 네가 쓸모있을 때, 그는 너를 치켜 올리
며
만면에 웃음을 띠고 희망을 주며
"제가 도와드릴 일이 없습니까?" 하고
감언이설을 아끼지 않으리라.
7 그는 어리둥절하리만큼 잔치를 베풀고
두번 세번 너를 우려먹고 나서 끝내는 너
를 비웃는다.
그리고 마침내 너를 만나도 본체만체 지
나친다.

8 너는 속지 않도록 조심하고
네 어리석음으로 바보가 되지 않도록 하
여라.
9 높은 사람의 초대를 받았을 때 선뜻 응하
지 말아라.
그러면 그 쪽에서 더욱더 너를 간절히 청
할 것이다.
10 허겁지겁 가까이하면 거절당하기 쉽고
너무 멀리하면 저버림받을까 두렵다.
11 높은 사람과 맞사귀려 하지 말며
너와 오래 이야기를 나눈다 해서 믿지 말
아라.
그는 오래 말하면서 너를 시험하고 있는
것이고
얼굴에 웃음을 띠고 네 맘을 떠보려 한다.
12 그는 무자비해서 네가 한 말을 감싸주지
않고
너를 옥에 가두고 잔인하게 대할 것이다.
13 그러므로 조심하고 또 조심하여라.
너는 지금 패망을 옆에 끼고 있다.
14 ㉠이 말을 들으면 자다가도 깨어나거라.
한평생 주님을 사랑하고 그분께 구원을
구하여라.

㉠ 칠십인역에는 14절이 빠져 있다.

15 모든 동물은 그 동류를 사랑하고
인간은 누구나 자기 이웃을 사랑한다.
16 모든 짐승은 동류와 어울리고
모든 인간은 비슷한 사람들끼리 어울린
다.
17 이리와 양이 어떻게 서로 짝이 될 수 있으
며
하느님을 공경하는 사람과 죄인이 어떻
게 친할 수 있겠는가?
18 늑대와 개가 어떻게 평화롭게 살 수 있으
며
부자와 가난한 자가 어떻게 화평하게 살
수 있겠는가?
19 나귀가 광야에서 사자의 밥이듯,
가난한 자는 부자의 밥이다.
20 오만한 자들이 겸손을 싫어하듯,
부자는 가난한 자를 싫어한다.
21 부자가 비틀거리면 그 친구들이 붙들어
주지만,
가난한 자가 넘어지면 그 친구들은 그를
걷어찬다.
22 부자가 미끄러지면 많은 사람이 그를 부
축해 주고
허튼소리를 하더라도 오히려 그를 찬양
한다.
그러나 가난한 자가 미끄러지면 사람들
은 그를 나무라고
이치에 맞는 말을 하여도 아무도 들어주
지 않는다.
23 부자가 말하면 모두가 조용히 듣고
하늘 끝까지 그의 말을 치켜 올린다.
그러나 가난한 자가 입을 열면 "저게 누
구냐?"고 말하며
귀에 거슬리는 말을 하면 그를 짓밟는다.
24 죄에 물들지 않은 재산이라야 좋은 것이
다.
그러나 하느님을 공경하지 않는 자들은
가난을 언제나 악으로 생각한다.
25 사람의 얼굴은 그 마음에 따라서 좋게도
나쁘게도 변하여
26 마음이 기쁘면 얼굴이 명랑해진다.
그러나 격언을 만들어낼 때는 고심이 뒤
따른다.

참된 행복

14 말을 함부로 하지 않고
실언으로 고통을 당하지 않는 사람은

행복하다.
2 양심의 가책을 받지 않고
실망에 빠지지 않는 사람은 행복하다.

시기와 탐욕

3 인색한 자에게 재물이 무슨 소용이 있으며
수전노가 돈을 가져 무엇하랴.
4 먹지도 입지도 않고 재물을 쌓는 사람은 좋은 일을 하려는 것이니
그 재산으로 결국은 남들이 호화롭게 살게 된다.
5 자기에게 인색한 사람이 누구에게 베풀 수 있으랴.
그는 제 재산을 가지고도 즐겁게 살 줄 모른다.
6 자기에게 인색한 사람보다 더 참혹한 사람은 없다.
그것이 바로 자기 소행의 보상이다.
7 어쩌다가 착한 일을 한다 해도 자기도 모르고 하는 짓이며
결국에는 악이 드러나고 만다.
8 탐욕에 찬 눈을 가진 자는 악인이어서
궁한 사람들을 외면하고 멸시한다.
9 욕심쟁이의 눈은 제 몫으로 만족하지 않고
그의 몹쓸 탐욕은 자기 영혼을 고갈시킨다.
10 탐욕에 찬 눈은 남의 빵을 탐내지만
그의 식탁은 항상 텅 비어 있다.

11 너는 들어라, 여유가 있거든 푼푼하게 살아라.
그리고 주님께 합당한 제물을 바쳐라.
12 잊지 말아라, 죽음이 너를 기다리고 있다는 것과
무덤에 갈 시간을 너는 모르고 있다.
13 죽기 전에 친구들에게 좋은 일을 하고
네 힘껏 그들을 도와주어라.
14 오늘의 행복을 마다하지 말고
너의 정당한 욕망을 채울 기회를 놓치지 말아라.
15 네가 애써 모은 재산을 남에게 넘겨줄 작정이냐?
네가 땀흘려 모은 재산을 남들이 제비뽑아 나눠 갖게 하려느냐?
16 남에게 주기도 하고 받기도 하며 기쁘게 살아라.
무덤에 가서 기쁨을 찾을 생각은 하지 말아라.
17 육신은 의복처럼 낡아지게 마련이며
"너는 죽는다."는 선고를 이미 받고 있다.
18 무성한 나무의 잎새들이
하나가 떨어지고 또 다른 것이 돋아나듯이
인간의 세대도 한 세대가 지나가고 새 세대가 온다.
19 모든 인간의 행적은 쇠퇴하고 사라지게 마련이며
그와 더불어 그 행적의 주인공들 또한 잊혀진다.

현자의 행복

20 지혜를 따라 살고
그것을 옳게 새겨 깨우치는 사람은 행복하다.
21 마음속으로 지혜의 길을 찾고
그 신비를 깊이 묵상하는 사람은 행복하다.
22 그는 사냥꾼과도 같이 지혜를 뒤쫓고
지혜가 가는 길목을 지킨다.
23 그는 지혜의 창문을 엿보며
지혜의 문전에서 귀를 기울인다.
24 또 그는 지혜의 집 옆에 거처를 마련하고
지혜의 벽에 말뚝을 박아
25 지혜 가까운 곳에 천막을 치고
그 속에서 행복하게 산다.
26 그는 이렇게 지혜의 나뭇가지 아래에 자리를 잡고
자기 자녀들을 지혜의 보호 밑에 둔다.
27 그리하여 그는 지혜의 그늘로 더위를 피하고
지혜의 영광 속에서 살아간다.

15 주를 두려워하는 사람은 이와 같이 행하고
율법을 체득한 사람은 지혜를 얻으리라.
2 지혜는 어머니처럼 그를 나와 맞으며
새색시처럼 그를 맞아들이리라.
3 그는 이해의 빵을 먹고
지혜의 물을 마시며 자랄 것이다.
4 그는 지혜를 의지함으로써 넘어지지 않고
지혜를 의지함으로써 망신을 당하지 않으리라.
5 지혜는 그를 높여 그의 이웃들 위에 앉혀 주며
회중 앞에서 할 말을 일러준다.

6 그는 행복한 즐거움의 왕권을 얻고
영원한 명성을 차지하리라.
7 그러나 어리석은 자들은 지혜를 얻지 못
하고
죄인들은 지혜를 보지 못하리라.
8 교만한 자는 지혜를 멀리하며
거짓말쟁이들은 지혜를 생각조차 않는다.
9 죄인의 입에는 지혜의 찬미가 맞지 않으
니
주님께서는 그에게 지혜를 주시지 않았
다.
10 지혜의 찬미는 지혜로운 입에서 나오는
것으로서
주님은 그에게 지혜를 불어넣어 주신다.

인간의 자유

11 "내가 죄를 짓는 것은 주님의 탓이다."
하고 말하지 말아라.
주님께서 당신이 싫어하시는 것을 하실
리가 없다.
12 "그분이 나를 빗나가게 만드셨다." 하고
말하지 말아라.
주님께 죄인이 무슨 필요가 있겠느냐?
13 주님께서는 모든 악을 미워하시므로
주님을 두려워하는 사람은 악을 좋아하
지 않는다.
14 한처음에 주님께서 인간을 만드셨을 때
인간에게 자유 의지를 갖도록 하셨다.
15 네가 마음만 먹으면 계명을 지킬 수 있으
며
주님께 충실하고 않고는 너에게 달려 있
다.
16 주님께서는 네 앞에 불과 물을 놓아주셨
으니
손을 뻗쳐 네 마음대로 택하여라.
17 사람 앞에는 생명과 죽음이 놓여 있다.
어느 쪽이든 원하는 대로 받을 것이다.
18 주님께서는 위대한 지혜와
전능하신 힘을 가지시고 모든 것을 보고
계신다.
19 주님께서는 당신을 두려워하는 사람들을
굽어보시며
인간의 모든 소행을 다 알고 계신다.
20 주님께서는 인간에게 악인이 되라고 명
령하신 적이 없고
또, 죄를 범하라고 허락하신 적도 없다.

악인들이 받는 벌

16 성품이 불량한 자녀가 많아도
두려워하지 말아라.
불경스런 자식들은 낙이 아니다.
2 그들이 주님을 두려워하지 않는다면
숫자가 많더라도 기뻐할 것이 없다.
3 또한 그들의 수명이 길다고 미쁠 것 없고
그 수효가 많다고 안심할 것도 못 된다.
한 아들이 일천 아들보다 나을 수 있고
불경스런 자식들을 갖기보다는 자식 없
이 죽는 편이 낫다.
4 현명한 사람 하나만 있어도 고장은 번영
할 수 있으나
신앙도 율법도 없는 부족은 멸망하고 만
다.
5 이와 같은 일들은 몇 번이나 내 눈으로 본
바요,
그보다 더 지독한 얘기들도 내 귀로 들었
다.
6 죄인들이 모이는 곳에는 불이 나고
주님을 거스르는 민족에게는 천벌이 내
린다.
7 제 힘만 믿고 주님을 반역한 옛 거인들은
천벌을 받았으니,
8 롯이 살던 고장 사람들은 오만하였기 때
문에
주님의 진노를 사서 끝내 용서를 받지 못
하였고
9 죄에 빠져 우쭐대던 멸망의 족속들을
주님은 추호도 용서하지 않으셨다.
10 주님을 거역하여 완강하게 뭉친 육십만
대군도
멸망을 면치 못하였고
11 완악한 자는 단 한 명도
벌을 면할 수가 없었다.
자비와 응징은 주님께 속해 있어서
용서의 힘을 보이시기도 하지만 가차없
이 응징도 하신다.
12 그분은 자비도 크시고 징벌도 무서우시어
사람을 그의 행실대로 판단하신다.
13 죄인은 장물을 가지고 그분을 피해 도망
칠 수가 없으며
또한 경건한 사람의 인내는 반드시 보상
을 받는다.
14 선행을 하는 사람은 보상을 받으며
모든 사람은 그 행실에 따라 보응을 받는
다.
15 ㉠주님은 파라오 왕의 마음을 완고하게 만

㉠ 칠십인역에는 15절이 빠져 있다.

드사 당신을 알아보지 못하게 하시고
당신 힘을 온 천하에 떨치셨다.
16 주님의 자비는 온 피조물에 명백히 드러
나고
모든 사람들에게 광명과 암흑을 명확히
구분해 주셨다.

확실한 응징

17 "주님을 피하여 숨어버리자.
저 높은 곳에서 누가 나를 기억할 것인
가?
그 많은 사람 가운데서 내가 눈에 뜨이기
나 하겠는가?
한량없이 많은 피조물 가운데서
나 하나가 문제될 것이 있겠느냐?"고 말
하지 말아라.
18 보아라! 하늘과 하늘 위의 하늘,
깊은 못과 땅은 주님께서 오실 때 진동할
것이며
19 그분이 한번 지나쳐 보시기만 해도
산과 땅의 밑바탕이 흔들릴 것이다.
20 그런데 인간은 이 모든 것을 생각하지 않
는다.
어느 누가 주님께서 하시는 일을 깊이 생
각하랴?
21 폭풍이 사람 눈에 보이지 않는 것과 같이
주님께서 하시는 일의 대부분은 비밀이
다.
22 "정의의 대업을 선포할 자 누구이며 기다
릴 자 누구냐?
주님의 약속은 멀리에 있다."는 말은,
23 지각없는 자의 생각이다.
무지몽매한 자들은 터무니없는 생각밖에
하지 않는다.

인간의 위치

24 너는 들어라, 나의 가르침을 깨우치고
내 말을 네 마음속에 새겨두어라.
25 내가 너에게 저울로 재듯이 규율을 가르
치고
정확한 지식을 알려주겠다.
26 만물은 시초부터 주님의 뜻대로 된 것이
며
그것을 만드신 후, 각기 제자리를 정해
주셨다.
27 그리고 모든 피조물에게 영원한 질서를
주시고
시간이 흐름에 따라 다스리신다.
그래서 저들은 굶주리지 않고 수고도 느
끼지 않으며
제 구실을 저버리지도 않는다.
28 그것들은 서로 충돌하거나
주님의 말씀을 거역하지도 않는다.
29 그리고 나서 주님께서는 땅을 굽어보시
고
거기에다 좋은 것들을 가득 채우셨다.
30 또한 온 땅 위를 온갖 생물로 가득하게 하
셨으니
그것들이 다시 돌아갈 곳은 그 땅이다.

17 주님께서 사람을 흙으로 만드시고
흙으로 다시 돌아가게 하셨다.
2 주님께서는 사람들에게 일정한 수명을
주시고
땅 위에 있는 모든 것을 다스릴 권한을 주
셨다.
3 또한 그들을 당신 자신처럼 여겨서 힘을
주시고
그들을 당신의 모양대로 만드셨다.
4 모든 생물에게 사람을 무서워하는 본능
을 넣어주셔서
사람으로 하여금 짐승이나 새들을 지배
하게 하셨다.
5 ㉠주님께서는 사람들에게 다섯 가지 능력
을 주신 다음
여섯 번째는 지능을 나누어주시고 일곱
번째는 말을 하게 하시어
당신의 업적을 풀이하게 하셨다.
6 사람에게 입과 혀와 눈과 귀를 주셨고
마음을 주시어 생각하게 하셨다.
7 또한 주님께서는 사람들에게 지식과 분
별력을 풍성하게 주시고
선과 악을 분간할 수 있게 해주셨다.
8 그리고 당신의 위대한 업적을 보여주시
기 위해서
그들의 마음속에 눈을 주셨다.
9 ㉡주님께서는 당신의 놀라운 업적을 영원
토록 찬미하게 하셨다.
10 사람들은 거룩하신 분의 이름을 찬양하
고
주님의 위대한 업적을 전하리라.
11 주님께서는 사람들에게 지식을 주시고
생명의 율법을 유산으로 주셨다.
12 그리고 그들과 영원한 계약을 맺으시고
그들에게 당신의 계명을 알려주셨다.
13 그들은 눈으로 그분의 엄위하신 영광을

㉠ 칠십인역에는 5절이 빠져 있다. ㉡ 칠십인역에는 9절이 빠져 있다.

보았으며
귀로 그분의 영광스러운 음성을 들었다.
14 주님께서는 그들에게 모든 악을 경계하
라고 말씀하셨으며
각 사람에게 이웃에 대한 의무를 가르쳐
주셨다.

심판관이신 주님

15 사람의 행동은 언제나 주님 앞에 드러나
있어서
그분의 눈을 속일 수가 없다.
16 ㉠사람은 누구나 어릴 때부터 악으로 기
울어져 있었고
그래서 그들은 완악한 마음을 유순한 마
음으로 바꿀 수가 없었다.
온 땅에 여러 민족들을 갈라놓으실 때,
17 주님께서는 각 민족마다 통치자를 세우
셨으나
이스라엘만은 손수 다스리셨다.
18 ㉡주님께서는 그들을 맏아들처럼 규율로
써 기르시고
그들에게 사랑의 빛을 주셨으며 결코 소
홀히 대하지 않으셨다.
19 그들이 한 모든 일은 백일하에 그분께 드
러나고
주님의 눈길은 그들의 행실을 언제나 지
켜보신다.
20 그들의 부정한 행위는 주님의 눈을 피할
길이 없고
그들의 모든 죄는 주님 앞에 드러나게 마
련이다.
21 ㉢그러나 주님은 후하시고 인간을 잘 알
고 계셔서
그들을 없애거나 버리거나 하시지 않고
아껴주신다.
22 주님은 인간의 자선 행위를 옥새처럼 귀
하게 여기시고
인간의 선행을 당신의 눈동자처럼 아끼
신다.
23 언젠가는 주님께서 일어나셔서 악인들에
게 응분의 벌을 주시리니
악인들의 머리 위에 그 벌은 내려질 것이
다.
24 그러나 주님께서는 회개하는 자들이 당
신께로 돌아올 길을 열어놓으시고
희망을 잃은 자에게는 힘을 주신다.

회개의 권유

25 주님께로 돌아오너라, 죄를 끊어버려라.
주님께 기도하여라, 주님의 마음을 상하
게 해드리지 말아라.
26 지극히 높으신 분에게로 돌아오너라, 부
정한 행위는 버려라.
그리고 악한 것을 역겹게 생각하여라.
27 살아서 주님께 영광을 드리지 않는다면
죽어서 어떻게 지극히 높으신 분을 찬양
할 수 있겠느냐?
28 죽은 자는 하느님을 찬양할 수 없다.
건강하게 살아 있는 사람이라야 주님을
찬양할 수 있다.
29 주님의 자비의 크심이여!
당신께로 돌아오는 자들에게 너그러우심
이여!
30 인간은 모든 것을 다 이룰 수 없다.
언젠가는 죽기 때문이다.
31 해보다 더 밝은 것이 무엇이냐?
해도 가려질 때가 있다.
하물며 인간이야 나쁜 생각을 얼마나 잘
품겠느냐?
32 해는 하늘 높은 곳의 군대를 돌보지만
인간은 한 줌의 흙과 재에 불과하다.

위대하신 하느님

18 영원히 살아 계신 분이 온 우주 만물을
창조하셨다.
2 주님 홀로 의로우신 분임이 드러날 것이
며
㉣그분 외에는 아무도 의로운 자가 없다.
3 주님은 손짓 하나로 세상을 다스리시며
만물은 그 뜻에 복종한다.
그분은 만물의 왕이시며 그 권능으로 거
룩한 것과 속된 것을 가르신다.
4 누가 주님의 대업을 선포할 권한을 받았
더냐?
또 누가 그분의 오묘한 길을 알아낼 수 있
다더냐?
5 누가 그분의 위력을 헤아릴 수 있으랴?
하물며 그분의 풍성한 자비를 누가 표현
할 수 있으랴?
6 아무도 주님께서 하시는 일에 덜할 수도,
더할 수도 없고
아무도 주님의 신비하심을 알아낼 수 없
다.
7 사람이 모두 마쳤다고 생각했을 때, 그것

㉠ 칠십인역에는 16절이 빠져 있다. ㉡ 칠십인역에는 18절이 빠져 있다. ㉢ 칠십인역에는 21절이 빠져 있다. ㉣ 칠십인역에는 2절과 3절이 빠져 있다.

은 시작에 불과하며
이제는 다 알았다고 생각하면 더욱 모르
게 된다.

허무한 인간

8 인간이란 무엇인가?
무슨 쓸모가 있는가?
인간이 잘하면 얼마나 잘하며 더구나 그
잘못이야 어디에다 쓰랴?
9 인간의 수명은 기껏 산대도 백 년을 넘지
못한다.
10 인간이 사는 그 몇 해를 영원에 비하면
대양의 물 한 방울이요, 백사장의 모래
한 알이다.
11 주님이 인간들을 오래 참아주시는 이유
가 여기에 있다.
인간에게 자비를 쏟아주시는 이유가 또
한 여기에 있다.
12 주님은 인간의 말로가 얼마나 비참한가
를 보고 알고 계신다.
그래서 더 많은 용서를 베푸신다.
13 인간의 동정심은 그의 이웃에게만 미치
지만
주님의 자비는 모든 인간에게 미친다.
그래서 주님은 꾸짖으시고 고쳐주시고
가르치시며
목자가 양떼를 몰듯, 인간을 제 길로 인
도하신다.
14 주님은 당신의 가르침을 받아들이는 사
람들과
계명을 열심히 지키는 사람들에게 자비
를 베푸신다.

적선하는 법

15 내 말을 들어라, 남에게 적선을 하면서
욕설을 퍼붓지 말고
선물을 하면서 듣기 싫은 소리를 덧붙이
지 말아라.
16 밤이슬이 찌는 듯한 더위를 식혀주지 않
느냐?
그처럼 말 한 마디가 선물보다 값지다.
17 친절한 말 한 마디가 값진 선물보다 더 낫
지 않느냐?
그런데 너그러운 사람은 이 두 가지를 다
갖춘다.
18 어리석은 자는 주지도 않으면서 남을 욕
하고
인색한 자는 선물을 주고도 남을 울린다.

반성과 선견지명

19 말하기 전에 배워라.
병나기 전에 몸조심하여라.
20 심판대에 나가기 전에 먼저 반성하여라.
그러면 주님께서 찾아오실 때 용서받으
리라.
21 병들기 전에 겸손하여라.
그리고 죄를 짓게 되거든 곧 회개하여라.
22 네가 다짐한 치성은 무슨 일이 있어도 제
때에 이행하여라.
미루다가는 죽는 날까지 이행치 못한다.
23 치성을 드리기 전에 스스로 준비를 갖추
어라.
주님을 떠보는 자와 같은 행동을 하지 말
아라.
24 마지막 날에 내릴 주님의 분노를 생각하
고
갚음의 날에 너를 외면하실 주님을 생각
하여라.
25 배부를 때에는 배고픈 때를 생각하고
돈이 많을 때는 가난과 궁핍을 생각하여
라.
26 아침에서 저녁까지 시간은 흐르고
주님 앞에 만물은 하루살이다.
27 지혜로운 사람은 만사에 조심하고
죄악의 시대에도 죄를 피하려고 노력한
다.
28 현명한 사람은 지혜를 알아보고
지혜를 찾은 사람을 존경한다.
29 말을 현명하게 하는 사람들은 지혜를 쌓
아
훌륭한 격언들을 비처럼 뿌려놓는다.

자제

30 네 정욕을 따라가지 말고
네 욕망을 억제하여라.
31 네 욕심을 채우려고 하다가는
원수들의 웃음거리가 되고 만다.
32 쾌락의 생활에 빠지지 말고
또 그러한 무리에 섞이지도 말아라.
33 네 호주머니 속에 아무 든 것이 없으면서
돈을 꾸어다 잔치를 베풀지 말아라, ㉠알
거지가 되리라.

19

술 취하는 노동자는 부자가 될 수 없고
작은 것을 멸시하는 자는 점점 가난해
진다.
2 술과 여자는 현명한 사람을 망치고
창녀에 빠진 자는 염치를 모르게 된다.

㉠ 히브리어 사본에는 "이중의 가난이 뒤따른다."라고 되어 있다.

3 그의 몸은 썩고 구더기가 슬어서
마침내 그 영혼은 파멸에 이른다.

수다를 떨지 마라

4 사람을 쉽게 믿는 것은 경박스러움의 표
시이며
죄를 짓는 것은 자학 행위다.
5 악을 즐기는 자는 징벌을 자초할 것이고
6 수다를 피하는 사람은 재난을 면한다.
7 남의 말을 옮기지 말아라.
그러면 해를 입지 않으리라.
8 친구에게든 원수에게든 남의 말을 옮기
지 말아라.
입을 다무는 것이 죄가 되기 전에는 들은
말을 누설하지 말아라.
9 네가 수다를 떨면, 남이 너를 경계할 것
이며
경우에 따라서는 너를 미워하게 될 것이
다.
10 무슨 말을 듣거든 마음속에 묻어버려라.
그 말이 터져 나올 리 없으니 조금도 걱정
할 것이 없다.
11 어리석은 자는 무슨 말을 들으면 옮기지
못하여
산고를 치르는 여자처럼 고통을 느낀다.
12 어리석은 자는 말을 옮기지 못하면
넓적다리에 화살을 맞은 양 못 견뎌 한다.
13 네 친구를 찾아가서 무슨 소문이 나지 않
도록 충고하고
잘못이 있으면 거듭하지 말도록 타일러
라.
14 네 이웃을 찾아가서 함부로 말을 퍼뜨리
지 말도록 권고하고
이미 말한 일이 있으면 거듭하지 말도록
타일러라.
15 네 친구가 무고하게 중상을 받을 수도 있
으니, 가서 직접 물어보아라.
그리고 소문대로 다 믿지 말아라.
16 사람은 가끔 악의없이 말실수를 하는 수
가 있다.
말로 죄를 짓지 않는 사람이 어디 있으
랴?
17 네 이웃을 비난하기 전에 직접 만나서 알
아보아라.
그리고 지극히 높으신 분의 율법에 맡겨
라.
18 ㉠주님을 두려워함은 주님의 용서를 받는
첫걸음이며
지혜는 주님의 사랑을 받는다.
19 주님의 계명을 아는 것이 생활의 법도요,
주님께서 기뻐하시는 일을 하는 사람은
불멸의 나무에서 열매를 딴다.

참 지혜와 거짓 지혜

20 주님을 두려워함은 지혜의 전부이며
율법의 완성이 그 속에 있다.
㉡또 주님의 전능을 아는 것도 그 속에 있
다.
21 어떤 하인이 자기 주인에게
"나는 주인님이 시키는 대로 하지 않겠
소." 하고 말했다면
설사 그가 후에 그 일을 했다 하더라도 그
를 먹여 살리는
주인은 노할 것이다.
22 나쁜 것을 아는 것은 지혜가 아니요,
죄인들의 의견은 현명할 수가 없다.
23 너무 영리해서 오히려 가증스러운 자가
있고
단순히 무식한 까닭으로 바보 취급을 당
하는 자가 있다.
24 무식하지만 하느님을 두려워하는 것이
유식하면서 율법을 어기는 것보다 훨씬
낫다.
25 처세에 영리해서 오히려 불의한 인간이
있으니,
이런 자는 자기 권익을 위해서만 일을 도
모한다.
26 슬픈 얼굴로 허리를 굽히고 다니는 자가
있다.
그러나 그의 마음속은 사기로 가득 차 있
다.
27 이런 자는 아무것도 안 보고 아무것도 못
듣는 체하지만
보는 사람이 없으면 너를 덮칠 것이다.
28 또 어떤 사람은 힘이 모자라서 죄도 못 지
을 것 같지만
나쁜 짓을 할 기회만 있으면 놓치지 않는
다.
29 사람은 외모에 그 사람됨이 드러나는데,
지혜로운 사람은 얼굴에 그것이 나타난
다.
30 옷차림과 웃는 모습,
그리고 걸음걸이는 그의 인품을 나타낸
다.

침묵과 말

㉠ 칠십인역에는 18-19절이 빠져 있다. ㉡ 칠십인역에는 20-21절이 빠져 있다.

20 때에 맞지 않는 책망이 있고
현명함을 드러내 주는 침묵이 있다.
2 분노를 참기보다는 이를 터뜨리는 편이
얼마나 더 나으냐?
잘못을 인정하면 벌을 면할 수 있다.
3 ㉠미리 잘못을 인정하여 뉘우쳐서
닥쳐오는 죄를 피하는 것이 얼마나 좋은
일인가!
4 폭력으로 옳은 일을 하려고 하는 자는
내시가 처녀를 범하려는 것과 같다.
5 침묵을 지켜 현명함이 드러나는 사람이
있는가 하면
끊임없이 지껄임으로써 남에게 미움을
사는 사람도 있다.
6 대답을 못해서 침묵을 지키는 사람이 있
는가 하면
대답할 때를 기다려 침묵을 지키는 사람
이 있다.
7 지혜로운 사람은 때가 오기까지 침묵을
지키나
어리석은 사람은 때를 분간하지 못하고
수다를 떤다.
8 너무 수다를 떠는 자는 남의 빈축을 사고
말로 남을 누르려는 자는 남의 미움을 받
는다.

역설

9 불행 속에서 행복을 얻는 수가 있고
횡재가 가끔 큰 손실로 변하는 수도 있다.
10 선심을 베풀어도 너에게 아무 이익이 없
는 수가 있고
두 배의 이익이 돌아오는 수도 있다.
11 영예가 오히려 패가 망신의 원인이 되는
수가 있고
천한 신분에서 높은 자리를 차지하는 사
람도 있다.
12 어떤 이는 싼값으로 많은 물건을 산 줄 알
지만,
사실은 일곱 배나 더 비싼 값을 치르고 있
다.
13 지혜로운 사람은 말로도 남의 호감을 사
지만
어리석은 사람은 호감을 사려고 여러 말
을 해도 허사다.
14 어리석은 자의 선물은 너에게 아무런 소
용이 없다.
그의 눈은 그보다 더 많은 것이 돌아올 것
을 기대하고 있다.
15 그는 조금 주면서 잔소리가 많으며
㉡약장수처럼 동네방네 떠들어대고
오늘 꾸어주고 내일이면 갚으라고 하니
얼마나 가증스런 인간이냐?
16 어리석은 자는 말하기를 "나는 친구가 없
다.
내가 친절을 베풀어도 고맙다는 말 한 마
디 못 듣고
17 내 밥을 먹고도 내 욕만 한다."고 한다.
그래서 또 얼마나 많은 사람이 그를 빈번
히 비웃는가?

허튼소리

18 실언하기보다는 길에서 넘어지는 편이
더 낫다.
저렇듯이 악인은 한 순간에 망한다.
19 불쾌하게 구는 자는 때에 맞지 않는 이야
기를 즐기며
끊임없이 조악한 말을 지껄인다.
20 바보의 말은 아무리 훌륭해도 듣는 사람
이 없다.
때를 가리지 않고 마구 말하기 때문이다.
21 어떤 사람은 가난하기 때문에 죄를 짓지
않는다.
그는 편안한 마음으로 쉴 수 있을 것이다.
22 어떤 사람은 체면을 지키다가 일신을 망
치며
또 어리석은 자의 눈치를 보다가 자신을
망치기도 한다.
23 어떤 사람은 체면 때문에 친구에게 많은
약속을 했다가
공연히 그와 원수가 된다.

거짓말

24 거짓말은 사람의 큰 오점이며
무식한 자들은 이것을 다반사로 여긴다.
25 언제나 거짓말만 하는 자보다는 도둑이
더 낫다.
그러나 이 둘은 다 멸망한다.
26 거짓말쟁이의 소득은 치욕뿐이며,
그가 받는 불명예는 한이 없다.

현자는 위대하지만 위험도 따른다

27 지혜로운 사람은 말로써 스스로의 품위
를 높이며
총명한 사람은 윗사람의 환심을 산다.

㉠ 칠십인역에는 3절이 빠져 있다. ㉡ 그리스어 본문에는 "약장수" 대신 "마을 사람에게 공지사항을 큰소리로 외쳐서 알려주는 사람"으로 되어 있다.

28 땅을 가는 사람은 좋은 수확을 거두게 되고
윗사람의 환심을 산 사람은 잘못도 용서를 받게 된다.
29 선물과 뇌물은 지혜로운 사람을 눈멀게 하고
입에 물린 재갈처럼 비난하는 입을 틀어막는다.
30 감추어진 지혜와 숨겨둔 보물, 둘 다 무슨 소용인가?
31 자기 지혜를 감추는 사람보다는
자기 어리석음을 감추는 사람이 더 낫다.

여러 가지 죄

21 내 아들아, 잘못을 저질렀느냐?
다시는 되풀이하지 말아라.
그리고 과거의 잘못에 대하여 용서를 빌어라.
2 악을 피하기를 독사를 피하듯이 하여라.
네가 만일 가까이 가면 물리고 말 것이다.
그 이빨은 사자의 이빨 같아서
사람의 목숨을 앗아간다.
3 율법을 어기는 것은 쌍날칼을 맞는 것 같아서
불치의 상처를 입게 된다.
4 위협과 폭력은 재물을 잃게 하고,
교만한 자의 집안은 망하게 된다.
5 주님은 가난한 사람의 호소를 들어주시고
지체없이 판결을 해주신다.
6 책망 듣기를 싫어하는 사람은 죄인의 길을 택하는 사람이며,
주님을 두려워하는 사람은 진심으로 회개하는 사람이다.
7 말을 잘하는 사람은 도처에 알려지지만
현명한 사람은 그 허점을 알고 있다.
8 남의 돈을 빼앗아 집을 짓는 것은
제 무덤에 쌓을 돌을 모으는 것과 같다.
9 죄인들의 모임은 삼베 조각 묶음과 같아서
결국은 불에 타서 재가 되고 말 것이다.
10 죄인들의 길은 돌도 없고 평탄하지만
마침내는 지옥의 수렁에 빠지고 만다.

지혜로운 자와 어리석은 자

11 율법을 지키는 사람은 자기 생각을 통제할 수 있고,
주님에 대한 두려움은 지혜로써 완성된다.
12 재주가 없는 사람을 가르칠 수는 없다.
그러나 재주가 있으면 쓰라림을 당하는 수가 있다.
13 지혜로운 사람의 지식은 홍수처럼 불어나고
그의 조언은 생명의 샘과 같다.
14 어리석은 자의 마음은 깨진 그릇과 같아서
아무런 지식도 담을 수 없다.
15 교양 있는 사람이 현명한 말을 들으면
그 말을 중히 여길 뿐 아니라 거기에 더 좋은 말을 보탠다.
그러나 어리석은 자는 그 말을 듣기가 역겨워 등을 돌린다.
16 어리석은 자의 말을 듣는 것은 무거운 짐을 지고 길을 가는 것과 같으나,
현명한 사람이 하는 말을 듣는 것은 즐거운 일이다.
17 지혜로운 사람의 말은 모임에서 환영받으며,
사람들은 그가 말하는 것을 되새긴다.
18 바보에게 지혜는 폐허가 된 집과 같고,
어리석은 자의 지식은 일관성이 없다.
19 교육은 어리석은 자에게 족쇄와 같고,
오른손에 채운 수갑과 같다.
20 바보의 웃음은 떠들썩하지만,
지혜로운 사람은 조용히 웃는다.
21 교육은 지각 있는 사람에게 황금패물과 같고
오른팔에 낀 팔찌와 같다.
22 남의 집에 들어갈 때 바보는 헐레벌떡 뛰어들지만
경험이 풍부한 사람은 공손하게 들어간다.
23 버릇없는 사람은 문간에서 남의 집 안을 기웃거리지만,
예의바른 사람은 문 밖에서 기다린다.
24 남의 문간에서 엿듣는 것은 무례한 사람이 하는 짓이고,
교양 있는 사람은 그런 일을 수치로 여긴다.
25 어리석은 사람은 바보스러운 말을 되풀이할 뿐이고,
지혜로운 사람은 신중히 생각해서 말을 한다.
26 어리석은 사람들은 생각하기 전에 말하지만,
지혜로운 사람은 말하기 전에 생각한다.
27 악인은 자기 원수를 저주하는데,

실은 자기 자신을 저주하는 것이다.
28 입버릇이 나쁜 사람은 자기 스스로를 더
럽힐 뿐 아니라,
이웃 사람들의 미움을 사게 마련이다.

게으른 자

22

게으른 자는 진흙 투성이의 돌과 같아
서
사람마다 그를 경멸하며 비웃는다.
2 게으른 자는 똥덩이와 같아서
손에 닿으면 누구든지 손을 턴다.

못된 자식들

3 버릇없는 아들은 아비의 수치이고
되지 못한 딸은 손해를 끼친다.
4 총명한 딸은 남편에게 큰 보배지만
말썽꾸러기 딸은 부친에게 슬픔을 안겨
준다.
5 몰염치한 딸은 제 부친과 남편에게 수치
가 되며
그 둘에게서 버림을 받는다.
6 때에 맞지 않는 충고는 초상집에 풍악과
같지만,
매질과 제재는 언제나 지혜로운 일이다.

지혜와 어리석음

7 ㉠나무랄 것 없이 정직하게 사는 자녀들
은,
부모들의 비천한 신분을 덮어주고
8 잘못 자라서 남을 업신여기고 교만한 자
식들은
좋은 가문을 더럽힌다.
9 바보를 가르치는 것은 깨진 질그릇을 붙
이려는 것과 마찬가지며
깊이 잠든 사람을 깨우는 것과 같다.
10 바보와 이치를 따지는 것은 잠자는 사람
과 따지는 것과 마찬가지다.
네가 이야기를 다 하고 나면 그는 "뭐라
고요?" 하고 말할 것이다.
11 죽은 사람을 위해서 눈물을 흘려라.
빛을 떠났기 때문이다.
어리석은 자를 위해서 눈물을 흘려라.
슬기를 잃었기 때문이다.
죽은 사람을 위한 슬픔은 덜해도 좋다.
그는 안식을 취하고 있다.
그러나 어리석은 자에게는 삶이 죽음보
다 더 슬픈 것이다.
12 죽은 사람을 위한 애도는 칠 일이면 되
지만
어리석은 자와 악인의 일생은 모든 날이
초상날이다.
13 어리석은 자와 더불어 오래 말하지 말고
미련한 사람과 함께 걷지 말아라.
어리석은 자를 경계하여라.
네가 곤경에 빠지기 쉽고,
그에게 물들어서 몸을 더럽힐 수도 있다.
그를 멀리하여라, 그리하면 안식을 얻게
되고
그의 어리석음 때문에 괴로움을 당하지
도 않으리라.
14 납보다 더 무거운 것이 무엇이냐?
그 이름이 바로 '어리석은 자'이다.
15 모래나 소금이나 쇳덩어리를 지는 것이
바보를 견뎌내는 것보다 더 쉽다.
16 집에 단단히 물려 있는 대들보는
지진이 나더라도 무너지지 않는다.
깊이 생각하고 자신을 굳힌 마음은
위기 앞에서도 두려움을 모른다.
17 지혜로운 반성으로 다져진 마음은
잘 꾸민 벽에 걸린 장식과 같다.
18 높은 곳에 쳐놓은 담장이
강한 바람을 견뎌내지 못함과 같이
피해망상에 걸린 어리석은 자의 마음은
조그만 불안에도 주저앉고 만다.

우정

19 눈을 찔러보아라, 눈물이 나리라.
마음을 찔러보아라, 감정이 드러나리라.
20 새가 있는 곳에 돌을 던지면 날아가 버린
다.
친구를 비방하면 우정이 끝장난다.
21 친구에게 칼을 뽑아 들었다 하더라도
절망하지 말아라, 우정을 돌이킬 길이 있
다.
22 친구와 다투었다고 걱정하지 말아라.
다시 화해할 수 있는 길이 있다.
그러나 모욕과 멸시와 비밀 폭로와 배신
행위,
이런 것들은 친구를 영영 잃게 한다.
23 네 이웃이 가난할 때에 신의를 지켜라.
그가 잘살게 될 때에 덕을 보게 되리라.
그가 역경에 있을 때 우정을 지켜라.
그가 유산을 받게 될 때 너도 한 몫을 얻
게 되리라.
24 화덕에서 김과 연기가 나오면 불꽃이 일
듯이,

㉠ 칠십인역에는 7-8절이 빠져 있다.

욕설이 오가면 피를 흘리게 마련이다.
25 나는 친구를 보호하는 것을 수치로 여기
지 않으며
그와 만나는 것을 피하지도 아니하리라.
26 내가 그 때문에 해를 입는다면
그 이야기를 듣는 모든 사람이 그를 경계
하게 될 것이다.

경계심
27 내 입에 파수병을 세워주고
내 입술에 분별의 봉인을 쳐줄 이 누구인
가?
입 때문에 넘어지지 않고
혀 때문에 멸망을 당하지 않게 하여주실
이 누구인가?

23 내 생명의 아버지시며 주인이신 주여,
나의 입과 혀가 농간을 부리지 못하게
하시고
그로 인해서 화를 입지 않게 하소서.
2 누가 내 생각을 채찍질하고
내 마음에 지혜를 가르쳐주겠는가?
스스로의 잘못을 그냥 넘기지 말고
자기의 죄를 묵인하지 말아라.
3 그러면 나는 잘못을 거듭하지 않고,
죄를 또다시 짓지 않으리니,
내 반대자 앞에서 넘어지지 않을 것이며,
내 원수가 기뻐하지 못할 것이다.
4 내 생명의 아버지시며 하느님이신 주여,
나의 눈이 분수를 지키게 하시고
5 나를 헛된 욕망으로부터 멀리 떨어지게
해주소서.
6 또한 나를 육정과 정욕에 사로잡히지 않
게 하시며,
파렴치한 사람에게 내맡기지 못하게 하
소서.

맹세하지 마라
7 너희는 들어라, 입을 제어하는 법을 가르
쳐주리라.
내 말을 잘 지키면 실수하지 않으리라.
8 죄인은 제 입 때문에 궁지에 몰리고,
악담하는 자와 오만한 자는 제가 파놓은
함정에 떨어진다.
9 네 입에 맹세하는 버릇을 들이지 말고
거룩하신 분의 이름을 함부로 입에 담는
것을 삼가라.
10 끊임없이 질책을 당하고 학대를 당하는
하인이
상처 가실 날 없듯이,
끊임없이 맹세를 하고 거룩한 분의 이름
을 들먹이는 자는
죄벗을 날이 없다.
11 맹세를 쉽게 하는 자는 범법을 일삼을 것
이며
그 집에는 횡액이 떠나지 않을 것이다.
맹세를 지키지 않으면 그 벌을 자기가 받
아야 하고,
경솔하게 맹세를 하면 두 번 죄를 짓게 된
다.
그리고 헛맹세를 하면 죄책을 면할 리가
없으니
그의 온 집안에 재앙만이 쌓일 것이다.

부정한 말
12 말을 잘못해서 죽음을 당하는 일이 있다.
이런 일이 야곱의 후손에게는 없기를 바
란다.
경건한 사람은 이런 언동을 일절 피하고
죄 속에서 방황하지 않는다.
13 거칠고 더러운 말버릇을 들이지 말아라.
그렇게 되면 죄가 되는 말을 하게 된다.
14 네가 군주들과 함께 앉게 되거든 부모를
생각하여라.
그렇지 않으면 그들 앞에서 네 자신을 잊
고
버릇없이 바보 같은 짓을 하다가
이 세상에 태어난 것을 원망하게 되고
태어난 날을 저주하게 될 것이다.
15 상스러운 말이 입에 밴 자는
평생 그 버릇을 고치지 못한다.

호색의 죄
16 두 종류의 사람들은 죄를 짓고 또 짓지만
세 번째 종류의 사람들은 하느님의 진노
를 면치 못하나니,
17 그들의 욕정은 불처럼 훨훨 타서
다 타버리기 전에는 꺼지지 않는다.
자기 육체 안에 정욕을 안고 있는 자는
그 불길을 다 태워버리기 전에는 가라앉
지 않는다.
호색가는 상대를 가리지 않고 다 좋아해
서
죽을 때까지 지칠 줄 모른다.
18 부정한 침소에서 나온 자는
마음속으로 말할 것이다.
"아무도 보지 않는다.
주위에는 어둠뿐, 벽이 나를 가려주지 않
느냐?

아무도 보는 이 없으니 겁날 게 무엇이
냐?
지극히 높으신 분은 내 죄를 기억도 안 하
실 것이다."
19 그가 두려워하는 것은 사람들의 눈이다.
그러나 주님의 눈이
태양보다 만배나 더 밝으시다는 것을 그
는 모르고 있다.
주님은 인간의 일거수일투족을 다 보고
계시며,
모든 비밀을 샅샅이 꿰뚫어보신다는 것
을 그는 모른다.
20 세상이 창조되기 전부터 모든 것을 주님
께서는 알고 계셨고
창조된 후에는 말할 것도 없다.
21 이런 자는 온 동네 뭇 사람들 앞에서 벌받
을 것이며,
뜻하지 않은 때에 생각지도 못한 곳에서
잡힐 것이다.

간음녀

22 자기 남편을 버리고
딴 남자에게서 자식을 낳아 상속자로 삼
는 여자도 같은 벌을 받으리라.
23 그 여자는 첫째, 지극히 높으신 분의 법
을 어겼고,
둘째, 남편에게 죄를 지었으며,
셋째, 간음으로 자신을 더럽혔고
딴 남자에게서 사생아를 낳았다.
24 이런 여자는 공중 앞에 끌려 나가 벌받을
것이고,
그 자식들에게도 올바른 처단이 내릴 것
이다.
25 그런 자손들은 아무 곳에도 뿌리를 내리
지 못하고,
그 가지는 아무런 열매를 맺지 못할 것이
다.
26 그 여자는 후세에 저주스러운 기억을 남
길 것이며,
그 여자의 치욕은 만대에 지워지지 않을
것이다.
27 그 여자의 말로를 본 후대 사람들은
주님을 두려워하는 것보다 더 나은 것이
없고,
주님의 계명을 지키는 것보다 더 감미로
운 것이 없음을 알게 되리라.
28 ㉠하느님을 따르는 것만이 영예이며,
그분을 즐겁게 해드리면 수를 누린다는
것을 알게 되리라.

지혜의 찬미

24 지혜는 스스로 자신을 찬미하고,
군중들 속에서 자기의 영광을 드러낸
다.
2 지혜는 지극히 높으신 분을 모신 모임에
서 입을 열고,
전능하신 분 앞에서 자기의 영광을 드러
낸다.
3 "나는 지극히 높으신 분의 입으로부터 나
왔으며
안개와 같이 온 땅을 뒤덮었다.
4 나는 높은 하늘에서 살았고
내가 앉는 자리는 구름기둥이다.
5 나 홀로 높은 하늘을 두루 다녔고
심연의 밑바닥을 거닐었다.
6 바다의 파도와 온 땅과
모든 민족과 나라를 나는 지배하였다.
7 나는 이 모든 것들 틈에서 안식처를 구했
으며
어떤 곳에 정착할까 하고 찾아다녔다.
8 온 누리의 창조주께서 나에게 명을 내리
시고
나의 창조주께서 내가 살 곳을 정해 주시
며,
'너는 야곱의 땅에 네 집을 정하고
이스라엘에서 네 유산을 받아라.' 하고 말
씀하셨다.
9 그분은 시간이 있기 전에 나를 만드셨다.
그런즉 나는 영원히 살 것이다.
10 그분이 계신 거룩한 장막 안에서 나는 그
분을 섬겼다.
이렇게 해서 나는 시온에 살게 되었다.
11 주님은 사랑하시는 이 도읍에 나의 안식
처를 마련하셨고,
예루살렘을 다스리는 권한을 주셨다.
12 주님께서 고르시어 차지하시고,
영광스럽게 만드신 그 백성 안에 나는 뿌
리를 내렸다.
13 나는 레바논의 송백처럼,
헤르몬 산의 삼나무처럼 자랐고,
14 엔게디의 종려나무처럼,
예리고의 장미처럼 자랐으며,
들판의 우람한 올리브 나무처럼,
또는 물가에 심어진 플라타너스처럼 무럭
무럭 자랐다.
15 나는 계피나 아스파라거스처럼,

㉠ 칠십인역에는 28절이 빠져 있다.

값진 유향처럼 향기를 풍겼다.
풍자향이나 오닉스 향이나 또는 몰약처
럼,
장막 안에서 피어 오르는 향연처럼 향기
를 풍겼다.
16 나는 테레빈 나무처럼
영광과 자애의 가지를 뻗었다.
17 나는 포도나무의 어여쁜 첫순처럼 돋아
나서,
꽃을 피웠으며 영광과 부귀의 열매를 맺
었다.
18 ㉠나는 순결한 사랑과 경외심과 지식과
거룩한 희망의 어머니다.
그분이 영원으로부터 정해 주신 자녀들
의 어머니다.
19 나를 원하는 사람들은 나에게로 와서,
나의 열매를 배불리 먹어라.
20 나의 추억은 꿀보다 더 달고,
나를 소유하는 것은 꿀송이보다 더 달다.
21 나를 먹는 사람은 더 먹고 싶어지고,
나를 마시는 사람은 더 마시고 싶어진다.
22 나에게 복종하는 사람은 치욕을 당하지
않게 되고,
내 명령대로 일하는 사람은 죄를 짓지 않
으리라."

지혜와 율법

23 이 모든 것은 지극히 높으신 하느님의 계
약의 글월이며,
우리 야곱 가문의 유산으로 모세가 제정
해 준 율법이다.
24 ㉡주님 안에서 끝까지 강하여라.
주님을 의지하면 주님께서 힘을 주시리
라.
전능하신 주님은 오직 하느님뿐이며,
그분 홀로 구세주이시다.
25 율법은 비손 강 물처럼,
추수 때의 티그리스 강처럼 지혜를 넘치
게 하며
26 유프라테스 강 물처럼,
추수 때의 요르단 강처럼 깨달음을 넘치
게 하고,
27 나일 강처럼,
포도철의 기혼 강처럼 교훈을 넘치게 한
다.
28 지혜를 완전히 터득한 사람은 일찍이 아
무도 없었으며,
그 깊이를 완전히 알아낸 사람도 고금에
없다.
29 지혜의 생각은 바다보다 더 넓고,
그 계획은 심연보다 더 깊다.
30 나로 말하면 강에서 흘러 나오는 운하와
같고
낙원으로 흘러가는 물줄기와 같다.
31 내가, "나의 정원에 물을 대고
화단을 흠뻑 적시리라." 하고 말하자
나의 운하는 곧 강이 되고,
강은 또 바다가 되었다.
32 나는 교훈을 아침 해같이 빛나게 하여,
그 빛을 멀리에까지 뻗게 하리라.
33 나는 가르침을 예언과 같이 널리 펼 것이
며,
미래의 세대에까지 물려주리라.
34 진실로 나는 나 자신을 위하여 수고하지
아니하였고
지혜를 찾는 모든 사람들을 위하여 수고
하였다.

격언

25 주님과 사람들의 눈에 아름답고,
내 영혼이 기뻐하는 것에 세 가지가 있
으니,
형제간의 화목과 이웃끼리의 우정,
그리고 부부간 금슬의 화합이 그것이다.
2 나의 증오심을 불러일으키고
그 생활 태도가 나의 분노를 자아내는 사
람에 세 종류가 있으니,
오만한 가난뱅이와 거짓말하는 부자,
그리고 간음을 일삼는 어리석은 노인이
그들이다.

노인들

3 젊었을 때 아무것도 모아두지 않은 네가,
늙어서 무엇을 찾을 수 있으랴?
4 백발 노인으로서 분별력이 있고,
원숙한 사람으로서 남에게 좋은 충고를
줄 수 있다는 것은
얼마나 좋은 일이랴?
5 노인이 보여주는 지혜와
지위 높은 사람이 주는 뜻 깊은 충고는 지
극히 훌륭한 것이다.
6 풍부한 경험은 노인의 명예며
주님을 두려워하는 것은 그의 참된 자랑
이다.

격언 열 가지

㉠ 칠십인역에는 18절이 빠져 있다. ㉡ 칠십인역에는 24절이 빠져 있다.

7 내가 행복하다고 생각하는 사람에 아홉
종류가 있다.
열 번째 사람은 결론에서 말하겠다.
자기 자녀들에게서 즐거움을 맛보는 사
람,
살아서 자기 원수의 몰락을 보는 사람,
8 지각 있는 아내를 가진 남편과,
㉠소와 노새를 함께 써서 가래질을 하지
않는 농부,
혀로 죄를 짓지 않는 사람,
그리고 자기보다 못한 사람의 종노릇을
하지 않는 사람,
이 얼마나 행복한 사람인가?
9 또한 총명한 사람과
자기 말을 경청하는 청중을 가진 사람은
얼마나 행복한가?
10 그리고 지혜를 찾은 사람은 또 얼마나 위
대한가?
그러나 아무도 주님을 두려워하는 사람
을 당해 낼 수는 없다.
11 주님을 두려워하는 것이 모든 것을 능가
한다.
누가 주님을 두려워하는 사람과 견줄 수
있으랴?
12 ㉡주님을 두려워함이 주님을 사랑함의 시
작이며,
주님에 대한 사랑의 시작은 믿음이다.

여인

13 마음의 상처가 아니면 어떤 상처라도 좋
고
여인의 악의가 아니면 어떠한 악의라도
참을 수 있다.
14 나를 미워하는 자의 공격이 아니라면 어
떤 공격을 받아도 좋고
원수에게서 받는 불의가 아니라면 어떤
보복을 받아도 좋다.
15 독사의 독보다 더 지독한 독은 없으며
원수의 미움보다 더 지독한 미움은 없다.
16 고약한 아내와 함께 살기보다는
사자나 공룡과 함께 사는 편이 차라리 낫
다.
17 고약한 아내의 얼굴은
곰의 모습처럼 사납게 보인다.
18 이런 여자의 남편은 이웃 잔칫집에 가서
도
나오느니 한숨뿐이다.
19 세상에 악처보다 더 고약한 것이 있으랴?
죄인들이 받을 보상은 이런 여자를 아내
로 맞는 것이다.
20 조용한 남자가 수다스런 여자와 함께 사
는 것은
노인이 모래 언덕을 걸어 올라가는 것과
같다.
21 여자의 아름다움에 정신을 팔지 말며,
여자가 아름답다고 하여 탐내지 말아라.
22 여자가 주장하는 집안에는
불화와 모멸과 망신이 있을 뿐이다.
23 고약한 여자의 집안에는
비굴한 마음과 풀이 죽은 얼굴과 마음의
상처뿐이며
이런 여자의 남편이 행복할 리가 없으니
그의 손은 축 늘어지고 무릎에는 힘이 없
다.
24 죄는 여자로부터 시작하였고,
우리의 죽음도 본시 여자 때문이다.
25 저수지의 뚝을 터주지 말 것이며,
고약한 여자에게 자유를 주지 말 일이다.
26 시키는 대로 하지 않는 여자는
인연을 끊고 보내버려라.

26 훌륭한 아내를 가진 남편은 행복하여
라.
그는 곱절은 오래 살리라.
2 부덕을 갖춘 아내는 남편의 기쁨이며
남편은 평화롭게 그 생애를 마칠 것이다.
3 좋은 아내는 큰 행운이다.
주를 두려워하는 사람들이 이 행운을 받
는다.
4 이런 사람은 빈부를 막론하고 마음이 기
쁘며
얼굴은 항상 명랑하다.
5 내가 무서워하는 것이 세 가지 있으니,
온 동네에 퍼진 험담과 군중의 폭동,
그리고 무고한 소송인데 이것들을 당하
느니 죽는 것이 낫다.
그러나 이보다도 네 번째 더 무서운 것이
있으니,
6 그것은 딴 여자를 질투하는 아내를 가진
자의 고통과 슬픔이다.
이런 여자는 함부로 혀를 놀려 좌충우돌
이다.
7 나쁜 여자는 소의 목을 쓰리게 하는 멍에
와 같다.
이런 여자를 다스리느니 차라리 맨손으
로 전갈을 집어라.
8 주정꾼 여자는 사람들의 격분을 사고

㉠ 시리아어 역본을 따라 한 줄을 삽입하였다. ㉡ 칠십인역에는 12절이 빠져 있다.

자신의 망신을 감추지 못한다.
9 고집 센 딸자식을 잘 감시하여라.
너의 관용을 악용할 것이다.
10 네 딸이 불손하지 않도록 조심하여라.
내버려두면 네 말을 듣지 않는 것은 당연하다.
11 음탕한 여자는 그 눈에서 본색이 드러나고,
그의 곁눈질로 알 수 있다.
12 목마른 여행자가 입을 열어
아무 물이나 닥치는 대로 들이켜듯이,
그런 여자는 아무 품에나 달려들고,
아무에게나 제 몸을 내맡긴다.
13 아내의 매력은 남편의 기쁨이며
그의 지식은 남편의 힘이다.
14 말이 적은 아내는 주님의 선물이며
교양 있는 아내는 돈으로도 살 수 없다.
15 정숙한 아내는 더할 바 없는 매력을 갖고 있어
그 정결함은 어떤 저울로도 잴 수가 없다.
16 살림살이를 알뜰하게 하는 좋은 아내는
주님의 산에 떠오르는 태양처럼 아름답다.
17 단정하게 사는 여자의 얼굴은
거룩한 촛대 위의 촛불처럼 빛난다.
18 굳굳하게 서 있는 미끈한 다리는
은대 위에 세운 금기둥과 같다.
19 ㉠너는 젊음의 꽃이 피었을 때에 건강을 조심하고,
다른 여인들에게 네 정력을 허비하지 말아라.
20 온 나라에서 가장 비옥한 땅을 찾아라.
그리고 너의 가문이 좋으니 거기에다 네 씨를 뿌려라.
21 그러면 네가 남길 자녀들은
혈통을 자랑하며 번성할 것이다.
22 창녀는 가래침만도 못하며
조강지처는 성곽처럼 견고하다.
23 불경스러운 아내는 죄인이 받는 선물이고
경건한 아내는 주님을 두려워하는 사람들이 받는 선물이다.
24 부정한 아내는 더러운 행위에서 즐거움을 느끼지만
정숙한 아내는 자기 남편 앞에서도 단정하다.
25 고집이 센 여자는 개만도 못하고
단정한 여자는 주님을 두려워한다.
26 남편을 존경하는 아내는 모든 사람에게서 현모양처 소리를 듣고,
자기 남편을 멸시하는 아내는 모든 사람에게 불공불손한 여자로 통한다.
훌륭한 아내를 가진 남편은 행복하다.
그는 곱절은 오래 살리라.
27 입이 험하고 수다스런 아내는 진군을 알리는 나팔과 같아서
이런 여자와 사는 남자는 전쟁의 와중을 헤매는 것과 같다.

우울한 일 세 가지

28 나를 몹시 괴롭히는 일 두 가지가 있으니,
가난에 시달리며 늙어가는 용사와,
멸시받으며 사는 지식인이 그것이다.
그런데 내 분노를 자아내는 세 번째 것은,
정의를 버리고 악을 좇는 자로서
이런 자는 천벌을 받아 죽을 것이다.

장사

29 사업가가 유혹을 피하기는 힘들고
장사꾼이 죄를 안 짓기는 어렵다.
27 많은 사람이 돈 때문에 죄를 짓고
재물을 좇는 사람은 눈이 먼다.
2 천막의 말뚝이 두 돌멩이 사이에 꽉 끼여 들어 가듯이,
팔고 사고 하는 사이에 죄가 끼여들어 간다.
3 주님을 두려워하는 마음을 지키지 않으면
그 집안은 망하고 만다.

말

4 체질을 하면 찌꺼기가 드러나듯이
그 사람의 결점은 그의 말에서 드러난다.
5 질그릇이 가마 속에서 단련되듯이
사람은 말로써 수련된다.
6 나무의 열매는 그 나무를 기른 사람의 기술을 나타내듯이
말은 사람의 마음속을 드러낸다.
7 말을 듣기 전에는 사람을 칭찬하지 말아라.
사람은 그의 말로 평가된다.

정의

8 네가 정의를 찾으면 그것을 얻겠고
정의는 화사한 옷과 같이 너를 감싸줄 것이다.

㉠ 칠십인역에는 19-27절까지 빠져 있다.

9 새들은 끼리끼리 새들에게로 몰려가고
진리는 그것을 행하는 사람에게로 돌아간다.
10 사자가 숨어서 먹이를 기다리듯이
죄는 불의를 행하는 자들을 숨어서 기다린다.
11 경건한 사람의 말은 언제나 지혜롭고
어리석은 사람은 달처럼 변한다.
12 어리석은 자들과는 촌음을 아끼고
지각 있는 사람들과는 오래 머물러라.
13 어리석은 자들의 말은 가증스럽고,
그들의 웃음은 죄의 쾌락에서 나온다.
14 함부로 맹세하는 자들이 지껄일 때는 소름이 끼치고
그들이 다툴 때는 옆의 사람이 귀를 막게 된다.
15 오만한 자들의 싸움은 유혈로 끝나고
그들의 악담은 차마 들을 수가 없다.

신의

16 비밀을 누설하는 자는 신용을 잃고
진정한 친구를 얻을 수 없다.
17 친구를 사랑하고 신의를 지켜라.
그러나 만일 그의 비밀을 누설했거든 그를 따라다니지 말아라.
18 마치 원수를 죽인 사람같이,
너는 네 친구의 우정을 죽인 것이다.
19 네 손을 벗어나 날아가 버린 새와 같이,
일단 너를 떠난 친구는 다시 잡히지 않을 것이다.
20 그를 쫓지 말아라, 벌써 멀리 가 있다.
그는 그물을 벗어난 노루처럼 이미 사라졌다.
21 상처는 붕대로 감을 수 있고 험담은 용서받을 수 있지만
비밀을 누설했을 때에는 희망이 없다.

위선

22 눈짓을 잘하는 자는 악을 꾀하고
아무도 그의 버릇을 고칠 수 없다.
23 네 앞에서는 달콤한 말을 하고
네가 하는 말을 극구 칭찬하지만,
뒤에 가서는 딴소리를 하고
네가 한 말을 뒤집어서 너에게 피해를 입힌다.
24 내가 미워하는 것이 많지만 이런 자를 나는 가장 미워한다.
그들은 주님께서도 미워하신다.
25 공중에 돌을 던지면 자기 머리 위에 떨어지듯이
남을 배신하여 치는 자는 자기가 맞는다.
26 구덩이를 파는 자는 그 자신이 그 속에 떨어지고
그물을 치는 자는 스스로 걸려든다.
27 악을 행하는 자는 그 해를 스스로 입게 되며
그것이 어디에서 오는 것인지도 알지 못한다.
28 오만한 자는 남을 우롱하고 모욕을 준다.
그러나 복수가 사자처럼 숨어서 그를 기다리고 있다.
29 착한 사람들의 멸망을 기뻐하는 자는 그물에 걸려들고
고통에 시달리다 죽을 것이다.

원망

30 원망과 분노도 가증스러운 것이니
죄인이 좋아하는 것이다.

28 보복하는 자는 주님의 보복을 받을 것이며
주님께서 그의 죄를 엄격히 헤아리실 것이다.
2 이웃의 잘못을 용서해 주어라.
그러면 네가 기도할 때에 네 죄도 사해질 것이다.
3 자기 이웃에 대해서 분노를 품고 있는 자가
어떻게 주님의 용서를 기대할 수 있으랴?
4 남을 동정할 줄 모르는 자가
어떻게 자기 죄에 대한 용서를 청할 수 있겠는가?
5 자기도 죄짓는 사람이 남에게 원한을 품는다면
누가 그를 용서해 주겠는가?
6 네 종말을 생각하고 미움을 버려라.
한번은 죽어 썩어질 것을 생각하고 계명에 충실하여라.
7 계명을 생각하고 네 이웃에게 원한을 품지 말아라.
지극히 높으신 분의 계약을 생각하고 남의 잘못을 눈감아주어라.

다툼질

8 남과 다투지 말아라, 그러면 죄를 덜 짓게 된다.
다툼은 과격한 사람이 하는 짓이다.
9 죄인은 친구들 사이에 불화의 씨를 뿌리고

평화로운 사람들을 서로 원수로 만든다.
10 불은 나무를 태우며 퍼져 나가고
다툼은 감정이 격해지면 퍼져 나간다.
세도가일수록 더 격분하고
부자일수록 더 크게 분노한다.
11 말이 거세지면 언쟁이 되고
언쟁이 격렬하면 피를 흘리게 된다.
12 불씨를 불면 불꽃이 일고,
불씨에 침을 뱉으면 꺼진다.
같은 입으로 불을 붙일 수도 있고 끌 수도
있다.

혀를 조심하라

13 남을 헐뜯고 이간질을 하는 자는 저주받
을 것이다.
이런 자들 때문에 평화롭게 사는 많은 사
람들이 망하였다.
14 이간질하는 자는 많은 사람의 마음을 뒤
흔들어
이 고장에서 저 고장으로 흩어놓았으며,
견고한 성곽을 무너뜨렸고 궁정을 파괴
시켰다.
15 이간질하는 자 때문에 정숙한 여자들이
집을 쫓겨나고
그녀들이 일해서 얻은 대가를 빼앗겼다.
16 이런 자의 말을 듣는 사람은 안식을 얻을
수 없고
평화롭게 살 수가 없다.
17 매에 맞으면 맷자국이 날 뿐이지만,
혀에 맞으면 뼈가 부서진다.
18 칼에 맞아 죽은 사람이 많지만
혀에 맞아 죽은 사람은 더 많다.
19 혀의 공격을 당하지 않는 사람,
그 광분을 겪지 않는 사람,
혀의 멍에를 지지 않고
그 사슬에 묶이지 않은 사람은 행복하다.
20 그 멍에는 쇠멍에이고
그 사슬은 청동사슬이다.
21 혀 때문에 당하는 죽음은 무서운 죽음이
고
그런 혀보다는 차라리 지옥이 낫다.
22 그러나 혀는 경건한 사람들에게는 힘을
쓰지 못하며
이런 사람들은 그 불에도 타지 않는다.
23 주님을 버리는 자들은 그 혀의 희생물이
다.
혀는 이런 자들 가운데서 꺼지지 않고 불
타며
그들에게 사자처럼 덤벼들어,
표범처럼 갈기갈기 찢어놓는다.
24 네 땅을 가시나무 울타리로 둘러싸고
금은보화를 안전한 곳에 잠가두듯이,
25 너는 말할 때 경중을 가려서 하며
네 입에 문을 달고 자물쇠를 잠가라.
26 혀를 잘못 놀려서 넘어지는 일이 없도록
조심하여라.
숨어서 너를 기다리고 있는 원수의 손에
떨어질까 두렵다.

차용

29 이웃에게 돈을 꾸어주는 사람은 자비
를 베푸는 사람이고
이웃을 도와주는 사람은 계명을 지키는
사람이다.
2 이웃이 궁할 때에 돈을 꾸어주고
이웃에게 꾼 돈은 제 때에 갚아라.
3 약속한 말은 지키고 신의로써 이웃을 대
하여라.
그러면 궁할 때에 언제든지 필요한 것을
구하게 되리라.
4 남에게서 꾼 것을 횡재한 것으로 생각하
고
자기를 도와준 사람을 곤경에 빠뜨리는
자들이 많다.
5 흔히들 돈을 꿀 때까지는 이웃의 손에 입
을 맞추고
그의 재산을 극구 찬양하며 굽실거린다.
그러다가 돈을 갚을 때가 오면 날짜를 끌
고
갚는다는 말만 되풀이하면서 사정이 나
쁘다고 핑계를 댄다.
6 만일 그런 사람에게 빚갚을 돈이 있더라
도
반을 받으면 다행으로 생각해야 하고,
만일 그런 사람에게 빚갚을 돈이 없다면
돈은 돈대로 빼앗기고
그 대신 원수 한 사람만 사게 된다.
또한 욕을 먹고 모욕을 당하며
존경 대신에 멸시를 받게 된다.
7 많은 사람들이 악의가 없으면서도 돈 꾸
어주기를 싫어하는 것은
그러한 몇 겹의 손해를 공연히 입을 것이
두렵기 때문이다.

적선

8 그러나 정녕 가난한 사람에게는 참아주
어라.
또한 그들에게 자선을 하면서 미루지 말

아라.
9 계명대로 가난한 사람을 돕고
궁핍한 사람을 빈손으로 돌려보내지 말
아라.
10 형제나 친구를 위해서라면 손해를 봐도
좋다.
돈을 돌 밑에 두어 썩혀버리는 것보다
형제나 친구를 위하여 손해보는 것이 낫
지 않겠느냐?
11 지극히 높으신 분의 명령대로 네 재물을
써라.
그것이 황금보다도 너에게 더 유익하리
라.
12 네 곳간을 적선으로 채워라.
그러면 네가 모든 불행에서 벗어나리라.
13 그것이 방패나 창보다도 더 강한 무기가
되어,
네가 원수와 싸울 때 네 편에 서주리라.

보증서는 일

14 착한 사람은 자기 이웃을 위하여 보증인
이 된다.
이런 사람을 배반하는 자는 파렴치한이
다.
15 너를 보증서 준 사람의 은덕을 잊지 말아
라.
그는 너를 위하여 목숨을 바친 것이다.
16 죄인은 자기 보증인의 재산을 거침없이
탕진하고,
은혜를 모르는 자는 자기를 구해 준 사람
을 저버린다.
17 보증을 잘못 서서 많은 유복한 사람들이
망하였으며
바다에서 풍파를 만난 것같이 흔들렸다.
18 보증을 잘못 서서 많은 권세 있는 사람들
이 유배를 당하였고
이국 땅에서 헤매게 되었다.
19 악인은 이득을 보려고 보증인으로 나선
다.
그러나 마침내 재판소로 끌려간다.
20 네 능력을 생각하며 이웃을 돕고
네 자신이 망하지 않도록 조심하여라.
21 물과 빵과 옷, 그리고 몸담을 집,
살기 위해서 중요한 것은 이것들이다.
22 남의 집에서 호화롭게 사는 것보다,
판잣집이라도 제 집에서 가난하게 사는
것이 낫다.
23 있으면 있는 대로 없으면 없는 대로 만족
하여라.
그러면 남의 집 식객이란 비난을 받지 않
을 것이다.
24 식객으로 이집 저집 떠도는 자는 할 말도
못하고,
그 비참하기가 그지없다.
25 식객은 손님이긴 하나 눈칫밥을 먹으며
온갖 망신스러운 소리를 다 듣게 된다.
26 "여보게 나그네, 이리 와서 상을 차리게.
그리고 뭐 먹을 것이 있으면 이리로 가져
오게."라느니,
27 "여보게 나그네, 더 귀한 분이 오시니 자
리를 비우고 떠나주게.
내 형님이 오시니, 이 방을 써야겠네."라
는 말을 듣는다.
28 손님으로 가서 창피스러운 말을 듣는 것
과
빚쟁이의 시달림을 받는 것은,
지혜 있는 사람으로서는 못 견딜 일이다.

자녀 교육

30 자식을 사랑하는 부모는 매를 아끼지
않는다.
만년에 그 자식은 기쁨이 될 것이다.
2 자식을 엄격히 키우는 사람은 덕을 볼 것
이며
친지들 사이에서 그 자식이 자랑거리가
될 것이다.
3 자식을 잘 가르치는 사람은 원수들에게
는 시기를 사지만
친구들 앞에서는 명예롭다.
4 이런 아비는 죽어도 죽지 않은 것과 같다.
자기와 같은 사람을 남겨놓았기 때문이
다.
5 그는 살아서는 자식을 보고 기뻐하며
죽어서도 아무런 한이 없다.
6 또 그는 자기 원수를 갚아주고,
친구들의 은혜를 갚아줄 사람을 남기고
가는 것이다.
7 자식을 귀여워만 하는 사람은 자식의 상
처를 싸매 주다 말 것이고
자식이 울 때마다 조바심만 낸다.
8 길들이지 않은 말은 사나워지고
제멋대로 자란 자식은 방자해진다.
9 자식의 응석을 너무 받아주다가는 큰 화
를 당하게 되고,
자식하고 놀아만 주다가는 슬픔을 맛보
게 된다.
10 자식과 함께 웃다가는 같이 슬퍼하게 되
고

마침내는 통곡하게 된다.
11 젊은 자식에게 너무 자유를 주지 말고
그의 잘못을 눈감아주지 말아라.
12 자식이 젊을 때에 길을 잘 들이고
어릴 때부터 회초리로 키워라.
그렇지 않으면 고집만 자라서 말을 안 듣고
너에게 큰 고통을 안겨줄 것이다.
13 자식을 엄격히 기르고 그를 단련시켜라.
그렇지 않으면 그의 추태로 네가 치욕을 당하게 될 것이다.

건강

14 병약한 부자보다는
힘세고 건강한 가난뱅이가 낫다.
15 건강과 체력은 온 세상의 황금보다 낫고,
건장한 몸은 큰 재산보다 낫다.
16 어떠한 재산도 몸의 건강에 비길 수 없고
어떠한 쾌락도 마음의 기쁨에 비할 수 없다.
17 아픔에 시달리는 생활보다는 죽는 편이 더 낫다.
끊임없이 병을 앓는 것보다는 영원한 안식이 더 낫다.
18 다문 입에 좋은 음식은 무덤 앞의 밥상이다.
19 먹지도 못하고 냄새도 못 맡는 우상에게,
제사 상이 무슨 소용이 있겠는가?
㉠재산을 가지고도 누리지 못하는 자가 이런 자이다.
20 앞에 놓인 음식을 바라보고 한숨이나 짓는 자는,
처녀를 품에 안고 한숨짓는 병신과 같다.

기쁨

21 네 마음을 슬픔에 내맡기지 말며
부질없는 생각으로 고민하지 말아라.
22 마음의 기쁨은 사람에게 생기를 주고
쾌활은 그의 수명을 연장시킨다.
23 근심을 멀리하고 네 마음을 달래라.
그리고 슬픔을 쫓아버려라.
슬픔 때문에 많은 사람이 죽었고
슬퍼해서 이로울 것이 없다.
24 질투와 분노는 수명을 줄이고
근심 걱정을 하면 빨리 늙는다.
25 마음이 기쁘면 입맛이 좋아지고,
먹는 음식이 모두 맛있다.

재산

31 재산을 지키기에 밤을 새우면 지치고
재산 걱정을 하다 보면 잠을 못 이룬다.
2 밤잠도 못 자고 걱정하다 보면 몸이 쇠약하여져서
중병에 걸린 후에야 잠을 이루게 된다.
3 부자는 일을 하여 돈을 모으고는
일을 쉴 때에 쾌락에 잠긴다.
4 가난한 자는 일을 해도 먹고 사는 것이 고작이요,
일을 쉬면 궁핍하게 된다.
5 황금을 좋아하는 사람은 의로울 수가 없고
그것을 좇는 자는 속속들이 썩게 된다.
6 파멸이 닥쳐올 것을 알면서도,
황금을 좇다가 망한 사람들이 많다.
7 황금을 숭배하는 자들에게 황금은 함정이며
모든 어리석은 자들이 거기에 걸려든다.
8 황금을 좇지 않고
책잡힐 일이 없는 부자는 행복하다.
9 그런 사람은 누구일까? 우리가 그를 칭송하리라.
그는 정녕 백성 가운데서 기적을 행한 사람이다.
10 그런 어려운 시련을 겪고도 완전함이 드러난 사람은 누구인가?
그런 사람은 영광을 받을 만한 인물이다.
죄를 지을 수 있으면서도 짓지 않고,
남을 해칠 수 있으면서도 해치지 않은 사람이 과연 누구냐?
11 그런 사람의 재산은 공고할 것이며
온 백성이 은인으로 그를 찬양할 것이다.

만찬

12 성찬을 차린 식탁에 앉았을 때,
입을 딱 벌리고,
"야, 굉장하구나." 하고 말하지 말아라.
13 게걸들린 눈초리는 상스럽다는 것을 알아라.
세상 만물 중에서 눈보다 더 죄스러운 것이 어디 있겠느냐?
그래서 눈은 자칫하면 눈물을 흘린다.
14 주인이 바라보고 있는 음식에 먼저 손을 내밀지 말고
그가 집는 음식을 다투어 집으려 하지 말아라.

㉠ 히브리어 사본을 따랐다. 칠십인역에는 "주님으로부터 추궁받는 자도 이와 같다."라고 되어 있다.

15 네가 좋아하는 것은 남도 좋아한다고 생
각하고
매사에 조심하여라.
16 네 앞에 놓인 것만 점잖게 먹어라.
게걸스럽게 먹으면 남의 빈축을 산다.
17 예의바르게 먼저 숟가락을 놓아라.
포식을 하는 것은 실례가 된다.
18 여럿이 식사할 때에는
남보다 먼저 수저를 들지 말아라.
19 점잖은 사람은 너무 많이 먹지 않는다.
그러면 오히려 잘 때에 숨이 가쁘지 않다.
20 절제 있게 먹으면 잠도 잘 오고
상쾌한 기분으로 일찍 일어나게 된다.
포식한 자에게 돌아오는 것은
불면과 구토와 복통뿐이다.
21 만일 권에 못 이겨 억지로 많이 먹었거든,
자리를 빠져 나와 토하고 나서 좀 거닐어
라, 가벼워질 것이다.
22 너는 내 말을 가볍게 듣지 말아라.
언젠가는 내 말을 깨닫게 될 것이다.
네가 여러 모로 절도를 지킨다면
아무 병에도 걸리지 않을 것이다.
23 향응을 잘하는 사람은 많은 사람의 칭찬
을 받고,
대체로 후한 대접의 칭송은 헛되지 않다.
24 한편 대접에 인색한 자는 온 동네의 악평
을 사게 되니,
사람들이 그의 인색함을 불평하는 것은
당연한 일이다.

술

25 술을 잘 마신다고 용감한 체하지 말아라.
술 때문에 많은 사람이 실패하였다.
26 불이 쇠의 강도를 알아보듯이,
술은 잘난 체 떠드는 자들의 마음을 알아
본다.
27 절제 있게 마시면
술은 사람에게 생기를 준다.
술 없는 인생이 어떠하랴?
술은 인생을 즐겁게 하기 위해서 만들어
진 것이다.
28 마셔야 할 때에 적절하게 마시면
술은 마음의 즐거움이요 영혼의 기쁨이
다.
29 흥분해서 과격하게 마시면
영혼에 쓰라림을 가져다 줄 뿐이다.
30 어리석은 자가 술에 취하면 광기를 일으
켜 스스로를 해치고
기운이 쇠진하여 부상을 입게 된다.
31 연회석 상에서 술을 마실 때에 옆사람과
시비하지 말고
그를 조롱하여 남의 흥을 깨지 말아라.
또한 그에게 비난의 말을 하지 말고
빚독촉으로 그를 못살게 굴지 말아라.

잔치

32 연회석의 주관자가 되면 거만하게 굴
지 말아라.
너도 손님 중의 한 사람으로 자처하여라.
또 손님들을 보살피고 나서 네 자리에 앉
아라.
2 네 할 일을 다 하고 나서 자리를 잡고
손님들과 함께 즐거움을 나누어라.
그러면 네 직분을 다한 상으로 화관을 받
으리라.
3 연장자여, 분별있게 이야기하되 음악을
방해하지 말아라.
그것이 너에게 어울리는 자세이다.
4 여흥이 벌어질 때에 장광설을 늘어놓지
말고
흥겨운 때에 엉뚱하게도 네 지식을 자랑
하지 말아라.
5 술자리에 좋은 음악은
황금반지에 박아놓은 홍옥과 같다.
6 좋은 술에 아름다운 가락은
금장식에 박아놓은 에메랄드와 같다.
7 젊은이여, 꼭 필요할 때에만 이야기하고
그 외엔 질문받았을 때에만 말하여라.
8 너는 말을 골라서 간결하게 하여라.
지식 있고도 과묵한 사람이 되어라.
9 높은 사람 틈에 끼이거든 대등하게 굴지
말고,
남이 이야기할 때 함부로 간섭하지 말아
라.
10 번개가 치면 천둥이 울리듯이,
겸손한 사람에게는 인기가 뒤따른다.
11 끝까지 남아 있지 말고 때가 되면 자리를
떠라.
도중에 서성거리지 말고 곧바로 집으로
돌아가거라.
12 연석에서는 마음껏 즐겨라.
그러나 횡포한 언사로 죄를 짓지는 말아
라.
13 이 모든 것을 너의 창조주께 찬미를 드리
며 하여라.
그분은 너에게 축복을 듬뿍 내려주시는
분이시다.

하느님께 대한 공경

14 주님을 두려워하는 사람은 율법을 따르
고
주님을 열렬히 찾는 사람은 주님의 총애
를 얻게 될 것이다.
15 율법을 찾는 사람은 율법으로 충족해지
지만
위선자들에게는 율법이 걸림돌이 된다.
16 주님을 두려워하는 사람은 정당한 판정
을 받을 것이요
그들의 선행은 빛처럼 찬란할 것이다.
17 죄인은 충고를 물리치고
핑계를 찾아 제멋대로 한다.
18 충고를 달게 받는 사람은 반성을 게을리
하지 않으며
오만한 자와 이방인은 겁도 없이 날뛴다.
19 생각 없이 마구 행동하지 말아라.
그래야 네 행실을 후회하지 않게 되리라.
20 험한 길을 가지 말아라.
돌멩이에 걸려 넘어질까 두렵다.
21 평탄한 길이라고 너무 안심하지 말고
22 네 친자식들과도 조심해서 지내라.
23 매사에 네 자신을 경계하여라.
이것이 계명을 지키는 길이다.
24 율법을 신뢰하는 사람은 그 계명을 지키
고
주님을 신뢰하는 사람은 어떤 해도 입지
않는다.

33

주님을 두려워하는 사람은 재난을 당
하는 일이 없고
시련을 당할 때에는 언제나 주님의 도움
을 받는다.
2 현명한 사람은 결코 율법을 역겨워하지
않으며,
율법을 거짓으로 지키는 자는 폭풍에 휘
말린 배와 같다.
3 지혜 있는 사람은 율법을 신뢰하고
그에게는 율법이 신의 직접 분부처럼 믿
음직스럽다.
4 미리 준비하고 말하여라, 경청하는 이가
많을 것이다.
또 네가 가진 지식을 다하여 묻는 말에 답
하여라.
5 어리석은 자의 감정은 수레바퀴와 같고
그의 생각은 수레바퀴의 축과 같이 빙빙
돈다.
6 빈정대는 친구는 암내 맡은 수말과 같다.
이런 말은 등에 탄 사람은 잊어버리고 암
놈을 찾아 울어댄다.

불평등

7 일년 열두달 태양 빛이 한결같은데
어찌하여 어떤 날이 더 좋은가?
8 그것은 계절을 구분하고
축제일을 정해 주신 주님의 뜻이다.
9 주님께서 어떤 날은 높이시어 거룩하게
하셨고
어떤 날은 평일로 정하셨다.
10 아담이 흙으로 빚어졌으니
모든 사람은 흙에서 생겼다.
11 주님은 크신 예지로 사람들을 구별하시
고
그들의 처지를 각각 다르게 만드셨다.
12 그래서 어떤 사람들은 축복하시어 높여
주셨고
어떤 사람들은 거룩하게 하시어 당신 곁
에 두셨다.
그런가 하면 주님의 저주를 받아 비천하
게 되어
차지했던 자리에서 쫓겨난 사람들도 있
다.
13 옹기장이가 제 마음대로
진흙을 빚어서 그릇을 만들듯이
창조주께서는 당신 판단대로
모든 사람들에게 상벌을 내리신다.
14 악의 반대편에는 선이 있고
죽음의 반대편에는 생명이 있듯이,
죄인의 반대편에는 경건한 사람들이 있
다.
15 지극히 높으신 분의 모든 업적을 살펴보
아라.
모든 것은 서로 반대되는 것끼리 짝을 이
루고 있다.
16 나는 맨 마지막으로 잠에서 깨어나
포도 딴 뒤에 이삭 줍는 자가 되었지만,
17 주님의 축복으로, 제일 먼저 와서 따는
사람들 못지않게
통에 포도를 가득 채웠다.
18 나는 나만을 위하여 일하지 아니하였고
지혜를 찾는 모든 사람들을 위하여 일하
였다.
19 백성의 지도자들이여, 회중의 대표자들
이여,
내 말에 귀를 기울이고 잘 들어라.

자주성

20 너는 아들이건 아내건 형제건 친구건,
네가 살아 있는 동안에는 아무에게도 권

력을 양도하지 말아라.
너의 재산을 아무에게도 주지 말아라.
나중에 그것이 아쉬워 후회할 것이다.
21 너의 목숨이 붙어 있는 한,
아무에게도 너의 자리를 양보하지 말아라.
22 네가 자식들에게 의지하는 것보다,
자식들이 너에게 의지하는 것이 낫다.
23 너는 무슨 일을 하든지 남보다 뛰어나게 하고
네 명예에 오점을 남기지 말아라.
24 네 수명이 다하여,
죽을 때가 오거든 네 재산을 나누어주어라.

노예

25 당나귀에게는 여물과 몽둥이와 짐을 안겨주고
종에게는 빵과 벌과 일을 주어라.
26 네가 편하려면 종에게 일을 시켜라.
종을 놀려두면 제멋대로 할 것이다.
27 소는 멍에와 안장으로 길들이고
나쁜 종은 작대기로 때려서 길들인다.
28 종에게 일을 시키지 않으면 게을러지고,
게으름은 온갖 나쁜 짓의 선생이다.
29 그에게 일을 시키는 것은 당연한 일이다.
만일 복종하지 않거든 벌을 주어라.
30 그러나, 누구에게도 과중한 일을 시키지 말고
너 자신도 정의에 어긋난 일을 하지 말아라.
31 너에게 종이 하나 있거든 그를 네 몸처럼 아껴서 다루어라.
그를 너의 피땀으로 샀기 때문이다.
32 너에게 종이 하나 있거든 형제처럼 다루어라.
네 영혼이 너에게 필요한 것처럼 그도 너에게 필요하기 때문이다.
33 네가 그를 학대하여 그가 도망가면
어디에 가서 그를 찾아내겠느냐?

꿈

34 허욕은 지각없는 사람을 미혹케 하고
꿈은 어리석은 자에게 환상의 날개를 달게 한다.
2 꿈에다 마음을 쏟는 것은
그림자를 잡으려는 것이나 바람을 좇는 것과 같다.
3 꿈 속에서 보는 허상과
거울에 비치는 영상은 그것이 그것이다.
4 더러운 곳에서 깨끗한 것이 나올 수 있겠으며
거짓에서 진실이 나올 수 있겠느냐?
5 점치고 신수보고 해몽하는 것은 모두 헛된 일이며
임신한 여자의 공상과 같다.
6 그런 것들이 지극히 높으신 분께서 보내주신 것이 아니라면,
거기에 마음을 쓰지 말아라.
7 꿈은 많은 사람을 미혹시켰으며
꿈에 희망을 건 사람들은 망하였다.
8 율법의 완성에 속임수가 필요하지 않으며,
진실한 사람들의 입에서 나오는 지혜는 완전하다.

여행

9 여행을 많이 한 사람은 아는 것이 많고
경험이 많은 사람은 지혜롭게 말한다.
10 경험이 없는 사람은 아는 것이 적고
여행을 많이 한 사람은 모든 일에 능숙하다.
11 나는 여행하면서 많은 것을 보았다.
하지만 내가 배운 것을 말로 다 표현할 수가 없다.
12 나는 여러 번 죽을 고비를 당했지만,
내가 쌓은 경험의 덕으로 살아났다.
13 주님을 두려워하는 정신을 가진 사람은 살 것이다.
그들을 도와주신 분이 곧 그들의 희망이기 때문이다.
14 주님을 두려워하는 사람은 아무것도 무서워하지 않는다.
주님이 그들의 희망인데 두려워할 것이 무엇이랴?
15 주님을 두려워하는 사람의 영혼은 행복하다.
그가 누구를 의지하고, 누가 그를 뒷받침해 주고 있는가?
16 주님의 눈길은 당신을 사랑하는 사람들에게서 떠나지 않으며
그분은 그들을 힘있게 보호하고 굳건하게 받쳐주신다.
사막의 바람을 막는 방패요, 뙤약볕을 가리는 그늘이시며,
걸려 넘어질 때 부축해 주시고 떨어질 때 안아주시는 분이다.
17 주님은 삶의 용기를 북돋아주시고 눈을

밝게 해주시며
건강과 생명과 축복을 내려주신다.

희생제물

18 불의하게 얻은 것을 제물로 바치는 것은
부정한 일이므로
악인들이 바치는 제물은 용납되지 않는
다.
19 지극히 높으신 분은 불경한 자들이 바치
는 제물을
기뻐하지 않으시며,
제물을 많이 바친다고 해서 죄를 용서받
는 것도 아니다.
20 가난한 사람들의 재산을 빼앗아 제물로
바치는 것은
남의 자식을 제물로 바치려고 그 아비 앞
에서 죽이는 것과 같다.
21 가난한 사람들에게는 빵 한 조각이 생명
이며
그것을 빼앗는 것이 살인이다.
22 이웃의 살길을 막는 것은 그를 죽이는 것
이며
일꾼에게서 품값을 빼앗는 것은 그의 피
를 빨아먹는 것이다.
23 한 사람은 집을 짓고 한 사람은 그 집을
헐어버린다면,
그들에게 헛수고 이외에 무엇이 남겠는
가?
24 한 사람은 기도하고 한 사람은 저주한다
면
주님은 어느 쪽에 귀를 기울이시겠는가?
25 시체에 댔던 손을 씻고 또다시 시체를 만
진다면
씻은 것이 무슨 소용이 있겠는가?
26 이와 같이 자기의 죄를 뉘우쳐서 단식을
하고
나가서 또 같은 죄를 짓는다면,
누가 그의 기도를 들어줄 것이며
뉘우쳐서 얻은 것이 무엇이겠는가?

율법과 제사

35 율법을 지키는 것은 곧 많은 제물을 바
치는 것이며
계명을 지키는 것은 곧 평화의 제물을 바
치는 것이다.
2 남의 은혜에 보답하는 것은 고운 밀가루
제물을 바치는 것이며
남에게 자선을 베푸는 것은 찬미의 제사
를 드리는 것이다.
3 악을 물리치는 것은 주님을 기쁘게 해드
리는 것이며
불의를 멀리하는 것은 속죄의 제사를 드
리는 것이다.
4 빈손으로 주님 앞에 나아가지 말아라.
위에 말한 모든 것은 계명에 따른 것이다.
5 의인의 제물은 제단을 풍성하게 하며,
그 향기는 지극히 높으신 분에게까지 올
라간다.
6 의인의 희생제물은 주님께서 받아주시
고,
그 착한 행실은 영원히 잊혀지지 않는다.
7 아낌없이 주님을 찬양하며
네 수고의 첫 열매를 바치는 데 인색하지
말아라.
8 제물을 바칠 때는 언제나 웃는 얼굴을 하
고
네 수입의 십분의 일을 기쁜 마음으로 바
쳐라.
9 지극히 높으신 분께서 너에게 베풀어주
신 대로
네 능력껏 아낌없이 바쳐라.
10 주님께서는 언제나 갚아주시되
일곱 배로 갚아주신다.

하느님의 정의

11 주님께 뇌물을 바칠 생각은 하지 말아라,
물리치실 것이다.
의롭지 못한 희생제물에 의존하지 말아
라.
12 주님께서는 공정하신 분이시라,
누구에게도 한쪽에 치우친 판단을 하시
지 않는다.
13 그분은 가난한 사람이라고 해서 그 반대
편을 두둔하시지 않고
억울한 사람의 호소를 들어주신다.
14 그분은 고아의 간청을 흘리지 않으시고
과부의 억울한 호소를 모른 체하지 않으
신다.
15 과부의 눈물이 두 뺨을 적실 때,
그 여자는 자기를 울린 자를 향하여 울부
짖는다.
16 진심으로 섬기는 사람은 하느님께서 기
쁘게 받아들이시고
그의 간청은 하늘에 다다를 것이다.
17 겸손한 사람의 기도 소리는 구름을 꿰뚫
는다.
또한 그는 목적을 이룰 때까지 만족하지
않는다.

18 그는 지극히 높으신 분께서 의로운 사람
의 무고함을 판단하시어
그를 돌보실 때까지 기도를 멈추지 않는
다.
19 그러면 주님께서는 지체없이
악한 자를 그냥 두지 아니하시고,
20 마침내 포악한 자들의 허리를 부러뜨릴
것이요,
이방인들에게 보복을 하실 것이다.
21 오만한 자들의 무리를 모조리 없애버리
시고
불의한 자들의 권력을 꺾어버리실 것이
다.
22 각 사람에게 자기 행실대로 갚아주실 것
이고,
그 지향하는 바에 따라 공적을 판단하실
것이다.
23 당신 백성에게 정의를 돌려주시고,
당신 자비로 그들을 기쁨에 차게 해주실
것이다.
24 가뭄에 비구름이 반갑듯이
환난을 당할 때 하느님의 자비는 고맙다.

이스라엘의 해방과 재건을 위한 기도

36 만물의 주인이신 하느님, 우리를 불쌍
히 여기시고 굽어보소서.
모든 이방인들로 하여금 주님을 두려워
하여 떨게 하소서.
2 손을 들어 이방인들을 치시고
그들로 하여금 주님의 권능을 알아보게
하소서.
3 주님의 거룩하심이 우리에게 나타난 것
을 그들이 본 것처럼,
주님의 위대하심이 그들에게 나타나는
것을 우리가 보게 하소서.
4 주님, 주님 외에 따로 하느님이 없다는
사실을,
우리와 마찬가지로 저들도 알게 하소서.
5 기적을 거듭 행하시고 놀라운 일을 다시
보여주시며
주님의 손과 오른팔의 영광이 드러나게
하소서.
6 노여움을 일으켜 분노를 터뜨리시고
적수를 무찌르고 원수를 없애버리소서.
7 하루 속히 주님께서 약속하신 날을 상기
하시어
사람들로 하여금 당신의 놀라운 일들을
찬양하게 하소서.
8 살아 남은 원수들을 분노의 불로 태워버
리시고
주님의 백성을 핍박하는 자들에게 파멸
을 내리소서.
9 "우리밖에 없다."고 장담하며,
주님께 맞서는 군주들을 쳐부수소서.
10 야곱의 모든 부족을 모으시고
그들이 처음에 받았던 유산을 돌려주소
서.
11 주님의 이름을 받드는 이 백성들,
당신이 맏아들로 여기신 이스라엘을 불쌍
히 여기소서.
12 주님의 거룩한 도성,
당신의 안식처인 예루살렘을 불쌍히 여기
소서.
13 시온 성이 주님의 찬양으로 차게 하시고
지성소가 당신의 영광을 노래하게 하소
서.
14 처음부터 주님의 백성으로 만드신 사람
들을 다시 인정하시고
주님의 이름으로 말씀하신 예언을 이루
소서.
15 주님을 기다리는 사람들에게 희망을 채
워주시고
당신 예언자들의 말이 참되었음을 보여
주소서.
16 주님, 아론을 통하여 당신 백성에게 내리
신 축복을 기억하시고
당신 종들의 기도를 들어주소서.
17 그리하여 땅 위에 사는 모든 사람들로 하
여금
당신께서 주님이시며 영원한 하느님이심
을 알게 하소서.

분별

18 사람의 위장은 모든 음식을 다 받아들이
지만
음식에는 좋은 음식과 덜 좋은 음식이 있
다.
19 목구멍이 짐승의 고기 맛을 알아내듯이
지혜로운 마음은 거짓말을 알아낸다.
20 오해는 불화의 원인이 되지만
경험이 많은 사람은 이를 스스로 거둘 줄
안다.

아내의 선택

21 여자는 어느 남자든 남편으로 삼지만
남자에게는 더 좋은 여자가 있고 덜 좋은
여자가 있다.
22 여자의 아름다움은 보는 사람에게 즐거

움을 주며
이것이 남자가 가장 좋아하는 것이다.
23 여자의 말솜씨가 친절하고 부드러우면
그의 남편은 그 누구보다도 운이 좋은 사
람이다.
24 맞아들인 아내가 내조와 의지의 기둥이
되면
그것은 행복의 시작이다.
25 울타리가 없으면 재산을 약탈당하고
아내가 없으면 슬픔에 잠겨 떠돌게 된다.
26 이 마을에서 저 마을로 떠돌아다니며
강도질하는 사람을 아무도 믿지 않듯이,
27 길들일 곳 없이 쏘다니며,
밤이 되면 아무 데서나 자는 사람을 누가
믿으랴?

거짓 친구

37 "나도 네 친구다." 하고 모두들 말하
지만,
이런 친구는 명색만의 친구이다.
2 동지나 친구가 원수로 변한다면
그것은 죽도록 슬픈 일이 아니겠느냐?
3 이 악한 마음아!
너는 왜 생겨서 온 세상을 악으로 덮으려
하느냐?
4 어떤 자는 자기의 친구가 행복할 때 이용
하고
그가 역경에 처했을 때 배반한다.
5 또 어떤 사람은 자기 친구와 고통을 나누
며 살 뿐 아니라
원수가 나타나면 무기를 들고 같이 싸워
준다.
6 네 마음의 친구를 잊지 말며
네가 부자가 됐을 때에도 그를 기억하여
라.

충언자

7 모든 조언자들은 자기 충고가 옳다고 하
지만
간혹 사욕을 채우려고 조언하는 자들이
있다.
8 그러니, 충고해 주는 사람이라고 다 믿지
말고
먼저 그가 무엇을 요구하는지를 알아보
아라.
그의 조언은 네가 잘못되기를 바라면서
사리사욕을 채우려는 것일지도 모른다.
9 그런 사람은 "지당합니다." 하고 말하고
는
반대편에서 네가 잘못되기를 기다린다.
10 너에게 의심을 품고 있는 사람과는 상의
하지 말고
너를 시기하는 자에게 네 계획을 말하지
말아라.
11 여자와 그 여자의 경쟁자에 대하여 상의
하지 말고
비겁한 자와 전쟁에 대하여 상의하지 말
며
상인과 장사에 대하여 상의하지 말고
사는 사람과 팔 값에 대하여 상의하지 말
며
인색한 사람과 사례에 대하여 상의하지
말고
냉혹한 사람과 친절에 대하여 상의하지
말며
게으른 사람과 일에 대하여 상의하지 말
고
임시 고용인과 일의 완성에 대하여 상의
하지 말며
부실한 종과 큰일에 관하여 상의하지 말
아라.
이런 사람들에게서 무슨 좋은 충고가 나
오겠느냐?
12 너는 언제든지 경건한 사람과 가까이 지
내라.
계명을 잘 지킨다고 생각되는 사람,
네 마음과 같은 마음을 가진 사람,
네가 실패했을 때 고통을 함께 나눌 사람
과 가까이 지내라.
13 그리고 네 마음의 충고를 따라라.
그보다 더 믿음직한 조언자는 없다.
14 높은 탑에서 망보는 일곱 경비원보다도
자기 자신의 마음이 흔히 더 좋은 경고를
해준다.
15 이 모든 것보다도 지극히 높으신 분에게
청하여라.
그분은 너를 진실한 길로 인도하실 것이
다.

참 지혜와 거짓 지혜

16 무슨 일이든지 이치를 따져서 시작하고
착수하기 전에 다시 한번 생각하여라.
17 사람의 마음이 변하는 표적은
네 갈래로 나타나는데,
18 선과 악과 삶과 죽음이 그것이다.
그런데 이것들을 좌우하는 것은 언제나
혓바닥이다.
19 재주가 있어 다른 사람을 가르치면서도

자신에게는 그 재주가 아무 쓸모없는 사
람이 있고,
20 말재간만 부려 원수를 사고
마침내는 굶주려 죽는 사람이 있다.
21 이런 자는 결국 아무런 지혜도 갖추지 못
해서
주님의 마음을 사지 못했던 것이다.
22 어떤 이는 스스로 현명하게 처신하며
그의 입에서 나오는 교양 있는 말로 남의
신임을 받는다.
23 진실로 현명한 사람은 자기 백성을 가르
치며
그의 교양 있는 말은 믿을 만하다.
24 현명한 사람은 남의 칭찬을 받고
그를 보는 사람들이 모두 그를 행복한 사
람이라고 한다.
25 인간의 수명에는 한정이 있지만
이스라엘의 운명은 무궁하다.
26 현명한 사람은 자기 백성으로부터 신임
을 받고
그의 이름은 영원히 빛날 것이다.

절제

27 들어라, 생명이 다하는 날까지 네 자신을
단련하고
너에게 해로운 것을 알아차려 그것을 물
리쳐라.
28 모든 것이 누구에게나 좋은 것은 아니며
모든 사람이 같은 것에 만족하지는 않는
다.
29 맛있는 음식이라고 걸신들려 먹지 말고,
음식에 탐욕을 부리지 말아라.
30 과식하면 병이 나게 마련이고
포식을 하면 복통을 앓게 마련이다.
31 포식한 탓으로 죽은 사람이 많으니
음식을 절제하여 오래 살아라.

질병과 치료

38 의사를 존경하여라, 너를 돌봐 주는 사
람이요,
또한 주님께서 내신 사람이기 때문이다.
2 병을 고치는 힘은 지극히 높으신 분으로
부터 오며
의사는 왕으로부터 예물을 받는다.
3 의사는 그의 의술로 높은 지위를 얻으며
고관들로부터 존경을 받는다.
4 주님께서 약초를 땅에 나게 하셨으니
지혜로운 사람은 그러한 것을 가벼이 여
기지 않는다.
5 주님께서도 옛적에 그의 힘을 사람들에
게 보여주시려고
나무를 던져 물을 맑게 하시지 않았느
냐?㉠
6 주님께서는 또 사람들에게 지식을 주시
어
하느님의 위대한 업적을 찬양하게 하셨
다.
7 의사는 약을 써서 사람들의 병을 고쳐 고
통을 덜어주고
약제사는 약초를 섞어 약을 조제한다.
8 주님께서는 그의 사업을 그치지 않을 것
이며,
그분의 평화는 온 세상에 내릴 것이다.
9 들어라, 너는 병중에서 주님을 떠나지 말
아라.
항상 기도하면 주님께서 고쳐주실 것이
다.
10 나쁜 짓을 피하고 네 손을 깨끗이 하여라,
네 마음에서 모든 죄를 씻어버려라.
11 향과 고운 밀가루 제물을 드리고
풍성한 제물을 아낌없이 바쳐라.
12 그리고 의사를 찾아가거라, 그는 주님께
서 내신 사람이다.
너에게 필요한 사람이니, 그를 멀리하지
말아라.
13 대개 건강은 의사들의 손에 좌우된다.
14 그들은 그들대로 주님께 기도를 올려
환자의 고통을 덜고 병을 고치는 은총을
빈다.
그렇게 하여 환자의 생명을 건지는 것이
다.
15 사람이 죄를 지으면 창조주의 눈에 거슬
리게 되니
의사의 신세를 지게 마련이다.

상을 당하였을 때

16 너는 들어라, 사람이 죽으면 눈물을 흘리
고
곡을 하여 깊은 슬픔을 나타내어라.
그리고 의식을 갖추어 염을 하고
의례를 다 지켜 장사지내라.
17 주먹이 아프도록 가슴을 치며 통곡하고
슬퍼하여라.
죽은 자의 지위에 따라서
비난을 사지 않을 정도로 하루나 이틀의
상례를 치른 후,

㉠ 출애 15:23-25 참조.

사람을 잃은 슬픔을 달래어라.
18 슬픔이 지나치면 죽음에 이를 수 있고
마음의 슬픔은 몸을 지치게 한다.
19 역경에 처하면 슬픔이 가실 날이 없고
가난하게 살다 보면 마음이 늘 괴롭다.
20 부질없이 슬픔에만 잠겨 있지 말고,
죽은 이보다 살아 있는 네 자신의 앞날을 생각하여라.
21 한번 죽은 사람은 돌아오지 못한다는 것을 잊지 말아라.
네가 슬퍼한다고 죽은 사람에게 덕될 것도 없고
네 자신을 해칠 뿐이다.
22 "너도 나의 운명을 맞게 된다는 것을 기억하여라.
어제는 내 차례였지만 오늘은 네 차례다."
23 죽은 사람은 편히 쉬고 있으니 추억만 남겨두어라.
그가 숨을 거두었으니 차라리 위로나 받아라.

직업인

24 학자가 지혜를 쌓으려면 여가를 가져야 한다.
사람은 하는 일이 적어야 현명해진다.
25 쟁기를 잡고 막대기를 휘두르며
소를 모는 데 여념이 없고,
송아지 이야기밖에 할 줄 모르는 농부가
어떻게 현명해질 수 있으랴?
26 그의 머리 속에는 이랑을 짓는 생각으로 가득 차 있고,
저녁에는 암소에게 먹이 주는 일로 시간을 다 보낸다.
27 모든 직공과 기술자는 물론,
주야로 일만 하는 자들은 모두 마찬가지다.
도장을 새기는 사람은
새로운 도형을 만드는 데 열중하고
그 도형과 똑같은 것을 파느라고 부심하며
일을 완성하려고 밤을 새운다.
28 마찬가지로 대장장이는 모루 옆에 앉아서
이 쇠로 무엇을 만들까를 생각한다.
그의 살은 불길에 화끈 달아,
뜨거운 화롯불과 맞싸우듯 한다.
망치 소리에 고막이 터질 듯하고
그의 눈은 모형을 노려본다.
일을 잘 마치려고 심혈을 기울이고
완성품을 내기까지 밤을 새운다.
29 또 옹기장이는 일터에 앉아서
자기 발로 풀무를 돌리며,
생각은 항상 자기 작품에 집중돼 있고
동작 하나하나를 신중하게 한다.
30 손으로 진흙을 빚으며
발로 반죽을 갠다.
그릇에 윤을 잘 내려고 온 정성을 기울이며
가마를 깨끗이 하느라고 밤을 새운다.
31 이 사람들은 모두 자기 손재주에 자신을 갖고 있으며,
저마다 자기 일의 특기를 지니고 있다.
32 이런 사람들이 없이는 도시를 건설할 수가 없고
거주민도 없을 것이고 여행자도 없을 것이다.
33 그러나 그들은 시의회에 불리지도 않으며
공중 집회에서 윗자리를 차지하지도 않는다.
그들은 재판관 자리에 앉지도 않으며
법률을 잘 알지도 못한다.
34 그들의 교양이나 판단력은 출중하지 못하고
격언을 만드는 사람들 축에 끼이지도 못하지만,
그들 때문에 이 세상은 날로 새롭게 되고
지탱이 된다.
그리고 그들은 오직 자기들이 하는 일이 잘되기를 빌 뿐이다.

학자

39 그러나 온 정력과 정신을 기울여
지극히 높으신 분의 율법을 연구하는 사람은 다르다.
그들은 옛 성현들의 지혜를 탐구하고
예언을 연구하는 데 자기 시간을 바친다.
2 그는 유명한 사람들의 말을 보전하고
비유의 깊은 뜻을 파고든다.
3 그는 격언의 숨은 뜻을 연구하고
난해한 비유를 푸는 데 흥미를 느낀다.
4 그는 벼슬에 올라 군주들을 섬기고
통치자들 사이에서 중책을 맡는다.
외국을 두루 여행하며
인간 사회의 좋은 것과 나쁜 것을 체험으로 안다.
5 아침에 일어나면서 마음을 모두어

창조주이신 주님께 생각을 돌리고
지극히 높으신 분께 온 마음을 바친다.
입을 열면 기도요,
자기 죄의 용서를 빈다.
6 위대하신 주님께서 뜻하신다면
그는 깨우침의 영검을 충만히 받을 것이
다.
그 때 그는 지혜의 말씀을 두루 전할 것이
며
주님께 감사 기도를 올릴 것이다.
7 그는 공정한 판단력과 올바른 지식을 얻
을 것이며
주님의 신비를 명상할 것이다.
8 그는 배운 지식을 밝히 가르칠 것이며
주님의 계약인 율법을 빛낼 것이다.
9 많은 사람들이 그의 총명함을 칭찬할 것
이며
그의 이름은 길이 남을 것이다.
그는 사람들의 기억에서 사라지지 않을
것이며
대대로 그의 이름은 빛날 것이다.
10 만백성이 그의 지혜를 찬양할 것이며,
모임에서는 그에 대한 칭송이 자자할 것
이다.
11 그가 장수하면 그의 이름은 천 명의 이름
보다 더 영광된 것이요
만일 일찍 죽는다 해도 한이 없을 것이다.

창조주 하느님을 찬미함

12 내가 내 생각을 좀더 밝히리라.
나는 보름달과 같이 생각으로 차 있다.
13 신심 깊은 너희들은 내 말을 들어라.
그리하여 맑은 물 가에 피어난 장미와 같
이 자라라.
14 유향처럼 감미로운 향기를 뿜고
백합처럼 꽃피어 향내를 풍기어라.
찬미의 노래로 주님을 찬송하고
그분의 위대한 업적을 찬양하여라.
15 주님의 이름을 찬양하고,
노래와 거문고로
주님을 찬미하며 이렇게 찬송하여라.
16 "놀라워라. 주님께서 이루시는 모든 일이
여!
주님께서 명하시는 일은 틀림없이 이루
어지리니."
"이게 무엇이냐. 왜 이러냐." 하고 말하
지 말아라.
때가 되면 다 알게 될 것이다.
17 그분의 말씀 한 마디로 흐르는 물이 멈추
고 괴어서
그분의 말씀 한 마디로 큰 저수지가 생겼
다.
18 그분이 명하시면 뜻하시는 바가 모두 이
루어지고
아무도 그분의 구원하는 손길을 막을 수
없다.
19 사람들이 하는 모든 일은 그분 앞에 드러
나서
그분의 눈을 피할 수가 없다.
20 그분은 영원한 시간을 내려다보시며
그분에게 있어 놀라운 일이란 하나도 없
다.
21 그러므로 "이게 무엇이냐, 왜 이러느냐."
하고 말하지 말아라.
모든 것은 목적이 있어서 만들어진 게 아
니냐?
22 그분의 축복이 강물처럼 넘쳐
메마른 땅을 홍수처럼 적신다.
23 그러나 주님께서는 물을 소금으로 바꿔
놓으신 것처럼
당신의 분노를 이방인들 위에 내리신다.
24 그분의 길은 경건한 사람들에게는 평탄
하지만
죄인들에게는 장애물로 가득 차 있는 길
이다.
25 태초부터 좋은 것들은 착한 사람들을 위
해서 만들어졌고
악한 것들은 악인들을 위하여 만들어졌
다.
26 사람이 사는 데 제일 필요한 것은
물과 불과 쇠와 소금이며,
밀가루와 우유와 꿀,
그리고 포도즙과 기름과 의복이다.
27 이 모든 것이 착한 사람들에게는 좋은 것
이 되고
악인들에게는 악한 물건이 된다.
28 주님께서 만드신 바람도, 벌을 내리실 때
는
세차게 불게 하여 재앙을 크게 하신다.
세상 끝나는 날에 바람은 광란을 일으켜
바람을 만드신 분의 분노를 달래리라.
29 화재와 우박과 기아와 죽음,
이것들은 벌주기 위하여 만드신 것이다.
30 야수들의 이빨과 전갈과 독사,
그리고 죄인들을 없애버릴 복수의 칼,
31 이 모든 것은 그분의 명령을 이행하는 것
으로 낙을 삼고
그분이 쓰실 때를 위하여 이 세상에 마련

되어 있다가
때가 되면 그분의 분부를 따른다.
32 그래서 나는 처음부터 확신을 가지고
깊이 생각하여 다음과 같이 기록해 두었다.
33 "주님께서 하신 일은 좋지 않은 것이 없고
그 업적 하나하나는 때가 오면 제 구실을 한다.
34 그러므로 '이것은 저것만 못하다.'고 말하지 말아라.
모든 것은 때가 오면 그 가치가 드러날 것이다.
35 그러니 온 마음을 모아 소리 높여 노래하여라.
그리고 주님의 이름을 찬양하여라."

비참한 인간

40 인간이면 누구나 고생하기 마련이고
여자의 뱃속에서 태어나는 날부터
만물의 어머니에게로 돌아가는 날까지
아담의 자손들이 지는 멍에는 무겁다.
2 그들이 생각하는 것이나 그들이 마음속으로 두려워하는 것은
마지막 날, 죽음 앞에서의 불안이다.
3 영광의 왕좌에 앉은 자로부터
땅바닥이나 잿더미에 쭈그리고 앉은 자에 이르기까지,
4 왕의 옷을 입고 왕관을 쓴 자로부터
누더기를 걸친 사람에 이르기까지,
인생은 분노와 시기, 고난과 불안,
죽음의 공포와 원한, 그리고 싸움일 뿐이다.
5 밤에 자리에 누워서 쉴 때에도
잠은 새로운 근심을 더해 줄 뿐이다.
6 잠들고서도 잔 것 같지 않게,
대낮에 감시받는 것같이 악몽에 시달리면서
싸움터에서 도망치는 사람과 같이,
환상에 쫓겨 다니다가
7 구조를 받을 순간에 깨어나서,
그 공포가 한낱 꿈이었음을 알고 놀란다.
8 사람으로부터 짐승에 이르기까지 뭇 생명에게 벌이 있지만
죄인들은 일곱 배의 벌을 받는 것이니,
9 죽음과 피와 투쟁과 칼과
재앙과 기아와 파괴와 횡액이 그들을 기다리고 있다.
10 이 모든 것은 악인들에게 내릴 벌로 만드셨고
대홍수도 악인들 때문에 일어난 것이다.
11 흙에서 온 것은 흙으로 돌아가고,
물에서 온 것은 바다로 돌아간다.

여러 가지 격언

12 뇌물과 부정은 오래 가지 않지만 성실은 영원히 머문다.
13 부정하게 모은 재산은 가뭄의 시내처럼 말라버리고
비 올 때의 천둥 소리처럼 사라져버릴 것이다.
14 너그럽게 적선하는 사람은 기쁨을 맛보고
악인들은 망하게 마련이다.
15 단단한 바위에 부딪쳐서 뻗지 못하는 몹쓸 나무의 뿌리처럼
악인들의 후손은 번성하지 못한다.
16 연못가나 강가에 있는 잡초들은
제일 먼저 뽑혀버린다.
17 온정은 축복의 낙원과 같으며
자비는 영원히 잊혀지지 않는다.

비교

18 먹을 것이 있는 사람과 일하는 사람은 즐겁게 산다.
그러나 보물을 찾은 사람이 이들보다 더 편히 산다.
19 훌륭한 자손을 가진 것과 도시를 건설하는 것은 이름을 빛낸다.
그러나 지혜로운 아내를 가진 사람이 보다 더 자랑스럽다.
20 포도주와 음악은 사람의 마음을 즐겁게 한다.
그러나 지혜를 사랑하는 사람이 보다 더 즐겁다.
21 피리와 양금은 아름다운 소리를 낸다.
그러나 사람의 좋은 목소리가 보다 더 아름답다.
22 사람은 우아한 것과 아름다운 것을 보고 좋아한다.
그러나 밭의 푸르른 곡식이 더 보기 좋다.
23 친구나 동료를 만나면 반갑다.
그러나 부부는 언제든지 반갑다.
24 형제들과 보호자는 곤경에 처했을 때에 도움이 되지만
이들보다도 적선하는 것이 우리를 곤경에서 더 잘 구해 준다.
25 금과 은은 생활 기반을 든든하게 한다.

그러나 좋은 충고가 보다 더 가치 있다.
26 재물과 힘이 있으면 자신이 생긴다.
그러나 주님을 두려워하는 것이 마음을
보다 더 든든하게 한다.
주님을 두려워하는 사람은 부족함이 없
고
다른 아무것에도 의지할 필요가 없다.
27 주님을 두려워함은 축복의 낙원과 같아
서
사람에게 어떤 영광보다도 더 큰 보호가
된다.

구걸

28 들어라, 너희는 남에게 구걸을 하지 말아
라.
빌어먹고 사느니 차라리 죽어라.
29 남의 식탁을 기웃거리는 사람은
제대로 산다고 할 수가 없다.
그는 남의 음식으로 자기 영혼을 더럽힌
다.
그러므로 현명하고 교양 있는 사람은 그
것을 경계한다.
30 사람이 염치가 없으면 얻어먹는 것을 좋
아하지만
그 뱃속에서는 불이 붙고 있다.

죽음

41 재산을 쌓아 놓고 행복하게 살며
아무런 근심 걱정 없이 모든 일에 성공
하고
아직도 음식을 즐길 수 있는 사람에게,
죽음아, 너를 생각한다는 것이 얼마나 괴
로운 일이겠느냐!
2 가난하고 힘이 빠진 사람,
끊임없이 근심 걱정에 시달려서 늙어버
리고
모든 것이 귀찮고 참을성마저 없어진 사
람에게,
죽음아, 너의 기약이 얼마나 반가운 일이
겠느냐!
3 죽음이 있다는 것을 두려워하지 말아라.
네 앞에 간 사람들과 네 뒤에 올 사람들이
있음을 생각하여라.
4 죽음은 모든 사람에게 내리신 주님의 선
고다.
지극히 높으신 분의 뜻을 어찌 거역하려
느냐.
십 년을 살든지 백 년을 살든지 천 년을
살든지,
저승에서는 네 수명의 장단이 문제가 되
지 않는다.

악인의 운명

5 죄인들의 자식으로 태어나서,
악인들의 소굴을 드나드는 자들은 가증
스럽다.
6 죄인들의 자식들이 물려받을 유산은 없
고
그들의 후손들은 내내 비난을 받을 것이
다.
7 악한 아비를 가진 자식들은 제 아비 때문
에 굴욕을 당하고
그러므로 그 아비를 못내 원망한다.
8 하느님의 율법을 버린 악한 자들아,
너희들은 저주를 받을 것이다.
9 너희는 태어났을 때 저주받기 위하여 태
어났고,
죽으면 죽어서도 저주를 받을 것이다.
10 흙에서 온 것이 모두 흙으로 돌아가듯이
악인들은 저주로부터 와서 파멸로 돌아
간다.
11 사람들은 죄인이 죽어도 그 시체를 놓고
슬퍼하지만
그의 이름은 곧 스러지고 만다.
12 그러니, 너의 명성을 생각하여라.
그것은 천근의 황금보다도 더 오래 남는
다.
13 아무리 행복한 사람이라도 그 생활에는
한정이 있지만
명예는 영원히 남는다.

수치심을 가져야 할 경우

14 들어라, 내 가르침을 지켜서 평화롭게 살
아라.
가리워진 지혜와 보이지 않는 보물,
이것들을 어떻게 쓸 수 있겠느냐?
15 자기의 어리석음을 감추는 사람이
자기의 지혜를 감추는 사람보다 더 슬기
롭다.
16 수치심이라고 다 좋은 것이 아니고
모든 것이 모든 사람에게 진실대로 받아
들여지는 것은 아니다.
그러니 내가 다음에 하는 말을 명심하여
수치심을 가려내 가져라.
17 부모 앞에서는 음란한 행동을,
군주나 권력자 앞에서는 거짓말하는 것
에 대하여 수치심을 가져라.
18 재판관이나 법관 앞에서는 범죄 행위에

대하여
집회와 민중 앞에서는 율법을 어긴 것에
대하여 수치심을 가져라.
19 친구나 동료 앞에서는 의리에 어긋난 것
을,
동네 사람들 앞에서는 도둑질한 것에 대
하여 수치심을 가져라.
20 하느님의 진리와 그분의 계약을 어겼을
때 수치심을 가지고
식탁에서 무례한 짓을 하였을 때,
21 비열한 선물을 주고받고 할 때,
남의 인사에 답하지 않았을 때,
22 창녀에게 눈길을 돌렸을 때,
친척을 외면했을 때,
23 남에게 갈 몫이나 선물을 가로챘을 때,
남의 아내에게 눈짓을 할 때,
24 남의 여종을 데리고 놀았을 때에 수치심
을 가져라.
여종 침대 곁에는 가지도 말아라.
25 네 친구에게 욕설을 했을 때에 수치심을
가져라.
친구에게 무엇을 주고 나서 모욕해서는
안된다.
26 네가 들은 말을 남에게 옮기며 수다를 떨
었을 때와
비밀을 누설했을 때에 수치심을 가져라.
27 그러면 너는 참다운 수치심을 알게 될 것
이고
남들의 호감을 사게 될 것이다.

42 그러나 체면 때문에 죄를 짓는 일은 없
도록 하여라.
남 앞에 부끄러워할 필요가 없는 일들이
있다. 즉,
2 지극히 높으신 분의 율법과 계약을 지키
는 것과
악인을 공정하게 재판하는 일,
3 이웃이나 길벗과 셈을 분명하게 하는 것
과
다른 상속자들과 유산을 나누는 일,
4 저울눈을 정확하게 따지는 것과
이익의 공정한 분배를 따지는 일,
5 장사를 해서 이득을 얻는 것과
자식들을 엄격히 다스리는 것, 그리고
악한 노예를 매질하여 다스리는 일 등이
그것이다.
6 악처에게는 재갈을 물리는 것이 좋고
내미는 손이 많을 때에는 네 창고의 문을
잠가라.
7 물건을 내줄 때에는 수량을 엄격히 셈
하고
주고받을 때에는 일일이 증서를 남겨라.
8 지각없는 자와 미련한 자를 타이르고
젊은이와 다투는 주책없는 늙은이를 깨
우쳐주는 것을
부끄러워하지 말아라.
그러면 모든 사람이 너를 지혜로운 사람
으로 인정하고
너를 찬송할 것이다.

딸 가진 아비의 걱정

9 딸은 아비에게 남모르는 근심거리여서
딸 걱정에 잠 못 이루는 적도 많다.
딸이 젊을 때는 시집을 못 갈까 걱정이고
시집을 가면, 소박을 맞을까 근심이다.
10 처녀 때에는 혹시 유혹에 빠질까 걱정,
출가 전에 아기를 가질까 걱정,
출가 후에는 빗나갈까 걱정,
시집가서도 자식을 못 낳을까 근심한다.
11 네 딸이 말괄량이거든 철저히 감시하여
라.
그래서 딸 때문에 원수들의 웃음거리가
되지 않도록 하여라.
그렇지 않으면 동네의 화젯거리가 되어
남의 입에 오르내리고
마침내는 대중 앞에서 망신을 당하게 된
다.

여자

12 그 누구든 아름다운 용모에 홀리지 말고
함부로 여자들과 동석하지 말아라.
13 옷에서 좀이 나듯이
여자에게서는 여자의 심술이 나온다.
14 여자의 친절보다는 차라리 남자의 심술
이 낫다.
여자는 치욕과 비난을 자아낼 뿐이다.

자연에 나타나는 하느님의 영광

15 이제 나는 너에게 주님의 업적을 일깨워
주고
내가 본 바를 말하겠다.
주님은 당신 말씀으로 그 업적을 이루셨
고
피조물은 그 뜻에 따른다.
16 만물이 찬란한 태양빛을 받고 있듯이
주님의 업적은 영광으로 가득 차 있다.
17 그러나 성인들도 그 오묘함을 헤아려 말
할 능력을 받지 못하였다.
전능하신 주님께서는 당신의 신기한 일

들을 빈틈없이 배포하셔서
온 세상을 당신의 영광 위에 굳게 서게 하셨다.
18 주님은 연못이나 사람 마음의 깊이를 헤아리시며,
그 어떤 숨은 계획도 꿰뚫어 보신다.
왜냐하면, 지극히 높으신 분은 세상의 모든 지식을 다 가지시고
시대의 징조를 다 알고 계시기 때문이다.
19 주님은 과거를 밝혀주시고 미래를 알려주시며
숨겨진 일들을 드러내 보이신다.
20 그러므로 주님은 사람의 모든 생각을 다 아시니,
단 한 마디도 그분을 속일 수 없다.
21 주님은 당신 지혜의 놀라운 업적들을 질서 있게 배치하셨다.
그분은 영원에서 영원까지 계시며
그분에게는 아무 더할 것도 뺄 것도 없고
그분에게는 아무 조언도 필요하지 않다.
22 주님의 모든 업적은 사람에게 얼마나 바람직한 것이며
사람 눈에 얼마나 찬란한가.
23 이 모든 것은 영원히 살아 남고
그분이 필요할 때는 그 모두가 복종한다.
24 주님이 만드신 것으로 흠 있는 것은 하나도 없다.
모든 것은 서로 짝지어 마주 있으며
25 서로 도와서 훌륭하게 된다.
과연 주님의 영광을 보고 권태를 느낄 자 누구인가.

태양

43 푸른 하늘은 지극히 높은 곳의 자랑이며
하늘의 아름다움은 그분의 영광스러운 모습을 나타내고 있다.
2 태양은 동쪽에서 떠오를 때,
지극히 높으신 분의 업적의 놀라움을 드러내며
3 중천에 왔을 때에는 땅을 말린다.
그 뜨거운 열기를 누가 감당하랴?
4 화부는 뜨거운 열 속에서 일한다.
그러나 태양은 그 세 배나 되는 뜨거운 열로
산을 태우고 화염을 토하며,
그 강한 빛으로 사람의 눈을 뜨지 못하게 한다.
5 태양을 만드신 주님은 위대하시며
태양은 그분의 말씀을 따라서 제 궤도를 달린다.

달

6 달도 언제나 제 궤도에 충실하다.
달은 세월의 시작이며, 시절을 구분해 주는 영원한 표지이다.
7 달은 축일을 알려주고,
한번 찼다가는 다시 기우는 천체이다.
8 매월의 이름도 여기에서 나왔다.
달은 차 갈 때에 신기하게 커가며
지극히 높은 곳에서는 천사군의 기수요,
하늘에서는 찬란한 빛을 낸다.

별

9 별들의 광채는 하늘의 아름다움이며
주님의 높은 곳을 찬란하게 비추는 장식이다.
10 그것들은 거룩하신 분의 말씀대로 대령하고
주의를 게을리 하여 흐트러지는 법이 없다.

무지개

11 무지개를 보아라! 그리고 그 만드신 분을 찬양하여라.
무지개는 제 차례가 되면 그 아름다운 모습을 드러낸다.
12 무지개는 하늘을 가로질러 영광스런 원호를 그린다.
그것은 지극히 높으신 분의 손이 당기는 활이다.

놀라운 자연

13 지극히 높으신 분의 분부로 눈이 내리고
번갯불이 심판을 알린다.
14 그분의 명령으로 하늘문이 열려
구름들이 새들처럼 난다.
15 그분의 큰 힘으로 구름이 엉기고,
돌덩이 같은 우박이 부서져 파편이 된다.
16 그분 앞에서 산들도 무서워 떨고
그분의 뜻을 따라 남풍이 불어온다.
17 그분의 천둥 소리는 땅을 뒤흔들고
그분의 뜻을 따라 북풍이 불고 회오리바람이 인다.
18 그분의 힘으로 눈은 새들이 내려앉듯,
또 메뚜기가 땅에 내려앉듯 사뿐히 내린다.
사람들은 눈의 아름다움을 보고 놀라며

눈이 내리는 모양을 보고 경탄한다.
19 주님께서는 이슬을 소금처럼 땅에 내리시고
그것이 얼면 날카로운 가시와 같은 서리가 되게 한다.
20 찬바람이 북쪽에서 불어오면
물이 얼어서 얼음이 되고,
모든 물줄기는 걸음을 멈추고,
물살은 얼음의 갑옷을 입는다.
21 바람은 산을 삼키고 황야를 뒤덮으며
마치 불로 태우듯이 초목을 말려버린다.
22 그러나 곧 이 모든 것을 고쳐주는 약으로 안개가 내리고
더위 다음에는 이슬이 내려 모든 것을 소생시킨다.
23 주님께서는 당신의 계획으로 깊은 바다를 다스리시고
그 속에 여러 섬들을 만드셨다.
24 항해하는 사람들의 모험은
그 이야기만 들어도 놀랍기 그지없다.
25 바다에는 또 주님의 신기하고 놀라운 업적들이 얼마든지 있으며
온갖 동물들과 큰 바다 괴물들이 살고 있다.
26 주님의 덕분으로 모든 것이 제 길을 찾아가고
만사는 주님의 말씀으로 고르게 된다.
27 아무리 많은 말로도 다 이야기할 수 없으니
한마디로, "그분은 전부다." 할 수밖에 없구나.
28 무슨 힘으로 그분을 다 찬양할 수 있으랴?
그분은 위대하신 분, 그분은 자기가 이룬 모든 업적 위에 계신 분,
29 너무나 위대하셔서 두려움을 자아내는 주님이시며
놀라운 힘을 가지신 분이시다.
30 주님을 찬양하여 그분을 높이 받들어라!
아무리 높이 찬양하여도 그분은 더 높은 곳에 계신다.
너의 힘을 다하여 주님을 찬미하여라!
아무리 찬미하여도 결코 다하지 못할 것이다.
31 그분을 뵙고 그분을 정확하게 묘사할 수 있었던 사람이 있느냐!
누가 주님에게 합당한 찬양을 드릴 수 있으랴.
32 위에 말한 것보다도 더 큰 놀라운 일들이 많다.
우리는 단지 주님의 업적 중에 극소수를 보았을 뿐이다.
33 이 모든 것을 만드신 분은 주님이시고,
경건한 사람들에게 지혜를 주신 분도 그 분이시다.

역사적 인물들에게서 나타난 하느님의 영광

44 다음엔 명성 높은 사람들과
우리의 역대 선조들을 칭송하자.
2 주님께서는 그들을 통해서 큰 영광을 나타내시어
옛날부터 당신의 위대하심을 보여주셨다.
3 그들 중에는 왕권을 가지고
훌륭하게 다스려서 유명해진 사람도 있고
슬기로써 현명한 조언자가 된 사람도 있으며
하느님의 말씀을 받아 전하는 예언자도 있었다.
4 또 어떤 사람들은 결단력으로 백성을 영도하였고
슬기로써 백성을 지도하였으며
지혜로운 말로써 백성을 가르쳤다.
5 또 아름다운 음악을 만든 사람들이 있었고
노래를 지어 읊은 사람도 있었다.
6 또 재산이 풍부하여
가정에서 평화롭게 지낸 사람도 있었다.
7 이런 사람들은 모두 당대에 큰 명성을 얻고
그 시대의 자랑이었다.
8 어떤 사람들은 후세에 명성을 남겨서
아직도 사람들이 그들을 칭송한다.
9 그러나 어떤 사람들은 사람들의 기억에 남지 않고
마치 이 세상에 없었던 것처럼 사라지고 말았다.
그들이 이 세상에 살았던 흔적이 없으니
그 뒤를 이은 자손들도 마찬가지다.
10 그러나 훌륭한 사람들도 있었으니,
그들의 업적은 잊혀지지 않았다.
11 그들의 자손들도
그들이 남긴 훌륭한 업적을 간직하고 있다.
12 그들의 자손들은 하느님과의 계약을 지키고 있으며
그들을 이어서 그 후손들도 잘 지키고 있

다.
13 그들의 후손은 영원히 존속할 것이며
그들의 영광은 쇠퇴하지 않을 것이다.
14 그들의 몸은 땅에 묻혀서 평화를 누리고
그들의 이름은 만대에 살아 있다.
15 만백성은 그들의 지혜를 칭송할 것이며
회중은 그들을 찬양할 것이다.

에녹

16 에녹은 주님을 기쁘게 해드리고 하늘로
불려 올라갔다.
그래서 후대를 위하여 회개의 모범이 되
었다.

노아

17 노아는 탓할 바 없는 의인으로 인정되어
주님께서 진노하셨을 때 그 화해자가 되
었다.
대홍수 때 노아의 덕분으로
땅 위에 몇 사람이나마 살아 남게 되었다.
18 주님께서는 홍수로써 인류를 멸망시키지
않겠다는 계약을
노아와 영원히 맺으셨다.

아브라함

19 아브라함은 허다한 민족의 위대한 시조이
며
아무도 그 영광을 따를 사람은 없다.
20 그는 지극히 높으신 분의 율법을 지키고
그분과 계약을 맺었다.
자기 살에 그 계약의 표시를 새기었고
시련을 당했을 때에도 그는 충실하였다.
21 그러므로 맹세로써 그에게 약속하시기
를,
그의 후손을 통해서 만백성을 축복하고
땅의 먼지처럼 번성하게 하며
그의 후손을 별과 같이 높여주고
이 바다에서 저 바다까지,
이집트 강에서 땅 끝까지를
유산으로 주겠다고 하셨다.

이사악과 야곱

22 이사악에게도 그의 부친 아브라함을 보셔
서,
같은 맹세로써 약속하시며
23 온 인류에게 내리는 축복을 새롭게 하셨
다.
야곱의 머리 위에 당신의 계약을 머물게
하셨고
축복으로써 그를 인정하셨으며
그에게 유산으로 땅을 주셨고
그 땅을 가르셔서,
열두 지파로 하여금 나눠갖게 하셨다.

모세

45 야곱의 후손에서 하느님의 자비를 받
은 사람이 나왔는데,
그는 모든 사람의 환영을 받고
하느님과 사람들의 사랑을 받은 바로 모
세이다.
그에 대한 기억은 축복 속에 살아 있다.
2 주님은 그에게 성인의 반열에 끼이는 영
광을 주셨고
원수들을 무찌르는 힘을 주셔서 영웅으
로 만드셨다.
3 모세의 요청으로 주님께서는 그 무서운
위난들을 거두셨고
왕들 앞에서 그를 높여주셨으며,
그를 통해 당신의 백성이 지켜야 할 계명
을 내리셨고
당신 영광의 일부를 보여주셨다.
4 그의 충성심과 온유한 성격을 보시고 그
를 축복하셨으며
모든 사람 중에서 특별히 그를 선택하셨
다.
5 또한 주님은 그를 어두운 구름 속으로 인
도하시어
당신의 목소리를 들려주셨다.
그리고 직접 마주보며 계명을 주셨는데
그것은 생명과 지식의 율법으로서,
야곱에게는 당신의 계약을 가르쳐 주시고
이스라엘에게는 계율을 가르치기 위한 것
이었다.

아론

6 주님은 또한 모세와 같이 거룩한 아론을
높여주셨다.
아론은 모세의 형으로서 레위 지파에서 나
온 사람이다.
7 주님은 아론과 영원한 계약을 맺으시고
그에게 백성의 사제직을 주셨다.
또 그에게 훌륭한 제복을 내리시어
영광의 옷을 입혀주셨다.
8 주님은 그에게 자랑스러운 관을 씌워주
시고
권위의 상징인 옷들을 입히셨으니,
바지와 겉옷과 어깨걸이를 입혀주셨다.
9 어깨걸이 술에는 석류와

금방울을 많이 달게 하여,
발걸음을 옮길 때마다
성전 안에 울려 퍼져서
당신 백성의 자녀들로 하여금 그 소리를
듣고 깨우치게 하셨다.
10 이 어깨걸이는 황금실과 자홍실과 진홍
실로 짠 거룩한 옷으로서
자수가의 작품이다.
가슴에는 진리의 상징인 재판관의 흉패
를 달았으니
그것은 새빨간 실로 짠 공예사의 작품이
다.
11 거기에는 보석장이가 보석들을 도장 모
양으로 잘라서
황금틀에다 박아놓았다.
이 보석들에 이스라엘 지파의 수대로
이름을 새겨서 기념으로 삼게 하셨다.
12 두건 위에 금관을 씌워주셨는데
금관에는 축복의 문장이 새겨져 있다.
이런 것은 얼마나 보기 좋은 장식물인가,
얼마나 훌륭한 솜씨인가, 또 얼마나 자랑
스러운 명예인가.
13 이와 같이 아름다운 것들을 몸에 지녔던
사람은
일찍이 아무도 없었고,
이교도로서는 아무도 몸에 걸쳐보지 못
한 것이요
다만 아론의 자손들과
그의 후손들만이 만대에 누릴 영예인 것
이다.
14 그가 바치는 제물은 완전히 타올랐고
그 제사는 하루에 두 차례씩 끊임없이 있
었다.
15 모세는 아론의 손을 축복하고
성유를 그에게 부어주었다.
이것은 아론에게뿐만 아니라,
하늘이 존속하는 한, 그의 후손들에게 영
원한 계약이 되었다.
그래서 아론은 하느님께 드리는 의식을
주재하며 사제일을 하였고
주님의 이름으로 백성들을 축복하였다.
16 주님은 모든 사람들 중에서 그를 뽑아
주님의 제사를 주관하게 하셨고
백성들의 죄를 속죄하기 위하여
향기롭고 감미로운 분향으로 기념 제사
를 드리게 하셨다.
17 주님은 아론에게 당신의 계명을 맡기시고
율법에 따르는 사법권을 주셨다.
이렇게 해서 야곱에게는 당신의 계율을
가르치고
이스라엘에게는 당신의 율법을 밝혀주게
하셨다.
18 다른 민족들이 아론을 시기하여
광야에서 들고일어났다.
증오심으로 포악해진 다탄족과 아비란족,
그리고 코라의 무리들이었다.
19 주님께서는 이것을 보시고 그들을 좋지
않게 여기시어
당신의 분노를 터뜨려 그들을 없애버리
셨다.
주님은 그들에게 놀라운 재앙을 내리시
고
뜨거운 불로 그들을 태워버리셨다.
20 그리고 주님은 아론에게 토지를 소유케
하셔서
그에게 영광을 더해 주시고,
그 땅에서 나는 첫 곡식을 나눠주시어
누구보다도 더 풍성한 빵을 가질 수 있게
하셨다.
21 그래서 아론의 일족은 주님의 제물을 먹
고 살 수 있게 되었는데
그것은 주님이 아론과 그 후손에게 주신
것이었다.
22 그러나 백성들의 땅 중에서 아론의 유산
은 없었고
백성들에게서 차지할 자기 몫도 없었다.
"내가 너의 분깃이요 유산이다."
하고 말씀하셨기 때문이다.

비느하스

23 엘르아잘의 아들 비느하스는 영광을 받은
세 번째 사람이다.
그는 주님을 두려워함에 있어서 열심을
보였고
백성들이 모반하였을 때에
용감하게 지조를 지켰으며,
이스라엘을 위하여 희생하였다.
24 그래서 주님은 그와 더불어 평화의 계약
을 맺어
그로 하여금 성자들과 백성의 지도자가
되게 하셨고,
그와 그의 후손들에게 영원한 사제직을
맡기셨다.
25 그래서 주님께서 유다 지파 이새의 아들,
다윗과 맺은 계약은
아들들에게만 대대로 왕권을 계승하게
되었으나
아론의 사제직은 그의 일가 모든 후손들

에게 계승되는 것이다.
26 바라옵건대 주님께서 이 후손들의 마음
을 지혜로 채우시고
당신 백성을 의로 다스리게 해주시기를!
그뿐 아니라 그들이 영원토록 번영하고
그들의 영광이 대대로 이어지기를!

여호수아

46 눈의 아들 여호수아는 전장에서 용감하
였고
예언하는 일에 있어서 모세의 후계자였
다.
그는 이름 그대로,
하느님의 선민들의 위대한 구원자가 되
어,
반항하는 원수들을 쳐부수고
이스라엘로 하여금 자기 땅을 차지하게
하였다.
2 그가 팔을 들어 뭇 도시를 향하여,
칼을 휘둘렀을 때에 얼마나 장하였던가!
3 그와 같은 결단력을 보인 사람은 일찍이
없었다.
그는 몸소 주님의 전쟁을 치렀다.
4 그는 자기 손으로 태양을 멈추게 하였고
하루를 이틀로 만들었다.
5 원수들이 사방에서 쳐들어올 때,
지극히 높으시고 전능하신 분께 부르짖
자,
위대하신 주님께서 그의 호소를 들어주
시어
맹렬한 돌벼락을 내리셨다.
6 그는 원수의 백성을 덮쳐서
벳호론의 내리받이에서 저항하는 적군을
멸망시켰다.
그리하여 자기의 무력을 여러 나라 사람
들에게 과시하고
주님께서 자기와 함께, 싸워주신다는 것
을 보여주었다.

갈렙

7 여호수아는 전능하신 분을 뒤따랐고
모세 때에 충성을 다하였다.
그와 여분네의 아들 갈렙은
온 군중의 반대를 무릅쓰고 백성으로 하
여금 죄짓지 못하게 하였으며,
당치않는 불평분자들을 다스렸다.
8 그래서 육십만 군사 중에서
그 두 사람이 살아 남아
유산의 땅,
젖과 꿀이 철철 흐르는 그 땅으로 들어갔
다.
9 주님은 갈렙에게 힘을 주셨다.
그는 그 힘을 늙을 때까지 간직하여
그 나라의 고산 지대를 정복할 수 있었으
며
그 후손들은 그 땅을 유산으로 받아서 지
키고 있다.
10 그 결과, 이스라엘의 모든 자손들은
주님을 따르는 것이 이롭다는 것을 알게
되었다.

판관들

11 판관들은 그 하나하나가 높은 명성을 떨
쳤고
그들은 모든 우상 숭배를 물리쳤으며
주님께 등을 돌리지 않았다.
그들의 기억이 주님의 축복 속에 길이 남
기를!
12 또 그들의 뼈가 무덤에서 다시 꽃피어 나
고
그들의 이름이 후손들에게 영원히 빛나
기를!

사무엘

13 주님의 총애를 받은 사무엘,
그는 주님의 예언자로서 왕권을 제정하
고
자기 백성을 다스릴 통치자들에게 기름
을 부어 축복하였다.
14 그는 주님의 율법으로 백성들을 다스렸
으며
주님께서는 야곱의 백성을 지켜주셨다.
15 그는 충성을 다하여 예언자로서 인정을
받았고
그 말로써 참된 선지자임을 드러냈다.
16 원수들이 사방에서 밀려들 때에,
젖먹이 양을 바치며
전능하신 주님께 도움을 청하였다.
17 주님께서는 하늘로부터 천둥을 울리시며
벽력같은 목소리를 들려주셨다.
18 그래서 사무엘은 띠로의 군주들을 모조리
죽이고
불레셋 통치자들을 멸망시켰다.
19 그는 영원한 안식으로 들어가기 전에,
주님과 그가 기름 부어 축복한 사람 앞에
서 이렇게 증언하였다.
"나는 어느 누구에게서도 돈은 물론,

남의 물건은 짚신 한 켤레 빼앗은 적이 없
다."
그래서 그는 누구에게서도 힐난당한 적
이 없었다.
20 그는 잠든 다음에도 예언하여,
왕에게 닥쳐오는 죽음을 경고하였다.
또 그는 백성들의 악행을 없애기 위하여
땅 속에서도 소리질러 예언하였다.

나단

47 그 후에 다윗의 시대가 시작되었는데,
나단이란 예언자가 나타났다.

다윗

2 번제물을 위하여 기름기를 따로 떼어놓
듯이,
다윗도 온 이스라엘 사람들 중에서 뽑혔
다.
3 그는 마치 염소를 데리고 놀듯이 사자를
다루었고
어린 양을 데리고 놀듯이 곰을 다루었다.
4 그는 어린 나이에 거인을 죽이고
자기 백성의 치욕을 씻었다.
팔매돌 하나로
골리앗의 콧대를 꺾었다.
5 그는 지극히 높으신 주님께 도움을 청하
여
오른팔에 힘을 받아,
힘센 무사를 죽이고
그의 백성의 힘을 드높였다.
6 그래서 그는 만 명을 쳐 이긴 공로로
주님의 축복과 사람들의 환호를 받으며
영광의 왕관을 썼다.
7 그는 사면의 적들을 쳐부수고
자기 원수인 불레셋을 무찔러서,
그들의 힘을 영원히 꺾어버렸다.
8 그는 자기의 모든 공적을
지극히 높으시고 거룩하신 분께,
찬양의 노래로 감사드렸으며
마음을 다하여 거룩한 시를 읊어
창조주께 대한 사랑을 표시하였다.
9 그는 제단 앞에 악사들을 세워,
그들의 노래로 가락을 더 아름답게 하였
다.
10 축제를 성대하게 벌이고
장엄하게 예식을 치르게 하여
주님의 거룩한 이름을 찬양하게 하였으
며,
성소에는 새벽부터 거룩한 노랫소리가
울려 퍼지게 하였다.
11 주님께서는 다윗의 죄를 씻어주셨고
그의 힘을 영원히 높여주셨으며,
그에게 왕통을 약속하시고
이스라엘의 영광스러운 왕좌를 주셨다.

솔로몬

12 다윗은 현명한 아들 솔로몬에게 대를 이어
주었고,
솔로몬은 부왕 덕분에 행복하게 살았다.
13 솔로몬의 치세는 평화로웠으며
하느님께서 그에게 사방을 평정케 해주
셨으므로
하느님의 이름으로 가문을 세우고
영원한 성소를 마련할 수 있었다.
14 솔로몬, 당신은 젊은 시절에 얼마나 현명
하였습니까?
당신의 학식은 강물처럼 넘쳐흘렀습니
다.
15 당신의 지혜는 온 땅에 펼쳐져서,
온 땅이 수수께끼와 격언으로 가득 찼었
습니다.
16 당신의 이름은 먼 섬나라에까지 떨쳤으
며,
이름 그대로 당신은 평화를 이룩하여 만
인의 사랑을 받았습니다.
17 당신의 노래와 격언과 명언,
그리고 당신의 명답은 온 세상으로 하여
금 경탄케 하였습니다.
18 주 하느님의 이름으로,
이스라엘의 하느님으로 불리시는 분의 이
름으로,
당신은 주석과 같이 황금을 쌓았고
납과 같이 은을 모았습니다.
19 당신은 여인들에게 몸을 내맡기고
욕정의 노예가 된 적도 있어,
20 명예를 더럽히고
가문을 욕되게 하여
자식들이 천벌을 받고
후손들이 환난을 당하게 만들었으며,
21 왕권은 둘로 갈라져
에브라임에서 반역의 왕국이 일어나게까
지 되었습니다.
22 그러나 주님께서는 그 자비를 거두지 아
니하시고
약속하신 말씀을 지키시어,
당신께서 뽑으신 사람의 후손을 멸하지

아니하셨고
당신을 사랑한 사람의 혈통을 없애지 않
으셨다.
이와 같이 하여 야곱의 후손이 살아 남게
되었고
다윗에서 나온 자손들도 살아 남게 되었
다.

르호보암

23 솔로몬은 죽어서 선조들과 함께 묻히고,
자식 하나를 후계자로 남겼다.
그는 우둔한 르호보암으로서 백성 중 첫
째가는 미치광이였다.
그의 실정으로 온 백성이 반란을 일으켰
다.

여로보암

24 한편 느밧의 아들 여로보암은 이스라엘을
죄짓게 하여
에브라임을 악의 길로 이끌어갔다.
그 때부터 그들의 죄는 한없이 늘어만 갔
고
마침내는 나라에서 추방당하게 되었다.
25 갖은 악행을 자행하다가
끝내 천벌을 받게 되었던 것이다.

엘리야와 엘리사

48 그 때 예언자 엘리야가 불과 같이 일어
났으니,
그의 말은 횃불처럼 타올랐다.
2 그는 백성들을 징벌하려는 열정에서
기근의 벌을 내리게 하여 많은 사람을 굶
어 죽게 하였다.
3 주님의 말씀을 받들어 하늘의 문을 닫고
세 번씩이나 불을 내렸다.

4 엘리야, 신기한 일을 많이 보인 당신의 큰
영광이여!
누가 당신의 자랑스러움과 견줄 수 있으
리이까.
5 당신은 지극히 높으신 분의 말씀을 받들
어
죽은 사람을 지옥으로부터 건져냈습니다.
6 당신은 많은 왕들을 멸망시키고
지체 높은 사람들을 잠자리에서 죽음으
로 치닫게 하였습니다.
7 당신은 시나이 산에서 책망의 말씀을 들
었고,
호렙 산에서 징벌의 명령을 받들었습니다.
8 당신은 왕들을 거룩한 기름으로 성별하
여 그들의 원수를 갚게 하고,
당신을 계승할 예언자들에게도 같은 예
식을 행하였습니다.
9 당신은 불마차를 타고
불 소용돌이 속 하늘로 올라갔습니다.
10 당신이 심판날에 와서
하느님의 분노가 터지기 전에 그 분노의
불을 끄고
아비들의 마음을 자식에게로 돌리며
야곱의 지파들을 재건하리라고, 기록되
어 있습니다.
11 당신을 본 사람들은 얼마나 행복하며,
당신과 사랑으로 맺어진 사람들은 얼마
나 행복합니까?
우리 또한 생명을 얻을 것입니다.

12 엘리야가 회오리바람에 싸여 사라질 때,
엘리사는 엘리야의 심령으로 가득 찼었다.
그는 일생 동안 어떠한 군주도 두려워하
지 않았으며
아무도 그를 굴복시킬 수 없었다.
13 그에게는 어려운 일이란 하나도 없었고
무덤 속에서도 예언자로서의 직분을 다
하였다.
14 그는 살아 생전에 놀라운 일들을 행하였
으며
죽은 후의 업적 또한 신기하였다.
15 그럼에도 불구하고 백성들은 뉘우치지
않았으며
죄를 끊어버리지 않아서,
마침내 그들은 제 나라에서 쫓겨나
사방에 흩어져 살게 되었다.
16 그래서 소수의 백성만이 남아,
다윗 가문의 통치자와 함께 살았다.
그들 중 몇 사람은 착하게 살아서 주님을
기쁘게 해드렸으나
나머지 사람들은 끊임없이 죄를 지었다.

히즈키야와 이사야

17 히즈키야는 그의 도성을 견고히 하고
성 안에 물을 끌어들였다.
그리고 쇠로 바위에 굴을 파서
저수지를 만들었다.
18 그의 시대에 산헤립이 왕이 되어
랍사게를 사신으로 보냈다.
그가 시온 산을 향하여 손을 들고
거만하게 호언장담하였다.
19 히즈키야의 백성들은 마음과 손이 떨리고

산모의 진통 같은 고통을 당하였다.
20 그러나 그들은 주님을 향하여 팔을 들고
주님의 자비를 구하였다.
거룩하신 분께서 곧 하늘에서 그들의 간
청을 들으시고
이사야를 시켜 그들을 구해 주셨다.
21 주님은 아시리아 군대를 내리치시고
천사를 보내어 그들을 몰살시키셨다.
22 히즈키야는 주님께서 기뻐하시는 일만 하
였다.
그리고 하느님의 교시를 충실히 전한,
위대한 예언자 이사야의 가르침을 따라
자기 조상 다윗의 길을 굳건히 지켰다.
23 이사야는 그 때에 태양을 뒷걸음질시켜서
왕의 수명을 연장시킨 분이다.
24 이사야는 강한 신통력을 가지고 미래를
내다보았으며,
슬피 우는 시온 사람들을 위로하였고,
25 세상 종말까지 일어날 일들을 보여주었
으며
감추어진 일들을 사전에 미리 알려주었
다.

요시야와 예레미야

49 요시야에 대한 기억은 향료사가 잘 배
합한 향료를 피우는 것과 같다.
그것은 누구 입에나 달콤한 꿀과 같으며,
주연에 울려 퍼지는 음악 소리와 같다.
2 그는 백성을 바른 길로 이끌어 회개시켰
고,
불경스러운 우상 숭배를 없애버렸다.
3 온 마음을 주님께 바쳐서,
불경의 시대에 경건한 신앙심을 북돋아
주었다.
4 다윗과 히즈키야와 요시야를 제외하고는,
모두가 악행만을 자행하였다.
그들은 지극히 높으신 분의 율법을 저버
렸고
유다의 왕들은 모두 멸망하였다.
5 그들은 자기 나라를 남들에게 넘겨주었
고,
그들의 영광을 타민족에게 팔아먹었다.
6 원수들은 성소가 있는 간선된 도성을 불
태우고,
그 도성의 거리를 황폐하게 만들었다.
7 그것은 백성들이 예레미야를 학대한 까닭
이니,
예레미야는 날 때부터 예언자로 부름받아,
부수고 뽑아버리고 없앴다가
다시 일으켜 세우고 새로 심는 사명을 띤
사람이었다.

에제키엘과 욥과 열두 소예언자들

8 에제키엘은, 주님께서 거룹의 수레 위에서
보여주신
영광스러운 영상을 본 사람이다.
9 그는 적군들이 폭우 속에 허덕이던 것을
상기하고
올바른 길을 걷는 사람들을 돌보시는 주
님을 되새겼다.
10 그 밖에 열두 예언자들이 있었으니,
그들의 뼈가 무덤 속에서 다시 꽃피어 나
기를!
그들은 야곱의 백성을 위로하였고
굳은 희망으로 그들을 구원하였다.

그 밖의 훌륭한 인사들

11 즈루빠벨을 어떻게 찬양해야 옳을까?
그는 주님 오른손의 인장반지와 같았으
며,
12 요사닥의 아들 예수아도 그랬다.
그들은 자기 대에 하느님의 집을 재건하
였고
그 성전을 주님께 봉헌하여,
주님의 영광을 영원히 드러내었다.
13 느헤미야에 대한 기억 또한 위대하여 사
라지지 않을 것이다.
그는 무너져 버린 우리 성벽을 다시 쌓았
고
거기에 문과 빗장을 달아서,
우리가 살 집을 다시 세웠다.
14 세상에 태어난 사람으로서 에녹을 당할
사람이 있으랴.
그는 땅에서 하늘로 불려 올라갔다.
15 또 요셉과 같은 사람도 일찍이 태어난 적
이 없었으니,
그는 자기 형제들의 으뜸이었고 자기 백
성의 기둥이었다.
그의 유골은 특별한 추앙을 받았다.
16 셈과 셋도 사람들의 존경을 받았지만,
생명을 가진 모든 창조물 가운데 가장 으
뜸가는 이는 역시 아담이다.

대사제 시몬

50 ㉠오니아의 아들 시몬은 대사제로서
일생 동안 주님의 집을 수리하여,

㉠ 히브리어 사본에는 "요하난의 아들"로 되어 있다.

자기 생애에 성전을 견고하게 만들었다.
2 그는 이중벽의 기초를 쌓았고
지성소 둘레에 높은 성곽을 쌓았다.
3 그는 생전에 저수지를 팠는데
그 저수지는 바다처럼 넓었다.
4 그는 자기 백성이 멸망하는 것을 막기 위하여
적군의 포위에 대비하여 도성을 요새로 만들었다.
5 그가 지성소에서 나타나,
사람들에게 에워싸였을 때 그 얼마나 훌륭하였던가!
6 그는 구름 사이에서 빛나는 샛별과 같았고
쟁반처럼 둥근 달과 같았다.
7 그는 지극히 높으신 분의 성전을 비추는 태양과 같았고
영광의 구름 속에서 빛나는 무지개와 같았으며
8 봄날의 장미꽃 같았고
물가에 핀 백합 같았으며
여름철의 유향나무 가지와도 같았고,
9 향로에 담긴 불과 피어오르는 향과 같았으며
온갖 보석으로 장식한 순금그릇과 같았다.
10 그는 또 열매가 주렁주렁 달린 올리브 나무와 같았고
구름까지 치솟은 송백과 같았다.
11 시몬이 찬란한 제복을 입고
휘황찬란한 패물로 단장하고
거룩한 제단으로 올라가서
성소 안을 영광으로 충만하게 했을 때에
그 얼마나 장관이었던가!
12 그가 제단 곁에 서서
사제들로부터 제물의 몫을 받을 때에,
그의 형제들은 화환 모양으로 그를 둘러쌌다.
그는 종려나무에 둘러싸인
레바논의 싱싱한 삼나무처럼,
13 아론의 모든 자손들이 찬란한 옷차림을 하고,
주님께 바칠 제물을 손에 든
이스라엘의 온 회중 앞에 섰을 때,
14 시몬은 전능하시고 지극히 높으신 분께
정중하게 제물을 바치면서 제사를 지냈다.
15 그가 손을 내밀어 거룩한 잔을 들고
포도즙을 약간 부어, 제단 밑에 쏟을 때,
만물의 왕이시며 지극히 높으신 분께 오르는 향기가 그윽하였다.
16 그 때에 아론의 자손들은 환성을 올리고,
잘 두들겨 만든 쇠나팔을 불며
그 소리를 우렁차게 울려서,
지극히 높으신 분 앞에 기념으로 삼았다.
17 그러자 사람들은 일제히 모두 땅에 엎드려,
전능하시고 지극히 높으신 하느님이신,
그들의 주님을 경배하였다.
18 악사들은 찬미가를 불렀는데,
그 모든 노래는 아름다운 가락을 이루었다.
19 사람들은 지극히 높으신 주님께 탄원하고
자비로우신 분께 기도를 올렸다.
이렇게 해서 주님께 바치는 예배가 끝나고
예식을 모두 마쳤다.
20 그 후에 시몬은 제단에서 내려와 팔을 들어
그 곳에 모인 이스라엘 자손들에게 큰소리로 주님의 축복을 빌어주었다.
이렇듯이 그는 주님의 이름을 부르는 영광을 누렸다.
21 그래서 사람들은 다시 엎드려,
지극히 높으신 분의 축복을 받았다.

찬미와 기도

22 자, 이제 만물의 하느님을 찬미하여라.
그분은 어디에서나 큰일을 하시는 분이시며
우리가 태어날 때부터 우리의 나날을 높여주셨고,
우리에게 당신의 자비를 베풀어주셨다.
23 주님! 우리 마음에 기쁨을 주시고
우리 시대에 평화를 주시며
이스라엘에 영원한 평화를 주소서.
24 우리에게 항상 자비를 베푸시고
이 시대에 우리를 구원하소서.

숫자 격언

25 내가 마음으로 증오하는 민족이 둘 있는데
세 번째 것은 민족이라 할 수도 없다.
26 사마리아 산에 사는 주민들과 블레셋인들,
그리고 세겜에 사는 어리석은 자들이 그들이다.

결론

27 이 책에 쓴 지혜와 지식의 가르침은,
예루살렘 사람 엘르아잘의 아들, 시라의 아들인 나 예수가 쓴 것이다.
내 마음에서는 지혜가 냇물처럼 흘러 나왔다.
28 지혜를 위하여 몸바쳐 일하는 사람은 얼마나 행복하며,
자기 마음에 지혜를 간직하여 현명하게 된 자는 얼마나 행복한가!
29 지혜를 좇아 행하는 자는 무슨 일에나 강할 것이다.
그가 가는 길을 주님이 비춰주실 것이기 때문이다.

감사의 노래

51 주님이시며 임금이신 당신께 감사를 드리며
나의 구원자이신 하느님을 찬양합니다.
당신의 이름에 감사를 드립니다.
2 당신은 나의 보호자시고 기둥이셨으며
내 몸을 멸망으로부터 구해 주셨고
나쁜 말을 하는 혀의 함정으로부터,
거짓을 만드는 입술로부터 구원해 주셨습니다.
그리고 내 주위 사람들 앞에서,
당신은 나를 붙들어주시고 구원해 주셨습니다.
3 당신의 풍만하신 자비와 위대하신 이름으로,
나를 집어삼키려는 자들의 이빨로부터,
내 목숨을 노리는 자들의 손아귀로부터,
또 내가 당한 많은 시련으로부터 나를 구해 주셨습니다.
4 또 내 주위에서 타오르는 숨막히는 불길에서,
내가 불붙이지 않은 불구덩이에서,
5 지옥의 깊은 구렁에서,
더러운 입과 거짓말에서,
6 나를 왕에게 모함하는 자들에게서 구해 주셨습니다.
나는 죽음 직전에까지 이르렀었으며,
내 목숨은 지옥 문턱에까지 내려갔었습니다.
7 사람들이 나를 사방에서 에워쌌을 때 누구 하나 도와주지 않았습니다.
나를 도와줄 사람을 찾았지만 허사였습니다.
8 그 때에 주님, 나는 당신의 자비를 생각하였고
영원으로부터 당신께서 이루신 일들을 생각하였습니다.
당신께서는 당신을 끈기 있게 기다리는 사람들을 구원하시고
원수의 손아귀로부터 그들을 구해 주신다는 것을.
9 그래서 나는 이 세상에서 당신께 기도를 올렸고
죽음으로부터 구원해 주십사고 간청하였습니다.
10 나는 주님의 아버지이신 당신께 이렇게 기도하였습니다.
"내가 시련을 당했을 때 버리지 마시고,
오만한 자들 앞에서 어찌할 바를 모를 때 도와주소서.
내가 당신의 이름을 끊임없이 찬양하리이다."
11 당신께서는 내 기도를 들어주시어
이 몸을 멸망으로부터 구해 주셨고,
악의 시대에서 건져주셨사옵니다.
12 이에 당신께 감사드리고 찬양하며
주님의 이름을 찬미하옵니다.

지혜를 추구함

13 내가 젊어서 아직도 먼 길을 떠나기 전에
나는 지혜를 얻으려고 열심히 기도하였다.
14 나는 지성소 앞에 나아가 지혜를 찾아 기도하기도 하였고
내 마지막 날까지 계속하여 지혜를 찾아다닐 것이다.
15 꽃이 피면서 포도알이 익음과 같이
내 마음은 지혜 안에서 기쁨을 맛보았다.
내 발은 곧은 길을 밟았으며
젊었을 때부터 줄곧 지혜를 쫓아다녔다.
16 나는 귀를 기울여 지혜의 소리를 들었고
그로부터 많은 가르침을 받았다.
17 지혜 덕분에 나는 많은 것을 얻었다.
나에게 지혜를 주신 분께 영광을 드린다.
18 나는 지혜를 실천에 옮기기로 결심하였으며
선한 일을 열렬히 추구하였으니 부끄러움을 당하지 않을 것이다.
19 나의 마음은 지혜를 차지하려고 싸웠고
그것을 실천하는 데 온 힘을 기울였다.
나는 팔을 펼쳐 하늘을 우러러보며
지혜를 모르는 나의 무지를 탄식하였다.
20 내 온 마음을 지혜에 기울였으며

마침내 순결 속에서 지혜를 찾아내었다.
처음부터 지혜를 찾으려고 온 마음을 기울였으니
나는 결코 버림을 당하지 않을 것이다.
21 나는 마음속으로부터 지혜를 찾으려고 갈망하였으므로,
이제 그 훌륭한 것을 얻게 되었다.
22 주님은 그 보상으로 나에게 입을 주셨고,
나는 그 입으로 주님을 찬양할 것이다.
23 배우지 못한 사람들아, 나에게로 와서 내 학교에 들어오너라.
24 어찌하여 지혜를 갖지 못한 채 불평만 하고
너희 영혼의 갈증을 풀 생각을 하지 않느냐!
25 나 이제 결론삼아 말한다.
지혜를 돈으로 살 생각은 말아라.
26 네 목에 지혜의 멍에를 씌워라.
그리고 네 마음에 지혜의 가르침을 받아라.
지혜는 바로 네 곁에 있다.
27 눈을 바로 뜨고 보아라.
내가 얼마나 적은 노력으로 큰 평화를 얻었는가를!
28 가령 은을 많이 주고서 지혜를 배우면
그 덕으로 많은 금을 얻을 것이다.
29 너희는 마음으로 주님의 자비 안에서 기뻐하고
주님께 찬미드리기를 부끄러워하지 말아라.
30 정한 시간이 오기 전에 네 할 일을 하여라.
그러면 주님께서 정하신 때에 보상을 주실 것이다.

시라의 아들 예수의 지혜.

이 사 야

1 ◎이사야가 받은 계시. 이것은 아모쓰의 아들 이사야가 유다 왕 우찌야, 요담, 아하즈, 히즈키야의 시대에 유다와 예루살렘이 어찌 될 것인지를 내다본 것이다.

미련한 백성

2 하늘아 들어라, 땅아 귀를 기울여라.
야훼께서 말씀하신다.
"자식이라 기르고 키웠더니
도리어 나에게 반항하는구나.
3 소도 제 임자를 알고
나귀도 주인이 만들어준 구유를 아는데
이스라엘은 아무것도 알지 못하고
내 백성은 철없이 구는구나."

유다의 멸망

4 아! 탈선한 민족, 불의로 가득 찬 백성,
사악한 종자, 부패한 자식들.
야훼를 떠나고 이스라엘의 거룩하신 분을 업신여기고
그를 배반하여 돌아섰구나.
5 아직도 덜 맞아서 엇나가기만 하는가?
머리는 상처투성이고 속은 온통 병이 들었으며
6 발바닥에서 정수리까지 성한 데가 없이
상하고 멍들고 맞아 터졌는데도
짜내고 싸매고 약을 발라주는 이도 없구나.
7 너희의 땅은 쑥밭이 되었고 도시들은 잿더미가 되었으며
애써 농사지은 것을 남이 약탈해 가도 보고만 있어야 하니
아, 허물어진 소돔처럼 쑥밭이 되고 말았구나.
8 수도 시온은 포도밭의 초막, 참외밭의 원두막,
파수꾼의 망대처럼 외로이 남았구나.
9 만군의 야훼께서 조금이라도 살려두시지 않으셨더라면
우리는 모두 소돔같이, 고모라같이 되고 말았으리라.

거짓 예배

10 소돔 고관들아, 야훼의 말씀을 들어보아라.
고모라 백성들아, 우리 하느님의 법에 귀를 기울여보아라.
11 야훼께서 말씀하신다.
"무엇하러 이 많은 제물들을 나에게 바치느냐?

나 이제 숫양의 번제물에는 물렸고
살진 짐승의 기름기에는 지쳤다.
황소와 어린 양과 숫염소의 피는 보기도
싫다.
12 너희가 나를 보러오는데
도대체 누가 너희에게 내 집 뜰을 짓밟으
라고 하더냐?
13 더 이상 헛된 제물을 가져오지 마라.
이제 제물 타는 냄새에는 구역질이 난다.
초하루와 안식일과 축제의 마감날에
모여서 하는 헛된 짓을 나는 더 이상 견딜
수 없다.
14 너희가 지키는 초하루 행사와 축제들이
나는 정말로 싫다.
귀찮다, 이제는 참지 못하겠구나.
15 두 손 모아 아무리 빌어보아라.
내가 보지 아니하리라.
빌고 또 빌어보아라.
내가 듣지 아니하리라.
너희의 손은 피투성이,
16 몸을 씻어 정결케 하여라.
내 앞에서 악한 행실을 버려라.
깨끗이 악에서 손을 떼어라.
17 착한 길을 익히고 바른 삶을 찾아라.
억눌린 자를 풀어주고, 고아의 인권을 찾
아주며
과부를 두둔해 주어라."
18 야훼께서 말씀하신다.
"오라, 와서 나와 시비를 가리자.
너희 죄가 진홍같이 붉어도 눈과 같이 희
어지며
너희 죄가 다홍같이 붉어도 양털같이 되
리라.
19 너희가 기꺼이 순종하면
땅에서 나는 좋은 것을 먹게 되리라.
20 그러나 너희가 기어이 거역하면
칼에 맞아 죽으리라."
이는 야훼께서 친히 하신 말씀이다.

예루살렘의 죄상과 새 희망

21 어쩌다가 성실하던 마을이 창녀가 되었
는가!
법이 살아 있고 정의가 깃들이던 곳이 살
인자들의 천지가 되었는가!
22 너의 은은 찌꺼기가 되었고
너의 포도주는 물이 섞여 싱거워졌구나.
23 너의 지도자들은 반역자요, 도둑의 무리
가 되었다.
모두들 뇌물에만 마음이 있고 선물에만
생각이 있어
고아의 인권을 짓밟고 과부의 송사를 외
면한다.
24 그런즉, 이스라엘의 강하신 이,
주 만군의 야훼께서 말씀하신다.
"아! 내가 원수들을 속시원히 물리치고,
적에게 보복하리라.
25 그리고 손을 돌려 너의 찌꺼기는 용광로
에 녹여내고
납은 모두 걷어내어 너를 순결하게 하리
라.
26 내가 너의 재판관들을 그 옛날처럼 다시
세워주고
너의 고문관들을 처음과 같이 다시 일으
켜주리라.
그제야 너는 '정의의 도시, 성실한 마을'
이라 불릴 것이다.
27 시온은 그 키틀이 바로잡히고
주민은 마음이 바로잡혀 다시 살게 되리
라.
28 패역무도한 죄인들은 모조리 거꾸러지고
야훼를 저버리는 자들은 멸망하리라.
29 너희는 상수리나무에 기대를 걸었던 일
을 부끄러워할 것이며
그렇게도 좋아하던 동산에 실망하리라.
30 너희는 잎이 시든 상수리나무같이,
물 없는 동산같이 되리라.
31 힘센 사람은 삼오라기가 되고, 그가 만든
것은 불티가 되어
다 함께 타는데도 그 불을 꺼줄 사람 또한
없으리라."

장차 올 완전한 평화

2 ◎이것은 아모쓰의 아들 이사야가 유다와
예루살렘이 어찌 될 것인지를 내다보고
한 말이다.
2 장차 어느 날엔가
야훼의 집이 서 있는 산이
모든 멧부리 위에 우뚝 서고
모든 언덕 위에 드높이 솟아
만국이 그리로 물밀듯이 밀려들리라.
3 그 때 수많은 민족이 모여와서 말하리라.
"자, 올라가자, 야훼의 산으로,
야곱의 하느님께서 계신 전으로!
사는 길을 그에게 배우고 그 길을 따라가
자.
법은 시온에서 나오고, 야훼의 말씀은 예
루살렘에서 나오느니."
4 그가 민족간의 분쟁을 심판하시고

나라 사이의 분규를 조정하시리니,
나라마다 칼을 쳐서 보습을 만들고
창을 쳐서 낫을 만들리라.
민족들은 칼을 들고 서로 싸우지 않을 것
이며
다시는 군사 훈련도 하지 아니하리라.
5 오, 야곱의 가문이여,
야훼의 빛을 받으며 걸어가자.

야훼께서 오실 날

6 하느님이여, 당신께서는
당신의 백성 야곱의 가문을 버리셨습니
다.
그 집은 동방의 무당들로 가득 찼고
불레셋처럼 점쟁이들이 득실거립니다.
그들은 이방인과 손을 잡았습니다.
7 그 땅은 은과 금, 그리고 셀 수 없는 보화
로 가득 찼습니다.
그 땅은 군마와 무수한 병거로 차고 넘칩
니다.
8 그 땅은 우상들로 차 있으며,
그들은 자기들의 손으로 만든 것을 예배
하고
그 손가락으로 만든 것 앞에 꿇어 엎드립
니다.
9 이렇듯이 사람이 스스로 낮아졌고, 인간
은 천해졌습니다.
그들을 용서하지 마소서.
10 야훼께서 일어나 땅을 흔드실 때
너희는 그 두려운 얼굴을 피하고
그 빛나는 위엄을 피하여
바위굴로 들어가거라.
먼지 속에 몸을 숨겨라.
11 사람의 거만한 눈은 숙어지고, 인간의 오
만은 꺾이리니
그 날에 야훼 홀로 드높으시리라.
12 만군의 야훼께서 오시는 날,
뽐내고 거만한 자를 모두 꺾으시는 날,
높은 자리에 앉은 자를 모두 끌어내리시
는 날,
13 레바논에 높이 솟은 송백과
바산의 상수리나무를 모두 꺾으시는 날,
14 드높은 산악과 솟아 있는 언덕을 모두 낮
추시는 날,
15 높이 솟은 성탑과 견고한 성곽을 모두 부
수시는 날,
16 다르싯의 배와 값진 화물을 모두 침몰시
키시는 날,
17 사람의 거만은 꺾이고 인간의 오만은 숙
어지리니
그 날에 야훼 홀로 드높으시고
18 우상들은 모조리 사라지리라.
19 야훼께서 일어나 땅을 흔드실 때
너희는 그 두려운 얼굴을 피하고
그 빛나는 위엄을 피하여
바위굴로 들어가거라.
땅굴 속에 숨어라.
20 그 날이 오면 사람들은 저희가 섬기기 위
하여 제 손으로 만든 은우상과 금우상을 두
더지와 박쥐에게 던져주게 되리라.
21 야훼께서 일어나 땅을 흔드실 때
너희는 그 두려운 얼굴을 피하고
그 빛나는 위엄을 피하여
큰 바위의 갈라진 곳으로 들어가거라.
바윗돌 틈바구니에 숨어라.
22 다시는 사람을 믿지 마라.
코에 숨이 붙어 있을 뿐, 아무 보잘것없
느니.

예루살렘과 유다의 혼란

3 그렇다! 주, 만군의 야훼께서는
예루살렘과 유다를 의지할 데 없게 하신
다.
믿던 빵과 의지하던 물도 그들에게서 빼
앗으신다.
2 용사도 군인도 재판관도 예언자도
점쟁이도 장로도
3 장교도 귀족도 고문관도 능숙한 마술사
도
신통한 요술쟁이도 몰아내신다.
4 "내가 풋내기들을 그들의 관리로 세우고
철부지들로 그들을 지배하게 하리라."
5 백성들이 서로 괴롭히고 이웃과 이웃이
서로 못살게 구는 세상,
젊은이들이 노인에게 버릇없이 대하고,
천한 자들이 귀인에게 마구 덤비는 세태
가 되었구나.
6 그들이 자기 문중의 아무나 붙잡고
"너에게 도포가 있으니
우리의 어른이 되어다오.
이 위기를 네 손으로 수습해 다오." 할지
라도
7 그 날에 그는 역정을 내며
"나는 고쳐낼 수 없다.
내 집에는 빵도 없고 도포도 없으니
나를 백성의 어른으로 세우지 마라." 하

리라.
8 모두들 말과 행동으로 야훼를 거역하고
존엄하신 그의 눈에 거슬리니
예루살렘은 흔들리며, 유다는 쓰러지는구
나.
9 뻔뻔스런 얼굴에 죄가 서리어 있고
소돔처럼 죄를 자랑하며 숨기지도 않는
다.
아, 멸망을 자청하는 그들, 처참하여라.

10 복되어라, 올바른 사람.
자기의 일한 보람을 먹고 살리라.
11 비참하여라, 악한 사람.
자기의 저지른 일에 앙갚음을 받으리라.
12 오, 나의 겨레야, 철부지에게 시달리고
㉠여자들에게 지배를 받는 나의 겨레야,
너희를 바로 인도할 자들이 도리어 엉뚱
한 길로 이끌어
너희의 갈 길을 망쳐놓는구나.

시온을 향한 주의 심판

13 야훼께서 재판정에 들어서신다.
당신 백성을 재판하시려고 자리를 잡으
신다.
14 야훼께서 당신 백성의 장로들과 그 우두
머리들을 재판하신다.
"내 포도밭에 불을 지른 것은 너희들이
다.
너희는 가난한 자에게서 빼앗은 것을 너
희 집에 두었다.
15 어찌하여 너희는 내 백성을 짓밟느냐?
어찌하여 가난한 자의 얼굴을 짓찧느냐?
주, 만군의 야훼가 묻는다."
16 야훼께서 계속 문책하신다.
"시온의 딸들은 잘난 체 목을 빼고
추파를 던지며 돌아다니고
발목으로 잘랑잘랑 소리나 내며
이리저리 꼬리치고 돌아다닌다."
17 그런즉, 주께서는 시온의 딸들의 정수리
를 버짐 먹게 하시고
그들의 머리를 밀어버리시리라.
18 그 날이 오면, 주께서 온갖 패물과 아름
다운 옷을 벗겨버리시리라. 발목걸이, 머리
망사, 목걸이,
19 귀고리, 팔목걸이, 면사포,
20 머리댕기, 다리걸이, 허리띠, 향수갑, 부적,
21 인장가락지, 코고리,
22 예복, 두루마기, 장옷, 손가방,
23 비치는 옷, 모시옷, 고운 이마띠, 너울을 다
벗겨버리시리라.
24 향내는 썩는 냄새로,
띠는 포승으로 바뀌고
곱게 땋았던 머리는 삭발당하고
예쁜 옷을 입었던 몸에는 부대조각을 감
고
아름답던 얼굴에는 수치의 낙인이 찍히
리라.
25 너의 장정들은 칼에 쓰러지고
너의 용사들은 싸움터에서 넘어지리라.
26 문간은 온통 탄식과 울음바다가 되고
너만이 땅에 주저앉아 홀로 남아 있으리
라.

4 그 날에 일곱 여자가 한 남자를 붙잡고
애원하리라.
"먹여달라, 입혀달라, 조르지 않겠으니
당신의 아내라는 말만이라도 듣게 해주
십시오.
이 부끄러운 신세를 면하게 해주십시오."

예루살렘의 회복

2 그 날에는 야훼께서 돋게 하신 싹이
살아 남은 이스라엘 사람들에게 아름답고
영예로울 것이며
땅에서 나는 열매가 자랑스럽고 소중하
리라.
3 시온에 살아 남은 자, 예루살렘에 남은 자
는 성도라 불리리니 그들은 모두 예루살렘
에 남은 생존자의 명단에 오른 이들이다.
4 주께서 시온의 딸들의 더러움을 씻으시고
심판하는 입김과 쓸어가는 바람으로 피에
물든 예루살렘을 속속들이 정하게 하시리라.
5 그 때 야훼께서 시온 산 전역과 모인 회중 위
에 낮에는 구름으로, 밤에는 솟아오르는 연
기와 환한 불길로 나타나시리라. 야훼의 영
광이 모든 것을 덮는 차일이 되고
6 천막이 되어, 낮에는 더위를 피하는 그늘이
되시고 소나기와 비를 피할 은신처가 되시
리라.

포도밭의 노래

5 ◎임의 포도밭을 노래한 사랑의 노래를
내가 임에게 불러드리리라.
나의 임은 기름진 산등성이에 포도밭을
가지고 있었네.
2 임은 밭을 일구어 돌을 골라내고
좋은 포도나무를 심었지.

㉠ 칠십인역에서는 "채권자에게"라고 번역되어 있다.

한가운데 망대를 쌓고
즙을 짜는 술틀까지도 마련해 놓았네.
포도가 송이송이 맺을까 했는데
들포도가 웬 말인가?
3 예루살렘 시민들아! 유다 백성들아!
이제 나와 포도밭 사이를 판가름하여라.
4 내가 포도밭을 위하여 무슨 일을 더 해야
한단 말인가?
내가 해주지 않은 것이 무엇이 있는가?
포도가 송이송이 맺을까 했는데
어찌하여 들포도가 열렸는가?
5 이제 내가 포도밭에 무슨 일을 할 것인
가를
너희에게 알리리라.
울타리를 걷어 짐승들에게 뜯기게 하고
담을 허물어 마구 짓밟히게 하리라.
6 망그러진 채 그대로 내버려두리라.
순을 치지도 아니하고 김을 매지도 않아
가시덤불과 엉겅퀴가 덮이게 하리라.
구름에게 비를 내리지 말라고 명하리라.
7 만군의 야훼의 포도밭은 이스라엘 가문이
요,
주께서 사랑하시는 나무는 유다 백성이
다.
공평을 기대하셨는데 유혈이 웬 말이며
정의를 기대하셨는데 아우성이 웬 말인
가?

예루살렘의 참상

8 아, 너희가 비참하게 되리라.
집을 연달아 차지하고 땅을 차례로 사들
이는 자들아!
빈터 하나 남기지 않고 온 세상을 혼자 살
듯이 차지하는 자들아!
9 만군의 야훼께서 내 귀에 대고 맹세하신
다.
"많은 집들이 흉가가 되어
제아무리 크고 좋아도 인기척이 없게 되
리라.
10 포도밭 열흘갈이에서 술 한 항아리밖에
나지 아니하고
종자 한 섬에서 곡식 한 독이 가까스로 나
리라."
11 아, 너희가 비참하게 되리라.
새벽부터 독한 술을 찾아나서고
밤늦게까지 술독에 빠져 있는 자들아!
12 수금과 거문고, 소구와 피리 소리 들으며
술이나 마시고
야훼께서 하시는 일에는 관심도 없으며
그가 손수 이루시는 일은 아랑곳도 하지
않는 자들아!
13 내 백성은 지각이 없어 포로가 되고
귀족은 굶어 죽고 민중은 목이 타 죽으
리라.
14 땅이 목구멍을 열고 입을 찢어지게 벌릴
것이니
귀족과 서민이 함께 떠들고 날뛰다가 빠
져 들어가리라.
15 이렇듯이 사람이 스스로 낮아졌고, 인간
은 천해졌으니
거만한 자의 눈은 숙어지리라.
16 만군의 야훼께서는 그 공평하심으로 인하
여 기림을 받으시고
거룩하신 하느님은 정의로 당신의 거룩
하심을 드러내시리라.
17 새끼 양들이 거기에서 제 목장인 양 풀을
뜯고
살진 짐승이 그 폐허에서 한가로이 먹으
리라.
18 아, 너희가 비참하게 되리라!
소 고삐로 재앙을 끌어당기고
병거의 줄로 죄를 잡아 당기는 자들아!
19 너희가 빈정거리는구나.
"하시고 싶은 일을 어서 해보시오.
거룩하다는 이스라엘의 하느님이여,
당신의 뜻을 빨리 이루어 우리에게 알려
주시오."
20 아, 너희가 비참하게 되리라.
나쁜 것을 좋다, 좋은 것을 나쁘다,
어둠을 빛이라, 빛을 어둠이라,
쓴 것을 달다, 단 것을 쓰다 하는 자들아!
21 아, 너희가 비참하게 되리라.
지혜 있는 자로 자처하는 자들아!
유식한 자로 자처하는 자들아!
22 아, 너희가 비참하게 되리라.
술이 센 자들아!
독한 술을 잘 빚는 자들아!
23 뇌물에 눈이 어두워 죄인을 옳다 하고
옳은 사람을 죄있다 하는 자들아!
24 지푸라기가 불길에 휩쓸리듯
검불이 불꽃에 스러지듯
너희의 뿌리는 썩고 꽃잎은 먼지처럼 흩
날리리라.
만군의 야훼의 가르침을 저버리고
이스라엘의 거룩하신 분의 말씀을 거역하

였기 때문이다.

25 그리하여 야훼께서는 당신의 백성에게 진
노하시어
손을 뻗어 그들을 치셨다.
그가 고관들을 죽이시니
그들의 시체가 한길에 버려진 쓰레기 더
미 같았다.
그래도 진노가 풀리지 않으시어
또다시 치려고 손을 드셨다.
26 주께서 신호를 올리시어 먼 곳의 백성을
부르시고
휘파람을 부시어 땅 끝에서 사람들을 부
르신다.
저 쏜살같이 달려오는 모습을 보아라!
27 힘이 빠져 비틀거리는 자도 없고
졸거나 잠자는 자도 없다.
혁대가 풀린 자도, 신끈이 끊어진 자도
없다.
28 화살은 날카롭게 날이 섰고, 활시위는 팽
팽하고
말발굽은 차돌같이 단단하고
병거 바퀴는 돌개바람처럼 돌아간다.
29 암사자처럼 고함지르고 새끼 사자처럼
소리지른다.
으르렁거리며 먹이를 덮쳐
으슥한 곳으로 물고 가니 빼낼 자가 없구
나.
30 그 날 밀려올 아우성 소리는
밀어닥치는 노한 파도 소리 같으리라.
이 땅을 보아라. 저 암흑과 고난을,
암흑이 빛을 삼켜버리는구나.

이사야를 부르심

6 ◎우찌야 왕이 죽던 해에 나는 야훼께서
드높은 보좌에 앉아 계시는 것을 보았다.
그의 옷자락은 성소를 덮고 있었다.
2 날개가 여섯씩 달린 ㉠스랍들이 그를 모시
고 있었는데, 날개 둘로는 얼굴을 가리고
둘로는 발을 가리고 나머지 둘로 훨훨 날아
다녔다.
3 그들이 서로 주고받으며 외쳤다.
"거룩하시다, 거룩하시다, 거룩하시다.
만군의 야훼,
그의 영광이 온 땅에 가득하시다."
4 ◎그 외침으로 문설주들이 흔들렸고 성전은
연기가 자욱하였다.
5 내가 부르짖었다.
"큰일났구나. ㉡이제 나는 죽었다.
나는 입술이 더러운 사람,
입술이 더러운 사람들 틈에 끼여 살면서
만군의 야훼, 나의 왕을 눈으로 뵙다니
……."
6 ◎그러자 스랍들 가운데 하나가 제단에서
뜨거운 돌을 불집게로 집어가지고 날아와
서
7 그것을 내 입에 대고 말하였다.
"보아라, 이제 너의 입술에 이것이 닿았
으니
너의 악은 가시고 너의 죄는 사라졌다."
8 그 때 주의 음성이 들려왔다.
"내가 누구를 보낼 것인가?
누가 우리를 대신하여 갈 것인가?"
"제가 있지 않습니까?
저를 보내십시오." 하고 내가 여쭈었더
니
9 주께서 이르셨다.
"너는 가서 이 백성에게 일러라.
'듣기는 들어라. 그러나 깨닫지는 ㉢마
라.
보기는 보아라. 그러나 알지는 마라.'
10 너는 이 백성의 마음을 둔하게 하고
귀를 어둡게 하며 눈을 뜨지 못하게 하여
라.
눈으로 보고 귀로 듣고 마음으로 깨달아
돌아와서 성해지면 어찌 하겠느냐?"
11 나는 "주여, 어느 때까지입니까?" 하고
여쭈었다. 주께서 대답하셨다.
"도시들은 헐려 주민이 없고
집에는 사람의 그림자도 없고
농토는 짓밟혀 황무지가 될 때까지다.
12 야훼께서 사람을 멀리 쫓아내시고 나면
이 곳엔 버려진 땅이 많으리라.
13 주민의 십분의 일이 그 땅에 남아 있다 하
더라도
그들마저 상수리나무, 참나무가 찍히듯
이 쓰러지리라.
이렇듯 찍혀도 그루터기는 남을 것인데
그 그루터기가 곧 거룩한 씨다."

아하즈에게 내린 첫 번째 경고

7 ◎우찌야의 손자이자 요담의 아들인 유다
왕 아하즈 시대에 시리아 왕 르신이 르말리
야의 아들인 이스라엘 왕 베가와 함께 예루

㉠ 천상에서 하느님을 모시는 천신 가운데 하나로서 '(하느님에 대한 사랑으로) 불타고 있는 자'를 뜻한다. ㉡"나는 아무 말도 못하게 되었다."라고 옮길 수도 있다. ㉢"마라." 대신에 "못하리라."라고 옮길 수도 있다.

살렘을 치러 올라왔으나 점령하지는 못하
였다.
2 시리아 군이 에브라임에 진주하였다는 소식
이 다윗 왕실에 전하여졌다. 왕의 마음과 백
성의 마음은 바람에 휩쓸린 수풀처럼 흔들
렸다.
3 야훼께서 이사야에게 분부하셨다. "너는 네
아들 ㉠스알야숩을 데리고 표백물 건조장에
이르는 길가 윗저수지의 수로 끝으로 가서
아하즈를 만나
4 그에게 일러라. '진정하여라. 안심하여라.
겁내지 마라. 르신과 그가 거느린 시리아인,
그리고 르말리야의 아들이 격분한다고 해서
정신을 잃지 마라. 그들은 연기나는 두 횃
불 끄트머리에 불과하다.
5 시리아인들이 너를 치려고 에브라임 사람 르
말리야의 아들과 공모하여
6 말하기를, 유다로 밀고 쳐들어가 점령하자,
그리고 타브엘의 아들을 왕으로 세우자고들
하지만,
7 주 야훼가 말한다.
그것은 그렇게 될 수도, 그럴 수도 없는
일,
8ㄱ 시리아의 수도는 다마스쿠스요,
다마스쿠스의 우두머리는 고작 르신이다.
9ㄱ 에브라임의 수도는 사마리아요,
사마리아의 우두머리는 고작 르말리야의
아들이다.
8ㄴ 육십오 년만 지나면
에브라임은 망하여 민족으로서의 구실을
못하게 되리라.
9ㄴ 너희가 굳게 믿지 아니하면
결코 굳건히 서지 못하리라.'"

아하즈에게 내린 두 번째 경고 : 임마누엘 예언

10◎야훼께서 아하즈에게 다시 이르셨다.
11"너는 야훼 너의 하느님께 징조를 보여달라
고 청하여라. 지하 깊은 데서나 저 위 높은
데서 오는 징조를 보여달라고 하여라."
12아하즈가 대답하였다. "아닙니다. 나는 징
조를 요구하여 야훼를 시험해 보지는 않겠
습니다."
13◎이사야가 말하였다. "다윗 왕실은 들어라.
사람들을 성가시게 하는 것도 부족하여 나
의 하느님까지도 성가시게 하려는가?
14그런즉, 주께서 몸소 징조를 보여주시리니,
㉡처녀가 잉태하여 아들을 낳고 그 이름을
㉢임마누엘이라 하리라.
15그 아기가 나쁜 것을 버리고 좋은 것을 택할
줄 알게 될 때는 ㉣양젖과 꿀을 먹게 될 것
이요,
16그 아기가 나쁜 것을 버리고 좋은 것을 택
할 줄 알게 되기 전에 네가 원수로 여겨 두
려워하는 저 두 왕의 땅은 황무지가 되리
라.
17야훼께서 아시리아 왕으로 하여금 너와 너
의 겨레와 너의 왕실을 치게 하실 터인즉,
그 날은 에브라임이 유다와 갈라지던 날 이
후로 일찍이 볼 수 없었던 불행한 날이 되
리라.

아시리아의 침공

18 그 날에 야훼께서 휘파람으로
나일 강 하류 개천에서 파리떼를 불러오
시고
아시리아 땅에서 벌떼를 불러오시리라.
19 모두들 몰려와서 험한 계곡,
바위 틈바구니, 온갖 가시덤불,
물 있는 모든 목장에 내려앉으리라.
20 그 날에 주께서 강 건너 이발사
아시리아 왕을 고용하시어
머리털과 거웃을 밀고
수염도 깎게 하시리라.
21 그 날에는 사람마다 암송아지 한 마리와
양 두 마리밖에 기를 것이 없어
22 양젖만 남아돌아 두었다 먹어야 하고
이 땅에 살아 남은 자 겨우 양젖이나 꿀만
먹게 되리라.
23 또 그 날에는 포도나무가 천 그루 있어
그 값이 은 천 냥이나 되던 땅이
온통 가시덤불과 엉겅퀴로 뒤덮이리라.
24 온 땅이 이렇듯이 가시덤불과 엉겅퀴로
뒤덮여
사람이 활과 살을 가지고서야 그리로 들
어가리라.
25 호미로 김을 매어주던 모든 산에
가시덤불과 엉겅퀴에 찔릴까 두려워
아무도 들어가려 하지 않으리니
소나 놓아 먹이는 곳, 양이나 짓밟는 곳
이 되고 말리라."

다마스쿠스와 사마리아가 멸망할 징조

8 ◎야훼께서 나에게 분부하셨다. "너는 큰
판을 가져다 거기에 누구나 알아볼 수 있

㉠'남은 자가 돌아올 것이다.'라는 뜻이다. ㉡"젊은 여인"이라고 옮길 수도 있다. ㉢'하느님께서 우리와 함께 계시다.'는 뜻이다. ㉣엉긴 양젖으로서 영양가가 더 있다.

는 글씨로 ㉠마헤르 샬랄 하스 바스라고 새
겨라."
2 그래서 나는 믿을 만한 증인으로 사제 우
리야와 여베레키야의 아들 즈가리야를 세웠
다.
3 그리고 내가 여예언자를 가까이하였더니
그가 임신하여 아들을 낳았다. 야훼께서 나
에게 분부하셨다. "이 아기의 이름을 마헤
르 샬랄 하스 바스라 하여라.
4 이 아기가 아빠 엄마라 부를 줄 알기도 전에
사람들이 다마스쿠스의 보화와 사마리아에
서 빼앗은 전리품을 아시리아 왕에게 가져
다 바치리라."

유다가 받을 심판과 구원의 약속

5 ◎야훼께서 나에게 다시 이르셨다.
6 "이 백성이 잔잔히 흐르는 실로아 냇물을
외면하고
르신과 르말리야의 아들 앞에서 ㉡간담이
서늘하여졌으므로
7 나 야훼는 굽이치는 저 강줄기를 끌어들
이리라.
아시리아의 왕으로 하여금
위세도 당당하게 쳐들어오게 하리라.
개울마다 물이 차고 둑마다 넘어
8 유다까지 밀려들어 휩쓸어가리니
그 물이 목에까지 차리라.
아, 임마누엘아, 그가 날개를 펴서
네 땅을 온통 뒤덮으리라."
9 민족들아, 너희는 결국 실패할 줄 알아
라.
먼 데 있는 나라들도 모두 귀를 기울여라.
허리를 동이고 나서 보아라, 결국은 실패
하리라.
허리를 동이고 나서 보아라, 결국은 실패
하리라.
10 아무리 모의를 해보아도 되지 않을 일,
아무리 결의해 보아도 이루지 못할 일,
하느님께서 우리와 함께 계신다.

야훼는 걸림돌이시다

11 야훼께서 나에게 말씀하셨다.
"이 백성이 가는 길을 따라가지 마라."
손으로 나를 붙잡으시고 이르셨다.
12 "이 백성이 거룩하다고 하는 온갖 ㉢것을
거룩하다고 하지 마라. 그들이 두려워하
는 것을
두려워하여 떨지 마라."
13 너희가 거룩히 받들어야 할 분은 만군의
야훼,
너희가 두려워하여 떨 분도 그분이다!
14 그는 이스라엘의 두 집안에게 성소가 되
시지만
걸리는 돌과 부딪치는 바위도 되시고
예루살렘 주민에게는 덫과 올가미도 되신
다.
15 많은 사람이 걸려 넘어져 터지고
올가미에 걸려 잡히리라.

인봉된 증거 문서

16 나는 제자들이 보는 데서 이 증거 문서를
묶고
이 가르침을 인봉한다.
17 그리고 나는 야훼를 기다린다.
그가 야곱의 가문을 외면하고 계시지만
나는 여전히 그에게 희망을 둔다.
18 야훼께서 주신 이 아이들과 나야말로
시온 산에 계시는 만군의 야훼께서
이스라엘에 세워주신 징조와 표이다.

우매한 종교에 대한 경고

19 사람들이 이렇게 말하는 것을 너희는 들
었으리라.
"중얼중얼 뇌까리는 무당과 박수에게 물
어보아라.
어느 백성이 자기 신들에게 묻지 않겠느
냐?
산 사람들의 일을 죽은 자의 혼백에게 묻
지 않겠느냐?"
20 가르침과 지시를 얻으려고 하면서
이런 말을 하지 않을 수 없는 것은
그들의 마음에 아직 동이 트지 않았기 때
문이다.
21 그들은 곤경에 빠지고 허기가 져서 헤맬
것이다.
허기가 지면 짜증이 나서 왕과 신들을 저
주하리라.
위를 쳐다보나
22 땅을 굽어보나
보이는 것은 고통과 암흑, 답답한 어둠
뿐,
마침내 그 어둠 속으로 빠져 들어가리라.
23 고통에 잠긴 곳이 어찌 캄캄하지 않으랴?

㉠ '노략품을 재빨리, 전리품을 잽싸게' 라는 뜻이다. ㉡ 히브리어 본문 : "즐거워하였으므로." ㉢ 히브리어 본문 : "동맹(또는 모의)."

메시아와 그의 나라

9:1◎㉠전에는 그가 즈불룬 땅과 납달리 땅을 천
대하셨으나 장차 바다로 가는 길, 요르단 강
건너편 외국인들의 지역을 귀하게 여기실
날이 오리라.

9 1 어둠 속을 헤매는 백성이 큰 빛을 볼 것
2 입니다.
캄캄한 땅에 사는 사람들에게 빛이 비쳐
올 것입니다.
2 당신께서 주시는 무한한 기쁨, 넘치는 즐
3 거움이
곡식을 거둘 때의 즐거움 같고,
전리품을 나눌 때의 기쁨 같아
그들이 당신 앞에서 즐거워할 것입니다.
3 당신께서는 그들이 짊어진 멍에와
4 어깨에 멘 장대를 부러뜨리시고
혹사하는 자의 채찍을 꺾으실 것입니다.
미디안을 쳐부수시던 날처럼, 꺾으실 것
입니다.
4 마구 짓밟던 군화, 피투성이 된 군복은
5 불에 타 사라질 것입니다.
5 우리를 위하여 태어날 한 아기,
6 우리에게 주시는 아드님,
그 어깨에는 주권이 메어지겠고
그 이름은 탁월한 경륜가, 용사이신 하느
님,
영원한 아버지, 평화의 왕이라 불릴 것입
니다.
6 다윗의 왕좌에 앉아 주권을 행사하여
7 그 국권을 강대하게 하고 끝없는 평화를
이루며
그 나라를 법과 정의 위에 굳게 세우실 것
입니다.
이 모든 일은 만군의 야훼께서 정열을 쏟
으시어
이제부터 영원까지 이루실 일이옵니다.

에브라임을 벌하시는 야훼의 손

7 주께서 야곱을 책망하시니
8 그 말씀이 이스라엘에 떨어지네.
8 에브라임과 사마리아의 주민,
9 그 모든 백성이 이것을 알고도
교만하여 부푼 마음으로 말하는구나.
9 "흙벽돌이 무너지면 다듬은 돌로 쌓고
10 돌무화과나무가 찍혀 넘어지면 송백을
심으리라."
10 야훼께서 괘씸하게 여기시어 원수들을 부
11 추기시고
적을 일으키시어 그들을 치게 하시네.
11 동에서는 시리아, 서에서는 불레셋이 일
12 어나
이스라엘을 마구 집어삼키게 하시네.
그래도 그의 분노는 가시지 않아
그 드신 손을 아직도 내리시지 아니하시
네.
12 그러나 이 백성은 매 드신 이에게 돌아오
13 지 아니하고
만군의 야훼를 찾지도 않는구나.
13 야훼께서 괘씸하게 여기시어
14 이스라엘의 머리와 꼬리를 자르시고
종려나무와 갈대를 하루아침에 찍어내
시니
14 그 머리란 장로와 잘난 체하는 자들이요
15 그 꼬리란 거짓을 가르치는 예언자라.
15 이 백성의 지도자가 잘못 인도하니
16 그 인도를 받는 자들이 망하는구나.
16 주께서는 그 젊은이들을 아끼지 아니하
17 시고
고아와 과부들을 불쌍히 여기지 아니하
시리라.
그들은 모두 불경하여 악을 행하는 자요,
입으로는 야비한 소리만 뱉으니,
그의 분노가 어찌 사라지며
그 드신 손이 어찌 내려지겠는가!
17 불의가 불처럼 타올라
18 가시덤불과 엉겅퀴를 사르고
무성한 숲을 활활 태우니
연기가 휘말려 올라가는구나.
18 만군의 야훼께서 분노하시어 땅이 타오
19 르니
백성은 불길 속에서 사라지는구나.
골육 형제마저 아껴주는 사람 없어
19 모두들 제 이웃의 살을 뜯어먹네.
20 오른쪽에서 뜯어먹어도 성에 차지 아니
하고
왼쪽에서 뜯어먹어도 양에 차지 않아
20 므나쎄와 에브라임이 서로 뜯어먹는구나.
21 그러고도 시원치 않아 함께 유다를 덮치니
그의 분노가 어찌 사라지며
그 드신 손이 어찌 내려지겠는가!

10 아, 너희가 비참하게 되리라.
악법을 제정하는 자들아,
양민을 괴롭히는 법령을 만드는 자들아!
2 너희가 영세민의 정당한 요구를 거절하
고

㉠ 라틴어 성서는 여기에서 9장이 시작된다.

내가 아끼는 백성을 천대하여 그 권리를
짓밟으며
과부들의 재산을 털고 고아들을 등쳐먹
는구나.
3 너희는 어떻게 하려느냐?
벌을 받게 되는 날, 먼 곳에서 태풍처럼
재난이 닥쳐오는 그 날에
누구에게 피하여 도움을 청하고
그토록 소중히 여기던 재산은 어디에다
숨겨두려느냐?
4 포로들 틈에 끼여 쪼그리고 앉았거나
시체들 사이에서 뒹굴 수밖에……
그래도 그의 분노는 사라지지 않아
그 드신 손을 내리시지 않는다.

아시리아를 벌하시는 야훼의 손길

5 아, 네가 비참하게 되리라. 아시리아야!
나의 분노의 지팡이요, 나의 징벌의 몽둥
이였던 너 아시리아,
6 배신한 민족을 치라고 너희를 보냈고
나를 분노케 한 백성을 치라고 하였더니
마구 빼앗고 모조리 털고
길바닥의 진흙처럼 짓밟으라고 하였더니
7 너희가 엉뚱한 일을 꾸미고 딴마음을 품
어,
무작정 닥치는 대로 나라들을 쳐부술 생
각밖에 없구나.
8 그리고는 고작 한다는 소리가,
"나의 수하 장군들은 모두가 왕이 아니
냐?
9 갈로는 가르그미스처럼 망하지 않았느냐?
하맛도 아르밧처럼 망하지 않았느냐?
사마리아도 다마스쿠스처럼 망하지 않았
느냐?
10 예루살렘과 사마리아보다도 많은 신상을
만들어놓고
그 신들을 섬기는 나라들을 내가 이미 손
에 넣었다.
11 사마리아와 그 신들도 손에 넣었다.
이제 예루살렘과 그 신상인들 내 손에 넣
지 못하랴?"
12 주께서 시온 산 예루살렘에서 하실 일을
다 마치시면 아시리아 왕의 이런 건방진 행
동과 업신여기는 태도를 벌하시리라.
13 그가 자랑삼아 하는 소리를 들어보아라.
"나는 나의 힘있는 손으로 이것을 이루었
다.
나의 지혜로 이것을 이루었다.
그러니 나는 현명하지 아니한가?
나는 민족들 사이의 경계선을 옮겼고
그들의 재물을 빼앗았으며
높은 자리에 앉은 자들을 땅으로 끌어내
렸다.
14 내 손이 새의 보금자리를 움켜잡듯이
민족들의 재물을 빼앗았고
버려둔 알을 모으듯이 땅의 온갖 것을 모
아들였는데도
그들은 날개를 치지도 못하고
입을 열거나 놀리지도 못하더라."
15 도끼가 도끼질하는 사람에게 어찌 으스
대겠느냐?
톱이 톱질하는 사람에게 어찌 잘난 체하
겠느냐?
지팡이가 들고 다니는 사람을 움직이기
나 할 듯이.
몽둥이가 나무 아닌 인간을 휘두르기나
할 듯이.
16ㄱ 그러므로 주 만군의 야훼께서
건강한 자를 수척하게 만드시고
18ㄴ 몸과 넋을 다 시들게 하시리니
병자가 숨져가듯 하리라.
16ㄴ 그의 재물을 화염 속에서
태워버리시리라.
17 이스라엘의 빛은 불길이 되고
이스라엘의 거룩하신 이는 불꽃이 되어
그의 가시덤불과 엉겅퀴를 하루 아침에
사르고
18ㄱ 그 우거진 숲과 무성한 과수원을
태워버리시리라.
19 그 숲에 타다 남은 나무는 몇 그루 되지
않아
아이라도 기록해 둘 수 있게 되리라.

이스라엘의 남은 자

20◎그 날에 이스라엘의 남은 자와 야곱 가문
의 생존자는 자기들을 치기나 할 자를 다시
는 의지하지 아니하고 이스라엘의 거룩하신
하느님 야훼를 진심으로 의지하리라.
21 남은 자가 돌아온다,
용사이신 하느님께로.
야곱의 남은 자가 돌아온다.
22 이스라엘아, 너의 겨레가 바다의 모래 같
다 하여도
살아 남은 자만이 돌아온다.
파멸은 이미 결정된 것, 정의가 넘치리라.
23 주, 만군의 야훼께서는 이미 정하신 파멸
을 온 땅에 이루시리라.

거만한 아시리아의 멸망

24 그리하여 주, 만군의 야훼께서 말씀하신
다.
"시온에 사는 내 백성들아.
아시리아가 이집트처럼 지팡이와 몽둥이
를 휘둘러 너를 치더라도
두려워하지 마라.
25 너희에게 품었던 노여움은 오래지 않아
풀고
내 분노를 터뜨려 그들을 멸하고야 말리
라."
26 만군의 야훼께서 미디안 사람을
오렙 바위에서 치셨듯이
그들을 채찍으로 치시리라.
㉠이집트에서 나오는 길에 바다에서 몽둥
이를 휘두르셨듯이
그들을 향해서 드시리라.
27 그 날 그들이 지워준 짐이 너의 어깨에서
벗겨지고
그들이 씌워준 멍에가 너의 목에서 풀리
리라.

야훼께서 침략자를 꺾으신다

그들이 림몬을 떠나
28 아얏에 이르고 미그론을 거쳐
미그맛에서 짐을 풀고
29 골짜기를 건너 게바에서 하룻밤을 묵으면
라마 사람은 놀라고 사울의 고향 기브아
사람은 달아나리라.
30 갈림의 딸들아, 소리를 질러라.
라이스 사람들아, 귀를 기울여라.
아나돗 사람들아, 대답하여라.
31 마드메나 사람들은 도망하고
게빔 주민들은 피난하여라.
32 이 날 그들은 놉에 진을 치고
수도 시온의 산, 예루살렘 언덕을 향하여
주먹을 휘두르리라.
33 그러나 이제, 주 만군의 야훼께서
무서운 힘으로 그 무성한 가지들을 베어
내시리라.
높이 솟은 나무들은 찍혀 넘어가고
우쭐대던 것들은 거꾸러지리라.
34 무성한 숲이 도끼에 찍혀 넘어가고
레바논은 강하신 하느님의 손에 맞아 내
려앉으리라.

장차 올 평화스런 왕국

11 이새의 그루터기에서 햇순이 나오고
그 뿌리에서 새싹이 돋아난다.
2 야훼의 영이 그 위에 내린다.
지혜와 슬기를 주는 영,
경륜과 용기를 주는 영,
야훼를 알게 하고 그를 두려워하게 하는
영이 내린다.
3 그는 야훼를 두려워하는 것으로 기쁨을
삼아
겉만 보고 재판하지 아니하고
말만 듣고 시비를 가리지 아니하리라.
4 가난한 자들의 재판을 정당하게 해주고
흙에 묻혀 사는 천민의 시비를 바로 가려
주리라.
그의 말은 몽치가 되어 잔인한 자를 치고
그의 입김은 무도한 자를 죽이리라.
5 그는 정의로 허리를 동이고
성실로 띠를 띠리라.
6 늑대가 새끼 양과 어울리고
표범이 숫염소와 함께 뒹굴며
새끼 사자와 송아지가 함께 풀을 뜯으리
니
어린아이가 그들을 몰고 다니리라.
7 암소와 곰이 친구가 되어
그 새끼들이 함께 뒹굴고
사자가 소처럼 여물을 먹으리라.
8 젖먹이가 살무사의 굴에서 장난하고
젖뗀 어린아기가 독사의 굴에 겁 없이 손
을 넣으리라.
9 나의 거룩한 산 어디를 가나
서로 해치거나 죽이는 일이 다시는 없으
리라.
바다에 물이 넘실거리듯
땅에는 야훼를 아는 지식이 차고 넘치리라.

아시리아에서 돌아올 남은 자들

10 그 날 이새의 뿌리에서 돋아난 새싹은
만민이 쳐다볼 깃발이 되리라.
모든 민족이 그에게 찾아들고
그가 있는 곳에서 영광이 빛나리라.
11 그 날 주께서 다시 손을 드시어
그의 남은 백성을 되찾아오시리라.
아시리아, 이집트, 바드로스, 에티오피아,
엘람, 바빌론, 하맛과 바다에 있는
여러 섬에서 되찾아오시리라.
12 야훼께서 모든 민족을 향하여 깃발을 드
시고

㉠ "바다에서 몽둥이를 휘두르셨듯이
이집트로 가는 길에서 그들을 부수시리라."라고 옮길 수도 있다.

이스라엘에서 흩어진 자들까지도 불러들
이시며
유다에서 쫓겨난 자들을 땅의 구석구석에
서 모으시리라.
13 에브라임은 질투를 버리고
유다는 ㉠ 적개심을 끊으리니
에브라임은 유다를 질투하지 아니하고
유다는 에브라임을 원수로 여기지 아니하
리라.
14 그들은 함께 서쪽 불레셋 언덕을 덮치고
동쪽에 사는 사람들을 약탈하리라.
에돔과 모압은 그들의 손에 휘어 잡히고
암몬 백성들은 굴복하리라.
15 야훼께서 열풍을 일으켜 이집트 바다의 물
목을 말리시고
손으로 유프라테스 강을 쳐 일곱 줄기로
가르시어
신을 신은 채 건너오게 하시리라.
16 이스라엘이 이집트에서 올라오던 때처럼
아시리아에서 살아 남은 당신의 백성이
돌아올 큰 길이 트이리라.

두 감사의 노래

12 그 날 너희는 이렇게 감사의 노래를 부
르리라.
"당신, 야훼께 감사를 드립니다.
당신께서 한때 나에게 노하셨으나
이제 그 노여움을 푸시어
나를 위로해 주십니다.
2 진정 하느님은 나의 구원이십니다.
내가 당신을 의지하니, 무서울 것이 없습
니다.
야훼는 나의 힘, 나의 노래,
나의 구원이십니다."
3 너희는 기뻐하며 구원의 샘에서 물을 길
으리라.

4 그 날 너희는 이렇게 감사의 노래를 부르
리라.
"야훼께 감사하여라.
그의 이름을 외쳐 불러라.
그가 하신 큰일을 만민에게 알려라.
그 높으신 이름을 잊지 않게 하여라.
5 야훼를 찬양하여라.
그가 큰일을 하셨다.
온 세상에 알려라.
6 수도 시온아, 기뻐 외쳐라.
너희가 기릴 분은 이스라엘의 거룩하신
분이시다."

다가온 바빌론의 멸망

13 ◎아모쓰의 아들 이사야가 바빌론의 앞
날을 내다보고 한 선언이다.
2 벗어진 산 위에 깃발을 세워라.
소리질러 군대를 소집하여라.
손을 흔들어 바빌론의 귀족문으로 그들을
불러들여라.
3 나는 분노가 치밀어
휘하 정병에게 명령한다.
나의 용사, 나의 자랑스러운 투사들을 부
른다.
4 이 산 저 산에서 웅성대는 소리를 들어라.
많은 사람이 모인 것 같다.
나라들이 떠드는 소리를 들어라.
여러 민족이 모였다.
만군의 야훼께서 군대를 사열하신다.
5 그들은 먼 땅, 하늘 끝에서
온 땅을 잿더미로 만들려고
야훼의 징벌의 채찍이 되어 야훼와 함께
온다.
6 너희는 통곡하여라.
야훼의 날이 다가온다.
전능하신 이께서 너희를 파멸시키시러
오신다.
7 그리하여 모든 손의 맥이 다 풀리고
사람들의 마음은 모두 겁에 질려,
8 그 허둥대고 창자가 뒤틀려 괴로워하는
품이
해산하는 여인과도 같구나.
서로 눈이 휘둥그래져서 쳐다볼 뿐
얼굴만 달아오르는구나.
9 아, 몸서리쳐지는 야훼의 날이 온다.

"격분과 분노가 치밀어
나는 땅을 잿더미로 만들고
죄인들을 불살라 버리리라.
10 하늘의 별들과 삼성성좌는 빛을 잃고
해는 떠도 침침하고 달 또한 밝게 비치지
아니하리라.
11 내가 악한 세상을 벌하고
악인들의 죄악을 벌하리라.
잘난 체하는 자들의 자랑을 꺾고
우쭐거리는 폭군들을 끌어내리리라.
12 인간을 순금보다도 적게
사람을 오빌의 금보다도 드물게 하리라.
13 내가 하늘을 흔들면

㉠ 히브리어 본문 : "유다의 원수들."

땅이 진동하여 제자리에서 밀려나리라."
그 날은 만군의 야훼께서 노여우시어
당신의 분노를 터뜨리시는 날,
14 그들은 쫓기는 사슴처럼
목자 없는 양떼처럼
뿔뿔이 제 겨레에게로 돌아가고
제 고장으로 달아나다가
15 눈에 띄는 대로 찔려 죽고
잡히는 대로 칼에 맞아 쓰러지리라.
16 그들의 어린것들은 눈앞에서 박살이 나
고
집은 털리고 아내는 겁탈을 당하리라.

17 "이제 나는 메대 사람을 부추겨 그들을
치게 하리라.
메대 사람들은 은 같은 것엔 아예 관심도
없고
금 같은 것은 탐내지도 않는 자들이다.
18 사내아이들을 갈기갈기 찢고
계집아이들을 박살내는 자들,
갓난아기도 불쌍히 여기지 아니하고
어린아이도 측은히 보지 않는 자들이다.
19 나라들 가운데서도 진주 같은 바빌론,
갈대아 사람들의 자랑과 영광인 바빌론이
하느님의 손에 망한 소돔과 고모라같이 되
리라.
20 영원히 무인지경이 되어
대를 이어 그 곳에서 살 사람이 없으리라.
아랍 사람들도 천막을 치러 오지 않고
목자들도 풀을 뜯기러 양떼를 몰고 오는
일이 없으리라.
21 ㉠들짐승들이 뒹굴고
사람 살던 집에서 부엉이가 우글거리며
타조들이 깃들이고 들귀신들이 춤추는
곳이 되리라.
22 이리가 텅 빈 저택에서 부르면
화려하던 궁궐에서 승냥이의 소리가 메
아리쳐 오리라.
그 때가 다가온다.
그 날은 결코 연기되지 않는다."

포로생활에서 풀려날 이스라엘

14 ◎야훼께서는 진정 야곱을 불쌍히 여기
시고 이스라엘을 다시 빼내어 고향에
돌아가 자리잡게 하시리라. 정처없이 떠돌
던 사람들이 그들을 따라와 야곱의 집에 몸
을 의탁하고
2 모든 민족들이 이스라엘을 고향으로 인도할

㉠ "들귀신"이라고 옮길 수도 있다.

터인데, 이스라엘 가문은 야훼의 땅에서 그
들을 남종과 여종으로 삼으리라. 그리하여
이스라엘은 자기들을 사로잡았던 자들을 사
로잡고, 자기들을 학대하던 자들을 다스리
게 되리라.

바빌론 왕의 종말

3 ◎야훼께서 너 이스라엘의 괴로움과 불안과
또 네가 당하던 심한 고역에서 너를 풀어주
시고 너에게 안식을 주시는 날,
4 너는 바빌론 왕에게 소리 높여 풍자의 노래
를 불러주어라.
웬일이냐, 폭군이 죽다니,
그 시퍼런 서슬이 사라지다니.
5 야훼께서 꺾으셨구나
악당들의 막대기와 군주들의 지팡이를!
6 성이 나서 백성들을 치고 또 치더니
화가 나서 민족들을 짓밟고 또 짓밟더니,
7 이제 온 세상이 한숨 돌리고 평온해져
모두들 환성을 올리게 되었구나.
8 삼나무와 레바논의 송백까지도
네가 망한 것을 보고 손뼉치며
네가 쓰러진 후에는,
아무도 저희를 찍으러 올라오지 않는다
고 좋아하는구나.
9 저 땅 밑 저승은 너를 맞기 위하여 들떠
있고
한때 세상을 주름잡던 자들의 망령을 모
두 깨우며
모든 민족의 왕들을 그 보좌에서 일어나
게 하는구나.
10 그들이 너에게 하는 말을 들어라.
"너도 우리처럼 맥이 빠졌구나.
너도 우리와 같은 신세가 되었구나.
11 너의 위세가 거문고 소리와 함께 저승으
로 떨어졌구나.
구더기를 요로 깔고 벌레를 이불로 덮었
구나.
12 웬일이냐, 너 새벽 여신의 아들 샛별아,
네가 하늘에서 떨어지다니!
민족들을 짓밟던 네가 찍혀서 땅에 넘어
지다니!
13 네가 속으로 이런 생각을 하지 아니하였
더냐?
'내가 하늘에 오르리라.
나의 보좌를 저 높은 하느님의 별들 위에
두고
신들의 회의장이 있는 저 북극산에 자리

잡으리라.
14 나는 저 구름 꼭대기에 올라가
가장 높으신 분처럼 되리라.'
15 그런데 네가 저승으로 떨어지고
저 깊은 구렁의 바닥으로 떨어졌구나!"
16 너를 만나는 사람마다 어이없는 눈초리
로
너를 보고 또 보며 말하리라.
"이자가 바로 세상을 뒤흔들던 자인가?
나라들을 소란하게 하고
17 온 땅을 황무지로 만들며 도시를 헐고
포로를 가두어 두던 그자인가?"
18 민족들의 모든 왕은
제각기 화려한 자기의 무덤에 누웠는데
19 너는 무덤도 없이 오물처럼 버려져
칼에 찔려 죽은 시체로 뒤덮이고
짓밟힌 송장처럼 웅덩이 속 돌 틈에 던져
졌구나.
20 네가 네 땅을 폐허로 만들고 네 백성을 모
두 죽이더니
무덤에 들어가 선왕들과 어울리지도 못
하는구나.
악한 자의 자손은 영원히 이름을 남기지
못하는 법,
21 조상들의 죗값으로 그 자손들을 학살할
채비를 차려라.
그리하여 아예 그들이 일어나 땅을 차지
하지 못하고
세상에 널리 퍼져 나가지 못하게 하여라.
22 만군의 야훼께서 말씀하신다. "내가 일어
나 그들을 치리라. 남아서 바빌론의 이름을
계승할 자, 곧 그 자손과 후손들을 뿌리뽑
으리라. 이는 내 말이니 어김이 없다.
23 또 나는 그 곳을 고슴도치의 소굴과 물웅덩
이로 만들고 파멸의 빗자루로 쓸어버리리
라." 만군의 야훼께서 말씀하신다.

아시리아의 패망

24 ◎만군의 야훼께서 맹세코 말씀하신다.
"내가 생각한 대로 반드시 되고
내가 정한 대로 반드시 이루어진다.
25 내가 아시리아를 나의 땅에서 부수고
나의 산 위에서 짓밟아버리리라.
그가 이스라엘에게 씌운 멍에를 벗겨주고
그가 지운 짐을 어깨에서 풀어주리라.
26 이렇게 나는 나의 뜻을 온 땅 위에 이루
리라.
이렇게 팔을 뻗쳐 모든 백성을 치리라."
27 만군의 야훼께서 한번 작정하셨으니
누가 그것을 꺾을 수 있으랴?
그가 한번 팔을 펴시니
누가 감히 거두어들이게 할 수 있으랴?

불레셋에 내린 경고

28 ◎이는 아하즈 왕이 죽던 해에 내려진 선언
이다.
29 모든 불레셋 사람들아,
너를 치던 지팡이가 부러졌다고 기뻐하
지 마라.
뱀의 그루터기에서 독사가 나오는 수도
있고
그 종자는 날으는 불뱀이 되는 수도 있지
않느냐?
30 내 땅에서는 영세민도 배불리 먹고
가난한 자들도 마음놓고 쉬리라.
그러나 나는 너의 자손을 굶어 죽게 하겠
으며
그리고 남은 자도 내가 죽이리라.
31 성문아, 통곡하여라.
도시야, 부르짖어라.
모든 불레셋 사람들아, 부들부들 떨어라.
침략자가 북쪽에서 내려오는데
그 대열에서는 한 사람도 낙오하지 않는
구나.
32 불레셋 특사들에게 무엇이라고 대답할 것
인가?
"야훼께서 시온을 든든히 세우셨으니
그의 백성 중 천민들도 그 안에 피난할 수
있다." 하여라.

모압에 내릴 재앙

15 ◎모압에 이런 선언이 내려졌다.
아르가 침략당하던 밤에 모압이 거꾸러
졌다.
키르가 침략당하던 밤에 모압이 거꾸러졌
다.
2 사람들이 디본의 신전으로 올라가고
제사 지내는 언덕으로 곡하러 올라간다.
모압은 느보 산 위에서, 메드바에서 통곡
하고
모두들 머리를 밀고 수염을 깎는다.
3 길거리에서 삼베를 허리에 두르고
지붕에 올라가서 통곡한다.
모두들 광장에서 통곡하니 눈물이 바다
를 이루는구나.
4 헤스본과 엘랄레가 소리지르니
그 소리가 야하스에까지 들린다.
모압은 온통 몸을 떨고 그 속까지 부들부

들 떨고 있다.
5 모압은 제 모양을 보고 마음이 아파
그 피난민은 소알로 피하여
울면서 루힛의 언덕길을 올라가고
호로나임 길에서 비통하게 울부짖는다.
6 아, 니므림의 물이 말라 사막이 되어
풀은 시들고 목초는 타서
푸성귀란 볼 수가 없구나.
7 남겨두고 쌓아두었던 것을 가지고
사람들은 버들개울을 건너간다.
8 그들의 아우성이 모압 온 땅에 사무치고
그들의 곡성이 에글라임에까지 이르니
엘림 샘터까지 그 곡성이 울려 퍼지는구나.
9 디본의 물줄기마다 피가 가득하리니
디본에게 내리는 또 하나 다른 재앙으로
사자를 보내어 모압의 피난민들과
그 땅에 살아 남은 자들을 찢게 하리라.

유다는 모압에게 피난처를 제공하여라

16 너희는 선물로 어린 양들을 보내어라.
이 땅을 다스리는 자에게
셀라에서 광야를 거쳐 수도 시온의 산으로
어린 양들을 보내어라.
2 허둥거리며 떠도는 새들처럼
보금자리에서 쫓겨난 새끼 새들처럼
모압의 딸들이 아르논의 나루터에서 갈팡질팡하는구나.

3 너, 유다는 생각을 모아 결단하여라.
대낮에도 밤처럼 너의 그늘을 드리워
쫓기는 그들을 숨겨주고 피난민을 가려주어라.
4 모압에서 쫓겨난 자들을 너와 함께 살게 하고
그들의 피난처가 되어 침략자를 피하게 하여라.
억누르던 자가 없어져 침략이 멎고
마구 짓밟던 자들이 이 땅에서 사라질 때,
5 선의를 바탕으로 한 보좌가 서리라.
법을 지키고 정의로 신속히 판결을 내리는 자가
다윗의 장막 안에 있는 그 보좌에
진실한 마음가짐으로 앉으리라.

모압의 멸망

6 모압이 건방지다는 말을 우리는 들었다.
뽐내고 우쭐대고 허풍치며 매우 건방지다는 말을.
7 그러니 어찌 모압 사람들이 나라가 망하는 것을 슬퍼하여
모두 함께 애곡하지 않겠는가?
키르하레셋에서 먹던 건포도과자 생각으로
가슴이 메게 탄식하리라.
8 헤스본은 폐허가 되고 시브마의 포도덩굴은 시들리라.
모든 나라 군주들이 그 싱싱한 포도송이에 도취했었고
한때 그 덩굴이 야젤을 지나 광야로 뻗어 나갔으며
그 순은 자라나 사해에까지 뻗었건만……
9 나 이제 야젤 주민과 함께
시브마의 포도덩굴이 죽는 것을 보고 운다.
헤스본아, 엘랄레야, 네가 나의 눈물에 젖으리라.
여름 과일을 거두고 포도를 막 따려는데
전쟁의 함성이 일어
10 넘치는 기쁨과 흥을 과수원에서 앗아가니
포도원에서는 흥겹고 즐거운 노래도 그치고
술틀을 밟아 포도를 짤 때 부르는
흥겨운 노래 또한 사라졌구나.
11 모압 때문에 나의 내장은 수금처럼 떨리고
키르하레셋 때문에 간장이 녹는다.
12 모압 사람들이 제사지내는 언덕에 올라 안간힘을 다 쓰고
성소에 올라가 아무리 빌어도 소용이 없으리라.
13◎이것이 전에 야훼께서 모압이 어찌 될 것인지 일러주신 말씀이다.
14이제 다시 야훼께서 말씀하신다. "아무리
무리가 많아도 모압의 위세는 머슴살이 기
한인 삼 년 안에 짓밟힐 것이니 남은 자라야
얼마 되지도 않고 보잘것도 없으리라."

다마스쿠스와 에브라임의 멸망

17 ◎다마스쿠스에 이런 선언이 내려졌다.
이제 다마스쿠스는 도시의 모습을 잃어
돌무더기가 되고 말리라.
2 거기에 딸린 마을들은 영영 버림받아
짐승들이 거리낌없이 들끓고 마냥 뒹굴어도
쫓는 자 아무도 없으리라.

3 그리하여 다마스쿠스가 그 주권을 잃어
에브라임의 기댈 곳이 무너지리라.
이스라엘 자손의 영화가 사라지듯
시리아의 남은 자도 사라지리라.
이는 내 말이니 어김이 없다.
4 그 날이 오면, 야곱의 영화는 시들고
그 피둥피둥하던 몸이 야위리라.
5 농부가 밭에 있는 곡식을 베어들이고
그 이삭을 안아들일 때,
르바임 골짜기에서 떨어진 이삭을 주워
모을 때처럼 되리라.
6 남은 자가 있다고 하여도
올리브를 떨고 나서 끝가지에 두세 알,
옆가지에 네댓 알 남아 있듯 하리라.

이스라엘의 하느님, 야훼께서 말씀하신다.
7 그 날이 오면, 사람들은 자기를 지으신
이를 우러르고 이스라엘의 거룩하신 이를
바라보리라.
8 제 손으로 만든 제단을 다시는 우러르지 아
니하고 제 솜씨로 만든 아세라 목상과 분향
제단을 바라보지 아니하리라.
9 그 날이 오면, 너의 도시들은 버림받아 쑥
밭이 되리니,
마치 이스라엘 백성들 앞에서 버리고 도
망친
히위족과 아모리족의 도시처럼 되리라.
10 너를 도우시는 하느님을 잊어버리고
네가 피신할 바위를 기억하지 않았으니
어찌 그렇게 되지 않으랴?
네가 아도니스 신의 동산을 꾸미고
다른 신의 포도 묘목을 심어
11 심는 날부터 무럭무럭 자라게 하고
다음날 아침 거기에서 꽃을 피운다 하여
도
병만 들면 거둘 것이 없으리니
그 슬픔 어찌하지 못하리라.

쫓겨가는 아시리아

12 아, 많은 민족이 요란하되
뒤설레는 바다처럼 요란하구나.
부족들의 아우성 소리,
밀어닥치는 물결처럼 소란하구나.
13 하느님께서 호통을 치시니 멀리 도망치
는 꼴이
산 위에서 바람에 날리는 검불 같고
회오리바람에 휘말리는 티끌 같구나.
14 해 질 때 갑자기 닥쳐온 두려움이
아침 해 뜨기 전에 가신 듯 사라진다.
이것이 우리를 약탈하던 자가 당할 운명
이요
우리를 노략하던 자가 받을 몫이다.

에티오피아의 특사를 시켜 전하는 말

18 아, 에티오피아의 강 건너편,
날벌레가 우글거리는 나라여!
2 특사를 왕골배에 태워 강물에 띄워 보내
는 나라여!
걸음이 날랜 특사들아, 돌아가거라.
키 크고 털이 없는 민족에게로,
만인이 무서워하는 백성에게로,
강줄기가 여러 갈래 뻗은 땅에 사는 사람
들에게로,
힘이 세어 남을 짓밟기 좋아하는 민족에
게로 가거라.
3 세상의 모든 주민들아, 땅에 사는 사람들
아,
이 산 저 산에 깃발이 오르거든 쳐다보아
라.
나팔 소리 울리거든 잘 들어라.
4 야훼께서 나에게 말씀하신다.
"태양은 말없이 비치며 열을 내고
이슬은 햇살이 따스운 가을철에도 조용
히 내린다.
나도 내 처소에서 가만히 지켜보리라.
5 꽃이 피었다가 지고 포도알은 영글어 따
려는 순간에
가지들이 낫으로 잘리고 순은 꺾이리니
6 모두 버려져 산새들과 들짐승들의 밥이
되리라.
독수리가 그것으로 여름을 나고
모든 들짐승이 그것으로 겨울을 나리라."
7 ◎그 날이 오면, 키가 크고 털이 없는 민족,
강줄기가 여러 갈래로 뻗은 땅에 사는 민족,
힘이 세어 남을 짓밟기 좋아하는 민족, 만
민이 무서워하는 백성에게서 만군의 야훼께
드릴 예물을 가진 자들이 만군의 야훼의 이
름을 모신 시온 산으로 오리라.

이집트의 멸망

19 ◎이집트에 이런 선언이 내려졌다.
보아라, 야훼께서 빠른 구름을 타시고
이집트로 거둥하신다.
이집트의 우상들은 그 앞에서 벌벌 떨고
이집트 사람들의 간장은 녹아내린다.
2 "내가 이집트 사람들 사이에 싸움을 붙이
리니
동기간에 맞붙고, 이웃끼리 다투며

도시가 서로 맞서고 나라가 서로 갈려 싸
우리라.
3 이렇게 이집트의 사기는 떨어지겠고
그들이 우상과 박수, 무당과 점쟁이에게
묻겠지만
내가 또한 그들의 계획을 혼란에 빠뜨리
리라.
4 내가 이집트를 폭군의 손에 붙이면
그들이 포악한 왕의 지배를 받으리라."
主, 만군의 야훼께서 말씀하신다.
5 큰 물줄기의 물이 말라
강바닥은 드러나 갈라지고
6 개천에서는 썩는 냄새가 풍기며
이집트 땅 개울마다 물이 줄어 바닥이 나
리니
갈대와 왕골은 시들고
7 강가의 풀은 마르리라.
강가에 심은 곡식도 모조리 말라
바람에 날려 자취도 없이 사라지리라.
8 고기잡이들도 탄식하리니
강에 낚시를 던지는 자들이 모두 슬퍼하
고
물에 그물을 치는 자들이 낙담하리라.
9 모시를 생산하는 자들은 실망하고
실을 뽑아 천을 짜는 자들은 상심하리라.
10 옷을 만드는 자들은 울상을 짓고
품꾼들은 모두 풀이 꺾이리라.
11 소안의 고관들은 어리석기 짝이 없고
파라오의 슬기롭다는 고문관들도 미욱한
것들,
그런데 어찌 너희가 파라오에게,
"나는 현자의 문하생이요, 왕가의 후손
입니다." 할 수 있겠느냐?
12 대체 너희 가운데 슬기롭다는 자들은 어
디 있느냐?
만군의 야훼께서 이집트를 어떻게 하실는
지
알릴 자가 있거든 말해 보아라.
13 소안의 고관들은 바보짓만 하고
놉의 고관들은 제 꾀에 넘어가며
이집트를 망친 것은 각 지파의 지도층,
14 야훼께서 그들의 마음을 어지럽게 하시니
그들이 이집트 사람의 모든 일을 망치게
하여
마치 주정꾼이 토하면서 비틀거리는 것
같게 하였구나.
15 그러므로 이집트에서는 종려 같은 지도층
에게나
갈대 같은 서민층에게나 만사에 되는 일
이 없으리라.

복받을 세 나라

16◎그 날이 오면, 이집트 사람들은 만군의 야
훼께서 자기들을 치시려고 팔을 휘두르시는
것을 보고 여인처럼 두려워하며 떨리라.
17이집트 사람은 유다 땅이란 말만 들어도 두
렵고, 만군의 야훼께서 이집트를 치실 계획
을 세우신 것을 생각만 하여도 떨리리라.
18그 날이 오면, 이집트 땅에서는 가나안 말
을 하고 또 만군의 야훼께 충성을 맹세하
는 도시가 다섯 개나 생길 터인데, 그 중에
는 ㉠하헤레스라고 부르는 도시가 하나 있을
것이다.
19그 날이 오면, 이집트 땅 한복판에 야훼를 섬
기는 제단이 서겠고 그 국경선 가까이에는
야훼의 주권을 표시하는 돌기둥이 서리라.
20이것이 이집트 땅에서 만군의 야훼를 나타내
는 표와 증거가 되리니, 그들이 박해를 받
아 야훼께 부르짖으면 그가 구원자를 보내
시어 그들을 변호하시고 건져주시리라.
21야훼께서 이렇게 당신을 이집트 사람에게 알
리시면, 그 날에 이집트 사람이 야훼를 알고
희생제물과 예물을 드려 예배하며 야훼께
서약한 대로 바치리라.
22야훼께서 이집트를 향하여 매를 드시더라도
그 뜻은 치는 데 있지 아니하고 고쳐주는 데
있다. 그러므로 그들이 야훼께 돌아오면 그
간구를 들어주시고 고쳐주실 것이다.
23그 날에 이집트에서 아시리아로 가는 큰길이
트여 아시리아 사람과 이집트 사람이 서로
오가며 이집트 사람이 아시리아 사람과 함께
예배하리라.㉡
24◎그 날에 이스라엘은 이집트와 아시리아 다
음의 셋째 번 나라가 되어 세상에서 복을 받
으리라.
25만군의 야훼께서 복을 주시며 이르시는 말
씀을 들어라. "복을 받아라. 내 백성 이집트
야, 내가 손수 만든 아시리아야, 나의 소유
이스라엘아!"

이집트와 에티오피아의 멸망

20 ◎아시리아 왕 사르곤의 명령을 받고 원
정길에 오른 사령관이 아스돗에 이르
러 그 곳을 쳐서 빼앗던 때의 일이다.

㉠ "태양의 도시", "의의 도시", "파괴의 도시"라는 번역들이 있다. ㉡ 히브리어 본문 : "이집트가 아시리아를 섬기리라."

2 바로 그 때 야훼께서는 아모쓰의 아들 이사야
를 시켜 말씀하셨다. 야훼께서 이사야에게
이르셨다. "너는 어서 굵은 베 옷을 벗고 발
에서 신을 벗어라." 이사야는 그 말씀대로
옷을 벗고 맨발로 다녔다.
3 그 후에 야훼께서 말씀하셨다. "나의 종 이
사야가 삼 년 동안 옷을 벗고 맨발로 다니며
이집트와 에티오피아의 운명을 나타내는 상
징이 되었다.
4 이와 같이 이집트와 에티오피아에서 사로잡
힌 포로들은 젊은이나 늙은이 할 것 없이 알
몸과 맨발로 엉덩이까지 드러낸 채 아시리
아 왕에게 끌려가 이집트의 치욕이 되리라.
5 그리하여 사람들은 자기들이 믿고 쳐다보
던 에티오피아와 자랑으로 삼던 이집트의 형
편을 보고 어리둥절하며 실망하리라.
6 그 날에 바다를 끼고 사는 사람들이 외치리
라. '아, 우리가 믿고 쳐다보던 나라, 아시
리아 왕의 손에서 빼내 달라고 우리가 도움
을 청하던 나라가 이 모양이 되었으니 우리
가 피할 곳은 어디란 말인가?'"

바빌론의 멸망

21 ◎해변의 광야에 이런 선언이 내려졌
다.
남쪽 광야에서 휘몰아치는 폭풍처럼
저 무서운 땅 광야에서 몰려온다.
2 참혹한 광경을 나는 환상으로 보았다.
배신하던 자가 배신당하고
침략하던 자가 침략당하는구나.
"엘람아, 올라오너라. 메대야, 에워싸거
라.
모든 탄식 소리를 내가 잠재우리라."
3 이 몸은 허리가 부들부들 떨리고
해산하는 여인이 몸부림치듯, 아파 견딜
수 없구나.
너무나 괴로워 아무것도 들리지 아니하
고
너무나 무서워 아무것도 보이지 않는다.
4 나의 마음은 갈피를 잡지 못하고 무서워
떨며
나를 쉬게 하던 밤은 도리어 공포를 안겨
줄 뿐,
5 연회상을 차려 자리를 펴고 먹고 마신다
마는
너희 장군들아, 일어나거라.
방패에 기름을 먹여라.
6 주께서 나에게 말씀하셨다.
"어서 보초를 세워라.
발견되는 대로 보고하여라.
7 행여 두 줄로 달려오는 기마대가 보이지
않나,
행여 나귀를 탄 부대, 낙타를 탄 부대가
보이지 않나,
정신을 바짝 차려라. 정신을 단단히 차려
라."
8 보초가 외쳤다.
"나는 날마다 해가 질 때까지,
밤마다 밤이 새도록 떠나지 아니하고
주의 망대 위에서 보초를 서고 있습니다.
9 아, 옵니다. 기병대가 옵니다.
기마대가 두 줄로 달려오고 있습니다."
그가 또 외쳤다.
"떨어졌다. 바빌론이 떨어졌다.
그 신상들은 모조리 땅에 넘어져 부서졌
다."
10 아, 짓밟히던 나의 겨레,
타작 마당에서 박살나던 나의 동포야,
이스라엘의 하느님, 만군의 야훼께서
일러주신 것을 너희에게 알려주는 것이
다.

암담한 에돔족의 앞날

11 ◎㉠에돔에 이런 선언이 내려졌다.
세일 산에서 외치는 소리가 들려온다.
"파수꾼아, 얼마나 있으면 밤이 새겠느
냐?
파수꾼아, 얼마나 있으면 밤이 새겠느
냐?"
12 파수꾼이 대답한다.
"아침이 오면 무엇하랴! 밤이 또 오는데.
묻고 싶거든 얼마든지 다시 와서 물어보
아라."

아랍의 피난민

13 ◎아랍에 이런 선언이 내려졌다.
드단족 행상들아,
아랍 땅 덤불 속에 몸을 숨기고 밤을 새
워라.
14 데마 지방 주민들아,
목말라 헤매는 자들에게 물을 가져다 주
어라.
피난민들에게 먹을 것을 가져다 주어라.
15 그들은 긴 칼, 날선 칼을 피하여
화살이 쏟아지는 위험한 싸움터에서 빠
져 나온 자들이다.

㉠ 히브리어 본문 : "두마."

케달족의 멸망

16◎주께서 나에게 말씀하셨다. "머슴살이 기
한인 일 년이 지나면 케달의 세력이 끝장나
리라.
17케달의 후손 가운데 활 쏘는 장정이 얼마 남
지 않으리라. 이스라엘의 하느님, 야훼가 말
한다."

예루살렘에 내리신 책망

22 ◎㉠환상골짜기에 이런 선언이 내려졌
다.
너희가 무슨 일로 모두 지붕에 올라갔느
냐?
2 웅성대고 소란한 도시, 기쁨에 들뜬 마을
아,
너희 죽은 자는 칼에 쓰러진 것이 아니요
싸움터에서 죽은 것도 아니다.
3 너희 고관들은 모조리 도망치다가
활을 잡아보지도 못하고 사로잡혔고
멀리 도망치던 용사들도 모두 붙잡혀 갔
다.
4 그래서 내가 소리쳤다.
"나를 실컷 울게 내버려두어라.
내 백성의 ㉡수도가 망하였다고 해서
나를 위로하려 하지 마라."
5 주 만군의 야훼께서 공포와 혼란의 날이
오게 하시리니
그 날에 환상골짜기에는 성벽이 무너져
내리고
사람들은 산을 향하여 도움을 청하리라.
6 엘람은 화살통을 메고, 시리아는 말을 타
고 달려오며
키르는 방패를 꺼내 들었다.
7 병거들이 너의 기름진 골짜기들을 메우
고
기병들은 성문 밖에 진을 쳐
8 유다의 방어진을 무너뜨렸다.
그 날 너는 ㉢수풀궁의 무기를 의지하면
서
9 다윗 성의 구멍뚫린 곳을 이리저리 찾아
내며
아랫못에 물을 채웠었지.
10 예루살렘 성 안에 있는 집들을 조사하여
더러는 허물어 성벽을 쌓고,
11 두 성벽 사이에 저수지를 만들어
옛 못에서 물을 끌어들이기도 하였지.
너희는 적군을 이끌어들이신 그분을 의
지하지 아니하였고
이 일을 옛날부터 계획하신 그분을 생각
하지 아니하였다.
12 그 날 주 만군의 야훼께서 너를 불러
통곡하며 애곡하며 머리털을 뜯으며
베옷을 입으라고 하시지 않았느냐?
13 그런데 너희는 도리어 기뻐 날뛰고
소와 양을 잡아 고기를 먹고 술을 마시며,
"내일이면 죽을 몸,
실컷 먹고 마시자." 하는구나.
14 만군의 야훼께서 나의 귀에 일러주셨다.
"이 죄는 너희가 죽기까지
결코 용서받지 못한다.
이는 주, 만군의 야훼가 하는 말이다."

셉나에 내릴 심판

15 주, 만군의 야훼께서 말씀하셨다.
"너는 궁중의 일을 감독하는
시종장 셉나에게 가서 말하여라.
16 높은 곳 바위에 제 무덤자리를 파고
저 누울 자리를 만드는 그에게 가서 말하
여라.
'너는 이 곳에 무슨 상속권이 있느냐?
누가 너에게 이 땅을 물려주었느냐?
어찌하여 네가 여기에다 스스로 누울 무
덤을 파느냐?
17 야훼가 너를 내던지리라.
너를 휘어잡아 내동댕이치리라.
18 넓은 벌판으로 데굴데굴 공처럼 굴려보
내리니
거기에서 너는 죽으리라.
㉣네가 타던 화려한 마차도 그 곳으로 끌
려가리니
너는 네가 섬기던 왕가의 치욕이 되리라.
19 내가 너를 파면시키고 그 자리에서 끌어
내리리라.
20 그 날 내가 나의 종 힐키야의 아들 엘리아
킴을 불러
21 네가 입던 관복을 입히고
네가 띠던 관대를 띠게 하고
너의 권리를 그의 손에 넘겨주리니
그가 예루살렘 주민과 유다 가문의 어른이
되리라.
22 내가 또한 다윗의 집 열쇠를
그의 어깨에 메어주리니
그가 열면 닫을 사람이 없고
닫으면 열 사람이 없으리라.

㉠ "힌놈 골짜기"라고 옮길 수도 있다. ㉡ 예루살렘을 가리킨다. ㉢ 1열왕 7:2-6, 10:7 참조. ㉣ "너희 화려한 무덤은 허물어지리니"라고 옮길 수도 있다.

23 말뚝을 단단한 곳에 박듯이
그의 지위를 굳건하게 해주리니
그의 지위가 그의 가문을 빛내리라.

엘리아킴 집안의 패망

24 그의 가문의 모든 영광이 그에게 걸려 있
다. 접시그릇에서 병그릇에 이르기까지 모
든 작은 그릇과 같은 그의 자손과 후예가 모
두 그에게 매달려 살리라.
25 만군의 야훼가 말한다. 그 날 단단한 곳에
박아둔 말뚝은 빠지고 부러져 쓰러지리니,
그 위에 걸어둔 것들이 모두 깨지리라.'"
이는 야훼께서 하신 말씀이다.

띠로와 시돈에 내릴 심판

23 ◎띠로에 이런 선언이 내려졌다.
다르싯의 배들아, 통곡하여라.
너희가 닻을 내릴 도피항은 이미 헐렸다.
키프로스에서 오는 길에 이 소식을 들어
야 하다니.
2 바다를 끼고 사는 사람들,
많은 상품을 바다로 실어 나르는 시돈의
무역업자들은
어안이 벙벙해졌구나.
3 큰 강 나일 가에서 거둔 곡식으로 돈을 벌
어
국제 시장을 이루었던 자들은 어안이 벙
벙해졌구나.
4 시돈아, 부끄러운 줄이나 알아라.
㉠바다는 말한다.
"나는 산고를 겪어 아기를 낳지도 않았으
며
총각을 기른 일도, 처녀를 키운 일도 없
다."
5 띠로가 망했다는 소식을 전해 듣고
이집트는 낙담하리라.
6 바다를 끼고 사는 사람들아,
통곡하며 다르싯으로 건너가거라.
7 이것이 너희가 뽐내던 도시더냐!
아득한 옛날에 건설된 유래깊은 도시,
멀리 흩어져 가서 식민지를 세우던 도시
더냐!
8 누가 이런 결정을 내렸는가?
왕관이 빛나던 여왕 띠로에게
그 상인들은 귀공자요, 무역업자들은
세상이 우러르던 자들이었는데……
9 이 결정을 내리신 분은 만군의 야훼,
뽐내던 온갖 사치를 짓밟으시고
세상이 우러르던 자들을 천대받게 하셨
다.
10 ㉡다르싯의 딸이여, 흙이나 파거라.
항구는 이미 없어졌다.
11 야훼께서 나라들을 뒤엎으시려고
팔을 바다 위에 뻗치셨고
가나안의 요새들을 허물라고 명령하셨다.
12 그리고 이르셨다.
"다시는 뽐내지 마라.
짓밟힌 처녀, 시돈의 딸아,
일어나 키프로스로 가보아라.
그러나 거기에서도 마음놓고 살 수 없으
리라."
13 키프로스로 가보아야, 그 곳에 있는 백성
은 이미 나라를 이룰 수조차 없게 되었다.
아시리아가 그 곳을 들귀신들이 들끓는 곳
으로 만들었다. 그들은 공격진을 펴고, 치
솟은 궁궐을 헐어 쑥밭으로 만들었다.
14 다르싯의 배들아, 통곡하여라.
너희가 닻을 내릴 도피항은 이미 헐렸다.
15 그 날 이후로 띠로는 한 왕의 수명인 칠십
년 동안 기억하는 사람이 없으리라. 칠십
년이 지난 후에는 노랫가락에 나오는 창녀
처럼 되리라.
16 기억에서 사라졌던 창녀야,
수금을 들고 거리를 쏘다녀라.
수금을 멋지게 뜯으며 마냥 노래를 불러
라.
그리하여 네 생각이 다시 나게 하여라.
17 칠십 년이 지난 후, 야훼께서 띠로를 찾아
오시리라. 그 때 띠로는 다시 화대를 받고
땅 위에 있는 모든 나라들에게 몸을 팔 것이
다.
18 그러나 화대로 번 돈은 쌓아두거나 저축하
지 아니하고 야훼께 드려 거룩한 돈이 되리
라. 그 번 돈은 야훼 앞에서 사는 사람들이
넉넉한 음식과 훌륭한 옷감을 장만하는 데
쓰이리라.

하느님께서 세계를 심판하신다

24 보아라. 야훼께서 온 땅을 황야로 만드
신다.
땅바닥을 말끔히 쓰시고 주민을 흩으신
다.

㉠ "시돈의 어미라고 믿었던 바다는 말한다."라고 옮길 수도 있다.

㉡ 히브리어 본문 : "다르싯의 딸이여
나일 강처럼 땅 위에 넘쳐흘러라.
너를 속박하던 것은 이미 없어졌다."

2 서민도 사제도, 종도 상전도 똑같다.
하녀도 주부도, 파는 이도 사는 이도 똑
같다.
빌리는 이도 빌려주는 이도, 빚 준 이도
빚 얻은 이도 똑같다.
3 온 땅을 말끔히 쓸어가시어
남은 것은 돌더미뿐이리라.
야훼께서 이렇게 선고하셨다.
4 산천은 메마르고 세상은 파리해지니
하늘도 땅과 함께 슬퍼한다.
5 주민의 발에 밟혀 땅은 더러워졌다.
그들이 법을 어기고 명을 거슬러
영원한 계약을 깨뜨렸기 때문이다.
6 그리하여, 온 땅은 저주를 받고, 주민은
처형된다.
세상의 주민은 거의 다 불에 타 죽는다.

도시는 망한다

7 술은 마르고, 포도덩굴은 시든다.
기뻐 가슴 뛰던 이들도 한숨만 짓는다.
8 흥겨운 소구 소리도 그치고
흥청대는 고함 소리도 멎는다.
멋진 수금 가락도 다시는 울리지 않는다.
9 노래도 없이 퍼마시는 술,
그 독한 술맛은 입에 쓰기만 하다.
10 도시는 무너져 온통 혼란에 빠지고
집집마다 문을 단단히 닫아걸어 드나드
는 자도 없다.
11 술이 떨어져 거리는 비탄에 빠지고
취흥은 자취를 감추고 흥겨운 노래도 사
라진다.
12 거리에 남은 것은 잿더미뿐
성문은 산산이 부서졌다.
13 이런 변을 겪고 난 백성들은
올리브를 떨고 몇 알 남는 것이 없듯이,
포도를 거두고 몇 송이 남는 것이 없듯이
되리라.

14 목청도 우렁차게 외치는 저 즐거운 소리,
야훼께 영광을 돌리는 저 소리가
바다에서 울려오는구나.
15 "해 뜨는 쪽에서도 야훼께 영광을 돌려
라.
바다 쪽에서도 이스라엘의 하느님 야훼의
이름을 찬양하여라."
16 땅 끝에서 노래가 울려 퍼진다.
"정의로 사는 나라에 영광 있어라."
그러나 나는 외쳤다.
"큰일났다! 큰일났다! 이 일을 어쩌나?
배반자들이 끝내 배신하였구나.
배반자들이 음모를 꾸며 배신하였구나."
17 땅에 사는 사람들아!
무서운 일이 네 위에 떨어진다.
함정과 올가미가 너를 노린다.
18 무서워 지르는 비명에 도망치는 자는 함
정에 빠지리라.
함정에서 올라오는 자는 올가미에 걸리
리라.

계속되는 선고

높은 하늘에서 수문이 열리고
땅은 바닥째 흔들린다.
19 땅이 마구 무너진다.
땅이 마구 갈라진다.
땅이 마구 뒤흔들린다.
20 땅이 주정꾼처럼 비틀거린다.
원두막처럼 흔들린다.
제가 지은 죄에 눌려 쓰러진다.
쓰러져서는 다시 일어나지 못한다.
21 그 날 야훼께서 저 높은 곳에 있는 하늘의
군대를 벌하시리라.
이 땅에 있는 세상의 제왕들을 처벌하시
리라.
22 모두 끌어다가 땅굴 속에 가두시고
오래 감금해 두셨다가 처벌하시리라.
23 만군의 야훼께서 시온 산, 예루살렘에서
왕이 되시고
당신의 장로들 앞에서 영광을 받으실 때
에
달은 창백해지고 해는 부끄러워 얼굴을
붉히리라.

감사 기도

25 당신은 야훼, 나의 하느님,
내가 당신을 우러러 받드옵니다.
내가 당신의 이름을 기리옵니다.
당신은 예전에 정하신 놀라운 뜻을 이루
셨습니다.
신실하게 변함없이 그 뜻을 이루셨습니
다.
2 거만한 자들의 도시를 돌무더기로 만드
셨습니다.
그 요새화된 도읍은 이제 터만 남았습니
다.
그들의 성루는 도시라고 할 수도 없이 허
물어져
영원히 재건되지 아니할 것입니다.
3 그리하여 강한 백성이 당신께 영광을 돌

리고
포악한 민족들의 도시가 당신을 두려워하게 되었습니다.
4 당신은 영세민에게 도움이 되어주시고
고생하는 빈민에게 힘이 되어주십니다.
소나기를 피할 곳, 더위를 막는 그늘이 되어주십니다.
포악한 자들의 화풀이는 겨울 폭우와 같으나
5 마른 땅을 햇볕이 마구 태우듯이,
그 거만한 자들의 소란을 당신께서는 억누르십니다.
구름이 더위를 가려 스러지게 하듯이,
그 포악한 자들의 노래를 당신께서는 막으십니다.

하느님께서 잔치를 베푸심

6 이 산 위에서 만군의 야훼, 모든 민족에게 잔치를 차려주시리라.
살진 고기를 굽고 술을 잘 익히고
연한 살코기를 볶고 술을 맑게 걸러 잔치를 차려주시리라.
7 이 산 위에서 모든 백성들의 얼굴을 가리던 너울을 찢으시리라.
모든 민족들을 덮었던 보자기를 찢으시리라.
8 그리고 죽음을 영원히 없애버리시리라.
야훼, 나의 주께서 모든 사람의 얼굴에서 눈물을 닦아주시고,
당신 백성의 수치를 온 세상에서 벗겨주시리라.
이것은 야훼께서 하신 약속이다.
9 그 날 이렇게들 말하리라.
"이분이 우리 하느님이시다.
구원해 주시리라 믿고 기다리던 우리 하느님이시다.
이분이 야훼시다.
우리가 믿고 기다리던 야훼시다.
기뻐하고 노래하며 즐거워하자.
그가 우리를 구원하셨다.
10 야훼께서 몸소 이 산을 지켜주신다."

검불이 거름 구덩이에서 짓밟히듯이
모압은 제가 서 있는 자리에서 짓밟힌다.
11 헤엄치는 자가 손을 내뻗듯이
그 속에서 손을 내뻗는다.
그러나 야훼께서 그 거만을 억누르신다.
허우적거리는 그 손을 짓누르신다.
12 높고 튼튼한 그 성벽을 무너뜨리신다.
헐어내려 먼지 바닥에 던지신다.

신실한 민족의 개선가

26 그 날 유다 땅에서는 이런 노래를 부르리라.
"우리의 도시는 견고하다.
그가 성벽을 겹겹이 쌓아 우리를 구원하셨다.
2 성문을 활짝 열어라.
충성을 다짐한 마음 바른 겨레를 들어오게 하여라.
3 마음이 한결같아 당신께 몸을 맡기는 그들,
당신께서는 번영과 평화로 그들을 지켜주시옵니다.
4 영원히 야훼를 믿고 의지하여라.
야훼는 영원한 바위시다.
5 그는 높은 곳에 사는 자들을 끌어내리시고
산성을 헐어내려 땅에 내던지신다.
먼지 바닥에 동댕이치신다.
6 그 도시가 짓밟힌다. 천대받던 자의 발길에 채인다.
영세민들의 발바닥에 짓밟힌다."

신앙을 고백하는 시

7 바르게 사는 사람의 길은 환하게 트입니다.
당신께서는 바르게 사는 사람의 앞길을 곧게 닦아주십니다.
8 야훼여, 당신의 재판으로 열리는 그 길만이
우리의 희망입니다.
당신의 이름을 깊이 그리워하여, 이 몸 당신을 잊지 못합니다.
9 밤새도록 당신을 그리는 이 마음,
아침이 되어 당신을 찾는 이 간절한 심정!
당신의 법이 세상에 빛나는 때
세상 주민들은 비로소 정의를 배울 것입니다.
10 악인이 복을 받는다면 세상이 어찌 정의를 배우겠습니까?
정직한 세상에서도 속임수만 쓰는 것들,
야훼의 위엄을 아랑곳도 하지 않습니다.
11 자기들을 치기 위하여 높이 쳐든 야훼의 손을

보려고도 하지 않습니다.
당신 백성을 뜨겁게 사랑하시어
그들이 보고 부끄러워하게 하소서.
당신의 이 원수들을 불사르소서.
12 야훼여, 당신께서는 우리를 잘살게 해주십니다.
우리가 하는 일을 모두 이루어주십니다.
13 야훼, 우리 하느님이여,
당신이 아닌 다른 상전이 우리를 지배하였사오나,
그러나 우리는 당신밖에 아무도 모릅니다.
당신의 이름만을 부르렵니다.
14 죽은 사람이 어찌 다시 살아나겠습니까?
죽은 사람이 어찌 다시 일어서겠습니까?
당신께서 그들을 벌하시어 없애버리셨습니다.
그들 생각을 말끔히 씻어버리셨습니다.
15 당신께서 이 겨레를 번성하게 하셨습니다.
야훼여, 이 겨레를 번성하게 하시어
당신의 이름을 떨치셨습니다.
나라의 경계가 사방으로 뻗어나게 하셨습니다.
16 야훼여, 우리는 곤경에 빠져 당신을 찾았습니다.
억압받는 고통은 당신께서 내리신 채찍이었습니다.
17 임신한 여인이 몸풀 때가 되어
아파 몸부림치며 신음하듯이
야훼여, 우리도 당신 앞에서 괴로워하였습니다.
18 우리는 임신한 듯, 해산하듯 몸부림쳤습니다.
그러나 우리가 낳은 것은 바람에 불과하여
이 땅에 구원을 베풀어주지 못하였습니다.
세상에 인구가 하나도 불어나지 않았습니다.
19 그래도 우리는 믿습니다.
이미 죽은 당신의 백성이 다시 살 것입니다.
그 시체들이 다시 일어나고
땅 속에 누워 있는 자들이 깨어나 기뻐 뛸 것입니다.
땅은 반짝이는 이슬에 흠뻑 젖어
죽은 넋들을 다시 솟아나게 할 것입니다.

나의 백성아, 잠깐 숨어라

20 내 백성아, 어서 너의 골방으로 들어가거라.
들어가서 문을 꼭 닫아걸어라.
주의 노여움이 풀릴 때까지 잠깐 숨어 있어라.
21 야훼께서 그 계시던 곳에서 나오시어
세상 모든 주민의 죄악을 벌하시리라.
그 때 땅은 그 위에 잦아들었던 피를 드러내고
숨겨졌던 피살자를 내놓으리라.

27 그 날 야훼께서는 날서고 모진 큰 칼을 빼어 들어
도망가는 레비아단, 꿈틀거리는 레비아단을 쫓아가
그 바다 괴물을 찔러 죽이시리라.

야훼의 포도밭을 노래함

2 ◎그 날에 사람들이 부를 노래.
"소담스런 포도밭 노래를 불러라.
3 나 야훼는 포도밭지기다.
쉬지 않고 물을 주며
잎이 마를세라 밤낮으로 보살핀다.
4 나는 조급하게 생각하지 아니하고
가시덤불, 엉겅퀴가 자란다 해도
싸움 싸우듯이 모조리 살라버리리라.
5 차라리 나의 힘을 빌려라.
거역하지 말고 나와 화목하여라."

야곱은 용서받고 적국은 벌을 받는다

6 야곱이 뿌리박는 날,
이스라엘이 꽃피어 열매를 맺는 날,
그 열매가 온 땅에 가득 차리라.
7 야곱을 치던 자들에게 하신 것처럼,
하느님께서 야곱을 치시겠는가?
이스라엘을 살육하던 자들에게 하신 것처럼
이스라엘을 죽이시겠는가?
8 그들을 벌하시기 위하여 모조리 쓸어 추방하시고
열풍을 부시어 그들을 쫓아내셨다.
9 야곱의 죄는 이렇게 용서받았다.
그리하여 야곱은
제단의 돌을 모두 횟돌처럼 부수어 가루로 만들고
목상과 분향단을 쓰러뜨린다.
10 요새화된 적의 도시는 쓸쓸한 무인지경,
황무지처럼 버려진 땅,

송아지들이 풀을 뜯고 뒹굴며 나뭇잎을
모조리 뜯는다.
11 나뭇가지는 말라 꺾여, 여인들의 땔나무
나 되리니
이 백성이 우둔하여
그들을 지으신 이조차 가엾게 여기지 아
니하시고
손수 빚어 만드신 이가 아끼지 않으시는
까닭이다.

이스라엘 광복의 날

12 그 날 야훼께서 마당질하시리라.
유프라테스 강 줄기에서 이집트로 건너가
는 개울에 이르기까지
이스라엘 후손들아,
하느님께서 너희를 일일이 모아들이시리
라.
13 그 날이 오면, 큰 나팔 소리 요란하리니
아시리아 땅에 귀양갔던 이들도,
이집트 땅에 뿔뿔이 흩어졌던 이들도 돌
아와
예루살렘 거룩한 산에서 야훼께 예배를 드
리리라.

사마리아에 내리는 경고

28 아! 네가 비참하게 되리라.
에브라임의 주정꾼들이 쓰고 뽐내는
꽃관, 사마리아야!
술부대의 머리에 얹힌 화려한 꽃, 사마리
아야,
네가 정녕 시들리라.
2 보아라, 주께서 보내신 힘있고 강한 이가
온다.
우박 섞인 돌풍처럼, 휩쓰는 풍랑처럼,
마구 내려 퍼부어 바다를 이루는 폭우처
럼 온다.
그가 와서 너를 잡아 땅에 처박으리라.
3 에브라임의 주정꾼들이 쓰고 뽐내는 꽃관
아!
네가 마구 짓밟히리라.
4 기름진 골짜기를 굽어보는 언덕에
곱고 화려하게 피어 있는 꽃들아!
네가 정녕 시들리라.
이른 여름에 익는 돌무화과 같아
눈에 뜨이기가 무섭게 따 먹히리라.
5 그 날 살아 남은 당신의 백성에게는
만군의 야훼께서 고운 꽃관, 화려한 왕관
이 되시리라.
6 재판석에 앉은 자에게는 공정한 마음을
주시고
성문에서 싸우는 용사에게는 적을 물리
칠 용기를 주시리라.

그릇된 종교 지도자들에게 내리는 경고

7 술에 취해 비틀거리고 독주에 취해 헤매
는 이자들은 누군가?
독주에 취해 비틀거리는 이자들은
바로 사제와 예언자들이 아닌가?
아주 술독에 빠져버렸구나.
저렇듯이 독주에 취하여 헤매다니!
비틀거리며 계시를 본다 하고
뒤뚱거리며 재판을 하다니!
8 술상마다 구역질나게 토해 놓고 떠드는
구나.
9 "저자가 하느님을 안다고 누구를 가르칠
셈인가?
되지 못하게 계시를 받았다고 누구를 깨
우쳐줄 셈인가?
겨우 젖뗀 아기에게나,
금방 젖꼭지 놓은 아기에게나 해보시라
지!
10 저자가 하는 소리를 좀 들어보세.
'㉠사울라사우, 사울라사우!
카울라카우, 카울라카우!
즈에르삼, 즈에르삼!'"
11 과연 이제 하느님께서는 더듬거리는 말
씨와 다른 나라 말로
이 백성에게 말씀하셔야겠구나.
12 "쉴 때가 되었다.
고단한 자는 안식을 얻어라.
이제는 안심하여라."
일찍이 이렇게 말씀하셨지만 그들은 들
으려 하지 않았다.
13 그래서 야훼께서는 그들에게 이렇게 말씀
하시는 것이다.
"사울라사우, 사울라사우!
카울라카우, 카울라카우!
즈에르삼, 즈에르삼!"
이런 말을 들으며 걸어가다가 뒤로 자빠
지거라.
뒤통수가 깨지고 그물에 걸려 잡히거라.

㉠ 뜻은 이런 것인지 모른다. "명령에 또 명령을, 명령에 또 명령을,
규칙에 또 규칙을, 규칙에 또 규칙을,
여기서 조금, 저기서 조금."

그릇된 정치 지도자들에게 내리는 경고
14 야훼의 말씀을 들어라.
빈정대기나 좋아하는 자들아!
이 백성을 예루살렘에서
다스리는 자들아!
15 너희가 자신만만하게 말하는구나.
"우리는 죽음과 계약을 맺었다.
저승과 협정을 체결하였다.
부서뜨리는 채찍이 지나가도 우리에게는
미치지 못한다.
거짓말이 우리의 대피소요, 속임수가 우
리의 은신처다."
16 그러므로 주 야훼께서 이렇게 말씀하신
다.
"보아라, 내가 시온에 주춧돌을 놓는다.
값진 돌을 모퉁이에 놓아 기초를 튼튼히
잡으리니
이 돌을 의지하는 자는 마음 든든하리라.
17 법이 나의 척도요, 정의가 나의 저울이
다.
거짓말로 꾸민 너희 대피소는 우박에 맞
아 부서지고
그 은신처는 물에 휩쓸려 간다.
18 죽음과 맺은 너희의 계약은 깨지고
저승과 체결한 협정은 효력을 잃는다.
부서뜨리는 채찍이 지나가는 날,
너희는 산산이 부서진다.
19 지나갈 적마다 너희를 부서뜨리는 채찍
이
아침마다 지나간다.
밤낮으로 지나간다.
이렇게 무섭게 얻어맞기나 해야
그 속뜻을 깨달으려느냐?
20 침대는 짧아서 길게 눕지 못하고,
이불은 좁아서 몸을 덮지 못한다."
21 과연 야훼께서는 브라심 산에서처럼 일어
나신다.
기브온 골짜기에서처럼 떨치고 일어나신
다.
너무나 너무나 기이한 당신의 일을 이루
시려고 오신다.
너무나 너무나 신비로운 당신의 사업을
이루시려고 오신다.
22 그러니 이제 빈정대기를 그만두어라.
포승에 꽁꽁 묶이지 않으려거든 그만 빈
정대어라.
온 세상을 멸하기로 결정하셨다는 말씀
을 나는 들었다.
주, 만군의 야훼께서 하시는 말씀을 나는
들었다.

농부에게 배워라
23 귀를 기울여 내 소리를 들어라.
정신차려 내 말을 들어라.
24 농부가 날마다 밭만 갈겠느냐?
땅을 뒤집고 써레질만 하겠느냐?
25 땅을 고르고 나서 검정풀씨나 회향초씨
를 뿌리지 않겠느냐?
밀과 보리를 심지 않겠느냐?
밭 가장자리에는 쌀보리를 심지 않겠느
냐?
26 이런 농사법을 일러주신 이가 누구냐?
하느님께서 농부에게 가르쳐주신 것이
다.
27 검정풀씨를 타작기로 떨더냐?
탈곡기를 굴려 회향초를 떨더냐?
검정풀씨는 막대기로 두드려 떤다.
회향초는 도리깨로 두드려 떤다.
28 어찌 밀알이 바서지도록 두드리겠느냐?
아니다, 무작정 두드리지는 않는다.
바서지기까지 탈곡기를 굴리지는 않는
다.
29 이 생각도 만군의 야훼께서 가르쳐주신
것이다.
놀라운 계획을 멋지게 이루시는 야훼께서
가르쳐주신 것이다.

야훼께서 아리엘(예루살렘)을 찾아오심
29 아! 네가 비참하게 되리라. 아리엘아.
다윗이 진을 치고 공격하던 아리엘아!
한 해, 또 한 해가 지나가고
축일들이 한 바퀴 돌아가면
2 내가 너, 아리엘을 포위하고 치리니
애곡하고 통곡하는 소리가 사무치리라.
나는 너를 ㉠아리엘처럼 치리라.
3 내가 너의 사면에 진을 치리라.
진지를 구축하여 너를 에워싸고,
토성을 쌓아 너를 포위하리라.
4 너는 쓰러져 흙바닥에서 소리를 내리라.
네 말소리는 가늘게 먼지 속에서 들려오
리라.
네 소리는 땅에서 나는 혼백의 소리 같겠
고,
웅얼거리는 네 소리는 먼지 속에서 들려
오리라.

㉠ '하느님의 사자'라는 뜻이다.

5 그러나 몰려왔던 원수가 도리어 먼지가
되어 날아가고
포악한 무리는 겨가 되어 흩날리리라.

갑자기 뜻하지 않은 때,
6 만군의 야훼께서 너를 찾아오신다.
천둥과 지동으로 폭음을 내시며 오신다.
태풍과 폭풍 속에서 벼락불로 찾아오신
다.
7 만방이 떼지어 너 아리엘을 치다가
꿈같이 사라지리라.
너를 공격하여 토성을 쌓고 죄다가
한밤의 환상처럼 꺼지리라.
8 굶주린 사람이 먹는 꿈을 꾸다가
깨어나서 더욱 배고파하고
목마른 사람이 마시는 꿈을 꾸다가
깨어나서 더욱 목말라하듯이
무리지어 시온 산을 치던 만방도 그렇게
되리라.
9 어리둥절 쩔쩔매며 서로 쳐다보아라.
앞이 캄캄하게 눈이 멀어라.
술 소리만 듣고도 취하여라.
독주 소리만 듣고도 비틀거려라.
10 야훼께서 너를 휘어잡아 얼빠지게 하셨
다.
너희 예언자의 눈을 감기시고
너희 선견자의 머리를 덮어버리셨다.

이 백성은 계시를 깨닫지 못한다

11◎이렇듯이 모든 것이 너희에게 계시되었지
만, 그것은 밀봉된 책에 쓰여진 말씀과 같
다. 글 아는 사람에게 이 책을 읽어달라고
하면 "책이 밀봉되었는데 어떻게 읽겠느
냐?" 할 것이다.
12 글 모르는 사람에게 이 책을 읽어달라고 하
면 "나는 글을 모른다." 할 것이다.

13◎야훼께서 말씀하셨다.
이 백성은 말로만 나와 가까운 체하고
입술로만 나를 높이는 체하며
그 마음은 나에게서 멀어져만 간다.
그들이 나를 공경한다 하여도
사람들에게서 배운 관습일 따름이다.
14 그러므로 나는 놀랍고 기이한 일을
이 백성에게 보이고 또 보이리라.
지혜롭다는 자들의 지혜가 말라버리고,
슬기롭다는 자들의 슬기가 숨어버리리
라.

거룩하신 하느님을 받드는 것이 인생의 도리이다

15 아, 너희가 비참하게 되리라!
자기의 흉계를 야훼께 감쪽같이 숨기려는
자들아!
"누가 우리를 보랴! 누가 우리를 알아보
랴!"
중얼거리면서 어둠 속에 몸을 숨기고
못하는 짓이 없는 자들아!
16 너희가 어림도 없는 짓을 하는구나.
옹기흙이 어찌 옹기장이와 같은 대접을
받겠느냐?
작품이 제작자를 두고
"그가 나를 만들지 않았다."고 말할 수
있느냐?
옹기그릇이 옹기장이를 두고
"그의 재주는 형편없다."고 말할 수 있느
냐?
17 이제 머지않아 레바논은 과수원이 되고
과수원은 수풀이 되고 말리라.
18 그 날 귀머거리는 책읽는 소리를 듣고
캄캄하고 막막하던 소경도 눈을 떠 환히
보리라.
19 천대받는 자들은 야훼 앞에서 마냥 기쁘
기만 하고
빈민들은 이스라엘의 거룩하신 이 앞에서
흥겨워하리라.
20 폭군은 없어지고, 빈정대던 자들도 사라
지고,
눈에 불을 켜고 나쁜 일을 찾아다니던 자
들도
간데없이 되리라.
21 그들은 입을 놀려 남에게 누명을 씌우고
성문에서 시비를 가리는 재판관을 올가
미로 걸어 넘어뜨리고
정직한 사람의 송사를 아무 근거 없이 물
리치던 자들이다.
22 그러므로 아브라함을 구원하신
야곱 가문의 하느님, 야훼께서 말씀하신
다.
"야곱이 이제는 부끄러움 없이 나서고
얼굴이 창백하게 되는 일도 없으리라.
23 그들 가운데서 나의 손이 이룬 일을 보고
내 이름을 거룩하게 찬양하리라.
야곱의 거룩한 이를 신성하게 기리고
이스라엘의 하느님을 두려운 마음으로 공
경하리라.
24 마음이 비뚤어진 자들도 슬기를 깨치고
불평하던 자들도 사람 된 도리를 터득하
리라."

이집트로 가는 특사는 헛걸음을 한다

30 ◎야훼께서 말씀하신다.
"아! 너희가 비참하게 되리라.
말을 듣지 아니하는 자식들아,
너희가 나에게 물어보지도 아니하고 일을 꾸미며
내 뜻을 알아보지도 아니하고 동맹을 맺어
죄 위에 죄를 더하는구나.
2 나에게 묻지도 아니하고 이집트로 내려가
파라오에게 기대어 몸을 숨기고
이집트의 그늘에 숨으려는 자들아,
3 파라오에게 보호받으려던 것이
도리어 부끄러움이 되고
이집트의 그늘에 숨으려던 것이 무안하게 되리라.
4 왕의 고관들은 소안으로 갔으며
그의 사신들은 이미 하네스에 이르렀다.
5 모두들 선물을 받쳐 들고 그 나라를 찾아가지만,
무슨 소용이 있으랴? 도움은커녕,
수치와 모욕밖에 받을 것이 없으리라."

6 네겝에 사는 들짐승들에게 내리신 야훼의 선언이다.
"위험과 고생이 깃들인 땅,
암사자와 수사자가 울부짖는 땅,
독사와 불뱀이 날뛰는 땅을 거쳐
젊은 나귀 등에 재물을 싣고,
낙타 등에 보화를 싣고,
아무 도움도 주지 못할 백성에게 바치러 가는구나.
7 이집트는 아무런 도움도 주지 못할 나라이다.
그러므로 나는 그를 '종이 구렁이'라 부른다.
8 자, 어서 가서 ㉠말을 판에 새기고 책에 기록하여라.
훗날 영원한 증거로 남게 하여라."
9 이 백성은 참으로 배반하는 백성,
믿을 수 없는 자식들,
야훼의 가르침을 따르기 싫어하는 자식들이구나.
10 계시를 보는 이들에게, "계시를 보지 마라." 하고,
예언자들에게 "진실을 우리에게 예언하지 마라." 하며,
"솔깃한 말이나, 터무니없는 이야기나 하여라.
11 한길에서 물러서거라. 한길에서 비켜나거라.
이스라엘의 거룩한 분 이야길랑 우리 앞에서 꺼내지도 마라."
하는 자들아!
12 그러므로 이스라엘의 거룩하신 이께서 말씀하신다.
"너희가 이 말을 저버리고
굽고 어긋난 것을 믿어 의지하려는구나.
13 너희의 이런 잘못은 마치
막 쓰러지려 하는 갈라진 성벽과 같아,
높은 성벽의 배가 불쑥 터져
창졸간에 와르르 무너짐 같으리라.
14 마치 오지항아리가 산산조각으로 깨져
아궁이의 불을 담아낼 조각 하나 남지 아니하고
웅덩이의 물을 퍼낼 조각 하나 남지 아니함과 같으리라."
15 그러므로 이스라엘의 거룩하신 분, 주 야훼께서 말씀하신다.
"마음을 돌려 진정하는 것이 구원받는 길이다.
고요히 믿고 의지하는 것이 힘을 얻는 길이다."
그런데 너희는 거절하였다.
16 "아닙니다. 우리는 말을 타고 도망가겠습니다."
도망가려거든 어서 가려무나.
"우리는 날랜 말을 타고 도망가렵니다."
그래봐야, 너희를 뒤쫓는 자들이 더 날래리라.
17 한 사람의 고함에 천 명이 넋을 잃고
다섯 사람의 고함에 너희는 모두 도망치리라.
결국 너희는 산꼭대기에 남은 외로운 깃대,
언덕 위에 홀로 남은 신호대처럼 되리라.

야훼께서 이스라엘을 다시 보살피신다

18◎그러나 야훼께서는 너희에게 은혜 베푸실 날을 기다리신다.
너희를 불쌍하게 여기시어 도우러 일어나신다.
야훼는 공평무사하신 하느님,
복되어라, 그분을 기다리는 자여!
19◎과연 그렇다. 예루살렘에 사는 시온 백성들아, 너희가 다시는 울지 않아도 되리라.

㉠ "종이 구렁이"라는 말이다.

너희가 소리내어 부르짖으면 주께서는 너
희를 가엾게 보시어 듣자마자 곧 이루어주
시리라.
20 주께서 너희에게 겨우 연명할 빵과 가까스
로 목을 축일 물밖에 주지 않으셨지만, 그
는 너희 스승이 되어 다시는 너희를 외면하
지 아니하시리니 너희가 그를 스승으로서
눈앞에 항상 모시게 되리라.
21 그리하여 너희가 오른편으로나 왼편으로나
빗나가려 하면 그가 뒤에서 너희 귀에 속삭
여주시리라. "이것이 네가 가야 할 길이다.
이 길을 따라가거라."
22 이 말씀을 따라 너희는 손으로 새겨 은을 입
힌 우상과 부어 만들어 금을 입힌 우상을 부
정한 것으로 여겨 오물처럼 내던지며, "눈
앞에서 사라져라."고 하게 되리라.
23 그러면 그가 비를 내리시어, 너희가 밭에
뿌린 씨로 하여금 나서 자라게 하시고, 밭
에서 영글고 기름진 곡식을 거두게 하시리
라. 또 그 날 너희 가축은 넓은 목장에서 풀
을 뜯으리라.
24 밭일을 거드는 황소와 나귀도, 키와 풍구로
부쳐낸 고운 겨에 간을 맞추어 만든 사료를
먹으리라.
25 요새의 탑들이 무너지고 적이 섬멸되는 날,
높은 산, 높은 언덕 어디에서나 시냇물이
흐르리라.
26 그 때 달빛은 햇빛처럼 밝아지고, 햇빛은
일곱 배로 밝아져, 이레 동안 비추는 빛을
한데 모은 것처럼 되리라. 그 날이 오면, 야
훼께서 당신 백성의 상처를 싸매시고 그 터
진 곳을 치료해 주시리라.

야훼께서 아시리아를 심판하러 오신다

27 야훼께서 몸소 먼 곳에서 오신다.
노기가 충천하여 위엄을 떨치며 오신다.
분함으로 입술을 부르르 떠시며
혀에서는 불을 내뿜으신다.
28 휩쓸어가는 산골 물처럼, 목에 받치는
거친 숨을 내뿜으시며 오신다.
몰려온 민족들을 키질하여 날려버리러
오신다.
몰려온 백성들에게 재갈을 물려 꼼짝 못
하게 하러 오신다.
29 그러나 너희는 밤에 거룩한 축제를 베풀
어 노래부르고
피리를 불며 이스라엘의 바위,
야훼의 산으로 올라가며 마음이 기쁘리
라.
30 야훼의 우렁찬 소리가 들린다.
그가 내리치시는 팔이 보인다.
분이 복받쳐 불이 번쩍, 번개가 치고
소나기는 억수로 쏟아지고
주먹 같은 우박이 후려 때린다.
31 그렇다, 야훼의 목소리에 질려 아시리아는
허둥대리라.
야훼의 몽둥이에 얻어맞으리라.
32 떨어지는 매 하나하나,
그들을 징계하시는 야훼의 채찍,
북과 거문고에 맞추어 노래부르고
너울너울 춤추는 중에
야훼께서 그들을 치시리라.
33 사람을 불살라
몰록 신에게 바칠 제단은 이미 마련되었
다.
깊고 넓은 웅덩이에
장작은 더미로 쌓이고 불쏘시개도 마련
되었다.
이제 야훼의 입김이 유황개울처럼 흘러
나와
그 더미를 살라버리시리라.

이스라엘이 믿던 이집트는 망한다

31 아, 너희가 비참하게 되리라!
원군을 청하러 이집트로 내려가는 자
들아!
너희가 군마에 희망을 걸고
많은 병거와 수많은 기병대를 믿는구나!
이스라엘의 거룩하신 이는 쳐다보지도 아
니하고
야훼를 찾지도 않는구나.
2 하느님께서 어찌 어리숙하게도
재앙을 내리신다 하시고 그 말씀을 거두
시랴?
괘씸한 자들의 집을 치러 일어나시고
엉뚱한 짓을 하는 자의 편에 서는 자도 치
시리라.
3 이집트인들은 사람이요, 신이 아니다.
그들이 타는 말은 고깃덩이요, 정신이 아
니다.
야훼께서 팔을 휘두르시면, 돕던 자도 비
틀거리고
도움을 받던 자도 쓰러지리라.
모두 함께 멸망하리라.

시온은 구원받고 아시리아는 망한다

4 야훼께서 나에게 말씀하셨다.
"사자와 새끼 사자가 사냥한 것을 물고

으르렁거리다가,
목동들이 몰려와 고함친다고 해서 겁내
겠느냐?
소란을 피운들 아랑곳이나 하겠느냐?
만군의 야훼도 이렇게 시온 산과 그 언덕
에 내려와 싸워주리라.
5 만군의 야훼가 수리처럼,
예루살렘 위를 날며 지켜주리라.
지켜주고, 건져주고, 아껴주고 구원해 주
리라."

6◎이스라엘의 후손들아, 돌아오너라! 극악
한 반역자들아, 하느님께로 돌아오너라.
7그 날이 오면, 너희는 더러운 손으로 만들
어놓고 위하던 은우상, 금우상을 저마다 내
버릴 것이다.
8 아시리아는 사람이 휘두르지 않은 칼에
맞아 넘어지리라.
인간이 찌르지 않은 칼에 찔려 죽으리라.
그 정병들은 칼을 무서워하여 도망치다
가
노예가 되어 죽도록 일만 하리라.
9 그들이 바위처럼 믿던 왕은 겁이 나 뒷걸
음질치고
그 대장들은 겁에 질려 깃발을 버리고 도
망치리라.
시온에 불을 장만하신 야훼의 말씀이시
다. 예루살렘에 가마를 마련하신 야훼의 말
씀이시다.

정의의 나라

32 왕이 정의로 나라를 다스리는 날,
고관들이 법대로 나라일을 보는 날이
온다.
2 그들은 바람을 막아주고
소나기를 긋게 하여주고
메마른 곳을 적셔주고
타는 땅에 바위처럼 그늘이 되어주리라.
3 민정을 살피는 눈이 어두워지지 아니하
고
민원을 듣는 귀가 막히지 않으리라.
4 조급히 결재하지 아니하고 실정을 살피
며
민의를 대변하는 혀가 더듬거리지 아니
하리라.
5 다시는 겉약은 바보를 고상한 사람이라
하지 아니하고
간사한 자를 귀족이라 하지 아니하리라.
6 겉약은 바보는 함부로 입을 놀리고
나쁜 생각만을 마음속에 품는다.
그는 매사에 사기나 치고
야훼께 함부로 말하는 자이다.
굶주린 사람의 밥그릇을 쏟아버리고
목마른 사람의 물대접을 차버리는 자이
다.
7 간사한 자는 간악한 수단이나 짜내고
간계나 꾸며대는 자이다.
비천한 자들이 권리를 주장하여도
그 가난한 자들을 거짓말로 때려잡는다.
8 고상한 사람은 너그러운 생각을 품고
그 너그러운 뜻으로 살아가는 사람이다.

태평무사한 여인들에게 내리는 경고

9 태평무사한 여인들아,
일어나서 내 말을 들어라.
팔자가 늘어진 젊은 여인들아,
내 말을 귀담아들어라.
10 팔자가 늘어진 여인들아!
일 년 남짓하여 너희는 몸부림치는 신세
가 되리라.
포도 농사가 망하고 말았으니
무슨 거둘 것이 있겠느냐?
11 태평무사한 여인들아, 몸서리쳐라.
팔자가 늘어진 여인들아, 몸부림쳐라.
옷을 벗고 알몸으로,
너희 허리에 베옷을 둘러라.
12 가슴을 치며 통곡하여라.
기름진 농토와
무성하게 열리는 포도송이를 생각하고
통곡하여라.
13 내 백성의 농토에 가시덤불과 엉겅퀴가
자라고
집집마다 기쁨으로 흥청거리던 마을은
망하리라.
14 궁전은 버림받고
혼잡하던 도시에서는 인기척이 사라지리
라.
그리하여 도시가 섰던 언덕과 망대가 섰
던 자리에
동굴만이 남아
들노새들이 뛰놀고, 양떼가 풀이나 뜯게
되리라.

야훼께서 정의와 평화를 내리신다

15 드디어 하늘의 영기가 우리 위에 쏟아져
내려
사막은 과수원이 되고
과수원은 수풀이 되리라.

16 사막은 법이 통하는 곳이 되고
과수원은 정의의 터전이 되리라.
17 정의는 평화를 가져오고
법은 영원한 태평성대를 이루리라.
18 나의 백성은 평화스런 보금자리에서,
고요한 분위기에서 마음놓고 살게 되리
라.
19 적의 수풀은 모조리 쓰러지고
원수의 도시는 허물어져 내리는데,
20 복되어라, 너희는 물길이 닿는 곳마다 씨
를 뿌리고
소나 나귀를 놓아 돌아다니면서 풀을 뜯
게 하리라.

구원을 비는 기도

33 아, 네가 비참하게 되리라.
침략 한 번 당하지 않고 남을 침략만
하는 자여!
노략 한 번 당하지 않고 남을 노략만 하는
자여!
네 침략질이 끝나고, 네가 침략을 당할
날이 오리라.
네 노략질이 끝나고, 네가 노략을 당할
날이 오리라.

2 오! 야훼여, 우리를 가련히 여겨주소서.
우리는 당신만을 바라옵니다.
아침마다 우리의 팔이 되시어
우리를 곤경에서 구해 주소서.
3 당신께서 한 번 호령하시면 뭇 백성은 허
둥지둥 달아나고
당신께서 한 번 일어나시면, 민족들은 뿔
뿔이 도망칩니다.
4 당신의 백성은 메뚜기떼처럼 전리품을
모아 들이고
누리떼처럼 그 전리품을 덮칠 것입니다.
5 야훼께서는 아득하게 높이 계시면서
시온을 법과 정의로 가득 채우십니다.
6 당신께서 다스리시는 안정된 시대가 옵
니다.
지혜와 지식이 구원의 힘이 되고
야훼를 공경하는 것이 보물이 됩니다.

야훼께서 일어나신다

7 보아라, 아리엘 주민이 거리에서 애곡하
고
평화사절단은 기가 막혀 통곡한다.
8 한길은 길손이 끊겨 텅텅 비었다.
계약은 깨지고 증인들은 인정을 받지 못
하며
아무도 남 생각은 않는 세상이 되었구나.
9 산천은 메말라 지치고
레바논 숲은 병들어 그 모양이 말이 아니
다.
사론은 사막이 되고
바산과 가르멜은 벌거숭이가 되었구나.

10 야훼께서 말씀하신다.
"나 이제 일어난다.
나 이제 몸을 일으킨다.
나 이제 일어선다.
11 너희가 잉태한 것은 지푸라기다.
검불말고 무엇을 낳으랴?
불 같은 내 입김에 너희는 타버리리라.
12 만방은 구운 횟돌같이 되고
찍어다가 태우는 가시덤불같이 되리라.
13 먼 곳에 있는 자들아,
들어라, 내가 무슨 일을 했는가.
가까이 사는 자들아!
내가 얼마나 힘있는지 알아두어라."

14 시온 산에서 죄인들이 무서워 떨고
불경한 자들은 겁에 질려 떨리라.
삼킬 듯이 넘실거리는 이 불길을 누가 견
디어낼 것인가?
누가 이 영원한 불꽃 속에서 견디어낼 것
인가?
15 옳게 살고 바른 말하는 사람,
착취로 돈을 벌지 않는 사람,
뇌물을 마다고 뿌리치는 사람,
살인하자는 소리를 듣지 않으려고 귀를
막는 사람,
악한 일을 보지 않으려고 눈을 감는 사람,
16 이런 사람은 높은 곳에 올라가 살리라.
바위 꼭대기에 튼튼한 성곽을 쌓고 사는
데,
빵도 넉넉하고 물도 떨어지는 일이 없으
리라.

영광스러운 내일이 온다

17 네 눈이 화려하게 차린 너의 임금을 보리
라.
널리 눈앞에 국토가 트이리라.
18 무섭던 그 때를 돌아보며 네 마음은 흐뭇
해 하리라.
"개수를 따져 셈하던 자는 어디 갔느냐?
무게를 달아 따지던 자는 어디 갔느냐?
귀중품을 조사하던 자는 어디 갔느냐?"

19 네가 다시는 그런 사람을 보지 아니하리
라.
무슨 소린지 모를 말을 하는 백성,
도무지 귀에 익지 않은 말을 지껄이는 백
성,
뜻도 모를 소리를 더듬거리는 백성이
다시는 나타나지 아니하리라.
20 축제 기분에 들뜬 우리 마을, 시온을 보아
라!
네 눈은 아늑한 보금자리, 옮겨지지 않을
천막,
예루살렘을 보리라.
그 말뚝이 다시는 뽑히지 아니하고
그 줄 하나도 끊어지지 아니하리라.
21 거기에는 넓은 강이 여러 줄기로 흐르지
아니하고
야훼께로부터 한 시내가 흘러 우리의 기
쁨이 되리라.
노 젓는 큰 배는 들어오지 못하고
장엄한 배는 얼씬도 못하리라.
23ㄱ 줄은 늘어져 더 이상 깃대를 단단히 잡아
세우지 못하고
신호기를 높이 달아 올리지도 못한다.
22 우리를 재판하는 이는 야훼,
우리의 법을 세우는 이도 야훼,
우리를 다스리는 왕도 야훼,
그분만이 우리를 구원하신다.
23ㄴ 소경도 전리품을 듬뿍 얻고
절름발이도 노획물을 양껏 차지하리라.
24 그 곳에 사는 백성은 모든 죄를 용서받아
몸이 아프다고 탄식하는 자 없으리라.

에돔의 최후

34 민족들아! 가까이 와서 내 말을 들어
라.
부족들아! 내 말을 귀담아들어라.
땅과 그 안에 가득히 차 있는 것들아,
지구와 거기에서 돋아난 만물들아,
귀를 기울여라.
2 야훼께서 모든 민족들에게 노하신다.
그들의 모든 군대를 향해 크게 노하신다.
그들을 전멸하시고, 몰살시키시려 하신
다.
3 살육된 자들은 거리에 내던져지고
주검들에서 나는 썩는 냄새가 코를 찌른
다.
산들은 모두 피로 물들고
4 언덕들은 썩어 문드러진다.

하늘이 두루마리인 양 말리고
포도 잎새가 말라 떨어지듯,
무화과나무의 낙엽이 지듯,
별들이 우수수 떨어진다.
5 보아라, 그의 칼이 하늘에서 떨어진다.
에돔 위에 마구 떨어진다.
선고에 따라 전멸될 백성 위에 떨어진다.
6 야훼의 칼에서는 피가 뚝뚝 떨어지고 기
름이 엉긴다.
양 새끼와 숫염소의 피로 물들고
숫양의 콩팥 기름으로 절었다.
보스라에서 야훼께 희생제를 드리고
에돔 땅에서 일대 살육제를 올리는 날,
7 들소들도 함께 쓰러진다.
황소들도, 젊은 소들도 쓰러진다.
그 피로 땅은 흠뻑 물들고
그 기름으로 먼지가 젖는다.
8 야훼께서 원한을 푸실 날,
시온의 원수를 갚아주실 때가 온 것이다.
9 에돔의 모든 개울은 역청이 되어 흐르고
에돔의 모든 먼지는 유황이 되며
그 땅은 타오르는 역청바다가 된다.
10 밤에도 낮에도 꺼지지 않아
그 연기는 끝없이 치솟는다.
영원히 잿더미로 남아
아무도 그리로 지나가지 아니하리라.
11 사다새나 고슴도치가 드나들고
부엉이나 까마귀가 깃들이는 곳이 되리
라.
야훼께서 측량줄을 대고 허무시며
다림줄을 드리우고 무너뜨리시리라.
12 북슬북슬한 염소귀신이나 사는 곳,
㉠ 귀족들은 얼씬도 못하는 곳이 되리라.
다시는 임금을 세우지 못하는 곳,
고관들을 볼 수 없는 곳이 되리라.
13 궁궐마다 딸기덩굴만 무성하고
요새마다 쐐기풀과 가시덤불만 얽혀 자
라나고
승냥이가 득실거리며, 타조가 노니는 곳
이 되리라.
14 들귀신과 물귀신이 만나는 곳,
털이 북슬북슬한 염소귀신이 제 또래를
부르고
도깨비가 안식처를 찾아 서성거리는 곳
이 되리라.
15 독사가 자리를 잡아 알을 낳고
그 알을 까서 새끼들을 우글거리게 하는
곳,

㉠ 칠십인역을 따라 한 줄을 삽입하였다.

더러운 새들이 끼리끼리 모여드는 곳이
되리라.
16 야훼의 기록을 찾아내어 읽어보아라.
이런 모든 짐승들이 빠짐없이 기록되어
있으리라.
그것들은 직접 야훼의 입에서 떨어진 분
부를 받아
그의 입김으로 몰려온 것들이다.
17 그가 몸소 제비를 뽑아 그들에게 분배해
주시고
손수 측량하시어 각자의 몫으로 나눠주
신 땅,
그들이 그 땅을 자기 것으로 삼아
그 곳에서 대를 이어가며 영원히 살리라.

35 메마른 땅과 사막아, 기뻐하여라.
황무지야, 내 기쁨을 꽃피워라.
2 아네모네처럼 활짝 피워라.
기뻐 뛰며 환성을 올려라.
황무지도 레바논의 영광으로 빛나고
가르멜과 사론처럼 아름다워져
사람들이 야훼의 영광을 보리라.
우리 하느님의 영광을 보리라.
3 늘어진 두 팔에 힘을 주어라.
휘청거리는 두 무릎을 꼿꼿이 세워라.
4 겁에 질린 자들을 격려하여라.
"용기를 내어라. 무서워하지 마라.
너희의 하느님께서 원수 갚으러 오신다.
하느님께서 오시어 보복하시고 너희를
구원하신다."
5 그 때에 소경은 눈을 뜨고
귀머거리는 귀가 열리리라.
6 그 때에 절름발이는 사슴처럼 기뻐 뛰며
벙어리도 혀가 풀려 노래하리라.
사막에 샘이 터지고
황무지에 냇물이 흐르리라.
7 뜨겁게 타오르던 땅은 늪이 되고
메마른 곳은 샘터가 되며
승냥이가 살던 곳에 갈대와 왕골이 무성
하리라.
8 그 곳에 크고 정결한 길이 훤하게 트여
'거룩한 길'이라 불리리라.
부정한 사람은 그리로 지나가지 못하고
어리석은 자들은 서성거리지도 못하리
라.
9 사자가 얼씬도 못하고
맹수가 돌아다니지 못하는 길,
건짐받은 사람만이 거닐 수 있는 길,
10 야훼께서 되찾으신 사람이 이 길을 걸어
시온 산으로 돌아오며 흥겨운 노래를 부
르리라.
그들의 머리 위에선 끝없는 행복이 활짝
피어나고
온몸은 기쁨과 즐거움에 젖어들어
아픔과 한숨은 간데없이 스러지리라.

㉠산헤립의 침공

36 ◎히즈키야 왕 제십사년에, 아시리아 왕
산헤립이 유다를 침략하여 그 모든 요
새화된 성읍들을 점령하였다.
2 아시리아 왕은 라기스에서 시종장관에게 상
당한 병력을 주어 히즈키야 왕이 있는 예루
살렘으로 보냈다. 그는 마전터로 가는 길
가 윗저수지 물길 있는 데 이르러 주둔하
였다.
3 그들을 맞으러 궁내대신 힐키야의 아들 엘리
아킴과 시종무관 셉나와 공보대신 아삽의 아
들 요아가 나갔다.
4 시종장관이 그들에게 말하였다. "히즈키야
에게 전하여라. 아시리아의 대왕께서 하시
는 말씀이다. '네가 무엇을 믿고 이렇게 자
신만만이냐?
5 참모도 없고 군대도 없는 주제에 입술의
빈말만으로 싸움을 이길 수 있다고 생각하
느냐? 네가 무엇을 믿고 나에게 반역하느
냐?
6 네가 믿는 이집트는 부러진 갈대에 불과하
다. 그것을 지팡이처럼 믿는다마는 그것을
잡았다가는 도리어 손만 베일 것이다. 이집
트 왕 파라오는 자기를 믿는 모든 자들에게
그렇게 대한다.
7 너희는 나에게 말하기를 너희 하느님 야훼
를 믿는다고 하겠지마는 유다와 이스라엘
백성에게 예루살렘에 있는 제단 앞에서만
예배를 드려야 한다고 하며, 야훼의 산당
들과 제단을 헐어버린 것이 히즈키야가 아
니냐?'
8 자, 나의 주인이신 아시리아 왕과 승부를 겨
루어보아라. 네가 기수만 내놓을 수 있다면
내가 너에게 말 이천 마리를 줄 터이다.
9 너에게 우리 주인의 하잘것없는 졸병 하나
인들 물리칠 힘이 있겠느냐? 그러면서 이집
트에서 병거나 기병 부대가 오려니 하고 있
구나.
10 내가 야훼의 분부도 없이 어떻게 이 곳을
치러 올라왔겠느냐? 야훼께서 나에게 일찍

㉠ 36-39장에 대해서는 (38:9-20은 제외) 2열왕 18:13-20:19 참조.

이 이 땅을 쳐부수러 올라가라고 분부하셨
다."
11◎엘리아킴과 셉나와 요아가 시종장관에게
청하였다. "아람어로 말씀해 주시오. 우리
는 아람어를 알아들을 수 있습니다. 백성이
성 위에서 듣고 있는데, 유다말로 우리에게
말씀하지 말아주시오."
12시종장관이 대답하였다. "나의 주인께서 너
희 상전이나 너희에게만 이 말을 전하라고
나를 보내신 줄 아느냐? 성 위에서 너희와
같이 제 오줌과 제 똥을 먹고 앉아 있는 자
들에게도 전하라고 나를 보내신 것이다."
13이어 시종장관은 일어서서 유다말로 크게
외쳤다. "들어라, 아시리아 대왕의 말씀이
다.
14대왕께서 말씀하신다. '히즈키야에게 속지
마라. 그가 너희를 구해 내지 못하리라.
15그가 너희를 설득하여 야훼를 의지하자고
하고, 또 야훼가 너희를 구할 것이므로 이
성이 절대로 아시리아 왕에게 함락되지 않
는다고 말하더라도 그 말을 믿지 마라.
16히즈키야가 하는 말은 듣지 마라.' 아시리아
왕께서 말씀하신다. '나와 강화 조약을 맺
자. 나에게 항복하여라. 그리하면 너희는
각기 자기가 재배하는 포도와 무화과를 먹
을 수 있게 되고 자기 물통의 물을 마실 수
있게 될 것이다.
17때가 되면 내가 와서 너희의 조국 땅과 다름
없는 땅 곧 곡식과 새 포도주가 나고 떡과
과일이 넉넉한 땅에 너희를 정착시키리라.
18히즈키야의 말을 듣지 마라. 그는 야훼가 너
희를 구해 줄 것이라고 말하여 너희를 그릇
인도할 뿐이다. 그 어느 민족의 신이 아시리
아 왕으로부터 자기 영토를 구하였더냐?
19하맛과 아르밧의 신들은 어디 갔느냐? 스발
와임의 신들은 어디 갔느냐? ㉠사마리아 땅
의 신들은 어디 갔느냐? 그들이 사마리아를
내 손에서 건졌더냐?
20여러 민족의 신들 중에 자기 영토를 나에게
서 구해 낸 신이 하나라도 있었느냐? 야훼
가 어찌 예루살렘을 구하겠느냐?'"
21◎그러나 백성들은 침묵을 지키고 아무런
대답도 하지 않았다. 적장의 말에 아무 대
꾸도 하지 말라고 히즈키야 왕이 명령했기
때문이었다.
22궁내대신 힐키야의 아들 엘리아킴과 시종무
관 셉나와 공보대신 아삽의 아들 요아는 옷
을 찢으며 히즈키야 왕에게 돌아가서 적의
시종장관이 한 말을 모두 보고하였다.

히즈키야가 이사야에게 문의하다

37 ◎히즈키야 왕은 그들의 보고를 듣고
나서 입고 있던 옷을 찢고 삼베옷을 두
르고 야훼의 성전에 들어가
2 궁내대신 엘리아킴과 시종무관 셉나와 고위
사제들에게 모두 삼베옷을 입혀 아모쓰의
아들 예언자 이사야에게 가서
3 왕의 말을 전하게 하였다. "이 날은 우리에
게 환난의 날이며 질책과 치욕의 날이오.
우리는 마치 아기를 낳으려 하나 아기를 낳
을 힘이 없는 산모와 같소.
4 그대의 하느님 야훼께서는 아시리아 왕이 보
낸 시종무관이 살아 계신 하느님을 조롱하
여 한 말을 모두 들으셨을 것이오. 그리고
그대의 하느님 야훼께서는 그 말을 들으시
고 꾸짖으실 것이오. 아직 살아 남아 있는
사람들을 위하여 기도를 드려주시오."
5◎히즈키야 왕의 시종들이 이사야에게 가자,
6이사야는 이렇게 대답하였다. "가서 그대들
의 상전께 전하시오. 이것은 야훼의 말씀이
오. '아시리아 왕의 아첨배들이 나를 비방
하여 한 말을 가지고 놀라지 마라.
7 내가 아시리아 왕을 귀신에 사로잡히게 하
여 뜬소문을 듣고 자기 나라로 철수하게 하
리라. 그 후에 거기에서 칼에 맞아 죽게 하
리라.'"
8◎이 때 시종장관은 아시리아 왕이 라기스를
떠났다는 소식을 듣고 되각하여 리브나를
공격하고 있는 아시리아 왕과 합세하였다.
9아시리아 왕은 구스 왕 티르하가가 자기와 교
전하기 위하여 진격하고 있다는 정보에 접
하고 히즈키야에게 다시 특사를 보내며 일
렀다.
10"유다 왕 히즈키야에게 이렇게 전하여라.
'네가 의지하고 있는 너의 하느님이, 예루
살렘은 아시리아 왕에게 정복되지 않으리라
고 말한다 하더라도 그 말에 속지 마라.
11아시리아의 역대 왕들이 주위의 여러 나라
들을 정복하고 그 백성들을 무찌른 사실을
너는 분명히 들어 알고 있지 않느냐? 그래
도 네가 피할 수 있으리라고 바라느냐?
12나의 선왕들은 여러 나라를 쳐서 무찔렀
다. 고잔, 하란, 레셉, 들라살에 있는 에덴족
등, 이들 나라의 신들이 제 나라를 구출했
더냐?
13하맛, 아르밧, 스발와임, 헤나, 아와, 이 모든

㉠ 2열왕 18:34를 따라 삽입하였다.

나라의 왕들은 모두 어디 갔느냐?'"
14◎히즈키야는 특사들에게서 서신을 받아 읽
었다. 그리고 나서 그는 곧장 야훼의 전에
올라가 야훼 앞에 그 편지를 펼쳐놓고
15이렇게 기도하였다.
16"만군의 야훼, 거룹들 위에서 다스리시는 이
스라엘의 하느님이여, 당신은 지상의 모든
왕국을 지배하시는 유일하신 하느님이십니
다. 당신께서 하늘과 땅을 만드셨습니다.
17야훼여, 귀를 기울이시고 들어주십시오. 야
훼여, 눈을 뜨시고 보십시오. 산헤립이 보낸
자들이 살아 계신 하느님을 조롱하여 하는
말을 들어보십시오.
18야훼여, 아시리아의 역대 왕들이 이웃의 여
러 나라들과 그 영토를 짓밟았고
19그 나라들의 신들을 불에 던졌음은 사실입
니다. 하기야 그 나라들의 신은 사람의 손
으로 만든 물건으로서 다만 나무와 돌에 지
나지 않습니다만, 그렇지 않고서야 어찌 없
애버릴 수 있었겠습니까?
20야훼, 우리의 하느님이여, 그의 손아귀로부
터 우리를 구원하여 주십시오. 그리하여 땅
위의 모든 왕국들이, 야훼여, 당신만이 홀로
하느님이심을 알게 하여주십시오."

이사야가 아시리아를 꾸짖다

21◎아모쓰의 아들 이사야가 히즈키야에게 사
람을 보내어 말을 전하였다. "'아시리아 왕
산헤립을 두고 간구한 너의 기도를 내가 들
었다.' 하고 이스라엘의 하느님 야훼께서 말
씀하셨소.
22야훼께서 산헤립을 두고 선언하신 말씀을 들
으시오.
'시온의 딸, 처녀가 너를 비웃고 멸시하
리라.
네가 퇴각할 때 예루살렘의 딸이 그 머리
를 들리라.
23 네가 누구를 조소하고 비방하였는가?
네가 누구에게 큰소리를 쳤는가?
이스라엘의 거룩한 이에게 너는 거만한
눈길을 던졌다.
24 너는 특사를 보내어 주를 조소하며 말하
였다.
내가 나의 병거를 타고 위대한 업적을 이
루었노라고,
또 높은 산을 정복하였으며
레바논의 막다른 봉우리까지 올랐노라고.
레바논의 우람한 삼목과
가장 훌륭한 잣나무를 내가 베어 제쳤노
라고.
레바논의 평온한 안식처, 그 숲과 초원을
내가 다 밟았노라고.
25 내가 또 외국 땅에서 우물을 파고 그 물을
마셔보았으며
나의 발바닥으로 이집트에 있는 모든 강
물의 물을 말렸노라고.
26 그러나 너는 오래 전에 듣지 못하였느냐?
내가 이룩한 이 모든 업적을
오래 전에 내가 그 일을 계획하였고
또 지금 내가 그 일을 성취하였으니
견고한 요새는 무너져 한낱 돌무더기에
불과하게 되리라.
27 그 나라 백성들은 기진맥진하여
실망하고 부끄러움을 당하였다.
그들의 신세는 들의 식물 같고
동풍에 날려가는 지붕 위의 마른 풀과 같
다.
28 나는 네가 일어나고 앉는 것,
나가고 들어오는 것을 다 알고 있다.
29 또한 네가 나를 거역하여 품고 있는 분노
와 오만을
나는 일찍부터 알았다.
그러므로 너의 코에 쇠고리를 꿰고
입에 재갈을 물려
네가 왔던 그 길로 되돌려보내리라.

아시리아가 격퇴되고 시온이 구원받을 징조

30 이것이 너에게 증거가 될 것이다. 올해에
는 떨어진 씨에서 저절로 난 곡식을 먹을 것
이고, 내년에는 심지 않고 저절로 자라난
곡식을 먹으리라. 그러나 후년에는 씨를 뿌
려서 추수하고 포도밭을 가꾸고 그 열매를
먹으리라.
31유다 땅에 살아 남은 자들은 땅 속으로 싱싱
한 뿌리를 내릴 것이고, 땅 위에서 열매를
맺으리라.
32살아 남은 자들이 예루살렘에서 나오고 난
을 피한 자들이 시온 산에서 나올 것이다.
만군의 야훼께서 열성을 부어 이 일을 이루
시리라.'
33 그러므로 야훼께서 아시리아 왕을 두고 이
렇게 말씀하셨소.
'그는 이 성에 들어오지 못하리라.
이 성에 화살을 쏘지도 못하리라.
방패를 가지고 이 성에 쳐들어오지 못할
것이며
토성을 쌓지도 못하리라.
34 그는 제가 온 길로 되돌아갈 것이며

이 성에는 결코 발을 들여놓지 못하리라.
이것은 야훼의 말이다.
35 나 자신을 보아서, 그리고 나의 종 다윗을
보아서
내가 이 성을 지키고 구원하리라.'"

산헤립의 말로

36◎그 날 밤, 야훼의 천사가 나타나 아시리아
진영에서 군인 십팔만 오천 명을 쳤다. 아
침이 되어 날이 밝았을 때 그들은 모두 시체
로 발견되었다.
37◎아시리아 왕 산헤립은 막사를 걷어 니느웨
로 돌아가서 그 곳에 머물렀다.
38그런데 어느 날, 그가 그의 신인 니스록의
신전에서 예배하고 있을 때, 그의 두 아들
아드람멜렉과 사레셀이 그를 칼로 쳐죽이고
는 아라랏 지방으로 도망하였다. 그의 아들
에살하똔이 왕위를 계승하였다.

히즈키야의 병이 낫다

38 ◎그 무렵 히즈키야가 몹시 앓아 거의
죽게 되었다. 아모쓰의 아들 예언자 이
사야가 왕에게 와서 말하였다. "이것은 야훼
의 말씀이오. '너의 왕실에 마지막 유시를
내려 기강을 바로잡아라. 너는 곧 죽게 될
것이며 다시 회복되지 못하리라.'"
2 히즈키야는 벽을 향하여 얼굴을 돌리고 야훼
께 기도하였다.
3 "오, 야훼여, 제가 항상 당신 앞에서 참되게
살았으며 충성스럽게 당신을 섬겼고 당신
보시기에 선한 일을 행하였음을 기억하여
주십시오." 그리고 나서 히즈키야는 매우
슬프게 울었다.
4◎야훼의 말씀이 이사야에게 내렸다.
5"가서 히즈키야에게 일러라. '너의 선조 다
윗의 하느님 야훼가 하는 말이다. 네 기도를
내가 들었고, 네 눈물을 내가 보았다. 내가
너의 병을 낫게 해주리라. 삼 일 만에 너는
야훼의 전에 올라가게 되리라. 내가 너의 수
명을 십오 년 더 연장시켜 주리라.
6 너와 이 성을 아시리아 왕의 손아귀에서 구
해 내고 이 성을 보호하리라.'"
21◎그리고 이사야는 사람들에게 일렀다. "무
화과로 고약을 만들어 종기에 붙여드리시
오. 그러면 임금께서 사실 것이오."
22히즈키야가 물었다. "무슨 증거를 보고 내
가 야훼의 성전에 올라가게 될 것을 알 수
있겠소?"
7㉠이사야가 대답하였다. "여기에 야훼께서
당신의 약속을 그대로 이루시리라는 증거
가 있습니다.
8 보시오. 내가 아하즈의 태양시계에 비친 그
림자를 내려갔던 금에서 열 칸 올라오게 하
겠소." 그러자 해가 되돌아가서 내려갔던
그림자가 열 칸이나 올라왔다.

히즈키야의 감사 찬양

9◎유다 왕 히즈키야는 병이 낫고 회복되자
이렇게 노래하였다.
10 나는 생각하였습니다.
㉡이제 한창 살 나이에
저승의 문에 들어가야 하는구나.
남은 세월을 빼앗기고 마는구나.
11 나는 생각하였습니다.
사람이 사는 이 땅에서 다시는 야훼를 뵙
지 못하고
이 지구 위에 사는 사람을 두 번 다시 보
지 못하겠구나!
12 나의 초막은 목동의 초막처럼 뽑혀
말끔히 치워졌습니다.
당신께서는 직조공이 천을 감아들이듯
나의 목숨을 감아들이고,
베틀에서 자르듯 자르십니다.
해가 떠도, 해가 져도
당신께서는 나를 보아주시지 아니하십니
다.
13 아침이 되도록 나는 호소합니다.
주께서 사자같이 나의 뼈를 부수십니다.
해가 떠도, 해가 져도
당신께서는 나를 보아주시지 아니하십니
다.
14 내가 제비처럼 애타게 웁니다.
비둘기처럼 구슬프게 웁니다.
내 눈은 높은 곳을 우러러보다가 멍해집
니다.
나의 주여, 괴롭습니다.
나를 보살펴 주십시오.
15 내가 무슨 말을 하겠습니까?
무엇이라고 주께 아뢰겠습니까?
주님께서 하신 일인데!
내 마음의 슬픔 때문에
잠도 멀리 도망치고 말았습니다.
16 나의 주여,
내가 마음으로 당신만을 바라보고 살겠

㉠ 2열왕 20:9를 참조하여 "이사야가 대답하였다."를 삽입하였다. ㉡ "청춘에 평안히 살아보자 했는데"라고 옮길 수도 있다.

습니다.
㉠마음을 진정시켜 주시고 살려주십시오.
17 이제 슬픔은 가시고 ㉡평화가 왔습니다.
당신께서는 나를 멸망의 구렁에서 건져
주셨습니다.
나의 죄악을 당신의 뒤로 던져버리셨습
니다.
18 저승이 어찌 당신을 기리며
죽음이 어찌 당신을 찬미하겠습니까?
땅 속에 들어간 자들이
어찌 당신의 성실하심이 나타나기를 바
라겠습니까?
19 오늘 이 몸이 당신을 찬미하듯이
살아 숨쉬는 자만이 당신을 찬미하옵니
다.
나도 한 아비로서 자식들에게
당신의 성실하심을 알리겠습니다.
20 야훼여, 나를 구해 주신 이는 당신이십니
다.
우리는 한평생, 야훼의 전에서
거문고를 뜯으며 노래하겠습니다.

히즈키야가 바빌론의 특사를 맞이하다

39 ◎그 무렵, 바빌론의 왕 발라단의 아들
므로닥발라단이 히즈키야가 병들었다가
나았다는 소식을 듣고 사절단을 보내어 편
지와 예물을 전하였다.
2 히즈키야는 그 사절단을 환대하고 자기의
보물 창고 안에 있는 금, 은, 향료, 향유, 병
기, 기타 모든 귀중품을 보여주었다. 히즈키
야는 그의 왕궁과 나라 안에 있는 모든 것을
남김없이 보여주었다.
3 예언자 이사야가 히즈키야 왕에게 와서 물었
다. "이 사람들이 무슨 말을 했으며 어디에
서 온 사람들입니까?" 히즈키야가 대답하였
다. "그들은 먼 나라 바빌론에서 온 사람들
이오."
4 그러자 이사야가 다시 물었다. "그들이 왕
의 궁전에서 무엇을 보았습니까?" 히즈키야
가 대답하였다. "그들은 나의 궁 안에 있는
모든 것을 다 보았소. 또 나의 보물 창고 안
에 있는 귀중품들을 그들은 모두 보았소."
5 ◎이 말을 듣고 이사야가 히즈키야에게 말하
였다. "만군의 야훼께서 하시는 말씀을 들
으십시오.
6 야훼께서 이렇게 말씀하십니다. '네 왕궁에
있는 모든 것, 네 선조들이 오늘날까지 고
이 간직하였던 모든 것이 바빌론으로 옮겨
져 하나도 남지 않게 될 그 날이 다가오고
있다.
7 너에게서 태어날 너의 친아들 중 더러는 바
빌론 왕궁으로 끌려가 내시가 되리라.'"
8 히즈키야가 대답하였다. "그대가 전한 야훼
의 말씀은 지당하신 말씀이오." 그리고 자
기의 목숨이 붙어 있는 동안은 평화와 안정
이 계속되리라고 혼자 생각하였다.

광복의 기쁜 소식을 외쳐라

40 "위로하여라. 나의 백성을 위로하여
라."
너희의 하느님께서 말씀하신다.
2 "예루살렘 시민에게 다정스레 일러라.
이제 복역 기간이 끝났다고,
그만하면 벌을 받을 만큼 받았다고,
야훼의 손에서 죄벌을 곱절이나 받았다고
외쳐라."
3 한 소리 있어 외친다.
"야훼께서 오신다.
사막에 길을 내어라.
우리의 하느님께서 오신다.
벌판에 큰 길을 훤히 닦아라.
4 모든 골짜기를 메우고, 산과 언덕을 깎아
내려라.
절벽은 평지를 만들고, 비탈진 산골길은
넓혀라.
5 야훼의 영광이 나타나리니
모든 사람이 그 영화를 뵈리라.
야훼께서 친히 이렇게 약속하셨다."
6 한 소리 있어 명하신다. "외쳐라."
"무엇을 외칠까요?" 하고 나는 물었다.
"모든 인생은 한날 풀포기,
그 영화는 들에 핀 꽃과 같다!
7 풀은 시들고 꽃은 진다,
스쳐가는 야훼의 입김에.
백성이란 실로 풀과 같은 존재이다.
8 풀은 시들고 꽃은 지지만
우리 하느님의 말씀은 영원히 서 있으리
라."
9 너, 시온아.
높은 산에 올라 기쁜 소식을 전하여라.
너, 예루살렘아.
힘껏 외쳐 기쁜 소식을 전하여라.
두려워하지 말고 소리를 질러라.
유다의 모든 도시에 알려라.
너희의 하느님께서 저기 오신다.
10 주 야훼께서 저기 권능을 떨치시며 오신다.

㉠ 칠십인역을 따랐다. ㉡ "건강이"라고 옮길 수도 있다.

팔을 휘둘러 정복하시고
승리하신 보람으로 찾은 백성을 데리고 오신다.
수고하신 값으로 얻은 백성을 앞세우고 오신다.
11 목자처럼 당신의 양떼에게 풀을 뜯기시며,
새끼 양들을 두 팔로 안아 가슴에 품으시고
젖먹이 딸린 어미 양을 곱게 몰고 오신다.

창조주 하느님의 힘과 사랑

12 누가 바닷물을 손바닥으로 되었느냐?
하늘을 장뼘으로 재었느냐?
땅의 모든 흙을 말로 되었느냐?
산을 저울로 달고
언덕을 천칭으로 달았느냐?
13 누가 야훼의 뜻을 좌우할 수 있었으며
좋은 의견으로 그를 가르칠 수 있었느냐?
14 누가 과연 그에게서
자기를 깨우쳐달라고,
올바른 인생길을 가르쳐달라고,
현명한 처세의 길을 가르쳐달라고
부탁을 받았느냐?
15 보아라, 민족들은 두레박에서 떨어지는 물방울이요,
천칭에 덮인 가는 먼지일 뿐.
섬들도 고운 가루보다 더 무겁지 않다!
16 레바논 산 수풀은 장작으로 쓰기에도 모자라고
거기에서 뛰노는 짐승들도 번제물로 바치기에 모자란다.
17 민족들을 다 모아도 하느님 앞에서는 있으나마나,
허무하여 그 자취도 찾을 수 없다.
18 하느님이 누구의 모습이라도 닮았다는 말이냐?
어떤 모습이 그를 닮을 수 있다는 말이냐?
19 대장장이가 부어 만든 우상,
은장이가 금박을 입히고
부어 만든 은사슬을 걸친 우상과 같다는 말이냐?
41:6 끼리끼리 손발이 맞아
서로 힘을 내라고 격려하며,
41:7 대장장이는 은장이를 부채질하여
"잘한다." 하고
마치질하는 자는
모루에 대고 두드리는 자를 칭찬하여
"그 쇠 참 잘 붙였다." 하며
움직이지 못하게 못을 단단히 박은 우상과는 다르다!
20 손재간 있는 대장장이가 썩지 않는 나무를 구해서
세워주어야 넘어지지 않는 우상과는 다르다.
21 너희는 모르느냐?
듣지 못하였느냐?
한 처음부터 너희 인간에게 알려진 것이 아니냐?
땅의 터가 잡힐 때부터 잘 알고 있던 일이 아니냐?
22 지구의 대기권 위에 앉아 계시는 이,
그의 앞에서 세상 주민은 메뚜기 같지 않느냐?
그는 이 하늘을 엷은 포목인 양 펴시고
사람 사는 천막인 양 쳐놓으셨다.
23 고위층 인사들을 없애버리시고
위정자들을 그 자취도 남겨두지 아니하신다.
24 나무를 심기가 무섭게,
씨를 뿌리기가 무섭게,
그루가 땅에 뿌리를 박기가 무섭게,
하느님께서 입김을 부시니 그것들은 말라버리고
불어오는 거센 바람에 검불처럼 날려가고 만다.
25 "내가 누구의 모습이라도 닮았다는 말이냐?
내가 누구와 같다는 말이냐?"
거룩하신 이께서 말씀하신다.
26 눈을 들어 하늘을 쳐다보아라.
누가 저 별들을 창조하였느냐?
그 군대를 불러내시어
하나하나 이름을 불러 점호하시는 이는 그분이시다.
힘이 세고 기력이 장사이신 그분의 부르심에
누가 빠질 수 있으랴?

이스라엘은 야훼를 믿어 새 힘을 받는다

27 야곱아, 네가 어찌 이런 말을 하느냐?
이스라엘아, 네가 어찌 이런 주장을 펴느냐?
"야훼께서는 나의 고생길 같은 것은 관심도 두지 않으신다.
하느님께서는 내 권리 따위, 알은체도 않으신다."

28 너희는 모르느냐?
듣지 못하였느냐?
야훼께서는 영원하신 하느님,
땅의 끝까지 창조하신 분이시다.
힘이 솟구쳐 피곤을 모르시고,
슬기가 무궁하신 분이시다.
29 힘이 빠진 사람에게 힘을 주시고
기진한 사람에게 기력을 주시는 분이시
다.
30 청년들도 힘이 빠져 허덕이겠고
장정들도 비틀거리겠지만
31 야훼를 믿고 바라는 사람은 새 힘이 솟아
나리라.
날개쳐 솟아오르는 독수리처럼
아무리 뛰어도 고단하지 아니하고
아무리 걸어도 지치지 아니하리라.

야훼께서 고레스를 불러내시다

41 바닷가에 사는 주민들아, 조용히 내
말을 들어라.
너희 부족들아, 나의 논고를 끝까지 들어
라.
내 말이 끝나거든 썩 나와서 할 말을 하여
라.
어디 법정에서 대결해 보자.
2 가는 곳마다 승리를 거두는 자를
동방에서 일으킨 것이 누구냐?
그에게 민족들을 넘겨주고
제왕들을 굴복시킨 것이 누구냐?
그 칼에 모두가 가루처럼 부서지고,
그 활에 모두가 검불처럼 흩어진다.
3 평화의 행군 앞에 적군은 쫓기니,
그의 발은 흙에 닿을 짬도 없다.
4 이런 일을 한 것이 누구냐?
한 처음부터 시대마다 사람을 불러일으
킨 것이 누구냐?
나 야훼가 이 일을 시작하였다.
마지막 세대에까지 이 일을 끌어나갈 것
도 바로 나다.
5 바닷가에 사는 주민이 이를 보고 두려워
하고,
세상 구석구석에 사는 사람들도 벌벌 떨
며
다들 모여온다.㉠

8 "너, 이스라엘, 나의 종,
너, 내가 뽑은 자, 야곱아,
나의 친구 아브라함의 후예야,
9 나는 너를 땅 끝에서 데려왔다.
먼 곳에서 너를 불러 세우며 일렀다.
'너는 나의 종이다.
내가 너를 뽑아 세워놓고 버리겠느냐?'
10 두려워하지 마라. 내가 너의 곁에 있다.
걱정하지 마라. 내가 너의 하느님이다.
내가 너의 힘이 되어준다. 내가 도와준
다.
정의의 오른팔로 너를 붙들어준다.
11 너에게 서슬이 푸르게 달려들던 자들은
부끄러워 쥐구멍을 찾게 되고,
멸망하여 흔적도 없이 사라지리라.
12 너와 다투던 자들은 찾아도 보이지 아니
하고
너와 싸우던 자들은 어이없이 사라지리
라.
13 나 야훼가 너의 하느님,
내가 너의 오른손을 붙들어주며 이르지
않았느냐?
'두려워하지 마라. 내가 너를 도와준다.'
14 두려워하지 마라, 벌레 같은 야곱아!
구더기 같은 이스라엘아, 내가 너를 도와
주리라.
야훼의 말이다.
이스라엘의 거룩하신 자가 너를 구원하는
이다.
15 보아라, 내가 너를 날이 선 새 탈곡기로
만들리니
네가 모든 산을 짓부수어 뭉그러뜨리고
모든 언덕을 가루로 만들리라.
16 네가 원수들을 까불어 바람에 날리면,
그들은 거센 바람에 날려 흩어지리라.
그러나 너는 야훼 앞에서 기뻐 뛰놀며
이스라엘의 거룩하신 분을 믿고 뽐내리
라.

복받은 광복의 길

17 억눌린 빈민들은 물을 찾아도 얻지 못하
여
목말라 혀마저 바싹 타지마는,
나 야훼가 그들의 하소연을 들어주고
나 이스라엘의 하느님이 그들을 버리지
않으리니,
18 대머리산에 개울물이 흐르고
골짜기에서 샘이 터지리라.
마른 땅에서 물이 솟아 나와
사막을 늪으로 만들리라.
19 사막에 송백과 아카시아와 소귀나무와 올

㉠ 6-7절은 40:19 다음으로 옮겼다.

리브 나무를 심고
황무지에 전나무와 느티나무와 회양목을
함께 심으리라."

20 이것은 야훼께서 손수 하신 일,
이스라엘의 거룩하신 이가 이루신 일임을
그들에게 깨우쳐 알리시려고
이 모든 일을 똑똑히 보여주신 것이다.

야훼만이 하느님이시다

21 야훼께서 이르신다.
"떼를 지어 오려거든 오너라."
야곱의 왕께서 이르신다.
"너희의 신상들을 모시고 오너라.
22 썩 나서서 말해 보아라.
앞으로 무슨 일이 있을지,
지난날에 무슨 일이 있었는지,
기억해 둘 터이니 말해 보아라.
결말을 알 수 있도록
앞으로 올 일을 미리 말해 보아라.
23 장차 될 일을 말해 보아라.
그대들이 신인 줄을 알 수 있도록
좋은 일이든 나쁜 일이든 좀 해보아라.
우리 모두 불안해져 두려워하지 않겠는
가!
24 참으로 너희는 아무것도 아니다.
너희가 무엇을 하여 자취라도 남기랴!
너희를 택하여 떠받드는 자조차
부정탈까 가까이 못할 존재다.

나 야훼만이 고레스의 승리를 예언한다

25 내가 그의 마음을 부추겨 북쪽에서 달려
오게 하고
해 뜨는 곳에서 그를 지명하여 불러온다.
그는 옹기장이가 흙을 밟아 이기듯
지방영주들을 진흙처럼 밟는다.
26 이런 일이 닥칠 때 곧 알아보도록
미리 일러준 자라도 있었느냐?
그 말이 맞았다고 고개를 끄덕이도록
앞질러 일러준 자라도 있었느냐?
이렇게 일러준 자도 들려준 자도 없었다.
아무도 너희가 말하는 것을 듣지 못하였
다.
27 내가 비로소 이 소식을 시온에 알렸다.
내가 예루살렘에 희소식을 전할 자를 보
냈다.
28 그들 가운데는 그럴 만한 자가 하나도 없
었다.
그럴듯한 의견을 내놓을 자 없었다.
물어보아도 대꾸할 자 없었다.
29 참으로 그것들은 모두 허수아비다.
자취를 남긴 일 하나 하지 못한다.
그들의 우상들은 바람이요 허공이다.

야훼의 종의 첫째 노래

42 여기에 나의 종이 있다.
그는 내가 믿어주는 자,
마음에 들어 뽑아 세운 나의 종이다.
그는 나의 영을 받아
뭇 민족에게 바른 인생길을 펴주리라.
2 그는 소리치거나 고함을 지르지 않아
밖에서 그의 소리가 들리지 않는다.
3 갈대가 부러졌다 하여 잘라버리지 아니
하고,
심지가 깜박거린다 하여 등불을 꺼버리
지 아니하며,
성실하게 바른 인생길만 펴리라.
4 그는 기가 꺾여 용기를 잃는 일 없이
끝까지 바른 인생길을 세상에 펴리라.
바닷가에 사는 주민들도 그의 가르침을
기다린다."

5 하늘을 창조하여 펼치시고
땅을 밟아 늘이시고 온갖 싹이 돋게 하신
하느님,
그 위에 사는 백성에게 입김을 넣어주시
고
거기 움직이는 것들에게 숨결을 주시는
하느님 야훼께서 이렇게 말씀하신다.
6 "나 야훼가 너를 부른다.
정의를 세우라고 너를 부른다.
내가 너의 손을 잡아 지켜주고
너를 세워 인류와 계약을 맺으니
너는 만국의 빛이 되어라.
7 소경들의 눈을 열어주고
감옥에 묶여 있는 이들을 풀어주고
캄캄한 영창 속에 갇혀 있는 이들을 놓아
주어라.
8 나는 야훼다. 이것이 내 이름이다.
내가 받을 영광을 뉘게 돌리랴?
내가 받을 찬양을 어떤 우상에게 돌리랴?
9 전에 말한 일들은 이미 이루어졌다.
이제 새로 될 일을 내가 미리 알려준다.
싹도 트기 전에 너희의 귀에 들려준다."

승리의 찬가

10 새 노래로 야훼를 찬양하여라.
지구 위 구석구석에서 찬양 소리 울려 퍼

지게 하여라.
바다와 바다에 가득한 물고기들아, 소리
를 질러라.
섬과 섬에 사는 사람들아, 환성을 올려
라.
11 사막과 사막에 자리잡은 성읍들아, 찬양
하여라.
케달족이 웅성대는 부락들에서도
찬양 소리 울려 퍼지게 하여라.
셀라 주민들도 환성을 올려라.
산 봉우리 봉우리에서 크게 외쳐라.
12 야훼께 영광을 돌려라.
그를 찬양하는 소리, 이 섬과 저 섬에서
메아리치게 하여라.
13 야훼께서 위풍당당하게 나서신다.
분격하여 떨치고 일어나는 군인처럼,
적진에 육박하며 함성을 올려 고함치신
다.
14 "나 오랫동안 입을 다물고
말없이 참아왔다.
이제 해산하는 여인이 더 참을 수 없어 신
음하듯이,
나 식식거리고 헐떡이며
15 모든 산과 모든 언덕을 휩쓸어
초목은 시들게 하고,
강물은 말라 사막이 되게 하며,
호수도 말라 그 바닥이 갈라지게 하리라.
16 그러나 나는 낯선 길 가는 소경의 손을 잡
아주고,
가본 적 없는 오솔길을 살펴주어,
캄캄하던 앞길을 환히 트이게 하리라.
험한 길은 탄탄대로가 되게 하리라.
나는 이 일을 이루고야 말리라.
결코 중단하지 아니하리라."
17 우상들을 의지하는 자들은 꼬리를 감추
고,
부어 만든 형상을 보고
"당신들이 우리의 신이다." 하는 자들은
크게 부끄러움을 당하리라.

귀먹고 눈먼 이스라엘

18 귀머거리들아, 들어라.
소경들아, 눈을 똑바로 뜨고 보아라.
19 내 종과 같은 소경이 또 있으랴?
내가 보낸 심부름꾼과 같은 귀머거리가
또 있으랴?
나의 사명을 띠고 가는 자와 같은 소경이
또 있으랴?
야훼의 종과 같은 귀머거리가 또 어디 있
으랴?
20 너는 눈이 있어도 보지 못하는 청맹과니,
귀가 있어도 듣지 못하는 귀머거리다.
21 야훼께서는 당신의 옳은 뜻을 세우시려고
법을 크게 들날리는 것을 기뻐하신다.
22 그런데 이 백성은 털리고 노략질만 당하
였다.
모두 바위굴 속 올무에 걸리고 영창에 갇
혔다.
털려도 구해 주는 이 없고
노략질을 당해도 "돌려주어라." 하고 역
성들어 주는 자 없다.
23 너희 가운데 이 말을 귀담아들어 둘 자가
어디 있느냐?
이 말을 똑똑히 듣고 마음에 새겨둘 자가
어디 있느냐?
24 누가 야곱을 노략질당하게 하였느냐?
누가 이스라엘을 약탈자에게 내주었느
냐?
야훼가 아니시고 누구랴!
우리는 그를 거역하여 그의 길을 가지 아
니하고
그의 법을 따르지 아니하였다.
25 그리하여 그가 불길같이 노하시어
참혹한 전화를 퍼부으시고,
사방에서 불을 지르셨다. 그래도 그들은
깨닫지 못하였다.
말끔히 태워버리셨다.
그래도 그들은 제 정신을 차리지 못하였
다.

야훼께서 이스라엘을 되찾으신다

43 그러나 이제 야훼께서 말씀하신다.
야곱아, 너를 창조하신 야훼의 말씀이
시다.
이스라엘아, 너를 빚어 만드신 야훼의 말
씀이시다.
"두려워하지 마라. 내가 너를 건져주지
않았느냐?
내가 너를 지명하여 불렀으니, 너는 내
사람이다.
2 네가 물결을 헤치고 건너갈 때 내가 너를
보살피리니
그 강물이 너를 휩쓸어가지 못하리라.
네가 불 속을 걸어가더라도 그 불길에 너
는 그을리지도
타버리지도 아니하리라.
3 나 야훼가 너의 하느님이다.
이스라엘의 거룩한 자, 내가 너를 구원하

는 자다.
이집트를 주고 너를 되찾았고
에티오피아와 스바를 주고 너를 찾아왔다.
4 너는 눈에 넣어도 아프지 않을
나의 귀염둥이, 나의 사랑이다.
그러니 어찌 해안 지방을 주고라도 너를
찾지 않으며
부족들을 내주고라도 너의 목숨을 건져
내지 않으랴!
5 두려워하지 마라. 내가 너를 보살펴 준
다.
내가 해 뜨는 곳에서 너의 종족을 데려오
고,
해 지는 곳에서도 너를 모아오리라.
6 내가 북쪽을 향해서도 외치리라.
'그들을 어서 내놓아라.'
남쪽을 향해서도 외치리라.
'그들을 잡아두지 마라.'
아무리 먼 데서라도 나의 아들들을 데려
오너라.
땅 끝에서라도 나의 딸들을 데려오너라.
7 그들은 내 백성이라고 불리는 것들,
나의 영광을 빛내려고 창조한 내 백성,
내 손으로 빚어 만든 나의 백성이다.

야훼 한 분만이 하느님이시다

8 눈이 있어도 보지 못하는 이 백성을
귀가 있어도 듣지 못하는 이 백성을 불러
모아라.
9 민족들이 벌써 다 모였고
부족들이 부름받고 모여왔다.
그들 가운데 이렇게 될 것을 이미 알려준
자가 있었느냐?
이런 일들을 앞질러 일러준 자가 있었느
냐?
증인이라도 있거든 내세워 증거를 제시
하게 하여라.
무리가 듣고 수긍할 만한 증인이 있거든
말하게 하여라.
10 너희가 바로 나의 증인이다.
야훼의 말이다.
너를 뽑아 내 종으로 세운 것은
세상으로 하여금 나를 알고 믿게 하려는
것이요,
나밖에 없다는 것을 깨우치게 하려는 것
이다.
손으로 빚은 신이 나보다 앞서 있을 수 없
고
후에도 있을 수 없다.
11 나, 내가 곧 야훼이다.
나 아닌 다른 구세주는 없다.
12 내가 미리 말하였고 그 말한 대로 구원하
였다.
이렇게 될 것을 일러준 신이 나말고 너희
가운데 있느냐?
너희가 곧 나의 증인이다.
야훼의 말이다.
나, 내가 곧 하느님이다.
13 ㉠처음부터 나밖에 없다.
내 손에 잡힌 것을 아무도 빼내지 못한다.
내가 하는 일을 아무도 뒤집을 수 없다."

이스라엘이 바빌론에서 풀려 나오다

14 너희를 구해 낸 이스라엘의 거룩하신 이,
야훼께서 말씀하신다.
"나는 바빌론으로 사람을 보내어
모든 감옥의 빗장들을 벗기고
너희를 해방시켜 주리라.
갈대아 사람들은 기가 막혀 통곡하며 아
우성치리라.
15 나는 야훼, 너희의 거룩한 자,
이스라엘의 창조자, 너희의 임금이다."
16 야훼께서 말씀하신다.
바다에 큰 길을 내시고
거센 물길을 뚫고 한길을 내신 이,
17 그들을 다시는 일어나지 못하게 거꾸러
뜨리시고,
꺼진 심지처럼 사그라뜨리시려고
병거와 기마를 출동시키시고
군대와 용사를 출동시키신
야훼께서 말씀하신다.
18 "지나간 일을 생각하지 마라.
흘러간 일에 마음을 묶어두지 마라.
19 보아라, 내가 이제 새 일을 시작하였다.
이미 싹이 돋았는데 그것이 보이지 않느
냐?
내가 사막에 큰 길을 내리라.
광야에 한길들을 트리라.
20 사막에 물을 대어주고
광야에 물줄기를 끌어들이리니,
뽑아 세운 내 백성이 양껏 마시고
승냥이와 타조 같은 들짐승들이 나를 공
경하리라.
21 내가 친히 손으로 빚은 나의 백성이
나를 찬양하고 기리리라.

㉠ 히브리어 본문 : "이제부터."

은혜를 저버린 이스라엘

22 야곱아, 너는 나를 찾지 않았다.
이스라엘아, 너는 나에게 정성을 쏟지 않
았다.
23 너는 양을 번제로 바치지도 않았고
제물을 드려 나를 섬기지도 않았다.
내가 언제 너에게 봉헌물을 바치라고 성
화를 대었느냐?
향을 피우라고 괴롭혔느냐?
24 너는 갈대향을 바치는 데 돈쓰는 것을 아
까워하였고
제물의 기름기를 흡족히 바칠 생각도 없
었다.
도리어 너는 죄를 지어 나의 화를 돋우었
고
불의를 저질러 나의 속을 썩였다.
25 네 죄악을 씻어 내 위신을 세워야겠다.
이 일을 나밖에 누가 하겠느냐?
너의 죄를 나의 기억에서 말끔히 씻어버
리리라.
26 네 속을 내 앞에 털어놓아라.
함께 시비를 가려보자.
너로서 억울한 점이 있거든 해명해 보아
라.
27 너의 시조부터 죄를 지었고
너를 변호할 자들마저 나를 반역하였으
며,
28 너의 지도자들조차 내 성소를 더럽혔다.
그래서 나는 판결을 내렸다.
'야곱을 전멸시켜라.
이스라엘에게 욕을 돌려라.'"

이스라엘의 새날

44 "이제 들어라, 나의 종 야곱아,
내가 뽑아 세운 이스라엘아."
2 너를 만드신 야훼,
너를 모태에 생기게 하시고
너를 도우시는 야훼께서 말씀하신다.
"두려워하지 마라, 나의 종 야곱아,
내가 뽑아 세운 ㉠여수룬아.
3 나는 목마른 땅에 물을 부어주고
메마른 곳에 시냇물이 흐르게 하리라.
나는 너의 후손 위에 내 영을 부어주고
너의 새싹들에게 나의 복을 내리리라.
4 그들은 물 가운데 난 풀처럼 자라리라.
시냇가에 선 버들처럼 크리라.
5 자기가 야훼의 것임을 자랑하는 사람이
있는가 하면
야곱의 후손이라 불리는 것을 좋아하는
사람도 있으리라.
손에 '야훼의 것'이라고 문신을 새기는
사람이 있는가 하면
이스라엘의 후손이라 불리는 것을 기뻐하
는 사람도 있으리라."

야훼밖에 다른 신이 없다

6 이스라엘의 임금, 그의 구세주,
만군의 야훼께서 말씀하신다.
"㉡내가 시작이요, 내가 마감이다.
나밖에 다른 신이 없다.
7 누가 나와 같으냐? 나서서 말해 보아라.
누가 처음에 장래의 일을 미리 들려주었
느냐?
앞으로 될 일을 우리에게 말해 보아라.
8 겁내지 마라, 두려워하지 마라.
내가 오래 전부터 미리 들려주고 알려주
지 않았느냐?
너희가 나의 증인이다.
나밖에 다른 신이 또 있느냐?
과연 다른 바위는 없다.
나는 그런 것 모른다."

어리석은 우상숭배자들

9 ◎우상을 빚어 만드는 자들은 하나같이 바
람잡이, 아무 덕을 끼칠 수 없는 것들을 소
중히 여기는 바보들이다. 그렇게 눈이 멀어
멋도 모르고 우상을 섬기다가 결국 창피나
당하리라.
10 수입을 바라지 않고 신상을 빚어 내거나 우
상을 부어 만들 자가 있겠느냐?
11 우상과 짝하는 자들은 무안이나 당하리라.
우상을 만드는 것은 결국 인간, 하나도 빠
지지 말고 출두하여라. 모두들 어이없이 창
피를 당하리라.
12 숯불에 달군 쇠를 망치로 두드려 모양을 만
드는 대장장이를 보아라. 팔을 걷어붙이고
만드느라 시장하여 허기지고 물도 마시지
못하여 기진맥진했구나.
13 목수는 줄을 늘이고 석필로 금을 그어 모양
을 그린다. 끌질하고 걸음쇠로 선을 그어
가며 사람의 초상을 뜬다. 이렇게 잘난 사
람의 얼굴 모습을 본떠 우상을 만들어 그것
을 신전에 모신다.
14 송백을 찍어낸다. 삼목이나 상수리나무를
베어낸다. 숲 속에서 싱싱하게 자란 나무들
이다. 심어둔 송백이 비를 맞고 큰 것들이다.

㉠ 이스라엘의 애칭이다. 신명 32와 33장 참조. ㉡ "시작하는 것도 나요, 마감하는 것도 나다."라고 옮길 수도 있다.

15 땔감밖에 되지 않는 것들, 베어다가 몸이나
녹이고 빵이나 굽는 데 쓸 것들, 그런 나무
로 신이랍시고 만들어 예배를 드리는구나.
신상이랍시고 만들어놓고 그 앞에 엎드려
큰절을 하는구나.
16 반 토막으로는 불을 피우고 그 불에 고기를
구워 배불리 먹으면서 흥얼거린다. "아, 뜨
뜻하게 불까지 쬐니 좋기도 하구나!" 이렇
게 불을 쬐면서
17 남은 토막을 가지고 신이랍시고 만들지들
않느냐? 신상이랍시고 만들어놓고 그 앞에
엎드려 큰절을 하며 예배하고, "당신이 나
의 신입니다. 나를 구해 주십시오." 하고
기도까지 하는구나.
18 이렇게 모두들 지각이 없고 철이 없는 것들,
눈은 닫혀 아무것도 보지 못하고 마음은 어
두워 아무것도 깨닫지 못하는 것들.
19 "반 토막으로는 불을 피우고 그 이글이글
타는 장작불에 빵을 굽고 고기를 구워 먹자.
남은 토막으로는 ㉠신상을 만들어놓고 그
나무토막 앞에 엎드리자." 하고 말하는 생
각도 없고 지각도 없고 철도 없는 것들.
20 재티나 먹고 사는 것들. 생각이 비뚤어져
터무니없는 짓이나 하는 것들. "내 오른손
에 붙잡고 있는 것이 허수아비나 아닐까?"
하고 반성하기는커녕 그 터무니없는 생각
에서 도무지 헤어나지를 못하는구나.

이스라엘아, 구원받은 것을 기뻐하여라

21 "야곱아, 이런 일들을 마음에 새겨두어
라.
이스라엘아, 너는 나의 종임을 잊지 마라.
너는 내가 빚어 만든 나의 종이다.
이스라엘아, 나는 결코 너를 잊지 아니하
리라.
22 나는 너의 악행을 먹구름처럼 흩어버렸
고
너의 죄를 뜬구름처럼 날려보냈다.
나에게 돌아오너라. 내가 너를 구해 내었
다."
23 하늘아, 야훼께서 하신 일을 기뻐 노래하
여라.
땅 속 깊은 곳아, 큰소리로 외쳐라.
모든 산아 기쁨에 넘쳐 환하게 빛나거라.
모든 숲과 그 속의 나무야, 환하게 빛나
거라.
야훼께서 야곱을 구해 내시어
당신의 영광을 이스라엘에서 빛내셨다.

이스라엘을 재건할 것을 고레스에게 명령하신다

24 너를 모태에 생기게 하신 하느님,
너를 구해 내신 야훼께서 말씀하신다.
"나 야훼가 만물을 창조하였다.
나는 혼자서 하늘을 펼치고
땅을 밟아 늘였다.
그 때 누가 나를 도왔느냐?
25 나는 거짓 예언자들의 징조를 빗나가게
하며
점쟁이들을 바보로 만든다.
지혜 있다는 자들의 생각을 뒤엎어
아는 체하면서 어리석은 짓만 하게 한다.
26 나는 내 종들의 말을 세워주고
내 사명을 띤 자의 계획을 이루어준다.
나는 명령한다.
'예루살렘에 환도하여라.
유다의 도시들을 재건하여라.'
그 허물어진 곳을 내가 다시 세우리라.
27 나는 명령한다.
'바다야, 말라버려라.'
바다의 물줄기를 내가 말리리라.
28 나는 고레스에게 명령한다.
'너는 내 양을 쳐라.'
그는 내 뜻을 받들어 이루리라.
'너는 예루살렘을 재건하여라.
성전의 기초를 놓아라.'"

고레스가 이스라엘을 건질 사명을 받다

45 야훼께서 당신이 기름 부어 세우신
고레스에게 말씀하신다.
"내가 너의 오른손을 잡아주어
만백성을 네 앞에 굴복시키고
제왕들을 무장해제 시키리라.
네 앞에 성문을 활짝 열어 젖혀
다시는 닫히지 않게 하리라.
2 내가 너를 이끌고 앞장서서
언덕을 훤하게 밀고 나가리라.
청동성문을 두드려 부수고
쇠빗장을 부러뜨리리라.
3 내가 감추어두었던 보화,
숨겨두었던 재물을 너에게 주면
너는 알리라, 내가 바로 야훼임을.
내가 바로 너를 지명하여 불러낸 이스라
엘의 하느님임을!
4 나의 종 야곱을 도우라고
내가 뽑아 세운 이스라엘을 도우라고

㉠ 히브리어 본문 : "역겨운 것."

나는 너를 지명하여 불렀다.
나를 알지도 못하는 너에게 이 작위를 내렸다.
5 내가 야훼다. 누가 또 있느냐?
나밖에 다른 신은 없다.
너는 비록 나를 몰랐지만
너를 무장시킨 것은 나다.
6 이는 나밖에 다른 신이 없음을
해 뜨는 곳에서 해 지는 곳에까지 알리려는 것이다.
내가 야훼다. 누가 또 있느냐?
7 빛을 만든 것도 나요, 어둠을 지은 것도 나다.
행복을 주는 것도 나요, 불행을 조장하는 것도 나다.
이 모든 일을 나 야훼가 하였다.
8 하늘아, 높은 곳에서 정의를 이슬처럼 내려라.
구름아, 승리를 비처럼 뿌려라.
구원이 피어나게, 정의도 함께 싹트게
땅아, 열려라.
이 모든 것을 창조한 것은 나 야훼다."

하느님께서 하시는 일을 간섭할 자 없다

9 아! 네가 비참하게 되리라.
자기를 빚어낸 이와 다투는 자야.
옹기그릇이 옹기장이와 어찌 말다툼하겠느냐?
옹기흙이 어찌 옹기장이에게
"당신이 무엇을 만드는 거요?" 할 수 있겠느냐?
작품이 어떻게 작자에게
"형편없는 솜씨로군." 하고 불평할 수 있겠느냐?
10 어느 누가 제 아비에게
"왜 이 모양으로 낳았소?" 할 수 있겠느냐?
자기 어미에게 어찌
"이 모양으로 낳느라고 그 고생을 하였소?" 할 수 있겠느냐?
11 이스라엘을 빚어 만드신 거룩하신 이,
야훼께서 말씀하신다.
"내 자식들의 일로 너희가 나를 심문하는 것이냐?
이 손으로 하는 일을 이래라 저래라 명령하는 것이냐?
12 땅을 만든 것은 나다.
그 위에 사람을 창조해 놓은 것도 나다.
이 손으로 내가 하늘을 펼쳤다.
그 모든 별들에게 내가 명령을 내렸다.
13 내가 ㉠그를 일으켜 승리하게 하였다.
그의 앞길을 평탄하게 닦아준 것도 나다.
그가 나의 도읍을 재건하리라.
포로 된 내 백성을 해방시키리라.
대가도 선물도 아니 받고 해방시키리라.
만군의 야훼가 말한다."

만방이 야훼께로 돌아오다

14 야훼께서 말씀하신다.
"이집트의 농민과 에티오피아의 상인들,
스바의 거인족이 너에게로 넘어와 너의 종이 되리라.
사슬에 묶여 네 뒤를 따르며
네 앞에 엎드리고 네 하느님께 빌리라.
너에게만 하느님은 있다.
그밖에는 없다.
그밖에는 다른 신이 없다."
15 하느님께서 너도 몰래 너를 보살피셨다.
이스라엘의 하느님, 구세주께서 너를 보살피셨다.
16 성을 내며 너에게 달려드는 자들은
모두 어이없이 창피를 당하리라.
우상을 조각하는 그들은
창피해서 꽁무니를 빼리라.
17 이스라엘은 야훼께 구원을 얻으리니,
그 구원이 영원무궁하리라.
너희는 영원히 모욕과 수모를 받지 아니하리라.
18 야훼께서 말씀하신다.
하늘을 창조하신 그분,
하느님이신 그분,
땅을 빚어 만드신 그분,
땅을 단단하게 다지신 그분,
땅을 황무지로 창조하지 아니하시고
사람이 살 수 있도록 빚어 만드신 그분께서 말씀하신다.
"내가 야훼다. 누가 또 있느냐?
19 나는 숨어서 수군수군하지 않았다.
캄캄한 땅, 어느 구석에서 말하지 않았다.
나는 야곱의 후예에게
나를 찾으러 황무지로 나가라고 하지 않았다.
나 야훼는 옳은 말만 한다.
이루어질 일만 말한다.

㉠ 고레스를 가리킨다.

만방의 구세주는 야훼밖에 없다

20 민족들 가운데서 살아 남은 자들아,
다 모여오너라.
목상을 새겨 떠받들고 다니는 자들아,
살려줄 힘도 없는 신에게 기도하는 바보들아,
21 할 말이 있거든 해보아라.
증거가 있거든 내놓아 보아라.
서로 의논해 보아라.
처음에 그것을 들려준 자가 있느냐?
예전부터 그것을 일러준 자가 있느냐?
나 야훼밖에 누가 있느냐?
나는 정의를 세워 구원을 이루는 하느님이니,
나밖에 다른 신은 없다.
22 온 세상 모든 인간들아,
머리를 돌려 나에게로 와서 구원을 받아라.
나만이 하느님, 다른 신은 없다.
23 내가 나의 이름을 걸어 맹세한다.
내 입에서 나가는 말은 틀림이 없다.
내 말은 반드시 그대로 이루어지고야 만다.
그리하여 사람마다 나에게 무릎을 꿇고
모든 민족들이 제 나라 말로 나에게 신앙을 고백하리라.
24 '정의를 세울 힘은 야훼께만 있다.'"
성을 내며 야훼께 대들던 자는 모두
그의 앞에서 무안을 당하리라.
25 이스라엘의 모든 후예는
승리를 베푸신 야훼를 자랑스러이 모시리라.

바빌론 신들의 몰락

46 벨 신이 엎드러진다.
느보 신이 거꾸러진다.
그 우상들이 짐승과 가축에게 실려간다.
들어다 올려놓으면,
짐승이 싣고 가다가 지치도록 무거운 짐이 된다.
2 다 함께 거꾸러지고 엎드러져
짐을 건지기는커녕,
저희들 자신이 귀양살이로 끌려가는구나.
3 "야곱 가문아, 내 말을 들어라.
이스라엘 가문에서 살아 남은 자들아, 들어라.
너희가 세상에 태어날 때부터 나는 너희를 업고 다녔다.
모태에서 떨어질 때부터 안고 다녔다.
4 너희는 늙어가도 나는 한결같다.
너희가 비록 백발이 성성해도
나는 여전히 너희를 업고 다니리라.
너희를 업어 살려내리라.
5 누구의 모습을 내가 본떴겠느냐?
누구의 모습을 나와 비교하여 서로 같다 하겠느냐?
6 돈자루에서 금을 꺼내고
은을 저울로 달아내면서
은장이를 고용하여 신상을 만들게 하고
그 앞에 엎드려 예배하기를 꺼리지 않는 자들,
7 그들이 어깨에 들어올려 메어다가
자리잡아 안치하면 제자리에 선 채
움직이지도 못한다.
아무리 불러도 대답이 없고,
누구 하나 곤경에서 구해 주지도 못한다.

야훼께서 고레스를 불러 이스라엘을 구원하신다

8 이를 생각하고 부끄러움을 알아라.
너 반역자들아, 이를 마음에 새겨두어라.
9 처음부터 이루어진 일들을 생각해 보아라.
내가 신이다. 나밖에 없다.
내가 하느님이다. 나와 같은 자 또 어디 있느냐?
10 처음부터 장차 있을 일을 일러주고
일이 이루어지기도 전에 미리 알려준 자,
나밖에 없다.
'무엇이든지 내 뜻대로 된다.
나는 결심한 것은 이루고야 만다.' 하고 주장할 자,
나밖에 없다.
11 나만이 해돋는 곳에서 독수리를 불러오며,
먼 곳에서 내 뜻을 이룰 사나이를 불러온다.
나는 한 번 말한 것은 이루고야 만다.
계획을 세운 것은 그대로 하고야 만다.
12 마음이 꺾여 승리를 생각할 수 없는 자들아,
내 말을 들어라.
13 나는 곧 승리한다.
멀지 않았다.
내가 즉시 구원을 베풀리라.
나 시온에 구원을 베풀고
이스라엘에게 나의 영광을 입혀주리라.

바빌론은 거드럭거리다가 하루 아침에 망한다

47 처녀야, 딸 바빌론아,
땅바닥에 내려앉아라.

딸 갈대아야,
용상에서 내려와 땅에 앉아라.
누가 다시 너를 다정다감하고 애교가 넘
치는 여인이라 하랴?
2 맷돌이나 잡고 밀이나 갈아라.
너울을 벗고 치맛자락을 걷어 올려
허벅다리를 드러내고 강물을 건너라.
3 홀랑 벗기어 속살까지 드러내어라.
내가 원수를 갚는데 누가 막으랴?"
4 우리의 구세주, 그 이름 만군의 야훼,
이스라엘의 거룩하신 이께서 말씀하신다.
5 "딸 갈대아야, 말문이 막혀 그냥 앉았다
가
어둠 속으로 꺼져라.
누가 다시 너를 만방의 여왕이라 부르랴?
6 내가 나의 백성에게 진노하여
그들, 나의 유산을 천대하여
네 손에 넘겼는데
너는 그들을 가엾게 보기는커녕
노인들에게 묵직한 멍에마저 씌웠다.
7 '언제까지나 내가 여왕이다.' 하고 흥얼
거리다 보니,
이런 일은 염두에도 두지 아니하였고
너의 장래를 걱정하지도 않았었지.
8 이제 내 말을 들어라.
마음놓고 향락을 누리는 여인아, 너는 말
하기를
'이 세상에 나밖에 없다.
내가 과부 신세가 되다니,
내가 자식을 여의다니, 어림도 없다.'고
했었지.
9 그러나 너는 하루 아침에 이 두 가지 변을
당하리라.
자식을 여의고, 남편을 잃는 쓰라림이 한
꺼번에 닥치리라.
재간껏 마술을 부려보아라.
힘껏 요술을 부려보아라.
모두 쓸데없으리라.
10 네가 실컷 나쁜 짓을 하면서도
'나를 감시할 눈이 없다.' 하고 자신만만
이구나.
너는 지혜로운 체, 세상 일을 다 아는 체
하며
'이 세상엔 나밖에 없다.'고 하다가 제
꾀에 넘어가리라.
11 이제 불행이 덮쳐오는데
무슨 마술을 써서 네가 그것을 막아내랴?
이제 재난이 떨어지는데
무슨 방법을 써서 네가 그것을 물리치랴?
헤아려 미리 알 수 없는 재난이
갑자기 너에게 닥치리라.
12 네 재주껏 요술과 마술을 부려 맞서보아
라.
네가 젊어서부터 애써 익힌 것들이 아니
냐?
덕이라도 입게 될는지 혹시 아느냐?
상대편을 위압하게 될는지 혹시 아느냐?
13 너는 그 많은 참모들에 지쳤다.
그러나 하늘을 살피고, 별들을 보며 점치
는 점성가들,
매달 네가 당할 일을 미리 알려주는 점쟁
이들,
그들이라도 나서서 너를 구원하라고 하
여라.
14 그러나 보아라, 그들은 검불처럼 불에 타
리라.
불길에 휩싸이리라.
빵을 구울 숯불도 아니요
앉아서 쬘 아궁이불도 아닌 불길에 휩싸
이리니
목숨을 건질 길 없으리라.
15 네가 젊어서부터 지치도록 위하던
마술사들이 이 모양이 되리라.
저마다 도망칠 판인데
그 누가 과연 너를 구해 주랴!

야훼께서 당신 영광을 위하여 새 일을 약속하시다

48 이 말을 들어라. 야곱의 가문아,
이스라엘이라는 이름을 받은 자들아,
유다의 혈통을 이어받은 자들아,
야훼의 이름으로 맹세하는 자들아,
마음은 거짓으로 차 있고 생활은 비뚤어
졌으면서도
이스라엘의 하느님을 부르는 자들아,
2 그러면서도 스스로 거룩한 도시의 시민
임을 자처하면서,
그 이름 만군의 야훼이신
이스라엘의 하느님께 의지한다는구나.
3 지나간 일들을 내가 그보다 앞질러 일러
주었고,
이 입으로 똑똑히 들려주지 않았더냐?
홀연히 나는 그것들을 이루었다.
4 너희가 고집불통 무쇠 같은 목덜미에
청동 같은 얼굴을 하고 있는 것을 나는 알
았다.
5 '이것은 내 우상이 이루어놓은 일이다.
내가 깎아 세우고 내가 부어 만든 신상이
명령해서 된 일이다.'

이런 엉뚱한 소리를 못하게 하려고
나는 너희에게 장차 있을 일을 미리 알려
주었고
앞질러 들려주었다.
6 이렇게 일러준 대로 이루어지는 것을 너
희는 보았다.
너희가 이것을 증언하지 않으려느냐?
이제 내가 새로운 일을 너희에게 들려준
다.
이것은 너희가 알지 못하던 비밀이다.
7 지금 비로소 되는 일, 일찍이 없었던 일
이다.
바로 오늘까지, 너희가 듣지도 못하던 일
이다.
'진작부터 이럴 줄 알았다.'는 말을 너희
는 못한다.
8 듣지도 못하였으니 어찌 알겠느냐?
처음부터 나는 너희 귀를 열어주지 않았
다.
너희가 괘씸한 배신자라는 것,
날 때부터 반역자라 불리어 마땅하다는
것을
나는 잘 알고 있었다.
9 나는 나의 이름을 위하여 노여움을 참았
고
나의 영광을 위하여 분노를 억제하였으
며
너희를 멸하지 아니하였다.
10 나는 너희를 은처럼 불 속에서 녹여내고
고생의 도가니 속에서 너희를 단련시켰
다.
11 내가 이렇게 한 것은 오로지 나 스스로를
위하는 마음에서였다.
어찌 나의 이름에 욕이 돌아오게 버려두
랴?
어찌 나의 영광을 남에게 넘겨주랴?

고레스가 이스라엘을 해방시킬 사명을 받다

12 내 말을 들어라. 야곱아!
내가 불러 세운 이스라엘아!
나는 한결같다.
㉠내가 시작이요, 내가 마감이다.
13 이 손으로 땅의 기초를 놓았다.
이 오른손으로 하늘을 펼쳤다.
내가 부르면
나와 서지 않을 자 없다.
14 모두들 모여와 내 말을 들어라.
'나의 친구가 나의 뜻을 이루어 바빌론과
갈대아를 짓부수리라.'
그들 가운데 누가 이 일을 미리 알려주었
더냐?
15 나다, 내가 바로 그에게 이런 명령을 내
렸다.
그를 불러온 것도 바로 나다.
그를 이끌어들이고 앞길을 터준 것도 나
다.
16 이리로 가까이 와서 내 말을 들어라.
처음부터 나는 숨어서 수군거리지 않았
다.
이 모든 일이 이루어질 때, 바로 현장에
나는 있었다."
이제 주 야훼께서 당신의 영을 주시어
나를 보내신다.

17 너를 구원하시는 야훼,
이스라엘의 거룩하신 이께서 말씀하신다.
"나 야훼가 너의 하느님이다.
네가 잘되도록 가르치는 너의 스승이요,
네가 걸어야 할 길로 인도하는 너의 길잡
이다.
18 네가 만일 나의 명령을 마음에 두었더라
면
너의 평화는 강물처럼 넘쳐흐르고,
너의 정의는 바다 물결처럼 넘실거렸으
리라.
19 너의 후예는 모래 벌판과 같고
너의 소생들은 모래알만큼 많아졌으리
라.
네 이름이 내 앞에서
꺼지지도, 없어지지도 아니하였으리라."

귀향길은 즐겁다

20 바빌론에서 빠져 나오너라.
갈대아 사람들을 뿌리치고 도망쳐라.
기쁜 소식을 전하여라, 선포하여라.
세상 끝까지 퍼뜨려라.
"야훼께서 당신의 종 야곱을 구원하신
다."
21 사람들은 그를 따라 사막을 지나가면서
도
목마르지 아니하였다.
그가 그들을 위하여
바위에서 샘이 솟게 해주셨다.
바위를 쪼개시니 물이 터져 나왔다.
22 야훼께서 불의한 자에게 이르신다.
"잘되려니 생각 마라."

㉠ "시작하는 것도 나요, 마감하는 것도 나다."라고 옮길 수도 있다.

야훼의 종의 둘째 노래

49 바닷가에 사는 주민들아, 내 말을 들어라.
먼 곳에 사는 부족들아, 정신차려 들어라.
야훼께서 태중에 있는 나를 이미 부르셨고
내가 어머니의 뱃속에 있을 때에 이미 이름을 지어주셨다.
2 내 입을 칼처럼 날세우셨고
당신의 손 그늘에 나를 숨겨주셨다.
날카로운 화살처럼 나를 벼리시어
당신의 화살통에 꽂아두시고
3 나에게 말씀하셨다.
"너는 나의 종,
너에게서 나의 영광이 빛나리라."
4 그러나 나는 생각하였다.
"나는 헛수고만 하였다. 공연히 힘만 빼었다."
그런데도 야훼만은 나를 바로 알아주시고
나의 하느님만은 나의 품삯을 셈해 주신다.
5 야훼께서 나를 지극히 귀하게 보시고
나의 하느님께서 나의 힘이 되어주신다.
야곱을 당신께로 돌아오게 하시려고
이스라엘을 당신께로 모여들게 하시려고
나를 태중에 지어 당신의 종으로 삼으신
야훼께서 이제 말씀하신다.
6 "네가 나의 종으로서 할 일은
야곱의 지파들을 다시 일으키고
살아 남은 이스라엘 사람을 돌아오게 하는 것으로 그치지 않는다.
나는 너를 만국의 빛으로 세운다.
너는 땅 끝까지 나의 구원이 이르게 하여라."

수복된 이스라엘이 시온을 재건한다

7 만국이 꺼려하여 가까이하지 아니하므로
지배자들의 기막힌 멸시를 받으며 종살이하는 너에게
이스라엘을 건지신 거룩한 이,
야훼께서 말씀하신다.
성실하신 야훼, 이스라엘의 거룩하신 이께서
너를 뽑아 세우셨다.
왕들은 네 앞에서 일어서고 수령들은 땅에 엎드리리라.
8 야훼께서 말씀하신다.
"너의 소원을 기쁘게 들어줄 때가 온다.
너를 도와주고 구원해 줄 날이 온다.
그 날 내가 손수 빚은 너를 사이에 두고
나의 백성과 계약을 맺으리라.
그 날 너는 쑥밭이 되었던 유산을 되찾아
나라를 재건하여라.
9 감옥에 갇혀 있는 자들에게 일러라.
'어서 나오너라.'
캄캄한 곳에 웅크리고 있는 자들에게 일러라.
'나와 몸을 드러내어라.'
그들은 가는 길에서마다 풀을 뜯으리니
돌아가는 길가 어디든지 뜯을 풀이 있고
사는 곳에서마다 푸른 풀로 덮인 언덕을 만나리라.
10 그들은 결코 배고프거나 목마르지 아니하리라.
열풍에 쓰러지고 햇볕에 넘어지는 일도 없으리라.
내가 그들을 가엾게 여겨 이끌어주고
샘이 솟는 곳으로 인도해 주리라.
11 첩첩산중에 길을 닦고
굽이굽이 큰길을 돋우어주리라.
12 먼 곳에서 돌아가는 이 사람들을 보아라.
북에서도 서에서도 돌아가고
시님족의 나라에서도 돌아간다."
13 하늘아, 환성을 올려라.
땅아, 기뻐 뛰어라.
산들아, 기뻐 소리를 질러라.
야훼께서 당신의 백성을 위로하시고
그 천대받는 자들을 극진히 사랑하셨다.
14 "'야훼께서 나를 버리셨다.
나의 주께서 나를 잊으셨다.' 고
너 시온은 말하였었지.
15 여인이 자기의 젖먹이를 어찌 잊으랴!
자기가 낳은 아이를 어찌 가엾게 여기지 않으랴!
어미는 혹시 잊을지 몰라도
나는 결코 너를 잊지 아니하리라.
16 너는 나의 두 손바닥에 새겨져 있고
너 시온의 성벽은 항상 나의 눈앞에 있다.
17 너를 다시 일으킬 자들이 서둘러 모이니
너를 허물고 짓밟던 자들이 달아나리라.
18 고개를 들어 둘러보아라.
모두들 너에게로 모여오고 있다.
내가 목숨을 걸고 맹세한다."
야훼의 말씀이시다.
"그들은 네 몸에 걸친 패물과 같으리니
네가 신부처럼 아름다우리라.

19 짓밟혀 쑥밭이 되고 폐허가 되었던 땅이,
이제는 비좁아 사람들이 살 수 없게 되어
너를 괴롭히던 자들이 모두 물러가리라.
20 여읜 줄로 알았던 자식들이 돌아와,
이 곳은 살기 좁으니
자리를 넓혀달라고
떼쓰는 소리를 네 귀로 들으며,
21 너는 속으로 이렇게 생각하리라.
'이것들을 누가 나에게 낳아주었을까?
나는 자식을 여의고 다시 낳을 수도 없는
몸이었는데
누가 이것들을 이렇게 키워주었을까?
나 혼자만 살아 남았었는데
이것들이 다 어디에서 왔을까?'"
22 주 야훼께서 말씀하신다.
"내가 손을 들어 만국을 부르리라.
백성들을 향하여 나의 깃발을 날리리라.
그러면 그들은 너의 아들들을 품에 안고
너의 딸들을 목말태워 오리라.
23 왕들은 너의 양아버지가 되고
공주들은 너의 유모가 되리라.
그들은 땅에 이마를 대고 너에게 경배하
며
네 발의 먼지를 핥으리라.
그 때 비로소 너는 알리라,
내가 야훼인 줄을,
나에게 걸었던 희망은 하나도 어긋나지
않는 줄을."

야훼께서 바빌론을 치시고 이스라엘은 건지시다

24 적장에게 사로잡힌 사람을 빼낼 수 있느
냐?
폭군의 손에서 포로를 건져낼 수 있느냐?
25 야훼께서 말씀하신다.
"적장에게서 포로를 빼낼 수 있다.
폭군에게 사로잡힌 사람도 건져낼 수 있
다.
너와 다투던 자를 내가 몸소 치고
너의 아들들을 내가 몸소 건져내리라.
26 그리하여 너를 박해하던 자들은 제 살코
기를 먹고
제 피를 술처럼 마시고 취하리라.
그 때에 모든 인생은 알리라.
나 야훼가 너의 구원자임을,
너의 원수를 갚는 야곱의 강한 자임을."

야훼께서 당신의 백성을 저버리지 않으신다

50 야훼께서 말씀하신다.
"나는 너희 어미를 쫓아내며
이혼장을 써준 일이 없다.
나는 너희를 채권자에게 판 일이 없다.
너희는 너희의 잘못으로 팔려간 것이다.
너희가 못되게 굴었으므로
너희 어미가 쫓겨난 것이다.
2 내가 찾아왔는데 어찌하여 아무도 반기
지 않느냐?
내가 부르는데 어찌하여 아무도 대답하
지 않느냐?
내 팔이 짧아서 너희를 구출할 수 없단 말
이냐?
내가 힘이 없어서 너희를 구원하지 못한
단 말이냐?
내 호령 한마디에 바다가 마르고
강들은 사막이 된다.
고기들은 물이 없어 마르고
목이 타 죽는다.
3 나는 하늘을 먹구름으로 입히고
굵은 베를 겉옷 삼아 둘러준다."

야훼의 종의 셋째 노래

4 주 야훼께서 나에게 말솜씨를 익혀주시며
고달픈 자를 격려할 줄 알게
다정한 말을 가르쳐주신다.
아침마다 내 귀를 일깨워주시어
배우는 마음으로 듣게 하신다.
5 주 야훼께서 나의 귀를 열어주시니
나는 거역하지도 아니하고
꽁무니를 빼지도 아니한다.
6 나는 때리는 자들에게 등을 맡기며
수염을 뽑는 자들에게 턱을 내민다.
나는 욕설과 침뱉음을 받지 않으려고
얼굴을 가리지도 않는다.
7 주 야훼께서 나를 도와주시니,
나 조금도 부끄러울 것 없어
차돌처럼 내 얼굴빛 변치 않는다.
나는 수치를 당하지 않을 줄 알고 있다.
8 하느님께서 나의 죄없음을 알아주시고
옆에 계시는데,
누가 나를 걸어 송사하랴?
법정으로 가자.
누가 나와 시비를 가리려느냐?
겨루어보자.
9 주 야훼께서 이렇게 나를 도와주시는데
누가 감히 나를 그르다고 하느냐?
그들은 모두 낡은 옷처럼 좀이 쓸어
삭아 떨어지리라.

권면과 경고

10 너희 가운데 야훼를 두려워하는 자가 있
거든
그의 종이 하는 말을 들어라.
한 가닥 빛도 받지 못하고
암흑 속을 헤매는 자가 있거든
야훼의 이름에 희망을 걸 일이다.
자기 하느님을 의지할 일이다.
11 그런데 너희는 하나같이
불을 피우고 화살을 달구는구나.
너희는 모두 스스로 피운 불 속에 뛰어들
어라.
스스로 달군 화살이 날아오는 속으로 들
어가거라.
너희는 이것을 내 손에서 받아야 한다.
그리하여 견딜 수 없는 괴로움으로 뒹굴
리라.

감사의 노랫가락이 시온에서 울려 퍼지다

51 "나의 말을 들어라.
정의를 추구하고 야훼를 찾는 자들아.
너희를 떼어낸 바위를 우러러보고
너희를 파낸 동굴을 쳐다보아라.
2 너희 조상 아브라함을 우러러보고
너희를 낳아준 사라를 쳐다보아라.
내가 부를 때 그는 혼자였으나
나는 그에게 복을 내려 자손이 번성하게
하였다.
3 그렇다, 야훼가 시온을 불쌍하게 보고
다 허물어진 그 모습을 가엾게 여기리라.
그리하여 그 황무지를 에덴처럼 만들고
그 벌판을 야훼의 동산처럼 만들어
흥겨움과 즐거움이 넘치고
감사의 노랫가락이 울려 퍼지게 하리라.

야훼께서 정의로 구원을 이루신다

4 뭇 백성들아, 똑바로 나를 쳐다보아라.
부족들아, 내 말에 귀를 기울여라.
훈계가 나에게서 나간다.
나의 법이 뭇 백성의 빛이 되리라.
5 내가 세울 정의가 홀연히 닥쳐오고
내가 베풀 구원이 빛처럼 쏟아져 오리라.
내가 팔을 휘둘러 뭇 백성을 재판하면,
바닷가 주민이 나에게 희망을 두고
나의 팔에 기대를 걸리라.
6 눈을 들어 하늘을 바라보아라.
땅을 굽어보아라.
하늘은 연기처럼 스러지고,
땅은 옷처럼 해어져
주민이 하루살이처럼 꺼지리라.
그러나 내가 베풀 구원은 영원하고
내가 세울 정의는 넘어지지 않는다.
7 나의 말을 들어라.
정의를 익히 아는 자들아,
나의 훈계를 마음속 깊이 간직하는 자들
아.
사람들의 욕설을 두려워하지 마라.
비방을 받더라도 낙담하지 마라.
8 그들은 좀에 쓸려 떨어지는 옷이요,
빈대좀에 먹혀 삭아지는 양털이다.
내가 세울 정의는 영원하고
내가 베풀 구원은 대대에 미친다."

야훼의 강하신 팔

9 야훼여, 당신의 팔을 벌떡 일으키십시오.
그 팔에 힘을 내십시오.
옛날 옛적에 하셨듯이 팔을 일으키십시
오.
㉠라합을 찢던 그 팔을,
용을 찔러 죽이던 그 팔을 일으키십시오.
10 바다 깊은 물구렁을 말리던 그 팔을,
깊은 바다에 길을 내어
구원받은 백성을 건너게 하던 그 팔을 일
으키십시오.
11 야훼께서 구해 내신 백성이 돌아올 것입
니다.
환성을 올리며 시온으로 돌아올 것입니
다.
즐거움이 길이 머리 위를 감돌고,
흥겨움과 즐거움을 주체할 수 없으리니
걱정과 한숨은 이내 스러질 것입니다.

창조주 야훼의 위로

12 "너희를 위로할 자, 나밖에 또 누가 있으
랴?
어찌하여 너희는 죽을 인생을 겁내느냐?
말라버릴 풀 같은 인생을 겁내느냐?
13 너희가 잊었구나, 너희를 지은 이,
하늘을 펼치고 땅을 세운 야훼를.
때려부술 듯이 화를 내며 너희를 괴롭히
던 자들이 두려워
너희는 부들부들 떨고만 있었지.
그런데 그 화를 내며 너희를 괴롭히던 자
들이
지금은 모두 어디 있느냐?
14 사슬에 묶인 자들이 곧 풀려나고
땅굴에서 살아 나오며 양식도 떨어지지

㉠ 바다를 혼돈시키는 괴물을 가리킨다.

아니하리라.
15 나 야훼가 너희 하느님이다. 파도 소리도
요란하게 바다를 뒤흔드는, 나의 이름은 만
군의 야훼이다.
16 나는 너희 입에 나의 말을 담아주고 나의 손
그늘에 너희를 숨겨준다. 하늘을 펴고 땅을
세우면서 시온을 향해 선포한다. '너는 나
의 백성이다.'"

예루살렘아 깨어라

17 깨어라, 깨어라.
너 야훼의 손에서 진노의 잔을 받아 마신
예루살렘아, 일어나거라.
네가 그 어지럽게 하는 술잔을 들이켰구
나.
18 제가 낳은 모든 자식들 중에
저를 인도해 줄 자가 하나도 없고
제 손으로 길러낸 자식들 중에
손으로 잡아주는 자 하나도 없는 신세,
19 네가 이 두 가지 봉변을 당하였건만
누가 있어 너를 동정하더냐?
침략과 파괴, 기근과 전쟁을 겪었지만
누가 있어 너를 위로하더냐?
20 너의 자식들은 야훼의 크신 노여움을 사,
네 하느님의 책망을 듣고,
마치 그물에 걸린 노루처럼
거리의 모퉁이마다 맥없이 쓰러져 있구
나.
21 그러니, 내 말을 들어라.
이 불쌍한 것아.
네가 술도 먹지 아니하고 비틀거리는구나.
22 당신의 백성을 감싸주시는, 너희 하느님,
너의 주, 야훼께서 말씀하신다.
"보아라, 내가 네 손에서
어지럽게 하는 그 술잔을 거두리라.
나의 진노의 잔을 거두리니
네가 다시는 마시지 아니하리라.
23 내가 그 잔을 너를 괴롭히던 자들의 손에
넘겨주리라.
'땅에 엎드려라. 우리가 디디고 지나가겠
다.'
너에게 이렇게 기막힌 소리를 하며
너의 등을 땅바닥 밟듯 밟고
길바닥처럼 디디고 지나가던 자들의 손
에
그 잔을 넘겨주리라."

52 깨어라, 깨어라.
너 시온아, 힘을 내어라.
찬란하게 몸을 단장하여라.
거룩한 도성, 예루살렘아!
할례받지 않은 자와 부정한 자가
다시는 너에게 들지 못하리라.
2 먼지를 털고 일어나거라.
포로가 되었던 예루살렘아!
너의 목에서 쇠사슬을 끌러버려라.
포로가 되었던 내 딸 시온아!

포로 된 백성을 석방하시려는 굳은 뜻

3 ◎그렇다, 야훼께서 이렇게 말씀하신다.
"너희가 값없이 팔려갔으니, 너희를 물러내
는 데 돈을 내야 할 까닭이 없다."
4 그렇다, 주 야훼께서 이렇게 말씀하신다.
"나의 백성이 처음에는 이집트로 몸붙일 곳
을 찾아 내려갔었고, 나중에는 아시리아한
테 억눌려 큰 고생을 하였다.
5 그런데 내가 이러고만 있을 때가 아니지."
야훼의 말씀이시다. "나의 백성은 억울하게
붙들려가 고생하고, 그들을 마구 부려먹는
자들은 개가를 부르는데," 야훼의 말씀이시
다. "나의 이름은 날이면 날마다 멸시당하
고 있구나.
6 이제 나의 이름을 내 백성에게 알려주리라.
그 날 그들은 깨달으리라. '나 여기 있다.'
하고 말한 것이 바로 나임을."

해방을 알리는 희소식

7 반가워라, 기쁜 소식을 안고 산등성이를
달려오는
저 발길이여.
평화가 왔다고 외치며,
희소식을 전하는구나.
구원이 이르렀다고 외치며
"너희 하느님께서 왕권을 잡으셨다."고
시온을 향해 이르는구나.
8 들어라, 저 소리, 보초의 외치는 소리.
시온으로 돌아오시는 야훼와 눈이 마주쳐
모두 함께 환성을 올리는구나.
9 예루살렘의 무너진 집터들아,
기쁜 소리로 함께 외쳐라.
야훼께서 당신의 백성을 위로하시고
예루살렘을 도로 찾으신다.
10 야훼께서 만국 앞에서
그 무서운 팔을 걷어붙이시니,
세상 구석구석이
우리 하느님의 승리를 보리라.
11 어서 떠나거라. 어서 빠져 나가거라.
부정한 것은 아예 건드리지도 마라.

아훼의 그릇들을 받들고 갈 자들아,
부정을 탈까 두렵다, 어서 나가거라.
12 그러나 너희는 쫓기듯 나가지도 말고
도망치듯 달아나지도 마라.
야훼께서 앞장서신다.
이스라엘의 하느님께서 너희를 호위하신
다.

고난받는 종의 넷째 노래

13 "이제 나의 종은 할 일을 다 하였으니,
높이높이 솟아오르리라.
14 무리가 그를 보고 기막혀 했었지.
그의 몰골은 망가져 사람이라고 할 수가
없었고
인간의 모습은 찾아볼 수가 없었다.
15 이제 만방은 그를 보고 놀라지 않을 수 없
고
제왕들조차 그 앞에서 입을 가리리라.
이런 일은 일찍이 눈으로 본 사람도 없고
귀로 들어본 사람도 없다."

53 그러니 우리에게 들려주신 이 소식을
누가 곧이들으랴?
야훼께서 팔을 휘둘러 이루신 일을 누가
깨달으랴?
2 그는 메마른 땅에 뿌리를 박고
가까스로 돋아난 햇순이라고나 할까?
늠름한 풍채도, 멋진 모습도 그에게는 없
었다.
눈길을 끌 만한 볼품도 없었다.
3 사람들에게 멸시를 당하고 퇴박을 맞았
다.
그는 고통을 겪고 병고를 아는 사람,
사람들이 얼굴을 가리고 피해 갈 만큼
멸시만 당하였으므로 우리도 덩달아 그
를 업신여겼다.
4 그런데 실상 그는 우리가 앓을 병을 앓아
주었으며,
우리가 받을 고통을 겪어주었구나.
우리는 그가 천벌을 받은 줄로만 알았고
하느님께 매를 맞아 학대받는 줄로만 여
겼다.
5 그를 찌른 것은 우리의 반역죄요,
그를 으스러뜨린 것은 우리의 악행이었
다.
그 몸에 채찍을 맞음으로 우리를 성하게
해주었고
그 몸에 상처를 입음으로 우리의 병을 고
쳐주었구나.
6 우리 모두 양처럼 길을 잃고 헤매며
제멋대로들 놀아났지만,
야훼께서 우리 모두의 죄악을
그에게 지우셨구나.
7 그는 온갖 굴욕을 받으면서도
입 한번 열지 않고 참았다.
도살장으로 끌려가는 어린 양처럼
가만히 서서 털을 깎이는 어미 양처럼
결코 입을 열지 않았다.
8 그가 억울한 재판을 받고 처형당하는데
그 신세를 걱정해 주는 자가 어디 있었느
냐?
그렇다, 그는 인간 사회에서 끊기었다.
우리의 반역죄를 쓰고 사형을 당하였다.
9 폭행을 저지른 일도 없었고
입에 거짓을 담은 적도 없었지만
그는 죄인들과 함께 처형당하고,
불의한 자들과 함께 묻혔다.
10 야훼께서 그를 때리고 찌르신 것은
뜻이 있어 하신 일이었다.
그 뜻을 따라 그는 자기의 생명을
속죄의 제물로 내놓았다.
그리하여 그는 후손을 보며 오래오래 살
리라.
그의 손에서 야훼의 뜻이 이루어지리라.

11 그 극심하던 고통이 말끔히 가시고
떠오르는 빛을 보리라.
나의 종은 많은 사람의 죄악을 스스로 짊
어짐으로써
그들이 떳떳한 시민으로 살게 될 줄을 알
고
마음 흐뭇해 하리라.
12 나는 그로 하여금 민중을 자기 백성으로
삼고
대중을 전리품처럼 차지하게 하리라.
이는 그가 자기 목숨을 내던져 죽었기 때
문이다.
반역자의 하나처럼 그 속에 끼여
많은 사람의 죄를 짊어지고
그 반역자들을 용서해 달라고 기도했기
때문이다.

예루살렘이 다시 흥한다

54 환성을 올려라, 아기를 낳아보지 못한
여인들아!
기뻐 목청껏 소리쳐라, 산고를 겪어본 적
이 없는 여자야!
너 소박맞은 여인의 아들이

유부녀의 아들보다 더 많구나.
야훼의 말씀이시다.
2 천막 칠 자리를 넓혀라.
천막 휘장을 한껏 펴라.
줄을 길게 늘이고 말뚝을 단단히 박아라.
3 네가 좌우로 퍼져 나가리라.
네 후손은 뭇 민족을 거느리고
무너졌던 도시들을 재건하리라.

야훼께서 영원한 평화의 계약을 주신다

4 두려워하지 마라. 네가 다시는 수치를 당
하지 아니하리라.
수줍어하지 마라. 다시는 창피를 당하지
아니하리라.
너는 처녀 때의 수치를 잊을 것이요
과부 때의 창피를 결코 되씹지 아니하리
라.
5 너의 창조주께서 너의 남편이 아니시냐?
그 이름 만군의 야훼시다.
이스라엘의 거룩하신 이가 너의 구세주
아니시냐?
그분은 전세계의 하느님이라 불리신다.
6 그렇다, 버림받은 여자,
가슴에 상처를 입은 너를 야훼께서 부르
신다.
"조강지처는 버림받지 않는다."
너의 하느님께서 말씀하신다.
7 "내가 잠깐 너를 내버려두었었지만,
큰 자비를 기울여 너를 다시 거두어들이
리라.
8 내가 분이 복받쳐
내 얼굴을 잠깐 너에게서 숨겼었지만,
이제 영원한 사랑으로 너에게 자비를 베
풀리라."
너를 건지시는 야훼의 말씀이시다.
9 "내가 또다시 노아 시대에서처럼 맹세한
다.
노아의 홍수가 다시는 세상을 휩쓸지 못
하게 하리라고
맹세했듯이 나 이제 또다시 맹세한다.
내가 다시는 홧김에 너를 혼내 주지 아니
하리라.
10 산들이 밀려 나고 언덕이 무너져도
나의 사랑은 결코 너를 떠나지 않는다.
내가 주는 평화의 계약은 결코 무너지지
않는다."
너를 불쌍히 여기시는 야훼의 말씀이시다.

새 예루살렘

11 "광풍에 시달려 고생하여도 위로해 주는
이 없는 도성아,
이제 나는 너의 돌들을 홍옥 위에 쌓아 올
리고
청옥 위에 성의 주추를 놓으리라.
12 루비로 요새의 뾰족 탑을 만들고
수정으로 성문들을 만들며
성 둘레를 보석으로 쌓으리라.
13 너의 아들들은 모두 야훼의 제자가 되고
크나큰 평화를 누리리라.
14 네가 정의 위에 튼튼히 서서
온갖 압박에서 풀려나리니,
두려워할 일이 없으리라.
온갖 공포가 사라져
너에게 닥쳐오지 아니하리라.
15 억울하게 공격을 받는 일이야 있겠지만
너를 공격하는 자가 도리어 망하리라.
16 숯불을 불어 피우고
자기가 쓸 연장을 만드는 대장장이를
나말고 누가 만들었겠느냐?
닥치는 대로 부수는 파괴자를
나말고 누가 만들었겠느냐?
17 너를 치려고 벼린 무기는
아무리 잘 만들었어도 소용이 없으리라.
너를 법정에 고소하는 혀가
도리어 패소의 쓴 잔을 마시리라.
바로 이것이 야훼의 종들이 나에게서 받
을 몫이다.
내가 이 권리를 그들에게 돌려준다."
야훼의 말씀이시다.

내 말대로 와서 먹고 마셔라

55 너희 목마른 자들아, 오너라.
여기에 물이 있다.
너희 먹을 것 없는 자들아, 오너라.
㉠돈 없이 양식을 사서 먹어라.
값 없이 술과 젖을 사서 마셔라.
2 그런데 어찌하여 돈을 써가며
양식도 못되는 것을 얻으려 하느냐?
애써 번 돈을 배부르게도 못하는 데 써 버
리느냐?
들어라, 나의 말을 들어보아라.
맛좋은 음식을 먹으며
기름진 것을 푸짐하게 먹으리라.
3 귀를 기울이고 나에게로 오너라.
나의 말을 들어라.

㉠ "네가 먹을 양식은 돈을 내고 살 것이 아니다.
네가 받아 마실 술과 양젖은 값을 내고 얻을 것이 아니다."라고 옮길 수도 있다.

너희에게 생기가 솟으리라.

영원한 계약

내가 너희와 영원한 계약을 맺으리라.
다윗에게 약속한 호의를 지키리라.
4 나는 그를 뭇 백성들 앞에 증인으로 세웠고
부족들의 수령과 군주로 삼았다.
5 이제 너는 네가 알지 못하던 민족을 부르리라.
너를 모르던 민족들이 너에게로 달려오리라.
너희 하느님 야훼, 이스라엘의 거룩하신 이께서
너를 영화롭게 하신 것을 보았기 때문이다.

너그러우신 야훼께 돌아오너라

6 야훼를 찾아라.
만나주실 때가 되었다.
그를 불러라,
옆에 와 계신다.
7 불의한 자는 그 가던 길을 돌이켜라.
허영에 들뜬 자는 생각을 고쳐라.
야훼께 돌아오너라,
자비롭게 맞아주시리라.
우리의 하느님께 돌아오너라,
너그럽게 용서해 주시리라.
8 "내 생각은 너희 생각과 같지 않다.
나의 길은 너희 길과 같지 않다."
야훼의 말씀이시다.
9 "하늘이 땅에서 아득하듯
나의 길은 너희 길보다 높다.
나의 생각은 너희 생각보다 높다.

야훼의 말씀은 반드시 이루어진다

10 하늘에서 쏟아지는 비, 내리는 눈이
하늘로 되돌아가지 아니하고 땅을 흠뻑 적시어
싹이 돋아 자라게 하며
씨뿌린 사람에게 씨앗과 먹을 양식을 내주듯이,
11 내 입에서 나가는 말도
그 받은 사명을 이루어
나의 뜻을 성취하지 아니하고는
그냥 나에게로 돌아오지는 않는다."

즐거운 귀향길

12 이제, 너희는 기뻐 뛰며 길을 떠나
안내를 받으며 탈없이 돌아가리라.
너희를 맞아 산과 언덕들은 환성을 터뜨리고
들의 나무가 모두 손뼉을 치리라.
13 가시나무 섰던 자리에 전나무가 돋아나고
쐐기풀이 있던 자리에 소귀나무가 올라오리라.
이런 일이 야훼의 이름을 들날리고
영원히 사라지지 않는 표가 되리라.

외국인도 함께 야훼를 예배할 수 있다

56 야훼께서 말씀하신다.
"너희는 바른 길을 걷고 옳게 살아라.
나 너희를 구하러 왔다.
나의 승리가 나타날 때가 왔다."
2 복되어라, 옳게 사는 사람,
옳은 길을 끝내 지키는 사람,
안식일을 속되지 않게 잘 지키는 사람,
온갖 악에서 손을 떼는 사람.
3 야훼께로 개종한 외국인은 "야훼께서 나
를 당신의 백성에게서 제명시키리라." 하고
걱정하지 마라. 고자들도 "나는 마른 나무
같은 신세구나." 하고 염려하지 마라.
4 야훼께서 말씀하신다. "고자라도 나의 안식
일을 지키고 나의 뜻에 맞는 일만 하고 나의
계약을 굳게 지키면,
5 나의 집, 나의 울 안에 그들의 송덕비를 세
워주리라. 어떤 아들 딸이 그보다 나은 이
름을 남기랴! 나 그들에게 영원히 지워지
지 않을 이름을 주리라.
6 외국인들도 야훼에게로 개종하여 나를 섬
기고, 야훼라는 이름을 사랑하여 나의 종이
되어 안식일을 속되지 않게 지키고 나의 계
약을 지키기만 하면,
7 나는 그들을 나의 거룩한 산에 불러다가 나
의 기도처에서 기쁜 나날을 보내게 하리라.
그들이 나의 제단에 바치는 번제물과 희생
제물을 내가 즐겨 받으리라. 나의 집은 뭇
백성이 모여 기도하는 집이라 불리리라."
8 ◎쫓겨났던 이스라엘 사람들을 모아들이신
나의 주 야훼께서 이미 모아들인 이 사람들
외에도 모아들일 사람이 또 있다고 말씀하
신다.

이스라엘의 그릇된 지도자들

9 들짐승들아, 모두 와서 잡아먹어라.
산짐승들도 모두 와서 잡아먹어라.
10 보초라는 것들은 모두 앞 못 보는 소경

이요,
집 지킨다는 개들은
짖지도 못하는 벙어리,
드러누워 공상이나 하다가 졸기가 일쑤
구나.
11 먹어도 먹어도 게걸스런 저 개들,
저 무지막지한 목자들,
모두 제멋대로 놀아나,
저만 잘되겠다고 욕심부리는구나.
12 "오너라, 내가 술을 내마.
모두들 취하도록 독한 놈으로 마시자!
오늘도 내일도 마시자!
술은 아직도 얼마든지 있다."

57

올바른 사람이 망해도 아랑곳하지 않
고,
경건한 사람이 사라져도 눈 하나 깜박이
지 않는다마는,
올바른 사람이 사라지는 것은
실상은 재앙을 벗어나
2 평화를 누리러 가는 것이다.
올곧게 사는 사람은 모두
자기 잠자리에 누워 편히 쉬리라.
3 너희, 점쟁이의 자식들아,
썩 나가거라.
간통의 씨, 매춘부의 종자야.
4 너희가 누구를 빈정거리느냐?
입을 비쭉거리며 혀를 내밀고 누구를 놀
리느냐?
너희는 죄악의 씨, 사생아가 아니냐?
5 너희는 느티나무 그늘 아래에서,
모든 푸른 나무 밑에서 색을 탐하지 않았
느냐?
이 골짜기 저 골짜기에서,
갈라진 바위 밑에서,
자식들을 잡아 희생제물로 바치지 않았
느냐?

이스라엘의 배신을 상징하는 여인의 죄

6 너는 개울바닥의 매끈한 돌기둥들을 네
것으로 삼았다.
그 돌들이, 그 돌들이 너의 몫이었지.
너는 거기에다 술을 따르고 곡식을 바쳤
다.
내가 그런 것을 기뻐할 줄 알았느냐?
7 높이 솟은 산 위에 올라 잠자리를 펴다니,
거기까지 올라가 제사를 드리다니,
8 너는 문설주 뒤에 너의 남신상을 모셔놓
고
나를 배신하여 옷을 벗고 올라가 자리를
폈다.
그리고 네가 좋아하는 자들에게서 화대
를 받고
질탕하게 놀아났다.
9 너는 몰록 앞에 나타나기 위하여
온갖 향수를 뿌리고 기름을 발랐으며
저 먼 나라로 사절들을 보냈다.
저승에까지도 내려보냈다.
10 지치도록 여행을 하고서도
그만둘 생각을 않는구나.
고단한 줄도 모르게
뚝심이 뻗쳐나는구나.
11 누가 무섭고 두려워서
네가 나를 배신하느냐?
나를 생각도 아니하고
마음에 두지도 않느냐?
내가 눈감아주지 않고 꾸짖더냐?
그렇다고 해서 네가 나를 두려워하지 않
다니!
12 네가 잘했다고 으스댄다마는
그것이 너에게 아무 도움도 되지 못하리
라.
내가 네 소행을 밝히고 말 터이다.
13 네가 소리질러도 네가 모은 우상이 너를
구해 주지는 못한다.
그것은 다 바람에 날려가고,
입김에 사라지리라.
그러나 나를 믿고 바라는 사람은
땅을 유산으로 받고
나의 거룩한 산을 상속받으리라.

위로의 약속

14 또 말씀하신다.
"길을 훤히 닦고 또 닦아라.
내 백성이 갈 길에서 걸림돌을 치워버려
라."
15 지극히 높으신 이, 보좌에 영원히 앉아
계시는 이,
거룩하신 분이라 불리는 이께서 말씀하
신다.
"나는 높고 거룩한 보좌에 앉아 있으면서
도
얻어맞아 용기를 잃은 사람들과 함께 살
며
잃은 용기를 되살려주고,
상한 마음을 아물게 해주리라.
16 내가 언제까지나 따지기만 하랴?
항상 노여워하기만 하랴?

사람은 나에게서 용기를 얻고
나에게서 생명의 숨결을 받는다.
17 그들이 너무 못되게 욕심부리므로 나는 성이 났다.
화가 나서 그들을 치고 얼굴을 돌렸다.
그래도 배신하고 제멋대로 가버릴 때
18 나는 그들이 어디로 가는지 눈여겨보았다.
내가 그들의 병을 고쳐주며 위로하고
한껏 격려해 주리라.
19 슬피 울던 입술에서
이런 찬미가 터져 나오게 하리라.
'태평천하일세, 태평천하일세.
멀리도 가까이도 태평천하일세.'"
야훼께서 약속해 주셨다.
"내가 너를 고쳐주마."
20 그러나 악인들은 성난 바다 같아
가라앉을 줄을 모른다.
쓰레기와 진흙을 밀어 올리는 물결과 같다.
21 "그러니 악인들에게 무슨 평화가 있으랴?"
나의 하느님께서 말씀하신다.

참된 단식의 뜻

58 "목청껏 소리질러라.
네 소리, 나팔처럼 높여라.
내 백성의 죄상을 밝혀주어라.
야곱 가문의 잘못을 드러내어라.
2 그들은 나를 날마다 찾으며,
나의 뜻을 몹시도 알고 싶다면서,
마치 옳은 일을 해 온 백성이기나 하듯이,
자기 신의 법을 어기지 않은 백성이기나 하듯이,
무엇이 옳은 법인지 나에게 묻고
하느님께 가까이 나가고 싶다면서
3 한다는 소리는,
'당신께서 보아주시지 않는데
단식은 무엇 때문에 해야 합니까?
당신께서 알아주시지 않는데
고행은 무엇 때문에 해야 합니까?'
그러면서 단식일만 되면 돈벌이에 눈을 밝히고
일꾼들에게 마구 일을 시키는구나.
4 그렇다, 단식한다는 것들이 시비나 하고 싸움이나 하고
가지지 못한 자를 주먹으로 치다니, 될 말이냐?
오늘 이 따위 단식은 집어치워라.
너희 호소가 하늘에 들릴 리 없다.
5 이 따위 단식을 내가 반길 줄 아느냐?
고행의 날에 하는 짓이 고작 이것이냐?
머리를 갈대같이 구푸리기나 하고
굵은 베를 두르고, 재를 깔고 눕기나 하면
그것으로 다 될 듯싶으냐?
그게 이른바 단식이라는 것이냐?
그러고도 야훼가 이 날 너희를 반길 듯싶으냐?
6 내가 기뻐하는 단식은 바로 이런 것이다."
주 야훼께서 말씀하셨다.
"억울하게 묶인 이를 풀러주고
멍에를 풀어주는 것,
압제받는 이들을 석방하고
모든 멍에를 부수어버리는 것이다.
7 네가 먹을 것을 굶주린 이에게 나눠주는 것,
떠돌며 고생하는 사람을 집에 맞아들이고
헐벗은 사람을 입혀주며
제 골육을 모르는 체하지 않는 것이다.
8 그렇게만 하면 너희 빛이 새벽 동이 트듯 터져 나오리라.
너희 상처는 금시 아물어
떳떳한 발걸음으로 전진하는데
야훼의 영광이 너희 뒤를 받쳐주리라.
9 그제야, 네가 부르짖으면, 야훼가 대답해 주리라.
살려달라고 외치면, '내가 살려주마.' 하리라.
너희 가운데서 멍에를 치운다면,
삿대질을 그만두고 못된 말을 거둔다면,
10 네가 먹을 것을 굶주린 자에게 나누어주고
쪼들린 자의 배를 채워준다면,
너의 빛이 어둠에 떠올라
너의 어둠이 대낮같이 밝아오리라.
11 야훼가 너를 줄곧 인도하고
메마른 곳에서도 배불리며
뼈 마디마디에 힘을 주리라.
너는 물이 항상 흐르는 동산이요
물이 끊어지지 않는 샘줄기,
12 너의 아들들은 허물어진 옛 터전을 재건하고
오래오래 버려두었던 옛 터를 다시 세우리라.
너는 '갈라진 성벽을 수축하는 자'
'허물어진 집들을 수리하는 자'라고 불

리리라.
13 나의 거룩한 날에 돈벌이하느라고
안식일을 짓밟지 마라.
안식일은 '기쁜 날'
야훼께 바친 날은 '귀한 날'이라 불러라.
그 날을 존중하여 여행도 하지 말고
돈벌이도 말고 상담 같은 것도 하지 마라.
14 그리하면 너는 야훼 앞에서 기쁨을 누리
리라.
내가 너를 이끌어 산등성이를 타고 개선
하게 하며
너의 조상 야곱의 유산을 먹고 살게 하리
라."
야훼께서 친히 하신 말씀이시다.

죄의 고발과 고백

59 야훼의 손이 짧아서 구해 내지 못하시
겠느냐?
귀가 어두워서 듣지 못하시겠느냐?
2 너희가 악해서 너희와 하느님 사이가 갈
라진 것이다.
너희가 잘못해서 하느님의 얼굴을 가려
너희 청을 들으실 수 없게 된 것이다.
3 너희 손바닥은 사람 죽인 피로 부정해졌
고
손가락은 살인죄로 피투성이가 되었구
나.
너희 입술은 거짓이나 지껄이고
너희 혀는 음모나 꾸민다.
4 모두들 하나같이 부당한 송사를 일으키고
없는 일을 꾸며내어 고소하는구나.
터무니없는 것을 믿고 사실무근한 소리
를 지껄인다.
그 밴 것이 음모인데 잔악말고 무엇을 낳
으랴?
5 독사의 알이나 품어 까려는 것들,
거미줄이나 치려는 것들,
그 알을 하나만 먹어도 사람은 죽고,
눌러 터뜨리면 독사가 나온다.
6 그들이 치는 거미줄로는 옷도 만들지 못
하고
천을 짜서 몸을 두르지도 못한다.
그들이 한다는 짓은 잔학뿐이요,
손으로 한다는 짓은 횡포뿐이다.
7 그들의 발은 나쁜 짓이나 하러 뛰어다니
고
죄없는 사람의 피나 흘리려 달린다.
잔악한 계책을 꾸며
닥치는 대로 빼앗아 먹고 짓부수는 것들,
8 평화의 길은 아랑곳도 없는데
그 지나간 자리에 어찌 정의가 있으랴?
그들이 구불구불 뚫어놓은 뒷골목을 가
면서,
평화를 맛볼 사람이 있으랴?
9 그리하여 공평은 우리에게서 멀어만 가고
정의는 우리에게서 떨어져만 간다.
빛을 기다렸는데 도리어 어둠이 오고
환하기를 고대하였는데 앞길은 깜깜하기
만 하다.
10 우리는 담을 더듬는 소경처럼 되었고
갈 길을 몰라 허둥대는 맹인이 되었다.
한낮인데도 황혼무렵인 듯 발을 헛딛기
만 하는 모양이
몸은 피둥피둥한데도 죽은 것이나 다름
없구나.
11 우리가 모두 곰처럼 으르렁거리고
비둘기처럼 신음하면서
공평을 고대하나 그것은 사라져가고
구원을 기다리나 그것은 멀어져만 간다.
12 하느님, 우리는 당신께 거역하기만 했습
니다.
우리의 잘못이 우리를 고발합니다.
우리의 배신 행위가 눈앞에 뚜렷한데
어찌 우리가 죄악을 모른다 하겠습니까?
13 우리는 야훼를 거역하고 배반하였습니다.
우리 하느님을 외면하고 따르지 않았습
니다.
우리는 비꼬는 말, 반항하는 말만 하였고
거짓말이나 토해 내고 있었습니다.
14 공평은 뒤로 제쳐놓았고
정의는 얼씬도 못하게 하였습니다.
성실은 대중 앞에서 짓밟혔고
정직은 통하지 못하게 되었습니다.

구원을 이루시는 야훼께서 몸소 나타나신다

15 성실함이 종적을 감추고
악에서 발을 뺀 자가 도리어 약탈당하는
세상,
이다지도 공평하지 못하여
야훼께서 눈을 찌푸리시지 않을 수 없는
세상,
16 그의 눈엔 사람다운 사람 하나 보이지 아
니하고,
중재하는 사람 하나 보이지 않으니 기막
힐 수밖에,
그리하여 야훼께서는 당신의 팔만 믿고,
당신의 정의만을 집고 일어서신다.

17 몸을 감싼 갑옷에선 정의가 뻗어나고
머리에 쓴 투구에선 구원이 빛난다.
몸을 감은 속옷에는 응징이 숨어 있고
그 걸친 겉옷에선 열성이 휼날린다.
18 사람의 소행대로 갚으시고
적들에게 진노하시어 원수를 갚으시리
라.㉠
19 해 지는 곳에 사는 사람들이 야훼의 이름
을 두려워하고,
해 뜨는 곳에 사는 사람들이 그의 권위 앞
에서 떨리라.
밀어닥치는 강물처럼 그는 오신다.
야훼의 콧김에 밀려오는 강물처럼 오신
다.
20 시온을 구하시러 오신다.
죄를 뉘우치고 돌아오는 야곱의 후손을
구하시러 오신다.
야훼의 말씀이시다.
21 "내가 스스로 그들과 맺은 나의 계약은
이것이다." 야훼께서 말씀하신다. "나의 영
을 너에게 불어넣고, 나의 말을 너의 입에
담아준다. 나의 이 말이 이제부터 영원히
너의 입과 너의 자손의 입과 대대로 이어질
자손들의 입에서 떠나지 아니하리라. 야훼
가 말한다."

시온의 영광스러운 새 날

60 일어나 비추어라. 너의 빛이 왔다.
야훼의 영광이 너를 비춘다.
2 온 땅이 아직 어둠에 덮여,
민족들은 암흑에 싸여 있는데
야훼께서 너만은 비추신다.
네 위에서만은 그 영광을 나타내신다.

3 민족들이 너의 빛을 보고 모여들며
제왕들이 솟아오르는 너의 광채에 끌려
오는구나.
4 머리를 들고 사방을 둘러보아라.
모두 너에게 모여오고 있지 않느냐?
너의 아들들이 먼 데서 오고,
너의 딸들도 품에 안겨온다.
5 이것을 보는 네 얼굴에 웃음의 꽃이 피리
라.
너의 가슴은 벅차 올라 부풀리라.
바다의 보물이 너에게로 흘러오고
뭇 민족의 재물이 너에게로 밀려오리라.
6 큰 낙타떼가 너의 땅을 뒤덮고
미디안과 에바의 낙타들이 우글거리리라.
사람들이 세바에서 찾아오리라.
금과 향료를 싣고
야훼를 높이 찬양하며 찾아오리라.
7 케달의 모든 양떼가 너에게로 모여오리
라.
네가 느바욧의 숫양들을 제물로 바치게
되리라.
그것들이 나의 제단에 오르므로 나는 마
음이 즐거워
영화로운 나의 집을 더욱 빛내리라.
8 누가 저렇게 구름처럼 두둥실 날아드느
냐?
둥지로 돌아오는 비둘기처럼 날아드느
냐?
9 나를 바라고 배를 몰아오는 사람들,
다르싯의 상선들이 앞장서 오는구나.
너의 아들들을 멀리서 데리고 오는데
그들의 금과 은도 함께 싣고 오는구나.
네 하느님 야훼의 이름을 높이려고
너를 아름답게 꾸며준 이스라엘의 거룩한
이를
찬양하려고 오는 것이다.
10 외국인들이 너의 성을 수축하고
그 왕들이 너의 신하가 되리라.
내가 노하여 너를 때렸지만
귀여운 생각이 들어 너를 가엾게 보았기
때문이다.
11 밤에도 낮에도 잠그지 아니하고
네 성문은 늘 열려 있어,
왕들이 앞장 선 가운데
뭇 민족이 보화를 성 안으로 들여오리라.
12 너를 섬기지 않는 민족과 나라는 망하리
라.
그런 민족들이 살던 고장은 폐허가 되고
말리라.
13 레바논의 특산물이 너에게로 들어오고
전나무, 느릅나무, 회양목도 함께 들어오
리라.
내가 이런 것으로 나의 성전이 서 있는 곳
을 꾸미고
나의 발이 놓여 있는 곳을 장엄하게 만들
리라.
14 너를 억누르던 자들의 후손이
허리를 구부리고 너에게 오리라.
너를 멸시하던 자들이 너의 발 아래 엎드
리리라.
그들은 너를 '야훼의 도읍'이라,
'이스라엘의 거룩하신 이의 시온'이라 부

㉠ 히브리어 본문에는 "섬들에게 보복하시리라."라는 말이 더 들어 있다.

르리라.
15 너는 버림받은 몸이었다.
보기도 싫어하여 찾는 이도 없는 몸이었
다.
그런데 나 이제 너를 길이 존귀하게 해주
리니
대대로 사람들이 너를 반기리라.
16 너는 뭇 민족의 젖을 빨며
제왕들의 젖을 먹고 자라리라.
그래서 나 야훼가 너를 구원한 줄을 알고,
야곱의 강하신 이가 너를 건져낸 줄을 알
게 되리라.
17 내가 놋쇠 대신 금을 들여오고
쇠 대신 은을 들여오리라.
재목 대신 놋쇠를 들여오고
돌 대신 쇠를 들여오리라.
평화가 너를 다스리게 하고
정의가 너를 거느리게 하리라.
18 다시는 너의 나라 안에서
횡포한 일이 벌어졌다는 말이 들리지 않
을 것이며,
침략자와 파괴자가 침입하였다는 말도
들리지 않으리라.
너는 너의 성벽을 '구원'이라 이름지어
부르고
너의 성문들은 '찬양'이라 이름지어 부
르게 되리라.
19 낮에는 해가 너를 비출 필요가 없고
밤에는 달이 너를 비출 필요가 없으리라.
야훼가 너의 영원한 빛이 되고
너의 하느님이 너의 영광이 되리니
20 다시는 너의 해가 지지 아니하고
너의 달이 다시는 스러지지 아니하리라.
야훼가 너의 영원한 빛이 되리니
다시는 곡하는 날이 오지 아니하리라.
21 너의 백성은 모두 올바르게 살아
영원히 땅을 차지하리라.
너의 백성은 내가 심은 나무에서 돋은 햇
순이요
내가 손수 만든 나의 자랑거리다.
22 가장 보잘것없는 자가 천 명으로 불어나
고
가장 하잘것없는 자가 강대한 민족을 이
루리라.
나 야훼가 제때에 지체없이 이루리라.

시온에 전할 기쁜 소식

61 주 야훼의 영을 내려주시며
야훼께서 나에게 기름을 부어주시고
나를 보내시며 이르셨다.
"억눌린 자들에게 복음을 전하여라.
찢긴 마음을 싸매 주고,
포로들에게 해방을 알려라.
옥에 갇힌 자들에게 자유를 선포하여라.
2 야훼께서 우리를 반겨주실 해,
우리 하느님께서 원수갚으실 날이 이르
렀다고 선포하여라.
슬퍼하는 모든 사람을 위로하여라.
3 시온에서 슬퍼하는 사람에게 희망을 주어
라.
재를 뒤집어썼던 사람에게 빛나는 관을
씌워주어라.
상복을 입었던 몸에 기쁨의 기름을 발라
주어라.
침울한 마음에서 찬양이 울려 퍼지게 하
여라.
그들을 이름하여 '정의의 느티나무 숲'
이라 하여라.
야훼가 자기의 자랑거리로 손수 심은 것,
4 그들은 옛 성터를 재건하고
오래 전에 허물어진 폐허를 다시 세우리
라.
무너진 도시들을 새로 세우고
그 옛날 선조 때 헐린 집들을 신축하리라.
5 뜨내기들이 모여들어 너희의 양을 치고
외국인들이 너희의 농장과 포도원에서
일하리라.
6 그들이 너희를 '야훼의 사제들'이라 부르
고
'우리 하느님의 봉사자'라 불러주리라.
너희는 다른 민족들의 재물을 먹고
그들의 보물로 단장하리라.
7 이스라엘은 갑절이나 수치를 받았고
능욕밖에는 돌아온 차지가 없었으므로
이제 저희 땅에서 받을 상속은 갑절이나
되고
누릴 기쁨은 영원하리라.
8 나 야훼는 공평을 좋아하고
약탈과 부정을 싫어한다.
나는 그들에게 고생한 대가를 어김없이
갚아주며
영원한 계약을 그들과 맺으리라.
9 그들의 후손은 만방에 알려지고
자식들은 뭇 백성 가운데서 이름을 날리
리라.
그들을 보는 자마다
야훼께 복받은 종족임을 알게 되리라."

10 야훼를 생각하면 나의 마음은 기쁘다.
나의 하느님 생각만 하면 가슴이 뛴다.
그는 구원의 빛나는 옷을 나에게 입혀주셨고
정의가 펄럭이는 겉옷을 둘러주셨다.
신랑처럼 빛나는 관을 씌워주셨고
신부처럼 패물을 달아주셨다.
11 땅에서 새싹이 돋아나듯
동산에 뿌린 씨가 움트듯
주 야훼께서는 만백성이 보는 앞에서
정의가 서고 찬양이 넘쳐흐르게 하신다.

예루살렘의 구원을 촉구하다

62 시온을 생각할 때, 나는 잠잠할 수가 없다.
예루살렘을 생각할 때, 나는 가만히 있을 수가 없다.
그의 정의가 동터 오고
그의 구원이 횃불처럼 타오르기까지
어찌 잠잠할 수 있으랴?
2 마침내 뭇 민족이 너의 정의를 보고
모든 제왕이 너의 영광을 보리라.
야훼께서 몸소 지어주실 새 이름,
사람들이 그 이름으로 너를 부르리라.
3 너는 야훼의 손에 들려 있는 화려한 관처럼 빛나고
너의 하느님 손바닥에 놓인 왕관처럼 어여쁘리라.
4 다시는 너를 '버림받은 여자'라 하지 아니하고
너의 땅을 '소박데기'라 하지 아니하리라.
이제는 너를 '사랑하는 나의 임'이라,
너의 땅을 '내 아내'라 부르리라.
야훼께서 너를 사랑해 주시고
너의 땅의 주인이 되어주시겠기 때문이다.
5 씩씩한 젊은이가 깨끗한 처녀를 아내로 맞이하듯
너를 지으신 이가 너를 아내로 맞으신다.
신랑이 신부를 반기듯
너의 하느님께서 너를 반기신다.
6 예루살렘아, 내가 너의 성 위에 보초들을 세운다.
밤이고 낮이고 가리지 아니하고
그들은 결코 잠잠해서는 안 된다.
"야훼를 일깨워드릴 너희가
입을 다물고 있어서야 되겠느냐?
7 하느님께서 가만히 못 계시게
예루살렘을 기어이 재건하시어
세상의 자랑거리로 만드시게 하여라."
8 야훼께서는 당신의 오른손을 드시고 맹세하셨다.
당신의 힘있는 팔을 드시고 맹세하셨다.
"너의 곡식을 다시는 내주지 아니하리라.
너의 원수들에게 먹으라고 내주지 아니하리라.
다시는 외국인들에게 너의 포도주를 내주지 아니하리라.
네가 땀흘려 얻은 포도주를 결코 내주지 아니하리라.
9 거둔 사람이 자기가 거둔 곡식을 먹으며
야훼를 찬양하게 되리라.
포도를 거둔 사람이 자기 포도주를 마시되
나의 성소 뜰 안에서 마시게 되리라."
10 나아가라, 성의 이 문 저 문을 지나 나아가라.
하느님의 백성이 올 길을 닦아라.
큰 길을 닦고 또 닦아라.
걸림돌을 치워라.
뭇 백성 앞에 깃발을 높이 올려라.
11 야훼께서 외치시는 소리, 땅 끝까지 퍼진다.
수도 시온에게 일러라.
"너를 구원하실 이가 오신다.
승리하신 보람으로 찾은 백성을 데리고 오신다.
수고하신 값으로 얻은 백성을 앞세우고 오신다.
12 사람들은 그들을 '거룩한 백성'이라
'야훼께서 구해 내신 자들'이라 부르겠고
너를 '그리워 찾는 도시'
'버릴 수 없는 도시'라 부르리라."

에돔의 죄를 심판할 날이 왔다

63 에돔에서 온 이분은 누구신가?
붉게 물든 옷을 걸치고 보스라에서 온 이분은 누구신가?
위엄찬 옷을 입고 위세를 떨치며
저벅저벅 걸어온 이분은 누구신가?
"나는 구원을 약속하는 자,
도울 힘이 많은 자이다."
2 "어쩌다가 당신 옷에 붉은 물이 들었습니까?
당신 옷은 마치 포도주틀을 밟다가 물든 것 같군요."
3 "나는 혼자서 술틀을 밟아야 했다.

나의 백성 가운데 나를 돕는 자가 아무도
없었다.
너무나도 노여워, 나는 그것들을 마구 밟
았다.
그들의 피가 내 옷에 튀어
나의 옷이 온통 피투성이가 된 것이다.
4 원수갚을 날을 정하고 벼르고 있다가
마침내 복수할 해가 왔는데,
5 아무리 둘러보아도 나를 돕는 자가 없었
다.
놀랍게도 내 편을 드는 자는 하나도 없었
다.
나는 이 팔밖에 믿을 것이 없었고
나의 분노만이 나를 밀어주었다.
6 너무나도 노여워 백성들을 짓밟고
너무나도 화가 나서 그것들을 짓바수어
그 피를 땅에 흘린 것이다."

은총을 회고함

7 야훼께서 이루신 고마우신 일,
야훼께서 이루신 놀라우신 일들을
나는 노래하리라.
야훼, 너무나도 친절하신 분,
그 크신 자비와 끝없는 선하심으로
베풀어주신 은혜를 나 어찌 잊으랴?
8 "그들이야말로 나의 백성이다.
배신을 모르는 나의 아들들이다."
이렇게 선포하시고
온갖 곤경에서 그들을 구해 주셨다.
9 누구를 대신 파견하거나 천사를 보내지
아니하시고
당신께서 친히 오시어 그들을 구해 내셨
다.
다만 그들을 사랑하시고 가엾게 여기시
어 건져내셨다.
기나긴 세월을 하루같이
그들을 쳐들어 안아주셨다.
10 그런데도 그들은 거역하였다.
그의 극진하신 마음을 아프게 해드렸다.
그래서 그는 그들의 원수가 되시어
몸소 그들과 싸우셨다.
11 그들은 그의 종 모세의 시절을 생각하며
말하였다.
"당신의 양떼를 맡은 목자를
바다에서 이끌어내신 이가 어디에 계신
가?
당신의 거룩한 영을 ㉠그에게 넣어주신
이가
지금 어디에 계신가?
12 당신의 자랑스러운 팔로 모세의 오른팔을
잡아 이끄시며
백성들 앞에서 물을 가르시어
영원한 명성을 떨치신 이,
13 말이 벌판을 달리듯이
깊은 바다를 건너게 하신 이가
지금 어디에 계신가?
14 그들은 골짜기를 내려가는 가축떼처럼
넘어지지도 않았다던데……."

호소하는 기도

야훼께서는 당신의 영을 주시어
틀림없이 그들을 쉴 곳으로 데리고 오셨
습니다.
이렇게 당신께서는 당신의 백성을 이끄
시어
당신의 빛난 이름을 들날리셨습니다.
15 하늘 높은 곳에서 굽어보십시오.
당신께서 사시는 거룩하고 화려한 집에
서 굽어보십시오.
당신의 열성과 권능은 어찌 되었습니까?
그 연민의 정과 자비심은 어찌 되었습니
까?
억지로 무심한 체하지 마십시오.
16 당신이야말로 우리의 아버지이십니다.
아브라함은 우리를 모른다 하고,
이스라엘은 우리를 외면하여도,
당신, 야훼께서 우리의 아버지이십니다.
우리는 예전부터 당신을
'우리를 구원하시는 이'라고 불러왔습니
다.
17 야훼여, 어찌하여 우리로 하여금
당신의 길을 떠나 헤매게 하셨습니까?
어찌하여 우리의 마음을 굳어지게 하시
어
당신을 두려워할 줄도 모르게 만드셨습
니까?
당신의 종들을 생각하시고
당신의 유산인 이 지파들을 생각하시고
돌아와 주십시오.
18 어찌하여 악인들이 당신의 성소를 침입
합니까?
어찌하여 우리의 원수들이 당신의 성소
를 짓밟습니까?
19 당신께서 우리를 다스리지 아니하시므로
당신의 백성이라는 이름을 잃은 지 이미
오래 되었습니다.

㉠ 모세 또는 이스라엘을 가리킨다.

64:1 ㉠아, 하늘을 쪼개시고 내려오십시오.
산들이 당신 앞에서 떨 것입니다.

64 1 나뭇가지가 불에 활활 타듯,
2 물이 펄펄 끓듯,
당신의 원수들은 당신의 이름을 알게 되고
민족들은 당신 앞에서 떨 것입니다.
2 당신께서 하신 놀라운 일들은
3 우리가 생각지도 못했던 일들입니다.
3 일찍이 아무도 들어보지 못한 일,
4 일찍이 아무도 보지 못한 일,
당신밖에 그 어느 신이
자기를 바라보는 자에게 이런 일들을 하였습니까?
4 정의를 실천하고 당신의 길을 잊지 않는
5 사람이
당신 눈에 띄었으면 얼마나 좋았겠습니까?
당신께서 이렇듯이 화를 내신 것은
우리가 잘못을 저지르고
처음부터 당신께 반역하였기 때문입니다.
5 우리는 모두 부정한 사람처럼 되었습니
6 다.
기껏 잘했다는 것도 개짐처럼 더럽습니다.
우리는 모두 나뭇잎처럼 시들었고
우리의 죄가 바람이 되어 우리를 휩쓸어 갔습니다.
6 당신의 이름을 불러 예배하는 자도 없고
7 당신께 의지하려고 마음을 쓰는 자도 없습니다.
당신께서 우리를 외면하시므로
우리는 각자 자기의 죄에 깔려 스러져가고 있습니다.
7 그래도 야훼여,
8 당신께서는 우리의 아버지이십니다.
우리는 진흙, 당신은 우리를 빚으신 이,
우리는 모두 당신의 작품입니다.
8 야훼여, 너무 노여워 마십시오.
9 우리 죄를 영원히 기억하지는 마십시오.
굽어살펴 주십시오.
우리는 모두 당신의 백성입니다.
9 당신의 거룩한 성읍들은 폐허가 되었습
10 니다.
시온은 무인지경이 되었고
예루살렘은 쑥밭이 되었습니다.
10 우리 선조들이 모여 당신을 찬양하던 곳,
11 그 웅대하던 우리의 성전이 불에 타버렸고
귀중하게 여기던 모든 것이 망그러졌습니다.
11 야훼여, 이렇게 되었는데도 당신께서는
12 무심하십니까?
우리가 이렇듯이 말못하게 고생하는데도
보고만 계시렵니까?

옛것은 지나가고 새 세상이 온다

65 "나에게 빌지도 않던 자의 청까지도
나는 들어주었고,
나를 찾지도 않던 자 또한 만나주었다.
나의 이름을 부르지도 않던 민족에게
'나 여기 있다, 나 여기 있다.' 하고 말해주었다.
2 날마다 나는 배신하는 백성을 두 팔 벌려 기다렸다.
좋지 않은 길을 제멋대로 걷는 그들,
3 언제나 맞대놓고 나의 화를 돋우는 백성들,
동산에서 이방신에게 제사하고
벽돌 제단 위에 분향하는 것들,
4 굴무덤 속에 들어가 살며
으슥한 곳에서 밤을 지내는 것들,
돼지고기를 먹고 부정한 음식을 그릇에 담는 것들,
5 '물러서 있어라, 부정탈라, 가까이 오지 마라.' 하며
거만하게 떠드는 것들,
이런 것들은 날마다 나의 콧구멍에서 솟는 연기,
활활 타오르는 불길이다.
6 모든 행실이 저렇게 기록되어 나의 눈앞에 있는데
나 어찌 벌하지 않고 가만히 있으랴?
7 산들 위에서 분향하고
언덕들 위에서 나를 모욕하는
그들의 죄를 조상들의 죄와 겹하여
벌하지 않을 수 없다.
야훼의 말이다.
내가 그들의 소행대로 톡톡히 벌하리라."
8 야훼께서 말씀하신다.
"즙이 배어 나올 듯 싱싱한 포도송이를 보면
'복이 담뿍 들었다. 터뜨리지 마라.' 하지 않느냐?
나도 나의 종들을 그렇게 아껴

㉠ 라틴어 성서는 여기서부터 64장이 시작된다.

망그러뜨리지 아니하고 그대로 위하리
라.
9 내가 야곱에게서 후손을 일으키고
유다에게서 자손을 일으켜 나의 산들을
차지하게 하리라.
그리하여 내가 뽑은 자들이 그 땅을 차지
하고
나의 종들이 거기에서 살게 하리라.
10 사론 평야는 양들이 풀을 뜯는 목장이 되
고
아골 골짜기는 소들의 휴식처가 되리라.
나를 찾는 나의 백성에게 이렇게 해주리
라.
11 그러나 너희는 야훼를 저버렸고
나의 거룩한 산은 알은체도 않으면서
행운의 신에게는 제사 상을 차려 올렸고
운명의 여신에게는 제주를 부어 바쳤다.
12 내가 너희를 꿇어 엎드리게 하고
모두 칼에 맞아 죽게 하리라.
내가 불렀으나 너희는 대답을 아니하였고
내가 말하였으나 너희는 듣지 아니하였
다.
너희는 내 눈에 거슬리는 일을 하였고
내가 싫어하는 것을 오히려 골라 하였
다!"
13 그런즉, 주 야훼께서 말씀하신다.
"나의 종들은 먹겠으나
너희는 굶주리리라.
나의 종들은 마시겠으나
너희는 목이 타리라.
나의 종들은 기뻐하겠으나
너희는 창피를 당하리라.
14 나의 종들은 가슴이 벅차 환성을 올리겠
으나
너희는 가슴이 쓰려 아우성치고
마음이 찢겨 울부짖으리라.
15 너희가 남긴 이름은
내가 뽑은 자들이
'주 야훼께 천벌을 받아 죽어라.' 하고 저
주하면서 부를
그 이름이다.
그러나 나의 종들은 새 이름을 받으리라.
16 그리하여 지난날 암담하던 일은 기억에
서 사라지고
내 눈앞에서 스러지리니
땅에서 복을 비는 사람은
미쁘신 하느님을 부르며 복을 빌겠고
땅에서 맹세하는 사람은
미쁘신 하느님을 부르며 맹세하리라.
17 보아라, 나 이제 새 하늘과 새 땅을 창조
한다.
지난 일은 기억에서 사라져 생각나지도
아니하리라.
18 내가 창조하는 것을 영원히 기뻐하고 즐
거워하여라.
나는 '나의 즐거움' 예루살렘을 새로 세
우고
'나의 기쁨' 예루살렘 시민을 새로 나게
하리라.
19 예루살렘은 나의 기쁨이요
그 시민은 나의 즐거움이라,
예루살렘 안에서 다시는 울음 소리가 나
지 않겠고
부르짖는 소리도 들리지 아니하리라.
20 거기에는 며칠 살지 못하고 죽는 아기가
없을 것이며
명을 다하지 못하고 죽는 노인도 없으리
라.
백 세에 죽으면 한창 나이에 죽었다 하고,
백 세를 채우지 못하고 죽으면
벌을 받은 자라 할 것이다.
21 사람들이 제 손으로 지은 집에 들어가 살
겠고
제 손으로 가꾼 포도를 따 먹으리라.
22 제가 지은 집에 남이 들어와 사는 것을 보
지 않겠고
제가 가꾼 과일을 남이 따 먹는 것도 보지
아니하리라.
나의 백성은 나무처럼 오래 살겠고
내가 뽑은 자들은 제 손으로 만든 것을 닳
도록 쓰리라.
23 아무도 헛수고하지 아니하겠고
자식을 낳아 참혹한 일을 당하지도 아니
하리라.
그들은 야훼께 복받은 종족,
후손을 거느리고 살리라.
24 그들이 부르기 전에 내가 대답하고
말을 마치기 전에 들어주리라.
25 늑대와 어린 양이 함께 풀을 뜯고
사자가 소처럼 여물을 먹으며
뱀이 흙을 먹고 살리라.
나의 거룩한 산 어디에서나
서로 해치고 죽이는 일이 없으리라."
야훼의 말씀이시다.

야훼께서 그릇된 예배를 심판하신다

66 야훼께서 말씀하신다.
"하늘은 나의 보좌요,

땅은 나의 발판이다.
너희가 나에게 무슨 집을 지어 바치겠다
는 말이냐?
내가 머물러 쉴 곳을 어디에다 마련하겠
다는 말이냐?
2 모두 내가 이 손으로 지은 것이 아니냐?
다 나의 것이 아니냐?"
야훼의 말씀이시다.
"그러나 내가 굽어보는 사람은
억눌려 그 마음이 찢어지고
나의 말을 송구스럽게 받는 사람이다.
3 소를 죽여 바치는 자가 사람도 죽여 바치
고
양을 희생제물로 바치는 자가 개의 목을
꺾어 바치는구나.
봉헌제물을 바치는 자가 돼지의 피도 바
치고
분향제를 드리는 자가 우상을 찬양하는
구나.
이렇게 제멋대로만 하려는 것들,
역겨운 우상에나 마음을 쏟는 것들,
4 나 또한 그들을 사정없이 괴롭히기로 하
였다.
그들이 무서워하는 것을 끌어들이기로
하였다.
내가 불렀으나 아무도 대답하지 아니하
였다.
내가 말하였으나 아무도 듣지 아니하였
다.
나의 눈에 거슬리는 일을 하였고
오히려 내가 싫어하는 짓을 하였다."

야훼께서 시온에게 위로의 말씀을 내리시다

5 야훼의 말씀을 들어라.
그의 말씀을 송구스럽게 받는 사람들아,
"너희를 미워하는 너희 겨레는
나의 이름을 부른다고 하여 너희를 따돌
리며,
'어디, 야훼가 영광을 떨쳐
너희의 좋아하는 꼴이나 보자.'
하며 빈정대지만, 그러나
창피당할 것은 바로 그들이다."
6 들어라, 저 도시의 아우성 소리,
성전의 저 울부짖는 소리.
그렇다, 야훼께서 당신의 원수들에게 보
복하시는 소리다.
7 몸을 비틀 사이도 없이 해산하여
진통이 오기도 전에 사내아이를 낳는구
나.
8 누가 이런 말을 일찍이 들어본 적이 있느
냐?
이런 일을 본 적이 있느냐?
사람 살 땅이 어찌 하루 사이에 생겨나며
한 민족이 어찌 단번에 나겠느냐?
그런데 시온은 몸을 비틀기가 무섭게
자식들을 낳아놓았구나.
9 "아기집을 터뜨리는 내가
어찌 아기가 태어나게 하지 못하겠느
냐?"
야훼께서 말씀하신다.
"아기를 내보내는 내가
어찌 나오지 못하게 막겠느냐?"
너희 하느님께서 말씀하신다.
10 예루살렘아, 즐거워하여라.
예루살렘을 사랑하는 자들아, 기뻐 뛰어
라.
예루살렘이 망했다고 통곡하던 자들아,
이제 예루살렘과 함께 기뻐하고 기뻐하여
라.
11 너희가 그 품에 안겨 귀염받으며
흡족하게 젖을 빨리라.
그 풍요한 젖을 빨며 흐뭇해 하리라.
12 야훼께서 말씀하신다.
"나 이제 평화를 강물처럼 예루살렘에 끌
어들이리라.
민족들의 평화를 개울처럼 쏟아져 들어
오게 하리라.
젖먹이들은 그의 등에 업혀 다니고
무릎에서 귀염을 받으리라.
13 어미가 자식을 달래듯이
내가 너희를 위로하리니
너희가 예루살렘에서 위로를 받으리라.
14 이를 보고 너희는 마음이 흐뭇하며
뼈마디가 새로 돋은 풀잎처럼 싱싱하게
되리라."
당신의 종들에게는 야훼의 손길이 이렇게
나타나겠지만
원수들에게는 당신의 노여움이 폭발하리
라.
15 보아라, 야훼께서 불을 타고 오신다.
폭풍같이 병거를 타고 오신다.
노기충천, 보복하러 오시어
불길을 내뿜으며 책망하신다.
16 그렇다, 야훼께서는 몸소 온 세상을 불로,
모든 사람을 칼로 심판하신다.
이렇게 야훼께 벌받아 죽을 사람이 많으
리라.
17 "한 중간에 선 여사제의 뒤를 따라 동산

에 들어가려고 목욕재계하는 자들, 돼지,
길짐승, 들쥐의 고기를 먹는 자들이 모두
함께 끝장나리라." 야훼의 말씀이시다.
"그들이 하는 일과 그들이 꾸미는 것도 모
두 끝장 나리라.

만방에 동터 올 새 시대

18 나는 가서 다른 말을 쓰는 모든 민족들을
모아오리라. 그들은 와서 나의 영광을 볼
것이다.
19 그들 가운데 난을 면할 자들에게 표를 주어
다르싯, 풋트, 룻, 모섹, 로스, 두발, 야반 등
여러 민족들, 나의 소문을 듣지도 못하고
나의 영광을 보지도 못한 먼 섬나라에 사는
사람들에게 보내어, 만방에 나의 영광을 전
하게 하리라.
20 그들은 민족들 가운데서 너희 모든 겨레를
말과 수레와 포장마차와 노새와 낙타에 태
워 나의 거룩한 산 예루살렘에 데려다가 선
물로 야훼에게 바칠 것이다. 이스라엘 백성
이 정한 그릇에 선물을 담아다가 야훼의
성전에 바치듯이 바칠 것이다. 야훼가 말
한다.
21 내가 그들 가운데서 더러는 사제로, 더러는
레위인으로 뽑아 세우리라. 야훼가 말한다.
22 그렇다, 내가 지을 새 하늘과 새 땅은
무너지지 아니하고 내 앞에 남아 있으리
라."
야훼의 말씀이시다.
"그처럼 너희의 자손과 이름도 이어가리
라.
23 매달 초하루와 매주 안식일에
모든 사람이 내 앞에 나와서 나를 경배하
리라.
야훼가 말한다.
24 사람들이 밖으로 나가
나를 거역하던 자들의 주검들을 보리라.
그들을 갉아먹는 구더기는 죽지 아니하
고
그들을 사르는 불도 꺼지지 않으리니
모든 사람이 보고 역겨워하리라."

예 레 미 야

1 ◎예레미야 일대기. 그는 베냐민 지방 아나
돗에 사는 사제 가운데 한 사람이었는데,
그의 아버지는 힐키야라고 하였다.
2 야훼의 말씀이 예레미야에게 내리기 시작한
것은 아몬의 아들 ㉠요시야가 유다 왕이 된
지 십삼 년 되던 때의 일이었다.
3 야훼의 말씀은 그 후로도 요시야의 아들 ㉡여
호야킴이 유다 왕으로 있는 동안, 또 요시야
의 다른 아들 ㉢시드키야가 유다 왕이 된 지
십일 년 되던 해의 오월, 그의 통치가 끝나
고 예루살렘 시민이 포로로 끌려갈 때까지
계속되었다.

㉣예레미야가 부르심을 받다

4 ◎내가 받은 야훼의 말씀은 이러하였다.
5 "내가 너를 점지해 주기 전에
나는 너를 뽑아 세웠다.
네가 세상에 떨어지기 전에
나는 너를 만방에 내 말을 전할 나의 예언
자로 삼았다."
6 "아! 야훼 나의 주님, 보십시오. 저는 아
이라서 말을 잘 못합니다." 하고 내가 아뢰
었더니,
7 야훼께서는 나에게 이렇게 이르셨다.
"아이라는 소리를 하지 마라.
내가 너를 누구에게 보내든지 너는 가야
하고,
무슨 말을 시키든지 하여야 한다.
8 사람을 두려워하지 마라.
내가 늘 옆에 있어 위험할 때면 건져주리
라.
이는 내 말이라, 어김이 없다."
9 그러시고 야훼께서는 손을 내밀어 나의
입에 대시며 이르셨다.
"나는 이렇게 나의 말을 너의 입에 담아
준다.
10 보아라! 나는 오늘 세계 만방을 너의 손
에 맡긴다.
뽑기도 하고 무너뜨리기도 하고
멸하기도 하고 헐어버리기도 하고,

㉠ 요시야(기원전 640–609년). ㉡ 여호야킴(기원전 609–598년). ㉢ 시드키야(기원전 597–587년). ㉣ 1–6장까지는 요시야 시대를 배경으로 한다.

세우기도 하고 심기도 하여라."
11◎야훼께서 나에게 말씀을 내리셨다. "예레
미야야, 무엇이 보이느냐?" "㉠감복숭아 가
지가 보입니다." 하고 내가 대답하였더니,
12야훼께서 이르셨다. "바로 보았다. 나도 내
말이 이루어지는가 이루어지지 않는가를
깨어 지켜보리라."
13◎야훼께서는 두 번째로 이렇게 말씀을 내
리셨다. "이번에는 무엇이 보이느냐?" "부
글부글 끓는 솥물이 북쪽에서 쏟아져 내리
려 하고 있습니다." 하고 내가 대답하였더
니,
14야훼께서 이르셨다.
"이 나라에 사는 모든 사람에게
북녘에서 재앙이 쏟아져 내리리라.
15 이제 나는 북녘의 모든 나라들을 불러오
리라.
이는 내 말이니, 잘 들어라.
그 왕들은 몰려와서 예루살렘 성과 유다의
모든 성들을 둘러싸고
예루살렘 성문 어귀에서 항복을 받으리
라.
16 나는 나의 백성이 저지른 모든 죄를 이렇
게 심판하리라.
나를 저버리고 다른 신들에게 향을 피워
올리며,
저희 손으로 만든 것들을 섬긴 죄를 이렇
게 심판하리라.
17 너는 허리를 동이고,
일어나 나의 백성에게 일러주어라.
내가 시키는 말을 모두 전하여라.
이 백성을 두려워하지 마라.
그러다가 그들 앞에서 오히려 두려워하
게 되리라.
18 유다의 임금이나 고관들, 사제들이나 지
방 유지들과 함께
온 나라가 달려들어도
내가 오늘 너를 단단히 방비된 성처럼,
쇠기둥, 놋담처럼 세우리니,
19 아무리 덤벼도 너를 당하지 못하리라.
내가 네 옆에 있어 도와주리라.
이는 내 말이라, 어김이 없다."

이스라엘의 배신을 꾸짖으시다

2 ◎야훼께서 나에게 이런 말씀을 내리셨
다.
2 "예루살렘에 가서 거기에 사는 사람들에게
똑똑히 일러주어라.
'나 야훼가 하는 말이다.
씨 뿌리지 못하는 땅, 사막에서
나를 따르던 시절,
젊은 날의 네 순정,
약혼 시절의 네 사랑을 잊을 수 없구나.
3 이스라엘은 나에게 깨끗이 몸바쳤었지.
소출 가운데서도 맏물이라,
집어먹고는 아무도 죄를 면치 못하여
재앙을 당하고야 말았다.
이는 내 말이니, 잘 들어라.'"
4◎야곱 가문, 이스라엘 가문 온 갈래는 야훼
의 말씀을 들어라.
5 "나 야훼가 말한다.
나에게 무슨 잘못이 있다고
너희 조상은 나를 멀리하였더냐?
너희 조상은 허수아비를 따르다가
허수아비가 되지 않았더냐?
6 '이집트에서 우리를 데려내오신 야훼,
메마른 모래땅, 가물어 풀도 나지 않는
땅,
사람의 그림자도 어른거리지 않는 땅,
그 사막에서 이끌어주시던 야훼께서 어디
가셨을까?' 하며
나를 찾는 자도 없었다.
7 나는 너희를 이 기름진 땅에 이끌어들여
그 좋은 과일을 먹게 했는데
너희는 들어와서 나의 땅을 부정하게 만
들었다.
이 땅은 나의 것인데 너희가 더럽게 만들
었다.
8 사제라는 것들은 '야훼께서 어디에 계시
냐?' 고 찾지도 않았다.
법 전문가라는 것들은 나의 뜻은 알려고
도 하지 않았다.
백성의 목자라는 것들은 나를 거역하기
만 하였다.
예언자라는 것들은 바알의 말이나 전하며
아무 데에도 쓸모없는 것들만 따라다녔
다.
9 그러므로 나는 다시 너희와 따지리라.
이는 내 말이니, 어김이 없다.
너희 후손과도 따질 것이다.
10 지중해의 섬나라들에 건너가 보아라.
케달에 사람을 보내어 알아보아라.
이런 일이 과연 있을 수 있는가를.
11 어떤 민족이 섬겨오던 신을 바꾸어
신도 아닌 것을 섬기는 일이 있더냐?

㉠ 히브리어로 '깨어 있다.' 는 말과 소리가 비슷하다.

그런데 내 백성은 영광스럽게 모실 나를
버리고
아무 데도 쓸모없는 것을 잡았다.
12 하늘도 놀랄 일이다.
기가 막혀 몸서리칠 일이다.
이는 내 말이니, 잘 들어라.
13 나의 백성은 두 가지 잘못을 저질렀다.
생수가 솟는 샘인 나를 버리고
갈라져 새기만하여 물이 괴지 않는 웅덩
이를 팠다.
14 이스라엘이 종이었더냐?
씨종이었더냐?
어찌하여 남에게 털리는 신세가 되었느
냐?
15 사자들이 으르렁거리는 바람에
살던 땅은 폐허가 되고
성읍들은 허물어져 무인지경이 되었다.
16 게다가 멤피스와 다흐반헤스 사람들마저
와서
네 머리통을 부수었다.
17 왜 이 꼴이 되었는지 알고 있느냐?
너희를 이끌어주던 야훼 너희 하느님을
저버리고서야
어찌 이 꼴이 되지 않겠느냐?
18 그런데 이제 너희가 나일 강 물을 마시러
이집트로 가다니 웬 말이며,
유프라테스 강 물을 마시러
아시리아로 가다니 웬 말이냐?
19 너희가 너무나 못되게 굴었기에 이 벌을
내리는 것이다.
나를 배신하다가 너희는 이 죄를 받는 것
이다.
야훼 너희 하느님을 저버리고 공경하지
않다가
이 처참한 재난을 겪는 것인 줄 똑똑히 알
아라.
만군의 야훼가 하는 말이다.
20 너는 일찍부터 고삐를 끊고 날뛰는
굴레 벗은 말이었다.
나를 섬길 생각이 없어
높은 언덕 무성한 나무 밑 어디에서나
뒹굴며 놀아났다.
21 특종 포도나무를 진종으로 골라 심었는
데
너는 품질이 나쁜 잡종으로 변하였구나.
22 비누로 몸을 씻어보아라.
잿물로 몸을 닦아보아라.
너의 더러운 죄가 내 앞에서 사라질 것 같
으냐?
이는 내 말이니, 잘 들어라.
23 너는 부정을 타지 않았다고 시치미를 뗄
셈이냐?
바알을 받들어 섬기지 않았다고 능청을
부릴 셈이냐?
골짜기에서 한 너의 소행을 보아라.
무슨 짓을 하였는지 모르겠느냐?
암낙타가 몸이 달아 이리저리 날뛰며,
24 암내가 나서 헐떡이며 광야로 내닫는데
그 달뜬 몸을 무엇으로 가라앉히랴.
때가 된 암컷은 어디에서나 만나는 것,
수컷은 발정한 암컷을 애써 찾을 것도 없
다.
25 그러다가는 신발이 다 해질라,
목이 다 탈라, 일러주었건만
한다는 소리가,
'다 버린 몸 말리지 마세요.
나는 외간 남자들이 좋아요.
외간 남자들을 따라가겠어요.'
26 도둑이 들키면 창피를 당하듯이,
이스라엘 문중아, 너희도 창피를 당하리
라.
왕이나 고관들이나,
사제들이나 예언자들이나
모두들 창피를 당하리라.
27 너희는 나무를 보고 아비라
돌을 보고 어미라 하며
나를 외면하고 등을 돌렸다가도,
재앙만 만나면
나더러 살려달라고 한다.
28 네가 만든 신들은 모두 어디 갔느냐?
유다야, 네가 섬기는 신이 성읍들만큼이
나 많은데,
네가 재앙을 만나면,
그 신들이 너를 살려주려고 일어나야 하
지 않느냐?
29 하나같이 나를 거역만 하다가
이제 와서 나에게 무슨 따질 것이 있느
냐?
나의 말이 들리느냐?
30 너희 자식들을 매질하여 보았지만 헛된
일이었다.
그들은 나의 징계를 받으려 하지 않았으
며
도리어 예언자들을 칼로 쳐죽였다.
사자처럼 찢어발겼다.
31 너희 세대나 나의 말을 명심하여라.

내가 너희 이스라엘이 살 수 없는
사막이라도 되었단 말이냐?
흑암의 땅이 되었단 말이냐?
너희가 내 백성이면서도,
'마음대로 살겠습니다.
당신께로 돌아가지 않겠습니다.'
하니, 어찌 이럴 수가 있느냐?
32 처녀가 노리개를 잊을 수 있느냐?
새색시가 각시 띠를 잊을 수 있느냐?
그러나 나의 백성은 아득한 옛날에
이미 나를 잊어버렸다.
33 너희는 사내를 홀리는 데 능숙하여
매춘부조차 너희에게서 배우게 되었구나.
34 도둑질하다가 들킨 것도 아닌데,
가난하다고 해서 죄없는 사람을 죽여
그 피가 너희 옷자락에 묻었다.
이런 짓을 다 하고서도
35 '나에게 무슨 죄가 있는가,
내가 무슨 천벌받을 일을 했단 말인가.' 하고
말한다마는, 죄없다고 한 바로 그 때문에
이제 나는 너희를 벌하리라.
36 손바닥 뒤집듯이 여기 붙고 저기 붙고 하니
어찌 그럴 수가 있느냐?
그러다가 아시리아에게 창피를 당하였듯이
이집트에게도 창피를 당하리라.
37 너희는 부끄러워 얼굴을 가리고
이집트에서 나오게 되리라.
너희가 의지하던 자들을 내가 버렸는데,
그것들을 믿고 하는 일이 어찌 잘되겠느냐?

돌아오라고 호소하신다

3 남편에게 소박맞은 아내가
다른 사나이를 찾아갔으면,
본남편이 그 여자를 다시
아내로 맞을 수 없는 법이다.㉠
그랬다가는 이 땅이 부정을 탄다.
그런데 너는 수많은 정부와 놀아나고서
나에게 돌아오겠다니, 될 법이나 하느냐?
이는 내 말이니 잘 들어라.

2 벗겨진 산 위를 쳐다보아라.
네가 놀아나느라고 몸을 더럽히지 않은
곳이 어디 있느냐?
사막에 숨어 있는 아랍인들처럼
너는 한길 가에 앉아 정부들을 기다렸다.
네가 음란을 피우며 사악하게 구는 바람에
3 이 땅은 부정을 타서
소나기가 멎고,
봄비도 내리지 않게 되었다.
이마가 뻔뻔스런 창녀처럼,
너는 부끄러운 줄도 모르고
4 지금도 나를 아비라고 부르기도 하고
젊은 날의 애인이라고 부르기도 하며,
5 '아무렴, 끝없이 화를 내시지는 않을 거야,
언제까지나 진노하시지는 않을 거야.'
이런 말을 하면서
못하는 짓이 없었다."

6◎요시야 왕 시절에 야훼께서 나에게 이렇게
이르셨다. "㉡이스라엘이 나를 배반하고 무
슨 짓을 하였는지 너는 보았다. 높은 산마
다 올라가고, 무성한 나무 밑마다 찾아가서
음란을 피우지 않더냐?
7 그런 짓을 실컷 하고 나면 행여 나에게 다시
돌아올까 하였지만, 끝내 돌아오지 않고 말
았다. 그 아우 유다도 똑같은 화냥년으로,
언니가 하는 짓을 모두 보았다.
8 나를 배반하고 놀아났다가 이혼장을 받아
쥐고 내쫓기는 것도 보았다. 그러고서도 겁
없이 배신하고 나가서 저도 음란을 피웠다.
9 돌과 나무를 섬기며 음란을 피워 땅을 더럽
혔다.
10 샛서방을 보며 마음껏 바람을 피우고 나서
는 나에게 돌아오는 체만 하고, 진심으로
돌아오지 않았다. 똑똑히 들어라."
11◎야훼께서 나에게 또 이르셨다. "이스라엘
도 배반은 하였지만, 본심은 화냥년인 유다
보다는 낫다.
12 그러니 너는 북녘으로 가서 이렇게 외쳐라.
'나를 배반하였던 이스라엘아, 돌아오너라.
똑똑히 들어라.
나는 마음이 모질지 못하여
너희에게 무서운 얼굴을 못하겠구나.
똑똑히 들어라.
아무리 화가 나도 그 마음을 언제까지나
지니지는 못하겠구나.
13 이 야훼가 너희 하느님이 아니냐?

㉠ 신명 24:1-4 참조. ㉡ 북방 이스라엘을 말한다.

그런데 너희는 거역하기만 하고
못할 짓만 하였다.
나의 말을 듣지 아니하고
남의 나라 신들을 찾아
무성한 나무 밑을 이리저리 쏘다니며
그 얼마나 못할 짓을 하였더냐?
똑똑히 들어라.
14 나를 배반하고 떠나갔던 자들아 돌아오
너라.
똑똑히 들어라.
내가 너희의 가장이다. 나는 너희 가운데
서 성마다 한 사람씩, 갈래마다 두 사람씩
뽑아 시온으로 데려오고
15 내 마음에 드는 목자들을 세워주겠다. 그러
면 그 목자들은 알아서 너희를 잘 기를 것이
다.
16 그 날이 오면 너희는 이 땅에서 불어나 번성
하리라. 이는 내 말이라, 어김이 없다. 그
때 다시는 야훼의 계약궤를 말할 필요도 없
을 것이며, 마음에 두고 생각할 필요도 없
게 되리라. 아쉬워 찾거나 새로 만들 필요
도 없으리라.
17 그 때 사람들은 예루살렘을 야훼의 옥좌라
부를 것이며 모든 민족이 예루살렘에 모여
와 나의 이름 야훼를 불러 예배할 것이다.
그리고 다시는 그릇된 생각에 끌려가지 아
니하리라.
18 그 날이 오면 유다 가문과 이스라엘 가문
이 한 덩어리가 되어 북녘 땅을 떠나, 조상
들이 나에게서 유산으로 받았던 땅에 함께
들어오리라.
19 나는 너를 아들로 삼아
기름진 땅을 주고 싶었다.
뭇 민족 가운데서도 너에게 가장 아름다
운 유산을 주고 싶었다.
나를 아비라 부르며
행여 나를 떠나지 않기를 바랐다.
20 그런데 애인을 배신하는 여인처럼
너 이스라엘 가문은 나를 배신하였다.
똑똑히 들어라.'"

21 이 언덕 저 언덕에서 소리가 들려온다.
이스라엘 백성이 저희 하느님 야훼를 잊고
탈선하였다가 울며 애원하는 소리다.

22 "배반한 자식들아, 돌아오너라.
너희의 마음을 바로잡아 나를 배반하지
않게 하여주리라."
"우리가 지금 야훼께 돌아갑니다.
우리 하느님은 야훼뿐이십니다.
23 언덕 위의 산당들은 모두가 헛된 것이었
습니다.
이 산 저 산에서 수선을 떨어보았지만 모
두 헛된 일이었습니다.
우리 하느님 야훼밖에
이스라엘을 건져주실 분은 없사옵니다.
24 그런데 조상들이 애써 얻은 것을
일찍부터 우리는 바알에게 바쳤습니다.
소떼와 양떼와 아들딸까지 바쳤습니다."

"우리가 선조 때부터 이 날까지
하느님 야훼의 말씀을 듣지 않았고
우리 하느님 야훼께 죄를 지었구나.
25 이제 다같이 부끄러운 몸,
엎드리자.
창피한 줄 알아 얼굴을 가리자."

4 "이스라엘아, 돌아오고 싶거든,
어서 나에게 돌아오너라.
내가 똑똑히 일러둔다.
서슴지 말고 그 망측한 우상을 내 앞에서
치워버려라.
2 그리하면 너희는 나를 두고 맹세할 수 있
고,
내가 맹세한 것은 진실하여 남을 억울하
게 하는 일이 없으리라.
그리하여 뭇 민족이 너의 덕을 입고
너를 찬양하게 되리라.
3 이제 나 야훼가 유다 국민, 예루살렘 시민
에게 말한다.
엉겅퀴 속에 씨를 뿌리지 말고
땅을 새로 갈아엎고 심어라.
4 유다 국민들아, 예루살렘 시민들아,
할례를 받아 나에게 몸을 바쳐라.
마음에 수술을 받아라.
그렇지 않으면 너희의 사악한 행실을 보
고
화를 내어 불처럼 너희를 태우리니,
그 불을 꺼줄 사람이 없으리라.

북쪽에서 적이 쳐들어온다

5 유다에 소식이나 보내려무나.
예루살렘에 전갈이나 보내려무나.
'다들 모여라, 방비된 성읍들에 들어가
자.' 하며
나팔을 불어 온 나라에 경보를 울려보려
무나.

6 ‘시온으로 가는 길에 깃발을 꽂아
지체 말고 다들 피난하라.’고 하여보려무
나.
북녘에서 재앙이 밀어닥친다.
대살육이 임박하였다.
내가 그렇게 하기로 작정하였다.
7 뭇 민족을 멸망시키러 사자가 수풀에서
뛰쳐나온다.
온 세상을 끔찍스런 곳으로 만들려고
사자가 있던 데서 뛰쳐나온다.
너희의 성읍들은 헐려 무인지경이 될 것
이다.
8 ‘야훼께서 우리가 한 일을 괘씸히 여기시
어
진노를 거두지 않으셨구나!’
하며 상복을 입고
초상 치르듯이 울부짖게 되리라.

9 내가 똑똑히 일러둔다. 그 날이 오면,
왕도 고관들도 넋을 잃을 것이다.
사제들은 정신을 잃고
예언자들은 얼빠진 사람이 되리라.”

10 이 말씀에 나는 항의하였다.
“주 야훼여, 당신이 이 예루살렘 백성을
속이시다니.
꼼짝 못하게 속여 넘기시다니.
칼이 목에 닿았는데도
잘되어 간다고 하시지 않으셨습니까?”

11 “그 때가 오면,
이 백성에게, 그리고 예루살렘에게
나는 이런 말을 일러주리라.
삭막한 땅 사막에서 열풍이 불어와
내 땅 내 백성을 덮칠 것이다.
낟알을 말끔히 키질하여 주려고 불어오
는 것이 아니다.
12 너무 거세어 키질할 수 없는 바람이
나의 말 한마디에 불어닥칠 것이다.
나도 이제는 결판을 내야겠다.”

13 “원수가 먹구름처럼 밀려옵니다.
병거가 폭풍처럼 휩쓸어오고
기마가 독수리보다 빠르게 덮쳐옵니다.
어찌하면 좋습니까? 우리는 이제 모두
망하였습니다.”

14 “예루살렘아, 살고 싶거든
못된 그 마음을 깨끗이 씻어라.
쓸데없는 생각을
언제까지 품고 있으려느냐?
15 단에서 전령이 달려온다.
에브라임 산악 지대에서 흉보가 날아든
다.
16 예루살렘이 풍전등화처럼 되었다.
이 소식을 만방에 알려라.
‘먼 곳에서 원수들이 밀려와
유다 성읍들을 공격하느라고 야단들이다.
17 내가 똑똑히 일러둔다.
예루살렘은 독 안에 든 쥐가 되었다.
예루살렘은 나를 거역하다가 이 꼴이 되
었다.
18 그런 못할 짓을 하다가 이 꼴이 되었다.
가슴에 칼이 꽂히는 이 아픔은
너의 죄 때문이다.’”

19 “아이고 배야. 배가 아파 죽겠습니다.
가슴이 떨리고 염통이 터집니다.
나팔 소리 나고
싸움터에서 아우성 소리 들려와
잠자코 있을 수가 없습니다.
20 성이 하나하나 떨어져
온 나라가 망하여 갑니다.
갑자기 저의 천막은 쓰러지고
포장은 갈기갈기 찢겼습니다.
21 언제까지 저 깃발 날리는 것을 보아야 하
고,
나팔 소리 또한 들어야 합니까?”

22 “내 백성은 참으로 어리석구나.
이렇게도 나의 속을 모르다니.
미련한 자식들.
철없는 것들.
나쁜 일 하는 데는 명석한데
좋은 일은 할 생각조차 없구나.”

23 “땅을 내려다보니 끝없이 거칠고
하늘을 쳐다보니 깜깜합니다.
24 산을 바라보니 사뭇 뒤흔들리고
모든 언덕은 떨고 있습니다.
25 아무리 돌아봐도 사람 하나 없고,
하늘에 나는 새도 모두 날아갔습니다.
26 아무리 둘러봐도 옥토는 사막이 되었고,
모든 성읍은 허물어져,
야훼의 노여움에 불타 모조리 사라졌습니
다.
27 ‘온 세상은 잿더미가 될 것이다.
나는 세상을 멸망시키기로 하였다.’ 하시

더니,
마침내 야훼 말씀대로 되고 말았습니다.
28 '위로 하늘은 상복이나 입고
아래로 땅은 애곡이나 하여라.' 하시더니,
'나는 한번 말하였으면 그대로 하고야 만다.
한번 결심한 것은 돌이키지 않는다.' 하시더니,
기어이 그대로 하셨습니다.
29 기병들과 궁수들이 고함치는 바람에
사람들이 모든 성에서 나와 도망칩니다.
우거진 숲으로 들어가고
바윗굴로 올라갑니다.
모든 성읍에서 사람이 떠나,
그림자 하나 얼씬거리지 않게 되었습니다."

30 "예루살렘아, 모조리 헐릴 이 마당에,
붉은 비단옷이 다 무엇이냐?
금패물이 다 무엇이냐?
눈 화장은 또 무엇이냐?
아무리 곱게 꾸며도 쓸데없다.
너에게 반했던 자들이 도리어 발길질하며
너를 죽이려고 달려드는데,
31 몸푸는 여인이 소리지르듯
첫아기 낳는 여인이 괴로워하듯
몸부림치는 소리가 들리는구나.
나의 딸 시온이 손을 내두르며, 헐떡이는 소리가 들린다.
'이제 모두 죽었구나.
맞아 죽을 판인데 손가락 하나 까딱할 힘이 없네.'"

마땅히 멸망하리라

5 "예루살렘 거리를 돌아다니며,
너희 눈으로 찾아보아라.
장마당마다 찾아다녀 보아라.
바르게 살며 신용을 지키는 사람이
하나라도 있으면
나는 예루살렘을 용서하리라.
2 나를 두고 맹세하면서도
속에는 사기칠 생각밖에 없구나."

3 "야훼께서 눈여겨 찾으시는 것은
신용을 지키는 사람인데,
이 백성은 얻어 맞으면서도 아픈 줄을 모릅니다.
죽도록 맞고서도 타이르시는 말씀을 귓전으로 흘려버립니다.
얼굴에 쇠가죽을 쓴 것들,
도무지 하느님께 돌아올 생각을 하지 않습니다.
4 백성이야 어차피 야훼께 배운 길을 모르고,
저희 하느님께서 세워주신 법을 모르는
미련한 것들 아닙니까?
5 그래도 지도층은 야훼께 배운 길을 알고
저희 하느님께서 세워주신 법을 알 것 같아
찾아가 말을 건네보았지만,
그들도 하나같이 굴레 벗은 말이 되어
고삐를 끊고 날뜁니다.
6 그래서 사자가 숲에서 뛰어나와
사람들을 물어 죽입니다.
벌판을 쏘다니던 늑대가 덤벼들고
표범이 성읍 밖에서 노리다가
나오는 사람을 모두 잡아갑니다.
그렇게 거역하기만 하고,
그렇게 배신만 하더니 이 꼴이 되었습니다."

7 "너 예루살렘이 이 모양인데 어떻게 용서해 주겠느냐?
너의 자식들은 나를 저버리고,
신 아닌 것을 걸어 맹세하였다.
배불리 먹여놓았더니,
간음이나 하고, 창녀집에나 몰려다니는구나.
8 먹음새 좋은 말이 성욕이 동하듯
남의 아내를 후리려고 힝힝거리는구나.
9 그러는데 내가 벌하지 않고 내버려두겠느냐?
내가 똑똑히 일러둔다.
이런 족속에게 분풀이를 않고 내버려둘 수는 없다.
10 저 돌담에 올라가,
무너뜨리고 허물어버려라.
포도순을 말끔히 훑어버려라.
이것은 나의 것이 아니다.
11 이스라엘 가문도 유다 가문도
뻔뻔스럽게 나를 배반하였다.
똑똑히 들어라.
12 나를 뿌리치며 하는 소리를 들어보아라.
'야훼는 그럴 분이 아니다.
우리가 재앙을 당하다니,
전쟁과 기근을 당하다니, 그럴 리 없다.

13 예언자들이란 공연히 지껄이는 바람 같은 것들!
그런 벌은 저희나 받으라지.'
14 이렇게 나오기 때문에
나 야훼는 만군의 하느님으로서 선언한다.
'저들이 이런 말을 지껄이므로,
나는 ㉠너의 입에 불 같은 말을 담아준다.
그 말은 이 백성을 섶처럼 살라버릴 것이다.'
15 이스라엘 가문아,
내가 먼 데서 한 민족을 불러들여
너희를 치게 하리라.
이는 내 말이라, 어김이 없다.
그 민족은 오랜 역사를 가진 민족,
너희와는 말이 다른 민족이다.
너희는 그 말을 들어도 알아듣지 못한다.
16 모두가 힘깨나 쓰는 용사들,
목구멍은 닥치는 대로 집어삼키는 무덤,
17 너희가 먹으려고 거둔 것을 빼앗아 먹고
너희 아들딸마저 집어삼키리라.
양떼와 소떼를 잡아먹고,
포도와 무화과를 훑어 먹으리라.
너희가 하늘같이 믿는 방비된 성들에 쳐들어가
허물어뜨리리라.
18 그 날이 오더라도 나는 너희를 아주 없애
버리지는 않으리라. 이는 내 말이라, 어김
이 없다.
19 무엇 때문에 하느님 야훼가 우리를 다 이 모
양으로 만들어놓았느냐고 묻거든, 이렇게
일러주어라. '제 나라에서 나를 버리고 남
의 신을 섬겼기 때문에 너희는 남의 나라에
노예로 끌려가게 된 것이다.'
20 너희는 야곱 가문에 이렇게 전하여라.
유다에게 이렇게 들려주어라.
21 '미련하고 속없는 백성들아,
이 말을 들어보아라.
이 청맹과니들아,
멀쩡한 귀머거리들아,
22 내가 무섭지도 않느냐?
내 앞에서 떨리지도 않느냐?
똑똑히 들어두어라.
나는 모래톱을 둘러 바다의 경계로 삼아
언제까지나 넘어오지 못하게 하였다.
밀물이 일어도 넘어오지 못하고
파도가 들이쳐도 넘어오지 못하게 하였다.
23 그러나 이 백성은 내 말을 아니 듣고 거역하여
나에게서 떠나가 버렸다.
24 소나기, 가을비, 봄비를 철 따라 내리시고
추수 때를 어김없이 지켜주시는
우리 하느님 야훼를 공경하자고 하여야 할 터인데
그럴 생각조차 없구나.
25 너희가 이렇게 굴었기 때문에
계절이 순조롭지 못하게 되었다.
너희 죄가 들어오는 복을 차버린 것이다.'
26 나의 백성 가운데는 못된 자들이 있어
새잡이 그물을 치듯이
올가미를 놓아 사람을 잡고 있다.
27 새장에 새를 가득히 채우듯이
남을 속여 약탈해 온 재산을 제 집에 채워
벼락부자가 되고 세력을 휘두른다.
28 피둥피둥 개기름이 도는 것들,
못하는 짓이 없구나.
남의 권리 같은 것은 아랑곳없다는 듯
고아의 인권을 짓밟고
빈민들의 송사를 공정하게 재판해 주지도 않는다.
29 이런 짓을 보고도 나더러 벌하지 말라고 하느냐?
이 따위 족속에게 어찌 내가 분풀이를 하지 않겠느냐?
똑똑히 들어두어라.
30 이 땅에는 기막힌 일,
놀라 기절할 일뿐이다.
31 예언자들은 나의 말인 양 거짓말을 전하고,
사제들은 제멋대로 가르치는데,
내 백성은 도리어 그것이 좋다고 하니,
그러다가 끝나는 날이 오면 어떻게 하려느냐?

북에서 적군이 쳐들어온다

6 베냐민 사람들아, 도망쳐라.
예루살렘에서 빠져 나가거라.
드고아에서 나팔을 불어라.
벳하께렘에 깃발을 올려라.
북녘에서 재앙이 밀어닥친다.
대살육이 임박하였다.
2 수도 시온은 아름다운 목장이었지만,

㉠ 예레미야를 말한다.

3 목동들이 짐승떼를 몰고 와
천막을 둘러치고
멋대로 풀을 뜯는 꼴이 되리라.
4 '예루살렘을 쳐부술 채비를 하여라.㉠
대낮에 쳐 올라가거라.
어허, 어떻게 하나! 날이 저물었네,
저녁때가 되어 땅거미졌어.' 하면,
5 '밤에라도 어서 쳐 올라가,
예루살렘 궁궐을 무너뜨리자.' 한다.
6 이 만군의 야훼가 명령한다.
'나무를 베어다가
예루살렘 성 앞에 축대를 쌓아라.'
예루살렘은 백성을 억압하는 자들이 활개
치는 도성이라,
벌을 받아 마땅하다.
7 샘에서 샘물이 솟아나듯
예루살렘에서는 죄악이 솟아나고 있다.
들리느니 때리고 부수는 소리,
보이느니 앓는 사람, 상처난 사람들뿐이
다.
8 예루살렘아, 소박맞기 싫거든
내가 타이르는 말을 들어라.
듣지 않는다면 쑥밭으로 만들어놓으리
라.
사람 없는 땅으로 만들어놓으리라.

9 만군의 야훼가 말한다.
예루살렘에 살아 남은 자들을
포도 이삭 거두듯이 샅샅이 쓸어 없애버
려라.
너는 포도 거두는 사람이 하듯이
덩굴을 다시 훑어 없애버려라."

10 "그런 말을 누구에게 하라는 것입니까?
일러준들 그 누가 듣겠습니까?
보십시오. 귀를 틀어막고㉡
들으려고 하지도 않습니다.
보십시오. 야훼의 말씀쯤 우습게 알아,
아예 들을 마음이 없습니다.
11 야훼의 노여움이 속에서 부글거려
저는 견딜 수가 없습니다."

"그렇거든 너의 분노를 당장 쏟아놓아라.
거리를 쏘다니는 아이들이나
젊은 녀석들의 무리나 가리지 말고
그 녀석들에게 쏟아놓아라.
그러면 아비 어미,
할미 할아비까지 모조리 붙잡혀 가리라.
12 집도 남의 손에 넘어가고,
밭과 아내들도 함께 넘어가리라.
내가 친히 손을 들어 이 땅 주민들에게 벌
을 내리는 것이다.
이는 내 말이라, 어김이 없다.
13 위아래 할 것 없이
모두 남을 뜯어먹는 놈들,
예언자 사제 할 것 없이
모두 사기나 치는 것들,
14 내 백성의 상처를 건성으로 치료해 주면
서
'괜찮다, 괜찮다.' 하는구나.
사실은 괜찮은 것이 아닌데.
15 그렇듯이 역겨운 짓을 하면서 부끄러운
줄이나 알더냐?
부끄러워했으면 괜찮고
창피한 줄이나 알았으면 괜찮다.
그런 것들이라, 모두 무더기로 쓰러져 죽
으리라.
내가 혼내주러 오는 날 모두 비틀거리다
가 쓰러지리라.
이는 내 말이라, 어김이 없다.

16 나 야훼가 말한다.
너희는 네거리에 서서 살펴보아라.
옛부터 있는 길을 물어보아라.
어떤 길이 나은 길인지 물어보고
그 길을 가거라.
그래야 평안을 얻으리라고 하였지만,
너희는 그대로 하기 싫다고 하였다.
17 그래서 나는 보초들을 세워주고,
나팔 신호가 나거든 잘 들으라고 일렀지
만,
너희는 듣기 싫다고 귀를 막았다.
18 그러니 뭇 민족은 들어라.
내가 나의 백성에게 어떤 일을 할 것인지
일러줄 터이니
명심하여라.
19 온 세상은 들어라.
내가 이제 이 백성에게 재앙을 내리리라.
이들은 나의 말을 마음 새겨듣지 아니하
고
내가 세운 법을 싫다고 하며 거역한 것들
이다.
20 세바에서 들여온 향가루,
먼 나라에서 들여온 향료가
나에게 무슨 소용이냐?
너희가 바치는 번제가 나는 싫다.

㉠ 전쟁 전에 군인들을 부정타지 않게 성별하는 것을 말한다. ㉡ 히브리어 본문 : "귀에 할례를 받지 않고."

너희의 친교제도 역겹다.
21 그래서 나 야훼는 말한다.
나 이제 이 백성을 걸어 넘어뜨리리라.
아비도 아들도 함께,
이웃도 친구도 함께 멸망시키리라.

22 야훼의 말이다.
북녘 땅 한 끝에서
한 강대국이 일어나 쳐들어온다.
23 활과 창을 움켜잡은
잔인무도한 자들이
설레는 바다같이 고함지르며
말타고 달려온다.
수도 시온아,
너를 쳐부수려고 일제히 무장하고 나섰다."

24 "우리는 그 소식을 듣고 맥이 풀렸습니다.
해산하는 여인처럼 괴로워서 몸이 뒤틀렸습니다."

25 "들에 나가지 않으려거든 그만두려무나.
한길로 나가기 싫거든 그만두려무나.
원수가 칼을 빼어들면,
어디 간들 무섭지 않은 곳이 있겠느냐?
26 내 딸 내 백성아, 상복을 입고
재를 뒤집어써 보려무나.
외아들을 잃은 어미같이 곡을 하고,
'침략자들이 이렇게 들이닥치다니!' 하며,
창자가 끊어지도록 목놓아 울어보려무나.

27 내 백성의 속을 떠보도록 너를 임명하였으니,
내 백성이 사는 꼴을 시험하여 보아라.
28 하나같이 말을 듣지 않는 것들,
남을 모함이나 하며 돌아다니는
철면피들이라.
모두들 썩었다.
29 ㉠아무리 풀무를 부쳐도
도가니가 제 구실을 못하여
납 찌꺼기가 녹지 않듯이
나쁜 자들이 떨어져 나가지 않는다.
30 그런 자들을 나 야훼는 내버린다.
그러니 '내버린 은'이라고 불러주어라."

거짓 예배

7 ◎㉡야훼께서 예레미야에게 내리신 말씀
이다.
2 "너는 야훼의 성전 대문에 가 서서, '야훼께
예배하러 이 문으로 들어오는 유다 사람은
모두 야훼의 말씀을 들어라.' 하고 이렇게
큰소리로 일러주어라.
3 '나 만군의 야훼가 이스라엘의 하느님으로
서 말한다. 너희는 생활 태도를 고쳐라. 그
래야 나는 너희를 여기에서 살게 하리라.
4 이것은 야훼의 성전이다, 야훼의 성전이다,
야훼의 성전이다, 한다마는 그런 빈말을 믿
어 안심하지 말고
5 너희의 생활 태도를 깨끗이 고쳐라. 너희
사이에 억울한 일이 없도록 하여라.
6 유랑인과 고아와 과부를 억누르지 마라. 이
곳에서 죄없는 사람을 죽여 피를 흘리지 마
라. 다른 신을 따라가 재앙을 불러들이지
마라.
7 그래야 한 옛날에 너희 조상에게 길이 살라
고 준 이 땅에서 너희를 살게 하리라.
8 그런데 너희는 그런 빈말만 믿어 안심하고
있다. 그러다가는 모두 허사가 된다.
9 너희는 훔치고 죽이고 간음하고 위증하고
바알에게 분향하고 있다. 알지도 못하는 다
른 신들을 따라가고 있다.
10 그리고 나의 이름으로 불리는 이 성전으로
찾아와 나의 앞에 나서서 살려주셔서 고맙
다고 하고는 또 갖가지 역겨운 짓을 그대로
하고 있으니,
11 나의 이름으로 불리는 이 집이 너희 눈에는
도둑의 소굴로 보이느냐? 너희가 하는 짓
을 나는 이 눈으로 똑똑히 보았다. 내 말이
니 잘 들어라.
12 내가 너희의 살 곳으로 예전에 지명했던 실
로에 가보아라. 내 백성 이스라엘이 못되게
굴다가 나에게 어떤 벌을 받았는지 가보아
라.
13 그런데 너희도 이제 꼭 같은 일을 하고 있
다. 내 말이니 잘 들어라. 내가 아무리 타일
러도 너희는 듣지 않았다. 불러도 대답하지
않았다.
14 나의 이름으로 불리는 성전을 믿고 안심하
지만, 나는 실로를 해치웠듯이 이 곳을 해치
우고 말리라. 자손 대대로 살라고 내가 너
희 조상들에게 준 이 땅을 해치울 것이다.
15 너희와 한 겨레인 에브라임 족속을 다 내쫓
았듯이 너희도 내 앞에서 쫓아버리리라.'

㉠ 29절 히브리어 본문의 뜻이 분명치 않다. ㉡ 7-20장은 주로 여호야킴 시대를 배경으로 한다.

16 너는 이런 백성을 너그럽게 보아달라고
빌지 마라. 용서해 달라고 울며불며 기도하
지도 말고, 떼를 쓰지도 마라. 나는 너의 소
리를 들어주지 않으리라.
17 유다 성읍들에서, 예루살렘 거리거리에서 사
람들이 무슨 짓들을 하고 있는지 보이지 않
느냐?
18 아들이 나무를 거두어오면 아비는 불을 지
피고 어미는 밀가루를 반죽하여 그 불에 과
자를 구워 하늘의 여왕에게 바치고 있다.
나 아닌 다른 신들에게 제주를 따라 바치고
있다. 내 속을 썩여주려고 그러겠지만,
19 내가 속이 썩을 것 같으냐? 내 말이니 잘 들
어라. 도리어 저희가 창피당하려고 그 짓을
하는 것이다.
20 나 야훼가 선언한다. 나는 사람과 짐승, 들
에 서 있는 나무, 땅에 서 있는 곡식을 가리
지 않고 이 땅 위에 나의 맹렬한 진노를 쏟
으리라. 아무도 타오르는 나의 분노를 끄지
못하리라.
21 나 만군의 야훼가 이스라엘의 하느님으로
서 선언한다. 친교제에다가 번제를 보태어
바치고, 그 고기를 처먹어라.
22 너희 조상들을 이집트에서 데려내올 때, 내
가 번제와 친교제를 바치라고 한 번이라도
시킨 일이 있더냐?
23 나는 내 말을 들으라고만 하였다. 그래야
내가 너희 하느님이 되고, 너희는 나의 백
성이 된다고 하였다. 잘되려거든 내가 명하
는 길을 따라 걸어야 한다고 하였을 뿐이다.
24 그런데 너희는 귀를 기울여 나의 말을 듣기
는커녕 제멋대로 악한 생각에 끌려 나에게
등을 돌리고 나를 외면하였다.
25 너희 조상들이 이집트에서 나오던 날부터
오늘에 이르도록 나의 종 예언자들을 줄곧
보냈지만,
26 너희는 나의 말에 귀를 기울여 들으려고 하
지 않았다. 고집이 세어 너희 조상들보다도
더 못되게 굴고 있다.
27 네가 이런 말을 다 일러주어도 이 백성은
너의 말을 듣지 않을 것이다. 외쳐보아도
대답하지 않을 것이다.
28 그러니 이런 말이나 하여주어라. '이 종족
은 저희 하느님 야훼께서 무슨 말씀을 하셔
도 듣지 않는 것들, 아무리 꾸짖어도 귓전
으로 흘리는 것들, 이제 진실은 사라졌다.
진실을 말하는 입술은 어디에서도 찾아볼
수 없게 되었다.
29 너희는 머리채를 잘라버리고
언덕 위에 올라가 만가나 읊어라.
그 하는 짓이 노여우시어
야훼께서는 이 세대를 내던지셨다.'
30 내 말이니 잘 들어라. 유다인들이 나의 눈
에 거슬리는 짓을 했는데 그냥 두겠느냐?
그들은 나의 이름으로 불리는 집에 내가 질
색하는 우상을 세워놓고 섬김으로써 나의
집을 더럽히고 있다.
31 벤힌놈 골짜기에 도벳이라는 제단을 쌓고 저
희 아들딸들을 불에 살랐다. 내가 언제 그
런 일을 시켰더냐? 그런 짓은 꿈에도 생각
해 본 일이 없다.
32 이제 그 곳을 다시는 도벳이라든가 벤힌놈
골짜기라고 하지 않고 살인 골짜기라고 부
를 때가 올 것이다. 내 말이니 잘 들어라.
마침내 사람을 묻을 자리가 없어서 도벳에
마저 무덤을 쓰다가
33 이 백성의 주검을 공중에 나는 새가 쪼아먹
고 맹수가 뜯어먹어도, 지켜주는 사람마저
없을 것이다.
34 유다의 성읍들과 예루살렘 거리거리에서 신
랑 신부의 환성, 기쁘고 즐거워 부르는 노
랫소리를 사라지게 하리니, 온 나라는 폐허
가 되리라.

8 내 말이니 잘 들어라. 그 때가 오면, 사람
들은 유다 왕들의 뼈, 고관들의 뼈, 사제
들의 뼈, 예언자들의 뼈, 예루살렘 주민들의
뼈를 무덤에서 파헤쳐,
2 해와 달과 하늘의 모든 별 아래 드러나게 하
리라. 그렇게도 좋아서 섬기고 찾아다니며
물어보고 예배 드리다가 그 아래 드러나고
말리라. 그 뼈들을 거두어 다시 묻어주는
사람조차 없어 쓰레기처럼 땅에 굴러다닐
것이다.
3 이 악한 족속 가운데서 살아 남은 것들도 내
가 사방으로 쫓아보내리니, 가는 곳곳에서
'이렇게 사느니 차라리 죽어버리자.'고 하
게 되리라. 나 만군의 야훼가 하는 말이다.

슬프다

4 야훼의 말이라 하고 너는 이렇게 말하여
라.
넘어졌다가 일어나지 않는 사람이 있다
더냐?
떠나갔다가 돌아오지 않는 사람이 있다
더냐?
5 그런데 이 백성은 나를 배반하고
돌아오지 않으려고 버티니, 될 말이냐?
돌아올 듯 돌아올 듯 하면서도

기어이 돌아오지 않는구나.
6 아무리 귀를 씻고 들어보아도
당연히 할 말을 하는 놈은 하나도 없다.
'내가 어쩌다가 이런 일을 했던가!' 하며
잘못을 뉘우치는 자도 하나 없다.
말이 싸움터로 뛰어나가듯이,
모두들 뛰어나가고 말았다.
7 하늘을 나는 고니도 철을 알고
산비둘기나 제비나 두루미도 철따라 돌아오는데,
이 백성 가운데는 내가 세운 법을 아는 자가 하나도 없구나.
8 너희 가운데 지혜 있다고 스스로 나설 자 있느냐?
야훼의 법은 우리가 맡았다고 할 자 있느냐?
보아라, 거짓 선비의 붓끝에서 법이 조작되었다.
9 이제 그 현자들은 얼굴을 못 들고
벌벌 떨며 사로잡혀 가리라.
잘난 체하여 나의 말을 뿌리치더니,
그 지혜가 어찌 되었느냐?
10 나 이제 그들의 여인을 빼앗아 남에게 주고
남이 들어와 밭까지 차지하게 하리라.
위아래 할 것 없이
남을 뜯어먹는 것들,
예언자, 사제 할 것 없이
속임수밖에 모르는 것들,
11 내 딸, 내 백성의 상처를 건성으로 치료해 주면서
'괜찮다, 괜찮다.' 하지만 어디가 괜찮으냐!
12 그렇듯이 역겨운 짓을 하면서 부끄러운 줄도 모르는,
얼굴에 쇠가죽을 쓴 것들,
창피한 줄이나 알면 괜찮지!
모두들 무더기로 쓰러져 죽으리라.
내가 혼내주러 오는 날 모두들 비틀거리다가 쓰러지리라.
이는 내 말이라, 어김이 없다.

13 내 말이니 잘 들어라.
이 백성 가운데 행여나 쓸 만한 자가 있는가
찾아보았지만,
포도 덩굴에 포도 송이 하나 없고
무화과나무에 무화과 열매 하나 없이
잎마저 말라버린 꼴이었다.
그래서 나는 사람들을 시켜 불살라 버리리라."

14 "왜 이렇게 앉아서 주춤거리고만 있는가?
다 같이 방비된 성에 들어가자. 죽어도 거기에서 죽자.
우리를 죽이는 것은 우리 하느님 야훼시다.
당신께 잘못하였다고 사약을 내리시는 것이겠지.
15 잘만 되려니 하고 바랐더니, 좋은 일은 끝내 오지 않는구나.
나아질 때를 기다렸더니, 이 무서운 소식이 웬 말이냐?
16 들려온다, 단에서 적군의 말 울음 소리,
빠른 말들이 울어대는 소리에
천지가 흔들린다.
이제 곧 들이닥쳐 온 나라를 통째로 삼키겠구나.
주민을 다 죽이고 성읍들을 잿더미로 만들겠구나."
17 "나 이제 어떤 땅꾼에게도 홀리지 않는
독사를 보내어 너희를 물게 하리라.
이는 내 말이니, 어김이 없다."

18 "이 백성은 영영 살아날 길이 막혔습니다.
가슴은 미어지고 마음은 터질 것 같습니다.
19 '야훼께서 시온에 안 계시는가?
왕노릇 그만 하시려고 물러나셨는가?'
이렇듯이 내 딸, 내 백성이 신음하는 소리가
전국 방방곡곡에서 들려옵니다."

"그런데 어찌하여 아직도 우상을 섬기며
내 속을 썩여주느냐?
어찌하여 남의 나라 허수아비를 들여다가 섬기며
내 속을 썩여주느냐?"
20 "여름도 지나고 추수도 끝났건만
우리는 이제 살아나갈 길이 없습니다.
21 내 딸 내 백성이 치명상을 입었는데
전들 어찌 아프지 않겠습니까?

앞이 캄캄하고 마음은 떨립니다.
22 길르앗에 약이 떨어질 리 없고
의사가 없을 리 없는데,
어찌하여 내 딸, 이 백성의 상처를 치료
하지 못합니까?
23 ㉠내 머리가 우물이라면,
9:1 내 눈이 눈물의 샘이라면,
밤낮으로 울 수 있으련만,
내 딸 내 백성의 죽음을 곡할 수 있으련
만."

아무도 믿을 수 없는 세상이다

9 1 "사막에 머물 만한 으슥한 데라도 있다
2 면
내 백성을 버리고 그리로 떠나가련만,
나를 배신하고,
간음하는 무리들,
2 한번 혀를 놀렸다 하면 남의 가슴에 칼을
3 꽂는구나.
신실은 스러지고 거짓만이 판치는 세상
이 되었다.
내 속생각을 모르고
못된 일만 골라서 하는 세상이 되었다.
야훼의 말이다.
3 친구도 조심하여야 할 세상,
4 동기마저 믿지 못할 세상이 되었다.
동기들끼리 서로 걸어 ㉡넘어뜨리고
친구들끼리 서로 모함하며 돌아치는 세
상이 되었다.
4 참말이라고는 할 줄 모르는 세상,
5 서로 속고 서로 속이니,
거짓말만이 입에 익어
돌이킬 길 없이 입이 비뚤어진 세상이 되
었다.
5 백성을 억누르는 일이 계속되고
6 사기치는 일만이 꼬리를 무는 세상이 되
었다.
내 말이니, 잘 들어라.
내 심정을 알려는 자 하나 없구나.
6 그래서 나 만군의 야훼는 이렇게 말한다.
7 나의 이 백성을 도가니 속에서 녹여 시험
하여 보리라.
그렇게 못되게 구는데, 어찌 그냥 내버려
두겠느냐?
7 독약 묻은 활촉 같은 혀를 놀리는 것들,
8 입에 담는 것은 남을 속이는 말뿐이다.
이웃을 보고 '안녕하시오?' 하면서
속으로는 올가미를 씌우는 것들,
8 이렇게 못되게 구는데, 어찌 벌하지 않고
9 내버려두겠느냐?
내 말이니, 잘 들어라.
이런 족속을, 내가 어찌 분풀이하지 않고
내버려두겠느냐?"
9 "이 산 저 산을 보며 저는 목이 메어 웁니
10 다.
광야에 있는 목장들을 보며 슬피 웁니다.
모두 타 없어져 찾는 이 없고,
양떼 울음 소리도 들려오지 않습니다.
날짐승도 들짐승도,
모두 자취를 감추었습니다."
10 "나는 예루살렘도 돌무더기로 만들어
11 여우의 소굴로 만들리라.
유다의 성읍들을 쑥밭으로 만들어
아무도 살지 못하게 하리라."
11 ◎"지혜 있는 사람은 하나도 없습니다. 어
12 찌하여 이런 변을 당하게 되었는지 알 만한
사람도 하나 없습니다. 어찌하여 이 나라가
망하게 되었는지, 모조리 타서 사람의 그림
자도 얼씬하지 않는 사막이 되게 되었는지,
말씀해 주셔야 나가서 전할 수 있지 않겠습
니까?"
12 ◎야훼의 대답은 이러하였다. "이 백성이
13 내가 내려준 법을 저버리고 내 말을 듣지도
않았으며 그대로 살지도 않았기 때문이다.
13 악한 생각에 끌려, 조상들에게 배운 대로 바
14 알을 따라 살았기 때문이다.
14 그래서 나 만군의 야훼는 이스라엘의 하느님
15 으로서 선언한다. 나는 이 백성에게 소태를
먹이고 독약을 마시게 하리라.
15 이 민족을 쫓아내어 조상 때부터 알지 못하
16 던 민족들 가운데 흩어져 살다가 칼에 맞아
멸종되게 하리라.
16 나 만군의 야훼가 이른다.
17 곡하는 여인들을 어서 불러오너라.
넋두리 잘하는 여자들을 불러 부탁하여
라.
17 '지체 말고 구슬픈 노래를 불러주오.
18 눈에서 눈물이 쏟아지고
눈시울에 눈물이 방울져 내리도록!'
18 구슬픈 노랫가락이 시온에서 들려온다.
19 '어쩌다가 우리는 이렇게 망하였는가?
정든 고향에서 쫓겨나
나라를 버리고 떠나야 하는 이 신세,

㉠ 라틴어 성서는 여기에서 9장이 시작된다. ㉡ 이 말의 발음은 "야곱"이다.

부끄러워라, 부끄러워라!'
19 너희 여인들은 야훼의 말을 들어라.
20 나의 말에 귀를 기울여라.
구슬픈 노래를 딸들에게 가르쳐라.
이런 넋두리를 함께 익혀라.
20 '죽음이 창을 넘어 들어왔네.
21 궁전에까지 들어왔네.
거리에서 놀던 아이들을 모두 잡아갔다
네.
장터를 거닐던 젊은이들을 모두 끌어갔
다네.
21 시체들은 밭에 너저분히 널려 있는 거름
22 더미와 같구나.
추수하는 자가 곡식단을 묶어놓고 지나
가는데도
거두어 모으는 자 없는 것 같구나.'
22 나 야훼가 이렇게 말한다.
23 현자는 지혜를 자랑하지 마라.
용사는 힘을 자랑하지 마라.
부자는 돈을 자랑하지 마라.
23 자랑할 것이 있다면, 그것은
24 나의 뜻을 깨치고
사랑과 법과 정의를 세상에 펴는 일이다.
이것이 내가 기뻐하는 일이다.
야훼의 말이다.
24 할례를 받기는 하였으나 고작 포경이나
25 잘라낸 사람을 모두 벌할 날이 다가왔다.
내 말이니 잘 들어라.
25 이집트, 유다, 에돔, 암몬, 모압 사람들과 구
26 레나룻을 깎고 사막에서 사는 종족들이 모
두 벌을 받으리라. 이 모든 민족들은 이스라
엘 온 가문과 함께 마음에 수술을 받지 않았
기 때문이다."

거짓 신과 참 신

10 ◎이스라엘 문중아, 야훼께서 너희에게
이르시는 말씀을 들어라.
2 "나 야훼가 말한다.
다른 민족들의 생활 태도를 배우지 마라.
다른 민족들이 보고 떠는
하늘의 조짐을 보고 떨지 마라.
3 다른 나라 사람들이 보고 떠는 것은 장승
에 지나지 않는다.
숲에서 나무 하나 베어다가
목수가 자귀질해서 만들고
4 금은으로 장식한 것에 지나지 않는다.
망치로 못을 박아야 겨우 서 있는 것,
5 참외밭의 허수아비처럼 말도 못하는 것,
어디 가려면 남의 신세를 져야 하는 것,
사람에게 복을 내리지도 못하고
그렇다고 앙화를 내리지도 못하는 것,
그런 것을 두려워 마라."
6 "야훼 같으신 분은 없습니다.
야훼께서는 위대하시어
그 높으신 이름 마냥 위력을 떨치십니다.
7 그 누가 야훼를 두려워하지 않겠습니까?
만민의 왕이시여, 그것은 너무나도 당연
한 일,
세계 만방 모든 민족 가운데
누가 야훼만큼 지혜롭겠습니까?
8 사람들은 하나같이 우둔하고 미련하여
나무로 만든 장승에게 가르침을 받습니
다.
9 다르싯에서는 늘인 은을,
오빌에서는 금을 수입하여다가
은장이의 손을 빌려 만들고
자주 비단옷, 진홍 비단옷을 입혀놓은
것,
장인의 손으로 된 그런 것에게 가르침을
받습니다."
10 야훼만이 참 신,
살아 계시는 하느님, 영원한 임금이시다.
한번 분노를 터뜨리시면 땅이 덜덜 떠는
데,
어느 민족이 이 하느님의 노여움을 당해
내랴?
11 ㉠하늘과 땅을 만들지 않은 신들은
천하 온 세상에서 사라지고 말리라고 사
람들에게 일러주어라.
12 당신 힘으로 땅을 만드시고
당신 지혜로 땅덩어리를 고정시키시고
당신 재주로 하늘을 펼치셨다.
13 한번 호령하시면 하늘에서 물이 출렁이
고
먹구름이 지평선에서 올라오고,
번개가 번쩍이며 비가 쏟아지면
가두어두셨던 바람을 풀어놓으신다.
14 사람은 모두 짐승처럼 우둔한 것,
은장이는 제가 부어 만든 우상 때문에 창
피당하리라.
그것은 숨도 못 쉬는 허수아비,
15 아무것도 못하는 놀림감,
사람들이 벌받는 날, 함께 사라지리라.
16 야곱을 골라 당신을 섬기라고 하신 이는
그런 신이 아니다.

㉠ 이 11절은 아람어로 되어 있다.

만물을 지으시고
이스라엘 지파를 당신의 몫으로 고르신
분,
그 이름 만군의 야훼시다.

사로잡혀 가리라

17 "너희는 독 안에 든 쥐와 같다.
보따리를 꾸리고 이 땅을 떠날 채비나 하
여라.
18 나 야훼가 선언한다.
이번은 이 땅 백성들을 내쫓고야 말리라.
바짝 비틀어 짜내고야 말리라."

백성의 아우성과 예레미야의 기도

19 "이젠 망하였다.
얻어터져 다시 살아날 길이 없이 되었다.
이런 고통쯤은 참을 수 있으려니 하였더
니!
20 천막줄이 모두 끊겨 천막은 망가지고
자식들은 간 곳 없이 사라지겠네.
천막을 다시 쳐줄 사람도 없고
휘장을 다시 걸어줄 사람도 없겠네.
21 백성의 목자라는 것들이 미련하여
야훼의 뜻을 찾지 않다가, 일이 뒤틀려
양떼가 흩어지게 되었네.
22 흉보가 들려온다.
요란한 소리가 북녘 땅에서 들려온다.
유다의 성읍들은 쑥밭이 되고
마침내 여우의 소굴이 되겠네."

23 "야훼께서도 아시다시피,
사람이 산다는 것이 제 마음대로 됩니까?
사람이 한 발짝인들 제 힘으로 내디딜 수
있습니까?
24 그러니 야훼여, 화가 나서 매를 드셔도,
죽여버리셔야 되겠습니까?
그저 법대로 다스려주십시오.
25 화풀이는 야훼를 모르는 민족들에게나 하
여주십시오.
야훼의 이름을 부르지 않는 족속들 위에
나 퍼부으십시오.
그들은 야곱의 족속을 죽여 멸종시키고,
우리 농토를 쑥밭으로 만들었습니다."

계약 조문대로 벌을 내리시다

11 ◎야훼께서 나 예레미야에게 이런 말씀
을 내리셨다.
2 "너는 이 계약 조문을 귀담아듣고 유다 사
람들과 예루살렘 주민들에게 일러주어라.
3 '이스라엘의 하느님 야훼의 말씀이다.' 하
고 이렇게 일러주어라. '이 계약 조문을 지
키지 않는 사람은 저주를 받으리라.
4 이 계약은 쇠를 녹이는 가마 같은 이집트에
서 너희 조상을 건져내 올 때 지키라고 명한
것이다. 나의 말을 들어 시키는 대로 다 하
면 너희는 나의 백성이 되고 나는 너희의 하
느님이 되리라고 했던 그 계약이다.
5 그리고 내가 너희 조상들에게 젖과 꿀이 흐
르는 이 땅을 주겠다고 한 맹세를 지켜 이
날에 이른 것이다.'" 나는 "야훼여, 참으로
그렇습니다." 하고 대답하였다.
6 그러자 야훼께서 나에게 이르셨다. "이 모
든 말을 유다 성읍들과 예루살렘 거리에 가
서 외쳐라. '이 계약 조문을 귀담아듣고 그
대로 지켜라.
7 내가 너희 조상들을 이집트에서 데리고 나
오던 날 엄히 일러주었고, 그 후로도 이 날
까지 내 말을 들으라고 거듭하여 엄히 일러
주었건만,
8 그들은 귀를 기울여 내 말을 들으려 하지 않
았고 악한 생각에 이끌려 멋대로 살아왔다.
내가 지키라고 한 이 계약 조문들을 지키지
않았다. 그래서 나는 이 계약 조문에 있는
벌을 그대로 다 내린 것이다.'"
9 ◎야훼께서 나에게 또 이르셨다. "유다 지방
민과 예루살렘 시민들이 나에게 반역하려는
음모를 꾸미고 있다.
10 앞서간 조상들도 끝내 내 말을 듣지 않더니,
후손들도 그 잘못을 되풀이하고 있다. 다른
신들을 따라다니며 섬겼다. 내가 이스라엘
과 유다 가문의 조상들과 맺은 계약을 그 후
손이라는 것들이 깨뜨리고 또 깨뜨렸다.
11 그래서 나 야훼는 이렇게 선언한다. 나 이제
이 백성에게 앙화를 내릴 터인데 그 앙화는
면할 길이 없다. 아무리 호소하여도 나는
들어주지 않으리라.
12 유다 성읍들에 사는 사람들과 예루살렘 시민
들은 저희가 분향하며 받들던 신들에게 가
서 호소하겠지만, 그 신들은 재앙을 당하고
있는 이 백성을 전혀 구해 주지 못할 것이
다.
13 유다 사람들아,
너희가 위하는 신은 성읍의 수만큼이나
많고,
바알의 산당은 예루살렘의 거리만큼이나
많구나.
14 이런 백성을 너그럽게 보아달라고 비느
냐? 용서해 달라고 울며불며 기도하지 마

라. 재앙을 만나 아무리 부르짖어도 나는
들어주지 않으리라.
15 나의 임이
추잡하게도 놀아나더니
내 집에 와서 어쩌자는 것인가?
자원제나 바치고 제물 고기나 먹는다고
해서
죄를 벗을 것도 아닌데,
죄없다고 해줄 것도 아닌데,
16 '푸르고 싱싱한 올리브 나무'라고
한때 너를 불러주었지만,
이제 나는 벼락을 내려
너의 잎사귀를 사르고
가지들을 부러뜨리리라.
17 이스라엘 가문과 유다 가문을 나무처럼 심
었던 나 만군의 야훼가 이제 재앙을 내릴 것
을 선포한다. 바알에게 분향하는 등의 못할
짓을 하여 내 속을 썩여주다가 너희는 이런
앙화를 받게 된 것이다."

아나돗 사람들이 예레미야를 죽이려 하다

18◎사람들이 나를 해치려고 하는 것을 야훼
께서 알려주셔서, 나는 그 일을 알게 되었
다.
19죽을 자리에 끌려가면서도 아무것도 모르
는 어린 양처럼, 나는 사람들이 나를 해치
려고 하는 줄을 몰랐었다. "나무가 싱싱할
때 찍어버리자. 인간 세상에서 없애버리자.
이름조차 남지 못하게 만들자." 하며 음모
를 꾸몄지만, 도무지 나는 알지 못하였다.
20 "만군의 야훼여,
사람의 뱃속과 심장을 달아보시는
공정한 재판관이시여!
하느님께 호소합니다.
이 백성에게 원수를 갚아주십시오.
그것을 이 눈으로 보아야겠습니다."
21◎"아나돗 사람들이 너더러 저희 손에 죽지
않으려거든 야훼의 이름을 들어 예언하지
말라고 하느냐? 그러면서 너의 목숨을 노
리고 있느냐? 그렇다면, 나 야훼는 이렇게
선언한다.
22내가 이제 그들을 이렇게 벌하리라. 장정들
은 칼에 맞아 죽고, 아들딸들은 굶어 죽으
리라.
23내가 아나돗 사람들에게 재앙을 내려 벌하
는 날, 살아 남을 자는 하나도 없을 것이
다."

예레미야의 질문에 답하시다

12

"야훼님, 제가 아무리 시비를 걸어도
그 때마다 옳은 것은 하느님이셨기에
법 문제를 하나 여쭙겠습니다.
어찌하여 나쁜 자들이 만사에 성공합니
까?
사기밖에 칠 줄 모르는 자들이 잘되기만
합니까?
2 하느님께서는 그런 자들을 나무처럼 심
어
뿌리를 박고 자라서 열매를 맺게 하시는
군요.
그런 자들은 말로는 하느님과 가까운 체
하면서,
속으로는 멀리 떠나가는 것들인데 말입
니다.
3 야훼여,
주께서는 제 속을 환히 들여다보십니다.
제 마음이 주께 있다는 것을
시험하여 보아서 아시지 않습니까?
저것들을 양처럼 끌어다 죽여버리십시
오.
갈라내었다가 그 날 당장 죽여버리십시
오.
4 언제까지 가뭄 든 이 땅을 내버려두시렵
니까?
들풀이 다 마르게 내버려두시렵니까?
이 땅에 사는 사람의 잘못으로
짐승이나 새가 죽어 없어져서야 되겠습
니까?
어떤 일을 하여도 주께서 보지 못하신다
고
저들은 떠들어대고 있습니다."
5 "네가 사람과 달리기를 하다가 지쳐버린
다면,
어떻게 말과 달리기를 하겠느냐?
편안한 곳에서나 마음놓고 살 수 있다면
요르단 강 가 깊은 숲 속에서는 어떻게 살
겠느냐?
6 너의 집 식구, 너의 동기들이 너를 헐뜯
으며 배신하지 않았느냐?
그러니 그들이 정답게 말을 걸어오더라
도 믿지 마라.

야훼께서 당신 백성을 버리시다

7 나는 나의 백성을 버렸다.
내 것으로 삼았던 이 백성을 물리쳤다.
내가 진정 귀여워하던 백성을
원수들의 손에 넘겨주었다.

8 내 것으로 삼았더니
이 백성은 숲에 있는 사자처럼 나에게 달려들었다.
으르렁거리며 달려들었다.
그래서 나는 그것들을 나의 원수로 돌렸다.
9 내 것으로 삼았던 이 백성,
매들에게 둘러싸인 알록달록한 새와 같다.
들짐승들은 다 모여오너라.
몰려와서 실컷 먹어라.
10 목자들이 무리지어 밀려와서
너의 포도밭을 망가뜨리고 밭곡식을 짓밟았다.
내가 소중히 여기던 이 밭을
허허벌판으로 만들어놓았다.
11 보기에도 삭막한
허허벌판으로 만들어놓았다.
그래서 온 땅이 쑥밭이 되었는데
걱정하는 사람 하나 없구나.
12 사막의 고원 지대를 떠돌아다니던
도둑들이 쳐들어왔다.
내가 싸움을 일으킨 것이다.
땅 끝에서 땅 끝까지 휩쓸어
살아 움직이는 것은 모두 떨고 있다.
13 내 백성이 밀을 심었으나
거두려고 보니 가시풀뿐,
공연히 애만 쓴 꼴이 되었다.
내가 분노를 터뜨리는 바람에
소출을 거두지 못하고 어이없는 꼴을 당하였다.

이웃 나라들의 운명

14 내 백성 이스라엘에게 유산으로 준 소유
지를 침범한 이웃 나라 몹쓸 민족들에게 야
훼는 할 말이 있다. 나는 그 민족들을 정든
고향에서 내쫓고 그 가운데서 유다 가문을
빼내 오리라.
15 그러나 그 민족들을 내쫓았다가, 다시 가엾
게 여겨 각기 제 고장, 제 땅으로 돌아가 살
게 하리라.
16 그 백성들이 내 백성에게 바알의 이름을 불
러 맹세하도록 가르쳤지만, 이제는 도리어
내 백성에게서 도를 배워 익혀 '야훼께서
살아 계신다.' 하며 내 이름을 불러 맹세하
게 되리라. 그렇게 되면 그들도 내 백성과
함께 어울려 잘살게 되리라.
17 그러나 나의 말을 듣지 않으면, 그 민족들
을 뿌리뽑아 아주 없애버리리라. 이는 내
말이라, 어김이 없다."

두 가지 상징

13 ◎야훼께서 나에게 이렇게 말씀하셨다.
"너는 가서 모시 잠방이를 하나 사다
가 허리에 걸치고 물에 적시지 않도록 하여
라."
2 야훼께서 분부하시는 대로 나는 잠방이를
사서 허리에 걸쳤다.
3 그랬더니 야훼께서 또 나에게 이르셨다.
4 "네가 사서 허리에 걸친 잠방이를 벗어들고
㉠브랏으로 가서 바위 틈에 숨겨두어라."
5 나는 야훼께서 내린 분부대로 브랏으로 가
서 그 잠방이를 거기에 숨겨두었다.
6 오랜 시일이 지난 다음, 야훼께서 나에게
이르셨다. "이제 떠나 브랏으로 가서 내가
시킨 대로 숨겨두었던 잠방이를 가져오너
라."
7 나는 브랏으로 가서 숨겨두었던 자리를 파
고 잠방이를 꺼내보았더니, 그 잠방이는 썩
어서 아무 쓸모가 없게 되었다.
8 그 때 야훼께서 나에게 이르셨다.
9 "나 야훼가 말한다. 나는 그와 같이 유다의
거만과 예루살렘의 엄청난 거만을 꺾어버리
겠다.
10 이 몹쓸 민족은 나의 말을 듣지 않았다. 저
희의 악한 생각을 굽히지 않고 멋대로 살아
왔다. 다른 신들을 따라다니며 섬기고 예배
하였다. 그래서 이 백성은 잠방이처럼 되어
아무 쓸모도 없게 될 것이다.
11 허리에 잠방이를 단단히 걸치듯이 나는 이
스라엘의 온 가문과 유다의 온 가문을 나에
게 꼭 매어두려고 했었다. 내 말이니 잘 들
어라. 그렇게 되었다면 이 백성은 내 백성
이 되었을 것이다. 그리하여 나의 이름을
빛내고 나에게 영광과 영화가 돌아오게 하
였을 터인데, 그렇게 하지 아니하고 나의
말을 듣지 않았다.
12 너는 이 백성에게 이렇게 일러주어라. 이
야훼가 이스라엘의 하느님으로서 말한다. 모
든 술독은 술을 넣어두기 위하여 만든 것이
다.' 그러면 이 백성은 '술독이 술을 넣어
두는 것임을 누가 모르느냐?'고 대답할 것
이다.
13 그러거든, '야훼의 말씀이다.' 하고 이렇게
일러주어라. '나는 이제 이 땅에 사는 모든
사람들을, 다윗의 왕위를 잇는 왕들이건, 사

㉠ 유프라테스 강인지도 모른다.

제들이건, 예언자들이건, 예루살렘 주민이
건 모두 다 술독으로 만들어버리겠다. 그러
면 모두 술에 취하여 비틀거리며
14 아비 아들 할 것 없이 서로 부딪쳐 깨어지리
라. 내 말이니, 잘 들어라. 나는 사정없이
용서하지 않고 모두 멸하여 버리리라.'"

백성의 교만을 꾸짖다

15 야훼께서 말씀하시는 것이니,
거만을 떨지 말고 귀기울여 잘 들어라.
16 날이 저물어 어두워져 가는 언덕 위에서
서로 걸려 넘어지기 전에
너희 하느님 야훼께 영광을 돌려라.
너희가 바라는 것은 빛이지만,
야훼께서는 너희 세상을 어둡고 캄캄하게
만드시리라.
17 건방진 생각이 들어 이 말을 듣지 않으면
나는 남몰래 가슴이 메어 울 것이다.
야훼의 양떼가 포로로 끌려가는 것을 보며
눈물을 쏟을 것이다.

18 "왕과 왕비에게 옥좌에서 내려앉으라고
일러라.
그 찬란한 면류관이 머리에서 벗겨지게
되었다.
19 네겝의 성읍들이 포위되었으나
와서 구해 주는 손길이 없어
유다인들은 모두 사로잡혀 갔다.
하나도 남지 않고 끌려가고 말았다.
20 고개를 들고 보아라. 예루살렘 시민들아,
원수들이 북쪽에서 쳐들어온다.
네가 맡아 기르던 양떼는 어디로 갔느냐?
양떼처럼 보기 좋던 너희 백성은 어디로
갔느냐?
21 너희가 손수 길들인 애인들을
너희의 상전으로 세워줄 터이다.
그렇게 되면 기분이 어떻겠느냐?
몸푸는 여인처럼 몸을 비틀며
배가 아프지 않겠느냐?
22 어쩌다가 이런 꼴을 당하였는지 알고 싶
으냐?
어쩌다가 치마를 벗기고 강간을 당하였
는지 알고 싶으냐?
너희 죄가 너무 많아서 그렇게 된 것이다.
23 에티오피아 사람들이 제 피부색을 바꿀 수
있겠느냐?
표범이 제 가죽에 박힌 점을 없앨 수 있겠
느냐?
그렇다면 악에 젖은 너희도 좋은 사람이
될 수 있으리라.
24 나는 사막에서 불어오는 바람으로
너희를 검불처럼 흩뜨려 버리리라.
25 너희는 나를 잊고, 허수아비를 믿었다.
내 말이니, 잘 들어라.
너희가 이런 액운을 당하게 되는 것은 그
때문이다.
나는 너희에게 이런 운명밖에 줄 것이 없
다.
26 나는 너희 치마를 벗겨
창피를 당하게 하리라.
27 너희가 간음하며 지르는 소리를 나는 들
었다.
추잡하게 음란 피우는 꼴도 보았다.
언덕과 들에서 역겨운 우상을 받드는 것
을 나는 보았다.
너는 이제 망하였다. 예루살렘아, 이 부정
한 것아,
언제까지 이 모양으로 있으려느냐?"

대기근이 내리다

14 ◎야훼께서는 기근을 내리시고 그 까
닭을 예레미야에게 밝혀주셨다.
2 "유다 백성은 모두 이 성문 저 성문에 모
여
풀이 죽어 통곡하고 있다.
예루살렘 시민들이 땅에 주저앉아
울부짖는 소리가 들려온다.
3 세도가는 머슴들을 시켜
물을 길어다 먹으려고 하지만,
이 우물 저 우물을 찾아다녀도 물은 마르
고
머슴들은 상전을 볼 낯이 없어
빈병 들고 고개 떨어뜨린 채 돌아온다.
4 온 나라 어디에도 비가 내리지 않아,
땅이 갈라지니,
농부들은 기가 막혀
땅이 꺼지게 한숨만 쉴 뿐.
5 들사슴은 새끼에게 뜯길 풀이 없어
낳아서 그대로 내버리는 형편이요,
6 노새들은 언덕 위에 올라서서
여우처럼 숨이 가빠 헐떡이며
뜯을 풀이 없어 눈이 다 흐려졌다."
7 "그렇게 죄를 짓고
우리 어찌 벌을 면할 수 있겠습니까마는,
야훼여, 주님의 이름에 욕이 돌아가지는
않아야 하지 않겠습니까?

우리는 주님을 배반하고 또 배반하여 죄
를 얻었습니다.
8 이스라엘이 믿고 바라는 이여,
어려울 때 이스라엘을 구해 주시는 이여,
어찌하여 이 땅에서 나그네처럼 행하십
니까?
하룻밤 묵으러 들른 길손처럼 행하십니
까?
9 어찌하여 갑자기 뒤통수를 얻어맞은 사
람처럼 되셨습니까?
제 나라도 구하지 못하는 장군처럼 되셨
습니까?
야훼여, 주께서는 우리 가운데 계시는 분,
우리는 주의 이름으로 불리는 백성이 아
닙니까?
그러니 우리를 저버리지 마십시오."

11◎야훼께서 나에게 말씀하셨다. "너는 이
백성을 너그럽게 보아달라고 나에게 빌지
마라.
10 내 말이니 잘 들어라. 이 백성은 나에게 마
음을 붙이지 못하고 사방으로 쏘다니기 좋
아하는 것들이라 보기도 싫다. 그래서 이제
그 죄를 잊지 않고, 벌하기로 하였다.
12 단식하며 아우성을 친다마는 나는 그 소리
를 들어주지 않겠다. 번제물과 곡식예물을
바친다마는 받아주지 않겠다. 나는 도리어
적을 끌어들이고 기근과 염병을 내려 이 백
성을 모조리 죽이리라."
13◎"그렇지만 주 야훼님, 예언자들은 주의
말씀이라면서 이렇게 말합니다. '나는 너희
를 여기에서 평화롭게 살게 하여주었다. 그
러니 적이 쳐들어오지도 않고, 기근이 들지
도 않으리라.'"
14◎야훼께서 나에게 말씀하셨다. "그 예언자
들은 내 이름을 팔아서 거짓말을 하였다.
나는 그런 말을 한 적이 없다. 그런 말을 하
라고 예언자들을 보낸 적도 없다. 그것들은
엉뚱한 것을 보고, 허황한 점이나 치고, 제
욕망에서 솟는 생각을 가지고 내 말이라고
전하는 것들이다.
15 나 야훼가 말한다. 내가 보내지도 않았는데
내 이름을 팔아서 예언하는 자들을 어떻게
할지 말하여 주겠다. '이 땅에는 적군이 쳐
들어오지도 않고 기근도 들지 않는다.' 고
하는 그 예언자들은 칼에 맞아 죽고 굶어 죽
으리라.
16 그 예언자들의 말을 듣다가 굶어 죽고 칼에
맞아 죽은 백성들의 시체가 예루살렘 거리
에 널려 있어도 묻어줄 사람이 없으리라.
그 아내와 아들딸도 똑같은 신세가 되리라.
이 백성이 그렇게도 죄를 지었는데 어찌 벌
하지 않고 그냥 두겠느냐?
17 너는 이런 말을 백성에게 일러주어라.㉠
'내 눈에서는 밤낮으로 눈물이 흘러
울음을 그칠 수가 없구나.
처녀 같은 내 딸, 이 백성이
심하게 얻어맞아
치명상을 입었다.
18 들에 나가보면
칼에 맞아 죽은 사람들뿐이요,
성 안에 들어와 보면,
굶어서 병든 사람들뿐,
예언자들이나 사제들은 알지도 못하는
나라에
끌려들 가는구나.'"

19 "유다 백성을 아주 저버리셨습니까?
시온은 싫증이 나셨습니까?
어찌하여 우리를 죽도록 치셨습니까?
평화가 오리라고 기다렸더니,
좋은 일 하나 없군요.
행여나 병이 나을 때가 있을까 하고 기다
렸더니,
무서운 일만 당하게 되었군요.
20 야훼여, 우리는 스스로 어떤 못할 일을 하
였는지 잘 압니다.
우리 조상들이 어떤 몹쓸 짓을 하였는지
도 잘 압니다.
우리는 바로 주께 죄를 지었습니다.
21 그러나 주님의 명성을 생각하셔서라도
우리를 천대하시지는 마십시오.
주님의 영광스러운 옥좌를
멸시하시지 마십시오.
우리와 맺으신 계약을 마음에 두시고
깨뜨리지 말아주십시오.
22 다른 민족들이 받드는 허수아비들 가운
데
비를 내려줄 신이 있습니까?
그렇다고 하늘이 단비를 내려줄 수 있습
니까?
야훼말고 비를 내릴 수 있습니까?
그것을 다 하실 수 있는 분은 야훼뿐이시
기에
우리는 우리 하느님만 바랍니다."

㉠ 말의 내용이 빠졌거나 자리가 바뀐 듯하다.

15 ◎야훼께서 나에게 대답하셨다. “비록
모세나 사무엘이 내 앞에 서서 빌더라
도, 나는 이 백성을 불쌍히 여기지 않으리
라. 이 백성을 내 앞에서 쫓아내어라!
2 ‘어디로 가야 하느냐?’고 묻거든 ‘야훼의
말씀이다.’ 하고 이렇게 일러주어라.
‘어디로 가든지 염병으로 죽을 자는 염병
에 걸리고
칼에 맞아 죽을 자는 칼에 맞고
굶어 죽을 자는 굶고
사로잡혀 갈 자는 사로잡히리라.’
3 나는 네 가지 재앙을 내려서 이 백성을 벌
하겠다. 내 말이니 잘 들어라. 나는 이 백성
을 칼에 맞아 죽게 하고 개들을 시켜 끌어가
게 하고 공중의 새들을 시켜 쪼아먹게 하고
야수들을 시켜 먹어 없애게 하겠다.
4 이렇게 하면 세상 만국은 보고 놀랄 것이다.
내가 이렇게 벌하는 것은 히즈키야의 아들
므나쎄가 유다 임금으로서 예루살렘에서 지
은 죄 때문이다.”

무서운 전쟁이 온다

5 “예루살렘아, 너를 가엾게 보아줄 이가 어
디 있느냐?
너를 위로해 줄 이가 어디 있느냐?
지나가다가 발길을 멈추고
너에게 안부라도 물을 이가 어디 있느냐?
6 너는 나를 우습게 여겼다.
내 말이니 잘 들어라.
너는 등을 돌리고 나를 떠나갔다가
내 손에 맞아 죽게 되었다.
너를 불쌍히 보아주는 것도 나는 이제 싫
증이 났다.
7 온 나라 성문 앞에서
내 백성을 키질하여 날려버리리니,
모두 자식을 잃고 망하리라.
멋대로 가던 길을 버리고 돌아서지 않다
가
그 신세가 되고 말리라.
8 내가 대낮에 침략군을 끌어들이리니,
팔팔한 젊은 군인들이 맞아 죽어
과부가 바닷가 모래알보다 많아지리라.
모두들 겁이 나서 갈팡질팡하도록 갑자
기 덮치리라.
9 아들 일곱을 둔 어미가 아들을 모두 잃고
졸도하리라.
태양같이 믿던 아들을 어이없이 잃고
고개를 못들게 되어 실성하리라.
그러고도 살아 남은 자는
원수의 칼에 맞아 죽으리라.
이는 내 말이라, 어김이 없다.”

예레미야가 다시 부르심을 받다

10 “아아, 어머니!
왜 나를 낳으셨습니까?
온 나라 사람이 다 나에게 시비를 걸고
싸움을 걸어옵니다.
나는 아무에게도 빚진 일이 없고
빚을 준 일도 없는데,
사람마다 이 몸을 저주합니다.
11 야훼여, 이 백성이 복받도록
제가 주님을 진심으로 섬기지 않았습니
까?
이 백성이 원수를 만났을 때나
재앙을 만나 고생할 때,
대신 기도를 드리지 않았습니까?
그러지 않았다면, 저주를 받아도 좋습니
다.”㉠

13 “이 나라 구석구석에서 지은 온갖 죄를
나는 벌하리라.
그리하면 너희는 재물과 보화를 다 털리
고
14 낯선 고장에 끌려가
원수들에게 붙어 종살이하게 될 것이다.
나의 분노는 불처럼 타올라 오래오래 꺼
지지 않으리라.”

15 “야훼여, 주께서는 저를 아시지 않습니
까?
저를 잊지 마시고 도와주십시오.
저를 못살게 구는 자들에게 원수를 갚아
주십시오.
언제까지나 모르는 체하시다가 이 몸 죽
는 모양을 보시렵니까?
제가 주님 때문에 수모를 받고 있는 줄을
알아주십시오.
16 말씀 내리시는 대로 저는 받아 삼켰습니
다.
만군의 야훼 하느님,
이 몸을 주님의 것이라 불러주셨기에
주님의 말씀이 그렇게도 기쁘고
마음에 흐뭇하기만 하였습니다.
17 저는 웃으며 깔깔대는 자들과
한자리에 어울리지도 않았습니다.
주님 손에 잡힌 몸으로

㉠ 12절은 19절 다음에 있다.

이렇게 울화가 치밀어올라 홀로 앉아 있
습니다.
18 이 괴로움은 왜 끝이 없습니까?
마음의 상처는 나을 것 같지 않습니다.
주께서는 물이 마르다가도 흐르고, 흐르
다가도 마르는
도무지 믿을 수 없는 도랑같이 되셨습니
다."

19 "그렇다면 이 야훼의 말을 들어보아라.
너의 마음을 돌려잡아라.
나는 다시 너를 내 앞에 서게 하여주겠다.
그런 시시한 말은 그만두고 말 같은 말을
하여라.
나는 너를 나의 대변자로 세운다.
백성이 너에게로 돌아와야지
네가 백성에게로 돌아가서는 안 된다.
12 사람이 쇠를 부술 수야 없지 않느냐?
북에서 가져온 쇠나 놋쇠를 부술 수야 없
지 않느냐?
20 내가 너를 그런 놋쇠로 든든하게 만든 성
벽처럼 세우리니,
이 백성이 아무리 달려들어도 너를 꺾지
못하리라.
나는 너를 떠나지 않을 것이며
너를 도와 구하여 주리라.
이는 내 말이라, 어김이 없다.
21 나는 너를 악인들의 손에서 구하여 주며
악한들의 손아귀에서 빼내 주리라."

예언자의 생은 상징이다

16 ◎야훼의 말씀이 나에게 내렸다.
2 "너는 이 곳에서 장가들 생각을 마
라. 아들딸을 둘 생각을 마라.
3 이 곳에서 태어나는 아들딸과 어미 아비가
모두 어찌 될 것인지를 이 야훼가 일러주겠
다.
4 사람들은 참혹하게 병들어 죽겠지만, 상례
를 갖추어 묻어줄 사람이 없어 거름처럼 땅
위에 뒹굴리라. 칼에 맞아 죽거나 굶어 죽
은 사람의 시체는 공중의 새와 들짐승의 밥
이 되리라.
5 나 야훼가 이르는 말이다. 너는 초상집에
가지 마라. 가서 곡하지도 마라. 위로해 주
지도 마라. 내 말이니 잘 들어라. 나는 이제
이 백성이 누리던 평화를 거두리라. 사랑하
여 주지도 않을 것이며 불쌍히 여기지도 않
을 것이다.
6 이 나라 사람은 높은 사람 낮은 사람 할 것
없이 죽어도 묻히지 못하고 상례도 받지 못
하리라. 몸에 상처를 내고 머리를 깎고 울
어주는 사람이 없으리라.
7 상을 입은 사람을 위로하는 뜻으로 같이 먹
고 같이 술잔을 나누는 사람도 없으리라.
친상을 입은 사람까지도 위로해 줄 사람이
없으리라.
8 너는 잔칫집에 가서 먹고 마실 생각을 마
라.
9 이스라엘의 하느님 만군의 야훼가 말한다.
나는 이 나라에서 기뻐 즐거워하는 신랑 신
부의 모습을 너희 당대에 사라지게 하리라.
기뻐 흥청대는 소리를 다시는 들을 수 없게
하리라.
10 이 백성에게 가서 이 말을 그대로 전하면
그들은 이렇게 물을 것이다. '우리가 우리
하느님 야훼께 무슨 죄를 짓고 무슨 잘못을
저질렀다고, 이렇게 큰 재앙을 내리시겠다
는 것이냐?'
11 이렇게 묻거든 나 야훼가 그러더라고 하며
말해 주어라. '너희 조상들은 나를 저버리
고 다른 신들을 따라가 섬기며 예배하였다.
내가 똑똑히 말하여 둔다. 너희 조상은 나
를 저버리고 내가 내린 법을 지키지 않았다.
12 그러나 너희가 하는 짓은 너희 조상들보다
도 더 나쁘다. 너희는 내 말을 듣지 않고 제
악한 생각에만 끌려 멋대로 살고 있다.
13 나는 너희를 이 땅에서 내쫓아 선조 때부터
알지도 못하던 땅으로 가게 하리라. 너희는
거기에 가서 곱게 보아주지도 않을 신들을
밤낮으로 섬기게 되리라.'

흩어졌던 백성이 돌아온다

14 ㉠그러므로 장차 이런 날이 올 것이다. 내
가 똑똑히 일러둔다. 그 날이 오면, 이스라
엘 백성은 맹세할 때에 자기들을 이집트에
서 데려내온 야훼를 불러 맹세하지 않고,
15 쫓겨갔던 북녘 땅과 그 밖의 모든 나라에서
데려온 이 야훼를 불러 맹세하게 될 것이다.
나는 이 백성을 그 조상들에게 주었던 땅으
로 되돌아오게 하고야 말리라.

끌려가리라

16 똑똑히 말해둔다. 이제 나는 많은 어부들
을 들여보내어 이 백성을 고기처럼 낚게 하
겠다. 그런 다음 많은 사냥꾼을 들여보내어
산과 언덕과 바위 틈을 샅샅이 뒤져 이 백성

㉠ 이 두 절(14, 15)의 본래 자리는 23:7-8이다.

을 짐승처럼 잡겠다.
17이 백성이 어떤 일을 하든지 내 눈앞에서 벗
어날 수 없고 내 눈을 피할 수 없다. 그 잘못
을 내 앞에서 숨길 수 없다.
18숨도 못 쉬는 우상을 섬기어 내 땅을 더럽힌
죄, 내 소유지를 역겨운 우상으로 채운 잘
못을 나는 갑절로 갚으리라."

참된 신 야훼

19 "나의 힘, 나의 요새가 되시는 야훼여,
난리를 만났을 때 피난처가 되어주시는
이여,
온 세상 구석구석에서 뭇 민족이 주께 와,
아뢸 것입니다.
'우리가 조상 적부터 모시던 것은
아무데도 쓸모없는 엉터리 허수아비였습
니다.
20 사람이 어찌 신을 만들 수 있겠습니까?
사람이 만든 것이 어찌 신이 되겠습니
까?'"
21 "그렇다면 이번에는 내가 가르쳐주겠다.
내 힘이 얼마나 큰가를,
똑똑히 가르쳐주겠다.
그제야 참 신의 이름이 야훼인 줄 알 것이
다.

17 유다의 죄는 정으로 새겨져 있다.
뾰족한 차돌로 사람들의 가슴에 새겨
져 있다.
제단 뿔마다 새겨져 있어
2 후손들의 거울이 되리라.
높은 언덕 위, 무성한 나무 옆에 제단을
쌓고 거기에 목상을 세워 섬겼던 것이다.
3 너희가 가서 사는 곳은 어디든지 죄뿐이
어서
내가 벌을 내리면 나의 산은 적에게 짓밟
혀
재물과 보화를 털릴 것이다.
4 나에게서 받은 유산을 빼앗기고
낯선 땅에 가서
원수들을 섬기게 되리라.
나의 분노는 불처럼 타올라 오래오래 꺼
지지 않으리라.

깨우쳐주시는 말씀

5 야훼가 하는 말이다.
나에게서 마음이 멀어져
사람을 믿는 자들,
사람이 힘이 되어주려니 하고 믿는 자
들은
천벌을 받으리라.
6 벌판에 자라난 덤불과 같아,
좋은 일 하나 볼 수 없으리라.
소금쩍이 일어나서 아무것도 자라지 않
고
뙤약볕만이 내려 쬐는 사막에서 살리라.
7 그러나 나를 믿고 의지하는 사람은 복을
받으리라.
8 물가에 심은 나무처럼,
개울가로 뿌리를 뻗어
아무리 볕이 따가워도 두려워하지 않고
잎사귀는 무성하며
아무리 가물어도 걱정 없이
줄곧 열매를 맺으리라.

9 사람의 마음은 천길 물 속이라,
아무도 알 수 없지만
10 이 야훼만은 그 마음을 꿰뚫어 보고
뱃속까지 환히 들여다본다.
그래서 누구나 그 행실을 따라
그 소행대로 갚아주리라.
11 부정으로 축재하는 사람은
남이 낳은 알을 품는 자고새와 같아,
반생도 못 살아 재산을 털어먹고
결국은 미련한 자로서 생을 마치리라."

12 "한 처음에 높이 자리잡으신
빛나는 옥좌 있는 곳
그 곳이 우리의 성소입니다.
13 이스라엘의 희망은 야훼께 있습니다.
주님을 저버리고
어느 누가 부끄러운 꼴을 당하지 않겠습
니까?
맑은 물이 솟는 샘 야훼를 저버리고
어느 누가 땅에 쓴 글씨처럼 지워지지 않
겠습니까?

예레미야의 기도

14 야훼여, 저를 어루만져 주시어
마음의 상처를 고쳐주십시오.
저를 붙들어 주시어
성한 몸이 되게 하여주십시오.
저는 주님 한 분만을 기립니다.
15 이 백성이 저를 비꼬아 말합니다.
'야훼가 엄포를 놓더니, 어찌 되었느냐?
그렇게 야단치더니 어디 해보시지!'
16 제가 이 백성에게 재앙을 내리시라고
재촉이라도 하였습니까?

암담한 날이 오기를 바라기라도 하였습
니까?
제가 무엇이라고 아뢰었는지 아시지 않
습니까?
분명히 들으시지 않으셨습니까?
17 그러니 제발 무섭게 행하시지는 마십시
오.
제가 재앙을 당할 때 피난할 곳은 주님이
아니십니까?
18 무엇 때문에 제가 창피를 당하여야 합니
까?
저를 괴롭히는 자들이나 창피를 당하게
하여주십시오.
저를 혼내주실 것이 아니라
그들이나 혼내주십시오.
다시 한번 그들을 짓밟으시어
무서운 꼴을 보게 하여주십시오."

안식일을 지켜라

19◎야훼께서 나에게 이렇게 말씀하셨다. "너
는 유다의 임금들이 드나드는 '백성의 문'
뿐 아니라 예루살렘의 다른 모든 성문에 서
서,
20그 성문으로 드나드는 유다의 임금들과 온
유다 국민과 예루살렘 시민에게 일러주어라.
21'야훼가 하는 말이다. 너희 목숨을 부지하
고 싶거든 안식일에 짐을 가지고 예루살렘
성문으로 들어오지 마라.
22안식일에는 집에서 짐을 내어 가지도 말고,
아무 일도 하지 마라. 내가 너희 조상에게
말한 대로 안식일을 거룩하게 지켜야 한다.
23너희 조상들은 귀를 기울여 들으려 하지
않았으며, 고집이 세어서 순종하지도 않았
다. 아예 나의 교훈을 받아들일 생각조차
없었다.
24이제 내가 똑똑히 말해 둔다. 너희만은 내
말을 잘 들어서 안식일에 이 성문으로 짐
을 가지고 들어오지 않도록 하여라. 그리고
아무 일도 하지 말고 안식일을 거룩하게 지
켜라.
25그래야 다윗의 왕위를 이어받아 병거와 군
마를 타고 다닐 임금들과 고관들, 또 유다
백성과 예루살렘 시민이 이 성문들로 들어
와 성읍 안에서 길이길이 살게 될 것이다.
26유다 여러 성읍과 예루살렘 주변과 베냐민 지
방과 야산 지대와 산악 지대와 남쪽 벌에서
사람들이 번제물과 친교제물과 곡식예물과
향료를 가지고 와서 나의 집에서 감사제를
바치게 될 것이다.
27그러나 너희가 안식일을 거룩하게 지키지
않고 내 말을 거역하여 안식일에 짐을 들고
예루살렘 성문으로 들어오면, 예루살렘 성문
에 불을 놓아 궁전까지 살라버리겠다. 아무
도 그 불을 끄지 못할 것이다.'"

옹기장이 집에서 말씀을 받다

18 ◎야훼께서 나 예레미야에게 말씀을 내
리셨다.
2"너는 곧 옹기장이 집으로 내려가거라. 거
기에서 너에게 일러줄 말이 있다."
3말씀대로 옹기장이 집에 내려가 보았더니,
옹기장이는 마침 녹로를 돌리며 일을 하고
있었다.
4그런데 옹기장이는 진흙으로 그릇을 빚어
내다가 제대로 안 되면 그 흙으로 다른 그릇
을 다시 빚는 것이었다.
5마침 야훼의 말씀이 나에게 들려왔다.
6"진흙이 옹기장이의 손에 달렸듯이 너희 이
스라엘 가문이 내 손에 달린 줄 모르느냐?
이스라엘 가문아, 내가 이 옹기장이만큼 너
희를 주무르지 못할 것 같으냐? 야훼가 하
는 말이다.
7나는 한 민족 한 나라를 뽑아 뒤엎어 없애버
리기로 결심하였다가도
8벌하려던 민족이 그 악한 길에서 돌아서기
만 하면 내리려던 재앙을 거둔다.
9그렇지만 한 민족 한 나라를 심고 세우기로
결심했다가도,
10그 민족이 나의 말을 듣지 않고 나의 눈에
거슬리는 짓을 하기만 하면, 약속한 복을
집어치운다.
11그러니 너는 이제 야훼의 말이라 하고 유다
백성과 예루살렘 시민에게 가서 전하여라.
'나는 너희에게 내릴 재앙을 옹기장이처럼
마련하여 두었다. 너희를 벌할 계획을 이미
꾸며놓았다. 그러니 모두들 악한 길을 버리
고 돌아오너라. 너희 행실과 소행을 뜯어고
쳐라.'
12이런 말을 하여주어도 이 백성은 '다 글렀
다. 우리는 우리 멋대로 살겠다. 마음 내키
는 대로 마구 살겠다.' 하고 대꾸할 것이다.
13 이제 나 야훼가 말한다.
어느 민족에게나 가서 물어보아라.
이런 말을 들어본 사람이 있느냐고.
이스라엘의 처녀는 너무나 추잡하게 놀아
났다.
14 레바논 산꼭대기 바위에서 눈이 사라지는
일이 있느냐?

거기에서 흘러내리는 시원한 물이 마르
는 일이 있느냐?
15 그런데 내 백성은 나를 잊고
우상 앞에 향을 피웠다.
예전에 걷던 바른 길에서 벗어나
닦지도 않은 험한 길에 들어섰다.
16 저희가 사는 땅을 끔찍한 곳으로 만들어
두고두고 조소거리가 되니,
지나는 사람마다 놀라,
머리를 흔들며 비웃으리라.
17 나는 사막의 열풍처럼 불어닥쳐
내 백성을 원수들 앞에서 흩뜨리리라.
이 백성이 재난을 당하는 날,
나는 등을 돌려 돌봐주지 않으리라."

백성이 예레미야를 잡으려고 하다

18◎"그 말을 듣고 이 백성은 수군거립니다.
'예레미야를 없애야겠는데 무슨 좋은 계책
이 없을까? 이 사람이 없어도 법을 가르쳐
줄 사제가 있고 정책을 세울 현자가 있고 하
느님의 말씀을 들려줄 예언자가 있다. 그러
니 이자를 그가 한 말로 때려잡자. 이자의
말마디마다 조심하여 듣자.'고 합니다.
19 야훼여, 제 말을 잘 들어주십시오.
원수들이 고발하는 저 소리를 들어보십
시오.
20 이런 배은망덕이 어디 있습니까?
이 목숨을 끊으려고 함정을 팝니다.
제가 당신 앞에 지켜 서서,
이 백성을 잘되게 하여주십사고 아뢰며
분노를 거두어주십사고 아뢰던 일을 잊
지 마십시오.
21 그런 것들이오니, 아이들은 굶어 죽고
칼에 맞아 죽게 하셔야 하지 않겠습니까?
여인들은 아이들을 잃고
과부가 되게 하십시오.
그 남편들은 염병으로 죽고
장정들은 싸움터에서 칼에 맞아 죽게 하
십시오.
22 무리들이 갑자기 쳐들어와서
집집마다 아우성 소리가 터지게 하십시
오.
이 몸을 잡으려고 함정을 판 것들,
올가미를 놓아 이 발을 걸어 넘어뜨리려
고 합니다.
23 저를 죽이려고 음모를 꾸미고 있는 것을
야훼께서는 잘 아시지 않습니까?
죄를 벗겨주시지 마시고
잘못을 용서해 주시지도 마십시오.
분김에 해치우시어
거꾸러지는 모습을 눈으로 보셔야 하지
않겠습니까?"

오지그릇을 깨며 예언하다

19 ◎야훼께서 예레미야에게 이렇게 말씀
하셨다. "오지그릇을 하나 사가지고
백성을 대표하는 장로 몇 사람과 사제 몇 사
람을 데리고
2 '옹기 대문' 바로 밖에 있는 벤힌놈 골짜기
로 나가거라. 거기에서 내가 일러줄 말이
있으니, 너는 그 말을 외쳐라.
3 '유다 임금들과 예루살렘 시민들은 내 말을
들어라. 나 만군의 야훼가 이스라엘의 하느
님으로서 하는 말이다. 내가 이제 이 곳에
재앙을 내리겠다. 이런 재앙 이야기를 듣고
놀라지 않을 귀가 없을 것이다.
4 이 백성이 선조 때부터 백성들도 임금들도
모르던 딴 신들에게 이 자리에서 분향을 올
리며 나를 저버린 죄벌이다. 이 곳을 남의
나라처럼 만든 죄벌이며, 이 곳에서 죄없는
사람의 피를 많이 흘린 죄벌이다.
5 바알에게 제단을 쌓고 저희 자식들을 불에
살라 번제로 바친 죄벌이다. 이런 일은 내
가 시키지도 않은 일이다. 나는 그런 말을
한 일이 없다. 그런 일을 내가 생각인들 하
여보았겠느냐?
6 내가 이제 똑똑히 일러둔다. 앞으로 이 자
리를 도벳이나 벤힌놈 골짜기라 부르지 않고
살인 골짜기라 부를 날이 올 것이다.
7 나는 이 자리에서 유다와 예루살렘의 계획을
부수어버리리라. 이 백성을 죽이려고 달려
드는 외적의 칼에 맞아 쓰러지게 하여 그 시
체를 공중의 새와 들짐승의 밥이 되게 내어
주리라.
8 사람들은 이 도읍의 끔찍한 모습을 보고 빈
정거릴 것이다. 지나가는 사람마다 그 끔찍
하게 망한 모습을 보고 빈정거릴 것이다.
9 잡아죽이려고 달려드는 외적에게 포위되어
시민들은 아들딸들을 잡아먹다 못하여 나
중에는 저희끼리 잡아먹게 되리라.'
10 이렇게 말하고는 같이 간 사람들이 보는
데서 그 그릇을 부수고
11 일러주어라. '만군의 야훼가 말한다. 이 옹
기그릇이 부서져 다시는 주워 맞추지 못하
게 된 것처럼 나는 이 백성과 이 도읍을 그
렇게 부수리라. 마침내 사람 묻을 자리가
없어 이 도벳에마저 무덤을 쓰게 되리라.
12 내가 똑똑히 말해 둔다. 이 곳과 여기에 사

는 사람들을 이처럼 만들리라. 이 도읍을 도
벳처럼 만들리라.
13 그리하면 예루살렘의 집이란 집들은 유다 왕
궁까지 모두 도벳 자리처럼 흉가가 될 것이
다. 집집이 지붕 위에서 하늘의 모든 별을
신으로 알고 향을 피워 올리고 잡신들에게
제주를 부어 바친 죄벌을 받을 것이다.'"
14 ◎예레미야는 야훼의 말씀대로 도벳에 가서
하느님의 말씀을 전하고는 야훼의 집 마당
에 돌아와 버티고 서서 온 백성에게 이렇게
선언하였다.
15 "만군의 야훼께서 이스라엘의 하느님으로서
말씀하신다. 이 백성은 고집이 세어 나의
말을 듣지 않았다. 나 이제 이미 말하였던
온갖 재앙을 이 도읍과 여기 딸린 모든 성읍
에 내리리라."

바스훌 사제와 대결하다

20 ◎당시 야훼의 성전 총감독은 임멜의
아들 바스훌 사제였는데, 예레미야가
전하는 이 말씀이 그의 귀에 들어갔다.
2 바스훌은 예언자 예레미야를 때리고 차꼬를
채워 야훼의 성전 윗쪽에 있는 베냐민 대문
에 가두어두었다.
3 다음날 아침에 바스훌이 차꼬를 풀어주자
예레미야는 이렇게 말하였다. "야훼께서는
그대의 이름을 사면초가라 부르실 것이오.
다시는 바스훌이라고 부르시지 않기로 하셨
소.
4 '이것은 야훼의 말이다.' 하시면서 이런 말
씀을 하셨소. '나 야훼는 너와 가까운 사람
이 모두 무서운 꼴을 당하게 하리라. 너와
가까운 사람들이 칼에 맞아 죽는 것을 너의
눈으로 볼 것이다. 나는 또 온 유다 백성을
바빌론 왕의 손에 넘겨주어, 바빌론으로 사
로잡혀 가거나 칼에 맞아 죽게 하리라.
5 나는 또 이 도읍 시민이 애써 모은 재산과
보화뿐 아니라 유다 왕궁의 보물까지도 외
적의 손에 넘겨주어, 모조리 털어 바빌론으
로 실어가게 하리라.
6 너 바스훌도 네 온 집안 식구와 함께 바빌론
으로 사로잡혀 가 거기에서 죽을 것이다.
너에게서 거짓 예언을 들으며 너를 좋아하
던 모든 사람과 함께 너는 거기에 묻힐 것이
다.'"

하느님께 불평을 털어놓다

7 "야훼여,
저는 어수룩하게도 주님의 꾐에 넘어갔
습니다.
주님의 억지에 말려들고 말았습니다.
그래서 날마다 웃음거리가 되고
모든 사람에게 놀림감이 되었습니다.
8 저는 입을 열어 고함을 쳤습니다.
서로 때려잡는 세상이 되었다고 외치며
주의 말씀을 전하였습니다.
그 덕에 날마다 욕을 먹고 조롱받는 몸이
되었습니다.
9 '다시는 주의 이름을 입밖에 내지 말자.
주의 이름으로 하던 말을 이제는 그만두
자.' 하여도,
뼛속에 갇혀 있는 주의 말씀이
심장 속에서 불처럼 타올라
견디다 못해 저는 손을 들고 맙니다.
10 사람들이 모여서 수군거립니다.
'저자야말로 사면초가다.
고발하자, 고발하자.'
저와 가까이 지내던 사람들도
모두 제가 망하기를 바라 모의합니다.
'걸어 넘어뜨리고 잡아 족치자.
앙갚음을 하자.'
11 그러나 제 곁에는
힘센 장사처럼 야훼께서 계시기에
저를 박해하다가는 당하지 못하고
나가떨어질 것입니다.
뜻을 이루지 못하여 부끄러움으로 머리
도 들지 못하고
길이길이 잊지 못할 수치를 당할 것입니
다.
12 만군의 야훼여,
사람의 뱃속을 아시고 심장을 꿰뚫어 보
시는
공정한 감시자여,
저들을 고소하는 이유를 밝히 말씀드렸
사오니,
이제 이 백성에게 제 원수를 갚아주십시
오.
이 눈으로 그것을 보아야겠습니다."
13 야훼께 노래를 불러드려라.
야훼를 찬양하여라.
야훼께서는 가난한 사람을
악당들의 손에서 빼내 주시는 분이시다.

14 저주받을 날,
내가 세상에 떨어지던 날,
어머니가 나를 낳던 날,
복과는 거리가 먼 날.

15 사내 아이가 태어났다는 소식을 전하여
아버지를 즐겁게 한 그자도 천벌을 받아라.
16 야훼께 사정없이 뒤엎인
성읍들처럼 되어라.
아침에 경보를 듣고
대낮에 적이 쳐들어오는 소리를 들어라.
17 모태에서 나오기 전에 나를 죽이셨던들
어머니 몸이 나의 무덤이 되어
언제까지나 탯속에 있었을 것을!
18 어찌하여 모태에서 나와
고생길에 들어서 이 어려운 일을 당하게 되었는가!
이렇게 수모를 받으며 생애를 끝마쳐야 하는가!

㉠시드키야 왕에게 보내는 하느님의 말씀

21 ◎시드키야 왕이 말기야의 아들 바스훌과 마아세야의 아들 스바니야 사제를 예레미야에게 보냈을 때 예레미야에게 내린 야훼의 말씀이다. 그들은 이렇게 청했던 것이다.

2 "바빌론 왕 느부갓네살이 싸움을 걸어왔소.㉡ 기적을 베푸시어 적을 물리치시고 우리를 건져주십사고 야훼께 빌어주시오."

3 예레미야는 그들에게 야훼께 받은 말씀을 일러주었다. "당신들은 시드키야 왕께 가서 이렇게 전하시오.

4 '이스라엘의 하느님 나 야훼가 말한다. 너희는 이 성을 에워싸고 있는 바빌론 왕의 군대와 싸우려 한다마는, 나 이제 너희의 무장을 해제시키고 그 무기를 이 성읍 한가운데 모아놓으리라.

5 너무나도 노엽고 화가 나서 내가 있는 힘을 다 기울여 너희를 치리니,

6 이 도읍에 사는 사람과 짐승이 모두 심한 염병에 걸려 죽을 것이다.

7 똑똑히 말하여 둔다. 이렇게 염병과 전쟁과 기근으로 죽고도 남은 유다 왕 시드키야와 그의 신하들과 백성들은 바빌론 왕 느부갓네살의 손에 넘겨주리라. 죽이려고 달려드는 저 원수들의 손에 너희를 넘겨주면, 그들은 사정없이 무자비하게 칼로 쳐죽일 것이다.'

8 ◎당신들은 또 이 백성에게 야훼의 말씀이라 하며 이 말을 전하시오. '내가 살 길과 죽을 길을 너희 앞에 내어놓을 터이니 너희는 그 중 하나를 택하여라.

9 이 성 안에 버티고 있다가는 칼에 맞아 죽거나 굶어 죽거나 병들어 죽을 것이다. 그러나 나가서 너희를 포위하고 있는 바빌론 군에게 항복하면 살 것이다. 목숨 하나 건지는 것을 불행 중 다행으로 여기게 될 것이다.

10 내가 똑똑히 말해 둔다. 나는 이 도읍을 잘 돌보아 줄 생각이 없어 재앙을 내리기로 결정하였다. 이 도읍은 바빌론 왕의 수중에 들어가서 불에 타 없어지고 말리라.'"

11 ◎유다 왕실에게 말한다. 너희는 야훼의 말씀을 들어라.

12 "다윗 왕실에게
나 야훼가 말한다.
아침마다 바른 판결을 내려라.
억울하게 착취당하는 사람의 편을 들어주어라.
그러지 않으면, 너희의 괘씸한 소행을 보고
내가 화가 나서 너희를 불태우리니,
아무도 그 불을 끄지 못하리라.
13 계곡을 굽어보는 예루살렘아,
벌판에 우뚝 솟은 바위야!
내 말을 들어라.
'누가 감히 우리에게 달려드느냐?
이 깊은 곳으로 누가 감히 쳐들어오느냐?' 하고 말한다마는,
나 이제 너희를 치리라.
14 나는 너희의 소행을 따라 벌하리라.
똑똑히 말해 둔다.
나는 수풀궁에 불을 질러
둘레를 온통 태워버리리라."

22 ◎야훼께서 이렇게 말씀하셨다. "유다 왕궁으로 내려가 이 말을 전하여라.

2 '다윗의 옥좌에 앉은 유다의 왕이여, 나 야훼의 말을 들어라. 이 성의 문들을 드나드는 뭇 신하와 백성도 함께 들어라.

3 이 야훼가 말하지 않더냐? 법과 정의를 실천하고, 억울하게 착취당하는 사람들을 건져주며, 더부살이와 고아와 과부를 괴롭히거나 학대하지 말고 이 곳에서 죄없는 사람을 죽여 피를 흘리지 말라고.

4 이대로 성심껏 따르기만 하면, 다윗 왕위에 오르는 왕들은 신하와 백성을 거느리고 병거와 군마를 타고 이 궁궐 대문을 드나들 수 있을 것이라고.

5 그러나 이 말대로 하지 않으면, 분명히 말

㉠ 21-24장은 주로 여호야킴 이후의 예언이다. ㉡ 기원전 588년 예루살렘이 포위되었을 때이다.

하는데, 이 궁궐을 내가 맹세코 돌무더기로
만들겠다고 하지 않더냐? 그런데 너희는
그렇게 하지 못했다.
6 그래서 나 야훼는 유다 왕실을 이렇게 하기
로 하였다.
너는 나에게 길르앗 같고
레바논 봉우리 같았으나,
나 이제 너를 사막으로 만들고
사람의 그림자도 비치지 않는 성으로 만
들리라.
7 너를 짓부술 사명을 주어 사람들을 보내
리니,
그들은 저마다 도끼를 들고
보기 좋은 너의 송백 기둥을 찍어
불에 넣을 것이다.
8 뭇 민족이 이 도읍을 지나가며 이야기를
주고받으리라. 야훼께서는 어찌하여 이 큰
도읍을 이 꼴로 만드셨을까, 하고 물으면,
9 이 백성이 저희 하느님 야훼와 맺은 계약을
저버리고 다른 신들을 예배하며 섬겼기 때
문이지, 하고 대답하리라.'"

살룸(여호아하즈?)의 운명

10 "세상을 하직하신 ㉠어른이 불쌍하다 울
지 말고
붙잡혀 가신 ㉡어른을 생각하고 실컷 울
어라.
다시 돌아와 고향을 보지 못하시리라."

11 ◎야훼께서 요시야의 아들 살룸이 부왕 요시
야의 대를 이어 유다 왕이 되었다가 이 고장
을 떠난 일을 두고 말씀하셨다. "그는 이 곳
으로 다시는 돌아오지 못하리라.
12 사로잡혀 간 그 땅에서 죽어야 하고, 다시
는 이 땅을 보지 못하리라."

여호야킴의 운명

13 "부정한 수법으로 제 집을 짓고
사취한 돈으로 제 누각을 짓는 이 몹쓸 놈
아!
동족에게 일을 시키고,
품값을 주지 않다니!
14 '집을 널찍이 지어야지,
누각을 시원하게 꾸며야지.' 하며,
창살문은 최고급 송백나무로 내고
요란하게 단청까지 칠하였다만,
15 누구에게 질세라 송백나무를 쓰면
그것으로 왕노릇 다 하는 것 같으냐?
너의 아비는 법과 정의를 펴면서도
먹고 마실 것 아쉽지 않게 잘살지 않았느
냐?
16 가난한 자의 인권을 세워주면서도
잘살기만 하지 않았느냐?
그것이 바로 나를 안다는 것이다.
내가 똑똑히 말한다.
17 그런데 너는 돈 욕심밖에 없구나.
죄없는 사람의 피를 흘리려고 눈을 부릅
뜨고
백성을 억누르고 들볶을 생각뿐이구나."
18 ◎야훼께서 유다 왕이 된, 요시야의 아들 여
호야킴의 신세를 두고 이렇게 말씀하셨다.
"'가엾어라 우리 형님, 가엾어라 우리 누
님.'
이렇게 애곡할 사람이 없으리라.
'불쌍하셔라 우리 임금님, 불쌍하셔라 우
리 왕후님.'
이렇게 애곡할 사람이 없으리라.
19 죽은 나귀를 치우듯이 끌어내다 묻으리
라.
예루살렘 성 문 밖 멀리 끌어내다 던지리
라.

여호야긴의 운명

20 예루살렘 시민들아, 레바논 산에 올라가
울어라.
바산 지방에 가서 대성통곡하여라.
아바림 산에 올라가서 내려다보며 울어
라.
너희의 동맹국들은 모두 망하였다.
21 너희가 잘살 때에 내가 경고를 하였는데
도
너희는 들으려 하지도 않았다.
어렸을 때 버릇을 버리지 못하고
기어이 내 말을 듣지 않았다.
22 너희의 지도자들은 모두 바람에 끌려다
니고
동맹국 국민은 사로잡혀 가리라.
그렇게도 나쁘게 굴었으니
결국 부끄럽고 창피한 꼴을 당하게 되었
다.
23 지금은 레바논 위에 자리잡은 듯하며
송백나무 사이의 보금자리에 깃들인 듯
하지만
몸푸는 여인의 아픔 같은 괴로움이 들이
닥치면
너희의 한숨 소리에 땅이 꺼지리라.

㉠ 요시야 왕을 말한다. ㉡ 2열왕 23:31-34 참조.

24 내가 분명히 말한다. 유다 왕 여호야긴아,
내가 너를 오른손에 낀 옥새가락지처럼 여
겨왔지만, 기어이 너를 빼내어,
25 너를 죽이려고 벼르는 사람들에게 내주겠
다. 네가 그렇게도 무서워하는 바빌론 왕 느
부갓네살의 군에게 넘겨주겠다.
26 너는 친어미와 함께 여기에서 몰리어 낯선
이국 땅에 가서 죽으리라.
27 아무리 고향에 돌아오고 싶어도 돌아오지
못하는 신세가 되리라."

28 이분 여호야긴이
아무도 거들떠보지 않는 질그릇이 되다
니?
쓸모없이 깨어진 옹기그릇이 되다니?
자식과 함께 밀려나
낯선 땅으로 쫓기는 신세가 되다니?
29 땅은 들어라. 땅은 들어라.
땅은 야훼의 말씀을 들어라.
30 "나 야훼가 말한다.
이 사람은 후사가 없으리라고 기록하여
라.
한평생 좋은 일을 보지 못할 사람,
다윗의 왕위에 올라 영화를 누리며
유다 나라를 다스릴 후손이 그에게서 끊
기리라."

메시아

23 ◎"이 저주받을 것들아, 양떼를 죽이고
흩뜨려버리는 목자라는 것들아, 야훼의
말을 들어라.
2 내 백성을 칠 목자들에게 이스라엘의 하느
님으로서 말한다. 내 양떼를 돌보아야 할
너희가 도리어 흩뜨려서 헤매게 하니, 너희
의 그 괘씸한 소행을 어찌 벌하지 않고 두겠
느냐! 똑똑히 들어라.
3 나 비록 나의 양떼를 이 나라 저 나라로 헤
매게 하였지만, 그 중에서 살아 남은 것을
모든 나라에서 본래의 목장으로 다시 모아
들여 크게 불어나게 할 것이며,
4 그들을 위하여 참 목자들을 세워주리라. 그
러면 내 양떼는 겁이 나서 무서워 떠는 일
없이 살 것이며, 하나도 잃어버리지 아니하
리라. 이는 내 말이라, 어김이 없다.
5 내가 다윗의 정통 왕손을 일으킬
그 날은 오고야 만다.
이는 내 말이라, 어김이 없다.
그는 현명한 왕으로서
세상에 올바른 정치를 펴리라.
6 그를 왕으로 모시고
유다와 이스라엘은 살 길이 열려 마음놓고
살게 되리라.
'야훼 우리를 되살려주시는 이'라는
이름으로 그를 부르리라.
7 그러므로 장차 이런 날이 올 것이다. 내
가 똑똑히 일러둔다. 그 날이 오면 이스라엘
가문의 자손들은 맹세할 때에 자기들을 이
집트에서 데려내온 야훼를 불러 맹세하지
않고
8 저희 이스라엘 후손들이 쫓겨가 있던 북녘
땅과 그 밖의 모든 나라에서 데려온 이 야훼
를 두고 맹세하게 될 것이다. 나는 이 백성
을 고향으로 되돌아오게 하고야 말리라."

거짓 예언자

9 예언자들아, 들어라.
나의 염통이 터지고
뼈 마디 마디가 떨리는구나.
술 취한 사람같이 되었다.
술에 곯아떨어진 사내같이 되었다.
야훼의 거룩한 말씀을 듣고
그분 앞에서 술에 곯아떨어진 사람같이
되었다.
10 "이 나라에는 들끓느니 간음하는 것들뿐,
이런 자들 때문에 땅은 마르고
광야에 있는 목장은 타버린다.
못된 짓이나 하러 쫓아다니며
있는 힘을 모두 버리는구나.
11 예언자도 사제도 썩어빠져서
내 집에서 못된 짓이나 꾸미고들 있다.
똑똑히 들어라.
12 그들은 캄캄하고 미끄러운 길에 들어섰
다가
떠밀려 넘어지고 말리라.
내가 해를 정해 두었다가
재앙을 퍼부어 벌하리라.
이는 내 말이라, 어김이 없다.
13 나는 보았다.
사마리아 예언자들의 어리석은 짓을!
바알을 불러 예언하면서
내 백성 이스라엘을 그릇 인도하였다.
14 나는 보았다. 예루살렘 예언자들의 망측
한 짓을!
간음하며 헛소리를 따라가고
못된 것들 편이 되어주며
잘못을 뉘우치는 사람 하나 없어,
내 눈에는 모두 소돔같이만 보인다.
그 시민이 모두 고모라 주민같이만 보인다.

15 이 예언자들을 어찌 할 것인지
나 만군의 야훼가 말한다.
'예루살렘 예언자들이 썩어,
온 나라도 따라서 다 썩었다.
이제 그것들에게 소태를 먹이고
독약을 마시게 하리라.'
16 나 만군의 야훼가 말한다.
'내 말이라 하고 전하는 이 예언자들의
말을 듣지 마라.
그들은 내 말을 들은 적이 없는 것들이다.
제 속에 떠오르는 생각을 말하면서
너희를 속이는 것들이다.
17 내 말을 듣기 싫어하는 자들에게는
잘되어 간다고만 하고,
제멋대로 사는 자들에게도
재앙이 내릴 리 없다고 한다.'"

18 그들 가운데서 누가 야훼의 회의에 참석
하여
친히 뵈옵고 말씀을 들었느냐?
누가 그의 말씀을 귀담아들었느냐?
19 야훼의 분노가 폭풍처럼 터져 나온다.
태풍처럼 악인들의 머리 위를 휘몰아친
다.
20 마음대로 다 하신 다음에야
야훼의 분노는 가라앉을 것이다.
훗날 그 때가 되어야
너희는 눈이 열려 깨달을 것이다.

21 "내가 보낸 적이 없는데
그 예언자라는 것이 튀어 나갔다.
내가 일러준 적도 없는데
내 말이라 하면서 전하였다.
22 나의 회의에 참석하였더라면
내 말을 내 백성에게 전할 수 있었으리라.
악한 길을 떠나게 할 수 있었으리라.
악한 소행을 고치게 할 수 있었으리라.
23 내 말을 똑똑히 들어라.
내가 가까운 곳에만 있고
먼 곳에는 없는 신인 줄 아느냐?
24 사람이 제아무리 숨어도
내 눈에서 벗어날 길은 없다.
똑똑히 들어라.
하늘과 땅 어디를 가나 내가 없는 곳은 없
다.
똑똑히 들어라.
25 예언자라는 것들이 내 이름을 팔아 예언
하는 소리를 나는 다 들었다. '꿈을 꾸었다,
꿈을 꾸었다.'고 하면서 거짓말하는 것도
나는 들었다.
26 제 망상을 내 말이라고 전하는 이 거짓 예언
자들이 언제까지 제 마음에 떠오른 생각을
내 말이라고 전할 것인가?
27 이 예언자라는 것들은 꿈 이야기를 주고 받
으면서 내 백성을 속여 내 이름을 잊게 할
속셈이다. 그 조상들도 바알을 섬기다가 내
이름을 잊지 않았더냐?
28 꿈이나 꾸는 예언자는 꿈 이야기나 하여라.
그러나 내 말을 받은 예언자는 내 말을 성실
하게 전하여라.
내가 똑똑히 말한다.
검불과 밀알을 어찌 비교하겠느냐?
29 내 말은 정녕 불같이 타오른다.
망치처럼 바위라도 부순다.
똑똑히 들어라.
30 내가 똑똑히 일러둔다. 이런 예언자들이
서로 내 말을 남의 입에서 훔쳐다가 떠벌이
는데, 결코 그냥 두지 않으리라.
31 내가 똑똑히 일러둔다. 이런 예언자들이 내
말을 한답시고 혀를 놀리는데, 결코 그냥
두지 않으리라.
32 내가 똑똑히 일러둔다. 이런 예언자들이
개꿈을 꾸고 거짓말로 허풍을 떨어가며 해
몽을 하여 나의 백성을 속이는데, 결코 그
냥 두지 않으리라. 나는 그런 말을 하라고
그것들을 보낸 적이 없다. 그것들은 이 백
성에게 백해무익한 자들이다. 똑똑히 들어
라.
33 이 백성이, 또는 예언자나 사제가 너에게
'짐스러운 야훼의 말씀'이 있었느냐고 묻거
든 이렇게 대답하여라. '나 야훼가 말한다.
너희가 곧 내 짐이다. 나는 너희를 벗어 던
져버리겠다.
34 예언자나 사제뿐 아니라 이 백성 누구든지,
야훼의 말씀은 짐스럽다고 말한다면, 바로
그 말을 한 사람과 그의 집을 내가 벌하리
라.
35 너희는 이웃이나 동기간에 서로, 야훼께서
무엇이라고 대답하셨느냐, 또는 야훼께서
무슨 말씀을 하셨느냐, 하고 물을 것이지,
36 야훼의 말씀은 짐스럽다, 하는 말은 입밖에
도 내지 말 일이다. 그런 말을 하는 사람은
바로 그 말이 짐이 되리라. 그렇게 말하는
것은 살아 있는 이 하느님의 말, 저희들의
하느님 만군의 주 야훼의 말을 뒤엎는 것이
다.
37 그러니 예언자에게 물을 때에는, 야훼께서
무엇이라고 대답하셨소, 또는 야훼께서 무

는 말씀을 하셨소, 하고 물어라.
38그렇지 않고서, 야훼의 말씀은 짐스럽다, 하
는 말을 쓴다면, 내가 똑똑히 일러둔다, 야
훼의 말씀은 짐스럽다는 말을 쓰지 말라고
일렀는데도, 야훼의 말씀은 짐스럽다는 말
을 쓴다면,
39나는 너희를 번쩍 들어 내던지리라. 선조
때부터 너희에게 주었던 이 성읍도 내 눈에
보이지 않게 멀리 치워버리리라.
40영원히 잊을 수 없는 수치와 창피를 당하게
하리라."

무화과 두 바구니

24 ◎바빌론 왕 느부갓네살이 유다 왕 여호
야긴을 비롯하여 유다의 고관들과 은
장이, 대장장이들을 예루살렘에서 사로잡아
바빌론으로 데려간 뒤였다. 하루는 야훼의
성전 앞에 무화과 바구니 두 개가 놓여 있는
것을 야훼께서 나에게 보여주셨다.
2한 바구니에는 맏물처럼 썩 좋은 무화과가
담겨져 있었고, 다른 바구니에는 먹을 수
없이 썩은 무화과가 담겨져 있었다.
3"예레미야야, 무엇이 보이느냐?" 하고 야훼
께서 나에게 물으셨다. 나는 "무화과가 보
입니다. 좋은 무화과는 무척 좋은데 나쁜
무화과는 먹을 수 없이 썩어버렸습니다."
하고 대답하였다. 그랬더니
4야훼께서 나에게 말씀하셨다.
5"나 야훼가 이스라엘의 하느님으로서 말한
다. 나는 유다 사람들을 이 곳에서 바빌론 땅
으로 포로가 되어 끌려가게 하겠다. 그러나
나는 그들을 이 좋은 무화과처럼 잘 돌보아
주리라.
6잘 보살펴 이 지방으로 돌아오게 하리라.
헐지 않고 세우며, 뽑지 않고 심으리라.
7나를 알아보는 마음을 주어, 이런 일을 하
는 것이 나 야훼인 줄 알게 하겠다. 그리하
면 이 백성이 진심으로 나에게 돌아와 내 백
성이 되고 나도 그들의 하느님이 되리라.
8그러나 유다 왕 시드키야와 그의 고관들, 그
리고 예루살렘에서 살아 남은 자들 가운데
국내에 남아 있는 자나 이집트로 망명한 자
는 썩어서 먹지 못할 무화과같이 만들겠다.
나 야훼가 선언한다.
9이 백성에게 재앙을 내려 세상 만국이 보고
놀라 넘어지게 하겠다. 세계 방방곡곡으로
쫓겨다니며 사람들에게 욕을 먹고 희롱거
리 조롱거리가 되게 하겠다.
10전쟁과 기근과 염병으로 쳐서 모두 없애버
리고, 선조 때부터 살도록 내어준 이 땅에
하나도 남아 있지 못하게 하리라."

칠십 년을 종살이하리라

25 ◎요시야의 아들 유다 왕 여호야킴 제사
년, 바빌론 왕 느부갓네살 제일년에 있
었던 일이다. 그 해에 예레미야는 유다 온 백
성에게 일러줄 말씀을 받았다.
2예언자 예레미야는 그 말씀을 유다 온 백성
과 예루살렘 온 시민에게 이렇게 전하였다.
3 "아몬의 아들 요시야가 유다 왕위에 오른
지 십삼 년 되던 해로부터 이 날에 이르기까
지 나는 야훼의 말씀을 받아 이십삼 년을 하
루같이 전하였지만 너희는 듣지 않았다.
4야훼께서는 당신의 종 예언자들을 거듭거듭
보내셨지만 너희는 역시 듣지 않았다. 그
말을 귓전으로 흘리며 들으려 하지 않았다.
5그들은 너희에게 이렇게 전하였다. '너희들
은 모두 그 그릇된 길을 버리며, 악한 짓을
더 이상 하지 말고 돌아오너라. 그래야만
이 야훼가 너희 조상에게 대대로 살라고 준
땅에서 길이길이 살 수 있으리라.
6다른 신들을 받들어 섬기며 예배하면 안 된
다. 너희의 손으로 만든 우상을 섬겨서 나
의 분통을 터뜨려 재앙을 받지 않도록 하여
라.
7나 야훼가 말한다. 너희는 나의 말을 듣지
않고, 너희의 손으로 만든 우상을 섬겼으므
로 나의 분통을 터뜨려 재앙을 당하고야 말
았다.'
8그래도 듣지 않으니 이제 만군의 야훼께서
이렇게 말씀하신다. '너희가 내 말을 듣지
않았기 때문에
9나는 내 종 바빌론 왕 느부갓네살을 시켜 북
녘의 모든 족속들을 거느리고 쳐들어와 이
땅에 사는 사람들과 주위에 있는 모든 민족
을 전멸시키고 이 땅을 영원히 쑥밭으로 만
들게 하리라. 사람마다 그 끔찍한 모습을
보고 빈정거리리라. 이는 내 말이라, 어김
이 없다.
10기뻐서 노래하며 흥겹게 노는 소리도, 즐거
운 신랑 신부의 소리도, 맷돌질 소리도 더
이상 나지 않으리라. 다시는 등불이 켜지지
않으리라.
11이 일대는 끔찍한 폐허가 되고 여기에 살던
민족들은 모두 칠십 년 동안 바빌론 왕의 종
노릇을 할 것이다.
12그 칠십 년이란 시한이 차면 나는 바빌론 왕
과 그 민족의 죄를 벌하여 바빌론 땅을 영원

히 쑥밭으로 만들리라. 이는 내 말이라, 어
김이 없다.
13 나는 이미 선언해 두었던 벌을 그 땅에 내리
리라. 뭇 민족이 받으리라고 예레미야가 예
언한 벌을 이 책에 기록되어 있는 그대로 그
땅에 내리리라.
14 그리하여 이번에는 바빌론 사람들이 도리어
남의 종이 되리라. 뭇 강대국의 대왕들을
섬기게 되리라. 이렇게 나는 바빌론 사람들
이 한 짓들도 그대로 갚아주리라.'"

진노의 잔

15 ◎이스라엘의 하느님 야훼께서 나에게 말씀
하셨다. "나의 분노가 흘러 넘치는 이 잔을
받아라. 내가 너를 뭇 민족에게 파견한다.
너는 이 잔을 모든 민족에게 주어 마시게 하
여라.
16 내가 일으킨 싸움이 한창인데도 사람들은
이 술을 마시고 정신없는 사람처럼 비틀거
릴 것이다."
17 나는 야훼의 손에서 그 잔을 받아, 야훼의
명령을 따라 모든 민족에게 주어 마시게 하
였다.
18 우선 예루살렘과 유다 온 성읍의 시민들, 그
리고 유다 왕과 고관들이 마셨다. 그래서 오
늘날 저렇게 폐허가 되어 사람들이 그 끔찍
한 모습을 보고 빈정거리며 조롱하게 되었
다.
19 그 다음에는 이집트 왕 파라오와 그 신하들
과 고관들과 국민과
20 붙어 사는 이민족들, 우스 땅 모든 왕들, 불
레셋 땅 모든 왕들과 아스클론과 가자와 에크
론 시민과 살아 남은 아스돗 시민,
21 에돔과 모압과 암몬 백성들,
22 띠로의 모든 왕들과 시돈의 모든 왕들과 지
중해 건너 해안 지방의 모든 왕들,
23 드단과 데마와 부즈 성 시민들과 구레나룻을
깎은 모든 족속들,
24 사막에 사는 아랍족의 모든 왕들,
25 지므리의 모든 왕들, 엘람의 모든 왕들, 메대
의 모든 왕들,
26 북녘에 있는 원근 각처의 모든 왕들에게 주
었다. 세상 모든 나라 사람들에게 주어 차례
차례로 마시게 하였다. 마지막으로는 ㉠세
삭 왕에게 주어 마시게 하였다.
27 "너는 이스라엘의 하느님 만군의 야훼가
하는 말이라고 하며 그 민족들에게 일러라.
'내가 일으킨 싸움이 한창일 때, 너희는 취
해서 토하고 쓰러져 일어나지 못하도록 마
셔라.'
28 그 잔을 너의 손에서 받아 마시려 하지 않거
든, 너는 이렇게 일러주어라. '이 만군의 야
훼가 말한다. 너희는 이것을 마시지 않을 수
없다.
29 보이지 않느냐? 내 이름으로 불리는 저 성
읍부터 재앙을 받는 판국에 너희들이 벌을
면하겠다는 거냐? 온 세상이 전쟁에 휘말
려 들어가게 되었는데, 너희라고 그 벌을
면하겠느냐? 이는 나 만군의 야훼가 하는
말이니, 어김이 없다.'
30 나의 이 모든 말을 그 민족들에게 전하여
일러라.
'야훼께서 저 높은 곳에서 사자처럼 고함
치신다.
당신의 거룩한 처소에서 천둥 소리를 내
신다.
당신의 목장에 대고 큰소리로 으르렁거
리시며
적군을 짓밟는 군대의 함성이 메아리쳐
온다.
세상 만민이 모두 듣도록
31 땅 끝까지 울린다.
만민이 야훼의 법정에 불려나와 재판을
받는데,
죄있는 사람들은 모두 칼로 처형을 당하
리라.
이는 내 말이라, 어김이 없다.
32 나 만군의 야훼가 말한다.
한 민족 한 민족 차례로 재앙을 당하리라.
거센 폭풍이 사방 땅 끝에서 터져나온다.
33 그 날이 오면 땅 이 끝에서 저 끝까지 야
훼의 손에 죽은 시체들이 너저분하게 굴러
다니리라. 거두어 묻어주며 장사지내 줄 사
람이 없어 거름더미처럼 땅 위에 널리게 되
리라.
34 백성의 목자, 민중의 우두머리들아,
땅에 주저앉아 아우성치며 울부짖어라.
너희가 학살당할 날이 오고야 말았다.
너희는 숫양들처럼 흩어지며 쓰러지리
라.
35 백성의 목자, 민중의 우두머리들아,
너희가 도망쳐도 난을 면하지 못하리라.
36 백성의 목자, 민중의 우두머리들아,
아우성치며 울부짖는 소리가 나는구나.
야훼께서 목장을 휩쓰셨기 때문이다.
37 야훼께서 분노를 터뜨리시자

㉠ 바빌론을 가리키는 암호이다.

번성하던 목장이 쥐죽은 듯 적막하게 되
었구나.
38 사자가 굴을 버리고 떠나듯
야훼께서 당신 백성을 떠나셨기 때문이
다.
야훼께서 분노를 터뜨리시어
전쟁을 일으키시자
이 백성의 땅이 이토록 끔찍하게 되었구
나.'"

참 예언자 예레미야

26 ◎요시야의 아들 여호야킴이 유다 왕이
되어 다스리기 시작할 무렵이었다. 야
훼께서 예레미야에게 이런 말씀을 내리셨다.
2 "나 야훼가 말한다. 너는 내 집 마당에 가
서서, 유다 모든 성읍에서 내 집에 예배하러
오는 사람들에게 내가 너에게 전하라고 준
말을 하나도 빼놓지 말고 다 일러주어라.
3 행여나 이 백성이 내 말을 듣고 그 못된 생
활 태도를 고친다면 얼마나 좋겠느냐? 그
렇게만 한다면, 재앙을 퍼부어 그 악한 소
행을 벌하려던 계획을 나는 거두리라.
4 너는 야훼의 말이라고 하며 이렇게 일러주
어라. '내 말을 따라 살아라. 내가 세워준
법대로 살아라.
5 내가 거듭거듭 보내는 나의 종 예언자들의
말을 들어라.
6 그러지 않으면 내가 이 집을 실로처럼 만들
리니, 이 성읍은 세상 모든 민족에게 욕을
먹게 되리라.'"
7 ◎사제들과 예언자들과 일반 민중은 예레미
야가 야훼의 성전에서 이런 말을 하는 것을
다 들었다.
8 예레미야가 야훼께 받은 말씀을 그대로 전
국민에게 전하자, 사제들과 예언자들과 일
반 민중이 예레미야를 붙잡고 말하였다. "이
죽일 놈아!
9 어찌하여 네가 야훼의 이름을 빌려 이 성전
이 실로처럼 되고 이 성읍이 허물어져 사람
이 못 살게 된다고 하느냐?" 그러면서 온
백성이 야훼의 성전으로 모여들어 예레미야
에게 다가섰다.
10 이 소식을 전하여 듣고 왕궁에 있던 유다 고
관들은 야훼의 성전으로 올라와 야훼의 성
전 새 대문 문간에 자리잡고 앉았다.
11 그러자 사제들과 예언자들이 고관들과 온
백성 앞에 예레미야를 고발하였다. "이 사람
은 사형을 받아 마땅한 사람입니다. 여러분
들이 들으신 대로 이 사람은 이 성이 망한다
고 예언하였습니다."
12 이번에는 예레미야가 모든 고관들과 백성
앞에서 입을 열었다. "나는 야훼께 사명을
받고 온 몸이오. 여러분도 다 들으셨겠지
만, 나는 그분의 분부대로 이 성전과 이 성
읍이 어찌 될 것인지를 전하였을 뿐이오.
13 그러니 이제 여러분의 하느님 야훼의 말씀
을 따라 생활 태도를 고치시오. 그렇게만
하면 야훼께서는 여러분에게 내리시려던 재
앙을 거두실 것이오.
14 나는 여러분의 손안에 있소. 그러니 여러분
이 좋다고 생각하는 대로, 옳다고 생각하는
대로 하시오.
15 그러나 이것만은 알아두시오. 여러분이 나
를 죽인다면, 여러분 자신이 죄없는 사람을
죽인 책임을 져야 하오. 이 성과 이 성의 시
민이 책임을 져야 하오. 나는 틀림없이 야훼
께 사명을 받고 온 몸으로서 이 모든 말을
여러분에게 전하여 주었을 뿐이오."
16 ◎이 말을 듣고 고관들과 일반 민중은 사제
들과 예언자들에게 이렇게 말하였다. "이
사람은 사형 선고를 받을 만한 죄가 없소.
이 사람은 우리 하느님 야훼의 이름으로 말
했을 뿐이오."
17 그러자 지방 장로들 몇 사람이 일어나 거기
에 모인 온 백성에게 말하였다.
18 "유다 왕 히즈키야 시대에 모레셋 출신으로
미가라는 예언자가 있었소. 그는 만군의 야
훼께서 하신 말씀이라고 하며 유다 온 백성
에게 이렇게 말하였소.
'시온은 갈아엎은 밭 모양이 되고
예루살렘은 돌무더기가 되고
성전이 서 있는 이 산은 잡초만이 무성한
언덕이 되리라.'
19 이렇게 말하였다고 하여 유다 왕 히즈키야
와 온 유다 백성이 그를 죽였습니까? 그들
은 도리어 야훼 두려운 줄 알아 야훼의 자비
를 빌었소. 그래서 야훼께서는 내리시려던
재앙을 거두셨소. 그런데 우리는 도리어 큰
재앙을 스스로 불러들이려 하고 있소."
20 ◎예레미야와 같은 말로, 이 성과 나라가 망
한다고 야훼의 이름으로 예언한 사람이 또
하나 있었다. 그 사람은 키럇여아림 사람 스
마야의 아들 우리야였다.
21 여호야킴 왕은 그의 말을 듣고 군인들과 장
교들과 함께 우리야를 죽이려고 찾았다. 우
리야는 그것을 알아채고 겁이 나서 이집트로
도망쳤다.
22 여호야킴 왕은 악볼의 아들 엘나단에게 몇 사

람 딸려서 이집트로 보냈다.
23그들은 이집트에서 우리야를 붙잡아 여호야
킴 왕에게 데리고 왔다. 왕은 그를 칼로 쳐
죽여 서민 공동묘지에 그 시체를 묻었다.
24그러나 예레미야는 사반의 아들 아히감이 편
을 들어주어서 백성의 손에 죽지 않게 되었
다.

바빌론의 멍에를 메어라

27 ◎(요시야의 아들 시드키야가 유다 왕위
에 오를 무렵이었다. 야훼께서 예레미
야에게 말씀을 내리셨다.)
2야훼께서 나에게 이렇게 말씀하셨다. "나무
로 멍에를 만들어 가죽끈으로 목에 메어라.
3에돔 왕과 모압 왕과 암몬인들의 왕과 띠로
왕과 시돈 왕이 유다 왕 시드키야에게 보낸
사절들이 예루살렘에 와 있지 않느냐? 너는
그들에게 내 말을 일러주어, 본국의 왕들에
게 전하도록 하여라.
4이스라엘의 하느님 만군의 야훼가 한 말이라
하고 저희 상전들에게 이렇게 전하라고 일
러주어라.
5'내가 손을 뻗어 있는 힘을 다하여 땅을 만
들고 그 위에 사람과 짐승을 만들었으니,
아무나 내 눈에 드는 사람에게 천하를 맡길
권한이 나에게 있다.
6이제 나는 이 천하를 나의 종인 바빌론 왕 느
부갓네살에게 맡기기로 하였다. 들짐승까지
도 그에게 맡겨 부리게 하였다.
7그 왕과 그 나라도 망할 때가 오겠지만, 모
든 민족은 느부갓네살을 그 아들 손자대까지
섬겨야 한다.
8그러니 바빌론 왕이 씌워주는 멍에를 메어
라. 그 왕 느부갓네살을 섬겨라. 그러지 않
는 민족과 나라가 있으면, 나는 그 민족을
전쟁과 기근과 염병으로 벌하여서라도 느부
갓네살의 손에 넘겨주고 말 것이다. 이는 내
말이라, 어김이 없다.
9너희의 예언자들과 박수들과 해몽가들과
점쟁이들과 마술사들이, 우리가 바빌론 왕
을 섬기게 될 리 없다고 하더라도 곧이듣지
마라.
10그자들이 하는 예언은 거짓이다. 그 말을
듣다가는 고향을 멀리 떠나게 되며, 나에게
쫓겨나 망하고 말 것이다.
11그러나 바빌론 왕의 멍에를 메고 그를 섬기
는 민족은 제 고장에 남아 농사지으며 살 수
있게 하여주겠다. 이는 내 말이라, 어김이
없다.'"
12◎나는 유다 왕 시드키야에게도 같은 말을
전하였다. "너희는 바빌론 왕의 멍에를 메
어라. 그 왕과 그 백성을 섬겨라. 그러면 모
두 죽지 않으리라.
13바빌론 왕을 섬기지 않는 민족에겐 벌을 내
리겠다고 하였는데, 너와 너의 백성은 어찌
하여 그 벌을 받아 전쟁과 기근과 염병으로
죽으려 하느냐?
14'바빌론 왕을 섬기게 될 리 없다.'고 하는
것들은 거짓 예언을 하는 것들이니, 그 말
을 듣지 마라.
15내가 똑똑히 일러둔다. 나는 그들을 보낸
적이 없다. 그들은 내 이름을 팔아서 거짓
예언을 하고 있는 것이다. 그 말을 들으면
너희는 그 예언자들과 함께 쫓겨나 망하고
말리라."
16◎나는 또 사제들과 온 백성에게 야훼의 말
씀이라 하고 이렇게 전하였다. "내 집에서
바빌론으로 실려갔던 기물들이 이제 곧 되
돌아온다고 예언하는 너희 예언자들의 말
을 곧이듣지 마라. 그들은 거짓 예언을 하
는 것이니,
17그 하는 말을 듣지 마라. 너희는 바빌론 왕
을 섬겨야 산다. 이 성이 허물어져서야 되
겠느냐?
18그들이 내 말을 받은 예언자라면, 내 집과
유다 왕궁과 예루살렘에 아직 남아 있는 기
물들이 바빌론으로 실려가지 않도록 하여달
라고 나에게 빌었어야 할 것이 아니냐?
19나 야훼가 만군의 주로서 기둥들과 큰 물통
과 작은 물통과 그 밖에 이 성에 남아 있는
세간들이 어떻게 될 것인지를 말하겠다.
20바빌론 왕 느부갓네살이 유다 왕 여호야킴의
아들 여고니야를 유다와 예루살렘의 유지들
과 함께 예루살렘에서 바빌론으로 사로잡아
갈 때에는 이것들을 실어가지 않았지만,
21나 만군의 야훼가 이스라엘의 하느님으로서
말한다. 내 집과 유다 왕궁과 예루살렘에 남
아 있는 세간들이
22이제는 바빌론으로 실려가리라. 내가 찾으
러 갈 때까지 그것들은 거기에 남아 있으리
라. 내가 똑똑히 일러둔다. 그 세간들을 내
가 이 곳으로 다시 실어오게 하리라."

거짓 예언자 하나니야

28 ◎같은 해에 일어난 일이다. 때는 시드
키야가 유다 왕이 된 지 얼마 안 된 제
사년 오월이었다. 기브온 사람 아쭈르의 아
들 하나니야라는 예언자가 있었는데, 그는

아훼의 성전에서 사제들과 온 백성이 보는
앞에서 나에게 이렇게 말하였다.
2 "만군의 야훼께서 이스라엘의 하느님으로서
하시는 말씀이오. '나 야훼는 바빌론 왕의
멍에를 부수기로 하였다.
3 바빌론 왕 느부갓네살이 이 곳에서 바빌론으
로 약탈하여 간 내 집의 모든 기물을 이 년
만 있으면 이 곳으로 되돌려 오리라.
4 유다 왕 여호야킴의 아들 여고니야와 함께 바
빌론으로 사로잡혀 간 유다인들도 모두 이
곳으로 돌아오게 하리라. 똑똑히 말해 둔
다. 내가 바빌론 왕의 멍에를 부수리라.'"
5 ◎예언자 예레미야는 사제들과 야훼의 성전
에 서 있는 온 백성이 보는 앞에서 예언자
하나니야에게 말하였다.
6 "야훼께서 그렇게만 하여주신다면야 여부
가 있겠소? 그대가 예언한 그 말을 야훼께
서 이루어주셔서 야훼의 성전 기물과 포로
들을 바빌론에서 이 곳으로 되돌려 오신다
면야 더 말할 나위가 있겠소?" 예언자 예레
미야는 계속하여 이렇게 말했다.
7 "내가 이제 그대와 온 백성의 귀에 똑똑히
일러줄 터이니 잘 들어두시오.
8 예전부터 우리 선배 예언자들은 많은 지방
과 강대한 나라에 전쟁과 기근과 염병이 있
겠다고 예언하였소.
9 '잘되어 간다.'고 예언하는 예언자는, 그
말이 맞아야만 참으로 야훼께서 보내신 예
언자인 것이 드러날 것이오."
10 ◎그러자 예언자 하나니야는 예언자 예레미
야가 메었던 나무 멍에를 목에서 벗겨 부수
었다.
11 그리고 나서 하나니야는 온 백성이 보는 앞
에서 말하였다. "나 야훼가 선언한다. 이 년
만 있으면 바빌론 왕 느부갓네살이 모든 민
족에게 메운 멍에를 내가 이렇게 부수리
라." 그러자 예언자 예레미야는 자리를 떴
다.
12 예언자 하나니야가 예언자 예레미야의 목에
서 나무 멍에를 벗겨 부순 후에 야훼의 말씀
이 예레미야에게 내렸다.
13 "너는 하나니야에게 가서, 야훼의 말이라 하
고 이렇게 일러라. '너는 나무 멍에를 부수
었지만, 나는 그 대신 쇠 멍에를 만들겠다.
14 나 만군의 야훼가 이스라엘의 하느님으로서
말한다. 나는 이 모든 민족에게 쇠 멍에를
메워서 바빌론 왕 느부갓네살을 섬기게 하리
라. 들짐승까지도 그에게 넘겨주리라.'"
15 ◎예언자 예레미야는 예언자 하나니야에게
그대로 일렀다. "하나니야, 잘 들으시오. 야
훼께서 그대를 보내지 않으셨는데, 그대는
이 백성에게 거짓말을 하여서 곧이듣고 안
심하게 하였소.
16 그래서 야훼께서는 이렇게 말하셨소. '나
는 너를 땅 위에서 치워버리겠다. 나를 거
역하는 말을 한 벌로 너는 이 해가 가기 전
에 죽으리라.'"
17 ◎그 말대로 예언자 하나니야는 그 해 칠월
에 죽었다.

포로민에게 보낸 편지

29 ◎느부갓네살이 예루살렘에서 바빌론으
로 사로잡아 간 장로들을 비롯하여 사
제들과 예언자들과 온 백성에게 예언자 예
레미야가 예루살렘에서 편지를 띄운 일이 있
었다.
2 그 편지는 여호야긴 왕과 그의 어머니와 내
시들과 유다 및 예루살렘의 고관들과 은장이
와 대장장이들이 예루살렘에서 끌려간 뒤에
띄운 것인데,
3 사반의 아들 엘라사와 힐키야의 아들 그마리
야가 유다 왕 시드키야의 사명을 띠고 바빌론
왕 느부갓네살을 알현하러 바빌론으로 갈 때
가지고 갔던 것이다. 그 내용은 이렇다.
4 "나 만군의 야훼가 이스라엘의 하느님으
로서 예루살렘에서 바빌론으로 사로잡혀 간
모든 사람에게 말한다.
5 너희는 거기에서 집을 짓고 살아라. 과수원
을 새로 마련하고 과일을 따먹으며 살아라.
6 장가들어 아들딸을 낳고 며느리와 사위를
삼아 손자 손녀를 보아라. 인구가 줄어서는
안 된다. 불어나야 한다.
7 나에게 쫓겨 사로잡혀 가 사는 그 나라가 잘
되도록 힘쓰며 잘되기를 나에게 빌어라. 그
나라가 잘되어야 너희도 잘될 것이다.
8 나 만군의 야훼가 이스라엘의 하느님으로서
말한다. 너희 가운데 있는 예언자들과 박수
들한테 속지 않도록 하여라. 그 꿈쟁이들의
꿈이야기를 곧이듣지 마라.
9 그것들은 내가 보낸 것들이 아니다. 내 이
름을 팔아 거짓 예언을 하는 것들이다. 이
는 내 말이라, 어김이 없다.
10 나 야훼가 말한다. 너희가 바빌론에서 칠십
년을 다 채운 다음에야 약속대로 나는 너희
를 찾아가 이 곳으로 다시 데려오리라.
11 너희에게 어떻게 하여주는 것이 좋을지 나
는 이미 뜻을 세웠다. 나는 너희에게 나쁘
게 하여주지 않고 잘하여 주려고 뜻을 세웠

다. 밝은 앞날이 너희를 기다리고 있다. 이
는 내 말이라, 어김이 없다.
12나를 부르며 나에게 와서 빌기만 하여라.
그렇게 하면 들어주리라.
13마침내 너희는 일편단심으로 나를 찾게 되
리라. 그렇게 나를 찾으면 내가 만나주리
라.
14똑똑히 일러둔다. 너희는 나를 만날 것이며
나는 너희를 고국으로 돌아오게 할 것이다.
너희는 나에게 쫓겨 세계만방에 포로로 끌
려갔지만, 나는 너희를 거기에서 모아들여
이 곳으로 되돌아오게 하리라. 이는 내 말
이라, 어김이 없다.
16 다윗 왕위를 이었다는 왕과 너희 동족 가
운데 함께 포로로 끌려가지 않고 이 성에 남
아 있는 온 백성을 어떻게 할 것인지 나 야
훼가 말한다.
17나 만군의 야훼가 이스라엘의 하느님으로서
말한다. 내가 전쟁과 기근과 염병을 겪게
하리니, 이 백성은 형편없이 썩어 먹지 못
할 무화과처럼 되리라.
18내가 전쟁과 기근과 염병으로 이 백성의 뒤
통수를 치리니, 세상 모든 나라들이 보고
놀랄 것이다. 나에게 쫓겨 여기저기 가서
사는 그 끔찍한 꼴을 보고 모든 민족들은 저
주하며 빈정거리고 조롱하리라.
19내가 똑똑히 일러둔다. 나의 종 예언자들을
거듭거듭 보내어 말을 전하게 하였는데도,
듣지 않았으므로 너희가 이런 일을 당하는
것이다. 내가 다시 말한다. 너희는 나의 말
을 전혀 들으려 하지 않았다.
20너희는 모두 내가 예루살렘에서 바빌론으로
쫓아보낸 자들이니, 이 야훼의 말을 들어라.
15 '야훼께서는 바빌론에서도 우리에게 예언
자들을 일으켜주셨다.' 하고 너희가 말한다
마는,
21그들은 내 이름을 팔아서 거짓말을 내 말인
양 전하는 것들이다. 그 거짓 예언자 콜라야
의 아들 아합과 마아세야의 아들 시드키야를
어떻게 할 것인지 나 만군의 야훼가 이스라
엘의 하느님으로서 말한다. 나는 그들을 바
빌론 왕 느부갓네살의 손에 넘겨 너희가 보
는 앞에서 죽게 하리라.
22그리하여 바빌론에 사는 모든 유다인 포로들
이 그들을 저주받은 자의 본보기로 삼을 것
이다. 그리고 남에게 악담을 할 때에 '너도
천벌을 받아 시드키야나 아합처럼 바빌론 왕
에게 화형이나 받아라.' 하게 될 것이다.
23그들은 이스라엘에서는 있을 수 없는 불미
스러운 일을 한 것들이다. 남의 아내와 간
통하면서 내가 시키지도 않은 말을 하는 것
들이다. 그렇게 내 이름을 팔아 거짓말을
하였으니 결국 그렇게 되는 것이다. 내가
다 알고 하는 말이니, 틀림이 없다."
24◎"너는 나흘렘 사람 스마야에게 이런 편지
를 보내어라.
25'나 만군의 야훼가 이스라엘의 하느님으로
서 하는 말이다. 너는 내 이름으로 예루살렘
의 온 시민과 마아세야의 아들 스바니야 사
제를 비롯한 모든 사제에게 이런 편지를 보
내어라.
26야훼께서는 여호야다 사제 대신 그대 스바니
야를 사제로 세워, 야훼의 성전을 관리하게
하셨소. 그리하여 예언자 행세를 하며 미치
광이처럼 구는 자가 있으면 누구든지 벌하
게 하셨소. 그러니 그런 자가 있으면 차꼬
를 채우고 칼을 씌워야 할 터인데,
27어찌하여 아나돗 사람 예레미야가 예언하는
것을 금하지 않았소?
28그는 바빌론에 있는 우리에게 전갈을 보내
어 오래 기다려야 한다고 하였소. 집을 짓
고 살라고 하였으며 과수원을 새로 마련하
여 그 과일을 따먹으며 살라고 하였단 말이
오.'"
29◎이 편지를 스바니야 사제가 받아 예레미야
에게 읽어줄 때,
30야훼께서는 예레미야에게 이렇게 이르셨다.
31"나 야훼가 나흘렘 사람 스마야를 어떻게 할
것인지 전체 포로민에게 이렇게 전하여라.
'스마야는 내가 보낸 자가 아니다. 그런데
그는 너희에게 거짓말을 전하고는 그것을
내 말이라고 믿게 하였다. 그런 죄가 있기
때문에
32나 야훼가 선언한다. 내가 나흘렘 사람 스마
야와 그의 후손을 벌하리라. 그의 후손 가운
데는 이 백성과 어울려 살면서 내가 내 백성
에게 베풀 좋은 일을 볼 자가 하나도 없으리
라. 내가 똑똑히 일러둔다. 그는 나에게 거
역하는 말을 한 죄를 벗을 길이 없다.'"

이스라엘과 유다는 회복되리라

30 ◎야훼께서 예레미야에게 말씀을 내리
셨다.
2"나 야훼가 이스라엘의 하느님으로서 말한
다. 내가 너에게 한 말을 모두 책에 써두어
라.
3내가 다짐한다. 정녕 그 날은 오고야 만다.

그 날 나는 내 백성 이스라엘과 유다를 본토
로 되돌아오게 하리라. 그 조상들에게 준
이 땅으로 내 백성을 다시 데려다가 이 땅을
차지하게 하리라. 이는 내 말이라, 어김이
없다."
4 ◎야훼께서 이스라엘과 유다를 두고 하신 말
씀은 이러하였다.
5 "나 야훼가 말한다.
놀라서 울부짖는 소리가 들려온다.
온통 공포뿐, 평안한 곳이라고는 없구나.
6 어디든지 가서 물어보아라.
사내가 아이를 낳는 일이 있다더냐?
그런데 사내들이 모두 산모처럼
배를 움켜잡고 쩔쩔매는 꼴이 보이니 웬
일이냐?
모두들 얼굴빛이 창백하게 되었구나.
7 무서운 날이 기어이 오고야 말았다.
이런 날은 또다시 없을 것이다.
지금은 야곱이 고난을 겪는 때지만,
결국은 거기에서 벗어나리라.
8 나 만군의 야훼가 말한다. 그 날이 오면
내가 야곱의 어깨에서 멍에를 벗겨 부수고
사슬을 끊어버리리라. 그러면 남의 종노릇
을 하지 않고
9 나 야훼를 저희 하느님으로 섬기며 내가 세
워줄 다윗 왕을 임금으로 섬기리라.
10 야곱의 후손들아,
너희는 내 종이니, 두려워하지 마라.
내가 똑똑히 일러둔다.
이스라엘 백성아, 너희는 무서워 떨지 마
라.
나 이제 너희를 먼 나라에서 구해 내리라.
포로로 잡혀갔던 나라에서 너의 후손을
구해 내리라.
그제야 야곱의 후손은 고향에 돌아와 평
안히 살며
아무 위협도 받지 않고 안정된 생활을 누
릴 것이다.
11 내가 너의 곁에 있어, 너를 구해 주리라.
이는 내 말이라, 어김이 없다.
내가 너희를 흩뜨려 뭇 민족 가운데 끼여
살게 하였지만
그 민족들을 모두 멸하여 버릴 때,
너희만은 멸하지 않으리라.
나는 너희가 죄없다고 하지 않는다.
그래서 법대로 벌하였다.
12 나 야훼가 말한다.
너의 상처는 쉽사리 아물지 않으리라.
맞은 자리도 몹시 아플 것이다.
13 얻어터진 데를 싸매주는 이 없고
약을 써주는 이도 없으리라.
14 너의 정부들은 다 너를 잊고
다시 찾지도 않으리라.
죄가 많고 허물이 커서,
원수를 치듯이 나는 너희를 때려
심한 벌을 내리지 않을 수 없었다.
15 좀 맞았다고 하여 웬 엄살을 이렇게 부리
느냐?
그 아픔은 쉽게 가시지 않으리라.
너희 죄가 너무 많고 잘못이 너무 커서
내가 그렇게 하여주는 것이다.
16 그렇지만 이젠 너희를 집어삼킨 자들이
도로 먹힐 차례다.
너희 원수들이 포로로 끌려가고
너희를 턴 자들이 오히려 털리고,
약탈한 자들이 오히려 약탈당할 차례다.
17 너희가 '소박데기' 또는,
'퇴물 기생 시온'이라고 불리었으나,
이제 너희의 상처에 새살이 돋아
아물게 하여주리라.
이는 내 말이라, 어김이 없다.
18 나 야훼가 말한다.
나는 야곱이 살던 곳만 보면 애처로워서,
그 천막을 다시 세워줄 생각이다.
허물어진 옛 성터에 성이 다시 서고
큰 집이 제자리에 앉으리라.
19 집집에서 찬양 소리 울려 나오고,
흥겨운 웃음 소리 번져나리라.
인구가 줄지 않고 붇게 하여주며
천대받지 않고 귀한 대접을 받게 하리라.
20 그 후손을 내 앞에 튼튼히 세워
전처럼 굳건한 사회가 되게 하리니,
이 백성을 박대하는 자들은 모두 벌을 받
으리라.
21 같은 겨레 가운데서 이 백성의 지도자가
날 것이다.
동족 속에서 위정자가 날 것이다.
나는 그를 내 앞에 나서게 하겠다.
아무도 목숨을 걸고 내 앞에 나설 수 없지
만,
그만은 내 앞에 나서게 되리라.
이는 내 말이라, 어김이 없다.
22 너희는 내 백성이 되고
나는 너희의 하느님이 되리라."
23 보아라, 야훼의 분노가 폭풍처럼 터져 나
온다.
태풍처럼 악인들의 머리 위를 휘몰아친다.

24 그 마음에 품으신 대로 하신 다음에야
야훼의 분노는 가라앉으리라.
훗날 그 때가 되어야
너희는 눈이 열려 깨달을 것이다.

31 ◎"내가 분명히 말한다. 그 때가 되어
야 나는 이스라엘 모든 지파의 하느님
이 되고, 그들은 나의 백성이 되리라.
2 나 야훼가 선언한다.
칼부림에서 빠져 나온 백성이
사막에서 나의 은혜를 입었다.
안식처를 찾아나선 이스라엘에게
3 나 야훼는 멀리서 나타나주었다.
나는 한결같은 사랑으로 너를 사랑하여
너에게 변함없는 자비를 베풀었다.
4 처녀 이스라엘아,
내가 너를 다시 세워주리라.
너는 다시 일어서서
몸치장을 하고 소구를 치며
흥겹게 춤추며 나오게 되리라.
5 사마리아 이 산 저 산에
다시 포도를 심고
심은 사람이 그 포도를 따먹게 되리라.
6 '시온으로 올라가 우리 하느님 야훼를 뵙
자!'고
보초들의 외치는 소리가 에브라임 산에서
터져 나올 날이 왔다.
7 나 야훼가 말한다.
너희는 환성을 올려 야곱을 맞이하여라.
'야훼께서 당신 백성을 구해 주셨네.
이스라엘의 남은 백성을 구해 주셨네.'
종주산 위에서 이렇게 소리 높여 찬양하
여라.
8 보아라, 내가 북녘 땅에서
그들을 데려오리라.
땅 이 끝 저 끝에서 모아오리라.
소경, 절름발이,
아기 가진 여자, 아기 업은 여자도 섞여
큰 무리를 이루어 돌아오리라.
9 그들은 울면서 떠나간 길을,
위로받으며 돌아오리라.
넘어지는 사람 하나 없도록
탄탄대로로 해서 시냇물가로 인도하리
라.
나는 이스라엘의 아비요,
에브라임은 나의 큰아들이다.
10 뭇 민족들아, 이 야훼의 말을 들어라.
멀리 바다를 끼고 사는 사람들에게 이 말
을 전하여라.
'이스라엘을 흩으신 이가 다시 모아들이
시어,
목동이 양떼를 지키듯이 보살피신다.'
11 그렇다. 이 야훼가 야곱을 해방시켰다.
이스라엘보다 센 손아귀에서 그들을 구해
내었다.
12 이제 그들은 시온 언덕에 와서 환성을 올
리리라.
이 야훼가 주는 선물을 받으러 밀려들리
라.
밀곡식, 햇포도주, 올리브 기름에다
양새끼와 송아지까지 받으리라.
마음 또한 물 댄 동산같이
다시는 시들지 아니하리라.
13 그렇게 되면 처녀는 기뻐하며 춤추고
젊은이와 노인이 함께 즐거워하리라.
나는 그들의 슬픔을 기쁨으로 바꾸고
근심에 찼던 마음을 위로하여 즐겁게 하
리라.
14 사제들은 잘 먹여 기름기가 돌게 하고
내 백성은 좋은 것을 먹여 배부르게 하리
라.
이는 내 말이라, 어김이 없다.
15 나 야훼가 말한다.
라마에서 통곡 소리가 들린다.
애절한 울음 소리가 들린다.
라헬이 자식을 잃고 울고 있구나.
그 눈앞에 아이들이 없어
위로하는 말이 하나도 귀에 들어가지 않
는구나.
16 이 야훼의 말을 들어라.
울음을 그치고 눈물을 거두어라.
애태운 보람이 있어
자식들이 적국에서 돌아오리라.
이는 내 말이라, 어김이 없다.
17 밝은 앞날이 너를 기다리고 있다.
내가 분명히 말한다.
너의 자식들이 고향으로 돌아오리라.
18 에브라임이 가슴 아파하는 소리를
나는 분명히 들었다.
'우리는 길들지 않은 송아지처럼
당신께 매를 맞았습니다.
고맙게도 매를 맞았습니다.
우리 하느님은 야훼시라,
주께 돌아가고 싶습니다.
부디 우리를 받아주십시오.
19 우리는 주님을 떠난 다음
잘못을 깨닫고 가슴치며 뉘우쳤습니다.
부끄러워 얼굴을 들 수 없었습니다.

젊어서 잘못한 일로 우리는 수모를 받았
습니다.'
20 오냐! 에브라임은 내 아들이다.
눈에 넣어도 아프지 않은 나의 귀염둥이
다.
책망을 하면서도
나는 한 번도 잊은 일이 없었다.
가엾은 생각에 내 마음은 아프기만 하였
다.
내가 진정으로 하는 말이다.
21 푯말을 세워두어라.
갔던 길을 잊지 않도록
길목마다 표를 해두어라.
처녀 이스라엘아, 그 길로 돌아오너라.
너희가 살던 이 성읍들로 돌아오너라.
22 바람둥이 같은 딸아, 언제까지 떠돌기만
하겠느냐?
욕먹는 계집을 정숙하게 만들어
세상에 없던 일을 나는 하리라.
23 나 만군의 야훼가 이스라엘의 하느님으로
서 말한다. 내가 유다를 고국으로 돌아오게
하여주리라. 그리하면 성읍들에서 이런 말
이 다시 돌 것이다.
'너는 착한 사람들의 보금자리,
거룩한 분이 계시는 산이라.
야훼께 복을 받아라.'
24 유다 백성들은 이 곳에 와서 살게 되리라.
농군이나 목자 할 것 없이 모든 성읍에 사는
사람들이 함께 살게 되리라.
25 지친 사람에게 마음껏 마실 물을 주고, 허
기진 사람에게 배불리 먹을 양식을 주리라.
26 그리하여, '잠을 깨어 눈을 떠보니, 참 잘도
잤구나.' 하게 되리라.
27 앞으로 이런 날이 오리라. 내가 분명히
말해 둔다. 이스라엘 가문과 유다 가문을 사
람이나 짐승 할 것 없이 씨를 뿌려 농사짓듯
이 불어나게 하리라.
28 이전에는 자나깨나 이 백성을 뽑고 부수고
허물고 멸하고 해치기만 하였으나, 그만큼
이제는 눈을 똑바로 뜨고 세우며 심어주리
라. 이는 내 말이라, 어김이 없다.
29 그 날이 오면,
'아비가 신 포도를 먹으면,
아들의 이가 시큼해진다.'
라는 말을 하지 않게 되리라.
30 죽을 사람은 죄지은 그 사람이다. 이가 시
큼해질 사람은 신 포도를 먹은 그 사람이
다.
31 앞으로 내가 이스라엘과 유다의 가문과 새
계약을 맺을 날이 온다. 나 야훼가 분명히
일러둔다.
32 이 새 계약은 그 백성의 조상들의 손을 잡아
이집트에서 데려내오던 때에 맺은 것과는
같지 않다. 나는 그들을 내 것으로 삼았지
만, 그들은 나와 맺은 계약을 깨뜨리고 말
았다. 귀담아들어라.
33 그 날 내가 이스라엘 가문과 맺을 계약이란
그들의 가슴에 새겨줄 내 법을 말한다. 내
가 분명히 말해 둔다. 그 마음에 내 법을 새
겨주어, 나는 그들의 하느님이 되고 그들은
내 백성이 될 것이다.
34 내가 그들의 잘못을 다시는 기억하지 아니
하고 그 죄를 용서하여 주리니, 다시는 이
웃이나 동기끼리 서로 깨우쳐주며 야훼의
심정을 알아드리자고 하지 않아도 될 것이
며, 높은 사람이나 낮은 사람이나 내 마음
을 모르는 사람이 없으리라. 이는 내 말이
라, 어김이 없다."

35 해를 두어 낮을 환하게 하시는 이,
달과 별을 두어 밤을 비추도록 정하신 이,
파도 소리 요란하게 바다를 뒤흔드시는
이,
그 이름 만군의 야훼께서 말씀하신다.
36 "이것은 내가 만든 법칙, 이것이 내 앞에
서 사라진다면,
이스라엘 후손도 한 나라를 이루지 못하
고 사라지리라.
이는 내 말이라, 어김이 없다.
37 나 야훼가 말한다.
누가 저 높은 하늘을 잴 수 있다면,
깊은 땅속 주춧돌들을 파헤칠 수 있다면,
이스라엘이 한 모든 일을 생각하여
나도 이스라엘 후손을 다 내버리리라.
38 내가 분명히 말한다. 앞으로 이 성을 다
시 지어 나에게 바칠 날이 오리라. 하나넬
탑에서 모퉁이문까지 가고,
39 거기에서 가렙 언덕까지 똑바로 나갔다가
고아 쪽으로 돌아가며 측량하여 이 성을 재
건하리라.
40 시체와 잿더미가 그득히 쌓인 계곡에서 시
작하여 동쪽 마굿간문 모퉁이까지 키드론
골짜기 옆에 붙은 평지는 모두 나의 것으로
성지가 되리라. 그리하여 다시는 이 성이
송두리째 부서지거나 허물어지는 일이 없
으리라."

예레미야가 밭을 사다

32 ◎유다 왕 시드키야 십년에 야훼께서 예
레미야에게 말씀하셨다. 그 해는 느부
갓네살 십팔년으로서
2 그가 마침 예루살렘을 포위하고 있을 때였
다. 예언자 예레미야는 그 때 유다 궁궐 근위
대의 울 안에 갇혀 있었다.
3 유다 왕 시드키야가 이렇게 책망하면서 예레
미야를 가두었던 것이다. "너는 어찌하여
야훼의 말씀이라고 하면서 이 도읍이 바빌론
왕의 손에 넘어가 점령당하리라고 하였느
냐?
4 어찌하여 이 시드키야도 바빌론 사람들 손에
서 벗어나지 못하고, 틀림없이 바빌론 왕 앞
에 끌려가서 친히 항복하게 되리라고 하였
느냐?
5 어찌하여 야훼의 말씀이라고 하면서 이 시
드키야가 바빌론으로 끌려가 야훼께서 찾아
오실 때까지 거기에 머물러 있으리라고 하
였느냐? 어찌하여 바빌론 군과 싸워도 소용
이 없다고 하였느냐?"
6 ◎야훼의 말씀이 갇혀 있는 나에게 내렸다.
7 "살룸의 아들 하나멜이 너의 사촌이 아니
냐? 그가 와서 너에게 아나돗에 있는 밭을
살 권리가 있다 하고 그것을 사라고 할 것이
다."
8 그러는데 야훼의 말씀대로, 내 사촌 하나멜
이 근위대 울 안으로 나를 찾아와 베냐민 지
방 아나돗에 있는 밭을 살 권리가 나에게 있
다면서 그것을 사라는 것이었다. 나는 그의
말을 듣고, 그것이 야훼의 뜻임을 알았다.
9 그래서 아나돗에 사는 그 사촌의 밭을 은 십
칠 세겔을 주고 사기로 하고
10 문서를 만들어 봉한 다음 도장을 찍고 증인
앞에서 은을 저울에 달아주었다.
11 나는 법규에 따라 봉인된 매매계약서와 봉
인하지 않은 부본을 받아,
12 내 사촌 하나멜과, 매매계약서에 서명한 증
인과 근위대 울 안에 사는 모든 유다 사람들
이 보는 앞에서 그 증서를 마아세야의 손자
이자 네리야의 아들인 바룩에게 넘겼다.
13 그리고 그들이 보는 앞에서 바룩에게 이렇
게 명하였다.
14 "이스라엘의 하느님이신 만군의 야훼께서
하신 말씀을 따라, 너는 이 봉인된 매매계
약서와 봉인하지 않은 부본을 받아서 오랫
동안 옹기그릇에 넣어두어라.
15 이 곳에 있는 집과 밭과 포도원을 다시 팔고
사게 되리라고 이스라엘의 하느님 만군의 야
훼께서 말씀하셨다."
16 나는 네리야의 아들 바룩에게 그 매매계약
서를 맡긴 다음, 야훼께 기도를 올렸다.
17 "야훼 주님, 주께서는 힘있게 팔을 내뻗으
시어 하늘과 땅을 만드셨습니다. 주께서는
못하실 일이 없으십니다.
18 사랑은 수천대까지 갚아주시고, 조상의 죄
는 후손들에게 안겨주십니다. 세상이 만군
의 야훼라고 부르는 위대하시고 강하신 하
느님,
19 계획하시는 일이 크시고 하시는 일이 거창
하신 분, 주께서는 사람의 생활 태도를 낱
낱이 살피셨다가, 그 생활 태도와 행실을
따라 갚아주시는 분이십니다.
20 주께서는 이집트에서 놀라운 일을 행하셔서
몸소 힘을 드러내셨으며, 그 후로 이 날까
지 이스라엘 나라 안팎으로 모든 사람에게
힘을 드러내셔서 그 이름을 떨치셨습니다.
21 이집트에서 주의 백성 이스라엘을 데려내오
실 때에 주님은 위엄찬 모습으로 힘있게 팔
을 내뻗으셨습니다. 놀라운 일을 하시어 몸
소 힘을 드러내셨습니다.
22 그리고 우리의 조상들에게 주시겠다고 맹
세하신 젖과 꿀이 흐르는 이 땅을 그 후손인
우리들에게 주셨습니다.
23 그런데 우리들은 이 땅에 들어와 이 땅을 차
지하고 살면서 주님의 말씀을 듣지 않았습
니다. 주신 법을 따라 살지 않고 무엇 하나
분부하신 대로 한 일이 없습니다. 그러다가
이스라엘 백성은 이 온갖 재앙을 당하게 되
었습니다.
24 이 성을 점령하려고 쌓은 토성이 저렇게 올
라가고 있습니다. 이 성은 기근과 염병에
시달리고 바빌론 군의 공격에 허덕이고 있
습니다. 이제 곧 원수의 손에 떨어지게 되
었습니다. 보시다시피 주께서 일찍이 말씀
하신 대로 되어가고 있습니다.
25 이렇게 이 성이 바빌론 군 손에 떨어져 가는
데, 주 야훼께서는 저더러 증인들을 세우고
돈을 주고 그 밭을 사라고 하시니, 이 어찌
된 일이옵니까?"
26 ◎이렇게 말하는 예레미야에게 야훼의 말씀
이 내렸다.
27 "나를 보아라. 이 야훼는 모든 사람을 낸 하
느님이라, 못할 일이 없다.
28 그런 하느님으로서 선언한다. 나 이제 이
성을 바빌론 왕 느부갓네살과 그 군대의 손
에 넘겨주리라.
29 그리하여 이 성을 공격하고 있는 바빌론 군
이 부수고 들어와 이 성을 불에 태워버리리

라. 너희는 옥상을 오르내리며 바알에게 분
향하고, 다른 신들에게 제주를 부어 바쳐
나의 울화를 돋우었다. 이제 나는 그 집들
을 불살라 버리리라.
30 이스라엘 문중과 유다 문중은 젊었을 때부터
내 눈에 거슬리는 일만 하여왔다. 이스라엘
문중은 제 손으로 우상을 만들어 내 속을 썩
였다. 똑똑히 들어라.
31 이 성은 설 때부터 이 날까지 내 가슴에 불
을 질러 분통을 터뜨렸다. 이제는 보기도
싫어, 이 성을 쓸어버리기로 하였다.
32 이스라엘 문중과 유다 문중이 그 왕들, 고관
들, 사제들, 예언자들을 비롯하여 유다의 온
국민, 예루살렘 시민들까지 온갖 못할 짓을
하여 나의 속을 썩여주었는데 어찌 그대로
두겠느냐?
33 이 백성은 등을 돌려 나를 외면하였다. 내
가 아무리 깨우치고 타일러도 들으려고 하
지 않고 오히려 그 가르침을 거절하였다.
34 더군다나 내 이름으로 불리는 이 집에 역겨
운 우상을 세워 나의 이름을 욕되게 하였다.
35 또 벤힌놈 골짜기에 바알 산당을 짓고 아들
딸 자식들을 몰록 신에게 제물로 살라 바쳤
다. 나는 그런 일을 시킨 일이 없다. 시키기
는커녕 그런 역겨운 일을 하여 유다 사람들
을 죄짓게 할 생각은 꿈에도 없었다.
36 ◎너희는 이 성이 전쟁과 기근과 염병으로
화를 입어 바빌론 왕의 손에 넘어간다고 말
하지만, 이제 나 야훼는 이스라엘의 하느님
으로서 장차 이 성읍을 어떻게 만들 것인지
말하겠다.
37 나는 마침내 울화가 터져, 화난 김에 분통
을 터뜨리고야 말았다. 그래서 나는 이 백
성을 여러 나라에 쫓아보낼 것이다. 그러나
거기에서 모아가지고 다시 이 곳으로 돌아
와 안심하고 살게 하리라.
38 그들은 내 백성이 되고 나는 그들의 하느님
이 되리라.
39 나는 이 백성의 마음과 생활 태도를 변화시
켜 언제까지나 나를 공경하여 대대손손 잘
되게 하여주리라.
40 나는 이 백성과 영원한 계약을 맺어, 끝까
지 잘 보아주리라. 나를 공경할 마음이 생
기게 하여, 다시는 나를 떠나가는 일이 없
게 하리라.
41 이 백성이 잘되는 것이 즐거워, 마음과 정
성을 쏟아 이 백성을 이 땅에 뿌리박고 살게
하리라.
42 나 야훼가 선언한다. 나 비록 이 백성에게
이토록 큰 재앙을 내린다마는, 그만큼 약속
한 행복도 모두 베풀 것이다.
43 너희 예언자들은 이 땅이 바빌론 사람들의
손에 넘어가 쑥밭이 되어 사람이나 짐승의
그림자도 어른거리지 않겠다고 하였지만,
이 땅에서 다시 밭을 사고 팔게 되리라.
44 증인을 세우고 문서를 만들어 봉인을 치고
돈을 내어 밭을 사게 되리라. 예루살렘 주위
와 유다 성읍들과 산악 지방의 성읍들과 야
산 지대의 성읍들과 남쪽 지방 성읍에서도
밭을 사고 팔게 되리라. 이렇게 나는 이 백
성의 운명을 회복시켜 주리라. 이는 내 말
이라, 어김이 없다."

다윗과 맺으신 계약은 움직이지 않는다

33 ◎예레미야가 아직 근위대 울 안에 갇
혀 있을 때 야훼의 말씀이 그에게 두
번째로 내렸다.
2 "땅을 만든 나 야훼가 말한다. 땅을 빚어 든
든히 세운 나의 이름은 야훼다.
3 너는 나를 불러라. 내가 대답하리라. 나는
네가 모르는 큰 비밀을 가르쳐주리라.
4 수도 예루살렘의 집들과 유다 왕궁이 어떻게
될 것인지, 이 야훼가 이스라엘의 하느님으
로서 선언한다. '그 집들은 허물어지리라.
너희는 토성을 쌓고 공격해 오는
5 바빌론 사람들과 싸우러 나가려고 한다마는
그것은 쓸데없는 짓이다. 나가 싸우다가는
집집마다 시체만이 뒹굴 것이다. 이 백성이
온갖 못할 짓을 하였기 때문에 나는 이 성을
외면하는 것이다. 너무 화가 나서 분통을
터뜨려 이 백성을 쳐죽이려는 것이다.
6 그러나 이제 이 성에서 전쟁의 상처를 말끔
히 씻고 내가 다시 싱싱한 도읍지로 회복시
켜 주리니, 시민들이 해방되어 참 평화를
누릴 시대가 오리라.
7 유다와 예루살렘의 운명을 바꾸어 옛날처럼
세워주리라.
8 나에게 잘못한 모든 죄를 깨끗이 벗겨주고,
나에게 거역하며 저지른 모든 죄를 용서하
여 주리라.
9 그렇게 되면 내가 예루살렘에게 어떻게 잘
해 주었는지 만천하가 알게 되리라. 바로
내가 예루살렘에게 잘해 주어 평화를 누리
게 한 것을 알고 모두들 놀라 술렁거리리라.
예루살렘 생각에 나는 기뻐할 것이며, 그 때
문에 나의 이름이 드날려 천하만민에게 찬
양과 영광을 받게 되리라.'
10 나 야훼가 선언한다. 너희는 이 곳이 '사

람도 짐승도 자취를 감춘 쓸쓸한 곳이 되리
라.'고 하였다. 그렇다. 유다 성읍들과 예루
살렘 거리들은 사람도 없고 짐승도 어른거
리지 않는 텅빈 곳이 되리라. 그러나 여기
에서 또다시
11 기쁜 소리, 흥겨운 노래, 신랑 신부의 즐거
운 소리가 나리라. 사람들은 감사제물을 들
고 내 집에 들어가,

'야훼는 어지신 분,
그 사랑 영원하여라.
만군의 야훼께 감사하여라.'

하게 될 것이다. 내가 이렇게 이 나라의 운
명을 옛날과 같이 회복시켜 주리라. 이는
내 말이라, 어김이 없다.
12 나 만군의 야훼가 선언한다. 이 곳과 여기
에 딸린 모든 성읍들이 이미 사람이나 짐승
의 그림자도 어른거리지 않는 폐허가 되었
지만, 또다시 목자들이 양떼를 뉘어 쉬게
할 목장이 생기리라.
13 산악 지대의 성읍, 야산 지대의 성읍, 남부
지대의 성읍, 베냐민 지방과 예루살렘 주변
과 유다의 성읍들에서는 들어가는 양들을
소리내어 세는 목자의 모습이 다시 보일 것
이다. 이는 내 말이라, 어김이 없다.
14 나 야훼가 선언한다. 장차 내가 약속한 복
을 이스라엘 국민과 유다 국민에게 그대로
내릴 날이 온다.
15 내가 다윗의 정통 왕손을 일으켜줄 그 날,
그 때가 온다. 그는 세상에 올바른 정치를
펼 것이다.
16 그 날 유다는 살 길이 열려 예루살렘에서는
모두들 마음놓고 살게 되리라. 그 때 사람
들은 예루살렘을 가리켜 '야훼 우리를 되살
려주셨음.'이라고 부를 것이다.
17 나 야훼가 선언한다. 다윗의 후손 가운데
서 왕위에 올라온 이스라엘 민족을 다스릴
자가 끊기지 아니하리라.
18 레위 지파 사제의 후손 가운데서 나에게 번
제를 올리고 곡식예물을 살라 바치고, 친교
제물을 바칠 자가 끊이지 아니하리라."
19 ◎야훼의 말씀이 예레미야에게 내렸다.
20 "나 야훼가 선언한다. 내가 낮과 맺은 계약
이나 밤과 맺은 계약이 깨어져, 낮과 밤이
제 시간에 돌아오지 않는 일이 있겠느냐?
21 그런 일이 생긴다면, 내 종 다윗과 맺은 내
계약도 깨어져, 그 왕좌에 앉아 다스릴 후
손이 끊어지리라. 그런 일이 생긴다면, 나
를 섬기는 레위 지파 사제들과 맺은 내 계약
도 깨어지리라.
22 헤아릴 수 없이 많은 하늘의 별만큼, 측량
할 수 없이 많은 바다의 모래알만큼, 나는
내 종 다윗의 후손을 불어나게 하고 나를 섬
기는 레위인도 불어나게 하리라."
23 ◎야훼의 말씀이 예레미야에게 내렸다.
24 " '야훼께서는 우리 두 가문을, 기왕 버릴 바
에야 뽑기는 왜 뽑으셨는가!' 하며 이 백성
이 투덜거리는 것을 눈치채지 못하였느냐?
그러다가, 나의 백성은 나에게 버림받아,
나라도 이루지 못하게 되었다고 남들로부
터 멸시를 받게까지 되었다마는,
25 이 야훼가 선언한다. 낮과 밤과 계약을 맺
고, 하늘과 땅에 법칙을 정하여 준 것이 나
아니냐?
26 그런데 어떻게 야곱의 후손과 나의 종인 다
윗의 후손을 저버리겠느냐? 그 중에서 아브
라함과 이사악과 야곱의 후손을 다스릴 자를
내지 않겠느냐? 나는 이제 이 백성이 가엾
어서 그 운명을 바꾸어주기로 하였다."

시드키야의 운명

34 ◎바빌론 왕 느부갓네살이 자기의 모든
군대와, 자기의 지배 아래 있는 모든
나라의 군대를 이끌고 예루살렘 성과 유다와
모든 성읍을 공격하고 있을 때에 야훼께로
부터 예레미야에게 말씀이 내렸다.
2 "나 야훼가 이스라엘의 하느님으로서 선언
한다. 너는 유다 왕 시드키야에게 가서 내 말
을 이렇게 전하여라. '나 야훼가 선언한다.
나는 이제 이 성읍을 바빌론 왕의 손에 넘겨
주어 불사르게 하겠다.
3 너는 그 손에서 벗어나지 못하고 꼼짝없이
붙잡혀 그의 손에 넘어가리라. 그러니 너는
바빌론 왕 앞에 나가 항복하여라.
4 이 야훼가 너의 장래를 말하는 것이니, 유다
왕 시드키야야, 이 야훼의 말을 들어라. 그리
하면 너는 칼에 맞아 죽지 않을 것이며,
5 고이 죽어, 앞서간 선왕들이 분향을 받았듯
이, 너도 분향을 받을 것이다. 백성들은, 슬
프다, 임금님이 돌아가시다니, 하며 상례를
치러줄 것이다. 이것만은 내가 보장해 준
다. 이는 내 말이라, 어김이 없다.' "
6 ◎예언자 예레미야는 예루살렘에서 이 모든
말씀을 유다 왕 시드키야에게 전하였다.
7 그 때 바빌론 왕은 유다의 성읍들 가운데서
예루살렘 외에 아직 떨어지지 않은 성읍을
공격하고 있었다. 그 때 유다 성읍들 가운데
남은 것이라고는 요충 도시인 라기스와 아제
카뿐이었다.

8 시드키야 왕은 예루살렘 온 시민에게 노예를
다 풀어주겠다는 결의를 시켰다. 그 일이
있은 후에 예레미야에게 야훼의 말씀이 내렸
다.
9 사람들은 그 결의를 따라 남녀 히브리인 종
을 풀어주기로 하고 아무도 동족인 유다 사
람을 종으로 부리지 않기로 하였던 것이다.
10 그래서 고관과 백성들은 남녀 종을 있는 대
로 다 풀어주며, 다시는 종으로 부리지 않
을 것을 결의하고 그 결의대로 모두들 종들
을 풀어주었다.
11 그런 뒤에 그들은 또 마음이 변하여, 풀어
주었던 남녀 종들을 데려다가 다시 종으로
부렸다.
12 야훼의 말씀이 예레미야에게 내린 것은 이런
때였다.
13 "나 야훼가 이스라엘의 하느님으로서 말한
다. 이집트에서 종살이하는 너희 조상들을
데려내오던 날, 나는 너희 조상들에게 다음
과 같은 계약 조문을 주었다.
14 ㉠'같은 겨레인 히브리 사람이 너에게 팔려
와서 칠 년이 되거든 내어보내라. 육 년 동
안 부리고 나서 풀어주어라.' 그랬는데 너
희 조상들은 이 말을 귓전으로 흘려버리고
듣지 않았다.
15 그런데 너희는 기특하게도 마음을 돌려 내
이름으로 불리는 집안, 내가 보는 자리에서
결의하고 제 겨레를 풀어주기로 선언하였
다. 그리고는 며칠 되지도 않아서
16 너희는 마음이 변하여 풀어주었던 남녀 종
을 데려다가 다시 부리고 있다. 그래서 결
국 내 이름만 욕되게 만들었다.
17 이에 나 야훼가 선언한다. 너희는 내 말을
따라 같은 피를 나눈 겨레를 풀어주려고 하
지 않았다. 그렇다면 나는 너희를 풀어놓아
칼과 염병과 기근으로 죽게 하리라. 내가
분명히 말한다. 세상 모든 나라 사람이 너
희의 끔찍한 모습을 보고 놀라리라.
18 너희들이 송아지를 두 토막으로 갈라놓고
그 토막 사이로 지나가며 내 앞에서 계약을
맺었으면서도 이제 그 조문을 지키지 않고
계약을 어겼으니 나는 너희들을 그 송아지
꼴로 만들고 말리라.
19 유다와 예루살렘 고관들, 내시들과 사제들,
지방 유지들 할 것 없이, 갈라놓은 송아지
토막 사이로 지나간 자들을
20 죽이려고 달려드는 원수의 손에 넘겨주어,
그 시체가 공중의 새들과 들짐승의 밥이 되
게 하리라.
21 유다 왕 시드키야와 그 고관들도 달려드는
원수의 손에 넘겨서 죽게 하리라.
22 너에게 분명히 말한다. 나 이제 그들에게
명령을 내려 이 성읍으로 되돌아와 공격하
여 점령하고, 불을 지르게 하리라. 유다의
성읍들을 황폐하게 하여 사람이 살지 않는
곳으로 만들리라."

레갑인들

35 ◎요시야의 아들 여호야킴이 유다 왕으
로 있을 때에 야훼께서 예레미야에게
이런 말씀을 내리셨다.
2 "너는 레갑인들이 있는 곳에 가서 말하여
보아라. 야훼의 성전 어느 방에 포도주를 마
련하여 두고 그들을 데려다가 마시게 하여
보아라."
3 ◎레갑인의 가문에는 하바찌냐의 손자요 예
레미야의 아들인 야자니야와 그의 형제들과
아들들이 있었다. 나는 그 온 가문을 데리
고
4 야훼의 성전에 가서 하느님의 사람 하난의
아들들이 사는 방으로 들어갔다. 하난은 익
달리야의 아들이었다. 그 방은 고관들의 방
옆에 붙어 있었고 살룸의 아들 수위장 마아
세야의 방 윗층에 있었다.
5 거기에서 나는 레갑 집안 사람들에게 가득
찬 포도주 몇 병과 잔을 내어놓고 권하였다.
6 ◎그러나 그들은 거절하며 이렇게 말하였
다. "우리는 포도주를 마시지 못합니다. 우
리의 조상인 레갑의 아들 요나답께서 우리에
게 자손 만대에 이르도록 아무도 포도주를
마시면 안 된다는 가훈을 남기셨습니다.
7 집도 짓지 말고 낟알을 뿌리거나 포도나무
를 심지도 말 것이며, 그런 것은 아예 가질
생각을 하지 말고, 언제까지나 천막에서 살
라고 하셨습니다. 그래야 남의 땅이지만 거
기에서 오래오래 살 수 있으리라고 하셨습
니다.
8 그래서 우리의 조상은 레갑의 아들 요나답께
서 명하신 말씀대로 우리는 물론, 아내나
아들딸 모두가 이제까지 포도주를 마시지
않았습니다.
9 살 집을 짓지도 않았으며 포도원이나 씨 뿌
릴 밭을 가지지도 않았습니다.
10 우리는 조상 요나답께서 명하신 대로 천막
에서 살다가,
11 바빌론 왕 느부갓네살이 이 나라에 쳐들어오

㉠ 신명 15:12-13 참조.

자, 바빌론 군대와 아람 군대를 피하여 예루
살렘으로 들어와야겠다고 생각하고 예루살
렘에 와서 살게 되었습니다."
12◎그 때 야훼의 말씀이 예레미야에게 내렸
다.
13"나 만군의 야훼가 이스라엘의 하느님으로
서 말한다. 너는 유다 국민과 예루살렘 시민
들에게 가서 이렇게 일러라. '너희는 기어
이 내 말을 듣지 않을 작정이냐? 나의 훈계
를 받지 않을 작정이냐? 내 말을 들어보아
라.
14레갑의 아들 요나답의 후손은 포도주를 마시
지 말라는 가훈을 지켜 이 날까지도 포도주
를 마시지 않는다. 그런데 너희는 내가 그
렇게도 거듭거듭 일러준 말을 들으려 하지
않았다.
15나는 나의 종 예언자들을 거듭거듭 너희에
게 보내어 제발 마음을 고쳐먹고 못된 길을
버리며 생활 태도를 고치라고 하였다. 다른
신들을 받들어 섬기지 말라고 하였다. 그래
야 선조 때부터 대대로 살라고 내어준 이 땅
에서 살 수 있을 것이라고 하였다. 그러나
너희는 내 말을 귓전으로 흘리며 듣지 않았
다.
16레갑의 아들 요나답의 후손들은 조상 전래의
가훈도 그대로 지켰는데, 이 백성은 내 말
을 듣지 않았다.
17그래서 나 만군의 야훼가 이스라엘의 하느님
으로서 선언한다. 이 유다 국민과 예루살렘
시민은 내가 아무리 말하여도 듣지 않았고
불러도 대답하지 않았다. 그러므로 나는 내
가 말한 대로 온갖 재앙을 그들에게 내리리
라.'"
18◎예레미야가 레갑 집안 사람들에게 말하였
다. "만군의 야훼께서 이스라엘의 하느님으
로서 말씀하신다. '너희는 조상 요나답이
남긴 가훈을 따랐으며, 그 가훈을 모두 지
켜 그대로 행하였다.
19이에 나 만군의 야훼가 이스라엘의 하느님으
로서 선언한다. 레갑의 아들 요나답의 후손
가운데서 나를 섬길 사람이 대대손손 끊이
지 아니하리라.'"

바룩이 예레미야의 예언을 받아 쓰다

36 ◎요시야의 아들 여호야킴이 유다 왕이
된 지 사 년 되던 해에 야훼로부터 예레
미야에게 이런 말씀이 내렸다.㉠
2"글을 쓸 두루마리를 구하여라. 나는 요시
야 시대부터 이 날까지 ㉡이스라엘과 유다와
세계 만방을 어찌 할 것인지 너에게 일러주
었다. 너는 그 말을 다 기록하여라.
3내가 온갖 재앙을 내리기로 하였다는 말을
듣고, 유다 가문이 그 못된 생활 태도를 고
칠지 아느냐? 고치기만 한다면 나는 그 악
한 죄를 용서하여 주리라."
4그래서 예레미야는 네리야의 아들 바룩을 불
러왔다. 바룩은 예레미야가 불러주는 대로
야훼께서 하신 말씀을 그 두루마리에 모두
기록하였다.
5그 다음에 예레미야는 바룩에게 말하였다.
"나는 갇힌 몸이라 야훼의 집으로 갈 수가
없으니,
6그대가 단식일에 야훼의 성전에 가서 거기
에 모인 백성이 듣는 앞에서, 내가 불러주
는 대로 받아 쓴 이 두루마리에서 야훼의 말
씀을 들려주시오.
7행여나 사람들이 야훼 앞에 용서를 빌며 마
음을 돌려 각기 그 못된 생활 태도를 고친다
면 얼마나 좋겠소? 야훼께서 화가 나시고
노하셔서 이 백성에게 벌을 내리시겠다고
하신 그 말씀은 너무나도 무섭소."
8네리야의 아들 바룩은 예언자 예레미야가 시
킨 대로 야훼의 말씀이 적힌 책을 가지고 야
훼의 성전에 가서 읽었다.
9◎요시야의 아들 여호야킴은 유다 왕이 된 지
오 년 되던 ㉢해 구월에 예루살렘 온 시민과
유다 성읍들에서 예루살렘에 피난 들어와 있
는 모든 백성에게 야훼 앞에서 단식기도를
올리라고 선포하였다.
10바룩이 예레미야의 말을 기록한 것을 가지고
야훼의 성전에 가서 온 백성에게 읽어준 것
은 그 때였다. 읽어준 곳은 야훼의 성전 새
대문 어귀의 높은 마당에 있는 그마리야의
방이었다. 그마리야는 전 국무대신 사반의
아들이었다.
11◎사반의 손자요 그마리야의 아들인 미가야
가 야훼의 말씀이 기록된 책을 바룩이 읽는
것을 다 듣고는,
12왕궁의 국무대신 사무실로 내려갔다. 마침
거기에는 국무대신 엘리사마를 비롯하여 스
마야의 아들 들라야, 악볼의 아들 엘나단, 사
반의 아들 그마리야, 하나니야의 아들 시드키
야 등 모든 대신들이 모여 있었다.
13미가야가 바룩이 백성들에게 읽어준 내용을

㉠ 이집트 군이 가르그미스에서 바빌론 군에게 패한 605년이다. ㉡ 칠십인역에는 "예루살렘"이라고 되어 있다. ㉢ 느부갓네살이 팔레스틴 원정길에 오른 해이다.

들은 대로 전하자,
14그들은 느다니야의 아들 여후디와 구시의 아
들 셀레미야를 바룩에게 보내어 백성에게 읽
어준 그 두루마리를 가지고 오라고 전하였
다. 네리야의 아들 바룩이 그 두루마리를 가
지고 대신들 있는 곳으로 오자
15그들이 청하였다. "우리도 직접 듣고 싶으
니, 앉아서 읽어주시오." 그래서 바룩은 그
말씀을 읽어주었다.
16그 말씀을 다 듣고 나서 그들은 놀라며 서로
쳐다보다가 바룩에게 말하였다. "이 말씀은
우리가 왕께 모두 아뢰어야 하겠소.
17그런데 이 말씀을 다 어떻게 쓰게 되었는지
말하여 주시오."
18바룩이 "그분이 불러주시는 대로 나는 그
모든 말을 먹으로 이 책에 받아 썼을 따름입
니다." 하고 대답하자,
19대신들이 말하였다. "가서 예레미야와 함께
아무도 모르게 숨으시오."
20대신들은 그 두루마리를 국무대신 엘리사마
의 사무실에 보관해 두고는 내전으로 들어
가 그 말씀을 모두 왕에게 보고하였다.
21◎왕은 여후디를 보내어 그 두루마리를 가져
오도록 하였다. 여후디는 국무대신 엘리사마
의 사무실에 가서 그 책을 가져다가 왕과 왕
을 모시고 있는 대신들 앞에서 읽었다.
22마침 ㉠구월이라 왕은 겨울별관에서 화롯불
을 쬐며 앉아 있었다.
23여후디가 서너 단을 읽으면 읽는 족족 왕은
그것을 칼로 베어 화롯불에 던졌다. 이렇게
하여 그 두루마리를 모두 화롯불에 넣어 태
워버렸다.
24왕과 모든 시종들은 그 말씀을 다 듣고 나서
도 겁을 내지 않았고 옷을 찢지도 않았다.
25엘나단과 들라야와 그마리야는 왕에게 그 두
루마리를 태우지 말라고 간해 보았지만 왕
은 그 말을 듣기는커녕,
26왕자 여라므엘과 아즈리엘의 아들 스라야와
압드엘의 아들 셀레미야를 시켜 서사 바룩과
예언자 예레미야를 잡아오라고 하였다. 그
러나 야훼께서는 이미 그들을 숨기셨다.
27◎예레미야가 부르는 대로 바룩이 받아 쓴
두루마리를 왕이 다 태워버린 후에 야훼의
말씀이 예레미야에게 내렸다.
28"유다 왕 여호야킴이 두루마리를 태웠으니,
그 두루마리에 적혔던 말을 다른 두루마리
에다 그대로 다시 써라.
29그리고 유다 왕 여호야킴을 나 야훼가 어떻
게 할 것인지, 야훼의 말이라 하고 이렇게
일러라. '바빌론 왕이 와서 이 땅을 망치고
사람과 짐승을 쓸어버리겠다고 썼으니 될
말이냐고 하면서 너는 그 두루마리를 태워
버렸다.
30그런 말을 한 유다 왕 여호야킴이 어떻게 될
것인지 나 야훼가 말한다. 이제부터 여호야
킴의 후손 가운데 다윗 왕좌에 앉을 사람은
없을 것이다. 여호야킴의 시체는 무더운 대
낮에도 추운 밤에도 밖에서 뒹굴 것이다.
31여호야킴과 그의 자식들과 시종들이 내 말
을 듣지 않았으므로 내가 그들에게 벌을 내
리리라. 그들뿐 아니라 예루살렘 시민과 유
다 사람들에게도 이미 말하여 두었던 온갖
재앙을 내리리라.'"
32◎예레미야는 다른 두루마리를 구해 네리야
의 아들 서사 바룩에게 주고 나서 유다 왕 여
호야킴이 불에 태운 책에 적혀 있던 말을 그
대로 다 불러주고, 그 내용과 같은 많은 말
을 더 불러주어 함께 적도록 하였다.

시드키야와 예레미야

37 ◎바빌론 왕 느부갓네살은 여호야킴의
아들 여고니야를 왕위에서 몰아낸 다
음 요시야의 아들 시드키야를 유다 지방을 다
스릴 왕으로 앉혔다.
2그런데 새 왕이나 신하나 지방유지들은 예
언자 예레미야가 전한 야훼의 말씀을 들으려
고 하지 않았다.
3시드키야 왕은 셀레미야의 아들 여후갈과 마
아세야의 아들 스바니야 사제를 예언자 예레
미야에게 보내어 "우리 일이 잘되도록 하느
님 야훼께 기도 드려 주시오." 하고 부탁하
였다.
4그 때는 예레미야가 아직 감옥에 갇히지 않
아 백성 가운데 출입을 하고 있던 때였고
5예루살렘을 포위하고 있던 바빌론 군이 파라
오 군대가 이집트에서 출동하였다는 소식을
듣고 예루살렘에서 물러간 때였다.
6그 무렵 예언자 예레미야에게 야훼의 말씀이
내렸다.
7"나 야훼가 이스라엘의 하느님으로서 말한
다. 내 뜻을 알고자 너희를 보낸 유다 왕에
게 가서 이렇게 전하여라. '너희를 도우러
출동하였다는 파라오의 군대는 제 나라 이집
트로 돌아가리라.
8그리고 바빌론 군은 되돌아와 이 성읍을 공
격하여 점령하고 불사르리라.

㉠ 양력으로 십이월이다.

9 나 야훼가 말한다. 바빌론 군이 아주 가버렸
다고 터무니없는 생각을 하지 마라. 바빌론
군은 가지 않는다.
10 너희를 공격하는 바빌론 군을 너희가 다 쳐
부수어 부상병들만 남겨놓았다고 할지라
도, 그 부상병들이 저희의 천막에서 일어나
이 성읍에 불을 지를 것이다.'"
11 ◎쳐 올라오는 파라오의 군대에 위협을 받은
바빌론 군이 예루살렘에서 물러간 틈을 타
서,
12 예레미야가 베냐민 지방에 있는 문중의 땅을
유산으로 받으려고 예루살렘을 떠나는 길이
었다.
13 예레미야가 베냐민 대문에 이르렀을 때, 거
기에는 이리야라는 수문장이 있었다. 이리야
는 하나니야의 손자이자 셀레미야의 아들이
었다. 그 수문장이 예언자 예레미야를 붙잡
고 물었다. "바빌론 진지로 망명가는 길이
지요?"
14 예레미야가 그에게 대답했다. "내가 바빌론
진지로 망명가다니, 어림도 없는 소리요."
이리야는 그 말을 곧이듣지 않고, 예레미야
를 체포하여 대신들에게 넘겼다.
15 대신들은 예레미야를 괘씸하게 여겨 매를
때리고 나서 국무대신 여호나단의 관저에
있는 구치소에 가두었다. 사람들이 그 곳을
감옥으로 만들었던 것이다.
16 그 곳은 천장이 둥근 지하실이었는데, 예레
미야는 거기에 오랫동안 갇혀 있었다.
17 ◎하루는 시드키야 왕이 예레미야를 몰래 왕
궁으로 불러다가 물었다. "야훼로부터 무슨
말씀이 안 계셨소?" "말씀이 계셨습니다.
임금님께서는 바빌론 왕의 손에 넘어가실
것이오." 예레미야는 이렇게 대답하고 나서
18 시드키야 왕에게 호소했다. "소인이 임금님
이나 임금님의 신하들이나 그 유지들에게
무슨 못할 짓을 하였다고 감옥에 가두십니
까?
19 '바빌론 왕은 이 나라를 쳐들어오지 않는다.
임금님과 그를 둘러싼 모든 사람을 치러오
지 않는다.' 고 예언하던 임금님의 예언자들
은 어디로 갔지요?
20 임금님, 이제 소인의 청을 들어주십시오.
소인의 간청을 받아주시어 국무대신 여호나
단의 관저로 돌려보내지 말아주십시오. 거
기에 가면 소인은 죽습니다."
21 시드키야 왕은, 예레미야를 근위대 울 안에
가두고 성중에 양식이 떨어질 때까지 날마
다 가게에서 빵 한 덩이씩 가져다 주라고 명
령하였다. 그리하여 예레미야는 근위대 울
안에서 지내게 되었다.

예레미야가 웅덩이에서 살아나다

38 ◎예레미야가 온 국민에게 하고 다니는
말을 마딴의 아들 스바티야와 바스훌의
아들 게달리야와 셀레미야의 아들 유갈과 말
기야의 아들 바스훌이 들었다. 예레미야가
한 말은 이러했다.
2 "나 야훼가 말한다. 이 성 안에 버티고 있다
가는 칼에 맞아 죽거나 굶어 죽거나 병들어
죽으리라. 그러나 나가서 바빌론 군에 항복
하면 살리라. 목숨 하나 건지는 것을 불행
중 다행으로 여기게 될 것이다.
3 나 야훼가 말한다. 이 성은 틀림없이 바빌론
군에게 점령되어 지배를 받게 되리라."
4 ◎대신들은 이 말을 걸어 예레미야를 어전에
고발했다. "이자는 죽여야 합니다. 이자가
하는 말을 듣고, 성 안에 남아서 싸우는 군
인과 백성들은 모두 사기가 떨어졌습니다.
이자는 이 백성이 잘되도록 하지 않고 못되
도록 하고 있습니다."
5 시드키야 왕은 그들을 막을 힘이 없었다. 그
래서 마음대로 하라고 하자,
6 대신들은 예레미야를 끌어다가 줄에 매달아
근위대 울 안에 있는 왕족 말기야의 집 웅덩
이에 내려보냈다. 그 웅덩이는 물이 없는
진흙구덩이였다. 예레미야는 그 진흙구덩이
에 빠졌다.
7 ◎왕궁 내시로 에벳멜렉이라는 에티오피아
사람이 있었다. 그는 예레미야가 구덩이에
들어갔다는 말을 들었다. 그 때 왕은 베냐민
대문께 앉아 있었는데,
8 에벳멜렉이 왕궁에서 나와 왕 앞에 이르러
아뢰었다.
9 "임금님, 예언자 예레미야를 그렇게 대접하
시다니, 그것은 잘못입니다. 구덩이에 처넣
어 굶겨 죽이시다니, 그럴 수가 없습니다.
이미 성 안에는 빵이 떨어졌습니다."
10 이 말을 듣고 왕은 에벳멜렉에게 명령을 내
렸다. "여기 있는 ㉠세 사람을 데리고 가서,
예언자 예레미야를 죽기 전에 구덩이에서
끌어내어라."
11 에벳멜렉은 사람들을 데리고 왕궁 보물 창
고에 가서 해어지고 찢어진 옷조각들을 꺼
내다가 줄에 매달아 구덩이 안에 있는 예레
미야에게 내려주었다.

㉠ 히브리어 본문 : "삼십 명."

12그리고는 그 해어지고 찢어진 옷 조각들을
겨드랑이 밑에 대고 줄에 매달리라고 하였
다. 예레미야가 그대로 하자,
13사람들이 줄을 당겨 예레미야를 구덩이에서
끌어올렸다. 예레미야는 근위대 울 안에서
지내게 되었다.
14◎시드키야 왕이 야훼의 성전 셋째 출입구로
예언자 예레미야를 불러들여 물었다. "그대
에게 한 가지 물어볼 것이 있소. 숨기지 말
고 말하여 주오."
15예레미야가 "소인이 바른 말을 하면 임금님
께서는 틀림없이 소인을 죽이실 것입니다.
소인이 말씀드려도 임금님께서는 듣지 않
으실 것입니다." 하고 대답하자,
16시드키야 왕은 예레미야에게 은근히 맹세하
면서 다짐하였다. "우리에게 목숨을 주시는
야훼께서 살아 계시는 한 나는 절대로 그대
를 죽이지 않을 것이오. 그대의 목숨을 노
리는 자들의 손에 넘겨주지 않을 것이오."
17이렇게 다짐을 받고 예레미야는 시드키야에
게 야훼의 말씀을 전하였다. "만군의 야훼께
서 이스라엘의 하느님으로서 말씀하십니다.
'너는 바빌론 왕이 보낸 장군들에게 항복해
야 한다. 그래야 너는 목숨을 건지고 이 성
은 잿더미가 되지 않을 것이며, 너와 너의
집안 식구들이 살 것이다.
18그러나 네가 바빌론 왕이 보낸 장군들에게
항복하지 않으면, 이 성은 바빌론 군의 수중
에 들어가 잿더미가 되리라. 그리고 너도
그 손에서 벗어나지 못하리라.'"
19이 말을 듣고 시드키야 왕은 예레미야에게
말하였다. "나는 바빌론 군 편으로 이미 넘
어간 유다 사람들이 무섭소. 나를 그 사람들
에게 내어주면 어떻게 되겠소? 참혹한 꼴
을 당할 것이 아니오?"
20예레미야가 대답하였다. "그 사람들 손에 넘
어가시지 않을 것입니다. 부디 소인이 전하
는 야훼의 말씀을 들으십시오. 그래야 임금
님의 앞길이 열릴 것입니다. 그래야 임금님
께서는 목숨을 건지십니다.
21그러나 임금님께서 항복하러 나가지 않으
신다면, 야훼께서 소인에게 일러주신 대로
그런 참혹한 일을 당하십니다.
22유다 왕궁에 남아 있는 여인들은 모두 바빌
론 왕의 장군들에게 끌려갈 것입니다. 끌려
가면서 이렇게 울부짖을 것입니다.
'왕은 가깝다는 자들의 꾐에 빠져 망하였
다.
왕의 다리를 진창에 빠뜨려놓고
저희들만 도망쳤구나.'
23 임금님의 후궁들과 왕자들도 바빌론 군에
게 끌려갈 것입니다. 임금님께서도 벗어나
지 못하시고 바빌론 왕의 손에 붙잡히십니
다. 그리고 이 성은 잿더미가 될 것입니다."
24◎그러자 시드키야가 예레미야에게 당부했
다. "내가 그대와 이야기한 내용을 아무에
게도 누설하지 마시오. 누설했다가는 살아
나지 못할 테니까.
25내가 그대와 이야기하였다는 소문을 듣고
대신들이 그대에게 와서, 왕에게 무슨 말을
하였으며 왕한테서 무슨 말을 들었는지 말
하라고 하며 숨기면 죽인다고 할는지도 모
르오.
26그럴지라도 그대는 여호나단의 집에 돌려보
내어 죽음을 당하지 않게 하여달라고 나에
게 간청하였을 뿐이라고 대답하시오."
27◎과연, 대신들이 모두 예레미야에게 몰려와
서 물었다. 그러나 예레미야는 왕이 시킨 대
로만 대답하였다. 왕과 이야기한 내용을 하
나도 말하여 주지 않았기 때문에, 그들은 예
레미야를 어떻게 건드릴 수가 없었다.
28예레미야는 예루살렘이 점령되는 날까지 근
위대 울 안에 머물렀다.

예루살렘 함락과 예레미야

39 ◎유다 왕 시드키야 제구년 시월에 바빌
론 왕 느부갓네살이 군대를 거느리고
쳐들어와 예루살렘을 포위하였는데,
2시드키야 제십일년 사월 구일, 성벽은 마침
내 뚫리고 말았다.
3◎바빌론 왕이 보낸 장군들이 모두 중앙 대
문에 자리잡았다. 그 장군들이란 신마길 군
지휘관이며 기병대장인 네르갈사레셀과 궁
내대신 느부사즈반을 비롯한 바빌론 왕의 장
군들이었다.
4◎유다 왕 시드키야와 그의 군인들은 그 장
군들을 보고 두 성벽이 만나는 성문으로 빠
져 나가, 왕실 정원을 거쳐 밤을 도와 아라
바 쪽으로 도망쳤다.
5그러나 바빌론 군대는 그 뒤를 쫓아 예리고
벌판에서 시드키야를 붙잡아 하맛 땅 리블라
에 있는 바빌론 왕 느부갓네살 앞으로 끌고
갔다. 바빌론 왕은 시드키야에게 판결을 내
리고는
6그 곳 리블라에서, 아비가 보는 앞에서 왕자
들을 죽이고 유다의 유지들도 모두 죽였다.
7그러나 시드키야만은 눈을 멀게 한 다음 쇠
사슬로 묶어 바빌론으로 끌고 갔다.

8 바빌론 군은 왕궁과 민가를 다 불사르고 예
루살렘 성벽을 헐어버렸다.
9 근위대장 느부사라단은 성 안에 살아 남은
사람들과 미리 항복했던 사람들과 남은 기
술자들을 바빌론으로 데려가고,
10 가진 것 없는 영세민들은 포도원과 농토를
주어 유다 땅에 남겨두었다.
11 ◎그 날 바빌론 왕 느부갓네살은 근위대장 느
부사라단에게 예레미야를 부탁하였다.
12 "예레미야를 데려다가 잘 보살펴 주어라. 머
리카락 하나 다쳐서는 안 된다. 무엇이든지
원하는 대로 하여주어라."
13 ◎근위대장 느부사라단과 궁내대신 느부사즈
반, 기병대장 네르갈사레셀을 비롯한 바빌론
왕의 모든 장군들은 사람을 보내어
14 근위대 울 안에서 예레미야를 데려내다가 게
달리야에게 맡겨 사람들과 어울려 지내면서
마음대로 출입하게 하였다. 게달리야는 사반
의 손자요 아히캄의 아들이었다.
15 ◎예레미야가 아직 근위대 울 안에 갇혀 있
을 때였다. 야훼의 말씀이 예레미야에게 내
렸다.
16 "너는 에티오피아 사람 에벳멜렉에게 가서
나 야훼가 이스라엘의 하느님이요 대원수로
서 하는 말이라고 하며 이렇게 일러주어라.
'내가 이 성읍에 복을 내리지 않고 화를 내
리겠다고 하였는데, 이제 그 화를 내릴 때
가 되었다. 너는 그 화가 내리는 것을 보겠
으나,
17 내가 그 날 너를 건져주리라. 내가 분명히
말한다. 네가 무서워하는 사람들 손에 너는
넘어가지 않으리라.
18 나는 네가 칼에 맞아 죽지 않도록 반드시 건
져주리라. 네가 그토록 나를 믿었으니, 내
가 너의 목숨을 소중하게 지켜주리라. 이는
내 말이라, 어김이 없다.'"

40 ◎예레미야가 결박당하여 다른 예루살
렘 시민과 유다 백성과 함께 바빌론으
로 끌려가다가 라마에서 근위대장 느부사라
단을 만나 석방 된 후에 야훼께 받은 말씀의
기록이다.
2 근위대장은 예레미야를 찾아 불러다 놓고
이렇게 말하였다. "그대의 신 야훼께서 이
곳에 이런 재앙을 내리겠다고 말했다더니,
3 그 말대로 재앙을 내리셨구려. 그대들이 야
훼의 말을 듣지 않고 죄를 지었기 때문에 이
런 변을 당한 것이오.
4 나 이제 그대의 묶인 손을 풀어줄 터이니,
나와 함께 바빌론으로 가고 싶으면 갑시다.
그대를 잘 보살펴 드리리다. 나와 함께 바빌
론으로 가고 싶지 않으면 가지 않아도 좋소.
이 땅 어디든지 마음에 드는 곳에 가서 사시
오."
5 그래도 예레미야가 돌아가지 않고 있으니까,
그는 다시 말하였다. "사반의 손자, 아히캄
의 아들 게달리야에게 가보시오. 바빌론 왕
이 유다 성읍들을 돌보라고 게달리야를 세우
셨으니, 그의 곁에서 백성들과 어울려 지내
시오. 그것도 싫거든 어디든지 마음 드는
곳에 가서 사시오." 이렇게 말하며 근위대
장은 예레미야에게 양식과 선물을 주어 보
냈다.
6 예레미야는 아히캄의 아들 게달리야를 찾아
미스바로 가서 고향에 남은 백성과 어울리
며 게달리야의 곁을 떠나지 않고 지냈다.

게달리야가 암살당하다

7 ◎그런데 인가를 떠나 숨어 있던 장교와 패
잔병들은 아히캄의 아들 게달리야가 바빌론
왕의 임명을 받아 나라를 다스리며 바빌론
으로 사로잡혀 가지 않은 남녀노소 영세민
을 돌보게 되었다는 소식을 들었다.
8 그 패잔군 장교들인 느다니야의 아들 이스마
엘, 카레아의 아들 요하난, 단후멧의 아들 스
라야, 느토바 출신 에메의 아들들과 마아가
출신 이자니야가 부하들을 거느리고 미스바
로 게달리야를 찾아갔다.
9 사반의 손자, 아히캄의 아들 게달리야는 그
장교들과 군인들에게 선서하며 말하였다.
"꺼리지 말고 바빌론을 섬기시오. 이 나라
에 살면서 바빌론 왕을 섬기시오. 그것이 잘
되는 길이오.
10 나는 미스바에 자리잡고 있으면서 우리를
찾아오는 바빌론 사람들을 상대하는 책임을
질 터이니, 그대들은 어느 성읍이든지 차지
하고 포도를 거두어 술을 만들고 여름 과일
을 거두고 기름을 짜서 그릇에 저장하고 살
아가시오."
11 ◎모압과 암몬과 에돔과 그 밖의 여러 나라
에 망명갔던 유다 사람들도 사반의 손자, 아
히캄의 아들 게달리야가 바빌론 왕의 임명을
받아 유다에 남아 있는 사람들을 돌보게 되
었다는 소식을 듣고는,
12 흩어져 살던 모든 나라에서 유다 땅 미스바
로 게달리야를 찾아 돌아왔다. 그 해 포도주
와 여름 과일 수확이 아주 많았다.
13 ◎그런데 카레아의 아들 요하난을 비롯하여

인가를 피해 숨어 있던 장교들이 모두 미스
바로 게달리야를 찾아가,
14그에게 말하였다. "암몬 왕 바알리스가 느다
니야의 아들 이스마엘을 보내어 각하의 목숨
을 노리고 있다는데, 모르고 계십니까?" 아
히캄의 아들 게달리야는 그 말을 믿지 않았
다.
15카레아의 아들 요하난은 비밀히 미스바에서
게달리야에게 청하였다. "제가 아무도 모르
게 가서 느다니야의 아들 이스마엘을 죽이겠
습니다. 허락하여 주십시오. 그가 각하의
목숨을 빼앗으면 각하께 모여온 유다 사람
들이 모두 흩어지고 말 것입니다. 이 얼마
남지 않은 유다인들마저 없어지고 말 것입
니다."
16아히캄의 아들 게달리야는 카레아의 아들 요
하난의 청을 거절하며, "네가 거짓말을 하
는 것이지, 이스마엘이 그럴 리가 없다."고
하였다.

41 ◎그 해 구월에 이스마엘이 부하 열 사
람을 데리고 아히캄의 아들 게달리야를
보러 미스바에 갔다. 이스마엘은 엘리사마의
손자요 느다니야의 아들로서 왕족이었다.
미스바에서 게달리야와 함께 음식을 먹다가
2느다니야의 아들 이스마엘은 데리고 온 부하
열 사람과 함께 일어나 게달리야를 칼로 쳐
죽였다. 사반의 손자요 아히캄의 아들인 게
달리야는 바빌론 왕이 유다 지방을 보살피라
고 세운 사람이었다.
3이스마엘은 게달리야를 비롯하여 미스바의
모든 유다인들과 거기 있던 바빌론 군인들까
지도 쳐죽였다.
4◎이렇게 게달리야를 감쪽같이 죽인 다음날
이었다.
5세겜과 실로와 사마리아에서 팔십 명이나 되
는 사람들이 수염을 깎고 옷을 찢으며 몸에
상처를 내고 야훼의 성전에 곡식예물과 향
료를 바치러 왔다.
6느다니야의 아들 이스마엘은 미스바에서 나
와 울면서 그 사람들에게로 가서 "아히캄의
아들 게달리야를 뵈러 가느냐?"고 묻고 나
서,
7부하들과 함께 그들을 성 안으로 데리고 들
어가서 죽여 웅덩이에 집어넣었다.
8그 중에서 열 사람이 밀, 보리, 기름, 꿀을
밭에다 숨겨둔 것이 있으니 제발 살려달라
고 이스마엘에게 애걸하였다. 이스마엘은 그
들을 일행과 함께 죽이지 않고 살려두었다.
9이스마엘이 이렇게 사람들을 죽여 그 시체
를 처넣은 웅덩이는 큰 웅덩이였다. 이 웅
덩이는 아사 왕이 이스라엘 왕 바아사와 싸우
려고 만들었던 것인데, 느다니야의 아들 이
스마엘은 그 웅덩이를 송장으로 메웠던 것
이다.
10그리고 나서 느다니야의 아들 이스마엘은 근
위대장 느부사라단이 아히캄의 아들 게달리
야에게 맡겨 보살피게 하였던 유다의 공주
들을 비롯하여 미스바에 남아 있던 모든 사
람들을 사로잡아 암몬 땅으로 건너가고자
하였다.
11◎이스마엘이 일을 저질렀다는 소식이 카레
아의 아들 요하난과 그의 부하 장교들의 귀
에 들어갔다.
12그들은 곧 군대를 이끌고 느다니야의 아들
이스마엘을 치러 뒤쫓아가다가 기브온에 있
는 큰 못 근처에서 만났다.
13이스마엘에게 사로잡혀 가던 사람들은 카레
아의 아들 요하난이 이끌고 오는 장교들을
보고 크게 기뻐하였다.
14미스바에서 이스마엘에게 사로잡혀 끌려가
던 사람들은 모두들 카레아의 아들 요하난에
게로 돌아오고,
15느다니야의 아들 이스마엘은 부하 여덟 사람
을 데리고 요하난의 손을 벗어나 암몬 땅으
로 도망쳤다.

이집트로 도망가다

16◎카레아의 아들 요하난과 부하 장교들은 느
다니야의 아들 이스마엘이 미스바에서 아히캄
의 아들 게달리야를 죽일 때 죽지 않고 사로
잡혀 가던 백성, 군인, 여자, 아이, 내시들
을 데리고 기브온을 떠나
17피난길에 올라 이집트로 가다가 베들레헴 가
까이에 있는 김함의 숙소에 들렀다.
18바빌론 왕이 유다 지방을 보살피라고 세운
게달리야를 느다니야의 아들 이스마엘이 죽
였기 때문에, 바빌론 사람들이 두려워서 피
난길에 올랐던 것이다.

42 ◎카레아의 아들 요하난과 호사야의 아
들 아자리야를 비롯하여 군대의 사령
관과 위아래 백성들이 모두
2예언자 예레미야에게 와서 청하였다. "청을
드릴 일이 있어서 왔습니다. 부디 들어주십
시오. 여기 살아 남은 우리 모두를 잘 돌보
아 주십사고 선생의 하느님 야훼께 기도를
드려주시오. 아시다시피 본래 우리는 수가
많았는데, 살아 남은 사람은 이렇게 얼마
되지 않습니다.

3 그러니 우리가 어떤 길을 가야 할 것인지,
어떻게 행동해야 할 것인지를 선생의 하느
님 야훼께 문의하여 주십시오."
4 이 말을 듣고 예언자 예레미야가 대답하였
다. "알겠소. 당신들의 하느님 야훼께 그대
로 여쭈어보겠소. 그리고 야훼께서 무엇이
라고 대답하여 주시든지 그대로 다 일러드
리리다."
5 그들이 예레미야에게 다짐하였다. "야훼께
서는 진실하시고 성실하신 증인이십니다.
우리는 그 분을 증인으로 삼고 맹세합니다.
선생의 하느님 야훼께서 선생을 시켜 무슨
말씀을 하시든지 그대로 따르겠습니다.
6 우리 하느님 야훼께 여쭈어달라고 일껏 선
생에게 청을 드려 대답을 받았으면 그 대답
이 마음에 들든 들지 않든 그대로 따를 따름
입니다. 하느님 야훼의 말씀을 따르지 않고
어떻게 우리가 잘되겠습니까?"
7 ◎그 후로 열흘이 지나 예레미야에게 야훼의
말씀이 내렸다.
8 그래서 예레미야는 카레아의 아들 요하난과
그가 이끄는 군대의 사령관들과 위아래 백
성을 모두 불러놓고
9 일렀다. "당신들의 청을 받아 이스라엘의 하
느님 야훼께 여쭈었더니, 이렇게 대답하여
주셨소.
10 '너희가 이 땅에 그대로 머물러 살면, 나는
너희를 허물지 않고 세우리라. 뽑지 않고
심으리라. 너희에게 재앙 내린 일을 내가
이제 후회한다.
11 너희가 바빌론 왕을 무서워한다마는 겁내지
마라. 나 야훼가 분명히 말한다. 바빌론 왕
을 겁내지 마라. 내가 너희를 그 왕의 손아
귀에서 건져주려고 이렇게 함께 있지 않느
냐?
12 너희가 그 왕의 자비에 힘입어 이 땅에 머물
러 있도록 내가 너희에게 자비를 베풀리라.
13 그런데 너희는 너희의 하느님 이 야훼의 말
을 따라 이 땅에서 살지 않겠다는 것이냐?
14 이집트로 내려가야 전쟁도 겪지 않고 군대
나팔 소리도 듣지 않으며 굶주리지도 않을
것 같아서, 거기에 가서 살아야겠다는 것이
냐?
15 유다의 살아 남은 자들아, 나의 말을 들어
라. 나 만군의 야훼가 이스라엘의 하느님으
로서 말한다. 너희가 기어이 이집트로 가서
타향살이를 하려고 한다면,
16 칼을 무서워하여 이집트로 간다지만, 그 칼
이 거기까지 너희를 쫓아가리라. 기근이 지
겨워 이집트로 간다지만, 그 기근이 거머리
처럼 너희에게 붙어가리라. 마침내 너희는
거기에서 죽으리라.
17 기어이 이집트에 가서 타향살이를 해야겠
다고 마음을 정한 자들은 모두 칼에 맞아
죽거나 굶거나 병들어 죽으리라. 아무도
내가 내리는 재앙을 벗어나 살아 남지 못하
리라.
18 나 만군의 야훼가 이스라엘의 하느님으로서
분명히 말한다. 너희가 끝내 이집트로 피난
을 간다면, 내가 나의 화를 예루살렘 시민
에게 터뜨렸던 것처럼 너희에게 나의 분노
를 터뜨릴 것이다. 그리하여 너희는 참혹
한 천벌을 받아 조소거리가 되며 욕을 먹
는 신세가 되어 다시는 이 곳을 볼 수 없게
되리라.'
19 유다에 살아 남은 여러분, 이집트로 가지
말라는 것이 야훼의 말씀이었소. 여러분은
오늘 내가 경고하는 말을 들었으니 알아서
들 하시오.
20 여러분은 어떻게 하는 것이 좋을지 여러분
의 하느님 야훼께 문의하여 달라고 나에게
청하면서, 하느님 야훼께서 무엇이라고 대
답하시든지 그대로 하겠다고 하였을 때 이
미 여러분의 목숨을 내걸었던 것이오.
21 나는 이제 여러분에게 그대로 다 일러주었
소. 그런데 여러분은 나에게 청하여 여러분
의 하느님 야훼의 말씀을 듣고 나서 그대로
할 생각이 없구려.
22 여러분은 이집트에 가서 타향살이를 하고
싶겠지만, 분명히 알아두시오. 거기에서도
여러분은 전쟁과 기근과 염병을 만나 죽게
될 것이오."

예레미야가 이집트로 끌려가다

43 ◎야훼 하느님께서 당신의 백성에게
지시하신 이 모든 말씀을 예레미야가
온 백성에게 일러주자,
2 호사야의 아들 아자리야와 카레아의 아들 요
하난, 그리고 그의 부하들은 고집이 센 사람
들이었으므로 "거짓말 마시오." 하며 예레
미야에게 맞섰다. "이집트에 가서 타향살이
를 하지 말라고? 우리 하느님 야훼께서 당
신에게 그런 말씀을 전하라고 하셨을 리 만
무하오.
3 당신은 우리가 바빌론 사람들의 손에 넘어
가 죽거나, 바빌론으로 사로잡혀 가는 꼴을
보려고 네리야의 아들 바룩의 꾐에 빠져 우
리에게 그런 말을 하는 것이지?"

4 ◎카레아의 아들 요하난과 군대의 전 사령관
들과 온 백성은 유다 지방을 떠나지 말라는
야훼의 말씀을 따를 생각이 없었다.
5 카레아의 아들 요하난과 군대의 전 사령관들
은 다른 나라에 흩어져 가서 타향살이하다
가 돌아온 유다의 잔류민을 이끌고,
6 바빌론 근위대장 느부사라단이 맡겼던 공주
들과 그 밖의 모든 남녀노소와 예언자 예레
미야와 네리야의 아들 바룩까지 이끌고
7 이집트로 가서 다흐반헤스에 이르렀다. 그들
은 야훼의 말씀을 따를 생각이 없었다.

이집트에서 한 예레미야의 예언

8 ◎다흐반헤스에서 야훼의 말씀이 예레미야에
게 내렸다.
9 "큰 돌을 몇 개 가져다가, 다흐반헤스의 파
라오 궁 대문 앞 포장된 광장을 파고 유다 사
람들만 보는 앞에서 묻어라.
10 그리고 나서 만군의 야훼가 이스라엘의 하느
님으로서 하는 말이라고 하며 유다 사람들
에게 이렇게 일러라. '나는 나의 종 바빌론
왕 느부갓네살을 불러다가 내가 파묻은 이
돌들 위에 옥좌를 차리게 하고 차일을 치게
하리라.
11 느부갓네살이 와서 이집트를 치면,
염병으로 죽을 자는 염병에 걸리고
사로잡혀 갈 자는 사로잡히고
칼에 맞아 죽을 자는 칼에 맞을 것이다.
12 이집트의 신전에 불을 지르고 우상들은
끌어가게 하리라. 목동이 제 옷에서 이를
잡듯이 이집트를 말끔히 털고 나서 의기양
양하게 떠나가게 하리라.
13 그는 이집트에 있는 태양신전의 석탑들을
부수고, 이집트의 여러 신전에 불을 놓으리
라.'"

44

◎이집트의 믹돌시, 다흐반헤스시, 멤피
스시, 그리고 바드롯 지방에 사는 유다
사람들에게 전하라고 예레미야에게 내리신
말씀이다.
2 "나 만군의 야훼가 이스라엘의 하느님으로
서 말한다. 예루살렘과 유다의 모든 성읍이
나에게서 온갖 재앙을 받는 것을 너희는 보
았다. 그 재앙으로 그 곳은 오늘날 사람의
그림자도 얼씬거리지 않는 돌무더기가 되
었다.
3 그것은 너희 조상이 알지도 못하던 다른 신
들에게 분향하며 그들을 받들어 섬겨, 나의
속을 썩였기 때문이다. 너희도 너희 조상도
똑같은 일을 저질렀다.
4 그래서 나는 나의 종 예언자들을 거듭거듭
보내어 내가 싫어하는 역겨운 일들을 그만
두라고 하였으나,
5 너희 조상들은 귀기울여 듣지 않았다. 다른
신들에게 분향하는 나쁜 버릇을 고치고 돌
아오지 않았다.
6 나는 너무 화가 나서 마침내 분노를 터뜨려
유다 성읍들과 예루살렘 거리들을 살라버렸
다. 그래서 오늘날 돌무더기나 쑥밭이 되어
있는 것이다.
7 이제 나 만군의 야훼가 이스라엘의 하느님으
로서 말한다. 너희까지도 그런 못된 짓을
하여 벌을 자청하다니, 어찌 된 일이냐? 남
녀노소 젖먹이까지 하나도 살아 남지 못하
게, 유다 사람이 모두 죽어야 하겠느냐?
8 타향살이하러 이집트에 와서까지 딴 신들을
만들어놓고 분향하여 나의 속을 썩이다니,
이럴 수가 있느냐? 너희는 벌을 자청하여
천하만민에게 욕을 먹고 조롱을 받으려느
냐?
9 유다 땅과 예루살렘 거리에서 너희 조상들이
얼마나 못할 짓을 하였는지, 유다 왕과 왕비
들이, 그리고 너희와 너희 아내들이 얼마나
못할 짓을 하였는지, 벌써 잊었느냐?
10 너희가 이 날까지도 두려워할 줄을 몰라
뉘우치지 않는구나. 너희와 너희 조상 앞
에 세운 나의 법과 규정을 따라 살지 않는
구나.
11 그러므로 나 만군의 야훼가 이스라엘의 하느
님으로서 선언한다. 나는 너희에게 재앙을
내리기로 결단하였다. 모든 유다인을 멸종
시키기로 하였다.
12 살아 남은 유다인으로서 이집트에 와서 타향
살이하기로 작정한 자들을 여기에서 모두
죽이기로 하였다. 그들은 칼에 맞아 죽거나
굶어 죽으리라. 위아래 할 것 없이 칼에 맞
아 죽거나 굶어 죽으리라. 너희는 참혹한
천벌을 받아 조소거리가 되어 치욕을 삼키
는 신세가 되리라.
13 예루살렘 주민에게 벌을 내렸듯이 이집트에
와서 사는 자들에게도 벌을 내려 칼에 맞아
죽고 굶어 죽고 염병에 걸려 죽게 하리라.
14 남은 유다인으로서 타향살이하러 이집트에
들어온 자는 아무도 이 난을 벗어나 살아 남
지 못하리라. 본국 유다에 돌아가 살고 싶은
마음은 간절하겠지만 돌아가지 못하리라.
난을 피하여 돌아갈 사람은 거의 없으리
라."

15◎다른 신들에게 분향하는 여인들과 그것을
알고 있던 남편들, 이집트의 남북에 사는 모
든 교포들, 이 큰 회중이 예레미야에게 대답
하였다.
16"당신이 야훼의 이름으로 우리에게 한 말을
우리는 듣지 않겠소.
17우리는 한번 한 말을 어길 수가 없소. 하늘
의 여왕께 약속한 대로 분향하고 제주를 바
쳐야 하겠소. 우리는 조상들과 왕들과 고관
들과 함께 유다의 성읍들과 예루살렘 거리거
리에서 하던 대로 하겠소. 그 때 우리는 아
무런 재앙도 당하지 않고 배불리 먹으며 잘
지냈단 말이오.
18그런데 하늘 여왕께 분향하고 제주 바치기
를 그만두자, 우리는 모두 궁해지다가 마침
내 칼에 맞아 죽고 굶어 죽게 되었소.
19우리가 하늘의 여왕께 분향하고 제주를 바
칠 때, 어찌 남편들 모르게 하였겠소? 여왕
의 신상을 박아 제병을 굽거나 제주를 따라
바칠 때, 어찌 남편들 모르게 하였겠소?"
20◎남자 여자 통틀어 온 백성이 대답하는 것
을 듣고 예레미야는 이렇게 대답하였다.
21"여러분과 여러분의 조상과 왕과 대신과 일
반 대중이 온통 유다 성읍들과 예루살렘 거
리거리에서 분향한 일을 야훼께서 모르시는
줄 아시오? 어찌 그 일을 잊으셨겠소?
22당신들이 그렇게 못된 일을 하고 그렇게 역
겨운 짓을 하니까 그것을 보시고 야훼께서
는 더 참으실 수가 없으셔서 여러분이 살던
고향을 오늘처럼 인기척도 없는 돌무더기
로 만드신 것이오. 그래서 사람들은 그 참
혹한 꼴을 보고 놀라며 빈정거리게 된 것이
오.
23이렇게 된 것은 여러분이 다른 신들에게 분
향하여 야훼께 죄를 지었기 때문이오. 야훼
의 말씀을 듣지 않고 그의 법과 규정과 분부
를 따라 살지 않았으므로 지금 이 같은 재앙
을 당하게 된 것이오."
24예레미야는 다시 온 백성, 그 중에서도 여인
들에게 말하였다. "이집트에 사는 모든 유다
인이여, 야훼의 말씀을 들으시오.
25'나 만군의 야훼가 이스라엘의 하느님으로
서 말한다. 너희는 안팎으로 손발이 맞아,
하늘 여왕에게 분향하고 제주를 바치기로
서원했으니까 그대로 해야겠다면서 뜻을
굽히지 않고 그대로 하고 있다. 좋다, 서원
을 지키려거든 지켜보아라. 서원한 대로 하
려거든 해보아라.
26그러나 이집트에 사는 모든 유다인은 나 야
훼의 말을 들어라. 나는 나의 큰 이름을 걸
고 맹세한다. 나 야훼가 다짐한다. 이집트
어디에서도, 주 야훼께서 살아 계시는 한,
하며 나의 이름을 두고 맹세할 유다인이 다
시는 없으리라.
27내가 너희를 똑똑히 지켜보리라. 잘 돌봐주
려는 것이 아니라 재앙을 내리기 위하여 지
켜보리라. 이집트에 사는 온 유다인은 칼에
맞아 죽고 굶어 죽어 멸절되리라.
28전쟁에서 살아 남아 이집트를 벗어나 고국
유다로 돌아갈 자는 몇 사람 되지 않으리라.
이집트에서 타향살이하던 유다의 남은 자들
은 내 말과 저희 말 중에 과연 누구의 말이
옳았는지 그 때에 가서야 알게 되리라.
29나 야훼가 말한다. 내가 이 곳에서 너희를
지켜보고 있음을 보여줄 조짐은 이렇다. 이
조짐을 보거든 내가 너희에게 재앙을 내리
겠다고 한 말이 그대로 이루어지는 줄 알아
라.
30똑똑히 일러둔다. 보아라, 이집트 왕 파라오
호브라를 죽이려고 벼르는 원수가 있는데
내가 이제 그를 원수의 손에 넘겨주리라. 유
다 왕 시드키야를, 죽이려고 벼르는 원수 바
빌론 왕 느부갓네살의 손에 넘겨준 것처럼,
그를 넘겨주리라.'"

바룩에게 내리신 약속

45 ◎요시야의 아들 여호야킴이 유다 왕이
된 지 사 년째 되던 해에 예언자 예레
미야는 네리야의 아들 바룩에게 하느님의 말
씀을 불러주어 받아쓰게 한 다음, 바룩에게
내리는 말씀을 이렇게 전하였다.
2"바룩아, 나 야훼가 이스라엘의 하느님으로
서 너에게 말한다.
3나는 네가 하는 말을 들었다.
'아, 나는 끝장이다.
가뜩이나 고생스러운데
야훼마저 나를 괴롭히시니,
나는 한숨 쉴 힘조차 없고,
조금도 안심할 수가 없구나.'
4 내 말을 들어라. 나는 세웠다가도 헐 수
있고 심었다가도 뽑을 수 있다.
5네가 이제 큰일을 도모한다마는, 그만두어
라. 내가 곧 모든 사람에게 재앙을 내리겠
지만, 너만은 어디 가든지 목숨을 건지도록
보살펴 주리라. 이는 내 말이라, 어김이 없
다."

만방에 내리신 예언

46 ◎다른 나라들의 운명에 관하여 야훼께서 예언자 예레미야에게 일러주신 말씀.

이집트

2 ◎이집트의 운명. ◎요시야의 아들 여호야킴이 유다 왕이 된 지 사 년 되던 해, 유프라테스 강 가 가르그미스에까지 원정을 갔던 이집트 왕 파라오 느고의 군대가 바빌론 왕 느부갓네살에게 패배할 것을 두고 하신 말씀이다.

3 "크고 작은 방패를 차려 들고
싸움터로 나가자!
4 말에 재갈을 물리고
기마병들아, 올라타거라!
창에 날을 세우고
갑옷 입고 투구 쓰고
대오를 정돈하여라.
5 그런데 저것이 어찌 된 일이냐?
혼비백산 달아나는 꼴이 보이니,
용사라는 것들이 지리멸렬
줄행랑을 치는구나.
사방으로 무섭게 에워싸여
뒤돌아볼 겨를마저 없구나.
이는 야훼의 말이다.
6 날쌘 군인도 도망치지 못하고
용사도 빠져 나가지 못하는구나.
저 북녘 유프라테스 강 가에서
비틀거리다가 비틀거리다가 쓰러진다.
7 나일 강 물처럼 부풀어오르는 저것이 무엇이냐?
홍수처럼 굽이치는 저것이 무엇이냐?
8 나일 강 물처럼 부풀어오르는 저것은 이집트다.
'홍수처럼 굽이치며
올라가 물을 뒤덮으리라.
성읍을 주민과 함께 쓸어버리리라' 하며,
이집트는 외친다.
9 '달려라 말들아,
내달려라, 번쩍이는 병거야.
진격하여라, 용사들아.
에티오피아 군아, 리비아 군아, 너희는 방패를 잡고,
너희는 활을 겨누어 들어라, 리디아 군아.'
10 그러나 이 날은 만군의 주 야훼께서 거둥하시는 날,
원수들을 벌하시며 보복하시는 날이다.
야훼의 칼은 원수들을 모조리 무찌르고
그 흘린 피 흥건하리라.
이 날은 유프라테스 강 북녘 땅에
만군의 주 야훼의 향연이 벌어지는 날이다.
11 아무에게도 짓밟힌 일 없는 너 이집트의 수도야.
길르앗에 올라가 향유를 구해다가
약을 만들어 마음껏 써보아라.
공연한 노릇이리라.
12 너의 울부짖는 소리가 만방에 퍼져
온 세상이 너의 울음으로 가득 차리라.
용사들끼리 부딪쳐
비틀거리다가 함께 쓰러져 죽으리라."

13 ◎바빌론 왕 느부갓네살이 이집트를 치러 올 때 야훼께서 예언자 예레미야를 시켜 하신 말씀이다.

14 "이집트에 기별을 보내어라.
사방에서 칼이 내리치니
'어서 방어태세를 갖추어라.' 하고
믹돌에 소식을 전하여라.
멤피스와 다흐반헤스에도 전하여라.
15 너희 힘센 황소 신 아피스가
어찌하여 당하지 못하고 도망치게 되었느냐?
그렇다, 내가 거꾸러뜨린 것이다.
16 군인들이 비틀거리다가 쓰러지면서
'어서 동족에게 돌아가자,
무찔러 들어오는 칼을 피하여
고향으로 돌아가자.' 하고 아우성친다마는,
17 이집트 왕 파라오에게 새 이름을 지어
'아우성쳐도 때늦은 자.'라고 불러주어라.
18 내 이름은 만군의 야훼,
내가 왕으로서 선언한다.
산중에선 다볼같이 높고,
바닷가에선 가르멜처럼 쳐다보이는 자가
너를 치러 오리라.
19 이집트 수도의 시민들아,
짐을 꾸려 들고 끌려갈 채비나 하여라.
멤피스는 돌무더기가 되리라.
헐려서 무인지경이 되리라.
20 이집트는 잘생긴 송아지 같으나,
북녘에서 쇠파리떼가 덤벼들리라.
21 용병으로 합세한 자들마저
외양간의 송아지꼴이라,
버티지 못하고 뒤로 물러서서
일제히 도망치리라.
망할 날이 마침내 이르렀고
벌받을 때가 덮치고야 만 것이다.

22 적군이 쳐들어오면,
이집트는 놀라서 뱀처럼 울며 달아나리
라.
적군이 나무꾼처럼 도끼를 들고 쳐들어와
23 수풀을 베어 제치리라.
내가 똑똑히 일러둔다.
적군은 헤아릴 수도 없으리라.
메뚜기떼보다도 많아
그 수를 헤아릴 수가 없으리라.
24 이집트 수도는 북녘 백성의 손에 떨어져
말할 수 없는 치욕을 당하리라.
25 나 만군의 야훼가 이스라엘의 하느님으로
서 말한다. 보아라, 내가 ㉠테에베의 신 아몬
을 벌하리라. 이집트를 그 신들과 왕들과 함
께 벌하리라. 파라오와 그를 믿고 사는 자들
을 벌하리라.
26 그들의 목숨을 노리는 바빌론 왕 느부갓네살
과 그 신하들에게 그들을 넘겨주리라. 그러
나 그렇게 되었다가도 다시 예전처럼 그 곳
에 사람이 살게 되리라. 이는 나 야훼의 말
이라, 어김이 없다.
27 야곱의 후손들아, 두려워 마라.
너희는 내 종이다.
이스라엘의 백성아, 무서워 떨지 마라.
내가 너희를 먼 나라에서 구하여 내리라.
포로로 잡혀갔던 나라에서 너희의 후손
을 구하여 내리니,
야곱의 후손은 고향에 돌아와 평안히 살
리라.
위협을 받지 않고 안정된 생활을 하리라.
28 나의 종 야곱의 백성아, 두려워 마라.
나 야훼가 말한다. 내가 너희와 함께 있으
리라.
너희가 쫓겨가서 살던 그 나라 백성은
모조리 뿌리를 뽑겠지만,
너희만은 뿌리를 뽑지 않으리라.
벌을 주기는 하되
결코 심하게는 주지 아니하리라."

불레셋

47 ◎불레셋의 운명에 관하여, 야훼께서
예언자 예레미야를 시켜 파라오가 가자
를 치기 전에 일러주신 말씀.
2 "나 야훼가 선언한다.
북녘에서 물이 부풀어올라
홍수처럼 밀어닥치리라.
성읍과 주민 할 것 없이
온 나라를 휩쓸어가리니,
사람들이 아우성치며
그 땅의 백성들이 울부짖으리라.
3 요란스런 말발굽 소리
닥쳐드는 병거의 바퀴 소리
그 소리에 맥이 풀려
아비가 자식을 돌볼 겨를이 없으리라.
4 불레셋이 아주 망할 날이 왔다.
띠로와 시돈에서 원군이 올 마지막 길마
저 끊기었다.
갑돌 섬에서 온 피난민의 후손,
불레셋족을 야훼께서 멸하신다.
5 가자 사람들에게는 머리 풀 일이 생겼고,
아스클론 사람들은 말문이 막히게 되었다.
거인족의 잔류민 아스돗 사람들은
언제까지 몸에 칼자국을 내며 애곡할 것
인가?
6 '아! 야훼의 칼아,
네가 난도질을 멈출 때는 언제인가?
제발 칼집에 들어가서
가만히 있어주려무나.' 한다마는
7 나 야훼가 시키는데
어찌 칼이 가만히 있겠느냐?
그 칼은 바닷가 아스클론까지
무찌르고 말리라."

모압

48 ◎모압의 운명.
"나 만군의 야훼가 이스라엘의 하느님
으로서 선언한다.
느보의 처참한 꼴을 보아라.
적에게 짓밟혔구나.
키랴다임이 떨어지고
둔덕진 요새가 수라장이 되었으니,
2 모압의 영화가 사라졌구나.
적은 벌써 헤스본에 들어와
모압 민족을 단숨에 뿌리뽑을 작전을 짜
고 있다.
마드멘아, 입을 닥쳐라. 칼이 너의 뒤를
쫓는다.
3 들어라, ㉡아바림에서 울부짖는 소리,
'우리 모두 짓밟혀 박살나게 되었구나.'
4 '모압은 이제 박살났다.' 고
울부짖는 소리가 소알에까지 들린다.
5 루힛 고개를 울며 오르고
호로나임으로 내려가면서
이제 모두 망했다고 울부짖는다.
6 '목숨이 아깝거든 도망쳐라.
광야를 내닫는 들노새처럼 달아나거라.'

㉠ 히브리어 본문 : "노." ㉡ 히브리어 본문 : "호로나임."

7 그렇다, 너 모압은 네 손으로 만든 우상과
보화를 믿었으니
기어이 적의 수중에 떨어지고 말리라.
너희 사제들과 대신들도
섬기던 그모스 신과 함께 끌려가리라.
8 쳐들어오는 적군 앞에서
남아날 성 하나 없고,
골짜기도 고원도 폐허가 되리라.
이는 야훼의 말이라, 어김이 없다.
9 모압이 송두리째 허물어져서
그 성읍들이 인기척도 없는 돌무더기가
되거든
비석이나 세워주려무나.
10 야훼께서 시키신 일, 건성으로 하다가는
천벌을 받으리라. 칼을 뽑아 모압의 피를 흘
리지 않다가는 천벌을 받으리라.
11 이 그릇 저 그릇에 옮겨 담지 않고
밑술이 가라앉은 채 말갛게 떠 있어
향기가 변하지 않고 맛이 한결같은 술처
럼,
모압은 어릴 때부터 고이 자라,
아무데도 끌려간 적이 없더니.
12 나 이제 모압에 사람을 보내어
술을 옮겨 붓게 하리니,
그 날이 멀지 않다. 이는 내 말이라, 어김
이 없다.
내가 그 술독을 비우고 술병들을 부수게
하리라.
13 이스라엘 가문이 베델을 믿던 일을 부끄러
워하게 되었듯이
그날에 모압도 그모스 신을 믿던 일을 부
끄러워하게 되리라.
14 너희는 스스로 용사라고,
날렵한 군인이라고 뽐내지만
15 적이 모압으로 쳐들어오는 날,
모압의 뽑힌 용사들은 끌려가 도륙을 당
하리라.
만군의 야훼가 왕으로서 하는 말이다.
16 모압이 망할 날이 다가왔다.
돌연히 슬픈 운명이 닥쳐들었다.
17 인근 모든 나라들아, 슬퍼하여라.
모압과 친하던 자들아, 애도하여라.
'권세와 영광이 하늘을 찌를 듯하더니,
어이하여 이렇게 꺾이었는가?'
18 수도 디본의 주민들아,
그 영광스런 자리에서
거름더미에 내려앉아라.
모압을 멸하러 온 자가 달려들어
너희의 요새들을 헐어버렸다.
19 아로엘의 주민들아,
한길에 나와 서서 살피며,
도망치는 피난민들에게
무슨 변이 났느냐고 물어보아라.
20 그들이 대답하리라.
'모압이 망하였소.
이런 부끄러운 일이 어디 있겠소?
모압은 적의 손에 넘어갔다오.
아르논 강 가 사람들에게도
울면서 소리쳐 알려주시오.'
21 천벌이 이 고원 지대의 호론과 야사와 메
바앗,
22 디본과 느보와 벳디블라다임,
23 키라다임과 벳가물과 벳므온,
24 크리욧과 보스라와 모압 땅의 원근 각처 모
든 성읍들에 내린다.
25 모압의 뿔은 꺾이고 팔은 잘렸다.
야훼의 말이다.
26 내 앞에서 자만하던 모압에게 취하도록
술을 먹여라. 그리하면 그가 토하고 그 토
한 것 위에 뒹굴어 웃음거리가 되리라.
27 모압아, 네가 정녕 이스라엘을 비웃었느냐?
이스라엘이 도둑질하다가 들키기나 한 것처
럼 너희가 말끝마다 입을 비쭉거리며 그를
빈정거렸느냐?
28 모압 백성들아,
벼랑에 둥지 트는 산비둘기처럼
성을 버리고 바위 틈에 가서 살아라.
29 우리는 들었다, 모압이 건방지다는 말을.
주제넘게 빼기며 거만을 떨고
우쭐대며 거드럭거린다는 말을.
30 나 야훼가 말한다. 모압이 얼마나 실속 없
이 허풍치며 거만을 떠는지 내가 안다.
31 이제 나는 모압이 망하는 것을 애곡이나 하
여주리라. 모압의 국민을 생각하고 울어나
주리라. 키르헤레스 시민들을 위하여 애도
나 하여주리라.
32 시브마의 포도원아, 내가 너를 위하여
야젤을 생각하고 통곡하던 것보다 더욱
통곡하리라.
너의 새싹은 야젤에 미치고
사해에까지 뻗었건만,
여름 과일을 따고 포도를 거두려는데
적이 덮쳐와
33 기름진 땅 모압에서
기쁨과 흥을 앗아갔구나.
술틀에 넣어 짤 포도가 동이 나
술틀을 밟는 흥겨운 노래조차 사라졌구
나.

34 헤스본과 엘랄레에서 지르는 소리가 야하
스까지 들린다. 소알에서 지르는 소리가 호
로나임과 에글랏슬리시야까지 들린다. 그것
은 니므림의 샘터까지 폐허가 되어 울부짖
는 소리다.
35 나 야훼가 선언한다. 모압의 산당에서 제사
를 올리며 그 신에게 분향하는 일을 내가 폐
지하리라.
36 모압이 망한 것을 보고, 키르하레스에 쌓
아둔 보화가 없어진 것을 보고 나의 마음은
피리 소리처럼 슬퍼졌다.
37 모압 사람들은 모두 머리를 깎고 수염을 자
르고 손에 칼자국을 내고 삼베를 허리에 걸
쳤구나.
38 모압의 지붕마다, 광장마다 울음 바다를 이
루었구나. 마음에 들지 않는 그릇처럼 내가
모압을 부수었다. 야훼의 말이다.
39 아아, 모압은 망하였다. 너희는 울어라. 수
치스럽게 등을 돌리고 쫓기게 되었구나. 이
웃 모든 나라에 참혹한 모습을 보여 조롱거
리가 되었구나.
40 나 야훼가 말한다.
적이 독수리처럼 날개를 펴고
모압을 내려 덮치니,
41 성읍들은 함락되고
산성은 빼앗기리라.
그 날 모압의 용사들은 해산하는 여인의
심정이 되리라.
42 모압 백성은 내 앞에서 거만하였으므로
송두리째 망하게 되었다.
43 모압에 사는 자들아
두려움과 함정과 올가미가,
너희를 노리고 있다. 이는 내 말이라, 어
김이 없다.
44 두려움에서 벗어나려다가
함정에 빠질 것이요,
함정에서 기어 올라오려다가
올가미에 걸리리라.
모압이 벌받을 때가 되었으므로
내가 이런 재앙을 내리는 것이다.
이는 내 말이라, 어김이 없다.
45 도망가다가 기진하여
헤스본에서 한숨 돌리려는데
시혼의 궁전자리, 헤스본에서 불길이 치
솟아
수선을 잘 떠는 모압 백성의
귀밑머리와 정수리를 살라버렸다.
46 모압아, 너는 망하였다.
그모스 신의 백성은 끝장이 났다.
너희의 아들들은 사로잡혀 가고
너희의 딸들은 타국으로 끌려간다.
47 그러나 훗날 내가 모압의 본토도 수복시
켜 주리라.
야훼의 말이라, 어김이 없다."
◎이상이 모압에 내리신 판결문이다.

암몬

49

◎암몬의 운명.
"나 야훼가 말한다.
이스라엘은 후손이 끊기었느냐?
뒤를 이을 상속자가 없느냐?
어찌하여 밀곰 신이 가드를 차지하고
그 백성이 가드의 성읍들을 점령하여 사
느냐?
2 적이 쳐들어오며 외치는 소리가 라빠에
들려올 날이
눈앞에 다가왔다.
나 야훼가 선언한다.
라빠는 돌무더기가 되고
그 딸린 성읍들은 불바다가 되리라.
내가 이 일들을 이루고 나면
그 때에 이스라엘은 빼앗겼던 땅을 되찾
으리라.
이는 내 말이라, 어김이 없다.
3 헤스본 사람들아, 통곡하여라.
적이 쳐들어왔다.
라빠에 딸린 성읍들아, 큰소리로 울어라.
굵은 베옷을 몸에 걸치고 곡하며
몸에 칼자국을 내고 몸부림쳐라.
밀곰 신이 사로잡혀 가고
사제들과 대신들이 함께 끌려가게 되었
다.
4 무슨 자랑거리가 있느냐?
얼마나 힘이 세다고 뽐내는 거냐?
이 믿을 수 없는 백성아,
곡창을 믿고 안심하느냐?
그래서 아무도 쳐들어오지 못한다고 장
담하느냐?
5 내가 사방에서 무서운 원수를 데려오면
너희는 패잔병처럼 도망치리라.
도망치는 너희의 전열을 다시 정비할 사
람도 없으리라.
6 그러나 훗날 내가 암몬의 본토도 수복시
켜 주리라.
이는 내 말이라, 어김이 없다."

에돔

7 ◎에돔의 운명.

"나 만군의 야훼가 선언한다.
데만에서 지혜가 사라졌느냐?
슬기롭다는 자들의 생각이 막혔느냐?
지혜가 메말랐느냐?
8 드단 성민들아,
몸을 빼어 도망하여라.
깊은 산골에 들어가 숨어 살아라.
에사오 후손이 벌받을 때가 왔기에,
내가 재앙을 내리는 것이다.
9 적군이 포도밭에 달려들어
한 송이 남기지 않고 털어갈 것이며,
도둑은 밤에 들어와
모조리 훑어가리라.
10 내가 에사오족을 샅샅이 뒤지리라.
그 몸을 숨길 수 없이
으슥한 곳까지 모두 뒤지리라.
그의 후손이 씨도 없이 망하는데
11 뒤에 남은 고아를 살려줄 사람이 없고
뒤에 남은 과부의 의지가 되어줄 사람도
없으리라.
12 나 야훼가 선언한다. 죄없는 자도 독배를
마시는데 네가 어찌 마시지 않겠느냐? 네
가 죄가 없느냐? 어림도 없다. 너는 너의
죄를 면하지 못하리라.
13 나 야훼가 명예를 걸고 맹세한다. 보스라는
폐허가 되어 참혹한 꼴을 당하리라. 사람들
의 조소를 받으며 악담을 들으리라. 거기에
딸린 모든 성읍도 영원히 폐허로 남으리라.
이는 내 말이라, 어김이 없다."

14 야훼께서 만방에 전령을 보내시어
모여와서 에돔을 치라고 하시는 말씀을
나는 들었다.
어서 싸우러 오라고 하시는 말씀을 나는
들었다.
15 "나는 너희 에돔을 모든 나라 중에 가장
못난 나라로 만들어
사람들에게 멸시를 받게 하리라.
16 네가 우쭐해서 거들먹거리지만
결국은 제 꾀에 스스로 넘어가리라.
너희가 독수리 둥지처럼
아득히 높은 바위 틈에 집을 지었노라고
뽐내지마는,
내가 너희를 거기에서 끌어내리리라.
이는 내 말이라, 어김이 없다.
17 에돔은 참혹한 꼴을 당하리라. 지나가는
사람마다 그 황량함을 보고 깜짝 놀라며 빈
정거리리라.
18 나 야훼가 선언한다. 소돔과 고모라와 그 부
근의 성읍이 뒤엎혔듯, 에돔도 사람의 그림
자 하나 얼씬거리지 않는 무인지경이 되리
라.
19 사자가 요르단 강 가 수풀에서
사철 푸른 목장에 뛰어들 듯이
내가 에돔에 달려들어
사람들을 몰아내고
숫양 가운데서 좋은 놈을 골라내리니,
내 적수가 되어 따지고 들 자, 그 누구랴.
나의 앞을 가로막을 목자, 그 누구랴.
20 에돔을 두고 세운 나의 계획을 들어보아
라.
데만의 주민을 두고 뜻한 바를 들어보아
라.
양 새끼들마저 끌려가는 것을 보고
온 목장이 두려워 떨리라.
21 에돔이 쓰러지는 소리에
땅이 흔들리고
그 아우성 소리는 홍해에까지 미치리라.
22 적이 독수리처럼 날개를 펴고 치솟아
보스라에 내려 덮치리니,
그 날 에돔의 용사들은 해산하는 여인의
심정이 되리라."

시리아

23 ◎다마스쿠스의 운명.
"하맛과 아르밧은 불길한 소식이 들려와
당황하고 있구나. 걱정이 되어
출렁이는 바다처럼 설레는구나.
24 다마스쿠스는 기가 죽어
진통이 와서 몸을 뒤트는 산부처럼
질겁을 하고 도망친다.
25 이름난 수도, 흥청대던 도시가
황량한 거리가 되었구나!
26 그 성의 정병들은 광장에 쓰러지리라. 그
날 군인들은 모조리 목숨을 잃으리라. 만군
의 야훼가 하는 말이다.
27 내가 다마스쿠스 성에 불을 질러
벤하닷 궁전들을 살라버리리라."

아랍 부족들

28 ◎바빌론 왕 느부갓네살에게 정복당한 케달
의 운명과 하솔 추장들의 운명.
"나 야훼가 선언한다.
케달로 쳐들어가거라.
저 동방 사람들을 쳐부숴라.
29 천막과 양떼를 빼앗고
휘장과 세간을 약탈하고
낙타들을 몰아오너라.

'사방에서 무서운 적이 쳐들어온다.'고
큰소리로 일러주어라.
30 도망쳐라. 어서 피하여라.
하솔 시민들아! 깊은 산골짜기에 들어가 숨어 살아라.
내 말을 들어라. 바빌론 왕 느부갓네살이 너희를 치려고
계략을 꾸미고 있다.
31 마음놓고 걱정 없이 살고 있는 부족들,
성문도 빗장도 없이
끼리끼리 흩어져 사는 부족들에게로
어서 쳐들어가거라. 나 야훼의 말이다.
32 내가 사방에서 적을 끌어들여 치는 날에
구레나룻을 밀고 사는 이 백성은
낙타를 노략당하고
수없이 가축을 빼앗기며
사방으로 흩어지리라.
이는 내 말이라, 어김이 없다.
33 하솔은 영원히 돌밭이 되어
여우들의 소굴이나 될 것이며
사람의 그림자 하나 비치지 않는
폐허가 되리라."

엘람

34◎엘람의 운명. 유다 왕 시드키야가 임금이
되었을 무렵 야훼께서 예언자 예레미야에게
일러주신 말씀.
35 "나 만군의 야훼가 선언한다.
내가 엘람 사람들이 장기로 삼는
활을 꺾으리라.
36 하늘 네 귀퉁이에서 일어나는 네 줄기 바람을
엘람에 터뜨리리니,
엘람 사람들은 그 바람에 사방으로 흩어져
어디 가든지 엘람 사람 없는 곳이 없으리라.
37 치밀어오르는 분노로
내가 엘람에 재앙을 내리리니,
잡아 죽이려고 달려드는 원수들 앞에서
엘람 사람들은 두려워 떨리라.
이는 내 말이라, 어김이 없다.
적군이 칼을 빼어 들고 뒤쫓아가며
멸종시키고 말리라.
38 나는 엘람 왕과 대신들을 쓸어버리고
내 옥좌를 거기에 차려놓으리라.
이는 내 말이라, 어김이 없다.
39 그러나 뒷날 나는 엘람의 본토도 수복시
켜 주리라.
나 야훼의 말이다."

바빌론

50 ◎바빌론 나라와 그 백성의 운명을 두
고 야훼께서 예언자 예레미야를 시켜
하신 말씀.
2 "깃발을 올려 만방에 소식을 전하여라.
바빌론이 함락되리라.
㉠벨 신은 고개를 들지 못하고,
마르둑 신은 파랗게 질리리라.
그 신상들도 고개를 들지 못하고
우상들도 파랗게 질리리라.
3 북녘에서 한 민족이 바빌론을 쳐
그 땅을 광야로 만들 것이다.
사람도 짐승도 도망쳐 버려
폐허가 되리라.
4 그 날이 오면, 그 때가 되면,
이스라엘 백성은 돌아오리라.
유다 백성도 함께 돌아오리라.
이는 내 말이라, 어김이 없다.
울며 돌아와 저희의 하느님, 야훼를 찾으리라.
5 시온으로 가는 길을 물어 찾아오며
'영원한 계약을 다시는 저버리지 말자.'
고 서로 다짐하리라.
6 내 백성은 목자를 잘못 만나
이 산 저 산 헤매다가 흩어진 양떼처럼 되었었다.
보금자리를 잃고
산과 언덕을 헤매었다.
7 원수들은 만나는 족족 그들을 잡아 삼키며
'우리에게 무슨 잘못이 있겠느냐?
이스라엘이 야훼께 죄를 지은 탓이지.' 한다.
'저희 조상들의 희망이었던 목장,
착한 사람들의 목장을 저버린 탓이지.'
한다.
8 너희는 바빌론에서 빠져 나오너라.
바빌론 땅을 떠나거라.
양떼를 이끄는 숫염소처럼
앞장서서 나오너라.
9 이제 내가 강대국들로 동맹군을 일으켜
바빌론을 쳐들어가게 하리라.
그들이 북녘 땅에서 와서 진을 치고
백발백중 화살을 쏘아대어
바빌론을 점령하고야 말리라.

㉠ 벨은 바빌론 수호신 마르둑의 다른 이름이다.

10 바빌론이 노략당하리니,
저마다 실컷 털어가리라.
이는 내 말이라, 어김이 없다.
11 나의 유산을 털어간 자들아,
지금은 너희가 기뻐 환성을 올리며
송아지가 목초를 뜯으며 날뛰고
종마가 신이 나서 울어대듯이 한다마는,
12 너희 어미 바빌론은 이제 곧 고개를 들지
못하고
너희 생모는 실성하리라.
바빌론은 이제 나라들 가운데서도 가장
못난 나라,
메말라 타오르는 사막이 되리라.
13 불을 뿜는 나의 진노에
바빌론은 온통 돌무더기가 되고
사람의 그림자 하나 비치지 않아
지나가는 자마다 바빌론의 황량함을 보고
깜짝 놀라며 빈정대리라.
14 바빌론을 에워싸고 진을 친 자들아,
화살을 메워 쏘아라.
나에게 범죄한 자들이니
화살을 아끼지 마라.
15 바빌론을 에워싸고 사방에서 고함쳐라.
이제 곧 손을 들어 항복하게 되었다.
성벽을 받친 기둥은 넘어가고
벽은 헐리기 시작하였다.
내가 원수를 갚는 것이다.
원수를 갚아라. 보복하여라.
16 바빌론에서 씨뿌리는 자를 없애버려라.
추수철에 낫을 잡는 자도 없애버려라.
거류민들아, 쳐들어오는 칼날을 피하여
너희 겨레가 사는 고향을 찾아 도망하여
라.
17 이스라엘은 사자에게 쫓겨 흩어진 양떼,
처음에는 아시리아 왕에게 잡아먹혔고 다
음에는 바빌론 왕 느부갓네살에게 뼈까지 씹
어 먹혔다.
18 그러므로 나 만군의 야훼가 이스라엘의 하느
님으로서 선언한다. 아시리아 왕을 벌하였
듯이 바빌론 왕과 그의 나라를 나는 벌하리
라.
19 내가 이스라엘을 제 목장으로 돌아오게
하리니,
이스라엘은 가르멜과 바산에서 풀을 뜯고
에브라임 산과 길르앗에서 배불리 먹으리
라.
20 ◎그 날이 오면, 그 때가 되면 나는 살아 남
은 이스라엘의 죄를 용서하여 주리라. 나 야
훼가 말한다. 이스라엘의 죄는 아무리 찾아
도 보이지 않고 유다의 잘못은 아무리 찾아
도 눈에 뜨이지 아니하리라.
21 므라다임으로 쳐들어가거라.
브꼿으로 들어가 그 곳의 주민을 쳐라.
뒤쫓아가며 모조리 쳐죽여라.
이는 내가 내리는 명령이니, 그대로 행하
여라.
22 적이 쳐들어가며 고함치는 소리에 묻혀
온 나라가 무너지리라.
23 바빌론은 세상 모든 나라를
쳐부수는 망치였는데,
어찌하여 부러지고 부서지게 되었는가?
만국 가운데서 이런 참혹한 꼴을 당하게
되었는가?
24 바빌론아,
너는 내가 놓은 올가미에
모르는 사이 걸려들었다.
이 야훼에게 대들다가
걸려들어 붙잡히고 말았다."
25 야훼께서 당신의 무기고를 여시고
바빌론을 징계코자 무기를 꺼내신다.
만군의 야훼께서 주권자로서
바빌론 땅에 하실 일이 있으시단다.
26 빠짐없이 바빌론으로 모여라.
창고를 털어내어
곡식단처럼 쌓아놓고 없애버려라.
야훼의 것이니 하나도 남기지 마라.
27 그 황소 같은 것들을
끌어내다가 칼로 쳐죽여라.
불쌍하구나, 바빌론 사람들.
그들의 날, 천벌받을 때가 이르렀다.
28 들어라, 바빌론 땅에서 살아 도망쳐 나온
자들의 소리를.
당신의 성전을 짓밟은 자들에게
하느님 야훼께서 복수하셨음을
시온에 알리는 소리를.

29 "명궁들을 불러다가 바빌론을 쳐라.
아무도 빠져 나가지 못하게 둘러싸고
그 소행대로 보복하여라.
못되게 굴던 만큼 갚아주어라.
이스라엘의 거룩한 하느님 야훼 앞에
교만하였으므로 그런 일을 당하는 것이
다.
30 그 날 바빌론 정병들이 광장에 쓰러지리
라.
군인들은 모조리 목숨을 잃으리라.
이는 내 말이라, 어김이 없다.

31 너희 우쭐대던 것들아, 내가 너희를 대적
하리라.
나 만군의 야훼가 주권자로서 선언한다.
너희의 날, 천벌받을 그 때가 오고야 말
았다.
32 그렇게 우쭐대더니,
비틀거리다가 쓰러지는데
일으켜줄 사람이 없으리라.
나는 바빌론 성읍들에 불을 질러
그 언저리마저 살라버리리라.
33 나 만군의 야훼가 선언한다.
이스라엘 백성은 압제를 받아왔다.
그들을 사로잡아 간 자들은
붙잡고 놓아주려 하지 않았지만,
34 그들을 건져줄 자 힘이 있으니
그 이름 만군의 야훼다.
나 야훼는 그들의 송사를 받아주어
바빌론 주민들에게 벌을 내리고
온 세상에 평화를 주리라.
35 칼이 바빌론 온 백성과 수도 시민들 위에
떨어진다.
야훼의 말이다.
칼이 바빌론 고관들과 지혜 있다는 자들
위에 떨어진다.
36 칼이 떨어지면
점쟁이는 얼이 빠지리라.
칼이 떨어지면
용사들은 파랗게 질리리라.
37 칼이 떨어지면
외인부대도 여인들처럼 당황하리라.
칼이 떨어지면
바빌론의 보물 창고들은 털리리라.
38 칼이 떨어지면
샘터는 말라버리리라.
바빌론은 우상들의 천지,
험상궂은 우상들을 섬기다가 미쳐버리리
라.
39 그리하여 바빌론은 살쾡이와 여우의 굴이
되고
타조가 깃들이는 곳이 되리라.
세월이 흐르고 흘러도
사람의 그림자 하나 비치지 않는
폐허가 되리라.
40 나 야훼가 선언한다.
소돔과 고모라와 그 이웃 성읍들이 천벌을
받아 뒤엎혔듯이
바빌론도 사람의 그림자 하나 비치지 않
는
폐허가 되리라.
41 북녘에서 한 민족이 쳐들어온다.
큰 나라가 쳐들어온다.
세상 변두리에서 대왕들이 동원되어
42 활과 창을 겨누고 온다.
그들은 인정없고 잔인한 자들,
바다처럼 소란하게 고함치며
말을 타고 달려온다.
바빌론 시민들아, 그들이 모두 전열을 갖
추고
너희들을 치러 온다.
43 그러나 바빌론 왕은 그 소식을 듣고
손에서 맥이 빠져
해산하는 여인처럼
진통을 겪으리라.
44 사자가 요르단 강 가 수풀에서
사철 푸른 목장에 뛰어들듯이
달려들어 사람들을 몰아내고
내가 뽑은 사람을 바빌론에 세워 다스리
게 하리라.
내 적수가 되어 따지고 들 자, 그 누구랴.
내 앞을 가로막을 목자, 그 누구랴.
45 바빌론을 두고 세운 나의 계획을 들어보
아라.
바빌론 국민을 두고 뜻한 바를 들어보아
라.
새끼들마저 끌려가는 것을 보고,
온 목장이 두려워 떨리라.
46 바빌론이 쓰러지는 소리에
땅이 흔들리고
그 아우성 소리는 여러 나라에까지 미치
리라.

51 나 야훼가 선언한다.
보아라, 내가 광풍을 일으켜
바빌론과 ㉠렙카마이
주민들을 쓸어가리라.
2 내가 바빌론에 키질하는 자를 보내어
온 나라를 말끔히 날려버리리라.
재앙이 내릴 날, 사방에서 적이 몰려와
바빌론을 에워싸고 치리라.
3 그런 판국에 바빌론 궁수들이
갑옷을 입고 뽐내며 활을 쏜들 무엇하랴?
바빌론 정병들을 무자비하게 죽여라.
모든 군대를 전멸시켜라.
4 바빌론 나라 곳곳에 전사자의 시체가 뒹
굴고,
거리거리에 창에 찔려 죽은 시체가 뒹굴
리라.

㉠ '나에게 맞서는 자의 마음'이라는 뜻으로 갈대아를 가리키는 암호이다.

5 이스라엘의 거룩한 하느님 나에게 지은
죄가
온 나라에 이렇게 가득한데 어찌 벌을 받
지 않겠느냐?
그러나 이스라엘과 유다는
만군의 야훼 저희 하느님에게서 영원히
끊기지 아니하리라.
6 바빌론을 탈출하여라.
함께 벌받아 죽지 마라.
뛰쳐 나와 목숨을 건져라.
나 야훼가 원수갚을 때가 되었다.
바빌론은 마땅한 벌을 받는 것이다.
7 바빌론은 한때 야훼의 손에 들린 금술잔이
되어
온 세상을 취하게 하였었다.
그 술을 마시고 나서
온 세상이 실성을 하였었다.
8 그 바빌론이 갑자기 망해 무너지게 되었
구나.
바빌론아, 통곡하여라.
향유를 가져다가 상처에 발라보아라.
혹시 나을지 누가 아느냐?"

9 벌을 면할 길 없는 바빌론의 죄가
하늘에 닿았고 구름에 미쳤다.
그 상처는 아무리 다스려도 낫지 않으니,
내버려두고 우리는 고향으로 돌아가자.
10 야훼께서는 우리를 죄에서 풀어주셨다.
오라, 우리 하느님 야훼께서 하신 일을
시온에 가서 이야기하자.
11 화살촉을 벼리어
화살통 가득히 넣어라.
야훼께서 메대 왕을 부추기어 바빌론을 멸
망시키시기로 결심하셨다. 이는 당신의 성
전이 짓밟힌 것을 복수하시는 것이다.
12 바빌론 성 공격의 깃발을 올려라.
보초를 세우고 복병을 잠복시켜
단단히 감시하여라.
야훼께서 바빌론 시민을 멸하시기로 하셨
으니, 그 뜻하신 대로 반드시 이루시리라.
13 큰 물가에 자리잡고
아쉬운 것 없이 흥청대던 자여,
이제 너는 끝장이 났다.
잘려 나갈 운명이 닥쳐왔다.
14 "내가 메뚜기떼처럼 많은 군사를
바빌론에 가득히 불러들여 소리치게 하리
라."고
만군의 야훼께서 자신을 걸고 맹세하셨다.

15 ㉠당신 힘으로 땅을 만드시고
당신 지혜로 땅덩이를 고정시키시고
당신 재주로 하늘을 펼치셨다.
16 한번 호령하시면 하늘에서 물이 출렁이
고
먹구름이 지평선에서 올라오고
번개가 번쩍이며 비가 쏟아지면
가두어두셨던 바람을 풀어놓으신다.
17 사람은 모두 짐승처럼 우둔한 것,
은장이는 제가 부어 만든 우상 때문에 창
피당하리라.
그것은 숨도 못 쉬는 허수아비,
18 아무것도 못하는 놀림감,
사람들이 벌받는 날, 함께 사라지리라.
19 야곱을 골라 당신을 섬기라고 하신 이는
그런 신이 아니시다.
만물을 지으시고
이스라엘 지파를 당신의 몫으로 고르신
분,
그 이름 만군의 야훼시다.

20 "㉡너는 나의 무기, 나의 망치였다.
나는 너를 휘둘러 나라들을 짓부수고
만방을 멸망시켰다.
21 나는 너를 휘둘러 기병대를 짓부수고
병거대를 짓부수었다.
22 사나이와 아낙네를 짓부수고
늙은이와 젊은이를 짓부수었다.
23 목동과 양떼를 짓부수고
농부와 소를 짓부수었다.
지방장관들과 시장들을 짓부수었다.
24 나는 바빌론이 시온에 부린 온갖 행패를
너희가 보는 앞에서 갚으리라. 바빌론의 도
읍과 온 국민에게 갚으리라. 이는 내 말이
라, 어김이 없다.
25 온 세상을 짓부수던 멧부리야,
이제 내가 너를 멸하리라.
나 야훼가 선언한다.
팔을 뻗어 너를 움켜잡고
바위 꼭대기에서 내려 굴리며
산에 불을 지르리라.
26 너는 언제까지나 돌무더기로 남아
모퉁잇돌 하나
주춧돌 하나 너에게서 얻을 수 없으리라.
이는 내 말이라, 어김이 없다.
27 만방에 깃발을 들어 신호하여라.
나팔을 불어 알려라.
바빌론을 칠 거룩한 싸움에 만방을 동원

㉠ 15-19절은 10:12-16과 같다. ㉡ 바빌론을 말한다.

하여라.
아라랏과 민니와 아스그낫 나라들을 불러
다 바빌론을 쳐라.
사령관들을 엄명하여 싸움을 시작하여
라.
기마대를 메뚜기떼처럼 몰아넣어라.
28 메대 왕을 비롯한 그 지방장관들과 시장
들과 속국들을 다 거룩한 싸움에 동원시켜
바빌론을 쳐라."

29 땅이 뒤틀리며 흔들린다.
야훼께서 계획하신 대로 바빌론을 치시어
그 땅을 인적도 없는 황량한 곳으로 만드
시려고 일어서셨다.
30 바빌론의 용사들은 여인처럼 힘이 빠져
싸우다 말고 요새로 돌아가 보면,
아, 빗장은 이미 부러지고 집들은 불길에
싸여 있으리라.
31 전령이 잇달아 뛰어온다.
수도 바빌론이 구석구석 함락되었다고
그 소식을 왕에게 알리러 뛰어온다.
32 강나루마다 빼앗기고
방어진지는 불에 타고
군인들은 모두 제 정신이 아니라고 보고
한다.
33 수도 바빌론이 타작 마당처럼 짓밟힐 때
가 왔다고,
곡식알처럼 떨릴 때가 왔다고,
이스라엘의 하느님이신 만군의 야훼께서
선언하시지 않았느냐?

34 "바빌론 왕 느부갓네살이 우리를 잡아먹었
습니다.
모조리 먹고 빈 접시처럼 만들었습니다.
바다의 용처럼 우리를 삼켰습니다.
입맛을 다시며 배가 불룩하게 우리를 먹
어치웠습니다.
35 사정없이 우리 살을 뜯어먹던 그 원수를
바빌론 성 위에서 갚아달라고
시온의 백성이 호소합니다.
우리 피를 흘리게 한 원수를
바빌론 백성에게 갚아달라고
예루살렘이 호소합니다."

36 "그렇다면 나 야훼가 선언한다.
나 이제 너의 송사를 받아들여
너의 원수를 갚아주리라.
바빌론의 샘구멍을 막아
물줄기들을 말려버리리라.
37 바빌론은 여우의 소굴이 되리니,
그 참혹한 형상을 보고 사람들이 빈정거
리리라.
바빌론은 사람의 그림자 하나 비치지 않
는
폐허가 되리니,
38 그제야 사람들은 저마다 부르짖으리라.
앙칼진 사자 새끼 소리를 내리라.
39 그들의 목이 타느냐?
내가 술상을 차려주리라.
마시고 만취하도록,
아주 잠들어, 다시는 깨어나지 못하도록.
이는 내 말이라, 어김이 없다.
40 내가 바빌론의 주민을 어린 양처럼
숫양이나 숫염소처럼
도살장으로 끌고 내려가리라."
41 온 세상의 찬양을 받던 ㉠세삭이
어이없게 함락되다니, 점령되다니!
바빌론이 어이없게 뭇 민족 앞에
그 참혹한 형상을 보이게 되다니!
42 소리쳐 밀려드는 물결에
바빌론이 뒤덮이고 말았구나.
43 성읍들은 허허벌판 쑥밭이 되어
사람의 그림자 하나 비치지 않는
폐허가 되었구나.

44 "내가 바빌론에서 벨 신을 벌하여
삼켰던 것을 토하게 하리니,
다시는 뭇 민족이 그에게 몰려들지 않으
리라.
바빌론 성은 무너졌다.
45 내 백성아, 너희는 바빌론 성에서 빠져 나
와
내가 터뜨리는 화를 입지 말고 목숨을 건
져라.
46 세상의 어떤 뜬소문에도 낙담하지 마라.
이 해에는 이런 소문이 나돌고, 저 해에는
저런 소문이 나돌 것이다. 곳곳에 폭력이
판을 치고, 난리가 잇달아 일어나리라.
47 바빌론의 신상들을 벌할 날이
이제 다가왔다.
그 나라 방방곡곡 주검들이 뒹굴어
온 국민이 얼굴을 들 수 없게 되리라.
48 바빌론을 무너뜨릴 자 북녘에서 오리니,
하늘과 땅과 그 안에 있는 모든 것은
바빌론이 망하는 모양을 보고 즐거워하리
라.

㉠ 바빌론을 가리킨다.

이는 내 말이라, 어김이 없다.
49 온 세상에서
술한 사람을 죽인 바빌론,
그 바빌론이 이스라엘 백성을 마구 죽인
죄벌로
망할 때가 되었다.
50 그런즉, 칼을 피한 자들아 빠져 나오너
라.
머뭇거리지 말고 어서 떠나거라.
멀리서라도 이 야훼 생각을 하고
예루살렘을 너희 마음에 두어라."
51 "우리의 귀를 때리는 욕설에 얼굴을 들지
못하게 되었습니다.
우리는 오랑캐들이 야훼의 성소를 짓밟으
므로
우리의 몸둘 바를 몰랐습니다."

52 "너희가 그토록 울부짖더니,
기다리던 날이 마침내 오고 말았다.
내가 말한다. 바빌론 신상들을 벌하는 날,
죽어가는 자의 신음 소리가 온 세상에 사
무치리라.
53 요새를 하늘에 닿게 쌓아도
내가 침략자를 보내어 바빌론을 헐어버리
리라.
이는 내 말이라, 어김이 없다."

54 바빌론에서 울부짖는 소리가 난다.
바빌론 온 나라가 무너진다.
55 야훼께서 바빌론에 쳐들어가신다.
파도 소리 요란하게 밀려오는 바다처럼
큰소리치던 바빌론을 잠잠하게 하신다.
56 침략자가 바빌론에 쳐들어가
활을 꺾고 용사들을 붙잡아간다.
야훼는 상벌을 내리시는 하느님,
바빌론을 단단히 벌하시리라.

57 "나는 바빌론의 대신들과 현자들,
지방장관들과 영주들,
용사들을 취하게 하리라.
아주 잠들어 깨어나지 못하게 하리라.
이는 내가 왕으로서 하는 말, 내 이름은
만군의 야훼다.
58 나 만군의 야훼가 선언한다.
바빌론의 두꺼운 성벽은 아주 허물어지고
그 높은 성문들은 불에 타리라.
뭇 백성이 힘들여 만든 것이 헛된 일이 되
고
부족들이 애써 이룬 것이 재가 되고 말리
라."

59◎마아세야의 손자요 네리야의 아들인 스라
야는 시드키야 왕의 행차를 보살피는 사람이
었다. 유다 왕 시드키야 제사년에 스라야가
왕명을 받아 바빌론으로 갈 때, 예언자 예레
미야가 그에게 내린 명령이다.
60 예레미야는 바빌론에 내릴 이 모든 재앙을 한
책에 기록하여 주며
61 스라야에게 일렀다. "그대가 바빌론에 가거
든, 이 모든 말씀을 반드시 다 읽도록 하시
오.
62 그리고 야훼께 이렇게 아뢰시오. '야훼여,
주께서는 이 곳을 송두리째 뿌리뽑아 사람
도 짐승도 살 수 없게 하시겠다고 하셨습니
다. 바빌론이 영원토록 폐허로 남아 있으리
라고 하셨습니다.'
63 이 책을 다 읽고 나거든 책에 돌을 달아 유
프라테스 강 물 속에 던지시오.
64 던지며 이렇게 말하시오. '이처럼 바빌론은
물에 가라앉으리라. 내가 내리는 재앙을 당
한 후에, 다시는 일어나지 못하리라.'"
여기까지가 예레미야의 말이다.

㉠예루살렘이 함락되다

52 시드키야는 이십일 세 때 왕위에 올라
십일 년 동안 예루살렘에서 다스렸다.
그의 어머니는 리브나 출신 예레미야의 딸로
서 이름은 하무달이라고 했다.
2 시드키야는 여호야킴이 했듯이 야훼 보시기
에 악한 일을 행하였다.
3 예루살렘과 유다는 야훼의 진노를 사서 마침
내 그 앞에서 쫓겨나고 말았다.
시드키야가 바빌론 왕에게 반기를 들었다.
4 그래서 바빌론 왕 느부갓네살은 시드키야 왕
구년 시월 십일, 전군을 이끌고 예루살렘을
침공하여 성을 포위하고 사면에 토성을 쌓
았다.
5 이 포위는 시드키야 왕 십일년까지 계속되
었다.
6 그 해 성에 기근이 혹심하여 식량이 떨어지
자 일반 서민들은 굶주려 죽게 되었는데,
사월 구일에 드디어
7 성벽이 뚫렸다. 그러자 왕은 모든 군인들을
이끌고 왕실 정원으로 나가는 두 성벽 사이
짬에 있는 문으로 성을 빠져 나가 밤을 도와
아라바 쪽으로 도망하였다. 성을 포위하고

㉠ 2열왕 24:18-25:30; 예레 39:1-10 참조.

있던
8 바빌론 군이 시드키야 왕을 추적하여 예리고
의 들판에서 잡자 왕의 군대는 산산이 흩어
져 버렸다.
9 바빌론 군대가 왕을 사로잡아 하맛 지방 리
블라에 주둔하고 있는 바빌론 왕에게로 끌고
가자 바빌론 왕이 그를 심문하였다.
10 그는 시드키야의 아들들을 그가 보는 데서
살해하고 유다의 대신들도 모두 리블라에서
죽였다.
11 바빌론 왕은 시드키야의 눈을 뽑은 다음 쇠
사슬로 묶어 바빌론으로 끌어다가 죽을 때
까지 감옥에 가두어두었다.
12 바빌론 왕 느부갓네살 제십구년 오월 십일
에 바빌론 왕의 측근인 친위대장 느부사라단
이 예루살렘에 입성하여
13 야훼의 전과 왕궁과 예루살렘 성 안 건물을
모두 불태웠다. 큰 집은 모두 불탔다.
14 친위대장을 따르는 바빌론 군인들은 예루살
렘 성벽을 돌아가며 모조리 허물었다.
15 친위대장 느부사라단은 도성에 남아 있던
민간인과 바빌론 왕에게 투항하였던 사람들
과 살아 남은 기술자들을 포로로 데려갔다.
16 그리고 백성들 중 가장 비천한 층의 사람들
만 남겨두어 포도원을 가꾸고 농사를 짓게
하였다.
17 바빌론 군대는 야훼의 성전에서 놋기둥들,
놋받침대, 놋바다 등을 해체하여 모두 바빌
론으로 가져갔다.
18 예식에 쓰이는 재받이와 부삽과 가위와 물
뿌리개와 작은 향합과 그 밖의 모든 놋기구
들은 그대로 가져갔다.
19 친위대장은 또 잔들과 화로, 피 담는 그릇,
재받이, 등잔대, 대접, 접시 등 금은 그릇을
가져갔다.
20 놋기둥 두 개와 놋받침대, 놋바다 한 개, 큰
물항아리를 받치려고 놋쇠로 만든 소 열두
개 등, 솔로몬 왕이 야훼의 성전에 만들어 놓
았던 이 놋기구들은 그 무게를 이루 측량할
수가 없을 정도였다.
21 기둥만 해도 높이가 열여덟 자에 둘레는 열
두 자였다. 기둥 속은 비었지만 놋쇠 두께
는 네 손가락 나비나 되었다.
22 기둥 위에는 놋쇠로 만든 대접받침이 있었
는데, 그 높이가 다섯 자였다. 그 대접받침
둘레에는 놋쇠로 만든 망이 쳐져 있고, 그
망에는 석류 모양의 장식이 달려 있었다.
둘째 기둥도 마찬가지였다.
23 철망에 달려 있는 석류는 모두 백 개였는데
밖에 드러난 것은 아흔여섯 개였다.
24 친위대장은 대사제 스라야, 부사제 스바니
야, 그리고 정문 수위 세 명을 체포하였다.
25 성 안에서는 군사령관이던 내시 한 사람과
도성에 남아 있던 어전 시종 일곱 사람과 징
병 업무를 보던 부사령관과 그 밖에 도성에
들어와 있던 지방민 가운데서 육십 명을 붙
잡았다.
26 친위대장 느부사라단은 이들을 모두 리블라
에 머무르고 있던 바빌론 왕에게 넘겼다.
27 그 곳 하맛 땅 리블라에서 바빌론 왕은 그들
을 처형하였다. 이렇게 유다 백성들은 사로
잡혀 고국을 떠나게 되었다.
28 느부갓네살 왕에게 사로잡혀 간 유다인들
의 수효가 제칠년에는 삼천 명하고도 스물
세 사람이었다.
29 느부갓네살 제십팔년에도 예루살렘의 유다인
팔백삼십이 명이 사로잡혀 갔다.
30 느부갓네살 제이십삼년에는 유다인 칠백사
십오 명이 친위대장 느부사라단에게 사로잡
혀 갔다. 그래서 통틀어 사천육백 명이 사
로잡혀 갔다.
31 유다 왕 여호야긴이 사로잡혀 간 지 삼십칠
년이 되던 해 십이월 이십오일, 에윌므로닥
이 바빌론 왕으로 등극하면서 유다 왕이었던
여호야긴에게 특사를 베풀어 출감시키고,
32 바빌론에 사로잡혀 있던 다른 왕들보다 윗
자리에 앉혀 우대하였다.
33 여호야긴은 죄수복을 벗고 일생 동안 어전
에서 음식을 들었다.
34 그는 죽는 날까지 계속하여 바빌론 왕에게
서 녹을 받아 날마다 아쉬운 것 없이 지냈
다.

애 가

첫째 애가

1 아, 그렇듯 붐비던 도성이
이렇게 쓸쓸해지다니.
예전에는 천하를 시녀처럼 거느리더니,
이제는 과부 신세가 되었구나.
열방이 여왕처럼 우러르더니
이제는 계집종 신세가 되었구나.
2 밤만 되면 서러워 목놓아 울고,
흐르는 눈물은 끝이 없구나.
사랑을 속삭이던 연인들조차 위로하여 주지 않고
벗들마저 원수가 되어 등돌리는구나.
3 유다는 욕보면서 살아오다가
끝내 잡혀가 종살이하게 되었구나.
이 나라 저 나라에 얹혀살자면
어디인들 마음 붙일 곳이 있으랴.
이리저리 쫓기다가 막다른 골목에 몰려
뒷덜미를 잡힌 꼴이 되었구나.
4 시온으로 오가는 길목에는 순례자의 발길이 끊어지고,
들리는 것은 통곡 소리뿐이구나.
모든 성문은 돌더미로 주저앉고,
사제들 입에서는 신음 소리뿐이요,
처녀들 입에서는 한숨 소리뿐이구나.
아, 시온이 이렇게도 처량하게 되다니,
5 야훼께 거스르기만 하던 시온,
정녕 죄를 받고 말았구나.
시온의 원수들이 득세하여
이제 닥치는 대로 어린것들마저 끌어가는구나.
6 수도 시온의 영화는 어디로 갔는가.
지도자들은 목장을 잃은 염소처럼 떠돌며
원수에게 맥없이 끌려가고 말았구나.
7 예루살렘이 어찌 잊을 것인가?
집없이 떠돌며 짓밟히던 나날을.
백성이 원수의 손아귀에 들었는데도,
아무도 도와줄 이 없어
적은 좋아라고 비웃기만 하였다.
8 예루살렘이, 그토록 죄를 짓던 예루살렘이
끝내 개짐처럼 되었구나.
일찍이 떠받들던 자들도
이젠 그 벌거숭이 모습이 역겨워 눈살을 찡그리고,
예루살렘은 한숨 지으며 쩔쩔매는구나.
9 치맛자락에 묻은 몸엣것이 부끄러워
"이렇게 될 줄이야!" 하고 제자리에 주저앉아도
위로해 주는 이 하나 없구나.

야훼여, 이 비참한 모습을 보십시오.
원수가 우쭐대는 꼴을 보십시오.
10 이 백성이 알뜰히 아끼던 것은
원수가 모조리 손아귀에 넣었습니다.
주의 성역에 들여놓지 말라고 하신 오랑캐들이
성소에까지 밀어닥치는 꼴을 보았습니다.
11 모든 백성이 신음하며
밥을 구걸하는 신세가 되었습니다.
패물을 먹을 것으로 바꾸며
겨우 입에 풀칠이나 하는 신세가 되었습니다.
야훼여, 이 비천한 몸을 보살펴 주십시오.

12 길 가는 나그네들이여, 나를 보시오.
야훼께서 노여움을 터뜨려 나를 내려치시던 날 겪던
그런 고생이 또 어디 있겠소?
13 높은 데서 내려 쏘신 그의 불화살이
뼈 속에 박혔다오.
그가 치신 올가미에 발이 걸려
나동그라져
박살나고 결딴나 버렸다오.
14 죄를 지었다고 하여
주께서 지우신 멍에가 어찌나 무거운지
그만 지쳐버렸다오.
주는 나를 옴짝도 못하게 죄의 사슬에 얽어매 놓으셨다오.
15 주는 적군을 불러들여 나의 군대를 쳐부수고,
이 성에서 나의 용사들을 몰아내셨다오.
나의 주는 포도를 술틀에 넣고 짓밟듯
숫처녀 같은 이 유다의 수도를 짓밟으셨다오.
16 이런 일을 당하고도 나 어찌 통곡하지 않으리오.
눈물을 쏟지 않으리오.

나를 위로하며 되살려줄 이는
가까이 얼씬도 않는구려.
원수가 어찌나 억센지
내 아들들은 결딴나고 말았다오.
17 시온이 아무리 손을 내저어도
잡아줄 이가 없구려.
야훼께서도 원수더러 야곱을 에워 치라
하셨으니,
예루살렘은 개짐으로만 보일 것이오.
18 그렇다고 야훼께 무슨 잘못이 있겠소.
내가 그의 말씀을 거스른 탓이오.
열방은 귀담아 들어주시오.
이 고생하는 모양을 보아주시오.
이 나라 처녀 총각들은 모두 잡혀가고 말
았다오.
19 옛 애인들을 불러보았지만
모두들 고개를 돌렸다오.
사제나 장로들은 목숨이나 이으려고
먹을 것을 찾아 헤매다가
성 안에서 모두 숨졌다오.
20 야훼여, 이 고생하는 모습을 보아주십시
오.
애가 타고 가슴이 미어지는 듯합니다.
야훼를 거스르던 몸이라,
밖에서는 자식이 칼에 맞아 죽는 꼴을 보
고,
안에서는 혈육이 앓아 죽는 꼴을 봅니다.
21 위로해 주는 이 하나 없는
이 몸의 신음 소리를 들어주십시오.
바로 주께서 내리신 재난으로
고생하는 모양을 보고
그것이 당신께서 내리신 것임을 알고는,
좋아라 웃어대는 원수들,
주께서 말씀하신 날이 어서 와서
그들도 저와 같은 꼴이 되게 해주십시오.
22 이 몸이 죄가 많아 주께 벌을 받았으나,
그들도 주께 거스르는 짓을 했으니,
똑같은 벌을 내려주십시오.
끝없는 이 한숨 소리,
심장이 다 멎을 듯합니다.

둘째 애가

2 아, 나의 주께서 노여움을 터뜨리시어
수도 시온을 먹구름으로 덮으셨구나.
진노하시던 그 날,
당신의 발판은 안중에도 없으셨고,
이스라엘의 영광을
하늘에서 땅으로 내던지셨다.
2 나의 주께서 야곱의 보금자리를 모두 사
정없이 허무셨고,
진노하시어 유다 수도의 성채들을 쳐부수
시고,
통치자와 신하들을 욕보이셨다.
3 크게 진노하시어
원수를 치는 대신 오른손으로
이스라엘의 뿔을 모조리 꺾으셨다.
타오르는 불길로 야곱을 사르시니,
가는 곳마다 잿더미로구나.
4 나의 주께서 원수인 양 적수인 양
화살을 메워 쏘아대셔서
끼끗한 사람들을 다 죽이셨다.
수도 시온의 장막에 불길 같은 노여움을
쏟으셨다.
5 나의 주께서 원수인 양 이스라엘을 삼키
셨다.
망대를 돌아가며 허무시고 성채를 다 허
시어,
유다의 수도에서 들리는 것은 신음 소리,
한숨 소리뿐이구나.
6 당신께서는 도둑떼처럼 오두막을 허무시
고,
순례절마다 모이는 자리를 결딴내셨다.
시온에 축제와 안식일이 언제 있었던가,
기억에서마저 사라지게 하셨다.
진노하시어 왕도 사제도 버리셨다.
7 주께서는 당신의 제단이 보기 싫어 성소
를 버리셨구나.
높다란 성벽을 원수의 손에 내맡기셔서
허물게 하시니
원수들이 야훼의 집에서 축제 때처럼 환
성을 올리는구나.
8 야훼께서 수도 시온의 성곽을 허무시기로
작정하시고,
손수 다림줄을 대시고 기어이 헐어버리
셨다.
겹겹이 둘러싼 성벽이 한꺼번에 무너지
며
울음 소리 터져 나오는구나.
9 빗장들이 부러지며 성문들이 내려앉고,
왕이나 고관들은 하느님의 법도 모르는
나라에 끌려가며,
예언자들은 야훼께 계시도 받지 못하게
되었다.
10 수도 시온의 장로들은
몸에 베옷을 걸치고 머리에 흙을 들쓰고,
기가 막혀 말도 못하고 주저앉아 있으며
예루살렘의 처녀들은 땅에 머리를 묻었다.

애가

11 내 백성의 수도가 이렇게 망하다니,
울다 지쳐 눈앞이 아뜩하고
애가 끊어지는 것 같구나.
아이들, 젖먹이들이 성 안 길목에서 기절
하는 모습을 보니,
창자가 터져 땅에 쏟아지는 것 같구나.
12 먹고 마실 것을 달라고 어미에게 조르다
가,
성 안 광장에서 부상병처럼 맥이 빠져
어미 품에서 숨져갔구나.

13 수도 예루살렘아,
너에게 무슨 말을 더 하랴.
짓밟힌 일 없던 수도 시온아,
지금의 너 같은 처참한 꼴이 일찍이 없었
는데,
나 너를 어디다 비겨 위로해 주랴.
네 상처가 바다처럼 벌어졌거늘,
어느 누가 다스려줄 것인가.
14 네 예언자들이 환상을 보고 일러준 말은
얼마나 허황한 거짓말이었던가?
네 죄를 밝혀 운명을 돌이켜주어야 할 것
을,
허황한 거짓 예언만 늘어놓다니!
15 지나가는 길손이 모두들 너를 보고 손가
락질한다.
수도 예루살렘을 보고 머리를 저으며 빈
정거린다.
"천하 일색이라 칭송이 자자하던 네가 고
작 이 꼴이냐?"
16 네 모든 원수들이 입을 벌리고 달려들어,
"어서 집어삼키세.
기다리던 날이 왔구나.
저 망하는 꼴을 보게."
놀려대며 입맛을 다신다.
17 야훼께서 벼르시던 일을 기어이 하셨다.
일러두셨던 일을 끝내 하시고 말았다.
일찍이 선언하신 대로
사정없이 너를 부수시었다.
원수들의 뿔을 들어올려
우쭐거리게 하셨다.
18 짓밟힌 일 없던 수도 시온아,
참마음으로 주께 울부짖어라.
밤낮으로 눈물을 강물같이 흘려라.
조금도 마음을 놓지 마라.
눈 붙일 생각도 하지 마라.
19 야경 도는 초저녁부터
일어나 울부짖어라.
네 마음을 주 앞에 물붓듯이 쏟아라.
길목에서 굶주려 숨져가는 자식들을 살
려달라고
손을 들어 빌어라.

20 야훼여,
보이지 않으십니까?
주께서 이렇듯 누구를 괴롭히신 일이 있
으십니까?
어미가 제 속으로 난 성한 자식을 먹다니,
차마 이럴 수가 있습니까?
사제와 예언자가 주의 성소에서 살육을
당하다니,
이럴 수가 있습니까?
21 젊은이와 늙은이가 길바닥에 쓰러졌습니
다.
이 나라 처녀 총각들이 칼에 맞아 쓰러졌
습니다.
그 날 주께서 진노하시어 죽이셨습니다.
사정없이 죽이셨습니다.
22 축제일에 사람을 불러들이듯
당신께서는 사방에서 제 원수를 불러들
이셨습니다.
주께서 진노하시던 날,
한 사람도 몸을 빼어 살아 남지 못했습니
다.
제가 낳아서 고이 기른 것들을
원수들이 모두 잡아죽였습니다.

셋째 애가

3 노여워 때리시는 매를 맞아
온갖 고생을 다 겪은 사람,
2 이 몸을 주께서 끌어내시어
칠흙 같은 어둠 속을 헤매게 하시는구나.
3 날이면 날마다
이 몸만 내려치시는구나.
4 뼈에 가죽만 남았는데,
뼈마저 부서뜨리시고
5 돌아가며 성을 쌓아 가두시고
정수리에 저주를 퍼부으시어
6 먼 옛날에 죽은 사람처럼
어두운 곳에 처넣어두셨구나.
7 무거운 사슬로 묶어 울 안에 가두셨으니
나 어찌 빠져 나갈 수 있겠는가.
8 아무리 살려달라고 울부짖어도
주께서는 이 간구마저 물리치시고,
9 도리어 돌담을 쌓아
앞길을 가로막으시는구나.
10 주께서 곰처럼, 숨어 엎드린 사자처럼
나를 노리시며

11 앞길에 가시덤불을 우거지게 하여
내 몸을 갈가리 찢게 하시고,
12 나를 과녁으로 삼아
화살을 메워 쏘시는구나.
13 당신의 살통에서 뽑아 쏘시는 화살이
내장에 박혀
14 날마다 뭇 사람에게
웃음거리, 놀림감이 되었다.
15 쓴 풀만 먹이시고,
소태즙만 마시게 하셨다.
16 주께서 돌멩이로 내 이를 부수시고
나를 땅에다 짓밟으시니
17 나는 언제 행복하였던가,
나의 넋은 평안을 잃었는데.
18 "나의 영광은 사라졌고,
주 야훼께 바라던 것이 모두 물거품이 되
었다." 하며
19 쫓기는 이 처참한 신세
생각만 해도 소태를 먹은 듯
독약을 마신 듯합니다.
20 주여, 이 몸 잊지 마시고,
굽어살펴 주십시오.
21 이것을 마음에 새기며 두고두고 기다리
겠습니다.

22 주 야훼의 사랑 다함 없고
그 자비 가실 줄 몰라라.
23 그 사랑, 그 자비 아침마다 새롭고
그 신실하심 그지없어라.
24 "나의 몫은 곧 야훼시라." 속으로 다짐하
며
이 몸은 주를 기다리리라.
25 야훼께서는 당신을 바라며 찾는 사람에게
사랑을 베푸신다.
26 야훼께서 건져주시기를 조용히 기다리는
것이
좋은 일이다.
27 젊어서 멍에를 메는 것이 좋은 일이다.
28 야훼께서 메우신 것이니 잠자코 있어라.
29 입을 땅에 대고 있어라.
행여 앞날이 트일지 아느냐?
30 누가 때리거든 뺨을 돌려대어라.
누가 욕하거든 달게 받아라.
31 주께서는 마냥 내버려두시지는 않으신
다.
32 주께서는 사랑이 그지없으시어
심하게 벌하시다가도 불쌍히 여기신다.
33 사람이 미워서 괴롭히거나
벌하지는 않으신다.
34 남의 나라에서 붙잡아온 포로라고
마구 짓밟거나
35 그지없이 높으신 하느님 앞에서
남의 인권을 짓밟거나,
36 억울한 재판을 하는 것을
주께서 보지 못하시겠느냐?
37 사람이 말한다고 해서
주께서 명령하지도 않으신 일이 되겠느
냐?
38 좋은 일이건 궂은 일이건
그지없이 높으신 하느님의 말씀 없이 되
는 일은 없다.
39 제가 잘못해 놓고도
목숨이 붙어 있다고 넋두리하랴?
40 우리 모두 살아온 길을 돌이켜보고
야훼께 돌아가자.
41 하늘에 계시는 하느님께
손들고 마음 바쳐 기도드리자.

42 우리가 거역하여 지은 죄를
주께서는 용서하지 않으셨습니다.
43 진노하시고 우리를 뒤쫓아오셔서
사정없이 잡아죽이셨습니다.
44 구름 속에 몸을 감추고 계셔서
우리의 기도도 다다르지 않습니다.
45 주께서는 우리를 만국 가운데서
쓰레기로, 거름더미로 만드셨습니다.
46 원수들은 온통 입을 벌리고 덤벼들었습
니다.
47 우리는 무서운 함정에 빠져
박살당하여 멸망했습니다.
48 이 백성의 수도가 멸망하는 것을 보니
내 눈에서 눈물이 비오듯합니다.
49 걷잡을 길 없이 쏟아지는 눈물은 그칠 줄
을 모릅니다.
50 야훼께서 하늘에서 굽어보실 때까지
흐를 것입니다.
51 나의 성읍에서 터져 나오는 울음 소리에
눈알이 쓰라려 견딜 수가 없습니다.
52 사냥꾼에게 쫓기는 참새처럼
이 몸은 애매하게 원수에게 쫓기었습니
다.
53 원수들은 이 몸을 산 채로 함정에 처넣고
돌을 퍼부었습니다.
54 물 밖으로 머리를 내밀 길이 없어
"이젠 죽었구나." 하다가
55 야훼여, 그 깊은 구렁에서
주의 이름을 불렀습니다.
56 살려달라고 울부짖는 소리에 귀를 막지

애가

마시라고 하였더니
주께서는 제 호소를 들어주셨습니다.
57 이 몸이 부르짖을 때 주께서는 가까이 오셔서
걱정하지 말라고 말씀해 주셨습니다.
58 주여, 주께서는 제 송사를 옳게 받아들이시어
목숨을 구해 주셨습니다.
59 야훼여, 주께서는 이 몸의 억울함을 굽어보시고
바른 판결을 내려주셨습니다.
60 이 몸을 잡으려는 흉계를
주께서 속속들이 살피시고
61 야훼여, 그들이 어떤 생각으로
제게 악담을 퍼붓는지 주께서는 알아들으셨습니다.
62 적들은 날마다 입만 열면
이 몸을 비방합니다.
63 보십시오. 원수들은 자나깨나
이 몸을 놀려대기만 합니다.
64 야훼여, 이 원수를 갚아주십시오.
저들의 행실대로 갚아주십시오.
65 그들이 고집을 부리게 하시고
그러다가 저주를 받게 하여주십시오.
66 노여움을 풀지 마시고 그들을 뒤쫓아가
주의 하늘 아래 그들의 자취도 남기지 마십시오.

넷째 애가

4 아, 황금은 빛을 잃고,
순금은 제 빛을 찾을 길이 없구나.
성전의 헐린 돌이
거리마다 널려 있다.
2 순금만큼이나 귀하던
시온의 아들들이
어쩌다가 토기장이 손에 빚어지는
질그릇처럼 되었는가!
3 여우도 새끼에게 젖을 내어 빨리는데
내 백성의 수도는 사막의 타조처럼 인정도 없구나.
4 젖먹이들은 목말라 혀가 입천장에 붙고,
어린것들은 먹을 것을 찾는데 주는 이가 없다.
5 거친 음식은 입에 대지도 않던 자들이
길바닥에 쓰러져 가는구나.
비단옷이 아니면 몸에 걸치지도 않던 자들이
쓰레기 더미에서 뒹구는 신세가 되었구나.
6 소돔은 사람이 손도 대지 않았는데 삽시간에 망하더니
내 백성의 수도가 저지른 악은 소돔보다도 크구나.
7 젊은이들은 눈보다 정갈하고
우유보다 희더니,
살갗은 산호보다도 붉고
몸매는 청옥처럼 수려하더니,
8 얼굴은 검댕처럼 검게 되고
살가죽은 고목처럼 뼈에 달라붙어
이젠 아무도 알아보지 못하게 되었구나.
9 낟알은 구경도 할 수 없어, 기진하여 허덕이다가
굶어 죽느니 차라리 칼에 맞아 죽는 편이 나은 것을!
10 내 백성의 수도가 망하던 날에는 먹을 것이 없어
자애로운 여인도 제 자식을 잡아 끓였구나.
11 야훼께서는 화나시는 대로
치솟는 진노를 퍼부으시어
시온에 불을 지르시고
그 성터마저 다 살라버리셨다.
12 예루살렘 성문으로 원수들이 들어올 줄을,
세상 어느 임금이 믿었으랴!
땅 위에 사는 누가 믿었으랴!
13 성 안에서 죄없는 사람의 피를 흘린
예언자들의 죄, 사제들의 악 때문이 아니었던가!
14 피투성이가 되어 소경처럼 거리를 헤매자
사람들이 그 옷깃에도 스치우기 싫어,
15 "더러운 것들, 썩 물러가거라.
저리 가거라, 저리 가거라, 가까이 오지 마라." 하고
소리치는 바람에 몸을 피해
떠돌아다니며 이 나라 저 나라에 가서
살아보려 해도 몸붙일 데가 없었다.
16 야훼께서는 당신 앞에서 쫓겨가는 자들을
다시는 돌보지 않으셨다.
사제라고 해서 달리 보아주시지 아니하시고
노인들이라고 불쌍히 여기시지도 않으셨다.
17 행여 누가 도와주려나 하고
눈이 빠지게 기다리다가 우리는 지쳤다.
구해 주지도 못할 나라를 부질없이 기다리기만 하였다.

18 길목마다 지키는 자들이 있어
한길도 우리는 마음놓고 다니지 못했다.
끝날은 눈앞에 다가왔다.
우리의 날수가 찼다.
드디어 끝날은 왔구나.
19 우리를 쫓는 자, 하늘의 솔개보다 빨라
산등성이에서는 끈질기게 따라오고
광야에서는 덮치려고 숨어서 노리고 있다.
20 야훼께서 기름부어 세우신 왕, 우리의 숨결,
만국 가운데서 그 그늘 아래 깃들여 살리라 했는데
그마저 원수들의 함정에 빠져 잡히고 말았구나.

21 우스 땅에 자리한 에돔의 수도야,
좋다고 날뛰어 보아라.
너에게도 잔을 내리실 것이다.
너도 취하면 벌거숭이가 될 것이다.
22 수도 시온아, 네 벌은 이제 끝났다.
다시는 사로잡혀 가는 일 없으리라.
에돔의 수도야, 주께서 너에게 벌을 내리시리라.
네 죄의 대가로 사로잡혀 가게 하시리라.

다섯째 애가

5 야훼여
우리가 이런 형편을 당했는데도
기억해 주지 않으시겠습니까?
우리가 이렇게 욕을 보는데도
굽어살피지 않으시겠습니까?
2 우리의 땅은 남의 손에 넘어갔습니다.
우리의 집은 이방인의 손에 넘어갔습니다.
3 우리는 아비 없는 고아가 되었습니다.
우리의 어미는 과부가 되었습니다.
4 자기의 물을 돈 내고 얻어 마시며,
자기의 나무도 값을 내고 들이게 되었습니다.
5 목에 멍에를 걸고 허덕이며
숨돌릴 겨를도 없이 지쳤습니다.
6 우리는 입에 풀칠이나 하려고
이집트에 손을 내밀었고,
아시리아에 손을 내밀었습니다.
7 죄지은 선조들은 간 데 없는데
그 벌은 우리가 떠맡게 되었습니다.
8 하인들이 우리를 부리게 되었는데
그 손에서 빼내어 줄 이도 없습니다.
9 사막으로부터 적들이 칼을 휘두르며 쳐들어오기 때문에
죽음을 무릅쓰고 곡식을 거두어들이게 되었습니다.
10 굶주림 끝에 우리의 살갗은
불길에 그슬린 듯 까맣게 되었습니다.
11 시온에서 여인들이 겁탈을 당했습니다.
유다 성읍들에서 처녀들이 짓밟혔습니다.
12 왕족들은 손이 묶여 매달리고
장로들도 사정없이 당했습니다.
13 젊은이들은 맷돌이나 돌리는 신세가 되었고,
아이들은 나무를 져 나르다가 쓰러집니다.
14 장로들은 성문 앞 윗자리에 나가 앉지 못하고
젊은이들은 수금을 뜯지 못하게 되었습니다.
15 가슴에서는 즐거움이 사라져
춤 대신에 울음이 터져 나왔습니다.
16 머리에서는 화관이 떨어졌습니다.
스스로의 죄 때문에 우리는 망했습니다.
17 그래서 우리의 마음은 쓰라리고
우리의 눈앞은 캄캄합니다.
18 시온 산은 여우들이나 우글거리는
쑥밭이 되었습니다.
19 영원히 다스리실 야훼,
억만대에 이르도록 옥좌에 앉으실 주여,
20 어찌하여 우리를 영영 잊으시렵니까?
어찌하여 우리를 영영 버리시렵니까?
21 야훼여, 주께 돌아가도록 우리를 돌이켜 세워주십시오.
우리를 예전처럼 잘살게 해주십시오.
22 주께서는 아무리 화가 나시어도
우리를 아주 잘라버리실 수는 없지 않습니까?

바 룩

머리말

1 ◎이 책에 기록된 말씀은 바룩이 바빌론에
서 쓴 것이다. 바룩은 네리야의 아들이고
네리야는 마아세야의, 마아세야는 시드키야
의, 시드키야는 하사디야의, 하사디야는 힐키
야의 아들이다.
2 이 책은 갈대아 사람들이 예루살렘을 점령하
여 불살라 버린 지 오 년째 되던 해, 바로 그
달 칠일에 기록된 것이다.
3 ◎바룩은 이 책에 기록된 말씀을 유다 왕 여
호야킴의 아들 여고니야와 그 말씀을 들으러
온 모든 백성들과
4 또 권력 있는 사람들과 왕족들과 원로들과
높고 낮은 모든 사람들, 곧 수드 강변에 있
는 바빌론의 모든 주민들에게 읽어주었다.
5 그들은 눈물을 흘리고 단식을 하며 주님께
기도하였다.
6 그리고 각자가 할 수 있는 대로 돈을 내어
그것을
7 예루살렘에 보내어 살룸의 손자이며 힐키야
의 아들인 여호야킴 사제를 비롯한 다른 사
제들과, 그와 함께 예루살렘에 있던 모든 사
람들에게 전하였다.
8 한편 바룩은 바빌론 사람들이 주님의 집에서
빼앗아간 기물들을 회수하여 시완월 십일에
유다 땅으로 보냈다. 그 기물들은 유다 왕 요
시야의 아들 시드키야가 만든 은제 기물들이
었다.
9 이것은 바빌론 왕 느부갓네살이 여고니야와
고관들과 포로들과 권세 있는 자들과 평민
들을 예루살렘에서 바빌론으로 데려간 후의
일이다.
10 ◎다음은 잡혀간 사람들이 한 말이다.

◎우리가 당신들에게 돈을 보내니 이 돈을
가지고 번제물과 속죄제물과 향목을 사십
시오. 그리고 음식을 차려서 주 우리 하느
님의 제단에 바치십시오.
11 그리고 바빌론 왕 느부갓네살과 그의 아들 벨
사살이 이 세상에서 오래 살도록 기도하십
시오. 마치 하늘의 날들이 영속되는 것과
같이 땅 위에서도 그들의 날들이 길이 지속
되기를 기도하십시오.
12 주님께서 우리에게 힘을 주시고 우리 눈을
밝혀주실 것입니다. 그러면 우리는 바빌론
왕 느부갓네살과 그의 아들 벨사살의 보호
아래 살 것이며 오랜 세월 동안 그들을 섬기
며 그들의 총애를 받을 것입니다.
13 또한 우리를 위해서도 주 우리 하느님께 기
도하십시오. 우리는 주 우리 하느님께 죄를
지어 오늘에 이르기까지 주님의 격분과 진
노가 우리에게서 떠나지 않았습니다.
14 우리가 당신들에게 보내는 이 책을 주님의
집에서 축제일과 특별한 절기에 공중 앞에
서 소리 내어 크게 읽으십시오.
15 그리고 이렇게 말하십시오.

포로된 자들의 기도

◎주 우리 하느님은 공정하십니다. 그러나
우리는 오늘 이와 같이 부끄러움을 당하여
얼굴을 들지 못하게 되었습니다. 유다 사람
들과 예루살렘에 사는 주민들은 물론
16 우리 왕들과 고관들과 사제들과 예언자들
과 조상들도 부끄러움을 당했습니다.
17 우리는 주님 앞에 죄를 지었고
18 그분에게 순종하지 않았으며 우리에게 내
려주신 주님의 명령을 따라 살라고 하신 우
리 주 하느님의 말씀에 귀를 기울이지 않았
습니다.
19 이집트에서 우리 조상들을 구출하신 그 날
부터 우리는 그분께 순종하지 않았으며 그
분의 말씀을 가볍게 여기고 귀담아듣지 않
았습니다.
20 주님께서는 우리 민족에게 젖과 꿀이 흐르
는 땅을 주시려고 우리 조상들을 이집트에
서 이끌어내시던 그 때, 당신의 종 모세를
통하여 내리셨던 그 재난과 저주를 오늘날
우리에게도 내리셨습니다.
21 그러나 우리는 하느님께서 우리에게 보내
주신 예언자들의 온갖 경고에도 불구하고
우리 주 하느님의 말씀을 듣지 않았습니다.
22 우리의 마음은 악하게 기울어져서 모두들
다른 잡신을 섬겼고 우리 주 하느님의 뜻
에 맞지 않는 일을 행하며 멋대로 살았습
니다.

2 ◎그래서 주님께서는 우리와 이스라엘을
다스리는 우리 사제들과 왕들과 지도자
들과 그리고 이스라엘과 유다의 백성들에게

내리셨던 경고의 말씀대로 행하셨습니다.
2 결국 예루살렘은 모세의 율법서에 기록된 대
로 벌을 받았는데 그 벌은 온 천하 어디에서
도 볼 수 없는 것이었습니다.
3 우리는 모두 자기 아들과 딸의 살을 먹기까
지 했습니다.
4 그뿐 아니라 주님께서는 우리 민족을 우리
주변에 있는 모든 나라 사람들의 손에 넘겨
주셨고 우리로 하여금 그들 가운데서 굴욕
과 패망을 당하게 하셨습니다. 그리고 우리
민족을 주변에 있는 나라들 가운데로 흩으
셨습니다.
5 그리하여 흩어진 그들은 위에 오르지 못하
고 밑으로 떨어져 버렸습니다. 주 우리 하
느님의 말씀을 듣지 않고 그분에게 죄를 지
었기 때문입니다.
6◎우리와 조상들은 오늘날 이와 같이 부끄
러움을 당하여 얼굴을 들지 못하게 되었습
니다.
7 주님께서 우리에게 경고해 주셨던 이 모든
재난이 결국 우리에게 닥쳐오고야 말았습
니다.
8 그런데도 우리는 마음의 악한 생각으로부
터 돌아서게 해달라고 주님께 기도하지 않
았습니다.
9 주님께서는 우리의 악을 지켜보시다가 재
난을 내리셨습니다. 주님은 우리에게 명하
신 일들에 대해서는 모두 공정하게 갚아주
시기 때문입니다.
10 그래도 우리는 주님의 말씀을 듣지 않았고
우리에게 내려주신 명령을 따르지 않았습
니다.
11◎이스라엘의 주 하느님, 당신은 두 팔을 펼
치시어 표징과 기적과 큰 권능을 나타내 보
이시며 힘찬 손으로 당신의 백성을 이집트
에서 이끌어내셨습니다. 그리고 오늘에 이
르기까지 당신 이름을 떨치셨습니다.
12 우리는 당신의 계명을 거슬러 죄를 지었고
경건치 못하게 살았습니다.
13 당신의 분노를 우리에게서 거두소서. 당신
은 우리를 이방인들 사이에 흩어져 살게 하
셨고 거기에 살아 남은 우리의 수효는 얼마
되지 않았습니다.
14 주님, 우리의 기도와 간구를 들어주소서.
우리를 구원하시어 당신의 영광을 드러내
시고, 우리를 포로로 데려간 자들이 보는
앞에서 우리에게 은총을 내려주소서.
15 그리하여 온 세상으로 하여금 당신께서 주
우리 하느님이시라는 것과 이스라엘과 그
민족이 당신의 이름을 지니고 산다는 것을
알게 하소서.
16 주님, 당신의 거룩한 집에서 우리를 굽어보
시고 생각해 주소서. 주님, 당신의 귀를 기
울여 들으소서.
17 주님, 당신의 눈을 뜨시고 보소서. 심장이
멈추고 숨이 끊어져 무덤 속에 있는 죽은 자
들은 주님의 영광과 정의를 찬양하지 못할
것입니다.
18 그러나 크게 고민에 싸여 살아 있는 사람들,
즉 눈은 흐려지고 허리도 제대로 가누지 못
하며 힘없이 걸어다니는 가난한 사람들이
주님의 영광과 정의를 드러냅니다.
19◎주 우리 하느님, 우리가 우리의 조상이나
왕들의 올바른 행동을 내세워 당신께 자비
를 구하는 것은 아닙니다.
20 당신께서는 당신의 종 예언자들을 통하여
말씀하신 대로 당신의 분노와 격분의 벌을
내리셨습니다.
21 그들은 이렇게 말했습니다.
"주님께서 말씀하신다. 머리를 숙여 바빌
론 왕을 섬겨라.
22 그러나 만일 바빌론 왕을 섬기라는 주님의
말씀을 듣지 않는다면,
23 기쁘고 즐거운 음악 소리와 신랑 신부의 즐
거운 소리를 유다에 있는 도시들과 예루살렘
지방에서 없애버리리라. 온 나라가 사람 사
는 곳이 없어 황폐하게 될 것이다."
24◎그러나 우리는 바빌론 왕을 섬기라는 당신
의 말씀을 듣지 않았습니다. 당신은 당신의
종 예언자들을 통해서 하신 말씀을 이루시
어 우리 임금들의 뼈와 조상들의 뼈가 무덤
에서 파헤쳐지게 하셨습니다.
25 과연 그들은 낮의 뜨거운 햇볕과 밤의 찬서
리에 그대로 버려졌습니다. 그들은 기근과
칼과 재앙의 심한 고통 속에서 죽었던 것입
니다.
26 당신께서는 당신의 이름을 부르고 사는 이
스라엘과 유다의 집을 오늘의 이 모양으로
만드셨습니다. 그것은 그들의 죄악 때문이
었습니다.
27◎주 우리 하느님! 당신께서는 극진하신 사
랑과 크신 자비로 우리를 대해 주셨습니다.
28 이것은 당신께서 당신의 종 모세에게 이스
라엘 사람들 앞에서 당신의 율법을 기록하
라고 명하신 그 날 말씀하신 그대로였습
니다.
29 "만일 너희들이 내 말을 듣지 않는다면
내가 너희를 이방 나라 가운데 흩어버릴 것

이며 이 헤아릴 수 없이 많은 백성의 수를
아주 적은 수로 줄이리라. 이 백성은 완고
하여 내 말을 듣지 않을 것을 알고 있기 때
문이다.
30 그러나 그들은 포로 생활 하는 나라에서 정
신을 차리고
31 내가 그들의 주 하느님이라는 것을 알게 될
것이며 나는 그들에게 깨달을 수 있는 마음
과 들을 수 있는 귀를 줄 것이다.
32 그들이 포로로 잡혀간 그 땅에서 나를 찬양
하게 되고 내 이름을 기억할 것이다.
33 그리고 그들의 완고한 생각과 악한 행실을
버릴 것이다. 그들의 조상이 주님 앞에 죄
를 짓고 어떻게 되었는지를 다시 생각하게
될 것이기 때문이다.
34 그러면 나는 그들의 조상 아브라함과 이사악
과 야곱에게 주겠다고 약속한 땅으로 돌려
보내리라. 그들은 그 땅을 지배할 것이다.
나는 그들의 수를 늘게 하리라. 그들의 수
는 결코 줄어들지 않을 것이다.
35 나는 그들과 영원한 계약을 맺어 그들의 하
느님이 되고 그들은 내 백성이 될 것이다.
그리고 내가 그들에게 준 땅에서 내 백성 이
스라엘을 다시는 내쫓지 않을 것이다."

3 ◎이스라엘의 전능하신 주 하느님, 우리
가 괴로움과 절망에 빠져 당신을 향하여
부르짖습니다.
2 주님, 들어주소서. 그리고 자비를 베푸소
서.
3 당신은 영원히 왕좌에 앉아 계시지만 우리
는 영원히 죽게 되었습니다.
4 이스라엘의 전능하신 주 하느님, 죽은 이스
라엘 사람들과 그들의 후손들이 드리는 기
도를 들어주소서. 그들은 당신께 죄를 지었
고 그들의 주 하느님이신 당신의 말씀을 듣
지 않았습니다. 그래서 그들은 재난을 당하
게 되었습니다.
5 당신은 이 때에 우리 조상들의 그릇된 행실
을 기억하지 마시고 당신의 능력과 이름을
생각하소서.
6 당신은 우리의 주 하느님이십니다. 우리는
주님이신 당신을 찬양할 것입니다.
7 당신께서 우리에게 당신을 두려워하는 마
음을 넣어주셔서 당신의 이름을 부르게 하
셨으므로 우리는 추방당해 살면서도 당신
을 찬양할 것입니다. 우리는 당신께 죄를
지은 우리 조상들의 모든 악을 우리 마음속
에서 물리쳐 버렸습니다.
8 당신께서 우리를 외국에 흩어져 살게 하셨
으므로 우리가 오늘날 이 곳에서 포로 생
활을 하면서 수치와 저주와 벌을 받고 있
습니다. 이것은 우리 주 하느님을 멀리한
우리 조상들이 저지른 온갖 잘못의 대가입
니다.

지혜, 이스라엘의 특권

9 이스라엘아! 생명의 말씀을 들어라.
귀를 기울여 지혜를 배워라.
10 이스라엘아! 네가 어찌하여
남의 나라에서 늙어가며
원수들의 땅에서 사느냐?
11 이스라엘아! 네가 어찌하여
죽은 자들과 함께 섞여
지옥으로 가는 자들 틈에 끼이게 되었느
냐?
12 네가 지혜의 샘을 외면했기 때문이다.
13 만일 네가 하느님의 길을 걸었더라면
너는 영원히 평화롭게 살았을 것이다.
14 지혜가 어디서 오는지,
힘이 어디서 오는지,
깨달음이 어디서 오는지를 배워라.
그리하여
장수의 비결이 어디 있는지
눈을 밝게 하는 빛과
평화가 어디서 오는지를 깨달아라.
15 지혜가 있는 곳을 발견한 사람이 누구인
가?
지혜의 보고에 들어가 본 사람이 누구인
가?
16 나라의 통치자가 어디 있는지 아는가?
땅 위의 짐승을 주관하고
17 하늘의 새를 마음대로 가지고 노는 자들
이
어디 있는가?
사람들이 그렇게도 의지하며
무한히 가지고 싶어하는
금과 은을 쌓아둔 자들은
모두 어디 있는가?
18 수고의 대가도 받지 못하면서
돈을 벌려고 애태우며
노력하던 자들은 어디 갔는가?
19 그들은 사라져
지옥으로 내려가 버리고
다른 사람들이 그들의 자리를 차지하고
있다.
20 젊은이들은
땅 위에서 빛을 보며 살았지만
지혜의 길은 알지 못하였다.

21 그들은 지혜의 길을 깨닫지도 못하고 실
천하지도 않았다.
그들의 자손들도
그 길을 멀리하였다.
22 가나안에서 그 길이 있다는 말조차 들어
볼 수 없었고
데만에서 그 길을 찾아볼 수 없었다.
23 세상의 지혜를 구하던
하갈의 자손들,
메란과 데만의 상인들,
이야기를 지어내는 사람들과
그리고
지식의 길을 탐구하는 사람도
지혜의 길을 알지 못하였고
생각해 내지도 못하였다.
24 한심하구나, 이스라엘아,
하느님의 집이 얼마나 넓은지 너는 아느
냐?
25 크고 끝없고 높아 측량할 수가 없다.
26 거기에서 몸집이 크고 전쟁에 능한
옛날부터 이름난 거인들이 태어났다.
27 하느님께서는
그들을 선택하지 않으셨고
그들에게 지혜의 길을
나타내 보이지도 않으셨다.
28 그래서 그들은 지혜가 없어 멸망했고
생각이 모자라 파멸했다.
29 누가 하늘에 올라가 지혜를 잡았는가?
누가 지혜를 구름 아래로 끌어내렸는가?
30 바다를 건너가 지혜를 발견하여
순금을 주고 사 온 사람이 누구인가?
31 지혜의 길을 아는 사람은 하나도 없다.
또한 그 길을 깊이 생각하는 사람도 없다.
32 모든 것을 다 아시는 그분만이
통찰력을 가지고
지혜를 알아내셨다.
영원히 이 땅을 있게 하시고
그 안에 네 발 가진 짐승들을 살게 하셨
다.
33 그분이 보내시니 빛은 가고
그분이 부르시니 빛은 떨며 복종한다.
34 별들은 때맞추어 빛을 내며 즐거워한다.
35 별들을 부르시니
"우리가 여기 있습니다." 대답하며,
자기들을 만들어주신 분을 위하여
즐거움으로 빛을 낸다.
36 그분이 우리 하느님이시다.
아무도 그분에 비교될 수 없다.
37 그분이 모든 지혜의 길을 찾아내시어
당신의 종 야곱과 당신의 사랑을 받는
이스라엘에게 주시었다.
38 그리고 나서야 비로소
땅 위에 지혜가 나타나게 되었고
사람들과 함께 어울리게 되었다.

4 그것은 곧 하느님의 계명과
영원히 존속하는 율법을 기록한 책.
이 지혜를 따르는 사람은 살 것이고
이 지혜를 버리는 자는 죽을 것이다.
2 야곱아, 돌아서서 지혜를 잡아라.
그 지혜의 빛을 따라 밝은 길을 가라.
3 네 영광을 남에게 빼앗기지 말아라.
네 나라 이권을 남의 나라에 넘겨주지 말
아라.
4 하느님께서 기뻐하시는 일이 무엇인지를
우리가 알게 되었으니
이스라엘아, 네가 행복하구나.

예루살렘의 희망

5 이스라엘의 이름을
아직도 지니고 있는 내 백성들아,
낙심하지 말아라.
6 너희가 이방으로 팔려갔으나 그것이
너희를 멸망시키려는 것은 아니요,
다만 하느님의 노여움을 샀기 때문에
원수들의 손에 넘어간 것이다.
7 너희는 제물을 하느님께 바치지 아니하
고
귀신에게 바침으로써
너희의 창조주를 분노케 하였다.
8 너희는 너희를 길러주신
영원하신 하느님을 잊어버렸고
너희를 돌보아 준
예루살렘을 슬프게 하였다.
9 예루살렘은
너희 위에 하느님의 진노가 떨어지는 것
을 보고
이렇게 말하였다.
"들어라, 시온의 이웃들아,
하느님께서 큰 슬픔을 나에게 주셨다.
10 내 아들 딸들이
영원하신 분의 벌을 받아
포로로 잡혀가는 것을 나는 보았다.
11 나는 그들을 기르면서 기뻐했건만
마침내 슬피 우는 가운데
그들이 떠나는 것을 지켜보았다.
12 내가 홀어미 되어
많은 사람에게 멸시받는 것을 보고

즐거워하는 자가 없기를 바란다.
나는 내 자식들의 죄 때문에
황폐하게 되었다.
내 자식들은 하느님의 율법을 멀리하였
고
13 하느님께서 분부하신 올바른 일들을 무
시하였다.
그들은 하느님의 계명을 따라 살지 않았
고
그분의 정의대로 가르치는
교훈의 길을 따르려 하지 않았다.
14 시온의 이웃들아, 이리 오너라.
그리고 나의 아들 딸들이
영원하신 분의 벌을 받아
포로로 잡혀가던 일을 생각하여라.
15 그 영원하신 분이
어른도 몰라보고
어린이에 대한 인정도 포악하고
언어도 다른 나라를
먼 곳으로부터 이끌어들여
나의 아들 딸들을 치게 하셨다.
16 그 민족들이 이 홀어미의 사랑하는 아들
딸들을
모조리 끌어가 버리고
나를 홀로 남게 하여 쓸쓸하게 만들었다.
17 그러니 어떻게 내가 너희들을 구원할 수
있겠는가?
18 너희들에게 재난을 내리신
바로 그분이시라야
너희의 원수들의 손에서
너희를 구원하실 것이다.
19 자, 어서 너희들은 앞으로 나아가라.
나는 혼자 남아 있게 되었다.
20 나는 평화로울 때 입던 옷을 벗고
기도할 때 입는 베옷을 입었다.
나는 죽을 때까지
영원하신 분께 부르짖을 것이다.
21 나의 자녀들아,
너희들은 낙심하지 말고
하느님께 부르짖어라.
그분이 너희들을 탄압하는
원수들의 손아귀에서
너희를 구원하실 것이다.
22 나는 영원하신 그분이
너희를 구원하실 것을 간절히 바랐다.
그랬더니 거룩하신 그분이
나에게 기쁨을 주셨다.
너희들의 영원하신 구세주께서
자비를 너희에게 곧 베풀어주셨다.
23 나는 슬픔과 눈물로 너희를 떠나보냈다.
그러나 하느님께서는
영원한 기쁨과 즐거움 가운데
너희를 나에게 돌려보내 주실 것이다.
24 시온의 이웃들이 지금
너희가 포로로 잡혀가는 것을 보았지만
멀지 않아 하느님께서
너희를 구원해 주시는 것도 볼 것이다.
그 구원은 큰 영광과 영원하신 분의 빛으
로
너희를 찾아올 것이다.
25 자녀들아,
하느님께서 너희에게 내리신 진노를 끝
까지 참아라.
내 원수가 너희를 박해하였으나
멀지 않아 너희가
그들이 망하는 것을 보게 될 것이다.
그리고 그들의 목을 짓밟을 것이다.
26 내 귀한 자식들은 험한 길을 걸어갔고
마치 원수들에게 약탈당한 양떼처럼 멀
리 끌려갔다.
27 너희는 낙심하지 말고 하느님께 부르짖
어라.
그분이 너희를 기억해 주실 것이다.
28 너희들의 마음이 하느님을 떠나
곁길로 들어섰으나,
이제는 돌아서서
열 배의 열심으로 그분을 찾아야 한다.
29 너희에게 재난을 가져다 주신 그분이 너
희를 구원하여
너희에게 영원한 기쁨을 가져다 줄 것이
다."
30 용기를 내어라, 예루살렘아,
너에게 이름을 주신 분이
너를 위로해 주실 것이다.
31 너를 학대하고
네가 넘어지는 것을 기뻐하던 사람들은
불행하다.
32 네 자녀들을 노예로 끌어간 도시들은 불
행하게 될 것이다.
네 아들을 포로로 받아들인
그 도시도 불행하다.
33 네가 넘어지는 것을 보고 기뻐하고
네가 망하는 것을 보고 즐거워한 도시는
저도 고독하게 되어 슬퍼하리라.
34 그 도시에 사는 군중들의 위세를
내가 꺾어버릴 것이며
그들의 기쁨을 슬픔으로 바꿀 것이다.
35 영원하신 분으로부터 불이 내려와

그 도시가 여러 날 동안 타게 될 것이며
오래도록 마귀들이 거기서
들끓을 것이다.
36 예루살렘아, 동쪽으로 눈을 돌려
하느님께로부터 너에게 오는 기쁨을 바라보아라.
37 보라, 네가 떠나보낸
아들들이 돌아온다.
그들은 거룩하신 분의 말씀을 듣고
하느님의 영광을 기뻐하면서
사방에서 함께 모여들고 있다.

5 예루살렘아,
슬픔과 재난의 옷을 벗어버리고
하느님께로부터 오는
영광의 아름다운 옷을 영원히 입어라.
2 하느님께로부터 오는
정의의 겉옷을 걸치고
영원하신 분의 영광스러운 관을
네 머리에 써라.
3 하느님께서는 하늘 아래 어디에서나
너를 빛나게 해주실 것이다.
4 그리고 너를 "정의에 평화, 경건에 영광"이라 불러
영원히 하느님과 같게 하시리라.
5 예루살렘아, 일어나 높은 곳에 서서
동쪽을 바라보아라.
그리고 네 자녀들이
거룩하신 분의 말씀을 듣고
하느님께서 기억해 주신 것을 기뻐하면서
사방으로부터 모여들고 있는 것을 보아라.
6 그들은 원수들에게 끌려
너에게서 떠나갔었다.
그러나 하느님께서는, 옥좌에 앉은 임금처럼,
영광스럽게 그들을 너에게로 돌려보내신다.
7 하느님께서는,
높은 산과 오랜 언덕은 낮아지고
골짜기는 메워져
평지가 되라고 명령하셨다.
그리하여 이스라엘은
하느님의 영광 가운데서
굳건하게 걸어갈 것이다.
8 하느님의 명령으로
숲과 향기로운 나무들도 우거져
이스라엘 온 땅을 뒤덮을 것이다.
9 하느님께서는 당신의 영광스런 빛과
자비와 정의로
이스라엘을 기꺼이 인도해 주실 것이다.

예레미야의 편지

◎이것은 바빌론 왕의 포로가 되어 바빌론으
로 끌려간 사람들에게 보내는 예레미야의
편지 사본이다. 이 편지는 예레미야가 하느
님께로부터 받은 명령을 그들에게 그대로
전하려고 쓴 것이다.

6 ◎너희는 하느님께 지은 죄 때문에 바빌론
왕 느부갓네살의 포로가 되어 바빌론으로
끌려갈 것이다.
2 너희는 바빌론으로 끌려가 일곱 세대에 이
르기까지 많은 세월을 그 곳에서 보낼 것이
다. 그리고 나서야 나는 너희를 거기에서
구해 내어 평화를 누리게 할 것이다.
3 너희는 이제 바빌론에서 사람들이 은과 금
과 나무로 만든 우상들을 어깨에 메고 가며
다른 나라 사람들을 놀라게 하는 것을 볼 것
이다.
4 ◎너희는 다른 민족을 조심하여라. 그리고
그들의 우상들을 두려워하지 말아라.
5 너희는 군중이 그 우상들에게 절하는 것을
보게 될 것이다. 그러나 "주님, 우리가 경배
할 분은 당신뿐입니다." 하고 마음속으로
말하여라.
6 내 천사가 너희와 함께 있으면서 너희의 영
혼을 주관할 것이다.
7 ◎우상들의 혀는 세공인의 손으로 다듬어졌
고 금과 은으로 도금해 놓았지만 가짜이기
때문에 말을 할 수가 없다.
8 그들은 금을 가져다가 사치를 좋아하는 여
자에게 해주듯이 저희의 우상들 머리에 관
을 만들어 씌워준다.
9 그러나 사제들은 우상들에게서 금과 은을
벗겨다가 자기들을 위해 함부로 쓰면서 그
것을 유곽에 있는 창녀들에게도 준다.
10 그들은 은과 금과 나무로 된 우상들을 마치
사람처럼 꾸미지만 그 우상들은 녹슬고 좀
먹는 것을 스스로 막아내지 못한다.
11 그것들은 비록 자색 옷을 입었지만 짙은 먼
지가 그 위에 쌓여 얼굴은 신전의 먼지로 뒤
덮여 있다.
12 지방장관처럼 홀을 잡았지만 자기에게 죄
지은 자를 죽이지 못한다.
13 그는 오른손에 칼과 도끼를 들었지만 전쟁
과 도둑을 막아내지도 못한다.
14 이것으로 미루어보아 그것들이 신이 아니

라는 것을 알 수 있으니 너희는 무서워하지
말아라.
15◎그릇이 깨지면 쓸모없게 되는 것과 마찬
가지로 신전에 앉아 있는 그들의 우상들도
그렇게 된다.
16우상들의 눈에는 신전에 들어오는 사람들
의 발에서 일어나는 먼지가 가득 쌓여 있다.
17왕에게 죄를 짓고 사형을 받게 된 사람을 옥
에 가두고 문을 잠가두는 것처럼 사제들이
우상들을 도둑맞지 않으려고 신전의 문을
자물쇠와 빗장으로 꼭 잠그고 있다.
18그들은 또 우상들이 보지도 못하는 등불을
자기 집에보다도 더 많이 켜놓는다.
19우상들은 집의 대들보와 같다. 땅에서 나온
벌레가 그 속을 갉아먹고 옷을 입힌 채 몽땅
삼킨다 하여도 그들은 아픈 줄을 모른다.
20그들의 얼굴은 신전에서 나오는 연기로 검
게 그을렸다.
21몸과 머리 위에는 박쥐와 제비와 그 밖의 다
른 새들뿐 아니라 고양이까지도 올라가 앉
는다.
22이것을 보고 너희는 그것들이 신이 아니라
는 것을 알게 될 것이다. 그러니 너희는 그
것들을 무서워하지 마라.
23◎우상들을 보기 좋게 하기 위하여 입혀놓
은 금이라도 그 더러워진 것을 사람이 닦아
주지 않는다면 그토록 빛나지는 못할 것이
다. 우상들은 부어 만들어질 때에도 아픔을
모른다.
24우상들은 많은 돈을 주고 산 것이지만 생명
이 없다.
25그것들은 발이 없기 때문에 사람들의 어깨
에 얹혀 다니며 저희의 수치를 사람들 앞에
드러낸다. 그것들을 떠받드는 자들까지도
우상들이 땅에 넘어지면 자기들이 그것들
을 일으켜주어야 하기 때문에 부끄러움을
당하게 될 것이다.
26비록 사람이 일으켜 세워놓아도 우상들은
제 힘으로 움직이지 못하고 기울어져도 바
로 서지 못한다. 그들 앞에 제물을 갖다 놓
는 것은 죽은 자 앞에 제물을 갖다 놓는 것
과 마찬가지다.
27우상들을 섬기는 사제들은 그 앞에 바쳐진
제물을 팔아 자기들의 주머니를 채운다. 이
와 같이 사제들의 아내들도 제물의 일부를
저장해 놓고서 가난한 사람과 의지할 곳 없
는 사람에게는 주지 않는다. 게다가 그 제
물을 월경하는 여자와 해산하는 여자들이
만진다.
28이것을 보아 그 우상들이 신이 아니라는 것
을 너희가 알 수 있으니 그것들을 두려워하
지 말아라.
29◎여자들이 은과 금과 나무로 만든 우상들
에게 음식을 가져온다.
30사제들은 찢어진 옷을 입고 머리와 수염을
깎고 머리를 가리지 않은 채 신전에 앉아 있
다.
31장례식에서 애곡하는 사람처럼 우상들 앞
에서 큰소리를 지르며 떠들어댄다.
32사제들은 우상들의 옷을 벗겨다가 자기들
의 처자들에게 입힌다.
33우상들에게는 사람들에게 해를 입거나 좋
은 대접을 받거나 그대로 갚아줄 능력이 없
다. 우상들은 왕을 세우지도 못하고 몰아내
지도 못한다.
34많은 재물과 돈을 주지도 못한다. 사람이
그들에게 약속을 했다가 갚지 않아도 결코
강요할 줄을 모른다.
35그들은 죽은 사람을 살려내지도 못하고 강
자의 손에서 구해 내지도 못한다.
36눈먼 사람의 눈을 뜨게 하지도 못하고 고민
하는 사람을 구해 내지도 못한다.
37그들은 과부를 도와주는 일이 없고 고아에
게 자선을 베푸는 일도 없다.
38금과 은을 입힌 이 나무로 만든 우상들은 산
에서 가져온 돌과 다름이 없다. 이런 우상
들을 섬기는 자들도 창피를 당할 것이다.
39그러니 어떻게 그것들을 신이라고 생각하
거나 그렇게 부를 수가 있겠는가?
40◎갈대아인들조차도 이런 우상들은 섬기지
않는다. 만일 말 못하는 벙어리가 있으면
그를 벨에게 데리고 가, 마치 벨이 사람의
말을 알아듣기나 하는 것처럼 그 벙어리가
말을 하게 해달라고 간청을 한다.
41그런데 그들은 워낙 무식해서 그것이 얼마
나 헛된 것인가를 깨닫지 못하고 우상을 버
리지도 못한다.
42여자들이 허리에 노끈을 두르고 길거리에
나와 향 대신에 쌀겨를 태우고 앉아 있는 수
가 있다.
43그러다가 지나가는 사람이 그 중 한 여자를
데리고 가 같이 자고 나면 그 여자는 딴 여
자보고, 너는 매력이 없어서 남자들의 눈에
들지 않았고 아무도 노끈을 풀어주지 않았
다고 조롱한다.
44이런 신들하고 얽힌 일들은 모두 거짓이다.
그러니 어떻게 그것들을 신이라고 생각하
거나 그렇게 부를 수가 있겠는가?

45◎목공들과 대장장이들이 만든 이 우상들은
그들이 제멋대로 만든 것일 뿐이다.
46우상을 만든 사람들이 결국은 죽고 마는데,
어떻게 그들이 만든 것이 신일 수가 있겠는
가?
47그들이 자손들에게 남기는 것은 거짓과 수
치뿐이다.
48전쟁이나 재앙이 일어나면 사제들은 스스
로 어디에 피신할까, 이 우상들을 어디에다
숨길까 하고 의논한다.
49자기 자신을 전쟁이나 재앙으로부터 구할
수 없는 이와 같은 우상들이 신이 아니라는
것을 모를 사람이 어디 있겠는가?
50이 우상들은 나무로 만들어서 금이나 은으
로 도금한 것이기 때문에 그 모두가 거짓이
라는 것은 명백하다. 이 우상들은 사람의
손으로 만들어진 것이며 결코 신이 아니기
때문에 그 속에 아무런 신통력도 없다는 것
이 왕들이나 백성들 모두에게 분명하지 않
겠는가?
51그것들이 신이 아니라는 것을 아직도 모를
사람이 있겠는가?
52◎이런 우상들은 한 나라의 왕을 세울 수도
없고 사람들에게 비를 내릴 수도 없으며
53자신들의 일을 처리하지 못할 뿐 아니라 억
울한 일을 당한 사람을 구제하지도 못한다.
그들은 하늘과 땅 사이에서 서식하는 까마
귀와 같이 무력한 존재들이다.
54금이나 은으로 도금한 나무 우상들을 모셔
놓은 이 신전에 불이 난다면 사제들은 살 길
을 찾아 도망치겠지만 우상들은 서까래와
함께 남아 불에 타고 말 것이다.
55왕이나 적들이 쳐들어온다 해도 그들은 속
수무책이다.
56그러니 어떻게 그것들을 신이라고 생각하
거나 그렇게 부를 수가 있겠는가?
57◎금이나 은으로 도금한 나무 우상들은 도
둑이나 강도들을 피할 수 없다. 난폭한 자
들은 금이나 은을 빼앗고 그 우상들에게 입
혀놓은 옷을 벗겨 가지고 달아난다. 그래도
그들은 스스로를 보호할 수가 없다.
58이런 거짓신이 되기보다는 차라리 왕이 되
어 힘을 과시하거나 주인이 집에서 쓸모있
게 쓸 수 있는 그릇이 되는 게 더 낫다. 혹은
거짓신이 되기보다는 차라리 집의 문이 되
어서 집 안에 있는 것을 지켜주는 편이 낫
다. 혹은 이런 거짓신이 되기보다는 궁전의
나무 기둥이 되는 게 더 낫다.
59빛을 비추는 태양과 달과 별들은 자기 직분
을 다하며 순종한다.
60또 번쩍하고 빛나는 번개는 보기에 좋고 바
람은 어느 나라에나 불며
61구름은 하느님의 명령에 따라 온 땅을 덮고
불은 하늘에서 명령을 받고 내려와 그 명령
대로 산과 숲을 태운다.
62그런데 이 우상들은 그 아름다움에 있어서
나 힘에 있어서 이것들과 도저히 견줄 수가
없다.
63올바른 판단을 할 줄도 모르고 사람들에게
좋은 일도 할 수 없는 이러한 우상들을 신이
라고 생각하거나 그렇게 말할 수는 없다.
64그러므로 그것들이 신이 아니라는 것을 안
이상, 그것들을 두려워하지 말아라.
65◎우상들은 왕들에게 저주나 축복을 내리지
도 못하고
66이방인들에게 하늘의 징조를 보여줄 수도
없다. 그들은 태양처럼 빛을 비출 수도 없
고 달처럼 빛나지도 못한다.
67짐승들은 스스로 피난처를 찾아 도망갈 수
도 있고 제 몸을 보호할 수도 있다. 이런 짐
승들이 차라리 우상보다 낫다.
68그들이 신이라는 증거는 하나도 없다. 그러
니 그것들을 두려워하지 말아라.
69◎금과 은으로 도금한 나무 우상들은 참외
밭에 세운 허수아비와 같아서 아무것도 지
켜주지 못한다.
70금과 은으로 도금한 나무 우상들은 뜰에 난
가시덤불과 같아서 온갖 새가 다 거기에 내
려앉는다. 컴컴한 곳에 내던져진 시체와 같
다.
71그들에게 입혀놓은 자홍색 옷이나 비단옷
이 썩고 있는 것을 보면 그들이 신이 아니라
는 것을 알 수 있을 것이다. 끝내는 그들 자
신이 벌레에게 먹혀 그 나라의 수치가 되리
라.
72우상을 섬기지 않는 의인이 더 낫다. 그는
결코 수치라는 것을 모를 것이다.

에제키엘

에제키엘이 활약한 곳과 때

1 ◎㉠삼십년 되던 사월 오일이었다. 그 때
나는 그발 강 가에서 포로들 속에 끼여 있
다가 하늘이 열리며 나타나는 신비스런 광
경의 발현을 보게 되었다.
2 그 달 오일은 바로 여호야긴 왕이 사로잡혀
온 지 오년째 되는 날이었다.
3 그 날 부지의 아들 에제키엘 사제가 바빌론의
그발 강 가에서 야훼의 말씀을 받았다. 거기
에서 그는 야훼의 손에 잡혔던 것이다.

병거 발현

4 ◎그 순간 북쪽에서 폭풍이 불어오는 광경
이 눈앞에 펼쳐졌다. 구름이 막 밀려오는데
번갯불이 번쩍이어 사방이 환해졌다. 그 한
가운데에는 불이 있고 그 속에서 놋쇠 같은
것이 빛났다.
5 또 그 한가운데는 짐승 모양이면서 사람의
모습을 갖춘 것이 넷 있었는데
6 각각 얼굴이 넷이요 날개도 넷이었다.
7 다리는 곧고 발굽은 소 발굽 같았으며 닦아
놓은 놋쇠처럼 윤이 났다.
8 네 짐승 옆구리에 달린 네 날개 밑으로 사람
의 손이 보였다. 넷이 다 얼굴과 날개가 따
로따로 있었다.
9 날개를 서로서로 맞대고 가는데 돌지 않고
곧장 앞으로 움직이게 되어 있었다.
10 ◎그 얼굴 생김새로 말하면, 넷 다 사람 얼
굴인데 오른쪽에는 사자 얼굴이 있었고 왼
쪽에는 소 얼굴이 있었다. 또 넷 다 독수리
얼굴도 하고 있었다.
11 날개를 공중으로 펴서 두 날개를 서로 맞대
고, 두 날개로는 몸을 가리고
12 돌지 않고 앞으로 날아가는데, 바람 부는
쪽을 향해 곧장 앞으로 움직이게 되어 있
었다.
13 그 동물들 한가운데 활활 타는 숯불 같은 모
양이 보였는데 그것이 마치 횃불처럼 그 동
물들 사이를 왔다갔다 하고 있었다. 그 불
은 번쩍번쩍 빛났고, 그 불에서 번개가 튀
어나왔다.
14 그 불은 번개처럼 이리 번쩍 저리 번쩍 하
였다.
15 ◎그 짐승들을 바라보자니까, 그 네 짐승 옆
땅바닥에 바퀴가 하나씩 있는 게 보였다.
16 그 바퀴들은 넷 다 같은 모양으로 감람석처
럼 빛났고 바퀴 속에 또 바퀴가 있어서 돌아
가듯 되어 있었는데
17 이렇게 사방 어디로 가든지 떠날 때 돌지 않
고 갈 수 있게 되어 있었다.
18 그 네 바퀴마다 불쑥 솟은 데가 있고 그 둘
레에는 눈이 하나 가득 박혀 있었다.
19 그 짐승들이 움직이면 옆에 있던 바퀴도 움
직이고 짐승들이 땅에서 떠오르면 바퀴도
떠올랐다.
20 그 짐승들은 바람 부는 쪽으로 움직였는데,
바퀴에는 짐승의 기운이 올라 있어서 바퀴
도 함께 떠올랐다.
21 그 바퀴에는 짐승의 기운이 올라 있어서 짐
승들이 움직이면 바퀴들도 움직이고 짐승
들이 멈추면, 바퀴들도 멈추었다. 짐승들이
땅에서 떠오르면, 바퀴들도 함께 떠올랐다.
22 그 짐승들의 머리 위에는 창공 같은 덮개가
수정같이 환히 빛나며 머리 위에 펼쳐져 있
었다.
23 그 창공 밑에서 짐승들은 날개가 서로 맞닿
게 두 날개를 펴고 나머지 두 날개로는 몸을
가리고 있었다.
24 짐승들이 나느라고 날개를 치면 그 날개 치
는 소리가 큰 물소리 같았고 전능하신 분의
음성 같았으며 싸움터에서 나는 고함 소리
처럼 요란하였다. 그러다가 멈출 때에는 날
개를 접었다.
25 머리 위에 있는 덮개 위에서 소리가 나면 날
개를 접었다.
26 ◎머리 위 덮개 위에는 청옥 같은 것으로 된
옥좌같이 보이는 것이 있었다. 높이 옥좌
같은 것 위에는 사람 같은 모습이 보였다.
27 그 모습은 허리 위는 놋쇠 같아 안팎이 불처
럼 환했고, 허리 아래는 사방으로 뻗는 불
빛처럼 보였다.
28 사방으로 뻗는 그 불빛은 비 오는 날 구름에
나타나는 무지개처럼 보였다. 마치 야훼의
영광처럼 보였다. 그것을 보고 땅에 엎드리
자, 말소리가 들려왔다.

㉠ 이 30년이 무슨 30년인지는 모른다.

두루마리 발현

2 ◎"너 사람아, 일어서라. 내가 너에게 할 말이 있다."

2 그는 나에게 기운을 불어넣으시어 일으켜 세우시고 말씀을 들려주셨다.

3 "너 사람아! 나에게 반항하는 역적의 무리, 이스라엘 백성에게 내가 너를 보낸다. 그들은 조상 때부터 오늘까지 나를 거역하기만 하였다.

4 그 낯가죽이 두꺼운 자들, 그 고집이 센 자들, 그런 자들에게 내가 너를 보낸다. '주 야훼께서 이렇게 말씀하신다.' 하고 내 말을 전하여라.

5 본래 반항하는 일밖에 모르는 족속이라 듣지도 않겠지만, 듣든 안 듣든 내 말을 전하는 자가 저희 가운데 있다는 것만은 알게 해 주어야 하지 않겠느냐?

6 그러니 너 사람아, 그런 자들을 무서워하지 마라. 그들이 무슨 말을 하더라도 떨지 마라. 그들은 너를 반대하고 배척할 것이다. 그리고 너를 가시 방석에 앉힐 것이다. 그러나 무슨 말을 하더라도 무서워하지 마라. 본래 반항하는 일밖에 모르는 족속이니, 그런 자들 앞에서 떨 것 없다.

7 본래 반항하는 일밖에 모르는 족속이라 듣지도 않겠지만 듣든 안 듣든 너는 내 말을 전하여라.

8 너 사람아, 내가 하는 말을 들어라. 너만은 저 반항하는 일밖에 모르는 족속처럼 나에게 반항하는 자가 되지 말고 입을 벌려 내가 주는 것을 받아먹어라."

9 ◎내가 바라보니, 한 손이 나에게 뻗쳐 있는데 그 손에는 두루마리 책이 들려 있었다.

10 그분이 그 두루마리를 펴보이시는데 앞뒤에 글이 적혀 있었다. 거기에는 구슬프게 울부짖으며 엮어대는 상여 소리가 기록되어 있었다.

3 ◎그것을 보이시고 그분은 "받아먹어라. 너 사람아, 이 두루마리를 먹어라." 하고 말씀하셨다. "그리고 가서 이것을 이스라엘 족속에게 일러주어라."

2 내가 입을 벌리자 그 두루마리를 입에 넣어 주시면서 그분은

3 말씀하셨다. "너 사람아, 내가 주는 이 두루마리를 배부르게 먹어라." 그리하여 그것을 받아먹으니 마치 꿀처럼 입에 달았다.

4 그분이 말씀하셨다.
"너 사람아, 어서 가서 이스라엘 족속에게 내 말을 전하여라.

5 나는 귀에 익지 않은 말로 떠듬거리는 백성들에게 너를 보내는 것이 아니라, 바로 이스라엘 족속에게 너를 보낸다.

6 들어보지 못한 귀에 익지 않은 말로 떠듬거리는 강대국들에게 너를 보내는 것이 아니다. 내가 너를 그들에게 보냈더면, 그들은 네 말을 들었을 것이다.

7 그러나 이스라엘 족속은 아예 내 말을 들을 마음이 없다. 이스라엘 족속은 모두 얼굴에 쇠가죽을 쓴 고집이 센 것들이라, 네 말을 들으려 하지 않을 것이다.

8 보아라, 내가 네 얼굴도 그들의 얼굴처럼 두껍게 만들어주리라. 그리하면 네 얼굴도 쇠가죽을 쓴 그들의 얼굴처럼 낯빛 하나 변하지 않아도 되리라.

9 네 이마를 바윗돌보다 단단한 부싯돌처럼 만들어주리라. 그것들은 본래 반항하는 일밖에 모르는 족속이다. 그런 자들을 무서워하지 마라."

10 ◎계속하여 그분은 나에게 말씀하셨다. "너 사람아, 내가 너에게 하는 말을 모두 귀담아듣고 마음에 새겨두어라.

11 사로잡혀 온 네 동포에게 가서 일러라. 그들이 듣든 말든 너는 '주 야훼께서 이렇게 말씀하신다.' 하며 내 말을 전하여라."

12 ◎그분의 기운이 나를 쳐들어 올리는데, 마구 진동하는 소리가 뒤에서 들려왔다. 그것은 야훼의 영광이 그 있던 자리에서 떠오르면서

13 짐승들이 서로 날개를 침과 동시에 바퀴가 도는 소리였다. 이렇게 마구 진동하는 소리가 나는데,

14 그분의 기운이 나를 쳐들어 옮겨갔다. 야훼의 손에 꽉 붙잡혀가는데 나는 그냥 불안하고 초조한 심정이었다.

15 나는 내 겨레가 사로잡혀 와서 살고 있는 그발 강 가 텔아비브에 이르렀다. 나는 얼빠진 사람이 되어 칠 일간 그들 가운데 앉아 있었다.

16 ◎칠 일이 지난 다음에 야훼께서 나에게 말씀을 내리셨다.

17 "너 사람아, 내가 너를 이스라엘 족속의 파수꾼으로 세운다. 너는 나의 입에서 떨어지는 말을 듣고 나 대신 그들을 깨우쳐주어야 한다.

18 너는 못되게 구는 자들은 죽는다는 나의 선언을 그대로 전하여 깨우쳐주기만 하면 된다. 못되게 구는 자에게 그 그릇된 길을 떠나 살 길을 찾으라고 일러주어야 한다. 그

러지 않으면 그는 제 죄로 죽겠지만, 너도
내 앞에서 그의 죽음에 대한 책임을 면하지
못할 것이다.
19 그러나 네가 못되게 구는 자를 일깨워주었
는데도 그가 못된 생각과 그릇된 길을 버리
고 돌아서지 않는다면, 그는 제 죄로 죽겠
고 너는 죽음을 면할 것이다.
20 바로 살던 사람도 그 바른 길을 버리고 그릇
된 길에 들어서면, 나는 그 앞에 올무를 놓
아 잡으리라. 네가 깨우쳐주지 않아서 그
때문에 바로 산 보람도 없이 그가 제 죄로
죽게 된다면, 너는 내 앞에서 그의 죽음에
대한 책임을 면하지 못할 것이다.
21 그러나 네가 올바로 사는 사람에게 잘못에
빠지지 않도록 일깨워주어서 그 때문에 그
가 잘못에 빠지지 않게 된다면, 그도 깨우
침을 받아 살게 되고 너도 죽음을 면하게 될
것이다."
22 ◎야훼께서 거기에서 나를 손으로 억세게
잡으시며 말씀하셨다. "너는 일어나 들로
나가라. 내가 거기에서 너에게 일러줄 말이
있다."
23 일어나 들로 나가보니, 전에 그발 강 가에서
나타났던 것과 같은 야훼의 영광이 거기에
나타나 있었다. 내가 땅에 엎드리자,
24 야훼께서 당신의 기운을 나에게 불어넣으시
고 나를 일으켜 세우시며 이르셨다. "너는
집에 가서 꼼짝 말고 있어라.
25 너 사람아, 내가 너를 사람들 있는 데로 나
오지 못하도록 포승으로 묶어놓으리라.
26 이 족속은 본래 반역하는 일밖에 모르는 것
들이라, 나는 네 혀를 입천장에 붙여 말을
못하게 하여 그들을 꾸짖지 못하게 하리라.
27 그러나 내가 너에게 말해 주며 네 입을 열어
줄 때가 올 것이다. 이 족속은 본래 반역하
는 일밖에 모르는 것들이라 들으면 좋지만,
귀를 막고 듣지 않더라도 '주 야훼께서 이
렇게 말씀하신다.' 하며 내 말을 전하여라.

예루살렘은 적에게 포위되리라

4 너 사람아, 흙벽돌을 집어다 앞에 놓고
그 위에 예루살렘 지도를 파 새겨라.
2 그리고 그 바깥에 포위망을 새겨라. 또 감
시탑을 세우고 옆에 돌더미로 축대를 쌓고
진을 둘러 치고 성벽을 허무는 쇳덩이를 사
방에 늘어놓아라.
3 또 석쇠를 가져다가 너와 그 도시 사이에 둘
러 쳐서 쇠로 된 성벽으로 삼고 거기에서 눈
을 떼지 마라. 그렇게 예루살렘을 포위하고
포위망을 좁혀라. 그것으로 예루살렘이 어
찌 될지를 이스라엘 족속에게 보여주어라.
4 너는 왼쪽 옆구리를 땅에 대고 누워라.
내가 네 몸에 이스라엘 족속의 죄를 메우는
것이니, 네가 그렇게 누워 있는 날수만큼
그들은 죄를 받는 것이다.
5 나는 너에게 이스라엘 족속의 죄를 ㉠백구십
일 동안 지운다. 그 하루는 그들이 벌받을
한 해와 맞먹는 것이다.
6 그 날수를 채운 다음 이번에는 오른쪽 옆구
리를 땅에 대고 누워 유다 족속의 죄를 받아
라. 하루를 한 해씩으로 쳐서 사십 일 동안
받아라.
7 너는 포위된 예루살렘에서 눈을 떼지 말고
팔을 걷어붙이고, 예루살렘은 망한다고 예
언하여라.
8 나는 너를 사슬로 묶어놓으리라. 그래서 네
가 갇혀 있을 기한이 다 차기 전에는 옆구리
를 이쪽 저쪽으로 뒤쳐 눕지 못하게 하리라.
9 네가 한쪽 옆구리를 땅에 대고 백구십 일 동
안 누워 있으면서 먹을 빵은 밀, 보리, 잠
두, 제비콩, 조, 쌀보리를 섞어서 만들어야
한다.
10 너는 그 음식을 저울로 달아 하루에 이십 세
겔씩 시간을 정해 놓고 먹어라.
11 물도 되어서 마시는데 하루에 마실 분량은
육분의 일 힌이다. 그것도 시간을 정해 놓고
마셔라.
12 보리과자를 굽듯이 빵을 굽는데 사람들이
보는 데서 인분으로 불을 피우고 거기에다
구워 먹어라.
13 그리고 내 말을 전하여라. '야훼께서 이스라
엘 백성을 다른 민족 가운데로 쫓아보내실
것이며 너희는 거기에서 이렇게 부정한 빵
을 먹게 되리라.'"
14 그러나 나는 이렇게 아뢰었다. "아! 주 야
훼여, 저는 아직까지 부정을 타본 일이 없습
니다. 어려서부터 이제까지 절로 죽은 짐승
이나 찢긴 짐승을 먹은 적이 없습니다. 부
정한 살코기를 입에 넣어본 적도 없습니
다."
15 그분이 말씀하셨다. "좋다! 그렇다면 인분
대신, 쇠똥을 피워 빵을 구워라." 이렇게 허
락을 내리시고
16 그분은 나에게 말씀하셨다. "너 사람아, 예
루살렘에 사는 자들은 밥줄이 끊어져 빵을
달아서 먹으며 걱정이 태산 같고 물을 되어

㉠ 히브리어 본문에는 390일로 되어 있지만 칠십인역을 따랐다.

서 마시면서 간이 콩알만하게 될 것이다.
17빵과 물이 떨어져, 모두들 제 죗값으로 뼈
와 가죽만 남았다가 말라죽을 것이다.

5 너 사람아, 너는 이발사의 면도칼처럼 날
선 칼로 네 머리와 수염을 밀어라. 그리
고 그것을 저울에 달아 나누어가지고
2포위가 끝나는 날, 삼분의 일은 성 안에서
불에 사르고 삼분의 일은 성 밖을 돌면서
칼로 짓이기고 나머지 삼분의 일은 바람에
날려라. 내가 칼을 빼들고 그것을 뒤쫓으
리라.
3그리고 조금 남겼다가 그것을 두루마기 단
에 매두어라.
4그 중 더러는 불속에 넣어 살라라. 거기에
서 불이 번질 것이다. 너는 이스라엘 온 가
문에 일러라.
5'주 야훼가 말한다. 내가 예루살렘을 뭇 나
라에 둘러싸여 뭇 민족들 한가운데 자리잡
게 했건만, 예루살렘은
6뭇 민족들보다 더 악하게 나의 법을 거스르
고, 주위에 있는 뭇 나라보다 나의 규정을
더 거슬렀다. 내 법을 어기고 내 규정을 따
르지 않았다.
7그래서 이 주 야훼가 말한다. 너희는 주위에
있는 민족들보다 더 나에게 반항하여 내 규
정을 따르지 않고, 내 법대로 살지 못한 것
은 물론이려니와 주위에 있는 다른 민족들
이 지키는 법마저도 지키지 않았다.
8그래서 나 주 야훼가 말한다. 보아라, 나도
너희에게 원수가 되어 뭇 민족이 보는 앞에
서 너희에게 벌을 내리리라.
9너희는 내가 역겹게 여기는 일만 골라서 했
다. 그러므로 내가 전에도 없었고 앞으로도
없을 벌을 내리리니,
10너희 가운데 아비가 제 자식들을 잡아먹고
자식들이 제 아비를 잡아먹게 될 것이다.
나는 이렇게 너희에게 벌을 내리리라. 그
리고도 남은 자는 모두 사방으로 흩어버리
리라.
11내가 맹세한다. 너희가 온갖 구역질나는 우
상, 보기에도 역겨운 신상들을 만들어놓아
나의 성소를 더럽혔으니 나도 아낌없이 너
희를 내버리리라. 조금도 불쌍히 여기지 아
니하리라. 이 주 야훼가 하는 말이다.
12너희 가운데 삼분의 일은 성 안에서 염병으
로 죽든지 굶어 죽을 것이요, 삼분의 일은
성 밖에서 칼에 맞아 쓰러질 것이다. 나머
지 삼분의 일은 내가 사방으로 흩어버리고
칼을 빼들고 뒤쫓으리라.
13이 백성이 하는 짓이 너무나도 노여워 내 분
이 풀리기까지 벌을 내리리니, 이 백성은
자기들이 한 짓 때문에 나에게 벌을 받고 나
서야 나 야훼가 왜 이렇게 질투하는 말을 했
는지 알게 될 것이다.
14나는 너희뿐 아니라 너희에게 딸린 모든 성
읍들도 폐허로 만들리라. 그러면 지나가는
모든 사람이 보고 손가락질할 것이다.
15나는 너무나도 노엽고 화가 치밀어 너 예루
살렘을 심하게 벌하리니, 주위에 있는 민족
들이 손가락질하며 너희를 비웃으리라. 그
들이 네 처참한 꼴을 보고 교훈을 삼으리라.
이는 정녕 나 야훼가 하는 말이다.
16나는 너희에게 극심한 한재를 내려 화살에
맞은 사람들처럼 죽어가게 하리라. 이것은
너희를 죽이려고 보내는 것이다. 한재를 내
리고 또 내려 너희의 밥줄을 끊어버리리라.
17나는 너희에게 한재를 내릴 뿐 아니라 맹수
도 보내어 너희 자식을 잡아먹게 하겠다.
또 염병이 휩쓸고 피 흘리는 싸움이 터지게
할 것이다. 내가 너희에게 적군을 붙여주리
라. 정녕 나 야훼가 하는 말이다.'"

이스라엘의 죄

6 ◎야훼께서 나에게 말씀을 내리셨다.
2"너 사람아, 너는 이스라엘의 산들에게
나의 심판을 전하여라.
3이렇게 말하여라. '이스라엘의 산들아, 주
야훼의 말을 들어라. 이 주 야훼가 이 산 저
산, 이 언덕 저 언덕, 이 골짜기 저 골짜기
에게 하는 말이다. 나 이제 너희에게 적군
을 붙여 너희의 산당을 없애버리리라.
4너희 제단들은 쑥밭이 되고 너희가 섬기던
석상들은 산산이 부서질 것이다. 너희는 칼
에 맞아 너희 우상들 앞에 넘어질 것이다.
5이스라엘 백성의 주검이 너희가 섬기던 우
상들 앞에 내던져지고, 너희의 뼈가 제단
주위에 흩어질 것이다.
6너희가 사는 도시들은 폐허가 되고 산당들
은 쑥밭이 되리라. 제단들은 헐려 쑥밭이
되고 우상들은 깨져 없어지고 분향단은 산
산조각이 날 것이다. 이렇게 너희가 만든
모든 것이 쓸려가고
7너희 가운데서 사람들이 칼에 맞아 쓰러지
는 것을 보고서야 너희는 내가 야훼임을 알
게 될 것이다.
8나는 너희 중 얼마를 남겨 전화를 모면하게
하고 여러 민족 여러 나라에 흩어져 있게 하
리라.

9이 전화를 모면한 사람들은 포로로 끌려가
뭇 민족들 틈에 끼여살면서 나를 생각할 것
이다. 나를 배반하고 간음하던 그 마음을
나는 부수리라. 우상들을 쫓아다니며 간음
하던 그 눈을 뽑아버리리라. 그들도 그 더
러운 짓을 하며 범한 고약한 일들이 하나 하
나 역겨워질 것이다.
10그제야 내가 야훼임을 알게 될 것이다. 내가
이런 재앙을 내리겠다고 말한 것이 빈말이
아니었음을 알게 될 것이다.
11이 주 야훼가 말한다. 너희는 가슴을 치고
발을 구르며 외쳐라. - 아, 이스라엘 가문이
저지른 온갖 흉악하고 발칙한 죄 때문에 전
쟁이 터지고 한재가 나고 염병이 번져 사람
들이 마구 쓰러지겠구나.
12멀리 있는 자는 염병에 죽겠고, 가까이 있
는 자는 칼에 맞아 쓰러지겠고, 성 안으로
피해 들어온 자는 굶어 죽겠구나. 그제야
치밀었던 내 노여움이 풀리리라.
13높은 언덕과 산봉우리와 우거진 참나무를
비롯하여 무성한 온갖 나무 밑에서 모든 우
상들에게 분향하다가, 거기에서 칼에 찔려
우상들이 서 있는 제단 둘레에 쓰러지게 되
어야 너희는 내가 야훼임을 알 것이다.
14그들이 어디에서 살든지 나는 손을 뻗쳐 그
땅을 리블라에 이르는 사막보다 더 황량하
게 만들리라. 그제야 사람들은 내가 야훼임
을 알 것이다.'"

끝이 가까이 왔다

7 ◎야훼께서 나에게 말씀하셨다.
2"너 사람아, 전하여라. 이것은 주 야훼
가 이스라엘 땅에게 이르는 말이다. '끝장이
다. 동서남북 어디에서나 끝장이다.
3이제 너 예루살렘도 끝장이다. 내가 너에게
나의 분노를 쏟으리라. 너의 행실대로 죄를
주고 네 모든 발칙한 죄를 벌하리라.
4너를 가엾게 여기지도 아니하고 불쌍히 보
지도 아니하리라. 네 가운데서 벌어지고 있
는 온갖 발칙한 짓들로 인하여 내가 너에게
벌을 내리고야 말리라. 그제야 너희는 내가
야훼임을 알 것이다.
5 주 야훼가 말한다. 재난이 꼬리를 물고 들
이닥친다.
6끝장이다. 너는 끝장이다. 끝장이 나고야
만다.
7이 땅에 사는 사람들아, 네 운이 다하였다.
올 때가 오고야 말았다. 그 날이 다가왔다.
먼 훗날 이야기가 아니다. 이미 코앞에 들
이닥쳤다.
8이제 내 노여움을 터뜨릴 날이 다가왔다.
나는 분을 풀어야 하겠다. 네 행실대로 너
에게 죄를 주어야 하겠다. 너의 온갖 발칙
한 죄를 벌해야 하겠다.
9나는 너를 가엾게 여기지도 아니하고 불쌍
히 보지도 아니하리라. 네 가운데서 벌어지
고 있는 온갖 발칙한 짓들로 인하여 내가 너
에게 벌을 내리고야 말리라. 그제야 너를
벌하는 것이 나 야훼임을 알게 될 것이다.
10보아라, 그 날이 왔다. 이제 될 대로 다 되
었다. 네 운이 다하였다. 부정 부패가 걷잡
을 수 없이 일어나고 거만한 자들이 활개를
치며
11폭력배가 일어나 학정을 편다.㉠
12올 때가 왔다. 그 날이 오고야 말았다. 내
노여움이 이 온 무리를 휩쓸 것이다. 무엇
을 샀다고 하여 기뻐할 것도 없고 팔았다고
하여 슬퍼할 것도 없다.
13판 사람이 죽기 전에 판 것을 도로 찾지 못
할 것이다.… ㉡사람들은 하나같이 제 죄
때문에 제 목숨을 부지하지 못할 것이다.
14 나의 큰 노여움이 그 온 무리를 휩쓸 것이
다. 준비가 다 되어 나팔을 불건만 아무도
전쟁에 나갈 용기를 내지 못하리라.
15밖에서는 칼이 번뜩이고 집 안에서는 염병
과 기근이 노린다. 들에 있는 자는 칼에 맞
아 죽고, 성 안에 있는 자는 기근과 염병으
로 쓰러져 죽을 것이다.
16산으로 도망친 자도 모두 제 죄벌을 받아 비
둘기처럼 신음하며 죽을 것이다.
17사람마다 맥이 풀리고 오줌을 싸서 무릎이
젖고
18몸에는 삼베를 걸치고 부들부들 떨면서 머
리를 깎이고 창피하여 얼굴을 들지 못하게
되리라.
19금과 은이 그들을 건져주지 못하고 실컷 배
를 불려주지도 못하리라. 이 백성은 자기네
를 죄에 빠뜨리는 올가미였던 것들, 은은
밖에 내버리고 금은 보기도 싫은 오물로 여
기리라.
20자랑으로 여기던 아름다운 장신구들은 그
것으로 보기에도 역겨운 신상, 구역질나는
우상을 만들었었으므로 내 백성은 그것들
이 꼴도 보기 싫게 될 것이다.
21그것들을 외국인에게 노략질당하고 세상의
못된 자들에게 전리품으로 털려 천대받게

㉠ 11절 후반은 뜻이 분명치 않다. ㉡ 13절은 뜻이 분명치 않다.

하리리라.
22그렇게도 소중하던 이 성읍을 더럽히게 내
버려두리라. 불한당들이 쳐들어와 이 성을
더럽히고
23사람을 마구 죽일 것이다. 온 나라에서 유
혈 참극이 벌어지고 있고 이 성에서는 폭력
이 판을 치고 있기 때문이다.
24내가 못된 민족들을 불러들여 이 백성의 집
을 모두 차지하게 할 것이다. 세력 있는 자
들의 거만을 꺾고 그들의 성소들을 짓밟게
하리라.
25공포에 떨며 어디에 가면 편안할까 하여도
편안한 곳이 없으리라.
26엎친 데 덮친 격으로 불길한 소문이 꼬리를
물고 들려오는데도 예언자는 보여줄 것이
없고 사제는 가르쳐줄 것이 없고 장로들은
일러줄 말이 없을 것이다.
27왕은 통곡하고 수령은 실망 낙담하고, 지주
들은 손이 떨려 어쩔 줄을 모르게 되리라.
내가 그들을 그 행실대로 다루고 버릇대로
심판하리라. 그제야 사람들은 내가 야훼임
을 알리라.'"

예루살렘의 죄

8
◎㉠제육년 유월 오일, 나는 집에 앉아 있
었다. 유다 장로들이 내 앞에 앉아 있는
데 주 야훼께서 손을 내밀어 나를 사로잡으
셨다.
2내 눈에 비친 그 모습은 사람같이 보였으나,
허리 아래 모양은 불 같았고, 허리 위는 놋
쇠처럼 환히 빛나는 것이었다.
3그분이 손같이 생긴 것을 내미시어 내 머리
를 잡으시자, 그의 기운이 나를 공중에 번
쩍 들어올렸다. 나는 신비스런 발현 속에서
예루살렘으로 들려갔다. 그 곳은 질투를 불
러일으키는 우상이 자리잡고 있는 북향 안
문 문간이었다.
4거기에서 나는 전에 들판에서 본 것 같은 이
스라엘의 하느님의 영광을 보았다.
5거기에서 "너 사람아, 어서 북쪽을 바라보
아라." 하시는 그분의 말씀을 듣고 북쪽으
로 눈을 돌리니, 제단 문 북쪽 초입에 질투
를 불러일으키는 우상이 있었다.
6그분은 "너 사람아, 사람들이 무엇을 하고
있는지 보이느냐?" 하시면서 나에게 이렇
게 말씀하셨다. "이스라엘 집안이 여기에서
하고 있는 짓은 너무나도 역겨운 짓들이다.
이런 행위로 그들은 나를 내 성소에서 멀리
떠나게 하였다. 너는 여기에서 이 외에도
그들이 하는 역겨운 일을 더 보게 되리라."
7◎그분은 나를 뜰로 들어가는 문간으로 데
리고 가셨다. 거기에 가보니, 담에 구멍이
하나 있었다.
8그분이 나에게 "너 사람아, 담을 뚫어라."
하시기에 그 담을 뚫으니, 문이 하나 보였
다.
9그분이 말씀하셨다. "들어가 보아라. 사람
들이 거기에서 흉악하고 발칙한 짓들을 하
고 있을 것이다." 그의 말씀을 따라
10들어가 보니 온갖 길짐승과 추한 짐승의
그림과 이스라엘 가문이 섬기는 온갖 우상
이 그 담 사면에 돌아가며 새겨져 있는 것이
었다.
11그리고 이스라엘 가문의 장로 칠십 명이 사
반의 아들 야자니야를 가운데 세우고 그 우
상들 앞에 서서 저마다 손에 향로를 들고
있는데 향연이 향기를 풍기며 올라가고 있
었다.
12그분이 나에게 말씀하셨다. "너는 이스라엘
가문의 장로들이 따로따로 신상을 그려놓
은 컴컴한 방에서 하고 있는 짓들을 보았느
냐? 저들은 내가 이미 저희를 돌보지 않고
이미 이 땅을 버렸다고들 생각하고 있다."
13그리고는 "이들이 하는 역겨운 짓을 또 보
아라." 하시며
14나를 야훼의 성전 북향 정문 문간으로 데리
고 가셨다. 거기에서는 여인들이 앉아서 담
무즈 신의 죽음을 곡하고 있었다.
15"너 사람아, 보았느냐?" 하시면서 그분은
나에게 말씀하셨다. "이보다 더 역겨운 짓
을 또 보아라."
16그리고는 나를 야훼의 성전 안마당으로 데
리고 가셨다. 거기 야훼의 성전 정문간, 현
관과 제단 사이에 사람 이십오 명 가량이 야
훼의 성전을 등지고 동쪽을 향하여 해를 보
며 절하고 있었다.
17"너 사람아, 보았느냐?" 하시면서 그분은
나에게 말씀하셨다. "유다 가문이 여기에서
이런 역겨운 짓을 하는 것을 어찌 작은 일이
라 하겠느냐? 이러고도 부족해서 그들은
불법이 판을 치는 세상을 만들었다. 그래서
나의 화만 돋우어주었다. 저렇게 나뭇가지
를 코에 갖다 대고 있지 않느냐?㉡
18나도 이제는 화나는 대로 하리라. 가엾게

㉠ 에제키엘이 붙잡혀간 지 6년 되던 해인 기원전 592년이다. ㉡ 생명을 주는 이방종교의 한 의식일 수도 있고 화를 돋운다는 표현일 수도 있다.

여기지도 아니하고 불쌍히 보지도 아니하
리라. 그들이 내 귀가 찢어지도록 소리를
질러도 들어주지 아니하리라."

내릴 벌

9 ◎그리고 큰소리로 외치시는 그분의 음성
을 나는 들었다. "이 도시를 벌할 자들아,
모두들 두드려 부술 연장을 손에 들고 나오
너라."
2 그러자 북쪽에 있는 높은 문에서 사람 여섯
이 나왔다. 그들은 모두 손에 망치를 들고
있었는데 그 중 한 사람은 모시옷을 입고,
허리에는 서기관의 필묵통을 차고 있었다.
그들이 들어와서 놋제단 곁에 서자,
3 이스라엘의 하느님의 영광이 자리잡고 계시
던 거룹에서 떠올라 성전 문턱으로 나오시
어 모시옷을 입고 필묵통을 허리에 찬 그 사
람을 부르시며
4 말씀하셨다. "너는 예루살렘 시내를 돌아다
니며, 그 안에서 일어나는 모든 발칙한 짓
을 역겨워하여 탄식하며 우는 사람들의 이
마에 표를 해주어라."
5 그리고 나머지 사람들에게는 내가 듣는 데
서 이렇게 이르셨다. "너희는 저 사람 뒤를
따라 도시 안을 돌아다니며 마구 쳐라. 가
엾게 여기지도 말고 불쌍히 보지도 마라.
6 노인도, 장정도, 처녀도, 어린이도, 부인도
죽여 없애라. 그러나 이마에 표가 있는 사
람은 건드리지 마라. 우선 나의 성소에서부
터 시작하여라." 그러자 그들은 성전 앞에
있는 장로들부터 치기 시작하였다.
7 그분이 그들에게 이르셨다. "울 안에 시체
가 가득하도록 성전을 더럽혀라. 그리고 나
가라." 그들은 시내로 나가 거기에서 사람
들을 쳐죽였다.
8 그들이 사람들을 쳐죽이는 동안, 나는 홀로
남아서 앞으로 쓰러져 호소하였다. "아, 주
야훼여, 예루살렘이 하는 짓이 아무리 노여
우시기로, 이스라엘의 얼마 남지 않은 사람
마저 이렇게 다 없애실 작정이십니까?"
9 그분이 대답하셨다. "이스라엘과 유다 가문
의 죄악이 얼마나 크고 무서운지 너는 아느
냐? 야훼가 이 나라를 내버리고, 돌보지도
않는다고 하며 온 나라에 유혈 참극을 벌인
것들, 부정 부패로 이 수도를 채운 것들,
10 어떻게 내가 그들을 가엾게 여기고 불쌍히
보겠느냐? 그 소행대로 벌을 내리지 않을
수 없다."
11 그러는데 모시옷을 입고 허리에 필묵통을
찬 그 사람이 돌아와서 "명령하신 대로 다
하였습니다." 하고 아뢰었다.

야훼의 영광이 성전을 떠나다

10 ◎내가 바라보니, 거룹들 머리 위에 있
는 덮개 위에는 청옥 같은 것으로 된
옥좌 같은 것이 있었다.
2 거기에서 모시옷 입은 그 사람에게 하시는
그분의 말씀이 들려왔다. "바퀴들 사이로
해서 거룹 밑에 들어가, 그 거룹들 사이에서
숯불을 두 손 가득히 움켜내어 이 도성 위에
뿌려라." 그러자 그는 내가 보는 앞에서 그
리로 들어갔다.
3 그 사람이 들어가는데 거룹들은 성전 오른
쪽에 서 있었고, 울 안에는 구름이 덮여 있
었다.
4 그런데 야훼의 영광이 거룹 있는 데서 떠올
라 성전 문지방으로 옮기셨다. 그러자 성전
은 구름으로 덮이고 울 안에는 야훼의 영광
이 가득 빛났다.
5 그리고 거룹들의 날개 치는 소리가 바깥 마
당에까지 들려 나오는데, 그 소리는 마치
전능하신 하느님께서 말씀하실 때 나는 소
리와도 같았다.
6 그것은 거룹들 사이에 있는 바퀴들 틈에서
불을 집어내라는 그분의 명령이었다. 그 명
령을 듣고 모시옷 입은 사람이 그리로 들어
가 바퀴 옆에 섰는데
7 한 거룹이 그 거룹들 사이에 있는 불을 손으
로 집어다가 모시옷 입은 사람 손에 쥐어
주었다. 그러자 그는 그것을 받아가지고 나
왔다.
8 내가 바라보니, 거룹들의 날개 밑에는 사람
의 손 같은 것이 있었다.
9 또 보니, 거룹들 옆에는 바퀴가 네 개 있었
다. 거룹마다 옆에 바퀴 하나씩 있는 셈이었
다. 그 바퀴들은 감람석처럼 빛났는데
10 네 개가 다 같은 모양으로 바퀴 속의 바퀴가
돌아가듯 되어 있었다.
11 사방 어느 쪽으로나 움직이는데 방향을 바
꿀 때 돌지 않았다. 몸을 돌리지 않고 머리
쪽으로 움직였다.
12 등과 손과 날개, 이렇게 온몸과 그 바퀴에
까지도 눈이 총총 박혀 있었다. 네 바퀴가
다 그러했다.
13 그 바퀴 도는 소리가 내 귀에 울려왔다.
14 각 거룹마다 얼굴이 넷인데 첫째는 거룹의
얼굴이고, 둘째는 사람의 얼굴, 셋째는 사
자의 얼굴, 넷째는 독수리의 얼굴이었다.

15 그 거룹들이 치솟았다. 내가 그발 강 가에서
본 바로 그 생물이었다.
16 거룹들이 움직이면 바퀴들도 옆에서 같이
움직였다. 거룹들이 날개를 펴고 땅에서 떠
올라도 바퀴들은 거룹들 옆에서 떨어져 나
가지 않았다.
17 거룹들이 멈추면 함께 멈추고, 거룹들이 떠
오르면 함께 떠올랐다. 바퀴들 속에는 그
생물의 기운이 올라 있었던 것이다.
18 ◎야훼의 영광이 성전 문지방을 떠나 거룹들
위에 멈추셨다.
19 그러자 거룹들은 날개를 펴, 내가 보는 앞에
서 땅에서 치솟아 떠나갔다. 바퀴들도 함께
떠나갔다. 거룹들이 야훼의 성전 동쪽 정문
간에 멈추는데, 이스라엘 하느님의 영광이
거룹들 위에 머물러 있는 것이 보였다.
20 내가 일찍이 그발 강 가에 있을 때, 이스라엘
의 하느님을 떠받들고 있는 생물들을 보았
는데, 나는 그 생물들이 이 거룹들인 것을
알 수 있었다.
21 거룹마다 얼굴이 넷이고 날개가 넷인데, 그
날개 밑에는 사람의 손 같은 것이 보였다.
22 그 얼굴 형상은 내가 일찍이 그발 강 가에서
본 바로 그 얼굴이었다. 거룹들이 하나씩 앞
으로 곧장 움직였다.

심판과 회복

11 ◎그분의 기운이 나를 쳐들어 야훼의
전 동쪽 정문으로 데려갔다. 그런데 그
정문간에는 사람 이십오 명이 모여 있었다.
그 가운데 아쭈르의 아들 야자니야와 브나야
의 아들 블라티야가 끼여 있는 것이 보였다.
그들은 백성의 수령이었다.
2 거기에서 그분이 나에게 말씀하셨다. "너
사람아, 이들은 이 도성에 재난을 끌어들이
는 일만을 생각하고 나쁜 일만을 꾸미는 자
들이다.
3 그러면서 서로 '집은 지어놓았겠다. 우리는
냄비 속에 고이 담겨 있는 살점 아니냐?'
하고 말한다.
4 너는 이들에게 내 말을 전하여라. 너 사람
아, 내 말을 전하여라."
5 야훼의 기운이 나를 내리덮치는 가운데 그
의 음성이 들려왔다. "너는 이렇게 선포하
여라. '나 야훼가 말한다. 이스라엘 사람들
아, 너희가 그런 엉뚱한 생각을 품고 신이
나서 우쭐대는 것을 내가 모를 줄 아느냐?
6 너희는 이 도성에서 많은 사람을 죽였고,
거리거리를 시체로 더럽게 만들었다.
7 주 야훼가 말한다. 그렇다. 이 성, 이 냄비
안에 살점이 있기는 하다. 그러나 그것은
너희가 이 안에서 죽인 사람들의 시체다.
나는 너희를 이 성에서 끌어내리라.
8 너희가 무서워하는 것은 칼, 내가 적군을
너희에게 불러들이리라. 주 야훼가 하는 말
이다.
9 내가 너희를 이 성에서 끌어내어 적군의 손
에 부치리라. 이렇게 너희를 심판하리라.
10 너희는 이스라엘 국경에서 칼에 맞아 쓰러
질 것이다. 이렇게 나에게 벌을 받고서야
너희는 내가 야훼임을 알 것이다.
11 이 성이 냄비가 되고 너희가 살점이 되어 그
안에 고이 간직될 줄로 아느냐? 너희는 이
스라엘의 경계선에까지 끌려 나가 나의 벌
을 받으리라.
12 그제야 너희는 내가 야훼임을 알리라. 너희
는 그것도 모르고 내 규정을 어기고 내 법을
따르지 않고 주위에 있는 다른 민족들의 법
을 따랐다.'"
13 ◎내가 이 야훼의 말씀을 전하자 브나야의
아들 블라티야가 죽었다. 그것을 보고 나는
땅에 엎드려 큰소리로 외쳐 호소하였다.
"아! 주 야훼여, 이스라엘에서 얼마 안 남은
이 사람들마저 전멸시키셔야 하겠습니까?"
14 ◎야훼의 말씀이 나에게 내렸다.
15 "너 사람아, 예루살렘의 주민들은 네 겨레,
포로로 붙잡혀간 네 동포뿐 아니라 온 이스
라엘 후손들에게 '당신들이 모두 야훼 앞을
떠났으니, 이 땅은 우리의 소유가 되었다.'
하고 주장한다.
16 그러니 너는 이렇게 일러라. '주 야훼가 말
한다. 내가 그들을 멀리 다른 민족들에게
쫓아보내어 이 나라 저 나라에 흩어져 살게
하였지만, 나는 그들이 가 있는 여러 나라
에서 얼마 동안 그들에게 성소가 되어주리
라.'
17 너는 또 이렇게 일러라. '주 야훼가 말한다.
얼마 있다가 나는 그들을 뭇 백성들 가운데
서 찾아내리라. 그들이 흩어져 살고 있는
그 여러 나라에서 모아들여, 이스라엘 농토
를 돌려주리라.
18 그들은 이리로 돌아와서 구역질나는 우상,
보기에도 역겨운 신상을 모두 몰아낼 것이
다.
19 나는 그들의 마음을 바꾸어 새 마음이 일
도록 해주리라. 그들의 몸에 박혔던 돌 같
은 마음을 제거하고 피가 통하는 마음을
주리라.

20그래서 나의 규정을 따르고 나의 법을 지켜
그대로 실행하도록 만들겠다. 그제야 그들
은 나의 백성이 되고 나는 그들의 하느님이
될 것이다.
21그러나 구역질나는 우상, 보기에도 역겨운
신상만을 마음에 두고 사는 자에게는 그 소
행대로 벌을 내리리라. 주 야훼가 하는 말이
다.'"
22◎말씀이 끝나자 거룹들이 날개를 펴는데,
바퀴들도 함께 움직였다. 그 거룹들 위에서
는 이스라엘의 하느님의 영광이 빛나고 있
었다.
23그 야훼의 영광이 도성 한가운데서 떠올라
동쪽 산 위에 멈추었는데,
24나는 신비스런 발현 가운데서 그분의 기운
에 들려 바빌론으로 사로잡혀 온 겨레들에
게 돌아왔다. 이렇게 발현을 보다가 깨어난
다음 나는
25야훼께서 나에게 보여주신 모든 것을 사로
잡혀 온 겨레에게 이야기해 주었다.

이스라엘의 멸망을 상징으로 보이다

12 ◎야훼의 말씀이 나에게 내렸다.
2"너 사람아, 너는 반역하는 일밖에
모르는 족속 가운데서 살고 있다. 그들은
두 눈이 성하면서도 보려고 하지 않고, 두
귀가 성하면서도 들으려고 하지 않는다.
반역할 생각밖에 없으니 어찌 그렇지 않겠
느냐?
3너 사람아, 포로로 잡혀가는 사람이 메는
보따리를 꾸려 들고 사람들이 보는 데서 길
을 떠나거라. 사람들이 보는 데서 네 살던
곳을 떠나 다른 곳으로 가거라. 행여 이 겨
레가, 자기들은 반역하는 일밖에 모르는 족
속인 줄을 깨달을지 아느냐?
4사람들이 보는 데서 포로로 잡혀가는 사람
이 메는 보따리를 대낮에 꾸려놓았다가 저
녁에 사람들이 보는 데서 사로잡혀 가듯이
떠나거라.
5사람들이 보는 데서 벽에 구멍을 뚫고 나가
거라.
6어두울 때 사람들이 보는 데서 그 보따리를
어깨에 메고 얼굴을 가리고 땅을 보지 말고
나가거라. 내가 너를 이스라엘 겨레가 겪을
운명의 상징으로 삼았다."
7◎나는 분부받은 대로 하였다. 포로로 잡혀
가는 사람이 메는 보따리를 대낮에 꾸려 내
다놓고, 저녁이 되어 손으로 벽에 구멍을
뚫었다. 그리고 어두울 때 사람들이 보는
데서 그것을 어깨에 메고 나갔다.
8이튿날 아침 야훼께서 나에게 말씀하셨다.
9"너 사람아, 반역하는 일밖에 모르는 이 족
속, 이 이스라엘 족속이 너보고 왜 그러느냐
고 묻지 않더냐?
10너는 이렇게 일러주어라. '주 야훼께서 이
르신다. 예루살렘을 다스리는 수령과 거기
에 사는 이스라엘 온 겨레가 어떻게 될지를
이렇게 말씀하신다.'
11너는 또 말하여라. '나는 상징이다. 너희는
나의 몸짓을 보고 이 겨레도 사로잡혀 가서
종살이를 하게 되리라는 것을 알아라.'
12그들 가운데 ㉠수령이라는 자가 어둠 속에
서 보따리를 내가려고 벽에 구멍을 뚫어놓
고 그 구멍으로 보따리를 메고 빠져 나갈 것
이다. 얼굴을 가리고 땅을 보지 않고 나가
다가,
13내가 쳐놓은 그물에 걸릴 것이다. 나는 그
를 갈대아인들의 나라 바빌론으로 데려갈 터
인데, 그는 그 땅을 보지도 못한 채 거기에
서 죽으리라.
14그의 호위병과 그의 모든 군대와 그를 둘러
싼 모든 사람들을 나는 사방으로 흐트러뜨
리리라. 칼을 빼들고 쫓으리라.
15나는 그들을 뭇 민족 가운데 흩어 여러 나라
에 쫓아보내리라. 그제야 그들은 내가 야훼
임을 알리라.
16나는 그들 가운데서 얼마를 남겨 칼과 기근
과 염병을 면하게 하리라. 그리하여 자기들
이 가서 섞기며 사는 민족들에게 자기네가
지난날 저질렀던 온갖 역겨운 짓들을 이야
기할 수 있게 하리라. 그러면 그들도 내가
야훼임을 알리라."
17◎야훼께서 나에게 말씀을 내리셨다.
18"너 사람아, 빵을 먹으며 무서워 떠는 몸짓
을 하여라. 물을 마시면서 불안해서 겁에
질린 몸짓을 하여라.
19그리고는 지방민들에게 일러주어라. '예루
살렘 주민들이 어떻게 될지, 이스라엘 농토
가 어떻게 될지 나 야훼가 말한다. 땅에서
남아 돌아가던 것이 모두 없어져 다들 마음
을 못 놓고 빵을 먹을 것이며, 허둥대고 물
을 마실 것이다. 그것은 온 주민이 잔악하
게 되겠기 때문이다.
20사람이 우글거리던 도시들은 사막이 되고
시골은 황무지가 될 것이다. 그제야 너희는
내가 야훼임을 알리라.'"

㉠ 시드키야를 말한다.

21◎야훼께서 나에게 말씀을 내리셨다.
22"너 사람아, '이 이스라엘 땅에서 세월이 이
만큼 흐르는 동안, 환상으로 본 것치고 그
대로 된 것이 있더냐?' 하는 속담이 너희
입에 오르내리다니 어찌 된 일이냐?
23너는 이렇게 나의 말을 전하여라. '주 야훼
가 말한다. 내가 이스라엘 안에서 다시는 이
속담이 입술에 오르내리지 못하게 하리라.'
그리고 또 이렇게 일러주어라. '내가 보여
준 광경이 그대로 이루어질 날이 다가왔다.
24이후로는 이스라엘 족속 가운데 허황한 환
상이나 속임수를 쓰는 점쟁이가 없어질 것
이다.
25나 야훼는 한번 말한 것은 미루지 아니하고
반드시 그대로 이룬다. 반역하는 일밖에 모
르는 너희 족속이 죽기 전에 나는 내가 말한
것을 이루고야 말리라. 주 야훼가 하는 말이
다.'"
26◎야훼께서 나에게 말씀을 내리셨다.
27"너 사람아, 이스라엘 백성은 말하기를, 네
가 본 환상은 오랜 세월이 지난 다음에나 있
을 일, 네가 예언한 것은 먼 훗날에나 이루
어질 것이라고 하리라.
28그러나 너는 이렇게 일러주어라. '주 야훼
가 말한다. 나는 내가 한번 한 말은 미루지
아니하고 반드시 그대로 이룬다. 주 야훼가
하는 말이다.'"

거짓 예언자들

13 ◎야훼께서 나에게 말씀을 내리셨다.
2"너 사람아, 너는 이스라엘의 예언자
로 자처하는 자들에게 내 말을 전하여라.
제 마음대로 말하면서 내 말이라고 하는 자
들에게 이렇게 일러주어라. '야훼의 말씀을
들어라.
3주 야훼가 말한다. 저주받아라, 너희 발현을
보지도 않은 채 멋모르고 제 생각에 끌려다
니는 미련한 예언자들아!
4이스라엘아, 너희의 예언자들은 허물어진
옛 성터나 돌아다니는 여우 같은 것들이다.
5이스라엘 족속을 지키는 성이 무너졌는데도
올라가서 다시 성을 쌓아 야훼의 거둥 날,
전쟁에 대비하기는커녕
6허황한 환상이나 보고 속임수로 점이나 치
면서 야훼의 말을 사칭하는 것들이다. 내
가 보내지도 않았는데 멋대로 지껄이고는
그대로 이루어지기를 은근히 바라는 것들
이다.
7너희가 허황한 환상을 보고 속임수로 점을
치면서 야훼의 말이라고 하지만, 나는 그런
말을 한 적이 없다.
8 주 야훼가 말한다. 너희는 터무니없는 환
상을 보고 허무맹랑한 말을 하였다. 내가
기필코 너희를 치리라. 주 야훼가 하는 말
이다.
9허황한 환상이나 보고 속임수로 점이나 치
는 예언자라는 것들을 이 손으로 치리라.
내 백성의 모임에 들이지도 않고 이스라엘
족속의 명단에서도 빼어 이스라엘 땅에 들
어가지도 못하게 하리라. 그제야 너희는 내
가 주 야훼임을 알리라.
10그 예언자라는 것들은 무엇 하나 잘되는 것
이 없는데도 잘만 되어간다고 하며 나의 백
성을 비뚤게 이끌었다. 그래서 백성이 담을
쌓으면, 그 위에 회나 바르는 것들이다.
11그 회를 바르는 자에게 말하여라. 그 담은
무너진다. 소나기가 쏟아지고 주먹 같은 우
박이 퍼붓고 광풍이 불어닥치면,
12그 성은 마침내 무너지리니, 회칠한 것이
다 어찌 되었느냐는 비난을 면하지 못하리
라.
13주 야훼가 말한다. 내 홧김에 광풍이 불어닥
치고 내 분노에 소나기가 쏟아지고 내 진노
에 주먹 같은 우박이 내려 이 성을 허물어뜨
릴 것이다.
14나는 너희가 회칠한 성을 바닥이 드러나게
헐어내리리라. 그 성이 무너질 때 너희는
그 틈에 깔려 죽으리라. 그제야 너희는 내
가 야훼임을 알리라.
15 나는 이렇게 그 성과 그 성에 회칠한 자들
에게 화를 풀고 나서, 너희에게 말할 것이
다. - 성도 없어졌다. 성에 회칠한 자들도
없어졌다.
16발현을 본답시고 보고는 무엇 하나 잘되는
것 없는데도 잘되어 간다고 하면서 그것을
예루살렘 주민에게 나의 말이라고 전하던 이
스라엘의 예언자들은 없어졌다. 주 야훼가
하는 말이다.'
17 너 사람아, 너는 이제 눈을 돌려 네 겨레
가운데서 자기가 하고 싶은 소리를 하면서
도 그것을 내 말이라고 하는 여인들에게 나
의 말을 전하여라.
18'주 야훼가 말한다. 저주받아라, 너희 사람
팔목에 ㉠토시를 만들어 끼우고 키 큰 사람
키 작은 사람에게 ㉡너울을 씌워 사람들의
목숨을 노리는 것들아! 너희가 내 백성의

㉠, ㉡ "토시"와 "너울"이 어떤 마술을 부렸는지는 알 길이 없다.

목숨을 노리면서 너희의 목숨은 부지할 듯
싶으냐?
19 너희는 내 백성이 보는 데서 보리 몇 줌과
빵 몇 조각을 받고 나를 욕되게 하였다. 거
짓말에나 귀가 솔깃해 하는 나의 백성을 속
여, 죽지 않아도 될 사람을 죽이고 죽여야
할 자를 살려두었다.
20 주 야훼가 말한다. 너희가 새 잡듯이 사람
을 잡는 그 토시를 어떻게 내가 그냥 두겠느
냐? 내가 그것을 너희의 팔에서 찢어버리
고 너희가 사로잡은 그 사람들을 새처럼 놓
아주리라.
21 너희가 씌워준 너울을 찢어버리고 더 이상
잡고 있지 못하게 내 백성을 너희 손에서 구
해 내리라. 그제야 너희는 내가 야훼임을 알
리라.
22 죄없는 사람의 마음을 내가 왜 괴롭히겠
느냐? 그런데 너희는 터무니없는 소리로
그 마음을 꺾어주었다. 그런가 하면, 죄있
는 자는 나쁜 길을 버리고 살 길로 돌아오지
못하게 옆에서 부채질을 하였다.
23 내가 이제 너희로 하여금 다시는 허황한 환
상을 보지 못하게 하고 속임수로 점을 치지
도 못하게 할 것이다. 그리하여 내 백성을
너희의 손에서 구해 내리라. 그제야 너희는
내가 야훼임을 알리라.'"

우상 숭배

14 ◎이스라엘 장로 몇 사람이 나를 찾아
왔다. 그들이 내 앞에 앉아 있는데
2 야훼께서 나에게 말씀을 내리셨다.
3 "너 사람아, 이들은 우상에나 마음이 쏠려
있는 자들이다. 그들은 스스로를 죄짓게 하
는 올가미밖에 생각하지 않는 것들이다. 그
런데 그런 것들이 어처구니없게도 나에게
알아볼 일이 있어 왔구나.
4 그렇다면 말해 주어라. 나의 말을 일러주어
라. '주 야훼가 말한다. 이스라엘 족속으로
서 우상에나 마음이 쏠려 있고 스스로를 죄
짓게 하는 올가미만을 생각하면서도, 예언
자에게 왔으니, 아무리 많은 우상을 섬기는
자라 하더라도 이 야훼가 친히 대답해 주리
라.'
5 비록 나를 떠나 우상을 섬기는 것들이지만,
이 이스라엘 족속의 마음을 그렇게 해서라
도 잡아야겠다.
6 그러니 너는 이스라엘 족속에게 일러주어
라. '주 야훼가 말한다. 돌아오라, 너희의
우상을 떠나 돌아오라. 너희가 섬기는 온갖
역겨운 것들에게서 얼굴을 돌려라.
7 이스라엘 족속이나 이스라엘에 몸붙여 사는
외국인이나, 나를 떠나 저희 자신을 죄짓게
하는 올가미인 줄도 모르고 우상에 마음을
쏟는 자들이 비록 마음에 없으면서도 예언
자에게 와서 묻는다면 이 야훼는 친히 대답
해 주리라.
8 그가 내 눈총을 받아 내 백성 가운데서 잘리
리니, 너희는 그가 망하는 모양을 보고 정
신을 차리게 될 것이다. 그제야 너희는 내
가 야훼임을 알리라.
9 만일 예언자가 꾐에 빠져 그런 말을 한다면,
바로 내가 그 예언자를 유혹한 것이다. 나
는 내 백성 이스라엘 가운데서 그런 자를 내
손으로 없애버리리라.
10 그러나 죄는 예언자에게만 있는 것이 아니
라 물어보러 가는 사람에게도 있기 때문에
쌍방에 같은 벌을 내리리라.
11 이는 이스라엘 족속이 다시는 나를 떠나 헤
매지 않고, 온갖 죄를 지어 부정한 백성이
되지 않게 하려 함이다. 다시 이 백성이 나
의 백성이 되고 내가 이 백성의 하느님이 되
려 함이다. 주 야훼가 하는 말이다.'"

책임은 개인에게 있다

12 ◎야훼께서 나에게 말씀을 내리셨다.
13 "너 사람아, 어느 나라가 나를 거역하여 잘
못을 저질렀는데 내가 손을 뻗쳐 한재를 내
려 그 백성의 밥줄을 끊고 사람과 짐승을 없
애버린다고 하자.
14 그리고 거기에 노아나 ㉠다넬이나 욥 같은
사람이 있다고 하자. 그 세 사람도 옳게 산
덕분에 자기들의 목숨이나 겨우 건질 수 있
으리라. 주 야훼가 하는 말이다.
15 또 내가 그 땅에 맹수를 보내어 그것들이 돌
아다니며 아이들을 잡아먹어 사람의 그림
자조차 비치지 않게 되고 온 지방이 쑥밭이
된다고 하자.
16 거기에 그 세 사람이 있다고 해도 자기들의
목숨이나 겨우 건질 수 있을 뿐 아들딸의 목
숨도 건지지 못한 채 온 땅은 쑥밭이 되고
말리라. 반드시 그렇게 되고야 만다. 주 야
훼가 하는 말이다.
17 또 내가 그 나라에 적군을 끌어들여, 그들
이 돌아다니며 사람과 짐승을 칼로 무찔러
버린다고 하자.
18 거기에 그 세 사람이 있다고 해도 자기들의

㉠ "다니엘"일 수도 있다.

목숨이나 겨우 건질 수 있을 뿐 아들딸의 목
숨도 건지지 못할 것이다. 반드시 그렇게
되고야 만다. 주 야훼가 하는 말이다.
19 또 내가 그 나라에 염병을 퍼뜨린다고 하자.
또 울화를 터뜨려 유혈 참극을 벌이고 사람
과 짐승을 모두 전멸시킨다고 하자,
20 거기에 노아나 다넬이나 욥이 있다고 해도
별 수 없으리라. 옳게 산 덕분에 제 목숨이
나 겨우 건질 수 있을 뿐 아들딸 하나 건지
지 못하리라. 반드시 그렇게 되고야 만다.
주 야훼가 하는 말이다.
21 주 야훼가 말한다. 내가 예루살렘에 적군
을 끌어들이고 기근이 들게 하고 맹수가 들
끓고 염병이 퍼지게 하리라. 이렇게 네 가
지 재앙으로 예루살렘을 벌하여 사람과 짐
승을 없앨 때,
22 그 안에서 죽지 않고 살아 남았다가 아들딸
을 끌고 나올 사람이 있어 너희에게 오면,
너희는 내가 그의 고약한 행실을 보고 재앙
을 내려 예루살렘을 멸망시킨 일이 차라리
잘된 일이라고 생각하게 될 것이다.
23 그들의 고약한 행실을 보고야 너희는 차라
리 잘되었다고 생각하게 될 것이다. 그제야
너희는 내가 예루살렘을 친 일이 공연한 일
이 아니었음을 알게 될 것이다. 주 야훼가
하는 말이다."

포도덩굴 비유

15 ◎야훼께서 나에게 이런 말씀을 내리셨
다.
2 "너 사람아, 포도덩굴이 무엇이냐?
숲 속에 얽힌 덩굴과 다를 게 무엇이냐?
3 거기에서 가구를 만들 재목이 나겠느냐?
무엇을 걸어둘 못을 만들겠느냐?
4 보아라, 땔감으로 불에 들어간다.
양쪽 끝은 타고
가운데는 그을었는데,
그것을 무엇에 쓰겠느냐?
5 옹근 대로 있어도 쓸모가 없을 터인데,
하물며 불에 타 그을은 것을 어디에다 쓰
겠느냐!
6 주 야훼가 말한다.
숲 속에서 자란 포도덩굴을
땔감으로 불에 집어넣듯
예루살렘에 사는 자들을 나는 불에 집어
넣으리라.
7 불에서 빠져 나오다가도
내가 화가 나서 노려보면
불에 타 죽고 말리라.
내가 화가 나서 노려보리니,
그제야 너희는 내가 야훼임을 알리라.
8 나를 배신하였으니
내가 그 땅을 쑥밭으로 만들리라.
주 야훼가 하는 말이다."

부끄러운 과거

16 ◎야훼께서 나에게 말씀을 내리셨다.
2 "너 사람아, 예루살렘 사람들에게 예
루살렘에서 일어나는 온갖 역겨운 짓들을
깨우쳐주어라.
3 예루살렘에 사는 사람들에게 이렇게 전하여
라. '주 야훼가 말한다. 네 족보를 캐어보면
너는 가나안 출신이라, 네 아비는 아모리인
이요 어미는 헷 여인이다.
4 네가 나던 일을 말하자면, 네가 세상에 떨
어지던 날 탯줄을 잘라줄 사람도 없었고 목
욕시켜 줄 사람도 없었으며 소금으로 문질
러줄 사람도 없었고 포대기에 싸줄 사람도
없었다.
5 너를 애처롭게 보아 이런 친절을 베풀어줄
사람이 없었다. 아무도 가엾게 여기지 않았
다. 그래서 세상에 떨어지던 날, 너는 들에
내버린 개구멍받이 신세였다.
6 내가 지나가다가 피투성이로 발버둥치는
너를 보고, 핏덩어리야 살아라,
7 들풀처럼 자라나거라 하였더니, 너는 자라
고 커서 시집갈 나이가 되었다. 너는 젖가
슴이 부풀고 거웃도 자랐는데 알몸을 드러
내 놓고 있었다.
8 나는 지나가다가 네가 꽃다운 한창 나이가
된 것을 보고 내 겉옷 자락을 펴서 너의 맨
몸을 감싸주었다. 나는 맹세하고 너와 약혼
한 사이가 되었다. 주 야훼가 하는 말이다.
너는 내 사람이 되었다.
9 나는 너를 목욕시키고 너에게 묻은 피를 닦
아주고 기름을 발라주었다.
10 수놓은 옷을 입혀주고 고래 가죽으로 만든
신을 신겨주고 아마포 띠를 띠어주었으며
비단 겉옷을 입혀주었다.
11 너를 보석으로 단장하고 팔에는 팔찌를, 목
에는 목걸이를 걸어주었다.
12 코에는 코고리를, 두 귀에는 귀고리를 달아
주었고 머리에는 아름다운 족두리를 씌워
주었다.
13 이렇게 너는 금은 패물로 단장하고 모시옷
에, 비단옷에, 수놓은 옷을 입고 고운 밀가
루 음식과 꿀과 기름을 먹게 되었다. 너는
점점 아름다워져 마침내 왕비의 자리에까

지 올랐다.
14 내가 너에게 입혀준 영화는 한점 티없이 아
름다웠으므로 네 명성은 만방에 떨쳤다. 주
야훼가 하는 말이다.
15 그런데 너는 네 아름다움을 믿고 명성을 미
끼로 삼아 몸을 팔았다. 지나가는 아무에게
나 몸을 내맡겨 마구 놀아났다.
16 네 옷을 가져다가 산당 언덕에 색색으로 펴
놓고 그 위에서 몸을 팔았다. 몸을 내맡겨
놀아났다.
17 또 내가 몸을 장식하라고 준 금은 패물을 가
져다가 사내의 형상들을 만들어놓고는 몸
을 팔았다.
18 수놓은 옷을 가져다가 그 형상들에 입히고
나에게 바칠 기름과 향을 그들에게 바쳤다.
19 내가 너에게 준 빵뿐 아니라 너에게 먹으라
고 준 고운 밀가루와 기름과 꿀을 살라 그
들 앞에서 향기를 피웠다. 주 야훼가 하는
말이다.
20 또 네가 나에게 낳아준 아들딸마저 끌어
다가 그 형상들에게 제물로 잡아 바쳤다.
네 몸을 파는 것만으로는 만족스럽지 못하
더냐?
21 너는 나의 아들들을 잡아 불에 살라 바쳤다.
22 너는 이렇듯이 보기에도 역겨운 짓들을 하
였다. 너는 어렸을 때 알몸을 드러내고 피
투성이로 발버둥이치던 일을 잊어버리고
몸을 팔았다.
23 주 야훼가 하는 말이다. 이 망할 것들아,
망할 것들아, 이런 온갖 고약한 짓으로도
성이 차지 않아
24 장터마다 단을 쌓았고 산디를 만들었구나.
25 어귀마다 산디를 만들어놓고는 지나가는
아무에게나 가랑이를 벌리고 수없이 몸을
팔아 네 아름다운 몸을 더럽혔다.
26 물건이 크다고 해서 이웃 나라 이집트 사람
들에게도 몸을 팔았다. 이렇게 수없이 몸을
팔아 나의 분을 터뜨려 놓았다.
27 보아라! 내가 이 주먹으로 너를 치고 너에
게 줄 몫을 줄이리라. 너를 미워하던 블레셋
계집들마저 너의 추잡한 행실을 보고 얼굴
을 붉힐 것이다. 내가 너를 그 계집들에게
내주어 마음대로 하게 하리라.
28 그러고도 성이 차지 않아서 너는 아시리아
사람들에게 몸을 팔았다. 그들에게 몸을 팔
아도 성이 차지 않자
29 너는 무역하는 나라 바빌론 사람들에게 수
없이 몸을 팔았다. 그러고도 너는 만족을
몰랐다.
30 얼마나 환장했으면 매인 데 없는 창녀나 하
는 그 따위 짓을 하느냐? 주 야훼가 하는 말
이다.
31 너는 길 어귀마다 단을 쌓고 장터마다 산디
를 만들고 몸을 팔았지만, 여느 창녀처럼
화대를 거두어 모으려는 것도 아니었다.
32 유부녀도 돈을 받고야 다른 남자를 맞아들
인다.
33 물론 창녀도 몸값을 받는다. 그런데 너는
도리어 번번이 네 정부에게 선물을 주는구
나! 너는 선물을 주면서까지 정부를 사방
에서 끌어들이며 놀아났다.
34 너는 바람을 피워도 이처럼 여느 여자들과
는 반대로 피우는구나. 정부들이 너를 찾아
와서 너에게 화대를 주는 것이 아니라, 네
가 도리어 선물을 주었다. 너는 이렇게 거
꾸로 되었다.
35 그러니 이 창녀야, 너는 야훼의 말을 들어
라.
36 주 야훼가 말한다. 너는 속옷을 벗어 알몸을
드러내었고 내 눈에 역겨운 우상에게 몸바
쳐 정부들과 놀아났으며 자식들의 피를 우
상들에게 바쳤다.
37 그러니 두고 보아라. 네가 미워하는 모든
원수들뿐 아니라 네가 사랑하였던 모든 정
부들까지도 다 모아다가 그들 앞에서 너를
벌거벗기리라. 그들을 사방에서 모아다 놓
고 그 앞에서 너를 벌거벗겨 알몸을 드러내
보이리라.
38 나는 너를 간음하고 자식을 죽인 죄인으로
다스리리라. 내 분노와 질투를 너에게 퍼부
으리라.
39 내가 너를 그들의 손에 넘기리니 그들은 네
가 쌓은 단을 헐어 치우고 네가 만든 산디를
허물 것이다. 너에게서 옷을 벗겨가고 몸을
단장한 패물들을 채어 갈 것이다. 너를 벌
거벗겨 알몸을 만들고는
40 군중을 모아다가 너를 돌로 치고, 창으로
찔러 죽일 것이다.
41 네 집에 불을 지르고 뭇 여인들이 둘러선 가
운데서 너를 벌할 것이다. 네가 다시는 선
물을 주어가면서 바람을 피우지 못하게 되
리라.
42 그제야 내 화가 풀리고 질투가 사그라질 것
이다. 마음이 가라앉아 역정을 내지 않게
될 것이다.
43 네가 어렸을 적 생각을 잊고 이런 모든 짓을
하여 내 분을 터뜨렸는데, 어찌 네 소행대
로 벌을 내리지 않겠느냐! 주 야훼가 하는

말이다. 너는 이 모든 역겨운 짓을 한데다
가 바람마저 피우지 않았느냐?
44그리하여 너를 보고, 그 어미에 그 딸이라
는 속담이 세상에 퍼진 것이다.
45네 어미가 남편과 자식을 버리더니, 너도
그 어미에 그 딸이구나. 네 언니들이 남편
과 자식을 버리더니, 너도 그 언니에 그 아
우구나. 네 어미는 헷 여인, 네 아비는 아모
리 사내 아니냐!
46네 언니 사마리아는 딸들을 거느리고 북쪽
에서 살았다. 네 아우 소돔은 딸들을 거느리
고 남쪽에서 살았다.
47너는 언니와 아우의 소행을 따르는 정도가
아니었다. 그 역겨운 짓들을 본뜨는 듯하더
니, 어느새 모든 행실이 그들보다 더욱 썩
어 있었다.
48주 야훼가 하는 말이다. 네 아우 소돔이 제
딸들과 한 짓이 네가 네 딸들과 한 짓에 미
칠 듯싶으냐? 어림도 없다.
49네 아우 소돔의 죄가 무엇인지 아느냐? 거
만을 떨고 실컷 먹고 마시며 태평 세월을
즐기면서 천하고 가난한 자들의 손을 붙잡
아주지 않은 것이 바로 소돔과 그 딸들의 죄
였다.
50거만을 떨며 내 눈에 역겨운 짓들을 하기에
내가 물리쳐 지금 네가 보는 대로 없애버린
것이다.
51사마리아가 죄를 지었다고 하지만 네가 지
은 죄의 절반밖에 안 된다. 너는 네 언니나
아우보다 역겨운 짓을 더 많이 하였다. 네
가 저지른 온갖 역겨운 짓을 생각하면 네 언
니와 아우는 도리어 죄가 없는 편이다.
52너는 언니와 아우보다 더 역겨운 죄를 지어
서 언니와 아우가 너보다 죄없는 편이 되도
록 체면을 세워준 셈이 되었는데, 그렇게
엄청난 죄를 짓고도 네가 수치를 벗을 성싶
으냐? 부끄러운 줄을 알아라. 언니와 아우
가 죄없이 보일 정도로 네가 죄를 지었는데,
네가 수치를 당하지 않을 성싶으냐? 어림
도 없다.
53 나는 소돔과 그의 딸들을 전처럼 잘살게
해주리라. 사마리아와 그의 딸들도 전처럼
잘살게 해주리라. 그들을 전처럼 잘살게 해
줄 뿐 아니라, 너까지도 한몫 끼여서 전처
럼 잘살게 해주리라.
54그제야 너는 부끄러운 줄을 알리라. 내 화
를 돋우어주면서 한 모든 행실이 부끄러워
지리라.
55네 아우 소돔과 그의 딸들도 예전대로 회복
되고 네 언니 사마리아와 그의 딸들도 예전
대로 회복될 때, 너와 네 딸들도 예전대로
회복될 것이다.
56너는 너의 황금 시대에 아우 소돔의 추문을
비웃었다.
57너의 부끄러운 데가 드러나기 전에는 남을
비웃더니 이제는 도리어 네가 소돔처럼 에
돔의 딸들과 주위의 모든 민족들에게 욕을
먹고 불레셋의 딸들에게 욕을 먹을 때가 되
어 사방에 있는 종족들에게 멸시를 받는구
나.
58네가 그토록 더럽고 역겨운 짓을 했으니
그 벌을 벗으리라 생각하지 마라. 야훼의 말
이다.
59주 야훼가 말한다. 너는 너의 맹세를 하찮게
보고 그 계약을 깨뜨렸다. 네가 한 대로 나
도 너에게 해주리라.
60그러나, 나는 네가 처녀였을 때 너와 약혼
했던 것을 생각하고 너와 영원히 끊을 수 없
는 계약을 맺으리라.
61너와 맺은 계약에는 들어 있지 않았지만,
네 언니와 아우를 너의 딸로 삼아주리니,
그리 되거든 네 과거 행실을 생각하고 부끄
러운 줄이나 알아라.
62내가 이렇게 너와 계약을 맺으면 그제야 너
는 내가 야훼임을 알게 되리라.
63너는 네가 저지른 모든 일을 나에게 용서받
고는 지난 일들을 생각하고 부끄러워 얼굴
을 들 수 없이 되어 다시는 입도 벌리지 못
하게 되리라. 주 야훼가 하는 말이다.'"

독수리와 포도덩굴

17 ◎야훼께서 나에게 말씀을 내리셨다.
2"너 사람아, 이스라엘 족속에게 수수
께끼를 내놓아라. 비유를 들어 말해 주어
라.
3 '주 야훼가 말한다.
큰 독수리 한 마리
알록달록한 깃털을 가득 쓰고
긴 깃, 큰 날개를 치며
레바논에 가서
송백 끝에 돋은 ㉠순을 땄다.
4 그 연한 가지 끝에 돋은 햇순을 따서
무역 국가로 가져다가
상업 도시에 내놓고는
5 그 지방에서 난 ㉡종자를 찾아
버드나무 심듯

㉠ 여호야긴을 말한다. ㉡ 시드키야를 말한다.

물이 콸콸 흐르는 강가,
갈아놓은 밭에 심었다.
6 움이 돋고 보니, 그것은 포도나무였다.
뿌리를 땅에 박고 낮게 옆으로 퍼지며
덩굴은 그 독수리에게로 뻗었다.
포도덩굴이 되어 가지가 뻗으며 움이 돋았다.
7 깃털이 많은 큰 날개를 치는
다른 큰 독수리 한 마리가 나타나자
이번에는 그 포도덩굴이
가는 넌출을 그리로 뻗고
뿌리도 그리로 뻗어 물을 빨아들이려고 하였다.
8 물기 넉넉한 좋은 밭에 심어,
햇가지가 나서 열매를 맺는
훌륭한 포도나무가 되리라 여겼더니, 그 모양이었다.'
9 주 야훼의 말이라 하고 일러라.
'그러고도 잘될 것 같으냐!
그러고도 뿌리가 뽑히지 않을 듯싶으냐?
열매를 훑어가지 않을 듯싶으냐?
새 잎은 돋아나자마자 마를 것이다.
그 뿌리를 뽑는 데는 힘들 것도 없다.
대군을 출동시킬 것까지도 없다.
10 옮겨 심었다고는 하지만 잘되기는 이미 틀렸다.
동쪽에서 열풍이 불어오면 바싹 마르리라.
자라던 터전에서 그대로 시들리라.'"
11 ◎야훼께서 나에게 말씀을 내리셨다.
12 "이 반역하는 족속에게 말해 주어라. '너희
는 이것이 무슨 말인지 알 것이다. 들어라.
바빌론 왕은 예루살렘에 들어가 왕과 고관들
을 잡아 바빌론으로 데리고 갔다.
13 그리고는 왕실의 후예를 하나 골라 그와 협
정을 맺고 맹세를 시킨 다음, 온 나라에서
쓸 만한 사람들을 잡아감으로써
14 머리를 들 수 없는 속국을 삼아 협정을 충실
히 지키지 않을 수 없게 만들었다.
15 그러나 그 왕실의 후예는 바빌론 왕에게 반
기를 들었다. 그리고 이집트에 사절단을 보
내어 기마대와 함께 원군을 많이 보내달라
고 요청하였다. 그런다고 성공할 것 같으
냐? 그러고서도 죽음을 면할 길이 있을 것
같으냐? 협약을 어기고 죽음을 면할 수 있
을 것 같으냐?
16 그는 자기를 왕위에 앉혀준 종주국 바빌론
의 심장부에 끌려가서 죽으리라. 주 야훼가
말한다. 맹세한 것을 헌신짝처럼 버리고 협
약 맺은 것을 깨뜨렸으니, 반드시 그리 되
고 말 것이다.
17 적이 돌로 축대를 쌓고 감시탑을 세워 대살
육을 하려는데도 파라오는 대군을 몰고 와
서 그를 구해 주지 않을 것이다.
18 그는 맹세한 것을 헌신짝처럼 버렸고 협약
맺은 것을 깨뜨렸다. 그가 손을 잡았다가
이런 짓을 했으니 반드시 죽을 것이다.
19 주 야훼가 말한다. 그가 내 앞에서 한 맹
세를 헌신짝처럼 버렸고 내 앞에서 맺은 계
약을 깨뜨렸으니, 나는 반드시 그에게 죄벌
을 내리리라.
20 나는 그물을 쳐서 그를 망으로 옭아 바빌론
으로 끌어다가, 거기에서 그를 재판하고 나
를 배신한 죄를 벌하리라.
21 그의 군대 가운데 정병은 모두 칼에 맞아 쓰
러지고 살아 남은 자는 사방으로 흩어지리
라. 그제야 너희는 이 말을 한 것이 나 야훼
임을 알리라.
22 주 야훼가 말한다.
나도 그 송백 끝에 돋은 순을 따리라.
그 연한 가지에 돋은 햇순을 따서
높고 우뚝한 산 위에 몸소 심으리라.
23 이스라엘의 높은 산에 그것을 심으면
햇가지가 나서
열매를 맺는 훌륭한 송백이 되고
온갖 새들이 거기에 깃들이며
온갖 날짐승이 그 가지 그늘에 깃들일 것이다.
24 그제야 들의 모든 나무는 알리라.
높은 나무는 쓰러뜨리고
낮은 나무는 키워주며
푸른 나무는 시들게 하고
마른 나무는 다시 푸르게 하는 이가
바로 나 야훼임을 알리라.
나 야훼는 한번 말한 것은 반드시 그대로
이룬다.'"

책임은 개인에게

18 ◎야훼께서 나에게 말씀을 내리셨다.
2 "'아비가 설익은 포도를 먹으면
아이들의 이가 시큼해진다.'
이런 속담이 너희 이스라엘 사람이 사는
땅에 퍼져 있으니 어찌 된 일이냐?
3 주 야훼가 말한다. 내가 무슨 일이 있어도
다시는 너희 이스라엘에서 이런 속담을 말
하지 못하게 하리라.
4 사람의 목숨은 다 나에게 딸렸다. 아들의
목숨도 아비의 목숨처럼 나에게 딸렸다. 그

러므로 죄지은 장본인 외에는 아무도 죽을
까닭이 없다.
5 어떤 사람이 옳게 살아서 죄가 없다고 하
자.
6 산 위에서 젯밥을 먹지 않았고 이스라엘 족
속이 섬겨온 우상들에게 눈을 돌리지도 않
았으며 남의 아내를 범하지도 않았고 월경
중인 아내를 가까이하지도 않았다고 하자.
7 또 남을 억울하게 하지도 않았고 담보로
받은 것은 돌려주었으며 남의 것을 빼앗는
일도 없었고 굶주린 자에게 먹을 것을 주
었으며 헐벗은 사람에게 입을 옷을 주었다
고 하자.
8 또 물건을 세놓지도 않았고 돈놀이도 하지
않았으며 나쁜 일에 손을 대지도 않았고 사
람들 사이에 생긴 사건을 공정하게 재판해
주었다고 하자.
9 그래서 내가 정해 준 규정대로 살고 내가 세
워준 법을 지켜 그대로 하였다고 하자. 그
런 사람은 죄가 없는 사람이라, 정녕 살 것
이다. 주 야훼가 하는 말이다.
10 그러나 만일 그런 사람에게 아들이 있는
데 그가 살인 강도가 되어 다음과 같은 잘못
을 저질렀다고 하자.
11 아비는 그런 짓을 한 가지도 범하지 않았건
만 아들은 산에 올라가 젯밥을 먹었고 남의
아내를 범했다고 하자.
12 천하고 가난한 사람을 억눌러 착취하였고
담보로 잡은 것을 돌려주지 않았으며 우상
들에게 눈을 돌려 내 눈에 역겨운 짓을 했다
고 하자.
13 또 물건을 세놓았고 돈놀이를 했다고 하자.
이런 온갖 역겨운 짓을 하고는 결코 살 수
없다. 그런 자는 자기의 죄를 쓰고 죽을 수
밖에 없다.
14 그런데 그런 자에게서 태어난 아들이라
도, 아비가 저지르는 모든 잘못을 보고 두
려운 생각이 들어 그대로 따라 하지 않았다
고 하자.
15 산 위에서 젯밥을 먹지 않았고 이스라엘 족
속이 섬겨온 우상들에게 눈을 돌리지도 않
았으며 남의 아내를 범하지도 않았다고 하
자.
16 남을 억울하게 하지도 않았고 담보를 잡거
나 착취를 하지도 않았다고 하자. 굶주린
사람에게 먹을 것을 주었고 헐벗은 사람에
게 입을 옷을 주었다고 하자.
17 나쁜 일에서 손을 떼고 세를 놓거나 돈놀이
를 하지도 않았다고 하자. 이렇게 내가 세
워준 법을 실천하고 내가 정해 준 규정을 따
라 살았다고 하자. 그런 사람은 자기 아비
가 나쁜 짓을 했다고 해서 죽지는 않는다.
그런 사람은 정녕 살 것이다.
18 너희는 아비가 남을 억압하고 착취하고 겨
레 가운데서 못할 짓을 하다가 자기의 죄를
쓰고 죽었는데,
19 그 아들이 아비의 죄를 쓰고 벌을 받지 않으
니 어찌 된 일이냐고들 한다. 그 아들은 내
가 정해 준 규정을 지키고 그대로 바로 살았
는데 왜 죽겠느냐?
20 죽을 사람은 죄를 지은 장본인이다. 아들이
아비의 죄를 받거나 아비가 아들의 죄를 받
거나 하지는 않는다. 바로 살면 바로 산 보
수를 받고, 못된 행실을 하면 못된 행실의
보수를 받는다.
21 그러나 만일 못된 행실을 하던 자라도 제
잘못을 다 버리고 돌아와서 내가 정해 준 규
정을 지키고 바로 살기만 하면 그는 죽지 않
고 살 것이다.
22 나는 그가 거역하며 지은 죄를 다 잊어주리
라. 그는 옳게 산 덕분으로 살게 되리라.
23 그가 못된 행실을 한 자라고 해서 사람이 죽
는 것을 내가 기뻐하겠느냐? 주 야훼가 하
는 말이다. 그런 사람이라도 그 가던 길에
서 발길을 돌려 살게 되는 것이 어찌 내 기
쁨이 되지 않겠느냐?
24 그러나 만일 옳게 살던 사람이 그 옳은 길
을 떠나 나쁜 일을 하여 나 보기에 역겨운
짓을 하나도 빼놓지 않고 다 따라다니며 한
다고 하자. 그가 살 수 있을 것 같으냐! 나
는 그가 이전에 옳게 산 것도 알아주지 않으
리라. 그는 나를 배신하여 지은 죄를 쓰고
죽을 것이다.
25 너희는 이 야훼가 하는 일을 부당하다고 한
다마는, 이스라엘 족속아, 들어라. 너희가
하는 일이 부당하지 내가 하는 일이 부당
하냐?
26 옳게 살던 자라도 그 옳은 길을 버리고 악하
게 살다가 죽는다면 그것은 자기가 악하게
산 탓으로 죽는 것이다.
27 못된 행실을 하다가도 그 못된 행실을 털어
버리고 돌아와서 바로 살면 그는 자기 목숨
을 건지는 것이다.
28 두려운 생각으로, 거역하며 저지르던 모든
죄악을 버리고 돌아오기만 하면 죽지 않고
살리라.
29 너희는 내가 하는 일을 부당하다고 한다마
는, 이스라엘 족속들아, 너희가 하는 일이

부당하지 내가 하는 일이 부당하냐?
30 나는 너희 하나하나를 너희의 행실대로 다
스리리라. 주 야훼가 하는 말이다. 이스라엘
족속들아, 너희의 행실을 고쳐라. 거역하며
저지르던 죄악을 모두 버리고 마음을 돌려
라. 그래야 올가미에 걸려 망하지 아니할
것이다.
31 거역하며 저지르던 죄악을 다 벗어버리고
새 마음을 먹고 새 뜻을 품어라. 이스라엘
족속들아, 너희가 죽다니 될 말이냐?
32 죽을 죄를 지은 사람이라도 사람이 죽는 것
은 나의 마음에 언짢다. 주 야훼가 하는 말
이다. 살려느냐? 마음을 고쳐라.

두 수령의 죽음을 애도하다

19 너는 이스라엘 두 수령의 죽음을 애도
하여 이렇게 읊어라.
2 '그대의 어머니는 어떤 어머니였는가?
수사자들에게 둘러싸인 암사자 아니었
는가?
젊은 사자들 틈에 누워
새끼들을 기르지 않았는가?
3 그 길러낸 새끼 하나가
젊은 사자 되어
사냥해 찢어 먹는 법을 익혀
사람을 잡아먹더니,
4 여러 민족이 함정을 파놓고 몰아치는 바
람에
거기에 빠져 코를 꿰어 이집트로 끌려갔
네.
5 어미 사자는 어이가 없어,
바라던 일이 물거품 된 것을 보고,
새끼 가운데서 또 하나 골라
젊은 사자로 추켜 세웠지.
6 이놈도 사자들 사이를 드나들며
제법 젊은 사자 행세를 하면서,
사냥해 찢어 먹는 법을 익혀
사람을 잡아먹더니,
7 궁전을 짓밟고 도시들을 폐허로 만들며
으르렁대는 소리에
온 나라가 다 벌벌 떨게 하더니,
8 여러 민족이 사방에서 모여와 몰아치며
그물을 그 앞에 치니,
함정에 빠져 잡히고 말았네.
9 코를 꿰이고 철창에 갇혀
바빌론 임금에게 끌려가
우리에 갇혔네.
다시는 그 소리 이스라엘 산에
울려퍼지지 않게 되었네.

10 그대의 어머니는 물가에 심은
포도덩굴 같았지.
물이 많아 햇가지가 무성하여
송이가 소담스러웠고,
11 세찬 가지를 뻗어
왕의 지팡이가 되었고
어찌나 키가 큰지,
탐스런 가지들 사이에서도 뛰어나고
게다가 잎 또한 무성해서 돋보이더니,
12 뙤약볕에 뽑혀
땅에 내동댕이쳐졌네.
열풍이 불어오니 줄기는 말라 꺾였고,
그 세차던 가지도 말라
불에 타버리고 말았네.
13 이제 바작바작 타들어가는 메마른 땅,
사막에 옮겨 심었더니,
14 그 줄기에서 불이 나
가지도 열매도 삼키고 말았네.
그 세차던 가지도 없어져
왕의 지팡이가 나지 못하게 되었네.'"
◎이것이 상여 소리다. 계속 상여 소리로 불
려졌다.

내 이름에 욕이 돌아올까봐

20 ◎㉠제칠년 오월 십일에 이스라엘 장로
몇 사람이 야훼께 문의하러 와서 내 앞
에 앉았는데,
2 야훼께서 나에게 말씀을 내리셨다.
3 "너 사람아, 이스라엘 장로들에게 일러라.
'주 야훼께서 말씀하신다.'고 하며 일러주
어라. '이들이 나에게 문의하러 오다니!
주 야훼가 말한다. 무슨 일이 있어도 이들
의 문의를 받지 않으리라. 주 야훼가 하는
말이다.'
4 너 사람아, 네가 이들을 심판하려느냐? 네
가 이들의 조상이 저지른 역겨운 짓을 낱낱
이 밝혀 심판하려느냐?
5 '주 야훼께서 말씀하신다.'고 하며 일러주
어라. '이스라엘을 택하던 날, 나는 야곱 가
문의 후손에게 손을 들고 맹세하였다. 이집
트에서 그들에게 나를 알려주었다. 이 야훼
가 너희 하느님이라고 손을 들어 선언하였
다.
6 그들을 이집트에서 구출해 내어 미리 그들
을 위해 택해 두었던 땅, 젖과 꿀이 흐르는
땅, 온 세상의 자랑이 되는 곳으로 이끌어

㉠ 에제키엘이 바빌론으로 붙잡혀간 지 7년 되던 해인 기원전 591년 7-8월이다.

들여 주겠다고 나는 그 날 손을 들어 맹세하
였다.
7 그러면서, 눈을 홀리는 구역질나는 우상을
모두 내던지고 이집트의 우상으로 몸을 더
럽히지도 말라고 하였다. 이 야훼가 저희의
하느님이라고 일러두었는데도
8 그들은 나에게 반항하여 내 말을 들으려 하
지 않았다. 아무도 눈을 홀리는 구역질나는
우상을 내버리지 않았다. 이집트의 우상들
을 버리지도 않았다. 그래서 나는 그들에게
진노하여 바로 이집트 한복판에서 화풀이를
하고 싶었다.
9 그러나 나는 그들이 살고 있던 그 땅의 민족
들이 보는 앞에서 내 이름에 욕이 돌아올까
봐 그렇게 할 수는 없었다. 내가 내 백성을
이집트에서 구출해 내겠다고 그 민족들에게
일러두었기 때문이었다.
10 그래서 나는 그들을 이끌고 이집트에서 광
야로 나왔다.
11 거기에서 규정을 정해 주고, 내 법을 가르
쳐주었다. 이것을 지키기만 하면 누구나 복
되게 살 수 있다고 하였다.
12 또 안식일을 정해 주었다. 그것을 나와 그
들 사이의 표로 삼아 그들이 야훼의 것이 되
었음을 깨닫게 해주려는 것이었다.
13 그러나 이스라엘 족속은 광야에서 나에게
반항하였다. 내가 정해 준 규정을 따르고
내가 세워준 법을 지켰으면 살 수 있었을 텐
데 굳이 거절하였다. 그들은 나의 안식일을
무엄하게도 욕되게 만들었다. 그래서 나는
그들에게 진노하여 그들을 광야에서 없애
버리고 싶었다.
14 그러나 내가 내 백성을 데리고 나오는 것을
본 민족들 앞에서 내 이름에 욕이 돌아올까
봐 그렇게 할 수가 없었다.
15 그러나 그들을 온 세계에서도 자랑거리가
되는 땅, 젖과 꿀이 흐르는 땅으로 데리고
들어가지는 않겠다고 내가 광야에서 손을
들어 맹세까지 한 것은
16 그들이 우상에 마음을 쏟아 내가 세워준 법
을 거절하였고 내가 정해 준 규정을 따르지
않았으며 내가 정해 준 안식일을 욕되게 하
였기 때문이었다.
17 그래도 불쌍해서 다 죽여버리지는 않았다.
광야에서 전멸시키지는 않았다.
18 나는 광야에서 그 후손들에게 이렇게 일
렀다. 너희는 아비들이 따르던 그릇된 규정
을 따르지 말고 그들이 지키던 그릇된 법을
지키지 말며 그들이 위하던 우상들로 몸을
더럽히지 마라.
19 너희의 하느님은 이 야훼다. 그러니 너희는
내가 정해 준 규정을 따르고 내가 세워준 법
을 지키며 그대로 살아라.
20 또 내가 정해 준 안식일을 거룩하게 지켜라.
나와 너희 사이에 있는 이 표를 보고 너희의
하느님이 나 야훼임을 알아라.
21 그런데 그 아들들도 나에게 반항하였다. 내
가 정해 준 규정을 따르고 내가 세워준 법을
지켰으면 살았을 텐데 그러지를 않았다. 그
리고 내가 정해 준 안식일을 욕되게 하였다.
나는 그들에게 진노하여 광야에서 화풀이
를 하고 싶었다.
22 그러나 내가 그들을 데리고 나오는 것을 본
그 민족들 앞에서 내 이름에 욕이 돌아올까
봐 손을 거두지 않을 수 없었다.
23 그러면서도, 그들을 여러 민족 가운데 흐트
러뜨려 여러 나라에 쫓아보내겠다고 광야
에서 또 한 번 손을 들어 맹세한 것은,
24 그들이 조상들이 위하던 우상들에 눈이 홀
려 내가 세워준 법대로 살지 않았고, 내가
정해 준 규정을 거절하였으며 내가 정해 준
안식일을 욕되게 하였기 때문이었다.
25 나는 좋지 못한 규정도 정해 주었다. 그대
로 하다가는 죽을 수밖에 없는 법도 세워주
었다.㉠
26 그래서 그들은 여러 가지 예물을 우상에게
바쳤다. 제 속에서 나온 첫 새끼까지 바쳤
다. 내가 그들을 이런 것으로 부정하게 만
들어 벌을 내린 것은 그들로 하여금 내가 야
훼임을 알게 하려는 것이었다.'
27 그러니, 너 사람아, 너는 이스라엘 족속에
게 '주 야훼께서 말씀하신다.'고 하며 일러
라. '너희의 선조들은 나를 배신하여 나를
모욕하였지만,
28 나는 손을 들고 그들에게 주겠다고 맹세한
땅으로 그들을 이끌어들였다. 그러나 그들
은 높은 언덕마다, 잎이 무성한 나무마다
찾아가 짐승을 잡아 제물로 바치고 예물을
바쳐 내 속을 썩였다. 내 노기를 누그러뜨
리는 향을 거기에 피워놓고 제주를 따랐다.
29 그래서 나는 왜 산당엘 찾아가느냐고 야단
쳤던 것이다. 그런 곳을 오늘까지도 산당이
라고 부르고 있다.'
30◎ 너는 '주 야훼께서 말씀하신다.'고 하며
이스라엘 족속에게 내 말을 전하여라. '너희
도 조상을 본떠 몸을 더럽히고 그들이 받들

㉠ 첫아들을 바치라는 규정(출애 22:28-29)을 글자 그대로 해석한 것을 말하는 것인 듯하다.

던 구역질나는 우상을 좇아 음란한 짓을 하
려느냐?
31 바로 지금도 너희는 예물을 바치고 자식들
을 불에 살라 바치면서 모든 우상들과 어울
려 몸을 더럽히고 있다. 이스라엘 족속아,
내가 너희의 물음에 대답해 줄 것 같으냐?
주 야훼가 하는 말이다. 어떤 일이 있어도
너희의 문의를 받아주지 않으리라.
32 너희가 터무니없는 생각으로 다른 민족들
처럼, 다른 나라 부족들처럼 나무와 돌을
섬기자고 한다마는 그렇게는 안 된다.
33 주 야훼가 하는 말이다. 무슨 일이 있어도
나는 화나는 대로 억센 손으로 치고 팔을 휘
둘러 너희 위에 군림할 것이다.
34 나는 너희를 뭇 백성 가운데서 떠나 나오게
하리라. 화나는 대로 억센 손으로 치고 팔
을 휘둘러 너희가 흩어져 살고 있는 그 여러
나라에서 너희를 모아들일 것이다.
35 나는 너희를 여러 나라에 인접한 사막으로
데리고 나가, 거기에서 너희와 정면으로 대
결하리라.
36 내가 이집트에 인접한 사막에서 너희의 조
상들과 대결하였듯이 대결하리라. 주 야훼
가 하는 말이다.
37 나는 너희 가운데서 내 지팡이로 얼마 안 되
는 사람을 추려내어 데리고 가리라.
38 나에게 반항하고 나를 배신하던 자들도 지
금 포로 생활하는 땅에서 데리고 나오기는
하겠으나 너희에게서 갈라내어 이스라엘 땅
으로 들어가지는 못하게 할 것이다. 그제야
너희는 내가 야훼임을 알리라.
39 너희, 이스라엘 족속들아, 주 야훼가 하는 말
을 들어라. 모두들 자기 우상들에게 가서
섬겨보아라. 그러나 결국은 내 말을 안 들
을 수 없게 만들고 말겠다. 우상을 섬기며
예물을 바쳐 나의 거룩한 이름에 욕이 돌아
오게 하지는 않으리라.
40 그 땅에 사는 모든 사람, 이스라엘 온 족속
이 나의 거룩한 산, 이스라엘의 높은 산에서
나를 섬기도록 만들고 말겠다. 주 야훼가 하
는 말이다. 거기에서 나는 그들을 기쁘게
받아주리라. 거기에서 너희를 기쁘게 맞으
며 선물과 가장 좋은 예물 등 모든 거룩한
것을 바치게 하리라.
41 뭇 백성 가운데서 너희를 이끌어낼 때, 너
희가 흩어져 들어가 살고 있는 그 여러 나라
에서 너희를 거두어들일 때, 나는 내 마음
을 흐뭇하게 하는 향기처럼 너희를 기쁘게
받아들이고 뭇 백성이 쳐다보게 너희 가운
데서 나의 거룩함을 드러내리라.
42 내가 너희의 조상들에게 주겠다고 손들어
맹세한 그 땅, 이스라엘 땅으로 너희를 들여
보내 주리니, 그제야 너희는 내가 야훼임을
알리라.
43 거기에 가서야 너희는 그 때까지 살아온 길,
자신을 더럽히던 행실을 생각하고 어쩌면
그렇게 못할 짓을 하며 살았던가 싶어 자신
이 싫어질 것이다.
44 이스라엘 족속아, 너희가 아무리 못할 짓을
하고 썩어빠진 일을 했어도 나는 내 이름에
욕이 돌아올까봐 너희를 잘 대접해 주는 것
이다. 그제야 너희는 내가 야훼임을 알리라.
주 야훼가 하는 말이다."

하느님의 칼

21

1 ◎야훼께서 나에게 이런 말씀을 내
45 리셨다.
2 "너 사람아, 오른쪽으로 얼굴을 돌려라. 남
46 쪽에 대고 말을 전해 주어라. 남쪽 수풀을
쳐서 하는 내 말을 전하여라.
3 남쪽 수풀에 대고 말해 주어라. '야훼의 말
47 을 들어라. 주 야훼가 말한다. 보아라, 내가
너에게 불을 놓으리라. 푸른 나무 마른 나
무 할 것 없이 모조리 태울 터인데, 아무도
그 불을 끄지 못하리라. 남쪽에서 북쪽까지
사람의 얼굴이 다 불에 델 것이다.
4 그 꺼지지 않는 불을 놓은 것이 나 야훼임을
48 온 세상이 알리라.'"
5 내가 "아! 주 야훼여, 그러지 않아도 사람
49 들은 저를 보고 비꼬는 말밖에 할 줄 모르는
놈이라고 합니다." 하고 외치니
6 ㉠야훼께서 나에게 이런 말씀을 내리셨다.
21:1
7 ◎"너 사람아, 너는 얼굴을 예루살렘으로 돌
2 리고 그 곳에 있는 성소에 말을 전해 주어
라. 이스라엘 땅을 쳐서 하는 나의 말을 전
하여라.
8 이스라엘 강토에 일러주어라. '주 야훼가 말
3 한다. 나 이제 너를 원수로 돌리리라. 칼을
칼집에서 빼어 너희를 죄가 있는 자건 없는
자건 쳐죽이겠다.
9 너희를 죄가 있는 자건 없는 자건 쳐죽이려
4 고 나는 칼을 빼들었다. 남쪽에서 시작하여
북쪽으로 가면서 닥치는 대로 칠 것이다.
10 이 야훼가 칼집에서 칼을 뽑았으니, 그냥 꽂
5 지는 않으리라는 것을 온 세상이 알 것이
다.'

㉠ 라틴어 성서는 여기에서 21장이 시작된다.

11 "너 사람아, 사람들이 보는 데서 허리가
6 끊어지는 듯한 괴로움으로 몸을 비틀며 애
타게 울부짖어라.
12 왜 그렇게 울부짖느냐고 묻거든, 들려오는
7 소문이 너무나도 험악해서 그런다고 하여
라. 이렇게 말하여라. '사람마다 간이 녹아
나고, 맥이 풀리고 모두들 넋이 빠져 오줌
을 쌀 일이 생겼다. 그 일이 이미 코앞에 닥
쳐왔다. 주 야훼가 하는 말이다.'"
13 *8* ◎야훼께서 나에게 이런 말씀을 내리셨다.
14 "너 사람아, 내 말을 전하여라. '주 야훼가
9 말한다.
칼이다!
잘 갈아서 날이 선 칼이다.
15 사람을 마구 무찌를 칼이다.
10 서슬이 퍼렇게 날이 선 칼이다……㉠
16 잘 갈아 날이 선 이 칼을
11 내가 누구의 손엔가 쥐어주리라.
벼려서 시퍼렇게 날이 선 이 칼을
살인자의 손에 쥐어주리라.
17 너 사람아, 울부짖어라. 통곡하여라.
12 이 칼이 내 백성을 겨누고 있다.
이스라엘의 모든 수령들을 겨누고 있다.
그들은 내 백성과 함께 이 칼에 쓰러지고
말리라.
가슴을 치며 울어라.
18 이미 써본 적이 있는 칼,
13 이 칼을 맞서는 권력이 있는데 어찌 쓰지
않으랴?
주 야훼가 하는 말이다.
19 너 사람아,
14 손뼉치며 내 뜻을 알려라.
이 칼을 두 번 휘두르고, 세 번 휘둘러라.
사람들을 무찌를 칼이다.
이 환도를 휘두르며 마구 무찔러라.
20 무수한 사람이 혼비백산하여 비틀거리며
15 쓰러지리라.
한창 무찌르기 좋은 이 날선 칼,
서슬이 퍼렇게 번뜩이는 이 칼,
성문이란 성문은 돌아가며 마구 무찔러
라.
21 뒤로 돌았다가 오른쪽으로 돌고
16 앞으로 돌았다가 왼쪽으로 돌며 휘둘러
라.
22 나도 속 시원히
17 손뼉을 치리라.
나 야훼가 선언하였다.'"
23 *18* ◎야훼께서 나에게 이런 말씀을 내리셨다.

㉠ 다음 줄은 무슨 뜻인지 알 수 없다.

24 "너 사람아, 바빌론 왕이 칼을 빼들고 한 길
19 로 가다가 두 갈래로 갈리게 되는 길목에 방
향 표지판을 새겨 세워라.
25 그 칼이 암몬 도시 라빠로도 갈 수 있고, 유
20 다 중심부에 자리잡은 예루살렘으로도 갈 수
있게 표지판을 새겨 세워라.
26 바빌론 왕이 그 길목에 멈추어 서서 점을 칠
21 것이다. 화살을 흔들어보기도 하고 수호신
들에게 물어보기도 하고 간으로 점쳐보기
도 할 것이다.
27 점괘는 오른쪽 예루살렘에 떨어질 것이다.
22 그리하여 그는 성문마다 성벽을 허무는 쇳
덩이를 배치하고 돌로 축대를 쌓고 감시탑
을 세우고는 도륙 명령을 내려 함성을 지르
게 할 것이다.
28 예루살렘 주민은 나의 맹세만 믿고 그 점괘
23 가 틀렸다고 생각하겠지만, 아니다. 그것은
예루살렘 주민이 죄가 있으므로 잡히게 되
리라는 점괘이다.
29 주 야훼가 말한다. 너희가 나에게 거역하며
24 지은 죄가 드러났다. 온갖 못할 짓을 한 일
들이 발각되었다. 너희는 나의 마음에 걸
렸다. 그렇게 내 마음에 걸리는 일을 했기
때문에, 너희는 그들의 손에 잡히고 말 것
이다.
30 너 이스라엘의 수령이라는 자, 이 더러운
25 놈, 죄수야, 마지막 벌을 받는 날이 다가왔
으니 네 운명도 끝장이다.
31 주 야훼가 말한다. 왕관을 벗겨라, 면류관을
26 집어치워라. 위아래 없이 뒤섞이어 무엇 하
나 그대로 남아 있지 않을 것이다.
32 멸하리라, 멸하리라. 일찍이 그같이 처참한
27 일을 당한 자 없도록 내가 그를 멸하리라.
마침내 정당한 통치권을 받은 자가 오면,
나는 그에게 권세를 넘겨주리라.
33 너 사람아, 내 말을 전하여라. '주 야훼가
28 말한다. 이스라엘을 능욕하던 암몬 백성에게
말한다. 네가 칼을 빼어들었구나. 사람을
무찔러 죽이려고 서슬이 시퍼렇게 날이 선
칼을 빼어들었구나.
34 그러나 너는 허황한 환상을 보았고 틀린
29 점괘를 받았다. 이스라엘이 마지막 벌받는
날, 너는 그의 운명이 다한 줄 알고 그 더
러운 놈, 그 죄수의 목덜미를 찌르려고 한
다마는,
35 칼을 도로 칼집에 꽂아라. 네가 태어난 곳,
30 생겨난 땅에서 내가 너를 심판하리라.
36 너에게 나의 노여움을 터뜨리고 분노의 불
31

길을 내뿜어, 파괴를 일삼는 잔인한 자들의
손에 너를 넘겨주리니
37 너는 불에 던져진 섶이 되리라. 너의 피가
땅에 쏟아지고 나면, 네가 언제 있었더냐는
듯이 사람들의 기억에서 사라질 것이다. 나
야훼가 선언하였다. 반드시 이대로 되리
라.'"

예루살렘의 죄

22 ◎야훼께서 나에게 이런 말씀을 내리
셨다.
2 "너 사람아, 네가 심판하려느냐? 죄없는
피를 흘리는 이 성의 주민을 심판하려느냐?
그들 가운데서 얼마나 역겨운 짓이 벌어지
고 있는지를 낱낱이 알려주어라.
3 '주 야훼가 말한다. 죄없는 피를 흘려 망할
날을 재촉하는 성읍아, 우상들을 만들어 부
정해진 성읍아,
4 너는 죄없는 피를 흘려 벌을 자청하고 제 손
으로 우상을 만들어 부정해졌다. 이렇게 망
할 날을 스스로 앞당겨, 갈 데까지 다 가고
말았다. 그래서 나는 너를 뭇 민족들에게
수치를 당하게 하고, 온 세상의 웃음거리가
되게 하였다.
5 멀리 가까이 사는 모든 사람이 너를 온통 거
꾸로 된 성, 입에 담기도 더러운 성읍이라
고 빈정거릴 것이다.
6 보아라. 이스라엘의 수령들은 마구 팔을 휘
둘러 저희끼리 피 흘리기를 일삼고 있다.
7 너희들은 부모를 업신여기고 너희에게 와
서 몸붙여 사는 떠돌이들을 학대하며 고아
와 과부를 괴롭히고 있다.
8 너희는 거룩한 나의 성전을 업신여기고 나
의 안식일을 욕되게 하였다.
9 너희 가운데는 남을 모함하여 죄없는 피를
흘리게 하는 자들이 있는가 하면 산에서 제
물을 먹으며 추잡하게 구는 자들도 있다.
10 너희 가운데는 자기 아비가 데리고 사는 여
인을 건드리는 자가 있는가 하면 월경 중인
부정한 여인을 가까이하는 자도 있다.
11 옆집 유부녀와 추태를 부리는 자가 있는가
하면 며느리와 놀아나는 자도 있고 같은 아
비에게서 난 누이를 범하는 자도 있다.
12 너희 가운데는 뇌물을 먹고 죄없는 사람의
피를 흘리는 자도 있고, 돈놀이로 이웃을
터는 자도 있다. 그러면서 나는 잊고 있다.
주 야훼가 하는 말이다.
13 너희가 서로 착취하고 죽이는 것을 보고,
나는 지금 주먹을 불끈 쥐고 벼르고 있다.
14 내가 너희를 사정없이 닦달하는 날, 너희의
마음이 꺾이지 아니하고 너희의 맥이 빠지
지 않는가 두고 보자! 나 야훼는 한번 한 말
은 반드시 그대로 이룬다.
15 나는 너를 뭇 민족 가운데 흐트러뜨려 여
러 나라로 쫓아보낼 것이다. 그러나, 그렇
게 함으로써 너의 부정을 말끔히 씻어줄
것이다.
16 뭇 민족이 보는 데서 너희를 나의 것으로 삼
아주리라. 그제야 너희는 내가 야훼임을 알
게 될 것이다.'"
17 ◎야훼께서 나에게 이런 말씀을 내리셨다.
18 "너 사람아, 이스라엘 족속은 모두 나에게
쇠찌꺼기일 뿐이다. 은, 구리, 주석, 쇠, 납
을 도가니에서 녹여내고 남는 찌꺼기일 뿐
이다.
19 주 야훼가 말한다. 너희가 모두 쇠찌꺼기가
되었으니, 나는 너희를 예루살렘으로 쓸어
들이리라.
20 사람이 은이나 구리나 쇠나 납이나 주석을
도가니에 쓸어넣고 풀무질하여 녹이듯이,
너희를 쓸어다가 한데 넣고 분노의 입김으
로 녹여버리리라.
21 너희를 그 안에 쓸어넣고 나의 분노의 불을
질러 녹여버리리라.
22 도가니 속에서 은이 녹듯이 너희도 그 안에
서 녹아 없어지리라. 그제야 너희는 나 야훼
가 화가 나서 너희에게 분노를 쏟은 줄을 알
리라."
23 ◎야훼께서 나에게 이런 말씀을 내리셨다.
24 "너 사람아, 예루살렘에 이렇게 일러라. '예
루살렘아, 너는 비가 오지 않는 땅이 되리
라. 내가 분노를 퍼붓는 날, 소나기 한 번
오지 않으리라.
25 네 안에서 수령이라는 자들은 짐승을 잡아
물고 으르렁거리는 사자처럼 백성에게서
재물과 패물을 빼앗고, 사람들을 집어삼키
는구나. 그리하여 네 안에는 과부만 늘어가
는구나.
26 이 성읍 안의 사제들은 나의 법을 짓밟고
거룩한 나의 소유물을 소중하게 여기지 아
니한다. 거룩한 것과 속된 것을 분별하지
않고 부정한 것과 정한 것을 가리는 법을
가르치지 않으며 나에게 바쳐진 안식일도
무시한다. 내가 이렇게 네 안에서 욕을 보
고 있다.
27 이 성읍 안에서 고관들은 짐승을 잡아 찢는
늑대 같아, 죄없는 피를 흘려 사람들을 죽
이며 남의 재산을 털어 먹고 있다.

28이 성읍 안의 예언자라는 무리들은 겉치레
만 장식하고 허황한 환상이나 보며 맞지도
않는 점을 치고 있다. 나는 꺼내지도 않은
말을 주 야훼께서 말씀하시더라고 하며 지
껄이고 있다.
29지주라는 것들은 깡패나 강도떼가 되어 비
천하고 가난한 자들을 괴롭히고 떠돌아다
니는 머슴들을 이유도 없이 학대한다.
30행여나 이 가운데 이 나라를 위하는 사람이
있어, 담을 고치고 틈을 막으며 이 나라를
멸망시키려는 나의 앞을 막아서는 자라도
있는가 찾아보았지만 그런 사람도 없었다.
31그러므로 이제 나는 나의 분노를 퍼부으리
라. 진노하여 모든 것을 태워버리리라. 그
소행대로 벌을 내리지 않을 수 없다. 주 야
훼가 하는 말이다.'"

예루살렘과 사마리아, 두 음녀

23 ◎야훼께서 나에게 이런 말씀을 내리
셨다.
2"너 사람아, 예전에 두 여인이 있었다. 그들
은 한 어미의 딸이었다.
3그들은 이집트에 있을 적에 이미 놀아났었
다. 소녀 적부터 놀아났었다. 거기에서 사
내들에게 으스러지게 껴안겨 남자를 모르
던 그 젖가슴이 짓눌렸었다.
4언니의 이름은 ㉠오홀라요, 아우의 이름은
㉡오홀리바였다. 그들은 내 사람이 되어 아
들딸들을 낳았다. 오홀라라는 이름은 사마리
아를 말하고 오홀리바는 예루살렘을 말한다.
5오홀라는 내 그늘에서 살면서도 외간남자들
과 놀아났다. 아시리아인들과 사랑에 빠져
몸이 달아올랐다.
6자줏빛 옷을 입은 장성들, 총독들, 지방영
주들, 모두 말 잘 타는 멋진 젊은이들이었
다.
7오홀라는 아시리아인들 가운데서도 뛰어난
그들과 놀아났다. 그들의 온갖 우상에 반하
여 온통 몸을 더럽혔다.
8오홀라는 이집트에 있을 적부터 바람을 피우
더니 그 버릇을 버리지 않았다. 거기에서 오
홀라는 소녀의 몸으로 남자들과 자리를 같
이하였고 남자를 모르던 그 젖가슴이 짓눌
려 몸은 여지없이 더러워졌다.
9그래서 나는 그를 그의 정부의 손에 넘겼다.
몸이 달아 열을 올리던 아시리아인들의 손
에 넘겼다.
10그들은 오홀라를 발가벗겨 죽이고 그의 아
들딸들은 잡아갔다. 그는 이렇게 벌을 받아
여인들의 입에 오르내리게 되었다.
11 그런데 아우 오홀리바는 이 모든 것을 보
고서도 자기 언니보다 더 몸이 달아 다른 남
자들과 놀아났다.
12오홀리바는 아시리아의 총독들, 지방영주들,
장군들과 열을 올렸다. 그들은 모두 멋진
젊은 사내들, 말 잘 타는 기사들이었다.
13내 눈에 그는 더러워질 대로 더러워져서 그
언니에 그 동생이었다.
14오홀리바는 점점 더 심하게 놀아났다. 심지
어 벽에다가 바빌론 사내의 모양을 새기고
는 붉은 물감으로 칠해 놓고 쳐다보았다.
15허리에 띠를 띠고 머리에 수건을 칭칭 감아
늘어뜨린 기사들, 바빌론 토박이들의 모습
을 쳐다보았다.
16그 모습을 보기만 하고도 몸이 달아올라 바
빌론으로 사자들을 보내어
17사내들을 불러다가 한자리에 들었다. 그 사
내들의 애무를 받으며 그는 자기의 몸을 더
럽혔다. 일단 몸을 더럽히고 나서는 그들에
게 더 이상 정을 주지 않았다.
18이렇게 알몸을 드러내고 뻔뻔스럽게 놀아
나는 것을 보고, 나는 그 언니에게서 정이
떨어지듯 동생에게서도 정이 떨어졌다.
19오홀리바는 이렇듯이 놀아나면 놀아날수록
이집트에서 소녀의 몸으로 놀아났던 그 시
절이 그리워졌다.
20물건이 나귀의 그것만큼 크고 정액을 말처
럼 쏟는 이집트의 정부들과 열을 올리던 일
을 잊지 못하였다.
21이집트에서 소녀의 몸으로 젖가슴을 짓눌리
고 가슴이 으스러지게 안기던 그 젊은 시절
을 못 잊어 애태웠다.
22오홀리바야, 주 야훼가 말한다. '나 이제 네
가 정을 뗀 너의 정부들을 부추겨 너에게 달
려들게 하리라. 사방에서 데려다가 너에게
달려들게 하리라.
23바빌론 시민뿐 아니라 브콧, 소아, 코아 등
온 바빌론 백성과 온 아시리아인들을 데려올
터인데 그들은 모두 말탄 멋진 젊은이들,
총독이 아니면 지방영주들, 장군이 아니면
부관들이다.
24그들은 북쪽에서 병거와 수레를 몰며 대군
을 거느리고 너에게 쳐들어올 것이다. 크고
작은 방패를 들고 투구를 쓰고 사방에서 쳐
들어올 것이다. 나는 그들에게 재판권을 주
었다. 그들은 그들의 법을 따라 너희를 다

㉠,㉡ 오홀라는 '그(여자)의 천막'이라는 뜻이요, 오홀리바는 '내 천막이 그 안에 있다.'는 뜻이다.

스릴 것이다.
25나는 너를 괘씸하게 여겨 그들을 불러들이
리라. 그들은 네 코와 귀를 베며 화풀이를
할 것이다. 그리고 나는 너에게서 태어난
것들을 칼에 맞아 죽게 하리라. 네 아들딸
들을 더러는 잡아가게 하고 남은 것은 불에
태워 죽이게 하리라.
26그들은 너에게서 옷을 벗기고 장신구들을
잡아뗄 것이다.
27나는 네가 다시는 음란한 짓을 하지 못하게
하리라. 이집트에 있을 때부터 피우던 바람
을 피우지 못하게 하리라. 그리하여 너는
다시는 이집트인들에게 눈을 돌리지 아니하
고, 이집트 생각도 하지 않게 될 것이다.
28주 야훼가 말한다. 두고 보아라. 네가 바빌
론을 아무리 싫어 하여도 나는 너를 그의 손
에 넘겨줄 것이다. 네가 정을 뗀 사람의 손
에 너를 넘겨주리라.
29그들은 너를 미워하여 행패를 부리고 그토
록 애써서 모은 것을 털어가며 너를 벌거벗
겨 내버릴 것이다. 그러면 놀아나던 너의
부끄러움이 드러날 것이다. 수치를 모르고
바람을 피우다가 그 꼴이 되고 말 것이다.
30이는 네가 이 나라 저 나라의 뒤를 쫓아다니
며 바람을 피우고 남의 나라 우상을 섬기며
몸을 더럽혔기 때문이다.
31너는 내 눈앞에서 네 언니의 모습을 닮아갔
다. 네 언니가 마신 잔을 네 손에도 들려 주
리라.
32주 야훼가 말한다.
언니가 마신 잔을 너도 마시리라.
우묵하고 넓은 잔에 넘실거리게 마시고
웃음거리, 놀림감이 되어
33 넘치게 취하고 슬픔을 누를 길 없으리라.
몸과 신세를 망치는 이 잔은
너의 언니 사마리아가 마신 잔이다.
34 너는 이 잔 마지막 한 방울까지 마셔야 한
다.
술찌꺼기까지 핥아야 한다.
가슴을 쥐어뜯어도 시원하지 않으리라.
내가 이렇게 선포하였다. 반드시 그대로
되리라.
주 야훼가 하는 말이다.
35 그러므로 주 야훼가 말한다. 너는 나를 잊
었고 나에게 등을 돌렸으며 부끄러운 줄도
모르고 바람을 피웠다. 마땅히 그 벌을 받
아야 하리라.'"
36◎야훼께서 나에게 말씀하셨다. "너 사람아,
네가 오홀라와 오홀리바를 심판하려느냐?
그들이 한 역겨운 짓들을 낱낱이 밝혀라.
37그들은 간음을 하였고 게다가 손에는 피까
지 묻혔다. 우상들을 섬기며 간음하는 한편
나에게 낳아준 제 자식들을 불에 살라 우상
들에게 바치기까지 하였다.
38그것도 모자라서 같은 날 나를 섬기는 곳을
더럽혔고 나의 안식일들을 욕되게 하였다.
39저희의 우상들에게 자식들을 잡아 바치고
는 같은 날, 나를 섬기는 곳에 들어와 거룩
한 곳을 욕되게 하였다. 그렇다! 감히 나를
섬기는 성전 한가운데서 그런 짓을 하였다!
40그러고도 모자라서 먼 데까지 사람을 보내
어 사내들을 불러다가는 목욕하고 눈썹을
그리고 패물로 단장하고 맞아들였으며
41나에게 바칠 향과 기름마저 곁들여 진수성
찬을 차려놓고 그 앞에 앉았다.
42어중이 떠중이가 모여서 떠들며 합창하는
가운데, 사막에서 온 스바인들이 여인들에
게 팔찌를 끼워주고 그 머리에는 아름다운
화관을 씌워주었다.
43하필이면 남의 남자와 놀아나다가 헐어빠
진 여자하고 배가 맞는 녀석도 있을까 했
더니,
44창녀한테 가듯이 그런 계집과 어울리는 녀
석도 있었다. 오홀라와 오홀리바 같은 추한
계집과 어울리는 녀석도 있었다.
45그러나 옳게 사는 사람들도 있어 그들이 간
음한 자를 다스리는 법과 살인자를 다스리
는 법으로 그 여인들을 다스릴 것이다. 그
들은 몸으로는 다른 남자와 놀아났고 손에
는 피를 묻혔기 때문이다.
46 주 야훼가 선언한다. 회중을 소집하여 그
들의 재산을 몰수하고 혼을 내어주게 하여
라.
47회중으로 하여금 그들을 돌로 치고 칼로 베
게 하여라. 그들의 아들딸들도 죽이고 집에
는 불을 질러 사르게 하여라.
48이렇게 이 땅에서 음란한 행위를 근절시키
면 모든 여인이 정신을 차려 다시는 너희의
음행을 본받지 않게 될 것이다.
49이렇게 추하게 살다가 그 죄를 받고, 우상
을 섬기다가 그 벌을 받고 나서야 너희는 내
가 주 야훼임을 알게 될 것이다."

예루살렘은 녹슨 솥이다

24 ◎야훼의 말씀이 나에게 내렸다. 때는
㉠제구년 시월 십일이었다.

㉠ 에제키엘이 바빌론으로 붙잡혀간 지 9년 되던 해인 기원전 589년 12월-588년 정월이다.

2"너 사람아, 오늘 날짜, 바로 오늘 날짜를
기록해 두어라. 이 날은 바로 바빌론 왕이
예루살렘 공격을 개시하는 날이다.
3이 반역하는 족속이 어찌 될 것인지 비유를
베풀어 일러주어라. '주 야훼가 말한다.
솥을 걸어놓고 물을 부은 다음
고기를 썰어 넣어라.
4 좋은 고기를 다 썰어 넣어라.
넓적다리, 등심을 썰어 넣어라.
뼈다귀도 골라 채워 넣어라.
5 양도 살진 것을 골라 잡아넣고
밑에 장작불을 지펴
뼈까지 흐물흐물하게 되도록 푹 삶아라.
6 주 야훼가 말한다.
무죄한 피를 흘린 이 망할 도성,
빨갛게 녹이 슨 솥,
닦아 낼 수 없이 녹이 슬었으니,
그 안에 들어 있는 고기를
한 점 남기지 말고 꺼내어라.
주사위를 던져 골라낼 것도 없다.
7 이 도성 안에서 참으로 무죄한 피가 흘렀
다.
맨바위 위에 뿌려졌다.
흙으로 덮어버릴 수 있도록 땅에 흘리지
도 않았다.
8 진노하여 그 원수를 갚을 셈으로 내가
덮어버릴 수 없도록 바위 위에 뿌리게 하
였다.
9 주 야훼가 말한다.
죄없는 피를 흘린 이 망할 도성,
장작더미를 가려놓을 터이니,
10 나무를 많이 넣고 불을 지펴라.
고기를 푹 삶아서 국물은 쏟아버리고 뼈
는 태운 다음
11 솥을 숯불에 올려놓아 달구어라.
놋쇠가 달아 속에 있는 더러운 것이 타고
녹이 다 가시게 하여라.
12 아무리 해보아도,㉠ 아무리 불에 올려놓
고 달구어도 녹은 가시지 않았다.
13음행으로 더러워진 네 몸을 정하게 해주려
하였지만, 너는 그 더러움을 벗어 정하게
되려 하지 않았다. 너는 끝내 정하게 되려
하지 않는다. 그런즉 나는 화를 터뜨리고야
말리라.
14나 야훼가 선언하였다. 반드시 그대로 되리
라. 가엾게도, 측은하게도 보지 않고 어김
없이 이를 이루고야 말리라. 네가 걸은 길
대로, 네가 행한 짓대로 너를 벌하리라. 주
야훼가 하는 말이다.'"

아내의 죽음을 상징으로 삼다

15◎야훼께서 나에게 이런 말씀을 내리셨다.
16"너 사람아, 네가 보기만 해도 기뻐지는 네
사랑을 내가 이제 갑자기 앗아가더라도 가
슴을 치고 눈물을 흘리며 곡하지 마라.
17슬퍼하되 소리는 내지 말고 곡도 하지 마라.
여느 때처럼 수건을 머리에 감고 신을 신어
라. 수염을 가리거나 상가 음식을 차려 먹
거나 하지 마라."
18나는 다음날 아침, 백성에게 이 이야기를
해주었는데 그 날 저녁에 나의 아내가 죽었
다. 그 다음날 아침에 나는 분부받은 대로
하였다.
19그러자 백성들은 나의 행위가 자기들과 무
슨 상관이 있는지, 그 뜻을 말해 달라는 것
이었다.
20그래서 나는 백성에게 일러주었다. "야훼께
서 나에게 이런 말씀을 내리셨소.
21'이스라엘 족속에게 일러라. 주 야훼가 말한
다. 너희는 나를 섬기던 성소를 그것이 힘
이 된다고 자랑하였고 보기만 해도 즐거워
진다며 정을 붙였지만, 나 이제 그 성소를
욕되게 하리라. 또 너희가 버리고 간 너희
아들딸들을 칼에 맞아 쓰러지게 하리라.
24이 에제키엘이 너희의 상징이다. 너희는 그
가 하는 대로 하여라. 이 말이 맞거든 내가
주 야훼임을 알아라.'"
22그 때가 되면 나처럼 해야 한다고 나는 백성
들에게 일러주었다. 수염을 가리지 말고 상
가 음식을 차려 먹지 말며
23여느 때처럼 수건을 머리에 감고 신을 신어
야 하며 가슴을 치면서 곡하지 말라고 하였
다. 자신들의 죄 때문에 망하는 줄 알고 서
로 하소연이나 하라고 일러주었다.
25◎"너 사람아, 이 백성이 힘이 된다고 자랑
하며 기뻐하고 보기만 하여도 즐거워져 애
타 사모하던 것과 그들의 아들딸을 빼앗기
는 날,
26바로 그 날로 도망쳐 와서 너에게 이 소식을
전할 자 있을 것이다.
27그 날로 네 입은 열려 도망쳐 온 자와 말을
할 수 있게 될 것이며 다시는 벙어리 노릇을
하지 않을 것이다. 이렇게 네가 그들에게
상징이 되리니 그제야 그들은 내가 야훼임
을 알리라."

㉠ 뜻이 분명하지 않다.

암몬에 내리신 말씀

25 ◎야훼께서 나에게 말씀을 내리셨다.
2 "너 사람아, 암몬 백성들 쪽으로 얼
굴을 돌리고 내 말을 전하여라.
3 '주 야훼의 말씀을 들어라.' 하며 암몬 백성
에게 일러라. '주 야훼가 말한다. 나를 섬기
던 성소가 짓밟히고 이스라엘 나라가 쑥밭
이 되고 유다 족속이 귀양간 것을 보고 너희
는 고소하다고 하였다.
4 나 이제 동방 백성으로 하여금 너희 나라를
점령하게 하리라. 그들은 너희에게 와서 천
막을 쳐 정착하고는 너희가 먹을 곡식을 거
두어 먹고 너희가 마실 젖을 빼앗아 마실 것
이다.
5 라빠는 낙타 목장으로 만들고 너희 암몬 백
성의 성읍들은 양떼가 노니는 마당으로 만
들 것이다. 그제야 너희는 내가 야훼임을 알
게 될 것이다.
6 주 야훼가 말한다. 이스라엘 땅이 황폐해지
자 너희는 손뼉을 치고 발을 구르며 속으로
고소하게 여겨 좋아하였다.
7 나 이제 너희에게 손을 뻗치리니, 너희는
뭇 민족들에게 약탈당하고 뭇 백성들 사이
에서 뿌리가 뽑혀 세상에서 자취도 없이 사
라질 것이다. 내가 너희를 이렇게 없애버리
리라. 그제야 너희는 내가 야훼임을 알게 될
것이다.

모압에 내리신 말씀

8 주 야훼가 말한다. 모압은 유다 족속도 별
것 없다고, 다른 민족들보다 나을 것 없이
되었다고 떠들며 빈정거렸다.
9 나 이제 모압의 고지로 쳐 올라가 전국의 도
시들을 허물어 버리리라. 나라의 자랑인 벳
여시못, 바알므온, 키랴다임을 헐어버릴 것
이다.
10 동방 백성으로 하여금 암몬 백성과 함께 모
압을 점령하게 하리라. 그리하여 암몬 백성
을 기억하는 민족이 없게 할 것이다.
11 이렇게 모압에 벌을 내리면, 그제야 모두들
내가 야훼임을 알게 될 것이다.

에돔에 내리신 말씀

12 주 야훼가 말한다. 에돔은 유다 족속에게
보복을 하였다. 그렇게 함으로써 벗을 수
없는 죄를 지었다.
13 주 야훼가 말한다. 내가 에돔에 손을 뻗쳐
사람도 짐승도 멸절시키리라. 데만에서 드
단에 이르기까지 모두 칼로 쳐죽이고 황야
로 만들리라.
14 내 백성 이스라엘을 시켜 에돔에게 보복을
하리라. 이스라엘은 나의 화가 풀려 시원하
도록 에돔을 해치울 것이다. 이렇게 당하고
나면 모두들 나에게 보복을 당한 것임을 알
리라. 주 야훼가 하는 말이다.

불레셋에 내리신 말씀

15 주 야훼가 말한다. 불레셋은 이스라엘에게
보복을 하였다. 뿌리깊은 복수심에 불타 속
으로 멸시하고 빈정거리면서 이스라엘을 멸
망시키려고 하였다.
16 주 야훼가 말한다. 나 이제 불레셋 사람들에
게 손을 뻗치리라. 그렛에서 온 자들을 멸절
시키리라. 바닷가에 살아 남은 자들까지도
멸망시키리라.
17 내가 그들에게 보복을 하고 크게 벌을 내릴
것이다. 이렇게 나에게 보복을 당하고서야
그들은 내가 야훼임을 알게 되리라.'"

띠로에 내리신 말씀

26 ◎㉠제십일년 정월 초하루, 야훼께서
나에게 말씀을 내리셨다.
2 "너 사람아, 띠로가 이렇게 예루살렘을 조롱
하였다. '야, 잘 됐다! 뭇 민족들의 관문이
부서졌구나. 그토록 흥청대더니 이제 폐허
가 되었다. 그 관문이 이젠 내 차지가 되었
구나.'
3 주 야훼가 말한다.
띠로야, 내가 너를 치려고 일어나면
바다 물결이 부풀어오르듯
수많은 민족들이 너에게 쳐 올라와
4 띠로 성을 허물고,
망대들을 헐어버릴 것이다.
나는 거기에서 먼지까지도 쓸어버리리
라.
그러면 바위만 외롭게 남아
5 바다 가운데서 그물이나 말리는 곳이 되
리라.
내가 선언하였다.
반드시 그대로 되리라.
주 야훼가 하는 말이다.
띠로는 뭇 민족에게 약탈당하고
6 육지에 있는 위성 부락의 주민들은
칼에 맞아 죽으리라.

㉠ 칠십인역을 따랐다. 히브리어 본문에는 "정월"이라는 말이 없다. 에제키엘이 바빌론에 잡혀간 지 11년 되던 해인 기
원전 586년 4월이다.

그제야 모두들 내가 야훼임을 알리라.
7 주 야훼가 말한다.
나 이제 왕들을 거느린 바빌론 왕 느부갓네살을
북쪽에서 띠로에 불러들이리라.
그는 기마와 병거와 기병들과 함께
대군을 이끌고 올 것이다.
8 그는 육지에 있는 위성 부락의 주민들을
칼로 죽일 것이다.
너를 치려고 감시탑을 세우고
돌로 성벽을 쌓고
큰 방패를 세우고는
9 쇠몽치로 성벽을 뚫고
망대들도 헐어버릴 것이다.
10 뚫린 성으로 들이닥치듯 성문으로 들어가면,
뒤따르는 기마들 발굽에서 이는 먼지에 너는 묻히고,
말발굽 소리와 어울려 밀어닥치는 병거 바퀴 소리에
성벽이 흔들릴 것이다.
11 말발굽 아래 거리는 짓밟히고,
백성은 칼에 맞아 죽고
너희가 섬기던 거대한 석상들은 땅에 쓰러질 것이다.
12 재물은 털리고 상품들은 빼앗기겠고
성벽은 헐리고 호화로운 저택들은 허물어져,
돌과 재목, 흙부스러기까지도
바다에 쓸려들어 갈 것이다.
13 나는 너의 거문고 소리가 다시는 들리지 않게 하고
너의 요란한 노래를 그치게 하리니,
14 너는 벌거숭이 바위로 남아
그물이나 펴서 말리는 곳이 되어
다시는 재건되지 않으리라.
나 야훼가 선언하였다.
반드시 그대로 되리라.
주 야훼가 하는 말이다.
15 주 야훼가 띠로에 말한다. 네가 함락되어
그 안에서 사람들이 다치고 죽고 하는 아
우성 소리를 듣고 어찌 섬들이 떨지 않겠
느냐?
16 바다의 지배자들은 모두 그 옥좌에서 내려
앉아, 조복과 수놓은 옷을 벗어버리고 허름
한 옷을 걸친 채 땅바닥에 앉아 너의 망한
모양을 보고 당황하여 줄곧 떨며
17 슬픈 조가를 부를 것이다.
'어쩌다가 이렇게 망하였는가.
그 자랑스럽던 도성이 어쩌다가 이렇게
바다에서 자취를 감추었는가.
바다에 자리를 잡고 권세를 떨쳐
온 육지를 떨게 하더니,
18 네가 넘어지는 날도 있구나!
바다의 섬들은
너의 종말을 보고
얼이 빠져 부들부들 떨고 있다.'
19 주 야훼가 말한다. 나는 너를 사람의 그림
자도 찾아볼 수 없는 황폐한 도시로 만들리
라. 끓어오르는 깊은 바다의 산더미 같은
물결에 휩쓸려,
20 구렁으로 해서 땅 속에 들어가는 사람들과
함께, 영원히 가버린 사람들에게로 내려가
게 하리라. 너를 땅 속에 들어가는 사람들
과 함께 저 땅 밑 황천에 있게 하리라. 그리
하여 사람들이 사는 땅 위에 다시는 재건되
지 못하게 하리라.
21 나는 너를 졸지에 멸망시켜 아주 없애버리
리라. 사람들은 너희를 찾겠으나 결코 만나
지 못할 것이다. 주 야훼가 하는 말이다."

화려하던 띠로의 멸망

27 ◎야훼께서 나에게 말씀을 내리셨다.
2 "너 사람아, 띠로가 망한 것을 애도
하는 노래를
3 띠로에 들려주어라. 바다 어귀에 자리잡고
여러 섬나라와 무역하는 도시, 띠로에 들려
주어라. '주 야훼가 말한다.
너 띠로는 자랑을 했었다.
나는 세상에 더없이 아름다운 배라고.
4 너의 경계는 바다 깊숙이 뻗어 나갔고
조선공들은 과연 너를 아름답게 꾸몄다.
5 몸통은 스닐 산의 전나무로 만들고
돛대는 레바논의 송백으로 만들었다.
6 바산에서도 가장 큰 참나무로 노를 만들고
키프로스 회양목에 상아를 박아 갑판을 깔았다.
7 이집트 산 아마포에다 각색 무늬를 놓아,
돛을 만들고 깃발을 달았다.
엘리사아 섬에서 들여온 자주와 진홍색 비단으로 차일을 만들었다.
8 시돈과 아르왓 사람들이 노를 저었고
띠로의 현자들이 키를 잡았으며
9 그발의 장로들과 기술자들이 배의 틈을 메웠고
항해하는 모든 선원이 너에게 무역차 왔다.

10 페르시아인과 리디아인과 리비아인들이
너의 군인으로 입대하였고,
그들이 걸어둔 방패와 투구로
너의 영화는 한층 빛났다.
11 너의 아르왓 출신 군인들이 성벽 주위를
지키고,
감맛 사람들은 여러 망대에 배치되었다.
그들이 성벽에 두루 걸어놓은 방패로
너는 더없이 화려하게 되었다.
12 다르싯은 너에게 있는 온갖 많은 물자를
다 사 갔다. 은과 쇠와 흑연과 납을 주고 네
상품들을 가져갔다.
13 야완, 두발, 메섹도 너와 무역을 했다. 노예
와 놋제품을 주고 네 상품들을 사 갔다.
14 도가르마 족속은 말과 군마와 노새를 주고
네 상품들을 사 갔다.
15 드단 백성도 너와 무역을 했다. 해안 지방에
사는 많은 사람들도 너와 거래를 하며 상아
와 박달나무로 값을 치렀다.
16 에돔도 너의 산물을 많이 사 갔다. 홍옥, 자
주색 비단, 수놓은 옷감, 모시, 산호, 벽옥
을 주고 너의 상품들을 사 갔다.
17 유다와 이스라엘도 너와 무역을 했다. 민닛
에서 난 밀곡식과 돌무화과, 꿀, 기름, 유향
을 주고 너의 상품들을 사 갔다.
18 다마스쿠스도 헬본의 술과 사할의 양모를 가
지고 와서 너에게 있는 산물과 많은 보화를
바꾸어 갔다.
19 단과 야완은 우잘에서 무쇠와 들계피와 육계
를 가져다 주고 너의 상품들을 사 갔다.
20 드단은 말 안장에 까는 천을 가지고 와서 너
와 무역을 했다.
21 아랍인인 케달의 모든 수령도 너와 거래를
했다. 새끼 양과 숫양과 숫염소를 가지고
와서 무역을 하였다.
22 세바와 라마도 너와 무역을 했다. 각종 고급
향료와 온갖 보석과 금을 주고 네 상품들을
사 갔다.
23 하란과 간네와 에덴, 그리고 세바의 상인들,
아시리아와 길맛도 너와 무역을 했다.
24 그들은 고급 옷감, 자주색 천에 수놓은 겉
옷, 여러 색깔로 짠 주단과 단단히 꼰 밧줄
을 가지고 와서 너와 무역을 했다.
25 너의 상품은 다르싯의 상선들이 날라다 주
었다.
너는 너무 무겁게
가득 싣고 바다로 나갔다.
26 사공들이 바다 깊은 곳으로 저어 나가자
거센 동풍이 바다 가운데서 너를 부수었
다.
27 너의 보화와 수입품과 수출품과
노 젓는 사공과 키를 잡은 선원과
틈 메우는 수선공, 무역업자와 군인,
너를 타고 있던 이 모든 사람들은
네가 침몰되는 날, 바다 한가운데 빠지리
라.
28 사공들의 아우성치는 소리에
해안이 울릴 것이다.
29 노젓는 사공들이 모두 배에서 내리고,
선원들, 바다 사공들이 모두 육지에 올
라,
30 소리 높여 너의 참사를 알리며
비통하게 부르짖을 것이다.
머리에 흙을 끼얹고
잿더미에서 뒹굴 것이다.
31 네가 죽었다고 ㉠머리를 풀고
굵은 베옷을 입고
목메어 애도하며 슬피 울 것이다.
32 친자손들도 조가를 읊어,
누가 과연 띠로처럼 바다 가운데서 망했
던가-
하며 곡할 것이다.
33 바다에서 싣고 온 너의 상품을 풀어
수많은 백성들을 배불리더니,
그 많은 보화와 상품으로
세상의 왕들을 부요하게 만들더니,
34 이제 너는 바다 물결에 부서져
바다 깊은 곳에 잠기었구나.
네가 실었던 상품과 많은 무리가 모두
네 속에 갇힌 채 빠져버렸구나.
35 바다를 끼고 사는 모든 사람들은
네가 망하는 것을 보고 어리둥절하며
왕들도 소름이 끼쳐
얼굴이 파랗게 질렸다.
36 끔찍스런 모양으로 네가 영원히 사라지
는 것을 보고
뭇 나라 무역상들이 휘파람을 날리는구
나.'"

띠로의 왕에게 내리신 말씀

28 ◎야훼께서 나에게 말씀을 내리셨다.
2 "너 사람아, 띠로의 우두머리에게 일
러주어라. '주 야훼가 말한다.
네가 으쓱해 가지고,
나는 신이다, 바다 한가운데 군림한 신이
다, 하면서

㉠ 히브리어 본문: "머리를 밀고." 가나안의 장례식 풍속을 말한다.

속으로 신이라도 된 듯 우쭐댄다마는
그러나 너는 신이 아니요 사람이다.
3 그렇다. 너는 다넬보다 슬기롭다.
아무리 깊이 숨은 길도 너는 다 안다.
4 너는 슬기롭고 현명하여 재산을 모아
창고를 금은으로 가득 채웠다.
5 무역 기술이 썩 좋아 재산이 많이 모이니까
그 재산 때문에 그만 네 마음은 거만해졌다.
6 너는 속으로 신이라도 된 듯 우쭐댔다.
그래서 주 야훼가 말한다.
7 나 이제 뭇 민족 가운데서도
가장 사나운 외국인을 끌어들여 너를 치게 하리라.
그들은 칼을 들어 너의 재치로 만든 미술품을 부수고,
너의 영화를 짓밟으리라.
8 너를 구렁에 처넣어,
바다 가운데서 무참히 죽게 하리라.
9 너를 죽이는 사람이 앞에 닥쳐도
너는 감히 자신을 신이라 하겠느냐?
사람 손에 죽으면서도 신일 수 있겠느냐!
아니다. 어디까지나 너는 사람이다.
10 너는 외국인들 손에
할례받지 않은 사람이 죽듯이 죽어가리라.
내가 선언하였다. 반드시 그대로 되리라.
주 야훼가 하는 말이다.'"
11◎야훼께서 나에게 말씀을 내리셨다.
12"너 사람아, 너는 띠로 왕의 죽음을 애도하
여 이렇게 읊어라. '주 야훼가 말한다.
너는 슬기가 넘치고 더할 나위 없이 멋이 있어
정밀하게 판 옥새를 받아 가지고
13 하느님의 동산 에덴에 있었다.
홍옥수, 황옥, 백수정, 감람석, 얼룩마노,
백옥, 청옥, 홍옥, 취옥,
온갖 보석들로 단장했었다.
네가 생겨나던 날, 이미 금패물과 보석이 마련되어 있었다.
14 나는 빛나는 거룹을 너에게 붙여 보호자로 삼고
하느님의 산에 두어,
불붙은 돌들 사이를 거닐게 하였다.
15 너는 생겨나던 날부터
하는 일이 다 완전하였다.
그러나 마침내 너에게서 죄악이 드러났다.
16 너는 정신없이 무역을 하다가
남을 억울하게 하는 일을 넘치게 저질렀다. 그리하여
나는 너를 하느님의 산에서 쫓아내었다.
보호자 거룹은 불붙은 돌들 사이에서
너를 사라지게 하였다.
17 너는 스스로 잘났다 하여 거만해졌다.
영화를 누리다가 슬기를 쏟아버렸다. 그리하여
나는 너를 세상으로 쫓아내어
세상 왕들의 구경거리로 만들었다.
18 네가 목구멍까지 찬 악과 불공평한 무역으로
너의 성소들을 더럽혔으므로
너에게서 나온 불로 너를 삼키게 하리니,
너는 땅 위에 잿더미로 남아 모든 사람의 구경거리가 되리라.
19 뭇 민족들 가운데서 너를 아는 사람은 모두
네 모습을 보고 놀랄 것이다.
너는 졸지에 망하여 아주 없어지고 말리라.'"

시돈에 내리신 말씀

20◎야훼께서 나에게 말씀을 내리셨다.
21"너 사람아, 시돈 쪽으로 얼굴을 돌리고
22그를 쳐 이르는 내 말을 전하여라. '주 야훼
가 말한다.
나 이제 너 시돈을 쳐,
네 가운데서 내 영광을 들날리리라.
내가 그 성에 벌을 내리는 것을 보고
내가 야훼임을 사람들이 알게 되리라.
내가 사람과 다름을 거기에서 드러내리라.
23 내가 그 성에 염병을 퍼뜨리리니,
거리마다에서 사람들이 피를 토하며 죽으리라.
사방에서 적이 쳐들어와 칼로 무찌르리니,
거리마다 시체가 굴러다니리라.
그제야 내가 야훼임을 사람들이 알게 되리라.
24 그리하여 이제까지 이스라엘 족속을 멸시
하던 주위의 모든 민족이 다시는 가시로 찌
르지 아니하고 갈대로 할퀴지 아니하리라.
그제야 사람들은 내가 야훼임을 알게 될 것
이다.
25주 야훼가 말한다. 내가 이스라엘 족속을 뭇
백성 가운데 흐트러뜨렸다가 다시 모아들
이면 과연 내가 사람과 다르다는 것이 뭇 민

족들 앞에 드러나리라. 내가 나의 종 야곱에
게 주어 대대로 내려온 땅에 그들은 다시 정
착할 것이다.
26 안심하고 그 땅에서 살며 집을 짓고 포도를
심을 것이다. 저희를 멸시하던 주위의 모든
사람들을 내가 벌하는 것을 보고 그들은 안
심하고 살 것이다. 그제야 내가 저희의 하
느님 야훼임을 알게 되리라.'"

이집트에 내리신 말씀

29 ◎㉠제십년 시월 십이일, 야훼께서 나에
게 이런 말씀을 내리셨다.
2 "너 사람아, 이집트 왕 파라오 쪽으로 얼굴
을 돌리고 파라오와 온 이집트에 그들을 쳐
이르는 내 말을 전하여라.
3 너는 이렇게 말하여라. '주 야훼가 말한다.
이집트 왕 파라오야,
나 이제 너를 치리라.
나일 강 가운데 엎드려 있는 큰 악어야,
네가,
나일 강은 내 것이다, 내가 만들었다, 한
다마는
4 나는 너의 턱을 고리로 꿰고
네 비늘에 나일 강 물고기들이 들러붙게
하리라.
네 비늘에 들러붙은 나일 강 물고기째
네가 살고 있는 나일 강 가운데서 너를 끌
어 올리리라.
5 그리고 네가 사는 나일 강의 모든 물고기
와 함께
너를 사막에 내동댕이치리니,
벌판에 쓰러져 있는 너를
거두어 묻어주는 자도 없을 것이다.
땅 위를 돌아다니는 짐승과
하늘을 날아다니는 새에게
너를 먹이로 주리라.
6 그제야 이집트 주민이 모두
내가 야훼임을 알게 되리라.
너는 갈대밖에 못 되는 주제에
이스라엘 족속의 지팡이가 되려고 하였
다.
7 그들이 손을 내밀어 붙잡자, 너는 부러지
며
도리어 그들의 팔에 온통 상처를 내주었
다.
그들이 너에게 의지하려고 하자, 너는 부
러지며
그들의 허리까지 온통 휘청거리게 만들
었다.
8 그러므로 주 야훼가 말한다. 내가 원수를
너에게 들여보내 사람과 짐승을 칼로 전멸
시키리니,
9 이집트는 쑥밭이 되어 황폐해질 것이다. 그
제야 사람들은 내가 야훼임을 알게 되리라.
이것은 그들이 나일 강은 내 것이다, 내가
만들었다, 한 죗값이다.
10 나 이제 네가 사는 나일 강을 치리라. 믹돌
에서 스웨네를 거쳐 에티오피아 접경에 이
르기까지 이집트를 황폐한 쑥밭으로 만들
리라.
11 사십 년 동안 빈들이 되어 사람의 발길도 닿
지 않고 짐승도 지나가지 않을 것이다.
12 사십 년 동안 이집트는 쑥밭이 되어 황폐한
도시들 가운데 가장 황폐한 도시로 버려질
것이다. 나는 이집트 사람들을 여러 나라에
쫓아보내어 뭇 민족 틈에 흩어져 살게 하
리라.
13 주 야훼가 말한다. 사십 년이 지나면, 뭇 민
족 가운데 흩어져 사는 이집트 사람들을 내
가 다시 모아들일 것이다.
14 이집트인 포로들을 도로 데려다가 고향인
바드로스에 정착시키겠지만 그러나 국력은
대단하지 않을 것이다.
15 어느 나라보다도 약해져서 다시는 뭇 민족
앞에 우쭐대지 못하리라. 인구가 줄어서 다
른 민족들을 압박하지 못하게 되리라.
16 이스라엘 족속은 이것을 보고 이집트를 따르
던 과거의 일이 잘못인 줄 알아 다시는 의지
하지 아니할 것이다. 그제야 사람들은 내가
야훼임을 알게 되리라.'"
17 ◎㉡제이십칠년 정월 초하루, 야훼께서 나에
게 말씀을 내리셨다.
18 "너 사람아, 바빌론 왕 느부갓네살이 띠로를
함락시키려고 군대를 투입하여 머리털이
다 빠지고 어깨가 다 벗겨지도록 힘을 기울
여보았지만, 그와 그의 군대는 띠로 원정에
서 아무 보람도 얻지 못하였다.
19 그런즉 주 야훼가 말한다. 나 이제 바빌론 왕
느부갓네살에게 이집트를 넘겨주리라. 느부
갓네살은 재물을 빼앗아가고 전리품을 거두
어가며 노략질까지 해다가 자기 군인들에
게 보수를 줄 것이다.
20 그가 나 때문에 띠로에서 애를 쓴 대가로 나
는 이집트를 그에게 넘겨준다. 주 야훼가 하

㉠ 에제키엘이 바빌론에 잡혀간 지 10년 되던 해인 기원전 588년 12월-587년 정월이다. ㉡ 에제키엘이 바빌론에 잡혀간 지 27년 되던 해인 기원전 571년 3-4월이다.

는 말이다.
21 그 날에 내가 이스라엘 족속에게 영도자
를 주면 너는 입이 열리어 백성들에게 말할
수 있게 될 것이다. 그제야 사람들은 내가
야훼임을 알게 되리라."

30 ◎야훼께서 나에게 말씀을 내리셨다.
2 "너 사람아, 내 말을 전해 주어라.
'주 야훼가 말한다.
두려워 떨어라. 올 날이 오고야 말았다.
3 그 날이 들이닥쳤다.
야훼 거동하는 날,
암담한 날, 뭇 민족이 망할 날이 들이닥
쳤다.
4 이집트에 칼이 들어간다.
이집트에서 떼죽음이 나고
재물은 빼앗기고 주추가 무너지는 날,
에티오피아는 부들부들 떨리라.
5 이집트 동맹국 에티오피아와 리비아와 리디
아
온 아람과 구브 백성이 함께 칼에 맞아 쓰
러지리라.
6 주 야훼가 말한다.
이집트를 지지하던 나라들이 쓰러지리라.
그토록 거만을 부리던 힘이 꺾이리라.
믹돌에서 스웨네에 이르기까지
사람들이 모두 칼에 맞아 쓰러지리라.
주 야훼가 하는 말이다.
7 세상에 이집트 같은 쑥밭이 다시 없고 그
도시들과 같은 폐허가 다시는 없으리라.
8 내가 이집트에 불을 놓고 이집트를 돕던 나
라들을 다 부수어버리면, 그제야 사람들은
내가 야훼임을 알게 되리라.
9 그 날이 오면 이집트의 사절단이 배를 타고
내 앞에서 도망쳐 가리니, 안심하고 있던 에
티오피아 사람들은 이것을 보고 놀랄 것이
다. 이집트가 망하는 날, 에티오피아 사람들
은 부들부들 떨 것이다. 그 날이 곧 온다.
10 주 야훼가 말한다.
나는 이집트 무리들을 처치해 버리리라.
바빌론 왕 느부갓네살의 손으로 처치해 버
리리라.
11 뭇 민족들 가운데서도 가장 포악한 군대
를 거느리고 가서
느부갓네살은 온 나라를 짓부수리라.
칼을 뽑아 들고 이집트에 쳐들어가,
온 땅을 주검으로 가득 채울 것이다.
12 나는 나일 강을 말리고,
그 땅을 악한들의 손에 넘겨주리라.
온 땅을 송두리째 침략자의 손을 빌려 부
수어버리리라.
나 야훼가 선언하였다.
13 주 야훼가 말한다.
내가 우상들을 없애버리고,
멤피스에서 신상을 집어치우고
이집트인으로서 수령이 될 자를 다 없애
버리면
이집트는 두려움으로 가득 차리라.
14 나는 바드로스를 쑥밭으로 만들고 소안에
불을 놓고
노에 벌을 내리리라.
15 이집트의 성채인 신에 화풀이를 하고,
노의 무리들을 멸절시키리라.
16 내가 이집트에 불을 놓으리라.
신의 성채들은 몸부림을 치고
노는 적에게 뚫리고
멤피스는 대낮에 함락되리라.
17 아웬과 비베셋에서 정병들은 칼에 맞아 쓰
러지고,
주민들은 사로잡혀 가리라.
18 내가 이집트의 멍에를 거기에서 부수고,
그 거드럭거리던 세력을 꺾어버릴 때,
다흐반헤스는 대낮에 캄캄해지리라.
구름이 덮여 캄캄한 가운데
주민들은 사로잡혀 가리라.
19 내가 이렇게 이집트에 벌을 내리는 것을
보고서야
사람들은 내가 야훼임을 알게 되리라.'"
20 ◎㉠제십일년 정월 칠일 야훼께서 나에게 말
씀을 내리셨다.
21 "너 사람아, 나는 이집트 왕 파라오의 한 팔
을 이미 부러뜨렸다. 그리고 힘을 내어 칼
을 다시 잡을 수 있도록 약을 바르고 붕대를
감아 싸매지도 못하게 하였다.
22 주 야훼가 말한다. 내가 이제 이집트 왕 파라
오를 쳐서 그의 남은 힘센 팔 하나마저 부러
뜨려 그 손에서 칼이 떨어지게 하리라.
23 내가 이집트를 여러 나라에 쫓아내어 뭇 민
족들 가운데 흩어져 살게 하리라.
24 바빌론 왕의 손에 나의 칼을 쥐어주고 그의
두 팔에 힘을 주어 파라오의 두 팔을 부러뜨
리게 할 것이다. 파라오는 칼에 찔려 그의
앞에서 비명을 지르며 죽으리라.
25 바빌론 왕의 팔은 나에게서 힘을 얻겠지만,
파라오의 두 팔은 떨어져 나갈 것이다. 바빌
론 왕이 내가 쥐어준 칼을 들고 이집트로 쳐
들어가는 것을 보고서야 사람들은 내가 야

㉠ 기원전 587년 3-4월이다.

웨임을 알게 되리라.
26 내가 이집트를 여러 나라에 쫓아내어 뭇 민
족 가운데 흩어져 살게 하는 것을 보고서야
사람들은 내가 야훼임을 알게 되리라."

레바논의 송백 같은 이집트

31 ◎㉠제십일년 삼월 초하루 야훼께서 나
에게 말씀을 내리셨다.
2 "너 사람아, 이집트 왕 파라오와 그의 무리
에게 일러라.
'너의 크기를 무엇에 비교할까!
3 가지가 멋지게 우거져 그늘이 좋고
키가 우뚝 솟아
꼭대기 가지는 구름을 뚫고 뻗은
레바논의 송백만큼이나 크다고 할까!
4 너는 물을 먹고 크게 자랐고 지하수를 빨
아 치솟았다.
네가 선 주위로는 강물이 돌고
도랑물이 흘러 들나무를 모두 적셨다.
5 그래서 너는 들의 어떤 나무보다 키가 컸
다.
그 많은 굵은 가지에
가지들이 무성하게 뻗은 것은
물이 많아서 잘 자란 탓이었다.
6 그 가지들에 하늘의 새들이 깃들였고
우거진 가지들 밑에서 온갖 들짐승들이
새끼를 쳤으며
그 그늘 밑에 큰 민족들이 모두 자리를 잡
았다.
7 뿌리가 물을 마음껏 빨아들여
키는 크고 가지는 멋있게 뻗었다.
8 하느님 동산에서 자란 어느 송백이 이만
하랴!
전나무 가지도 그만큼은 되지 않았고
플라타너스도 그만큼은 무성하지 못하였
다.
하느님 동산 어느 나무가 이만큼 멋지랴!
9 나는 이 나무를 가지도 무성하게 멋지게
키웠다.
하느님의 동산 에덴에 있는 나무들조차
모두들 부러워하도록.
10 그래서 주 야훼가 말한다. 이 나무가 스스
로 키 크고, 그 꼭대기 가지가 구름을 뚫을
만큼 높다고 으쓱해져서 우쭐대므로
11 내가 이 나무를 뭇 민족을 거느린 우두머리
에게 넘겨주었다. 못할 짓을 한 만큼 그대
로 갚아, 내쫓은 것이다.
12 뭇 민족 가운데서도 포악한 침략자들이 이
나무를 베어 산에 내던졌다. 그래서 잎사귀
들은 모든 골짜기에 너저분하고 무성한 가
지는 부러져 이 계곡 저 계곡에 흩어졌으며
세상 모든 민족이 이 나무를 내버려두고 그
그늘에서 도망쳐 버렸다.
13 그 넘어진 등걸 위에 하늘의 온갖 새가 깃
들이고,
그 무성한 가지를 깔고 온갖 들짐승이 살
게 되었다.
14 물가에서 자라면서도 다시는 꼭대기 가
지가
하늘 높이 구름을 뚫고 뻗지 못하리라.
아무리 물을 잘 빨아 마음껏 자라도
넘어지고 말리라.
모두들 지하로 내려갈 죽을 신세,
모든 사람이 가는 그 구렁으로
함께 내려갈 운명이다.
15 주 야훼가 말한다. 지하로 내려가던 날,
나는 그 나무를 처넣고 지하의 문을 닫아 걸
었다. 그리고 물줄기를 막아 그 많은 물이
터져 나오지 못하게 하였다. 그래서 레바논
은 황량해지고 들의 모든 나무는 시들었다.
16 지하로 구렁에 내려가는 사람들과 함께 그
나무를 내려보낼 때, 그 떨어지는 소리에
뭇 민족은 놀라서 떨었다. 그제야, 지하에
가 있던 에덴의 모든 나무들과 물이 잘 올라
멋지게 자랐던 레바논의 나무 가운데서도
뛰어나던 나무들이 슬픔을 거두었다.
17 이 나무들도 그 나무와 함께 칼에 맞아 죽은
자들이 있는 지하로 내려갔고, 그 그늘에서
살던 것들은 뭇 민족 사이에 흩어져 갔다.
18 에덴의 나무들 가운데 너만큼 멋지고 큰 나
무가 없었다. 그런데 너도 에덴의 나무들과
함께 지하에 내려가지 않을 수 없었다. 할
례받지 않은 자들 사이에 끼여, 칼에 맞아
죽은 자들과 함께 눕는 신세가 되었다. 이
는 파라오와 그의 무리를 두고 주 야훼가 하
는 말이다.'"

악어, 이집트의 죽음

32 ◎㉡제십이년 십이월 초하루, 야훼께서
나에게 말씀을 내리셨다.
2 "너 사람아, 이집트 왕 파라오에게 조가를
읊어주어라.
'네가 만방의 사자 같더니 망하고 말았구
나.
너는 강물에서 꿈틀꿈틀 네 발로 물을 차
며

㉠ 기원전 587년 5-6월이다. ㉡ 기원전 586년 2-3월이다.

강물을 흐리던 물 속의 악어 같았다.
3 주 야훼가 말한다.
뭇 민족이 모인 가운데서
내가 그물을 펴서 너에게 씌우리니,
민족들이 내가 씌운 그 망으로 너를 끌어
올리리라.
4 내가 너를 땅바닥에 내동댕이쳐
벌판에 버리면,
하늘의 온갖 새가 네 위에 내려앉고
온갖 들짐승이 너를 배부르게 뜯어 먹으
리라.
5 너의 살코기를 산에 내다 버리면,
네 몸에서 나온 구더기가 골짜기마다 들
끓으리라.
6 송장에서 쏟아져 나오는 추깃물이 땅을
적시고
너에게서 흘러 나오는 피로 산들은 물들
며
골짜기마다 피로 내를 이루리라.
7 네 빛을 끄는 날,
나는 하늘을 가리고,
별들을 침침하게 만들리라.
해를 구름으로 덮고
달도 빛을 잃게 하리라.
8 너를 비추던 천체들을 모두 침침하게 만
들리니
네 국토는 온통 캄캄해지리라.
주 야훼가 하는 말이다.
9 내가 너희를 뭇 민족들에게 사로잡혀 낯
선 땅에 끌려가게 하리니, 많은 민족들이
이를 보고 상심하리라.
10 뭇 민족이 보는 앞에서 내가 칼을 휘둘러 너
희를 무찌르면 그들은 정신을 못 차리고,
왕들은 소름이 끼쳐 어쩔 줄을 모를 것이다.
네가 망하는 날, 모두들 어떻게 하면 제 목
숨이라도 건져볼까, 조금도 마음놓지 못하
고 벌벌 떨리라.
11 주 야훼가 말한다. 바빌론 왕이 칼을 들고 너
를 쳐들어갈 것이다.
12 나는 세상에 다시없이 포악한 군인들을 끌
어들여 너희 무리를 무찌르게 할 것이다.
이집트와 그 무리를 전멸시켜
그 거만을 꺾을 것이다.
13 큰 물가에 모여들었던 가축들을
거기에서 쓸어버려
사람의 발도 그 물을 흐리지 못하고
짐승의 발굽도 그 물을 흐리지 못하게 하
리니,
14 물결은 자고
흐름은 기름 같으리라.
주 야훼가 하는 말이다.
15 내가 이집트 땅을 쑥밭으로 만들리라.
있는 것을 모조리 빼앗아가고
주민을 모두 쳐죽이면,
그제야 사람들은 내가 야훼임을 알게 되
리라.'
16 이것이 사람들이 읊을 조가이다. 뭇 민족
의 딸들이 읊을 조가이다. 이집트와 그 무리
들이 망한 다음에 읊을 조가이다. 주 야훼가
하는 말이다."
17◎[ㄱ]제십이년 정월 십오일에 야훼께서 나에
게 말씀을 내리셨다.
18"너 사람아, 너는 울면서 이집트의 무리를
지하로 처넣어라. 권세를 부리는 뭇 민족의
딸들도 구렁에 던져진 자들과 함께 처넣어
라.
19 네가 무엇이 남보다 잘났더냐?
할례받지 않은 자들에게 내려가
함께 누워 있으려무나.
20 그 무리들과
칼에 맞아 죽은 전사자들 있는 곳에 떨어
져,
함께 누워 있으려무나.
21 땅 속에 내려가 있던 용사들이 '저것들도
졸개들과 함께 칼에 맞아 죽은 전사자들에
게 내려와 할례받지 않은 자들과 함께 누워
있구나.' 하며 비웃는다.
22 아시리아의 둘레에는 칼에 맞아 죽은 그
의 무리도 함께 묻혔구나.
23 아시리아가 묻힌 저 구렁 깊은 곳, 그 주변
에는 그 무리도 묻혀 있구나. 생명 있는 이
세상에서 사람들이 그들을 무서워하더니,
마침내 저희도 칼에 맞아 쓰러졌구나.
24 거기에는 엘람도 묻혀 있구나. 그 주변에
는 그 무리도 함께 묻혀 있구나. 모두 칼에
맞아 쓰러져 저 지하로, 할례받지 않은 자
들 있는 곳으로 내려갔구나. 생명 있는 이
세상에서 사람들이 그들을 무서워하더니,
구렁에 던져진 자들과 같은 수치를 받게 되
었구나.
25 엘람도 죽은 자들 가운데 누울 곳을 얻었고
그 무리도 그의 무덤 둘레에 누울 자리를 얻
었구나. 모두 할례받지 않은 몸으로, 칼에
맞아 죽었구나. 생명 있는 이 세상에서 사
람들이 그들을 무서워하더니 마침내 저희
도 칼에 맞아 죽은 전사자들 틈에 끼게 되었

㉠ 기원전 586년 3-4월이다.

고 구렁에 던져진 자들과 같은 수치를 받게
되었구나.
26 거기에는 메섹과 두발도 묻혀 있구나. 그
주변에는 그의 무리도 함께 묻혔구나. 모두
들 할례받지 않은 몸으로 칼에 맞아 죽은 것
들이다. 생명 있는 세상에서는 사람들이 그
들을 무서워하더니.
27 이들은 먼 옛날에 죽어 제 무기를 가지고 지
하로 내려간 용사들, 머리에는 칼을 베고
몸은 방패로 덮은 용사들과는 한자리에 눕
지 못한다. 생명 있는 이 세상에서는 사람
들이 용사들을 두려워하더니.
28 그런데 너는 칼에 맞아 죽은 전사자들과
함께 할례받지 않은 자들 틈에 끼여 눕겠
구나.
29 거기에는 에돔도 그 왕들과 수령들과 함
께 있구나. 그토록 용맹하더니, 칼에 맞아
죽은 전사자들과 함께 누워 있구나. 할례받
지 않은 자들, 구렁에 던져진 자들과 함께
누워 있구나.
30 북방의 장군들과 시돈 사람들도 모두 거기
에 있구나. 그토록 용맹하여 남에게 겁을
주더니, 전사자들과 함께 수치스럽게 내려
가, 할례받지 않은 몸으로 칼에 맞아 죽은
전사자들, 구렁에 던져진 자들과 함께 누워
있구나.
31 파라오는 자기의 모든 무리들을 생각하여
슬퍼하다가 이들을 보고 나서는 슬픔을 거
두리라. 파라오와 그의 모든 군대는 칼에 맞
아 죽을 것이다. 주 야훼가 하는 말이다.
32 파라오는 생명 있는 이 세상에서 사람들을
두려워하게 했으므로 그의 모든 무리들과
함께 칼에 맞아 죽은 전사자들, 할례받지
않은 자들 가운데 끼여 눕게 되리라. 주 야
훼가 하는 말이다."

예언자의 임무와 책임

33 ◎야훼께서 나에게 말씀을 내리셨다.
2 "너 사람아, 네 겨레에게 일러라. 그
들에게 이렇게 말하여라. '내가 어떤 나라
에 적군이 쳐들어가게 한다면, 그 나라 백
성은 저희 가운데서 한 사람을 뽑아 보초를
세울 것이 아니냐!
3 그는 적군이 쳐들어오는 것을 보고, 백성에
게 비상 나팔을 요란하게 불어줄 것이다.
4 그런데 그 나팔 소리를 듣고서도 정신을 차
리지 않고 있다가 적군이 쳐들어와 칼에 맞
아 죽은 사람이 있다면 그가 죽은 것은 자기
탓이다.
5 그 나팔 소리를 듣고서도 정신을 차리지 않
았기 때문에 죽어도 자기 탓인 것이다. 그
러나 정신을 차리면 목숨을 구할 수 있다.
6 그런데 적군이 쳐들어오는 것을 보고서도
보초가 비상 나팔을 불지 않아서 백성이 정
신을 차리지 못하고 있다가 적군이 쳐들어
와 목숨을 잃는 사람이 생긴다면 그 사람은
자기 죗값으로 목숨을 잃겠지만, 그 사람이
죽은 책임을 나는 그 보초에게 물을 것이
다.'
7 너 사람아, 내가 너를 이스라엘 족속의 보
초로 세운다. 너는 나에게서 경고하는 말을
받거든 그대로 일러주어라.
8 내가 한 죄인에게 '너는 사형이다.'라고 유
죄 판결을 내렸는데, 네가 그 죄인에게 버
릇을 고치라고 타일러주지 않았을 경우에
는 그 죄인은 자기 죗값으로 죽겠지만 그 사
람이 죽은 책임을 나는 너에게 지우리라.
9 그러나 네가 그 죄인에게 마음을 바로잡아
버릇을 고치라고 타일러주었는데도 그가
마음을 바로잡아 버릇을 고치지 않았다면
그는 자기 죗값으로 죽겠지만, 너는 죽지
아니하리라.
10 너 사람아, 너는 이스라엘 족속에게 일러
라. '우리가 거역하며 저지른 자신의 죄에
깔려 죽게 되었는데 어떻게 산단 말이냐?'
하는 자들에게
11 일러주어라. '내가 맹세한다. 죄인이라고
해도 죽는 것을 나는 기뻐하지 않는다. 주
야훼가 하는 말이다. 죄인이라도 마음을 바
로잡아 버릇을 고치고 사는 것을 나는 기뻐
한다. 그러나 너희는 돌아오너라. 나쁜 버
릇을 고치고 돌아오너라. 이스라엘 족속아,
어찌하여 너희는 죽으려고 하느냐!'
12 너 사람아, 네 겨레에게 일러라. '죄없는
사람이라도 죄를 짓는 날에는 전에 죄가 없
었다고 해서 제 목숨을 구하지 못하리라.
죄인일지라도 제 죄를 청산하고 돌아오는
날에는 전에 죄가 있었다고 해서 망하지 않
겠지만, 죄없는 사람이라고 해서 잘못을 저
지르고서도 전에 죄가 없었다고 해서 살지
는 못한다.
13 내가 죄없는 사람에게 무죄를 선고하였어
도, 그가 자기의 무죄함을 믿고 그릇된 일
을 한다면 전에 올바로 산 일은 생각도 해주
지 않으리라. 그릇되게 살았기 때문에 그는
사형이다.
14 그러나 나에게 사형을 선고받은 죄인이라
도 자기 죄를 청산하고 돌아와 올바로 살기

만 하면 죽지 아니하리라.
15 전당 잡은 것을 돌려주고 훔친 것을 갚아주
며 생명을 보장해 주는 법규를 따라 살고
그릇된 일을 하지 않으면 죽지 않고 살게
된다.
16 전에 저지른 잘못은 모두 잊어주겠다. 그가
올바로 살았으니, 정녕 죽지 아니하리라.
17 네 겨레는 내가 하는 일을 부당하다고 한
다마는, 네 겨레가 하는 일이야말로 부당
하다.
18 죄없는 사람이라도 마음이 잘못 돌아서 올
바른 길을 떠나 그릇된 일을 하면 죽으리라.
19 죄인이라도 제 죄를 청산하고 돌아와서 올
바로 살기만 하면 죽지 아니하리라.
20 나는 모든 사람에게 그 행실을 따져서 상벌
을 내린다. 이스라엘 족속아, 그래도 내가
하는 일이 부당하다고 하겠느냐?'"
21 ◎우리가 사로잡혀 온 지 십이 년이 되던 해
시월 오일이었다. 그 날 한 사람이 예루살렘
에서 빠져 나와 나에게 이르러 수도가 함락
되었다고 알려주었다.
22 그런데 그 사람이 빠져 나와 나에게 다다르
기 전날 저녁에 야훼께서 손으로 나를 붙잡
으셨다. 그리고 다음날 아침 그가 나에게
다다르기 전에 나의 입을 열어주셨다. 이렇
게 입이 열린 다음 나는 다시는 벙어리가 되
지 않았다.
23 ◎야훼께서 나에게 이런 말씀을 내리셨다.
24 "너 사람아, 이스라엘 백성이 쑥밭이 된 그
땅에 살면서 이런 말을 하는구나. '아브라함
이 이 땅을 차지할 때 혼자였다. 그런데 우
리는 지금 이렇게 수도 많고 하느님께서 이
땅을 우리에게 주셨는데, 왜 우리가 차지하
지 못하겠느냐?'
25 그러니 너는 그들에게 이렇게 일러주어라.
'주 야훼가 말한다. 너희는 피를 빼지 않고
고기를 먹었으며 너희 눈은 우상을 우러러
보았고 죄없는 사람의 피를 흘렸다. 그러고
도 이 땅을 차지할 수 있겠단 말이냐!
26 너희는 칼을 믿었고 역겹게도 우상을 섬겼
으며 서로 남의 아내를 더럽혔다. 그러고도
이 땅을 차지할 수 있겠단 말이냐!'
27 너는 그들에게 이렇게 일러주어라. '주 야
훼가 말한다. 그 폐허에 남아 있다가는 정녕
칼에 맞아 쓰러지고 말리라. 벌판으로 나갔
다가는 짐승에게 잡아먹히고 산채나 동굴
에 가 숨었다가는 염병으로 죽을 것이다.
28 나는 그 땅을 황폐한 쑥밭으로 만들겠다.
내노라고 뽐내다가는 힘이 꺾이고 말 것이
다. 이스라엘 산악 지대는 사람의 그림자도
얼른거리지 않는 쑥밭이 되고 말리라.
29 이스라엘이 저지른 모든 역겨운 짓 때문에
나는 그 땅을 거친 쑥밭으로 만들리라. 그
제야 사람들은 내가 야훼임을 알게 될 것이
다.'
30 너 사람아, 네 겨레가 담 곁에서 또 집 문
앞에서 네 말을 하며 서로 끼리끼리 '야훼
께서 무슨 말씀을 내리셨는지 가서 들어나
보자.' 하며
31 구경거리나 난 듯 너에게 모여올 것이다.
나의 백성은 네 앞에 앉아서 말을 듣기는 하
겠지만 그대로 실행하지는 않을 것이다. 말
로는 좋다고 하면서도 마음으로는 제 좋을
대로만 하리라.
32 너는 수금을 뜯으며 고운 소리로 사랑의 노
래나 읊는 사람으로 보일 것이다. 그래서
그들은 네 말을 듣기는 하겠지만, 그대로
실행하지 아니하리라.
33 그러다가 네 말이 들어맞는 것을 보고서야
저희 가운데 예언자가 있었음을 알게 될 것
이다."

내가 너희의 목자가 되리라

34 ◎야훼께서 나에게 말씀을 내리셨다.
2 "너 사람아, 너는 이스라엘 목자들에
게 내 말을 전하여라. 목자들에게 그들을
쳐서 이르는 내 말을 전하여라. '주 야훼가
말한다. 망하리라. 양을 돌보아야 할 몸으
로 제 몸만 돌보는 이스라엘의 목자들아!
3 너희가 젖이나 짜 먹고 양털을 깎아 옷을 해
입으며 살진 놈을 잡아먹으면서 양을 돌볼
생각은 않는구나.
4 약한 것은 잘 먹여 힘을 돋우어 주어야 하고
아픈 것은 고쳐주어야 하며 상처입은 것은
싸매주어야 하고 길 잃고 헤매는 것은 찾아
데려와야 할 터인데, 그러지 아니하고 그들
을 다만 못살게 굴었을 뿐이다.
5 양들은 목자가 없어서 흩어져 온갖 야수에
게 잡아먹히며 뿔뿔이 흩어졌구나.
6 내 양떼는 산과 높은 언덕들을 이리저리 헤
매고 있다. 내 양떼가 온 세상에 흩어졌는
데 찾아다니는 목자 하나 없다.
7 그러니 목자들아, 이 야훼의 말을 들어라.
8 내가 맹세한다. 나의 양떼는 마구 잡혀갔
고, 나의 양떼는 목자가 없어서 들짐승에게
찢겼다. 그런데도 내가 세운 목자들은 나의
양떼를 찾아다니지 않았다. 제 배만 불리고
양떼는 먹일 생각도 하지 않았다.

9 그러니 목자들아, 이 야훼의 말을 들어라.
10 주 야훼가 말한다. 목자라는 것들은 나의 눈
밖에 났다. 나는 목자라는 것들을 해고시키
고 내 양떼를 그 손에서 찾아내리라. 그들
이 다시는 목자로서 내 양떼를 기르지 못할
것이다. 나는 내 양떼를 그들의 입에서 빼
내어 잡아먹히지 않게 하리라.
11 주 야훼가 말한다. 보아라. 나의 양떼는
내가 찾아보고 내가 돌보리라.
12 양떼가 마구 흩어지는 날, 목자가 제 양떼
를 돌보듯이 나는 내 양떼를 돌보리라. 먹
구름이 덮여 어두울지라도 사방 흩어진 곳
에서 찾아오리라.
13 뭇 민족 가운데서 데려오고 이 나라 저 나
라에서 모아들여 본고장으로 데리고 와서,
이스라엘 이 산 저 산으로 이끌며 시냇가로
인도하고 사람 사는 땅 어디에서나 기를 것
이다.
14 좋은 목장을 찾아다니며 기르리라. 이스라
엘의 높은 산들이 목장이 되면 그들이 좋은
목장에서 쉬기도 하고 이스라엘의 이 산 저
산에서 기름진 풀을 뜯기도 하리라.
15 내가 몸소 내 양떼를 기를 것이요, 내가 몸
소 내 양떼를 쉬게 하리라. 주 야훼가 하는
말이다.
16 헤매는 것은 찾아내고 길 잃은 것은 도로 데
려오리라. 상처입은 것은 싸매주고 아픈 것
은 힘 나도록 잘 먹여주고 기름지고 튼튼한
것은 ㉠지켜주겠다. 이렇게 나는 목자의 구
실을 다하리라.
17 주 야훼가 말한다. 너희는 나의 양떼이다.
나는 이제 양과 양 사이, 숫양과 숫염소 사
이의 시비를 가려주리라.
18 너희 가운데는 그 좋은 초원에서 풀을 뜯는
것만으로 부족한지 남은 초원들을 짓밟는
것들이 있다. 맑은 물을 마시고 나서는 첨
벙첨벙 흐려놓는 것들이 있다.
19 그래서 나의 양떼는 짓밟힌 풀을 뜯어야 하
고, 흐려놓은 물을 마시게 되었다.
20 그래서 주 야훼가 말한다. 나 이제 몸소 살
진 양과 여윈 양 사이의 시비를 가려주리라.
21 너희들은 약한 양들을 모조리 옆구리와 어
깨로 밀쳐내고, 뿔로 받아 우리 바깥으로
쫓아 흩어버리기까지 하였다.
22 그러나 나는 내 양떼를 구해 주어 다시는 노
략질당하지 않게 하리라. 내가 양과 양 사
이의 시비를 가려주리라.
23 내가 한 목자를 세워주겠다. 그는 나의
종 다윗이다. 그가 내 양떼를 돌보는 목자가
되리라.
24 나 야훼가 몸소 그들의 하느님이 되고, 나의
종 다윗이 그들의 영도자가 되리라. 나 야훼
가 말하였다.
25 나는 그들과 평화의 계약을 맺으리라. 그
땅에서 맹수를 없애리니 사막에서도 안심
하고 살 수 있고 숲에서도 편히 잠들 수 있
으리라.
26 내가 제 때에 내려주는 가랑비, 때맞게 내
려주는 소나기가 복을 실어다 주는 비가 되
리라.
27 들에 서 있는 나무가 열매를 맺고 땅이 소출
을 내면, 그들은 제 농토를 떠나지 않고 안
심하고 지낼 것이다. 메었던 멍에를 부수고
부리던 자의 손에서 구해내 주면, 그제야
그들이 내가 야훼임을 알게 될 것이다.
28 다시는 이민족들에게 노략질당하지 아니하
고 야수에게 잡아먹히는 일도 없을 것이다.
아무 위협도 받지 않고 안심하고 살 수 있을
것이다.
29 내가 농사가 잘되게 해주어 다시는 굶주려
죽는 자가 없고 이민족들에게 수치를 겪는
일도 없을 것이다.
30 그제야 사람들은 나 야훼가 이스라엘의 하느
님이요 그들이 나의 백성임을 알게 되리라.
주 야훼가 하는 말이다.
31 너희는 나의 양떼, 내가 기르는 양 무리요
나는 너희의 하느님이다. 주 야훼가 하는 말
이다.'"

에돔에 죄를 주시다

35 ◎야훼께서 나에게 말씀을 내리셨다.
2 "너 사람아, 너는 세일 산 쪽에 대고
거기에 사는 자들을 쳐서 이르는 나의 말을
전하여라.
3 '주 야훼가 말한다.
세일 산에 사는 자들아,
나 이제 팔을 휘둘러 너희를 치고
세일을 황폐한 쑥밭으로 만들리라.
4 내가 너희 성들을 허물어버리면
세일은 쑥밭이 되리라.
그제야 너희는 내가 야훼임을 알리라.
5 너희는 이스라엘 백성을 대대로 원수로
여겨, 이스라엘이 마지막 벌을 받아 망할
때, 칼을 휘둘러 그들을 마구 죽였다.
6 그래서 주 야훼가 말한다. 너희가 남의 피를
흘려 죄를 지었으니 반드시 너희도 사로잡

㉠ 히브리어 본문 : "멸망시키리라."

혀 피의 보복을 받을 것이다.
7 내가 세일 산을 황폐한 쑥밭으로 만들면 그
리로 지나가는 사람도 없고 거기에서 돌아
오는 사람도 없으리라.
8 온 산에는 죽은 군인들의 시체가 가득하리
라. 언덕에, 골짜기에, 개울에 칼 맞아 쓰러
진 시체가 뒹굴리라.
9 내가 세일을 언제까지나 쑥밭으로 남기리
니,
네 성읍은 무인지경이 되리라.
그제야 너희는 내가 야훼임을 알게 되리
라.
10 너희는, -저 두 민족, 야훼가 있던 저 두
나라는 우리 것이니 가서 차지하자, 하고
말하였다.
11 그래서 나는 맹세한다. 너희는 원한에 사무
쳐 눈에 불을 켜고 그들에게 화풀이를 하였
다. 너희가 한 그만큼 나도 너희에게 갚아
주리라. 주 야훼가 하는 말이다. 내가 너희
에게 이렇게 심판을 내리면 내가 누구인지
드러날 것이다.
12 그제야 너희는 내가 야훼임을 알게 되리라.
너희가, 이스라엘 산악 지대가 온통 쑥밭이
되었으니 집어삼키자, 하고 우습게 보며 하
던 말을 내가 다 들었다.
13 함부로 입을 놀려 건방진 말로 나를 빈정대
는 것을 나는 똑똑히 들었다.
14 주 야훼가 말한다. 내가 너희를 쑥밭으로 만
들면 온 세상이 고소해할 것이다.
15 이스라엘 족속의 유산이 쑥밭이 됐다고 너
희는 고소해하였다. 내가 너희를 꼭 그 모
양으로 만들리라. 세일 산 에돔 온 지역이
쑥밭이 되리니, 그제야 사람들은 내가 야훼
임을 알게 되리라.'

이스라엘의 산악들아

36 너 사람아, 너는 이스라엘 산악 지대에
나의 말을 전하여라. '이스라엘 산악들
아, 이 야훼의 말을 들어라.
2 주 야훼가 말한다. 너희 원수들이 너희에게,
하하, 저 영원한 언덕들은 이제 우리 것이
지, 하며 큰소리쳤다.'
3 그러니 너는 이렇게 내 말을 전하여라. '주
야훼가 말한다. 주위의 나라들이 너희 땅을
쑥밭으로 만들었다. 다른 민족들이 기습하
여 와서 너희 땅을 차지하였다. 그래서 너
희는 남의 입에 오르내리는 신세가 되어 사
람들의 조롱거리가 되었다.
4 그러니 이스라엘 산악들아, 이 야훼의 말을
들어라. 주 야훼가 하는 말이다. 산과 언덕
들, 개울과 계곡들, 쑥밭이 된 폐허들과 노
략질당하여 주위에 살아 남은 민족들의 조
소거리가 된 텅빈 성읍들에게 하는 말을 들
어라!
5 주 야훼가 말한다. 내 땅을 좋아라 차지하고
내 땅의 주민을 멸시하며 내쫓고 노략질한
민족들 가운데 살아 남은 자들과 에돔을 생
각하면 화가 나서 못 견디겠다. 내가 맹세
코 그것들을 심판하리라.'
6 그러니 너는 이스라엘 고국 강토에 나의 말
을 전하여라. 산과 언덕들, 개울과 계곡들
에게 내 말을 전하여라. '주 야훼가 말한다.
나 이제 화가 나고 울화가 터져서 선언한
다. 너희가 뭇 민족에게 수치거리가 되었기
에,
7 주 야훼가 말한다. 내가 손을 들고 맹세한
다. 너희 주위에 있는 민족들도 정녕 수치
를 당하리라.
8 이스라엘 산악들아, 내 백성 이스라엘이 곧
돌아오리라. 너희는 다시 가지를 뻗어 열매
를 맺어라.
9 나 이제 너희에게로 간다. 내가 너희에게
얼굴을 돌리면 사람들은 너희를 갈아, 씨를
뿌리게 되리라.
10 나는 너희 위에 온 이스라엘 족속이 불어나
많은 사람이 살며 폐허가 된 성읍을 재건하
게 하리라.
11 사람과 짐승이 새끼를 많이 낳아 너희 위에
사람과 짐승이 우글거리게 하리라. 너희는
전처럼 사람이 불어, 예전보다 더 살기 좋
은 고장이 되리라. 그제야 너희는 내가 야훼
임을 알게 될 것이다.
12 너희 위에 사람의 발길, 내 백성 이스라엘의
발길이 닿을 것이다. 내 백성이 너희를 차
지하면 너희는 그들의 유산이 되어 다시는
그들을 여의지 않아도 될 것이다.
13◎주 야훼가 말한다. 사람들이 너희를, 사람
잡아먹는 땅이요, 제 백성을 여의는 땅이라
고들 한다마는,
14 너희가 다시는 사람을 잡아먹지 아니하고
다시는 백성을 여의지 않게 되리라. 주 야훼
가 하는 말이다.
15 내가 너희로 하여금 다시는 뭇 민족에게 욕
을 먹지 않게 해주리니, 너희는 뭇 백성에
게 다시는 조소를 받지 않고 네 백성을 여의
지도 않게 되리라. 주 야훼가 하는 말이
다.'"

야훼의 이름 때문에

16◎야훼께서 나에게 말씀을 내리셨다.
17"너 사람아, 이스라엘 족속은 고국에 살고
있을 때, 고약한 짓들을 해서 그 땅을 부정
하게 만들었다. 내가 보기에 그 하는 짓이
월경하는 여인처럼 부정하였다.
18땅에 피를 흘리고 우상을 섬기느라고 땅을
부정하게 만들어 나의 울화를 터뜨렸다.
19그래서 그들을 뭇 민족들 가운데 흐트러뜨
려 여러 나라에 쫓아보냈다. 못된 짓을 한
만큼 그들을 벌한 것이다.
20그들은 가는 곳곳에서 뭇 민족들에게 욕을
먹었다. '이것이 야훼의 백성이란 것들인
가, 그에게 받은 땅에서 쫓겨났구나.' 이런
말을 듣게끔 행동하여 거룩한 나의 이름을
욕되게 만들었다.
21이스라엘 족속은 가는 곳곳에서 나의 거룩
한 이름이 뭇 민족에게 멸시를 받게 했지만
그러나 나는 내 명예를 회복하고야 말리라.
22그러니 너는 이스라엘 족속에게 일러라. '주
야훼가 말한다. 이스라엘 족속아, 나는 너희
때문이 아니라 너희가 가는 곳곳에서 뭇 민
족에게 멸시를 받게 한 거룩한 내 이름 때문
에 행동할 것이다.
23너희는 내 이름을 뭇 민족에게 멸시받게 했
지만 나는 야훼다. 내 이름이 다시는 멸시를
받지 않고 오히려 들날리게 하리라. 주 야훼
가 하는 말이다. 너희에게서 나의 거룩함을
드러내면, 뭇 민족은 이를 보고 내가 야훼임
을 알게 되리라.
24내가 너희를 뭇 민족 가운데서 데려내오고
모든 나라에서 모아 고국으로 데려다가
25정화수를 끼얹어 너희의 모든 부정을 깨끗
이 씻어주리라. 온갖 우상을 섬기는 중에
묻었던 때를 깨끗이 씻어주고
26새 마음을 넣어주며 새 기운을 불어넣어
주리라. 너희 몸에서 돌처럼 굳은 마음을
도려내고 살처럼 부드러운 마음을 넣어주
리라.
27나의 기운을 너희 속에 넣어주리니, 그리
되면 너희는 내가 세워준 규정을 따라 살 수
있고 나에게서 받은 법도를 실천할 수 있게
되리라.
28너희는 내가 너희 조상들에게 준 땅에서 살
면서 나의 백성이 될 것이요 나는 너희의 하
느님이 될 것이다.
29더러운 짓을 하다가 망할 수밖에 없이 된 너
희를 나는 건져내겠다. 내가 곡식을 불러오
리니, 풍년이 들어 다시는 굶주리는 일이
없으리라.
30그래서 나무에는 열매가 주렁주렁 열리고
밭에서는 소출이 많이 나리라. 그리하면 기
근 때문에 뭇 민족들에게 수치를 받는 일이
없으리라.
31그제야 너희는 못된 짓을 하고 좋지 못한 일
을 했던 것이 기억되어, 왜 그런 못된 짓을
하고 역겨운 짓을 했던가 싶어 얼굴을 붉히
게 될 것이다.
32내가 너희를 잘 대접해 주겠지만, 그것은
너희가 훌륭하기 때문이거니 생각하지 마
라. 주 야훼가 하는 말이다. 이스라엘 족속
아, 너희의 행실을 부끄러워하고 수치스러
이 여겨라.
33 주 야훼가 말한다. 내가 너희의 모든 죄
악을 씻어 너희를 깨끗하게 해주는 날, 그
날에 폐허가 되었던 성읍들을 재건하게 하
리라.
34황폐한 쑥밭이 된 것을 오가는 사람마다 보
았으나, 그 곳이 다시 경작될 것이다.
35사람들이 말하기를, 그렇게 털렸지만 에덴
동산처럼 되었구나, 털리고 헐려 폐허가 되
었지만 그 성읍들이 수축되어 다시 사람이
살게 되었구나, 할 것이다.
36너희 주위에 남아 있던 민족들은 그 헐린 곳
을 다시 세우고 그 쑥밭에 과수를 심는 것이
바로 나 야훼임을 알게 되리라. 나 야훼가
선언하였다. 반드시 그대로 하리라.
37 주 야훼가 말한다. 내가 이스라엘 족속의
청을 받아들여, 그들을 양떼처럼 불어나게
하리라.
38축제일에 제물로 바칠 양떼가 예루살렘에
몰려들 듯이 폐허가 되었던 성읍들이 사람
들로 가득 차게 하리라. 그제야 사람들은
내가 야훼임을 알게 될 것이다.'"

마른 뼈들

37 ◎야훼께서 손으로 나를 잡으시자 야훼
의 기운이 나를 밖으로 이끌어내셨다.
그래서 들 한가운데 이끌려 나가보니 거기
에 뼈들이 가득히 널려 있는 것이었다.
2그분이 나를 그리로 두루 돌아다니게 하셨
다. 그 들바닥에는 뼈들이 굉장히 많았는데
그것들은 모두 말라 있었다.
3그분이 나에게 말씀하셨다. "너 사람아, 이
뼈들이 살아날 것 같으냐?" 내가 "주 야훼
여, 당신께서 아시옵니다." 하고 아뢰니,
4그분이 또 나에게 말씀하셨다. "이 뼈들에
게 내 말을 전하여라. '마른 뼈들아, 이 야

훼의 말을 들어라.
5 뼈들에게 주 야훼가 말한다. 내가 너희 속에
숨을 불어넣어 너희를 살리리라.
6 너희에게 힘줄을 이어놓고 살을 붙이고 가
죽을 씌우고 숨을 불어넣어 너희를 살리면,
그제야 너희는 내가 야훼임을 알게 되리
라.'"
7 ◎나는 분부하신 대로 말씀을 전하였다. 내
가 말씀을 전하는 동안 뼈들이 움직이며 서
로 붙는 소리가 났다.
8 내가 바라보고 있는 가운데 뼈들에게 힘줄
이 이어졌고 살이 붙었으며 가죽이 씌워졌
다. 그러나 아직 숨쉬는 기척은 없었다.
9 야훼께서 나에게 또 말씀하셨다. "숨을 향
해 내 말을 전하여라. 너 사람아, 숨을 향해
내 말을 전하여라. '주 야훼가 말한다. 숨
아, 사방에서 불어와서 이 죽은 자들을 스
쳐 살아나게 하여라.'"
10 나는 분부하신 대로 말씀을 전하였다. 숨이
불어왔다. 그러자 모두들 살아나 제 발로
일어서서 굉장히 큰 무리를 이루었다.
11 ◎그러자 그분은 나에게 말씀하셨다. "너
사람아, 이 뼈들은 이스라엘의 온 족속이다.
뼈는 마르고, 희망은 사라져 끝장이 났다고
넋두리하던 것들이다.
12 이제 너는 이들에게 나의 말을 전하여라.
'주 야훼가 말한다. 나 이제 무덤을 열고 내
백성이었던 너희를 그 무덤에서 끌어올려
이스라엘 고국 땅으로 데리고 가리라.
13 내가 이렇게 무덤을 열고 내 백성이었던 너
희를 무덤에서 끌어올리면, 그제야 너희는
내가 야훼임을 알게 되리라.
14 내가 너희에게 나의 기운을 불어넣어 살려
내어 너희로 하여금 고국에 가서 살게 하리
라. 그제야 너희는 나 야훼가 한번 선언한
것을 그대로 이루고야 만다는 사실을 알 것
이다. 야훼가 하는 말이다.'"

남북이 하나가 된다

15 ◎야훼께서 나에게 말씀을 내리셨다.
16 "너 사람아, 나무 막대기 하나를 취하여 그
위에 '유다와 그와 한편이 된 이스라엘 백
성'이라고 써라. 또 다른 나무 막대기 하나
를 취하여 그 위에 '요셉, 에브라임의 막대
기와 그와 한편이 된 이스라엘의 온 족속'이
라고 써라.
17 그리고 이 둘을 붙여서 한 막대기로 만들어
라. 둘이 하나가 되게 잡고 있어라.
18 네 겨레가 너에게 막대기가 저희와 무슨 관
계가 있는지 알려달라고 묻거든
19 이렇게 일러주어라. '주 야훼가 말한다. 나
이제 에브라임 수중에 있는 요셉과 그와 한
편이 된 이스라엘 지파의 이름을 쓴 나무 막
대기를 유다의 이름을 쓴 나무 막대기에 붙
여 한 막대기로 만들리라. 둘이 하나가 되
게 내가 잡고 있으리라.'
20 네 손으로 이름을 쓴 그 나무 막대기들을 사
람들 보는 앞에서 들고,
21 사람들에게 일러주어라. '주 야훼가 말한
다. 여기저기 흩어져 있는 이스라엘 백성을
나 이제 뭇 민족들 가운데서 이끌어내리라.
사방에서 모아 고국으로 데려오리라.
22 그들을 나의 땅 이스라엘 산악 지대에서 한
민족으로 묶고 한 임금을 세워 다스리게 하
리니, 다시는 두 민족으로 갈리지 않을 것
이다. 다시는 반으로 갈라져 두 나라가 되
지 않을 것이다.
23 그리고 나를 거역하여 온갖 죄를 지으며 보
기에도 역겨운 우상들을 섬겨 몸을 더럽히
는 일이 다시는 없을 것이다. 배신하여 온
갖 탈선 행위에 빠졌던 그들을 건져 정하게
해주리니, 그들은 다시 나의 백성이 되고
나는 그들의 하느님이 되리라.
24 그들을 낱낱이 보살필 목자는 하나뿐, 그들
의 임금은 나의 종 다윗이 있을 뿐이다. 사
람들은 모두 내가 내린 법도를 따라 걷고 내
가 정해 준 규정을 따라 살 것이다.
25 내가 나의 종 야곱에게 준 땅, 조상들이 살
던 땅에서 그들이 살게 될 것이다. 자자손
손, 길이 그 땅에 사는데 나의 종 다윗이 길
이 그들의 수령이 될 것이다.
26 나는 그들과 평화의 계약을 맺을 것이다.
그들과 맺은 이 계약은 영원히 깨지지 아니
하리라. 나는 그들을 불어나게 하고 나의
성소를 영원히 그들 가운데 둘 것이다.
27 나는 나의 집을 그들 가운데 둘 것이다. 나
는 그들의 하느님이 되고 그들은 나의 백성
이 되리라.
28 내가 이스라엘 가운데 영원히 나의 성소를
두면 그제야 이스라엘을 세상에서 구별해
낸 것이 나 야훼임을 뭇 민족은 알게 되리
라.'"

마곡의 왕 곡

38 ◎야훼께서 나에게 말씀을 내리셨다.
2 "너 사람아, 너는 마곡 땅 쪽으로 얼
굴을 돌리고 메섹과 두발의 맹주인 곡에게
그를 쳐서 이르는 나의 말을 전하여라.

3 '주 야훼가 말한다. ㉠메섹과 두발의 맹주 곡
아, 내가 너에게로 가리라.
4 내가 너를 돌려 세우고 갈고리로 턱을 찍어
끌어내리라. 너와 너의 말과 기병, 완전 무
장한 군인, 크고 작은 방패와 칼을 잡은 대
군을 끌어내리라.
5 작은 방패를 들고 투구를 쓰고 함께 출동한
페르시아와 에티오피아와 리비아,
6 전군을 거느리고 함께 출동한 고멜, 북쪽 끝
에서 전군을 거느리고 출동한 도가르마족,
이 큰 대군을 끌어내리라.
7 너는 너에게 모여든 대군을 다 거느리고 만
반의 준비를 갖추고 나의 말이 떨어지기만
을 기다려라.
8 내 명령은 당장 떨어지지는 않는다. 오랜
세월이 걸려 전화가 복구되기를 기다려 쳐
들어가거라. 언제까지나 폐허로 남아 있을
것 같던 이스라엘 산악 지대에 뭇 민족 가운
데서 모여든 이스라엘이 저희끼리 안심하고
오손도손 살고 있는데,
9 폭풍우처럼 쳐 올라가거라. 너는 너의 전군
과 연합군을 이끌고 구름처럼 덮쳐 들어가
그 땅을 뒤덮어라.
10 주 야훼가 말한다. 그 날이 오면, 너는 엉
큼한 생각을 품게 되리라.
11 아무 방비가 되어 있지 않은 땅으로 쳐 올라
가야지, 성을 쌓고 문을 빗장으로 단속하지
도 않고 마음놓고 태평스럽게 사는 것들에
게로 쳐 올라가야지, 하는 엉큼한 생각을
하게 될 것이다.
12 한때 폐허였지만 이제 사람이 살게 된 땅,
뭇 민족 가운데서 다시 모여와서 세계의 중
심지에 자리잡고 목축도 하고 장사도 하며
사는 자들에게 손을 대어 닥치는 대로 노략
질하고 털어가고 싶어질 것이다.
13 세바와 드단 사람들과 다르싯의 상인들과 그
모든 지배자들은, 노략질이나 하려고 쳐들
어왔느냐? 전리품이나 거두려고 떼를 지어
몰려왔느냐? 금은이나 가져가려고 왔느
냐? 양떼와 그 밖에 모든 재물이나 빼앗으
려고 왔느냐? 닥치는 대로 약탈이나 하려
고 왔느냐? 하고 너에게 따질 것이다.'
14 그러니 너 사람아, 너는 곡에게 내 말을 전
하여라. '주 야훼가 말한다. 그 날, 너는 내
백성 이스라엘이 마음놓고 있는 곳으로 틀
림없이 쳐들어갈 것이다.
15 너는 북녘 끝, 네가 자리잡고 있던 고장을
떠나 연합군을 거느리고 쳐들어갈 것이다.
대군이 떼지어 모두 말을 타고 쳐들어갈 것
이다.
16 구름이 땅을 뒤덮듯이 너는 나의 백성 이스
라엘에게로 쳐들어갈 것이다. 한참 세월이
지난 후에 나는 너를 내 땅으로 쳐들어가게
할 것이다. 곡아, 내가 뭇 민족에게 나를 알
리기 위하여 너에게서 나의 거룩함을 드러
내 보이리라.
17 주 야훼가 말한다. 내가 일찍이 나의 종
이스라엘의 예언자들을 시켜 한 말이 너를
두고 한 말이다. 그 때 그들은 네가 이스라
엘을 쳐들어가리라고 예언해 두었다.
18 때가 되어 곡이 이스라엘 나라를 쳐들어가는
날, 나는 터지는 격분을 참지 못할 것이다.
주 야훼가 하는 말이다. 나는 화가 났다.
19 애처로운 생각이 끓어올라 불을 내뿜으며
선언한다. 그 날 이스라엘 땅에 반드시 큰
지진이 일어나리라.
20 바다의 고기, 공중의 새, 들짐승, 땅 위를
기어다니는 모든 길짐승, 땅 위에 사는 사
람, 모두모두 내 앞에서 떨 것이다. 산들은
무너지고 절벽은 내려앉고 성벽은 모두 허
물어져 내릴 것이다.
21 내가 온갖 재앙을 일으켜 그를 혼내주리니,
주 야훼가 하는 말이다, 그의 군대가 저희끼
리 칼로 찔러 죽이게 되리라.
22 또 내가 염병과 유혈로 그를 벌하리라. 또
그와 그의 부대와 동맹군 위에 폭우와 함께
돌 같은 우박을 쏟고 유황불을 퍼부으리라.
23 내가 이렇게 뭇 민족이 보는 데서 나의 위엄
을 떨치고 나의 거룩함을 드러내어 나를 알
리면 사람들은 그제야 내가 야훼임을 알게
될 것이다.'

39 너 사람아, 곡에게 그를 쳐서 이르는
나의 말을 전하여라. '주 야훼가 말한
다. 메섹과 두발의 맹주 곡아, 내가 너에게
가리라.
2 내가 너를 돌려 세우고 강제로 끌어내리라.
북쪽 끝에서 나와 이스라엘 산악 지대로 쳐
들어가게 해놓고는
3 네 왼손에 든 활을 꺾어 치우고 오른손에 든
화살들을 떨어뜨리리라.
4 너는 네 온 부대와 온 동맹군과 함께 이스라
엘 산악 지대에서 쓰러질 것이다. 나는 너를
사나운 새들, 온갖 날짐승과 들짐승의 밥이
되게 하리라.
5 나 야훼가 말하였다. 정녕, 너는 벌판에서
쓰러져 죽고 말 것이다. 주 야훼가 하는 말

㉠ 북쪽 흑해변에 있는 지방들의 이름이다.

이다.
6 나는 마곡에 불을 보내고, 안심하고 해안에
사는 사람들에게도 불을 보낼 것이다. 그제
야 사람들은 내가 야훼임을 알게 되리라.
7 나는 나의 백성 이스라엘 가운데서 나의 거
룩한 이름이 들날리게 하고, 두 번 다시 나
의 거룩한 이름에 욕이 돌아오게 버려두지
는 아니하리라. 그러면 뭇 민족은 나 야훼가
이스라엘에게 거룩한 자로 공경받는 것을
알게 되리라.
8 이제 모든 것이 이대로 이루어지리라. 주 야
훼가 하는 말이다. 내가 말한 그 날이란 이
런 날이다.
9 그 때 이스라엘 성읍들에 사는 사람들이
나와서 작고 큰 방패와 활과 화살과 몽둥이
와 창 등, 무기를 모아다가 칠 년이나 땔감
으로 쓸 수 있을 것이다.
10 이렇게 무기를 땔감으로 쓰다 보면 들에서
나무를 해올 필요도 없고 숲에서 나무를 베
어올 필요도 없을 것이다. 그뿐 아니라 저
희를 털어 빼앗아가던 자들을 도로 털어 빼
앗아올 것이다. 주 야훼가 하는 말이다.
11 나는 그 날 곡에게, 이스라엘 땅 대신에 아
바림 골짜기를 묘지로 주리라. 이 골짜기는
사해 동쪽에 있으며 아무도 지나가지 못하
게 앞이 막힌 곳이다. 거기에 곡과 그의 모
든 군대를 묻고 ㉠하몬곡 골짜기라 부를 것
이다.
12 이스라엘 족속은 저희가 사는 땅을 정하게
하려고 그 시체들을 칠 개월이나 걸려 내다
묻을 것이다.
13 전국민이 이 묻는 일을 할 것이다. 이렇게
해서 내가 영광을 받는 날이 이스라엘에게
는 명절이 될 것이다. 주 야훼가 하는 말이
다.
14 사람들을 뽑아서 각 지방을 돌아다니면서
땅 위에 남아 있는 시체를 묻어 국토를 정하
게 할 것이다. 만 칠 개월 간 그들은 시체를
찾아다닐 것이다.
15 시체를 찾는 사람이 전국을 돌아다니며, 사
람의 뼈를 하나라도 보면 그 옆에 돌로 표해
두었다가 장례 지내는 사람들이 그것을 하
몬곡 골짜기로 가져다 묻게 하리라.
16 이렇게 해서 ㉡하모나라는 성 이름도 생길
것이다. 이렇게 그들은 국토를 정하게 하리
라.'
17 너 사람아, 주 야훼가 말한다. 날개 치는
모든 새와 모든 들짐승에게 일러주어라.
'모여오너라. 내가 이스라엘의 산에 제물을
잡아 큰 잔치를 벌여놓았으니, 너희는 사
방에서 몰려와 제물인 고기를 먹고 피를 마
셔라.
18 용사들의 살을 먹고 세상 수령들의 피를 마
셔라. 이들의 살은 숫양이나 새끼 양이나
숫염소나 바산의 살진 송아지의 살코기 못
지않다.
19 내가 잡아서 차려놓은 이 제물의 기름을 배
부르게 먹고, 피를 취하도록 마셔라.
20 너희는 내가 차려놓은 잔칫상에서 말과 기
병과 용사와 그 밖의 모든 군인들의 살코기
를 배불리 먹어라. 주 야훼가 하는 말이다.'

구원의 약속

21 내가 나의 영광을 뭇 민족들 가운데 드러
내리라. 모든 민족들은 내가 심판을 내리고
팔을 휘둘러 그들을 치는 것을 보리라.
22 그 날로부터 이스라엘 족속은 나 야훼가 저
희의 하느님임을 알게 되리라.
23 또한 이스라엘 족속이 나를 배신하여 못된
짓을 하다가 포로로 붙잡혀가게 되었음을
뭇 민족들이 알게 되리라. 내가 그들을 외
면하고 원수들의 수중에 넘겨주어 모두 칼
에 맞아 죽게 한 것도 그 때문이었음을 알게
되리라.
24 나는 그들이 죄를 지어 부정을 탔기 때문에
그들을 외면하고 그들이 죄지은 그만큼 벌
한 것이다.
25 그래서 주 야훼가 말한다. 이제 나는 이스
라엘 온 족속을 가련히 여길 것이다. 사로잡
혀 간 야곱 족속을 도로 데려오리라. 열심으
로 나의 거룩한 이름을 들날리리라.
26 이렇게 이스라엘이 고향에 돌아와 아무런
위협도 받지 않고 마음놓고 살게 되어야 그
동안 받아오던 수치를 벗고 나를 배신하며
저지른 모든 죄를 벗게 될 것이다.
27 내가 이스라엘을 뭇 민족 가운데서 되돌아
오게 하고 적국에서 모아오면 나의 거룩함
이 그들에게서 나타나 많은 민족이 이를 보
게 될 것이다.
28 내가 이스라엘을 뭇 민족에게 사로잡혀 가
게 했다가 하나도 남기지 않고 모아들이면
그제야 뭇 민족은 나 야훼가 이스라엘의 하
느님임을 알게 되리라.
29 이스라엘 족속은 내가 불어넣어 준 기운을
받았다. 다시는 내가 그들을 외면하지 아니
하리라. 주 야훼가 하는 말이다."

㉠ 곡의 군대가 묻혔다는 뜻이다. ㉡ '군대'라는 히브리어에서 온 말이다.

앞으로 세워질 성전

40 ◎우리 수도가 함락된 지 십사 년, 우
리가 포로된 지 이십오 년에 접어들던
해 정월 십일이었다. 바로 그 날 야훼께서
손수 나를 잡으시어 수도로 데리고 가셨
다.
2 신비스러운 발현 속에서 하느님께서 나를
고국 이스라엘로 데리고 가시어 매우 높은
산에 내려놓으셨다. 그 산 위에는 남쪽으로
성읍 하나만한 건물이 서 있었다.
3 내가 그리로 이끌려 들어가는데, 놋쇠같이
빛나는 사람 하나가 손에 노끈과 막대기를
들고 대문에 서 있다가
4 나에게 말하였다. "너 사람아, 잘 보고 잘
들어서 내가 너에게 보여주는 것을 모두
명심하여라. 보여줄 것이 있어 너를 이리
로 데리고 온 것이니, 잘 보아두었다가 이
스라엘 족속들에게 그것을 모두 알려야 한
다."
5 ◎내가 보니 집 둘레로 사방에 바깥 담이 있
었다. 그는 한 자하고도 한 손 나비 더 되는
자로 여섯 자가 되는 측량대를 잡고 있었다.
그가 그 담을 재니 두께도 한 장대, 높이도
한 장대였다.
6 ◎그가 동문으로 들어가는 층대를 올라가서
대문 문지방을 재니 한 장대 나비였다.
7 거기에 딸린 골방들은 길이도 한 장대, 나
비도 한 장대였다. 골방과 골방 사이에는
다섯 자 되는 벽기둥이 있었다. 그 문간
안쪽에 있는 현관 문지방도 한 장대 나비
였다.㉠
9 그 문간 현관을 재니 길이가 여덟 자이고 벽
기둥은 두 자였다. 이 대문간 현관은 안쪽
에 있었다.
10 이 동문 문간에는 골방이 이쪽에도 셋, 저
쪽에도 셋이 있었다. 셋이 다 치수가 같았
다. 벽기둥도 두 쪽 다 치수가 같았다.
11 그가 문간을 재니 문은 열 자 나비고 복도는
열석 자 나비였다.
12 양쪽 골방 앞에 친 창살은 한 자씩 나왔는데
이쪽 골방도 여섯 자, 저쪽 골방도 여섯 자
나비였다.
13 그 문간을 다 재고 나니, 골방 이쪽 뒷벽에
서 저쪽 뒷벽까지, 창문에서 창문까지 이십
오 척 나비였다.
14 그가 현관을 재니 이십 척 나비였고 마당으
로 쑥 나가 있었다.
15 그 문 바깥쪽에서 문간 안쪽까지는 오십 척
이었다.
16 창살로 된 창들이 골방에 문간 안쪽으로 돌
아가며 나 있었다. 현관에도 같은 모양으로
창이 안쪽으로 돌아가며 나 있었고 벽기둥
에는 종려나무가 새겨져 있었다.
17 ◎그에게 이끌려 마당에 들어가 보니, 마당
에는 사방 돌아가며 행랑이 있고 길에는 돌
을 깔아놓았는데 돌을 깐 길에는 행랑방이
삼십 개 붙어 있었다.
18 문간 양쪽으로 문간이 나간 만큼 돌로 길을
깔았는데, 그것이 낮은 길이었다.
19 그가 아래 문간 안쪽에서 안마당 바깥쪽까
지 재어보니, 백 척이 되었다. 거기에서 우
리는 또 북쪽으로 갔다.
20 ◎그가 나를 마당에 붙은 북문으로 데리고
가서 그 문의 길이와 나비를 재니,
21 골방이 이쪽에도 셋, 저쪽에도 셋이 있는
데, 그 벽기둥이나 현관이 앞에 말한 문과
치수가 같아서 길이가 오십 척, 나비가 이
십오 척이었다.
22 그 창과 현관, 거기에 새긴 종려나무 모양
도 동문에 있는 것과 치수가 같았다. 일곱
계단을 밟아 문간으로 올라가는데 현관은
안쪽에 있었다.
23 북문도 동문처럼 안마당에 붙은 중문을 마
주보고 있었다. 그 문에서 중문까지 재어보
니 백 척이 되었다.
24 ◎그에게 이끌려 남쪽으로 가보니 거기에도
남쪽을 향해 문이 나 있었다. 그가 골방들
과 벽기둥과 현관을 재어보니 다른 두 문간
들과 치수가 같았다.
25 그 문간과 거기에 딸린 현관에는 돌아가며
창들이 다른 창들처럼 나 있었다. 그 문간
길이는 오십 척이요, 나비는 이십오 척이
었다.
26 일곱 계단을 밟아 올라가는데 현관은 안쪽
에 있었다. 현관 벽기둥에는 이쪽 저쪽에
종려나무가 한 그루씩 새겨져 있었다.
27 남쪽에도 안마당에 붙은 중문이 있었다. 그
가 그 문에서 중문까지 재어보니 백 척이 되
었다.
28 ◎그는 남중문으로 해서 나를 안마당으로
데리고 들어갔다. 남쪽 중문을 그가 재니
다른 문들과 치수가 같았다.
29 거기에 딸린 골방들과 벽기둥과 현관도 다
른 것들과 치수가 같았다. 중문과 그 현관
에는 사방 돌아가며 창이 나 있었다.
30 그 문간 길이는 오십 척, 나비는 이십오 척

㉠ 히브리어 본문에는 8절, "그 문간 안쪽을 재니 한 장대였다."가 반복되어 있다.

이었다.
31거기에 붙은 현관은 마당 쪽으로 나 있고 두
벽기둥에는 종려나무 모양이 새겨져 있었
으며, 여덟 계단을 밟아 그리로 올라가게
되어 있었다.
32◎그는 또 나를 동쪽 안마당으로 데리고 들
어갔다. 거기에 있는 중문을 그가 재니 그
문도 다른 문들과 치수가 같았다.
33거기에 딸린 골방들과 벽기둥과 현관도 다
른 것들과 치수가 같았다. 중문과 현관에는
사방 돌아가며 창이 나 있었다. 그 문간 길
이는 오십 척, 나비는 이십오 척이었다.
34현관은 마당 쪽으로 나 있었고, 두 벽기둥
에는 이쪽에도 저쪽에도 종려나무 모양이
새겨져 있었으며 여덟 계단을 밟아 그리로
올라가게 되어 있었다.
35◎그는 나를 거기에서 북중문으로 데리고
갔다. 그가 그 문을 재니 다른 문들과 치수
가 같았다.
36거기에 딸린 골방들과 벽기둥과 현관도 다
른 것들과 치수가 같았다. 중문과 거기에
딸린 현관에는 사방 돌아가며 창이 나 있었
다. 그 문간 길이는 오십 척, 나비는 이십오
척이었다.
37현관은 마당 쪽으로 나 있었고 두 벽기둥에
는 이쪽에도 저쪽에도 종려나무 모양이 새
겨져 있었으며 여덟 계단을 밟아 그리로 올
라가게 되어 있었다.
38◎그 중문 현관 사이에 드나드는 문이 있는
방 하나가 붙어 있었는데 거기에서 번제물
을 씻게 되어 있었다.
39그 중문 현관에는 번제물과 속죄제물과 면
죄제물을 잡을 상이 이쪽에 둘, 저쪽에 둘
있었다.
40그 북중문 입구 가까이 현관 바깥으로 한쪽
귀퉁이에 상이 둘 있었고, 중문 현관 다른
귀퉁이에도 상이 둘 있었다.
41이렇게 중문 두 귀퉁이에는 상이 이쪽에 넷,
저쪽에 넷, 합하여 제물을 잡는 상이 여덟
개 있었다.
42또 돌을 다듬어 만든 길이 한 자 반, 나비 한
자 반, 높이 한 자 되는 상이 네 개 있었는데
그 위에는 번제물과 그 밖에 제물을 잡는 데
쓰는 연장이 놓여 있었다.
43그리고 안쪽을 향하여 사방 돌아가며 한 손
나비 되는 턱이 붙어 있었다. 살코기는 상
위에 놓게 되어 있었다.
44그는 나를 데리고 안마당으로 들어갔다. 그
안마당에는 방이 둘 있었는데 하나는 북중
문 한 귀퉁이에 남쪽을 향하여 있고, 또 하
나는 남중문 한 귀퉁이에 북쪽을 향하여 있
었다.
45그는 나에게 이렇게 일러주었다. "남쪽을
향해 있는 이 방은 성전 본관에서 봉직하는
당직 사제들이 쓰는 방이요,
46북쪽을 향해 있는 이 방은 제사를 집행하는
당직 사제들이 쓰는 방이다. 이 사제들은 레
위 후손들 가운데서 야훼를 가까이 모시며
섬기는 사독의 자손들이다."
47◎그가 안마당을 재니, 길이도 백 척, 나비
도 백 척으로 네모져 있었다. 그리고 제단
은 성전 본관 앞에 있었다.
48그가 나를 성전 현관으로 데리고 들어가며
현관의 벽기둥을 재니, 이쪽 벽기둥도 다섯
자, 저쪽 벽기둥도 다섯 자였다. 정문은 나
비가 십사 척인데 정문 양편에 있는 벽기둥
은 두께가 양쪽 다 석 자였다.
49현관은 가로 이십 척, 세로 십이 척이었다.
열 계단을 밟아 그리로 올라가게 되어 있었
다. 사이벽 곁에는 기둥이 이쪽에 하나, 저
쪽에 하나 있었다.

41

◎그가 나를 성소로 데리고 들어가서
사이벽들을 재니, 이쪽 것도 두께가
여섯 자, 저쪽 것도 두께가 여섯 자였다.
2문의 나비는 열 자, 문 양편에 있는 사이벽
의 나비는 이쪽도 다섯 자, 저쪽도 다섯 자
였다. 성소를 재니 세로는 사십 척이요, 가
로는 이십 척이었다.
3그가 그 안으로 들어가 문에 붙은 사이벽을
재니, 두 자 두께였고 문은 여섯 자 나비였
으며 문 양쪽 옆은 이쪽이 일곱 자, 저쪽이
일곱 자 나비였다.
4그 안을 재니 길이가 이십 척이었고 성소와
맞닿은 쪽 나비도 이십 척이었다. 그는 나
에게 그것이 지성소라고 일러주었다.
5◎그가 성전 본관 벽을 재니 여섯 자 두께였
다. 성전을 싸고 빙 돌아가며 곁방들이 있
었는데, 모두 넉 자 나비였다.
6그 곁방들은 위로 삼층까지 올라갔는데 층
마다 방이 삼십 개 있었다. 이 곁방들을 앉
힐 턱이 성전 본관 벽에 빙 돌아가며 따로
붙어 있어서 성전 본관 벽을 먹어 들어가지
않도록 되어 있었다.
7이 곁방들은 윗층으로 올라갈수록 더 넓었
다. 성전 본관에 빙 돌아가며 덧붙여 댄 턱
이 층마다 올라갈수록 좁아져서 그만큼 곁
방은 올라가며 넓어졌다. 이렇게 아래층에
서 이층으로, 거기에서 삼층으로 올라가며

넓어졌다.㉠
8◎내가 보니 성전의 본관이 서 있는 주위는
높았다. 그 옆에 돌아가며 붙어 있는 곁방
들의 기초는 그 높이가 여섯 자짜리 장대로
한 장대가 잘되었는데
9두께가 다섯 자 되는 곁방 바깥 벽 옆으로
더 나가며 공터가 있었다.
11곁방에서 더 나간 기초는 빙 돌아가며 나
비가 다섯 자였는데 곁방에서 그리로 나오
는 출입구는 북쪽에 하나, 남쪽에 하나 있
었다.
10이 성전 본관을 사방 돌아가며 거실들이 있
었는데 그 거실들과 곁방 사이는 이십 척이
었다.
12◎서쪽 마당 건너편에 사방으로 건물이 있
는데 그 나비는 칠십 척이었다. 그 건물의
벽은 다섯 자 두께였는데 건물 길이는 구십
척이었다.
13그가 성전 본관을 재니 길이가 백 척이었다.
마당과 서쪽 건물과 그 양쪽 벽까지 합해서
또 백 척이었다.
14또 성전 본관 동쪽 정면 나비가 옆마당까지
합해서 백 척이었다.
15그가 마당 건너편에 있는 건물의 길이를 재
니 양쪽 행랑에 닿은 곳까지 백 척이었다.
성소와 지성소와 현관은
16문지방과 살창과 방 세 개의 안벽과 입구 정
면이 땅바닥에서 창문까지 다 돌아가며 널
빤지로 입혀 있었고 창은 살창으로 되어 있
었다.
17문에서 성전 본관 내실, 또 바깥 방은 돌아
18가며 벽 안팎에 거룹과 종려나무가 새겨져
있었는데 종려나무가 거룹과 거룹 사이에
있도록 되어 있었다. 각 거룹은 얼굴이 둘
인데,
19사람의 얼굴은 이쪽 종려나무를 바라보고
사자의 얼굴은 저쪽 종려나무를 바라보고
있었다. 이렇게 돌아가며 성전 본관 벽 전
면에 새겨져 있었다.
20땅바닥에서 문 높이까지 성소의 벽에 거룹
과 종려나무가 새겨져 있었다.
21성소의 문설주는 네모져 있었다. 지성소 앞
에는 나무로 만든 것이 있었는데
22그 높이는 석 자였고 길이는 두 자였다. 그
모퉁이와 받침대와 옆이 모두 나무로 되어
있었다. 그것이 야훼께 바쳐 올리는 제물
을 놓는 제사 상이라고 그가 나에게 일러
주었다.
23◎성소와 지성소에는 각각 겹문이 달려 있
었다.
24이 문짝에도 돌쩌귀가 둘, 저 문짝에도 돌
쩌귀가 둘, 이렇게 문짝마다 돌쩌귀가 두
개씩 달려 있었다.
25성소문에도 벽에 새긴 것 같은 거룹과 종려
나무 모양이 새겨져 있었다. 현관 앞 밖에
는 나무 차양이 달려 있었다.
26현관 양옆과 성전 본관 곁방과 차양에도 이
쪽 저쪽에 살창이 있었고 종려나무 모양이
새겨져 있었다.

42 ◎그는 나를 북쪽 마당으로 데리고 나
가서 거기에 있는 건물 앞마당 맞은편,
북쪽으로 있는 거실들로 데리고 들어갔다.
2북쪽에서 보면 가로 백 척에, 세로는 오십
척이었다.
3안마당에 붙어 있는 중문 앞과 바깥마당에
붙어 있는 돌을 깐 길 앞에는 한 행랑이 삼
층 행랑과 마주 서 있었다.
4그 거실들 앞에는 안쪽으로 열 자 나비 되는
복도가 있는데 길이는 백 척이었다. 그 문
들은 북쪽으로 나 있었다.
5위층 거실들은 아래층과 가운데층보다 좁
았고, 복도가 그 남은 자리를 차지하고 있
었다.
6삼 층으로 되어 있는데다가 거기에는 마당
에 있는 기둥과 같은 기둥이 없었기 때문이
었다. 그래서 땅에 붙은 아래층과 가운데층
보다 좁았다.
7이 거실들 앞에는 바깥마당 쪽으로 이 거실
들과 나란히 길이 오십 척 되는 바깥 담이
있었다.
8바깥마당 쪽 거실들의 길이는 오십 척이고,
성소 앞편 거실들은 백 척이었다.
9이 거실들 아래층에는 동쪽에서 들어오는
문이 있었는데 바깥마당에서 그리로 들어
오게 되어 있었다.
10◎또 건물 앞 공터 남쪽으로 안마당 담의 나
비와 나란히 거실들이 마련되어 있었다.
11그 거실들 앞에는 북쪽에 있는 거실들과 같
은 식으로 복도가 있었다. 그 길이도 나비
도, 나가는 곳도 구조도, 들어가는 곳도 같
은 식이었다.
12남쪽에 있는 거실들 아래, 안마당 담이 시
작하는 곳에 출입구가 있었다. 동쪽에서 들
어오면, 공터와 건물 앞에 이 출입구가 있
었다.
13그가 나에게 말하였다. "공터 앞 북쪽 거실

㉠ 7절 히브리어 본문의 뜻이 분명치 않다.

들과 남쪽 거실들은 거룩한 거실들이다. 이
곳은 야훼를 가까이 모시는 사제들이 지극
히 거룩한 제물을 먹는 곳이다. 그 곳이 거
룩한 곳이기 때문에 거기에다가 지극히 거
룩한 제물과 곡식예물과 속죄제물과 면죄
제물을 놓아두는 것이다.
14 사제들이 들어갔다가 성소에서 바깥마당으
로 나오려면, 제복을 거기에 벗어놓고 나와
야 한다. 그것은 거룩한 옷이기 때문에, 다
른 옷으로 갈아 입어야 백성을 가까이할 수
있는 것이다."
15 ◎성전 안쪽을 모두 잰 다음, 그는 나를 동
문 쪽으로 데리고 나와 돌아가며 사방을 재
었다.
16 우선 동쪽을 측량 장대로 재니 오백 척이었
다.
17 북쪽을 측량 장대로 재니 그쪽도 오백 척이
었다.
18 남쪽을 측량 장대로 재니 그쪽도 오백 척이
었다.
19 서쪽을 측량 장대로 재니 그쪽도 오백 척이
었다.
20 사방의 담을 돌아가며 재니 길이가 각각 오
백 자였다. 이렇게 성소와 속세가 구별되어
있었다.

야훼의 영광이 나타나다

43 ◎그가 나를 동문 쪽으로 데리고 가는
데,
2 마침 동쪽에서 이스라엘의 하느님의 영광이
나타나는 것이었다. 그 소리는 큰 물이 밀
려오는 소리 같았고 땅은 그 영광으로 빛
났다.
3 내가 본 그의 모습은 전에 수도가 망할 때
와서 본 모습과 같았고 그발 강 가에서 본
모습과도 같았다. 내가 얼굴을 땅에 대고
엎드려 있는데,
4 야훼께서 영광에 싸여 동문 쪽에서 성전으
로 들어가셨다.
5 내가 야훼의 기운에 들려 안마당으로 들어
가 보니 성전 본관에는 야훼의 영광이 가득
차 있는 것이었다.
6 내가 그 측량사 곁에 서 있는데, 성전 본관
에서 나에게 이르시는 음성이 들렸다.
7 "너 사람아!" 하고 그분이 말씀하셨다.
"여기는 나의 옥좌가 있는 자리다. 내 발판
이 놓인 자리다. 나는 여기 이스라엘 백성
가운데 영원히 머물 것이다. 다시는 이스라
엘 왕을 비롯하여 온 족속이 음란을 피우거
나, 죽은 왕의 기념비를 세워서 나의 거룩
한 이름을 더럽히는 일이 없을 것이다.
8 다시는 벽 하나를 사이에 두어 왕들의 문턱
과 내 문턱을 가지런히 하고 문설주를 나의
문설주 곁에 세우는 일이 없게 할 것이다.
내가 화가 나서 이스라엘을 삼킨 것은 그들
이 그렇게 역겨운 짓을 행하여 나의 거룩한
이름을 더럽혔기 때문이다.
9 그러나 이제 그들은 음란을 멀리하고 왕들
의 기념비를 내 앞에서 치워버리리라. 그렇
게 되면 나는 그들 가운데 영원히 머물 것
이다.
10 너 사람아, 너는 이스라엘 족속에게 이 성
전을 설명해 주어라. 이스라엘이 제 스스로
얼마나 부끄러운 죄를 지었는지 알게 되거
든, 성전의 모양을 도면으로 그려 설명해
주어라.
11 이스라엘이 제 스스로 저지른 모든 잘못을
부끄러워하게 되거든, 드나드는 출입구를
포함하여 성전의 건축 양식을 그려주어라.
격식과 원칙에 맞는 설계도를 그려 보여주
면서 모두 설명해 주어라. 그래서 하나하나
그 설계를 따라 격식에 맞게 건축하도록 하
여라.
12 성전은 이렇게 짓는 법이다. 산꼭대기를 돌
아가며 울타리를 친 경내가 모두 거룩하고
거룩한 곳이다. 참으로 성전은 이렇게 짓는
법이다."

제단을 바치다

13 ◎여느 자보다 한 손 나비 더 긴 자로 재어
제단의 치수는 다음과 같았다. 그 기초는
한 자 높이에 한 자 나비인데 가장자리로 빙
돌아가며 반 자 되는 턱이 있었다. 이렇게
해서 제단에는 홈통이 생겨 있었다.
14 바닥에 놓인 기초 위에는 한 자 나비에 두
자 높이 되는 받침이 있었고, 이 작은 받침
위에는 한 자 나비에 다섯 자 높이 되는 큰
받침이 놓여 있었다.
15 제물을 사르는 화덕은 넉 자 높이인데, 그
화덕에는 뿔이 네 개 솟아 있었다.
16 그 화덕은 가로 세로가 각각 열두 자로서 네
모 반듯하였다.
17 받침도 가로, 세로가 각각 열네 자로서 네
모 반듯하였다. 제단 주위에는 나비가 반
자 되는 턱이 둘러 있었고 밑받침은 나비
가 사방 한 자 되었다. 층계는 동쪽에 나 있
었다.
18 ◎그분이 또 나에게 이르셨다. "너 사람아,

주 야훼가 말한다. 제단을 세운 다음 그 위
에 번제물을 올려놓고 피를 뿌리는 규정은
다음과 같다.
19 사독 가문의 후손인 레위인 사제들만이 내
앞으로 나와 나를 섬길 수 있는데, 너는 그
들에게 속죄제물로 중송아지를 하나 내주
어야 한다. 주 야훼가 하는 말이다.
20 너는 그 피를 가져다가 제단의 네 뿔과 받침
의 네 귀퉁이와 언저리 턱에 발라 제단에서
부정을 벗겨 정하게 하여라.
21 그리고 그 속죄제물인 송아지를 가져다가
성소 밖, 성전 구내 지정된 곳에서 태워라.
22 이튿날에는 흠 없는 숫염소 한 마리를 속죄
제물로 바쳐, 송아지로 제단을 정하게 했듯
이 그 제단을 다시 정하게 하여라.
23 정결예식을 마친 다음, 흠 없는 중송아지
한 마리와 양떼 가운데서 숫양 한 마리를 골
라 바쳐라.
24 네가 야훼 앞에 그것들을 바치면 사제들은
그 위에 소금을 뿌려 야훼께 번제로 바쳐야
한다.
25 너는 칠 일간 날마다 숫염소 한 마리씩을 속
죄제물로 바쳐라. 그리고 중송아지 한 마리
와 양떼 가운데서 숫양 한 마리를 흠 없는
것으로 골라 바쳐라.
26 이렇게 칠 일간 제단의 부정을 벗겨 정하게
하는 봉헌식을 올리게 하여라.
27 그 기간이 끝나고 팔 일째 되는 날부터 사제
들은 그 제단 위에 너희의 번제물과 친교제
물을 바칠 수 있다. 그러면 내가 너희를 반
겨주리라. 주 야훼가 하는 말이다."

성전에 출입하는 규칙

44 ◎그에게 이끌려 성소 밖으로 나가는
동문 쪽으로 다시 가보니, 그 문은 잠
겨 있었다.
2 야훼께서 나에게 이르셨다. "이 문은 잠가
두어야 한다. 이 문은 열 수 없다. 이 문으
로 이스라엘의 하느님 나 야훼가 들어왔기
때문에, 아무도 이 문으로 들어오지 못한
다. 그러므로 잠가두어야 한다.
3 그러나 백성의 대표자는 여기 야훼 앞에 앉
아서 음식을 먹을 수 있다. 그는 대문 현관
쪽으로 들어왔다가 그리로 나가야 한다."
4 ◎다시 그에게 이끌리어 북문을 지나 성전
앞에 들어가 보니, 야훼의 영광이 야훼의 성
전에 가득 차 있었다. 내가 얼굴을 땅에 대
고 엎드리자,
5 야훼께서 나에게 말씀하셨다.
"너 사람아, 정신차려 주목하고 귀담아들
어라. 야훼의 성전에서 지킬 모든 규정과 모
든 법을 일러줄 터이니 잘 들어라. 너는 성
소에 출입하는 규칙을 명심하여라.
6 반항하는 일밖에 모르는 이스라엘 족속에
게 일러주어라. '주 야훼가 말한다. 이스라
엘 족속아, 너희는 이제까지 크나큰 죄를 지
었다.
7 마음에 수술을 받고 몸에 할례를 받은 사람
이라야 내 성소에 들여보낼 수 있는데, 너
희는 그렇지 못한 이국 사람들을 들여보내
어 머물게 해서 나의 집을 더럽혔다. 너희
는 나에게 빵과 기름과 피를 바치면서 그렇
게 온갖 역겨운 짓을 해서 나와 맺은 계약을
깨뜨렸다.
8 내가 있는 이 거룩한 곳에서 너희가 몸소 섬
기지 아니하고 이국 사람들을 시켜서 이 성
소에서 섬기게 하였다.
9 주 야훼가 말한다. 마음에 수술을 받지 않고
몸에 할례를 받지 않은 이국 사람들은 이 성
소에 들어오지 못한다. 이스라엘 백성과 어
울려 사는 이국 사람이라고 해도 들어오지
못한다.

레위인들

10 레위인들은 이스라엘이 나를 떠나 우상들
을 따라다니며 헤맬 때, 함께 어울려 다니
며 나를 멀리하였으니 그 잘못한 죄로 벌을
받아
11 이 성소에서는 성전 문지기나 되고, 나의
집에서는 일꾼 노릇이나 할 것이다. 그래서
그들은 번제물과 백성이 바치는 친교제물
을 잡는 일이나 할 것이다. 백성 앞에 나서
서 거들어주는 일이나 하게 될 것이다.
12 그들이 백성들의 앞장을 서서 그들을 거들
어주면서 우상을 섬기게 했기 때문이다. 이
렇게 이스라엘 족속을 죄짓게 하는 올가미
가 되었기 때문에 내가 그들을 칠 것이다.
그들은 그 저지른 죄의 대가를 받아야 한다.
주 야훼가 하는 말이다.
13 그들은 나의 사제가 되어 내 앞에 가까이 나
오지 못한다. 지극히 거룩한 것뿐 아니라,
어떤 거룩한 것에도 손을 대지 못한다. 여
태껏 해 오던 역겨운 짓을 부끄러워할 줄이
나 알라고 하여라. 그래야
14 이 집에서 거드는 일이라도 맡겨 이 집안의
온갖 일을 거들게 할 것이다.

사제들

15 이스라엘 족속이 나를 떠났지만 레위인 사
제들 가운데서도 사독의 후손만은 이 성소
를 떠나지 않고 지켰으니, 내 앞에 가까이
나와 나를 섬기도록 하여라. 내 앞에 나와
기름과 피를 바치는 일을 하여라. 주 야훼가
하는 말이다.
16그들만이 이 성소에 들어와 제사 상에 가까
이 와서 나를 섬기는 일을 할 것이다.
17그들은 중문을 지나 안마당으로 들어올 때
에 모시옷을 입어야 한다. 안마당 중문 안
에서나 성전 본관에서 봉직 할 때에 털로 짠
옷을 몸에 걸쳐서는 안 된다.
18모시로 만든 관을 머리에 쓰고, 땀이 나지
않게 모시를 허리에 두르고 띠를 띠지 말아
야 한다.
19마당에 있는 백성에게 나갈 때에는 내 앞에
서 섬길 때 입던 옷을 벗어 성소 거실에 놓
아두고, 다른 옷으로 갈아입어야 한다. 그
래야 백성들이 그들의 옷에서 나오는 신성
불가침한 기운에 닿지 아니할 것이다.
20그들은 머리를 밀어도 안 되고 머리를 자라
게 내버려두어도 안 되며 머리를 잘 손질해
야 한다.
21사제는 누구를 막론하고 술을 마시고 안마
당에 들어가지 못한다.
22사제들은 과부나 이혼한 여인과 결혼하지
못한다. 이스라엘 처녀와 결혼해야 한다. 혹
시 그 과부가 사제의 미망인인 경우에는 결
혼할 수가 있다.
23사제들은 거룩한 것과 속된 것을 구별하는
법을 백성에게 가르쳐야 한다. 또 부정한
것과 정한 것을 분간하는 법도 가르쳐주어
야 한다.
24소송사건이 나면 재판도 해주어야 하는데,
내가 세워준 법대로 재판해야 한다. 그리고
나를 섬기러 모일 때마다 내가 세워준 법과
규정을 지켜야 한다. 또 안식일을 거룩히
지켜 나를 섬겨야 한다.
25사제는 사람이 죽은 곳에 가서 부정을 타서
는 안 된다. 그러나 제 부모나 자녀나 형제,
출가하지 않은 누이가 죽었을 때에는 부정
을 타더라도 하는 수 없다.
26그 때에는 정결예식을 올리고 이레를 기다
려야 한다.
27그런 다음 성소에 들어가서 성소 안마당에
서 봉직하는 날, 속죄제물을 바쳐야 한다.
주 야훼가 하는 말이다.
28사제들에게는 유산이 따로 없고 내가 그들
의 유산이다. 그들에게는 다른 이스라엘 사
람들과는 달리, 돌아갈 소유지가 없다. 내
가 그들의 몫이다.
29그들은 곡식예물과 속죄제물과 면죄제물을
먹고 살 것이다. 이스라엘에서 여느 사람은
손대지 못하는 이런 것이 다 사제들의 몫이
된다.
30맏물 가운데서도 가장 좋은 것, 예물 가운
데서도 가장 좋은 예물은 모두 사제들의 몫
이다. 밀가루 음식 가운데서도 가장 좋은
것은 사제들에게 주어라. 그리하면 너희 각
가문이 복을 받으리라.
31사제들은 자연사하거나 찢긴 새와 짐승의
고기는 먹지 못한다.

하느님의 차지

45 너희는 제비뽑아 땅을 나누어가질 때에
우선 나에게 바칠 거룩한 직할 지역을
길이 이만 오천 척에 폭 이만 척 되게 떼어
놓아야 한다. 사방 그 경계 안은 거룩하다.
2그 가운데에다 오백 척 평방, 네모 반듯하
게 성소가 앉을 자리를 마련하여라. 그 주
위에 폭이 오십 척 되는 공지를 두어라.
3이렇게 측량한 곳에서 길이 이만 오천 척,
나비 만 척 되는 지역을 떼어내는데, 그 한
가운데 지극히 거룩한 성소를 두어야 한다.
4전 국토에서도 이 거룩한 부분은 성소에 들
어와서 내 앞에 나와 섬기는 일을 맡은 사제
들의 몫이다. 이 곳이 그들의 집을 짓고 양
떼를 놓아 먹일 곳이다.
5길이 이만 오천 척에 나비 만 척 되는 나머
지 땅은 성전에서 봉직하는 레위인들의 몫
이다. 이것이 그들의 소유지로서 그들은 거
기에 성읍들을 세우고 살 것이다.
6또 성소가 가운데 있는 지역에 잇대어 길이
이만 오천 척에 나비 오천 척 되는 거룩한
직할 지역을 떼어 도읍지에 붙여주어라. 이
것은 온 이스라엘의 공동 소유이다.

백성의 대표의 차지

7 백성의 대표에게 돌아갈 몫은 성소가 가
운데 있는 거룩한 직할 지역과 도읍지에 붙
은 거룩한 직할 지역 양쪽에 있는데, 성소
가 가운데 있는 지역과 도읍지에 붙은 땅을
사이에 두고 서쪽으로나 동쪽으로나 양쪽
경계선 끝에까지 그 길이가 같아야 한다.
8이것이 대표의 땅이다. 이스라엘에서 그가
소유할 땅이다. 내가 세운 백성의 대표는
대대로 다시는 나의 백성을 못살게 굴지 아
니하고 이스라엘 각 지파에게 땅을 주어 살

게 할 것이다.
9 주 야훼가 말한다. 이스라엘의 대표들아,
이제까지 너희는 실컷 해먹었다. 더 이상
억울하게 하거나 빼앗으면 안 된다. 바르게
살고 옳게 살아라. 그리고 내 백성을 착취
하는 일을 그만두어라. 주 야훼가 하는 말
이다.
10 맞는 저울을 쓰고 에바도 맞는 것을 쓰고 밧
도 맞는 것을 써라.
11 에바와 밧은 용량이 같다. 밧도 한 호멜의 십
분의 일이요, 에바도 한 호멜의 십분의 일이
다. 호멜은 부피를 재는 표준이다.
12 이십 게라가 한 세겔인데 이십 세겔짜리와
이십오 세겔짜리와 십오 세겔짜리를 합하면
일 미나가 된다.

제사 규정

13 너희가 바칠 예물은 다음과 같다. 밀은
한 호멜에서 육분의 일 에바를 바치고 보리
도 한 호멜에서 육분의 일 에바를 바쳐야
한다.
14 기름을 바치는 규정은, 기름 한 골에서 십분
의 일 밧을 바쳐야 한다. 열 밧은 한 골 즉
한 호멜이다.
15 이스라엘 사람들이 먹이는 가축떼 가운데서
이백 마리에 한 마리씩 예물로 바쳐야 하는
데 번제물과 친교제물로 바쳐서 죄를 벗어
야 한다. 주 야훼가 하는 말이다.
16 이스라엘 전국민이 대표에게 이 예물을 가
져다 주어야 한다.
17 그 대표는 순례절과 초하루와 안식일 등 이
스라엘 족속의 성회 때마다 이 번제물과 곡
식예물과 제주를 받아서 바칠 책임이 있다.
그 속죄제물과 곡식예물과 번제물과 친교
제물을 바쳐서 이스라엘 족속의 죄를 벗겨
주어야 한다.
18 주 야훼가 말한다. 너는 정월 초하루에 중
송아지 한 마리를 흠 없는 것으로 골라 성소
를 정하게 하는 제물로 바쳐라.
19 사제는 그 속죄제물의 피를 얼마쯤 가져다
가 성전 문설주와 제단 받침 네 귀퉁이와 안
마당 중문의 문설주에 발라라.
20 그 달 칠일에도 이와 같이 하여라. 누군가
경솔하게 실수해서 성전을 더럽혔을 터이
니, 이렇게 해서 성전을 정하게 해야 한다.
21 정월 십사일에는 과월절을 지켜야 한다. 칠
일간 누룩 없는 빵을 먹어야 한다.
22 그 날 백성의 대표자는 자신과 전국민을 위
하여 송아지 한 마리를 속죄제물로 바쳐야
한다.
23 이 축제를 지내는 한 주간, 칠 일간 날마다
흠 없는 송아지 일곱 마리와 숫양 일곱 마리
를 야훼에게 번제로 바치고, 또 날마다 숫염
소 한 마리를 속죄제물로 바쳐야 한다.
24 또 송아지 한 마리에 곁들여 곡식예물 한 에
바, 숫양 한 마리에도 한 에바를 곁들여 바
쳐야 하고, 또 곡식예물 한 에바마다 기름
한 힌씩 곁들여 바쳐야 한다.
25 칠월 십오일에 시작되는 순례절에도 칠 일
간 이런 식으로 속죄제물과 번제물에 곡식
예물과 기름을 곁들여 바쳐야 한다.

안식일과 초하루

46 주 야훼가 말한다. 안마당 동쪽 중문은
일하는 엿새 동안 잠가두었다가 안식
일마다 열어야 하고, 초승달이 뜨는 날에도
열어야 한다.
2 그 날 백성의 대표는 바깥에서 중문 현관으
로 들어오다가 그 문설주 옆에서 멈추어야
한다. 사제들이 그 백성의 대표에게서 번제
물과 친교제물을 받아 바치는 동안 대표는
중문 문턱에 엎드려 있어야 한다. 그 중문
은 그가 나간 다음에도 저녁때까지 잠그지
마라.
3 일반 백성도 안식일과 초승달이 뜨는 날에
는 중문 입구에서 나를 예배하여야 한다.
4 대표가 안식일에 나에게 바칠 번제물은 흠
없는 어린 숫양 여섯 마리와 흠 없는 숫양
한 마리다.
5 숫양 한 마리에는 곡식예물 한 에바를 곁들
여 바치고 어린 숫양에는 힘 닿는 대로 곁들
여 바칠 것이다. 곡식예물 한 에바마다 기름
한 힌씩 곁들여 바쳐야 한다.
6 초승달이 뜨는 날에는 흠 없는 중송아지 한
마리와 흠 없는 어린 숫양 여섯 마리와 숫양
한 마리를 바쳐야 한다.
7 곡식예물은 송아지 한 마리에 한 에바씩, 숫
양 한 마리에도 한 에바씩 곁들여 바쳐야 하
고 어린 숫양에는 힘 닿는 대로 곁들여 바칠
것이다. 또 곡식예물 한 에바에 기름 한 힌
씩 곁들여 바쳐야 한다.

백성의 대표

8 백성의 대표는 중문 현관으로 들어왔다
가 도로 그리로 나가야 한다.
9 그러나 일반 백성의 경우, 축제 때 내 앞에
예배하러 북문으로 들어온 사람은 남문으
로 나가고, 남문으로 들어온 사람은 북문으

로 나가야 한다. 자기가 들어온 문으로 되
돌아가지 말고 반대쪽으로 나가야 한다.
10 백성의 대표도 그들 가운데 섞여 함께 들어
왔다가 함께 나가야 한다.
11 순례절과 그 밖의 다른 축제 때에도 곡식예
물은 송아지 한 마리에 한 에바, 숫양 한 마
리에 한 에바씩 곁들여 바쳐야 한다. 어린
숫양에는 힘 닿는 대로 바칠 것이다. 곡식
예물 한 에바에는 기름 한 힌씩 곁들여 바쳐
야 한다.
12 백성의 대표가 나 야훼에게 번제를 자의로
바칠 때나 친교제를 자의로 바칠 때에도 안
식일에 하듯이 동쪽 중문을 열어주어, 거기
에서 그 번제와 친교제를 바치고 나가게 할
것이다. 그가 나간 다음 그 문을 곧 잠가야
한다.
13 날마다 나에게 바치는 흠 없는 일 년 된 숫
양 한 마리는 아침에 바쳐야 한다.
14 아침마다 바치는 번제물에는 곡식예물 육
분의 일 에바와 그 밀가루를 반죽할 기름 삼
분의 일 힌을 곁들여 바쳐야 한다. 나에게
바칠 곡식예물에 관한 이 규정은 영원히 변
경하지 못한다.
15 아침마다 정기적으로 드리는 번제에는 어
린 양 한 마리에 곡식예물과 기름을 곁들여
야 한다.
16 주 야훼가 말한다. 백성의 대표가 자기
유산에 든 것을 제 아들에게 선물로 주었을
경우에 그것은 아주 그 아들의 것이 된다.
이렇게 차지한 것은 유산의 일부이기 때문
이다.
17 그러나 자기 유산에 든 것을 자기 신하에게
선물로 주었을 경우에는 되돌리는 해가 돌
아올 때까지만 그 신하의 것이고 그 후에는
대표에게로 되돌아간다. 그러나 자기 아들
에게 준 유산은 아들의 것으로 남는다.
18 대표는 백성의 유산을 빼앗아 그 소유를 축
내어서는 안 된다. 자기의 소유만 아들들에
게 유산으로 줄 수 있다. 그래야 나의 백성
이 소유지를 잃지 않게 될 것이다.'"
19 ◎나는 그에게 이끌려 중문 옆에 있는 입구
로 해서 북쪽에 있는 사제들의 성소, 거실
로 갔다. 거기에서 보니 서쪽 뒤편에 한 공
터가 있었다.
20 그가 나에게 말하였다. "사제들이 바깥마당
에 나가서 보상제물이나 속죄제물을 끓이
거나 곡식예물을 구우면, 백성들이 신성 불
가침한 기운에 닿겠기 때문에, 그런 일이
없도록 막으려고 이 곳을 마련한 것이다."
21 그는 나를 바깥마당으로 데리고 나가, 마당
네 귀퉁이를 지나가게 하였다. 그 마당 한
귀퉁이에 뜰이 있고, 또 다른 귀퉁이에도
뜰이 있었다.
22 이렇게 마당 네 귀퉁이에 작은 뜰이 있었는
데 그 길이는 사십 척, 나비는 삼십 척으로
서 귀퉁이 네 뜰이 모두 같은 크기였다.
23 네 뜰은 담에 둘러 있고, 그 담 밑으로 돌아
가며 가마솥이 걸려 있었다.
24 그가 나에게 말하였다. "이 집은 성전에 봉
직하는 사람들이 백성의 제물을 끓여주는
가마솥이 있는 곳이다."

성전에서 솟는 샘

47 ◎나는 다시 그분에게 이끌리어 성전
정문으로 가보았다. 그 성전 정면은
동쪽을 향해 나 있었는데, 그 성전 동쪽 문
턱에서 물이 나오는 것이 보였다. 그 물은
제단 남쪽으로 해서 성전 오른쪽 벽에서 뻗
은 선을 타고 흘러 내려갔다.
2 나는 그분에게 이끌리어 북문을 나가 바깥
길로 해서 바깥 동문께로 돌아가 보았다.
물이 그 대문 오른쪽에서 솟아나는 것이 보
였다.
3 그분이 측량줄을 가지고 동쪽으로 재면서
가다가 천 척 되는 곳에 이르러 나더러 물
을 건너라고 하기에 건너보니 물이 발목에
찼다.
4 그분이 또 재면서 가다가 천 척 되는 곳에
이르러 나더러 물을 건너라고 하기에 건너
보니 물이 무릎에 찼다. 그분이 또 재면서
가다가 천 척 되는 곳에 이르러 나더러 건너
라고 하기에 건너보니 물이 허리에 찼다.
5 그분이 또 재면서 가다가 천 척 되는 곳에
이르러보니, 건널 수 없는 강이 되어 있었
다. 물이 불어서 헤엄이나 치면 건널까, 걸
어서는 건너지 못할 강이 되어 있었다.
6 "너 사람아, 보지 않았느냐?" 하고 말하며
그분은 나를 강가로 도로 데리고 갔다.
7 되돌아와 보니 강을 끼고 양쪽에 나무가 무
성한 것이 보였다.
8 그분이 말씀하셨다. "이 물은 동쪽으로 가
다가 메마른 벌판으로 흘러내려 사해로 들
어간다. 이 물이 짠 사해로 들어가면 사해
의 물마저 단물이 된다.
9 이 강이 흘러 들어가는 곳이면 어디에서나
온갖 생물들이 번창하며 살 수 있다. 어디
로 흘러 들어가든지 모든 물은 단물이 되기
때문에 고기가 득실거리게 된다. 이 강이

흘러 들어가는 곳은 어디에서나 생명이 넘
친다.
10이 강의 물고기 종류는 지중해의 그것만큼
이나 많아서 엔게디에서 에네글라임에 이르
기까지 그 언덕에는 어부들이 그물을 쳐놓
고 늘어서 있으리라.
11그러나 수렁이나 웅덩이에 있는 물은 단물
이 되지 않고 여전히 짠물로 남아 있으리라.
12이 강가 양쪽 언덕에는 온갖 과일 나무가 자
라며 잎이 시드는 일이 없다. 그 물이 성소
에서 흘러나오기 때문에, 다달이 새 과일이
나와서 열매가 끊어지는 일이 없다. 그 열
매는 양식이 되고 그 잎은 약이 된다.

국토의 경계선

13 주 야훼가 말한다. 이스라엘의 열두 지파
가 서로 유산으로 나누어가질 땅의 경계는
다음과 같다. 요셉은 그 가운데서 두 몫을
차지한다.
14나머지 지파들은 똑같이 나눠가져야 한다.
내가 너희 조상들에게 유산으로 주겠다고
맹세한 땅이다.
15그 경계는 다음과 같다. 북쪽 경계선은 ㉠대
해에서 시작하여 헤들론을 거쳐 하맛 어귀에
이르렀다가 스닷,
16베로다, 시브라임에 이르는데 이 성읍들은
다마스쿠스와 하맛에 접경하고 있다. 거기에
서 하우란과 접경한 하살에논에 이른다.
17이렇게 북쪽 경계선은 바다에서 하살에논에
이르는데 다마스쿠스와 하맛에 접경하고 있
다. 이것이 북쪽 경계선이다.
18 동쪽으로는 하우란과 다마스쿠스 사이에
서 시작하여 길르앗과 이스라엘 땅 사이를
지나 사해에 흘러 들어가는 요르단 강이 경
계를 이룬다. 그 경계선은 거기에서 다말에
이르러 끝난다. 이것이 동쪽 경계선이다.
19 남쪽 경계선은 다말에서 시작하여 카데스
므리바 샘터를 지나 이집트 개울을 거쳐 ㉠대
해에 이른다. 이것이 남쪽 경계선이다.
20 서쪽 경계선은 대해이다. 이 바다가 경계
가 되어 하맛 어귀를 건너다 보는 데까지 이
른다. 이것이 서쪽 경계선이다.
21 이 땅이 너희 이스라엘 지파들이 나누어
가질 땅이다.
22너희뿐 아니라, 자식을 낳으며 몸붙여 사는
거류민들과 함께 이 땅을 추첨해서 유산으
로 나누어가져라. 너희는 그들을 본국인과
같이 이스라엘 백성 가운데 끼워주어야 한
다. 그들도 이스라엘 지파들 가운데서 너희
와 함께 유산을 받아야 한다.
23거류민에게는 그가 몸붙여 사는 그 지파 가
운데서 유산을 떼어주어야 한다. 주 야훼가
하는 말이다.

48

북쪽 끝에서 시작하여 땅을 차지할 지
파들의 명단은 다음과 같다. 다마스쿠
스와 하맛에 접경한 경계선을 타고 헤들론을
스쳐 하맛 어귀를 지나 하살에논에 이르는
선을 북쪽 경계선으로 하고 동쪽 국경에서
대해에까지 이르는 한 몫은 단의 것이다.
2단의 경계에 잇닿아 동쪽 국경에서 서쪽 국
경까지의 지경은 아셀의 몫이다.
3아셀의 경계에 잇닿아 동쪽 국경에서 서쪽
국경까지의 한 몫은 납달리의 것이다.
4납달리의 경계에 잇닿아 동쪽 국경에서 서
쪽 국경까지의 한 몫은 므나쎄의 것이다.
5므나쎄의 경계에 잇닿아 동쪽 국경에서 서
쪽 국경까지의 한 몫은 에브라임의 것이다.
6에브라임 경계에 잇닿아 동쪽 국경에서 서
쪽 국경까지의 한 몫은 르우벤의 것이다.
7르우벤의 경계에 잇닿아 동쪽 국경에서 서
쪽 국경까지의 한 몫은 유다의 것이다.
8유다의 경계에 잇닿아 동쪽 국경에서 서쪽
국경까지는 직할 지역으로 떼어놓아야 하
는데, 그 폭이 이만 오천 척이고 길이는 다
른 몫과 같이 동쪽 국경에서 서쪽 국경까지
다. 그 한가운데 성소가 있어야 한다.
9 나에게 바칠 직할 지역에서 길이 이만 오
천 척, 나비 만 척 되게 떼어내는데
10이것이 사제들에게 줄 거룩한 땅이다. 길이
는 북쪽이 이만 오천 척, 남쪽도 이만 오천
척, 나비는 서쪽이 만 척, 동쪽이 만 척이
다. 야훼의 성소는 그 한가운데 있어야 한
다.
11성별되어 이 지역을 맡을 사제들은 사독의
후손들이다. 그들은 이스라엘 백성이 나를
떠나 헤맬 때 레위인들처럼 따라 헤매지 아
니하고 나를 섬기는 임무를 지켰다.
12그래서 사제들은 거룩하고 거룩한 직할 지
역을 떼어서 한 부분을 차지하는데 이와 접
경해서 레위인들의 지경이 있다.
13레위인들은 사제들의 땅 바로 옆에 길이 이
만 오천 척, 나비 만 척 되는 땅을 받을 것이
다. 이 두 지역을 합하면 길이는 이만 오천
척, 나비 이만 척이 된다.
14이 땅은 떼어 팔지도 못하고 바꾸지도 못한
다. 이 으뜸가는 땅은 나에게 바쳐진 것이

㉠ 지중해를 가리킨다.

기 때문에 남의 손에 넘길 수 없다.
15그리고 이만 오천 척에서 남은 나비가 오천
척 되는 땅은 도읍지에 딸린 속된 지역으로
서 일반 백성이 양떼를 놓아 먹이며 살 곳이
다. 도읍지는 그 한가운데 있어야 한다.
16도읍지의 크기는 다음과 같다. 북쪽 측면
사천오백 척, 남쪽 측면 사천오백 척, 동쪽
측면 사천오백 척, 서쪽 측면 사천오백 척
이다.
17이 도읍지를 돌아가며 사면으로 공지를 이
백오십 척씩 두어야 한다.
18그리고 나면 이 거룩한 직할 지역은 동쪽으
로 길이 만 척이 남고, 서쪽으로도 길이 만
척이 남는데 이 남은 지역은 도읍지의 일꾼
들이 먹을 양식을 내는 땅이다.
19도읍지에서 일할 일꾼은 이스라엘 각 지파
에서 뽑아 올리는데 그들이 이 땅을 경작
한다.
20전체 직할 지역은 거룩한 직할 지역에다가
도읍지에 딸린 소유지를 합해서 가로 세로
이만 오천 척이 된다.
21 이 거룩한 직할 지역과 도읍지에 딸린 소
유지 양쪽으로 남은 땅은 백성의 대표에게
돌아갈 몫이다. 곧, 이만 오천 척 되는 이
지역에서 동쪽 국경까지와 이만 오천 척 되
는 이 지역에서 서쪽 국경까지 다른 지파의
몫과 평행되게 뻗어 있는 나머지 땅이 대표
의 몫이다. 그 사이에 거룩한 직할 지역과
성전의 지성소가 있어야 한다.
22레위인들의 소유지와 도읍지에 딸린 소유지
는 대표의 소유지 한중간에 끼여 있는 셈이
다. 이 대표의 소유지는 유다 지경과 베냐민
지경 사이에 있다.
23 남은 지파들이 차지할 땅은 다음과 같다.
동쪽 국경에서 서쪽 국경까지의 한 몫은 베
냐민의 것이다.
24베냐민 경계에 잇닿아 동쪽 국경에서 서쪽
국경까지의 한 몫은 시므온의 것이다.
25시므온 경계에 잇닿아 동쪽 국경에서 서쪽
국경까지의 한 몫은 이싸갈의 것이다.
26이싸갈 경계에 잇닿아 동쪽 국경에서 서쪽
국경까지의 한 몫은 즈불룬의 것이다.
27즈불룬 경계에 잇닿아 동쪽 국경에서 서쪽
국경까지의 한 몫은 가드의 것이다.
28가드 지경의 경계선이 남쪽 국경선을 이루
는데, 그 경계선은 다말에서 시작하여 카데
스 므리바 샘터와 이집트 개울을 거쳐 대해
에 이른다.
29이것이 너희 이스라엘 지파가 서로 유산으
로 나눌 땅이다. 이것이 각 지파에 돌아갈
몫이다. 주 야훼가 하는 말이다.
30 도읍지의 출입문은 다음과 같다.
31이 성읍의 대문들은 이스라엘 지파들의 이
름을 따서 붙인다. 사천오백 척 거리의 북
쪽 가에 대문이 세 개 있는데 하나는 르우벤
대문, 하나는 유다 대문, 하나는 레위 대문
이다.
32사천오백 척 거리의 동쪽 가에도 대문이 세
개 있는데 하나는 요셉 대문, 하나는 베냐민
대문, 하나는 단 대문이다.
33사천오백 척 거리의 남쪽 가에도 대문이 세
개 있는데 하나는 시므온 대문, 하나는 이싸
갈 대문, 하나는 즈불룬 대문이다.
34사천오백 척 거리의 서쪽 가에도 대문이 세
개 있는데 하나는 가드 대문, 하나는 아셀
대문, 하나는 납달리 대문이다.
35그래서 사면의 합은 만 팔천 척이다. 이 도
읍지의 이름은 이제부터 ㉠야훼 삼마이다."

다 니 엘

바빌론 왕궁에 등용된 히브리 젊은이들

1 ◎유다 왕 ㉡여호야킴 제삼년에 바빌론 왕
느부갓네살이 쳐들어와 예루살렘을 포위한
일이 있었다.
2 주께서는 그에게 유다 왕 여호야킴을 끌어가
고 하느님의 집 물건 얼마를 빼앗아가게 하
셨다. 느부갓네살은 그 물건들을 시날 땅에
있는 자기 신전으로 가지고 가 그 곳 곳간에
넣어두었다.
3 ◎느부갓네살 왕은 내시부 대신 아스브낫에
게 명하여 이스라엘 사람 가운데서 왕족과
귀족들의 자제를 몇 명 뽑아 들이되,
4 흠없이 잘 생기고 교육을 받아서 막히는 데
가 없으며 무슨 일에나 능숙하고 사리에 밝
아 왕궁에서 일할 만한 젊은이들을 뽑아 바
빌론 말과 글을 가르치게 하였다.

㉠ '야훼, 여기 계시다.'는 뜻이다. ㉡ 여호야킴 왕은 기원전 609년에서 598년까지 유다를 다스렸다.

5 또 왕은 그들에게 날마다 궁중 요리와 술을
주면서 앞으로 어전에서 일볼 수 있도록 삼
년 동안 훈련을 받게 하였다.
6 ◎그들 가운데 유다인으로는 다니엘, 하나니
야, 미사엘, 아자리야라는 젊은이들이 있었
다.
7 내시부 대신은 이 젊은이들에게 이름을 새
로 지어주었다. 곧 다니엘은 벨트사살, 하나
니야는 사드락, 미사엘은 메삭, 아자리야는 아
벳느고라고 부르게 하였다.
8 그런데 다니엘은 궁중 요리와 술을 먹어 부
정을 타서는 안 되겠다고 결심하고 내시부
대신에게 그런 일을 피하게 해달라고 청하
였다.
9 하느님께서는 다니엘이 내시부 대신의 사랑
과 귀염을 받게 해주셨다.
10 내시부 대신은 다니엘에게 사정했다. "나는
왕께서 죽으라면 죽는 시늉이라도 해야 할
몸이다. 너희가 왕께서 정해 주신 음식을
먹지 않아, 얼굴이 너희 또래의 다른 젊은
이들보다 못하게 보였다가는 내 목이 달아
난다."
11 그래서 다니엘은 내시부 대신의 지시대로
자기와 하나니야와 미사엘과 아자리야를 맡
아 보살피는 감독관에게 청했다.
12 "소생들에게 열흘 동안만 시험삼아 야채와
물만 먹게 해주십시오.
13 그런 뒤에 궁중 요리를 먹는 다른 젊은이들
과 우리 얼굴을 한번 비교해 보시고 나서 소
생들을 나리 좋으실 대로 하십시오."
14 그는 다니엘의 말대로 열흘 동안 두고 보았
다.
15 열흘 뒤에 보니, 그들의 얼굴은 궁중 요리
를 먹는 다른 젊은이들보다도 살이 올라 보
기에 더 좋았다.
16 그래서 감독관은 그들에게 음식과 술 대신
야채를 주었다.
17 ◎이 네 젊은이는 하느님의 도우심으로 글
공부를 잘해서 전문 지식을 갖추게 되었다.
그 중에서도 다니엘은 어떤 환상이든지 꿈
이든지 다 풀 수 있는 재능을 받았다.
18 왕명으로 정해진 훈련 기간이 지나자 내시
부 대신은 그 젊은이들을 느부갓네살 앞으로
데리고 나갔다.
19 젊은이들과 이야기해 보니 그 중에서 다니
엘, 하나니야, 미사엘, 아자리야를 따를 만한
사람이 없어 왕은 그들로 하여금 왕궁에서
일을 보게 하였다.
20 왕이 무슨 일을 물어보아도 그들은 온 나라
어느 마술사나 술객들보다도 열 배나 더 지
혜롭고 슬기롭게 대답했다.
21 다니엘은 고레스 왕 원년까지 왕궁에 머물러
있었다.㉠

다니엘이 느부갓네살의 꿈을 풀다

2 ◎㉡느부갓네살 왕 제이년에, 느부갓네살은
무슨 꿈을 꾸고 마음이 산란해져서 잠을
이룰 수가 없었다.
2 왕은 자기가 꾼 꿈을 알아내려고 마술사,
술객, 요술쟁이, 점성가들을 불러들이라고
영을 내려 그들이 대령하자
3 이렇게 물었다. "내가 꿈을 꾸었는데, 그게
무슨 꿈인지 몰라 답답하구나." 점성가들이
아람말로 아뢰었다.
4 ㉢"임금님, 만수무강을 빕니다. 해몽하여
드리겠으니, 그 꿈을 소신들에게 말씀해 주
십시오."
5 그러나 왕은 점성가들에게 이렇게 말했다.
"절대로 안 된다. 만약에 내 꿈을 알아내어
해몽하지 못한다면 너희를 능지처참하고
너희의 집을 모조리 쓰레기 더미로 만들리
라.
6 그러나 그 꿈을 알아내어 해몽해 준다면 후
한 상금을 내리고 큰 영광을 누리게 해줄 터
이니 내 꿈을 알아내고 해몽해 보아라."
7 점성가들이 다시 왕에게, 그 꿈을 알려주어
야 해몽할 것이 아니냐고 말하자
8 왕은 이렇게 대답했다. "너희가 내 말은 돌
이킬 수 없다는 것을 알고 시간이나 벌려고
그러지만 내가 그것을 모를 줄 아느냐?
9 너희가 내 꿈을 알아내지 못한다면 죽이리
라. 터무니없는 거짓말이나 꾸며서 시간을
끌려고 하지만 어림도 없다. 당장 내 꿈을
알아내어라. 그래야 너희가 해몽도 할 수
있다는 것을 알 게 아니냐?"
10 점성가들이 대답했다. "임금님께서 지금 물
으시는 것을 알아낼 사람은 세상에 한 사람
도 없습니다. 어떤 대왕이나 군주가 그런
것을 마술사나 술객이나 점성가들에게 물
은 적이 있습니까?
11 임금님께서는 무리한 요구를 하십니다. 인
간과 동떨어져 있는 신들밖에는 임금님께
그것을 말씀드릴 자가 없습니다."
12 왕은 노했다. 그는 몹시 화가 나서 바빌론의

㉠ 고레스가 바빌론 왕이 된 것은 기원전 538년이다. ㉡ 느부갓네살은 기원전 605년에서 562년까지 바빌론을 다스린 왕이다. ㉢ 4절에서 7장 끝까지는 아람어로 되어 있다.

재사들을 모두 죽이라고 명령했다.
13재사들을 죽이라는 영이 내리자 병사들은
다니엘과 그 친구들까지 죽이려고 찾아 나
섰다.
14마침 왕의 형리부장 아룍이 바빌론 재사들
을 잡아 죽이려고 나서는데 다니엘이 그를
만나 눈치를 살피며 은근히 물었다.
15"어명을 받드시는 장군님, 무슨 일이 있었
기에 왕께서 그토록 엄한 영을 내리셨습니
까?" 아룍이 그 사정을 알려주자
16다니엘은 자기가 입궐하여 해몽할 터이니
말미를 달라고 청하였다.
17다니엘은 마침내 허락을 받고 집에 돌아가
서 자기 동료 하나니야, 미사엘, 아자리야에
게 그 이야기를 하고
18하늘에 계시는 하느님께, 자비를 베푸시어
그 비밀을 알게 하여 자기와 동료들이 바빌
론 재사들과 함께 죽음을 면하게 해달라고
빌었다.
19그 날 밤, 다니엘은 마침내 환상을 보고 그
비밀을 알게 되어 하늘에 계시는 하느님을
찬양하였다.
20그는 이렇게 노래하였다.
"지혜와 능력은 하느님의 것이니,
하느님의 이름은 영원부터 영원까지 찬
양받으시리라.
21 시대를 마음대로 바꾸어 왕조를 바꾸시
는 분이시요,
재사들에게 지혜를 주시고
슬기로운 사람들에게 지식을 주시는 분
이시어라.
22 빛은 언제나 하느님과 함께 있어
어둠 속에 숨긴 것도 아시고,
깊은 데 숨어 있는 것도 밝히시는 분이시
어라.
23 조상들을 보살피시던 하느님!
이 몸, 하느님께 감사하며 찬양을 올립니
다.
지혜와 힘을 주시고
소원을 들어주셔서 감사합니다.
왕이 알고자 하는 것을 알려주셔서 감사
합니다."
24◎그리고 나서 다니엘은 바빌론의 재사들을
죽이라는 어명을 받은 아룍을 찾아가 청하
였다. "바빌론의 재사들을 죽일 것이 아니
라, 저를 입궐시켜 주십시오. 제가 왕께 해
몽해 드리겠습니다."
25아룍은 곧장 다니엘을 왕에게 데리고 가서
고했다. "임금님의 꿈을 풀어드릴 사람을
찾아냈습니다. 사로잡혀 온 유다인입니다."
아룍의 말을 듣고
26왕은 벨트사살이라고도 하는 다니엘에게 물
었다. "네가 내 꿈을 알 수 있단 말이냐? 그
리고 해몽할 수도 있단 말이냐?"
27다니엘이 왕에게 대답했다. "임금님께서 물
으신 것은 어느 재사나 마술사나 술객이나
점쟁이도 밝혀드릴 수 없는 비밀입니다.
28하늘에는 어떤 비밀도 밝혀내실 수 있는 하
느님이 계십니다. 그 하느님께서 임금님께
훗날 일어날 일을 알려주신 것입니다. 임금
님께서 잠자리에 누워 꾸신 꿈을 말씀드리
겠습니다.
29 임금님께서 자리에 드시어 앞일을 생각
하실 때 모든 비밀을 밝히시는 분이 훗날 일
어날 일을 임금님께 알려주신 것입니다.
30소신이 남달리 지혜로워서 소신에게 그 비
밀을 알려주신 것이 아니라, 임금님의 마음
에 무엇이 떠올랐으며 그 뜻이 무엇인지 임
금님께 밝혀드리라고 알려주신 것입니다.
31 임금님께서 보신 환상은 이런 것이었습
니다. 매우 크고 눈부시게 번쩍이는 것이
사람의 모양을 하고 임금님 앞에 우뚝 서 있
었습니다.
32머리는 순금이요, 가슴과 두 팔은 은이요,
배와 두 넓적다리는 놋쇠요,
33정강이는 쇠요, 발은 쇠와 흙으로 되어 있
었습니다.
34임금님께서 그것을 보고 계시는데 아무도
손을 대지 않은 돌 하나가 난데없이 날아들
어와 쇠와 흙으로 된 그 발을 쳐서 부수어버
렸습니다.
35그러자 쇠, 흙, 놋쇠, 은, 금이 한꺼번에 부
서져 타작 마당의 겨처럼 가루가 되어 바람
에 날려가고 자취도 남지 않았습니다. 그런
데 그것을 친 돌은 산같이 큰 바위가 되어
온 세상을 채웠습니다.
36 꿈은 이러합니다마는, 이제 그것을 해몽
해 드리겠습니다.
37임금님께서는 왕이실 뿐 아니라 왕들을 거
느리신 황제이십니다. 하늘에 계시는 하느
님께서는 임금님께 나라와 힘과 권세와 영
화를 주셨습니다.
38하느님께서는 사람과 들짐승과 공중의 새
가 다 어디에 있든지 그것들을 임금님의 손
에 맡겨 다스리게 하셨습니다. 금으로 된
머리는 바로 임금님이십니다.
39임금님 다음에는 임금님보다 못한 다른 나
라가 서겠습니다. 세 번째는 놋쇠로 된 나

라가 온 천하를 다스리게 됩니다.
40 네 번째로 설 나라는 쇠처럼 단단하겠습니
다. 쇠는 무엇이나 부숩니다. 그 나라는 쇠
처럼 모든 나라를 부술 것입니다.
41 임금님께서 보신 대로 두 발과 발가락들이
옹기 흙과 쇠로 되어 있는 것은 나라가 둘로
갈라진다는 뜻입니다. 그 나라는 쇠처럼 단
단하기는 하겠지마는 임금님께서 보신 대
로 쇠는 옹기 흙과 섞여 있습니다.
42 발과 발가락들이 쇠와 옹기 흙으로 되어 있
는 것은 단단한 편도 있고 무른 편도 있다는
뜻입니다.
43 임금님께서 보신 대로 쇠가 옹기 흙과 섞인
것은 사람들이 인척 관계를 맺는다는 뜻입
니다. 그러나 그들은 쇠와 옹기 흙이 엉기
지 않듯 서로 결합되지 않을 것입니다.
44 이 왕들 시대에 하늘에 계시는 하느님께서
한 나라를 세우실 터인데 그 나라는 영원히
망하지 아니하고, 다른 민족의 손에 넘어가
지도 않을 것입니다. 오히려 앞에 말한 모
든 나라들을 부수어 없애버릴 것입니다. 그
나라는 길이 서 있게 될 것입니다.
45 아무도 손을 대지 않았는데, 돌 하나가 바
위 산에서 떨어져 나와 쇠와 놋쇠와 옹기 흙
과 은과 금으로 된 것을 부수는 것을 임금님
께서는 보셨을 것입니다. 이것이 바로 위대
하신 하느님께서 앞으로 무슨 일이 일어날
것인지를 임금님께 알려주신 것입니다. 꿈
은 분명 이런 것이었고 그 풀이 또한 틀림이
없습니다."
46 ◎그러자 느부갓네살 왕은 엎드려 다니엘에
게 절을 하고 사람들더러 그에게 제사와 분
향을 올리라는 분부를 내렸다.
47 그리고 그는 다니엘에게 이렇게 말했다.
"너의 신이야말로 정말 비밀을 밝히시는 분
이요 신들 가운데서 으뜸가는 신이며, 만왕
을 거느리시는 분이다. 그렇지 않고서야 네
가 어찌 이 비밀을 밝힐 수 있었겠느냐?"
48 그리고 나서 왕은 다니엘에게 높은 벼슬을
내리고 훌륭한 선물을 많이 주었으며 바빌
론 온 지방의 통치자로 삼고 또 바빌론의 재
사들을 거느리는 자리에 앉혔다.
49 다니엘은 왕에게 청하여 사드락과 메삭과 아
벳느고를 바빌론 지방 관리로 임명하고 자기
는 궁중에서 근무하였다.

유다인 세 청년이 불가마에서 살아 나오다

3 ◎느부갓네살 왕은 금으로 신상 하나를 만
들어 바빌론 지방 두라 벌에 세웠다. 그 높
이는 육십 척이요, 나비는 육 척이나 되었
다.
2 느부갓네살 왕은 지방장관들과 대신들, 총
독들, 고문관들, 재무관들, 판사들, 법률가
들, 지방 모든 관리들을 자기가 세운 신상
의 제막식에 참석하도록 불러들였다.
3 그래서 지방장관들과 대신들, 총독들, 고문
관들, 재무관들, 판사들, 법률가들, 지방 모
든 관리들이 느부갓네살 왕이 세운 신상 앞
에 나와 제막식에 참석하였다.
4 그 때 전령이 큰소리로 외쳤다. "인종과 말
이 다른 뭇 백성들은 들으시오.
5 나팔, 피리, 거문고, 사현금, 칠현금, 퉁소
등 갖가지 악기 소리가 나거든 곧 엎드려 느
부갓네살 왕께서 세우신 금신상 앞에 절을
하시오.
6 누구든지 엎드리어 절하지 않으면 당장 활
활 타는 화덕에 집어넣을 것이오."
7 그리하여 나팔, 피리, 거문고, 사현금, 칠
현금, 퉁소 등 갖가지 악기 소리가 울려 퍼
지자 인종과 말이 다른 뭇 백성들은 엎드리
어, 느부갓네살 왕이 세운 금신상 앞에 절을
했다.
8 ◎이 때 어떤 바빌론 사람들이 나서서 유다
인들을 고발하였다.
9 그들은 느부갓네살 왕에게 이렇게 일러바쳤
다. "임금님! 만수무강을 빕니다.
10 임금님께서 영을 내리시어 나팔, 피리, 거
문고, 사현금, 칠현금, 퉁소 등 갖가지 악기
소리가 나면 누구나 엎드리어 금신상 앞에
절을 하라고 하시지 않으셨습니까?
11 엎드리어 절하지 않는 사람은 누구든지 활
활 타는 화덕에 집어넣는다고 칙령을 내리
시지 않으셨습니까?
12 그런데 임금님의 칙령을 무시하고 임금님
께서 위하시는 신을 섬기지 않는 사람들이
있습니다. 그들이 바로 임금님께서 바빌론
지방 관리로 임명하신 사드락, 메삭, 아벳느
고라는 유다인들입니다. 그들은 임금님께서
세우신 금신상 앞에 절하지 않았습니다."
13 느부갓네살은 몹시 화가 나서 사드락과 메삭
과 아벳느고를 잡아들이라고 명령하였다.
그들이 왕 앞에 끌려오자,
14 느부갓네살이 물었다. "사드락, 메삭, 아벳느
고, 너희는 내가 세운 금신상 앞에 절을 하
지 않고 내가 위하는 신을 섬기지 않았다니,
그게 사실이냐?
15 이제라도 나팔, 피리, 거문고, 사현금, 칠현
금, 퉁소 등 갖가지 악기 소리가 나는 대로

곧 엎드리어 내가 만든 신상 앞에 절할 마음
이 없느냐? 절하지 않으면 활활 타는 화덕
속에 던질 터인데, 그래도 좋으냐? 내 손에
서 너희를 구해 줄 신이 과연 있겠느냐?"
16사드락과 메삭과 아벳느고가 느부갓네살 왕에
게 대답했다. "저희는 임금님께서 물으시는
말씀에 대답할 마음이 없습니다.
17저희가 섬기는 하느님께서 저희를 구해 주
실 힘이 있으시면 임금님께서 소신들을 활
활 타는 화덕에 집어넣으셔도 저희를 거기
에서 구해 주실 것입니다.
18비록 그렇게 되지 않더라도 저희는 임금님
의 신을 섬기거나 임금님께서 세우신 금신
상 앞에 절할 수 없습니다."
19느부갓네살은 사드락과 메삭과 아벳느고의 말
을 듣고는 금방 안색이 달라지며 노기에 차
서 화덕의 불을 여느 때보다 일곱 배나 뜨겁
게 지피도록 하고,
20군인들 가운데서도 힘센 장정들을 뽑아 사
드락과 메삭과 아벳느고를 묶어 활활 타는
화덕에 집어넣으라고 명하였다.
21사람들은 그들을 도포와 속옷 등 옷을 입고
관을 쓴 채로 묶어서 활활 타는 화덕 속에
집어넣었다.
22왕명이 그만큼 급했던 것이다. 화덕이 너무
나 달아 있었으므로 사드락과 메삭과 아벳느
고를 넣던 사람들이 불길에 타 죽고 말았다.
23사드락과 메삭과 아벳느고 세 사람은 꽁꽁 묶
인 채 불타는 화덕 속에 던져졌다.

아자리야의 노래

24㉠◎그들은 불길 가운데를 걸으면서 하느님
을 찬양하고 주님께 찬미를 드렸다.
25아자리야는 불 속에 우뚝 서서 입을 열어 이
렇게 노래하였다.
26 우리 조상들의 하느님이시며 공경하올
주님, 찬미받으소서.
당신의 이름은 영원히 찬미를 받으소서.
27 당신께서 우리에게 하신 모든 일이 옳았
으며, 당신의 모든 약속은
어김없이 이루어졌사오며
당신의 길은 곧바르며
당신의 심판은 언제나 올바르옵니다.
28 당신께서 우리들에게 내리신,
그리고 우리 조상들의 거룩한 도시 예루
살렘에 내리신,
모든 징벌에 있어서
당신의 판결은 옳았습니다.
당신께서 우리에게 이런 징벌을 내리신
것은 우리의 죄 때문이고
우리는 당신의 징벌을 받아 마땅하옵니
다.
29 우리는 죄를 지었으며 당신을 떠남으로
써 죄악을 저질렀습니다.
과연 우리는 큰 죄를 지었습니다.
우리는 당신의 율법이 명하는 것을 귀담
아듣지 않았으며
30 그것을 지키지도 않았습니다.
우리에게 잘 되라고 명령하신 것을
우리는 지키지 않았습니다.
31 그러므로 당신께서 우리에게 내리신 모
든 징벌과
당신께서 우리에게 하신 모든 일은 정의
로우신 처사였습니다.
32 당신은 우리를 원수들의 손에 넘기셨으
며
율법을 모르는 자들과
최악의 배교자들 손에 넘기셨고
온 세상에서 가장 나쁜 불의한 왕의 손에
넘기셨습니다.
33 그래서 오늘날 우리는 입이 있어도 말을
못하고
당신을 섬기고 경배한다는 우리들이 차
지할 몫은
치욕과 불명예뿐입니다.
34 그러나 당신의 이름에 의지하오니
언제까지나 우리를 저버리지 마시고
당신의 계약을 외면하지 마소서.
35 당신의 친구 아브라함과
당신의 종 이사악과
당신의 거룩한 백성 이스라엘을 보시고
당신의 자비를 우리에게서 거두지 마소
서.
36 당신은 하늘의 별과 같이 무수하고
바닷가의 모래알과 같이 수많은 자손을
약속하셨습니다.
37 주님, 이제 우리는 모든 민족 중에서 가
장 작은 민족이 되었고
오늘 우리는 세상 어디에서나 천대받는
백성이 되었습니다.
이것은 우리의 죄 때문입니다.
38 지금 우리에게는 지도자도 예언자도 왕
도 없으며
번제물도 희생제물도 봉헌제물도 유향도
없고
첫 열매를 바칠 장소조차 없습니다.

㉠ 24-90절은 히브리어 본문에는 없고 칠십인역에만 들어 있다.

39 그러니 어디에서 당신의 자비를 구할 수
있겠습니까?
그러나 우리의 뉘우치는 마음과 겸손하
게 된 정신을 받아주소서.
40 이것을 염소와 황소의 번제물로 여기시며
수많은 살진 양으로 여기시고 받아주소
서.
이것이 오늘 당신께 바치는 제물이오니
우리로 하여금 당신을 완전히 따르게 하
소서.
당신께 희망을 건 사람들은 절대로 실망
하지 않습니다.
41 이제 우리는 온전한 마음으로 당신을 따
르렵니다.
그리고 당신을 두려워하며
당신의 얼굴을 다시 한번 뵈옵기를 갈망
합니다.
42 우리로 하여금 부끄러움을 당하지 말게
하소서.
당신은 관대하시고 지극히 자비로운 분
이시니
우리에게 관용을 베푸소서.
43 당신은 놀라운 업적을 이룩하신 분이시
니, 우리를 구해 주소서.
주님, 당신 이름이 영광스럽게 빛나시기
를 빕니다.
44 당신을 섬기는 사람을 학대하는 자들이
부끄러움을 당하게 하소서.
그들의 콧대가 꺾이고
힘이 박탈당하여
그들로 하여금 치욕을 뒤집어쓰게 하소
서.
45 당신 홀로 하느님이시고 주님이심을 알
게 하시고
당신의 영광이 온 땅에 빛남을 알게 하소
서.
46◎왕의 종들은 그들을 불타는 가마 속에 집
어던지고 거기에 나프다 기름과 송진과 삼
부스러기와 나뭇조각을 계속 넣었다.
47그래서 불길이 가마 위로 마흔아홉 자나 치
솟아 올라갔고
48또 밖으로 퍼져 나와서, 가마 주위에 있던
갈대아 사람들을 태워버렸다.
49그러나 주의 천사가 가마로 내려와서 아자
리아와 그의 동료들 곁으로 갔다. 그리고 불
꽃을 가마 밖으로 내어 몰고
50가마 가운데서 마치 산들바람이나 이슬과
같은 시원한 입김을 그들에게 불어주었다.
그래서 불은 그들을 다치지 못하였고 그들
에게는 어떠한 아픔이나 괴로움도 미치지
않았다.

세 젊은이의 노래

51◎그 때에 세 젊은이는 가마 속에서 입을 모
아 하느님께 영광을 드리며 하느님을 찬미
하고 찬송하는 노래를 이렇게 불렀다.
52 우리 조상들의 주 하느님, 찬미받으소서.
영원무궁토록 주님을 높이 받들며 찬양
합니다.
당신의 영광스럽고 거룩한 이름, 찬미받
으소서.
영원무궁토록 그 이름 높이 받들며 찬양
합니다.
53 성스럽고 영광스러운 성전 안에 계신 주
님, 찬미받으소서.
영원무궁토록 모든 것 위에 주님을 높이
받들며 영광을 올립니다.
54 당신의 왕국을 통치하시는 주님, 찬미받
으소서.
영원무궁토록 모든 것 위에 주님을 높이
받들며 찬양합니다.
55 거룹 위에 앉으시어 깊은 곳을 살피시는
주님, 찬미받으소서.
영원무궁토록 모든 것 위에 주님을 높이
받들며 영광을 올립니다.
56 높은 하늘에 계신 주님, 찬미받으소서.
57 주님께서 만드신 만물이여, 주님을 찬미
하여라.
주님께 지극한 영광과 영원한 찬양을 드
려라.
58 주님의 천사들이여, 모두 주님을 찬미하
여라.
주님께 지극한 영광과 영원한 찬양을 드
려라.
59 천체들이여, 주님을 찬미하여라.
주님께 지극한 영광과 영원한 찬양을 드
려라.
60 하늘 위의 물들이여, 주님을 찬미하여라.
주님께 지극한 영광과 영원한 찬양을 드
려라.
61 주님의 권세들이여, 모두 주님을 찬미하
여라.
주님께 지극한 영광과 영원한 찬양을 드
려라.
62 해와 달이여, 주님을 찬미하여라.
주님께 지극한 영광과 영원한 찬양을 드
려라.

63 하늘의 별들이여, 주님을 찬미하여라.
주님께 지극한 영광과 영원한 찬양을 드
려라.
64 비와 이슬이여, 모두 주님을 찬미하여라.
주님께 지극한 영광과 영원한 찬양을 드
려라.
65 바람들이여, 모두 주님을 찬미하여라.
주님께 지극한 영광과 영원한 찬양을 드
려라.
66 불과 열이여, 주님을 찬미하여라.
주님께 지극한 영광과 영원한 찬양을 드
려라.
67 겨울의 추위와 여름의 더위여, 주님을 찬
미하여라.
주님께 지극한 영광과 영원한 찬양을 드
려라.
68 이슬과 우박이여, 주님을 찬미하여라.
주님께 지극한 영광과 영원한 찬양을 드
려라.
69 서리와 추위여, 주님을 찬미하여라.
주님께 지극한 영광과 영원한 찬양을 드
려라.
70 얼음과 눈이여, 주님을 찬미하여라.
주님께 지극한 영광과 영원한 찬양을 드
려라.
71 밤과 낮들이여, 주님을 찬미하여라.
주님께 지극한 영광과 영원한 찬양을 드
려라.
72 빛과 어둠이여, 주님을 찬미하여라.
주님께 지극한 영광과 영원한 찬양을 드
려라.
73 번개와 구름이여, 주님을 찬미하여라.
주님께 지극한 영광과 영원한 찬양을 드
려라.
74 땅이여, 주님을 찬미하여라.
주님께 지극한 영광과 영원한 찬양을 드
려라.
75 산과 언덕들이여, 주님을 찬미하여라.
주님께 지극한 영광과 영원한 찬양을 드
려라.
76 땅에서 자란 모든 것들이여, 주님을 찬미
하여라.
주님께 지극한 영광과 영원한 찬양을 드
려라.
77 샘물들이여, 주님을 찬미하여라.
주님께 지극한 영광과 영원한 찬양을 드
려라.
78 바다와 강들이여, 주님을 찬미하여라.
주님께 지극한 영광과 영원한 찬양을 드
려라.
79 고래와 바다에 사는 모든 것들이여, 주님
을 찬미하여라.
주님께 지극한 영광과 영원한 찬양을 드
려라.
80 하늘의 새들이여, 모두 주님을 찬미하여
라.
주님께 지극한 영광과 영원한 찬양을 드
려라.
81 야수들과 가축들이여, 주님을 찬미하여
라.
주님께 지극한 영광과 영원한 찬양을 드
려라.
82 사람의 아들들이여, 주님을 찬미하여라.
주님께 지극한 영광과 영원한 찬양을 드
려라.
83 이스라엘아, 주님을 찬미하여라.
주님께 지극한 영광과 영원한 찬양을 드
려라.
84 사제들이여, 주님을 찬미하여라.
주님께 지극한 영광과 영원한 찬양을 드
려라.
85 주님의 종들이여, 주님을 찬미하여라.
주님께 지극한 영광과 영원한 찬양을 드
려라.
86 의인들의 마음과 영혼이여, 주님을 찬미
하여라.
주님께 지극한 영광과 영원한 찬양을 드
려라.
87 성스러운 자들과 마음이 겸손한 사람들
이여, 주님을 찬미하여라.
주님께 지극한 영광과 영원한 찬양을 드
려라.
88 아나니아와 아자리아와 미사엘이여,
주님을 찬미하여라.
주님께 지극한 영광과 영원한 찬양을 드
려라.
주님은 우리를 지옥에서 건져주셨고
죽음의 손에서 빼내 주셨으며
불타는 가마 속에서 구해 주셨고
불길 속에서 구해 주셨다.
89 주님께 감사를 드려라.
주님은 선하시고 그분의 사랑은 영원하
시다.
90 주님을 경배하는 모든 이들이여, 모든 신
들 위에 계시는
하느님을 찬미하여라.
그분을 찬양하고 감사를 드려라.
그분의 사랑은 영원하시다.

91 24 ◎그런데 느부갓네살 왕이 깜짝 놀랄 일이
생겼다. 그는 벌떡 일어나 측근자에게 물었
다. "꽁꽁 묶어서 화덕에 집어넣은 것이 세
명 아니었더냐?" 그들이 대답했다. "임금
님, 그렇습니다."
92 25 "그런데 네 사람이 아무 탈없이 화덕 속에
서 거닐고 있으니, 어찌된 일이냐? 저 넷째
사람의 모습은 신의 모습을 닮았구나." 하
면서
93 26 느부갓네살은 활활 타는 화덕 어귀에 가서
이렇게 외쳤다. "사드락과 메삭과 아벳느고
야, 지극히 높으신 하느님을 섬기는 자들
아, 어서 나오너라." 사드락과 메삭과 아벳
느고가 화덕에서 나온 다음
94 27 지방장관들과 대신들, 총독들, 왕의 측근
들이 모여와 그들을 살펴보니, 몸이 불에
데기는커녕 머리카락 하나 그슬리지 않았
고 도포도 눋지 않았으며 불길이 닿은 냄새
조차 나지 않았다.
95 28 "사드락과 메삭과 아벳느고가 섬기는 신이
야말로 찬양받으실 분이구나." 하며 느부갓
네살은 외쳤다. "저들의 하느님께서, 어명
을 어기면서까지 목숨 걸고 당신만을 믿고
저희의 신 아닌 다른 신 앞에서는 절하지
도, 섬기지도 않는 이 신하들을 천사를 보
내시어 구해 내셨구나.
96 29 이제 나는 영을 내린다. 인종이나 말이 다
른 뭇 백성은 사드락과 메삭과 아벳느고가 섬
기는 신에게 욕된 말을 하지 못한다. 욕하
는 자는 토막내어 죽이고 그의 집은 거름 더
미로 만들리라. 이처럼 자기를 믿는 자를
구해 줄 수 있는 신은 다시 없으리라."
97 30 그리고 왕은 사드락과 메삭과 아벳느고에
게 바빌론 지방에서 더 높은 벼슬을 내렸다.

느부갓네살이 다시 꿈을 꾸다

98 31 ◎㉠"인종과 말이 다른 천하 만민은 이 느
1 부갓네살 왕의 말을 들어라. 너희에게 행운
이 깃들이기를 빈다.
99 32 나는 지극히 높으신 하느님께서 베풀어주
2 신 놀라운 표적을 너희에게 들려주는 것이
더없이 기쁘다.
100 33 그가 보이신 표적은 놀라웠다.
3 그 베푸신 기적은 굉장하였다.
그는 영원히 왕위에 앉으시어
만대에 이르도록 다스릴 왕이시다.

4

1 나 느부갓네살은 궁궐에서 아무 걱정 없
4 이 영화롭게 지내다가,
2 하루는 잠자리에서 무서운 꿈을 꾸었다. 꿈
5 에 본 것이 몹시 마음에 걸려,
3 나는 영을 내려 바빌론의 재사들을 다 불러
6 들여 내 꿈을 풀이하여 알리도록 하였다.
4 내 앞에 나온 마술사와 술객과 점성가들과
7 점쟁이들에게 나는 꿈 이야기를 들려주었
지만 해몽하여 주는 자는 하나도 없었다.
5 그런데 나중에 다니엘이라는 사람이 내 앞
8 에 나타났다. 그는 나의 신의 이름을 따라
벨트사살이라는 이름으로 불리었는데 거룩
한 하느님의 영을 받은 사람이었다. 나는
내가 꾼 꿈을 그에게 들려주었다.
6 '마술사들의 수령 벨트사살, 너는 거룩한
9 하느님의 영을 받은 사람이니 어떤 비밀이
든 풀 수가 있을 것이다. 이제 내가 꾼 꿈을
들려줄 터이니 해몽하여 보아라.
7 내가 잠자리에 누워 있을 때 나의 머리 속에
10 떠오른 광경은 이런 것이었다. 굉장히 큰
나무가 하나 세상 복판에 서 있는데
8 너무도 우람져서 키가 하늘까지 닿았고 땅
11 끝 어디에서나 바라보였다.
9 잎사귀들은 싱싱했고, 열매는 세상 사람이
12 다 먹고 살 만큼 많이 열려 있었다. 들짐승
들이 그 그늘 밑으로 찾아들었고, 공중의
새들이 그 나무 가지에 깃들였으며 온 세
상 사람이 그 나무에서 나는 것을 먹고 살
았다.
10 잠자리에 누워서 이런 것들이 머리를 스치
13 고 지나가는 것을 보고 있는데 이번에는 하
늘에서 거룩한 감독원 하나가 내려오더니
11 이렇게 외치는 것이었다.
14 이 나무를 찍어라. 가지는 잘라내고
잎은 흩뜨리고 과일은 따버려라.
짐승들로 하여금 그 밑을 떠나게 하고
새들로 하여금 가지를 떠나게 하여라.
12 그러나 등걸과 뿌리만은 뽑지 마라.
15 쇠사슬, 놋쇠사슬로 묶어 풀밭에 버려두
어라.
하늘에서 내리는 이슬에 몸을 적시고,
짐승들과 어울려 풀이나 뜯게 버려두어라.
13 사람의 정신을 잃고
16 짐승처럼 생각하면서 일곱 해를 지내야
하리라.
14 이것은 감독원들의 결정으로 이루어진
17 포고이다.
거룩한 이들의 명령으로 내려진 판결이다.
인간 왕국을 다스리는 분은 지극히 높으
신 하느님이라는 것을

㉠ 라틴어 성서는 여기에서 4장이 시작됨.

살아 있는 자들에게 알리려는 것이다.
지극히 높으신 하느님께서는 겸손한 사
람을 좋게 보시고
그런 사람을 높은 자리에 앉히시어
나라를 다스리게 하신다.
15 이상이 나 느부갓네살 왕이 꿈에 본 것이
18 다. 벨트사살, 이것을 해몽하여라. 이 나라
에는 내 꿈을 해몽할 재사가 하나도 없었다.
그러나 너는 거룩한 하느님의 영을 받은 사
람이니 해몽해 주리라 믿는다.'"
16◎벨트사살이라고도 불리는 다니엘이 크게
19 놀라며 잠시 난처한 기색을 보이자 왕은 이
렇게 말했다. "벨트사살, 내 꿈이 길몽이 아
니더라도 사실대로 풀이하여라. 꺼릴 것 없
다." 그러자 벨트사살이 대답했다. "임금님,
그런 꿈은 임금님의 원수들이 꾸었더라면
좋았을 뻔했습니다. 해몽도 임금님의 적에
게나 해주고 싶습니다.
17 임금님께서 보신 그 나무는 크고 우람져서
20 하늘까지 닿았고 세상 어디에서나 볼 수 있
었다고 하셨지요?
18 잎사귀들은 싱싱하고 열매는 세상 사람들
21 이 다 먹고 살 만큼 많이 열렸으며 들짐승들
이 그 밑으로 찾아들었고 가지에는 공중의
새가 깃들였다고 하셨지요?
19 그 나무는 바로 임금님이십니다. 임금님께
22 서는 그처럼 위대하시고 세력이 크십니다.
임금님의 세력은 하늘까지 뻗고 세상 끝까
지 다스릴 만합니다.
20 그런데 임금님께서 보신 대로 하늘이 보낸
23 그 거룩한 감독원이 땅에 내려와 이렇게 외
쳤다고 하셨지요? '그 나무를 찍어버려라.
그러나 등걸과 뿌리만은 뽑지 마라. 쇠사슬
과 놋쇠사슬로 묶어 풀밭에 버려두어라. 하
늘에서 내리는 이슬에 몸을 적시고 들짐승
들의 먹이나 얻어먹으며 일곱 해를 지내리
라.'
21 임금님, 해몽은 이렇습니다. 그것은 지극히
24 높으신 하느님께서 임금님을 두고 내리신
판결입니다.
22 임금님께서는 세상에서 쫓겨나 들짐승들과
25 같이 살게 되셨습니다. 소처럼 풀을 뜯고,
하늘에서 내리는 이슬에 몸을 적시며 일곱
해를 지내게 되셨습니다. 그리고 나서야 인
간 왕국을 다스리는 분이 바로 지극히 높으
신 하느님이심을 깨닫게 되실 것입니다. 그
리고 지극히 높으신 하느님께서는 겸손한
사람을 좋게 보시고 그런 사람을 높은 자리
에 올려 앉혀 나라를 다스리게 하신다는 것
을 깨닫게 되실 것입니다.
23 나무 등걸과 뿌리만은 그대로 두라고 한 것
26 은, 임금님께서 하늘이 세상을 다스린다는
것을 깨닫게 되시면 이 나라를 임금님께 다
시 돌려주신다는 뜻입니다.
24 임금님께서는 이제 소인이 드리는 의견을
27 기꺼이 받아들여 주십시오. 선을 베풀어 죄
를 면하시고 빈민을 구제하셔서 허물을 벗
으시기 바랍니다. 그리하면 길이 태평성대
를 누리실 것입니다."
25◎이런 것들이 다 그대로 느부갓네살 왕에게
28 들어맞았다.
26 꿈을 꾸고 열두 달이 지난 어느 날, 왕은 바
29 빌론 궁궐 옥상에 있는 동산을 거닐면서
27 혼자 중얼거렸다. "내 손으로 공들여 세운
30 대바빌론, 이것이 바로 내 영광을 떨치는 나
의 왕도로다."
28 이 말이 채 끝나기도 전에 하늘에서 큰소리
31 가 들려왔다. "너 느부갓네살은 들어라. 네
왕조는 끝장이 났다.
29 너는 세상에서 쫓겨나 들짐승과 어울려 살
32 며 소처럼 풀을 뜯어먹을 것이다. 그렇게
일곱 해를 지낸 뒤에야 너는 왕국을 다스리
는 분은 지극히 높으신 하느님이라는 것과
그분은 자기의 마음에 드는 사람에게 나라
를 맡기신다는 것을 깨닫게 될 것이다."
30◎느부갓네살은 당장에 그 말대로 되었다.
33 그는 세상에서 쫓겨나 소처럼 풀을 뜯어먹
으며 몸은 하늘에서 내리는 이슬에 젖었고
머리는 독수리 깃처럼 텁수룩하게 자랐으
며 손톱 발톱은 새 발톱처럼 길어졌다.
31◎"나 느부갓네살은 기한이 차서 고개를 들
34 어 하늘을 쳐다보다가 제 정신이 들어 지극
히 높으신 하느님을 칭송하였다. 영원히 살
아 계시는 이를 우러러 찬양하였다.
주는 영원히 왕위에 앉으시어
만대에 이르도록 다스리실 왕이시라.
32 땅 위에 사는 사람이 다 무엇이냐?
35 하늘 군대도 마음대로 부리시는데
하물며 땅 위에 사는 사람이랴!
누가 감히 그를 붙잡고
왜 이러시느냐고 항의할 수 있으랴?
33 바로 그 때 나는 제 정신을 되찾았고, 다
36 시 임금이 되어 영광을 떨치며 영화를 누리
게 되었다. 고문관들과 대신들이 나를 찾아
와 나를 다시 왕으로 받들게 되어 나는 전보
다 더한 영광을 떨치게 되었다.
34 그래서 이제 나 느부갓네살은 하늘 임금님께
37 영광을 돌리며 그를 높이 찬양한다. 하늘

임금님께서 하시는 일은 다 옳고, 가시는
길은 항상 곧아서 잘난 체하는 자들은 꺾으
신다."

벨사살의 운명

5 ◎㉠벨사살 왕이 잔치를 베풀고 만조 백관
들을 불러 함께 술을 마신 일이 있었다.
2 벨사살은 거나하게 되자 선왕 느부갓네살이
예루살렘 성전에서 약탈하여 온 금잔, 은잔
을 내오라고 하였다. 왕은 고관들과 왕비들
과 후궁들과 함께 그 잔으로 술을 마시고 싶
었던 것이다.
3 예루살렘에 있는 하느님의 집에서 약탈하여
온 금잔이 나오자 왕은 그 잔으로 고관들과
왕비들과 후궁들과 함께 술을 마셨다.
4 이렇게 술을 마시며 금은동철이나 목석으
로 만든 신상들을 찬양하는데
5 갑자기 사람의 손가락 하나가 나타나서 등
잔대 맞은 쪽 왕궁 벽에 붙어 있는 판에 글
자를 썼다. 왕은 글 쓰는 손을 보고
6 새파랗게 놀랐다. 그는 머리가 아뜩해지며
허벅지가 녹는 듯하고, 무릎이 떨려
7 마술사들과 점성가들과 점쟁이들을 불러들
이라고 고함쳤다. 재사들이 대령하자 왕이
말했다. "저 글을 읽고 뜻을 풀어주는 사람
은 자주색 도포를 입혀주고 금목걸이를 걸
어주며 이 나라에서 셋째가는 높은 자리에
앉혀주리라."
8 그러나 불려나온 왕실 재사들 중 아무도 그
글을 읽고 뜻을 풀어내는 사람이 없었다.
9 벨사살 왕의 얼굴빛이 달라지며 당황하는
모습을 보고 고관들은 안절부절못했다.
10 ◎그 때 왕비가 고관들이 웅성거리는 소리
를 듣고 연회장으로 올라가 아뢰었다. "임
금님, 만수무강을 빕니다. 그렇게 안색이
달라지시도록 당황하실 것은 없습니다.
11 임금님의 나라에는 거룩하신 하느님의 영
을 받은 사람이 하나 있습니다. 그는 머리
가 명석하여 지혜롭기가 하느님 같다고 소
문난 사람입니다. 선왕 느부갓네살께서 그
를 마술사들과 술객들과 점성가들과 점쟁
이들의 수령으로 임명하신 일까지 있습니
다.
12 임금님께서 벨트사살이라는 이름을 주신 다
니엘이 그 사람입니다. 그는 신통력이 놀라
워 모르는 것이 없습니다. 꿈이나 수수께끼
나 어떤 어려운 문제든지 잘 풀어내는 재주
가 있습니다. 다니엘을 부르시면 이 글을 풀
어드릴 것입니다."
13 ◎그래서 다니엘이 불려 나오자 왕이 그에게
물었다. "그대가 바로 유다에서 포로로 끌
려온 다니엘이란 사람인가?
14 그대는 하느님의 영을 받은 사람으로서 머
리가 명석하여 지혜가 대단하다는 말을 들
었다.
15 나는 재사들과 마술사들을 데려다가 저기
저 글을 읽고 뜻을 풀이하라고 했지만 아무
도 그 말 뜻을 풀지 못했다.
16 내가 들으니, 그대는 무엇이나 다 잘 알아
내고 어떤 수수께끼든지 풀 수 있다던데 이
제 그대는 저 글을 읽고 뜻을 풀이하여 보아
라. 그리하면 그대에게 자주색 도포를 입히
고 금목걸이를 걸어주며 그대를 이 나라에
서 셋째가는 높은 자리에 앉혀주리라."
17 ◎다니엘이 왕에게 대답했다. "임금님께서
주시겠다는 선물은 거두시고, 그 사례는 다
른 사람에게나 내리십시오. 그래도 저는 임
금님께 저 글을 읽어드리고 뜻을 풀이하여
드리겠습니다.
18 임금님, 지극히 높으신 하느님께서는 선왕
느부갓네살의 나라를 강대하게 하셔서 영화
와 영광을 떨치게 하여주셨습니다.
19 하느님께서 그렇게 선왕을 위대하게 해주
셨으므로 인종과 말이 다른 천하 만민이 모
두 선왕 앞에서는 두려워 떨었습니다. 그래
서 선왕께서는 마음대로 죽이기도 하고 살
리기도 하고 올려 앉히기도 하고 내려 앉히
기도 하셨습니다.
20 그렇게 마음이 높아져서 거만을 떨며 자기
생각만 내세우시다가 그만 옥좌에서 쫓겨
나 영화를 빼앗기고
21 세상에서 쫓겨나 그 생각이 짐승과 같아져
서 들나귀하고 어울려 지내며 소처럼 풀을
뜯어먹고 하늘에서 내리는 이슬에 몸을 적
시며 사셨습니다. 그러다가 마침내 인간의
왕국을 다스리는 분은 지극히 높으신 하느
님이시라는 것을 깨닫게 되셨습니다. 지극
히 높으신 하느님께서는 당신 마음에 드는
사람이라야 왕으로 세우신다는 것을 깨닫
게 되신 것입니다.
22 그분의 아들이신 임금님께서는 그것을 다
아시고도 겸손해지시기는커녕
23 오히려 하늘의 대주재를 거역하시고 그분
의 집에서 쓰던 잔들을 이 자리에 내어다가
대신들과 왕비들과 후궁들과 함께 그 잔으
로 술을 마셨습니다. 그리고는 금은동철이

㉠ 벨사살은 바빌론 왕 나보니두스(기원전 555-538년) 대신 왕권을 잡은 일이 있다.

나 목석으로 만든 신상들, 보지도 듣지도
못하고 아무것도 알지 못하는 신들을 찬양
하셨습니다. 그러시면서 임금님의 목숨을
손안에 쥐고 계시는 하느님, 임금님의 일거
일동을 지켜보시는 하느님을 공경하지 않
으셨습니다.
24 지극히 높으신 하느님께서 손가락을 내보
내시어 저 글자들을 쓰게 하신 것은 그 때문
입니다.
25 저기 쓴 글자들은 '므네 므네 드켈.' 그 다음
은 '브라신.' 입니다.
26 그 뜻은 이렇습니다. '므네.'는 '하느님께
서 왕의 나라 햇수를 세어보시고 마감하셨
다.'는 뜻입니다.
27 '드켈.'은 '왕을 저울에 달아보시니 무게가
모자랐다.'는 뜻입니다.
28 '브라신.'은 '왕의 나라를 메대와 페르시아
에게 갈라주신다.'는 뜻입니다."
29 ◎벨사살은 다니엘에게 자주색 도포를 입히
고 금목걸이를 걸어주도록 영을 내리고, 다
니엘이 온 나라에서 세 번째로 높은 사람임
을 공포하였다.
30 ◎바빌론 왕 벨사살은 그 날 밤으로 살해되
었고,

6

1 나라는 메대 왕 다리우스가 차지하게 되
31 었다. 이 때 다리우스는 육십이 세였다.

다니엘이 사자굴에서 살아 나오다

2 ◎㉠다리우스는 지방장관 백이십 명을 임명
1 하여 온 나라를 다스리게 하고
3 그 지방장관들 위에 정승을 세 사람 임명하
2 여 지방장관들에게서 국정 보고를 받으며
나라에 어려움이 생기지 않도록 보살피게
하였다. 다니엘은 이 정승들 가운데 한 사람
이었다.
4 다니엘에게는 놀라운 신통력이 있어서 어느
3 정승이나 지방장관보다 뛰어났으므로 왕은
그에게 전국을 다스리게 하였다.
5 그러자 다른 정승들과 지방장관들은 다니엘
4 이 정사에 무슨 실수라도 하지 않는가 눈을
밝히고 보았지만 그에게서 트집잡을 만한
허물은 하나도 찾아내지 못하였다. 다니엘
은 충직한 사람이었으므로 아무런 허물도
실수도 없었던 것이다.
6 ◎그래서 그들은 다니엘에게는 트집잡을 만
5 한 일이 하나도 없으니 그의 종교를 걸어 트
집을 잡자고 의논하였다.
7 정승들과 지방장관들은 왕에게 몰려와 진
6 언하였다. "다리우스 임금님, 만수무강을
빕니다.
8 임금님의 정승들과 대신들과 지방장관들과
7 고문관들과 총독들이 모두 임금님께 아룁
니다. 앞으로 삼십 일 동안 임금님 외에 다
른 어떤 신이나 사람에게 기도를 드리는 자
가 있으면, 그가 누구든지 사자 우리에 집
어넣는다는 금령을 정하시고
9 그 금령에 서명하시어 수정하지 못하게 하
8 십시오. 메대와 페르시아의 법은 수정하지
못하는 법입니다."
10 다리우스 왕은 그 금령 문서에 서명하였다.
9
11 ◎왕이 그 금령 문서에 서명하였다는 것을
10 알고도 다니엘은 집에 올라가 전처럼 자기
하느님 앞에 무릎을 꿇고 기도와 찬양을
올렸다. 그는 예루살렘 쪽으로 창이 나 있
는 다락방에서 하루에 세 번씩 기도를 드
렸다.
12 그 사람들이 몰려와서 다니엘이 자기 하느
11 님께 간절히 기도하는 것을 보고는
13 왕 앞에 나아가 왕이 내린 금령을 들어 이
12 일을 일러바쳤다. "앞으로 삼십 일 동안 임
금님 아닌 다른 어떤 신이나 사람에게 기도
를 올리면 그가 누구든지 사자 우리에 집어
넣는다는 금령에 임금님께서는 친히 서명
하시지 않으셨습니까?" "메대와 페르시아
의 법은 수정할 수 없으니 그 법 또한 움직
일 수 없소." 하고 왕이 대답하자
14 그들은 다니엘을 고소하여 말하였다. "유다
13 포로 출신인 다니엘은 임금님을 업신여기고
임금님께서 서명하신 금령을 무시한 채 하
루 세 차례씩이나 제멋대로 기도를 올립니
다."
15 왕은 이 말을 듣고 매우 걱정되었으나 다니
14 엘을 살려내기로 결심하고 그를 구하려고
백방으로 애를 썼다.
16 그러나 그들은 왕에게 몰려와 주장을 펴는
15 것이었다. "임금님께서 세우신 금령이나 법
령은 고칠 수 없다는 것이 메대와 페르시아
의 법임을 잊지 마십시오."
17 그리하여 왕은 영을 내려 다니엘을 끌어다
16 가 사자 우리에 집어넣게 하고는 다니엘에
게 이렇게 말하였다. "네가 굽히지 않고 섬
겨온 신이 너를 구하여 주시기 바란다."
18 왕과 대신들은 사자 우리의 문을 막은 돌에
17 봉인을 하여 아무도 다니엘을 건져내지 못
하게 하였다.
19 ◎왕은 궁으로 돌아가 먹지도 마시지도 아
18

㉠ 라틴어 성서는 여기에서 6장이 시작됨.

니하고, 후궁의 수청도 물리친 채 뜬눈으로
밤을 새웠다.
20 날이 새자마자 왕은 자리에서 일어나 사자
19 우리로 달려갔다.
21 그는 우리에 다가서서 목멘 소리로 다니엘
20 을 불렀다. "살아 계시는 신을 섬기는 다니
엘아, 네가 항상 섬겨온 신이 과연 너를 사
자들에게서 살려내 주었느냐?"
22 다니엘이 왕에게 대답하였다. "임금님, 만
21 수무강을 빕니다.
23 소인이 섬겨온 하느님께서 천사를 보내시
22 어 사자들의 입을 틀어막으셨으므로 사자
들이 소인을 해치지 못하였습니다. 소인은
하느님 앞에 아무 죄도 없을 뿐더러 임금님
께도 잘못한 일이 없습니다. 그래서 이렇게
구하여 주신 것입니다."
24 왕은 다니엘이 살아 있는 것을 크게 기뻐하
23 며 그를 끌어올리라고 명하였다. 다니엘을
굴에서 끌어올리고 보니 아무런 상처도 없
었다. 하느님을 믿고 의지했기 때문이었다.
25 왕은 다니엘을 참소한 자들을 처자와 함께
24 끌어다가 사자 우리에 처넣게 하였다. 사자
들은 그들이 바닥에 채 떨어지기도 전에 달
려들어 뼈까지 씹어 삼켰다.
26 ◎다리우스 왕은 인종과 말이 다른 천하 만
25 민에게 영을 내렸다.
"너희에게 행운이 있기를 빌며
27 내가 이제 영을 내린다.
26 내가 다스리는 나라 안에 사는 자들은 모두
삼가 다니엘의 하느님을 두려운 마음으로 공경하여야 한다.
그분은 살아 계시는 하느님, 영원하신 하느님이시니,
그의 나라는 무너지지 않으며 그 주권은 다할 날이 없으리라.
28 사람을 살리고 구하여 주시는 분,
27 하늘과 땅에서 표적과 기적을 베푸시는 분께서
다니엘을 사자들로부터 살려내셨다."
29 ◎이리하여 다니엘은 다리우스가 왕위에 있
28 을 때와 페르시아 왕 고레스가 다스리는 동
안 그의 이름을 떨쳤다.

다니엘의 꿈 : 네 짐승

7 ◎바빌론 왕 벨사살 제일년, 다니엘은 잠자
리에 들었다가 꿈에 이상한 광경을 보았
다. 그는 그 꿈을 적어두었는데 이야기는
이렇게 시작된다.
2 ◎"다니엘이 말한다. 나는 밤에 이상한 광경
을 보았다. 하늘 끝 사방에서 갑자기 바람
이 일면서 큰 바다가 출렁거리는데,
3 바다에서 모양이 다른 큰 짐승 네 마리가 올
라왔다.
4 그 첫째 것은 몸이 사자같이 생겼고 독수리
날개를 달고 있었다. 내가 바라보고 있는
사이에 그 짐승의 날개가 뽑혔다. 그러더니
땅에서 몸을 일으켜 사람처럼 발을 딛고 서
는 것이었다. 그 짐승은 사람의 마음까지
지니게 되었다.
5 둘째 짐승은 곰같이 생겼는데 몸을 한쪽으
로 비스듬히 일으키고 있었다. 그 짐승은
이빨 사이에 갈비 세 개를 물고 있었는데 어
디서 '일어나 고기를 실컷 먹어라.' 하는
말이 들려왔다.
6 내가 또 바라보니 이번에는 표범같이 생긴
짐승이 올라오는데 옆구리에는 새 깃이 네
개 달려 있었고 머리도 넷이었다. 그 짐승
은 권력을 받았다.
7 그 날 밤 꿈에 본 넷째 짐승은 무시무시하고
끔찍하게 생겼으며 힘도 무척 세었다. 쇠로
된 이빨로 무엇이나 부서뜨려 먹으며 남은
것은 발로 짓밟았다. 먼저 나온 짐승들과는
달리 뿔이 열 개나 돋아 있었다.
8 그 뿔들을 유심히 바라보고 있자니 그 몸
에서 작은 뿔 하나가 새로 돋아났다. 그러
자 먼저 나온 뿔 셋이 그 뿔에 밀려서 뽑혀
나갔다. 그런데 그 작은 뿔은 사람처럼 눈
이 있고 입도 있어 큰소리를 치고 있었다.
9 내가 바라보니
옥좌가 놓이고 태곳적부터 계신 이가 그 위에 앉으셨는데,
옷은 눈같이 희고
머리털은 양털같이 윤이 났다.
옥좌에서는 불꽃이 일었고 그 바퀴에서는 불길이 치솟았으며,
10 그 앞으로는 불길이 강물처럼 흘러 나왔다.
천만 신하들이 떠받들어 모시고
또 억조 창생들이 모시고 섰는데,
그는 법정을 열고 조서를 펼치셨다.
11 그 뿔이 계속하여 외쳐대는 건방진 소리
를 한 귀로 들으면서 보고 있자니, 그 짐승은
나의 눈앞에서 처형을 받아 시체가 박살이
나고 타오르는 불 속에 던져지는 것이었다.
12 다른 짐승들은 권세는 빼앗겼으나 목숨만
은 얼마 동안 부지하도록 버려졌다.
13 나는 밤에 또 이상한 광경을 보았는데 사

람 모습을 한 이가 하늘에서 구름을 타고 와
서 태곳적부터 계신 이 앞으로 인도되어 나
아갔다.
14 주권과 영화와 나라가 그에게 맡겨지고 인
종과 말이 다른 뭇 백성들의 섬김을 받게 되
었다. 그의 주권은 스러지지 아니하고 영원
히 갈 것이며 그의 나라는 멸망하지 아니하
리라.
15 나 다니엘은 마음이 어수선했다. 그 이상
한 광경이 머리를 어지럽게 하였다.
16 그래서 거기 서 있는 한 분에게 가서 이 모
든 것이 무엇을 뜻하는 것이냐고 물었더니
그가 이렇게 설명해 주었다.
17 '이 큰 짐승 네 마리는 세상 나라의 네 임금
을 가리키는데
18 마침내는 지극히 높으신 하느님을 섬기는
거룩한 백성이 그 나라를 물려받아 길이 그
나라를 차지하고 영원토록 이어 나가리라
는 뜻이다.'
19 나는 그 중에서도 유별나게 무서운 모양을
하고 쇠 이빨과 놋쇠 발톱으로 바수어 먹으
며 남은 것은 모조리 발로 짓밟는 넷째 짐승
의 정체를 알고 싶었다.
20 머리에는 뿔이 열 개나 돋아 있었고 새로 뿔
하나가 나오자 뿔 셋이 떨어져 나갔는데 그
뿔은 눈도 있고 입도 있어서 건방진 소리를
하고 있었다. 또 그 뿔이 다른 뿔보다 커졌
는데, 그것들이 모두 무엇인지 알고 싶었
다.
21 내가 보니, 그 뿔은 거룩한 백성을 쳐서 정
복하였다.
22 그러나 태곳적부터 계시는 이, 지극히 높으
신 하느님께서 오셔서 재판을 하시고 당신
을 섬기는 거룩한 백성의 권리를 찾아주셨
다. 거룩한 백성이 나라를 되찾을 때가 되
었던 것이다.
23 그는 이렇게 대답하였다.
'넷째 짐승은 네 번째로 일어날 세상 나
라인데
그 어느 나라와도 달라,
온 천하를 집어삼키고 짓밟으며 부술 것
이다.
24 뿔 열 개는 그 나라에 일어날 열 임금을
말한다.
이들 임금 다음에 다른 임금 하나가 일어
날 터인데
그 임금은 먼저 일어난 임금들과는 달라
그 중 세 임금을 눌러버릴 것이다.
25 그는 지극히 높으신 하느님에게 욕을 퍼
부으며
지극히 높으신 하느님을 섬기는 거룩한
백성을 못살게 굴 것이다.
축제일과 법마저 바꿀 셈으로
한 해하고 두 해에다 반 년 동안이나
그들을 한 손에 넣고 휘두를 것이다.
26 그러나 마침내 재판을 받아, 주권을 빼앗
기고
송두리째 멸망하여 버릴 것이며,
27 천하 만국을 다스리는 권세와 영광이
지극히 높으신 하느님을 섬기는 거룩한
백성에게
모두 돌아올 것이다.
그 나라는 영원히 끝나지 않아
모든 나라가 그 나라를 섬기고,
그 명을 따를 것이다.'
28 이야기는 여기에서 끝난다. 나 다니엘은
마음이 매우 어수선하여 얼굴빛마저 변했
지만 마음에 이 일을 간직하여 두었다."

다니엘의 환상 : 숫양과 숫염소

8 ◎일찍이 환상을 본 나 다니엘은 벨사살 왕
제삼년에 또 다른 환상을 보았다.
2 내 눈앞에 이상한 광경이 나타났는데, 그것
을 본 것은 내가 엘람 지방의 요충지인 수사
의 울래 강 가에 있을 때였다.
3 내가 눈여겨보니 강가에 숫양 한 마리가 서
있었다. 그 숫양은 긴 뿔이 두 개 돋아 있었
는데, 그 중에서 나중 나온 뿔이 더 길었다.
4 그 숫양이 뿔을 휘두르며 서쪽, 북쪽, 남쪽
으로 치닫는데 어느 짐승도 그 숫양을 당해
낼 수가 없었고 거기에서 빠져 나올 수가 없
었다. 그 숫양은 제멋대로 날뛰며 스스로
강하여졌다.
5 ◎저것이 대체 무엇일까 하고 생각하고 있
는데, 서쪽에서 숫염소 한 마리가 나타나더
니 발이 땅에 닿지 않을 만큼 날쌘 몸짓으로
온 세상을 휩쓸었다. 그 숫염소의 두 눈 사
이에는 외뿔이 완연히 돋아 있었다.
6 숫염소는 강가에 서 있는 조금 전의 그 숫양
에게 쏜살같이 달려들었다.
7 숫염소가 성을 내어 숫양을 받아 그 두 뿔을
꺾어버리는 것을 나는 보았다. 숫양이 대항
할 힘을 잃자 숫염소는 숫양을 땅에 거꾸러
뜨리고 짓밟아버렸다. 그래도 그 숫양을 구
해 주는 이가 없었다.
8 ◎이리하여 숫염소의 기세는 매우 커졌다.
그러나 한창 힘을 쓸 때쯤 해서 큰 외뿔이
부러지고 그 자리에 뿔 네 개가 돋아나 사방

하늘로 멋지게 뻗어 나갔다.
9 그 중 뿔 하나에서 작은 뿔 하나가 돋아나서
남쪽과 동쪽과 ㉠영광스러운 나라 쪽으로
줄기차게 뻗어 나갔다.
10 그 세력은 하늘 군대에게까지 뻗쳐 하늘의
군대와 별들을 땅에 떨어뜨려 짓밟았다.
11 그는 하늘 군대 사령관까지 업신여기며 날
마다 드리는 제사를 폐지하고, 성소의 터까
지 파헤쳤다.
12 나아가 하늘 군대까지 몰아내고 날마다 드
리는 제단 위에 부정한 것을 올려놓아 참된
도를 땅에 떨어뜨리며 제멋대로 굴었으나
그 하는 일마다 거침없이 이루어졌다.
13 ◎그런데 하늘이 보낸 이 둘이 서로 말을 주
고받는 소리가 내 귀에 들려왔다. "지금 나
타나 보이는 대로 날마다 드리는 제사가 폐
지되고 돌무더기가 된 이 자리에 부정한 것
이 버젓이 놓이고 성소와 하늘 군대가 짓밟
히고 있는 저 일이 언제까지 갈까?"
14 "아침과 저녁이 이천삼백 번 바뀌어야 성소
가 복구되리라."
15 ◎나 다니엘이 이 환상을 보면서 그 뜻을 몰
라 애쓰고 있는데 내 앞에 문득 장사같이 보
이는 이가 섰고
16 울래 강 너머에서 웬 사람이 말하는 소리가
들려왔다. "가브리엘, 너는 저 사람에게 환
상을 풀이하여 주어라."
17 그러자 가브리엘은 내가 서 있는 곳으로 왔
다. 그가 다가오는 것을 보고 내가 겁이 나
서 엎드리자 그는 나에게 이렇게 말하였다.
"이 사람아, 보고 깨달아라. 이 환상은 세상
이 어떻게 끝판날 것인지를 보여주신 것이
다."
18 그는 이 말을 듣고 땅에 엎드린 채 까무러친
나를 부축하여 일으켜 세우고는
19 이렇게 말하였다.
"나는 하느님께서 노여움을 모두 터뜨리
실 세상 끝판에 일어날 일을 너에게 알리러
왔다. 하느님께서 정하신 끝날은 오고야 만
다.
20 네가 본 숫양의 두 뿔은 메대와 페르시아의
임금들이다.
21 숫염소는 그리스요, 두 눈 사이에 돋은 큰
뿔은 그 첫 임금이다.
22 그 뿔이 부러지고, 그 자리에 네 뿔이 돋은
것은 그 백성이 네 나라로 갈린다는 뜻이다.
그런데 그 힘은 첫 임금만 못할 것이다.
23 죄악이 가득 차
나라가 끝장나게 되었을 때
사나운 임금이 나타나
권모 술수를 써가며
24 세력을 뻗칠 것이다.
비상한 계략을 짜내어
무슨 일이든지 해내고야 말 것이다.
강대국들을 부수고
거룩한 백성까지 부술 것이다.
25 못된 꾀로 흉계를 꾸며
그 모든 일을 제 손으로 해치우리라.
마음이 방자해져서
많은 사람들을 불시에 덮쳐 멸하고
가장 높으신 사령관에게까지 맞서다가
사람의 손이 닿지 않아도 부서지고 말리
라.
26 이것은 장차 정해진 날에 틀림없이 이루
어지겠지만
오래 있다가 될 일이니 비밀에 붙여두어
라."
27 ◎나 다니엘은 넋을 잃고 여러 날 몸져 눕게
되었다. 일어나 왕을 보필하면서도 앞에 본
환상의 뜻을 몰라서 나는 얼빠진 사람처럼
지냈다.

칠십 주간의 비밀이 밝혀지다

9 ◎메대 족속 출신 아하스에로스의 아들
㉡다리우스가 바빌론의 임금이 되던 해였
다.
2 다리우스 제일년에 나 다니엘은 성서를 읽다
가 야훼께서 예언자 예레미야에게 하신 말씀
에서 예루살렘이 돌무더기로 남아 있을 햇
수가 칠십 년이라는 것을 알게 되었다.
3 나는 삼베를 걸치고 단식하며 먼지를 들쓴
채 주 하느님을 우러러 기도를 올리며 자비
를 빌었다.
4 나는 내 하느님 야훼께 마음을 털어놓고 기
도를 드렸다.
"주님, 크고 두려우신 하느님, 하느님을
사랑하여 말씀대로 하는 사람들에게는 계
약을 어김없이 지키시는 하느님,
5 우리는 못된 일만 하였으며 비뚤어진 짓만
하였습니다. 하느님을 배신하고 몹쓸 짓을
하고 명령과 법을 어겼습니다.
6 하느님의 종 예언자들이 하느님의 이름으
로 우리의 임금들과 고관들과 조상들과 온
국민에게 하신 말씀을 우리는 저버렸습니
다.
7 주님, 우리는 지금 이처럼 얼굴을 들 수 없

㉠ 팔레스틴을 말한다. ㉡ 다리우스 I세는 기원전 522-486년 페르시아를 다스린 왕이다.

이 되었습니다마는 주께는 잘못이 없습니
다. 유다 사람이나 예루살렘 주민뿐만 아니
라, 이스라엘 사람으로서 이 주변에 사는 사
람이나 멀리 온 세상에 흩어진 사람들이 모
두가 얼굴을 들 수 없게 되었습니다. 그들
은 하느님을 배신하여 그렇게 쫓겨났습니
다.
8 야훼여, 우리는 임금들이나 고관들이나 조
상들까지 모두가 주께 죄를 얻어 얼굴을 들
수 없게 되었습니다.
9 주 우리 하느님께서는 애처로운 이 모양이
가엾어 용서해 주셨지만, 우리는 주께 반항
만 하였습니다.
10 하느님 야훼께서 당신의 종 예언자들을 시
켜 우리 앞에 법을 펴시고 그대로 살라고 말
씀하셨지만, 우리는 듣지 않았습니다.
11 이렇게 온 이스라엘이 주의 법을 어기고 말
씀을 듣지 않아, 죄를 얻었습니다. 그리하
여 하느님께서는 반드시 내리시겠다고 하
신 저주를 하느님의 종 모세의 법에 기록되
어 있는 대로 우리에게 내리셨습니다.
12 우리와 우리를 다스리는 위정자들에게 내
리시겠다고 말씀하신 그 큰 재앙을 그대로
우리에게 내리셨습니다. 천하에 다시 없을
재앙을 예루살렘에 내리셨습니다.
13 모세의 법에 기록된 그 온갖 재앙을 당하고
도 우리는 하느님의 진실하심을 깨닫지 못
하였고 우리의 죄악을 뉘우치지 않았습니
다. 우리 하느님 야훼의 노여움을 풀어드리
려 하지 않았습니다.
14 야훼께서는 재앙이란 재앙은 하나도 빠뜨리
지 않고 내리셨습니다. 우리 하느님 야훼께
서 하시는 일은 모두 옳으셨지만 우리는 그
말씀을 듣지 않았습니다.
15 우리 주 하느님, 하느님께서는 강하신 팔을
펴시어 이 백성을 이집트에서 이끌어내셨습
니다. 하느님의 명성은 아직도 떨치고 있습
니다. 그런데 우리는 잘못을 저지르고 몹쓸
짓을 했습니다.
16 그러나 주께서는 자비로우시니, 거룩한 산
위의 예루살렘 성에 내리시던 노여움과 진
노를 이제 거두어주십시오. 우리의 잘못과
조상들의 죄 탓으로 예루살렘이나 하느님의
백성이 모든 이웃 백성들에게 욕을 당하고
있습니다.
17 우리 하느님, 이 종이 드리는 간절한 기도
를 이제 들어주십시오. 주님의 명성을 돌보
시어 폐허가 된 주의 성소를 가엾이 여기시
고 굽어보아 주십시오.
18 나의 하느님, 귀를 기울여 들어주십시오.
눈을 뜨시고 주의 이름으로 부르는 도읍,
폐허가 된 이 도읍을 굽어보십시오. 우리가
무슨 잘한 일이 있다고 주의 은총을 빌겠습
니까? 다만 하느님의 크신 자비를 믿고 빌
뿐입니다.
19 주님, 들어주십시오. 주님, 용서해 주십시
오. 주님, 귀를 기울여주십시오. 하느님의
도읍과 백성은 여전히 하느님의 이름으로
불리고 있습니다. 그러니 주의 명성을 돌보
시어 지체하지 마시고 곧 이루어주십시오."
20 ◎나는 이렇게 나의 죄와 이 겨레 이스라엘
의 죄를 자백하였으며 하느님의 거룩한 산
을 어여삐 여겨달라고 나의 하느님 야훼께
간구하였다.
21 내가 이렇게 기도를 올리고 있는데 지난번
환상에서 본 가브리엘이라는 이가 저녁 제
사 무렵에 날아오더니 나를 흔들며
22 이렇게 분명히 일러주는 것이었다.
"다니엘아, 네가 알려고 하는 것을 깨우
쳐주려고 이렇게 왔다.
23 네가 간절한 기도를 올리자 곧 대답이 내렸
는데 나는 그 대답을 일러주러 왔다. 하느
님께서 너를 사랑하셔서 이렇게 대답해 주
시는 것이니, 이 말씀을 잘 듣고 환상의 뜻
을 깨닫도록 하여라.
24 하느님께서는 정하신 기간인 칠십 주간
이 지나야
네 겨레와 네 거룩한 도읍으로 하여금
다시는 거역하지 않게 하시고
죄악에서 손을 떼게 하실 것이다.
죄를 벗겨주시고
영원한 정의를 펴실 것이다.
환상으로 내리신 예언을 틀림없이 이루
시어
더없이 거룩한 이에게 기름을 부어
그를 성별하여 세우실 것이다.
25 너는 똑똑히 알아라.
너희가 돌아가 예루살렘을 재건하리라는
말씀이 계신 때부터
기름 부어 세운 영도자가 오기까지는 칠
주간이 흐를 것이다.
그 뒤에 육십이 주간 어려운 시대가 계속
되겠지만,
그 동안에 성을 쌓고 재건하게 될 것이다.
26 이렇게 육십이 주간이 지난 다음,
기름부어 세운 이가 재판도 받지 않고 암
살당하며,
도읍과 성소는 한 장군이 이끄는 침략군

에게 헐릴 것이다.
전쟁으로 끝장이 나 폐허가 되고 말 것이
다.
종말이 홍수처럼 닥쳐올 것이다.
27 그 장군은 한 주간 동안
무리를 모아 날뛸 것이다.
반 주간이 지나면 희생제사와 곡식예물
봉헌을 중지시키고
성소 한 쪽에 파괴자의 우상을 세울 것이
다.
그러나 결국 그 파괴자도 예정된 벌을 받
고 말리라."

다니엘이 티그리스 강 가에서 환상을 보다

10 ◎페르시아 왕 고레스 제삼년에 일명 벨
트사살이라고도 하는 다니엘은 계시를
받아 틀림없이 큰 싸움이 일어나리라는 것
을 알게 되었다. 그는 환상을 보고 그 뜻을
분명하게 깨달았다.
2 ◎그 때 나 다니엘은 삼 주간 동안 고행을 하
고 있었다.
3 맛있는 음식을 먹지 않았고 고기나 포도주
도 입에 대지 않았으며, 머리에는 기름을
바르지 않은 채 예정된 삼 주간을 채웠다.
4 때는 정월 이십사일, 내가 티그리스 큰 강
가에 서서
5 바라보니 한 사람이 모시옷을 입고 순금띠
를 띠고 있었다.
6 몸은 감람석 같았고 얼굴은 번갯불처럼 빛
났으며 눈은 등불 같았고 팔다리는 놋쇠처
럼 윤이 났으며 음성은 뭇 사람이 아우성치
는 것 같았다.
7 같이 있던 사람들은 그 모습을 쳐다보지도
못하고 겁이 나서 달아나 숨었지만 나 다니
엘은 그 모습을 바라보고 있었다.
8 혼자 남아서 그 장엄한 모습을 보다가 나는
사색이 되었다. 맥이 빠져 꼼짝할 수 없게
되었다.
9 ◎그러는데 음성이 들려왔다. 그 음성을 듣
고 나는 그만 정신을 잃고 땅에 쓰러졌다.
10 누군가 흔들어 깨우기에 손으로 땅을 짚으
며 무릎을 꿇고 일어나 앉으니,
11 그가 말하는 것이었다. "다니엘아, 너 하느
님께서 귀엽게 보아주시는 사람아, 내가 일
러주는 말을 듣고 깨달아라. 나는 너에게
가보라시는 명령을 받고 이렇게 왔다. 일어
서라." 내가 그 소리를 듣고 떨면서 일어서
자,
12 그는 말했다. "다니엘아, 두려워 마라. 네가
알고 싶은 일이 있어서 네 하느님 앞에서 고
행을 시작하던 그 첫날 하느님께서는 이미
네 기도를 들으시고 대답을 내리셨다. 그
대답을 가지고 내가 너를 찾아온 것이다.
13 이리로 오는 길에 나는 페르시아 호국신에
게 길이 막혀 이십일 일이나 지체해 있었다.
마침 일곱 수호신 가운데 한 분인 미가엘이
도우러 왔기에 나는 그를 거기 남겨두어 페
르시아 호국신과 겨루게 하고는
14 너의 겨레가 훗날에 당할 일을 일러주려고
왔다. 또 그 때 일을 환상으로 보여줄 것도
있다."
15 ◎그의 말을 들으며 나는 아무 말도 못하고
땅에 엎드려 있었다.
16 그런데 사람처럼 생긴 이가 내 입술에 손을
대자 입이 열려 나는 앞에 서 있는 그분에게
말을 건네었다. "장군님, 소인은 이 환상을
보고 너무 충격을 받아 맥이 모두 빠져버렸
습니다.
17 소인은 기운이 진하고 숨이 막혀 장군님과
이야기할 힘조차 없습니다."
18 사람처럼 생긴 그분이 다시 나에게 손을 대
며 힘을 내라고 하였다.
19 "하느님의 사랑을 받는 사람아, 안심하여
라. 두려워 말고 힘을 내어라. 힘을 내어
라." 그 말을 듣고 나는 힘을 얻어 말했다.
"장군님, 이제 힘을 얻었으니 말씀하십시
오."
20 ◎그러자 그가 말했다. "너는 내가 어찌하
여 너를 찾아왔는지 아느냐? 나는 이제 곧
페르시아의 호국신과 싸워야 한다. 그리고
돌아서면 그리스 호국신이 달려들 것이다.
21 나는 반드시 이루어질 일을 기록한 책에 있
는 것을 너에게 일러준다. 그들과 대항하는
데 지금은 너희의 수호신 미가엘 외에 나를
도울 이가 없다.
11 그만은 나에게 힘이 되어 나를 도와줄
것이다.
2 이제 나는 반드시 이루어질 일을 알려주겠
다.
페르시아에는 앞으로 세 임금이 일어날
것이다. 넷째 임금은 어느 임금보다도 훨씬
부요해질 것이다. 이렇게 부요해지고 힘이
강해지면 그는 모든 사람을 동원하여 그리
스를 칠 것이다.
3 그렇지만 그리스에는 용감한 왕이 일어나
큰 나라를 이루어 다스리며 만사를 마음대
로 할 것이다.
4 그러다가 이 신흥 국가도 무너지고 천하는

네 나라로 갈라져 그의 후손 아닌 다른 사람
들의 손에 넘어갈 것이다. 그의 통치가 끝
난 다음, 나라는 전과 같지 않을 것이다.
5 그 가운데서 남쪽을 차지한 왕이 득세하
리라. 그러나 그의 장군들 가운데 왕보다도
더 힘있는 자가 일어나 왕보다도 훨씬 큰 나
라를 다스리게 될 것이다.
6 몇 해가 지나면 그들은 서로 우호 조약을 맺
고 남쪽 나라 공주가 북쪽 나라 왕비로 들어
와 서로 가까워질 것이다. 그러나 그 왕비
는 세력을 유지하지 못하고 그의 친자식도
그 자리를 지키지 못할 것이다. 왕비는 왕
과 왕자와 시종들과 함께 적의 손에 넘어가
고 말 것이다.
7 그 무렵 그의 친정 조카가 왕위에 올라 북쪽
나라 진영으로 쳐들어와 왕도의 요새를 쳐
서 승리를 거둘 것이다.
8 그리고 그들이 모시는 신들을, 우상과 금은
으로 만든 귀중한 그릇들과 함께 이집트로
거두어간 다음 얼마 동안은 북국 왕을 괴롭
히지 않고 내버려둘 것이다.
9 그 뒤에 북국 왕이 도리어 남쪽 나라를 공
격하고 나서 제 나라로 돌아갈 것이다.
10 그러나 그 아들 대에 가서 다시 전쟁 준비를
서둘러 대군을 모아서 물밀듯 쳐 내려갈 것
이다. 이렇게 다시 공격할 때는 왕도 요새
까지 밀고 들어가겠지만
11 남국 왕은 화가 나서 출동하여 북국 왕과 싸
워, 대군을 이끌고 온 북국 왕을 쳐부술 것
이다.
12 남국 왕은 의기 양양하여 적군 수만 명을 죽
이겠지만, 그의 힘은 그대로 지탱되지 못할
것이다.
13 북국 왕은 처음보다 더 많은 군인을 다시
동원해 두었다가 몇 해가 지나면 막강한 보
병과 기병을 이끌고 쳐 내려갈 것이다.
14 그 동안 남국 왕에게 반기를 드는 세력이 많
아질 것이다. 너의 겨레 가운데서도 극렬
분자들은 하늘이 보여주신 대로 되는 줄 알
고 들고일어나겠지만 모두 실패할 것이다.
15 북국 왕은 쳐 내려가서 그 견고한 성을 포위
하여 점령할 것이다. 남쪽은 힘이 모자라
버티지 못할 것이다. 정예부대도 힘이 꺾여
대항하지 못할 것이다.
16 북국 왕은 아무런 저항도 받지 않고 마구 횡
포를 부릴 것이다. 그는 영광스러운 나라에
주둔하면서 아무것이나 닥치는 대로 수중
에 넣을 것이다.
17 그는 남국 왕의 전 영토를 점령할 마음으
로 화친하려는 것처럼 꾸며 젊은 여인을 남
국 왕에게 보내어 남쪽 나라를 멸망시키려
고 할 것이다. 그러나 뜻대로 되지 않을 것
이다.
18 그래서 그는 해안 지대로 발길을 돌려 많은
나라를 점령할 것이다. 그러나 한 장군이
나타나 다시는 행패를 부리지 못하도록 그
를 꺾어버릴 것이다.
19 그는 자기 나라 요새로 피하려고 발길을 돌
리다가 실패한 채 영원히 망하고 말 것이다.
20 그의 후계자는 세금 징수원을 전국에 보
내어 돈을 모아들이게 하겠지만 며칠 안 가
서 쥐도 새도 모르게 죽고 말 것이다.
21 다음 후계자는 변변치 못한 사람이라 남
한테 왕으로 인정받을 만한 위인이 못되지
만, 모략으로 슬며시 나라를 차지할 것이
다.
22 그는 맞서는 세력을 하나하나 부수어 물리
치고 마침내 계약으로 세운 수령마저 죽일
것이다.
23 비록 따르는 자들은 많지 않지만 자기와 동
맹을 맺은 사람을 하나하나 속여가며 세력
을 잡고 올라설 것이다.
24 그리고 슬며시 비옥한 지방에 쳐들어가 조
상도 선조들도 해보지 못한 일을 할 것이다.
그래서 노략품과 전리품 같은 재물을 자기
의 추종자들에게 나누어주며 한때나마 요
새들을 무너뜨릴 계획을 세울 것이다.
25 그는 남국 왕을 치려고 있는 힘과 용기를
다 내어 대군을 이끌고 내려갈 것이다. 그
러면 남국 왕도 막강한 대군을 동원하여
싸울 것이지만 상대가 되지 않을 것이다.
게다가 모반을 꾸미는 사람마저 생길 것이
다.
26 한 식탁에서 먹던 사람들이 그를 거꾸러뜨
리려고 할 것이며, 그 군대는 몰리다가 많
은 전사자를 낼 것이다.
27 두 왕은 한 식탁에 앉아 먹으면서도 속으로
는 음흉한 계획을 저마다 꾸미겠으나 속셈
대로 되지 않을 것이다. 아직도 정한 때가
되지 않았기 때문이다.
28 북국 왕은 많은 재물을 빼앗아가지고 본국
으로 돌아가다가 거룩한 계약을 부술 마음
이 일어나서 그대로 한 다음에야 본국으로
돌아갈 것이다.
29 때가 되면 북국 왕은 다시 남쪽을 치러 가
겠지만 먼젓번만큼 성공하지는 못할 것이
다.
30 키프로스 쪽에서 해군이 쳐들어오는 바람에

겁이 나 되돌아서서 분풀이로 ㉠거룩한 계
약을 때려부술 것이다. 이미 거룩한 계약을
저버렸던 사람들은 다시 그의 환심을 사려
고 할 것이다.
31 그는 군대를 보내어 성소와 요새를 짓밟고
정기 제사를 폐지시키고 파괴자의 우상을
세울 것이다.
32 계약을 배반하는 자들은 그의 감언이설에
넘어가겠지만 하느님께 충성을 바치는 사
람들은 용감하게 나설 것이다.
33 민중의 지도자들은 민중을 깨우쳐주려다가
한때는 칼에 맞아 죽기도 하고 불에 타 죽거
나 귀양가거나 재산을 몰수당하게도 될 것
이다.
34 그들이 이렇게 거꾸러져도 도우려는 사람
은 별로 없고 걸어 넘어뜨리려는 자들만이
득시글거릴 것이다.
35 정한 때가 되어 마지막이 올 때까지 지도자
들이 이런 고난을 겪는 것을 보고 어떤 사람
은 단련을 받아 깨끗해지고 빛날 것이다.
36 그는 모든 신을 눈 아래 두고 업신여기며
거만해져서 무슨 짓이든지 다 할 것이다.
지극히 높으신 하느님마저 업신여기고 큰
소리를 치며 멋대로 굴다가 마침내는 하느
님의 진노를 받아 망할 것이다. 하느님께서
정하신 일이니 기어이 이루어지리라.
37 왕은 저밖에는 없다고 잘난 체하며 모든 신
을 모른다고 할 것이다. 조상이 받들던 신
도, 첩들이 받드는 신도 모른다고 하며
38 바다의 수호신을 공경할 것이다. 조상이 받
들지 않던 그 신을 금은과 보석과 값진 물건
을 바쳐가며 받들 것이다.
39 그 외국신을 위하는 자들을 요새의 수비대
로 배치할 것이다. 그리고 자기가 좋아하는
사람이면 높이 들어 백성을 다스리게 하고
조세를 받아들이도록 땅을 나누어줄 것이
다.
40 마지막 때가 오면 남국 왕이 싸움을 걸어
올 것이다. 그러면 북국 왕이 병거와 기병
과 많은 배를 동원하여 폭풍처럼 몰아치며
큰물처럼 온 세상을 휩쓸 것이다.
41 그 바람에 영광스러운 나라에서 많은 사람
이 쓰러질 것이다. 그러나 에돔 백성과 모압
백성과 암몬의 지도층은 난을 면할 것이다.
42 그는 나라마다 돌아가며 휩쓸 터인데 이집
트도 그 난을 면하지 못할 것이다.
43 이집트에 숨겨둔 금은과 온갖 보화를 마음
대로 손에 넣고 리비아와 에티오피아도 손아
귀에 넣을 것이다.
44 그러다가 동쪽과 북쪽에서 두려운 풍문이
들어오면 화가 나서 돌아가며 사람들을 마
구 잡아 죽일 것이다.
45 그는 영광스러운 거룩한 산과 지중해 사이
에 왕이 머무를 천막을 쳤다가 거기에서 마
지막 날을 맞이할 터인데 그를 도와줄 사람
은 하나도 없을 것이다.

마지막 때

12 그 때에 미가엘이 네 겨레를 지켜주려고
나설 것이다. 나라가 생긴 이래 일찍이
없었던 어려운 때가 올 것이다. 그런 때라
도 네 겨레 중에서 이 책에 기록된 사람만은
난을 면할 것이다.
2 티끌로 돌아갔던 대중이 잠에서 깨어나 영
원히 사는 이가 있는가 하면 영원한 모욕과
수치를 받을 사람도 있으리라.
3 슬기로운 지도자들은 밝은 하늘처럼 빛날
것이다. 대중을 바로 이끈 지도자들은 별처
럼 길이길이 빛날 것이다.
4 너 다니엘아, 이 말씀을 비밀에 붙여 마지
막 그 때가 오기까지 이 책을 봉해 두어라.
많은 사람들이 읽고 깨쳐 잘 알게 되는 날이
올 것이다. 그러나 갈팡질팡하는 사람도 많
을 것이다."
5 ◎나 다니엘이 바라보니 다른 두 분이 서 있
는데 한 분은 강 이쪽에, 또 한 분은 강 저쪽
에 서 있었다.
6 그 중 한 분이, 모시옷을 입고 강물 윗쪽에
서 있는 다른 분에게 물었다. "언제쯤 마지
막 때가 와서 이런 놀라운 일이 일어날 것입
니까?"
7 모시옷을 입고 강물 윗쪽에 서 있던 분이 두
손을 하늘로 쳐들고는, 영원히 살아 계시는
이를 두고 맹세하는 말이 들렸다. "한 때,
두 때 하고 반 때가 지나 거룩한 백성의 군
대를 부순 자가 죽으면 모든 일이 끝날 것이
다."
8 ◎이 말을 듣고 나는 무슨 말인지 몰라서 그
일이 어떻게 끝날 것이냐고 물었다.
9 그가 대답했다. "다니엘아, 물러가라. 이 말
씀은 마지막 때가 오기까지 봉한 채 비밀에
붙여질 것이다.
10 그 동안 많은 사람들이 단련을 받아 깨끗해
져서 빛날 것이다. 악한 사람들은 끝내 눈
이 열리지 않아 악한 짓을 계속하겠지만 슬
기로운 지도자들은 눈이 열려 환하게 알 것

㉠ 유다 종교를 말한다.

이다.
11 정기 제사가 폐지되고 파괴자의 우상이 선
다음 일천이백구십 일이 지나야 끝이 온다.
12 일천삼백삼십오 일을 기다리며 버티는 사
람은 복된 사람이다.
13 그러니 그만 가서 쉬어라. 세상 끝날에 너
는 일어나 한 몫을 차지하게 될 것이다."

수산나와 다니엘

㉠ 13 ◎바빌론에 요야킴이라는 사람이 살고
있었다.
2 그는 힐키야의 딸 수산나와 결혼하였는데 수
산나는 그 용모가 아름답고 하느님을 공경
하며 사는 여자였다.
3 수산나의 양친이 대단히 훌륭한 사람들이어
서 그 딸을 모세의 율법에 따라 잘 키웠던
것이다.
4 한편 요야킴은 큰 부자로서 자기 집에 넓은
정원을 가지고 있었다. 그는 누구보다도 큰
존경을 받는 사람이었기 때문에 많은 유다
사람들이 자주 그를 찾아오곤 하였다.
5 그런데 그 해에 두 노인이 백성 가운데서 재
판관으로 뽑혔다. "백성의 지도자로 자처하
는 원로들과 재판관들을 통하여 악이 바빌
론에 들어왔다."라는 주님의 말씀은 바로
이자들을 두고 하신 말씀이었다.
6 이 두 사람은 자주 요야킴의 집을 드나들었
으며 소송거리가 있는 사람들은 누구나 그
곳으로 그들을 찾아갔다.
7 사람들이 모두 다녀간 다음 오정 때가 되
면, 수산나는 자기 남편의 정원을 거닐곤 하
였다.
8 정원에서 산책하는 수산나를 매일 눈여겨본
그 두 노인은 수산나에게 음욕을 품기 시작
하였다.
9 그들은 하늘 무서운 것도 모르고, 정당한
판단을 할 수 없을 만큼 이성을 잃어버리게
되었다.
10 이 두 사람은 같은 욕정에 불타면서도 서로
내색을 하지 않았다.
11 수산나와 정을 통하고 싶다는 말을 털어놓
기가 몹시 부끄러웠기 때문이다.
12 그러나 그들은 여전히 매일 그 여자를 보려
고 애썼다.
13 그러다가 어느 날 그들은 "이제 점심때가
되었으니 집으로 돌아가세."라고 말하고 헤
어져 각기 다른 방향으로 떠났다.
14 그러나 그 두 사람은 제각기 가던 길을 되돌
아와서 다시 마주치게 되었다. 그들은 서로
돌아온 이유를 묻게 되어 마침내 그들의 음
욕을 고백하고는 수산나가 혼자 있을 때에
기습할 기회를 찾기로 하였다.
15 그래서 그들은 좋은 때가 오기만을 기다리
고 있었다. 그런데 어느 날 수산나가 젊은
하녀 둘만을 데리고 여느 때와 마찬가지로
정원에 나타났다. 그 날은 몹시 더워서 수산
나는 정원에서 목욕을 하려고 하였다.
16 거기에는 숨어서 수산나를 엿보고 있는 그
두 노인들 외에는 아무도 없었다.
17 수산나는 하녀들에게 기름과 향유를 가져오
고 자기가 목욕하는 동안 정원문을 닫아 걸
라고 일렀다.
18 그들은 수산나가 시키는 대로 정원문을 닫
고 수산나가 원하는 것을 가지러 옆문으로
해서 집으로 들어갔다. 하녀들은 그 두 노
인들이 숨어 있는 것을 전혀 모르고 있었
다.
19 ◎하녀들이 나가자마자, 그 두 노인은 곧 일
어나서 수산나에게로 달려가 이렇게 말하였
다.
20 "자, 정원문은 닫혔고 우리를 보는 사람은
아무도 없소. 우리는 부인을 사모하오. 그
러니 거절하지 말고 같이 잡시다.
21 만일 거절하면 부인이 젊은 청년과 정을 통
하려고 하녀들을 내보냈다고 증언하겠소."
22 ◎수산나는 한숨을 내쉬면서 말하였다. "나
는 지금 함정에 빠져 사방으로부터 몰리고
있구나. 만일 내가 이자들의 말을 들어주
면 그것은 곧 나에게는 죽음이다. 만일 거
부하면 이자들의 손아귀에서 벗어날 수가
없다.
23 내가 주님 앞에 죄를 짓느니 차라리 깨끗한
몸으로 이자들의 모략에 걸려드는 편이 낫
겠구나."
24 ◎그리고 수산나는 크게 소리쳤다. 두 노인
도 수산나를 향해서 소리소리 지르고
25 그 중 한 사람은 달려가서 정원문을 열어 제
쳤다.
26 그 집 하인들이 정원에서 나는 고함 소리를
듣고 무슨 일인가 하고 옆문으로 달려 나왔
다.
27 하인들은 그 노인들의 이야기를 듣고 어리
둥절하였다. 일찍이 수산나를 두고 그와 같
은 추문을 들은 적은 단 한 번도 없었기 때
문이다.
28 ◎그 다음날 수산나의 남편 요야킴의 집에

㉠ 13과 14장은 히브리어 본문에는 없고 칠십인역에만 들어 있다.

사람들이 모여들었다. 그 두 노인도 복수심
에 불타 수산나를 죽이리라 결심하고 그 집
으로 왔다.
29그들은 그 곳에 모인 사람들에게 "힐키야의
딸이며 요야킴의 아내인 수산나를 불러오시
오." 하고 말하였다. 그래서 수산나를 부르
러 사람이 갔다.
30수산나는 그 양친과 자녀들과 온 친척들과
함께 그 자리에 나왔다.
31그 때의 수산나는 매우 우아하였고 그의 모
습은 보기만 하여도 아름다웠다.
32수산나는 너울로 얼굴을 가리고 나왔는데
그 악인들은 수산나의 아름다운 자태를 보
고 즐기기 위하여 너울을 벗게 하였다.
33그러자 수산나의 일가 친척들은 모두 울음
을 터뜨렸고 그 모습을 본 다른 사람들도 모
두 울었다.
34그 두 노인은 그 자리에 모인 사람들 한가운
데에서 벌떡 일어나 수산나의 머리에 그들
의 손을 얹었다.
35수산나는 하느님을 믿고 눈물어린 두 눈을
들어 하늘을 쳐다보았다.
36두 노인은 이렇게 고발하였다.
"우리가 단둘이서 정원을 거닐고 있을
때, 이 여자가 하녀 두 사람을 데리고 정원
으로 왔소. 그는 정원문을 닫아걸고 하녀들
을 내보내었소.
37그 때 숨어 있던 한 젊은 청년이 그에게로
달려가 남녀가 정을 통했소.
38그 때 우리는 정원 구석에 있었는데 거기서
범행이 벌어지는 광경을 보고 그들에게로
달려갔지요.
39우리는 두 남녀의 정사를 틀림없이 보았지
만 그 젊은이는 놓치고 말았소. 그자는 우
리보다도 힘이 센 놈이어서 문을 열어제치
고 도망쳐 버렸던 것이오.
40그래서 이 여인을 붙잡아 그 남자가 누구냐
고 물었지요.
41그는 입을 다물고 말하지 않았소. 이것이
우리의 증언이오." ◎그 두 노인은 백성들
의 원로이며 또한 재판관이었기 때문에 거
기에 모인 사람들은 그들의 말을 곧이들었
다. 따라서 수산나는 사형을 선고받았다.
42수산나는 큰소리로 외치며 이렇게 말하였
다. "영원하신 하느님, 당신은 모든 비밀을
다 아시며, 무슨 일이 일어나기 전에 다 아
십니다.
43당신은 이들이 저에 대하여 한 증언이 거짓
이라는 것을 알고 계십니다. 그들이 악의로
저를 고발하여 저는 지금 죽습니다마는 저
들이 조작해 낸 모든 죄는 저와 상관이 없습
니다."
44◎주님께서는 수산나의 절규를 들으시고
45그가 사형장으로 끌려 나갈 때에 다니엘이
라는 소년의 마음속에 성령을 불어넣어 일
으키셨다.
46그러자 다니엘은 큰소리로 "나는 이 부인의
죽음에 대하여 책임이 없다." 하고 외쳤다.
47그 자리에 모인 사람들의 눈이 다니엘에게
쏠렸다. 그리고 그들은 "그 말이 무슨 소리
냐?" 하고 물었다.
48다니엘은 군중들 한가운데 서서 이렇게 말
하였다. "이스라엘의 피를 받은 여러분이 이
렇게 우둔할 수가 있겠습니까? 심문하지도
않고, 확증도 없이 이스라엘의 한 여자를 처
단할 수 있겠습니까?
49모두 재판하던 장소로 돌아가십시오. 이자
들이 수산나에 대하여 모함하려고 한 증언
은 모두 거짓말입니다."
50◎사람들은 모두 급히 되돌아갔다. 원로들
이 다니엘에게 말하였다. "자, 하느님께서
너에게 원로 자격을 주셨으니 우리와 함께
앉아서 네 생각을 말해 보아라."
51다니엘은 "저들을 심문하고 싶으니 두 노인
을 따로 떼어놓으십시오." 하고 대답하였
다.
52사람들이 그 두 노인을 따로 떼어놓자, 다니
엘은 그 중 한 사람을 불러서 이렇게 심문하
였다. "악행으로 늙은 당신이 전날에 저지
른 온갖 죄가 이제 다 드러나게 되었소.
53당신은 불의한 재판을 하여 죄없는 사람을
처벌하고 죄있는 사람을 놓아주었소. 무죄
하고 의로운 사람을 죽이지 말라고 말씀하
시지 않았소?
54자 그러면, 당신이 분명히 보았다니, 그 두
사람이 어느 나무 밑에서 정을 통했소? 말
해 보시오." 그 노인은 아카시아 나무라고
대답하였다.
55다니엘이 말하였다. "당신이 한 거짓말 때
문에 당신이 걸려들었소. 하느님의 심판이
천사에게 전달되었소. 이제 곧 당신은 두
동강이가 날 것이오."
56다니엘은 그 노인을 물러가게 하고 다른 노
인을 불러들여 심문하였다. "당신은 유다
민족이 아니고 가나안 족속이오. 당신은 미
모에 홀려서 정욕 때문에 당신 마음이 빗나
갔소.
57당신은 이스라엘의 뭇 여자들을 그런 식으

로 희롱해 왔는데, 그들은 겁에 질려 당신
의 요구를 거부하지 못했던 것이오. 그러나
이 유다의 딸만은 당신의 악행을 참을 수가
없었소.
58 자 그러면, 당신이 그 정사 현장을 기습하
였다는데, 어느 나무 밑이었소?" 그 노인
은 떡갈나무라고 대답하였다.
59 다니엘은 이렇게 말하였다. "당신도 당신
거짓말에 걸려들었소. 하느님의 천사가 칼
을 손에 쥐고 당신을 두 동강이 내어, 당신
들 두 사람을 죽이려 하고 있소."
60 ◎그러자 온 군중은 주님을 믿는 사람들의
구원자이신 하느님을 소리 높여 찬양하였
다.
61 그리고 그들은 다니엘의 심문을 받아 자기
들이 거짓 증언 했음을 자백한 두 노인에게
향했다.
62 그들은 모세의 율법대로 그 두 노인에게, 자
기의 이웃에게 덮어씌우려고 하던 것과 같
은 벌을 내렸다. 그 날 두 노인은 사형을 당
하고 죄없는 한 여자는 목숨을 건졌다.
63 힐키야와 그의 아내는 딸 수산나의 생명을
살려주신 하느님께 감사를 드렸다. 또 수산
나의 누명이 깨끗이 씻겨졌기 때문에 그의
남편 요야킴과 그의 모든 친척들도 하느님
께 감사를 드렸다.
64 그 날로부터 다니엘의 명성은 백성들 사이
에 크게 퍼졌다.

다니엘과 벨의 사제들

14 ◎아스티아게스 왕이 죽어서 그의 조상
들 곁에 묻히고, 그 뒤를 이어 페르시
아의 고레스가 왕이 되었다.
2 그 왕은 다니엘을 매우 가까이하고, 그를 다
른 어떤 친구보다도 높이 평가했다.
3 그런데 당시 바빌론에는 벨이라는 우상이
하나 있었는데 사람들은 매일 가장 좋은 밀
가루 열두 말과 양 사십 마리와 포도주 여섯
섬을 그에게 바치고 있었다.
4 고레스 왕도 매일 이 예식에 참예하러 가서
그 우상을 숭배하였다. 그러나 다니엘은 참
하느님을 숭배하였다.
5 그래서 왕은 다니엘에게 왜 벨을 숭배하지
않느냐고 물었다. 다니엘은 이렇게 대답하
였다. "저는 인간이 만들어 낸 우상을 숭배
하지 않습니다. 다만 천지를 내시고 모든
인간을 다스리는 권능을 가지신 살아 계신
하느님만을 숭배합니다."
6 "그렇다면 너는 벨이 매일 먹고 마시고 하
는 것을 보고도 그가 살아 있는 신이 아니라
고 생각하느냐?" 하고 왕이 되물었다.
7 다니엘은 웃으면서 "임금님, 속지 마십시
오. 그 신은 속은 진흙이고 겉은 구리로 되
어 있는데 먹고 마신다는 것이 웬 말씀입니
까?" 하고 말하였다.
8 이 말을 들은 왕은 크게 노하여 사제들을 불
러다 놓고 이렇게 말하였다. "이 많은 음식
을 누가 먹는지 말해 보아라. 그렇지 않으
면 죽으리라. 너희가 그것을 벨이 먹는다는
것을 증명하기만 하면 벨을 모독한 죄로 다
니엘을 사형에 처하겠다."
9 다니엘은 "뜻대로 하십시오." 하고 왕에게
말하였다. ◎사제들의 수는 칠십 명이나 되
었고 그 외에 그들의 처자들도 있었다.
10 왕은 다니엘을 데리고 벨의 신전으로 갔다.
벨의 사제들은 왕에게 이렇게 말하였다.
11 "폐하! 폐하께서 친히 먹을 것과 포도주를
차려놓으십시오. 우리는 이제 물러갑니다.
그리고 문을 잠그시고 폐하의 옥새로 봉하
십시오. 내일 아침에 와보시고 벨이 이 모
든 것을 잡수시지 않았으면 우리는 사형을
받아도 좋습니다. 그러나 만일 다 잡수셨다
면 모독자 다니엘을 죽이셔야 합니다."
12 그들은 제사 상 밑에 비밀 통로를 뚫어놓고
매일 그 제물을 가져가곤 했었기 때문에 자
신만만하게 이런 말을 하였던 것이다.
13 사제들이 나간 후에 왕은 벨이 먹을 음식을
차려놓았다.
14 한편 다니엘은 자기 신하들을 시켜 재를 가
져오게 하고, 그 재를 성전 바닥에 모두 뿌
려놓았다. 다니엘은 이것을 왕에게 알렸다.
그리고 나서 그들은 성전을 나가 문을 닫고,
옥새로 봉인을 한 다음 궁으로 돌아갔다.
15 그 날 저녁에도 여느 때와 같이 사제들은 처
자들을 데리고 와서 이 모든 것을 먹고 마셔
버렸다.
16 ◎다음날 아침 왕과 다니엘은 일찍이 일어났
다.
17 왕은 다니엘을 보고 봉인이 그대로 있느냐
고 물었다. 다니엘은 "폐하, 그대로 있습니
다." 하고 대답하였다.
18 왕은 신전 문을 열고 제사 상을 살펴보고 나
서 "오 벨이여, 위대하십니다. 당신은 과연
우리를 속이지 않으셨습니다." 하고 부르짖
었다.
19 그러나 다니엘은 웃으면서 왕이 안으로 더
들어가지 못하게 막아 서고는 "바닥을 살펴
보십시오. 그리고 저 발자국들을 보십시

오." 하고 말하였다.
20 왕은 "저것은 남자들과 여자들과 어린아이
들의 발자국이 아니냐?" 하고 말하면서,
21 노한 나머지 그 사제들과 그들의 처자들을
잡아오라고 명령하였다. 사제들은 자기들
이 제사 상 위의 제물을 처분할 때 사용하던
비밀 통로를 왕에게 보여주었다.
22 왕은 그들을 사형에 처하고 벨을 다니엘에
게 넘겨주어 그 우상과 신전을 함께 부숴버
리게 하였다.

뱀을 죽인 다니엘

23 ◎그 당시 바빌론에는 큰 뱀이 있었는데 사
람들은 또 이것을 숭배하였다.
24 왕이 다니엘에게 말하였다. "너는 이것도
사람이 구리로 만든 것이라고 하겠느냐?
보아라, 저렇게 살아 있으면서 먹고 마시고
하지 않느냐? 그 뱀을 살아 있는 신이 아니
라고 할 작정이냐? 그러니 저 뱀을 숭배하
여라."
25 다니엘은 이렇게 대답하였다. "나는 나의
하느님이신 주님을 숭배할 뿐입니다. 그분
만이 살아 계신 하느님이십니다. 폐하, 폐
하께서 허락하신다면 내가 칼이나 몽둥이
를 쓰지 않고 그 뱀을 죽이겠습니다."
26 왕은 그렇게 해보라고 허락하였다.
27 다니엘은 역청과 비계와 머리털을 한데 섞
어 끓여가지고 여러 덩어리로 만들어 뱀에
게 먹였다. 뱀은 그것을 먹자 곧 죽어버렸
다. 다니엘은 왕에게 "저것이 폐하께서 숭
배하시던 뱀입니다." 하고 말하였다.
28 이 말을 들은 바빌론 사람들은 미칠 듯이 화
가 나서 왕을 거역하여 들고일어나 이렇게
말하였다. "저 왕은 유다 사람이 되어버렸
다. 벨을 부숴버렸고 뱀은 죽게 하고 사제들
은 사형에 처하지 않았느냐?"
29 그들은 왕에게 가서 "다니엘을 우리에게 내
주시오. 그렇지 않으면 당신과 당신 가족을
죽여버리겠소." 하고 말하였다.
30 왕은 격한 군중을 보고 다니엘을 그들에게
내어주지 않을 수가 없었다.

사자굴 속의 다니엘

31 ◎군중은 다니엘을 사자굴 속에 던져버렸다.
다니엘은 그 속에서 엿새 동안을 지냈다.
32 그 굴 속에는 사자 일곱 마리가 있었는데 매
일 죽은 사람 둘과 양 두 마리를 먹이로 주
곤 하였다. 그런데 그 때는 그 엿새 동안 사
자들을 꼬박 굶겨, 틀림없이 다니엘을 잡아
먹게 하였다.
33 ◎그런데 유다에 하바꾹이라는 예언자가 있
었다. 그 예언자는 국을 끓이고 빵을 잘게
썰어가지고 국과 빵을 바구니에 넣어 들에
서 일하는 추수꾼들에게 가져가는 길이었
다.
34 그 때에 주님의 천사가 나타나, "네가 가지
고 가는 그 음식을 바빌론으로 가지고 가서
사자굴 속에 있는 다니엘에게 주어라." 하
고 말하였다.
35 하바꾹은 "주님! 저는 바빌론에 가본 적도
없고 그 굴이 어디에 있는지도 모릅니다."
하고 대답하였다.
36 주님의 천사는 그의 머리털을 휘어잡고 그
를 번쩍 들어서 거센 입김으로 바빌론까지
날려보내어 사자굴 가장자리에 내려놓았
다.
37 하바꾹은 "다니엘, 다니엘, 하느님께서 보내
신 음식을 받아 먹으시오." 하고 외쳤다.
38 다니엘은 "하느님, 당신은 저를 잊지 않으
셨고 당신을 사랑하는 사람들을 저버리지
않으셨습니다." 하고 말하였다.
39 다니엘은 일어나서 그 음식을 먹었다. 한편
하느님의 천사는 즉시 하바꾹을 제 나라로
돌려보냈다.
40 ◎일곱째 날에 왕은 다니엘의 죽음을 애도하
려고 그 사자굴에 와서 속을 들여다 보았다.
그랬더니 다니엘이 그 속에 의젓이 앉아 있
는 것이 아닌가.
41 왕은 "다니엘의 하느님이신 주님, 당신은
위대하십니다. 당신밖에는 다른 신이 없습
니다." 하고 외쳤다.
42 그리고 나서 왕은 다니엘을 사자굴에서 풀
어주고 그 대신 다니엘을 죽이려고 하던 자
들을 그 속에 처넣었다. 그들은 당장에 사
자의 밥이 되었다.

호 세 아

1 1 ◎브에리의 아들 호세아에게 내린 야훼의
말씀. 유다에서 우찌야와 요담과 아하즈와
히즈키야가 왕노릇 하던 때요, 이스라엘에
서 요아스의 아들 여로보암이 왕노릇 하던
때였다.㉠

호세아가 결혼하여 자식을 낳다

2 ◎야훼께서 호세아를 시켜 하신 말씀은 이
렇게 시작되었다. "너는 바람기 있는 여자
와 결혼하여 음란한 자식을 낳아라. 이 나
라가 야훼를 저버리고 음란을 피우고 있구
나." ◎호세아는 야훼께 이 말씀을 받고
3 디블라임의 딸 고멜을 아내로 맞았다. 고멜
이 임신하여 아들을 낳자
4 야훼께서 호세아에게 이르셨다. "아기의 이
름을 이즈르엘이라고 하여라. 나는 오래지
않아 예후가 ㉡이즈르엘에서 죄없는 사람들
을 죽인 죗값을 예후 왕조에 갚아 이스라엘
나라를 멸망시키겠다.
5 그 날이 오면, 이즈르엘 평지에서 이스라엘
의 활을 꺾어버리겠다."
6 ◎고멜이 또 임신하여 딸을 낳자 야훼께서
호세아에게 이렇게 이르셨다. "이 아기의
이름을 ㉢로루하마라고 하여라. 내가 다시는
이스라엘 가문을 불쌍히 여겨 용서해 주지
않을 것이다.
7 그러나 유다 가문은 불쌍히 여겨 구원해 주
리라. 활과 칼을 쓰거나, 기마와 기병을 내
세우는 일 없이 이 야훼가 손수 구원해 주리
라. 나는 그들의 하느님이다."
8 ◎고멜이 로루하마를 젖 떼고 또 임신하여
아들을 낳자
9 야훼께서 이렇게 이르셨다. "이 아기의 이
름을 ㉣로암미라고 하여라. 너희는 이미 내
백성이 아니요, 나는 너희의 하느님이 아니
다."

이스라엘에게 새 날이 온다

2 1 ㉤이스라엘 백성은 바다의 모래같이 불
10 어나
셀 수도 없고 잴 수도 없이 되리라.
너희를 버린 자식이라 하였지만,
이제는 살아 계시는 하느님의 자녀라 하
리라.
2 유다 백성과 이스라엘 백성이 어울려
11 한 영도자를 받들고
세상을 지배하리라.
이렇게 이즈르엘에 승리의 날이 동트거
든,
3 ㉥너희 아우를 ㉦암미라 부르고
1 너희 누이를 ㉧루하마라 불러라.

배신한 이스라엘을 고발하여라

4 너희 어미를 고발하여라.
2 너희 어미는 이미 내 아내가 아니다.
나는 너희 어미의 지아비가 아니다.
그 얼굴에서 색욕을 지워버리고
그 젖가슴에서 정부를 떼어버리라고 하
여라.
5 그렇지 아니하면 세상에 태어나던 날처
3 럼
알몸을 만들어 허허벌판에 내던져
메마른 땅을 헤매다가 목이 타 죽게 하리
라.

6 자식들도 바람 피우니
4 조금도 불쌍히 여길 데가 없다.
7 그들을 배었던 몸은
5 부끄러운 줄도 모르고 놀아난 계집이라,
"빵과 물을 주고,
양털과 모시를 주고,
기름과 술을 줄 그이에게 가야지." 한다
마는,
8 내가 그 앞을 가시로 막고,
6 담을 둘러쳐 빠져 나가지 못하게 하리라.
9 정부들을 찾아다녀 보아야
7 만나지도 못하고 허탕만 치리라.
그제야 제 정신이 들어
"남편에게 돌아가야겠다.
그때의 내 신세가 지금보다 나았지." 하

㉠ 호세아가 예언 활동을 한 것은 주로 우찌야, 여로보암 II세 이후, 이스라엘에서는 므나헴(기원전 745-738년), 브가히야(기원전 738-737년), 베가(기원전 737-732년), 호세아(기원전 732-724년)의 시대이다. ㉡ 2열왕 9-10장 참조. ㉢ '천더기'라는 뜻이다. ㉣ '버린 자식'이라는 뜻이다. ㉤ 2:1-3이 라틴어 성서에서는 1:10-11, 2:1이다. ㉥ 라틴어 성서는 여기서 2장이 시작된다. ㉦ '내 백성'이라는 뜻이다. ㉧ '귀염둥이'라는 뜻이다.

리라.
10 내가 곡식과 햇포도주와 기름을 주었으
8 나
그것도 모르고,
재산을 불려주었더니,
금과 은으로 바알을 만들었다.
11 그러므로 곡식이 익을 무렵에 내가 그것
9 을 빼앗고
포도주가 맛이 들 무렵에 쏟아버리리라.
몸을 가렸던 양털과 모시옷을 벗겨버리
리라.
12 나 이제 그의 부끄러운 데마저 벗겨
10 정부들 눈앞에 드러내리니,
아무도 내 손에서 그를 빼내지 못하리라.
13 순례절이나 초하루나 안식일 등
11 절기를 따라 지키는 갖가지 축제를 폐지
하여
모든 즐거움을 앗아가리라.
14 애인들에게서 선물로 받았다고 자랑하던
12 포도원과 무화과 동산을 쑥밭으로 만들
리니,
모두 잡초만 우거져
들짐승들이나 들끓게 되리라.
15 바알 축제일만 되면 내 생각은 하지도 않
13 고
바알에게 향을 태워 올리며
귀고리, 목걸이로 몸을 단장하고
정부들을 따라 나서는 것들을
나 어찌 벌하지 않으랴.
-야훼의 말씀이시다.

회복과 복

16 그러나 이제 나는 그를 꾀어내어
14 빈들로 나가 사랑을 속삭여주리라.
17 거기에 포도원을 마련해 주고
15 아골 골짜기를 희망의 문으로 바꾸어주리
라.
그제야 내 사랑이 그 마음에 메아리 치리
라
이집트에서 나오던 때, 한창 피어나던 시
절같이.

18 그 날이 오면,
16 너는 나를 ㉠주인이라 부르지 아니하고,
낭군이라고 부르리라.
-야훼의 말씀이시다.
19 바알이란 말을 그의 입에서 씻어버려
17 다시는 그 이름을 부르지 못하게 하리라.
20 그 날 나는 이스라엘을 해치지 못하도록
18 들짐승과 공중의 새와 밭의 해충에게 다
짐을 받고
활이나 칼 같은 무기를 이 땅에서 부수어,
이스라엘이 다리 뻗고 자게 하리라.
21 너와 나는 약혼한 사이.
19 우리 사이는 영원히 변할 수 없다.
나의 약혼 선물은
정의와 공평, 한결같은 사랑과 뜨거운 애
정이다.
22 진실도 나의 약혼 선물이다.
20 이것을 받고 나 야훼의 마음을 알아다오.

23 그 날이 오면,
21 나는 들어주리라.
-야훼의 말씀이시다.
내가 하늘의 청을 들어주면
하늘은 땅의 청을 들어주고
24 땅은 곡식과 포도주와 기름의 청을 들어
22 주고
이 모든 것은 이즈르엘의 청을 들어주리
라.
25 나는 이스라엘을 내 것으로 이 땅에 심으
23 리라.
로루하마를 귀여워해 주고
버린 자식을 "내 자식"이라 하리니,
그제야 입을 열어
"나의 하느님" 하고 부르리라.

호세아가 가출한 아내를 찾아오다

3 ◎야훼께서 나에게 이르셨다. "너는 정부
와 놀아난 ㉡네 아내를 찾아가 다시 사랑
해 주어라. 이스라엘 백성이 다른 신에게 마
음이 팔려 건포도 과자 따위나 좋아하는데
도 이 야훼가 여전히 사랑하는 것처럼, 사랑
해 주어라."
2 ◎나는 은 열다섯 세겔과 보리 한 호멜 반을
가지고 가서 그 여인을 산 뒤에
3 이렇게 일렀다. "당신은 내 아내니, 다른 남
자와 어울려 불의한 관계를 맺지 말고 들어
앉아 있으시오. 그렇게 오래 지낸 뒤에야
당신과 한 자리에 들리다."
4 ◎이스라엘 백성도 그처럼 오랫동안 왕도 대
신도 없고 희생제물도 석상도 없으며 에봇
도 수호신도 없이 지낼 것이다.
5 그런 뒤에야 이스라엘 백성은 다시 저희 하
느님인 야훼를 찾고, 저희 왕 다윗도 찾아오
게 되리라. 먼 훗날 그 때가 되면, 이스라엘

㉠ 히브리어로 "바알"이다. ㉡ 정관사가 있는 것으로 본다.

은 벅찬 마음으로 야훼께 돌아와 온갖 좋은
것을 다 받으리라.

이스라엘의 죄

4 이스라엘 백성들아, 야훼의 말씀을 들어
라.
야훼께서 이 땅 주민들을 걸어 논고를 펴
신다.
2 "이 땅에는 사랑하는 자도, 신실한 자도
없고
이 하느님을 알아주는 자 또한 없어
맹세하고도 지키지 않고
살인과 강도질은 꼬리를 물고
가는 데마다 간음과 강간이요,
유혈 참극이 그치지 않는다.
3 그래서 땅은 메마르고 주민은 모두 찌들
어간다.
들짐승과 공중의 새도 함께 야위고
바다의 고기는 씨가 말라간다.

4 그렇다고 서로 탓하지는 마라.
서로 따지지도 마라.
사제야, 내 백성이 다 너희와 같은 꼴이
되었구나.
5 너희 사제라는 것들은 대낮에 거꾸러지
고
밤에는 예언자도 함께 거꾸러지리라.
이 백성은 너희 때문에 망한다.
6 내 백성은 나를 알지 못해서 망한다.
너희 사제라는 것들이 나를 알려고 하지
않으니
나도 너희를 사제직에서 몰아낸다.
이 하느님의 가르침을 마음에 두지 않으
니
나도 너희 자녀를 마음에 두지 않으리라.

7 이런 사제들이 많으면 많을수록
그만큼 나에게 짓는 죄가 많아진다.
그 자랑스런 직책을 부끄럽게도 밥벌이
로 만드는 것들,
8 내 백성의 허물 덕분에 먹고 살며
내 백성이 짓는 죄에 침을 삼킨다.
9 백성은 사제를 닮게 마련,
그래서 나는 사제들을 그 행실을 따라 벌
하고
그 행위를 따라 갚으리라.
10 나 야훼를 저버리고 음란을 조장하는 것
들,
아무리 먹어도 배부르지 아니하고
아무리 음란을 피워도 자손이 불어나지
않으리라.

11 내 백성은 묵은 포도주 햇포도주에 마음
을 빼앗겨
12 나무더러 물어보고
막대기더러 가르쳐달라고 하다가,
모두 음탕한 바람에 휩쓸려
제 하느님의 품을 벗어나 바람을 피우게
되었다.
13 산꼭대기에서도, 언덕 위에서도 제물을
잡아 살라 바친다.
상수리나무 버드나무 느티나무 그늘이
좋아서
그 아래서도 제물을 잡아 살라 바치다가
너희 딸은 바람을 피우고
너희 며느리는 외간남자와 놀아났다.
14 사내들이 ㉠성소의 창녀들을 찾고
제물을 드리며 으슥한 데를 찾는데,
너희 딸들이 바람을 피운다고 벌하겠느
냐?
너희 며느리가 간음한다고 벌하겠느냐?
철없는 백성은 망하는 법이다.
15 너 이스라엘아, 속죄제를 바칠 생각도 마
라.
너 유다야, 길갈로 갈 생각도 말고,
베다웬으로 올라갈 생각도 마라.
'야훼께서 살아 계신다.'고 하며 맹세하
지도 마라."

16 이스라엘이 코가 센 암소 같은데,
야훼께서 어린 양을 풀밭에 놓아 먹이듯
하시겠느냐?
17 에브라임은 우상들과 단짝이다.
18 주정꾼들과 함께 뒹굴며 바람피우는 것
들,
그 자랑스런 직책은 버리고
부끄러운 일이나 즐기는 것들,
19 바람 날개에 채여,
제단만 남기고 어이없이 사라지리라.

지도자들 때문에 나라가 망한다

5 사제들아, 이 말을 들어라.
예언자들아, 똑똑히 들어라.
왕족들아, 귀를 기울여라.

㉠ 가나안 성소에는 '거룩한 여인들'이라고 부르는 창녀들이 있었다. 그들과 성교하면 풍성한 곡식과 많은 가축이 난다고 믿었다.

법을 세워야 할 너희가
미스바에 놓은 덫이요,
다볼에 친 그물이요,
2 시띰에 판 깊은 함정이 되었다.
그래서 내가 너희를 한데 몰아 벌하리라.
3 내가 ㉠에브라임을 모를 줄 아느냐?
이스라엘은 내 눈앞에서 숨지 못한다.
에브라임은 지금 바람을 피우고 있다.
이스라엘은 몸을 더럽히고 있다.

4 이런 짓들을 하면서
어떻게 저희 하느님께로 돌아오겠느냐?
음탕한 바람이 들어 야훼는 안중에도 없구나.
5 이스라엘은 거드름을 피우다가 납작해지리라.
에브라임이 제 죄에 걸려 넘어질 때,
유다도 함께 넘어지리라.
6 양떼 소떼를 몰고 야훼를 찾아나선다 해도
이미 떠난 그분을 만나지는 못하리라.
7 야훼를 배신하고 사생아를 낳은 것들,
적군이 쳐들어와,
그 있는 재산과 함께 멸망시키리라.

남북 왕조에 같은 경고가 내림㉡

8 기브아에서 뿔나팔이나 불어보아라.
라마에서 은나팔이나 불어보아라.
베다웬에서 고함이나 질러보아라.
내가 베냐민을 혼내주리라.
9 형벌이 떨어지는 그 날,
에브라임은 쑥밭이 되리라.
내가 이스라엘 온 지파가 정녕코 당할 일을 알려준다.

10 유다의 장군들이 경계선을 범하니
내가 물벼락 내리듯 그 위에 분노를 퍼부으리라.
11 에브라임은 우상을 따르다가
원수에게 짓밟히겠고
심판을 받아 산산조각이 나리라.
12 내가 에브라임을 좀먹은 나무같이 만들고
유다 가문은 속이 썩은 뼈같이 만들리라.

13 에브라임은 죽을 병이 든 줄 알아
아시리아를 찾아가고,
유다는 제 몸에 입은 상처를 보고
대왕에게 특사를 보내나,
그는 너희 병을 고치지 못하고
너희 상처를 아물게 하지 못하리라.
14 나는 젊은 사자처럼 에브라임에게 달려들고
힘이 한창 뻗친 사자처럼 유다 가문에 달려들어
그들을 물어다가 갈기갈기 찢으리니
아무도 내 입에서 빼내지 못하리라.

15 그리고는 내가 ㉢하늘로 돌아가
이 백성이 죄를 고백하며 나를 찾기까지 기다리리라.
이 백성은 괴로움을 참다 못해
마침내 나를 애타게 찾으리라.

6

"어서 야훼께로 돌아가자!
그분은 우리를 잡아 찢으시지만 아물게 해주시고,
우리를 치시지만 싸매주신다.
2 이틀이 멀다 하고 다시 살려주시며
사흘이 멀다 하고 다시 일으켜주시리니,
우리 다 그분 앞에서 복되게 살리라.
3 그러니 그리운 야훼님 찾아나서자.
그의 정의가 환히 빛나 오리라.㉣
어김없이 동터 오는 새벽처럼 그는 오시고
단비가 내리듯
봄비가 촉촉이 뿌리듯 그렇게 오시리라."

4 그러나 에브라임아, 너를 어떻게 하면 좋겠느냐.
유다야, 너를 어떻게 하면 좋겠느냐.
너희 사랑은 아침 안개 같구나.
덧없이 사라지는 이슬 같구나.
5 그래서 나는 예언자들을 시켜 너희를 찍어 쓰러뜨리고
내 입에서 나오는 말로 너희를 죽이리라.
6 내가 반기는 것은 제물이 아니라 사랑이다.
제물을 바치기 전에
이 하느님의 마음을 먼저 알아다오.

뿌리 깊은 이스라엘의 죄

㉠ 에브라임은 북왕국을 대표하는 지파로서 다음 줄의 이스라엘과 같은 뜻이다. ㉡ 6:6까지의 배경에는 시리아-에브라임 전쟁이 있는 듯하다. 2열왕 16:5-9 참조. ㉢ 히브리어 본문: "내 자리". 이사 18:4, 63:15; 예레 25:30; 미가 1:3; 시편 18:6 참조. ㉣ 이 구절은 5절에서 옮겨 왔다.

7 이 백성은 ㉠아담에서 이미 계약을 깨뜨
렸다.
거기서 벌써 나를 배신하였다.
8 길르앗은 폭력배의 마을이라,
가는 데마다 핏자국뿐이로구나.
9 사제들이 강도떼처럼
세겜으로 가는 길목에 숨어서 노리다가
살인을 하다니, 차마 못할 짓이다.
10 베델에선 보이느니 추잡한 꼴뿐,
거기서 에브라임이 바람을 피우고
이스라엘이 몸을 더럽히고 있다.
11 유다야, 너도 심은 대로 거둘 것이다.
7 내가 내 백성 이스라엘의 운명을 바꾸어주
고
그 병을 고쳐주려 하나,
에브라임의 죄, 사마리아의 악행만 드러나
는구나.
꾸미느니 거짓이요, 드나드느니 도둑이
요,
거리에 떼지어 다니느니 강도들뿐이라.
2 그런 악행을 내가 어찌 잊으랴?
그런 줄도 모르고
㉡악한들을 거느린 채
뻔뻔스레 내 앞에 나타나다니!

이스라엘 왕실이 혼란에 빠지다

3 간사하게 왕의 호감이나 사고
가면을 써 대신들의 환심이나 사면서도
4 모두들 미운 생각이 끓어올라
달아오른 솥처럼 되어 기다리는구나.
떡반죽이 다 부풀기까지
불을 헤치지 않듯.
5 임금의 잔칫날이 되니
대신들은 포도주에 만취하여
흰소리나 치다가 곯아 떨어진다.
6 음모를 꾸미고 모여들어 화덕처럼 마음
에 불을 지피고
밤새 타는 가슴을 잠재우다가
아침이 되면 불꽃을 퉁긴다.
7 모두들 솥처럼 달아올라
통치자를 하나하나 집어삼키니,
왕은 뒤이어 거꾸러지는구나.㉢
그래도 나를 부르는 자 하나 없구나.

남의 나라를 믿다가 망한다

8 이 민족 저 민족에게 빌붙는 에브라임,
에브라임은 뒤집지 않고 구운 과자다.
9 외세가 제 힘을 먹어치우는데 그런 줄도
모르고
죽을 날이 얼마 남지 않았는데도 그 역시
모르는구나.
10 이스라엘은 거드름을 피우다가 납작해지
리라.
이런 일을 모두 겪고도
이 야훼가 저희 하느님이건만
저들은 나를 찾아 돌아오지 않으리라.

11 에브라임은 철이 없고,
비둘기처럼 어수룩하구나.
이집트로 가고 아시리아로 가서
살려달라고 애원하지만,
12 내가 어디든 따라가서 그물을 던져
공중의 새 잡듯 낚아채리라.
그토록 못된 짓만 하는데
나 어찌 벌하지 않으랴?

배은망덕하는 이스라엘은 망하리라

13 저주받아라!
나를 떠나 방황하는 것들,
죽어 없어져라!
나를 거스르기만 하는 것들,
아무리 건져주고 싶어도
너희는 나에게 발라 맞추는 말만 하는구
나.
14 진심으로 나를 부르기는커녕,
기성을 지르며 자리에서 뒹굴기나 하는
것들,
곡식과 포도주를 달라고 하면서도
몸에 칼자국을 내며 나를 거스른다.
15 팔에 힘이 나도록 단련시켰더니,
도리어 나를 괴롭힐 음모나 꾸미고
16 빗나간 화살처럼 나에게로 돌아올 생각
도 하지 않는구나.
대신들은 제멋대로 혀를 놀리다가
칼에 맞아 죽기나 하고
이집트에서 조롱거리가 되리라.

우상을 섬기다가 망하리라

8 야훼의 성전을 지키는 사람아,
너의 입에 나팔을 대어라.
이스라엘은 내 계약을 깨뜨리고
내가 준 법을 어겼다.
2 이스라엘은 저희 하느님을 안다고
나에게 외치면서도,

㉠ 이스라엘이 요르단을 건넌 곳(여호 3:16)이다. 거기서 하느님을 배신한 기록은 없다. ㉡ 히브리어 본문: "저희 행동들." ㉢ 북왕국이 선 후로 기원전 737년까지 왕이 모두 일곱이나 암살당한다.

3 나에게서 받은 좋은 것을 뿌리쳤으니
적에게 쫓기는 신세가 되리라.
4 내가 세우지도 않은 것을
왕이라고 모시고
내가 알지도 못하는 것을
대신이라고 받들며
은과 금으로 우상을 만들어
제 발로 죽을 땅에 걸어 들어가는구나.

5 사마리아야, 너의 송아지를 버려라.
내 진노가 너의 주민들 위에 떨어지리라.
이스라엘 백성이 언제라야 순결해지겠느
냐?
6 그 송아지는 대장장이가 만든
신 따위도 못 되는 것,
사마리아의 송아지는 토막나고 말리라.
7 바람을 심어 회리바람을 거둘 것들,
곡식 줄기는 서 있어도 이삭은 여물지 아
니하고,
여문다 해도 남이 거두어 먹으리라.

8 이스라엘은 뭇 민족들 속에 파묻혀
아무도 거들떠보지 않는 쓰레기가 되었
다.
9 마치 외로이 떠도는 들나귀같이
아시리아로 가고
에브라임은 선물로 사랑을 사려는구나.
10 이 민족 저 민족에게 선물을 뿌리지만,
나 이제 흩어버리리니,
얼마 동안 왕과 대신을 세우지 못하리라.

11 에브라임은 제단을 많이도 세웠으나,
죄를 벗으려고 세운 그 제단들이 죄를 더
해 주는 제단이 되었구나.
12 만 가지 법 조문을 써주면 무엇하랴,
남의 것인 양 거들떠보지도 않을 것을.
13 즐겨 제물을 잡아 바치고
그 고기를 먹지만,
이 야훼는 그것이 하나도 달갑지 않다.
나 이제 이 백성의 죄를 잊지 않고 벌하리
니,
하릴없이 이집트로 돌아가리라.

14 이스라엘은 저희를 낸 자를 잊고 대궐만
지었다.
유다는 도시마다 튼튼한 성을 둘러쳤지
만,
나는 그 성읍들을 불질러
대궐들을 살라버리리라.

호세아가 경고를 내리다

9 이스라엘아, 기뻐하지 마라.
이방 민족들처럼 기뻐 뛰지 마라.
너희는 너희 하느님을 떠나 바람을 피우
며,
타작 마당에서 몸값으로 곡식을 받을 줄
알고 좋아하지만,
2 타작 마당에서 먹을 것이 나오지 않고
술틀에서는 마실 것이 나오지 않으며,
햇포도주는 제 맛을 내지 아니하리라.
3 에브라임은 야훼의 땅에서 살지 못해
이집트로 돌아가기도 하고
아시리아로 가서 부정한 것을 먹게도 되
리라.
4 그 곳은 야훼께 포도주를 부어드리거나
제물을 차려 올리지 못하는 곳,
마련한 음식은 상가집 음식처럼
먹으면 부정을 타는 것이라,
배고플 때 먹을 수는 있어도
야훼의 성전에 갖다 바칠 것은 못 된다.
5 축제일이나 순례절이 돌아와도
할 일이 없으리라.

6 전란을 피해 가는 모양을 보아라.
이집트가 받아들이기는 하나
멤피스에 묻어주기밖에 더하겠느냐?
소중히 여기던 보화는 쐐기풀에 덮이고
살던 천막은 가시덩굴에 묻히겠지.

7 이스라엘은 알아라.
벌 내릴 날이 다가왔다.
죄지은 만큼 당할 날이 다가왔다.
너희가 목젖까지 악이 차올라 하느님을
거스르기만 하는구나.
"이 어리석은 예언자야,
신들린 미친 녀석아!" 하면서
8 에브라임은 예언자의 천막을 노리며
길목 곳곳에 덫을 놓고
하느님의 성전에서마저 거스르는구나.
9 ㉠기브아 사건이 터지던 시대 못지않게
이 백성은 속속들이 썩었다.
하느님께서 이 백성의 악행을 기억하시고
그 죄를 벌하시리라.

이스라엘은 근본부터 나빴다

10 이스라엘은 내가 처음 만났을 때,

㉠ 판관 19-21; 1사무 10:26-11:4 참조.

사막에 열린 포도송이 같더니,
너희 조상들은 처음 내 눈에 띄었을 때,
맏물 무화과 같더니,
바알브올에 와서 징그러운 것에게 몸을
바치고 말았다.
우상을 좋아하다 우상처럼 추한 꼴이 되
고 말았다.
11 에브라임의 자랑거리는 새처럼 날아가리
라.
아이를 낳기는커녕 배지도 못하고
12 아들이라고 키워보아야
사람 구실 하기 전에 잃으리라.
내가 떠나고 나면,
이런 끔찍스런 일을 이 백성이 정녕 당하
리라.

13 제가 보기에 에브라임은
자식을 화살받이로 사냥꾼 앞에 내세우
고
백정에게 내어주게 될 것입니다.
14 그러니, 야훼께서 손을 써주셔야 하지 않
겠습니까?
어떻게 하시렵니까?
차라리 자궁은 죽은 애나 배고
젖가슴은 말라 붙게 하여주십시오.

15 이 백성의 온갖 불의는 길갈에서 싹텄다.
이미 거기서 나는 이 백성이 싫어졌다.
이다지도 못된 짓만 하는 것들을
내 집에서 몰아내고
다시는 사랑하지 않으리라.
나를 배반하지 않은 대신이 없었다.
16 에브라임은 찍혀 그 뿌리가 말라
열매를 맺지 못하게 되었다.
아이를 낳아도, 그 귀여운 갓난이를 나는
죽이리라.

17 이 백성은 내 하느님의 말씀을 듣지 않다
가 쫓겨나
이 민족 저 민족 가운데로 떠도는 신세가
되리라.

번영 속의 죄

10 이스라엘은 무성한 포도덩굴,
열매를 많이 맺기는 했으나,
열매가 많을수록 제단만 늘어갔다.
나라가 번영할수록 석상만 화려해졌다.
2 번덕이 죽끓듯 하더니,
이제 그 죄를 받게 되었다.
하느님께서는 그 제단을 허시고
석상들을 부수시리라.
3 "우리는 야훼 두려운 줄도 모르다가
임금도 못 모시게 되었다." 하며
한탄할 날이 곧 오리라.
그러나 그 임금이 무슨 소용이랴?
4 백성과 계약을 맺고는㉠
마음에도 없는 약속이나 하고
말만 그럴듯하게 하는 것들,
악법만이 밭고랑에 독초 돋듯 돋아난다.

5 베다웬에 있는 송아지가 없어지면
사마리아 주민은 그 생각으로 안달하게
되리라.
그렇다, 그것을 섬기던 백성은
송아지를 생각하며 슬퍼하고
그것을 섬기던 돌팔이 사제들은
사라진 영광을 생각하며 통곡하리라.
6 그 송아지는 아시리아로 실려가
대왕에게 선물로 바쳐지리라.
이렇게 에브라임은 수치를 당하고
이스라엘은 그 우상 섬기던 일로 부끄러
움을 당하리라.
7 사마리아는 끝장이 났다.
왕은 물에 떠내려가는 나무토막 신세가
되었다.
8 이스라엘의 죄악인 베다웬 산당은 무너지
고
가시덤불과 엉겅퀴가 그 제단을 덮으리
라.
사람들은 견디다 못해 산더러 묻어달라,
언덕더러 무너져 덮어달라고 애원하리
라.

이스라엘의 죄는 기브아에서 시작되다

9 이스라엘의 죄는 기브아에서 시작되었다.
거기에서 이미 나를 거슬렀는데,
전쟁이 어찌 기브아까지 미치지 않겠느
냐?
10 내가 이 못된 자들을 벌하러 오리라.
뭇 민족을 모아다가
쌓이고 쌓인 이 백성의 죄를 벌하리라.

11 길든 암소처럼 곡식 밟기나 좋아하던
에브라임의 귀여운 목덜미에
나는 멍에를 메웠다.
에브라임에게 쟁기를 메웠다.

㉠ 2사무 3:21, 5:3 참조.

호세

유다는 밭을 갈게 하고 야곱은 써레질을 하게 하며
이렇게 일러주었다.
12 "묵은 땅을 갈아엎고 정의를 심어라.
사랑의 열매를 거두리라.
지금은 이 야훼를 찾을 때,
이 야훼가 너희를 찾아와 복을 내리리라."

13 그런데 너희는 밭을 갈아 악을 심었으니,
거둘 것이 악독밖에 더 있겠느냐?
속임수로 살았으니
이젠 네가 속을 차례다.

너희가 병거를 믿고
군인이 많다고 우쭐대지만,
14 바로 그 때문에 너희 가운데서 반란이 일고,
요새가 모조리 함락되는 것이다.
베다르벨이 ㉠살만 왕에게 깨어지던 날,
어미와 자식이 함께 박살나지 않았느냐?
15 내가 이스라엘 가문을 그 모양으로 만들리라.
너희의 엄청난 죄를 그대로 두겠느냐?
때가 되면 먼동이 트듯
이스라엘 왕은 영락없이 망하리라.

하느님은 이스라엘을 못 버리신다

11

내 아들 이스라엘이 어렸을 때,
너무 사랑스러워, 나는 이집트에서 불러내었다.
2 그러나 부르면 부를수록 이스라엘은
나에게서 멀어져만 갔다.
바알 우상들에게 제물을 바치고
향을 피워 올렸다.
3 걸음마를 가르쳐주고
팔에 안아 키워주고
죽을 것을 살려주었지만,
에브라임은 나를 몰라본다.
4 인정으로 매어 끌어주고
사랑으로 묶어 이끌고
젖먹이처럼 들어올려 볼에 비비기도 하며
허리를 굽혀 입에 먹을 것을 넣어주었지만,
에브라임은 나를 몰라본다.

5 이 백성은 나를 저버리고
이집트로 되돌아가려 하지만,
결국 아시리아의 지배 아래 들리라.
6 전화가 온 성읍들을 휩쓸 때,
점치던 사제들은 죽어 없어지고
제단들은 허물어지리라.
7 내 백성이 끝내 나를 저버리고
바알을 불러 예배하지만
바알은 저희를 높여주지 않으리라.

8 에브라임아, 내가 어찌 너를 버리겠느냐.
이스라엘아, 내가 어찌 너를 남에게 내어주겠느냐.
내가 어찌 너를 아드마처럼 만들며,
내가 어찌 너를 ㉡스보임처럼 만들겠느냐.
나는 마음을 고쳐먹었다.
네가 너무 불쌍해서 간장이 녹는구나.
9 아무리 노여운들 내가 다시 분을 터뜨리겠느냐.
에브라임을 다시 멸하겠느냐.
나는 사람이 아니고 신이다.
나는 거룩한 신으로 너희 가운데 와 있지만,
너희를 멸하러 온 것은 아니다.
10 이 백성은 사자처럼 소리치는
나의 뒤를 따라오리라.
내가 소리치면,
내 자손은 서쪽에서 달려오리라.
11 이집트에서 참새떼처럼 날아오고
아시리아에서 비둘기처럼 날아오면
내가 내 백성을 저희 집에 살게 하리라.
-야훼의 말씀이시다.

하느님께 돌아오너라

12

1 에브라임은 거짓말로 나를 에워쌌고
12 이스라엘 가문은 속임수로 나를 둘러쌌다.
그러나 유다는 사뭇 하느님과 함께 살아가고
거룩한 하느님에게 충성을 바친다.

2 *1* ㉢에브라임은 바람이나 먹고 살며
날마다 열풍이나 쫓아다닌다.
거짓말만 하고 허풍만 떨며
아시리아와 동맹을 맺고
이집트에 기름을 선사한다.
3 *2* 야훼께서 유다를 심판하시고

㉠ 디글랏빌레셀 III세(745-727) 당시의 모압 왕을 말하는 듯하다. ㉡ 창세 10:19, 14:2; 신명 29:22 참조. ㉢ 라틴어 성경은 여기서 12장이 시작된다.

야곱을 그 행실에 따라 벌하시리라.
그 한 짓을 따라 갚으시리라.
4 모태에 있을 때에는 형의 발꿈치를 잡고
3 늘어졌으며,
어른이 되어서는 하느님과 겨루다가
5 하느님의 천사에게 짓눌리자
4 울며 애걸하지 않았더냐?
베델에서 하느님을 만났고
거기에서 약속을 받지 않았느냐?

6 "야훼, 만군의 하느님,
5 그의 이름은 야훼시라."

7 그러니, 너희는 너희 하느님께 돌아와
6 사랑과 정의를 지키며
너희 하느님만 바라고 살아라.

이스라엘은 가나안 장사꾼이 되었다

8 거짓 저울을 손에 들고
7 남을 속이기나 좋아하는 가나안 놈 같은
것들,

9 "나는 정말 부자가 되었다.
8 한몫 단단히 잡았거든.
이 손이 닳도록 벌었는데,
누가 나를 부정축재했다고 하랴."
라고 에브라임은 말한다마는,
10 너희를 이집트에서 이끌어낸 것은
9 나 야훼 너희 하느님이었다.
내가 너희를 처음 만났을 때처럼,
너희를 다시 천막에서 살게 하리라.
11 나는 예언자들에게 내 말을 들려주었다.
10 환상도 많이 보여주었다.
나의 계획을 예언자들을 시켜 알려주었
다.
12 길르앗이 온통 헛된 것으로 찼는데도
11 죄가 없다 하겠느냐?
길갈에서 황소를 잡아 바치는 것들,
그 제단들은 밭고랑에 돌더미가 되고 말
리라.

배은 망덕하는 이스라엘

13 야곱은 아람 평야로 도망쳤다.
12 이스라엘은 장가들려고 머슴을 살았고,
색시 하나 얻으려고 남의 양을 쳤다.

14 야훼께서 한 예언자를 시켜
13 이스라엘을 이집트에서 데려내오시고
그 예언자를 시켜 지켜주셨건만,
15 에브라임은 몹시도 하느님의 속을 썩여드
14 렸다.
이렇게 죽을 죄를 지은 것들,
하느님께서 그 죄를 벗겨주지 않으시고
당신께서 받으셨던 모욕을 이 백성에게
되돌려주시리라.

추앙받던 이스라엘이 망하게 되다

13 에브라임이 한번 입을 열면 모두 떨더
니,
그렇듯 에브라임은 이스라엘에서도 으뜸
이더니,
바알의 꾐에 빠져 죄를 쓰고 망하였구나.
2 아직도 못할 짓만 하고 있다.
거푸집에 은을 부어 만든 신상에 지나지
않건만,
한갓 장인들이 만든 작품에 지나지 않건
만 어찌하여
"여기 제물을 바쳐라.
모두 이 송아지에게 입을 맞추어라." 하
는가!
3 그러다가 아침 안개처럼,
해뜨면 사라지는 이슬처럼,
타작 마당에서 불려가는 검불처럼,
창틈으로 새어 나가는 연기처럼
사라지겠구나.

4 너희를 이집트에서 이끌어낸 것은
나 야훼 너희 하느님이다.
너희에게 나 외에 어느 하느님이 있었느
냐?
나말고 누가 너희를 구해 주었느냐?
5 그 메마른 땅 사막에서
내가 너희를 보살펴주었건만,
6 목장에서 풀을 뜯어 배가 부르자,
우쭐대다가 이 백성은 나를 잊었다.
7 그러므로 나는 이 백성에게 사자처럼 대
하고
표범처럼 길목에서 노리며
8 새끼 빼앗긴 곰같이 달려들어
가슴을 찢어주리라.
개들은 그 자리에서 뜯어먹고
들짐승이 찢어발기리라.

9 이스라엘아, 내가 너희를 멸할 터인데,
누가 너희를 도울 수 있겠느냐?
10 너희를 건져줄 임금은 어디 갔느냐?
너희를 거느릴 대신들은 어찌 되었느냐?
너희가 "왕을 달라, 대신들을 달라." 하

기에
11 나는 노여워하면서도 왕을 주었다.
그러나 이제 나는 너무 화가 나서 왕을 집
어치웠다.

12 에브라임의 죄상을 적은 문서는 보관되어
있다.
없애버리지 못하게 숨겨두었다.
13 해산의 진통이 왔는데,
이 어리석은 자야, 때도 모르느냐?
태를 열고 나올 생각도 않는구나! ㉠
15 조금도 가엾지 않다.
에브라임이 갈대처럼 무성해도
내 입김이 열풍 되어 사막에서 불어오면,
샘은 마르고 샘터는 갈라지리라.
보물 창고에 둔 귀중품도 모두 빼앗기리
라.

14

1 사마리아는 제 하느님께 반역했으니,
16 그 죄를 면할 길이 없구나.
칼에 맞아 거꾸러지고
어린것들은 박살나며
아이 밴 여인은 배를 찢기리라.

이스라엘은 다시 꽃피리라

2 ㉡이스라엘아, 너희 하느님 야훼께 돌아오
1 너라.
못된 짓을 하다가 쓰러졌지만,
3 모두 야훼께 돌아와 이렇게 빌어라.
2 "비록 못된 짓은 하였지만, 용서하여 주
십시오.
이 애원하는 소리를 들어주십시오.
우리가 이 입술로 하느님을 찬양하겠습
니다.
4 아시리아가 어찌 우리를 구하겠습니까?
3 우리가 다시는 군마를 타지 아니하고
우리 손으로 만든 것 보고
우리 하느님이라 부르지 않겠습니다.
하느님 외에 누가 고아 같은 우리에게
어버이의 정을 베풀겠습니까?"

5 이스라엘은 나를 배신하였다가 병들었으
4 나,
나는 그 병든 마음을 고쳐주고 사랑하여
주리라.
이제 내 노여움은 다 풀렸다.
13:14 내가 이스라엘을 ㉢스올의 손아귀에서 건
져내리라.
이스라엘을 죽음에서 빼내리라.
"죽음아, 네가 퍼뜨린 염병은 어찌 되었
느냐?
스올아! 네가 쏜 독침은 어찌 되었느
냐?"
6 내가 이스라엘 위에 이슬처럼 내리면
5 이스라엘은 나리꽃처럼 피어나고
버드나무처럼 뿌리를 뻗으리라.
7 햇순이 새록새록 돋아
6 감람나무처럼 멋지고
레바논 숲처럼 향기로우리라.
8 이스라엘은 다시 내 그늘에서 살며
7 농사 지어 곡식을 거두리라.
포도덩굴처럼 꽃이 피고
레바논의 포도주처럼 유명해지리라.
9 내가 기도를 들어주고 돌보아 주는데,
8 에브라임이 다시 우상과 무엇 때문에 상
관하랴.
나는 싱싱한 전나무와도 같고
너희가 따먹을 열매가 달린 과일 나무와
도 같다.

마지막 다짐하는 말

10 지혜가 있거든, 이 일을 깨달아라.
9 슬기가 있거든, 이 뜻을 알아라.
야훼께서 보여주신 길은 곧은 길,
죄인은 그 길에서 걸려 넘어지지만
죄없는 사람은 그 길을 따라가리라.

요 엘

1

◎브두엘의 아들 요엘에게 내린 야훼의 말
씀.

울어라

2 늙은이들은 들어라.
이 땅의 주민들은 모두 귀를 기울여라.
너희 세대에 이런 일이 있었느냐?
너희 조상 적에 이런 일이 있었느냐?

㉠ 14절은 14:5 뒤로 옮겼다. ㉡ 라틴어 성경은 여기서 14장이 시작된다. ㉢ '죽음의 신'을 말한다.

3 이 일을 너희의 자녀들에게 일러라.
자녀들은 또 그 자녀들에게
그 자녀들은 또 그 다음 세대에 이르게 하
여라.
4 풀무치가 남긴 것은 메뚜기가 갉아먹고
메뚜기가 남긴 것은 누리가 썰어먹고
누리가 남긴 것은 황충이가 탕쳐 먹었다.㉠
5 포도주에 취한 자들아,
깨어 일어나 울며 통곡하여라.
술이 다 떨어지게 되었다.
6 수도 없이 많은 외국군이
내 나라에 쳐들어왔다.
그 이빨은 사자 이빨 같고
암사자의 송곳니 같은 것들이
7 내 포도원을 짓밟고
내 무화과 동산을 찍어내는데
껍질들을 하얗게 벗겨버리는구나.

8 약혼자의 죽음을 슬퍼하는 처녀처럼
상복을 입고 통곡하여라.
9 곡식도 포도주도 야훼의 성전에 드릴 것
이 없어
야훼를 섬기는 사제들은 슬픔에 잠겼다.
10 들판은 망그러지고
밭은 메말랐다.
곡식은 다 떨어졌고
포도주는 바닥이 드러났으며
올리브 기름은 말라버렸다.
11 기가 차느냐, 농부들아?
포도원을 가꾸던 자들아, 울어라.
밀이나 보리뿐이랴,
거두려던 곡식이 모조리 없어졌다.
12 포도덩굴은 마르고
무화과나무는 시들었다.
석류나무, 대추나무, 능금나무 할 것 없
이
들판의 나무들은 모두 시들었다.
모든 사람에게서 기쁨은 사라졌다.

13 사제들아, 베옷을 걸치고 슬피 울어라.
제단에서 시중드는 자들아, 통곡하여라.
내 하느님께 시중드는 자들아,
와서 베옷을 걸치고 밤을 새워라.
너희 하느님의 전에 드릴
곡식도 포도주도 모두 떨어졌다.
14 단식을 선포하여라.
성회를 소집하여라.
장로들아, 전국민을 불러
너희 하느님 전에 모으고
야훼께 부르짖어라.
15 마침내 그 날이 오고야 말았구나.
야훼께서 거동하실 날이 다가왔구나.
전능하신 하느님께서 마구 멸하실 날이
오고야 말았구나.
16 음식은 볼 수도 없이 되지 않았느냐?
우리 하느님의 전에서
기쁨과 즐거움이 사라지지 않았느냐?
17 흙이 말라 그 속에서 씨앗은 죽고
곡식이 없어 창고는 비고
곳간은 무너졌다.
18 목장이 없어져
가축들이 울부짖고
소떼들이 소란하다.
양떼라고 그 벌을 면할쏘냐?
19 야훼여,
내가 주께 부르짖습니다.
들판의 목장이 타버렸습니다.
벌판의 나무들도 모조리 타버렸습니다.
20 물줄기들은 모두 마르고
들판의 목장도 모두 타버려
가축들이 벌판에서 주께 부르짖습니다.

주께서 거동하실 날이 왔다

2 ◎시온에서 나팔을 불어라.
이 땅에 사는 모든 사람이 떨도록
나의 거룩한 산에서 경보를 울려라.
야훼께서 거동하실 날이 왔다.
그 날이 다가오고 있다.
2 어둡고 음산한 날,
짙은 구름이 덮인 깜깜한 날,
산들이 까맣게
수도 없이 많은 무리가 덮쳐온다.
이런 일은 전에도 없었고
앞으로도 천만대에 이르도록
이런 일은 다시 없으리라.
3 그의 앞에서는 모든 것이 불타고
지나가신 뒤로는 불길이 일어
에덴 같던 땅도
한번 지나가시면,
그만 사막처럼 허허벌판이 되고 마는데
무엇이 살아 남으랴.
4 달려오는 그의 모습은 말과 같고
그의 군대는 기병대처럼 달려온다.
5 산등성이를 달려오는 소리는
병거 소리와도 같고
마른 풀에 불붙는 소리 같기도 하고

㉠ 메뚜기의 종류를 말하는 것인지, 메뚜기의 네 성장 과정을 말하는 것인지 모른다.

싸움터로 나가는 강한 군대 행렬 소리 같
기도 하여,
6 뭇 민족은 그 앞에서 떨며
낯빛이 창백해지는구나.
7 용사들처럼 돌진해 온다.
군인들처럼 성에 기어오른다.
모두가 전진할 뿐,
물러서는 자 하나 없다.
8 서로 부딪치지도 않고
곧장 앞으로 전진할 뿐,
화살이 빗발처럼 날아와도 멈추지 않고
그냥 나아갈 뿐이다.
9 성 안으로 쳐들어온다.
담장을 넘어 들어와,
도둑처럼 창문으로 기어든다.
10 그들 앞에서 땅은 뒤틀리고
하늘은 뒤흔들린다.
해와 달은 어두워지고
별들은 그 빛을 잃는다.
11 야훼께서 당신 군대를 호령하신다.
그의 군대는 크기도 하다.
그의 명령을 이루는 자 강하니
야훼께서 거동하시는 날,
그 엄청난 날,
그 무서움을 누가 견디랴?

돌아오너라

12 "그러나 이제라도,
야훼의 말이다,
진심으로 뉘우쳐 나에게 돌아오너라.
단식하며 가슴을 치고 울어라."

13 옷만 찢지 말고 심장을 찢고
너희 하느님 야훼께 돌아오너라.
주는 가엾은 모습을 그냥 보지 못하시고
좀처럼 노여워하지도 않으신다.
사랑이 그지없으시어
벌하시다가도 쉬이 뉘우치신다.
14 혹시 마음을 돌이키시어
재앙을 거두시고 복을 내리실지 그 누가
알겠느냐?
너희 하느님 야훼께 바칠
곡식과 포도주를 내려주실지 그 누가 알
겠느냐?

15 시온 산 위에서 나팔을 불어라.
단식을 선포하고 성회를 열어라.
16 백성을 불러모으고,
거룩한 대회를 열어라.
노인들을 불러모으고
어린이들을 모아들여라.
젖먹이도 오라고 하여라.
신혼 부부도
신방에서 나와 모이게 하여라.
17 성전 현관과 제단 사이를 오가며
야훼를 섬기는 사제들아, 울며 빌어라.
"야훼여,
당신의 백성을 불쌍히 여겨주십시오.
당신의 유산으로 삼으신
이 백성이 남에게 욕을 당하지 않게 하시
고
'너희 하느님이 어찌 되었느냐?'며
손가락질받지 않게 하여주십시오."

하느님께서 기도를 들어주시다

18 야훼께서는 당신의 땅 생각에 가슴이 타
고
당신의 백성 불쌍한 생각이 드시어
19 이렇게 대답하셨다.
"나 이제 곡식과 포도주와 기름을 너희에
게 주리니
너희는 아쉬움 없으리라.
다시는 남의 나라 사람들에게
욕을 당하지 않게 하여주겠다.
20 북에서 쳐들어온 자들을
내가 멀리 쫓아버리리라.
그들을 물 없는 사막으로 몰아내리라.
전위 부대는 동쪽 바다에, 후위 부대는
서쪽 바다에 쓸어넣으리니,
그 썩는 냄새, 그 악취가 코를 찌르리라.
저들이 못할 일을 하였으므로 그 꼴을 당
하리라."

21 흙아, 두려워 마라.
기뻐하고 즐거워하여라.
야훼께서 큰일을 이루셨다.
22 짐승들아, 두려워 마라.
들판의 목장은 푸르렀고
나무들엔 열매가 열렸다.
무화과나무와 포도덩굴에 열매가 주렁주
렁 달렸다.
23 시온의 자녀들아,
야훼 너희 하느님께 감사하여
기뻐 뛰어라.
너희 하느님께서 가을비를 흠뻑 주시고
겨울비도 내려주시고
봄비도 전처럼 내려주시리니,
24 타작 마당에는 곡식이 그득그득 쌓이고

독마다 포도주와 기름이 넘치리라.

25 "나 너희에게 갚아주리라.
너희에게 보냈던 대군,
메뚜기, 누리, 황충이, 풀무치가 먹어 치
운 햇수를 세어
갚아주리라.
26 이제 너희는 한껏 배불리 먹으며
너희 하느님 야훼를 찬양하리라.
너희에게 놀라운 일을 이루어준
이 하느님을 찬양하리라.
내 백성은 언제까지나 당당하리라.
27 그제야 너희는 알리라.
내가 이스라엘 가운데 있다는 것을.
너희 하느님은 이 야훼밖에 없다.
내 백성은 언제까지나 당당하리라."

만민에게 하느님의 영이 내리리라

3 1 28 "㉠그런 다음에 나는 내 영을 만민에게
부어주리니,
너희의 아들과 딸은 예언을 하리라.
늙은이들은 꿈을 꾸고,
젊은이들은 환상을 보리라.
2 29 그 날, 나는
남녀 종들에게도 나의 영을 부어주리라.
3 30 나는 하늘과 땅에서 징조를 보이리라.
피가 흐르고 불길이 일고 연기가 기둥처
럼 솟고
4 31 해는 빛을 잃고
달은 피같이 붉어지리라."

야훼께서 거둥하시는 날,
그 크고 두려운 날이 오기 전에 이런 일이
있으리라.
5 32 그 때 야훼의 이름을 부르는 사람마다 구
원을 받으리라.
야훼께서 말씀하신 대로
시온 산에는 난을 면한 사람이 있으리라,
예루살렘에는 야훼께서 부르신 사람이 살
아 남으리라.

만방에 심판이 내리리라

4 1 3:1 "보라,
내가 유다와 예루살렘의 운명을 되돌려
줄 날,
2 모든 나라들을 여호사밧 골짜기로 불러모
으고㉡
그리로 끌고 내려가 다스리리라.
나의 유산, 나의 백성 이스라엘을
뭇 민족 가운데 흩어버리고
그 땅을 나누어가졌는데 어찌 그냥 두랴.
3 내 백성은 제비뽑아서
소년들은 화대로 팔아먹고
소녀들은 술값으로 팔아먹었다.

4 띠로와 시돈의 인간들아,
전 불레셋 지역에 사는 자들아,
너희는 나에게 어떻게 하려는 것이냐?
너희는 나에게 무슨 보복이라도 하려는
것이냐?
너희가 나에게 보복하려고 달려든다면,
내 편에서 지체 없이 당장 너희에게 보복
하리라.
5 너희는 은과 금,
그 밖에 귀한 보물들을 나에게서 빼앗아
다가
너희 신전에 갖다두었다.
6 너희는 유다 백성과 예루살렘 성민들을
그리스인들에게 팔아먹었고,
국경 너머 멀리로 끌어갔다.
7 너희는 내 백성은 팔아먹었지만,
내가 이제 내 백성을 거기에서 불러낼 것
이다.
너희가 내 백성을 다루었듯이,
나도 너희를 다루리라.
8 너희는 너희 아들 딸을 유다인에게 팔게
되리라.
유다인들은 그들을 스바인들에게 팔아 넘
길 것이다."
야훼께서 하신 말씀이시다.

9 "너희는 뭇 민족을 불러
전쟁을 선포하여라.
장사들을 불러모으고
군인들을 총동원하여
쳐 올라오너라.
10 보습을 쳐서 칼을 만들고
낫을 쳐서 창을 만들어라.
나약한 자들까지
'나는 용사다!' 하고 외쳐라.
11 그리고 빨리 오너라.
사방에 있는 민족들은 모두 그리로 모여
라."

야훼여, 당신의 용사들을 보내주소서.

㉠ 라틴어 성서는 4:1에 가서 3:1이 시작된다. ㉡ 야훼께서 심판하신다는 뜻이다.

12 “뭇 민족은 떨쳐 일어나
여호사밧 골짜기로 오너라.
내가 거기에 앉아서
사방 모든 민족을 심판하리라.
13 낫을 대어라.
곡식이 익었다.
와서 밟아라.
포도주 술틀이 찼다.
독이 차 넘친다.
뭇 민족의 악이 이토록 극에 달하였다.”

14 타작 수레 골짜기에
사람들이 밀려들었다.
야훼께서 거둥하실 날이 다가왔다.
15 해와 달은 어두워지고
별들은 그 빛을 잃었다.
16 야훼께서 시돈에서 고함치시고,
예루살렘에서 소리치시니,
하늘도 떨고 땅도 떠는구나.
그러나 야훼께서는 당신 백성의 은신처,
이스라엘 백성의 산채가 되시리라.

17 “그제야 너희는 알리라.
내가 야훼 너희 하느님으로서
거룩한 산 시온에 머무는 줄을.
예루살렘은 성소가 되어
다른 나라 사람이 아무나 지나가지 못하
리라.
18 그 날이 오면,
산마다 포도즙이 흐르고
언덕마다 젖이 흥건하리라.
유다의 모든 시내에 물이 넘쳐 흐르고
야훼의 성전에서 샘물이 솟아
아카시아 골짜기를 적시리라.
19 그러나 이집트는 쑥밭이 되고
에돔은 허허벌판이 되리라.
억울한 유다 백성의 무고한 피를 쏟고
어찌 벌을 면할 수가 있으랴?
21 내가 그 핏값을 보상하리니
아무도 그 벌을 면하지 못하리라.”

야훼께서 시온에 계시거늘,
20 유다에는 사람이 끊기는 일이 다시 없겠
고
예루살렘에도 대대로 사람이 끊기지 아니
하리라.

아 모 스

아모스의 시대

1 ◎드고아에서 양을 치던 목자 아모스의 예
언집. 그는 ㉠이스라엘이 어찌 될지 계시
를 받고 그대로 예언하였다. 우찌야가 유다
에서, 요아스의 아들 여로보암이 이스라엘에
서 왕위에 앉아 있던 때로 지진이 있기 바로
이 년 전이었다.㉡

하느님의 말씀은 힘이 있다

2 ◎아모스가 말했다.
야훼, 시온에서, 예루살렘에서
큰소리로 부르짖으시니
양떼 풀 뜯던 목장이 탄다.
가르멜 산마루의 풀이 시든다.

이스라엘 이웃 나라들에 내린 선고
다마스쿠스

3 “나 야훼가 선고한다.
다마스쿠스가 지은 죄,
그 쌓이고 쌓인 죄 때문에
나는 다마스쿠스를 벌하고야 말리라.
쇠꼬챙이 박힌 타작기를 돌리며
길르앗 주민을 짓바순 죄 때문이다.
4 하자엘의 대궐에 불을 질러
벤하닷의 궁궐들을 살라버리리라.
5 다마스쿠스 성의 빗장을 부수고
아웬 평야에 군림한 자,
베데덴에서 왕권 잡은 자를 죽이고
아람 백성을 키르로 잡혀가게 하리라.
-야훼의 말씀이시다.

가자와 불레셋

6 나 야훼가 선고한다.
가자가 지은 죄,
그 쌓이고 쌓인 죄 때문에
나는 가자를 벌하고야 말리라.
사람들을 마구 잡아다가
에돔에 팔아 넘긴 죄 때문이다.

㉠ 북방 이스라엘을 말한다. ㉡ 우찌야(기원전 783-742년), 여로보암 II세(기원전 786-746년).

7 가자 성에 불을 질러
그 궁궐들을 살라버리리라.
8 아스돗에 군림한 자,
아스클론에서 왕권 잡은 자를 죽이고
손을 돌이켜 에크론을 쳐,
남아 있는 불레셋 사람을 다 멸하리라.
-야훼의 말씀이시다.

띠로

9 나 야훼가 선고한다.
띠로가 지은 죄,
그 쌓이고 쌓인 죄 때문에
나는 띠로를 벌하고야 말리라.
의형제를 맺고는 그 약조를 저버리고㉠
사람들을 온통 사로잡아 에돔에 팔아 넘
긴 죄 때문이다.
10 띠로 성에 불을 지르고
그 궁궐들을 살라버리리라.

에돔

11 나 야훼가 선고한다.
에돔이 지은 죄,
그 쌓이고 쌓인 죄 때문에
나는 에돔을 벌하고야 말리라.
동기간의 정을 끊고
칼로 겨누며 달려들었다.
사뭇 증오심에 불타 올라
끝내 앙심을 풀지 않은 죄 때문이다.
12 데만에 불을 지르고
보스라의 궁궐들을 살라버리리라.

암몬

13 나 야훼가 선고한다.
암몬이 지은 죄,
그 쌓이고 쌓인 죄 때문에
나는 암몬을 벌하고야 말리라.
길르앗에서 임신한 여인의 배까지 가르며
영토를 넓힌 죄 때문이다.
14 라빠 성에 불을 질러
그 궁궐들을 살라버리리라.
전쟁이 터지는 날,
함성과 함께 살라버리리라.
폭풍이 몰아치는 날,
회리바람과 함께 살라버리고,
15 백성을 다스리던 왕은
귀족들과 함께 사로잡혀 가게 하리라.
-야훼의 말씀이시다.

㉠ 2사무 5:11; 1열왕 5:13, 9:13

모압

2

1 나 야훼가 선고한다.
모압이 지은 죄,
그 쌓이고 쌓인 죄 때문에
나는 모압을 벌하고야 말리라.
죽은 에돔 왕의 뼈까지 태워
재를 만든 죄 때문이다.
2 모압에 불을 질러
크리욧의 궁궐들을 살라버리리라.
고함 소리 천지를 뒤흔들고
함성이 터지며 나팔 소리 요란한 가운데
모압 백성은 죽어가리라.
3 집권자들을 고관들과 함께
죽여버리리라.
-야훼의 말씀이시다.

유다

4 나 야훼가 선고한다.
유다가 지은 죄,
그 쌓이고 쌓인 죄 때문에
나는 유다를 벌하고야 말리라.
야훼의 법을 거부하고
그 규정을 지키지 않은 죄 때문이다.
선조들이 따르던 거짓 신들에게
미혹된 죄 때문이다.
5 유다에 불을 지르고
예루살렘의 궁궐들을 살라버리리라.

이스라엘에 내린 선고

6 나 야훼가 선고한다.
이스라엘이 지은 죄,
그 쌓이고 쌓인 죄 때문에
나는 이스라엘을 벌하고야 말리라.
죄없는 사람을 빚돈에 종으로 팔아 넘기
고,
미투리 한 켤레 값에
가난한 사람을 팔아 넘긴 죄 때문이다.
7 너희는 힘없는 자의 머리를 땅에다 짓이
기고
가뜩이나 기를 못 펴는 사람을
길에서 밀쳐낸다.
아비와 아들이 한 여자에게 드나들어
나의 거룩한 이름을 더럽힌다.
8 저당물로 잡은 겉옷을
제단들 옆에 펴놓고 그 위에 뒹굴며,
벌금으로 받은 술을
저희의 신당에서 마신다.
10 누가 너희를 이집트에서 구해 내었느냐?

내가 아니었더냐?
나는 너희를 사십 년 동안 광야에서 이끌
어주었고
아모리족을 너희 앞에서 멸해 버렸다.
9 아모리인들은 그 키가 잣나무 같았고 힘
이 상수리나무 같았으나,
나는 그 열매를 가지째 땄고
뿌리를 송두리째 뽑아버렸다.
11 너희의 자손들을 예언자로 세웠고
젊은이들은 나지르인으로 삼았다.
이스라엘 사람들아,
사실이 그렇지 아니하냐?
-야훼의 말씀이시다.
12 그러나 너희는 나지르인에게 술을 먹이고
예언자에게 입을 다물라고 명령하였다.
13 보아라, 내가 너희를
무거운 짐을 싣고 뭉그적거리는 ㉠송아지
꼴로 만들리라.
14 아무리 걸음이 빨라도 달아나지 못하고
아무리 힘이 세어도 그 힘을 써보지 못하
고
아무리 장사라도 목숨을 건지지 못하리라.
15 아무리 활 잘 쏘는 군인이라도 별 수 없고
아무리 발이 빨라도 살아날 길 없고
아무리 말을 잘 타도 목숨을 건지지 못하
리라.
16 그 날이 오면,
아무리 용감한 장사라도 맨몸으로 도망
치리라.
-야훼의 말씀이시다.

3 ◎이스라엘 백성들아, 들어라. 내가 친히
이집트에서 데려내온 이 백성들아, 너희
를 두고 하는 나 야훼의 말을 다들 들어라.
2 세상 많은 민족들 가운데서
내가 너희만을 골라내었건만
너희는 온갖 못할 짓을 다 하니
어찌 벌하지 않으랴?"

예언자는 부르심을 뿌리치지 못한다

3 두 사람이 길을 같이 간다면,
미리 약속되어 있는 것이 아니겠느냐?
4 사자가 잡아먹을 것이 없는데도
숲 속에서 으르렁거리겠느냐?
사자가 움켜잡은 것이 없는데도
굴 속에서 소리를 지르겠느냐?
5 미끼가 없는데도
새가 창애에 내려와 걸리겠느냐?
아무것도 걸리지 않았는데
창애가 튕겨 오르겠느냐?
6 성 안에서 비상 나팔이 울리는데
놀라지 않을 자 있겠느냐?
성 안을 휩쓰는 재앙,
야훼께서 내리시는 것이 아니겠느냐?
7 당신의 종 예언자들에게 속을 털어놓지
않으시고는
주 야훼, 아무 일도 하지 않으신다.
8 사자가 으르렁거리는데
겁내지 않을 자 있겠느냐?
주 야훼께서 말씀하시는데,
그 말씀 전하지 않을 자 있겠느냐?

사마리아는 망한다

9 "아시리아의 궁궐에 말을 전하여라.
이집트의 궁궐에 말을 전하여라.
'모두들 사마리아 언덕에 올라와 보게.
그 안엔 억울한 일들뿐,
온통 뒤죽박죽일세.
10 바른 일 하려는 사람은 하나도 없구나.
-야훼의 말씀이시다.
궁궐에는 권력으로 남을 등쳐먹는 자들
뿐이다.'
11 그러므로 나 야훼가 선언한다.
적이 사방에서 이 땅에 몰아쳐와,
축성들을 허물고 궁궐들을 약탈하리라.
12 나 야훼가 선고한다.
양이 사자에게 잡아먹혀도,
목자는 남은 두 종아리뼈나
귀 한 조각만이라도 건져내지 않느냐?㉡
이스라엘 백성도
그와 같이 남으리라.
멋진 침대, 화려한 잠자리에서
뒹구는 사마리아 사람들아,
13 이 말을 듣고 야곱 가문에게 똑똑히 일러
라.
-주 만군의 하느님 야훼의 말씀이시다.
14 나를 거슬러 죄짓는 이스라엘을 찾아가는
날,
내가 베델의 제단에 벌을 내리리라.
그 제단의 뿔들을 때려부수어
땅바닥에 흩어버리리라.
15 겨울 별장, 여름 별장을 쳐부수리니,
상아로 꾸몄던 집들이 자취 없이 사라지고
고래등 같던 집들도 간데없이 되리라."
-야훼의 말씀이시다.

4 바산 풀밭의 암소들아,
이 말을 들어라.

㉠"수레"로 볼 수도 있다. ㉡ 주인에게 보일 증거물로 삼으려는 것이다.

사마리아 언덕에서 노니는 여인들아,
남편을 졸라 술을 가져다 마시며
힘없고 가난한 자를 짓밟는 자들아,
2 주 야훼께서 당신의 거룩하심을 걸고 맹
세하신다.
"너희를 갈고리로 끌어내고
너희 자식들을 작살로 찍어낼 날이 이르
렀다.
3 무너진 성 틈으로 하나씩 끌어내다,
㉠거름더미에 던지리라.
-야훼의 말씀이시다.

이스라엘의 위선과 고집

4 베델에 가서 죄나 지어라.
길갈에 가서 실컷 죄나 지어라.
아침마다 희생제물을 드리고
사흘마다 십분의 일세를 바쳐보아라.
5 누룩 든 빵을 감사제물로 살라 바치고
자원제물을 수선스럽게 드려보아라.
이스라엘 백성들아,
너희가 즐겨하는 짓이란 고작 이런 것 아
니냐?
-주 야훼의 말씀이시다.
6 그래서 나는
곳곳마다, 성읍마다 양식이 떨어져
너희를 굶주리게 하였다.
그래도 너희는 나에게 돌아오지 않았다.
-야훼의 말씀이시다.
7 나는 추수 석 달 전에 내릴 비를 내리지
않았다.
어떤 성읍에는 비를 내리고
어떤 성읍에는 비를 내리지 않았다.
어떤 밭에는 비를 내리고
어떤 밭에는 비를 내리지 않아 곡식이 말
랐다.
8 이 성읍 저 성읍에서
어느 한 성읍으로 물을 얻으러
비틀거리며 몰려들었어도
누구 하나 목을 축이지 못하였다.
그래도 너희는 나에게 돌아오지 않았다.
-야훼의 말씀이시다.
9 이삭은 그 속이 비거나 아니면
깜부기가 되지 않더냐?
너희의 동산과 포도원은 황폐해지고
무화과, 올리브 나무는 메뚜기가 갉아먹
었다.
그래도 너희는 나에게 돌아오지 않았다.
-야훼의 말씀이시다.
10 나는 이집트에 내린 염병을 너희에게도
내렸다.
젊은 용사들을 군마와 함께 칼로 쳐죽여
진지마다 악취가 코를 들 수 없이 풍겼건
만
너희는 나에게 돌아오지 않았다.
-야훼의 말씀이시다.
11 나는 소돔과 고모라를 뒤엎어버리듯,
너희를 불 속에서 끄집어낸 부지깽이처
럼 만들리라.
그래도 너희는 나에게 돌아오지 않을 것
이다.
-야훼의 말씀이시다.
12 그런즉 이스라엘아, 나는 너에게
㉡이렇게 하기로 하였다.
내가 기어이 그리하리니,
이스라엘아,
네 하느님과 만날 채비를 하여라."

야훼 송가

13 아, 천둥을 빚어내시고
바람을 불러일으키시며
당신의 뜻을 사람들에게 알리시는 이,㉢
새벽을 깜깜하게 하시고
산등성이를 밟고 나가시는 이,
그 이름 야훼,
만군의 하느님이시라.

이스라엘은 죽었다

5 들어라, 이스라엘 사람들아,
내가 너희를 두고 부르는 이 만가를.
2 처녀 이스라엘이 죽었구나.
다시 일어나지 못하게 되었구나.
그 쓰러진 곳이 타향도 아니건만
일으켜줄 사람 하나 없구나.

3 "나 야훼가 이스라엘 가문에게 이른다.
천 명이 출정하던 성읍에
백 명만 남고,
백 명이 출정하던 성읍에
열 명만 남으리라.

하느님을 찾아야 산다

4 나 야훼가 이스라엘 가문에게 선고한다.
살고 싶으냐?
나를 찾아오너라.

㉠ 히브리어 본문의 뜻이 분명치 않다. ㉡ 어떻게 하겠다는 말이 없다. ㉢ "땅에서 풀이 자라나게 하시는 이"라고 옮길 수도 있다.

5 베델을 찾지 말고
길갈로도 가지 말고
브엘세바로도 건너가지 마라.
길갈 주민은 끝내 잡혀가고
베델은 빈터만 남으리라.
6 살고 싶으냐?
야훼를 찾아라.
그러지 아니하면 요셉 가문에 불같이 내
리덮치어
살라버리리니,
베델에서 그 불을 끌 자 없으리라."

야훼 송가

9 염소 성좌에 이어
황소 성좌를 올라오게 하시고
포도 따는 처녀별이 뜨면서
황소 성좌를 지게 하시는 이,
8 묘성 성좌, 삼성 성좌를 만드시고
짙은 어둠을 아침으로 바꾸시는 이,
낮을 밤처럼 어둡게 하시며
바닷물을 불러 올려 땅에 쏟으시는 이,
그의 이름 야훼시라.

이스라엘의 죄상

7 저주받아라!
너희, 공평을 뒤엎어 소태같이 쓰게 만들
고
정의를 땅에 떨어뜨리는 자들아.
10 ㉠성문 앞에서 시비를 올바로 가리는 사
람을 미워하고
바른 말 하는 사람을 싫어하는 자들아.
11 너희가 힘없는 자를 마구 짓밟으며
그들이 지은 곡식을 거둬가는구나.
너희는 돌을 다듬어 집을 지어도
거기에서 살지 못하고
포도원을 탐스럽게 가꾸고도
거기에서 난 포도주를 마시지 못하리라.

12 "너희가 나를 거슬러 얼마나
엄청난 죄를 지었는지,
나는 죄다 알고 있다.
죄없는 사람을 학대하며
뇌물을 받고 성문 앞에서 가난한 사람을
물리치는 자들아!
13 너무도 세상이 악해져서
뜻 있는 사람이 입을 다무는 시대가 되었
구나."

살 길을 찾아라

14 살고 싶으냐?
악을 버리고 선을 행하여라.
너희의 말대로
만군의 하느님 야훼께서 너희와 함께 계
시리라.
15 악을 미워하고 선을 사랑하여라.
성문 앞에서 법을 세워라.
그래야 만군의 하느님 야훼께서
일부 살아 남은 요셉 가문을 불쌍히 보아
주시리라.

심판날이 다가왔다

16-17 그런즉 주 만군의 하느님 야훼께서 말씀
하신다.
"내가 너희 가운데를 지나가는 날,
장터마다 울음 소리가 터지리라.
거리마다 '아이고, 아이고!' 곡하는 소
리가 터지리라.
농군을 불러다 울게 하며
울음꾼을 불러다 울게 하리라.
포도원마다 울음 소리 터지리라."
18 저주받아라!
너희 야훼께서 오실 날을 기다리는 자들
아.
야훼께서 오시는 날,
무슨 수라도 날 듯싶으냐?
그 날은 빛이 꺼져 깜깜하리라.
19 사자를 피하다가 곰을 만나고
집 안으로 피해 들어가 벽을 짚었다가
뱀에게 물리리라.
20 야훼께서 오시는 날,
그 날이 밝은 날일 줄 아느냐?
아니다.
그 날은 다만 깜깜할 뿐
한 가닥 빛도 없으리라.

겉치레뿐인 종교를 규탄함

21 "너희의 순례절이 싫어 나는 얼굴을 돌린
다.
축제 때마다 바치는 분향제 냄새가 역겹
구나.
22 너희가 바치는 번제물과 곡식제물이
나는 조금도 달갑지 않다.
친교제물로 바치는 살진 제물은 보기도
싫다.
거들떠보기도 싫다.
23 그 시끄러운 노랫소리를 집어치워라.

㉠ 재판하는 곳을 말한다.

거문고 가락도 귀찮다.
24 다만 정의를 강물처럼 흐르게 하여라.
서로 위하는 마음 개울같이 넘쳐 흐르게
하여라.
25 이스라엘 백성들아! 너희가 사십 년 동안
광야에서
희생제물과 곡식제물을 나에게 바친 일
이 있었느냐?
26 그런데 너희가 별을 우상으로 만들어 받
드는구나.
시끗 별을 왕삼아 메고 다니며
가이완 별을 신상으로 메고 다니는구나.
27 내가 너희를 다마스쿠스 저편으로 잡혀가
게 하리라."
-야훼의 말씀이시니, 그 이름 만군의 하
느님이시다.

향락에 빠진 지도자들

6

저주받아라!
시온을 믿고 안심하는 자들아,
언덕 위에 자리잡은 사마리아를 믿어
마음놓고 사는 자들아,
일등 민족이라고 으스대는 유지들아,
이스라엘 가문이 믿고 찾아가는 유지들
아,
13 ㉠로드발을 정복했다고 좋아하며
제 힘으로 ㉡카르나임을 차지했다고 뻐기
는 자들아,
2 갈네로 찾아가 보아라.
거기서 큰 도시 하맛으로 가보아라.
불레셋 도시 갓으로도 내려가 보아라.
그 나라들이 너희보다 못하였더냐?
그 영토가 너희보다 작았더냐?㉢
3 너희가 불길한 날을 밀어내려고 하나,
결국 호되게 맞을 날을 재촉하고 있구나.
4 상아 침상에서 뒹굴고
보료 위에서 기지개를 켜며
양떼 가운데서 양 새끼를 골라 잡아먹고
외양간에서 송아지를 잡아먹는 것들,
5 제가 마치 다윗이나 된 듯 악기를 새로 만
들고
거문고를 뜯으며 제 멋에 겨워 흥얼거리
는 것들,
6 몸에는 값비싼 향유를 바르고
술은 대접으로 퍼 마시며
요셉 가문이 망하는 것쯤
아랑곳도 하지 않는 것들.
7 덕분에 이제 선참으로 끌려가리니
기지개 켜며 흥청대던 소리 간데없이 되
리라.
8 주 야훼께서 당신 자신을 걸고 맹세하신
다.
"야곱의 거만한 태도가 밉살스럽고,
그 치솟은 궁궐들이 밉구나.
나는 이 도성을 없애버리리라.
14 이스라엘 백성아,
나 이제 한 민족을 일으켜 너희를 치리라.
-만군의 하느님 야훼의 말씀이시다.
그들은 하맛 어귀에서 아라바 개울에 이르
기까지
너희를 쳐부수리라.
11 고래등 같은 집을 쳐 돌무더기로 만들고
게딱지 같은 집은 가루를 만들리라.
9 하나밖에 없는 집에 겨우 열 사람 남았다
해도
그들마저 죽으리라.
10 장례를 치르는 친지가 시체를 실어내 오
면서
안방에다 대고 또 없느냐고 물어
더 없다는 대답을 듣고서야
'하느님 맙소사!' 탄식할 것이다.
이렇게 되리라고 내가 이르지 않았느냐?
12 말이 바위 위를 달리겠느냐?
소에 멍에를 씌워 바다를 갈겠느냐?
그런데 너희는 어찌하여
공평을 뒤엎어 독약을 만들고
정의에서 소태처럼 쓴 열매를 맺게 하느
냐?"

아모스가 본 세 가지 광경

7

◎주 야훼께서 나에게 이런 광경을 보여
주셨다. 왕에게 바칠 보리를 벤 다음 두
번째 보리가 막 자랄 무렵인데,
2 메뚜기가 떼를 지어오더니 땅의 푸른 풀을
모조리 갉아먹는 것이었다. 이것을 보며 빌
었다. "야훼 나의 주님, 야곱은 약할 대로 약
해졌습니다. 이 이상 더 견뎌낼 것 같지 않
습니다.
3 용서해 주십시오." 야훼께서는 "그만해 두
겠다." 하시면서 당신의 뜻을 돌이키셨다.
4 ◎다음으로 주 야훼께서 나에게 보여주신
광경은 이런 것이었다. 야훼께서 그 많은 지
하수를 모조리 말리시고 온 땅을 태우시려
고 거센 불길을 일으키셨다.

㉠ 로드발은 '아무것도 없다.'는 뜻을 지닌 지명이다. ㉡ 카르나임은 힘을 상징하는 '두 뿔'이라는 뜻을 지닌 지명인 듯하다. 이 두 곳은 요르단 강 동쪽에 있다. ㉢ 이 세 도시는 아시리아에게 유린당하고 말았다.

아모

5 이것을 보고 나는 빌었다. "야훼 나의 주님,
제발 멈추어주십시오. 야곱은 약할 대로 약
해졌습니다. 이 이상 더 견뎌낼 것 같지 않
습니다."
6 야훼께서 "이것도 그만해 두겠다." 하시면
서 당신의 뜻을 돌이키셨다.
7 ◎야훼께서 나에게 다시 보여주신 광경은
이런 것이었다. 누군가 돌담 옆에다 다림줄
을 대어보고 있었다.
8 그 때 야훼께서 나에게 물으셨다. "아모스
야, 무엇이 보이느냐?" 내가 다림줄이 보
인다고 대답하자, 야훼께서 말씀하셨다.
"나 이제 다림줄을 내 백성 이스라엘 한가운
데 드리웠다. 더 이상 이스라엘을 용서할 수
없다.
9 이사악의 산당은 쑥밭이 되고 이스라엘의 성
소들은 폐허가 되리라. 나는 칼을 들어 여로
보암의 나라를 치리라."

아모스와 아마지야의 대결

10 ◎베델의 사제 아마지야가 이스라엘 왕 여로
보암에게 사람을 보내 보고하였다. "아모
스라는 자가 우리 이스라엘 한가운데 들어
와 임금님께 반란을 일으키려고 합니다.
그자는 이 나라를 망칠 소리만 하고 있습
니다.
11 임금님께서는 칼에 맞아 돌아가시겠고, 이
스라엘 백성은 사로잡혀 포로의 신세가 되
어 이 땅을 떠나리라고 떠들어댑니다."
12 ◎그리고 나서 아마지야는 아모스에게 말하
였다. "이 선견자야, 당장 여기를 떠나 유다
나라로 사라져라. 거기 가서나 예언자 노릇
을 하며 밥을 벌어 먹어라.
13 다시는 하느님을 팔아 베델에서 입을 열지
마라. 여기는 왕의 성소요 왕실 성전이다."
14 ◎아모스가 아마지야에게 대답했다. "나는
본시 예언자가 아니다. 예언자의 무리에 어
울린 적도 없는 사람이다. 나는 목자요 돌
무화과를 가꾸는 농부다.
15 나는 양떼를 몰고 다니다가 야훼께 잡힌 사
람이다. 당신의 백성 이스라엘에게 가서 말
을 전하라고 하시는 야훼의 분부를 받고 왔
을 뿐이다.
16 그러니 너는 이제 야훼의 말씀을 들어라.
너는 나더러 하느님을 팔아 너희 이스라엘
백성과, 이사악의 가문을 치지 말라고 하
지만,
17 바로 그 때문에 야훼께서는 이렇게 말씀하
신다.
'네 아내는 바로 이 성읍에서 몸을 팔고
네 아들딸은 칼에 맞아 쓰러지며
네 농토는 남이 측량하여 나눠가지고
너는 사로잡혀간 그 더러운 땅에서 죽겠
고
이스라엘 백성은 사로잡혀
고국을 등지고 떠나가게 되리라.'"

아모스가 본 네 번째 환상

8 ◎다시 주 야훼께서 보여주신 것은 다 ㉠익
은 과일 한 바구니였다.
2 야훼께서 나에게 이렇게 물으셨다. "아모스
야, 무엇이 보이느냐?" "다 익은 과일 한
바구니가 보입니다." 하고 내가 아뢰자, 야
훼께서 나에게 말씀하셨다. "내 백성 이스라
엘도 그 모양이니, 이젠 될 대로 다 되었다.
더 용서해 줄 수도 없구나.
3 그 날이 오면, 궁궐에서 노래하는 여자들도
울부짖으리라.
– 주 야훼의 말씀이시다.
간 데마다 버려진 시체투성이가 되리라."

빈민은 착취를 당하고 있다

4 이 말을 들어라.
가난한 사람을 짓밟고
흙에 묻혀 사는 천더기의 숨통을 끊는 자
들아,
5 겨우 한다는 소리가
"곡식을 팔아야 하겠는데
초하루 축제는 언제 지나지?
밀을 팔아야 하겠는데
안식일은 언제 지나지?
되는 작게, 추는 크게 만들고
가짜 저울로 속이며
6 등겨까지 팔아먹어야지.
힘없는 자, 빚돈에 종으로 삼고
미투리 한 켤레 값에
가난한 자, 종으로 부려먹어야지."
하는 자들아.
7 야훼께서는 야곱이 자랑으로 여기는
당신의 이름을 걸고 맹세하신다.
"나는 이 백성이 한 일을
결코 잊지 않으리라.
8 그리하여 땅은 뒤틀리고
거기 사는 사람은 모두 찌들리라.
이집트의 나일 강처럼
부풀어올랐다가 잦아들리라.

㉠ "익은 과일"이라는 말과 "끝"이라는 말은 히브리어로 비슷하다.

9 그 날이 와서
대낮에 해가 꺼지고
백주에 땅이 캄캄해지거든,
모두 내가 한 일인 줄 알아라.
-주 야훼의 말씀이시다.
10 순례절에도 통곡 소리 터지고
흥겨운 노랫소리 그치며
상여 소리 구슬피 퍼지리라.
모두들 굵은 베를 허리에 걸치고
머리를 밀며 외아들이라도 잃은 듯 통곡
하리라.
마지막 날은 이런 비극으로 끝나리라.

백성은 하느님의 말씀에 굶주렸다

11 내가 이 땅에 기근을 내릴 날이 멀지 않았
다.
-주 야훼의 말씀이시다.
양식이 없어 배고픈 것이 아니요,
물이 없어 목마른 것이 아니라,
야훼의 말씀을 들을 수 없어 굶주린 것이
다.
12 이 바다에서 저 바다로 헤매고
북녘에서 동녘으로 돌아다니며
야훼의 말씀을 찾아도 들을 수 없는 세상
이다.
13 그 날이 오면
아름답고 씩씩한 젊은 남녀들도
목이 타서 쓰러지리라.
14 사마리아 여신 아시마를 두고 맹세하는 것
들,
단의 신이 살아 있다 하고
브엘세바의 신 도드도 살아 있다면서
그 신을 두고 맹세하는 것들은
모두 쓰러져 다시 일어나지 못하리라."

아모스가 본 다섯 번째 환상

9 ◎내가 보고 있는데 주께서 제단 옆에 서
서 기둥머리를 치시고, 문상인방이 흔들
리는 가운데 말씀하셨다.
"내가 지진을 일으켜 저들을 모두 멸하리
라.
살아 남은 자들은 칼로 쳐죽이리니,
아무도 도망하지 못하리라.
아무도 살아 남지 못하리라.
2 땅 속으로 들어가도 잡아내고
하늘로 올라가도 끌어내리리라.
3 가르멜 산 꼭대기에 올라가 숨어도
찾아내어 끌어내리고
내 눈을 피해 바다 밑에 내려가 숨어도
물뱀을 시켜 물게 하리라.
4 적군에게 사로잡혀 가도
맞아 죽게 하리라.
내가 놓칠세라 노려보며
재앙을 내리리라.
저자들에게 무슨 복을 내리겠느냐?"
5 주 만군의 야훼께서
손만 대셔도 땅은 녹아나고
사람은 모두 찌들리라.
이집트의 나일 강처럼
부풀어올랐다가 잦아들리라.
6 땅에 기둥을 세워 하늘을 떠받드시고
그 하늘 위에 다락을 지으신 이,
바닷물을 불어 올려 땅에 부으시는 이,
그 이름 야훼시라.

하느님의 백성 된 것은 특전이 아니다

7 "이스라엘 백성들아,
너희가 나에게 있어
에티오피아 백성과 무엇이 다르냐?
-야훼의 말씀이시다.
이스라엘을 이집트에서 이끌어낸 것이 나
라면,
블레셋 백성을 갑돌에서 데려내오고
시리아 백성을 키르에서 데려내온 것도 내
가 아니겠느냐?
8 보아라, 어느 나라건 죄를 짓고,
내 눈에서 벗어날 것 같으냐?
그 나라는 땅 위에서 멸망하고야 만다.
그러나 야곱의 가문만은 뿌리까지 없애지
는 않으리라.
-야훼의 말씀이시다.
9 나 이제 내 뜻을 분명히 밝힌다.
농부가 체로 돌을 말끔히 골라내듯
내가 이스라엘 가문을 만국 중에서 체질
하리라.
10 '하느님이 설마 우리에게 재앙을 내리시
겠느냐?
우리를 고생시키시지는 않는다.'고 하면
서
못할 짓만 하는데도
내 백성이라고 하여 칼에 맞아 죽지 않게
하겠느냐?

이스라엘은 결국 회생하리라

11 그 날이 오면
내가 무너진 다윗의 초막을 일으키리라.
틈이 벌어진 성벽을 수축하고
허물어진 터를 다시 세워

옛 모습을 되찾아주리라.
12 에돔에 남은 백성뿐 아니라
내 백성이라는 칭호를 받을 모든 민족 위
에
군림하게 하리라.
–이 일을 이루실 야훼의 말씀이시다.
13 추수가 끝나면 곧 땅을 갈아야 하고
포도짜기가 끝나면 곧 씨 뿌리는 시절이
오리라.
–야훼의 말씀이시다.
산에서는 햇포도주가 흘러내리고
언덕마다 무르익은 곡식이 물결치리라.
14 내 백성 이스라엘의 국운을 이렇게 회복
시켜 주면,
저들은 쑥밭이 된 성읍들을 다시 일으켜
그 안에 살며,
제 손으로 심은 포도에서 술을 짜 마시
고,
제 손으로 가꾼 과수원에서 과일을 따먹
게 되리라.
15 내가 이 백성을 저희 땅에 다시 심어주리
니,
내가 선물로 준 이 땅에서
다시는 뿌리뽑히지 않으리라."
–너희의 하느님 야훼의 말씀이시다.

오 바 디 야

에돔에 내린 선고

1 ◎오바디야가 받은 계시.

주 야훼께서 에돔에 선고를 내리신다.
야훼께서 만방에 전령을 보내시어 하시는
말씀을 나는 들었다.
"자, 일어나 에돔으로 쳐들어가자!
2 나 이제 ㉠너희를 세상에서 가장 못난 나
라로 만들어
가차없이 멸시를 받게 하리라.
3 너희는 거드럭거리다가 제 꾀에 넘어가
리라.
'이렇게 바위굴에서 살고 있는데,
이렇게 높다랗게 집 짓고 살고 있는데,
누가 우리를 저 땅바닥으로 끌어내리랴.'
하며 으스대는 자들아,
4 너희가 독수리처럼 높은 곳에 집을 짓고
별들 사이에라도 사는 듯싶을 테지만
내가 너희를 거기에서 끌어내리리라."
야훼의 말씀이시다.

5 "집에 도둑이 들어도,
밤에 강도가 들어도,
탐나는 것이나 가져가지 않겠느냐?
사람이 포도를 딸 적에도
얼마쯤은 남겨두고 따지 않겠느냐?
그런데 너희는 아주 망했으니
어찌 된 일이냐?
6 ㉡에사오가 톡톡 털리다니,
숨겨둔 보화마저 약탈당하다니,
어찌 된 일이냐?
7 너희 동맹국들이 돌아서서
너희를 국경선 밖으로 몰아내었지.
너희와 단짝이던 것들이 너희를 쳐부수
고
너희와 한솥밥을 먹던 것들이
'이 바보야.' 하면서
너희 앞에 덫을 놓았지.
8 그 날이 오면,
에돔에서 재사들이 죽고,
에사오의 산에서 슬기가 그 자취를 감추
리라."
야훼의 말씀이시다.
9 "그리하여, 데만의 장병들은 혼비백산 흩
어지고
에사오의 산에서는 사람 하나 남지 않고
전멸하리라."

에돔의 죄

10 한 동기인 야곱의 후손을
무참히 죽인 죄로
너희는 치욕을 당하고
영영 망하게 되었다.
11 오랑캐가 예루살렘 성문을 부수고 밀려들
어
약탈하여 서로 나누어가지던 날,
너희는 도와주기는커녕
도리어 한통속이 되었다.

㉠ 에돔을 말한다. ㉡ 에돔의 조상으로서, 여기에서는 에돔을 말한다.

12 동기인 유다가 재난을 당하는데,
너희는 고소하게 여기고
유다 백성이 망하는데
흐뭇해 하며
몸을 뺄 수 없는 궁지에 몰리는데,
마구 입을 놀려대는가 하면
13 내 백성이 참변을 당하는데
오히려 그 성문으로 밀려들고
처참한 일을 당하는데
'잘도 고생하는구나.' 하며 고소해하고
처참한 일을 당하는데
그 재물에 손을 대며
14 너희 동기들이 도망치는데
길목을 지키다가 쳐죽이며
몸을 뺄 수 없는 궁지에 몰리는데
겨우 살아 남은 자마저 남의 손에 팔아 넘기니
너희가 어찌 그럴 수 있느냐?
15 너희가 저지른 만큼 너희는 당하리라.
그 보복이 바로 너희 머리 위에 떨어지리라.

만방이 벌을 받으리라

뭇 민족이 야훼께 벌받을 날이 다가왔다.
16 "나의 거룩한 산에서 ㉠너희가 마신 쓴 잔을
이웃 모든 민족들도 마시리라.
마지막 한 방울까지 마시고 곤죽이 되리라.

이스라엘이 승리할 날이 온다

17 시온 산에는 난을 피한 자가 남아,
시온은 다시 거룩한 곳이 되고
야곱 가문은 제 땅을 차지하리라.
18 야곱 가문은 불이 되고
요셉 가문은 불씨가 되어
검불 같은 에사오 가문에 옮겨 붙어
하나도 남기지 않고 살라버리리라.
이는 내 말이라, 어김이 없다."
19 네겝에서 온 사람들은 에사오의 산악 지대를 차지하고
야산 지대 사람들은 불레셋 땅을 차지하리라.
그들은 에브라임 지역과 사마리아 지역을,
베냐민은 길르앗을 차지하리라.
20 할라와 ㉡하볼로 잡혀갔던 이스라엘 백성은
가나안 땅을 사렙다에 이르기까지 차지하리라.
예루살렘에서 스바랏으로 잡혀갔던 사람들은
네겝 성읍들을 차지하리라.
21 풀려 돌아온 사람들이 시온으로 올라가
에사오의 산악 지대를 다스리게 되리니,
이 나라는 야훼의 왕국이 되리라.

요 나

요나가 사명을 저버리고 도망가다

1 ◎야훼의 말씀이 아미때의 아들 요나에게
내렸다.
2 "어서 저 큰 도시 니느웨로 가서 그들의 죄
악이 하늘에 사무쳤다고 외쳐라."
3 이 말씀을 받고도 요나는 야훼의 눈앞을 벗
어나 ㉢다르싯으로 도망가려고 길을 떠나
요빠로 내려갔다. 거기서 다르싯으로 가는
배를 만나 배 삯을 내고 남들과 함께 배에
탔다. 야훼의 눈앞을 벗어날 셈이었다.
4 그런데 야훼께서 바다에 바람을 일으키셨
다. 태풍이 거세게 몰아쳐 배가 깨어질 지
경이 되자,
5 뱃사공들은 겁에 질려 저마다 저희의 신에
게 부르짖으며 배를 가볍게 하려고 배 안에
있는 짐을 바다에 던지기까지 하였다. 그런
데도 요나는 배 밑창에 내려가 누워 깊이 잠
들어 있었다.
6 선장이 와서 보고 야단쳤다. "이런 판국에
잠을 자다니! 너도 일어나 너의 신에게 부
르짖어 보아라. 너의 신이 우리를 생각해서
행여나 살려주실지 아느냐?"
7 한편 사람들은 서로 의논 끝에 "누구 때문
에 이런 변을 당하는지 알아야 하지 않겠느
냐?" 하면서 제비를 뽑기로 하고, 제비를
뽑아보니 요나가 나왔다.
8 사람들이 요나에게 물었다. "네가 무슨 짓
을 했기에 우리가 이런 변을 당하느냐? 말

㉠ 이스라엘을 말한다. ㉡ 2열왕 17:6, 18:11; 1역대 5:26 참조. ㉢ 스페인을 말한다.

하여라. 너는 무슨 일을 하는 사람이냐? 어
디에서 왔으며 고향과 국적은 어디냐?"
9 그가 대답했다. "나는 히브리 사람입니다.
하늘을 내시고, 바다와 육지를 만드신 하느
님 야훼를 공경하는 사람입니다."
10 그리고 자기는 야훼의 눈앞을 벗어나 도망
치는 몸이라고 말하였다. 그제야 사람들은
곡절을 알고 어찌하여 그런 일을 했느냐며
몹시 두려워하였다.
11 바다는 거칠어져만 갔다. 그래서 사람들은
"바다를 잔잔하게 하려면 너를 어떻게 해야
좋겠느냐?" 하고 요나에게 물었다.
12 요나는 자기를 바다에 집어넣으라고 하면서
이렇게 말하였다. "그래야 바다가 잔잔해질
것입니다. 이렇게 무서운 태풍을 만난 것은
내 탓인 줄 압니다."
13 바다는 더욱더 기승을 부렸다. 사람들은 물
결을 헤치고 육지로 되돌아가려고 애를 써
보았으나 허사였다.
14 하는 수 없이 사람들은 야훼께 부르짖었다.
"야훼님, 이 사람의 목숨을 희생시킨다고
우리를 멸하지는 마십시오. 우리에게 살인
죄를 지우지 마십시오. 야훼께서 다 뜻이 있
으시어 하시는 일 아니십니까?"
15 그리고 나서 요나를 바다에 집어 던지자, 성
난 바다는 잔잔해졌다.
16 이것을 보고 사람들은 몹시 두려운 생각이
들어 야훼께 제물을 잡아 바친 후에 다시 서
원제물을 드리기로 하였다.

요나가 회개하고 살아나다

2 1 ◎야훼께서는 큰 물고기를 시켜 요나를
17 삼키게 하셨다. 요나는 사흘 밤낮을 고
기 뱃속에 있었다.
2 ㉠요나가 그 물고기 뱃속에서 하느님 야훼께
1 기도를 올리니,
11 야훼께서는 그 물고기에게 명령하여 요나를
10 뱉어내게 하셨다.
3 요나가 입을 열었다.
2 "그 숨막히는 데서 부르짖었더니,
야훼께서 대답해 주셨습니다.
죽음의 뱃속에서 살려달라고 외쳤더니,
그 호소를 하느님께서 들어주셨습니다.
4 하느님께서 이 몸을 바닷속 깊이 던지셨
3 습니다.
물결은 이 몸을 휩쌌습니다.
밀려오다 부서지는 하느님의 물결이
제 위에서 넘실거렸습니다.
5 하느님 눈앞에서 쫓겨난 몸,
4 하느님 계시는 성전 쪽으로는
두 번 다시 눈도 못 돌릴 줄 알았습니다.
6 물은 목까지 차 올랐고
5 깊은 바다는 이 몸을 휩쌌습니다.
머리는 갈대에 휘감겨
7 저 땅 밑 멧부리로 빠져 드는데,
6 땅은 빗장들을 영영 내려버렸습니다.
야훼, 나의 하느님,
하느님께서는 그 구렁에서 이 몸 살려내
셨습니다.
8 정신이 가물가물하는데도
7 야훼님을 잊지 않고 빌었더니
그 기도가 하느님 계시는 거룩한 궁전에,
하느님 귀에 다다랐습니다.
9 헛된 우상을 섬기는 자들은 하느님을 저
8 버리지만,
10 저만은 이 고마움을 아뢰며,
9 서원한 제물을 드리렵니다.
저를 구해 주실 이 야훼밖에 없습니다."

요나가 니느웨로 가다

3 ◎야훼의 말씀이 또다시 요나에게 내렸다.
2 "어서 저 큰 도시 니느웨로 가 내가 일
러준 말을 그대로 전하여라."
3 요나는 야훼의 말씀대로 곧 길을 떠나 니느
웨로 갔다. 니느웨는 굉장히 큰 도시로서 돌
아다니는 데 사흘이나 걸리는 곳이었다.
4 요나는 니느웨에 들어가 하루 동안 돌아다니
며, "사십 일이 지나면 니느웨는 잿더미가
된다."고 외쳤다.
5 이 말에 니느웨 사람들은 하느님을 믿고 단
식을 선포하였다. 높은 사람 낮은 사람 할
것 없이 모두 굵은 베 옷을 입고 단식하게
되었다.
6 이 소문을 듣고 니느웨 임금도 용상에서 일
어나 어의를 굵은 베 옷으로 갈아입고 잿더
미 위에 앉아 단식하였다.
7 그리고 대신들의 뜻을 모아 니느웨 시민들
에게 아래와 같이 선포하였다. ◎"사람이나
짐승, 소떼나 양떼 할 것 없이 무엇이든지
맛을 보아서는 안 된다. 먹지도 마시지도
마라.
8 사람뿐 아니라 짐승에게까지 굵은 베 옷을
입혀라. 그리고 하느님께 간절한 마음으로
부르짖어라. 권력을 잡았다고 해서 남을 못
살게 굴던 나쁜 행실은 모두 버려라.
9 하느님께서 노여움을 푸시고 우리를 멸하

㉠ 라틴어 성경은 여기서 2:1이 시작된다.

시려던 뜻을 돌이키실지 아느냐?"
10◎이렇게 사람들이 못된 행실을 버리고 돌
아서는 것을 보시고 하느님께서는 뜻을 돌
이켜 그들에게 내리시려던 재앙을 거두시
었다.

하느님께서 요나에게 사랑을 깨우쳐 주시다

4 ◎요나는 잔뜩 화가 나서 퉁명스럽게
2 야훼께 기도했다. "야훼님, 제가 집을
떠나기 전에 이렇게 되리라고 하지 않았습
니까? 그래서 저는 다르싯으로 도망치려 했
던 것입니다. 저는 다 알고 있었습니다. 하
느님께서 애처롭고 불쌍한 것을 그냥 보아
넘기지 못하시고 좀처럼 화를 내지 않으시
며 사랑이 한없으시어, 악을 보고 벌하려
하시다가도 금방 뉘우치시는 분인 줄 어찌
몰랐겠습니까?
3그러니 야훼님, 당장 이 목숨을 거두어주십
시오. 이렇게 사느니 차라리 죽는 것이 낫
겠습니다."
4◎"아니, 네가 어찌하여 그렇게 화를 내느
냐?" 하고 야훼께서 타이르셨지만,
5요나는 시내를 빠져 나가 동쪽으로 가서
앉았다. 거기에 초막을 치고 그 그늘에 앉
아 이 도시가 장차 어찌 되는가 볼 심산이
었다.
6그 때 하느님 야훼께서는 요나의 머리 위로
아주까리가 자라서 그늘을 드리워 더위를
면하게 해주셨다. 요나는 그 아주까리 덕분
에 아주 기분이 좋았다.
7이튿날 새벽에 하느님께서는 그 아주까리
를 벌레가 쏠아 먹어 말라 죽게 하셨다.
8그리고 해가 뜨자마자 뜨거운 열풍이 불어
오게 하셨다. 더욱이 해마저 내리쬐자 요나
는 기절할 지경이 되었다. 요나는 죽고만 싶
어서 "이렇게 사느니, 차라리 죽는 것이 낫
다."고 투덜거렸다.
9◎하느님께서 요나를 타이르셨다. "아주까
리가 죽었다고 이렇게까지 화를 내다니, 될
말이냐?" 요나가 대답했다. "어찌 화가 나
지 않겠습니까? 화가 나서 죽겠습니다."
10야훼께서 대답하셨다. ◎"너는 이 아주까리
가 자라는 데 아무 한 일도 없으면서 그것이
하루 사이에 자랐다가 밤 사이에 죽었다고
해서 그토록 아까워하느냐?
11이 니느웨에는 앞뒤를 가리지 못하는 어린
이만 해도 십이만이나 되고 가축도 많이 있
다. 내가 어찌 이 큰 도시를 아끼지 않겠느
냐?"

미 가

1 ◎야훼께서 사마리아와 예루살렘이 어찌
될 것인지를 모레셋 사람 미가에게 보이시
면서 하신 말씀이다. 때는 유다 왕 요담과 아
하즈와 히즈키야의 시대였다.㉠

사마리아에 심판을 내리시리라

2 만민들아, 들어라.
만물들아, 귀를 기울여라.
주 야훼께서 ㉡너희 죄상을 밝히려고
당신 전을 나서신다.
3 보아라. 야훼께서 당신 처소를 나오시어
이 땅 높은 곳에 내려와 서시니
4 산들이 그 발 밑에서 녹고
골짜기가 갈라진다.
불 앞에 녹아내리는 초와 같고
벼랑에 쏟아져 내리는 물과 같구나.
5 이 모두가 거역하기만 하던 야곱의 죄 탓
이다.
못할 짓만 하던 이스라엘 가문의 죄 탓이
다.
거역하기만 하던 야곱의 죄,
그것은 누구의 짓이냐?
사마리아의 짓이 아니더냐?
못할 짓만 하던 유다 가문의 죄,
그것이 누구의 짓이냐?
예루살렘의 짓이 아니더냐?
6 그래서 나는 사마리아를
포도나 심어 먹는 허허벌판에
돌더미로 만들어버리리라.
돌들은 골짜기에 굴러 떨어지고,
성터는 바닥이 드러나리라.
7 그 곳의 우상을 모조리 부수어버리리라.
아로새긴 우상들은 산산조각이 나고
몸값으로 받았던 것들은 모두 불타리라.

㉠ 요담(기원전 740-736년), 아하즈(기원전 736-716년), 히즈키야(기원전 716-687년). ㉡ 이스라엘을 말한다.

몸값으로 받아 모은 것들이니,
다시 몸값으로 돌아가리라.

예루살렘의 멸망

8 나는 벌거벗은 채 맨발로 돌아다니며
가슴을 치고 울어야겠구나.
여우처럼 구슬피 울고
타조처럼 애처롭게 울어야겠구나.
9 사마리아가 천벌로 받은 불치병이
유다에까지 번져와,
기어이 예루살렘에 다다랐다.

10㉠ 이 일을 갓에 알리지 마라.
울부짖지 마라.
베들레아브라에서 먼지나 들쓰고 뒹굴어
라.
11 사빌 주민들은 뿔나팔이나 불어라.
사아난 주민들은 성읍에 갇히고
베데델 성은 튼튼히 앉힌 기초까지 헐리
리라.
12 마롯 주민들이 어찌 행운을 바라겠느냐?
야훼께서 내리신 재난이
예루살렘 성문에 다다랐다.
13 라기스 주민은 병거에 말이나 매려무나.
수도 시온의 죄가 ㉡여기에서 시작되었
다.
거역하기만 하던 이스라엘의 죄가
너 라기스에서 드러나고야 말았다.
14 모레셋갓에게는 이혼장을 주어라.
이스라엘 왕들은 베닥집을 믿다가 헛물만
켜겠구나!
15 마레사 주민들아,
침략자들이 너에게 다시 달려들리라.
이스라엘의 영광은
아둘람에 이르러 꺼지고 말리라.
16 귀여워하던 자녀를 생각하여
머리 빠진 독수리처럼
머리를 밀어라.
네 자녀가 너를 두고 사로잡혀 가게 되었
다.

가난한 사람을 억압하는 것들

2 망할 것들!
권력이나 쥐었다고
자리에 들면 못된 일만 꾸몄다가
아침 밝기가 무섭게 해치우고 마는
이 악당들아,
2 탐나는 밭이 있으면 빼앗고
탐나는 집을 만나면 제 것으로 만들어
그 집과 함께 임자도 종으로 삼고
밭과 함께 밭 주인도 부려먹는구나.
3 나 야훼가 선언한다.
나 이제 이런 자들에게 재앙을 내리리라.
거기에서 빠져 나갈 생각은 마라.
머리를 들고 다니지도 못하리라.
재앙이 내릴 때가 가까이 왔다.
4 그 날이 오면,
너희는 조롱을 받으며
이런 넋두리나 하게 되리라.
"우리는 알거지가 되었구나.
이 땅은 남들이 측량하여 나누어가졌는
데,
어떻게 도로 찾으랴?
우리 밭은 침략자의 손에 들어가고 말았
다."
5 그렇다. 야훼를 섬기는 회중이
제비를 뽑고 땅을 측량해 가지건만,
너희에겐 돌아갈 몫이 없다.
6 "무슨 소리냐?
그런 말은 지껄이지도 마라."고 한다만,
이 치욕이 너희를 떠날 성싶으냐?
7 "야곱 가문이 저주를 받다니,
야훼께서 참을성이 없으시어
그런 일을 하신단 말이냐?" 하고 말한다
만
너희가 올바로 살지 못했는데도
좋은 말씀을 내리시겠느냐?
8 너희는 내 백성을 원수같이 다루었다.
평화롭게 사는 백성을 덮치고
마음놓고 지나가는 백성을 전쟁 포로인
양 옷을 벗겼다.
9 내 백성 중 부녀자를 보금자리에서 몰아
내었다.
그 어린 아들에게 패물을 달아주었더니,
너희는 그것마저 빼앗아갔다.
10 어서 떠나가라.
여기는 너희 안식처가 아니다.
이미 더러워진 이 땅,
불쌍하게도 망할 수밖에 없다.
11 "내 입에선 포도주와 소주가 나온다."
신들려서 이런 흰소리나 하며
이 백성의 예언자들은 돌아다닌다.

야훼께서 북방 이스라엘을 모으신다

㉠ 10-15절은 미가가 이 마을 저 마을 돌아다니며 마을 이름과 관련을 지어 읊은 노래이다. ㉡ '말을 믿는 데서' 라는 뜻이다.

12 야곱아, 내가 기어이 너희를 다시 모으리
라.
살아 남은 이스라엘 백성을 기어이 모아
오리라.
사람만 보여도 술렁거리는 양떼들을
한 돌담 안에 모으듯 하리라.
한 목장에서 풀 뜯기듯 하리라.
13 저희의 임금 야훼께서 적을 쳐부수시며
앞장서 나오시리라.
백성들도 야훼 뒤를 따라 적을 짓부수며
성문으로 빠져 나오리라.

이스라엘 지도자들의 죄상

3 이것은 내 말이다.㉠
야곱 가문의 어른들은 들어라.
이스라엘 가문의 지도자들은 들어라.
무엇이 바른 일인지 알아야 할 너희가
2 도리어 선을 미워하고 악을 따르는구나!
내 겨레의 가죽을 벗기고
뼈에서 살을 발라내며,
3 내 겨레의 살을 뜯는구나.
가죽을 벗기고 뼈를 바수며
고기를 저미어 냄비에 끓이고
살점은 가마솥에 삶아 먹는구나.
4 그런데도 야훼께서 부르짖는 너희 기도를
들어주실 성싶으냐?
그렇게 못된 짓만 하는데
어찌 외면하시지 않겠느냐?
5 내 겨레를 그릇된 길로 이끄는 예언자들
을 두고
야훼께서는 이렇게 말씀하셨다.
"예언자라는 것들, 입에 먹을 것만 물려
주면
만사 잘되어 간다고 떠들다가도
입에 아무것도 넣어주지 않으면
트집을 잡는구나!"

6 그래서 너희 백성은 앞을 내다볼 수 없는
밤을 맞았다.
내일을 점칠 수 없는 어둠에 싸였다.
예언자들에게는 태양이 사라져
대낮인데도 눈앞이 캄캄해졌다.
7 앞날을 내다본다던 것들이 창피를 당하
고
내일을 점친다던 것들이 쥐구멍을 찾으
리라.
하느님께서 대답하지 않으시는데
누가 입을 열겠느냐?

8 그러나 나에게는
거역하기만 하는 야곱의 죄상을 밝히고
못할 짓만 하는 이스라엘의 죄를 당당하
게 규탄할
힘과 용기가 차 있다.

9 야곱 가문의 어른들이라는 것들아,
이스라엘 가문의 지도자라는 것들아,
정의를 역겨워하고 곧은 것을 구부러뜨
리는 것들아,
이 말을 들어라.
10 너희는 백성의 피를 빨아 시온을 세웠고,
백성의 진액을 짜서 예루살렘을 세웠다.
11 예루살렘의 어른이라는 것들은 돈에 팔려
재판을 하고
사제라는 것들은 삯을 받고 판결을 내리
며
예언자라는 것들은 돈을 보고야 점을 친
다.
그러면서도 야훼께 의지하여,
"야훼께서 우리 가운데 계시는데,
재앙은 무슨 재앙이냐?" 하는구나!
12 시온이 갈아엎은 밭이 되고,
예루살렘이 돌무더기가 되며,
성전 언덕이 잡초로 뒤덮이게 되거든,
그것이 바로 너희 탓인 줄 알아라.

예루살렘이 평화의 중심이 된다

4 뒷날, 야훼의 성전이 서 있는 산이 우뚝
솟아
언덕들을 굽어보게 되는 날,
높이 치솟아 멧부리들을 눈 아래 두는 날
이 오면,
만민이 물밀듯 밀려오리라.
2 모든 민족이 몰려와 말하리라.
"어서,
야훼의 산으로 올라가자!
야곱을 뽑으신 하느님의 성전으로!
거기서 어떤 길을 가리켜주시든
우리 모두 그 길을 따르자!"
그렇다. 야훼의 가르침은 시온에서 나온
다.
야훼의 말씀은 예루살렘에서 들려온다.
3 하느님께서 민족 사이의 분쟁을 판가름
해 주시고
강대국 사이의 시비를 가려주시리라.
그리 되면 나라마다 칼을 쳐서 보습을 만
들고

㉠ 미가의 말이다.

미가

창을 쳐서 낫을 만들리라.
나라와 나라 사이에 칼을 빼어드는 일이
없어
다시는 군사를 훈련하지 아니하리라.
4 사람마다 제가 가꾼 포도나무 그늘,
무화과나무 아래 편히 앉아 쉬리라.
-만군의 야훼께서 친히 하신 말씀이다.
5 어느 민족이나 저희 신의 이름을 부르며
살지 않느냐?
우리도 자손 만대에
우리 하느님의 이름 야훼를 부르며 살아
가자.

이스라엘이 포로에서 풀려나리라

6 그 날이 오면, 나는
절름발이들을 모아오리라.
-야훼의 말씀이다.
흩어졌던 것들을 모아들이리라.
적잖이 고생을 시켰지만,
7 그 절름발이들, 비틀거리는 것들을 씨앗
으로 남겨
강대국을 만들리라.
이제부터 영원토록 이 야훼가
시온 산에서 다스리리라.
8 양떼를 지키던 망대,
언덕에 자리잡은 수도 시온아,
네가 잃었던 주권을 도로 찾으리라.
수도 예루살렘의 국권을 되찾으리라.

9 너희가 어찌하여 지금 아우성이냐?
왕이 없어졌느냐?
자문관들이 죽었느냐?
왜 몸푸는 여인처럼 몸부림을 치느냐?
10 수도 시온아! 하기야 몸부림치며 신음해
야지.
너희는 이제 정든 고장을 떠나
바빌론으로 끌려가
허허벌판에서 살게 되었다.
그러나 야훼께서 너희를 거기서 살려내시
리라.
원수의 손에서 건져내시리라.
11 지금 많은 나라들이 너를 치러 몰려와서
"시온이 욕보는 모양을,
우리 눈으로 보자." 하지만,
12 야훼의 뜻을 어찌 알겠느냐?
타작 마당에 곡식을 모아 두들기려고 하
시는
그 마음을 어찌 알겠느냐?
13 수도 시온아, 가을 타작을 시작하여라.
네 뿔을 쇠로 만들고
네 굽을 놋쇠로 만들어
뭇 민족을 박살나게 해주리라.
㉠나는 백성이 거둔 전리품을 야훼께
바치렵니다.
그들의 재물을 온 세상의 주권자께 바
치렵니다.

14㉡ 이제 너희는 몸에 상처를 내며 울부짖어
1 라.
우리는 적에게 포위되었다.
이스라엘의 위정자들은 몽치로 얼굴을 얻
어맞으리라.

5

1 그러나 에브라다 지방 베들레헴아,
2 너는 비록 유다 부족들 가운데서 보잘것
없으나
나 대신 이스라엘을 다스릴 자, 너에게서
난다.
그의 핏줄을 더듬으면,
까마득한 옛날로 올라간다.
2 그 여인이 아이를 낳기까지㉢
3 야훼께서는 이스라엘을 내버려두시리라.
그런 다음 남은 겨레들이
이스라엘 자손들에게 돌아오면,
3 그가 백성의 목자로 나서리라.
4 야훼의 힘을 입고
그 하느님 야훼의 드높은 이름으로
목자 노릇을 하리니,
그의 힘이 땅 끝까지 미쳐
4 모두 그가 이룩한 평화를 누리며 살리라.
5 아시리아가 쳐들어와
이 땅을 짓밟을 때,
우리는 목자 일곱을 세워 맞서리라.
장군 여덟을 세워 맞서리라.㉣
5 그들은 아시리아를 칼로 다스리리라.
6 칼을 빼어 들어 니므롯 땅을 다스리리라.
아시리아가 쳐들어와
우리 국토를 짓밟을 때,
야훼께서 우리를 아시리아의 손에서 살려
내시리라.
6 살아 남은 야곱의 후손은
7 뭇 백성 가운데 끼여 살며,
야훼께서 내리시는 이슬이 되리라.
푸성귀 위에 내리는 가랑비가 되리라.

㉠ 시온을 말한다. ㉡ 라틴어 성서는 여기에서 5장이 시작된다. ㉢ 이사 7:14 참조. ㉣ 목자는 곧 장군을 말한다. 일곱, 여덟은 여럿이라는 뜻이다.

누가 이래라 저래라 하기 전에,
사람이 뭐라고 하기를 기다리는 일 없이
내리는 비가 되리라.
7 한편, 살아 남은 야곱의 후손은
8 뭇 백성 가운데 끼여 살며
숲속 짐승들 틈에 나선 사자같이,
양떼 가운데 뛰어든 젊은 사자같이
이리저리 오가며 짓밟고 찢어 발기리니
그 손에서 아무도 빼내지 못하리라.
8 너희가 한번 손을 들어 원수를 치면,
9 적군은 하나도 살아 남지 못하리라.㉠

9 그 날이 오면,
10 -야훼의 말씀이다.
나는 너희가 타던 말을 모조리 죽이고
너희가 몰던 병거를 없애버리리라.
10 너희 나라 성읍들을 무너뜨리고
11 요새들을 다 허물어버리리라.
11 너희가 부리던 마술사들을 없애고
12 점쟁이들을 하나도 남기지 않으리라.
12 너희 가운데서 새겨 만든 우상과 석상을
13 치워
다시는 손으로 만든 것 앞에 절하지 못하
게 하리라.
13 너희 가운데서 아세라 목상을 뽑아버리고
14 바알 석상을 부수어버리리라.
14 내 말을 거스르기만 하는 이 나라들,
15 화가 나고 노여움이 북받쳐 벌하고야 말
리라.

하느님께서 이스라엘의 죄를 밝히신다

6 잘 들어라. 야훼께서 말씀하신다.
"일어나 산악을 향해 변명해 보아라.
할 말이 있거든 언덕들에게 말해 보아
라."
2 산악은 야훼의 논고를 들어라.
땅의 주춧돌들은 귀를 기울여라.
야훼께서 당신의 백성을 걸어 논고를 펴
신다.
야훼께서 이스라엘의 죄상을 밝히신다.
3 "내 백성이라는 것들아, 대답해 보아라.
내가 너희를 어떻게 했으며,
너희에게 무슨 못할 일을 했느냐?
4 나는 너희를 이집트에서 이끌어냈다.
모세와 아론과 미리암을 앞장세워
종살이하던 데서 너희를 해방시켰다.
5 내 백성이라는 것들아,
모압 왕 발락이 꾸민 계략과
브올의 아들 발람이 한 말,
시띰에서 길갈에 이르는 동안에
일어났던 일들을 생각해 보아라.
그래도 이 야훼에겐 아무 잘못이 없다는
것을 모르겠느냐?"

6 "높이 계시는 하느님 야훼께 예배를 드리
려면,
무엇을 가지고 나가면 됩니까?
번제를 가지고 나가야 합니까?
송아지를 가지고 나가야 합니까?
7 숫양 몇 천 마리 바치면
야훼께서 기뻐하시겠습니까?
거역하기만 하던 죄를 벗으려면,
맏아들이라도 바쳐야 합니까?
이 죽을 죄를 벗으려면,
이 몸에서 난 자식이라도 바쳐야 합니
까?"

8 이 사람아,
야훼께서 무엇을 좋아하시는지,
무엇을 원하시는지 들어서 알지 않느냐?
정의를 실천하는 일,
기꺼이 은덕에 보답하는 일㉡
조심스레 하느님과 함께 살아가는 일,
그 일밖에 무엇이 더 있겠느냐?
그의 이름을 어려워하는 자에게 앞길이
열린다.

9 야훼께서 이 성읍에 외치시는 소리,
유다 지파는 들어라.
이 성읍에서 사는 무리들은 들어라.
12 남을 등쳐 치부한 것들아,
거짓말만 내뱉는 도시놈들아,
말끝마다 사기를 하는 것들아, 들어라.
10 "천벌받을 것들, 부정한 되로
부정 축재 한 것들을
나 어찌 용서하겠느냐?
11 자루에는 엉터리 추를 넣어 가지고 다니
며
맞지도 않는 저울을 쓰는데
어떻게 죄없다고 하겠느냐?
13 그래서 이제부터 나는 너희를 치리라.
그런 죄를 보고 어찌 멸망시키지 않겠느
냐?
15 너희는 심어도 거두지 못하고
올리브 기름을 짜도 몸에 발라보지 못하
며

㉠ 창세 12:3 참조. ㉡ "한결같은 사랑을 즐겨 행하는 일"이라고 번역할 수도 있다.

포도를 짜 술을 빚어도 마시지 못하리라.
14 아무리 먹어도 배부르지 않고,
먹은 것마저도 살이 되지 않으리라.
살아보려고 버둥거려도 빠져 나갈 길 없고,
빠져 나가더라도 칼에 맞아 죽으리라.
16 너희는 오므리의 정책을 따르고
그 아들 아합 왕조의 시정을 그대로 본뜨며
그 생각을 버리지 못한다.
그래서 나는 너희를 멸망시키리니,
사람들은 그 끔찍스런 꼴을 보고 빈정거리며
너희를 조롱할 것이다."

이스라엘은 썩었다

7 아, 답답하구나.
여름 과일을 따러 나섰다가,
포도송이를 주우러 나갔다가,
먹을 만한 포도송이 하나 얻지 못하고,
먹고 싶던 맏물 무화과 하나 만나지 못하듯,
2 이 나라에선 하느님의 은덕에 보답하는 사람 만날 수 없고
정직한 사람 하나 찾아볼 수 없구나.
모두가 피에 목말라 숨어서 남을 노리고
저마다 제 겨레를 잡으려고 그물을 친다.
3 몹쓸 일에만 손을 대고
관리들은 값나가는 것 아니면 받지도 않으며,
재판관들은 뇌물을 주어야 재판을 하고
집권자는 멋대로 억울한 선고를 내리는구나.
4 조금 낫다는 것들이 가시덤불 꼴이요,
조금 바르다는 것들이 가시나무 울타리보다 더하구나.
아, 북녘에서 형벌이 떨어져
이제 당장 혼란이 일어나리라.
5 이웃을 믿지 마라.
벗이라고 기대지 마라.
네 품에 안겨 자는 아내라고 말을 함부로 하지 마라.
6 아들이 아비를 우습게 보고
딸이 어미에게 거역하며
며느리가 시어미와 맞서는 세상,
식구끼리 모두 원수가 되었다.
7 그러나 나만은 야훼를 우러르고
하느님께서 구해 주시기를 기다리리라.
나의 하느님께서 내 소원을 들어주시기 바라면서.

하느님께서 구해 주신다

8 원수들아,
우리가 이 꼴이 되었다고 좋아하지 마라.
지금은 쓰러졌지만, 일어설 날이 온다.
지금은 어둠 속에서 새우지만,
야훼께서 우리의 빛이 되어주실 날이 온다.
9 우리는 야훼께 죄를 얻었으니,
야훼께서 우리를 법으로 다스리시고
재판을 내리시기까지
그분의 진노를 참고 받아야 한다.
그러다가 마침내 우리에게 밝은 세상을 보이시면,
그제야 우리는 눈이 열려,
여태 해오신 일이 옳았음을 알게 되리라.
10 그제야 원수들도 눈이 열려,
"너희 신이라는 야훼가 어디 있느냐?"며 빈정거리던 일을 오히려 부끄럽게 여기리라.
원수들이 길바닥의 진흙같이 되는 꼴을
이 눈으로 보게 되리라.

11 너희가 성을 다시 쌓을 날,
너희의 국토가 넓혀질 그 날이 온다.
12 그 날이 오면,
아시리아에서 이집트까지,
띠로에서 유프라테스 강까지,
이 바다에서 저 바다까지,
이 산에서 저 산에 이르는 곳곳에서
사람들이 너희에게 오리라.
13 국토가 이렇게 황폐해진 것은
도시놈들의 비행 탓이다.

하느님께 용서를 빌다

14 이 백성은 남에게 내줄 수 없는 하느님의 양떼입니다.
그 지팡이로 이 백성을 보살펴 주십시오.
주변에 기름진 동산이 많은데도
우거진 숲속을 헤매는 외로운 양떼를
그 옛날처럼
바산과 길르앗에서 풀을 뜯게 해주십시오.
15 이집트에서 나오실 때, 보여주신
놀라운 일을 다시 보여주십시오.
16 제 힘을 자랑하는 뭇 민족들이 보고
어안이 벙벙하고 기가 막혀서
쥐구멍을 찾게 해주십시오.

17 흙이나 핥는 뱀의 꼴을 만드시고
땅바닥을 기어가는 벌레 신세가 되게 해
주십시오.
겁에 질려 저희의 요새에서 나와
부들부들 떨며
우리 하느님 야훼께로 오게 하십시오.
야훼 두려운 줄 알게 해주십시오.

18 하느님 같은 신이 어디 있겠습니까?
남에게 넘겨줄 수 없어 남기신 이 적은 무
리,
아무리 못할 짓을 했어도 용서해 주시고,
아무리 거스르는 짓을 했어도 눈감아주
시는 하느님,
하느님의 기쁨이야
한결같은 사랑을 베푸시는 일 아니십니
까?
그러니 어찌 노여움을 끝내 품고 계시겠
습니까?
19 마음을 돌이키시어 우리를 불쌍히 여기
시고
우리의 온갖 죄악을 부수어주십시오.
깊은 바다에 쓸어넣어 주십시오.
20 한 옛날 우리 선조들에게 맹세하신 대로
우리 야곱의 후손에게,
우리 아브라함의 후손에게,
거짓 없는 사랑, 한결같은 사랑을 베풀어
주십시오.

나 훔

1 ◎엘코스 사람 나훔이 니느웨가 받을 벌을
내다보고 적은 책.

2ㄱ 야훼, 극성스레 원수를 갚으시는 하느님,
성급하게 원수를 갚으시는 신이시다.㉠
3 야훼께서 힘이 없어
오래 참으시는 줄 아느냐.
결코 죄지은 자를 벌하지 않은 채 버려두
지는 않으신다.
발길로 구름을 먼지처럼 일으키시며
태풍 속, 폭풍 속을 뚫고 오신다.
4 그가 한번 호령하시면,
강은 마르고 바다는 그 바닥이 드러난다.
바산에서도 가르멜에서도 풀이 시들고
레바논 산에서는 꽃이 이운다.
5 그를 보고서 멧부리들은 떨고
언덕들은 비틀거린다.
그의 앞에서 땅은 황무지가 되고
세상과 그 안에서 숨쉬는 모든 것이 꺼진
다.
6 주께서 진노하시면 누가 당하랴.
주께서 분노를 터뜨리시면 누가 맞서랴.
주의 진노가 불같이 일면,
바위도 깨진다.
7–8 야훼께서는
당신을 바라는 사람이 곤경에 빠졌을 때,
잘 보살펴 주시고
당신께 몸을 숨기는 사람이 물결에 휩쓸
렸을 때,
돌보아주시지만,
당신께 맞서는 자는 없애버리신다.
당신을 대적하는 자는 빛 없는 곳으로 몰
아내신다.

아시리아에는 벌을, 유다에는 구원을

9 원수들아, 너희는 야훼께 무슨 음모를 꾸
미느냐?
야훼께서는 당신의 적들이 두 번 다시 일
어나지 못하게
끝장을 보는 분이시다.
2ㄴ 야훼께서는 원수를 갚고야 마신다.
적에게 분풀이를 하고야 마신다.
10 가시덤불처럼 태워버리시고
검불처럼 살라버리신다.
11 야훼께 음모를 꾸미는 자,
발칙한 일을 꾸미는 자가 너에게서 나왔
구나.
12 이것은 야훼의 말씀이시다.
"유다야, 적의 병력이 아무리 많고 강하
여도
내가 낫질하듯 없애버리리라.
이제까지 나는 너를 너무 괴롭혔다.
이제 다시는 너희를 괴롭히지 아니하리
라.
13 나 이제 너를 억누르던 적의 멍에를 부러
뜨리고

㉠ 2절 하반절은 9절 다음으로 옮겼다.

너를 묶은 사슬을 끊어주리라.
14 나 야훼가 너 니느웨에 판결을 내린다.
너의 이름을 이을 자손을 내가 남기지 아
니하리라.
새겨 만든 신상, 부어 만든 우상을
너희 신당에서 찍어버리고,
너의 욕된 무덤을 파헤치리라."

2 1 ㉠희소식을 전하는 발길이
15 산을 넘고 넘어 달려온다.
광복의 소식을 안고 온다.
유다야, 축제를 마련하여라.
서원제물을 바쳐라.
그 못된 자들은 모두 없어졌다.
다시는 너희 가운데 얼씬도 못하리라.
3 야곱의 포도덩굴,
2 그 이스라엘의 자랑을
적들은 짓밟고 털어갔었다.
그러나 야훼께서 그 포도원을 다시 일으
키시리라.

니느웨는 망한다

2 침략자가 ㉡너를 치러 올라온다.
1 파수꾼아, 성루에 올라가 눈에 불을 켜고
길을 지켜보려무나.
허리를 질끈 동이고
젖먹던 힘까지 다 내어 싸워보려무나.
4 적의 억센 용사들이
3 자주 갑옷을 입고, 붉은 방패를 들고
마구 쳐들어오는데
기마들은 미친 듯이 날뛰고
5 병거의 바퀴는 불이 나게 돌며,
4 거리를 누비는구나.
횃불처럼 번개처럼 이리 번쩍 저리 번쩍
광장을 치달린다.
6 정예부대를 앞세워
5 거꾸러지면서 돌격한다.
벼락같이 성벽에 들이닥쳐
화살막이를 벌여놓는다.
7 마침내 강을 낀 성문들이 열리니
6 대궐은 수라장이요,
8 여신상을 들어내어 포로처럼 끌어가는데
7 시녀들은 가슴을 치며
비둘기처럼 구슬피 흐느끼는구나.
9 니느웨는 물이 빠지고 있는 웅덩이 같아,
8 "멈추어라, 멈추어라." 하고 소리치나
아무도 뒤를 돌아보지 않는다.
10 "은을 털어가자, 금을 털어가자,
9 없는 것 없이 잘도 해놓고 살았구나.
값진 세간들 잘도 차려놓고 살았구나."
하며
11 참으로 잘들 털어간다.
10 모조리 잘들 쓸어간다.
이런 꼴을 당하고
어찌 가슴이 떨리지 아니하며,
다리가 후들거리지 않으랴?
허리는 온통 끊어지는 것 같고
얼굴도 모두 파랗게 질렸구나.
12 사자굴은 어찌 되었느냐?
11 사자 새끼가 우글거리던 그 바위굴은 어
찌 되었느냐?
수사자가 나가도
암컷과 새끼들이 겁도 없이 기다리더니,
13 수사자가 사냥해 온 것을 새끼들에게 주
12 고
암사자에게 찢어주더니,
바위굴은 사냥해 온 고기로 그득하고
그 굴에는 늘 먹이가 차 있더니.
14 "나 이제 너를 치리라."
13 만군의 야훼께서 하시는 말씀이시다.
"네 병거를 연기가 되어 사라지게 하고
너의 백성을 칼로 쳐죽여
다시는 세상에서 약탈하지 못하게 하리
니,
네 사절들이 떠드는 소리를 다시는 들을
수 없으리라.

니느웨는 저주를 받으리라

3 피로 절은 이 저주받을 도시야,
협잡이나 해먹고 약탈을 일삼고
노략질을 그치지 않더니,
2 들리느냐? 저 채찍질 소리.
병거 바퀴 돌아가는 저 요란한 소리.
말은 소리치고 병거는 치닫는다.
3 칼과 창을 번개처럼 번쩍이며
기마병이 말 타고 달려든다.
다치는 사람은 수도 없고
주검은 너저분하게 널려 있다.
산더미처럼 쌓인 시체는
가는 곳마다 발에 차인다.
4 창녀처럼 예쁘게 꾸미고
마술사처럼 남을 홀리던 것아,
창녀처럼 꾀어 뭇 민족을 팔아먹던 것아,
마술을 부려 뭇 족속을 팔아먹던 것아,
5 나 이제 너를 치리라."

㉠ 라틴어 성서에는 1:15절. ㉡ 니느웨를 말한다.

만군의 야훼께서 하시는 말씀이시다.
"네 치마를 벗겨 그 알몸을
뭇 민족들 앞에 드러내 주리라.
뭇 나라에 네 부끄러움을 드러내 주리라.
6 네 몸에 똥물을 끼얹어 웃음거리를 만들리니,
너는 구경거리가 되어
7 보는 사람마다 너를 피해 가며 비웃으리라.
'니느웨가 기어이 망했구나.
누가 가엾게 보아주랴.
위로해 줄 사람이 어디 있을까.
아무리 찾아도 보이지 않는구나!'
8 네가 ㉠데베스보다 낫단 말이냐?
나일 강 가에 자리잡은 데베스,
물이 두루 흘러 나일 강으로 앞을 막고
물로 성벽을 삼았던 도시,
9 게다가 에티오피아가 그의 힘이 되었고
이집트는 끝없이 뻗었었다.
그리고 푸트와 리비아 또한 그를 도왔다.
10 그러던 데베스의 시민들을 너는 사로잡아갔었지.
끌어다가 종으로 부려먹었지.
어린것들은 거리 모퉁이에서 찢어죽이고,
유지들은 제비를 뽑아 끌어가고
귀인들은 모두 사슬로 묶어 끌고 갔었지.
11 그러던 네가
곤드레만드레 몸도 못 가누며
원수를 피해 살 구멍을 찾게 될 줄 누가 알았으랴.
12 너의 성채들은 하나하나 모두 떨어질 것이다.
흔들기만 하면 벌린 입에 떨어지는
잘 익은 무화과처럼.
13 원수들이 밀려드는데,
군인들은 아녀자 같고
전국의 성문은 모두 열리고
너의 성문 빗장은 불타버리리라.
14 이제 포위당할 터이니,
물이라도 길어두려무나.
진흙을 밟아 벽돌이라도 찍어
성채를 든든히 해두려무나.
15 모두 쓸데없는 일,
너는 불타버리고
사람들은 모두 칼에 맞아 죽으리라.

뛰는 메뚜기처럼 불어나려무나.
날아가는 메뚜기처럼 불어나려무나.
16-17 하늘의 별처럼 많은
밀정을 풀어놓아 보려무나.
날아가는 메뚜기만큼 수비대를 세워보려무나.
누리떼만큼 관리들을 두어보려무나.
겨울날 담장에 총총히 붙었다가도
해만 뜨면 탈바꿈하고 멀리 날아가 버리는
메뚜기처럼 어디론가 사라지고 말리라.

18 오호라, 아시리아의 임금아,
네 ㉡목자들은 영영 잠들었구나.
네 용사들은 깰 수 없는 잠에 빠졌구나.
네 군대는 다시 모을 길 없이
이 산 저 산에서 흩어졌다.
어쩌다가 이 모양이 되었느냐?
19 네 상처는 나을 길이 없고
얻어터진 자리는 아물 길이 없다.
내내 너의 행패를 당하던 사람들이
네가 망했다는 소문을 듣고,
모두 손뼉을 치며 고소해하리라."

하 바 꾹

1 ◎예언자 하바꾹이 환상으로 받은 말씀.

하바꾹이 항의하다

2 "야훼여, 살려달라고 울부짖는 이 소리,
언제 들어주시렵니까?
호소하는 이 억울한 일,
언제 풀어주시렵니까?
3 어인 일로 이렇듯이 애매한 일을 당하게 하시고
이 고생살이를 못 본 체하십니까?
보이느니 약탈과 억압뿐이요,
터지느니 시비와 말다툼뿐입니다.
4 법은 땅에 떨어지고
정의는 끝내 무너졌습니다.

㉠ 이집트의 서울이다. 히브리어 본문 : "노 아몬." ㉡ 관리들을 말한다.

못된 자들이 착한 사람을 등쳐먹는 세상,
정의가 짓밟히는 세상이 되었습니다."

야훼께서 대답하시다

5 "㉠이 반역하는 무리들아,
똑똑히 보아라.
너희 생전에 놀라 질겁할 일이 벌어지리라.
귀를 의심할 만한 일이 일어나리라.
6 보아라, 내가 바빌론을 일으키리니
그들은 사납고 날랜 족속이라,
남의 보금자리를 빼앗으며
천하를 주름잡는다.
7 제 힘을 믿고 멋대로 법을 세우는
무섭고도 영악한 족속이다.
8 표범보다도 날래고
저녁에 나오는 늑대보다도 사나운
말을 탄 기병들이 먼 곳으로부터
먹이를 찾아 덮치는 독수리같이
9 닥치는 대로 휩쓸려고 전군을 휘몰아온다.
얼굴마다 열풍 같은 노기를 띠고
포로들을 끌어다 모랫더미처럼 쌓는다.
10 고관쯤은 우습게 여기고
임금은 노리개로 삼으며,
그 어떤 성채건 하찮게 여기고
토성을 쌓아 점령하리니
11 제 힘을 하느님처럼 믿다가 죄를 지은 자들은
바람에 날려가듯 사라지리라."

하바꾹이 다시 항의하다

12 "야훼여, 당신께서는 애초부터 나의 하느님,
이 몸은 하느님의 것인데, 죽을 리야 있겠습니까?
그러나 야훼여,
어찌하여 ㉡그들을 재판관으로 세우셨습니까?
나의 바위여,
어찌하여 그들을 채찍으로 삼아 벌하십니까?
13 주께서는 눈이 맑으시어
남을 못살게 구는 못된 자들을
그대로 보아 넘기지 않으시면서
어찌 배신자들은 못 본 체하십니까?
나쁜 자들이 착한 사람을 때려잡는데
잠자코 계십니까?
14 어찌하여 사람을 바다 고기로 만드시고
왕초 없는 벌레로 만드시어
15 그자들의 낚시에 걸리게 하십니까?
그물을 쳐서 사람을 끌어내고
쟁이로 사람을 잡아내고는 좋아 날뛰며
16 그물 덕분에 기름지고 살진 것을 먹는다고
그물에다 고사를 지내고
쟁이에다 분향하는 자들입니다.
17 그 모양으로 늘 칼을 빼어들고
무자비하게 뭇 민족을 죽이는 자들입니다."

야훼께서 다시 대답하시다

2 "내가 던진 질문에 무슨 말로 대답하실지
내 초소에 버티고 서서 기다려보리라.
눈에 불을 켜고 망대에 서서 기다려보리라." 하였더니
2 야훼께서 이렇게 대답하셨다.
"네가 받은 말을 누구나 알아보도록
판에 새겨두어라.
3 네가 본 일은 때가 되면 이루어진다.
끝날은 반드시 찾아온다.
쉬 오지 않더라도 기다려라.
기어이 오고야 만다.
4 멋대로 설치지 마라.
나는 그런 사람을 옳게 여기지 않는다.
그러나 의로운 사람은 그의 신실함으로써 살리라."

5 재물은 조금도 믿을 것이 못 된다.
돈이 있다고 우쭐대다가는 나둥그러지리라.
목구멍은 죽음의 구렁처럼
삼켜도 삼켜도 성차지 않아
뭇 민족을 끌어들이고 만백성을 모아들였건만,
6 그들이 모두 풍자시로 비웃으며
조롱하는 시로 욕설을 퍼부으리라.㉢

"화를 입으리라!
남의 것을 먼지까지 긁어 모으고
남의 것을 전당잡아 치부하는 것들아,
7 빚쟁이들이 갑자기 달려들 날이 오리라.
너에게 시달리던 자들이 머리를 쳐들고
너를 털 날이 오고야 말리라.
8 그토록 수많은 백성을 털었으니,
그 남은 백성에게 이제는 너희가 털리리

㉠ 칠십인역을 따랐다. ㉡ 바빌론을 말한다. ㉢ 이하에 나오는 욕설들은 피정복자들이 정복자를 두고 하는 말인 듯하다.

라.
죄없는 사람을 죽이고 마을을 짓밟고
성읍마다 쳐들어가 주민들을 무찌른 탓
이다.

9 화를 입으리라.
저만 잘 살겠다고 남을 등쳐먹는 것들아,
재앙의 소용돌이에서 벗어나려고
높은 곳에 둥지를 틀었지만
10 너희가 꾸민 것은 패가망신할 일뿐,
뭇 백성을 망치다가 죄를 받게 되었다.
11 담벼락 돌이 원수갚아 달라고 울부짖으
면,
집 안에선 들보가 맞장구치리라.

12 화를 입으리라.
죄없는 사람의 피를 빨아
성읍을 세우는 것들아,
남의 진액을 짜서 성을 쌓는 것들아,
13 뭇 민족이 일껏 쌓은 것이 불타버리고
뭇 종족이 애써 세운 것이 허사가 되리니
이것이 바로 만군의 야훼께서 하시는 일
아니냐?
14 바다에 물이 넘실거리듯,
땅 위에는 야훼의 영광을 모르는 사람이
없으리라.

15 화를 입으리라.
홧김에 이웃에게 술을 퍼먹여
곯아떨어지게 하고는 그 알몸을 헤쳐보
는 것들아,
16 그러고도 네가 영광을 누릴 듯싶으냐?
실컷 능욕이나 당하리라.
이제는 네가 잔을 받을 차례다.
마시고 벌거숭이가 될 차례다.
야훼의 오른손에 들린 잔이 너에게 이르
렀다.
영광을 누린 그만큼 창피를 당하리라.
17 레바논을 내리친 그 힘이
너를 휩쓸겠고
짐승들을 살육하던 그 무서움이
너를 덮치리라.
죄없는 사람을 죽이고 마을을 짓밟고
성읍마다 쳐들어가 주민들을 무찌른 탓
이다.

19 화를 입으리라!
나뭇조각을 보고 '일어나십시오.' 하며
말 못하는 돌멩이를 보고 '그만 주무십시
오.' 하는 자들아,
그런 것에게서 무엇을 배우겠다는 말이
냐?
금과 은으로 싸고 꾸렸지만,
가슴에는 숨기도 없는 것,
18 그런 우상을 새겨 무슨 덕이라도 볼 성싶
으냐?
말 못하는 허수아비를 만들어놓고
무슨 이익이라도 볼 성싶으냐?"

20 야훼께서 당신의 거룩한 전에 계신다.
온 세상은 그의 앞에서 잠잠하여라.

하바꾹이 구원을 호소하다

3 ◎예언자 하바꾹의 기도. 만가조로 읊을
것.

2 야훼여, 우리가 당신의 명성을 들었습니
다.
우리는 야훼께서 하신 일을 보았습니다.
우리 시대에도 그 일을 보여주십시오.
아무리 노여우셔도, 잊지 마시고 자비를
베풀어주십시오.

3 하느님께서 데만에서 오신다.
거룩하신 이가 바란 산에서 오신다. (셀라)
하늘엔 당신의 빛이 찬란하게 퍼지고
땅엔 당신의 광채가 차고 넘치니
4 그 밝음은 대낮 같구나.
힘있는 당신의 손,
두 줄기 빛이 그 손에서 뻗어나네.
5 역신이 앞장서고
열병이 뒤따르는구나.
6 발길을 멈추시면 땅이 흔들리고
노려보시면 민족들이 떠네.
한 옛날 산들이 갈라지고
태곳적 언덕들이 주저앉아
아득한 행차 길이 열렸구나.
7 떨며 흩날리는 구산의 천막들과
펄럭이는 미디안의 장막 휘장들이
이 어려움 가운데서 보이네.

8 야훼여, 어찌하여 우리 물귀신에게 화를
내십니까?
우리 바다 귀신들에게 분풀이를 하십니
까?
어인 일로 병거를 타고 말을 몰아
우리를 쳐부수시러 오십니까?
9 어인 일로 활을 꺼내어 살을 메우시고

힘껏 잡아당기십니까? (셀라)
㉠노여움으로 땅을 가르시니
10 멧부리들은 당신을 보고 부르르 떱니다.
먹구름은 물을 퍼부으며
깊은 바다는 손을 높이 들고 아우성칩니
다.
11 번쩍이며 화살을 쏘시고
시퍼런 창을 내던지시면,
해는 뜨지도 못하고
달은 반공에 멎습니다.
12 주께서는 크게 노하시어 땅을 주름잡으
시며
분노로써 뭇 민족을 밟으십니다.
13 주께서는 주의 백성을,
친히 기름 부으신 자를 구하러 거둥하셨
습니다.
악인의 소굴을 짓부수시고
그 기초를 송두리째 뽑아버리셨습니다.
(셀라)
14 그의 전사들의 우두머리를 몽치로 치시
자
졸개들은 검불처럼 흩어집니다.
눈에 쌍심지를 켜고
가련한 사람들을 널름널름 집어삼키다가
날려갑니다.
15 주께서 말을 타고 바다 위를 달리시니
바다 큰 물결이 들끓습니다.
16 그 소리를 듣고
나의 뱃속이 뒤틀립니다.
입술이 떨리고 뼛속이 녹아내리며
아랫도리가 후들거립니다.
우리를 덮쳐오던 백성에게
재앙이 떨어지는 날만 나는 기다리고 있
습니다.
17 비록 무화과는 아니 열리고
포도는 달리지 않고
올리브 농사는 망하고
밭곡식은 나지 않아도
비록, 우리에 있던 양떼는 간데없고
목장에는 소떼가 보이지 않아도
18 나는 야훼 안에서 환성을 올리렵니다.
나를 구원하신 하느님 안에서 기뻐 뛰렵
니다.
19 야훼 나의 주께서 힘이 되어주시고
사슴처럼 날랜 다리를 주시어
나로 하여금 산등성이를 마구 치닫게 하
십니다.
◎합창대 지휘자를 따라 수금에 맞추어 부
를 것.

스 바 니 야

1 ◎스바니야에게 내린 야훼의 말씀. 스바니
야의 아버지는 구시요, 그 윗대는 게달리
야, 그 윗대는 아마리야, 그 윗대는 히즈키야
이다. 스바니야가 말씀을 받은 것은 아몬의
아들 요시야 왕이 유다를 다스릴 때였다.

하느님의 결의

2 "땅 위에 있는 것은 무엇이건
나 말끔히 쓸어버리리라."
야훼의 말씀이시다.
3 "사람도 짐승도 쓸어버리고
공중의 새도 바다의 고기도 쓸어버리리
라.
악당들을 거꾸러뜨리며
땅에서 사람의 씨를 말리리라."
야훼의 말씀이시다.

우상을 섬기는 자들

4 "나는 손을 들어 유다 국민과 예루살렘 온
성민을 치리라.
여기 얼마 남지 않은 바알의 신상들을 없
애고
그 사제라는 것들을 이름도 없이 쓸어버
리리라.
5 지붕 위에서 하늘의 별들을 예배하는 것
들,
야훼를 예배하면서도 맹세는 ㉡밀곰을 두
고 하는 것들,
6 알아볼 일이 있어도 야훼를 찾지 아니하
고
등지고 떠나가는 것들을
나 없애버리리라."

7 주 야훼 앞에서 입을 다물어라.

㉠ 히브리어 본문은 "노여움" 대신에 "강줄기들"로 되어 있다. ㉡ 암몬 신이다.

야훼께서 오실 날이 다가왔다.
야훼께서는 이미 제물을 마련하시고
손님들을 목욕재계시키셨다.㉠

정치가들

8 "나 야훼가 제물을 잡을 날이 온다.
그 날에 남의 나라 옷을 입고 거들먹거리는
고관들과 왕족들을 나는 벌하리라.
9 문지방이 닳게 넘나들며
속임수로 남을 등쳐
상전의 궁궐을 채우는 것들을
그 날 나는 벌하리라."

장사치들

10 "그 날이 오면,"
야훼의 말씀이시다.
"생선문에서 아우성 소리가,
새 장터에서 울부짖는 소리가,
이 언덕 저 언덕에서
무섭게 깨지는 소리가 나리라.
11 방앗간 거리 사람들아, 울부짖어라.
장사치들은 간데없고
돈 거래하는 자들도 자취를 감추리라."

불신자들

12 "그 때가 되면
나는 불을 켜들고 예루살렘을 뒤지리라.
팔자가 늘어져 스스로 말하기를
'야훼가 무슨 복을 주랴? 무슨 화를 주랴?'
하는 자들을 벌하리라.
13 그들의 재산은 털리고 집은 헐리리니,
일껏 집을 짓고도 거기에서 살지 못하고
일껏 포도 농사를 하고도 술을 빚어 마시지 못하리라."

야훼께서 오실 날

14 야훼께서 오실 무서운 날이 다가왔다.
득달같이 다가왔다.
야훼께서 오실 날,
역마보다 날쌔게 오는구나.
군인보다도 잽싸게 닥치는구나.
15 그 날은 야훼의 분노가 터지는 날,
모두들 죽도록 고생하는 날,
폭풍에 휩쓸려가는 날,
먹구름이 뒤덮이는 어두운 날,
16 나팔 소리 울리며 함성이 터지는 날이다.
"저 든든한 성을 쳐라.
귀퉁이에 솟아 있는 망대를 쳐라."

17 "내가 사람들을 몰아치리니,
그들은 소경처럼 더듬거리다가
피를 땅에 뿌리고
배알을 거름덩이처럼 쏟으리라.
그들이 나에게 죄를 지은 탓이다.
18 은과 금이 아무리 많아도
그것으로 그 난을 면하지는 못하리라."

야훼의 분노가 타오르는 날,
온 세상은 활활 타버리리라.
그가 세상 사람을 송두리째
순식간에 멸하시리라.

하느님을 찾아라

2 1-2 너희 천대받는 겨레들아,
야훼께서 진노를 터뜨리시기 전에
모여오너라.
야훼께서 크게 노하시면,
검불처럼 쓸려가리니,
그 날이 오기 전에 모여오너라.
3 너희는 야훼를 찾아라.
하느님의 법대로 살다가 고생하는 이 땅 모든 백성들아,
바로 살도록 힘써라.
겸손한 마음을 갖도록 애써라.
그리하면 야훼께서 크게 노하시는 날
너희만은 화를 면하리라.

불레셋에 벌이 내리리라

4 가자는 정녕 벌을 받아 황폐하게 되고
아스클론은 쑥밭이 되리라.
아스돗 시민들은 대낮에 쫓겨나고
에크론은 뿌리째 뽑히리라.
5 바닷가 일대에 사는 사람들,
그렛 섬에서 온 민족들은 망하리라.
야훼께서 이렇게 언도를 내리셨다.
"내가 불레셋 온 나라를 굴복시켜
주민이 하나도 없게 멸하리라."
6 바닷가 일대는 풀밭이 되어
목자들이 양떼나 몰고 다니는 목장이 되고
돌담을 쌓아 양떼들을 쉬게 하는 곳이 되리라.
7 바닷가 일대는 살아 남은 유다 가문이 차지하여,

㉠ 부정을 벗어야 제물을 먹을 수 있다. 여기에서 제물은 유다를 말한다.

양떼에게 풀을 뜯기다가
저녁이 되면 아스클론 집에 가서 쉬리라.
그들의 하느님 야훼께서 찾아오시어
포로 생활을 마치고 돌아오게 하시리라.

모압에 벌이 내리리라

8 "모압이 퍼붓는 욕설을 나는 들었다.
암몬족이 퍼붓는 악담도 들었다.
그들은 이 나라 접경까지 와서 거만을 떨며
내 백성에게 욕설을 퍼부었다.
9 그래서 나는 어떤 일이 있어도,"
이스라엘의 하느님, 만군의 야훼께서 하시는 말씀이시다.
"모압을 소돔처럼 만들리라.
암몬족을 고모라처럼 만들리라.
잡초나 우거지고 소금이나 캐는 곳,
언제까지나 쑥밭으로 남게 하리라.
살아 남은 내 백성, 이 겨레가 그들을 털고
그 땅을 차지하리라."

10◎모압과 암몬은 으스대며 만군의 야훼의 백
성에게 욕설을 퍼부었다. 그렇게 거만을 떨
다가 이 모양이 된 것이다.
11 야훼께서 세상의 모든 신을 맥 못쓰게 만드
시리니, 그 날에 사람들은 야훼를 공경하리
라. 바다를 끼고 사는 뭇 민족들도 모두 저
희의 고장에서 야훼를 예배하리라.

에티오피아에 벌이 내리리라

12 "에티오피아 사람들아,
너희도 내 칼에 맞아 죽으리라."

아시리아에 벌이 내리리라

13 야훼께서 북녘으로 손을 뻗으시어
아시리아를 멸하시리라.
니느웨를 쑥밭으로 만드시리니,
사막처럼 메마른 곳이 되리라.
14 골짜기에 사는 갖가지 짐승떼가 그 복판에서 쉬고
남은 돌기둥 위에서는
갈가마귀나 올빼미가 밤을 지새우며
송백 재목은 삭아버리고
까마귀들이 창문턱에 모여앉아 지저귀리라.
15 천하를 호령하는 자리에 앉아
세상에는 저밖에 없다면서
뽐내고 흥청대더니,
'바로 여기가 그 도시렷다.
그런데 어찌 이 모양이 되었지?
짐승이나 깃들이는 곳이 되다니.'
지나가는 사람마다 이렇게 혀를 차며
주먹질을 하리라.

예루살렘 지도자들에게 벌이 내리리라

3 이 저주받을 도성아,
야훼께 반항이나 하는 더러운 도성아,
압제나 일삼는 도성아,
2 불러도 듣지 아니하고
징계를 해도 코웃음만 치며
제 하느님 야훼를 멀리하고 의지하지도 않는구나.
3 귀하신 몸들은 성 안에서 사자처럼 으르렁거리고
판사들은 벌판을 주름잡는 늑대처럼
뼈도 안 남기고 사람을 씹어 삼킨다.
4 예언자들은 제 잘난 멋에 사람들을 속이고
사제들은 성소를 더럽히며 법을 짓밟는다.
5 그러나 그 안에 거하시는 야훼께서는 공변되시어
부당한 일 아니 하신다.
아침마다 햇빛처럼 밝은 판결을 내리시는데
그래도 죄인들은 부끄러움을 모르는구나.

6 "나는 뭇 민족을 뿌리뽑으리라.
성 모퉁이 망대를 헐고
성읍들은 사람의 그림자도 비치지 않는 돌무더기로 만들며
거리마다 휩쓸어 사람 하나 살지 못하게 하리라.
7 ㉠너만은 나를 공경하려니,
너만은 내 징계를 제대로 받으려니,
너만은 내가 내린 벌들을 잊지 않으려니 하였더니
도리어 새벽부터 돌아가며 못된 짓만 하는구나.

8 그러니, 너희는 참고 기다려라."
야훼의 말씀이시다.
"내가 몸을 일으켜 그런 것들을 벌할 날이 오면,

㉠ 시온을 가리킨다.

만방에서 뭇 민족을 불러모으고
분노를 마구 터뜨려 한꺼번에 벌하리라.
나의 진노가 불같이 타올라
온 땅을 살라버리리라.
9 그런 다음 뭇 민족의 입술을
정하게 하여
모두 야훼의 이름을 부르며
어깨를 나란히 하고 그를 섬기게 하리라.
10 에티오피아 강 저편으로 추방했던 자들도
예물을 가지고 강을 건너 나를 예배하러
오게 하리라."

살아 남은 이들이 돌아오리라

11 "그 날이 오면,
나를 거역하여 저지른 온갖 일들을
㉠너는 부끄러워하지 않아도 되리라.
그 때에 내가
거만을 떨며 흥청거리는 자를 네 안에서
쓸어버리면
나의 거룩한 산에서는 거만한 모습이 자
취를 감출 텐데
무엇을 다시 부끄러워하랴.
12 내가 기를 못 펴는 가난한 사람만을 네 안
에 남기리니
이렇게 살아 남은 이스라엘은
야훼의 이름만 믿고 안심하리라.
13 그들은 남을 억울하게 속일 줄도 모르고
거짓말을 할 줄도 모르며
간사한 혀로 사기칠 줄도 모른다.
그러나 배불리 먹고 편히 쉬리니,
아무도 들볶지 못하리라."

시온에서 부르는 기쁜 노래

14 수도 시온아, 환성을 올려라.
이스라엘아, 큰소리로 외쳐라.
수도 예루살렘아,
마음껏 기뻐하며 축제를 베풀어라.
15 야훼께서 원수들을 쫓으셨다.
너를 벌하던 자들을 몰아내셨다.
이스라엘의 임금, 야훼께서 너희와 함께
계시니
다시는 화를 입을까 걱정하지 마라.

16 그 날이 오면, 예루살렘에 이렇게 일러주
어라.
"시온아, 두려워 마라.
기운을 내어라.
17 너를 구해 내신 용사 네 하느님 야훼께서
네 안에 계신다.
너를 보고 기뻐 반색하시리니
사랑도 새삼스러워라.
명절이라도 된 듯 기쁘게
더덩실 춤을 추시리라."

포로들의 귀향

18 "나는 너에게 내리던 재앙을 거두어들여
다시는 수모를 받지 않게 하리라.

19 그 때가 되면,
너를 억누르던 자를 다 없애버리고
절름발이는 고쳐주며
길 잃은 자들을 찾아내어
고국으로 데려오리라.
그 때가 되면, 온 세상에서
내 백성은 칭송을 자자하게 받으며 이름
을 떨치리라.
20 그 때가 되면,
내가 너희를 데려오리라.
너희를 이리로 모아들이리라.
내가 너희의 면전에서 너희에게 광복을
안겨줄 때,
너희는 세계 만방에서
칭송을 자자하게 받으며 이름을 떨치리
라."
야훼께서 말씀하신다.

하 깨

성전을 재건하라는 말씀이 내리다

1 ◎다리우스 왕 제이년 유월 초하루였다.
야훼께서 예언자 하깨를 시켜 스알디엘의
아들 즈루빠벨 유다 총독과 여호사닥의 아들
여호수아 대사제에게 말씀을 내리셨다.
2 만군의 야훼께서 하신 말씀이다. "이 백성
은 아직 주의 성전을 지을 때가 아니라고 말
한다."

㉠ 예루살렘을 가리킨다.

3 야훼께서 예언자 하깨를 시켜 하신 말씀은
이러하다.
4 "너희는 어찌하여 성전이 무너졌는데도 아
랑곳없이 벽을 널빤지로 꾸민 집에서 사느
냐?
5 나 만군의 야훼가 말한다.
너희가 어떻게 지내왔는지 돌아보아라.
6 씨는 많이 뿌렸어도 수확은 적었고,
먹어도 배부르지 않으며,
마셔도 성이 차지 않고,
입어도 따뜻하지 않으며,
아무리 벌어들여도 밑빠진 독에 물붓기
다.
8 산에 가서 나무를 찍어다가 나의 성전을
지어라.
나는 그 집을 기꺼이 받아들이고
거기에서 내 영광을 드러내리라.
나 야훼의 말이다.
7 나 만군의 야훼가 말한다.
너희가 어떻게 지내왔는지 돌아보아라.
9 많이 거두려니 했지만,
거두고 보니 얼마나 되더냐?
집에 들여온 것마저도 내가 날려버리리
라.
만군의 야훼가 그 곡절을 일러주리라.
너희가 나의 성전 무너진 것은 아랑곳하
지 않고
제 집만 짓느라고 바삐 돌아다닌 탓이다.
10 그러니 하늘이 이슬을 내릴 성싶으냐?
땅이 소출을 낼 성싶으냐?
11 나는 평지에도 산에도 가뭄이 들라고 선
포하였다.
땅은 밀도, 포도주도, 올리브 기름도,
그 밖의 어떤 소출도 내지 않아
사람도 짐승도 모두 배를 곯게 되었다.
너희가 손이 닳도록 한 일이 모두 허사가
되었다!"
12 ◎스알디엘의 아들 즈루빠벨과 여호사닥의 아
들 여호수아 대사제와 그 밖에 살아 남은 모
든 백성은 저희의 하느님 야훼께서 보내신
예언자 하깨가 전하는 하느님의 말씀을 듣
고 야훼를 두려워하게 되었다.
13 그래서 하깨는 야훼의 특사로서 야훼께로부
터 받은 말씀을 전하였다.
"나는 너희와 함께 있으리라.
나 야훼의 말이다."
14 ◎야훼께서 스알디엘의 아들 즈루빠벨 유다
총독과 여호사닥의 아들 여호수아 대사제와
그 밖에 살아 남은 모든 백성의 마음을 움직
이셨다. 그래서 그들은 저희의 하느님, 만
군의 야훼의 성전에 들어가 일을 시작하였
다.
15 때는 유월 이십사일이었다.

새 성전이 예전의 성전보다 영화롭다

◎다리우스 왕 제이년이었다.
2 그 해 칠월 이십일일, 주께서 예언자 하깨
를 시켜 말씀을 내리셨다.
2 "스알디엘의 아들 즈루빠벨 유다 총독과 여호
사닥의 아들 여호수아 대사제와 그 밖에 살
아 남은 모든 백성에게 일러라.
3 '이 성전이 예전에는 얼마나 영광스러웠더
냐? 너희 가운데 그것을 본 사람이 더러 남
아 있으리라. 그런데 지금 이 성전은 어떠
하냐? 너희의 눈에도 이 따위는 있으나마
나 하지 않으냐?
4 그러나 즈루빠벨아, 힘을 내어라. 나 야훼의
말이다. 여호사닥의 아들 대사제 여호수아
야, 힘을 내어라. 이 땅 모든 백성들아, 힘
을 내어라. 그리고 일을 시작하여라. 내가
너희 곁에 있어주리라. 만군의 야훼가 말한
다.
5 너희가 이집트에서 나올 때 너희와 계약을
맺으며 약속한 대로 나의 영이 너희 가운데
머물러 있을 터이니, 겁내지 마라.
6 나 만군의 야훼가 말한다.
나는 이제 곧 하늘과 땅, 바다와 육지를
뒤흔들고
7 뭇 민족도 뒤흔들리라.
그리하면 뭇 민족이 보화를 가지고 오리
니,
내가 내리는 영광이
이 성전에 차고 넘치리라.
야훼의 말이다.
8 은도 나의 것이요, 금도 나의 것이다.
만군의 야훼가 말한다.
9 지금 짓는 이 성전이 예전의 성전보다 더
영화로울 것이다. 만군의 야훼가 말한다. 나
는 이 곳에 평화를 주리라. 만군의 야훼가
말한다.'"
10 ◎다리우스 제이년 구월 이십사일, 야훼께서
예언자 하깨를 시켜 말씀을 내리셨다.
11 "나 만군의 야훼가 말한다. 너는 사제들에
게 법을 물어보아라.
12 제물로 바쳤던 고기를 싼 옷자락에 빵이나
익힌 음식이나 포도주나 올리브 기름이나
그 밖에 어떤 음식이 닿았다고 하여, 그런
것이 제물처럼 거룩해지느냐고 물어보아

라." 사제들은 그렇지 않다고 대답하였다.
13하깨가 또 "몸이 시체에 닿아 부정을 탄 사
람이 어떤 음식을 만졌다면, 그 음식도 부
정을 타느냐?" 하고 물으니 사제들은 부정
을 탄다고 대답하였다.
14이 말을 받아 하깨는 이렇게 전하였다.
"이 백성, 이 민족도 마찬가지다.
그런 사람이 만든 것도 마찬가지다.
야훼의 말이다.
거기에 닿으면 무엇이든지 부정을 탄다.
15 그러니 이제 너희는 주의 성전을 짓기 시
작한 이 날부터 일이 어떻게 되어 가는지 눈
여겨보아라.
16이제까지는 곡식 스무 단이 나던 곳에서 열
단밖에 나지 않았고, 포도주 쉰 동이가 나
던 술틀에서 스무 동이밖에 나지 않았다.
17나는 너희가 괘씸하여 너희 손으로 가꾼 것
은 다 말라 쭉정이나 깜부기가 되게 하였
고, 또 우박으로 짓부수기도 하였다. 그래
도 너희는 나에게 마음을 돌리려 하지 않았
다. 야훼의 말이다.
18너희는 야훼의 성전 주추를 놓은 구월 이십
사일, 바로 이 날부터 앞으로 어떻게 달라
지는지 눈여겨보아라.
19곳간에 둔 종자가 줄어드는지, 포도, 무화
과, 석류, 올리브가 열리는지 안 열리는지
두고 보아라. 나는 이 날부터 복을 내리기
로 하였다."
20◎그 달 이십사일, 야훼께서 하깨에게 또다
시 말씀을 내리셨다.
21"너는 유다 총독 즈루빠벨에게 이렇게 일러
라. '내가 하늘과 땅을 뒤흔들리라.
22또 뭇 나라 옥좌를 뒤엎고 뭇 민족의 힘을
꺾으리라. 병거대를 뒤집어엎고 기마대는
저희끼리 싸우다가 서로 칼에 맞아 쓰러지
게 하리라.
23그 날이 오면, 만군의 야훼가 말한다. 스알
디엘의 아들 즈루빠벨아, 내가 너를 들어올
리리라. 너는 나의 종이다. 만군의 야훼가
말한다. 내가 너를 뽑았으니 너는 옥새처럼
소중하다. 만군의 야훼가 말한다.'"

즈 가 리 야

즈가

1 ◎다리우스 제이년 팔월에 야훼의 말씀이
예언자 즈가리야에게 내렸다. 즈가리야는
베레기야의 아들이요, 이또의 손자였다.

돌아오너라

3◎"너는 이 백성에게 만군의 야훼께서 하시
는 말씀이라고 하며 이렇게 일러라. '나에
게로 돌아오너라. 만군의 야훼가 말한다. 나
도 너희에게 돌아가리라. 만군의 야훼가 말
한다.
4너희는 너희 조상들을 본받지 마라. 지난
날, 예언자들이 그들에게 만군의 야훼께서
하신 말씀이라고 하며, 악한 길, 악한 행실
을 버리고 돌아오라고 외쳤건만, 그들은 내
말을 듣지 아니하고 귓등으로 흘려버렸다.
만군의 야훼가 말한다.
5그러던 너희의 조상들은 어찌 되었느냐?
그 예언자들은 아직 살아 있느냐?
6ㄱ그러나 내가 내 종 예언자들을 시켜 한 말과
그 규정대로 너희 조상들은 벌을 받았다.
2나 야훼가 너희 조상들에게 크게 노하자
6ㄴ그들은 돌아와서, 주께서 우리의 그릇된 행
적을 보시고 작정하셨던 대로 벌하셨다고
고백하였다.'"

첫째 환상

7◎다리우스 제이년 십일월 곧 스밧월 이십사
일, 야훼의 말씀이 예언자 즈가리야에게 내
렸다. 즈가리야는 베레기야의 아들이요, 이
또의 손자였다.

8◎내가 밤에 환상을 보니, 낮은 곳에 소귀나
무들이 있는데, 그 사이에 한 기사가 붉은
말을 타고 서 있었다. 그리고 그 기사 뒤에
는 붉은 말, 잿빛 말, 흰 말을 탄 기마대가
늘어서 있었다.
9내가 "나리, 이것이 웬 기마대입니까?" 하
고 묻자, 그 천사가 "이것이 웬 기마대인지
알려주리라." 하며,
10소귀나무들 사이에 서서 이렇게 대답하는
것이었다. "이들은 야훼께서 세상을 순찰하
라고 보내신 자들이다."
11그러자 말 탄 사람들이 소귀나무 사이에 서
있는 야훼의 천사에게 "세상을 돌아보니,

사람들이 평안히 살고 있었습니다." 하고
보고하였다.
12 이 말을 듣고 그 천사가 야훼께 아뢰었다.
"만군의 야훼여, 언제까지 예루살렘과 유다
성읍들을 불쌍히 여기시지 않으시고 내버
려두시렵니까? 주께서 노하신 지 이미 칠
십 년이 되었습니다."
13 야훼께서 나와 말하던 그 천사를 좋은 말로
위로하시자,
14 나와 말하던 그 천사가 나에게 말하였다.
"만군의 야훼께서 말씀하신다면서 이렇게
외쳐라. '내가 예루살렘을 생각만 해도 속이
타는구나. 시온을 생각만 해도 가슴이 타는
구나.
15 거만하게 구는 뭇 민족에게 내가 진노를 내
리리라. 내가 크게 화를 내지 않았는데도
그토록 지나치게 행패를 부렸기 때문이다.
16 그러므로 나 야훼가 선언한다. 내가 다시 예
루살렘을 불쌍히 여기리라. 예루살렘에 측량
줄을 늘이면서 내 집을 다시 세우게 하리라.
만군의 야훼의 말이다.'
17 너는 다시 만군의 야훼께서 말씀하신다면서
이렇게 외쳐라. '내 성읍들에 다시 재물이 풍
성해지리라. 나 야훼가 시온을 불쌍히 여겨
예루살렘을 다시 자기 것으로 삼으리라.'"

둘째 환상

2 1 ◎내가 다시 고개를 들고 보니 뿔이 네
18 개 있었다.
2 나와 말하던 그 천사에게 "이게 웬 뿔들입
19 니까?" 하고 물었더니, 유다와 이스라엘과
예루살렘을 흩뜨린 뿔들이라는 대답이었다.
3 그 때에 야훼께서 대장장이 네 사람을 보내
20 주셨다.
4 내가 "이들은 무엇하러 온 사람들입니까?"
21 하고 물었더니, 그가 대답하였다. "바로 이
뿔들이 유다를 흩뜨리어 감히 머리를 쳐들
지 못하게 했지만, 이 대장장이들은 일찍이
유다 땅을 흩뜨렸던 그 뿔이 돋은 나라들을
혼내주러 온 것이다."

셋째 환상

5 ◎㉠내가 또 고개를 들고 보았더니, 누가 측
2:1 량줄을 잡고 있었다.
6 내가 그에게 어디로 가는 길이냐고 묻자,
2 그는 예루살렘을 측량하여 그 폭과 길이를
알아보러 가는 길이라고 대답하였다.
7 나와 말하던 천사가 거기 서 있다가 다른 천
3 사가 마주 오는 것을 보고
8 그에게 일렀다. "저 젊은이에게 달려가서
4 일러주어라. '예루살렘에 사람과 짐승이 불
어나서 성을 둘러치지 않고 살게 되리라.
9 이는 야훼의 말이다. 내가 불이 되어 담처럼
5 예루살렘을 둘러쌀 터이고 그 안에서 나의
영광을 빛내리라.'"

돌아오너라

10 "나는 너희를 온 천하 사방으로 흩뜨려
6 보냈었다."
야훼의 말씀이시다.
"너희는 어서 서둘러 그 북녘 땅에서 빠
져 나오너라."
야훼의 말씀이시다.
11 바빌론에서 살고 있는 시온 백성들아,
7 어서 도망쳐 오너라.
12 너희를 건드리는 것은
8 하느님의 눈동자를 건드리는 것이다.
너희를 털어가던 뭇 민족에게
당신의 위엄을 떨치시려 나를 보내시며,
만군의 야훼께서 하신 말씀이시다.
13 "나 이제 팔을 뻗어 뭇 민족을 쳐서
9 저희가 부리던 종들에게 털리는 신세가
되게 하리라."
이 말이 이루어지면,
너희는 나를 보내신 이가 바로 만군의 야
훼이심을 알리라.
14 "수도 시온아, 기뻐하며 노래하여라.
10 이제 내가 네 안에 머물리라."
야훼의 말씀이시다.
15 그 날이 오면,
11 많은 민족이 야훼의 편이 되어
그의 백성이 되리라.
그가 너희와 함께 살리니,
너희는 그제야 나를 보내신 이가
만군의 야훼이심을 알리라.
16 야훼께서 다시 이 성지에서
12 유다를 당신의 백성으로 삼으시고,
예루살렘을 당신의 수도로 뽑으시리라.
17 야훼께서 그 거룩한 처소에서 일어나시리
13 니,
모든 사람은 그의 앞에서 잠잠하여라.

넷째 환상

3 ◎또 야훼께서 대사제 여호수아가 야훼의
천사 앞에 서 있고 ㉡사탄이 그 오른편에
서서 그를 고발하는 것을 나에게 보여주

㉠ 라틴어 성서는 여기에서 2장이 시작된다. ㉡ 히브리어 본문의 뜻은 "검사"를 말한다.

셨다.
2야훼의 천사가 사탄을 나무랐다. "사탄아,
너 야훼께 책망받을 놈아! 예루살렘을 택하
신 야훼께 책망받을 놈아! 이 사람은 불에
서 꺼낸 나무토막이 아니냐."
3그 때 여호수아는 때묻은 더러운 옷을 입고
천사 앞에 서 있었다.
4ㄱ천사가 그의 앞에 서 있는 사람들에게 일렀
다. "저 때묻은 더러운 옷 대신에 좋은 옷을
입히고,
5머리에는 깨끗한 관을 씌워주어라." 그들이
여호수아에게 좋은 옷을 입히고 머리에 깨
끗한 관을 씌워주자, 야훼의 천사가 일어서
서 여호수아에게,
4ㄴ"보아라! 내가 너의 죄를 벗겨준다." 하고
선고하였다.
6그리고, 그 천사는 여호수아에게 주의 말씀
을 일러주었다.
7"만군의 야훼께서 말씀하신다. '네가 만일
내가 일러준 길을 따르고 내가 맡긴 직책을
다한다면 너는 내 울 안을 지키고 내 집을
다스리며 여기 서 있는 자들과 어울려 지내
게 되리라.
8대사제 여호수아야, 똑똑히 들어라. 여호수
아를 모시고 앉아 있는 동료들도 잘 들어라.
나 이제 내 종이 될 새싹을 돋아나게 하리
라. 너희가 그 자리에 오른 것이 그가 올 징
조이다.
9㉠나 이제 여호수아 앞에 돌을 하나 놓는다.
돌은 하나인데 눈은 일곱 개가 달려 있다.
나는 친히 이 돌에 – 내가 이 땅의 죄를 하루
아침에 쓸어버리겠다 – 고 새기리라. 만군
의 야훼가 말한다.
10그 날이 오면, 너희는 포도나무와 무화과나
무 아래에서 잔치를 베풀고 서로 오가며 살
리라.' 만군의 야훼께서 하신 말씀이시다."

다섯째 환상

4 ◎나와 말을 하던 그 천사가 돌아와서 나
를 흔들어 깨웠다. 잠이 덜 깬 사람처럼
얼떨떨해하는 나에게,
2그가 물었다. "무엇이 보이느냐?" 나는 금
으로 만든 등잔대가 보인다고 대답하였다.
그 등잔대 꼭대기엔 그릇이 하나 있고, 그
가장자리로 돌아가며 심지 주둥이가 하나
씩 뚫린 등잔 일곱 개가 붙어 있었다.
3그리고 올리브 나무 두 그루가 등잔대 오른
쪽과 왼쪽에 하나씩 서 있었다.
4나는 나와 말하던 그 천사에게 "나리, 이것
들이 무엇입니까?" 하고 물었다.
5나와 말하던 그 천사는 "이것이 무엇을 뜻
하는지 모르느냐?" 하고 되물었다. 내가
모르겠다고 하자,
6그 천사가 나에게 일러주었다. ㉡이것은 야
훼께서 즈루빠벨이 할 일을 말씀하신 것이
다.
"그것은 권세나 힘으로 될 일이 아니라
내 영을 받아야 될 일이다."
만군의 야훼께서 하신 말씀이시다.
7"산아, 네 아무리 크다 하여도
즈루빠벨 앞에서는 평지에 지나지 않는
다.
그가 산에서 머릿돌을 떼어올 때,
사람들은 '멋지다, 멋지다.' 하며 환성을
올리리라."
8◎야훼의 말씀이 나에게 내렸다.
9"즈루빠벨이 제 손으로 이 집에 주춧돌을 놓
았으니, 그가 손수 그 일을 이루리라. 그제
야 나를 너희에게 보내신 이가 만군의 야훼
이심을 너희가 알리라.
10일이 자잘하게 시작되어 사람들이 빈정거
렸지만, 즈루빠벨이 골라놓은 돌을 보고는
그 사람들도 기뻐할 것이다. 이 일곱 등잔
은 천하를 살피는 야훼의 눈이다."
11나는 그 천사에게 "그러면 등잔대 오른쪽과
왼쪽에 있는 올리브 나무 두 그루는 무엇입
니까?
12또 금대롱으로 기름을 대어주는 올리브 나
무 가지가 둘 있는데, 그것은 무엇입니까?"
하고 물었다.
13그 천사가, 그것이 무엇인지 모르겠느냐고
하기에 내가 모르겠다고 대답하자,
14그는 이렇게 일러주었다. "올리브 나무 두
그루는 온 세상의 주를 모시도록 기름 부어
성별한 두 사람을 뜻한다."

여섯째 환상

5 ◎또 내가 고개를 들고 쳐다보니, 두루마
리 책 한 권이 날고 있었다.
2그가 나에게 무엇이 보이느냐고 묻기에 나
는 "스무 자 길이에 나비가 열 자 되는 두루
마리 책 한 권이 날고 있는 것이 보입니다."
하고 대답하였다.
3그러자 그는 나에게 이렇게 일러주었다.
"이것은 온 나라를 휩쓸 저주이다. 이 두루
마리 한 쪽에는 '도둑질하는 자들은 다 사

㉠ 9절은 7절 다음으로 옮길 수도 있다. ㉡ 여기에서부터 10절 전반까지는 14절 뒤로 옮길 수도 있다.

라지리라.'고 적혀 있고, 다른 쪽에는 '맹
세하면서 사기 치는 자도 다 여기에서 사라
지리라.' 라고 적혀 있다.
4 이것은 내가 보낸 것이다. 만군의 야훼가 말
한다. 남의 것을 훔쳐 먹은 자의 집에도, 내
이름을 팔아 거짓을 옳다고 맹세하며 사기
치는 자의 집에도 들어가 그 집 안에 머물면
서 대들보와 돌담까지 다 허물어뜨릴 것이
다."

일곱째 환상

5 ◎나와 말하던 그 천사가 나서서 말하였다.
"저기 나타나는 것이 무엇인지 눈을 똑바로
뜨고 보아라."
6 내가 "저것이 무엇입니까?" 하고 묻자 그
가 대답하였다. "저기 나타나는 것은 말이
다. 저 말 속에는 온 땅에 가득한 죄악이 담
겨 있다."
7 그러자 납으로 된 뚜껑이 열리면서, 그 큰
말 속에 한 여인이 앉아 있는 모습이 보였
다.
8 그는 "몹쓸 것"이라고 하면서 그 여인을 말
속에 틀어넣고 납뚜껑을 도로 덮었다.
9 다시 고개를 들어보니, 두 여인이 나타나서
황새 날개 같은 날개로 바람을 일으키며 그
말을 공중으로 들어올려 날아가고 있었다.
10 내가 나와 말하던 그 천사에게 "저 여인들
은 그 말을 어디로 가지고 갑니까?" 하고
묻자
11 그는 나에게 이렇게 일러주었다. "그가 있
을 신전을 시날 땅에 짓고 받침대를 마련하
여 그 위에 모시려고 갔다."

여덟째 환상

6 ◎또다시 고개를 들고 보니, 놋쇠로 된 두
산 사이에서 병거 네 대가 나오는데
2 첫째 병거는 붉은 말들이, 둘째 병거는 검
은 말들이,
3 셋째 병거는 흰 말들이, 넷째 병거는 짙은
점박이 말들이 끌고 있었다.
4 내가 나와 말하던 그 천사에게, "나리, 이것
이 무엇입니까?" 하고 묻자 그 천사는 이렇
게 말하였다.
5 "이 네 병거는 하늘의 영들이다. 이 영들은
온 천하의 주님을 들어가 뵈옵고 이제 막 나
와 사방으로 떠나는 길이다.
6 붉은 말들은 동녘 땅으로, 검은 말들은 북
녘 땅으로, 흰 말들은 서녘 땅으로, 점박이
말들은 남녘 땅으로 나갈 말이다."
7 그 씩씩한 말들은 나가서 온 세상을 순찰하
라는 명령을 초조하게 기다리고 있었다.
8 그 천사가 나를 부르며 일러주었다. "자, 보
아라. 북녘 땅으로 나갈 말들이 주의 영을
모시고 북녘 땅으로 떠난다."

즈루빠벨에게 면류관을

9 ◎주의 말씀이 나에게 내렸다.
10 "헬대, 토비야, 여다야, 스바니야의 아들 요시
야가 포로민이 바친 예물을 가지고 바빌론
에서 돌아왔는데, 너는 오늘 그것을 받으러
가거라.
11 그 금과 은을 받아다가 면류관을 만들어
㉠스알디엘의 아들 즈루빠벨 머리에 씌우고
는,
12 이렇게 일러주어라. '나 만군의 야훼가 말
한다. 이 사람을 보아라. 그 이름은 새싹이
니, 이 사람이 앉은 자리에서 싹이 돋으리
라. 그는 야훼의 성전을 지을 사람이다.
13 이 사람이 바로 야훼의 성전을 짓고, 영광스
런 옥좌에 앉아 나라를 다스릴 사람이다.
그의 오른편에 ㉡사제가 앉으리니, 두 사람
은 뜻이 잘 맞을 것이다.
14 그 면류관은 야훼의 성전에 보관해 두어 헬
대, 토비야, 여다야, 스바니야의 아들 여호수
아의 갸륵한 뜻을 기념하도록 하여라.'"
15 ◎먼 데서 온 사람들이 야훼의 성전을 세울
것이다. 그제야 너희는 나를 보내신 이가
만군의 야훼이심을 알리라. 그러나 야훼의
말씀을 잘 듣지 않으면 일은 이루어지지 않
을 것이다.

단식은 왜 하는가?

7 ◎다리우스 왕 제사년, 기슬레우월, 곧 구
월 사일, 야훼의 말씀이 즈가리야에게 내
렸다.
2 베델사레셀이라는 사람이 레겜멜렉에게 부
하를 딸려 야훼께 보내어 자비를 빌며,
3 만군의 야훼의 성전에 있는 사제들과 예언
자들에게 문의하였다. "이제까지 여러 해
동안 오월이 되면 나는 단식하며 곡했는데,
앞으로도 그대로 해야 하겠습니까?"
4 그 때 만군의 야훼께서 나에게 말씀을 내리
셨다.

㉠ 히브리어 본문은 여호사닥의 아들 대사제 여호수아로 되어 있지만 12-13절을 참조하여 이렇게 고쳐 읽었다. ㉡ 칠십인역을 따랐다.

5“이 나라 온 백성과 사제들에게 일러라.
‘너희가 과거 칠십 년간이나 오월과 칠월이
면 단식하고 곡해 왔다만, 언제 나를 생각
하고 단식했더냐?
6 내 앞에서 먹고 마실 적에도 너희끼리만 먹
고 마시지 아니하였느냐?
7 나 야훼가 일찍이 예언자를 시켜 이런 말을
하지 않았느냐? 그 때에는 예루살렘에서 사
람들이 마음놓고 살았고, 주위 성읍들과 남
쪽 지방, 야산 지대에도 사람이 살고 있었
다.’”
8 ◎ ㉠ 야훼의 말씀이 즈가리야에게 내렸다.
9“나 만군의 야훼가 말한다. ㉡ 너희는 사실대
로 공정한 재판을 하여라. 동족끼리 서로
신의를 지키며 열렬히 사랑하여라.
10 과부와 고아, 떠돌이와 영세민을 억누르
지 말고 동족끼리 해칠 마음을 품지 마라.”
11 이렇게 일러주셨는데도 사람들은 귀담아듣
기는커녕 오히려 외면한 채 귀를 막았다.
12 마음이 차돌처럼 굳어져 만군의 야훼께서
일찍이 당신의 영을 부어주시며 예언자들
을 시켜 내리신 법과 교훈을 듣지 않았다.
그리하여 만군의 야훼께서 크게 노하셨다.
13 만군의 야훼께서는 당신께서 아무리 부르셔
도 사람들이 듣지 않으므로 당신께서도 사
람들이 부르짖을 때 듣지 아니하시리라고
말씀하셨다.
14 그리고 사람들을 흩뜨리시어 낯선 민족들
가운데 끼여 살게 하셨다. 그들이 다 흩어
진 다음, 이 나라는 오가는 사람도 없이 황
폐해졌고 기름진 땅은 거친 쑥밭이 되고 말
았다.

새날을 약속하심

8 ◎만군의 야훼께서 나에게 말씀을 내리셨
다.
2 “나 만군의 야훼가 말한다.
시온을 생각만 해도 역겨워지는구나.
속이 화끈거리며 타오른다.
3 나 만군의 야훼가 말한다.
내가 시온으로 돌아가
예루살렘 안에서 살리라.
그리되면 예루살렘은
미쁜 도읍이라 불리고,
만군의 야훼의 산, 거룩한 산이라고 불리
리라.
4 나 만군의 야훼가 말한다.
수도 예루살렘 장터마다
할아버지 할머니들이 지팡이를 짚고 모
여와
앉아 쉬는 모습이 다시 보이고,
5 이 도읍 장터마다
사내아이 계집아이들이
우글거리며 뛰놀게 되리라.
6 나 만군의 야훼가 말한다.
그 날이 오면
이런 일이
살아 남은 이 백성의 눈에도 신기하겠지
만,
내 눈에도 신기하리라.
만군의 야훼가 이르는 말이다.
7 나 만군의 야훼가 말한다.
이제 나는 나의 백성을
해뜨는 곳과 해지는 곳에서 건져내어
8 예루살렘으로 데려다가 살게 하리라.
그들은 다시 내 백성이 되고
나는 신실과 정의로 그들의 하느님이 되
리라.
9 나 만군의 야훼가 말한다. 만군의 야훼의
성전을 다시 세우려고 주춧돌을 놓는 이 날,
예언자들의 입으로 이 말을 직접 듣는 사람
들아, 힘을 내어라.
10 전에는 일을 하고도 품값을 못 받았고, 원
수들 등쌀에 마음놓고 드나들 수도 없었다.
그 때 나는 너희끼리 서로 잡아먹는 것을 내
버려두었지만,
11 이제는 살아 남은 이 백성을 예전처럼 다루
지 아니하리라. 만군의 야훼가 이르는 말이
다.
12 이제 내가 평화를 심어주리니, 포도나무는
열매를 맺고 하늘은 비를 내리며 땅은 소출
을 내리라. 그리하여 살아 남은 내 백성으
로 하여금 이 모든 것을 받아 누리게 하리
라.
13 유다 가문아, 이스라엘 가문아, 너희는 뭇 민
족에게 욕을 먹는 신세였으나 이제는 내가
너희를 구해 내어 사람들로 하여금 너희를
부러워하게 하리라. 그러니 겁내지 말고 힘
을 내어라.
14 나 만군의 야훼가 말한다. 일찍이 너희 조상
들이 나를 화나게 하여 내가 너희에게 재앙
을 내리기로 작정하고는 망설이지 않고 그
대로 했듯이, 만군의 야훼가 이르는 말이다,
15 나 이제 마음을 돌이켜 그 이상으로 예루살
렘과 유다 가문에게 잘해 주기로 작정하였

㉠……㉡ 부분은 권위 있는 칠십인역 사본에 빠져 있다.

다. 그러니 너희는 겁내지 마라.
16 너희는 이렇게 살아라. 이웃에게 거짓말
을 하지 말고, 성문 앞 재판정에서 바른 재
판을 하여 평화를 이룩하여라.
17 부디 이웃을 해칠 생각은 말고, 거짓 맹세
로 속이는 일을 좋아하지 마라. 그런 것은
다 내가 미워하는 일이다. 야훼가 이르는 말
이다."
18 ◎만군의 야훼께서 나에게 말씀을 내리셨
다.
19 "나 만군의 야훼가 말한다. 유다 가문은 사
월에도 단식하고 오월에도 단식하고 칠월
에도 단식하고 시월에도 단식해 왔다. 이제
그 단식은 기쁨과 즐거움으로 바뀌어 즐거
운 축제가 되리라. 너희는 성실과 평화를
기리어라.
20 나 만군의 야훼가 말한다. 앞으로 많은 민족
과 여러 도시에 사는 사람들이 이리로 모여
올 것이다.
21 한 도시에 사는 사람들이 다른 도시로 가서
'야훼께 나아가 자비를 빌자. 만군의 야훼를
찾으러 가자. 나는 이렇게 나섰다.' 하고 말
하면,
22 많은 민족과 강한 나라들이 예루살렘으로
만군의 야훼를 찾아와 야훼의 자비를 빌게
될 것이다.
23 나 만군의 야훼가 말한다. 앞으로는 말이 다
른 종족의 열 사람이 유다 사람 하나의 옷자
락을 붙잡고 '하느님께서는 당신들과 함께
계신 줄 압니다. 그러니 우리도 함께 데려
가 주십시오.' 하고 부탁하리라."

메시아 시대가 오리라

9 ◎야훼께서 계시하신 말씀.

야훼께서 하드락 땅을 거쳐
다마스쿠스에 머물러 계시다.
이 아람의 수도도 이스라엘 모든 지파와
마찬가지로
야훼의 것이다.
2 국경도시 하맛도 그의 것이요,
슬기가 뛰어난 띠로와 시돈도 그의 것이
다.
3 띠로는 요새를 세우고
은을 티끌 더미처럼 쌓아놓고,
금을 길바닥의 흙더미처럼 쌓았지만,
4 보아라, 이제 주님이 띠로를 차지하러 오
신다.
그 세력을 바다에서 꺾으시고
성을 불살라 없애시리라.
5 이것을 보고 아스클론은 질겁을 하고
가자는 안절부절못하고
에크론은 더 이상 기댈 데가 없어지리라.
가자에선 왕이 없어지고
아스클론은 무인지경이 되며
6 아스돗에는 트기들이나 살게 되리라.
"나는 저 거만한 불레셋의 기를 꺾고는
7 이빨 사이에 낀 부정한 고기를 빼내고
그 입에 묻은 피를 닦아주리라."
그 가운데서도 우리 하느님을 섬길 사람
들이 살아 남아
유다의 한 부락이 되리라.
에크론도 여부스족처럼 우리와 한 족속이
되리라.
8 "나는 내 집에 진을 둘러쳐서
아무도 지나다니지 못하게 하고
다시는 정복자가 밟고 다니지 못하게 하
리라.
나 이제 이 백성의 비참한 모습을 똑똑히
보았다."
9 수도 시온아, 한껏 기뻐하여라.
수도 예루살렘아, 환성을 올려라.
보아라, 네 임금이 너를 찾아오신다.
정의를 세워 너를 찾아오신다.
그는 겸비하여 나귀, 어린 새끼 나귀를
타고 오시어
10 에브라임의 병거를 없애고
예루살렘의 군마를 없애시리라.
군인들이 메고 있는 활을 꺾어버리시고
뭇 민족에게 평화를 선포하시리라.
이 바다에서 저 바다까지,
큰 강에서 땅 끝까지 다스리시리라.
11 "너는 나와 피로 계약을 맺었으니
나 그 피를 생각하여
사로잡힌 너희를 물 없는 굴에서 건져내
리라.
12 수도 시온아,
포로들은 그리던 고향을 찾아 너에게로
돌아오리라.
네가 포로로 지내던 시절의 아픔은
내가 곱절로 갚아주리라.
13 나는 유다를 활처럼 당기고
에브라임을 화살처럼 메우리라.
시온아, 내가 네 아들들을 불러내어
그리스 군을 치게 하리라.
내가 너를 용사의 칼처럼 쓰리라."

14 야훼께서 그들 위에 나타나시어
번개처럼 화살을 쏘시리라.
야훼 하느님께서 나팔 소리도 우렁차게
거센 마파람을 타고 나오시리라.
15 이 백성이 만군의 야훼를 방패삼고 던진
그 팔맷돌에
원수들의 살이 찢기리라.
그 상처에서 흐르는 피를 술 마시듯 마시
리니,
마치 넘쳐나는 동이 같고,
제단 모서리같이 홍건하리라.
16 그 날이 오면,
야훼께서 당신의 백성을 양떼인 양 돌보
시리니
이 백성은 면류관에 박힌 보석처럼 당신
의 땅에서 빛나리라.
17 얼마나 복되고 멋진 백성인가!
젊은이들은 양껏 먹어 튼튼하고
처녀들의 몸은 햇포도주로 피어나리라.

하느님께서 몸소 보살피신다

10 봄비를 제때에 내려달라고 야훼께 빌
어라.
야훼께서는 먹구름을 몰아다가 큰 비를
뿌리시어
들에 사람들이 먹을 곡식과 푸성귀를 내
신다.
2 그런데 우상은 헛소리나 하고
점쟁이들은 허깨비를 보고 계시를 받았
다고 하니,
백성은 목자 없는 양떼처럼 헤매며 고생
만 하는구나.

3 "나는 내 백성을 인도한다는 목자들에게
화를 쏟고
앞서가는 숫염소들을 치리라."
만군의 야훼께서는
당신의 양떼, 유다 가문을 돌보시어 이를
준마로 키워 몸소 타시리라.
4 그에게서 모퉁잇돌이 나오고,
천막 말뚝이 나오리라.
싸움터에서 쏠 활이 나오고
그에게서 지휘관들도 나오리라.
모두가
5 날쌘 용사 되어
원수를 길바닥의 진흙 밟듯 밟으리라.
야훼께서 함께 싸워주시리니,
기병들도 하릴없이 달아나리라.
6 "나는 유다 가문을 굳세게 하고
요셉 가문을 도와주리라.
그들이 가엾어 다시 세워주리라.
애초에 버리지 않았던 것처럼 해주리라.
나 야훼는 이 백성의 하느님,
어찌 그 하소연을 들어주지 않으랴!
7 에브라임은 용사처럼 날쌔어지고
술취한 사람처럼 그 마음은 흥겨워지리
니,
아이들도 덩달아 기뻐하리라.
내 도움인 줄 알고 모두 좋아하리라.
8 내가 그들을 도로 물러내어 휘파람 소리
로 모아들이고,
예전처럼 불어나게 하리라.
9 나에게서 쫓겨나,
멀리 뭇 민족 사이에 흩어져 살면서도
나를 잊지 않은 덕분에
그 자식들이 살아 있다가 돌아오리라.
10 그들을 이집트 땅에서 데려오고
아시리아에서 모아오면,
길르앗 지방과 레바논에까지 자리를 잡고
도 모자라
11 여울목을 쳐서 강바닥을 말리며
이집트로 건너가리라.
아시리아는 콧대가 꺾이고
이집트는 국권을 잃으리라.
12 이 백성은 나 야훼를 믿고 힘을 얻어
그 이름을 찬양하리라.
야훼가 이르는 말이다."

11 레바논아, 성문을 열어라.
네 송백을 불살라버리리라.
2 전나무야, 통곡하여라.
송백이 넘어지고, 큰 나무들이 찍혀 쓰러
졌다.
바산의 참나무야, 통곡하여라.
빽빽히 들어섰던 숲이 찍혀 넘어갔다.
3 그토록 자랑하던 목장이 결딴나니
목자들이 통곡하는구나.
요르단의 무성한 수풀이 망그러지니
사자들이 울부짖는구나.

거짓 목자

4◎야훼께서 나에게 말씀하셨다. "이 양떼는
잡아먹을 것이니, 살찌워라.
5 양을 사다가 잡아먹어도 죄될 리 없고 파는
사람은 돈벌었다고 야훼께 감사나 하고 목
자들도 그것을 아까워할 줄 모른다.
6 보아라, 나도 그처럼 내 땅에 사는 사람들
을 다시는 아끼지 않으리라. 야훼의 말이다.
나는 이 사람들을 모두 목자라고 하는 저희

왕에게 내어주리라. 그 왕들이 이 나라를
짓밟아도 그들을 그 손아귀에서 구해 주지
않으리라."
7 이 말씀을 듣고 나는 장사꾼들이 잡아 팔 양
떼들을 치기로 하고 지팡이 둘을 구해, 하
나는 귀염둥이라 부르고 하나는 단짝이라
고 불렀다.
8 이 둘을 가지고 양을 치는데, 목동들이 마
음에 들지 않는데다 그들도 나를 싫어했으
므로 한 달에 목동을 셋이나 내보냈다.
9 나는 양들에게 말하였다. "나는 너희를 못
치겠으니, 죽고 싶으면 죽고, 사라질테면
사라져라. 남은 놈들은 저희끼리 잡아먹든
말든 마음대로 하여라."
10 그리고 나서 나는 귀염둥이라는 지팡이를
부러뜨려 야훼께서 당신의 백성과 맺으셨던
계약을 파기하였다.
11 계약은 그 날로 파기되었다. 나를 고용했던
장사꾼들은 그것이 야훼의 말씀이라는 것을
알았다.
12 내가 그 장사꾼들에게 품삯을 주고 싶으면
주고, 말테면 말라고 했더니, 그들은 은 삼
십 세겔을 품삯으로 내놓았다.
13 야훼께서 나에게 그 후하게 받은 품삯을 금
고에 넣으라고 하시기에 나는 그 은 삼십 세
겔을 야훼의 전 금고에 넣었다.
14 그리고는 단짝이라는 지팡이도 마저 부러
뜨려 유다와 이스라엘의 동기 관계를 끊어버
렸다.
15 ◎야훼께서 다시 나에게 말씀하셨다. "너는
다시 목자 차림을 하고, 못된 목자 노릇을
하여라.
16 내가 이제 한 목자를 이 나라에 세우리니,
그는 양을 돌보기는커녕 없어진 양을 찾지
도 않고 앓는 놈을 고쳐주거나, 굶은 놈을
먹여줄 생각도 않고, 오히려 살진 놈은 잡
아 발굽만 뽑아버리고 먹어 치울 것이다.
17 화를 입으리라!
양떼를 버리는 못된 목자야,
팔도 오른눈도 칼에 맞아서
팔은 오그라들고
눈은 아주 멀어버려라."㉠

예루살렘이 새날을 맞다

12 ◎이스라엘을 두고 하신 야훼의 말씀.
하늘을 펼치시고 땅의 기초를 놓으시
고 영을 만들어 사람에게 불어넣으신 야훼
의 말씀이시다.
2 ◎"보아라, 나는 예루살렘을 술잔으로 삼아
인근 뭇 민족을 취하게 하리라.
3 예루살렘이 포위당하는 날, 나는 예루살렘을
바위처럼 끄떡도 하지 않게 하리니, 뭇 민
족이 그것을 들어 옮기려고 하다가 도리어
박살이 나리라.
4 그 날이 오면, 야훼의 말이다, 나는 말을 놀
라게 하여 말탄 사람을 미치게 하리라. 유다
가문은 보살펴 주고, 뭇 민족이 타고 온 말
들은 눈멀게 하리라.
5 그러면, 유다 부족들은 속으로 '예루살렘 성
민들이 하느님, 만군의 야훼 덕으로 굳세어
졌다.' 고 하리라.
6 그 날이 오면, 나는 유다 부족들을 장작더미
가운데 있는 가마같이, 짚단들 사이에서 타
오르는 횃불같이 만들어, 오른쪽 왼쪽 할
것 없이 그 주위에 있는 백성은 모두 태워버
리리라. 그 뒤에 예루살렘은 다시 제자리에
남아, 사람들이 그 안에서 마음놓고 살게
되리라.
7 야훼가 먼저 유다의 천막들을 구해 주리
니, 다윗 가문과 예루살렘 성민들이 유다 지
파 앞에서 고개를 숙이게 될 것이다.
8 그 날이 오면, 야훼가 예루살렘 성민을 보호
해 주어 그들 가운데 가장 약한 사람들도 다
윗같이 강해지리라. 다윗 가문은 하느님을
모시는 자같이, 주의 천사같이 되어 앞장서
리라.
9 그 날이 오면, 내가 몸소 나서서 예루살렘
을 침략하는 뭇 민족을 멸하리라.
10 내가 다윗 가문과 예루살렘 성민들에게 용서
를 빌 마음을 품게 하리니 그들은 내 가슴을
찔러 아프게 한 일을 외아들이나 맏아들이
라도 잃은 듯이 슬퍼하며 곡하리라.
11 그 날이 오면, 므기또 골짜기 하닷림몬에서
처럼 예루살렘에 곡성이 터질 것이다.
12 온 나라 각 민족마다 끼리끼리 나뉘어 통곡
하리라. 다윗 가문과 부녀자들은 저희끼리
곡하고 나단 가문과 부녀자들도 저희끼리
곡하고
13 레위 가문과 부녀자들도 저희끼리 곡하고
시므이 가문과 부녀자들도 또한 저희끼리
곡하리라.
14 그 밖의 다른 갈래들도 갈래마다 부녀자들
과 함께 따로 모여서 곡하리라.
13 그 날이 오면, 샘이 터져 다윗 가문과
예루살렘 성민들의 죄와 때를 씻어주
리라.

㉠ 17절에 이어 13:7-9가 계속될 수도 있다.

2 그 날이 오면, 만군의 야훼가 말한다. 나는
온 세상에서 우상을 없애 그런 것은 기억조
차 못하게 하리라. 또 이 세상에서 더러운
영을 받는 예언자들을 쓸어버리리라.
3 그래도 누가 예언을 하면, 그의 친부모가,
주의 이름을 팔아 거짓말하는 녀석은 죽여
야 한다고 하며 현장에서 그를 찔러 죽이리
라.
4 그 날이 오면, 예언자들은 환상을 보고 예
언하는 것을 부끄럽게 여겨 속임수로 입던
털옷을 걸치지 못하고
5 '내가 어디 예언자입니까? 농사나 지어 먹
는 사람입니다. 젊어서부터 밑천이라고는
땅밖에 없습니다.' 하고 변명하게 될 것이
다.
6 누가 '네 가슴의 상처는 웬 것이냐?' 하고
물으면, 사랑하는 사람의 집에서 받은 상처
라고 대답하리라.

목자를 쳐라

7 칼아, 일어나
나의 일을 돕는다고 하는 목자를 쳐라.
만군의 야훼가 하는 말이다.
나의 목자를 쳐서 양떼를 흩뜨려라.
나 또한 손을 돌려
흩어지는 가련한 것들을 치리라.
8 내가 온 땅을 치면,
야훼의 말이다,
셋 중에서 둘이 죽고 하나만 남으리라.
9 그 하나마저도 불 속에 넣어
찌꺼기를 거르고, 순은과 순금을 갈라내
듯 하리라.
그들이 내 이름을 부르면 내가 대답하고
내가 그들을 나의 백성이라고 부르면
그들은 '야훼께서 우리 하느님이시다.'
고 하리라."

마지막 날

14 ◎너희가 앉은 자리에서 털리는 날, 야
훼의 날이 온다.
2 야훼께서 일어서시어 뭇 민족을 다 모아다
가 예루살렘을 치시리니 성은 함락되고 집
은 헐리며, 여자들은 겁탈당하고, 성의 주
민은 반만 남고 다 잡혀가리라. 그러나 남
은 백성은 성읍에서 끊어지지 아니하리라.
3 그 때 야훼께서 싸움이 터질 때마다 적진을
향해 돌진하셨듯이 출동하시리라.
4 그 날, 그가 예루살렘을 동편에서 마주보고
있는 올리브 산에 우뚝 서시면, 올리브 산
이 갈라져 절반은 북쪽으로, 절반은 남쪽
으로 물러나 큰 골짜기가 동서로 뻗을 것
이다.
5 그 바람에 고아에서 야솔까지 뻗은 힌놈 골
짜기가 유다 왕 우찌야 시대에 지진으로 메
워진 것처럼 메워지리라. 그 뒤에 야훼 하느
님께서 당신의 백성으로 뽑으신 사람들을
모두 이끌고 오실 것이다.
6 그 날이 오면, 서릿발이 서는 추운 날도 없
어지리라.
7 야훼 홀로 아시는 날, 그 날이 오면 밤도 낮
도 없어 저녁이 되어도 밝기만 하리라.
8 그 날이 오면 예루살렘에서 샘물이 터져 나
와 반은 동쪽 바다로, 반은 서쪽 바다로, 여
름 겨울 없이 흘러가리라.
9 야훼께서 온 세상의 임금으로 오르시면, 그
날부터 온 세상에서 하느님은 야훼뿐, 사람
들은 그의 이름만을 부르게 되리라.
10 게바에서 네겝 지방 림몬에 이르는 온 땅이
평야가 되고 예루살렘은 제자리에 우뚝 솟
으며 베냐민 문에서 귀퉁이의 구대문까지,
하나넬 망대에서 왕립 술틀집까지
11 사람이 살 것이다. 예루살렘은 다시는 벌받
는 일 없이 튼튼히 서리라.
12 ◎야훼께서 예루살렘을 쳐들어온 모든 백성
을 치시리니, 모두 급살맞아 선 채로 살이
썩고 눈구멍 안에서 눈알이 썩고 입 안에서
혀가 썩으리라.
15 또 진지에 있던 말, 노새, 낙타, 나귀 등 모
든 짐승도 사람들과 함께 화를 입어 죽으리
라.
13 그 날이 오면, 주께서 원수들에게 겁을 주
시리니 저희끼리 붙들고 치고 받게 될 것이
다.
14 유다 군도 예루살렘에 들어온 인근 모든 민
족들을 치고, 그들이 들여온 재물을 금, 은,
옷가지 할 것 없이 마구 거두어들이리라.
16 그러나 예루살렘에 쳐들어왔다가 살아 남은
백성은 모두 해마다 올라와서 초막절을 지
키며 야훼를 만군의 주로, 왕으로 받들어 예
배하게 되리라.
17 세상의 어느 민족이든지 예루살렘에 올라와
야훼를 만군의 주로, 왕으로 받들어 예배하
지 않는 날에는 비를 구경도 못하게 될 것이
다.
18 이집트족도 올라오지 않으면, 초막절을 지
키러 오지 않은 다른 민족과 같이 야훼께 재
앙을 받을 것이다.
19 이집트뿐만 아니라 어떤 민족이든지 초막절

을 지키러 오지 않으면 벌을 면하지 못하리
라.
20 그 날이 오면, 말방울까지도 야훼의 것으로
성별되고, 야훼의 전 안에서는 냄비도 제단
에 피 뿌리는 기구처럼 거룩하게 쓰이리라.
21 그리고 예루살렘과 유다에 있는 모든 솥도
만군의 야훼께 바치려 거룩하게 쓰이리라.
그리하여, 짐승을 잡아 제사드릴 때, 제물
고기는 어느 솥에서나 끓일 수 있을 것이다.
그 날이 오면, 다시는 만군의 야훼의 전에
장사꾼이 있지 못하리라.

㉠말 라 기

1 ◎야훼께서 말라기를 시켜 이스라엘에 내
리신 경고.

야훼께서 이스라엘을 사랑하시다

2 ◎"나 야훼가 너희를 사랑한다고 하였더니,
너희는 '주께서 우리를 사랑한 것이 무엇입
니까?' 하는구나. 내 말을 들어보아라. 에
사오는 야곱의 형이 아니냐? 그런데 나는 야
곱을 사랑하고,
3 에사오를 미워하였다. 에사오가 살던 지방을
황폐하게 만들고 대대로 물려주던 땅을 빈
들로 만들었다.
4 ㉡에돔은 '우리가 부서지고 허물어진 것을
다시 세우리라.' 고 하지만, 나 만군의 야훼
가 선언한다. 저들이 아무리 세워도 내가
헐어버리리라. 그래서 에돔 지방은 '죄받은
땅' 이라 불리게 되고 그 백성은 '야훼의 노
여움을 받은 백성' 이라 일컬음을 받을 것이
다.
5 ㉢너희가 이것을 두 눈으로 볼 것이다. 그제
야 '야훼께서 이스라엘 국경 밖에서도 이름
을 떨치신다.' 하리라.

사제들은 벌을 받으리라

6 아들은 아비를 어렵게 알고
종은 주인을 어렵게 아는 법인데
나를 아비로 어렵게 아는 사람이 어디 있
느냐?
나를 주인으로 어렵게 아는 사람이 어디
있느냐?
나 만군의 야훼가 너희 사제들에게 말하
였다. '너희 사제라는 것들은 내 이름을 함
부로 부르고 있다.' 그랬더니, 너희는 뻔뻔
스럽게도 이렇게 말하였다. '우리가 하느님
의 이름을 함부로 부르다니요, 당치도 않습
니다.'
7 너희는 제단 위에 더러운 빵을 바치면서도
이렇게 말하였다. '우리가 제단을 더럽히다
니요, 당치도 않습니다.' 그러면서도 속으
로는 야훼의 제사 상쯤이야 아무러면 어떠
냐고 하는구나.
8 눈이 먼 짐승을 제단에 바치면서도 잘못이
없다는 말이냐? 절뚝거리거나 병든 짐승을
바치면서도 잘못이 없다는 말이냐? 그런
것을 너희 고관에게 바쳐보아라. 나 만군의
야훼가 말한다. 그러고도 융숭한 대접을 받
을 것 같으냐?
9 그 따위를 바치면서 긍휼을 빈다고 너희를
곱게 보아주겠느냐? 만군의 야훼가 말한다.
10 너희는 내 제단에 공연히 불을 피운다. 그
러지 못하도록 아예 문을 닫아걸었으면 좋
겠구나. 너희가 하는 짓이 나는 전혀 마음
에 들지 않는다. 만군의 야훼가 말한다. 너
희가 바치는 제물이 나는 조금도 달갑지 않
다.
11 나의 이름은 해 뜨는 데서 해 지는 데까지
뭇 민족 사이에 크게 떨쳐, 사람들은 내 이
름을 부르며 향기롭게 제물을 살라 바치고
깨끗한 곡식 예물을 바치고 있다. 만군의 야
훼가 말한다. 내 이름은 뭇 민족 사이에 크
게 떨치고 있다.
12 그런데 너희는 '주께 차려 올리는 제사 상,
더러우면 어떠냐? 아무 음식이나 차려드렸
으면 됐지.' 하면서, 나의 이름을 욕되게 하
고 있다.
13 '에이 귀찮아.' 이렇게 투덜거리면서 바치
고는 나를 우습게 보지 않는다고 하는구나.
만군의 야훼가 말한다. 너희는 남의 짐승을
훔쳐다가 바치고, 절뚝거리거나 병든 짐승
을 바친다. 그러는데 그 제물을 달갑게 받
을 것 같으냐? 나의 말이 그르냐?
14 천벌받을 것들아, 서원제물로 바칠 만한 것

㉠ 칠십인역에는 "나의 특사"로 되어 있다. ㉡ 에사오의 후손을 말한다. ㉢ 이스라엘 백성을 말한다.

이 양떼 가운데 있는데도 주께 바친다면서
쓸모없는 짐승을 골라 제물로 바치는 것들
아. 나는 위대한 왕이다. 만군의 야훼가 말
한다. 뭇 민족이 나의 이름을 두려워하리라.
2 너희 사제들에게, 나 이제 이 분부를 내
린다.
2 너희가 내 말을 듣지 아니하고, 내 이름을
기릴 생각이 없으니, 너희에게 내릴 것은
재앙뿐이다. 복 대신 저주를 내릴 수밖에
없다. 만군의 야훼가 말한다. 나의 이름 기
릴 생각을 하는 사람이 하나도 없는데, 어
떻게 저주를 내리지 않고 복을 내리겠느냐?
3 너희 팔을 자르고, 너희가 제물로 바친 짐
승의 내장을 똥째 너희 얼굴에 끼얹고 내 앞
에서 들어 내어 버릴테니, 두고 보아라.
4 만군의 야훼가 말한다. 그런 다음에야, 내가
레위와 맺었던 계약이 폐기된 줄 너희가 알
것이다.
5 나는 레위와 계약을 맺고 레위 가문이 평화
를 누리며 잘 살게 해주었다. 나를 두려워
하며 내 이름을 어렵게 알아 나를 공경할 마
음을 주었다.
6 그래서 입으로는 참된 법을 가르치며 입술
에는 거짓을 올리지 않게 하였다. 나와 함
께 잘 지내며 올바르게 살며 많은 사람을 그
릇된 길에서 바른 길로 인도하게 하였다.
7 사제들은 이 만군의 야훼가 보낸 특사라, 사
람들은 그 입술만 쳐다보면서 인생을 바르
게 사는 법을 배우려고 하였다.
8 그런데 너희는 바른 길을 떠났다. 법을 가
르친다면서 도리어 많은 사람을 넘어뜨렸
다. 레위와 맺은 나의 계약을 깨뜨렸다. 만
군의 야훼가 말한다.
9 그래서 나도 너희를 동족에게서 멸시와 천
대를 받게 하였다. 나에게서 배운 길을 지
키지 않았고 법을 다룰 때 인간 차별을 한
탓이다."

잡혼과 이혼

10 ◎우리의 조상은 한 분이 아니시냐? 우리를
내신 하느님도 한 분이 아니시냐? 그런데
어찌하여 우리는 서로 배신하여, 우리 조상
이 맺은 계약을 깨뜨리느냐?
11 유다는 야훼를 배신하고 이스라엘 지방과 예
루살렘 성에서 역겨운 짓을 하였다. 유다는
남의 나라 신을 섬기는 여자를 좋아하여 아
내로 맞았다. 그리하여 야훼의 성소를 더럽
혔다.
12 멀쩡한 정신으로 좋아라고 그런 짓을 하는
것들, 만군의 야훼께 제물을 바치지 못하도
록 야곱의 천막에서 쫓겨났으면 좋겠다.
13 너희가 저지른 또 한 가지 일이 있다. 너희
는 제물을 드려도 야훼께서 굽어보지도 않
으시고 다시 받아주지도 않으신다면서 울
고불고 눈물로 야훼의 제단을 적시며
14 왜 이러시느냐고 묻는다. 그 까닭을 말해
주랴? 네가 배반한 너의 조강지처, 약조를
맺고 혼인한 아내, 너의 짝과 너 사이에 야
훼께서 증인으로 나서셨기 때문이다.
15 야훼께서 너희의 몸과 마음을 묶으실 때, 무
엇을 바라셨겠느냐? 하느님께서는 후손을
주시려고 하신 것이다. 그러니 변심하여 조
강지처를 버리지 않도록 하여라.
16 이스라엘의 하느님 야훼께서 이르시는 말씀
이다. "조강지처가 싫어져서 내쫓는 것은
제 옷을 찢는 것과 같다. 나는 그러한 자들
을 미워한다. 만군의 야훼가 말한다. 변심하
여 조강지처를 버리지 않도록 하여라."

야훼의 특사가 오신다

17 ◎너희가 하는 말은 야훼의 화만 돋우어드
리는구나. 우리가 무슨 말을 하였기에 화를
돋우어드렸다는 것이냐고 하지만, 너희는
이런 말을 하고 있다. "야훼께서는 못된 일
을 하는 사람이라야 눈에 들어 귀여워해 주
신다! 하느님이 공변되시다고? 그런 하느
님이 어디 있느냐?"
3 ◎"보아라. 나 이제 특사를 보내어 나의
행차 길을 닦으리라. 그는 너희가 애타게
기다리는 너희의 상전이다. 그가 곧 자기
궁궐에 나타나리라. 너희는 그가 와서 계약
을 맺어주기를 기다리지 않느냐? 보아라.
이제 그가 온다. 만군의 야훼가 말한다.
2 그가 오는 날, 누가 당해 내랴? 그가 나타
나는 날, 누가 버텨내랴? 그는 대장간의 불
길 같고, 빨래터의 잿물 같으리라.
3 그는 자리를 잡고 앉아, 풀무질하여 은에서
쇠똥을 걸러내듯, 레위 후손을 깨끗하게 만
들리라. 그리하면 레위 후손은 순금이나 순
은처럼 순수하게 되어 올바른 마음으로 제
물을 바치게 되리라.
4 그 때에 유다와 예루살렘이 바치는 제물이
옛날 그 한 처음처럼 나에게 기쁨이 되리라.
5 나는 너희의 재판관으로 나타나 점쟁이와
간음하는 자와 거짓 맹세하는 자, 하늘 두
려운 생각없어 날품팔이, 과부, 고아, 뜨내
기의 인권을 짓밟는 자들의 죄를 당장에 밝
히리라. 만군의 야훼가 말한다.

하느님을 속이는 것들

6 나는 야훼라, 나는 변하지 않는다. 너희를
여전히 야곱의 후손으로 대접하리라.
7 너희는 조상 적부터 내 법규를 저버리고 지
키지 않았다. 이제 나에게로 돌아오너라.
나도 너희에게로 돌아가리라. 만군의 야훼
가 말한다. 너희는 "우리가 어떻게 돌아가
겠습니까?" 하고 묻는다.
8 너희는 나를 속이면서도, '사람이 하느님
을 속이다니요? 어떻게 하느님을 속이겠습
니까?' 하는구나. 소출에서 열의 하나를
바친다고 하면서도, 그대로 바치지 않으니
나를 속이는 것이 아니냐?
9 이 천벌받을 것들아, 너희 백성은 모두 나
를 속이고 있다.
10 너희는 열의 하나를 바칠 때, 조금도 덜지
말고 성전 곳간에 가져다 넣어 내 집 양식으
로 쓰게 하여라. 그렇게 바치고 나서 내가
하늘 창고의 문을 열고 갚아주는지 갚아주
지 않는지 두고 보아라. 만군의 야훼가 말한
다.
11 내가 해충을 막아 땅의 소출을 축내지 못하
게 하고 포도 농사를 망치는 일도 없게 하리
라. 만군의 야훼가 말한다.
12 너희가 사는 이 땅은 낙원이 되어 뭇 민족이
너희를 부러워하게 되리라. 만군의 야훼가
말한다.

판가름할 날이 온다

13 '이 무슨 무엄한 소리냐?' 하고 내가 꾸
짖었더니, 너희는 '우리가 주께 무슨 못할
말을 하였습니까?' 하는구나. 그러나
14 너희가 정말로 하는 소리는, '하느님을 섬
겨보아야 쓸데없는 일이다. 그의 분부를 지
켜보았지만, 무슨 소용이 있더냐? 만군의
야훼 앞에서 베옷을 입고 울어보았지만 무
슨 소용이 있더냐?
15 결국 살고 싶은 대로 살아야 살 길이 트이는
세상인걸. 못된 짓을 해야 성공하는 세상인
걸. 하느님을 시험하고도 멀쩡하게 살아 있
지 않은가!'
16 나를 공경하던 자들이 이런 말을 주고받게
되었다. 이 야훼는 그것을 똑똑히 들었다.
이런 가운데서도 나를 공경하고 내 이름을
소중히 여기는 사람들을 나는 책에 적어두
고 잊지 않으리라.
17 내가 나서는 그 날에 가서야, 만군의 야훼가
말한다, 그런 사람들을 귀엽게 여겨 내 백
성으로 삼고, 효도하는 자식처럼 아껴주리
라.
18 그제야 너희는 착한 사람과 나쁜 사람이 어
찌 되는지, 하느님을 섬기는 사람과 섬기지
않는 사람이 어찌 되는지를 다시금 깨닫게
될 것이다.
19 ㉠보아라. 이제 풀무불처럼 모든 것을 살라
4:1 버릴 날이 다가왔다. 그 날이 오면, 멋대로
살던 사람들은 모두 검불처럼 타버려 뿌리
도 가지도 남지 않으리라. 만군의 야훼가 말
한다.
20 그러나 너희는 내 이름 두려운 줄 알고 살았
2 으니, 너희에게는 ㉡승리의 태양이 비쳐와
너희의 병을 고쳐주리라. 외양간에 매여 있
던 소가 풀려 뛰어 나오듯, 너희는 밖으로
나와
21 나쁜 자들을 짓밟으리라. 내가 나서는 그
3 날이 오면, 나쁜 자들은 너희 발바닥에 재
처럼 짓밟히리라. 만군의 야훼가 말한다.

마무리

22 너희는 내가 호렙 산에서 나의 종 모세를
4 시켜 온 이스라엘에게 내린 법과 규정과 계
명을 되새기도록 하여라.
23 이 야훼가 나타날 날, 그 무서운 날을 앞두
5 고 내가 틀림없이 예언자 엘리야를 너희에
게 보내리니,
24 엘리야가 어른들의 마음을 자식들에게, 자
6 식들의 마음을 어른들에게 돌려 화목하게
하리라. 그래야 내가 와서 세상을 모조리
쳐부수지 아니하리라."

㉠ 라틴어 성서는 여기에서 4:1이 시작된다. ㉡ "정의"라고 옮길 수도 있다.

공동번역

신약

개정판

마태오의 복음서

예수 그리스도의 족보 (루가 3:23-38)

1 ◎아브라함의 후손이요, 다윗의 자손인 예
수 그리스도의 족보는 다음과 같다.
2 ◎아브라함은 이사악을 낳았고 이사악은 야곱
을, 야곱은 유다와 그의 형제를 낳았으며
3 유다는 다말에게서 베레스와 제라를 낳았고
베레스는 헤스론을, 헤스론은 람을,
4 람은 암미나답을, 암미나답은 나흐손을, 나흐
손은 살몬을 낳았고
5 살몬은 라합에게서 보아즈를 낳았으며 보아
즈는 룻에게서 오벳을 낳았고 오벳은 이새를,
6 이새는 다윗 왕을 낳았다. ◎다윗은 우리아의
아내에게서 솔로몬을 낳았고
7 솔로몬은 르호보암을, 르호보암은 아비야를,
아비야는 아삽을,
8 아삽은 여호사밧을, 여호사밧은 요람을, 요람
은 우찌야를,
9 우찌야는 요담을, 요담은 아하즈를, 아하즈는
히즈키야를,
10 히즈키야는 므나쎄를, 므나쎄는 아모스를, 아
모스는 요시야를 낳았고,
11 이스라엘 민족이 바빌론으로 끌려갈 무렵에
요시야는 여고니야와 그의 동생들을 낳았다.
12 ◎바빌론으로 끌려간 다음 여고니야는 스알
디엘을 낳았고 스알디엘은 즈루빠벨을,
13 즈루빠벨은 아비훗을, 아비훗은 엘리아킴을,
엘리아킴은 아졸을,
14 아졸은 사독을, 사독은 아힘을, 아힘은 엘리
훗을,
15 엘리훗은 엘르아잘을, 엘르아잘은 마딴을, 마
딴은 야곱을 낳았으며,
16 야곱은 마리아의 남편 요셉을 낳았고 마리아
에게서 예수가 나셨는데 이분을 그리스도라
고 부른다.
17 ◎그러므로 아브라함에서 다윗까지가 십사
대이고, 다윗에서 바빌론으로 끌려갈 때까
지가 십사 대이며 바빌론으로 끌려간 다음
그리스도까지가 또한 십사 대이다.

예수 그리스도의 탄생 (루가 2:1-7)

18 ◎예수 그리스도께서 태어나신 경위는 이러
하다. 예수의 어머니 마리아는 요셉과 약혼
을 하고 같이 살기 전에 잉태한 것이 드러
났다. 그 잉태는 성령으로 말미암은 것이었
다.
19 마리아의 남편 요셉은 법대로 사는 사람이
었고 또 마리아의 일을 세상에 드러낼 생각
도 없었으므로 남모르게 파혼하기로 마음
먹었다.
20 요셉이 이런 생각을 하고 있을 무렵에 주의
천사가 꿈에 나타나서 "다윗의 자손 요셉아,
두려워하지 말고 마리아를 아내로 맞아들이
어라. 그의 태중에 있는 아기는 성령으로
말미암은 것이다.
21 마리아가 아들을 낳을 터이니 그 이름을 예
수라 하여라. 예수는 자기 백성을 죄에서 구
원할 것이다." 하고 일러주었다.
22 이 모든 일로써 주께서 예언자를 시켜,
23 "㉠동정녀가 잉태하여 아들을 낳으리
니
그 이름을 임마누엘이라 하리라."
하신 말씀이 그대로 이루어졌다. 임마누엘
은 '하느님께서 우리와 함께 계시다.'는 뜻
이다.
24 잠에서 깨어난 요셉은 주의 천사가 일러준
대로 마리아를 아내로 맞아들였다.
25 그러나 아들을 낳을 때까지 동침하지 않고
지내다가 마리아가 아들을 낳자 그 아기를
예수라고 불렀다.

동방 박사의 방문

2 ◎예수께서 헤로데 왕 때에 유다 베들레헴
에서 나셨는데 그 때에 동방에서 박사들
이 예루살렘에 와서
2 "유다인의 왕으로 나신 분이 어디 계십니
까? 우리는 동방에서 그분의 별을 보고 그
분에게 경배하러 왔습니다." 하고 말하였
다.
3 이 말을 듣고 헤로데 왕이 당황한 것은 물론,
예루살렘이 온통 술렁거렸다.
4 왕은 백성의 대사제들과 율법학자들을 다
모아놓고 그리스도께서 나실 곳이 어디냐고
물었다.
5 그들은 이렇게 대답하였다. "유다 베들레헴
입니다. 예언서의 기록을 보면,
6 '㉡유다의 땅 베들레헴아,

㉠ 칠십인역 이사 7:14. ㉡ 미가 5:1.

너는 결코 유다의 땅에서 가장 작은 고
을이 아니다.
내 백성 이스라엘의 목자가 될
영도자가 너에게서 나리라.'
하였습니다."
7◎그 때에 헤로데가 동방에서 온 박사들을
몰래 불러 별이 나타난 때를 정확히 알아
보고
8그들을 베들레헴으로 보내면서 "가서 그 아
기를 잘 찾아보시오. 나도 가서 경배할 터
이니 찾거든 알려주시오." 하고 부탁하였
다.
9왕의 부탁을 듣고 박사들은 길을 떠났다.
그 때 동방에서 본 그 별이 그들을 앞서 가
다가 마침내 그 아기가 있는 곳 위에 이르러
멈추었다.
10이를 보고 그들은 대단히 기뻐하면서
11그 집에 들어가 어머니 마리아와 함께 있는
아기를 보고 엎드려 경배하였다. 그리고 보
물 상자를 열어 황금과 유향과 몰약을 예물
로 드렸다.
12박사들은 꿈에 헤로데에게로 돌아가지 말라
는 하느님의 지시를 받고 다른 길로 자기 나
라에 돌아갔다.

이집트로 피난 가다

13◎박사들이 물러간 뒤에 주의 천사가 요셉
의 꿈에 나타나서 "헤로데가 아기를 찾아 죽
이려 하니 어서 일어나 아기와 아기 어머니
를 데리고 이집트로 피신하여 내가 알려줄
때까지 거기에 있어라." 하고 일러주었다.
14요셉은 일어나 그 밤으로 아기와 아기 어머
니를 데리고 이집트로 가서
15헤로데가 죽을 때까지 거기에서 살았다. 이
리하여 주께서 예언자를 시켜 "㉠내가 내
아들을 이집트에서 불러내었다." 하신 말씀
이 이루어졌다.

아기들을 학살하다

16◎헤로데는 박사들에게 속은 것을 알고 몹시
노하였다. 그래서 사람을 보내어 박사들에
게 알아본 때를 대중하여 베들레헴과 그 일대
에 사는 두 살 이하의 사내아이를 모조리 죽
여버렸다.
17이리하여 예언자 예레미야를 시켜,
18 "㉡라마에서 들려오는 소리,
울부짖고 애통하는 소리,
자식 잃고 우는 라헬,
위로마저 마다는구나!"
하신 말씀이 이루어졌다.

이집트에서 돌아오다

19◎헤로데가 죽은 뒤에 주의 천사가 이집트에
있는 요셉의 꿈에 나타나서
20"아기의 목숨을 노리던 자들이 이미 죽었
으니 일어나 아기와 아기 어머니를 데리고
이스라엘 땅으로 돌아가라." 하고 일러주
었다.
21요셉은 일어나서 아기와 아기 어머니를 데
리고 이스라엘 땅으로 돌아왔다.
22그러나 아르켈라오가 자기 아버지 헤로데를
이어 유다 왕이 되었다는 말을 듣고 그리로
가기를 두려워하였다. 그러다가 그는 다시
꿈에 지시를 받고 갈릴래아 지방으로 가서
23나자렛이라는 동네에서 살았다. 이리하여
예언자를 시켜 "㉢그를 나자렛 사람이라 부
르리라." 하신 말씀이 이루어졌다.

광야에 나타난 세례자 요한
(마르코 1:1-8; 루가 3:1-9, 15-17; 요한 1:19-28)

3 ◎그 무렵에 세례자 요한이 나타나 유다
광야에서
2"회개하여라. 하늘 나라가 다가왔다!" 하
고 선포하였다. 이 사람을 두고 예언자 이사
야는 이렇게 말하였다.
3 "㉣광야에서 외치는 이의 소리가 들린
다.
'너희는 주의 길을 닦고
그의 길을 고르게 하여라.'"
4◎요한은 낙타털 옷을 입고 허리에 가죽띠
를 두르고 메뚜기와 들꿀을 먹으며 살았다.
5그 때에 예루살렘을 비롯하여 유다 각 지방
과 요르단 강 부근의 사람들이 다 요르단 강
으로 요한을 찾아가서
6자기 죄를 고백하며 ㉤세례를 받았다.
7그러나 많은 바리사이파 사람들과 사두가이
파 사람들이 세례를 받으러 오는 것을 보고
요한은 이렇게 말하였다. "이 독사의 족속
들아! 닥쳐올 그 징벌을 피하라고 누가 일
러주더냐?
8너희는 회개했다는 증거를 행실로써 보여
라.
9그리고 '아브라함이 우리 조상이다.' 하는
말은 아예 할 생각도 마라. 사실 하느님은
이 돌들로도 아브라함의 자녀를 만드실 수
있다.

㉠ 호세 11:1. ㉡ 예레 31:15. ㉢ 판관 13:5, 7 참조. ㉣ 칠십인역 이사 40:3. ㉤ "침례"라고 옮기기도 한다.

10 도끼가 이미 나무 뿌리에 닿았으니 좋은 열
매를 맺지 않은 나무는 다 찍혀 불 속에 던
져질 것이다.
11 나는 너희를 회개시키려고 물로 세례를 베
풀거니와 내 뒤에 오시는 분은 성령과 불로
세례를 베푸실 것이다. 그분은 나보다 훌륭
한 분이어서 나는 그분의 신발을 들고 다닐
자격조차 없는 사람이다.
12 그분은 손에 키를 드시고 타작 마당의 곡식
을 깨끗이 가려 알곡은 모아 곳간에 들이시
고 쭉정이는 꺼지지 않는 불에 태우실 것이
다."

세례를 받으신 예수
(마르코 1:9-11; 루가 3:21-22)

13 ◎그 즈음에 예수께서 세례를 받으시려고 갈
릴래아를 떠나 요르단 강으로 요한을 찾아오
셨다.
14 그러나 요한은 "제가 선생님께 세례를 받아
야 할 터인데 어떻게 선생님께서 제게 오십
니까?" 하며 굳이 사양하였다.
15 예수께서 요한에게 "지금은 내가 하자는 대
로 하여라. 우리가 이렇게 해야 하느님께서
원하시는 모든 일이 이루어진다." 하고 대
답하셨다. 그제야 요한은 예수께서 하자 하
시는 대로 하였다.
16 예수께서 세례를 받으시고 물에서 올라오시
자 홀연히 하늘이 열리고 하느님의 성령이
비둘기 모양으로 당신 위에 내려오시는 것
이 보였다.
17 그 때 하늘에서 이런 소리가 들려왔다.
"㉠이는 내 사랑하는 아들,
내 마음에 드는 아들이다."

광야에서 유혹을 받으신 예수
(마르코 1:12-13; 루가 4:1-13)

4 ◎그 뒤에 예수께서 성령의 인도로 광야
에 나가 악마에게 유혹을 받으셨다.
2 사십 주야를 단식하시고 나서 몹시 시장하
셨을 때에
3 유혹하는 자가 와서 "당신이 하느님의 아들
이거든 이 돌더러 빵이 되라고 해보시오."
하고 말하였다.
4 예수께서는 "성서에 '㉡사람이 빵으로만 사
는 것이 아니라 하느님의 입에서 나오는 모
든 말씀으로 살리라.' 하지 않았느냐?" 하
고 대답하셨다.
5 그러자 악마는 예수를 거룩한 도시로 데리
고 가서 성전 꼭대기에 세우고
6 "당신이 하느님의 아들이거든 뛰어내려 보
시오. 성서에,
'㉢하느님이 천사들을 시켜
너를 시중들게 하시리니
그들이 손으로 너를 받들어
너의 발이 돌에 부딪히지 않게 하시리
라.'
하지 않았소?" 하고 말하였다.
7 예수께서는 "'㉣주님이신 너의 하느님을 떠
보지 말라.'는 말씀도 성서에 있다." 하고
대답하셨다.
8 악마는 다시 아주 높은 산으로 예수를 데리
고 가서 세상의 모든 나라와 그 화려한 모습
을 보여주며
9 "당신이 내 앞에 절하면 이 모든 것을 당신
에게 주겠소." 하고 말하였다.
10 그러자 예수께서는 "사탄아, 물러가라! 성
서에 '㉤주님이신 너희 하느님을 경배하고
그분만을 섬겨라.' 하시지 않았느냐?" 하
고 대답하셨다.
11 마침내 악마는 물러가고 천사들이 와서 예
수께 시중들었다.

갈릴래아 전도 시작
(마르코 1:14-15; 루가 4:14-15)

12 ◎요한이 잡혔다는 말을 들으시고 예수께서
는 다시 갈릴래아로 가셨다.
13 그러나 나자렛에 머물지 않으시고 즈불룬과
납달리 지방 호숫가에 있는 가파르나움으로
가서 사셨다.
14 이리하여 예언자 이사야를 시켜,
15 "㉥즈불룬과 납달리, 호수로 가는 길,
요르단 강 건너편, 이방인의 갈릴래아.
16 어둠 속에 앉은 백성이 큰 빛을 보겠고
죽음의 그늘진 땅에 사는 사람들에게
빛이 비치리라."
하신 말씀이 이루어졌다.
17 ◎이 때부터 예수께서는 전도를 시작하시며
"회개하여라. 하늘 나라가 다가왔다." 하고
말씀하셨다.

첫 번째로 부르심받은 어부 네 사람
(마르코 1:16-20; 루가 5:1-11; 요한 1:35-42)

18 ◎예수께서 갈릴래아 호숫가를 걸어가시다
가 베드로라는 시몬과 안드레아 형제가 그물

㉠ 시편 2:7; 창세 22:2; 이사 42:1. ㉡ 칠십인역 신명 8:3. ㉢ 시편 91:11-12. ㉣ 칠십인역 신명 6:16. ㉤ 신명 6:13. ㉥ 이사 8:23-9:1.

을 던지고 있는 것을 보셨다. 그들은 어부
였다.
19 예수께서 그들에게 "나를 따라오너라. 내
가 너희를 사람 낚는 어부로 만들겠다." 하
시자
20 그들은 곧 그물을 버리고 예수를 따라갔다.
21 예수께서는 거기서 조금 더 가시다가 이번
에는 제베대오의 아들 야고보와 요한 형제를
보셨는데 그들은 자기 아버지 제베대오와
함께 배에서 그물을 손질하고 있었다. 예수
께서 그들을 부르시자
22 그들은 곧 배를 버리고 아버지를 떠나 예수
를 따라갔다.

첫 전도 여행 (루가 6:17-19)

23 ◎예수께서 온 갈릴래아를 두루 다니시며 회
당에서 가르치시고 하늘 나라의 복음을 선
포하시며 백성 가운데서 병자와 허약한 사
람들을 모두 고쳐주셨다.
24 예수의 소문이 온 시리아에 퍼지자 사람들은
갖가지 병에 걸려 신음하는 환자들과 마귀
들린 사람들과 간질병자들과 중풍병자들을
예수께 데려왔다. 예수께서는 그들도 모두
고쳐주셨다.
25 그러자 갈릴래아와 데카폴리스와 예루살렘과
유다와 요르단 강 건너편에서 온 많은 무리
가 예수를 따랐다.

산상 설교 (마태오 5:-7:)

마태

5 ◎예수께서 무리를 보시고 산에 올라가
앉으시자 제자들이 곁으로 다가왔다.
2 예수께서는 비로소 입을 열어 이렇게 가르
치셨다.

참된 행복 (루가 6:20-23)

3 "마음이 가난한 사람은
행복하다.
하늘 나라가 그들의 것이다.
4 슬퍼하는 사람은
행복하다.
그들은 위로를 받을 것이다.
5 온유한 사람은㉠
행복하다.
그들은 땅을 차지할 것이다.
6 옳은 일에 주리고 목마른 사람은
행복하다.
그들은 만족할 것이다.
7 자비를 베푸는 사람은
행복하다.
그들은 자비를 입을 것이다.
8 마음이 깨끗한 사람은
행복하다.
그들은 하느님을 뵙게 될 것이다.
9 평화를 위하여 일하는 사람은
행복하다.
그들은 하느님의 아들이 될 것이다.
10 옳은 일을 하다가 박해를 받는 사람은
행복하다.
하늘 나라가 그들의 것이다.
11 ◎나 때문에 모욕을 당하고 박해를 받으며
터무니없는 말로 갖은 비난을 다 받게 되면
너희는 행복하다.
12 기뻐하고 즐거워하여라. 너희가 받을 큰 상
이 하늘에 마련되어 있다. 옛 예언자들도
너희에 앞서 같은 박해를 받았다."

세상의 소금, 세상의 빛 (마르코 9:50; 루가 14:34-35)

13 ◎"너희는 세상의 소금이다. 만일 소금이
짠 맛을 잃으면 무엇으로 다시 짜게 만들
겠느냐? 그런 소금은 아무 데에도 쓸데없
어 밖에 내버려져 사람들에게 짓밟힐 따름
이다.
14 너희는 세상의 빛이다. 산 위에 있는 마을
은 드러나게 마련이다.
15 등불을 켜서 됫박으로 덮어두는 사람은 없
다. 누구나 등경 위에 얹어둔다. 그래야 집
안에 있는 사람들을 다 밝게 비출 수 있지
않겠느냐?
16 너희도 이와 같이 너희의 빛을 사람들 앞에
비추어 그들이 너희의 착한 행실을 보고 하
늘에 계신 아버지를 찬양하게 하여라."

율법의 완성

17 ◎"내가 율법이나 예언서의 말씀을 없애러
온 줄로 생각하지 마라. 없애러 온 것이 아
니라 오히려 완성하러 왔다.
18 분명히 말해 두는데, 천지가 없어지는 일이
있더라도 율법은 일 점 일 획도 없어지지 않
고 다 이루어질 것이다.
19 그러므로 가장 작은 계명 중에 하나라도 스
스로 어기거나, 어기도록 남을 가르치는 사
람은 누구나 하늘 나라에서 가장 작은 사람
대접을 받을 것이다. 그러나 스스로 계명을
지키고, 남에게도 지키도록 가르치는 사람
은 누구나 하늘 나라에서 큰 사람 대접을 받

㉠ 시편 37:11.

을 것이다.
20 잘 들어라. 너희가 율법학자들이나 바리사
이파 사람들보다 더 옳게 살지 못한다면 결
코 하늘 나라에 들어가지 못할 것이다."

성내지 마라

21 ◎"'㉠살인하지 마라. 살인하는 자는 누구
든지 재판을 받아야 한다.' 하고 옛 사람들
에게 하신 말씀을 너희는 들었다.
22 그러나 나는 이렇게 말한다. 자기 형제에게
성을 내는 사람은 누구나 재판을 받아야 하
며 자기 형제를 가리켜 바보라고 욕하는 사
람은 중앙 법정에 넘겨질 것이다. 또 자기
형제더러 미친놈이라고 하는 사람은 불붙
는 지옥에 던져질 것이다.
23 그러므로 제단에 예물을 드리려 할 때에 너
에게 원한을 품고 있는 형제가 생각나거든
24 그 예물을 제단 앞에 두고 먼저 그를 찾아가
화해하고 나서 돌아와 예물을 드려라.
25 누가 너를 고소하여 그와 함께 법정으로 갈
때에는 도중에서 얼른 화해하여라. 그렇지
않으면 고소하는 사람이 너를 재판관에게
넘기고 재판관은 형리에게 내주어 감옥에
가둘 것이다.
26 분명히 말해 둔다. 네가 마지막 한 푼까지
다 갚기 전에는 결코 거기에서 풀려 나오지
못할 것이다."

간음하지 마라

27 ◎"'㉡간음하지 마라.' 하신 말씀을 너희는
들었다.
28 그러나 나는 너희에게 이렇게 말한다. 누구
든지 여자를 보고 음란한 생각을 품는 사람
은 벌써 마음으로 그 여자를 범했다.
29 오른눈이 죄를 짓게 하거든 그 눈을 빼어 던
져버려라. 몸의 한 부분을 잃는 것이 온몸
이 지옥에 던져지는 것보다 낫다.
30 또 오른손이 죄를 짓게 하거든 그 손을 찍어
던져버려라. 몸의 한 부분을 잃는 것이 온
몸이 지옥에 던져지는 것보다 낫다."

이혼하지 마라
(마태오 19:9; 마르코 10:11-12; 루가 16:18)

31 ◎"또한 '㉢누구든지 아내를 버리려면 그에
게 이혼장을 써주어라.' 하신 말씀이 있다.
32 그러나 나는 이렇게 말한다. 누구든지 음행
한 경우를 제외하고 아내를 버리면, 이것은
그 여자를 간음하게 하는 것이다. 또 그 버
림받은 여자와 결혼하면 그것도 간음하는
것이다."

맹세하지 마라

33 ◎"또 '㉣거짓 맹세를 하지 마라. 그리고 주
님께 맹세한 것은 다 지켜라.' 하고 옛 사람
들에게 하신 말씀을 너희는 들었다.
34 그러나 나는 이렇게 말한다. 아예 맹세를
하지 마라. ㉤하늘을 두고도 맹세하지 마라.
하늘은 하느님의 옥좌이다.
35 땅을 두고도 맹세하지 마라. 땅은 하느님의
발판이다. 예루살렘을 두고도 맹세하지 마
라. 예루살렘은 그 크신 임금님의 도성이다.
36 네 머리를 두고도 맹세하지 마라. 너는 머
리카락 하나도 희게나 검게 할 수 없다.
37 너희는 그저 '예.' 할 것은 '예.' 하고 '아
니오.' 할 것은 '아니오.' 만 하여라. 그 이
상의 말은 악에서 나오는 것이다."

보복하지 마라 (루가 6:29-30)

38 ◎"'㉥눈은 눈으로, 이는 이로.' 하신 말씀
을 너희는 들었다.
39 그러나 나는 이렇게 말한다. 앙갚음하지 마
라.
40 누가 오른뺨을 치거든 왼뺨마저 돌려 대고
또 재판에 걸어 속옷을 가지려고 하거든 겉
옷까지도 내주어라.
41 누가 억지로 오 리를 가자고 하거든 십 리를
같이 가주어라.
42 달라는 사람에게 주고 꾸려는 사람의 청을
물리치지 마라."

원수를 사랑하여라 (루가 6:27-28, 32-36)

43 ◎"'㉦네 이웃을 사랑하고 원수를 미워하여
라.' 하신 말씀을 너희는 들었다.
44 그러나 나는 이렇게 말한다. 원수를 사랑하
고 너희를 박해하는 사람들을 위하여 기도
하여라.
45 그래야만 너희는 하늘에 계신 아버지의 아
들이 될 것이다. 아버지께서는 악한 사람에
게나 선한 사람에게나 똑같이 햇빛을 주시
고 옳은 사람에게나 옳지 못한 사람에게나
똑같이 비를 내려주신다.
46 너희가 자기를 사랑하는 사람들만 사랑한
다면 무슨 상을 받겠느냐? 세리들도 그만
큼은 하지 않느냐?

㉠ 출애 20:13(신명 5:17). ㉡ 출애 20:14(신명 5:18). ㉢ 신명 24:1. ㉣ 레위 19:12. ㉤ 이사 66:1. ㉥ 출애 21:24(레위 24:20; 신명 19:21). ㉦ 레위 19:18.

47 또 너희가 자기 형제들에게만 인사를 한다
면 남보다 나을 것이 무엇이냐? 이방인들
도 그만큼은 하지 않느냐?
48 하늘에 계신 아버지께서 완전하신 것같이
너희도 완전한 사람이 되어라."

자선에 대한 가르침

6 ◎"너희는 일부러 남들이 보는 앞에서 선
행을 하는 일이 없도록 하여라. 그렇지 않
으면 하늘에 계신 아버지에게서 아무런 상
도 받지 못한다."
2 "자선을 베풀 때에는 위선자들이 칭찬을
받으려고 회당과 거리에서 하듯이 스스로
나팔을 불지 마라. 나는 분명히 말한다. 그
들은 이미 받을 상을 다 받았다.
3 자선을 베풀 때에는 오른손이 하는 일을 왼
손이 모르게 하여
4 그 자선을 숨겨두어라. 그러면 숨은 일도
보시는 네 아버지께서 갚아주실 것이다."

기도에 대한 가르침 (루가 11:2-4)

5 ◎"기도할 때에도 위선자들처럼 하지 마라.
그들은 남에게 보이려고 회당이나 한길 모
퉁이에 서서 기도하기를 좋아한다. 나는 분
명히 말한다. 그들은 이미 받을 상을 다 받
았다.
6 너는 기도할 때에 골방에 들어가 문을 닫고
보이지 않는 네 아버지께 기도하여라. 그러
면 숨은 일도 보시는 아버지께서 다 들어주
실 것이다."

주의 기도 (루가 11:2-4)

7 ◎"너희는 기도할 때에 이방인들처럼 빈말
을 되풀이하지 마라. 그들은 말을 많이 해
야만 하느님께서 들어주시는 줄 안다.
8 그러니 그들을 본받지 마라. 너희의 아버지
께서는 구하기도 전에 벌써 너희에게 필요
한 것을 알고 계신다.
9 그러므로 이렇게 기도하여라.
하늘에 계신 우리 아버지,
온 세상이 아버지를 하느님으로 받들게
하시며
10 아버지의 나라가 오게 하시며
아버지의 뜻이 하늘에서와 같이
땅에서도 이루어지게 하소서.
11 오늘 우리에게 필요한 양식을 주시고
12 우리가 우리에게 잘못한 이를 용서하듯
이
우리의 잘못을 용서하시고
13 우리를 유혹에 빠지지 않게 하시고
악에서 구하소서.
(㉠나라와 권세와 영광이 영원토록 아버
지의 것입니다. 아멘.)
14 ◎너희가 남의 잘못을 용서하면 하늘에 계
신 아버지께서도 너희를 용서하실 것이다.
15 그러나 너희가 남의 잘못을 용서하지 않으
면 아버지께서도 너희의 잘못을 용서하지
않으실 것이다."

단식에 대한 가르침

16 ◎"너희는 단식할 때에 위선자들처럼 침통
한 얼굴을 하지 마라. 그들은 단식한다는
것을 남에게 보이려고 얼굴에 그 기색을 하
고 다닌다. 나는 분명히 말한다. 그들은 이
미 받을 상을 다 받았다.
17 단식할 때에는 얼굴을 씻고 머리에 기름을
발라라.
18 그리하여 단식하는 것을 남에게 드러내지
말고 보이지 않는 네 아버지께 보여라. 그
러면 숨은 일도 보시는 아버지께서 갚아주
실 것이다."

하늘에 재물을 쌓아라 (루가 12:33-34)

19 ◎"재물을 땅에 쌓아두지 마라. 땅에서는
좀먹거나 녹이 슬어 못쓰게 되며 도둑이 뚫
고 들어와 훔쳐간다.
20 그러므로 재물을 하늘에 쌓아두어라. 거기
서는 좀먹거나 녹슬어 못쓰게 되는 일도 없
고 도둑이 뚫고 들어와 훔쳐가지도 못한다.
21 너희의 재물이 있는 곳에 너희의 마음도 있
다."

눈은 몸의 등불 (루가 11:34-36)

22 ◎"눈은 몸의 등불이다. 그러므로 네 눈이
성하면 온몸이 밝을 것이며
23 네 눈이 성하지 못하면 온몸이 어두울 것
이다. 그러니 만일 네 마음의 빛이 빛이 아
니라 어둠이라면 그 어둠이 얼마나 심하겠
느냐?"

하느님이냐? 재물이냐? (루가 16:13)

24 ◎"아무도 두 주인을 섬길 수는 없다. 한 편
을 미워하고 다른 편을 사랑하거나 한 편을
존중하고 다른 편을 업신여기게 된다. 너희
는 하느님과 재물을 아울러 섬길 수 없다."

㉠ 후대의 사본들에만 이 말이 들어 있다.

먼저 하느님의 나라를 구하여라 (루가 12:22-34)

25◎"그러므로 나는 분명히 말한다. 너희는
무엇을 먹고 마시며 살아갈까, 또 몸에는
무엇을 걸칠까 하고 걱정하지 마라. 목숨이
음식보다 소중하지 않느냐? 또 몸이 옷보
다 소중하지 않느냐?
26공중의 새들을 보아라. 그것들은 씨를 뿌리
거나 거두거나 곳간에 모아들이지 않아도
하늘에 계신 너희의 아버지께서 먹여주신
다. 너희는 새보다 훨씬 귀하지 않느냐?
27너희 가운데 누가 걱정한다고 목숨을 한 시
간인들 더 늘일 수 있겠느냐?
28또 너희는 어찌하여 옷 걱정을 하느냐? 들
꽃이 어떻게 자라는가 살펴보아라. 그것들
은 수고도 하지 않고 길쌈도 하지 않는다.
29그러나 온갖 영화를 누린 솔로몬도 이 꽃 한
송이만큼 화려하게 차려 입지 못하였다.
30너희는 어찌하여 그렇게도 믿음이 약하냐?
오늘 피었다가 내일 아궁이에 던져질 들꽃
도 하느님께서 이처럼 입히시거든 하물며
너희야 얼마나 더 잘 입히시겠느냐?
31그러므로 무엇을 먹을까 무엇을 마실까, 또
무엇을 입을까 하고 걱정하지 마라.
32이런 것들은 모두 이방인들이 찾는 것이다.
하늘에 계신 아버지께서는 이 모든 것이 너
희에게 있어야 할 것을 잘 알고 계신다.
33너희는 먼저 하느님의 나라와 하느님께서
의롭게 여기시는 것을 구하여라. 그러면 이
모든 것도 곁들여 받게 될 것이다.
34그러므로 내일 일은 걱정하지 마라. 내일
걱정은 내일에 맡겨라. 하루의 괴로움은 그
날에 겪는 것만으로 족하다."

남을 판단하지 마라 (루가 6:37-38, 41-42)

7 ◎"남을 판단하지 마라. 그러면 너희도
판단받지 않을 것이다.
2남을 판단하는 대로 너희도 하느님의 심판
을 받을 것이고 남을 저울질하는 대로 너희
도 저울질을 당할 것이다.
3어찌하여 너는 형제의 눈 속에 있는 티는 보
면서 제 눈 속에 들어 있는 들보는 깨닫지
못하느냐?
4제 눈 속에 있는 들보도 보지 못하면서 어떻
게 형제에게 '네 눈의 티를 빼내어 주겠
다.' 하겠느냐?
5이 위선자야! 먼저 네 눈에서 들보를 빼내
어라. 그래야 눈이 잘 보여 형제의 눈에서
티를 빼낼 수 있지 않겠느냐?"

거룩한 것을 욕되게 하지 마라

6◎"거룩한 것을 개에게 주지 말고 진주를
돼지에게 던지지 마라. 그것들이 발로 그것
을 짓밟고 돌아서서 너희를 물어뜯을지도
모른다."

구하여라, 찾아라, 문을 두드려라 (루가 11:9-13)

7◎"구하여라, 받을 것이다. 찾아라, 얻을 것
이다. 문을 두드려라, 열릴 것이다.
8누구든지 구하면 받고, 찾으면 얻고, 문을
두드리면 열릴 것이다.
9너희 중에 아들이 빵을 달라는데 돌을 줄 사
람이 어디 있으며
10생선을 달라는데 뱀을 줄 사람이 어디 있겠
느냐?
11너희는 악하면서도 자기 자녀에게 좋은 것
을 줄 줄 알거든 하물며 하늘에 계신 너희의
아버지께서야 구하는 사람에게 더 좋은 것
을 주시지 않겠느냐?"

율법과 예언서의 정신 (루가 6:31)

12◎"너희는 남에게서 바라는 대로 남에게 해
주어라. 이것이 율법과 예언서의 정신이
다."

좁은 문 (루가 13:24)

13◎"좁은 문으로 들어가거라. 멸망에 이르는
문은 크고 또 그 길이 넓어서 그리로 가는
사람이 많지만
14생명에 이르는 문은 좁고 또 그 길이 험해서
그리로 찾아드는 사람이 적다."

열매를 보고 나무를 안다 (루가 6:43-44)

15◎"거짓 예언자들을 조심하여라. 그들은 양
의 탈을 쓰고 너희에게 나타나지만 속에는
사나운 이리가 들어 있다.
16너희는 행위를 보고 그들을 알게 될 것이다.
가시나무에서 어떻게 포도를 딸 수 있으며
엉겅퀴에서 어떻게 무화과를 딸 수 있겠느
냐?
17이와 같이 좋은 나무는 좋은 열매를 맺고 나
쁜 나무는 나쁜 열매를 맺게 마련이다.
18좋은 나무가 나쁜 열매를 맺을 수 없고 나쁜
나무가 좋은 열매를 맺을 수 없다.
19좋은 열매를 맺지 못하는 나무는 모두 찍혀
불에 던져진다.
20그러므로 너희는 그 행위를 보아 그들이 어
떤 사람인지 알게 된다."

나는 너희를 알지 못한다 (루가 13:25-27)

21◎"나더러 '주님, 주님!' 하고 부른다고 다
하늘 나라에 들어가는 것이 아니다. 하늘에
계신 내 아버지의 뜻을 실천하는 사람이라
야 들어간다.
22그 날에는 많은 사람이 나를 보고 '주님, 주
님! 우리가 주님의 이름으로 예언을 하고
주님의 이름으로 마귀를 쫓아내고 또 주님
의 이름으로 많은 기적을 행하지 않았습니
까?' 하고 말할 것이다.
23그러나 그 때에 나는 분명히 그들에게 '㉠악
한 일을 일삼는 자들아, 나에게서 물러가거
라. 나는 너희를 도무지 알지 못한다.' 하고
말할 것이다."

말씀을 듣고 실행하여라 (루가 6:47-49)

24◎"그러므로 지금 내가 한 말을 듣고 그대
로 실행하는 사람은 반석 위에 집을 짓는 슬
기로운 사람과 같다.
25비가 내려 큰물이 밀려오고 또 바람이 불어
들이쳐도 그 집은 반석 위에 세워졌기 때문
에 무너지지 않는다.
26그러나 지금 내가 한 말을 듣고도 실행하지
않는 사람은 모래 위에 집을 짓는 어리석은
사람과 같다.
27비가 내려 큰물이 밀려오고 또 바람이 불어
들이치면 그 집은 여지없이 무너지고 말 것
이다."

마태

예수의 권위

28◎예수께서 이 말씀을 마치시자 군중은 그
의 가르침을 듣고 놀랐다.
29그 가르치시는 것이 율법학자들과는 달리
권위가 있기 때문이었다.

나병환자를 고치신 예수
(마르코 1:40-45; 루가 5:12-16)

8 ◎예수께서 산에서 내려오시자 많은 군중
이 뒤따랐다.
2그 때에 나병환자 하나가 예수께 와서 절하
며 "주님, 주님은 하고자 하시면 저를 깨끗
하게 하실 수 있습니다." 하고 간청하였다.
3예수께서 그에게 손을 대시며 "그렇게 해주
마. 깨끗하게 되어라." 하고 말씀하시자 대
뜸 나병이 깨끗이 나았다.
4예수께서는 그에게 "아무에게도 말하지 마
라. 다만 사제에게 가서 네 몸을 보이고 모
세가 정해 준 대로 예물을 드려 네 몸이 깨
끗해진 것을 사람들에게 증명하여라." 하고
말씀하셨다.

백인대장의 하인을 고치신 예수
(루가 7:1-10; 요한 4:43-54)

5◎예수께서 가파르나움에 들어가셨을 때에
한 백인대장이 예수께 와서
6"주님, 제 하인이 중풍병으로 집에 누워 몹
시 괴로워하고 있습니다." 하고 사정하였
다.
7예수께서 "내가 가서 고쳐주마." 하시자
8백인대장은 "주님, 저는 주님을 제 집에 모
실 만한 자격이 없습니다. 그저 한 말씀만
하시면 제 하인이 낫겠습니다.
9저도 남의 밑에 있는 사람입니다만 제 밑에
도 부하들이 있어서 제가 이 사람더러 가라
하면 가고 또 저 사람더러 오라 하면 옵니
다. 또 제 종더러 이것을 하라 하면 합니
다." 하고 대답하였다.
10이 말을 들으시고 예수께서는 감탄하시며
따라오는 사람들에게 이렇게 말씀하셨다.
"정말 어떤 이스라엘 사람에게서도 이런 믿
음을 본 일이 없다.
11잘 들어라. 많은 사람이 사방에서 모여들어
하늘 나라에서 아브라함과 이사악과 야곱과
함께 잔치에 참석하겠으나
12이 나라의 백성들은 바깥 어두운 곳에 쫓겨
나 땅을 치며 통곡할 것이다."
13그리고 나서 백인대장에게 "가보아라. 네가
믿는 대로 될 것이다." 하고 말씀하셨다. 바
로 그 시간에 그 하인의 병이 나았다.

많은 병자를 고치신 예수
(마르코 1:29-34; 루가 4:38-41)

14◎예수께서 베드로의 집에 들어가셨을 때에
베드로의 장모가 마침 열병으로 앓아 누워
있었다. 그것을 보시고
15예수께서 부인의 손을 잡으시자 그는 곧 열
이 내려 자리에서 일어나 예수께 시중들었
다.
16날이 저물었을 때에 사람들이 예수께 마귀
들린 사람을 많이 데려왔다. 예수께서는 말
씀 한마디로 악령을 쫓아내시고 다른 병자
들도 모두 고쳐주셨다.
17이리하여 예언자 이사야가,

"㉡그분은 몸소 우리의 허약함을 맡아
주시고
우리의 병고를 짊어지셨다."

㉠ 시편 5:5, 6:8. ㉡ 이사 53:4.

하신 말씀이 이루어졌다.

예수를 따르려면 (루가 9:57-62)

18◎예수께서는 둘러서 있는 군중을 보시고
제자들에게 호수 건너편으로 가라고 하셨
다.
19그런데 한 율법학자가 와서 "선생님, 저는
선생님께서 가시는 곳이면 어디든지 따라
가겠습니다." 하고 말하였다.
20그러나 예수께서는 "여우도 굴이 있고 하늘
의 새도 보금자리가 있지만 사람의 아들은
머리 둘 곳조차 없다." 하고 말씀하셨다.
21제자 중 한 사람이 와서 "주님, 먼저 집에
가서 아버지 장례를 치르게 해주십시오."
하고 청하였다.
22그러나 예수께서는 "죽은 자들의 장례는 죽
은 자들에게 맡겨두고 너는 나를 따라라."
하고 말씀하셨다.

잔잔해진 풍랑 (마르코 4:35-41; 루가 8:22-25)

23◎예수께서 배에 오르시자 제자들도 따라
올랐다.
24그 때 마침 바다에 거센 풍랑이 일어나 배가
물결에 뒤덮이게 되었는데 예수께서는 주무
시고 계셨다.
25제자들이 곁에 가서 예수를 깨우며 "주님,
살려주십시오. 우리가 죽게 되었습니다."
하고 부르짖었다.
26예수께서 그들에게 "그렇게도 믿음이 없느
냐? 왜 그렇게 겁이 많으냐?" 하시며 일어
나서 바람과 바다를 꾸짖으시자 사방이 아
주 고요해졌다.
27사람들은 눈이 휘둥그래져서 "도대체 이분
이 누구인데 바람과 바다까지 복종하는
가?" 하며 수군거렸다.

마귀와 돼지떼 (마르코 5:1-20; 루가 8:26-39)

28◎예수께서 호수 건너편 가다라 지방에 이르
렀을 때에 마귀 들린 사람들이 무덤 사이에
서 나오다가 예수를 만났다. 그들은 너무나
사나워서 아무도 그 길로 다닐 수가 없었다.
29그런데 그들은 갑자기 "하느님의 아들이여,
어찌하여 우리를 간섭하시려는 것입니까?
때가 되기도 전에 우리를 괴롭히려고 여기
오셨습니까?" 하고 소리질렀다.
30마침 거기에서 조금 떨어진 곳에 놓아 기르
는 돼지떼가 우글거리고 있었는데
31마귀들은 예수께 "당신이 우리를 쫓아내시
려거든 저 돼지들 속으로나 들여보내 주십
시오." 하고 간청하였다.
32예수께서 "가라." 하고 명령하시자 마귀들
은 나와서 돼지들 속으로 들어갔다. 그러자
돼지떼는 온통 비탈을 내리달려 바다에 떨
어져 물 속에 빠져 죽었다.
33돼지 치던 사람들이 이것을 보고 읍내로 달
려가서 이 모든 일과 마귀 들렸던 사람들의
일을 알렸다.
34그러자 온 읍내 사람들이 예수를 만나러 나
와서 예수를 보고는 저희 고장에서 떠나가
달라고 간청하였다.

중풍병자를 고치신 예수 (마르코 2:1-12; 루가 5:17-26)

9 ◎예수께서 배를 타시고 호수를 건너 자
기 동네로 돌아오시자
2사람들이 중풍병자 한 사람을 침상에 누인
채 예수께 데려왔다. 예수께서 그들의 믿음
을 보시고 중풍병자에게 "안심하여라. 네가
죄를 용서받았다." 하고 말씀하셨다.
3그러자 율법학자 몇 사람이 속으로 "이 사
람이 하느님을 모독하는구나!" 하며 수군
거렸다.
4예수께서 그들의 생각을 알아채시고 "어찌
하여 너희들은 악한 생각을 품고 있느냐?
5'네가 죄를 용서받았다.' 하고 말하는 것과
'일어나서 걸어가라.' 하고 말하는 것과 어
느 편이 더 쉽겠느냐?
6이제 사람의 아들이 땅에서 죄를 용서하는
권한이 있음을 보여주마." 하시고는 중풍병
자에게 "일어나 네 침상을 들고 집으로 가
라." 하고 명령하시자
7그는 일어나서 집으로 돌아갔다.
8이것을 보고 무리는 두려워하는 한편, 사
람에게 이런 권한을 주신 하느님을 찬양하
였다.

마태오를 부르심 (마르코 2:13-17; 루가 5:27-32)

9◎예수께서 그 곳을 떠나 길을 가시다가 마
태오라는 사람이 세관에 앉아 있는 것을 보
시고 "나를 따라오너라." 하고 부르셨다.
그러자 그는 일어나서 예수를 따라 나섰다.
10예수께서 마태오의 집에서 음식을 잡수실 때
에 세리와 ㉠죄인들도 많이 와서 예수와 그
제자들과 함께 음식을 먹게 되었다.
11이것을 본 바리사이파 사람들은 예수의 제자
들에게 "어찌하여 당신네 선생은 세리와 죄

㉠ 유다 사람들은 이방인을 '죄인'이라 부르며 경멸하였다.

인들과 어울려 음식을 나누는 것이오?" 하
고 물었다.
12 예수께서 이 말을 들으시고 "성한 사람에게
는 의사가 필요하지 않으나 병자에게는 필
요하다.
13 너희는 가서 '㉠내가 바라는 것은 동물을
잡아 나에게 바치는 제사가 아니라 이웃에
게 베푸는 자선이다.' 하신 말씀이 무슨 뜻
인가를 배워라. 나는 선한 사람을 부르러
온 것이 아니라 죄인을 부르러 왔다." 하고
말씀하셨다.

단식에 대한 질문 (마르코 2:18-22; 루가 5:33-39)

14 ◎그 때에 요한의 제자들이 예수께 와서 "우
리와 바리사이파 사람들은 자주 단식하는데
선생님의 제자들은 왜 단식하지 않습니
까?" 하고 묻자
15 예수께서 이렇게 대답하셨다. "잔치에 온
신랑의 친구들이 신랑과 함께 있는 동안에
야 어떻게 슬퍼할 수 있겠느냐? 그러나 곧
신랑을 빼앗길 날이 올 터인데 그 때에 가서
는 그들도 단식할 것이다.
16 낡은 옷에다 새 천조각을 대고 깁는 사람은
없다. 그렇게 하면 낡은 옷이 새 천조각에
켕기어 더 찢어지게 된다.
17 또 낡은 가죽 부대에 새 포도주를 담는 사람
도 없다. 그렇게 하면 부대가 터져서 포도
주는 쏟아지고 부대도 버리게 된다. 새 포
도주는 새 부대에 담아야 둘 다 보존된다."

예수의 옷에 손을 댄 여자; 살아난 회당장의 딸 (마르코 5:21-43; 루가 8:40-56)

18 ◎예수께서 이 말씀을 하고 계실 때에 한 회
당장이 와서 예수께 절하며 "제 딸이 방금
죽었습니다. 그렇지만 저의 집에 오셔서 그
아이에게 손을 얹어주시면 살아날 것입니
다." 하고 간청하였다.
19 예수께서 제자들과 함께 일어나 그를 따라
가셨다.
20 마침 그 때에 열두 해 동안이나 하혈병을 앓
던 어떤 여자가 뒤로 와서 예수의 옷자락에
손을 대었다.
21 예수의 옷에 손을 대기만 해도 나으리라고
생각하였던 것이다.
22 예수께서 돌아서서 그 여자를 보시고 "안심
하여라, 네 믿음이 너를 낫게 하였다." 하고
말씀하시자 그 여자는 대뜸 병이 나았다.
23 예수께서 회당장의 집에 이르러 피리 부는
사람들과 곡하며 떠드는 무리를 보시고
24 "다들 물러가라. 그 아이는 죽은 것이 아니
라 잠들어 있다." 하고 말씀하셨다. 그러나
사람들은 모두 코웃음만 쳤다.
25 그 사람들이 다 밖으로 나간 뒤에 예수께서
방에 들어가 소녀의 손을 잡으시자 그 아이
는 곧 일어났다.
26 이 소문이 그 지방에 두루 퍼졌다.

소경 두 사람을 고치심

27 ◎예수께서 그 곳을 떠나 길을 가시는데 소
경 두 사람이 따라오면서 "㉡다윗의 자손이
여, 저희에게 자비를 베풀어주십시오." 하
고 소리쳤다.
28 예수께서 집 안으로 들어가시자 그들은 거
기까지 따라 들어왔다. 그래서 예수께서
"내가 너희의 소원을 이루어줄 수 있다고
믿느냐?" 하고 물으셨다. "예, 믿습니다,
주님." 하고 그들이 대답하자
29 예수께서는 그들의 눈을 만지시며 "너희가
믿는 대로 될 것이다." 하고 말씀하셨다.
30 그러자 그들의 눈이 뜨이었다. 예수께서 그
일을 아무에게도 알리지 말라고 단단히 일
러두셨지만
31 그들은 나가서 예수의 소문을 그 지방에 두
루 퍼뜨렸다.

벙어리를 고치심

32 ◎그들이 나간 뒤에 사람들이 마귀 들린 벙
어리 한 사람을 예수께 데려왔다.
33 예수께서 마귀를 쫓아내시자 벙어리는 곧
말을 하게 되었다. 군중은 놀라서 이스라엘
에서는 처음 보는 일이라면서 웅성거렸다.
34 그러나 바리사이파 사람들은 "저 사람은 마
귀 두목의 힘을 빌려 마귀를 쫓아낸다." 하
고 말하였다.

목자 없는 양

35 ◎예수께서는 모든 도시와 마을을 두루 다
니시며 가시는 곳마다 회당에서 가르치시
고 하늘 나라의 복음을 선포하셨다. 그리고
병자와 허약한 사람들을 모두 고쳐주셨다.
36 또 목자 없는 양과 같이 시달리며 허덕이는
군중을 보시고 불쌍한 마음이 들어
37 제자들에게 이렇게 말씀하셨다. "추수할 것
은 많은데 일꾼이 적으니
38 그 주인에게 추수할 일꾼들을 보내달라고
청하여라."

㉠ 호세 6:6. ㉡ 대망의 메시아라는 대명사이다.

열두 사도 (마르코 3:13-19; 루가 6:12-16)

10 ◎예수께서 열두 제자를 불러 악령들을 제어하는 권능을 주시어 그것들을 쫓아내고 병자와 허약한 사람들을 모두 고쳐 주게 하셨다.
2 열두 사도의 이름은 이러하다. 베드로라고 하는 시몬과 그의 동생 안드레아를 비롯하여 제베대오의 아들 야고보와 요한 형제,
3 필립보와 바르톨로메오, 토마와 세리였던 마태오, 알패오의 아들 야고보와 타대오,
4 가나안 사람 시몬, 그리고 예수를 팔아 넘긴 가리옷 사람 유다이다.

열두 제자의 파견 (마르코 6:7-13; 루가 9:1-6)

5 ◎예수께서 이 열두 사람을 파견하시면서 이렇게 분부하셨다. "이방인들이 사는 곳으로도 가지 말고 사마리아 사람들의 도시에도 들어가지 마라.
6 다만 이스라엘 백성 중의 길 잃은 양들을 찾아가라.
7 가서 하늘 나라가 다가왔다고 선포하여라.
8 앓는 사람은 고쳐주고 죽은 사람은 살려주어라. 나병환자는 깨끗이 낫게 해주고 마귀는 쫓아내어라. 너희가 거저 받았으니 거저 주어라."
9 ◎"전대에 금이나 은이나 동전을 넣어가지고 다니지 말 것이며
10 식량 자루나 여벌 옷이나 신이나 지팡이도 가지고 다니지 마라. 일하는 사람은 자기 먹을 것을 얻을 자격이 있다.
11 어떤 도시나 마을에 들어가든지 먼저 그 고장에서 마땅한 사람을 찾아내어 거기에서 떠날 때까지 그 집에 머물러 있어라.
12 그 집에 들어갈 때에는 '평화를 빕니다!' 하고 인사하여라.
13 그 집이 평화를 누릴 만하면 너희가 비는 평화가 그 집에 내릴 것이고 그렇지 못하면 그 평화는 너희에게 되돌아올 것이다.
14 어디서든지 너희를 받아들이지도 않고 말도 듣지 않거든 그 집이나 그 도시를 떠날 때에 발에 묻은 먼지를 털어버려라.
15 나는 분명히 말한다. 심판 날이 오면 소돔과 고모라 땅이 오히려 그 도시보다 가벼운 벌을 받을 것이다."

박해를 각오하여라 (마르코 13:9-13; 루가 21:12-17)

16 ◎"이제 내가 너희를 보내는 것은 마치 양을 이리떼 가운데 보내는 것과 같다. 그러므로 너희는 뱀같이 슬기롭고 비둘기같이 양순해야 한다.
17 너희를 법정에 넘겨주고 회당에서 매질할 사람들이 있을 터인데 그들을 조심하여라.
18 또 너희는 나 때문에 총독들과 왕들에게 끌려가 재판을 받으며 그들과 이방인들 앞에서 나를 증언하게 될 것이다.
19 그러나 잡혀갔을 때에 '무슨 말을 어떻게 할까?' 하고 미리 걱정하지 마라. 때가 오면 너희가 해야 할 말을 일러주실 것이다.
20 말하는 이는 너희가 아니라 너희 안에서 말씀하시는 아버지의 성령이시다.
21 형제끼리 서로 잡아 넘겨 죽게 할 것이며, 아비도 또한 제 자식을 그렇게 하고 자식도 제 부모를 고발하여 죽게 할 것이다.
22 그리고 너희는 나 때문에 모든 사람에게 미움을 받을 것이다. 그러나 끝까지 참는 사람은 구원을 받을 것이다.
23 이 동네에서 너희를 박해하거든 저 동네로 피하여라. 나는 분명히 말한다. 너희가 이스라엘의 동네들을 다 돌기 전에 사람의 아들이 올 것이다."
24 ◎"제자가 스승보다 더 높을 수 없고 종이 주인보다 더 높을 수 없다.
25 제자가 스승만해지고 종이 주인만해지면 그것으로 넉넉하다. 집 주인을 가리켜 ㉠베엘제불이라고 부른 사람들이 그 집 식구들에게야 무슨 욕인들 못하겠느냐?"

두려워하지 마라 (루가 12:2-7)

26 ◎"그러므로 그런 사람들을 두려워하지 마라. 감추인 것은 드러나게 마련이고 비밀은 알려지게 마련이다.
27 내가 어두운 데서 말하는 것을 너희는 밝은 데서 말하고, 귀에 대고 속삭이는 말을 지붕 위에서 외쳐라.
28 그리고 육신은 죽여도 영혼은 죽이지 못하는 사람들을 두려워하지 말고 영혼과 육신을 아울러 지옥에 던져 멸망시킬 수 있는 분을 두려워하여라.
29 참새 두 마리가 단돈 한 닢에 팔리지 않느냐? 그러나 그런 참새 한 마리도 너희의 아버지께서 허락하지 않으시면 땅에 떨어지지 않는다.
30 아버지께서는 너희의 머리카락까지도 낱낱이 다 세어두셨다.
31 그러니 두려워하지 마라. 너희는 수많은 참

㉠ 악마의 괴수를 가리킨다.

새보다 훨씬 더 귀하다."

나를 안다고 증언하면 (루가 12:8-9)

32◎"누구든지 사람들 앞에서 나를 안다고 증
언하면 나도 하늘에 계신 내 아버지 앞에서
그를 안다고 증언하겠다.
33그러나 누구든지 사람들 앞에서 나를 모른
다고 하면 나도 하늘에 계신 내 아버지 앞에
서 그를 모른다고 하겠다."

칼을 주러 왔다 (루가 12:51-53; 14:26-27)

34◎"내가 세상에 평화를 주러 온 줄로 생각
하지 마라. 평화가 아니라 칼을 주러 왔다.
35나는 ㉠아들은 아버지와 맞서고 딸은 어머
니와, 며느리는 시어머니와 서로 맞서게 하
려고 왔다.
36집안 식구가 바로 자기 원수다.
37아버지나 어머니를 나보다 더 사랑하는 사
람은 내 사람이 될 자격이 없고 아들이나 딸
을 나보다 더 사랑하는 사람도 내 사람이 될
자격이 없다.
38또 자기 십자가를 지고 나를 따라오지 않는
사람도 내 사람이 될 자격이 없다.
39자기 목숨을 얻으려는 사람은 잃을 것이며
나를 위하여 자기 목숨을 잃는 사람은 얻을
것이다."

맞아들이는 사람이 받을 상 (마르코 9:41)

40◎"너희를 맞아들이는 사람은 나를 맞아들
이는 사람이며 나를 맞아들이는 사람은 나
를 보내신 분을 맞아들이는 사람이다.
41예언자를 예언자로 맞아들이는 사람은 예
언자가 받을 상을 받을 것이며, 옳은 사람
을 옳은 사람으로 맞아들이는 사람은 옳은
사람이 받을 상을 받을 것이다.
42나는 분명히 말한다. 이 보잘것없는 사람
중 하나에게 그가 내 제자라고 하여 냉수 한
그릇이라도 주는 사람은 반드시 그 상을 받
을 것이다."

11

◎예수께서 열두 제자에게 분부하시고
나서 그 근방 여러 마을에서 가르치시
며 전도하시려고 그 곳을 떠나셨다.

세례자 요한이 보낸 사람들 (루가 7:18-23)

2◎그런데 요한은 그리스도께서 하신 일을 감
옥에서 전해 듣고 제자들을 예수께 보내어
3"오시기로 되어 있는 분이 바로 선생님이십
니까? 그렇지 않으면 우리가 다른 분을 기
다려야 하겠습니까?" 하고 묻게 하였다.
4예수께서는 그들에게 이렇게 대답하셨다.
"너희가 듣고 본 대로 요한에게 가서 알려
라.
5㉡소경이 보고 절름발이가 제대로 걸으며
나병환자가 깨끗해지고 귀머거리가 들으며
죽은 사람이 살아나고 가난한 사람들에게
복음이 전하여진다.
6나에게 의심을 품지 않는 사람은 행복하
다."

세례자 요한에 대한 예수의 증언 (루가 7:24-35)

7◎요한의 제자들이 물러간 뒤에 예수께서 군
중에게 요한을 두고 이렇게 말씀하셨다.
"너희는 무엇을 보러 광야에 나갔더냐? 바
람에 흔들리는 갈대냐?
8아니면 무엇을 보러 나갔더냐? 화려한 옷
을 입은 사람이냐? 화려한 옷을 입은 사람
은 왕궁에 있다.
9그렇다면 너희는 무엇을 보러 나갔더냐?
예언자냐? 그렇다! 그런데 사실은 예언자
보다 더 훌륭한 사람을 보았다. 성서에,
10 '㉢너보다 앞서 내 사자를 보내니
그가 네 갈 길을 미리 닦아놓으리라.'
하신 말씀은 바로 이 사람을 가리킨 것이다.
11나는 분명히 말한다. 일찍이 여자의 몸에서
태어난 사람 중에 세례자 요한보다 더 큰 인
물은 없었다. 그러나 하늘 나라에서 가장
작은 이라도 그 사람보다는 크다."
12◎"㉣세례자 요한 때부터 지금까지 하늘 나
라는 폭행을 당해 왔다. 그리고 폭행을 쓰
는 사람들이 하늘 나라를 빼앗으려고 한다.
13그런데 모든 예언서와 율법이 예언하는 일
은 요한에게서 끝난다.
14너희가 그 예언을 받아들인다면 다시 오기
로 된 엘리야가 바로 그 요한임을 알 것이다.
15들을 귀가 있는 사람은 알아들어라."
16◎"이 세대를 무엇에 비길 수 있으랴?
17마치 장터에서 아이들이 편 갈라 앉아 서로
소리지르며 '우리가 피리를 불어도 너희는
춤추지 않았고 우리가 곡을 하여도 가슴을
치지 않았다.' 하며 노는 것과 같구나.
18요한이 나타나서 먹지도 않고 마시지도 않
으니까 '저 사람은 미쳤다.' 하더니

㉠ 미가 7:6. ㉡ 이사 61:1. ㉢ 말라 3:1. ㉣ 어떤 사본에는 12절, 13절에 다음과 같은 말이 있다. "12) 세례자 요한 때부터 지금까지 하늘 나라는 줄기차게 다가오고 있다. 그리고 애써 힘쓰는 사람들이 하늘 나라를 차지한다. 13) 그 나라에 대하여는 요한까지의 모든 예언자와 율법이 이미 예언했던 것이다."

19사람의 아들이 와서 먹기도 하고 마시기도
하니까 '보아라, 저 사람은 즐겨 먹고 마시
며 세리와 죄인하고만 어울리는구나.' 하고
말한다. 그러나 하느님의 지혜가 옳다는 것
은 이미 나타난 결과로 알 수 있다."

저주받은 도시 (루가 10:13-15)

20◎예수께서 기적을 가장 많이 행하신 동네
에서 회개하지 않으므로 그 동네들을 꾸짖
으셨다.
21"코라진아, 너는 화를 입으리라. 베싸이다
야, 너도 화를 입으리라. 너희에게 베푼 기
적들을 띠로와 시돈에서 보였더라면 그들은
벌써 베옷을 입고 재를 머리에 들쓰고 회개
하였을 것이다.
22그러니 잘 들어라. 심판 날에 띠로와 시돈이
너희보다 오히려 가벼운 벌을 받을 것이다.
23너 가파르나움아! ㉠네가 하늘에 오를 성싶
으냐 지옥에 떨어질 것이다. 너에게 베푼
기적들을 소돔에서 보였더라면 그 도시는
오늘까지 남아 있었을 것이다.
24그러니 잘 들어라. 심판 날에 소돔 땅이 너
보다 오히려 더 가벼운 벌을 받을 것이다."

그렇습니다. 아버지! (루가 10:21-22)

25◎그 때에 예수께서 이렇게 기도하셨다.
"하늘과 땅의 주인이신 아버지, 안다는 사
람들과 똑똑하다는 사람들에게는 이 모든
것을 감추시고 오히려 철부지 어린아이들
에게 나타내 보이시니 감사합니다.
26그렇습니다. 아버지! 이것이 아버지께서
원하신 뜻이었습니다.
27아버지께서는 모든 것을 저에게 맡겨주셨
습니다. 아버지밖에는 아들을 아는 이가 없
고 아들과 또 그가 아버지를 계시하려고 택
한 사람들밖에는 아버지를 아는 이가 없습
니다."

나에게 와서 쉬어라

28◎"고생하며 무거운 짐을 지고 허덕이는 사
람은 다 나에게로 오너라. 내가 편히 쉬게
하리라.
29나는 마음이 온유하고 겸손하니 내 멍에를
메고 나에게 배워라. 그러면 너희의 영혼이
안식을 얻을 것이다.
30내 멍에는 편하고 내 짐은 가볍다."

안식일의 주인 (마르코 2:23-28; 루가 6:1-5)

12 ◎그 무렵 어느 안식일에 예수께서 밀
밭 사이를 지나가시게 되었는데 제자
들이 배가 고파서 밀 이삭을 잘라먹었다.
2이것을 본 바리사이파 사람들이 예수께 "저
것 보십시오. 당신의 제자들이 안식일에 해
서는 안 될 일을 하고 있습니다." 하고 말했
다.
3예수께서 이렇게 대답하셨다. "너희는 다윗
의 일행이 굶주렸을 때에 다윗이 한 일을 읽
어보지 못하였느냐?
4그는 하느님의 집에 들어가서 그 일행과 함
께 제단에 차려놓은 빵을 먹지 않았느냐?
그것은 사제들밖에는 다윗도 그 일행도 먹
을 수 없는 빵이었다.
5또 안식일에 성전 안에서는 사제들이 안식
일의 규정을 어겨도 그것이 죄가 되지 않는
다는 것을 율법책에서 읽어보지 못하였느
냐?
6잘 들어라. 성전보다 더 큰 이가 여기에 있
다.
7'㉡내가 바라는 것은 나에게 동물을 잡아
바치는 제사가 아니라 이웃에게 베푸는 자
선이다.' 하신 말씀이 무슨 뜻인지 알았더
라면 너희는 무죄한 사람들을 죄인으로 단
정하지는 않았을 것이다.
8사람의 아들이 바로 안식일의 주인이다."

오그라든 손을 펴주신 예수 (마르코 3:1-6; 루가 6:6-11)

9◎예수께서 다른 데로 가셔서 그 곳 회당에
들어가셨다.
10거기에 마침 한쪽 손이 오그라든 사람이 있
었는데, 사람들은 예수를 고발할 구실을 찾
으려고 "안식일에 병을 고쳐주어도 법에 어
긋나지 않습니까?" 하고 넌지시 물었다.
11예수께서는 이렇게 대답하셨다. "너희 가운
데 어떤 사람에게 양 한 마리가 있었는데 그
양이 안식일에 구덩이에 빠졌다고 하자. 그
럴 때에 그 양을 끌어내지 않을 사람이 있겠
느냐?
12사람이 양보다 얼마나 더 귀하냐? 그러므
로 안식일에라도 착한 일을 하는 것은 법에
어긋나지 않는다."
13그리고 나서 그 불구자에게 "손을 펴라."
하고 말씀하셨다. 그가 손을 펴자 다른 손
과 같이 성해졌다.
14그러나 바리사이파 사람들은 물러가서 어떻
게 예수를 없애버릴까 하고 모의하였다.

㉠ 이사 14:13, 15. ㉡ 호세 6:6.

하느님께서 택하신 종

15◎예수께서는 그 일을 알아채시고 거기를
떠나셨다. 그런데 또 많은 사람들이 뒤따라
왔으므로 예수께서는 모든 병자를 고쳐주
시고
16당신을 남에게 알리지 말아달라고 신신당
부하셨다.
17◎그리하여 예언자 이사야를 시켜,
18 "㉠보아라, 내가 택한 나의 종
내 사랑하는 사람, 내 마음에 드는 사람,
그에게 내 성령을 부어주리니
그는 이방인들에게 정의를 선포하리라.
19 그는 다투지도 않고 큰소리도 내지 않
으리니
거리에서 그의 소리를 들을 자 없으리라.
20 그는 상한 갈대도 꺾지 않고
꺼져가는 심지도 끄지 않으리라.
드디어 그는 정의를 승리로 이끌어가
리니
21 이방인들이 그 이름에 희망을 걸리라."
하신 말씀이 이루어졌다.

베엘제불과 성령
(마르코 3:20-30; 루가 11:14-23; 12:10)

22◎그 때 사람들은 마귀가 들려 눈이 멀고 벙
어리가 된 사람 하나를 예수께 데려왔다. 예
수께서 그를 고쳐주시자 그는 말도 하고 보
게도 되었다.
23그러자 모든 군중이 깜짝 놀라며 "이 사람
이 혹시 ㉡다윗의 자손이 아닐까?" 하고 수
군거렸다.
24그러나 바리사이파 사람들은 이 말을 듣고
'그는 마귀의 두목 베엘제불의 힘을 빌려
마귀를 쫓아내고 있는 것이다.' 하고 헐뜯
었다.
25예수께서 그들의 생각을 알아채시고 이렇게
말씀하셨다. "어느 나라든지 갈라져서 서로
싸우면 망하고 어느 동네나 집안도 갈라져
서 서로 싸우면 지탱하지 못한다.
26그러므로 사탄이 사탄을 쫓아낸다면 그 나
라는 이미 갈라진 것이다. 그래서야 그 나
라가 어떻게 유지되겠느냐?
27또 내가 너희의 말대로 베엘제불의 힘을 빌
려 마귀를 쫓아낸다고 하면 너희네 사람들
은 누구의 힘으로 마귀를 쫓아낸다는 말이
냐? 그러니 바로 그 사람들이 너희의 말이
그르다는 것을 지적할 것이다.
28그러나 나는 하느님께서 보내신 성령의 힘
으로 마귀를 쫓아내고 있다. 그러니 하느님
의 나라는 이미 너희에게 와 있는 것이다.
29또 누가 힘센 사람의 집에 들어가서 그 세간
을 빼앗아가려면 먼저 그 힘센 사람을 묶어
놓아야 하지 않겠느냐? 그래야 그 집을 털
어갈 수 있을 것이다.
30내 편에 서지 않는 사람은 나를 반대하는 사
람이며, 나와 함께 모아들이지 않는 사람은
헤치는 사람이다.
31그러므로 잘 들어라. 사람들이 어떤 죄를
짓거나 모독하는 말을 하더라도 그것은 다
용서받을 수 있지만 성령을 거슬러 모독한
죄만은 용서받지 못할 것이다.
32또 사람의 아들을 거역해서 말하는 사람은
용서받을 수 있어도 성령을 거역해서 말하
는 사람은 현세에서도 내세에서도 용서받
지 못할 것이다."

말과 마음 (루가 6:43-45)

33◎"좋은 열매를 얻으려거든 좋은 나무를 길
러라. 나무가 나쁘면 열매도 나쁘다. 열매
를 보아 나무를 알 수 있다.
34이 독사의 족속들아! 그렇게 악하면서 어
떻게 선한 말을 할 수 있겠느냐? 결국 마음
에 가득 찬 것이 입으로 나오는 법이다.
35선한 사람은 선한 것을 마음에 쌓아두었다
가 선한 것을 내놓고 악한 사람은 악한 것을
마음에 쌓아두었다가 악한 것을 내놓는 것
이 아니겠느냐.
36잘 들어라. 심판 날이 오면 자기가 지껄인
터무니없는 말을 낱낱이 해명해야 될 것이
다.
37네가 한 말에 따라서 너는 옳은 사람으로 인
정받게도 되고 죄인으로 판결받게도 될 것
이다."

기적을 요구하는 세대
(마르코 8:11-12; 루가 11:29-32)

38◎그 때에 율법학자와 바리사이파 사람 몇이
예수께 "선생님, 우리에게 기적을 보여주셨
으면 합니다." 하고 말하자
39예수께서 이렇게 말씀하셨다. "악하고 절개
없는 이 세대가 기적을 요구하지만 예언자
요나의 기적밖에는 따로 보여줄 것이 없다.
40㉢요나가 큰 바다 괴물의 뱃속에서 삼 주야
를 지냈던 것같이 사람의 아들도 땅 속에서
삼 주야를 보낼 것이다.
41심판 날이 오면 니느웨 사람들이 이 세대와

㉠ 이사 42:1-4. ㉡ "다윗의 자손"은 메시아의 별칭이다. ㉢ 요나 2:1.

함께 일어나 이 세대를 단죄할 것이다. 그
들은 요나의 설교만 듣고도 회개하였던 것
이다. 그런데 여기에 요나보다 더 큰 사람이
있다.
42 심판 날이 오면 남쪽 나라의 여왕도 이 세대
와 함께 일어나 이 세대를 단죄할 것이다.
그는 솔로몬의 지혜를 들으려고 땅 끝에서
왔던 것이다. 그러나 여기에 솔로몬보다 더
큰 사람이 있다."

되돌아온 악령 (루가 11:24-26)

43 ◎"악령이 어떤 사람 안에 들어 있다가 그
에게서 나오면 물 없는 광야에서 쉴 곳을 찾
아 헤맨다. 그러다가 찾지 못하면
44 '전에 있던 집으로 되돌아가야지.' 하면서
다시 돌아간다. 돌아가서 그 집이 비어 있
을 뿐만 아니라 말끔히 치워지고 잘 정돈되
어 있는 것을 보고
45 그는 다시 나와 자기보다 더 흉악한 악령 일
곱을 데리고 들어가 자리잡고 산다. 그러면
그 사람의 형편은 처음보다 더 비참하게 된
다. 이 악한 세대도 그렇게 될 것이다."

누가 내 어머니이고 내 형제들이냐? (마르코 3:31-35; 루가 8:19-21)

46 ◎예수께서 아직 군중에게 말씀하고 계실
때에 예수의 어머니와 형제들이 밖에 와 서
서 예수와 말씀을 나눌 기회를 찾고 있었다.
47 그래서 어떤 사람이 예수께 "선생님, 선생
님의 어머님과 형제분들이 선생님과 이야
기를 하시겠다고 밖에 서서 찾고 계십니
다." 하고 알려드렸다.
48 예수께서는 말을 전해 준 사람에게 "누가
내 어머니이고 내 형제들이냐?" 하고 물으
셨다.
49 그리고 제자들을 가리키시며 "바로 이 사람
들이 내 어머니이고 내 형제들이다.
50 하늘에 계신 내 아버지의 뜻을 실천하는 사
람이면 누구나 다 내 형제요 자매요 어머니
이다." 하고 말씀하셨다.

씨 뿌리는 사람의 비유 (마르코 4:1-9; 루가 8:4-8)

13 ◎그 날 예수께서 집에서 나와 호숫가
에 앉으셨더니
2 사람들이 또 많이 모여들었다. 그래서 예수
께서는 배에 올라앉으시고 군중은 그대로
모두 호숫가에 서 있었다.
3 예수께서 그들에게 여러 가지를 비유로 말
씀해 주셨다. "씨 뿌리는 사람이 씨를 뿌리
러 나갔다.
4 씨를 뿌리는데 어떤 것은 길바닥에 떨어져
새들이 와서 쪼아먹었다.
5 어떤 것은 흙이 많지 않은 돌밭에 떨어졌다.
싹은 곧 나왔지만 흙이 깊지 않아서
6 해가 뜨자 타버려 뿌리도 붙이지 못한 채 말
랐다.
7 또 어떤 것은 가시덤불 속에 떨어졌다. 가
시나무들이 자라자 숨이 막혔다.
8 그러나 어떤 것은 좋은 땅에 떨어져서 맺은
열매가 백 배가 된 것도 있고 육십 배가 된
것도 있고 삼십 배가 된 것도 있었다.
9 들을 귀가 있는 사람은 알아들어라."

비유로 말씀하신 이유 (마르코 4:10-12; 루가 8:9-10)

10 ◎제자들이 예수께 가까이 와서 "저 사람들
에게는 왜 비유로 말씀하십니까?" 하고 묻
자
11 예수께서 이렇게 대답하셨다. "너희는 하늘
나라의 신비를 알 수 있는 특권을 받았지만
다른 사람들은 받지 못하였다.
12 가진 사람은 더 받아 넉넉하게 되겠지만 못
가진 사람은 그 가진 것마저 빼앗길 것이다.
13 내가 그들에게 비유로 말하는 이유는 그들
이 보아도 보지 못하고 들어도 듣지 못하고
깨닫지도 못하기 때문이다.
14 이사야가 일찍이,
'㉠너희는 듣고 또 들어도 알아듣지 못
하고,
보고 또 보아도 알아보지 못하리라.
15 이 백성이 마음의 문을 닫고
귀를 막고
눈을 감은 탓이니,
그렇지만 않다면
그들이 눈으로 보고
귀로 듣고
마음으로 깨달아 돌아서서
마침내 나한테 온전하게 고침을 받으
리라.'
하고 말하지 않았더냐?
16 그러나 너희의 눈은 볼 수 있으니 행복하고
귀는 들을 수 있으니 행복하다.
17 나는 분명히 말한다. 많은 예언자들과 의인
들이 너희가 지금 보는 것을 보려고 했으나
보지 못하였고 너희가 지금 듣는 것을 들으
려고 했으나 듣지 못하였다."

㉠ 이사 6:9-10.

비유의 설명 (마르코 4:13-20; 루가 8:11-15)

18◎"이제 너희는 씨 뿌리는 사람의 비유가
내포한 뜻을 들어보아라.
19누구든지 하늘 나라에 관한 말씀을 듣고도
깨닫지 못할 때에는 악한 자가 와서 그 마음
에 뿌려진 말씀을 빼앗아 간다. 길바닥에
떨어졌다는 것은 바로 이런 사람을 두고 하
는 말이다.
20또 돌밭에 떨어졌다는 것은 그 말씀을 듣고
곧 기꺼이 받아들이기는 하지만
21그 마음속에 뿌리가 내리지 않아 오래 가지
못하는 사람을 두고 하는 말이다. 그런 사
람은 그 말씀 때문에 환난이나 박해가 닥쳐
오면 곧 넘어지고 만다.
22또 가시덤불에 떨어졌다는 것은 말씀을 듣
기는 하였지만 세상 걱정과 재물의 유혹이
말씀을 억눌러 열매를 맺지 못하는 사람을
두고 하는 말이다.
23그러나 좋은 땅에 떨어졌다는 것은 그 말씀
을 듣고 잘 깨닫는 사람을 두고 하는 말이
다. 그 사람은 백 배 혹은 육십 배 혹은 삼십
배의 열매를 맺는다."

가라지의 비유

24◎예수께서 또 다른 비유를 그들에게 말씀
하셨다. "하늘 나라는 어떤 사람이 밭에 좋
은 씨를 뿌린 것에 비길 수 있다.
25사람들이 잠을 자고 있는 동안에 원수가 와
서 밀밭에 가라지를 뿌리고 갔다.
26밀이 자라서 이삭이 팼을 때 가라지도 드러
났다.
27종들이 주인에게 와서 '주인님, 밭에 뿌리
신 것은 좋은 씨가 아니었습니까? 그런데
가라지는 어디서 생겼습니까?' 하고 묻자
28주인의 대답이 '원수가 그랬구나!' 하였
다. '그러면 저희가 가서 그것을 뽑아버릴
까요?' 하고 종들이 다시 묻자
29주인은 '가만 두어라. 가라지를 뽑다가 밀
까지 뽑으면 어떻게 하겠느냐?
30추수 때까지 둘 다 함께 자라도록 내버려두
어라. 추수 때에 내가 추수꾼에게 일러서
가라지를 먼저 뽑아서 단으로 묶어 불에 태
워버리게 하고 밀은 내 곳간에 거두어들이
게 하겠다.' 하고 대답하였다."

겨자씨의 비유 (마르코 4:30-32; 루가 13:18-19)

31◎예수께서 또 다른 비유를 그들에게 말씀
하셨다. "하늘 나라는 겨자씨에 비길 수 있
다. 어떤 사람이 밭에 겨자씨를 뿌렸다.
32겨자씨는 모든 씨앗 중에서 가장 작은 것이
지만 싹이 트고 자라나면 어느 푸성귀보다
도 커져서 공중의 새들이 날아와 그 가지에
깃들일 만큼 큰 나무가 된다."

누룩의 비유 (루가 13:20-21)

33◎예수께서 또 다른 비유를 그들에게 말씀
하셨다. "어떤 여자가 누룩을 밀가루 서 말
속에 집어넣었더니 온통 부풀어올랐다. 하
늘 나라는 이런 누룩에 비길 수 있다."

비유로 가르치신 예수 (마르코 4:33-34)

34◎예수께서는 이 모든 것을 군중에게 비유
로 말씀하시고 비유가 아니면 아무것도 말
씀하지 않으셨다.
35◎그리하여 예언자를 시켜,
"㉠ 내가 말할 때에는 비유로 말하겠고
천지 창조 때부터 감추인 것을 드러내
리라."
하신 말씀이 그대로 이루어졌다.

가라지 비유 설명

36◎그 뒤에 예수께서 군중을 떠나 집으로 들
어가셨다. 그러자 제자들이 와서 "그 밀밭
의 가라지 비유를 자세히 설명해 주십시
오." 하고 청했다.
37예수께서는 이렇게 설명하셨다. "좋은 씨를
뿌리는 이는 사람의 아들이요,
38밭은 세상이요, 좋은 씨는 하늘 나라의 자
녀요, 가라지는 악한 자의 자녀를 말하는
것이다.
39가라지를 뿌린 원수는 악마요, 추수 때는
세상이 끝나는 날이요, 추수꾼은 천사들
이다.
40그러므로 추수 때에 가라지를 뽑아서 묶어
불에 태우듯이 세상 끝날에도 그렇게 할 것
이다.
41그 날이 오면 사람의 아들이 자기 천사들을
보낼 터인데 그들은 남을 죄짓게 하는 자들
과 악행을 일삼는 자들을 모조리 자기 나라
에서 추려내어
42불구덩이에 처넣을 것이다. 그러면 거기에
서 그들은 가슴을 치며 통곡할 것이다.
43그 때에 의인들은 그들의 아버지의 나라에
서 해와 같이 빛날 것이다. 들을 귀가 있는
사람은 알아들어라."

㉠ 시편 78:2.

보물과 진주와 그물의 비유

44◎"하늘 나라는 밭에 묻혀 있는 보물에 비
길 수 있다. 그 보물을 찾아낸 사람은 그것
을 다시 묻어두고 기뻐하며 돌아가서 있는
것을 다 팔아 그 밭을 산다."
45◎"또 하늘 나라는 어떤 장사꾼이 좋은 진
주를 찾아다니는 것에 비길 수 있다.
46그는 값진 진주를 하나 발견하면 돌아가서
있는 것을 다 팔아 그것을 산다."
47◎"또 하늘 나라는 바다에 그물을 쳐서 온
갖 것을 끌어올리는 것에 비길 수 있다.
48어부들은 그물이 가득 차면 해변에 끌어올
려 놓고 앉아서 좋은 것은 추려 그릇에 담고
나쁜 것은 내버린다.
49세상 끝날에도 이와 같을 것이다. 천사들이
나타나 선한 사람들 사이에 끼여 있는 악한
자들을 가려내어
50불구덩이에 처넣을 것이다. 그러면 거기서
그들은 가슴을 치며 통곡할 것이다."
51예수께서 말씀을 마치시고 "지금 한 말을
다 알아 듣겠느냐?" 하고 물으셨다. 제자
들은 "예." 하고 대답하였다.

비유의 결론

52◎예수께서는 이렇게 말씀을 맺으셨다. "그
러므로 하늘 나라의 교육을 받은 율법학자
는 마치 자기 곳간에서 새 것도 꺼내고 낡은
것도 꺼내는 집주인과 같다."

예언자는 고향에서 존경을 받지 못한다
(마르코 6:1-6; 루가 4:16-30)

53◎예수께서는 이 비유들을 다 말씀하시고
나서 그 곳을 떠나
54고향으로 가셔서 회당에서 가르치셨다. 사
람들은 놀라며 "저 사람이 저런 지혜와 능
력을 어디서 받았을까?
55저 사람은 그 목수의 아들이 아닌가? 어머
니는 마리아요, 그 형제들은 야고보, 요셉,
시몬, 유다가 아닌가?
56그리고 그의 누이들은 모두 우리 동네 사람
들이 아닌가? 그런데 저런 모든 지혜와 능
력이 어디서 생겼을까?" 하면서
57예수를 도무지 믿으려 하지 않았다. 예수께
서는 그들에게 "어디서나 존경을 받는 예언
자도 제 고향과 제 집에서만은 존경을 받지
못한다." 하고 말씀하셨다.
58그리고 그들이 믿지 않으므로 그 곳에서는
별로 기적을 베풀지 않으셨다.

세례자 요한의 죽음 (마르코 6:14-29; 루가 9:7-9)

14 ◎그 무렵에 갈릴래아의 영주 헤로데 왕
이 예수의 소문을 듣고
2신하들에게 "그 사람이 바로 세례자 요한이
다. 죽은 요한이 다시 살아난 것이 틀림없
다. 그렇지 않고서야 그런 능력이 어디서
솟아나겠느냐?" 하고 말하였다.
3일찍이 헤로데는 자기 동생 필립보의 아내
헤로디아의 일로 요한을 잡아 결박하여 감옥
에 가둔 일이 있었는데
4그것은 요한이 헤로데에게 그 여자를 데리고
사는 것은 옳은 일이 아니라고 거듭거듭 간
하였기 때문이었다.
5그래서 헤로데는 요한을 죽이려고 했으나 요
한을 예언자로 여기고 있는 민중이 두려워
서 뜻을 이루지 못하고 있었다.
6그 무렵에 마침 헤로데의 생일이 돌아와서
잔치가 벌어졌는데 헤로디아의 딸이 잔치
손님들 앞에서 춤을 추어 헤로데를 매우 기
쁘게 해주었다.
7그래서 헤로데는 소녀에게 무엇이든지 청하
는 대로 주겠다고 맹세하며 약속하였다.
8그러자 소녀는 제 어미가 시키는 대로 "세
례자 요한의 머리를 쟁반에 담아서 이리 가
져다 주십시오." 하고 청하였다.
9왕은 마음이 몹시 괴로웠지만 이미 맹세한
바도 있고 또 손님들이 보는 앞이어서 소녀
의 청대로 해주라는 명령을 내리고
10사람을 보내어 감옥에 있는 요한의 목을 베
어 오게 하였다.
11그리고 그 머리를 쟁반에 담아다가 소녀에
게 건네자 소녀는 그것을 제 어미에게 갖다
주었다.
12그 뒤 요한의 제자들이 와서 그 시체를 거두
어다가 묻고 예수께 가서 알렸다.

오천 명을 먹이신 기적
(마르코 6:30-44; 루가 9:10-17; 요한 6:1-14)

13◎예수께서 이 말을 들으시고 거기를 떠나
배를 타고 따로 한적한 곳으로 가셨다. 그
러나 여러 동네에서 사람들이 이 소문을 듣
고 육로로 따라왔다.
14예수께서 배에서 내려 거기 모여든 많은 군
중을 보시자 측은한 마음이 들어 그들이 데
리고 온 병자들을 고쳐주셨다.
15저녁때가 되자 제자들이 예수께 와서 "여기
는 외딴 곳이고 시간도 이미 늦었습니다.
그러니 군중들을 헤쳐 제각기 음식을 사먹
도록 마을로 보내시는 것이 좋겠습니다."

하고 말하였다.
16 그러나 예수께서는 "그들을 보낼 것 없이
너희가 먹을 것을 주어라." 하고 이르셨다.
17 제자들이 "우리에게 지금 있는 것이라고는
빵 다섯 개와 물고기 두 마리뿐입니다." 하
고 말하자
18 예수께서는 "그것을 이리 가져오너라." 하
시고는
19 군중을 풀 위에 앉게 하셨다. 그리고 빵 다
섯 개와 물고기 두 마리를 손에 들고 하늘을
우러러 감사의 기도를 드리신 다음, 빵을
떼어 제자들에게 주셨다. 제자들은 그것을
사람들에게 나누어주었다.
20 사람들은 모두 배불리 먹었다. 그리고 남
은 조각을 주워 모으니 열두 광주리에 가
득 찼다.
21 먹은 사람은 여자와 어린이들 외에 남자만
도 오천 명 가량 되었다.

물 위를 걸으신 기적
(마르코 6:45-52; 요한 6:15-21)

22 ◎예수께서 곧 제자들을 재촉하여 배를 태
워 건너편으로 먼저 가게 하시고 그 동안에
군중을 돌려보내셨다.
23 군중을 보내신 뒤에 조용히 기도하시려고
산으로 올라가셔서 날이 이미 저물었는데
도 거기에 혼자 계셨다.
24 그 동안에 배는 육지에서 멀리 떨어져 있었
는데 역풍을 만나 풍랑에 시달리고 있었다.
25 새벽 네 시쯤 되어 예수께서 물 위를 걸어서
제자들에게 오셨다.
26 예수께서 물 위를 걸어오시는 것을 본 제자
들은 겁에 질려 엉겁결에 "유령이다!" 하
며 소리를 질렀다.
27 예수께서 제자들을 향하여 "나다, 안심하여
라. 겁낼 것 없다." 하고 말씀하셨다.
28 베드로가 예수께 "주님이십니까? 그러시다
면 저더러 물 위로 걸어오라고 하십시오."
하고 소리쳤다.
29 예수께서 "오너라." 하시자 베드로는 배에
서 내려 물 위를 밟고 그에게로 걸어갔다.
30 그러다가 거센 바람을 보자 그만 무서운 생
각이 들어 물에 빠져들게 되었다. 그는 "주
님, 살려주십시오!" 하고 비명을 질렀다.
31 예수께서 곧 손을 내밀어 그를 붙잡으시며
"왜 의심을 품었느냐? 그렇게도 믿음이 약
하냐?" 하고 말씀하셨다.
32 그리고 함께 배에 오르시자 바람이 그쳤다.
33 배 안에 있던 사람들이 그 앞에 엎드려 절하
며 "주님은 참으로 하느님의 아들이십니
다." 하고 말하였다.

겐네사렛에서 병자들을 고치신 예수
(마르코 6:53-56)

34 ◎그들이 바다를 건너 겐네사렛 땅에 이르렀
을 때에
35 그 곳 사람들이 예수를 알아보고 그 부근 지
방에 두루 사람을 보내어 온갖 병자들을 다
데려왔다.
36 그리고 그들은 병자들이 예수의 옷자락만이
라도 만지게 해달라고 청하였다. 만진 사람
은 모두 깨끗이 나았다.

유다인들의 전통 (마르코 7:1-23)

15 ◎그 후 예루살렘에서 바리사이파 사람
들과 율법학자들이 예수께 와서
2 "당신의 제자들은 왜 조상들의 전통을 어기
고 있습니까? 그들은 음식을 먹을 때에 손
을 씻지 않으니 어찌 된 일입니까?" 하고
물었다.
3 예수께서 이렇게 대답하셨다. "너희는 왜
너희의 전통을 핑계 삼아 하느님의 계명을
어기고 있느냐?
4 하느님께서는 '㉠부모를 공경하여라.' 하셨
고 또 '㉡아버지나 어머니를 욕하는 자는 반
드시 사형을 받아야 한다.' 하셨다.
5 그런데 너희는 사람을 가르칠 때 누구든지
아버지나 어머니에게 해드릴 것을 '하느님
께 바쳤다.' 하고 말만 하면
6 아버지나 어머니를 봉양하지 않아도 괜찮
다고 한다. 이렇게 너희는 너희의 전통을
핑계 삼아 하느님의 말씀을 무시하고 있다.
7 이 위선자들아, 이사야는 바로 너희를 두고
이렇게 예언하였다.
8 '㉢이 백성이 입술로는 나를 공경하여도
마음은 나에게서 멀리 떠나 있구나!
9 그들은 나를 헛되이 예배하며
사람의 계명을 하느님의 것인 양 가르
친다.'"
10 ◎예수께서 군중을 가까이 불러모으시고 이
렇게 말씀하셨다. "너희는 내 말을 잘 들어
라.
11 입으로 들어가는 것은 사람을 더럽히지 않
는다. 더럽히는 것은 오히려 입에서 나오는
것이다."
12 그 때에 제자들이 와서 예수께 "바리사이파

㉠ 출애 20:12(신명 5:16). ㉡ 칠십인역 출애 21:17. ㉢ 칠십인역 이사 29:13.

사람들이 지금 하신 말씀을 듣고 비위가 상
한 것을 아십니까?" 하고 물었다.
13예수께서 이렇게 대답하셨다. "하늘에 계신
내 아버지께서 심지 않으신 나무는 모두 뽑
힐 것이다.
14그대로 버려두어라. 그들은 눈먼 길잡이들
이다. 소경이 소경을 인도하면 둘 다 구렁
에 빠진다."
15베드로가 나서서 "그 비유의 뜻을 풀이해 주
십시오." 하고 청하자
16예수께서 이렇게 설명하셨다. "너희도 아직
알아듣지 못하였느냐?
17입으로 들어가는 것은 무엇이나 뱃속에 들
어갔다가 뒤로 나가지 않느냐?
18그런데 입에서 나오는 것은 마음에서 나오
는 것인데 바로 그것이 사람을 더럽힌다.
19마음에서 나오는 것은 살인, 간음, 음란, 도
둑질, 거짓 증언, 모독과 같은 여러 가지 악
한 생각들이다.
20이런 것들이 사람을 더럽히는 것이지 손을
씻지 않고 먹는 것이 사람을 더럽히는 것은
아니다."

가나안 여자의 믿음 (마르코 7:24-30)

21◎예수께서 거기를 떠나 띠로와 시돈 지방으
로 가셨다.
22이 때 그 지방에 와 사는 가나안 여자 하나
가 나서서 큰소리로 "다윗의 자손이시여,
저에게 자비를 베풀어주십시오. 제 딸이 마
귀가 들려 몹시 시달리고 있습니다." 하고
계속 간청하였다.
23그러나 예수께서는 아무 대답도 하지 않으
셨다. 그 때에 제자들이 가까이 와서 "저 여
자가 소리를 지르며 따라오고 있으니 돌려
보내시는 것이 좋겠습니다." 하고 말씀 드
렸다.
24예수께서는 "나는 길 잃은 양과 같은 이스라
엘 백성만을 찾아 돌보라고 해서 왔다." 하
고 말씀하셨다.
25그러자 그 여자가 예수께 다가와서 꿇어 엎
드려 "주님, 저를 도와주십시오." 하고 애
원하였다. 그러나
26예수께서는 "자녀들이 먹을 빵을 강아지에
게 던져주는 것은 옳지 않다." 하며 거절하
셨다.
27그러자 그 여자는 "주님, 그렇긴 합니다마
는 강아지도 주인의 상에서 떨어지는 부스
러기는 주워 먹지 않습니까?" 하고 말하
였다.
28그제야 예수께서는 "여인아! 참으로 네 믿
음이 장하다. 네 소원대로 이루어질 것이
다." 하고 말씀하셨다. 바로 그 순간에 그
여자의 딸이 나았다.

많은 병자를 고쳐주신 예수

29◎예수께서 그 곳을 떠나 갈릴래아 호숫가를
지나서 산에 올라가 앉으셨다.
30그러자 많은 군중이 절름발이와 소경과 곰
배팔이와 벙어리와 그 밖의 많은 병자를 예
수의 발 앞에 데려다 놓았다. 예수께서는 그
들을 다 고쳐주셨다.
31그리하여 벙어리가 말을 하고 곰배팔이가
성해지고 절름발이가 제대로 걷고 소경이
눈을 뜬 것을 군중이 보고 크게 놀라 이스라
엘의 하느님을 찬양하였다.

사천 명을 먹이신 기적 (마르코 8:1-10)

32◎그 때에 예수께서 제자들을 불러 "이 많은
사람들이 벌써 사흘 동안이나 나와 함께 지
내면서 아무것도 먹지 못하였으니 참 보기
에 안 되었구나. 가다가 길에서 쓰러질지도
모르니 그들을 굶겨 보내서야 되겠느냐?"
하고 말씀하셨다.
33제자들이 "이런 외딴 곳에서 이 많은 사람
들을 배불리 먹일 만한 빵을 어떻게 구하겠
습니까?" 하자
34예수께서 "빵이 몇 개나 있느냐?" 하고 물
으셨다. 그들이 "빵 일곱 개와 작은 물고기
몇 마리뿐입니다." 하니까
35예수께서는 사람들을 땅에 앉게 하시고
36빵 일곱 개와 물고기를 손에 들고 하느님께
감사의 기도를 드리신 다음 떼어서 제자들
에게 주셨다. 제자들은 그것을 사람들에게
나누어주었다.
37사람들은 모두 배불리 먹었다. 그리고 남
은 조각을 주워모으니 일곱 바구니에 가득
찼다.
38먹은 사람은 여자와 어린이들 외에 남자만
도 사천 명이나 되었다.
39예수께서는 군중을 돌려보내시고 나서 배를
타고 마가단 지방으로 가셨다.

하늘에 기적을 요구하는 유다인들 (마르코 8:11-13; 루가 12:54-56)

16 ◎바리사이파 사람들과 사두가이파 사
람들이 와서 예수의 속을 떠보려고 하
느님의 인정을 받았다는 표가 될 만한 기적
을 보여달라고 하자

2 예수께서 이렇게 대답하셨다. "너희는 저녁
때에는 '하늘이 붉은 것을 보니 날씨가 맑
겠구나.' 하고
3 아침에는 '하늘이 붉고 흐린 것을 보니 오
늘은 날씨가 궂겠구나.' 한다. 이렇게 하늘
을 보고 날씨는 분별할 줄 알면서 왜 시대의
징조는 분별하지 못하느냐?
4 악하고 절개 없는 이 세대가 기적을 요구하
나 요나의 기적밖에는 따로 보여줄 것이 없
다." 그리고 나서 예수께서는 그들을 뒤에
두고 떠나가셨다.

그들의 누룩을 조심하여라 (마르코 8:14-21)

5 ◎제자들이 호수 건너편으로 가면서 잊어버
리고 빵을 가져가지 못하였다.
6 그런데 예수께서 "너희는 정신을 차리고 바
리사이파 사람들과 사두가이파 사람들의 누
룩을 조심하여라." 하고 말씀하시자
7 제자들은 "우리가 빵을 가져오지 않았구
나!" 하며 수군거렸다.
8 예수께서 그 눈치를 알아채시고 이렇게 말
씀하셨다. "빵이 없다고 걱정들을 하다니,
너희는 그렇게도 믿음이 약하냐?
9 아직도 모르겠느냐? 빵 다섯 개로 오천 명
이나 먹이고도 남아서 거두어들인 것이 몇
바구니나 되었느냐?
10 그리고 빵 일곱 개로 사천 명을 먹였을 때는
또 몇 바구니나 거두어들였느냐? 그것을
다 잊었느냐?
11 내가 한 말은 빵 이야기가 아니었는데 그것
을 어찌하여 깨닫지 못하느냐? 바리사이파
사람들과 사두가이파 사람들의 누룩을 조심
하여라."
12 그제야 그들은 예수께서 조심하라고 하신
것이 빵의 누룩이 아니라 바리사이파 사람
들과 사두가이파 사람들의 가르침이라는 것
을 깨달았다.

베드로의 고백 (마르코 8:27-30; 루가 9:18-21)

13 ◎예수께서 필립보의 가이사리아 지방에 이
르렀을 때에 제자들에게 "사람의 아들을 누
구라고 하더냐?" 하고 물으셨다.
14 "어떤 사람들은 세례자 요한이라 하고 어떤
사람들은 엘리야라 하고 또 예레미야나 예언
자 가운데 한 분이라고 하는 사람들도 있습
니다." 제자들이 이렇게 대답하자
15 예수께서 이번에는 "그러면 너희는 나를 누
구라고 생각하느냐?" 하고 물으셨다.
16 "선생님은 살아 계신 하느님의 아들 그리
스도이십니다." 시몬 베드로가 이렇게 대답
하자
17 예수께서는 "시몬 바르요나, 너에게 그것을
알려주신 분은 사람이 아니라 하늘에 계신
내 아버지시니 너는 복이 있다.
18 잘 들어라. 너는 ㉠베드로이다. 내가 이 반
석 위에 내 교회를 세울 터인즉 죽음의 힘도
감히 그것을 누르지 못할 것이다.
19 또 나는 너에게 하늘 나라의 열쇠를 주겠다.
네가 무엇이든지 땅에서 매면 하늘에도 매
여 있을 것이며 땅에서 풀면 하늘에도 풀려
있을 것이다." 하고 말씀하셨다.
20 그리고 나서 예수께서는 자신이 그리스도라
는 것을 아무에게도 말하지 말라고 단단히
당부하셨다.

수난에 대한 첫 번째 예고 (마르코 8:31-9:1; 루가 9:22-27)

21 ◎그 때부터 예수께서는 제자들에게 자신이
반드시 예루살렘에 올라가 원로들과 대사제
들과 율법학자들에게 많은 고난을 받고 그
들의 손에 죽었다가 사흘 만에 다시 살아날
것임을 알려주셨다.
22 베드로는 예수를 붙들고 "주님, 안 됩니다.
결코 그런 일이 있어서는 안 됩니다." 하고
말리었다.
23 그러나 예수께서는 베드로를 돌아다보시고
"사탄아, 물러가라. 너는 나에게 장애물이
다. 너는 하느님의 일을 생각하지 않고 사
람의 일만을 생각하는구나!" 하고 꾸짖으
셨다.

예수를 따르는 길

24 ◎그리고 제자들에게 이렇게 말씀하셨다.
"나를 따르려는 사람은 누구든지 자기를 버
리고 제 십자가를 지고 따라야 한다.
25 제 목숨을 살리려고 하는 사람은 잃을 것이
며 나를 위하여 제 목숨을 잃는 사람은 얻을
것이다.
26 사람이 온 세상을 얻는다 해도 제 목숨을 잃
으면 무슨 소용이 있겠느냐? 사람의 목숨
을 무엇과 바꾸겠느냐?
27 사람의 아들이 아버지의 영광에 싸여 자기
천사들을 거느리고 올 터인데 그 때에 ㉡그
는 각자에게 그 행한 대로 갚아줄 것이다.
28 나는 분명히 말한다. 여기 서 있는 사람들
중에는 죽기 전에 사람의 아들이 자기 나라

㉠ 베드로는 '반석'이라는 뜻이다. ㉡ 시편 62:12(잠언 24:12 참조).

에 임금으로 오는 것을 볼 사람도 있다."

예수의 영광스러운 변모
(마르코 9:2-8; 루가 9:28-36)

17 ◎엿새 후에 예수께서는 베드로와 야고
보와 야고보의 동생 요한만을 데리시고
따로 높은 산으로 올라가셨다.
2 그 때 예수의 모습이 그들 앞에서 변하여 얼
굴은 해와 같이 빛나고 옷은 빛과 같이 눈부
셨다.
3 그리고 난데없이 모세와 엘리야가 나타나서
예수와 함께 이야기하고 있었다.
4 그 때에 베드로가 나서서 예수께 "주님, 저
희가 여기에서 지내면 얼마나 좋겠습니까!
괜찮으시다면 제가 여기에 초막 셋을 지어
하나는 주님께, 하나는 모세에게, 하나는 엘
리야에게 드리겠습니다." 하고 말하였다.
5 베드로의 이 말이 채 끝나기도 전에 빛나는
구름이 그들을 덮더니 구름 속에서 "㉠이는
내 사랑하는 아들, 내 마음에 드는 아들이
니 너희는 그의 말을 들어라." 하는 소리가
들려왔다.
6 이 소리를 듣고 제자들은 너무도 두려워서
땅에 엎드렸다.
7 예수께서 그들에게 가까이 오셔서 손으로
어루만지시며 "두려워하지 말고 모두 일어
나라." 하고 말씀하셨다.
8 그들이 고개를 들고 쳐다보았을 때는 예수
밖에 아무도 보이지 않았다.

엘리야와 요한 (마르코 9:9-13)

9 ◎예수께서 제자들과 함께 산에서 내려오시
는 길에 "사람의 아들이 죽었다가 다시 살아
날 때까지는 지금 본 것을 아무에게도 말하
지 마라." 하고 단단히 당부하셨다.
10 그 때에 제자들이 "율법학자들은 엘리야가
먼저 와야 한다고 하는데 어떻게 된 일입니
까?" 하고 물었다.
11 예수께서는 "과연 엘리야가 와서 모든 준비
를 갖추어놓을 것이다.
12 그런데 실상 엘리야는 벌써 왔다. 그러나 사
람들이 그를 알아보지 못하고 제멋대로 다
루었다. 사람의 아들도 이와 같이 그들에게
고난을 받을 것이다." 하고 대답하셨다.
13 그제야 비로소 제자들은 이것이 세례자 요
한을 두고 하신 말씀인 줄을 깨달았다.

마귀에게 사로잡힌 아이
(마르코 9:14-29; 루가 9:37-43 상반)

14 ◎그들이 군중에게 돌아오자 한 사람이 예
수께 와서 무릎을 꿇고
15 "주님, 제 아들이 간질병으로 몹시 시달리
고 있으니 자비를 베풀어주십시오. 그 아이
는 가끔 불 속에 뛰어들기도 하고 물 속에
빠지기도 합니다.
16 그래서 주님의 제자들에게 데려가 보았지
만 그들은 고치지 못했습니다." 하고 말씀
드렸다.
17 예수께서는 "아, 이 세대가 왜 이다지도 믿
으려 하지 않고 비뚤어졌을까? 내가 언제
까지나 너희와 함께 살며 이 성화를 받아야
한단 말이냐? 그 아이를 나에게 데려오너
라." 하시고는
18 마귀에게 호령하시자 마귀는 나가고 아이
는 곧 나았다.
19 사람들이 없을 때에 제자들이 예수께 와서
"저희는 왜 마귀를 쫓아내지 못하였습니
까?" 하고 물었다.
20 예수께서 이렇게 대답하셨다. "너희의 믿음
이 약한 탓이다. 나는 분명히 말한다. 너희
에게 겨자씨 한 알만한 믿음이라도 있다면
이 산더러 '여기서 저기로 옮겨져라.' 해도
그대로 될 것이다. 너희가 못할 일은 하나
도 없을 것이다."㉡

수난에 대한 두 번째 예고
(마르코 9:30-32; 루가 9:43 하반-45)

22 ◎그들이 갈릴래아에 모여 있을 때에 예수께
서 이런 말씀을 하셨다. "사람의 아들은 머
지않아 사람들에게 잡혀
23 그들의 손에 죽었다가 사흘 만에 다시 살아
날 것이다." 이 말씀을 듣고 제자들은 매우
슬퍼하였다.

세금을 바치신 예수

24 ◎그들이 가파르나움에 이르렀을 때에 ㉢성
전세를 받으러 다니는 사람들이 베드로에게
와서 "당신네 선생님은 성전세를 바칩니
까?" 하고 물었다.
25 "예, 바치십니다." 베드로가 이렇게 대답하
고 집에 들어갔더니 예수께서 먼저 "시몬아,
너는 어떻게 생각하느냐? 세상 임금들이
관세나 인두세를 누구한테서 받아내느냐?
자기 자녀들한테서 받느냐? 남한테서 받느

㉠ 시편 2:7. ㉡ 어떤 사본에는 21절에 다음과 같은 말이 있다. "그러나 이런 종류의 마귀는 기도와 단식을 하지 않고서는 쫓아낼 수 없다." ㉢ 성전에 바치는 세금인데, 로마 동전으로 이 드라크마, 유다 돈으로 반 세겔이다.

나?" 하고 물으셨다.
26"남한테서 받아냅니다." 하고 베드로가 대
답하자 예수께서 다시 이렇게 말씀하셨다.
"그렇다면 자녀들은 세금을 물지 않아도 되
지 않겠느냐?
27그러나 우리가 그들의 비위를 건드릴 것은
없으니 이렇게 하여라. 바다에 가서 낚시를
던져 맨 먼저 낚인 고기를 잡아 입을 열어보
아라. 그 속에 한 ㉠스타테르짜리 은전이 들
어 있을 터이니 그것을 꺼내서 내 몫과 네
몫으로 갖다내어라."

천국에서 가장 위대한 사람
(마르코 9:33-37; 루가 9:46-48; 22:24-27)

18 ◎그 때에 제자들이 예수께 와서 "하늘
나라에서는 누가 가장 위대합니까?"
하고 물었다.
2예수께서 어린이 하나를 불러 그들 가운데
세우시고
3"나는 분명히 말한다. 너희가 생각을 바꾸
어 어린이와 같이 되지 않으면 결코 하늘 나
라에 들어가지 못할 것이다.
4그리고 하늘 나라에서 가장 위대한 사람은
자신을 낮추어 이 어린이와 같이 되는 사람
이다.
5또 누구든지 나를 받아들이듯이 이런 어린
이 하나를 받아들이는 사람은 곧 나를 받아
들이는 사람이다." 하고 대답하셨다.

죄의 유혹 (마르코 9:42-48; 루가 17:1-2)

6◎"그러나 나를 믿는 이 보잘것없는 사람들
가운데 누구 하나라도 죄짓게 하는 사람은
그 목에 연자맷돌을 달고 깊은 바다에 던져
져 죽는 편이 오히려 나을 것이다.
7사람을 죄짓게 하는 이 세상은 참으로 불행
하다. 이 세상에 죄악의 유혹은 있게 마련
이지만 남을 죄짓게 하는 사람은 참으로 불
행하다."
8◎"손이나 발이 죄를 짓게 하거든 그것을
찍어 던져버려라. 두 손과 두 발을 가지고
영원한 불 속에 던져지는 것보다는 차라리
불구의 몸이 되더라도 영원한 생명에 들어
가는 편이 더 낫다.
9또 눈이 죄를 짓게 하거든 그것을 빼어 던져
버려라. 두 눈을 가지고 불붙는 지옥에 던
져지는 것보다는 한 눈을 잃더라도 영원한
생명에 들어가는 편이 더 낫다."

잃은 양 한 마리 (루가 15:3-7)

10◎"너희는 이 보잘것없는 사람들 가운데 누
구 하나라도 업신여기는 일이 없도록 조심
하여라. 하늘에 있는 그들의 천사들이 하늘
에 계신 내 아버지를 항상 모시고 있다는 것
을 알아두어라."㉡
12◎"너희의 생각은 어떠하냐? 어떤 사람에
게 양 백 마리가 있었는데 그 중의 한 마리
가 길을 잃었다고 하자. 그 사람은 아흔아
홉 마리를 산에 그대로 둔 채 그 길 잃은 양
을 찾아 나서지 않겠느냐?
13나는 분명히 말한다. 그 양을 찾게 되면 그
는 길을 잃지 않은 아흔아홉 마리 양보다
오히려 그 한 마리 양 때문에 더 기뻐할 것
이다.
14이와 같이 하늘에 계신 너희의 아버지께서
는 이 보잘것없는 사람들 가운데 하나라도
망하는 것을 원하시지 않는다."

형제가 죄를 지으면 (루가 17:3)

15◎"어떤 형제가 너에게 잘못한 일이 있거든
단 둘이 만나서 그의 잘못을 타일러주어라.
그가 말을 들으면 너는 형제 하나를 얻는 셈
이다.
16그러나 듣지 않거든 한 사람이나 두 사람을
더 데리고 가라. 그리하여 '두 사람이나 세
사람의 증언을 들어 확정하여라.' 한 말씀
대로 모든 사실을 밝혀라.
17그래도 그들의 말을 듣지 않거든 교회에 알
리고 교회의 말조차 듣지 않거든 그를 이방
인이나 세리처럼 여겨라."
18◎"나는 분명히 말한다. 너희가 무엇이든지
땅에서 매면 하늘에도 매여 있을 것이며 땅
에서 풀면 하늘에도 풀려 있을 것이다."

내 이름으로 모인 곳

19◎"내가 다시 말한다. 너희 중의 두 사람이
이 세상에서 마음을 모아 구하면 하늘에 계
신 내 아버지께서는 무슨 일이든 다 들어주
실 것이다.
20단 두세 사람이라도 내 이름으로 모인 곳에
는 나도 함께 있기 때문이다."

일곱 번씩 일흔 번이라도 용서하여라

21◎그 때에 베드로가 예수께 와서 "주님, 제
형제가 저에게 잘못을 저지르면 몇 번이나
용서해 주어야 합니까? 일곱 번이면 되겠

㉠ 사 드라크마짜리 로마 화폐인데, 유다 돈으로 한 세겔이다. ㉡ 어떤 사본에는 11절에 다음과 같은 말이 있다. "사람의 아들은 잃어버린 사람을 찾아 구원하러 왔기 때문이다."

습니까?" 하고 묻자
22 예수께서는 이렇게 대답하셨다. "일곱 번
뿐 아니라 일곱 번씩 일흔 번이라도 용서
하여라."

무자비한 종의 비유

23 ◎"하늘 나라는 이렇게 비유할 수 있다. 어
떤 왕이 자기 종들과 셈을 밝히려 하였다.
24 셈을 시작하자 일만 ㉠달란트나 되는 돈을
빚진 사람이 왕 앞에 끌려왔다.
25 그에게 빚을 갚을 길이 없었으므로 왕은
'네 몸과 네 처자와 너에게 있는 것을 다 팔
아서 빚을 갚아라.' 하였다.
26 이 말을 듣고 종이 엎드려 왕에게 절하며
'조금만 참아주십시오. 곧 다 갚아드리겠
습니다.' 하고 애걸하였다.
27 왕은 그를 가엾게 여겨 빚을 탕감해 주고 놓
아 보냈다.
28 그런데 그 종은 나가서 자기에게 백 데나리
온밖에 안 되는 빚을 진 동료를 만나자 달려
들어 멱살을 잡으며 '내 빚을 갚아라.' 하
고 호통을 쳤다.
29 그 동료는 엎드려 '꼭 갚을 터이니 조금만
참아주게.' 하고 애원하였다.
30 그러나 그는 들어주기는커녕 오히려 그 동
료를 끌고 가서 빚진 돈을 다 갚을 때까지
감옥에 가두어두었다.
31 다른 종들이 이 광경을 보고 매우 분개하여
왕에게 가서 이 일을 낱낱이 일러바쳤다.
32 그러자 왕은 그 종을 불러들여 '이 몹쓸 종
아, 네가 애걸하기에 나는 그 많은 빚을 탕
감해 주지 않았느냐?
33 그렇다면 내가 너에게 자비를 베푼 것처럼
너도 네 동료에게 자비를 베풀었어야 할 것
이 아니냐?' 하며
34 몹시 노하여 그 빚을 다 갚을 때까지 그를
형리에게 넘겼다.
35 너희가 진심으로 형제들을 서로 용서하지
않으면 하늘에 계신 내 아버지께서도 너희
에게 이와 같이 하실 것이다."

결혼과 이혼 (마르코 10:1-12)

19 ◎예수께서는 이 말씀을 마치시고 갈릴
래아를 떠나 요르단 강 건너편 유다 지
방으로 가셨는데
2 사람들이 또 많이 몰려왔으므로 거기서도
병자들을 고쳐주셨다.
3 ◎바리사이파 사람들이 와서 예수의 속을 떠
보려고 "무엇이든지 이유가 닿기만 하면
남편이 아내를 버려도 좋습니까?" 하고 물
었다.
4 그러자 예수께서는 "처음부터 창조주께서
사람을 남자와 여자로 만드셨다는 것과
5 또 '그러므로 남자는 부모를 떠나 제 아내
와 합하여 한 몸을 이루리라.' 하신 말씀을
아직 읽어보지 못하였느냐?
6 따라서 그들은 이제 둘이 아니라 한 몸이
다. 그러니 하느님께서 짝지어 주신 것을
사람이 갈라놓아서는 안 된다." 하고 대답
하셨다.
7 그들은 다시 "모세는 '㉡아내를 버리려 할
때에는 이혼장을 써주어라.' 했으니 그것은
무슨 까닭입니까?" 하고 물었다.
8 예수께서는 "모세는 너희의 마음이 굳을 대
로 굳어져서 아내와 이혼을 해도 좋다고 하
였지만 처음부터 그랬던 것은 아니다.
9 나는 이렇게 말한다. ㉢음행한 까닭 외에 아
내를 버리고 다른 여자와 결혼하면 간음하
는 것이다." 하고 대답하셨다.
10 제자들이 이 말씀을 듣고 예수께 "남편과
아내의 관계가 그런 것이라면 차라리 결혼
하지 않는 것이 좋겠습니다." 하였더니
11 예수께서 이렇게 대답하셨다. "그것은 아무
나 할 수 있는 일이 아니다. 다만 하느님께
서 허락하신 사람만이 할 수 있다.
12 처음부터 결혼하지 못할 몸으로 태어난 사
람도 있고 사람의 손으로 그렇게 된 사람도
있고 또 하늘 나라를 위하여 스스로 결혼하
지 않는 사람도 있다. 이 말을 받아들일 만
한 사람은 받아들여라."

어린이들을 축복하신 예수
(마르코 10:13-16; 루가 18:15-17)

13 ◎그 때 사람들이 어린이들을 예수께 데리
고 와서 머리에 손을 얹어 기도해 주시기를
청하였다. 제자들이 그들을 나무라자
14 예수께서는 "어린이들이 나에게 오는 것을
막지 말고 그대로 두어라. 하늘 나라는 이
런 어린이와 같은 사람들의 것이다." 하고
말씀하셨다.
15 그리고 그들의 머리 위에 손을 얹어 축복해
주시고 나서 그 곳을 떠나셨다.

부자 청년; 낙타와 바늘귀
(마르코 10:17-27; 루가 18:18-27)

16 ◎한번은 어떤 사람이 예수께 와서 "선생님,

㉠ 로마 금돈의 명칭이다, 한 달란트는 육천 데나리온, 이백 세겔이다. ㉡ 신명 24:1. ㉢ 마태 5:31 주 참조.

제가 무슨 선한 일을 해야 영원한 생명을 얻
겠습니까?" 하고 물었다.
17 예수께서는 "왜 너는 나에게 와서 선한 일
에 대하여 묻느냐? 참으로 선하신 분은 오
직 한 분뿐이시다. 네가 생명의 나라로 들
어가려거든 계명을 지켜라." 하고 대답하
셨다.
18 그 젊은이가 "어느 계명입니까?" 하고 묻
자 예수께서는 "'㉠살인하지 마라. 간음하
지 마라. 도둑질하지 마라. 거짓 증언하지
마라.
19 부모를 공경하여라.' 그리고 '㉡네 이웃을
네 몸같이 사랑하여라.' 하는 계명이다."
하고 대답하셨다.
20 그 젊은이가 "저는 그 모든 것을 다 지켰습
니다. 그런데 아직도 무엇을 더 해야 되겠
습니까?" 하고 다시 묻자
21 예수께서는 "네가 완전한 사람이 되려거든
가서 너의 재산을 다 팔아 가난한 사람들에
게 나누어주어라. 그러면 하늘에서 보화를
얻게 될 것이다. 그러니 내가 시키는 대로
하고 나서 나를 따라오너라." 하셨다.
22 그러나 그 젊은이는 재산이 많았기 때문에
이 말씀을 듣고 풀이 죽어 떠나갔다.
23 ◎예수께서는 제자들에게 이렇게 말씀하셨
다. "나는 분명히 말한다. 부자는 하늘 나라
에 들어가기가 어렵다.
24 거듭 말하지만 부자가 하느님 나라에 들어
가는 것보다는 낙타가 바늘귀로 빠져 나가
는 것이 더 쉬울 것이다."
25 제자들이 이 말씀을 듣고 깜짝 놀라서 "그
러면 구원받을 사람이 어디 있겠습니까?"
하고 물었다.
26 예수께서는 그들을 똑바로 보시며 "그것은
사람의 힘으로 할 수 없는 일이다. 그러나
하느님께서는 무슨 일이든 하실 수 있다."
하고 말씀하셨다.

백 배의 상 (마르코 10:28-31; 루가 18:28-30)

27 ◎그 때에 베드로가 나서서 "보시다시피 저
희는 모든 것을 버리고 주님을 따랐습니다.
그러니 저희는 무엇을 받게 되겠습니까?"
하고 물었다.
28 예수께서는 이렇게 대답하셨다. "나는 분명
히 말한다. 너희는 나를 따랐으니 새 세상
이 와서 사람의 아들이 영광스러운 옥좌에
앉을 때에 너희도 열두 옥좌에 앉아 이스라
엘 열두 지파를 심판하게 될 것이다.
29 나를 따르려고 제 집이나 형제나 자매나
㉢부모나 자식이나 토지를 버린 사람은 백
배의 상을 받을 것이며, 또 영원한 생명을
얻을 것이다.
30 그러나 첫째였다가 꼴찌가 되고 꼴찌였다
가 첫째가 되는 사람들이 많을 것이다."

포도원 일꾼과 품삯

20 ◎"하늘 나라는 이렇게 비유할 수 있
다. 어떤 포도원 주인이 포도원에서 일
할 일꾼을 얻으려고 이른 아침에 나갔다.
2 그는 일꾼들과 하루 품삯을 돈 한 데나리온
으로 정하고 그들을 포도원으로 보냈다.
3 아홉 시쯤에 다시 나가서 장터에 할 일 없이
서 있는 사람들을 보고
4 '당신들도 내 포도원에 가서 일하시오. 그
러면 일한 만큼 품삯을 주겠소.' 하고 말하
니
5 그들도 일하러 갔다. 주인은 열두 시와 오
후 세 시쯤에도 나가서 그와 같이 하였다.
6 오후 다섯 시쯤에 다시 나가보니 할 일 없이
서 있는 사람들이 또 있어서 '왜 당신들은
하루 종일 이렇게 빈둥거리며 서 있기만 하
오?' 하고 물었다.
7 그들은 '아무도 우리에게 일을 시키지 않아
서 이러고 있습니다.' 하고 대답하였다. 그
래서 주인은 '당신들도 내 포도원으로 가서
일하시오.' 하고 말하였다.
8 날이 저물자 포도원 주인은 자기 관리인에
게 '일꾼들을 불러 맨 나중에 온 사람들부
터 시작하여 맨 먼저 온 사람들에게까지 차
례로 품삯을 치르시오.' 하고 일렀다.
9 오후 다섯 시쯤부터 일한 일꾼들이 와서 한
데나리온씩을 받았다.
10 그런데 맨 처음부터 일한 사람들은 품삯을
더 많이 받으려니 했지만 그들도 한 데나리
온씩밖에 받지 못하였다.
11 그들은 돈을 받아들고 주인에게 투덜거리
며
12 '막판에 와서 한 시간밖에 일하지 않은 저
사람들을 온종일 뙤약볕 밑에서 수고한 우
리들과 똑같이 대우하십니까?' 하고 따졌
다.
13 그러자 주인은 그들 가운데 한 사람을 보고
'내가 당신에게 잘못한 것이 무엇이오? 당
신은 나와 품삯을 한 데나리온으로 정하지
않았소?
14 당신의 품삯이나 가지고 가시오. 나는 이

㉠ 출애 20:12-16(신명 5:16-20). ㉡ 레위 19:18. ㉢ 어떤 사본에는 "부모나" 다음에 "아내나"라는 말이 있다.

마지막 사람에게도 당신에게 준 만큼의 삯
을 주기로 한 것이오.
15 내 것을 내 마음대로 처리하는 것이 잘못이
란 말이오? 내 후한 처사가 비위에 거슬린
단 말이오?' 하고 말하였다.
16 이와 같이 꼴찌가 첫째가 되고 첫째가 꼴찌
가 될 것이다."

수난에 대한 세 번째 예고
(마르코 10:32-34; 루가 18:31-34)

17 ◎예수께서 예루살렘으로 올라가시는 도중
에 열두 제자를 가까이 불러 조용히 말씀하
셨다.
18 "우리는 지금 예루살렘으로 올라가고 있다.
거기에서 사람의 아들은 대사제들과 율법학
자들의 손에 넘어가 사형 선고를 받을 것
이다.
19 그리고 이방인들의 손에 넘어가 조롱과 채
찍질을 당하며 십자가에 달려 죽었다가 사
흘 만에 다시 살아나게 될 것이다."

섬기는 자가 다스린다 (마르코 10:35-45)

20 ◎그 때에 제베대오의 두 아들이 어머니와
함께 예수께 왔는데 그 어머니는 무엇인가
를 청할 양으로 엎드려 절을 하였다.
21 예수께서 그 부인에게 "원하는 것이 무엇이
냐?" 하고 물으시자 그 부인은 "주님의 나
라가 서면 저의 이 두 아들을 하나는 주님의
오른편에, 하나는 왼편에 앉게 해주십시
오." 하고 부탁하였다.
22 그래서 예수께서 그 형제들에게 "너희가 청
하는 것이 무엇인지나 알고 있느냐? 내가
마시게 될 잔을 너희도 마실 수 있느냐?"
하고 물으셨다. 그들이 "마실 수 있습니
다." 하고 대답하자
23 예수께서는 다시 이렇게 말씀하셨다. "너희
도 내 잔을 마시게 될 것이다. 그러나 내 오
른편과 내 왼편 자리에 앉는 특권은 내가 주
는 것이 아니다. 그 자리에 앉을 사람들은
내 아버지께서 미리 정해 놓으셨다."
24 이 말을 듣고 있던 다른 열 제자가 그 형제
를 보고 화를 냈다.
25 예수께서는 그들을 가까이 불러놓고 "너희
도 알다시피 세상에서는 통치자들이 백성
을 강제로 지배하고 높은 사람들이 백성을
권력으로 내리누른다.
26 그러나 너희는 그래서는 안 된다. 너희 사
이에서 높은 사람이 되고자 하는 사람은 남
을 섬기는 사람이 되어야 하고
27 으뜸이 되고자 하는 사람은 종이 되어야
한다.
28 사실은 사람의 아들도 섬김을 받으러 온 것
이 아니라 섬기러 왔고 많은 사람을 위하여
목숨을 바쳐 몸값을 치르러 온 것이다." 하
셨다.

예리고의 두 소경
(마르코 10:46-52; 루가 18:35-43)

29 ◎그들이 예리고를 떠날 때에 큰 군중이 예
수를 따라왔다.
30 그런데 소경 두 사람이 길가에 앉아 있다가
예수께서 지나가신다는 말을 듣고 큰소리
로, "다윗의 자손이신 주님, 우리에게 자비
를 베풀어주십시오." 하고 외쳤다.
31 사람들이 떠들지 말라고 꾸짖었으나 그들
은 더욱 큰소리로 "다윗의 자손이신 주님,
우리에게 자비를 베풀어주십시오." 하고
외쳤다.
32 예수께서 걸음을 멈추시고 그들을 부르신
다음, "나에게 바라는 것이 무엇이냐?" 하
고 물으셨다.
33 "주님, 눈을 뜨게 해주십시오." 이 말에
34 예수께서 측은한 마음이 들어 그들의 눈에
손을 대시자 그들은 곧 눈을 뜨게 되었다.
그리고 예수를 따랐다.

예루살렘 입성
(마르코 11:1-11; 루가 19:28-38; 요한 12:12-19)

21 ◎그들이 예루살렘에 가까이 와서 올리
브 산 근처 벳파게에 이르렀을 때에 예
수께서는 두 제자를 보내시며
2 이렇게 이르셨다. "맞은편 마을로 가보아
라. 그러면 나귀 한 마리가 매여 있을 터인
데 그 새끼도 곁에 있을 것이다. 그 나귀를
풀어 나에게로 끌고 오너라.
3 혹시 누가 무어라고 하거든 '주께서 쓰시겠
답니다.' 하고 말하여라. 그러면 곧 내어줄
것이다."
4 이리하여 예언자를 시켜,
5 "㉠시온의 딸에게 알려라.
네 임금이 너에게 오신다.
그는 겸손하시어 암나귀를 타시고
멍에 메는 짐승의 새끼, 어린 나귀를
타고 오신다."
하신 말씀이 이루어졌다.
6 ◎제자들은 가서 예수께서 일러주신 대로

㉠ 이사 62:11; 즈가 9:9.

7 나귀와 나귀 새끼를 끌고 와서 그 위에 겉옷
을 얹어놓았다. 예수께서 거기에 올라앉으
시자
8 많은 사람들이 겉옷을 벗어 길에 펴놓는가
하면 어떤 사람들은 나뭇가지를 꺾어다가
길에 깔아놓기도 하였다.
9 그리고 앞뒤에서 따르는 사람들이 모두 환
성을 올렸다.
"㉠호산나! 다윗의 자손!
주의 이름으로 오시는 이여,
찬미받으소서.
지극히 높은 하늘에서도 호산나!"
10◎예수께서 예루살렘에 들어가시자 온 시민
이 들떠서 "이분이 누구냐?" 하고 물었다.
11 사람들은 "이분은 갈릴래아 나자렛에서 오
신 예언자 예수요." 하고 대답하였다.

성전 뜰에서 쫓겨난 상인들
(마르코 11:15-19; 루가 19:45-48; 요한 2:13-22)

12◎예수께서는 성전 뜰 안으로 들어가 거기
에서 팔고 사고 하는 사람들을 다 쫓아내시
고 환금상들의 탁자와 비둘기 장수들의 의
자를 둘러엎으셨다.
13 그리고 그들에게 "성서에 '㉡내 집은 기도
하는 집이라고 불리리라.' 했는데 너희는
이 집을 '㉢강도의 소굴'로 만들었다." 하
고 나무라셨다.
14◎그 때 예수께서는 성전 뜰 안에 있던 소경
들과 절름발이들이 앞으로 나오자 그들을
모두 고쳐주셨다.
15 대사제들과 율법학자들은 예수께서 행하신
여러 가지 놀라운 일이며 성전 뜰에서 "호
산나! 다윗의 자손!" 하고 외치는 아이들
을 보고 화가 치밀어서
16 예수께 "이 아이들이 하는 말이 들립니까?"
하고 물었다. 예수께서는 그들에게 "들린
다. '㉣주께서 어린이들과 젖먹이들의 입으
로 주를 찬양하게 하시리라.' 하신 말씀을
읽어본 일이 없느냐?" 하고 대답하셨다.
17 그리고 예수께서는 그들을 떠나 성밖에 있
는 베다니아로 가셔서 밤을 지내셨다.

저주받은 무화과나무 (마르코 11:12-14, 20-24)

18◎이튿날 아침에 예수께서 성안으로 들어오
시다가 마침 시장하시던 참에
19 길가에 무화과나무 한 그루가 서 있는 것을
보시고 그리로 가셨다. 그러나 잎사귀밖에
는 아무것도 보이지 않았으므로 그 나무를
향하여 "이제부터 너는 영원히 열매를 맺지
못하리라." 하고 말씀하셨다. 그러자 무화
과나무는 곧 말라버렸다.
20 제자들이 이것을 보고 놀라서 "무화과나무
가 어찌하여 그렇게 당장 말라버렸습니
까?" 하고 물었다.
21 예수께서는 이렇게 말씀하셨다. "나는 분명
히 말한다. 너희가 의심하지 않고 믿는다면
이 무화과나무에서 본 일을 할 수 있을 뿐만
아니라 이 산더러 '번쩍 들려서 바다에 빠
져라.' 하더라도 그대로 될 것이다.
22 또 너희가 기도할 때에 믿고 구하는 것은 무
엇이든지 다 받을 것이다."

예수의 권한에 대한 질문
(마르코 11:27-33; 루가 20:1-8)

23◎예수께서 성전에 들어가서 가르치고 계실
때에 대사제들과 백성의 원로들이 와서
"당신은 무슨 권한으로 이런 일들을 합니
까? 누가 이런 권한을 주었습니까?" 하고
물었다.
24 "나도 한 가지 물어보겠다. 너희가 대답하
면 나도 무슨 권한으로 이 일을 하는지 말하
겠다.
25 요한은 누구에게서 권한을 받아 세례를 베
풀었느냐? 하늘이 준 것이냐? 사람이 준
것이냐?" 하고 반문하시자 그들은 자기들
끼리 "그 권한을 하늘이 주었다고 하면 왜
그를 믿지 않았느냐 할 것이고
26 사람이 주었다고 하면 모두들 요한을 예언
자로 여기고 있으니 군중이 가만 있지 않을
테지?" 하고 의논한 끝에
27 "모르겠습니다." 하고 대답하였다. 예수께
서는 "나도 무슨 권한으로 이런 일을 하는
지 말하지 않겠다." 하고 말씀하셨다.

두 아들의 비유

28◎"또 이런 것은 어떻게 생각하느냐? ㉤어
떤 사람이 두 아들을 두었는데 먼저 맏아들
에게 가서 '얘야, 너 오늘 포도원에 가서 일
을 하여라.' 하고 일렀다.
29 맏아들은 처음에는 싫다고 하였지만 나중
에 뉘우치고 일하러 갔다.
30 아버지는 둘째 아들에게 가서도 같은 말을
하였다. 둘째 아들은 가겠다는 대답만 하고
가지는 않았다.

㉠ 시편 118:25-26. ㉡ 이사 56:7 하반. ㉢ 예레 7:11. ㉣ 칠십인역 시편 8:2. ㉤ 다른 사본에는 맏아들과 둘째 아들의 경우가 바뀌어져 있다.

31 이 둘 중에 아버지의 뜻을 받든 아들은 누구
이겠느냐?" 하고 예수께서 물으셨다. 그들
이 "맏아들입니다." 하고 대답하자 예수께
서는 이렇게 말씀하셨다. "나는 분명히 말
한다. 세리와 창녀들이 너희보다 먼저 하느
님의 나라에 들어가고 있다.
32 사실 요한이 너희를 찾아와서 올바른 길을
가르쳐줄 때에 너희는 그의 말을 믿지 않았
지만 세리와 창녀들은 믿었다. 너희는 그것
을 보고도 끝내 뉘우치지 않고 그를 믿지 않
았다."

포도원 소작인의 비유
(마르코 12:1-12; 루가 20:9-19)

33 ◎"또 다른 비유를 들겠다. 어떤 지주가 ㉠포
도원을 하나 만들고 울타리를 둘러치고는
그 안에 포도즙을 짜는 큰 확을 파고 망대를
세웠다. 그리고는 그것을 소작인들에게 도
지로 주고 멀리 떠나갔다.
34 포도 철이 되자 그는 그 도조를 받아오라고
종들을 보냈다.
35 그런데 소작인들은 그 종들을 붙잡아, 하나
는 때려주고 하나는 죽이고 하나는 돌로 쳐
죽였다.
36 지주는 더 많은 종들을 다시 보냈다. 소작
인들은 이번에도 그들에게 똑같은 짓을 했
다.
37 주인은 마지막으로 '내 아들이야 알아보겠
지.' 하며 자기 아들을 보냈다.
38 그러나 소작인들은 그 아들을 보자 '저자는
상속자다. 자, 저자를 죽이고 그가 차지할
이 포도원을 우리가 가로채자.' 하면서 서
로 짜고는
39 그를 잡아 포도원 밖으로 끌어내어 죽였다.
40 그렇게 했으니 포도원 주인이 돌아오면 그
소작인들을 어떻게 하겠느냐?"
41 사람들은 이렇게 대답하였다. "그 악한 자
들을 모조리 죽여버리고 제때에 도조를 바
칠 다른 소작인들에게 포도원을 맡길 것입
니다."
42 그래서 예수께서는 그들에게 이렇게 말씀하
셨다. "너희는 성서에서,

'㉡집 짓는 사람들이 버린 돌이
모퉁이의 머릿돌이 되었다.
주께서 하시는 일이라,
우리에게는 놀랍게만 보인다.'

한 말을 읽어본 일이 없느냐?
43 잘 들어라. 너희는 하느님의 나라를 빼앗길
것이며 도조를 잘 내는 백성들이 그 나라를
차지할 것이다.
44 (㉢그리고 그 돌 위에 떨어지는 사람은 산산
조각이 날 것이며 그 돌 밑에 깔리는 사람은
가루가 되고 말 것이다.")
45 대사제들과 바리사이파 사람들은 이 비유가
자기들을 두고 하신 말씀인 것을 알고
46 예수를 잡으려 하였으나 군중이 두려워서
손을 대지 못하였다. 군중이 예수를 예언자
로 알고 있었기 때문이다.

혼인 잔치의 비유 (루가 14:15-24)

22 ◎예수께서 또 비유를 들어 그들에게
말씀하셨다.
2 "하늘 나라는 어느 임금이 자기 아들의 혼
인 잔치를 베푼 것에 비길 수 있다.
3 임금이 종들을 보내어 잔치에 초청받은 사
람들을 불렀으나 오려 하지 않았다.
4 그래서 다른 종들을 보내면서 '초청을 받은
사람들에게 가서 이제 잔칫상도 차려놓고
소와 살진 짐승도 잡아 모든 준비를 다 갖추
었으니 어서 잔치에 오라고 하여라.' 하고
일렀다.
5 그러나 초청받은 사람들은 대수롭지 않게
여기고 어떤 사람은 밭으로 가고 어떤 사람
은 장사하러 가고
6 또 어떤 사람들은 그 종들을 붙잡아 때려주
기도 하고 죽이기도 했다.
7 그래서 임금은 몹시 노하여 군대를 풀어서
그 살인자들을 잡아죽이고 그들의 동네를
불살라 버렸다.
8 그리고 나서 종들에게 '혼인 잔치는 준비되
었지만 전에 초청받은 자들은 그만한 자격
이 없는 자들이었다.
9 그러니 너희는 거리에 나가서 아무나 만나
는 대로 잔치에 청해 오너라.' 하고 말하였
다.
10 그래서 종들은 거리에 나가 나쁜 사람 좋은
사람 할 것 없이 만나는 대로 다 데려왔다.
그리하여 잔칫집은 손님으로 가득 찼다.
11 임금이 손님들을 보러 들어갔더니 예복을
입지 않은 사람이 하나 있었다. 그를 보고
12 '예복도 입지 않고 어떻게 여기 들어왔
소?' 하고 물었다. 그는 할 말이 없었다.
13 그러자 임금이 하인들에게 '이 사람의 손발
을 묶어 바깥 어두운 데 내쫓아라. 거기서
가슴을 치며 통곡할 것이다.' 하고 말하였다.
14 부르심을 받은 사람은 많지만 뽑히는 사람

㉠ 이사 5:1-2. ㉡ 시편 118:22-23. ㉢ 어떤 사본에는 44절이 없다.

은 적다."

카이사르의 것은 카이사르에게
(마르코 12:13-17; 루가 20:20-26)

15◎바리사이파 사람들은 물러가서 어떻게 하
면 예수의 말씀을 트집잡아 올가미를 씌울
까 하고 궁리한 끝에
16자기네 제자들을 헤로데 당원 몇 사람과 함
께 예수께 보내어 이렇게 묻게 하였다. "선
생님, 우리는 선생님이 진실하신 분으로서
사람을 겉모양으로 판단하지 않기 때문에
아무도 꺼리지 않고 하느님의 진리를 참되
게 가르치시는 줄을 압니다.
17그래서 선생님의 의견을 듣고자 합니다. 카
이사르에게 세금을 바치는 것이 옳습니까?
옳지 않습니까?"
18예수께서 그들의 간악한 속셈을 아시고 "이
위선자들아, 어찌하여 나의 속을 떠보느
냐?
19세금으로 바치는 돈을 나에게 보여라." 하
셨다. 그들이 데나리온 한 닢을 가져오자
20"이 초상과 글자는 누구의 것이냐?" 하고
물으셨다.
21"카이사르의 것입니다." 그들이 이렇게 대
답하자 "그러면 카이사르의 것은 카이사르에
게 돌리고 하느님의 것은 하느님께 돌려
라." 하고 말씀하셨다.
22그들은 이 말씀을 듣고 경탄하면서 예수를
떠나갔다.

부활에 대한 토론
(마르코 12:18-27; 루가 20:27-40)

23◎그 날 부활이 없다고 주장하는 사두가이파
사람들이 예수께 와서 물었다.
24"선생님, 모세가 정해 준 법에는 '㉠어떤 사
람이 자녀가 없이 죽으면 그 동생이 형수와
결혼하여 자식을 낳아 형의 대를 이어야 한
다.' 하였습니다.
25그런데 우리 이웃에 칠 형제가 살고 있었습
니다. 첫째가 결혼을 하고 살다가 자식 없
이 죽어서 그 동생이 형수와 살게 되었는데
26둘째도, 셋째도 그렇게 하여 일곱째까지 다
그렇게 하였습니다.
27그들이 다 죽은 뒤에 그 여자도 죽었습니다.
28칠 형제가 모두 그 여자와 살았으니 부활 때
에 그 여자는 누구의 아내가 되겠습니까?"
29예수께서 이렇게 대답하셨다. "너희는 성서
도 모르고 하느님의 권능도 모르니까 그런
잘못된 생각을 하는 것이다.
30부활한 다음에는 장가드는 일도, 시집가는
일도 없이 하늘에 있는 천사들처럼 된다.
31죽은 사람의 부활에 관하여 하느님께서 너
희에게 하신 말씀을 아직 읽어본 일이 없느
냐?
32'㉡나는 아브라함의 하느님이요, 이사악의
하느님이요, 야곱의 하느님이다.' 하시지
않았느냐? 이 말씀은 하느님께서 죽은 이
들의 하느님이 아니라 살아 있는 이들의 하
느님이라는 뜻이다."
33이 말씀을 들은 군중은 예수의 가르침에 탄
복하여 마지않았다.

첫째 가는 계명 (마르코 12:28-34; 루가 10:25-28)

34◎예수께서 사두가이파 사람들의 말문을 막
아버리셨다는 소문을 듣고 바리사이파 사람
들이 몰려왔다.
35그들 중 한 율법교사가 예수의 속을 떠보려
고
36"선생님, 율법서에서 어느 계명이 가장 큰
계명입니까?" 하고 물었다.
37예수께서 이렇게 대답하셨다. "'㉢네 마음
을 다하고 목숨을 다하고 뜻을 다하여 주님
이신 너희 하느님을 사랑하여라.'
38이것이 가장 크고 첫째 가는 계명이고,
39'㉣네 이웃을 네 몸같이 사랑하여라.' 한
둘째 계명도 이에 못지않게 중요하다.
40이 두 계명이 모든 율법과 예언서의 골자이
다."

그리스도는 누구의 자손인가?
(마르코 12:35-37; 루가 20:41-44)

41◎예수께서 바리사이파 사람들이 모여 있는
것을 보시고
42"너희는 그리스도를 어떻게 생각하느냐?
그는 누구의 자손이겠느냐?" 하고 물으셨
다. 그들이 "다윗의 자손입니다." 하고 대
답하자
43예수께서 다시 물으셨다. "그러면 다윗이 성
령의 감화를 받아 그를 주님이라고 부른 것
은 어떻게 된 일이냐?
44 '㉤주 하느님께서 내 주님께 이르신 말
씀,
내가 네 원수를 네 발 아래 굴복시킬 때
까지
너는 내 오른편에 앉아 있어라.'
하고 다윗이 읊지 않았느냐?

㉠ 신명 25:5. ㉡ 출애 3:6. ㉢ 신명 6:5. ㉣ 레위 19:18. ㉤ 시편 110:1.

45다윗이 그리스도를 주님이라고 불렀는데 그
리스도가 어떻게 다윗의 자손이 되겠느냐?"
46그들은 한마디도 대답하지 못하였다. 그리
고 그 날부터는 감히 예수께 질문하는 사람
이 없었다.

위선자에 대한 책망
(마르코 12:38-40; 루가 11:37-52; 20:45-47)

23 ◎그 때에 예수께서 군중과 제자들에게
이렇게 말씀하셨다.
2"율법학자들과 바리사이파 사람들은 모세의
자리를 이어 율법을 가르치고 있다.
3그러니 그들이 말하는 것은 다 실행하고 지
켜라. 그러나 그들의 행실은 본받지 마라.
그들은 말만 하고 실행하지는 않는다.
4그들은 무거운 짐을 꾸려 남의 어깨에 메워
주고 자기들은 손가락 하나 까딱하려 하지
않는다.
5그들이 하는 일은 모두 남에게 보이기 위한
것이다. 그래서 이마나 팔에 성구 넣는 갑
을 크게 만들어 매달고 다니며 옷단에는 기
다란 술을 달고 다닌다.
6그리고 잔치에 가면 맨 윗자리에 앉으려 하
고 회당에서는 제일 높은 자리를 찾으며
7길에 나서면 인사받기를 좋아하고 사람들
이 스승이라 불러주기를 바란다.
8그러나 너희는 스승 소리를 듣지 마라. 너
희의 스승은 오직 한 분뿐이고 너희는 모두
형제들이다.
9또 이 세상 누구를 보고도 아버지라 부르지
마라. 너희의 아버지는 하늘에 계신 아버지
한 분뿐이시다.
10또 너희는 지도자라는 말도 듣지 마라. 너
희의 지도자는 그리스도 한 분뿐이시다.
11너희 중에 으뜸가는 사람은 너희를 섬기는
사람이 되어야 한다.
12누구든지 자기를 높이는 사람은 낮아지고
자기를 낮추는 사람은 높아진다."
13◎"율법학자들과 바리사이파 사람들아, 너
희 같은 위선자들은 화를 입을 것이다. 너
희는 하늘 나라의 문을 닫아놓고는 사람들
을 가로막아 서서 자기도 들어가지 않으면
서 들어가려는 사람마저 못 들어가게 한
다."㉠
15◎"율법학자들과 바리사이파 사람들아, 너
희 같은 위선자들은 화를 입을 것이다. 너
희는 겨우 한 사람을 개종시키려고 바다와
육지를 두루 다니다가 개종시킨 다음에는
그 사람을 너희보다 갑절이나 더 악한 지옥
의 자식으로 만들고 있다."
16◎"너희 같은 눈먼 인도자들은 화를 입을
것이다. 너희는 '성전을 두고 한 맹세는 지
키지 않아도 무방하지만 성전의 황금을 두
고 한 맹세는 꼭 지켜야 한다.' 하니,
17이 어리석고 눈먼 자들아, 어느 것이 더 중
하냐? 황금이냐? 아니면 그 황금을 거룩하
게 만드는 성전이냐?
18또 너희는 '제단을 두고 한 맹세는 지키지
않아도 무방하지만 그 제단 위에 있는 제물
을 두고 한 맹세는 꼭 지켜야 한다.' 하니,
19이 눈먼 자들아, 어느 것이 더 중하냐? 제
물이냐? 아니면 그 제물을 거룩하게 만드
는 제단이냐?
20사실 제단을 두고 한 맹세는 제단과 그 위에
있는 모든 것을 두고 한 맹세이고
21성전을 두고 한 맹세는 성전과 그 안에 계신
분을 두고 한 맹세이며
22또 하늘을 두고 한 맹세는 하느님의 옥좌와
그 위에 앉으신 분을 두고 한 맹세이다."
23◎"율법학자들과 바리사이파 사람들아, 너
희 같은 위선자들은 화를 입을 것이다. 너
희는 박하와 회향과 근채에 대해서는 십분
의 일을 바치라는 율법을 지키면서 정의와
자비와 신의 같은 아주 중요한 율법은 대수
롭지 않게 여긴다. 십분의 일세를 바치는
일도 소홀히 해서는 안 되겠지만 정의와 자
비와 신의도 실천해야 하지 않겠느냐?
24이 눈먼 인도자들아, 하루살이는 걸러내면
서 낙타는 그대로 삼키는 것이 바로 너희들
이다."
25◎"율법학자들과 바리사이파 사람들아, 너
희 같은 위선자들은 화를 입을 것이다. 너
희는 잔과 접시의 겉만은 깨끗이 닦아놓지
만 그 속에는 착취와 탐욕이 가득 차 있다.
26이 눈먼 바리사이파 사람들아, 먼저 잔 속을
깨끗이 닦아라. 그래야 겉도 깨끗해질 것이
다."
27◎"율법학자들과 바리사이파 사람들아, 너
희 같은 위선자들은 화를 입을 것이다. 너
희는 겉은 그럴싸해 보이지만 그 속에는 죽
은 사람의 뼈와 썩은 것이 가득 차 있는 회
칠한 무덤 같다.

㉠ 어떤 사본에는 14절에 다음과 같은 말이 있다. "율법학자들과 바리사이파 사람들아! 너희 같은 위선자들은 화를 받을 것이다. 너희는 과부들의 가산을 몽땅 삼켜버리는가 하면 남에게 보이려고 기도를 길게 늘어놓는다. 이 때문에 너희는 더 엄한 벌을 받을 것이다."

28이와 같이 너희도 겉으로는 옳은 사람처럼
보이지만 속은 위선과 불법으로 가득 차
있다."
29◎"율법학자들과 바리사이파 사람들아, 너
희 같은 위선자들은 화를 입을 것이다. 너
희는 예언자들의 무덤을 단장하고 성자들
의 기념비를 장식해 놓고는
30'우리가 조상들 시대에 살았더라면 조상들
이 예언자들을 죽이는 데 가담하지 않았을
것이다.' 하고 떠들어댄다.
31이것은 너희가 예언자를 죽인 사람들의 후
손이라는 것을 스스로 실토하는 것이다.
32그러니 너희 조상들이 시작한 일을 마저 하
여라.
33이 뱀 같은 자들아, 독사의 족속들아! 너희
가 지옥의 형벌을 어떻게 피하랴?
34나는 예언자들과 현인들과 학자들을 너희
에게 보내겠다. 그러나 너희는 그들을 더러
는 죽이고 더러는 십자가에 매달고 또 더러
는 회당에서 채찍질하며 이 동네 저 동네로
잡으러 다닐 것이다.
35그래서 마침내 무죄한 아벨의 피로부터 성
소와 제단 사이에서 살해된 바라키야의 아
들 즈가리야의 피에 이르기까지 땅에서 흘
린 모든 무죄한 피 값이 너희에게 돌아갈 것
이다.
36분명히 말해 둔다. 이 모든 죄에 대한 형벌
이 이 세대에 내리고야 말 것이다."

예루살렘아, 예루살렘아! (루가 13:34-35)

37 "예루살렘아! 예루살렘아!
너는 예언자들을 죽이고
너에게 보낸 이들을 돌로 치는구나.
암탉이 병아리를 날개 아래 모으듯이
내가 몇 번이나 네 자녀를 모으려 했던가.
그러나 너는 응하지 않았다.
38 ㉠너희 성전은 하느님께 버림을 받아 황
폐해지리라.
39 '㉡주의 이름으로 오시는 이여, 찬미받으
소서.'
하고 너희 입으로 찬양할 때까지
너희는 정녕 나를 다시 보지 못하리라."

성전 파괴에 대한 예언
(마르코 13:1-2; 루가 21:5-6)

24 ◎예수께서 성전을 나와 얼마쯤 걸어가
셨을 때 제자들이 곁으로 다가와서 성
전 건물들을 가리키며 보시라고 하였다.
2그러자 예수께서는 "저 모든 건물을 잘 보
아두어라. 나는 분명히 말한다. 저 돌들이
어느 하나도 제자리에 그대로 얹혀 있지 못
하고 다 무너지고 말 것이다." 하고 말씀하
셨다.

재난의 시작 (마르코 13:3-13; 루가 21:7-19)

3◎그리고 예수께서 올리브 산에 올라가 앉으
셨을 때에 제자들이 따로 와서 "그런 일이
언제 일어나겠습니까? 그리고 주님께서 오
실 때와 세상이 끝날 때에 어떤 징조가 나타
나겠습니까? 저희에게 알려주십시오." 하
고 말하였다.
4예수께서는 이렇게 대답하셨다. "아무에게
도 속지 않도록 조심하여라.
5장차 많은 사람이 내 이름을 내세우며 나타
나서 '내가 그리스도다!' 하고 떠들어대면
서 수많은 사람들을 속일 것이다.
6또 여러 번 난리가 일어나고 전쟁 소문도 들
게 될 것이다. 그러나 정신을 차리고 당황
하지 마라. 그런 일이 꼭 일어나고야 말 터
이지만 그것으로 그치는 것은 아니다.
7한 민족이 일어나 딴 민족을 치고, 한 나라
가 일어나 딴 나라를 칠 것이며, 또 곳곳에
서 기근과 지진이 일어날 터인데
8이런 일들은 다만 고통의 시작일 뿐이다."
9◎"그 때에는 사람들이 너희를 잡아 법정에
넘겨 갖은 고통을 겪게 하고 마침내는 사형
에 처하게 할 것이다. 또 너희는 나 때문에
온 세상 사람들에게 미움을 받을 것이다.
10그리고 많은 사람이 떨어져 나가 서로 배반
하고 서로 미워할 것이며
11거짓 예언자가 여기 저기 나타나서 많은 사
람들을 속일 것이다.
12또 세상은 무법 천지가 되어 사람들의 마음
속에서 따뜻한 사랑을 찾아볼 수 없게 될 것
이다.
13그러나 끝까지 참는 사람은 구원을 받을 것
이다.
14이 하늘 나라의 복음이 온 세상에 전파되어
모든 백성에게 밝히 알려질 것이다. 그리고
나서야 끝이 올 것이다."

가장 큰 재난 (마르코 13:14-23; 루가 21:20-24)

15◎"그러므로 너희는 예언자 다니엘이 말한
대로 ㉢황폐의 상징인 흉측한 우상이 거룩
한 곳에 선 것을 보게 될 것이다. (독자는
알아들어라.)

㉠ 예레 22:5. ㉡ 시편 118:26. ㉢ 다니 9:27, 11:31, 12:11.

16그 때에는 유다에 있는 사람들은 산으로 도
망가라.
17지붕에 있는 사람은 집 안에 있는 세간을 꺼
내러 내려오지 말며
18밭에 있는 사람은 겉옷을 가지러 집으로 돌
아가지 마라.
19이런 때에 임신한 여자들과 젖먹이가 딸린
여자들은 불행하다.
20겨울이나 안식일에 피난 가는 일이 없도록
기도하여라.
21그 때가 오면 무서운 재난을 겪을 터인데,
이런 재난은 세상 처음부터 지금까지 없었
고 앞으로도 다시 없을 것이다.
22하느님께서 그 고생의 기간을 줄여주시지
않는다면 살아 남을 사람은 하나도 없다.
그러나 뽑힌 사람들을 위하여 그 기간을 줄
여주실 것이다."
23◎"그 때에 어떤 사람이 '자 보아라, 그리스
도가 여기 있다, 저기 있다.' 하더라도 그
말을 믿지 마라.
24거짓 그리스도와 거짓 예언자들이 나타나서
어떻게 해서라도 뽑힌 사람들마저 속이려
고 큰 기적과 이상한 일들을 보여줄 것이다.
25이것은 내가 미리 말해 두는 것이다.
26그러므로 사람들이 '그리스도가 광야에 나
타났다.' 해도 나가지 말고 '그리스도가 골
방에 있다.' 해도 믿지 마라.
27동쪽에서 번개가 치면 서쪽까지 번쩍이듯
이 사람의 아들도 그렇게 나타날 것이다.
28시체가 있는 곳에는 독수리가 모여드는 법
이다."

사람의 아들이 오시는 날
(마르코 13:24-27; 루가 21:25-28)

29◎"그런 재난의 기간이 지나면 곧 해가 어
두워지고 달은 빛을 잃을 것이며 별들은
하늘에서 떨어지고 모든 천체가 흔들릴 것
이다.
30그러면 하늘에는 사람의 아들의 표징이 나
타날 것이고 땅에서는 모든 민족이 가슴을
치며 울부짖을 것이다. 그 때에 사람들은
㉠사람의 아들이 하늘에서 구름을 타고 권능
을 떨치며 영광에 싸여 오는 것을 보게 될
것이다.
31그리고 사람의 아들은 울려 퍼지는 나팔 소
리와 함께 천사들을 보내어 그가 뽑은 사람
들을 하늘 이 끝에서 저 끝까지 사방에서 불
러모을 것이다."

㉠ 칠십인역 다니 7:13-14.

무화과나무의 비유
(마르코 13:28-31; 루가 21:29-33)

32◎"무화과나무를 보고 배워라. 가지가 연해
지고 잎이 돋으면 여름이 가까워진 것을 알
게 된다.
33이와 같이 너희도 이런 일들이 일어나는 것
을 보거든 사람의 아들이 문 앞에 다가온 줄
을 알아라.
34나는 분명히 말한다. 이 세대가 지나가기
전에 이 모든 일들이 일어나고야 말 것이다.
35하늘과 땅은 사라질지라도 내 말은 결코 사
라지지 않을 것이다."

그 날과 그 시간
(마르코 13:32-37; 루가 17:26-30, 34-36)

36◎"그러나 그 날과 그 시간은 아무도 모른
다. 하늘의 천사들도 모르고 아들도 모르고
오직 아버지만이 아신다.
37노아 때의 일을 생각해 보아라. 사람의 아들
이 올 때에도 바로 그럴 것이다.
38홍수 이전의 사람들은 노아가 방주에 들어
가던 날까지도 먹고 마시고 장가들고 시집
가고 하다가
39홍수를 만나 모두 휩쓸려 갔다. 그들은 이
렇게 아무것도 모르고 있다가 홍수를 만났
는데, 사람의 아들이 올 때에도 그러할 것
이다.
40그 때에 두 사람이 밭에 있다면 하나는 데려
가고 하나는 버려둘 것이다.
41또 두 여자가 맷돌을 갈고 있다면 하나는 데
려가고 하나는 버려둘 것이다.
42이렇게 너희의 주인이 언제 올지 모르니 깨
어 있어라.
43만일 도둑이 밤 몇 시에 올는지 집 주인이
알고 있다면 그는 깨어 있으면서 도둑이 뚫
고 들어오지 못하게 할 것이다.
44사람의 아들도 너희가 생각지도 않은 때에
올 것이다. 그러니 너희는 늘 준비하고 있
어라."

충성스런 종과 불충한 종 (루가 12:41-48)

45◎"어떤 주인이 한 종에게 다른 종들을 다
스리며 제때에 양식을 공급할 책임을 맡기
고 떠났다면 어떻게 하여야 그 종이 과연 충
성스럽고 슬기로운 종이겠느냐?
46주인이 돌아올 때에 자기 책임을 다하고 있
다가 주인을 맞이하는 종이 아니겠느냐?
그런 종은 행복하다.

47나는 분명히 말한다. 주인은 모든 재산을
그에게 맡길 것이다.
48그러나 그가 만일 악한 종이어서 속으로 주
인이 더디 오려니 생각하고
49다른 종들을 때리고 술친구들과 함께 먹고
마시기만 한다면
50생각지도 않은 날, 짐작도 못한 시간에 주
인이 돌아와서 그 꼴을 보게 될 것이다.
51주인은 그 종을 자르고 위선자들이 벌받는
곳으로 보낼 것이다. 거기에서 그는 가슴을
치며 통곡할 것이다."

열 처녀의 비유

25 ◎"하늘 나라는 열 처녀가 저마다 등불
을 가지고 신랑을 맞으러 나간 것에 비
길 수 있다.
2그 가운데 다섯은 미련하고 다섯은 슬기로
웠다.
3미련한 처녀들은 등잔은 가지고 있었으나
기름은 준비하지 않았다.
4한편 슬기로운 처녀들은 등잔과 함께 기름
도 그릇에 담아 가지고 있었다.
5신랑이 늦도록 오지 않아 처녀들은 모두 졸
다가 잠이 들었다.
6그런데 한밤중에 '저기 신랑이 온다. 어서
들 마중 나가라!' 하는 소리가 크게 들렸
다.
7이 소리에 처녀들은 모두 일어나 제각기 등
불을 챙기었다.
8미련한 처녀들은 그제야 슬기로운 처녀들
에게 '우리 등불이 꺼져가니 기름을 좀 나
누어다오.' 하고 청하였다.
9그러나 슬기로운 처녀들은 '우리 것을 나누
어주면 우리에게도, 너희에게도 다 모자랄
터이니 너희 쓸 것은 차라리 가게에 가서 사
다 쓰는 것이 좋겠다.' 하였다.
10미련한 처녀들이 기름을 사러 간 사이에 신
랑이 왔다. 준비하고 기다리고 있던 처녀들
은 신랑과 함께 혼인 잔치에 들어갔고 문은
잠겼다.
11그 뒤에 미련한 처녀들이 와서 '주님, 주님,
문 좀 열어주세요.' 하고 간청하였으나
12신랑은 '분명히 들으시오. 나는 당신들이
누구인지 모릅니다.' 하며 외면하였다.
13그 날과 그 시간은 아무도 모른다. 그러니
항상 깨어 있어라."

달란트의 비유 (루가 19:11-27)

14◎"하늘 나라는 또 이렇게 비유할 수 있다.
어떤 사람이 먼 길을 떠나면서 자기 종들을
불러 재산을 맡기었다.
15그는 각자의 능력에 따라 한 사람에게는 돈
다섯 달란트를 주고 한 사람에게는 두 달란
트를 주고 또 한 사람에게는 한 달란트를 주
고 떠났다.
16다섯 달란트를 받은 사람은 곧 가서 그 돈을
활용하여 다섯 달란트를 더 벌었다.
17두 달란트를 받은 사람도 그와 같이 하여 두
달란트를 더 벌었다.
18그러나 한 달란트를 받은 사람은 가서 그 돈
을 땅에 묻어두었다.
19얼마 뒤에 주인이 와서 그 종들과 셈을 하게
되었다.
20다섯 달란트를 받은 사람은 다섯 달란트를
더 가지고 와서 '주인님, 주인께서 저에게
다섯 달란트를 맡기셨는데 보십시오, 다섯
달란트를 더 벌었습니다.' 하고 말하였다.
21그러자 주인이 그에게 '잘하였다. 너는 과
연 착하고 충성스러운 종이다. 네가 작은
일에 충성을 다하였으니 이제 내가 큰 일을
너에게 맡기겠다. 자, 와서 네 주인과 함께
기쁨을 나누어라.' 하고 말하였다.
22그 다음 두 달란트를 받은 사람도 와서 '주
인님, 두 달란트를 저에게 맡기셨는데 보십
시오, 두 달란트를 더 벌었습니다.' 하고 말
하였다.
23그래서 주인은 그에게도 '잘하였다. 너는
과연 착하고 충성스러운 종이다. 네가 작은
일에 충성을 다하였으니 이제 내가 큰 일을
너에게 맡기겠다. 자, 와서 네 주인과 함께
기쁨을 나누어라.' 하고 말하였다.
24그런데 한 달란트를 받은 사람은 와서 '주인
님, 저는 주인께서 심지 않은 데서 거두시
고 뿌리지 않은 데서 모으시는 무서운 분이
신 줄을 알고 있었습니다.
25그래서 두려운 나머지 저는 주인님의 돈을
가지고 가서 땅에 묻어두었습니다. 보십시
오, 여기 그 돈이 그대로 있습니다.' 하고
말하였다.
26그러자 주인은 그 종에게 호통을 쳤다. '너
야말로 악하고 게으른 종이다. 내가 심지
않은 데서 거두고 뿌리지 않은 데서 모으는
사람인 줄로 알고 있었다면
27내 돈을 돈 쓸 사람에게 꾸어주었다가 내가
돌아올 때에 그 돈에 이자를 붙여서 돌려주
어야 할 것이 아니냐?
28여봐라, 저자에게서 한 달란트마저 빼앗아
열 달란트 가진 사람에게 주어라.

29 누구든지 있는 사람은 더 받아 넉넉해지고
없는 사람은 있는 것마저 빼앗길 것이다.
30 이 쓸모없는 종을 바깥 어두운 곳에 내쫓아라. 거기에서 가슴을 치며 통곡할 것이다.'"

최후의 심판

31 ◎"사람의 아들이 영광을 떨치며 모든 천사들을 거느리고 와서 영광스러운 왕좌에 앉게 되면
32 모든 민족들을 앞에 불러놓고 마치 목자가 양과 염소를 갈라놓듯이 그들을 갈라
33 양은 오른편에, 염소는 왼편에 자리잡게 할 것이다.
34 그 때에 그 임금은 자기 오른편에 있는 사람들에게 이렇게 말할 것이다. '너희는 내 아버지의 복을 받은 사람들이니 와서 세상 창조 때부터 너희를 위하여 준비한 이 나라를 차지하여라.
35 너희는 내가 굶주렸을 때에 먹을 것을 주었고 목말랐을 때에 마실 것을 주었으며 나그네 되었을 때에 따뜻하게 맞이하였다.
36 또 헐벗었을 때에 입을 것을 주었으며 병들었을 때에 돌보아 주었고 감옥에 갇혔을 때에 찾아주었다.'
37 이 말을 듣고 의인들은 이렇게 말할 것이다. '주님, 저희가 언제 주님께서 주리신 것을 보고 잡수실 것을 드렸으며 목마르신 것을 보고 마실 것을 드렸습니까?
38 또 언제 주님께서 나그네 되신 것을 보고 따뜻이 맞아들였으며 헐벗으신 것을 보고 입을 것을 드렸으며,
39 언제 주님께서 병드셨거나 감옥에 갇히신 것을 보고 저희가 찾아가 뵈었습니까?'
40 그러면 임금은 '분명히 말한다. 너희가 여기 있는 형제 중에 가장 보잘것없는 사람 하나에게 해준 것이 바로 나에게 해준 것이다.' 하고 말할 것이다."
41 ◎"그리고 왼편에 있는 사람들에게는 이렇게 말할 것이다. '이 저주받은 자들아, 나에게서 떠나 악마와 그의 졸도들을 가두려고 준비한 영원한 불 속에 들어가라.
42 너희는 내가 주렸을 때에 먹을 것을 주지 않았고, 목말랐을 때에 마실 것을 주지 않았으며
43 나그네 되었을 때에 따뜻하게 맞이하지 않았고, 헐벗었을 때에 입을 것을 주지 않았으며, 또 병들었을 때나 감옥에 갇혔을 때에 돌보아 주지 않았다.'
44 이 말을 듣고 그들도 이렇게 대답할 것이다. '주님, 주님께서 언제 굶주리고 목마르셨으며, 언제 나그네 되시고 헐벗으셨으며, 또 언제 병드시고 감옥에 갇히셨기에 저희가 모른 체하고 돌보아 드리지 않았다는 말씀입니까?'
45 그러면 임금은 '똑똑히 들어라. 여기 있는 형제들 중에 가장 보잘것없는 사람 하나에게 해주지 않은 것이 곧 나에게 해주지 않은 것이다.' 하고 말할 것이다.
46 이리하여 그들은 영원히 벌받는 곳으로 쫓겨날 것이며, 의인들은 영원한 생명의 나라로 들어갈 것이다."

예수를 죽일 음모
(마르코 14:1-2; 루가 22:1-2; 요한 11:45-53)

26

◎예수께서 이 말씀을 모두 마치시고 제자들에게
2 "너희가 알다시피 이제 이틀만 있으면 과월절이 되는데 그 때에는 사람의 아들이 잡혀가 십자가형을 받게 될 것이다." 하고 말씀하셨다.
3 ◎그 무렵 대사제들과 백성의 원로들이 가야파라는 대사제 관저에 모여
4 흉계를 꾸며 예수를 잡아죽이려고 모의하였다.
5 그러면서도 "백성이 소동을 일으킬지 모르니 축제 기간만은 피하자." 하였다.

예수의 머리에 향유를 부은 여자
(마르코 14:3-9; 요한 12:1-8)

6 ◎그 때 예수께서는 베다니아에 있는 나병환자 시몬의 집에 계셨는데
7 어떤 여자가 매우 값진 향유가 든 옥합을 가지고 와서 식탁에 앉으신 예수의 머리에 부었다.
8 이것을 본 제자들은 분개하여 "이렇게 낭비를 하다니!
9 이것을 팔면 많은 돈을 받아 가난한 사람들에게 줄 수 있을텐데." 하고 말했다.
10 예수께서는 그것을 아시고 "이 여자는 나에게 갸륵한 일을 했는데 왜 괴롭히느냐?
11 가난한 사람들은 언제나 너희 곁에 있겠지만 나는 너희와 언제까지나 함께 있지는 않을 것이다.
12 이 여자가 내 몸에 향유를 부은 것은 나의 장례를 위하여 한 것이다.
13 나는 분명히 말한다. 온 세상 어디든지 이 복음이 전해지는 곳마다 이 여자가 한 일도

알려져서 사람들이 기억하게 될 것이다."
하고 말씀하셨다.

배반을 약속한 유다
(마르코 14:10-11; 루가 22:3-6)

14◎그 때에 열두 제자의 하나인 가리옷 사람
유다가 대사제들에게 가서
15"내가 당신들에게 예수를 넘겨주면 그 값으
로 얼마를 주겠소?" 하자 그들은 ㉠은전 서
른 닢을 내주었다.
16그 때부터 유다는 예수를 넘겨줄 기회만 엿
보고 있었다.

최후의 만찬 (마르코 14:12-26; 루가 22:7-23; 요한 13:21-30; I고린토 11:23-25)

17◎무교절 첫날에 제자들이 예수께 와서 "선
생님께서 드실 과월절 음식을 어디에다 차
렸으면 좋겠습니까?" 하고 물었다.
18예수께서는 이렇게 일러주셨다. "성안에 들
어가면 이러이러한 사람이 있을 터이니 그
사람더러 '우리 선생님께서 자기 때가 가까
이 왔다고 하시며 제자들과 함께 댁에서 과
월절을 지내시겠다고 하십니다.' 하고 말하
여라."
19제자들은 예수께서 시키신 대로 과월절 준
비를 하였다.
20◎날이 저물었을 때에 예수께서 열두 제자
와 함께 식탁에 앉아
21같이 음식을 나누시면서 "나는 분명히 말한
다. 너희 가운데 한 사람이 나를 배반할 것
이다." 하고 말씀하셨다.
22이 말씀에 제자들은 몹시 걱정이 되어 저마
다 "주님, 저는 아니겠지요?" 하고 물었다.
23예수께서 대답하셨다. "지금 나와 함께 그
릇에 손을 넣은 사람이 바로 나를 배반할 것
이다.
24사람의 아들은 성서에 기록된 대로 죽음의
길로 가겠지만 사람의 아들을 배반한 그 사
람은 화를 입을 것이다. 그는 차라리 세상
에 태어나지 않았더라면 더 좋을 뻔했다."
25그 때에 예수를 배반한 유다도 나서서 "선생
님, 저는 아니지요?" 하고 묻자, 예수께서
"그것은 네 말이다." 하고 대답하셨다.
26◎그들이 음식을 먹을 때에 예수께서 빵을
들어 축복하시고 제자들에게 나누어주시며
"받아 먹어라. 이것은 내 몸이다." 하시고
27또 잔을 들어 감사의 기도를 올리시고 그들
에게 돌리시며 "너희는 모두 이 잔을 받아
마셔라.
28이것은 나의 피다. 죄를 용서해 주려고 많
은 사람을 위하여 내가 흘리는 계약의 피다.
29잘 들어두어라. 이제부터 나는 아버지의 나
라에서 너희와 함께 새 포도주를 마실 그 날
까지 결코 포도로 빚은 것을 마시지 않겠
다." 하고 말씀하셨다.
30◎그들은 찬미의 노래를 부르고 올리브 산으
로 올라갔다.

베드로의 장담
(마르코 14:27-31; 루가 22:31-34; 요한 13:36-38)

31◎그 때에 예수께서 제자들에게 "'㉡내가
칼을 들어 목자를 치리니 양떼가 흩어지리
라' 고 기록되어 있는 대로 오늘 밤 너희는
다 나를 버릴 것이다.
32그러나 나는 다시 살아난 후 너희보다 먼저
갈릴래아로 갈 것이다." 하고 말씀하셨다.
33그 때 베드로가 나서서 "비록 모든 사람이
주님을 버릴지라도 저는 결코 주님을 버리
지 않겠습니다." 하였다.
34그러자 예수께서 베드로에게 "내 말을 잘 들
어라. 오늘 밤 닭이 울기 전에 너는 세 번이
나 나를 모른다고 할 것이다." 하고 말씀하
셨다.
35베드로가 다시 "저는 주님과 함께 죽는 한이
있더라도 결코 주님을 모른다고는 하지 않
겠습니다." 하고 장담하였다. 다른 제자들
도 모두 그렇게 말하였다.

게쎄마니에서의 기도
(마르코 14:32-42; 루가 22:39-46)

36◎예수께서 제자들과 함께 게쎄마니라는 곳
에 가셨다. 거기에서 제자들에게 "내가 저
기 가서 기도하는 동안 너희는 여기 앉아 있
어라." 하시고
37베드로와 제베대오의 두 아들만을 따로 데리
고 가셨다.
38예수께서 근심과 번민에 싸여 그들에게 "지
금 내 마음이 괴로워 죽을 지경이니 너희는
여기 남아서 나와 같이 깨어 있어라." 하시
고는
39조금 더 나아가 땅에 엎드려 기도하셨다.
"아버지, 아버지께서는 하시고자만 하시면
무엇이든 다 하실 수 있으시니 이 잔을 저에
게서 거두어주소서. 그러나 제 뜻대로 마시
고 아버지의 뜻대로 하소서."
40기도를 마치시고 세 제자에게 돌아와 보시

㉠ 즈가 11:12. ㉡ 즈가 13:7.

니 제자들은 자고 있었다. 그래서 베드로에
게 "너희는 나와 함께 단 한 시간도 깨어 있
을 수 없단 말이냐?
41 유혹에 빠지지 않도록 깨어 기도하여라. 마
음은 간절하나 몸이 말을 듣지 않는구나!"
하시며 한탄하셨다.
42 예수께서 다시 가셔서 "아버지, 이것이 제
가 마시지 않고는 치워질 수 없는 잔이라
면 아버지의 뜻대로 하소서." 하고 기도하
셨다.
43 그리고 제자들에게 돌아오시니 그들은 여
전히 자고 있었다. 그들은 너무나 지쳐서
눈을 뜨고 있을 수가 없었던 것이다.
44 하는 수 없이 제자들을 그대로 두시고 세 번
째 가셔서 같은 말씀으로 기도하셨다.
45 그리고 제자들에게 돌아와 이렇게 말씀하
셨다. "아직도 자고 있느냐? 자, 때가 왔
다. 사람의 아들이 죄인들 손에 넘어가게 되
었다.
46 일어나 가자. 나를 넘겨줄 자가 가까이 와
있다."

잡히신 예수
(마르코 14:43-50; 루가 22:47-50; 요한 18:3-12)

47 ◎예수의 말씀이 채 끝나기도 전에 열두 제
자의 하나인 유다가 다가왔다. 그를 따라 대
사제들과 백성의 원로들이 보낸 무리가 칼
과 몽둥이를 들고 몰려왔다.
48 배반자는 그들과 미리 암호를 짜고 "내가
입맞추는 사람이 바로 그 사람이니 붙잡아
라." 하고 일러두었던 것이다.
49 그는 예수께 다가와서 "선생님, 안녕하십니
까?" 하고 인사하면서 입을 맞추었다.
50 예수께서 "자, 이 사람아, 어서 할 일이나
하여라." 하고 말씀하시자 무리가 달려들어
예수를 붙잡았다.
51 그 때 예수와 함께 있던 사람들 중 하나가
칼을 빼어 대사제의 종의 귀를 쳐서 잘라버
렸다.
52 그것을 보시고 예수께서는 그에게 "칼을 도
로 칼집에 꽂아라. 칼을 쓰는 사람은 칼로
망하는 법이다.
53 내가 아버지께 청하기만 하면 당장에 열두
군단도 넘는 천사를 보내주실 수 있다는 것
을 모르느냐?
54 그러나 그렇게 한다면 이런 일이 반드시 일
어나리라고 한 성서의 말씀이 어떻게 이루
어지겠느냐?" 하시고는
55 무리를 둘러보시며 이렇게 말씀하셨다. "너
희는 전에 내가 날마다 성전에 앉아서 가르
치고 있을 때에는 나를 잡지 않다가 지금은
칼과 몽둥이를 들고 잡으러 왔으니 내가 강
도란 말이냐?
56 그러나 이 모든 것은 예언자들이 기록한 말
씀을 이루려고 일어난 것이다." 그 때에 제
자들은 예수를 버리고 모두 달아났다.

대사제 앞에 서신 예수 (마르코 14:53-65; 루가 22:54-55, 63-71; 요한 18:12-14, 19-24)

57 ◎사람들은 예수를 붙잡아 대사제 가야파의
집으로 끌고 갔는데 거기에는 율법학자들
과 원로들이 모여 있었다.
58 베드로는 멀찍이 떨어져서 예수를 뒤따라 대
사제의 관저에까지 가서 일의 결말을 보려
고 안으로 들어가 경비원들 틈에 끼여 앉아
있었다.
59 대사제들과 온 의회는 예수를 사형에 처하
려고 그에 대한 거짓 증거를 찾고 있었다.
60 많은 사람이 와서 거짓 증언을 하였지만 이
렇다 할 증거를 얻지 못하였다. 그러다가
마침내 두 사람이 나타나서
61 "이 사람이 하느님의 성전을 헐었다가 사흘
만에 다시 세울 수 있다고 말하였습니다."
하고 증언하였다.
62 이 말을 듣고 대사제가 일어나 예수께 "이
사람들이 그대에게 이렇게 불리한 증언을
하는데 할 말이 없는가?" 하고 물었다.
63 그러나 예수께서는 아무 말씀도 하지 않으
셨다. 대사제는 다시 "내가 살아 계신 하느
님의 이름으로 명령하니 분명히 대답하여
라. 그대가 과연 하느님의 아들 그리스도인
가?" 하고 물었다.
64 예수께서는 그에게 "그것은 너의 말이다."
하시고는 "잘 들어두어라. 너희는 이제부터
㉠사람의 아들이 전능하신 분의 오른편에 앉
아 있는 것과 또 하늘의 구름을 타고 오는
것을 볼 것이다." 하고 말씀하셨다.
65 이 말을 듣고 대사제가 자기 옷을 찢으며
"이 사람이 이렇게 하느님을 모독했으니 이
이상 무슨 증거가 필요하겠소? 여러분은
방금 하느님을 모독하는 말을 듣지 않았소?
66 자, 어떻게 했으면 좋겠소?" 하고 묻자 사
람들은 모두 "사형에 처해야 합니다." 하고
아우성쳤다.
67 ◎그리고 그들은 예수의 얼굴에 침을 뱉고
주먹으로 치고 또 어떤 자들은 뺨을 때리

㉠ 시편 110:1; 다니 7:13.

면서
68"그리스도야, 너를 때린 사람이 누구인지 알
아맞혀 보아라." 하며 조롱하였다.

예수를 세 번 부인한 베드로 (마르코 14:66-72; 루가 22:56-62; 요한 18:15-18, 25-27)

69◎그 동안 베드로는 바깥 뜰에 앉아 있었는
데 여종 하나가 그에게 다가와 "당신도 저
갈릴래아 사람 예수와 함께 다니던 사람이군
요." 하고 말하였다.
70베드로는 여러 사람 앞에서 "무슨 소린지 나
는 모르겠소." 하고 부인하였다.
71그리고 베드로가 대문께로 나가자 다른 여
종이 그를 보고는 거기 있는 사람들에게
"이 사람은 나자렛의 예수와 함께 다니던 사
람이오." 하고 말하였다.
72베드로는 맹세까지 하면서 "나는 그 사람을
알지 못하오." 하고 다시 부인하였다.
73조금 뒤에 거기 섰던 사람들이 베드로에게
다가오며 "틀림없이 당신도 그들과 한 패
요. 당신의 말씨만 들어도 알 수 있소." 하
고 말하였다.
74그러자 베드로는 거짓말이라면 천벌이라도
받겠다고 맹세하면서 "나는 그 사람을 알지
못하오." 하고 잡아떼었다. 바로 그 때에
닭이 울었다.
75베드로는 "닭이 울기 전에 세 번이나 나를
모른다고 할 것이다." 하신 예수의 말씀이
떠올라 밖으로 나가 몹시 울었다.

빌라도 앞에 끌려가신 예수 (마르코 15:1; 루가 23:1-2; 요한 18:28-32)

27 ◎이른 아침에 모든 대사제들과 백성
의 원로들이 예수를 죽일 계획을 짜고
2그를 결박하여 총독 빌라도에게 끌고 가서
넘겨주었다.

유다의 죽음 (행전 1:18-19)

3◎그 때에 배반자 유다는 예수께서 유죄 판
결을 받으신 것을 보고 자기가 저지른 일을
뉘우쳤다. 그래서 은전 서른 닢을 대사제들
과 원로들에게 돌려주며
4"내가 죄없는 사람을 배반하여 그의 피를
흘리게 하였으니 나는 죄인입니다." 하였
다. 그러나 그들은 "우리가 알 바 아니다.
그대가 알아서 처리하여라." 하고 말하였
다.
5유다는 그 은전을 성소에 내동댕이치고 물
러가서 스스로 목매달아 죽었다.
6대사제들은 그 은전을 주워 들고 "이것은
피 값이니 헌금궤에 넣어서는 안 되겠소."
하며
7의논한 끝에 그 돈으로 옹기장이의 밭을 사
서 나그네의 묘지로 사용하기로 하였다.
8그래서 그 밭은 오늘날까지 "피의 밭"이라
고 불린다.
9이리하여 예언자 예레미야를 시켜 "㉠이스라
엘의 자손들이 정한 한 사람의 몸값,
은전 서른 닢을 받아서
10 주께서 나에게 명하신 대로
옹기장이의 밭 값을 치렀다."
하신 말씀이 이루어졌다.

빌라도의 심문 (마르코 15:2-5; 루가 23:3-5; 요한 18:33-38)

11◎예수께서 총독 앞에 서시자 총독은 "네가
유다인의 왕인가?" 하고 물었다. 예수께서
는 "그것은 네 말이다." 하고 대답하셨다.
12그러나 대사제들과 원로들이 고발하는 말
에는 아무 대답도 하지 않으셨다.
13그래서 빌라도가 "사람들이 저렇게 여러 가
지 죄목을 들어서 고발하고 있는데 그 말이
들리지 않느냐?" 하고 다시 물었지만
14예수께서는 총독이 매우 이상하게 여길 정
도로 아무런 대답도 하지 않으셨다.

사형 판결을 받으신 예수 (마르코 15:6-15; 루가 23:13-25; 요한 18:39-19:16)

15◎명절이 되면 총독은 군중이 요구하는 대
로 죄수 하나를 놓아주는 관례가 있었다.
16마침 그 때에 ㉡(예수) 바라빠라는 이름난 죄
수가 있었다.
17빌라도는 모여든 군중에게 "누구를 놓아주
면 좋겠느냐? ㉢바라빠라는 예수냐? 그리스
도라는 예수냐?" 하고 물었다.
18빌라도는 예수가 군중에게 끌려온 것이 그들
의 시기 때문임을 잘 알고 있었다.
19◎빌라도가 재판을 하고 있을 때에 그의 아
내가 전갈을 보내어 "당신은 그 무죄한 사
람의 일에 관여하지 마십시오. 간밤에 저는
그 사람의 일로 꿈자리가 몹시 사나웠습니
다." 하고 당부하였다.
20그 동안 대사제들과 원로들은 군중을 선동
하여 바라빠를 놓아주고 예수는 죽여달라고
요구하게 하였다.
21총독이 "이 두 사람 중에서 누구를 놓아달

㉠ 즈가 11:12-13. ㉡ "예수"가 들어 있지 않은 사본도 있다. ㉢ 어떤 사본에는 "바라빠"라고만 되어 있다.

라는 말이냐?" 하고 묻자 그들은 "바라빠
요." 하고 소리질렀다.
22 그래서 "그리스도라는 예수는 어떻게 하면
좋겠느냐?" 하자 모두들 "십자가에 못박으
시오!" 하고 소리질렀다.
23 빌라도가 "도대체 그 사람의 잘못이 무엇
이냐?" 하고 물었으나 사람들은 더 악을
써 가며 "십자가에 못박으시오!" 하고 외
쳤다.
24 빌라도는 그 이상 더 말해 보아야 아무런 소
용도 없다는 것을 알았을 뿐만 아니라 오히
려 폭동이 일어나려는 기세가 보였으므로
물을 가져다가 군중 앞에서 손을 씻으며
"너희가 맡아서 처리하여라. 나는 이 사람
의 피에 대해서는 책임이 없다." 하고 말하
였다.
25 군중은 "그 사람의 피에 대한 책임은 우리
와 우리 자손들이 지겠습니다." 하고 소리
쳤다.
26 ◎그래서 빌라도는 바라빠를 놓아주고 예수
는 채찍질하게 한 다음, 십자가형에 처하라
고 내어주었다.

가시관을 쓰신 예수
(마르코 15:16-20; 요한 19:2-3)

27 ◎총독의 병사들이 예수를 총독 관저로 끌
고 들어가서 전 부대원을 불러모아 예수를
에워쌌다.
28 그리고 예수의 옷을 벗기고 대신 주홍색 옷
을 입힌 뒤
29 가시로 왕관을 엮어 머리에 씌우고 오른손
에 갈대를 들린 다음 그 앞에 무릎을 꿇고
"유다인의 왕 만세!" 하고 떠들며 조롱하
였다.
30 그리고 그에게 침을 뱉으며 갈대를 빼앗아
머리를 때렸다.
31 이렇게 희롱하고 나서 그 겉옷을 벗기고 예
수의 옷을 도로 입혀 십자가에 못박으러 끌
고 나갔다.

십자가에 못박히신 예수
(마르코 15:21-32; 루가 23:26-43; 요한 19:17-27)

32 ◎그들이 나가다가 시몬이라는 키레네 사람
을 만나자 그를 붙들어 억지로 예수의 십자
가를 지고 가게 하였다.
33 그리고 골고타 곧 해골산이라는 데에 이르
렀을 때에
34 그들은 예수께 쓸개를 탄 포도주를 마시라
고 주었으나 예수께서는 맛만 보시고 마시
려 하지 않으셨다.
35 그들은 예수를 십자가에 못박고 나서 ㉠주
사위를 던져 예수의 옷을 나누어 갖고
36 거기 앉아 예수를 지키고 있었다.
37 그리고 예수의 머리 위에 죄목을 적어 붙였
는데 거기에는 "유다인의 왕 예수"라고 적
혀 있었다.
38 ◎그 때에 강도 두 사람도 예수와 함께 십자
가형을 받았는데 그 하나는 예수의 오른편
에, 다른 하나는 왼편에 달렸다.
39 지나가던 사람들이 머리를 흔들며
40 "성전을 헐고 사흘이면 다시 짓는다던 자
야, 네 목숨이나 건져라. 네가 정말 하느님
의 아들이거든, 어서 십자가에서 내려와 보
아라." 하며 모욕하였다.
41 같은 모양으로 대사제들과 율법학자들과
원로들도
42 "남은 살리면서 자기는 못 살리는구나. 저
사람이 이스라엘의 왕이래. 십자가에서 한
번 내려와 보시지. 그러면 우리가 믿고 말
고.
43 저 사람이 하느님을 믿고 또 제가 하느님의
아들입네 했으니 하느님이 원하시면 어디
살려보시라지." 하며 조롱하였다.
44 예수와 함께 십자가에 달린 강도들도 예수
를 모욕하였다.

숨을 거두신 예수
(마르코 15:33-41; 루가 23:44-49; 요한 19:28-30)

45 ◎낮 열두 시부터 온 땅이 어둠에 덮여 오후
세 시까지 계속되었다.
46 세 시쯤 되어 예수께서 큰소리로 "㉡엘리 엘
리 레마 사박타니?" 하고 부르짖으셨다. 이
말씀은 "나의 하느님, 나의 하느님, 어찌하
여 나를 버리셨나이까?"라는 뜻이다.
47 거기에 서 있던 몇 사람이 이 말을 듣고 "저
사람이 엘리야를 부르고 있다." 하고 말하
였다.
48 그리고 그 중의 한 사람은 곧 달려가 해면을
㉢신 포도주에 적시어 갈대 끝에 꽂아 예수
께 목을 축이라고 주었다.
49 그러나 다른 사람들은 "그만두시오. 엘리야
가 와서 그를 구해 주나 봅시다." 하고 말하
였다.
50 예수께서 다시 한 번 큰소리를 지르시고 숨
을 거두셨다.
51 바로 그 때에 성전 휘장이 위에서 아래까지

㉠ 시편 22:18. ㉡ 시편 22:1. ㉢ 시편 69:21.

두 폭으로 찢어지고 땅이 흔들리며 바위가
갈라지고
52무덤이 열리면서 잠들었던 많은 옛 성인들
이 다시 살아났다.
53그들은 무덤에서 나와 예수께서 부활하신
뒤에 거룩한 도시에 들어가서 많은 사람에
게 나타났다.
54백인대장과 또 그와 함께 예수를 지키고 있
던 사람들이 지진을 비롯하여 여러 가지 일
들이 일어나는 것을 보고 "이 사람이야말로
정말 하느님의 아들이었구나!" 하며 몹시
두려워하였다.
55◎또 거기에는 멀리서 이 광경을 바라보고
있던 여자들도 많았는데 그들은 갈릴래아에
서부터 예수께 시중들며 따라온 여자들이
었다.
56그 중에는 막달라 여자 마리아가 있었고 야고
보와 요셉의 어머니 마리아와 제베대오의 아
들들의 어머니도 있었다.

무덤에 묻히신 예수
(마르코 15:42-47; 루가 23:50-56; 요한 19:38-42)

57◎날이 저물었을 때에 아리마태아 사람인 부
자 요셉이라는 사람이 왔는데 그도 역시 예
수의 제자였다.
58이 사람이 빌라도에게 가서 예수의 시체를
내어달라고 청하자 빌라도는 쾌히 승낙하여
내어주라고 명령했다.
59그래서 요셉은 예수의 시체를 가져다가 깨
끗한 고운 베로 싸서
60바위를 파서 만든 자기의 새 무덤에 모신
다음 큰 돌을 굴려 무덤 입구를 막아놓고
갔다.
61그 때에 무덤 맞은편에는 막달라 여자 마리
아와 다른 마리아가 앉아 있었다.

무덤의 경비

62◎그 날은 명절을 준비하는 날이었다. 그 다
음날 대사제들과 바리사이파 사람들은 빌라
도에게 몰려와서
63이렇게 말하였다. "각하, 그 거짓말쟁이가
살아 있을 때에 사흘 만에 자기는 다시 살
아난다고 말한 것을 저희가 기억하고 있습
니다.
64그러니 사흘이 되는 날까지는 그 무덤을 단
단히 지키라고 명령하십시오. 혹시 그의 제
자들이 와서 시체를 훔쳐다 감추어놓고 백
성들에게는 그가 죽었다가 다시 살아났다
고 떠들지도 모릅니다. 이렇게 되면 이번
속임수는 처음 것보다 더 심한 혼란을 일으
킬 것입니다."
65빌라도는 그들에게 "경비병을 내어줄 터이
니 가서 너희 생각대로 잘 지켜보아라." 하
고 말하였다.
66그들은 물러가서 그 돌을 봉인하고 경비병
을 세워 무덤을 단단히 지키게 하였다.

부활하신 예수
(마르코 16:1-8; 루가 24:1-12; 요한 20:1-10)

28 ◎안식일이 지나고 그 이튿날 동틀 무
렵에 막달라 여자 마리아와 다른 마리아
가 무덤을 보러갔다.
2그런데 갑자기 큰 지진이 일어나면서 하늘
에서 주의 천사가 내려와 그 돌을 굴려내고
그 위에 앉았다.
3그 천사의 모습은 번개처럼 빛났고 옷은 눈
같이 희었다.
4이 광경을 본 경비병들은 겁에 질려 떨다가
까무러쳤다.
5그 때 천사가 여자들에게 이렇게 말하였다.
"무서워하지 마라. 너희는 십자가에 달리셨
던 예수를 찾고 있으나
6그분은 여기 계시지 않다. 전에 말씀하신
대로 다시 살아나셨다. 그분이 누우셨던 곳
을 와서 보아라.
7그리고 빨리 제자들에게 가서 '예수께서는
죽었다가 다시 살아나셨고 당신들보다 먼
저 갈릴래아로 가실 터이니 거기에서 그분
을 뵙게 될 것이오.' 하고 알려라. 나는 이
말을 전하러 왔다."
8여자들은 무서우면서도 기쁨에 넘쳐서 제
자들에게 이 소식을 전하려고 무덤을 떠나
급히 달려갔다.
9그런데 뜻밖에도 예수께서 그 여자들을 향
하여 걸어오셔서 "평안하냐?" 하고 말씀하
셨다. 여자들은 가까이 가서 그의 두 발을
붙잡고 엎드려 절하였다.
10그러자 예수께서는 그 여자들에게 "두려워
하지 마라. 가서 내 형제들에게 갈릴래아로
가라고 전하여라. 그들은 거기서 나를 만나
게 될 것이다." 하고 말씀하셨다.

매수된 경비병

11◎여자들이 떠나간 뒤에 경비병 중 몇 사람
이 성안으로 들어가 그 동안에 일어난 일들
을 대사제들에게 낱낱이 보고하였다.
12대사제들은 원로들과 만나 의논한 끝에 병
사들에게 많은 돈을 집어주며

13"너희가 잠든 사이에 예수의 제자들이 밤중
에 와서 시체를 훔쳐 갔다고 말하여라.
14이 소문이 총독의 귀에 들어가게 되더라도
우리가 잘 말해서 너희에게는 아무런 해가
없도록 하여주겠다." 하고 말하였다.
15경비병들은 돈을 받고 시키는 대로 하였다.
이 이야기는 오늘날까지 유다인들 사이에
널리 퍼져 있다.

제자들의 사명 (마르코 16:14-18; 루가 24:36-49; 요한 20:19-23; 행전 1:8)

16◎열한 제자는 예수께서 일러주신 대로 갈릴
래아에 있는 산으로 갔다.
17그들은 거기에서 예수를 뵙고 엎드려 절하
였다. 그러나 의심하는 사람들도 있었다.
18예수께서는 그들에게 가까이 오셔서 이렇게
말씀하셨다. "나는 하늘과 땅의 모든 권한
을 받았다.
19그러므로 너희는 가서 이 세상 모든 사람들
을 내 제자로 삼아 아버지와 아들과 성령의
이름으로 그들에게 세례를 베풀고
20내가 너희에게 명한 모든 것을 지키도록 가
르쳐라. 내가 세상 끝날까지 항상 너희와
함께 있겠다."

마르코의 복음서

세례자 요한의 선포 (마태오 3:1-12; 루가 3:1-18; 요한 1:19-28)

1 ◎하느님의 아들 예수 그리스도에 관한 복
음의 시작.
2 예언자 이사야의 글에,
"㉠이제 내가 일꾼을 너보다 먼저 보내
니
그가 네 갈 길을 미리 닦아놓으리라."
하였고,
3 ◎또 "광야에서 외치는 이의 소리가 들
린다.
'너희는 주의 길을 닦고
그의 길을 고르게 하여라.'"
하였는데, 기록되어 있는 대로
4 세례자 요한이 광야에 나타나 "회개하고 세
례를 받아라. 그러면 죄를 용서받을 것이
다." 하고 선포하였다.
5 그 때 온 유다 지방과 예루살렘에 사는 모든
사람이 그에게 와서 죄를 고백하며 요르단
강에서 세례를 받았다.
6 요한은 낙타털 옷을 입고 허리에 가죽띠를
두르고 메뚜기와 들꿀을 먹으며 살았다.
7 그는 사람들에게 이렇게 외쳤다. "나보다
더 훌륭한 분이 내 뒤에 오신다. 나는 몸을
굽혀 그의 신발끈을 풀어드릴 만한 자격조
차 없는 사람이다.
8 나는 너희에게 물로 세례를 베풀었지만 그
분은 성령으로 세례를 베푸실 것이다."

세례를 받으신 예수 (마태오 3:13-17; 루가 3:21-22)

9 ◎그 무렵에 예수께서는 갈릴래아 나자렛에
서 요르단 강으로 요한을 찾아와 세례를 받
으셨다.
10그리고 물에서 올라오실 때 하늘이 갈라지
며 성령이 비둘기 모양으로 당신에게 내려
오시는 것을 보셨다.
11그 때 하늘에서 "㉡너는 내 사랑하는 아들,
내 마음에 드는 아들이다." 하는 소리가 들
려왔다.

광야에서 받으신 유혹 (마태오 4:1-11; 루가 4:1-13)

12◎그 뒤에 곧 성령이 예수를 광야로 내보내
셨다.
13예수께서는 사십 일 동안 그 곳에 계시면서
사탄에게 유혹을 받으셨다. 그 동안 예수께
서는 들짐승들과 함께 지내셨는데 천사들
이 그분의 시중을 들었다.

갈릴래아 전도 시작 (마태오 4:12-17; 루가 4:14-15)

14◎요한이 잡힌 뒤에 예수께서 갈릴래아에 오
셔서 하느님의 복음을 전파하시며
15"때가 다 되어 하느님의 나라가 다가왔다.
회개하고 이 복음을 믿어라." 하셨다.

첫 번째로 부르심 받은 어부 네 사람 (마태오 4:18-22; 루가 5:1-11; 요한 1:35-42)

16◎예수께서 갈릴래아 호숫가를 지나가시다

㉠ 말라 3:1(칠십인역 이사 40:3). ㉡ 시편 2:7; 창세 22:2; 이사 42:1.

가 호수에서 그물을 던지고 있는 어부 시몬
과 그의 동생 안드레아를 보시고
17 "나를 따라오너라. 내가 너희를 사람 낚는
어부가 되게 하겠다." 하고 말씀하셨다.
18 그들은 곧 그물을 버리고 예수를 따라갔다.
19 예수께서 조금 더 가시다가 제베대오의 아들
야고보와 그의 동생 요한이 배에서 그물을
손질하고 있는 것을 보시고
20 부르시자 그들은 아버지 제베대오와 삯꾼들
을 배에 남겨둔 채 예수를 따라나섰다.

악령 들린 사람을 고치신 예수 (루가 4:31-37)

21 ◎예수의 일행은 가파르나움으로 갔다. 안식
일에 예수께서는 회당에 들어가 가르치셨
는데
22 사람들은 그 가르침을 듣고 놀랐다. 그 가
르치시는 것이 율법학자들과는 달리 권위
가 있었기 때문이다.
23 그 때 더러운 악령 들린 사람 하나가 회당에
있다가 큰소리로
24 "나자렛 예수님, 어찌하여 우리를 간섭하시
려는 것입니까? 우리를 없애려고 오셨습니
까? 나는 당신이 누구신지 압니다. 당신은
하느님께서 보내신 거룩한 분이십니다." 하
고 외쳤다.
25 그래서 예수께서 "입을 다물고 이 사람에게
서 나가거라." 하고 꾸짖으시자
26 더러운 악령은 그 사람에게 발작을 일으켜
놓고 큰소리를 지르며 떠나갔다.
27 이것을 보고 모두들 놀라 "이게 어찌 된 일
이냐? 이것은 권위 있는 새 교훈이다. 그의
명령에는 더러운 악령들도 굴복하는구나!"
하며 서로 수군거렸다.
28 예수의 소문은 삽시간에 온 갈릴래아와 그
근방에 두루 퍼졌다.

많은 병자를 고치신 예수
(마태오 8:14-17; 루가 4:38-41)

29 ◎얼마 뒤에 예수께서 회당에서 나와 야고보
와 요한과 함께 시몬과 안드레아의 집에 들
어가셨다.
30 때마침 시몬의 장모가 열병으로 누워 있었
는데 사람들이 그 사정을 예수께 알렸다.
31 예수께서 그 부인 곁으로 가서 손을 잡아 일
으키시자 열이 내리고 부인은 그들의 시중
을 들었다.
32 해가 지고 날이 저물었을 때에 사람들이 병
자와 마귀 들린 사람들을 모두 예수께 데려
왔으며
33 온 동네 사람들이 문 앞에 모여들었다.
34 예수께서는 온갖 병자들을 고쳐주시고 많은
마귀를 쫓아내시며 자기 일을 입 밖에 내지
말라고 당부하셨다. 마귀들은 예수가 누구
신지를 알고 있었기 때문이다.

전도여행 (루가 4:42-44)

35 ◎다음날 새벽 예수께서는 먼동이 트기 전
에 일어나 외딴 곳으로 가시어 기도하고 계
셨다.
36 그 때 시몬의 일행이 예수를 찾아다니다가
37 만나서 "모두들 선생님을 찾고 있습니다."
하고 말하였다.
38 예수께서는 그들에게 "이 근방 다음 동네에
도 가자. 거기에서도 전도해야 한다. 나는
이 일을 하러 왔다." 하고 말씀하셨다.
39 이렇게 갈릴래아 지방을 두루 찾아 여러 회
당에서 전도하시며 마귀를 쫓아내셨다.

나병환자를 고치신 예수
(마태오 8:1-4; 루가 5:12-16)

40 ◎나병환자 하나가 예수께 와서 무릎을 꿇
고 애원하며 "선생님은 하고자만 하시면 저
를 깨끗이 고쳐주실 수 있습니다." 하고 말
씀드렸다.
41 예수께서 측은한 마음이 드시어 그에게 손
을 갖다 대시며 "그렇게 해주겠다. 깨끗하
게 되어라." 하시자
42 그는 곧 나병 증세가 사라지면서 깨끗이 나
았다.
43 예수께서 곧 그를 보내시면서
44 "아무에게도 말하지 말고 다만 사제에게 가
서 네 몸을 보이고 모세가 명한 대로 예물을
드려 네가 깨끗해진 것을 그들에게 증명하
여라." 하고 엄하게 이르셨다.
45 그러나 그는 물러가서 이 일을 널리 선전하
며 퍼뜨렸기 때문에 그 때부터 예수께서는
드러나게 동네로 들어가지 못하시고 동네
에서 떨어진 외딴 곳에 머물러 계셨다. 그
래도 사람들은 사방에서 예수께 모여들었
다.

중풍병자를 고치신 예수
(마태오 9:1-8; 루가 5:17-26)

2 ◎며칠 뒤에 예수께서는 다시 가파르나움
으로 가셨다. 예수께서 집에 계시다는 말
이 퍼지자
2 많은 사람이 모여들어 마침내 문 앞에까지
빈틈없이 들어섰다. 그리고 예수께서는 그

들에게 하느님의 말씀을 전하고 계셨다.
3그 때 어떤 중풍병자를 네 사람이 들고 왔
다.
4그러나 사람들이 너무 많아 예수께 가까이
데려갈 수가 없었다. 그래서 예수가 계신
바로 위의 지붕을 벗겨 구멍을 내고 중풍
병자를 요에 눕힌 채 예수 앞에 달아 내려
보냈다.
5예수께서는 그들의 믿음을 보시고 중풍병자
에게 "너는 죄를 용서받았다." 하고 말씀하
셨다.
6거기 앉아 있던 율법학자 몇 사람이 속으로
7"이 사람이 어떻게 감히 이런 말을 하여 하
느님을 모독하는가? 하느님말고 누가 죄를
용서할 수 있단 말인가?" 하며 중얼거렸다.
8예수께서 그들의 생각을 알아채시고 이렇게
말씀하셨다. "어찌하여 너희는 그런 생각을
품고 있느냐?
9중풍병자에게 '너는 죄를 용서받았다.' 하
는 것과 '일어나 네 요를 걷어가지고 걸어
가거라.' 하는 것과 어느 편이 더 쉽겠느
냐?
10이제 땅에서 죄를 용서하는 권한이 사람의
아들에게 있다는 것을 보여주겠다." 그리고
나서 중풍병자에게
11"내가 말하는 대로 하여라. 일어나 요를
걷어가지고 집으로 가거라." 하고 말씀하
셨다.
12중풍병자는 사람들이 보는 앞에서 벌떡 일
어나 곧 요를 걷어가지고 나갔다. 그러자
모두들 몹시 놀라서 "이런 일은 정말 처음
보는 일이다." 하며 하느님을 찬양하였다.

레위를 부르심 (마태오 9:9-13; 루가 5:27-32)

13◎예수께서 다시 호숫가로 나가셨다. 군중
도 모두 따라왔으므로 예수께서는 그들을
가르치셨다.
14그리고 그 후에 길을 가시다가 알패오의 아
들 레위가 세관에 앉아 있는 것을 보시고
"나를 따라오너라." 하고 부르셨다. 그러자
레위는 일어나서 예수를 따라나섰다.
15어느 날 예수께서는 레위의 집에서 음식을
잡수시게 되었다. 예수를 따르던 사람들 중
에는 세리와 죄인들도 많았는데 그 중 여럿
이 예수와 그의 제자들과 함께 그 자리에 앉
아 있었다.
16바리사이파의 율법학자들은 예수께서 죄인
과 세리들과 한 자리에서 음식을 나누시
는 것을 보고 예수의 제자들에게 "저 사람
이 세리와 죄인들과 어울려 같이 음식을
나누고 있으니 어찌 된 노릇이오?" 하고
물었다.
17예수께서 이 말을 들으시고 "성한 사람에게
는 의사가 필요하지 않으나 병자에게는 필
요하다. 나는 의인을 부르러 온 것이 아니
라 죄인을 부르러 왔다." 하고 대답하셨다.

단식에 대한 질문 (마태오 9:14-17; 루가 5:33-39)

18◎요한의 제자들과 바리사이파 사람들이 단
식을 하고 있던 어느 날, 사람들이 예수께
와서 "요한의 제자들과 바리사이파 사람의
제자들은 단식을 하는데 선생님의 제자들
은 왜 단식을 하지 않습니까?" 하고 물었다.
19예수께서는 이렇게 대답하셨다. "잔칫집에
온 신랑 친구들이 신랑이 함께 있는 동안에
야 어떻게 단식을 할 수 있겠느냐? 신랑이
함께 있는 동안에는 그럴 수 없다.
20그러나 이제 신랑을 빼앗길 날이 온다. 그
때에 가서는 그들도 단식을 하게 될 것이
다."
21◎"낡은 옷에 새 천조각을 대고 깁는 사람
은 없다. 그렇게 하면 낡은 옷이 새 천조각
에 켕겨 더 찢어지게 된다.
22또 낡은 가죽 부대에 새 포도주를 넣는 사람
도 없다. 그렇게 하면 새 포도주가 부대를
터뜨려 포도주도 부대도 다 버리게 된다.
새 포도주는 새 부대에 담아야 한다."

안식일의 주인 (마태오 12:1-8; 루가 6:1-5)

23◎어느 안식일에 예수께서 밀밭 사이를 지
나가시게 되었다. 그 때 함께 가던 제자들
이 밀 이삭을 자르기 시작하자
24바리사이파 사람들이 예수께 "보십시오, 왜
저 사람들이 안식일에 해서는 안 될 일을 하
고 있습니까?" 하고 물었다.
25예수께서는 이렇게 반문하셨다. "너희는 다
윗의 일행이 먹을 것이 없어서 굶주렸을 때
에 다윗이 한 일을 읽어본 적이 없느냐?
26에비아달 대사제 때에 다윗은 하느님의 집에
들어가서 제단에 차려놓은 빵을 먹고 함께
있던 사람들에게도 주었다. 그 빵은 사제들
밖에는 아무도 먹을 수 없는 빵이 아니었더
냐?"
27예수께서는 이어서 이렇게 말씀하셨다. "안
식일이 사람을 위하여 있는 것이지, 사람이
안식일을 위하여 있는 것은 아니다.
28따라서 사람의 아들은 또한 안식일의 주인이
다."

오그라든 손을 펴주신 예수
(마태오 12:9-14; 루가 6:6-11)

3 ◎안식일이 되어 예수께서 다시 회당에
들어가셨는데 마침 거기에 한쪽 손이 오
그라든 사람이 있었다.
2 그리고 예수께서 안식일에 그 사람을 고쳐
주시기만 하면 고발하려고 지켜보고 있는
사람들도 있었다.
3 예수께서 손이 오그라든 사람에게는 "일어
나서 이 앞으로 나오너라." 하시고
4 사람들을 향하여는 "안식일에 착한 일을 하
는 것이 옳으냐? 악한 일을 하는 것이 옳으
냐? 사람을 살리는 것이 옳으냐? 죽이는
것이 옳으냐?" 하고 물으셨다. 그들은 말
문이 막혔다.
5 예수께서는 그들의 마음이 완고한 것을 탄
식하시며 노기 띤 얼굴로 그들을 둘러보시
고 나서 손이 오그라든 사람에게 "손을 펴
라." 하고 말씀하셨다. 그가 손을 펴자 그
손은 이전처럼 성하게 되었다.
6 그러나 바리사이파 사람들은 나가서 즉시 헤
로데 당원들과 만나 예수를 없애버릴 방도
를 모의하였다.

호숫가에 모여든 군중
7 ◎예수께서 제자들과 함께 호숫가로 물러가
셨을 때에 갈릴래아에서 많은 사람들이 따
라왔다. 또 유다와
8 예루살렘과 에돔과 요르단 강 건너편에 사는
사람들이며 띠로와 시돈 근방에 사는 사람
들까지도 예수께서 하시는 일을 전해 듣고
많이 몰려왔다.
9 예수께서는 밀어닥치는 군중을 피하시려고
제자들에게 거룻배 한 척을 준비하라고 이
르셨다.
10 예수께서 많은 사람을 고쳐주셨으므로 병으
로 고생하는 사람들이 앞을 다투어 예수를
만지려고 밀려들었던 것이다.
11 또 더러운 악령들은 예수를 보기만 하면 그
앞에 엎드려 "당신은 하느님의 아들이십니
다!" 하고 소리질렀다.
12 그러나 예수께서는 그들에게 당신을 남에게
알리지 말라고 엄하게 명령하셨다.

열두 사도 (마태오 10:1-4; 루가 6:12-16)
13 ◎예수께서 산에 올라가 마음에 두셨던 사
람들을 부르셨다. 그들이 예수께 가까이 왔
을 때에
14 예수께서는 열둘을 뽑아 사도로 삼으시고
당신 곁에 있게 하셨다. 이것은 그들을 보
내어 말씀을 전하게 하시고,
15 마귀를 쫓아내는 권한을 주시려는 것이었
다.
16 이렇게 뽑으신 열두 사도는 베드로라는 이
름을 붙여주신 시몬과
17 천둥의 아들이라는 뜻으로 둘 다 보아네르게
스라고 이름을 붙여주신 제베대오의 아들 야
고보와 그의 동생 요한,
18 그리고 안드레아, 필립보, 바르톨로메오, 마
태오, 토마, 알패오의 아들 야고보, 타대오,
혁명당원 시몬,
19 그리고 예수를 팔아 넘긴 가리옷 사람 유다
이다.

베엘제불과 성령
(마태오 12:22-32; 루가 11:14-23; 12:10)
20 ◎예수께서 집에 돌아오시자 군중이 다시
모여들어서 예수의 일행은 음식을 먹을 겨
를도 없었다.
21 이 소식을 들은 예수의 친척들은 예수를 붙
들러 나섰다. 예수가 미쳤다는 소문이 돌고
있었기 때문이다.
22 예루살렘에서 내려온 율법학자들도 예수가
베엘제불에게 사로잡혔다느니 또는 마귀 두
목의 힘을 빌려 마귀를 쫓아낸다느니 하고
떠들었다.
23 그래서 예수께서는 그들을 불러다 놓고 비
유로 말씀하셨다. "사탄이 어떻게 사탄을 쫓
아낼 수 있겠느냐?
24 한 나라가 갈라져 서로 싸우면 그 나라는 제
대로 설 수 없다.
25 또 한 가정이 갈라져 서로 싸우면 그 가정도
버티어 나갈 수 없다.
26 만일 사탄의 나라가 내분으로 갈라진다면
그 나라는 지탱하지 못하고 망하게 될 것
이다.
27 또 누가 힘센 사람의 집에 들어가서 그 세간
을 털어가려면 그는 먼저 그 힘센 사람을 묶
어놓아야 하지 않겠느냐? 그래야 그 집을
털 수 있을 것이다.
28 나는 분명히 말한다. 사람들이 어떤 죄를
짓든 입으로 어떤 욕설을 하든 그것은 다 용
서받을 수 있으나
29 성령을 모독하는 사람은 영원히 용서받지
못할 것이며 그 죄는 영원히 벗어날 길이 없
을 것이다."
30 이 말씀을 하신 것은 사람들이 예수를 더
러운 악령에 사로잡혔다고 비방했기 때문

이다.

누가 내 어머니이고 내 형제들이냐?
(마태오 12:46-50; 루가 8:19-21)

31◎그 때 예수의 어머니와 형제들이 밖에
와 서서 예수를 불러달라고 사람을 들여보
냈다.
32둘러앉았던 군중이 예수께 "선생님, 선생님
의 어머님과 형제분들이 밖에서 찾으십니
다." 하고 말하였다.
33예수께서는 "누가 내 어머니이고 내 형제들
이냐?" 하고 반문하시고
34둘러앉은 사람들을 돌아보시며 말씀하셨
다. "바로 이 사람들이 내 어머니이고 내 형
제들이다.
35하느님의 뜻을 행하는 사람이 곧 내 형제
요, 자매요, 어머니이다."

씨 뿌리는 사람의 비유
(마태오 13:1-9; 루가 8:4-8)

4 ◎예수께서 다시 호숫가에서 가르치셨다.
군중이 너무나 많이 모여들었기 때문에
예수께서는 배를 타고 그 안에 앉으신 다음
배를 물에 띄웠다. 그리고 군중은 모두 호
숫가에 그대로 서 있었다.
2예수께서는 비유로 여러 가지를 가르치시면
서 이렇게 말씀하셨다.
3"자, 들어보아라. 씨 뿌리는 사람이 씨를 뿌
리러 나갔다.
4씨를 뿌리는데 어떤 것은 길바닥에 떨어져
새들이 와서 쪼아먹고
5어떤 것은 흙이 많지 않은 돌밭에 떨어졌다.
흙이 깊지 않아서 싹은 곧 나왔지만
6해가 뜨자 뿌리도 내리지 못한 채 말라버렸
다.
7또 어떤 것은 가시덤불 속에 떨어졌다. 가
시나무들이 자라자 숨이 막혀 열매를 맺지
못하였다.
8그러나 어떤 것은 좋은 땅에 떨어져서 싹이
나고 잘 자라 열매를 맺었는데, 열매가 삼
십 배가 된 것도 있고 육십 배가 된 것도 있
고 백 배가 된 것도 있었다."
9예수께서는 이어서 "들을 귀가 있는 사람은
알아들어라." 하고 말씀하셨다.

비유로 말씀하신 이유
(마태오 13:10-17; 루가 8:9-10)

10◎예수께서 혼자 계실 때에 예수를 따르는
사람들이 열두 제자와 함께 와서 비유의 뜻
을 물었다.
11예수께서는 이렇게 대답하셨다. "너희에게
는 하느님 나라의 신비를 알게 해주었지만
다른 사람들에게는 모든 것을 비유로 들려
준다.
12그것은 그들이 '㉠보고 또 보아도 알아보지
못하고 듣고 또 들어도 알아듣지 못하게 하
려는 것이다. 그들이 알아보고 알아듣기만
한다면 나에게 돌아와 용서를 받게 될 것이
다.'"

씨 뿌리는 비유의 설명
(마태오 13:18-23; 루가 8:11-15)

13◎예수께서는 이어서 이렇게 말씀하셨다.
"너희가 이 비유도 알아듣지 못하면서 어떻
게 다른 비유들을 알아듣겠느냐?
14씨 뿌리는 사람이 뿌린 씨는 하늘 나라에 관
한 말씀이다.
15길바닥에 떨어졌다는 것은 마음속에 뿌려
지는 그 말씀을 듣기는 하지만 날쌔게 달려
드는 사탄에게 그것을 빼앗겨버리는 사람들
을 두고 하는 말이다.
16씨가 돌밭에 떨어졌다는 것은 그 말씀을 듣
고 기꺼이 받아들이기는 하지만
17그 마음속에 뿌리가 내리지 않아 오래 가지
못하고 그 후에 말씀 때문에 환난이나 박해
를 당하게 되면 곧 넘어지는 사람들을 두고
하는 말이다.
18그리고 씨가 가시덤불 속에 떨어졌다는 것
은 그 말씀을 듣기는 하지만
19세상 걱정과 재물의 유혹과 그 밖의 여러
가지 욕심이 들어와서 그 말씀을 가로막아
열매를 맺지 못하는 사람들을 두고 하는 말
이다.
20그러나 씨가 좋은 땅에 떨어졌다는 것은 그
말씀을 듣고 잘 받아들여 삼십 배, 육십 배,
백 배의 열매를 맺는 사람들을 두고 하는 말
이다."

등불의 비유 (루가 8:16-18; 마태오 5:15)

21◎예수께서는 또 이렇게 말씀하셨다. "등불
을 가져다가 됫박 아래나 침상 밑에 두는 사
람이 어디 있겠느냐? 누구나 등경 위에 얹
어놓지 않느냐?
22감추어둔 것은 드러나게 마련이고 비밀은
알려지게 마련이다.
23들을 귀가 있는 사람은 알아들어라."

㉠ 이사 6:9-10.

말

24◎또 말씀하셨다. "내 말을 마음에 새겨들
어라. 너희가 남에게 달아주면 달아주는 만
큼 받을 뿐만 아니라 덤까지 얹어 받을 것
이다.
25누구든지 가진 사람은 더 받을 것이며 가지
지 못한 사람은 그 가진 것마저 빼앗길 것이
다."

자라나는 씨의 비유

26◎예수께서 또 말씀하셨다. "하느님 나라는
이렇게 비유할 수 있다. 어떤 사람이 땅에
씨앗을 뿌려놓았다.
27하루하루 자고 일어나고 하는 사이에 씨앗
은 싹이 트고 자라나지만 그 사람은 그것이
어떻게 자라는지 모른다.
28땅이 저절로 열매를 맺게 하는 것인데 처음
에는 싹이 돋고 그 다음에는 이삭이 패고 마
침내 이삭에 알찬 낟알이 맺힌다.
29곡식이 익으면 그 사람은 추수 때가 된 줄을
알고 곧 낫을 댄다."

겨자씨의 비유 (마태오 13:31-32; 루가 13:18-19)

30◎예수께서 또 말씀하셨다. "하느님 나라를
무엇에 견주며 무엇으로 비유할 수 있을까?
31그것은 겨자씨 한 알과 같다. 땅에 심을 때
에는 세상의 어떤 씨앗보다도 더욱 작은 것
이지만
32심어놓으면 어떤 푸성귀보다도 더 크게 자
라고 큰 가지가 뻗어서 공중의 새들이 그 그
늘에 깃들일 만큼 된다."

말

비유로 가르치신 예수 (마태오 13:34-35)

33◎예수께서는 그들이 알아들을 수 있을 정
도로 이와 같은 여러 가지 비유로써 말씀을
전하셨다.
34그들에게는 이렇게 비유로만 말씀하셨지만
제자들에게는 따로 일일이 그 뜻을 풀이해
주셨다.

잔잔해진 풍랑 (마태오 8:23-27; 루가 8:22-25)

35◎그 날 저녁이 되자 예수께서 제자들에게
"호수 저편으로 건너가자." 하고 말씀하셨
다.
36그래서 그들이 군중을 남겨둔 채 예수께서
타고 계신 배를 저어 가자 다른 배들도 함께
따라갔다.
37그런데 마침 거센 바람이 일더니 물결이 배
안으로 들이쳐서 물이 배에 거의 가득 차게
되었다.
38그런데도 예수께서는 뱃고물을 베개삼아 주
무시고 계셨다. 제자들이 예수를 깨우며
"선생님, 저희가 죽게 되었는데도 돌보시지
않습니까?" 하고 부르짖었다.
39예수께서 일어나 바람을 꾸짖으시며 바다를
향하여 "고요하고 잠잠해져라!" 하고 호령
하시자 바람은 그치고 바다는 아주 잔잔해
졌다.
40그렇게 하시고 나서 예수께서는 그들에게
"왜 그렇게들 겁이 많으냐? 아직도 믿음이
없느냐?" 하고 책망하셨다.
41그들은 두려움에 사로잡혀 "도대체 이분이
누구인데 바람과 바다까지 복종할까?" 하
며 서로 수군거렸다.

마귀와 돼지떼 (마태오 8:28-34; 루가 8:26-39)

5 ◎그들은 호수 건너편 게라사 지방에 이
르렀다.
2예수께서 배에서 내리셨을 때에 더러운 악
령 들린 사람 하나가 무덤 사이에서 나오다
가 예수를 만나게 되었다.
3그는 무덤에서 살았는데 이제는 아무도 그
를 매어둘 수가 없었다. 쇠사슬도 소용이
없었다.
4여러 번 쇠고랑을 채우고 쇠사슬로 묶어두
었지만 그는 번번이 쇠사슬을 끊고 쇠고랑
도 부수어버려 아무도 그를 휘어잡지 못하
였다.
5그리고 그는 밤이나 낮이나 항상 묘지와 산
을 돌아다니면서 소리를 지르고 돌로 제 몸
을 짓찧곤 하였다.
6그는 멀찍이서 예수를 보자 곧 달려가 그 앞
에 엎드려
7"지극히 높으신 하느님의 아들 예수님, 왜
저를 간섭하십니까? 제발 저를 괴롭히지
마십시오." 하고 큰소리로 외쳤다.
8그것은 예수께서 악령을 보시기만 하면 "더
러운 악령아, 그 사람에게서 나오너라." 하
고 명령하시기 때문이었다.
9예수께서 "네 이름이 무엇이냐?" 하고 물
으시자 그는 "군대라고 합니다. 수효가 많
아서 그렇습니다." 하고 대답하였다.
10그리고 자기들을 그 지방에서 쫓아내지 말
아달라고 애걸하였다.
11◎마침 그 곳 산기슭에는 놓아 기르는 돼지
떼가 우글거리고 있었는데
12악령들은 예수께 "저희를 저 돼지들에게 보
내어 그 속에 들어가게 해주십시오." 하고
간청하였다.

13예수께서 허락하시자 더러운 악령들은 그
사람에게서 나와 돼지들 속으로 들어갔다.
그러자 거의 이천 마리나 되는 돼지떼가 바
다를 향하여 비탈을 내리달려 물 속에 빠져
죽고 말았다.
14돼지 치던 사람들은 읍내와 촌락으로 달려
가서 이 일을 알렸다. 동네 사람들은 무슨
일이 일어났는지 보러 나왔다가
15예수께서 계신 곳에 이르러 군대라는 마귀
가 들렸던 사람이 옷을 바로 입고 멀쩡한
정신으로 앉아 있는 것을 보고는 그만 겁이
났다.
16이 일을 지켜본 사람들이 마귀 들렸던 사람
이 어떻게 해서 나았으며 돼지떼가 어떻게
되었는가를 동네 사람들에게 들려주자
17그들은 예수께 그 지방을 떠나달라고 간청
하였다.
18예수께서 배에 오르실 때에 마귀 들렸던 사
람이 예수를 따라다니게 해달라고 애원하였
지만
19예수께서는 허락하지 않으시고 "주께서 자
비를 베풀어 너에게 얼마나 큰일을 해주셨
는지 집에 가서 가족에게 알려라." 하고 이
르셨다.
20그는 물러가서 예수께서 자기에게 해주신
일을 데카폴리스 지방에 두루 알렸다. 이 말
을 듣는 사람마다 모두 놀랐다.

예수의 옷에 손을 댄 여자; 살아난 야이로의 딸
(마태오 9:18-26; 루가 8:40-56)

21◎예수께서 배를 타고 건너편으로 다시 가
시자 많은 사람들이 또 모여들었다. 예수께
서 호숫가에 계셨을 때에
22야이로라 하는 한 회당장이 와서 예수를 뵙
고 그 발 앞에 엎드려
23"제 어린 딸이 다 죽게 되었습니다. 제 집에
오셔서 그 아이에게 손을 얹어 병을 고쳐 살
려주십시오." 하고 애원하였다. 그래서 예
수께서는 그를 따라 나서시었다.
24◎그 때에 많은 사람들이 예수를 둘러싸고
밀어대며 따라갔다.
25그런데 군중 속에는 열두 해 동안이나 하혈
증으로 앓고 있던 여자가 있었다.
26그 여자는 여러 의사에게 보이느라고 고생
만 하고 가산마저 탕진했는데도 아무 효험
도 없이 오히려 병은 점점 더 심해졌다.
27그러던 차에 예수의 소문을 듣고 군중 속에
끼여 따라가다가 뒤에서 예수의 옷에 손을
대었다.
28그 옷에 손을 대기만 해도 병이 나으리라고
생각하였던 것이다.
29손을 대자마자 그 여자는 과연 출혈이 그치
고 병이 나은 것을 스스로 알 수 있었다.
30예수께서는 곧 자기에게서 기적의 힘이 나
간 것을 아시고 돌아서서 군중을 둘러보시
며 "누가 내 옷에 손을 대었느냐?" 하고 물
으셨다.
31제자들은 "누가 손을 대다니요? 보시다시
피 이렇게 군중이 사방에서 밀어대고 있지
않습니까?" 하고 반문하였다.
32그러나 예수께서는 둘러보시며 옷에 손을
댄 여자를 찾으셨다.
33그 여자는 자기 몸에 일어난 일을 알았기 때
문에 두려워 떨며 예수 앞에 엎드려 사실대
로 말씀 드렸다.
34예수께서는 그 여자에게 "여인아, 네 믿음
이 너를 살렸다. 병이 완전히 나았으니 안
심하고 가거라." 하고 말씀하셨다.
35◎예수의 말씀이 채 끝나기도 전에 회당장
의 집에서 사람들이 와서 회당장에게 "따님
이 죽었습니다. 그러니 저 선생님께 더 폐
를 끼쳐드릴 필요가 있겠습니까?" 하고 말
하였다.
36예수께서는 이 말을 들은 체도 아니하시고
회당장에게 "걱정하지 말고 믿기만 하여
라." 하고 말씀하셨다.
37그리고 베드로와 야고보와 야고보의 동생 요
한 외에는 아무도 따라오지 못하게 하시고
38회당장의 집으로 가셨다. 예수께서는 거기
서 사람들이 울며불며 떠드는 것을 보시고
39집 안으로 들어가셔서 그들에게 "왜 떠들며
울고 있느냐? 그 아이는 죽은 것이 아니라
잠을 자고 있다." 하고 말씀하셨다.
40그들은 코웃음만 쳤다. 예수께서는 그들을
다 내보내신 다음에 아이의 부모와 세 제
자만 데리고 아이가 누워 있는 방에 들어
가셨다.
41그리고 아이의 손을 잡고 "탈리다 쿰." 하고
말씀하셨다. 이 말은 '소녀야, 어서 일어나
거라.'라는 뜻이다.
42그러자 소녀는 곧 일어나서 걸어다녔다. 소
녀의 나이는 열두 살이었다. 이 광경을 본
사람들은 놀라 마지않았다.
43예수께서는 그들에게 이 일을 아무에게도
알리지 말라고 엄하게 이르시고 소녀에게
먹을 것을 주라고 하셨다.

예언자는 고향에서 존경을 받지 못한다

(마태오 13:53-58; 루가 4:16-30)

6 ◎예수께서 그 곳을 떠나 제자들과 함께
고향으로 돌아가셨다.
2 안식일이 되어 회당에서 가르치시자 많은
사람이 그 말씀을 듣고 놀라며 "저 사람이
어떤 지혜를 받았기에 저런 기적들을 행하
는 것일까? 그런 모든 것이 어디서 생겨났
을까?
3 저 사람은 그 목수가 아닌가? 그 어머니는
마리아요, 그 형제들은 야고보, 요셉, 유다,
시몬이 아닌가? 그의 누이들도 다 우리와
같이 여기 살고 있지 않은가?" 하면서 좀처
럼 예수를 믿으려 하지 않았다.
4 예수께서는 그들에게 이렇게 말씀하셨다.
"어디서나 존경을 받는 예언자라도 자기 고
향과 친척과 집안에서만은 존경을 받지 못
한다."
5 예수께서는 거기서 병자 몇 사람에게만 손
을 얹어 고쳐주셨을 뿐, 다른 기적은 행하
실 수 없었다.
6 그리고 그들에게 믿음이 없는 것을 보시고
이상하게 여기셨다.

열두 제자의 파견 (마태오 10:1, 5-15; 루가 9:1-6)

◎그 뒤에 예수께서는 여러 촌락으로 두루
다니시며 가르치시다가
7 열두 제자를 불러 더러운 악령을 제어하는
권세를 주시고 둘씩 짝지어 파견하셨다.
8 그리고 여행하는 데 지팡이 외에는 아무것
도 지니지 말라고 하시며 먹을 것이나 자루
도 가지지 말고 전대에 돈도 지니지 말며
9 신발은 신고 있는 것을 그대로 신고 속옷은
두 벌씩 껴입지 말라고 분부하셨다.
10 그리고 이렇게 말씀하셨다. "어디서 누구의
집에 들어가든지 그 고장을 떠나기까지 그
집에 머물러 있어라.
11 그러나 너희를 환영하지 않거나 너희의 말
을 듣지 않는 고장이 있거든 그 곳을 떠나면
서 그들에게 경고하는 표시로 너희의 발에
서 먼지를 털어버려라."
12 이 말씀을 듣고 열두 제자는 나가서 사람들
에게 회개하라고 가르치며
13 마귀들을 많이 쫓아내고 수많은 병자들에
게 기름을 발라 병을 고쳐주었다.

세례자 요한의 죽음 (마태오 14:1-12; 루가 9:7-9)

14 ◎예수의 이름이 널리 알려져 마침내 그 소
문이 헤로데 왕의 귀에 들어갔다. 어떤 사람
들은 "그에게서 그런 기적의 힘이 나타나는
것을 보면 죽은 세례자 요한이 다시 살아난
것이 틀림없다." 하고 말하는가 하면
15 더러는 엘리야라고도 하고, 또 더러는 옛 예
언자들과 같은 예언자라고도 하였다.
16 그러나 예수의 소문을 들은 헤로데 왕은 "바
로 요한이다. 내가 목을 벤 요한이 다시 살
아난 것이다." 하고 말하였다.
17 이 헤로데는 일찍이 사람을 시켜 요한을 잡
아 결박하여 옥에 가둔 일이 있었다. 그것
은 헤로데가 동생 필립보의 아내 헤로디아와
결혼하였다고 해서
18 요한이 헤로데에게 "동생의 아내를 데리고
사는 것은 옳지 않습니다." 하고 누차 간하
였기 때문이었다.
19 그래서 헤로디아는 요한에게 원한을 품고
그를 죽이려고 하였으나 뜻을 이루지 못하
였다.
20 그것은 헤로데가 요한을 의롭고 거룩한 사람
으로 알고 그를 두려워하여 보호해 주었을
뿐만 아니라 그가 간할 때마다 속으로는 몹
시 괴로워하면서도 그것을 기꺼이 들어왔
기 때문이다.
21 그런데 마침 헤로디아에게 좋은 기회가 왔
다. 헤로데 왕이 생일을 맞아 고관들과 무관
들과 갈릴래아의 요인들을 청하여 잔치를
베풀었는데
22 그 자리에 헤로디아의 딸이 나와서 춤을 추
어 헤로데와 그의 손님들을 매우 기쁘게 해
주었다. 그러자 왕은 그 소녀에게 "네 소원
을 말해 보아라. 무엇이든지 들어주마." 하
고는
23 "네가 청하는 것이면 무엇이든지 주겠다.
내 왕국의 반이라도 주겠다." 하고 맹세하
였던 것이다.
24 소녀가 나가서 제 어미에게 "무엇을 청할까
요?" 하고 의논하자 그 어미는 "세례자 요
한의 머리를 달라고 하여라." 하고 시켰다.
25 그러자 소녀는 급히 왕에게 돌아와 "지금
곧 세례자 요한의 머리를 쟁반에 담아서 가
져다 주십시오." 하고 청하였다.
26 왕은 마음이 몹시 괴로웠지만 이미 맹세한
바도 있고 또 손님들이 보는 앞이어서 그 청
을 거절할 수가 없었다.
27 그래서 왕은 곧 경비병 하나를 보내며 요한
의 목을 베어 오라고 명령하였다. 경비병이
감옥으로 가서 요한의 목을 베어
28 쟁반에 담아다가 소녀에게 건네자 소녀는
다시 그것을 제 어미에게 가져다 주었다.
29 그 뒤 소식을 들은 요한의 제자들이 와서 그

시체를 거두어다가 장사를 지냈다.

오천 명을 먹이신 기적
(마태오 14:13-21; 루가 9:10-17; 요한 6:1-14)

30◎사도들이 돌아와서 자기들이 한 일과 가
르친 것을 예수께 낱낱이 보고하였다.
31예수께서는 제자들에게 "따로 한적한 곳으
로 가서 함께 좀 쉬자." 하고 말씀하셨다.
찾아오는 사람이 너무 많아서 그들은 음식
을 먹을 겨를조차 없었던 것이다.
32예수의 일행은 배를 타고 따로 한적한 곳을
찾아 떠났다.
33그런데 사람들은 그 일행이 떠나는 것을 보
고 그들이 예수의 일행이라는 것을 알고는
여러 동네에서 모두 달려나와 육로로 해서
그들을 앞질러 그 곳에 갔다.
34예수께서 배에서 내려 군중이 많이 모여 있
는 것을 보시고 ㉠목자 없는 양과 같은 그
들을 측은히 여기시어 여러 가지로 가르쳐
주셨다.
35저녁때가 되자 제자들이 예수께 와서 "여기
는 외딴 곳이고 시간도 이미 늦었습니다.
36그러니 군중들을 헤쳐 제각기 음식을 사 먹
도록 농가나 근처 마을로 보내는 것이 좋겠
습니다." 하고 말하였다.
37예수께서 "너희가 먹을 것을 주어라." 하고
이르시자 제자들은 "그러면 저희가 가서 빵
을 이백 데나리온 어치나 사다가 먹이라는
말씀입니까?" 하고 물었다.
38그러자 예수께서는 "지금 가지고 있는 빵이
몇 개나 되는가 가서 알아보아라." 하셨다.
그들이 알아보고 돌아와서 "빵 다섯 개와
물고기 두 마리가 있습니다." 하자
39예수께서는 제자들에게 군중을 풀밭에 떼지
어 앉게 하라고 이르셨다.
40군중은 백 명씩 또는 오십 명씩 모여 앉았
다.
41예수께서는 빵 다섯 개와 물고기 두 마리를
손에 드시고 하늘을 우러러 감사의 기도를
드리신 다음, 빵을 떼어 제자들에게 주시며
군중들에게 나누어주라고 하셨다. 그리고
물고기 두 마리도 모든 사람에게 나누어주
셨다.
42사람들은 모두 배불리 먹었다.
43그리고 남은 빵조각과 물고기를 주워 모으
니 열두 광주리에 가득 찼으며
44먹은 사람은 남자만도 오천 명이나 되었다.

물 위를 걸으신 기적
(마태오 14:22-23; 요한 6:15-21)

45◎그 뒤에 곧 예수께서는 제자들을 재촉하
여 배를 태워 건너편 베싸이다로 먼저 가게
하시고 그 동안에 혼자서 군중을 돌려보내
셨다.
46그들을 보내시고 나서 기도하시려고 산으
로 올라가셨다.
47날이 저물었을 때에 배는 바다 한가운데 있
었고 예수께서는 혼자 육지에 계셨다.
48제자들은 마침 역풍을 만나 배를 젓느라고
몹시 애를 쓰고 있었다. 이것을 보신 예수께
서는 물 위를 걸어서 제자들 쪽으로 오시다
가 그들 곁을 지나쳐 가시려고 하였다. 그
것은 새벽 네시쯤이었다.
49제자들은 예수께서 물 위를 걸어오시는 것
을 보고 유령인 줄 알고 비명을 질렀다.
50그를 보고 모두 겁에 질렸던 것이다. 그러
자 예수께서 곧 제자들을 향하여 "나다. 겁
내지 말고 안심하여라." 하시며
51그들이 탄 배에 오르시자 바람이 그쳤다.
제자들은 너무나 놀라 어찌할 바를 몰랐다.
52그들은 마음이 무디어서 군중에게 빵을 먹
이신 기적도 아직 깨닫지 못하였던 것이다.

겐네사렛에서 병자들을 고치신 예수
(마태오 14:34-36)

53◎그들은 바다를 건너 겐네사렛 땅에 배를
대었다.
54그들이 배에서 내리자 사람들은 곧 예수를
알아보고
55그 근처 온 지방을 뛰어다니면서 병자들을
요에 눕혀가지고 예수가 계시다는 곳을 찾
아 그리로 데려왔다.
56마을이나 도시나 농촌이나 어디든지 예수께
서 가시기만 하면 사람들은 병자들을 장터
에 데려다 놓고 그 옷자락만이라도 만지게
해달라고 간청하였다. 그리고 손을 댄 사람
은 모두 나았다.

유다인들의 전통 (마태오 15:1-20)

7 ◎예루살렘에서 온 바리사이파 사람들과
율법학자 몇 사람이 예수께 모여왔다가
2 제자 몇 사람이 손을 씻지 않고 부정한 손으
로 음식을 먹는 것을 보았다.
3 원래 바리사이파 사람들뿐만 아니라 모든 유
다인들은 조상의 전통에 따라 음식을 먹기
전에 반드시 손을 깨끗이 씻었고

㉠ 민수 27:17(1열왕 22:17; 에제 34:5 참조).

4 또 시장에서 돌아왔을 때에는 반드시 몸을
씻고 나서야 음식을 먹는 관습이 있었다.
그 밖에도 지켜야 할 관습이 많았는데 가령
잔이나 단지나 놋그릇 같은 것을 씻는 일들
이 그것이었다.
5 그래서 바리사이파 사람들과 율법학자들은
예수께 "왜 당신의 제자들은 조상의 전통을
따르지 않고 부정한 손으로 음식을 먹습니
까?" 하고 따졌다.
6 예수께서는 그들에게 이렇게 대답하셨다.
"이사야가 무어라고 예언했느냐?
'㉠이 백성이 입술로는 나를 공경하여도
마음은 나에게서 멀리 떠나 있구나.
7 그들은 나를 헛되이 예배하며
사람의 계명을 하느님의 것인 양 가르친다.'
했는데 이것은 바로 너희와 같은 위선자를
두고 한 말이다.
8 너희는 하느님의 계명은 버리고 사람의 전
통을 고집하고 있다."
9 그리고 이어서 이렇게 말씀하셨다. "너희는
그 전통을 지킨다는 구실로 교묘하게 하느
님의 계명을 어기고 있다.
10 모세가 '㉡부모를 공경하여라.' 하였고 또
'㉢아버지나 어머니를 욕하는 자는 반드시
사형을 받는다.' 하였는데
11 너희는 누구든지 아버지나 어머니에게 '제
가 해드려야 할 것을 하느님께 바쳤습니
다.'라는 뜻으로 '코르반'이라고 한마디만
하면 된다고 하면서
12 자기 아버지나 어머니에게 아무것도 해드
리지 못하게 하고 있으니
13 이것이 바로 전해 오는 전통을 핑계삼아 하
느님의 말씀을 무시하는 일이 아니고 무엇
이냐? 너희는 이 밖에도 그런 일을 많이 저
지르고 있다."
14 ◎예수께서 다시 사람들을 불러모으시고 이
렇게 가르치셨다. "너희는 내 말을 새겨들
어라.
15 무엇이든지 밖에서 몸 안으로 들어가는 것
은 사람을 더럽히지 않는다. 더럽히는 것은
도리어 사람에게서 나오는 것이다."㉣
17 ◎예수께서 군중을 떠나 집에 들어가셨을
때에 제자들이 그 비유의 뜻을 묻자
18 예수께서는 "너희도 이렇게 알아듣지를 못
하느냐? 밖에서 몸 안으로 들어가는 것은
사람을 더럽히지 못한다는 것을 모르느냐?
19 모두 뱃속에 들어갔다가 그대로 뒤로 나가
버리지 않느냐? 그것들은 마음속으로 파고
들지는 못한다." 하시며 모든 음식은 다 깨
끗하다고 하셨다.
20 그리고 다시 이렇게 말씀하셨다. "참으로
사람을 더럽히는 것은 사람에게서 나오는
것이다.
21 안에서 나오는 것은 곧 마음에서 나오는 것
인데 음행, 도둑질, 살인,
22 간음, 탐욕, 악의, 사기, 방탕, 시기, 중상,
교만, 어리석음 같은 여러 가지 악한 생각
들이다.
23 이런 악한 것들은 모두 안에서 나와 사람을
더럽힌다."

시로페니키아 여자의 믿음 (마태오 15:21-28)

24 ◎예수께서 그 곳을 떠나 띠로 지방으로 가
셨다. 거기서 어떤 집에 들어가 아무도 모
르게 조용히 계시려 했으나 결국 알려지고
말았다.
25 그래서 악령이 들린 어린 딸을 둔 어떤 여자
가 곧 소문을 듣고 예수를 찾아와 그 앞에
엎드렸다.
26 그 여자는 시로페니키아 출생의 이방인이었
는데 자기 딸에게서 마귀를 쫓아내 달라고
간청하였다.
27 그러나 예수께서는 "자녀들을 먼저 배불리
먹여야 한다. 자녀들이 먹는 빵을 강아지들
에게 던져주는 것은 좋지 않다." 하고 말씀
하셨다.
28 그래도 그 여자는 "선생님, 그렇긴 합니다
만 상 밑에 있는 강아지도 아이들이 먹다 떨
어뜨린 부스러기는 얻어 먹지 않습니까?"
하고 사정하였다.
29 그제야 예수께서는 "옳은 말이다. 어서 돌
아가 보아라. 마귀는 이미 네 딸에게서 떠
나갔다." 하고 말씀하셨다.
30 그 여자가 집에 돌아가 보니 아이는 자리에
누워 있었고 과연 마귀는 떠나가고 없었다.

귀먹은 반벙어리를 고치신 예수

31 ◎그 뒤 예수께서는 띠로 지방을 떠나 시돈
에 들르셨다가 데카폴리스 지방을 거쳐 갈릴
래아 호수로 돌아오셨다.
32 그 때에 사람들이 귀먹은 반벙어리를 예수
께 데리고 와서 그에게 손을 얹어주시기를

㉠ 칠십인역 이사 29:13. ㉡ 출애 20:12(신명 5:16). ㉢ 칠십인역 출애 21:17. ㉣ 어떤 사본에는 16절에 이런 말이 있다. "들을 귀가 있는 사람은 잘 들어라."

청하였다.
33예수께서는 그 사람을 군중 사이에서 따로
불러내어 손가락을 그의 귓속에 넣으셨다
가 침을 발라 그의 혀에 대시고
34하늘을 우러러 한숨을 내쉰 다음 "에파타."
하고 말씀하셨다. '열려라.'라는 뜻이었다.
35그러자 그는 귀가 열리고 혀가 풀려서 말을
제대로 하게 되었다.
36예수께서는 이 일을 아무에게도 말하지 말
라고 엄하게 이르셨으나 그럴수록 사람들
은 더욱 더 널리 소문을 퍼뜨렸다.
37사람들은 "귀머거리를 듣게 하시고 벙어리
도 말을 하게 하시니 그분이 하시는 일은 놀
랍기만 하구나." 하며 경탄하여 마지않았
다.

사천 명을 먹이신 기적 (마태오 15:32-39)

8 ◎그 무렵 사람들이 또 많이 모여들었는
데 먹을 것이 없어서 예수께서는 제자들
을 불러
2"이 많은 사람들이 벌써 사흘이나 나와 함
께 지냈는데 이제 먹을 것이 없으니 참 보기
에 안 됐다.
3그들을 굶겨서 집으로 돌려보낸다면 길에
서 쓰러질 것이다. 더구나 그 중에는 먼 데
서 온 사람들도 있다." 하고 말씀하셨다.
4제자들이 "여기는 외딴 곳인데 이 많은 사
람들을 배불리 먹일 빵을 어디서 구해 오겠
습니까?" 하고 반문하자
5예수께서 "빵이 몇 개나 있느냐?" 하고 물
으셨다. 그들이 "일곱 개가 있습니다." 하
니까
6예수께서는 사람들을 땅에 앉게 하시고 빵
일곱 개를 손에 들고 감사의 기도를 드리신
다음 떼어서 제자들에게 주시며 나누어주
라고 하셨다. 제자들은 시키시는 대로 나누
어주었다.
7또 작은 물고기도 몇 마리 있었는데 예수께
서는 그것도 축복하신 뒤에 나누어주라고
하셨다.
8군중은 모두 배불리 먹었다. 그리고 남은
조각을 주워 모으니 일곱 바구니나 되었고
9먹은 사람은 약 사천 명이었다. 그 뒤 예수
께서는 군중을 헤쳐 보내신 다음
10곧 제자들과 함께 배를 타고 달마누타 지방
으로 가셨다.

하늘의 기적을 요구하는 바리사이파 사람들
(마태오 16:1-4)

11◎바리사이파 사람들이 와서 예수의 속을 떠
보려고 하느님의 인정을 받은 표가 될 만한
기적을 보여달라고 하면서 말을 걸어왔다.
12예수께서는 마음속으로 깊이 탄식하시며
"어찌하여 이 세대가 기적을 보여달라고 하
는가! 나는 분명히 말한다. 이 세대에 보여
줄 징조는 하나도 없다." 하시고는
13그들을 떠나 다시 배를 타고 바다 건너편으
로 가셨다.

그들의 누룩을 조심하여라 (마태오 16:5-12)

14◎제자들이 잊어버리고 빵을 가져오지 못하
여 배 안에는 빵이 한 덩어리밖에 없었다.
15예수께서 제자들에게 "바리사이파 사람들의
누룩과 헤로데의 누룩을 조심하여라." 하고
경고하시자
16제자들은 "빵이 없구나!" 하며 서로 걱정
하였다.
17예수께서 그 눈치를 알아채시고 이렇게 말
씀하셨다. "빵이 없다고 걱정들을 하다니,
아직도 알지 못하고 깨닫지 못했느냐? 그
렇게도 생각이 둔하냐?
18㉠너희는 눈이 있으면서도 알아보지 못하고
귀가 있으면서도 알아듣지 못하느냐? 벌써
다 잊어버렸느냐?
19빵 다섯 개를 오천 명에게 나누어 먹였을 때
에 남아서 거두어들인 빵 조각이 몇 광주리
나 되었느냐?" 그들은 "열두 광주리였습니
다." 하고 대답하였다.
20또 "빵 일곱 개를 사천 명에게 나누어 먹였
을 때에는 남은 조각을 몇 바구니나 거두어
들였느냐?" 하고 물으시자 그들이 "일곱
바구니였습니다." 하고 대답했다.
21예수께서는 "그래도 아직 모르겠느냐?" 하
고 말씀하셨다.

베싸이다의 소경

22◎예수의 일행이 베싸이다에 이르렀을 때에
사람들이 소경 한 사람을 예수께 데리고 와
서 손을 대어 고쳐주시기를 청하였다.
23예수께서는 소경의 손을 잡고 마을 밖으로
데리고 나가서 그의 두 눈에 침을 바르고 손
을 얹으신 다음 "무엇이 좀 보이느냐?" 하
고 물으셨다.
24그러자 그는 눈을 뜨면서 "나무 같은 것이
보이는데 걸어다니는 걸 보니 아마 사람들
인가 봅니다." 하고 대답하였다.

㉠ 예레 5:21(에제 12:2 참조).

25예수께서 다시 그의 눈에 손을 대시자 눈이
밝아지고 완전히 성해져서 모든 것을 똑똑
히 보게 되었다.
26예수께서는 "저 마을로는 돌아가지 마라."
하시며 그를 집으로 보내셨다.

베드로의 고백 (마태오 16:13-20; 루가 9:18-21)

27◎예수께서 제자들과 함께 필립보의 가이사
리아 지방에 있는 마을들을 향하여 길을 떠
나셨다. 가시는 도중에 제자들에게 "사람들
이 나를 누구라고 하더냐?" 하고 물으셨다.
28"세례자 요한이라고들 합니다. 그러나 엘리
야라고 하는 사람들도 있고 예언자 중의 한
분이라고 하는 사람들도 있습니다." 하고
제자들이 대답하였다.
29"그러면 너희는 나를 누구라고 생각하느
냐?" 하고 예수께서 다시 물으시자 베드로
가 나서서 "선생님은 그리스도이십니다."
하고 대답하였다.
30그러자 예수께서는 자기 이야기를 아무에게
도 하지 말라고 단단히 당부하셨다.

수난에 대한 첫 번째 예고 (마태오 16:21-28; 루가 9:22-27)

31◎그 때에 비로소 예수께서는 사람의 아들이
반드시 많은 고난을 받고 원로들과 대사제
들과 율법학자들에게 버림을 받아 그들의
손에 죽었다가 사흘 만에 다시 살아나시게
될 것임을 제자들에게 가르쳐주셨다.
32예수께서는 이 말씀을 명백하게 하셨던 것
이다. 이 말씀을 듣고 베드로는 예수를 붙들
고 그래서는 안 된다고 펄쩍 뛰었다.
33그러자 예수께서는 돌아서서 제자들을 보신
다음 베드로에게 "사탄아, 물러가라. 하느님
의 일은 생각하지 않고 사람의 일만 생각하
는구나!" 하시며 꾸짖으셨다.
34◎예수께서 군중과 제자들을 한 자리에 불
러놓고 이렇게 말씀하셨다. "나를 따르려는
사람은 누구든지 자기를 버리고 제 십자가
를 지고 따라야 한다.
35제 목숨을 살리려는 사람은 잃을 것이며,
나 때문에 또 복음 때문에 제 목숨을 잃는
사람은 살릴 것이다.
36사람이 온 세상을 얻는다 해도 제 목숨을 잃
는다면 무슨 이익이 있겠느냐?
37사람이 목숨을 무엇과 바꿀 수 있겠느냐?
38절개 없고 죄 많은 이 세대에서 누구든지 나
와 내 말을 부끄럽게 여기면 사람의 아들도
아버지의 영광에 싸여 거룩한 천사들을 거
느리고 올 때에 그를 부끄럽게 여길 것이
다."

9

◎예수께서 또 말씀하셨다. "나는 분명히
말한다. 여기 서 있는 사람들 중에는 죽
기 전에 하느님 나라가 권능을 떨치며 오는
것을 볼 사람들도 있다."

예수의 영광스러운 변모 (마태오 17:1-8; 루가 9:28-36)

2◎엿새 후에 예수께서 베드로와 야고보와 요
한만을 따로 데리고 높은 산으로 올라가셨
다. 그 때 예수의 모습이 그들 앞에서 변하
고
3그 옷은 세상의 어떤 마전장이도 그보다 더
희게 할 수 없을 만큼 새하얗고 눈부시게 빛
났다.
4그런데 그 자리에는 엘리야가 모세와 함께
나타나서 예수와 이야기하고 있었다.
5그 때 베드로가 나서서 "선생님, 저희가 여
기서 지내면 얼마나 좋겠습니까! 여기에
초막 셋을 지어 하나는 선생님을 모시고 하
나는 모세를, 하나는 엘리야를 모셨으면 합
니다." 하고 예수께 말하였다.
6베드로는 다른 제자들과 함께 겁에 질려서
무슨 말을 해야 좋을지 몰라 엉겁결에 그렇
게 말했던 것이다.
7바로 그 때에 구름이 일며 그들을 덮더니 구
름 속에서 "㉠이는 내 사랑하는 아들이니
너희는 그의 말을 잘 들어라." 하는 소리가
들려왔다.
8제자들은 곧 주위를 둘러보았으나 예수와
자기들밖에는 아무도 보이지 않았다.

엘리야와 요한 (마태오 17:9-13)

9◎산에서 내려오시면서 예수께서는 제자들
에게 "사람의 아들이 죽었다 다시 살아날 때
까지는 지금 본 것을 아무에게도 말하지 마
라." 하고 단단히 당부하셨다.
10제자들은 이 말씀을 마음에 새겨두었다. 그
러나 죽었다가 다시 살아난다는 말씀이 무
슨 뜻인지 몰라서 서로 물어보다가
11예수께 "율법학자들은 엘리야가 먼저 와야
한다고 하는데 어떻게 된 일입니까?" 하고
물었다.
12예수께서는 이렇게 대답하셨다. "과연 엘리
야가 먼저 와서 모든 것을 바로잡아 놓을 것
이다. 그런데 성서에 사람의 아들이 많은 고

㉠ 시편 2:7.

마르

난을 받고 멸시를 당하리라고 한 것은 무슨
까닭이겠느냐?
13 너희에게 말해 두거니와, 사실은 성서에 기
록된 대로 엘리야는 벌써 왔었고 사람들은
그를 제멋대로 다루었다."

악령에게 사로잡힌 아이
(마태오 17:14-20; 루가 9:37-43 상반)

14 ◎그들이 다른 제자들이 있는 곳으로 돌아
와 보니 제자들이 큰 군중에게 둘러싸여 율
법학자들과 말다툼을 하고 있었다.
15 사람들은 예수를 보자 모두 놀라서 달려와
인사를 하였다.
16 예수께서 그들에게 "무슨 일로 저 사람들과
다투고 있느냐?" 하고 물으시자
17 그들 가운데 한 사람이 나서서 "선생님, 악
령이 들려 말을 못하는 제 아들을 선생님께
보이려고 데려왔습니다.
18 악령이 한번 발작하면 그 아이는 땅에 뒹굴
며 거품을 내뿜고 이를 갈다가 몸이 빳빳해
지고 맙니다. 그래서 선생님의 제자들에게
악령을 쫓아내 달라고 했더니 쫓아내지 못
했습니다." 하였다.
19 예수께서는 "아, 이 세대가 왜 이다지도 믿
음이 없을까! 내가 언제까지 너희와 함께
살며 이 성화를 받아야 한단 말이냐? 그 아
이를 나에게 데려오너라." 하셨다.
20 그들이 아이를 예수께 데려오자 악령이 예
수를 보고는 곧 아이에게 심한 발작을 일으
키게 했다. 그래서 아이는 땅에 넘어져 입
에서 거품을 흘리며 뒹굴었다.
21 예수께서 그 아버지에게 "아이가 이렇게 된
지 얼마나 되었느냐?" 하고 물으시자 그는
이렇게 대답하였다. "어렸을 때부터입니다.
22 악령의 발작으로 그 아이는 불 속에 뛰어들
기도 하고 물 속에 빠지기도 하였습니다.
그래서 여러 번 죽을 뻔하였습니다. 선생님
께서 하실 수 있다면 자비를 베푸셔서 저희
를 도와주십시오."
23 이 말에 예수께서 "'할 수만 있다면'이 무
슨 말이냐? 믿는 사람에게는 안 되는 일이
없다." 하시자
24 아이 아버지는 큰소리로 "저는 믿습니다.
그러나 제 믿음이 부족하다면 도와주십시
오." 하고 청하였다.
25 예수께서는 사람들이 몰려드는 것을 보시고
더러운 악령을 꾸짖으시며 "말 못하게 하고
듣지 못하게 하는 악령아, 들어라. 그 아이
에게서 썩 나와 다시는 들어가지 마라." 하
고 호령하셨다.
26 그러자 악령이 소리를 지르며 그 아이에게
심한 발작을 일으켜놓고 나가버렸다. 그 바
람에 아이가 죽은 것같이 되자 사람들은 모
두 "아이가 죽었구나!" 하고 웅성거렸다.
27 그러나 예수께서 아이의 손을 잡아 일으키
시자 그 아이는 벌떡 일어났다.
28 그 뒤 예수께서 집으로 들어가셨을 때에 제
자들이 "왜 저희는 악령을 쫓아내지 못하였
습니까?" 하고 넌지시 물었다.
29 예수께서는 "기도하지 않고서는 그런 것을
쫓아낼 수 없다." 하고 대답하셨다.

수난에 대한 두 번째 예고
(마태오 17:22-23; 루가 9:43 하반-45)

30 ◎예수의 일행이 그 곳을 떠나 갈릴래아 지
방을 지나가게 되었는데 예수께서는 이 일
이 사람들에게 알려지는 것을 원치 않으셨
다.
31 그것은 예수께서 제자들을 따로 가르치고
계셨기 때문이다. 그는 제자들에게 "사람의
아들이 잡혀 사람들의 손에 넘어가 그들에
게 죽었다가 사흘 만에 다시 살아날 것이
다." 하고 일러주셨다.
32 그러나 제자들은 그 말씀을 깨닫지 못했고
묻기조차 두려워하였다.

누가 제일 높으냐?
(마태오 18:1-5; 루가 9:46-48; 22:24-27)

33 ◎그들은 가파르나움에 이르렀다. 예수께서
는 집에 들어가시자 제자들에게 "길에서 무
슨 일로 다투었느냐?" 하고 물으셨다.
34 제자들은 길에서 누가 제일 높은 사람이냐
하는 문제로 서로 다투었기 때문에 아무 대
답도 하지 못하였다.
35 예수께서는 자리에 앉아 열두 제자를 곁으
로 부르셨다. 그리고 "첫째가 되고자 하는
사람은 꼴찌가 되어 모든 사람을 섬기는 사
람이 되어야 한다." 하고 말씀하신 다음
36 어린이 하나를 데려다가 그들 앞에 세우시
고 그를 안으시며 제자들에게 이렇게 말씀
하셨다.
37 "누구든지 내 이름으로 이런 어린이 하나를
받아들이면 곧 나를 받아들이는 것이고, 또
나를 받아들이는 사람은 나만을 받아들이
는 것이 아니라 곧 나를 보내신 이를 받아들
이는 것이다."

우리를 지지하는 사람 (루가 9:49-50)

38◎요한이 예수께 "선생님, 어떤 사람이 선생
님의 이름으로 마귀를 쫓아내는 것을 보았
는데 그는 우리와 함께 다니는 사람이 아니
었습니다. 그래서 그런 일을 못하게 막았습
니다." 하고 말하였다.
39예수께서는 "말리지 마라. 내 이름으로 기
적을 행한 사람이 그 자리에서 나를 욕하지
는 못할 것이다.
40우리를 반대하지 않는 사람은 우리를 지지
하는 사람이다.
41나는 분명히 말한다. 너희가 그리스도의 사
람이라고 하여 너희에게 물 한 잔이라도 주
는 사람은 반드시 자기의 상을 받을 것이
다."

죄의 유혹 (마태오 18:6-9; 루가 17:1-2)

42◎"또 나를 믿는 이 보잘것없는 사람들 가
운데 누구 하나라도 죄짓게 하는 사람은 그
목에 연자 맷돌을 달고 바다에 던져지는 편
이 오히려 나을 것이다.
43손이 죄를 짓게 하거든 그 손을 찍어버려
라. 두 손을 가지고 꺼지지 않는 지옥의 불
속에 들어가는 것보다는 불구의 몸이 되더
라도 영원한 생명에 들어가는 편이 나을 것
이다.㉠
45발이 죄를 짓게 하거든 그 발을 찍어버려라.
두 발을 가지고 지옥에 던져지는 것보다는
절름발이가 되더라도 영원한 생명에 들어
가는 편이 나을 것이다.㉠
47또 눈이 죄를 짓게 하거든 그 눈을 빼어버려
라. 두 눈을 가지고 지옥에 들어가는 것보
다는 애꾸눈이 되더라도 하느님 나라에 들
어가는 편이 나을 것이다.
48㉡지옥에서는 그들을 파먹는 구더기도 죽지
않고 불도 꺼지지 않는다.
49누구나 다 불소금에 절여질 것이다.
50소금은 좋은 것이다. 그러나 소금이 짠맛을
잃으면 무엇으로 다시 그 소금을 짜게 하겠
느냐? 너희는 마음에 소금을 간직하고 서
로 화목하게 지내라."

결혼과 이혼 (마태오 19:1-12; 루가 16:18)

10 ◎예수께서 거기를 떠나 유다 지방과
요르단 강 건너편으로 가셨는데 사람
들이 또 많이 모여들었으므로 늘 하시던 대
로 그들을 가르치셨다.
2그 때에 바리사이파 사람들이 와서 예수의
속을 떠보려고 "남편이 아내를 버려도 좋습
니까?" 하고 물었다.
3예수께서는 "모세는 어떻게 하라고 일렀느
냐?" 하고 반문하셨다.
4"㉢이혼장을 써주고 아내를 버리는 것은 허
락했습니다." 하고 그들이 대답하자
5예수께서는 이렇게 말씀하셨다. "모세는 너
희의 마음이 굳을 대로 굳어져서 이 법을 제
정해 준 것이다.
6그런데 천지 창조 때부터 ㉣하느님께서는
사람을 남자와 여자로 만드셨다.
7㉤그러므로 사람은 그 부모를 떠나 자기 아
내와 합하여
8둘이 한 몸이 되는 것이다. 따라서 그들은
이제 둘이 아니라 한 몸이다.
9그러므로 하느님께서 짝지어 주신 것을 사
람이 갈라놓아서는 안 된다."
10집에 돌아 와서 제자들이 이 말씀에 대하여
물으니
11예수께서는 "누구든지 자기 아내를 버리고
다른 여자와 결혼하면 그 여자와 간음하는
것이며
12또 아내가 자기 남편을 버리고 다른 남자와
결혼해도 간음하는 것이다." 하고 말씀하셨
다.

어린이들을 축복하시다 (마태오 19:13-15; 루가 18:15-17)

13◎사람들이 어린이들을 예수께 데리고 와서
손을 얹어 축복해 주시기를 청하자 제자들
이 그들을 나무랐다.
14그러나 예수께서는 화를 내시며 "어린이들
이 나에게 오는 것을 막지 말고 그대로 두어
라. 하느님의 나라는 이런 어린이와 같은
사람들의 것이다.
15나는 분명히 말한다. 누구든지 어린이와 같
이 순진한 마음으로 하느님 나라를 받아들
이지 않으면 결코 거기 들어가지 못할 것이
다." 하고 말씀하셨다.
16그리고 어린이들을 안으시고 머리 위에 손
을 얹어 축복해 주셨다.

부자 청년-낙타와 바늘귀 (마태오 19:16-26; 루가 18:18-27)

17◎예수께서 길을 떠나시는데 어떤 사람이
달려와서 그 앞에 무릎을 꿇고 "선하신 선
생님, 제가 무엇을 해야 영원한 생명을 얻

㉠ 어떤 사본에는 44절과 46절에 48절과 같은 말이 있다. ㉡ 이사 66:24. ㉢ 신명 24:1. ㉣ 칠십인역 창세 1:27.
㉤ 칠십인역 창세 2:24.

겠습니까?" 하고 물었다.
18예수께서는 이렇게 대답하셨다. "왜 나를
선하다고 하느냐? 선하신 분은 오직 하느
님뿐이시다.
19'㉠살인하지 마라.' '간음하지 마라.' '도
둑질하지 마라.' '거짓 증언하지 마라.'
'남을 속이지 마라.' '부모를 공경하여라.'
한 계명들을 너는 알고 있을 것이다."
20그 사람이 "선생님, 그 모든 것은 제가 어
려서부터 다 지켜 왔습니다." 하고 대답하
였다.
21예수께서는 그를 유심히 바라보시고 대견해
하시며 이렇게 말씀하셨다. "너에게 한 가
지 부족한 것이 있다. 가서 가진 것을 다 팔
아 가난한 사람들에게 나누어주어라. 그러
면 하늘에서 보화를 얻게 될 것이다. 그러
니 내가 시키는 대로 하고 나서 나를 따라오
너라."
22그러나 그 사람은 재산이 많았기 때문에
이 말씀을 듣고 울상이 되어 근심하며 떠
나갔다.
23◎예수께서는 제자들을 둘러보시며 "재물
을 많이 가진 사람이 하느님 나라에 들어가
는 것은 얼마나 어려운 일인지 모른다." 하
고 말씀하셨다.
24제자들은 이 말씀을 듣고 놀랐다. 그러나 예
수께서 다시 이렇게 말씀하셨다. "하느님
나라에 들어가기는 참으로 어렵다.
25부자가 하느님 나라에 들어가는 것보다는
낙타가 바늘귀로 빠져 나가는 것이 더 쉬울
것이다."
26제자들은 깜짝 놀라 "그러면 구원받을 사람
이 어디 있겠는가?" 하며 서로 수군거렸다.
27예수께서는 제자들을 똑바로 보시며 "그것
은 사람의 힘으로는 할 수 없으나 하느님은
하실 수 있는 일이다. 하느님께서는 무슨
일이나 다 하실 수 있다." 하고 말씀하셨다.

백 배의 상 (마태오 19:27-30; 루가 18:28-30)

28◎그 때 베드로가 나서서 "보시다시피 저희
는 모든 것을 버리고 주님을 따랐습니다."
하고 말하였다.
29예수께서는 이렇게 말씀하셨다. "나는 분명
히 말한다. 누구든지 나를 위하여 또 복음
을 위하여 집이나 형제나 자매나 어머니나
아버지나 자녀나 토지를 버린 사람은
30현세에서 박해도 받겠지만 집과 형제와 자
매와 어머니와 자녀와 토지의 복도 백 배나
받을 것이며 내세에서는 영원한 생명을 얻
을 것이다.
31그런데 첫째가 꼴찌가 되고 꼴찌가 첫째가
되는 사람이 많을 것이다."

수난에 대한 세 번째 예고 (마태오 20:17-19; 루가 18:31-34)

32◎예수의 일행이 예루살렘으로 올라가는 길
이었다. 그 때 예수께서 앞장서서 가셨고 그
것을 본 제자들은 어리둥절하였다. 그리고
그 뒤를 따라가는 사람들은 불안에 싸여 있
었다. 예수께서 다시 열두 제자를 가까이 불
러 장차 당하실 일들을 일러주셨다.
33"우리는 지금 예루살렘으로 올라가는 길이
다. 거기에서 사람의 아들은 대사제들과 율
법학자들의 손에 넘어가 사형 선고를 받고
다시 이방인의 손에 넘어갈 것이다.
34그러면 그들은 사람의 아들을 조롱하고 침
뱉고 채찍질하고 마침내 죽일 것이다. 그러
나 사람의 아들은 사흘 만에 다시 살아날 것
이다."

섬기는 사람이 다스린다 (마태오 20:20-28)

35◎제베대오의 두 아들 야고보와 요한이 예수
께 가까이 와서 "선생님, 소원이 있습니다.
꼭 들어주십시오." 하고 말하였다.
36예수께서 그들에게 "나에게 바라는 것이 무
엇이냐?" 하고 물으시자
37그들은 "선생님께서 영광의 자리에 앉으실
때 저희를 하나는 선생님의 오른편에 하나
는 왼편에 앉게 해주십시오." 하고 부탁하
였다.
38그래서 예수께서는 "너희가 청하는 것이 무
엇인지나 알고 있느냐? 내가 마시게 될 잔
을 마실 수 있으며 내가 받을 고난의 세례를
받을 수 있단 말이냐?" 하고 물으셨다.
39그들이 "예, 할 수 있습니다." 하고 대답하
자 예수께서 다시 이렇게 말씀하셨다. "너
희도 내가 마실 잔을 마시고 내가 받을 고난
의 세례를 받기는 할 것이다.
40그러나 내 오른편이나 왼편 자리에 앉는
특권은 내가 주는 것이 아니다. 그 자리에
앉을 사람들은 하느님께서 미리 정해 놓으
셨다."
41◎이 대화를 듣고 있던 다른 열 제자가 야고
보와 요한을 보고 화를 냈다.
42그래서 예수께서는 그들을 가까이 불러놓고
"너희도 알다시피 이방인들의 통치자로 자

㉠ 출애 20:12-16.

처하는 사람들은 백성을 강제로 지배하고
또 높은 사람들은 백성을 권력으로 내리누
른다.
43그러나 너희는 그래서는 안 된다. 너희 사
이에서 누구든지 높은 사람이 되고자 하는
사람은 남을 섬기는 사람이 되어야 하고
44으뜸이 되고자 하는 사람은 모든 사람의 종
이 되어야 한다.
45사람의 아들도 섬김을 받으러 온 것이 아니
라 섬기러 왔고, 또 많은 사람들을 위하여
목숨을 바쳐 몸값을 치르러 온 것이다." 하
셨다.

예리고의 소경 (마태오 20:29-34; 루가 18:35-43)

46◎예수와 제자들이 예리고에 들렀다가 다시
길을 떠날 때에 많은 사람들이 따라가고 있
었다. 그 때 티매오의 아들 바르티매오라는
앞 못 보는 거지가 길가에 앉아 있다가
47나자렛 예수라는 소리를 듣고 "다윗의 자손
이신 예수님, 저에게 자비를 베풀어주십시
오!" 하고 외쳤다.
48여러 사람이 조용히 하라고 꾸짖었으나 그
는 더욱 큰소리로 "다윗의 자손이시여, 저
에게 자비를 베풀어주십시오!" 하고 소리
질렀다.
49예수께서 걸음을 멈추시고 "그를 불러오너
라." 하셨다. 그들이 소경을 부르며 "용기
를 내어 일어서라. 그분이 너를 부르신다."
하고 일러주자
50소경은 겉옷을 벗어버리고 벌떡 일어나 예
수께 다가왔다.
51예수께서 "나에게 바라는 것이 무엇이냐?"
하고 물으시자 그는 "선생님, 제 눈을 뜨게
해주십시오." 하였다.
52"가라. 네 믿음이 너를 살렸다." 예수의 말
씀이 떨어지자 곧 소경은 눈을 뜨고 예수를
따라나섰다.

예루살렘 입성
(마태오 21:1-11; 루가 19:28-40; 요한 12:12-19)

11 ◎그들이 예루살렘에 가까이 와서 올리
브 산 근처 벳파게와 베다니아에 이르렀
을 때에 예수께서는 두 제자를 보내시며
2이렇게 이르셨다. "맞은편 마을로 가보아
라. 거기 들어가면 아직 아무도 타보지 않
은 새끼 나귀 한 마리가 매여 있을 것이다.
그것을 풀어서 끌고 오너라.
3만일 누가 왜 그러느냐고 묻거든 주님이 쓰
신다 하고 곧 돌려보내실 것이라고 말하여
라."
4그들이 가보니 과연 어린 나귀가 길가로
난 문 앞에 매여 있었다. 그래서 그것을 푸
는데
5거기 서 있던 사람들이 "왜 나귀를 풀어 가
오?" 하고 물었다.
6제자들이 예수께서 일러주신 대로 말하자
그들은 막지 않았다.
7제자들은 새끼 나귀를 끌고 예수께 와서 자
기들의 겉옷을 그 위에 얹어놓았다. 예수께
서 거기에 올라앉으시자
8수많은 사람들이 겉옷을 벗어 길 위에 펴놓
았다. 또 어떤 사람들은 들에서 나뭇가지를
꺾어다가 길에 깔았다.
9그리고 앞서가는 사람들과 뒤따라오는 사
람들이 모두 환성을 올렸다.
10 "㉠호산나!
주의 이름으로 오시는 이여, 찬미받으
소서!
우리 조상 다윗의 나라가 온다.
만세!
높은 하늘에서도 호산나!"
11◎이윽고 예수께서 예루살렘에 이르러 성전
에 들어가셨다. 거기서 이것 저것 모두 둘
러보시고 나니 날이 이미 저물었다. 그래서
열두 제자와 함께 베다니아로 가셨다.

저주받은 무화과나무 (마태오 21:18-19)

12◎이튿날 그들이 베다니아에서 나올 때에 예
수께서는 시장하시던 참에
13멀리서 잎이 무성한 무화과나무를 보시고
혹시 그 나무에 열매가 있나 하여 가까이 가
보셨으나 잎사귀밖에는 아무것도 없었다.
무화과 철이 아니었기 때문이다.
14예수께서는 그 나무를 향하여 "이제부터 너
는 영원히 열매를 맺지 못하여 아무도 너에
게서 열매를 따먹지 못할 것이다." 하고 저
주하셨다. 제자들도 이 말씀을 들었다.

성전에서 쫓겨난 상인들
(마태오 21:12-17; 루가 19:45-48; 요한 2:13-22)

15◎그들이 예루살렘에 도착한 뒤, 예수께서는
성전 뜰 안으로 들어가 거기에서 사고 팔고
하는 사람들을 쫓아내시며 환전상들의 탁
자와 비둘기 장수들의 의자를 둘러엎으셨
다.
16또 물건들을 나르느라고 성전 뜰을 질러다

㉠ 시편 118:25-26.

니는 것도 금하셨다.
17그리고 그들을 가르치시며 "성서에 '㉠내
집은 만민이 기도하는 집이라 하리라.' 고
기록되어 있지 않느냐? 그런데 너희는 이
집을 '㉡강도의 소굴'로 만들어버렸구
나!" 하고 나무라셨다.
18이 말씀을 듣고 대사제들과 율법학자들은
어떻게 해서라도 예수를 없애버리자고 모의
하였다. 그들은 모든 군중이 예수의 가르침
에 감탄하는 것을 보고 예수를 두려워하였
던 것이다.
19저녁때가 되자 예수와 제자들은 성밖으로
나갔다.

믿음의 힘 (마태오 21:20-22)

20◎이른 아침, 예수의 일행은 그 무화과나무
곁을 지나다가 그 나무가 뿌리째 말라 있는
것을 보았다.
21베드로가 문득 생각이 나서 "선생님, 저것
좀 보십시오! 선생님께서 저주하신 무화과
나무가 말라버렸습니다." 하고 말하였다.
22예수께서는 제자들에게 말씀하셨다. "하느
님을 믿어라.
23나는 분명히 말한다. 누구든지 마음에 의심
을 품지 않고 자기가 말한 대로 되리라고 믿
기만 하면 이 산더러 '번쩍 들려서 저 바다
에 빠져라.' 하더라도 그대로 될 것이다.
24그러므로 내 말을 잘 들어두어라. 너희가
기도하며 구하는 것이 무엇이든 그것을 이
미 받았다고 믿기만 하면 그대로 다 될 것이
다.
25너희가 일어서서 기도할 때에 어떤 사람과
서로 등진 일이 생각나거든 그를 용서하여
라. 그래야만 하늘에 계신 너희의 아버지
께서도 너희의 잘못을 용서해 주실 것이
다."㉢

예수의 권한에 대한 질문 (마태오 21:23-27; 루가 20:1-8)

27◎그들은 또다시 예루살렘으로 들어갔다. 예
수께서 성전 뜰을 거닐고 계실 때에 대사제
들과 율법학자들과 원로들이 와서
28"당신은 무슨 권한으로 이런 일들을 합니
까? 누가 권한을 주어서 이런 일들을 합니
까?" 하고 물었다.
29예수께서 "나도 한 가지 물어보겠다. 너희
가 대답하면 내가 무슨 권한으로 이런 일들
을 하는지 말하겠다.
30요한이 세례를 베푼 것은 하늘에서 권한을
받아 한 것이냐? 사람에게서 받아 한 것
이냐? 어디 대답해 보아라." 하고 반문하
시자
31그들은 자기들끼리 "하늘에서 받았다고 하
면 어째서 요한을 믿지 않았느냐고 할 터
이니
32사람에게서 받았다고 할까?" 하고 의논했
으나 군중이 모두 요한을 참 예언자로 알고
있었기 때문에 군중이 무서워서
33"모르겠습니다." 하고 대답하였다. 예수께
서는 "나도 무슨 권한으로 이런 일들을 하
는지 말하지 않겠다." 하고 말씀하셨다.

포도원 소작인의 비유 (마태오 21:33-46; 루가 20:9-19)

12 ◎예수께서 비유를 들어 그들에게 말
씀하셨다. "어떤 사람이 ㉣포도원을
하나 만들어 울타리를 둘러치고는 포도즙
을 짜는 확을 파고 망대를 세웠다. 그리고
소작인들에게 그것을 도지로 주고 멀리 떠
나갔다.
2포도 철이 되자 그는 포도원의 도조를 받아
오라고 종 하나를 소작인들에게 보냈다.
3그런데 소작인들은 그 종을 붙잡아 때리고
는 빈손으로 돌려보냈다.
4주인이 다른 종을 또 보냈더니 그들은 그
종도 머리를 쳐서 상처를 입히며 모욕을 주
었다.
5주인이 또 다른 종을 보냈더니 이번에는 그
종을 죽여버렸다. 그래서 더 많은 종을 보
냈으나 그들은 이번에도 종들을 때리고 더
러는 죽였다.
6주인이 보낼 사람이 아직 하나 더 있었는데
그것은 그의 사랑하는 아들이었다. 마지막
으로 주인은 "내 아들이야 알아주겠지." 하
며 아들을 보냈다.
7그러나 소작인들은 "저게 상속자다. 자, 죽
여버리자. 그러면 이 포도원은 우리 차지가
될 것이다." 하며 서로 짜고는
8그를 잡아죽이고 포도원 밖으로 내어던졌
다.
9이렇게 되면 포도원 주인은 어떻게 하겠
느냐? 그는 돌아와서 그 소작인들을 죽여
버리고 포도원을 다른 사람들에게 맡길
것이다.

㉠ 이사 56:7 하반. ㉡ 예레 7:11. ㉢ 어떤 사본에는 26절에 다음과 같은 말이 있다. "만일 너희가 남을 용서하지 않으면 하늘에 계신 아버지께서도 너희의 잘못을 용서하시지 않을 것이다." ㉣ 이사 5:1-2.

10◎너희는 성서에서,
‘㉠집 짓는 사람들이 버린 돌이
모퉁이의 머릿돌이 되었다.
11 주께서 하시는 일이라,
우리에게는 놀랍게만 보인다.’
한 말을 읽어본 일이 없느냐?"

12◎이 비유를 들은 사람들은 그것이 자기들을 두고 하신 말씀인 것을 알고 예수를 잡으려 하였으나 군중이 무서워서 예수를 그대로 두고 떠나갔다.

카이사르의 것은 카이사르에게
(마태오 22:15-22; 루가 20:20-26)

13◎그들은 예수의 말씀을 트집잡아 올가미를 씌우려고 바리사이파와 헤로데 당원 몇 사람을 예수께 보냈다.
14그 사람들은 예수께 와서 이렇게 물었다. "선생님, 선생님은 진실하시며 사람을 겉모양으로 판단하지 않으시기 때문에 아무도 꺼리시지 않고 하느님의 진리를 참되게 가르치시는 줄 압니다. 그런데 카이사르에게 세금을 바치는 것이 옳습니까? 옳지 않습니까? 바쳐야 합니까? 바치지 말아야 합니까?"
15예수께서 그들의 교활한 속셈을 알아채시고 "왜 나의 속을 떠보는 거냐? 데나리온 한 닢을 가져다 보여다오." 하셨다.
16그들이 돈을 가져오자 "이 초상과 글자가 누구의 것이냐?" 하고 물으셨다. 그들이 "카이사르의 것입니다." 하고 대답하자
17"그러면 카이사르의 것은 카이사르에게 돌리고 하느님의 것은 하느님께 돌려라." 하고 말씀하셨다. 그들은 예수의 말씀을 듣고 경탄해 마지않았다.

부활에 대한 토론
(마태오 22:23-33; 루가 20:27-40)

18◎부활이 없다고 주장하는 사두가이파 사람들이 예수께 와서 물었다.
19"선생님, ㉡모세가 우리에게 정해 준 법에는 '형이 자녀가 없이' 아내를 두고 '죽으면 그 동생이 자기 형수와 결혼하여 자식을 낳아 형의 대를 이어야 한다.' 하였습니다.
20그런데 전에 칠 형제가 있었습니다. 첫째가 아내를 얻었다가 자식 없이 죽어서
21둘째가 형수를 자기 아내로 맞았지만 그도 또한 자식 없이 죽고 셋째도 그러하였습니다.
22이렇게 하여 그 일곱 형제가 다 자식 없이 죽고 마침내 그 여자도 죽었습니다.
23칠 형제가 다 그 여자를 아내로 삼았으니 부활 때에 그들이 다시 살아나면 그 여자는 누구의 아내가 되겠습니까?"
24예수께서는 이렇게 대답하셨다. "너희는 성서도 모르고 하느님의 권능도 모르니 그런 잘못된 생각을 하게 되는 것이다.
25사람이 죽었다가 다시 살아난 다음에는 장가드는 일도 없고 시집가는 일도 없이 하늘에 있는 천사들처럼 된다.
26너희는 모세의 책에 있는 가시덤불 대목에서 죽은 이들의 부활에 관한 글을 읽어보지 못하였느냐? 거기서 하느님께서는 모세에게 '㉢나는 아브라함의 하느님이요, 이사악의 하느님이요, 야곱의 하느님이다.' 하셨다.
27이 말씀은 하느님께서 죽은 이들의 하느님이 아니라 살아 있는 이들의 하느님이라는 뜻이다. 그러니 너희의 생각은 아주 잘못된 것이다."

첫째 가는 계명 (마태오 22:34-40; 루가 10:25-28)

28◎율법학자 한 사람이 와서 그들이 토론하는 것을 듣고 있다가 예수께서 대답을 잘 하시는 것을 보고 "모든 계명 중에 어느 것이 첫째 가는 계명입니까?" 하고 물었다.
29예수께서는 이렇게 대답하셨다. "첫째 가는 계명은 이것이다. '㉣이스라엘아, 들어라. 우리 하느님은 유일한 주님이시다.
30네 마음을 다하고 목숨을 다하고 생각을 다하고 힘을 다하여 주님이신 너의 하느님을 사랑하여라.'
31또 둘째 가는 계명은 '㉤네 이웃을 네 몸같이 사랑하여라.' 한 것이다. 이 두 계명보다 더 큰 계명은 없다."
32이 말씀을 듣고 율법학자는 "그렇습니다, 선생님. '㉥하느님은 한 분이시며 그 밖에 다른 이가 없다.' 하신 말씀은 과연 옳습니다.
33또 '마음을 다하고 지혜를 다하고 힘을 다하여 하느님을 사랑하는 것'과 '이웃을 제 몸같이 사랑하는 것'이 모든 번제물과 희생제물을 바치는 것보다 훨씬 더 낫습니다." 하고 대답하였다.
34예수께서는 그가 슬기롭게 대답하는 것을 보시고 "너는 하느님 나라에 가까이 와 있다." 하고 말씀하셨다. 그런 일이 있은 뒤에

㉠ 시편 118:22-23. ㉡ 신명 25:5. ㉢ 출애 3:6(3:15 참조). ㉣ 신명 6:4-5. ㉤ 레위 19:18. ㉥ 신명 4:35, 6:4.

는 감히 예수께 질문하는 사람이 없었다.

그리스도는 누구의 자손인가?
(마태오 22:41-46; 루가 20:41-44)

35◎예수께서는 성전에서 가르치시면서 이렇
게 말씀하셨다. "율법학자들은 그리스도를
다윗의 자손이라고 하는데 그것은 어떻게
된 일인가?
36다윗이 성령의 감화를 받아 스스로,
'㉠주 하느님께서 내 주님께 이르신 말
씀,
내가 네 원수를 네 발 아래 굴복시킬 때
까지
너는 내 오른편에 앉아 있어라.'
하지 않았더냐?
37이렇게 다윗 자신이 그리스도를 주님이라고
불렀는데 그리스도가 어떻게 다윗의 자손이
되겠느냐?" ◎많은 사람들이 이 말씀을 듣
고 모두 기뻐하였다.

율법학자들을 조심하여라
(마태오 23:1-36; 루가 20:45-47)

38◎예수께서는 가르치시면서 이런 말씀도 하
셨다. "율법학자들을 조심하여라. 그들은
기다란 예복을 걸치고 나다니며 장터에서
인사받기를 좋아하고
39회당에서는 가장 높은 자리를 찾으며 잔칫
집에 가면 제일 윗자리에 앉으려 한다.
40또한 과부들의 가산을 등쳐먹으면서 남에
게 보이려고 기도는 오래 한다. 이런 사람
이야말로 그만큼 더 엄한 벌을 받을 것이
다."

과부의 헌금 (루가 21:1-4)

41◎예수께서 헌금궤 맞은편에 앉아서 사람들
이 헌금궤에 돈을 넣는 것을 바라보고 계셨
다. 그 때 부자들은 여럿이 와서 많은 돈을
넣었는데
42가난한 과부 한 사람은 와서 겨우 렙톤 두
개를 넣었다. 이것은 동전 한 닢 값어치의
돈이었다.
43그것을 보시고 예수께서는 제자들을 불러
이렇게 말씀하셨다. "나는 분명히 말한다.
저 가난한 과부가 어느 누구보다도 더 많은
돈을 헌금궤에 넣었다.
44다른 사람들은 다 넉넉한 데서 얼마씩 넣었
지만 저 과부는 구차하면서도 있는 것을 다
털어넣었으니 생활비를 모두 바친 셈이다."

㉠ 칠십인역 시편 110:1.

성전 파괴에 대한 예언
(마태오 24:1-2; 루가 21:5-6)

13 ◎예수께서 성전을 떠나 나오실 때에
제자 한 사람이 "선생님, 저것 보십시
오. 저 돌이며 건물이며 얼마나 웅장하고
볼 만합니까?" 하고 말하였다.
2예수께서는 "지금은 저 웅장한 건물들이 보
이겠지만 그러나 저 돌들이 어느 하나도 제
자리에 그대로 얹혀 있지 못하고 다 무너지
고 말 것이다." 하고 말씀하셨다.

재난의 시작 (마태오 24:3-14; 루가 21:7-19)

3◎예수께서 성전 건너편 올리브 산에 앉아
성전을 바라보고 계실 때에 베드로와 야고보
와 요한과 안드레아가 따로 찾아와서
4"그런 일이 언제 일어나겠습니까? 그리고
그런 일이 다 이루어질 무렵에는 어떤 징조
가 나타나겠습니까? 저희에게 말씀해 주십
시오." 하고 말하였다.
5예수께서는 이렇게 말씀하셨다. "아무에게
도 속지 않도록 조심하여라.
6장차 많은 사람이 내 이름을 내세우며 나타
나서 '내가 그리스도다!' 하고 떠들어대면
서 많은 사람들을 속일 것이다.
7또 여러 번 난리도 겪고 전쟁 소문도 듣게
될 것이다. 그러나 당황하지 마라. 그런 일
은 반드시 일어날 터이지만 그것으로 끝나
는 것은 아니다.
8한 민족이 일어나 딴 민족을 치고 한 나라가
일어나 딴 나라를 칠 것이며 또 곳곳에서 지
진이 일어나고 흉년이 들 터인데 이런 일들
은 다만 고통의 시작일 뿐이다."
9◎"정신을 바짝 차려라. 너희는 법정에 끌
려갈 것이며 회당에서 매를 맞고 또 나 때문
에 총독들과 임금들 앞에 서서 나를 증언하
게 될 것이다.
10우선 복음이 모든 민족에게 전파되어야 한
다.
11그리고 사람들이 너희를 붙잡아 법정에 끌
고 갈 때에 무슨 말을 할까 하고 미리 걱정
하지 마라. 너희가 해야 할 말을 그 시간에
일러주실 것이니 그대로 말하여라. 말하는
이는 너희가 아니라 성령이시다.
12형제끼리 서로 잡아 넘겨 죽게 할 것이며 아
비도 제 자식을 또한 그렇게 하고 자식들도
제 부모를 고발하여 죽게 할 것이다.
13그리고 너희는 나 때문에 모든 사람에게 미
움을 받을 것이다. 그러나 끝까지 참는 사

람은 구원을 받을 것이다."

가장 큰 재난 (마태오 24:15-28; 루가 21:20-24)

14◎"㉠황폐의 상징인 흉측한 우상이 있어서
는 안 될 곳에 선 것을 보거든 (독자는 알아
들어라.) 유다에 있는 사람들은 산으로 도
망가라.
15지붕에 있는 사람은 집 안에 있는 세간을 꺼
내러 내려오지 말며
16밭에 있는 사람은 겉옷을 가지러 집으로 들
어가지 마라.
17이런 때에 임신한 여자들과 젖먹이가 딸린
여자들은 불행하다.
18이런 일이 겨울에 일어나지 않도록 기도하
여라.
19그 때에는 무서운 재난이 닥쳐올 터인데,
이런 재난은 하느님께서 세상을 창조하신
때부터 지금까지 없었고 또 앞으로도 다시
없을 것이다.
20주께서 그 고생의 기간을 줄여주시지 않는
다면 살아 남을 사람은 하나도 없다. 그러
나 주께서는 뽑으신 백성들을 위하여 그 기
간을 줄여주셨다."
21◎"그 때에 어떤 사람이 너희에게 '그리스도
가 여기 있다!' 혹은 '저기 있다!' 해도
믿지 마라.
22거짓 그리스도와 거짓 예언자들이 나타나서
어떻게 해서라도 뽑힌 사람들을 속이려고
여러 가지 기적과 이상한 일들을 할 것이다.
23이 모든 일에 대하여 내가 이렇게 미리 말해
둔다. 그러니 조심하여라."

사람의 아들이 오시는 날
(마태오 24:29-31; 루가 21:25-28)

24◎"그 재난이 다 지나면 해는 어두워지고
달은 빛을 잃고
25별들은 하늘에서 떨어지며 모든 천체가 흔
들릴 것이다.
26그러면 사람들은 ㉡사람의 아들이 구름을 타
고 권능을 떨치며 영광에 싸여 오는 것을 보
게 될 것이다.
27그 때에 사람의 아들은 천사들을 보내어 땅
끝에서 하늘 끝까지 사방으로부터 뽑힌 사
람들을 모을 것이다."

무화과나무의 교훈
(마태오 24:32-35; 루가 21:29-33)

28◎"무화과나무를 보고 배워라. 가지가 연해
지고 잎이 돋으면 여름이 가까워진 것을 알
게 된다.
29이와 같이 너희도 이런 일들이 일어나는 것
을 보거든 사람의 아들이 문 앞에 다가온 줄
을 알아라.
30나는 분명히 말한다. 이 세대가 지나기 전
에 이 모든 일들이 일어나고야 말 것이다.
31하늘과 땅은 사라질지라도 내 말은 결코 사
라지지 않을 것이다."

그 날과 그 시간 (마태오 24:36-44)

32◎"그러나 그 날과 그 시간은 아무도 모른
다. 하늘에 있는 천사들도 모르고 아들도
모르고 오직 아버지만이 아신다.
33그 때가 언제 올는지 모르니 조심해서 항상
깨어 있어라.
34그것은 마치 먼 길을 떠나는 사람이 종들에
게 자기 권한을 주며 각각 일을 맡기고 특히
문지기에게는 깨어 있으라고 분부하는 것
과 같다.
35집 주인이 돌아올 시간이 저녁일지, 한밤중
일지, 닭이 울 때일지, 혹은 이른 아침일지
알 수 없다. 그러니 깨어 있어라.
36주인이 갑자기 돌아와서 너희가 잠자고 있
는 것을 보게 되면 큰일이다.
37늘 깨어 있어라. 너희에게 하는 이 말은 또
한 모든 사람에게 하는 말이다."

예수를 죽일 음모
(마태오 26:1-5; 루가 22:1-2; 요한 11:45-53)

14

◎과월절 이틀 전 곧 무교절 이틀 전이
었다. 대사제들과 율법학자들은 어떻
게 하면 몰래 예수를 잡아죽일까 하고 궁리
하였다.
2그러면서도 "백성들이 소동을 일으킬지 모
르니 축제 기간만은 피하자." 하였다.

예수의 머리에 향유를 부은 여자
(마태오 26:6-13; 요한 12:1-8)

3◎예수께서 베다니아에 있는 나병환자 시몬
의 집에 계실 때의 일이다. 마침 예수께서
음식을 잡수시고 계셨는데 어떤 여자가 매
우 값진 순 나르드 향유가 든 옥합을 가지고
와서 그것을 깨뜨리고 향유를 예수의 머리
에 부었다.
4그러자 거기 같이 있던 몇 사람이 매우 분개
하여 "왜 향유를 이렇게 낭비하는가?
5이것을 팔면 삼백 데나리온도 더 받을 것이

㉠ 다니 9:27, 11:31, 12:11. ㉡ 다니 7:13-14.

고 그 돈을 가난한 사람들에게 나누어줄 수
있을 터인데!" 하고 투덜거리면서 그 여자
를 나무랐다.
6 그러자 예수께서는 "참견하지 마라. 이 여
자는 나에게 갸륵한 일을 했는데 왜 괴롭히
느냐?
7 가난한 사람들은 언제나 너희 곁에 있으니
도우려고만 하면 언제든지 도울 수가 있다.
그러나 나는 언제까지나 너희와 함께 있지
는 않을 것이다.
8 이 여자는 내 장례를 위하여 미리 내 몸에
향유를 부은 것이니 자기가 할 수 있는 일을
다 한 것이다.
9 나는 분명히 말한다. 온 세상 어디든지 복
음이 전해지는 곳마다 이 여자가 한 일도 알
려져서 사람들이 기억하게 될 것이다." 하
고 말씀하셨다.

배반을 약속한 유다
(마태오 26:14-16; 루가 22:3-6)

10◎그 때에 열두 제자의 하나인 가리옷 사람
유다가 대사제들을 찾아가서 예수를 넘겨주
겠다고 하였다.
11 그들은 유다의 말을 듣고 기뻐하며 그에게
돈을 주겠다고 약속하였다. 그래서 유다는
예수를 넘겨줄 기회만을 엿보고 있었다.

최후의 만찬 (마태오 26:17-30; 루가 22:7-20; 요한 13:26-30; I고린토 11:23-25)

12◎무교절 첫 날에는 과월절 양을 잡는 관습
이 있었는데 그 날 제자들이 예수께 "선생
님께서 드실 과월절 음식을 저희가 어디 가
서 차렸으면 좋겠습니까?" 하고 물었다.
13 예수께서는 제자 두 사람을 보내시며 "성안
에 들어가면 물동이에 물을 길어가는 사람
을 만날 터이니 그를 따라가거라.
14 그리고 그 사람이 들어가는 집의 주인에게
'우리 선생님이 제자들과 함께 과월절 음식
을 나눌 방이 어디 있느냐고 하십니다.' 하
고 말하여라.
15 그러면 그가 이미 자리가 다 마련된 큰 이층
방을 보여줄 터이니 거기에다 준비해 놓아
라." 하고 말씀하셨다.
16 제자들이 떠나 성안으로 들어가 보니 과연
예수께서 말씀하신 대로였다. 그래서 거기
에다 과월절 음식을 준비하였다.
17◎날이 저물자 예수께서 열두 제자를 데리
고 그 집으로 가셨다.
18 그들이 자리에 앉아 음식을 나누고 있을 때
에 예수께서 "나는 분명히 말한다. 너희 가
운데 한 사람이 나를 배반할 터인데 그 사람
도 지금 나와 함께 먹고 있다." 하고 말씀하
셨다.
19 이 말씀에 제자들은 근심하며 저마다 "저는
아니겠지요?" 하고 물었다.
20 예수께서는 "그 사람은 너희 열둘 중의 하
나인데 지금 나와 한 그릇에 빵을 적시는 사
람이다.
21 사람의 아들은 성서에 기록된 대로 죽을 터
이지만 사람의 아들을 배반한 그 사람은 참
으로 불행하구나. 그는 차라리 세상에 태어
나지 않았더라면 더 좋을 뻔했다." 하고 말
씀하셨다.
22◎그들이 음식을 먹고 있을 때에 예수께서
빵을 들어 축복하시고 제자들에게 떼어 나
눠주시며 "받아먹어라. 이것은 내 몸이다."
하고 말씀하셨다.
23 그리고 잔을 들어 감사의 기도를 올리신 다
음 제자들에게 건네시자 그들은 잔을 돌려
가며 마셨다.
24 그 때에 예수께서 이렇게 말씀하셨다. "이
것은 나의 피다. 많은 사람을 위하여 내가
흘리는 계약의 피다.
25 잘 들어두어라. 하느님 나라에서 새 포도주
를 마실 그 날까지 나는 결코 포도로 빚은
것을 마시지 않겠다."
26◎그들은 찬미의 노래를 부르고 올리브 산으
로 올라갔다.

베드로의 장담
(마태오 26:31-35; 루가 22:31-34; 요한 13:36-38)

27◎예수께서 제자들에게 "'㉠내가 칼을 들
어 목자를 치리니 양떼가 흩어지리라.' 고
기록되어 있는 대로 너희는 모두 나를 버릴
것이다.
28 그러나 나는 다시 살아나서 너희보다 먼저
갈릴래아로 갈 것이다." 하고 말씀하셨다.
29 그러자 베드로가 나서서 "비록 모든 사람이
주님을 버릴지라도 저는 주님을 버리지 않
겠습니다." 하고 말하였다.
30 예수께서는 베드로에게 "내 말을 잘 들어라.
오늘 밤 닭이 두 번 울기 전에 너는 세 번이
나 나를 모른다고 할 것이다." 하셨다.
31 그러자 베드로는 더욱 힘주어 "주님과 함께
죽는 한이 있더라도 결코 주님을 모른다고
는 하지 않겠습니다." 하고 장담하였다. 다

㉠ 즈가 13:7.

른 제자들도 다 같은 말을 하였다.

게쎄마니에서 기도하심
(마태오 26:36-46; 루가 22:39-46)

32◎그들은 게쎄마니라는 곳에 이르렀다. 예수
께서 제자들에게 "내가 기도하는 동안 여기
앉아 있어라." 하시고
33베드로와 야고보와 요한만을 따로 데리고 가
셨다. 그리고 공포와 번민에 싸여서
34"내 마음이 괴로워 죽을 지경이니 너희는
여기 남아서 깨어 있어라." 하시고는
35조금 앞으로 나아가 땅에 엎드려 기도하셨
다. 할 수만 있으면 수난의 시간을 겪지 않
게 해달라고 하시며
36"아버지, 나의 아버지! 아버지께서는 무엇
이든 다 하실 수 있으시니 이 잔을 나에게서
거두어주소서. 그러나 제 뜻대로 마시고 아
버지의 뜻대로 하소서." 하고 말씀하셨다.
37이렇게 기도하시고 나서 제자들에게 돌아
와 보시니 그들은 자고 있었다. 그래서 베드
로에게 "시몬아, 자고 있느냐? 단 한 시간
도 깨어 있을 수 없단 말이냐?
38유혹에 빠지지 않도록 깨어 기도하여라. 마
음은 간절하나 몸이 말을 듣지 않는구나!"
하시고
39다시 가셔서 같은 말씀으로 기도하셨다.
40그리고 다시 돌아와 보시니 그들은 여전히
자고 있었다. 그들은 너무나 졸려 눈을 뜨
고 있을 수가 없었던 것이다. 그들은 무슨
말을 해야 할지 몰랐다.
41예수께서는 세 번째 다녀오셔서 "아직도 자
고 있느냐? 아직도 쉬고 있느냐? 그만하면
넉넉하다. 자, 때가 왔다. 사람의 아들이 죄
인들 손에 넘어가게 되었다.
42일어나 가자. 나를 넘겨줄 자가 가까이 와
있다." 하고 말씀하셨다.

잡히신 예수
(마태오 26:47-56; 루가 22:47-53; 요한 18:2-12)

43◎예수의 말씀이 채 끝나기도 전에 열두 제
자의 하나인 유다가 나타났다. 그와 함께 대
사제들과 율법학자들과 원로들이 보낸 무
리가 칼과 몽둥이를 들고 떼지어 왔다.
44그런데 배반자는 그들과 미리 암호를 짜고
"내가 입맞추는 사람이 바로 그 사람이니
붙잡아서 놓치지 말고 끌고 가라." 하고 일
러두었던 것이다.
45그가 예수께 다가 와서 "선생님!" 하고 인
사하면서 입을 맞추자
46무리가 달려들어 예수를 붙잡았다.
47그 때 예수와 함께 서 있던 사람 하나가 칼
을 빼어 대사제의 종의 귀를 쳐서 잘라버
렸다.
48그것을 보시고 예수께서는 무리들에게 이렇
게 말씀하셨다. "칼과 몽둥이를 들고 잡으
러 왔으니 내가 강도란 말이냐?
49너희는 내가 전에 날마다 성전에서 같이 있
으면서 가르칠 때에는 나를 잡지 않았다.
그러나 오늘 이렇게 된 것은 성서의 말씀이
이루어지기 위한 것이다."
50그 때에 제자들은 예수를 버리고 모두 달아
났다.

도망한 젊은이

51◎몸에 고운 삼베만을 두른 젊은이가 예수를
따라가다가 사람들에게 붙들리게 되었다.
52그러자 그는 삼베를 버리고 알몸으로 달아
났다.

대사제 앞에 서신 예수 (마태오 26:57-68; 루가 22:54-55, 63-71; 요한 18:12-14, 19-24)

53◎그들이 예수를 대사제에게 끌고 갔는데
다른 대사제들과 원로들과 율법학자들도
모두 모여들었다.
54베드로는 멀찍이 떨어져서 예수를 뒤따라 대
사제의 관저 안뜰까지 들어가서 경비원들
틈에 끼어 앉아 불을 쬐고 있었다.
55◎대사제들과 온 의회는 예수를 사형에 처
할 만한 증거를 찾고 있었으나 하나도 얻지
못하였다.
56많은 사람이 거짓 증언을 하였지만 그들의
증언은 서로 일치하지 않았던 것이다.
57그러자 몇 사람이 일어서서 이렇게 거짓 증
언을 했다.
58"우리는 이 사람이 '나는 사람의 손으로 지
은 이 성전을 헐어버리고 사람의 손으로 짓
지 않은 새 성전을 사흘 안에 세우겠다.' 하
고 큰소리치는 것을 들은 일이 있습니다."
59그러나 이 증언을 하는 데도 그들의 말은 서
로 일치하지 않았다.
60그 때에 대사제가 한가운데 나서서 예수께
"이 사람들이 그대에게 이토록 불리한 증언
을 하는데 그대는 할 말이 없는가?" 하고
물었다.
61그러나 예수께서는 입을 다문 채 한마디도
대답하지 않으셨다. 대사제는 다시 "그대가
과연 찬양을 받으실 하느님의 아들 그리스
도인가?" 하고 물었다.

62예수께서는 "그렇다. ㉠너희는 사람의 아들
이 전능하신 분의 오른편에 앉아 있는 것과
하늘의 구름을 타고 오는 것을 볼 것이다."
하고 대답하셨다.
63이 말을 듣고 대사제는 자기 옷을 찢으며
"이 이상 무슨 증거가 더 필요하겠소?
64여러분은 방금 이 모독하는 말을 듣지 않았
습니까? 자, 어떻게 했으면 좋겠소?" 하고
묻자 사람들은 일제히 예수는 사형감이라고
단정하였다.
65◎어떤 자들은 예수께 침을 뱉으며 그의 얼
굴을 가리고 주먹으로 치면서 "자, 누가 때
렸는지 알아맞혀 보아라." 하며 조롱하였
다. 경비원들도 예수께 손찌검을 하였다.

예수를 세 번 부인한 베드로 (마태오 26:69-75; 루가 22:56-62; 요한 18:15-18, 25-27)

66◎그 동안 베드로는 뜰 아래쪽에 있었는데
대사제의 여종 하나가 오더니
67베드로가 불을 쬐고 있는 것을 보고 그의 얼
굴을 유심히 들여다보며 "당신도 저 나자렛
사람 예수와 함께 다니던 사람이군요?" 하
고 말하였다.
68그러나 베드로는 "도대체 무슨 소리를 하는
거요? 나는 도무지 알 수가 없소." 하고
부인하였다. 그리고 베드로가 대문께로 나
가자
69그 여종이 그를 보고 곁에 있던 사람들에게
다시 "저 사람은 예수와 한패입니다." 하고
말하였다.
70그러나 베드로는 이 말을 또다시 부인하였
다. 얼마 뒤에 옆에 서 있던 사람들이 베드로
에게 다시 "당신은 갈릴래아 사람이니 틀림
없이 예수와 한패일 거요." 하고 말하였다.
71이 말을 듣고 베드로는 거짓말이라면 천벌
이라도 받겠다고 맹세하면서 "나는 당신들
이 말하는 그 사람은 알지도 못하오." 하고
잡아떼었다.
72바로 그 때에 닭이 두 번째 울었다. 베드로
는 예수께서 "닭이 두 번 울기 전에 네가 세
번이나 나를 모른다고 할 것이다." 하신 말
씀이 머리에 떠올랐다. 그는 땅에 쓰러져
슬피 울었다.

빌라도의 심문 (마태오 27:1-2, 11-14; 루가 23:1-5; 요한 18:28-38)

15 ◎날이 밝자 곧 대사제들은 원로들과
율법학자들을 비롯하여 온 의회를 소
집하고 의논한 끝에 예수를 결박하여 빌라도
에게 끌고 가 넘기었다.
2빌라도는 예수께 "네가 유다인의 왕인가?"
하고 물었다. 예수께서는 "그것은 네 말이
다." 하고 대답하셨다.
3대사제들이 여러 가지로 예수를 고발하자
4빌라도는 예수께 "보라. 사람들이 저렇게 여
러 가지 죄목을 들어 고발하고 있는데 너는
할 말이 하나도 없느냐?" 하고 다시 물었
다.
5그러나 예수께서는 빌라도가 이상하게 여길
정도로 아무런 대답도 하지 않으셨다.

사형 판결을 받으신 예수 (마태오 27:15-26; 루가 23:13-25; 요한 18:39-19:16)

6◎명절 때마다 총독은 사람들이 요구하는
죄수 하나를 놓아주는 관례가 있었다.
7마침 그 때에 반란을 일으키다가 사람을 죽
이고 감옥에 갇혀 있던 폭도들 가운데 바라
빠라는 사람이 있었다.
8군중은 빌라도에게 몰려가서 전례대로 죄수
하나를 놓아달라고 요구하였다.
9빌라도가 그들에게 "유다인의 왕을 놓아달
라는 것이냐?" 하고 물었다.
10빌라도는 대사제들이 예수를 시기한 나머지
자기에게까지 끌고 왔다는 것을 알고 있었
던 것이다.
11빌라도의 말을 들은 대사제들은 군중을 선
동하여 차라리 바라빠를 놓아달라고 청하게
하였다.
12빌라도는 다시 군중에게 "그러면 너희가 유
다인의 왕이라고 부르는 이 사람은 어떻게
하면 좋겠느냐?" 하고 물었다.
13그러자 군중은 "십자가에 못박으시오!" 하
고 소리질렀다.
14빌라도가 "도대체 이 사람의 잘못이 무엇이
냐?" 하고 물었으나 사람들은 더 악을 써가
며 "십자가에 못박으시오!" 하고 외쳤다.
15그래서 빌라도는 군중을 만족시키려고 바라
빠를 놓아주고 예수를 채찍질하게 한 다음
십자가형에 처하라고 내어주었다.

가시관을 쓰신 예수 (마태오 27:27-31; 요한 19:2-3)

16◎병사들은 예수를 총독 관저 뜰 안으로 끌
고 들어가서 전 부대원을 불러들였다.
17그리고 예수께 자주색 옷을 입히고 가시관
을 엮어 머리에 씌운 다음

㉠ 시편 110:1; 다니 7:13.

18“유다인의 왕 만세!” 하고 외치면서 경례
하였다.
19또 갈대로 예수의 머리를 치고 침을 뱉으며
무릎을 꿇고 경배하였다.
20이렇게 희롱한 뒤에 그 자주색 옷을 벗기고
예수의 옷을 도로 입혀서 십자가에 못박으
러 끌고 나갔다.

십자가에 못박히신 예수
(마태오 27:32-44; 루가 23:26-43; 요한 19:17-27)

21◎그 때 마침 알렉산더와 루포의 아버지 시몬
이라는 키레네 사람이 시골에서 올라오다가
그 곳을 지나가게 되었는데 병사들은 그를
붙들어 억지로 예수의 십자가를 지고 가게
하였다.
22그들은 예수를 끌고 골고타라는 곳으로 갔
다. 골고타는 해골산이라는 뜻이다.
23그들은 포도주에 몰약을 타서 예수께 주었
으나 예수께서는 드시지 않았다.
24마침내 그들은 예수를 십자가에 못박았다.
그리고 ㉠주사위를 던져 각자의 몫을 정하
여 예수의 옷을 나누어 가졌다.
25예수를 십자가에 못박은 때는 아침 아홉 시
였다.
26예수의 죄목을 적은 명패에는 “유다인의 왕”
이라고 씌어 있었다.
27◎예수와 함께 강도 두 사람도 십자가형을
받았는데 하나는 그의 오른편에, 다른 하나
는 왼편에 달렸다.㉡
29◎지나가던 사람들이 머리를 흔들며 “하하,
너는 성전을 헐고 사흘 안에 다시 짓는다더
니
30십자가에서 내려와 네 목숨이나 건져보아
라.” 하며 모욕하였다.
31같은 모양으로 대사제들과 율법학자들도
조롱하며 “남을 살리면서 자기는 살리지 못
하는구나!
32어디 이스라엘의 왕 그리스도가 지금 십자가
에서 내려오나 보자. 그렇게만 한다면 우린
들 안 믿을 수 있겠느냐?” 하고 서로 지껄
였다. 예수와 함께 십자가에 달린 자들까지
도 예수를 모욕하였다.

숨을 거두신 예수
(마태오 27:45-56; 루가 23:44-49; 요한 19:28-30)

33◎낮 열두 시가 되자 온 땅이 어둠에 덮여
오후 세 시까지 계속되었다.
34세 시에 예수께서 큰소리로 “엘로이, 엘로이,
레마 사박타니?” 하고 부르짖으셨다. 이 말
씀은 ‘㉢나의 하느님, 나의 하느님, 어찌하
여 나를 버리셨나이까?’라는 뜻이다.
35거기에 서 있던 사람들 몇이 이 말을 듣고
“저것 봐! 이 사람이 엘리야를 부르는구
나.” 하였다.
36어떤 사람은 달려오더니 ㉣해면을 신 포도
주에 적시어 갈대 끝에 꽂아 예수의 입에 대
면서 “어디 엘리야가 와서 그를 내려주나 봅
시다.” 하고 말하였다.
37예수께서는 큰소리를 지르시고 숨을 거두셨
다.
38그 때 성전 휘장이 위에서 아래까지 두 폭으
로 찢어졌다.
39예수를 지켜보고 서 있던 백인대장이 예수
께서 그렇게 소리를 지르고 숨을 거두시는
광경을 보고 “이 사람이야말로 정말 하느님
의 아들이었구나!” 하고 말하였다.
40또 여자들도 먼 데서 이 광경을 지켜보고 있
었는데 그들 가운데에는 막달라 여자 마리
아, 작은 야고보와 요셉의 어머니 마리아, 그
리고 살로메가 있었다.
41그들은 예수께서 갈릴래아에 계실 때에 따라
다니며 예수께 시중을 들던 여자들이다. 그
밖에도 예수를 따라 예루살렘에 올라온 여자
들이 거기에 많이 있었다.

무덤에 묻히신 예수
(마태오 27:57-61; 루가 23:50-56; 요한 19:38-42)

42◎날이 이미 저물었다. 그 날은 준비일, 곧
안식일 전날이었기 때문에
43아리마태아 사람 요셉이 용기를 내어 빌라도
에게 가서 예수의 시체를 내어달라고 청하
였다. 그는 명망 있는 의회 의원이었고 하
느님 나라를 열심히 대망하고 있는 사람이
었다.
44이 말을 듣고 빌라도는 예수가 벌써 죽었을
까 하고 백인대장을 불러 그가 죽은 지 오래
되었는가 물어보았다.
45그리고 백인대장에게서 예수가 분명히 죽었
다는 사실을 전해 듣고는 시체를 요셉에게
내어주었다.
46요셉은 시체를 내려다가 미리 사가지고 온
고운 베로 싸서 바위를 파서 만든 무덤에 모
신 다음, 큰 돌을 굴려 무덤 입구를 막아놓
았다.

㉠ 시편 22:18. ㉡ 어떤 사본에는 28절에 다음과 같은 말이 있다. “그리하여 ‘그는 범죄자로 간주되었다.’ 한 성서의 말씀이 이루어졌다.” ㉢ 시편 22:1. ㉣ 시편 69:21.

47 막달라 여자 마리아와 요셉의 어머니 마리아
가 예수를 모신 곳을 지켜보고 있었다.

부활하신 예수
(마태오 28:1-8; 루가 24:1-12; 요한 20:1-10)

16 ◎안식일이 지나자 막달라 여자 마리아
와 야고보의 어머니 마리아와 살로메는
무덤에 가서 예수의 몸에 발라드리려고 향
료를 샀다.
2 그리고 안식일 다음날 이른 아침 해가 뜨자
그들은 무덤으로 가면서
3 "그 무덤 입구를 막은 돌을 굴려내 줄 사람
이 있을까요?" 하고 말을 주고받았다.
4 가서 보니 그렇게도 커다란 돌이 이미 굴러
져 있었다.
5 그들이 무덤 안으로 들어갔더니 웬 젊은이
가 흰옷을 입고 오른편에 앉아 있었다. 그
들이 보고 질겁을 하자
6 젊은이는 그들에게 "겁내지 마라. 너희는
십자가에 달리셨던 나자렛 사람 예수를 찾고
있지만 예수는 다시 살아나셨고 여기에는
계시지 않다. 보아라. 여기가 예수의 시체를
모셨던 곳이다.
7 자, 가서 제자들과 베드로에게 예수께서는
전에 말씀하신 대로 그들보다 먼저 갈릴래
아로 가실 것이니 거기서 그분을 만나게 될
것이라고 전하여라." 하였다.
8 여자들은 겁에 질려 덜덜 떨면서 무덤 밖으
로 나와 도망쳐 버렸다. 그리고 너무도 무
서워서 아무에게도 말을 못하였다.

막달라 여자 마리아에게 나타나신 예수
(마태오 28:9-10; 요한 20:11-18)

9 ◎일요일 이른 아침, 예수께서는 부활하신
뒤 막달라 여자 마리아에게 처음으로 나타나
셨는데 그는 예수께서 일찍이 일곱 마귀를
쫓아내어 주셨던 여자였다.
10 마리아는 예수를 따르던 사람들이 슬퍼하며
울고 있는 곳으로 찾아가 이 소식을 전해 주
었다.
11 그러나 그들은 예수께서 살아 계시다는 것
과 그 여자에게 나타나셨다는 말을 듣고도
믿으려 하지 않았다.

두 제자에게 나타나심 (루가 24:13-35)

12 ◎그 뒤 제자들 가운데 두 사람이 시골로 가
고 있을 때에 예수께서 다른 모습으로 그들
에게 나타나셨다.
13 그 두 사람도 돌아와서 다른 제자들에게 이
소식을 전했으나 그들은 그 말도 믿지 않았
다.

제자들의 사명 (마태오 28:16-20; 루가 24:36-49; 요한 20:21-23; 행전 1:6-8)

14 ◎그 뒤 열한 제자가 음식을 먹고 있을 때에
예수께서 나타나셔서 마음이 완고하여 도무
지 믿으려 하지 않는 그들을 꾸짖으셨다.
그들은 예수께서 살아나신 것을 분명히 본
사람들의 말도 믿지 않았던 것이다.
15 예수께서는 그들에게 이렇게 말씀하셨다.
"너희는 온 세상을 두루 다니며 모든 사람
에게 이 복음을 선포하여라.
16 믿고 세례를 받는 사람은 구원을 받겠지만
믿지 않는 사람은 단죄를 받을 것이다.
17 믿는 사람에게는 기적이 따르게 될 것인데
내 이름으로 마귀도 쫓아내고 여러 가지 기
이한 언어로 말도 하고
18 뱀을 쥐거나 독을 마셔도 아무런 해도 입지
않을 것이며 또 병자에게 손을 얹으면 병이
나을 것이다."

예수의 승천 (루가 24:50-53; 행전 1:9-11)

19 ◎주님이신 예수께서 제자들에게 말씀을 다
하시고 승천하셔서 ㉠하느님 오른편에 앉으
셨다.
20 제자들은 사방으로 나가 이 복음을 전하였
다. 그리고 주께서는 그들과 함께 일하셨으
며 여러 가지 기적을 행하게 하심으로써 그
들이 전한 말씀이 참되다는 것을 증명해 주
셨다.

㉡[[그 여자들은 베드로와 그의 동료들에
게 가서 그들이 들은 모든 것을 간추려 이야
기해 주었다. 그 뒤 예수께서는 친히 제자들
을 해가 뜨는 곳에서 해가 지는 곳까지 보내
시어 영원한 구원을 선포하는 거룩한 불멸
의 말씀을 전하게 하셨다. 아멘.]]

㉠ 시편 110:1. ㉡ 마르코의 복음서의 짧은 끝맺음. 마르 16:9-20의 '긴 끝맺음' 대신에 이 '짧은 끝맺음'만 있는 사본들도 있다.

루가의 복음서

저자로부터 데오필로에게

1 ◎존경하는 데오필로님, ◎우리들 사이에
서 일어난 그 일들을 글로 엮는 데 손을
댄 사람들이 여럿 있었습니다.
2 그들이 쓴 것은 처음부터 직접 눈으로 보고
말씀을 전파한 사람들이 우리에게 전해 준
사실 그대로입니다.
3 저 역시 이 모든 일들을 처음부터 자세히 조
사해 둔 바 있으므로 그것을 순서대로 정리
하여 각하께 써서 보내드리는 것이 좋겠다
고 생각하였습니다.
4 그러하오니 이 글을 보시고 이미 듣고 배우
신 것들이 틀림없는 사실이라는 것을 알아
주시기 바랍니다.

세례자 요한 출생의 예고

5 ◎헤로데가 유다의 왕이었을 때에 아비야 조
에 속하는 사제 한 사람이 있었는데 그 이름
은 즈가리야였고 그의 아내는 사제 아론의
후예로서 이름은 엘리사벳이었다.
6 이 부부는 다 같이 주님의 모든 계명과 규율
을 어김없이 지키며 하느님 앞에서 의롭게
살았다.
7 그런데 그들에게는 아이가 없었다. 엘리사
벳은 원래 아기를 낳지 못하는 여자인데다
가 이제는 내외가 다 나이가 많았다.
8 어느 날 즈가리야는 자기 조의 차례가 되
어 하느님 앞에서 사제 직분을 이행하게 되
었다.
9 사제들의 관례에 따라 주님의 성소에 들어
가 분향할 사람을 제비뽑아 정하였는데 즈
가리야가 뽑혀 그 일을 맡게 되었다.
10 안에서 즈가리야가 분향하고 있는 동안 밖
에서는 많은 사람들이 모여 기도를 드리고
있었다.
11 그 때에 주님의 천사가 즈가리야에게 나타
나 분향 제단 오른쪽에 서 있었다.
12 이것을 본 즈가리야는 몹시 당황하여 두려
움에 사로잡혔다.
13 그 때에 천사가 이렇게 말하였다. "두려워
하지 마라, 즈가리야. 하느님께서 네 간구를
들어주셨다. 네 아내 엘리사벳이 아들을 낳
을 터이니 아기의 이름을 요한이라 하여라.
14 너도 기뻐하고 즐거워할 터이지만, 많은 사
람이 또한 그의 탄생을 기뻐할 것이다.
15 그는 주님 보시기에 훌륭한 인물이 되겠기
때문이다. 그는 포도주나 그 밖의 어떤 술
도 마시지 않겠고 어머니 태중에서부터 성
령을 가득히 받을 것이며
16 많은 이스라엘 백성을 그들의 주 하느님의
품으로 다시 데려올 것이다.
17 그가 바로 엘리야의 정신과 능력을 가지고
주님보다 먼저 올 사람이다. ㉠그는 아비와
자식을 화해시키고 거역하는 자들에게 올
바른 생각을 하게 하여 주님을 맞아들일 만
한 백성이 되도록 준비할 것이다."
18 이 말을 들은 즈가리야가 "저는 늙은이입니
다. 제 아내도 나이가 많습니다. 무엇을 보
고 그런 일을 믿으라는 말씀입니까?" 하고
말하자
19 천사는 이렇게 대답하였다. "나는 하느님을
모시는 시종 가브리엘이다. 이 기쁜 소식을
전하라는 분부를 받들고 너에게 와 일러주
었는데,
20 때가 오면 이루어질 내 말을 믿지 않았으니
이 일이 이루어지는 날까지 너는 벙어리가
되어 말을 못하게 될 것이다."
21 ◎그러는 동안 사람들은 즈가리야가 나오기
를 기다리고 있었는데 그가 성소 안에 오랫
동안 머물고 있으므로 이상하게 여겼다.
22 드디어 그가 밖으로 나왔으나 말을 못하는
것을 보고 그들은 즈가리야가 성소에서 무
슨 신비로운 것을 보았음을 알게 되었다.
벙어리가 된 즈가리야는 말을 못하고 손짓
으로 시늉만 할 뿐이었다.
23 즈가리야는 사제 당번의 기간이 끝나서 집
으로 돌아왔다.
24 그 뒤에 그의 아내 엘리사벳은 아기를 가지
게 되어 다섯 달 동안 들어앉아 있으면서
25 "마침내 주님께서 나를 이렇게 도와주셔서
나도 이제는 사람들 앞에 부끄럽지 않게 되
었구나." 하고 생각하였다.

예수 탄생의 예고

26 ◎엘리사벳이 아기를 가진 지 여섯 달이 되
었을 때에 하느님께서는 천사 가브리엘을 갈

㉠ 말라 3:23-24.

릴래아 지방 나자렛이라는 동네로 보내시어
27 다윗 가문의 요셉이라는 사람과 약혼한 처
녀를 찾아가게 하셨다. 그 처녀의 이름은 마
리아였다.
28 천사는 마리아의 집으로 들어가, "은총을
가득히 받은 이여, 기뻐하여라. 주께서 너
와 함께 계신다." 하고 인사하였다.
29 마리아는 몹시 당황하며 도대체 그 인사말
이 무슨 뜻일까 하고 곰곰이 생각하였다.
30 그러자 천사는 다시 "두려워하지 마라, 마
리아. 너는 하느님의 은총을 받았다.
31 이제 아기를 가져 아들을 낳을 터이니 이름
을 예수라 하여라.
32 그 아기는 위대한 분이 되어 지극히 높으신
하느님의 아들이라 불릴 것이다. 주 하느님
께서 그에게 조상 다윗의 왕위를 주시어
33 야곱의 후손을 영원히 다스리는 왕이 되겠
고 그의 나라는 끝이 없을 것이다." 하고 일
러주었다.
34 이 말을 듣고 마리아가 "이 몸은 처녀입니
다. 어떻게 그런 일이 있을 수 있겠습니
까?" 하자
35 천사는 이렇게 대답하였다. "성령이 너에
게 내려오시고 지극히 높으신 분의 힘이 감
싸주실 것이다. 그러므로 태어나실 그 거룩
한 아기를 하느님의 아들이라 부르게 될 것
이다.
36 네 친척 엘리사벳을 보아라. 아기를 낳지 못
하는 여자라고들 하였지만, 그 늙은 나이에
도 아기를 가진 지가 벌써 여섯 달이나 되
었다.
37 하느님께서 하시는 일은 안 되는 것이 없
다."
38 이 말을 들은 마리아는 "이 몸은 주님의 종
입니다. 지금 말씀대로 저에게 이루어지기
를 바랍니다." 하고 대답하였다. 그러자 천
사는 마리아에게서 떠나갔다.

마리아가 엘리사벳을 방문하다

39 ◎며칠 뒤에 마리아는 길을 떠나 걸음을 서
둘러 유다 산골에 있는 한 동네를 찾아가서
40 즈가리야의 집에 들어가 엘리사벳에게 문안
을 드렸다.
41 엘리사벳이 마리아의 문안을 받았을 때에 그
의 뱃속에 든 아기가 뛰놀았다. 엘리사벳은
성령을 가득히 받아
42 큰소리로 외쳤다. "모든 여자들 가운데 가
장 복되시며 태중의 아드님 또한 복되십
니다.
43 주님의 어머니께서 나를 찾아주시다니 어
찌된 일입니까?
44 문안의 말씀이 내 귀를 울렸을 때에 내 태중
의 아기도 기뻐하며 뛰놀았습니다.
45 주님께서 약속하신 말씀이 꼭 이루어지리
라 믿으셨으니 정녕 복되십니다."

마리아의 노래

46 ◎이 말을 듣고 마리아는 이렇게 노래를 불
렀다.
"내 영혼이 주님을 찬양하며
47 내 구세주 하느님을 생각하는 기쁨에
이 마음 설렙니다.
48 ㉠주께서 여종의 비천한 신세를 돌보셨습
니다.
이제부터는 온 백성이 나를 복되다 하리
니
49 전능하신 분께서 나에게 큰일을 해주신
덕분입니다.
주님은 거룩하신 분,
50 ㉡주님을 두려워하는 이들에게는
대대로 자비를 베푸십니다.
51 주님은 전능하신 팔을 펼치시어
마음이 교만한 자들을 흩으셨습니다.
52 권세 있는 자들을 그 자리에서 내치시고
보잘것없는 이들을 높이셨으며
53 배고픈 사람은 좋은 것으로 배불리시고
부요한 사람은 빈손으로 돌려보내셨습니
다.
54 주님은 약속하신 자비를 기억하시어
당신의 종 이스라엘을 도우셨습니다.
55 우리 조상들에게 약속하신 대로
그 자비를 아브라함과 그 후손에게 영원
토록 베푸실 것입니다."
56 ◎마리아는 엘리사벳의 집에서 석 달 가량 함
께 지내고 자기 집으로 돌아갔다.

세례자 요한의 출생

57 ◎엘리사벳은 달이 차서 아들을 낳았다.
58 이웃과 친척들은 주께서 엘리사벳에게 놀라
운 자비를 베푸셨다는 소식을 듣고 엘리사
벳과 함께 기뻐하였다.
59 아기가 태어난 지 여드레가 되던 날, 그들
은 아기의 할례식에 왔다. 그리고 아버지의
이름을 따서 아기를 즈가리야라고 부르려
하였다.
60 그러나 아기 어머니가 나서서 "안됩니다.

㉠ 칠십인역 1사무 1:11. ㉡ 시편 103:13, 17.

이 아이의 이름은 요한이라고 해야 합니
다." 하였다.
61 사람들은 "당신 집안에는 그런 이름을 가진
사람이 없지 않습니까?" 하며
62 아기 아버지에게 아기의 이름을 무엇이라
하겠느냐고 손짓으로 물었다.
63 즈가리야는 작은 서판을 달라 하여 "아기 이
름은 요한."이라고 썼다. 이것을 보고 사람
들이 모두 이상하게 생각하였다.
64 바로 그 순간에 즈가리야는 입이 열리고 혀
가 풀려서 말을 하게 되어 하느님을 찬미하
였다.
65 모든 이웃 사람들은 무서운 생각마저 들었
다. 이 일은 유다 산골에 두루 퍼져 이야깃
거리가 되었고
66 이 말을 들은 사람들은 모두 이것을 마음에
새기고 "이 아기가 장차 어떤 사람이 될
까?" 하고 말하였다. 주님의 손길이 그 아
기를 보살피고 계신 것이 분명했기 때문이
다.

즈가리야의 노래

67 ◎아기 아버지 즈가리야는 성령을 가득히 받
아 예언의 노래를 불렀다.
68 "찬미하여라, 이스라엘의 주 하느님을!
당신의 백성을 찾아와 해방시키셨으며,
69 우리를 구원하실 능력 있는 구세주를
당신의 종 다윗의 가문에서 일으키셨다.
70 예로부터 거룩한 예언자들의 입을 빌려
주님께서 말씀하신 대로
71 원수들의 손아귀에서
또 우리를 미워하는 모든 사람들의 손에
서
우리를 구해 주려 하심이요,
72 우리 조상들에게 자비를 베푸시며
당신의 거룩한 계약을 기억하시고
73 우리 조상 아브라함에게 맹세하신 대로
74 우리를 원수들의 손아귀에서 구해 내시
어
75 떳떳하게 주님을 섬기며 주님 앞에 한 평
생을
거룩하고 올바르게 살게 하심이라.
76 아가야, 너는 지극히 높으신 하느님의 예
언자 되어
㉠주님보다 앞서 와서 그의 길을 닦으며
77 죄를 용서받고 구원받는 길을
주의 백성들에게 알리게 되리니
78 이것은 우리 하느님의 지극한 자비의 덕
분이라.
하늘 높은 곳에 구원의 태양을 뜨게 하시
어
79 ㉡죽음의 그늘 밑 어둠 속에 사는 우리에
게
빛을 비추어주시고
우리의 발걸음을 평화의 길로 이끌어주
시리라."
80 ◎아기는 날로 몸과 마음이 굳세게 자라났
으며 이스라엘 백성들 앞에 나타날 때까지
광야에서 살았다.

예수의 탄생 (마태오 1:18-25)

2 ◎그 무렵에 로마 황제 아우구스토가 온 천
하에 호구 조사령을 내렸다.
2 이 첫 번째 호구 조사를 하던 때 시리아에는
퀴리노라는 사람이 총독으로 있었다.
3 그래서 사람들은 등록을 하러 저마다 본고
장을 찾아 길을 떠나게 되었다.
4 요셉도 갈릴래아 지방의 나자렛 동네를 떠나
유다 지방에 있는 베들레헴이라는 곳으로 갔
다. 베들레헴은 다윗 왕이 난 고을이며 요셉
은 다윗의 후손이었기 때문이다.
5 요셉은 자기와 약혼한 마리아와 함께 등록하
러 갔는데 그 때 마리아는 임신 중이었다.
6 그들이 베들레헴에 가 머물러 있는 동안 마
리아는 달이 차서
7 드디어 첫아들을 낳았다. 여관에는 그들이
머무를 방이 없었기 때문에 아기는 포대기
에 싸서 말구유에 눕혔다.

천사들의 환호, 목자들의 기쁨

8 ◎그 근방 들에는 목자들이 밤을 새워가며
양떼를 지키고 있었다.
9 그런데 주님의 영광의 빛이 그들에게 두루
비치면서 주님의 천사가 나타났다. 목자들
이 겁에 질려 떠는 것을 보고
10 천사는 "두려워하지 마라. 나는 너희에게
기쁜 소식을 전하러 왔다. 모든 백성들에게
큰 기쁨이 될 소식이다.
11 오늘 밤 너희의 구세주께서 다윗의 고을에
나셨다. 그분은 바로 주님이신 그리스도이
시다.
12 너희는 한 갓난 아이가 포대기에 싸여 구유
에 누워 있는 것을 보게 될 터인데 그것이
바로 그분을 알아보는 표이다." 하고 말하
였다.
13 이 때에 갑자기 수많은 하늘의 군대가 나타

㉠ 이사 40:3; 말라 3:1. ㉡ 이사 9:2, 58:8, 60:1-2.

나 그 천사와 함께 하느님을 찬양하였다.
14 "하늘 높은 곳에는 하느님께 영광,
땅에서는 그가 사랑하시는 사람들에게
평화!"
15◎천사들이 목자들을 떠나 하늘로 돌아간
뒤에 목자들은 서로 "어서 베들레헴으로 가
서 주님께서 우리에게 알려주신 그 사실을
보자." 하면서
16곧 달려가 보았더니 마리아와 요셉이 있었고
과연 그 아기는 구유에 누워 있었다.
17아기를 본 목자들이 사람들에게 아기에 관
하여 들은 말을 이야기하였더니
18목자들의 말을 들은 사람들은 모두 그 일을
신기하게 생각하였다.
19마리아는 이 모든 일을 마음속 깊이 새겨 오
래 간직하였다.
20목자들은 자기들이 듣고 보고 한 것이 천사
들에게 들은 바와 같았기 때문에 하느님의
영광을 찬양하며 돌아갔다.

예수의 명명

21◎여드레째 되는 날은 아기에게 할례를 베
푸는 날이었다. 그 날이 되자 아기가 잉태
되기 전에 천사가 일러준 대로 그 이름을 예
수라고 하였다.

성전에서 아기 예수를 바치다

22◎그리고 모세가 정한 법대로 정결 예식을
치르는 날이 되자 부모는 아기를 데리고 예
루살렘으로 올라갔다.
23그것은 "㉠누구든지 첫아들을 주님께 바쳐
야 한다."는 주님의 율법에 따라 아기를 주
님께 봉헌하려는 것이었고
24또 주님의 율법대로 ㉡산비둘기 한 쌍이나
집비둘기 새끼 두 마리를 정결례의 제물로
바치려는 것이었다.
25◎그런데 예루살렘에는 시므온이라는 사람
이 살고 있었다. 이 사람은 의롭고 경건하
게 살면서 이스라엘의 구원을 기다리고 있
었다. 그에게는 성령이 머물러 계셨는데
26성령은 그에게 주님께서 약속하신 그리스도
를 죽기 전에 꼭 보게 되리라고 알려주셨던
것이다.
27마침내 시므온이 성령의 인도를 받아 성전
에 들어갔더니 마침 예수의 부모가 첫아들
에 대한 율법의 규정을 지키려고 어린 아기
예수를 성전에 데리고 왔다.
28그래서 시므온은 그 아기를 두 팔에 받아 안
고 하느님을 찬양하였다.
29 "주여, 이제는 말씀하신 대로
이 종은 평안히 눈감게 되었습니다.
30 주님의 구원을 제 눈으로 보았습니다.
31 만민에게 베푸신 구원을 보았습니다.
32 그 구원은 이방인들에게는 주의 길을 밝
히는 빛이 되고
주의 백성 이스라엘에게는 영광이 됩니
다."
33◎아기의 부모는 아기를 두고 하는 이 말을
듣고 감격하였다.
34시므온은 그들을 축복하고 나서 아기 어머
니 마리아에게 이렇게 말하였다. "이 아기
는 수많은 이스라엘 백성을 넘어뜨리기도
하고 일으키기도 할 분이십니다. 이 아기는
많은 사람들의 반대를 받는 표적이 되어
35당신의 마음은 예리한 칼에 찔리듯 아플 것
입니다. 그러나 그는 반대자들의 숨은 생각
을 드러나게 할 것입니다."
36◎또한 파누엘의 딸로서 아셀 지파의 혈통을
이어받은 안나라는 나이 많은 여자 예언자
가 있었다. 그는 결혼하여 남편과 일곱 해
를 같이 살다가
37과부가 되어 여든네 살이 되도록 성전을 떠
나지 않고 밤낮없이 단식과 기도로써 하느
님을 섬겨왔다.
38이 여자는 예식이 진행되고 있을 때에 바로
그 자리에 왔다가 하느님께 감사를 드리고
예루살렘이 구원될 날을 기다리던 모든 사
람에게 이 아기의 이야기를 하였다.

나자렛으로 돌아온 아기 예수

39◎아기의 부모는 주님의 율법을 따라 모든
일을 다 마치고 자기 고향 갈릴래아 지방 나
자렛으로 돌아갔다.
40아기는 날로 튼튼하게 자라면서 지혜가 풍
부해지고 하느님의 은총을 받고 있었다.

예수의 소년 시절

41◎해마다 과월절이 되면 예수의 부모는 명
절을 지내러 예루살렘으로 가곤 하였는데
42예수가 열두 살이 되던 해에도 예년과 마찬
가지로 예루살렘으로 올라갔다.
43그런데 명절의 기간이 다 끝나 집으로 돌아
올 때에 어린 예수는 예루살렘에 그대로 남
아 있었다. 그런 줄도 모르고 그의 부모는
44아들이 일행 중에 끼여 있으려니 하고 하룻
길을 갔다. 그제야 생각이 나서 친척들과

㉠ 출애 13:2(13:12, 15 참조). ㉡ 레위 5:7, 12:8.

친지들 가운데서 찾아보았으나
45보이지 않으므로 줄곧 찾아 헤매면서 예루
살렘까지 되돌아갔다.
46사흘 만에 성전에서 그를 찾아냈는데 거기
서 예수는 학자들과 한자리에 앉아 그들의
말을 듣기도 하고 그들에게 묻기도 하는 중
이었다.
47그리고 듣고 있던 사람들은 모두 그의 지능
과 대답하는 품에 경탄하고 있었다.
48그의 부모는 그를 보고 깜짝 놀랐다. 어머
니는 예수를 보고 "얘야, 왜 이렇게 우리를
애태우느냐? 너를 찾느라고 아버지와 내
가 얼마나 고생했는지 모른다." 하고 말하
였다.
49그러자 예수는 "왜, 나를 찾으셨습니까? 내
가 내 아버지의 집에 있어야 할 줄을 모르셨
습니까?" 하고 대답하였다.
50그러나 부모는 아들이 한 말이 무슨 뜻인지
알아듣지 못하였다.
51◎예수는 부모를 따라 나자렛으로 돌아와 부
모에게 순종하며 살았다. 그 어머니는 이
모든 일을 마음속에 간직하였다.
52㉠예수는 몸과 지혜가 날로 자라면서 하느
님과 사람의 총애를 더욱 많이 받게 되었다.

세례자 요한의 전도
(마태오 3:1-12; 마르코 1:1-8; 요한 1:19-28)

3 ◎로마 황제 티베리오가 다스린 지 십오
년째 되던 해에 본티오 빌라도가 유다 총독
으로 있었다. 그리고 갈릴래아 지방의 영주
는 헤로데였고 이두래아와 트라코니티스 지방
의 영주는 헤로데의 동생 필립보였으며 아빌
레네 지방의 영주는 리사니아였다.
2그리고 당시의 대사제는 안나스와 가야파였
다. 바로 그 무렵에 즈가리야의 아들 요한은
광야에서 하느님의 말씀을 들었다.
3◎그리고는 요르단 강 부근의 모든 지방을
두루 다니며 "회개하고 세례를 받아라. 그
러면 죄를 용서받을 것이다." 하고 선포하
였다.
4이것은 예언자 이사야의 책에 기록된 말씀
대로였다.
"㉡광야에서 외치는 이의 소리,
'너희는 주의 길을 닦고
그의 길을 고르게 하여라.
5 모든 골짜기는 메워지고
높은 산과 작은 언덕은 눕혀져
굽은 길이 곧아지며
험한 길이 고르게 되는 날,
6 모든 사람이 하느님의 구원을 보리
라.'"
7◎요한은 자기에게 세례를 받으러 나오는
사람들에게 이렇게 말하였다. "이 독사의
족속들아, 닥쳐올 징벌을 피하라고 누가 일
러주더냐?
8너희는 회개했다는 증거를 행실로 보여라.
그리고 '아브라함이 우리의 조상이다.' 하
는 말은 아예 하지도 마라. 사실 하느님은
이 돌들로도 아브라함의 자녀를 만드실 수
있다.
9도끼가 이미 나무 뿌리에 닿았으니 좋은 열
매를 맺지 않는 나무는 다 찍혀 불 속에 던
져질 것이다."
10◎군중은 요한에게 "그러면 우리는 어떻게
해야 하겠습니까?" 하고 물었다.
11요한은 "속옷 두 벌을 가진 사람은 한 벌을
없는 사람에게 주고 먹을 것이 있는 사람도
이와 같이 남과 나누어 먹어야 한다." 하고
대답하였다.
12세리들도 와서 세례를 받고 "선생님, 우리
는 어떻게 했으면 좋겠습니까?" 하고 물
었다.
13요한은 "정한 대로만 받고 그 이상은 받아
내지 마라." 하였다.
14군인들도 "저희는 또 어떻게 해야 합니
까?" 하고 물었다. 요한은 "협박하거나 속
임수를 써서 남의 물건을 착취하지 말고 자
기가 받는 봉급으로 만족하여라." 하고 일
러주었다.
15◎백성들은 그리스도를 기다리고 있던 터였
으므로 요한을 보고 모두들 속으로 그가 혹
시 그리스도가 아닐까 하고 생각하였다.
16그러나 요한은 모든 사람에게 이렇게 말하
였다. "나는 너희에게 물로 세례를 베풀지
만 이제 머지않아 성령과 불로 세례를 베푸
실 분이 오신다. 그분은 나보다 더 훌륭한
분이어서 나는 그분의 신발끈을 풀어드릴
자격조차 없다.
17그분은 손에 키를 들고 타작 마당의 곡식을
깨끗이 가려 알곡은 모아 곳간에 들이고 쭉
정이는 꺼지지 않는 불에 태우실 것이다."
18그 밖에도 요한은 사람들에게 여러 가지로
권하면서 복음을 선포하였다.

세례자 요한이 옥에 갇히다
(마태오 14:3-4; 마르코 6:17-18)

㉠ 1사무 2:26. ㉡ 칠십인역 이사 40:3-5.

19◎그런데 영주 헤로데는 자기 동생의 아내
헤로디아를 처로 맞아들인 일과 그 밖의 온
갖 잘못을 들어 자기를 책망했다고 하여
20요한을 감옥에 가두었다. 이리하여 헤로데
는 악한 일 한 가지를 더하게 되었다.

세례를 받으신 예수
(마태오 3:13-17; 마르코 1:9-11)

21◎사람들이 모두 세례를 받고 있을 때 예수
께서도 세례를 받으시고 기도를 하고 계셨
는데 홀연히 하늘이 열리며
22성령이 비둘기 형상으로 그에게 내려오셨
다. 그리고 하늘에서는 "㉠너는 내가 사랑
하는 아들, 내 마음에 드는 아들이다." 하는
소리가 들려왔다.

예수의 족보 (마태오 1:1-17)

23◎예수께서는 서른 살 가량 되어 전도하기
시작하셨는데 사람들이 알기에는 그는 요셉
의 아들이요, 요셉은 엘리의 아들이며,
24그 위로 거슬러 올라가면 마땃, 레위, 멜기,
얀나이, 요셉,
25마따디아, 아모스, 나훔, 에슬리, 나깨,
26마핫, 마따디아, 시므이, 요섹, 요다,
27요하난, 레사, 즈루빠벨, 스알디엘, 네리,
28멜기, 아띠, 고삼, 엘마담, 에르,
29여호수아, 엘리에젤, 요림, 마땃, 레위,
30시므온, 유다, 요셉, 요남, 엘리아킴,
31멜레아, 멘나, 마따다, 나단, 다윗,
32이새, 오벳, 보아즈, 살몬, 나흐손,
33암미나답, 아드민, 아르니, 헤스론, 베레스, 유
다,
34야곱, 이사악, 아브라함, 데라, 나홀,
35스룩, 르우, 벨렉, 에벨, 셀라,
36케난, 아르박삿, 셈, 노아, 라멕,
37므두셀라, 에녹, 야렛, 마할랄렐, 케난,
38에노스, 셋, 아담, 그리고 마침내 하느님께
이른다.

광야에서 유혹을 받으심
(마태오 4:1-11; 마르코 1:12-13)

4 ◎예수께서는 요르단 강에서 성령을 가득
히 받고 돌아오신 뒤 성령의 인도로 광야
에 가셔서
2사십 일 동안 악마에게 유혹을 받으셨다.
그 동안 아무것도 잡수시지 않아서 사십 일
이 지났을 때에는 몹시 허기지셨다.
3그 때에 악마가 예수께 "당신이 하느님의
아들이거든 이 돌더러 빵이 되라고 하여 보
시오." 하고 꾀었다.
4예수께서는 "'㉡사람이 빵으로만 사는 것이
아니다'라고 성서에 기록되어 있다." 하고
대답하셨다.
5그러자 악마는 예수를 높은 곳으로 데리고
가서 잠깐 사이에 세상의 모든 왕국을 보여
주며
6다시 말하였다. "저 모든 권세와 영광을 당
신에게 주겠소. 저것은 내가 받은 것이니
누구에게나 내가 주고 싶은 사람에게 줄 수
있소.
7만일 당신이 내 앞에 엎드려 절만 하면 모두
가 당신의 것이 될 것이오."
8예수께서는 악마에게 "'㉢주님이신 너의 하
느님을 예배하고 그분만을 섬겨라.'라고 성
서에 기록되어 있다." 하고 대답하셨다.
9다시 악마는 예수를 예루살렘으로 데리고 가
서 성전 꼭대기에 세우고 "당신이 하느님의
아들이거든 여기에서 뛰어내려 보시오.
10성서에 '㉣하느님이 당신의 천사들을 시켜
너를 지켜주시리라.' 하였고
11또 '㉤너의 발이 돌에 부딪히지 않게 손으
로 너를 받들게 하시리라.'라고 기록되어
있지 않소?" 하고 말하였다.
12예수께서는 "'㉥주님이신 너희 하느님을 떠
보지 마라'라는 말씀이 성서에 있다." 하고
대답하셨다.
13악마는 이렇게 여러 가지로 유혹해 본 끝에
다음 기회를 노리면서 예수를 떠나갔다.

갈릴래아 전도 시작
(마태오 4:12-17; 마르코 1:14-15)

14◎예수께서는 성령의 능력을 가득히 받고 갈
릴래아로 돌아가셨다. 예수의 소문은 그 곳
모든 지방에 두루 퍼졌다.
15예수께서는 여러 회당에서 가르치시며 모든
사람에게 칭찬을 받으셨다.

예언자는 고향에서 존경을 받지 못한다
(마태오 13:53-58; 마르코 6:1-6)

16◎예수께서는 자기가 자라난 나자렛에 가셔
서 안식일이 되자 늘 하시던 대로 회당에 들
어가셨다. 그리고 성서를 읽으시려고 일어
서서
17이사야 예언서의 두루마리를 받아 들고 이

㉠ 시편 2:7; 창세 22:2; 이사 42:1. ㉡ 칠십인역 신명 8:3. ㉢ 신명 6:13-14. ㉣ 시편 91:11. ㉤ 시편 91:12. ㉥ 칠십인역 신명 6:16.

러한 말씀이 적혀 있는 대목을 펴서 읽으셨
다.
18 "㉠주님의 성령이 나에게 내리셨다.
주께서 나에게 기름을 부으시어
가난한 이들에게
복음을 전하게 하셨다.
주께서 나를 보내시어
묶인 사람들에게는 해방을 알려주고
눈먼 사람들은 보게 하고,
억눌린 사람들에게는 자유를 주며
19 주님의 은총의 해를 선포하게 하셨다."
20◎예수께서 두루마리를 말아서 시중들던 사
람에게 되돌려주고 자리에 앉으시자 회당
에 모였던 사람들의 눈이 모두 예수에게 쏠
렸다.
21 예수께서는 "이 성서의 말씀이 오늘 너희가
들은 이 자리에서 이루어졌다." 하고 말씀
하셨다.
22 사람들은 모두 예수를 칭찬하였고 그가 하
시는 은총의 말씀에 탄복하며 "저 사람은
요셉의 아들이 아닌가?" 하고 수군거렸다.
23 예수께서는 "너희는 필경 '의사여, 네 병이
나 고쳐라.' 하는 속담을 들어 나더러 가파
르나움에서 했다는 일을 네 고장인 여기에
서도 해보라고 하고 싶을 것이다." 하시고
는
24 또 이렇게 말씀하셨다. "사실 어떤 예언자
도 자기 고향에서는 환영을 받지 못한다.
25 잘 들어라. 엘리야 시대에 삼 년 반 동안이
나 하늘이 닫혀 비가 내리지 않고 온 나라에
심한 기근이 들었을 때 이스라엘에는 과부
가 많았지만
26 하느님께서는 엘리야를 그들 가운데 아무에
게도 보내시지 않고 다만 시돈 지방 사렙다
마을에 사는 어떤 과부에게만 보내주셨다.
27 또 예언자 엘리사 시대에 이스라엘에는 많은
나병환자가 살고 있었지만 그들은 단 한 사
람도 고쳐주시지 않고 시리아 사람인 나아만
만을 깨끗하게 고쳐주셨다."
28 회당에 모였던 사람들은 이 말씀을 듣고는
모두 화가 나서
29 들고일어나 예수를 동네 밖으로 끌어냈다.
그 동네는 산 위에 있었는데 그들은 예수를
산 벼랑까지 끌고 가서 밀어 떨어뜨리려 하
였다.
30 그러나 예수께서는 그들의 한가운데를 지나
서 자기의 갈 길을 가셨다.

마귀 들린 사람을 고치신 예수 (마르코 1:21-28)

31◎그 뒤 예수께서는 갈릴래아의 마을 가파르
나움으로 내려가셨다. 거기에서도 안식일에
사람들을 가르치셨는데
32 그 말씀에 권위가 있었기 때문에 듣는 사람
마다 그 가르침에 경탄하여 마지않았다.
33 때마침 그 회당에 더러운 마귀가 들린 한 사
람이 와 있다가 큰소리로
34 "나자렛 예수님, 왜 우리를 간섭하시려는 것
입니까? 우리를 없애려고 오셨습니까? 나
는 당신이 누구신지 압니다. 하느님께서 보
내신 거룩한 분이십니다." 하고 외쳤다.
35 예수께서는 "입을 다물고 이 사람에게서 썩
나가거라." 하고 꾸짖으셨다. 그러자 마귀
는 사람들이 보는 앞에서 그 사람을 쓰러뜨
리고 떠나갔다. 그러나 그 사람은 아무런
상처도 입지 않았다.
36 이것을 본 사람들은 모두 놀라며 "정말 그
말씀은 신기하구나! 권위와 능력을 가지고
명령하시니 더러운 귀신들이 다 물러가지
않는가!" 하면서 서로 수군거렸다.
37 예수의 이야기가 그 지방 방방곡곡에 퍼져
나갔다.

많은 병자를 고치신 예수 (마태오 8:14-17; 마르코 1:29-34)

38◎예수께서는 회당을 떠나 시몬의 집으로 가
셨다. 그 때 시몬의 장모가 마침 심한 열병
으로 앓고 있었는데 사람들이 그 부인을 고
쳐달라고 간청하였다.
39 예수께서 그 부인 곁에 서서 열이 떨어지라
고 명령하시자 부인은 열이 내려 곧 일어나
서 사람들을 시중들었다.
40 해 질 무렵에 이집 저집에서 온갖 병자들을
다 예수께 데려왔다. 예수께서는 그들 한 사
람 한 사람에게 손을 얹어 모두 고쳐주셨다.
41 악마들도 여러 사람에게서 떠나가며 "당신
은 하느님의 아들이십니다!" 하고 외쳤다.
그러나 예수께서는 그들을 꾸짖으시며 아무
말도 하지 못하게 하셨다. 악마들은 예수가
그리스도라는 것을 알고 있었기 때문이다.

전도 여행 (마르코 1:35-39)

42◎날이 밝자 예수께서는 그 곳을 떠나 한적
한 곳으로 가셨다. 그런데 사람들이 예수를
찾아 돌아다니다가 예수를 만나자 자기들을
떠나지 말아달라고 붙들었다.
43 그러나 예수께서는 "나는 하느님 나라의 복

㉠ 칠십인역 이사 61:1-2(58:6 참조).

음을 다른 고을에도 전해야 한다. 하느님께
서는 이 일을 하도록 나를 보내셨다." 하고
말씀하셨다.
44그 뒤 예수께서는 유다의 여러 회당을 다니
시며 복음을 전하셨다.

고기잡이 기적; 첫 번째로 부르신 제자들
(마태오 4:18-22; 마르코 1:16-20; 요한 1:35-42)

5 ◎하루는 많은 사람들이 겐네사렛 호숫가
에 서 계시는 예수를 에워싸고 하느님의
말씀을 듣고 있었다.
2그 때 예수께서는 호숫가에 대어둔 배 두 척
을 보셨다. 어부들은 배에서 나와 그물을
씻고 있었다.
3그 중 하나는 시몬의 배였는데 예수께서는
그 배에 올라 시몬에게 배를 땅에서 조금 떼
어놓게 하신 다음 배에 앉아 군중을 가르치
셨다.
4예수께서는 말씀을 마치시고 시몬에게 "깊
은 데로 가서 그물을 쳐 고기를 잡아라." 하
셨다.
5시몬은 "선생님, 저희가 밤새도록 애썼지만
한 마리도 못 잡았습니다. 그러나 선생님께
서 말씀하시니 그물을 치겠습니다." 하고
대답한 뒤
6그대로 하였더니 과연 엄청나게 많은 고기
가 걸려들어 그물이 찢어질 지경이 되었다.
7그들은 다른 배에 있는 동료들에게 손짓하
여 와서 도와달라고 하였다. 동료들이 와서
같이 고기를 끌어올려 배가 가라앉을 정도
로 두 배에 가득히 채웠다.
8이것을 본 시몬 베드로는 예수의 발 앞에 엎
드려 "주님, 저는 죄인입니다. 저에게서 떠
나 주십시오." 하고 말하였다.
9베드로는 너무나 많은 고기가 잡힌 것을 보
고 겁을 집어먹었던 것이다. 그의 동료들과
10제베대오의 두 아들 야고보와 요한도 똑같이
놀랐는데 그들은 다 시몬의 동업자였다. 그
러나 예수께서 시몬에게 "두려워하지 마라.
너는 이제부터 사람들을 낚을 것이다." 하
고 말씀하시자
11그들은 배를 끌어다 호숫가에 대어놓은 다
음 모든 것을 버리고 예수를 따라갔다.

나병환자를 고치신 예수
(마태오 8:1-4; 마르코 1:40-45)

12◎예수께서 어느 동네에 계실 때에 온몸이
나병으로 문드러진 사람 하나가 나타났다.
그는 예수를 보자 땅에 엎드려 간청하며
"주님, 주님께서는 하시고자 하시면 저를
깨끗이 고쳐주실 수 있으십니다." 하고 말
씀드렸다.
13예수께서 손을 내밀어 그에게 대시며 "그렇
게 해주마. 깨끗하게 되어라." 하시자 곧 그
의 나병이 깨끗이 나았다.
14예수께서는 "아무에게도 이 일을 말하지 말
고 다만 사제에게 가서 몸을 보이고 모세가
명한 대로 예물을 드려 네 몸이 깨끗해진
것을 사람들에게 증명하여라." 하고 이르
셨다.
15그러나 예수의 소문은 더욱 더 널리 퍼져서
예수의 말씀을 듣거나 병을 고치려고 사람
들이 사방에서 떼지어 왔다.
16그러나 예수께서는 때때로 한적한 곳으로
물러가셔서 기도를 드리셨다.

중풍병자를 고치신 예수
(마태오 9:1-8; 마르코 2:1-12)

17◎하루는 예수께서 가르치고 계셨는데 거기
에 갈릴래아와 유다의 여러 마을과 예루살렘
에서 온 바리사이파 사람들과 율법학자들이
앉아 있었다. 예수께서는 하느님의 능력으
로 병자들을 고쳐주기도 하셨는데
18그 때 사람들이 중풍 들린 사람을 침상에 눕
혀가지고 와서 예수 앞에 데리고 가려 하였
으나
19사람들이 많아서 병자를 안으로 데리고 들
어갈 수가 없었다. 그래서 그들은 지붕으로
올라가 기와를 벗겨 구멍을 내고 병자를 요
에 눕힌 채 사람들에게 둘러싸여 있는 예수
앞에 내려보냈다.
20예수께서는 그들의 믿음을 보시고 "너는 죄
를 용서받았다." 하고 말씀하셨다.
21이 말을 들은 율법학자와 바리사이파 사람
들은 "저 사람이 누구인데 저런 말을 하여
하느님을 모독하는가? 하느님말고 누가 죄
를 용서할 수 있단 말인가?" 하고 수군거리
기 시작하였다.
22예수께서는 그들의 생각을 알아채시고 이렇
게 말씀하셨다. "어찌하여 너희는 그런 생
각을 품고 있느냐?
23'너는 죄를 용서받았다.' 하는 것과 '일어
나 걸어가라.' 하는 것과 어느 편이 더 쉽겠
느냐?
24이제 땅에서 죄를 용서하는 권한이 사람의
아들에게 있다는 것을 보여주겠다." 그리고
나서 중풍병자에게 "내가 말하는 대로 하여
라. 일어나 요를 걷어들고 집으로 돌아가거

라." 하셨다.
25그러자 병자는 사람들이 보는 앞에서 벌떡
일어나 깔고 누웠던 요를 걷어들고 하느님
을 찬양하며 집으로 돌아갔다.
26사람들은 모두 놀라 하느님을 찬양하면서
도 마음은 두려움에 싸여 "우리는 오늘 참
으로 신기한 일을 보았다." 하고 말하였다.

레위를 부르심 (마태오 9:9-13; 마르코 2:13-17)

27◎이 일이 있은 뒤 예수께서 그 곳을 떠나
길을 가시다가 레위라는 세리가 세관에 앉
아 있는 것을 보시고 "나를 따라오너라."
하셨다.
28그러자 그는 모든 것을 버리고 예수를 따라
나섰다.
29레위는 자기 집에서 큰 잔치를 베풀고 예수
를 모셨는데 그 자리에는 많은 세리들과 그
밖에 여러 사람이 함께 앉아 있었다.
30이것을 본 바리사이파 사람들과 그들의 율
법학자들은 못마땅하게 생각하여 예수의 제
자들에게 "어찌하여 당신들은 세리와 죄인
들과 어울려 먹고 마시는 것입니까?" 하고
트집을 잡았다.
31예수께서 이 말을 들으시고 이렇게 대답하
셨다. "건강한 사람에게는 의사가 필요하지
않으나 병자에게는 필요하다.
32나는 의인을 불러 회개시키러 온 것이 아니
라 죄인들을 불러 회개시키러 왔다."

단식에 대한 질문
(마태오 9:14-17; 마르코 2:18-22)

33◎이 말씀을 듣고 그들이 "요한의 제자들은
물론이요 바리사이파 사람들의 제자들까지
도 자주 단식하며 기도하는데 어찌하여 당
신의 제자들은 먹고 마시기만 합니까?" 하
며 따지자
34예수께서는 이렇게 대답하셨다. "너희는
잔칫집에 온 신랑의 친구들이 신랑과 함께
있는 동안에도 그들을 단식하게 할 수 있
겠느냐?
35이제 때가 오면 신랑을 빼앗길 것이니 그 때
에는 그들도 단식을 할 것이다."
36그리고 예수께서는 비유를 들어 말씀하셨
다. "새 옷에서 조각을 찢어내어 헌 옷을 깁
는 사람은 없다. 그렇게 하면 새 옷을 못쓰
게 만들 뿐만 아니라 새 옷 조각이 헌 옷에
어울리지도 않을 것이다.
37그리고 새 술을 헌 가죽부대에 담는 사람도
없다. 그렇게 하면 새 포도주가 부대를 터
뜨릴 것이니 포도주는 쏟아지고 부대는 못
쓰게 된다.
38그러므로 새 포도주는 새 부대에 넣어야
한다.
39또 묵은 포도주를 마셔본 사람은 '묵은 것
이 더 좋다.' 하면서 새 것을 마시려 하지
않는다."

안식일의 주인 (마태오 12:1-8; 마르코 2:23-28)

6 ◎어느 안식일에 예수께서 밀밭 사이를
지나가시게 되었다. 그 때에 제자들이 밀
이삭을 잘라서 손으로 비벼 먹었다.
2이것을 본 바리사이파 사람 몇몇이 "당신들
은 왜 안식일에 해서는 안 될 일을 하는 것
입니까?" 하고 말하였다.
3예수께서는 이렇게 물으셨다. "너희는 다윗
의 일행이 굶주렸을 때에 다윗이 한 일을 읽
어보지 못하였느냐?
4다윗은 하느님의 집에 들어가 사제들밖에
먹을 수 없는 제단의 빵을 먹고 함께 있던
사람들에게도 주지 않았느냐?"
5그리고 예수께서는 이렇게 말씀하셨다. "사
람의 아들이 바로 안식일의 주인이다."

오그라든 손을 펴주신 예수
(마태오 12:9-14; 마르코 3:1-6)

6◎또 다른 안식일에 예수께서 회당에 들어
가 가르치고 계셨는데 거기에 마침 오른손
이 오그라든 사람이 있었다.
7한편 율법학자들과 바리사이파 사람들은 예
수께서 안식일에 병을 고쳐주시기만 하면
그를 고발하려고 지켜보고 있었다.
8그러나 예수께서는 그들의 속셈을 아시고
손이 오그라든 사람에게 "일어나 가운데로
나와 서라." 하셨다. 그가 일어나 가운데로
나서자
9예수께서 그들에게 "너희에게 한 가지 물어
보겠다. 율법에 어떻게 하라고 하였느냐?
안식일에 착한 일을 하라고 하였느냐? 악
한 일을 하라고 하였느냐? 사람을 살리라
고 하였느냐? 죽이라고 하였느냐?"
10이렇게 물으시며 그들을 모두 둘러보시고
나서 손이 오그라든 사람에게 "손을 펴라."
하셨다. 그가 손을 펴자 그 손이 이전처럼
성하게 되었다.
11그들은 잔뜩 화가 나서 예수를 어떻게 하면
좋을까 하고 서로 의논하였다.

열두 사도 (마태오 10:1-4; 마르코 3:13-19)

12◎그 무렵에 예수께서는 기도하시려고 산
에 들어가 밤을 새우시며 하느님께 기도하
셨다.
13 날이 밝자 예수께서 제자들을 불러 그 중에
서 열둘을 뽑아 사도로 삼으셨다.
14 열두 사도는 베드로라는 이름을 주신 시몬과
그의 동생 안드레아, 야고보와 요한, 필립보
와 바르톨로메오,
15 마태오와 토마, 알패오의 아들 야고보와 혁명
당원 시몬,
16 야고보의 아들 유다, 그리고 후에 배반자가
된 가리옷 사람 유다이다.

밀어닥치는 군중 (마태오 4:23-25)

17◎예수께서 그들과 함께 산에서 내려와 평
지에 이르러 보니 거기에 많은 제자들과 함
께 유다 각 지방과 예루살렘과 해안 지방인
띠로와 시돈에서 온 사람들이 많이 모여 있
었다.
18 그들은 예수의 말씀도 듣고 병도 고치려고
온 사람들이었다. 그 중에는 더러운 악령에
걸려 고생하는 사람들도 있었는데 예수께서
는 그들도 고쳐주셨다.
19 이렇게 예수에게서 기적의 힘이 나와 누구
든지 다 낫는 것을 보고는 모든 사람이 저마
다 예수를 만지려고 하였다.

행복한 사람과 불행한 사람 (마태오 5:1-12)

20◎그 때에 예수께서 제자들을 바라보시며
말씀하셨다.
"가난한 사람들아, 너희는 행복하다.
하느님 나라가 너희의 것이다.
21 지금 굶주린 사람들아, 너희는 행복하다.
너희가 배부르게 될 것이다.
지금 우는 사람들아, 너희는 행복하다.
너희가 웃게 될 것이다.
22 사람의 아들 때문에 사람들에게 미움을 사
고 내어쫓기고
욕을 먹고 누명을 쓰면 너희는 행복하다.
23 그럴 때에 너희는 기뻐하고 즐거워하여
라.
하늘에서 너희가 받을 상이 클 것이다.
그들의 조상들도 예언자들을 그렇게 대
하였다.
24 그러나 부요한 사람들아, 너희는 불행하
다.
너희는 이미 받을 위로를 다 받았다.
25 지금 배불리 먹고 지내는 사람들아, 너희
는 불행하다.
너희가 굶주릴 날이 올 것이다.
지금 웃고 지내는 사람들아, 너희는 불행
하다.
너희가 슬퍼하며 울 날이 올 것이다.
26 모든 사람에게 칭찬을 받는 사람들아, 너
희는 불행하다.
그들의 조상들도 거짓 예언자들을 그렇
게 대하였다."

원수를 사랑하여라; 보복하지 마라 (마태오 5:38-48; 7:12 상반)

27◎"그러나 이제 내 말을 듣는 사람들아, 잘
들어라. 너희는 원수를 사랑하여라. 너희를
미워하는 사람들에게 잘해 주고
28 너희를 저주하는 사람들을 축복해 주어라.
그리고 너희를 학대하는 사람들을 위하여
기도해 주어라.
29 누가 뺨을 치거든 다른 뺨마저 돌려대 주
고 누가 겉옷을 빼앗거든 속옷마저 내어주
어라.
30 달라는 사람에게는 주고 빼앗는 사람에게
는 되받으려고 하지 마라.
31 너희는 남에게서 바라는 대로 남에게 해주
어라.
32 너희가 만일 자기를 사랑하는 사람만 사랑
한다면 칭찬받을 것이 무엇이겠느냐? 죄인
들도 자기를 사랑하는 사람은 사랑한다.
33 너희가 만일 자기한테 잘해 주는 사람에게
만 잘해 준다면 칭찬받을 것이 무엇이겠느
냐? 죄인들도 그만큼은 한다.
34 너희가 만일 되받을 가망이 있는 사람에게
만 꾸어준다면 칭찬받을 것이 무엇이겠느
냐? 죄인들도 고스란히 되받을 것을 알면
서로 꾸어준다.
35 그러나 너희는 원수를 사랑하고 남에게 좋
은 일을 해주어라. 그리고 되받을 생각을
말고 꾸어주어라. 그러면 너희가 받을 상이
클 것이며 너희는 지극히 높으신 분의 자녀
가 될 것이다. 그분은 은혜를 모르는 자들
과 악한 자들에게도 인자하시다.
36 그러니 너희의 아버지께서 자비로우신 것
같이 너희도 자비로운 사람이 되어라."

남을 비판하지 마라 (마태오 7:1-5)

37◎"남을 비판하지 마라. 그러면 너희도 비
판받지 않을 것이다. 남을 단죄하지 마라.
그러면 너희도 단죄받지 않을 것이다. 남을
용서하여라. 그러면 너희도 용서를 받을 것
이다.

38 남에게 주어라. 그러면 너희도 받을 것이
다. 말에다 누르고 흔들어 넘치도록 후하게
담아서 너희에게 안겨주실 것이다. 너희가
남에게 되어 주는 분량만큼 너희도 받을 것
이다."
39 ◎예수께서는 또 이렇게 비유를 들어 말씀
하셨다. "소경이 어떻게 소경의 길잡이가
될 수 있겠느냐? 그러면 둘 다 구덩이에 빠
지지 않겠느냐?
40 제자가 스승보다 더 높을 수는 없다. 제자
는 다 배우고 나도 스승만큼밖에는 되지 못
한다.
41 너는 형제의 눈 속에 든 티는 보면서도 어째
서 제 눈 속에 들어 있는 들보는 깨닫지 못
하느냐?
42 제 눈 속에 있는 들보도 보지 못하면서 어떻
게 형제더러 '네 눈의 티를 빼내 주겠다.'
하겠느냐? 이 위선자야, 먼저 네 눈에서 들
보를 빼내어라. 그래야 눈이 잘 보여 형제
의 눈 속에 있는 티를 꺼낼 수 있다."

열매를 보고 나무를 안다
(마태오 7:16-20; 12:33-35)

43 ◎"좋은 나무가 나쁜 열매를 맺을 수 없고
나쁜 나무가 좋은 열매를 맺을 수 없다.
44 어떤 나무든지 열매를 보면 그 나무를 알 수
있다. 가시나무에서 무화과를 딸 수 없고
가시덤불에서 포도를 딸 수 없다.
45 선한 사람은 선한 마음의 창고에서 선한 것
을 내놓고 악한 사람은 그 악한 창고에서 악
한 것을 내놓는다. 마음속에 가득 찬 것이
입 밖으로 나오게 마련이다."

말씀을 듣고 실행하여라 (마태오 7:24-27)

46 ◎"너희는 나에게 '주님, 주님!' 하면서 어
찌하여 내 말을 실행하지 않느냐?
47 나에게 와서 내 말을 듣고 실행하는 사람이
어떤 사람인지 가르쳐주겠다.
48 그 사람은 땅을 깊이 파고 반석 위에 기초
를 놓고 집을 짓는 사람과 같다. 홍수가 나
서 큰 물이 집으로 들이치더라도 그 집은
튼튼하게 지었기 때문에 조금도 흔들리지
않는다.
49 그러나 내 말을 듣고도 실행하지 않는 사람
은 기초 없이 맨땅에 집을 지은 사람과 같
다. 큰물이 들이치면 그 집은 곧 무너져 여
지없이 파괴되고 말 것이다."

백인대장의 종을 고치신 예수
(마태오 8:5-13; 요한 4:43-54)

7 ◎예수께서는 이 모든 말씀을 사람들에게
들려주신 뒤에 가파르나움으로 가셨다.
2 ◎마침 그 때 어떤 백인대장의 종이 중병으
로 거의 죽게 되었는데 그는 주인이 대단히
아끼는 종이었다.
3 백인대장이 예수의 이야기를 듣고 유다인의
원로 몇 사람을 예수께 보내어, 집에 오셔서
자기 종을 살려주십사 하고 간청하게 하였
다.
4 그래서 그들은 예수께 와서 간곡히 부탁 드
리기를 "그 백인대장은 도와주실 만한 사람
입니다.
5 그는 우리 민족을 사랑할 뿐만 아니라 우리
에게 회당까지 지어주었습니다." 하였다.
6 이 말을 들으시고 예수께서는 그들과 함께
가셨다. 백인대장의 집에서 그리 멀지 않은
곳에 이르렀을 때에 백인대장은 친구들을
시켜 예수께 전갈을 보냈다. "주님, 수고롭
게 오실 것까지 없습니다. 저는 주님을 제
집에 모실 만한 사람이 못 되며
7 감히 주님을 나가 뵐 생각을 못하고 있습니
다. 그저 한 말씀만 하십시오. 그러면 제 종
이 낫겠습니다.
8 저도 남의 밑에 있는 사람입니다만 제 밑에
도 부하들이 있어서 제가 이 사람더러 가라
하면 가고 또 저 사람더러 오라 하면 옵니
다. 또 제 종에게 이것을 하라 하면 합니
다."
9 예수께서 이 말을 들으시고 감탄하시며 따
라오는 군중을 돌아다 보시고 "잘 들어두어
라. 나는 이런 믿음을 이스라엘 사람에게서
도 본 일이 없다." 하고 말씀하셨다.
10 심부름 왔던 사람들이 집에 돌아가 보니 종
은 이미 깨끗이 나아 있었다.

다시 살아난 과부의 아들

11 ◎얼마 뒤에 예수께서 나인이라는 동네로 가
시는데 제자들과 많은 사람들도 함께 따라
갔다.
12 예수께서 성문 가까이 이르렀을 때에 마침
죽은 사람을 메고 나오는 장례 행렬과 마주
치시게 되었다. 죽은 사람은 어떤 과부의
외아들이었고 동네 사람들이 큰 떼를 지어
과부와 함께 상여를 따라오고 있었다.
13 주께서는 그 과부를 보시고 측은한 마음이
드시어 "울지 마라." 하고 위로하시며
14 앞으로 다가서서 상여에 손을 대시자 메고
가던 사람들이 걸음을 멈추었다. 그 때 예

수께서 "젊은이여, 일어나라." 하고 명령
하셨다.
15그랬더니 죽었던 젊은이가 벌떡 일어나 앉
으며 말을 하기 시작하였다. 예수께서는 그
를 그 어머니에게 돌려주셨다.
16사람들은 모두 두려움에 사로잡혀 하느님
을 찬양하며 "우리 가운데 위대한 예언자가
나타나셨다."고 말하기도 하였고 또 "하느
님께서 자기 백성을 찾아와 주셨다."고 말
하기도 하였다.
17예수의 이 이야기가 온 유다와 그 근방에 두
루 퍼져 나갔다.

세례자 요한이 보낸 사람들 (마태오 11:2-6)

18◎요한의 제자들이 이 모든 일을 요한에게
알렸다. 그래서 요한은 자기 제자 두 사람을
불러서
19주님께 보내어 "오시기로 되어 있는 분이
바로 선생님이십니까? 그렇지 않으면 우리
가 또 다른 분을 기다려야 하겠습니까?" 하
고 묻게 하였다.
20그 두 사람이 예수께 가서 "세례자 요한이
저희를 선생님께 보내면서 '오시기로 되어
있는 분이 바로 선생님이십니까? 그렇지
않으면 우리가 또 다른 분을 기다려야 하겠
습니까?' 하고 물어보라고 하십니다." 하
고 말하였다.
21바로 그 때 예수께서는 온갖 질병과 고통과
마귀에 시달리는 많은 사람들을 고쳐주시
고 또 많은 소경들의 눈도 뜨게 해주셨다.
22그래서 예수께서는 요한의 제자들에게 이렇
게 대답하셨다. "너희가 보고 들은 대로 요
한에게 가서 알려라. ㉠소경이 보게 되고 절
름발이가 제대로 걸으며 나병환자가 깨끗
해지고 귀머거리가 들으며 죽은 사람이 살
아나고 가난한 사람이 복음을 듣는다.
23나에게 의심을 품지 않는 사람은 참으로 행
복하다."

세례자 요한에 대한 예수의 증언 (마태오 11:7-19)

24◎예수께서는 요한의 제자들이 떠나간 뒤에
요한을 두고 군중에게 이렇게 말씀하셨다.
"너희는 무엇을 구경하러 광야에 나갔었느
냐? 바람에 흔들리는 갈대냐?
25아니면 무엇을 보러 나갔었느냐? 화려한
옷을 입은 사람이냐? 화려한 옷을 입고 사
치스럽게 사는 사람들은 왕궁에 있다.
26그렇다면 너희는 무엇을 보러 나갔었느냐?
예언자냐? 그렇다. 그러나 사실은 예언자
보다 더 훌륭한 사람을 보았다.
27◎성서에,
'㉡너를 보내기에 앞서 내 일꾼을 먼저
보낸다.
그가 네 갈 길을 미리 닦아놓으리라.'
하신 말씀은 바로 이 사람을 가리킨 것이다.
28사실 여자의 몸에서 태어난 사람 중에 세례
자 요한보다 더 큰 인물은 없다. 그러나 하
느님 나라에서는 가장 작은 이라도 그 사람
보다 크다."
29㉢모든 백성들은 물론 세리들까지도 요한의
설교를 듣고 그의 세례를 받으며 하느님의
뜻을 받아들였으나
30바리사이파 사람들과 율법학자들은 요한의
세례를 받지 않고 자기들에 대한 하느님의
뜻을 받아들이지 않았던 것이다.
31◎예수께서 또 말씀하셨다. "이 세대 사람
들을 무엇에 비길 수 있을까? 도대체 무엇
과 같을까?
32마치 장터에서 편갈라 앉아 서로 소리지르
며,
'우리가 피리를 불어도
너희는 춤추지 않았고
우리가 곡을 하여도
너희는 울지 않았다.'
하는 아이들과도 같다.
33◎너희는 세례자 요한이 와서 빵도 먹지 않
고 포도주도 마시지 않으니까 '저 사람은
미쳤다.' 하더니
34사람의 아들이 와서 먹기도 하고 마시기도
하니까 '보아라, 저 사람은 즐겨 먹고 마시
며 세리나 죄인들하고만 어울리는구나!'
하고 말한다.
35그러나 하느님의 지혜가 옳다는 것은 지혜
를 받아들인 모든 사람에게서 드러난다."

용서받은 죄 많은 여자

36◎예수께서 어떤 바리사이파 사람의 초대를
받으시고 그의 집에 들어가 음식을 잡수시
게 되었다.
37마침 그 동네에는 행실이 나쁜 여자가 하나
살고 있었는데 그 여자는 예수께서 그 바리
사이파 사람의 집에서 음식을 잡수신다는
것을 알고 향유가 든 옥합을 가지고 왔다.
38그리고 예수 뒤에 와서 발치에 서서 울며 눈
물로 그 발을 적시었다. 그리고 자기 머리
카락으로 닦고 나서 발에 입맞추며 향유를

㉠ 이사 26:19, 35:5-6, 61:1. ㉡ 말라 3:1. ㉢ 어떤 사본에는 29, 30절이 없다.

부어드렸다.
39 예수를 초대한 바리사이파 사람이 이것을 보
고 속으로 "저 사람이 정말 예언자라면 자
기 발에 손을 대는 저 여자가 어떤 여자며
얼마나 행실이 나쁜 여자인지 알았을 텐
데!" 하고 중얼거렸다.
40 그 때에 예수께서는 "시몬아, 너에게 물어볼
말이 있다." 하고 말씀하셨다. "예, 선생님,
말씀하십시오." 그러자 예수께서는 이렇게
말씀하셨다.
41 "어떤 돈놀이꾼에게 빚을 진 사람 둘이 있
었다. 한 사람은 오백 데나리온을 빚졌고 또
한 사람은 오십 데나리온을 빚졌다.
42 이 두 사람이 다 빚을 갚을 힘이 없었기 때
문에 돈놀이꾼은 그들의 빚을 다 탕감해 주
었다. 그러면 그 두 사람 중에 누가 더 그를
사랑하겠느냐?"
43 시몬은 "더 많은 빚을 탕감받은 사람이겠지
요." 하였다. 예수께서는 "옳은 생각이다."
하시고
44 그 여자를 돌아보시며 시몬에게 말씀을 계
속하셨다. "이 여자를 보아라. 내가 네 집에
들어왔을 때 너는 나에게 발 씻을 물도 주지
않았지만 이 여자는 눈물로 내 발을 적시고
머리카락으로 내 발을 닦아주었다.
45 너는 내 얼굴에도 입맞추지 않았지만 이 여
자는 내가 들어왔을 때부터 줄곧 내 발에 입
맞추고 있다.
46 너는 내 머리에 기름을 발라주지 않았지만
이 여자는 내 발에 향유를 발라주었다.
47 잘 들어두어라. 이 여자는 이토록 극진한
사랑을 보였으니 그만큼 많은 죄를 용서받
았다. 적게 용서받은 사람은 적게 사랑한
다."
48 그리고 예수께서는 그 여자에게 "네 죄는
용서받았다." 하고 말씀하셨다.
49 그러자 예수와 한 식탁에 앉아 있던 사람들
이 속으로 "저 사람이 누구인데 죄까지 용
서해 준다고 하는가?" 하고 수군거렸다.
50 그러나 예수께서는 그 여자에게 "네 믿음이
너를 구원하였다. 평안히 가거라." 하고 말
씀하셨다.

예수를 도와드린 여자들

8 ◎그 뒤 예수께서는 여러 도시와 마을을
두루 다니시며 하느님 나라를 선포하시고
그 복음을 전하셨는데 열두 제자도 같이 따
라다녔다.
2 또 악령이나 질병으로 시달리다가 나은 여
자들도 따라다녔는데 그들 중에는 일곱 마
귀가 나간 막달라 여자라고 하는 마리아,
3 헤로데의 신하 쿠자의 아내인 요안나, 그리
고 수산나라는 여자를 비롯하여 다른 여자
들도 여럿 있었다. 그들은 자기네 재산을
바쳐 예수의 일행을 돕고 있었다.

씨 뿌리는 사람의 비유
(마태오 13:1-9; 마르코 4:1-9)

4 ◎여러 동네에서 사람들이 모여들어 마침내
큰 군중을 이루자 예수께서는 그들에게 비
유를 들어 말씀하셨다.
5 "씨 뿌리는 사람이 씨를 뿌리러 나갔다. 씨
를 뿌리는데 어떤 것은 길바닥에 떨어져서
발에 밟히기도 하고 하늘의 새가 쪼아먹기
도 하였다.
6 어떤 것은 바위에 떨어져서 싹이 나기는 하
였지만 바닥에 습기가 없어 말라버렸다.
7 또 어떤 것은 가시덤불 속에 떨어졌는데 가
시나무들이 함께 자라서 숨이 막혀버렸다.
8 그러나 어떤 것은 좋은 땅에 떨어져서 잘 자
라나 백 배나 되는 열매를 맺었다." 하시고
는 "들을 귀가 있는 사람은 알아들어라."
하고 힘주어 말씀하셨다.

비유로 말씀하신 이유
(마태오 13:10-17; 마르코 4:10-12)

9 ◎제자들이 이 비유의 뜻을 예수께 묻자
10 이렇게 대답하셨다. "너희에게는 하느님 나
라의 신비를 알게 해주었지만 다른 사람들
에게는 ㉠보아도 알아보지 못하고 들어도
깨닫지 못하게 하려고 비유로 말하는 것이
다."

씨 뿌리는 비유의 설명
(마태오 13:18-23; 마르코 4:13-20)

11 ◎"이 비유의 뜻은 이러하다. 씨는 하느님
의 말씀이다.
12 씨가 길바닥에 떨어졌다는 것은 말씀을 듣
기는 하였지만 악마가 와서 그 말씀을 마
음에서 빼앗아 가기 때문에 믿지도 못하고
구원도 받지 못하는 사람들을 두고 하는
말이다.
13 씨가 바위에 떨어졌다는 것은 말씀을 듣고
기꺼이 받아들이기는 하지만 뿌리가 내리
지 않아 그 믿음이 오래가지 못하고 시련의
때가 오면 곧 떨어져 나가는 사람들을 두고

㉠ 이사 6:9.

하는 말이다.
14또 씨가 가시덤불에 떨어졌다는 것은 말씀
을 듣기는 하였지만 살아가는 동안에 세상
걱정과 재물과 현세의 쾌락에 눌려 열매를
제대로 맺지 못하는 사람들을 두고 하는 말
이다.
15그러나 씨가 좋은 땅에 떨어졌다는 것은 바
르고 착한 마음으로 말씀을 듣고 간직하여
꾸준히 열매를 맺는 사람들을 두고 하는 말
이다."

등불의 비유 (마르코 4:21-25; 마태오 5:15)

16◎"등불을 켜서 그릇으로 덮어두거나 침상
밑에 두는 사람이 어디 있겠느냐? 누구나
등경 위에 얹어놓아 방에 들어오는 사람들
이 그 빛을 볼 수 있게 할 것이다.
17감추어둔 것은 나타나게 마련이고 비밀은
알려져서 세상에 드러나게 마련이다.
18내 말을 명심하여 들어라. 가진 사람은 더
받을 것이고 가지지 못한 사람은 가진 줄 알
고 있는 것마저 빼앗길 것이다."

누가 내 어머니이고 내 형제들이냐? (마태오 12:46-50; 마르코 3:31-35)

19◎예수의 어머니와 형제들이 예수께 왔으나
사람들이 많아서 만날 수가 없었다.
20그래서 어떤 사람이 예수께 "선생님의 어머
님과 형제분들이 선생님을 만나시려고 밖
에 서 계십니다." 하고 알려드렸다.
21그러자 예수께서는 사람들에게 "하느님의
말씀을 듣고 그대로 실행하는 사람들이 내
어머니이고 내 형제들이다." 하고 말씀하
셨다.

잔잔해진 풍랑 (마태오 8:23-27; 마르코 4:35-41)

22◎어느 날 예수께서 제자들과 함께 배를 타
시게 되었다. 예수께서 "호수 저편으로 건
너가자." 하고 말씀하시자 제자들은 배를
젓기 시작하였다.
23일행이 호수를 건너가고 있을 때에 예수께
서는 잠이 드셨다. 그 때 마침 뭍으로부터
호수로 사나운 바람이 내리불어 배에 물이
들기 시작하여 사람들이 위태롭게 되었다.
24제자들은 예수께 가서 흔들어 깨우며 "선생
님, 선생님, 우리가 죽게 되었습니다!" 하
고 소리쳤다. 예수께서 일어나 바람과 사나
운 물결을 꾸짖으시자 바람과 물결이 잔잔
해지고 바다가 고요해졌다.
25예수께서는 제자들에게 "너희의 믿음은 다
어떻게 되었느냐?" 하시며 책망하셨다. 그
들은 두렵기도 하고 놀랍기도 하여 "도대체
이분이 누구신데 바람과 물결까지도 그 명
령에 복종하는가?" 하고 서로 수군거렸다.

마귀와 돼지떼 (마태오 8:28-34; 마르코 5:1-20)

26◎그들은 갈릴래아 호수 건너편에 있는 게르
게사 지방에 다다랐다.
27예수께서 뭍에 오르셨을 때에 그 동네에서
나온 마귀 들린 사람 하나와 마주치시게 되
었다. 그는 오래 전부터 옷을 걸치지 않고
집 없이 무덤들 사이에서 살고 있었다.
28그는 예수를 보자 그 앞에 엎드려 "지극히
높으신 하느님의 아들 예수님, 왜 저를 간섭
하십니까? 제발 저를 괴롭히지 마십시오."
하고 크게 소리질렀다.
29그것은 예수께서 이미 그 더러운 악령더러
그 사람에게서 나가라고 명령하셨기 때문
이다. 그 사람은 여러 번 악령에게 붙잡혀
발작을 일으키곤 하였기 때문에 쇠사슬과
쇠고랑으로 단단히 묶인 채 감시를 받았으
나 번번이 그것을 부수어버리고 마귀에게
몰려 광야로 뛰쳐나가곤 하였던 것이다.
30예수께서 "네 이름이 무엇이냐?" 하시자
그는 "군대라고 합니다." 하고 대답하였다.
그에게 많은 마귀가 들어가 있었기 때문
이다.
31마귀들은 자기들을 지옥에 처넣지는 말아
달라고 예수께 애원하였다.
32◎마침 그 곳 산기슭에는 놓아 기르는 돼지
떼가 우글거리고 있었는데 마귀들은 자기
들을 그 돼지들 속으로나 들어가게 해달라
고 간청하였다. 예수께서 허락하시자
33마귀들은 그 사람에게서 나와 돼지들 속으
로 들어갔다. 그러자 돼지떼는 비탈을 내리
달려 모두 호수에 빠져 죽고 말았다.
34돼지 치던 사람들이 이 일을 보고 읍내와
촌락으로 도망쳐 가서 사람들에게 알려주
었다.
35사람들은 무슨 일이 일어났는가 하고 보러
나왔다가 예수께서 계신 곳에 이르러 마귀
들렸던 사람이 옷을 입고 멀쩡한 정신으로
예수 앞에 앉아 있는 것을 보고는 그만 겁이
났다.
36이 일을 처음부터 지켜본 사람들이 마귀 들
렸던 사람이 낫게 된 경위를 알려주었다.
37게르게사 근방에서 나온 사람들은 모두 몹
시 겁을 집어먹고 예수께 떠나가 달라고 간
청하였다. 그래서 예수께서는 배를 타고 떠

나가셨다.
38그 때에 마귀 들렸던 사람이 예수를 따라다
니게 해달라고 애원하였지만 예수께서는 그
를 돌려보내시며
39"집으로 돌아가서 하느님께서 너에게 베풀
어주신 모든 일을 이야기하여라." 하고 이
르셨다. 그는 물러가 예수께서 자기에게 해
주신 일을 온 동네에 널리 알렸다.

예수의 옷에 손을 댄 여자 ; 살아난 야이로의 딸 (마태오 9:18-26; 마르코 5:21-43)

40◎예수께서 배를 타고 돌아오시자 기다리고
있던 군중이 모두 반가이 맞았다.
41그 때에 야이로라는 회당장이 예수께 와서
그 발 앞에 엎드려 자기 집에 와주시기를 간
청하였다.
42그의 열두 살쯤 된 외딸이 거의 죽게 되었던
것이다. 예수께서 그 집으로 가실 때 군중이
그를 에워싸고 떠밀며 쫓아갔다.
43그들 중에는 열두 해 동안이나 하혈병을 앓
고 있는 여자가 있었다. 그 여자는 여러 의
사에게 보이느라고 가산마저 탕진하였지만
아무도 그 병을 고쳐주지 못하였다.
44그 여자가 뒤로 와서 예수의 옷자락에 손을
대었다. 그러자 그 순간에 출혈이 그쳤다.
45예수께서 "누가 내 옷에 손을 대었느냐?"
하고 물으셨으나 모두 모른다고 하였다. 베
드로도 "선생님, 군중이 이렇게 선생님을
에워싸고 마구 밀어대고 있지 않습니까?"
하고 대답하였다.
46그러나 예수께서는 "분명히 나에게서 기적
의 힘이 뻗쳐 나갔다. 누군가가 내 옷에 손
을 댄 것이 틀림없다." 하고 말씀하셨다.
47그 여자는 더 이상 숨길 수 없게 된 것을 알
고 떨면서 앞으로 나아가 엎드리며 예수의
옷에 손을 댄 이유며 병이 곧 낫게 된 경위
를 모든 사람 앞에서 말하였다.
48그러자 예수께서는 그 여자에게 "여인아,
네 믿음이 너를 낫게 하였다. 평안히 가거
라." 하고 말씀하셨다.
49◎예수의 말씀이 채 끝나기 전에 회당장의
집에서 사람이 와서 회당장에게 "따님은 죽
었습니다. 저 선생님께 수고를 더 끼쳐드리
지 마십시오." 하고 말하였다.
50예수께서 이 말을 들으시고 야이로에게 "두
려워하지 말고 믿기만 하여라. 그러면 딸이
살아날 것이다." 하고 말씀하셨다.
51그 집에 이르러 예수께서는 베드로와 요한과
야고보와 아이의 부모 외에는 아무도 따라
들어오지 못하게 하셨다.
52사람들은 모두 아이가 죽었다고 가슴을 치
며 통곡하고 있었다. 예수께서 "울지 마라.
아이는 죽은 것이 아니라 잠을 자고 있다."
하고 말씀하셨으나
53사람들은 아이가 죽은 것을 알고 있었기 때
문에 코웃음만 쳤다.
54예수께서 아이의 손을 붙잡으시고 "아이야,
일어나거라!" 하고 말씀하셨다.
55그러자 그 아이는 숨을 다시 쉬며 벌떡 일어
났다. 예수께서 아이에게 먹을 것을 주라고
하셨다.
56그 아이의 부모는 깜짝 놀랐다. 예수께서는
이 일을 아무에게도 말하지 말라고 단단히
일러두셨다.

열두 제자의 파견 (마태오 10:5-15; 마르코 6:7-13)

9 ◎예수께서는 열두 제자를 한자리에 불러
모든 마귀를 제어하는 권세와 병을 고치
는 능력을 주셨다.
2그리고 하느님의 나라를 선포하며 병자를
고쳐주라고 보내시면서
3이렇게 분부하셨다. "길을 떠날 때 아무것
도 지니지 마라. 지팡이나 식량 자루나 빵
이나 돈은 물론, 여벌 내의도 가지고 다니
지 마라.
4어느 집에 들어가든지 그 곳을 떠날 때까지
그 집에 머물러 있어라.
5그러나 누구든지 너희를 환영하지 않거든
그 동네를 떠나라. 떠날 때에는 그들에게
경고하는 표시로 발에 묻은 먼지를 털어버
려라."
6열두 제자는 길을 떠나 여러 마을을 두루 다
니며 이르는 곳마다 복음을 선포하고 병자
를 고쳐주었다.

불안에 싸인 헤로데 (마태오 14:1-12; 마르코 6:14-29)

7◎한편 갈릴래아의 영주 헤로데는 이런 여러
가지 일들이 일어나고 있다는 소문을 듣고
어리둥절해졌다. 죽은 세례자 요한이 다시
살아났다고 하는 사람들이 있는가 하면
8엘리야가 나타났다고도 하고 또 옛 예언자
중의 하나가 되살아났다고 하는 말도 들려
왔기 때문이다.
9◎그러나 헤로데는 "요한은 내가 목베어 죽
이지 않았는가? 그렇다면 소문에 들리는
그 사람은 도대체 누구란 말인가?" 하면서
예수를 한번 만나보려고 하였다.

오천 명을 먹이신 기적
(마태오 14:13-21; 마르코 6:30-44; 요한 6:1-14)

10◎사도들이 돌아와서 자기들이 한 일을 예
수께 낱낱이 보고하였다. 이 말을 들으시고
예수께서는 그들을 따로 데리고 베싸이다라
는 마을로 가셨다.
11◎그러나 군중은 그것을 알고 예수를 뒤쫓
아왔다. 예수께서는 그들을 기꺼이 맞아 하
느님 나라를 설명해 주시며 치료해야 할 사
람들을 고쳐주셨다.
12 해가 기울기 시작하자 열두 제자가 예수께
와서 "여기는 외딴 곳이니 군중을 헤쳐 제
각기 근방 마을과 농촌으로 가서 잠자리와
먹을 것을 얻게 하시는 것이 좋겠습니다."
하였다. 그러자
13 예수께서는 "너희가 먹을 것을 주어라." 하
셨다. 제자들은 "지금 저희에게는 빵 다섯
개와 물고기 두 마리밖에 없습니다. 어디
가서 이 모든 사람을 먹일 만한 음식을 사오
라는 말씀이십니까?" 하고 물었다.
14 거기에 모인 군중은 장정만도 오천 명 가량
이나 되었다. 예수께서는 제자들에게 군중
을 대충 오십 명씩 떼지어 앉히라고 하셨다.
15 제자들이 분부하신 대로 사람들을 모두 앉
히자
16 예수께서는 빵 다섯 개와 물고기 두 마리를
손에 들고 하늘을 우러러 감사의 기도를 드
리신 뒤에 그것을 떼어 제자들에게 주시며
군중에게 나누어주도록 하셨다.
17 이리하여 사람들이 모두 배불리 먹고 남은
조각을 모아들였더니 열두 광주리나 되었
다.

베드로의 고백 (마태오 16:13-20; 마르코 8:27-30)

18◎어느 날, 예수께서 혼자 기도하시다가 곁
에 있던 제자들에게 "사람들이 나를 누구라
고 하더냐?" 하고 물으셨다.
19 그들이 "대개는 세례자 요한이라고 합니다
마는 엘리야라고 하는 사람들도 있고 옛 예
언자 중의 하나가 다시 살아났다고 하는 사
람들도 있습니다." 하고 대답하였다.
20 "그러면 너희는 나를 누구라고 생각하느
냐?" 하고 다시 물으시자 베드로가 나서서
"하느님께서 보내신 그리스도이십니다." 하
고 대답하였다.
21 예수께서는 이 일을 아무에게도 말하지 말
라고 단단히 당부하셨다.

수난에 대한 첫 번째 예고
(마태오 16:21-28; 마르코 8:31-9:1)

22◎예수께서는 이어서 "사람의 아들은 반드
시 많은 고난을 겪고 원로들과 대사제들과
율법학자들에게 배척을 받아 죽었다가 사
흘 만에 다시 살아날 것이다." 하고 말씀하
셨다.
23◎그리고 사람들에게 이렇게 말씀하셨다.
"나를 따르려는 사람은 누구든지 자기를 버
리고 매일 제 십자가를 지고 따라야 한다.
24 제 목숨을 살리려고 하는 사람은 잃을 것이
요, 나를 위하여 제 목숨을 잃는 사람은 살
것이다.
25 사람이 온 세상을 얻는다 해도 제 목숨을 잃
거나 망해 버린다면 무슨 이익이 있겠느냐?
26 누구든지 나와 내 말을 부끄럽게 여기면 사
람의 아들도 아버지의 영광에 싸여 거룩한
천사들을 거느리고 영광스럽게 올 때에 그
를 부끄럽게 여길 것이다.
27 나는 분명히 말한다. 여기에 서 있는 사람
들 중에는 죽기 전에 하느님 나라를 볼 사람
들도 있다."

예수의 영광스러운 변모
(마태오 17:1-8; 마르코 9:2-8)

28◎이 말씀을 하신 뒤 여드레쯤 지나서 예수
께서는 베드로와 요한과 야고보를 데리고 기
도하러 산으로 올라가셨다.
29 예수께서 기도하시는 동안에 그 모습이 변
하고 옷이 눈부시게 빛났다.
30 그러자 난데없이 두 사람이 나타나 예수와
함께 이야기하고 있었다. 그들은 모세와 엘
리야였다.
31 영광에 싸여 나타난 그들은 예수께서 머지
않아 예루살렘에서 이루시려고 하시는 일
곧 그의 죽음에 관하여 예수와 함께 이야기
를 나누고 있었다.
32 그 때 베드로와 그의 동료들은 깊이 잠들었
다가 깨어나 예수의 영광스러운 모습과 거
기 함께 서 있는 두 사람을 보았다.
33 그 두 사람이 떠나려 할 때 베드로가 나서서
"선생님, 저희가 여기서 지내면 얼마나 좋
겠습니까! 저희가 초막 셋을 지어 하나는
선생님께, 하나는 모세에게, 하나는 엘리야
에게 드리겠습니다." 하고 예수께 말하였
다. 무슨 소리를 하는지 자기도 모르고 한
말이었다.
34 베드로가 이런 말을 하고 있는 사이에 구름
이 일어 그들을 뒤덮었다. 그들이 구름 속
으로 사라져 들어가자 제자들은 그만 겁에

질려버렸다.
35 이 때 구름 속에서 "㉠이는 내 아들, 내가
택한 아들이니 그의 말을 들어라!" 하는 소
리가 들려왔다.
36 그 소리가 그친 뒤에 보니 예수밖에는 아무
도 보이지 않았다. 제자들은 아무 말도 못
하고 자기들이 본 것을 얼마 동안 아무에게
도 말하지 않았다.

악령에게 사로잡힌 아이
(마태오 17:14-18; 마르코 9:14-27)

37 ◎다음날 예수의 일행은 산에서 내려와 큰
군중과 마주치게 되었다.
38 그 때 웬 사람이 군중 속에서 큰소리로 "선
생님, 제 아들을 좀 보아주십시오. 하나밖
에 없는 자식입니다.
39 그 아이는 악령이 덮치기만 하면 갑자기 소
리를 지르면서 입에 거품을 물고 경련을 일
으킵니다. 그래서 온몸에 상처를 입습니다
만 악령은 좀처럼 떨어지지 않습니다.
40 그래서 선생님의 제자들에게 악령을 쫓아
내 달라고 했지만 쫓아내지 못했습니다."
하며 소리쳤다.
41 예수께서는 "이 세대가 왜 이다지도 믿음
이 없고 비뚤어졌을까! 내가 언제까지나
너희와 함께 살며 이 성화를 받아야 한단
말이냐? 그 아이를 나에게 데려오너라."
하셨다.
42 그 아이가 예수께 오는 도중에도 악령이 그
아이를 거꾸러뜨리고 발작을 일으켜놓았
다. 예수께서는 더러운 악령을 꾸짖어 아이
의 병을 고쳐서 그 아버지에게 돌려주셨다.
43 사람들은 모두 하느님의 위대한 능력을 보
고 놀라 마지않았다.

수난에 대한 두 번째 예고
(마태오 17:22-23; 마르코 9:30-32)

◎사람들이 모두 예수께서 하신 일들을 보
고 놀라서 감탄하고 있을 때 예수께서는 제
자들에게
44 "너희는 지금 내가 하는 말을 명심해 두어
라. 사람의 아들은 머지않아 사람들의 손에
넘어가게 될 것이다." 하고 말씀하셨다.
45 그러나 제자들은 그 말씀을 깨닫지 못하였
다. 그 말씀의 뜻이 감추어져 있어서 제자
들은 알아들을 수도 없었고 그렇다고 또 감
히 물어볼 생각도 못하였던 것이다.

누가 제일 높으냐?
(마태오 18:1-5; 마르코 9:33-37; 루가 22:24-26)

46 ◎제자들 가운데 누가 제일 높으냐 하는 문
제로 그들 사이에서 말다툼이 일어났다.
47 예수께서는 그들의 생각을 아시고 어린이
하나를 데려다가 곁에 세우신 다음
48 제자들에게 이렇게 말씀하셨다. "누구든지
내 이름으로 이런 어린이를 받아들이면 곧
나를 받아들이는 것이며 또 나를 받아들이
면 나를 보내신 분을 받아들이는 것이다.
너희 중에서 제일 낮은 사람이 제일 높은 사
람이다."

반대하지 않는 사람 (마르코 9:38-40)

49 ◎요한이 나서서 "선생님, 어떤 사람이 선
생님의 이름으로 마귀를 쫓아내는 것을 보
았는데 그는 우리와 함께 다니는 사람이 아
니었습니다. 그래서 그런 일을 못하게 막았
습니다." 하고 말하였다.
50 예수께서는 "너희를 반대하지 않는 사람은
너희를 지지하는 사람이니 막지 마라." 하
고 말씀하셨다.

사마리아 동네의 냉대

51 ◎예수께서 하늘에 오르실 날이 가까워지자
예루살렘에 가시기로 마음을 정하시고
52 심부름꾼들을 앞서 보내셨다. 그들은 길을
떠나 사마리아 사람들의 마을로 들어가 예수
를 맞이할 준비를 하려고 하였으나
53 그 마을 사람들은 예수께서 예루살렘에 가
신다는 말을 듣고는 예수를 맞아들이지 않
았다.
54 이것을 본 제자 야고보와 요한이 "주님, ㉡저
희가 하늘에서 불을 내리게 하여 그들을 불
살라 버릴까요?" 하고 물었으나
55 예수께서는 돌아서서 그들을 꾸짖고 나서㉢
56 일행과 함께 다른 마을로 가셨다.

예수를 따르려면 (마태오 8:19-22)

57 ◎예수의 일행이 길을 가고 있을 때 어떤 사
람이 예수께 "저는 선생님께서 가시는 곳이
면 어디든지 따라가겠습니다." 하고 말하
였다.
58 그러나 예수께서는 "여우도 굴이 있고 하늘

㉠ 시편 2:7; 이사 42:1; 신명 18:15. ㉡ 어떤 사본에는 "엘리야가 한 것처럼"이라는 말이 있다(2열왕 1:10, 12 참조).
㉢ 어떤 사본에는 다음과 같은 말이 덧붙여 있다. "너희가 어떠한 영에 속해 있는 줄 모르고 있다. 사람의 아들이 온 것은 사람을 멸망시키려는 것이 아니라 구원하려는 것이다."

의 새도 보금자리가 있지만 사람의 아들은
머리 둘 곳조차 없다." 하고 말씀하셨다.
59 다른 사람에게 "나를 따라오너라." 하고 말
씀하시자 그는 "선생님, 먼저 집에 가서 아
버지 장례를 치르게 해주십시오." 하고 청
하였다.
60 예수께서는 "죽은 자들의 장례는 죽은 자들
에게 맡겨두고 너는 가서 하느님 나라의 소
식을 전하여라." 하셨다.
61 또 한 사람은 "선생님, 저는 선생님을 따르
겠습니다. 그러나 먼저 집에 가서 식구들과
작별 인사를 나누게 해주십시오." 하고 말
하였다.
62 예수께서는 "쟁기를 잡고 뒤를 자꾸 돌아다
보는 사람은 하느님 나라에 들어갈 자격이
없다." 하고 말씀하셨다.

일흔두 제자의 파견

10 ◎그 뒤 주께서 달리 일흔두 제자를 뽑
아 앞으로 찾아가실 여러 마을과 고장
으로 미리 둘씩 짝지어 보내시며
2 이렇게 분부하셨다. "추수할 것은 많은데
일꾼이 적으니 주인에게 추수할 일꾼들을
보내달라고 청하여라.
3 떠나라. 이제 내가 너희를 보내는 것이 마
치 어린 양을 이리떼 가운데 보내는 것과 같
구나.
4 다닐 때 돈주머니도 식량 자루도 신도 지니
지 말 것이며 누구와 인사하느라고 가던 길
을 멈추지도 마라.
5 어느 집에 들어가든지 먼저 '이 댁에 평화
를 빕니다!' 하고 인사하여라.
6 그 집에 평화를 바라는 사람이 살고 있으면
너희가 비는 평화가 그 사람에게 머무를 것
이고 그렇지 못하면 너희에게 되돌아올 것
이다.
7 주인이 주는 음식을 먹고 마시면서 그 집에
머물러 있어라. 일꾼이 품삯을 받는 것은
당연한 일이다. 이 집 저 집으로 옮겨다니
지 마라.
8 어떤 동네에 들어가든지 너희를 환영하거
든 주는 음식을 먹고
9 그 동네 병자들을 고쳐주며 하느님 나라가
그들에게 다가왔다고 전하여라.
10 그러나 어떤 동네에 들어갔을 때 사람들이
너희를 환영하지 않거든 길거리에 나가서
11 '당신네 동네에서 묻은 발의 먼지를 당신들
한테 털어놓고 갑니다. 그러나 하느님 나라
가 다가왔다는 것만은 알아두시오.' 하고
일러주어라.
12 내 말을 잘 들어라. 그 날이 오면 소돔 땅이
그 동네보다 오히려 가벼운 벌을 받을 것
이다."

저주받은 도시 (마태오 11:20-24)

13 ◎"코라진아, 너는 화를 입으리라. 베싸이다
야, 너도 화를 입으리라. 너희에게 행한 기
적들을 띠로와 시돈에게 보였더라면 그들은
벌써 베옷을 입고 앉아서 재를 들쓰고 회개
하였을 것이다.
14 심판 날에 띠로와 시돈이 너희보다 오히려
가벼운 벌을 받을 것이다.
15 너 가파르나움아, ㉠네가 하늘에 오를 것 같
으냐? 지옥에 떨어질 것이다."
16 이렇게 꾸짖으시고 제자들에게 "너희의 말
을 듣는 사람은 나의 말을 듣는 사람이고
너희를 배척하는 사람은 나를 배척하는 사
람이며 나를 배척하는 사람은 곧 나를 보내
신 분을 배척하는 사람이다." 하고 말씀하
셨다.

일흔두 제자의 보고

17 ◎일흔두 제자가 기쁨에 넘쳐 돌아와 "주
님, 저희가 주님의 이름으로 마귀들까지도
복종시켰습니다." 하고 아뢰었다.
18 예수께서 "나는 사탄이 하늘에서 번갯불처
럼 떨어지는 것을 보았다.
19 내가 너희에게 뱀이나 전갈을 짓밟는 능력
과 원수의 모든 힘을 꺾는 권세를 주었으니
이 세상에서 너희를 해칠 자는 하나도 없다.
20 그러나 악령들이 복종한다고 기뻐하기보다
는 너희의 이름이 하늘에 기록된 것을 기뻐
하여라." 하고 말씀하셨다.

그렇습니다, 아버지! (마태오 11:25-27)

21 ◎바로 그 때에 예수께서 성령을 받아 기쁨
에 넘쳐서 이렇게 말씀하셨다. "하늘과 땅
의 주님이신 아버지, 지혜롭다는 사람들과
똑똑하다는 사람들에게는 이 모든 것을 감
추시고 오히려 철부지 어린이들에게 나타
내 보이시니 감사합니다. 그렇습니다, 아
버지! 이것이 아버지께서 원하신 뜻이었습
니다.
22 ◎아버지께서는 모든 것을 저에게 맡겨주셨
습니다. 아들이 누구인지는 아버지만이 아
시고 또 아버지가 누구신지는 아들과 또 그

㉠ 이사 14:13-15.

가 아버지를 계시하려고 택한 사람만이 알
수 있습니다."

제자들의 행복 (마태오 13:16-17)

23◎그리고 예수께서 돌아서서 제자들에게 따
로 말씀하셨다. "너희가 지금 보는 것을 보
는 눈은 행복하다.
24사실 많은 예언자들과 제왕들도 너희가 지
금 보는 것을 보려고 했으나 보지 못하였고
너희가 듣는 것을 들으려고 했으나 듣지 못
하였다."

착한 사마리아 사람

25◎어떤 율법교사가 일어서서 예수의 속을
떠보려고 "선생님, 제가 무슨 일을 해야 영
원한 생명을 얻을 수 있겠습니까?" 하고 물
었다.
26예수께서는 "율법서에 무엇이라고 적혀 있
으며 너는 그것을 어떻게 읽었느냐?" 하고
반문하셨다.
27"'㉠네 마음을 다하고 네 목숨을 다하고 네
힘을 다하고 네 생각을 다하여 주님이신 네
하느님을 사랑하여라. 그리고 네 이웃을 네
몸같이 사랑하여라.' 하였습니다." 이 대
답에
28예수께서는 "옳은 대답이다. 그대로 실천
하여라. 그러면 살 수 있다." 하고 말씀하
셨다.
29그러나 율법교사는 짐짓 제가 옳다는 것을
드러내려고 "그러면 누가 저의 이웃입니
까?" 하고 물었다.
30예수께서는 이렇게 말씀하셨다. "어떤 사람
이 예루살렘에서 예리고로 내려가다가 강도
들을 만났다. 강도들은 그 사람이 가진 것
을 모조리 빼앗고 마구 두들겨서 반쯤 죽여
놓고 갔다.
31마침 한 사제가 바로 그 길로 내려가다가 그
사람을 보고는 피해서 지나가 버렸다.
32또 레위 사람도 거기까지 왔다가 그 사람을
보고 피해서 지나가 버렸다.
33그런데 길을 가던 어떤 사마리아 사람은 그
의 옆을 지나다가 그를 보고는 가엾은 마음
이 들어
34가까이 가서 상처에 기름과 포도주를 붓고
싸매어 주고는 자기 나귀에 태워 여관으로
데려가서 간호해 주었다.
35다음날 자기 주머니에서 돈 두 데나리온을
꺼내어 여관 주인에게 주면서 '저 사람을
잘 돌보아 주시오. 비용이 더 들면 돌아오
는 길에 갚아드리겠소.' 하며 부탁하고 떠
났다.
36자, 그러면 이 세 사람 중에서 강도를 만난
사람의 이웃이 되어준 사람은 누구였다고
생각하느냐?"
37율법교사가 "그 사람에게 사랑을 베푼 사람
입니다." 하고 대답하자 예수께서는 "너도
가서 그렇게 하여라." 하고 말씀하셨다.

마르타와 마리아

38◎예수의 일행이 여행하다가 어떤 마을에
들렀는데 마르타라는 여자가 자기 집에 예수
를 모셔 들였다.
39그에게는 마리아라는 동생이 있었는데 마리
아는 주님의 발치에 앉아서 말씀을 듣고 있
었다.
40시중드는 일에 경황이 없던 마르타는 예수께
와서 "주님, 제 동생이 저에게만 일을 떠맡
기는데 이것을 보시고도 가만두십니까? 마
리아더러 저를 좀 거들어주라고 일러주십시
오." 하고 말하였다.
41그러나 주께서는 이렇게 대답하셨다. "마르
타, 마르타, 너는 많은 일에 다 마음을 쓰며
걱정하지만
42실상 필요한 것은 한 가지뿐이다. 마리아는
참 좋은 몫을 택했다. 그것을 빼앗아서는
안 된다."

주의 기도 (마태오 6:9-13)

11 ◎예수께서 하루는 어떤 곳에서 기도를
하고 계셨다. 기도를 마치셨을 때 제자
하나가 "주님, 요한이 자기 제자들에게 가
르쳐준 것같이 저희에게도 기도를 가르쳐
주십시오." 하고 말하였다.
2 예수께서는 이렇게 가르쳐주셨다. "너희는
기도할 때 이렇게 하여라.
아버지, 온 세상이 아버지를 하느님으로
받들게 하시며
아버지의 나라가 오게 하소서.
3 날마다 우리에게 필요한 양식을 주시고
4 우리가 우리에게 잘못한 이를 용서하오
니
우리의 죄를 용서하시고
우리를 유혹에 빠지지 않게 하소서."

기도에 대한 가르침 (마태오 7:7-11)

5◎예수께서는 그들에게 또 이렇게 말씀하셨

㉠ 신명 6:5; 레위 19:18.

다. "너희 중 한 사람에게 어떤 친구가 있다
고 하자. 한밤중에 그 친구를 찾아가서 '여
보게, 빵 세 개만 꾸어주게.
6 내 친구 하나가 먼 길을 가다가 우리 집에
들렀는데 내어놓을 것이 있어야지.' 하고
사정을 한다면
7 그 친구는 안에서 '귀찮게 굴지 말게. 벌써
문을 닫아걸고 아이들도 나도 다 잠자리에
들었으니 일어나서 줄 수가 없네.' 하고 거
절할 것이다.
8 잘 들어라. 이렇게 우정만으로는 일어나서
빵을 내어주지 않겠지만 귀찮게 졸라대면
마침내는 자리에서 일어나 그의 청을 들어
주지 않겠느냐?
9 그러므로 나는 말한다. 구하여라, 받을 것
이다. 찾아라, 얻을 것이다. 문을 두드려라,
열릴 것이다.
10 누구든지 구하면 받고 찾으면 얻고 문을 두
드리면 열릴 것이다.
11 생선을 달라는 자식에게 뱀을 줄 아비가 어
디 있겠으며
12 달걀을 달라는데 전갈을 줄 사람이 어디 있
겠느냐?
13 너희가 악하면서도 자녀에게 좋은 것을 줄
줄 알거든 하늘에 계신 아버지께서야 구하
는 사람에게 더 좋은 것 곧 성령을 주시지
않겠느냐?"

예수와 베엘제불
(마태오 12:22-30; 마르코 3:20-27)

14 ◎예수께서 벙어리 마귀 하나를 쫓아내셨는
데 마귀가 나가자 벙어리는 곧 말을 하게 되
었다. 군중은 이것을 보고 깜짝 놀랐다.
15 그러나 더러는 "그는 마귀의 두목 베엘제불
의 힘을 빌려 마귀들을 쫓아낸다." 하고 말
하였으며
16 또 예수의 속을 떠보려고 하늘에서 오는 기
적을 보여달라고 하는 사람도 있었다.
17 그러나 예수께서는 그들의 생각을 알아채시
고 이렇게 말씀하셨다. "어느 나라든지 갈
라져서 싸우면 쓰러지게 마련이고 한 집안
도 갈라져서 서로 싸우면 망하는 법이다.
18 너희는 내가 베엘제불의 힘을 빌려 마귀를
쫓아낸다고 하는데 만일 사탄이 갈라져서
서로 싸우면 그 나라가 어떻게 유지되겠느
냐?
19 내가 베엘제불의 힘을 빌려 마귀를 쫓아낸
다면 너희 사람들은 누구의 힘으로 마귀를
쫓아내는 것이냐? 바로 그 사람들이 너희
의 말이 그르다는 것을 지적할 것이다.
20 그러나 나는 하느님의 능력으로 마귀를 쫓
아내고 있다. 그렇다면 하느님의 나라는 이
미 너희에게 와 있는 것이다.
21 힘센 사람이 빈틈없이 무장하고 자기 집을
지키는 한 그의 재산은 안전하다.
22 그러나 그보다 더 힘센 사람이 달려들어 그
를 무찌르면 그가 의지했던 무기는 모조리
빼앗기고 재산은 약탈당하여 남의 것이 될
것이다.
23 내 편에 서지 않는 사람은 나를 반대하는 사
람이며 나와 함께 모아들이지 않는 사람은
헤치는 사람이다."

되돌아온 악령 (마태오 12:43-45)

24 ◎"더러운 악령이 어떤 사람 안에 들어 있
다가 거기서 나오면 물 없는 광야에서 쉼터
를 찾아 헤맨다. 그러다가 찾지 못하면 '전
에 있던 집으로 되돌아가야지.' 하면서
25 돌아간다. 그리고 그 집이 말끔히 치워지고
잘 정돈되어 있는 것을 보고는
26 다시 나와 자기보다 더 흉악한 악령 일곱
을 데리고 들어가 자리잡고 살게 된다. 그
러면 그 사람의 형편은 처음보다 더 비참하
게 된다."

참된 행복

27 ◎예수께서 이 말씀을 하고 계실 때 군중 속
에서 한 여자가 큰소리로 "당신을 낳아서
젖을 먹인 여인은 얼마나 행복합니까!" 하
고 외치자
28 예수께서는 "하느님의 말씀을 듣고 그 말씀
을 지키는 사람들이 오히려 행복하다." 하
고 대답하셨다.

기적을 요구하는 시대
(마태오 12:38-42; 마르코 8:11-12)

29 ◎군중이 계속 모여들고 있었다. 그 때 예수
께서는 "이 세대가 왜 이렇게도 악할까!"
하고 탄식하시며 "이 세대가 기적을 구하
지만 요나의 기적밖에는 따로 보여줄 것이
없다.
30 니느웨 사람들에게 요나의 사건이 기적이 된
것처럼 이 세대 사람들에게 사람의 아들도
기적의 표가 될 것이다.
31 심판 날이 오면 남쪽 나라의 여왕이 이 세대
사람들과 함께 일어나 그들을 단죄할 것이
다. 그는 솔로몬의 지혜를 배우려고 땅 끝에
서 왔던 것이다. 그러나 여기에는 솔로몬보

다 더 큰 사람이 있다.
32 심판 날이 오면 니느웨 사람들이 이 세대와
함께 일어나 이 세대를 단죄할 것이다. 그
들은 요나의 설교를 듣고 회개했던 것이다.
그러나 여기에는 요나보다 더 큰 사람이 있
다." 하고 말씀하셨다.

눈은 몸의 등불 (마태오 5:15; 6:22-23)

33◎"등불을 켜서 숨겨두거나 됫박으로 덮어
두는 사람은 없다. 누구나 등경 위에 얹어
둔다. 그래야 방안에 들어오는 사람들이 그
빛을 볼 수 있지 않겠느냐?
34 몸의 등불은 눈이다. 네 눈이 성하면 온몸
이 밝을 것이며 네 눈이 병들었으면 온몸이
어두울 것이다.
35 그러니 네 안에 있는 빛이 어둠이 아닌지 잘
살펴보아라.
36 너의 온몸이 어두운 데가 하나 없이 빛으로
가득 차 있다면 마치 등불이 그 빛을 너에게
비출 때와 같이 너의 온몸이 밝을 것이다."

책망받은 바리사이파 사람들과 율법학자들 (마태오 23:1-36; 마르코 12:38-40; 루가 20:45-47)

37◎예수께서는 말씀을 마치시고 어느 바리사
이파 사람의 저녁 초대를 받아 그 집에 들어
가 식탁에 앉으셨다.
38 그런데 예수께서 손씻는 의식을 치르지 않
고 음식을 잡수시는 것을 보고 그 바리사이
파 사람은 깜짝 놀랐다.
39 그래서 주께서 이렇게 말씀하셨다. "너희
바리사이파 사람들은 잔과 접시의 겉은 깨
끗이 닦아놓지만 속에는 착취와 사악이 가
득 차 있다.
40 이 어리석은 사람들아, 겉을 만드신 분이
속도 만드신 것을 모르느냐?
41 그릇 속에 담긴 것을 가난한 사람들에게
주어라. 그러면 모든 것이 다 깨끗해질 것
이다.
42 너희 바리사이파 사람들은 화를 입을 것이
다. 너희가 박하와 운향과 그 밖의 모든 채
소는 십분의 일을 바치면서 정의를 행하는
일과 하느님을 사랑하는 일은 대수롭지 않
게 여기는구나. 십분의 일을 바치는 일도
소홀히 해서는 안 되지만 이것도 실천해야
하지 않겠느냐?
43 너희 바리사이파 사람들은 화를 입을 것이
다. 너희는 회당에서는 높은 자리를 즐겨
찾고 장터에서는 인사받기를 좋아한다.
44 너희는 화를 입을 것이다. 너희는 드러나지
않는 무덤과 같다. 사람들은 무덤인 줄도
모르고 그 위를 밟고 지나다닌다."
45◎이 때 율법교사 한 사람이 나서서 "선생
님, 그런 말씀은 저희에게도 모욕이 됩니
다." 하고 투덜거렸다.
46 그러자 예수께서는 "너희 율법교사들도 화
를 입을 것이다. 너희는 견디기 어려운 짐
을 남에게 지워놓고 자기는 그 짐에 손가락
하나 대지 않는다.
47 너희는 화를 입을 것이다. 너희는 너희의
조상들이 죽인 예언자들의 무덤을 꾸미고
있다.
48 그렇게 해서 너희는 너희 조상들의 소행에
대한 증인이 되었고 또 그 소행을 두둔하고
있다. 너희 조상들은 예언자들을 죽였고 너
희는 그 무덤을 꾸미고 있으니 말이다.
49 그래서 하느님의 지혜가 '내가 그들에게 예
언자들과 사도들을 보낼 터인데 그들은 더
러는 죽이고 더러는 박해할 것이다.' 하고
말씀하셨던 것이다.
50 그러므로 이 세대는 창세 이래 모든 예언자
가 흘린 피에 대한 책임을 져야 할 것이다.
51 잘 들어라. 아벨의 피를 비롯하여 제단과 성
소 사이에서 살해된 즈가리야의 피에 이르
기까지 그 일에 대한 책임을 이 세대가 져야
할 것이다.
52 너희 율법교사들은 화를 입을 것이다. 너희
는 지식의 열쇠를 치워버렸고 자기도 들어
가지 않으면서 들어가려는 사람마저 들어
가지 못하게 하였다."
53◎예수께서 그 집을 나오셨을 때 율법학자
들과 바리사이파 사람들은 앙심을 품고 여
러 가지 질문을 던져
54 예수의 대답에서 트집을 잡으려고 노리고
있었다.

위선에 대한 경고 (마태오 10:26-27)

12 ◎그러는 동안 사람들이 수없이 몰려
들어 서로 짓밟힐 지경이 되었다. 이
때 예수께서는 먼저 제자들에게 "바리사이
파 사람들의 누룩을 조심하여라. 그들의 위
선을 조심해야 한다." 하고 말씀하셨다.
2◎"감추어진 것은 드러나게 마련이고 비밀
은 알려지게 마련이다.
3 그러므로 너희가 어두운 곳에서 말한 것은
모두 밝은 데서 들릴 것이며 골방에서 귀
에 대고 속삭인 것은 지붕 위에서 선포될
것이다."

두려워해야 할 분 (마태오 10:28-31)

4◎"나의 친구들아, 잘 들어라. 육신은 죽여
도 그 이상은 더 어떻게 하지 못하는 자들을
두려워하지 마라.
5 너희가 두려워해야 할 분이 누구인가를 알
려주겠다. 그분은 육신을 죽인 뒤에 지옥에
떨어뜨릴 권한까지 가지신 하느님이다. 그
렇다. 이분이야말로 참으로 두려워해야 할
분이다.
6 참새 다섯 마리가 단돈 두 푼에 팔리지 않느
냐? 그런데 그런 참새 한 마리까지도 하느
님께서는 잊지 않고 계신다.
7 더구나 하느님께서는 너희의 머리카락까지
도 낱낱이 다 세어두셨다. 그러므로 두려워
하지 마라. 너희는 그 흔한 참새보다 훨씬
더 귀하지 않느냐?"

나를 안다고 증언하면
(마태오 10:32-33; 12:32; 10:19-20)

8◎"잘 들어라. 누구든지 사람들 앞에서 나
를 안다고 증언하면 사람의 아들도 하느님의
천사들 앞에서 그를 안다고 증언하겠다.
9 그러나 누구든지 사람들 앞에서 나를 모른
다고 하면 사람의 아들도 하느님의 천사들
앞에서 그를 모른다고 할 것이다.
10 사람의 아들을 거역하여 말하는 사람은 용서
를 받을 수 있어도 성령을 모독하는 사람은
용서를 받지 못한다.
11 너희는 회당이나 관리나 권력자들 앞에 끌
려갈 때에 무슨 말로 어떻게 항변할까 걱정
하지 마라.
12 성령께서 너희가 해야 할 말을 바로 그 자리
에서 일러주실 것이다."

어리석은 부자의 비유

13◎군중 속에서 어떤 사람이 예수께 "선생님,
제 형더러 저에게 아버지의 유산을 나누어
주라고 일러주십시오." 하고 부탁하자
14 예수께서는 "누가 나를 너희의 재판관이나
재산 분배자로 세웠단 말이냐?" 하고 대답
하셨다.
15 그리고 사람들에게 "어떤 탐욕에도 빠져들
지 않도록 조심하여라. 사람이 제아무리 부
요하다 하더라도 그의 재산이 생명을 보장
해 주지는 못한다." 하시고는
16 비유를 들어 이렇게 말씀하셨다. "어떤 부
자가 밭에서 많은 소출을 얻게 되어
17 '이 곡식을 쌓아둘 곳이 없으니 어떻게 할
까?' 하며 혼자 궁리하다가
18 '옳지! 좋은 수가 있다. 내 창고를 헐고 더
큰 것을 지어 거기에다 내 모든 곡식과 재산
을 넣어두어야지.
19 그리고 내 영혼에게 말하리라. 영혼아, 많
은 재산을 쌓아두었으니 너는 이제 몇 년 동
안 걱정할 것 없다. 그러니 실컷 쉬고 먹고
마시며 즐겨라.' 하고 말했다.
20 그러나 하느님께서는 '이 어리석은 자야,
바로 오늘 밤 네 영혼이 너에게서 떠나가리
라. 그러니 네가 쌓아둔 것은 누구의 차지
가 되겠느냐?' 하셨다.
21 이렇게 자기를 위해서는 재산을 모으면서
도 하느님께 인색한 사람은 바로 이와 같이
될 것이다."

먼저 하느님의 나라를 찾아라 (마태오 6:25-34)

22◎예수께서는 제자들에게 이렇게 말씀하셨
다. "그러니 잘 들어라. 너희는 무엇을 먹고
살아갈까, 또 몸에다 무엇을 걸칠까 하고
걱정하지 마라.
23 목숨이 음식보다 더 귀하고 몸이 옷보다 더
귀하지 않으냐?
24 저 까마귀들을 생각해 보아라. 그것들은 씨
도 뿌리지 않고 거두어들이지도 않는다. 그
리고 곳간도 창고도 없다. 그러나 하느님께
서는 그들을 먹여주신다. 너희는 저 날짐승
들보다 훨씬 더 귀하지 않으냐?
25 도대체 너희 중에 누가 걱정한다고 목숨을
한 시간인들 더 늘일 수 있겠느냐?
26 이렇게 하찮은 일에도 힘이 미치지 못하면
서 왜 다른 일들까지 걱정하느냐?
27 저 꽃들이 어떻게 자라는가 생각해 보아라.
그것들은 수고도 아니하고 길쌈도 하지 않
는다. 그러나 온갖 영화를 누린 솔로몬도 결
코 이 꽃 한 송이만큼 화려하게 차려 입지는
못하였다.
28 너희는 왜 그렇게도 믿음이 적으냐? 오늘
피었다가 내일이면 아궁이에 던져질 들꽃
도 하느님께서 이처럼 입히시거든 하물며
너희에게야 얼마나 더 잘 입혀주시겠느냐?
29 그러니 무엇을 먹을까 무엇을 마실까 하고
염려하며 애쓰지 마라.
30 그런 것들은 다 이 세상 사람들이 찾는 것이
다. 너희의 아버지께서는 이 모든 것이 너
희에게 있어야 할 것을 잘 알고 계신다.
31 너희는 먼저 하느님의 나라를 찾아라. 그러
면 이 모든 것도 곁들여 받게 될 것이다.
32 내 어린 양떼들아, 조금도 무서워하지 마
라. 너희 아버지께서는 하늘 나라를 너희에

게 기꺼이 주시기로 하셨다."

재물을 하늘에 쌓아라 (마태오 6:19-21)

33 ◎"너희는 있는 것을 팔아 가난한 사람들에
게 주어라. 해어지지 않는 돈지갑을 만들고
축나지 않는 재물 창고를 하늘에 마련하여
라. 거기에는 도둑이 들거나 좀먹는 일이
없다.
34 너희의 재물이 있는 곳에 너희의 마음도
있다."

항상 준비하고 있어라 ; 충성스런 종과 불충한 종 (마태오 24:45-51)

35 ◎"너희는 허리에 띠를 띠고 등불을 켜놓고
준비하고 있어라.
36 마치 혼인 잔치에서 돌아오는 주인이 문을
두드리면 곧 열어주려고 기다리고 있는 사
람들처럼 되어라.
37 주인이 돌아왔을 때 깨어 있다가 주인을 맞
이하는 종들은 행복하다. 그 주인은 띠를
띠고 그들을 식탁에 앉히고 곁에 와서 시중
을 들어줄 것이다.
38 주인이 밤중에 오든 새벽녘에 오든 준비하
고 있다가 주인을 맞이하는 종들은 얼마나
행복하겠느냐?
39 생각해 보아라. 도둑이 언제 올지 집주인이
알고 있었다면 자기 집을 뚫고 들어오지 못
하게 하였을 것이다.
40 사람의 아들도 너희가 생각지도 않은 때에
올 것이니 항상 준비하고 있어라."
41 ◎이 말씀을 듣고 베드로가 "주님, 지금 이
비유는 저희에게만 말씀하신 것입니까? 저
사람들도 모두 들으라고 하신 것입니까?"
하고 묻자
42 주께서 이렇게 대답하셨다. "어떤 주인이
한 관리인에게 다른 종들을 다스리며 제때
에 양식을 공급할 책임을 맡기고 떠났다면
어떻게 하는 사람이 과연 충성스럽고 슬기
로운 관리인이겠느냐?
43 주인이 돌아올 때 자기 책임을 다하고 있다
가 주인을 맞이하는 종이 아니겠느냐? 그
종은 행복하다.
44 틀림없이 주인은 그에게 모든 재산을 맡길
것이다.
45 그러나 만일 그 종이 속으로 주인이 더디 오
려니 하고 제가 맡은 남녀 종들을 때려가며
먹고 마시고 술에 취하여 세월을 보낸다면
46 생각지도 않은 날 짐작도 못한 시간에 주인
이 돌아와서 그 종을 동강내고 불충한 자들
이 벌받는 곳으로 처넣을 것이다.
47 자기 주인의 뜻을 알고도 아무런 준비를 하
지 않았거나 주인의 뜻대로 하지 않은 종은
매를 많이 맞을 것이다.
48 그러나 주인의 뜻을 몰랐다면 매맞을 만한
짓을 하였어도 덜 맞을 것이다. 많이 받은
사람은 많은 것을 돌려주어야 하며 많이 맡
은 사람은 더 많은 것을 내어놓아야 한다."

불을 지르러 왔다 (마태오 10:34-36)

49 ◎"나는 이 세상에 불을 지르러 왔다. 이 불
이 이미 타올랐다면 얼마나 좋았겠느냐?
50 내가 받아야 할 세례가 있다. 이 일을 다 겪
어낼 때까지는 내 마음이 얼마나 괴로울지
모른다.
51 내가 이 세상을 평화롭게 하려고 온 줄로
아느냐? 아니다. 사실은 분열을 일으키러
왔다.
52 한 가정에 다섯 식구가 있다면 이제부터는
세 사람이 두 사람을 반대하고 두 사람이 세
사람을 반대하여 갈라지게 될 것이다.
53 ㉠아버지가 아들을 반대하고 아들이 아버지
를 반대할 것이며 어머니가 딸을 반대하고
딸이 어머니를 반대할 것이며 시어머니가
며느리를 반대하고 며느리가 시어머니를
반대하여 갈라질 것이다."

이 시대의 뜻을 알아보라 (마태오 16:2-3)

54 ◎예수께서는 군중에게도 이렇게 말씀하셨
다. "너희는 구름이 서쪽에서 이는 것을 보
면 곧 '비가 오겠다.' 고 말한다. 과연 그렇
다.
55 또 바람이 남쪽에서 불어오면 '날씨가 몹시
덥겠다.' 고 말한다. 과연 그렇다.
56 이 위선자들아, 너희는 하늘과 땅의 징조
는 알면서도 이 시대의 뜻은 왜 알지 못하
느냐?"

원만한 해결 (마태오 5:25-26)

57 ◎"너희는 무엇이 옳은 일인지 왜 스스로
판단하지 못하느냐?
58 너를 고소하는 사람이 있거든 그와 함께 법
정으로 가는 길에서 화해하도록 힘써라. 그
렇지 않으면 그가 너를 재판관에게 끌고 갈
것이며 재판관은 너를 형리에게 넘겨주고
형리는 너를 감옥에 가둘 것이다.
59 잘 들어라. 너는 마지막 한푼까지 다 갚기

㉠ 미가 7:6.

전에는 결코 거기에서 풀려나오지 못할 것
이다."

회개하지 않으면 멸망한다

13 ◎바로 그 때 어떤 사람들이 예수께 와
서 빌라도가 희생물을 드리던 갈릴래아
사람들을 학살하여 그 흘린 피가 제물에 물
들었다는 이야기를 일러드렸다.
2 예수께서 이 말을 들으시고 그들에게 말씀
하셨다. "그 갈릴래아 사람들이 다른 모든
갈릴래아 사람보다 더 죄가 많아서 그런 변
을 당한 줄 아느냐?
3 아니다. 잘 들어라. 너희도 회개하지 않으
면 모두 그렇게 망할 것이다.
4 또 실로암 탑이 무너질 때 깔려 죽은 열여덟
사람은 예루살렘에 사는 다른 모든 사람보
다 더 죄가 많은 사람들인 줄 아느냐?
5 아니다. 잘 들어라. 너희도 회개하지 않으
면 모두 그렇게 망할 것이다."

열매 맺지 못하는 무화과나무

6 ◎예수께서 그들에게 다음과 같은 비유를
들어 말씀하셨다. "어떤 사람이 포도원에
무화과나무 한 그루를 심어놓았다. 그 나무
에 열매가 열렸나 하고 가보았지만 열매가
하나도 없었다.
7 그래서 포도원지기에게 '내가 이 무화과나
무에서 열매를 따볼까 하고 벌써 삼 년째나
여기 왔으나 열매가 달린 것을 한 번도 본
적이 없으니 아예 잘라버려라. 쓸데없이 땅
만 썩일 필요가 어디 있겠느냐?' 하였다.
그러자
8 포도원지기는 '주인님, 이 나무를 금년 한
해만 더 그냥 두십시오. 그 동안에 제가 그
둘레를 파고 거름을 주겠습니다.
9 그렇게 하면 다음 철에 열매를 맺을지도 모
릅니다. 만일 그 때 가서도 열매를 맺지 못
하면 베어버리십시오.' 하고 대답하였다."

안식일에 병을 고치신 예수

10 ◎예수께서 안식일에 어떤 회당에서 가르치
고 계셨는데
11 마침 거기에 열여덟 해 동안이나 병마에 사
로잡혀 허리가 굽어져서 몸을 제대로 펴지
못하는 여자가 하나 있었다.
12 예수께서는 그 여자를 보시고 가까이 불러
"여인아, 네 병이 이미 너에게서 떨어졌
다." 하시고
13 그 여자에게 손을 얹어주셨다. 그러자 그
여자는 즉시 허리를 펴고 하느님을 찬양하
였다.
14 그런데 회당장은 예수께서 안식일에 병을
고치시는 것을 보고 분개하여 모였던 사람
들에게 "일할 날이 일주일에 엿새나 있습니
다. 그러니 그 엿새 동안에 와서 병을 고쳐
달라 하시오. 안식일에는 안 됩니다." 하고
말하였다.
15 주께서 이 말을 들으시고 "이 위선자들아,
너희 가운데 누가 안식일이라 하여 자기 소
나 나귀를 외양간에서 풀어내어 물을 먹이
지 않느냐?
16 이 여자도 아브라함의 자손인데 열여덟 해
동안이나 사탄에게 매여 있었다. 그런데 안
식일이라 하여 이 여자를 사탄의 사슬에서
풀어주지 말아야 한단 말이냐?" 하셨다.
17 이 말씀에 예수를 반대하던 자들은 모두 망
신을 당하였으나 군중은 예수께서 행하시는
온갖 훌륭한 일을 보고 모두 기뻐하였다.

겨자씨의 비유 (마태오 13:31-32; 마르코 4:30-32)

18 ◎예수께서 또 말씀하셨다. "하느님의 나라
는 무엇과 같으며 또 무엇에 비길 수 있을
까?
19 어떤 사람이 겨자씨 한 알을 밭에 뿌렸다.
겨자씨는 싹이 돋고 자라서 큰 나무가 되어
공중의 새들이 그 가지에 깃들였다. 하느님
의 나라는 이 겨자씨와 같다."

누룩의 비유 (마태오 13:33)

20 ◎예수께서 또 말씀하셨다. "하느님의 나라
를 무엇에 비길 수 있을까?
21 어떤 여자가 누룩을 밀가루 서 말 속에 집어
넣었더니 마침내 온 덩이가 부풀어올랐다.
하느님의 나라는 이런 누룩과 같다."

구원에 이르는 좁은 문 (마태오 7:13-14, 21-23)

22 ◎예수께서 예루살렘으로 가시는 길에 여러
동네와 마을에 들러서 가르치셨다.
23 그런데 어떤 사람이 "선생님, 구원받을 사
람은 얼마 안 되겠지요?" 하고 물었다. 예
수께서 사람들에게 이렇게 대답하셨다.
24 "사실 많은 사람들이 구원의 문으로 들어가
려고 하겠지만 들어가지 못할 것이다. 그러
니 좁은 문으로 들어가도록 있는 힘을 다하
여라.
25 집주인이 일어나서 문을 닫아버린 뒤에는
너희가 밖에 서서 문을 두드리며 '주인님,
문을 열어주십시오.' 하고 아무리 졸라도

주인은 '너희가 어디서 온 사람들인지 나는
모른다.' 할 것이다.
26그래서 너희가 '저희가 먹고 마실 때에 주
인님도 같이 계시지 않았습니까? 그리고
우리 동네에서 가르치시지 않았습니까?'
해도
27주인은 '너희가 어디서 온 사람들인지 나는
모른다. ㉠악을 일삼는 자들아, 모두 물러
가라.' 하고 대답할 것이다.
28아브라함과 이사악과 야곱과 모든 예언자들
은 다 하느님 나라에 있는데 너희만 밖에 쫓
겨나 있는 것을 보게 되면 거기서 가슴을 치
며 통곡할 것이다.
29그러나 사방에서 많은 사람들이 모여들어
하느님 나라의 잔치에 참석할 것이다.
30지금은 꼴찌지만 첫째가 되고 지금은 첫째
지만 꼴찌가 될 사람들이 있을 것이다."

여우 같은 헤로데

31◎바로 그 때에 몇몇 바리사이파 사람들이
예수께 가까이 와서 "어서 이 곳을 떠나시
오. 헤로데가 당신을 죽이려고 합니다." 하
고 말하자
32예수께서는 "그 여우에게 가서 '오늘과 내
일은 내가 마귀를 쫓아내며 병을 고쳐주고
사흘째 되는 날이면 내 일을 마친다.' 하고
전하여라.
33오늘도 내일도 그 다음날도 계속해서 내 길
을 가야 한다. 예언자가 예루살렘 아닌 다른
곳에서야 죽을 수 있겠느냐?" 하고 말씀하
셨다.

예루살렘아! 예루살렘아! (마태오 23:37-39)

34◎"예루살렘아! 예루살렘아! 너는 예언자들
을 죽이고 하느님께서 보내신 사람들을 돌
로 치는구나! 암탉이 병아리를 날개 아래
모으듯이 내가 몇 번이나 네 자녀들을 모으
려 했던가! 그러나 너는 응하지 않았다.
35㉡너희 성전은 하느님께 버림을 받을 것이
다. '㉢주의 이름으로 오시는 이여, 찬미받
으소서!' 하고 너희가 말할 날이 올 때까지
너희는 정녕 나를 다시 보지 못하리라."

수종병자를 고치신 예수

14 ◎어느 안식일에 예수께서 바리사이파
의 한 지도자 집에 들어가 음식을 잡수
시게 되었는데 사람들이 예수를 지켜보고
있었다.
2그 때 마침 예수 앞에는 수종병자 한 사람이
있었다.
3예수께서는 율법교사들과 바리사이파 사람
들을 향하여 "안식일에 병을 고쳐주는 일이
법에 어긋나느냐? 어긋나지 않느냐?" 하
고 물으셨다.
4그들은 입을 다문 채 아무 말도 하지 않았
다. 그래서 예수께서는 병자의 손을 붙잡으
시고 고쳐서 돌려보내신 다음
5그들에게 다시 물으셨다. "너희는 자기 아
들이나 소가 우물에 빠졌다면 안식일이라
고 하여 당장 구해 내지 않고 내버려두겠느
냐?"
6그들은 이 말씀에 아무 대답도 못하였다.

낮은 자리에 앉아라

7◎그리고 예수께서는 손님들이 저마다 윗자
리를 차지하려는 것을 보시고 그들에게 비
유 하나를 들어 말씀하셨다.
8"누가 혼인 잔치에 초대하거든 윗자리에 가
서 앉지 마라. 혹시 너보다 더 높은 사람이
또 초대를 받았을 경우
9너와 그 사람을 초대한 주인이 와서 너에게
'이분에게 자리를 내어드리게.' 할지도 모
른다. 그렇게 되면 무안하게도 맨 끝자리로
내려 앉아야 할 것이다.
10너는 초대를 받거든 오히려 맨 끝자리에 가
서 앉아라. 그러면 너를 초대한 사람이 와
서 '여보게, 저 윗자리로 올라 앉게.' 하고
말할 것이다. 그러면 다른 모든 손님들의
눈에 너는 영예롭게 보일 것이다.
11누구든지 자기를 높이는 사람은 낮아지고
자기를 낮추는 사람은 높아질 것이다."

청해야 할 손님 (마태오 22:1-10)

12◎예수께서 당신을 초대한 사람에게 말씀하
셨다. "너는 점심이나 저녁을 차려놓고 사
람들을 초대할 때에 친구나 형제나 친척이
나 잘사는 이웃 사람들을 부르지 마라. 그
렇게 하면 너도 그들의 초대를 받아서 네가
베풀어준 것을 도로 받게 될 것이다.
13그러므로 너는 잔치를 베풀 때에 오히려 가
난한 사람, 불구자, 절름발이, 소경 같은 사
람들을 불러라.
14그러면 너는 행복하다. 그들은 갚지 못할
터이지만 의인들이 부활할 때에 하느님께
서 대신 갚아주실 것이다."
15◎같이 앉았던 사람 중의 한 사람이 이 말씀

㉠ 시편 6:8. ㉡ 예레 22:5. ㉢ 시편 118:26.

을 듣고 "하느님 나라에서 잔치 자리에 앉
을 사람은 참으로 행복하겠습니다." 하고
말하자
16예수께서 이렇게 말씀하셨다. "어떤 사람이
큰 잔치를 준비하고 많은 사람들을 초대하
였다.
17잔치 시간이 되자 초대받은 사람들에게 자
기 종을 보내어 준비가 다 되었으니 어서 오
라고 전하였다.
18그러나 초대받은 사람들은 한결같이 못 간
다는 핑계를 대었다. 첫째 사람은 '내가 밭
을 샀으니 거기 가봐야 하겠소. 미안하오.'
하였고
19둘째 사람은 '나는 겨릿소 다섯 쌍을 샀는
데 그것들을 부려보러 가는 길이오. 미안하
오.' 하였으며
20또 한 사람은 '내가 지금 막 장가들었는데
어떻게 갈 수가 있겠소?' 하고 말하였다.
21심부름 갔던 종이 돌아와서 주인에게 그대
로 전하였다. 집주인은 대단히 노하여 그
종더러 '어서 동네로 가서 한길과 골목을
다니며 가난한 사람, 불구자, 소경, 절름발
이들을 이리로 데려오너라.' 하고 명령하
였다.
22얼마 뒤에 종이 돌아와서 '주인님, 분부하
신 대로 다 했습니다. 그러나 아직도 자리
가 남았습니다.' 하고 말하니
23주인은 다시 종에게 이렇게 일렀다. '그러
면 어서 나가서 길거리나 울타리 곁에 서 있
는 사람들을 억지로라도 데려다가 내 집을
채우도록 하여라.
24잘 들어라. 처음에 초대받았던 사람들 중에
는 내 잔치에 참여할 사람이 하나도 없을 것
이다.'"

예수의 제자가 되려면
(마태오 10:37-38; 16:24; 마르코 8:34)

25◎예수께서 동행하던 군중을 향하여 돌아서
서 말씀하셨다.
26"누구든지 나에게 올 때 자기 부모나 처자
나 형제 자매나 심지어 자기 자신마저 미워
하지 않으면 내 제자가 될 수 없다.
27그리고 누구든지 자기 십자가를 지고 나를
따라오지 않으면 내 제자가 될 수 없다."
28◎"너희 가운데 누가 망대를 지으려 한다면
그는 먼저 앉아서 그것을 완성하는 데 드는
비용을 따져 과연 그만한 돈이 자기에게 있
는지 곰곰이 생각해 보지 않겠느냐?
29기초를 놓고도 힘이 모자라 완성하지 못한
다면 보는 사람마다
30'저 사람은 집짓기를 시작해 놓고 끝내지를
못하는구나!' 하고 비웃을 것이다.
31또 어떤 임금이 다른 임금과 싸우러 나갈 때
이만 명을 거느리고 오는 적을 만 명으로 당
해 낼 수 있을지 먼저 앉아서 생각해 보지
않겠느냐?
32만일 당해 낼 수 없다면 적이 아직 멀리 있
을 때에 사신을 보내어 화평을 청할 것이다.
33너희 가운데 누구든지 나의 제자가 되려면
자기가 가지고 있는 것을 모두 버려야 한
다."

맛 잃은 소금 (마태오 5:13; 마르코 9:50)

34◎"소금은 좋은 물건이다. 그러나 만일 소
금이 짠맛을 잃으면 무엇으로 다시 짜게 하
겠느냐?
35땅에도 소용없고 거름으로도 쓸 수 없어 내
버릴 수밖에 없다. 들을 귀가 있는 사람은
알아들어라."

잃었던 양 한 마리 (마태오 18:12-14)

15 ◎세리들과 죄인들이 모두 예수의 말씀
을 들으려고 모여들었다.
2이것을 본 바리사이파 사람들과 율법학자들
은 "저 사람은 죄인들을 환영하고 그들과
함께 음식까지 나누고 있구나!" 하며 못마
땅해 하였다.
3그래서 예수께서는 그들에게 비유로 말씀하
셨다.
4"너희 가운데 누가 양 백 마리를 가지고 있
었는데 그 중에서 한 마리를 잃었다면 어
떻게 하겠느냐? 아흔아홉 마리는 들판에
그대로 둔 채 잃은 양을 찾아 헤매지 않겠
느냐?
5그러다가 찾게 되면 기뻐서 양을 어깨에
메고
6집으로 돌아와 친구들과 이웃을 불러모으
고 '자, 같이 기뻐해 주십시오. 잃었던 양
을 찾았습니다.' 하며 좋아할 것이다.
7잘 들어두어라. 이와 같이 회개할 것 없는
의인 아흔아홉보다 죄인 한 사람이 회개하
는 것을 하늘에서는 더 기뻐할 것이다."

잃었던 은전

8◎"또 어떤 여자에게 은전 열 닢이 있었는
데 그 중 한 닢을 잃었다면 어떻게 하겠느
냐? 그 여자는 등불을 켜고 집 안을 온통
쓸며 그 돈을 찾기까지 샅샅이 다 뒤져볼

것이다.
9 그러다가 돈을 찾게 되면 자기 친구들과 이
웃을 불러모으고 '자, 같이 기뻐해 주십시
오. 잃었던 은전을 찾았습니다.' 하고 말할
것이다.
10 잘 들어두어라. 이와 같이 죄인 하나가 회
개하면 하느님의 천사들이 기뻐할 것이다."

잃었던 아들

11 ◎예수께서 또 말씀하셨다. "어떤 사람이
두 아들을 두었는데
12 작은 아들이 아버지에게 제 몫으로 돌아올
재산을 달라고 청하였다. 그래서 아버지는
재산을 갈라 두 아들에게 나누어주었다.
13 며칠 뒤에 작은 아들은 자기 재산을 다 거두
어가지고 먼 고장으로 떠나갔다. 거기서 재
산을 마구 뿌리며 방탕한 생활을 하였다.
14 그러다가 돈이 떨어졌는데 마침 그 고장에
심한 흉년까지 들어서 그는 알거지가 되고
말았다.
15 하는 수 없이 그는 그 고장에 사는 어떤 사
람의 집에 가서 더부살이를 하게 되었는데
주인은 그를 농장으로 보내어 돼지를 치게
하였다.
16 그는 하도 배가 고파서 돼지가 먹는 쥐엄나
무 열매로라도 배를 채워보려고 했으나 그
에게 먹을 것을 주는 이는 아무도 없었다.
17 그제야 제정신이 든 그는 이렇게 중얼거렸
다. '아버지 집에는 양식이 많아서 그 많은
일꾼들이 먹고도 남는데 나는 여기서 굶어
죽게 되었구나!
18 어서 아버지께 돌아가, 아버지, 제가 하늘
과 아버지께 죄를 지었습니다.
19 이제 저는 감히 아버지의 아들이라고 할 자
격이 없으니 저를 품꾼으로라도 써주십시
오 하고 사정해 보리라.'
20 마침내 그는 거기를 떠나 자기 아버지 집으
로 발길을 돌렸다. 집으로 돌아오는 아들을
멀리서 본 아버지는 측은한 생각이 들어 달
려가 아들의 목을 끌어안고 입을 맞추었다.
21 그러자 아들은 '아버지, 저는 하늘과 아버
지께 죄를 지었습니다. 이제 저는 감히 아
버지의 아들이라고 할 자격이 없습니다.'
하고 말하였다.
22 그렇지만 아버지는 하인들을 불러 '어서 제
일 좋은 옷을 꺼내어 입히고 가락지를 끼우
고 신을 신겨주어라.
23 그리고 살진 송아지를 끌어내다 잡아라. 먹
고 즐기자!
24 죽었던 내 아들이 다시 살아왔다. 잃었던
아들을 다시 찾았다.' 하고 말했다. 그래서
성대한 잔치가 벌어졌다.
25 ◎밭에 나가 있던 큰아들이 돌아오다가 집
가까이에서 음악 소리와 춤추며 떠드는 소
리를 듣고
26 하인 하나를 불러 어떻게 된 일이냐고 물
었다.
27 하인이 '아우님이 돌아왔습니다. 그분이 무
사히 돌아오셨다고 주인께서 살진 송아지
를 잡게 하셨습니다.' 하고 대답하였다.
28 큰아들은 화가 나서 집에 들어가려 하지 않
았다. 그래서 아버지가 나와서 달랬으나
29 그는 아버지에게 '아버지, 저는 이렇게 여
러 해 동안 아버지를 위해서 종이나 다름없
이 일을 하며 아버지의 명령을 어긴 일이 한
번도 없었습니다. 그런데도 저에게는 친구
들과 즐기라고 염소 새끼 한 마리 주지 않으
시더니
30 창녀들한테 빠져서 아버지의 재산을 다 날
려버린 동생이 돌아오니까 그 아이를 위해
서는 살진 송아지까지 잡아주시다니요!'
하고 투덜거렸다.
31 이 말을 듣고 아버지는 '얘야, 너는 늘 나와
함께 있고 내 것이 모두 네 것이 아니냐?
32 그런데 네 동생은 죽었다가 다시 살아왔으
니 잃었던 사람을 되찾은 셈이다. 그러니
이 기쁜 날을 어떻게 즐기지 않겠느냐?' 하
고 말하였다."

약은 청지기

16 ◎예수께서 제자들에게 또 말씀하셨다.
"어떤 부자가 청지기 한 사람을 두었
는데 자기 재산을 그 청지기가 낭비한다는
말을 듣고
2 청지기를 불러다가 말했다. '자네 소문을
들었는데 그게 무슨 짓인가? 이제는 자네
를 내 청지기로 둘 수 없으니 자네가 맡은
일을 다 청산하게.'
3 청지기는 속으로 생각했다. '주인이 내 청
지기 직분을 빼앗으려 하니 어떻게 하면 좋
을까? 땅을 파자니 힘이 없고 빌어먹자니
창피한 노릇이구나.
4 옳지, 좋은 수가 있다. 내가 청지기 자리에
서 물러날 때 나를 자기 집에 맞아줄 사람들
을 미리 만들어놓아야겠다.'
5 그래서 그는 자기 주인에게 빚진 사람들
을 하나씩 불러다가 첫째 사람에게 '당신
이 우리 주인에게 진 빚이 얼마요?' 하고

물었다.
6 '기름 백 말이오.' 하고 대답하자 청지기
는 '당신의 문서가 여기 있으니 어서 앉아
서 오십 말이라고 적으시오.' 하고 일러주
었다.
7 또 다른 사람에게 '당신이 진 빚은 얼마
요?' 하고 물었다. 그 사람이 '밀 백 섬이
오.' 하고 대답하자 청지기는 '당신의 문서
가 여기 있으니 팔십 섬이라고 적으시오.'
하고 일러주었다.
8 그 정직하지 못한 청지기가 일을 약삭빠르
게 처리하였기 때문에 주인은 오히려 그를
칭찬하였다. 세속의 자녀들이 자기네들끼
리 거래하는 데는 빛의 자녀들보다 더 약
다."
9 ◎예수께서 말씀을 계속하셨다. "그러니 잘
들어라. 세속의 재물로라도 친구를 사귀어
라. 그러면 재물이 없어질 때에 너희는 영
접을 받으며 영원한 집으로 들어갈 것이다.
10 지극히 작은 일에 충실한 사람은 큰 일에도
충실하며 지극히 작은 일에 부정직한 사람
은 큰 일에도 부정직할 것이다.
11 만약 너희가 세속의 재물을 다루는 데도 충
실하지 못하다면 누가 참된 재물을 너희에
게 맡기겠느냐?
12 또 너희가 남의 것에 충실하지 못하다면 누
가 너희의 몫을 내어주겠느냐?"
13 ◎"한 종이 두 주인을 섬길 수는 없다. 한
편을 미워하고 다른 편을 사랑하거나 또는
한 편을 존중하고 다른 편을 업신여기게 마
련이다. 하느님과 재물을 함께 섬길 수는
없다."
14 ◎돈을 좋아하는 바리사이파 사람들이 이 모
든 말씀을 듣고 예수를 비웃었다.
15 그래서 예수께서는 그들에게 "너희는 사람
들 앞에서 옳은 체한다. 그러나 하느님께서
는 너희의 마음보를 다 아신다. 사실 사람
들에게 떠받들리는 것이 하느님께는 가증
스럽게 보이는 것이다." 하고 말씀하셨다.

율법과 하느님 나라 (마태오 5:17-20; 11:12-13)

16 ◎"요한 때까지는 율법과 예언자의 시대였
다. 그 이후로는 하느님 나라의 복음이 선
포되고 있는데 누구나 그 나라에 들어가려
고 애쓰고 있다."
17 ◎"하늘과 땅은 사라져도 율법은 한 획도
없어지지 않을 것이다."

간음의 행위 (마태오 5:32; 마르코 10:11-12)

18 ◎"아내를 버리고 다른 여자와 결혼하는 사
람은 간음을 행하는 것이며 버림받은 여자
와 결혼하는 사람도 간음을 행하는 것이
다."

부자와 라자로

19 ◎"예전에 부자 한 사람이 있었는데 그는
화사하고 값진 옷을 입고 날마다 즐겁고 호
화로운 생활을 하였다.
20 그 집 대문간에는 사람들이 들어다 놓은
라자로라는 거지가 종기 투성이의 몸으로
앉아
21 그 부자의 식탁에서 떨어지는 부스러기로
주린 배를 채우려고 했다. 더구나 개들까지
몰려와서 그의 종기를 핥았다.
22 얼마 뒤에 그 거지는 죽어서 천사들의 인도
를 받아 아브라함의 품에 안기게 되었고 부
자는 죽어서 땅에 묻히게 되었다.
23 부자가 죽음의 세계에서 고통을 받다가 눈
을 들어보니 멀리 떨어진 곳에서 아브라함
이 라자로를 품에 안고 있었다.
24 그래서 그는 소리를 질러 '아브라함 할아버
지, 저를 불쌍히 보시고 라자로를 보내어 그
손가락으로 물을 찍어 제 혀를 축이게 해주
십시오. 저는 이 불꽃 속에서 심한 고통을
받고 있습니다.' 하고 애원하자
25 아브라함은 '얘야, 너는 살아 있을 동안에
온갖 복을 다 누렸지만 라자로는 불행이란
불행을 다 겪지 않았느냐? 그래서 지금 그
는 여기에서 위안을 받고 너는 거기에서 고
통을 받는 것이다.
26 또한 너희와 우리 사이에는 큰 구렁텅이가
가로놓여 있어서 여기에서 너희에게 건너
가려 해도 가지 못하고 거기에서 우리에게
건너오지도 못한다.' 하고 대답하였다.
27 그래도 부자는 또 애원하였다. '그렇다면
할아버지, 제발 소원입니다. 라자로를 제 아
버지 집으로 보내주십시오.
28 저에게는 다섯 형제가 있는데 그를 보내어
그들만이라도 이 고통스러운 곳에 오지 않
도록 경고해 주십시오.'
29 그러나 아브라함은 '네 형제들에게는 모세
와 예언자들이 있으니 그들의 말을 들으면
될 것이다.' 하고 대답하였다.
30 부자는 다시 '아브라함 할아버지, 그것만으
로는 안 됩니다. 그들은 죽었다가 다시 살
아난 사람이 찾아가야만 회개할 것입니다.'
하고 호소하였다.
31 그러자 아브라함은 '그들이 모세와 예언자

들의 말도 듣지 않는다면 어떤 사람이 죽었
다가 다시 살아난다 해도 믿지 않을 것이
다.' 하고 대답하였다."

죄의 유혹과 용서
(마태오 18:6-7, 21-22; 마르코 9:42)

17 ◎예수께서 제자들에게 이렇게 말씀하
셨다. "죄악의 유혹이 없을 수 없지만
남을 죄짓게 하는 사람은 참으로 불행하다.
2 이 보잘것없는 사람들 가운데 누구 하나라
도 죄짓게 하는 사람은 그 목에 연자 맷돌을
달고 바다에 던져져 죽는 편이 오히려 나을
것이다.
3 조심하여라. 네 형제가 잘못을 저지르거든
꾸짖고 뉘우치거든 용서해 주어라.
4 그가 너에게 하루 일곱 번이나 잘못을 저지
른다 해도 그 때마다 너에게 와서 잘못했다
고 하면 용서해 주어야 한다."

믿음의 힘

5 ◎사도들이 주님께 "저희에게 믿음을 더하
여 주십시오." 하니까
6 주님께서는 "너희에게 겨자씨 한 알만한 믿
음이라도 있다면 이 뽕나무더러 '뿌리째 뽑
혀서 바다에 그대로 심어져라.' 하더라도
그대로 될 것이다." 하고 말씀하셨다.

종의 의무

7 ◎"너희 가운데 누가 농사나 양치는 일을
하는 종을 데리고 있다고 하자. 그 종이 들
에서 돌아오면 '어서 와서 밥부터 먹어라.'
하고 말할 사람이 어디 있겠느냐?
8 오히려 '내 저녁부터 준비하여라. 그리고
내가 먹고 마실 동안 허리를 동이고 시중을
들고 나서 음식을 먹어라.' 하지 않겠느냐?
9 그 종이 명령대로 했다 해서 주인이 고마워
해야 할 이유가 어디 있겠느냐?
10 너희도 명령대로 모든 일을 다 하고 나서는
'저희는 보잘것없는 종입니다. 그저 해야
할 일을 했을 따름입니다.' 하고 말하여
라."

나병환자 열 사람

11 ◎예수께서 예루살렘으로 올라가시는 길에
사마리아와 갈릴래아 사이를 지나가시게 되
었다.
12 어떤 마을에 들어가시다가 나병환자 열 사
람을 만났다. 그들은 멀찍이 서서
13 "예수 선생님! 저희에게 자비를 베풀어주
십시오!" 하고 크게 소리쳤다.
14 예수께서는 그들을 보시고 "가서 사제들에
게 너희의 몸을 보여라." 하셨다. 그들이 사
제들에게 가는 동안에 그들의 몸이 깨끗해
졌다.
15 그들 중 한 사람은 자기 병이 나은 것을 보
고 큰소리로 하느님을 찬양하면서 예수께
돌아와
16 그 발 앞에 엎드려 감사를 드렸다. 그는 사
마리아 사람이었다.
17 이것을 보시고 예수께서는 "몸이 깨끗해진
사람은 열 사람이 아니었느냐? 그런데 아
홉은 어디 갔느냐?
18 하느님께 찬양을 드리러 돌아온 사람은 이
이방인 한 사람밖에 없단 말이냐!" 하시
면서
19 그에게 "일어나 가거라. 네 믿음이 너를 살
렸다." 하고 말씀하셨다.

사람의 아들이 오시는 날
(마태오 24:23-28, 37-41)

20 ◎하느님 나라가 언제 오겠느냐는 바리사이
파 사람들의 질문을 받으시고 예수께서는
이렇게 대답하셨다. "하느님 나라가 오는
것을 눈으로 볼 수는 없다.
21 또 '보아라, 여기 있다.' 혹은 '저기 있다.'
고 말할 수도 없다. 하느님 나라는 바로 너
희 가운데 있다."
22 ◎그리고 나서 제자들에게 이렇게 말씀하셨
다. "너희가 사람의 아들의 영광스러운 날을
단 하루라도 보고 싶어할 때가 오겠지만 보
지 못할 것이다.
23 사람들이 너희에게 '보아라, 저기 있다.'
혹은 '여기 있다.' 하더라도 찾아 나서지
마라.
24 마치 번개가 번쩍하여 하늘 이 끝에서 저 끝
까지 환하게 하는 것같이 사람의 아들도 그
날에 그렇게 올 것이다.
25 그렇지만 사람의 아들은 먼저 많은 고통을
겪고 이 세대 사람들에게 버림을 받아야 한
다."
26 ◎"사람의 아들이 올 때에는 노아 때와 같은
일이 일어날 것이다.
27 노아가 방주에 들어간 바로 그 날까지 사람
들은 먹고 마시고 장가들고 시집가고 하다
가 마침내 홍수에 휩쓸려 모두 멸망하고 말
았다.
28 또한 롯 시대와 같은 일도 일어날 것이다.
사람들은 먹고 마시고 사고 팔고 심고 집짓

고 하다가
29 롯이 소돔을 떠난 바로 그 날 하늘에서 불
과 유황이 쏟아져 내리자 모두 멸망하고
말았다.
30 사람의 아들이 나타나는 날에도 이와 같은
일이 일어날 것이다."
31 ◎"그 날 지붕에 올라가 있던 사람은 집 안
에 있는 세간을 꺼내러 내려오지 마라. 밭
에 있던 사람도 그와 같이 집으로 돌아가서
는 안 된다.
32 롯의 아내를 생각해 보아라!
33 누구든지 제 목숨을 살리려는 사람은 잃을
것이며 제 목숨을 잃는 사람은 살릴 것이다.
34 잘 들어두어라. 그 날 밤에 두 사람이 한 침
상에 누워 있다면 하나는 데려가고 하나는
버려둘 것이다.
35 또 두 여자가 함께 맷돌질을 하고 있다면 하
나는 데려가고 하나는 버려둘 것이다."㉠
37 이 말씀을 듣고 제자들이 "주님, 어디서 그
런 일이 일어나겠습니까?" 하고 묻자 예수
께서는 "주검이 있는 곳에는 독수리가 모여
드는 법이다." 하고 대답하셨다.

과부와 재판관

18 ◎예수께서는 제자들에게 언제나 기도
하고 용기를 잃지 말아야 한다고 이렇
게 비유를 들어 가르치셨다.
2 "어떤 도시에 하느님을 두려워하지 않고 사
람도 거들떠보지 않는 재판관이 있었다.
3 그 도시에는 어떤 과부가 있었는데 그 여자
는 늘 그를 찾아가서 '저에게 억울한 일을
한 사람이 있습니다. 올바른 판결을 내려주
십시오.' 하고 졸라댔다.
4 오랫동안 그 여자의 청을 들어주지 않던 재
판관도 결국 '나는 하느님도 두려워하지 않
고 사람도 거들떠보지 않는 사람이지만
5 이 과부가 너무도 성가시게 구니 그 소원대
로 판결해 주어야지. 그렇게 하지 않으면
자꾸만 찾아와서 못 견디게 굴 것이 아닌
가.' 하는 생각을 하게 되었다."
6 주님께서는 계속해서 말씀하셨다. "이 고약
한 재판관의 말을 새겨들어라.
7 하느님께서 택하신 백성이 밤낮 부르짖는
데도 올바르게 판결해 주지 않으시고 오랫
동안 그대로 내버려두실 것 같으냐?
8 사실 하느님께서는 그들에게 지체 없이 올
바른 판결을 내려주실 것이다. 그렇지만 사
람의 아들이 올 때에 과연 이 세상에서 믿음
을 찾아볼 수 있겠느냐?"

바리사이파 사람의 기도와 세리의 기도

9 ◎예수께서는 자기네만 옳은 줄 믿고 남을
업신여기는 사람들에게 이런 비유를 말씀
하셨다.
10 "두 사람이 기도하러 성전에 올라갔는데 하
나는 바리사이파 사람이었고 또 하나는 세
리였다.
11 바리사이파 사람은 보라는 듯이 서서 '오,
하느님! 감사합니다. 저는 다른 사람들과
는 달리 욕심이 많거나 부정직하거나 음탕
하지 않을 뿐더러 세리와 같은 사람이 아닙
니다.
12 저는 일 주일에 두 번이나 단식하고 모든 수
입의 십분의 일을 바칩니다.' 하고 기도하
였다.
13 한편 세리는 멀찍이 서서 감히 하늘을 우러
러보지도 못하고 가슴을 치며 '오, 하느님!
죄 많은 저에게 자비를 베풀어주십시오.'
하고 기도하였다.
14 잘 들어라. 하느님께 올바른 사람으로 인정
받고 집으로 돌아간 사람은 바리사이파 사
람이 아니라 바로 그 세리였다. 누구든지
자기를 높이면 낮아지고 자기를 낮추면 높
아질 것이다."

어린이를 축복하신 예수
(마태오 19:13-15; 마르코 10:13-16)

15 ◎사람들이 어린 아기들을 예수께 데리고
와서 손을 얹어 축복해 주시기를 청하였다.
이것을 본 제자들이 그들을 나무라자
16 예수께서는 어린 아기들을 가까이 오게 하
시고 제자들에게 이렇게 말씀하셨다. "어린
이들이 나에게 오는 것을 막지 말고 그대로
두어라. 하느님 나라는 이 어린이들과 같은
사람들의 것이다.
17 잘 들어라. 누구든지 어린이와 같이 순진한
마음으로 하느님 나라를 맞아들이지 않으
면 결코 거기 들어가지 못할 것이다."

부자 청년-낙타와 바늘귀
(마태오 19:16-26; 마르코 10:17-27)

18 ◎유다의 지도자 한 사람이 "선하신 선생님,
제가 무엇을 해야 영원한 생명을 얻겠습니
까?" 하고 예수께 물었다.
19 예수께서는 이렇게 말씀하셨다. "왜 나를
선하다고 하느냐? 선하신 분은 하느님 한

㉠ 어떤 사본에는 36절이 다음과 같이 있다. "또 두 사람이 밭에 있다면 그 중 하나는 데려가고 하나는 버려둘 것이다."

분뿐이시다.
20 ‘㉠간음하지 마라. 살인하지 마라. 도둑질
하지 마라. 거짓 증언하지 마라. 네 부모를
공경하여라.’ 한 계명들을 알고 있지 않느
냐?”
21 그 사람은 “어려서부터 저는 이 모든 것을
다 지켜왔습니다.” 하고 대답하였다.
22 예수께서는 이 말을 들으시고 “너에게는 아
직도 해야 할 일이 하나 더 있다. 있는 것을
다 팔아 가난한 사람들에게 나누어주어라.
그리고 와서 나를 따라라. 그러면 하늘에서
보화를 얻게 될 것이다.” 하셨다.
23 그러나 그는 큰 부자였기 때문에 이 말씀을
듣고 무척 마음이 괴로웠다.
24 ◎예수께서는 그를 보시고 이렇게 말씀하셨
다. “재물이 많은 사람이 하늘 나라에 들어
가는 것이 얼마나 어려운 일인지 모른다.
25 부자가 하느님 나라에 들어가는 것보다 낙
타가 바늘귀를 빠져 나가는 것이 더 쉬울 것
이다.”
26 사람들이 이 말씀을 듣고 “그러면 구원받을
사람이 어디 있겠습니까?” 하고 물었다.
27 예수께서는 “사람의 힘으로는 할 수 없는
일이지만 하느님께서는 하실 수 있다.” 하
고 대답하셨다.

여러 갑절의 상
(마태오 19:27-30; 마르코 10:28-31)

28 ◎그 때에 베드로가 “보시다시피 저희는 가
정을 버리고 주님을 따랐습니다.” 하고 말
하였다.
29 예수께서 이 말을 들으시고 “나는 분명히
말한다. 하느님 나라를 위하여 집이나 아내
나 형제나 부모나 자녀를 버린 사람은
30 누구나 이 세상에서 여러 갑절의 상을 받을
것이며 오는 세상에서는 영원한 생명을 얻
을 것이다.” 하고 말씀하셨다.

수난에 대한 세 번째 예고
(마태오 20:17-19; 마르코 10:32-34)

31 ◎예수께서 열두 제자를 가까이 부르시고
이렇게 말씀하셨다. “우리는 지금 예루살렘
으로 올라가고 있다. 거기에서 사람의 아들
에 대하여 예언자들이 기록한 모든 일이 이
루어질 것이다.
32 사람의 아들이 이방인들의 손에 넘어가게 될
터인데 그들은 사람의 아들을 희롱하고 모욕
하고 침 뱉고
33 채찍질하고 마침내 죽일 것이다. 그러나 사
람의 아들은 사흘 만에 다시 살아날 것이
다.”
34 제자들은 이 말씀을 듣고도 조금도 깨닫지
못하였다. 이 말씀의 뜻이 그들에게는 가려
져 있었기 때문에 그것이 무슨 말씀인지 알
아듣지 못하였던 것이다.

예리고의 소경
(마태오 20:29-34; 마르코 10:46-52)

35 ◎예수께서 예리고에 가까이 가셨을 때의 일
이었다. 어떤 소경이 길 가에 앉아 구걸하
고 있다가
36 군중이 지나가는 소리를 듣고 무슨 일이냐
고 물었다.
37 사람들이 나자렛 예수께서 지나가신다고
하자
38 그 소경은 곧 “다윗의 자손이신 예수님, 저
에게 자비를 베풀어주십시오.” 하고 소리
질렀다.
39 앞서가던 사람들이 그를 꾸짖으며 떠들지
말라고 일렀으나 그는 더욱 큰소리로 “다윗
의 자손이시여, 저에게 자비를 베풀어주십
시오.” 하고 외쳤다.
40 예수께서는 걸음을 멈추시고 그 소경을 데
려오라고 하셨다. 소경이 가까이 오자
41 “나에게 바라는 것이 무엇이냐?” 하고 물
으셨다. “주님, 볼 수 있게 해주십시오.”
하고 그가 대답하자
42 예수께서는 “자, 눈을 떠라. 네 믿음이 너를
살렸다.” 하고 말씀하셨다.
43 그러자 그 소경은 곧 보게 되어 하느님께 감
사하며 예수를 따랐다. 이것을 본 사람들은
모두 하느님을 찬양하였다.

예수와 자캐오

19 ◎예수께서 예리고에 이르러 거리를 지
나가고 계셨다.
2 거기에 자캐오라는 돈 많은 세관장이 있었
는데
3 예수가 어떤 분인지 보려고 애썼으나 키가
작아서 군중에 가려 볼 수가 없었다.
4 그래서 예수께서 지나가시는 길을 앞질러
달려가서 길가에 있는 돌무화과나무 위에
올라갔다.
5 예수께서 그 곳을 지나시다가 그를 쳐다보
시며 “자캐오야, 어서 내려오너라. 오늘은
내가 네 집에 머물러야 하겠다.” 하고 말씀

㉠ 출애 20:12-16; 신명 5:16-20.

하셨다.
6 자캐오는 이 말씀을 듣고 얼른 나무에서 내
려와 기쁜 마음으로 예수를 자기 집에 모
셨다.
7 이것을 보고 사람들은 모두 "저 사람이 죄
인의 집에 들어가 묵는구나!" 하며 못마땅
해 하였다.
8 그러나 자캐오는 일어서서 "주님, 저는 제
재산의 반을 가난한 사람들에게 나누어주
렵니다. 그리고 제가 남을 속여먹은 것이
있다면 그 네 갑절은 갚아주겠습니다." 하
고 말씀 드렸다.
9 예수께서 자캐오를 보시며 "오늘 이 집은
구원을 얻었다. 이 사람도 아브라함의 자손
이다.
10 사람의 아들은 잃은 사람들을 찾아 구원하러
온 것이다." 하고 말씀하셨다.

금화의 비유 (마태오 25:14-30)

11 ◎이 말씀을 듣고 있던 사람들은 예수께서
예루살렘에 가까이 오신 것을 보고 하느님
의 나라가 당장에 나타날 줄 알고 있었다.
그래서 예수께서는 그들에게 또 비유 하나
를 들려주셨다.
12 "한 귀족이 왕위를 받아오려고 먼 길을 떠
나게 되었다.
13 그래서 그는 종 열 사람을 불러 금화 한 개
씩을 나누어주면서 '내가 돌아올 때까지
이 돈을 가지고 장사를 해보아라.' 하고 일
렀다.
14 그런데 그의 백성들은 그를 미워하고 있었
으므로 그들의 대표를 뒤따라 보내어 '우리
는 그자가 우리 왕이 되는 것을 원하지 않습
니다.' 하고 진정하게 하였다.
15 그 귀족은 왕위를 받아가지고 돌아오자마
자 돈을 맡겼던 종들을 불러서 그 동안에 돈
을 얼마씩이나 벌었는지를 따져보았다.
16 첫째 종이 와서 '주인님, 주인님이 주신 금
화 하나를 열 개로 늘렸습니다.' 하고 말하
자
17 주인은 '잘 했다. 너는 착한 종이로구나. 네
가 지극히 작은 일에 충성을 다했으니 나는
너에게 열 고을을 다스리게 하겠다.' 하며
칭찬하였다.
18 둘째 종이 와서 '주인님, 주인님이 주신 금
화 하나로 금화 다섯을 벌었습니다.' 하고
말하자
19 주인은 '너에게는 다섯 고을을 맡기겠다.'
하였다.
20 그런데 그 다음에 온 종의 말은 이러하였다.
'주인님, 주인님이 주신 금화가 여기 그대
로 있습니다. 저는 이것을 수건에 싸두었습
니다.
21 주인님은 지독한 분이라 맡기지도 않은 것
을 찾아가고 심지도 않은 데서 거두시기에
저는 무서워서 이렇게 하였습니다.'
22 이 말을 들은 주인은 '이 몹쓸 종아, 나는
바로 네 입에서 나온 말로 너를 벌주겠다.
내가 맡기지도 않은 것을 찾아가고 심지도
않은 것을 거두는 지독한 사람으로 알고 있
었단 말이지?
23 그렇다면 너는 왜 내 돈을 돈 쓰는 사람에게
꾸어주지 않았느냐? 그랬으면 내가 돌아와
서 이자까지 붙여서 원금을 돌려받을 수 있
지 않았겠느냐?' 하며 호통을 친 다음
24 그 자리에 서 있던 사람들에게 '저자에게서
금화를 빼앗아 금화 열 개를 가진 사람에게
주어라.' 하고 일렀다.
25 사람들이 '주인님, 그 사람은 금화를 열 개
나 가지고 있지 않습니까?' 하고 말하자
26 주인은 '잘 들어라. 누구든지 있는 사람은
더 받겠고 없는 사람은 있는 것마저 빼앗길
것이다.
27 그리고 내가 왕이 되는 것을 반대하던 내 원
수들은 여기 끌어내다가 내 앞에서 죽여
라.' 하고 말하였다."

예루살렘 입성
(마태오 21:1-11; 마르코 11:1-11; 요한 12:12-19)

28 ◎예수께서 이 말씀을 마치시고 앞장서서 예
루살렘을 향하여 길을 떠나셨다.
29 올리브 산 중턱에 있는 벳파게와 베다니아 가
까이에 이르렀을 때 예수께서는 두 제자를
앞질러 보내시며
30 이렇게 말씀하셨다. "맞은편 마을로 가라.
거기에 가보면 아무도 탄 적이 없는 어린 나
귀 한 마리가 매여 있을 터이니 그 나귀를
풀어오너라.
31 혹시 누가 왜 남의 나귀를 푸느냐고 묻거든
'주께서 쓰시겠답니다.' 하고 대답하여
라."
32 그들이 가보니 과연 모든 것이 예수께서 말
씀하신 대로였다.
33 그래서 나귀를 풀었더니 나귀 주인이 나타
나서 "아니, 왜 나귀를 풀어가오?" 하고 물
었다.
34 "주께서 쓰시겠답니다." 그들은 이렇게 대
답하고

35나귀를 끌고 와서 나귀에 자기들의 겉옷을
얹고 예수를 그 위에 모셨다.
36예수께서 앞으로 나아가시자 사람들이 겉옷
을 벗어 길에 펴놓았다.
37◎예수께서 올리브 산 내리막길에 이르렀을
때 수많은 제자들은 자기들이 본 모든 기적
에 대하여 기쁨을 감추지 못하고 소리 높여
하느님을 찬양하였다.
38 "주의 이름으로 오시는 임금이여,
찬미받으소서.
하늘에는 평화,
하느님께 영광!"
39◎그러자 군중 속에 끼여 있던 바리사이파
사람들은 "선생님, 제자들이 저러는데 왜
꾸짖지 않으십니까?" 하고 말하였다.
40그러나 예수께서는 "잘 들어라. 그들이 입
을 다물면 돌들이 소리지를 것이다." 하고
대답하셨다.

예루살렘의 불행

41◎예수께서 예루살렘 가까이 이르러 그 도시
를 내려다보시고 눈물을 흘리시며
42한탄하셨다. "오늘 네가 평화의 길을 알았
더라면 얼마나 좋았을까! 그러나 너는 그
길을 보지 못하는구나.
43이제 네 원수들이 돌아가며 진을 쳐서 너를
에워싸고 사방에서 쳐들어와
44너를 쳐부수고 너의 성안에 사는 백성을 모
조리 짓밟아버릴 것이다. 그리고 네 성안에
있는 돌은 어느 하나도 제자리에 얹혀 있지
못할 것이다. 너는 하느님께서 구원하러 오
신 때를 알지 못하였기 때문이다."

성전 뜰에서 쫓겨난 상인들
(마태오 21:12-17; 마르코 11:15-19; 요한 2:13-22)

45◎예수께서 성전 뜰 안으로 들어가 상인들
을 쫓아내시며
46"성서에 '㉠내 집은 기도하는 집이다.'라
고 기록되어 있지 않으냐? 그런데 너희는
성전을 '㉡강도들의 소굴'로 만들었다."
하고 나무라셨다.

예수를 죽이려는 자들

47◎예수께서는 날마다 성전에서 가르치셨
는데 대사제들과 율법학자들과 백성의 지
도자들은 예수를 잡아죽일 궁리를 하고 있
었다.
48그러나 백성들이 모두 예수의 말씀을 듣느
라고 그 곁을 떠나지 않았기 때문에 어찌할
도리가 없었다.

예수의 권한에 대한 질문
(마태오 21:23-27; 마르코 11:27-33)

20 ◎어느 날 예수께서 성전에서 사람들을
가르치시며 복음을 전하고 계실 때에
대사제들과 율법학자들이 원로들과 함께
와서
2"당신은 무슨 권한으로 그런 일들을 합니
까? 누가 그런 권한을 주었습니까? 말해
보시오." 하고 따졌다.
3예수께서 "그러면 나도 한 가지 물어보겠
다. 어디 대답해 보아라.
4요한이 세례를 베푼 것은 그 권한이 하느님
에게서 난 것이냐? 사람에게서 난 것이
냐?" 하고 반문하시자
5그들은 자기들끼리 "하느님에게서 났다고
하면 왜 요한을 믿지 않았느냐고 할 것이고
6사람에게서 났다고 하면 사람들이 모두 요
한을 예언자로 믿고 있으니 우리를 돌로 칠
것이 아니겠소?" 하며 서로 의논한 끝에
7"어디서 났는지 모르겠습니다." 하고 대답
하였다.
8예수께서는 "나도 무슨 권한으로 이런 일
들을 하는지 말하지 않겠다." 하고 말씀하
셨다.

포도원 소작인의 비유
(마태오 21:33-46; 마르코 12:1-12)

9◎그 때 예수께서 사람들에게 이 비유를 들
려주셨다. "㉢어떤 사람이 포도원을 만들어
서 그것을 소작인들에게 도지로 주고 오랫
동안 집을 떠나 있었다.
10포도 철이 되자 그는 포도원의 도조를 받아
오라고 종 하나를 보냈다. 그런데 소작인들
은 그 종을 때려서 빈손으로 되돌려보냈다.
11주인은 다시 다른 종을 보냈는데 그들은 그
종도 때리며 모욕을 준 다음 빈손으로 돌려
보냈다.
12그래서 주인이 세 번째로 종을 또 보냈더
니 그들은 그 종마저 상처를 입히고 쫓아
보냈다.
13포도원 주인은 '이제 어떻게 할까? 그러면
이번에는 내 사랑하는 외아들을 보내야겠
다. 설마 내 아들이야 알아주겠지.' 하고 말
하였다.
14그러나 소작인들은 그 아들을 보자 '저게

㉠ 이사 56:7. ㉡ 예레 7:11. ㉢ 이사 5:1-2.

상속자다. 죽여버리자. 그러면 이 포도원
은 우리 차지가 될 것이다.' 하고 서로 짜
고 나서
15그를 포도원 밖으로 끌어내어 죽여버렸다.
그러니 포도원 주인이 소작인들을 어떻게
하겠느냐?
16주인은 돌아와서 그들을 죽여버리고 포도
원을 다른 사람들에게 맡길 것이다." 사람
들은 이 말씀을 듣고 "어디 그럴 수가 있겠
습니까?" 하고 말하였다.
17그러나 예수께서는 그들을 똑바로 보시며
이렇게 말씀하셨다. "그러면 '㉠집 짓는 사
람들이 버린 돌이 모퉁이의 머릿돌이 되었
다.' 하신 성경 말씀은 무슨 뜻이냐?
18그 돌 위에 떨어지는 사람은 누구나 산산조
각이 날 것이며 그 돌에 깔리는 사람은 가루
가 되고 말 것이다."
19율법학자들과 대사제들은 예수의 이 비유가
자기들을 두고 하신 말씀인 줄 알고 그 자리
에서 예수를 잡으려 하였으나 사람들이 무
서워서 손을 대지 못하였다.

카이사르의 것은 카이사르에게
(마태오 22:15-22; 마르코 12:13-17)

20◎그래서 그들은 기회를 엿보다가 밀정들
을 선량한 사람처럼 꾸며 예수께 보냈다.
그들은 예수의 말씀을 트집잡아 사법권을
쥔 총독에게 넘겨서 처벌을 받게 하려는 것
이었다.
21그들은 예수께 이렇게 물었다. "선생님, 우
리는 선생님의 말씀과 가르침이 옳다는 것
을 압니다. 또 선생님은 사람을 겉모양으로
판단하지 않으실 뿐더러 하느님의 진리를
참되게 가르치신다는 것도 압니다.
22그런데 우리가 카이사르에게 세금을 바치는
것이 옳습니까? 옳지 않습니까?"
23예수께서는 그들의 간교한 속셈을 아시고
24"데나리온 한 닢을 나에게 보여라. 그 돈에
누구의 초상과 글자가 새겨져 있느냐?" 하
고 물으셨다. "카이사르의 것입니다." 하고
그들이 대답하자
25"그러면 카이사르의 것은 카이사르에게 돌리
고 하느님의 것은 하느님께 돌려라." 하고
말씀하셨다.
26그들은 사람들 앞에서 예수의 말씀을 트집
잡지 못하였을 뿐 아니라 그의 답변에 놀라
입을 다물고 말았다.

부활에 대한 토론
(마태오 22:23-33; 마르코 12:18-27)

27◎부활이 없다고 주장하는 사두가이파 사람
들 몇이 예수께 와서 물었다.
28"선생님, ㉡모세가 우리에게 정해 준 법에
는 형이 결혼했다가 자녀 없이 죽으면 그 동
생이 형수와 결혼하여 자식을 낳아 형의 대
를 이어야 한다고 했습니다.
29그런데 칠 형제가 살고 있었습니다. 첫째가
아내를 얻어 살다가 자식 없이 죽어서
30둘째가 형수와 살고
31다음에 셋째가 또 형수와 살고 이렇게 하여
일곱 형제가 다 형수를 데리고 살았는데 모
두 자식 없이 죽었습니다.
32나중에 그 여자도 죽었습니다.
33이렇게 칠 형제가 다 그 여자를 아내로 삼았
으니 부활 때 그 여자는 누구의 아내가 되겠
습니까?"
34예수께서 이렇게 대답하셨다. "이 세상 사
람들은 장가도 들고 시집도 가지만
35죽었다가 다시 살아나 저 세상에서 살 자격
을 얻은 사람들은 장가드는 일도 없고 시집
가는 일도 없다.
36그들은 천사들과 같아서 죽는 일도 없다.
또한 죽었다가 다시 살아난 사람들이기 때
문에 하느님의 자녀가 되는 것이다.
37㉢모세도 가시덤불 이야기에서 주님을 가리
켜 '아브라함의 하느님, 이사악의 하느님,
야곱의 하느님'이라고 불렀다. 이것으로 모
세는 죽은 자들이 다시 살아난다는 것을 분
명히 보여주었다.
38이 말씀은 하느님께서 죽은 자의 하느님이
아니라 살아 있는 자의 하느님이시라는 뜻
이다. 하느님 앞에 있는 사람들은 모두 살
아 있는 것이다."
39이 말씀을 듣고 있던 율법학자 몇 사람은
"선생님, 옳은 말씀입니다." 하였고
40감히 그 이상 더 묻는 사람이 없었다.

그리스도는 누구의 자손인가?
(마태오 22:41-46; 마르코 12:35-37)

41◎예수께서 또 그들에게 말씀하셨다. "사람
들이 그리스도를 다윗의 자손이라고 하는데
그것은 어떻게 된 일이냐?
42다윗 자신이 시편에서 이렇게 읊지 않았느
냐?
'㉣주 하느님께서 내 주님께 이르신 말
씀,

㉠ 시편 118:22. ㉡ 신명 25:5. ㉢ 출애 3:6(3:15 참조). ㉣ 시편 110:1.

43 내가 네 원수를 네 발 아래 굴복시킬 때
까지
너는 내 오른편에 앉아 있어라.'
44◎다윗이 이와 같이 그리스도를 주님이라고
불렀는데 그리스도가 어떻게 다윗의 자손이
되겠느냐?"

율법학자들을 조심하여라 (마태오 23:1-36; 마르코 12:38-40; 루가 11:37-54)

45◎예수께서는 모든 사람이 듣고 있는 데서
제자들에게 이렇게 말씀하셨다.
46"율법학자들을 조심하여라. 그들은 길다란
예복을 걸치고 나다니기를 좋아하고 장터
에서 인사받는 것을 즐기며 회당에서는 높
은 자리를 찾고 잔치에 가면 윗자리에 앉으
려 한다.
47그리고 과부들의 가산을 등쳐먹으면서도
기도만은 남에게 보이려고 오래 한다. 이런
사람들이야말로 그만큼 더 엄한 벌을 받을
것이다."

과부의 헌금 (마르코 12:41-44)

21 ◎어느 날 예수께서는 부자들이 와서
헌금궤에 돈을 넣는 것을 보고 계셨는
데
2 마침 가난한 과부 한 사람이 작은 동전 두
닢을 넣는 것을 보시고
3 이렇게 말씀하셨다. "나는 분명히 말한다.
이 가난한 과부는 다른 모든 사람보다 더 많
은 돈을 넣었다.
4 저 사람들은 모두 넉넉한 데서 얼마씩을 예
물로 바쳤지만 이 과부는 구차하면서도 가
진 것을 전부 바친 것이다."

성전 파괴에 대한 예언 (마태오 24:1-2; 마르코 13:1-2)

5 ◎사람들이 아름다운 돌과 예물로 화려하게
꾸며진 성전을 보며 감탄하고 있었다. 그
때에 예수께서는 이렇게 말씀하셨다.
6 "지금 너희가 성전을 바라보고 있지만 저
돌들이 어느 하나도 자리에 그대로 얹혀 있
지 못하고 다 무너지고 말 날이 올 것이다."

재난의 시작 (마태오 24:3-14; 마르코 13:3-13)

7 ◎그들이 "선생님, 그런 일이 언제 일어나
겠습니까? 그리고 그런 일이 일어날 즈음
해서 어떤 징조가 나타나겠습니까?" 하고
물었다.
8 예수께서는 이렇게 대답하셨다. "앞으로 많
은 사람이 내 이름을 내세우며 나타나서
'내가 바로 그리스도다!' 혹은 '때가 왔
다!' 하고 떠들더라도 속지 않도록 조심하
고 그들을 따라가지 마라.
9 또 전쟁과 반란의 소문을 듣더라도 두려워
하지 마라. 그런 일이 반드시 먼저 일어나
고 말 것이다. 그렇다고 끝날이 곧 오는 것
은 아니다."
10예수께서는 계속해서 이렇게 말씀하셨다.
"한 민족이 일어나 딴 민족을 치고 한 나라
가 일어나 딴 나라를 칠 것이며
11곳곳에 무서운 지진이 일어나고 또 기근과
전염병도 휩쓸 것이며 하늘에서는 무서운
일들과 굉장한 징조들이 나타날 것이다.
12그러나 이 모든 일이 일어나기 전에 너희는
잡혀서 박해를 당하고 회당에 끌려 가 마침
내 감옥에 갇히게 될 것이며 나 때문에 임금
들과 총독들 앞에 서게 될 것이다.
13그 때야말로 너희가 나의 복음을 증언할 때
이다.
14이 말을 명심하여라. 그 때 어떻게 항변할
까 하고 미리 걱정하지 마라.
15너희의 적수들이 아무도 맞서거나 반박할
수 없는 언변과 지혜를 내가 주겠다.
16너희의 부모와 형제와 친척과 친구들까지
도 너희를 잡아 넘겨서 더러는 죽이기까지
할 것이다.
17그리고 너희는 나 때문에 모든 사람에게 미
움을 받겠지만
18머리카락 하나도 잃지 않을 것이다.
19그리고 참고 견디면 생명을 얻을 것이다."

가장 큰 재난 (마태오 24:15-21; 마르코 13:14-19)

20◎"예루살렘이 적군에게 포위된 것을 보거
든 그 도시가 파멸될 날이 멀지 않은 줄 알
아라.
21그 때에 유다에 있는 사람들은 산으로 도망
가고 성안에 있는 사람들은 그 곳을 빠져 나
가라. 그리고 시골에 있는 사람들은 성안으
로 들어가지 마라.
22그 때가 바로 성서의 모든 말씀이 이루어지
는 징벌의 날이다.
23이런 때에 임신한 여자들과 젖먹이가 딸린
여자들은 불행하다. 이 땅에는 무서운 재난
이 닥칠 것이고 이 백성에게는 하느님의 분
노가 내릴 것이다.
24사람들은 칼날에 쓰러질 것이며 포로가 되
어 여러 나라에 잡혀갈 것이다. 이방인의

니라면 이 잔을 저에게서 거두어주십시오.
그러나 제 뜻대로 하지 마시고 아버지의 뜻
대로 하십시오."㉠
45◎기도를 마치시고 일어나 제자들에게 돌
아와 보시니 그들은 슬픔에 지쳐 잠들어 있
었다.
46이것을 보시고 예수께서는 제자들에게 "왜
이렇게들 잠만 자고 있느냐? 유혹에 빠지
지 않도록 일어나 기도하여라." 하고 말씀
하셨다.

잡히신 예수 (마태오 26:47-56; 마르코 14:43-50; 요한 18:3-11)

47◎예수의 말씀이 채 끝나기도 전에 무리가
떼를 지어 열두 제자 중의 하나인 유다라는
사람을 앞세우고 나타났다. 유다가 예수께
입맞추려고 다가서자
48예수께서는 "유다야, 입을 맞추어 사람의 아
들을 잡아 넘기려느냐?" 하고 말씀하셨다.
49예수와 함께 있던 제자들은 일이 어떻게 벌
어질 것인가를 알고 "주님, 저희가 칼로 쳐
버릴까요?" 하고는
50그 가운데 한 사람이 대사제의 종의 오른쪽
귀를 내리쳐 떨어뜨렸다.
51그러자 예수께서는 "그만해 두어라." 하고
말리시며 그 사람의 귀에 손을 대어 고쳐주
셨다.
52◎그리고 잡으러 온 대사제들과 성전 수위
대장들과 원로들을 향하여 "칼과 몽둥이를
들고 나를 잡으러 왔으니 내가 강도란 말
이냐?
53내가 매일 너희와 함께 성전에 있을 때에는
잡지 않더니 이제는 너희의 때가 되었고 암
흑이 판을 치는 때가 왔구나." 하셨다.

예수를 부인한 베드로 (마태오 26:57-58, 69-75; 마르코 14:53-54, 66-72; 요한 18:12-18, 25-27)

54◎그들은 예수를 잡아 대사제의 관저로 끌
고 들어갔다. 그 때에 베드로는 멀찍이 떨어
져서 뒤따르다가
55마당 가운데에 불을 피우고 둘러앉아 있는
사람들 틈에 끼어들어 앉아 있었다.
56베드로가 불을 쬐고 앉아 있을 때 어떤 여종
이 베드로를 유심히 들여다보며 "이 사람도
예수와 함께 있었어요." 하고 말하였다.
57베드로는 그 말을 부인하면서 "여보시오,
나는 그런 사람을 모르오." 하였다.
58얼마 뒤에 또 어떤 사람이 베드로를 보고
"당신도 그들과 한패요." 하고 말하자 베드
로는 "여보시오, 나는 그런 사람이 아니
오." 하고 잡아떼었다.
59그 뒤 한 시간쯤 지나서 또 다른 사람이 "이
사람은 분명히 예수와 함께 있던 사람이오.
이 사람도 갈릴래아 사람이 아니오?" 하며
몰아세웠다.
60베드로는 "여보시오, 무슨 소리를 하는 거
요?" 하며 끝내 부인하였다. 베드로의 말이
채 끝나기도 전에 닭이 울었다.
61그 때에 주께서 몸을 돌려 베드로를 똑바로
바라보셨다. 그제서야 베드로는 "오늘 닭이
울기 전에 나를 세 번 모른다고 할 것이다."
하신 주님의 말씀이 떠올라
62밖으로 나가 슬피 울었다.

조롱당하신 예수 (마태오 26:67-68; 마르코 14:65)

63◎예수를 지키던 사람들은 예수를 조롱하고
때리며
64눈을 가리고 "누가 때렸는지 알아맞혀 보아
라." 하면서
65계속해서 갖은 욕설을 다 퍼부었다.

의회 법정에 서신 예수 (마태오 26:59-66; 마르코 14:55-64; 요한 18:19-24)

66◎날이 밝자 백성의 원로들을 비롯하여 대
사제들과 율법학자들이 모여 법정을 열고
예수를 끌어내어
67심문을 시작하였다. "자, 말해 보아라. 그
대가 그리스도인가?" 예수께서는 "내가 그
렇다고 말하여도 너희는 믿지 않을 것이며
68내가 물어보아도 너희는 대답하지 않을 것
이다.
69㉡사람의 아들은 이제부터 전능하신 하느님
의 오른편에 앉게 될 것이다." 하고 대답하
셨다.
70이 말씀을 듣고 그들은 모두 "그러면 그대
가 하느님의 아들이란 말인가?" 하고 물었
다. 예수께서 "내가 하느님의 아들이라는
것을 너희가 말하였다." 하고 대답하시자
71그들은 "이제 무슨 증언이 필요하겠습니
까? 제 입으로 말하는 것을 우리가 직접 듣
지 않았습니까?" 하고 말하였다.

㉠ 어떤 사본에는 43절과 44절에 다음과 같은 말이 있다. "43) 이 때에 하늘에서 내려온 한 천사가 그에게 나타나 힘을 북돋아 드렸다. 44) 예수께서는 마음의 고통과 싸우면서도 굽히지 않고 더욱 열렬하게 기도하셨다. 그러는 동안 핏방울 같은 땀이 뚝뚝 흘러 땅에 떨어졌다." ㉡ 시편 110:1.

빌라도의 심문 (마태오 27:1-2, 11-14; 마르코 15:1-5; 요한 18:28-38)

23 ◎그리고 나서 온 의회가 일어나 예수
를 빌라도 앞에 끌고 가서
2 "우리는 이 사람이 백성들에게 소란을 일으
키도록 선동하며 카이사르에게 세금을 못
바치게 하고 자칭 그리스도요 왕이라고 하
기에 붙잡아 왔습니다." 하고 고발하기 시
작하였다.
3 빌라도가 예수께 "네가 유다인의 왕인가?"
하고 물었다. "그것은 네 말이다." 하고 예
수께서 대답하시자
4 빌라도는 대사제들과 군중을 향하여 "나는
이 사람에게서 아무런 잘못도 찾아낼 수 없
다." 하고 선언하였다.
5 그러나 그들은 "이 사람은 갈릴래아에서 이
곳에 이르기까지 온 유다 땅을 돌며 백성들
을 가르치면서 선동하고 있습니다." 하고
우겨댔다.

헤로데의 심문

6 ◎이 말을 들은 빌라도는 이 사람이 갈릴래아
사람이냐고 묻고
7 예수가 헤로데의 관할 구역에 속한 것을 알
고는 마침 그 때 예루살렘에 와 있던 헤로데
에게 예수를 넘겨주었다.
8 헤로데는 예수를 보고 매우 기뻐하였다. 오
래 전부터 예수의 소문을 듣고 한번 만나보
고 싶었을 뿐만 아니라 예수가 행하는 기적
을 한번 보고 싶었던 것이다.
9 그래서 헤로데는 이것 저것 캐어 물었지만
예수께서는 아무런 대답도 하시지 않았다.
10 그 때 대사제들과 율법학자들도 거기 있다
가 예수를 악랄하게 고발하였다.
11 헤로데는 자기 경비병들과 함께 예수를 조롱
하며 모욕을 준 다음 화려한 옷을 입혀 빌라
도에게 돌려보냈다.
12 헤로데와 빌라도가 전에는 서로 반목하고 지
냈지만 바로 그 날 다정한 사이가 되었다.

사형 언도를 받으신 예수 (마태오 27:15-26; 마르코 15:6-15; 요한 18:39-19:16)

13 ◎빌라도는 대사제들과 지도자들과 백성들
을 불러모으고
14 이렇게 말하였다. "너희는 이 사람이 백성
들을 선동한다고 끌고 왔지만 너희가 보는
앞에서 직접 심문을 했는데도 나는 너희의
고발을 뒷받침할 만한 아무런 죄상도 찾지
못하였다.
15 헤로데가 이 사람을 우리에게 돌려보낸 것
을 보면 그도 아무런 죄를 찾지 못한 것이
아니냐? 보다시피 이 사람은 사형에 해당
하는 일은 하나도 하지 않았다.
16 그래서 나는 이 사람을 매질이나 해서 놓아
줄 생각이다."㉠
18 그러자 온 무리가 일제히 "그 사람은 죽이
고 바라빠를 놓아주시오!" 하고 소리질렀
다.
19 바라빠는 그 도시에서 폭동을 일으키고 살
인까지 하여 감옥에 갇혀 있는 사람이었다.
20 빌라도는 예수를 놓아주고 싶어서 그들에게
다시 그 뜻을 밝혔으나
21 그들은 굽히지 않고 "십자가형이오! 십자
가에 못박으시오!" 하고 소리질렀다.
22 빌라도는 세 번째로 "도대체 이 사람이 무슨
죄를 지었단 말이냐? 나는 이 사람에게서
사형에 처할 죄를 찾아내지 못하였다. 그러
니 이 사람을 매질이나 해서 놓아줄 생각이
다." 하고 말하였으나
23 무리들은 더욱 악을 써가며 예수를 십자가
에 못박아야 한다고 소리질렀다. 마침내 그
들의 고함소리가 걷잡을 수 없게 되자
24 빌라도는 그들의 요구를 들어주겠다고 선언
한 다음
25 폭동과 살인죄로 감옥에 갇혀 있던 바라빠
는 그들의 요구대로 놓아주고 예수는 그들
마음대로 하라고 넘겨주었다.

십자가에 못박히신 예수 (마태오 27:32-44; 마르코 15:21-32; 요한 19:17-27)

26 ◎그들은 예수를 끌고 나가다가 시골에서
성안으로 들어오고 있던 시몬이라는 키레네
사람을 붙들어 십자가를 지우고 예수의 뒤
를 따라가게 하였다.
27 수많은 사람들이 예수를 뒤따랐는데 그 중
에는 예수를 보고 가슴을 치며 통곡하는 여
자들도 있었다.
28 예수께서는 그 여자들을 돌아보시며 "예루
살렘의 여인들아, 나를 위하여 울지 말고 너
와 네 자녀들을 위하여 울어라.
29 '아기를 낳지 못하는 여자들과, 아기를 낳
아보지 못하고 젖을 빨려보지 못한 여자들
이 행복하다.' 하고 말할 때가 이제 올 것
이다.

㉠ 어떤 사본에는 17절에 다음과 같은 말이 있다. "과월절이 되면 빌라도는 반드시 죄수를 한 사람씩 그들에게 놓아주는 것이 관례였다."

30그 때 사람들은 ㉠산을 보고 '우리 위에 무
너져 내려라.' 할 것이며, 언덕을 보고 '우
리를 가려달라.' 할 것이다.
31 생나무가 이런 일을 당하거든 마른 나무야
오죽하겠느냐?" 하고 말씀하셨다.
32◎다른 죄수 두 사람도 예수와 함께 사형장
으로 끌려가고 있었다.
33◎해골산이라는 곳에 이르러 사람들은 거기
에서 예수를 십자가에 못박았고 죄수 두 사
람도 십자가형에 처하여 좌우편에 한 사람
씩 세워놓았다.
34예수께서는 "아버지, 저 사람들을 용서하여
주십시오! 그들은 자기가 하는 일을 모르
고 있습니다." 하고 기원하셨다. 예수를 십
자가에 못박은 자들은 ㉡주사위를 던져 예
수의 옷을 나누어가졌다.
35사람들이 곁에 서서 쳐다보고 있는 동안 그
들의 지도자들은 예수를 보고 "이 사람이
남들을 살렸으니 정말 하느님께서 택하신
그리스도라면 어디 자기도 살려보라지!" 하
며 조롱하였다.
36군인들도 또한 예수를 희롱하면서 가까이
가서 신 포도주를 권하고
37"네가 유다인의 왕이라면 자신이나 살려보
아라." 하며 빈정거렸다.
38예수의 머리 위에는 '이 사람은 유다인의
왕'이라는 죄목이 적혀 있었다.
39◎예수와 함께 십자가에 달린 죄수 중 하나
도 예수를 모욕하면서 "당신은 그리스도가
아니오? 당신도 살리고 우리도 살려보시
오!" 하고 말하였다.
40그러나 다른 죄수는 "너도 저분과 같은 사
형 선고를 받은 주제에 하느님이 두렵지도
않으냐?
41 우리가 한 짓을 보아서 우리는 이런 벌을 받
아 마땅하지만 저분이야 무슨 잘못이 있단
말이냐?" 하고 꾸짖고는
42"예수님, 예수님께서 왕이 되어 오실 때에
저를 꼭 기억하여 주십시오." 하고 간청하
였다.
43예수께서는 "오늘 네가 정녕 나와 함께 낙
원에 들어갈 것이다." 하고 대답하셨다.

숨을 거두신 예수 (마태오 27:45-56; 마르코 15:33-41; 요한 19:28-30)

44◎낮 열두 시쯤 되자 어둠이 온 땅을 덮어
오후 세 시까지 계속되었다.
45태양마저 빛을 잃었던 것이다. 그 때 성전
휘장 한가운데가 찢어지며 두 폭으로 갈라
졌다.
46예수께서는 큰소리로 "㉢아버지, 제 영혼을
아버지 손에 맡깁니다!" 하시고는 숨을 거
두셨다.
47이 모든 광경을 보고 있던 백인대장은 하느
님을 찬양하며 "이 사람이야말로 죄없는 사
람이었구나!" 하고 말하였다.
48구경을 하러 나왔던 군중도 이 모든 광경을
보고는 가슴을 치며 집으로 돌아갔다.
49예수의 친지들과 갈릴래아에서부터 예수를
따라다니던 여자들도 모두 멀리 서서 이 모
든 일을 지켜보고 있었다.

무덤에 묻히신 예수 (마태오 27:57-61; 마르코 15:42-47; 요한 19:38-42)

50◎의회 의원 중에 요셉이라는 사람이 있었
는데 그는 올바르고 덕망이 높은 사람이었
다.
51그는 예수를 죽이려던 의회의 결정과 행동
에 찬동을 한 일이 없었다. 그는 유다인들의
동네 아리마태아 출신으로 하느님의 나라를
기다리며 살던 사람이었다.
52그는 빌라도에게 가서 예수의 시체를 내어달
라고 청하여 승낙을 받고
53그 시체를 내려다가 고운 베로 싸서 바위를
파 만든 무덤에 모셨다. 그것은 아직 아무
도 장사지낸 일이 없는 무덤이었다.
54그 날은 명절 준비일이었고 시간은 이미 안
식일에 접어들고 있었다.
55◎갈릴래아에서부터 예수와 함께 온 여자들
도 그 곳까지 따라가 예수의 시체를 무덤에
어떻게 모시는지 눈여겨 보아두었다.
56그리고 집에 돌아가 향료와 향유를 마련하
였다.

부활하신 예수 (마태오 28:1-10; 마르코 16:1-8; 요한 20:1-10)

◎그리고 안식일에는 계명대로 쉬었다.
24 ◎안식일 다음날 아직 동이 채 트기도
전에 그 여자들은 준비해 두었던
향료를 가지고 무덤으로 갔다.
2 그들이 가보니 무덤을 막았던 돌은 이미 굴
러 나와 있었다.
3 그래서 그들이 무덤 안으로 들어가 보았으
나 주 예수의 시체는 보이지 않았다.
4 그들은 어찌 된 영문인지 몰라 어리둥절하
고 있었는데 바로 그 때에 눈부신 옷을 입은

㉠ 호세 10:8. ㉡ 시편 22:18. ㉢ 시편 31:5.

두 사람이 그들 곁에 나타났다.
5 여자들은 그만 겁에 질려 감히 쳐다보지도
못하고 있었는데 그들은 여자들에게 "너희
는 어찌하여 살아 계신 분을 죽은 자 가운데
서 찾고 있느냐?
6 그분은 여기 계시지 않고 다시 살아나셨다.
그분이 전에 갈릴래아에 계실 때에 무어라
고 말씀하셨느냐?
7 사람의 아들이 반드시 죄인들의 손에 넘어가
십자가에 처형되었다가 사흘 만에 다시 살
아나리라고 하시지 않았느냐?" 하고 말해
주었다.
8 이 말을 듣고 여자들은 예수의 말씀이 생각
나서
9 무덤에서 발길을 돌려 열한 제자와 그 밖의
여러 사람들에게 와서 이 모든 일을 알려주
었다.
10 그 여자들은 막달라 여자 마리아와 요안나와
또 야고보의 어머니 마리아였다. 다른 여자
들도 그들과 함께 이 모든 일을 사도들에게
말하였다.
11 그러나 사도들은 여자들의 이야기가 부질
없는 헛소리려니 하고 믿지 않았다.
12 그러나 베드로는 벌떡 일어나 무덤에 달려
가서 몸을 굽혀 안을 들여다보았다. 그랬더
니 수의밖에는 아무것도 없었으므로 그는
어떻게 된 일인가 하고 이상히 여기면서 집
으로 돌아갔다.

엠마오로 가는 길에서 (마르코 16:12-13)

13 ◎바로 그 날 거기 모였던 사람들 중 두 사
람이 예루살렘에서 한 삼십리쯤 떨어진 곳
에 있는 엠마오라는 동네로 걸어가면서
14 이 즈음에 일어난 모든 사건에 대하여 말을
주고받고 있었다.
15 그들이 이야기를 나누며 토론하고 있을 때
에 예수께서 그들에게 다가가서 나란히 걸
어가셨다.
16 그러나 그들은 눈이 가려져서 그분이 누구
신지 알아보지 못하였다.
17 예수께서 그들에게 "길을 걸으면서 무슨 이
야기들을 그렇게 하고 있느냐?" 하고 물으
셨다. 그러자 그들은 침통한 표정인 채 걸
음을 멈추었다.
18 그리고 글레오파라는 사람이 "예루살렘에 머
물러 있던 사람으로서 요새 며칠 동안에 거
기에서 일어난 일을 모르다니, 그런 사람이
당신말고 어디 또 있겠습니까?" 하고 말하
였다.
19 예수께서 "무슨 일이냐?" 하고 물으시자
그들은 이렇게 설명하였다. "나자렛 사람 예
수에 관한 일이오. 그분은 하느님과 모든
백성들 앞에서 그 하신 일과 말씀에 큰 능력
을 보이신 예언자였습니다.
20 그런데 대사제들과 우리 백성의 지도자들
이 그분을 관헌에게 넘겨 사형 선고를 받아
십자가형을 당하게 하였습니다.
21 우리는 그분이야말로 이스라엘을 구원해 주
실 분이라고 희망을 걸고 있었습니다. 그러
나 그분은 이미 처형을 당하셨고, 더구나
그 일이 있은 지도 벌써 사흘째나 됩니다.
22 그런데 우리 가운데 몇몇 여인이 우리를 깜
짝 놀라게 하였습니다. 그들이 새벽에 무덤
을 찾아가 보았더니
23 그분의 시체가 없어졌더랍니다. 그뿐만 아
니라 천사들이 나타나 그분은 살아 계시다
고 일러주더라는 것이었습니다.
24 그래서 우리 동료 몇 사람이 무덤에 가보았
으나 과연 그 여자들의 말대로였고 그분은
보지 못했습니다."
25 ◎그 때에 예수께서 "너희는 어리석기도 하
다! 예언자들이 말한 모든 것을 그렇게도
믿기가 어려우냐?
26 그리스도는 영광을 차지하기 전에 그런 고
난을 겪어야 하는 것이 아니냐?"
27 하시며 모세의 율법서와 모든 예언서를 비
롯하여 성서 전체에서 당신에 관한 기사를
들어 설명해 주셨다.
28 ◎그들이 찾아가던 동네에 거의 다다랐을
때에 예수께서 더 멀리 가시려는 듯이 보
이자
29 그들은 "이젠 날도 저물어 저녁이 다 되었
으니 여기서 우리와 함께 묵어가십시오."
하고 붙들었다. 그래서 예수께서 그들과 함
께 묵으시려고 집으로 들어가셨다.
30 예수께서 함께 식탁에 앉아 빵을 들어 감사
의 기도를 드리신 다음 그것을 떼어 나누어
주셨다.
31 그제서야 그들은 눈이 열려 예수를 알아보
았는데 예수의 모습은 이미 사라져서 보이
지 않았다.
32 그들은 "길에서 그분이 우리에게 말씀하실
때나 성서를 설명해 주실 때에 우리가 얼마
나 뜨거운 감동을 느꼈던가!" 하고 서로 말
하였다.
33 ◎그들은 곧 그 곳을 떠나 예루살렘으로 돌
아갔다. 가보았더니 거기에 열한 제자가 다
른 사람들과 함께 모여서

34주께서 확실히 다시 살아나셔서 시몬에게
나타나셨다는 말을 하고 있었다.
35그 두 사람도 길에서 당한 일과 빵을 떼어주
실 때에야 비로소 그분이 예수시라는 것을
알아보게 되었다는 이야기를 들려주었다.

예수의 마지막 분부 (마태오 28:16-20; 마르코 16:14-18; 요한 20:19-23; 행전 1:6-8)

36◎그들이 그런 이야기를 하고 있을 때에 예
수께서 나타나 그들 가운데 서시며 "너희에
게 평화가 있기를!" 하고 말씀하셨다.
37그들은 너무나 놀랍고 무서워서 유령을 보
는 줄 알았다.
38예수께서는 그들에게 "왜 그렇게 안절부절
못하고 의심을 품느냐?
39내 손과 발을 보아라. 틀림없이 나다! 자,
만져보아라. 유령은 뼈와 살이 없지만 보다
시피 나에게는 있지 않느냐?"
40하시며 당신의 손과 발을 보여주셨다.
41그들은 기뻐하면서도 믿어지지가 않아서
어리둥절해 있는데 예수께서는 "여기에 무
엇이든 먹을 것이 좀 없느냐?" 하고 물으
셨다.
42그들이 구운 생선 한 토막을 드리니
43예수께서는 그것을 받아 그들이 보는 앞에
서 잡수셨다.
44◎그리고 그들에게 "내가 전에 너희와 함께
있을 때에도 말했거니와 모세의 율법과 예
언서와 시편에 나를 두고 한 말씀은 반드시
다 이루어져야 한다." 하시고
45성서를 깨닫게 하시려고 그들의 마음을 열
어주시며
46"성서의 기록을 보면 그리스도는 고난을 받
고 죽었다가 사흘 만에 다시 살아난다고 하
였다.
47그리고 그리스도의 이름으로 회개하면 죄를
용서받는다는 기쁜 소식이 예루살렘에서 비
롯하여 모든 민족에게 전파된다고 하였다.
48너희는 이 모든 일의 증인이다.
49나는 내 아버지께서 약속하신 것을 너희에
게 보내주겠다. 그러니 너희는 위에서 오는
능력을 받을 때까지 예루살렘에 머물러 있
어라." 하고 말씀하셨다.

예수의 승천 (마르코 16:19-20; 행전 1:9-11)

50◎예수께서 그들을 베다니아 근처로 데리고
나가셔서 두 손을 들어 축복해 주셨다.
51이렇게 축복하시면서 그들을 떠나 하늘로
올라가셨다.
52그들은 엎드려 예수께 경배하고 기쁨에 넘
쳐 예루살렘으로 돌아가
53날마다 성전에서 하느님을 찬미하며 지냈
다.

요한의 복음서

말씀이 사람이 되시다

1 ◎한처음, 천지가 창조되기 전부터 말씀
이 계셨다. 말씀은 하느님과 함께 계셨고
하느님과 똑같은 분이셨다.
2말씀은 한처음 천지가 창조되기 전부터 하
느님과 함께 계셨다.
3㉠모든 것은 말씀을 통하여 생겨났고 이 말
씀 없이 생겨난 것은 하나도 없다. 생겨난
모든 것이
4그에게서 생명을 얻었으며 그 생명은 사람
들의 빛이었다.
5그 빛이 어둠 속에서 비치고 있다. 그러나
어둠이 빛을 이겨본 적이 없다.
6◎하느님께서 보내신 사람이 있었는데 그의
이름은 요한이었다.
7그는 그 빛을 증언하러 왔다. 모든 사람으
로 하여금 자기 증언을 듣고 믿게 하려고 온
것이다.
8그는 빛이 아니라 다만 그 빛을 증언하러 왔
을 따름이다.
9말씀이 곧 참 빛이었다. 그 빛이 이 세상에
와서 모든 사람을 비추고 있었다.
10◎말씀이 세상에 계셨고 세상이 이 말씀을
통하여 생겨났는데도 세상은 그분을 알아
보지 못하였다.
11그분이 자기 나라에 오셨지만 백성들은 그
분을 맞아주지 않았다.
12그러나 그분을 맞아들이고 믿는 사람들에

㉠ 3절과 4절은 다음과 같이 옮길 수도 있다. "모든 것은 말씀으로 생겨났고 생겨난 것 중에 그분 없이 생긴 것은 하나도 없다. 그분 안에 생명이 있고 그 생명은 사람들의 빛이다."

게는 하느님의 자녀가 되는 특권을 주셨다.
13 그들은 혈육으로나 육정으로나 사람의 욕
망으로 난 것이 아니라 하느님에게서 난 것
이다.
14◎말씀이 사람이 되셔서 우리와 함께 계셨
는데 우리는 그분의 영광을 보았다. 그것은
외아들이 아버지에게서 받은 영광이었다.
그분에게는 은총과 진리가 충만하였다.
15◎요한은 그분을 증언하여 외치기를 "그분
은 내 뒤에 오시지만 사실은 내가 나기 전부
터 계셨기 때문에, 나보다 앞서신 분이라고
말한 것은 바로 이분을 두고 한 말이다." 하
였다.
16◎우리는 모두 그분에게서 넘치는 은총을
받고 또 받았다.
17 모세에게서는 율법을 받았지만 예수 그리스
도에게서는 은총과 진리를 받았다.
18 일찍이 하느님을 본 사람은 없다. 그런데
아버지의 품 안에 계신 외아들로서 하느님
과 똑같으신 그분이 하느님을 알려주셨다.

세례자 요한의 증언
(마태오 3:1-12; 마르코 1:7-8; 루가 3:15-17)

19◎유다인들이 예루살렘에서 대사제들과 레위
지파 사람들을 요한에게 보내어 그가 누구
인지 알아보게 하였다. 이 때 요한은 이렇게
증언하였다.
20 "나는 그리스도가 아니오." 그는 조금도 숨
기지 않고 분명히 말해 주었다.
21 그들이 "그러면 누구란 말이오? 엘리야
요?" 하고 다시 묻자 요한은 또 아니라고
대답하였다. "그러면 우리가 기다리던 그
예언자요?" 그들이 다시 물었을 때 요한은
그도 아니라고 하였다.
22 "우리를 보낸 사람들에게 대답해 줄 말이
있어야 하겠으니 당신이 누군지 좀 알려주
시오. 당신은 자신을 누구라고 생각하고 있
소?" 이렇게 다그쳐 묻자
23 요한은 그제야 "나는 예언자 이사야의 말대
로 '㉠주님의 길을 곧게 하여라.' 하며 광
야에서 외치는 이의 소리요." 하고 대답하
였다.
24◎그들은 바리사이파에서 보낸 사람들이었
다.
25 그들은 또 요한에게 "당신이 그리스도도 아
니요 엘리야도 아니요 그 예언자도 아니라
면 어찌하여 세례를 베푸는 거요?" 하고 물
었다.

㉠ 이사 40:3.

26 요한은 이렇게 대답하였다. "나는 다만 물
로 세례를 베풀 따름이오. 그런데 당신들이
알지 못하는 사람 한 분이 당신들 가운데 서
계십니다.
27 이분은 내 뒤에 오시는 분이지만 나는 이분
의 신발 끈을 풀어드릴 만한 자격조차 없는
몸이오."
28◎이것은 요한이 세례를 베풀던 요르단 강
건너편 베다니아에서 일어난 일이었다.

하느님의 어린 양

29◎다음날 요한은 예수께서 자기한테 오시는
것을 보고 이렇게 말하였다. "이 세상의 죄
를 없애시는 하느님의 어린 양이 저기 오
신다.
30 내가 전에 내 뒤에 오시는 분이 한 분 계신
데 그분은 사실은 내가 태어나기 전부터 계
셨기 때문에 나보다 앞서신 분이라고 말한
것은 바로 이분을 두고 한 말이었다.
31 나도 이분이 누구신지 몰랐다. 그러나 내가
와서 물로 세례를 베푼 것은 이분을 이스라
엘에게 알리려는 것이었다."
32 요한은 또 증언하였다. "나는 성령이 하늘
에서 비둘기 모양으로 내려와 이분 위에 머
무르는 것을 보았다.
33 나는 이분이 누구신지 몰랐다. 그러나 물로
세례를 베풀라고 나를 보내신 분이 '성령이
내려와서 어떤 사람 위에 머무르는 것을 보
거든 그가 바로 성령으로 세례를 베푸실 분
인 줄 알아라.' 하고 말씀해 주셨다.
34 과연 나는 그 광경을 보았다. 그래서 나는
지금 이분이 하느님의 아드님이시라고 증
언하는 것이다."

예수의 첫 번째 제자들
(마태오 4:18-20; 마르코 1:16-18; 루가 5:1-11)

35◎다음날 요한이 자기 제자 두 사람과 함께
다시 그 곳에 서 있다가
36 마침 예수께서 걸어가시는 것을 보고 "하
느님의 어린 양이 저기 가신다." 하고 말하
였다.
37 그 두 제자는 요한의 말을 듣고 예수를 따라
갔다.
38 예수께서는 뒤돌아 서서 그들이 따라오는
것을 보시고 "너희가 바라는 것이 무엇이
냐?" 하고 물으셨다. 그들은 "라삐, 묵고
계시는 데가 어딘지 알고 싶습니다." 하고
말하였다. (라삐는 선생님이라는 뜻이다.)

39예수께서 와서 보라고 하시자 그들은 따라
가서 예수께서 계시는 곳을 보고 그 날은 거
기에서 예수와 함께 지냈다. 때는 네 시쯤이
었다.
40◎요한의 말을 듣고 예수를 따라간 두 사람
중의 하나는 시몬 베드로의 동생 안드레아
였다.
41그는 먼저 자기 형 시몬을 찾아가 "우리가
찾던 메시아를 만났소." 하고 말하였다. (메
시아는 그리스도라는 뜻이다.)
42그리고 시몬을 예수께 데리고 가자 예수께서
시몬을 눈여겨보시며 "너는 요한의 아들 시
몬이 아니냐? 앞으로는 너를 게파라 부르겠
다." 하고 말씀하셨다. (게파는 베드로 곧
바위라는 뜻이다.)

필립보와 나타나엘을 부르시다

43◎그 이튿날 예수께서 갈릴래아로 떠나가시
려던 참에 필립보를 만나 "나를 따라오너
라." 하고 부르셨다.
44필립보는 베싸이다 출신으로 안드레아와 베드
로와 한 고향 사람이다.
45그가 나타나엘을 찾아가서 "우리는 모세의
율법서와 예언자들의 글에 기록되어 있는
분을 만났소. 그분은 요셉의 아들 예수인데
나자렛 사람이오." 하고 말하였다.
46그러나 그는 "나자렛에서 무슨 신통한 것이
나올 수 있겠소?" 하고 물었다. 그래서 필
립보는 나타나엘에게 와서 보라고 권하였다.
47◎예수께서는 나타나엘이 가까이 오는 것을
보시고 "이 사람이야말로 정말 이스라엘 사
람이다. 그에게는 거짓이 조금도 없다." 하
고 말씀하셨다.
48나타나엘이 예수께 "어떻게 저를 아십니
까?" 하고 물었다. "필립보가 너를 찾아가
기 전에 네가 무화과나무 아래 있는 것을 보
았다." 예수께서 이렇게 대답하시자
49나타나엘은 "선생님, 선생님은 하느님의 아
들이시며 이스라엘의 왕이십니다." 하고 말
하였다.
50예수께서는 "네가 무화과나무 아래 있는 것
을 보았다고 해서 나를 믿느냐? 앞으로는
그보다 더 큰 일을 보게 될 것이다." 하시고
51"정말 잘 들어두어라. 너희는 하늘이 열려
있는 것과 ㉠하느님의 천사들이 하늘과 사
람의 아들 사이를 오르내리는 것을 보게 될
것이다." 하고 말씀하셨다.

가나의 혼인 잔치

2

◎이런 일이 있은 지 사흘째 되던 날 갈릴
래아 지방 가나에 혼인 잔치가 있었다. 그
자리에는 예수의 어머니도 계셨고
2예수도 그의 제자들과 함께 초대를 받고 와
계셨다.
3그런데 잔치 도중에 포도주가 다 떨어지자
예수의 어머니는 예수께 포도주가 떨어졌다
고 알렸다.
4예수께서는 어머니를 보시고 "어머니, ㉡그
것이 저에게 무슨 상관이 있다고 그러십니
까? 아직 제 때가 오지 않았습니다." 하고
말씀하셨다.
5그러자 예수의 어머니는 하인들에게 "무엇
이든지 그가 시키는 대로 하여라." 하고 일
렀다.
6◎유다인들에게는 정결 예식을 행하는 관습
이 있었는데 거기에는 그 예식에 쓰이는 두
세 동이들이 돌항아리 여섯 개가 놓여 있었
다.
7예수께서 하인들에게 "그 항아리마다 모두
물을 가득히 부어라." 하고 이르셨다. 그들
이 여섯 항아리에 물을 가득 채우자
8예수께서 "이제는 퍼서 잔치 맡은 이에게
갖다 주어라." 하셨다. 하인들이 잔치 맡은
이에게 갖다 주었더니
9물은 어느새 포도주로 변해 있었다. 물을
떠간 그 하인들은 그 술이 어디에서 났는지
알고 있었지만 잔치 맡은 이는 아무것도 모
른 채 술맛을 보고 나서 신랑을 불러
10"누구든지 좋은 포도주는 먼저 내놓고 손님
들이 취한 다음에 덜 좋은 것을 내놓는 법인
데 이 좋은 포도주가 아직까지 있으니 웬일
이오!" 하고 감탄하였다.
11이렇게 예수께서는 첫 번째 기적을 갈릴래아
지방 가나에서 행하시어 당신의 영광을 드
러내셨다. 그리하여 제자들은 예수를 믿게
되었다.
12◎이 일이 있은 뒤에 예수께서는 어머니와
형제들과 제자들과 함께 가파르나움에 내려
가셨으나 거기에 여러 날 머물러 계시지는
않았다.

성전 정화 (마태오 21:12-13; 마르코 11:15-18; 루가 19:45-46)

13◎유다인들의 과월절이 가까워지자 예수께
서는 예루살렘에 올라가셨다.
14그리고 성전 뜰에서 소와 양과 비둘기를 파

㉠ 창세 28:12. ㉡ "저나 어머니에게 무슨 상관이 있습니까?"라고 옮길 수도 있다.

는 장사꾼들과 환금상들이 앉아 있는 것을
보시고
15 밧줄로 채찍을 만들어 양과 소를 모두 쫓아
내시고 환금상들의 돈을 쏟아버리며 그 상
을 둘러엎으셨다.
16 그리고 비둘기 장수들에게 "이것들을 거두
어가라. 다시는 내 아버지의 집을 장사하는
집으로 만들지 마라." 하고 꾸짖으셨다.
17 이 광경을 본 제자들의 머리에는 '㉠하느님
이시여, 하느님의 집을 아끼는 내 열정이
나를 불사르리이다.' 하신 성서의 말씀이
떠올랐다.
18 그 때에 유다인들이 나서서 "당신이 이런
일을 하는데, 당신에게 이럴 권한이 있음을
증명해 보시오. 도대체 무슨 기적을 보여주
겠소?" 하고 예수께 대들었다.
19 예수께서는 "이 성전을 허물어라. 내가 사
흘 안에 다시 세우겠다." 하고 대답하셨다.
20 그들이 예수께 "이 성전을 짓는 데 사십육
년이나 걸렸는데, 그래 당신은 그것을 사흘
이면 다시 세우겠단 말이오?" 하고 또 대들
었다.
21 그런데 예수께서 성전이라 하신 것은 당신
의 몸을 두고 하신 말씀이었다.
22 제자들은 예수께서 죽었다가 부활하신 뒤에
야 이 말씀을 생각하고 비로소 성서의 말씀
과 예수의 말씀을 믿게 되었다.

사람의 마음을 들여다보시는 예수

23 ◎예수께서는 과월절을 맞아 예루살렘에 머
무르시는 동안 여러 가지 기적을 행하셨는
데, 많은 사람들이 그것을 보고 예수를 믿게
되었다.
24 그러나 예수께서는 그들에게 마음을 주지
않으셨다. 그것은 사람들을 너무나 잘 아실
뿐만 아니라
25 누구에 대해서도 사람의 말은 들어보실 필
요가 없으셨기 때문이다. 예수께서는 사람
의 마음속까지 꿰뚫어 보시는 분이었다.

니고데모와의 대화

3 ◎바리사이파 사람들 가운데 니고데모라는
사람이 있었다. 그는 유다인들의 지도자
중 한 사람이었는데
2 어느 날 밤에 예수를 찾아와서 "선생님, 우
리는 선생님을 하느님께서 보내신 분으로
알고 있습니다. 하느님께서 함께 계시지 않
고서야 누가 선생님처럼 그런 기적들을 행
할 수 있겠습니까?" 하고 말하였다.
3 그러자 예수께서는 "정말 잘 들어두어라.
㉡누구든지 새로 나지 아니하면 아무도 하
느님의 나라를 볼 수 없다." 하고 말씀하셨
다.
4 니고데모는 "다 자란 사람이 어떻게 다시 태
어날 수 있겠습니까? 다시 어머니 뱃속에
들어갔다가 나올 수야 없지 않습니까?" 하
고 물었다.
5 "정말 잘 들어두어라. 물과 성령으로 새로
나지 않으면 아무도 하느님 나라에 들어갈
수 없다.
6 육에서 나온 것은 육이며 영에서 나온 것은
영이다.
7 새로 나야 된다는 내 말을 이상하게 생각하
지 마라.
8 바람은 제가 불고 싶은 대로 분다. 너는 그
소리를 듣고도 어디서 불어와서 어디로 가
는지를 모른다. 성령으로 난 사람은 누구든
지 이와 마찬가지다." 예수께서 이렇게 대
답하시자
9 니고데모는 다시 "어떻게 그런 일이 있을 수
가 있겠습니까?" 하고 물었다.
10 예수께서는 다시 이렇게 말씀하셨다. "너는
이스라엘의 이름난 선생이면서 이런 것들을
모르느냐?
11 정말 잘 들어두어라. 우리는 우리가 알고
있는 것을 말하고, 우리의 눈으로 본 것을
증언하는 것이다. 그런데도 너희는 우리의
증언을 받아들이지 않는다.
12 너희는 내가 이 세상 일을 말하는데도 믿지
않으면서 어떻게 하늘의 일을 두고 하는 말
을 믿겠느냐?
13 하늘에서 내려온 사람의 아들 외에는 아무도
하늘에 올라간 일이 없다.
14 구리뱀이 광야에서 모세의 손에 높이 들렸
던 것처럼 사람의 아들도 높이 들려야 한다.
15 그것은 그를 믿는 사람은 누구나 영원한 생
명을 누리게 하려는 것이다.
16 하느님은 이 세상을 극진히 사랑하셔서 외
아들을 보내주시어 그를 믿는 사람은 누구
든지 멸망하지 않고 영원한 생명을 얻게 하
여주셨다.
17 하느님이 아들을 세상에 보내신 것은 세상
을 단죄하시려는 것이 아니라 아들을 시켜
구원하시려는 것이다.
18 그를 믿는 사람은 죄인으로 판결받지 않으
나 믿지 않는 사람은 이미 죄인으로 판결을

㉠ 시편 69:9. ㉡ "위로부터 나지 아니하면"이라고 옮길 수도 있다.

받았다. 하느님의 외아들을 믿지 않았기 때
문이다.
19빛이 세상에 왔지만 사람들은 자기들의 행
실이 악하여 빛보다 어둠을 더 사랑했다.
이것이 벌써 죄인으로 판결받았다는 것을
말해 준다.
20과연 악한 일을 일삼는 자는 누구나 자기 죄
상이 드러날까봐 빛을 미워하고 멀리한다.
21그러나 진리를 따라 사는 사람은 빛이 있는
데로 나아간다. 그리하여 그가 한 일은 모
두 하느님의 뜻을 따라 한 일이라는 것이 드
러나게 된다."

세례자 요한의 마지막 증언

22◎그 뒤에 예수께서는 제자들과 함께 유다
지방으로 가셔서 그 곳에 머무르시면서 세
례를 베푸셨다.
23한편 살림에서 가까운 애논이라는 곳에 물
이 많아서 요한은 거기에서 세례를 베풀었
는데 많은 사람들이 찾아와 세례를 받았다.
24이것은 요한이 감옥에 갇히기 전의 일이었
다.
25◎그런데 요한의 제자들과 어떤 유다인 사이
에 정결 예식을 두고 논쟁이 벌어졌다.
26그 제자들은 요한을 찾아가 "선생님, 선생
님과 함께 요르단 강 건너편에 계시던 분이
세례를 베풀고 있습니다. 선생님께서 증언
하신 바로 그분인데 모든 사람이 그분에게
몰려가고 있습니다." 하고 말하였다.
27요한은 제자들에게 이렇게 말하였다. "사람
은 하늘이 주시지 않으면 아무것도 받을 수
없다.
28나는 그리스도가 아니라 그분 앞에 사명을
띠고 온 사람이라고 말하였는데 너희는 그
것을 직접 들은 증인들이다.
29신부를 맞을 사람은 신랑이다. 신랑의 친구
도 옆에 서 있다가 신랑의 목소리가 들리면
기쁨에 넘친다. 내 마음도 이런 기쁨으로
가득 차 있다.
30그분은 더욱 커지셔야 하고 나는 작아져야
한다."

하늘에서 오시는 분

31◎위에서 오신 분은 모든 사람 위에 계신다.
세상에서 나온 사람은 세상에 속하여 세상
일을 말하고 하늘에서 오신 분은 모든 사람
위에 계시며
32친히 보고 들으신 것을 증언하신다. 그러나
아무도 그분의 증언을 받아들이지 않는다.
33그분의 증언을 받아들이는 사람은 하느님
께서 참되시다는 것을 확증하는 사람이다.
34하느님께서 보내신 분이 하시는 말씀은 곧
하느님의 말씀이다. 하느님께서는 그분에
게 성령을 아낌없이 주시기 때문이다.
35아버지께서는 아들을 사랑하셔서 모든 것
을 그의 손에 맡기셨다.
36그러므로 아들을 믿는 사람은 영원한 생명
을 얻을 것이며 아들을 믿지 않는 사람은 생
명을 얻기는커녕 오히려 하느님의 영원한
분노를 사게 될 것이다.

예수와 사마리아 여자

4 ◎예수께서 요한보다 더 많은 제자를 얻으
시고 세례를 베푸신다는 소문이 바리사이
파 사람들의 귀에 들어갔다.
2(사실은 예수께서 세례를 베푸신 것이 아니
라 제자들이 베푼 것이었다.)
3예수께서는 그것을 아시고 유다를 떠나 다
시 갈릴래아로 가기로 하셨는데
4그 곳으로 가자면 사마리아를 거쳐야만 하
였다.
5◎예수께서 사마리아 지방의 시카르라는 동
네에 이르셨다. 이 동네는 옛날에 야곱이 아
들 요셉에게 준 땅에서 가까운 곳인데
6거기에는 야곱의 우물이 있었다. 먼 길에 지
치신 예수께서는 그 우물가에 가 앉으셨다.
때는 이미 정오에 가까웠다.
7마침 그 때에 한 사마리아 여자가 물을 길으
러 나왔다. 예수께서 그를 보시고 물을 좀
달라고 청하셨다.
8제자들은 먹을 것을 사러 시내에 들어가고
없었다.
9사마리아 여자는 예수께 "당신은 유다인이고
저는 사마리아 여자인데 어떻게 저더러 물
을 달라고 하십니까?" 하고 말하였다. 유다
인들과 사마리아인들은 서로 상종하는 일이
없었던 것이다.
10예수께서는 그 여자에게 "하느님께서 주시
는 선물이 무엇인지, 또 너에게 물을 청하
는 내가 누구인지 알았더라면 오히려 네가
나에게 청했을 것이다. 그러면 내가 너에게
샘솟는 물을 주었을 것이다." 하고 대답하
시자
11그 여자는 "선생님, 우물이 이렇게 깊은데
다 선생님께서는 두레박도 없으시면서 어
디서 그 샘솟는 물을 떠다 주시겠다는 말씀
입니까?
12이 우물물은 우리 조상 야곱이 마셨고 그 자

손들과 가축까지도 마셨습니다. 선생님께서는 이러한 우물을 우리에게 주신 야곱보다 더 훌륭하시다는 말씀입니까?" 하고 물었다.

13 예수께서는 "이 우물물을 마시는 사람은 다시 목마르겠지만

14 내가 주는 물을 마시는 사람은 영원히 목마르지 않을 것이다. 내가 주는 물은 그 사람 속에서 샘물처럼 솟아올라 영원히 살게 할 것이다." 하셨다.

15 이 말씀을 듣고 그 여자는 "선생님, 그 물을 저에게 좀 주십시오. 그러면 다시는 목마르지도 않고 물을 길으러 여기까지 나오지 않아도 되겠습니다." 하고 청하였다.

16 ◎예수께서 그 여자에게 가서 남편을 불러오라고 하셨다.

17 그 여자가 남편이 없다고 대답하자 예수께서는 "남편이 없다는 말은 숨김없는 말이다.

18 너에게는 남편이 다섯이나 있었고 지금 함께 살고 있는 남자도 사실은 네 남편이 아니니 너는 바른 대로 말하였다." 하고 말씀하셨다.

19 그랬더니 그 여자는 "과연 선생님은 예언자이십니다.

20 그런데 우리 조상은 저 산에서 하느님께 예배 드렸는데 선생님네들은 예배 드릴 곳이 예루살렘에 있다고 합니다." 하고 말하였다.

21 예수께서는 이렇게 말씀하셨다. "내 말을 믿어라. 사람들이 아버지께 예배를 드릴 때에 '이 산이다.' 또는 '예루살렘이다.' 하고 굳이 장소를 가리지 않아도 될 때가 올 것이다.

22 너희는 무엇인지도 모르고 예배하지만 우리는 우리가 예배 드리는 분을 잘 알고 있다. 구원은 유다인에게서 오기 때문이다.

23 그러나 진실하게 예배하는 사람들이 영적으로 참되게 아버지께 예배를 드릴 때가 올 터인데 바로 지금이 그 때이다. 아버지께서는 이렇게 예배하는 사람들을 찾고 계신다.

24 하느님은 영적인 분이시다. 그러므로 예배하는 사람들은 영적으로 참되게 하느님께 예배 드려야 한다."

25 ◎그 여자가 "저는 그리스도라 하는 메시아가 오실 것을 알고 있습니다. 그분이 오시면 저희에게 모든 것을 다 알려주시겠지요." 하자

26 예수께서는 "너와 말하고 있는 내가 바로 그 사람이다." 하고 말씀하셨다.

27 ◎그 때에 예수의 제자들이 돌아와 예수께서 여자와 이야기하시는 것을 보고 놀랐다. 그러나 예수께서 그 여자에게 무엇을 청하셨는지 또 그 여자와 무슨 이야기를 나누셨는지 물어보는 사람은 없었다.

28 ◎그 여자는 물동이를 버려두고 동네에 돌아가 사람들에게

29 "나의 지난 일을 다 알아맞힌 사람이 있습니다. 같이 가서 봅시다. 그분이 그리스도인지도 모르겠습니다." 하고 알렸다.

30 그 말을 듣고 그들은 동네에서 나와 예수께 모여들었다.

31 ◎그러는 동안에 제자들이 예수께 "선생님, 무엇을 좀 잡수십시오." 하고 권하였다.

32 예수께서는 "나에게는 너희가 모르는 양식이 있다." 하고 말씀하셨다.

33 이 말씀을 듣고 제자들은 "누가 선생님께 잡수실 것을 갖다 드렸을까?" 하고 수군거렸다.

34 그러자 예수께서는 "나를 보내신 분의 뜻을 이루고 그분의 일을 완성하는 것이 내 양식이다.

35 너희는 '아직도 넉 달이 지나야 추수 때가 온다.' 하지 않느냐? 그러나 내 말을 잘 들어라. 저 밭들을 보아라. 곡식이 이미 다 익어서 추수하게 되었다.

36 거두는 사람은 이미 삯을 받고 있다. 그는 영원한 생명의 나라로 알곡을 모아들인다. 그래서 심는 사람도 거두는 사람과 함께 기뻐하게 될 것이다.

37 과연 한 사람은 심고 다른 사람은 거둔다는 속담이 맞다.

38 남들이 수고하여 지은 곡식을 거두라고 나는 너희를 보냈다. 수고는 다른 사람들이 하였지만 그 수고의 열매는 너희가 거두는 것이다." 하고 말씀하셨다.

39 ◎그 동네에 사는 많은 사마리아 사람들은 그 여자가 자기의 지난 일을 예수께서 다 알아맞히셨다고 한 증언을 듣고 예수를 믿게 되었다.

40 예수께서는 그들이 찾아와 자기들과 함께 묵으시기를 간청하므로 거기에서 이틀 동안 묵으셨는데

41 더 많은 사람들이 예수의 말씀을 듣고 믿게 되었다.

42 그리고 그 여자에게 "우리는 당신의 말만 듣고 믿었지만 이제는 직접 그분의 말씀을 듣고 그분이야말로 참으로 구세주라는 것을 알게 되었소." 하고 말하였다.

고관의 아들을 고치신 예수
(비교:마태오 8:5-13; 루가 7:1-10)

43◎이틀 뒤에 예수께서는 그 곳을 떠나 갈릴
래아로 가셨다.
44예수께서는 친히 "예언자는 자기 고향에서
존경을 받지 못한다." 하고 말씀하신 일이
있었다.
45갈릴래아에 도착하시자 그 곳 사람들은 예수
를 환영하였다. 그들은 명절에 예루살렘에
갔다가 거기에서 예수께서 하신 일을 모두
보았던 것이다.
46◎예수께서는 전에 물로 포도주를 만드신
적이 있는 갈릴래아의 가나에 다시 가셨다.
거기에 고관 한 사람이 있었는데 그의 아들
이 가파르나움에서 앓아 누워 있었다.
47그는 예수께서 유다를 떠나 갈릴래아에 오셨
다는 말을 듣고 예수를 찾아와 자기 아들이
거의 죽게 되었으니 가파르나움으로 내려가
셔서 아들을 고쳐달라고 사정하였다.
48예수께서는 그에게 "너희는 기적이나 신기
한 일을 보지 않고서는 믿지 않는다." 하고
말씀하셨다.
49그래도 그 고관은 "선생님, 제 자식이 죽
기 전에 같이 좀 가주십시오." 하고 애원하
였다.
50예수께서 "집에 돌아가거라. 네 아들은 살
것이다." 하시니 그는 예수의 말씀을 믿고
떠나갔다.
51그가 집으로 돌아가는 도중에 그의 종들이
길에 마중 나와 그의 아들이 살아났다고 전
해 주었다.
52그가 종들에게 자기 아이가 낫게 된 시간을
물어보니 오후 한 시에 열이 떨어졌다는 것
이었다.
53그 아버지는 그 때가 바로 예수께서 "네 아
들은 살 것이다." 하고 말씀하신 시간이라
는 것을 알았다. 그래서 그와 그의 온 집안
이 예수를 믿었다.
54◎이것은 예수께서 유다를 떠나 갈릴래아에
돌아오신 뒤에 보여주신 두 번째 기적이
었다.

베짜타 못 가의 병자

5 ◎얼마 뒤에 유다인의 명절이 되어 예수께
서 예루살렘에 올라가셨다.
2예루살렘 양의 문 곁에는 히브리 말로 베짜타
라는 못이 있었고 그 둘레에는 행각 다섯이
서 있었다.
3이 행각에는 소경과 절름발이와 중풍병자
등 수많은 병자들이 누워 있었는데 (㉠그들
은 물이 움직이기를 기다리고 있었다.
4이따금 주님의 천사가 그 못에 내려와 물을
휘젓곤 하였는데 물이 움직일 때에 맨 먼저
못에 들어가는 사람은 무슨 병이라도 다 나
았던 것이다.)
5그들 중에는 삼십팔 년이나 앓고 있는 병자
도 있었다.
6예수께서 그 사람이 거기 누워 있는 것을 보
시고 또 아주 오래된 병자라는 것을 아시고
는 그에게 "낫기를 원하느냐?" 하고 물으
셨다.
7병자는 "선생님, 그렇지만 저에겐 물이 움
직여도 물에 넣어줄 사람이 없습니다. 그래
서 저 혼자 가는 동안에 딴 사람이 먼저 못
에 들어갑니다." 하고 대답하였다.
8예수께서 "일어나 요를 걷어들고 걸어가거
라." 하시자
9그 사람은 어느새 병이 나아서 요를 걷어들
고 걸어갔다. ◎그 날은 마침 안식일이었다.
10그래서 유다인들은 병이 나은 그 사람에게
"오늘은 안식일이니까 요를 들고 가서는 안
된다." 하고 나무랐다.
11"나를 고쳐주신 분이 나더러 요를 걷어들고
걸어가라고 하셨습니다." 그가 이렇게 대꾸
하자
12그들은 "너더러 요를 걷어들고 걸어가라고
한 사람이 도대체 누구냐?" 하고 물었다.
13그러나 병이 나은 그 사람은 자기를 고쳐준
사람이 누군지 알 수 없었다. 예수께서는 이
미 자리를 뜨셨고 그 곳에는 많은 사람이 붐
볐기 때문이다.
14얼마 뒤에 예수께서 성전에서 그 사람을 만
나 "자, 지금은 네 병이 말끔히 나았다. 다
시는 죄를 짓지 마라. 그렇지 않으면 더욱
흉한 일이 너에게 생길지도 모른다." 하고
일러주셨다.
15그 사람은 유다인들에게 가서 자기 병을 고
쳐주신 분이 예수라고 말하였다.
16이 때부터 유다인들은 예수께서 안식일에
이런 일을 하신다 하여 예수를 박해하기 시
작하였다.
17그러나 예수께서는 그들에게 "내 아버지께
서 언제나 일하고 계시니 나도 일하는 것이
다." 하고 말씀하셨다.
18이 때문에 유다인들은 예수를 죽이려는 마
음을 더욱 굳혔다. 예수께서 안식일법을 어

㉠ 어떤 사본에는 3절 하반과 4절이 없다.

기셨을 뿐만 아니라 하느님을 자기 아버지
라고 하시며 자기를 하느님과 같다고 하셨
기 때문이다.

아들의 권한

19◎그래서 예수께서는 유다인들에게 이렇게
말씀하셨다. "정말 잘 들어두어라. 아들은
아버지께서 하시는 일을 보고 그대로 할
뿐이지 무슨 일이나 마음대로 할 수는 없
다. 아버지께서 하시는 일을 아들도 할 따
름이다.
20아버지께서는 아들을 사랑하셔서 친히 하
시는 일을 모두 아들에게 보여주신다. 그뿐
만 아니라 아들을 시켜 이보다 더 큰 일도
보여주실 것이다. 그것을 보면 너희는 놀랄
것이다.
21아버지께서 죽은 이들을 일으켜 다시 살리
시듯이 아들도 살리고 싶은 사람들은 살릴
것이다.
22또한 아버지께서는 친히 아무도 심판하지
않으시고 그 권한을 모두 아들에게 맡기
셔서
23모든 사람이 아버지를 존경하듯이 아들도
존경하게 하셨다. 아들을 존경하지 않는 사
람은 아들을 보내신 아버지도 존경하지 않
는다."
24◎"정말 잘 들어두어라. 내 말을 듣고 나를
보내신 분을 믿는 사람은 영원한 생명을 얻
을 것이다. 그 사람은 심판을 받지 않을 뿐
만 아니라 이미 죽음의 세계에서 벗어나 생
명의 세계로 들어섰다.
25정말 잘 들어두어라. 때가 오면 죽은 이들
이 하느님의 아들의 음성을 들을 것이며 그
음성을 들은 이들은 살아날 터인데 바로 지
금이 그 때이다.
26아버지께서 생명의 근원이신 것처럼 아들
도 생명의 근원이 되게 하셨다.
27아버지께서는 또한 아들에게 심판하는 권
한을 주셨다. 그는 사람의 아들이기 때문
이다.
28내 말에 놀라지 마라. 죽은 이들이 모두 그
의 음성을 듣고 무덤에서 나올 때가 올 것
이다.
29그 때가 오면 선한 일을 한 사람들은 부활하
여 생명의 나라에 들어가고 악한 일을 한 사
람들은 부활하여 단죄를 받게 될 것이다."

아들을 위한 아버지의 증언

30◎"나는 무슨 일이나 내 마음대로 할 수 없
고 그저 하느님께서 하라고 하시는 대로 심
판할 따름이다. 내가 이루고자 하는 것은
내 뜻이 아니라 나를 보내신 분의 뜻이기 때
문에 내 심판은 올바르다."
31◎"나 자신의 일을 내 입으로 증언한다면
그것은 참된 증언이 못 된다.
32그러나 나를 위하여 증언하는 이가 따로 있
으니 그의 증언은 분명히 참된 것이다.
33너희가 요한에게 사람을 보냈을 때에 요한
은 진리를 증언하였다.
34나에게는 사람의 증언이 소용없으나 다만
너희의 구원을 위해서 이 말을 하는 것이다.
35요한은 환하게 타오르는 등불이었다. 너희
는 한때 그 빛을 보고 대단히 좋아했다.
36그런데 나에게는 요한의 증언보다 훨씬 더
나은 증언이 있다. 지금 내가 하고 있는 일
은 아버지께서 나에게 성취하라고 맡겨주
신 일인데 그것이 바로 아버지께서 나를 보
내셨다는 증거가 된다.
37그리고 나를 보내신 아버지께서도 친히 나
를 위하여 증언해 주셨다. 너희는 아버지
의 음성을 들은 적도 없고 모습을 본 일도
없다.
38더구나 아버지께서 보내신 이를 믿지 않으
므로 마음속에 아버지의 말씀이 들어 있지
않다.
39너희는 성서 속에 영원한 생명이 있는 것을
알고 파고들거니와 그 성서는 바로 나를 증
언하고 있다.
40그런데도 너희는 나에게 와서 생명을 얻으
려 하지 않는다."
41◎"나는 사람에게서 찬양을 받으려 하지 않
는다.
42너희에게 하느님을 사랑하는 마음이 없다
는 것을 나는 잘 알고 있다.
43내가 내 아버지의 이름으로 왔지만 너희는
나를 받아들이지 않는다. 그러나 아마 딴
사람이 자기 이름을 내세우고 온다면 너희
는 그를 맞아들일 것이다.
44너희는 서로 영광을 주고받으면서도 오직
한 분이신 하느님께서 주시는 영광은 바라
지 않으니 어떻게 나를 믿을 수가 있겠느
냐?
45그러나 내가 너희를 아버지께 고발하리라
고 생각하지는 마라. 너희를 고발할 사람은
오히려 너희가 희망을 걸어온 모세이다.
46만일 너희가 모세를 믿는다면 나를 믿을 것
이다. 모세가 기록한 것은 바로 나에게 관한
것이기 때문이다.

47 너희가 모세의 글도 믿지 않으니 어떻게 내
말을 믿겠느냐?"

오천 명을 먹이신 기적
(마태오 14:13-21; 마르코 6:30-44; 루가 9:10-17)

6 ◎그 뒤 예수께서는 갈릴래아 호수 곧 티베
리아 호수 건너편으로 가셨는데
2 많은 사람들이 떼를 지어 예수를 따라갔다.
그들은 예수께서 병자들을 고쳐주신 기적을
보았던 것이다.
3 예수께서는 산등성이에 오르셔서 제자들과
함께 자리잡고 앉으셨다.
4 유다인들의 명절인 과월절이 이제 얼마 남
지 않은 때였다.
5 예수께서는 큰 군중이 자기에게 몰려오는
것을 보시고 필립보에게 "이 사람들을 다 먹
일 만한 빵을 우리가 어디서 사올 수 있겠느
냐?" 하고 물으셨다.
6 이것은 단지 필립보의 속을 떠보려고 하신
말씀이었고 예수께서는 하실 일을 이미 마
음속에 작정하고 계셨던 것이다.
7 필립보는 "이 사람들에게 빵을 조금씩이라
도 먹이자면 이백 데나리온 어치를 사온다
해도 모자라겠습니다." 하고 대답하였다.
8 제자 중의 하나이며 시몬 베드로의 동생인
안드레아는
9 "여기 웬 아이가 보리빵 다섯 개와 작은 물
고기 두 마리를 가지고 있습니다마는 이렇
게 많은 사람에게 그것이 무슨 소용이 되겠
습니까?" 하고 말하였다.
10 예수께서 그들에게 "사람들을 모두 앉혀
라." 하고 분부하셨다. 마침 그 곳에는 풀이
많았는데 거기에 앉은 사람은 남자만 약 오
천 명이나 되었다.
11 그 때 예수께서는 손에 빵을 드시고 감사의
기도를 올리신 다음, 거기에 앉아 있는 사
람들에게 달라는 대로 나누어주시고 다시
물고기도 그와 같이 하여 나누어주셨다.
12 사람들이 모두 배불리 먹고 난 뒤에 예수께
서는 제자들에게 "조금도 버리지 말고 남은
조각을 다 모아들여라." 하고 이르셨다.
13 그래서 보리빵 다섯 개를 먹고 남은 부스러
기를 제자들이 모았더니 열두 광주리에 가
득 찼다.
14 예수께서 베푸신 기적을 보고 사람들은 "이
분이야말로 세상에 오시기로 된 예언자이
시다." 하고 저마다 말하였다.
15 예수께서는 그들이 달려들어 억지로라도 왕
으로 모시려는 낌새를 알아채시고 혼자서
다시 산으로 피해 가셨다.

물 위를 걸으시다
(마태오 14:22-27; 마르코 6:45-52)

16 ◎그 날 저녁때 제자들은 호숫가로 내려가
서
17 배를 타고 호수 저편에 있는 가파르나움으로
저어갔다. 예수께서는 어둠이 이미 짙어졌
는데도 그들에게 돌아오지 않으셨다.
18 거센 바람이 불고 바다 물결은 사나워졌다.
19 그런데 그들이 배를 저어 십여 리쯤 갔을 때
예수께서 물 위를 걸어서 배 있는 쪽으로 다
가오셨다. 이 광경을 본 제자들은 겁에 질
렸다.
20 예수께서 제자들에게 "나다, 두려워할 것
없다." 하시자
21 제자들은 예수를 배 안에 모셔 들이려고 하
였다. 그러나 배는 어느새 그들의 목적지에
가 닿았다.

생명의 빵

22 ◎그 이튿날의 일이다. 호수 건너편에 남아
있던 군중은, 거기에 배가 한 척밖에 없었
는데 예수께서는 그 배에 타지 않으시고 제
자들끼리만 타고 떠난 것을 알고 있었다.
23 한편 티베리아로부터 다른 작은 배 몇 척이
주께서 감사의 기도를 드리시고 빵을 나누
어 먹이시던 곳으로 가까이 와 닿았다.
24 그런데 군중은 거기에서도 예수와 제자들의
모습이 보이지 않자 그 배들을 타고 예수를
찾아 가파르나움으로 떠났다.
25 그들은 호수를 건너가서야 예수를 찾아내고
"선생님, 언제 이쪽으로 오셨습니까?" 하
고 물었다.
26 예수께서는 "정말 잘 들어두어라. 너희가
지금 나를 찾아온 것은 내 기적의 뜻을 깨달
았기 때문이 아니라 빵을 배불리 먹었기 때
문이다.
27 썩어 없어질 양식을 얻으려고 힘쓰지 말고
영원히 살게 하며 없어지지 않을 양식을 얻
도록 힘써라. 이 양식은 사람의 아들이 너희
에게 주려는 것이다. 하느님 아버지께서 사
람의 아들에게 그 권능을 주셨기 때문이다."
하고 말씀하셨다.
28 사람들은 이 말씀을 듣고 "하느님의 일을
위해서 우리는 무엇을 해야 합니까?" 하고
물었다.
29 예수께서는 "하느님께서 보내신 이를 믿는
것이 곧 하느님의 일을 하는 것이다." 하고

대답하셨다.
30그들은 다시 "무슨 기적을 보여 우리로 하
여금 믿게 하시겠습니까? 선생님은 무슨
일을 하시렵니까?
31'㉠그는 하늘에서 빵을 내려다가 그들을
먹이셨다.' 한 성경 말씀대로 우리 조상들
은 광야에서 만나를 먹었습니다." 하고 말
했다.
32예수께서는 이렇게 말씀하셨다. "정말 잘
들어두어라. 하늘에서 빵을 내려다가 너희
를 먹인 사람은 모세가 아니다. 하늘에서 너
희에게 진정한 빵을 내려주시는 분은 내 아
버지이시다.
33하느님께서 주시는 빵은 하늘에서 내려오
는 것이며 세상에 생명을 준다."
34◎이 말씀을 듣고 그들이 "선생님, 그 빵을
항상 저희에게 주십시오." 하자
35예수께서는 이렇게 대답하셨다. "내가 바로
생명의 빵이다. 나에게 오는 사람은 결코
배고프지 않고 나를 믿는 사람은 결코 목마
르지 않을 것이다.
36내가 이미 말하였거니와 너희는 나를 보고
도 나를 믿지 않는다.
37그러나 아버지께서 내게 맡기시는 사람은
누구나 나에게 올 것이며 나에게 오는 사람
은 내가 결코 외면하지 않을 것이다.
38나는 내 뜻을 이루려고 하늘에서 내려온 것
이 아니라 나를 보내신 분의 뜻을 이루려고
왔다.
39나를 보내신 분의 뜻은 내게 맡기신 사람을
하나도 잃지 않고 마지막 날에 모두 살리는
일이다.
40그렇다. 아들을 보고 믿는 사람은 누구나
영원한 생명을 얻게 하는 것이 내 아버지의
뜻이다. 나는 마지막 날에 그들을 모두 살
릴 것이다."
41◎이 때 유다인들은 "나는 하늘에서 내려온
빵이다." 하신 예수의 말씀이 못마땅해서
웅성거리기 시작하였다.
42"아니, 저 사람은 요셉의 아들 예수가 아닌
가? 그의 부모도 우리가 다 알고 있는 터인
데 자기가 하늘에서 내려왔다니 말이 되는
가?"
43그 말을 들으시고 예수께서는 "무엇이 그렇
게 못마땅하냐?
44나를 보내신 아버지께서 이끌어주시지 않
으면 아무도 내게 올 수 없다. 그리고 내게
오는 사람은 마지막 날에 내가 살릴 것이다.

㉠ 칠십인역 시편 78:24(출애 16:15; 느헤 9:15 참조).

45예언서에 그들은 모두 하느님의 가르침을
받을 것이라고 기록되어 있다. 누구든지 아
버지의 가르침을 듣고 배우는 사람은 나에
게로 온다.
46그렇다고 해서 아버지를 본 사람이 있다는
것은 아니다. 하느님께로부터 온 이밖에는
아버지를 본 사람이 없다.
47정말 잘 들어두어라. 믿는 사람은 누구나
영원한 생명을 누린다.
48나는 생명의 빵이다.
49너희의 조상들은 광야에서 만나를 먹고도
다 죽었지만
50하늘에서 내려온 이 빵을 먹는 사람은 죽지
않는다.
51나는 하늘에서 내려온 살아 있는 빵이다.
이 빵을 먹는 사람은 누구든지 영원히 살 것
이다. 내가 줄 빵은 곧 나의 살이다. 세상은
그것으로 생명을 얻게 될 것이다." 하고 말
씀하셨다.
52◎유다인들이 이 말씀을 듣고 "이 사람이 어
떻게 자기 살을 우리에게 먹으라고 내어줄
수 있단 말인가?" 하며 서로 따졌다.
53예수께서는 다시 이렇게 말씀하셨다. "정말
잘 들어두어라. 만일 너희가 사람의 아들의
살과 피를 먹고 마시지 않으면 너희 안에 생
명을 간직하지 못할 것이다.
54그러나 내 살을 먹고 내 피를 마시는 사람은
영원한 생명을 누릴 것이며 내가 마지막 날
에 그를 살릴 것이다.
55내 살은 참된 양식이며 내 피는 참된 음료이
기 때문이다.
56내 살을 먹고 내 피를 마시는 사람은 내 안
에서 살고 나도 그 안에서 산다.
57살아 계신 아버지께서 나를 보내셨고 내가
아버지의 힘으로 사는 것과 같이 나를 먹는
사람도 나의 힘으로 살 것이다.
58이것이 바로 하늘에서 내려온 빵이다. 이
빵은 너희의 조상들이 먹고도 결국 죽어간
그런 빵이 아니다. 이 빵을 먹는 사람은 영
원히 살 것이다."
59이것은 예수께서 가파르나움 회당에서 가르
치실 때 하신 말씀이다.

믿지 않는 제자들

60◎제자들 가운데 여럿이 이 말씀을 듣고
"이렇게 말씀이 어려워서야 누가 알아들을
수 있겠는가?" 하며 수군거렸다.
61예수께서 제자들이 당신의 말씀을 못마땅해

하는 것을 알아채시고 "내 말이 귀에 거슬
리느냐?
62사람의 아들이 전에 있던 곳으로 올라가는
것을 보게 되면 어떻게 하겠느냐?
63육적인 것은 아무 쓸모가 없지만 영적인 것
은 생명을 준다. 내가 너희에게 한 말은 영
적인 것이며 생명이다.
64그러나 너희 가운데는 믿지 않는 사람들이
있다." 하고 말씀하셨다. 예수께서는 믿지
않는 사람들이 누구며 자기를 배반할 자가
누구인지 처음부터 알고 계셨던 것이다.
65예수께서는 또 이어서 "그래서 나는 아버지
께서 허락하신 사람이 아니면 나에게 올 수
없다고 말했던 것이다." 하고 말씀하셨다.

베드로의 신앙 고백

66◎이 때부터 많은 제자들이 예수를 버리고
물러갔으며 더 이상 따라다니지 않았다.
67그래서 예수께서는 열두 제자를 보시고
"자, 너희는 어떻게 하겠느냐? 너희도 떠
나가겠느냐?" 하고 물으셨다.
68그러자 시몬 베드로가 나서서 "주님, 주님
께서 영원한 생명을 주는 말씀을 가지셨는
데 우리가 주님을 두고 누구를 찾아가겠습
니까?
69우리는 주님께서 하느님이 보내신 거룩한
분이심을 믿고 또 압니다." 하고 대답하
였다.
70그러자 예수께서는 "너희 열둘은 내가 뽑은
사람들이 아니냐? 그러나 너희 가운데 하
나는 악마이다." 하고 말씀하셨다.
71이것은 가리옷 사람 시몬의 아들 유다를 가
리켜 하신 말씀이었다. 유다는 비록 열두 제
자 가운데 하나였지만 나중에 예수를 배반
할 자였다.

믿지 않는 예수의 형제들

7 ◎그 뒤에 예수께서는 유다인들이 자기를
죽이려고 했으므로 유다 지방으로는 다니
고 싶지 않아서 갈릴래아 지방을 찾아다니
셨다.
2그런데 유다인들의 명절인 초막절이 가까워
지자
3예수의 형제들이 예수께 "이 곳을 떠나 유다
로 가서 당신이 행하시는 그 훌륭한 일들을
제자들에게 보이십시오.
4널리 알려지려면 숨어서 일해서는 안 됩니
다. 이런 훌륭한 일들을 할 바에는 자신을
세상에 드러내는 것이 좋겠습니다." 하고
권하였다.
5이렇듯 예수의 형제들조차도 그분을 믿지
않았던 것이다.
6그래서 예수께서는 그들에게 이렇게 대답하
셨다. "너희에게는 아무 때나 상관없지만
나의 때는 아직 오지 않았다.
7세상이 너희는 미워할 수 없지만 나는 미워
하고 있다. 세상이 하는 짓이 악해서 내가
그것을 들추어내기 때문이다.
8너희는 어서 올라가서 명절을 지내라. 아직
나의 때가 되지 않았으니 나는 이번 명절에
는 올라가지 않겠다."
9예수께서는 형제들에게 이렇게 말씀하시고
계속하여 갈릴래아에 머무르셨다.

초막절 명절에 올라가신 예수

10◎형제들이 명절을 지내러 올라가고 난 뒤
에 예수께서도 남의 눈에 띄지 않게 올라가
셨다.
11명절 동안에 유다인들은 "예수가 어디 있느
냐?" 하고 물으며 찾아다녔다.
12그리고 군중 사이에서는 예수를 두고 이러
쿵저러쿵 말들이 많았다. "그는 좋은 분이
오." 하는 사람이 있는가 하면, "아니오,
그는 군중을 속이고 있소." 하는 사람도 있
었다.
13그러나 유다인들이 두려워서 예수에 관하여
내놓고 말하는 사람은 하나도 없었다.
14◎명절 중간쯤 해서 예수께서는 성전으로
올라가 가르치기 시작하셨다.
15유다인들은 "저 사람은 배우지도 않았는데
어떻게 저렇듯 아는 것이 많을까?" 하고 기
이하게 여겼다.
16예수께서는 그들에게 이렇게 말씀하셨다.
"내가 가르치는 것은 내 것이 아니라 나를
보내신 분의 가르침이다.
17하느님의 뜻을 실천하려는 사람이면 이것
이 하느님으로부터 나온 가르침인지 또는
내 생각에서 나온 가르침인지를 알 것이다.
18제 생각대로 말하는 사람은 자기 영광을 구
하는 사람이다. 그러나 자기를 보내신 분의
영광을 위해서 힘쓰는 사람은 정직하며 그
속에 거짓이 없다.
19너희에게 율법을 제정해 준 이는 모세가 아
니냐? 그런데도 너희 가운데 그 법을 지키
는 사람은 하나도 없다. 도대체 너희는 어
찌하여 나를 죽이려 하느냐?"
20군중들은 "당신이 미치지 않았소? 누가 당
신을 죽이려 한단 말이오?" 하였다.

21 예수께서는 이렇게 대답하셨다. "내가 안식
일에 일을 한 가지 했다고 하여 너희는 모두
놀라고 있다.
22 모세가 할례법을 명령했다 하여 너희는 안
식일에도 사내아이들에게 할례를 베풀고
있다. - 사실 할례법은 모세가 정한 것이 아
니라 옛 선조에게서 비롯된 것이다. -
23 너희는 이렇게 모세의 율법을 어기지 않으
려고 안식일에도 할례를 베풀면서 내가 안
식일에 사람 하나를 온전히 고쳐주었다고
하여 그렇게 화를 내는 것이냐?
24 겉모양을 보고 판단하지 말고 공정하게 판
단하여라."

이분이 그리스도인가?

25 ◎한편 예루살렘 사람들 중에서 더러는 "유
다인들이 죽이려고 찾는 사람이 바로 이 사
람이 아닌가?
26 저렇게 대중 앞에서 거침없이 말하고 있는
데도 말 한마디 못하는 것을 보면 혹시 우리
지도자들이 그를 정말 그리스도로 아는 것
이 아닐까?
27 그러나 그리스도가 오실 때에는 어디서 오
시는지 아무도 모를 터인데 우리는 이 사람
이 어디에서 왔는지 다 알고 있지 않은가?"
하고 말하였다.
28 그 때 예수께서는 성전에서 가르치시면서
큰소리로 이렇게 말씀하셨다. "너희는 나를
알고 있으며 내가 어디에서 왔는지도 알고
있다. 그러나 나는 내 마음대로 온 것이 아
니다. 나를 보내신 분은 정녕 따로 계신다.
너희는 그분을 모르지만
29 나는 알고 있다. 나는 그분에게서 왔고 그
분은 나를 보내셨다."
30 그러자 그들은 예수를 잡고 싶었으나 그에
게 손을 대는 사람은 하나도 없었다. 예수의
때가 아직 이르지 않았던 것이다.
31 ◎그러나 군중 가운데는 "그리스도가 정말
온다 해도 이분보다 더 많은 기적을 보여줄
수 있겠는가?" 하며 예수를 믿는 사람이 많
았다.

보내신 분에게 돌아가리라

32 ◎사람들이 예수를 두고 이렇게 수군거리는
소리를 바리사이파 사람들이 들었다. 그래
서 그들과 사제들은 예수를 잡아오라고 성
전 경비병들을 보냈다.
33 그 때 예수께서는 이렇게 말씀하셨다. "내
가 아직 얼마 동안은 너희와 같이 있겠지만
결국 나를 보내신 분에게 돌아가야 한다.
34 너희는 나를 찾아다녀도 찾지 못할 것이다.
내가 가 있는 곳에는 올 수가 없다."
35 유다인들은 이 말씀을 듣고 "우리가 자기를
찾아내지 못하리라고 하는데 도대체 어디
로 가겠다는 말인가? 이방인들 사이에 흩
어져 사는 유다인들에게 가서 이방인들을
가르칠 셈인가?
36 우리가 자기를 찾아도 찾아내지 못한다느
니 또는 자기가 있는 곳에는 올 수 없다느니
하는 말은 대관절 무슨 뜻일까?" 하고 수군
거렸다.

목마른 사람은 내게로 오라

37 ◎그 명절의 고비가 되는 마지막 날에 예수
께서는 일어서서 이렇게 외치셨다. "목마른
사람은 다 나에게 와서 마셔라.
38 나를 믿는 사람은 성서의 말씀대로 그 속에
서 샘솟는 물이 강물처럼 흘러 나올 것이
다."
39 이것은 예수께서 당신을 믿는 사람들이 받
을 성령을 가리켜 하신 말씀이었다. 그 때
는 예수께서 영광을 받지 않으셨기 때문에
성령이 아직 사람들에게 와 계시지 않으셨
던 것이다.

그리스도에 관한 구구한 생각

40 ◎이 말씀을 들은 사람들 중에는 "저분은
분명히 그 예언자이시다."
41 또는 "저분은 그리스도이시다." 하고 말하
는 사람들이 있는가 하면 어떤 사람들은
"그리스도가 갈릴래아에서 나올 리가 있겠는
가?
42 성서에도 ㉠그리스도는 다윗의 자손으로 다
윗이 살던 동네 베들레헴에서 태어나리라고
하지 않았느냐?" 하고 말했다.
43 이렇게 군중은 예수 때문에 서로 갈라졌다.
44 몇 사람은 예수를 잡아가고 싶어하였지만
예수께 손을 대는 사람은 하나도 없었다.

유다 지도자들의 논란

45 ◎성전 경비병들이 그대로 돌아온 것을 보
고 대사제들과 바리사이파 사람들은 "어찌
하여 그를 잡아오지 않았느냐?" 하고 물었
다.
46 경비병들은 "저희는 이제까지 그분처럼 말
하는 사람은 본 적이 없습니다." 하고 대답

㉠ 미가 5:1.

하였다.
47이 말을 들은 바리사이파 사람들은 "너희마
저 속아 넘어갔느냐?
48우리 지도자들이나 바리사이파 사람들 중
에 단 한 사람이라도 그를 믿는 사람을 보
았느냐?
49도대체 율법도 모르는 이 따위 무리는 저주
받을 족속이다." 하고 말하였다.
50그 자리에는 전에 예수를 찾아왔던 니고데모
도 끼여 있었는데 그는
51"도대체 우리 율법에 먼저 그 사람의 말을
들어보거나 그가 한 일을 알아보지도 않고
죄인으로 단정하는 법이 어디 있소?" 하고
한마디 하였다.
52그러자 그들은 "당신도 갈릴래아 사람이란
말이오? 성서를 샅샅이 뒤져보시오. 갈릴래
아에서 예언자가 나온다는 말은 없소." 하
고 핀잔을 주었다.

간음한 여자

53◎(㉠그리고 나서 사람들은 모두 집으로 돌
아갔고

8

◎예수께서는 올리브 산으로 가셨다.
2 다음날 이른 아침에 예수께서 또다시 성
전에 나타나셨다. 그러자 많은 사람들이 몰
려들었기 때문에 예수께서는 그들 앞에 앉
아 가르치기 시작하셨다.
3그 때에 율법 학자들과 바리사이파 사람들
이 간음하다 잡힌 여자 한 사람을 데리고 와
서 앞에 내세우고
4"선생님, 이 여자가 간음하다가 현장에서
잡혔습니다.
5우리의 모세 법에는 이런 죄를 범한 여자는
돌로 쳐죽이라고 하였는데 선생님 생각은
어떻습니까?" 하고 물었다.
6그들은 예수께 올가미를 씌워 고발할 구실
을 찾으려고 이런 말을 하였던 것이다. 그
러나 예수께서는 몸을 굽혀 손가락으로 땅
바닥에 무엇인가 쓰고 계셨다.
7그들이 하도 대답을 재촉하므로 예수께서는
고개를 드시고 "너희 중에 누구든지 죄없는
사람이 먼저 저 여자를 돌로 쳐라." 하시고
8다시 몸을 굽혀 계속해서 땅바닥에 무엇인
가 쓰셨다.
9그들은 이 말씀을 듣자 나이 많은 사람부터
하나하나 가버리고 마침내 예수 앞에는 그
한가운데 서 있던 여자만이 남아 있었다.
10예수께서 고개를 드시고 그 여자에게 "그들
은 다 어디 있느냐? 너의 죄를 묻던 사람은
아무도 없느냐?" 하고 물으셨다.
11"아무도 없습니다, 주님." 그 여자가 이렇
게 대답하자 예수께서는 "나도 네 죄를 묻
지 않겠다. 어서 돌아가라. 그리고 이제부
터 다시는 죄짓지 마라." 하고 말씀하셨다.)

나는 세상의 빛이다

12◎예수께서는 사람들에게 또 말씀하셨다.
"나는 세상의 빛이다. 나를 따라오는 사람
은 어둠 속을 걷지 않고 생명의 빛을 얻을
것이다."
13그러자 바리사이파 사람들은 "당신이 당신
자신을 증언하고 있으니 그것은 참된 증언
이 못 됩니다." 하며 대들었다.
14예수께서는 이렇게 대답하셨다. "나는 내가
어디에서 와서 어디로 가는지 알고 있으니
내가 비록 나 자신을 증언한다 해도 내 증언
은 참되다. 그러나 너희는 내가 어디에서
와서 어디로 가는지를 모른다."
15◎"너희는 사람의 기준으로 사람을 판단하
지만 나는 결코 아무도 판단하지 않는다.
16혹시 내가 무슨 판단을 하더라도 내 판단은
공정하다. 그것은 나 혼자서 판단하지 아니
하고 나를 보내신 아버지와 함께 판단하기
때문이다.
17㉡너희의 율법에도 두 사람이 증언하면 그
증언은 참되다고 기록되어 있지 않느냐?
18내가 바로 나 자신을 증언하고 또 나를 보내
신 아버지께서도 증언해 주신다."
19이 말씀을 듣고 그들은 "당신 아버지가 도
대체 어디 있습니까?" 하고 물었다. 예수께
서는 "너희는 나를 알지 못할 뿐더러 나의
아버지도 알지 못한다. 너희가 만일 나를
알았더라면 나의 아버지도 알았을 것이다."
하고 대답하셨다.
20이것은 예수께서 성전에서 가르치실 때에
헌금궤가 있는 곳에서 하신 말씀이었다. 그
러나 아무도 그를 잡지 않았다. 때가 오지
않았던 것이다.

내가 바로 그리스도이다

21◎예수께서 다시 그들에게 말씀하셨다. "나
는 간다. 그러면 너희는 나를 찾다가 자기
죄에서 헤어나지 못하고 죽을 터이니 내가
가는 곳에는 오지 못할 것이다."
22이 말씀을 듣고 유다인들은 "이 사람이 자
기가 가는 곳에 우리는 가지 못할 것이라고

㉠ 7장 53절에서 8장 11절까지 없는 사본도 있다. ㉡ 신명 17:6, 19:15.

하니 자살이라도 하겠다는 말인가?" 하고
중얼거렸다.
23 예수께서 이렇게 말씀하셨다. "너희는 아래
에서 왔지만 나는 위에서 왔다. 너희는 이
세상에 속해 있지만 나는 이 세상에 속해 있
지 않다.
24 그래서 나는 너희가 자기 죄에서 헤어나지
못한 채 죽으리라고 한 것이다. 만일 너희
가 내가 그이라는 것을 믿지 않으면 그와
같이 죄에서 헤어나지 못한 채 죽고 말 것
이다."
25 "그러면 당신은 누구요?" 하고 그들이 묻
자 예수께서 이렇게 대답하셨다. "㉠처음부
터 내가 누구라는 것을 말하지 않았느냐?
26 나는 너희에 대해서 할 말도 많고 판단할 것
도 많지만 나를 보내신 분은 참되시기에 나
도 그분에게서 들은 것을 그대로 이 세상에
서 말할 뿐이다."
27 그러나 그들은 예수께서 아버지를 가리켜
말씀하신 줄을 깨닫지 못하였다.
28 그래서 예수께서는 "너희가 사람의 아들을
높이 들어올린 뒤에야 내가 누구라는 것을
알게 될 것이다. 또 내가 아무것도 내 마음
대로 하지 않고 아버지께서 가르쳐주신 것
만 말하고 있다는 것도 알게 될 것이다.
29 나를 보내신 분은 나와 함께 계시고 나를 혼
자 버려두시지는 않는다. 나는 언제나 아버
지께서 기뻐하시는 일을 하기 때문이다."
하고 말씀하셨다.
30 이 말씀을 듣고 많은 사람들이 예수를 믿게
되었다.

진리가 자유롭게 하리라

31 ◎예수께서는 당신을 믿는 유다인들에게
이렇게 말씀하셨다. "너희가 내 말을 마음
에 새기고 산다면 너희는 참으로 나의 제자
이다.
32 그러면 너희는 진리를 알게 될 것이며 진리
가 너희를 자유롭게 할 것이다."
33 그들은 이 말씀을 듣고 "우리는 아브라함의
후손이고, 아무한테도 종살이를 한 적이 없
는데 선생님은 우리더러 자유를 얻을 것이
라고 하시니 어떻게 된 일입니까?" 하고 따
졌다.
34 예수께서는 이렇게 대답하셨다. "정말 잘
들어두어라. 죄를 짓는 사람은 누구나 다
죄의 노예이다.
35 노예는 자기가 있는 집에서 끝내 살 수 없지
만 아들은 영원히 그 집에서 살 수 있다.
36 그러므로 아들이 너희에게 자유를 준다면
너희는 참으로 자유로운 사람이 될 것이다.
37 너희는 아브라함의 후손임에 틀림없다. 그
런데도 너희는 나를 죽이려고 한다. 너희에
게 내 말을 받아들일 마음이 없기 때문이다.
38 나는 나의 아버지께서 보여주신 것을 말하
고 너희는 너희의 아비가 일러준 대로 하고
있다."

악마의 자식

39 ◎그들은 "우리 조상은 아브라함입니다."
하며 예수께 대들었다. 예수께서 "만일 너희
가 아브라함의 자손이라면 아브라함이 한 대
로 할 것이다.
40 그런데 너희는 하느님에게서 들은 진리를
전하는 나를 죽이려고 한다. 아브라함은 이
런 짓을 하지 않았다.
41 그러니 너희는 너희의 아비가 한 대로 하고
있는 것이다." 하고 말씀하시자 그들은
"우리는 사생아가 아닙니다! 우리 아버지
는 오직 하느님 한 분이십니다." 하고 말하
였다.
42 예수께서 또 이렇게 말씀하셨다. "내가 하
느님에게서 나와 여기 와 있으니 만일 하느
님께서 너희의 아버지시라면 너희는 나를
사랑했을 것이다. 나는 내 마음대로 온 것
이 아니고 하느님께서 보내셔서 왔다.
43 너희는 왜 내 말을 알아듣지 못하느냐?
내 말을 새겨들을 줄 몰라서 그런 것이 아
니냐?
44 너희는 악마의 자식들이다. 그래서 너희는
그 아비의 욕망대로 하려고 한다. 그는 처
음부터 살인자였고 진리 쪽에 서본 적이 없
다. 그에게는 진리가 없기 때문이다. 그는
거짓말을 할 때마다 제 본성을 드러낸다.
그는 정녕 거짓말쟁이이며 거짓말의 아비
이기 때문이다.
45 그러나 나는 진리를 말한다. 너희가 나를
믿지 않는 이유가 바로 여기 있다.
46 너희 가운데 누가 나에게 죄가 있다고 증명
할 수 있느냐? 내가 진리를 말하는데도 왜
나를 믿지 않느냐?
47 하느님에게서 온 사람은 하느님의 말씀을
듣는다. 너희가 그 말씀을 들으려 하지 않
는 것은 너희가 하느님에게서 오지 않았기
때문이다."

㉠ 그리스어 본문의 뜻이 분명치 않아서 여러 가지로 번역할 수 있다.

아브라함이 태어나기 전부터 계신 분

48◎유다인들은 "당신은 사마리아 사람이며 마
귀 들린 사람이오. 우리 말이 틀렸소?" 하
고 내대었다.
49예수께서는 다음과 같이 대답하셨다. "나는
마귀 들린 것이 아니라 내 아버지를 높이고
있다. 그런데도 너희는 나를 헐뜯고 있다.
50나는 나 자신의 영광을 찾지 않는다. 내 영
광을 위해서 애쓰시고 나를 올바로 판단해
주시는 분이 따로 계시다.
51정말 잘 들어두어라. 내 말을 잘 지키는 사
람은 영원히 죽지 않을 것이다."
52◎그러자 유다인들은 "이제 우리는 당신이
정녕 마귀 들린 사람이라는 것을 알았소.
아브라함도 죽고 예언자들도 죽었는데 당신
은 '내 말을 잘 지키는 사람은 영원히 죽지
않는다.' 하니
53그래 당신이 이미 죽은 우리 조상 아브라함
보다 더 훌륭하다는 말이오? 예언자들도
죽었는데 당신은 도대체 누구란 말이오?"
하고 대들었다.
54예수께서 이렇게 대답하셨다. "내가 나 자
신을 높인다면 그 영광은 아무것도 아니
다. 그러나 나에게 영광을 주시는 분은 너
희가 자기 하느님이라고 하는 나의 아버지
이시다.
55너희는 그분을 알지 못하지만 나는 그분을
알고 있다. 내가 만일 그분을 모른다고 말
한다면 나도 너희처럼 거짓말쟁이가 될 것
이다. 그러나 나는 그분을 알고 있으며 그
분의 말씀을 지키고 있다.
56너희의 조상 아브라함은 내 날을 보리라는
희망에 차 있었고 과연 그 날을 보고 기뻐하
였다."
57유다인들은 이 말씀을 듣고 "당신이 아직
쉰 살도 못되었는데 아브라함을 보았단 말
이오?" 하고 따지고 들었다.
58예수께서는 "정말 잘 들어두어라. 나는 아브
라함이 태어나기 전부터 있었다." 하고 대
답하셨다.
59이 말씀을 듣고 그들은 돌을 집어 예수를 치
려고 하였다. 그러나 예수께서는 몸을 피하
여 성전을 떠나가셨다.

소경으로 태어난 사람을 고치신 예수

9 ◎예수께서 길을 가시다가 태어나면서부
터 눈먼 소경을 만나셨는데
2제자들이 예수께 "선생님, 저 사람이 소경
으로 태어난 것은 누구의 죄입니까? 자기
죄입니까? 그 부모의 죄입니까?" 하고 물
었다.
3예수께서는 이렇게 대답하셨다. "자기 죄
탓도 아니고 부모의 죄 탓도 아니다. 다만
저 사람에게서 하느님의 놀라운 일을 드러
내기 위한 것이다.
4우리는 해가 있는 동안에 나를 보내신 분의
일을 해야 한다. 이제 밤이 올 터인데 그 때
는 아무도 일을 할 수가 없다.
5내가 이 세상에 있는 동안은 내가 세상의 빛
이다."
6◎이 말씀을 하시고 예수께서는 땅에 침을
뱉어 흙을 개어서 소경의 눈에 바르신 다음,
7"실로암 연못으로 가서 씻어라." 하고 말씀
하셨다. (실로암은 '파견된 자'라는 뜻이
다.) 소경은 가서 얼굴을 씻고 눈이 밝아져
서 돌아왔다.
8◎그의 이웃 사람들과 그가 전에 거지 노릇
을 하고 있던 것을 보아온 사람들은 "저 사
람은 앉아서 구걸하던 사람이 아닌가?" 하
고 말하였다.
9어떤 이들은 바로 그 사람이라고 하였고,
또 어떤 이들은 그 사람을 닮기는 했지만 그
사람은 아니라고도 하였다. 그 때 눈을 뜨
게 된 사람이 "내가 바로 그 사람이오." 하
고 말하였다.
10사람들이 "그러면 당신은 어떻게 눈을 뜨게
되었소?" 하고 묻자
11그는 "예수라는 분이 진흙을 개어 내 눈에
바르시고 나더러 실로암에 가서 씻으라고
하시기에 가서 씻었더니 눈이 떠었습니다."
하고 대답하였다.
12그들이 "그 사람이 어디 있소?" 하고 물었
으나 그는 모른다고 대답하였다.

바리사이파 사람들의 생트집

13◎사람들은 소경이었던 그 사람을 바리사이
파 사람들에게 데리고 갔다.
14그런데 예수께서 진흙을 개어 그의 눈을 뜨
게 하신 날은 바로 안식일이었다.
15그래서 이번에는 바리사이파 사람들이 또
그에게 눈을 뜨게 된 경위를 물었다. 그는
"그분이 내 눈에 진흙을 발라주신 뒤에 얼
굴을 씻었더니 이렇게 보게 되었습니다."
하고 대답하였다.
16바리사이파 사람들 중에는 "그가 안식일을
지키지 않는 것으로 보면 하느님에게서 온
사람이 아니오." 하는 사람도 있었고 "죄인
이 어떻게 이와 같은 기적을 보일 수 있겠

소?" 하고 맞서는 사람도 있어서 서로 의견
이 엇갈렸다.
17그들이 눈멀었던 사람에게 "그가 당신의 눈
을 뜨게 해주었다니 당신은 그를 어떻게 생
각하오?" 하고 다시 묻자 그는 "그분은 예
언자이십니다." 하고 대답하였다.
18◎유다인들은 그 사람이 본래는 소경이었는
데 지금은 눈을 뜨게 되었다는 사실을 믿으
려 하지 않고 마침내 그 사람의 부모를 불러
19"이 사람이 틀림없이 나면서부터 눈이 멀었
다는 당신네 아들이오? 그런데 지금 어떻
게 눈을 뜨게 되었소?" 하고 물었다.
20그의 부모는 "예, 틀림없이 날 때부터 눈이
멀었던 저희 아들입니다.
21그러나 그가 어떻게 지금 보게 되었는지,
또 누가 눈을 뜨게 하여주었는지는 모릅니
다. 다 자란 사람이니 그에게 물어보십시
오. 제 일은 제가 대답하겠지요." 하였다.
22그의 부모는 유다인들이 무서워서 이렇게
말한 것이다. 유다인들은 예수를 그리스도라
고 고백하는 사람은 누구나 다 회당에서 쫓
아내기로 작정하였던 것이다.
23그의 부모가 "다 자란 사람이니 그에게 물
어보십시오." 하고 말한 것도 그 때문이었
다.
24◎유다인들은 소경이었던 사람을 다시 불러
놓고 "사실대로 말하시오. 우리가 알기로
는 그 사람은 죄인이오." 하고 말하였다.
25그는 이렇게 대답하였다. "그분이 죄인인지
아닌지는 모르겠습니다. 다만 내가 아는 것
은 내가 앞 못 보는 사람이었는데 지금은 잘
보게 되었다는 것뿐입니다."
26"그러면 그 사람이 당신에게 무슨 일을 했
소? 어떻게 해서 당신의 눈을 뜨게 했단 말
이오?" 하고 그들이 다시 묻자
27그는 "그 이야기를 벌써 해드렸는데 그 때
에는 듣지도 않더니 왜 다시 묻습니까? 당
신들도 그분의 제자가 되고 싶습니까?" 하
고 반문하였다.
28이 말을 듣고 그들은 마구 욕설을 퍼부으며
"너는 그자의 제자이지만 우리는 모세의 제
자이다.
29우리가 아는 대로 모세는 직접 하느님의 말
씀을 들은 사람이지만 그자는 어디에서 왔
는지도 모른다." 하고 말하였다.
30그는 이렇게 대꾸하였다. "분명히 내 눈을
뜨게 하여주셨는데 그분이 어디에서 오셨
는지도 모른다니 이상한 일입니다.
31하느님께서는 죄인의 청은 안 들어주시지
만 하느님을 공경하고 그 뜻을 실행하는 사
람의 청은 들어주신다는 것을 우리는 알고
있습니다.
32소경으로 태어난 사람의 눈을 뜨게 하여준
이가 있다는 말을 일찍이 들어본 적이 있습
니까?
33그분이 만일 하느님께서 보내신 분이 아니
라면 이런 일은 도저히 하실 수가 없을 것입
니다."
34유다인들은 이 말을 듣고 "너는 죄를 뒤집
어쓰고 태어난 주제에 우리를 훈계하려 드
느냐?" 하며 그를 회당 밖으로 내쫓아버
렸다.

영적으로 눈이 먼 사람

35◎눈멀었던 사람이 유다인들의 회당에서 쫓
겨났다는 말을 들으시고 예수께서 그를 만
났을 때에 "너는 사람의 아들을 믿느냐?"
하고 물으셨다.
36"선생님, 믿겠습니다. 어느 분이십니까?"
하고 대답하자
37예수께서 "너는 이미 그를 보았다. 지금 너
와 말하고 있는 사람이 바로 그 사람이다."
하고 말씀하셨다.
38"주님, 믿습니다." 하며 그는 예수 앞에 꿇
어 엎드렸다.
39예수께서는 "내가 이 세상에 온 것은 보는
사람과 못 보는 사람을 가려, 못 보는 사람
은 보게 하고 보는 사람은 눈멀게 하려는 것
이다." 하고 말씀하셨다.
40예수와 함께 있던 바리사이파 사람 몇이 이
말씀을 듣고 "그러면 우리들도 눈이 멀었단
말이오?" 하고 대들었다.
41예수께서는 "너희가 차라리 눈먼 사람이라
면 오히려 죄가 없을 것이다. 그러나 너희
는 지금 눈이 잘 보인다고 하니 너희의 죄는
그대로 남아 있다." 하고 대답하셨다.

목자와 양

10 ◎예수께서 또 말씀하셨다. "정말 잘
들어두어라. 양 우리에 들어갈 때에 문
으로 들어가지 않고 딴 데로 넘어 들어가는
사람은 도둑이며 강도이다.
2양 치는 목자는 문으로 버젓이 들어간다.
3문지기는 목자에게 문을 열어주고 양들은
목자의 음성을 알아듣는다. 목자는 자기 양
들을 하나하나 불러내어 밖으로 데리고 나
간다.
4이렇게 양떼를 불러낸 다음에 목자는 앞장

서 간다. 양떼는 그의 음성을 알고 있기 때
문에 그를 뒤따라간다.
5 양들은 낯선 사람을 결코 따라가지 않는다.
그 사람의 음성이 귀에 익지 않기 때문에 오
히려 그를 피하여 달아난다."
6 ◎예수께서 그들에게 이 비유를 말씀해 주
셨지만 그들은 그 말씀이 무슨 뜻인지 깨닫
지 못하였다.

착한 목자

7 ◎예수께서 또 말씀하셨다. "정말 잘 들어
두어라. 나는 양이 드나드는 문이다.
8 나보다 먼저 온 사람은 모두 다 도둑이며 강
도이다. 그래서 양들은 그들의 말을 듣지
않았다.
9 나는 문이다. 누구든지 나를 거쳐서 들어오
면 안전할 뿐더러 마음대로 드나들며 좋은
풀을 먹을 수 있다.
10 도둑은 다만 양을 훔쳐다가 죽여서 없애려
고 오지만 나는 양들이 생명을 얻고 더 얻어
풍성하게 하려고 왔다."
11 ◎"나는 착한 목자이다. 착한 목자는 자기
양을 위하여 목숨을 바친다.
12 목자가 아닌 삯꾼은 양들이 자기 것이 아니
기 때문에 이리가 가까이 오는 것을 보면 양
을 버리고 도망쳐 버린다. 그러면 이리는
양들을 물어가고 양떼는 뿔뿔이 흩어져버
린다.
13 그는 삯꾼이어서 양들을 조금도 생각하지
않기 때문이다.
14 나는 착한 목자이다. 나는 내 양들을 알고
내 양들도 나를 안다.
15 이것은 마치 아버지께서 나를 아시고 내가
아버지를 아는 것과 같다. 나는 내 양들을
위하여 목숨을 바친다.
16 나에게는 이 우리 안에 들어 있지 않은 다른
양들도 있다. 나는 그 양들도 데려와야 한
다. 그러면 그들도 내 음성을 알아듣고 마
침내 한 떼가 되어 한 목자 아래 있게 될 것
이다."
17 ◎"아버지께서는 내가 목숨을 바치기 때문
에 나를 사랑하신다. 그러나 결국 나는 다
시 그 목숨을 얻게 될 것이다.
18 누가 나에게서 목숨을 빼앗아가는 것이 아
니라 내가 스스로 바치는 것이다. 나에게는
목숨을 바칠 권리도 있고 다시 얻을 권리도
있다. 이것이 바로 내 아버지에게서 내가
받은 명령이다."

19 ◎이 말씀을 들은 유다인들 사이에서는 다
시 논란이 일어났다.
20 많은 사람이 "그는 마귀가 들렸소. 그런 미
친 사람의 말을 무엇 때문에 듣는 거요?"
하고 말하는가 하면
21 어떤 사람들은 "마귀 들린 사람이 어떻게
그런 말을 하겠소? 더구나 마귀가 어떻게
소경의 눈을 뜨게 할 수 있단 말이오?" 하
고 말하였다.

유다인에게 배척을 받으신 예수

22 ◎때는 겨울이었다. 예루살렘에서는 봉헌절
축제가 벌어지고 있었다.
23 예수께서는 성전 구내에 있는 솔로몬 행각을
거닐고 계셨는데
24 유다인들이 예수를 둘러싸고 "당신은 얼마
나 더 오래 우리의 마음을 조이게 할 작정입
니까? 당신이 정말 그리스도라면 그렇다고
분명히 말해 주시오." 하고 말하였다.
25 그러자 예수께서는 "내가 이미 말했는데도
너희는 내 말을 믿지 않는구나. 내가 내 아
버지의 이름으로 행하는 일들이 바로 나를
증명해 준다.
26 그러나 너희는 내 양이 아니기 때문에 나를
믿지 않는다.
27 내 양들은 내 목소리를 알아듣는다. 나는
내 양들을 알고 그들은 나를 따라온다.
28 나는 그들에게 영원한 생명을 준다. 그래서
그들은 영원히 죽지 않을 것이고 아무도 그
들을 내 손에서 빼앗아가지 못할 것이다.
29 아버지께서 내게 맡겨주신 것은 무엇보다
도 소중하다. 아무도 그것을 아버지의 손에
서 빼앗아갈 수 없다.
30 아버지와 나는 하나이다." 하고 대답하셨다.
31 ◎이 때에 유다인들은 다시 돌을 집어 예수
께 던지려고 하였다.
32 그래서 예수께서는 그들에게 "내가 아버지
께서 맡겨주신 좋은 일들을 많이 보여주었
는데 그 중에서 어떤 것이 못마땅해서 돌을
들어 치려는 것이냐?" 하고 말씀하셨다.
33 유다인들은 "당신이 좋은 일을 했는데 우리
가 왜 돌을 들겠소? 당신이 하느님을 모독
했으니까 그러는 것이오. 당신은 한갓 사람
이면서 하느님 행세를 하고 있지 않소?" 하
고 대들었다.
34 예수께서는 이렇게 말씀하셨다. "너희의 율
법서를 보면 하느님께서 '㉠내가 너희를 신
이라 불렀다.' 하신 기록이 있지 않느냐?

㉠ 시편 82:6.

35이렇게 성서에서는 하느님의 말씀을 받은
사람들을 모두 신이라고 불렀다. 성경 말씀
은 영원히 참되시다.
36아버지께서는 나에게 거룩한 일을 맡겨 세
상에 보내주셨다. 너희는 내가 하느님의 아
들이라고 한 말 때문에 하느님을 모독한다
고 하느냐?
37내가 아버지의 일을 하지 않고 있다면 나를
믿지 않아도 좋다.
38그러나 내가 그 일을 하고 있으니 나를 믿지
않더라도 내가 하는 일만은 믿어야 할 것이
아니냐? 그러면 너희는 아버지께서 내 안
에 계시고 또 내가 아버지 안에 있다는 것을
확실히 알게 될 것이다."
39◎그 때에 유다인들이 다시금 예수를 붙잡으
려고 했으나 예수께서는 그들의 손에서 벗
어나 몸을 피하셨다.
40◎예수께서는 다시 요한이 전에 세례를 베풀
던 요르단 강 건너편으로 가시어 거기에 머
무르셨다.
41그 때 많은 사람들이 예수께 몰려와서 서로
"요한은 기적을 보여주지 못했지만 그가 이
사람에 관해서 한 말은 모두 사실이었다."
하면서
42많은 사람이 거기에서 예수를 믿게 되었다.

라자로의 죽음

11 ◎마리아와 마르타 자매가 사는 베다니
아 동네에 라자로라는 병자가 있었다.
2앓고 있는 라자로는 마리아의 오빠였다. 마
리아는 주님께 향유를 붓고 머리털로 주님
의 발을 닦아드린 적이 있는 여자였다.
3마리아와 마르타는 예수께 사람을 보내어
"주님, 주님께서 사랑하시는 이가 앓고 있
습니다." 하고 전했다.
4예수께서는 그 전갈을 받으시고 "그 병은
죽을 병이 아니다. 그것으로 오히려 하느님
의 영광을 드러내고 하느님의 아들도 영광
을 받게 될 것이다." 하고 말씀하셨다.
5◎예수께서는 마르타와 그 여동생과 라자로
를 사랑하고 계셨다.
6그러나 라자로가 앓는다는 소식을 들으시고
도 계시던 곳에서 더 머무르시다가 이틀이
지난 뒤에야
7제자들에게 "유다로 돌아가자." 하고 말씀
하셨다.
8제자들이 "선생님, 얼마 전만 해도 유다인
들이 선생님을 돌로 치려고 하였는데 그 곳
으로 다시 가시겠습니까?" 하고 걱정하자
9예수께서는 "낮은 열두 시간이나 되지 않느
냐? 낮에 걸어다니는 사람은 세상의 빛을
보기 때문에 걸려 넘어지지 않는다.
10그러나 밤에 걸어다니면 빛이 없기 때문에
걸려 넘어질 것이다." 하시며
11이어서 "우리 친구 라자로가 잠들어 있으니
이제 내가 가서 깨워야겠다." 하고 말씀하
셨다.
12그러자 제자들은 "주님, 라자로가 잠이 들
었다면 곧 살아나지 않겠습니까?" 하고 말
하였다.
13예수께서 하신 말씀은 라자로가 죽었다는 뜻
이었는데 제자들은 그저 잠을 자고 있다는
말로 알아들었던 것이다.
14그래서 예수께서는 분명히 말씀하셨다. "라
자로는 죽었다.
15이제 그 일로 너희가 믿게 될 터이니 내가
거기 있지 않았던 것이 오히려 잘된 일이다.
그 곳으로 가자."
16그 때에 쌍둥이라고 불리던 토마가 자기 동
료인 딴 제자들에게 "우리도 함께 가서 그
와 생사를 같이합시다." 하고 말하였다.

부활과 생명이신 예수

17◎예수께서 그 곳에 이르러 보니 라자로가
무덤에 묻힌 지 이미 나흘이나 지난 뒤였다.
18베다니아는 예루살렘에서 오리밖에 안 되는
곳이어서
19많은 유다인들이 오빠의 죽음을 슬퍼하고
있는 마르타와 마리아를 위로하러 와 있었
다.
20예수께서 오신다는 소식을 듣고 마르타는 마
중을 나갔다. 그 동안 마리아는 집 안에 있
었다.
21마르타는 예수께 이렇게 말하였다. "주님,
주님께서 여기에 계셨더라면 제 오빠는 죽
지 않았을 것입니다.
22그러나 지금이라도 주님께서 구하시기만
하면 무엇이든지 하느님께서 다 이루어주
실 줄 압니다."
23"네 오빠는 다시 살아날 것이다." 예수께서
이렇게 말씀하시자
24마르타는 "마지막 날 부활 때에 다시 살아나
리라는 것은 저도 알고 있습니다." 하고 말
하였다.
25예수께서 "나는 부활이요 생명이니 나를 믿
는 사람은 죽더라도 살겠고
26또 살아서 믿는 사람은 영원히 죽지 않을 것
이다. 너는 이것을 믿느냐?" 하고 물으셨

다. 마르타는
27"예, 주님, 주님께서는 이 세상에 오시기로
약속된 그리스도이시며 하느님의 아드님이
신 것을 믿습니다." 하고 대답하였다.

눈물을 흘리신 예수

28◎이 말을 남기고 마르타는 돌아가 자기 동
생 마리아를 불러 귓속말로 "선생님이 오셔
서 너를 부르신다." 하고 일러주었다.
29마리아는 이 말을 듣고 벌떡 일어나 예수께
달려갔다.
30예수께서는 아직 동네에 들어가지 않으시고
마르타가 마중 나왔던 곳에 그냥 계셨던 것
이다.
31집에서 마리아를 위로해 주던 유다인들은
마리아가 급히 일어나 나가는 것을 보고 그
가 곡하러 무덤에 나가는 줄 알고 뒤따라
나갔다.
32◎마리아는 예수께서 계신 곳에 찾아가 뵙고
그 앞에 엎드려 "주님, 주님께서 여기에 계
셨더라면 제 오빠가 죽지 않았을 것입니
다." 하고 말하였다.
33예수께서 마리아뿐만 아니라 같이 따라온 유
다인들까지 우는 것을 보시고 비통한 마음
이 북받쳐 올랐다.
34"그를 어디에 묻었느냐?" 하고 예수께서
물으시자 그들이 "주님, 오셔서 보십시오."
하고 대답하였다.
35예수께서는 눈물을 흘리셨다.
36그래서 유다인들은 "저것 보시오. 라자로를
무척 사랑했던가 봅니다." 하고 말하였다.
37또 그들 가운데에는 "소경의 눈을 뜨게 한
사람이 라자로를 죽지 않게 할 수가 없었단
말인가?" 하는 사람도 있었다.

다시 살아난 라자로

38◎예수께서는 다시 비통한 심정에 잠겨 무
덤으로 가셨다. 그 무덤은 동굴로 되어 있
었고 입구는 돌로 막혀 있었다.
39예수께서 "돌을 치워라." 하시자 죽은 사람
의 누이 마르타가 "주님, 그가 죽은 지 나흘
이나 되어서 벌써 냄새가 납니다." 하고 말
씀 드렸다.
40예수께서 마르타에게 "네가 믿기만 하면 하
느님의 영광을 보게 되리라고 내가 말하지
않았느냐?" 하시자
41사람들이 돌을 치웠다. 예수께서는 하늘을
우러러보시며 이렇게 기도하셨다. "아버지,
제 청을 들어주셔서 감사합니다.
42그리고 언제나 제 청을 들어주시는 것을
저는 잘 압니다. 그러나 이제 저는 여기 둘
러선 사람들로 하여금 아버지께서 저를 보
내주셨다는 것을 믿게 하려고 이 말을 합
니다."
43말씀을 마치시고 "라자로야, 나오너라." 하
고 큰소리로 외치시자
44죽었던 사람이 밖으로 나왔는데 손발은 베
로 묶여 있었고 얼굴은 수건으로 감겨 있었
다. 예수께서 사람들에게 "그를 풀어주어
가게 하여라." 하고 말씀하셨다.

예수를 죽일 음모

(마태오 26:1-5; 마르코 14:1-2; 루가 22:1-2)

45◎마리아를 찾아왔다가 예수께서 하신 일을
본 많은 유다인들이 예수를 믿게 되었다.
46그러나 더러는 바리사이파 사람들에게 가서
예수께서 하신 일을 일러바치기도 하였다.
47그래서 대사제들과 바리사이파 사람들은 의
회를 소집하고 "그 사람이 많은 기적을 나
타내고 있으니 어떻게 하면 좋겠소?
48그대로 내버려두면 누구나 다 그를 믿을 것
이고 그렇게 되면 로마인들이 와서 이 거룩
한 곳과 우리 백성을 짓밟고 말 것입니다."
하며 의논하였다.
49그 해의 대사제인 가야파가 그 자리에 와 있
다가 이렇게 말하였다. "당신들은 그렇게도
아둔합니까?
50온 민족이 멸망하는 것보다 한 사람이 백성
을 대신해서 죽는 편이 더 낫다는 것도 모릅
니까?"
51이 말은 가야파가 자기 생각으로 한 것이 아
니라 그 해의 대사제로서 예언을 한 셈이다.
그 예언은 예수께서 유다 민족을 대신해서
죽게 되리라는 것과
52자기 민족뿐만 아니라 흩어져 있는 하느님
의 자녀들을 한데 모으기 위해서 죽는다는
뜻이었다.
53그 날부터 그들은 예수를 죽일 음모를 꾸미
기 시작하였다.
54그래서 예수께서는 그 이상 더 유다 지방에
서 드러나게 나다니지 않으시고 그 곳을 떠
나 광야 근처에 있는 지방으로 가시어 제자
들과 함께 에브라임이라는 동네에 머물러
계셨다.
55◎유다인들의 과월절이 다가오자 많은 사람
들이 명절 전에 몸을 정결하게 하려고 시골
에서 예루살렘으로 올라갔다.
56그들은 예수를 찾아다니다가 성전 뜰 안에

모여서 "어떻게들 생각하십니까? 그가 명
절에 참례할 것 같지는 않지요?" 하며 서로
수군거렸다.
57 대사제들과 바리사이파 사람들은 예수를 붙
잡으려고 그 거처를 아는 자는 곧 신고하라
는 명령을 내려두었던 것이다.

예수께 향유를 부은 마리아
(마태오 26:6-13; 마르코 14:3-9)

12 ◎예수께서는 과월절을 엿새 앞두고 베
다니아로 가셨는데 그 곳은 예수께서
죽은 자들 가운데서 살리신 라자로가 사는
고장이었다.
2 거기에서 예수를 영접하는 만찬회가 베풀어
졌는데 라자로는 손님들 사이에 끼여 예수와
함께 식탁에 앉아 있었고 마르타는 시중을
들고 있었다.
3 그 때 마리아가 매우 값진 순 나르드 향유 한
근을 가지고 와서 예수의 발에 붓고 자기 머
리털로 그 발을 닦아드렸다. 그러자 온 집
안에 향유 냄새가 가득 찼다.
4 예수의 제자로서 장차 예수를 배반할 가리옷
사람 유다가
5 "이 향유를 팔았더라면 삼백 데나리온은 받
았을 것이고 그 돈을 가난한 사람들에게 나
누어줄 수 있었을 터인데 이게 무슨 짓인
가?" 하고 투덜거렸다.
6 유다는 가난한 사람들을 생각해서가 아니라
그가 도둑이어서 이런 말을 한 것이었다.
그는 돈주머니를 맡아가지고 거기 들어 있
는 것을 늘 꺼내 쓰곤 하였다.
7 예수께서는 이렇게 말씀하셨다. "이것은 내
장례일을 위하여 하는 일이니 이 여자 일에
참견하지 마라.
8 가난한 사람들은 언제나 너희와 함께 있
겠지만 나는 언제나 함께 있지는 않을 것
이다."

라자로를 죽이려는 음모

9 ◎예수가 베다니아에 계시다는 말을 듣고
많은 유다인들이 떼를 지어 몰려들었다. 그
들은 예수뿐만 아니라 예수께서 죽은 자들
가운데서 살리신 라자로도 보고 싶었던 것
이다.
10 이것을 본 대사제들은 라자로도 죽이기로
작정하였다.
11 라자로 때문에 수많은 유다인들이 자기들을
버리고 예수를 믿게 되었기 때문이다.

예루살렘 입성
(마태오 21:1-11; 마르코 11:1-11; 루가 19:28-40)

12 ◎명절을 지내러 와 있던 큰 군중은 그 이튿
날 예수께서 예루살렘에 들어오신다는 말을
듣고
13 종려나무 가지를 들고 예수를 맞으러 나가,
"㉠호산나!
주의 이름으로 오시는 이여,
이스라엘의 왕
찬미받으소서!"
하고 외쳤다.
14 예수께서는 새끼 나귀를 보시고 거기에 올
라앉으셨다. 이것은 성서에,
15 "㉡시온의 딸아, 두려워하지 마라.
네 임금이 너에게로 오신다.
새끼 나귀를 타고 오신다."
하신 말씀 그대로였다.
16 예수의 제자들도 처음에는 이것을 깨닫지
못하였으나 예수께서 영광을 받으신 다음에
야 이것이 모두 예수를 두고 기록된 것이며
또 이런 일들이 그대로 예수께 일어났다는
것을 깨닫게 되었다.
17 ◎예수께서 라자로를 무덤에서 불러내어 죽
은 자들 가운데서 살리실 때 그 자리에 같이
있던 사람들이 모두 그 일을 증언하였다.
18 군중이 예수를 맞으러 나간 것도 예수께서
이렇게 기적을 보여주셨다는 말을 들었기
때문이다.
19 바리사이파 사람들은 "자, 이제는 다 틀렸습
니다. 모든 사람이 다 그를 따라가고 있지
않습니까?" 하며 서로 걱정하였다.

예수를 찾아온 이방인들

20 ◎명절 때에 예배를 드리러 올라왔던 사람
들 중에는 그리스 사람도 몇이 있었다.
21 그들은 갈릴래아 지방 베싸이다에서 온 필립
보에게 가서 "선생님, 예수를 뵙게 하여주
십시오." 하고 간청하였다.
22 필립보가 안드레아에게 가서 이 말을 하고
두 사람이 함께 예수께 가서 그 말을 전하
였다.
23 그러자 예수께서는 이렇게 말씀하셨다. "사
람의 아들이 큰 영광을 받을 때가 왔다.
24 정말 잘 들어두어라. 밀알 하나가 땅에 떨
어져 죽지 않으면 한 알 그대로 남아 있고
죽으면 많은 열매를 맺는다.
25 누구든지 자기 목숨을 아끼는 사람은 잃을
것이며 이 세상에서 자기 목숨을 미워하는

㉠ 시편 118:25-26. ㉡ 즈가 9:9; 이사 40:9.

사람은 목숨을 보존하며 영원히 살게 될 것
이다.
26누구든지 나를 섬기려면 나를 따라오너라.
내가 있는 곳에는 나를 섬기는 사람도 같이
있게 될 것이다. 누구든지 나를 섬기면 내
아버지께서 그를 높이실 것이다."

죽음을 예고하신 예수

27◎"내가 지금 이렇게 마음을 걷잡을 수 없
으니 무슨 말을 할까? '아버지, 이 시간을
면하게 하여주소서.' 하고 기원할까? 아니
다. 나는 바로 이 고난의 시간을 겪으러 온
것이다.
28아버지, 아버지의 영광을 드러내소서." 그
때에 하늘에서 "내가 이미 내 영광을 드러
냈고 앞으로도 드러내리라." 하는 음성이
들려왔다.
29거기에 서서 그 소리를 들은 군중 가운데는
천둥이 울렸다고 하는 사람들도 있었고 천
사가 예수께 말하였다고 하는 사람들도 있
었다.
30그러나 예수께서는 "이것은 나를 위해서가
아니라 너희를 위해서 들려온 음성이다.
31지금은 이 세상이 심판을 받을 때이다. 이
제는 이 세상의 통치자가 쫓겨나게 되었다.
32내가 이 세상을 떠나 높이 들리게 될 때에는
모든 사람을 이끌어 나에게 오게 할 것이
다." 하고 말씀하셨다.
33이것은 예수께서 당신이 어떻게 돌아가시리
라는 것을 암시하신 말씀이었다.
34그 때에 군중이 "우리는 율법서에서 그리스
도가 영원히 사시리라는 말을 들었습니다.
그런데 선생님은 사람의 아들이 높이 들려야
한다고 하시니 도대체 무슨 뜻입니까? 그
사람의 아들이란 누구를 가리키는 것입니
까?" 하고 물었다.
35예수께서는 이렇게 대답하셨다. "빛이 너희
와 같이 있는 것도 잠시뿐이니 빛이 있는 동
안에 걸어가라. 그리하면 어둠이 너희를 덮
치지 못할 것이다. 어둠 속을 걸어가는 사
람은 자기가 어디로 가는지 모른다.
36그러니 빛이 있는 동안에 빛을 믿고 빛의 자
녀가 되어라."

유다인들의 불신

◎이 말씀을 마치시고 예수께서는 그들의
눈을 피하여 몸을 숨기셨다.
37예수께서 그렇게도 많은 기적을 사람들 앞
에서 행하셨건만 그들은 예수를 믿으려 하
지 않았다.
38그리하여 예언자 이사야가,
"㉠주여, 우리가 전한 말을 누가 믿었
으며
주께서 보여주신 능력을 누가 깨달았
습니까?"
한 말이 이루어졌다.
39그들이 믿을 수가 없었던 이유를 이사야는
또 이렇게 말하였다.
40 "㉡주께서 그들의 눈을 멀게 하시고
그들의 마음을 둔하게 하셨으니
이는 그들이 눈을 가지고도 알아보지
못하고
마음으로도 깨닫지 못하여
끝내 나에게로 돌아오지 못하고
나한테 온전히 고쳐지지 못하게 하시
려는 것이다."
41◎이것은 이사야가 예수의 영광을 보았기 때
문에 말한 것이며 또 예수를 가리켜서 한 말
이었다.
42유다 지도자들 중에서도 예수를 믿는 사람
들이 많았으나 바리사이파 사람들이 두려워
서 예수 믿는다는 말을 드러내 놓고 하지는
못하였다. 회당에서 쫓겨날까 겁이 났던 것
이다.
43그들은 하느님께서 주시는 영광보다도 인
간이 주는 영광을 더 사랑하는 사람들이
었다.

피할 수 없는 심판

44◎예수께서 큰소리로 이렇게 말씀하셨다.
"나를 믿는 사람은 나뿐 아니라 나를 보내
신 분까지 믿는 것이고
45나를 보는 사람은 나를 보내신 분도 보는 것
이다.
46나는 빛으로서 이 세상에 왔다. 그러므로
누구든지 나를 믿는 사람은 어둠 속에서 살
지 않을 것이다.
47어떤 사람이 내 말을 듣고 지키지 않는다 하
더라도 나는 그를 단죄하지 않을 것이다.
나는 이 세상을 단죄하러 온 것이 아니라 구
원하러 왔기 때문이다.
48그러나 나를 배척하고 내 말을 받아들이지
않는 사람을 단죄하는 것이 따로 있다. 내
가 한 바로 그 말이 세상 끝날에 그를 단죄
할 것이다.
49나는 내 마음대로 말하지 않고 나를 보내신

㉠ 이사 53:1. ㉡ 이사 6:10.

아버지께서 무엇을 어떻게 말하라고 친히
명령하시는 대로 말하였다.
50 나는 그 명령이 영원한 생명을 준다는 것을
안다. 그래서 나는 무엇이나 아버지께서 나
에게 일러주신 대로 말하는 것뿐이다."

제자들의 발을 씻어주신 예수

13 ◎과월절을 하루 앞두고 예수께서는 이
제 이 세상을 떠나 아버지께로 가실 때
가 된 것을 아시고 이 세상에서 사랑하시던
제자들을 더욱 극진히 사랑해 주셨다.
2 예수께서 제자들과 같이 저녁을 잡수실 때
악마는 이미 가리옷 사람 시몬의 아들 유다
의 마음속에 예수를 팔아넘길 생각을 불어
넣었다.
3 한편 예수께서는 아버지께서 모든 것을 당
신의 손에 맡겨주신 것과 당신이 하느님께
로부터 왔다가 다시 하느님께 돌아가게 되
었다는 것을 아시고
4 식탁에서 일어나 겉옷을 벗고 수건을 허리
에 두르신 뒤
5 대야에 물을 떠서 제자들의 발을 차례로 씻
고 허리에 두르셨던 수건으로 닦아주셨다.
6 시몬 베드로의 차례가 되자 그는 "주께서 제
발을 씻으시렵니까?" 하고 말하였다.
7 예수께서는 "너는 내가 왜 이렇게 하는지
지금은 모르지만 나중에는 알게 될 것이
다." 하고 대답하셨다.
8 베드로가 "안 됩니다. 제 발만은 결코 씻지
못하십니다." 하고 사양하자 예수께서는
"내가 너를 씻어주지 않으면 너는 이제 나
와 아무 상관도 없게 된다." 하셨다.
9 그러자 시몬 베드로는 "주님, 그러면 발뿐
아니라 손과 머리까지도 씻어주십시오."
하고 간청하였다.
10 예수께서는 "목욕을 한 사람은 온몸이 깨끗
하니 발만 씻으면 그만이다. 너희도 그처럼
깨끗하다. 그러나 모두가 다 깨끗한 것은
아니다." 하고 말씀하셨다.
11 예수께서는 이미 당신을 팔아넘길 사람이
누군지 알고 계셨으므로 모두가 깨끗한 것
은 아니라고 하신 것이다.
12 ◎예수께서는 제자들의 발을 씻고 나서 겉
옷을 입고 다시 식탁에 돌아와 앉으신 다음
제자들에게 이렇게 말씀하셨다. "내가 왜
지금 너희의 발을 씻어주었는지 알겠느냐?
13 너희는 나를 스승 또는 주라고 부른다. 그
것은 사실이니 그렇게 부르는 것이 옳다.
14 그런데 스승이며 주인 내가 너희의 발을 씻
어주었으니 너희도 서로 발을 씻어주어야
한다.
15 내가 너희에게 한 일을 너희도 그대로 하라
고 본을 보여준 것이다.
16 정말 잘 들어두어라. 종이 주인보다 더 나
을 수 없고 파견된 사람이 파견한 사람보다
더 나을 수는 없다.
17 이제 너희는 이것을 알았으니 그대로 실천
하면 복을 받을 것이다.
18 이것은 너희 모두를 두고 하는 말은 아니다.
나는 내가 뽑은 사람들을 알고 있다. 그러
나 '㉠나와 함께 빵을 먹는 자가 나를 배반
하였다.' 한 성경 말씀은 이루어질 것이다.
19 내가 미리 이 일을 일러주는 것은 그 일이
일어날 때 너희로 하여금 내가 누구라는 것
을 믿게 하려는 것이다.
20 정말 잘 들어두어라. 내가 보내는 사람을
받아들이는 사람은 나를 받아들이고 또 나
를 받아들이는 사람은 나를 보내신 분을 받
아들인다."

유다의 배반을 예고하시다 (마태오 26:20-25; 마르코 14:17-21; 루가 22:21-23)

21 ◎예수께서 이 말씀을 하시고 나서 몹시 번
민하시며 "정말 잘 들어두어라. 너희 가운
데 나를 팔아넘길 사람이 하나 있다." 하고
내놓고 말씀하셨다.
22 제자들은 누구를 가리켜서 하시는 말씀인
지를 몰라 서로 쳐다보았다.
23 그 때 제자 한 사람이 바로 예수 곁에 앉아
있었는데 그는 예수의 사랑을 받던 제자
였다.
24 그래서 시몬 베드로가 그에게 눈짓을 하며
누구를 두고 하시는 말씀인지 여쭈어보라
고 하였다.
25 그 제자가 예수께 바싹 다가앉으며 "주님,
그게 누굽니까?" 하고 묻자
26 예수께서는 "내가 빵을 적셔서 줄 사람이
바로 그 사람이다." 하셨다. 그리고는 빵을
적셔서 가리옷 사람 시몬의 아들 유다에게
주셨다.
27 유다가 그 빵을 받아 먹자마자 사탄이 그
에게 들어갔다. 그 때 예수께서는 유다에
게 "네가 할 일을 어서 하여라." 하고 이르
셨다.
28 그러나 그 자리에 앉아 있던 사람들은 예수
께서 왜 그에게 이런 말씀을 하셨는지 아무

㉠ 시편 41:9.

도 몰랐다.
29 유다가 돈주머니를 맡아보고 있었기 때문에
더러는 예수께서 유다에게 명절에 쓸 물건
을 사오라고 하셨거나 가난한 사람들에게
무엇을 주라고 하신 줄로만 알았다.
30 유다는 빵을 받은 뒤에 곧 밖으로 나갔다.
때는 밤이었다.

새 계명

31 ◎유다가 나간 뒤에 예수께서 이렇게 말씀하
셨다. "이제 사람의 아들이 영광을 받게 되
었고 또 사람의 아들로 말미암아 하느님께서
도 영광을 받으시게 되었다.
32 하느님께서 사람의 아들로 말미암아 영광을
받으신다면 하느님께서도 몸소 사람의 아들
에게 영광을 주실 것이다. 아니, 이제 곧 주
실 것이다.
33 나의 사랑하는 제자들아, 내가 너희와 같이
있는 것도 이제 잠시뿐이다. 내가 가면 너
희는 나를 찾아다닐 것이다. 일찍이 유다인
들에게 말한 대로 이제 너희에게도 말하거
니와 내가 가는 곳에 너희는 올 수 없다.
34 나는 너희에게 새 계명을 주겠다. 서로 사
랑하여라. 내가 너희를 사랑한 것처럼 너희
도 서로 사랑하여라.
35 너희가 서로 사랑하면 세상 사람들이 그것
을 보고 너희가 내 제자라는 것을 알게 될
것이다."

베드로의 장담 (마태오 26:31-35; 마르코 14:27-31; 루가 22:31-34)

36 ◎그 때 시몬 베드로가 "주님, 어디로 가시
겠습니까?" 하고 물었다. 예수께서는 "지
금은 내가 가는 곳으로 따라올 수 없다. 그
러나 나중에는 따라오게 될 것이다." 하고
대답하셨다.
37 "주님, 어찌하여 지금은 따라갈 수 없습니
까? 주님을 위해서라면 목숨이라도 바치겠
습니다." 베드로가 이렇게 장담하자
38 예수께서는 "나를 위해서 목숨을 바치겠다
고? 정말 잘 들어두어라. 새벽 닭이 울기
전에 너는 나를 세 번이나 모른다고 할 것이
다." 하셨다.

길과 진리와 생명

14 ◎"너희는 걱정하지 마라. 하느님을 믿
고 또 나를 믿어라.
2 내 아버지 집에는 있을 곳이 많다. 그리고
나는 너희가 있을 곳을 마련하러 간다. 만
일 거기에 있을 곳이 없다면 내가 이렇게 말
하겠느냐?
3 가서 너희가 있을 곳을 마련하면 다시 와서
너희를 데려다가 내가 있는 곳에 같이 있게
하겠다.
4 너희는 내가 어디로 가는지 그 길을 알고 있
다."
5 그러자 토마가 "주님, 저희는 주님이 어디
로 가시는지도 모르는데 어떻게 그 길을 알
겠습니까?" 하고 말하였다.
6 예수께서는 "나는 길이요 진리요 생명이다.
나를 거치지 않고서는 아무도 아버지께 갈
수 없다.
7 너희가 나를 알았으니 나의 아버지도 알게
될 것이다. 이제부터 너희는 그분을 알게
되었다. 아니 이미 뵈었다." 하고 말씀하
셨다.
8 이번에는 필립보가 "주님, 저희에게 아버지
를 뵙게 하여주시면 더 바랄 것이 없겠습니
다." 하고 간청하였다.
9 예수께서는 이렇게 대답하셨다. "필립보야,
들어라. 내가 이토록 오랫동안 너희와 같
이 지냈는데도 너는 나를 모른다는 말이냐?
나를 보았으면 곧 아버지를 본 것이다. 그
런데도 아버지를 뵙게 해달라니 무슨 말
이냐?
10 너는 내가 아버지 안에 있고 아버지께서 내
안에 계시다는 것을 믿지 않느냐? 내가 너
희에게 하는 말도 나 스스로 하는 말이 아니
라 아버지께서 내 안에 계시면서 몸소 하시
는 일이다.
11 내가 아버지 안에 있고 아버지께서 내 안에
계시다고 한 말을 믿어라. 못 믿겠거든 내
가 하는 이 일들을 보아서라도 믿어라.
12 정말 잘 들어두어라. 나를 믿는 사람은 내
가 하는 일을 할 뿐만 아니라 그보다 더 큰
일도 하게 될 것이다. 그것은 내가 이제 아
버지께 가서
13 너희가 내 이름으로 구하는 것이면 무엇이
든지 이루어주겠기 때문이다. 그러면 아들
로 말미암아 아버지께서 영광을 받으실 것
이다.
14 너희가 내 이름으로 구하는 것이면 무엇이
든지 다 내가 이루어주겠다."

성령의 약속

15 ◎"너희가 나를 사랑하면 내 계명을 지키게
될 것이다.
16 내가 아버지께 구하면 다른 협조자를 보내

주셔서 너희와 영원히 함께 계시도록 하실
것이다.
17그분은 곧 진리의 성령이시다. 세상은 그분
을 보지도 못하고 알지도 못하기 때문에 그
분을 받아들일 수 없지만 너희는 그분을 알
고 있다. 그분이 너희와 함께 사시며 너희
안에 계시기 때문이다.
18나는 너희를 고아들처럼 버려두지 않겠다.
기어이 너희에게로 돌아오겠다.
19이제 조금만 지나면 세상은 나를 보지 못하
게 되겠지만 내가 살아 있고 너희도 살아 있
을 터이니 너희는 나를 보게 될 것이다.
20그 날이 오면 너희는 내가 아버지 안에 있다
는 것과 너희가 내 안에 있고 내가 너희 안
에 있다는 것을 깨닫게 될 것이다.
21내 계명을 받아들이고 지키는 사람이 바로
나를 사랑하는 사람이다. 나를 사랑하는 사
람은 내 아버지에게 사랑을 받을 것이다.
나도 또한 그를 사랑하고 그에게 나를 나타
내 보이겠다."
22가리옷 사람이 아닌 다른 유다가 "주님, 주
님께서 왜 세상에는 나타내 보이지 않으시
고 저희에게만 나타내 보이시려고 하십니
까?" 하고 물었다.
23예수께서는 이렇게 대답하셨다. "나를 사랑
하는 사람은 내 말을 잘 지킬 것이다. 그러
면 나의 아버지께서도 그를 사랑하시겠고
아버지와 나는 그를 찾아가 그와 함께 살 것
이다.
24그러나 나를 사랑하지 않는 사람은 내 말을
지키지 않는다. 내가 너희에게 들려주는 것
은 내 말이 아니라 나를 보내신 아버지의 말
씀이다."
25◎"나는 너희와 함께 있는 동안에 여러 가
지 이야기를 들려주었거니와
26이제 아버지께서 내 이름으로 보내주실 성
령 곧 그 협조자는 모든 것을 너희에게 가르
쳐주실 뿐만 아니라 내가 너희에게 한 말을
모두 되새기게 하여주실 것이다."

예수의 평화

27◎"나는 너희에게 평화를 주고 간다. 내 평
화를 너희에게 주는 것이다. 내가 주는 평
화는 세상이 주는 평화와는 다르다. 걱정하
거나 두려워하지 마라.
28내가 떠나갔다가 너희에게로 다시 오겠다
는 말을 너희가 듣지 않았느냐? 아버지께
서는 나보다 훌륭하신 분이니 만일 너희가
나를 사랑한다면 내가 아버지께로 가는 것
을 기뻐했을 것이다.
29내가 지금 이 일을 미리 알려주는 것은 그
일이 일어날 때 너희로 하여금 믿게 하려는
것이다.
30너희와 이야기를 나눌 시간도 얼마 남지 않
았다. 이 세상의 권력자가 가까이 오고 있
다. 그가 나를 어떻게 할 수는 없지만
31나는 아버지를 사랑하고 아버지께서 분부
하신 대로 실천한다는 것을 세상에 알려야
하겠다. 자, 일어나 가자."

나는 참 포도나무

15 ◎"나는 참 포도나무요 나의 아버지는
농부이시다.
2나에게 붙어 있으면서 열매를 맺지 못하는
가지는 아버지께서 모조리 쳐내시고 열매
를 맺는 가지는 더 많은 열매를 맺도록 잘
가꾸신다.
3너희는 내 교훈을 받아 이미 잘 가꾸어진 가
지들이다.
4너희는 나를 떠나지 마라. 나도 너희를 떠
나지 않겠다. 포도나무에 붙어 있지 않는
가지가 스스로 열매를 맺을 수 없는 것처럼
너희도 나에게 붙어 있지 않으면 열매를 맺
지 못할 것이다.
5나는 포도나무요 너희는 가지다. 누구든지
나에게서 떠나지 않고 내가 그와 함께 있으
면 그는 많은 열매를 맺는다. 나를 떠나서
는 너희가 아무것도 할 수 없다.
6나를 떠난 사람은 잘려 나간 가지처럼 밖에
버려져 말라버린다. 그러면 사람들이 이런
가지를 모아다가 불에 던져 태워버린다.
7너희가 나를 떠나지 않고 또 내 말을 간직해
둔다면 무슨 소원이든지 구하는 대로 다 이
루어질 것이다.
8너희가 많은 열매를 맺고 참으로 나의 제
자가 되면 내 아버지께서 영광을 받으실
것이다.
9아버지께서 나를 사랑하신 것처럼 나도 너
희를 사랑해 왔다. 그러니 너희는 언제나
내 사랑 안에 머물러 있어라.
10내가 내 아버지의 계명을 지켜 그 사랑 안에
머물러 있듯이 너희도 내 계명을 지키면 내
사랑 안에 머물러 있게 될 것이다."
11◎"내가 이 말을 한 것은 내 기쁨을 같이 나
누어 너희 마음에 기쁨이 넘치게 하려는 것
이다.
12내가 너희를 사랑한 것처럼 너희도 서로 사
랑하여라. 이것이 나의 계명이다.

13벗을 위하여 제 목숨을 바치는 것보다 더 큰
사랑은 없다.
14내가 명하는 것을 지키면 너희는 나의 벗이
된다.
15이제 나는 너희를 종이라고 부르지 않고 벗
이라고 부르겠다. 종은 주인이 하는 일을
모른다. 그러나 나는 너희에게 내 아버지에
게서 들은 것을 모두 다 알려주었다.
16너희가 나를 택한 것이 아니라 내가 너희를
택하여 내세운 것이다. 그러니 너희는 세상
에 나가 언제까지나 썩지 않을 열매를 맺어
라. 그러면 아버지께서는 너희가 내 이름으
로 구하는 것을 다 들어주실 것이다.
17서로 사랑하여라. 이것이 너희에게 주는 나
의 계명이다."

세상의 증오

18◎"세상이 너희를 미워하거든 너희보다도
나를 먼저 미워했다는 것을 알아두어라.
19너희가 만일 세상에 속한 사람이라면 세상
은 너희를 한집안 식구로 여겨 사랑할 것이
다. 그러나 너희는 세상에 속하지 않았을
뿐더러 오히려 내가 세상에서 가려낸 사람
들이기 때문에 세상이 너희를 미워하는 것
이다.
20종은 그 주인보다 더 나을 수가 없다고 한
내 말을 기억하여라. 그들이 나를 박해했으
면 너희도 박해할 것이고 내 말을 지켰으면
너희의 말도 지킬 것이다.
21그들은 너희가 내 제자라 해서 이렇게 대할
것이다. 그들은 나를 보내신 분을 모르고
있다.
22내가 와서 그들에게 일러주지 않았던들 그
들에게는 죄가 없었을 것이다. 그러나 이제
는 그들이 자기 죄를 변명할 길이 없게 되
었다.
23나를 미워하는 자는 나의 아버지까지도 미
워한다.
24내가 일찍이 아무도 하지 못한 일들을 그
들 앞에서 하지 않았던들 그들에게는 죄가
없었을 것이다. 그런데 내가 한 일을 보고
서도 그들은 나와 또 나의 아버지까지 미
워한다.
25이리하여 그들의 율법서에 '㉠그들은 까닭
없이 나를 미워하였다.'고 기록되어 있는
말씀이 이루어졌다."
26◎"내가 아버지께 청하여 너희에게 보낼 협
조자 곧 아버지께로부터 나오시는 진리의
성령이 오시면 그분이 나를 증언할 것이다.
27그리고 너희도 처음부터 나와 함께 있었기
때문에 나의 증인이 될 것이다."

16 ◎"내가 너희에게 이 말을 한 것은 너
희의 믿음이 흔들리지 않도록 하려는
것이다.
2사람들은 너희를 회당에서 쫓아낼 것이다.
그리고 너희를 죽이는 사람들이 그런 짓을
하고도 그것이 오히려 하느님을 섬기는 일
이라고 생각할 때가 올 것이다.
3그들은 아버지도 나도 모르기 때문에 그런
짓들을 하게 되는 것이다.
4그러한 때가 오면 내가 한 말을 기억하라고
너희에게 이렇게 미리 말해 두는 것이다."

성령께서 하시는 일

"지금까지 내가 이 말을 너희에게 하지
않은 것은 내가 너희와 함께 있었기 때문
이다.
5나는 지금 나를 보내신 분에게 돌아간다.
그런데도 너희는 어디로 가느냐고 묻기는
커녕
6오히려 내가 한 말 때문에 모두 슬픔에 잠겨
있다.
7그러나 사실은 내가 떠나가는 것이 너희에
게는 더 유익하다. 내가 떠나가지 않으면
그 협조자가 너희에게 오시지 않을 것이다.
그러나 내가 가면 그분을 보내겠다.
8그분이 오시면 죄와 정의와 심판에 관한 세
상의 그릇된 생각을 꾸짖어 바로잡아 주실
것이다.
9그분은 나를 믿지 않는 것이 바로 죄라고 지
적하실 것이며
10내가 아버지께 돌아가고 너희가 나를 보지
못하게 된다는 것이 하느님의 정의를 나타
내시는 것이라고 가르치실 것이고
11이 세상의 권력자가 이미 심판을 받았다는
사실로써 정말 심판을 받을 자가 누구인지
를 보여주실 것이다."
12◎"아직도 나는 할 말이 많지만 지금은 너
희가 그 말을 알아들을 수 없을 것이다.
13그러나 진리의 성령이 오시면 너희를 이끌
어 진리를 온전히 깨닫게 하여주실 것이다.
그분은 자기 생각대로 말씀하시지 않고 들
은 대로 일러주실 것이며 앞으로 다가올 일
들도 알려주실 것이다.
14또 그분은 나에게서 들은 것을 너희에게 전
하여 나를 영광스럽게 하실 것이다.

㉠ 시편 69:4(35:19 참조).

15아버지께서 가지고 계신 것은 모두 다 나의
것이다. 그래서 성령께서 내게 들은 것을
너희에게 알려주시리라고 내가 말했던 것
이다."

너희의 슬픔이 기쁨으로

16◎"조금 있으면 너희는 나를 보지 못하게
될 것이다. 그러나 얼마 안 가서 나를 다시
보게 될 것이다."
17그러자 몇몇 제자들이 "조금 있으면 나를
보지 못하게 되겠고 또 얼마 안 가서 다시
보게 되리라든지, 나는 아버지께로 간다든
지 하는 말씀은 도대체 무슨 뜻일까?" 하고
수군거렸다.
18그러면서 그들은 "'얼마 안 가서'라는 말씀
이 무슨 뜻인가? 무슨 말씀인지 도무지 알
수가 없군!" 하고 말하였다.
19예수께서는 제자들이 묻고 싶어하는 낌새를
알아채시고 이렇게 말씀하셨다. "조금 있으
면 너희는 나를 보지 못하게 되겠고 얼마 안
가서 다시 만나게 되리라고 한 내 말을 가지
고 서로들 논의하고 있는 것이냐?
20정말 잘 들어두어라. 너희는 울며 슬퍼하겠
지만 세상은 기뻐할 것이다. 너희는 근심에
잠길지라도 그 근심은 기쁨으로 바뀔 것이
다.
21여자가 해산할 즈음에는 걱정이 태산 같다.
진통을 겪어야 할 때가 왔기 때문이다. 그
러나 아이를 낳으면 사람 하나가 이 세상에
태어났다는 기쁨에 그 진통을 잊어버리게
된다.
22이와 같이 지금은 너희도 근심에 싸여 있지
만 내가 다시 너희와 만나게 될 때에는 너희
의 마음은 기쁨에 넘칠 것이며 그 기쁨은 아
무도 빼앗아가지 못할 것이다.
23그 날이 오면 너희가 나에게 물을 것이 하나
도 없을 것이다. 정말 잘 들어두어라. 너희
가 내 이름으로 아버지께 구하는 것이면 아
버지께서 무엇이든지 주실 것이다.
24지금까지 너희는 내 이름으로 아무것도 구
해 본 적이 없다. 구하여라. 받을 것이다.
너희는 기쁨에 넘칠 것이다."

내가 세상을 이겼다

25◎"내가 지금까지는 이 모든 것을 비유로 들
려주었지만 이제 아버지에 관하여 비유를
쓰지 않고 명백히 일러줄 때가 올 것이다.
26그 날이 오면 너희는 내 이름으로 아버지께
구할 것이다. 따라서 내가 너희를 위하여
따로 아버지께 구하지는 않겠다는 말이다.
27너희는 이미 나를 사랑하고 또 내가 아버지
께로부터 왔다는 것을 믿고 있다. 그래서
아버지께서는 친히 너희를 사랑하시는 것
이다.
28나는 아버지께로부터 나와서 세상에 왔다
가 이제 세상을 떠나 다시 아버지께 돌아
간다."
29◎그제야 제자들이 "지금은 주님께서 조금
도 비유를 쓰지 않으시고 정말 명백하게 말
씀하시니
30따로 여쭈어볼 필요도 없게 되었습니다. 이
제 우리는 주님께서 모든 것을 다 알고 계신
다는 것을 깨달았습니다. 그래서 우리는 주
님께서 하느님께로부터 오신 분이심을 믿
습니다." 하고 말하였다.
31그러자 예수께서는 "너희가 이제야 믿느
냐?
32그러나 이제 너희가 나를 혼자 버려두고 제
각기 자기 갈 곳으로 흩어져 갈 때가 올 것
이다. 아니 그 때는 이미 왔다. 하지만 아버
지께서 나와 함께 계시니 나는 혼자 있는 것
이 아니다.
33나는 너희가 내게서 평화를 얻게 하려고 이
말을 한 것이다. 너희는 세상에서 고난을
당하겠지만 용기를 내어라. 내가 세상을 이
겼다." 하고 말씀하셨다.

제자들을 위하여 기도하시다

17 ◎이 말씀을 마치시고 예수께서는 하늘
을 우러러보시며 이렇게 말씀하셨다.
"아버지, 때가 왔습니다. 아들의 영광을 드
러내주시어 아들이 아버지의 영광을 드러
내게 하여주십시오.
2아버지께서는 아들에게 모든 사람을 다스
릴 권한을 주셨고 따라서 아들은 아버지께
서 맡겨주신 모든 사람에게 영원한 생명을
주게 되었습니다.
3영원한 생명은 곧 참되시고 오직 한 분이신
하느님 아버지를 알고 또 아버지께서 보내
신 예수 그리스도를 아는 것입니다.
4나는 아버지께서 나에게 맡겨주신 일을 다
하여 세상에서 아버지의 영광을 드러냈습
니다.
5아버지, 이제는 나의 영광을 드러내주십시
오. 세상이 있기 전에 아버지 곁에서 내가
누리던 그 영광을 아버지와 같이 누리게 하
여주십시오."
6◎"나는 아버지께서 세상 사람들 가운데서

뽑아 내게 맡겨주신 이 사람들에게 아버지
를 분명히 알려주었습니다. 이 사람들은 본
래 아버지의 사람들이었지만 내게 맡겨주
셨습니다. 이 사람들은 과연 아버지의 말씀
을 잘 지키었습니다.
7 지금 이 사람들은 나에게 주신 모든 것이 아
버지께로부터 왔다는 것을 알고 있습니다.
8 나는 나에게 주신 말씀을 이 사람들에게 전
하였습니다. 이 사람들은 그 말씀을 받아들
였고 내가 아버지께로부터 온 것을 참으로
깨달았으며 아버지께서 나를 보내신 것을
믿었습니다.
9 나는 이 사람들을 위하여 간구합니다. 세상
을 위하여 간구하는 것이 아니라 아버지께
서 내게 맡기신 이 사람들을 위하여 간구합
니다. 이 사람들은 아버지의 사람들입니다.
10 나의 것은 다 아버지의 것이며 아버지의 것
은 다 나의 것입니다. 그래서 이 사람들로
말미암아 내 영광이 나타났습니다.
11 나는 이제 세상을 떠나 아버지께 돌아가지
만 이 사람들은 세상에 남아 있을 것입니다.
거룩하신 아버지, 나에게 주신 아버지의 이
름으로 이 사람들을 지켜주십시오. 그리고
아버지와 내가 하나인 것처럼 이 사람들도
하나가 되게 하여주십시오.
12 내가 이 사람들과 함께 있을 때에는 나에게
주신 아버지의 이름으로 내가 이 사람들을
지켰습니다. 그 동안에 오직 멸망할 운명에
놓인 자를 제외하고는 하나도 잃지 않았습
니다. 하나를 잃은 것은 성경 말씀이 이루
어지기 위한 것이었습니다.
13 지금 나는 아버지께로 갑니다. 아직 세상
에 있으면서 이 말씀을 드리는 것은 이 사람
들이 내 기쁨을 마음껏 누리게 하려는 것입
니다.
14 나는 이 사람들에게 아버지의 말씀을 전해
주었는데 세상은 이 사람들을 미워했습니
다. 그것은 내가 이 세상에 속해 있지 않은
것처럼 이 사람들도 이 세상에 속해 있지 않
기 때문입니다.
15 내가 아버지께 원하는 것은 그들을 이 세상
에서 데려가시는 것이 아니라 악마에게서
지켜주시는 일입니다.
16 내가 이 세상에 속하지 않은 것처럼 이 사람
들도 이 세상에 속한 사람들이 아닙니다.
17 이 사람들이 진리를 위하여 몸을 바치는 사
람들이 되게 하여주십시오. 아버지의 말씀
이 곧 진리입니다.
18 아버지께서 나를 세상에 보내신 것같이 나
도 이 사람들을 세상에 보냈습니다.
19 내가 이 사람들을 위하여 이 몸을 아버지께
바치는 것은 이 사람들도 참으로 아버지께
자기 몸을 바치게 하려는 것입니다."
20 ◎"나는 이 사람들만을 위하여 간구하는 것
이 아니라 이 사람들의 말을 듣고 나를 믿는
사람들을 위하여 간구합니다.
21 아버지, 이 사람들이 모두 하나가 되게 하
여주십시오. 아버지께서 내 안에 계시고 내
가 아버지 안에 있는 것과 같이 이 사람들도
우리들 안에 있게 하여주십시오. 그러면 아
버지께서 나를 보내셨다는 것을 세상이 믿
게 될 것입니다.
22 아버지께서 내게 주신 영광을 나도 그들에
게 주었습니다. 그것은 아버지와 내가 하나
인 것처럼 이 사람들도 하나가 되게 하려는
것입니다.
23 내가 이 사람들 안에 있고 아버지께서 내 안
에 계신 것은 이 사람들을 완전히 하나가 되
게 하려는 것입니다. 이것은 세상으로 하여
금 아버지께서 나를 보내셨다는 것을 알게
하려는 것이며 또 아버지께서 나를 사랑하
신 것처럼 이 사람들도 사랑하셨다는 것을
알게 하려는 것입니다.
24 아버지, 아버지께서 나에게 맡기신 사람들
을 내가 있는 곳에 함께 있게 하여주시고 아
버지께서 천지 창조 이전부터 나를 사랑하
셔서 나에게 주신 그 영광을 그들도 볼 수
있게 하여주십시오.
25 의로우신 아버지, 세상은 아버지를 모르지
만 나는 아버지를 알고 있습니다. 그리고
이 사람들도 아버지께서 나를 보내셨다는
것을 깨달았습니다.
26 나는 이 사람들에게 아버지를 알게 하였으
며 앞으로도 그렇게 하겠습니다. 그것은 아
버지께서 나를 사랑하신 그 사랑이 그들 안
에 있고 나도 그들 안에 있게 하려는 것입
니다."

잡히신 예수 (마태오 26:47-56; 마르코 14:43-50; 루가 22:47-53)

18 ◎이 기도를 마치신 뒤에 예수께서는
제자들을 데리시고 키드론 골짜기 건너
편으로 가셔서 거기에 있는 동산에 들어가
셨다.
2 예수와 제자들이 가끔 거기에 모이곤 했었
기 때문에 예수를 잡아줄 유다도 그 곳을 잘
알고 있었다.
3 그래서 유다는 대사제들과 바리사이파 사람

들이 보낸 경비병들과 함께 한 떼의 군인들
을 데리고 그리로 갔다. 그들은 무장을 갖
추고 등불과 횃불을 들고 있었다.
4 예수께서는 신상에 닥쳐올 일을 모두 아시
고 앞으로 나서시며 "너희는 누구를 찾느
냐?" 하고 물으셨다.
5 그들이 "나자렛 사람 예수를 찾소." 하자
"내가 그 사람이다." 하고 말씀하셨다. 예
수를 잡아줄 유다도 그들과 함께 서 있었다.
6 예수께서 "내가 그 사람이다." 하고 말씀
하셨을 때 그들은 뒷걸음치다가 땅에 넘어
졌다.
7 예수께서 다시 "너희는 누구를 찾느냐?"
하고 물으시자 그들은 "나자렛 사람 예수를
찾소." 하고 대답하였다.
8 "내가 그 사람이라고 하지 않았느냐? 너희
가 나를 찾고 있다면 이 사람들은 가게 내버
려두어라." 하고 예수께서 말씀하셨다.
9 예수께서는 "나에게 맡겨주신 사람을 하나
도 잃지 않았습니다." 하신 말씀을 이루려
고 그렇게 말씀하셨던 것이다.
10 이 때에 시몬 베드로가 차고 있던 칼을 뽑아
대사제의 종을 내리쳐 오른쪽 귀를 잘라버
렸다. 그 종의 이름은 말코스였다.
11 이것을 보신 예수께서 베드로에게 "그 칼을
칼집에 도로 꽂아라. 아버지께서 나에게 주
신 이 고난의 잔을 내가 마셔야 하지 않겠느
냐?" 하고 말씀하셨다.

안나스 앞에 서신 예수
(마태오 26:57-58; 마르코 14:53-54; 루가 22:54)

12 ◎그 때에 군인들과 그 사령관과 유다인의
경비병들이 예수를 붙잡아 결박하여
13 먼저 안나스에게 끌고 갔다. 안나스는 그 해
의 대사제 가야파의 장인이었다.
14 가야파는 일찍이 유다인들에게 "한 사람이
온 백성을 대신해서 죽는 편이 더 낫다." 하
는 의견을 냈던 자이다.

예수를 부인한 베드로 (마태오 26:69-70; 마르코 14:66-68; 루가 22:55-57)

15 ◎시몬 베드로와 또 다른 제자 한 사람이 예
수를 따라갔다. 그 제자는 대사제와 잘 아는
사이여서 예수를 따라 대사제의 집 안뜰까
지 들어갔으나
16 베드로는 대문 밖에 서 있었다. 대사제를 잘
아는 그 제자는 다시 나와서 문지기 하녀에
게 말하여 베드로를 데리고 들어갔다.
17 그 젊은 문지기 하녀가 베드로를 보더니
"당신도 저 사람의 제자가 아닙니까?" 하
고 물었다. 베드로는 "아니오." 하고 부인
하였다.
18 날이 추워서 하인들과 경비병들은 숯불을
피워놓고 불을 쬐고 있었는데 베드로도 그
들 틈에 서서 불을 쬐고 있었다.

안나스의 심문 (마태오 26:59-66; 마르코 14:55-64; 루가 22:66-71)

19 ◎대사제 안나스는 예수를 심문하며 그의 제
자들과 그의 가르침에 관하여 물었다.
20 예수께서는 이렇게 대답하셨다. "나는 세상
사람들에게 버젓이 말해 왔다. 나는 언제나
모든 유다인들이 모이는 회당과 성전에서
가르쳤다. 내가 숨어서 말한 것이라고는 하
나도 없다.
21 그런데 왜 나에게 묻느냐? 내가 무슨 말을
했는지 들은 사람들에게 물어보아라. 내가
한 말은 그들이 잘 알고 있다."
22 예수께서 이렇게 말씀하셨을 때 곁에 서 있
던 경비병 한 사람이 "대사제님께 그게 무
슨 대답이냐?" 하며 예수의 뺨을 때렸다.
23 예수께서는 그 사람에게 "내가 한 말에 잘
못이 있다면 어디 대보아라. 그러나 잘못이
없다면 어찌하여 나를 때리느냐?" 하셨다.
24 안나스는 예수를 묶은 채 대사제 가야파에게
보냈다.

예수를 거듭 부인한 베드로 (마태오 26:71-75; 마르코 14:69-72; 루가 22:58-62)

25 ◎시몬 베드로는 여전히 거기 서서 불을 쬐
고 있었다. 그것을 보고 사람들이 "당신도
저 사람의 제자가 아니오?" 하고 물었다.
그러나 베드로는 아니라고 부인하였다.
26 그 때 대사제의 종으로서 베드로한테 귀를
잘린 사람의 친척 되는 사람이 나서면서
"당신이 동산에서 그와 함께 있는 것을 내
가 보았는데 그러시오?" 하고 몰아세웠다.
27 베드로가 또 아니라고 부인하자 곧 닭이 울
었다.

빌라도 앞에 서신 예수 (마태오 27:1-2, 11-14; 마르코 15:1-5; 루가 23:1-5)

28 ◎사람들이 예수를 가야파의 집에서 총독 관
저로 끌고 갔다. 그 때는 이른 아침이었는
데 그들은 부정을 타서 과월절 음식을 먹지
못하게 될까봐 총독 관저에는 들어가지 않
았다.
29 결국 빌라도가 밖으로 나와 그들에게 "너희

는 이 사람을 무슨 죄로 고발하느냐?" 하고
물었다.
30 그들은 빌라도에게 "이 사람이 죄인이 아니
라면 우리가 왜 여기까지 끌고 왔겠습니
까?" 하고 대답하였다.
31 그러자 빌라도는 "너희가 데리고 가서 너희
의 법대로 처리하여라." 하고 말하였다. 유
다인들은 "우리에게는 사람을 사형에 처할
권한이 없습니다." 하고 대답하였다.
32 이렇게 해서 예수께서 당신이 어떻게 돌아
가실 것인가를 암시하여 하신 말씀이 이루
어지게 되었다.
33 빌라도는 다시 관저 안으로 들어가서 예수를
불러놓고 "네가 유다인의 왕인가?" 하고
물었다.
34 예수께서는 "그것은 네 말이냐? 아니면 나
에 관해서 다른 사람이 들려준 말을 듣고 하
는 말이냐?" 하고 반문하셨다.
35 빌라도는 "내가 유다인인 줄로 아느냐? 너
를 내게 넘겨준 자들은 너희 동족과 대사제
들인데 도대체 너는 무슨 일을 했느냐?" 하
고 물었다.
36 예수께서는 이렇게 대답하셨다. "내 왕국은
이 세상 것이 아니다. 만일 내 왕국이 이 세
상 것이라면 내 부하들이 싸워서 나를 유다
인들의 손에 넘어가지 않게 했을 것이다.
내 왕국은 결코 이 세상 것이 아니다."
37 "아무튼 네가 왕이냐?" 하고 빌라도가 묻자
예수께서는 "내가 왕이라고 네가 말했다.
나는 오직 진리를 증언하려고 났으며 그 때
문에 세상에 왔다. 진리 편에 선 사람은 내
말을 귀담아듣는다." 하고 대답하셨다.
38 빌라도는 예수께 "진리가 무엇인가?" 하고
물었다.

사형 선고를 받으신 예수
(마태오 27:15-31; 마르코 15:6-20; 루가 23:13-25)

◎빌라도는 이 말을 하고 다시 밖으로 나와
유다인들에게 "나는 이 사람에게서 아무런
죄목도 찾지 못하였다.
39 과월절이 되면 나는 너희의 관례에 따라 죄
인 하나를 놓아주곤 했는데 이번에는 이 유
다인의 왕을 놓아주는 것이 어떻겠느냐?"
하고 물었다.
40 그러자 그들은 악을 쓰며 "그자는 안 됩니
다. 바라빠를 놓아주시오." 하고 소리질렀
다. 바라빠는 강도였다.

19
◎빌라도는 안으로 들어가서 부하들
을 시켜 예수를 데려다가 매질하게 하
였다.
2 병사들은 가시나무로 왕관을 엮어 예수의
머리에 씌우고 자홍색 용포를 입혔다.
3 그리고 예수 앞에 다가서서 "유다인의 왕 만
세!" 하고 소리치면서 그의 뺨을 때렸다.
4 ◎빌라도는 다시 밖으로 나와서 유다인들에
게 이렇게 말했다. "그를 너희 앞에 끌어내
오겠다. 내가 그에게서 아무런 혐의도 찾아
내지 못했다는 것을 너희도 이제 보면 알 것
이다."
5 예수께서는 가시관을 머리에 쓰시고 자홍색
용포를 걸치시고 밖으로 나오셨다. 빌라도
는 사람들에게 예수를 가리켜 보이며 "자,
이 사람이다." 하고 말하였다.
6 대사제들과 경비병들은 예수를 보자마자
"십자가에 못박으시오. 십자가에!" 하며
큰소리로 외쳤다. 그러자 빌라도는 "그러면
데려다가 너희의 손으로 십자가에 못박아
라. 나는 그에게서 아무 죄목도 찾아내지
못하였다." 하고 말하였다.
7 유다인들은 또다시 "우리에게는 율법이 있
습니다. 그 율법대로 하면 그자는 제가 하
느님의 아들이라고 했으니 죽어 마땅합니
다." 하고 대꾸하였다.
8 ◎빌라도는 이 말을 듣고 더욱 두려운 마음
이 들어
9 예수를 데리고 안으로 들어가 "도대체 너는
어디에서 온 사람이냐?" 하고 물었다. 예수
께서는 아무 대답도 하지 않으셨다.
10 "나에게도 말을 하지 않을 작정이냐? 나에
게는 너를 놓아줄 수도 있고 십자가형에 처
할 수도 있는 권한이 있는 줄을 모르느냐?"
빌라도의 이 말에
11 예수께서는 이렇게 대답하셨다. "네가 하늘
에서 권한을 받지 않았다면 나를 어떻게도
할 수 없을 것이다. 그러므로 나를 너에게
넘겨준 사람의 죄가 더 크다."
12 이 말을 들은 빌라도는 예수를 놓아줄 기회
를 찾기 시작하였다. 그러나 유다인들은
"만일 그자를 놓아준다면 총독님은 카이사
르의 충신이 아닙니다. 누구든지 자기를 왕
이라고 하는 자는 카이사르의 적이 아닙니
까?" 하고 큰소리로 외쳤다.
13 빌라도는 이 말을 듣고 예수를 데리고 나와
리토스트로토스라 하는 자리에 올라가 자
기 재판관석에 앉았다. 리토스트로토스라
는 말은 히브리 말로 가빠타라고 하는데 '돌
깔아놓은 자리' 라는 뜻이다.
14 그 날은 과월절 준비일이었고 때는 낮 열

두 시쯤이었다. 빌라도는 유다인들을 둘러
보며 "자, 여기 너희의 왕이 있다." 하고 말
하였다.
15그들은 "죽이시오. 죽이시오. 십자가에 못
박아 죽이시오!" 하고 외쳤다. 빌라도가
"너희의 왕을 나더러 십자가형에 처하란 말
이냐?" 하고 말하자 대사제들은 "우리의
왕은 카이사르밖에는 없습니다." 하고 대답
하였다.
16그래서 빌라도는 예수를 십자가에 못박으라
고 그들에게 내어주었다.

십자가에 달리신 예수 (마태오 27:32-44; 마르코 15:21-32; 루가 23:26-43)

◎예수께서는 마침내 그들의 손에 넘어가
17몸소 십자가를 지시고 성밖을 나가 히브리
말로 골고타라는 곳으로 향하셨다. 골고타라
는 말은 해골산이란 뜻이다.
18여기서 그들은 예수를 십자가에 못박았다.
그리고 다른 두 사람도 십자가에 달아 예수
를 가운데로 하여 그 양쪽에 하나씩 세워놓
았다.
19빌라도가 명패를 써서 십자가 위에 붙였는
데 거기에는 "유다인의 왕 나자렛 예수" 라
고 씌어 있었다.
20그 명패는 히브리 말과 라틴 말과 그리스 말
로 적혀 있었다. 예수께서 십자가에 달리신
곳이 예루살렘에서 가깝기 때문에 많은 유다
인들이 와서 그것을 읽어보았다.
21유다인들의 대사제들은 빌라도에게 가서
"'유다인의 왕'이라 쓰지 말고 '자칭 유다
인의 왕'이라고 써붙여야 합니다." 하고 말
하였으나
22빌라도는 "한번 썼으면 그만이다." 하고 거
절하였다.
23◎예수를 십자가에 못박아 단 병사들은 예
수의 옷가지를 가져다가 네 몫으로 나누어
서 한 몫씩 차지하였다. 그러나 속옷은 위
에서 아래까지 혼솔 없이 통으로 짠 것이었
으므로
24그들은 의논 끝에 "이것은 찢지 말고 누구
든 제비를 뽑아 차지하기로 하자." 하여 그
대로 하였다. 이리하여 "㉠그들은 내 겉옷
을 나누어가지며 내 속옷을 놓고는 제비를
뽑았다." 하신 성서의 말씀이 이루어졌다.

예수와 그 어머니

25◎예수의 십자가 밑에는 그 어머니와 이모
와 글레오파의 아내 마리아와 막달라 여자 마
리아가 서 있었다.
26예수께서는 당신의 어머니와 그 곁에 서 있
는 사랑하시는 제자를 보시고 먼저 어머니
에게 "어머니, 이 사람이 어머니의 아들입
니다." 하시고
27그 제자에게는 "이분이 네 어머니시다." 하
고 말씀하셨다. 이 때부터 그 제자는 마리아
를 자기 집에 모셨다.

숨을 거두신 예수 (마태오 27:45-56; 마르코 15:33-41; 루가 23:44-49)

28◎예수께서는 모든 것이 끝났음을 아시고
"㉡목마르다." 하고 말씀하셨다. 이 말씀으
로 성서의 예언이 이루어졌다.
29마침 거기에는 ㉢신 포도주가 가득 담긴 그
릇이 있었는데 사람들이 그 포도주를 해면
에 담뿍 적셔서 히솝 풀대에 꿰어가지고 예
수의 입에 대어드렸다.
30예수께서는 신 포도주를 맛보신 다음 "이제
다 이루었다." 하시고 고개를 떨어뜨리시며
숨을 거두셨다.

예수의 옆구리를 창으로 찌르다

31◎그 날은 과월절 준비일이었다. 다음날 대
축제일은 마침 안식일과 겹치게 되었으므
로 유다인들은 안식일에 시체를 십자가에
그냥 두지 않으려고 빌라도에게 시체의 다
리를 꺾어 치워달라고 청하였다.
32그래서 병사들이 와서 예수와 함께 십자가
에 달린 사람들의 다리를 차례로 꺾고
33예수에게 가서는 이미 숨을 거두신 것을 보
고 다리를 꺾는 대신
34군인 하나가 창으로 그 옆구리를 찔렀다.
그러자 곧 거기에서 피와 물이 흘러 나왔다.
35◎이것은 자기 눈으로 직접 본 사람의 증언
이다. 그러므로 이 증언은 참되며, 이 증언
을 하는 사람은 자기 말이 틀림없는 사실이
라는 것을 잘 알고 있다. 그는 여러분도 믿
게 하려고 이렇게 증언하는 것이다.
36이렇게 해서 "㉣그의 뼈는 하나도 부러지지
않을 것이다." 한 성서의 말씀이 이루어졌
다.
37그리고 성서의 다른 곳에는 "㉤그들은 자기
들이 찌른 사람을 보게 될 것이다."라는 기
록도 있다.

무덤에 묻히신 예수 (마태오 27:57-61; 마르코 15:

㉠ 시편 22:18. ㉡ 시편 22:15. ㉢ 시편 69:21. ㉣ 출애 12:46(민수 9:12; 시편 34:20 참조). ㉤ 즈가 12:10.

42-47; 루가 23:50-56)
38◎그 뒤 아리마태아 사람 요셉이 빌라도에게
예수의 시체를 가져가게 하여달라고 청하였
다. 그도 예수의 제자였지만 유다인들이 무
서워서 그 사실을 숨기고 있었다. 빌라도의
허락을 받아 요셉은 가서 예수의 시체를 내
렸다.
39그리고 언젠가 밤에 예수를 찾아왔던 니고
데모도 침향을 섞은 몰약을 백 근쯤 가지고
왔다.
40이 두 사람은 예수의 시체를 모셔다가 유다
인들의 장례 풍속대로 향료를 바르고 고운
베로 감았다.
41예수께서 십자가에 못박히신 곳에는 동산이
있었는데 거기에는 아직 장사지낸 일이 없
는 새 무덤이 하나 있었다.
42그 날은 유다인들이 명절을 준비하는 날인
데다가 그 무덤이 가까이 있었기 때문에 그
들은 예수를 거기에 모셨다.

빈 무덤
(마태오 28:1-8; 마르코 16:1-8; 루가 24:1-12)

20 ◎안식일 다음날 이른 새벽의 일이었
다. 아직 어두울 때에 막달라 여자 마리
아가 무덤에 가보니 무덤을 막았던 돌이 이
미 치워져 있었다.
2 그래서 그 여자는 달음질을 하여 시몬 베드
로와 예수께서 사랑하시던 다른 제자에게
가서 "누군가가 주님을 무덤에서 꺼내갔습
니다. 어디에다 모셨는지 모르겠습니다."
하고 알려주었다.
3 이 말을 듣고 베드로와 다른 제자는 곧 떠나
무덤으로 향하였다.
4 두 사람이 같이 달음질쳐 갔지만 다른 제자
가 베드로보다 더 빨리 달려가 먼저 무덤에
다다랐다.
5 그는 몸을 굽혀 수의가 흩어져 있는 것을 보
았으나 안에 들어가지는 않았다.
6 곧 뒤따라온 시몬 베드로가 무덤 안에 들어
가 그도 역시 수의가 흩어져 있는 것을 보았
는데
7 예수의 머리를 싸맸던 수건은 수의와 함께
흩어져 있지 않고 따로 한 곳에 잘 개켜져
있었다.
8 그제야 무덤에 먼저 다다른 다른 제자도 들
어가서 보고 믿었다.
9 그들은 그 때까지도 예수께서 죽었다가 반
드시 살아나실 것이라는 성서의 말씀을 깨
닫지 못하고 있었던 것이다.
10두 제자는 숙소로 다시 돌아갔다.

막달라 여자 마리아에게 나타나신 예수
(마태오 28:9-10; 마르코 16:9-11)

11◎한편 무덤 밖에 서서 울고 있던 마리아가
몸을 굽혀 무덤 속을 들여다보니
12흰 옷을 입은 두 천사가 앉아 있었다. 한 천
사는 예수의 시체를 모셨던 자리 머리맡에
있었고 또 한 천사는 발치에 있었다.
13천사들이 마리아에게 "왜 울고 있느냐?" 하
고 물었다. "누군가가 제 주님을 꺼내갔습
니다. 어디에다 모셨는지 모르겠습니다."
마리아가 이렇게 대답하고 나서
14뒤를 돌아다보았더니 예수께서 거기에 서
계셨다. 그러나 그분이 예수인 줄은 미처 몰
랐다.
15예수께서 마리아에게 "왜 울고 있느냐? 누
구를 찾고 있느냐?" 하고 물으셨다. 마리아
는 그분이 동산지기인 줄 알고 "여보셔요.
당신이 그분을 옮겨갔거든 어디에다 모셨
는지 알려주셔요. 내가 모셔 가겠습니다."
하고 말하였다.
16예수께서 "마리아야!" 하고 부르시자 마리
아는 예수께 돌아서서 히브리 말로 "라뽀
니!" 하고 불렀다. (이 말은 '선생님.'이라
는 뜻이다.)
17예수께서는 마리아에게 "내가 아직 아버지
께 올라가지 않았으니 나를 붙잡지 말고 어
서 내 형제들을 찾아가거라. 그리고 '나는
내 아버지이며 너희의 아버지 곧 내 하느님
이며 너희의 하느님이신 분께 올라간다.' 고
전하여라." 하고 일러주셨다.
18막달라 여자 마리아는 제자들에게 가서 자기
가 주님을 만나 뵌 일과 주님께서 자기에게
일러주신 말씀을 전하였다.

제자들에게 나타나신 예수 (마태오 28:16-20; 마르코 16:14-18; 루가 24:36-49)

19◎안식일 다음날 저녁에 제자들은 유다인들
이 무서워서 어떤 집에 모여 문을 모두 닫아
걸고 있었다. 그런데 예수께서 들어오셔서
그들 한가운데 서시며 "너희에게 평화가 있
기를!" 하고 인사하셨다.
20그리고 나서 당신의 손과 옆구리를 보여주
셨다. 제자들은 주님을 뵙고 너무 기뻐서
어쩔 줄을 몰랐다.
21예수께서 다시 "너희에게 평화가 있기를!
내 아버지께서 나를 보내주신 것처럼 나도
너희를 보낸다." 하고 말씀하셨다.

22 이렇게 말씀하신 다음 예수께서는 그들에게
숨을 내쉬시며 말씀을 계속하셨다. "성령을
받아라.
23 누구의 죄든지 너희가 용서해 주면 그들의
죄는 용서받을 것이고 용서해 주지 않으면
용서받지 못한 채 남아 있을 것이다."

토마의 불신앙

24 ◎열두 제자 중 하나로서 쌍둥이라고 불리
던 토마는 예수께서 오셨을 때에 그들과 함
께 있지 않았었다.
25 다른 제자들이 그에게 "우리는 주님을 뵈었
소." 하고 말하자 토마는 그들에게 "나는
내 눈으로 그분의 손에 있는 못자국을 보고
내 손가락을 그 못자국에 넣어보고 또 내 손
을 그분의 옆구리에 넣어보지 않고는 결코
믿지 못하겠소." 하고 말하였다.
26 ◎여드레 뒤에 제자들이 다시 집 안에 모여
있었는데 그 자리에는 토마도 같이 있었다.
문이 다 잠겨 있었는데도 예수께서 들어오
셔서 그들 한가운데 서시며 "너희에게 평화
가 있기를!" 하고 인사하셨다.
27 그리고 토마에게 "네 손가락으로 내 손을
만져보아라. 또 네 손을 내 옆구리에 넣어
보아라. 그리고 의심을 버리고 믿어라." 하
고 말씀하셨다.
28 토마가 예수께 "나의 주님, 나의 하느님!"
하고 대답하자
29 예수께서는 "너는 나를 보고야 믿느냐? 나
를 보지 않고도 믿는 사람은 행복하다." 하
고 말씀하셨다.

이 책을 쓴 목적

30 ◎예수께서는 제자들 앞에서 이 책에 기록
되지 않은 다른 기적들도 수없이 행하셨다.
31 이 책을 쓴 목적은 다만 사람들이 예수는 그
리스도이시며 하느님의 아들이심을 믿고,
또 그렇게 믿어서 주님의 이름으로 생명을
얻게 하려는 것이다.

일곱 제자에게 나타나신 예수

21 ◎그 뒤 예수께서 티베리아 호숫가에서
제자들에게 다시 나타나셨는데 그 경
위는 이러하다.
2 시몬 베드로와 쌍둥이라는 토마와 갈릴래아
가나 사람 나타나엘과 제베대오의 아들들과
그 밖의 두 제자가 한자리에 모여 있었다.
3 그 때 시몬 베드로가 "나는 고기를 잡으러
가겠소." 하자 나머지 사람들도 같이 가겠
다고 따라나섰다. 그들은 배를 타고 고기잡
이를 나갔으나 그 날 밤에는 아무것도 잡지
못하였다.
4 이튿날 날이 밝아올 때 예수께서 호숫가에
서 계셨다. 그러나 제자들은 그분이 예수이
신 줄을 미처 몰랐다.
5 예수께서 "얘들아, 무얼 좀 잡았느냐?" 하
고 물으시자 그들은 "아무것도 못 잡았습니
다." 하고 대답하였다.
6 "그물을 배 오른편에 던져보아라. 그러면
고기가 잡힐 것이다." 그들이 예수께서 이
르시는 대로 그물을 던졌더니 그물을 끌어
올릴 수 없을 만큼 고기가 많이 걸려들었다.
7 예수의 사랑을 받던 제자가 베드로에게 "저
분은 주님이십니다." 하고 말하였다. 주님
이시라는 말을 듣자 옷을 벗고 있던 시몬 베
드로는 몸에 겉옷을 두르고 그냥 물 속에 뛰
어들었다.
8 나머지 제자들은 고기가 잔뜩 걸려든 그물
을 끌며 배를 저어 육지로 나왔다. 그들이
들어갔던 곳은 육지에서 백 미터쯤밖에 떨
어지지 않은 곳이었다.
9 그들이 육지에 올라와 보니 숯불이 있고 그
위에 생선이 놓여 있었다. 그리고 빵도 있
었다.
10 예수께서 제자들에게 "방금 잡은 고기를 몇
마리 가져오너라." 하고 말씀하셨다.
11 시몬 베드로는 배에 가서 그물을 육지로 끌
어올렸다. 그물 속에는 백쉰세 마리나 되는
큰 고기가 가득히 들어 있었다. 그렇게 많
은 고기가 들어 있었는데도 그물은 터지지
않았다.
12 예수께서 그들에게 "와서 아침을 들어라."
하고 말씀하셨다. 제자들 중에는 감히 "당
신은 누구십니까?" 하고 묻는 사람이 없었
다. 그분이 바로 주님이시라는 것이 분명하
였기 때문이다.
13 예수께서는 제자들에게 가까이 오셔서 빵을
집어주시고 또 생선도 집어주셨다.
14 예수께서 부활하신 뒤 제자들에게 나타나신
것은 이것이 세 번째였다.

예수와 베드로

15 ◎모두들 조반을 끝내자 예수께서 시몬 베드
로에게 "요한의 아들 시몬아, 네가 이 사람
들이 나를 사랑하는 것보다 더 나를 사랑하
느냐?" 하고 물으셨다. 베드로가 "예, 주님.
아시는 바와 같이 저는 주님을 사랑합니
다." 하고 대답하자 예수께서는 "내 어린

양들을 잘 돌보아라." 하고 이르셨다.
16예수께서 두 번째 "요한의 아들 시몬아, 네
가 나를 정말 사랑하느냐?" 하고 물으셨다.
"예, 주님. 아시는 바와 같이 저는 주님을
사랑합니다." 베드로가 이렇게 대답하자 예
수께서는 "내 양들을 잘 돌보아라." 하고
이르셨다.
17예수께서 세 번째로 "요한의 아들 시몬아,
네가 나를 사랑하느냐?" 하고 물으시자 베
드로는 세 번이나 예수께서 "나를 사랑하느
냐?" 하고 물으시는 바람에 마음이 슬퍼졌
다. 그러나 "주님, 주님께서는 모든 일을 다
알고 계십니다. 그러니 제가 주님을 사랑한
다는 것을 모르실 리가 없습니다." 하고 말
하였다. 그러자 예수께서 "내 양들을 잘 돌
보아라." 하고 분부하셨다.
18이어서 "정말 잘 들어두어라. 네가 젊었을
때에는 제 손으로 띠를 띠고 마음대로 돌아
다닐 수 있었다. 그러나 이제 나이를 먹으
면 그 때는 팔을 벌리고 남이 와서 허리를
묶어 네가 원하지 않는 곳으로 끌고 갈 것이
다." 하고 말씀하셨다.
19예수의 이 말씀은 베드로가 장차 어떻게 죽
어서 하느님의 영광을 드러내게 될 것인가
를 암시하신 말씀이었다. 이 말씀을 하신
뒤 예수께서는 베드로에게 "나를 따라라."
하고 말씀하셨다.

예수의 사랑하시는 제자

20◎베드로가 돌아다보았더니 예수의 사랑을
받던 제자가 뒤따라오고 있었다. 그 제자는
만찬 때에 예수의 옆 자리에 앉아 있다가
"주님, 주님을 팔아 넘길 자가 누굽니까?"
하고 묻던 제자였다.
21그 제자를 본 베드로가 "주님, 저 사람은 어
떻게 되겠습니까?" 하고 예수께 물었다.
22예수께서는 "내가 돌아올 때까지 그가 살아
있기를 내가 바란다고 한들 그것이 너와 무
슨 상관이 있느냐? 너는 나를 따라라." 하
고 말씀하셨다.
23그래서 예수를 믿는 사람들 사이에서는 그
제자는 죽지 않으리라는 소문이 퍼졌다. 그
러나 예수께서는 그가 죽지 않으리라고 하
지는 않으셨고 다만 "설사 내가 돌아올 때
까지 그가 살아 있기를 내가 바란다고 한들
그것이 너와 무슨 상관이 있느냐?"고 말씀
하신 것뿐이다.
24그 제자는 이 일들을 증언하고 또 글로 기록
한 사람이다. 우리는 그의 증언이 참되다는
것을 알고 있다.

맺는 말

25◎예수께서는 이 밖에도 여러 가지 일을 하
셨다. 그 하신 일들을 낱낱이 다 기록하자
면 기록된 책은 이 세상을 가득히 채우고도
남을 것이라고 생각된다.

사 도 행 전

머리말

1 ◎이 책을 데오필로님께 드린다. 나는 먼
저번 책에서 예수의 모든 행적과 가르치
심을 다 기록하였다.
2곧 예수께서 당신이 뽑으신 사도들에게 성
령의 힘으로 여러 가지 지시를 내리신 다음
승천하신 그 날까지의 일을 시초에서부터
낱낱이 기록하였다.
3예수께서는 돌아가신 뒤에 다시 살아나셔서
사십 일 동안 사도들에게 자주 나타나시어
여러 가지 확실한 증거로써 당신이 여전히
살아 계시다는 것을 보여주시며 하느님 나
라에 관한 말씀을 들려주셨다.
4예수께서는 사도들과 함께 계신 자리에서
이렇게 말씀하셨다. "너희는 예루살렘을 떠
나지 말고 내가 전에 일러준 아버지의 약속
을 기다려라.
5요한은 물로 세례를 베풀었지만 오래지
않아 너희는 성령으로 세례를 받게 될 것
이다."

예수의 승천

6◎사도들은 다 같이 모인 자리에서 예수께
이렇게 물었다. "주님, 주님께서 이스라엘
왕국을 다시 세워주실 때가 바로 지금입니
까?"
7예수께서는 이렇게 대답하셨다. "그 때와
시기는 아버지께서 당신의 권능으로 결정
하셨으니 너희가 알 바 아니다.
8그러나 성령이 너희에게 오시면 너희는 힘

을 받아 예루살렘과 온 유다와 사마리아뿐만
아니라 땅 끝에 이르기까지 어디에서나 나
의 증인이 될 것이다."
9 예수께서는 이 말씀을 하시고 사도들이 보
는 앞에서 승천하셨는데 마침내 구름에 싸
여 그 모습이 보이지 않게 되셨다.
10 예수께서 하늘로 올라가시는 동안 그들은
하늘만을 쳐다보고 있었다. 그 때 흰 옷을
입은 사람 둘이 갑자기 그들 앞에 나타나서
11 이렇게 말했다. "갈릴래아 사람들아, 왜 너
희는 여기에 서서 하늘만 쳐다보고 있느냐?
너희 곁을 떠나 승천하신 저 예수께서는 너
희가 보는 앞에서 하늘로 올라가시던 그 모
양으로 다시 오실 것이다."

유다의 자리를 채운 마티아

12 ◎그 뒤 사도들은 그 올리브라고 하는 산을
떠나 안식일에 걸어도 괜찮을 거리에 있는
예루살렘으로 돌아왔다.
13 성안에 들어온 사도들은 자기네가 묵고 있
던 이층 방으로 올라갔는데 그 일행은 베드
로, 요한, 야고보, 안드레아, 필립보, 토마,
바르톨로메오, 마태오, 알패오의 아들 야고
보, 혁명당원 시몬, 야고보의 아들 유다 들이
었다.
14 그 자리에는 예수의 어머니 마리아를 비롯하
여 여러 여자들과 예수의 형제들도 함께 있
었다. 그들은 모두 마음을 모아 기도에만
힘썼다.
15 ◎그 무렵 어느 날 교우가 백이십 명 가량
모여 있었는데 그 자리에 베드로가 일어나
이렇게 말하였다.
16 "교우 여러분, 예수를 잡은 자들의 앞잡이
가 된 유다에 관하여 성령께서 다윗의 입을
빌려 예언하신 말씀은 정녕 이루어져야만
했습니다.
17 그는 본래 우리 열두 사람 중 하나로서 우리
와 함께 일하던 사람이었습니다.
18 그는 주님을 판 돈으로 밭을 샀습니다. 그
러나 그는 땅에 거꾸러져서 배가 갈라져 내
장이 온통 터져 나왔습니다.
19 예루살렘의 시민들이 모두 이 사실을 전해
듣고 그 밭을 그들 말로 '아겔다마'라고 불
렀습니다. '피의 밭'이란 뜻입니다.
20 시편에,

'㉠그의 집을 폐허로 만드시고
아무도 거기에 드는 이 없게 하여주십
시오.'

◎또

'㉡다른 사람으로 하여금 그의 자리를
차지하게 하여주십시오.'

라고 기록되어 있습니다.
21 그러므로 우리는 우리 주 예수께서 우리와
함께 지내오시는 동안, 곧 요한이 세례를
주던 때부터 예수께서 우리 곁을 떠나 승천
하신 날까지 줄곧 우리와 같이 있던 사람
중에서
22 하나를 뽑아 우리와 더불어 주 예수의 부활
의 증인이 되게 해야 하겠습니다."
23 그들은 바르사빠라고도 하고 유스도라고도
하는 요셉과 마티아 두 사람을 천거한 다음
24 이렇게 기도하였다. "모든 사람의 마음을
다 아시는 주님, 주님께서 이 두 사람 중 누
구를 뽑으셨는지 알려주십시오.
25 유다는 사도직을 버리고 제 갈 곳으로 갔습
니다. 그 직분을 누구에게 맡기시렵니까?"
26 그리고 나서 제비를 뽑았더니 마티아가 뽑
혀서 열한 사도와 같이 사도직을 맡게 되
었다.

성령의 강림

2 ◎마침내 오순절이 되어 신도들이 모두
한 곳에 모여 있었는데
2 갑자기 하늘에서 세찬 바람이 부는 듯한 소
리가 들려오더니 그들이 앉아 있던 온 집안
을 가득 채웠다.
3 그러자 혀 같은 것들이 나타나 불길처럼 갈
라지며 각 사람 위에 내렸다.
4 그들의 마음은 성령으로 가득 차서 성령이
시키시는 대로 여러 가지 외국어로 말을 하
기 시작하였다.
5 ◎그 때 예루살렘에는 세계 각국에서 온 경
건한 유다인들이 살고 있었다.
6 그 소리가 나자 많은 사람들이 몰려들었다.
그리고 사도들이 말하는 것이 사람들에게
는 저마다 자기네 지방 말로 들리므로 모두
어리둥절해졌다.
7 그들은 놀라고 또 한편 신기하게 여기며
"지금 말하고 있는 저 사람들은 모두 갈릴
래아 사람들이 아닌가!
8 그런데 우리는 저 사람들이 하는 말을 저마
다 자기가 태어난 지방의 말로 듣고 있으니
어찌 된 셈인가?
9 이 가운데는 바르티아 사람, 메대 사람, 엘
람 사람이 있는가 하면 메소포타미아, 유다,
갑바도기아, 본도, 아시아에서 온 사람들도

㉠ 시편 69:25. ㉡ 시편 109:8.

있고
10프리기아, 밤필리아, 이집트, 또 키레네에 가
까운 리비아의 여러 지방 사람들도 있다. 그
리고 로마에서 나그네로 온
11유다인들과 유다교에 개종한 이방인들이 있
고 그레데 사람들과 아라비아 사람들도 있
다. 그런데 저 사람들이 지금 하느님께서
하신 큰 일들을 전하고 있는데 그것을 우리
는 저마다 자기네 말로 듣고 있지 않은가?"
하고 말하였다.
12이렇게 모두 놀라고 어안이 벙벙하여 "도대
체 어찌 된 영문인가?" 하며 웅성거렸는데
13그 중에는 "저 사람들이 술에 취했군!" 하
고 빈정거리는 사람들도 있었다.

베드로의 오순절 설교

14◎그 때 베드로가 다른 열한 사도들과 함께
일어서서 군중을 보고 큰소리로 이렇게 말
했다. "유다 동포와 예루살렘 시민 여러분,
내가 하는 말을 귀담아듣고 잘 생각해 보십
시오.
15지금 시각이 아침 아홉 시인데 어떻게 술에
취했다고 생각하십니까? 이 사람들은 술에
취한 것이 아닙니다.
16이것은 예언자 요엘이 예언한 대로 된 것입
니다.
17 '하느님께서 말씀하신다.
마지막 날에
㉠나는 모든 사람에게
나의 성령을 부어주리니
너희 아들 딸들은 예언을 하고
젊은이들은 계시의 영상을 보며
늙은이들은 꿈을 꾸리라.
18 그 때에는 나의 남종에게도 여종에게
도
나의 성령을 부어주리니
그들도 예언을 하리라.
19 나는 하늘 높은 곳에서 표징을 보이며
땅에서 기적을 행하리니
피와 불과 짙은 연기가 일고
20 해는 빛을 잃어 어두워지고
달은 피와 같이 붉어져
마침내 크고 영광스러운 주의 날이 오
리라.
21 그 때 주의 이름을 부르는 자는 구원을
받으리라.'
22◎이스라엘 동포 여러분, 내 말을 들으시오.
나자렛 예수는 하느님께로부터 오신 분이었
습니다. 하느님께서는 이것을 분명히 보여
주시려고 여러분이 보는 앞에서 그분을 통
하여 여러 가지 기적과 놀라운 일과 표징을
나타내셨습니다. 이 사실은 여러분이 잘 알
고 있습니다.
23그런데 하느님께서 미리 정하신 뜻과 계획
에 따라 여러분의 손에 넘어간 이 예수를 여
러분은 악인들의 손을 빌려 십자가에 못박
아 죽였던 것입니다.
24그러나 하느님께서는 그분을 되살리시고
죽음의 고통에서 풀어주셨습니다. 예수께서
는 죽음의 세력에 사로잡혀 계실 분이 아닙
니다.
25그분에 관해서 다윗은 이렇게 말하였습니
다.
'㉡주께서 내 오른편에 계시오니
나는 항상 주님을 가까이 뵈오며
내 마음은 흔들리지 않습니다.
26 그러기에 내 마음은 기쁨에 넘치고
내 혀는 즐거워 노래하며
이 육신마저 희망 속에 살 것입니다.
27 당신은 내 영혼을 죽음의 세계에 버려
두지 않으시고
당신의 거룩한 종을 썩지 않게 지켜주
실 것입니다.
28 당신은 나에게 생명의 길을 보여주셨
으니
나는 당신을 모시고 언제나 기쁨에 넘
칠 것입니다.'
29◎형제 여러분, 나는 여러분에게 우리의 선
조이신 다윗에 관해서 분명히 말씀 드려야
겠습니다. 그는 죽어서 묻혔고 그의 무덤은
오늘날까지 우리 땅에 남아 있습니다.
30다윗은 예언자로서 ㉢하느님께서 자기 후손
가운데 한 사람을 자기 왕좌에 앉혀주시겠
다고 하신 맹세를 알고 있었습니다.
31그리고 그리스도의 부활을 내다보며,
'㉣하느님께서는 그를 죽음의 세계에
버려두지 않으시고
그의 몸을 썩지 않게 하셨습니다.'
하고 말하였습니다.
32바로 이 예수를 하느님께서 다시 살리셨으
며 우리는 다 그 증인입니다.
33하느님께서는 이 예수를 높이 올려 당신의
오른편에 앉히시고 약속하신 성령을 주셨
습니다. 예수께서는 아버지께로부터 받은

㉠ 요엘 3:1-5. ㉡ 시편 16:8-11. ㉢ 시편 132:11(시편 89:3-4; 2사무 7:12-13 참조). ㉣ 시편 16:10(사도 2:25-28 참조).

성령을 지금 여러분이 보고 듣는 대로 우리
에게 부어주셨습니다.
34 다윗은 하늘에 올라가지 못했으나, 그는
'㉠주 하느님께서 내 주님께
35 내가 네 원수들을 네 발 아래 굴복시킬
때까지
너는 내 오른편에 앉아 있으라고 하셨
다.'
라고 말하였습니다.
36 그러므로 이스라엘의 온 백성은 분명히 알
아두시오. 여러분이 십자가에 못박아 죽인
이 예수를 하느님께서는 우리의 주님이 되
게 하셨고 그리스도가 되게 하셨습니다."

개종한 첫 사람들

37 ◎사람들은 이 말을 듣고 마음이 찔려 베드
로와 사도들에게 "형제 여러분, 그러면 우
리는 어떻게 하면 좋겠습니까?" 하고 물
었다.
38 베드로가 이렇게 대답하였다. "회개하시오.
그리고 여러분은 한 사람도 빠짐없이 예수
그리스도의 이름으로 세례를 받고 여러분의
죄를 용서받으시오. 그리하면 성령을 선물
로 받게 될 것입니다.
39 이것은 우리 주 하느님께서 여러분과 여러
분의 자녀와 그리고 멀리 떨어져 있는 사람
들, 곧 하느님께서 부르시는 모든 사람들에
게 하신 약속입니다."
40 베드로는 이 밖에도 여러 가지 증거를 들어
그들을 설득시키고 이 사악한 세대가 받을
벌을 면하도록 하라고 권하였다.
41 그들은 베드로의 말을 믿고 세례를 받았다.
그 날에 새로 신도가 된 사람은 삼천 명이나
되었다.
42 그들은 사도들의 가르침을 듣고 서로 도와
주며 빵을 나누어 먹고 기도하는 일에 전념
하였다.

신도들의 공동 생활

43 ◎사도들이 계속해서 놀라운 일과 기적을
많이 나타내 보이자 사람들은 모두 하느님
을 두려워하게 되었다.
44 믿는 사람은 모두 함께 지내며 그들의 모든
것을 공동 소유로 내어놓고
45 재산과 물건을 팔아서 모든 사람에게 필요
한 만큼 나누어주었다.
46 그리고 한마음이 되어 날마다 열심히 성전
에 모였으며 집집마다 돌아가며 같이 빵을
나누고 순수한 마음으로 기쁘게 음식을 함
께 먹으며
47 하느님을 찬양하였다. 이것을 보고 모든 사
람이 그들을 우러러보게 되었다. 주께서는
구원받을 사람을 날마다 늘려주셔서 신도
의 모임이 커갔다.

앉은뱅이를 고친 베드로

3 ◎어느 날 베드로와 요한은 오후 세 시, 기
도하는 시간이 되어 성전으로 올라가고
있었는데
2 '아름다운 문'이라는 성전 문 곁에는 태어
날 때부터 앉은뱅이가 된 사람이 하나 있었
다. 날마다 사람들이 거기에 들어다 놓으면
그는 앉아서 성전으로 들어가는 사람들에
게 구걸을 하는 것이었다.
3 그는 성전으로 들어가려는 베드로와 요한을
보고 구걸을 하였다.
4 베드로는 요한과 함께 그를 눈여겨보며 "우
리를 좀 보시오." 하고 말하였다.
5 그 앉은뱅이는 무엇을 주려니 하고 두 사도
를 쳐다보았다.
6 그러자 베드로는 "나는 돈이 없습니다. 그
러나 내가 줄 수 있는 것은 이것입니다. 나
자렛 예수 그리스도의 이름으로 걸어가시
오." 하며
7 그의 오른손을 잡아일으켰다. 그러자 그 앉
은뱅이는 당장에 다리와 발목에 힘을 얻어
8 벌떡 일어나 걷기 시작하였다. 그리고 그
들과 함께 성전으로 들어가면서 걷기도 하
고 껑충껑충 뛰기도 하며 하느님을 찬양하
였다.
9 사람들은 모두 그가 걸어다니며 하느님을
찬양하는 것을 보고
10 또 그 사람이 바로 성전의 '아름다운 문'
곁에 앉아 구걸하던 앉은뱅이라는 것을 알
고 그에게 일어난 일에 몹시 놀라서 어리둥
절해졌다.

솔로몬 행각에서 한 베드로의 설교

11 ◎그 사람이 베드로와 요한의 곁을 떠나지
않고 솔로몬 행각이라는 곳에 있을 때 사람
들은 모두 그의 소문을 듣고 놀라서 그리로
달려갔다.
12 베드로는 그 사람들을 보고 말하였다. "이스
라엘 동포 여러분, 왜 이 사람을 보고 놀랍
니까? 왜 우리를 유심히 쳐다봅니까? 우리
자신이 무슨 능력이 있거나 경건해서 이 사

㉠ 시편 110:1.

람을 걷게 하여준 줄로 생각합니까?
13여러분이 하느님의 종 예수를 잡아 빌라도에
게 넘겨주었을 때 빌라도가 예수를 놓아주려
고 작정하였는데도 여러분은 빌라도 앞에서
그를 배척하였습니다. 그러나 ㉠아브라함과
이사악과 야곱의 하느님이시며 우리 조상들
의 하느님이신 그 하느님께서 바로 그 종 예
수를 영광스럽게 해주셨습니다.
14여러분은 거룩하고 죄없으신 그분을 배척
하고 그분 대신에 살인자를 놓아달라고 빌
라도에게 청하여
15마침내 생명을 주관하시는 분을 죽이고 말
았습니다. 그러나 하느님께서는 그분을 죽
은 자들 가운데서 살리셨습니다. 우리는 다
그 목격자들입니다.
16보시는 바와 같이 여러분이 잘 알고 있는 이
사람은 바로 그 예수의 이름으로 낫게 된 것
입니다. 이것은 그 이름을 믿는 우리의 믿
음으로 된 것이며 예수를 믿는 그 믿음이 여
러분 앞에서 이 사람을 완전히 낫게 한 것입
니다.
17◎그런데 형제 여러분! 여러분이 그런 잘못
을 저지른 것은 여러분의 지도자들과 똑같
이 무지한 탓이었다는 것을 나는 잘 알고 있
습니다.
18하느님께서는 모든 예언자의 입을 빌려 그
리스도가 고난을 받을 것이라고 말씀하셨는
데 그 말씀이 미리 예언하신 대로 이루어진
것입니다.
19그러니 여러분은 회개하고 하느님께 돌아
오시오. 그러면 하느님께서 여러분의 죄를
깨끗이 씻어주실 것이며
20여러분은 주께서 마련하신 위로의 때를 맞
이하게 될 것입니다. 그 때 주께서는 여러
분을 위하여 미리 정하신 그리스도를 보내
주실 것입니다. 예수가 곧 그분이십니다.
21예수께서는 만물을 새롭게 하시는 그 때가
오기까지 하늘에 계셔야 합니다. 이것은 하
느님께서 오래 전부터 당신의 거룩한 예언
자들의 입을 빌려 말씀하신 대로입니다.
22모세가 한 말을 보면 '㉡주님이신 이스라엘
의 하느님께서는 나를 보내셨던 것과 같이
이스라엘 민족 가운데서 예언자 하나를 세
워주실 터인데 너희는 그 예언자의 말을 잘
들어야 한다.
23그 예언자의 말을 듣지 않는 사람은 누구든
지 그 백성에게서 쫓겨 나와 멸망할 것이
다.' 했습니다.
24그리고 사무엘을 비롯하여 그 뒤를 이어 예
언한 모든 예언자도 다 이 세대에 일어날 일
을 예언했습니다.
25여러분은 그 예언자들의 자손이요, 하느
님께서 여러분의 조상들과 맺으신 계약의
자손입니다. 하느님께서는 아브라함에게
'㉢세상의 모든 민족이 네 후손으로 말미암
아 축복을 받으리라.' 하고 말씀하셨던 것
입니다.
26하느님께서 먼저 여러분을 위해서 그 종을
다시 살려 보내주셨습니다. 그것은 여러분
을 하나도 빠짐없이 악한 길에서 돌아서게
하여 그를 통해서 복을 받게 하시려는 것이
었습니다."

법정에 선 베드로와 요한

4 ◎베드로와 요한이 사람들에게 설교하고
있을 때 사제들과 성전 수위대장과 사두
가이파 사람들이 그 자리에 나타났다.
2그들은 두 사도가 사람들을 가르치며 예수
께서 부활하신 사실을 들어 죽은 사람들이
다시 살아난다고 선전하는 데 격분하여
3그들을 붙잡았다. 그러나 날이 이미 저물었
으므로 감옥에 넣어 다음날까지 가두어두
었다.
4그런데 그 설교를 듣고 많은 사람들이 예수
를 믿게 되었고 그 수효는 장정만도 오천 명
가량이나 되었다.
5그 이튿날 유다 지도자들과 원로들과 율법
학자들이 예루살렘에 모였다.
6그 자리에는 대사제 안나스를 비롯하여 가야
파와 요한과 알렉산더와 그 밖에 대사제 가
문에 속한 여러 사람들이 있었다.
7그들은 두 사도를 앞에 세워놓고 "당신들은
무슨 권한과 누구의 이름으로 이런 일을 하
였소?" 하고 물었다.
8그 때 성령으로 가득 찬 베드로는 이렇게 대
답하였다. "백성의 지도자들과 원로 여러분,
9오늘 여러분이 우리가 불구자에게 착한 일
을 한 사실과 그가 어떻게 낫게 되었는가 하
는 경위에 관해서 심문을 하는데
10불구자였던 저 사람이 성한 몸으로 여러분
앞에 서게 된 것은 바로 나자렛 예수 그리스
도의 이름에 힘입어 된 것입니다. 그분은 여
러분이 십자가에 못박아 죽였지만 하느님
께서 죽은 자들 가운데서 다시 살리신 분입
니다. 여러분과 이스라엘의 모든 백성은 이
것을 아셔야 합니다.

㉠ 출애 3:6, 15. ㉡ 신명 18:15-16, 19. ㉢ 창세 12:3, 22:18, 26:4, 28:14.

11 이 예수는 ㉠집 짓는 사람들 곧 여러분에게
버림을 받았지만 모퉁이의 머릿돌이 되신
분입니다.
12 이분에게 힘입지 않고는 아무도 구원받을
수 없습니다. 사람에게 주신 이름 가운데
우리를 구원할 수 있는 이름은 이 이름밖에
는 없습니다."
13 ◎그들은 베드로와 요한이 본래 배운 것이
없는 천한 사람인 줄 알았는데 이렇게 자신
있게 말하는 것을 보고 깜짝 놀랐다. 그리
고 두 사도가 예수를 따라다니던 사람들이
라는 것도 알게 되었다.
14 그러나 전에 불구자였던 사람이 성한 몸으
로 그 자리에 서 있는 것을 보고는 아무 말
도 하지 못하였다.
15 그래서 그들은 베드로와 요한을 의회에서
나가게 한 다음 자기네끼리 대책을 의논하
였다.
16 "저 사람들을 어떻게 하면 좋겠습니까? 저
사람들이 놀라운 기적을 나타냈다는 사실
은 예루살렘에 사는 사람이면 다 아는 터이
고 우리도 또한 그것을 부정할 수가 없습
니다.
17 이 일이 사람들에게 더 퍼져 나가서는 안 되
겠으니 다시는 아무에게도 예수의 이름으로
말하지 말라고 그들에게 단단히 경고해 둡
시다."
18 그리고 두 사도를 다시 불러들여 예수의 이
름으로는 절대로 말하지도 말고 가르치지
도 말라고 명령하였다.
19 그러나 베드로와 요한은 그들에게 "우리가
하느님의 말씀보다 당신들의 말을 듣는 것
이 하느님 보시기에 옳은 일이겠는지 한번
판단해 보시오.
20 우리는 보고 들은 것을 말하지 않을 수가 없
습니다." 하고 대답하였다.
21 그들은 백성들이 그 기적을 보고 모두 하느
님을 찬양하고 있었기 때문에 두 사도를 처
벌할 도리가 없어 다시 한 번 경고하고 나서
놓아주었다.
22 이 기적으로 몸이 성해진 사람은 마흔 살이
넘은 사람이었다.

박해를 당한 사도들의 기도

23 ◎풀려 나온 두 사도는 동료들에게 가서 대
사제들과 원로들이 한 말을 그대로 전해 주
었다.
24 동료들은 그 말을 듣고 일제히 큰소리로 하
느님께 기도 드렸다. "㉡하늘과 땅과 바다
와 그 안에 있는 모든 것을 창조하신 주님,
25 주께서는 우리의 조상이며 주님의 종인 다
윗의 입을 빌려 성령의 힘으로 이렇게 말씀
하셨습니다.
'㉢어찌하여 이방인들이 떠들어대고
뭇 백성이 헛된 일을 꾸미는가?
26 주님을 거슬러, 그의 그리스도를 거슬러
세상의 왕들이 들고일어나고
군주들이 함께 작당하였다.'
27 ◎과연 헤로데와 본티오 빌라도는 이 도성에
서 이방인들과 이스라엘 백성과 작당하여
주께서 기름 부어 그리스도로 삼으신 주님
의 거룩한 종 예수를 거슬렀습니다.
28 이리하여 주님의 권능과 뜻으로 미리 정해
두신 일들을 모두 이루었습니다.
29 주님, 지금 그들의 위협을 받고 있는 우리
를 살피시고 주님의 이 종들로 하여금 조금
도 굴하지 않고 주님의 말씀을 담대히 전할
수 있게 하여주십시오.
30 그리고 권능의 손을 펴시어 주님의 거룩하
신 종 예수의 이름으로 병이 낫고 표징과 기
적이 나타나게 하여주십시오."
31 그들이 기도를 다 마치자 모여 있던 곳이 흔
들리고 사람들은 모두 성령으로 가득 차서
하느님의 말씀을 담대히 전하게 되었다.

초대 교회의 공동 생활

32 ◎그 많은 신도들이 다 한마음 한 뜻이 되어
아무도 자기 소유를 자기 것이라고 하지 않
고 모든 것을 공동으로 사용하였다.
33 사도들은 놀라운 기적을 나타내며 주 예수
의 부활을 증언하였고 신도들은 모두 하느
님의 크신 축복을 받았다.
34 그들 가운데 가난한 사람은 하나도 없었다.
땅이나 집을 가진 사람들이 그것을 팔아서
그 돈을
35 사도들 앞에 가져다 놓고 저마다 쓸 만큼 나
누어 받았기 때문이다.
36 키프로스 태생의 레위 사람으로 사도들에게
서 "위로의 아들"이라는 뜻인 바르나바라고
불리는 요셉도
37 자기 밭을 팔아 그 돈을 사도들 앞에 가져다
바쳤다.

아나니아와 삽피라

5 ◎그런데 아나니아라는 사람은 그의 아내
삽피라와 함께 자기 땅을 판 다음

㉠ 시편 118:22. ㉡ 출애 20:11; 시편 146:6. ㉢ 시편 2:1-2.

2 의논한 끝에 그 돈의 일부는 빼돌리고 나머
지만 사도들 앞에 가져다 바쳤다.
3 그 때에 베드로가 그를 이렇게 꾸짖었다.
"아나니아, 왜 사탄에게 마음을 빼앗겨 성령
을 속이고 땅 판 돈의 일부를 빼돌렸소?
4 팔기 전에도 그 땅은 당신 것이었고 판 뒤에
도 그 돈은 당신 마음대로 할 수 있었던 것
이 아니오? 그런데 어쩌자고 그런 생각을
품었소? 당신은 사람을 속인 것이 아니라
하느님을 속인 것이오!"
5 이 말이 떨어지자 아나니아는 그 자리에 거
꾸러져 숨지고 말았다. 이 말을 들은 사람
마다 모두 두려워하였다.
6 젊은이들이 들어와 그 시체를 싸가지고 내
어다 묻었다.
7 ◎세 시간쯤 뒤에 그의 아내가 그 동안에 무
슨 일이 일어났는지도 모르고 들어왔다.
8 베드로가 그 여자를 불러놓고 "당신들이 땅
을 판 돈이 이게 전부란 말이오?" 하고 묻
자 "예, 전부입니다." 하고 대답하였다.
9 "어쩌자고 당신들은 서로 짜고 주의 성령을
떠보는 거요? 자, 당신의 남편을 묻고 돌아
오는 사람들이 지금 막 문 밖에 왔소. 이번
에는 당신을 메고 나갈 차례요." 하고 베드
로가 말하였다.
10 그러자 그 여자도 당장 베드로의 발 앞에 거
꾸러져 숨지고 말았다. 그 때 그 젊은이들
이 들어와 보니 그 여자도 죽어 있었으므로
떠메고 나가 그 남편 곁에 묻었다.
11 온 교회는 물론이고 다른 사람들도 이 말을
듣고는 모두 몹시 두려워하였다.

사도들의 기적

12 ◎그 무렵 사도들은 백성들 앞에서 많은 기
적과 놀라운 일들을 베풀었다. 모든 신도
는 한 덩어리가 되어 솔로몬 행각에 모여
있었다.
13 그러나 다른 사람들은 신도들의 모임에 끼
여들 생각을 감히 하지 못하였다. 그러면서
도 백성들은 그들을 칭찬하였으며
14 주를 믿는 남녀의 수효는 날로 늘어났다.
15 사람들은 심지어 병자들을 길거리에 메고
나가 들것이나 요에 눕혀놓고 베드로가 지
나갈 때 행여나 그 그림자만이라도 그 몇 사
람에게 스쳐갔으면 하였다.
16 예루살렘 근방에 있는 여러 동네에서도 많
은 사람들이 병자들과 악령이 들려 고생하
는 사람들을 데리고 몰려왔는데 그들의 병
도 모두 고쳐졌다.

사도들이 받은 두 번째 박해

17 ◎대사제와 그의 일당인 사두가이파 사람들
은 모두 사도들을 시기하여 들고일어나
18 사도들을 잡아다가 자기네 감옥에 처넣었
다.
19 그런데 주님의 천사가 밤중에 감옥 문을 열
고 사도들을 데리고 나와
20 "어서 가시오. 그리고 성전에서 이 생명의
말씀을 남김없이 사람들에게 전하시오."
하고 일러주었다.
21 이 말을 듣고 사도들은 이른 아침에 성전으
로 가서 가르치기 시작하였다. ◎한편 대사
제와 그의 일당이 모여 의회와 유다인의 원
로들을 소집하고 사람을 감옥에 보내어 사
도들을 데려오게 하였다.
22 경비원들이 감옥에 가보니 사도들의 모습
이 보이지 않으므로 돌아와서 이렇게 보고
하였다.
23 "감옥 문은 아주 단단히 잠겨 있었고 문마
다 간수들이 지키고 있었는데 문을 열어보
니 안에는 아무도 없었습니다."
24 성전 경비대장과 대사제들이 이 보고를 듣
고 도대체 사도들이 어떻게 되었을까 하고
어리둥절해 하고 있을 때에
25 한 사람이 달려와서 "당신들이 감옥에 가두
어둔 사람들이 지금 성전 뜰에 서서 사람들
을 가르치고 있습니다." 하고 일러주었다.
26 그래서 경비대장이 경비원들과 함께 가서
사도들을 데려왔다. 그러나 백성들이 자
기들을 돌로 칠까 두려워 폭력은 쓰지 않
았다.
27 ◎그들이 사도들을 의회에 데려다 세워놓자
대사제가 이렇게 심문하였다.
28 "예수의 이름으로는 가르치지 말라고 단단
히 일러두었는데도 당신들은 어쩌자고 온
예루살렘에다 당신네 교를 퍼뜨리는 거요?
예수의 피에 대한 책임을 우리에게 뒤집어
씌울 작정이오?"
29 베드로와 사도들은 이렇게 대답하였다. "사
람에게 복종하는 것보다 오히려 하느님께
복종해야 하지 않겠습니까?
30 우리 조상들의 하느님께서는 여러분들이
나무에 매달아 죽인 예수를 다시 살리셨습
니다.
31 그리고 하느님께서는 그분을 지도자와 구
세주로 세워 당신의 오른편에 높이 올리셔
서 이스라엘을 회개시키고 죄를 용서받게
하셨습니다.
32 우리는 이 모든 일의 증인입니다. 하느님께

서 당신에게 복종하는 사람들에게 주신 성
령도 그 증인이십니다."
33◎그들은 이 말을 듣고 격분하여 사도들을
죽이려 하였다.
34그런데 모든 백성에게 존경을 받던 율법교
사 가믈리엘이라는 바리사이파 사람이 의회
원들 앞에 나서서 사도들을 잠깐 밖에 내보
내라고 한 뒤
35이렇게 말하였다. "이스라엘 동포 여러분,
이 사람들을 조심스럽게 다루는 것이 좋겠
습니다.
36이전에 튜다가 나타나 자기를 위대한 인물
이라고 선전하자 사백 명이나 되는 사람들
이 따랐습니다. 그러나 그가 살해되니까 그
를 따르던 사람들은 자취도 없이 다 흩어져
버리고 말았습니다.
37그 뒤 호구 조사를 하던 때에도 갈릴래아 사
람 유다가 나타나 백성을 선동하여 자기를
따르게 한 일이 있었지만 그가 죽자 그를 따
르던 사람들도 다 흩어져 버렸습니다.
38그래서 지금 내가 여러분에게 말씀 드리는
것은 이 사람들에게서 손을 떼고 그대로 내
버려두자는 것입니다. 만일 이 사람들의 계
획이나 행동이 사람의 생각에서 나온 것이
라면 망할 것입니다.
39그러나 하느님께로부터 온 것이라면 여러
분은 그들을 없앨 수 없을 것입니다. 자칫
하면 여러분이 하느님을 대적하는 자가 될
지도 모릅니다." 마침내 그들은 그의 권고
를 받아들이기로 하고
40사도들을 불러들여 매질한 다음 예수의 이
름으로는 아무 말도 말하지 말라고 단단히
일러서 놓아보냈다.
41사도들은 예수의 이름으로 말미암아 모욕을
당하게 된 것을 특권으로 생각하고 기뻐하
면서 의회를 물러나왔다.
42그리고 날마다 성전과 이 집 저 집에서 쉬지
않고 가르치며 예수가 그리스도라는 것을 선
포하였다.

일곱 보조자의 선택

6 ◎이 무렵 신도들의 수효가 점점 늘어나
게 되자 그리스 말을 쓰는 유다인들이 본
토 유다인들에게 불평을 터뜨리게 되었다.
그것은 그들의 과부들이 그날 그날의 식량
을 배급받을 때마다 푸대접을 받았기 때문
이었다.
2그래서 열두 사도가 신도들을 모두 불러놓
고 이렇게 말하였다. "우리가 하느님의 말
씀을 전하는 일은 제쳐놓고 식량 배급에만
골몰하는 것은 옳지 못합니다.
3그러니 형제 여러분, 여러분 가운데서 신망
이 두텁고 성령과 지혜가 충만한 사람 일곱
을 뽑아내시오. 이 일은 그들에게 맡기고
4우리는 오직 기도와 전도하는 일에만 힘쓰
겠습니다."
5모든 신도들은 이 말에 찬동하여 믿음과 성
령이 충만한 사람 스테파노와 필립보와 브로
코로와 니가노르와 디몬과 바르메나와 또 안
티오키아 출신으로 유다교로 개종한 니골라
오를 뽑아
6사도들 앞에 내세웠다. 사도들은 기도하고
그들에게 안수하였다.
7◎하느님의 말씀이 널리 퍼지고 예루살렘에
서는 신도들의 수효가 부쩍 늘어났으며 수
많은 사제들도 예수를 믿게 되었다.

체포당한 스테파노

8◎스테파노는 하느님의 은총과 성령의 힘을
가득히 받아 백성들 앞에서 놀라운 일들과
굉장한 기적들을 행하고 있었다.
9그 때 이른바 "자유인의 회당"에 소속된 키
레네와 알렉산드리아 사람들과 길리기아와 아
시아에서 온 사람들이 일어나 스테파노와 논
쟁을 벌였다.
10그러나 그들은 지혜와 성령을 받아 말하는
스테파노를 당해 낼 도리가 없었다.
11그래서 그들은 사람들을 매수하여 "우리는
스테파노가 모세와 하느님을 모독하는 것을
들었습니다." 하고 말하게 하였다.
12그리고 백성과 원로들과 율법학자들을 선
동하여 스테파노에게 몰려가서 그를 잡아
의회로 끌어오게 하였다.
13또한 거짓 증인들을 내세워 "이 사람은 언
제나 이 거룩한 곳과 율법을 거슬러 말하고
있습니다.
14우리는 늘 이 사람에게서 나자렛 예수가 이
성전을 헐고 또 모세가 전해 준 관습을 뜯어
고칠 것이라고 하는 말을 들었습니다." 하
고 말하게 하였다.
15그러자 의회에 앉았던 사람들의 시선은 모
두 스테파노에게 쏠렸다. 그의 얼굴은 마치
천사와 같이 보였다.

스테파노의 설교

7 ◎대사제가 스테파노에게 "이 사람들의
말이 사실인가?" 하고 묻자
2스테파노는 이렇게 말하였다. "부형 여러분,

제 말을 들어보십시오. 우리 조상 아브라함
이 아직 하란에 자리잡기 전, 메소포타미아
에서 살고 있을 때에 영광의 하느님께서 그
에게 나타나
3 '㉠너는 네 고장과 네 친척을 떠나 내가 일
러주는 땅으로 가거라.' 하고 말씀하셨습
니다.
4 그래서 그는 갈대아 지방을 떠나 하란에서
자리잡고 살았습니다. 그의 아버지가 죽은
뒤에 하느님께서 그를 하란에서 지금 여러
분이 살고 있는 이 땅으로 옮겨주셨습니다.
5 그 때 하느님께서는 여기에서 손바닥만한
땅도 주지 않으시고 다만 ㉡그와 그의 후손
에게 이 땅을 주시겠다고 약속하셨을 따름
입니다. 그 때는 아직 아브라함에게 자손이
없었던 때입니다.
6 그리고 하느님께서는 '㉢아브라함의 후손이
외국 땅에서 사백 년 동안 나그네로 있으면
서 종살이를 하며 학대를 받으리라.' 하고
말씀하셨습니다.
7 또 하느님께서는 '㉣그들을 종으로 부리는
나라를 내가 심판하겠고 그 뒤에 그들을 돌
아오게 하여 여기에서 나를 예배하게 하겠
다.' 고도 말씀하셨습니다.
8 그리고 그 계약의 표로서 할례법을 세우셨
습니다. 그래서 아브라함이 이사악을 낳아서
여드레 만에 할례를 베풀었고 이사악도 자
기 아들 야곱에게, 또 야곱은 자기 열두 아
들 곧 우리 대선조들에게 할례를 베풀었습
니다.
9 그런데 이 선조들은 그들의 동생 요셉을 시
기한 나머지 이집트에 팔아버렸습니다. 그
러나 하느님께서는 요셉과 함께 계시면서
10 모든 어려움에서 그를 건져내셨고 그에게
은총과 지혜를 주셔서 이집트 왕 파라오의
총애를 받게 하셨습니다. 그래서 그 왕은 요
셉을 이집트의 총리로 세워 자기의 온 왕가
를 다스리게 하였습니다.
11 그 때 이집트와 가나안 온 지역에 기근이 들
어 사람들이 모두 큰 재난을 겪었는데 우리
조상들도 먹을 것이 없었습니다.
12 이 때 야곱은 이집트에 곡식이 있다는 소문
을 듣고 우리 조상들을 그리로 보냈습니다.
13 그리고 두 번째 다시 보냈을 때 요셉은 형제
들에게 자기가 누구인지 알렸습니다. 그래
서 요셉의 가족 관계가 파라오에게 밝혀졌습
니다.
14 ㉤요셉은 사람을 보내어 자기 아버지 야곱과
일흔다섯이나 되는 친족을 모두 모셔 오게
하였습니다.
15 그래서 야곱이 이집트로 내려가 거기에서 살
다가 죽었고 우리 조상들도 죽을 때까지 거
기에서 살았습니다.
16 그들의 유해는 세겜으로 운반되어 그 곳 묘
지에 묻혔는데 그것은 전에 아브라함이 세겜
에서 살던 하몰 자손에게 은전을 주고 사두
었던 것입니다.
17 ◎하느님께서 아브라함에게 하신 약속을 이
루어주실 때가 가까워지자 우리 백성은 번
성해서 온 이집트 땅에 퍼져 나갔습니다.
18 그런데 요셉의 내력을 알지 못하는 다른 왕
이 이집트를 다스리게 되었습니다.
19 이 임금은 우리 겨레에게 교활한 정책을 써
서 우리 조상들을 학대하였고 갓난아기들
은 내어다 버리게 하여 하나도 살아 남지 못
하게 하였습니다.
20 모세가 태어난 것은 바로 이 때였습니다. 그
는 하느님의 은총을 받은 귀여운 아이였습
니다. 그는 석 달 동안 아버지 집에서 자랐
고
21 그 부모가 내어다 버린 뒤에는 파라오의 딸
이 데려다가 양자로 삼아 길렀습니다.
22 이렇게 해서 모세는 이집트 사람의 모든 학
문을 배워 말과 행동이 뛰어나게 되었습니
다.
23 ◎모세는 마흔 살이 되었을 때에 자기 동족
인 이스라엘 사람들을 돌보아 주기로 마음
먹었습니다.
24 어느 날, 그는 자기 동족 한 사람이 이집트
사람에게 학대받는 것을 보고는 그의 편을
들어 이집트 사람을 죽이고 압박받은 그 동
족을 위해서 앙갚음을 하였습니다.
25 그는 하느님께서 자기 손을 빌려 동족을 구
해 내려 하신다는 것을 동족들이 깨달은 줄
로 알았으나 그들은 미처 깨닫지 못했습니
다.
26 이튿날 동족 두 사람이 서로 싸우고 있는 것
을 보고 모세는 그들을 화해시키려고 '당신
들은 한 형제가 아니오? 그런데 왜 서로 물
고 뜯고 합니까?' 하고 말했습니다.
27 그러자 자기 동료를 학대하던 사람이 모세
를 떼밀며 '누가 당신을 우리의 지도자나
재판관으로 세웠단 말이오?
28 어제는 이집트 사람을 죽이더니 오늘은 나
를 죽일 셈이오?' 하고 대들었습니다.
29 이 말을 듣고 모세는 이집트에서 도망쳐 나

㉠ 창세 12:1. ㉡ 창세 17:8. ㉢ 창세 15:13. ㉣ 창세 15:14; 출애 3:12. ㉤ 창세 46:27(출애 1:5 참조).

와 미디안 땅에 가서 살았고 거기에서 두 아
들을 낳았습니다.
30◎사십 년이 지난 어느 날 모세는 시나이 산
광야에 있었습니다. 그 때에 한 천사가 가
시나무 덤불 불길 속에 나타났습니다.
31 모세는 이 광경을 보고 깜짝 놀라 자세히 보
려고 가까이 가는데 주님의 음성이 들려왔
습니다.
32 '㉠나는 네 조상들의 하느님 곧 아브라함의
하느님, 이사악의 하느님, 야곱의 하느님이
다.' 이 음성을 듣고 모세는 두려워서 감히
바라보지도 못하였습니다.
33 그러자 주께서는 다시 모세에게 말씀하셨습
니다. '㉡네가 신고 있는 신을 벗어라. 네가
서 있는 곳은 거룩한 땅이다.
34 나는 내 백성이 이집트에서 학대받는 것을
똑똑히 보았고 또 그들의 신음 소리도 들었
다. 그래서 나는 그들을 구해 내려고 내려
온 것이다. 자, 가거라. 내가 너를 이집트로
보낸다.'
35◎모세로 말하면 이스라엘 사람들이 '누가
당신을 우리의 지도자나 재판관으로 세웠
단 말이오?' 하며 배척했던 사람입니다.
그런데 하느님께서는 천사를 그 가시나무
덤불에 나타나게 하시고 그의 손을 빌려 거
기에 있던 모세를 이스라엘 백성의 지도자요
해방자로 보내셨습니다.
36 모세는 이집트 땅에서는 물론 홍해를 건널
때와 광야 생활 사십 년 동안에 여러 가지
놀라운 일과 기적을 행하면서 자기 백성을
이집트에서 구해 냈습니다.
37 이스라엘 백성에게 '㉢하느님께서 나를 보
내신 것처럼 당신들의 형제 가운데서 한 예
언자를 뽑아 보내실 것입니다.' 하고 말한
사람이 바로 이 모세입니다.
38 이스라엘 백성이 광야에 모여 있을 때에 모
세는 시나이 산에서 그에게 말하는 천사와
우리 조상들 사이에 중개자가 되어 생명의
말씀을 받아 우리에게 전해 주었습니다.
39 그러나 우리 조상들은 그의 말을 들으려 하
지 않았을 뿐만 아니라 오히려 그를 제쳐놓
았고 마음은 벌써 이집트에 돌아가 있었습
니다.
40 그래서 그들은 아론에게 '㉣우리를 인도할
신들을 만들어주시오. 이집트 땅에서 우리
를 구해 낸 모세는 도대체 어떻게 되었는지
모르겠습니다.' 하고 말하였습니다.
41 그들이 송아지 모양의 우상을 만들어 희생
제물을 바치고 자기들의 손으로 만든 것을
섬기며 즐거워하던 때가 바로 이 때였습니
다.
42 그래서 하느님께서는 그들을 외면하시고
그들로 하여금 하늘의 별들을 섬기게 내버
려두셨습니다. 이것은 예언서에,
'㉤이스라엘 백성들아, 너희가 사십 년
동안 광야에 있을 때
나에게 희생물과 제물을 바친 일이 있
었더냐?
43 너희는 몰록 신의 장막과 레판 신의 별
을 떠메고 다녔다.
그것들은 너희가 섬기려고 만든 우상
이 아니었더냐?
그러므로 나는 너희를 바빌론 저편으로
쫓아버리리라.'
라고 기록된 바와 같습니다.
44◎우리 조상들은 광야에 있을 때에 증거의
장막을 가지고 있었습니다. 그것은 모세가
하느님의 지시를 받고 만든 것인데 하느님
께서는 모세에게 모형을 보여주시며 그대로
만들라고 분부하셨던 것입니다.
45 우리 조상들은 이 장막을 물려받았습니다.
여호수아 때에 하느님께서 우리 조상들 앞
에서 이방인들을 몰아내시어 그들의 땅을
차지하게 하시자 장막을 그리로 가지고 들
어가서 다윗의 시대까지 물려주었습니다.
46 다윗은 하느님의 은총을 입은 사람으로서
야곱의 후손을 위하여 성전을 짓게 해달라
고 간구하였지만
47 성전을 지은 사람은 솔로몬이었습니다.
48 그러나 지극히 높으신 분은 사람의 손으로
지은 집에는 사시지 않습니다. 예언자는 이
렇게 말하고 있습니다.
49 '㉥주님의 말씀을 들어라.
하늘은 나의 옥좌요,
땅은 나의 발판이다.
그러니 너희가 나를 위하여
어떤 집을 지어줄 것이며
내가 쉴 곳이 어디냐?
50 이 모든 것이 다 내 손으로 만든 것 아
니냐?'
51◎이교도의 마음과 귀를 가진 이 완고한 사
람들이여, 당신들은 당신네 조상들처럼 언
제나 성령을 거역하고 있습니다.
52 당신들의 조상들이 박해하지 않은 예언자

㉠ 출애 3:6, 15. ㉡ 출애 3:5-10. ㉢ 신명 18:15, 18. ㉣ 출애 32:1(32:23 참조). ㉤ 칠십인역 아모 5:25-27.
㉥ 이사 66:1-2.

가 한 사람이나 있었습니까? 그들은 의로
운 분이 오시리라고 예언한 사람들을 죽였
지만 이제 당신들은 바로 그분을 배반하고
죽였습니다.
53 당신들은 천사들에게서 하느님의 율법을
받고도 그 규례를 지키지 않았습니다."

스데파노의 순교

54 ◎의회원들은 스데파노의 말을 듣고 화가 치
밀어올라 이를 갈았다.
55 이 때 스데파노가 성령이 충만하여 하늘을
우러러보니 하느님의 영광과 하느님 오른
편에 서 계신 예수님이 보였다.
56 그래서 그는 "아, 하늘이 열려 있고 하느님
오른편에 사람의 아들이 서 계신 것이 보입
니다." 하고 외쳤다.
57 그러자 사람들은 크게 소리를 지르며 귀를
막았다. 그리고 스데파노에게 한꺼번에 달
려들어
58 성밖으로 끌어내고는 돌로 치기 시작하였
다. 그 거짓 증인들은 겉옷을 벗어 사울이라
는 젊은이에게 맡겼다.
59 사람들이 돌로 칠 때에 스데파노는 "주 예수
님, 제 영혼을 받아주십시오." 하고 부르짖
었다.
60 그리고 무릎을 꿇고 큰소리로 "주님, 이 죄
를 저 사람들에게 지우지 말아주십시오."
하고 외쳤다. 스데파노는 이 말을 남기고 눈
을 감았다.

8

◎사울은 스데파노를 죽이는 일에 찬동하
고 있었다.

교회를 박해하는 사울

◎그 날부터 예루살렘 교회는 심한 박해를
받기 시작하였다. 그래서 모든 신도들은 유
다와 사마리아 여러 지방으로 뿔뿔이 흩어지
고 사도들만 남게 되었다.
2 경건한 사람 몇이 스데파노를 장사지내고
크게 통곡하며 그의 죽음을 슬퍼하였다.
3 한편 사울은 교회를 쓸어버리려고 집집마다
돌아다니며 남녀를 가리지 않고 끌어내어
모두 감옥에 처넣었다.

사마리아에 전해진 복음

4 ◎흩어져 간 신도들은 두루 돌아다니며 하
느님의 말씀을 전하였다.
5 필립보는 사마리아의 한 도시로 내려가서 그
리스도를 전하였다.
6 군중들은 필립보의 말을 듣고 또 그가 행하
는 기적을 보고는 모두 하나같이 그가 하는
말에 귀를 기울였다.
7 많은 사람에게 붙었던 더러운 악령들이 큰
소리를 지르며 나갔고 또 많은 중풍병자들
과 불구자들이 깨끗이 나았기 때문이다.
8 그 도시의 사람들은 모두 기뻐하였다.
9 ◎그 도시에는 전부터 시몬이라는 사람이
살고 있었는데 그는 마술로 사마리아 사람
들을 매혹하며 스스로 위인 행세를 하고 있
었다.
10 낮은 사람이나 높은 사람이나 모두 그에게
마음이 쏠려서 "이 사람이야말로 사람들이
'위대한 힘'이라고 부르는 하느님의 힘이
다." 하고 말하였다.
11 사람들의 마음이 이렇게 쏠린 것은 그가 오
랫동안 마술로 그들을 매혹했기 때문이다.
12 그러나 필립보가 하느님 나라와 예수 그리스
도의 이름을 전하자 남자 여자 할 것 없이
모두 그의 말을 믿고 세례를 받았으며
13 마침내는 시몬까지도 믿게 되었다. 시몬은
세례를 받은 뒤, 필립보를 따라다니며 많은
기적과 놀라운 일들이 일어나는 것을 보고
는 깜짝 놀랐다.
14 ◎예루살렘에 있는 사도들은 사마리아 사람
들이 하느님의 말씀을 받아들였다는 말을
듣고 베드로와 요한을 그리로 보냈다.
15 베드로와 요한은 그리로 내려가서 사마리아
사람들이 성령을 받도록 기도하였다.
16 그들은 주 예수의 이름으로 세례는 받았지
만 아직 성령은 받지 못했던 것이다.
17 베드로와 요한이 그들에게 손을 얹자 그들도
성령을 받게 되었다.
18 ◎시몬은 사도들이 손을 얹어 성령을 받게
하는 것을 보고 사도들에게 돈을 내면서
19 "나에게도 그런 권능을 주어 내가 손을 얹
는 사람마다 성령을 받을 수 있게 해주십시
오." 하고 청하였다.
20 베드로는 이렇게 대답하였다. "당신은 하느
님의 선물을 돈으로 살 작정이오? 당신은
그 돈과 함께 망할 것이오.
21 하느님 보시기에 당신은 마음이 바르지 못
하니 이 일에 끼여들 수 없소.
22 그러니 당신은 그 못된 생각을 뉘우치고 주
님께 간구하시오. 혹시 마음에 품었던 생각
을 하느님께서 용서해 주실지도 모르오.
23 내가 보기에 당신은 죄에 얽매여 마음이 고
약해졌소."
24 그러자 시몬은 "당신들이 한 말이 나에게
미치지 않도록 나를 위해서 주님께 간구해

주십시오." 하고 말하였다.
25◎두 사도는 거기에서 주님의 말씀을 전하
며 증언한 뒤에 예루살렘으로 돌아갔다. 그
리고 가는 길에 사마리아 여러 마을에서도
복음을 전파하였다.

필립보와 에티오피아의 내시

26◎그 때 주의 천사가 필립보에게 나타나서
"여기를 떠나 예루살렘에서 가자로 내려가
는 남쪽 길로 가라." 하고 일러주었다. (그
길은 인적이 없는 길이다.)
27필립보는 그 곳을 떠나 길을 가다가 에티오
피아 사람 하나를 만났다. 그는 에티오피아
여왕 간다케의 내시로서 그 여왕의 모든 재
정을 관리하는 고관이었다. 그는 예루살렘
을 순례하러 갔다가
28돌아가는 길에 마차에 앉아서 이사야의 예
언서를 읽고 있었다.
29그 때에 성령이 필립보에게 "가서 저 마차에
바싹 다가서 보아라." 하고 말씀하셨다.
30필립보가 달려갔을 때 그는 이사야 예언서를
읽고 있었다. 그래서 필립보는 "지금 읽으
시는 것을 아시겠습니까?" 하고 물었다.
31그러자 그 내시는 "누가 나에게 설명해 주
어야 알지 어떻게 알겠습니까?" 하고 대답
하며 필립보더러 올라와 곁에 앉으라고 하
였다.
32그가 읽던 성서 구절은 다음과 같았다.
"㉠도살장으로 끌려가는 양처럼
털 깎는 자 앞에서 잠잠한 어린 양처럼
그는 입을 열지 않았다.
33 그는 정당한 재판을 받지 못하고 굴욕
만 당하였다.
지상에서 그의 생애가 끝났으니
누가 그의 후손을 이야기하랴?"
34◎내시는 필립보에게 "한 가지 묻겠는데 이
말은 예언자가 누구를 두고 한 말입니까?
자기를 두고 한 말입니까? 혹은 딴 사람을
두고 한 말입니까?" 하고 물었다.
35◎필립보는 이 성서 말씀을 비롯하여 여러
가지 말씀을 풀어 예수에 관한 복음을 전하
였다.
36그들이 같이 길을 가다가 물 있는 곳에 이르
자 내시가 "자, 여기 물이 있습니다. 내가
세례를 받아서는 안 될 것이 무엇입니까?"
하고 물었다.㉡
38내시는 마차를 세우게 하고 필립보와 함께
물로 내려가 그에게 세례를 받았다.
39그들이 물에서 올라오자 주의 성령이 필립
보를 어디론가 데리고 가셨다. 그래서 내시
는 그를 볼 수 없게 되었지만 기쁨에 넘쳐
제 갈 길을 갔다.
40그 뒤 필립보는 아스돗에 나타나 여러 동네
를 다니며 복음을 전하다가 마침내 가이사
리아에 이르렀다.

사울의 개종

9 ◎한편 사울은 여전히 살기를 띠고 주의
제자들을 위협하며 대사제에게 가서
2다마스쿠스에 있는 여러 회당에 보내는 공문
을 청하였다. 그렇게 해서 그리스도교를 믿
는 사람은 남자 여자 할 것 없이 눈에 띄는
대로 잡아서 예루살렘으로 끌어올 수 있는
권한을 받았다.
3◎사울이 길을 떠나 다마스쿠스 가까이에 이
르렀을 때에 갑자기 하늘에서 빛이 번쩍이
며 그의 둘레를 환히 비추었다.
4그가 땅에 엎드러지자 "사울아, 사울아, 네
가 왜 나를 박해하느냐?" 하는 음성이 들려
왔다.
5사울이 "당신은 누구십니까?" 하고 물으니
"나는 네가 박해하는 예수다.
6일어나서 시내로 들어가거라. 그러면 네가
해야 할 일을 일러줄 사람이 있을 것이다."
하는 대답이 들려왔다.
7사울과 동행하던 사람들도 그 음성은 들었
지만 아무것도 보이지 않아 벙벙해서 서 있
기만 하였다.
8사울은 땅에서 일어나 눈을 떴으나 앞이 보
이지 않았다. 그래서 사람들이 그의 손을
끌고 다마스쿠스로 데리고 갔다.
9사울은 사흘 동안 앞을 못 보고 먹지도 않고
마시지도 않았다.
10◎다마스쿠스에 아나니아라는 제자 한 사람
이 살고 있었는데 주께서 신비로운 영상 가
운데 나타나 "아나니아야!" 하고 부르셨다.
아나니아가 "예, 주님, 말씀하십시오." 하
고 대답하자
11주께서는 "어서 일어나 '곧은 거리'라는 동
네에 사는 유다의 집으로 가서 다르소 사람
사울을 찾아라. 사울은 지금 기도를 하고 있
는데
12그는 아나니아라는 사람이 들어와서 손을
얹어 다시 눈을 뜨게 해주는 것을 신비로운

㉠ 이사 53:7-8. ㉡ 어떤 사본에는 37절에 다음과 같은 말이 있다. "필립보가 '당신이 마음을 다하여 믿는다면 세례를 받을 수 있습니다.' 하고 말하자 내시는 '예수 그리스도가 하느님의 아들이심을 내가 믿습니다.' 하고 대답하였다."

영상으로 보았다." 하고 말씀하셨다.
13이 말씀을 듣고 아나니아가 "주님, 그 사람
에 대해서는 여러 사람에게서 들은 바 있습
니다. 그는 예루살렘에 사는 주님의 성도들
에게 많은 해를 끼쳤다고 합니다.
14더구나 그는 대사제에게서 주님을 믿는 사
람들을 잡아갈 권한을 받아가지고 여기 와
있습니다." 하고 대답하였다.
15주께서는 그에게 다시 이렇게 말씀하셨다.
"그래도 가야 한다. 그 사람은 내가 뽑은 인
재로서 내 이름을 이방인들과 제왕들과 이
스라엘 백성들에게 널리 전파할 사람이다.
16나는 그가 내 이름 때문에 얼마나 많은 고난
을 받아야 할지 그에게 보여주겠다."
17그래서 아나니아는 곧 그 집을 찾아가서 사
울에게 손을 얹고 이렇게 말하였다. "사울
형제, 나는 주님의 심부름으로 왔습니다.
그분은 당신이 여기 오는 길에 나타나셨던
예수님이십니다. 그분이 나를 보내시며 당
신의 눈을 뜨게 하고 성령을 가득히 받게 하
라고 분부하셨습니다."
18그러자 곧 사울의 눈에서 비늘 같은 것이 떨
어지면서 다시 보게 되었다. 그는 그 자리
에서 일어나 세례를 받은 다음,
19음식을 먹고 기운을 회복하였다.

사울의 다마스쿠스 전도

◎사울은 며칠 동안 다마스쿠스에 있는 신도
들과 함께 지내고 나서
20곧 여러 회당에서 예수가 바로 하느님의 아
들이심을 전파하기 시작하였다.
21그 말을 들은 사람들은 모두 어리둥절하여
"저 사람은 예루살렘에서 예수를 믿는 사람
들을 못 살게 굴던 자로서 신도들을 잡아서
대사제들에게 끌어가려고 여기 온 자가 아
닌가?" 하고 말하였다.
22그러나 사울은 더욱 힘있게 전도하며 예수
가 그리스도라는 것을 증언하므로 다마스
쿠스에 있는 유다인들은 모두 당황하게 되
었다.

사울의 피신

23◎그 뒤 여러 날이 지나서 유다인들은 사울
을 죽일 의논을 하였고
24사울도 그들의 음모를 알게 되었다. 그들은
사울을 죽이려고 밤낮으로 사방의 성문을
지키고 있었다.
25그래서 그의 제자들이 어느 날 밤에 틈을 타
서 사울을 광주리에 담아 성밖으로 달아 내
렸다.

예루살렘에 간 사울

26◎그 뒤 사울은 예루살렘으로 올라가 신도들
의 모임에 끼여보려고 하였으나 그들은 사
울이 개종한 것을 믿으려 하지 않고 모두 무
서워하였다.
27그 때 바르나바가 사울을 데리고 사도들에게
가서 사울이 다마스쿠스로 가는 길에 주님을
뵙고 주님의 음성을 들은 일과 또 다마스쿠
스에서 예수의 이름으로 대담하게 전도한
일들을 낱낱이 설명해 주었다.
28그 때부터 사울은 예루살렘에서 제자들과 함
께 지내며 자유로이 돌아다니면서 주님의
이름으로 대담하게 전도하며
29그리스 말을 하는 유다인들과 이야기도 하고
토론도 하였다. 그러나 그들은 사울을 죽이
려고 하였다.
30이것을 안 교우들은 사울을 가이사리아로
데리고 내려가 거기에서 다시 다르소로 보
냈다.
31그러는 동안 유다와 갈릴래아와 사마리아 온
지방에 들어선 교회는 안정이 되어 터전을
튼튼히 잡았고 주를 두려워하며 성령의 격
려를 받아 그 수효가 차츰 늘어났다.

애네아의 치유

32◎베드로는 여러 지방을 두루 다니다가 리따
에 내려가서 거기 사는 성도들을 방문하게
되었다.
33거기에는 팔 년 동안이나 중풍병으로 자리
에 누워 있는 애네아라는 사람이 있었는데
베드로가 그를 보고
34"애네아, 예수 그리스도께서 당신의 병을
고쳐주셨습니다. 자리를 걷고 일어나시
오." 하고 말하였다. 그러자 애네아는 곧 일
어났다.
35리따와 사론에 사는 사람들이 모두 그를 보
고 주께로 돌아와 신도가 되었다.

다시 살게 된 도르가

36◎한편 요빠에는 다비타라는 여신도가 살고
있었다. 그 이름은 그리스 말로 도르가, 곧
사슴이라는 뜻이다. 그 여자는 착한 일과
구제 사업을 많이 한 사람이었는데
37그 무렵에 병이 들어 죽었다. 그래서 사람
들이 그 시체를 깨끗이 씻어서 이층 방에 눕
혀놓았다.
38리따는 요빠에서 가까운 곳이어서 베드로가

리따에 있다는 말을 들은 신도들이 그에게
사람 둘을 보내어 지체하지 말고 와달라고
청하였다.
39 그래서 베드로는 곧 그들을 따라 나섰다.
베드로가 요빠에 이르자 사람들이 그를 이
층 방으로 안내하였다. 과부들이 모두 베드
로에게 몰려와서 울며 도르가가 살아 있을
때에 만들어두었던 속옷과 겉옷을 보여주
었다.
40 베드로는 사람들을 방에서 모두 내보낸 뒤
무릎을 꿇고 기도를 드리고 나서 시체쪽으
로 돌아서며 "다비타, 일어나시오." 하고
말하였다. 그러자 그 여자는 눈을 뜨고 베드
로를 바라보며 일어나 앉았다.
41 베드로는 그 여자의 손을 잡아 일으켜 세웠
다. 그리고 성도들과 과부들을 불러들여 다
시 살아난 도르가를 보여주었다.
42 이 소문이 온 요빠에 알려지자 많은 사람이
주를 믿게 되었다.
43 그 뒤 베드로는 한동안 요빠에서 피장이 시
몬의 집에 머물러 있었다.

고르넬리오가 본 영상

10 ◎가이사리아에 고르넬리오라는 사람이
있었는데 그는 이탈리아 부대라는 로마
군대의 백인대장이었다.
2 그는 경건한 사람이어서 온 가족과 함께 하
느님을 공경하고 유다인들에게 많은 자선을
베풀며 하느님께 늘 기도를 드리고 있었다.
3 어느 날 오후 세 시쯤 그는 신비로운 영상
가운데 나타난 하느님의 천사를 똑똑히 보
았다. 천사는 집에 들어와서 "고르넬리오!"
하고 불렀다.
4 그는 천사를 바라보자 겁에 질려서 "주님,
무슨 일이십니까?" 하고 물었다. 천사는
"하느님께서 너의 기도와 자선을 받아들이
시고 너를 기억하고 계신다.
5 이제 사람을 요빠로 보내어 베드로라고도 하
는 시몬을 데려오너라.
6 베드로는 바닷가에 있는 피장이 시몬의 집에
머물고 있다." 하고 일러주었다.
7 천사가 이 말을 남기고 사라지자 고르넬리오
는 하인 두 사람과 가까이 데리고 있는 경건
한 병사 하나를 불러서
8 모든 일을 다 이야기해 준 다음 요빠로 보
냈다.

베드로가 본 영상

9 ◎길을 가던 일행이 그 이튿날 요빠 근처에
이르렀을 즈음에 베드로는 기도를 드리러
옥상에 올라가 있었다. 때는 낮 열두 시쯤
이었다.
10 아래서는 점심을 준비하고 있었는데 베드로
는 시장기가 들어 무엇을 좀 먹었으면 하는
생각을 하다가 무아지경에 빠져 들어갔다.
11 그러자 하늘이 열리고 큰 보자기와 같은 그
릇이 네 귀퉁이에 끈이 달려서 땅으로 내려
오는 것이 보였다.
12 그 속에는 온갖 네 발 가진 짐승과 땅을 기
어 다니는 짐승과 하늘의 날짐승이 들어 있
었다.
13 그 때 "베드로야, 어서 잡아먹어라." 하는
음성이 들려왔다.
14 베드로가 "절대로 안 됩니다, 주님. 저는 일
찍이 속된 것이나 더러운 것은 한 번도 입에
대어본 적이 없습니다." 하고 대답하자
15 "하느님께서 깨끗하게 만드신 것을 속되다
고 하지 마라." 하는 음성이 다시 들려왔다.
16 이와 같은 말이 세 번 오고 간 뒤에 그 그릇
은 갑자기 하늘로 들려 올라갔다.

베드로와 고르넬리오의 대면

17 ◎베드로는 자기가 본 영상이 도대체 무슨
뜻일까 하고 혼자 어리둥절해 있었는데 마
침 고르넬리오가 보낸 사람들이 시몬의 집을
찾아와 문 앞에 서 있었다.
18 그들은 사람을 불러내어 베드로라는 시몬이
거기에 머물러 있는지 물어보았다.
19 베드로는 아직도 자기가 본 일을 곰곰이 생
각하고 있었는데 성령께서 베드로에게 이렇
게 말씀하셨다. "지금 사람들이 와서 너를
찾고 있으니
20 어서 내려가서 주저하지 말고 그들과 함께
가거라. 그들은 내가 보낸 사람들이다."
21 베드로가 그들에게 내려가서 "당신들이 찾
고 있는 사람이 바로 나요. 어떻게 오셨
소?" 하고 묻자
22 그들은 "고르넬리오라는 백인대장의 심부름
으로 왔습니다. 그는 의로운 사람이며 하느
님을 공경하며 모든 유다인에게 존경을 받
고 있습니다. 그는 거룩한 천사에게서 선생
님을 집에 모셔다가 말씀을 들으라는 지시
를 받고 우리를 보낸 것입니다." 하고 대답
하였다.
23 베드로는 그들을 맞아들여 그 날 밤을 거기
에서 묵게 했다. ◎이튿날 베드로는 채비를
차리고 그들과 함께 길을 떠났는데 요빠에
있는 몇몇 신도도 같이 갔다.

24그 다음날 베드로가 가이사리아에 도착하자
고르넬리오는 자기 친척들과 가까운 친구들
을 불러놓고 베드로의 일행을 기다리고 있
다가
25베드로가 들어온다는 소리를 듣고 급히 마
중을 나가 그 앞에 무릎을 꿇고 절하였다.
26그러자 베드로는 그를 일으켜 세우며 "일어
나십시오. 나도 역시 사람입니다." 하고 말
하였다.
27그리고 고르넬리오와 함께 이야기하면서 집
으로 들어갔다. 많은 사람이 거기에 모여
있는 것을 보고
28베드로는 그들에게 이렇게 말하였다. "잘
아시다시피 유다인은 이방인과 어울리거나
찾아 다니지 못하게 되어 있습니다. 그러나
하느님께서는 나에게 어떤 사람이라도 속
되거나 불결하게 여기지 말라고 이르셨습
니다.
29그래서 사람들이 나를 부르러 왔을 때에 나
는 거절하지 않고 따라왔습니다. 그런데 무
슨 일로 나를 오라고 하셨습니까?"
30고르넬리오는 이렇게 대답하였다. "나흘 전
이맘때쯤 나는 집에서 오후 세시 기도를 드
리고 있었습니다. 그 때 갑자기 눈부신 옷
을 입은 사람이 앞에 나타나
31'고르넬리오야, 하느님께서 네 기도를 들어
주셨고 네 자선을 기억하고 계신다.
32그러니 요빠로 사람을 보내어 베드로라는 시
몬을 불러오도록 하여라. 그 사람은 바닷가
에 있는 피장이 시몬의 집에 머물고 있다.'
하고 말했습니다.
33그래서 저는 곧 선생님께 사람을 보냈던 것
인데 참 잘 와주셨습니다. 지금 우리는 주
께서 선생님께 지시하신 모든 말씀을 들으
려고 다 같이 하느님 앞에 모였습니다."

고르넬리오의 집에서 전도한 베드로

34◎베드로는 이렇게 말을 시작하였다. "나는
하느님께서 사람을 차별대우하지 않으시고
35당신을 두려워하며 올바르게 사는 사람이
면 어느 나라 사람이든지 다 받아주신다는
사실을 깨달았습니다.
36하느님께서는 이스라엘 백성에게 당신의
말씀을 전해 주셨는데 그것은 만민의 주 예
수 그리스도를 시켜 선포하신 평화의 복음
입니다.
37이것은 여러분도 알다시피 요한이 세례를
선포한 이래 갈릴래아에서 비롯하여 온 유다
지방에 걸쳐서 일어났던
38나자렛 예수에 관한 일들입니다. 하느님께
서는 그분에게 성령과 능력을 부어주시고
그분과 함께 계셨습니다. 그래서 그분은 두
루 다니시며 좋은 일을 해주시고 악마에게
짓눌린 사람들을 모두 고쳐주셨습니다.
39우리는 예수께서 유다 지방과 예루살렘에서
행하신 모든 일을 목격한 사람입니다. 사람
들이 그분을 십자가에 달아 죽였지만
40하느님께서는 그분을 사흘 만에 다시 살리
시고 우리에게 나타나게 하셨습니다.
41그분은 모든 사람에게 나타나신 것이 아니
라 하느님께서 증인으로 미리 택하신 우리
에게 나타나셨습니다. 그분이 죽었다가 다
시 살아나신 뒤에 우리는 그분과 함께 먹기
도 하고 마시기도 하였습니다.
42그분은 우리에게 하느님께서 자기를 산 이
들과 죽은 이들의 심판자로 정하셨다는 것
을 사람들에게 선포하고 증언하라고 분부
하셨습니다.
43모든 예언자들도 이 예수를 믿는 사람은 누
구든지 그분의 이름으로 죄를 용서받을 수
있다고 증언하였습니다."

성령을 받은 이방인들

44◎베드로가 이렇게 말하고 있는 동안에 성령
이 모든 청중에게 내려오셨다.
45신자가 된 유다인으로서 베드로와 함께 왔던
사람들은 성령의 은혜가 이방인들에게까지
내리시는 것을 보고 깜짝 놀랐다.
46그것은 이방인들도 기이한 언어로 말하며
하느님을 높이 찬양하는 것을 들었기 때문
이다. 그 때 베드로가
47"이 사람들도 우리처럼 성령을 받았으니 이
들이 물로 세례를 받는 것을 어떻게 막을 수
있겠습니까?" 하며
48예수 그리스도의 이름으로 세례를 받으라고
일렀다. 그들은 베드로에게 자기들과 함께
며칠 더 머물러달라고 간청하였다.

예루살렘 교회에서의 베드로의 보고

11 ◎사도들과 유다에 있던 신도들은 이방
인들도 하느님의 말씀을 받아들였다는
소식을 들었다.
2베드로가 예루살렘에 올라갔을 때에 할례를
주장하는 파에서 그를 비난하며
3"왜 당신은 할례받지 않은 사람들의 집에
들어가서 그들과 함께 음식까지 나누었습
니까?" 하고 따졌다.
4베드로는 그 동안에 일어났던 일들을 처음

부터 차근차근 설명해 주었다.
5 "내가 요빠 시에서 기도를 드리다가 무아지
경에서 신비로운 영상을 보았는데 큰 보자
기와 같은 그릇이 네 귀퉁이에 끈이 달려서
내려오다가 내 앞에서 멈추었습니다.
6 그 속을 자세히 들여다보았더니 땅에 있는
네 발 가진 짐승과 산짐승과 길짐승과 하늘
의 날짐승이 있었습니다.
7 그리고 '베드로야, 어서 잡아먹어라.' 하는
음성이 들려왔습니다.
8 그래서 내가 '절대로 안 됩니다, 주님. 속된
것이나 더러운 것은 한 번도 입에 대어본 적
이 없습니다.' 하고 말했더니
9 하늘에서 다시 '하느님께서 깨끗하게 만드
신 것을 속되다고 하지 마라.' 하는 음성이
들려왔습니다.
10 이런 말이 세 번이나 오고 간 뒤에 그것들은
모두 다시 하늘로 들려 올라갔습니다.
11 바로 그 때 가이사리아에서 나에게 심부름
온 사람 셋이 내가 머물러 있던 집에 찾아왔
습니다.
12 성령께서는 나에게 '망설이지 말고 그들을
따라가거라.' 하고 말씀하셨습니다. 나는
여기 있는 신도 여섯 사람과 함께 그들을 따
라가서 고르넬리오의 집에 들어갔습니다.
13 그 때 그는 우리에게 이런 말을 들려주었습
니다. 그가 보니까 천사가 자기 집에 나타
나더니 '요빠로 사람을 보내어 베드로라는
시몬을 불러오너라.
14 그가 너와 네 온 집안이 구원받을 말씀을 해
줄 것이다.' 하더라는 것입니다.
15 내가 말을 시작하자 성령이 처음에 우리에
게 내려오셨던 것과 같이 그들 위에도 내려
오셨습니다.
16 그 때 나는 요한은 물로 세례를 베풀었지만
여러분은 성령으로 세례를 받을 것이라고
하신 주님의 말씀이 생각났습니다.
17 이와 같이 하느님께서는 주 예수 그리스도를
믿은 우리에게 주신 것과 같은 선물을 그들
에게도 주셨는데 내가 누구이기에 감히 그
하시는 일을 막을 수 있었겠습니까?"
18 그들은 이 말을 듣고 잠잠해졌다. 그리고
"이제 하느님께서는 이방인들에게도 회개
하고 생명에 이르는 길을 열어주셨다." 하
며 하느님을 찬양하였다.

안티오키아에 세워진 교회

19 ◎스데파노의 일로 일어난 박해 때문에 흩어
진 신도들이 페니키아와 키프로스와 안티오
키아까지 가서 유다인들에게만 말씀을 전하
였다.
20 그러나 그 신도들 중에는 키프로스 사람과
키레네 사람도 있었는데 그들은 안티오키아
로 가서 이방인들에게도 말씀을 전하고 주
예수의 복음을 선포하였다.
21 주께서 그들을 보살피셨으므로 많은 사람
들이 믿고 주께로 돌아왔다.
22 예루살렘 교회가 그들에 대한 소식을 듣고
바르나바를 안티오키아로 보냈다.
23 바르나바는 가서 그들에게도 하느님의 은총
이 내린 것을 보고 기뻐하였다. 그리고 모
두 굳센 마음으로 주님을 의지하라고 격려
하였다.
24 바르나바는 성령과 믿음이 충만한 훌륭한
사람이었다. 그래서 많은 사람이 주님께 나
오게 되었다.
25 그 뒤 바르나바는 사울을 찾아 다르소로 가서
26 그를 만나 안티오키아로 데리고 왔다. 거기
에서 두 사람은 만 일 년 동안 그 곳 교회
신도들과 함께 지내면서 많은 사람들을 가
르쳤다. 이 때부터 안티오키아에 있는 신도
들이 처음으로 그리스도인이라고 불리게 되
었다.
27 ◎그 무렵 예언자 몇 사람이 예루살렘에서
안티오키아로 내려왔다.
28 그들 가운데 하가보라는 사람이 성령의 감
동을 받아 일어나서 온 세상에 큰 기근이 들
것이라고 예언하였다. 과연 이 기근은 글라
우디오 황제 때에 일어났다.
29 그래서 신도들은 각각 힘 닿는 대로 헌금하
여 유다에 있는 교우들을 돕기로 하였다.
30 이렇게 헌금한 것을 그들은 바르나바와 사울
의 손을 거쳐 교회 원로들에게 보냈다.

야고보는 죽고 베드로는 갇히고

12 ◎이 무렵 헤로데 왕이 교회의 어떤 사
람들에게 박해의 손을 뻗쳐
2 우선 요한의 형 야고보를 잘라 죽였다.
3 유다인들이 좋아하는 것을 보고 이번에는
또 베드로를 잡아오라고 하였다. 그 때는 바
로 무교절 기간이었다.
4 그는 베드로를 잡아서 감옥에 가두고 네 사
람으로 편성된 네 패의 경비병에게 맡겨 지
키게 하였다. 과월절이 지나면 그를 유다인
들 앞에 끌어낼 속셈이었던 것이다.
5 이렇게 되어 베드로는 감옥에 갇혀 있었고
교회는 그를 위하여 하느님께 줄곧 기도를
드렸다.

감옥에서 풀려 나온 베드로

6◎헤로데가 베드로를 유다인들 앞에 끌어내
려고 하던 그 전날 밤의 일이었다. 베드로는
두 개의 쇠사슬에 묶인 채 군인 두 사람 사
이에서 잠을 자고 있었고 감옥 문 앞에는 경
비병들이 지키고 있었다.
7그런데 갑자기 주의 천사가 나타나 베드로
앞에 서자 환한 빛이 감방을 비추었다. 천
사가 베드로의 옆구리를 찔러 깨우며 "빨리
일어나라." 하고 재촉하였다. 그러자 곧 쇠
사슬이 그의 두 손목에서 벗겨졌다.
8"허리띠를 띠고 신을 신어라." 하는 천사의
말을 듣고 베드로는 그대로 하였다. 그랬더
니 천사는 "겉옷을 걸치고 나를 따라오너
라." 하였다.
9베드로는 천사를 따라 나가면서도 천사가
하는 일이 현실이 아니고 환상이려니 하였
다.
10그들이 첫째 초소와 둘째 초소를 지나 거리
로 통하는 철문 앞에 다다르자 문이 저절로
열렸다. 그래서 천사와 함께 밖으로 나와
거리의 한 구간을 지나자 천사는 어느새 사
라져버렸다.
11그제야 베드로가 정신이 나서 "나는 이제야
사실을 알았다. 주께서 천사를 보내셔서 헤
로데의 손에서 나를 건지시고 유다 백성들
이 잔뜩 꾸민 흉계에서 나를 벗어나게 하셨
다." 하고 말하였다.
12이 사실을 깨달은 베드로는 마르코라고도 불
리는 요한의 어머니 마리아의 집으로 갔다.
거기에는 많은 사람이 모여 기도를 드리고
있었다.
13베드로가 대문을 두드리자 로데라는 어린 여
종이 문간으로 나왔다.
14그 여종은 베드로의 목소리를 알아듣고 너
무 기뻐서 문을 열어줄 생각도 않고 안으로
달려 들어가 베드로가 대문 밖에 와 있다고
알려주었다.
15그 말을 듣고 모두 그 여종에게 "너 미쳤구
나!" 하였지만 로데는 베드로가 정말 대문
밖에 와 있다고 우겼다. 그래도 사람들은
"베드로를 지켜주는 천사겠지." 하고 말하
였다.
16베드로가 계속해서 문을 두드리자 그들은
문을 열어보고 정말 베드로가 온 것을 알고
는 깜짝 놀랐다.
17베드로는 그들에게 조용히 하라고 손짓을
한 다음 주께서 자기를 감옥에서 인도해 내
신 경위를 말해 주었다. 그리고 이 소식을
야고보와 다른 교우들에게 알리라고 하고는
다른 곳으로 떠나갔다.
18◎날이 밝자 군인들 사이에는 베드로가 없어
졌기 때문에 큰 소동이 일어났다.
19헤로데는 부하들을 풀어 베드로를 찾다가 끝
내 못 찾게 되자 경비병들을 문초한 다음 그
들을 대신 처형시켰다. 이 일이 있은 뒤에
헤로데는 유다를 떠나 가이사리아에 가서 얼
마 동안 머물러 있었다.

헤로데의 죽음

20◎한편 띠로와 시돈 사람들은 헤로데에게 몹
시 미움을 사고 있었다. 그러나 그들의 지
방은 헤로데의 영토에서 식량을 공급받고
있었기 때문에 뜻을 모아 헤로데를 찾아갔
다. 우선 그의 시종 블라스토를 설득한 다음
그 힘을 빌려 헤로데에게 화평을 청하였다.
21헤로데는 정한 날에 용포를 두르고 옥좌에
앉아 사람들에게 연설을 하였다.
22그 때에 사람들이 "이것은 사람의 소리가
아니라 신의 소리다." 하고 외쳤다.
23그러나 헤로데가 그 영광을 하느님께 돌리
지 않았기 때문에 주의 천사가 곧 헤로데를
내리쳤다. 이리하여 그는 벌레에게 먹혀 죽
어버리고 말았다.
24◎하느님의 말씀은 더욱 줄기차게 널리 퍼
져 나갔다.
25바르나바와 사울은 예루살렘에서 그들의 사
명을 다 마치고 마르코라 하는 요한을 데리
고 다시 돌아갔다.

바르나바와 사울의 파견

13 ◎그 때 안티오키아 교회에는 예언자와
교사 몇 사람이 있었는데 그들은 바르
나바와 니게르라고 불리는 시므온과 키레네
사람 루기오와 영주 헤로데와 함께 자라난
마나엔과 사울이었다.
2그들이 단식을 하며 주님께 예배 드리고 있
을 때에 성령께서 "바르나바와 사울을 따로
세워라. 내가 그들에게 맡기기로 정해 놓은
일이 있다." 하고 말씀하셨다.
3그래서 그들은 다시 단식하며 기도를 하고
나서 그들에게 안수를 해주고 떠나보냈다.

키프로스에서 전도한 사도들
—바울로의 제일차 전도 여행—

4◎바르나바와 사울은 성령께서 보내시는 대
로 셀류기아로 내려가서 배를 타고 키프로스
섬으로 건너갔다.

5 그들은 살라미스에 이르러 유다인의 여러 회
당에 들러 하느님의 말씀을 전파하였다. 그
때 요한 마르코도 그들을 따라다니며 일을
도왔다.
6 그들이 섬을 다 돌고 마침내 바포에 이르렀
을 때 한 유다인 마술사를 만나게 되었다.
그는 바르예수라고 하는 거짓 예언자였고
7 총독 세루기오 바울로의 시종이었다. 총독은
매우 영리한 사람이어서 바르나바와 사울을
청하여 하느님의 말씀을 들으려고 하였다.
8 그리스 말로 엘리마라고도 하는 그 마술사는
총독의 개종을 막으려고 두 사도를 방해하
였다.
9 그러나 바울로라고도 불리는 사울은 성령으
로 가득 차서 그 마술사를 쏘아보며
10 "기만과 죄악으로 가득 찬 이 악마의 자식
아, 너는 나쁜 짓만 골라가면서 하는 악당
이다. 언제까지 너는 주님의 길을 훼방할
셈이냐?
11 이제 주님께서 손으로 너를 내리치실 것이
다. 그러면 너는 눈이 멀어 한동안 햇빛을
보지 못하게 될 것이다." 하고 꾸짖었다.
이 말이 떨어지자 안개와 어둠이 내리덮쳐
그는 앞을 더듬으며 손을 잡아줄 사람을 찾
았다.
12 이 광경을 처음부터 보고 있던 총독은 주님
께 관한 가르침에 깊이 감동되어 신도가 되
었다.

바울로와 바르나바의 비시디아 안티오키아 전도

13 ◎바울로 일행은 바포에서 배를 타고 밤필리
아 지방 베르게로 건너갔다. 거기에서 요한
은 그들과 헤어져 예루살렘으로 돌아갔다.
14 나머지 사람들은 베르게에서 다시 길을 떠
나 비시디아 안티오키아까지 갔다. 그들은
안식일이 되어 그 곳 회당에 들어가 앉아 있
었다.
15 회당에서 율법서와 예언서의 낭독이 끝나
자 회당의 간부들이 사람을 시켜 바울로와
바르나바에게 "두 분께서 혹 격려할 말씀이
있거든 이 회중에게 한 말씀 해주셨으면 좋
겠습니다." 하고 청하였다.
16 그래서 바울로는 일어나 손짓을 하며 이렇
게 말하였다. "이스라엘 동포 여러분, 그리
고 하느님을 공경하는 여러분, 제 말을 들
어보십시오.
17 우리 이스라엘 백성의 하느님께서는 우리
조상들을 택하셔서 그들이 이국 땅 이집트
에 머물러 있는 동안에 강대한 민족으로 키
워주셨을 뿐만 아니라 크신 능력으로써 그
들을 이집트에서 데려내오셨습니다.
18 더구나 광야 생활 사십 년 동안은 ㉠그들이
저지른 온갖 잘못도 참아주셨습니다.
19 그리고 ㉡그들이 가나안 땅에 들어갔을 때
에는 하느님께서 그 곳 일곱 민족을 쳐부수
시고 그 땅을 그들에게 주셔서
20 약 사백오십 년 동안 차지하게 하셨습니다.
그 뒤 판관들을 세워주셨고 예언자 사무엘
때에 이르러
21 그들이 왕을 요구하자 하느님께서는 베냐민
지파 사람 키스의 아들 사울을 왕으로 세워
사십 년 동안 다스리게 하시다가
22 그를 물리치시고 다윗을 왕으로 세우셨습니
다. 이 다윗에 대해서는 '㉢내가 이새의 아
들 다윗을 찾아냈으니 그는 내 마음에 드는
사람이요, 내 뜻을 다 이루어줄 사람이다.'
하고 말씀하신 바가 있습니다.
23 하느님께서는 언약하신 대로 다윗의 후손
가운데서 이스라엘을 구원할 구세주 예수를
보내주셨습니다.
24 그분이 오시기 전에 요한은 이스라엘 온 백
성에게 회개하고 세례를 받으라고 선포하
였습니다.
25 요한이 자기 사명을 다 마쳐갈 무렵에 '당
신들은 나를 누구라고 생각합니까? 나는
그리스도가 아닙니다. 그분은 내 뒤에 오실
터인데 나는 그분의 신발 끈을 풀어드릴 자
격조차 없는 사람입니다.' 하고 말하였습
니다.
26 ◎아브라함의 후손인 형제 여러분, 그리고
하느님을 공경하는 이방인 형제 여러분, 이
구원의 말씀은 바로 우리에게 보내주신 것
입니다.
27 그런데 예루살렘에 사는 사람들과 지도자들
은 예수를 알아보지 못하고 그를 단죄하였
습니다. 그리하여 결국 안식일마다 읽는 예
언서의 말씀을 성취시켰던 것입니다.
28 사실 그들은 예수를 죽일 만한 아무런 근거
도 찾지 못했지만 빌라도를 졸라서 예수를
죽이게 하였습니다.
29 이리하여 그분에 관한 모든 기록이 다 이루
어진 뒤에 그들은 예수의 시체를 십자가에
서 내려다가 무덤에 모셨습니다.
30 그러나 하느님께서는 예수를 죽은 자들 가

㉠ 어떤 사본에는 "그들을 먹여주셨습니다."로 되어 있다. 칠십인역 신명 1:31. ㉡ 신명 7:1. ㉢ 시편 89:20; 1사무 13:14.

운데서 살리셨습니다.
31 그 뒤 예수께서는 갈릴래아에서 예루살렘으
로 같이 올라간 사람들에게 여러 날 동안 나
타내 보이셨습니다. 바로 이 사람들이 지금
우리 백성들 앞에서 예수의 증인이 된 것입
니다.
32 우리도 하느님께서 우리 조상들에게 약속
하신 그 기쁜 소식을 여러분에게 전하러 왔
습니다.
33 하느님께서는 예수를 다시 살리셔서 자녀
된 우리에게 그 약속을 이루어주셨기 때문
입니다. 시편 제이편에도,

'㉠너는 내 아들,
내가 오늘 너를 낳았다.'

라고 기록되어 있지 않습니까?
34 하느님께서는 예수를 죽은 자들 가운데서
살리시고 다시는 썩지 않게 하셨습니다. 이
것은 예언서에,

'㉡내가 다윗에게 약속한 거룩하고 확
실한 축복을 너희에게 주리라.'

하신 말씀과
35 또 다른 시편에서,

'㉢주께서는 당신의 거룩한 이를 썩지
않게 하시리라.'

하고 말씀하신 대로 이루어진 것입니다.
36 다윗은 한평생 하느님의 뜻을 받들어 섬기
면서 살았지만 죽은 다음에는 ㉣조상들 곁
에 묻혀서 썩고 말았습니다.
37 그러나 하느님께서 다시 살리신 그분은 썩
지 않았습니다.
38 그러니 형제 여러분, 여러분은 바로 이분으
로 말미암아 죄를 용서받을 수 있다는 복음
이 여러분에게 선포되고 있다는 것을 알아
야 합니다. 그리고 모세의 율법으로는 여러
분이 죄에서 풀려날 수 없지만
39 이 예수를 믿는 사람은 누구나 모든 죄에서
풀려난다는 것을 알아야 합니다.
40 그러므로 예언자들을 시켜 하신 말씀이 여
러분에게 미치지 않도록 조심하십시오. 그
것은,

41 '㉤너희 비웃는 자들아,
질겁을 하고 죽어 없어져라.
나는 너희 시대에 한 가지 엄청난 일을
하리라.
누가 너희에게 일러줄지라도
너희는 결코 믿지 않으리라.'

하신 말씀입니다."
42 ◎바울로와 바르나바가 회당에서 나올 때 사
람들은 다음 안식일에도 그런 말씀을 더 들
려달라고 간청하였다.
43 회중이 흩어진 뒤에는 많은 유다인들과 유
다교에 입교한 이방인들이 따라왔으므로 바
울로와 바르나바는 그들과 이야기를 나누며
항상 하느님의 은총을 입고 살아가라고 권
하였다.
44 ◎그 다음 안식일에는 온 동네 사람이 거의
다 주님의 말씀을 들으려고 모여들었다.
45 그 군중을 본 유다인들은 시기심이 북받쳐
서 바울로가 한 말을 반대하며 욕설을 퍼부
었다.
46 그러나 바울로와 바르나바는 담대하게 이렇
게 대꾸하였다. "우리는 하느님의 말씀을
먼저 당신들에게 전하지 않을 수가 없었습
니다. 그런데도 당신들은 그것을 거부하고
그 영원한 생명을 받을 만한 자격이 없다고
스스로 판단하고 있으니 우리는 당신들을
떠나서 이방인들에게로 갑니다.
47 주께서 우리에게,

'㉥나는 너를 이방인의 빛으로 삼았으
니
너는 땅 끝까지 구원의 등불이 되어
라.'

하고 명령하셨습니다."
48 바울로의 말을 듣고 이방인들은 기뻐하며
주님의 말씀을 찬양하였으며 영원한 생명
을 얻도록 작정된 사람들은 모두 신도가 되
었다.
49 이리하여 주님의 말씀이 그 지방에 두루 퍼
져 나갔다.
50 그러나 유다인들은 이방 출신으로서 하느님
을 공경하는 귀부인들과 도시의 유지들을
선동하여 바울로와 바르나바를 박해하게 하
고 그 지방에서 두 사람을 쫓아냈다.
51 두 사도는 그들에게 항의하는 뜻으로 발의
먼지를 털어버리고 이고니온으로 갔다.
52 안티오키아의 신도들은 기쁨과 성령으로 가
득 차 있었다.

바울로와 바르나바의 이고니온 전도

14 ◎바울로와 바르나바는 안티오키아에서
처럼 이고니온에서도 유다인의 회당에
들어가 설교했다. 이 설교를 듣고 수많은 유
다인들과 이방인들이 신도가 되었다.
2 예수를 믿으려 하지 않는 유다인들은 이방
인들을 선동하여 믿는 형제들에게 악의를
품게 하였다.

㉠ 시편 2:7. ㉡ 이사 55:3. ㉢ 시편 16:10. ㉣ 1열왕 2:10. ㉤ 칠십인역 하바 1:5. ㉥ 칠십인역 이사 49:6.

3 그러나 주께서는 그들에게 기적과 놀라운
일들을 행하게 하셔서 하느님의 은총에 관
하여 그들이 전하는 말이 참되다는 것을 증
명해 주셨다. 그래서 바울로와 바르나바는
오랫동안 거기에 머무르면서 주님께 힘입
어 대담하게 말씀을 전하였다.
4 그 도시 사람들은 두 갈래로 나뉘어서 한 쪽
은 유다인들을 지지하고 다른 쪽은 사도들
을 지지하였다.
5 그러나 이방인들과 유다인들은 그들의 지도
자들과 한데 어울려 사도들을 학대하고 돌
로 쳐죽이려는 움직임을 보였다.
6 사도들은 이 낌새를 알아채고 리가오니아 지
방에 있는 도시 리스트라와 데르베와 그 근
방으로 피해 가서
7 복음을 전하였다.

바울로와 바르나바의 리스트라 전도

8 ◎리스트라에는 나면서부터 앉은뱅이가 되
어 한 번도 걸어본 적이 없는 불구자 한 사
람이 살고 있었다.
9 그가 하루는 바울로의 설교를 듣고 있었는
데 바울로가 그를 눈여겨보더니 그에게 몸
이 성해질 만한 믿음이 있는 것을 알고는
10 큰소리로 "일어나 똑바로 서보시오." 하고
말하였다. 그러자 그는 벌떡 일어나서 걷기
시작하였다.
11 사람들은 바울로가 한 일을 보고 리가오니아
말로 "저 사람들은 사람 모양을 하고 우리
에게 내려온 신들이다." 하고 떠들었다.
12 바르나바는 제우스 신이요, 주로 설교를 맡
아서 한 바울로는 헤르메스 신이라고 불렀
다.
13 성밖에 있는 제우스 신당의 사제는 황소 몇
마리와 화환을 성문 앞으로 가지고 나와서
사람들과 함께 사도들에게 제사를 지내려
고 하였다.
14 이 소문을 들은 바르나바와 바울로 두 사도
는 옷을 찢으며 군중 속에 뛰어들어 이렇게
외쳤다.
15 "여러분, 이게 무슨 짓입니까? 우리도 여
러분과 똑같은 사람입니다. 우리는 다만 여
러분에게 복음을 전하여 여러분이 이런 헛
된 우상을 버리고 살아 계신 하느님께 돌아
오게 하려고 왔을 따름입니다. 이 ㉠하느님
은 하늘과 땅과 바다와 그 안에 있는 모든
것을 만드신 분입니다.
16 지난 날에는 하느님께서 모든 나라 사람을
제멋대로 살게 내버려두셨습니다.
17 그러면서도 하느님께서는 은혜를 베푸셔서
하늘에서 비를 내려주시고 철을 따라 열매
를 맺게 하시고 먹을 것을 주셔서 여러분의
마음을 흡족하게 채워주셨습니다. 이렇게
하느님께서는 항상 당신 자신을 알려주셨
습니다."
18 두 사도는 이렇게 말하면서 사람들이 자기
들에게 제사를 지내지 못하도록 겨우 말렸
다.
19 그 때에 안티오키아와 이고니온에서 유다인
들이 몰려와 군중을 설득하고 바울로를 돌
로 쳤다. 그리고 그가 죽은 줄 알고 성밖으
로 끌어내다 버렸다.
20 그러나 신도들이 달려와 둘러섰을 때에 바
울로는 깨어나 성안으로 들어갔다가 이튿날
바르나바와 함께 데르베로 떠났다.

제일차 전도 여행의 완수

21 ◎바울로와 바르나바는 데르베에서 복음을
전하여 많은 신도들을 얻고 리스트라와 이고
니온을 거쳐 안티오키아로 되돌아갔다.
22 그들은 각 도시에서 신도들의 용기를 북돋
우며 끝까지 믿음을 지키라고 격려하면서
"우리가 하느님 나라에 들어가려면 반드시
많은 어려움을 겪어야 합니다." 하고 말하
였다.
23 그리고 각 교회에서 신도들을 위하여 원로
들을 뽑아 세우고 단식하며 기도한 뒤에 그
들이 믿는 주님께 원로들을 보호해 주시기
를 빌고 떠났다.
24 ◎두 사도는 비시디아 지방을 거쳐 밤필리아
에 이르러
25 베르게에서 말씀을 전한 다음 아딸리아로 내
려가
26 거기에서 배를 타고 시리아의 안티오키아로
향하였다. 안티오키아는 원래 온 교회가 두
사도에게 하느님의 은총을 빌어주며 전
도의 임무를 맡겨 내보냈던 곳인데 지금
그들은 그 임무를 마치고 돌아오게 된 것
이다.
27 두 사도는 안티오키아에 이르자 온 교회 신
도들을 모아놓고 하느님께서 그들을 도와
이루어주신 모든 일과 또 이방인들에게 믿
음의 문을 열어주신 일을 보고하였다.
28 그리고 거기에 있는 신도들과 오랫동안 함
께 지냈다.

㉠ 출애 20:11; 시편 146:6.

예루살렘 회의

15 ◎그 무렵 유다에서 몇몇 사람이 안티오
키아에 내려와 교우들에게 모세의 율법
이 명하는 할례를 받지 않으면 구원을 받지
못한다고 가르치고 있었다.
2 그래서 바울로와 바르나바 두 사도와 그들
사이에 격렬한 의견 충돌과 논쟁이 벌어졌
다. 그러다가 결국 교회는 바울로와 바르나
바와 몇몇 신도들을 예루살렘에 보내어 다른
사도들과 원로들에게 이 문제를 의논하게
하였다.
3 그들은 교회의 전송을 받고 떠나 페니키아
와 사마리아를 거쳐가면서 이방인들이 개종
한 이야기를 들려주었다. 그리하여 그 곳
모든 교우들에게 큰 기쁨을 주었다.
4 예루살렘에 도착한 그들은 사도들과 원로들
을 비롯한 온 교회의 환영을 받았다. 그리
고 하느님께서 그들을 도와 이루어주신 일
들을 모두 보고하였다.
5 그런데 바리사이파에 속했다가 신도가 된
사람 몇이 나서서 "이방인들에게도 할례를
주고 모세의 율법을 지키도록 일러주어야
합니다." 하고 말하였다.
6 ◎사도들과 원로들은 이 문제를 검토하려고
회의를 열었다.
7 오랜 토론 끝에 베드로가 일어나서 그들에
게 이렇게 말하였다. "형제 여러분, 여러분
이 아시는 바와 같이 하느님께서는 내 입을
빌려 이방인들도 복음을 듣고 믿게 하시려
고 일찍이 여러분 가운데서 나를 뽑아주셨
습니다.
8 그리고 사람의 마음속을 아시는 하느님께
서는 성령을 그들에게도 내리셔서 우리와
똑같이 인정해 주셨습니다.
9 그리고 그들의 믿음을 보시고 그들의 마음
을 깨끗하게 하셔서 우리와 그들 사이에 아
무런 차별도 두지 않으셨습니다.
10 그런데 지금 여러분은 왜 우리의 조상들이
나 우리가 다 감당하지 못했던 멍에를 그 신
도들의 목에 메워서 하느님께서 하시는 일
을 간섭하려 드는 것입니까?
11 그들의 경우와 마찬가지로 우리가 구원받
는 것도 주 예수의 은총으로 되는 것이라고
믿습니다."
12 ◎이 말을 듣고 온 회중은 조용해졌다. 그리
고 바르나바와 바울로가 하느님께서 자기들
을 통하여 이방인들 가운데서 행하신 여러
가지 기적과 놀라운 일들에 대하여 보고하
는 것을 들었다.
13 두 사도가 말을 마치자 야고보가 나서서 이
렇게 말하였다. "형제 여러분, 내가 한 말씀
드리겠습니다.
14 하느님께서 이방인들을 돌보시어 그들 가
운데서 처음에 당신의 백성을 뽑아주시게
된 경위를 시몬이 말해 주었습니다.
15 이 사실은 예언자들의 말과도 일치합니다.
예언서에는 이렇게 기록되어 있습니다.
16 '㉠그 뒤에 내가 다시 돌아와
무너진 다윗의 집을 다시 지으리니
허물어진 곳을 다시 고치고
그것을 바로 세우리라.
17 그리하여 살아 남은 백성들이 다 주를
찾고
내 백성이 된 모든 이방인들까지도
모두 주를 찾게 되리라.
18 오래 전부터 이것을 알게 해주시는
주께서 이렇게 말씀하신다.'
19 ◎그러므로 내 의견은 하느님께로 돌아오는
이방인들을 괴롭힐 것이 아니라
20 다만 우상에게 바쳐서 더러워진 것을 먹지
말고 음란한 행동을 하지 말고 목 졸라 죽인
짐승의 고기와 피를 먹지 말라고 편지를 띄
웠으면 합니다.
21 예로부터 어느 도시에나 모세의 율법을 풀
이하는 사람들이 있어서 그 율법을 안식일
마다 회당에서 읽어왔습니다."

예루살렘 교회의 편지

22 ◎그래서 사도들과 원로들은 교회의 모든
신도들과 의논하여 대표들을 뽑아 바울로와
바르나바와 함께 안티오키아로 보내기로 작
정하였다. 거기에서 뽑힌 사람들은 교우들
가운데서 지도적인 위치에 있던 바르사빠라
는 유다와 실라였다.
23 그들이 이 사람들 편에 부친 편지는 다음과
같다. "여러분과 한 형제가 된 우리 사도와
원로들은 안티오키아와 시리아와 길리기아에
있는 이방인 형제들에게 문안을 드립니다.
24 우리 신도 중 몇몇이 여러분에게 가서 엉뚱
한 말로 여러분을 괴롭히고 어리둥절하게
만들었다는 이야기를 들었는데 그것은 우
리가 시킨 일이 아닙니다.
25 그래서 우리는 대표 몇을 뽑아 사랑하는 바
르나바와 바울로와 함께 여러분에게 보내기
로 뜻을 모았습니다.
26 그런데 이 바르나바와 바울로는 우리 주 예수

㉠ 칠십인역 아모 9:11-12.

그리스도를 위하여 목숨을 내어놓은 사람들
입니다.
27 이제 우리 대표로 가는 유다와 실라가 이 편
지의 사연을 직접 말로도 전해 드릴 것입니
다마는
28 다음 몇 가지 긴요한 사항 외에는 여러분에
게 다른 짐을 더 지우지 않으려는 것이 성령
과 우리의 결정입니다.
29 여러분은 우상에게 바쳤던 제물을 먹지 말
고 피나 목 졸라 죽인 짐승도 먹지 마시오.
그리고 음란한 행동을 하지 마시오. 여러분
이 이런 몇 가지만 삼가면 다 잘될 것입니
다. 안녕히 계십시오."

안티오키아에 간 대표들

30 ◎그들 일행은 길을 떠나 안티오키아로 내려
가서 회중을 다 모아놓고 그 편지를 전해 주
었다.
31 회중은 그 편지를 읽고 격려를 받았으며 또
한 기뻐하였다.
32 예언자인 유다와 실라도 교우들을 여러 말
로 격려하며 힘을 북돋아주었다.
33 그리고 거기에서 얼마 동안 지내다가 평안
을 비는 교우들의 작별 인사를 받으며 그 곳
을 떠나 자기들을 파견한 사람들에게로 돌
아갔다.㉠
35 그러나 바울로와 바르나바는 계속해서 안티
오키아에 머물러 있으면서 다른 여러 사람
들과 함께 주님의 말씀을 가르치고 전하
였다.

헤어진 바울로와 바르나바
—바울로의 제이차 전도 여행—

36 ◎며칠 뒤에 바울로는 바르나바에게 "우리가
주님의 말씀을 전한 모든 도시를 두루 찾아
다니며 교우들이 어떻게 지내고 있는지 살
펴봅시다." 하고 제언하였다.
37 그 때 바르나바는 마르코라는 요한도 같이 데
려가자고 하였다.
38 그러나 바울로는 자기들과 함께 가서 일하
지 않고 밤필리아에서 떨어져 나갔던 사람
을 데리고 갈 수는 없다고 생각하였다.
39 그래서 그 두 사람은 심한 언쟁 끝에 서로
헤어졌는데 바르나바는 마르코를 데리고 배
를 타고 키프로스로 떠나가 버렸다.
40 한편 바울로는 실라를 택하여 주님의 은총을
비는 교우들의 인사를 받으며 안티오키아를
떠났다.
41 그리고 시리아와 길리기아 지방을 두루 다니
며 모든 교회에 힘을 북돋아주었다.

디모테오를 택한 바울로

16 ◎그 뒤 바울로는 데르베에 들렀다가 리
스트라로 갔다. 그런데 리스트라에는 디
모테오라는 신도가 있었다. 그의 어머니는
예수를 믿는 유다 여자였으나 아버지는 그리
스 사람이었다.
2 디모테오는 리스트라와 이고니온에 있는 교
우들 사이에서 평판이 좋은 사람이었다.
3 그래서 바울로는 이 디모테오를 데리고 떠날
생각이었다. 그러나 그 고장에 있는 모든 유
다인들이 디모테오의 아버지가 그리스 사람
이라는 것을 알고 있었기 때문에 혹시 말썽
이 날까봐 먼저 디모테오를 데려다가 할례
를 베풀었다.
4 바울로 일행은 여러 도시를 두루 다니면서
예루살렘에 있는 사도들과 원로들이 정한
규정들을 전해 주며 지키라고 하였다.
5 그래서 교회들은 믿음이 점점 더 굳건해졌
으며 신도의 수효는 나날이 늘어갔다.

바울로가 본 영상

6 ◎그들은 성령께서 아시아에서 말씀을 전하
지 못하게 하시므로 프리기아와 갈라디아 지
방을 두루 다니다가
7 미시아에 이르러 비티니아 지방으로 들어가
려고 하였으나 예수의 성령이 그것을 허락
하지 않으셨다.
8 그래서 미시아를 그냥 지나쳐서 트로아스로
내려갔다.
9 어느 날 밤 바울로는 거기에서 신비로운 영
상을 보았다. 마케도니아 사람 하나가 바울
로 앞에 서서 "마케도니아로 건너와서 우
리를 도와주십시오." 하고 간청하였던 것
이다.
10 바울로가 그 영상을 보고 난 뒤에 우리는 곧
마케도니아로 떠날 채비를 서둘렀다. 마케도
니아 사람들에게 복음을 전하게 하시려고
하느님께서 우리를 부르신 것이라고 믿었
기 때문이다.

리디아의 개종

11 ◎우리는 배를 타고 트로아스를 떠나 사모
드라게로 직행하여 이튿날 네아폴리스로 갔

㉠ 어떤 사본에는 34절에 다음과 같은 말이 있다. "실라는 거기에 머무르기로 작정하였다." 혹은 "유다만이 예루살렘으로 떠나고 실라는 거기에 머무르기로 작정하였다."

다가
12 거기에서 다시 필립비로 갔다. 그 곳은 마케
도니아의 ㉠첫 지방의 도시로서 로마의 식민
지였다. 우리는 며칠 동안 이 도시에 머물
러 있었다.
13 안식일이 되어 우리는 성문 밖으로 나가 유
다인의 기도처가 있으리라고 짐작되는 강가
에 이르렀다. 그리고 거기에 앉아서 모여든
여자들에게 말씀을 전하였다.
14 그들 가운데는 리디아라는 여자가 있었는데
그는 티아디라 출신으로 자색 옷감 장수였
고 하느님을 공경하는 여자였다. 주께서는
그 여자의 마음을 열어 바울로의 말을 귀담
아듣게 하셨다.
15 리디아는 온 집안 식구와 함께 세례를 받고
나서 "정말 저를 주님의 충실한 신도로 여
기신다면 제 집에 오셔서 머물러주십시오."
하고 간청하면서 우리를 자기 집으로 데리
고 갔다.

필립비 감옥에 갇혔던 바울로와 실라

16 ◎어느 날 우리가 그 기도처로 가는 도중에
점귀신이 들린 여종 하나를 만났는데 그 여
종은 점을 쳐서 자기 주인들에게 많은 돈을
벌어주던 여자였다.
17 이 여자가 바울로와 우리를 따라오면서 "이
분들은 지극히 높으신 하느님의 종으로서
지금 여러분에게 구원받는 길을 선포하고
있소." 하고 큰소리로 외쳤다.
18 그 여자가 매일같이 이렇게 하므로 바울로
는 괴로움을 참다 못해 돌아서서 그 악령
더러 "예수 그리스도의 이름으로 명령하니
그 여자에게서 썩 나가거라." 하고 말하였
다. 그러자 악령은 곧 그 여자에게서 나가
버렸다.
19 그 여종의 주인들은 돈벌이할 길이 막힌 것
을 알고 바울로와 실라를 잡아 광장 법정으
로 끌고 가서
20 치안관들 앞에 세워놓고 "이자들은 유다인
들인데 우리 도시에서 큰 소란을 일으키고
있습니다.
21 우리 로마 사람으로서는 받아들일 수도 없
고 실행할 수도 없는 잘못된 풍속을 선전하
고 있습니다." 하고 말하였다.
22 군중까지 합세해서 그들을 공격하자 치안
관들은 부하를 시켜 바울로와 실라의 옷을
찢고 매질을 하게 하였다.
23 이렇게 몹시 때리고 나서는 그들을 감옥에
가두고 간수에게 단단히 지키라고 명령하
였다.
24 명령을 받은 간수는 그들을 깊숙한 감방
에 집어넣고 발목을 차꼬로 단단히 채워두
었다.
25 ◎때는 한밤중이었다. 바울로와 실라는 기도
하면서 하느님을 찬미하고 있었고 다른 죄
수들은 그것을 듣고 있었다.
26 그 때 갑자기 큰 지진이 일어나 감옥을 기초
부터 온통 뒤흔들어놓는 바람에 문이 모두
열리고 죄수들을 묶어두었던 쇠사슬이 다
풀리고 말았다.
27 간수가 잠을 깨어 감옥 문들이 열려 있는 것
을 보고는 죄수들이 다 도망쳤으려니 하고
칼을 빼어 자살하려고 하였다.
28 그 때에 바울로가 큰소리로 "당신의 몸을 해
치지 마시오. 우리가 다 여기 있소." 하고
알렸다.
29 간수는 등불을 찾아 들고 뛰어들어가 무서
워 떨면서 바울로와 실라 앞에 엎드렸다.
30 그리고 그들을 밖으로 데리고 나가서 "두
분 선생님, 제가 어떻게 해야 구원을 얻겠
습니까?" 하고 물었다.
31 "주 예수를 믿으시오. 그러면 당신과 당신
네 집안이 다 구원을 얻을 것입니다." 그들
은 이렇게 대답하고
32 간수와 그 집안 온 식구들에게 주님의 말씀
을 들려주었다.
33 간수는 한밤중이었는데도 그 두 사람을 데
려다가 상처를 씻어주었고 그 자리에서 그
와 온 가족이 세례를 받았다.
34 그리고 바울로와 실라를 자기 집에 데리고
가서 음식을 대접하며 하느님을 믿게 된 것
을 온 가족과 함께 기뻐하였다.
35 ◎날이 밝자 치안관들은 부하들을 보내어
두 사람을 놓아주라고 명령하였다.
36 그래서 간수가 바울로에게 "치안관들이 선
생님들을 놓아주라고 전령을 보내왔습니
다. 그러니 이제는 나와서 평안히 가십시
오." 하고 말하였다.
37 그러자 바울로는 "치안관들이 로마 시민인
우리를 재판도 하지 않은 채 공중 앞에서 매
질을 하고 감옥에 처넣었다가 이제 와서 슬
그머니 내보내 주겠다니 될 말이오? 안 되
오. 그들이 직접 와서 우리를 석방해야 하
오." 하고 말하였다.
38 그 전령들이 치안관들에게 가서 이 말을 전
하자 그들은 바울로와 실라가 로마 시민이라

㉠ 마케도니아는 네 지방으로 나누어져 있었다.

는 말에 겁을 집어먹고
39두 사람에게 가서 사과를 하였다. 그리고
밖으로 데리고 나가 그 도시에서 떠나달라
고 간청하였다.
40감옥에서 나온 바울로와 실라는 리디아의 집
으로 가서 교우들을 만나 격려해 주고 그 곳
을 떠났다.

데살로니카에서 일어난 소동

17 ◎바울로와 실라는 암피볼리스와 아폴로
니아를 거쳐 데살로니카에 이르렀다. 거
기에는 유다인의 회당이 있었는데
2바울로는 늘 하던 대로 유다인들의 모임에
가서 세 주간에 걸쳐 안식일마다 성서를 놓
고 토론하였다.
3바울로는 성서를 풀이하면서 그리스도는 반
드시 고난을 받고 죽었다가 다시 살아나야
한다는 것을 보여주고 "내가 여러분에게 전
하고 있는 예수가 바로 그 그리스도입니다."
하고 말하였다.
4그들 가운데서 여러 사람이 이 말에 감화를
받고 바울로와 실라를 따르게 되었다. 그 밖
에도 많은 경건한 그리스 사람들과 적지 않
은 귀부인들이 그들을 따랐다.
5이것을 시기한 유다인들은 거리의 불량배들
을 모아 폭동을 일으켜 도시를 혼란 속에 빠
뜨렸다. 그리고 바울로 일행을 찾아 민중 앞
에 끌어내려고 야손의 집을 습격하였다.
6그러나 바울로 일행을 찾지 못하게 되자 폭
도들은 야손과 교우 몇 사람을 시 치안관들
에게 끌고 가서 큰소리로 "세상을 소란스럽
게 하던 자들이 여기까지 들어왔습니다.
7그런 자들을 야손이 자기 집에 맞아들였습
니다. 그자들은 모두 예수라는 또 다른 왕이
있다고 말하면서 카이사르의 법령을 어기고
있습니다." 하고 떠들어댔다.
8이 말을 듣고 무리들과 시 치안관들은 당황
하였다.
9그러나 시 치안관들은 야손과 그 밖의 사람
들에게서 보석금을 받은 뒤에 그들을 놓아
주었다.

베레아에 간 바울로의 일행

10◎교우들은 그 날 밤으로 바울로와 실라를
베레아로 보냈다. 베레아에 도착한 두 사람
은 유다인의 회당으로 들어갔다.
11그 곳 유다인들은 데살로니카 유다인들보다
마음이 트인 사람들이어서 말씀을 열심히
받아들이고 바울로의 말이 사실인지 알아보
려고 날마다 성서를 연구하였다.
12이리하여 그들 중 많은 사람이 예수를 믿게
되었다. 또 그리스 귀부인들과 남자들 가운
데서도 믿는 사람이 적지 않았다.
13데살로니카에 살고 있던 유다인들은 바울로
가 베레아에서도 하느님의 말씀을 전한다는
말을 듣고 거기까지 가서 무리를 선동하여
소란을 피웠다.
14그래서 교우들은 급히 바울로를 바닷가로
피신시켰다. 그러나 실라와 디모테오는 거기
에 그대로 남아 있었다.
15바울로를 안내하던 사람들은 아테네까지 같
이 갔다가 실라와 디모테오도 되도록 빨리
오라는 바울로의 전갈을 받아가지고 베레아
로 돌아갔다.

아테네에 간 바울로

16◎바울로는 아테네에서 실라와 디모테오를 기
다리고 있는 동안에 그 도시가 온통 우상으
로 가득 차 있는 것을 보고 격분하였다.
17그래서 바울로는 회당에서 유다인들과 또 하
느님을 공경하는 이방인 유다 교도들과 토
론을 벌였고 날마다 광장에 나가서 거기에
모인 사람들과도 토론하였다.
18에피쿠로스 학파와 스토아 학파의 몇몇 철학
자들은 바울로와 토론을 해보고는 "이 떠버
리가 도대체 무슨 소리를 하려는 것인가?"
하기도 하고 또 바울로가 예수와 그의 부활
에 관하여 설교하는 것을 보고는 "다른 나
라의 신들을 선전하는 모양이다." 하고 말
하기도 하였다.
19그들은 바울로를 아레오파고 법정으로 데리
고 가서 이렇게 물었다. "당신이 가르치는
그 새로운 가르침이 어떤 것인지를 알려줄
수 없겠소?
20우리가 듣기에 당신은 생소한 말을 하는데
어디 그 설명을 들어봅시다."
21아테네 사람들과 거기에 살고 있던 외국인
들은 새 것이라면 무엇이나 듣고 이야기하
는 것으로 세월을 보내는 사람들이었다.
22바울로는 아레오파고 법정에 서서 이렇게 연
설하였다. "아테네 시민 여러분, 내가 보기
에 여러분은 여러 모로 강한 신앙심을 가지
고 계십니다.
23내가 아테네 시를 돌아다니며 여러분이 예
배하는 곳을 살펴보았더니 '알지 못하는 신
에게'라고 새겨진 제단까지 있었습니다.
여러분이 미처 알지 못한 채 예배해 온 그분
을 이제 여러분에게 알려드리겠습니다.

24 그분은 이 세상과 그 안에 있는 모든 것을
만드신 하느님이십니다. 그분은 하늘과 땅
의 주인이시므로 사람이 만든 신전에서는
살지 않으십니다.
25 또 하느님에게는 사람 손으로 채워드려야
할 만큼 부족한 것이라곤 하나도 없으십니
다. 하느님은 오히려 사람들에게 생명과 호
흡과 모든 것을 주시는 분이십니다.
26 하느님께서는 한 조상에게서 모든 인류를
내시어 온 땅 위에서 살게 하시고 또 그들
이 살아갈 시대와 영토를 미리 정해 주셨습
니다.
27 이리하여 사람들이 하느님을 더듬어 찾기
만 하면 만날 수 있게 해주셨습니다. 사실
하느님께서는 누구에게나 가까이 계십니
다.
28 '㉠우리는 그분 안에서
숨쉬고 움직이며 살아간다.'
하는 말도 있지 않습니까? 또 여러분의 어
떤 시인은 '㉡우리도 그의 자녀다.' 하고
말하지 않았습니까?
29 하느님의 자녀인 우리는 하느님을, 사람의
기술이나 고안으로 금이나 은이나 돌을 가
지고 만들어낸 우상처럼 여겨서는 안 됩니
다.
30 하느님께서는 사람이 무지했던 때에는 눈
을 감아주셨지만 이제는 어디에 있는 사람
에게나 다 회개할 것을 명령하십니다.
31 ㉢과연 하느님께서는 당신이 택하신 분을
시켜 온 세상을 올바르게 심판하실 날을 정
하셨고 또 그분을 죽은 자들 가운데서 다시
살리심으로써 모든 사람에게 그 증거를 보
이셨습니다."
32 ◎죽은 자가 다시 살아난다는 말을 듣고 바
울로를 비웃는 사람들이 있었는가 하면 훗
날 다시 그 이야기를 듣겠다는 사람들도 있
었다.
33 바울로가 법정에서 나오자
34 몇몇 사람이 바울로 편이 되어 예수를 믿게
되었다. 그 중에는 아레오파고 법정의 판사
인 디오니시오를 비롯하여 다마리스라는 여
자와 그 밖에도 몇 사람이 더 있었다.

바울로의 고린토 전도

18 ◎그 뒤 바울로는 아테네를 떠나 고린토
로 왔는데
2 거기에서 그는 본도 출신인 아퀼라라는 유다
사람을 만나게 되었다. 아퀼라는 글라우디오
황제가 모든 유다인은 로마에서 나가라는
칙령을 내렸기 때문에 얼마 전에 자기 아내
브리스킬라를 데리고 이탈리아를 떠나온 사
람이었다. 바울로가 그들을 찾아갔는데
3 마침 직업이 같았기 때문에 그 집에서 함께
살면서 일을 하였다. 천막을 만드는 것이
그들의 직업이었다.
4 바울로는 안식일마다 회당에서 유다인과 그
리스인들과 함께 토론을 벌이고 그들을 설
복시키려고 애썼다.
5 ◎실라와 디모테오가 마케도니아에서 내려온
후로 바울로는 유다인들에게 예수가 그리스
도라는 것을 증언하면서 오로지 전도에만
힘썼다.
6 그러나 유다인들이 대들며 욕설을 퍼붓자
그는 옷의 먼지를 털면서 "잘못의 책임은
당신들이 지시오. 나에게는 잘못이 없소.
이제 나는 이방인들에게로 갑니다." 하고는
7 그 자리를 떠나 디디오 유스도라는 사람의
집으로 갔다. 이 사람은 하느님을 공경하는
이방인으로서 바로 회당 옆에 살고 있었다.
8 회당장 그리스보는 온 집안 식구와 함께 주
님을 믿게 되었고 그 밖에도 많은 고린토 사
람들이 바울로의 설교를 듣고 예수를 믿어
세례를 받았다.
9 어느 날 밤 주께서 신비로운 영상으로 바울
로에게 나타나 "겁내지 마라. 잠자코 있지
말고 전도를 계속하여라.
10 내가 너와 함께 있을 터이니 너에게 손을 대
어 해칠 사람은 하나도 없을 것이다. 이 도
시에는 내 백성이 많다." 하고 말씀하셨다.
11 바울로는 일 년 육 개월 동안 거기에 머물면
서 사람들에게 하느님의 말씀을 가르쳤다.
12 ◎갈리오가 아카이아 지방 총독으로 있을 때
유다인들이 작당을 하여 바울로를 붙잡아 법
정으로 끌고 가서
13 "이 사람은 하느님을 예배하라고 사람들을
충동하며 법을 어기고 있습니다." 하고 고
발하였다.
14 바울로가 답변하려 하자 갈리오는 유다인들
에게 "유다인 여러분, 만일 이 사건이 무슨
범법이나 악한 범행에 관련된 것이라면 당
신들의 고발을 들어주겠소.
15 그러나 이것은 말과 명칭과 당신들의 율법
에 관련된 것이니 만큼 당신들이 알아서 처
리하시오. 나는 이런 사건을 처리하는 재판
관 노릇을 하고 싶지 않소." 하고 말하였다.
16 그리고 나서 그들을 법정에서 몰아내자

㉠ 욥기 12:10(시편 104; 다니 5:23 참조). ㉡ 1요한 3:1-2 참조. ㉢ 시편 9:8, 96:13, 98:9.

17 그들은 일제히 회당장 소스테네를 붙들어다
가 법정 앞에서 매질을 하였다. 그러나 갈리
오는 그 일에 도무지 참견하지 않았다.

안티오키아에 돌아간 바울로
—바울로의 제삼차 전도 여행—

18 ◎바울로는 고린토에서 여러 날 더 머물러
있다가 교우들과 작별하고 브리스킬라와 아
퀼라와 함께 배를 타고 시리아로 떠났다. 그
런데 바울로는 하느님께 서약한 일 때문에
떠나기에 앞서 겐크레아에서 머리를 깎았다.
19 일행과 함께 에페소에 이른 바울로는 두 사
람과 헤어져 혼자 회당에 들어가 유다인들
과 이야기를 나누었다.
20 그들이 바울로에게 좀더 오래 머물러 있어
달라고 청하였으나 바울로는 거절하고
21 "하느님의 뜻이라면 다시 찾아오겠소." 하
고 작별 인사를 남긴 뒤 배를 타고 에페소를
떠났다.
22 바울로는 가이사리아에 내려 예루살렘으로
올라가서 교회에 인사를 한 다음, 안티오키
아로 내려갔다.
23 바울로는 거기에서 얼마 동안 지낸 뒤 다시
길을 떠나 갈라디아 지방과 프리기아 지방을
차례로 돌아다니며 모든 신도들을 격려하
였다.

에페소에서 전도한 아폴로

24 ◎한편 에페소에는 아폴로라는 유다인이 와
있었는데 그는 알렉산드리아 출신으로 구변
이 좋고 성서에 정통한 사람이었다.
25 그는 요한의 세례밖에 알지 못했으나 이미
주님의 가르침을 배워 잘 알고 있을 뿐 아니
라 열성을 다하여 전도하며, 예수에 관한 일
들을 정확하게 가르치고 있었다.
26 그가 회당에서 담대하게 전도하는 것을 들
은 브리스킬라와 아퀼라는 그를 집으로 데리
고 가서 하느님의 가르침을 더 자세히 설명
해 주었다.
27 에페소의 교우들은 아폴로가 아카이아로 건
너가고 싶어하는 것을 알고 그를 격려하며
아카이아의 신도들에게 그를 환영해 달라는
편지를 써 보냈다. 아폴로는 아카이아에 도
착하여 이미 하느님의 은총으로 신도가 된
사람들에게 큰 도움을 주었다.
28 그가 성서를 근거로 하여 예수가 그리스도임
을 떳떳하게 증명하여 유다인들을 여지없이
논박했기 때문이다.

에페소에 간 바울로

19 ◎아폴로가 고린토에 머물러 있는 동안
바울로는 북부 지방을 거쳐 에페소에 이
르렀다. 거기에서 몇몇 신도들을 만나
2 "당신들이 신도가 되었을 때 성령을 받았습
니까?" 하고 물어보았다. 그랬더니 그들은
"우리는 성령이라는 것이 있다는 말조차 들
어보지 못하였습니다." 하고 대답하였다.
3 바울로가 "그러면 당신들은 어떤 세례를 받
았습니까?" 하고 다시 묻자 그들은 "요한
의 세례를 받았습니다." 하고 대답하였다.
4 이 때 바울로는 다음과 같이 일러주었다.
"요한은 사람들에게 죄를 회개한 표시로 세
례를 베풀었습니다. 그러나 요한은 자기 뒤
에 오실 분 곧 예수를 믿으라고 사람들에게
가르쳤던 것입니다."
5 그들은 이 말을 듣고 주 예수의 이름으로 세
례를 받았다.
6 바울로가 그들에게 손을 얹자 성령께서 그
들에게 내리셨다. 그러자 그들은 이상한 언
어로 말을 하고 예언을 하기 시작하였다.
7 이렇게 성령을 받은 사람들은 모두 열두 사
람쯤 되었다.
8 ◎바울로는 석 달 동안 회당을 드나들며 대
담하게 증언하고 하느님 나라에 관하여 토
론도 하고 알아듣도록 설명도 해주었다.
9 그러나 어떤 사람들은 오히려 마음이 더 굳
어져서 믿으려 하지 않고 바울로가 전하는
그리스도교를 회중 앞에서 비난하였다. 그
래서 바울로는 그들과 손을 끊고 신도들을
데리고 나가 디란노 학원에서 날마다 토론
을 벌였다.
10 이렇게 두 해를 계속하는 동안에 아시아에
사는 사람들은 유다인이나 이방인이나 할
것 없이 모두 주님의 말씀을 듣게 되었다.

스큐아의 아들들

11 ◎하느님께서는 바울로를 시켜 놀라운 기적
들을 행하셨는데
12 바울로의 몸에 닿았던 수건이나 앞치마를
병자에게 대기만 해도 병이 낫고 악령들이
쫓겨 나갔다.
13 그런데 마귀를 쫓아낸다고 떠돌아다니는
몇몇 유다인들까지도 마귀 들린 사람들을
향해서 "바울로가 전하는 예수의 이름으로
명령한다." 하면서 주 예수의 이름을 불러
마귀를 쫓아내려고 해보았다.
14 스큐아라는 유다인 대사제의 아들 일곱 형제
도 이런 일을 하고 있었다.

15그 때 마귀 들린 사람이 "나는 예수도 알고
바울로도 잘 아는데 도대체 너희들은 누구
냐?" 하면서
16덤벼들어 그들을 모조리 때려눕혔다. 그들
은 상처투성이가 되어 알몸으로 그 집에서
도망쳤다.
17이 소문이 에페소에 사는 모든 유다인과 이
방인들에게 퍼지자 그들은 모두 두려워하
며 주 예수의 이름을 찬양하였다.
18그리고 많은 신도들이 와서 자기들이 한 일
을 숨김없이 자백하였다.
19또 많은 마술쟁이들은 마술책을 모두 가지
고 나와 모든 사람들 앞에서 불살라 버렸다.
그 책은 값으로 치면 은화로 오만 냥어치나
되었다.
20이리하여 주의 말씀은 줄기차게 퍼져 나가
고 점점 더 세력을 떨쳤다.

에페소에서 일어난 소란

21◎이런 일이 있은 뒤에 바울로는 마케도니아
와 아카이아 지방을 거쳐 예루살렘에 돌아가
기로 작정하였다. 그리고 "내가 거기에 갔
다가 로마에도 가봐야겠다." 하고 혼잣말을
하였다.
22그래서 그는 자기 협조자 중에서 디모테오
와 에라스도 두 사람을 마케도니아로 앞서 보
내고 자기는 얼마 동안 아시아에 더 눌러 있
었다.
23◎이 무렵에 에페소에서는 그리스도교 때문
에 적지 않은 소란이 일어났다.
24데메드리오라는 은장이가 은으로 여신 아르
데미스의 신당 모형들을 만들어 직공들에게
큰 돈벌이를 시켜주고 있었는데
25하루는 자기 직공들과 동업자들을 한자리
에 불러놓고 이런 말을 하였다. "여러분, 여
러분도 알다시피 우리는 이 사업으로 잘 살
아왔습니다.
26그런데 그 바울로라는 자가 사람의 손으로
만든 것은 신이 아니라고 하면서 이 에페소
에서뿐만 아니라 거의 아시아 전역에서 많
은 사람들을 설득하여 마음을 돌려놓았다
는 사실을 여러분은 보고 들었을 것입니
다.
27이대로 가다가는 우리의 사업이 타격을 입
게 될 뿐만 아니라 위대한 여신 아르데미스
신당이 괄시를 받게 되고 마침내는 온 아
시아와 온 세계가 숭상하는 이 여신의 위
신이 땅에 떨어지고 말 터이니 참으로 위험
합니다."
28◎이 말을 들은 사람들이 격분하여 "에페소
의 여신 아르데미스 만세!" 하고 아우성쳤
고, 그 소리와 함께
29온 도시가 소란해졌다. 사람들은 바울로의
동행인 마케도니아 사람 가이오와 아리스타르
고를 붙들어가지고 떼를 지어 극장으로 몰
려갔다.
30그 때 바울로가 그 군중 속으로 뛰어들려고
하였으나 신도들이 그를 말렸다.
31바울로와 가까이 지내던 몇몇 아시아 지방장
관들도 전갈을 보내어 바울로더러 극장에
들어가지 말라고 간청하였다.
32극장에 모인 사람들이 저마다 이러니 저러
니 하고 떠드는 바람에 장내는 온통 뒤범벅
이 되어 대부분의 사람들은 무엇 때문에 모
여들었는지조차 알지 못하였다.
33그 때 유다인들이 알렉산더라는 사람을 앞으
로 밀어내자 군중 가운데서 몇 사람이 그를
끌어내 세웠다. 그래서 알렉산더가 군중들
에게 조용히 해달라고 손짓을 하며 자기를
변명하려고 하였다.
34그러나 군중들은 그가 유다인인 것을 알고
는 큰소리로 일제히 "에페소의 여신 아르
데미스 만세!" 하고 두 시간 동안이나 외
쳤다.
35드디어 에페소 시장이 군중을 진정시키고
나서 이렇게 말하였다. "에페소 시민 여러
분, 이 에페소 시가 위대한 여신 아르데미
스의 신당과 제우스 신의 아들을 숭배하는
도시라는 것을 모르는 사람은 하나도 없
습니다.
36이것은 아무도 부인할 수 없는 일이니 여러
분은 진정하고 절대로 경솔한 행동을 하지
마십시오.
37여러분이 끌고 온 이 사람들은 우리 신당의
물건을 훔친 일도 없고 우리 여신을 모독한
일도 없습니다.
38데메드리오와 그의 직공들이 누구를 걸어서
고소할 일이 있다면 법정이 열리는 날도 있
고 지방장관들도 있으니 당사자들이 직접
법에 호소하시오.
39만일 여러분이 이보다 더한 문제가 있거든
합법적인 집회에서 해결짓도록 하시오.
40우리는 오늘의 사건 때문에 소요죄로 몰릴
위험이 있습니다. 오늘 여러분이 피운 소동
은 불법이니 만일 그것이 문제가 된다면 해
명할 길이 없을 것입니다."
41이렇게 말하고 그는 군중을 해산시켰다.

마케도니아와 그리스의 제이차 방문

20 ◎그 소동이 가라앉은 뒤에 바울로는
신도들을 불러 격려한 다음, 작별 인사
를 하고 그 곳을 떠나 마케도니아로 갔다.
2 바울로는 지나는 길에 그 지방의 교우들을
만나 여러 가지로 격려하고 그리스로 갔다.
3 거기에서 석 달을 지낸 뒤에 배를 타고 시리
아로 건너가려고 하였으나 자기를 해치려
는 유다인들의 음모를 알아채고 다시 마케
도니아를 거쳐 본국으로 돌아가기로 작정하
였다.
4 그와 동행한 사람은 베레아 사람 비로의 아
들 소바드로와 데살로니카 사람 아리스다르코
와 세군도, 데르베 사람 가이오와 디모테오,
아시아 사람 디키고와 드로피모 등이었다.
5 그들은 트로아스에 먼저 가서 우리 일행을
기다리고 있었고
6 우리는 무교절이 지난 뒤에 필립비를 떠나
배를 타고 닷새 후에 트로아스에 이르러 그
들을 만나 거기에서 이레 동안 같이 지냈다.

트로아스에서의 석별

7 ◎안식일 다음 날, 우리는 주의 만찬을 나누
려고 한자리에 모였다. 바울로는 그 이튿날
떠나기로 되어 모인 사람들과 밤이 깊도록
오래 이야기를 나누었다.
8 우리가 모여 있던 위층 방에는 등불이 많이
켜져 있었다.
9 그 때 유티코라는 청년이 창문에 걸터앉아
있었는데 바울로의 이야기가 너무 오래 계
속되자 졸음을 이기지 못하여 마침내 깊이
잠이 들었다가 그만 삼층에서 땅으로 떨어
졌다. 사람들이 일으켜보니 그는 이미 죽어
있었다.
10 바울로가 내려가서 그 청년을 부둥켜 안고
사람들에게 "걱정하지 마시오. 아직 살아
있소." 하고 말하였다.
11 바울로는 다시 위층으로 올라가 빵을 떼어
나누어 먹으면서 날이 밝도록 오래 이야기
하다가 떠나갔다.
12 한편 사람들은 살아난 청년을 집으로 데리
고 가며 한없는 위로를 받았다.

트로아스에서 밀레도스까지의 바울로의 항해

13 ◎우리는 배를 타고 아쏘로 먼저 떠났다.
바울로는 육로로 거기까지 가기로 했기 때
문에 우리는 거기에서 바울로를 태울 참이
었다.
14 우리는 아쏘에서 바울로를 만나 그를 배에
태우고 미딜레네로 갔다.
15 그리고 이튿날 거기를 떠나 키오스 섬 앞바
다에 이르렀고 다음날 사모스 섬에 들렀다
가 그 다음날에는 밀레도스에 도착하였다.
16 바울로가 아시아에서 시간을 허비하지 않으
려고 에페소에는 들르지 않기로 하였던 것
이다. 그는 할 수만 있으면 오순절을 예루살
렘에서 지내려고 서두르고 있었다.

에페소 원로들에게 한 바울로의 고별 연설

17 ◎밀레도스에서 바울로는 에페소에 사람을
보내어 그 교회 원로들을 불렀다.
18 원로들이 오자 바울로는 이렇게 말하였다.
"여러분은 내가 아시아에 발을 들여놓은 첫
날부터 지금까지 여러분과 함께 어떻게 지
내왔는지를 잘 알고 있습니다.
19 나는 유다인들의 음모로 여러 차례 시련을
겪으면서도 눈물을 머금고 온갖 굴욕을 참
아가며 주님을 섬겨왔습니다.
20 그리고 여러분에게 유익한 것이라면 하나
도 빼놓지 않고 공중 앞에서나 여러분의 가
정에서 전하며 가르쳤습니다.
21 그리고 유다인에게나 이방인에게나 똑같이
회개하고 하느님께 돌아와 우리 주 예수를
믿어야 한다고 애써 권면하였던 것입니다.
22 이제 나는 성령의 지시를 따라 예루살렘으
로 올라가는 길인데 거기에 가면 나에게 무
슨 일이 닥칠지 모릅니다.
23 다만 내가 아는 것은 내가 어느 도시에 들어
가든지 투옥과 고통이 나를 기다리고 있다
는 것을 성령께서 나에게 일러주신다는 사
실입니다.
24 그러나 내 사명을 완수하고 하느님의 은총
의 복음을 전하라고 주 예수께서 나에게 맡
겨주신 임무를 다할 수만 있다면 나는 조금
도 목숨을 아끼지 않겠습니다.
25 ◎나는 이제 분명히 압니다. 여러분은 모두
내 얼굴을 다시는 보지 못하게 될 것입니다.
내가 여러분과 함께 지내는 동안 하느님 나
라를 줄곧 선포하였으니
26 앞으로 여러분 가운데 누가 멸망하게 되더
라도 나에게는 아무런 책임이 없다는 것을
이 자리에서 분명히 말해 두는 바입니다.
27 나는 하느님의 모든 계획을 남김없이 여러
분에게 전해 주었습니다.
28 여러분은 늘 자신을 살피며 성령께서 맡겨
주신 양떼들을 잘 돌보시오. 성령께서는 여
러분을 감독으로 세우셔서 하느님께서 당
신 아드님의 피로 값을 치르고 얻으신 당신

의 교회를 보살피게 하셨습니다.
29 내가 떠나가면 사나운 이리떼가 여러분 가
운데 들어와 양떼를 마구 헤칠 것이며
30 여러분 가운데서도 진리를 그르치는 말을
하며 신도들을 이탈시켜 자기를 따르라고
할 사람들이 생겨날 것은 분명합니다.
31 그러므로 여러분은 언제나 깨어 있으시오.
그리고 내가 삼 년 동안이나 밤낮으로 눈물
을 흘리며 각 사람에게 쉬지 않고 훈계하던
것을 잊지 마시오.
32 나는 이제 하느님과 그의 은총의 말씀에 여
러분을 맡깁니다. 그 말씀은 여러분을 완전
한 사람으로 키울 수 있으며 모든 성도들과
함께 유산을 차지하게 할 수 있습니다.
33 나는 누구의 은이나 금이나 옷을 탐낸 일이
없습니다.
34 여러분도 알다시피 나와 내 일행에게 필요
한 것은 모두 나의 이 두 손으로 일해서 장
만하였습니다.
35 나는 여러분도 이렇게 수고하여 약한 사람
들을 도와주고 또 '주는 것이 받는 것보다
더 행복하다.' 하신 주 예수의 말씀을 명심
하도록 언제나 본을 보여왔습니다."
36 ◎바울로는 이 말을 마치고 그들과 함께 무
릎을 꿇고 기도를 드렸다.
37 그들은 모두 많이 울었으며 바울로의 목을
끌어안고 입을 맞추었다.
38 그들을 가장 마음 아프게 한 것은 다시는 자
기 얼굴을 보지 못하리라고 한 바울로의 말
이었다. 그들은 바울로를 배에까지 전송하
였다.

바울로의 예루살렘 여행

21 ◎우리는 그들과 작별하고 나서 배를
타고 곧장 코스로 갔다가 이튿날 로도
스를 거쳐 바다라로 갔다.
2 거기에서 우리는 페니키아로 가는 배를 만
나 그것을 타고 떠났다.
3 우리는 키프로스를 바라보며 그 섬을 왼편
에 끼고 시리아를 향하여 내려가 띠로에 닿
았다. 거기에서 그 배는 짐을 풀기로 되어
있었던 것이다.
4 우리는 띠로에서 신도들을 만나 이레 동안
머물렀는데 그들은 성령의 지시를 받아 바
울로에게 예루살렘으로 올라가지 말라고 만
류하였다.
5 그러나 이레가 지난 뒤 우리는 그 곳을 떠났
는데 그 때 모든 신도들은 부인들과 아이들
과 함께 동네 밖까지 우리를 따라 나왔다.
우리는 모두 바닷가에서 무릎을 꿇고 기도
를 드렸다.
6 작별 인사를 나누고 우리는 배에 올랐고 그
들은 집으로 돌아갔다.
7 ◎우리는 항해를 계속하여 띠로에서 프톨레
마이스로 가서 교우들에게 인사하고 거기에
서 그들과 함께 하루를 지냈다.
8 그리고 이튿날 그 곳을 떠나 가이사리아에
이르러 일곱 보조자 가운데 하나인 전도자
필립보의 집에 들어가 그와 함께 머무르게
되었다.
9 그에게는 결혼하지 않은 딸 넷이 있었는데
모두 예언자였다.
10 우리가 여러 날 머물러 있는 동안 하가보라
는 예언자가 유다에서 내려와
11 우리에게 와서 바울로의 허리띠를 가지고
자기 손발을 묶더니 "성령께서 '이 허리띠
의 주인을 유다인들이 예루살렘에서 이렇게
묶어 이방인들의 손에 넘겨줄 것이다.' 하
고 말씀하십니다." 하고 말하였다.
12 이 말을 듣고 우리는 그 곳 사람들과 함께
바울로에게 예루살렘으로 올라가지 말라고
간곡히 권하였다.
13 그러자 바울로는 "왜들 이렇게 울면서 남의
마음을 흔들어놓는 겁니까? 주 예수를 위해
서 나는 예루살렘에 가서 묶일 뿐만 아니라
죽을 각오까지도 되어 있습니다." 하고 대
답하였다.
14 바울로가 우리의 권고를 받아들이지 않으므
로 우리는 다만 "주님의 뜻대로 되게 하여
주십시오." 하고 기도할 뿐 그 이상 더 말하
지 않았다.
15 ◎며칠 뒤에 우리는 행장을 꾸려가지고 예
루살렘으로 올라갔다.
16 가이사리아의 신도 몇 사람도 같이 가서 오
래 전부터 신도가 된 키프로스 사람 므나손
의 집에 우리를 데려다 주었다. 우리는 그
집에서 묵게 되었다.

야고보를 방문한 바울로

17 ◎예루살렘에 도착한 우리는 교우들의 따뜻
한 영접을 받았다.
18 다음날 우리는 바울로를 따라 야고보를 찾아
갔는데 원로들도 다 거기에 모여 있었다.
19 바울로는 그들에게 인사한 다음, 자기의 활
동을 통하여 하느님께서 이방인들에게 해
놓으신 일들을 낱낱이 보고하였다.
20 그들은 그 보고를 듣고 하느님을 찬양하며
바울로에게 이렇게 말하였다. "아시겠지만

유다인들 가운데서도 예수를 믿는 사람이
대단히 많습니다. 그들은 모두 율법을 지키
는 데 골몰한 사람들입니다.
21 그런데 그들은 당신이 이방인들 가운데서
사는 모든 유다인들에게 모세를 배척하고
자식들에게 할례도 베풀지 말고 유다인의
풍속을 지키지도 말라고 가르친다는 말을
전해 듣고 있습니다.
22 그들은 당신이 여기 온 것을 틀림없이 알게
될 터이니 어떻게 하면 좋겠습니까?
23 그러니 당신은 우리가 일러주는 대로만 하
시오. 여기에 하느님 앞에 맹세를 한 사람
넷이 있습니다.
24 이 사람들을 데리고 가서 함께 정결예식을
행하고 그 비용을 대십시오. 그러면 그들이
삭발을 하게 될 것이고 유다인들은 당신에
관한 소문이 전혀 사실이 아닐 뿐더러 도리
어 당신도 모세의 율법을 지키며 산다는 것
을 다 알게 될 것입니다.
25 이방인 신도들에게는 우상에게 바쳤던 제
물을 먹지 말고 피와 목 졸라 죽인 짐승을
먹지 말고 음란한 행동을 하지 말아야 한
다는 우리의 결정을 이미 써 보낸 바 있습
니다."
26 바울로는 그 이튿날 그 네 사람을 데리고 함
께 정결예식을 행하고 성전으로 들어갔다.
그리고 정결의 기간이 끝나는 날짜 곧 각 사
람이 예물을 바칠 날짜를 신고하였다.

성전에서 체포된 바울로

27 ◎이레 동안의 정결 기간이 거의 끝날 무렵,
아시아에서 온 유다인들이 바울로가 성전에
있는 것을 보고 군중을 선동하여 그를 붙
잡고
28 "이스라엘 동포 여러분, 우리를 도와주시
오. 이자는 어디 가든지 누구에게나 우리
동포와 율법과 이 성전을 반대하라고 가르
치는 사람입니다. 그뿐만 아니라 이자는 이
방인들까지 성전으로 데리고 들어와서 이
거룩한 곳을 더럽혀놓았습니다." 하고 소리
쳤다.
29 그들은 바울로가 시내에서 에페소 사람 드로
피모와 함께 있는 것을 보았으므로 필경 바
울로가 그 이방인을 성전에까지 데리고 들
어갔으리라고 생각하였던 것이다.
30 이 때문에 온 도시가 소란해지고 사람들이
몰려들었다. 그들은 바울로를 붙잡아서 성
전 밖으로 끌어냈다. 그러자 성전문은 곧
닫혔다.
31 사람들이 막 바울로를 죽이려고 할 때에 예
루살렘 성 안에 폭동이 일어났다는 보고가
로마 군 파견대장의 귀에 들어갔다.
32 그래서 그는 즉시 군인들과 백인대장들을
거느리고 현장으로 달려갔다. 바울로를 때
리고 있던 사람들은 파견대장과 군인들을
보자 때리던 손을 멈추었다.
33 파견대장은 가까이 가서 바울로를 체포하고
부하들을 시켜 쇠사슬 둘로 그를 결박한 다
음, 그가 누구인지 또 무슨 짓을 했는지 물
어보았다.
34 그러나 사람들이 저마다 다른 소리를 하며
소란을 피워서 진상을 알아낼 도리가 없었
다. 그래서 파견대장은 바울로를 병영으로
끌고 가라고 명령하였다.
35 바울로가 층계까지 끌려갔을 때에 군중이
하도 난폭하게 굴어서 군인들은 바울로를
둘러메고 올라가는 수밖에 없었다.
36 군중은 뒤따라오며 "그놈을 죽여라." 하고
소리소리 지르고 있었다.

바울로의 해명

37 ◎병영 문 앞까지 끌려간 바울로는 파견대장
을 보고 "한 말씀 드려도 좋겠습니까?" 하
고 물었다. 그러자 파견대장은 "당신은 그
리스 말을 할 줄 아오?
38 그렇다면 당신이 얼마 전에 반란을 일으키
고 자객 사천 명을 이끌고 광야로 나갔던 그
이집트 사람이 아니오?" 하고 반문하였다.
39 바울로는 "나는 길리기아의 다르소 출신의 유
다인으로 그 유명한 도시의 시민입니다."
하고 대답하고 나서 "저 사람들에게 한마디
할 수 있게 해주십시오." 하고 청하였다.
40 파견대장이 허락하자 바울로는 그 층계에
서서 사람들에게 조용히 하라고 손짓을 하
였다. 그들이 아주 잠잠해지자 바울로는 히
브리 말로 연설하였다.

22

◎"형제들과 선배 여러분, 내가 이제
여러분 앞에서 나 자신에 관하여 해명
을 해드리겠으니 잘 들어주시기 바랍니다."
2 군중은 바울로가 히브리 말로 연설하는 것을
듣고는 더 조용해졌다. 그래서 바울로는 말
을 계속하였다.
3 "나는 유다인입니다. 나기는 길리기아의 다
르소에서 났지만 바로 이 예루살렘에서 자랐
고 가믈리엘 선생 아래에서 우리의 조상이
전해 준 율법에 대해서 엄격한 교육을 받았
습니다. 그리고 내가 하느님을 공경하던 열
성은 오늘 이 자리에 모인 여러분의 열성에

결코 못지않았습니다.
4 나는 교인이라면 남녀를 가리지 않고 잡아
감옥에 처넣고 죽이기까지 하면서 이 예수
의 교를 박해하던 사람입니다.
5 내 말이 사실이라는 것을 대사제와 온 의회
가 증명해 줄 것입니다. 나는 그 사람들로
부터 다마스쿠스에 사는 우리 동포들에게
가는 공문을 받아가지고 떠난 적이 있습니
다. 그 곳에 있는 신도들까지도 잡아서 예
루살렘으로 끌어다가 벌을 주려고 했던 것
입니다."

자기의 개종을 설명하는 바울로

6 ◎"길을 가다가 오정 때쯤에 다마스쿠스 가
까이에 이르렀을 때에 갑자기 하늘에서 찬
란한 빛이 나타나 내 주위에 두루 비쳤습
니다.
7 내가 땅에 거꾸러지자 '사울아, 사울아, 네
가 왜 나를 박해하느냐?' 하는 음성이 들려
왔습니다.
8 나는 '주님, 누구십니까?' 하고 물었습니
다. 그랬더니 '나는 네가 박해하는 나자렛
예수다.' 하는 대답이 들려왔습니다.
9 그 때 나와 함께 있던 사람들은 그 빛은 보
았지만 나에게 말씀하신 분의 음성은 듣지
못하였습니다.
10 '주님, 제가 어떻게 하면 좋겠습니까?' 내
가 이렇게 물었더니 주께서는 '일어나서 다
마스쿠스로 들어가거라. 거기에 가면 네가
해야 할 일을 모두 일러줄 사람이 있을 것이
다.' 하고 말씀하셨습니다.
11 나는 그 눈부신 빛 때문에 앞을 못 보게 되
어 같이 가던 사람들의 손에 이끌려 다마스
쿠스로 들어갔습니다.
12 ◎거기에는 아나니아라는 사람이 있었습니
다. 그는 율법을 잘 지키는 경건한 사람이
었고 거기에 사는 모든 유다인들에게 존경
을 받고 있었습니다.
13 그가 나를 찾아와 곁에 서서 '사울 형제,
눈을 뜨시오.' 하고 나에게 말하였습니다.
그 순간 나는 눈이 띄어 그를 보게 되었습
니다.
14 그 때 아나니아는 이런 말을 하였습니다.
'우리 조상들의 하느님께서는 뜻하신 바를
깨닫게 하시고 그 죄없으신 분을 알아보게
하시고 또 친히 하시는 말씀을 듣게 하시려
고 당신을 택하셨습니다.
15 당신이 보고 들은 일을 그분을 위해서 모든
사람 앞에 증언하게 하시려는 것입니다.
16 그러니 망설이지 말고 어서 일어나 그분의
이름을 부르며 세례를 받고 죄를 깨끗이 씻
어버리시오.'"

이방인의 사도가 된 경위

17 ◎"그 뒤 나는 예루살렘으로 돌아왔습니다.
그런데 하루는 내가 성전에서 기도하고 있
을 때 무아지경에 빠져
18 주님을 뵈었습니다. 그 때에 주님은 '어서
빨리 예루살렘을 떠나거라. 예루살렘 사람들
이 나를 증언하는 네 말을 받아들이지 않을
것이다.' 하고 말씀하셨습니다.
19 그래서 나는 '주님, 주님을 믿는 사람들을
제가 감옥에 가두고 또 가는 곳마다 회당에
서 매질한 일을 그들이 잘 알고 있습니다.
20 그리고 주님의 증인이었던 스데파노를 돌로
쳐서 죽일 때 저도 그 자리에 있었을 뿐 아
니라 그 일에 찬동하였고 그를 죽이는 사람
들의 옷을 지켜주기까지 하였습니다.' 하고
대답하였습니다.
21 그 때 주께서 '나는 너를 멀리 이방인에게
로 보낼 터이니 어서 가거라.' 하고 말씀하
셨습니다."

로마 시민권을 행사한 바울로

22 ◎유다인들은 바울로의 말을 여기까지 듣고
있다가 "이런 놈은 아예 없애버려라. 죽일
놈이다." 하고 소리질렀다.
23 그리고 미친 듯이 고함을 지르고 옷을 내던
지며 공중에 먼지를 날렸다.
24 그러자 파견대장은 바울로를 병영 안으로
끌어들이라고 명령하였다. 그리고 유다인들
이 바울로를 향해서 그렇게 소리지르는 이
유를 알려고 채찍질해서 조사해 보라고 하
였다.
25 그래서 군인들이 바울로를 결박하자 바울로
는 거기에 서 있던 백인대장에게 "로마 시
민을 재판도 하지 않고 매질하는 법이 어디
있소?" 하고 항의하였다.
26 이 말을 듣고 백인대장이 파견대장에게 가
서 "어떻게 하실 작정입니까? 저 사람은 로
마 시민입니다." 하고 알리자
27 파견대장은 바울로에게 가서 "당신이 로마
시민이라는 것이 사실이오?" 하고 물었다.
바울로가 그렇다고 대답하자
28 파견대장은 "나는 많은 돈을 들여 이 시민
권을 얻었소." 하고 말하였다. 이 말을 듣
고 바울로가 "나로 말하면 나면서부터 로마
시민권을 가진 사람입니다." 하고 밝히니

29 바울로를 심문하려던 사람들이 곧 물러갔
다. 바울로가 로마 시민이라는 것이 드러나
자 그를 결박했던 사실 때문에 파견대장도
겁을 집어먹었다.

의회 앞에 선 바울로

30 ◎이튿날 파견대장은 유다인들이 왜 바울로
를 고소하는지를 확실히 알아보려고 바울로
를 묶었던 사슬을 풀어주고 대사제들과 온
의회를 소집하게 하였다. 그리고 바울로를
데려다가 그들 앞에 세웠다.

23 ◎바울로는 의회원들을 똑바로 바라보
며 "형제 여러분, 나는 이 날까지 하느
님 앞에서 오로지 바른 양심을 가지고 살아
왔습니다." 하고 말하였다.
2 이 말을 듣자 대사제 아나니아는 곁에 서 있
던 사람들에게 바울로의 입을 때리라고 명
령하였다.
3 그러자 바울로는 "회칠한 벽 같은 이 위선
자! 하느님께서 당신을 치실 것이오. 당신
은 율법대로 나를 재판하려고 거기 앉아
있으면서 도리어 율법을 어기고 나를 때리
라고 하다니 될 말이오?" 하고 면박을 주
었다.
4 그 곁에 서 있던 사람들이 "너는 하느님의
대사제를 모욕하고 있다." 하고 말하자
5 바울로는 "형제 여러분, 나는 그분이 대사
제인 줄은 몰랐습니다. '㉠네 백성의 지도
자를 욕하지 마라.'라고 성서에 씌어 있는
것은 나도 잘 알고 있습니다." 하고 말하
였다.
6 ◎그 의회에 사두가이파와 바리사이파 두 파
가 있는 것을 알고 바울로는 거기에서 큰소
리로 이렇게 외쳤다. "형제 여러분, 나는 바
리사이파 사람이며 내 부모도 바리사이파 사
람입니다. 내가 이렇게 재판을 받고 있는
것은 우리 바리사이파 사람들이 믿는 대로
나도 죽은 자들의 부활에 대한 희망을 가지
고 있기 때문입니다."
7 바울로가 이런 말을 하자 바리사이파와 사두
가이파 사이에 분쟁이 일어나 의회는 갈라
지고 말았다.
8 사두가이파는 부활도 천사도 영적 존재도
다 없다고 주장하는 사람들이고 바리사이파
는 그런 것이 다 있다고 믿는 사람들이었던
것이다.
9 그래서 장내가 몹시 소란해졌다. 바리사이
파에서 율법학자 몇 사람이 일어나 "우리는
이 사람에게서 조금도 잘못을 찾을 수 없습
니다. 만일 영적 존재나 천사가 그에게 말
해 주었다면 어떻게 할 셈입니까?" 하고 내
대며 바울로를 두둔하였다.
10 논쟁이 심해지자 파견대장은 바울로가 그들
에게 찢겨 죽을까 염려하여 자기 부하들을
내려보내며 바울로를 거기에서 빼내어 병영
으로 데려가라고 명령하였다.
11 ◎그 날 밤 주께서 바울로를 찾아오셔서 "용
기를 내어라. 너는 예루살렘에서 나에 관하
여 증언한 것처럼 로마에서도 증언해야 한
다." 하고 말씀하셨다.

바울로를 죽이려는 음모

12 ◎이튿날 아침에 유다인들은 작당을 하고 바
울로를 죽이기 전에는 먹지도 않고 마시지
도 않겠다고 맹세하였다.
13 이 음모에 가담한 사람은 사십 명이 넘었다.
14 그들은 대사제들과 원로들에게 가서 이렇
게 말하였다. "우리는 바울로를 죽이기 전
에는 아무것도 입에 대지 않기로 굳게 맹세
했습니다.
15 그러니 이제 여러분께서는 의회와 협의하
여 파견대장에게 가서 바울로에 관한 일을
좀더 자세히 심문하겠다는 구실을 붙여 그
를 여러분 앞에 데려다 달라고 하십시오.
우리는 그자가 이곳에 이르기 전에 죽여버
릴 준비를 다 해두었습니다."
16 ◎그런데 바울로의 생질이 그들의 음모를 전
해 듣고 병영으로 달려가 바울로에게 그 사
실을 알려주었다.
17 그래서 바울로는 백인대장 한 사람을 불러
"이 청년이 파견대장에게 전할 말이 있다니
좀 데려다 주십시오." 하고 부탁하였다.
18 백인대장은 그를 데리고 파견대장에게 가
서 "죄수 바울로가 저를 불러 이 청년을 대
장님께 데려다 달라고 합니다. 무슨 드릴
말씀이 있다고 합니다." 하고 말하였다.
19 파견대장은 그 청년의 손을 잡고 조용한 곳
으로 데리고 가서 "나에게 전하겠다는 말이
무엇이냐?" 하고 물었다.
20 그 청년은 이렇게 대답하였다. "유다인들이
바울로에 관해서 좀더 자세히 심문하겠다는
구실로 내일 그를 의회로 끌어다 달라는 청
을 대장님께 드리기로 합의했습니다.
21 그러나 대장님께서는 그들의 말을 곧이듣
지 마십시오. 그들 중에는 바울로를 해치우
기 전에는 먹지도 않고 마시지도 않겠다고

㉠ 출애 22:27.

맹세한 사람이 사십여 명이나 되는데 지금
길목에 숨어서 바울로를 기다리고 있습니
다. 그들은 준비를 다 하고 대장님의 승낙
만 기다리고 있습니다."
22 파견대장은 그 청년에게 이 사실을 알렸다
는 말을 아무에게도 하지 말라고 당부하고
그를 돌려보냈다.

펠릭스 총독에게 호송된 바울로

23 ◎파견대장은 백인대장 두 사람을 불러,
"보병 이백 명과 기병 칠십 명과 투척병 이
백 명을 준비시켜 오늘 밤 아홉시에 가이사
리아로 출발하여라.
24 그리고 말도 준비하여 바울로를 태우고 펠릭
스 총독에게 호송하여라." 하고 명령하면서
25 다음과 같은 내용의 편지를 써주었다.
26 "글라우디오 리시아는 총독 펠릭스 각하께 삼
가 문안 드립니다.
27 호송되어 가는 사람은 유다인들에게 붙들려
살해당할 뻔한 사람입니다. 저는 그가 로마
시민인 것을 알고 군대를 거느리고 가서 그
를 구해냈습니다.
28 유다인들이 무슨 이유로 그를 고발하는지
알아보려고 그를 유다인의 의회로 데리고
갔었습니다.
29 거기에서 저는 그가 유다인들의 율법 문제
로 고발을 당했을 뿐 사형을 받거나 감옥에
갇힐 만한 죄가 하나도 없다는 것을 알았습
니다.
30 그런데 유다인들이 그를 암살하려는 음모를
꾸미고 있다는 정보를 듣고 저는 그를 각하
께 보내드리는 바입니다. 그리고 그를 고발
하는 사람들에게도 각하 앞에서 직접 그를
고발하라고 일러두었습니다."
31 ◎군인들은 명령대로 바울로를 데리고 그 날
밤으로 안티바드리스까지 갔다.
32 날이 새자 바울로의 호송은 기병들에게 맡
기기로 하고 다른 군인들은 병영으로 되돌
아갔다.
33 기병들은 가이사리아에 이르러 총독에게 편
지를 전하고 바울로를 넘겨주었다.
34 총독은 그 편지를 읽고 나서 바울로에게 어
느 지방 출신이냐고 물어 그가 길리기아 출
신임을 알고는
35 "그대를 고발하는 사람들이 온 다음에 심문
하겠다." 하고 바울로를 헤로데 관저 안에
가두어두게 하였다.

바울로에 대한 논고

24 ◎닷새 뒤에 대사제 아나니아가 총독에
게 바울로를 고소하려고 원로 몇 사람
과 데르딜로라는 법관을 데리고 내려왔다.
2 바울로가 불려 나오자 데르딜로는 고발하기
시작하였다. "펠릭스 각하, 우리는 각하의
덕분으로 크게 평안을 누리고 있습니다. 그
리고 이 나라는 각하의 선견지명으로 개선
되어 가고 있습니다.
3 우리는 언제 어디서나 각하를 환영하며 감
사해 마지않습니다.
4 이제 각하께 더 폐가 되지 않도록 간단히 말
씀 드리겠으니 너그럽게 들어주시기 바랍
니다.
5 우리가 알아본 결과, 이자는 몹쓸 전염병
같은 놈으로서 온 천하에 있는 모든 유다인
들을 선동하여 반란을 일으키려는 자이며
나자렛 도당의 괴수입니다.
6 그는 심지어 우리 성전까지 더럽히려고 하
였습니다. 그래서 그를 붙잡은 것입니다.
(㉠우리가 그를 우리 율법대로 재판하려고
했지만
7 파견대장 리시아가 와서 그를 우리 손에서
강제로 빼앗아갔습니다.
8 그리고는 그를 고소하는 사람들에게 각하
께 가라고 명령하였습니다.) 그러하오니
각하께서 친히 그를 심문해 보시면 우리가
그를 고소하는 까닭을 다 아시게 될 것입
니다."
9 그러자 유다인들도 그의 논고를 지지하며
그의 말이 모두 사실이라고 주장하였다.

펠릭스 앞에서 해명하는 바울로

10 ◎그 때에 총독이 바울로에게 눈짓을 하여
말을 해보라고 하자 바울로가 이렇게 답변
하였다. "저는 각하께서 여러 해 동안 이
나라 전체의 재판권을 행사해 오신 것을 알
고 있습니다. 그래서 저는 기쁜 마음으로
제 자신에 대한 사실을 각하께 해명하겠습
니다.
11 각하께서도 확인해 볼 수 있는 일입니다만
제가 순례하러 예루살렘에 올라온 지는 이
제 열이틀밖에 되지 않습니다.
12 그 동안에 성전이나 회당이나 거리에서 어
느 누구와도 논쟁을 벌인 일도 없으며 군중
을 선동한 일도 없습니다.
13 그러니 이 사람들은 지금 저를 고소하면서
도 각하께 그 증거는 댈 수 없을 것입니다.

㉠ 권위 있는 어떤 사본에는 묶음표 안의 구절이 없다.

14 다만 제가 각하 앞에서 시인하는 것은 그들
이 이단이라고 하는 그리스도교를 따라 우
리 조상의 하느님을 섬기고 율법과 예언서
에 기록된 모든 것을 믿는다는 사실입니다.
15 그리고 저를 고소하는 이 사람들과 마찬가
지로 저도 하느님을 믿으며 올바른 사람이
나 악한 사람이나 다같이 부활하리라는 희
망을 가지고 있습니다.
16 그래서 저도 하느님과 사람들 앞에 언제나
거리낌없는 양심을 간직하려고 노력하고
있습니다.
17 저는 제 동족에게 구제금을 전달하고 하느
님께 제물을 바치러 여러 해 만에 고국에 돌
아왔습니다.
18 제가 정결예식을 행하고 나서 그 일을 하고
있을 때 그들이 성전 안에서 저를 보기는 하
였지만 제가 군중을 선동하거나 소란을 피
운 일은 없습니다.
19 그 자리에는 다만 아시아에서 온 유다인 몇
사람이 있었는데 저를 걸어 고소할 일이 있
다면 그들이 직접 각하 앞에 와서 고소했어
야 할 것입니다.
20 그것도 아니라면 제가 예루살렘 의회에 불
려갔을 때 이 사람들이 저에게서 무슨 죄목
을 찾아냈는지 말해 보라고 하십시오.
21 다만 저는 그들 앞에 서서 '죽은 자의 부활
에 관한 문제로 내가 오늘 여러분에게 재판
을 받고 있소.' 하고 한마디 소리쳤을 뿐입
니다."
22 ◎펠릭스는 그리스도교에 대하여 자세히 알
고 있었기 때문에 파견대장 리시아가 내려
온 다음에 바울로의 사건을 심의하겠다고
하면서 재판을 연기하였다.
23 그리고 백인대장에게 바울로를 지키되 어느
정도의 자유를 주고 친지들의 뒷바라지를
막지 말라고 명령하였다.

가이사리아 감옥에 갇힌 바울로

24 ◎며칠이 지나서 펠릭스는 자기 아내 드루실
라와 함께 와서 바울로를 불러내어 그리스도
예수를 믿는 신앙에 관하여 이야기를 들었
다. 펠릭스의 아내는 유다 여자였다.
25 바울로가 정의와 절제와 장차 다가올 심판
에 관해서 설명하자 펠릭스는 두려운 생각
이 들어 "이제 그만하고 가보아라. 기회가
있으면 다시 부르겠다." 하고 말하였다.
26 그러면서도 한편으로는 바울로에게서 뇌물
을 받아내려는 속셈으로 바울로를 자주 불
러내어 이야기를 나누었다.
27 ◎두 해가 지난 뒤에 펠릭스 총독의 후임으
로 보르기오 페스도가 부임하였다. 그런데
펠릭스는 유다인들의 환심을 사려고 바울로
를 감옥에 그대로 가두어두었다.

카이사르에게 상소한 바울로

25 ◎페스도는 총독으로 부임한 지 사흘
만에 가이사리아에서 예루살렘으로 올
라갔다.
2 그러자 대사제들과 유다인의 지도자들은 그
에게 바울로를 고발하면서
3 자기네들에게 은전을 베푸는 셈으로 바울로
를 예루살렘으로 보내달라고 간청하였다.
그들은 길목에 사람들을 잠복시켰다가 바울
로를 죽일 참이었다.
4 그러나 페스도는 이렇게 대답하였다. "바울
로는 가이사리아에 계속 감금되어 있을 것이
고 나도 곧 그리로 갈 터이니
5 그 사람에게 무슨 잘못이 있거든 당신들 중
에서 유력한 사람들이 나하고 함께 내려가
서 그를 고발하도록 하시오."
6 ◎페스도는 예루살렘에서 여드레인가 열흘
인가 지낸 뒤에 가이사리아로 내려가서 그
다음날 법정을 열고 바울로를 데려오게 하
였다.
7 바울로가 나타나자 예루살렘에서 내려온 유
다인들은 그를 둘러싸고 여러 가지로 중한
죄목을 들어 고발하였으나 확실한 증거는
하나도 대지 못하였다.
8 그러자 바울로는 "나는 유다인의 율법이나
성전이나 카이사르에 대해서 아무 잘못도
한 일이 없습니다." 하고 항변하였다.
9 그러나 페스도는 유다인들의 환심을 사려고
바울로에게 "그대는 예루살렘에 올라가 내
앞에서 이 사건에 관한 재판을 받는 것이 어
떻겠는가?" 하고 물었다.
10 바울로가 "나는 지금 카이사르의 법정에 서
있습니다. 나는 여기에서 재판을 받아야 할
사람입니다. 각하께서도 잘 아시는 바와 같
이 나는 유다인들에게 조금도 잘못한 것이
없습니다.
11 만일 내가 무슨 법을 어기거나 죽을 죄를 지
었다면 사형도 마다하지 않겠습니다. 그러
나 이 사람들의 고발에 아무런 근거가 없다
면 아무도 나를 그들에게 넘겨줄 수는 없습
니다. 나는 카이사르에게 상소합니다." 하
고 대답하자
12 페스도는 배석 판사들과 협의하고 나서 "그
대가 카이사르에게 상소하였으니 그대를 카

이사르에게 보내겠다." 하고 말하였다.

아그리빠와 베르니게 앞에 선 바울로

13◎며칠 뒤에 아그리빠 왕과 베르니게가 가이
사리아에 와서 페스도를 예방하였다.
14그들이 거기서 며칠 머물러 있는 동안 페스
도는 바울로의 사건을 왕에게 이렇게 설명
해 주었다. "펠릭스가 나에게 인계한 죄수
가 한 사람 있는데
15내가 예루살렘에 갔더니 유다인의 대사제들
과 원로들이 그 사람을 고발하면서 단죄해
달라고 합디다.
16그러나 나는 우리 로마의 관례로는 피고에
게 원고 앞에서 고발에 대하여 항변할 기회
도 주지 않고 그를 넘겨주는 법이 없다고 일
러주었습니다.
17그랬더니 유다인들이 여기에까지 나를 따라
왔으므로 나는 지체하지 않고 그 다음날로
법정을 열고 그 사람을 불러오게 했습니다.
18원고들이 일어서서 그에 대한 죄목을 늘어
놓았지만 내가 예측했던 죄목은 하나도 없
었고
19다만 자기네 종교와 죽은 예수라는 사람을
두고 서로 의견을 달리할 뿐이었습니다. 그
런데 바울로는 그 예수가 살아 있다고 주장
합니다.
20나는 이 문제를 어떻게 처리할까 망설이다
가 바울로에게 예루살렘에 가서 이 사건에
대한 재판을 받겠느냐고 물어보았습니다.
21그러나 그는 황제의 판결을 받을 때까지 그
대로 갇혀 있게 해달라고 하기에 나는 그를
카이사르에게 보내게 될 때까지 그대로 가
두어두라고 명령했습니다."
22이 말을 듣고 아그리빠가 자기도 직접 그
를 심문해 보고 싶다고 하였다. 페스도는
"내일 그를 심문해 보십시오." 하고 대답하
였다.
23◎그 이튿날 아그리빠와 베르니게는 모든 위
엄과 격식을 갖추어 무관들과 그 도시의
명사들을 거느리고 공청실로 들어갔다. 그
러자 페스도의 명령으로 바울로가 끌려 나
왔다.
24그 때 페스도는 이렇게 말하였다. "아그리빠
전하, 그리고 이 자리에 계신 여러분, 여러
분이 보시는 이자에 대하여 예루살렘과 가이
사리아에 사는 모든 유다인들이 나에게 고발
해 왔습니다. 그들은 이자를 더 살려두어서
는 안 된다고 떠들어댑니다.
25그러나 내가 보기에 그는 사형을 받을 만한
죄는 하나도 짓지 않았습니다. 그런데 그가
황제께 상소했기 때문에 나는 그를 황제께
보내기로 작정했습니다.
26그러나 그에 관해서 황제께 아뢸 만한 확실
한 자료는 하나도 얻지 못했기 때문에 이 자
리에서 그를 심문해 가지고 황제께 아뢸 자
료를 얻을까 하고 여러분에게, 특히 아그리
빠 전하 앞에 그를 끌어내 왔습니다.
27죄수를 넘기면서 명백한 죄목도 붙이지 않
는 것은 사리에 맞지 않다고 생각합니다."

아그리빠 앞에서의 해명

26 ◎그러자 아그리빠 왕이 바울로에게
"해명할 말이 있으면 해보아라." 하고
허락하였다. 바울로는 손을 앞으로 뻗치며
해명하였다.
2"아그리빠 전하, 유다인들이 저를 고발한 모
든 일에 대해서 제가 오늘 전하 앞에서 해명
하게 된 것을 다행으로 생각합니다.
3전하께서는 유다인들의 관습에 정통하시고
그들이 문제 삼는 점들을 잘 알고 계시니 더
욱 다행한 일입니다. 아무쪼록 제 말씀을
끝까지 들어주시기 바랍니다.
4저의 젊은 시절의 생활 곧 제가 처음부터
동족들과 함께 지내던 일과 예루살렘에서
지낸 모든 일은 유다인들이 다 잘 알고 있습
니다.
5그들은 제가 우리 유다교 가운데서 가장 엄
격한 바리사이파 사람으로 살아왔다는 사실
을 전부터 잘 알고 있습니다. 그들이 마음
만 있다면 이 사실을 증언할 것입니다.
6지금 제가 여기에 서서 재판을 받고 있는 것
도 하느님께서 우리 조상들에게 주신 언약
에 희망을 걸고 있기 때문입니다.
7우리 열두 지파는 밤낮으로 오로지 하느님
을 섬기면서 그 언약이 이루어지기를 바라
고 있습니다. 전하, 저는 바로 그 희망 때문
에 유다인들에게 고발을 당하고 있습니다.
8하느님께서 죽은 자들을 살리신다는 것을
왜 믿을 수 없는 일로 돌려버리는지 모르겠
습니다.
9사실은 저도 한때는 온갖 힘을 다해서 나자
렛 예수를 대항해야 한다고 생각하고
10예루살렘에서 그 일에 손을 댔었습니다. 저
는 대사제들에게서 권한을 받아가지고 많
은 성도들을 감옥에 처넣고 그들을 처형하
는 일에 찬동하였습니다.
11그리고 회당마다 찾아가서 그들에게 여러
번 벌을 주어 강제로 신앙을 부인하게 하려

고 하였습니다. 그들에 대한 분노가 극도에
달해서 저는 심지어 이방 여러 도시에까지
찾아가서 그들을 박해하였습니다."

자신의 개종을 설명하는 바울로

12◎"이런 일로 저는 대사제들에게서 권한과
위임을 받아가지고 다마스쿠스로 내려가게
되었습니다.
13그런데 전하, 제가 그리로 가다가 한낮에
하늘에서 번쩍이는 빛을 보았습니다. 그 빛
은 해보다도 더 눈부시게 번쩍이며 저와 저
의 일행을 두루 비추었습니다.
14저희는 모두 땅에 엎드렸습니다. 그리고 히
브리 말로 '사울아, 사울아, 왜 나를 박해하
느냐? 가시돋친 채찍에다 발길질을 하다가
는 너만 다칠 뿐이다.' 하는 음성을 제가 들
었습니다.
15그 때 제가 '당신은 누구십니까?' 하고 물
었더니 주께서는 이렇게 말씀하셨습니다.
'나는 네가 박해하는 예수다.
16자, 일어나 바로 서라. 내가 나타난 것은 너
를 내 일꾼으로 삼아 네가 오늘 나를 본 사
실과 또 장차 너에게 보여줄 일들을 사람들
에게 증언하게 하려는 것이다.
17나는 너를 유다인들과 이방인들에게서 구해
내겠다. 그리고 다시 너를 이방인들에게 보
내어
18그들의 눈을 뜨게 하여 그들을 어둠에서 빛
으로, 사탄의 세력에서 하느님께로 돌아가
게 하겠다. 그리하여 나를 믿고 죄를 용서
받아 성도들이 차지할 몫을 나누어받게 하
려는 것이다.'"

자신의 사업을 설명하는 바울로

19◎"아그리빠 전하, 그 때부터 저는 하늘로부
터 받은 계시를 거역할 수가 없어
20우선 다마스쿠스 사람들에게, 그 다음은 예
루살렘과 유다 온 지방 사람들에게, 나아가
서는 이방인들에게까지 회개하고 하느님께
돌아와서 회개한 증거를 행실로 보이라고
가르쳤습니다.
21제가 이런 일을 했다고 해서 유다인들은 저
를 성전에서 붙들어 죽이려고 하였습니다.
22그러나 저는 하느님의 도우심을 받아 낮은
사람에게나 높은 사람에게나 제가 믿는 바
를 증언하면서 오늘에 이르렀습니다. 저는
예언자들과 모세가 예언한 것 외에는 가르
친 것이 없습니다.
23곧 그리스도는 고난을 받고 죽은 자들 가운
데서 제일 먼저 부활하여 이스라엘 백성과
이방인에게 구원의 빛을 선포하실 분이라
는 것입니다."
24◎바울로가 이렇게 해명하자 페스도는 큰소
리로 "바울로, 그대는 미쳤구나! 아는 것이
너무 많아서 미쳐버렸구나!" 하고 외쳤다.
25그러자 바울로는 이렇게 대답하였다. "총독
각하, 저는 미치지 않았습니다. 저는 맑은
정신으로 진실을 말씀 드리고 있습니다.
26아그리빠 왕께서도 이런 일들은 잘 알고 계
시기 때문에 저는 거리낌없이 그분께 말씀
드리고 있는 것입니다. 이것은 어느 한 구
석에서 일어난 일이 아니니 전하께서 모르
실 리가 없습니다.
27아그리빠 전하, 전하께서는 예언자들을 믿
으십니까? 저는 전하께서 믿으시는 줄로
알고 있습니다."
28그러자 아그리빠 왕이 바울로에게 "그대는
그렇게 쉽게 나를 설복하여 그리스도인으
로 만들 수 있다고 생각하는가?" 하고 말
하였다.
29바울로는 이렇게 대답하였다. "쉽게든 어렵
게든 저는 전하뿐 아니라 오늘 제 말을 듣고
있는 모든 사람이 다 저와 같은 사람이 되기
를 하느님께 빕니다. 물론 이 쇠사슬만은
제외하고 말입니다."
30◎그 때 왕을 비롯하여 총독과 베르니게와
그 밖에 자리를 같이했던 사람들이 다 일어
나서
31퇴장하였다. 그리고 서로 "그 사람은 사형
을 받거나 갇힐 만한 짓을 하지는 않았군."
하고 말하였다.
32아그리빠는 페스도에게 "그 사람이 카이사르
에게 상소만 하지 않았더라면 석방될 수도
있었을 텐데요." 하고 말하였다.

바울로의 로마행

27 ◎그들이 우리를 배에 태워서 이탈리아
로 보내기로 결정하였을 때 바울로와
다른 죄수 몇 사람을 율리오라는 친위대의
한 백인대장에게 넘겨주었다.
2마침 그 때 아드라미티움에서 온 배 한 척이
아시아 연안의 여러 항구를 향하여 떠나려
고 하였으므로 우리는 그 배를 타고 떠났다.
우리 일행 중에는 데살로니카 출신인 마케도
니아 사람 아리스다르코도 있었다.
3이튿날 배가 시돈에 닿았을 때에 율리오는
바울로에게 친절을 베풀어 친구들을 찾아가
도 좋다고 허락하였다. 바울로의 친구들은

그를 잘 돌보아 주었다.
4 우리는 시돈을 떠나가다가 역풍을 만나 키
프로스 섬을 왼쪽으로 끼고 항해하여
5 길리기아와 밤필리아 앞바다를 지나서 리키
아에 있는 미라 항구에 닿았다.
6 거기에는 마침 이탈리아로 가는 알렉산드리
아 배가 있어서 백인대장은 우리를 그 배에
태웠다.
7 우리는 여러 날 동안 느린 항해 끝에 가까스
로 크니드스 앞바다까지 갔다. 그러나 역풍
때문에 더 나가지 못하고 살모네 앞바다를
지나 그레데 섬을 오른쪽으로 끼고
8 바싹 해안을 따라가다가 라새아 시에 가까
운 "좋은 항구"라는 곳에 겨우 닿았다.
9 ◎어느덧 많은 시일이 지나서 단식일로 정
해진 추분도 이미 지났기 때문에 항해를 더
계속하기가 무척 위태로웠다.
10 그래서 바울로는 사람들에게 이렇게 경고하
였다. "여러분, 내가 보기에는 이대로 항해
를 더 계속하다가는 짐과 배의 손실뿐만 아
니라 우리 목숨까지도 잃을 큰 위험이 따를
것입니다."
11 그러나 백인대장은 바울로의 말보다는 선장
과 선주의 말을 더 믿었다.
12 게다가 그 항구는 겨울을 날 만한 곳이 못
되어 대다수의 의견대로 그 곳을 떠나 할 수
만 있으면 페닉스로 가서 겨울을 나기로 하
였다. 페닉스는 그레데 섬에 있는 항구로 서
남쪽과 서북쪽을 바라볼 수 있는 곳이었다.

바다에서 만난 태풍

13 ◎때마침 남풍이 순하게 불어왔다. 그래서
사람들은 이젠 되었다고 생각하고 닻을
올리고 그레데 해안에 바싹 붙어서 항해하
였다.
14 그런데 얼마 안 가서 섬 쪽에서 유라퀼로라
는 태풍이 불어와서
15 배가 바람에 휘말리게 되었다. 우리는 바람
을 뚫고 나갈 수가 없어서 바람이 부는 대로
배를 내맡기고 표류하기 시작하였다.
16 가우다라는 조그만 섬을 북쪽으로 끼고 가
는 동안에 우리는 끌고 가던 거룻배를 간신
히 바로잡을 수가 있었다.
17 선원들은 거룻배를 끌어올리고 배가 부서
지지 않게 선체를 밧줄로 동여맸다. 그대로
가다가는 리비아 해안의 모래 바닥에 처박
힐 염려가 있어서 돛을 내리고 계속 표류하
였다.
18 태풍에 몹시 시달리다 못해 이튿날에는 화
물을 바닷속으로 집어 던졌고
19 또 그 다음날에는 선원들이 배의 장비를 제
손으로 내던졌다.
20 여러 날 동안 해도 별도 보이지 않고 태풍만
이 거세게 불어닥쳐서 마침내 우리는 살아
돌아갈 희망을 아주 잃고 말았다.
21 ◎그 때 바울로가 일어서서 오랫동안 아무것
도 먹지 못하고 시달려 온 사람들에게 이렇
게 말하였다. "여러분, 내 말대로 그레데 섬
을 떠나지 않았어야 했습니다. 그랬더라면
우리는 이런 재난과 손실은 겪지 않았을 것
입니다.
22 그러나 이제라도 제발 기운을 내십시오. 배
는 잃겠지만 여러분의 목숨만은 하나도 잃
지 않을 것입니다.
23 바로 어제 밤에 나를 지배하시는 하느님 곧
내가 섬기는 하느님의 천사가 나타나서
24 나더러 두려워하지 말라고 하며 내가 반드
시 황제 앞에 서게 될 것이며 나와 동행하는
여러분을 하느님께서 이미 모두 나에게 맡
겨주셨다고 했습니다.
25 그러니 여러분, 기운을 내십시오. 나는 하
느님께서 일러주신 대로 모든 일이 이루어
지리라고 믿습니다.
26 이제 우리는 어떤 섬에 밀려가 닿게 될 것입
니다."
27 ◎우리가 아드리아 바다에서 표류하기 시작
한 지 열나흘째 되던 날 밤이었다. 한밤중
에 선원들은 육지에 가까이 온 것 같은 짐작
이 들었다.
28 그래서 끈에다 추를 달아 내려보았더니 물
깊이는 스무 길이었다. 좀더 나아가서 다시
재어보았더니 열다섯 길이었다.
29 우리의 배가 암초에 얹힐 염려가 있었기 때
문에 고물에서 네 개의 닻을 내려놓고 어서
날이 밝기를 기원하고 있었다.
30 그러나 선원들은 배에서 빠져 나갈 속셈으
로 이물에서 닻을 내리는 체하면서 거룻배
를 물에 띄웠다.
31 그 때 바울로가 백인대장과 군인들에게 "저
사람들이 이 배를 떠나가면 당신들은 살아
날 길이 없습니다." 하고 일러주었다.
32 그러자 군인들은 밧줄을 끊어 거룻배를 떼
어버렸다.
33 ◎동이 틀 무렵, 바울로는 모든 사람에게 음
식을 먹으라고 권하면서 이렇게 말하였다.
"여러분은 오늘까지 열나흘 동안이나 마
음을 졸이며 아무것도 먹지 않고 굶어왔습
니다.

34자, 음식을 드시오. 그래야만 살 수 있습니
다. 여러분은 머리카락 하나도 잃지 않을
것입니다."
35이렇게 말하고 바울로는 모든 사람 앞에서
빵을 들어 하느님께 감사의 기도를 드린 다
음 떼어서 먹기 시작하였다.
36그러자 사람들은 용기를 얻어서 모두 음식
을 먹었다.
37그 배에 탄 사람은 모두 이백칠십육 명이었
다.
38모두 배불리 먹고 난 뒤에는 배를 가볍게 하
려고 식량을 바다에 던졌다.

파선

39◎날이 밝자 어느 땅인지는 알 수 없었지만
모래밭이 있는 물굽이가 눈에 띄어 어떻게
해서든지 거기에다가 배를 대기로 작정하
였다.
40그래서 닻을 끊어 바다에 버리고 키를 묶었
던 밧줄을 늦추었다. 그리고 앞돛을 올려서
바람을 타고 해변 쪽으로 배를 몰았다.
41그런데 두 물살이 합치는 곳에 끼여들어 배
가 모래톱에 얹히면서 이물은 박혀 움직이
지 않고 고물은 심한 물결에 깨어졌다.
42◎그러자 군인들은 죄수들이 혹시 헤엄쳐
도망갈까 해서 그들을 모두 죽이려고 계획
을 짰다.
43그러나 백인대장은 바울로를 살릴 생각으로
군인들의 의견을 꺾고 헤엄칠 수 있는 사람
은 먼저 뛰어내려 육지로 올라가라고 명령
하였다.
44그리고 나머지 사람은 판자쪽이나 부서진
배 조각에 매달려 육지로 나가라고 명령하
였다. 이렇게 해서 우리는 모두 무사히 육
지로 올라오게 되었다.

멜리데 섬에서

28 ◎육지에 무사히 오른 우리는 그 곳이
멜리데라는 섬인 것을 알았다.
2그 섬 사람들은 우리를 매우 친절하게 대해
주었다. 때마침 비가 내리고 날씨가 추워졌
기 때문에 그들은 불을 피워놓고 우리를 맞
아주었다.
3이 때 바울로가 마른 나뭇가지를 한 아름 안
아다가 불 속에 넣었더니 그 속에 있던 독사
한 마리가 열기 때문에 튀어나와 바울로의
손에 달라붙었다.
4섬 사람들은 뱀이 바울로의 손에 매달린 것
을 보고 "이 사람은 분명히 살인자다. 바다
에서는 살아 나왔지만 정의의 여신이 그대
로 살려두지는 않을 것이다." 하고 서로 수
군거렸다.
5그러나 바울로는 아무런 상처도 입지 않고
뱀을 불 속에 떨어버렸다.
6섬 사람들은 바울로의 몸이 부어오르거나
당장 쓰러져 죽으려니 하고 그를 지켜보고
있었는데 아무리 기다려도 그에게 별다른
일이 일어나지 않는 것을 보고는 생각을 달
리하여 바울로를 신이라고 하였다.
7◎그 근처에 섬의 우두머리 푸블리오라는 사
람의 농장이 있었는데 우리는 그의 초대를
받아 거기에서 사흘 동안 극진한 대접을 받
았다.
8그 때 마침 푸블리오의 아버지가 열병과 이
질에 걸려 앓아 누워 있었는데 바울로가 그
에게 가서 기도하고 손을 얹어 낫게 해주
었다.
9그랬더니 그 섬에 있는 다른 병자들도 찾
아왔다. 바울로는 그들의 병도 모두 고쳐주
었다.
10그들은 우리에게 많은 선물로 갚아주었고
우리가 떠날 때에는 항해에 필요한 물건들
을 배에 실어주었다.

멜리데에서 로마로

11◎우리는 석 달 뒤에 그 섬에서 겨울을 난
디오스구로이 호라는 알렉산드리아의 배를
타고 떠나게 되었다.
12우리는 시라쿠사에 들러 사흘 동안 머물렀
다가
13그 곳을 떠나 레기움에 도착하였다. 이튿날
우리는 남풍을 타고 이틀 만에 보디올리에
닿아
14거기서 교우들을 만나게 되었다. 그들의 간
청으로 이레 동안 함께 지내다가 우리는 마
침내 로마로 갔다.
15로마에 있는 교우들은 우리가 온다는 소식
을 듣고 ㉠아피오 광장까지 마중 나온 사람
들도 있었고 ㉡트레스 타베르네라는 동네까
지 나온 사람들도 있었다. 그들을 본 바울로
는 하느님께 감사를 드리고 용기를 얻었다.
16◎우리가 로마에 들어갔을 때에 바울로는 경
비병 한 사람의 감시를 받으면서 따로 지내
도 좋다는 허락을 받았다.

㉠ 아피오 광장은 로마에서 약 69킬로미터 떨어진 광장이다. ㉡ 트레스 타베르네는 아피아 가도에 있는 '세 주막'이라는 뜻으로, 로마에서 약 53킬로미터 떨어진 곳이다.

로마에서

17◎사흘 뒤에 바울로는 그 곳 유다인 지도자
들을 불렀다. 그들이 모였을 때에 바울로는
이렇게 말하였다. "형제 여러분, 나는 우리
겨레에 대해서나 조상들이 전해 준 관습에
대해서 거스르는 일을 한 적은 한 번도 없었
습니다. 그런데 나는 예루살렘에서 붙잡혀
로마 사람들의 손에 넘어갔습니다.
18로마 사람들은 나를 심문했지만 사형에 처
할 만한 죄상이 없다는 것을 알고 나를 놓아
주려고 했습니다.
19그러나 유다인들이 반대하는 바람에 나는
하는 수 없이 카이사르에게 상소한 것입니
다. 그렇다고 해서 내가 내 동포를 고발하
려는 것은 결코 아니었습니다.
20그래서 나는 여러분을 뵙고 말씀 드리려고
오시라고 한 것입니다. 내가 지금 이 쇠사
슬에 묶여 있는 것은 이스라엘 사람들이 희
망해 온 그리스도 때문입니다."
21유다인 지도자들은 바울로에게 이렇게 말하
였다. "우리는 아직 유다에서 당신에 관한
편지를 받은 일도 없고 또 형제들 가운데서
이 곳에 찾아와 당신의 소식을 전하거나 당
신을 헐뜯는 사람도 없었습니다.
22그렇지만 당신의 종파가 어디서나 사람들
의 반대를 받고 있다는 것은 알고 있기 때문
에 우리는 당신의 생각을 직접 들어보고 싶
습니다."
23◎그들은 날을 정해 두었다가 그 날이 되자
여럿이 바울로의 숙소로 찾아왔다. 바울로는
아침부터 저녁까지 그들에게 하느님 나라
를 설명하고 증언하였으며 또 모세의 율법
과 예언자들의 글을 들어 예수에 관해서 그
들을 설득시키려고 노력하였다.
24바울로의 말을 듣고 믿는 사람들도 있었지
만 끝내 믿으려 하지 않는 사람들도 있었다.
25이렇게 서로 의견을 달리한 채 흩어지려 하
자 바울로가 이렇게 한마디 덧붙였다. "성
령께서 예언자 이사야를 시켜 당신들의 조
상에게 하신 말씀은 지당합니다.
26들어보십시오.

'㉠이 백성에게 가서 말하여라.
너희가 듣고 또 들어도 알아듣지 못하
고
보고 또 보아도 알아보지 못함은
27 이 백성이 마음의 문을 닫고
귀를 막고
눈을 감은 탓이니,
그렇지 않았더라면
그들이 눈으로 보고
귀로 듣게 되고
마음으로 깨달아 돌아서서
마침내 나한테 온전하게 고침을 받으
리라.'

하시지 않았습니까?
28㉡그러니 하느님의 이 구원의 말씀이 이방
인들에게로 돌아가게 되었다는 것을 여러
분은 알아야 합니다. 이방인들은 이 구원의
말씀을 들을 것입니다."㉢
30◎바울로는 셋집을 얻어 거기에서 만 이 년
동안 지내면서 자기를 찾아오는 사람을 모
두 맞아들이고
31아무런 방해도 받지 않고 하느님 나라를 아
주 대담하게 선포하며 주 예수 그리스도에
관하여 가르쳤다.

로마인들에게 보낸 편지

인사

1 ◎그리스도 예수의 종, 나 바울로가 이 편
지를 씁니다. 나는 사도로 부르심을 받아
하느님의 복음을 전하는 특별한 사명을 띤
사람입니다.
2이 복음은 성서에 있는 바와 같이 일찍이 하
느님께서 당신의 예언자들을 통하여 약속
하신 것입니다.
3그것은 다름 아닌 하느님의 아들에 관한 소
식입니다. 그분은 인성으로 말하면 다윗의
후손으로 태어나신 분이며
4거룩한 신성으로 말하면 죽은 자들 가운데
서 부활하심으로써 하느님의 권능을 나타
내어 하느님의 아들로 확인되신 분입니다.
그분이 곧 우리 주 예수 그리스도이십니다.
5내가 은총으로 사도직을 받은 것도 그분을

㉠ 이사 6:9-10. ㉡ 칠십인역 시편 66:3(67:2). ㉢ 어떤 사본에는 29절에 다음과 같은 말이 있다. "바울로의 말을 듣고 유다인들은 서로 많은 토론을 하면서 돌아갔다."

통해서였습니다. 이것은 모든 이방인들에
게 하느님을 믿고 복종할 것을 가르침으로
써 그분의 영광을 드러내기 위한 것이었습
니다.
6 여러분도 그들과 함께 예수 그리스도의 부르
심을 받았습니다.
7 하느님께서 사랑하셔서 당신의 거룩한 백
성으로 불러주신 로마의 교우 여러분에게
문안 드립니다. 하느님 우리 아버지와 주 예
수 그리스도께서 내리시는 은총과 평화가 여
러분에게 깃들기를 빕니다.

감사 기도

8 ◎나는 먼저 여러분의 믿음이 온 세상에 널
리 알려지고 있다는 사실에 대하여 예수 그
리스도의 이름으로 나의 하느님께 감사 드
립니다.
9 나는 기도할 때마다 언제나 여러분을 기억
10 하며 여러분을 찾아갈 기회를 하느님께서
나에게 허락해 주시기를 간구하고 있습니
다. 이 사실이 거짓이 아니라는 것을 하느
님께서 잘 알고 계십니다. 그 하느님은 내
가 그분의 아들에 관한 복음을 전함으로써
성심껏 섬기고 있는 바로 그분이십니다.
11 내가 여러분을 애타게 만나보려는 것은 여
러분과 함께 영적인 축복을 나눔으로써 여
러분에게 힘을 북돋아주려는 것입니다.
12 다시 말하면 우리가 함께 지내면서 여러분
과 내가 피차의 믿음을 통하여 서로 격려를
받으려는 것입니다.
13 형제 여러분, 나는 여러분을 찾아가려고 여
러 번 계획을 세웠으나 지금까지 길이 막혀
뜻을 이루지 못했다는 것을 알아주시기 바
랍니다. 나는 다른 이방인들에게서와 같은
전도의 성과를 여러분에게서도 거두려고
했던 것입니다.
14 나는 문명인에게나 미개인에게나 또 유식
한 사람에게나 무식한 사람에게나 똑같이
전도할 책임을 지고 있습니다.
15 그러므로 로마에 계신 여러분에게도 복음을
전하는 것이 나의 간절한 소원입니다.

믿음을 통한 구원

16 ◎나는 그 복음을 부끄럽게 여기지 않습니
다. 복음은 먼저 유다인들에게, 그리고 이
방인들에게까지 믿는 사람이면 누구에게
나 구원을 가져다 주시는 하느님의 능력입
니다.
17 복음은 하느님께서 인간을 당신과 올바른
관계에 놓아주시는 길을 보여주십니다. 인
간은 오직 믿음을 통해서 하느님과 올바른
관계를 가지게 됩니다. 성서에도 "믿음을
통해서 하느님과 올바른 관계를 가지게 된
사람은 살 것이다." 하지 않았습니까?

인간의 타락상

18 ◎하느님의 진노가 불의한 행동으로 진리를
가로막는 인간의 온갖 불경과 불의를 치시
려고 하늘로부터 나타납니다.
19 사람들이 하느님께 관해서 알 만한 것은 하
느님께서 밝히 보여주셨기 때문에 너무나
도 명백합니다.
20 하느님께서는 세상을 창조하신 때부터 창
조물을 통하여 당신의 영원하신 능력과 신
성과 같은 보이지 않는 특성을 나타내 보
이셔서 인간이 보고 깨달을 수 있게 하셨습
니다. 그러니 사람들이 무슨 핑계를 대겠습
니까?
21 인간은 하느님을 알면서도 하느님으로 받
들어 섬기거나 감사하기는커녕 오히려 생
각이 허황해져서 그들의 어리석은 마음이
어둠으로 가득 차게 되었습니다.
22 인간은 스스로 똑똑한 체하지만 실상은 어
리석습니다.
23 그래서 불멸의 하느님을 섬기는 대신에 썩
어 없어질 인간이나 새나 짐승이나 뱀 따위
의 우상을 섬기고 있습니다.
24 그 때문에 하느님께서는 사람들이 자기 욕
정대로 살면서 더러운 짓을 하여 서로의 몸
을 욕되게 하는 것을 그대로 내버려두셨습
니다.
25 사람들은 하느님의 진리를 거짓과 바꾸고
창조주 대신에 피조물을 예배하고 섬겼습
니다. 그러나 영원히 찬양을 받으실 분은
창조주이십니다. 아멘.
26 ◎인간이 이렇게 타락했기 때문에 하느님께
서는 그들이 부끄러운 욕정에 빠지는 것을
그대로 내버려두셨습니다. 여자들은 정상
적인 성행위 대신 비정상적인 것을 즐기며
27 남자들 역시 여자와의 정상적인 성관계를
버리고 남자끼리 정욕의 불길을 태우면서
서로 어울려서 망측한 짓을 합니다. 이렇게
그들은 스스로 그 잘못에 대한 응분의 벌을
받고 있습니다.
28 인간이 하느님을 알아보려고도 하지 않았
기 때문에 하느님께서는 그들이 올바른 판
단력을 잃고, 해서는 안 될 일들을 하게 내
버려두셨습니다.

29그래서 인간은 온갖 부정과 부패와 탐욕과
악독으로 가득 차 있으며 시기와 살의와 분
쟁과 사기와 악의에 싸여서 없는 말을 지어
내고
30서로 헐뜯고 하느님의 미움을 사고 난폭하
고 거만하며 제 자랑만 하고 악한 일을 꾀하
고 부모를 거역할 뿐더러
31분별력도, 신의도, 온정도, 자비도 없습니
다.
32그런 모양으로 사는 자는 마땅히 죽어야 한
다는 하느님의 법을 잘 알면서도 그들은 자
기들만 그런 짓들을 행하는 게 아니라 그
런 짓들을 행하는 남들을 두둔하기까지 합
니다.

하느님의 공정한 심판

2 ◎그러므로 남을 판단하는 사람이라 하
더라도 자기는 죄가 없다고 말할 수는 없
습니다. 남을 판단하면서 자기도 똑같은 짓
을 하고 있으니 결국 남을 판단하는 것은 바
로 자기 자신을 단죄하는 것입니다.
2이런 짓을 일삼는 자들에게는 하느님께서
마땅히 심판을 내리신다는 것을 우리는 알
고 있습니다.
3자기도 같은 짓을 하면서 남이 그런 짓을 한
다고 심판하는 자가 있는데, 그런 자가 하
느님의 심판을 면할 것 같습니까?
4더구나 사람을 회개시키려고 베푸시는 하
느님의 자비를 깨닫기는커녕 오히려 그 크
신 자비와 관용과 인내를 업신여기는 자가
있다니 될 말입니까?
5그러고도 마음이 완고해서 회개할 생각도
하지 않으니 이런 자는 하느님의 공정한 심
판이 내릴 진노의 날에 자기가 받을 벌을 쌓
아올리고 있는 것입니다.
6㉠하느님께서는 각 사람에게 그 행실대로
갚아주실 것입니다.
7꾸준히 선을 행하면서 영광과 명예와 불멸
의 것을 추구하는 사람들에게는 영원한 생
명을 주실 것이고
8자기 이익만을 생각하면서 진리를 물리치
고 옳지 않은 것을 따르는 사람들에게는 진
노와 벌을 내리실 것입니다.
9악한 일을 행하는 사람이면 누구든지 궁지
에 몰리고 고통을 당하게 될 것입니다. 먼
저는 유다인들이 당하고 그 다음에는 이방
인들까지 당할 것입니다.
10그러나 선한 일을 행하는 사람이면 누구나
영광과 명예와 평화를 누리게 될 것입니다.
먼저는 유다인들이 누리고 그 다음에는 이
방인들까지 누릴 것입니다.
11하느님께서는 모든 인간을 차별없이 대하
시니 말입니다.
12율법을 가지지 못한 채 죄를 지은 사람들은
율법과는 관계없이 망할 것이고 율법을 가
지고도 죄를 지은 사람들은 그 율법에 따라
심판받을 것입니다.
13하느님과 올바른 관계를 가질 수 있는 사람
은 율법을 듣기만 하는 사람이 아니라 율법
대로 실행하는 사람입니다.
14이방인들에게는 율법이 없습니다. 그러나
그들이 본성에 따라서 율법이 명하는 것을
실행한다면 비록 율법이 없을지라도 그들
자신이 율법의 구실을 합니다.
15그들의 마음속에는 율법이 새겨져 있고 그
16것이 작용하고 있다는 것을 알 수 있습니다.
내가 전하는 복음이 말하는 대로 하느님께
서 예수 그리스도를 통하여 사람들의 비밀을
심판하시는 그 날에 그들의 양심이 증인이
되고 그들의 이성이 서로 고발도 하고 변호
도 할 것입니다.

율법과 유다인

17◎자기가 유다인이라는 것을 내세우는 사람
이 있습니다. 그는 율법에 전적으로 의지하
고 하느님을 자랑하고
18하느님의 뜻을 알고 율법을 배워서 사리를
분별할 줄도 알고
19눈먼 사람에게는 길잡이가 되고 어둠 속을
헤매는 사람에게는 빛이 될 수 있다고 자신
합니다.
20그리고 그 율법에서 모든 지식과 진리의 근
본을 터득하였으므로 무식한 사람에게 지
도자가 되고 철없는 자들의 스승이 될 수 있
다고 자신합니다.
21그런 사람이 남을 가르치면서 왜 자기 자신
은 가르치지 못합니까? 또 남더러는 도둑
질을 하지 말라고 설교하면서 왜 자신은 도
둑질을 합니까?
22남더러는 간음을 하지 말라고 하면서 왜 자
신은 간음을 합니까? 또 우상을 미워한다
고 하면서 그 신전의 물건은 왜 훔쳐냅니
까?
23율법을 가졌다고 자랑하는 사람이 왜 율법
을 범하여 하느님을 욕되게 합니까?
24성서의 말씀대로 "㉡당신들 때문에 하느님

㉠ 시편 62:12; 잠언 24:12. ㉡ 칠십인역 이사 52:5.

의 이름이 이방인들 사이에서 비방을 받고
있습니다."
25 할례는 율법을 지키는 사람에게만 가치가
있고 율법을 지키지 않는 사람은 할례를 받
았다 하더라도 받으나마나 한 것입니다.
26 그러므로 할례를 받지 않은 사람이라도 율
법이 명하는 것을 잘 지키기만 한다면 하느
님께서는 그 사람도 할례받은 사람이나 다
름없이 보아주실 것이 아닙니까?
27 실제로 할례를 받지 않고도 율법을 잘 지키
는 사람은 오히려 할례를 받고 기록된 율법
을 갖고 있으면서도 그 율법을 어기는 사람
을 심판할 것입니다.
28 그러므로 유다인의 겉모양만 갖추었다 해서
참 유다인이 되는 것도 아니고 몸에 할례의
흔적을 지녔다고 해서 참 할례를 받았다고
할 수도 없습니다.
29 오히려 유다인의 속 마음을 가져야 진정한
유다인이 되며 할례도 법조문을 따라서가
아니라 성령으로 말미암아 마음에 받는 할
례가 참 할례입니다. 이런 사람은 사람의
칭찬을 받는 것이 아니라 하느님의 칭찬을
받습니다.

3 ◎그러면 유다인의 나은 점이 무엇이며
할례의 이로운 점이 무엇이겠습니까?
2 과연 여러모로 많이 있습니다. 무엇보다도
하느님께서 유다인들에게 당신의 말씀을 맡
겨주셨다는 사실입니다.
3 그런데 어떤 유다인들이 신의를 저버렸다고
합시다. 그렇다고 해서 하느님께서도 신의
를 저버리시겠습니까?
4 절대로 그럴 수 없습니다. 세상 모든 사람
이 거짓말쟁이라 하더라도 하느님만은 언
제나 진실하십니다. 성서에도,

"㉠당신의 말씀에는 언제나 정의가 드
러나고
재판을 받으시면 반드시 이기십니다."

라는 말씀이 있지 않습니까?
5 우리의 불의가 오히려 하느님의 정의를 드
러낸다고 하면 어떻게 되겠습니까? 그렇다
면 우리에게 진노를 내리시는 하느님을 옳
지 않다고 말할 수 있겠습니까? 이것은 사
람의 생각으로 하는 말이지
6 절대로 그럴 수 없습니다. 사실 그렇다면
하느님께서 어떻게 세상을 심판하시겠습니
까?
7 또 "나의 허위가 오히려 하느님의 진실을
더욱 드러내고 하느님의 영광에 보탬이 된
다면 왜 내가 죄인으로 단정을 받아야 하느
냐?" 하고 물을 수도 있겠습니다.
8 그뿐 아니라 "아예 선을 드러내기 위해서
악을 행하자." 하는 말이 나옴직도 합니다.
사실 내가 바로 그런 말을 한다고 하면서 나
를 비방하는 사람들이 있습니다. 그들이야
말로 단죄를 받아 마땅합니다.

모두가 죄인이다

9 ◎그러면 우리 유다인이 나은 점이 무엇입
니까? 아무것도 없습니다. 이미 내가 지적
했듯이 유다인들이나 이방인들이나 다같이
죄에 사로잡혀 있는 사람들입니다.
10 성서에도 이런 말씀이 있습니다.
"㉡올바른 사람은 없다.
단 한 사람도 없다.
11 깨닫는 사람도, 하느님을 찾는 사람도
없다.
12 모두가 비뚤어져 쓸모없게 되었다.
선한 일을 하는 사람은 없다.
단 한 사람도 없다.
13 ㉢그들의 목구멍은 열린 무덤이며
그들의 혀는 거짓을 말하고
입술에는 독사의 독이 흐르니
14 그들의 입은 저주와 독설로 가득하다.
15 ㉣그들의 발은 피 흘리는 일에 날쌔며
16 간 데마다 파괴와 비참을 남긴다.
17 그들은 평화의 길을 알지 못하고
18 ㉤그들의 눈에는 하느님을 두려워하는
기색이 없다."
19 ◎우리가 알다시피 율법 아래 사는 사람들
은 그 율법이 명령하는 모든 것의 지배를 받
습니다. 그래서 결국 모든 사람은 말문이
막히게 되고 온 세상은 하느님의 심판에 복
종하게 된 것입니다.
20 그러므로 율법을 지키는 것으로는 아무도
하느님과 올바른 관계를 가질 수 없습니다.
율법은 단지 무엇이 죄가 되는지를 알려줄
따름입니다.

율법에서 믿음으로

21 ◎그러나 이제는 하느님께서 인간을 당신과
올바른 관계에 놓아주시는 길이 드러났습
니다. 그것은 율법과는 아무 관계가 없습니
다. 율법서와 예언서가 바로 이 사실을 증
명해 줍니다.
22 하느님께서는 믿는 사람이면 누구나 아무
런 차별도 없이 당신과 올바른 관계에 놓아

㉠ 시편 51:4. ㉡ 시편 14:1-3, 53:1-3; 전도 7:20. ㉢ 시편 5:9. ㉣ 이사 59:7-8. ㉤ 시편 36:1.

주십니다. 그것은 예수 그리스도를 믿음으로
써 이루어지는 것입니다.
23 모든 사람이 죄를 지었기 때문에 하느님이
주셨던 본래의 영광스러운 모습을 잃어버
렸습니다.
24 하느님께서는 그리스도 예수를 통해서 모든
사람을 죄에서 풀어주시고 당신과 올바른
관계를 가질 수 있는 은총을 거저 베풀어주
셨습니다.
25 그리스도를 믿는 사람에게는 죄를 용서해
주시려고 하느님께서 그리스도를 제물로 내
어주셔서 피를 흘리게 하셨습니다. 이리하
여 하느님께서 당신의 정의를 나타내셨습
니다. 과거에는 하느님께서 인간의 죄를 참
고 눈감아주심으로 당신의 정의를 나타내
셨고
26 오늘날에 와서는 죄를 물으심으로써 당신
의 정의를 나타내셨습니다. 이렇게 해서 하
느님께서는 당신이 올바르시다는 것과 예수
를 믿는 사람이면 누구든지 당신과 올바른
관계에 놓아주신다는 것을 보여주십니다.
27 ◎그러니 우리가 내세울 만한 것이 무엇입
니까? 아무것도 없습니다. 우리가 어떻게
해서 하느님과 올바른 관계를 되찾게 되었
습니까? 율법을 잘 지켜서 그렇게 된 것입
니까? 아닙니다. 그것은 믿음을 통해서 이
루어진 것입니다.
28 사람은 율법을 지키는 것과는 관계없이 믿
음을 통해서 하느님과 올바른 관계를 맺는
다고 우리는 확신합니다.
29 하느님은 유다인만의 하느님이신 줄 압니
까? 이방인의 하느님이시기도 하지 않습니
까? 과연 이방인의 하느님도 되십니다.
30 하느님은 오직 한 분뿐이셔서 할례를 받은
사람이나 받지 않은 사람이나 다 같이 그들
의 믿음을 통해서 당신과 올바른 관계를 갖
게 해주십니다.
31 그러면 우리가 믿음을 내세운다고 해서 율
법을 무시하는 줄 아십니까? 절대로 그렇
지 않습니다. 오히려 율법을 존중합니다.

아브라함의 믿음

4 ◎우리 민족의 조상 아브라함의 경우는
어떠했습니까?
2 만일 아브라함이 자기 공로로 하느님과 올
바른 관계를 얻었다면 과연 자랑할 만도 합
니다. 그러나 그는 하느님 앞에서 자랑할
것이 없었습니다.
3 성서에 "㉠아브라함은 하느님을 믿었고 하
느님께서는 그의 믿음을 보시고 그를 올바
른 사람으로 인정해 주셨다." 하지 않았습
니까?
4 공로가 있는 사람이 받는 보수는 자기가 마
땅히 받을 품삯을 받는 것이지 결코 선물로
받는 것은 아닙니다.
5 그러나 아무 공로가 없는 사람이라도 하느
님을 믿으면 믿음을 통해서 하느님과 올바
른 관계를 얻게 됩니다. 하느님께서는 비록
죄인일지라도 올바른 사람으로 인정하실
수 있는 분이십니다.
6 그래서 다윗도 선행과는 관계없이 하느님께
로부터 올바른 사람으로 인정받은 사람의
행복을 이렇게 읊었습니다.
7 "㉡하느님께서 잘못을 용서해 주시고
죄를 덮어두신 사람들은
행복하다.
8 주께서 죄없다고 인정해 주시는 사람도
행복하다."
9 ◎이러한 행복은 할례를 받은 사람만이 누
리는 것입니까? 그렇지 않으면 할례를 받
지 않은 사람도 누리는 것입니까? 우리는
앞에서 "하느님께서는 아브라함의 믿음을
보시고 그를 올바른 사람으로 인정해 주셨
다." 하였습니다.
10 언제 그렇게 되었습니까? 그가 할례를 받
은 후입니까? 받기 전입니까? 할례를 받은
후가 아니라 받기 전의 일입니다.
11 아브라함은 할례를 받기 전에 믿음을 통해
서 하느님과 올바른 관계를 가지게 되었습
니다. 그 뒤 그것을 확인하는 표로 그는 할
례를 받았던 것입니다. 이리하여 할례를 받
지 않고도 믿음으로써 올바른 사람이라고
인정받은 모든 사람의 조상이 되었습니다.
12 또 아브라함은 할례받은 사람들의 조상이기
도 합니다. 여기서 할례받은 사람들이란 그
저 할례를 받는 데 그치지 않고 우리 조상
아브라함이 할례받기 전에 보여준 믿음을
본받아 사는 사람들을 가리킵니다.

믿음으로 이루어진 하느님의 약속

13 ◎하느님께서는 아브라함과 그의 후손들에
게 세상을 물려주겠다고 약속하셨는데 그
것은 아브라함이 율법을 지켰다 해서가 아
니라 하느님께서 그의 믿음을 보시고 그를
올바른 사람으로 인정하셨기 때문에 하신
약속이었습니다.

㉠ 창세 15:6. ㉡ 시편 32:1-2.

14만일 율법을 지키는 사람들만이 상속자가
될 수 있다면 믿음은 무의미하게 되고 그 약
속은 무효가 됩니다.
15법이 없으면 법을 어기는 일도 없게 됩니다.
법이 있으면 법을 어기게 되어 하느님의 진
노를 사게 마련입니다.
16그러므로 하느님께서는 사람의 믿음을 보
시고 그를 상속자로 삼으십니다. 이렇게 하
느님께서는 은총을 베푸시며 율법을 지키
는 사람들에게만 아니라 아브라함의 믿음을
따르는 사람들에게까지, 곧 아브라함의 모
든 후손들에게 그 약속을 보장해 주십니다.
아브라함은 우리 모두의 조상입니다.
17성서에 "㉠내가 너를 만민의 조상으로 삼았
다." 하지 않았습니까? 그는 죽은 자를 살
리시고 없는 것을 있게 만드시는 하느님을
믿었던 것입니다.
18아브라함은 절망 속에서도 희망을 잃지 않
고 믿어서 마침내 "㉡네 자손은 저렇게 번
성하리라." 하신 말씀대로 "만민의 조상"
이 되었습니다.
19그의 나이가 백 세에 가까워서 이미 죽은 사
람이나 다름없이 되었고 또 그의 아내 사라
의 몸에서도 이제는 아기를 바랄 수 없다는
것을 알았지만 그는 믿음을 가지고 희망을
잃지 않았습니다.
20그는 끝내 하느님의 약속을 믿고 의심하지
않았을 뿐만 아니라 더욱 굳게 믿으며 하느
님을 찬양하였습니다.
21그리고 그는 하느님께서 약속하신 것을 능
히 이루어주시리라고 확신하였습니다.
22하느님께서는 이런 믿음을 보시고 아브라함
을 "㉢올바른 사람으로 인정하셨습니다."
23"올바른 사람으로 인정하셨다." 하는 말씀
은 비단 아브라함만을 두고 하신 것이 아니
라
24우리를 두고 하시는 말씀이기도 합니다. 곧
우리 주 예수를 죽은 자들 가운데서 다시 살
리신 분을 믿는 우리들까지도 올바른 사람
으로 인정해 주신다는 말씀입니다.
25예수는 우리의 죄 때문에 죽으셨다가 우리
를 하느님과 올바른 관계에 놓아주시기 위
해서 다시 살아나신 분이십니다.

그리스도를 통한 하느님과의 화해

5 ◎이렇게 우리는 믿음으로 말미암아 하
느님과 올바른 관계를 가졌으므로 우리
주 예수 그리스도를 통해서 하느님과 평화를
누리게 되었습니다.
2우리는 그리스도를 믿음으로써 지금의 이
은총을 누리게 되었고 또 하느님의 영광에
참여할 희망을 안고 기뻐하고 있습니다.
3그뿐만 아니라 우리는 고통을 당하면서도
기뻐합니다. 고통은 인내를 낳고
4인내는 시련을 이겨내는 끈기를 낳고 그러
한 끈기는 희망을 낳는다는 것을 우리는 알
고 있습니다.
5이 희망은 우리를 실망시키지 않습니다. 우
리가 받은 성령께서 우리의 마음속에 하느
님의 사랑을 부어주셨기 때문입니다.
6우리 죄 많은 사람들이 절망에 빠져 있을 때
에 그리스도께서는 당신의 때가 이르러 우
리를 구원하시려고 죽으셨습니다.
7옳은 사람을 위해서 죽는 사람은 별로 없습
니다. 혹 착한 사람을 위해서는 죽겠다고
나설 사람이 더러 있을지 모릅니다.
8그런데 그리스도께서는 우리 죄 많은 인간
을 위해서 죽으셨습니다. 이리하여 하느님
께서는 우리들에게 당신의 사랑을 확실히
보여주셨습니다.
9우리가 이제 그리스도의 피로써 하느님과
올바른 관계를 얻었으니 그리스도의 덕분으
로 하느님의 진노에서 벗어나게 될 것은 너
무나 분명합니다.
10우리가 하느님의 원수였던 때에도 그 아들
의 죽음으로 하느님과 화해하게 되었다면
하물며 그분과 화해가 이루어진 지금에 와
서 우리가 살아 계신 그리스도를 통해서 구
원받으리라는 것은 더욱 확실한 일이 아니
겠습니까?
11게다가 우리를 하느님과 화해하게 해주신
우리 주 예수 그리스도의 덕분으로 우리는
지금 하느님을 섬기는 기쁨을 누리게 되었
습니다.

아담과 그리스도

12◎한 사람이 죄를 지어 이 세상에 죄가 들어
왔고 죄는 또한 죽음을 불러들인 것같이 모
든 사람이 죄를 지어 죽음이 온 인류에게 미
치게 되었습니다.
13율법을 주시기 전에도 죄는 세상에 있었습
니다. 다만 율법이 없었기 때문에 그 죄가
법의 다스림을 받지 않았을 뿐입니다.
14그러나 죽음은 아담으로부터 모세에 이르기
까지 모든 사람을 지배하였는데 아담이 지
은 것과 같은 죄를 짓지 않은 사람들까지도

㉠ 창세 17:5. ㉡ 창세 15:5. ㉢ 창세 15:6.

그 지배를 받았습니다. 그런데 아담은 장차
오실 분의 원형이었습니다.
15◎그러나 하느님께서 내리시는 은총의 경우
와 아담이 지은 죄의 경우와는 전연 비교가
되지 않습니다. 아담의 범죄의 경우에는 그
한 사람 때문에 많은 사람이 죽었지만 하느
님의 은총의 경우에는 예수 그리스도 한 사
람의 덕분으로 많은 사람이 풍성한 은총을
거저 받았습니다. 그러니 하느님의 은총의
힘이 얼마나 더 큽니까!
16하느님께서 거저 주시는 은총과 아담의 죄
는 그 효과에 있어서 서로 비교가 되지 않습
니다. 아담의 경우에는 그 한 사람 때문에
모든 사람이 유죄 판결의 심판을 받게 되었
지만 은총의 경우에는 죄지은 많은 사람이
은총을 거저 입어 무죄 판결을 받았습니다.
17아담의 범죄의 경우에는 그 한 사람 때문에
죽음이 군림하게 되었습니다. 그러나 은총
의 경우에는 한 사람 예수 그리스도의 공로
로 풍성한 은총을 입어 하느님과 올바른 관
계를 거저 얻은 사람들이 생명의 나라에서
왕노릇 할 것입니다. 그러니 하느님의 은총
의 힘이 얼마나 더 큽니까!
18그러므로 한 사람이 죄를 지어 모든 사람이
유죄 판결을 받은 것과는 달리 한 사람의 올
바른 행위로 모든 사람이 무죄 판결을 받고
길이 살게 되었습니다.
19한 사람의 불순종으로 많은 사람이 죄인이
된 것과는 달리 한 사람의 순종으로 많은 사
람이 하느님과 올바른 관계를 가지게 될 것
입니다.
20법이 생겨서 범죄는 늘어났지만 죄가 많은
곳에는 은총도 풍성하게 내렸습니다.
21그래서 죄는 세상에 군림하여 죽음을 가져
다 주었지만 은총은 군림하여 우리 주 예수
그리스도로 말미암아 모든 사람을 하느님과
올바른 관계에 있게 하고 영원한 생명에 이
르게 합니다.

그리스도와 함께 죽고 그리스도와 함께 살고

6 ◎그러면 "은총을 풍성히 받기 위하여 계
속해서 죄를 짓자."고 말할 수 있겠습니
까?
2 절대로 그럴 수 없습니다. 우리가 이미 죽
어서 죄의 권세에서 벗어난 이상 어떻게 그
대로 죄를 지으며 살 수 있겠습니까?
3 세례를 받고 그리스도 예수와 하나가 된 우
리는 이미 예수와 함께 죽었다는 것을 모르
십니까?
4 과연 우리는 세례를 받고 죽어서 그분과 함
께 묻혔습니다. 그래서 그리스도께서 아버
지의 영광스러운 능력으로 죽은 자들 가운
데서 다시 살아나신 것처럼 우리도 새 생명
을 얻어 살아가게 된 것입니다.
5 우리는 그리스도와 같이 죽어서 그분과 하
나가 되었으니 그리스도와 같이 다시 살아
나서 또한 그분과 하나가 될 것입니다.
6 예전의 우리는 그분과 함께 십자가에 못박
혀서 죄에 물든 육체는 죽어버리고 이제는
죄의 종살이에서 벗어나게 되었다는 것을
우리는 알고 있습니다.
7 이미 죽은 사람은 죄에서 해방된 것입니다.
8 우리가 그리스도와 함께 죽었으니 또한 그리
스도와 함께 살리라고 믿습니다.
9 그것은 죽은 자들 가운데서 다시 살아나신
그리스도께서 다시는 죽는 일이 없어 죽음
이 다시는 그분을 지배하지 못하리라는 것
을 우리가 알고 있기 때문입니다.
10그리스도께서는 단 한 번 죽으심으로써 죄
의 권세를 꺾으셨고 다시 살아나셔서는 하
느님을 위해서 살고 계십니다.
11이와 같이 여러분도 그리스도 예수와 함께
죽어서 죄의 권세를 벗어나 그와 함께 하느
님을 위해서 살아야 한다고 생각하십시오.
12◎그러므로 결국 죽어버릴 육체의 욕망에
굴복하지 마십시오. 그래야 죄의 지배를 받
지 않을 것입니다.
13또 여러분의 지체를 죄에 내맡기어 악의 도
구가 되게 하는 일은 없어야 합니다. 오히
려 여러분은 죽었다가 다시 살아난 사람으
로서 여러분 자신을 하느님께 바치고 여러
분의 지체가 하느님을 위한 정의의 도구로
쓰이게 하십시오.
14여러분은 율법의 지배를 받는 것이 아니라
은총의 지배를 받고 있으므로 죄가 여러분
을 지배할 수 없을 것입니다.

정의의 종

15◎그렇다면 우리가 율법의 지배를 받지 않
고 은총의 지배를 받고 있다고 해서 죄를 지
어도 좋다는 말이겠습니까? 절대로 그럴
수 없습니다.
16누구든지 자기 자신을 남에게 내맡겨서 복
종하면 곧 자기가 복종하는 그 사람의 종이
된다는 것을 모르십니까? 죄의 종이 되어
죽는 사람도 있고 하느님께 순종하는 종이
되어 하느님과 올바른 관계를 가지게 되는
사람도 있다는 말입니다.

17여러분이 전에는 죄의 종이었지만 이제는
진실한 가르침을 전해 받고 그것에 성심껏
복종하게 되었으니 하느님께 감사할 일입
니다.
18그리고 여러분은 죄의 권세를 벗어나서 이
제는 정의의 종이 되었습니다.
19여러분의 이해력이 미치지 못할까 하여 이
렇게 인간사에 비추어 말하는 것입니다. 여
러분이 전에는 온몸을 더러운 일과 불법의
종으로 내맡기어 불법을 일삼았지만 이제
는 온몸을 정의의 종으로 바쳐 거룩한 사람
이 되도록 힘써야 할 것입니다.
20여러분이 죄의 종이었을 때는 여러분은 정
의에 예속되지 않고 제멋대로 놀아났었습
니다.
21그 때에 여러분이 얻은 것이 무엇입니까?
지금 생각하면 부끄러운 일들밖에는 없지
않았습니까? 그런 생활은 결국 죽음을 안
겨줍니다.
22그러나 이제는 여러분이 죄에서 해방되어
하느님의 종이 되었습니다. 그 결과로 여러
분은 거룩한 사람이 되었고 마침내 영원한
생명을 누리게 되었습니다.
23죄의 대가는 죽음이지만 하느님께서 거저
주시는 선물은 우리 주 그리스도 예수와 함
께 사는 영원한 생명입니다.

결혼의 비유

7 ◎형제 여러분, 여러분이 법률에 정통한
사람들이니 말씀 드리는데, 법률이란 것
은 사람이 살아 있는 동안에만 구속력을 가
진다는 것을 모르십니까?
2 결혼한 여자는 남편이 살아 있는 동안에만
자기 남편에게 법적으로 매여 있습니다. 그
러나 남편이 죽으면 그 남편에 대해서는 법
적으로 제약을 받지 않습니다.
3 따라서 자기 남편이 살아 있는 동안에 다른
남자와 사는 여자는 간음한 여자라는 말을
듣게 됩니다. 그러나 남편이 죽으면 여자는
그 법의 제약을 받지 않기 때문에 다른 남
자와 결혼하더라도 간음하는 것이 아닙니
다.
4 친애하는 형제 여러분, 여러분도 이와 같이
그리스도와 한몸이 되어 죽음으로써 율법의
제약에서 벗어나 다른 분 곧, 죽은 자들 가
운데서 살아나신 그리스도의 사람이 되고
하느님께 유용한 사람들이 되었습니다.
5 전에 우리가 육적인 생활을 하고 있을 때에
는 율법 때문에 우리의 온몸에 죄스러운 욕
정이 발동하여 죽음을 가져왔습니다.
6 우리는 율법에 사로잡혀 있었지만 이제 우
리는 죽어서 그 제약을 벗어났습니다. 그래
서 우리는 낡은 법조문을 따라서 섬기지 않
고 성령께서 주시는 새 생명을 가지고 섬기
게 되었습니다.

마음의 법과 육체의 법

7 ◎그러면 율법이 곧 죄라고 말할 수 있겠습
니까? 절대로 그럴 수 없습니다. 그러나 율
법이 없었던들 나는 죄를 몰랐을 것입니다.
㉠탐내지 말라는 율법이 없었더라면 탐욕이
죄라는 것을 나는 몰랐을 것입니다.
8 죄는 이 계명을 기화로 내 속에 온갖 탐욕을
일으켰습니다. 율법이 없다면 죄는 죽은 것
이나 다름없습니다.
9 나는 전에 율법이 없을 때에는 살았었는데
계명이 들어오자 죄는 살아나고
10나는 죽었습니다. 그래서 생명을 가져다 주
어야 할 그 계명이 나에게 오히려 죽음을 가
져왔다는 것을 깨달았습니다.
11다시 말하면 죄가 계명을 기화로 나를 속이
고 그 계명으로 나를 죽인 것입니다.
12그러나 율법은 어디까지나 거룩하고 계명
도 거룩하고 정당하고 좋은 것입니다.
13◎그러면 그 좋은 것이 나에게 죽음을 가져
왔다는 말입니까? 절대로 그렇지 않습니
다. 사실은 죄가 그 좋은 것을 매개로 해서
나에게 죽음을 가져왔습니다. 그래서 죄는
죄로 드러나게 되고 계명으로 말미암아 그
죄가 얼마나 악독한 것인지가 드러나게 되
었습니다.
14우리가 아는 대로 율법 자체는 영적인 것입
니다. 그런데 나는 육정을 따라 사는 사람
으로서 죄의 종으로 팔린 몸입니다.
15나는 내가 하는 일을 도무지 알 수가 없습니
다. 내가 해야겠다고 생각하는 일은 하지
않고 도리어 해서는 안 되겠다고 생각하는
일을 하고 있으니 말입니다.
16그런데 그런 일을 하면서도 그것을 해서는
안 되겠다고 생각하는 것은 곧 율법이 좋다
는 것을 인정하는 것입니다.
17그렇다면 그런 일을 하는 것은 내가 아니라
내 속에 도사리고 있는 죄입니다.
18내 속에 곧 내 육체 속에는 선한 것이 하나
도 들어 있지 않다는 것을 나는 알고 있습니
다. 마음으로는 선을 행하려고 하면서도 나

㉠ 출애 20:17; 신명 5:21.

에게는 그것을 실천할 힘이 없습니다.
19 나는 내가 해야 하겠다고 생각하는 선은 행
하지 않고 해서는 안 되겠다고 생각하는 악
을 행하고 있습니다.
20 그런 일을 하면서도 그것을 해서는 안 되겠
다고 생각하고 있으니 결국 그런 일을 하는
것은 내가 아니라 내 속에 들어 있는 죄입
니다.
21 여기에서 나는 한 법칙을 발견했습니다. 곧
내가 선을 행하려 할 때에는 언제나 바로 곁
에 악이 도사리고 있다는 것입니다.
22 나는 내 마음속으로는 하느님의 율법을 반
기지만
23 내 몸 속에는 내 이성의 법과 대결하여 싸우
고 있는 다른 법이 있다는 것을 알고 있습니
다. 그 법은 나를 사로잡아 내 몸 속에 있는
죄의 법의 종이 되게 합니다.
24 나는 과연 비참한 인간입니다. 누가 이 죽
음의 육체에서 나를 구해 줄 것입니까?
25 고맙게도 하느님께서 우리 주 예수 그리스도
를 통하여 우리를 구해 주십니다. 나는 과
연 이성으로는 하느님의 법을 따르지만 육
체로는 죄의 법을 따르는 인간입니다.

성령이 주시는 생명

8 ◎그러므로 이제 그리스도 예수와 함께 사
는 사람들은 결코 단죄받는 일이 없습니
다.
2 그것은 그리스도 예수와 함께 생명을 누리게
하는 성령의 법이 나를 죄와 죽음의 법에서
해방시켜 주었기 때문입니다.
3 인간의 본성이 약하기 때문에 율법이 이룩
할 수 없었던 것을 하느님께서 이룩하셨습
니다. 하느님께서는 당신의 아들을 죄 많은
인간의 모습으로 보내어 그 육체를 죽이심
으로써 이 세상의 죄를 없이 하셨습니다.
4 이렇게 해서 육체를 따라 살지 않고 성령을
따라 사는 우리 속에서 율법의 요구가 모두
이루어졌습니다.
5 육체를 따라 사는 사람들은 육체적인 것에
마음을 쓰고 성령을 따라 사는 사람들은 영
적인 것에 마음을 씁니다.
6 육체적인 것에 마음을 쓰면 죽음이 오고 영
적인 것에 마음을 쓰면 생명과 평화가 옵니
다.
7 육체적인 것에 마음을 쓰는 사람은 하느님
의 율법에 복종하지도 않고 또 복종할 수도
없기 때문에 하느님의 원수가 되고 맙니다.
8 육체를 따라 사는 사람들은 하느님을 기쁘
게 해드릴 수가 없습니다.
9 사실 하느님의 성령께서 여러분 안에 계시
다면 여러분은 육체를 따라 사는 사람이 아
니라 성령을 따라 사는 사람입니다. 그러나
그리스도의 성령을 모시지 못한 사람은 그리
스도의 사람이 아닙니다.
10 비록 여러분의 몸은 죄 때문에 죽었을지라
도 그리스도께서 여러분 안에 계시면 여러
분은 이미 하느님과 올바른 관계에 있기 때
문에 여러분의 영은 살아 있습니다.
11 그리고 예수를 죽은 자들 가운데서 다시 살
리신 분의 성령께서 여러분 안에 계시면 그
리스도를 죽은 자들 가운데서 다시 살리신
분께서 여러분 안에 살아 계신 당신의 성령
을 시켜 여러분의 죽을 몸까지도 살려주실
것입니다.
12 ◎그러므로 형제 여러분, 우리는 과연 빚을
진 사람입니다. 그러나 육체에 빚을 진 것
은 아닙니다. 그러니 우리는 육체를 따라
살 의무는 없습니다.
13 육체를 따라 살면 여러분은 죽습니다. 그러
나 성령의 힘으로 육체의 악한 행실을 죽이
면 삽니다.
14 누구든지 하느님의 성령의 인도를 따라 사
는 사람은 하느님의 자녀입니다.
15 여러분이 받은 성령은 여러분을 다시 노예
로 만들어서 공포에 몰아넣으시는 분이 아
니라 여러분을 하느님의 자녀로 만들어주
시는 분이십니다. 그래서 우리는 그 성령에
힘입어 하느님을 "아빠, 아버지!"라고 부
릅니다.
16 바로 그 성령께서 우리가 하느님의 자녀라
는 것을 증명해 주십니다. 또 우리의 마음
속에도 그러한 확신이 있습니다.
17 자녀가 되면 또한 상속자도 되는 것입니다.
과연 우리는 하느님의 상속자로서 그리스도
와 함께 상속을 받을 사람입니다. 우리가 그
리스도와 함께 고난을 받고 있으니 영광도
그와 함께 받을 것이 아닙니까?

고통에서 영광으로

18 ◎장차 우리에게 나타날 영광에 비추어보면
지금 우리가 겪고 있는 고통은 아무것도 아
니라고 생각합니다.
19 모든 피조물은 하느님의 자녀가 나타나기
를 간절히 기다리고 있습니다.
20 피조물이 제 구실을 못하게 된 것은 제 본의
가 아니라 하느님께서 그렇게 만드신 것입
니다. 그러나 거기에는 희망이 있습니다.

21 곧 피조물에게도 멸망의 사슬에서 풀려나
서 하느님의 자녀들이 누리는 영광스러운
자유에 참여할 날이 올 것입니다.
22 우리는 모든 피조물이 오늘날까지 다 함께
신음하며 진통을 겪고 있다는 것을 알고 있
습니다.
23 피조물만이 아니라 성령을 하느님의 첫 선
물로 받은 우리 자신도 하느님의 자녀가 되
는 날과 우리의 몸이 해방될 날을 고대하면
서 속으로 신음하고 있습니다.
24 우리는 이 희망으로 구원을 받았습니다. 눈
에 보이는 것을 바라는 것은 희망이 아닙니
다. 눈에 보이는 것을 누가 바라겠습니까?
25 우리는 보이지 않는 것을 바라기에 참고 기
다릴 따름입니다.
26 ◎성령께서도 연약한 우리를 도와주십니다.
어떻게 기도해야 할지도 모르는 우리를 대
신해서 말로 다 할 수 없을 만큼 깊이 탄식
하시며 하느님께 간구해 주십니다.
27 이렇게 성령께서는 하느님의 뜻을 따라 성
도들을 대신해서 간구해 주십니다. 그리고
마음속까지도 꿰뚫어 보시는 하느님께서는
그러한 성령의 생각을 잘 아십니다.
28 하느님을 사랑하는 사람들 곧 하느님의 계
획에 따라 부르심을 받은 사람들에게는 모
든 일이 서로 작용해서 좋은 결과를 이룬다
는 것을 우리는 압니다.
29 하느님께서는 이미 오래 전에 택하신 사람
들이 당신의 아들과 같은 모습을 가지도록
미리 정하셨습니다. 그래서 그리스도께서는
많은 형제 중에서 맏아들이 되셨습니다.
30 하느님께서는 미리 정하신 사람들을 불러
주시고 부르신 사람들을 당신과 올바른 관
계에 놓아주시고, 당신과 올바른 관계를 가
진 사람들을 영광스럽게 해주셨습니다.

하느님의 사랑

31 ◎그러니 이제 무슨 말을 더 하겠습니까?
하느님께서 우리 편이 되셨으니 누가 감히
우리와 맞서겠습니까?
32 우리 모든 사람을 위하여 당신의 아들까지
아낌없이 내어주신 하느님께서 그 아들과
함께 무엇이든지 다 주시지 않겠습니까?
33 하느님께서 택하신 사람들을 누가 감히 고
소하겠습니까? 그들에게 무죄를 선언하시
는 분이 하느님이신데
34 누가 감히 그들을 단죄할 수 있겠습니까?
그리스도 예수께서 단죄하시겠습니까? 아닙
니다. 그분은 우리를 위해서 돌아가셨을 뿐
만 아니라 다시 살아나셔서 하느님 오른편
에 앉아 우리를 위하여 대신 간구해 주시는
분이십니다.
35 누가 감히 우리를 그리스도의 사랑에서 떼
어놓을 수 있겠습니까? 환난입니까? 역경
입니까? 박해입니까? 굶주림입니까? 헐벗
음입니까? 혹 위험이나 칼입니까?
36 우리의 처지는,
"㉠우리는 종일토록
당신을 위하여 죽어갑니다.
도살당할 양처럼 천대받습니다."
라는 성서의 말씀대로입니다.
37 그러나 우리는 우리를 사랑하시는 그분의
도움으로 이 모든 시련을 이겨내고도 남습
니다.
38 나는 확신합니다. 죽음도 생명도 천사들도
권세의 천신들도 현재의 것도 미래의 것도
능력의 천신들도
39 높음도 깊음도 그 밖의 어떤 피조물도 우리
주 그리스도 예수를 통하여 나타날 하느님의
사랑에서 우리를 떼어놓을 수 없습니다.

하느님의 선민 이스라엘

9 ◎나는 그리스도의 사람으로서 진실을 말
하고 거짓을 말하지 않습니다. 성령으로
움직이는 내 양심도 그것이 사실이라고 말
해 줍니다.
2 나에게는 큰 슬픔이 있습니다. 그리고 마음
으로 끊임없이 번민하고 있습니다.
3 나는 혈육을 같이하는 내 동족을 위해서라
면 나 자신이 저주를 받아 그리스도에게서
떨어져 나갈지라도 조금도 한이 없겠습니
다.
4 나의 동족은 이스라엘 사람들입니다. 그들
에게는 하느님의 자녀가 되는 특권이 있고
하느님을 모시는 영광이 있고 하느님과 맺
은 계약이 있습니다. 그리고 그들에게는 율
법이 있고 참된 예배가 있고 하느님의 약속
이 있습니다.
5 그들은 저 훌륭한 선조들의 후손들이며 그
리스도도 인성으로 말하면 그들에게서 나셨
습니다. ㉡만물을 다스리시는 하느님을 영
원토록 찬양합시다. 아멘.
6 ◎나는 하느님의 약속이 실패로 돌아갔다는
말을 하려는 것은 아닙니다. 이스라엘 사람
이라 해서 다 이스라엘 사람은 아니며
7 아브라함의 후예라 하여 모두 아브라함의 자

㉠ 시편 44:22. ㉡ "만물을 다스리시는 하느님이신 그리스도를 영원토록 찬미합시다."라고 옮길 수도 있다.

녀는 아닌 것입니다. "㉠이사악의 혈통을 이
은 자만이 네 자녀라 불리리라." 하시지 않
았습니까?
8 이 말씀은 육정의 자녀는 하느님의 자녀가
아니고 오직 약속의 자녀만이 하느님의 자
녀로 인정받는다는 뜻입니다.
9 그 약속이라는 것은 "㉡내년 이 즈음에 내
가 올 터인데 그 때 사라에게 아들이 있을
것이다." 하신 말씀입니다.
10 뿐만 아니라 리브가가 우리 조상 이사악과의
사이에서 한번에 두 아들을 잉태했을 때의
경우도 마찬가지입니다.
11 그 아들들이 아직 태어나지도 않았고, 따라
12 서 선이나 악을 행하기도 전에 하느님께서
는 리브가에게 "㉢형이 동생을 섬기게 될 것
이다." 하고 말씀하셨습니다. 그러나 하느
님께서는 사람의 선행을 보시고 불러주시
는 것이 아니라 당신의 뜻대로 불러주시며
선택의 원리에 의해서 당신의 계획을 이루
십니다.
13 그것은 "㉣나는 야곱을 사랑하고 에사오는
미워하였다."고 기록된 성서의 말씀대로입
니다.
14 ◎그렇다고 하느님이 공정하지 못하다고 말
할 수 있겠습니까? 절대로 그럴 수 없습니
다.
15 하느님께서 모세에게 "㉤나는 자비를 베풀
고 싶은 사람에게 자비를 베풀고 동정하고
싶은 사람을 동정한다." 하고 말씀하셨듯이
16 하느님의 선택을 받고 안 받는 것은 인간의
의지나 노력에 달려 있는 것이 아니라 오직
하느님의 자비에 달려 있는 것입니다.
17 성서에는 하느님께서 파라오에게 "㉥내가
너를 왕으로 내세운 것은 너를 시켜서 내 힘
을 드러내고 내 이름이 온 세상에 널리 알려
지게 하려는 것이다." 하신 말씀이 있습니
다.
18 이렇게 하느님께서는 당신의 뜻대로 어떤
사람에게는 자비를 베푸시고 또 어떤 사람
은 완고하게도 하십니다.

하느님의 진노와 자비

19 ◎"그렇다면 어찌하여 하느님께서 사람을
책망하십니까? 누가 능히 하느님의 뜻을
거역할 수 있겠습니까?" 하고 말할 사람도
있을 것입니다.
20 그러나 사람이 무엇이기에 감히 하느님께
따지고 드는 것입니까? ㉦만들어진 물건이
만든 사람한테 "왜 나를 이렇게 만들었
소?" 하고 말할 수 있겠습니까?
21 ㉧옹기장이가 같은 진흙덩이를 가지고 하나
는 귀하게 쓸 그릇을 만들고 하나는 천하게
쓸 그릇을 만들어낼 권리가 없겠습니까?
22 하느님께서는 당신의 진노와 권능을 나타
내시기를 원하시면서도 당장 부수어버려야
할 진노의 그릇을 부수지 않으시고 오랫동
안 참아주셨습니다.
23 그것은 하느님께서 자비의 그릇에 베푸실
당신의 영광이 얼마나 풍성한지를 보여주
시려는 것이었습니다. 그 자비의 그릇은 후
에 영광을 주시려고 하느님께서 미리 만드
신 것인데
24 그 자비의 그릇은 바로 우리들입니다. 하느
님께서 불러주신 우리들 가운데는 유다인뿐
아니라 이방인도 있습니다.
25 호세아서에 이런 말씀이 있습니다.
"㉨내 백성이 아니었던 사람들을
내 백성이라 부르겠고
내 사랑을 받지 못하던 백성을
내 사랑하는 백성이라 부르리라.
26 '너희는 내 백성이 아니다.' 하고
말씀하신 바로 그 곳에서
그들은 살아 계신 하느님의 자녀라고
불리리라."
27 ◎그리고 이사야는 이스라엘에 관해서 이렇
게 외쳤습니다.
"㉩이스라엘 자손들이
바다의 모래처럼 많을지라도
남은 자만이 구원을 얻으리라.
28 주께서는 약속하신 말씀을
신속히 그리고 엄격히
이 세상에서 다 이루시리라."
29 ◎또 이사야는 이렇게 예언했습니다.
"㉪전능하신 주께서 우리에게
씨를 남겨주시지 않았던들
우리는 소돔처럼 되었을 것이요,
고모라와 같이 되었으리라."

이스라엘의 잘못

30 ◎그러면 어떻게 생각해야 하겠습니까? 하
느님과 올바른 관계를 추구하지 않던 이방
인이 오히려 그 올바른 관계를 얻었습니다.
그것은 믿음으로써 이루어진 것입니다.
31 그런데 이스라엘은 하느님과 올바른 관계를

㉠ 창세 21:12. ㉡ 창세 18:10, 14. ㉢ 창세 25:23. ㉣ 말라 1:2-3. ㉤ 출애 33:19. ㉥ 출애 9:16. ㉦ 이사 29:16(45:9 참조). ㉧ 예레 18:6. ㉨ 호세 2:23. ㉩ 이사 10:22-23(호세 1:10 상반 참조). ㉪ 이사 1:9.

가지는 법을 추구하였지만 끝내 그 법을 찾
지 못했습니다.
32 왜 그렇게 되었습니까? 그들은 믿음을 통
해서 얻으려 하지 않고 공로를 쌓음으로써
얻으려고 했기 때문입니다. 이를테면 그들
은 그 걸림돌에 걸려 넘어진 것입니다.
33 성서에,

"ⓐ자, 이제 내가 걸림돌 하나를
시온에 놓으리니
사람들이 걸려 넘어질 바윗돌이라.
그러나 그를 믿는 사람은
수치를 당하지 않으리라."

하신 말씀대로입니다.

10 ◎형제 여러분, 나는 내 동족이 구원받
기를 마음으로 간절히 원하며 하느님
께 간구합니다.
2 나는 하느님께 대한 그들의 열성만은 충분
히 인정합니다. 그러나 그 열성은 바른 지
식에 근거를 둔 것이 아닙니다.
3 그들은 하느님께서 인간을 당신과 올바른
관계에 놓아주시는 길을 깨닫지 못하고 제
나름의 방법을 세우려고 하면서 하느님의
방법을 따르지 않았습니다.
4 그리스도께서 나타나심으로 율법은 끝이 났
고 그를 믿는 사람은 누구든지 하느님과 올
바른 관계를 가지게 되었습니다.

구원은 만민에게

5 ◎모세는 사람이 율법을 통해서 하느님과 올
바른 관계를 가질 수 있다고 하면서 "ⓑ율
법을 지키는 사람은 그것을 지킴으로써 생
명을 얻는다."고 기록하였습니다.
6 그러나 믿음을 통해서 얻는 하느님과의 올
바른 관계에 대해서는 하느님께서 "ⓒ누가
저 높은 하늘까지 올라갈까 하고 속으로 걱
정하지 마라." 하고 말씀하십니다. 이 말씀
은 그리스도를 모셔 내리기 위해서 하늘까
지 올라갈 필요는 없다는 말씀입니다.
7 또 하느님께서 "ⓓ누가 저 깊은 땅 속까지
내려갈까 하고 걱정하지 마라." 하십니다.
이 말씀은 그리스도를 죽음의 세계에서 모
셔 올리기 위하여 땅 속까지 내려갈 필요는
없다는 말씀입니다.
8 하느님께서 "ⓔ말씀은 네 바로 곁에 있고
네 입에 있고 네 마음에 있다." 하셨는데 이
것은 우리가 전파하는 믿음의 말씀을 가리
켜 하신 말씀입니다.
9 예수는 주님이시라고 입으로 고백하고 또
하느님께서 예수를 죽은 자들 가운데서 다
시 살리셨다는 것을 마음으로 믿는 사람은
구원을 받을 것입니다.
10 곧 마음으로 믿어서 하느님과 올바른 관계
에 놓이게 되고 입으로 고백하여 구원을 얻
게 됩니다.
11 성서에도 "ⓕ그를 믿는 사람은 누구든지 수
치를 당하지 않으리라."는 말씀이 있지 않
습니까?
12 유다인이나 이방인이나 아무런 구별이 없습
니다. 같은 주님께서 만민의 주님이 되시고
당신의 이름을 부르며 찾는 모든 사람에게
풍성한 복을 내리십니다.
13 "ⓖ주님의 이름을 부르는 사람은 누구든지
구원을 얻으리라."는 말씀이 있지 않습니
까?
14 ◎그러나 믿지 않는 분의 이름을 어떻게 부
를 수 있겠습니까? 또 들어보지도 못한 분
을 어떻게 믿겠습니까? 말씀을 전해 주는
사람이 없으면 어떻게 들을 수 있겠습니까?
15 전도자로서 파견받지 않고서 어떻게 전도
를 할 수 있겠습니까? "ⓗ기쁜 소식을 전하
는 이들의 발이 얼마나 아름다운가!" 하는
말이 바로 그 말씀입니다.
16 그러나 모든 사람이 다 그 복음을 받아들인
것은 아닙니다. "ⓘ주님, 우리가 일러준 말
을 누가 믿었습니까?" 하고 이사야도 한탄
한 일이 있습니다.
17 그러므로 들어야 믿을 수 있고 그리스도를
전하는 말씀이 있어야 들을 수 있습니다.
18 나는 묻겠습니다. 그들이 그 말씀을 한 번
도 들어본 적이 없습니까? 분명히 들었습
니다. 성서의 말씀에도,

"ⓙ그들의 소리가 온 땅에 울려 퍼졌고
그들의 말이 땅 끝까지 이르렀다."

하지 않았습니까?
19 나는 다시 묻겠습니다. 이스라엘 사람들이
그 말씀을 알아듣지 못했습니까? 우선 모세
의 말을 들어보십시오. "ⓚ나는 너희로 하
여금 내 백성이 아닌 자들을 시기하게 하겠
고 어리석은 백성을 보고 화나게 하리라."
하였습니다.
20 ◎또 이사야는 더욱 대담하게,

"ⓛ나를 찾지 않던 사람들이 나를 만

ⓐ 이사 8:14, 28:16. ⓑ 레위 18:5. ⓒ 신명 9:4, 30:12. ⓓ 신명 30:13. ⓔ 신명 30:14. ⓕ 칠십인역 이사 28:16. ⓖ 요엘 2:32. ⓗ 이사 52:7(나훔 1:15 참조). ⓘ 이사 53:1. ⓙ 시편 19:4. ⓚ 신명 32:21. ⓛ 이사 65:1.

났고
나를 구하지 않던 사람들이 나를 보았
다."
하였습니다.
21◎그러나 이스라엘에 대해서는
"㉠나는 온종일 내 팔을 벌려
이 백성을 기다렸으나
그들은 순종하지 않고
오히려 나를 거역하고 있다."
하고 말하였습니다.

이스라엘 중의 참 선민

11 ◎나는 또 묻겠습니다. 하느님께서 당
신의 백성을 버리셨다고 할 수 있겠습
니까? 절대로 그렇지 않습니다. 나도 아브
라함의 후손으로서 베냐민 지파에 속하는 한
이스라엘 사람입니다.
2하느님께서는 미리 뽑으신 당신의 백성을
버리시지 않았습니다. 엘리야가 하느님께
이스라엘을 고발하면서 한 말을 여러분은
성서에서 읽어보지 못했습니까?
3그가 "㉡주님, 그들은 주님의 예언자들을
죽이고 주님의 제단을 모조리 헐어버렸습
니다. 이제 남은 것은 저 하나뿐인데도 제
목숨마저 노리고 있습니다." 하자
4하느님께서는 무엇이라고 대답하셨습니
까? "㉢나에게는 아직도 바알 신 앞에 무릎
을 꿇지 않은 사람이 칠천 명이나 있다." 하
고 말씀하시지 않았습니까?
5이와 같이 지금도 은총으로 뽑힌 사람들이
남아 있습니다.
6그 사람들은 자기 공로로 뽑힌 것이 아니라
하느님의 은총을 받아 뽑힌 것입니다. 만일
그들이 무슨 공로가 있어서 뽑힌 것이라면
그의 은총은 은총이 아닐 것입니다.
7◎결국 어떻게 되었습니까? 이스라엘은 자
기들이 찾던 것을 얻지 못했는데 뽑힌 사람
들은 그것을 얻었습니다. 뽑히지 못한 사람
들은 마음이 완고해져서,
8 "㉣하느님께서 그들에게 혼미한 정신
을 주셔서
오늘날까지 그들은 눈을 가지고도 보
지 못하고
귀를 가지고도 듣지 못하게 되었다."
하신 성서의 말씀대로 되었습니다.
9그래서 다윗도,
"㉤그들이 벌여놓은 잔치 자리가 오히
려 올가미와 덫이 되어
그들이 걸려 넘어져 패망하는 자리가
되게 하여주십시오.
10 그들의 눈을 어둡게 하여 보지 못하게
하시고
그들의 등은 굽어진 채로 펴볼 날이 없
게 하여주십시오."
하였습니다.

이방인의 구원

11◎그러면 이스라엘이 걸려 넘어져서 완전히
패망하고 말았다고 할 수 있겠습니까? 절
대로 그렇지 않습니다. 그들의 죄 때문에
오히려 이방인들은 구원을 받게 되었고 이
스라엘은 이방인들을 시기하게 되었습니다.
12이렇게 이스라엘의 범죄가 세상에 풍성한
축복을 가져왔고 이스라엘의 실패가 이방인
들에게 풍성한 축복을 가져왔다면 이스라엘
전체가 구원을 받는 날에는 그 축복이 얼마
나 엄청나겠습니까?
13◎이제부터는 이방인 여러분에게 말씀 드립
니다. 나는 이방인들을 위한 사도로서 내가
맡은 직책을 영광으로 생각합니다.
14나는 내 동족 유다인들에게 시기심을 불러
일으켜 그들 가운데 일부나마 구해 주고 싶
습니다.
15그들이 버림을 받은 결과로 하느님과 세상
사이에 화해가 이루어졌다면 하느님께서
그들을 다시 받아주실 때에는 어떻게 되겠
습니까? 죽었던 사람들에게 생명을 주실
것이 분명합니다.
16떡 반죽에서 떼낸 첫 부분을 하느님께 드리
면 그 반죽덩어리 전체도 거룩합니다. 또
나무 뿌리가 거룩하면 그 가지도 다 거룩합
니다.
17◎올리브 나무가 한 그루 있는데 그 가지 몇
개가 잘리고 그 자리에 야생 올리브 나무 가
지를 접붙였다고 합시다. 그러면 그 접붙인
가지들은 올리브 나무 원 뿌리에서 양분을
같이 받게 됩니다. 말하자면 여러분은 이
야생 올리브 나무 가지들입니다.
18그러니 여러분은 잘려 나간 가지들을 업신
여겨서는 안 됩니다. 그럴 생각이 날 때에
는 여러분이 뿌리를 지탱하는 것이 아니고
뿌리가 여러분을 지탱한다는 사실을 기억
하십시오.
19여러분은 "저 가지들이 잘려 나간 것은 그
자리에 우리를 접붙이기 위한 것이 아닙니
까?" 하고 말할지도 모릅니다.

㉠ 이사 65:2. ㉡ 1열왕 19:10, 14. ㉢ 1열왕 19:18. ㉣ 이사 29:10; 신명 29:4. ㉤ 시편 69:22-23, 35:8.

20그것은 그렇습니다. 그러나 그 가지들이 잘
려 나간 것은 그들이 믿지 않은 탓이고 여러
분이 그 자리에 붙어 있는 것은 여러분이 믿
었기 때문입니다. 그러니 여러분은 두려워
할지언정 자랑할 것은 하나도 없습니다.
21하느님께서 원 가지들도 아낌없이 잘라내
셨으니 여러분들도 아낌없이 잘라버리실
수 있습니다.
22하느님께서는 자비로우시기도 하고 준엄하
시기도 하다는 것을 알아두십시오. 하느님
께서는 당신을 거역하는 자들에게는 준엄
하시지만 여러분에게는 자비로우십니다.
그러나 그것은 여러분이 하느님의 자비를
저버리지 않을 때에 한한 일이고 그렇지 못
할 때에는 여러분도 잘려 나갈 것입니다.
23믿지 않았던 탓으로 잘려 나갔던 가지들이
믿게 되면 하느님께서는 그 가지들도 접붙
여 주실 것입니다. 하느님께서는 전에 잘라
내셨던 가지들이라도 다시 접붙이실 능력
을 가지고 계십니다.
24원래 야생 올리브 나무 가지였던 여러분이
잘려서 제 나무가 아닌 딴 좋은 올리브 나무
에 쉽사리 접붙여졌다면 잘려 나갔던 가지
들이 제 올리브 나무에 다시 접붙여지는 것
이야 얼마나 더 쉬운 일이겠습니까?

하느님의 심오한 경륜

25◎형제 여러분, 여러분이 모든 것을 다 알았
다고 장담할지 모르지만 아직 깨닫지 못하
는 숨은 진리가 하나 있는데 여러분도 그것
을 꼭 알아두시기 바랍니다. 그 진리란 이
런 것입니다. 일부 이스라엘 사람들이 지금
은 완고하지만 모든 이방인들이 하느님께
돌아오는 날에는 그 완고한 마음을 버릴 것
이고
26따라서 온 이스라엘도 구원받게 되리라는
것입니다. 성서에도,

"㉠시온에서 해방자가 나와
야곱의 후손으로부터 사악을 제거하리
라.
27 이것이 내가 그들의 죄를 없이할 때
그들과 맺으려는 나의 계약이다."

라는 말씀이 있습니다.
28◎복음의 견지에서 보면 이스라엘 사람들은
여러분이 잘 되라고 하느님의 원수가 되었
지만 하느님의 선택의 견지에서 보면 그들
의 조상 덕택으로 여전히 하느님의 사랑을
받는 백성입니다.
29하느님께서 한 번 주신 선물이나 선택의 은
총은 다시 거두어가시지 않습니다.
30전에 하느님께 순종하지 않았던 여러분이
이제 이스라엘 사람들의 불순종 때문에 하
느님의 자비를 받게 되었습니다.
31이와 같이 지금은 순종하지 않고 있는 이스
라엘 사람들도 여러분이 받은 하느님의 자
비를 보고 회개하여 마침내는 자비를 받게
될 날이 올 것입니다.
32하느님께서는 모든 사람을 불순종에 사로
잡힌 자가 되게 하셨습니다. 그러나 결국은
그 모두에게 자비를 베푸셨습니다.
33오! 하느님의 풍요와 지혜와 지식은 심오
합니다. 누가 그분의 판단을 헤아릴 수 있
으며 그분이 하시는 일을 이해할 수 있겠습
니까?

34 "㉡주님의 생각을 잘 안 사람이 누구였
습니까?
주님의 의논 상대가 될 만한 사람이 누
구였습니까?
35 ㉢누가 먼저 무엇을 드렸기에
주님의 답례를 바라겠습니까?"

36◎모든 것은 그분에게서 나오고 그분으로
말미암고 그분을 위하여 있습니다. 영원토
록 영광을 그분께 드립니다. 아멘.

그리스도 안의 새 생활

12 ◎그러므로 형제 여러분, 하느님의 자
비가 이토록 크시니 나는 여러분에게
권고합니다. 여러분 자신을 하느님께서 기
쁘게 받아주실 거룩한 산 제물로 바치십시
오. 그것이 여러분이 드릴 진정한 예배입니
다.
2여러분은 이 세상을 본받지 말고 마음을 새
롭게 하여 새 사람이 되십시오. 이리하여
무엇이 하느님의 뜻인지, 무엇이 선하고 무
엇이 그분 마음에 들며 무엇이 완전한 것인
지를 분간하도록 하십시오.
3◎나는 하느님의 은총을 받은 사람으로서
여러분 한 사람 한 사람에게 말합니다. 여
러분은 자신을 과대 평가하지 말고 하느님
께서 각자에게 나누어주신 믿음의 정도에
따라 분수에 맞는 생각을 하십시오.
4사람의 몸은 하나이지만 그 몸에는 여러 가
지 지체가 있고 그 지체의 기능도 각각 다릅
니다.
5이와 같이 우리도 수효는 많지만 그리스도
안에서 한 몸을 이루고 각각 서로 서로의 지

㉠ 이사 59:20-21. ㉡ 이사 40:13; 욥기 15:8; 예레 23:18. ㉢ 욥기 41:11.

체 구실을 하고 있습니다.
6 하느님께서 우리에게 주신 은총의 선물은
각각 다릅니다. 가령 그것이 예언이라면 자
기 믿음의 정도에 따라서 써야 하고
7 그것이 봉사하는 일이라면 봉사하는 데 써
야 하고 가르치는 일이라면 가르치는 데 써
야 하고
8 격려하는 일이라면 격려하는 데 써야 합니
다. 희사하는 사람은 순수한 마음으로 해야
하고 지도하는 사람은 열성을 다해서 해야
하며 자선을 베푸는 사람은 기쁜 마음으로
해야 합니다.
9 ◎사랑은 거짓이 없어야 합니다. 악을 미워
하고 꾸준히 선한 일을 하십시오.
10 형제의 사랑으로 서로 사랑하고 다투어 서
로 남을 존경하는 일에 뒤지지 마십시오.
11 게으르지 말고 부지런히 일하며 열렬한 마
음으로 주님을 섬기십시오.
12 희망을 가지고 기뻐하며 환난 속에서 참으
며 꾸준히 기도하십시오.
13 성도들의 딱한 사정을 돌봐 주고 나그네를
후히 대접하십시오.
14 여러분을 박해하는 사람들을 축복하십시
오. 저주하지 말고 복을 빌어주십시오.
15 기뻐하는 사람이 있으면 함께 기뻐해 주고
우는 사람이 있으면 함께 울어주십시오.
16 서로 한마음이 되십시오. 오만한 생각을 버
리고 천한 사람들과 사귀십시오. 그리고 잘
난 체하지 마십시오.
17 ㉠아무에게도 악을 악으로 갚지 말고 모든
사람이 다 좋게 여기는 일을 하도록 하십시
오.
18 여러분의 힘으로 되는 일이라면 모든 사람
과 평화롭게 지내십시오.
19 친애하는 여러분, 여러분 자신이 복수할 생
각을 하지 말고 하느님의 진노에 맡기십시
오. 성서에도 "㉡원수 갚는 것은 내가 할 일
이니 내가 갚아주겠다." 하신 주님의 말씀
이 있습니다.
20 그러니 "㉢원수가 배고파하면 먹을 것을 주
고 목말라하면 마실 것을 주십시오. 그렇게
하면 그의 머리에 숯불을 쌓아놓는 셈이 될
것입니다."
21 악에게 굴복하지 말고 선으로써 악을 이겨
내십시오.

권위에 대한 복종

13 ◎누구나 자기를 지배하는 권위에 복
종해야 합니다. 하느님께서 주시지
않은 권위는 하나도 없고 세상의 모든 권
위는 다 하느님께서 세워주신 것이기 때문
입니다.
2 그러므로 권위를 거역하면 하느님께서 세
워주신 것을 거스르는 자가 되고 거스르는
사람들은 심판을 받게 됩니다.
3 통치자들은 악을 행하는 자에게나 두려운
존재이지 선을 행하는 사람들에게는 두려
울 것이 없습니다. 통치자를 두려워하지 않
으려거든 선을 행하십시오. 그러면 그에게
서 칭찬을 받을 것입니다.
4 통치자는 결국 여러분의 이익을 위해서 일
하는 하느님의 심부름꾼입니다. 그러나 여
러분이 잘못을 저지를 때에는 두려워해야
합니다. 그는 공연히 칼을 차고 있는 것이
아닙니다. 그는 하느님의 심부름꾼으로서
악을 행하는 자들에게 하느님의 벌을 대신
주는 사람입니다.
5 그러므로 하느님의 벌이 무서워서뿐만 아
니라 자기 양심을 따르기 위해서도 권위에
복종해야 합니다.
6 여러분이 여러 가지 세금을 내는 것도 이 때
문입니다. 통치자들은 그와 같은 직무들을
수행하도록 하느님의 임명을 받은 일꾼들
입니다.
7 그러므로 여러분은 그들에게 해야 할 의무
를 다하십시오. 국세를 바쳐야 할 사람에게
는 국세를 바치고 관세를 바쳐야 할 사람에
게는 관세를 바치고 두려워해야 할 사람은
두려워하고 존경해야 할 사람은 존경하십
시오.

사랑은 율법의 완성

8 ◎남에게 해야 할 의무를 다하십시오. 그러
나 아무리 해도 다할 수 없는 의무가 한 가
지 있습니다. 그것은 사랑의 의무입니다.
남을 사랑하는 사람은 이미 율법을 완성했
습니다.
9 "㉣간음하지 마라. 살인하지 마라. 도둑질
하지 마라. 탐내지 마라." 한 계명이 있고
또 그 밖에도 다른 계명이 많이 있지만 그
모든 계명은 "㉤네 이웃을 네 몸같이 사랑
하여라." 한 이 한마디로 요약될 수 있습니
다.
10 이웃을 사랑하는 사람은 이웃에게 해로운

로마

㉠ 잠언 20:22. ㉡ 신명 32:35. ㉢ 잠언 25:21-22. ㉣ 출애 20:13-15, 17; 신명 5:17-19, 21. ㉤ 레위 19:18 하반.

일을 하지 않습니다. 그러므로 사랑한다는
것은 율법을 완성하는 일입니다.

단정한 처신

11◎이렇게 살아야 하는 여러분은 지금이 어
느 때인지를 알아야 합니다. 여러분이 잠에
서 깨어나야 할 때가 왔습니다. 지금은 우
리가 처음 믿던 때보다 우리의 구원이 더 가
까이 다가왔습니다.
12밤이 거의 새어 낮이 가까웠습니다. 그러니
어둠의 행실을 벗어버리고 빛의 갑옷을 입
읍시다.
13진탕 먹고 마시고 취하거나 음행과 방종에
빠지거나 분쟁과 시기를 일삼거나 하지 말
고 언제나 대낮으로 생각하고 단정하게 살
아갑시다.
14주 예수 그리스도로 온몸을 무장하십시오.
그리고 육체의 정욕을 만족시키려는 생각
은 아예 하지 마십시오.

형제를 심판하지 마라

14 ◎믿음이 약한 사람이 있거든 그의 잘
못을 나무라지 말고 반가이 맞으십시
오.
2어떤 사람은 믿음이 있어서 무엇이든지 먹
지만 믿음이 약한 사람은 채소밖에는 먹지
않습니다.
3아무것이나 먹는 사람은 가려서 먹는 사람
을 업신여기지 말고 가려서 먹는 사람은
아무것이나 먹는 사람을 비난하지 마십시
오. 하느님께서는 그 사람도 받아들이셨습
니다.
4우리에게 남의 종을 판단할 권리가 있습니
까? 그가 서거나 넘어지거나, 그것은 그의
주인이 상관할 일입니다. 주님께는 그를 서
있게 하실 힘이 있으시니 그는 넘어지지 않
을 것입니다.
5어떤 사람들은 어떤 날을 특별히 더 좋은 날
로 여기고 어떤 사람들은 어느 날이나 다 같
다고 생각합니다. 하여간 각각 신념을 가지
고 있어야 합니다.
6어떤 날을 따로 정해서 지키는 사람도 주님
을 위해서 그렇게 합니다. 아무것이나 가리
지 않고 먹는 사람도 하느님께 감사를 드리
며 먹으니 주님을 위해서 그렇게 하는 것이
고 가려서 먹는 사람도 하느님께 감사를 드
리며 먹으니 그 역시 주님을 위해서 그렇게
하는 것입니다.
7우리들 가운데는 자기 자신을 위해서 사는
사람도 없고 자기 자신을 위해서 죽는 사람
도 없습니다.
8우리는 살아도 주님을 위해서 살고 죽더라
도 주님을 위해서 죽습니다. 그러므로 우리
는 살아도 주님의 것이고 죽어도 주님의 것
입니다.
9그리스도께서는 죽은 자의 주님도 되시고
산 자의 주님도 되시기 위해서 죽으셨다가
다시 살아나셨습니다.
10그런데 어떻게 우리가 형제를 심판할 수 있
으며 또 멸시할 수 있겠습니까? 우리는 다
하느님의 심판대 앞에 설 사람이 아닙니까?
11성서에도,

"㉠정녕 나는 모든 무릎을 내 앞에 꿇
게 하고
모든 입이 나를 하느님으로 찬미하게
하리라."

한 주님의 말씀이 있습니다.
12그 때에 우리는 각각 자기 일을 하느님께 사
실대로 아뢰게 될 것입니다.

신념의 생활

13◎그러니 이제부터는 서로 남을 심판하지
말고 도리어 형제를 넘어뜨리거나 죄짓게
하는 일은 하지 않기로 결심합시다.
14주 예수를 믿는 나는 무엇이든지 그 자체가
더러운 것은 하나도 없고 다만 더럽다고 생
각하는 사람에게만 더럽게 여겨진다는 것
을 알고 또 확신합니다.
15여러분이 음식 문제를 가지고 형제의 마음
을 상하게 한다면 그것은 사랑을 지니고 살
아가는 사람의 도리가 아닙니다. 여러분은
음식 문제를 가지고 형제를 망쳐놓는 일이
있어서는 안 됩니다. 그리스도께서는 그 사
람을 위해서도 목숨을 바치셨습니다.
16그러니 여러분이 좋다고 생각해서 하는 일
이 다른 사람의 비난의 대상이 되지 않도록
하십시오.
17하느님의 나라는 먹고 마시는 일이 아니라
성령을 통해서 누리는 정의와 평화와 기쁨
입니다.
18이러한 정신으로 그리스도를 섬기는 사람은
하느님을 기쁘게 하고 사람들의 인정을 받
습니다.
19우리는 평화를 도모하고 서로 도움이 되는
일을 추구합시다.
20음식 문제를 가지고 하느님께서 하시는 일

㉠ 이사 45:23.

을 그르쳐서는 안 됩니다. 과연 모든 것이
깨끗합니다. 그러나 어떤 음식을 먹는 것이
남을 죄짓게 하는 원인이 된다면 그것을 먹
는 것은 좋지 않습니다.
21 형제를 죄짓게 하는 일이라고 생각되면 고
기를 먹는다든가 술을 마신다든가 그 밖의
어떤 일이라도 하지 않는 것이 좋습니다.
22 여러분에게 어떤 신념이 있다면 하느님 앞
에서 각각 그 신념대로 살아가십시오. 자기
가 옳다고 생각하는 일을 하면서 양심의 가
책을 받지 않는 사람은 행복합니다.
23 그러나 의심을 하면서 먹는 사람은 벌써 단
죄를 받은 것입니다. 그것은 믿음에서 우
러나온 행위가 아니기 때문입니다. 믿음에
서 우러나오지 않은 행위는 모두 다 죄가 됩
니다.

약한 자의 짐을 져주어라

15 ◎믿음이 강한 사람은 자기 좋을 대로
하지 말고 믿음이 약한 사람의 약점을
돌보아 주어야 합니다.
2 우리는 저마다 이웃의 뜻을 존중하고 그의
이익을 도모하여 믿음을 북돋아 주어야 합
니다.
3 그리스도께서도 당신이 좋으실 대로 하시지
않고 오히려 "㉠하느님을 모욕하는 자들의
모욕을 내가 대신 다 받았습니다."라는 성
서 말씀대로 사셨습니다.
4 성서 말씀은 모두 우리에게 교훈을 주려고
기록된 것입니다. 그래서 우리는 성서에서
인내를 배우고 격려를 받아서 희망을 가지
게 됩니다.
5 아무쪼록 인내와 격려를 주시는 하느님께
서 여러분이 그리스도 예수의 뜻을 따라 모
두 한마음이 되어
6 다같이 한 목소리로 우리 주 예수 그리스도
의 아버지 하느님을 찬미하도록 하여주시
기를 빕니다.

서로 받아들여라

7 ◎그러므로 그리스도께서 여러분을 받아들
이신 것같이 여러분도 서로 받아들여서 하
느님의 영광을 드러내십시오.
8 그리스도께서는 하느님의 진실성을 드러내
시기 위하여 할례받은 사람들의 종이 되셨
습니다. 이리하여 하느님께서 그들의 조상
에게 약속하신 것을 이루셨고
9 이방인들은 자비로우신 하느님을 찬양하게
되었습니다. 성서에도,
"㉡그러므로 내가 이방인들 가운데서
주께 찬양을 드리며
주님의 이름을 찬미하리라."
하였고 또,
10 "㉢이방인들이여, 주님의 백성과 함께
기뻐하여라."
하였으며 또,
11 "㉣모든 이방인들이여, 주를 찬양하여
라.
모든 민족들도 주를 찬양하여라."
하였습니다.
12 그리고 이사야도,
"㉤이새의 줄기에서 싹이 돋아
이방인들을 다스릴 분이 나타나리니
이방인들은 그분에게 희망을 걸리라."
하였습니다.
13 아무쪼록 희망을 주시는 하느님께서 믿음
에서 오는 온갖 즐거움과 평화를 여러분에
게 가득히 안겨주시고 성령의 힘으로 희망
이 여러분에게 넘쳐 흐르게 하여주시기를
빕니다.

바울로의 사도직

14 ◎형제 여러분, 나는 여러분이 더할 나위 없
이 마음이 너그럽고 지식이 풍부하여 서로
충고할 만한 능력이 있다고 확신합니다.
15 다만 내가 이 편지에서 가끔 지나칠 정도로
강조해서 말한 것은 하느님께서 내게 은총
으로 주신 사명을 다하기 위해서 여러분의
기억을 새롭게 하려는 것이었습니다.
16 그 사명은 내가 이방인들을 위한 그리스도
예수의 일꾼으로서 하느님의 복음을 전하는
사제의 직무를 맡아 성령으로 거룩하게 된
이방인들을 하느님께서 기쁘게 받아주실
제물이 되게 하는 것입니다.
17 그러므로 나는 그리스도 예수와 한 몸이 되
어 하느님을 위하여 일하는 것을 자랑으로
여깁니다.
18 이방인들을 하느님께 복종시키신 분은 그리
스도이시고 나는 다만 그분의 일꾼 노릇을
했을 따름이라는 것을 강조하고 싶습니다.
19 나는 그분에게서 기적과 놀라운 일을 할 수
있는 힘 곧 성령의 힘을 받아 예루살렘에서
일리리쿰에 이르기까지 두루 다니면서 말과
활동으로 그리스도의 복음을 남김없이 전파
하였습니다.
20 그리고 나는 남이 닦아놓은 터전에는 집을

㉠ 칠십인역 시편 68:10; 69:9. ㉡ 시편 18:49(2사무 22:50). ㉢ 신명 32:43. ㉣ 시편 117:1. ㉤ 이사 11:1, 10.

짓지 않으려고 그리스도의 이름이 아직 알
려지지 않은 곳에서만 복음을 전하려고 애
써 왔습니다.
21 나는,
"㉠그분의 소문을 들어보지도 못한 사
람들에게
그분을 보여주고
그분의 이름을 들어보지도 못한 사람
들에게
그분을 깨닫게 하여주리라."
한 성서 말씀대로 실천한 것입니다.

바울로의 로마 방문 계획

22◎그래서 여러분을 찾아가려던 나의 계획이
번번이 좌절되었습니다.
23 그러나 여러 해를 두고 여러분을 찾아가려
고 벼러온 나는 이제 이 지방에서 할 일을
다 끝냈기 때문에
24 스페인으로 가는 길에 여러분을 만나 잠시
나마 함께 지내면서 즐거움을 나누다가 여
러분의 후원을 얻어 그 곳으로 가게 되었으
면 합니다.
25 그러나 지금은 예루살렘에 사는 성도들에게
구제금을 전하러 갑니다.
26 그것은 마케도니아와 아카이아의 성도들이
예루살렘에 있는 가난한 성도들에게 같은
교우로서 정을 나누려고 기쁜 마음으로 보
낸 것입니다.
27 그들은 이렇게 기쁜 마음으로 보냈지만 그
들에게는 또한 그렇게 할 의무도 있습니다.
이방인들은 예루살렘에 있는 성도들의 정신
적인 축복을 나누어가졌으니 이제는 물질
적인 것을 가지고 그들을 도울 의무가 있지
않겠습니까?
28 나는 모금을 마치고 그 돈을 예루살렘에 있
는 성도들에게 확실히 전해 준 다음에 여
러분에게 들렀다가 스페인으로 가려고 합
니다.
29 내가 여러분을 찾아갈 때에는 그리스도의
풍성한 축복을 안고 가게 되리라고 믿습
니다.
30◎형제 여러분, 나는 성령이 베푸시는 사랑
을 믿고 우리 주 예수 그리스도의 이름으로
여러분에게 부탁합니다. 여러분도 나를 위
하여 하느님께 간곡히 기도하여 주십시오.
31 내가 유다에 있는 믿지 않는 사람들에게서
화를 입지 않고 예루살렘으로 가져가는 구
제금이 그 곳 성도들에게 기쁜 선물이 되도
록 기도하여 주십시오.
32 그리하면 내가 하느님의 뜻을 따라 기쁜 마
음으로 여러분을 찾아가 함께 즐거운 휴식
을 가지게 될 것입니다.
33 평화의 하느님께서 여러분 모두와 함께 계
시기를 빕니다. 아멘.

문안

16 ◎겐크레아 교회에서 봉사하는 여교우
페베를 여러분에게 소개합니다.
2 여러분은 함께 주님을 믿는 사람으로서 성
도의 예절을 갖추어 그를 영접하십시오. 그
리고 그가 여러분에게서 도움을 바라는 것
이 있으면 아낌없이 도와주시기 바랍니다.
페베는 많은 사람을 도와주었고 나도 그에
게 신세를 졌습니다.
3◎그리스도 예수를 위해서 함께 일하는 동지
브리스카와 아퀼라에게 문안해 주십시오.
4 그들은 생명의 위험을 무릅쓰고 내 목숨을
살려준 사람들입니다. 이 사람들에 대해서
는 나뿐만 아니라 이방인의 모든 교회가 다
고맙게 생각합니다.
5 그들의 집에서 모이는 교회 여러분에게 문
안해 주십시오. 또 나의 친애하는 에베네도
에게 문안해 주십시오. 그는 아시아에서 처
음으로 그리스도 신자가 된 사람입니다.
6 여러분을 위해서 수고를 많이 한 마리아에
게 문안해 주십시오.
7 내 친척이며 한때 나와 함께 갇힌 일이 있는
안드로니고와 유니아에게 문안해 주십시오.
그들은 ㉡사도들 사이에서 평판이 좋은 사
람들로서 나보다 먼저 그리스도 신자가 된
사람들입니다.
8 친애하는 내 교우 암플리아도에게 문안해 주
십시오.
9 그리스도를 위해서 함께 일하는 동지 우르바
노와 내 사랑하는 스타키스에게 문안해 주십
시오.
10 그리스도를 위해서 무척 고생을 많이 한 아
벨레에게 문안해 주십시오. 아리스토불로의
가족에게 문안해 주십시오.
11 내 친척 헤로디온에게 문안해 주시고 교우
나르깃소의 가족 여러분에게도 문안해 주십
시오.
12 주님을 위해서 애쓴 드리패나와 드리포사에
게 문안해 주시고 주님을 위해서 특별히
수고한 사랑하는 베르시스에게 문안해 주
십시오.

로마

㉠ 이사 52:15. ㉡ 여기에서 사도란 열두 사도를 가리킬 수도 있고 넓은 의미의 전도자를 가리킬 수도 있다.

13뛰어난 주님의 일꾼 루포와 그의 어머니에
게 문안해 주십시오. 그의 어머니는 나를
아들처럼 여겼습니다.
14아신그리도와 플레곤과 헤르메스와 바트로바
와 헤르마스와 그리고 그들과 함께 있는 다
른 교우들에게 문안해 주십시오.
15필롤로고와 율리아, 네레오와 그의 누이 동생
과 올림파스와 그들과 함께 있는 모든 성도
들에게 문안해 주십시오.
16거룩한 입맞춤으로 서로 인사하십시오. 그
리스도의 모든 교회가 여러분에게 문안합
니다.
17◎형제 여러분, 여러분이 배운 교훈과는 달
리 남들을 분열시키고 죄짓게 하는 사람들
을 경계하고 멀리하시기 바랍니다.
18그런 자들은 우리 주 예수 그리스도를 섬기
는 것이 아니라 자기네 뱃속을 채우고 있으
며 그럴 듯한 말과 아첨하는 언사로 순진한
사람들의 마음을 유혹하고 있는 것입니다.
19여러분의 충성스러운 신앙 생활이 사방에
잘 알려져 있어서 나는 무척 기쁘게 생각합
니다. 나는 여러분이 선한 일에는 현명하고
악한 것에는 물들지 않기를 바랍니다.
20평화를 주시는 하느님께서 사탄을 여러분의
발 아래 굴복시켜 주실 날이 멀지 않았습니
다. 우리 주 예수의 은총이 여러분에게 내리
시기를 빕니다.
21◎나와 함께 일하고 있는 디모테오와 내 친
척들 루기오와 야손과 소시바드로가 여러분
에게 문안합니다.
22이 편지를 받아 쓰는 나 데르디오도 주님의
이름으로 여러분에게 문안 드립니다.
23나와 모든 교우를 잘 돌보아 주는 가이오가
여러분에게 문안합니다. 이 도시의 재정관
에라스도와 교우 과르도가 여러분에게 문안
합니다.㉠
25◎하느님께서는 내가 전하는 복음 곧 예수
그리스도에 관한 가르침을 통해서, 그리고
오랜 세월 동안 감추어두셨던 그 심오한 진
리를 나타내 보여주심으로써 여러분의 믿
음을 굳세게 해주십니다.
26그 진리는 이제 예언자들의 글에서 명백하
게 드러났고 영원하신 하느님의 명령을 따
라 모든 이방인들에게 알려져 그들도 믿고
복종하게 되었습니다.
27이러한 능력을 가지신 지혜로우신 오직 한
분뿐이신 하느님께서 예수 그리스도를 통하
여 영원토록 영광을 받으시기를 빕니다. 아
멘.

고린토인들에게 보낸 첫째 편지

인사

1 ◎하느님의 뜻으로 부르심을 받아 그리스
도 예수의 사도가 된 나 바울로가 우리 교
우 소스테네와 함께
2고린토에 있는 하느님의 교회에 이 편지를
씁니다. 여러분은 우리 주 예수 그리스도의
이름을 부르는 각처에 있는 모든 성도들과
함께 하느님의 부르심을 받고 그리스도 예수
를 믿어 하느님의 거룩한 백성이 되었습니
다. 예수 그리스도는 우리뿐만 아니라 각처
에 있는 모든 성도들의 주님이십니다.
3하느님 우리 아버지와 주 예수 그리스도께서
은총과 평화를 여러분에게 내려주시기를
빕니다.
4◎그리스도 예수를 통해서 여러분이 받은 하
느님의 은총을 생각하면서 나는 언제나 하
느님께 감사를 드리고 있습니다.
5여러분은 그리스도와 함께 살면서 모든 것
을 넉넉히 갖추게 되었고 특히 언변과 지식
에 뛰어나게 되었습니다.
6여러분은 그리스도에 관한 증언에 깊은 확
신을 가졌으며
7모든 은총의 선물을 조금도 부족함이 없이
받고 우리 주 예수 그리스도께서 다시 나타
나실 날을 고대하고 있습니다.
8주께서도 여러분이 아무 잘못이 없는 사람
으로 우리 주 예수 그리스도의 심판날을 맞
이할 수 있도록 끝까지 굳게 지켜주실 것입
니다.
9하느님은 진실하십니다. 그분은 여러분을
부르셔서 당신의 아들 우리 주 예수 그리스
도와 친교를 맺게 해주셨습니다.

㉠ 어떤 사본에는 24절에 다음과 같은 말이 있다. "우리 주 예수 그리스도의 은총이 여러분 모두에게 내리시기를 빕니다. 아멘."

고린토 교회의 분열

10◎형제 여러분, 나는 우리 주 예수 그리스도
의 이름으로 여러분에게 호소합니다. 여
러분은 모두 의견을 통일시켜 갈라지지 말
고 같은 생각과 같은 뜻으로 굳게 단합하십
시오.
11 내 형제 여러분, 나는 클로에의 집안 사람들
한테 들어서 여러분이 서로 다투고 있다는
것을 알게 되었습니다.
12 말하자면 여러분은 저마다 "나는 바울로파
다." "나는 아폴로파다." "나는 베드로파
다." "나는 그리스도파다." 하며 떠들고 다
닌다는 것입니다.
13 그렇다면 그리스도가 갈라졌다는 말입니
까? 여러분을 위하여 십자가에 달린 것이
바울로였습니까? 또 여러분이 바울로의 이
름으로 세례를 받았단 말입니까?
14 나는 여러분 가운데서 그리스보와 가이오밖
에는 아무에게도 세례를 베풀지 않은 것을
하느님께 감사 드립니다.
15 그러니 여러분이 내 이름으로 세례를 받았
다는 말은 아무도 할 수 없을 것입니다.
16 하기는 스테파나 집안 사람들에게도 세례를
베푼 일이 있으나 그 밖에는 아무에게도 세
례를 베푼 기억이 없습니다.
17 그리스도께서는 세례를 베풀라고 나를 보내
신 것이 아니라 복음을 전하라고 보내셨습
니다. 그것은 인간의 말재주로 하라는 것은
아니었습니다. 인간의 말재주로 복음을 전
하면 그리스도의 십자가는 그 뜻을 잃고 맙
니다.

능력과 지혜이신 그리스도

18◎멸망할 사람들에게는 십자가의 이치가 한
낱 어리석은 생각에 불과하지만 구원받을
우리에게는 곧 하느님의 힘입니다.
19 성서에도 "㉠나는 지혜롭다는 자들의 지혜
를 없애버리고 똑똑하다는 자들의 식견을
물리치리라." 하는 말씀이 있지 않습니까?
20 그러니 이제 지혜로운 자가 어디 있고 학자
가 어디 있습니까? 또 이 세상의 이론가가
어디 있습니까? 하느님께서 이 세상의 지
혜가 어리석다는 것을 보여주시지 않았습
니까?
21 세상이 자기 지혜로는 하느님을 알 수 없습
니다. 이것이 하느님의 지혜로운 경륜입니
다. 그래서 하느님께서는 우리가 전하는 소
위 어리석다는 복음을 통해서 믿는 사람들
을 구원하시기로 작정하셨습니다.
22 유다인들은 기적을 요구하고 그리스인들은
지혜를 찾지만
23 우리는 십자가에 달리신 그리스도를 선포할
따름입니다. 그리스도가 십자가에 달렸다는
것은 유다인들에게는 비위에 거슬리고 이방
인들에게는 어리석게 보이는 일입니다.
24 그러나 유다인이나 그리스인이나 할 것 없이
하느님의 부르심을 받은 사람들에게는 그
가 곧 메시아시며 하느님의 힘이며 하느님
의 지혜입니다.
25 하느님께서 하시는 일이 사람의 눈에는 어
리석어 보이지만 사람들이 하는 일보다 지
혜롭고, 하느님의 힘이 사람의 눈에는 약하
게 보이지만 사람의 힘보다 강합니다.
26◎형제 여러분, 여러분이 하느님의 부르심
을 받았을 때의 일을 생각해 보십시오. 세
속적인 견지에서 볼 때에 여러분 중에 지혜
로운 사람, 유력한 사람, 또는 가문이 좋은
사람이 과연 몇이나 있었습니까?
27 그런데 하느님께서는 지혜있다는 자들을
부끄럽게 하시려고 이 세상의 어리석은 사
람들을 택하셨으며, 강하다는 자들을 부끄
럽게 하시려고 이 세상의 약한 사람들을 택
하셨습니다.
28 또 유력한 자를 무력하게 하시려고 세상에
서 보잘것없는 사람들과 멸시받는 사람들,
곧 아무것도 아닌 사람들을 택하셨습니다.
29 그러니 인간으로서는 아무도 하느님 앞에
서 자랑할 수 없다는 말입니다.
30 그러나 하느님께서는 여러분을 그리스도 예
수와 한 몸이 되게 하셨습니다. 그리스도는
하느님께서 주신 우리의 지혜이십니다. 그
분 덕택으로 우리는 하느님과 올바른 관계
에 놓이게 되었고, 하느님의 거룩한 백성이
되었고, 해방을 받았습니다. 이것은 다 하
느님께서 하신 일입니다.
31 그러므로 성서에도 기록되어 있듯이 "㉡누
구든지 자랑하려거든 주님을 자랑하십시
오."

인간의 지혜와 하느님의 능력

2 ◎형제 여러분, 내가 여러분을 찾아갔을
때에 나는 유식한 말이나 지혜를 가지고
하느님의 그 심오한 진리를 전하려고 하지
는 않았습니다.
2 그것은 내가 여러분과 함께 지내는 동안 예
수 그리스도, 특히 십자가에 달리신 그리스

㉠ 이사 29:14. ㉡ 예레 9:22-23.

도 외에는 아무것도 생각하지 않기로 하였
기 때문입니다.
3 사실 나는 여러분에게 갔을 때 약하였고 두
려워서 몹시 떨었습니다.
4 그리고 내가 말을 하거나 설교를 할 때에도
지혜롭고 설득력 있는 언변을 쓰지 않고 오
로지 하느님의 성령과 그의 능력만을 드러
내려고 하였습니다.
5 그것은 여러분의 믿음이 인간의 지혜에 바
탕을 두지 않고 하느님의 능력에 바탕을 두
게 하려는 것이었습니다.

하느님의 지혜

6 ◎그러나 우리는 신앙 생활이 성숙한 사람
들에게는 지혜를 말합니다. 다만 그 지혜는
이 세상의 지혜나 이 세상에서 곧 멸망해 버
릴 통치자들의 지혜와는 다릅니다.
7 여기에서 말하는 지혜는 하느님의 심오한
지혜입니다. 그것은 하느님께서 우리의 영
광을 위하여 천지 창조 이전부터 미리 마련
하여 감추어두셨던 지혜입니다.
8 이 세상 통치자들은 아무도 이 지혜를 깨닫
지 못했습니다. 만일 그들이 깨달았더라면
영광의 주님을 십자가에 못박지는 않았을
것입니다.
9 그러나 성서에는,

"㉠눈으로 본 적이 없고
귀로 들은 적이 없으며
아무도 상상조차 하지 못한 일을
하느님께서는
당신을 사랑하는 사람들을 위하여 마
련해 주셨다."

라는 말씀이 기록되어 있지 않습니까?
10 하느님께서는 그 지혜를 성령을 통하여 우
리에게 나타내 보이셨습니다. 성령께서는
하느님의 깊은 경륜에 이르기까지 모든 것
을 다 통찰하십니다.
11 사람의 생각은 그 사람 속에 있는 마음만이
알 수 있듯이 하느님의 생각은 하느님의 성
령만이 아실 수 있습니다.
12 우리가 받은 성령은 세상이 준 것이 아니라
하느님께서 주신 것입니다. 그래서 우리는
하느님께서 우리에게 주시는 은총의 선물
을 깨닫아 알게 되었습니다.
13 우리는 그 은총의 선물을 전하는 데 있어서
도 인간이 가르쳐주는 지혜로운 말로 하지
않고 성령께서 가르쳐주시는 말씀으로 합
니다. 이렇게 우리는 영적인 것을 영적인
표현으로 설명합니다.
14 그러나 영적이 아닌 사람은 하느님의 성령
께서 주신 것을 받아들이지 않습니다. 그런
사람에게는 그것이 어리석게만 보입니다.
그리고 영적인 것은 영적으로만 이해할 수
있으므로 그런 사람은 그것을 이해하지도
못합니다.
15 영적인 사람은 무엇이나 판단할 수 있지만
그 사람 자신은 아무에게서도 판단받지 않
습니다.
16 성서에는 "㉡누가 주님의 생각을 알아서 그
분의 의논 상대가 되겠느냐?" 하였지만 우
리는 그리스도의 생각을 알고 있습니다.

하느님의 일꾼

3 ◎형제 여러분, 나는 여러분에게 영적인
사람을 대할 때와 같이 말할 수가 없어서
육적인 사람, 곧 교인으로서는 어린 아이를
대하듯이 말할 수밖에 없었습니다.
2 나는 여러분에게 단단한 음식은 먹이지 않
고 젖을 먹였습니다. 여러분은 그 때 단단
한 음식을 먹을 수가 없었던 것입니다. 사
실은 아직도 그것을 소화할 힘이 없습니다.
3 여러분은 지금도 육적인 생활을 하고 있기
때문입니다. 여러분이 서로 시기하고 다투
고 있으니 여러분은 아직도 육적인 사람들
이고 세속적인 인간의 생활을 하고 있는 것
이 아니고 무엇이겠습니까?
4 여러분이 세속적인 인간이 아니고서야 어
떻게 "나는 바울로파다." 하거나 "나는 아폴
로파다." 하거나 할 수 있겠습니까?
5 도대체 아폴로는 무엇이고 바울로는 무엇입
니까? 아폴로나 나나 다 같이 여러분을 믿
음으로 인도한 일꾼에 불과하며 주님께서
우리에게 각각 맡겨주신 일을 했을 따름입
니다.
6 나는 씨를 심었고 아폴로는 물을 주었습니
다. 그러나 그것을 자라게 하신 분은 하느
님이십니다.
7 심는 사람이나 물을 주는 사람은 중요할 것
이 없고 자라게 하시는 하느님만이 중요하
십니다.
8 심는 사람과 물주는 사람은 동등한 사람이
고 각기 수고한 만큼 삯을 받을 따름입니다.
9 우리는 하느님을 위해서 함께 일하는 일꾼
들이고 여러분은 하느님의 밭이며 하느님
의 건물입니다.
10 ◎나는 하느님께서 주신 은총으로 능숙한

㉠ 이사 64:3, 52:15. ㉡ 이사 40:13-14.

건축가가 되어 기초를 놓았고 다른 사람은
그 위에 집을 짓고 있습니다. 그러나 집을
짓는 방법에 대해서는 각자가 신중히 생각
해야 합니다.
11 이미 예수 그리스도라는 기초가 놓여 있으니
아무도 다른 기초는 놓을 수가 없습니다.
12 이 기초 위에다가 어떤 사람은 금으로, 어
떤 사람은 은으로, 어떤 사람은 보석으로,
어떤 사람은 나무로, 어떤 사람은 마른 풀
로, 어떤 사람은 짚으로 집을 짓는다고 합
시다.
13 이제 심판의 날이 오면 모든 것이 드러나서
각자가 한 일이 명백하게 될 것입니다. 심
판의 날은 불을 몰고 오겠고 그 불은 각자
의 업적을 시험하여 그 진가를 가려줄 것입
니다.
14 만일 그 기초 위에 세운 집이 그 불을 견디
어내면 그 집을 지은 사람은 상을 받고
15 만일 그 집이 불에 타버리면 그는 낭패를 볼
것입니다. 그러나 그 자신은 불 속에서 살
아 나오는 사람같이 구원을 받습니다.
16 여러분은 자신이 하느님의 성전이며 하느
님의 성령께서 자기 안에 살아 계시다는 것
을 모르십니까?
17 만일 누구든지 하느님의 성전을 파괴하면
하느님께서도 그 사람을 멸망시키실 것입
니다. 하느님의 성전은 거룩하며 여러분 자
신이 바로 하느님의 성전이기 때문입니다.
18 ◎어느 누구도 자기 기만에 빠져서는 안 됩
니다. 여러분 중에 혹시 자기가 세속적인
면에서 지혜로운 자라고 생각하는 사람이
있을지도 모릅니다. 그러나 정말 지혜로운
사람이 되려면 바보가 되어야 합니다.
19 이 세상의 지혜는 하느님이 보시기에는 어
리석은 것입니다. 성서에 "㉠하느님께서는
지혜롭다는 자들을 제 꾀에 빠지게 하신
다."고 기록되어 있고
20 또 "㉡주님께서는 지혜롭다는 자들의 생각
이 헛되다는 것을 아신다."고도 기록되어
있습니다.
21 그러므로 아무도 인간을 자랑해서는 안 됩
니다. 모든 것이 다 여러분의 것입니다.
22 바울로도 아폴로도 베드로도 이 세상도 생명
도 죽음도 현재도 미래도 다 여러분의 것입
니다.
23 그리고 여러분은 그리스도의 것이고 그리스
도는 하느님의 것입니다.

그리스도의 사도

4 ◎여러분은 우리를 그리스도의 일꾼으로
여기며 하느님의 심오한 진리를 맡은 관
리인으로 생각해야 합니다.
2 관리인에게 무엇보다도 요구되는 것은 주
인에 대한 충성입니다.
3 내가 여러분에게서 심판을 받든지 세상 법
정에서 심판을 받든지 나는 조금도 마음을
쓰지 않습니다. 또 내가 나 자신을 심판하
지도 않습니다.
4 나는 양심에 조금도 거리끼는 일이 없습니
다. 그렇다고 해서 나에게 죄가 없다는 말
은 아닙니다. 나를 심판하시는 분은 주님이
십니다.
5 그러므로 주님께서 오실 때까지는 무슨 일
이나 미리 앞질러 심판해서는 안 됩니다.
주님께서 오시면 어둠 속에 감추어진 것을
밝혀내시고 사람의 마음속 생각을 드러내
실 것입니다. 그 때에는 각 사람이 하느님
께로부터 응분의 칭찬을 받게 될 것입니다.
6 형제 여러분, 나는 여러분을 위하여 지금까
지 이 모든 일을 아폴로와 나의 경우를 들어
서 설명했습니다. 그것은 여러분이 우리를
본받아 "한계를 넘지 말라."는 교훈을 배워
남을 깔보고 주제넘게 자기 편을 추겨올리
는 일이 없도록 하려는 것이었습니다.
7 도대체 누가 여러분을 남보다 낫다고 보아
줍니까? 여러분이 가지고 있는 것은 모두
하느님께로부터 받은 것이 아닙니까? 이렇
게 다 받은 것인데 왜 받은 것이 아니고 자
기의 것인양 자랑합니까?
8 여러분은 벌써 배가 불렀습니다. 벌써 부자
가 되었습니다. 우리를 제쳐놓고 벌써 왕이
되었습니다. 여러분이 정말 왕이었으면 좋
겠습니다. 그러면 여러분과 함께 우리도 한
번 왕노릇을 해볼 것이 아닙니까?
9 내 생각에는 하느님께서 우리 사도들을 사
형 선고를 받은 사람들처럼 여기시고, 그들
중에서도 맨 끝자리에 내세워 세상과 천사
들과 뭇 사람의 구경거리가 되게 하신 것 같
습니다.
10 우리는 그리스도를 위하여 바보가 되었고
여러분은 그리스도를 믿어 현명한 사람이
되었습니다. 우리는 약자이고 여러분은 강
자입니다. 여러분은 명예를 누리고 있는데
우리는 멸시만 받습니다.
11 우리는 지금 이 시간에도 굶주리고 목마르
고 헐벗고 매맞으며 집 없이 떠돌아 다니고

㉠ 욥기 5:13. ㉡ 시편 94:11.

있습니다.
12 그리고 손발이 부르트도록 노동을 하고 있
습니다. 그러면서 우리를 욕하는 사람을 축
복해 주고 우리가 받는 박해를 참아내고
13 비방을 받을 때는 좋은 말로 대답해 줍니다.
그래서 우리는 지금도 이 세상의 쓰레기처
럼 인간의 찌꺼기처럼 살고 있습니다.
14 ◎나는 여러분을 부끄럽게 하려고 이런 말
을 쓰는 것은 아닙니다. 오히려 여러분을
내 사랑하는 자녀로 생각하고 교훈하려는
것입니다.
15 여러분의 신앙 생활을 지도해 줄 교사는 얼
마든지 있겠지만 아버지는 여럿이 있을 수
가 없습니다. 여러분에게 복음을 전하여 그
리스도 예수를 믿는 교인으로 태어나게 한
사람은 바로 나입니다.
16 그러므로 나는 여러분에게 권합니다. 나를
본받으십시오.
17 내가 디모테오를 여러분에게 보내는 것도
바로 이 때문입니다. 그는 주님을 진실하게
믿는 내 사랑하는 아들입니다. 내가 모든
교회에서 가르치고 또 실천하고 있는 그리
스도 교인의 생활 원칙을 그가 여러분에게
일깨워줄 것입니다.
18 그런데 여러분 가운데는 내가 여러분에게
찾아가지 않을 것으로 생각하여 교만해진
사람들도 있는 모양입니다.
19 나는 주님의 뜻이라면 속히 여러분에게로
가서 교만해진 그 사람들의 말이 아니라 그
들의 능력을 직접 알아보려고 합니다.
20 하느님의 나라는 말에 있지 않고 능력에 있
으니 말입니다.
21 여러분은 어느 편이 더 좋겠습니까? 내가
채찍을 가지고 여러분에게 가는 것이 좋겠
습니까? 그렇지 않으면 사랑과 온유한 마
음을 가지고 가는 것이 좋겠습니까?

음행에 대한 바울로의 단죄

5 ◎여러분 가운데 음행하는 자들이 있다는
소문이 파다합니다. 심지어는 제 아비의
처와 동거하는 자까지도 있다고 하는데 그
런 일은 이교도들 사이에서도 볼 수 없는 일
입니다.
2 그런 자들은 여러분의 모임에서 제거되어
야 할 터인데도 그것을 슬퍼하기는커녕 오
히려 잘난 체하다니 도대체 어떻게 된 일입
니까?
3 나는 몸은 비록 멀리 떨어져 있지만 마음으
로는 여러분과 함께 있습니다. 그래서 내가
여러분과 함께 있는 것과 다름없이 그런 짓
을 한 자를 우리 주 예수의 이름으로 이미
단죄하였습니다.
4 그 때에 한자리에 모인 여러분과 나의 마
음이 우리와 함께 계신 우리 주 예수의 권
능으로
5 그런 자를 사탄에게 내어주어 그 육체를 멸
망시키도록 판결한 것입니다. 그것은 주님
의 날에 그의 영혼은 구원을 받도록 하려는
것입니다.
6 ◎여러분이 잘난 체하는 것은 옳지 않습니
다. 적은 누룩이 온 반죽을 부풀게 한다는
것을 여러분은 알지 못합니까?
7 여러분은 낡은 누룩을 깨끗이 없애버리고
다시 순수한 반죽이 되어야 합니다. 그리스
도께서 우리의 과월절 양으로서 희생되셨으
므로 이제 여러분은 누룩 없는 반죽이 되었
습니다.
8 그러므로 우리는 사악과 음행이라는 묵은
누룩을 가지고 과월절을 지내지 말고 순결
과 진실이라는 누룩 없는 빵을 가지고 과월
절을 지냅시다.
9 ◎내가 여러분에게 쓴 편지에서 음란한 사
람들과 사귀지 말라고 했지만
10 음행이나 탐욕이나 약탈이나 우상 숭배를
일삼는 이교도들과 전혀 사귀지 말라는 말
은 아닙니다. 그렇게 하려면 여러분은 이
세상 밖으로 나가야 할 것입니다.
11 내가 한 말은 만일 어떤 사람이 교인이라고
하면서도 음행을 일삼거나 탐욕을 부리거
나 우상을 숭배하거나 남을 중상하거나 술
취하거나 약탈하거나 한다면 그런 자와는
상종하지도 말고 음식을 함께 먹지도 말라
는 것입니다.
12 교회 밖에 있는 사람들을 심판하는 것은 내
가 할 일이 아닙니다. 여러분이 심판할 사
람들은 교회 안에 있는 사람들이 아닙니까?
13 교회 밖에 있는 사람들은 하느님께서 심판
하실 것입니다. ㉠여러분은 여러분 가운데
있는 그 악한 자를 쫓아내십시오.

교우끼리 송사하지 마라

6 ◎여러분 중에서 누가 다른 교우와 분쟁
을 일으켰을 때에 어찌하여 성도들 앞에
서 해결하려 하지 않고 이교도의 법정에 고
소합니까?
2 여러분은 성도들이 세상을 심판하게 되리

㉠ 신명 17:7, 19:19, 21:21, 24:7.

라는 것을 모르십니까? 온 세상을 심판하
게 될 여러분이 지극히 작은 사건들조차도
심판할 능력이 없다는 말입니까?
3 우리가 천사들까지도 심판하게 되리라는
것을 모르십니까? 그런 우리가 이 세상에
속한 사소한 사건을 심판할 수 없겠습니까?
4 그런데 이런 사건이 생길 때 여러분은 어찌
하여 교회가 멸시하는 자들을 재판관으로
앉히는 것입니까?
5 이런 말을 듣고도 부끄럽지 않습니까? 여
러분 가운데는 교우들 사이에 생기는 분쟁
을 해결해 줄 수 있을 만큼 지혜로운 사람이
하나도 없다는 말입니까?
6 그래서 교우가 교우를 소송하고 더구나 예
수를 믿지 않는 사람들의 재판을 받아야 한
다는 말입니까?
7 여러분이 서로 법정에 고소한다는 것은 벌
써 여러분이 완전히 지고 들어가는 것입니
다. 차라리 억울한 일을 그대로 당하는 것
이 어떻습니까? 또 사기를 그대로 당하는
것이 어떻습니까? 왜 그렇게 하지 못합니
까?
8 여러분은 도리어 서로 억울하게 하고 속여
먹습니다. 더구나 교우들끼리 그런 짓을 하
고 있습니다.
9 사악한 자는 하느님의 나라를 차지하지 못
하리라는 것을 모르십니까? 잘못 생각하면
안 됩니다. 음란한 자나 우상을 숭배하는
자나 간음하는 자나 여색을 탐하는 자나 남
색하는 자나
10 도둑질하는 자나 탐욕을 부리는 자나 술주
정꾼이나 비방하는 자나 약탈하는 자들은
하느님의 나라를 차지하지 못합니다.
11 여러분 중에도 이런 사람이 더러 있었습니
다. 그러나 여러분은 주 예수 그리스도의 이
름과 하느님의 성령으로 깨끗이 씻겨지고
거룩하여졌으며 하느님과 올바른 관계에
놓이게 되었습니다.

음행의 죄

12 ◎누구나 "나는 무슨 일이든지 할 자유가
있다."고 말할 수 있습니다. 그러나 무슨 일
이든지 해서 다 유익한 것은 아닙니다. 과
연 나는 무슨 일이든지 할 자유가 있습니다.
그러나 나는 그 무엇에게도 얽매이지는 않
을 것입니다.
13 또 "음식은 배를 위하여 있고 배는 음식을
위하여 있다."고 말할 수 있습니다. 그러나
하느님께서는 이것도 저것도 다 없애버리
실 것입니다. 몸은 음행을 하라고 있는 것
이 아니라 주님을 섬기라고 있는 것입니다.
그리고 주님은 몸을 돌보아주시는 분이십
니다.
14 하느님께서 주님을 다시 살리셨으니 우리
도 당신의 권능으로 다시 살려주실 것입니
다.
15 여러분의 몸이 그리스도의 지체라는 것을
알지 못합니까? 그런데 그리스도의 몸의
한 부분을 떼어서 창녀의 몸의 지체로 만
들어서야 되겠습니까? 절대로 그럴 수 없
습니다.
16 창녀와 관계를 하는 사람은 그 창녀와 한 몸
이 된다는 것을 모르십니까? 하느님께서
"㉠두 사람이 한 몸이 되리라."고 말씀하시
지 않았습니까?
17 그러나 주님과 합하는 사람은 주님과 영적
으로 하나가 됩니다.
18 그러니 음행을 물리치십시오. 인간이 짓는
모든 딴 죄는 자기 몸 밖에서 일어나는 것이
지만 음행하는 자는 제 몸에다 죄를 짓는 것
입니다.
19 여러분의 몸은 여러분이 하느님께로부터
받은 성령이 계시는 성전이라는 것을 모르
십니까? 여러분의 몸은 여러분 자신의 것
이 아닙니다.
20 하느님께서는 값을 치르고 여러분의 몸을
사셨습니다. 그러므로 여러분은 자기 몸으
로 하느님의 영광을 드러내십시오.

결혼 문제

7 ◎이제 여러분이 적어보낸 여러 가지 질
문에 대답해 드리겠습니다. 남자는 여자
와 관계를 맺지 않는 것이 좋습니다.
2 그러나 음행이 성행하고 있으니 남자는 각
각 자기 아내를 가지고 여자는 각각 자기 남
편을 가지도록 하십시오.
3 남편은 아내에게 남편으로서 할 일을 다하
고 아내도 그와 같이 남편에게 아내로서 할
일을 다하십시오.
4 아내는 자기 몸을 자기 마음대로 할 수 없고
오직 남편에게 맡겨야 하며 남편 또한 자기
몸을 자기 마음대로 할 수 없고 오직 아내에
게 맡겨야 합니다.
5 서로 상대방의 요구를 거절하지 마십시오.
다만 기도에 전념하기 위해서 서로 합의하
여 얼마 동안 떨어져 있는 것은 무방합니다.

㉠ 창세 2:24.

그러나 자제하는 힘이 없어서 사탄의 유혹
에 빠질지도 모르니 그 기간이 끝나면 다시
정상적인 관계로 돌아가야 합니다.
6 이 말은 명령이 아니라 충고입니다.
7 나는 모든 사람이 다 나처럼 살기를 바랍니
다. 그러나 사람마다 하느님께로부터 받는
은총의 선물이 각각 다르므로 이 사람은 이
렇게 살고 저 사람은 저렇게 삽니다.
8 ◎결혼하지 않은 사람들과 과부들에게는 나
처럼 그대로 독신으로 지내는 것이 좋겠다
고 말하고 싶습니다.
9 그러나 자제할 수 없거든 결혼하십시오. 욕
정에 불타는 것보다는 결혼하는 편이 낫습
니다.
10 결혼한 사람들에게 말합니다. 이것은 내 말
이 아니라 주님의 명령인데 아내는 남편과
헤어져서는 안 됩니다.
11 만일 헤어졌거든 재혼하지 말고 혼자 지내
든지 그렇지 않으면 자기 남편과 다시 화해
해야 합니다. 또 남편은 자기 아내를 버리
면 안 됩니다.
12 ◎그 밖의 사람들에게 말합니다. 이것은 주
님의 말씀은 아니고 내가 하는 말입니다.
어떤 교우에게 교인이 아닌 아내가 있는데
그 아내가 계속해서 함께 살기를 원하면 그
아내를 버려서는 안 됩니다.
13 또 어떤 여자 교우에게 교인이 아닌 남편이
있는데 그가 계속해서 함께 살기를 원하면
역시 그 남편을 버려서는 안 됩니다.
14 믿지 않는 남편은 믿는 아내로 말미암아 거
룩하게 되고 또 믿지 않는 아내도 믿는 남편
으로 말미암아 거룩하게 되었기 때문입니
다. 그렇지 않았다면 여러분의 자녀도 깨끗
하지 못했을 터인데, 실상은 다 거룩하지
않습니까?
15 만일 믿지 않는 쪽에서 헤어지려고 한다면
헤어져도 좋습니다. 이런 경우에 남녀 교우
들은 아무런 속박도 받지 않습니다. 하느님
께서는 부르심을 받은 여러분이 평화스럽
게 살기를 원하십니다.
16 여자 교우가 자기 남편을 구원할 수 있을지
도 모를 일이며 또 남자 교우가 자기 아내를
구원할 수 있을지도 모를 일입니다.

부르심을 받았을 때의 처지대로

17 ◎각 사람은 주님께서 나누어주신 은총의
선물을 따라서 그리고 하느님께 부르심을
받았을 때의 처지대로 살아가십시오. 이것
이 내가 모든 교회를 위하여 세운 원칙입
니다.
18 부르심을 받았을 때 이미 할례를 받은 사람
이면 그 흔적을 굳이 없애려 하지 마십시
오. 그리고 부르심을 받았을 때 아직 할례
를 받지 않은 사람이면 굳이 할례를 받으려
고 하지 마십시오.
19 할례를 받았거나 안 받았거나 그것은 문제
가 되지 않습니다. 오직 하느님의 계명을
지키는 것만이 중요합니다.
20 그러므로 각 사람은 부르심을 받았을 때의
상태를 그대로 유지하십시오.
21 부르심을 받았을 때에 노예였다 하더라도
조금도 마음 쓸 것 없습니다. 그러나 자유
로운 몸이 될 기회가 생기면 그 기회를 이용
하십시오.
22 노예라도 부르심을 받고 주님을 믿는 사람
은 주님의 자유인이 되고 자유인이라도 부
르심을 받은 사람은 그리스도의 노예가 되
는 것입니다.
23 하느님께서는 값을 치르시고 여러분을 사
셨습니다. 그러니 여러분은 인간의 노예가
되지 마십시오.
24 형제 여러분, 여러분은 각각 부르심을 받았
을 때의 상태를 그대로 유지하면서 하느님
과 함께 살아가십시오.

종말을 목전에 둔 미혼 남녀들

25 ◎미혼 남녀에 관해서는 주님께서 나에게
지시하신 바가 없으므로 내 의견을 말하겠
습니다. 나는 주님의 자비를 입은 사람이므
로 내 말을 믿어도 좋습니다.
26 ◎지금 우리가 겪고 있는 재난을 생각한다
면 남자는 현재 상태를 그대로 유지하는 것
이 좋다고 생각합니다.
27 아내가 있는 사람은 아내와 헤어지려고 하
지 말고 아내가 없는 사람은 아내를 얻으려
고 하지 마십시오.
28 그러나 남자가 결혼한다고 해서 죄를 짓는
다거나 처녀가 결혼한다고 해서 죄를 짓는
다는 것은 아닙니다. 다만 결혼한 사람들은
세상 고통에 시달릴 터이므로 여러분을 아
끼는 마음에서 이 말을 하는 것입니다.
29 형제 여러분, 내 말을 명심하여 들으십시
오. 이제 때가 얼마 남지 않았으니 이제부
터는 아내가 있는 사람은 아내가 없는 사람
처럼 살고
30 슬픔이 있는 사람은 슬픔이 없는 사람처럼
지내고 기쁜 일이 있는 사람은 기쁜 일이 없
는 사람처럼 살고 물건을 산 사람은 그 물건

이 자기 것이 아닌 것처럼 생각하고
31 세상과 거래를 하는 사람은 세상과 거래를
하지 않는 사람처럼 살아야 합니다. 우리
가 보는 이 세상은 사라져가고 있기 때문
입니다.
32 나는 여러분이 근심 걱정을 모르고 살기를
바랍니다. 결혼하지 않은 남자는 어떻게 하
면 주님을 기쁘게 해드릴 수 있을까 하고 주
님의 일에 마음을 쓰지만
33 결혼한 남자는 어떻게 하면 자기 아내를 기
쁘게 할 수 있을까 하고 세상일에 마음을 쓰
게 되어
34 마음이 갈라집니다. 남편이 없는 여자나 처
녀는 어떻게 하면 몸과 마음을 거룩하게 할
수 있을까 하고 주님의 일에 마음을 쓰지만
남편이 있는 여자는 어떻게 하면 자기 남편
을 기쁘게 할 수 있을까 하고 세상일에 마음
을 씁니다.
35 나는 여러분 자신의 이익을 위하여 이 말을
합니다. 여러분을 속박하려는 것이 아니라
오히려 여러분이 아름답게 살며 딴 생각 없
이 오직 주님만을 섬기게 하려는 것입니다.
36 ◎㉠어떤 사람이 욕정을 억제할 수 없어서
자기 약혼녀와 한 약속을 어겨야 할 경우 그
약혼녀에 대해서 떳떳하지 못하다는 생각
이 들겠지만 어쩔 수 없을 때는 원하는 대로
그와 결혼하십시오. 그래도 죄가 되지 않습
니다.
37 그러나 그가 단단히 마음을 먹고 구태여 그
렇게 하지 않고도 자기 생각을 다스릴 힘이
있어서 자기 약혼녀를 그대로 두기로 결심
한다면 그것은 잘하는 일입니다.
38 이와 같이 자기 약혼녀와 결혼하는 것도 잘
하는 일이지만 결혼하지 않는 것이 더 잘하
는 일입니다.
39 ◎아내는 남편이 살아 있는 동안은 남편에
게 매이지만 남편이 죽으면 자기가 원하는
남자와 결혼할 자유가 있습니다. 그러나 꼭
교우하고만 결혼해야 합니다.
40 그리고 이것은 내 의견입니다마는 과부는
과부로 혼자 지내는 것이 더 행복합니다.
나에게도 하느님의 성령이 계시다고 나는
생각합니다.

우상 앞에 놓았던 제물

8 ◎이제는 우상 앞에 놓았던 제물에 관하
여 말하겠습니다. "우리는 다 지식이
있다."고 여러분은 말하는데 사실 그렇습
니다. 그러나 지식은 사람을 교만하게 만
듭니다. 사람을 향상시켜 주는 것은 사랑
입니다.
2 자기가 무엇을 좀 안다고 생각하는 사람이
있다면 그는 마땅히 알아야 할 것을 아직 알
지 못하고 있는 것입니다.
3 그러나 하느님을 사랑하는 사람은 하느님
께서도 그를 알아주십니다.
4 ◎우상 앞에 놓았던 제물을 먹는 문제가 나
왔지만 우리가 알고 있는 대로 세상에 있는
우상은 아무것도 아니고 또 하느님은 한 분
밖에 안 계십니다.
5 남들은 하느님도 많고 주님도 많아서 소위
신이라는 것들이 하늘에도 있고 땅에도 있
다고들 하지만
6 우리에게는 아버지가 되시는 하느님 한 분
이 계실 뿐입니다. 그분은 만물을 창조하신
분이며 우리는 그분을 위해서 있습니다. 또
주님은 예수 그리스도 한 분이 계실 뿐이고
그분을 통해서 만물이 존재하고 우리도 그
분으로 말미암아 살아갑니다.
7 그러나 모든 사람이 다 이런 지식을 가지고
있는 것은 아닙니다. 어떤 교우들은 아직까
지도 우상을 섬기던 관습에 젖어 있어서 우
상에게 바쳤던 제물을 먹을 때는 그것이
참말로 우상의 것이라고 생각합니다. 그리
고 그들의 양심이 약하기 때문에 그 음식으
로 말미암아 자기들이 더럽혀졌다고 생각
합니다.
8 음식이 우리를 하느님께로 가까이 나가게
해주는 것은 아닙니다. 그것을 안 먹었다고
해서 손해될 것도 없고 먹었다고 해서 더 이
로울 것도 없습니다.
9 다만 여러분의 자유로운 행동이 믿음이 약
한 사람을 넘어지게 하는 일이 없도록 조심
하십시오.
10 지식이 있다는 여러분이 우상의 사당에 앉
아 제물을 먹고 있는 것을 믿음이 약한 사람
이 본다면 그는 양심에 꺼리면서도 용기를
얻어 가지고 우상의 제물을 먹게 되지 않겠

㉠ 36-38절은 다음과 같이 번역할 수도 있다.
36 "어떤 사람이 자기 딸을 혼기를 놓칠 때까지 붙들어둔 것이 온당하지 못하다고 생각하고 달리할 수 없을 때에는 자기 생각대로 결혼시키시오. 그래도 죄가 되지 않습니다.
37 그러나 그럴 필요가 없어서 자유로운 결정으로 자기 딸을 그대로 두기로 작정한다면 그것은 잘하는 일입니다.
38 이와 같이 자기 딸을 결혼시키는 일도 잘하는 일이지만 결혼시키지 않는 것이 더 잘하는 일입니다."

습니까?
11 그렇게 되면 믿음이 약한 그 사람은 여러분
의 그 지식 때문에 망하게 될 것입니다. 그
리스도께서는 그 형제를 위해서도 죽으시지
않았습니까?
12 여러분이 이렇게 형제에게 죄를 짓고 그들
의 약한 양심에 상처를 입히는 것은 결국 여
러분이 그리스도께 죄를 짓는 것입니다.
13 만일 음식이 내 형제를 넘어뜨린다면 나는
그를 넘어뜨리지 않기 위해서 절대로 고기
를 다시 입에 대지 않겠습니다.

사도의 권리와 의무

9 ◎내가 자유인이 아니란 말입니까? 내가
사도가 아니란 말입니까? 내가 우리 주
예수를 뵙지 못했단 말입니까? 여러분은 바
로 내가 주님을 위해서 일하여 얻은 열매가
아닙니까?
2 비록 내가 다른 사람들에게는 사도가 아닐
지라도 여러분에게는 사도입니다. 주님을
믿는 여러분이야말로 내가 사도라는 것을
증명해 주는 확실한 표입니다.
3 ◎나를 비판하는 사람들에게 나는 이렇게
답변합니다.
4 도대체 우리에게 먹고 마실 권리가 없단 말
입니까?
5 우리라고 해서 다른 사도들이나 주님의 형
제들이나 베드로처럼 그리스도를 믿는 아내
를 데리고 다닐 권리가 없단 말입니까?
6 혹은 나와 바르나바에게만 노동하지 않고
먹을 권리가 없단 말입니까?
7 자기 비용을 써가면서 군인 노릇을 하는 사
람이 도대체 어디 있습니까? 누가 포도밭
을 만들어놓고 그 밭에서 열매를 따 먹지 않
겠습니까? 또 도대체 누가 양을 친다면서
그 젖을 짜 먹지 않겠습니까?
8 내가 단순히 인간의 경험만으로 이런 말을
하는 줄 아십니까? 율법도 이렇게 말하지
않습니까?
9 모세의 율법에 "㉠타작 마당에서 일하는 소
에게 망을 씌우지 마라."라고 기록되어 있
습니다. 하느님께서 소를 걱정해서 하신 말
씀이겠습니까?
10 아니면 우리들을 위해서 하신 말씀이겠습
니까? 물론 우리를 위해서 기록해 두신 말
씀입니다. 밭을 가는 사람이 희망을 가지고
일하고, 타작하는 사람이 자기 몫을 얻으리
라는 희망을 가지고 일하는 것은 당연한 일
입니다.
11 우리가 여러분에게 영적인 씨를 심어주었
는데 이제 여러분에게서 물질적인 것을 거
둔다고 해서 그것이 지나친 일이겠습니까?
12 다른 사람들이 여러분에게서 거두어갈 권
리를 가졌다면 우리에게는 더 큰 권리가 있
지 않겠습니까? 그러나 우리는 이 권리를
행사하지 않았습니다. 오히려 그리스도의
복음을 전하는 데 조금이라도 방해가 되지
않도록 모든 것을 참고 지냈습니다.
13 성전에서 일하는 사람들은 성전에서 나오
는 것을 먹고 살며 제단을 맡아보는 사람들
은 제단 제물을 나누어가진다는 것을 모르
십니까?
14 이와 같이 복음을 전하는 사람들도 그 일로
먹고 살 수 있도록 주님께서 제정해 주셨습
니다.
15 그러나 나는 이런 권리를 조금도 써본 일이
없습니다. 또 내 권리를 주장하고 싶어서
이런 말을 하는 것도 아닙니다. 그러느니
차라리 죽는 것이 낫겠습니다. 내가 보수를
받지 않고 일한다는 이 긍지만은 아무도 빼
앗지 못할 것입니다.
16 내가 복음을 전한다 해서 그것이 나에게 자
랑거리가 될 수는 없습니다. 그것은 내가
마땅히 해야 할 일이기 때문입니다. 만일
내가 복음을 전하지 않는다면 나에게 화가
미칠 것입니다.
17 만일 내가 내 자유로 이 일을 택해서 하고
있다면 응당 보수를 바랄 수 있을 것입니다.
그러나 사실은 내 자유로 택한 것이 아니라
하느님께서 그 일을 내 직무로 맡겨주신 것
입니다.
18 그러니 나에게 무슨 보수가 있겠습니까?
보수가 있다면 그것은 내가 복음을 전하는
사람으로서 응당 받을 수 있는 것을 요구하
지 않고 복음을 거저 전할 수 있다는 사실입
니다.
19 ◎나는 어느 누구에게도 매여 있지 않는 자
유인이지만 되도록 많은 사람을 얻으려고
스스로 모든 사람의 종이 되었습니다.
20 내가 유다인들을 대할 때에는 그들을 얻으
려고 유다인처럼 되었고 율법의 지배를 받
는 사람들을 대할 때에는 나 자신은 율법의
지배를 받지 않으면서도 그들을 얻으려고
율법의 지배를 받는 사람처럼 되었습니다.
21 나는 그리스도의 법의 지배를 받고 있으니
실상은 하느님의 율법을 떠난 사람이 아니

㉠ 신명 25:4.

지만 율법이 없는 사람들을 대할 때에는 그
들을 얻으려고 율법이 없는 사람처럼 되었
습니다.
22 그리고 내가 믿음이 약한 사람들을 대할 때
에는 그들을 얻으려고 약한 사람이 되었습
니다. 이와 같이 내가 어떤 사람을 대하든
지 그들처럼 된 것은 어떻게 해서든지 그들
중에서 다만 몇 사람이라도 구원하려고 한
것입니다.
23 나는 복음을 전하기 위해서는 무슨 일이라
도 하고 있습니다. 그리하여 그들과 다 같
이 복음의 축복을 나누려는 것입니다.
24 ◎경기장에서 달음질하는 사람들이 다 같이
달리지만 상을 받는 사람은 하나뿐이라는
것을 여러분은 모르십니까? 여러분도 힘껏
달려서 상을 받도록 하십시오.
25 경기에 나서는 사람들은 온갖 어려움을 이
겨내야 합니다. 그들은 썩어 없어질 월계관
을 얻으려고 그렇게 애쓰지만 우리는 불멸
의 월계관을 얻으려고 애쓰는 것입니다.
26 그러므로 나는 달음질을 하되 목표 없이 달
리지 않고 권투를 하되 허공을 치지 않습니
다.
27 나는 내 몸을 사정없이 단련하여 언제나 민
첩하게 움직일 수 있게 합니다. 이것은 내
가 남들에게는 이기자고 외쳐놓고 나 자신
이 실격자가 되지 않게 하려는 것입니다.

우상 숭배에 대한 경고

10 ◎형제 여러분, 여러분은 다음과 같은
사실을 꼭 기억해 두셔야 하겠습니다.
모세 때에 우리 조상들은 구름의 인도를 받
았고 모두가 홍해를 무사히 건넜습니다.
2 말하자면 그들은 모두 구름과 바다 속에서
세례를 받아 모세의 사람들이 되었던 것입
니다.
3 그들은 모두 똑같은 영적 양식을 먹었고
4 또 똑같은 영적 음료를 마셨습니다. 그들의
동반자인 영적 바위에서 나오는 물을 마셨
다는 말입니다. 그 바위는 곧 그리스도였습
니다.
5 그러나 ㉠하느님께서는 그들의 대부분을 못
마땅하게 생각하셨습니다. 그리하여 그들
은 죽어서 그 시체가 여기저기에 흩어지게
되었습니다.
6 이것은 우리가 우리 조상들처럼 악을 일삼
아서는 안 된다는 것을 경고하는 본보기입
니다.
7 그들의 일부는 우상을 숭배하였는데 여러
분은 그들처럼 우상 숭배자가 되지 마십시
오. 그들에 대해서 성서에는 "㉡백성들이
앉아서는 먹고 마셨고 일어서서는 춤을 추
었다."고 기록되어 있습니다.
8 어떤 사람들은 음행을 일삼다가 하루에 다
죽어 넘어졌는데 그 수가 이만 삼천 명이나
됩니다. 우리는 그들처럼 음행에 빠져서는
안 되겠습니다.
9 또 어떤 사람들은 주님을 떠보다가 뱀에게
물려 죽었습니다. 우리는 그들처럼 주님을
떠보는 자가 되어서는 안 되겠습니다.
10 그리고 또 어떤 사람들은 불평을 하다가 살
육의 천사의 손에 멸망을 당하였습니다. 우
리는 그들처럼 불평하는 자가 되어서는 안
되겠습니다.
11 그들이 이런 일들을 당함으로써 다른 사람
들에게는 경고가 되었으며 그것이 기록에
남아서 이제 세상의 종말을 눈앞에 둔 우리
에게는 교훈이 되었습니다.
12 자기 발로 서 있다고 생각하는 사람은 넘어
지지 않도록 조심해야 합니다.
13 여러분이 겪은 시련은 모두 인간이 능히 감
당해 낼 수 있는 시련들이었습니다. 하느님
은 신의가 있는 분이십니다. 하느님께서는
여러분에게 힘에 겨운 시련을 겪게 하지는
않으십니다. 시련을 주시더라도 그것을 극
복하고 벗어날 수 있는 길을 마련해 주실 것
입니다.
14 ◎그러므로 사랑하는 형제 여러분, 우상 숭
배를 멀리하십시오.
15 여러분은 사리를 분별할 수 있는 사람들이
니 내 말을 잘 판단해 보십시오.
16 우리가 감사를 드리면서 그 축복의 잔을 마
시는 것은 우리가 그리스도의 피를 나누어
마시는 것이 아니겠습니까? 또 우리가 그
빵을 떼는 것은 그리스도의 몸을 나누어 먹
는 것이 아니겠습니까?
17 빵은 하나이고 우리 모두가 그 한 덩어리의
빵을 나누어 먹는 사람들이니 비록 우리가
여럿이지만 모두 한 몸인 것입니다.
18 이스라엘 백성의 관습을 생각해 봅시다. 제
물을 나누어 먹는 사람들은 모두 하느님의
제단에 참여하는 사람들이 아닙니까?
19 여러분은 이 말을 어떻게 알아들으십니까?
우상 앞에 놓았던 제물이나 우상 자체에 어
떤 가치가 있다는 말이겠습니까?
20 아닙니다. 나는 ㉢이교도들이 바치는 제물

㉠ 민수 14:16, 23, 29-30; 시편 78:31. ㉡ 출애 32:6. ㉢ 신명 32:17; 시편 106:37.

이 하느님께 드리는 것이 아니라 마귀들에
게 바치는 것이라는 말을 하려는 것입니다.
나는 여러분이 마귀들과 상종하는 자가 되
지 않기를 바랍니다.
21 주님의 잔을 마시는 여러분이 마귀들의 잔
을 마실 수는 없습니다. 또 주님의 식탁에
참여하는 여러분이 마귀들의 식탁에 참여
할 수는 없습니다.
22 ㉠우리가 주님을 질투하게 해드려서야 되겠
습니까? 우리가 주님보다 강하단 말입니
까?

모든 것은 하느님의 영광을 위하여

23 ◎누구나 "나는 무슨 일이든지 할 자유가
있다." 하고 말할 수 있습니다. 그러나 무슨
일이든지 해서 다 유익한 것은 아닙니다.
"나는 무슨 일이든지 할 자유가 있다." 하
고 말할 수 있지만 모든 것이 다 사람에게
도움이 되는 것은 아닙니다.
24 누구든지 자신의 이익을 구하지 말고 남의
이익을 도모해야 합니다.
25 시장에 나온 고기를 사 먹을 때에는 구태여
양심을 따지지 않아도 좋습니다.
26 "㉡땅도 주님의 것이요, 그 안에 가득히 있
는 것도 다 주님의 것입니다."
27 어떤 교우 아닌 사람의 초청을 받아 그 집에
가거든 구태여 양심을 따지지 말고, 차려
내온 음식은 무엇이든지 잡수십시오.
28 그러나 누가 "이것은 우상 앞에 놓았던 음
식입니다." 하고 일러주거든 그 말을 한 사
람과 그의 양심을 위해서 먹지 마십시오.
29 여기에서 양심이라고 하는 것은 자기 양심
이 아니라 남의 양심을 말하는 것입니다.
"왜 내 자유가 남의 양심 때문에 제약을 받
아야 하느냐?
30 그리고 내가 하느님께 감사를 드리고 음식
을 먹는데 감사를 드린 그 음식 때문에 내가
욕을 먹어야 할 이유가 무엇이냐?" 하고 반
문할 사람이 있을지도 모르겠습니다.
31 그러나 여러분은 먹든지 마시든지 그리고
무슨 일을 하든지 모든 일을 오직 하느님의
영광을 위해서 하십시오.
32 여러분은 유다인에게나 그리스인에게나 하
느님의 교회에나 어느 누구에게든지 양심
의 가책을 받게 하는 일을 해서는 안 됩니
다.
33 나도 무슨 일을 하든지 모든 사람을 기쁘게
하려고 애씁니다. 그것은 나 자신의 이익이
아니라 많은 사람들의 이익을 구하여 결국
그들을 구원하려는 것입니다.

11

◎내가 그리스도를 본받는 것처럼 여러
분도 나를 본받으십시오.

여자가 머리를 가려야 하는 이유

2 ◎여러분이 늘 나를 기억하고 내가 전해 준
전통을 그대로 지키고 있으니 정말 잘한 일
입니다.
3 모든 사람의 머리는 그리스도요 아내의 머
리는 남편이요 그리스도의 머리는 하느님이
시라는 것을 알아두시기 바랍니다.
4 남자가 기도를 하거나 하느님의 말씀을 받
아서 전할 때에 머리에 무엇을 쓰면 그것은
자기 머리, 곧 그리스도를 욕되게 하는 것입
니다.
5 그러나 여자가 기도를 하거나 하느님의 말
씀을 받아서 전할 때에 머리에 무엇을 쓰지
않으면 그것은 자기 머리, 곧 자기 남편을
욕되게 하는 것입니다. 그것은 머리를 민
것이나 다름이 없습니다.
6 만일 여자가 머리에 아무것도 쓰지 않아도
된다면 머리를 깎아버려도 될 것입니다. 그
러나 머리를 깎거나 미는 것이 여자에게는
부끄러운 일이니 무엇으로든지 머리를 가
리십시오.
7 남자는 하느님의 모습과 영광을 지니고 있
으니 머리를 가리지 말아야 합니다. 그러나
여자는 남자의 영광을 지니고 있을 뿐입니
다.
8 여자에게서 남자가 창조된 것이 아니라 남
자에게서 여자가 창조되었기 때문입니다.
9 또한 남자가 여자를 위해서 창조된 것이 아
니라 여자가 남자를 위해서 창조되었기 때
문입니다.
10 천사들이 보고 있으니 여자는 자기가 남편
의 권위를 인정하는 표시로 머리를 가려야
합니다.
11 주님을 믿는 세계에서는 여자나 남자나 다
같이 상대방에게 서로 속해 있습니다.
12 그것은 여자가 남자에게서 창조되었지만
남자는 여자의 몸에서 태어나기 때문입니
다. 그러나 모든 것이 다 하느님께로부터
왔습니다.
13 ◎여자가 머리를 가리지 않은 채 하느님께
기도하는 것이 과연 옳은 일인지 여러분은
잘 생각해 보십시오.
14 자연 그 자체가 가르쳐주는 대로 남자가 머

㉠ 신명 32:21. ㉡ 시편 24:1, 50:12, 89:11.

리를 길게 기르면 수치가 되지만
15여자의 긴 머리는 오히려 자랑이 되지 않습
니까? 여자의 긴 머리카락은 그 머리를 가
려주는 구실을 하는 것입니다.
16이에 대해서 딴소리를 할 사람이 있을지 모
르나 그런 풍습은 우리에게도 하느님의 교
회에도 없습니다.

주님의 성찬

17◎그런데 이번에는 칭찬할 수 없는 일을 한
가지 말씀 드리겠습니다. 그것은 여러분이
모여서 하는 일이 이익보다는 해를 자아낸
다는 것입니다.
18무엇보다도 여러분이 모이는 교회 안에 당
파가 생겼다는 말을 들었는데 나는 그것이
전연 헛소문만은 아니라고 생각합니다.
19하기야 여러분 가운데서 진실한 사람들이
드러나려면 분파도 있어야 할 것입니다.
20하지만 여러분이 한자리에 모여서 나누는
식사는 주님의 성찬을 나누는 것이라 할 수
가 없습니다.
21여러분은 모여서 음식을 먹을 때에 각각 자
기가 가져온 것을 먼저 먹어치우고 따라서
굶주리는 사람이 생기는가 하면 술에 만취
하는 사람도 생기니 말입니다.
22각각 자기 집이 없어서 거기에서 먹고 마시
는 겁니까? 그렇지 않으면 하느님의 교회
를 멸시하고 가난한 사람들에게 창피를 주
려고 그러는 것입니까? 내가 무엇이라고
말해야 하겠습니까? 이래도 여러분을 칭찬
해야 하겠습니까? 이 일만은 칭찬할 수 없
습니다.
23◎내가 여러분에게 전해 준 것은 주님께로
부터 받은 것입니다. 곧 주 예수께서 잡히시
던 날 밤에 빵을 손에 드시고
24감사의 기도를 드리신 다음, 빵을 떼시고
"이것은 너희들을 위하여 주는 내 몸이니
나를 기억하여 이 예를 행하여라." 하고 말
씀하셨습니다.
25또 식후에 잔을 드시고 감사의 기도를 드리
신 다음, "이것은 내 피로 맺는 새로운 계약
의 잔이니 마실 때마다 나를 기억하여 이 예
를 행하여라." 하고 말씀하셨습니다.
26그러므로 여러분은 이 빵을 먹고 이 잔을 마
실 때마다 주님의 죽음을 선포하고, 이것을
주님께서 다시 오실 때까지 하십시오.
27그러니 올바른 마음가짐 없이 그 빵을 먹거
나 주님의 잔을 마시는 사람은 주님의 몸과
피를 모독하는 죄를 범하는 것입니다.
28각 사람은 자신을 살피고 나서 그 빵을 먹고
그 잔을 마셔야 합니다.
29주님의 몸이 의미하는 바를 깨닫지 못하고
먹고 마시는 사람은 그렇게 먹고 마심으로
써 자기 자신을 단죄하는 것입니다.
30여러분 중에 몸이 약한 자와 병든 자가 많고
죽은 자도 적지 않은 것은 이 때문입니다.
31우리가 먼저 우리 자신을 잘 살핀다면 하느
님의 심판은 받지 않을 것입니다.
32그러나 우리가 자신을 살피지 않기 때문에
지금 심판을 받고 있는 것이며 이것은 주
님께서 우리를 단련하여 마침내 이 세상과
함께 단죄받는 일이 없도록 하시려는 것입
니다.
33그러므로 형제 여러분, 거룩한 회식을 하려
고 교회가 모일 때에는 서로 남을 기다려주
십시오.
34만일 배가 고프면 집에서 미리 음식을 먹고
서 모임에 나오도록 하십시오. 그래야 여러
분이 단죄받는 일이 없을 것입니다. 그 밖
의 일에 대해서는 내가 가서 일러드리겠습
니다.

성령이 주시는 은총의 선물

12 ◎형제 여러분, 이제는 성령께서 주시
는 선물에 대하여 말씀 드리겠는데 여
러분이 꼭 알아야 할 것이 있습니다.
2아시다시피 여러분이 이교도였을 때에는
헛된 우상에게 매여서 우상이 하자는 대로
끌려다녔습니다.
3그래서 여러분에게 일러둡니다마는 하느님
의 성령을 받아 말하는 사람은 아무도 "예
수는 저주받아라." 하고 욕할 수 없고 또 성
령의 인도를 받지 않고서는 아무도 "예수는
주님이시다." 하고 고백할 수 없습니다.
4◎은총의 선물은 여러 가지이지만 그것을
주시는 분은 같은 성령이십니다.
5주님을 섬기는 직책은 여러 가지이지만 우
리가 섬기는 분은 같은 주님이십니다.
6일의 결과는 여러 가지이지만 모든 사람 안
에서 모든 일을 이루어주시는 분은 같은 하
느님이십니다.
7성령께서는 각 사람에게 각각 다른 은총의
선물을 주셨는데 그것은 공동 이익을 위한
것입니다.
8어떤 사람은 성령에게서 지혜의 말씀을 받
았고 어떤 사람은 같은 성령에게서 지식의
말씀을 받았으며
9어떤 사람은 같은 성령에게서 믿음을 받았

고 어떤 사람은 같은 성령에게서 병 고치는
능력을 선물로 받았습니다.
10어떤 사람은 기적을 행하는 능력을, 어떤
사람은 하느님의 말씀을 받아서 전하는 직
책을, 어떤 사람은 어느 것이 성령의 활동
인지를 가려내는 힘을, 어떤 사람은 여러
가지 이상한 언어를 말하는 능력을, 어떤
사람은 그 이상한 언어를 해석하는 힘을 받
았습니다.
11이 모든 것은 같은 성령께서 하시는 일입니
다. 성령께서는 이렇게 당신이 원하시는 대
로 각 사람에게 각각 다른 은총의 선물을 나
누어주십니다.

그리스도의 몸과 지체

12◎몸은 하나이지만 많은 지체를 가지고 있
고 몸에 딸린 지체는 많지만 그 모두가 한
몸을 이루는 것처럼 그리스도의 몸도 그러
합니다.
13유다인이든 그리스인이든 종이든 자유인이
든 우리는 모두 한 성령으로 세례를 받아 한
몸이 되었고 같은 성령을 받아 마셨습니다.
14몸은 한 지체로 된 것이 아니라 많은 지체로
되어 있습니다.
15발이 "나는 손이 아니니까 몸에 딸리지 않
았다." 하고 말한다 해서 발이 몸의 한 부분
이 아니겠습니까?
16또 귀가 "나는 눈이 아니니까 몸에 딸리지
않았다." 하고 말한다 해서 귀가 몸의 한 부
분이 아니겠습니까?
17만일 온몸이 다 눈이라면 어떻게 들을 수 있
겠습니까? 또 온몸이 다 귀라면 어떻게 냄
새를 맡을 수 있겠습니까?
18그래서 하느님께서는 당신의 뜻대로 각각
다른 기능을 가진 여러 지체를 우리의 몸에
두셨습니다.
19모든 지체가 다 같은 것이라면 어떻게 몸을
이룰 수 있겠습니까?
20그래서 한 몸에 많은 지체가 있는 것입니다.
21눈이 손더러 "너는 나에게 소용이 없다."
하고 말할 수도 없고 머리가 발더러 "너는
나에게 소용이 없다." 하고 말할 수도 없습
니다.
22그뿐만 아니라 몸 가운데서 다른 것들보다
약하다고 여겨지는 부분이 오히려 더 요긴
합니다.
23우리는 몸 가운데서 별로 중요하게 여기지
않는 부분을 더욱 조심스럽게 감싸고 또 보
기 흉한 부분을 더 보기 좋게 꾸밉니다.
24그러나 보기 좋은 지체들에게는 그렇게 할
필요가 없습니다. 이렇게 하느님께서도 변
변치 못한 부분을 더 귀중하게 여겨주셔서
몸의 조화를 이루게 해주셨습니다.
25이것은 몸 안에 분열이 생기지 않고 모든
지체가 서로 도와 나가도록 하시려는 것입
니다.
26한 지체가 고통을 당하면 다른 모든 지체도
함께 아파하지 않겠습니까? 또 한 지체가
영광스럽게 되면 다른 모든 지체도 함께 기
뻐하지 않겠습니까?
27◎여러분은 다 함께 그리스도의 몸을 이루고
있으며 한 사람 한 사람은 그 지체가 되어
있습니다.
28하느님께서는 교회 안에 다음과 같은 직책
을 두셨습니다. 첫째는 사도요 둘째는 하느
님의 말씀을 받아 전하는 사람이요 셋째는
가르치는 사람이요 다음은 기적을 행하는
사람이요 또 그 다음은 병 고치는 능력을 받
은 사람, 남을 도와주는 사람, 지도하는 사
람, 이상한 언어를 말하는 사람 등입니다.
29모두가 다 사도일 수는 없지 않겠습니까?
모두가 다 하느님의 말씀을 받아 전하는
사람일 수는 없지 않겠습니까? 모두가 다
가르치는 사람일 수는 없지 않겠습니까?
모두가 다 기적을 행할 수는 없지 않겠습
니까?
30모두가 다 병 고치는 능력을 받을 수는 없지
않겠습니까? 모두가 다 이상한 언어를 말
할 수는 없지 않겠습니까? 모두가 다 해석
하는 사람일 수는 없지 않겠습니까?
31여러분은 더 큰 은총의 선물을 간절히 구하
십시오.

사랑

◎내가 이제 가장 좋은 길을 여러분에게 보
여드리겠습니다.

13 내가 인간의 여러 언어를 말하고
천사의 말까지 한다 하더라도
사랑이 없으면
나는 울리는 징과
요란한 꽹과리와 다를 것이 없습니다.
2 내가 하느님의 말씀을 받아 전할 수 있다
하더라도
온갖 신비를 환히 꿰뚫어 보고
모든 지식을 가졌다 하더라도
산을 옮길 만한 완전한 믿음을 가졌다 하
더라도
사랑이 없으면

나는 아무것도 아닙니다.
3 내가 비록 모든 재산을 남에게 나누어준
다 하더라도
또 ㉠내가 남을 위하여 불 속에 뛰어든다
하더라도
사랑이 없으면
모두 아무 소용이 없습니다.
4 사랑은 오래 참습니다.
사랑은 친절합니다.
사랑은 시기하지 않습니다.
사랑은 자랑하지 않습니다.
사랑은 교만하지 않습니다.
5 사랑은 무례하지 않습니다.
사랑은 사욕을 품지 않습니다.
사랑은 성을 내지 않습니다.
사랑은 앙심을 품지 않습니다.
6 사랑은 불의를 보고 기뻐하지 아니하고
진리를 보고 기뻐합니다.
7 사랑은 모든 것을 덮어주고
모든 것을 믿고
모든 것을 바라고
모든 것을 견디어냅니다.
8 사랑은 가실 줄을 모릅니다.
말씀을 받아 전하는 특권도 사라지고
이상한 언어를 말하는 능력도 끊어지고
지식도 사라질 것입니다.
9 우리가 아는 것도 불완전하고
말씀을 받아 전하는 것도 불완전하지만
10 완전한 것이 오면
불완전한 것은 사라집니다.
11 내가 어렸을 때에는
어린이의 말을 하고
어린이의 생각을 하고
어린이의 판단을 했습니다.
그러나 어른이 되어서는
어렸을 때의 것들을 버렸습니다.
12 우리가 지금은
거울에 비추어보듯이 희미하게 보지만
그 때에 가서는
얼굴을 맞대고 볼 것입니다.
지금은
내가 불완전하게 알 뿐이지만
그 때에 가서는
하느님께서 나를 아시듯이
나도 완전하게 알게 될 것입니다.
13 그러므로 믿음과 희망과 사랑,
이 세 가지는 언제까지나 남아 있을 것입
니다.
이 중에서 가장 위대한 것은 사랑입니다.

이상한 언어와 예언

14 ◎힘써 남을 사랑하고 성령의 선물을
간절히 구하십시오. 특히 하느님의
말씀을 받아 전하는 은혜를 간절히 구하십
시오.
2 이상한 언어를 말하는 사람은 성령의 힘으
로 신비한 일을 말하는 것이므로 아무도 알
아들을 수가 없습니다. 그러므로 그것은 사
람들에게 말하는 것이 아니라 하느님께 말
씀 드리는 것입니다.
3 그러나 말씀을 받아 전하는 사람은 사람들
을 키워주고 격려해 주고 위로해 주려고 사
람들에게 말하는 것입니다.
4 이상한 언어로 말하는 사람은 자기 자신을
도울 뿐이지만 말씀을 받아서 전하는 사람
은 교회에 도움을 줍니다.
5 나는 여러분이 모두 이상한 언어로 말할 수
있었으면 합니다. 그러나 그보다는 하느님
의 말씀을 받아 전할 수 있으면 더 좋겠습니
다. 만일 이상한 언어를 해석해 주는 사람
이 있어서 그것이 교회의 이익이 된다면 몰
라도 그렇지 않다면 이상한 언어로 말하는
사람보다는 하느님의 말씀을 받아 전하는
사람이 더 위대합니다.
6 ◎형제 여러분, 내가 여러분에게 가서 이상
한 언어로 말한다고 하더라도 만일 어떤 계
시나 지식이나 하느님께로부터 받은 말씀
이나 가르침을 전해 드리지 못한다면 내가
무슨 도움이 되겠습니까?
7 피리나 거문고 같은 생명 없는 악기도 소리
는 납니다. 그러나 악보대로 분명하게 연주
하지 않으면 무슨 곡이 연주되고 있는지 어
떻게 알겠습니까?
8 또 나팔부는 사람이 분명한 소리를 내지 않
으면 누가 전투 준비를 하겠습니까?
9 이와 같이 여러분도 이상한 언어로 알아들
을 수 없는 말을 한다면 그것이 무슨 말인지
를 누가 알겠습니까? 결국 여러분은 허공
에다 대고 말하는 셈입니다.
10 세상에는 갖가지 말이 있지만 뜻 없는 말은
하나도 없습니다.
11 그런데 내가 어떤 말의 뜻을 알아듣지 못한
다면 그런 말을 하는 사람과 나는 서로 외국
인이 됩니다.
12 성령의 선물은 여러분이 갈망하는 것이니
되도록 풍성하게 받으십시오. 그러나 그것

㉠ "자랑하기 위하여 나 자신을 희생한다 하더라도"라고 옮길 수도 있다.

은 교회를 돕는 것이어야 합니다.
13그러므로 이상한 언어로 말하는 사람은 그
것을 해석하는 능력까지 얻으려고 기도하
십시오.
14만일 내가 이상한 언어로 기도한다면, 기도
하는 것은 내 심령뿐이고 내 이성은 작용을
하지 않습니다.
15그러면 어떻게 하는 것이 좋겠습니까? 나
는 심령으로 기도하는 동시에 이성으로도
기도하겠습니다. 나는 심령으로 찬미의 노
래를 부르는 동시에 이성으로도 찬미의 노
래를 부르겠습니다.
16만일 여러분이 심령으로만 감사의 기도를
드린다면 그 집회에 참석한 보통 교인들은
당신이 말하는 것을 알아듣지 못할 터이니
어떻게 그 감사의 기도 끝에 "아멘." 하고
응답할 수 있겠습니까?
17여러분은 훌륭하게 감사의 기도를 드리지
만 남에게는 아무런 도움이 되지 못합니다.
18나는 여러분 중 어느 누구보다도 이상한 언
어를 더 많이 말할 수 있다는 것을 하느님께
감사 드립니다.
19그러나 교회에서 남을 가르치기 위해서는
이상한 언어로 일만 마디의 말을 하느니보
다는 차라리 내 이성으로 다섯 마디의 말을
하고 싶습니다.
20◎형제 여러분, 생각하는 데는 어린아이가
되지 마십시오. 악한 일에는 어린아이가 되
고, 생각하는 데는 어른이 되십시오.
21율법서에

"'㉠내가 이상한 언어를 말하는 자들의 혀와
외국인의 입술을 빌려 이 백성에게 말할지라도
그들은 끝내 내 말을 귀담아듣지 않으리라.'

주께서 말씀하신다."고 기록되어 있습니다.
22그러므로 이상한 언어는 믿는 사람을 위한
것이 아니라 믿지 않는 사람에게 보여주신
하느님의 능력의 표입니다. 그러나 말씀을
받아 전하는 것은 믿지 않는 사람을 위한 것
이 아니라 믿는 사람에게 보여주신 하느님
의 능력의 표입니다.
23◎만일 온 교회가 모여서 저마다 이상한 언
어로 말하고 있을 때 보통 교인이나 믿지 않
는 사람들이 그 자리에 들어온다면 그들은
여러분을 보고 미쳤다고 하지 않겠습니까?
24그러나 모두가 하느님의 말씀을 받아 전하
고 있을 때, 믿지 않는 사람이나 보통 교인
이 그 자리에 들어온다면 그 사람은 모든 사
람이 하는 말을 듣고 마음에 가책을 받아 자
기가 죄인이라는 것을 깨닫게 될 것이고
25마침내 자기 마음에 품은 비밀이 폭로될 것
입니다. 그러면 엎드려 하느님을 경배하며
"진정으로 하느님께서 여러분과 함께 계십
니다." 하고 고백하게 될 것입니다.

교회 안의 질서

26◎그러면, 형제 여러분, 어떻게 해야 하겠
습니까? 여러분이 함께 모일 때에는 찬송
하는 사람도 있고 가르치는 사람도 있고 하
느님의 계시를 말하는 사람도 있고 이상한
언어로 말하는 사람도 있고 그것을 해석하
는 사람도 있을 터이지만 모든 것은 교회 발
전에 도움이 되도록 해야 합니다.
27이상한 언어를 말할 때에는 둘이나 많아야
셋이 차례로 말해야 하고 한 사람은 그것을
해석해 주어야 합니다.
28해석할 사람이 없을 때에는 교회 안에서는
그런 말을 쓰지 말고 혼자서 말하거나 하느
님하고만 말하십시오.
29하느님의 말씀을 받아서 전하는 사람도 둘
이나 셋만 말하고 다른 사람들은 그것을 잘
새겨들으십시오.
30그러나 곁에 앉은 사람이 하느님의 계시를
받을 경우에는 먼저 말하던 사람은 말을 중
단해야 합니다.
31그래야 하느님의 말씀을 받은 사람들이 차
례로 다 말씀을 전하게 되어 모든 사람이 배
우고 격려를 받게 될 것입니다.
32하느님의 말씀을 받아 전하는 사람은 자기
심령을 자제할 수 있어야 합니다.
33하느님께서 바라시는 것은 무질서가 아니
고 평화이기 때문입니다. ◎성도들의 모든
교회가 하고 있는 대로
34여자들은 교회 집회에서 말할 권리가 없으
니 말을 하지 마십시오. 율법에도 있듯이
여자들은 남자에게 복종해야 합니다.
35알고 싶은 것이 있으면 집에 돌아가서 남편
들에게 물어보도록 하십시오. 여자가 교회
집회에서 말하는 것은 자기에게 수치가 됩
니다.
36◎하느님의 말씀이 여러분에게서 나왔다는
말입니까? 또는 여러분만이 하느님의 말씀
을 받았다는 말입니까?
37자기가 하느님의 말씀을 받아 전한다고 생

㉠ 이사 28:11-12; 신명 28:49.

각하거나 성령의 선물을 받았다고 생각하
는 사람은 내가 여러분에게 써 보내는 이
말이 주님의 명령이라는 것을 깨달아야 합
니다.
38 이것을 깨닫지 못하는 사람의 말은 인정할
수 없습니다.
39 그러므로 형제 여러분, 하느님의 말씀을 받
아 전하는 은혜를 간절히 구하십시오. 그리
고 이상한 언어를 말하는 것도 굳이 막지는
마십시오.
40 다만 나는 여러분이 모든 일에 점잖게 또 질
서 있게 처리해 주시기를 바랄 뿐입니다.

그리스도의 부활

15 ◎형제 여러분, 전에 내가 전해 준 복
음을 여러분의 마음속에 되새겨주려
고 합니다. 이 복음은 여러분이 이미 받아
들였고 또 여러분의 믿음의 기초가 되어 있
습니다.
2 그러므로 여러분이 헛되이 믿는다면 몰라
도 그렇지 않고 내가 전해 준 복음 그대로
굳게 지켜 나간다면 여러분은 이 복음으로
구원을 받게 될 것입니다.
3 나는 내가 전해 받은 가장 중요한 것을 여러
분에게 전해 드렸습니다. 그것은 그리스도
께서 성서에 기록된 대로 우리의 죄 때문에
죽으셨다는 것과
4 무덤에 묻히셨다는 것과 성서에 기록된 대
로 사흘 만에 다시 살아나셨다는 것과
5 그 후 여러 사람에게 나타나셨다는 사실입
니다. 그리스도께서는 먼저 베드로에게 나타
나신 뒤에 다시 열두 사도에게 나타나셨습
니다.
6 또 한번에 오백 명이 넘는 교우들에게도
나타나셨는데 그 중에는 이미 세상을 떠난
사람도 있지만 대다수는 아직도 살아 있습
니다.
7 그 뒤에 야고보에게 나타나시고 또 모든 사
도들에게도 나타나셨습니다.
8 그리고 마지막으로 팔삭둥이 같은 나에게
도 나타나셨습니다.
9 나는 사도들 중에서 가장 보잘것없는 사람
이요 하느님의 교회까지 박해한 사람이니
실상 사도라고 불릴 자격도 없습니다.
10 그러나 내가 오늘의 내가 된 것은 하느님의
은총의 덕입니다. 하느님께서 나에게 주신
은총은 헛되지 않았습니다. 과연 나는 어느
사도보다도 더 열심히 일했습니다. 그러나
이것은 내가 한 것이 아니라 나에게 주신 하
느님의 은총으로 된 것입니다.
11 내가 전하든지 다른 사도들이 전하든지 우
리는 그리스도의 죽음과 부활을 전하고 있
으며 여러분은 그것을 믿었습니다.

우리의 부활

12 ◎그리스도께서 죽은 자들 가운데서 다시 살
아나셨다는 것을 우리가 전파하고 있는데
여러분 가운데 어떤 사람은 죽은 자의 부활
이 없다고 하니 어떻게 된 일입니까?
13 만일 죽은 자가 부활하는 일이 없다면 그리
스도께서도 다시 살아나셨을 리가 없고
14 그리스도께서 다시 살아나지 않으셨다면 우
리가 전한 것도 헛된 것이요 여러분의 믿음
도 헛된 것일 수밖에 없을 것입니다.
15 만일 죽은 자가 다시 살아나는 일이 없다
면 하느님께서 그리스도를 다시 살리셨을
리가 없습니다. 그렇다면 하느님께서 그리
스도를 다시 살리셨다고 증언하는 우리는
결국 하느님을 거스르는 거짓 증인이 되는
셈입니다.
16 만일 죽은 자들이 다시 살아나는 일이 없다
면 그리스도께서도 다시 살아나실 수 없었
을 것입니다.
17 만일 그리스도께서 다시 살아나시지 않았다
면 여러분의 믿음은 헛된 것이 되고 여러분
은 아직도 죄에서 헤어나지 못하고 있을 것
입니다.
18 그리고 그리스도를 믿다가 세상을 떠난 사
람들도 멸망했을 것입니다.
19 만일 그리스도를 믿는 우리가 이 세상에만
희망을 걸고 있다면 우리는 누구보다도 가
장 가련한 사람일 것입니다.
20 ◎그러나 그리스도께서는 죽은 자들 가운데
서 다시 살아나셔서 죽었다가 부활한 첫 사
람이 되셨습니다.
21 죽음이 한 사람으로 말미암아 온 것처럼 죽
은 자의 부활도 한 사람으로 말미암아 왔습
니다.
22 아담으로 말미암아 모든 사람이 죽는 것과
마찬가지로 그리스도로 말미암아 모든 사람
이 살게 될 것입니다.
23 그러나 각각 차례가 있습니다. 먼저 그리스
도께서 살아나셨고 그 다음에는 그리스도를
믿는 사람들이 그리스도께서 다시 오실 때
살아나게 될 것입니다.
24 그 다음에는 마지막 날이 올 터인데 그 때에
는 그리스도께서 모든 권위와 세력과 능력
의 천신들을 물리치시고 그 나라를 하느님

아버지께 바치실 것입니다.
25㉠그리스도께서는 하느님께서 모든 원수를
그리스도의 발 아래 굴복시키실 때까지 군
림하셔야 합니다.
26마지막으로 물리치실 원수는 죽음입니다.
27"㉡하느님께서는 모든 것을 당신 발 아래
굴복시키셨다." 했습니다. 이렇게 모든 것
을 굴복시키셨다고 할 때 굴복시키시는 그
분은 그 속에 포함되어 있지 않다는 것이 분
명합니다.
28이리하여 모든 것이 그분에게 굴복당할 때
에는 아드님 자신도 당신에게 모든 것을 굴
복시켜 주신 하느님께 굴복하실 것입니다.
그 때에는 하느님께서 만물을 완전히 지배
하시게 될 것입니다.
29◎그런데 죽은 이들을 대신해서 세례를 받
는 사람들은 왜 그런 일을 하는 것입니까?
만일 죽은 이들이 다시 살아나는 일이 없다
면 무엇 때문에 그들을 대신해서 세례를 받
습니까?
30또 우리는 무엇 때문에 언제나 위험을 무릅
쓰면서 살고 있습니까?
31형제 여러분, 나는 우리 주 그리스도 예수를
믿는 사람으로서 여러분을 나의 자랑으로
생각하며 이 말씀을 드립니다. 나는 날마다
죽음의 위험을 당하고 있습니다.
32내가 설혹 에페소에서 맹수와 싸우는 위험
을 겪었다 하더라도 그것이 인간적인 동기
에서 당한 일이라면 내가 얻은 것이 무엇이
겠습니까? 만일 죽은 자가 다시 살아나는
일이 없다면 "㉢내일이면 죽을 테니 먹고
마시자." 해도 그만일 것입니다.
33속지 마십시오. "나쁜 친구를 사귀면 품행
이 나빠집니다."
34정신을 똑바로 차리고 죄를 짓지 마십시오.
여러분 중에는 하느님을 모르는 사람이 있
어서 부끄러운 줄을 알라고 이런 말을 하는
것입니다.

육체의 부활

35◎그러면 "죽은 사람이 어떻게 다시 살아나
며 어떤 몸으로 살아나느냐?" 하고 묻는 사
람이 있을지도 모릅니다.
36어리석은 질문입니다. 심은 씨는 죽지 않고
서는 살아날 수 없습니다.
37여러분이 심는 것은 장차 이루어질 그 몸이
아니라 밀이든 다른 곡식이든 다만 그 씨앗
을 심는 것뿐입니다.
38몸은 하느님께서 당신의 뜻대로 지어주시
는 것으로 씨앗 하나하나에 각각 알맞은 몸
을 주십니다.
39모든 육체가 다 같은 것은 아닙니다. 사람
의 육체가 다르고 동물의 육체가 다르고 새
의 육체가 다르고 물고기의 육체가 또 다릅
니다.
40하늘에 속한 것들이 있고 또 땅에 속한 것들
이 있습니다. 하늘에 속한 것들의 영광이
다르고 땅에 속한 것들의 영광도 다릅니다.
41해의 영광이 다르고 달의 영광이 다르고 별
의 영광이 다르며 또 별과 별 사이에도 그
영광이 다릅니다.
42◎죽은 자들의 부활도 이와 같습니다. 썩을
몸으로 묻히지만 썩지 않는 몸으로 다시 살
아납니다.
43천한 것으로 묻히지만 영광스러운 것으로
다시 살아납니다. 약한 자로 묻히지만 강한
자로 다시 살아납니다.
44육체적인 몸으로 묻히지만 영적인 몸으로
다시 살아납니다. 육체적인 몸이 있으면 영
적인 몸도 있습니다.
45성서에 기록된 대로 ㉣첫 사람 아담은 생명
있는 존재가 되었지만 나중 아담은 생명을
주는 영적 존재가 되셨습니다.
46그러나 영적인 것이 먼저 있었던 것이 아니
라 육체적인 것이 먼저 있었고 그 다음에 영
적인 것이 왔습니다.
47㉤첫째 인간은 흙으로 만들어진 땅의 존재
이지만 둘째 인간은 하늘에서 왔습니다.
48흙의 인간들은 흙으로 된 그 사람과 같고
하늘의 인간들은 하늘에 속한 그분과 같습
니다.
49우리가 흙으로 된 그 사람의 형상을 지녔듯
이 하늘에 속한 그분의 형상을 또한 지니게
될 것입니다.
50◎형제 여러분, 이 말을 잘 들어두십시오.
살과 피는 하느님의 나라를 이어받을 수 없
고 썩어 없어질 것은 불멸의 것을 이어받을
수 없습니다.
51내가 이제 심오한 진리 하나를 말씀 드리겠
습니다. 우리는 죽지 않고 모두 변화할 것
입니다.
52마지막 나팔 소리가 울릴 때에 순식간에
눈 깜빡할 사이도 없이 죽은 이들은 불멸의
몸으로 살아나고 우리는 모두 변화할 것입
니다.
53이 썩을 몸은 불멸의 옷을 입어야 하고 이

㉠ 시편 110:1. ㉡ 시편 8:6. ㉢ 이사 22:13, 56:12. ㉣㉤ 창세 2:7.

죽을 몸은 불사의 옷을 입어야 하기 때문입
니다.
54이 썩을 몸이 불멸의 옷을 입고 이 죽을 몸
이 불사의 옷을 입게 될 때에는,
"ⓐ승리가 죽음을 삼켜버렸다.
55 ⓑ죽음아, 네 승리는 어디 갔느냐?
죽음아, 네 독침은 어디 있느냐?"
한 성서 말씀이 이루어질 것입니다.
56죽음의 독침은 죄요, 죄의 힘은 율법입니다.
57그러나 우리 주 예수 그리스도를 통하여 우
리에게 승리를 주신 하느님께 감사합시다.
58그러므로 사랑하는 형제 여러분, 굳건히 서
서 흔들리지 말고 언제든지 주님의 일을 열
심히 하십시오. 주님을 위해서 하는 노력은
결코 헛되지 않다는 것을 명심하십시오.

예루살렘 교회를 위한 헌금

16 ◎이제는 성도들을 돕기 위한 헌금에
대해서 말씀 드리겠습니다. 내가 갈라
디아 여러 교회에 지시한 것을 여러분도 따
르십시오.
2 내가 여러분에게 간 다음에야 비로소 헌금
하느라고 서두르지 말고 여러분은 일요일
마다 각각 자기 형편에 따라 얼마씩을 미리
저축해 두십시오.
3 내가 여러분에게 가서 여러분이 인정하는
사람들에게 내 소개 편지와 여러분의 성금
을 예루살렘으로 가져가게 하겠습니다.
4 만일 나도 예루살렘에 가야 한다면 함께 가
도록 하겠습니다.

고린토 교회에 대한 바울로의 계획

5 ◎나는 마케도니아에 들를 일이 있으니 거기
에 먼저 들렀다가 여러분에게로 가겠습니다.
6 거기에 가게 되면 얼마 동안 여러분과 함께
지낼지도 모릅니다. 혹시 겨울을 나게 될지
도 모르겠습니다. 그 다음에는 내가 가려는
곳으로 길을 알선해 주십시오.
7 나는 지금 지나는 길에 여러분을 잠깐 만나
보려는 것이 아닙니다. 주님께서 허락하신
다면 얼마 동안 여러분과 함께 지낼 생각입
니다.
8 그러나 오순절까지는 이 곳 에페소에 머물
러 있겠습니다.
9 여기에는 나를 적대하는 사람들이 많기는
하지만 내가 큰일을 할 수 있는 문이 활짝
열려 있습니다.
10◎디모테오가 그리로 가거든 아무 불안 없이
여러분과 함께 지낼 수 있도록 해주시기 바
랍니다. 그는 나처럼 주님을 위하여 일하고
있는 사람입니다.
11아무도 그를 업신여기지 말고 그가 무사히
나에게 돌아올 수 있도록 잘 주선해 주십시
오. 나는 그가 돌아오기를 교우들과 함께
기다리고 있습니다.
12◎마지막으로 교우 아폴로에 관하여 말씀 드
리겠습니다. 나는 그에게 다른 교우들과 함
께 여러분한테 찾아가라고 간곡히 부탁했
지만 그는 지금 갈 마음이 전혀 없습니다.
그러나 적절한 때가 오면 가게 될 것입니다.

마지막 부탁과 작별인사

13◎여러분은 늘 깨어 있으십시오. 굳건한 믿
음을 가지고 씩씩하고 용감한 사람이 되십
시오.
14그리고 모든 일을 사랑으로 처리하십시오.
15◎형제 여러분, 여러분에게 또 한 가지 권할
것이 있습니다. 아시다시피 스테파나의 가
족은 아카이아 지방에서는 처음으로 그리스
도를 믿고 성도들을 위해서 몸바쳐 일한 사
람들입니다.
16그러므로 여러분은 이런 사람들과 또 그들
과 노고를 같이 하고 있는 사람들에게 순종
하십시오.
17나는 스테파나와 포르두나도와 아카이고가 나
에게 와준 것을 기쁘게 생각합니다. 그들은
여러분을 보고 싶어하던 내 허전한 마음을
충족시켜 주었습니다.
18그들은 나와 여러분의 걱정을 덜어주었습
니다. 그러니 이런 사람들을 알아주어야 합
니다.
19◎이 곳 아시아의 여러 교회가 여러분에게
문안합니다. 아퀼라와 브리스카가 자기 집에
모이는 교회와 함께 주님의 이름으로 특별
히 문안합니다.
20그 밖의 모든 교우들의 문안도 받아주십시
오. 여러분은 거룩한 입맞춤으로 서로 인사
하십시오.
21◎이 인사는 나 바울로가 직접 씁니다.
22누구든지 주님을 사랑하지 않는 자는 저주
를 받을 것입니다. 마라나 타! (주여, 어서
오소서!)
23주 예수께서 여러분에게 은총을 내려주시기
바랍니다.
24나는 그리스도 예수를 믿는 여러분 모두를
사랑합니다.

ⓐ 이사 25:8. ⓑ 칠십인역 호세 13:14.

고린토인들에게 보낸 둘째 편지

인사

1 ◎하느님의 뜻으로 그리스도 예수의 사도
가 된 바울로와 교우 디모테오는 고린토에
있는 하느님의 교회와 온 아카이아에 있는
모든 성도들에게 이 편지를 씁니다.
2 하느님 우리 아버지와 주 예수 그리스도께서
은총과 평화를 여러분에게 내려주시기를
빕니다.

환난 후에 받는 위로

3 ◎우리 주 예수 그리스도의 아버지 하느님
을 찬양합시다. 그분은 인자하신 아버지이
시며 모든 위로의 근원이 되시는 하느님으
로서
4 우리가 어떤 환난을 당하더라도 위로해 주
시는 분이십니다. 따라서 그와 같이 하느
님의 위로를 받는 우리는 온갖 환난을 당
하는 다른 사람들을 또한 위로해 줄 수가
있습니다.
5 우리가 그리스도와 함께 당하는 고난이 많
은 것처럼 그리스도로 말미암아 받는 위로
도 많습니다.
6 우리가 환난을 당하는 것도 여러분이 위로
와 구원을 받게 하려는 것이며 또 우리가
위로를 받는 것도 여러분이 우리가 겪는 것
과 똑같은 환난을 당할 때에 그것을 견디어
냄으로써 위로를 맛볼 수 있게 하려는 것입
니다.
7 여러분은 그리스도의 고난을 같이 당하고
있으니 그의 위로도 같이 받을 것입니다.
이것을 알기 때문에 여러분을 믿는 우리의
마음이 든든합니다.
8 ◎형제 여러분, 우리가 아시아에서 당한 환
난이 어떠한 것이었는지를 알리려고 합니
다. 그 환난은 우리의 힘으로는 도저히 견
디어낼 수 없으리만큼 심해서 마침내 우리
는 살 희망조차 잃게 되었습니다.
9 그러나 이렇게 사형 선고를 받았다는 생각
이 들자 우리는 우리 자신을 믿지 않고 죽은
자를 다시 살리시는 하느님을 믿게 되었습
니다.
10 하느님께서는 과연 그렇게 어려운 죽을 고
비에서 우리를 건져내 주셨고 앞으로도 건
져내 주실 것입니다. 이렇게 우리는 하느님
께서 앞으로도 건져내 주시리라는 희망을
가지고 있습니다.
11 여러분은 기도로써 우리를 도와주십시오.
하느님께서 많은 사람의 기도를 들으시고
우리에게 축복을 내리실 것이며 그것을 보
고 많은 사람이 하느님께 감사를 드리게 될
것입니다.

바울로의 계획 변경의 설명

12 ◎우리는 이 세상에서 특히 여러분을 대하
면서 인간의 꾀를 부리지 않고 하느님의
은총으로 그분의 뜻을 따라 솔직하고도 진
실하게 살아왔다는 것을 양심을 걸고 말할
수 있으며 또 이것을 자랑으로 여기고 있
습니다.
13 우리는 이 편지를 쓸 때에도 사실을 사실대
로 썼으므로 여러분은 그대로 읽고 그대로
알아들으시면 됩니다.
14 지금은 여러분이 우리를 부분적으로밖에
이해하지 못하지만 결국에는 완전히 이해
하게 되기를 나는 바랍니다. 그래서 주 예수
의 날에는 우리가 여러분을 자랑스럽게 여
기듯이 여러분도 우리를 자랑스럽게 여겼
으면 합니다.
15 ◎이런 확신이 있었기 때문에 나는 우선 여
러분을 찾아가서 다시 한 번 기쁨을 주려고
하였던 것입니다.
16 그리고 거기에서 마케도니아로 갔다가 돌아
오는 길에 다시 들러 여러분의 도움을 받아
가지고 유다로 떠나갈 계획을 세웠었습니
다.
17 내가 이런 계획을 세운 것이 경솔한 일이었
습니까? 또는 인간적인 동기로 계획을 세
워 편리할 대로 이랬다저랬다 하려는 줄 압
니까?
18 내가 하느님의 진실성을 걸고 맹세하거니
와 여러분에게 한 내 약속은 이랬다저랬다
하지 않습니다.
19 그리고 실바노와 디모테오와 내가 여러분
에게 선포한 하느님의 아들 예수 그리스도
는 이랬다저랬다 하시는 분이 아닙니다.
그리스도에게는 언제나 진실이 있을 따름입
니다.
20 하느님의 모든 약속이 그리스도를 통해서

그대로 이루어졌기 때문입니다. 그래서 우
리는 그리스도를 통해서 하느님을 찬양하며
"아멘." 하고 응답합니다.
21 그리스도를 통해서 여러분과 우리를 굳세게
해주시고 우리에게 기름을 부어 사명을 맡
겨주신 분은 하느님이십니다.
22 하느님께서는 우리를 당신의 사람으로 확
인해 주셨고 그것을 보증하는 표로 우리의
마음에 성령을 보내주셨습니다.
23 ◎내가 고린토에 가지 않기로 작정한 것은
여러분을 아끼기 때문이었습니다. 여기에
대해서는 내 마음을 잘 아시는 하느님께서
내 증인이 되어주실 것입니다.
24 여러분의 믿음은 이미 굳건해졌으니 우리
가 여러분의 신앙 생활을 지배하려는 것은
아닙니다. 우리는 다만 여러분의 행복을 위
해서 여러분과 함께 일할 따름입니다.

2 ◎다시는 여러분의 마음을 아프게 하고
싶지 않아서 여러분을 방문하지 않기로
결심했습니다.
2 나를 기쁘게 해줄 수 있는 사람은 여러분밖
에 없습니다. 그런데 내가 여러분의 마음을
아프게 한다면 나를 기쁘게 해줄 사람에게
슬픔을 안겨주는 셈이 되지 않겠습니까?
3 나는 만나서 기뻐해야 할 사람들을 만나보
고 오히려 내 마음이 슬퍼지는 일이 있어서
는 안 되겠다고 생각했습니다. 내가 기뻐야
여러분도 기뻐하게 되리라는 것을 나는 잘
알고 있습니다. 그래서 나는 여러분을 찾아
가는 대신에 그 편지를 써 보냈던 것입니다.
4 나는 대단히 괴롭고 답답한 마음으로 눈물
을 흘리며 여러분에게 그 편지를 썼습니다.
그러나 그것은 여러분의 마음을 아프게 하
려고 쓴 것이 아니고 내가 여러분을 얼마나
극진히 사랑하고 있는지를 여러분에게 알
리려고 쓴 것입니다.

잘못한 자를 용서하여라

5 ◎어떤 사람이 내 마음을 아프게 한 일이 있
습니다. 그러나 그 사람은 내 마음을 아프
게 했다기보다는 사실은 여러분 모두의 마
음을 어느 정도 아프게 한 것입니다. 너무
심하게 들릴까 보아서 나는 어느 정도라는
말을 씁니다.
6 그 사람은 이미 여러분 대다수의 사람에게
서 상당한 벌을 받았으니
7 이제는 여러분도 그를 용서하고 위로해 주
시기 바랍니다. 그렇지 않으면 그는 지나친
슬픔에 빠져들지도 모릅니다.
8 그러니 여러분은 부디 그에게 사랑을 다시
베풀어주십시오.
9 내가 그 편지를 쓴 것은 여러분이 그 시련을
얼마나 잘 견디어내는지 또 내 교훈을 얼마
나 잘 순종하는지를 알아보기 위한 것이었
습니다.
10 여러분이 어떤 사람을 용서하면 나도 그를
용서해 줍니다. 그리고 내가 무엇이든 용서
한 것이 있다면 그것은 그리스도께서 보시
는 앞에서 여러분을 위해서 용서해 준 것입
니다.
11 그러면 우리는 이제 사탄에게 속아 넘어가
는 일이 없을 것입니다. 우리는 사탄의 책략
을 다 알고 있지 않습니까?

그리스도의 향기

12 ◎그래서 나는 그리스도의 복음을 전하려고
트로아스에 갔습니다. 그 곳은 주님을 위해
서 일할 수 있는 조건은 좋았지만
13 만나기로 한 내 형제 디도가 나타나지 않아
마음이 불안해서 나는 그 곳 교우들과 작별
하고 마케도니아로 왔습니다.
14 ◎우리를 그리스도의 개선 행진에 언제나 끼
워주시는 하느님께 감사 드립니다. 또 우리
로 하여금 어디에서나 그리스도를 아는 지
식의 향기를 풍기게 하시는 하느님께 감사
드립니다.
15 우리는 하느님께 바치는 그리스도의 향기입
니다. 이 향기는 구원받을 사람에게나 멸망
당할 사람에게나 다 같이 풍겨 나가지만
16 멸망당할 사람에게는 역겨운 죽음의 악취
가 되고 구원받을 사람에게는 감미로운 생
명의 향기가 되는 것입니다. 그러니 이런
향기의 구실을 아무나 할 수 있겠습니까?
17 우리는 다른 많은 사람들처럼 하느님의 말
씀을 파는 잡상인들이 아니라 하느님의 파
견을 받고 하느님 앞에서 일하는 사람으로
서 순수한 마음을 가지고 그리스도의 이름
으로 말씀을 전하고 있습니다.

새 계약의 일꾼

3 ◎우리의 이 말이 또 자화자찬처럼 들립
니까? 그리고 어떤 사람들처럼 우리가
소개장을 가지고서야 여러분을 찾아갈 수
있단 말입니까? 또 다른 데로 갈 때에도 여
러분의 소개장이 있어야 한단 말입니까?
2 여러분 자신들이 바로 우리의 마음에 새겨
져 있는 소개장이 아닙니까? 그것은 누구
에게나 다 통하고 누구든지 읽을 수 있는 소

개장입니다.
3 여러분은 분명히 그리스도께서 우리를 시켜
써 보내신 소개장입니다. 이 소개장은 먹으
로 쓴 것이 아니라 살아 계신 하느님의 성령
으로 쓴 것이며 석판에 새겨진 것이 아니라
여러분의 마음속에 새겨진 것입니다.
4 ◎우리는 그리스도를 통해서 하느님을 굳건
히 믿고 있기 때문에 이런 말을 하는 것입
니다.
5 그렇다고 해서 이런 일을 할 수 있는 자격이
우리 자신에게서 났다고 내세우는 것은 아
닙니다. 다만 하느님께서 우리에게 그런 자
격을 주셔서
6 우리로 하여금 당신의 새로운 계약을 이행
하게 하셨을 따름입니다. 이 계약은 문자
로 된 것이 아니고 성령으로 된 것입니다.
문자는 사람을 죽이고 성령은 사람을 살립
니다.
7 ◎㉠율법은 석판에 새겨진 문자로서 결국
죽음을 가져다 주었습니다. 그러나 모세가
율법을 받을 때에 비록 잠시 동안이기는 하
였지만 그 얼굴에는 너무나 찬란한 광채가
빛나서 이스라엘 사람들이 감히 그 얼굴을
쳐다보지도 못하였습니다. 이 문자의 심부
름꾼도 그렇게 영광스러웠다면
8 성령의 심부름꾼은 얼마나 더 영광스럽겠
습니까?
9 사람을 단죄하는 일에도 영광이 있었다면
사람을 무죄 석방하는 일에는 얼마나 더 큰
영광이 있겠습니까?
10 과연 지금의 이 영광은 엄청나게 큰 것입니
다. 이 영광에 비긴다면 과거의 그 영광은
아무것도 아닙니다.
11 잠깐 있다 없어질 것도 빛났다면 영원히 계
속될 것은 얼마나 더 찬란하게 빛나겠습니
까?
12 ◎우리는 이런 희망이 있기 때문에 확신을
가지고 일할 수가 있습니다.
13 ◎우리는 모세처럼 ㉡자기 얼굴에서 광채가
완전히 사라지는 것을 이스라엘 백성들에게
보이지 않으려고 너울로 얼굴을 가리는 것
같은 일은 하지 않습니다.
14 과연 이스라엘 백성들의 마음은 오늘날에
이르기까지도 너울에 가려져서 우둔해지고
말았습니다. 그들은 옛 계약의 글을 읽으면
서도 그 뜻을 깨닫지 못합니다. 그 너울은
사람이 그리스도를 믿을 때에 비로소 벗겨
지게 되는 것입니다.
15 그러나 오늘날까지도 모세의 율법을 읽을
때마다 그들의 마음은 여전히 너울로 가려
져 있습니다.
16 이 너울은 ㉢모세의 경우처럼 사람이 주님
께로 돌아갈 때에 비로소 벗겨집니다.
17 주님은 곧 성령입니다. 주님의 성령이 계신
곳에는 자유가 있습니다.
18 우리는 모두 얼굴의 너울을 벗어버리고 거
울처럼 주님의 영광을 비추어줍니다. 동시
에 우리는 주님과 같은 모습으로 변화하여
영광스러운 상태에서 더욱 영광스러운 상
태로 옮아가고 있습니다. 이것이 성령이신
주님께서 이루시는 일입니다.

질그릇에 담긴 보물

4 ◎하느님의 자비에 힘입어 이 직분을 맡
은 우리는 결코 낙심하지 않습니다.
2 우리는 드러내지 못할 창피스러운 일들을
다 버렸으며 간교한 행동도 하지 않았고
하느님의 말씀을 비뚤어지게 전하지도 않
았습니다. 그리고 진리를 밝혀 드러내었으
니 우리는 하느님 앞에나 모든 사람의 양
심 앞에 우리 자신을 떳떳하게 내세울 수
있습니다.
3 우리가 전하는 복음이 가려졌다면 그것은
멸망하는 자들에게나 가려졌을 것입니다.
4 그들이 믿지 않는 것은 이 세상의 악신이 그
들의 마음을 어둡게 했기 때문입니다. 그들
은 하느님의 형상이신 그리스도의 영광스러
운 복음의 빛을 보지 못하게 되었습니다.
5 우리가 선전하는 것은 우리 자신이 아닙니
다. 예수 그리스도가 주님이시고 우리는 예
수를 위해서 일하는 여러분의 종이라는 것
을 선포하고 있습니다.
6 '㉣어둠에서 빛이 비쳐오너라.' 하고 말씀
하신 하느님께서는 우리의 마음속에 당신
의 빛을 비추어주셔서 그리스도의 얼굴에
빛나는 하느님의 영광을 깨달을 수 있게 해
주셨습니다.
7 ◎하느님께서는 질그릇 같은 우리 속에 이
보화를 담아주셨습니다. 이것은 그 엄청난
능력이 우리에게서 나오는 것이 아니라 하
느님께로부터 나온다는 것을 보여주시려는
것입니다.
8 우리는 아무리 짓눌려도 찌부러지지 않고
절망 속에서도 실망하지 않으며
9 궁지에 몰려도 빠져 나갈 길이 있으며 맞아
넘어져도 죽지 않습니다.

㉠ 출애 34:29-30. ㉡ 출애 34:33, 35. ㉢ 출애 34:34. ㉣ 창세 1:3.

10이렇게 우리는 언제나 예수의 죽음을 몸으
로 경험하고 있지만 결국 드러나는 것은 예
수의 생명이 우리 몸 안에 살고 있다는 사실
입니다.
11우리는 살아 있는 동안 언제나 예수를 위해
서 죽음의 위험을 겪고 있습니다. 그것은
우리의 죽을 몸에 예수의 생명이 살아 있음
을 드러내려는 것입니다.
12이리하여 우리 속에서는 죽음이 설치고 여
러분 속에서는 생명이 약동하고 있습니다.
13"㉠나는 믿었다. 그러므로 나는 말하였다."
라는 말씀이 성서에 기록되어 있습니다. 우
리도 이와 똑같은 믿음의 정신을 가지고 믿
고 또 말합니다.
14그것은 주 예수를 다시 살리신 분이 예수와
함께 우리도 다시 살리시고 여러분과 함께
우리를 그분 곁에 앉히시리라는 것을 잘 알
고 있기 때문입니다.
15이것은 모두 여러분을 위한 것으로서 더 많
은 사람들이 하느님의 은총을 받고 감사하
는 마음이 넘쳐서 하느님께 영광이 되게 하
려는 것입니다.

믿음의 생활

16◎그러므로 우리는 낙심하지 않습니다. 우
리의 외적 인간은 낡아지지만 내적 인간은
나날이 새로워지고 있습니다.
17우리는 지금 잠시 동안 가벼운 고난을 겪고
있지만 그것은 한량없이 크고 영원한 영광
을 우리에게 가져다 줄 것입니다.
18우리는 보이는 것에 눈길을 돌리지 않고 보
이지 않는 것에 눈길을 돌립니다. 보이는
것은 잠시뿐이지만 보이지 않는 것은 영원
하기 때문입니다.

5 ◎우리가 들어 있는 지상의 장막집이 무
너지면 우리는 하늘에 있는 영원한 집에
들게 된다는 것을 알고 있습니다. 그것은
사람의 손으로 지은 것이 아니라 하느님께
서 세워주시는 집입니다.
2지금 육신의 장막을 쓰고 사는 우리는 옷을
입듯이 하늘에 있는 우리의 집을 덧입기를
갈망하면서 신음하고 있습니다.
3우리가 그것을 입으면 벌거숭이가 되지 않
을 것입니다.
4이 장막에 머물러 있는 동안 우리는 무거운
짐에 짓눌려 신음하고 있습니다. 그렇다고
해서 우리가 이 장막을 벗어버리고자 하는
것은 아닙니다. 다만 하늘의 집을 덧입음으
로써 죽음이 생명에게 삼켜져 없어지게 되
기를 갈망하고 있습니다.
5이런 일을 우리에게 마련해 주신 분은 바로
하느님이시며 그 보증으로 우리에게 성령
을 주셨습니다.
6◎그러므로 우리는 언제나 마음이 든든합니
다. 그러나 육체에 머물러 있는 동안에는
우리가 주님에게서 멀리 떠나 있다는 것을
알고 있습니다.
7사실 우리는 보이는 것으로 살아가지 않고
믿음으로 살아갑니다.
8그러므로 우리는 마음이 든든하며 오히려
육체를 떠나서 주님과 함께 평안히 살기를
원합니다.
9그러나 우리가 육체에 머물러 있든지 떠나
서 주님 곁에 가 있든지 오직 그분을 기쁘게
해드리는 일만이 우리의 소원입니다.
10우리가 다 그리스도의 심판대 앞에 나가는
날에는 우리가 육체에 머물러 있는 동안에
한 일들이 숨김없이 드러나서 잘한 일은 상
을 받고 잘못한 일은 벌을 받게 될 것이기
때문입니다.

화해의 임무

11◎우리는 주님이 두려운 분이시라는 것을
알고 있으므로 이것을 사람들에게 알리려
고 합니다. 하느님께서는 우리가 어떤 사람
들인지 잘 알고 계십니다. 여러분도 우리를
사실대로 알아주었으면 합니다.
12그렇다고 여러분에게 또다시 우리 자신을
내세우려는 것은 아닙니다. 다만 우리를 자
랑할 수 있는 근거를 여러분에게 주어 속에
는 아무것도 자랑할 것이 없으면서도 겉만
가지고 자랑하는 자들의 말을 반박할 수 있
게 해주려는 것뿐입니다.
13우리가 미쳤다면 그것은 하느님을 위해서
미친 것이고 우리가 온전하다면 그것은 여
러분을 위해서 온전한 것입니다.
14그것은 그리스도의 사랑이 우리를 그토록
강요하고 있기 때문입니다. 우리가 잘 아는
대로 그리스도 한 분이 모든 사람을 대신해
서 죽으셨으니 결국 모든 사람이 죽은 것입
니다.
15그리스도께서 이렇게 죽으신 것은 사람들이
이제는 자기 자신을 위하여 살지 않고 자기
들을 위해서 죽으셨다가 다시 살아나신 분
을 위하여 살게 하시려는 것이었습니다.
16◎그러므로 우리는 이제부터 아무도 세속

㉠ 시편 116:10.

적인 표준으로 판단하지는 않을 것입니다.
전에는 우리가 세속적인 표준으로 그리스도
를 이해하였지만 이제는 그렇게 하지 않습
니다.
17 누구든지 그리스도를 믿으면 새 사람이 됩
니다. 낡은 것은 사라지고 새것이 나타났습
니다.
18 이것은 모두 다 하느님께로부터 왔습니다.
하느님께서는 그리스도를 내세워 우리를
당신과 화해하게 해주셨고 또 사람들을 당
신과 화해시키는 임무를 우리에게 주셨습
니다.
19 곧 하느님께서는 인간의 죄를 묻지 않으시
고 그리스도를 내세워 인간과 화해하셨습니
다. 그리고 그 화해의 이치를 우리에게 맡
겨 전하게 하셨습니다.
20 그러므로 우리는 그리스도의 사절로서 그분
을 대신하여 여러분에게 간곡히 부탁합니
다. 하느님과 화해하십시오. 이것은 결국
하느님께서 우리를 시켜 호소하시는 말씀
입니다.
21 우리를 위해서 하느님께서는 죄를 모르시
는 그리스도를 죄있는 분으로 여기셨습니다.
그래서 우리는 그리스도로 말미암아 하느님
께로부터 무죄 선언을 받게 되었습니다.

6 ◎우리는 하느님과 함께 일하는 사람으로
서 여러분에게 간곡히 부탁합니다. 여러
분이 받은 하느님의 은총을 헛되게 하지 마
십시오.
2 ◎하느님께서는,

"㉠너에게 자비를 베풀 만한 때에
네 말을 들어주었고
너를 구원해야 할 날에 너를 도와주었
다."

하고 말씀하셨습니다. 지금이 바로 그 자비
의 때이며 오늘이 바로 구원의 날입니다.
3 우리가 하는 전도 사업이 비난을 받지 않기
위해서 우리는 사람들의 비위를 상하게 하
는 일은 조금도 하지 않으려고 합니다.
4 우리는 무슨 일에나 하느님의 일꾼으로서
일할 따름입니다. 그래서 우리는 환난과 궁
핍과 역경도 잘 참아냈고
5 매질과 옥살이와 폭동을 잘 겪어냈으며 심
한 노동을 하고 잠을 못 자고 굶주리면서도
그 고통을 잘 견디어냈습니다.
6 우리는 순결과 지식과 끈기와 착한 마음을
가지고 성령의 도우심과 꾸밈없는 사랑과
7 진리의 말씀과 하느님의 능력으로 살고 있
습니다. 두 손에는 정의의 무기를 들고
8 영광을 받거나 수치를 당하거나 비난을 받
거나 칭찬을 받거나 언제든지 하느님의 일
꾼답게 살아갑니다. 우리는 속이는 자 같으
나 진실하고
9 이름 없는 자 같으나 유명하고 죽은 것 같으
나 이렇게 살아 있습니다. 또 아무리 심한
벌을 받아도 죽지 않으며
10 슬픔을 당해도 늘 기뻐하고 가난하지만 많
은 사람을 부요하게 만들고 아무것도 가진
것이 없지만 사실은 모든 것을 가지고 있습
니다.
11 ◎고린토의 교우 여러분, 나는 여러분에게
숨김없이 다 말하였고 내 마음은 여러분에
게 활짝 열려 있습니다.
12 여러분을 대하는 우리의 마음이 옹색한 것
이 아니라 여러분이 자기 마음을 스스로 옹
색하게 만들었습니다.
13 나는 여러분을 내 자녀처럼 생각하고 말합
니다. 여러분도 우리와 같이 마음을 활짝
여십시오.

비신자와 짝짓지 마라

14 ◎믿지 않는 사람들과 짝짓지 마십시오. 서
로 어울리지 않습니다. 정의와 불의가 어떻
게 짝이 될 수 있으며 빛이 어떻게 어둠과
사귈 수 있습니까?
15 그리스도가 어떻게 ㉡벨리아르와 마음을 합
할 수 있으며 믿는 사람이 안 믿는 사람과
무엇을 같이 할 수 있겠습니까?
16 하느님의 성전에 우상이 어떻게 어울리겠
습니까? 우리는 살아 계신 하느님의 성전
입니다. 하느님께서도 이렇게 말씀하셨습
니다.

"㉢나는 그들 가운데서 살며
그들 사이를 거닐 것이다.
나는 그들의 하느님이 되고
그들은 내 백성이 되리라."

17 "㉣그러므로 너희는 그들에게서
빠져 나와 그들을 멀리하여라.
-이것은 주님의 말씀이다.
부정한 것에 손대지 않으면
내가 너희를 맞아

18 ㉤나는 너희 아버지가 되고
너희는 내 자녀가 되리라.
전능하신 주님의 말씀이다."

㉠ 이사 49:8. ㉡ 악마의 이름이다. ㉢ 레위 26:12; 예레 32:38; 에제 37:27. ㉣ 이사 52:11; 에제 20:34, 41.
㉤ 2사무 7:8, 14; 이사 43:6; 예레 31:9.

7 ◎그러므로 사랑하는 여러분, 우리는 이
런 약속을 받았으니 우리의 몸과 심령을
조금도 더럽히지 말고 깨끗하게 지켜서 하
느님을 두려워하는 생활을 하며 완전히 거
룩한 사람이 됩시다.

바울로의 기쁨

2 ◎마음을 열어 우리를 받아주시기 바랍니
다. 우리는 아무에게도 해를 끼친 일이 없
고 아무도 망쳐놓은 일이 없으며 아무도 착
취한 일이 없습니다.
3 나는 여러분을 책망하려고 이 말을 하는 것
이 아닙니다. 내가 전에도 말했듯이 여러분
은 늘 내 마음속에 있어서 죽어도 같이 죽고
살아도 같이 살 사이가 아닙니까?
4 나는 여러분을 전적으로 믿으며 크게 자랑
합니다. 우리는 온갖 고난을 겪으면서도 큰
위안을 받고 기쁨에 넘쳐 있습니다.
5 ◎우리는 마케도니아에 도착한 후에도 조금
도 쉬지 못했습니다. 쉬기는커녕 가는 곳마
다 환난을 당했습니다. 밖으로는 싸움을 겪
었고 안으로는 두려움에 싸여 있었습니다.
6 실의에 차 있는 사람을 위로해 주시는 하느
님께서 디도를 보내시어 우리를 위로해 주
셨습니다.
7 그가 돌아온 것만도 우리에게 위로가 되었
지만 여러분이 그를 위로해 주었다는 말을
듣고 우리는 더 큰 위로를 받았습니다. 디도
는 여러분이 나를 몹시 보고 싶어하고 나에
게 잘못한 일을 뉘우치고 나를 열렬히 옹호
하고 있다는 소식을 전해 주었습니다. 나는
그 말을 듣고 더욱더 기뻐하였습니다.
8 내가 여러분에게 보낸 그 편지가 여러분의
마음을 아프게 했다 하더라도 나는 그것을
후회하지 않습니다. 그 편지가 잠시 동안이
나마 여러분의 마음을 아프게 한 것을 알고
내가 후회한 것은 사실이지만
9 지금은 오히려 기뻐합니다. 여러분의 마음
을 아프게 해서 기쁘다는 것이 아니라 여러
분이 그 일로 인해서 회개하게 되었다는 것
이 기쁘다는 말입니다. 이렇게 여러분이 마
음 아파한 것은 하느님의 뜻대로 된 일이니
결국 여러분이 우리로 해서 손해본 것은 조
금도 없습니다.
10 하느님의 뜻을 따라서 겪는 상심은 회개할
마음을 일으켜 구원에 이르게 합니다. 이
것을 후회할 사람이 어디 있겠습니까? 그
러나 세속적인 상심은 죽음을 가져올 뿐입
니다.
11 여러분이 하느님의 뜻을 따라서 겪은 바로
그 상심이 여러분에게 이루어준 것이 얼마
나 많습니까? 여러분은 열심을 가지게 되
었고 자신의 무죄를 입증하게 되었고 의분
이 생겼고 두려워할 줄 알게 되었고 그리워
하는 마음과 헌신하려는 마음이 생겼고 악
을 징벌할 줄 알게 되었습니다. 이리하여
여러분은 그 사건에 있어서 조금도 잘못이
없었다는 것을 훌륭하게 증명했습니다.
12 ◎전에 내가 여러분에게 그 편지를 써 보낸
것은 그 못된 짓을 한 자나 또는 그에게 손
해를 입은 사람 때문에 쓴 것이 아니라 여러
분이 우리에게 보인 열성을 하느님 앞에서
여러분에게 보여주려고 쓴 것이었습니다.
13 그 결과 우리는 많은 위로를 받았습니다.
◎이렇게 위로를 받을 뿐만 아니라 디도가
기뻐하는 것을 보고 우리는 더욱 기뻤습니
다. 디도는 이제 여러분 모두의 덕택으로 마
음의 안정을 되찾게 되었습니다.
14 내가 디도에게 여러분을 자랑한 일이 있었
는데 여러분은 과연 내 체면을 세워주었습
니다. 우리가 여러분에게 한 말이 모두 진
실이었듯이 우리가 디도에게 여러분을 자랑
한 것도 이제 허황된 말이 아니었다는 것이
드러났습니다.
15 디도는 여러분이 모두 자기 말을 순종하고
두렵고 떨리는 마음으로 맞아준 일을 회상
하며 여러분에게 더 큰 애정을 품고 있습
니다.
16 나는 여러분을 조금도 거리낌없이 신뢰할
수 있게 된 것을 기쁘게 생각합니다.

헌금의 원칙

8 ◎형제 여러분, 우리는 하느님께서 마케
도니아 여러 교회에 얼마나 큰 은총을 내
려주셨는지를 여러분에게 알려드립니다.
2 그들은 환난을 만나 큰 시련을 당하면서도
오히려 기쁨에 넘쳤고 극심한 가난에 쪼들
리면서도 많은 희사를 했습니다.
3 나는 확실히 말할 수 있습니다. 그들은 제
푼수대로만 희사한 것이 아니라 그 이상의
희사까지도 했습니다.
4 그리고 부디 자기들에게도 성도들을 구제
하는 일에 참여하는 특전을 달라고 자진해
서 간청해 왔습니다.
5 우리가 기대도 하지 못했던 일이 일어났습
니다. 그들은 먼저 주님께 그들 자신을 바
치고 하느님의 뜻을 따라서 우리에게도 헌
신하였습니다.

6 그래서 우리는 디도더러 여러분에게 가서
이미 시작한 그 은혜로운 모금 사업을 마저
끝내라고 권했습니다.
7 여러분은 모든 일에 뛰어났습니다. 믿음이
나, 언변이나, 지식이나, 열성이나, 우리에
대한 사랑에서 여러분을 따를 사람이 없습
니다. 그러니 이 은혜로운 모금 사업에 있
어서도 뛰어나기를 바랍니다.
8 ◎이것은 내가 명령으로 하는 말이 아닙니
다. 다만 이 일에 열성을 보이는 다른 사
람들의 이야기를 들려주고 여러분의 사랑
은 얼마나 진실한가를 알아보려는 것뿐입
니다.
9 여러분은 우리 주 예수 그리스도께서 얼마나
은혜로우신지를 잘 알고 있습니다. 그분은
부요하셨지만 여러분을 위하여 가난하게
되셨습니다. 그분이 가난해지심으로써 여
러분은 오히려 부요하게 되었습니다.
10 이 구제 사업에 대해서 내 의견은 이렇습니
다. 이 일은 일 년 전에 여러분이 먼저 시작
했을 뿐만 아니라 또 자원해서 한 일이니 여
러분이 완성하는 것이 좋겠습니다.
11 이제 그 일을 마무리하도록 하십시오. 여러
분이 처음에 품었던 의욕을 실천에 옮겨 자
기 힘이 자라는 대로 그 일을 완성하라는 말
입니다.
12 마음이 내켜서 하는 일이라면 가진 것에서
얼마를 바치든지 하느님께서는 기꺼이 받
으실 것입니다. 없는 것을 억지로 내라는
말은 아닙니다.
13 내가 지금 다른 사람들은 평안하게 해주면
서 여러분에게만 괴로운 부담을 주려는 것
은 아닙니다. 다만 공평하게 하려는 것뿐입
니다.
14 지금 여러분이 넉넉하게 살면서 궁핍한 사
람들을 도와준다면 그들이 넉넉하게 살게
될 때에는 또한 여러분의 궁핍을 덜어줄 것
입니다. 그러면 결국 공평하게 되지 않겠습
니까?
15 이것은 성서에,
"㉠많이 거둔 사람도 남지 않았고
적게 거둔 사람도 모자라지 않았다."
고 기록된 대로입니다.

디도 일행의 파견

16 ◎내가 여러분에게 기울이는 것과 같은 열
성을 디도의 마음에도 주신 하느님께 감사
합니다.
17 그는 우리의 요청을 기꺼이 받아들였을 뿐
만 아니라 대단한 열성을 내어 자진해서 여
러분에게로 가는 것입니다.
18 우리는 디도에게 형제 한 사람을 딸려보냅
니다. 그 사람은 모든 교회에서 복음을 전
하는 데 명성을 떨친 사람입니다.
19 그뿐만 아니라 그는 여러 교회에서 뽑혀
우리와 동행하면서 우리가 추진하고 있는
이 은혜로운 사업을 돕고 있는 사람입니다.
우리는 주님의 영광을 위해서 또 우리의
좋은 뜻을 실현하기 위해서 이 일을 하는
것입니다.
20 우리가 그들을 보내는 것은 우리가 이 막대
한 의연금을 다루면서 아무한테서도 뒷말
을 듣지 않으려는 것입니다.
21 ㉡주님 앞에서만 아니라 사람들 앞에서도
떳떳한 일을 하려는 것이 우리의 뜻입니다.
22 그들과 함께 또 다른 형제 한 사람을 딸려보
냅니다. 그 사람은 우리가 이미 여러 번 시
험해 본 바, 여러 가지 일에 큰 열성을 보여
준 사람입니다. 그는 지금 여러분을 굳게
신뢰하고 있으므로 더욱 열심을 내고 있습
니다.
23 디도로 말하면 그는 나의 동료로서 여러분
을 위해서 나와 함께 일하는 협조자입니다.
그리고 그와 함께 가는 다른 형제들은 여러
교회가 뽑아서 보내는 대표들로서 그리스도
의 영광을 드러낼 사람들입니다.
24 그러니 여러분은 그들을 사랑으로 대하여
우리가 여러분을 자랑한 점이 사실이라는
것을 모든 교회에 드러내십시오.

가난한 성도들을 위한 의연금

9 ◎예루살렘에 있는 성도들에게 보낼 구제
금에 관하여는 여러분에게 달리 써 보내
지 않아도 될 줄 압니다.
2 나는 여러분이 이 일에 얼마나 열성적인지
잘 알고 있습니다. 그래서 여러분이 그 사
업을 작년부터 아카이아 지방에서 준비해
왔다는 것을 마케도니아 사람들에게 자랑까
지 했습니다. 그랬더니 많은 사람들이 여러
분의 열성을 보고 분발했습니다.
3 내가 이 일에 관해서 여러분을 자랑해 온 것
이 빈말이 아니라는 것을 보이려고 이제 형
제들을 보내니 아무쪼록 내가 말한 대로 준
비를 갖추어두기 바랍니다.
4 그렇지 않고 만일 마케도니아 사람들이 나와
함께 그리로 가서 여러분이 준비가 되어 있

㉠ 출애 16:18. ㉡ 칠십인역 잠언 3:4.

지 않은 것을 보게 된다면 여러분이 부끄러
울 것은 말할 것도 없고 그렇게도 자신만만
했던 우리가 큰 창피를 당하게 될 것입니다.
5 그래서 나는 그 형제들에게 당부해서 나보
다 먼저 여러분에게 가서 전에 여러분이 약
속했던 그 구제금을 미리 거두어놓게 해야
겠다고 생각했습니다. 이것은 여러분의 구
제금이 억지로 거두어지지 않고 자진해서
바치는 희사가 되게 하려는 것입니다.
6 ◎적게 뿌리는 사람은 적게 거두고 많이 뿌
리는 사람은 많이 거둡니다. 이 점을 기억
하십시오.
7 각각 마음에서 우러나는 대로 내야지 아까
워하면서 내거나 마지못해 내는 일은 없어
야 합니다. ㉠하느님께서는 기쁜 마음으로
내는 사람을 사랑하십니다.
8 하느님께서는 여러분에게 모든 은총을 충
분히 주실 수 있는 능력을 가지고 계십니다.
그래서 여러분은 언제나 모든 것을 넉넉하
게 가질 수 있고 온갖 좋은 일을 얼마든지
행할 수 있을 것입니다.
9 성서에도,

"㉡그분은 가난한 이들에게 후히 뿌려
주시고
그분의 자비는 영원히 계속되리라."

는 말씀이 있지 않습니까?
10 뿌릴 씨와 먹을 빵을 농부에게 마련해 주시
는 하느님께서는 여러분에게도 뿌릴 씨를
마련해 주시고 그것을 몇 갑절로 늘려주셔
서 열매를 풍성히 맺게 해주십니다. 그것은
여러분이 뿌린 자선의 열매입니다.
11 이리하여 여러분은 언제나 부요하게 되어
아낌없이 남을 도울 수 있게 될 것이며 우리
를 통해서 그 선물이 전달될 때 많은 사람이
하느님께 감사를 드리게 될 것입니다.
12 이와 같이 여러분이 애써 거두는 의연금은
성도들의 가난을 덜어 줄 뿐만 아니라 많은
사람들로 하여금 하느님께 무한한 감사를
드리게 할 것입니다.
13 여러분의 의연금은 여러분이 그리스도의 복
음을 믿고 순종한다는 것과 예루살렘의 성
도들과 그 밖의 모든 사람을 아낌없이 돕는
다는 증거가 되어 그들이 하느님을 찬양하
게 될 것입니다.
14 그들은 또한 여러분에게 주신 하느님의 넘
치는 은총을 보고 여러분을 그리워하며 여
러분을 위하여 기도할 것입니다.
15 말로 다 할 수 없는 선물을 주시는 하느님께
감사합니다.

바울로의 자기 권위에 대한 소신

10 ◎나 바울로는 온유하시고 관대하신 그
리스도의 이름으로 여러분에게 간청합
니다. 나는 여러분과 대면하고 있을 때에는
유순하지만 떨어져 있을 때에는 강경하다
는 말을 듣습니다.
2 나는 물론 우리를 보고 속된 생활을 한다고
헐뜯는 자들에 대해서는 강경한 태도를 가
질 작정입니다. 그러나 여러분을 만나서는
그와 같은 강경한 태도로 대하지 않게 되었
으면 합니다.
3 비록 우리가 속된 세상에서 살고 있기는 하
지만 속된 싸움을 하고 있는 것은 아닙니다.
4 우리는 세속의 무기를 가지고 싸우는 것이
아니라 아무리 견고한 성이라도 무너뜨릴
수 있는 하느님의 강한 무기를 가지고 싸우
는 것입니다. 우리는 잘못된 이론을 무찔러
버리고
5 하느님을 아는 데 장애가 되는 모든 오만을
쳐부수며 어떠한 계략이든지 다 사로잡아
서 그리스도께 복종시킵니다.
6 그리고 여러분이 완전히 순종하게 될 때에
는 모든 불순종을 처벌할 준비를 갖추고 있
습니다.
7 ◎여러분은 사실을 똑바로 보십시오. 만일
어떤 사람이 자기가 그리스도의 사람이라고
자부한다면 우리도 그 사람 못지않게 그리
스도의 사람들이라는 것을 알아서 자신을
다시 평가해야 할 것입니다.
8 주님께서 우리에게 주신 권위는 여러분을
망치라고 주신 것이 아니고 여러분을 키워
주라고 주신 것입니다. 그러므로 그 권위를
내가 좀 지나치게 내세운다 해도 그것이 부
끄러운 일이라고는 생각하지 않습니다.
9 나를 편지로만 여러분을 위협하는 사람이
라고 생각하지 마십시오.
10 "바울로의 편지는 무게도 있고 단호하기도
하지만 막상 대해 보면 그는 약하기 짝이 없
고 말하는 것도 별것이 아니다." 하고 말하
는 사람들이 있다는데
11 그런 사람들은 분명히 알아두십시오. 우리
가 떨어져 있을 때 편지로 써 보내는 말과,
함께 있을 때 하는 행동 사이에는 아무런 차
이가 없습니다.
12 ◎우리는 스스로 자기를 내세우는 사람들
축에 끼어들거나 그들과 견주어볼 생각은

㉠ 잠언 11:24-25; 칠십인역 잠언 22:8. ㉡ 시편 112:9.

없습니다. 그들은 자기가 만든 척도로 자기
를 재고 자기가 세운 표준에다 자기를 견주
어보고 있으니 그것이 얼마나 어리석은 일
입니까?
13 우리는 한도 이상으로 우리 자신을 내세우
지 않겠습니다. 하느님께서는 우리에게 일
할 범위를 정해 주셨고 우리가 여러분에게
가서 일하는 것도 그 범위 안에서 하는 것입
니다.
14 그러므로 우리는 여러분에게로 가지 못할
사람이 아닙니다. 우리가 범위를 넘어서 무
리하게 손을 뻗치고 있는 것은 아니라는 말
입니다. 사실 그리스도의 복음을 가지고 처
음으로 여러분을 찾아간 사람은 바로 우리
였습니다.
15 우리는 범위를 넘어서 남이 한 수고를 가지
고 생색을 내려는 것은 아닙니다. 다만 여
러분의 믿음이 성장함에 따라서 우리의 선
교 사업이 여러분 사이에서 더욱 확장되기
를 바랄 따름입니다. 그러나 우리가 맡은
범위를 넘지는 않겠습니다.
16 그렇게 되면 우리는 여러분의 고장 이외의
다른 여러 지방에서도 그 복음을 전할 수 있
을 것이고 남이 자기 지역에서 이미 이루어
놓은 일을 가로채 가지고 자랑하는 일은 없
을 것입니다.
17 ㉠자랑하려거든 주님을 자랑하십시오.
18 참으로 인정받을 사람은 스스로 자기를 내
세우는 사람이 아니라 주님께서 내세워 주
시는 바로 그 사람입니다.

거짓 사도들

11 ◎여러분은 내가 좀 어리석어 보이더라
도 참아주시기 바랍니다. 꼭 참아주십
시오.
2 하느님께서 여러분을 염려하시는 것처럼
나도 염려하는 나머지 마음이 놓이지 않습
니다. 그것은 내가 순결한 처녀인 여러분을
오직 한 남편 그리스도에게 바치려고 정혼
을 시켰기 때문입니다.
3 내가 염려하는 것은 마치 하와가 뱀의 간사
한 꾀에 넘어간 것처럼 여러분도 미혹되어
생각이 변해서 그리스도에 대한 충성과 순
결을 저버리지나 않을까 하는 것입니다.
4 사실 어떤 사람이 와서 우리가 전한 것과는
다른 예수를 전하고 여러분이 받은 성령과
는 다른 것을 주며 또 전에 받아들인 것과는
다른 복음을 전파하는데도 여러분은 아무
렇지도 않게 여기니까 하는 말입니다.
5 나는 그 특출하다는 사도들보다 조금도 못
할 것이 없다고 자부합니다.
6 나는 말재주는 별로 없는 사람이지만 지식
이 모자라지는 않습니다. 우리는 이것을 여
러 면에서 여러 가지로 이미 여러분에게 분
명히 보여드렸습니다.
7 ◎여러분을 높이려고 내가 나 자신을 낮추
면서 하느님의 복음을 아무 대가도 받지 않
고 여러분에게 전한 것이 죄가 된단 말입니
까?
8 나는 다른 교회들이 주는 삯을 받아가지고
여러분에게 봉사했습니다. 말하자면 다른
교회들의 것을 빼앗아 여러분을 도운 셈입
니다.
9 내가 여러분과 함께 있을 때에 빈곤했지만
여러분 중 어느 누구에게도 폐를 끼친 일이
없습니다. 마케도니아에서 온 교우들이 나
에게 필요한 것들을 다 공급해 주었기 때문
입니다. 나는 여러분에게 조금도 짐이 되지
않으려고 애썼고 또 앞으로도 그럴 작정입
니다.
10 나는 그리스도의 진리를 지니고 사는 사람
으로서 확언합니다. 아카이아 지방에서는
나의 이 자랑스러운 일을 아무도 막지 못할
것입니다.
11 왜 내가 여러분에게 짐이 되지 않으려고 애
썼겠습니까? 내가 여러분을 사랑하지 않기
때문에 그랬겠습니까? 아닙니다. 내가 여
러분을 사랑한다는 것은 하느님께서도 알
고 계십니다.
12 ◎나는 앞으로도 지금까지 해온 대로 해 나
가겠습니다. 그것은 우리와 같은 방식으로
일을 하고 있다고 자랑할 구실을 찾는 자들
에게 그 구실을 주지 않기 위한 것입니다.
13 그런 자들은 거짓 사도이며 사람을 속여먹
는 일꾼이며 그리스도의 사도로 가장하는
자들입니다.
14 그러나 그것은 조금도 놀라운 일이 아닙니
다. 사탄도 빛의 천사의 탈을 쓰고 나타나지
않습니까?
15 이렇게 사탄의 일꾼들이 정의의 일꾼으로
가장하고 나선다 해도 조금도 놀라울 것이
없습니다. 그들의 행실에 따라 그들의 최후
가 결정될 것입니다.

사도 바울로의 수고

16 ◎거듭 말해 두지만 아무도 나를 어리석은

㉠ 예레 9:22-23.

사람이라고 생각하지는 마십시오. 만일 어
리석은 사람이라고 생각되거든 그런 사람
으로 쳐주어도 좋습니다. 그러면 나는 어
리석은 사람으로서 좀 자랑을 할 수 있겠
습니다.
17 물론 내가 지금 하는 말은 주님의 명령을 받
고 하는 말은 아닙니다. 이렇게 장담하며
자랑하는 것은 내가 어리석어서 하는 짓입
니다.
18 그러나 많은 사람들이 속된 것들을 가지고
자랑을 하고 있으니 나도 자랑해 보겠습니
다.
19 그 어리석은 사람들을 그렇게도 잘 받아주
니 여러분은 어지간히도 똑똑합니다!
20 누가 여러분을 종으로 삼아도 그만, 잡아먹
어도 그만, 착취해도 그만, 깔보아도 그만,
뺨을 쳐도 그만, 여러분은 그저 참아주기만
하니 말입니다.
21 부끄럽게도 나는 너무 약해서 그런 짓까지
는 하지 못했습니다. 그러나 누가 무슨 자
랑을 한다면 나도 그와 똑같은 자랑을 해보
겠습니다. 이것은 물론 내가 어리석은 사람
이라 치고 하는 말입니다.
22 그들이 히브리 사람들입니까? 나도 그렇습
니다. 그들이 이스라엘 사람들입니까? 나도
그렇습니다. 그들이 아브라함의 후손들입니
까? 나도 그렇습니다.
23 그들이 그리스도의 일꾼들입니까? 미친 사
람의 말 같겠지만 사실 나는 그리스도의 일
꾼으로서는 그들보다 낫습니다. 나는 그들
보다 수고를 더 많이 했고 감옥에도 더 많이
갇혔고 매는 수도 없이 맞았고 죽을 뻔한 일
도 여러 번 있습니다.
24 유다인들에게 사십에서 하나를 감한 매를
다섯 번이나 맞았고
25 몽둥이로 맞은 것이 세 번, 돌에 맞아 죽을
뻔한 것이 한 번, 파선을 당한 것이 세 번이
고 밤낮 하루를 꼬박 바다에서 표류한 일도
있습니다.
26 자주 여행을 하면서 강물의 위험, 강도의
위험, 동족의 위험, 이방인의 위험, 도시의
위험, 광야의 위험, 바다의 위험, 가짜 교우
의 위험 등 온갖 위험을 다 겪었습니다.
27 그리고 노동과 고역에 시달렸고 수없는 밤
을 뜬눈으로 새웠고 주리고 목말랐으며 여
러 번 굶고 추위에 떨며 헐벗은 일도 있었습
니다.
28 이런 일들을 제쳐놓고라도 나는 매일같이
여러 교회들에 대한 걱정에 짓눌려서 고통
을 당하고 있습니다.
29 어떤 교우가 허약해지면 내 마음이 같이 아
프지 않겠습니까? 어떤 교우가 죄에 빠지
면 내 마음이 애타지 않겠습니까?
30 ◎내가 구태여 자랑을 해야 한다면 내 약점
을 자랑하겠습니다.
31 영원토록 찬양을 받으실 주 예수의 아버지
하느님께서 내 말이 거짓말이 아니라는 것
을 알고 계십니다.
32 다마스쿠스에서는 아레다 왕의 총독이 나를
잡으려고 성문을 지키고 있었지만
33 나는 광주리에 담겨 들창문으로 줄을 타고
성벽을 내려가 그의 손아귀에서 빠져 나간
일도 있습니다.

신비로운 영상과 계시

12 ◎자랑해서 이로울 것은 없지만 나는
자랑하지 않을 수 없습니다. 이제 나는
주님께서 보여주신 신비로운 영상과 계시
에 대하여 말씀 드리겠습니다.
2 내가 잘 아는 그리스도 교인 하나가 십사 년
전에 셋째 하늘까지 붙들려 올라간 일이 있
었습니다. -몸째 올라갔는지 몸을 떠나서
올라갔는지 나는 모릅니다. 그러나 하느님
께서는 알고 계십니다.-
3 나는 이 사람을 잘 압니다. -몸째 올라갔는
지 몸을 떠나서 올라갔는지 나는 알지 못하
지만 하느님께서는 아십니다.-
4 그는 낙원으로 붙들려 올라가서 사람의 말
로는 표현할 수 없는 이상한 말을 들었습니
다.
5 나는 이런 사람을 자랑하려고 하며 나 자신
에 관해서는 나의 약점밖에 자랑하지 않겠
습니다.
6 내가 다른 것도 자랑할 마음이 있어서 자랑
한다 하더라도 사실대로만 말할 것이기 때
문에 내가 어리석은 사람이 될 까닭은 없습
니다. 그러나 사람들이 내게서 보고 듣고
한 것 이상으로 나를 평가하게 될까봐 나는
자랑을 그만하겠습니다.
7 내가 굉장한 계시를 받았다 해서 잔뜩 교만
해질까봐 하느님께서 내 몸에 가시로 찌르
는 것 같은 병을 하나 주셨습니다. 그것은
사탄의 하수인으로서 나를 줄곧 괴롭혀 왔
습니다. 그래서 나는 교만에 빠지지 않게
되었습니다.
8 나는 그 고통이 내게서 떠나게 해주시기를
주님께 세 번이나 간청하였습니다.
9 그러나 주님께서는 "너는 이미 내 은총을

충분히 받았다. 내 권능은 약한 자 안에서
완전히 드러난다." 하고 번번이 말씀하셨습
니다. 그래서 나는 그리스도의 권능이 내게
머무르도록 하려고 더없이 기쁜 마음으로
나의 약점을 자랑하려고 합니다.
10 나는 그리스도를 위해서 약해지는 것을 만
족하게 여기며, 모욕과 빈곤과 박해와 곤궁
을 달게 받습니다. 그것은 내가 약해졌을
때 오히려 나는 강하기 때문입니다.

고린토 교회에 대한 바울로의 염려

11 ◎나는 과연 어리석은 사람이 되고 말았습
니다. 그러나 나를 이 지경에 몰아넣은 사
람은 바로 여러분들입니다. 사실 여러분은
나를 인정해 주어야 할 사람들이 아니었습
니까? 내가 비록 보잘것없는 사람이기는
하지만 그 특출하다는 사도들보다 조금도
못할 것이 없습니다.
12 나는 여러분과 함께 있을 때에 백방으로 참
고 견디면서 표징과 놀라운 일과 기적을 행
하여 내가 진정 사도라는 증거를 보여주었
습니다.
13 내가 여러분에게 폐를 끼치지 않았다는 것
외에 다른 교회들보다 여러분을 덜 생각해
준 것이 무엇입니까? 여러분에게 폐를 끼
치지 않은 것이 잘못이었다면 용서해 주십
시오.
14 ◎내가 여러분에게 가려고 준비를 갖춘 것
이 이번으로 세 번째가 됩니다. 그러나 내
가 가더라도 여러분에게 짐이 되지는 않겠
습니다. 내가 구하는 것은 여러분 자신이지
여러분의 재물은 결코 아닙니다. 자식이 부
모를 위해서 돈을 모아두어야 하는 것이 아
니라 부모가 자식들을 위해서 그렇게 해야
하는 법입니다.
15 여러분을 돕는 일이라면 나는 더없이 기쁜
마음으로 그 비용을 감당하겠고 또 나 자신
을 온통 희생하겠습니다. 나는 여러분을 이
렇게 열렬히 사랑하고 있는데 여러분은 나
를 덜 사랑하려고 합니까?
16 내가 여러분에게 짐이 되지 않았다는 것을
인정하면서도 내가 꾀가 있어서 여러분을
속여가지고 내 손에 넣었다고 말하는 자가
있습니다.
17 내가 사람들을 보내서 여러분을 착취했단
말입니까?
18 내가 디도더러 여러분에게 가라고 했고 또
교우 한 사람을 딸려보낸 것은 사실입니다.
그런데 디도가 여러분을 착취한 일이 있습
니까? 디도와 나는 같은 정신을 가지고 같
은 길을 걸어온 사람들이 아닙니까?
19 ◎아마도 여러분은 우리가 지금까지 여러분
에게 자기 변명을 하고 있는 줄로 생각할 것
입니다. 그러나 우리는 그리스도를 믿는 사
람으로서 하느님 앞에서 말하고 있는 것입
니다. 사랑하는 교우 여러분, 이 모든 것은
여러분을 키워주기 위해서 한 말입니다.
20 내가 염려하는 것은 내가 가서 여러분을 만
나게 될 때 혹시 여러분이 내 기대에 어긋
나지 않을까, 또 내가 여러분의 기대에 어
긋나지 않을까 하는 것입니다. 나는 여러
분 가운데 혹시 서로 다투거나 시기하거나
성을 내거나 자기 속만 채우거나 남을 욕
하거나 험담을 일삼거나 거만을 떨거나 난
동을 부리거나 하는 일이 있지 않을까 염
려합니다.
21 그리고 내가 여러분에게 다시 갈 때에 여러
분 때문에 내가 내 하느님께 부끄러움을 당
하지나 않을까 걱정이 됩니다. 전에 더럽고
음란하고 방탕한 생활에 빠져 있던 많은 사
람들이 아직도 그 죄를 회개하지 않고 있다
면 나는 그들을 보고 슬피 울게 되지 않겠습
니까? 나는 그런 일이 없기를 바랍니다.

마지막 경고와 인사

13 ◎나는 지금 세 번째로 여러분을 방문
하려고 합니다. "㉠어떤 사건이든지 그
것을 확인하는 데는 두 사람이나 세 사람의
증언을 필요로 한다."는 말씀이 있습니다.
2 내가 두 번째로 여러분을 방문했을 때에 전
에 죄를 지은 자들과 그 밖의 모든 사람에게
경고해 둔 바 있었지만 지금 떨어져 있으면
서 또다시 경고합니다. 내가 이번에 다시
가면 그런 자들을 단 한 사람도 그냥 두지
않을 것입니다.
3 그 때에는 그리스도께서 나를 통하여 말씀
하고 계신다는 증거를 찾고 있던 여러분이
그 증거를 보게 될 것입니다. 그리스도께서
는 여러분을 대하실 때 결코 약하시지 않습
니다. 오히려 강력하신 분으로 여러분에게
나타나십니다.
4 그리스도께서는 약하셔서 십자가에 달려 죽
으셨지만 하느님의 권능으로 지금 살아 계
십니다. 그리스도를 믿는 우리도 약하기는
하지만 하느님의 권능으로 그리스도와 함께
살아서 여러분을 대하게 될 것입니다.

㉠ 신명 19:15.

5◎여러분은 자기의 믿음을 제대로 지키고
있는지 스스로 살피고 따져보십시오. 여러
분은 그리스도 예수께서 여러분과 함께 계시
다는 것을 깨닫고 계십니까? 만일 깨닫지
못하신다면 여러분은 그리스도인으로서 낙
제한 것입니다.
6그러나 나는 우리가 낙제생이 아니라는 것
을 여러분이 알게 되기를 바랍니다.
7그리고 우리는 여러분이 아무 잘못도 저지
르지 않게 되기를 하느님께 빕니다. 우리가
그리스도인으로서 합격한 것을 밝히 드러내
달라고 비는 것이 아니고 우리가 낙제생처
럼 보이는 한이 있더라도 여러분만은 옳은
일을 행하게 되기를 비는 것입니다.
8우리는 진리에 어긋나는 일을 아무것도 할
수 없고 다만 진리에 맞는 일만 할 수 있습
니다.
9우리는 약하더라도 여러분이 강하면 우리
는 기쁩니다. 우리가 기원하는 것은 여러분
의 인격이 완성되는 것입니다.
10내가 여러분에게 가게 될 때에 주님께서 나
에게 주신 권위를 너무 가혹하게 쓰지 않아
도 되기 위해서 내가 떨어져 있는 동안에 이
렇게 미리 편지를 써 보냅니다. 그 권위는
여러분을 망치라고 주신 것이 아니라 여러
분을 키워주라고 주신 것입니다.
11◎형제 여러분, 그러면 안녕히 계십시오.
온전하게 되기를 힘쓰며 내 권고를 귀담아
들으십시오. 그리고 뜻을 같이하여 평화롭
게 사십시오. 그러면 사랑과 평화의 하느님
께서 여러분과 함께 계셔주실 것입니다.
12거룩한 입맞춤으로 서로 인사하십시오. 모
든 성도가 여러분에게 문안합니다.
13◎주 예수 그리스도의 은총과 하느님의 사랑
과 성령께서 이루어주시는 친교를 여러분
모두가 누리시기를 빕니다.

갈라디아인들에게 보낸 편지

인사

1 ◎사도인 나 바울로가 이 편지를 씁니다.
나는 사도직을 사람에게서나, 사람을 통
해서 받은 것이 아니라 예수 그리스도와 그
분을 죽은 자들 가운데서 다시 살리신 하느
님 아버지께로부터 받았습니다.
2나는 나와 같이 있는 모든 형제들과 함께 갈
라디아의 여러 교회에 문안 드리며
3우리 아버지 하느님과 주 예수 그리스도의
은총과 평화가 여러분에게 내리시기를 빕
니다.
4그리스도께서는 하느님 우리 아버지의 뜻을
따라 우리를 이 악한 세대에서 건져내시려
고 우리 죄를 짊어지시고 당신 자신을 제물
로 바치셨습니다.
5하느님 아버지께서 영원토록 영광을 받으
시기를 빕니다. 아멘.

오직 하나밖에 없는 복음

6◎그리스도의 은총으로 하느님의 자녀가 된
여러분이 그렇게도 빨리 하느님을 외면하
고 또 다른 복음을 따라가고 있다니 놀라지
않을 수 없습니다.
7사실 다른 복음이란 있을 수 없습니다. 다
만 어떤 사람들이 여러분의 마음을 뒤흔들
고 그리스도의 복음을 변질시키려 하고 있
을 따름입니다.
8우리는 말할 것도 없고 하늘에서 온 천사라
할지라도 우리가 이미 전한 복음과 다른 것
을 여러분에게 전한다면 그는 저주를 받아
마땅합니다.
9전에도 말한 바 있지만 다시 한 번 강조하겠
습니다. 누구든지 여러분이 이미 받은 복음
과 다른 것을 전하는 자가 있다면 그는 저주
를 받아 마땅합니다.
10◎내가 지금 사람들의 지지를 얻으려고 합
니까? 아니면 하느님의 지지를 얻으려고
합니까? 내가 사람들의 호감이나 사려는
줄 압니까? 내가 아직도 사람들의 호감을
사려고 한다면 나는 그리스도의 일꾼이 아
닐 것입니다.

바울로가 사도가 된 경위

11◎형제 여러분, 내가 전한 복음은 사람이 만
들어낸 것이 아니라는 것을 분명히 말해 둡
니다.
12이 복음은 내가 사람에게서 받은 것도 아니
고 배운 것도 아닙니다. 예수 그리스도께서
직접 나에게 계시해 주신 것입니다.
13◎내가 전에 유다교 신자였을 때의 소행은

여러분이 다 들었을 터이지만 나는 하느님
의 교회를 몹시 박해하였습니다. 아니, 아
주 없애버리려고까지 하였습니다.
14 나는 그 때 내 동족 중 동년배들 사이에서는
누구보다도 유다교를 신봉하는 데 앞장섰으
며 내 조상들의 전통을 지키는 일에 있어서
도 훨씬 더 열성적이었습니다.
15 ㉠그러나 하느님께서는 내가 나기 전에 이
미 은총으로 나를 택하셔서 불러주셨고
16 당신의 아들을 이방인들에게 널리 알리게
하시려고 기꺼이 그 아들을 나에게 나타내
주셨습니다. 그 때 나는 어떤 사람과도 상
의하지 않았고
17 또 나보다 먼저 사도가 된 사람들을 만나려
고 예루살렘으로 가지도 않았습니다. 나는
곧바로 아라비아로 갔다가 다시 다마스쿠스
로 돌아갔습니다.
18 ◎그리고 삼 년 후에 나는 베드로를 만나려
고 예루살렘에 올라가서 그와 함께 보름 동
안을 지냈습니다.
19 그 때 주님의 동생 야고보 외에 다른 사도는
만나지 않았습니다.
20 내가 여러분에게 써 보내는 이 말이 거짓
말이 아니라는 것은 하느님께서 알고 계십
니다.
21 그 뒤에 나는 시리아와 길리기아 지방으로
갔습니다.
22 그래서 유다에 있는 그리스도의 교회들은 나
를 직접 대할 기회가 없었습니다.
23 그들은 다만 전에 자기네를 박해하고 그 교
를 없애버리려고 하던 사람이 이제는 그 교
를 전파하고 있다는 소문만 듣고 있었습니
다. 그리고 그들은
24 내가 하는 일을 두고 하느님을 찬양하였습
니다.

바울로와 다른 사도들

2 ◎그리고 십사 년 뒤에 나는 디도를 데리
고 바르나바와 함께 다시 예루살렘으로 올
라갔습니다.
2 나는 하느님의 계시를 받고 올라갔던 것입
니다. 거기에서 나는 소위 지도자라는 사람
들과 따로 만나 내가 이방인들에게 전하고
있는 복음을 설명해 주었습니다. 그것은
내가 지금 하고 있는 일이나 지금까지 해놓
은 일이 허사가 되지 않게 하려는 것이었습
니다.
3 나와 동행했던 디도는 그리스 사람이었는데
도 그들은 할례를 강요하지 않았습니다.
4 그런데 가짜 신도들이 우리를 노예로 만들
려고 몰래 들어와서, 그리스도 예수를 믿는
우리가 누리는 자유를 엿보고 있었으므로
실상 디도가 할례를 강요당할 위험이 없었
던 것은 아닙니다.
5 그러나 여러분에게 전한 복음의 진리를 보
존하려고 우리는 조금도 양보하지 않았습
니다.
6 ㉡하느님께서는 사람을 겉모양으로 보지 않
으시므로 소위 지도자라는 사람들이 과거
에 어떤 사람들이었든 간에 나에게는 아무
상관도 없지만 그들도 나에게 어떤 새로운
제언을 한 일은 없습니다.
7 도리어 그들은 마치 베드로가 할례받은 사
람들에게 복음을 전하는 일을 위임받았듯
이 내가 할례받지 않은 사람들에게 복음을
전하는 일을 위임받았다는 사실을 인정하
기에 이르렀습니다.
8 곧 하느님께서 할례받은 사람들을 위한 사
도직을 베드로에게 주신 것같이 이방인들을
위한 사도직을 나에게 주셨다는 사실을 인
정한 것입니다.
9 그뿐만 아니라 기둥과 같은 존재로 여겨지
던 야고보와 ㉢게파와 요한도 하느님께서 나
에게 주신 이 은총을 인정하고, 나와 바르나
바에게 오른손을 내밀어 친교의 악수를 청
하였습니다. 그리하여 우리는 이방인들에
게 전도하고 그들은 할례받은 사람들에게
전도하기로 합의하였습니다.
10 한 가지 그들이 우리에게 요구한 것은 가난
한 사람들을 기억해 달라는 것이었는데 그
것은 바로 내가 전부터 열심히 해오던 일이
었습니다.

게파에게 면박을 주는 바울로

11 ◎그러나 게파가 안티오키아에 왔을 때 책망
받을 일을 했기 때문에 나는 그에게 면박을
주었습니다.
12 그의 책망받을 일이란 이런 것이었습니다.
게파가 이방인 교우들과 한자리에서 음식을
먹고 있었는데 야고보가 보낸 사람들이 들
어오자 그는 할례를 주장하는 그 사람들이
두려워서 슬그머니 그 자리에서 물러나갔
습니다.
13 나머지 유다인들도 안 먹은 체하며 게파와
함께 물러나갔고 심지어 바르나바까지도 그
들과 함께 휩쓸려서 가식적인 행동을 하였

㉠ 이사 49:1; 예레 1:5. ㉡ 신명 10:17. ㉢ 게파는 베드로이다.

습니다.
14 나는 그들의 행동이 복음의 진리에 맞지 않
는 것을 보고 모든 사람이 보는 앞에서 게파
에게 이렇게 말하였습니다. "유다인이면서
유다인같이 살지 않고 이방인같이 사는 당
신이 어떻게 이방인들에게 유다인처럼 살라
고 강요할 수 있겠습니까?"

믿음으로 얻는 구원

15 ◎우리는 본래 유다인이고 이른바 '이방 죄
인'은 아닙니다.
16 그러나 우리는 사람이 하느님과 올바른 관
계에 놓이는 길이 율법을 지키는 데 있지 않
고 예수 그리스도를 믿는 데 있다는 것을 알
고 있습니다. 그래서 우리는 율법을 지킴으
로써가 아니라 그리스도를 믿음으로써 하느
님과 올바른 관계를 가지려고 그리스도 예수
를 믿은 것입니다. 율법을 지키는 것으로는
누구를 막론하고 하느님과 올바른 관계를
가질 수가 없기 때문입니다.
17 그러나 만일 그리스도를 믿음으로써 하느님
과 올바른 관계를 가지려고 노력하는 우리
자신이 죄인으로 드러난다면 그리스도가 죄
를 조장하시는 분이란 말입니까? 절대로
그럴 수 없습니다.
18 만일 내가 전에 헐어버린 것을 다시 세운다
면 나는 스스로 법을 어긴 사람이 될 것입
니다.
19 나는 이미 율법의 손에 죽어서 율법의 지배
에서 벗어나 하느님을 위하여 살게 되었습
니다. 나는 그리스도와 함께 십자가에 달려
죽었습니다.
20 이제는 내가 사는 것이 아니라 그리스도가
내 안에서 사시는 것입니다. 지금 내가 살
고 있는 것은 나를 사랑하시고 또 나를 위해
서 당신의 몸을 내어주신 하느님의 아들을
믿는 믿음으로 사는 것입니다.
21 나는 하느님의 은총을 헛되게 하지는 않습
니다. 만일 사람이 율법을 통해서 하느님과
올바른 관계를 맺을 수 있다면 그리스도의
죽음은 헛일이 될 것입니다.

율법이냐? 믿음이냐?

3 ◎갈라디아 사람들이여, 왜 그렇게 어리석
습니까? 십자가에 달리신 예수 그리스도
의 모습이 여러분의 눈앞에 생생하게 나타
나 있는데 누가 여러분을 미혹시켰단 말입
니까?
2 한 가지만 물어보겠습니다. 여러분은 율법
을 지켜서 성령을 받았습니까? 복음을 듣
고 믿어서 성령을 받았습니까?
3 여러분은 그렇게도 어리석은 사람들입니
까? 성령의 힘으로 시작한 일을 지금 와서
인간의 힘으로 마치려 드는 것입니까?
4 여러분이 겪은 그 모든 경험이 다 헛일이
었단 말입니까? 설마 그렇지는 않을 것입
니다.
5 하느님께서 여러분에게 성령을 주시고 여
러분 가운데서 기적을 행하신 것이 여러분
이 율법을 지켰기 때문입니까? 그렇지 않
으면 복음을 듣고 믿었기 때문입니까?
6 성서에도 기록되어 있듯이 아브라함은 ㉠하
느님을 믿었고 하느님께서는 그의 믿음을
보시고 그를 올바른 사람으로 인정해 주셨
습니다.
7 ◎그러므로 여러분은 믿음으로 사는 사람만
이 아브라함의 참 자손이 된다는 것을 알아
야 합니다.
8 하느님께서는 이방인들도 믿기만 하면 당
신과 올바른 관계를 가지게 해주시리라는
것을 성서는 미리 내다보았습니다. 그래서
성서는 아브라함에게 "㉡너로 말미암아 만
백성이 복을 받으리라."는 복음을 미리 전
해 주었던 것입니다.
9 그러므로 믿음으로 사는 사람들은 믿음의
사람 아브라함과 함께 복을 누리는 것입
니다.
10 성서에 "㉢율법서에 기록된 모든 것을 꾸준
히 지키지 않는 사람은 저주를 받을 것이
다."라고 기록되어 있듯이 율법을 지키는
것에 의존하는 사람은 언제나 저주의 위협
을 받고 있습니다.
11 그러니 율법을 통해서는 아무도 하느님과
올바른 관계를 맺을 수 없다는 것이 분명합
니다. 성서에도 "㉣믿음을 통해서 하느님과
올바른 관계를 가진 사람은 살 것이다."라
는 말씀이 있습니다.
12 율법은 믿음에 기초를 둔 것이 아닙니다.
율법은 다만 "㉤율법을 지키는 자는 그것을
지킴으로 산다."고 말합니다.
13 "㉥나무에 달린 자는 누구나 저주받을 자
다."라고 성서에 기록되어 있듯이, 그리스
도께서는 우리를 위하여 십자가에 달려 저
주받은 자가 되셔서 우리를 율법의 저주에
서 구원해 내셨습니다.
14 그리하여 하느님께서 아브라함에게 약속하

㉠ 창세 15:6. ㉡ 창세 12:3. ㉢ 신명 27:26. ㉣ 하바 2:4. ㉤ 레위 18:5. ㉥ 신명 21:23.

신 복이 그리스도 예수를 믿는 이방인들에게
까지 미치게 되었고 또 우리는 믿음으로 약
속된 성령을 받게 되었습니다.

율법과 약속

15◎형제 여러분, 세상의 관례를 들어서 말해
봅시다. 사람들이 맺은 계약도 한번 맺은
다음에는 아무도 그것을 무효로 만들거나
무엇을 덧붙이거나 할 수 없는 것입니다.
16㉠하느님께서는 아브라함과 그의 후손에게
약속하실 때에 많은 사람을 가리키는 "후손
들에게"라는 말 대신 한 사람만을 가리키는
"네 후손에게"라는 말을 쓰셨습니다. 한 사
람이란 그리스도를 가리킵니다.
17내가 말하려는 것은 이것입니다. 하느님께
서 미리 맺어주신 계약이 사백삼십 년 후에
율법이 생겼다 해서 소멸되거나 그 약속이
무효가 될 수는 없다는 것입니다.
18만일 법을 근거로 해서 상속을 받는 것이라
면 그것은 벌써 약속된 것을 받는 것은 아닙
니다. 그러나 하느님께서는 약속에 따라 아
브라함에게 상속의 선물을 주신 것입니다.
19그러면 율법은 무엇 때문에 있게 되었습니
까? 그것은 약속된 그 후손이 오실 때까지
죄가 무엇인지 알게 하시려고 덧붙여주신
것입니다. 그리고 이 율법은 천사들을 통하
여 중재자의 손을 거쳐 제정된 것입니다.
20그러나 하느님의 약속은 중재자를 내세우
지 않고 하느님 한 분의 생각으로 하신 것입
니다.

율법의 목적

21◎그렇다면 율법은 하느님의 약속과 반대되
는 것이겠습니까? 절대로 그렇지 않습니
다. 만일 사람에게 주어진 율법이 사람을
살릴 수 있는 것이었다면 사람은 율법에 의
해서 하느님과 올바른 관계를 맺을 수 있었
을 것입니다.
22그러나 성서는 온 세상이 죄에 갇혀 있다고
말합니다. 따라서 예수 그리스도를 믿는 사
람들만이 그 믿음으로 약속된 선물을 받을
수 있게 되었습니다.
23◎믿음의 시대가 오기 전에는 우리가 율법
의 감시를 받았으며 믿음이 나타날 때까지
갇혀 있었습니다.
24율법은 그리스도께서 오실 때까지 우리의
후견인 구실을 하였습니다. 그러나 그리스
도께서 오신 뒤에는 우리가 믿음을 통하여
하느님과 올바른 관계를 맺게 되었습니다.
25이렇게 믿음의 때가 이미 왔으니 우리에게
는 이제 후견인이 필요하지 않습니다.
26◎여러분은 모두 믿음으로 그리스도 예수와
함께 삶으로써 하느님의 자녀가 되었습니
다.
27세례를 받아서 그리스도 안으로 들어간 여
러분은 모두 그리스도를 옷 입듯이 입었습
니다.
28유다인이나 그리스인이나 종이나 자유인이
나 남자나 여자나 아무런 차별이 없습니다.
그리스도 예수 안에서 여러분은 모두 한 몸
을 이루었기 때문입니다.
29여러분이 그리스도에게 속했다면 여러분은
아브라함의 자손이며 따라서 약속에 의한
상속자들입니다.

4

◎내가 말하려는 것은 이것입니다. 상속
자는 모든 재산의 주인이지만 그가 어릴
때는 종이나 조금도 다를 것이 없습니다.
2그래서 자기 아버지가 정해 둔 때가 올 때까
지 보호자와 관리자의 지시를 받습니다.
3이와 같이 우리도 어렸을 때에는 ㉡자연 숭
배에 얽매여 종노릇을 하고 있었습니다.
4그러나 때가 찼을 때 하느님께서 당신의 아
들을 보내시어 여자의 몸에서 나게 하시고
율법의 지배를 받게 하시어
5율법의 지배를 받고 사는 사람을 구원해 내
시고 또 우리에게 당신의 자녀가 되는 자격
을 얻게 하셨습니다.
6이제 여러분은 하느님의 자녀가 되었으므
로 하느님께서는 여러분의 마음속에 당신
의 아들의 성령을 보내주셨습니다. 그래서
여러분은 하느님을 "아빠, 아버지!"라고
부를 수 있게 되었습니다.
7그러므로 여러분은 이제 종이 아니라 자녀
입니다. 자녀라면 하느님께서 세워주신 상
속자인 것입니다.

갈라디아인들에 대한 바울로의 걱정

8◎여러분이 하느님을 모르고 있을 때에는
본래 하느님이 아닌 신들의 종노릇을 하였
습니다.
9그러나 이제는 여러분이 하느님을 알고 있
을 뿐만 아니라 하느님께서 여러분을 알고
계신데 왜 또다시 그 무력하고 천한 ㉡자연
숭배로 되돌아가서 그것들의 종노릇을 하
려고 합니까?
10여러분이 날과 달과 계절과 해를 숭상하기

㉠ 창세 12:7, 13:15, 17:7, 24:7. ㉡ "자연 숭배"는 우주의 원리, 초등 학문을 가리킨다.

시작했다고 하니
11 여러분을 위한 내 수고가 허사로 돌아가지
나 않았나 염려됩니다.
12◎형제 여러분, 내가 여러분과 같은 사람이
되었으니 여러분도 나와 같은 사람이 되기
를 바랍니다. 여러분이 나에게 잘못한 일은
조금도 없습니다.
13◎여러분이 아시는 바와 같이 전에 내가 병
을 앓았던 것이 기회가 되어 여러분에게 복
음을 전하게 되었습니다.
14 나의 신체 조건이 여러분에게는 괴로운 짐
이 되었지만 여러분은 나를 외면하거나 멸
시하지 않고 오히려 하느님의 천사와도 같
이, 또 그리스도 예수와도 같이 영접해 주었
습니다.
15 그 때의 여러분의 그 감격은 다 어디로 갔습
니까? 분명히 말하지만 그 때 여러분은 만
일 할 수만 있었다면 눈이라도 뽑아서 나에
게 주지 않았겠습니까?
16 그런데 이제 내가 진실을 말한다고 해서 나
를 원수로 여기는 것입니까?
17 그 사람들이 여러분에게 열성을 보이는 것
은 결코 선의에서 나온 것이 아니라 여러
분을 나에게서 떼어내어 여러분으로 하여
금 그들에게 열성을 품도록 하려는 술책입
니다.
18 그들이 좋은 동기로 여러분에게 열성을 보
인다면야 얼마나 좋겠습니까? 내가 여러분
과 함께 있을 때뿐만 아니라 언제나 그랬으
면 좋겠습니다.
19 나의 자녀인 여러분, 여러분 속에 그리스도
가 형성될 때까지 나는 또다시 해산의 고통
을 겪어야겠습니다.
20 지금이라도 내가 여러분과 만나서 어조를
바꾸어서 이야기를 나눌 수 있다면 얼마나
좋겠습니까? 나는 여러분의 일이 걱정스러
워 안절부절못하고 있습니다.
21◎율법으로 살기를 원하는 여러분, 한 가지
물어보겠습니다. 여러분은 율법을 들어보
지 못했습니까?
22 율법서에 이런 기록이 있습니다. 아브라함
이 아들 둘을 두었는데 하나는 여종의 몸에
서 났고 하나는 종이 아닌 본부인의 몸에서
났습니다.
23 여종에게서 난 아들은 인간적인 육정의 소
생이었고 본부인에게서 난 아들은 하느님
의 약속으로 얻은 아들이었습니다.
24 이것은 비유로 한 말인데 그 두 여자는 두
계약을 가리킵니다. 하나는 시나이 산에서
나와서 노예가 될 자식들을 낳았습니다. 그
것이 하갈입니다.
25 하갈은 아라비아에 있는 시나이 산을 가리키
는데 그것은 지금의 예루살렘에 해당합니다.
현재 예루살렘은 그 시민들과 함께 종노릇
을 하고 있으니 말입니다.
26 그러나 하늘의 예루살렘은 자유인이며 우리
어머니입니다.
27 성서에 이런 말씀이 기록되어 있습니다.
"㉠즐거워하여라. 아기 못 낳는 여인이
여,
소리 높여 외쳐라.
해산의 고통을 모르는 여인이여,
홀로 사는 여인의 자녀가
남편 있는 여인의 자녀보다 더 많으리
라."
28◎형제 여러분, 여러분은 이사악과 같은 약
속의 자녀들입니다.
29 그러나 그 때 육정으로 난 자식이 성령으로
난 자식을 박해하였는데 지금도 꼭 마찬가
지입니다.
30 그런데 성서에 무엇이라고 하였습니까?
"㉡여종과 그의 자식을 쫓아내어라. 종의
자식은 결코 본자식과 같은 상속자가 될 수
없다." 하지 않았습니까?
31 그러므로 형제 여러분, 우리는 여종의 몸에
서 난 자녀가 아니라 자유인의 몸에서 난 자
녀입니다.

5 ◎그리스도께서 우리를 해방시켜 주셔서
우리는 자유의 몸이 되었습니다. 그러니
마음을 굳게 먹고 다시는 종의 멍에를 메지
마십시오.

그리스도인의 자유

2◎나 바울로가 여러분에게 말합니다. 만일
여러분이 할례를 받는다면 그리스도가 여러
분에게 아무런 이익도 되지 못할 것입니다.
3 할례를 받는 모든 사람에게 다시 강조합니
다. 할례를 받는 사람은 율법 전체를 지킬
의무를 지는 것입니다.
4 율법을 지킴으로써 하느님과 올바른 관계
를 맺으려는 여러분은 그리스도와 관계가
끊어졌고 은총에서 벗어났습니다.
5 그러나 우리는 하느님께서 우리의 믿음을
보시고 성령을 통해서 우리를 당신과 올바
른 관계에 놓아주시리라는 희망을 가지고
있습니다.

㉠ 이사 54:1. ㉡ 창세 21:10.

6 그리스도 예수를 믿는 사람에게는 할례를 받
았다든지 받지 않았다든지 하는 것이 중요
하지 않고 오직 사랑으로 표현되는 믿음만
이 중요합니다.
7 ◎여러분이 전에는 그렇게도 잘 달리고 있
었는데 누가 여러분을 가로막아 진리를 따
르지 못하게 하였습니까?
8 여러분을 부르신 분이 그렇게 꾀었을 리는
없습니다.
9 적은 누룩이 온 반죽을 부풀게 합니다.
10 여러분과 함께 주님을 믿는 나는 여러분이
다른 생각을 품지 않으리라는 것을 확신합
니다. 또 여러분의 마음을 교란시키는 자는
그가 누구든지 간에 심판을 받을 것입니다.
11 형제 여러분, 만일 내가 여전히 할례의 필
요성을 주장하고 있다면 왜 내가 지금까지
박해를 받겠습니까? 내가 아직도 할례를
전하고 있다면 내가 전하는 십자가가 걸림
돌이 되지는 않을 것입니다.
12 할례를 주장하여 여러분을 선동하는 자들
은 그 지체를 아예 잘라버리는 것이 어떻겠
습니까?
13 ◎형제 여러분, 하느님께서는 자유를 주시
려고 여러분을 부르셨습니다. 그러나 그 자
유를 여러분의 육정을 만족시키는 기회로
삼지 마십시오. 오히려 여러분은 사랑으로
서로 종이 되십시오.
14 모든 율법은 "㉠네 이웃을 네 몸같이 사랑하
여라." 하신 한마디 말씀으로 요약됩니다.
15 그러나 여러분이 서로 물어뜯고 삼키고 하
면 피차 멸망할 터이니 조심하십시오.

성령의 열매와 육정의 열매

16 ◎내 말을 잘 들으십시오. 육체의 욕정을
채우려 하지 말고 성령께서 이끄시는 대로
살아가십시오.
17 육체의 욕망은 성령을 거스르고 성령께서
원하시는 것은 육정을 거스릅니다. 이 둘은
서로 반대되는 것이기 때문에 여러분은 자
기가 원하는 일을 할 수 없게 됩니다.
18 성령을 따라 사는 사람은 율법의 지배를 받
지 않습니다.
19 육정이 빚어내는 일은 명백합니다. 곧 음
행, 추행, 방탕,
20 우상 숭배, 마술, 원수 맺는 것, 싸움, 시기,
분노, 이기심, 분열, 당파심,
21 질투, 술주정, 흥청대며 먹고 마시는 것, 그
밖에 그와 비슷한 것들입니다. 내가 전에도
경고한 바 있지만 지금 또다시 경고합니다.
이런 짓을 일삼는 자들은 결코 하느님 나라
를 차지하지 못할 것입니다.
22 ◎성령께서 맺어주시는 열매는 사랑, 기쁨,
평화, 인내, 친절, 선행, 진실,
23 온유, 그리고 절제입니다. 이것을 금하는
법은 없습니다.
24 그리스도 예수에게 속한 사람들은 육체를 그
정욕과 욕망과 함께 십자가에 못박은 사람
들입니다.
25 성령께서 우리에게 생명을 주셨으니 우리
는 성령의 지도를 따라서 살아가야 합니다.
26 우리는 잘난 체하지 말고 서로 싸움을 걸지
말고 서로 질투하지 말아야 합니다.

6 ◎형제 여러분, 여러분은 성령의 지도를
따라 사는 사람이니, 어떤 사람이 잘못을
저질렀을 때 온유한 마음으로 바로잡아 주
어야 합니다. 그리고 여러분도 유혹에 빠지
지 않도록 자신을 살피십시오.
2 서로 남의 짐을 져주십시오. 그래서 그리스
도의 법을 이루십시오.
3 사실 아무것도 아닌 사람이 무엇이나 된 것
처럼 생각한다면 그는 자기 자신을 속이고
있는 것입니다.
4 각각 자기가 한 일을 살펴봅시다. 잘한 일
이 있다면 그것은 자기 혼자 자랑스럽게 생
각할 일이지 남에게까지 자랑할 것은 못 됩
니다.
5 각 사람은 자기 짐을 져야 하기 때문입니다.
6 ◎하느님의 말씀을 배우는 사람은 그것을
가르치는 사람과 모든 좋은 것을 같이 나누
어야 합니다.
7 ◎잘못 생각하지 마십시오. 하느님은 조롱
을 받으실 분이 아니십니다. 사람은 무엇을
심든지 자기가 심은 것을 그대로 거둘 것입
니다.
8 자기 육체에 심는 사람은 육체에게서 멸망
을 거두겠지만 성령에 심는 사람은 성령으
로부터 영원한 생명을 거둡니다.
9 낙심하지 말고 꾸준히 선을 행합시다. 꾸준
히 계속하노라면 거둘 때가 올 것입니다.
10 그러므로 기회 있을 때마다 모든 사람에게
선을 행합시다. 믿는 식구들에게는 더욱 그
렇게 해야 합니다.

마지막 권고와 인사

11 ◎보십시오. 내가 직접 여러분에게 이렇게
큰 글자로 써 보냅니다.

㉠ 레위 19:18.

12인간적인 겉치레만을 일삼는 자들은 여러
분에게 할례를 강요하고 있습니다. 그들은
오직 그리스도의 십자가 때문에 받는 박해
를 면하려고 그러는 것뿐입니다.
13실상 할례를 받은 사람들도 자신은 율법을
지키지 않고 다만 여러분에게 외형적인 할
례를 시켰다는 것을 자랑하려고 할례를 받
게 하려는 것뿐입니다.
14그러나 나에게는 우리 주 예수 그리스도의
십자가밖에는 아무것도 자랑할 것이 없습
니다. 그리스도께서 십자가에 못박히심으로
써 세상은 나에 대해서 죽었고 나는 세상에
대해서 죽었습니다.
15할례를 받고 안 받는 것이 문제가 아니라 새
로운 사람이 되는 것이 중요합니다.
16이 법칙을 따라서 사는 사람들에게, 그리고
하느님의 백성 이스라엘에게 평화와 자비가
있기를 빕니다.
17◎앞으로는 아무도 나를 괴롭히지 마십시
오. 내 몸에는 예수의 낙인이 찍혀 있습니
다.
18◎형제 여러분, 우리 주 예수 그리스도의 은
총이 여러분의 마음에 내리기를 빕니다. 아
멘.

에페소인들에게 보낸 편지

인사

1 ◎하느님의 뜻을 따라 그리스도 예수의 사
도가 된 나 바울로가 그리스도 예수를 진실
하게 믿는 (에페소) 성도들에게 이 편지를
씁니다.
2하느님 우리 아버지와 주 예수 그리스도께서
은총과 평화를 여러분에게 내려주시기를
빕니다.

그리스도를 통하여 받는 영적 축복

3◎우리 주 예수 그리스도의 아버지 하느님께
찬양을 드립니다. 하느님께서는 그리스도를
통해서 하늘의 온갖 영적 축복을 우리에게
베풀어주셨습니다.
4우리를 그리스도와 함께 살게 하시려고 천
지 창조 이전에 이미 우리를 뽑아주시고 당
신의 사랑으로 우리를 거룩하고 흠없는 자
가 되게 하셔서 당신 앞에 설 수 있게 하셨
습니다.
5하느님께서는 예수 그리스도를 통하여 우리
를 당신의 자녀로 삼으시기로 미리 정하신
것입니다. 이것은 하느님께서 뜻하시고 기
뻐하시는 일이었습니다.
6사랑하시는 아드님을 통하여 우리에게 거
저 주신 이 영광스러운 은총에 대하여 우리
는 하느님을 찬양할 수밖에 없습니다.
7우리는 그리스도의 죽음으로 말미암아 죄를
용서받고 죄에서 구출되었습니다. 이렇게
하느님께서는 풍성한 은총으로
8우리에게 온갖 지혜와 총명을 넘치도록 주
셔서
9당신의 심오한 뜻을 알게 해주셨습니다. 이
것은 그리스도를 시켜 이루시려고 하느님
께서 미리 세워놓으셨던 계획대로 된 것으
로서
10때가 차면 이 계획이 이루어져서 하늘과 땅
에 있는 모든 것이 그리스도를 머리로 하고
하나가 될 것입니다.
11모든 것을 뜻하신 대로 이루시는 하느님께
서 당신의 계획을 따라 우리를 미리 정하시
고 택하셔서 그리스도를 믿게 하셨습니다.
12그러므로 맨 먼저 그리스도께 희망을 둔 우
리는 하느님의 영광을 찬양할 수밖에 없습
니다.
13여러분도 그리스도를 통하여 여러분에게 구
원을 가져다 주는 복음 곧 진리의 말씀을 듣
고 믿어서 하느님의 백성이 되었습니다. 이
것을 확인하는 표로 하느님께서는 여러분
에게 약속하셨던 성령을 주셨습니다.
14성령께서는 우리가 받을 상속을 보증해
주시고 하느님의 백성인 우리에게 완전한
자유를 누리게 하여주십니다. 그러므로 우
리는 하느님의 영광을 찬양할 수밖에 없습
니다.

그리스도는 교회의 머리

15◎나는 여러분이 주 예수를 충실히 믿으며
모든 성도들을 사랑한다는 소식을 듣고
16기도할 때마다 언제나 여러분을 기억하며
하느님께 감사를 드리고 있습니다.
17나는 우리 주 예수 그리스도의 하느님, 영광
스러운 아버지께서 여러분에게 영적인 지

혜와 통찰력을 내려주셔서 하느님을 참으
로 알게 하시고
18또 여러분의 마음의 눈을 밝혀주셔서 하느
님의 백성이 된 여러분이 무엇을 바랄 것인
지 또 성도들과 함께 여러분이 물려받을 축
복이 얼마나 놀랍고 큰 것인지를 알게 하여
주시기 바랍니다.
19그리고 우리 믿는 사람들 속에서 강한 힘으
로 활동하시는 하느님의 능력이 얼마나 위
대한지를 여러분에게 알게 하여주시기를
빕니다.
20㉠하느님께서는 그 능력을 떨치시어 그리스
도를 죽은 자들 가운데서 다시 살려내시고
하늘 나라에 불러 올리셔서 당신의 오른편
에 앉히시고
21권세와 세력과 능력과 주권의 여러 천신들
을 지배하게 하시고 또 현세와 내세의 모든
권력자들 위에 올려놓으셨습니다.
22㉡하느님께서는 만물을 그리스도의 발 아래
굴복시키셨으며 그분을 교회의 머리로 삼
으셔서 모든 것을 지배하게 하셨습니다.
23교회는 그리스도의 몸이며 만물을 완성하시
는 분의 계획이 그 안에서 완전히 이루어집
니다.

죽음으로부터 생명으로

2 ◎여러분도 전에는 죄와 잘못을 저질러서
죽었던 사람들입니다.
2여러분이 죄에 얽매여 있던 때에는 이 세상
풍조를 따라 살았고 허공을 다스리는 세력
의 두목이 지시하는 대로 살았으며 오늘날
하느님을 거역하는 자들을 조종하는 악령
의 지시대로 살았습니다.
3실상 우리도 다 그들과 같아서 전에는 본
능적인 욕망을 따라서 육정에 끌려 살았던
사람들로서 본래 다른 사람들과 마찬가지
로 하느님의 진노를 살 수밖에 없었던 것입
니다.
4그러나 한없이 자비로우신 하느님께서는
그 크신 사랑으로 우리를 사랑하셔서
5잘못을 저지르고 죽었던 우리를 그리스도와
함께 다시 살려주셨습니다. 여러분은 이렇
듯 은총으로 구원을 받았습니다.
6하느님께서는 우리를 그리스도 예수와 함께
살리셔서 하늘에서도 한자리에 앉게 하여
주셨습니다.
7하느님께서는 당신의 은총이 얼마나 풍성
한지를 앞으로 올 모든 세대에 보여주시려
고 그리스도 예수를 통하여 이렇게 우리에게
자비를 베풀어주셨습니다.
8여러분이 구원을 받은 것은 하느님의 은총
을 입고 그리스도를 믿어서 된 것이지 여러
분 자신의 힘으로 된 것이 아닙니다. 이 구
원이야말로 하느님께서 주신 선물입니다.
9이렇게 구원은 사람의 공로로 이루어지는
것이 아니기 때문에 아무도 자기 자랑을 할
수 없을 것입니다.
10우리는 하느님의 작품입니다. 곧 하느님께
서 미리 마련하신 대로 선한 생활을 하도
록 그리스도 예수를 통해서 창조하신 작품입
니다.

그리스도 안에서 하나가 됨

11◎이방인으로 태어난 여러분, 지난 날을 생
각해 보십시오. 여러분은 단지 몸에다 사람
의 손으로 행하는 할례를 받은 소위 할례자
들로부터 할례받지 않은 사람들이라는 말
을 들었습니다.
12그 때 여러분은 그리스도와는 아무 관계도
없었고 이스라엘 시민권도 없는 외국인으로
서 약속의 계약에서 제외된 채 이 세상에서
희망도 하느님도 없이 살아온 사람들이었
습니다.
13이렇게 여러분이 전에는 하느님과 멀리 떨
어져 있었지만 이제는 그리스도께서 피를
흘리심으로써 그리스도 예수로 말미암아 하
느님과 가까워졌습니다.
14그리스도야말로 우리의 평화이십니다. 그분
은 자신의 몸을 바쳐서 유다인과 이방인이
서로 원수가 되어 갈리게 했던 담을 헐어버
리시고 그들을 화해시켜 하나로 만드시고
15율법 조문과 규정을 모두 폐지하셨습니다.
그리스도께서는 자신을 희생하여 유다인과
이방인을 하나의 새 민족으로 만들어 평화
를 이룩하시고
16또 십자가에서 죽으심으로써 둘을 한 몸으
로 만드셔서 하느님과 화해시키시고 원수
되었던 모든 요소를 없이하셨습니다.
17㉢이렇게 그리스도께서는 세상에 오셔서 하
느님과 멀리 떨어져 있던 여러분에게나 가
까이 있던 유다인들에게나 다 같이 평화의
기쁜 소식을 전해 주셨습니다.
18그래서 이방인 여러분과 우리 유다인들은
모두 그리스도로 말미암아 같은 성령을 받
아 아버지께로 가까이 나아가게 되었습니
다.

㉠ 시편 110:1. ㉡ 시편 8:6. ㉢ 칠십인역 이사 57:19, 52:7; 즈가 9:10.

19이제 여러분은 외국인도 아니고 나그네도
아닙니다. 성도들과 같은 한 시민이며 하느
님의 한 가족입니다.
20여러분이 건물이라면 그리스도께서는 그 건
물의 가장 요긴한 모퉁잇돌이 되시며 사도
들과 예언자들은 그 건물의 기초가 됩니다.
21온 건물은 이 모퉁잇돌을 중심으로 서로 연
결되고 점점 커져서 주님의 거룩한 성전이
됩니다.
22여러분도 이 모퉁잇돌을 중심으로 함께 세
워져서 신령한 하느님의 집이 되는 것입니
다.

이방인들을 위한 바울로의 사도직

3 ◎그러므로 이방인 여러분들을 위하여 그
리스도 예수의 포로가 된 나 바울로는 하
느님께 기도 드립니다.
2하느님께서 나에게 은총을 베풀어 여러분
의 일꾼으로 삼으신 것을 여러분도 잘 알고
있습니다.
3하느님께서는 당신의 심오한 계획을 나에
게 계시해 주셨습니다. 이에 대해서는 내가
앞서 간단히 적은 바 있으므로
4그것을 읽으면 여러분은 내가 그리스도에
관한 심오한 계획을 이해하고 있다는 것을
알 수 있을 것입니다.
5지금은 하느님께서 성령의 힘을 빌려 그 심
오한 계획을 당신의 거룩한 사도들과 예언
하는 사람들에게 나타내 보이셨지만 전에
는 지금처럼 인간에게 알려주시지 않았었
습니다.
6그 심오한 계획이란 이방인들도 복음을 듣
고 그리스도 예수와 함께 살면서 유다인들과
함께 하느님의 축복을 받고 한 몸의 지체가
되어 하느님께서 약속하신 것을 함께 받는
사람들이 된다는 것입니다.
7나는 하느님께서 거저 주신 은총을 받고 내
속에서 활동하시는 하느님의 능력에 힘입
어 이 복음을 전하는 일꾼이 되었습니다.
8나는 모든 성도들 중에서 가장 보잘것없는
사람입니다. 아니 그보다도 못한 사람입니
다. 그런데도 하느님께서는 나에게 이 은총
을 주셔서 헤아릴 수 없이 풍요하신 그리스
도에 관한 복음을 이방인들에게 전하게 하
셨고
9또 만물의 창조주이신 하느님께서 과거에
감추고 계시던 심오한 계획을 어떻게 실현
하시는지를 모든 사람에게 분명히 알려주
게 하셨습니다.
10이렇게 되어 결국 하늘에 있는 권세의 천신
들과 세력의 천신들까지도 교회를 통하여
하느님의 무궁무진한 지혜를 알게 되는 것
입니다.
11이 모든 것은 우리 주 그리스도 예수를 내세
워 이루시려고 작정하신 하느님의 영원한
계획입니다.
12우리는 그리스도를 믿음으로써 그분과 함께
살게 되어 확신을 가지고 서슴지 않고 하느
님께 나아갈 수가 있습니다.
13나는 지금 여러분에게 복음을 전하느라고
고통을 당하고 있지만 이것은 여러분에게
오히려 영광을 가져오는 것이니 나 때문에
낙심하는 일이 없기를 바랍니다.

바울로의 기도

14◎나는 하늘과 땅에 있는 모든 가족에게 이
15름을 주신 하느님 아버지 앞에 무릎을 꿇고
기도 드립니다.
16넘쳐 흐르는 영광의 아버지께서 성령으로
여러분의 힘을 돋우어 내적 인간으로 굳세
게 하여주시기를 빕니다.
17그리고 아버지께서 여러분의 믿음을 보시
고 그리스도로 하여금 여러분의 마음속에
들어가 사실 수 있게 하여주시기를 빕니다.
그래서 여러분이 사랑에 뿌리를 박고 사랑
을 기초로 하여 살아감으로써
18모든 성도들과 함께 하느님의 신비가 얼마
나 넓고 길고 높고 깊은지를 깨달아 알고
19인간의 모든 지식을 초월한 그리스도의 사
랑을 알 수 있게 되기를 바랍니다. 이렇게
해서 여러분이 완성되고 하느님의 계획이
완전히 이루어지기를 빕니다.
20◎하느님께서는 우리 안에서 힘차게 활동하
시면서 우리가 바라거나 생각하는 것보다
훨씬 더 풍성하게 베풀어주실 수 있는 분이
십니다.
21하느님께서 교회와 그리스도 예수를 통하여
세세무궁토록 영광을 받으시기를 빕니다.
아멘.

일치를 호소함

4 ◎주님을 위해서 일하다가 감옥에 갇힌
내가 여러분에게 권고합니다. 하느님께
서 여러분을 불러주셨으니 그 불러주신 목
적에 합당하게 살아가십시오.
2겸손과 온유와 인내를 다하여 사랑으로 서
로 너그럽게 대하십시오.
3성령께서 평화의 줄로 여러분을 묶어 하나

가 되게 하여주신 것을 그대로 보존하도록
노력하십시오.
4 그리스도의 몸도 하나이며 성령도 하나입니
다. 이와 같이 하느님께서 여러분을 당신의
백성으로 부르셔서 안겨주시는 희망도 하
나입니다.
5 주님도 한 분이시고 믿음도 하나이고 세례
도 하나이며
6 만민의 아버지이신 하느님도 한 분이십니
다. 그분은 만물 위에 계시고 만물을 꿰뚫
어 계시며 만물 안에 계십니다.
7 ◎그리스도께서는 우리들에게 각각 다른 은
총을 알맞게 나누어주셨습니다.
8 성서에도,

"㉠그가 높은 곳으로 올라가면서
사로잡은 자들을 데리고 가셨고
사람들에게 선물을 나누어주셨다."

라는 말씀이 있지 않습니까?
9 그런데 올라가셨다는 말은 또한 땅 아래의
세계에까지 내려가셨다는 말이 아니고 무
엇이겠습니까?
10 그리로 내려가셨던 바로 그분이 모든 것을
완성하시려고 하늘 위로 올라가셨습니다.
11 바로 그분이 사람들에게 각각 다른 선물을
은총으로 주셔서 어떤 사람들은 사도로, 어
떤 사람들은 예언하는 사람으로, 어떤 사람
들은 전도자로, 어떤 사람들은 목자와 교사
로 삼으셨습니다.
12 그것은 성도들을 준비시켜서 봉사 활동을
하게 하여 그리스도의 몸을 자라게 하시려
는 것입니다.
13 마침내 우리 모두가 하느님의 아드님에 대
한 믿음과 지식에 있어서 하나가 되어 성숙
한 인간으로서 그리스도의 완전성에 도달하
게 되는 것입니다.
14 그 때에는 우리가 이미 어린아이가 아니어
서 인간의 간교한 유혹이나 속임수로써 사
람들을 잘못에 빠뜨리는 교설의 풍랑에 흔
들리거나 이리저리 밀려다니는 일이 있어
서는 안 될 것입니다.
15 도리어 우리는 사랑 가운데서 진리대로 살
면서 여러 면에서 자라나, 머리이신 그리스
도와 한 몸이 되어야 합니다.
16 우리의 몸은 각 부분이 자기 구실을 다함으
로써 각 마디로 서로 연결되고 얽혀서 영양
분을 받아 자라납니다. 그리스도를 머리로
하는 교회도 이와 같이 하여 사랑으로 자체
를 완성해 나가는 것입니다.

그리스도 안에서 사는 새 생활

17 ◎그러므로 나는 주님의 이름으로 여러분에
게 간곡히 권고합니다. 이제부터 여러분은
이방인들처럼 살지 마십시오. 그들은 헛된
생각을 하고
18 마음이 어두워져서 하느님께서 주시는 생
명을 받지 못할 사람이 되었습니다. 그것은
그들이 무지하고 마음이 완고하기 때문입
니다.
19 그들은 도덕적인 감각을 잃고 제멋대로 방
탕에 빠져서 온갖 더러운 짓을 하고 있습
니다.
20 그러나 여러분은 그리스도를 그렇게 배우지
는 않았습니다.
21 그리스도 예수 안에는 진리가 있을 따름인데
여러분이 그의 가르침을 그대로 듣고 배웠
다면
22 옛 생활을 청산하고, 정욕에 말려들어 썩어
져 가는 낡은 인간성을 벗어버리고,
23 마음과 생각이 새롭게 되어
24 하느님의 형상대로 창조된 새 사람으로 갈
아 입어야 합니다. 새 사람은 올바르고 거
룩한 진리의 생활을 하는 사람입니다.

새 생활의 법칙

25 ◎그러므로 거짓말을 하지 말고 ㉡이웃에게
진실을 말하십시오. 우리는 서로 한 몸의
지체들입니다.
26 ㉢화나는 일이 있더라도 죄를 짓지 마십시
오. 해 질 때까지 화를 풀지 않으면 안 됩니
다.
27 악마에게 발붙일 기회를 주지 마십시오.
28 도둑질하던 사람은 이제부터 그런 짓을 그
만두고 제 손으로 일하여 떳떳하게 살며 가
난한 사람들을 도와줄 수 있도록 노력하십
시오.
29 남을 해치는 말은 입 밖에도 내지 마십시
오. 오히려 기회 있는 대로 남에게 이로운
말을 하여 도움을 주고 듣는 사람에게 기쁨
을 주도록 하십시오.
30 마지막 날에 여러분을 해방하여 하느님의
백성으로 삼으실 것을 보증해 주신 하느님
의 성령을 슬프게 하여드리지 마십시오.
31 모든 독설과 격정과 분노와 고함 소리와 욕
설 따위는 온갖 악의와 더불어 내어버리십
시오.
32 여러분은 서로 너그럽고 따뜻하게 대해 주
며 하느님께서 그리스도를 통해서 여러분을

㉠ 시편 68:18. ㉡ 즈가 8:16. ㉢ 칠십인역 시편 4:4.

용서하신 것처럼 서로 용서하십시오.

5 ◎여러분은 하느님의 사랑을 받는 자녀답
게 하느님을 닮으십시오.
2 그리스도를 본받아 여러분은 사랑의 생활을
하십시오. 그리스도께서는 우리를 사랑하신
나머지 우리를 위하여 당신 자신을 바치셔
서 하느님 앞에 향기로운 예물과 희생제물
이 되셨습니다.
3 음행이나 온갖 추행이나 탐욕에 찬 말은 입
에 담지도 마십시오. 그래야 성도로서 부끄
럽지 않을 것입니다.
4 추잡한 말과 어리석은 이야기나 점잖지 못
한 농담 따위도 하지 마십시오. 성도들에게
는 어울리지 않습니다. 성도들에게 어울리
는 것은 하느님께 대한 감사의 말입니다.
5 음행하는 자와 더러운 짓을 하는 자와 탐욕
을 부리는 자는 그리스도와 하느님의 나라
에서 상속을 받지 못한다는 것을 명심하십
시오. 탐욕을 부리는 자는 우상을 숭배하는
자입니다.

빛의 자녀

6 ◎여러분은 아무한테도 허황된 이론에 속아
넘어가지 마십시오. 이런 일 때문에 하느님
의 진노가 당신을 거역하는 자들에게 내리
는 것입니다.
7 그러므로 여러분은 그런 사람들과 상종하
지 마십시오.
8 여러분이 전에는 어둠의 세계에서 살았지
만 지금은 주님을 믿고 빛의 세계에서 살고
있습니다. 그러니 빛의 자녀답게 살아야 합
니다.
9 빛은 모든 선과 정의와 진실을 열매 맺습니
다.
10 주님을 기쁘게 하여드리는 일이 무엇인지
를 가려내십시오.
11 그래서 열매를 맺지 못하는 어둠의 행위에
끼어들지 말고 오히려 그런 일을 폭로하십
시오.
12 사람들은 그런 일들을 숨어서 하는데 그것
들은 말하기조차 부끄러운 일들입니다.
13 모든 것은 폭로되면 빛을 받아 드러나고
14 빛을 받아 드러나면 빛의 세계에 속하게 됩
니다.

"㉠잠에서 깨어나라.
죽음에서 일어나라.
그리스도께서 너에게 빛을 비추어주시
리라."

는 말씀이 이 뜻입니다.
15 ◎그러므로 여러분은 어떻게 처신해야 할지
깊이 생각해서 미련한 자처럼 살지 말고 지
혜롭게 사십시오.
16 이 시대는 악합니다. 그러니 여러분에게 주
어진 기회를 잘 살리십시오.
17 여러분은 어리석은 자가 되지 말고 주님의
뜻이 무엇인지를 잘 아는 사람이 되십시오.
18 술 취하지 마십시오. 방탕한 생활이 거기에
서 옵니다. 여러분은 성령을 가득히 받아야
합니다.
19 성시와 찬송가와 영가를 모두 같이 부르십
시오. 그리고 진정한 마음으로 노래불러 주
님을 찬양하십시오.
20 또 모든 일에 언제나 우리 주 예수 그리스도
의 이름으로 하느님 아버지께 감사 드리십
시오.

남편과 아내

21 ◎여러분은 그리스도를 공경하는 정신으로
서로 복종하십시오.
22 ◎아내 된 사람들은 주님께 순종하듯 자기
남편에게 순종하십시오.
23 그리스도께서 당신의 몸인 교회의 구원자로
서 그 교회의 머리가 되시는 것처럼 남편은
아내의 주인이 됩니다.
24 교회가 그리스도께 순종하는 것처럼 아내도
모든 일에 자기 남편에게 순종해야 합니다.
25 ◎남편 된 사람들은 그리스도께서 교회를 사
랑하셔서 당신의 몸을 바치신 것처럼 자기
아내를 사랑하십시오.
26 그리스도께서는 물로 씻는 예식과 말씀으로
교회를 거룩하게 하시려고 당신의 몸을 바
치셨습니다.
27 그것은 교회로 하여금 티나 주름이나 그 밖
의 어떤 추한 점도 없이 거룩하고 흠없는 아
름다운 모습으로 당신 앞에 서게 하시려는
것입니다.
28 이와 같이 남편 된 사람들도 자기 아내를 제
몸같이 사랑해야 합니다. 자기 아내를 사랑
하는 것은 자기 자신을 사랑하는 것이 아니
겠습니까?
29 도대체 자기 몸을 미워하는 사람은 없습니
다. 오히려 자기 몸을 기르고 보살펴 줍니
다. 그리스도께서도 교회를 기르시고 보살
펴 주십니다.
30 우리는 그리스도의 몸의 지체들입니다.
31 성서에 "㉡그러므로 사람이 부모를 떠나 자

㉠ 이사 26:19, 51:17, 52:1, 60:1. ㉡ 창세 2:24.

기 아내와 결합하여 둘이 한 몸을 이룬다.”
는 말씀이 있습니다.
32 참으로 심오한 진리가 담겨져 있는 말씀입
니다. 나는 이 말씀이 그리스도와 교회의 관
계를 말해 준다고 봅니다.
33 그러나 이 말씀은 여러분에게도 적용되는
것으로서 남편 된 사람은 자기 아내를 자기
몸같이 사랑하고 아내 된 사람은 자기 남편
을 존경해야 합니다.

자녀와 부모

6 ◎자녀된 사람들은 부모에게 순종하십시
오. 이것이 주님을 믿는 사람으로서 마땅
히 해야 할 일입니다.
2 “㉠네 부모를 공경하여라.” 하신 계명은 약
속이 붙어 있는 첫째 계명입니다.
3 그 약속은, 계명을 잘 지키는 사람은 ㉡복을
받고 땅에서 오래 살리라는 것입니다.
4 ◎어버이들은 자녀의 마음에 상처를 입히지
말고 주님의 정신으로 교육하고 훈계하며
잘 기르십시오.

종과 주인

5 ◎남의 종이 된 사람들은 그리스도께 복종하
듯이 두렵고 떨리는 마음으로 성의를 다하
여 자기 주인에게 복종하십시오.
6 사람에게 잘 보이려고 눈가림으로만 섬기
지 말고 그리스도의 종답게 진심으로 하느
님의 뜻을 실천하십시오.
7 사람을 섬긴다고 생각하지 말고 주님을 섬
기는 마음으로 기쁘게 섬기십시오.
8 선한 일을 하는 사람은 그가 종이든 종이 아
니든 각기 주님께로부터 그만한 상급을 받
는다는 것을 알아두십시오.
9 ◎주인 된 사람들도 자기 종들에게 같은 정
신으로 대해 주어야 합니다. 여러분은 종들
을 협박해서는 안 됩니다. 그들에게나 여러
분에게 주인이 되시는 분은 하늘에 계시며
또 그분은 모든 사람을 차별없이 대해 주신
다는 것을 알아두십시오.

영적 투쟁

10 ◎내가 끝으로 여러분에게 권고할 말은 이
것입니다. 여러분은 주님과 함께 살면서 그
분에게서 강한 힘을 받아 굳세게 되십시오.
11 속임수를 쓰는 악마에 대항할 수 있도록 하
느님께서 주시는 무기로 완전무장을 하십
시오.
12 우리가 대항하여 싸워야 할 원수들은 인간
이 아니라 권세와 세력의 악신들과 암흑 세
계의 지배자들과 하늘의 악령들입니다.
13 그러므로 지금 하느님의 무기로 완전무장
을 하십시오. 그래야 악한 무리가 공격해
올 때에 그들을 대항하여 원수를 완전히 무
찌르고 승리를 거둘 수 있을 것입니다.
14 그러므로 굳건히 서서 진리로 허리를 동이
고 정의로 가슴에 무장을 하고
15 발에는 평화의 복음을 갖추어 신고
16 손에는 언제나 믿음의 방패를 잡고 있어야
합니다. 그 방패로 여러분은 악마가 쏘는
불화살을 막아 꺼버릴 수 있을 것입니다.
17 구원의 투구를 받아 쓰고 성령의 칼을 받
아 쥐십시오. 성령의 칼은 하느님의 말씀입
니다.
18 여러분은 또한 언제나 기도하며 하느님의
도우심을 청하십시오. 모든 경우에 성령의
도움을 받아 기도하십시오. 늘 깨어서 꾸준
히 기도하며 모든 성도들을 위하여 간구하
십시오.
19 나를 위해서도 기도해 주십시오. 내가 말을
할 때 마땅히 해야 할 말을 하고 복음의 심
오한 진리를 전할 때에 담대하게 말할 수 있
도록 하느님께 기도해 주십시오.
20 나는 지금 갇혀 있기는 하지만 이 복음을 전
할 사명을 띤 사람입니다. 그러니 마땅히
해야 할 말은 대담하게 말할 수 있게 되기를
빕니다.

마지막 인사

21 ◎내가 지금 처해 있는 형편과 하고 있는 일
을 여러분도 알았으면 합니다. 우리 친애하
는 형제 디키고가 이 모든 소식을 여러분에
게 알려줄 것입니다. 그는 주님을 믿는 충
실한 일꾼입니다.
22 나는 우리 사정을 알리고 또 여러분의 마음
을 격려하기 위하여 이 사람을 여러분에게
보냅니다.
23 ◎하느님 아버지와 주 예수 그리스도께서 여
러 교우들에게 평화를 내려주시고 믿음과
더불어 사랑을 베풀어주시기를 빕니다.
24 또한 우리 주 예수 그리스도를 변함없이 사
랑하는 모든 사람에게 은총이 내리기를 빕
니다.

㉠㉡ 신명 5:16; 출애 20:12.

필립비인들에게 보낸 편지

인사

1 ◎그리스도 예수의 종인 나 바울로와 디모
테오는 그리스도 예수를 믿는 필립비의 모
든 성도들과 교회 지도자들과 그 보조자들
에게 이 편지를 씁니다.
2 하느님 우리 아버지와 주 예수 그리스도께서
은총과 평화를 여러분에게 내려주시기를
빕니다.

필립비인들을 위한 바울로의 기도

3 ◎나는 여러분을 생각할 때마다 나의 하느
님께 감사를 드리며
4 기도할 때마다 언제나 여러분 모두를 위해
서 기쁜 마음으로 간구합니다.
5 여러분이 그리스도를 믿기 시작한 첫날부터
오늘에 이르기까지 그 복음을 전하는 데 협
력해 온 것을 나는 하느님께 감사 드립니다.
6 여러분들에게 훌륭한 일을 시작하신 하느
님께서는 그 일을 계속하실 것이며 마침내
그리스도 예수께서 다시 오시는 날 완성하실
것입니다. 이것이 나의 신념입니다.
7 여러분은 내가 갇혀 있을 때나 복음을 수호
하고 입증할 때에 나와 함께 은총을 나누어
받으며 고생을 같이 해온 사람들로서 항상
내 마음속에 자리잡고 있으니 내가 여러분
을 그런 생각으로 대하는 것도 당연한 일입
니다.
8 내가 그리스도 예수의 지극한 사랑으로 여러
분을 그리워하고 있다는 사실은 누구보다
도 하느님께서 잘 알고 계십니다.
9 내가 여러분을 위해서 기원하는 것은 여러
분의 사랑이 참된 지식과 분별력을 갖추어
점점 더 풍성해져서
10 가장 옳은 것이 무엇인지를 가릴 수 있게 되
었으면 하는 것입니다. 그래서 여러분이 순
결하고 나무랄 데 없는 사람으로서 그리스
도의 날을 맞이하게 되고
11 또 예수 그리스도를 믿음으로써 올바른 일을
많이 하여 하느님께 영광과 찬양을 드릴 수
있게 되기를 바랍니다.

살든지 죽든지 주님의 영광을 위하여

12 ◎형제 여러분, 내가 당하고 있는 일이 복음
을 전파하는 일에 오히려 도움이 되었다는
사실을 알아주시기 바랍니다.
13 내가 그리스도를 위해서 갇혀 있다는 사실
이 온 경비대와 그 밖의 모든 사람들에게 알
려지게 되었습니다.
14 그래서 내가 갇힌 일 때문에 많은 교우들이
주님을 더욱 확고히 믿게 되었고 이제는 조
금도 두려움 없이 용감하게 하느님의 말씀
을 전하게 되었습니다.
15 ◎어떤 사람들은 사실 시기와 경쟁심으로
그리스도를 전하지만 선의를 가지고 그리스
도를 전하는 사람들도 있습니다.
16 선의로 전하는 사람들은 내가 복음을 수호
하는 사명을 받은 사람이라는 것을 알고 사
랑하는 마음으로 전하지만
17 이기적인 동기에서 전하는 자들은 성실한
마음으로 하는 것이 아니라 내가 감옥에
있는 동안 나를 괴롭힐 생각으로 하는 것
입니다.
18 그러나 그것이 무슨 상관이 있겠습니까?
가식으로 하든지 진실로 하든지 결국 그리
스도가 전파되는 것이니 나에게는 기쁜 일
입니다. 또 앞으로도 기뻐할 것입니다.
19 ㉠내가 지금은 갇혀 있지만 그것이 마침내
는 여러분의 기도와 예수 그리스도의 성령의
도우심으로 나에게 구원을 가져오리라는
것을 알고 있기 때문입니다.
20 나의 간절한 기대와 희망은 내가 무슨 일에
나 부끄러움을 당하지 않고 늘 그러했듯이
지금도 큰 용기를 가지고 살든지 죽든지 나
의 생활을 통틀어 그리스도의 영광을 드러
내는 것입니다.
21 나에게는 그리스도가 생의 전부입니다. 그
리고 죽는 것도 나에게는 이득이 됩니다.
22 그러나 내가 이 세상에 더 살아서 보람 있는
일을 할 수 있다면 과연 어느 쪽을 택해야
할지 모르겠습니다.
23 나는 그 둘 사이에 끼여 있으나 마음 같아서
는 이 세상을 떠나서 그리스도와 함께 살고
싶습니다. 또 그 편이 훨씬 낫겠습니다.
24 그러나 여러분을 위해서는 내가 이 세상에
더 살아 있어야 하겠습니다.
25 이런 확신이 섰기 때문에 나는 살아 남아서

㉠ 칠십인역 욥기 13:16.

여전히 여러분과 함께 지내게 되리라고 생
각합니다. 그렇게 되면 나는 여러분의 믿음
을 발전시켜 주고 기쁨을 더해 줄 수 있을
것입니다.
26그리고 내가 여러분을 다시 찾아가게 되면
여러분은 나로 말미암아 그리스도 예수를 더
욱 자랑할 수 있게 될 것입니다.
27◎여러분은 그리스도의 복음을 받은 사람다
운 생활을 하십시오. 그리고 내가 여러분을
찾아가서 만나게 되든지 이렇게 떨어져 있
든지 간에 나는 여러분이 복음의 교리를 위
하여 한마음 한 뜻으로 굳게 서서 분투 노력
하며
28반대자들이 무슨 짓을 하더라도 조금도 겁
내지 않는다는 소식을 듣고 싶습니다. 그러
한 용기가 그들에게는 멸망의 징조가 되고
여러분에게는 구원의 징조가 될 것입니다.
구원은 하느님께서 주시는 것입니다.
29여러분은 그리스도를 믿을 특권뿐만 아니라
그분을 위해서 고난까지 당하는 특권, 곧 그
리스도를 섬기는 특권을 받았습니다.
30여러분은 내가 전에 그리스도를 위해서 싸
우는 것을 보았고 또 지금도 계속해서 싸우
고 있다는 것을 듣고 있을 터이지만 지금 여
러분도 같은 싸움을 하고 있습니다.

그리스도의 겸손한 마음

2 ◎여러분은 그리스도를 믿음으로써 힘을
얻습니까? 그리스도의 사랑에서 위안을
받습니까? 성령의 감화로 서로 사귀는 일
이 있습니까? 서로 애정을 나누며 동정하
고 있습니까?
2그렇다면 같은 생각을 가지고 같은 사랑을
나누며 마음을 합쳐서 하나가 되십시오.
그렇게 해서 나의 기쁨을 완전하게 해주십
시오.
3무슨 일에나 이기적인 야심이나 허영을 버
리고 다만 겸손한 마음으로 서로 남을 자기
보다 낫게 여기십시오.
4저마다 제 실속만 차리지 말고 남의 이익도
돌보십시오.
5여러분은 그리스도 예수께서 지니셨던 마음
을 여러분의 마음으로 간직하십시오.
6 그리스도 예수는 하느님과 본질이 같은 분
이셨지만
굳이 하느님과 동등한 존재가 되려 하지
않으시고
7 오히려 당신의 것을 다 내어놓고
종의 신분을 취하셔서
우리와 똑같은 인간이 되셨습니다.
이렇게 인간의 모습으로 나타나
8 당신 자신을 낮추셔서 죽기까지,
아니, 십자가에 달려서 죽기까지 순종하
셨습니다.
9 그러므로 하느님께서도 그분을 높이 올
리시고
모든 이름 위에 뛰어난 이름을 주셨습니
다.
10 ㉠그래서 하늘과 땅 위와 땅 아래에 있는
모든 것이
예수의 이름을 받들어 무릎을 꿇고
11 모두가 입을 모아 예수 그리스도가 주님이
시라 찬미하며
하느님 아버지를 찬양하게 되었습니다.

하늘의 별처럼 빛나라

12◎그러므로 내 사랑하는 교우 여러분, 여러
분은 내가 함께 있을 때에도 언제나 순종하
였거니와 그 때뿐만 아니라 떨어져 있는 지
금에 와서는 더욱 순종하여 두렵고 떨리는
마음으로 여러분 자신의 구원을 위해서 힘
쓰십시오.
13여러분 안에 계셔서 여러분에게 당신의 뜻
에 맞는 일을 하고자 하는 마음을 일으켜주
시고 그 일을 할 힘을 주시는 분은 하느님이
십니다.
14무슨 일을 하든지 불평을 하거나 다투지 마
십시오.
15그리하여 여러분은 나무랄 데 없는 순결한
사람이 되어 이 악하고 비뚤어진 세상에서
하느님의 흠없는 자녀가 되어 하늘을 비추
는 별들처럼 빛을 내십시오.
16생명의 말씀을 굳게 지키십시오. 그래야 내
가 달음질치며 수고한 것이 헛되지 않아 그
리스도의 날에 자랑할 수 있을 것입니다.
17여러분이 바치는 믿음의 제사와 제물을 위
해서라면 나는 그 위에 내 피라도 쏟아 부을
것이며 그것을 나는 기뻐할 것입니다. 아니
여러분과 함께 기뻐할 것입니다.
18그러니 여러분도 기뻐하십시오. 나와 함께
기뻐하십시오.

디모테오와 에바프로디도

19◎주 예수께서 허락하신다면 나는 디모테오
를 여러분에게 어서 보내고 싶습니다. 그래
서 그 편에 여러분의 소식을 들으면 내 마음

㉠ 칠십인역 이사 29:13(45:23 참조).

도 기쁘겠습니다.
20나와 같은 마음으로 여러분의 일을 진심으
로 걱정해 주는 사람은 그 사람밖에 없습니
다.
21모두들 자기 일만 돌보고 예수 그리스도의
일은 아랑곳하지 않습니다.
22그러나 디모테오는 여러분도 잘 알다시피
흠잡을 데 없는 사람으로 자식이 아버지를
섬기듯 나를 섬기면서 복음을 위하여 함께
일해 왔습니다.
23그러니 내가 디모테오를 보낼 수 있는 형편
이 되면 곧 그를 보낼 생각입니다.
24그리고 주님께서 허락하신다면 나도 곧 가
게 되리라고 믿습니다.
25◎그러나 나는 내 형제 에바프로디도를 먼저
여러분에게 돌려보내야 한다고 생각했습니
다. 그는 여러분이 보낸 사절로서 내가 손
이 모자랄 때 나를 돕고 섬긴 동료요 전우입
니다.
26그는 여러분 모두를 몹시 보고 싶어할 뿐만
아니라 자기가 병으로 고생했다는 소식이
여러분에게 전해진 것을 알고 매우 안타까
워하고 있습니다.
27사실 그는 병이 나서 죽을 뻔했으나 지금은
하느님의 자비로 다 나았습니다. 하느님께
서는 그에게뿐만 아니라 나에게도 자비를
베푸셔서 나에게 겹치는 슬픔을 면하게 해
주셨습니다.
28그래서 나는 더욱 서둘러서 그를 보냅니다.
여러분은 그를 다시 만나 기뻐하게 될 것이
며 나도 걱정을 덜게 될 것입니다.
29그러므로 여러분은 주님을 믿는 같은 형제
로서 그를 기쁘게 맞이하고 또 그러한 사람
들을 존경하십시오.
30그는 여러분이 나에게 미처 해주지 못한 것
을 해주려고 목숨을 걸고 그리스도를 위하
여 일하다가 죽을 고비를 겪은 사람입니다.

진정한 구원의 길

3 ◎내 형제 여러분, 주님께서 여러분에게
많은 기쁨을 주시기를 빕니다. 나는 여러
분의 안전을 위하여 성가시게 생각하지 않
고 같은 이야기를 되풀이하여 써 보냅니다.
2◎개들을 조심하십시오. 악한들을 조심하
십시오. 형식적인 할례를 주장하는 자들을
조심하십시오.
3영적으로 하느님께 예배 드리고 그리스도 예
수를 자랑하며 세속적인 것에 의지하지 않
는 우리야말로 진정한 할례를 받은 사람들
입니다.
4하기야 세속적인 면에서도 나는 내세울 만
한 것이 있습니다. 만일 어떤 사람이 세속
적인 것을 가지고 자랑하려 든다면 나에게
는 자랑할 만한 것이 더 많습니다.
5나는 이스라엘 백성 가운데서도 베냐민 지파
에서 태어났으며 난 지 여드레 만에 할례를
받았고 히브리 사람 중의 히브리 사람입니
다. 나는 율법으로 말하면 바리사이파 사람
이며
6열성으로 말하면 교회를 박해하던 사람입
니다. 율법을 지킴으로써 올바른 사람으로
인정을 받는다면 나는 조금도 흠이 없는 사
람입니다.
7그러나 나에게 유익했던 이런 것들을 나는
그리스도를 위해서 장해물로 여겼습니다.
8그뿐만 아니라 나에게는 모든 것이 다 장해
물로 생각됩니다. 나에게는 내 주 그리스도
예수를 아는 지식이 무엇보다도 존귀합니
다. 나는 그리스도를 위해서 모든 것을 잃었
고 그것들을 모두 쓰레기로 여기고 있습니
다. 그것은 내가 그리스도를 얻고
9그리스도와 하나가 되려는 것입니다. 내가
율법을 지킴으로써 하느님과의 올바른 관
계를 얻는 것이 아니라 내가 그리스도를 믿
을 때 내 믿음을 보시고 하느님께서 나를
당신과의 올바른 관계에 놓아주시는 것입
니다.
10내가 바라는 것은 그리스도를 알고 그리스도
의 부활의 능력을 깨닫고 그리스도와 고난
을 같이 나누고 그리스도와 같이 죽는 것입
니다.
11◎그러다가 마침내 죽은 자들 가운데서 다
시 살아나기를 바랍니다.

목표를 향한 달음질

12◎나는 이 희망을 이미 이루었다는 것도 아
니고 또 이미 완전한 사람이 되었다는 것도
아닙니다. 다만 나는 그것을 붙들려고 달음
질칠 뿐입니다. 그리스도 예수께서 나를 붙
드신 목적이 바로 이것입니다.
13형제 여러분, 나는 그것을 이미 붙들었다고
생각하지 않습니다. 다만 나는 내 뒤에 있
는 것을 잊고 앞에 있는 것만 바라보면서
14목표를 향하여 달려갈 뿐입니다. 하느님께
서는 그리스도 예수를 통하여 나를 부르셔서
높은 곳에 살게 하십니다. 그것이 나의 목
표이며 내가 바라는 상입니다.
15그러므로 믿음이 성숙한 사람은 모두 이와

같은 마음가짐으로 살아가야 합니다. 만일
여러분이 어떤 문제에 관해서 다른 생각을
품었더라도 하느님께서는 그것까지도 분명
히 가르쳐주실 것입니다.
16 어쨌든 우리가 이미 이룬 것을 바탕으로 해
서 다 같이 앞으로 나아갑시다.
17 ◎형제 여러분, 나를 본받으십시오. 그리고
여러분과 같이 우리를 모범으로 삼고 따르
는 사람들을 눈여겨보십시오.
18 ◎내가 벌써 여러 번 여러분에게 일러준 것
을 지금 또 눈물을 흘리며 말하는 바이지만
많은 사람들이 그리스도의 십자가의 원수가
되어 살고 있습니다.
19 그들의 최후는 멸망뿐입니다. 그들은 자기
네 뱃속을 하느님으로 삼고 자기네 수치를
오히려 자랑으로 생각하며 세상 일에만 마
음을 쓰는 자들입니다.
20 그러나 우리는 하늘의 시민입니다. 우리는
거기에서 오실 구세주 되시는 주 예수 그리
스도를 고대하고 있습니다.
21 그리스도께서는 만물을 당신께 복종시킬 수
있는 능력을 가지고 오셔서 우리의 비천한
몸을 당신의 영광스러운 몸과 같은 형상으
로 변화시켜 주실 것입니다.

4 ◎그러므로 내가 사랑하고 그리워하는 형
제 여러분, 나의 기쁨이요 면류관인 사랑
하는 교우 여러분, 주님을 믿으며 굳세게
살아가십시오.

마지막 충고

2 ◎유오디아와 신디케 두 분에게 나는 간청합
니다. 주님을 믿는 사람으로서 한마음이 되
십시오.
3 나와 한 멍에를 멘 내 진실한 협력자에게 부
탁합니다. 이 여자들을 도와주십시오. 이
여자들은 클레멘스를 비롯하여 다른 협력자
들과 더불어 복음을 전하느라고 나와 함께
애쓴 사람들입니다. 그들의 이름은 생명의
책에 올라 있습니다.
4 ◎주님과 함께 항상 기뻐하십시오. 거듭 말
합니다. 기뻐하십시오.
5 여러분의 너그러운 마음을 모든 사람에게
보이십시오. 주님께서 오실 날이 얼마 남지
않았습니다.
6 아무 걱정도 하지 마십시오. 언제나 감사하
는 마음으로 기도하고 간구하며 여러분의
소원을 하느님께 아뢰십시오.
7 그러면 사람으로서는 감히 생각할 수도 없
는 하느님의 평화가 그리스도 예수를 믿는 여
러분의 마음과 생각을 지켜주실 것입니다.
8 ◎형제 여러분, 끝으로 여러분에게 당부합
니다. 여러분은 무엇이든지 참된 것과 고상
한 것과 옳은 것과 순결한 것과 사랑스러운
것과 영예로운 것과 덕스럽고 칭찬할 만한
것들을 마음속에 품으십시오.
9 그리고 나에게서 배운 것과 받은 것과 들은
것과 본 것을 실행하십시오. 그러면 평화의
하느님께서 여러분과 함께 계실 것입니다.

필립비인들의 선물에 대한 감사

10 ◎나에 대하여 여러분의 관심을 표시할 기
회가 오래간만에 다시 여러분에게 생긴 것
을 보고 나는 주님을 믿는 사람으로서 매우
기뻐합니다. 사실 여러분은 언제나 나를 생
각하고 있었지만 그것을 표시할 기회가 없
었던 것입니다.
11 내 처지가 어려워서 이런 말을 하는 것은 아
닙니다. 나는 어떤 처지에서도 자족하는 법
을 배웠습니다.
12 비천하게 살 줄도 알며 풍족하게 살 줄도 압
니다. 배부르거나 배고프거나 넉넉하거나
궁핍하거나 그 어떤 경우에도 적응할 수 있
는 비결을 알고 있습니다.
13 나에게 능력을 주시는 분에게 힘입어 나는
무슨 일이든지 할 수 있습니다.
14 그러나 고맙게도 여러분은 나와 고생을 같
이 해주었습니다.
15 ◎필립비의 교우 여러분, 아시다시피 내가
복음을 전하기 시작하던 무렵 내가 마케도
니아 지방을 떠날 때에 나와 주고받는 관계
를 맺은 교회는 여러분밖에 없었습니다.
16 내가 데살로니카에 있을 때에도 나에게 필요
한 것을 한두 번 보내주었습니다.
17 내가 선물을 받고 싶어서 그러는 것은 아닙
니다. 내가 바라는 것은 여러분에게 더 많
은 이익이 돌아가게 하는 일뿐입니다.
18 나는 여러분에게서 받을 것을 다 받았고 또
넘치도록 받았습니다. 나는 여러분이 에바
프로디도를 시켜 보낸 것을 받아서 넉넉하
게 살고 있습니다. 여러분이 보낸 선물은
좋은 냄새를 풍기는 향기이며 하느님께서
기꺼이 받아주실 제물입니다.
19 한량없이 풍요하신 나의 하느님께서는 그리
스도 예수를 믿는 여러분에게 필요한 모든
것을 풍성하게 채워주실 것입니다.
20 하느님 우리 아버지께서 영원무궁토록 영
광을 받으시기를 빕니다. 아멘.

마지막 인사

21◎그리스도 예수를 믿는 모든 성도들에게 문
안해 주십시오. 나와 함께 있는 형제들이
여러분에게 문안합니다.
22모든 성도들이 여러분에게 문안합니다. 특
히 카이사르의 집안 사람들이 문안합니다.
23주 예수 그리스도의 은총이 여러분의 마음에
내리시기를 빕니다.

골로사이인들에게 보낸 편지

인사

1 ◎하느님의 뜻을 따라 그리스도 예수의 사
도가 된 나 바울로와 우리 형제 디모테오가
2골로사이에 있는 성도들, 곧 성실하게 그리
스도를 믿는 교우들에게 이 편지를 씁니다.
우리 아버지 하느님께서 여러분에게 은총
과 평화를 내려주시기를 빕니다.

바울로의 감사

3◎우리는 여러분을 위해서 언제나 기도하고
그 때마다 우리 주 예수 그리스도의 아버지
하느님께 감사를 드립니다.
4그것은 여러분이 그리스도 예수를 믿고 모든
성도에게 사랑을 보여주고 있다는 말을 전
해 들었기 때문입니다.
5그 믿음과 사랑은 여러분을 위해서 하늘에
마련해 두신 축복에 대한 희망에서 나온 것
입니다. 그 희망에 대해서는 여러분이 진리
의 말씀 곧 복음을 받아들였을 때에 이미 들
은 바 있습니다.
6그 복음은 여러분에게 전해져서 여러분이
하느님의 은총의 말씀을 듣고 그 참뜻을 깨
닫게 되면서부터 열매를 맺으며 퍼져 나갔
습니다. 사실 복음은 온 세계에서 열매를
맺으며 널리 퍼져 나가고 있습니다.
7그 복음을 여러분에게 가르쳐준 사람은 우
리의 사랑하는 동료 에바프라였습니다. 그
는 우리를 대신해서 그리스도를 위하여 충
실히 일한 일꾼이며,
8여러분이 성령을 통해서 사랑의 생활을 하
고 있다는 소식을 우리에게 전해 준 사람입
니다.

만물의 으뜸이신 그리스도

9◎우리는 그 소식을 들은 날부터 여러분을
위하여 끊임없이 하느님께 기도해 왔습니
다. 우리는 여러분이 성령께서 주시는 모든
지혜와 판단력으로 하느님의 뜻을 충분히
깨닫게 되기를 빌어왔습니다.
10또 우리는 여러분이 주님께서 원하시는 생
활을 함으로써 언제나 주님을 기쁘게 해드
리고 온갖 좋은 일을 행하여 열매를 맺으며
하느님을 더욱 잘 알게 되기를 바랍니다.
11또 우리는 여러분이 하느님의 영광스러운
권능으로부터 오는 온갖 힘을 받아 강하여
져서 모든 일을 참고 견딜 수 있게 되기를
바랍니다. 그리고 기쁜 마음으로
12아버지께 감사를 드릴 수 있게 되기를 바랍
니다. 아버지께서는 성도들이 광명의 나라
에서 받을 상속에 참여할 자격을 우리에게
주셨습니다.
13아버지께서는 우리를 흑암의 권세에서 건
져내시어 당신의 사랑하시는 아들의 나라
로 옮겨주셨습니다.
14우리는 그 아들로 말미암아 죄를 용서받고
속박에서 풀려났습니다.
15◎그리스도께서는 보이지 않는 하느님의 형
상이시며 만물에 앞서 태어나신 분이십니
다.
16그것은 하늘과 땅에 있는 만물, 곧 보이는
것은 물론이고 왕권과 주권과 권세와 세력
의 여러 천신들과 같은 보이지 않는 것까지
도 모두 그분을 통해서 창조되었기 때문입
니다. 만물은 그분을 통해서 그리고 그분을
위해서 창조되었습니다.
17그분은 만물보다 앞서 계시고 만물은 그분
으로 말미암아 존속합니다.
18그리스도는 또한 당신의 몸인 교회의 머리
이십니다. 그분은 모든 것의 시작이시고 죽
은 자들 가운데서 살아나신 최초의 분이시
며 만물의 으뜸이 되셨습니다.
19하느님께서는 당신의 완전한 본질을 그리스
도에게 기꺼이 주시고
20그리스도를 내세워 하늘과 땅의 만물을 당
신과 화해시켜 주셨습니다. 곧 십자가에서
흘리신 예수의 피로써 평화를 이룩하셨습
니다.
21◎여러분도 전에는 하느님으로부터 떨어져

서 하느님께 적의를 품고 사악한 행동을 일
삼고 있었습니다.
22 그러나 이제는 하느님께서 당신의 아들의
몸을 희생시키시어 여러분과 화해하시고
여러분을 거룩하고 흠없고 탓할 데 없는 사
람으로서 당신 앞에 서게 하여주셨습니다.
23 물론 여러분은 튼튼한 믿음의 기초 위에 굳
건히 서서 여러분이 이미 받아들인 복음의
희망을 저버리지 말고 신앙 생활을 계속해
야 합니다. 그 복음은 하늘 아래 모든 사람
에게 전파되었고 나 바울로는 그 소식을 전
하는 일꾼입니다.

교회의 일꾼 바울로

24 ◎그래서 나는 여러분을 위하여 기꺼이 고
통을 겪고 있습니다. 그리고 나는 그리스도
의 몸인 교회를 위하여 그리스도의 남은 고
난을 내 몸으로 채우고 있습니다.
25 나는 하느님께서 맡기신 사명을 따라 여러
분에게 하느님의 말씀을 남김없이 전하기
위해서 교회의 일꾼이 되었습니다.
26 이 심오한 진리는 과거의 모든 세대, 모든
사람에게 감추어져 있던 것인데 이제는 하
느님의 성도들에게 분명히 드러났습니다.
27 하느님께서는 이방인들에게 드러내신 이
심오한 진리가 얼마나 풍성하고 영광스러
운 것인가를 성도들에게 알리려 하신 것입
니다. 이 심오한 진리는 곧 이방인 여러분
이 그리스도를 믿게 되었다는 사실과 또 영
광을 차지하게 되리라는 희망입니다.
28 우리는 바로 이 그리스도를 선포하고 있습
니다. 그리고 모든 사람이 그리스도를 믿고
성숙한 인간으로 하느님 앞에 서도록 하려
고, 우리는 지혜를 다하여 모든 사람을 경
고하며 가르칩니다.
29 나는 이를 위해서 내 안에서 강하게 활동하
시는 그리스도께 힘입어 애써 노력하고 있
습니다.

2

◎여러분과 라오디게이아에 있는 교우들
은 물론 내 얼굴을 직접 보지 못한 사람들
을 위해서도 내가 얼마나 애쓰고 있는지 알
아주시기 바랍니다.
2 그것은 그들이 마음에 힘을 얻고 사랑으로
결합되어 풍부하고도 완전한 이해력을 가
지고 하느님의 심오한 진리인 그리스도를
깨닫게 하려는 것입니다.
3 그런데 이 진리 속에는 지혜와 지식의 온갖
보화가 감추어져 있습니다.
4 ◎여러분이 어떠한 궤변에도 넘어가지 말기
를 당부하는 바입니다.
5 내가 비록 몸으로는 여러분과 멀리 떨어져
있지만 마음으로는 여러분과 항상 함께 있
습니다. 그리고 여러분의 교회에 질서가 바
로잡히고, 또 여러분이 그리스도를 견실하
게 믿는다는 것을 알고 기뻐하고 있습니다.

세속의 유치한 원리에 대한 경계

6 ◎여러분은 그리스도 예수를 주님으로 받아
들였으니 그분을 모시고 살아가십시오.
7 그리고 여러분은 그리스도에 대한 믿음에
뿌리를 박고 그 터 위에 굳건히 서서, 가르
침을 받은 대로 믿음을 더욱 견고히 하여 넘
치는 감사를 하느님께 드리십시오.
8 ◎여러분은 헛된 철학의 속임수에 사로잡히
지 않도록 조심하십시오. 그것은 세속의 원
리를 기초로 인간이 만들어서 전해 준 것이
지 그리스도를 기초로 한 것은 아닙니다.
9 그리스도의 인성 안에는 하느님의 완전한
신성이 깃들어 있습니다.
10 여러분도 그리스도와 하나가 됨으로써 완전
에 이르게 됩니다. 그리스도는 하늘의 어떤
권세나 세력보다 더 높은 분이십니다.
11 여러분은 세속적인 육체를 벗어버리고 그리
스도와 하나가 되어 형식이 아닌 진정한 할
례, 곧 그리스도의 할례를 받았습니다.
12 여러분은 그리스도의 할례, 곧 세례를 받음
으로써 그리스도와 함께 묻혔고 또 그리스도
와 함께 다시 살아났습니다. 그리스도를 죽
은 자들 가운데서 다시 살리신 하느님의 능
력을 믿었기 때문입니다.
13 여러분이 전에는 잘못을 저질렀고, 할례를
받지 않은 이방인으로서 영적으로 죽은 사
람들이었으나, 이제 하느님께서 여러분을
그리스도와 함께 다시 살려주시고 우리의
잘못을 모두 용서해 주셨습니다.
14 또 하느님께서는 여러 가지 달갑지 않은 조
항이 들어 있는 우리의 빚문서를 무효화하
시고 그것을 십자가에 못박아 없애버리셨
습니다.
15 그리고 십자가로 권세와 세력의 천신들을
사로잡아 그 무장을 해제시키시고 그들을
구경거리로 삼아 끌고 개선의 행진을 하셨
습니다.
16 ◎그러므로 여러분은 먹고 마시는 문제나
명절 지키는 일이나 초생달 축제와 안식일
을 지키는 문제로 아무에게도 비난을 사지
마십시오.
17 이런 것은 장차 올 것의 상징에 지나지 않고

그 본체는 그리스도입니다.
18여러분은 겸손한 체하거나 천사를 숭배하
는 자들에게 속아서 여러분이 받을 상을 빼
앗기지 마십시오. 그들은 보이는 것에만 정
신을 팔고 세속적인 생각으로 헛된 교만에
부풀어 있습니다.
19그리고 그들은 그리스도를 머리로 하는 몸
의 지체가 아닙니다. 몸 전체는 각 마디와
힘줄을 통하여 영양을 받으며 서로 연결되
어 하느님의 계획대로 자라나는 것입니다.

그리스도를 통한 새 생활

20◎여러분이 그리스도와 함께 죽고 세속의 유
치한 원리들을 버렸다면 어찌하여 아직도
이 세상에 속하여 사는 것처럼
21"이것은 잡지 말고, 저것은 맛보지 말고,
그것은 건드리지 마라." 하는 따위의 규정
에 묶여 있습니까?
22㉠이런 것은 모두 한번 쓰고 나면 없어져 버
릴 것으로서 인간이 명령하고 가르치는 것
입니다.
23이런 규정은 제멋대로의 예배와 과장된 겸
손과 부질없는 금욕주의 따위로 현명한 것
처럼 보이지만 실상 육체의 욕망을 제어하
는 데는 조금도 힘이 없습니다.

3 ◎이제 여러분은 그리스도와 함께 다시 살
아났으니 천상의 것들을 추구하십시오.
㉡거기에서 그리스도는 하느님의 오른편에
앉아 계십니다.
2여러분은 지상에 있는 것들에 마음을 두지
말고 천상에 있는 것들에 마음을 두십시오.
3여러분이 이 세상에서는 이미 죽었기 때문
입니다. 여러분의 참 생명은 그리스도와 함
께 하느님 안에 있어서 보이지 않습니다.
4여러분의 생명이신 그리스도가 나타나실 때
에 여러분도 그분과 함께 영광 속에 나타나
게 될 것입니다.

그리스도인의 생활 원칙

5◎여러분은 모든 세속적인 욕망을 죽이십시
오. 음행과 더러운 행위와 욕정과 못된 욕
심과 우상 숭배나 다름없는 탐욕 따위의 욕
망은
6하느님을 거역하는 자들에게 내리시는 하
느님의 진노를 살 것입니다.
7여러분도 전에 이런 욕망에 빠져 살 때에는
그런 행동을 하고 있었습니다.
8그러나 지금은 분노와 격분과 악의와 비방
과 또 입에서 나오는 수치스러운 말 따위는
모두 버려야 합니다.
9그리고 거짓말로 서로 속이지 마십시오. 여
러분은 옛 생활을 청산하여 낡은 인간을 벗
어버렸고
10새 인간으로 갈아입었기 때문입니다. 새 인
간은 자기 창조주의 형상을 따라 끊임없이
새로워지면서 참된 지식을 가지게 됩니다.
11여기에는 그리스인과 유다인, 할례받은 사
람과 받지 않은 사람, 타국인, 야만인, 노
예, 자유인 따위의 구별이 없습니다. 오직
그리스도만이 전부로서 모든 사람 위에 군
림하십니다.
12◎여러분은 하느님께서 뽑아주신 사람들이
고 하느님의 성도들이며 하느님의 사랑을
받는 백성들입니다. 그러니 따뜻한 동정심
과 친절한 마음과 겸손과 온유와 인내로 마
음을 새롭게 하여
13서로 도와주고 피차에 불평할 일이 있더라
도 서로 용서해 주십시오. 주님께서 여러분
을 용서하신 것처럼 여러분도 서로 용서해
야 합니다.
14그뿐만 아니라 사랑을 실천하십시오. 사랑
은 모든 것을 하나로 묶어 완전하게 합니다.
15그리스도의 평화가 여러분의 마음을 다스리
게 되기를 바랍니다. 그러려고 여러분은 부
르심을 받아 한 몸이 된 것입니다. 항상 감
사하는 마음으로 사십시오.
16그리스도의 말씀이 풍부한 생명력으로 여러
분 안에 살아 있기를 빕니다. 여러분은 모
든 지혜를 다하여 서로 가르치고 충고하십
시오. 그리고 성시와 찬송가와 영가를 부르
며 감사에 넘치는 진정한 마음으로 하느님
을 찬양하십시오.
17여러분은 무슨 말이나 무슨 일이나 모두 주
예수의 이름으로 하고 그분을 통해서 하느
님 아버지께 감사를 드리십시오.

새 생활의 인간 관계

18◎아내 된 사람들은 자기 남편에게 순종하
십시오. 이것이 주님을 믿는 사람으로서 해
야 할 본분입니다.
19남편 된 사람들은 자기 아내를 사랑하십시
오. 아내를 모질게 대해서는 안 됩니다.
20◎자녀 된 사람들은 무슨 일에나 부모에게
순종하십시오. 이것이 주님을 기쁘게 해드
리는 일입니다.
21어버이들은 자녀들을 못살게 굴지 마십시

㉠ 이사 29:13. ㉡ 시편 110:1.

오. 그들의 의기를 꺾어서는 안 됩니다.
22◎남의 종이 된 사람들은 무슨 일에나 주인
에게 복종하십시오. 남에게 잘 보이려고 눈
가림으로 섬기지 말고 주님을 두려워하면
서 충성을 다하십시오.
23무슨 일이나 사람을 섬긴다는 생각으로 하
지 말고 주님을 섬기듯이 정성껏 하십시오.
24여러분은 주님께서 약속하신 것을 상으로
받게 되리라는 것을 기억해야 합니다. 여러
분은 주님이신 그리스도를 섬기는 사람들입
니다.
25불의를 행하는 사람은 그가 행한 불의만큼
벌을 받을 것입니다. 거기에는 불공평이 있
을 수 없습니다.

4 ◎주인 된 사람들은, 여러분에게도 하늘
에 주인이 계시다는 것을 알고, 자기 종
들을 정당하고 공정하게 대우하십시오.

권고

2◎항상 깨어 있으면서 감사하는 마음으로
꾸준히 기도하십시오.
3그리고 우리를 위해서도 기도해 주십시오.
하느님께서 우리에게 당신의 말씀을 전할
수 있는 기회를 터주셔서 그리스도의 심오
한 진리를 전파할 수 있게 기도해 주십시
오. 나는 이 진리를 위해서 지금 갇혀 있습
니다.
4그러니, 내가 이 심오한 진리를 제대로 말
할 수 있게 기도해 주십시오.
5◎교회 밖의 사람들에게는 지혜롭게 대하고
주어진 기회를 잘 살리십시오.
6여러분은 언제나 친절하게 유익한 말을 하
고, 묻는 사람에게는 누구에게나 적절한 대
답을 할 줄 알아야 합니다.

작별 인사

7◎내 모든 사정은 디키고가 여러분에게 알려
줄 것입니다. 이 사랑하는 형제는 주님을
위해서 나를 충실히 도와 함께 일하는 일꾼
입니다.
8우리 사정을 여러분에게 알리고, 또 여러분
을 격려하려고 나는 이 사람을 여러분에게
보냅니다.
9그리고 오네시모도 딸려 보냅니다. 그 사람
도 성실하고 사랑받는 형제로서 여러분의
동향인입니다. 그 두 사람이 여기 사정을
여러분에게 알려줄 것입니다.
10◎나와 함께 갇혀 있는 아리스다르코가 여러
분에게 문안합니다. 또 바르나바의 사촌 마
르코도 문안합니다. -마르코가 가거든 잘
영접하라는 지시를 여러분이 이미 받았을
줄 압니다.-
11유스도라고도 불리는 예수가 또한 여러분에
게 문안합니다. 할례를 받은 사람들 중에서
하느님 나라를 위해서 나와 함께 일하는 사
람들은 이들뿐인데 이들은 나에게 큰 위로
가 되었습니다.
12여러분의 동향인인 에바프라도 여러분에게
문안합니다. 그리스도 예수의 종인 에바프라
는 여러분이 성숙한 사람으로 굳건히 서서
하느님의 뜻을 이루는 데 온전히 헌신할 수
있도록 언제나 열심히 기도하고 있습니다.
13나는 그가 여러분을 위해서 또 라오디게이아
와 히에라폴리스에 있는 교우들을 위해서 많
은 수고를 하고 있다는 것을 여러분에게 증
언합니다.
14사랑하는 의사 루가가 문안하고 데마도 여
러분에게 문안합니다.
15라오디게이아에 있는 교우들에게 문안해 주
시고 또 님파와 그 집에 모이는 교회에 문안
해 주십시오.
16여러분이 이 편지를 읽고 나서는 라오디게이
아 교회도 읽게 해주시고, 또 라오디게이아
교회를 거쳐서 가는 내 편지도 꼭 읽어주십
시오.
17그리고 아르킵보에게는 그리스도인으로서
받은 사명을 완수하라고 일러주십시오.
18◎나는 친필로 서명을 하며 여러분에게 문
안합니다.

바울로로부터.

◎내가 갇혀 있다는 것을 잊지 마십시오.
하느님의 은총이 여러분과 함께 있기를 빕
니다.

데살로니카인들에게 보낸 첫째 편지

인사

1 ◎나 바울로와 실바노와 디모테오는 아버
지 하느님과 주 예수 그리스도를 믿는 데살
로니카 교회 여러분에게 이 편지를 씁니다.
주님의 은총과 평화가 여러분에게 깃들기
를 빕니다.

데살로니카인들의 믿음

2◎우리는 언제나 여러분 모두를 생각하면서
하느님께 감사를 드립니다. 그리고 여러분
을 위해서 기도할 때마다
3여러분의 믿음의 활동과 사랑의 수고와 우
리 주 예수 그리스도에 대한 꾸준한 희망을
하느님 우리 아버지 앞에서 끊임없이 기억
하고 있습니다.
4하느님의 사랑을 받고 있는 교우 여러분,
우리는 하느님께서 여러분을 택해 주셨다
는 것을 알고 있습니다.
5그것은 우리가 여러분에게 전한 복음이 그
저 말만으로 전해진 것이 아니라 능력과 성
령과 굳은 확신으로 전해졌기 때문입니다.
우리가 여러분과 함께 있을 때에 여러분을
위해서 어떻게 살았는지 여러분이 잘 알고
있습니다.
6여러분은 많은 환난 중에서도 성령께서 주
시는 기쁨을 가지고 말씀을 받아들여 우리
뿐만 아니라 주님까지 본받았습니다.
7그래서 여러분은 마케도니아와 아카이아에
있는 모든 신도의 모범이 되었습니다.
8주님의 말씀이 여러분으로부터 마케도니아
와 아카이아 지방에 두루 퍼져 나갔을 뿐만
아니라 여러분이 하느님을 잘 믿고 있다는
이야기가 사방에 널리 퍼져 나갔으니 그 이
야기는 더 할 필요가 없게 되었습니다.
9우리가 여러분에게 갔을 때 여러분이 우리
를 어떻게 받아들였으며 또 어떻게 우상을
버리고 하느님께로 마음을 돌려서 살아 계
신 참 하느님을 섬기게 되었는지는 오히려
그들이 말하고 있습니다.
10또 죽은 자들 가운데서 다시 살아나신 하느
님의 아들 예수께서 하늘로부터 다시 오실
날을 여러분이 고대하게 되었다는 것도 그
들이 널리 전하고 있습니다. 그분은 장차
닥쳐올 하느님의 진노에서 우리를 건져내
주실 분입니다.

바울로의 데살로니카 전도

2 ◎교우 여러분, 아시다시피 우리가 여러
분을 찾아간 것은 결코 헛된 일이 아니었
습니다.
2여러분도 아시다시피 우리가 전에 필립비에
서 고생을 겪고 모욕을 당했으나 여러분에
게 가서는 심한 반대에 부딪히면서도 하느
님의 도우심으로 담대하게 하느님의 복음
을 전했습니다.
3우리는 잘못된 생각이나 불순한 동기나 속
임수로 여러분을 격려하는 것은 아닙니다.
4우리는 하느님께 인정을 받아 복음을 전할
사명을 띤 사람으로 말하는 것이며, 사람의
환심을 사려는 것이 아니라 우리의 마음을
살피시는 하느님을 기쁘게 해드리려고 말
하는 것입니다.
5아시다시피 우리는 지금까지 아첨하는 말
을 쓴 적도 없고 속임수로써 탐욕을 부린 일
도 없습니다. 하느님께서 이 사실을 잘 알
고 계십니다.
6우리는 여러분이나 다른 사람들이나 할 것
없이 사람에게서는 도무지 영광을 구하지
않았습니다.
7우리는 그리스도의 사도로서 권위를 내세울
수도 있었으나 여러분과 함께 있을 때에는
마치 자기 자녀를 돌보는 어머니처럼 여러
분을 부드럽게 대했습니다.
8이렇게 여러분을 극진히 생각하는 마음에
서 하느님의 복음을 나누어줄 뿐만 아니라
우리의 목숨까지도 바칠 생각이었습니다.
우리는 그토록 여러분을 사랑했습니다.
9교우 여러분, 여러분은 우리의 수고와 노력
을 잘 기억하실 것입니다. 우리는 여러분에
게 하느님의 복음을 전하는 동안 누구에게
도 폐를 끼치지 않으려고 밤낮으로 노동을
했습니다.
10또 교우 여러분에게 대한 우리의 행동이 경
건하고 올바르고 흠잡힐 데가 없었다는 것
은 여러분도 목격해서 잘 아는 일이고 하느
님께서도 증명해 주실 것입니다.
11아시다시피 우리는 자녀를 대하는 아버지
처럼 여러분 하나하나가

12 하느님을 기쁘게 해드릴 수 있는 생활을 하
도록 권고하고 격려하고 지도했습니다. 하
느님은 여러분을 부르셔서 당신의 나라와
영광을 누리게 해주시는 분이십니다.
13 ◎우리가 늘 하느님께 감사하는 것은 우리
가 여러분에게 하느님의 말씀을 전했을 때
에 여러분이 그것을 사람의 말로 받아들이
지 않고 사실 그대로 하느님의 말씀으로 받
아들였다는 것입니다. 이 하느님의 말씀은
믿는 여러분의 마음속에서 살아 움직이고
있습니다.
14 교우 여러분, 여러분은 유다에 있는 그리스
도 예수를 믿는 하느님의 교회를 본받는 사
람들이 되었습니다. 유다의 신도들이 그들
의 동족인 유다인들에게서 박해를 받은 것
처럼 여러분도 동족에게서 박해를 받았습
니다.
15 그 유다인들은 주님이신 예수와 예언자들을
죽이고 우리를 몰아냈습니다. 그래서 그들
은 하느님의 마음을 상하게 해드리고 모든
사람의 원수가 되었습니다.
16 또 그들은 우리가 이방인들에게 복음을 전
해서 구원을 얻게 해주는 일까지 방해했습
니다. 이렇게 그들의 죄는 극도에 달해서
마침내 하느님의 진노가 그들에게 내리게
되었습니다.

데살로니카로 다시 가려는 바울로

17 ◎교우 여러분, 우리가 잠시 여러분과 떨어
져 있게 되었지만 사실 몸으로만 떨어져 있
고 마음으로는 떨어져 있지 않습니다. 우리
는 여러분과 만나게 되기를 얼마나 간절히
바라는지 모릅니다.
18 그래서 우리는 여러분에게로 가기를 원했고
특히 나 바울로는 두 번이나 가려고 했습니
다. 그러나 사탄이 우리의 길을 막았습니다.
19 우리 주 예수께서 다시 오시는 날, 주님 앞
에서 우리가 누릴 희망과 기쁨이 무엇이며
우리가 자랑할 수 있는 승리의 월계관이 무
엇이겠습니까? 그것이 바로 여러분이 아니
겠습니까?
20 과연 여러분이야말로 우리의 영광이며 기
쁨입니다.

3 ◎우리는 참다못해 아테네에 남아 있기로
하고
2 우리의 형제이며 함께 그리스도의 복음을
전하는 하느님의 일꾼 디모테오를 여러분에
게 보냈습니다. 그것은 그가 여러분의 믿음
을 확고하게 세워주고 여러분을 격려해서
3 그와 같은 곤경 속에서도 동요하는 사람이
생기지 않도록 하기 위한 것이었습니다. 아
시다시피 우리는 이런 곤경을 당하게 마련
입니다.
4 우리가 여러분과 함께 있을 때에 장차 우리
가 당할 고난을 여러분에게 여러 번 예고한
바 있습니다. 아시다시피 그 예고가 그대로
이루어졌습니다.
5 그래서 나는 참다 못해서 여러분의 믿음을
알아보려고 디모테오를 보낸 것입니다. 유
혹하는 자가 여러분을 유혹해서 우리의 수
고가 허사가 되어서는 안 되겠다고 생각했
기 때문입니다.
6 ◎그런데 이번에 디모테오가 여러분으로부
터 돌아와서 여러분의 믿음과 사랑에 대한
좋은 소식을 우리에게 전해 주었습니다. 그
리고 여러분이 우리를 언제나 잘 기억하고
있다는 것과 우리가 여러분을 보고 싶어하
듯이 여러분도 우리를 보고 싶어한다는 소
식을 전해 주었습니다.
7 교우 여러분, 우리는 여러분의 소식을 듣고
여러분의 믿음을 알게 되어 이 모든 고난과
역경을 겪으면서도 위로를 받았습니다.
8 여러분이 주님께 대한 믿음을 굳게 지키고
있으니 우리는 지금 정말 사는 보람이 있습
니다.
9 우리는 여러분의 일로 해서 우리 하느님 앞
에서 큰 기쁨을 맛보고 있습니다. 그 모든
기쁨을 생각하면 우리는 어떻게 하느님께
감사를 드려야 할지 모르겠습니다.
10 우리는 여러분을 다시 만나 여러분의 믿음
에 부족한 것을 채워줄 수 있게 되기를 밤낮
으로 간절히 기도하고 있습니다.
11 ◎하느님 우리 아버지와 우리 주 예수께서
친히 우리의 길을 잘 열어, 우리가 여러분
에게 갈 수 있게 되기를 빕니다.
12 그리고 주님께서 여러분의 사랑을 키워주
시고 풍성하게 해주셔서 우리가 여러분을
사랑하듯이 여러분도 서로 사랑하고 또 모
든 사람을 사랑하게 되기를 빕니다.
13 그리하여 여러분의 마음이 굳건해져서, 우
리 주 예수께서 당신의 모든 성도들과 함께
다시 오시는 날, 우리 아버지 하느님 앞에
거룩하고 흠없는 사람으로 나설 수 있게 되
기를 빕니다.

하느님을 기쁘게 해드리는 생활

4 ◎교우 여러분, 마지막으로 주 예수의 이
름으로 부탁하며 권고합니다. 여러분은

어떻게 살아야 하느님을 기쁘게 해드릴 수
있는지 우리에게서 배웠고 또 배운 대로 살
고 있습니다. 그러니 앞으로 더욱더 그렇게
살아가십시오.
2 여러분은 우리가 주 예수의 권위로 여러분
에게 지시해 준 것들을 잘 알고 있습니다.
3 하느님께서 여러분에게 원하시는 것은 여
러분이 거룩한 사람이 되는 것입니다. 여러
분은 음행을 피하고
4 각각 존경하는 마음으로 거룩하게 자기 아
내의 몸을 대하고
5 하느님을 알지 못하는 이교도들처럼 욕정
에 빠지지 않도록 하십시오.
6 이런 일에 있어서 형제의 권리를 침범하거
나 그를 속이거나 해서는 안 됩니다. 우리
가 전에 엄숙하게 지시하고 경고한 바와 같
이 주님께서는 이런 모든 범죄에 대해서 가
차없이 처벌하실 것입니다.
7 하느님께서는 우리를 음탕하게 살라고 부
르신 것이 아니라 거룩하게 살라고 부르신
것입니다.
8 그러므로 이 경고를 거역하는 사람은 사람
을 거역하는 것이 아니라 여러분에게 성령
을 주시는 하느님을 거역하는 것입니다.
9 ◎교우를 사랑하는 일에 관해서는 이 이상
더 쓸 것이 없습니다. 여러분은 직접 하느
님께로부터 서로 사랑하라는 교훈을 받았
을 뿐만 아니라
10 그 교훈을 실천해서 마케도니아 온 지방에
있는 모든 교우들을 사랑하고 있기 때문입
니다. 교우 여러분, 여러분이 더욱더 그렇
게 하시기를 권고하는 바입니다.
11 그리고 내가 전에 지시한 대로 조용히 살도
록 힘쓰며 각각 자기의 직업을 가지고 자기
손으로 일해서 살아가십시오.
12 그러면 교회 밖의 사람들에게서도 존경을
받게 되고 남에게 신세를 지지 않게 될 것입
니다.

주님의 재림

13 ◎교우 여러분, 죽은 사람들에 관해서 여러
분이 알아두셔야 할 것이 있습니다. 여러분
은 희망을 가지지 못하는 다른 사람들처럼
슬퍼해서는 안 됩니다.
14 우리는 예수께서 죽으셨다가 다시 살아나신
것을 믿습니다. 그래서 우리는 예수를 믿다
가 죽은 사람들을 하느님께서 예수와 함께
생명의 나라로 데려가실 것을 믿습니다.
15 ◎우리는 주님의 말씀을 근거로 해서 말합
니다. 주님께서 다시 오시는 날 우리가 살
아 남아 있다 해도 우리는 이미 죽은 사람들
보다 결코 먼저 가지는 못할 것입니다.
16 명령이 떨어지고 대천사의 부르는 소리가
들리고 하느님의 나팔 소리가 울리면, 주님
께서 친히 하늘로부터 내려오실 것입니다.
그러면 그리스도를 믿다가 죽은 사람들이
먼저 살아날 것이고,
17 다음으로는 그 때에 살아 남아 있는 우리가
그들과 함께 구름을 타고 공중으로 들리어
올라가서 주님을 만나게 될 것입니다. 이렇
게 해서 우리는 항상 주님과 함께 있게 될
것입니다.
18 그러므로 여러분은 이런 말로 위로하십시
오.

5 ◎교우 여러분, 그 때와 시기에 대해서는
여러분에게 더 쓸 필요가 없습니다.
2 주님의 날이 마치 밤중의 도둑같이 온다는
것을 여러분이 잘 알고 있기 때문입니다.
3 사람들이 태평세월을 노래하고 있을 때에
갑자기 멸망이 그들에게 들이닥칠 것입니
다. 그것은 마치 해산할 여자에게 닥치는
진통과 같아서 결코 피할 도리가 없습니다.
4 그러나 교우 여러분, 여러분은 암흑 속에서
살고 있지 않기 때문에 여러분에게는 그 날
이 도둑처럼 덮치지는 않을 것입니다.
5 여러분은 모두 빛의 자녀이며 대낮의 자녀
입니다. 우리는 밤이나 어둠에 속한 사람이
아닙니다.
6 그러므로 우리는 다른 사람들처럼 잠자고
있을 것이 아니라 정신을 똑바로 차리고 깨
어 있읍시다.
7 잠자는 사람들은 밤에 자고 술마시는 사람
들도 밤에 마시고 취합니다.
8 그러나 우리는 대낮에 속한 사람이므로 정
신을 똑바로 차리고 믿음과 사랑으로 가슴
에 무장을 하고 구원의 희망으로 투구를 씁
시다.
9 하느님께서는 우리에게 진노를 내리시기로
작정하신 것이 아니라 우리 주 예수 그리스
도를 통해서 구원을 주시기로 작정하셨습
니다.
10 그리스도께서 우리가 살아 있든지 죽어 있
든지 당신과 함께 살 수 있게 하시려고 우리
를 위해서 죽으셨습니다.
11 그러므로 여러분은 이미 하고 있는 그대로
서로 격려하고 서로 도와주십시오.

마지막 지시와 작별 인사

12◎교우 여러분, 여러분에게 당부합니다. 여
러분과 함께 있으면서 수고하고, 주님의 명
령을 받들어 여러분을 지도하고 훈계하는
사람들을 존경하십시오.
13그들이 하는 일을 생각해서 그들을 사랑하
고 극진히 공경하십시오. 그리고 서로 화평
하게 지내십시오.
14교우 여러분, 여러분에게 권고합니다. 게으
른 사람들을 훈계하고 소심한 사람들을 격
려하며 약한 사람들을 붙들어주고 모든 사
람을 인내로써 대하십시오.
15여러분 중에는 악을 악으로 갚는 사람이 하
나도 없도록 하고, 언제나 서로 남에게 선
을 행하도록 힘쓰십시오. 또 모든 사람에게
선을 행하십시오.
16◎항상 기뻐하십시오.
17늘 기도하십시오.
18어떤 처지에서든지 감사하십시오. 이것이
그리스도 예수를 통해서 여러분에게 보여주
신 하느님의 뜻입니다.
19성령의 불을 끄지 말고
20성령의 감동을 받아 전하는 말을 멸시하지
마십시오.
21모든 것을 시험해 보고 좋은 것을 꼭 붙드십
시오.
22그리고 악한 일은 어떤 종류이든지 멀리하
십시오.
23◎평화의 하느님께서 여러분을 온전히 거룩
한 사람으로 만들어주시기를 빕니다. 또 여
러분의 심령과 영혼과 육체를 우리 주 예수
그리스도께서 다시 오시는 날까지 완전하고
흠없게 지켜주시기를 빕니다.
24여러분을 불러주신 분은 진실하셔서 이 일
을 다 이루어주실 것입니다.
25◎교우 여러분, 우리를 위해서도 기도해 주
십시오.
26◎거룩한 입맞춤으로 모든 교우에게 문안하
십시오.
27나는 주님의 이름으로 여러분에게 부탁합
니다. 이 편지를 꼭 모든 교우에게 읽어주
십시오.
28◎우리 주 예수 그리스도께서 여러분에게 은
총을 내려주시기를 빕니다.

데살로니카인들에게 보낸 둘째 편지

인사

1 ◎나 바울로와 실바노와 디모테오는 하느
님 우리 아버지와 주 예수 그리스도를 믿
는 데살로니카 교회 여러분에게 이 편지를
씁니다.
2하느님 아버지와 주 예수 그리스도께서 은
총과 평화를 여러분에게 내려주시기를 빕
니다.

주님의 심판

3◎교우 여러분, 우리는 여러분을 생각할 때
에 언제나 하느님께 감사를 드릴 수밖에 없
고 또 그렇게 하는 것이 당연한 일입니다.
그것은 여러분의 믿음이 놀랍게 자라고 또
여러분 사이의 사랑이 더욱더 두터워지고
있기 때문입니다.
4여러분이 모든 박해와 환난을 당하면서도
잘 견디어내며 믿음을 지켜온 것에 대해서
우리는 하느님의 여러 교회에서 여러분을
자랑합니다.
5여러분은 지금 하느님 나라를 위하여 고통
을 당하고 있습니다. 그러나 여러분이 장차
그 나라를 차지할 자격을 얻게 되겠으니 결
국 하느님의 심판이 공정하다는 것이 확실
합니다.
6하느님은 공정하셔서 여러분을 괴롭히는
자들에게 괴로움을 당하게 하시고
7괴로움을 당하는 여러분에게는 우리와 함
께 안식을 누리게 해주실 것입니다. 이 일
은 주 예수께서 당신의 능력 있는 천사들과
함께 하늘로부터 나타나실 때에 이루어질
것입니다.
8㉠주께서는 불꽃 가운데 나타나셔서 하느님
을 거부한 자들과 우리 주 예수의 복음을 받
아들이지 않은 자들을 처벌하실 것입니다.
9㉡그들은 주님 앞에서 쫓겨나 영원히 멸망
하는 벌을 받고 주님의 영광스러운 능력을
보지 못하게 될 것입니다.
10그날에는 주님께서 오셔서 당신의 성도들
에게 영광을 받으시고 모든 믿는 사람들에

㉠ 시편 79:6; 이사 66:15; 예레 10:25; 출애 3:2. ㉡ 이사 2:10, 19, 21.

게 경탄의 대상이 되실 것입니다. 여러분도
우리의 증언을 믿었으니 그 성도들의 대열
에 끼이게 될 것입니다.
11 우리는 언제나 여러분을 위해서 기도하면
서 우리 하느님께서 여러분을 당신의 부르
심에 적합하게 해주시기를 빌며 선을 행하
려는 여러분의 모든 의향과 여러분의 믿음
의 행실을 당신의 능력으로 완성해 주시기
를 빕니다.
12 이렇게 해서 우리 하느님과 주 예수 그리스
도의 은총으로 우리 주 예수의 이름이 여러
분에게서 영광을 받고 여러분도 주님에게
서 영광을 받게 될 것입니다.

가짜 그리스도의 출현

2 ◎교우 여러분, 우리 주 예수 그리스도께
서 다시 오시는 일과 그분 앞에 우리가
모이게 될 일에 관해서 부탁할 말씀이 있습
니다.
2 주님의 날이 벌써 왔다고 어떤 사람들이 말
하더라도 여러분은 지성을 잃고 쉽사리 흔
들리거나 당황해서는 안 됩니다. 아마 성령
의 감동을 받았다는 사람이나 혹은 말씀을
전한다는 사람이 이런 말을 할지도 모릅니
다. 또 우리가 이런 말을 편지에 써 보냈다
고 떠들어대는 사람이 있을지도 모릅니다.
3 여러분은 아무에게도 절대로 속아 넘어가
지 마십시오. 그날이 오기 전에 먼저 사람들
이 하느님을 배반하게 될 것이며, 또 멸망
할 운명을 지닌 악한 자가 나타날 것입니다.
4 ㉠그자는 사람들이 신으로 여기는 것이나
예배의 대상으로 삼는 모든 것에 대항하고
자기 자신을 그보다도 더 높이 올려놓을 것
입니다. 그뿐만 아니라 하느님의 성전에 자
리잡고 앉아서 자기 자신을 하느님이라고
주장할 것입니다.
5 내가 여러분과 함께 있을 때에 이런 일에 관
해서 누차 일러둔 일이 있는데 여러분은 그
것을 기억하지 못합니까?
6 아시다시피 그자는 지금 어떤 힘에 붙들려
있습니다. 그러나 제때가 되면 나타나게 될
것입니다.
7 사실 그 악의 세력은 벌써 은연중에 활동하
고 있습니다. 그러나 그 악한 자를 붙들고
있는 자가 없어지면
8 ㉡그 때에는 그 악한 자가 완연히 나타날 것
입니다. 그리고 주 예수께서는 다시 오실 때
에 당신의 입김과 그 광채로 그자를 죽여 없
애버리실 것입니다.
9 그 악한 자는 나타나서 사탄의 힘을 빌려 온
갖 종류의 거짓된 기적과 표징과 놀라운 일
들을 행할 것입니다.
10 그리고 온갖 악랄한 속임수를 다 써서 사람
들을 멸망시킬 것입니다. 그 사람들은 진리
를 받아들이지도 않고 사랑하지도 않기 때
문에 구원을 얻지 못할 것입니다.
11 하느님께서는 그런 자들에게 혼미한 마음
을 주시어 거짓된 것을 믿도록 하셨습니다.
12 결국 진리를 믿지 않고 악을 좋아하는 사람
은 모두 단죄를 받게 될 것입니다.

구원에 대한 감사

13 ◎주님의 사랑을 받는 형제 여러분, 우리는
여러분을 생각할 때 언제나 하느님께 감사
하지 않을 수 없습니다. 하느님께서는 누구
보다도 먼저 여러분을 택하셔서 구원을 얻
게 하시고 성령의 능력으로 거룩하게 해주
셨으며 진리를 믿게 하셨습니다.
14 하느님께서는 이렇게 여러분을 구원하시려
고 여러분을 불러 우리가 전하는 복음을 받
아들이게 하셨습니다. 그래서 여러분은 우
리 주 예수 그리스도의 영광을 받아 누리게
되었습니다.
15 그러므로 교우 여러분, 굳건히 서십시오.
그리고 우리가 전한 말이나 써 보낸 글을 통
해서 여러분에게 가르쳐준 전통을 굳게 지
키십시오.
16 하느님 아버지께서는 우리를 사랑하시고
은총을 베푸시어 영원한 위로와 좋은 희망
을 주십니다. 하느님 우리 아버지와 우리
주 예수 그리스도께서 친히
17 여러분의 마음을 격려하시고 여러분에게
힘을 주셔서 온갖 좋은 일을 하고 좋은 말을
할 수 있게 해주시기를 빕니다.

기도의 부탁

3 ◎교우 여러분, 마지막으로 부탁합니다.
우리를 위해서 기도해 주십시오. 주님의
말씀이 여러분 가운데 속히 퍼져서 찬양을
받은 것처럼 어디서나 그렇게 되도록 빌어
주십시오.
2 그리고 심술궂고 악한 사람들의 손에서 우
리가 벗어나게 되도록 기도해 주십시오. 모
든 사람이 다 신앙을 갖고 있지는 않습니다.
3 주님께서는 진실한 분이시며 여러분을 강
하게 해주시고 악한 자로부터 지켜주시는

㉠ 다니 11:36; 에제 28:2. ㉡ 시편 33:6.

분이십니다.
4 주님을 믿는 우리는 여러분이 우리의 명령
대로 실행하고 있고 또 앞으로도 실행하리
라는 것을 확신합니다.
5 주님께서 여러분의 마음을 인도하셔서 하
느님을 사랑하게 해주시고 그리스도의 인내
를 본받게 해주시기를 빕니다.

게으름에 대한 경고

6 ◎교우 여러분, 우리는 주 예수 그리스도의
이름으로 여러분에게 명령합니다. 누구를
막론하고 게으른 생활을 하거나 우리에게
서 받은 전통을 따르지 않는 교우는 여러분
이 멀리해야 합니다.
7 우리를 어떻게 본받아야 하는지는 여러분
자신이 잘 알고 있지 않습니까? 우리는 여
러분과 함께 있을 때에 게으른 생활을 하지
않았고
8 아무에게서도 빵을 거저 얻어 먹지 않았습
니다. 오히려 여러분 중 어느 누구에게도
폐를 끼치지 않으려고 밤낮으로 수고하며
애써 노동을 했습니다.
9 그렇게 한 것은 우리가 여러분에게 요구할
권리가 없어서가 아니라 여러분에게 우리
를 본받게 하려고 스스로 모범을 보인 것입
니다.
10 우리가 여러분과 함께 있을 때에 "일하기
싫어하는 사람은 먹지도 마라." 하는 말을
여러분에게 종종 했습니다.
11 그런데 여러분 가운데는 게으른 생활을 하
며 아무 일도 하지 않고 남의 일에만 참견하
는 사람이 있다는 말이 들립니다.
12 우리는 주 예수 그리스도의 이름으로 이런
사람들에게 명령하고 권고합니다. 말없이
일해서 제 힘으로 벌어 먹도록 하십시오.
13 ◎교우 여러분, 낙심하지 말고 꾸준히 선한
일을 하십시오.
14 우리가 이 편지에 적어보내는 말에 복종하
지 않는 사람이 있거든 그 사람을 지목하여
그와 사귀지 마십시오. 그러면 그는 부끄러
움을 당하게 될 것입니다.
15 그러나 그를 원수처럼 여기지는 말고 형제
처럼 타이르십시오.

작별 인사

16 ◎평화의 주님께서 어느 모양으로든지 항상
여러분에게 친히 평화를 내려주시기를 빕
니다. 주님께서 여러분 모두와 함께 계시기
를 빕니다.
17 ◎바울로로부터. 이렇게 친필로 서명을 하
며 여러분에게 문안합니다. 이 서명은 내
모든 편지를 가려내는 표입니다. 이것이 내
글씨입니다.
18 우리 주 예수 그리스도께서 여러분 모두에게
은총을 내려주시기를 빕니다.

디모테오에게 보낸 첫째 편지

인사

1 ◎우리의 구세주이신 하느님과 우리의 희
망이신 그리스도 예수의 명령으로 그리스
도 예수의 사도가 된 나 바울로가
2 참된 믿음의 아들 디모테오에게 이 편지를
씁니다. 하느님 아버지와 우리 주 그리스도
예수께서 은총과 자비와 평화를 그대에게
내려주시기를 빕니다.

거짓 교설에 대한 경고

3 ◎내가 마케도니아로 떠날 때에 간곡히 부탁
한 대로 그대는 에페소에 머물러 있으시오.
거기에는 그릇된 교리를 가르치거나
4 꾸며낸 이야기나 끝없는 족보 이야기에 정
신이 팔린 사람들이 더러 있으니 그런 일을
못하게 하시오. 그런 것들은 쓸데없는 논쟁
이나 일으킬 뿐이고 믿음을 통해서 구원을
얻게 해주시는 하느님의 계획에는 아무런
도움도 되지 못합니다.
5 내가 그런 일을 금하는 목적은 깨끗한 마음
과 맑은 양심과 순수한 믿음에서 우러나오
는 사랑을 불러일으키자는 것입니다.
6 그런데 어떤 사람들은 이 목적에서 벗어나
길을 잃고 쓸데없는 토론만 일삼고 있습니
다.
7 그들은 율법교사로 자처하지만 사실은 자
기들이 무엇을 말하는지 무엇을 주장하는
지조차 알지 못하고 있습니다.
8 ◎우리가 아는 대로 율법은 정당하게 다루
어지기만 한다면 좋은 것입니다.

9 여기서 알아두어야 할 것은 율법이 올바른
사람들을 위해서 제정된 것이 아니라는 것
입니다. 하느님의 율법을 어기는 자와 순종
하지 않는 자, 불경건한 자와 하느님을 떠
난 죄인, 신성을 모독하는 자와 거룩한 것
을 속되게 하는 자, 아비나 어미를 죽인 자
와 사람을 죽인 자,
10 음행하는 자와 남색하는 자, 인신매매를 하
는 자와 거짓말을 하는 자, 위증하는 자와
그 밖에 건전한 교설에 어긋나는 짓을 하는
자들을 다스리기 위해서 율법이 있는 것입
니다.
11 건전한 교설이란 복되신 하느님의 영광을
드러내는 그 복음에 근거를 둔 것입니다.
나는 이 복음을 전하는 임무를 맡은 사람입
니다.

자비에 대한 감사

12 ◎내가 맡은 일을 감당할 수 있도록 힘을 주
신 우리 주 그리스도 예수께 나는 감사합니
다. 주께서 나를 성실한 사람으로 인정하셔
서 당신을 섬기는 직분을 나에게 맡겨주신
것입니다.
13 내가 전에는 그리스도를 모독하고 박해하고
학대하던 자였습니다. 그러나 그것은 내가
믿지 않을 때에 모르고 한 일이었기 때문에
하느님께서 나를 자비롭게 대해 주셨습니다.
14 이렇게 우리 주님께서 나에게 은총을 차고
넘치게 베푸셨고, 그리스도 예수를 믿는 자
들이 가지는 믿음과 사랑을 나에게 풍성하
게 주셨습니다.
15 그리스도 예수께서 죄인들을 구원하시려고
이 세상에 오셨다는 말은 틀림없는 것이고
누구나 받아들일 만한 사실입니다. 나는 죄
인들 중에서 가장 큰 죄인입니다.
16 그런데도 하느님께서는 이와 같은 나에게
자비를 베풀어주셨습니다. 그리스도 예수께
서는 앞으로 당신을 믿고 영원한 생명을 얻
으려는 사람들에게 나를 본보기로 보여주
시려고 먼저 나에게 한량없는 관용을 베푸
신 것입니다.
17 영원한 왕이시며 오직 한 분뿐이시고 눈으
로 볼 수 없는 불멸의 하느님께서 영원무
궁토록 영예와 영광을 받으시기를 빕니다.
아멘.
18 ◎내 사랑하는 디모테오, 나는 전에 그대에
게 선포된 예언의 말씀들을 회상하면서 명
령합니다. 그대는 그 예언의 말씀대로 훌륭
한 싸움을 싸우시오.
19 믿음과 맑은 양심을 가지고 싸워야 합니다.
어떤 사람들은 양심을 저버렸기 때문에 그
들의 믿음은 파선을 당했습니다.
20 히메내오와 알렉산드로가 바로 그런 사람들
이어서 나는 그들을 사탄에게 내어주어 그
들이 다시는 하느님을 모독하지 않도록 훈
련을 받게 하였습니다.

공식 예배에 대한 교훈

2 ◎나는 무엇보다도 먼저 모든 사람을 위
해서 간구와 기원과 간청과 감사의 기도
를 드리라고 권하는 바입니다.
2 왕들과 높은 지위에 있는 모든 사람들을 위
해서도 기도하시오. 그래야 우리가 조용하
고 평화롭게 살면서 아주 경건하고도 근엄
한 신앙 생활을 할 수 있을 것입니다.
3 이렇게 기도하는 것은 좋은 일이며 우리 구
세주 하느님을 기쁘게 해드리는 일입니다.
4 하느님께서는 모든 사람이 다 구원을 받게
되고 진리를 알게 되기를 바라십니다.
5 하느님은 한 분뿐이시고 하느님과 사람 사
이의 중재자도 한 분뿐이신데 그분이 바로
사람으로 오셨던 그리스도 예수이십니다.
6 그분은 자기 자신을 모든 사람을 위한 대속
물로 바치셨습니다. 이렇게 해서 하느님의
뜻을 적절한 시기에 분명히 나타내 주셨습
니다.
7 나는 그리스도를 전하는 전도자와 사도로
임명을 받았으며 이방인들에게 믿음과 진
리를 가르치는 교사가 되었습니다. 나는 거
짓말을 하는 것이 아니라 참말을 하고 있습
니다.
8 ◎어느 예배소에서나 남자들이 성을 내거나
다투거나 하는 일이 없이 깨끗한 손을 쳐들
어 기도하기를 바랍니다.
9 그리고 여자들은 정숙하고 단정한 옷차림
을 해야 합니다. 머리를 지나치게 꾸미거나
금이나 진주로 치장을 하거나 비싼 옷을 입
지 말고
10 오직 착한 행실로써 단장해야 합니다. 그래
야 하느님을 공경한다는 여자에게 어울립
니다.
11 여자는 조용히 복종하는 가운데 배워야 합
니다.
12 나는 여자가 남을 가르치거나 남자를 지배
하는 것을 허락하지 않습니다. 여자는 침묵
을 지켜야 합니다.
13 먼저 아담이 창조되었고 하와는 그 다음에
창조된 것입니다.

14아담이 속은 것이 아니라 하와가 속아서 죄
에 빠진 것입니다.
15그러나 여자가 자녀를 낳아 기르면서 믿음
과 사랑과 순결로써 단정한 생활을 계속하
면 구원을 받을 것입니다.

교회 감독의 자격

3 ◎"교회의 감독이 되고 싶어하는 사람은
훌륭한 직분을 바라는 사람이다."라는 말
이 있는데, 이 말은 사실입니다.
2그런데 감독은 탓할 데가 없는 사람이어야
하고 한 여자만을 아내로 가져야 하고 자제
력이 있고 신중하고 품위가 있어야 하고 남
을 후하게 대접할 줄 알며 남을 가르치는 능
력이 있어야 합니다.
3그리고 술을 즐기지 않으며 난폭하지 않고
온순하며 남과 다투지 않고 돈에 욕심이 없
어야 합니다.
4또한 자기 가정을 잘 다스릴 줄 알고 큰 위
엄을 가지고 자기 자녀들을 복종시킬 줄 아
는 사람이어야 합니다.
5(자기 가정도 다스릴 줄 모르는 사람이 어
떻게 하느님의 교회를 돌볼 수 있겠습니
까?)
6입교한 지 얼마 되지 않은 사람이 교회의 감
독이 되어서는 안 됩니다. 그런 사람이 감
독이 되면 교만해져서 악마가 받는 것과 같
은 심판을 받을지도 모릅니다.
7감독은 또한 교회 밖의 사람들에게도 좋은
평을 받는 사람이어야 합니다. 그래야 남의
비난을 받지 않고 악마의 올무에 걸려드는
일도 없을 것입니다.

보조자의 자격

8◎또 보조자들도 근엄하고 한 입으로 두 가
지 말을 하지 않으며 과음하지 않고 부정한
이득을 탐내지 않아야 합니다.
9그리고 깨끗한 양심을 가지고 믿음의 심오
한 진리를 간직하는 사람이어야 합니다.
10보조자가 될 사람은 먼저 시험을 받아야 하
고 그 시험에서 흠이 없다는 것이 드러났을
때에 비로소 그 직분을 받는 것입니다.
11보조자의 아내들도 마찬가지로 근엄해야
하고 남을 비방하지 않고 절제가 있어야 하
며 모든 일에 진실성이 있어야 합니다.
12보조자는 한 여자만을 아내로 가져야 하고
자기 자녀들과 자기 가정을 잘 다스리는 사
람이어야 합니다.
13보조자로서의 직무를 잘 수행한 사람은 훌
륭한 지위에 오르게 되고 그리스도 예수를
믿는 믿음에 더욱더 확신을 가지게 됩니다.

심오한 진리

14◎나는 속히 가서 그대를 만나게 되기를 바
라면서 이 편지를 씁니다.
15만일 내가 늦어지더라도 그대가 하느님의
집에서 어떻게 행동해야 할 것인가를 가르
쳐주기 위해서 이 편지를 쓰고 있습니다.
하느님의 집은 살아 계신 하느님의 교회이
고 진리의 기둥이며 터전입니다.
16우리가 믿는 종교의 진리는 참으로 심오합
니다.

그분은 사람으로 이 세상에 오셨고
성령이 그분의 본성을 입증하셨으며,
천사들이 그분을 보았습니다.
그분은 만방에 전해져서
온 세상이 그분을 믿게 되었으며
영광 가운데 승천하셨습니다.

거짓 교사들

4 ◎훗날에 사람들이 거짓된 영들의 말을
듣고 악마의 교설에 미혹되어 믿음을 버
릴 때가 올 것이라고 성령께서 분명히 말씀
하십니다.
2이런 교설은 거짓말쟁이들의 위선에서 오
는 것이고 이런 자들의 양심에는 사탄의 노
예라는 낙인이 찍혀 있습니다.
3이런 자들은 결혼을 금하고 어떤 음식을 못
먹게 합니다. 그러나 음식은 하느님께서 만
들어주신 것으로서 진리를 깨닫고 신도가
된 사람들이 하느님께 감사하는 마음으로
먹으라는 것입니다.
4하느님께서 만드신 것은 모두 다 좋은 것이
고 감사하는 마음으로 받으면 하나도 버릴
것이 없습니다.
5그것은 하느님의 말씀과 신도들의 기도를
통하여 거룩하게 되기 때문입니다.

그리스도의 훌륭한 일꾼

6◎이러한 내 교훈을 교우들에게 깨우쳐주시
오. 그러면 그대는 지금까지 따르는 믿음의
원리와 참된 교훈으로 점점 자라서 그리스
도 예수의 좋은 일꾼이 될 것입니다.
7늙은 아낙네들이나 좋아하는 속된 이야기
들을 물리치시오. 그리고 경건한 생활에 힘
을 기울이는 훈련을 쌓으시오.
8육체적인 훈련이 가져다 주는 이익은 대단
한 것이 못됩니다. 그러나 경건한 생활은

모든 면에서 유익합니다. 그것은 현세의 생
명을 약속해 줄 뿐 아니라 내세의 생명까지
도 약속해 줍니다.
9 이것은 틀림없는 말이고 누구나 받아들일
만한 것입니다.
10 우리가 수고하며 싸우는 것은 모든 사람,
특히 믿는 사람들의 구세주이신 살아 계신
하느님께 희망을 걸고 있기 때문입니다.
11 ◎그대는 이런 일들을 명령하고 가르치시
오.
12 젊다는 이유로 남에게 멸시를 당하지 말고
도리어 말에나 행실에나 사랑에나 믿음에
나 순결에 있어서 신도들의 모범이 되시오.
13 내가 갈 때까지 성경 읽는 일과 격려하는 일
과 가르치는 일에 힘쓰시오.
14 그대가 선물로 받은 그 거룩한 직무 곧 원로
들이 그대에게 안수하며 예언해 준 말씀을
통해서 그대에게 맡겨진 직무를 등한히 하
지 마시오.
15 이 직무에 전념하고 정성을 다하시오. 그리
해서 그대가 발전하고 있음을 모든 사람이
보고 알 수 있게 하시오.
16 그대 자신을 조심하고 그대의 가르침의 내
용을 잘 살피시오. 이렇게 꾸준히 일을 해
나가면 그대 자신을 구원할 뿐 아니라 그대
의 말을 듣는 사람들을 모두 구원할 수 있을
것입니다.

신도들을 대하는 태도

5 ◎노인에게는 나무라지 말고 오히려 아버
지를 대하듯이 좋은 말로 충고해 드리시
오. 젊은이들에게는 형제에게 하듯이,
2 나이 많은 여자들에게는 어머니에게 하듯
이, 젊은 여자들에게는 자매에게 하듯이,
오로지 순결한 마음을 가지고 충고하시오.

과부를 대하는 태도

3 ◎의지할 데 없는 과부들을 돌보아 주시오.
4 어떤 과부에게 자녀나 손자녀가 있다면 그
들로 하여금 먼저 자기 가족에게 종교적 의
무를 다하는 일과 어버이의 은혜에 보답하
는 길을 배우게 하시오. 이것이 하느님을
기쁘게 해드리는 일입니다.
5 아무도 돌보는 이 없는 외로운 과부는 오로
지 하느님께 희망을 두고 밤이고 낮이고 끊
임없이 간구하며 기도합니다.
6 그러나 향락에 빠진 과부는 살아 있다 해도
죽은 것이나 다름없습니다.
7 그러므로 이런 일들을 과부들에게 잘 타일
러서 아무에게도 비난을 받지 않는 사람이
되게 하시오.
8 ◎만일 어떤 사람이 자기 친척, 특히 자기
가족을 돌보지 않는다면 그는 벌써 믿음을
버린 사람이고 비신자보다도 못한 사람입
니다.
9 ◎육십 세 이상의 과부로서 한 번밖에 결혼
하지 않았던 여자는 교회의 과부 명단에 따
로 올리도록 하시오.
10 이 경우 그 과부는 착한 행실로써 사람들의
인정을 받는 여자이어야 합니다. 자녀를 잘
기르고 나그네를 후대하고 성도들의 발을
씻어주고 어려움을 당한 사람들을 도와주
고 온갖 선행에 몸을 바친 여자라야 합니다.
11 젊은 과부들은 그 명단에 올려주지 마시오.
그들은 그리스도를 저버리고 정욕에 이끌릴
때에 다시 결혼할 마음이 생기게 되고
12 따라서 그리스도께 헌신하겠다던 처음의 약
속을 깨뜨리게 될 것입니다. 그러면 사람들
의 비난을 받게 될 것입니다.
13 또한 그들은 이집 저집 돌아다니면서 시간
낭비하는 버릇을 익힐 뿐만 아니라 수다나
떨고 남의 일에 참견하고 해서는 안 될 말을
합니다.
14 그러므로 젊은 과부들은 재혼하여 자녀를
낳고 가정을 다스리기를 바랍니다. 그래야
반대자에게 조금도 비방거리가 되지 않을
것입니다.
15 이미 젊은 과부 몇 사람은 탈선해서 사탄을
따라갔습니다.
16 만일 어떤 여신도의 집안에 과부들이 있거
든 그 과부들을 도와주어 교회에 짐을 지우
지 마시오. 그래야 교회가 의지할 데 없는
과부들을 도울 수 있을 것입니다.

원로들을 대하는 태도

17 ◎남을 잘 지도하는 원로들은 갑절의 대우
를 받아야 합니다. 특히 말씀을 전하고 가르
치는 일에 수고하는 사람들을 존경하시오.
18 성서에 "㉠타작 마당에서 일하는 소에게 망
을 씌우지 마라." 또 "㉡일꾼이 품삯을 받
는 것은 당연한 일이다." 하지 않았습니까?
19 ㉢두 사람이나 세 사람의 증인이 없이는 원
로에 대한 고발을 들어주지 마시오.
20 죄를 짓는 사람들을 모든 사람 앞에서 징계
하여 다른 사람들까지도 두려운 마음을 가
지게 하시오.

㉠ 신명 25:4. ㉡ 마태 10:10; 루가 10:7. ㉢ 신명 17:6, 19:15; 마태 18:16.

21 나는 하느님과 그리스도 예수와 선택된 천사들 앞에서 그대에게 엄숙히 명령합니다. 그대는 편견이 없이 이 규칙들을 지키고 불공평한 처사를 하지 마시오.

22 그대는 누구를 막론하고 너무 서둘러서 안수해 주는 일이 없도록 하시오. 그리고 남의 죄에 대한 책임을 뒤집어쓰지 말고 자신의 결백을 지키시오.

23 ◎이제는 물만 마시지 말고 위장을 위해서나 자주 앓는 그대의 병을 위해서 포도주를 좀 마시도록 하시오.

24 ◎어떤 사람들의 죄는 명백해서 재판을 받기 전에 먼저 드러나고 어떤 사람들의 죄는 나중에야 드러납니다.

25 이와 마찬가지로 착한 행실도 저절로 드러나게 마련이고 당장에는 드러나지 않더라도 언젠가는 드러나게 마련입니다.

6 ◎노예들은 자기 주인을 대할 때 깊이 존경하며 섬겨야 할 사람으로 여기십시오. 그래야 하느님이 모독을 당하지 않으실 것이고 우리의 교회가 비방을 받지 않을 것입니다.

2 그리스도를 믿는 주인을 섬기는 사람들은 주인이 교우라고 하여 소홀히 여기지 말고 오히려 더 잘 섬겨야 합니다. 결국 이렇게 섬겨서 이익을 얻는 사람들은 사랑하는 동료 신도들이 아니고 누구이겠습니까?

만족할 줄 아는 신앙 생활

◎그대는 이것들을 가르치고 권하시오.

3 다른 교리를 가르치거나 우리 주 예수 그리스도의 건전한 말씀을 받아들이지 않거나 경건한 생활 원칙을 따르지 않는 사람은

4 잔뜩 교만해져서 아무것도 모르면서도 쓸데없는 질문과 토론에만 미친듯이 열중합니다. 그런 데서 시기와 다툼과 비방과 못된 의심과

5 분쟁이 생깁니다. 마음이 썩고 진리를 잃어서 종교를 한낱 이득의 수단으로 생각하는 사람들 사이에는 분쟁이 있게 마련입니다.

6 물론 자기가 갖고 있는 것으로 만족할 줄 아는 사람에게는 종교가 크게 유익합니다.

7 우리는 아무것도 세상에 가지고 온 것이 없으며 아무것도 가지고 갈 수 없습니다.

8 먹을 것과 입을 것이 있으면 그것으로 만족하시오.

9 부자가 되려고 애쓰는 사람은 유혹에 빠지고 올가미에 걸리고 어리석고도 해로운 온갖 욕심에 사로잡혀서 파멸의 구렁텅이에 떨어지게 됩니다.

10 돈을 사랑하는 것이 모든 악의 뿌리입니다. 돈을 따라다니다가 길을 잃고 신앙을 떠나서 결국 격심한 고통을 겪은 사람들도 있습니다.

믿음의 싸움

11 ◎하느님의 일꾼인 그대는 이런 것들을 멀리하고 정의와 경건과 믿음과 사랑과 인내와 온유를 추구하시오.

12 믿음의 싸움을 잘 싸워서 영원한 생명을 얻으시오. 하느님께서 영원한 생명을 주시려고 그대를 부르셨고 그대는 많은 증인들 앞에서 훌륭하게 믿음을 고백하였습니다.

13 만물에게 생명을 주시는 하느님 앞에서와 본티오 빌라도에게 당당하게 증언하신 그리스도 예수 앞에서 나는 그대에게 명령합니다.

14 우리 주 예수 그리스도께서 다시 오실 때까지 그대가 맡은 사명을 나무랄 데 없이 온전히 수행하시오.

15 그리스도께서는 하느님께서 친히 정하신 때에 나타나실 것입니다. 하느님은 오직 한 분이시고 복되신 주권자이시며 왕 중의 왕이시고 군주 중의 군주이십니다.

16 그분은 홀로 불멸하시고 사람이 가까이 갈 수 없는 빛 가운데 계시며 사람이 일찍이 본 일이 없고 또 볼 수도 없는 분이십니다. 영예와 권세가 영원히 그분에게 있기를 빕니다. 아멘.

17 ◎이 세상에서 부자로 사는 사람들에게 명령하시오. 교만해지지 말며 믿을 수 없는 부귀에 희망을 두지 말고 오히려 하느님께 희망을 두라고 이르시오. 하느님은 우리에게 모든 것을 풍성히 주셔서 즐기게 해주시는 분이십니다.

18 또 착한 일을 하며 선행을 풍부히 쌓고, 있는 것을 남에게 아낌없이 베풀고 기꺼이 나누어주라고 하시오.

19 그렇게 해서 자신들의 미래를 위하여 든든한 기초를 쌓아 참된 생명을 얻을 수 있게 하라고 이르시오.

20 ◎디모테오, 그대가 맡은 것을 잘 간수하시오. 속된 잡담을 피하고 거짓된 지식에서 나오는 반대 이론을 물리치시오.

21 이런 반대 이론을 내세우다가 믿음의 길을 잃어버린 사람들도 더러 있으니 말입니다. 하느님께서 여러분에게 은총을 내려주시기를 빕니다.

디모테오에게 보낸 둘째 편지

인사

1 ◎하느님의 뜻으로 그리스도 예수의 사도가 된 나 바울로는

2 아들같이 사랑하는 디모테오에게 이 편지를 씁니다. 하느님께서는 그리스도 예수와 연합하는 자에게 생명을 주시기로 약속하셨고 그 약속을 선포하는 사명을 나에게 맡기셨습니다. 하느님 아버지와 우리 주 그리스도 예수께서 은총과 자비와 평화를 그대에게 내려주시기를 빕니다.

감사와 격려

3 ◎나는 밤낮으로 기도할 때마다 그대를 기억하면서 하느님께 감사드립니다. 나는 내 조상들과 마찬가지로 깨끗한 양심을 가지고 하느님을 섬깁니다.

4 나는 그대가 눈물을 흘리던 일을 기억하고 있기 때문에 그대를 만나기를 간절히 바라고 있습니다. 만나게 되면 내 기쁨은 더할 나위 없이 클 것입니다.

5 나는 그대의 거짓 없는 믿음을 생각하고 있습니다. 그 믿음은 먼저 그대의 할머니 로이스와 또 어머니 유니게에게 있었던 것입니다. 그리고 그대도 지금 그 믿음을 간직하고 있다는 것을 나는 확신합니다.

6 그래서 나는 다시 그대를 깨우쳐줍니다. 내가 그대에게 안수했을 때에 하느님께서 그대에게 주신 그 은총의 선물을 생생하게 간직하시오.

7 하느님께서 주신 성령은 우리에게 비겁한 마음을 주시는 것이 아니라 힘과 사랑과 절제를 주십니다.

8 그러므로 그대가 우리 주님을 위해서 증인이 된 것이나 내가 주님을 위해서 죄수가 된 것을 부끄러워하지 마시오. 오히려 하느님께서 주시는 능력을 가지고 복음을 전하는 일을 위해서 나와 함께 고난에 참여하시오.

9 하느님께서는 우리를 구원해 주시고 우리를 부르셔서 당신의 거룩한 백성으로 삼아 주셨습니다. 이것은 우리의 공로로 말미암은 것이 아니라 하느님의 계획과 은총으로 말미암은 것입니다. 이 은총은 천지 창조 이전에 벌써 그리스도 예수를 통해서 우리에게 주신 것이며

10 우리 구세주 그리스도 예수께서 이 세상에 오심으로써 이제는 분명히 드러난 것입니다. 그리스도께서는 죽음의 권세를 없애버리시고 복음을 통해서 불멸의 생명을 환하게 드러내 보이셨습니다.

11 나는 이 복음을 위해서 전도자와 사도와 교사로 임명을 받았습니다.

12 그래서 지금 나는 이런 고난을 당하고 있습니다. 그러나 나는 이것을 부끄럽게 생각하지는 않습니다. 나는 내가 믿어온 분이 어떤 분이신지 잘 알고 있으며 또 그분이 내가 맡은 것을 그 날까지 지켜주실 수 있다는 것을 확신합니다.

13 그대는 그리스도 예수를 통해서 얻은 믿음과 사랑을 가지고 나에게서 들은 건전한 말씀을 생활 원칙으로 삼으시오.

14 또 우리 안에 살아 계신 성령의 도움을 받아서 그대가 맡은 훌륭한 보화를 잘 간직하시오.

15 ◎그대도 알다시피 피겔로와 헤르모게네를 비롯해서 아시아 사람들이 다 나에게서 떠나가 버렸습니다.

16 주님께서 오네시포로의 집안에 자비를 베풀어주시기를 빕니다. 그는 나에게 용기를 북돋아준 것이 한두 번이 아니었고 감옥에 갇힌 나를 부끄럽게 생각하지 않았습니다.

17 그가 로마에 와서는 나를 찾느라고 굉장히 애쓴 끝에 나를 만났습니다.

18 내가 에페소에 있을 때에 그가 얼마나 많은 봉사를 하였는지 그대는 누구보다도 더 잘 알고 있습니다. 주님께서 다시 오시는 날에 그에게 자비를 베풀어주시기를 빕니다.

그리스도 예수의 충성스러운 군인

2 ◎사랑하는 디모테오, 그대는 그리스도 예수를 통해서 받은 은총으로 굳세어지시오.

2 그대는 많은 증인들이 있는 데서 내가 들려준 것을 믿음직한 사람들에게 전하시오. 그러면 그들도 또한 다른 사람들에게 가르칠 수 있을 것입니다.

3 그대는 그리스도 예수의 충성스러운 군인답게 그대가 받을 고난을 달게 받으시오.

4 군에 복무하는 사람은 자기를 뽑아준 상관

을 기쁘게 해주어야 합니다. 그러므로 자기
살림살이에 얽매여서는 안 됩니다.
5 또 운동선수가 월계관을 얻으려면 규칙대
로 경기를 해야 합니다.
6 그리고 힘들여 일한 농부가 소출을 먼저 받
아야 한다는 것은 당연한 일입니다.
7 내가 하는 말을 잘 새겨들으시오. 주께서는
모든 것을 다 깨닫는 힘을 그대에게 주실 것
입니다.
8 ◎예수 그리스도를 기억하시오. 그분은 다윗
의 후손이며 죽은 자들 가운데서 다시 살아
나신 분이십니다. 내가 전한 복음이 바로
이것입니다.
9 나는 이 복음을 위해서 고통을 당하고 죄인
처럼 감옥에 갇히기까지 했습니다. 그러나
하느님의 말씀이 감옥에 갇혀 있는 것은 아
닙니다.
10 그러므로 나는 하느님께서 뽑으신 사람들
이 그리스도 예수를 믿고 구원과 영원한 영
광을 얻기를 바라는 마음으로 모든 것을 참
고 있습니다.
11 "우리가 그분과 함께 죽었으니
그분과 함께 살 것이고
12 우리가 끝까지 참고 견디면
그분과 함께 다스리게 될 것이다.
우리가 그분을 모른다고 하면
그분도 우리를 모른다고 하실 것이다.
13 우리는 진실하지 못해도
그분은 언제나 진실하시니
약속을 어길 줄 모르시는 분이시다."
이것은 믿을 만한 말씀입니다.

인정받는 일꾼

14 ◎다음과 같은 것을 신도들에게 깨우쳐주시
오. 말을 가지고 논쟁을 벌이지 말라고 하
느님 앞에서 엄숙히 명령하시오. 그것은 아
무런 이익이 없을 뿐 아니라 듣는 사람들을
파멸에 이르게 합니다.
15 그대는 진리의 말씀을 올바르게 가르치고
부끄러울 것 없는 일꾼으로서 하느님께 인
정을 받는 사람이 되도록 힘쓰시오.
16 속되고 헛된 말은 피하시오. 그것 때문에
사람들은 더욱더 하느님께로부터 멀어지고
17 그들이 하는 말은 암처럼 퍼져 나갈 것입니
다. 히메내오와 필레도가 이 같은 사람들입
니다.
18 그들은 부활이 이미 지나갔다고 떠들어대
면서 진리에서 멀리 떠나버렸고 사람들의
믿음을 뒤흔들어놓고 있습니다.
19 그러나 하느님께서 놓아주신 기초는 튼튼
해서 흔들리지 않습니다. 그리고 거기에는
"㉠주님께서 당신에게 속한 사람들을 아신
다." 하는 말씀과 또 "㉡주님의 이름을 부
르는 사람은 다 불의에서 떠나가거라." 하
는 말씀이 새겨져 있습니다.
20 ◎큰 집에는 금그릇과 은그릇뿐만 아니라
나무그릇과 질그릇도 있어서 어떤 것은 귀
하게 쓰이고 또 어떤 것은 천하게 쓰입니다.
21 그러므로 모든 악을 버리고 자기 자신을 깨
끗하게 하는 사람은 누구든지 귀하게 쓰이
는 그릇이 될 것입니다. 그런 사람은 주인
에게 쓸모있는 그릇으로 바쳐져서 모든 좋
은 일에 쓰입니다.
22 그대는 청춘의 욕정을 피하고 깨끗한 마음
으로 주님을 찾는 사람들과 함께 정의와 믿
음과 사랑과 평화를 힘써 구하시오.
23 어리석고 유치한 논쟁을 피하시오. 그대도
알다시피 그것은 싸움을 일으킬 뿐입니다.
24 주님의 종은 다투어서는 안 됩니다. 도리어
모든 사람을 온유하게 대하고 잘 가르치고
참을성이 있어야 합니다.
25 또 반대자들을 부드러운 마음으로 바로잡
아 주어야 합니다. 그렇게 하면 하느님께서
는 그들에게 회개할 기회를 주셔서 진리를
깨닫게 해주실 것입니다.
26 그리고 악마에게 사로잡혀 악마의 종노릇
을 하던 그들이 제 정신으로 돌아가 악마의
올가미에서 벗어나게 될 것입니다.

마지막 날

3 ◎마지막 때에 어려운 시기가 닥쳐오리
라는 것을 알아두시오.
2 그 때에 사람들은 이기주의에 흐르고 돈을
사랑하고 뽐내고 교만해지고 악담하고 부
모에게 순종하지 않고 감사할 줄 모르고 경
건하지 않고
3 무정하고 무자비하고 남을 비방하고 무절
제하고 난폭하고 선을 좋아하지 않고
4 배신하고 앞뒤를 가리지 않고 자만으로 부
풀어 있고 하느님보다 쾌락을 더 사랑할 것
이며
5 겉으로는 종교 생활을 하는 듯이 보이겠지
만 종교의 힘을 부인할 것입니다. 이런 자
들을 멀리하시오.
6 그들 가운데는 여러 가지 정욕에 이끌려 죄
에 빠져 있는 아낙네들을 유인하러 남의 집

㉠ 민수 16:5. ㉡ 민수 16:26.

에 들어가는 사람들이 있습니다.
7 그 여자들은 언제나 배우기는 하지만 결코
진리를 깨닫는 데까지 이르지는 못합니다.
8 이런 자들은 얀네와 얌브레가 모세를 배반한
것처럼 진리를 배반할 것이며 정신이 부패
해서 믿음의 낙오자가 될 것입니다.
9 저 얀네와 얌브레가 그랬듯이 이런 자들의
어리석음도 온 천하에 드러나서 결국 성공
을 거두지는 못할 것입니다.

마지막 명령

10 ◎그러나 그대는 나의 가르침과 생활, 나의
생활 목표와 믿음, 나의 참을성과 사랑, 나
의 인내를 본받아 살아왔으며,
11 내가 안티오키아와 이고니온과 리스트라에서
겪고 참아낸 끔찍한 박해와 고난을 그대도
함께 겪었습니다. 주께서는 이 모든 박해에
서 나를 건져주셨습니다.
12 그리스도 예수를 믿고 경건하게 살기를 원하
는 사람은 누구나 박해를 받게 될 것입니다.
13 그러나 악한 자들과 사기꾼들은 날로 더 사
악해져서 남을 속이기도 하고 남에게 속기
도 할 것입니다.
14 그대는 그대가 배워서 굳게 믿고 있는 그 진
리를 지켜 나가시오. 그대는 어떤 사람들에
게서 그 진리를 배웠는지 잘 알고 있습니다.
15 그대도 기억하다시피 그대는 어려서부터
성경을 잘 익혀왔습니다. 성경은 그리스도
예수를 믿음으로써 구원을 얻는 지혜를 그
대에게 줄 수 있는 것입니다.
16 성경은 전부가 하느님의 계시로 이루어진
책으로서 진리를 가르치고 잘못을 책망하
고 허물을 고쳐주고 올바르게 사는 훈련을
시키는 데 유익한 책입니다.
17 이 책으로 하느님의 일꾼은 모든 선한 일을
할 수 있는 자격과 준비를 갖추게 됩니다.

4 ◎나는 하느님 앞에서 그리고 산 자와 죽
은 자를 심판하실 그리스도 예수 앞에서
그대에게 엄숙히 명령합니다. 그리고 그리
스도께서 다시 나타나실 것과 군림하실 것
을 믿고 그대에게 당부합니다.
2 하느님의 말씀을 전파하시오. 기회가 좋든
지 나쁘든지 꾸준히 전하고 끝까지 참고 가
르치면서 사람들을 책망하고 훈계하고 격
려하시오.
3 사람들이 건전한 가르침을 듣기 싫어할 때
가 올 것입니다. 그 때에 그들은 자기네 귀
를 만족시키기 위해서 마음에 맞는 교사들
을 끌어들일 것입니다.
4 그리고 진리에는 귀를 기울이지 않고 꾸며
낸 이야기에 마음을 팔 것입니다.
5 그러나 그대는 언제나 정신을 차리고 고난
을 견디어내며 복음 전하는 일에 힘을 다하
여 그대의 사명을 완수하시오.
6 ◎나는 이미 피를 부어서 희생제물이 될 준
비를 갖추었습니다. 내가 세상을 떠날 때가
왔습니다.
7 나는 훌륭하게 싸웠고 달릴 길을 다 달렸으
며 믿음을 지켰습니다.
8 이제는 정의의 월계관이 나를 기다리고 있
을 뿐입니다. 그날에 정의의 재판장이신 주
님께서 그 월계관을 나에게 주실 것이며,
나에게뿐만 아니라, 다시 오실 주님을 사모
하는 모든 사람에게도 주실 것입니다.

개인적인 부탁

9 ◎그대는 속히 나에게로 오도록 힘쓰시오.
10 데마는 이 현세를 사랑한 나머지 나를 버리
고 데살로니카로 가버렸습니다. 그레스겐스
는 갈라디아로 갔고 디도는 달마디아로 갔으
며
11 루가만이 나와 함께 있습니다. 마르코는 내
가 하는 일에 꼭 필요한 사람이니 그를 데리
고 오시오.
12 나는 디키고를 에페소로 보냈습니다.
13 그대가 이리로 올 때에 내가 트로아스에 있
는 가르포의 집에 두고 온 내 외투와 책들을
가지고 오시오. 특히 양피지로 만든 책들을
꼭 가지고 오시오.
14 ◎구리 세공을 하는 알렉산드로가 나를 몹시
괴롭혔습니다. 그의 행실에 대하여 주님께
서는 마땅한 벌을 내리실 것입니다.
15 그대도 그를 경계하시오. 그는 우리가 전도
하는 것을 악착같이 반대한 사람입니다.
16 ◎내가 처음으로 재판정에 나갔을 때에 한
사람도 나를 도와주지 않고 모두가 버리고
가버렸습니다. 그러나 나를 버리고 간 그들
이 엄한 벌을 받지 않게 되기를 바랍니다.
17 주께서는 나와 함께 계시며 나에게 힘을
주셨습니다. 그리하여 나는 하느님의 말씀
을 완전히 선포할 수 있었고 그 말씀이 모
든 이방인들에게 미치게 되었습니다. 그리
고 주께서 나를 사자의 입에서 구해 주셨
습니다.
18 앞으로도 나를 모든 악한 자들에게서 건져
내어 구원하셔서 당신의 하늘 나라로 인도
하여 주실 것입니다. 그분께 영광이 영원
무궁토록 있기를 빕니다. 아멘.

작별 인사

19◎브리스카와 아퀼라에게 문안하고 오네시포
로의 가족들에게 문안해 주시오.
20에라스도는 고린토에 머물러 있고 트로피모
는 앓고 있기 때문에 밀레도스에 두고 왔습
니다.
21그대는 겨울이 오기 전에 이리로 오도록 힘
쓰시오. 유블로와 부덴스와 리노와 클라우디
아와 그 밖의 모든 교우들이 그대에게 문안
합니다.
22◎주께서 그대의 마음속에 계시기를 빌며
은총을 여러분에게 내려주시기를 빕니다.

디도에게 보낸 편지

인사

1 ◎하느님의 종이며 예수 그리스도의 사도
인 나 바울로가 이 편지를 씁니다. 나는
하느님께서 뽑으신 사람들의 믿음을 도와
주고 우리 종교의 진리를 깨우쳐주기 위해
서 사도로 임명되었습니다.
2우리 종교는 영원한 생명에 대한 희망을 가
져다 줍니다. 이 영원한 생명은 거짓말을
하시지 않는 하느님께서 아득한 옛날에 벌
써 약속해 주신 것입니다.
3하느님께서는 적절한 시기에 우리의 전도
를 통해서 당신의 뜻을 분명히 드러내셨으
며 나는 우리 구세주 하느님의 명령으로 이
사도직을 맡았습니다.
4나와 같은 믿음의 생활을 하는 진실된 아들
디도에게 이 편지를 씁니다. 하느님 아버지
와 우리 구세주 그리스도 예수께서 은총과
평화를 그대에게 내려주시기를 빕니다.

그레데에서 디도가 할 일

5◎내가 그대를 그레데 섬에 홀로 남겨두고
온 것은 내가 거기에서 다 하지 못한 일을
그대가 완성하고 내가 일러둔 대로 도시마
다 교회의 원로들을 임명하게 하기 위한 것
이었습니다.
6원로가 될 사람은 흠잡힐 데가 없는 사람이
어야 하고 한 여자만을 아내로 가진 사람이
어야 합니다. 그리고 그의 자녀들은 신자라
야 하고 방탕하거나 순종하지 않는다는 비
난을 받아서는 안 됩니다.
7감독자는 하느님의 집안일을 관리하는 사
람으로서 흠잡힐 데가 없고 거만하지 않고
쉽사리 성내지 않고 술을 즐기지 않고 폭행
을 하지 않고 부당한 이득을 탐내지 않는 사
람이어야 하는 것입니다.
8감독자는 오히려 손님 대접을 잘하고 선을
사랑하고 신중하고 올바르고 거룩하고 자
기를 억제할 줄 알고
9교회가 가르치는 진실된 말씀을 굳게 지키
는 사람이어야 합니다. 그래야 그가 건전한
가르침으로 남을 가르칠 수도 있고 반대자
들을 반박할 수도 있을 것입니다.

악명 높은 그레데 사람들

10◎복종하지 않는 자들과 쓸데없는 토론을
일삼는 자들과 속이는 자들이 많이 있는데
유다교에서 넘어온 신자들 가운데 그런 자
들이 특히 많이 있습니다.
11그들의 입을 막아야 합니다. 그들은 더러운
이익을 얻기 위해서 가르쳐서는 안 될 것을
가르쳐 가정들을 온통 뒤흔들어놓고 있습
니다.
12그들 중의 한 사람이
"우리 그레데 사람들은 언제나 거짓말쟁
이이고
몹쓸 짐승이고 먹는 것밖에 모르는 게으
름뱅이이다."
하고 말하지 않았습니까? 이 말을 한 사람
은 바로 그들의 예언자라는 사람입니다.
13이 증언은 옳은 말입니다. 그러므로 그들을
엄하게 책망해서 그들이 건전한 믿음을 가
지게 해주시오.
14유다인이 꾸며낸 이야기에나 진리를 저버린
인간의 명령에 귀를 기울이지 못하게 하시
오.
15깨끗한 사람들에게는 모든 것이 다 깨끗합
니다. 그러나 더러워진 자들과 믿음이 없는
자들에게는 깨끗한 것이라고는 하나도 없
습니다. 그뿐만 아니라 그들은 정신도 양심
도 다 더러워졌습니다.
16그들은 하느님을 안다고 말은 하지만 행동
으로는 하느님을 부인하고 있습니다. 그들
은 밉살스럽고 완고해서 좋은 일이라고는
전혀 할 수 없는 자들입니다.

건전한 교훈

2 ◎그러나 그대가 가르치는 것은 건전한
교리와 부합해야 합니다.
2 나이 많은 남자들에게는 자제력이 있고 위
엄이 있고 신중하며 건전한 믿음과 건전한
사랑과 건전한 인내를 갖추도록 가르치시
오.
3 또 나이 많은 여자들에게는 남을 헐뜯거나
술의 노예가 되거나 하지 말고 경건한 몸가
짐으로 선한 것을 가르치는 사람이 되라고
하시오.
4 그러면 젊은 여자들은 늙은 여자들의 훈련
을 받아 자기 남편과 자식들을 사랑하게 되
고
5 신중하고 순결하고 착한 여자가 되어 집안
살림을 잘하고 남편에게 복종하는 아내가
될 것입니다. 그래야 하느님의 말씀이 모독
을 당하지 않게 될 것입니다.
6 또 젊은 남자들에게도 신중한 사람이 되라
고 권고하시오.
7 그대는 스스로 모든 일에 있어서 좋은 행동
의 본보기가 되고 남을 가르치는 데 있어서
는 진지하고 위엄이 있어야 합니다.
8 그리고 남한테 책잡힐 것이 없는 건전한 말
로 가르치시오. 그러면 우리를 반대하는 자
가 우리를 흠잡을 근거를 찾지 못하고 부끄
러움을 당하게 될 것입니다.
9 종들에게는 모든 일에 있어서 자기네 주인
들에게 복종하고 주인들을 기쁘게 해주어
야 한다고 가르치시오. 종들은 주인에게 말
대꾸를 하거나
10 훔치는 일을 하지 말고 언제나 착하고 충성
스러운 종노릇을 해서 모든 일에 있어서 우
리의 구세주이신 하느님의 교훈을 장식해
야 합니다.
11 ◎하느님의 구원의 은총이 모든 사람에게
나타났습니다.
12 그 은총은 우리를 훈련해서 우리로 하여금
불경건한 생활과 세속적인 욕심을 버리게
하고 이 세상에서 정신을 차리고 바르고 경
건하게 살게 해줍니다.
13 그리고 위대하신 하느님과 우리 구세주 예
수 그리스도께서 영광스럽게 나타나실 그 복
된 희망의 날을 기다리게 해줍니다.
14 ㉠그리스도께서는 우리를 위하여 당신의 몸
을 바치셔서 우리를 모든 죄악에서 건져내
시고 깨끗이 씻어주셨습니다. 그래서 우리
는 그분의 백성으로서 선행에 열성을 기울
이게 되었습니다.
15 ◎그대는 큰 권위를 가지고 이러한 일들을
가르치고 사람들을 권고하고 또 책망하시
오. 그대는 아무에게도 멸시를 당하지 않도
록 하시오.

선행에 관한 교훈

3 ◎통치자들과 지배자들에게 복종하고 순
종하며 언제나 착한 일을 할 수 있는 백
성이 되라고 교우들에게 깨우쳐주시오.
2 그리고 누구를 헐뜯거나 싸움질을 하지 말
고 온순한 사람이 되어서 모든 사람을 언제
나 온유하게 대하도록 가르치시오.
3 우리도 전에는 미련했고 순종할 줄 몰랐고
자주 잘못된 길로 빠졌고 온갖 욕정과 쾌락
의 종이 되었고 악과 시기로 세월을 보냈고
남에게 증오를 받았고 서로 미워하면서 살
았습니다.
4 그러나 우리 구세주 하느님께서는 당신의
인자와 사랑을 나타내셔서
5 우리를 구원하셨습니다. 우리가 무슨 올바
른 일을 했다고 해서 구원해 주신 것이 아니
라 오직 그분이 자비하신 분이시기 때문에
성령으로 우리를 깨끗이 씻어서 다시 나게
하시고 새롭게 해주심으로써 우리를 구원
하신 것입니다.
6 하느님께서는 이 성령을 우리 구세주 예수
그리스도를 통해서 우리에게 풍성하게 부어
주셨습니다.
7 그래서 우리는 그 은총으로 하느님과의 올
바른 관계에 놓이게 되었고 상속자가 되어
영원한 생명을 바랄 수 있게 되었습니다.
8 ◎이것은 틀림없는 말입니다. 그러므로 나
는 그대가 이러한 점들을 강조해서 하느님
을 믿는 사람들이 선행을 하는 데 전념하도
록 가르치기를 바랍니다. 선행은 사람에게
유익하고 좋은 것입니다.
9 어리석은 논쟁을 피하고 족보를 캐거나 말
다툼을 하거나 율법을 가지고 싸우거나 하
는 일을 멀리하시오. 이와 같은 일은 헛된
일이며 이로울 것이 없습니다.
10 이단자는 한두 번 경고해 보고 그래도 말을
듣지 않거든 그와 관계를 끊으시오.
11 그대도 알다시피 이런 사람은 옳은 길을 이
미 벗어나서 죄를 짓고 있으며 스스로를 단
죄하고 있는 것입니다.

개인적인 권고와 마지막 인사

㉠ 시편 130:8; 출애 19:5; 신명 4:20, 7:6, 14:2; 에제 37:23.

12◎내가 아르데마나 디키고를 그대에게 보내
거든 그대는 니코폴리스로 속히 나를 찾아오
시오. 나는 니코폴리스에서 겨울을 날 작정
입니다.
13아폴로와 법률가 제나를 나에게 속히 올 수
있도록 주선해 주고 그들에게 조금도 부족
한 것이 없게 해주시오.
14우리 교우들도 선행에 전념해서 남에게 절
실히 필요한 것들을 채워줄 줄 아는 사람이
되어야 합니다. 그래야 그들의 생활이 보람
있게 될 것입니다.
15◎나와 함께 있는 사람들이 모두 그대에게
문안합니다. 우리를 사랑하는 모든 신도에
게 문안하시오. 하느님께서 여러분 모두에
게 은총을 내려주시기를 빕니다.

필레몬에게 보낸 편지

인사

1 ◎그리스도 예수를 위해서 갇혀 있는 나 바
울로와 교우 디모테오가 친애하는 우리 동
료 필레몬과
2그대의 집에 모이는 교회 여러분과 우리 자
매 압피아와 우리 전우 아르킵보에게 이 편
지를 씁니다.
3하느님 우리 아버지와 주 예수 그리스도께서
여러분에게 은총과 평화를 내려주시기를
빕니다.

필레몬의 사랑과 믿음

4◎나는 기도할 때마다 그대를 생각하면서
언제나 하느님께 감사를 드리고 있습니다.
5그대가 주 예수를 굳건히 믿고 또 모든 성도
들을 사랑한다는 말을 내가 듣고 있기 때문
입니다.
6믿음을 통한 우리의 교제가 힘이 되어서 그
리스도를 믿음으로 말미암아 얻는 우리의
축복이 얼마나 큰지 알게 되기를 나는 빕니
다.
7나는 친애하는 그대가 성도들에게 사랑을 베
풀어 그들의 마음에 용기를 북돋아 주었다
는 말을 듣고 큰 기쁨과 위안을 받았습니다.

오네시모에 대한 바울로의 호소

8◎나 바울로는 그리스도 예수의 사신이며 그
분을 위해서 일하다가 지금 갇혀 있는 몸으
로서 그대가 마땅히 해야 할 일을 그리스도
의 이름으로 아무 거리낌없이 명령할 수도
있습니다.
9그러나 서로 사랑하는 사람으로서 그대에
게 간곡히 부탁하는 것이 좋겠다고 생각합
니다.
10내가 갇혀 있는 동안에 얻은 내 믿음의 아들
오네시모의 일로 그대에게 이렇게 간청하는
것입니다.
11그가 전에는 그대에게 쓸모없는 사람이었
지만 이제는 그대에게와 또 나에게 쓸모있
는 사람이 되었습니다.
12나는 그를 그대에게 돌려보냅니다. 그것은
내 심장을 떼어 보내는 셈입니다.
13내가 복음을 위하여 일하다가 갇혀 있는 터
이니 그를 내 곁에 두어 그대를 대신해서 내
시중을 들게 하려고도 나는 생각해 보았습
니다.
14그러나 그대의 승낙이 없이는 아무것도 하
지 않기로 했습니다. 그대가 선을 행하는
것이 마지못해서가 아니라 자진해서 하는
것이 되어야 하겠기 때문입니다.
15그가 잠시 동안 그대에게서 떨어져 있었던
것은 아마 그를 영원히 그대의 사람으로 만
드시려는 하느님의 섭리인지도 모릅니다.
16그러나 이제부터 그는 종으로서가 아니라
종 이상으로 곧 사랑하는 교우로서 그대와
같이 있게 될 것입니다. 그는 내가 특별히
사랑하는 교우입니다. 그렇다면 인간적으
로 보든지 주님을 믿는 신앙의 견지에서 보
든지 그대에게야 그가 얼마나 더 귀중하게
생각되겠습니까?
17◎그대가 나를 동지로 여긴다면 나를 맞는
것처럼 그를 맞아주시오.
18그가 그대에게 잘못한 일이 있거나 빚진 것
이 있으면 그 책임을 나에게 지우시오.
19"나 바울로가 그것을 다 갚겠다."고 이렇게
친필로 보증하는 바입니다. 그대가 지금만
큼 된 것도 나의 덕인 것이 사실이지만 나는
그대에게서 그 값을 요구하려는 것은 아닙
니다.
20나는 주님을 믿는 사람으로서 사랑하는 형

제인 그대에게 신세를 지려고 합니다. 그대
는 그리스도를 믿는 교우로서 나에게 용기
를 북돋아 주시오.
21◎나는 그대가 나에게 순종할 것을 확신하
고 이 글을 씁니다. 내가 말하는 이상의 일
까지도 그대는 해주리라고 나는 믿습니다.
22 내가 들 방도 하나 마련해 주시오. 하느님
께서 여러분의 기도를 들으시고 나를 여
러분에게 보내주실 것을 나는 바라고 있
습니다.

마지막 인사

23◎그리스도 예수를 위해서 나와 함께 갇혀
있는 에바프라가 그대에게 문안합니다.
24 그리고 나의 동료들 마르코와 아리스다르코
와 데마와 루가도 문안합니다.
25◎주 예수 그리스도께서 여러분의 마음에 은
총을 내려주시기를 빕니다.

히브

히브리인들에게 보낸 편지

하느님의 아들의 위대성

1 ◎하느님께서 예전에는 예언자들을 시켜
여러 번 여러 가지 모양으로 우리 조상들
에게 말씀하셨습니다.
2 그러나 이 마지막 시대에 와서는 당신의 아
들을 시켜 우리에게 말씀하셨습니다. 하느
님께서는 당신의 아들을 통해서 온 세상을
창조하셨으며 그 아들에게 만물을 물려주
시기로 하셨습니다.
3 그 아들은 하느님의 영광을 드러내는 찬란
한 빛이시요, 하느님의 본질을 그대로 간직
하신 분이시며, 그의 능력의 말씀으로 만물
을 보존하시는 분이십니다. 그분은 인간의
죄를 깨끗하게 씻어주셨고 지극히 높은 곳
에 계신 전능하신 분의 오른편에 앉아 계십
니다.
4 그리고 천사의 칭호보다 더 높은 아들이라
는 칭호를 받으심으로써 천사들보다 더 높
은 분이 되셨습니다.

천사들보다 뛰어난 아들

5◎하느님께서 어느 천사에게

"㉠너는 내 아들이다.
내가 오늘 너를 낳았다."

하고 말씀하신 적이 있으십니까? 또,

"㉡나는 그의 아버지가 되고 그는 내
아들이 될 것이다."

하고 말씀하신 적이 있으십니까?
6 하느님께서 당신의 맏아들을 세상에 보내
실 때에는,

"㉢하느님의 천사들은 모두 그에게 예
배를 드려라."

하고 말씀하셨습니다.
7 천사들에 관해서는,

"㉣하느님께서 천사들을 바람으로 쓰
시고
일꾼들을 불꽃으로 삼으셨다."

라는 말씀이 있습니다.
8 그러나 아들에 관해서는 이렇게 말씀하셨
습니다.

"㉤당신은 하느님이십니다.
당신의 왕권은 영원무궁하시며
당신이 잡으신 지팡이는 정의의 지팡
이입니다.
9 당신은 정의를 사랑하시고
불의를 미워하셨습니다.
그러므로 하느님 곧 당신의 하느님께
서는
당신에게 즐거움의 기름을 부어 왕으
로 삼으시고
당신의 동료들보다 더 기쁘게 해주셨
습니다."

10 또 이런 말씀도 있습니다.

"㉥주님, 한처음 땅을 만드신 이도 주
님이시요,
하늘을 손수 만드신 이도 주님이십니
다.
11 하늘과 땅은 없어질지라도
주님은 영원히 계십니다.
만물은 옷처럼 낡아질 것이요
12 주님은 그것들을 겉옷처럼 말아 치우
실 것입니다.
만물은 옷처럼 변할지라도
주님은 언제나 같으시고

㉠ 시편 2:7. ㉡ 2사무 7:14. ㉢ 칠십인역 신명 32:43. ㉣ 칠십인역 시편 104:4. ㉤ 시편 45:6-7. ㉥ 시편 102:25-27.

주님은 영원히 늙지 않으십니다."
13 그런데 하느님께서 어느 천사에게
"㉠내가 네 원수를 네 발 아래 굴복시
킬 때까지
너는 내 오른편에 앉아 있어라."
하고 말씀하신 적이 있으십니까?
14 천사들은 모두 하느님을 섬기는 영적인
존재들로서 결국은 구원의 유산을 받을
사람들을 섬기라고 파견된 일꾼들이 아닙
니까?

고귀한 구원

2 ◎그러므로 우리는 들은 바를 더욱더 굳
게 간직하여 바른 길에서 벗어나지 않도
록 해야 하겠습니다.
2 천사들을 시켜서 하신 말씀도 효력이 있어
서 그것을 어기거나 따르지 않는 자들은 모
두 응분의 징벌을 받았는데
3 만일 우리가 이토록 값진 구원의 말씀을 소
홀히 한다면 어떻게 징벌을 피할 수 있겠습
니까? 이 구원의 소식은 주님께서 처음으
로 전해 주신 것이며 그 말씀을 들은 사람들
이 또한 우리에게 확증해 준 것입니다.
4 그리고 하느님께서도 표징과 놀라운 일과
여러 가지 기적을 나타내시고 또한 당신의
뜻을 따라 성령을 선물로 나누어주심으로
써 그들의 증언을 뒷받침해 주셨습니다.

구원의 창시자

5 ◎하느님께서는 우리가 지금 말하고 있는
장차 올 세상을 천사들의 지배 아래 두시지
는 않습니다.
6 성서에 어떤 이가 이렇게 증언한 대목이 있
습니다.
"㉡인간이 무엇이기에 주님께서 그를
잊지 않으시며
사람의 아들이 무엇이기에 주님께서 돌
보십니까?
7 주님은 그를 잠시 천사들보다 못하게
하셨으나
영광과 영예의 관을 씌우셨으며
8 만물을 그의 발 아래 복종시키셨습니
다."
이렇게 만물을 그에게 복종시키셨다는
것은 그의 지배 아래 있지 않은 것은 하나도
없다는 뜻입니다. 그런데도 우리가 보기에
는 아직도 만물이 다 그에게 복종하고 있지
는 않습니다.
9 그러나 우리가 알다시피 예수께서는 죽음의
고통을 당하심으로써 잠시 동안 천사들보
다 못하게 되셨다가 마침내 영광과 영예의
관을 받아 쓰셨습니다. 이렇게 예수께서 모
든 사람을 위하여 죽음의 고통을 겪으신 것
은 하느님의 은총의 소치입니다.
10 ◎하느님은 만물을 창조하신 분이시고 만물
은 그분을 위해서 있습니다. 그러므로 하느
님께서 당신의 많은 자녀들이 영광에 참여
할 수 있도록 그들의 구원의 창시자로 하여
금 고난을 겪게 해서 완전하게 하신다는 것
은 당연한 일이었습니다.
11 사람을 거룩하게 해주시는 분과 거룩하게
된 사람들은 모두 같은 근원에서 나왔습니
다. 그래서 예수께서는 거리낌없이 그들을
형제라고 부르시고
12 이렇게 말씀하셨습니다.
"㉢내가 당신의 이름을 내 형제들에게
선포하며
회중 가운데서 당신을 찬미하겠습니
다."
13 또 "㉣나는 그분을 신뢰하겠습니다." 하
고 말씀하셨고 또 다시 "㉤하느님께서 나에
게 주신 자녀들이 나와 함께 여기 있습니
다." 하고 말씀하셨습니다.
14 자녀들은 다같이 피와 살을 가지고 있으므
로 예수께서도 그들과 같은 피와 살을 가지
고 오셨다가 죽으심으로써 죽음의 세력을
잡은 자 곧 악마를 멸망시키시고
15 한평생 죽음의 공포에 싸여 살던 사람들을
해방시켜 주셨습니다.
16 ㉥예수께서는 천사들을 보살펴 주신 것이
아니라 분명히 아브라함의 후손들을 보살펴
주셨습니다.
17 그러므로 그분은 모든 점에서 당신의 형제
들과 같아지셔야만 했습니다. 그래서 자비
롭고 진실한 대사제로서 하느님을 섬길 수
가 있었고 따라서 백성들의 죄를 없이 할 수
있었습니다.
18 그분은 친히 유혹을 받으시고 고난을 당하
셨기 때문에 유혹을 받는 모든 사람을 도와
주실 수 있으십니다.

모세보다 더 위대하신 예수

3 ◎그러므로 하느님의 부르심을 함께 받
은 성도 여러분, 하느님께서 보내주신 우

㉠ 시편 110:1. ㉡ 시편 8:4-6. ㉢ 시편 22:22. ㉣ 이사 8:17(2사무 22:30 참조). ㉤ 칠십인역 이사 8:18. ㉥ 이사 41:8-9.

리 신앙의 대사제이신 예수를 생각하십시
오.
2 ㉠모세가 하느님의 온 집안을 위해서 충실
하게 일했듯이 그분도 당신을 세우신 분을
위해서 충실하게 일하셨습니다.
3 예수께서는 모세보다 더 큰 영광을 받으실
자격을 가지셨습니다. 사실 집보다는 그 집
을 지은 사람이 더 큰 영광을 누리게 마련입
니다.
4 어느 집이든지 그 집을 지은 사람이 있습니
다. 그런데 만물을 지으신 분은 바로 하느
님이십니다.
5 모세는 한갓 종으로서 하느님의 온 집안 일
에 충실했으며 하느님께서 장차 말씀하시
려는 것을 증언하였습니다.
6 그러나 예수께서는 하느님의 아들로서 하느
님의 온 집안 일을 다스리는 데 충실하셨습
니다. 우리가 가진 희망에 대하여 확신을
가지고 또 그것을 자랑스럽게 여기는 한,
우리는 하느님의 집안 사람들입니다.

하느님의 안식을 누릴 사람들

7 ◎그러므로 성령께서는 이렇게 말씀하십니
다.
"㉡너희가 오늘 하느님의 음성을 듣거
든
8 광야에서 유혹을 받고 반역하던 때처럼
완악한 마음을 품지 마라.
9 너희 조상들은 사십 년 동안이나
하느님께서 하시는 일을 보고도
하느님을 시험삼아 떠보았다.
10 그러므로 하느님께서 그 세대를 보시고
노하시며 이렇게 말씀하셨다.
'그들은 언제나 마음이 빗나가서
나의 길을 알지 못하였다.
11 내가 노하여 맹세한 대로
그들은 결코 내 안식처에 들어오지 못
하리라.'"
12 ◎형제 여러분, 여러분 중에는 믿지 않는 악
한 마음을 품고 살아 계신 하느님께로부터
떨어져 나가는 사람이 없도록 조심하십시
오.
13 성서에 "㉢오늘"이라고 한 말은 우리에게도
해당하는 말이니 날마다 서로 격려해서 아
무도 죄의 속임수에 넘어가 고집부리는 일
이 없도록 하십시오.
14 우리가 처음의 확신을 끝까지 지켜 나가면
그리스도와 함께 상속자가 될 수 있습니다.
15 성서에도 이런 말씀이 있습니다.
"㉣너희가 오늘 하느님의 음성을 듣거
든
반역하던 때처럼 완악한 마음을 품지
마라."
16 그분의 음성을 듣고도 반역한 자들은 누
구였습니까? 모두 모세의 인도를 받아 이집
트를 빠져 나온 사람들이 아니었습니까?
17 사십 년 동안이나 하느님을 노엽게 한 사람
은 누구였습니까? 죄를 지은 자들이 아니
었습니까? 그들은 죽어서 시체가 광야에
널려 있었습니다.
18 ㉤하느님께서 결코 당신의 안식처에 들어가
지 못하리라고 하신 것은 누구에게 하신 맹
세였습니까? 순종하지 않는 자들에게 하신
것이 아닙니까?
19 그러니 그들이 안식처에 들어가지 못한 것
은 결국은 믿지 않았던 탓이라는 것을 알 수
있습니다.

4

◎하느님께서 당신의 안식처에 들어가게
해주시겠다는 약속이 살아 있으니 여러
분 가운데 그 기회를 놓쳐버렸다고 생각하
는 사람이 있어서는 안 되겠습니다.
2 우리도 그들과 마찬가지로 그 기쁜 소식을
듣지 않았습니까? 그들은 복음의 말씀을
듣고도 그것을 믿지 않았으므로 그 말씀이
그들에게 아무런 소용이 없었습니다.
3 이것은 하느님께서,
"㉥내가 노하여 맹세한 대로
그들은 결코 나의 안식처에 들어오지
못하리라."
고 말씀하신 대로입니다. 그러나 우리는 믿
었기 때문에 그 안식처에 들어가게 될 것입
니다. 사실 하느님께서도 세상을 창조하셨
을 때에 일을 다 마치시고 쉬셨습니다.
4 이것은 일곱째 날에 관하여 성서 어디엔가
"㉦하느님께서는 당신의 모든 일을 마치시
고 일곱째 날에 쉬셨다."고 기록된 말씀대
로입니다.
5 다시 한 번 말하지만 "㉧그들은 결코 나의
안식처에 들어오지 못하리라."고 하셨는데
6 과연 그들은 먼저 그 기쁜 소식을 전해 듣고
도 순종하지 않은 탓으로 그 안식을 누리지
못하였습니다. 그러나 다른 사람들이 안식
을 누릴 기회는 아직도 남아 있습니다.
7 그래서 하느님께서는 오늘이라는 날을 다

㉠ 민수 12:7. ㉡ 시편 95:7-11 ㉢ 히브 3:7, 15 참조. ㉣ 시편 95:7-8. ㉤ 민수 14:29. ㉥ 시편 95:11. ㉦ 창세 2:2. ㉧ 시편 95:11.

시 정하시고 오랜 세월이 지난 뒤에 앞서 인
용한 대로 다윗을 시켜,
"㉠너희가 오늘 하느님의 음성을 듣거
든
완악한 마음을 품지 마라."
하고 말씀하신 것입니다.
8 여호수아가 그들에게 안식을 주었다면 그
뒤에 하느님께서 또 다른 날이 있으리라고
말씀하시지는 않았을 것입니다.
9 그러므로 하느님의 백성에게는 아직도 참
안식이 그대로 남아 있는 것입니다.
10 ㉡하느님께서 당신의 일을 마치고 쉬신 것
처럼 하느님의 안식처에 들어간 이도 그의
일손을 멈추고 쉬는 것입니다.
11 그러니 우리도 그 안식을 누리도록 힘써야
겠습니다. 옛사람들처럼 순종하지 않다가
낭패를 보아서야 되겠습니까?
12 ◎하느님의 말씀은 살아 있고 힘이 있으며
어떤 쌍날칼보다도 더 날카롭습니다. 그래
서 사람의 마음을 꿰뚫어 영혼과 정신을 갈
라놓고 관절과 골수를 쪼개어 그 마음속에
품은 생각과 속셈을 드러냅니다.
13 피조물치고 하느님 앞에 드러나지 않는 것
은 없습니다. 하느님의 눈앞에는 모든 것이
다 벌거숭이로 드러나게 마련입니다. 언젠
가는 우리도 그분 앞에서 심판을 받아야 합
니다.

위대한 대사제이신 예수

14 ◎우리에게는 하늘로 올라가신 위대한 대사
제이시며 하느님의 아들이신 예수가 계십니
다. 그러므로 우리는 그분에 대한 신앙을
굳게 지킵시다.
15 우리의 사제는 연약한 우리의 사정을 몰라
주시는 분이 아니라 우리와 마찬가지로 모
든 일에 유혹을 받으신 분입니다. 그러나
죄는 짓지 않으셨습니다.
16 그러므로 용기를 내어 하느님의 은총의 옥
좌로 가까이 나아갑시다. 그러면 우리는 하
느님의 자비와 은총을 받아서 필요한 때에
도움을 받게 될 것입니다.

5 ◎대사제는 누구나 사람들 가운데서 뽑
혀서 사람들을 대표하여 하느님을 섬기
는 일을 맡은 사람입니다. 그래서 대사제는
속죄를 위해서 예물과 희생제물을 바치는
것입니다.
2 대사제는 자기도 연약한 인간이므로 무지
하거나 유혹에 빠진 사람들을 동정할 수 있
습니다.
3 그는 또 이렇게 연약하기 때문에 백성을 위
해서뿐만 아니라 자신을 위해서도 속죄의
제물을 바쳐야 하는 것입니다.
4 이 영예로운 직무는 자기 스스로 얻는 것이
아니라 아론처럼 하느님의 부르심을 받아서
얻는 것입니다.
5 ◎이와 같이 그리스도께서도 대사제의 영광
스러운 자리를 스스로 차지하신 것이 아닙
니다. 그 영광스러운 자리는,
"㉢너는 내 아들, 내가 오늘 너를 낳았
다."
하고 말씀하신 하느님께서 주신 것입니다.
6 또 성서의 다른 곳을 보면,
"㉣너는 멜기세덱의 사제 직분을 잇는
영원한 사제이다."
하신 말씀도 있습니다.
7 예수께서는 인간으로 이 세상에 계실 때에
당신을 죽음에서 구해 주실 수 있는 분에게
큰소리와 눈물로 기도하고 간구하셨고 하
느님께서는 당신을 경외하는 마음을 보시
고 그 간구를 들어주셨습니다.
8 예수께서는 하느님의 아들이셨지만 고난을
겪음으로써 복종하는 것을 배우셨습니다.
9 그리고 완전하게 되신 후에 당신에게 복종
하는 모든 사람을 위해서 영원한 구원의 근
원이 되셨으며
10 하느님께로부터 멜기세덱의 사제 직분을 잇
는 대사제로 임명받으셨습니다.

배반에 대한 경고

11 ◎이것에 관해서는 하고 싶은 말이 많지만
여러분의 귀가 무디어져서 알아듣도록 설
명하기 어렵습니다.
12 여러분은 벌써 오래 전에 남을 가르치는 사
람이 되었어야 할 터인데 하느님의 말씀의
초보적 원리를 남에게서 다시 배워야 할 처
지입니다. 단단한 음식을 먹지 못하고 아직
도 젖을 먹어야 할 형편입니다.
13 젖을 먹어야 할 사람은 아직 어린아이이니
옳고 그른 것을 분별할 능력이 없습니다.
14 그러나 성숙해지면 단단한 음식을 먹게 됩
니다. 성숙한 사람은 훈련을 받아서 좋고
나쁜 것을 분간하는 세련된 지각을 가지고
있습니다.

6 ◎그러므로 우리는 그리스도교의 초보적
교리를 넘어서서 성숙한 경지로 나아갑
시다. 이제 와서 죽음에 이르는 행실을 버

㉠ 시편 95:7-8. ㉡ 창세 2:2. ㉢ 시편 2:7. ㉣ 시편 110:4.

리고 돌아서는 일과 하느님을 믿는 일과
2 세례와 안수, 그리고 죽은 자들의 부활과
영원한 심판과 같은 기초적인 교리를 다시
배우는 일은 없도록 합시다.
3 하느님께서 허락하시는 대로 우리는 성숙
한 지경으로 나아가야 합니다.
4 한번 빛을 받아서 하늘의 선물이 주는 기쁨
을 맛보고 성령을 나누어 받은 사람들이,
5 또 하느님의 선한 말씀과 앞으로 올 세상의
권세의 맛을 본 사람들이
6 이제 배반하고 떨어져 나간다면 그것은 하
느님의 아들을 다시 제 손으로 십자가에 못
박아 욕을 보이는 셈이니 그들에게는 다시
회개하고 새 사람이 될 가망이 없습니다.
7 땅이 자주 내리는 비를 빨아들여 농사짓는
사람들에게 유익한 농작물을 내주면 하느
님께서 그 땅을 축복하실 터이지만
8 ㉠가시나무와 엉겅퀴를 내게 되면 그것은
아무 쓸모가 없어서 오래지 않아 저주를 받
아 마침내 불에 타버리고 말 것입니다.
9 ◎사랑하는 형제 여러분, 우리가 이런 말을
하지만 여러분은 더 좋은 구원의 축복을 받
고 있다는 것을 우리는 확신합니다.
10 하느님은 불의한 분이 아니시므로 여러분
이 지금까지 성도들에게 봉사해 왔고 아직
도 봉사하면서 당신의 이름을 위해서 보여
준 선행과 사랑을 결코 잊지 않으십니다.
11 우리는 여러분 각 사람이 희망을 성취하기
까지 끝내 같은 열성을 보여주기를 바랍니
다.
12 게으른 자가 되지 말고 믿음과 인내로써 하
느님께서 약속해 주신 것을 상속받는 사람
들을 본받으십시오.

하느님의 확실한 약속

13 ◎㉡하느님께서는 아브라함에게 약속을 하
실 때에 당신보다 더 위대한 분이 없었으므
로 당신 자신을 두고 맹세하시며
14 "반드시 내가 너에게 복을 주고 너의 후손
을 번성하게 하겠다."고 말씀하셨습니다.
15 과연 아브라함은 끈기 있게 기다려서 하느
님께서 약속하신 것을 받았습니다.
16 사람들이 맹세할 때에는 자기보다 더 위대
한 분의 이름을 끌어댑니다. 그 맹세는 모
든 논쟁을 그치게 하는 보증이 되는 것입니
다.
17 하느님께서도 약속하신 것을 이어받을 사
람들에게 당신의 계획이 변하지 않는다는
것을 분명히 보여주시려고 맹세로써 보증
하셨습니다.
18 하느님은 거짓말을 하실 수 없는 분이시므
로 그분의 약속과 맹세는 변하지 않습니다.
따라서 그 하느님을 피난처로 삼은 우리는
큰 용기를 얻어 우리 앞에 놓인 희망을 굳게
붙잡을 수 있습니다.
19 ㉢이 희망은 닻과 같아서 우리의 영혼을 안
전하고 든든하게 보호해 주며 하늘 성전의
지성소에까지 들어가게 해줍니다.
20 예수께서는 멜기세덱의 사제 직분을 따라 영
원한 대사제가 되셔서 우리보다 앞서 그 곳
에 들어가셨습니다.

멜기세덱의 사제직

7 ◎㉣이 멜기세덱은 살렘 왕이며 지극히 높
으신 하느님의 사제였습니다. 그는 여러
왕들을 무찌르고 돌아오는 아브라함을 맞아
축복해 주었고
2 아브라함은 그에게 모든 전리품의 십분의
일을 나누어주었습니다. 첫째로 멜기세덱이
라는 이름은 정의의 왕이라는 뜻이고 그 다
음 살렘 왕이라는 칭호는 평화의 왕이라는
뜻입니다.
3 그는 아버지도 없고 어머니도 없고 족보도
없으며 생애의 시작도 끝도 없이 하느님의
아들을 닮아서 영원히 사제직을 맡아보는
분입니다.
4 ◎그가 얼마나 위대한 분인지를 생각해 보
십시오. 대선조인 아브라함까지도 전리품의
십분의 일을 그에게 바쳤습니다.
5 레위 자손들도 같은 아브라함의 후손들이지
만 사제직을 맡았기 때문에 동족인 이스라
엘 백성들에게서 수입의 십분의 일을 거둘
수 있는 권한을 율법으로 보장받았습니다.
6 그러나 멜기세덱은 레위 가문에 속하지 않았
는데도 아브라함에게서 수입의 십분의 일을
받았고 하느님의 약속을 받은 아브라함을
축복해 주었습니다.
7 다시 말할 것 없이 축복이란 것은 윗사람이
아랫사람에게 해주는 것입니다.
8 사제들도 십분의 일을 받고 멜기세덱도 십
분의 일을 받았지만 사제들은 언젠가는 죽
을 사람들이고 멜기세덱은 성서가 증언하는
바와 같이 영원히 살아 있습니다.
9 말하자면 십분의 일을 받는 레위까지도 아
브라함의 손을 거쳐서 멜기세덱에게 십분의
일을 바친 셈입니다.

㉠ 창세 3:17-18. ㉡ 창세 22:16-17. ㉢ 레위 16:2-3, 12, 15. ㉣ 창세 14:17-20.

10멜기세덱이 아브라함을 맞았을 때에 레위가
조상 아브라함의 몸 속에 있었기 때문입니
다.
11◎이스라엘 백성은 레위의 사제 제도를 바탕
으로 하고 율법을 받았는데 만일 그 사제 제
도로 완전해질 수 있었다면 아론의 계통이
아니라 멜기세덱의 계통인 또 다른 사제를
세울 필요가 어디 있었겠습니까?
12사제 제도가 변하면 율법도 변하게 마련입
니다.
13우리가 이야기하는 그분은 레위 지파 아닌
다른 지파에 속한 분이고 그 지파 사람으로
서 일찍이 제단 일을 시중든 사람은 하나도
없었습니다.
14우리 주님께서 유다 지파에서 나오신 것은
명백합니다. 그런데 모세가 이 지파를 사제
직에 관련시켜 말한 일은 한 번도 없습니다.
15멜기세덱과 같이 다른 계통의 사제가 나타
나셨으니 일은 더욱 명백해졌습니다.
16그분이 사제가 되신 것은 인간의 율법의 규
정을 따라 되신 것이 아니고 불멸의 생명의
힘을 따라 되신 것입니다.
17그렇기 때문에 성서에 "㉠너는 멜기세덱의
사제 직분을 잇는 영원한 사제다."라는 말
씀이 있습니다.
18전에 있던 율법의 규정은 무력하고 무익했
기 때문에 폐기되었습니다.
19율법은 아무것도 완전하게 하지 못했습니
다. 그래서 하느님께서는 더 좋은 희망을
주셨고 우리는 그 희망을 안고 하느님께 가
까이 나아가는 것입니다.
20◎하느님께서는 맹세까지 하시면서 그분을
사제로 세워주셨습니다. 다른 사람들이 사
제가 될 때에는 하느님께서 맹세하신 일이
없었지만
21이분을 두고는 맹세하셨다는 기록이 있습
니다.

"'㉡너는 영원한 사제다.' 하고
주님께서 맹세하셨다.
그리고 그 맹세는 변하지 않을 것이다."

22 그러므로 예수께서는 더 나은 계약을 보
증해 주시는 분이 되셨습니다.
23다른 사제들은 누구나 다 죽게 마련이어서
한 사람이 사제직을 계속해서 맡아볼 수가
없으니 결국 사제의 수효가 많아졌습니다.
24그러나 예수께서는 영원히 사시는 분이므로
그분의 사제직은 영구한 것입니다.
25이렇게 예수께서는 항상 살아 계셔서 그들
을 위하여 중재자의 일을 하시니 당신으로
말미암아 하느님께 나아오는 사람들을 언
제나 구원해 주실 수 있으십니다.
26◎우리에게는 이렇게 거룩하고 순결하고 흠
도 죄도 없고 하늘보다 더 높으신 대사제가
필요합니다.
27다른 대사제들은 날마다 먼저 자기들의 죄
를 용서받으려고 희생제물을 드리고 그 다
음으로 백성들을 위해서 그렇게 합니다. 그
러나 그분은 날마다 그럴 필요는 없습니다.
그분은 당신 자신을 속죄제물로 바치심으
로써 이 일을 한번에 다 이루신 것입니다.
28율법을 따라 대사제가 된 사람들은 연약한
인간이지만 율법이 생긴 이후에 하느님의
맹세의 말씀을 따라 대사제가 되신 그분은
하느님의 아들이시고 영원히 완전하신 분
이십니다.

새 계약의 대사제

8 ◎위에서 말한 요점을 말하면 우리는 하
늘에서 ㉢전능하신 이의 옥좌 오른편에
앉아 계시는 대사제를 모시고 있다는 것입
니다.
2그분은 하늘 성전의 일을 맡아보시는데 그
성전은 사람이 세운 것이 아니라 주님께서
세우신 참다운 성막입니다.
3대사제는 누구나 봉헌물과 희생제물을 바
치도록 임명된 사람입니다. 그러므로 우리
의 이 대사제도 무엇인가 바칠 것을 가지고
있어야 합니다.
4만일 예수께서 세상에 계시다면 율법을 따
라 봉헌물을 바치는 사제들이 따로 있으므
로 결코 사제가 되실 수는 없을 것입니다.
5그 사제들은 하늘 성전의 모조품과 그림자
에 지나지 않는 성전에서 봉사하는 사람들
입니다. 모세도 천막 성전을 지으려고 할 때
에 "㉣산에서 너에게 보여준 그 본을 따라
모든 것을 만들도록 하여라." 하시는 하느
님의 말씀을 들었던 것입니다.
6그러나 이제 그리스도께서는 훨씬 더 훌륭
한 사제직을 맡으셨습니다. 그분은 더 좋은
약속을 바탕으로 하고 세운 더 좋은 계약의
중재자가 되셨으니 말입니다.
7◎만일 사람들이 먼젓번 계약을 흠없이 이
행하였더라면 또 다른 계약이 필요하지 않
았을 것입니다.
8그러나 하느님께서는 그들을 탓하시면서
이렇게 말씀하셨습니다.

㉠ ㉡ 시편 110:4. ㉢ 시편 110:1. ㉣ 칠십인역 출애 25:40.

"'ⓖ내가 이스라엘 집안들과 유다 집안
들과 더불어
새 계약을 맺을 날이 올 것이다.'
이것은 주님의 말씀이다.
9 '이 새 계약은
내가 그들의 조상들의 손을 잡아
이집트 땅에서 인도해 내던 날
그들과 맺은 그런 계약이 아니다.
그들이 내 계약을 지키지 않았으니
나도 그들을 돌보지 않았다.'
이것은 주님의 말씀이다.
10 '그 후에
내가 이스라엘 집안과 맺을 계약은 이
것이다.
나는 나의 율법을 그들의 생각에 심어
주고
그들의 마음에 새겨주리라.
나는 그들의 하느님이 되고
그들은 내 백성이 되리라.'
이것은 주님의 말씀이다.
11 '높고 낮음을 가릴 것 없이
모든 사람이 나를 알게 될 터이니
아무도 자기 이웃이나 형제를 보고
주님을 알라고
가르쳐주지 않아도 되리라.
12 내가 그들의 잘못을 너그럽게 보아주
겠고
그들의 죄를 더 기억하지 않으리라.'"
13 하느님께서 새 계약이라는 말씀을 하심
으로써 먼젓번 계약은 낡은 것이 되었습니
다. 낡아지고 오래된 것은 곧 사라지게 마
련입니다.

땅의 성전과 하늘의 성전

9 ◎물론 먼젓번 계약에도 예배 규칙이 있
었고 또 예배 장소가 있었습니다. 그러나
그 장소는 인간이 마련한 장소였습니다.
2 이렇게 세워진 천막 성전 앞칸에는 촛대와
상이 있었고 그 위에는 빵을 진열해 놓았는
데 이 곳을 성소라고 합니다.
3 그리고 둘째 휘장 뒷칸을 지성소라고 불렀
습니다.
4 거기에는 금으로 만든 분향제단과 온통 금
으로 입힌 계약의 궤가 있었고 그 궤 속에는
만나를 담은 항아리와 싹이 돋은 아론의 지
팡이와 계약이 새겨진 석판들이 들어 있었
습니다.
5 또 그 궤 위에는 영광스러운 케르빔 천신상
들이 있어 날개로 속죄판을 내리덮고 있었
습니다. 지금은 이런 것들을 자세히 설명할
때가 아닙니다.
6 ◎천막 성전에는 이러한 것이 모두 갖추어
져 있는데 사제들은 언제나 그 앞칸에 들어
가서 예배를 집행합니다.
7 그러나 그 뒷칸에는 대사제만이 일 년에 단
한 번 들어가는데 그 때에는 반드시 피를 가
지고 들어가게 되어 있습니다. 이 피는 대
사제가 자신을 위해서 또 백성들이 모르고
지은 죄를 용서받기 위해서 바치는 것입니
다.
8 이러한 제도를 통해서 성령이 보여주시는
것은 천막 성전의 앞칸이 그대로 있는 한 지
성소로 들어가는 길은 아직 열려 있지 않다
는 것입니다.
9 이 모든 것은 현세를 상징하는 것입니다.
그 제도를 따라 봉헌물과 희생제물을 바치
지만 그것이 예배하는 사람의 양심을 완전
하게 해주지는 못합니다.
10 그것은 다만 먹을 것과 마실 것과 여러 가지
씻는 예식에 관한 인간적인 규칙들로서 하
느님께서 모든 일을 바로잡으시는 때가 올
때까지 유효할 뿐입니다.
11 ◎그러나 그리스도께서는 이미 존재하는 모
든 좋은 것을 주관하시는 대사제로 오셨습
니다. 그분이 사제로 일하시는 성전은 더
크고 더 완전한 것이며 사람의 손으로 만든
것이 아닙니다. 말하자면 창조된 이 세상에
속하여 있는 것이 아니라는 말입니다.
12 그리스도는 단 한 번 지성소에 들어가셔서
염소나 송아지의 피가 아닌 당신 자신의 피
로써 우리에게 영원히 속죄받을 길을 마련
해 주셨습니다.
13 부정한 사람들에게 염소나 황소의 피와 암
송아지의 재를 뿌려도 그 육체를 깨끗하게
하여 그들을 거룩하게 할 수 있다면
14 하물며 성령을 통하여 당신 자신을 하느님
께 흠없는 제물로 바치신 그리스도의 피는
우리의 양심을 깨끗하게 하는 데나 죽음의
행실을 버리게 하고 살아 계신 하느님을 섬
기게 하는 데 얼마나 큰 힘이 되겠습니까?
15 ◎그러므로 그리스도는 새로운 계약의 중재
자이십니다. 그분은 사람들이 먼젓번 계약
아래서 저지른 죄를 용서받게 하시려고 죽
으셨습니다. 따라서 부르심을 받은 사람들
이 하느님께서 약속해 주신 영원한 유산을
이어받게 되었습니다.

ⓖ 예레 31:31-34.

16 상속에 관한 유언이 효력을 내려면 그 유언
을 한 사람의 죽음이 확인되어야 합니다.
17 유언이라는 것은 유언을 한 사람이 죽어야
효력이 있는 것이지 그가 살아 있는 동안에
는 아무 효력이 없습니다.
18 그래서 사실은 먼젓번 계약도 피를 가지고
맺었던 것입니다.
19 모세는 율법에 있는 모든 계명을 온 백성에
게 선포할 때에 송아지 피와 물을 가져다가
박하 묶음과 붉은 양털로 계약의 책과 온 백
성에게 뿌렸습니다.
20 그리고는 "㉠이것은 하느님께서 여러분과
맺으신 계약의 피입니다." 하고 말했습니
다.
21 또 같은 모양으로 그는 천막 성전과 예배의
식에 쓰이는 모든 기구에도 피를 뿌렸습니
다.
22 율법에 따르면 피로써 깨끗해지지 않는 것
이 거의 없습니다. 그리고 피 흘리는 일이
없이는 죄를 용서받지 못합니다.

그리스도의 희생을 통한 속죄

23 ◎하늘에 있는 것들을 본떠 만든 것들은 이
런 의식으로 정결하게 만들 필요가 있었습
니다. 그러나 하늘에 있는 것들은 그보다도
더 나은 제물로 정결하게 만들어야 합니다.
24 그리스도께서는 인간이 하늘의 참 성소를
본떠서 만든 지상의 성소에 들어가신 것이
아니라 우리를 위해서 하느님 앞에 나타나
시려고 바로 그 하늘의 성소로 들어가신 것
입니다.
25 대사제는 해마다 다른 짐승의 피를 가지고
성소에 들어가야 하지만 그리스도께서는 그
렇게 번번이 당신 자신을 바치실 필요가 없
었습니다.
26 그분이 몸을 여러 번 바쳐야 한다면 그분은
천지 창조 이후 여러 번 고난을 받으셨어야
했을 것입니다. 그러나 지금 그분은 이 역
사의 절정에 나타나셔서 단 한 번 당신 자신
을 희생제물로 드리심으로써 죄를 없이 하
셨습니다.
27 사람은 단 한 번 죽게 마련이고 그 뒤에는
심판을 받게 됩니다.
28 그리스도께서도 단 한 번 당신 자신을 제물
로 바치셨습니다. 그러나 ㉡많은 사람의 죄
를 없애주셨고 다시 나타나실 때에는 인간
의 죄 때문에 다시 희생제물이 되시는 일이
없이 당신을 갈망하고 있는 사람들에게 구
원을 가져다 주실 것입니다.

10

◎율법은 장차 나타날 좋은 것들의 그
림자일 뿐이고 실체가 아니기 때문에
해마다 계속해서 같은 희생제물을 드려도
그것을 가지고 하느님 앞에 나아가는 사람
들을 완전하게 할 수는 없습니다.
2 만일 그렇게 해서 완전해질 수 있었다면 예
배하는 사람들이 단번에 깨끗하게 되어 다
시는 죄의식을 가지지 않았을 것이며 따라
서 계속해서 제물을 바치지도 않았을 것이
아닙니까?
3 그런데 해마다 제물을 바치면서 죄를 되새
겨야 하는 것은
4 황소와 염소의 피로써는 죄를 없앨 수가 없
기 때문입니다.
5 ◎그래서 그리스도께서 세상에 오셨을 때에
하느님께 이렇게 말씀하셨습니다.
"㉢당신은 율법의 희생제물과 봉헌물
을 원하시지 않았습니다.
그래서 저를 참 제물로 받으시려고 인
간이 되게 하셨습니다.
6 당신은 번제물과 속죄의 제물도
기뻐하지 않으셨습니다.
7 그래서 제가 말했습니다.
'하느님,
저는 성서에 기록된 대로
당신의 뜻을 이루려고 왔습니다.'"
8 그리스도께서 처음에는 "당신은 희생제물
과 봉헌물과 번제물과 속죄제물을 원하지
도 기뻐하지도 않으셨습니다." 하고 말씀하
셨습니다. 이런 것들은 율법을 따라 바쳐지
는 것인데도 그리스도께서는 이렇게 말씀하
신 것입니다.
9 다음에는 "하느님, 저는 당신의 뜻을 이루
려고 왔습니다." 하고 말씀하셨습니다. 이
렇게 그리스도께서는 나중 것을 세우기 위
해서 먼저 것을 폐기하셨습니다.
10 예수 그리스도께서는 하느님의 뜻을 따라 단
한 번 몸을 바치셨고 그 때문에 우리는 거룩
한 사람이 되었습니다.
11 ◎사제가 날마다 성전에서 예배의식을 거행
하며 같은 희생제물을 자주 드리더라도 그
제물들이 결코 죄를 없애버릴 수는 없습니
다.
12 그러나 그리스도께서는 당신 자신을 오직
한 번 희생제물로 바치심으로써 죄를 없애
주셨습니다. 이것은 영원한 효력을 나타내
는 것입니다. 그리고 그리스도께서는 ㉣하느

㉠ 출애 24:8. ㉡ 이사 53:12. ㉢ 시편 40:6-8. ㉣ 시편 110:1.

님의 오른편에 앉으셔서
13당신의 원수들이 당신의 발 아래 굴복할 때
까지 기다리고 계십니다.
14그분은 단 한 번 당신 자신을 바치심으로써
거룩하게 만드신 사람들을 영원히 완전하
게 해주셨습니다.
15◎그리고 성령께서도 이렇게 말씀하시며 증
언해 주셨습니다.
16 "'㉠그 날 이후,
내가 그들과 맺을 계약은 이것이다.
나는 나의 율법을 그들의 마음에 심어
주고
그들의 생각에 새겨줄 것이다.'
이것은 주님의 말씀이다."
17 그리고 나서 "㉡나는 이제 결코 그들의
죄와 잘못을 마음에 두지 않으리라." 하고
덧붙여 말씀하셨습니다.
18죄를 용서받았으므로 이제는 죄 때문에 봉
헌물을 바칠 필요는 없게 되었습니다.

믿음을 굳세게

19◎그러므로 형제 여러분, 예수께서 피를 흘
리심으로써 우리는 마음놓고 지성소에 들
어가게 되었습니다.
20예수께서는 휘장을 뚫고 새로운 살길을 우
리에게 열어주셨습니다. 그 휘장은 곧 그분
의 육체입니다.
21그리고 우리에게는 하느님의 집을 다스리
시는 최고의 사제가 계십니다.
22우리의 마음에는 그리스도의 피가 뿌려져서
나쁜 마음씨가 없어지고 우리의 몸은 맑은
물로 씻겨 깨끗해졌으니 이제는 확고한 믿
음과 진실한 마음가짐으로 하느님께로 가
까이 나아갑시다.
23또 우리에게 약속을 주신 분은 진실한 분이
시니 우리가 고백하는 그 희망을 굳게 간직
하고
24서로 격려해서 사랑과 좋은 일을 하도록 마
음을 씁시다.
25그리고 어떤 사람들처럼 같이 모이는 일을
폐지하지 말고 서로 격려해서 자주 모입시
다. 더구나 그 날이 가까이 오는 것을 아는
이상 더욱 열심히 모이도록 합시다.
26◎우리가 가르침을 받아서 진리를 깨닫고도
짐짓 죄를 짓는다면 다시는 우리 죄를 용서
받기 위해서 드릴 수 있는 제물이 없고
27㉢다만 심판과 반역자들을 삼켜버릴 맹렬한
불을 두려운 마음으로 기다리는 길밖에 없
습니다.
28모세의 율법을 무시한 자도 두세 증인만 있
으면 용서 없이 사형을 받습니다.
29그러니 하느님의 아들을 짓밟고 자기를 거
룩하게 해준 계약의 피를 더럽히고 은총의
성령을 모욕한 자가 받을 벌이야 얼마나 더
가혹하겠습니까?
30"㉣원수갚는 것은 내가 할 일이니 내가 갚
아주겠다." 하시고 또 "㉤주께서 당신의 백
성을 심판하시리라." 하고 말씀하신 분을
우리는 알고 있습니다.
31살아 계신 하느님의 심판의 손에 빠져드는
것은 얼마나 무서운 일입니까?
32◎여러분은 처음에 빛을 받고 나서 많은 고
난의 도전을 받으면서도 견디어내던 시절
을 생각해 보십시오.
33여러분 중에는 모욕과 환난을 당하여 구경
거리가 된 사람들도 있고 그런 형편에 빠진
사람들의 친구가 된 사람들도 있습니다.
34여러분은 감옥에 갇힌 사람들을 동정했고
또 자기 재산을 다 빼앗기는 일이 있어도 그
보다 더 좋고 더 영구한 재산을 차지할 수
있다는 것을 깨닫고 그 일을 기쁘게 당했습
니다.
35그러므로 여러분은 신념을 버리지 마시오.
그 신념에는 큰 상이 붙어 있습니다.
36여러분이 하느님의 뜻을 행하고 하느님께
서 약속해 주신 것을 받으려면 인내가 필요
합니다.
37 "㉥조금 더 있으면
오실 이가 지체 없이 나타나리라.
38 그러나 나를 믿는 올바른 사람은 믿음
으로 살리라.
만일 그가 뒤로 물러서면
내 마음이 그를 달갑게 여기지 않으리
라."
39 우리는 뒤로 물러나 멸망할 사람들이 아
니라 믿음을 가져 생명을 얻을 사람들입니
다.

믿음

11 ◎믿음은 우리가 바라는 것들을 보증
해 주고 볼 수 없는 것들을 확증해 줍
니다.
2옛 사람들도 이 믿음으로 하느님의 인정을
받았던 것입니다.

㉠ 예레 31:33. ㉡ 예레 31:34. ㉢ 칠십인역 이사 26:11. ㉣ 신명 32:35. ㉤ 신명 32:36; 시편 135:1-4. ㉥ 칠십인역 하바 2:3-4.

3◎우리는 믿음이 있으므로 이 세상이 하느
님의 말씀으로 창조되었다는 것, 곧 우리의
눈에 보이는 것이 보이지 않는 것에서 나왔
다는 것을 압니다.
4◎아벨은 믿음으로 카인의 것보다 더 나은
제물을 하느님께 바쳤습니다. 그 믿음을 보
신 하느님께서는 그의 예물을 기꺼이 받으
시고 그를 올바른 사람으로 인정해 주셨습
니다. 그는 믿음으로 죽은 후에도 여전히
말을 하고 있습니다.
5㉠에녹은 믿음으로 하늘로 옮겨져서 죽음을
맛보지 않았습니다. 이렇게 하느님께서 그
를 데려가셨기 때문에 아무도 그를 볼 수 없
었습니다. 하느님께서 데려가시기 전부터
그가 하느님을 기쁘게 해드렸다는 말씀이
성서에 기록되어 있습니다.
6믿음이 없이는 하느님을 기쁘게 해드릴 수
없습니다. 하느님께로 가까이 가는 사람은
하느님이 계시다는 것과 하느님께서 당신
을 찾는 사람들에게 상을 주신다는 것을 믿
어야 합니다.
7노아는 믿음이 있었으므로 하느님께서 아직
보이지 않는 일들에 대해서 경고하셨을 때
그 말씀을 두려운 마음으로 받아들이고 방
주를 마련해서 자기 가족을 구했으며 그 믿
음으로 하느님과의 올바른 관계를 차지하
게 되었습니다. 그리고 믿지 않은 세상은
단죄를 받았습니다.
8◎아브라함도 믿음이 있었기 때문에 하느님
께서 그를 불러 장차 그의 몫으로 물려주실
땅을 향하여 떠나라고 하실 때 그대로 순종
했습니다. 사실 그는 자기가 가는 곳이 어
떤 곳인지도 모르고 떠났던 것입니다.
9그는 믿음이 있었기 때문에 약속의 땅에서
도 같은 약속을 물려받은 이사악과 야곱과
함께 천막을 치고 나그네나 다름없는 생활
을 하며 머물러 살았습니다.
10그러면서 그는 하느님께서 설계자가 되시
고 건축가가 되셔서 튼튼한 기초 위에 세워
주실 도시를 바라며 살았던 것입니다.
11㉡그의 아내 사라도 이제 나이가 많은 여자
인데다가 원래 아이를 가질 수 없는 사람이
었지만 믿음이 있었기 때문에 아이를 가질
수 있는 능력을 받았습니다. 사라는 약속해
주신 분을 진실한 분으로 믿었던 것입니다.
12㉢이렇게 해서 죽은 사람이나 다름없는 늙
은 아브라함 한 사람에게서 난 자손이 하늘
의 별과 같이 많아지고 바닷가의 모래와 같
이 셀 수 없게 되었습니다.
13◎그들은 모두 믿음으로 살다가 죽었습니
다. 약속받은 것을 얻지는 못했으나 그것을
멀리서 바라보고 기뻐했으며 이 지상에서
는 자기들이 타향 사람이며 나그네에 불과
하다는 것을 인정했습니다.
14그들이 이렇게 생각한 것은 그들이 찾고 있
던 고향이 따로 있었다는 것을 분명히 드러
내는 것입니다.
15만일 그들이 떠나온 곳을 고향으로 생각했
었다면 그리로 돌아갈 기회도 있었을 것입
니다.
16그러나 실지로 그들이 갈망한 곳은 하늘에
있는 더 나은 고향이었습니다. 그래서 하느
님께서는 그들이 당신을 자기들의 하느님
이라고 부르는 것을 수치로 여기시지 않고
오히려 그들을 위해서 한 도시를 마련해 주
셨습니다.
17◎아브라함은 믿음이 있었기 때문에 하느님
께서 시험하시려고 이사악을 바치라고 명령
하셨을 때 기꺼이 바쳤습니다. 이사악은 외
아들이었고 그를 두고 하느님께서 약속까
지 해주신 아들이었지만 그를 기꺼이 바치
려고 했던 것입니다.
18하느님께서는 “㉣이사악에게서 너의 후손이
퍼져 나가리라” 하고 약속하셨던 것입니다.
19아브라함은 하느님께서 죽었던 사람들까지
살리실 수 있다고 믿고 있었습니다. 그러므
로 아브라함에게는 이를테면 죽었던 이사악
을 되찾은 셈이 되었습니다.
20이사악은 믿음으로 야곱과 에사오의 장래를
축복해 주었습니다.
21야곱도 죽을 때에 믿음으로 요셉의 아들들
을 하나 하나 축복해 주고 ㉤지팡이에 기대
어 하느님께 경배를 드렸습니다.
22요셉도 죽을 때 믿음으로 이스라엘 자손들이
이집트를 빠져 나갈 일을 말하고 자기 뼈의
처리를 일러주었습니다.
23◎모세가 태어났을 때에 그 부모는 믿음으
로 석 달 동안이나 감추어두었습니다. 그들
이 보기에 그 아기는 참으로 아름다웠던 것
입니다. 그리고 그들은 왕의 명령조차 무서
워하지 않았습니다.
24모세는 어른이 되었을 때 믿음으로 파라오의
딸의 아들이라 불리는 것을 거부하고
25죄의 일시적인 쾌락을 즐기기보다는 오히

㉠ 창세 5:24. ㉡ 창세 17:19, 18:11-14, 21:2. ㉢ 창세 15:5-6, 22:17. ㉣ 창세 21:12. ㉤ 칠십인역 창세 47:31.

려 하느님의 백성과 함께 학대받는 길을 택
했습니다.
26 모세는 메시아를 위해서 당하는 치욕을 이집
트의 재물보다 더 값진 것으로 여겼습니다.
그는 앞으로 받을 상을 바라보고 있었던 것
입니다.
27 모세는 믿음으로 왕의 분노도 무서워하지
않고 이집트를 떠났습니다. 그는 보이지 않
는 하느님을 본 듯 확신을 가지고 행동했던
것입니다.
28 모세는 믿음으로 과월절을 제정하고 문에
피를 뿌리게 해서 살육의 천사로 하여금 이
스라엘 백성의 맏아들을 다치지 못하게 했
습니다.
29 이스라엘 백성들은 믿음이 있었기 때문에
마른 땅을 지나가듯이 홍해를 건넜습니다.
이집트 사람들도 그렇게 건너려고 했으나
빠져 죽고 말았습니다.
30 이스라엘 사람들이 믿음으로 예리고 성을 이
레 동안 돌자 그 성은 드디어 무너지고 말았
습니다.
31 창녀 라합은 믿음으로 정탐꾼을 자기 편처
럼 도와주어 하느님을 거역하는 자들이 당
하는 멸망을 같이 당하지 않았습니다.
32 ◎내가 무슨 말을 더 하겠습니까? 기드온,
바락, 삼손, 옙타, 다윗, 사무엘, 그리고 예언
자들의 이야기를 일일이 다 하자면 시간이
모자랄 것입니다.
33 그들은 믿음을 가지고 여러 나라를 정복하
였고 정의를 실천하였고 약속해 주신 것을
받았고 사자의 입을 막았으며
34 맹렬한 불을 껐고 칼날을 피하였고 약했지
만 강해졌고 전쟁에서 용맹을 떨쳤고 외국
군대를 물리쳤습니다.
35 죽었다가 다시 살아나서 돌아오는 식구들
을 만난 여자들도 있습니다. 그러나 어떤
이들은 죽었다가 다시 살아나서 더 나은 생
명을 누리려고 석방도 거부하고 고문을 달
게 받았습니다.
36 또 어떤 이들은 조롱을 받고 채찍으로 얻어
맞고 심지어는 결박을 당하여 감옥에 갇히
기까지 하였습니다.
37 또 돌에 맞아 죽고 톱질을 당하고 칼에 맞아
죽기도 했습니다. 그리고 양과 염소의 가죽
을 몸에 두르고 돌아다녔으며 가난과 고난
과 학대를 겪기도 했습니다.
38 이런 사람들에게는 이 세상이 살 만한 곳이
되지 못했습니다. 그래서 그들은 광야와 산
과 동굴과 땅굴로 헤매며 다녔습니다.
39 ◎이 사람들은 모두 믿음이 있었기 때문에
하느님의 인정을 받았습니다. 그러나 약속
된 것을 받지는 못했습니다.
40 하느님께서 우리를 위해서 더 좋은 것을 마
련해 두셨기 때문에 그들은 우리를 제쳐놓
고는 결코 완성에 이르지는 못하게 되어 있
었던 것입니다.

하느님의 견책

12

◎이렇게 많은 증인들이 구름처럼 우
리를 둘러싸고 있으니 우리도 온갖 무
거운 짐과 우리를 얽어매는 죄를 벗어버리
고 우리가 달려야 할 길을 꾸준히 달려갑시
다.
2 그리고 우리의 믿음의 근원이시며 완성자
이신 예수만을 바라봅시다. 그분은 장차 누
릴 기쁨을 생각하며 부끄러움도 상관하지
않고 십자가의 고통을 견디어내시고 지금
은 하느님의 옥좌 오른편에 앉아 계십니다.
3 죄인들에게서 이렇듯 심한 미움을 받으시
고도 참아내신 그분을 생각해 보시오. 그러
면 여러분은 지치거나 낙심하는 일이 없을
것입니다.
4 ◎여러분은 죄와 맞서 싸우면서 아직까지
피를 흘린 일은 없습니다.
5 하느님께서 마치 자녀들에게 하시듯이 여
러분에게 격려하신 말씀을 잊었습니까?
"㉠아들아, 너는 주님의 견책을 가볍게
여기지 말며
꾸짖으실 때에 낙심하지도 마라.
6 주님께서는 사랑하시는 자를 견책하시
고
아들로 여기시는 자에게 매를 드신다."
7 하느님께서 여러분을 견책하신다면 그것
은 여러분을 당신의 자녀로 여기고 하시는
것이니 잘 참아내십시오. 자기 아들을 견책
하지 않는 아버지가 어디 있겠습니까?
8 자녀는 누구나 다 아버지의 견책을 받게 마
련입니다. 그러므로 여러분이 이런 견책을
받지 못한다면 여러분은 서자이지 참 아들
이 아닙니다.
9 우리를 낳아준 아버지가 견책해도 우리가
그를 존경한다면 영적인 아버지께 복종하
여 살아야 한다는 것은 더욱 당연한 일이 아
니겠습니까?
10 우리를 낳아준 아버지는 잠시 동안 자기 판
단대로 우리를 견책하지만 하느님께서는

㉠ 잠언 3:11-12.

우리에게 이익을 주며 우리를 당신처럼 거
룩하게 만드시려고 견책하시는 것입니다.
11 무슨 견책이든지 그 당장에는 즐겁기보다
는 오히려 괴로운 것입니다. 그러나 이러한
견책으로 훈련을 받은 사람은 마침내 평화
의 열매를 맺어 올바르게 살아가게 됩니다.
12 ◎㉠그러므로 여러분은 힘없이 늘어진 손을
쳐들고 쇠약한 무릎을 일으켜 세우십시오.
13 그리고 바른 길을 걸어가십시오. 그러면 절
름거리는 다리도 뒤틀리지 않고 오히려 낫
게 될 것입니다.

반역자에 대한 경고

14 ◎모든 사람과 화평하게 지내며 거룩한 사
람이 되도록 힘쓰시오. 거룩해지지 않으면
아무도 주님을 뵙지 못할 것입니다.
15 ㉡여러분은 하느님의 은총을 받지 못하는
사람이 하나도 나오지 않도록 조심하십시
오. 여러분의 공동체 안에 독초가 생겨나
분란을 일으키고 그것 때문에 많은 사람들
이 해를 입는 일이 없도록 하십시오.
16 또 음란한 자나 음식 한 그릇에 장자의 권리
를 팔아먹은 에사오 같은 불경스러운 자가
나오지 않도록 하시오.
17 아시다시피 에사오는 그 후에 자기 아버지
의 축복을 받으려고 눈물까지 흘리면서 애
원했지만 거절을 당하였습니다. 자기가 저
질러놓은 일을 돌이킬 길이 없었던 것입니
다.
18 ◎여러분이 와 있는 곳은 옛날 이스라엘 사
람들이 갔던 그 시나이 산은 아닙니다. 그
산은 손으로 만져볼 수 있고 불이 타오르고
검은 구름과 암흑에 싸인 채 폭풍이 일고
19 나팔 소리가 울리고 굉장한 음성이 들려오
는 산이었습니다. 그 때 그 음성을 들은 사
람들은 하느님께 더 이상 말씀하지 마시라
고 간청하지 않았습니까?
20 "㉢비록 짐승이라도 이 산에 닿기만 하면
돌에 맞아 죽을 것이다." 하신 하느님의 명
령이 견딜 수 없이 두려웠던 것입니다.
21 사실 그 광경이 얼마나 무서웠던지 모세까
지도 "㉣나는 너무나 무서워서 떨린다." 하
고 말할 지경이었습니다.
22 그러나 여러분이 와 있는 곳은 시온 산이고
살아 계신 하느님의 도성이며 하늘의 예루
살렘입니다. 거기에는 수많은 천사들이 있
고, 잔치가 벌어져 있고
23 또 하늘에 등록된 장자들의 교회가 있고 만
민의 심판자이신 하느님이 계시고 완전히
올바른 사람들의 영혼이 있습니다.
24 그리고 새로운 계약의 중재자이신 예수가
계시고 아벨의 피보다도 더 큰 힘을 발휘하
는 속죄의 피가 있습니다.
25 ◎여러분에게 말씀해 주시는 분을 거역하지
않도록 조심하십시오. 이 세상에 하느님의
말씀을 선포한 이를 거역한 자들도 형벌을
면하지 못했는데 하물며 하늘에서 말씀하
시는 분을 우리가 뿌리친다면 그 형벌을 어
떻게 면할 수 있겠습니까?
26 그 때에는 그분의 음성이 땅을 뒤흔들었지
만 이번에는 "㉤나는 한 번 더 내 음성으로
세상을 뒤흔들겠다. 이번에는 땅뿐 아니라
하늘까지도 뒤흔들겠다." 하고 다짐하셨습
니다.
27 이 "한 번 더"라는 말은 피조물들을 흔들어
서 없애버린다는 것을 뜻하며, 따라서 흔들
리지 않는 것은 그대로 남아 있게 하겠다는
뜻입니다.
28 우리는 흔들리지 않는 나라를 차지했으니
감사를 드립시다. 그리고 하느님께서 기뻐
하시도록 경건한 마음과 두려워하는 마음
으로 하느님께 예배를 드립시다.
29 ㉥사실 하느님은 태워버리는 불이십니다.

하느님을 기쁘게 해드리는 제사

13

◎형제들을 꾸준히 사랑하십시오.
2 나그네 대접을 소홀히 하지 마십시
오. 나그네를 대접하다가 자기도 모르는 사
이에 천사를 대접한 사람도 있었습니다.
3 감옥에 갇혀 있는 사람들이 있으면 여러분
도 함께 갇혀 있는 심정으로 그들을 기억하
십시오. 학대받는 사람들이 있으면 여러분
도 같은 학대를 받고 있는 심정으로 그들을
기억하십시오.
4 누구든지 결혼을 존중하고 잠자리를 더럽
히지 마십시오. 음란한 자와 간음하는 자는
하느님의 심판을 받을 것입니다.
5 돈을 위해서 살지 말고 지금 가지고 있는 것
으로 만족하십시오. 주님께서는 "㉦나는 결
코 너를 떠나지도 않겠고 버리지도 않겠
다." 하고 말씀하셨습니다.
6 그래서 우리는 확신을 가지고 이렇게 말합
니다.
"㉧주께서 내 편을 들어 도와주시니

㉠ 이사 35:3. ㉡ 칠십인역 신명 29:17-18. ㉢ 출애 19:12-13. ㉣ 신명 9:19. ㉤ 하깨 2:6. ㉥ 신명 4:24, 9:3; 이사 33:14. ㉦ 신명 31:6. ㉧ 시편 118:6.

내가 무엇을 두려워하랴!
누가 감히 나에게 손을 대랴!"
7◎하느님의 말씀을 여러분에게 일러준 지도
자들을 기억하십시오. 그들이 어떻게 살다
가 죽었는지를 살펴보고 그들의 믿음을 본
받으십시오.
8 예수 그리스도는 어제나 오늘이나 또 영원히
변하지 않으시는 분입니다.
9 음식에 관한 여러 가지 이상한 교훈에 속지
마십시오. 음식에 관한 규정을 지키는 것보
다 은총으로 마음을 튼튼하게 하는 것이 더
좋습니다. 음식에 관한 규정을 지키는 사람
들이 그것 때문에 이득을 본 일은 없습니다.
10 유다교의 천막 성소에서 제사를 드리는 사
제들은 우리 제단의 제물을 먹을 권리가 없
습니다.
11 ㉠유다인의 대사제는 짐승의 피를 지성소에
가지고 들어가서 속죄의 제물로 바칩니다.
그러나 짐승의 몸은 영문 밖에서 불살라 버
립니다.
12 이와 같이 예수께서도 당신의 피로 백성을
거룩하게 만드시려고 성문 밖에서 고난을
당하셨습니다.
13 그러므로 우리도 영문 밖에 계신 그분께 나
아가서 그분이 겪으신 치욕을 함께 겪읍시
다.
14 이 땅 위에는 우리가 차지할 영원한 도성이
없습니다. 우리는 다만 앞으로 올 도성을
바라고 있을 뿐입니다.
15 그러므로 우리는 예수의 이름으로 언제나
하느님께 찬미의 제사를 드립시다. 하느님
의 이름을 우리의 입으로 찬양합시다.
16 좋은 일을 하고 서로 사귀고 돕는 일을 게을
리하지 마십시오. 하느님께서는 이런 것을
제물로서 기쁘게 받아주십니다.
17◎여러분의 지도자들을 따르고 그들에게 복
종하십시오. 그들은 쉬지 않고 여러분의 영
혼을 돌보아 주고 있습니다. 그리고 그들은
장차 하느님께 자기가 한 일을 낱낱이 아뢰
어야 할 사람들입니다. 그러므로 그들이 괴
로움 없이 기쁜 마음으로 이 일을 할 수 있
게 해주십시오. 그렇지 않으면 그들의 일이
여러분에게 아무런 도움도 되지 못할 것입
니다.
18◎우리를 위해서 기도해 주십시오. 우리는
무슨 일에나 정직하게 살려고 하므로 양심
에 거리끼는 일은 하나도 없다고 확신하는
바입니다.
19 내가 여러분에게 속히 돌아갈 수 있도록 더
욱 간곡히 기도해 주십시오.

축복과 작별 인사

20◎영원한 계약의 피를 흘려 양들의 위대한
목자가 되신 우리 주 예수를 죽은 자들 가운
데서 다시 살리신 분은 평화의 하느님이십
니다.
21 하느님께서 여러분에게 온갖 좋은 것을 마
련해 주셔서 당신의 뜻을 이루게 해주시고
우리가 예수 그리스도께 힘입어 당신께서 기
뻐하실 일을 할 수 있게 해주시기를 빕니다.
예수 그리스도께서 영광을 영원 무궁토록 받
으시기를 빕니다. 아멘.
22◎형제 여러분, 이 편지는 비록 간단한 것이
지만, 내가 권고한 말만은 부디 명심해 주
십시오.
23 우리 형제 디모테오가 풀려 나온 것을 알려
드립니다. 그가 때맞추어 오면 내가 여러분
을 만나러 갈 때에 데리고 가겠습니다.
24◎여러분의 모든 지도자들과 성도들에게 문
안하십시오. 이탈리아에서 온 사람들이 여
러분에게 문안합니다.
25◎하느님께서 여러분 모두에게 은총을 내려
주시기를 빕니다.

야고보의 편지

인사

1 ◎하느님과 주 예수 그리스도의 종 야고보
는 사방에 흩어져 사는 이스라엘 열두 지
파에게 문안 드립니다.

믿음과 지혜

2◎내 형제 여러분, 여러 가지 시련을 당할
때 여러분은 그것을 다시없는 기쁨으로 여
기십시오.
3 믿음의 시련을 받으면 인내력이 생긴다는

㉠ 레위 16:27.

것을 여러분은 잘 알고 있습니다.
4 인내력을 한껏 발휘하십시오. 그러면 여러
분은 조금도 흠잡을 데 없이 완전하고도 원
만한 사람이 될 것입니다.
5 만일 여러분 중에 지혜가 부족한 사람이 있
으면 하느님께 구하십시오. 그러면 아무도
나무라지 않으시고 모든 사람에게 후하게
주시는 하느님께서 지혜를 주실 것입니다.
6 조금도 의심을 품지 말고 오직 믿음으로 구
하십시오. 의심을 품는 사람은 바람에 밀려
흔들리는 바다 물결 같습니다.
7 그런 사람은 아예 주님으로부터 아무것도
받을 생각을 말아야 합니다.
8 의심을 품은 사람은 마음이 헷갈려 행동이
불안정합니다.

가난과 부귀

9 ◎가난한 형제는 하느님께서 높여주시는 것
을 기뻐하고
10 ㉠부요한 형제는 하느님께서 낮추어주시는
것을 기뻐하십시오. 아무리 부요한 사람이
라도 들에 핀 꽃처럼 사라지게 마련입니다.
11 해가 떠서 뜨겁게 내려 쬐면 풀은 마르고 꽃
은 져서 그 아름다움이 없어져 버립니다. 이
와 같이 부자도 자기 사업에 골몰하는 동안
에 죽고 맙니다.

시련과 유혹

12 ◎시련을 견디어내는 사람은 행복합니다.
시련을 이겨낸 사람은 생명의 월계관을 받
을 것입니다. 그 월계관은 하느님께서 당신
을 사랑하는 사람들에게 주시겠다고 약속하
신 것입니다.
13 유혹을 당할 때에 아무도 "하느님께서 나를
유혹하신다."는 말을 해서는 안 됩니다. 하
느님께서는 악의 유혹을 받으실 분도 아니
시지만 악을 행하도록 사람을 유혹하실 분
도 아니십니다.
14 사실은 사람이 자기 욕심에 끌려서 유혹을
당하고 함정에 빠지게 되는 것입니다.
15 욕심이 잉태하면 죄를 낳고 죄가 자라면 죽
음을 가져옵니다.
16 ◎나의 사랑하는 형제 여러분, 속지 마십시
오.
17 온갖 훌륭한 은혜와 모든 완전한 선물은 위
로부터 오는 것입니다. 하늘의 빛들을 만드
신 아버지께로부터 내려오는 것입니다. 하
느님 아버지는 변함도 없으시고 우리를 외
면하심으로써 그늘 속에 버려두시는 일도
없으십니다.
18 하느님께서는 뜻을 정하시고 진리의 말씀으
로 우리를 낳으셨습니다. 그래서 우리는 모
든 피조물의 첫 열매가 된 것입니다.

말씀을 실천하는 사람

19 ◎나의 사랑하는 형제 여러분, 여러분이 알
아두어야 할 일이 있습니다. 누구든지 듣기
는 빨리 하고 말하기는 더디 하십시오. 또
여간해서는 화를 내지 마십시오.
20 화를 내는 사람은 하느님의 정의를 이룰 수
가 없습니다.
21 그러므로 모든 더러운 것과 온갖 악한 행
실을 버리고 하느님께서 여러분의 마음속
에 심으신 말씀을 공손히 받아들이십시오.
그 말씀에는 여러분을 구원할 능력이 있습
니다.
22 그러니 그저 듣기만 하여 자기 자신을 속이
는 사람이 되지 말고 말씀대로 실천하는 사
람이 되십시오.
23 말씀을 듣고도 실천하지 않는 사람은 제 얼
굴의 생김새를 거울에다 비추어보는 사람과
같습니다.
24 그 사람은 제 얼굴을 비추어보고도 물러나
서는 곧 제 모습을 잊어버리고 맙니다.
25 그러나 우리에게 자유를 주는 완전한 법을
잘 살피고 꾸준히 지켜 나가는 사람은 그것
을 듣고 곧 잊어버리는 일이 없으며 들은 것
을 실천에 옮깁니다. 이렇게 실천함으로써
그 사람은 하느님의 축복을 받을 것입니다.
26 ◎누구든지 자기가 신앙 생활을 한다고 생
각하면서도 자기 혀를 억제하지 못한다면
그것은 자기 자신을 속이는 셈이니 그의 신
앙 생활은 결국 헛것이 됩니다.
27 하느님 아버지 앞에 떳떳하고 순수한 신앙
생활을 하는 사람은 어려움을 당하고 있는
고아들과 과부들을 돌보아 주며 자기 자신
을 지켜 세속에 물들지 않게 하는 사람입
니다.

차별 대우를 하지 말라

2 ◎나의 형제 여러분, 여러분은 우리 주님
이신 영광의 예수 그리스도를 믿고 있으니
사람들을 차별해서 대우하지 마십시오.
2 가령 여러분의 회당에 금가락지를 끼고 화
려한 옷을 입은 사람과 남루한 옷을 입은 사
람이 들어왔다고 합시다.

㉠ 이사 40:6-8.

3 그 때 여러분이 화려한 옷차림을 한 사람에
게는 특별한 호의를 보이며 "여기 윗자리에
앉으십시오." 하고 가난한 사람에게는 "거
기 서 있든지 밑바닥에 앉든지 하시오." 하
고 말한다면
4 여러분은 불순한 생각으로 사람들을 판단하
여 차별 대우를 하는 것이 아니고 무엇이겠
습니까?
5 ◎내 사랑하는 형제 여러분, 잘 들으십시오.
하느님께서는 이 세상의 가난한 사람을 택
하셔서 믿음을 부요하게 하시고 당신을 사
랑하는 사람들에게 약속해 주신 그 나라를
차지하게 하지 않으셨습니까?
6 그런데 여러분은 가난한 사람들을 업신여겼
습니다. 여러분을 압박하는 자들은 바로 부
자가 아닙니까? 또 여러분을 법정으로 끌고
가는 자들도 그들이 아닙니까?
7 하느님께서 여러분에게 주신 그 존귀한 이
름을 모독하는 자들도 바로 그들이 아닙니
까?
8 여러분이 성경 말씀을 따라 "㉠네 이웃을 네
몸같이 사랑하여라." 한 최고의 법을 지킨
다면 잘 하는 일이지만
9 차별을 두고 사람을 대우한다면 그것은 죄
를 짓는 것이고 여러분은 계명을 어기는 사
람으로 판정됩니다.
10 누구든지 계명을 다 지키다가도 한 조목을
어기면 계명 전체를 범하는 것이 됩니다.
11 "㉡간음하지 마라." 하신 분이 "㉢살인하지
마라." 하는 말씀도 하셨습니다. 그러므로
간음은 하지 않았다고 하더라도 살인을 한
사람은 결국 계명을 어긴 자가 되고 맙니다.
12 여러분은 인간에게 자유를 주는 법에 따라
서 장차 심판받을 사람들이니 그런 사람답
게 말하기도 하고 행하기도 하십시오.
13 무자비한 사람은 무자비한 심판을 받습니
다. 그러나 자비는 심판을 이깁니다.

행동 없는 믿음은 죽은 믿음

14 ◎나의 형제 여러분, 어떤 사람이 믿음이 있
다고 말하면서 그것을 행동으로 나타내지
못한다면 무슨 소용이 있겠습니까? 그런 믿
음이 그 사람을 구원할 수 있겠습니까?
15 어떤 형제나 자매가 헐벗고 그 날 먹을 양식
조차 떨어졌는데
16 여러분 가운데 누가 그들의 몸에 필요한 것
은 아무것도 주지 않으면서 "평안히 가서
몸을 따뜻하게 녹이고 배부르게 먹어라."
하고 말만 한다면 무슨 소용이 있겠습니까?
17 믿음도 이와 같습니다. 믿음에 행동이 따르
지 않으면 그런 믿음은 죽은 것입니다.
18 ◎이렇게 말하는 사람도 있을 것입니다. "당
신에게는 믿음이 있지만 나에게는 행동이
있소. 나는 내 행동으로 내 믿음을 보여줄
테니 당신은 행동이 따르지 않는 믿음이라
는 것을 보여주시오.
19 당신은 한 분이신 하느님을 믿고 있습니까?
그것은 좋은 일입니다. 그러나 마귀들도 그
렇게 믿고 무서워 떱니다.
20 이 어리석은 사람이여, 행동이 뒤따르지 않
는 믿음은 아무 소용이 없다는 것을 알고 싶
습니까?
21 ㉣우리 조상 아브라함은 자기 아들 이사악을
제단에 바친 행동으로 말미암아 하느님과
올바른 관계를 가지게 된 것이 아닙니까?
22 당신도 알다시피 그의 믿음은 행동과 일치
했고 그 행동으로 말미암아 그의 믿음은 완
전하게 된 것입니다.
23 이렇게 해서 '㉤아브라함은 하느님을 믿었고
하느님께서는 그의 믿음을 보시고 그를 올
바른 사람으로 인정해 주셨다.'라는 성서
말씀이 이루어졌으며 ㉥아브라함은 하느님
의 친구라고 불리었던 것입니다."
24 ◎그러므로 여러분은 사람이 믿음만으로 하
느님과 올바른 관계를 가지게 되는 것이 아
니라 행동이 뒤따라야 한다는 것을 알아두
십시오.
25 이와 같이 창녀 라합도 유다인들이 보낸 사
람들을 친절히 맞아들였다가 다른 길로 떠
나 보낸 행동으로 말미암아 올바른 사람으
로 인정받은 것이 아닙니까?
26 영혼이 없는 몸이 죽은 것과 마찬가지로 행
동이 없는 믿음도 죽은 믿음입니다.

혀는 악의 불씨

3 ◎내 형제 여러분, 여러분은 저마다 선생
이 되려고 하지 마십시오. 여러분도 알다
시피 우리 가르치는 사람들은 더 엄한 심판
을 받게 됩니다.
2 우리는 모두 실수하는 일이 많습니다. 말에
실수가 없는 사람은 온몸을 잘 다스릴 수 있
는 완전한 사람입니다.
3 말은 입에 재갈을 물려야 고분고분해집니
다. 그래야 그 말을 마음대로 부릴 수가 있

㉠ 레위 19:18. ㉡ 출애 20:14; 신명 5:18. ㉢ 출애 20:13; 신명 5:17. ㉣ 창세 22:9, 12. ㉤ 창세 15:6. ㉥ 2역대 20:7.

습니다.
4 또 배를 보십시오. 거센 바람의 힘으로 움직이는 크디 큰 배라도 아주 작은 키 하나로 조종됩니다. 그래서 키잡이는 자기가 원하는 방향으로 그 배를 마음대로 몰고 갈 수 있습니다.
5 이와 같이 혀도 인체에서 아주 작은 부분에 지나지 않지만 엄청나게 허풍을 떱니다. 아주 작은 불씨가 굉장히 큰 숲을 불살라 버릴 수도 있습니다.
6 혀는 불과 같습니다. 혀는 우리 몸의 한 부분이지만 온몸을 더럽히고 세상살이의 수레바퀴에 불을 질러 망쳐버리는 악의 덩어리입니다. 그리고 혀 자체도 결국 지옥 불에 타버리고 맙니다.
7 인간은 모든 들짐승과 새와 길짐승과 바다의 생물들을 길들일 수 있고 또 지금까지 길들여 왔습니다.
8 그러나 사람의 혀를 길들일 수 있는 사람은 아무도 없습니다. 혀는 휘어잡기 어려울 만큼 악한 것이며 거기에는 사람을 죽이는 독으로 가득 차 있습니다.
9 우리는 같은 혀로 주님이신 아버지를 찬양하기도 하고 ㉠하느님의 형상대로 창조된 사람들을 저주하기도 합니다.
10 같은 입에서 찬양도 나오고 저주도 나옵니다. 내 형제 여러분, 이래서는 안 되겠습니다.
11 같은 샘 구멍에서 단 물과 쓴 물이 함께 솟아 나올 수 있겠습니까?
12 내 형제 여러분, 무화과나무에 어떻게 올리브 열매가 달릴 수 있으며 포도 덩굴에 어떻게 무화과 열매가 달릴 수 있겠습니까? 짠 물에서 단 물이 나올 수는 없습니다.

하늘로부터 오는 지혜

13 ◎여러분 가운데 지혜롭고 지식이 있는 사람이 있다면 그 사람은 지혜로운 사람답게 온유한 마음을 가지고 착한 생활을 함으로써 그 증거를 보여주도록 하십시오.
14 여러분은 마음속에 고약한 시기심과 이기적인 야심을 품고 있으니 공연히 잘난 체하지 마십시오. 진리를 거슬러 거짓말을 해서는 안 되겠습니다.
15 이런 지혜는 위에서 내려오는 것이 아니라 세속적이며 동물적이며 악마적인 것입니다.
16 시기심과 이기적인 야심이 있는 곳에는 분란과 온갖 더러운 행실이 생기게 마련입니다.
17 그러나 위에서 내려오는 지혜는 첫째 순결하고 다음은 평화롭고 점잖고 고분고분하고 자비와 착한 행실로 가득 차 있으며 편견과 위선이 없습니다.
18 평화를 위해서 일하는 사람들은 평화를 심어서 정의의 열매를 거두어들입니다.

세상의 친구는 하느님의 원수

4 ◎여러분은 무엇 때문에 서로 싸우고 분쟁을 일으킵니까? 여러분의 지체 안에서 갈등을 일으키는 욕정에서 나오는 것이 아닙니까?
2 여러분은 욕심을 내다가 얻지 못하면 살인을 하고 남을 시기하다가 뜻을 이루지 못하면 싸우고 분쟁을 일으킵니다. 여러분이 얻지 못하는 까닭은 하느님께 구하지 않기 때문입니다.
3 구해도 얻지 못한다면 그것은 욕정을 채우려고 잘못 구하기 때문입니다.
4 절조 없는 사람들! 이 세상과 짝하면 하느님을 등지게 된다는 것을 알지 못합니까? 누구든지 이 세상의 친구가 되려고 하는 사람은 하느님의 원수가 됩니다.
5 "㉡하느님께서는 우리에게 심어주신 영혼을 질투하실 만큼 사랑하신다." 하는 성서 말씀이 공연한 말씀인 줄 압니까?
6 그러나 하느님의 은총은 그것으로 그치지 않습니다. 그래서 성서에도 "㉢하느님께서는 교만한 자를 물리치시고 겸손한 사람에게 은총을 주신다."는 말씀이 있습니다.
7 그러므로 하느님께 복종하고 악마를 대항하십시오. 그러면 악마는 여러분을 떠나 달아날 것입니다.
8 하느님께 가까이 가십시오. 그러면 하느님께서 여러분에게 가까이 오실 것입니다. 죄인들은 손을 깨끗이 씻고 두 마음을 품은 자들은 순결한 마음을 가지십시오.
9 여러분은 괴로워하고 슬퍼하며 우십시오. 웃음을 슬픔으로 바꾸고 기쁨을 근심으로 바꾸십시오.
10 주님 앞에서 스스로 낮추십시오. 그러면 주님께서 여러분을 높여주실 것입니다.

서로 헐뜯지 마라

11 ◎형제 여러분, 서로 헐뜯지 마십시오. 자기 형제를 헐뜯거나 심판하는 사람은 율법을 헐뜯고 율법을 심판하는 사람입니다. 여러

㉠ 창세 1:26, 27. ㉡ 출애 20:5. ㉢ 잠언 3:34.

분이 율법을 심판하면 율법을 지키는 사람
이 아니라 심판자가 됩니다.
12그러나 율법을 정하시고 심판하시는 분은
오직 한 분이십니다. 그분은 여러분을 구원
하실 수도 있고 멸망시키실 수도 있는 분입
니다. 여러분이 무엇이기에 이웃을 심판한
단 말입니까?

헛된 장담

13◎"오늘이나 내일쯤 아무 아무 도시로 가서
일 년 동안 거기에서 지내며 장사를 하여 돈
을 벌어보겠다." 하는 사람들에게 한마디
합니다.
14당신들은 내일 당신들의 생명이 어떻게 될
는지 알지 못합니다. 당신들은 잠깐 나타
났다가 사라져버리는 안개에 지나지 않습
니다.
15그러므로 당신들은 "만일 주님께서 허락해
주신다면 우리는 살아가며 이런 일 저런 일
을 해보겠다." 하고 말해야 할 것입니다.
16그런데도 당신들은 지금 허영에 들떠서 장
담을 하고 있습니다. 이런 장담은 모두 악한
것입니다.
17사람이 제가 마땅히 해야 할 착한 일을 알면
서도 하지 않으면 그것이 곧 죄가 됩니다.

부자에 대한 경고

5 ◎이번에는 부자들에게도 한마디 하겠습
니다. 당신들에게 닥쳐올 비참한 일들을
생각하고 울며 통곡하십시오.
2당신들의 재물은 썩었고 그 많은 옷가지들
은 좀먹어 버렸습니다.
3당신들의 금과 은은 녹이 슬었고 그 녹은 장
차 당신들을 고발할 증거가 되며 불과 같이
당신들의 살을 삼켜버릴 것입니다. 당신들
은 이와 같은 말세에도 재물을 쌓았습니다.
4잘 들으시오. 당신들은 당신들의 밭에서 곡
식을 거두어들인 일꾼들에게 품삯을 주지
않고 가로챘습니다. ㉠그 품삯이 소리를 지
르고 있습니다. 또 추수한 일꾼들의 아우성
이 만군의 주님의 귀에 들렸습니다.
5당신들은 이 세상에서 사치와 쾌락을 누리
며 지냈고 도살당할 날을 눈앞에 두고도 마
음은 욕심으로 가득 채웠습니다.
6당신들은 죄없는 사람을 단죄하고 죽였습
니다. 그러나 그는 당신들을 대항하지 않습
니다.

인내와 기도

7◎그러므로 형제 여러분, 주님께서 오실 때
까지 참고 기다리십시오. 농부는 땅이 귀중
한 소출을 낼 때까지 끈기 있게 가을비와 봄
비를 기다립니다.
8여러분도 참고 기다리며 마음을 굳게 하십
시오. 주님께서 오실 날이 가까이 왔습니다.
9형제 여러분, 심판을 받지 않으려거든 서로
남을 탓하지 마십시오. 심판하실 분이 이미
문 앞에 서 계십니다.
10형제 여러분, 고난을 참고 이겨낸 사람들의
본보기로서 주님의 말씀을 받아 전한 예언
자들을 생각하십시오.
11우리는 끈기 있게 끝까지 견디어낸 사람들
을 행복한 사람들이라고 생각합니다. 여러
분은 ㉡욥이 끈기 있게 참아낸 이야기를 들
었고 주님께서 지어주신 결말을 보았습니
다. 주님께서 베푸시는 연민과 자비는 참으
로 풍성합니다.
12◎내 형제 여러분, 무엇보다도 명심할 것은
맹세하지 않아야 한다는 것입니다. 하늘이
나 땅이나 그 밖에 무엇을 두고도 맹세하지
마십시오. 다만 "예." 할 것은 "예."라고만
하고 "아니오." 할 것은 "아니오."라고만
하십시오. 그래야 심판을 받지 않을 것입
니다.
13◎여러분 가운데 고난을 당하는 사람이 있
으면 그 사람은 기도를 해야 합니다. 마음이
기쁜 사람은 찬양의 노래를 부르십시오.
14여러분 가운데 앓는 사람이 있으면 그 사람
은 교회의 원로들을 청하십시오. 원로들은
주님의 이름으로 그에게 기름을 바르고 그
를 위하여 기도해 주어야 합니다.
15믿고 구하는 기도는 앓는 사람을 낫게 할 것
이며 주님께서 그를 일으켜주실 것입니다.
또 그가 지은 죄가 있으면 그 죄도 용서를
받을 것입니다.
16그러므로 여러분은 서로 죄를 고백하고 서
로 남을 위하여 기도하십시오. 그러면 모두
온전해질 것입니다. 올바른 사람의 간구는
큰 효과를 나타냅니다.
17엘리야는 우리와 같은 인간이었지만 비가
오지 않게 간절히 기도하자 삼 년 육 개월
동안이나 땅에 비가 내리지 않았습니다.
18그가 다시 기도하자 하늘은 비를 내렸고 땅
에서는 곡식이 열매를 맺게 되었습니다.
19◎나의 형제 여러분, 여러분 가운데 어떤 사
람이 진리를 떠나 그릇된 길을 갈 때에 누가

㉠ 칠십인역 이사 5:9; 레위 19:13; 신명 24:14-15; 말라 3:5. ㉡ 욥기 1:22, 2:10, 42:10, 12 참조.

그를 바른 길로 돌아서게 한다고 합시다.
20그러면 죄인을 그릇된 길에서 돌아서게 한
그 사람은 그 죄인의 영혼을 죽음으로부터
구원할 것이고 또 많은 죄를 용서받게 해줄
것입니다. 이것을 알아두십시오.

베드로의 첫째 편지

인사

1 ◎예수 그리스도의 사도인 나 베드로는 본
도와 갈라디아와 가빠도기아와 아시아와 비
티니아에 흩어져서 나그네 생활을 하고 있
는 여러분에게 이 편지를 씁니다.
2여러분은 하느님 아버지께서 미리 세우신
계획에 따라 뽑혀서 성령으로 거룩하게
되어 예수 그리스도께 복종하게 되었으며
그분의 피로 죄가 씻겨진 사람들입니다.
여러분에게 은총과 평화가 충만하기를 빕
니다.

산 희망

3◎우리 주 예수 그리스도의 아버지 하느님을
찬양합시다. 하느님께서는 당신의 크신 자
비로 우리를 다시 낳아주시고 예수 그리스도
를 죽은 자들 가운데서 다시 살리심으로써
우리에게 산 희망을 안겨주셨습니다.
4그리고 여러분을 위하여 썩지 않고 더러워
지지 않고, 시들지도 않는 분깃을 하늘에
마련해 두셨습니다.
5하느님께서는 여러분의 믿음을 보시고 당
신의 힘으로 여러분을 보호해 주시며 마지
막 때에 나타나기로 되어 있는 구원을 얻게
하여주십니다.
6그러므로 기뻐하십시오. 여러분이 지금 얼
마 동안은 갖가지 시련을 겪으면서 슬퍼할
수밖에 없겠지만
7그것은 여러분의 믿음을 순수하게 만들기
위한 것입니다. 결국 없어지고 말 황금도
불로 단련을 받습니다. 그러므로 황금보다
훨씬 더 귀한 여러분의 믿음은 많은 단련을
받아 순수한 것이 되어 예수 그리스도께서
나타나시는 날에 칭찬과 영광과 영예를 차
지하게 될 것입니다.
8여러분은 그리스도를 본 일이 없으면서도
그분을 사랑하고 그분을 보지 못하면서도
믿고 있으며 또 말할 수 없는 영광스러운 기
쁨으로 넘쳐 있습니다.
9그것은 여러분의 믿음이 결국 영혼을 구원
하였기 때문입니다.
10이 구원은 여러분에게 내릴 은총을 두고 예
언한 예언자들이 열심히 찾고 연구하던 것
입니다.
11예언자들이 그 일이 언제 어떤 모양으로 일
어날 것인지를 연구하고 있을 때에 그들 속
에 계신 그리스도의 성령이 그들에게 그리스
도의 수난과 그 뒤에 올 영광을 미리 알려주
셨습니다.
12그들은 자기들이 찾은 진리가 자신들을 위
한 것이 아니라 여러분을 위한 것이었음을
하느님의 계시에 의해서 알았습니다. 그리
고 이제 이 진리는 하늘로부터 보내심을 받
은 성령의 도움으로 복음을 전한 사람들에
의해서 여러분에게 알려졌습니다. 이것은
천사들도 보고 싶어하는 것입니다.

거룩한 생활

13◎그러므로 여러분은 마음을 가다듬고 정신
을 차려 예수 그리스도가 나타나실 때에 여
러분에게 내려주실 은총을 끝까지 기다리
십시오.
14여러분이 전에는 아무것도 모르고 욕심대
로 살았지만 이제는 잘 순종하는 자녀로서
하느님께 복종하십시오.
15또 여러분을 불러주신 분이 거룩하신 것처
럼 여러분도 모든 행위에 거룩한 사람이 되
십시오.
16성서에도 "㉠내가 거룩하니 너희들도 거룩
하게 되어라."고 기록되어 있지 않습니까?
17◎그리고 여러분은 각자의 업적에 따라서
공정하게 판단하시는 분을 아버지로 모시
고 있으니 나그네 생활을 하고 있는 동안은
늘 두려운 마음으로 지내십시오.
18여러분은 조상들에게서 물려받은 헛된 생
활에서 해방되었습니다. 그러나 아시다시
피 그것은 은이나 금 따위의 없어질 물건으
로 값을 치르고 된 일이 아니라

㉠ 레위 14:44-45, 19:2, 20:7.

19흠도 티도 없는 어린 양의 피 같은 그리스도
의 귀한 피로 얻은 것입니다.
20하느님께서는 천지를 창조하시기 전에 그리
스도를 구세주로 미리 정하셨고 이 마지막
때에 여러분을 위해서 그분을 세상에 나타
나게 하셨습니다.
21여러분은 바로 이 그리스도로 말미암아 그
분을 죽은 자들 가운데서 살리시고 그분에
게 영광을 주신 하느님을 믿고 하느님께 희
망을 두게 되었습니다.
22◎여러분은 진리에 복종함으로써 마음이 깨
끗해져서 꾸밈없이 형제를 사랑할 수 있게
되었으니 충심으로 열렬히 서로 사랑하십
시오.
23여러분은 새로 난 사람들입니다. 그것도 썩
어 없어질 씨앗에서 난 것이 아니라 썩지 않
을 씨앗 곧 영원히 살아 계시는 하느님의 말
씀을 통해서 났습니다.
24 "㉠모든 인간은 풀과 같고
인간의 영광은 풀의 꽃과 같다.
풀은 마르고
꽃은 떨어지지만
25 주님의 말씀은 영원히 살아 있다."
여러분에게 전해진 복음이 바로 이 말씀
입니다.

살아 있는 돌과 거룩한 백성

2 ◎그러므로 여러분은 모든 악의와 기만과
위선과 시기와 온갖 비방을 버리십시오.
2그리고 갓난아이처럼 순수하고 신령한 젖
을 구하십시오. 그러면 그것으로 자라나서
구원을 얻게 될 것입니다.
3여러분은 이미 ㉡주님의 인자하심을 맛보지
않았습니까?
4주님께로 가까이 오십시오. 그분은 살아 있
는 돌입니다. 사람들에게는 버림을 받았지
만 하느님께는 선택을 받은 귀한 돌입니다.
5여러분도 신령한 집을 짓는 데 쓰일 산 돌이
되십시오. 그리고 거룩한 사제가 되어 하느
님께서 기쁘게 받으실 만한 신령한 제사를
예수 그리스도를 통하여 드리십시오.
6성서에 이런 말씀이 있습니다.
"㉢내가 귀중한 돌 하나를 골라
머릿돌로 시온에 두었다.
그를 믿는 사람은
결코 부끄러움을 당하지 않을 것이다."
7 그러므로 이 돌이 믿는 여러분에게는 귀
한 것입니다. 그러나 믿지 않는 자들에게
는 "㉣집 짓는 자들에게 버림을 받았다가
모퉁이의 머릿돌"이 된 돌이며
8"㉤그들을 걸려 넘어지게 하는 돌이요 장애
물이 된 바위"입니다. 그들이 걸려 넘어진
것은 말씀을 순종하지 않은 탓이며 또한 그
것이 그들의 운명이기도 했습니다.
9◎그러나 여러분은 ㉥선택된 민족이고 ㉦왕
의 사제들이며 거룩한 겨레이고 하느님의
소유가 된 백성입니다. 그러므로 여러분은
어두운 데서 여러분을 불러내어 그 놀라운
빛 가운데로 인도해 주신 하느님의 놀라운
능력을 널리 찬양해야 합니다.
10㉧여러분이 전에는 하느님의 백성이 아니었
지만 지금은 하느님의 백성이며 전에는 하
느님의 자비를 받지 못했지만 지금은 그분
의 자비를 받게 되었습니다.

하느님의 종다운 생활

11◎사랑하는 형제들, 낯선 땅에서 나그네 생
활을 하고 있는 여러분에게 권고합니다. 영
혼을 거슬러 싸움을 벌이는 육체적인 욕정
을 멀리하십시오.
12그리고 이방인들 사이에서 행실을 단정하
게 하십시오. 그러면 여러분더러 악을 행하
는 자라고 욕하던 그들도 여러분의 아름다
운 행위를 보고 하느님께서 찾아오시는 그
날에 그분을 찬양하게 될 것입니다.
13◎여러분은 인간이 세운 모든 제도에 복종
하십시오. 그것이 주님을 위하는 것입니다.
황제는 주권자이니 그에게 복종하고
14총독은 황제의 임명을 받은 사람으로서 악
인을 처벌하고 선인을 표창하는 사람이니
그에게도 복종해야 합니다.
15선한 일을 하여 어리석은 자들의 무지한 입
을 막는 것이 하느님의 뜻입니다.
16여러분은 자유인답게 사십시오. 그러나 악
을 행하는 구실로 자유를 남용해서는 안 됩
니다. 여러분은 하느님을 섬기는 종입니다.
17모든 사람을 존경하고 형제들을 사랑하며
하느님을 두려워하고 황제를 존경하십시오.

그리스도의 고난

18◎하인으로서 일하고 있는 사람은, 주인에
게 진정 두려운 마음으로 복종하십시오. 착
하고 너그러운 주인에게뿐만 아니라 고약
한 주인에게도 그렇게 하십시오.

㉠ 이사 40:6-8. ㉡ 시편 34:8. ㉢ 이사 28:16. ㉣ 시편 118:22. ㉤ 이사 8:14. ㉥ 신명 7:6, 10:15; 이사 43:20. ㉦ 출애 19:5-6; 이사 61:6. ㉧ 호세 2:23.

19억울하게 고통을 당하더라도 하느님이 계
신 것을 생각하며 괴로움을 참으면 그것은
아름다운 일입니다.
20죄를 짓고 매를 맞으면서 참으면 영예스러
운 것이 무엇입니까? 그러나 선을 행하다
가 고통을 당하면서도 참으면 하느님의 축
복을 받습니다.
21여러분은 바로 그렇게 살아가라고 부르심
을 받은 사람들입니다. 그리스도께서도 여
러분을 위해서 고난을 받으심으로써 당신
의 발자취를 따르라고 본보기를 남겨주셨
습니다.
22㉠그리스도는 죄를 지으신 일이 없고 그 말
씀에도 아무런 거짓이 없었습니다.
23그분은 모욕을 당하시면서도 모욕으로 갚
지 않으셨으며 고통을 당하시면서도 위협
하지 않으시고 정의대로 심판하시는 분에
게 모든 것을 다 맡기셨습니다.
24㉡그분은 우리 죄를 당신 몸에 친히 지시고
십자가에 달리셔서 우리로 하여금 죄의 권
세에서 벗어나 올바르게 살게 하셨습니다.
그분이 매맞고 상처를 입으신 덕택으로 여
러분의 상처는 나았습니다.
25여러분이 전에는 길 잃은 양처럼 헤매었지
만 이제는 여러분의 목자이시며 보호자이
신 그분에게로 돌아왔습니다.

아내와 남편

3 ◎아내된 사람들도 마찬가지로 남편에게
복종해야 합니다. 하느님의 말씀을 믿지
않는 남편들도 자기 아내의 행동을 보고 믿
게 될 것입니다. 그러니 말로 설득하지 않
더라도
2경건하고 순결한 생활을 보여주도록 하십
시오.
3여러분은 머리를 땋거나 금으로 장식하거나
옷을 차려입거나 하는 겉치장을 하지 말고
4썩지 않는 장식, 곧 온유하고 정숙한 정신
으로 속마음을 치장하십시오. 이것이야말
로 하느님께서 가장 귀하게 여기시는 것입
니다.
5전에 하느님께 희망을 두고 살던 거룩한 부
인들도 이와 같이 자신을 가다듬고 자기 남
편에게 복종했습니다.
6㉢사라가 바로 그런 부인이었습니다. 사라는
자기 남편 아브라함을 주님이라고 부르면서
그에게 복종했습니다. 여러분도 선한 일을
하고 어떤 놀랄 만한 일에도 무서워하지 않
는다면 사라의 딸들이 될 것입니다.
7남편 된 사람들도 이와 같이 자기 아내가 자
기보다 연약한 여성이라는 것을 잘 이해하
고 함께 살아가며 생명의 은총을 함께 상속
받을 사람으로 여기고 존경하십시오. 그래
야 여러분의 기도 생활이 끊어지지 않을 것
입니다.

정의를 위한 수난

8◎끝으로 말합니다. 여러분은 모두 한마음
을 품고 서로 동정하고 서로 형제처럼 사랑
하며 자비심을 가지고 겸손한 사람들이 되
십시오.
9악을 악으로 갚거나 욕을 욕으로 갚지 말고
도리어 축복해 주십시오. 그러기 위해서 여
러분이 부르심을 받았습니다. 그렇게 하면
여러분은 하느님께서 약속하신 축복을 받
게 될 것입니다. 성서에 이런 말씀이 있습
니다.
10 "㉣생명을 사랑하고
행복한 날을 보려는 사람은
모름지기 혀를 다스려 악한 말을 못하
게 하고
입술을 다물고 거짓말을 못하게 해야
한다.
11 그는 악을 멀리하고 착한 일을 하며
평화를 힘써 찾아야 한다.
12 주님은 올바른 사람들을 굽어보시고
그들의 간구를 들어주신다.
그러나 악을 행하는 자들은 노려보신
다."
13◎여러분이 선한 일에 열성을 낸다면 누가
여러분을 해치겠습니까?
14그러나 만일 여러분이 옳은 일을 하다가 고
난을 받는다 해도 여러분은 행복합니다. 사
람들이 여러분을 협박하더라도 무서워하거
나 흔들리지 마십시오.
15여러분의 마음속에 그리스도를 주님으로 우
러러 모시고 여러분이 간직하고 있는 희망
에 대해서 설명을 듣고 싶어하는 사람들에
게는 언제라도 답변할 수 있도록 준비해 두
십시오.
16그러나 답변을 할 때에는 부드러운 태도로
조심스럽게 해야 합니다. 여러분은 언제나
깨끗한 양심을 지니고 사십시오. 그러면 그
리스도를 믿는 여러분의 착한 행실을 헐뜯
던 자들이 바로 그 일로 부끄러움을 당하게
될 것입니다.

㉠이사 53:9. ㉡이사 53:4, 12. ㉢창세 18:12. ㉣시편 34:12-16.

17 선을 행하다가 고난을 당하는 것이 하느님의 뜻이라면 악을 행하다가 고통을 당하는 것보다야 얼마나 낫겠습니까?

18 그리스도께서도 여러분의 죄 때문에 죽으셨습니다. 죄 없으신 분이 죄인을 위해서 죽으신 것입니다. 그리스도께서는 단 한 번 죽으심으로써 여러분의 죄를 용서해 주시고 하느님께로 인도해 주셨습니다. 그리스도께서는 몸으로는 죽으셨지만 영적으로는 다시 사셨습니다.

19 이리하여 그리스도께서는 갇혀 있는 영혼들에게도 가셔서 기쁜 소식을 선포하셨습니다.

20 그들은 옛날에 노아가 방주를 만들었을 때 하느님께서 오래 참고 기다리셨지만 끝내 순종하지 않던 자들입니다. 그 방주에 들어가 물에 빠지지 않고 구원을 받은 사람은 겨우 여덟 사람뿐이었습니다.

21 그것은 오늘날 여러분에게 구원을 가져다 주는 세례를 미리 보여준 것입니다. 세례는 몸에서 더러운 때를 벗기는 것이 아니라 깨끗한 양심으로 살겠다고 하느님께 서약을 하는 것이며 예수 그리스도의 부활로써 이루어지는 것입니다.

22 예수 그리스도께서는 하늘에 올라가셔서 하느님의 오른편에 계시며 천사들과 세력과 능력의 천신들을 당신에게 복종시키셨습니다.

은총의 선물을 잘 관리하는 자

4 ◎그리스도께서 육체의 고통을 받으셨으니 여러분도 같은 각오로 정신을 무장하십시오. 육체의 고통을 받은 사람은 이미 죄와는 인연이 없습니다.

2 그러니 이제 여러분은 지상의 남은 생애를 인간의 욕정을 따라 살지 말고 하느님의 뜻을 따라 살아야 합니다.

3 여러분은 과거에 이방인들이 즐겨하던 일을 하면서 살아왔습니다. 곧 방탕에 빠지고 욕정에 흐르고 술에 취하고 진탕 먹고 마시며 떠들어대고 가증한 우상 숭배를 일삼아 왔으니 그만하면 족하지 않습니까?

4 이방인들은 여러분이 이제 자기네와 함께 방탕에 휩쓸리지 않는다고 해서 괴이하게 생각하며 욕설을 퍼붓고 있습니다.

5 그들은 산 사람과 죽은 자를 심판하실 분 앞에서 바른 대로 고해야 할 것입니다.

6 그래서 죽은 자들에게도 복음이 전해진 것입니다. 그것은 그들이 육체로는 인간이 받는 심판을 받았지만 영적으로는 하느님을 따라 살 수 있게 하려는 것이었습니다.

7 ◎세상의 종말이 가까이 왔으니 정신을 차려 마음을 가다듬고 기도하십시오.

8 모든 일에 앞서 서로 진정으로 사랑하십시오. 사랑은 허다한 죄를 용서해 줍니다.

9 여러분은 모두 나그네들이니 귀찮게 생각하지 말고 서로 극진히 대접하십시오.

10 각자가 받은 은총의 선물이 무엇이든지, 그것을 가지고 서로 남을 위해서 봉사하십시오. 그리하여 하느님께서 주신 갖가지 은총을 잘 관리하는 사람이 되십시오.

11 설교의 직분을 맡은 사람은 하느님의 말씀을 전해야 하고 남을 도와주는 사람은 하느님께로부터 힘을 받은 사람답게 봉사해야 합니다. 그리하면 무슨 일에든지 하느님께서 예수 그리스도를 통해서 영광을 받으시게 될 것입니다. 그분은 영원토록 영광과 권세를 누리실 분이십니다. 아멘.

그리스도인이 받을 고난

12 ◎사랑하는 여러분, 시련의 불길이 여러분 가운데 일어나더라도 그것은 여러분을 시험하려는 것이니 무슨 큰일이나 생긴 것처럼 놀라지 마십시오.

13 여러분은 그리스도의 고난에 참여하는 것이니 오히려 기뻐하십시오. 여러분은 그리스도께서 영광스럽게 나타나실 때에 기뻐서 뛰며 즐거워하게 될 것입니다.

14 여러분이 그리스도 때문에 모욕을 당하면 행복합니다. 영광의 성령 곧 하느님의 성령이 여러분에게 머물러 계시기 때문입니다.

15 여러분 중에는 아무도 살인자나 도둑이나 악한이나 사기한 따위가 되어 고난을 당하는 사람이 없도록 하십시오.

16 그러나 여러분이 그리스도인이기 때문에 고난을 당한다면 부끄러워하지 말고 오히려 그리스도인이 된 것을 하느님께 감사하십시오.

17 심판의 때는 왔습니다. 하느님의 백성이 먼저 심판을 받을 것입니다. 하느님께서 당신의 백성인 우리를 먼저 심판하신다면 하느님의 복음을 믿지 않는 자들의 말로가 어떠하겠습니까?

18 ㉠의로운 사람이 겨우 구원을 받는다면
경건치 못한 죄인은 어떻게 되겠습니까?

㉠ 칠십인역 잠언 11:31.

19 그러므로 하느님의 뜻을 따라 고난을 받
는 사람들은 착한 일을 행하면서 자기 영혼
을 진실하신 창조주께 맡겨야 합니다.

하느님의 양떼를 돌보라

5 ◎나는 여러분 가운데 원로로 계신 분들
에게, 같은 원로로서 또한 그리스도의 고
난의 증인이며 장차 나타날 영광을 함께 누
릴 사람으로서 권고합니다.
2 하느님께서 여러분에게 맡겨주신 양떼를
잘 치십시오. 그들을 잘 돌보되 억지로 할
것이 아니라 하느님의 뜻을 따라 자진해서
하며 부정한 이익을 탐내서 할 것이 아니라
기쁜 마음으로 하십시오.
3 여러분에게 맡겨진 양떼를 지배하려 들지
말고 오히려 그들의 모범이 되십시오.
4 그러면 목자의 으뜸이신 그리스도가 나타나
실 때에 여러분은 시들지 않는 영광의 월계
관을 받게 될 것입니다.
5 ◎이번에는 젊은이들에게 말합니다. 여러
분은 원로들에게 복종하십시오. 여러분은
모두 겸손의 옷을 입고 서로 섬기십시오.
㉠하느님께서는 교만한 자를 물리치시고 겸
손한 사람에게 은총을 베푸십니다.
6 ◎그러므로 여러분은 스스로 낮추어 하느님
의 권능에 복종하십시오. 때가 이르면 하느
님께서 여러분을 높여주실 것입니다.
7 여러분의 온갖 근심 걱정을 송두리째 하느
님께 맡기십시오. 하느님께서는 언제나 여
러분을 돌보십니다.
8 정신을 바짝 차리고 깨어 있으십시오. 여러
분의 원수인 악마가 으르렁대는 사자처럼
먹이를 찾아 돌아다닙니다.
9 굳건한 믿음을 가지고 악마를 대적하십시
오. 아시다시피 온 세상에 퍼져 있는 여러
분의 교우들도 같은 고난을 다 당해 왔습
니다.
10 여러분은 잠깐 동안 고난을 받았습니다. 그
러나 그리스도를 믿는 여러분에게 당신의
영원한 영광을 주시려고 불러주신 하느님
곧 모든 은총의 하느님께서 친히 여러분을
완전하게 하여주시고 든든히 세워주시고
힘을 주시고 흔들리지 않게 하여주실 것입
니다.
11 하느님은 영원토록 권세를 누리실 분이십
니다. 아멘.

작별 인사

12 ◎나는 진실한 형제로 여기는 실바노의 손을
빌려 여러분에게 간단히 이 편지를 썼습니
다. 그것은 여러분을 격려하는 한편 하느님
의 참된 은총이 어떤 것인가를 증언하기 위
한 것입니다. 여러분은 하느님의 은총을 받
았으니 흔들리지 마십시오.
13 ◎바빌론에 있는 여러분의 자매 교회와 내가
아들로 여기는 마르코가 여러분에게 문안합
니다.
14 여러분은 사랑의 입맞춤으로써 서로 인사
하십시오. 그리스도를 믿는 여러분 모두에
게 평화가 있기를 빕니다.

베드로의 둘째 편지

인사

1 ◎예수 그리스도의 종이며 사도인 나 시몬
베드로는 우리의 하느님이시며 구세주이
신 예수 그리스도의 정의에 힘입어 귀중한
믿음을 우리와 함께 간직하게 된 여러분에
게 이 편지를 씁니다.
2 하느님과 우리 주 예수를 알게 됨으로써 은
총과 평화를 충만하게 받으시기를 빕니다.

하느님의 부르심

3 ◎그리스도께서는 당신이 가지신 하느님의
능력으로 우리에게 경건한 생활을 하는 데
필요한 모든 것을 주셨습니다. 그래서 우리
를 부르셔서 당신의 영광과 능력을 누리게
하신 그분을 알게 해주셨습니다.
4 우리는 그 영광과 능력에 힘입어 귀중하고
가장 훌륭한 약속을 받았습니다. 여러분은
그 덕분으로 정욕에서 나오는 이 세상의 부
패에서 멀리 떠나 하느님의 본성을 나누어
받게 되었습니다.
5 그러니 여러분은 열성을 다하여 믿음에 미
덕을 더하고, 미덕에 지식을,
6 지식에 절제를, 절제에 인내를, 인내에 경
건을,

㉠ 잠언 3:34.

7 경건에 교우끼리의 사랑을, 교우끼리의 사
랑에 만민에 대한 사랑을 더하십시오.
8 여러분이 이런 것들을 풍성하게 갖추면 여
러분은 부지런히 우리 주 예수 그리스도를
알려고 할 것이며 마침내는 그를 잘 알게 될
것입니다.
9 그러나 이런 것들을 갖추지 못한 사람은 앞
못 보는 장님이며 과거에 지은 죄가 깨끗해
졌다는 것을 잊어버린 사람입니다.
10 그러므로 형제 여러분, 하느님께서 여러분
을 불러주시고 뽑아주셨다는 사실을 여러
분은 더욱 확실히 깨닫도록 하십시오. 그러
면 여러분은 절대로 빗나가는 일이 없을 것
이고
11 또한 여러분에게는 우리의 주님이시며 구
세주이신 예수 그리스도의 영원한 나라로 들
어가는 문이 활짝 열릴 것입니다.
12 ◎여러분은 이런 것들을 이미 다 알고 있을
뿐만 아니라 여러분이 받은 진리를 굳게 간
직하고 있을 터이지만 나는 언제나 여러분
에게 그것들을 일깨워주려고 합니다.
13 내가 이 세상에 살아 있는 동안은 여러분을
일깨워 분발하게 하는 것이 마땅한 일인 줄
압니다.
14 우리 주 예수 그리스도께서 보여주신 대로
내가 이 세상을 떠날 때가 멀지 않았다는 것
을 알고 있기 때문입니다.
15 내가 죽은 뒤에도 여러분이 이런 일들을 언
제나 되새길 수 있게 하려고 나는 힘쓰겠습
니다.

그리스도의 영광과 예언의 말씀

16 ◎우리가 여러분에게 알려준 우리 주 예수
그리스도의 권능과 강림의 이야기는 사람들
이 꾸며낸 신화에서 나온 것이 아닙니다.
우리는 그분이 얼마나 위대한 분이신지를
우리의 눈으로 보았습니다.
17 그분은 분명히 하느님 아버지로부터 영예
와 영광을 받으셨습니다. 그것은 최고의
영광을 지니신 하느님께서 그분을 가리켜
"㉠이는 내 사랑하는 아들, 내 마음에 드는
아들이다." 하고 말씀하시는 음성이 들려왔
을 때의 일입니다.
18 우리는 그 거룩한 산에서 그분과 함께 있었
으므로 하늘에서 들려오는 그 음성을 직접
들었습니다.
19 이것으로 예언의 말씀이 더욱 확실해졌습
니다. 여러분의 마음속에 동이 트고 샛별이
떠오를 때까지는 어둠 속을 밝혀주는 등불
을 바라보듯이 그 말씀에 주의를 기울이는
것이 좋겠습니다.
20 그리고 무엇보다도 먼저 알아야 할 것은 성
서의 어떤 예언도 임의로 해석해서는 안 된
다는 점입니다.
21 예언은 인간의 생각에서 나온 것이 아니라
사람들이 성령에 이끌려서 하느님께로부터
말씀을 받아 전한 것입니다.

2

◎전에 이스라엘 백성 가운데 거짓 예언자
들이 있었던 것처럼 여러분 가운데도 거
짓 교사들이 나타날 것입니다. 그들은 파멸
을 가져오는 이단을 몰래 끌어들일 뿐만 아
니라 피를 흘리셔서 자기들을 구원해 주신
주님을 부인하며 자기 자신들의 멸망을 재
촉하는 자들입니다.
2 많은 사람이 그들을 본받아 방종하게 되고
그들 때문에 진리의 가르침이 오히려 비방
을 받게 될 것입니다.
3 또 그들은 탐욕을 채우려고 감언이설로 여
러분을 속여 착취할 것입니다. 하느님께서
는 오래 전에 이미 그들을 단죄하셨으며 그
들은 반드시 파멸당하고 말 것입니다.
4 ◎하느님께서는 죄지은 천사들을 용서 없이
깊은 구렁텅이에 던져서 심판 때까지 어둠
속에 갇혀 있게 하셨습니다.
5 또 하느님께서는 옛날 사람들이 당신을 배
반했을 때에 홍수를 내리셔서 그들을 가차
없이 벌하셨습니다. 그러나 정의를 부르짖
던 노아의 일가 여덟 사람만은 살려주셨습
니다.
6 그리고 소돔과 고모라 두 도시를 단죄하여
잿더미로 만드셔서 후세에 하느님을 배반
할 자들에게 보일 본보기로 삼으셨습니다.
7 그러나 방종에 빠진 무도한 자들에게 시달
리던 착한 롯은 구해 내셨습니다.
8 착한 롯은 그들 사이에서 살면서 날마다 그
들의 무도한 행실을 보고 듣게 되어 착한 마
음에 큰 괴로움을 당했던 것입니다.
9 주님께서는 당신을 경외하는 사람들은 유
혹에서 건져내시고 악인들은 심판 날까지
계속 벌을 받게 하실 수 있으십니다.
10 특히 육체의 더러운 욕망에 빠져 사는 자들
과 하느님의 권위를 멸시하는 자들을 벌하
실 것입니다. ◎그런 자들은 당돌하고 거만
해서 영광스러운 천사들에게 거침없이 욕
설을 퍼붓습니다.
11 그러나 천사들은 그들보다 더 큰 힘과 권능

㉠ 마태 17:5.

을 가지고 있으면서도 주님 앞에서 그들을
헐뜯어 고발하지는 않습니다.
12그 악인들은 마치 잡혀서 죽으려고 태어난
이성이 없는 짐승과 같아서 알지도 못하는
일들을 헐뜯습니다. 그러다가 그들은 그 짐
승들처럼 멸망을 당하고 말 것입니다.
13이와 같이 그들은 자기들의 불의의 값으로
벌을 받게 됩니다. 그들은 대낮에 흥청거리
며 노는 것을 낙으로 삼고 여러분과 함께 음
식을 나누는 자리에서도 방탕한 짓을 즐기
며 티와 흠을 남기는 자들입니다.
14그들의 눈에는 음욕이 가득하고 끊임없이
죄만 지으며 들뜬 사람들의 마음을 유혹합
니다. 그들은 욕심을 채우는 데만 잘 훈련
되어 있는 자들이니 하느님의 저주를 받기
에 알맞은 자식들입니다.
15그들은 바른 길을 버리고 그릇된 길로 갔
습니다. 그들은 부정한 소득을 좋아하던
㉠보소르의 아들 발라암이 간 길을 따른 것
입니다.
16그러나 발라암은 자기가 저지른 잘못 때문
에 책망을 받았습니다. 말 못하는 나귀가
사람의 음성으로 말해서 이 예언자의 미친
행동을 막은 것입니다.
17◎이런 자들은 물 없는 샘이며 폭풍에 밀려
가는 안개입니다. 이런 자들을 위해서 깊은
암흑이 마련되어 있습니다.
18그들은 허무맹랑한 큰소리를 하며 그릇된
생활을 하는 자들로부터 가까스로 빠져 나
온 사람들을 육체의 방탕한 정욕으로 유혹
합니다.
19그들은 남들에게는 자유를 약속하면서 그
들 자신은 부패의 노예가 되어 있습니다.
정복을 당한 사람은 누구든지 정복자의 종
이 되는 것입니다.
20만일 우리 주님이시며 구세주이신 예수 그
리스도를 알게 됨으로써 세상의 더러운 것
에서 벗어난 사람들이 다시 거기에 말려 들
어가서 정복당하고 만다면 그런 사람들의
나중 처지는 처음보다 더 나빠질 것입니다.
21그들이 올바른 길을 알았다가도 자기들이
받은 거룩한 계명을 저버린다면 차라리 올
바른 길을 알지 못했던 편이 더 나을 것입
니다.
22"㉡개는 제가 토한 것을 도로 먹는다." "돼
지는 몸을 씻겨주어도 다시 진창에 뒹군
다."라는 속담이 그들에게 그대로 들어맞았
습니다.

재림의 약속

3 ◎사랑하는 여러분, 나는 지금 여러분에
게 두 번째 편지를 쓰고 있습니다. 나는
먼젓번과 마찬가지로 이번에도 여러분의
기억을 새롭게 하여 여러분의 순수한 마음
을 불러일으키려고 한 것입니다.
2그래서 거룩한 예언자들이 이미 예언한 말
씀과 주님이신 구세주께서 여러분의 사도
들에게 주신 계명을 되새기게 하려는 것입
니다.
3무엇보다도 먼저 여러분이 알아두어야 할
것은 이것입니다. 곧 마지막 시대에 자기들
의 욕정을 따라 사는 자들이 나타나서 여러
분을 조롱하며
4"그리스도가 다시 온다는 약속은 어떻게 되
었는가? 그 약속을 기다리던 선배들도 죽
었고 모든 것이 창조 이래 조금도 달라진 것
이 없지 않으냐?" 하고 말할 것입니다.
5그들은 아득한 옛날에 하느님의 말씀으로
하늘과 땅이 창조되었다는 사실을 일부러
외면하고 있습니다. 하느님의 말씀에 의해
서 땅이 물에서 나왔고 또 물에 의해서 이루
어졌습니다.
6그리고 물에 잠겨서 옛날의 세계는 멸망해
버렸습니다.
7사실 하늘과 땅은 지금도 하느님의 같은 말
씀에 의해서 그대로 남아 있습니다. 그러나
하늘과 땅은 하느님을 배반하는 자들이 멸
망당할 심판의 날까지만 보존되었다가 불
에 타버리고 말 것입니다.
8◎사랑하는 여러분, 이 한 가지를 잊지 마십
시오. ㉢주님께는 하루가 천 년 같고 천 년
이 하루 같습니다.
9어떤 이들은 주님께서 약속하신 것을 미루
신다고 생각하고 있지만 사실은 여러분을
위해서 참고 기다리시는 것입니다. 아무도
멸망하지 않고 모두 회개하게 되기를 바라
시기 때문입니다.
10그러나 주님의 날은 도둑처럼 갑자기 올 것
입니다. 그 날에 하늘은 요란한 소리를 내
면서 사라지고 천체는 타서 녹아버리고 땅
과 그 위에 있는 모든 것은 없어지고 말 것
입니다.
11이렇게 모든 것이 다 파괴될 것이니 여러분
은 어떻게 살아야 할지 생각해 보십시오.
거룩하고 경건한 생활을 하면서
12하느님의 심판날을 기다릴 뿐 아니라 그 날
이 속히 오도록 힘써야 할 것입니다. 그 날

㉠ 다른 고대 사본들에는 "브올의 아들 발라암". ㉡ 잠언 26:11. ㉢ 시편 90:4.

이 오면 하늘은 불타 없어지고 천체는 타서
녹아버릴 것입니다.
13그러나 우리는 하느님의 약속을 믿고 ㉠새
하늘과 새 땅을 기다리고 있습니다. 거기에
는 정의가 깃들여 있습니다.
14◎사랑하는 여러분, 여러분은 그 날을 기다
리고 있으니만큼 티와 흠이 없이 살면서 하
느님과 화목하는 사람이 되도록 노력하십
시오.
15그리고 우리 주님께서 오래 참으시는 것도
모든 사람에게 구원받을 기회를 주시려는
것이라고 생각하십시오. 이것은 우리의 사
랑하는 형제 바울로가 하느님께로부터 지혜
를 받아 여러분에게 써 보낸 바와 같습니다.
16바울로는 어느 편지에서나 이런 말을 하고
있습니다. 그러나 그 중에는 이해하기 어려
운 대목이 더러 있어서 무식하고 마음이 들
떠 있는 사람들이 성서의 다른 부분들을 곡
해하듯이 그것을 곡해함으로써 스스로 파
멸을 불러들이고 있습니다.
17그러므로 사랑하는 여러분은 이것을 미리
알고 무법한 자들의 속임수에 빠져 들어가
자기의 확신을 잃는 일이 없도록 조심해야
합니다.
18여러분이 우리의 주님이시며 구세주이신 예
수 그리스도의 은총을 입고 또 그분을 앎으
로써 계속 자라나기를 바랍니다. 이제와 또
영원토록 그분께서 영광을 받으시기를 빕
니다. 아멘.

요한의 첫째 편지

생명의 말씀

1 ◎우리는 생명의 말씀에 관해서 말하려고
합니다. 그 말씀은 천지가 창조되기 전부
터 계셨습니다. 우리는 그 말씀을 듣고 눈
으로 보고 실제로 목격하고 손으로 만져보
았습니다.
2그 생명이 나타났을 때에 우리는 그 생명을
보았기 때문에 그것을 증언합니다. 우리가
여러분에게 선포하는 이 영원한 생명은 아
버지와 함께 있다가 우리에게 분명히 나타
난 것입니다.
3우리가 보고 들은 그것을 여러분에게 선포
하는 목적은 우리가 아버지와 그리고 그분
의 아들 예수 그리스도와 사귀는 친교를 여
러분도 함께 나눌 수 있게 하려는 것입니다.
4우리는 충만한 기쁨을 맛보기 위해서 이 글
을 써 보냅니다.

하느님은 빛이시다

5◎우리가 그분에게서 듣고 그대들에게 전
하는 말씀은 이것입니다. 곧 하느님은 빛이
시고 하느님께는 어둠이 전혀 없다는 것입
니다.
6만일 우리가 어둠 속에서 살아가면서 하느
님과 사귀고 있다고 말한다면 우리는 거짓
말을 하는 것이고 진리를 좇아서 사는 것이
아닙니다.
7그러나 하느님께서 빛 가운데 계신 것처럼
우리도 빛 가운데서 살고 있으면 우리는 서
로 친교를 나누게 되고 그분의 아들 예수의
피가 우리의 모든 죄를 깨끗이 씻어줍니다.
8만일 우리가 죄없는 사람이라고 말한다면
우리는 자신을 속이는 것이고 진리를 저버
리는 것이 됩니다.
9그러나 우리가 우리의 죄를 하느님께 고백
하면 진실하시고 의로우신 하느님께서는
우리의 죄를 용서하시고 우리의 모든 불의
를 깨끗이 씻어주실 것입니다.
10만일 우리가 죄를 짓지 않았다고 말한다면
우리는 하느님을 거짓말쟁이로 만드는 것
이며 그분의 말씀을 저버리는 것이 됩니다.

우리를 변호해 주시는 그리스도

2 ◎나는 믿음의 자녀인 여러분이 죄를 짓
지 않게 하려고 여러분에게 이 편지를
씁니다. 그러나 혹 누가 죄를 짓더라도 아
버지 앞에서 우리를 변호해 주시는 분이 계
십니다. 그분은 의로우신 예수 그리스도이십
니다.
2그분은 우리의 죄를 용서해 주시려고 친히
제물이 되셨습니다. 우리의 죄뿐만 아니라
온 세상의 죄를 용서해 주시려고 제물이 되
신 것입니다.
3우리가 하느님의 계명을 지킬 때에 비로소

㉠ 이사 65:17.

우리가 하느님을 알고 있다는 것이 확실해
집니다.
4 하느님의 계명을 지키지 않으면서 하느님
을 알고 있다고 말하는 자는 거짓말쟁이이
고 진리를 저버리는 자입니다.
5 그러나 누구든지 하느님의 말씀을 지키면
그 사람은 진실로 하느님을 완전히 사랑하
고 있는 것입니다. 이렇게 해서 우리는 우
리가 하느님 안에 있다는 것을 알게 됩니다.
6 자기가 하느님 안에서 산다고 말하는 사람
은 그리스도께서 사신 것처럼 살아야 합니다.

새로운 계명

7 ◎내가 사랑하는 여러분에게 써 보내는 것
은 새로운 계명이 아니고 여러분이 처음부
터 가지고 있던 옛 계명입니다. 그 옛 계명
은 여러분이 줄곧 들어온 그 말씀입니다.
8 그러나 내가 여러분에게 써 보내는 것은 사
실은 새 계명입니다. 어둠이 지나가고 참
빛이 이미 비치고 있기 때문입니다. 그 계
명이 참되다는 것은 그리스도에게서 나타났
고 또 그대들의 경험으로도 알 수 있습니다.
9 자기가 빛 속에서 산다고 말하면서 자기의
형제를 미워하는 자는 아직도 어둠 속에서
살고 있는 자입니다.
10 자기의 형제를 사랑하는 사람은 빛 속에서
살고 있는 사람이며 그는 남을 죄짓게 하는
일이 없습니다.
11 그러나 자기 형제를 미워하는 자는 어둠 속
에 있으며 어둠 속에서 살아가기 때문에 그
눈이 어둠에 가려져서 자기가 어디로 가는
지 알지 못합니다.
12 사랑하는 자녀들이여,
여러분의 죄가 그리스도를 통하여 용서를
받았기 때문에
나는 이 편지를 씁니다.
13 아버지 된 사람들이여,
천지 창조 이전부터 계신 그분을
여러분이 알고 있기 때문에
나는 이 편지를 씁니다.
젊은이들이여,
여러분이 이미 악마를 이겼기 때문에
나는 이 편지를 씁니다.
14 어린 자녀들이여,
여러분이 이미 아버지를 알고 있기 때문
에
나는 이 편지를 씁니다.
아버지 된 사람들이여,
천지 창조 이전부터 계신 그분을
여러분이 알고 있기 때문에
나는 이 편지를 씁니다.
젊은이들이여,
여러분은 강하고, 하느님의 말씀을 지니
고 살며
악마를 이겨냈기 때문에
나는 이 편지를 씁니다.
15 여러분은 세상이나 세상에 속한 것들을
사랑하지 마십시오. 세상을 사랑하는 사람
에게는 그 마음속에 아버지를 향한 사랑이
없습니다.
16 세상에 있는 모든 것, 곧 육체의 쾌락과 눈
의 쾌락을 좇는 것이나 재산을 가지고 자랑
하는 것은 아버지께로부터 나온 것이 아니
고 세상에서 나온 것입니다.
17 세상도 가고 세상의 정욕도 다 지나가지만
하느님의 뜻대로 사는 사람은 영원히 살 것
입니다.

그리스도의 적

18 ◎어린 자녀들이여, 마지막 때가 왔습니다.
여러분은 그리스도의 적이 오리라는 말을
들어왔는데 벌써 그리스도의 적들이 많이
나타났습니다. 그러니 마지막 때가 왔다는
것이 분명합니다.
19 이런 자들은 본래 우리의 사람들이 아니었
기 때문에 우리에게서 떨어져 나갔습니다.
만일 그들이 우리의 사람들이었다면 우리
와 함께 그대로 남아 있었을 것입니다. 그
러나 결국 그들은 우리에게서 떨어져 나갔
고 그것으로 그들이 우리의 사람이 아니라
는 것이 분명히 드러났습니다.
20 그러나 여러분은 그 거룩하신 분에게서 성
령을 받았습니다. 그러므로 여러분은 모두
참된 지식을 가지고 있습니다.
21 내가 이렇게 여러분에게 편지를 써 보내는
것은 여러분이 진리를 몰라서가 아니라 진
리를 알고 있기 때문이고 또 진리로부터 거
짓말이 결코 나오지 않는다는 것도 알고 있
기 때문입니다.
22 누가 거짓말쟁이입니까? 예수께서 그리스도
시라는 것을 부인하는 사람이 아니겠습니
까? 이런 사람이 곧 그리스도의 적이며 아
버지와 아들을 부인하는 자입니다.
23 누구든지 아들을 부인하는 사람은 아버지
까지도 부인하며 그와 반대로 아들을 인정
하는 사람은 아버지까지도 인정합니다.
24 여러분이 처음부터 들어온 것을 마음속에
간직하십시오. 여러분이 처음부터 들어온

것이 여러분의 마음속에 살아 있으면 여러
분은 아들과 아버지와 함께 살게 될 것입
니다.
25 이것이 바로 그리스도께서 친히 우리에게
약속해 주신 영원한 생명입니다.
26 ◎나는 여러분을 속이는 자들에 관해서 지
금까지 썼습니다.
27 그러나 여러분으로 말하자면 그리스도께서
부어주신 성령이 여러분의 마음속에 살아
계시는 한, 아무에게도 가르침을 받을 필요
가 없습니다. 그리스도께서 부어주신 성령
은 여러분에게 모든 것을 가르쳐주십니다.
그리고 그분은 진실하셔서 거짓말을 하지
않습니다. 여러분은 그 성령께서 가르쳐주
신 대로 그리스도와 함께 살아가시오.

하느님의 자녀 - 악마의 자녀

28 ◎그러므로 사랑하는 나의 자녀인 여러분은
그리스도와 함께 살아가시오. 그러면 그리스
도께서 다시 오시는 날 우리가 자신을 갖게
되고 다시 오시는 그분에게 부끄러움을 당
하지 않을 것입니다.
29 여러분은 그분이 의로운 분이시라는 것을
알고 있습니다. 그리고 옳은 일을 하는 사
람은 다 하느님께로부터 난 사람이라는 것
을 알아야 합니다.

3 ◎아버지께서 우리에게 베푸신 사랑이
얼마나 큰지 생각해 보십시오. 하느님의
그 큰 사랑으로 우리는 하느님의 자녀라고
불리게 되었습니다. 우리는 과연 하느님의
자녀입니다. 세상 사람들이 우리를 알지 못
하는 것은 그들이 하느님을 알지 못하기 때
문입니다.
2 사랑하는 여러분, 이제 우리는 하느님의 자
녀입니다. 우리가 장차 어떻게 될지는 분명
하지 않지만 그리스도께서 나타나시면 우리
도 그리스도와 같은 사람이 되리라는 것을
우리는 알고 있습니다. 그 때에는 우리가 그
리스도의 참모습을 뵙겠기 때문입니다.
3 그리스도께 대하여 이런 희망을 가진 사람
은 누구나 그리스도께서 순결하신 것처럼
자기 자신을 순결하게 합니다.
4 ◎죄를 짓는 자는 누구나 하느님의 법을 어
기는 자입니다. 법을 어기는 것이 곧 죄입
니다.
5 여러분도 아시다시피 그리스도께서는 죄를
없애시려고 이 세상에 나타나셨던 것입니
다. 그리스도는 죄가 없는 분이십니다.
6 언제나 그리스도와 함께 사는 사람은 죄를
짓지 않습니다. 언제나 죄를 짓는 사람은 그
리스도를 보지도 못한 사람이고 알지도 못
하는 사람입니다.
7 사랑하는 자녀들이여, 여러분은 아무에게
도 속지 마십시오. 올바른 일을 하는 사람
은 그리스도와 마찬가지로 올바른 사람입
니다.
8 언제나 죄를 짓는 자는 악마에게 속해 있습
니다. 사실 죄는 처음부터 악마의 짓입니
다. 악마가 저질러놓은 일을 파멸시키려고
하느님의 아들이 나타나셨던 것입니다.
9 누구든지 하느님께로부터 난 사람은 자기
안에 하느님의 본성을 지녔으므로 죄를 짓
지 않습니다. 그는 하느님께로부터 난 사
람이기 때문에 도대체 죄를 지을 수가 없
습니다.
10 옳은 일을 하지 않거나 자기 형제를 사랑하
지 않는 자는 하느님께로부터 난 자가 아닙
니다. 이와 같이 하느님의 자녀와 악마의
자식은 분명히 구별됩니다.

서로 사랑하라

11 ◎여러분이 처음부터 들어온 계명의 말씀은
우리가 서로 사랑해야 한다는 것입니다.
12 그리고 우리가 카인처럼 되어서는 안 된다
는 것입니다. 카인은 악마의 자식으로서 자
기 동생을 죽인 자입니다. 그가 동생을 죽
인 이유는 무엇이었습니까? 동생이 한 일
은 옳은 일이었는데 자기가 한 일은 악한 일
이었기 때문입니다.
13 형제 여러분, 세상이 여러분을 미워하더라
도 이상히 여길 것 없습니다.
14 우리는 우리의 형제들을 사랑하기 때문에
이미 죽음을 벗어나서 생명의 나라에 들어
와 있는 것이 분명합니다. 사랑하지 않는
사람은 죽음 속에 그대로 머물러 있는 것입
니다.
15 자기 형제를 미워하는 자는 누구나 다 살인
자입니다. 여러분이 아시다시피 살인자는
결코 영원한 생명을 누릴 수 없습니다.
16 그리스도께서는 우리를 위해서 당신의 목숨
을 내놓으셨습니다. 이것으로 우리가 사랑
이 무엇인지를 알게 되었습니다. 그러므로
우리도 형제들을 위해서 우리의 목숨을 내
놓아야 합니다.
17 누구든지 세상의 재물을 가지고 있으면서
자기의 형제가 궁핍한 것을 보고도 마음의
문을 닫고 그를 동정하지 않는다면 어떻게
그에게 하느님을 사랑하는 마음이 있다고

하겠습니까?
18사랑하는 자녀들이여, 우리는 말로나 혀 끝
으로 사랑하지 말고 행동으로 진실하게 사
랑합시다.

하느님 앞에서의 확신

19◎우리는 이렇게 사랑함으로써 우리가 진리
에 속해 있다는 것을 알게 되고 또 하느님
앞에서 확신을 가질 수 있습니다.
20우리가 양심의 가책을 받을 때에도 그렇습
니다. 하느님께서 우리의 마음보다 크시고
또 모든 것을 알고 계시기 때문입니다.
21사랑하는 여러분, 우리가 양심의 가책을 받
지 않을 때에는 하느님 앞에서 떳떳합니다.
22그리고 우리가 무엇을 구하든지 하느님께
로부터 다 받을 수 있습니다. 우리가 하느
님의 계명을 지키고 있으며 하느님께서 기
뻐하실 만한 일들을 하고 있기 때문입니다.
23우리가 명령받은 대로 하느님의 아들 예수
그리스도의 이름을 믿고 서로 사랑하라는
것이 하느님의 계명입니다.
24하느님의 계명을 지키는 사람은 하느님 안
에서 살고 하느님께서도 그 사람 안에 계
십니다. 하느님께서 우리 안에 계시다는 것
은 우리에게 주신 성령을 보아서 알 수 있습
니다.

성령과 악령

4 ◎사랑하는 여러분은 자기가 성령을 받
았노라고 말하는 사람들을 다 믿지 말고
그들이 성령이라고 주장하는 것이 과연 하
느님께로부터 온 것인지 아닌지를 시험해
보십시오. 많은 거짓 예언자가 세상에 나타
났기 때문입니다.
2하느님의 성령을 알아보는 방법은 다음과
같습니다. 예수 그리스도께서 사람의 몸으로
오셨다는 것을 인정하는 사람은 모두 하느
님께로부터 성령을 받은 사람이고
3예수께서 그런 분이시라는 것을 인정하지
않는 사람은 모두 하느님께로부터 성령을
받지 않은 사람입니다. 그런 사람은 그리스
도의 적대자로부터 악령을 받은 것입니다.
그자가 오리라는 말을 여러분이 전에 들은
일이 있는데 그자는 벌써 이 세상에 와 있습
니다.
4사랑하는 자녀인 여러분은 하느님께로부터
왔고 거짓 예언자들을 이겨냈습니다. 여러
분 안에 계시는 그분은 세상에 와 있는 그
적대자보다 더 위대하십니다.
5그들은 이 세상에서 나왔기 때문에 이 세상
일을 말하고 세상은 그들의 말에 귀를 기울
입니다.
6그러나 우리는 하느님께로부터 왔습니다.
하느님을 아는 사람은 우리의 말을 듣지만
하느님께로부터 오지 않은 사람은 우리의
말을 듣지 않습니다. 이렇게 우리는 진리의
성령과 사람을 속이는 악령을 가릴 수 있습
니다.

하느님은 사랑이시다

7◎사랑하는 여러분에게 당부합니다. 우리
는 서로 사랑합시다. 사랑은 하느님께로부
터 오는 것입니다. 사랑하는 사람은 누구나
하느님께로부터 났으며 하느님을 압니다.
8사랑하지 않는 사람은 하느님을 알지 못합
니다. 하느님은 사랑이시기 때문입니다.
9하느님께서 당신의 외아들을 이 세상에 보
내주셔서 우리는 그분을 통해서 생명을 얻
게 되었습니다. 이렇게 해서 하느님의 사랑
이 우리 가운데 분명히 나타났습니다.
10내가 말하는 사랑은 하느님에게 대한 우리
의 사랑이 아니라 우리에게 대한 하느님의
사랑입니다. 하느님께서는 당신의 아들을
보내셔서 우리의 죄를 용서해 주시려고 제
물로 삼으시기까지 하셨습니다.
11사랑하는 여러분, 명심하십시오. 하느님께
서 이렇게까지 우리를 사랑해 주셨으니 우
리도 서로 사랑해야 합니다.
12아직까지 하느님을 본 사람은 없습니다. 그
러나 우리가 서로 사랑한다면 하느님께서
는 우리 안에 계시고 또 하느님의 사랑이 우
리 안에서 이미 완성되어 있는 것입니다.
13◎하느님께서 우리에게 당신의 성령을 주셨
습니다. 그러므로 우리가 하느님 안에 있고
또 하느님께서 우리 안에 계시다는 것을 알
수 있습니다.
14우리는 아버지께서 당신의 아들을 구세주로
보내신 것을 보았고 또 증언하고 있습니다.
15누구든지 예수께서 하느님의 아들이시라는
것을 인정하면 하느님께서 그 사람 안에 계
시고 그 사람도 하느님 안에 있습니다.
16우리는 하느님께서 우리에게 베푸시는 사
랑을 알고 또 믿습니다. ◎하느님은 사랑이
십니다. 사랑 안에 있는 사람은 하느님 안
에 있으며 하느님께서는 그 사람 안에 계십
니다.
17이 세상에서 우리가 그리스도처럼 살게 되
었으니 사랑이 우리 안에서 완성된 것이 분

명합니다. 이제 우리는 자신을 가지고 심판
날을 맞을 수 있게 되었습니다.
18 사랑에는 두려움이 없습니다. 완전한 사랑
은 두려움을 몰아냅니다. 두려움은 징벌을
생각할 때 생기는 것입니다. 그러므로 두려
움을 품는 사람은 아직 사랑을 완성하지 못
한 사람입니다.
19 하느님께서 먼저 우리를 사랑하셨기 때문
에 우리도 사랑을 합니다.
20 하느님을 사랑한다고 하면서 자기의 형제
를 미워하는 사람은 거짓말쟁이입니다. 눈
에 보이는 형제를 사랑하지 않는 자가 어떻
게 보이지 않는 하느님을 사랑할 수 있겠습
니까?
21 하느님을 사랑하는 사람은 자기의 형제도
사랑해야 한다는 이 계명을 우리는 그리스
도에게서 받았습니다.

세상을 이기는 믿음

5 ◎예수께서 그리스도이심을 믿는 사람은
누구나 하느님의 자녀입니다. 아버지를
사랑하는 사람은 누구나 그 자녀를 사랑합
니다.
2 우리가 하느님을 사랑하고 또 하느님의 계
명을 지키면 우리가 하느님의 자녀를 사랑
하고 있다는 것을 알 수 있습니다.
3 하느님의 계명을 지키는 것이 곧 하느님을
사랑하는 일입니다. 그리고 하느님의 계명
은 무거운 짐이 아닙니다.
4 하느님의 자녀는 누구나 다 세상을 이겨냅
니다. 그리고 세상을 이기는 승리의 길은
곧 우리의 믿음입니다.
5 세상을 이기는 사람은 누구입니까? 예수께
서 하느님의 아들이시라는 것을 믿는 사람
이 아니겠습니까?

아들에 관한 증언

6 ◎하느님의 아들이 인간으로 오셔서 물로
세례를 받으시고 수난의 피를 흘리셨습니
다. 그분이 바로 그리스도이신 예수이십니
다. 그분은 물로 세례를 받으신 것뿐만 아
니라 세례도 받으시고 수난의 피도 흘리셨
습니다. 이것을 증언하시는 분은 성령이십
니다. 성령은 곧 진리입니다.
7 증언자가 셋 있습니다.
8 곧 성령과 물과 피인데 이 셋은 서로 일치합
니다.
9 우리가 사람의 증언을 인정한다면 하느님
의 증언은 더욱더 인정해야 하지 않겠습니
까? 이것은 하느님께서 친히 당신의 아들
에 관해서 하신 증언이기 때문입니다.
10 하느님의 아들을 믿는 사람은 이 증언을 자
기 마음속에 간직하고 있습니다. 하느님을
믿지 않는 자는 하느님을 거짓말쟁이로 만
듭니다. 그런 자는 하느님께서 당신의 아들
에 관해서 증언하신 것을 믿지 않기 때문입
니다.
11 그 증언은 하느님께서 영원한 생명을 우리
에게 주셨다는 것과 그 생명이 당신의 아들
안에 있다는 것입니다.
12 하느님의 아들을 모신 사람은 생명을 가진
사람이고 그 아들을 모시지 않은 사람은 생
명을 가지지 못한 사람입니다.

영원한 생명

13 ◎나는 하느님의 아들의 이름을 믿는 여러
분에게 이 글을 씁니다. 그것은 여러분이
영원한 생명을 갖고 있다는 것을 여러분에
게 알리려는 것입니다.
14 무엇이든지 우리가 하느님의 뜻을 따라 청
하면 하느님께서 우리의 청을 들어주시리
라는 것을 우리는 확신합니다.
15 우리가 하느님께 청하는 것은 무엇이든지
다 들어주신다는 것을 알고 있으니 우리가
하느님께 청한 것은 이미 다 받은 것이나 마
찬가지입니다.
16 ◎어떤 사람이 자기 형제가 죄짓는 것을 볼
때 그것이 죽을 죄가 아니라면 하느님께 간
구하시오. 그러면 하느님께서 그 죄인을 살
려주실 것입니다. 사실 죽을 죄가 있습니
다. 이런 죄를 지은 사람을 위해서 간구하
라고 말하는 것은 아닙니다.
17 옳지 못한 일은 모두 죄입니다. 그러나 죽
음에까지는 이르게 하지 않는 죄가 있습
니다.
18 ◎우리가 아는 바와 같이 하느님께로부터
난 사람은 누구나 죄를 짓지 않습니다. 하
느님의 아들이 그를 지켜주시기 때문에 악
마가 그를 다치게 하지 못합니다.
19 우리는 하느님의 자녀이고 온 세상은 악마
의 지배를 받고 있습니다.
20 그러나 하느님의 아들이 오셔서 참 하느님
을 알 수 있는 힘을 우리에게 주셨습니다. 그
리고 우리는 참되신 분 곧 그분의 아들 예수
그리스도 안에서 살고 있습니다. 그분이야말
로 참 하느님이시며 영원한 생명이십니다.
21 ◎나의 사랑하는 자녀 여러분, 우상을 멀리
하십시오.

요한의 둘째 편지

인사

1 ◎원로인 나는 선택받은 귀부인과 그 자
녀들에게 이 편지를 씁니다. 나는 여러분
을 진정으로 사랑합니다. 나뿐만 아니라 진
리를 아는 모든 사람들이 여러분을 사랑합
니다.
2 지금 우리 안에 있고 또 영원히 우리와 함께
있을 진리 때문에 우리는 여러분을 사랑합
니다.
3 진리와 사랑으로 살아가는 우리에게 하느
님 아버지와 그 아들 예수 그리스도께서 은
총과 자비와 평화를 내려주시기를 빕니다.

속이는 자와 그리스도의 적

4 ◎당신의 자녀들 가운데 아버지께서 우리에
게 명령하신 대로 진리를 좇아서 사는 사람
들이 있다는 것을 알고 나는 매우 기뻤습니
다.
5 내가 지금 귀부인께 청하는 것은 우리가 서
로 사랑하자는 것입니다. 내가 지금 써 보
내는 것은 새로운 계명이 아니라 우리가 처
음부터 받은 계명입니다.
6 하느님의 계명을 따르는 것이 곧 사랑입니
다. 그리고 그 계명은 여러분이 처음부터
들은 대로 사랑을 따라서 살라는 것입니다.
7 내가 이 말을 하는 것은 속이는 자들이 세상
에 많이 나타났기 때문입니다. 그들은 예수
그리스도께서 사람의 몸으로 오셨다는 것을
인정하지 않습니다. 이런 자는 속이는 자이
고 그리스도의 적입니다.
8 스스로 조심하십시오. 여러분이 수고해서
얻은 것을 잃지 말고 상을 남김없이 받도록
하십시오.
9 그리스도의 교훈을 지키지 않고 지나치게
앞서 나가는 자는 누구든지 하느님을 모시
지 않는 자입니다. 그리스도의 교훈을 지키
는 사람은 하느님 아버지와 그 아들을 함께
모시는 사람입니다.
10 만일 누가 여러분을 찾아가서 이 교훈과 다
른 것을 전하거든 그를 집 안으로 받아들이
지도 말고 인사도 하지 마십시오.
11 그런 자에게 인사를 하면 그의 악한 사업에
참여하는 것이 됩니다.

작별 인사

12 ◎여러분에게 쓰고 싶은 말이 많지만, 그것
을 잉크로 종이에다 적어 보내고 싶지는 않
습니다. 내가 여러분에게 가서 직접 대면하
고 이야기를 나누고 싶습니다. 그러면 우리
는 충만한 기쁨을 누리게 될 것입니다.
13 선택을 받은 당신의 언니의 자녀들이 당신
에게 문안합니다.

요한의 셋째 편지

인사

1 ◎원로인 나는 친애하는 가이오에게 이 편
지를 씁니다. 나는 진정으로 그대를 사랑
합니다.
2 ◎나는 사랑하는 그대가 하는 일이 모두 다
잘 되어 나가기를 빕니다. 또 그대의 영혼
과 마찬가지로 육신도 건강하기를 빕니다.
3 교우 몇 사람이 와서 그대의 진실한 생활 곧
그대가 진리를 좇아서 살고 있다는 말을 해
주어서 나는 무척 기뻤습니다.
4 내 자녀들이 진리를 좇아서 살고 있다는
말을 듣는 것보다 더 기쁜 일이 어디 있겠
습니까?

협력과 반대

5 ◎사랑하는 그대는 교우들을 위해서 특히
나그네들을 위해서 모든 일을 성실하게 처
리하고 있습니다.
6 그들은 이 곳 교우들 앞에서 그대의 사랑에
관하여 증언했습니다. 그들이 하느님의 일
꾼으로 부족함이 없도록 도와서 떠나보내
는 것이 좋겠습니다.
7 그들은 주님을 위해서 나선 사람들로서 이
교도들에게서는 아무것도 받지 않습니다.

8그러니 우리가 그런 사람들을 돌보아 주어
야 하겠습니다. 그래야 우리가 진리를 위해
서 그들과 함께 일하는 협력자가 될 것입니
다.
9◎나는 그 교회에 편지를 한 장 써 보냈습니
다. 그런데 디오드레페가 그 교회의 우두머
리가 되려는 야심을 품고 우리의 권위를 인
정하려 하지 않습니다.
10그래서 내가 가면 그가 저지르는 나쁜 일들
을 낱낱이 지적하겠습니다. 그는 나쁜 말로
우리를 헐뜯고 있습니다. 그것도 부족해서
우리가 보낸 형제들을 받아들이지 않을 뿐
더러 그 형제들을 받아들이려는 사람들까
지도 그렇게 못하도록 방해하고 심지어는
그런 사람들을 교회 밖으로 쫓아내고 있습
니다.
11◎사랑하는 그대는 악한 것을 본받지 말고
선한 것을 본받으시오. 선을 행하는 사람은
하느님에게서 난 사람이며 악을 행하는 사
람은 하느님을 뵙지 못한 사람입니다.
12데메드리오는 모든 사람의 인정을 받고 있으
며 진리 자체도 그를 인정해 줍니다. 그리
고 우리도 그를 인정합니다. 그대는 우리의
인정이 참되다는 것을 알고 있습니다.

작별 인사

13◎그대에게 할 말이 많지만 펜과 잉크로 써
보내고 싶지는 않습니다.
14나는 머지않아 그대와 만나게 되기를 바랍
니다. 그 때에 우리는 얼굴을 맞대고 이야
기를 나누게 될 것입니다.
15◎평화가 그대에게 있기를 빕니다. 여기 있
는 친구들이 그대에게 문안합니다. 친구들
한 사람 한 사람에게 문안하여 주십시오.

유다의 편지

인사

1 ◎예수 그리스도의 종이며 야고보의 동생
인 나 유다가 하느님 아버지의 부르심을
받은 여러분에게 이 편지를 씁니다. 하느님
아버지께서 여러분을 사랑하시고 예수 그리
스도께서 여러분을 지켜주십니다.
2하느님께서 여러분에게 자비와 평화와 사
랑을 충만하게 내려주시기를 빕니다.

거짓 교사들이 받을 심판

3◎사랑하는 여러분, 본래 나는 우리가 함께
받은 구원에 관해서 여러분에게 편지를 써
보내려고 여러 가지로 애쓰던 참에 이제 여
러분에게 간곡한 권고의 편지를 쓸 필요가
생겼습니다. 그것은 성도들에게 한번 결정
적으로 전해진 그 믿음을 지키기 위해서 여
러분이 힘써 싸우라는 것입니다.
4하느님을 배반한 몇 사람이 몰래 여러분 가
운데 끼여 들어왔습니다. 그자들은 우리 하
느님의 은총을 남용해서 방종한 생활을 하
고 또 우리의 오직 한 분이신 지배자시며 주
님이신 예수 그리스도를 부인하는 자들로서
이미 오래 전에 단죄를 받았습니다.
5◎여러분이 이미 다 잘 알고 있는 일이지만
다시 한 번 여러분의 기억을 일깨워드리고
싶은 일이 있습니다. 그것은 ㉠여호수아가
이스라엘 백성을 이집트로부터 구해 냈지만
그들이 후에 믿음을 저버렸을 때에는 그들
을 멸망시키셨다는 사실입니다.
6또 천사들도 자기 자리를 지키지 않고 자기
가 사는 곳을 버렸을 때에 하느님께서는 그
들을 영원한 사슬로 묶어서 그 큰 심판의 날
까지 암흑 속에 가두어두셨습니다.
7그리고 소돔과 고모라와 그 주변의 도시들도
그들과 마찬가지로 음란에 흐르고 비정상
적인 육욕에 빠졌으므로 영원한 불의 형벌
을 받아서 후세의 본보기가 되었습니다.
8◎여러분 가운데 몰래 끼여든 자들도 이와
마찬가지로 제 정신을 잃고 자기 육체를 더
럽히며 하느님의 권위를 업신여기고 영광
스러운 천사들에게 욕설을 퍼붓고 있습니
다.
9㉡대천사 미가엘도 모세의 시체를 차지하
려고 악마와 다투며 논쟁할 때에 차마 악
마를 모욕적인 언사로 단죄하지는 않고
다만 "㉢주님께서 너를 책망하실 것이다."
하고 말했을 뿐입니다.
10그러나 이자들은 자기들이 알지 못하는 것
은 무엇이나 욕을 하고 이성이 없는 짐승들
처럼 무엇이든지 본능으로만 이해하기 때

㉠"주께서", 또는 "하느님께서"로 바꾼 사본들이 많이 있다. ㉡ 다니 10:13, 21, 12:1. ㉢ 즈가 3:2.

문에 바로 그 사실로 말미암아 멸망하고 맙
니다.
11그들은 화를 입을 것입니다. 그들은 카인의
길을 따라갔고 발람처럼 돈을 탐내다가 잘
못에 빠져들었으며 코라처럼 반역을 하다가
멸망하고 말았습니다.
12이자들은 염치도 없이 홍청망청 먹어대고
자기네 배만 채우며 여러분의 사랑의 식탁
을 더럽히는 자들입니다. 그들은 바람에 밀
려다니기만 하며 비 한 방울도 내리지 못하
는 구름과 같고 가을이 되어도 열매 하나도
없이 뿌리째 뽑혀 아주 죽어버린 나무와 같
으며
13자기들의 부끄러운 행실을 거품처럼 뿜어
올리는 거친 바다 물결과 같고 길을 잃고 헤
매다가 영원히 암흑 속에 빠져버린 별들과
같습니다.
14◎이런 자들에게 아담의 칠 대 손 에녹은 이
렇게 예언했습니다. "㉠주님께서 거룩한 천
사들을 무수히 거느리고 오셔서
15모든 사람을 심판하실 때에 모든 불경건한
자들이 저지른 불경건한 행위와 불경건한
죄인들이 하느님을 거슬러 지껄인 무례한
말을 남김없이 다스려 그들을 단죄하실 것
입니다."
16이자들은 언제나 투덜대고 불평을 털어놓
으며 자기네 욕심대로만 사는 자들입니다.
이자들은 입으로는 큰소리를 치다가도 잇
속이 내다보이면 남에게 아첨을 합니다.

경고와 교훈

17◎사랑하는 여러분, 여러분은 우리 주 예수
그리스도의 사도들이 예고한 말을 되새기십
시오.
18마지막 때에 하느님을 두려워하지 않고 자
기들의 욕정을 따라 사는 자들이 나타나 여
러분을 조롱할 것이라고 사도들이 여러분
에게 말했습니다.
19이런 자들은 성령을 따라 살지 않고 본능
적인 욕정을 좇아서 살면서 분열을 일으킵
니다.
20그러나 사랑하는 여러분은 여러분의 가장
고귀한 믿음의 터전 위에 스스로를 세우고
성령의 도우심을 받아 기도하십시오.
21그리고 언제나 하느님의 사랑 안에 머물러
있으면서 영원한 생명으로 인도하시는 우
리 주 예수 그리스도의 자비를 기다리십시오.
22의심을 품는 사람들을 동정해 주고
23죄악의 불구덩이에 빠진 사람들을 끌어내
어 구해 주십시오. 또 본능적인 욕정에 빠
진 사람들에 대해서는 욕정으로 더럽혀진
그들의 속옷까지도 미워하되 조심스럽게
자비를 베푸십시오.

찬양의 기도

24◎하느님은 여러분을 넘어지지 않도록 지켜
주시고 영광스러운 당신 앞에 흠없는 사람
으로 기쁘게 나서도록 해주실 능력이 있는
분이십니다.
25우리를 구원하여 주신 오직 한 분이신 하느
님께서 우리 주 예수 그리스도를 통하여 영
광과 위엄과 권세와 권위를 천지 창조 이전
부터 이제와 또 영원토록 누리시기를 빕니
다. 아멘.

요한의 묵시록

머리말

1 ◎이 책은 예수 그리스도께서 계시하신 일
들을 기록한 책입니다. 하느님께서 곧 일
어날 일들을 당신의 종들에게 보이시려고
그리스도에게 계시하셨고 그리스도께서는
당신의 천사를 당신의 종 요한에게 보내어
알려주셨습니다.
2 나 요한은 하느님의 말씀과 예수 그리스도께
서 증언하신 것, 곧 내가 본 모든 것을 그대
로 증언합니다.
3 이 예언의 말씀을 읽고 듣고 이 책에 기록되
어 있는 대로 실천하는 사람들은 행복합니
다. 그 일들이 성취될 때가 가까이 왔기 때
문입니다.

인사

4 ◎나 요한은 아시아에 있는 일곱 교회에 이
편지를 씁니다. 지금 계시고 전에도 계셨고
또 장차 오실 그분과 그분의 옥좌 앞에 있는
일곱 영신께서,

㉠ 에녹 1:9, 60:8(외경)

5 그리고 진실한 증인이시며, 죽음으로부터
제일 먼저 살아나신 분이시며, 땅 위의 모
든 왕들의 지배자이신 예수 그리스도께서 여
러분에게 은총과 평화를 내려주시기를 빕
니다.
우리를 사랑하신 나머지 당신의 피로써
우리를 죄에서 해방시켜 주시고
6 우리로 하여금 한 왕국을 이루게 하시고 또
당신의 하느님 아버지를 섬기는 사제가 되
게 하신 그분께서 영광과 권세를 영원 무궁
토록 누리시기를 빕니다. 아멘.
7 ㉠그분은 구름을 타고 오십니다.
모든 눈이 그를 ㉡볼 것이며
그분을 찌른 자들도 볼 것입니다.
땅 위에서는 모든 민족이 그분 때문에
가슴을 칠 것입니다.
꼭 그렇게 될 것입니다. 아멘.
8 ◎지금 계시고 전에도 계셨고 장차 오실 전
능하신 주 하느님께서 "나는 알파요 오메가
다." 하고 말씀하셨습니다.

그리스도의 명령

9 ◎여러분의 형제이며 함께 예수를 믿는 사
람으로서 환난을 같이 겪고 한 나라의 백성
으로서 같이 견디어온 나 요한은 하느님의
말씀을 전파하고 예수를 증언한 탓으로 파
트모스라는 섬에 갇혀 있었습니다.
10 나는 주님의 날에 성령의 감동을 받고 내 뒤
에서 울려오는 나팔 소리 같은 큰 음성을 들
었습니다.
11 그 음성은 나에게 "네가 보는 것을 책으로
기록하여 에페소, 스미르나, 베르가모, 티아
디라, 사르디스, 필라델피아, 라오디게이아
등 일곱 교회에 보내어라." 하고 말씀하셨
습니다.
12 그래서 나는 누가 나에게 그런 말씀을 하시
는지 알아보려고 돌아섰습니다. 돌아서서
보았더니 황금등경이 일곱 개 있었고
13 그 일곱 등경 한가운데에 사람같이 생긴 분
이 서 계셨습니다. 그분은 발끝까지 내려오
는 긴 옷을 입고 가슴에는 금띠를 띠고 계셨
습니다.
14 그분의 머리와 머리털은 양털같이 또는 눈
같이 희었으며 눈은 불꽃 같았고
15 발은 풀무불에 단 놋쇠 같았으며 음성은 큰
물 소리 같았습니다.
16 오른손에는 일곱 별을 쥐고 계셨으며 입에
서는 날카로운 쌍날칼이 나왔고 얼굴은 대
낮의 태양처럼 빛났습니다.
17 ◎나는 그분을 뵙자 마치 죽은 사람처럼 그
분의 발 앞에 쓰러졌습니다. 그러자 그분은
나에게 오른손을 얹으시고 이렇게 말씀하
셨습니다.
"두려워하지 마라. 나는 처음과 마지막이
고
18 살아 있는 존재이다. 나는 죽었었지만 이렇
게 살아 있고 영원 무궁토록 살 것이다. 그
리고 죽음과 지옥의 열쇠를 내 손에 쥐고
있다.
19 그러므로 너는 네가 이미 본 것과 지금 일어
나고 있는 일들과 앞으로 일어날 일들을 기
록하여라.
20 네가 보는 내 오른손의 일곱 별과 일곱 황금
등경의 비밀은 다음과 같다. 일곱 별은 일
곱 교회의 천사들이고 일곱 등경은 곧 일곱
교회이다.

에페소 교회에 보내는 말씀

2 에페소 교회 천사에게 이 글을 써서 보내
어라. 오른손에 일곱 별을 쥐시고 일곱 황
금등경 사이를 거니시는 분이 말씀하신다.
2 '나는 네가 한 일과 네 수고와 인내를 잘 알
고 있다. 또 네가 악한 자들을 용납할 수 없
었으며 사도가 아니면서 사도를 사칭하는
자들을 시험하여 그들의 허위를 가려낸 일
도 잘 알고 있다.
3 너는 잘 참고 내 이름을 위해서 견디어냈으
며 낙심하는 일이 없었다.
4 그러나 너에게 나무랄 것이 한 가지 있다.
그것은 네가 처음에 지녔던 사랑을 버린 것
이다.
5 그러므로 네가 어디에서 빗나갔는지를 생
각하여 뉘우치고, 처음에 하던 일들을 다시
하여라. 만일 그렇지 않고 뉘우치지 않으면
내가 가서 너의 등경을 그 자리에서 치워버
리겠다.
6 그러나 네가 잘하는 일이 한 가지 있다. 너
는 니골라오파의 소행을 미워하고 있다. 나
도 그것을 미워한다.
7 귀 있는 자는 성령께서 여러 교회에 하시는
말씀을 들어야 한다. 나는 승리하는 자들에
게 하느님의 낙원에 있는 생명나무의 열매
를 먹게 하겠다.'

스미르나 교회에 보내는 말씀

8 또 스미르나 교회의 천사에게 이 글을 써

㉠ 다니 7:13. ㉡ 즈가 12:10.

서 보내어라. 처음이고 마지막이며 죽었었
지만 살아 계신 분이 말씀하신다.
9 '나는 네가 겪은 환난과 궁핍을 잘 알고 있
다. 그러나 사실 너는 부요하다. 네가 유다
인으로 자칭하는 자들에게 비방을 당하고
있는 것도 나는 잘 알고 있다. 그러나 그들
은 유다인이 아니라 사탄의 무리이다.
10 네가 장차 당할 고통을 조금도 두려워하지
마라. 이제 악마가 너희를 시험하기 위하여
너희 중 몇 사람을 감옥에 가두려 하고 있
다. 너희는 열흘 동안 환난을 당하게 될 것
이다. 그러나 너는 죽기까지 충성을 다하여
라. 그러면 내가 생명의 월계관을 너에게
씌워주겠다.
11 귀 있는 자는 성령께서 여러 교회에 하시는
말씀을 들어야 한다. 승리하는 자는 결코
두 번째 죽음의 화를 입지 않을 것이다.'

베르가모 교회에 보내는 말씀

12 베르가모 교회의 천사에게 이 글을 써서
보내어라. 날카로운 쌍날칼을 가지신 분이
말씀하신다.
13 '나는 네가 어디에 살고 있는지 잘 알고 있
다. 그 곳은 사탄의 왕좌가 있는 곳이다. 그
러나 너는 내 이름을 굳건히 믿고 있다. 또
나의 진실한 증인 안디바스가 사탄이 살고
있는 그 곳에서 죽임을 당하던 날에도 너는
나에 대한 믿음을 저버리지 않았다.
14 그러나 나는 너에게 몇 가지 나무랄 것이 있
다. 너희 중에는 발람의 가르침을 따르는 자
들이 있다. 발람은 발락을 사주해서 이스라
엘 자손을 죄짓게 하였고 우상에게 바쳤던
제물을 먹게 하였으며 음란한 짓을 하게 하
였던 자다.
15 또 너희 중에도 니골라오파의 가르침을 따
르는 자들이 있다.
16 그러므로 뉘우쳐라. 만일 뉘우치지 않으면
내가 속히 너에게 가서 내 입에서 나오는 칼
을 가지고 그들과 싸우겠다.
17 귀 있는 자는 성령께서 여러 교회에 하시는
말씀을 들어야 한다. 승리하는 사람에게는
감추어둔 ㉠만나를 주겠고 또 흰 돌도 주겠
다. 그 돌 위에는 새로운 이름이 적혀 있는
데, 그 이름은 그 돌을 받는 사람밖에는 아
무도 알지 못한다.'

티아디라 교회에 보내는 말씀

18 티아디라 교회의 천사에게 이 글을 써서
보내어라. 불꽃 같은 눈과 놋쇠 같은 발을
가지신 분, 곧 하느님의 아들이 말씀하신다.
19 '나는 네가 한 일들을 잘 알고 있고 네 사랑
과 믿음과 봉사와 인내를 알고 있다. 또 네
가 처음보다 나중에 더 많은 일을 하고 있다
는 것도 나는 알고 있다.
20 그러나 너에게 나무랄 것이 있다. 너는 이세
벨이라는 여자를 용납하고 있다. 그 여자는
예언자로 자처하며 내 종들을 잘못 가르쳐
서 미혹하게 했고 음란한 짓을 하게 했으며
우상에게 바쳤던 제물을 먹게 하였다.
21 나는 그 여자에게 뉘우칠 시간을 주었지만
그 여자는 자기의 음행을 뉘우치려고 하지
않는다.
22 이제 나는 그 여자를 고통의 침상에 던지겠
다. 그리고 그 여자와 간음하는 자들도 뉘
우치지 않고 그와 같은 음란한 행위를 계속
한다면 큰 환난 속에 던져버리겠다.
23 그리고 그 여자의 자녀들을 죽여버리겠다.
그러면 모든 교회는 내가 사람의 생각과 마
음을 꿰뚫어 보고 있다는 것을 알게 될 것
이다. 나는 너희가 각각 행한 대로 갚아주
겠다.
24 그러나 티아디라에 있는 사람들 중에서 그
여자의 가르침을 받아들이지 않은 사람들,
곧 사탄의 비밀을 배우지 않은 나머지 사람
들에게 나는 이렇게 말한다. 나는 너희에게
다른 짐을 지우지 않겠으니
25 다만 내가 올 때까지 너희가 가지고 있는 것
을 단단히 간직하고 있어라.
26 승리하는 자, 곧 나의 일을 끝까지 수행하
는 자에게는,
㉡여러 민족을 다스릴 권세를 주겠다.
27 그는 쇠지팡이로 질그릇을 부수듯이
그들을 다스릴 것이다.
28 이것은 마치 내가 내 아버지께로부터 받
은 권세로 다스리는 것과 같은 것이다. 승
리하는 자에게는 내가 샛별을 주겠다.
29 귀 있는 자는 성령께서 여러 교회에 하시는
말씀을 들어야 한다.'

사르디스 교회에 보내는 말씀

3 사르디스 교회의 천사에게 이 글을 써서
보내어라. 하느님의 일곱 영신과 일곱 별
을 가지신 분이 말씀하신다. '나는 네가 한
일을 잘 알고 있다. 네가 살아 있다는 말이

㉠ 이스라엘 백성이 이집트를 떠나 행진하는 동안에 하느님께서 아침마다 이스라엘의 천막 사면에 내리게 하여 먹게 하신 양식이다. ㉡ 시편 2:8-9.

있지만 실상 너는 죽었다.
2 그러므로 깨어나거라. 너에게 아직 남아 있
는 것이 완전히 숨지기 전에 힘을 북돋아 주
어라. 나는 네가 하는 일이 내 하느님께서
보시기에 완전하다고 생각하지는 않는다.
3 그러므로 네가 그 가르침을 어떻게 받았으
며 어떻게 들었는지를 되새겨 그것을 굳게
지켜라. 그리고 네 잘못을 뉘우쳐라. 만일
네가 깨어 있지 않으면 내가 도둑처럼 너에
게 나타날 것이다. 그리고 너는 내가 어느
때에 너에게 나타날지를 결코 알지 못할 것
이다.
4 그러나 사르디스에는 자기 옷을 더럽히지
않은 사람이 몇 있다. 그들은 하얀 옷을 입
고 나와 함께 다니게 될 것이다. 그들에게
는 그럴 만한 자격이 있다.
5 승리하는 자는 이와 같이 흰 옷을 입을 것
이며 나는 생명의 책에서 그의 이름을 결코
지워버리지 않을 것이다. 그리고 나의 아버
지와 천사들 앞에서 그를 안다고 증언할 것
이다.
6 귀 있는 자는 성령께서 여러 교회에 하시는
말씀을 들어야 한다.'

필라델피아 교회에 보내는 말씀

7 필라델피아 교회의 천사에게 이 글을 써서
보내어라.

거룩하신 분, 참되신 분,
㉠다윗의 열쇠를 가지신 분,
여시면 닫을 자가 없고,
닫으시면 열 자가 없는 분이 말씀하신다.

8 '나는 네가 한 일을 잘 알고 있다. 네 힘
은 비록 미약하지만 너는 내 말을 잘 지켰으
며 나를 모른다고 부인한 일이 없다. 그러
므로 나는 이제 너를 위해서 문을 열어놓았
다. 그리고 아무도 그 문을 닫을 수 없다.
9 사탄의 무리에 속하는 자들이 자칭 유다인
이라고 떠들어대지만, 그들은 거짓말을 하
고 있는 것이다. 그래서 나는 그들로 하여
금 너에게 나와서 네 발 앞에 엎드려 너를
경배하게 하겠으며 내가 너를 사랑한다는
것을 알게 하겠다.
10 참고 견디라는 내 명령을 너는 잘 지켰다.
그러므로 이 세상에 사는 사람들을 시험하
기 위해서 앞으로 온 세계에 환난이 닥쳐올
때에 나는 너를 보호해 주겠다.
11 내가 곧 갈 터이니 너는 네가 가진 것을 굳
게 지켜 아무에게도 네 월계관을 빼앗기지
않도록 하여라.
12 나는 승리하는 자를 내 하느님의 성전 기둥
으로 삼을 것이며, 그가 다시는 그 성전을
떠나지 않게 될 것이다. 나는 내 하느님의
이름과 내 하느님의 도성의 이름, 곧 하늘
에서 내 하느님께로부터 내려오는 새 예루
살렘의 이름과 나의 새로운 이름을 그 이기
는 자 위에 새기겠다.
13 귀 있는 자는 성령께서 여러 교회에 하시는
말씀을 들어야 한다.'

라오디게이아 교회에 보내는 말씀

14 라오디게이아 교회의 천사에게 이 글을 써
서 보내어라. 아멘이시며 진실하시고 참되
신 증인이시며 하느님의 창조의 시작이신
분이 말씀하신다.
15 '나는 네가 한 일을 잘 알고 있다. 너는 차
지도 않고 뜨겁지도 않다. 차라리 네가 차
든지, 아니면 뜨겁든지 하다면 얼마나 좋겠
느냐!
16 그러나 너는 이렇게 뜨겁지도, 차지도 않고
미지근하기만 하니 나는 너를 입에서 뱉어
버리겠다.
17 너는 스스로 부자라고 하며 풍족하여 부족
한 것이 조금도 없다고 말하지만 사실은 네
자신이 비참하고 불쌍하고 가난하고 눈멀
고 벌거벗었다는 것을 깨닫지 못하고 있다.
18 그러므로 나는 너에게 권고한다. 너는 나에
게서 불로 단련된 금을 사서 부자가 되고 나
에게서 흰 옷을 사서 입고 네 벌거벗은 수치
를 가리고 또 안약을 사서 눈에 발라 눈을
떠라.
19 나는 내가 사랑하는 자일수록 책망도 하고
징계도 한다. 그러므로 너는 열심히 노력하
고 네 잘못을 뉘우쳐라.
20 들어라. 내가 문 밖에 서서 문을 두드리고
있다. 누구든지 내 음성을 듣고 문을 열면
나는 그 집에 들어가서 그와 함께 먹고, 그
도 나와 함께 먹게 될 것이다.
21 승리하는 자는 마치 내가 승리한 후에 내 아
버지와 함께 아버지의 옥좌에 앉은 것같이
나와 함께 내 옥좌에 앉게 하여주겠다.
22 귀 있는 자는 성령께서 여러 교회에 하시는
말씀을 들어야 한다.'"

하늘 나라의 예배

4 ◎그 뒤에 나는 하늘에 문이 하나 열려 있
는 것을 보았습니다. 그리고 처음에 내가

㉠ 이사 22:22; 욥기 12:14.

들었던 음성, 곧 나에게 말씀하시던 나팔
소리 같은 그 음성이 나에게 "이리로 올라
오너라. 이후에 반드시 일어날 일들을 보여
주겠다." 하고 말씀하셨습니다.
2 그러자 곧 나는 성령의 감동을 받았습니다.
그리고 보니 하늘에는 한 옥좌가 있고 그 옥
좌에는 어떤 분이 한 분 앉아 계셨습니다.
3 그분의 모습은 벽옥과 홍옥 같았으며 그 옥
좌 둘레에는 비취와 같은 무지개가 걸려 있
었습니다.
4 옥좌 둘레에는 또 높은 좌석이 스물네 개
있었으며, 거기에는 흰 옷을 입고 머리에
금관을 쓴 원로 스물네 명이 앉아 있었습
니다.
5 그 옥좌에서는 번개가 번쩍였고 요란한 소
리와 천둥 소리가 터져 나왔습니다. 그리고
옥좌 앞에서는 일곱 횃불이 훨훨 타고 있었
습니다. 그 일곱 횃불은 하느님의 일곱 영
신이십니다.
6 옥좌 앞은 유리바다 같았고 수정처럼 맑았
습니다. ◎그리고 옥좌 한가운데와 그 둘레
에는 앞뒤에 눈이 가득 박힌 생물이 네 마리
도사리고 있었습니다.
7 ㉠첫째 생물은 사자와 같았고 둘째 생물은
송아지와 같았으며 셋째 생물은 얼굴이 사
람의 얼굴과 같았고 넷째 생물은 날아다니
는 독수리와 같았습니다.
8 그 네 생물은 각각 날개를 여섯 개씩 가졌
고, 그 몸에는 앞뒤에 눈이 가득 박혀 있었
습니다. 그리고 그들은 밤낮 쉬지 않고

"㉡거룩하시다. 거룩하시다. 거룩하시다.
전능하신 주 하느님
전에 계셨고 지금도 계시고
장차 오실 분이시로다!"

하고 외치고 있었습니다.
9 옥좌에 앉으시고 영원 무궁토록 살아 계신
그분에게 그 생물들이 영광과 영예와 감사
를 드리고 있을 때
10 스물네 원로는 옥좌에 앉아 계신 그분 앞에
엎드려 영원 무궁토록 살아 계신 그분에게
경배를 드리고 있었습니다. 그리고 자기들
의 금관을 벗어서 옥좌 앞에 내놓으며,
11 "주님이신 우리 하느님
하느님은 영광과 영예와 권능을 누리실
만한 분이십니다.
주님께서는 모든 것을 창조하셨고
만물이 주님의 뜻에 의해서 생겨났고 또
존재합니다."
하고 찬양했습니다.

두루마리와 어린 양

5 ◎나는 또 옥좌에 앉으신 그분이 오른손
에 두루마리 하나를 들고 계신 것을 보았
습니다. 안팎에 글이 기록되어 있는 그 두
루마리는 일곱인을 찍어 봉하여 놓은 것이
었습니다.
2 그리고 나는 힘센 천사 하나가 큰소리로
"이 봉인을 떼고 두루마리를 펼 자격이 있
는 자가 누구인가?" 하고 외치는 것을 보았
습니다.
3 그러나 그 두루마리를 펴고 그것을 들여다
볼 수 있는 자는 하늘에도 없고 땅에도 없고
또 땅 아래에도 없었습니다.
4 그 두루마리를 펴고 그것을 들여다볼 자격
이 있는 자가 하나도 보이지 않았기 때문에
나는 슬피 울었습니다.
5 그러나 원로들 가운데 하나가 나에게 "울지
마시오. 유다 지파에서 난 사자, 곧 다윗의
뿌리가 승리하였으니 그분이 이 일곱 봉인
을 떼시고 두루마리를 펴실 수 있습니다."
하고 말했습니다.
6 나는 또 그 옥좌와 네 생물과 원로들 가운
데 어린 양 하나가 서 있는 것을 보았습니
다. 그 어린 양은 이미 죽임을 당한 것 같았
으며 일곱 뿔과 일곱 눈을 가지고 있었습니
다. 그의 눈은 하느님께서 온 땅에 보내신
일곱 영신이십니다.
7 그 어린 양이 나와 옥좌에 앉으신 분의 오른
손에서 그 두루마리를 받아들었습니다.
8 그 어린 양이 두루마리를 받아들자 네 생물
과 스물네 원로는 각각 거문고와 향이 가득
담긴 금대접을 가지고 어린 양 앞에 엎드렸
습니다. 그 향은 곧 성도들의 기도입니다.
9 그리고 그들은 다음과 같은 새로운 노래를
불렀습니다.

"당신은 두루마리를 받으실 자격이 있고
봉인을 떼실 자격이 있습니다.
당신은 죽임을 당하셨고
당신의 피로 값을 치러
모든 민족과 언어와 백성과 나라로부터
사람들을 구해 내셔서
하느님께 바치셨습니다.
10 당신은 그들로 하여금
우리 하느님을 위하여
한 왕국을 이루게 하셨고

㉠ 에제 1:5-10, 10:14. ㉡ 이사 6:3.

사제들이 되게 하셨으니
그들은 땅 위에서 왕노릇 할 것입니다."
11 나는 또 그 옥좌를 둘러선 많은 천사들과
생물들과 원로들을 보았고 그들의 음성도
들었습니다. 그들의 수효는 수천 수만이었
습니다.
12그들은 큰소리로
"죽임을 당하신 어린 양은
권능과 부귀와 지혜와 힘과 영예와 영광
과
찬양을 받으실 자격이 있으십니다."
하고 외치고 있었습니다.
13그리고 나는 하늘과 땅과 땅 아래와 바다에
있는 모든 피조물 곧 온 우주 안에 있는 만
물이,
"옥좌에 앉으신 분과 어린 양께서
찬양과 영예와 영광과 권능을
영원 무궁토록 받으소서!"
하고 외치는 소리를 들었습니다.
14그러자 네 생물은 "아멘." 하고 화답했으며
원로들은 엎드려 경배했습니다.

일곱 봉인

6 ◎나는 어린 양이 그 일곱 봉인 중의 하나
를 떼시는 것을 보았습니다. 그리고 네 생
물 중의 하나가 우뢰 같은 소리로 "나오너
라." 하고 외치는 음성을 들었습니다.
2그리고 보니 흰 말 한 필이 있고 그 위에 탄
사람은 활을 들고 있었습니다. 그는 승리자
로서 월계관을 받아 썼고, 또 더 큰 승리를
거두기 위해서 나아갔습니다.
3◎어린 양이 둘째 봉인을 떼셨을 때에 나는
둘째 생물이 "나오너라." 하고 외치는 음성
을 들었습니다.
4그러자 다른 말 한 필이 나오는데 이번에는
붉은 말이었습니다. 그리고 그 위에 탄 사
람은 세상에서 평화를 없애버리고 사람들
로 하여금 서로 죽이게 하는 권한을 받았습
니다. 곧 큰 칼을 받은 것입니다.
5◎어린 양이 셋째 봉인을 떼셨을 때에 나는
셋째 생물이 "나오너라." 하고 외치는 음성
을 들었습니다. 그리고 보니 검은 말 한 필
이 있고 그 위에 탄 사람은 손에 저울을 들
고 있었습니다.
6그러자 "하루 품삯으로 고작 밀 한 되, 아니
면 보리 석 되를 살 뿐이다. 올리브 기름이
나 포도주는 아예 생각하지도 마라." 하는
소리가 들려왔습니다. 그것은 네 생물 한가
운데서 들려오는 듯했습니다.
7◎어린 양이 넷째 봉인을 떼셨을 때에 나는
넷째 생물이 "나오너라." 하고 외치는 음성
을 들었습니다.
8그리고 보니 푸르스름한 말 한 필이 있고 그
위에 탄 사람은 죽음이라는 이름을 가진 사
람이었습니다. 그리고 그 뒤에는 지옥이 따
르고 있었습니다.
그들에게는 땅의 사분의 일을 지배하는
권한 곧 칼과 기근과 죽음, 그리고 땅의 짐
승들을 가지고 사람을 죽이는 권한이 주어
졌습니다.
9◎어린 양이 다섯째 봉인을 떼셨을 때에 나
는 하느님의 말씀 때문에 그리고 그 말씀을
증언했기 때문에 죽임을 당한 사람들의 영
혼이 제단 아래 자리잡고 있는 것을 보았습
니다.
10그들은 큰소리로 "거룩하시고 진실하신 대
왕님, 우리가 얼마나 더 오래 기다려야 땅
위에 사는 자들을 심판하시고 또 우리가 흘
린 피의 원수를 갚아주시겠습니까?" 하고
부르짖었습니다.
11또 그들은 흰 두루마기 한 벌씩을 받았습니
다. 그리고 그들처럼 죽임을 당하기로 되어
있는 동료 종들과 형제들이 다 죽어서 그
수가 찰 때까지 잠시 쉬라는 분부를 받았습
니다.
12◎어린 양이 여섯째 봉인을 떼셨을 때에 내
가 보니 큰 지진이 일어나고 해는 검은 머리
털로 짠 천처럼 검게 변하고 달은 온통 핏빛
으로 변하였습니다.
13그리고 별들은 마치 거센 바람에 흔들려서
무화과나무의 설익은 열매가 떨어지듯이
땅에 떨어졌습니다.
14하늘은 두루마리가 말리듯이 사라져버렸고
제자리에 그대로 남아 있는 산이나 섬은 하
나도 없었습니다.
15그러자 세상의 왕들과 고관들과 장성들과
부자들과 세력자들과 모든 노예와 자유인
들이 동굴과 산의 바위 틈에 숨어서
16㉠산과 바위를 향하여 "우리 위에 무너져
내려서 옥좌에 앉으신 분의 눈을 피할 수 있
도록 우리를 숨겨다오. 그리고 어린 양의
진노를 면하게 해다오.
17그들의 큰 진노의 날이 닥쳐왔다. 누가 그
것을 감당할 수 있겠느냐?" 하고 부르짖었
습니다.

㉠ 호세 10:8.

이스라엘 백성 중에서 뽑힌 십사만 사천 명

7 ◎그 뒤에 내가 보니 땅 네 모퉁이에 천사
가 하나씩 서서 땅의 네 바람을 제지하여
땅에나 바다에나 어떤 나무에도 불지 못하
게 하고 있었습니다.
2 또 보니 다른 천사 하나가 살아 계신 하느님
의 도장을 가지고 해 돋는 쪽에서 올라오고
있었습니다. 그는 땅과 바다를 해칠 수 있
는 권한을 받은 네 천사에게 큰소리로
3 "우리가 우리 하느님의 종들의 이마에 이
도장을 찍을 때까지는 땅이나 바다나 나무
들을 해치지 마라." 하고 외쳤습니다.
4 그리고 내가 들은 바로는 도장을 받은 자들
의 수효가 십사만 사천 명이었습니다. 이와
같이 이마에 도장을 받은 자들은 이스라엘
자손의 모든 지파에서 나온 사람들이었습
니다.
5 도장 받은 자는
유다 지파에서 일만 이천 명
르우벤 지파에서 일만 이천 명
가드 지파에서 일만 이천 명
6 아셀 지파에서 일만 이천 명
납달리 지파에서 일만 이천 명
므나쎄 지파에서 일만 이천 명
7 시므온 지파에서 일만 이천 명
레위 지파에서 일만 이천 명
이싸갈 지파에서 일만 이천 명
8 즈불룬 지파에서 일만 이천 명
요셉 지파에서 일만 이천 명
베냐민 지파에서 일만 이천 명이었습니
다.

모든 나라에서 온 군중

9 ◎그 뒤에 나는 아무도 그 수효를 셀 수 없
을 만큼 많은 사람이 모인 군중을 보았습니
다. 그들은 모든 나라와 민족과 백성과 언
어에서 나온 자들로서 흰 두루마기를 입고
손에 종려나무 가지를 들고서 옥좌와 어린
양 앞에 서 있었습니다.
10 그리고 그들은 큰소리로 "구원을 주시는 분
은 옥좌에 앉아 계신 우리 하느님과 어린 양
이십니다." 하고 외쳤습니다.
11 그러자 천사들은 모두 옥좌와 원로들과 네
생물을 둘러서 있다가 옥좌 앞에 엎드려 하
느님께 경배하며
12 "아멘, 우리 하느님께서 영원 무궁토록 찬
양과 영광과 지혜와 감사와 영예와 권능과
세력을 누리시기를 빕니다. 아멘." 하고 외
쳤습니다.
13 ◎그 때 그 원로들 가운데 하나가 "흰 두루
마기를 입은 이 사람들은 도대체 누구이며
또 어디에서 왔습니까?" 하고 나에게 물었
습니다.
14 "어른께서 잘 알고 계시지 않습니까?" 하
고 내가 대답했더니 그는 나에게 다음과 같
이 말했습니다. "저 사람들은 큰 환난을 겪
어낸 사람들입니다. 그들은 어린 양이 흘리
신 피에 자기들의 두루마기를 빨아 희게 만
들었습니다.
15 그러므로 그들은 하느님의 옥좌 앞에 있
으며
하느님의 성전에서 밤낮으로 그분을 섬
기는 것입니다.
그리고 옥좌에 앉으신 분이 그들을 가려
주실 것입니다.
16 ㉠그들이 다시는 주리지도 목마르지도 않
을 것이며
태양이나 어떤 뜨거운 열도 그들을 괴롭
히지 못할 것이요,
17 옥좌 한가운데 계신 어린 양이 그들의 ㉡목
자가 되셔서
그들을 생명의 샘터로 인도하실 것이며
㉢하느님께서는 그들의 눈에서 눈물을 말
끔히 씻어주실 것입니다."

일곱째 봉인과 금향로

8 ◎어린 양이 일곱째 봉인을 떼셨을 때에
약 반 시간 동안 하늘에는 침묵이 흘렀습
니다.
2 그리고 나는 하느님 앞에 서 있는 일곱 천사
를 보았는데 그들은 나팔을 하나씩 가지고
있었습니다.
3 ◎다른 천사 하나가 금향로를 들고 제단 앞
에 와 섰습니다. 그 천사는 모든 성도들의
기도를 향에 섞어서 옥좌 앞에 있는 황금제
단에 드리려고 많은 향을 받아들었습니다.
4 그러자 그 천사의 손으로부터 향의 연기가
성도들의 기도와 함께 하느님 앞으로 올라
갔습니다.
5 그 뒤에 그 천사는 향로를 가져다가 거기에
제단 불을 가득히 담아서 땅에 던졌습니다.
그러자 천둥과 요란한 소리와 번개와 지진
이 일어났습니다.

나팔

6 ◎그 때 나팔을 가진 일곱 천사가 나팔을 불

㉠ 이사 49:10. ㉡ 시편 23:2; 이사 49:10. ㉢ 이사 25:8.

채비를 차렸습니다.
7◎첫째 천사가 나팔을 불었습니다. 그러자
우박과 불덩어리가 피범벅이 되어서 땅에
던져져 땅의 삼분의 일이 타고 나무의 삼
분의 일이 탔으며 푸른 풀이 모두 타버렸
습니다.
8◎둘째 천사가 나팔을 불었습니다. 그러자
불붙는 큰 산과 같은 것이 바다에 던져져서
바닷물의 삼분의 일이 피가 되고
9 바다 속에 사는 피조물의 삼분의 일이 죽고
모든 선박의 삼분의 일이 산산조각이 났습
니다.
10◎셋째 천사가 나팔을 불었습니다. 그러자
하늘로부터 큰 별 하나가 횃불처럼 타면서
떨어져 모든 강의 삼분의 일과 샘물들을 덮
쳤습니다.
11 그 별의 이름은 쑥이라고 합니다. 그 바람
에 물의 삼분의 일이 쑥이 되고 많은 사람이
그 쓴 물을 마시고 죽었습니다.
12◎넷째 천사가 나팔을 불었습니다. 그러자
태양의 삼분의 일과 달의 삼분의 일과 별들
의 삼분의 일이 타격을 받아 그것들의 삼분
의 일이 어두워졌으며 낮의 삼분의 일이 빛
을 잃고 밤의 삼분의 일도 마찬가지로 빛을
잃었습니다.
13◎나는 또 독수리 한 마리가 하늘 한가운데
서 날아다니는 것을 보았고 그것이 큰소리
로 "화를 입으리라. 화를 입으리라. 땅 위에
사는 자들은 화를 입으리라. 아직도 천사들
이 불 나팔 소리가 셋이나 남아 있다!" 하
고 외치는 것을 들었습니다.

9 ◎다섯째 천사가 나팔을 불었습니다. 그
때 나는 하늘로부터 땅에 떨어진 별 하나
를 보았습니다. 그 별은 끝없이 깊은 지옥
구덩이를 여는 열쇠를 받았습니다.
2 그 별이 그 지옥 구덩이를 열자 거기에서부
터 큰 용광로에서 내뿜는 것과 같은 연기가
올라와 공중을 뒤덮어서 햇빛을 어둡게 하
였습니다.
3 그 연기 속에서 메뚜기들이 나와 땅에 퍼졌
습니다. 그 메뚜기들에게는 땅에 있는 전갈
들이 가진 것과 같은 권세가 주어졌습니다.
4 그것들은 땅에 있는 풀이나 푸성귀나 나무
는 하나도 해쳐서는 안 되고 다만 하느님의
도장이 이마에 찍히지 않은 사람들만 해치
라는 명령을 받았습니다.
5 그러나 그 사람들을 죽이지는 말고 다섯
달 동안 괴롭히기만 하라는 명령이었습니
다. 그 메뚜기들이 주는 고통은 마치 전갈
이 사람을 쏠 때에 주는 고통과 같은 것이
었습니다.
6 그 다섯 달 동안에는 그 사람들이 아무리
죽으려고 애써도 죽을 수가 없고 죽기를 바
라더라도 죽음이 그들을 피해 달아날 것입
니다.
7 그 메뚜기들의 모양은 전투 준비가 갖추어
진 말 같았으며 머리에는 금관 같은 것을 썼
고 얼굴은 사람의 얼굴과 같았습니다.
8 그것들의 머리털은 여자의 머리털 같았고
이빨은 사자의 이빨과 같았습니다.
9 그리고 쇠로 만든 가슴 방패와 같은 것으로
가슴을 쌌고 그것들의 날개 소리는 전쟁터
로 달려가는 수많은 전투 마차 소리 같았습
니다.
10 그것들은 전갈의 꼬리와 같은 꼬리를 가졌
으며 그 꼬리에는 가시가 돋혀 있었습니다.
그것들은 그 꼬리로 다섯 달 동안 사람들을
해칠 수 있는 권한이 있었습니다.
11 그것들은 지옥의 악신을 왕으로 모셨습니
다. 그 이름은 히브리 말로는 아바돈이고 그
리스 말로는 아폴리온이니 곧 파괴자라는 뜻
입니다.
12 이렇게 재난이 또 하나 지나갔습니다. 그
러나 아직도 앞으로 두 가지 재난이 더 닥쳐
올 것입니다.
13◎여섯째 천사가 나팔을 불었습니다. 그러
자 나는 하느님 앞에 있는 금제단의 네 모퉁
이에 달린 뿔에서 나오는 한 음성을 들었습
니다.
14 그것은 나팔을 가진 여섯째 천사에게 "큰
유프라테스 강에 매여 있는 네 천사를 풀어
놓아라." 하는 명령이었습니다.
15 그래서 네 천사는 풀려났습니다. 그 천사들
은 정해진 연 월 일 시에 사람들의 삼분의
일을 죽이려고 준비를 갖추고 있었습니다.
16 내가 들은 바로는 그 천사들이 거느리는 기
마병의 수효가 이억이나 된다는 것입니다.
17 그 말들과 그 위에 탄 자들의 모습이 내 눈
에 비치었는데 그들은 불빛 같은 붉은 색이
나 보라색이나 유황색의 가슴 방패를 붙였
고 말들은 그 머리가 사자의 머리 같았으며,
그 입에서는 불과 연기와 유황을 내뿜고 있
었습니다.
18 그 말들의 입에서 뿜어내는 불과 연기와 유
황, 이 세 가지 재앙 때문에 사람들의 삼분
의 일이 죽고 말았습니다.
19 그 말들의 힘의 근원은 그들의 입과 꼬리에
있었습니다. 그 꼬리는 뱀과 같으며 머리가

달려서 그 머리로 사람을 해칩니다.
20◎이런 재앙에 죽지 않고 살아 남은 사람들
도 자기들이 지은 죄를 뉘우치지 않고 오히
려 끊임없이 마귀들을 경배하고 금이나 은
이나 구리나 돌이나 나무로 만든 우상들에
게 절을 했습니다. 보지도 못하고 듣지도
못하고 걸어다니지도 못하는 우상들을 경
배한 것입니다.
21그들은 또한 자기들이 행한 살인과 마술과
음행과 도둑질에 대해서도 뉘우치지 않았
습니다.

천사와 두루마리

10 ◎또 나는 힘센 다른 천사 하나가 하늘
로부터 내려오는 것을 보았습니다. 그
는 구름에 싸여 있었고 그의 머리에는 무지
개가 둘러 있었으며 얼굴은 태양과 같았고
발은 불기둥과 같았습니다.
2그리고 손에는 작은 두루마리를 펴 들고 있
었습니다. 그는 오른발로는 바다를 디디고
왼발로는 땅을 디디고
3마치 사자가 으르렁대는 것처럼 큰소리로
부르짖었습니다. 그가 고함을 지르자 일곱
천둥이 각각 제 소리를 내며 말을 했습니다.
4그 일곱 천둥이 말할 때에 내가 그것을 기록
하려고 하자, "그 일곱 천둥이 말한 것을 비
밀에 붙여두고 기록하지 마라." 하는 음성
이 하늘로부터 들려왔습니다.
5내가 본 그 천사, 곧 바다와 땅을 디디고 서
있던 천사가 ㉠오른손을 하늘로 쳐들고
6하늘과 그 안에 있는 것들, 땅과 그 안에 있
는 것들, 그리고 바다와 그 안에 있는 것들
을 창조하시고 영원 무궁토록 살아 계시는
분을 두고 맹세하며 "시간은 얼마 남지 않
았다.
7이제 일곱째 천사가 나팔을 불 터인데 그 소
리가 나는 날에는 하느님께서 당신의 종 예
언자들에게 전해 주신 대로 하느님의 신비
로운 계획이 완성될 것이다." 하고 다짐했
습니다.
8◎하늘로부터 들려오던 그 음성은 나에게
다시 이렇게 말했습니다. "너는 바다와 땅
을 디디고 서 있는 그 천사에게 가서 그 손
에 펴 든 두루마리를 받아라."
9그래서 나는 그 천사에게 가서 그 작은 두루
마리를 달라고 했습니다. 그 때 그 천사는
나에게 "이것을 받아 삼켜버려라. 이것이
네 입에는 꿀같이 달겠지만, 네 배에 들어
가면 배를 아프게 할 것이다." 하고 말했습
니다.
10그래서 나는 그 천사의 손에서 작은 두루마
리를 받아 삼켰습니다. 과연 그것이 내 입
에는 꿀같이 달았지만 먹고 나니 배가 아팠
습니다.
11그 때 "너는 여러 백성들과 민족들과 언어
들과 왕들에 관해서 다시 예언을 해야 한
다." 하는 음성이 나에게 들려왔습니다.

두 증인

11 ◎또 나는 지팡이 같은 측량자 하나를
받았는데 그 때 이런 말씀이 나에게 들
려왔습니다. "일어나서 하느님의 성전과 제
단을 측량하고 성전 안에서 예배하는 사람
들을 세어보아라.
2그러나 성전의 바깥뜰은 내버려두고 측량
하지 마라. 그것은 이방인들에게 내어준 것
이다. 그들이 그 거룩한 도성을 마흔두 달
동안 짓밟을 것이다.
3나는 내 두 증인을 세우고 그들에게 베옷을
입혀 일천이백육십 일 동안 예언을 하게 하
겠다."
4이 두 증인이란 이 세상을 다스리시는 주님
앞에 서 있는 두 올리브 나무이며 두 등불입
니다.
5그들을 해치려고 하는 자가 있다면 그들의
입에서 불이 나와 그 원수들을 삼켜버릴 것
입니다. 그들을 해치려고 하는 자는 누구나
이와 같이 죽고야 말 것입니다.
6그들은 자기들이 예언하는 기간 동안 비가
내리지 않게 하늘을 닫을 권세를 가졌고 또
물을 피로 변하게 하고 온갖 재앙으로 몇 번
이든지 그들이 하고 싶은 대로 이 세상을 칠
수 있는 권한을 가지고 있습니다.
7그러나 그들이 증언을 끝내면 끝없이 깊은
구렁으로부터 그 짐승이 올라와서 그들과
싸워 이기고 그들을 죽일 것입니다.
8그리고 그들의 시체는 그 큰 도성의 한길에
버려질 것입니다. 그 도성은 그들의 주님께
서 십자가에 달리셨던 곳이며 상징적으로
는 소돔이라고도 하고 이집트라고도 합니다.
9여러 백성과 종족과 언어와 민족에 속한 사
람들이 사흘 반 동안 그들의 시체를 구경할
것이며 그 시체가 무덤에 안장되는 것을 허
락하지 않을 것입니다.
10그리고 땅 위에 사는 사람들이 그들의 죽
음을 보고 기뻐하고 즐거워하며 서로 선물

㉠ 신명 32:40; 다니 12:7.

묵시

을 교환할 것입니다. 이 두 예언자는 땅 위
에 사는 사람들에게 괴로운 존재였던 것입
니다.
11 사흘 반이 지났습니다. 하느님께서 그들에
게 생기를 불어넣어 주셔서 그들은 제 발로
일어섰습니다. 그것을 목격한 사람들은 큰
두려움에 사로잡혔습니다.
12 그리고 그 두 예언자는 자기들을 향해서
"이리로 올라오너라." 하고 외치는 소리가
하늘에서 나는 것을 들었습니다. 그러자 그
예언자들은 원수들이 쳐다보고 있는 가운
데 구름을 타고 하늘로 올라갔습니다.
13 바로 그 때 큰 지진이 일어나서 그 도시의
십분의 일이 무너지고 그 지진 때문에 사람
이 칠천 명이나 죽었습니다. 살아 남은 사
람들은 두려움에 싸여 하늘에 계신 하느님
을 찬양했습니다.
14 둘째 재난은 지나갔습니다. 이제 곧 셋째
재난이 올 것입니다.

묵시

일곱 번째 나팔

15 ◎일곱째 천사가 나팔을 불었습니다. 그 때
에 하늘에서 큰소리가 들려왔습니다.
"세상 나라는 우리 주님과 그분이 세우신
그리스도의 나라가 되었고,
그리스도께서 영원 무궁토록 군림하실 것
이다."
16 그리고 하느님 앞에서 자기 자리에 앉아
있던 스물네 원로도 엎드려 하느님께 경배
하며,
17 "지금도 계시고 전에도 계셨던 전능하신
주 하느님,
우리의 감사를 받으소서.
하느님께서는 큰 권능을 떨치시며 군림
하고 계십니다.
18 이방인들이 이것에 분개하였으나
오히려 그들이 주님의 분노를 샀으며
때는 와서 죽은 자들은 심판을 받고,
주님의 종 예언자들과 성도들과
대소를 막론하고 주님을 공경하는 자들
은 상을 받고
땅을 어지럽히던 자들은 망하게 되었습
니다."
하고 말하였습니다.
19 그러자 하늘에 있는 하느님의 성전이 열리
고 성전 안에 있는 하느님의 계약의 궤가 나
타났으며 번개가 치고 요란한 소리가 들리
고 천둥과 지진이 일어나고 큰 우박이 쏟아
졌습니다.

여자와 용

12 ◎그리고 하늘에는 큰 표징이 나타났
습니다. 한 여자가 태양을 입고 달을
밟고 별이 열두 개 달린 월계관을 머리에 쓰
고 나타났습니다.
2 그 여자는 뱃속에 아이를 가졌으며 해산의
진통과 괴로움 때문에 울고 있었습니다.
3 또 다른 표징이 하늘에 나타났습니다. 이번
에는 큰 붉은 용이 나타났는데 일곱 머리와
열 뿔을 가졌고 머리마다 왕관이 씌워져 있
었습니다.
4 그 용은 자기 꼬리로 하늘의 별 삼분의 일을
휩쓸어 땅으로 내던졌습니다. 그리고는 막
해산하려는 그 여자가 아기를 낳기만 하면
그 아기를 삼켜버리려고 그 여자 앞에 지켜
서 있었습니다.
5 마침내 그 여자는 아들을 낳았습니다. 그
아기는 장차 ㉠쇠지팡이로 만국을 다스릴
분이었습니다. 별안간 그 아기는 하느님과
그분의 옥좌가 있는 곳으로 들려 올라갔고
6 그 여자는 광야로 도망을 쳤습니다. 그 곳
은 하느님께서 천이백육십 일 동안 그 여자
를 먹여 살리시려고 마련해 두신 곳이었습
니다.
7 ◎그 때 하늘에서는 전쟁이 터졌습니다. 천
사 미가엘이 자기 부하 천사들을 거느리고
그 용과 싸우게 된 것입니다. 그 용은 자기
부하들을 거느리고 맞서 싸웠지만
8 당해 내지 못했습니다. 그래서 하늘에는 그
들이 발붙일 자리조차 없었습니다.
9 그 큰 용은 악마라고도 하고 사탄이라고도
하며 온 세계를 속여서 어지럽히던 늙은 뱀
인데, 이제 그 놈은 땅으로 떨어졌고 그 부
하들도 함께 떨어졌습니다.
10 그 때 나는 하늘에서 큰 음성이 이렇게 말하
는 것을 들었습니다.
"우리 형제들을 무고하던 자들은 쫓겨났
다.
밤낮으로 우리 하느님 앞에서
우리 형제들을 무고하던 자들이 쫓겨났
다.
이제 우리 하느님의 구원과 권능과 나라
가 나타났고
하느님께서 세우신 그리스도의 권세가 나
타났다.
11 우리 형제들은 어린 양이 흘린 피와 자기

㉠ 시편 2:9.

들이 증언한 진리의 힘으로 그 악마를 이
겨냈다.
그들은 목숨을 아끼지 않고 죽기까지 싸
웠다.
12 그러므로 하늘과 그 안에 사는 자들아,
즐거워하여라.
그러나 제 때가 얼마 남지 않은 것을 깨달
은 악마가
크게 노하여 너희에게 내려갔으니
땅과 바다는 화를 입을 것이다."
13 그 용은 자기가 땅에 떨어진 것을 깨닫자
그 사내 아이를 낳은 여자를 쫓아갔습니다.
14 그러나 그 여자는 큰 독수리의 두 날개를 받
아 가지고 있어서 광야에 있는 자기 처소로
날아가 거기에서 삼 년 반 동안 그 뱀의 공
격을 받지 않고 먹고 살 수 있었습니다.
15 그 뱀은 그 여자의 뒤에서 입으로부터 강물
처럼 물을 토해 내어 그 물로 여자를 휩쓸어
버리려고 했습니다.
16 그러나 땅이 입을 벌려 용이 토해 낸 강물을
마시어 그 여자를 구해 냈습니다.
17 그러자 용은 그 여자에 대하여 화가 치밀었
습니다. 그리고 하느님의 계명을 지키고 예
수를 위해서 증언하는 일에 충성스러운 그
여자의 남은 자손들과 싸우려고 떠나가
18 바닷가에 섰습니다.

두 짐승

13 ◎또 나는 짐승 하나가 바다에서 올라
오는 것을 보았습니다. 그 짐승은 뿔이
열 개이고 머리는 일곱이었습니다. 그 뿔에
는 각각 관이 하나씩 씌워져 있었으며 그 머
리마다 하느님께 모독이 되는 이름이 쓰여
있었습니다.
2 내가 본 그 짐승은 표범과 같았는데 그 발은
곰의 발과 같았고 그 입은 사자의 입과 같았
습니다. 그 짐승은 그 용으로부터 힘과 왕
위와 큰 권세를 받았습니다.
3 그 짐승은 머리 하나에 치명상을 입어서 거
의 죽게 되었었지만 그 상처가 나았습니다.
이것을 본 온 세상 사람들은 놀랍게 여기며
그 짐승을 따라갔습니다.
4 그리고 그 짐승에게 권세를 준 용을 경배하
였습니다. 또 그들은 짐승에게도 절을 하며
"이 짐승처럼 힘센 자가 어디 있는가? 누가
이 짐승을 당해 낼 수 있겠는가?" 하고 외
쳤습니다.
5 ◎그 짐승은 큰소리를 치며 하느님을 모독
하는 말을 지껄일 입을 받았고 마흔두 달 동
안 세도를 부릴 권세를 받았습니다.
6 그래서 그 짐승은 하느님을 모독하기 시작
했고 하느님의 이름과 하느님의 집을 모독
했으며 하늘에서 사는 자들에게 욕설을 퍼
부었습니다.
7 그 짐승은 성도들과 싸워 이길 힘을 받았고
모든 종족과 백성과 언어와 민족을 다스릴
권세를 받았습니다.
8 그러므로 땅 위에 살고 있는 사람들 중에 죽
임을 당한 어린 양의 생명책에 천지 창조 때
부터 이름이 올라 있지 않은 자들은 모두 그
에게 절을 할 것입니다.
9 ◎귀가 있는 사람은 알아들으십시오.
10 "㉠잡혀갈 사람은 잡혀갈 것이며 칼을 맞아
죽을 사람은 칼을 맞아 죽을 것입니다."
그러므로 성도들의 인내와 믿음이 필요합
니다.
11 ◎이번에는 또 다른 짐승 하나가 땅에서 올
라오는 것을 나는 보았습니다. 그 짐승은
어린 양처럼 두 뿔이 있었으며 용처럼 말을
했습니다.
12 둘째 짐승은 첫째 짐승이 가진 모든 권세를
그 첫째 짐승을 대신하여 행사하고 있었습
니다. 그리고 땅과 땅 위에 사는 사람들로
하여금 치명상에서 회복된 그 첫째 짐승에
게 절하게 하였습니다.
13 또 그 짐승은 여러 가지 큰 기적을 행하며
사람들 앞에서 하늘로부터 땅에 불을 내리
게도 하였습니다.
14 그리고 그 첫째 짐승을 대신해서 행하도록
허락받은 기적을 가지고 땅 위에 사는 사람
들을 현혹시켰습니다. 또 땅 위에 사는 사
람들더러 칼을 맞고도 살아난 그 짐승을 위
하여 우상을 만들라고 하였습니다.
15 그리고 둘째 짐승이 권한을 받아서 첫째 짐
승의 우상에게 생기를 불어넣어 그 우상으
로 하여금 말을 하게도 하고 또 그 우상에게
절을 하지 않은 사람들을 모두 죽이게도 하
였습니다.
16 또 낮은 사람이나 높은 사람이나, 부자나
가난한 자나, 자유인이나 종이나 할 것 없
이 모든 사람에게 오른손이나 이마에 낙인
을 받게 하였습니다.
17 그리고 그 짐승의 이름이나 그 이름을 표시
하는 숫자의 낙인이 찍힌 사람 외에는 아무
도 물건을 사거나 팔지 못하게 하였습니다.
18 바로 여기에 지혜가 필요합니다. 영리한 사

㉠ 예레 15:2, 43:11.

람은 그 짐승을 가리키는 숫자를 풀이해 보
십시오. 그 숫자는 사람의 이름을 표시하는
것으로서 그 수는 육백육십육입니다.

십사만 사천 명이 부른 노래

14 ◎그리고 나는 어린 양이 시온 산 위에
서 있는 것을 보았습니다. 그 어린 양
과 함께 십사만 사천 명이 서 있었는데 그들
의 이마에는 어린 양과 그 아버지의 이름이
적혀져 있었습니다.
2 그리고 큰 물 소리와도 같고 요란한 천둥 소
리와도 같은 소리가 하늘로부터 울려오는
것을 들었습니다. 또 그 소리는 거문고 타
는 사람들의 거문고 소리처럼 들렸습니다.
3 그 십사만 사천 명은 옥좌와 네 생물과 원로
들 앞에서 새로운 노래를 부르고 있었습니
다. 그러나 그 노래는 땅으로부터 구출된
십사만 사천 명 외에는 아무도 배울 수 없었
습니다.
4 그들은 여자들과 더불어 몸을 더럽힌 일이
없는 사람들이며 숫총각들입니다. 그들은
어린 양이 가는 곳이면 어디든지 따라다닙
니다. 그들은 사람들 가운데서 구출되어 하
느님과 어린 양에게 바쳐진 첫 열매입니다.
5 그들의 입에서는 거짓말을 찾아볼 수 없으
며, 그들은 아무런 흠도 없는 사람들입니다.

세 천사의 전갈

6 ◎나는 또 다른 천사가 하늘 한가운데서 높
이 날아다니는 것을 보았습니다. 그 천사는
땅에서 살고 있는 사람들과 모든 나라와 종
족과 언어와 백성에게 전할 영원한 복음을
가지고 있었습니다.
7 그리고 큰소리로 "너희는 하느님을 두려워
하고 찬양하여라. 그분이 심판할 때가 왔
다. 하늘과 땅과 바다와 샘물을 만드신 분
을 예배하여라." 하고 외쳤습니다.
8 ◎또 둘째 천사가 뒤따라와서 "무너졌다!
큰 바빌론 도성이 무너졌다! 자기 음행 때문
에 분노의 포도주를 모든 민족에게 마시게
한 바빌론이 무너졌다!" 하고 외쳤습니다.
9 ◎또 셋째 천사가 뒤따라와서 큰소리로 이
렇게 외쳤습니다. "누구든지 그 짐승과 그
의 우상에게 절을 하고 자기 이마나 손에 낙
인을 받는 자는
10 하느님의 분노의 포도주를 마시게 될 것이
다. 그것은 하느님의 진노의 잔에 부어 넣
은 순수한 포도주다. 이런 자들은 거룩한
천사들과 어린 양 앞에서 불과 유황의 구덩
이에서 고통을 당하게 될 것이다.
11 그들에게 고통을 주는 불과 유황의 연기가
그 구덩이에서 영원토록 올라올 것이며 그
짐승과 그 우상에게 절을 하고 그 이름의 낙
인을 받는 자는 밤에도 낮에도 휴식을 얻지
못할 것이다."
12 그래서 하느님의 계명을 지키고 예수께 대
한 믿음을 지키는 성도들에게는 인내가 필
요한 것입니다.
13 ◎나는 또 "'이제부터는 주님을 섬기다가
죽는 사람들이 행복하다.' 고 기록하여라."
하고 외치는 소리가 하늘에서 나는 것을 들
었습니다. 그러자 성령께서 "옳은 말이다.
그들은 수고를 그치고 쉬게 될 것이다. 그
들의 업적이 언제나 남아 있기 때문이다."
하고 말씀하셨습니다.

마지막 추수

14 ◎또 내가 보니 흰 구름이 있고 그 구름 위
에는 사람의 아들 같은 분이 머리에 금관을
쓰고 손에 날카로운 낫을 들고 앉아 있었습
니다.
15 그리고 천사 하나가 성전에서 나와서 그 구
름 위에 앉아 있는 분에게 큰소리로 "땅의
곡식이 무르익어 추수할 때가 되었습니다.
당신의 낫을 들어 추수하십시오." 하고 부
르짖었습니다.
16 구름 위에 앉은 분이 낫을 땅 위에 휘두르자
땅 위에 있는 곡식이 거두어졌습니다.
17 ◎또 다른 천사가 하늘에 있는 성전으로부
터 나왔는데 그도 또한 날카로운 낫을 들고
있었습니다.
18 또 불을 지배하는 다른 천사가 제단으로부
터 나왔습니다. 그는 날카로운 낫을 들고
있는 천사에게 큰소리로 "당신의 날카로운
낫을 들어 땅의 포도원에서 포도송이들을
거두어들이십시오. 포도가 다 익었습니
다." 하고 외쳤습니다.
19 그래서 그 천사는 땅 위에 낫을 휘둘러 땅의
포도를 거두어가지고 하느님의 큰 분노의
포도주를 만드는 술틀에 던져 넣었습니다.
20 그 술틀은 성 밖에 있었고 포도가 그 속에서
짓밟혔습니다. 그 술틀에서부터 피가 흘러
나와 한 길이나 되는 홍수를 이루어 거의 천
리 가량이나 퍼져 나갔습니다.

마지막 재난을 가지고 온 천사

15 ◎나는 또 크고 놀라운 다른 표징이 하
늘에 나타나는 것을 보았습니다. 일곱

천사가 각각 한 가지 재난을 내릴 권한을 가
지고 있었는데 그 재난은 최후의 재난으로
서 하느님의 분노의 마지막 표현입니다.
2◎나는 또 불이 섞인 수정바다 같은 것을 보
았습니다. 그 수정바다 위에는 그 짐승과
그의 우상과 숫자를 가지고 이름을 나타냈
던 그자를 이긴 사람들이 서 있었습니다.
그들은 하느님께서 주신 거문고를 타며
3하느님의 종 모세의 노래와 어린 양의 노래
를 이렇게 부르고 있었습니다.
"전능하신 주 하느님,
주께서 하시는 일은 크고도 놀랍습니다.
만민의 왕이시여,
주님의 길은 바르고 참되십니다.
4 주님, 주님을 두려워하지 않을 자가 누구
며
주님의 이름을 찬양하지 않을 자가 누구
이겠습니까?
주님만이 홀로 거룩하시니
모든 민족이 주님 앞에 와서 경배할 것입
니다.
주님의 심판이 공정하게 내려졌습니다."
5◎이런 일이 있은 뒤에 나는 하늘에 있는 성
전이 열리는 것을 보았습니다. 그 성전은
증거의 천막이었습니다.
6그 성전으로부터는 재난을 하나씩 손에 든
일곱 천사가 나왔습니다. 그들은 깨끗하고
눈부신 모시옷을 입고 가슴에는 금띠를 두
르고 있었습니다.
7그 때에 네 생물 중 하나가 그 일곱 천사에
게 금대접을 하나씩 주었는데, 거기에는 영
원 무궁토록 살아 계신 하느님의 분노가 가
득 차 있었습니다.
8그 성전은 하느님의 영광과 권능에서 나오
는 연기로 가득 차 있었으며 일곱 천사의 일
곱 가지 재난이 다 끝나기까지는 아무도 그
성전에 들어갈 수 없었습니다.

분노가 담긴 대접

16 ◎나는 또 성전으로부터 나오는 큰소
리를 들었습니다. 그것은 일곱 천사에
게 "너희는 가서 하느님의 분노의 일곱 대
접을 땅에 쏟아라." 하고 외치는 소리였습
니다.
2◎첫째 천사가 나가서 자기 대접에 든 것을
땅에 쏟았습니다. 그러자 짐승의 낙인을 받
은 자들과 그 짐승의 우상에게 절을 한 자들
에게 끔찍하고 독한 종기가 생겼습니다.
3◎둘째 천사가 자기 대접에 든 것을 바다에
쏟았습니다. 그러자 바닷물이 죽은 사람의
피처럼 되었고 바다에 있는 모든 생물이 죽
었습니다.
4◎셋째 천사가 자기 대접에 든 것을 강과 샘
물에 쏟았습니다. 그러자 물이 피로 변했습
니다.
5그리고 나는 물을 주관하는 천사가 이렇게
외치는 것을 들었습니다.
"지금도 계시고 전에도 계셨던 거룩하신
분이시여,
이렇게 심판을 하시니 당신은 정의로우
십니다.
6 그들은 성도들과 예언자들의 피를 흘리
게 하였으므로
당신은 그들에게 피를 마시게 하셨습니
다.
과연 이 심판은 마땅합니다."
7 그리고 제단으로부터
"옳습니다. 전능하신 주 하느님,
주님의 심판은 참되고 올바르십니다."
하는 소리가 들려왔습니다.
8◎넷째 천사가 자기 대접에 든 것을 해에다
쏟았습니다. 그 결과 해는 불로 사람들을
태우는 권한을 받았습니다.
9몹시 뜨거운 열이 사람들을 지져댔습니다.
그러나 그들은 자기들의 잘못을 뉘우치거
나 하느님을 찬양하기는커녕 그 재난을 지
배하는 권세를 가지신 하느님의 이름을 저
주하였습니다.
10◎다섯째 천사가 자기 대접에 든 것을 짐승
이 앉은 자리에 쏟았습니다. 그러자 짐승의
나라가 어둠의 세계로 변하였고 사람들은
괴로움을 못 이겨 자기들의 혀를 깨물었습
니다.
11그러면서도 자기들의 악한 행위를 뉘우치
지 않고 도리어 고통과 쓰라림 때문에 하늘
에 계신 하느님을 저주하였습니다.
12◎여섯째 천사가 자기 대접에 든 것을 유프
라테스라는 큰 강에 쏟았습니다. 그러자 강
물이 말라버려서 해 돋는 곳으로부터 오는
왕들의 길이 마련되었습니다.
13나는 또 용의 입과 짐승의 입과 거짓 예언자
의 입에서 개구리 같은 더러운 악령 셋이 나
오는 것을 보았습니다.
14그것들은 악마들의 영으로서 기적을 행할
수 있는 자들이며 전능하신 하느님의 큰 날
에 일어날 전쟁을 위해서 온 세계의 왕들을
모으려고 나간 자들입니다.
15그 때에 "잘 들어라. 내가 도둑같이 오겠다.

벌거벗고 다니는 부끄러운 꼴을 남에게 보
이지 않으려고 정신을 차리고 자기 옷을 입
고 있는 사람은 행복하다." 하는 소리가 들
려왔습니다.
16그 세 악령은 히브리 말로 하르마게돈이라고
하는 곳으로 왕들을 모았습니다.
17◎일곱째 천사가 자기 대접에 든 것을 공중
에다 쏟았습니다. 그러자 "다 되었다." 하
는 큰소리가 성전 안에 있는 옥좌로부터 울
려 나왔습니다.
18또 번개가 치고 큰소리가 나며 천둥이 울리
고 큰 지진이 일어났습니다. 이런 큰 지진
은 사람이 땅 위에 생겨난 이래 일찍이 없었
던 것입니다.
19그리고 그 큰 도시가 세 조각이 나고 모든
나라의 도시들도 무너졌습니다. 하느님께
서는 그 큰 도성 바빌론을 잊지 않으시고 그
도성에게 당신의 분노의 잔을 마시게 하셨
습니다. 곧 심한 진노의 포도주를 마시게
하신 것입니다.
20그러자 모든 섬들은 도망을 가고 산들은 자
취를 감추어버렸습니다.
21그리고 무게가 오십 근이나 되는 엄청난 우
박이 하늘로부터 사람들에게 떨어졌습니
다. 사람들은 그 우박의 재난이 너무나 심
해서 하느님을 저주하였습니다.

엄청난 탕녀에게 내릴 심판

17 ◎대접을 하나씩 가진 그 일곱 천사 중
의 하나가 나에게 와서 "이리 오너라.
많은 물 위에 앉은 엄청난 탕녀가 받을 심판
을 보여주겠다.
2세상의 왕들이 그 여자와 더불어 놀아났고
땅에서 사는 사람들이 그 여자의 음란의 포
도주를 마시고 취했다." 하고 말했습니다.
3그리고 그 천사는 성령으로 나를 감동시켜
광야로 데리고 갔습니다. 거기에서 나는 진
홍색 짐승을 탄 여자 하나를 보았습니다.
그 짐승의 몸에는 하느님을 모독하는 이름
들이 가득히 적혀 있었고 머리 일곱에 뿔이
열 개나 달려 있었습니다.
4이 여자는 주홍과 진홍색 옷을 입고 금과 보
석과 진주로 단장하고 있었으며 자기 음행
에서 비롯된 흉측하고 더러운 것들이 가득
히 담긴 금잔을 손에 들고 있었습니다.
5그리고 그 이마에는 "온 땅의 탕녀들과 흉
측한 물건들의 어미인 대바빌론"이라는 이
름이 상징적으로 기록되어 있었습니다.
6그리고 내가 보니 그 여자는 성도들의 피와
예수 때문에 순교한 사람들의 피에 취해 있
었습니다. ◎나는 이 여자를 보고 무척 놀랐
습니다.
7그 때 그 천사가 나에게 이렇게 말했습니다.
"왜 놀라느냐? 내가 이 여자의 비밀과 이
여자를 태우고 다니는, 머리 일곱에 뿔이
열 개 달린 그 짐승의 비밀을 말해 주마.
8네가 본 그 짐승은 전에는 있었지만 지금은
없다. 그것이 장차 끝없이 깊은 구렁에서
올라오겠지만 마침내는 멸망하고 말 것이
다. 땅 위에 사는 사람들 중에서 천지 창조
때부터 생명의 책에 이름이 적혀 있지 않은
사람들은 그 짐승이 나타나는 것을 보고 놀
랄 것이다. 전에는 있었지만 지금은 없고
후에야 나타나기로 되어 있는 그 짐승을 보
기 때문이다.
9이제는 지혜로운 이해력이 필요하다. 일곱
머리는 그 여자가 타고 앉은 일곱 언덕이며
또 일곱 왕을 가리키기도 한다.
10그 중의 다섯은 이미 넘어졌고 여섯째는 아
직 살아 있으며 마지막 하나는 아직 나타나
지 않았다. 마지막 왕이 나타나더라도 잠시
동안밖에는 살지 못할 것이다.
11또 전에 있다가 지금은 없는 그 짐승은 바로
그 여덟째 왕이다. 그 왕도 그 일곱 왕들과
동류로서 마침내는 멸망하고야 말 것이다.
12그리고 네가 본 열 뿔은 열 왕이다. 그들은
아직 나라를 차지하지는 못했지만 그 짐승
과 함께 한때 왕노릇 할 권세를 받을 것이다.
13그들은 모두 한마음이 되어 자기들의 권력
과 권세를 그 짐승에게 내어줄 것이다.
14그들은 어린 양에게 싸움을 걸겠지만 마침
내 모든 군주의 군주이시며 모든 왕의 왕이
신 어린 양이 이기실 것이며, 그의 부르심
을 받고 뽑혀서 충성을 다하는 부하들도 함
께 승리할 것이다."
15◎그 천사가 나에게 또 이렇게 말했습니다.
"네가 본 물, 곧 그 탕녀가 앉아 있는 물은
백성들과 군중들과 나라들과 언어들이다.
16그리고 네가 본 열 뿔과 그 짐승은 그 탕녀
를 미워하여 벌거벗기고 처참한 지경에 빠
뜨릴 것이다. 그리고는 그 탕녀의 살을 뜯
어먹고 마침내 그 탕녀를 불살라 버릴 것
이다.
17그것은 하느님께서 그들의 마음속에 당신
의 뜻을 이루려는 욕망을 심어주셨고 뜻을
모아 그들의 왕권을 그 짐승에게 넘겨주게
하셨기 때문이다. 그리하여 결국 하느님의
말씀이 이루어질 것이다.

18 네가 본 그 여자는 세상 임금들을 다스리는
큰 도시를 가리키는 것이다."

바빌론의 패망

18 ◎이런 일이 있은 뒤에 내가 보니 다른
천사가 큰 권세를 가지고 하늘로부터
내려오고 있었고 그의 영광스러운 광채 때
문에 땅이 환해졌습니다.
2 그는 힘찬 소리로 이렇게 외쳤습니다.
"무너졌다! 대바빌론이 무너졌다!
바빌론은 악마들의 거처가 되고
더러운 악령들의 소굴이 되었으며
더럽고 미움받는 온갖 새들의 집이 되었
다.
3 모든 백성이 그 여자의 음행으로 말미암
은 분노의 포도주를 마셨고
세상의 왕들이 그 여자와 놀아났으며
세상의 상인들이 그 여자의 사치 바람에
부자가 되었기 때문이다."
4 또 하늘로부터 이와 같은 소리가 들려왔
습니다.
"내 백성아, 그 여자를 버리고 나오너라.
너희는 그 여자의 죄에 휩쓸리지 말고
그 여자가 당하는 재난을 당하지 않도록
하여라.
5 그 여자의 죄는 하늘에까지 사무쳤고
하느님께서도 그 여자의 사악한 짓들을
기억하신다.
6 그 여자한테서 받은 만큼 돌려주고
그 여자의 행위를 갑절로 갚아주어라.
그 여자가 부어준 잔을 갑절로 되돌려주
어라.
7 그 여자는 영화와 사치를 스스로 누렸으
니
그만큼의 고통과 슬픔을 그 여자에게 주
어라.
그 여자는 마음속으로 '나는 여왕의 자리
에 앉아 있고
과부가 아니니
결코 슬픔을 맛보지 않을 것이다!' 하고
말한다.
8 그러므로 그 여자에게
질병과 슬픔과 굶주림 등의 재난이 하루
사이에 닥쳐올 것이며
마침내 그 여자는 불에 타버릴 것이다.
그 여자를 심판하시는 주 하느님은 전능
하신 분이시다."
9 그 여자와 함께 음란한 일을 하고 방탕한
생활을 한 세상의 왕들은 그 여자를 태우는
불의 연기를 보고 가슴을 치며 통곡할 것입
니다.
10 그들은 그 여자가 받는 고통이 두려워 멀리
서서,
"무서운 일이다! 이 강한 큰 도성 바빌론
에 화가 미쳤구나!
네가 일시에 하느님의 벌을 받았구나!"
하고 부르짖습니다.
11 ◎그리고 세상의 상인들도 이제는 그들의
상품을 사줄 사람이 하나도 없기 때문에,
그 여자가 망하는 것을 보고 울며 슬퍼합니
다.
12 그 상품에는 금, 은, 보석, 진주, 고운 모시,
자주 옷감, 비단, 진홍색 옷감, 각종 향나
무, 상아 기구, 값진 나무나 구리나 쇠나 대
리석으로 만든 온갖 그릇,
13 계피, 향료, 향, 몰약, 유향, 포도주, 올리브
기름, 밀가루, 밀, 소, 양, 말, 수레 그리고
노예와 사람의 목숨 따위가 있습니다.
14 상인들은 그 여자를 보고,
"네가 그렇게도 간절히 탐내던 실과가 너
에게서 사라졌으며
온갖 화려하고 찬란했던 것들이 너에게
서 사라졌으니
네가 다시는 그것들을 보지 못할 것이
다."
하고 말할 것입니다.
15 그 여자 때문에 부자가 된 이 상인들은 그
여자가 받는 고통을 보고 두려워 멀리 서서
울고 슬퍼하며,
16 "무서운 일이다!
고운 모시옷과 주홍색 옷과 진홍색 옷을
몸에 두르고
금과 보석과 진주로 단장하던 이 큰 도시
에 화가 미쳤구나!
17 그렇게도 많던 재물이 일시에 잿더미가
되고 말았구나!"
하고 말할 것입니다. 또 모든 선장과 선객
과 선원과 바다에서 일하는 사람들도 다 멀
리 서서
18 그 도시를 태우는 불의 연기를 보고 "저렇
게 큰 도시가 또 어디 있었단 말인가?" 하
고 외칠 것입니다.
19 그리고 그들은 머리에 먼지를 뿌리고 슬피
울면서,
"무서운 일이다! 이 큰 도시에 화가 미쳤
구나!
항해하는 배의 선주들이 모두 그 도시의
사치 생활로 말미암아

부자가 되었건만,
그것이 다 일시에 잿더미가 되고 말았구
나!"
하고 부르짖을 것입니다.
20◎하늘과 성도들과 예언자들이여, 기뻐하
십시오. 하느님께서 여러분을 위하여 그 도
시를 심판해 주셨습니다.
21◎또 힘센 한 천사가 큰 맷돌 같은 바윗돌을
들어서 바다에 던지며 말했습니다.
"그 큰 도성 바빌론이 이렇게 던져질 것이
니
다시는 그 모습을 찾아볼 수 없을 것이다.
22 거문고 타는 사람들과 노래 부르는 사람
들과 피리 부는 사람들과
나팔 부는 사람들의 음악이
다시는 네 안에서 들리지 않을 것이며
그 어떤 기술자들도 네 안에서 보이지 않
을 것이며
다시는 맷돌 소리도 네 안에서 들리지 않
을 것이다.
23 다시는 네 안에서 등불도 비치지 않을 것
이며
신랑과 신부의 음성도
다시는 네 안에서 들리지 않을 것이다.
네 상인들이 땅의 권력자가 되었고
만국 백성이 네 마술에 속아넘어 갔으며
24 예언자들과 성도들의 피가,
그리고 땅에서 죽임을 당한 모든 사람의
피가
바로 그 도시에서 발견되었기 때문이다."

묵시

19 ◎이런 일이 있은 뒤에 큰 군중이 우렁
차게 외치는 듯한 음성이 하늘에서 들
려왔습니다.
"할렐루야!
구원과 영광과 권세가 우리 하느님의 것
이다.
2 그분의 심판은 참되고 공정하시다.
음란으로 세상을 망친
그 엄청난 탕녀를 심판하셨다.
당신의 종들의 피를 흘리게 한 그 여자에
게 벌을 내리셨다."
3 그들은 다시,
"할렐루야!
그 여자를 태우는 불의 연기가 영원 무궁
토록 올라간다."
하고 외쳤습니다.
4 그러자 스물네 원로와 네 생물이 옥좌에 앉
으신 하느님께 엎드려 경배하며 "아멘, 할렐
루야!" 하고 화답하였습니다.

어린 양의 혼인 잔치

5◎그 때 그 옥좌로부터 이와 같은 소리가 들
려왔습니다.
"하느님의 모든 종들,
그리고 하느님을 두려워하는
높고 낮은 모든 사람들,
우리 하느님을 찬양하여라!"
6 또 나는 큰 군중의 소리와도 같고 큰 물
소리와도 같고 요란한 천둥 소리와도 같은
소리를 들었습니다.
"할렐루야!
주 우리 하느님
전능하신 분께서 다스리신다.
7 기뻐하고 즐거워하며
하느님께 영광을 드리자.
어린 양의 혼인 날이 되었다.
그분의 신부는 몸단장을 끝냈고,
8 하느님의 허락으로 빛나고 깨끗한 모시
옷을 입게 되었다.
이 고운 모시옷은 성도들의 올바른 행위
이다."
9◎또 그 천사는 나에게 "'어린 양의 혼인 잔
치에 초대받은 사람은 행복하다' 고 기록하
여라." 하고 말했습니다. 또 이어서 "이 말
씀은 하느님의 참된 말씀이다." 하고 말했
습니다.
10그 때 나는 그에게 경배를 드리려고 그의 발
앞에 엎드렸습니다. 그러자 그는 나에게
"이러지 마라. 나도 너나 너의 형제들과 같
이 일하는 종에 지나지 않는다. 우리는 다
같이 예수께서 계시하신 진리를 간직하고
있는 자들이다. 예배는 하느님께 드려라.
예수께서 계시하신 진리야말로 예언자들에
게 영감을 주는 것이다." 하고 말했습니다.

흰 말을 타신 분

11◎나는 또 하늘이 열려 있는 것을 보았습니
다. 거기에는 흰 말이 있었고 "신의"와 "진
실"이라는 이름을 가진 분이 그 위에 타고
계셨습니다. 그분은 공정하게 심판하시고
싸우시는 분입니다.
12그분의 눈은 불꽃 같았고 머리에는 많은 왕
관을 썼으며 그분밖에는 아무도 알지 못하
는 이름이 그분의 몸에 적혀 있었습니다.
13그분은 피에 젖은 옷을 입으셨고 그분의 이
름은 "하느님의 말씀"이라 하였습니다.
14그리고 하늘의 군대가 희고 깨끗한 모시옷
을 입고 흰 말을 타고 그분을 뒤따르고 있었
습니다.

15그분의 입에서는 모든 나라를 쳐부술 예리
한 칼이 나오고 있었습니다. 그분은 친히
㉠쇠지팡이로 모든 나라를 다스리실 것입니
다. 그리고 전능하신 하느님의 분노의 포도
를 담은 술틀을 밟아서 진노의 포도주를 짜
내실 것입니다.
16그분의 옷과 넓적다리에는 "모든 왕의 왕,
모든 군주의 군주"라는 칭호가 적혀 있었습
니다.
17◎나는 또 태양 안에 한 천사가 서 있는 것
을 보았습니다. 그는 하늘 높이 날고 있는
모든 새에게 큰소리로 "자, 다 같이 하느님
의 큰 잔치에 오너라.
18왕들과 장성들과 장사들과 말들과 그 위에
탄 사람들과 모든 자유인과 노예와 낮은 자
와 높은 자의 살코기를 먹어라." 하고 외쳤
습니다.
19또 나는 그 짐승과 세상의 왕들과 그들의 군
대가 흰 말을 타신 분과 그분의 군대를 대적
해서 싸우려고 모여 있는 것을 보았습니다.
20그런데 그 짐승은 잡혔습니다. 그리고 그의
앞잡이로서 기적을 행하여 짐승의 낙인이
찍힌 자들과 짐승의 우상에게 절을 하는 자
들을 현혹시킨 그 거짓 예언자도 함께 잡혔
습니다. 그 짐승과 거짓 예언자는 산 채로
유황이 타오르는 불못에 던져졌습니다.
21그리고 남은 자들은 그 흰 말을 타신 분의
입에서 나온 칼에 맞아 죽었고 모든 새들이
그들의 살을 배불리 먹었습니다.

천 년 왕국

20 ◎나는 또 한 천사가 끝없이 깊은 구렁
의 열쇠와 큰 사슬을 손에 들고 하늘로
부터 내려오는 것을 보았습니다.
2그는 늙은 뱀이며 악마이며 사탄인 그 용을
잡아 천 년 동안 결박하여
3끝없이 깊은 구렁에 던져 가둔 다음 그 위
에다 봉인을 하여 천 년이 끝나기까지는 나
라들을 현혹시키지 못하게 했습니다. 사탄
은 그 뒤에 잠시 동안 풀려 나오게 되어 있
습니다.
4◎나는 또 많은 높은 좌석과 그 위에 앉아
있는 사람들을 보았습니다. 그들은 심판할
권한을 받은 사람들이었습니다. 또 예수께
서 계시하신 진리와 하느님의 말씀을 전파
했다고 해서 목을 잘린 사람들의 영혼을
보았습니다. 그들은 그 짐승이나 그의 우
상에게 절을 하지 않고 이마와 손에 낙인
을 받지 않은 사람들입니다. 그들은 살아
나서 그리스도와 함께 천 년 동안 왕노릇을
하였습니다.
5이것이 첫째 부활입니다. 그 나머지 죽은
자들은 천 년이 끝나기까지 살아나지 못할
것입니다.
6이 첫째 부활에 참여하는 사람은 행복하고
거룩합니다. 그들에게는 둘째 죽음이 아무
런 세력도 부리지 못합니다. 이 사람들은
하느님과 그리스도를 섬기는 사제가 되고
천 년 동안 그리스도와 함께 왕노릇을 할 것
입니다.

사탄의 패망

7◎천 년이 끝나면 사탄은 자기가 갇혔던 감
옥에서
8풀려 나와서 온 땅에 널려 있는 나라들 곧
곡과 마곡을 찾아가 현혹시키고 그들을 불
러모아 전쟁을 일으킬 것입니다. 그들의 수
효는 바다의 모래와 같을 것입니다.
9그들은 온 세상에 나타나서 성도들의 진지
와 하느님께서 사랑하시는 도성을 둘러쌌
습니다. 그 때에 하늘로부터 불이 내려와서
그들을 삼켜버렸습니다.
10그들을 현혹시키던 그 악마도 불과 유황의
바다에 던져졌는데 그 곳은 그 짐승과 거짓
예언자가 있는 곳입니다. 거기에서 그들은
영원 무궁토록 밤낮으로 괴롭힘을 당할 것
입니다.

크고 흰 옥좌에서의 심판

11◎나는 또 크고 흰 옥좌와 그 위에 앉으신
분을 보았습니다. 땅과 하늘이 그 앞에서
사라지고 그 흔적조차 찾아볼 수 없게 되었
습니다.
12나는 또 죽은 자들이 인물의 대소를 막론하
고 모두 그 옥좌 앞에 서 있는 것을 보았습
니다. 많은 책들이 펼쳐져 있고 또 다른 책
한 권이 펼쳐져 있었습니다. 그것은 생명의
책이었습니다. 죽은 자들은 그 많은 책에
기록되어 있는 대로 자기들의 행적을 따라
심판을 받았습니다.
13바다는 자기 안에 있는 죽은 자들을 토해 냈
고 죽음과 지옥도 자기들 속에 있는 죽은 자
들을 토해 놓았습니다. 그들은 각각 자기
행적대로 심판을 받았습니다.
14그리고 죽음과 지옥이 불바다에 던져졌습
니다. 이 불바다가 둘째 죽음입니다.

㉠ 시편 2:9.

묵시

15이 생명의 책에 그 이름이 올라 있지 않은
사람은 누구나 이 불바다에 던져졌습니다.

새 하늘과 새 땅

21 ◎그 뒤에 나는 새 하늘과 새 땅을 보
았습니다. 이전의 하늘과 이전의 땅은
사라지고 바다도 없어졌습니다.
2나는 또 거룩한 도성 새 예루살렘이 신랑을
맞을 신부가 단장한 것처럼 차리고 하느님
께서 계시는 하늘로부터 내려오는 것을 보
았습니다.
3그 때 나는 옥좌로부터 울려 나오는 큰 음성
을 들었습니다. "㉠이제 하느님의 집은 사
람들이 사는 곳에 있다. 하느님은 사람들과
함께 계시고 사람들은 하느님의 백성이 될
것이다. 하느님께서는 친히 그들과 함께 계
시고 그들의 하느님이 되셔서
4그들의 눈에서 ㉡모든 눈물을 씻어주실 것
이다. 이제는 죽음이 없고 슬픔도 울부짖음
도 고통도 없을 것이다. 이전 것들이 다 사
라져버렸기 때문이다."
5◎그 때 옥좌에 앉으신 분이 "보아라, 내가
모든 것을 새롭게 만든다." 하고 말씀하신
뒤 다시금 "기록하여라, 이 말은 확실하고
참된 말이다." 하고 말씀하셨습니다.
6또 이어서 이렇게 말씀하셨습니다. "이제
다 이루었다. 나는 알파와 오메가, 곧 처음
과 마지막이다. 나는 목마른 자에게 생명의
샘물을 거저 마시게 하겠다.
7승리하는 자는 이것들을 차지하게 될 것이
며 나는 그의 하느님이 되고 그는 내 아들이
될 것이다.
8그러나 비겁한 자와 믿음이 없는 자와 흉측
스러운 자와 살인자와 간음한 자와 마술쟁
이와 우상 숭배자와 모든 거짓말쟁이들이
차지할 곳은 불과 유황이 타오르는 바다뿐
이다. 이것이 둘째 죽음이다."

새 예루살렘

9◎마지막 일곱 가지 재난이 가득히 담긴 일
곱 대접을 손에 든 일곱 천사 중 하나가 나
에게 와서 "이리 오너라. 어린 양의 아내인
그 신부를 너에게 보여주겠다." 하고 말했
습니다.
10그리고 그는 성령의 감동을 받은 나를 데리
고 크고 높은 산으로 올라가 하느님께서 계
시는 하늘로부터 내려오는 거룩한 도성 예
루살렘을 보여주었습니다.
11그 도성은 하느님의 영광에 싸여 그 빛은 지
극히 귀한 보석과 같았고 수정처럼 맑은 벽
옥과 같았습니다.
12그 도성에는 크고 높은 성벽과 열두 대문이
있었고 그 열두 대문에는 천사가 하나씩 있
었으며 ㉢또 이스라엘 자손 열두 지파의 이
름이 하나씩 적혀 있었습니다.
13그 대문은 동쪽에 셋, 북쪽에 셋, 남쪽에
셋, 서쪽에 셋이 있었습니다.
14그 도성의 성벽에는 열두 주춧돌이 있었는
데 그 주춧돌에는 어린 양의 열두 사도의 이
름이 하나씩 적혀 있었습니다.
15◎나에게 말하던 그 천사는 그 도성과 대문
들과 성벽을 재려고 금으로 만든 측량자를
가지고 있었습니다.
16그 도성은 네 모가 반듯했고 그 길이와 넓이
가 같았습니다. 그가 측량자로 그 도성을
재어보았더니 길이와 넓이와 높이가 똑같
이 만 이천 ㉣스타디온이었습니다.
17또 그가 성벽을 재어보았더니 사람의 자로
백사십사 척이었습니다. 이 자는 천사의 자
이기도 했습니다.
18그 성벽은 벽옥으로 쌓았고 도성은 온통 맑
은 수정 같은 순금으로 되어 있었습니다.
19그 성벽의 주춧돌은 갖가지 보석으로 꾸며
져 있었습니다. 첫째 주춧돌은 벽옥으로,
둘째는 사파이어로, 셋째는 옥수로, 넷째는
비취옥으로,
20다섯째는 홍마노로, 여섯째는 홍옥수로, 일
곱째는 감람석으로, 여덟째는 녹주석으로,
아홉째는 황옥으로, 열째는 녹옥수로, 열한
째는 청옥으로, 열두째는 자수정으로 꾸며
져 있었습니다.
21또 열두 대문은 열두 진주로 되어 있었고 그
열두 대문이 각각 다른 진주로 되어 있었습
니다. 그리고 그 도성의 거리는 투명한 유
리 같은 순금이었습니다.
22◎나는 그 도성에서 성전을 보지 못했습니
다. 전능하신 주 하느님과 어린 양이 바로
그 도성의 성전이기 때문입니다.
23그 도성에는 태양이나 달이 비칠 필요가
없습니다. 하느님의 영광이 그 도성을 밝혀
주며 어린 양이 그 도성의 등불이기 때문입
니다.
24만국 백성들이 그 빛 속에서 걸어다닐 것이
며 땅의 왕들은 그들의 보화를 가지고 그 도

㉠ 레위 26:11-12; 2역대 6:18; 에제 37:27; 즈가 2:10. ㉡ 이사 25:8. ㉢ 출애 28:21; 에제 48:30-35. ㉣ 1 스타디온은 185미터이다.

성으로 들어올 것입니다.
25그 도성에는 밤이 없으므로 종일토록 대문
들을 닫는 일이 없을 것입니다.
26그리고 사람들은 여러 나라의 보화와 영예
를 그 도성으로 가지고 들어올 것입니다.
27그러나 더러운 것은 아무것도 그 도성으
로 들어가지 못하고 흉측한 짓과 거짓을
일삼는 자도 결코 들어가지 못합니다. 그
도성에 들어갈 수 있는 자는 다만 어린 양
의 생명의 책에 이름이 올라 있는 사람들
뿐입니다.

22 ◎그 천사는 또 수정같이 빛나는 생명
수의 강을 나에게 보여주었습니다. 그
강은 하느님과 어린 양의 옥좌로부터 나와
2㉠그 도성의 넓은 거리 한가운데를 흐르고
있었습니다. 강 양쪽에는 열두 가지 열매를
맺는 생명나무가 있어서 달마다 열매를 맺
고 그 나뭇잎은 만국 백성을 치료하는 약이
됩니다.
3이제 그 도성에는 저주받을 일이 하나도 없
을 것입니다. 하느님과 어린 양의 옥좌가
그 도성 안에 있고 그분의 종들이 그분을 섬
기며
4그 얼굴을 뵈올 것입니다. 그리고 그들의
이마에는 하느님의 이름이 새겨져 있을 것
입니다.
5이제 그 도성에는 밤이 없어서 등불이나 햇
빛이 필요없습니다. 주 하느님께서 그들에
게 빛을 주실 것이기 때문입니다. 그들은
영원 무궁토록 다스릴 것입니다.

오소서, 주 예수여!

6◎그 천사가 또 나에게 "이 말씀은 확실하
고 참된 말씀이다. 예언자들에게 영감을 주
시는 주 하느님께서 당신의 종들에게 곧 이
루어져야 할 일들을 보여주시려고 당신의
천사를 보내셨다." 하고 말했습니다.
7◎그러자 주님께서 "자, 내가 곧 가겠다. 이
책에 기록된 예언의 말씀을 지키는 사람은
행복하다." 하고 말씀하셨습니다.
8◎이 모든 것을 듣고 본 사람은 나 요한입니
다. 나는 이 모든 것을 듣고 보고 나서 나에
게 이것들을 보여준 그 천사의 발 앞에 엎드
려 경배하려고 하였습니다.
9그러자 그는 "이러지 마라. 나도 너나 네 형
제인 예언자들이나 이 책에 기록된 말씀을
지키는 사람들과 같이 일하는 종에 지나지
않는다. 경배는 하느님께 드려라." 하고 말
했습니다.
10그는 이어서 나에게 이렇게 말했습니다.
"그 때가 가까이 왔으니 이 책에 기록된 예
언의 말씀을 봉하지 마라.
11불의를 행하는 자는 불의를 행하도록 내버
려두고 더러운 자는 그냥 더러운 채로 내버
려두어라. 올바른 사람은 그대로 올바른 일
을 하게 하고 거룩한 사람은 그대로 거룩한
사람이 되게 하여라."
12◎주님께서는 이렇게 말씀하셨습니다. "자,
내가 곧 가겠다. 나는 너희 각 사람에게 자
기 행적대로 갚아주기 위해서 상을 가지고
가겠다.
13나는 알파와 오메가, 곧 처음과 마지막이며
시작과 끝이다.
14 생명의 나무를 차지할 권세를 얻고 성문
으로 그 도성에 들어가려고 자기 두루마기
를 깨끗이 빠는 사람은 행복하다.
15개들과 마술쟁이들과 음란한 자들과 살인
자들과 우상 숭배자들과 거짓을 사랑하고
일삼는 자들은 다 문 밖에 남아 있게 될 것
이다.
16 나 예수는 내 천사를 보내어 모든 교회에
이 모든 것을 증언하게 하였다. 나는 다윗
의 뿌리에서 돋은 그의 자손이며 빛나는 샛
별이다."

17◎성령과 신부가 "오소서!" 하고 말씀하십
니다. 이 말씀을 듣는 사람도 "오소서!"
하고 외치십시오. 목마른 사람도 오십시
오. 생명의 물을 원하는 사람은 거저 마시
십시오.
18◎나는 이 책에 기록된 예언의 말씀을 듣는
모든 사람에게 분명히 말해 둡니다. 누구든
지 여기에 무엇을 덧붙이면 하느님께서 그
사람을 벌하실 때에 이 책에 기록된 재난도
덧붙여서 주실 것입니다.
19또 누구든지 이 책에 기록된 예언의 말씀에
서 무엇을 떼어버리면 이 책에 기록된 생명
의 나무와 그 거룩한 도성에 대한 그의 몫을
하느님께서 떼어버리실 것입니다.
20◎이 모든 계시를 보증해 주시는 분이 "그
렇다. 내가 곧 가겠다." 하고 말씀하셨습니
다. 아멘. 오소서, 주 예수여!
21◎주 예수의 은총이 모든 사람에게 내리기
를 빕니다.

㉠ 창세 2:9; 에제 47:12.